DICTIONNAIRE
DE POCHE
ANGLAIS

DICTIONNAIRE DE POCHE ANGLAIS

ANGLAIS-FRANÇAIS   FRANÇAIS-ANGLAIS

LE LIVRE DE POCHE

Ce dictionnaire a été réalisé sous la direction de Denis Girard
Inspecteur général honoraire

par

W. B. Barrie – *MA (Edin) – M ès L (Paris)*
ex Maître de conférences (Université de Paris VII)

Chris Durban – *Membre de la Société française*
des traducteurs

Geneviève Krebs – *Ancienne Inspectrice pédagogique*
régionale d'anglais

Jean Lecomte – *Inspecteur pédagogique régional*
d'anglais

Valérie Roques – *Professeur agrégé d'anglais*
Université de Pau et des Pays
de l'Adour

Nigel Turner – *Maître de conférences*
Université de Paris XII

Sommaire

Contents

Avant-propos

La collection **Le Livre de Poche** ne pouvait pas ne pas comporter un dictionnaire bilingue anglais-français/ français-anglais, tant est devenue grande, dans le monde d'aujourd'hui la nécessité pour les francophones et pour les anglophones de pouvoir lire et communiquer oralement et par écrit dans la langue de l'autre.

Les auteurs de ce dictionnaire ont donc voulu être utiles à la fois aux francophones et aux anglophones en leur proposant leur nouveau dictionnaire bilingue, qui fait la part égale à l'anglais et au français. Leur tâche s'est trouvée facilitée par le fait que leur équipe était elle-même composée de sept auteurs bilingues et spécialistes de traduction et de lexicographie : trois francophones, trois anglophones britanniques et une anglophone américaine.

Dictionnaire général de format réduit, il ne saurait faire une grande place au vocabulaire technique spécialisé propre à différentes disciplines, mais on y trouvera les mots techniques passés dans l'usage courant. Tout a été fait pour utiliser au mieux la place disponible, en évitant les lacunes et sans sacrifier au souci de clarté et de parfaite lisibilité qui a été déterminant. Parmi les choix qui ont dû être opérés, on a toujours préféré les mots et les usages contemporains à des unités lexicales ou à des emplois désuets. Les exemples, nombreux, se veulent éclairants et utiles, qu'il s'agisse d'illustrer des nuances de sens ou des emplois et des constructions différents pour un même mot.

Un effort particulier a été fait pour donner la place qu'ils méritent aux mots et aux usages américains par rapport à l'anglais britannique, toutes les fois que les différences sont incontestables et méritent donc d'être signalées aux utilisateurs du dictionnaire, qu'il s'agisse de significations, d'orthographe ou de prononciation. Quand les différences sont mineures entre les deux variétés, on s'en est tenu à l'anglais britannique (voir ci-dessous la note relative à ces différences).

D'autres caractéristiques du dictionnaire sont signalées dans les conseils d'utilisation qui suivent.

Denis GIRARD

Foreword

In the world of today where there is a great and growing need for French and English speakers to be able to read each other's language and communicate in it, both orally and in writing, it was inconceivable that **Le Livre de Poche** should fail to include a bilingual English-French/ French-English dictionary in its collection.

In compiling this new bilingual dictionary, which lays equal emphasis on the English-French and French-English sections, the authors had in mind the needs of both French and English native speakers. Their task was made easier by the fact that the team was itself composed of seven bilingual members experienced in the field of translation and lexicography: three French native speakers and four English native speakers (three British and one American).

It was not possible for a general dictionary of pocket-book size to devote a great deal of space to highly specialized vocabulary, but no effort was spared to make the best use of the available space and the more common technical terms have been included. One of our aims was to be as comprehensive as possible, but the essential target throughout was clarity and perfect readability. Whenever a choice had to be made we always preferred contemporary words and phrases to older terms and structures. Numerous examples are included in order to clarify and illustrate the various shades of meaning and the different grammatical or idiomatic structures.

A particular effort has been made to do justice to American English, in both words and phrases. Whenever the Ame-

variant differs significantly from British English usage, whether in meaning, spelling or pronunciation, such differences are pointed out as they occur. However, when such differences are minor we have limited ourselves to the British variant (see below a note concerning such differences).

Other characteristic features of the dictionary are given in the **User's Guide** that follows.

Denis GIRARD

Note sur l'anglais américain

Les auteurs de ce dictionnaire bilingue ont voulu fournir un ouvrage de référence concis aux utilisateurs de l'anglais et du français courants.

Malheureusement, le mot « anglais » est un peu fourre-tout, pour désigner une langue : c'est un terme commode qui recouvre les innombrables variétés de cette langue que l'on peut trouver sur toute la surface du globe, dans des domaines aussi divers que le commerce et les échanges, l'éducation et l'enseignement, la haute technologie et tous les aspects de la création artistique.

• La distinction qui est peut-être la plus fréquente, notamment chez les universitaires et les étudiants, entre ces formes d'« anglais » est celle que l'on fait entre l'**anglais britannique** et l'**anglais américain**. Cependant, même à l'intérieur des deux principaux pays concernés – et des autres pays où l'anglais est parlé comme première langue – l'usage varie considérablement d'une région et d'un groupe social à un autre.

Il ne pouvait être question de rendre compte de cette immense variété dans un dictionnaire de poche. La solution retenue a consisté à se donner comme base l'anglais britannique tout en faisant une place importante aux américanismes, étant entendu que la très grande majorité des mots et expressions traités est comprise et couramment utilisée à la fois par des locuteurs britanniques et américains. La tâche des auteurs a été d'autant plus facile que les différences entre les deux variantes ne sont pas aussi grandes qu'on le pense parfois et qu'elles ont tendance à se réduire avec le développement constant des échanges internationaux.

• Dans des cas exceptionnels, les indications *(brit)* et *(amér)* ont été données pour attirer l'attention des utilisateurs sur des **mots et expressions spécifiquement britanniques ou américains**, c'est-à-dire susceptibles de ne pas être compris (ou d'être compris différemment) de l'autre côté de l'Atlantique. Tout au moins, de tels termes et formulations ne seraient pas employés spontanément par un locuteur anglophone de l'autre pays. Fort heureusement, des termes aussi « marqués » peuvent être souvent remplacés par d'autres par des locuteurs non anglophones qui ont besoin d'écrire ou de parler anglais. Les utilisateurs de ce dictionnaire pourront consulter un ouvrage spécialisé s'ils souhaitent trouver une liste exhaustive des différences terminologiques entre les deux variantes.

• Une des règles les plus importantes que les locuteurs non anglophones doivent observer quand ils s'expriment en anglais est celle de la **cohérence**. Le simple bon sens veut, par exemple, que l'on évite d'employer des termes spécifiquement britanniques quand on communique avec des Américains, et vice versa. Certes, la plupart des Américains comprendront que le mot *cheque* correspond à l'américain *check*, et que *tyre* signifie *tire* ; de la même façon, une majorité de Britanniques attribuera au mot *hood*, s'agissant de la partie d'une voiture, le sens qu'elle donne au mot *bonnet*. Mais les uns et les autres trouveront dans ces appellations un certain exotisme qui risque de rendre moins efficaces les textes qui en sont émaillés. Il arrive parfois que le même mot ait deux significations différentes dans les deux variantes, ce qui est source de malentendus lorsque les deux sens sont employés dans le même contexte. Tout a été fait dans le dictionnaire pour expliciter de telles différences à l'aide d'exemples éclairants.

• Les utilisateurs remarqueront que, dans l'ensemble, l'anglais américain a tendance à **simplifier l'orthographe** britannique. Ce résultat est souvent obtenu par la suppression de certaines lettres :

– l'anglais américain préfère la terminaison « *-or* » dans la plupart des mots se terminant en « *-our* » en anglais britannique (Ex. *color, labor, neighbor*, au lieu de *colour, labour, neighbour*) ;

– il ne double pas, en général, le « *-l* » final d'une syllabe non accentuée (Ex. *jeweler, traveler*, au lieu de *jeweller, traveller*) ;

– il préfère souvent la terminaison « *-ter* » à l'anglais britannique « *-tre* » (*center, theater*, au lieu de *centre, theatre*) ;

– il raccourcit souvent la terminaison « *-ogue* » en « *-og* » (Ex. *catalog, dialog*) ;

– il préfère la terminaison « *-ense* » à la terminaison « *-ence* » de l'anglais britannique (Ex. *defense, offense* au lieu de *defence, offence*) ;

– en anglais américain, l'orthographe est parfois plus étroitement liée à la prononciation (Ex. *draft, plow*, au lieu de *draught, plough*).

• la **prononciation** donnée dans le dictionnaire est britannique : elle utilise les signes de l'Alphabet Phonétique International et suit les transcriptions du classique « ***English Pronouncing Dictionary*** » de Daniel Jones. C'est ainsi que nous n'avons pas indiqué l'accent secondaire que l'on trouve dans la prononciation de certains mots en anglais américain (Ex. *laboratory, secretary, derogatory*) ni les variations qui affectent la syllabe accentuée de la racine comme conséquence de l'accent secondaire. Nous avons cependant indiqué pour certains mots, dans la section anglais-français du dictionnaire, la prononciation américaine immédiatement après la prononciation britannique. Nous avons pensé que cela rendrait service aux utilisateurs habitués à la seule prononciation britannique, pour des mots comme *schedule* [ˈʃədjuːl] / [ˈskedʒuːl], et *tomato* [təˈmɑːtəʊ] / [təˈmeɪtəʊ], par exemple.

British and American English

The authors of this bi-lingual dictionary set out to produce a concise reference work for users of current English and French.

Unfortunately, "English" is a catch-all –a convenient term that designates the many varieties of this language found around the globe, in fields as wide-ranging as trade and commerce, education, high technology, and the creative arts.

• Perhaps the most common distinction made between these forms of English, especially by academics and students, is that between **British** and **American English**. Yet even within each of these countries –and others where English is a native language– usage differs widely from one region and social group to the next.

Reproducing this immense variety was beyond the scope of a pocket dictionary. As a result, while the basic corpus presented here is British, americanisms have also been included, and the vast majority of entries are terms understood and used by both British and American speakers of English. The authors' task was made all the easier by the fact that the differences between the two variants are not as great as sometimes thought, and are decreasing all the time as international contacts develop and grow.

• In exceptional cases, the conventions *(brit)* and *(amér)* have been adopted to draw users' attention to **entries that are specifically British or American** –i.e., that might not be understood (or understood in the same way) on the other side of the Atlantic. Such terms, at the very least, would not be used spontaneously by a native speaker of the other country. Fortunately for speakers of other languages who are called upon to write or speak English, such "marked" terms can often be avoided altogether. For a complete list of terminology differences, users should consult a specialized dictionary.

• One of the most important things for non-native speakers to aim for in expressing themselves in English is **consistency**. Thus, common sense dictates that they should avoid using specifically British terms when communicating with an American, and vice versa: the vast majority of Americans will realize that "*cheque*" means "*check*" and "*tyre*" means "*tire*", and most Britons will understand that a car's "*hood*" is its "*bonnet*", but such writing will have a foreign feel to it, and ultimately be less effective. Very occasionally, the same term has two different meanings: this is particularly confusing if both are used in the same context. Every effort has been made to clarify such differences through examples.

• Users will note that on the whole, spelling in American English tends to **simplify** the British form. This is often achieved by omitting letters. Thus:

– American English prefers "*-or*" endings to "*-our*" for most words: *color, labor, neighbor*, vs *colour, labour, neighbour* in British English;

– American English does not usually double a final "*-l*", in an unstressed syllable: *jeweler, traveler*, vs *jeweller, traveller* in British English;

– American English often prefers a "*-ter*" ending to "*-tre*" in British English: *center, theater* vs *centre, theatre*;

– American English often shortens "*-ogue*" endings to "*-og*": *catalog, dialog* vs *catalogue, dialogue*;

– American English often prefers "*-ense*" endings to "*-ence*": *defense, offense* vs *defence, offence*;

– finally, American English often brings spelling into line with pronunciation: *draft, plow,* vs *draught, plough* in British English.

• Pronunciation is British, indicated in the International Phonetic Alphabet, and drawn from Daniel Jones' classic

*"**English Pronouncing Dictionary**"*. Thus we have not indicated the secondary stress normally found in certain words
in American, e.g., *laboratory, secretary, derogatory*, nor the
variations in the stressed syllable of the root form that results
from this.

However, in the English-French section of the dictionary,
we have opted in a few cases to include the American pronunciation of a word immediately after the British pronunciation. We thought this would be helpful for readers used
to the British form of entries such as *schedule* [ˈʃədjuːl]
/[ˈskedʒuːl] and *tomato* [təˈmɑːtəʊ] / [təˈmeɪtəʊ], for example.

Conseils d'utilisation

Les auteurs se sont donné deux moyens essentiels pour satisfaire les besoins des utilisateurs : *(a)* un **classement** rigoureux des mots dans les deux parties (anglais-français et français-anglais) pour faciliter la recherche, et *(b)* un **traitement** aussi précis et complet que possible dans la limite de la place disponible.

CLASSEMENT

1) C'est, par définition, l'ordre alphabétique qui commande l'ordre d'apparition des **mots d'entrée** comme **l'ordre des mots traités à l'intérieur d'une même entrée.** Cette règle de bonne logique n'est pourtant pas évidente parce qu'elle entre souvent en conflit avec celle d'un classement qui rassemble ou rapproche les mots d'une même famille. En général, l'utilisateur du dictionnaire trouvera le mot qu'il cherche à sa place alphabétique des mots d'entrée : par exemple, le mot anglais **redirect** entre les entrées **redemption** et **reduce**. Mais s'il cherche **oncoming** ou **onlooker**, il s'apercevra que ces mots ne figurent pas en entrées respectivement après **once** et **onion** mais à leur place alphabétique à l'intérieur de l'entrée **on [oncoming... onlooker... onslaught... onward(s)]**. Il est donc conseillé à l'utilisateur, pour tirer le meilleur parti de son dictionnaire, de faire appel à ses facultés d'analyse des mots qu'il recherche.

2) Les mots de même famille et de forme identique mais appartenant à deux catégories grammaticales différentes (**cut**

v et **cut** *n*) apparaissent suivant l'ordre probable de fréquence, mais avec, en premier, celui qui a dû donner naissance à la série (**cudgel** *n*, avant **cudgel** *v*; **ape** *n* avant **ape** *v*). Les homonymes sans aucun lien sémantique apparaissent toujours en entrées séparées affectés d'un chiffre en exposant qui les différencie nettement :

spoke[1] [spəʊk] *p* **speak**.

spoke[2] [spəʊk]... *n* rayon *m* (de roue)

3) Classement des divers sens d'un même mot :

Est donné d'abord le sens le plus général suivi des sens dérivés, jusqu'au plus figuré.

TRAITEMENT

1) Pour chaque mot d'entrée, dans chacune des deux parties du dictionnaire on trouvera, dans l'ordre :

a) **l'orthographe du mot :** britannique (et américaine en cas de besoin), ou française.

En attendant l'entrée en vigueur des dernières modifications orthographiques du français (pluriel des noms composés notamment), nous avons préféré ne suggérer qu'occasionnellement celles qui ont été envisagées.

<u>Dans la partie français-anglais</u>, seule est donnée l'orthographe britannique.

b) **la transcription phonétique** avec les signes de l'Alphabet Phonétique International, indiqués, avec des exemples, pour l'anglais et le français, au début du dictionnaire. Seule est donnée la prononciation la plus courante.

<u>Dans la partie anglais-français</u>, c'est la norme britannique, avec d'éventuelles caractéristiques américaines, et l'indication systématique de l'accentuation.

c) **la ou les catégories grammaticales,** suivant le classement indiqué plus haut et à l'aide des abréviations appropriées (la liste complète des abréviations utilisées dans le dictionnaire est donnée à la suite des *Conseils d'utilisation*).

<u>Dans la partie français-anglais</u>, le genre des noms (*nm* ou *nf* ou *nmf*) est indiqué, et la forme du féminin est donnée quand elle ne se limite pas à l'addition de **-e** [Ex. **décorateur** *nm* (*f* **-trice**)], comme est aussi donné, dans les mêmes conditions, le féminin de certains adjectifs [**heureux** *adj*

(*f* **-euse**)]. Il en va de même des pluriels irréguliers des noms et adjectifs français [Ex. **cheval** (*pl* **-aux**); **original** (*pl* **-aux**)].

Pour chaque verbe français, en entrée ou en sous-entrée, est donné un numéro de 1 à 51 qui renvoie aux tableaux de conjugaison placés en fin de volume.

d) **les traductions des mots** dans un ordre qui met en relief les diverses significations :

• numérotées 1, 2, 3 etc., pour des sens très différents;

• séparées par un point-virgule si les sens ne sont pas très éloignés;

• séparées par une virgule pour des sens très voisins, ou pour des traductions équivalentes.

Dans la partie anglais-français, la traduction des noms est suivie de l'indication du genre (*m* ou *f*); celle des adjectifs et des noms de la forme du féminin ou du pluriel quand elle peut poser problème : [Ex. : **admiring**... admiratif (*f* **-ive**); **kernel**... noyau (*pl* **-aux**)].

Dans la partie français-anglais, la traduction par un verbe irrégulier est précédée d'un astérisque (Ex. : **boire**... *drink).

e) **les exemples d'emploi** qui apportent utilement une information complémentaire à la simple traduction du mot isolé. Ces exemples viennent tout de suite après la traduction de chaque sens :

Ex. : **back** [bæk]... *nm* **1** (*Anat*) dos *m*; (*aussi fig*) *he turned his ~ on me* il m'a tourné le dos... **5** (*Sp*) *full~* arrière *m*.

Avant les traductions, comme avant les exemples, sont indiqués suivant le besoin les domaines (*Anat* etc.) et l'usage (*fam* etc.)

2) **Pour chaque mot traité à l'intérieur d'une entrée,** le traitement est le même et respecte le même ordre, mais la transcription phonétique n'est donnée que dans la mesure où celle du mot d'entrée ne renseigne pas suffisamment :

Il a été pourtant jugé utile de signaler l'accent tonique des mots anglais en sous-entrées par le symbole [º] qui précède la syllabe concernée :

Ex. : eco°nomical, eco°nomically, eco°nomics, e°conomist, e°conomy; °photograph, pho°tographer, photo°graphic, pho°tography.

CONVENTIONS TYPOGRAPHIQUES

Comme c'est devenu l'usage dans beaucoup de dictionnaires, nous nous sommes permis, pour gagner de la place, de remplacer le mot d'entrée par un tilde *(~)* dans les exemples. Mais nous conservons systématiquement le mot en entier dans les sous-entrées pour faciliter la recherche, en ajoutant même un repère spécial sous forme de double trait vertical.

Ex. : à l'entrée **apple** [ˈæpl] *n* pomme *f*... *(loc) you're the ~ of my eye* je tiens à toi comme à la prunelle de mes yeux... ‖ °**apple core** *n* trognon *m* (de pomme).

TABLEAUX

La table des matières donne la liste des divers tableaux que nous avons cru bon d'ajouter au corps du dictionnaire pour compléter sous forme utile et de consultation facile l'information de l'utilisateur.

Sur les conjugaisons des verbes français, l'orthographe et la prononciation du français, on pourra aussi consulter utilement le livre : *Encyclopédie de l'orthographe et de la conjugaison* de Mireille Huchon *(Le Livre de Poche, 1992)*.

User's Guide

Two essential methods have been adopted in order to satisfy the needs of users: *(a)* a **rigorous classification** of the lexical items in both sections (English-French and French-English) to facilitate consultation, *(b)* **a treatment** of the word as precise and comprehensive as possible within the limits of the available space.

CLASSIFICATION

1) By definition it is the alphabetical order that determines the order of appearance of the main entries and of the other words of the same family that appear as sub-entries within the main entry. However, this logical rule often enters into conflict with a classification that groups together words belonging to the same family. Generally speaking, the user of this dictionary will find the word he is looking for in its alphabetical order: e.g. the English word **redirect** between the main entries **redemption** and **reduce**. But if he looks for **oncoming** or **onlooker**, he will discover that they are not to be found respectively after the entries **once** and **onion**, but as sub-entries in alphabetical order within the main entry **on** [oncoming... onlooker... onslaught... onward(s)]. In order to make the best use of this dictionary the reader is therefore advised to analyse carefully the nature of the words he is looking for.

2) Words of the same family and identical in form but belonging to two different grammatical categories (**cut** *v* and **cut** *n*) appear in the probable order of frequency, except that the word which has doubtless given birth to the series will come first (**cudgel** *n* before **cudgel** *v*; **ape** *n* before **ape** *v*) The homonyms which have no semantic affinity appear as separate entries numbered in exponent figures:

e.g. **spoke**[1] [spəʊk] *p* de **speak**
spoke[2] [spəʊk] *n* rayon *m* (de roue)

3) Classification of the different senses of the same word: as a rule the most general sense is given first, followed by the derived senses, and ending with the most figurative use.

TREATMENT

1) for each entry, in both parts of the dictionary information is given in the following order:

a) **the spelling:** British (and American if need be) or French.

Until the latest modifications in French spelling become official (the plural of compound nouns in particular) we have preferred to suggest only occasionally those changes envisaged.

The French-English section gives solely the British spelling.

b) **the phonetic transcription**: the International Phonetic Alphabet, given at the beginning of the dictionary and illustrated with examples in English and French. Only the most current pronunciation is represented.

The English-French section gives the British norm, but includes American features when needful. The stress is marked in all cases.

c) **the grammatical category or categories:** in accordance with the above classification and with the help of the appropriate abbreviations (the complete list of the abbreviations used in the dictionary is given after the *User's Guide*).

In the French-English section, the gender of the nouns (*nm* or *nf* or *nmf*) is indicated, and the feminine form is given when it is not limited to the addition of **-e** (e.g. **décorateur** *nm* (*f* **-trice**), as is the feminine of certain adjectives (**heureux** *adj* (*f* **-euse**). The same applies to the irregular plurals of French nouns and adjectives [e.g. **cheval** (*pl* **-aux**); **original** (*pl* **-aux**)].

Each French verb, whether an entry or a sub-entry, is numbered 1 to 51, referring to the conjugation tables placed at the end of the volume.

d) **the translations of the words** in an order that highlights the different senses:
• numbered 1, 2, 3 etc., for very different senses;
• separated by a semi-colon if they are fairly close;
• separated by a comma if they are very close or if the translations are equivalent.

In the English-French section, the translation of nouns is followed by an indication of the gender *(m* or *f)* and the translation of adjectives and nouns by the feminine or by the plural form whenever a problem may arise [e.g. **admiring...** admiratif *(f* -ive); **kernel...** noyau *(pl* -x)].

In the French-English section, the translation by an irregular verb is preceded by an asterisk (e.g. **boire...** *drink).

e) **the examples of usage** to give useful complementary information not always provided by the translations of the individual words. These examples come immediately after the translation of each sense:
e.g. **back** [bæk] *n* **1** *(Anat)* dos *m; (aussi fig) **he turned his ~ on me** il m'a tourné le dos... **5** *(Sp) **full ~** arrière *m.*

The domain *(Anat* etc.) or the usage *(fig* etc.) are indicated when needful before the translations, as well as before the examples.

2) For each sub-entry treated within a main entry, the treatment is the same and respects the same order, but the phonetic transcription is given only if it is significantly different from that of the main entry.

However, for all English words included as sub-entries the main stress is indicated by the symbol [º] placed in front of the syllable concerned:
e.g. ecoºnomical, ecoºnomically, ecoºnomics, eºconomist, eºconomy; ºphotograph, phoºtographer, photoºgraphic, phoºtography.

TYPOGRAPHICAL CONVENTIONS

As has become the custom in many dictionaries, in order to save space, we have replaced the entry word by a tilda (~) in the examples. However, in order to facilitate the search for a given word, we regularly write the sub-entries in full, prefacing each by a double vertical stroke :

e.g. **apple** [æpl] *n* pomme *f ... you're the ~ of my eye* je tiens à toi comme à la prunelle de mes yeux... ‖ °**apple core** *n* trognon *m* (de pomme).

TABLES

The list of contents gives details of the different tables appended to the body of the dictionary with the aim of making it more comprehensive and facilitating consultation.

For the spelling, pronunciation and verb conjugations of French one may also usefully consult *Encyclopédie de l'orthographe et de la conjugaison* by Mireille Huchon *(Le Livre de Poche, 1992)*.

Phonetic transcription
Transcription phonétique

English
Vowels and diphthongs

[iː] *eat, meet, see*
[ɪ] *it, is, city*
[e] *bed, bread*
[æ] *cat, bad*
[ɑː] *hard, father*
[ɒ] *pot, on, rod*
[ɔː] *four, door*
[ʊ] *foot, put*
[uː] *blue, moon, rude*
[ʌ] *cut, duck, above*
[ɜː] *fur, bird*
[ə] *away, tailor*
[eɪ] *day, rain* [ɔɪ] *boy, oil*
[əʊ] *no, boat, own* [ɪə] *fear, here*
[aɪ] *my, buy, mile* [eə] *pear, there*
[aʊ] *how, now, owl* [ʊə] *poor, sure*

Consonants

[p] *pan*   [s] *sit*
[b] *bread*   [z] *nose*
[t] *two*   [ʃ] *shop*
[d] *door*   [ʒ] *measure*
[k] *cake*   [h] *home*
[g] *girl*   [m] *man*
[tʃ] *child*   [n] *now*
[dʒ] *jazz*   [ŋ] *sing*
[f] *five*   [l] *lip*
[v] *violin*   [r] *run*
[θ] *thin*   [j] *yes*
[ð] *this*   [w] *wall*

Stress accents

– primary :   **measure** ['meʒə]
– secondary : **unbelievable**
               [ˌʌnbɪ'liːvəbl]

Français
Voyelles

[i] *ici, ami*   [ɛ̃] *cinq, main*
[e] *été, et*   [œ̃] *brun, lundi*
[ɛ] *être, mer*   [ɑ̃] *en, temps*
[a] *la, femme*   [ɔ̃] *on, rond*
[ɑ] *pâle, bâton*
[o] *beau, noyau*
[ɔ] *bord, note*
[u] *cou, loup*
[y] *vu, puni*
[ø] *deux, heureux*
[ə] *le, petit*
[œ] *peur, heureuse*

Consonnes - Semi-consonnes

[p] *papa, opéra*   [j] *hier, paille*
[b] *bête, arbre*   [ɥ] *huit, puis*
[t] *tête, huit*   [w] *oui, soin*
[d] *dans, dire*
[k] *quand, cage*
[g] *grand, gare*
[m] *mère, pomme*
[n] *non, sonner*
[ɲ] *peigne, signe*
[ŋ] *camping, smoking*
[f] *feu, effet*
[v] *vert, avant*
[s] *son, assez*
[z] *maison, zéro*
[ʃ] *chant, hache*
[ʒ] *jardin, manger*
[l] *long, aller*
[ʀ] *rire, avoir*

['] pas de liaison :
    hache ['aʃ]

Abréviations – Abbreviations

ABBREVIATIONS USED IN THIS DICTIONARY

ABRÉVIATIONS UTILISÉES DANS LE DICTIONNAIRE

English	Abbr	French
abbreviation	*ab*	abréviation
adjective	*adj*	adjectif
Administration	*Adm*	Administration
adverb	*adv*	adverbe
Agriculture	*Ag*	Agriculture
American English only	*amér*	américain uniquement
Anatomy	*Anat*	Anatomie
approximately	*approx*	approximativement
Architecture	*Arch*	Architecture
slang	*argot*	argot
article	*art*	article
Art	*Art*	Beaux-Arts
Astronomy	*Astr*	Astronomie
Motoring	*Aut*	Automobile
auxiliary	*aux*	auxiliaire
modal verb	*aux mod*	auxiliaire modal
Aviation	*Av*	Aviation
Biology	*Bio*	Biologie
Botany	*Bot*	Botanique
British English only	*brit*	anglais britannique uniquement
Chemistry	*Ch*	Chimie
Cinema	*Ciné*	Cinéma
Commerce	*Com*	Commerce
comparative	*comp*	comparatif
object	*compl*	complément
conditional	*cond*	conditionnel
conjunction	*conj*	conjonction
Cookery	*Cuis*	Cuisine
definite	*déf*	défini
demonstrative	*dém*	démonstratif
dialect	*dial*	dialectal
Economics	*Eco*	Économie
Electricity, Electronics	*El*	Électricité, Électronique
Education	*Ens*	Enseignement
Ethnography	*Ethno*	Ethnographie
exclamation	*excl*	exclamatif
feminine	*f*	féminin
colloquial	*fam*	familier
figurative use	*fig*	sens figuré
Finance	*Fin*	Finance
Geography	*Géog*	Géographie
Geology	*Géol*	Géologie
Grammar	*Gr*	Grammaire
Great Britain (life & institutions)	*GB*	Grande-Bretagne (civilisation)
History	*Hist*	Histoire

Horticulture	*Hort*	Horticulture
humorous	*hum*	humoristique
indefinite	*indéf*	indéfini
indicative	*ind*	indicatif
Industry	*Ind*	Industrie
Computing	*Inf*	Informatique
interjection	*interj*	interjection
interrogative	*int*	interrogatif
invariable* *(see below)*	*inv*	invariable* *(voir ci-dessous)*
Legal	*Jur*	Juridique
Literature	*Lit*	Littérature
literary/formal use	*lit*	littéraire
idiom	*loc*	locution
masculine	*m*	masculin
Mathematics	*Math*	Mathématiques
Medicine	*Méd*	Médecine
Military	*Mil*	Militaire
Music	*Mus*	Musique
Mythology	*Myth*	Mythologie
noun	*n*	nom
Nautical	*Naut*	Nautique
numeral	*num*	numéral
Ornithology	*Orn*	Ornithologie
preterit	*p*	prétérit
pejorative	*péj*	péjoratif
personal	*pers*	personnel
Philosophy	*Phil*	Philosophie
Photography	*Phot*	Photographie
Physics	*Phys*	Physique
plural	*pl*	pluriel
Politics	*Pol*	Politique
possessive	*poss*	possessif
past participle	*pp*	participe passé
pronoun	*pr*	pronom
prefix	*préf*	préfixe
preposition	*prép*	préposition
Psychology	*Psy*	Psychologie
something	*qch*	quelque chose
somebody	*qn*	quelqu'un
quantifier	*quant*	quantificateur
Radio	*Rad*	Radio
Railways	*Rail*	Rail, chemin de fer
reciprocal	*réc*	réciproque
reflexive	*réfl*	réfléchi
regular	*rég*	régulier
relative	*rel*	relatif
Religion	*Rel*	Religion
singular	*s*	singulier
somebody, someone	*sb*	quelqu'un
Science	*Sc*	Sciences
Sports	*Sp*	Sports
something	*sth*	quelque chose
subjunctive	*subj*	subjonctif
suffix	*suf*	suffixe
superlative	*sup*	superlatif
Technology	*Tech*	Technologie
Telephone	*Téléph*	Téléphone
Theatre	*Th*	Théâtre
Television	*TV*	Télévision
Typography	*Typ*	Typographie
US (life & institutions)	*US*	États-Unis (civilisation)
verb	*v*	verbe
intransitive verb	*vi*	verbe intransitif

impersonal verb	*v imper*	verbe impersonnel
phrasal verb	*vpart*	verbe à particule
pronominal verb	*vpr*	verbe pronominal
transitive verb	*vt*	verbe transitif
transitive & intransitive verb	*vti*	verbe transitif et intransitif
vulgar	*vulg*	vulgaire
archaic	*vx*	vieux, archaïque
Zoology	*Zool*	Zoologie

* Use of *inv*

nm inv masculine noun which may refer to a woman, *(un médecin, un professeur)*;
nf inv feminine noun which may refer to a man, *(une mauviette)*;
nmpl inv masculine noun used mainly in the plural, *(pourparlers)*;
nfpl inv feminine noun used mainly in the plural, *(obsèques)*;
ns inv singular noun almost invariably confined to the singular, *(advice, furniture)*;
npl inv plural noun never used in the singular, *(antics)*;
n (pl inv) noun which has the same spelling in the plural, *(autobus, creux; sheep, aircraft)*.

* Emploi de *inv*

nm inv nom masculin qui peut désigner une femme, *(un médecin, un professeur)*;
nf inv nom féminin qui peut désigner un homme, *(une mauviette)*;
nmpl inv nom masculin pluriel inusité au singulier, *(pourparlers)*;
nfpl inv nom féminin pluriel inusité au singulier, *(obsèques)*;
ns inv nom anglais singulier qui ne s'emploie pas au pluriel, *(advice, furniture)*;
npl inv nom anglais pluriel inusité au singulier, *(antics)*;
n (pl inv) nom dont la forme reste la même au pluriel, *(autobus, creux; sheep, aircraft)*.

ANGLAIS-FRANÇAIS

A

A, a [eɪ] *n (lettre)* ‖ **A a** *m* **1** *(liste)* **10a** 10 bis *m*; *(brit Ens)* **A-levels** *npl* baccalauréat *m* **2** *(Mus)* la *m*.

a [eɪ,ə]/**an** [ən] *art indéf* **1** un *m*, une *f*; *a book, an apple, an hour* un livre, une pomme, une heure **2** par, chaque; *$2 a head* 2 dollars par personne, *twice a day* 2 fois par jour, *60 miles an hour* 60 mil(l)es à l'heure **3** *a Mr Smith came by to see you* un certain M. Smith est passé vous voir.

aback [əˈbæk] *adv he was taken ~ by their statements* il a été déconcerté par leurs déclarations.

abandon [əˈbændən] *vt* abandonner, quitter; renoncer à; *at nightfall, the police ~ed the search* à la tombée de la nuit la police a cessé les recherches.

abashed [əˈbæʃt] *adj* confus, décontenancé.

abate [əˈbeɪt] *vi* **1** *(temps, sentiments)* se calmer, faiblir **2** décroître.

abbess [ˈæbes] *n* abbesse *f*.

abbey [ˈæbɪ] *n* abbaye *f* ‖ °**abbot** *n* abbé *m*.

abbreviate [əˈbriːvɪeɪt] *vt* abréger, raccourcir ‖ **abbreviⁱation** *n* abréviation *f*.

abdicate [ˈæbdɪkeɪt] *vti* abdiquer.

abduct [æbˈdʌkt] *vt* enlever ‖ **abᵒduction** *n* enlèvement *m*, rapt *m*.

abet [əˈbet] *vt (délit)* soutenir, encourager; *he was charged with aiding and abetting the enemy* il a été accusé d'intelligence avec l'ennemi.

abeyance [əˈbeɪəns] *n in ~* en suspens.

abhor [əbˈhɔː] *vt* abhorrer, détester ‖ **abᵒhorrence** *n* horreur *f*, aversion *f* ‖ **abᵒhorrent** *adj* détestable, odieux (*f* -ieuse).

abide [əˈbaɪd] *vi* **1** *~ (by)* se conformer (à), rester fidèle (à); *players must ~ by the rules* les participants doivent respecter les règles du jeu *m* **2** supporter, tolérer; *I can't ~ her superior airs* je ne supporte pas sa suffisance.

ability [əˈbɪlətɪ] *n* **1** capacité *f* **2** aptitude *f*, compétence *f*, talent *m*; *he's a man of rare ~* c'est un homme particulièrement doué; *she did it to the best of her ~* elle l'a fait de son mieux.

abject [ˈæbdʒekt] *adj* abject, servile; *(pauvreté)* extrême.

ablaze [əˈbleɪz] *adj* en flammes; *(fig)* enflammé; *the hillside was ~ with autumn foliage* le feuillage d'automne faisait resplendir le coteau.

able [ˈeɪbl] *adj* capable (de), à même de; *will he be ~ to help us out?* sera-t-il en mesure de nous aider? *she's very ~* elle

est très capable ‖ °**able-bodied** *adj* physiquement apte.

abnormal [æbˈnɔːml] *adj* anormal.

abnormality [ˌæbnɔːˈmælətɪ] anomalie *f*; *(Méd)* malformation *f*, difformité *f*.

aboard [əˈbɔːd] *adv prép* à bord ‖ *all ~!* *(Rail)* en voiture! *(bateau)* tout le monde à bord!

abode [əˈbəʊd] *n* demeure *f*.

abolish [əˈbɒlɪʃ] *vt* abolir, supprimer ‖ **aboᵒlition** *n* abolition *f*.

aborigine [ˌæbəˈrɪdʒəniː] *n* aborigène *mf* ‖ **aboᵒriginal** *n adj* aborigène.

abort [əˈbɔːt] *vti* **1** avorter, faire avorter **2** mettre fin (à); *the launch was ~ed at the last minute* le tir a été interrompu à la dernière minute ‖ **aᵒbortion** *n* avortement *m*; *she had an ~ after the test* elle s'est fait avorter après les résultats de l'examen ‖ **aᵒbortive** *adj* avorté; infructueux; *an ~ coup* un coup d'état manqué.

abound [əˈbaʊnd] *vi* abonder.

about [əˈbaʊt] *prép* à propos de, au sujet de; *I've heard nothing ~ it* je n'en ai pas entendu parler; *it's a film ~ Edison* c'est un film sur Edison ♦ *adv* **1** environ, à peu près; *~ 15 lives were lost* il y a eu une quinzaine de morts **2** par ici, pas loin; *she's somewhere ~* elle est dans le coin/les parages **3** ici et là; *there were papers strewn ~ everywhere* il y avait des feuilles éparpillées partout; *(fig) how did he go ~ explaining his actions?* comment s'y est-il pris/a-t-il fait pour expliquer son comportement? **4** *be ~ to* être sur le point de; *she was ~ to call the police* elle était sur le point d'appeler la police ‖ **about-°face** *n* **1** volte-face *f (pl inv)* **2** *(Mil)* about-face! demi-tour!

above [əˈbʌv] *adv* au-dessus de, en haut; *we accept checks for £10 and ~* nous acceptons les chèques à partir de 10 livres ♦ *prép* au-dessus de; *~ and beyond/over and ~ our differences, we agreed on that point* malgré nos différences, nos analyses concordaient sur ce plan ♦ *adj the ~-mentioned clause* la clause citée ci-dessus ‖ **above°board** *adj* honnête; *it was an ~ deal* c'était une affaire régulière.

abrasion [əˈbreɪʒn] *n* abrasion *f*; *(Méd)* écorchure *f* ‖ **aᵒbrasive** *n* abrasif *m* ♦ *adj* abrasif (*f* -ive); *(personne)* caustique.

abreast [əˈbrest] *adv* **1** *when the troops drew ~ of the crowd, they stopped* à hauteur de la foule, les soldats s'arrêtèrent; *4 ~ 4* de front **2** *wherever I am, I try to keep ~ of the news* où que je sois, j'essaie de suivre l'actualité.

abridge [əˈbrɪdʒ] *vt (livre, texte)* abréger.

abroad [əˈbrɔːd] *adv* **1** à l'étranger; *she is from ~* elle vient de l'étranger **2** au-dehors ; *there's a feeling* ~ *that it's time to act* de l'avis général, il est temps d'agir.

abrupt [ə'brʌpt] *adj* **1** soudain ; *it was an* ~ *departure* ce fut un départ inattendu **2** brusque ; *she made an* ~ *reply* elle répondit d'un ton sec **3** raide ; *the plane started an* ~ *descent* l'avion amorça une descente abrupte.

abscess ['æbsɪs] *n* abcès *m*.

absence ['æbsəns] *n* absence *f* ; manque *m* ; *in the* ~ *of further data...* tant que l'on n'aura pas d'autres renseignements... ; *leave of* ~ congé *m* ‖ °**absent** *adj* absent.

absent [æb'sent] *vt (from)* s'absenter (de) ‖ **absen°tee** *n* absentéiste *mf* ; *(amér)* ~ *ballot* bulletin de vote par correspondance ‖ **absent-°minded** *adj* distrait.

absolute ['æbsəluːt] *adj* absolu, total ‖ **abso°lutely** *adv* absolument.

absolve [əb'zɒlv] *vt (from)* absoudre (de), acquitter (de).

absorb [əb'sɔːb] *vt* absorber, *(bruit, choc)* amortir ; *he was* ~*ed in a book* il était plongé dans un livre ‖ **ab°sorbent** *adj* absorbant ‖ **ab°sorbing** *adj* passionnant, captivant.

abstain [əb'steɪn] *vi* s'abstenir de ; *please* ~ *from smoking* veuillez ne pas fumer.

abstemious [æb'stiːmjəs] *adj (repas)* frugal, *(personne)* sobre, tempérant.

abstract ['æbstrækt] *adj* abstrait ◆ *n* résumé *m* ‖ **ab°stract** *vt* extraire, retirer.

abundance [ə'bʌndəns] *n* abondance *f* ‖ **a°bundant** *adj* abondant.

abuse¹ [ə'bjuːs] *n* **1** insultes *fpl*, injures *fpl* **2** *(pouvoir)* abus *m* ; *child* ~ mauvais traitement à enfant.

abuse² [ə'bjuːz] *vt* **1** *(insulte)* injurier **2** maltraiter **3** abuser (de) ‖ **a°bused** *adj* ~*d child* enfant *mf* maltraité, enfant martyr ‖ **a°buser** *n child* ~ bourreau *m* d'enfant ‖ **a°busive** *adj* **1** injurieux *(f -ieuse)* **2** grossier *(f -ière)* **3** abusif *(f -ive)*.

abysmal [ə'bɪzml] *adj (fig)* exécrable, épouvantable.

abyss [ə'bɪs] *n* abîme *m*, gouffre *m*.

academy [ə'kædəmɪ] *n* **1** institut *m*, école *f* ; *we used to go to a riding* ~ nous fréquentions un club hippique ‖ **aca°demic** *n* universitaire *mf* ◆ *adj* scolaire, universitaire ; *(fig) from a purely* ~ *viewpoint* d'un point de vue purement théorique.

accede [æk'siːd] *vi* **1** *(demande) (to)* consentir *(à)* **2** *(position, trône) (to)* accéder (à).

accelerate [æk'seləreɪt] *vti* accélérer, précipiter ‖ **ac°celerator** *n* accélérateur *m*.

accent ['æksənt] *n* accent *m* ‖ **ac°centuate** *vt* accentuer.

accept [ək'sept] *vt* accepter ; admettre ‖ **ac°ceptance** *n* acceptation *f*, approba-

tion *f* ‖ **ac°cepted** *adj* reconnu, usuel ; ~ *pronunciation* prononciation habituelle.

access¹ ['ækses] *n (to)* accès *m* (à).

access² ['ækses] *vt (Inf) he* ~*ed the file without a password* il a pu accéder au fichier sans mot de passe.

accessory [ək'sesərɪ] *adj n* accessoire *m*.

accident ['æksɪdənt] *n* accident *m* ; *I'm sorry, it was an* ~ excusez-moi, je ne l'ai pas fait exprès ; *she bumped into him by* ~ elle l'a rencontré par hasard ‖ **acci°dental** *adj* accidentel *(f -elle)*.

acclaim [ə'kleɪm] *ns inv* acclamations *fpl* ◆ *vt* acclamer, applaudir.

acclimatize [ə'klaɪmətaɪz] *vt (to)* s'acclimater (à).

accommodate [ə'kɒmədeɪt] *vt* **1** recevoir ; contenir **2** *(to)* s'adapter (à) ‖ **accommo°dation** *n* **1** *(permanent)* logement *m* ; *(temporaire)* hébergement *m* ; *(fam) the* ~ *was nothing to write home about* le confort était plutôt sommaire **2** adaptation *f*.

accompany [ə'kʌmpənɪ] *vt* accompagner.

accomplice [ə'kʌmplɪs] *n* complice *m*.

accomplish [ə'kʌmplɪʃ] *vt* accomplir, exécuter ; *she* ~*ed a great deal during her term of office* elle a réalisé beaucoup de choses durant son mandat ‖ **a°ccomplished** *adj* talentueux, accompli ‖ **a°ccomplishment** *n* **1** talent *m* **2** *it was quite an* ~ c'était une réalisation remarquable **3** achèvement *m*.

accord [ə'kɔːd] *n* accord *m* ; *I went of my own* ~ j'y suis allé de mon propre gré ◆ *vti* (s')accorder ; concorder ‖ **a°ccordance** *n (loc) in* ~ *with* conformément à ‖ **a°ccording** *loc adv* ~ *to* selon ; ~ *to him, she was crazy* d'après lui, elle était folle ; *we organized the groups* ~ *to level* nous avons organisé les groupes en fonction de leur niveau ‖ **a°ccordingly** *adv* en conséquence.

accordion [ə'kɔːdjən] *n* accordéon *m*.

account [ə'kaʊnt] *n* **1** récit *m*, compte *m* rendu ; *by his own* ~/*by all* ~*s, it was a failure* c'est que qu'il a dit/de l'avis général, c'était un échec **2** *(Fin)* compte *m* ; ~*s department* (service de) la comptabilité ; *who keeps the* ~*s?* qui tient les comptes/livres ? ~*s payable* comptes fournisseurs, dettes ; ~*s receivable* comptes clients, créances ; *the meal went onto my expense* ~ j'ai mis le repas sur ma note de frais **3** *on* ~ *of* à cause de ; *we took the weather into* ~ nous avons tenu compte du temps ; *on no* ~ *should you accept his offer* vous ne devez en aucun cas accepter son offre ◆ *vi* expliquer ; *there's no* ~*ing for tastes* chacun son goût ‖ **a°ccountable** *adj (for, to)* responsable (de, devant) ‖ **accounta°bility** *n* responsabilisation *f*; *the key to customer service is personal* → assurer un service de qualité aux clients suppose que chaque employé soit responsabilisé ‖ **a°ccountancy** *n* comptabilité *f* ‖ **a°ccountant** *n* comptable *mf*.

accrued [ə'kru:d] *adj* ~ *interest* intérêts courus.

accumulate [ə'kju:mjʊleɪt] *vti* (s')accumuler.

accuracy ['ækjʊrəsɪ] *n* précision *f*; exactitude *f* ‖ **°accurate** *adj* exact, précis.

accusation [ˌækjuːˈzeɪʃn] *n* accusation *f*.

accuse [ə'kju:z] *vt* (*of*) accuser (de) ‖ **a°ccused** *n* accusé *m*; prévenu *m* ‖ **a°ccuser** *n* accusateur (*f* -trice) ‖ **a°ccusing** *adj* accusateur (*f* -trice).

accustomed [ə'kʌstəmd] *adj* **1** habituel (*f* -elle) **2** habitué; *we'd grown* ~ *to his criticism* nous nous étions habitués à ses critiques.

ace [eɪs] *n* as *m*; (*brit argot*) *it's absolutely* ~ c'est génial !

ache [eɪk] *n* douleur *f*, mal *m*; *head*~ mal de tête; *stomach* ~ mal au ventre; *tooth*~ rage *f* de dents; (*fig*) *his affairs caused her great heart*~ ses liaisons lui brisaient le cœur ◆ *vi* **1** faire mal, être douloureux **2** avoir une forte envie; *I was aching to give her a piece of my mind* je brûlais d'envie de lui dire exactement ce que j'en pensais ‖ **°aching** *adj* douloureux (*f* -euse); *oh, my* ~ *back!* comme j'ai mal au dos !

achieve [ə'tʃi:v] *vt* **1** réaliser; accomplir; *he* ~*d what he'd set out to do* il a atteint les objectifs qu'il s'était fixés ‖ **a°chievement** *n* réussite *f*; *it was quite an* ~ c'était un véritable exploit.

acid ['æsɪd] *n* acide *m* ◆ *adj* acide; ~ *rain* les pluies acides; (*fig*) acerbe ‖ **°acidly** *adv* "*don't let it worry you*" *she said* « ne te fais pas de souci pour cela », dit-elle d'un ton mordant.

acknowledge [ək'nɒlɪdʒ] *vt* **1** reconnaître, admettre **2** répondre (à); (*lettre*) accuser réception (de) **3** exprimer (sa reconnaissance) ‖ **ack°nowledged** *adj* reconnu ‖ **ack°nowledg(e)ment 1** reconnaissance *f*; (*auteur*) remerciements *mpl* **2** avis *m* de réception.

acne ['æknɪ] *n* acné *f*.

acorn ['eɪkɔ:n] *n* (*chêne*) gland *m*.

acoustics [ə'ku:stɪks] *n* acoustique *f*.

acquaint [ə'kweɪnt] *vt* **1** informer; *we were* ~*ed with the facts* nous étions au courant des faits **2** connaître; *I'm* ~*ed with his sister* je connais sa sœur; *don't go! we haven't had time to get* ~*ed* ne partez pas ! nous n'avons pas encore eu le temps de faire connaissance ‖ **a°cquaintance** *n* **1** connaissance *f*; *I made her* ~ *last summer* j'ai fait sa connaissance l'été

dernier **2** relation *f*; *to tell you the truth, he's just an* ~ pour tout vous dire, je le connais à peine.

acquiesce [ˌækwɪ'es] *vi* (*in*) consentir (à).

acquire [ə'kwaɪə] *vt* acquérir; *truffles are an* ~*d taste* il faut apprendre à apprécier les truffes ‖ **acqui°sition** *n* acquisition *f*; *the firm made three major* ~*s in 1990* la société a procédé à trois rachats importants en 1990.

acquit [ə'kwɪt] *vt* acquitter; (*Fin*) régler, payer ‖ **a°cquittal** *n* (*Jur*) acquittement *m*.

acre ['eɪkə] *n* arpent *m*; 0,4 hectare *m*.

acrid ['ækrɪd] *adj* âcre; (*fig*) acerbe.

acronym ['ækrənɪm] *n* sigle *m*.

across [ə'krɒs] *prép* **1** de l'autre côté de; *she lived* ~ *the street* elle habitait en face **2** d'un côté à l'autre; *we waded* ~ *the stream* nous avons traversé la rivière à pied; *they'd scrawled graffiti* ~ *the storefront* ils avaient couvert de graffiti la devanture du magasin ◆ *adv* **1** *the sign was one meter* ~ le panneau faisait un mètre de large **2** de l'autre côté; (*fig*) *I couldn't get it* ~ je n'ai pas pu le lui faire comprendre ‖ **a°cross-the-board** *adj* général; *software suppliers applied an* ~ *price cut* les distributeurs de logiciels ont appliqué une réduction de prix sur toute la gamme.

acrylic [ə'krɪlɪk] *adj* acrylique.

act [ækt] *n* **1** action *f*, acte *m*; *he was caught in the* ~ il a été pris en flagrant délit **2** loi *f* **3** (*Th*) acte *m*, (*spectacle*) numéro *m*; (*fam*) *I'd love to get in on the* ~*!* comme j'aimerais participer (au projet) ! *don't believe him – it's all a big* ~ ne le prends pas au sérieux, il joue la comédie; (*Jur*) ~ *of God* cas *m* de force majeure; ~ *of war* fait *m* de guerre ◆ *vi* **1** agir, se conduire; *we* ~*ed on your advice* nous avons suivi tes conseils **2** (*Th*) jouer; faire semblant ‖ ~ *chairman* président par intérim ◆ *n* (*Th*) *her* ~ *is pitiful* elle joue très mal.

action ['ækʃn] *n* **1** action *f*; (*brit*) *take industrial* ~ faire grève *f*; *engine 2 is out of* ~ le moteur n° 2 ne fonctionne plus; *she's been out of* ~ *for a month now* cela fait un mois qu'elle est en arrêt de travail; *the measures were put into* ~ *immediately* les mesures ont été mises à exécution tout de suite **2** acte *m*; (*Jur*) action *f* en justice; *she took legal* ~ *against her employer* elle a intenté un procès contre son employeur **3** (*Mil*) combat *m*; *he saw* ~ *in the Falklands* il a combattu aux Malouines; *killed in* ~ tombé au champ d'honneur.

activate ['æktɪveɪt] *vt* activer ‖ **°active** *adj* actif (*f* -ive) ‖ **°actively** *adv* activement *m* ‖ **°activist** *n* activiste *mf*; militant *m* ‖ **ac°tivity** *n* activité *f*; agissements *mpl*.

actor ['æktə] *n* acteur *m* ‖ **°actress** *n* actrice *f*.

actual ['æktʃʊəl] *adj* réel, véritable, vrai; *in ~ fact* en fait ‖ **°actually** *adv* en réalité *f*; *~, I could(n't) care less* à vrai dire, je m'en fiche.

actuary ['æktjʊərɪ] *n* (*assurances*) actuaire *m*.

acumen ['ækju:mən] *n* flair *m*, finesse *f*; *business ~* sens *m* des affaires.

acupuncture ['ækju:pʌŋktʃə] *n* acuponcture ‖ **acu°puncturist** *n* acuponcteur *m*.

acute [ə'kju:t] *adj* (*sens, accent*) aigu (*f* -uë), sévère; intense, vif (*f* vive); *there was an ~ shortage of drinking water* la pénurie d'eau potable était devenue critique; *~ observers had predicted his fall* les observateurs avertis avaient prévu sa chute ‖ **a°cutely** *adv* intensément; *we were ~ aware of his failings* nous n'étions que trop conscients de ses défauts.

ad [æd] *n* = **ad°vertisement**; *you could try running an ~* vous pourriez passer une annonce; (*amér*) *the want ~s / classified ~s* les petites annonces.

adamant ['ædəmənt] *adj* inflexible.

adapt [ə'dæpt] *vti* (*to*) (s')adapter, (s')ajuster (à) ‖ **a°daptor** *n* adaptateur *m*; prise *f* multiple.

add [æd] *vt* **1** (*to, that*) ajouter (à, que) **2** (*Math*) additionner; *which ~s up to...* ce qui se chiffre à/fait au total...; (*aussi fig*) ce qui signifie...; (*fig*) *it all ~s up* tout s'explique; *it just doesn't ~ up* il y a quelque chose qui cloche ‖ **°additive** *n* additif *m*.

adder ['ædə] *n* vipère *f*.

addict ['ædɪkt] *n* intoxiqué(e) *m(f)*; *drug ~* toxicomane *mf*; *jazz ~* fanatique *mf* de jazz ‖ **a°ddicted** *adj* *he's ~ to comics* c'est un mordu/accro des bandes dessinées; *he's ~ to heroin* il s'adonne à l'héroïne ‖ **a°ddiction** *n* (*Méd*) dépendance *f*.

addition [ə'dɪʃn] *n* augmentation *f*; (*Math*) addition *f*; *in ~, I don't trust him* de plus, je ne lui fais pas confiance ‖ **a°dditional** *adj* supplémentaire.

address [ə'dres] *n* **1** (*poste*) adresse *f* **2** discours *m*; (*amér*) *public ~ system* haut-parleurs *mpl*, sonorisation *f* ◆ *vt* **1** (s')adresser (à); *the bulletin ~ed local residents' concerns* le bulletin s'attaquait aux préoccupations des habitants; *she ~ed the board meeting* elle a pris la parole devant le conseil d'administration ‖ **ad-dre°ssee** *n* destinataire *mf*.

adept ['ædept] *adj* habile, expert.

adequate ['ædɪkwət] *adj* suffisant, proportionné, satisfaisant; *he turned in an ~ performance* il s'en est acquitté convenablement (sans plus).

adhere [əd'hɪə] *vi* (*to*) adhérer (à) ‖ **ad°hesive** *n* adhésif *m* ◆ *adj* adhésif (*f* -ive); *~ tape* (*brit*) scotch *m*; *~ labels* étiquettes *fpl* autocollantes.

adjacent [ə'dʒeɪsənt] *adj* (*to*) contigu (*f* -guë) (à), adjacent.

adjective ['ædʒɪktɪv] *n* adjectif *m*.

adjoining [ə'dʒɔɪnɪŋ] *adj* voisin.

adjourn [ə'dʒɜ:n] *vti* **1** ajourner, renvoyer **2** arrêter, suspendre *the meeting was ~ed at 5 p.m.* la séance fut levée à 17 heures.

adjudicate [ə'dʒu:dɪkeɪt] *vt* juger.

adjust [ə'dʒʌst] *vt* **1** régler, ajuster **2** corriger; *~ed for inflation* en monnaie constante ◆ *vi* (*to*) s'adapter (à); *she's a happy, well-~ed child* c'est une enfant heureuse, bien dans sa peau ‖ **ad°just-ment** *n* **1** rajustement *m*, réglage *m* **2** (*fisc*) redressement *m*.

ad-lib [æd'lɪb] *vti* improviser.

administer [əd'mɪnɪstə] *vt* **1** gérer, administrer **2** (*Méd*) faire prendre; *~ an oath of office (to)* faire prêter serment (à) ‖ **admini°stration** *n* administration *f*; (*amér*) (*Pol*) gouvernement *m* ‖ **ad°min-istrative** *adj* administratif (*f* -ive) ‖ **ad°ministrator** *n* administrateur *m* (*f* -trice).

admiral ['ædmərəl] *n* amiral *m*.

admire [əd'maɪə] *vt* admirer ‖ **admir°a-tion** *n* admiration *f* ‖ **ad°mirer** *n* admirateur *m* (*f* -trice) ‖ **ad°miring** *adj* admiratif (*f* -ive).

admissible [əd'mɪsəbl] *adj* acceptable.

admission [əd'mɪʃn] *vt* **1** admission *f*, entrée *f*; (*Ens*) *~s office* service des inscriptions **2** aveu *m*.

admit [əd'mɪt] *vti* **1** admettre, laisser entrer; faire entrer **2** avouer; *I('ll) ~ to be-ing somewhat reticent* j'avoue que je ne suis pas très chaud; *~ (to) a crime* reconnaître avoir commis un crime; *we had to ~ defeat* nous avons dû reconnaître la défaite ‖ **ad°mittance** *n* admission *f*; *no ~* défense d'entrer, accès interdit ‖ **ad°mittedly** *adv* ~, *we could have done better* il faut reconnaître que nous aurions pu faire mieux.

admonish [əd'mɒnɪʃ] *vt* réprimander.

adolescent [ˌædə'lesnt] *n* adolescent(e) *m(f)* ‖ **ado°lescence** *n* adolescence *f*.

adopt [ə'dɒpt] *vt* adopter; *Eric ~ed a conciliatory tone* Éric a répondu sur un ton conciliatoire ‖ **a°dopted** *adj* adopté, adoptif (-ive); *he sided with his ~ country* il a pris la défense de son pays d'adoption.

adore [ə'dɔ:] *vt* adorer.

adorn [ə'dɔ:n] *vt* parer, orner.

adrift [ə'drɪft] *adj adv* à la dérive; (*fig*) *he felt ~ when he arrived in town* à son arrivée en ville, il se sentit désemparé.

adult ['ædʌlt] *adj n* adulte *mf*; *~ educa-*

tion formation continue, cours pour adultes; *for ~s only* interdit aux moins de 18 ans.

adulterate [əˈdʌltəreɪt] *vt (denrées)* falsifier, frelater.

adultery [əˈdʌltərɪ] *n* adultère *m*.

advance [ədˈvɑːns] *n* **1** avance *f*, progrès *m*; *let me know a few days in ~* préviens-moi quelques jours à l'avance; *~s propositions fpl*; *he made ~s to rival factions* il s'est montré prêt à négocier avec les factions rivales **2** *(argent)* avance *f* ♦ *adj (paiement)* anticipé; *~ warning* avertissement *m* ♦ *vti* avancer ‖ **adˈvanced** *adj* avancé; *~ technology* technologie *f* de pointe ‖ **adˈvancement** *n* avancement *m*, promotion *f*.

advantage [ədˈvɑːntɪdʒ] *n* avantage *m*; *they took terrible ~ of her at the start* ils l'ont vraiment exploitée au début; *it's to your ~* c'est dans votre intérêt ‖ **advanˈtageous** *adv* avantageux (*f* -euse).

advent [ˈædvənt] *n* venue *f*; *with the ~ of computers, industry changed forever* l'arrivée de l'informatique a transformé le secteur industriel à tout jamais; *A~* l'Avent *m*.

adventure [ədˈventʃə] *n* aventure *f* ♦ *adj (film, récit)* d'aventures ‖ **adˈventurous** *adj* aventureux (*f* -euse), hardi.

adverb [ˈædvɜːb] *n* adverbe *m*.

adversary [ˈædvəsərɪ] *n* adversaire *mf*.

adverse [ˈædvɜːs] *adj* défavorable ‖ **adˈversity** *n* adversité *f*.

advert [ˈædvɜːt] *(brit)* = **advertisement**.

advertise [ˈædvətaɪz] *vti* faire de la publicité (pour); *we ~d in the local paper* nous avons fait paraître une annonce dans le journal local; *they ~d for a secretary* ils ont recherché une secrétaire (par voie d'annonce) ‖ **advertisement** [ədˈvɜːtɪsmənt] *n* annonce *f*, publicité *f* ‖ **ˈadvertiser** *n* annonceur *m* ‖ **ˈadvertising** *n* publicité *f*; *(fam)* pub *f*; *~ agency* agence *f* de publicité ♦ *adj* publicitaire.

advice [ədˈvaɪs] *ns inv* avis *m*, conseils *mpl*; *I need some ~* j'ai besoin de conseils; *a word/piece of ~* un conseil; *take my ~: don't go* je te déconseille d'y aller **2** *(Com)* avis *m*.

adˈvisable [ədˈvaɪzəbl] *adj* judicieux, conseillé ‖ **adˈvise** *vt* **1** conseiller **2** aviser, informer; *please ~ us of any change in schedule* veuillez nous signaler toute modification du planning ‖ **adˈviser/adˈvisor** *n* conseiller *m* (*f* -ère); *special ~* chargé de mission, conseiller spécial *f* ‖ **adˈvisory** *n* consultatif; *~ services* services de conseil.

advocate[1] [ˈædvəkət] *n* partisan *m* he was *a leading ~ of human rights* c'était un champion des droits de l'homme.

advocate[2] [ˈædvəkeɪt] *vt* soutenir, préconiser.

aerial [ˈeərɪəl] *n (Rad TV)* antenne *f* ♦ *adj* aérien (*f* -ienne).

aero [ˈeərəʊ] *préf* aéro; *~nautics* l'aéronautique *f*; *(brit) ~plane* avion *m*; *the ~space industry* l'industrie aérospatiale.

aesthetic [iːsˈθetɪk] *adj* esthétique ‖ **aesˈthetics** *n* l'esthétique *f*.

afar [əˈfɑː] *adv* (au) loin.

affair [əˈfeə] *n* **1** affaire *f*; *this is a sorry state of ~s* nous voilà dans de beaux draps **2** liaison *f* (amoureuse).

affect [əˈfekt] *vt* **1** avoir un effet (sur); *(Méd)* agir (sur) **2** affecter; *I was deeply ~ed by his gesture* son geste m'a beaucoup touché ‖ **afˈfected** *adj (style)* précieux, maniéré.

affection [əˈfekʃn] *n* affection *f* ‖ **afˈfectionate** *adj* affectueux (*f* -euse).

affiliate[1] [əˈfɪlɪət] *n* filiale *f*.

affiliate[2] [əˈfɪlɪeɪt] *vt (to, with)* affilier (à); *~d company* filiale *f* ‖ **affilˈiation** *n* affiliation *f*, *(fig)* lien *m*.

affinity [əˈfɪnɪtɪ] *n* affinité *f*.

affirm [əˈfɜːm] *vt (that)* soutenir, affirmer (que) ‖ **afˈfirmative** *adj* affirmatif (*f* -ive) *(US) ~ action* politique active de promotion en faveur des minorités.

afflict [əˈflɪkt] *vt* affliger.

affluence [ˈæfluəns] *n* opulence *f*, richesse *f* ‖ **ˈaffluent** *adj* riche; *the ~ society* la société d'abondance.

afford [əˈfɔːd] *vt* **1** avoir les moyens (de se payer); *I can't ~ a new car* je ne peux pas m'offrir une nouvelle voiture; *(fig) she can't ~ to lose* elle ne peut pas se permettre de perdre **2** fournir; *the radio ~ed him hours of enjoyment* la radio lui a procuré des heures de plaisir.

affront [əˈfrʌnt] *n* affront *m* ♦ *vt* insulter *I was deeply ~ed by his words* je me sentais profondément blessé par ses paroles.

afire [əˈfaɪə] *adv* en feu.

aflame [əˈfleɪm] *adv* en flammes.

afloat [əˈfləʊt] *adv (aussi fig)* à flot; *he stayed ~ until the rescuers arrived* il a pu surnager jusqu'à l'arrivée des secours.

afoot [əˈfʊt] *adv there's something ~* il se prépare quelque chose.

afore [əˈfɔː] *adv prép* avant; *~mentioned* susmentionné; *~said* ci-dessus mentionné.

afraid [əˈfreɪd] *adj* **1** qui a peur; *I'm ~ to go into that neighbo(u)rhood* j'ai peur d'aller dans ce quartier; *I'm ~ of seeing him again* j'ai peur de le revoir; *I'm ~ he'll hurt me* j'ai peur qu'il ne me fasse mal **2** *(excuse) I'm ~ I can't make it tonight* désolée, mais je ne pourrai pas y aller ce soir; *I'm ~ so* hélas, oui.

afresh [əˈfreʃ] *adv* de nouveau; *it's too*

late to start ~ il est trop tard pour tout recommencer.

aft [ɑːft] *adv* (Naut) à l'arrière.

after [ˈɑːftə] *prép* **1** après ; *the day* ~ *tomorrow* après-demain ; ~ *all* après tout **2** *be* ~ rechercher ; *the police are* ~ *him* la police le recherche ; *he's just* ~ *a quick buck* il ne cherche qu'à se faire de l'argent facile ◆ *adv* après *immediately* ~ tout de suite après ; *the week* ~ la semaine suivante ◆ *conj* après que || °**afterbirth** *n* placenta *m* || °**after-effects** *n* suites *fpl* ; *the* ~ *of radiation* les séquelles *fpl* de l'ir-radiation || °**aftermath** *n* suites *fpl* ; *in the immediate* ~ *of the fire* dans les heures qui suivirent l'incendie ; *the* ~ *of war* les séquelles de la guerre || **after°noon** *n* **1** après-midi *m* **2** *good* ~! *(arrivée)* bon-jour ! *(départ)* bon après-midi ! /au revoir ! || **after-°sales service** *n* service *m* après-vente || °**aftertaste** *n* arrière-goût *m* || °**afterthought** *n* pensée *f* après coup ; *suddenly he had* ~*s about the whole business* tout d'un coup il avait des doutes sur toute l'affaire, après. || °**afterwards** *adv* en-suite, après.

again [əˈgen] *adv* encore (une fois), de nouveau ; *never* ~! plus jamais ! *now and* ~ de temps à autre ; *then* ~, *he is often right* d'un autre côté, il a souvent raison.

against [əˈgenst] *prép* **1** contre ; *he's* ~ *the whole idea* il s'oppose à l'idée même ; ~ *all logic, she agreed* contrairement à toute logique, elle a été d'accord **2** en prévision de ; *he put some money by* ~ *his retirement* il a mis de l'argent de côté en vue de la retraite.

age [eɪdʒ] *n* **1** âge *m* ; *she's 21 years of* ~ elle a 21 ans ; *what's your* ~? quel âge as-tu ? *is there an* ~ *limit?* y a-t-il une limite d'âge ? *he's under* ~ il est mineur ; ~ *bracket/group* tranche d'âge ; *come of* ~ devenir majeur, *(fig) we came of* ~ *in the 60's* nous avons grandi dans les années 60 ; *old* ~ la vieillesse *f* **2** époque *f* ; *the Ice Age* l'Ère glacière ; *the Middle Ages* le Moyen Âge **3** ~*s pl (fam)* des siècles *mpl* ; *it's been* ~*s!* cela fait une éternité ! ◆ *vti* vieillir.

aged[1] [ˈeɪdʒd] *adj* âgé (de).

aged[2] [ˈeɪdʒɪd] *adj* très âgé ◆ *n the* ~ les vieillards *mpl*/les personnes *fpl* âgées.

ageless [ˈeɪdʒlɪs] *adj* toujours jeune ; ~ *appeal* attrait *m* éternel.

agency [ˈeɪdʒənsɪ] *n* agence *f* ; succursale *f*, bureau *m* **2** *through the* ~ *(of)* par l'intermédiaire (de).

agenda [əˈdʒendə] *n* ordre *m* du jour ; *there are two more items on the* ~ il reste deux questions à l'ordre du jour ; *(fig) we have a full* ~ nous avons un programme bien rempli.

agent [ˈeɪdʒənt] *n* agent *mf*, représentant

m ; mandataire *mf* ; *sole* ~ dépositaire *m*, concessionnaire *m* exclusif.

aggravate [ˈægrəveɪt] *vt* **1** aggraver **2** agacer ; *his whistling* ~*s me* ses sifflo-tements m'énervent.

aggregate[1] [ˈægrɪgət] *adj n* ensemble *m* ; *the* ~ *figure is much higher* le chiffre global est nettement plus important.

aggregate[2] [ˈægrɪgeɪt] *vt* agréger.

aggressive [əˈgresɪv] *adj* agressif *(f* -ive*)* ; *an* ~ *sales team* une équipe commerciale très dynamique || **a°ggress-iveness** *n* agressivité *f*.

aggrieved [əˈgriːvd] *adj (by)* chagriné (par).

aghast [əˈgɑːst] *adj* atterré.

agile [ˈædʒaɪl] *adj* agile ; *Roger has an* ~ *mind* Roger a l'esprit vif.

a°gility [əˈdʒɪlətɪ] *n* agilité *f*.

agitate [ˈædʒɪteɪt] *vt* **1** remuer, agiter **2** émouvoir ◆ *vi* mener une campagne (en faveur de, contre) || **a°gitated** *adj* agité, excité || **agi°tation** *n* agitation *f* || °**agi-tator** *n* agitateur *(f* -trice*)*.

agnostic [ægˈnɒstɪk] *adj n* agnostique *mf*.

ago [əˈgəʊ] *adv how long* ~? il y a combien de temps ? *a month* ~ il y a un mois ; *long* ~ il y a longtemps.

agonize [ˈægənaɪz] *vt (over)* avoir des an-goisses *fpl* (à propos de) || °**agonizing** *adj* déchirant, angoissant || °**agony** *n (douleur physique)* douleur *f* extrême ; *(mental)* angoisse *f* ; *(brit)* ~ *column* courrier *m* du cœur.

agree [əˈgriː] *vti* **1** *(with)* être d'accord (avec) ; *I* ~ *with you* je partage votre avis ; *I couldn't* ~ *less* je ne suis absolument pas d'accord **2** consentir (à) ; accepter ; *she* ~*d to say nothing* elle a promis de ne rien dire ; *I* ~ *it won't be easy, but...* je re-connais que ça ne sera pas facile, mais... **3** se mettre d'accord ; *we* ~*d on a date* nous avons convenu d'une date **4** *(gram-maire) (with)* s'accorder (avec) **5** *(santé) country living* ~*s with me* la vie à la cam-pagne me réussit || **a°greeable** *adj* agréa-ble, aimable || **a°greed** *adj* convenu || **a°greement** *n (général)* accord *m* ; *we came to/reached an* ~ nous sommes tombés d'accord ; *we're all in* ~ nous sommes tous d'accord ; *(Com)* accord *m*, contrat *m*, convention *f* ; *(Fin) sharehold-ers'* ~ pacte *m* d'actionnaires.

agricultural [ˌægrɪˈkʌltʃərəl] *adj* agricole || °**agriculture** *n* agriculture *f*.

aground [əˈgraʊnd] *adv* (Naut) *the ship ran* ~ le navire s'est échoué.

ahead [əˈhed] *adv* en avance, en avant ; *I reserved* ~ j'ai réservé à l'avance ; *we've got to plan* ~ il faut penser à l'avenir ; *they went on* ~ ils sont partis devant ; *he's* ~ *of his time* il est en avance sur son épo-que ; *she's eager to get* ~ elle veut réussir

alive

dans la vie ; *go ~ and ask!* vas-y, demande ! *we've got a lot of work ~ (of us)* nous avons beaucoup à faire.

ahoy [ə'hɔɪ] *interj ship ~!* ohé, le navire !

aid [eɪd] *n* **1** aide *f*, assistance *f* ; *first ~* premiers secours *mpl* ; *foreign ~* aide *f* au développement ; *legal ~* assistance *f* juridique ; *a concert in ~ of cancer research* un concert au profit de la recherche sur le cancer ; *we rushed to his ~* nous nous sommes précipités pour lui venir en aide **2** *appareil m* de secours ; *hearing ~* prothèse *f* auditive ◆ *vt* aider ; secourir.

aide [eɪd] *n* assistant *m*, aide *mf*.

aids [eɪdz] *ns inv* (Méd) sida *m* ; *~ sufferer* malade *mf* du sida ; sidéen *m* (*f* -enne).

ailing ['eɪlɪŋ] *adj* souffrant ; *he took care of his ~ mother* il s'est occupé de sa mère malade ; *the economy was ~* l'économie battait de l'aile.

ailment ['eɪlmənt] *n* maladie *f*, indisposition *f* ; *they described their various ~s* ils passaient en revue leurs ennuis de santé.

aim [eɪm] *n* objectif *m*, but *m* ; *I took careful ~* j'ai visé soigneusement ◆ *vti* **1** (to) avoir l'intention (de) *she ~s to win first prize* elle compte remporter le premier prix ; *we ~ to please* nous sommes à votre service **2** viser ; *I ~ed at the window* j'ai visé la fenêtre ; *he ~ed a blow at my head* il me lança un coup à la tête **3** (*fusil*) (*at*) braquer (sur) || **°aimless** *adj* futile, sans but.

air [eə] *n* **1** air *m* ; *by ~* par avion ; *there's something in the ~* il se prépare quelque chose ; (*fig*) *they left us up in the ~* ils sont restés vagues **2** (*Mus*) air *m* **3** (*Rad, TV*) *be on the ~* émettre ; (*personne*) être à l'antenne **4** (*manière*) air *m* ; *with an ~ of sympathy* d'un air compatissant ; *put on ~s* se donner des airs ◆ *vt* **1** aérer, faire aérer **2** faire connaître ; *we got to ~ our grievances* nous avons pu formuler nos doléances || **°air base** *n* base *f* aérienne || **°air bed** *n* (*brit*) (*amér* **°air mattress**) matelas *m* pneumatique || **°airborne** *adj we were ~ at last* l'avion avait fini par décoller ; (*Mil*) *~ divisions* divisions aéroportées || **°air-conditioned** *adj* climatisé || **°air-conditioning** *n* climatisation *f* || **°aircraft** *n* (*pl inv*) avion *m* || **°aircraft carrier** *n* porte-avions *m* || **°airfield** *n* aérodrome *m* || **°air force** *n* armée *f* de l'air || **°airgun** *n* fusil *m* à air comprimé || **°air hostess** *n* (*brit*) hôtesse *f* de l'air || **°airing** *n* **1** *give these blankets an ~* mettez ces couvertures à l'air **2** expression *f* ; *he gave his ideas on democracy an ~* il a sorti ses idées sur la démocratie || **°airlift** *n* pont *m* aérien || **°airline** *n* ligne/compagnie *f* aérienne || **°airlock** *n* sas *m* || **°airmail** *adv n* par

avion || **°airplane** *n* (*amér*) avion *m* || **°air pocket** *n* trou *m* d'air || **°airport** *n* aéroport *m* || **°air raid** *n* raid *m* aérien || **°airship** *n* dirigeable *m* || **°airsick** *adj be ~* avoir le mal de l'air || **°airspace** *n* espace *m* aérien || **°airtight** *adj* hermétique ; *an ~ case* un dossier en béton || **air-traffic con°trol** *n* contrôle *m* aérien ; *~(l)er n* contrôleur *m* aérien || **°airwaves** *npl* (*Rad*) ondes *fpl* || **°airy** *adj* **1** (*salle*) clair, bien aéré **2** désinvolte ; *~ promises* promesses *fpl* en l'air.

aisle [aɪl] *n* allée *f* centrale ; (*Av, Rail*) *an ~ seat* place *f* côté couloir.

ajar [ə'dʒɑː] *adj* entr'ouvert.

akin [ə'kɪn] *adj* (*to*) tenir de ; *her frankness is ~ to rudeness* sa franchise frôle l'insolence.

alabaster ['æləbɑːstə] *n* albâtre *m*.

alarm [ə'lɑːm] *n* alarme *f*, alerte *f* ; *Jeannine raised the ~* Jeannine a donné l'alarme ; *~ bell* sonnerie *f* d'alarme ; *~ clock* réveil *m*, réveille-matin *m* ◆ *vt* alarmer, effrayer ; *I became ~ed* j'ai pris peur.

alas [ə'læs] *excl* hélas !

albatross ['ælbətrɒs] *n* (*Orn*) albatros *m*.

albeit [ɔːl'biːɪt] *conj* quoique, bien que.

album ['ælbəm] *n* **1** album *m* **2** (*Mus*) 33 tours *m* ; *~ sleeve/cover* pochette *f* de disque.

alchemy ['ælkɪmɪ] *n* alchimie *f* || **°alchemist** *n* alchimiste *mf*.

alcohol ['ælkəhɒl] *n* alcool *m* || **alco°holic** *n* alcoolique *mf* ◆ *adj* (*boisson*) alcoolisé || **°alcoholism** *n* alcoolisme *m*.

ale [eɪl] *n* bière *f*.

alert [ə'lɜːt] *adj* vif, alerte ; *stay ~!* restez vigilant ! *he was an ~ 60* c'était un sexagénaire à l'esprit vif ; *~ n* alerte *f* ; *troops are on the ~* les forces armées sont sur le qui-vive.

alfalfa [æl'fælfə] *ns inv* luzerne *f*.

algae ['ælgiː] *npl inv* algues *fpl*.

alien ['eɪljən] *n* **1** (*aussi fig*) étranger (*f* -ère) ; *illegal ~* immigré *m* clandestin ◆ *adj* (*aussi fig*) étranger **2** extra-terrestre *mf* || **°alienate** *vt* aliéner.

alight[1] [ə'laɪt] *adj adv* allumé, en feu ; *I set the debris ~* j'ai mis le feu aux déchets ; *his eyes were ~* ses yeux brillaient.

alight[2] [ə'laɪt] *vti* (*personne*) (*from*) descendre (de) ; (*oiseau*) (*on*) se poser (sur).

align [ə'laɪn] *vti* (s')aligner ; *the non-~ed nations* les pays non alignés.

alike [ə'laɪk] *adj* semblable ; *they're so ~!* qu'est-ce qu'ils se ressemblent ! ◆ *adv* de la même façon ; *all members are treated ~* les conditions sont les mêmes pour tous les adhérents.

alimony ['ælɪmənɪ] *n* (*amér*) pension *f* alimentaire.

alive [ə'laɪv] *adj* **1** en vie, vivant ; *no man*

~ **personne au monde**; *how did you stay* ~? comment avez-vous survécu? *look* ~! dépêchez-vous! **2** *be* ~ *with* grouiller de.

all [ɔ:l] *adj* tous (tout, toutes); ~ *day (long)* toute la journée; ~ *players* tous les joueurs; ~ *ten players* les dix joueurs ◆ *adv* entièrement, tout; *it's* ~ *the same to me* ça m'est parfaitement égal; *it's* ~ *the more important, since...* c'est d'autant plus important que...; ~ *the better!* tant mieux! *I forgot* ~ *about it* ça m'est complètement sorti de l'esprit; *he's* ~ *alone* il est tout seul; *I had spots* ~ *over (me)* j'étais couvert de boutons; *I'm* ~ *for innovation* je suis tout à fait en faveur de l'innovation; ~ *right* (= *alright*) très bien; (Sp) *15-*~ 15 à 15, (tennis) 15 partout ◆ *pron* tout; *we* ~ *had a good time* nous nous sommes tous bien amusés; *not at* ~ pas du tout; ~ *who came* tous ceux qui sont venus; *that's* ~ *very interesting, but...* tout cela est bien intéressant, mais...; *I missed her most of* ~ c'est surtout elle qui m'a manqué; *once and for* ~ une fois pour toutes || **all-im°portant** *adj* de la plus haute importance || °**all-out** *adj* énergétique; ~ *war* guerre *f* totale || **all-°powerful** *adj* tout-puissant || °**all-round** *adj* général; *a good* ~ *athlete* un sportif complet || °**all-time** *adj* record.

allay [ə'leɪ] *vt* (doutes, peur) apaiser.

allege [ə'ledʒ] *vt* alléguer; *she is* ~*d to have taken bribes* elle aurait accepté des pots-de-vin || **a°lleged** *adj* prétendu; ~ *insider trading* des allégations de délits d'initié || **a°llegedly** *adv* à ce que l'on prétend.

allegory ['ælɪgərɪ] *n* allégorie *f*.

allergy ['ælədʒɪ] *n* (to) allergie (à) *f* || **a°llergic** *adj* (to) allergique (à).

alleviate [ə'li:vɪeɪt] *vt* alléger, soulager.

alley ['ælɪ] *n* (aussi ~*way*) ruelle *f*; (parc) allée *f*; ~ *cat* chat *m* de gouttière; *bowling* ~ bowling *m*.

alliance [ə'laɪəns] *n* alliance *f*.

alligator ['ælɪgeɪtə] *n* alligator *m*.

allocate ['æləkeɪt] *vt* attribuer; (Fin) ventiler, répartir; *we* ~*d 15% of our resources to advertising* nous avons affecté 15 % de nos ressources à la publicité || **allo°cation** *n* allocation *f*; affectation *f*; répartition *f*.

allot [ə'lɒt] *vt* assigner; distribuer || **a°llotment** *n* **1** distribution *f*, répartition *f*; (Fin) *share* ~ attribution *f* d'actions **2** part *f*; *I collected my* ~ *of supplies* j'ai pris les fournitures qui m'avaient été allouées **3** (brit) (potager loué) parcelle *f* de terre.

allow [ə'laʊ] *vti* **1** admettre, permettre, autoriser; *he* ~*ed them to unpack everything* il leur a laissé tout déballer **2** consentir; *they* ~ *employees a 10% discount*

ils accordent une remise de 10 % au personnel; ~ *2 weeks for delivery* délai de livraison : 15 jours; ~*ing for the fact that* compte tenu du fait que || **a°llowance** *n* **1** (Adm) allocation *f*, indemnité *f*; (enfant) argent *m* de poche; *travel* ~ indemnité *f* de déplacement **2** réduction *f*; (fiscalité) abattement *m*, somme *f* déductible **3** (comptabilité) provision *f*; ~ *for exchange loss* provisions pour pertes de change **4** (fig) *we have to make* ~*s* nous devons nous montrer indulgents.

alloy ['ælɔɪ] *n* alliage *m*.

allude [ə'lu:d] *vt* (to) faire allusion (à).

alluring [ə'ljʊrɪŋ] *adj* séduisant.

allusion [ə'lu:ʒn] *n* allusion *f*.

ally ['ælaɪ] *n* allié(e) *m(f)*; (industrie) *our European allies* nos partenaires européens ◆ *vt* (with) s'allier (avec); *we allied ourselves with a local producer* nous nous sommes associés à un producteur régional.

almighty [ɔ:l'maɪtɪ] *adj* tout-puissant; (Rel) *the A*~ le Tout-Puissant; *it led to an* ~ *scandal* ça a fait un sacré scandale.

almond ['ɑ:mənd] *n* amande *f*; (arbre) amandier *m*; ~ *paste* massepain *m*.

almost ['ɔ:lməʊst] *adv* presque; *I* ~ *killed him* j'ai failli le tuer.

alms [ɑ:mz] *npl inv* aumône *f*.

alone [ə'ləʊn] *adj adv* seul; *leave me* ~! laisse-moi tranquille! *leave that lamp* ~! ne touche pas à cette lampe! *he* ~ *knew what had happened* lui seul connaissait toute l'histoire; *he can't use a typewriter, let* ~ *a computer* il ne sait pas se servir d'une machine à écrire, encore moins d'un ordinateur; *she decided to go it* ~ elle décida de faire cavalier seul.

along [ə'lɒŋ] *prép* le long (de); *there were flowers all* ~ *the roadside* il y avait des fleurs tout le long de la route ◆ *adv come* ~, *children!* venez donc, les enfants! *it was somewhere* ~ *here* c'était quelque part par ici; *he'd known all* ~ il le savait depuis le début || **a°longside** *adv prép* à côté (de).

aloof [ə'lu:f] *adj* distant.

aloud [ə'laʊd] *adj* tout haut; à haute voix.

alphabet ['ælfəbet] *n* alphabet *m* || **alpha°betical** *adj* alphabétique || **alpha°betically** *adv* par ordre/dans l'ordre *m* alphabétique.

already [ɔ:l'redɪ] *adv* déjà.

alright ['ɔ:l.raɪt] = **all right** très bien.

also ['ɔ:lsəʊ] *adv* aussi, également; de plus.

altar ['ɔ:ltə] *n* autel *m*.

alter ['ɔ:ltə] *vti* changer, modifier; (vêtement) retoucher; (preuves) falsifier || **alte°ration** *n* changement *m*, modification *f*, retouche *f*.

alternate¹ [ɔ:l'tɜ:nət] *adj* tous les deux;

she came on ~ days elle venait un jour sur deux.

alternate[2] ['ɔ:ltəneit] *vti (with)* alterner (avec); **~ing current** courant *m* alternatif ‖ **al°ternately** *adv* alternativement.

alternative [ɔ:l'tɜ:nətɪv] *adj* autre ◆ *n* **we've got several ~s** il y a plusieurs solutions; **what are the ~s?** quelles sont les autres possibilités ? ‖ **al°ternatively** *adv* comme autre possibilité.

although [ɔ:l'ðəʊ] *conj* quoique, bien que; **~ it's a bit late, we might stop for lunch** bien qu'il soit un peu tard/malgré l'heure tardive, nous pourrions nous arrêter pour déjeuner; **~ he's young, he knows what he wants** il est jeune mais il sait ce qu'il veut.

altitude ['æltɪtju:d] *n* altitude *f*.

alto ['æltəʊ] *adj (voix)* contralto *m*; *(instrument)* alto *m*.

altogether [ˌɔ:ltə'geðə] *adv* **1** en tout; **it came to $90 ~** ça faisait 90 dollars au total; **~, we'd be better off waiting** tout compte fait, on ferait mieux d'attendre **2** entièrement; **he's ~ charming** il est tout à fait charmant.

aluminium [ˌæljʊ'mɪnɪəm] *(amér* **a°luminum)** *n* aluminium *m*.

always ['ɔ:lweɪz] *adv* toùjours; **as ~** comme toujours/comme d'habitude; *(lettre)* bien à vous.

amalgamate [ə'mælgəmeɪt] *vti* fusionner.

amass [ə'mæs] *vt* amasser; **he ~ed a fortune** il a fait fortune.

amateur ['æmətə] *n* amateur *m* ◆ *adj* amateur, d'amateur; **they put on a good ~ performance** ils se sont bien débrouillés pour des non-professionnels ‖ **ama°teurish** *adj (péj)* d'amateur, de dilettante.

amaze [ə'meɪz] *vt* étonner, stupéfier ‖ **a°mazed** *adj* stupéfait ‖ **a°mazement** *n* étonnement *m*, stupéfaction *f*; **she gaped in ~** elle regarda bouche bée, d'un air stupéfait ‖ **a°mazingly** *adv* étonnamment.

ambassador [æm'bæsədə] *n* ambassadeur *m (f* -drice); **the Italian ~** l'ambassadeur d'Italie.

amber ['æmbə] *n* ambre *m* ◆ *adj (couleur)* couleur d'ambre *inv*; *(brit) (Aut)* orange.

ambiguity [ˌæmbɪ'gju:ətɪ] *n* ambiguïté *f*.

ambiguous [æm'bɪgjʊəs] *adj* ambigu *(f* -uë).

ambition [æm'bɪʃn] *n* ambition *f* ‖ **am°bitious** *adj* ambitieux *(f* -euse).

ambivalent [æm'bɪvələnt] *adj* ambivalent.

amble ['æmbl] *vt* aller d'un pas lent; **he was ~ing along** il allait son petit bonhomme de chemin.

ambulance ['æmbjʊləns] *n* ambulance *f*.

ambush ['æmbʊʃ] *n* embuscade *f* ◆ *vt* tendre une embuscade à; **she ~ed me at the exit** elle m'a surpris à la sortie.

amelioration [əˌmi:lɪə'reɪʃn] *n* amélioration *f*.

amenable [ə'mi:nəbl] *adj* souple, conciliant.

amend [ə'mend] *vt* modifier, rectifier; *(loi)* amender ‖ **a°mendment** *n* amendement *m* ‖ **a°mends** *npl inv* **I'd like to make ~** je voudrais réparer mes torts.

amenity [ə'mi:nətɪ] *n* commodité *f*; agrément *m*; **the new town offers every ~** la ville nouvelle propose une gamme très riche d'activités; *(amér) (fam)* **excuse me, where are the amenities?** pardon, où sont les toilettes ?

americanize [ə'merɪkənaɪz] *vt* américaniser.

amethyst ['æmɪθɪst] *n* améthyste *f*.

amiable ['eɪmɪəbl] *adj* gentil, aimable.

amicable ['æmɪkəbl] *adj* amical; **ours was an ~ separation** nous nous sommes séparés à l'amiable.

amid(st) [ə'mɪdst] *prép* parmi, au milieu de.

amiss [ə'mɪs] *adv* mal; **a little patience wouldn't be/come ~** un peu de patience ne ferait pas de mal; **please don't take it ~** surtout ne le prenez pas mal/ne vous offensez pas ◆ *adj* **something was ~** quelque chose clochait.

ammonia [ə'məʊnjə] *n (liquide)* ammoniaque *f*, ammoniac *m*; *(gaz)* ammoniac *m*.

ammunition [ˌæmjʊ'nɪʃn] *ns inv* munitions *fpl*; **his past statements were used as ~ in the campaign** ses déclarations passées étaient réutilisées contre lui dans la campagne électorale.

amnesia [æm'ni:zjə] *n* amnésie *f*.

amnesty ['æmnɪstɪ] *n* amnistie *f*.

amok [ə'mɒk] *adv* **run ~** se déchaîner.

among(st) [ə'mʌŋ(st)] *prép* parmi, entre.

amount [ə'maʊnt] *n* **1** montant *m*, somme *f* **2** quantité *f* ◆ *vi (to)* se chiffrer (à), s'élever (à); *(fig)* **it ~s to calling him a liar** cela revient à le traiter de menteur.

amp [æmp] *n* ampère *m*.

amphibian [æm'fɪbɪən] *n* amphibie *m* ◆ *adj* amphibie.

amphitheater *(amér)*/**amphitheatre** *(brit)* ['æmfɪˌθɪətə] *n* amphithéâtre *m*.

ample ['æmpl] *adj* bien assez de; **we have ~ time** nous avons largement le temps.

amplifier ['æmplɪfaɪə] *n* amplificateur *m* ‖ **°amplify** *vt (son)* amplifier; *(déclaration)* développer.

amputate ['æmpjʊteɪt] *vt* amputer; **they had to ~ his arm** il a dû être amputé du bras.

amuse [ə'mju:z] *vt* amuser; **she ~d us all** elle nous a tous fait rire; **the boss was not**

~d le patron n'a pas trouvé ça drôle ; *the puppy ~d itself by digging a hole* le chiot s'est amusé à creuser un trou ‖ **a°musement** n amusement m ; ~ **park** parc m d'attractions ‖ **a°musing** adj drôle, amusant.

an [æn] art indéf, voir **a**.

an(a)emia [ə'niːmjə] n anémie f ‖ **a°naemic** adj anémique.

an(a)esthetic [ˌænɪs'θetɪk] n anesthésique m ; *they gave me a local* ~ j'ai été mis sous anesthésie locale ‖ **an°(a)esthetize** vt anesthésier ; mettre sous anesthésie f.

analgesic [ˌænæl'dʒiːsɪk] adj n analgésique m.

analog(ue) ['ænəlɒg] adj n analogue m ‖ **a°nalogy** n analogie f.

analyse ['ænəlaɪz] (*amér* **analyze**) vt analyser ‖ **a°nalysis** n analyse f ; (*Psych*) *is she in* ~? est-ce qu'elle fait une (psych)analyse ? ‖ **°analyst** n analyste mf ; *psycho*~ psychanalyste mf ; *securities* ~ analyste financier ‖ **ana°lytical** adj analytique.

anarchist ['ænəkɪst] n anarchiste mf ‖ **°anarchy** n anarchie f.

anatomy [ə'nætəmɪ] n anatomie f.

ancestor ['ænsestə] n ancêtre mf, aïeul m ‖ **°ancestry** n ancêtres mpl, ascendance f.

anchor ['æŋkə] n ancre f ; *the fleet was riding at* ~ la flotte était à l'ancre ; *drop* ~ jeter l'ancre ; *weigh* ~ lever l'ancre ♦ vti **1** jeter l'ancre, mouiller **2** attacher solidement ; *we* ~*ed the flowerboxes to the window ledge* nous avons fixé les bacs à fleurs au rebord de la fenêtre ‖ **°anchorman** n (pl -**men**) (*Rad, TV, actualités*) présentateur m (f -trice).

anchovy ['æntʃəvɪ] n anchois m.

ancient ['eɪnʃənt] adj **1** ancien (f -ienne) **2** très vieux m (f vieille) ; ~ *Rome* la Rome antique.

and [ənd,ænd] conj et ; ~/*or* et/ou ; ~ *so on*, ~ *so forth* et ainsi de suite ; *come* ~ *have a drink* venez boire un coup ; *an hour* ~ *ten minutes* une heure dix.

anecdote ['ænɪkdəʊt] n anecdote f.

anew [ə'njuː] adv (*lit*) *I started* ~ j'ai recommencé.

angel ['eɪndʒəl] n ange m ‖ **an°gelic** adj angélique.

anger ['æŋgə] n colère f ♦ vi fâcher, mettre en colère.

angina [æn'dʒaɪnə] n angine f de poitrine.

angle¹ ['æŋgl] n **1** angle m ; *the pole rose at an* ~ le poteau s'élevait de travers **2** point m de vue ; (*examiner*) *from every* ~ sous tous les angles.

angle² ['æŋgl] vi pêcher à la ligne ; (*fig*) *he was* ~*ing for an invitation* il cherchait

à se faire inviter ‖ **°angler** n pêcheur m à la ligne.

Anglo ['æŋgləʊ] *préf Hist* anglo- ; ~*-Saxon* anglo-saxon (f -onne) ♦ n (*amér fam*) (*Hispanique*) blanc m (de culture anglophone).

angrily ['æŋgrɪlɪ] adv avec colère ‖ **°angry** adj (*with*) fâché, en colère, furieux (contre) ; *I'm* ~ *with her for refusing my offer* je lui en veux d'avoir refusé mon offre ; *an* ~ *answer* une réponse pleine de colère ; *don't get* ~! ne te fâche pas !

anguish ['æŋgwɪʃ] n angoisse f.

animal ['ænɪml] n animal m ♦ adj animal.

animate ['ænɪmət] adj (*vie*) animé.

animated ['ænɪmeɪtɪd] adj animé, vivant ‖ **ani°mation** n **1** (*esprit*) animation f **2** (*film*) animation f.

animosity [ˌænɪ'mɒsɪtɪ] n animosité f.

aniseed ['ænɪsiːd] adj à l'anis ♦ n graine f d'anis.

ankle ['æŋkl] n cheville f ; *I was* ~*-deep in mud* j'avais de la boue jusqu'aux chevilles ; ~ *socks* socquettes fpl ; *he sprained his* ~ il s'est foulé la cheville.

annex(e) ['æneks] vt annexer ♦ n annexe f.

annihilate [ə'naɪəleɪt] vt anéantir.

anniversary [ˌænɪ'vɜːsərɪ] n (*date*) anniversaire m.

announce [ə'naʊns] vt annoncer, proclamer ‖ **a°nnouncement** n annonce f ; (*écrit*) avis m, publication f ; message m ; (*carton*) faire-part m ‖ **a°nnouncer** (*Rad, TV*) présentateur m (f -trice).

annoy [ə'nɔɪ] vt importuner, ennuyer ‖ **a°nnoyance** n ennui m, contrariété f ‖ **a°nnoyed** adj agacé, contrarié ‖ **a°nnoying** adv how ~*ing!* comme c'est agaçant/ennuyeux !

annual ['ænjʊəl] adj annuel (f -elle) ♦ n **1** (*brit*) (*livre*) album m **2** plante f annuelle ‖ **°annually** adv par an ; *we update the list* ~ nous mettons la liste à jour chaque année.

annuity [ə'njuːɪtɪ] n annuité f, rente f.

annul [ə'nʌl] vt (*contrat*) annuler ; (*loi*) abroger ‖ **a°nnulment** n annulation f.

anomaly [ə'nɒməlɪ] n anomalie f.

anonymous [ə'nɒnɪməs] adj anonyme.

anorak ['ænəræk] n anorak m.

another [ə'nʌðə] adj **1** encore un(e), un(e) de plus ; *this one will cost you* ~ *$10* celui-ci vous coûtera 10 dollars de plus ; *in* ~ *day or two* d'ici quelques jours **2** (*différent*) un(e) autre *people of* ~ *race* les gens d'une autre race ♦ pron *one* ~ l'un l'autre, les uns les autres.

answer ['ɑːnsə] n **1** réponse f **2** solution f ♦ vt répondre à ♦ vi répondre ; *I'll* ~ *for him* je répondrai de lui ; *he* ~*s to*

"Tiddles" il répond au nom de « Tiddles » ‖ °**answerable** *adj* responsable ; *he's ~ to the finance director* il relève de la direction financière ‖ °**answering machine** *n* répondeur *m* téléphonique.

ant [ænt] *n* fourmi *f* ; *~-eater* fourmilier *m* ; *~ hill* fourmilière *f*.

antelope ['æntɪləʊp] *n* antilope *f*.

antenna [æn'tenə] *n* **1** (*pl* **-ae**) (*insectes*) antenne *f* **2** (*pl* **-as**) (*Rad, TV*) antenne *f* ; *dish ~* antenne *f* parabolique.

anthem ['ænθəm] *n* hymne *m*.

anthology [æn'θɒlədʒɪ] *n* anthologie *f*.

anthracite ['ænθrəsaɪt] *n* anthracite *m*, (*couleur*) gris anthracite *adj n inv*.

anthropology [ˌænθrə'pɒlədʒɪ] *n* anthropologie *f*.

anti- ['æntɪ-] *préf* anti ; *~-aircraft adj* antiaérien ; *~biotic n* antibiotique *m* *~body n* anticorps *m* ; *~climax n* ; *his actual appearance was an ~climax* son arrivée en chair et en os fut une déception ; *~-clockwise adv* dans le sens inverse des aiguilles d'une montre ; *~cyclone n* anticyclone *m* ; *~freeze n* antigel *m* ; *~septic n* antiseptique *m* ; *~-social adj don't be so ~* ne sois pas si sauvage ! *~-trust adj* anti-trust.

antics ['æntɪks] *npl inv* bouffonnerie *f*.

anticipate [æn'tɪsɪpeɪt] *vt* escompter, prévoir ; *we ~ loads of people* on s'attend à une foule de gens ; *as ~d* comme prévu ‖ **antici°pation** *n* prévision *f*, anticipation *f*.

antiquarian [ˌæntɪ'kwɛərɪən] *adj n* d'antiquaire ; antiquaire *mf*.

antiquated ['æntɪkweɪtɪd] *adj* vétuste, vieilli, vieux jeu.

antique [æn'tiːk] *adj* ancien *m* (*f* -ienne) ; (*prémédiéval*) antique ♦ *n* antiquité *f* ; meuble *m* ancien ; *~(s) dealer* antiquaire *mf*.

antithesis [æn'tɪθəsɪs] *n* (*pl* **-es**) antithèse *f*.

antler ['æntlə] *n* (*cerf*) *~s* bois *mpl*.

anus ['eɪnəs] *n* anus *m*.

anvil ['ænvɪl] *n* enclume *f*.

anxiety [æŋ'zaɪətɪ] *n* **1** anxiété *f* ; *we discussed her parents' ~ies* nous avons parlé des inquiétudes/préoccupations de ses parents **2** désir *m* ; *driven by my ~ to make the grade* poussé par mon grand désir d'être à la hauteur ; *~ attack* crise *f*/accès *m* d'angoisse ‖ °**anxious** *adj* **1** impatient ; *she's very ~ to meet you* elle tient beaucoup à vous connaître **2** inquiet (*f* -iète) ‖ °**anxiously** *adv* **1** impatiemment **2** anxieusement.

any ['enɪ] *adj* **1** (*nég, inter*) du, de la, des ; *he hasn't (got) ~ money* il n'a pas d'argent ; *it won't do ~ harm* ça ne fera pas de mal ; *have you ~ idea at all?* en

avez-vous la moindre idée ? **2** n'importe (le)quel (*f* [la]quelle) ; *~ rag will do* n'importe quel chiffon fera l'affaire ; *in ~ case* en tout cas ; *it was not just ~ wine* ce n'était pas n'importe quel vin ♦ *pron do ~ of you want to come?* y en a-t-il parmi vous qui souhaitent venir ? *have you got ~?* en avez-vous ? ♦ *adv I can't take ~ more* je n'en peux plus ; *do you feel ~ better?* vous sentez-vous mieux ?

anybody ['enɪbɒdɪ] *pron* **1** quelqu'un, personne ; *there wasn't ~ behind me* il n'y avait personne derrière moi ; *if ~ calls* si quelqu'un téléphone **2** n'importe qui ; *he'll do it faster than ~* il le fera plus vite que quiconque.

anyhow ['enɪhaʊ] *adv* **1** (*fam*) *it's too late, ~* c'est trop tard de toute façon **2** n'importe comment.

anyone ['enɪwʌn] = **anybody**.

anyplace ['enɪpleɪs] (*amér*) = **anywhere**.

anything ['enɪθɪŋ] *pron* **1** quelque chose ; *is there ~ left on the agenda?* reste-t-il des questions à l'ordre du jour ? *we need ~ between 5 and 10 volunteers* il nous faut entre 5 et 10 volontaires ; *that doesn't prove ~* ça ne prouve rien **2** n'importe quoi ; *do ~ you like, it won't help* faites tout ce que vous voulez, ça ne changera rien ; *she's ~ but encouraging* elle n'est vraiment pas très encourageante ; (*fam*) *he smokes like ~* il fume comme un pompier.

anyway ['enɪweɪ] *adv* = **anyhow**.

anywhere ['enɪwɛə] *adv* n'importe où, partout ; *crying won't get us ~* pleurer ne nous mènera à rien.

apart [ə'pɑːt] *adv* **1** à part, outre que **2** (*temps, distance*) *a week ~* à une semaine d'intervalle ; *I was well ~ from the others* j'étais bien à l'écart des autres **3** *he ran up and pulled the dogs ~* il arriva en courant et sépara les chiens ; *it came ~ in my hands* ça s'est défait tout seul ; *take it ~ and we'll replace the screws* démonte-le et nous remplacerons les vis.

apartment [ə'pɑːtmənt] (*amér*) appartement *m*.

apathetic [ˌæpə'θetɪk] *adj* apathique ‖ °**apathy** *n* apathie *f*.

ape [eɪp] *n* grand singe *m* ♦ *vt* imiter, singer.

aperitif [əˌperə'tiːf] *n* apéritif *m*.

aperture ['æpətjʊə] *n* (*Phot*) ouverture *f*.

apiece [ə'piːs] *adv* chacun ; par tête ; *melons cost 12 francs ~* les melons coûtent 12 francs pièce.

aplomb [ə'plɒm] *n* sang-froid *m*.

apologetic [əˌpɒlə'dʒetɪk] *adj* d'excuse ‖ **apolo°getically** *adv* *"I didn't mean it", he said ~* « c'était une boutade », dit-il pour s'excuser ‖ **a°pologize** *vt* s'excuser ; *I ~d to her mother for being late* je me suis excusé auprès de sa mère d'être en retard || **a°pology** *n* excuses *fpl*.

apostle [ə'pɒsl] *n* apôtre *m*.

apostrophe [ə'pɒstrəfi] *n* apostrophe *f*.

appal [ə'pɔ:l] *vt* effrayer, épouvanter || **a°ppalling** *adj* épouvantable; affligeant; *his reaction was ~* sa réaction était scandaleuse.

apparatus [ˌæpə'reɪtəs] *n inv* appareil *m*, équipement *m*; *(Tech)* appareil *m*, instruments *mpl*, dispositif *m*.

apparent [ə'pærənt] *adj* apparent || **a°pparently** *adv* apparemment.

appeal [ə'pi:l] *n* **1** pouvoir *m* de séduction; attrait *m* **2** *(Jur)* appel *m*, recours *m*; *lodge/file an ~* faire appel ◆ *vt* **1** demander; *the police ~ed for calm* la police a appelé au calme **2** *(Jur)* faire/interjeter appel **3** *(to)* plaire (à); *the idea doesn't really ~ (to me)* l'idée ne me dit rien || **a°ppealing** *adj* séduisant.

appear [ə'pɪə] *vi* **1** apparaître, paraître **2** sembler; *it ~s that* il paraît que **3** *(Jur)* comparaître || **a°ppearance** *n* **1** apparition *f* **2** aspect *m*, apparence *f*; *don't judge by ~s* ne jugez pas sur la mine; *we must keep up ~s* il nous faut sauver les apparences.

appease [ə'pi:z] *vt* apaiser, calmer || **a°ppeasement** *n* apaisement *m* *(Pol)* conciliation *f*.

appendicitis [əˌpendɪ'saɪtɪs] *ns inv* *(Méd)* appendicite *f*.

appetite [ˈæpɪtaɪt] *n* appétit *m*; *give an ~* donner de l'appétit || **°appetizer** *n* **1** *(brit)* apéritif *m*; amuse-gueule(s) *m(pl)* **2** *(amér)* hors-d'œuvre *m (pl inv)* || **°appetizing** *adj* appétissant.

applaud [ə'plɔ:d] *vt* applaudir; *(fig)* approuver || **a°pplause** *ns inv* **1** applaudissement(s) *m(pl)* **2** *(fig)* approbation *f*.

apple [ˈæpl] *n* **1** pomme *f*; *crab ~* pomme *f* sauvage **2** *(fig) you're the ~ of my eye* je tiens à toi comme à la prunelle de mes yeux || **°apple core** *n* trognon *m* (de pomme) || **°apple orchard** *n* pommeraie *f* || **apple °pie** *n* tarte *f* aux pommes; *(amér) as American as ~* cent pour cent américain; *(fam) his room was in ~ order* sa chambre était rangée impeccable || **°apple tree** *n* pommier *m*.

appliance [ə'plaɪəns] *n* appareil *m* || **°applicant** *n* candidat(e) *m(f)*; *(Jur)* demandeur *m* (*f* -eresse) || **appli°cation** *n* **1** demande *f*; candidature *f*; *sent on ~* envoyé sur demande; *~ form* formulaire *m* (de demande) **2** *(Méd)* application *f*; *for external ~* à usage *m* externe **3** *(travail)* application *f*, soin *m*.

apply [ə'plaɪ] *vti (p pp applied)* **1** (s')appliquer **2** (s')adresser; *~ to the director* adressez-vous au directeur; *applied linguistics* linguistique *f* appliquée.

appoint [ə'pɔɪnt] *vt* **1** nommer, désigner; *he was ~ed treasurer* on l'a nommé trésorier **2** *(heure)* fixer || **a°ppointed** *adj* fixé; *on the ~day* au jour dit || **a°ppointment** *n* **1** rendez-vous *m (pl inv)*; *by ~* sur rendez-vous; *make an ~ with him* prenez rendez-vous avec lui **2** poste *m*, emploi *m*; *(surtout brit) ~s vacant* offres *fpl* d'emploi **3** désignation *f*, nomination *f*.

apposite [ˈæpəzɪt] *adj* approprié, juste.

appraisal [ə'preɪzl] *n* estimation *f* || **a°ppraise** *vt* évaluer, estimer.

appreciable [ə'pri:ʃəbl] *adj* appréciable || **a°ppreciate** *vti* **1** évaluer **2** apprécier; *I do ~ your letter* je suis très sensible à votre lettre **3** *(Fin)* prendre de la valeur || **appreci°ation** *n* **1** appréciation *f* **2** *(Fin)* plus-value *f* || **a°ppreciative** *adj* admiratif (*f* -ive).

apprehend [ˌæprɪ'hend] *vt* **1** appréhender, craindre **2** *(Jur)* arrêter (quelqu'un) || **appre°hension** *n* **1** appréhension *f* **2** *(Jur)* arrestation *f* || **appre°hensive** *adj* timide, craintif (*f* -ive).

apprentice [ə'prentɪs] *n* **1** apprenti(e) *m(f)* **2** débutant(e) *m(f)* || **a°pprenticeship** *n* apprentissage *m*.

appro [ˈæprəʊ] *(brit)* ab de **approval**.

approach [ə'prəʊtʃ] *vti* **1** (s')approcher **2** approcher (de) **3** *(problème)* aborder; *I don't know how to ~ it* je ne sais pas comment m'y prendre **4** prendre contact (avec); *you should ~ him about it* vous devriez lui en toucher un mot ◆ *n* **1** approche *f*; *make ~s* faire des avances **2** abords *mpl*; voies *fpl* d'accès.

appropriate [ə'prəʊprɪət] *adj* convenable, *(mesures)* nécessaires ◆ *vt* s'approprier.

approval [ə'pru:vl] *n* approbation *f*; *on ~* à l'essai; *a sign of ~* un signe approbatif || **a°pprove** *vti* approuver; *(demande)* agréer; *she doesn't ~ (of) my plans* elle n'aime pas mes projets || **a°pproved** *adj* approuvé, agréé.

approximate [ə'prɒksɪmət] *adj* approximatif (*f* -ive) ◆ [ə'prɒksɪmeɪt] *vti* (se) rapprocher (de) || **approxi°mation** *n* **1** approximation *f* **2** rapprochement *m*.

apricot [ˈeɪprɪkɒt] *n* abricot *m* || **°apricot tree** *n* abricotier *m*.

April [ˈeɪprəl] *n* avril *m*; *~ fool* poisson *m* d'avril; *~ showers* giboulées *fpl* (de mars).

apron [ˈeɪprən] *n* tablier *m*.

apt [æpt] *adj* **1** sujet à; *he's ~ to believe anything* il est capable de croire n'importe quoi **2** juste, pertinent || **°aptitude** *n* aptitude *f*.

aqualung [ˈækwəlʌŋ] *n (surtout brit)* *(Naut Sp)* scaphandre *m* autonome.

aquaplane ['ækwəpleɪn] *n (Sp)* aquaplane *m* ◆ *vi* faire de l'aquaplane.

aquarium [ə'kweərɪəm] *n* aquarium *m.*

aquatic [ə'kwætɪk] *adj* aquatique ; ~ *sports* sports *mpl* nautiques.

Arabic ['ærəbɪk] *adj* arabe ; ~ *numerals* chiffres arabes ◆ *n (langue)* arabe *m.*

arbitrary ['ɑ:bɪtrərɪ] *adj* arbitraire ‖ **°arbitrate** *vti* arbitrer, juger.

arbor *(amér)* **arbour** *(brit)* ['ɑ:bə] *n* tonnelle *f* ; *(amér)* A ~ *Day n* journée *f* de l'arbre.

arc [ɑ:k] *n (El Math)* arc *m* ; secteur *m.*

arcade [ɑ:'keɪd] *n* **1** arcade(s) *f(pl)*, galerie *f* (marchande) **2** *(Arch)* arcature *f.*

arch[1] [ɑ:tʃ] *n* **1** *(Arch)* voûte *f* ; arche *f* **2** *(Anat)* voûte *f* plantaire ; *fallen* ~*es* pieds *mpl* plats ‖ **arched** *adj* voûté.

arch[2] [ɑ:tʃ] *adj* ~ *enemy* ennemi *m* numéro un ; ~ *traitor* archi-traître *m.*

arch(a)eology [ɑ:kɪ'ɒlədʒɪ] *n* archéologie *f* ‖ **arch(a)e°ologist** *n* archéologue *mf.*

archaic [ɑ:'keɪɪk] *adj* archaïque.

archbishop [ɑ:tʃ'bɪʃəp] *n* archevêque *m.*

archer ['ɑ:tʃə] *n* archer *m inv* ‖ **°archery** *n (Sp)* tir *m* à l'arc.

archipelago [ɑ:kɪ'pelɪgəʊ] *n* archipel *m.*

architect ['ɑ:kɪtekt] *n* architecte *m* ‖ **°architecture** *n* architecture *f.*

archives ['ɑ:kaɪvz] *npl* archives *fpl.*

archway ['ɑ:tʃweɪ] *n* passage *m* voûté.

arctic ['ɑ:ktɪk] *adj (Géog)* arctique.

ardor *(amér)* **ardour** *(brit)* ['ɑ:də] *n* ardeur *f* ‖ **°arduous** ['ɑ:djʊəs] *adj* ardu, pénible.

area ['eərɪə] *n* **1** aire *f* ; *(Aut) service* ~ relais *m* d'autoroute **2** surface *f* **3** zone *f* ; *residential* ~ quartier *m* résidentiel **4** secteur *m*, domaine *m* **5** *(brit) (maison)* petite cour *f* en sous-sol.

arena [ə'ri:nə] *n* arène *f.*

arguable ['ɑ:gjʊəbl] *adj* **1** que l'on peut soutenir **2** sujet à caution, discutable ‖ **°argue** *vti* **1** discuter ; *he* ~*s that...* il soutient que... **2** argumenter ; ~ *for or against* plaider pour ou contre ; *don't* ~*!* ne discutez pas ! **3** se disputer ‖ **°arguing** *n* argumentation *f* ; *no* ~*!* pas de discussion ! ‖ **°argument** *n* **1** argument *m* ; *that's another* ~ *for refusing* c'est une raison supplémentaire pour refuser **2** dispute *f* ; *we had an* ~ nous avons eu une discussion **3** *(Lit)* argument *m*, résumé *m* ‖ **argu°mentative** *adj (péj)* ergoteur.

arid ['ærɪd] *adj* aride.

arise [ə'raɪz] *vti (p* **arose** *pp* **arisen)** se lever, surgir ; *another question* ~*s* une autre question se pose ; *should the occasion* ~ le cas échéant.

aristocracy [ærɪ'stɒkrəsɪ] *n* aristocratie *f* ‖ **°aristocrat** *n* aristocrate *mf.*

arithmetic [ə'rɪθmətɪk] *n* arithmétique *f* ; *mental* ~ = calcul mental ‖ **arith°metic(al)** *adj* arithmétique.

ark [ɑ:k] *n* arche *f* ; *Noah's* ~ l'arche de Noé.

arm[1] [ɑ:m] *n* **1** *(Anat)* bras *m* ; ~ *in* ~ bras dessus bras dessous ; *(fig) keep at* ~*'s length* garder à distance **2** *(aussi* **°armrest)** accoudoir *m* ‖ **°armchair** *n* fauteuil *m* ‖ **°armful** *n* brassée *f* ‖ **°armlet** *n* brassard *m* ‖ **°armpit** *(Anat)* aisselle *f.*

arm[2] [ɑ:m] *vti* (s')armer, prendre les armes ‖ **°armaments** *npl inv* armement(s) *m(pl)* ; *naval* ~*s* armements navals ‖ **armed** *adj* armé ; ~*robbery* vol *m* à main armée ‖ **°armor** *(amér)* **/°armour** *(brit) n* **1** armure *f* **2** blindage *m* ; *(obus)* ~*-piercing adj* perforant ; ~*-plated adj* blindé ‖ **°armo(u)red** *adj* blindé ; ~ *car/vehicle* engin *m* blindé (de reconnaissance) ; *(amér)* ~ *corps* le blindés *mpl* ‖ **arms** *npl inv* **1** armes *fpl* ; *small* ~ armes portatives ; *up in* ~ *against* en rébellion ouverte contre **2** *(héraldique) coat of* ~ armoiries *fpl* ‖ **°army** *n* **1** armée *f* (de terre) ; *join the* ~*!* engagez-vous ! **2** *(fig)* foule *f*, multitude *f.*

aroma [ə'rəʊmə] *n* arôme *m* ‖ **aro°matic** *adj* aromatique.

arose [ə'rəʊz] *p* de **arise.**

around [ə'raʊnd] *prép* autour de, vers ; *at* ~ *ten* à dix heures environ ; *he walked* ~ *the lake* il a fait le tour du lac ◆ *adv* autour, aux alentours ; *all* ~ de tous côtés *mpl* ; *(fam) he has been* ~ on ne lui en raconte pas.

arouse [ə'raʊz] *vt* **1** réveiller **2** stimuler ; ~ *curiosity* éveiller la curiosité.

arrange [ə'reɪndʒ] *vti* **1** ranger, disposer **2** organiser, (s')arranger (pour), prendre des dispositions (pour) ; *I* ~*d for the mail to be posted* j'ai fait le nécessaire pour que le courrier soit posté ‖ **a°rrangement** *n* **1** arrangement *m*, disposition *f* **2** accord *m* ; *I've made an* ~ *with her* je me suis entendu avec elle.

arrant ['ærənt] *adj (péj)* fieffé.

array [ə'reɪ] *n* **1** *(Mil)* déploiement *m* ; *in battle* ~ en ordre de bataille **2** *(Lit)* parure *f*, atours *mpl* ◆ *vt* **1** déployer, ranger **2** *(Lit)* parer, orner.

arrears [ə'rɪəz] *npl inv (Fin)* arrérages *mpl* ; *(loyer)* arriéré *m.*

arrest [ə'rest] *vt* arrêter ◆ *n* arrestation *f* ; *under* ~ en état d'arrestation.

arrival [ə'raɪvl] *n* **1** arrivée *f* ; *(Com)* arrivage **2** arrivant *m* ; *late* ~*s* retardataires *mpl* ‖ **a°rrive** *vi (at, in)* **1** arriver (à), parvenir (à) **2** *(fig)* réussir.

arrogance ['ærəgəns] *n* arrogance *f* ‖ **°arrogant** *adj* arrogant.

arrow ['ærəʊ] *n* flèche *f* ; *(as) swift as an*

~ vif comme l'éclair ◆ *vt* (brit) (Aut) flécher.

arse [ɑːs] *n* (brit vulg) cul *m*.

arsenal ['ɑːsənəl] *n* arsenal *m*.

arsenic ['ɑːsnɪk] *n* arsenic *m*.

arson ['ɑːsn] *n* incendie *m* criminel.

art [ɑːt] *n* **1** art *m* ; ~ *school n* école *f* des beaux-arts ; *she studies (fine)* ~*s* elle fait les beaux-arts ; ~*s and crafts n* artisanat *m* ; (brit) *the noble* ~ *n* la boxe *f* **2** habileté *f*, ruse *f* ‖ °**artful** *adj* malin, ingénieux (*f* -ieuse) ‖ °**artist** *n* artiste *mf* ‖ °**artless** *adj* **1** naturel (*f* -elle) **2** naïf (*f* naïve) ‖ **arts** *npl inv* (Ens) *faculty of* ~ *n* faculté *f* des lettres ; *bachelor of* ~ *n* licencié(e) *m(f)* ès lettres ; ~ *degree* licence *f* ès lettres ‖ °**arty** *adj* (style) prétentieux ‖ **artsy°craftsy** (amér) **arty-°crafty** (brit) *adj* (fam) **1** (style) artisanal **2** (personne) bohème.

artery ['ɑːtərɪ] *n* **1** (Anat) artère *f* **2** (circulation) artère *f* ; *main arteries* grandes voies *fpl* de communication.

artesian [ɑːˈtiːzɪən] *adj* ~ *well* puits *m* artésien.

arthritis [ɑːˈθraɪtɪs] *ns inv* (Méd) arthrite *f*.

artichoke ['ɑːtɪtʃəʊk] *n* artichaut *m* ; ~ *heart* fond *m* d'artichaut.

article ['ɑːtɪkl] *n* **1** (Com, Jur, Presse) article *m* ; (brit) *leading* ~ éditorial *m* (*pl* éditoriaux) **2** (Gr) article *m*.

articulate [ɑːˈtɪkjʊleɪt] *vti* (s')articuler ; *he doesn't* ~ il ne parle pas distinctement ◆ [ɑːˈtɪkjʊlət] *adj* articulé ; *he is very* ~ il s'exprime bien ‖ ar°**ticulated** *adj* ~ *vehicle* semi-remorque *m* ‖ **articu°lation** *n* articulation *f*.

artifice ['ɑːtɪfɪs] *n* **1** artifice *m* **2** habileté *f*, adresse *f* ‖ **arti°ficial** *adj* artificiel (*f* -ielle) ; (style) factice ; *he is very* ~ il manque de naturel.

artillery [ɑːˈtɪlərɪ] *n* (Mil) artillerie *f*.

as [æz] *adv* comme ; *as usual* comme d'habitude ◆ *conj* comme ; *as he was going out* alors qu'il sortait ; *as for you* quant à vous ; *as it were* pour ainsi dire ; *as yet* pour l'instant ; *as far as I know* (pour autant) que je sache ; *as if/as though* comme si ◆ *adv conj* (comparaison) aussi... que ; *he is as happy as I am* il est aussi heureux que moi ; *not so/not as tall as...* pas aussi grand que... ; *(as) happy as a lark* gai comme un pinson ; *stubborn as he was* entêté qu'il était ; *such persons as are concerned* les personnes (qui sont) impliquées ◆ *prép* comme ; *he is here as a journalist* il est ici en tant que journaliste ; *I liked X as Romeo* j'ai aimé X dans le rôle de Roméo.

asbestos [æzˈbestəs] *n* amiante *m*.

ascend [əˈsend] *vti* monter (à, sur), gravir

‖ **as°cension** *n* ascension *f* ‖ **a°scent** *n* **1** ascension *f* **2** montée *f*, pente *f*.

ascertain [æsəˈteɪn] *vt* constater, vérifier.

ascribe [əˈskraɪb] *vt* attribuer, imputer.

ash[1] [æʃ] *n* (Bot) frêne *m*.

ash[2] [æʃ] *n* cendre *f* ; (Rel) *A~ Wednesday* le mercredi *m* des Cendres ‖ °**ashcan** (amér) poubelle *f* ‖ °**ashen** *adj* (visage) blême ‖ °**ashtray** *n* cendrier *m* ‖ °**ashy** *adj* **1** couvert de cendres **2** couleur *f* de cendres.

ashamed [əˈʃeɪmd] *adj* honteux (*f* -euse) ; *don't be* ~ n'ayez pas honte.

ashore [əˈʃɔː] *adv* (Naut) **1** (personne) à terre **2** (navire) échoué.

aside [əˈsaɪd] *adv* de côté, à part ; *he stood* ~ il se mit à l'écart ; (amér) ~ *from his car he lost everything* il a tout perdu, sauf sa voiture.

ask [ɑːsk] *vti* **1** demander ; ~ *him the way!* demandez-lui le chemin ! ~ *me another question* posez-moi une autre question ; (fam) *if you* ~ *me* à mon avis **2** inviter ; ~ *him in* dites-lui d'entrer **3** se renseigner ; *the police* ~*ed him about his whereabouts* la police a interrogé sur ses déplacements ; *he* ~*ed about you* il a pris de tes nouvelles **4** (fam) *you're* ~*ing for trouble* tu cherches des ennuis.

askance [əˈskæns] *adv* (regarder) obliquement ; *look* ~ jeter un regard méfiant.

asleep [əˈsliːp] *adj adv* **1** endormi ; *don't fall* ~ ne t'endors pas ; *he was sound* ~ il dormait à poings fermés **2** (fig) engourdi.

asparagus [əˈspærəgəs] *ns inv* (Cuis, Hort) asperge(s) *f(pl)*.

aspect ['æspekt] *n* **1** air *m*, aspect *m* **2** situation *f*, exposition *f* ; *kitchen with a northern* ~ cuisine *f* donnant au nord.

asperity [æˈsperɪtɪ] *n* **1** aspérité *f* **2** (fig) âpreté *f*, rigueur *f*.

aspersion [əˈspɜːʃən] *n* **1** aspersion *f* **2** (fig) calomnie *f*.

asphalt ['æsfælt] *n* asphalte *m*.

asphyxia [æsˈfɪksɪə] *n* asphyxie *f* ‖ **as°phyxiate** *vti* (s')asphyxier.

aspirate ['æspɪrɪt] *adj* (lettre) aspiré ‖ **aspir°ation** *n* **1** aspiration *f* **2** (fig) désir *m*, aspiration *f* ‖ **aspire** [əˈspaɪə] *vi* aspirer, prétendre.

aspirin ['æsprɪn] *n* (Méd) aspirine *f* ; *an* ~ un comprimé d'aspirine.

ass[1] [æs] *n* **1** âne *m* ; *she -* ~ *n* ânesse *f* **2** (fig) idiot *m* ; (fam) *you silly* ~*!* espèce d'imbécile ! *you're making an* ~ *of yourself!* tu te rends ridicule !

ass[2] [æs] (amér) (vulg) *n* cul *m*.

assail [əˈseɪl] *vt* (lit) assaillir, attaquer ; *he was* ~*ed with questions* il fut accablé de questions ‖ **a°ssailant** *n* assaillant *m*.

assassin [əˈsæsɪn] *n* (Pol) assassin *m*

‖ **a°ssassinate** *vt* assassiner ‖ **assass-i°nation** *n* assassinat *m*.

assault [ə'sɔːlt] *n* **1** (*Mil*) assaut *m*, attaque *f* **2** (*Jur*) agression *f*; ~ **and battery** coups *mpl* et blessures *fpl*; *indecent* ~ attentat *m* à la pudeur ◆ *vt* **1** attaquer, assaillir **2** (*Jur*) agresser.

assemble [ə'sembl] *vti* (s')assembler, (se) rassembler ‖ **a°ssembly** *n* assemblée *f* ‖ **a°ssembly line** *n* chaîne *f* de montage.

assent [ə'sent] *n* assentiment *m* ◆ *vi* acquiescer, consentir (à).

assert [ə'sɜːt] *vt* revendiquer ‖ **a°ssertion** *n* affirmation *f*, assertion *f*.

assess [ə'ses] *vt* estimer, évaluer ‖ **a°ssessment** *n* estimation *f*, évaluation *f*.

asset ['æet] *n* **1** (*Com*) ~s actifs *mpl* **2** (*fig*) *her greatest* ~ son meilleur atout *m*.

assiduous [ə'sɪdjʊəs] *adj* assidu.

assign [ə'saɪn] *vt* **1** fixer, attribuer **2** (*Jur*) transférer ‖ **assignation** [æsɪɡ'neɪʃn] *n* **1** attribution *f*, distribution *f* **2** (*Jur*) cession *f* **3** rendez-vous *m* (*pl inv*), convocation *f* ‖ **a°ssignment** [ə'saɪnmənt] *n* **1** attribution *f*; ~ *to a post* affectation *f* à un poste **2** (*Ens*) tâche *f* **3** (*amér Ens*) travail *m* à la maison.

assimilate [ə'sɪmɪleɪt] *vti* (s')assimiler (à) ‖ **assimi°lation** *n* assimilation *f*.

assist [ə'sɪst] *vti* aider, seconder ‖ **a°ssistance** *n* aide *f*, secours *m*; (*brit*) *National A~* aide *f* sociale ‖ **a°ssistant** *n* assistant *m*; *shop-*~ vendeur *m* (*f -euse*) ◆ *adj* aide *mf*, adjoint(e) *m(f)*; ~ *manager* sous-directeur *m*; (*amér*) (*Ens*) ~ *professor* maître *m* de conférences.

associate [ə'səʊʃɪeɪt] *vti* **1** (s')associer **2** (*with*) fréquenter ◆ [ə'səʊʃɪət] *adj* n associé(e) *m(f)* ‖ **associ°ation** *n* association *f*; (*brit*) ~ *football* (*aussi* °**soccer**) football *m* (association).

assorted [ə'sɔːtɪd] *adj* assorti ‖ **a°ssortment** *n* assortiment *m*.

assume [ə'sjuːm] *vti* **1** supposer, présumer; *let us* ~ *that* admettons que **2** (*responsabilité*) assumer **3** (*ton, air*) affecter **4** (*Jur*) (s')attribuer, (s')approprier ‖ **a°ssumed** *adj* faux (*f* fausse), supposé; ~ *name* pseudonyme *m* ‖ **a°ssumption** [ə'sʌmpʃn] *n* **1** supposition *f*; *on the* ~ *that...* dans l'hypothèse où... **2** (*Jur*) ~ *of a right* appropriation *f* d'un droit **3** (*Rel*) *A~ Day* fête *f* de l'Assomption.

assurance [ə'ʃʊərəns] *n* assurance *f* ‖ **a°ssure** *vt* assurer; *he* ~*d me it was so* il m'a certifié que c'était le cas ‖ **a°ssuredly** *adv* assurément.

aster ['æstə] *n* (*Bot*) aster *m*; *China* ~ reine-marguerite *f*.

astern [ə'stɜːn] *adv* (*Naut*) à l'arrière; *full speed* ~*!* arrière-toute !

asthma ['æsmə] *n* (*Méd*) asthme *m* ‖ **asth°matic** *adj* n asthmatique *mf*.

astonish [ə'stɒnɪʃ] *vt* étonner, surprendre ‖ **a°stonishing** *adj* surprenant ‖ **a°stonishment** *n* étonnement *m*; *to my great* ~ à ma grande surprise.

astound [ə'staʊnd] *vt* stupéfier ‖ **a°stounded** *adj* abasourdi, atterré.

astray [ə'streɪ] *adv* (*loc*) égaré; *don't lead him* ~ ne l'induisez pas en erreur.

astride [ə'straɪd] *adv prép* à califourchon (sur), à cheval (sur).

astrologer [ə'strɒlədʒə] *n* astrologue *mf* ‖ **a°strology** *n* astrologie *f* ‖ °**astronaut** *n* astronaute *m* ‖ **a°stronomer** *n* astronome *m* ‖ **astro°nomical** *adj* astronomique ‖ **a°stronomy** *n* astronomie *f* ‖ **astro°physics** *npl inv* astrophysique *f*.

astute [ə'stjuːt] *adj* fin, astucieux (*f -ieuse*) ‖ **as°tuteness** *n* **1** finesse *f* **2** astuce *f*.

asylum [ə'saɪləm] *n* asile *m*; *mental* ~ asile d'aliénés.

at [æt/ət] *prép* **1** (*lieu*) à; *at home* chez soi; *at my uncle's* chez mon oncle; *at Brighton* à Brighton **2** (*temps*) at ten à dix heures; *at night* la nuit; *at once* tout de suite; *at first* d'abord; *at last* enfin **3** (*verbes*) *look at him!* regarde-le ! *don't laugh at him* ne te moque pas de lui; *he threw the book at me* il me jeta le livre à la tête; *while you're at it* pendant que tu y es; (*brit*) *he is always at her* il la harcèle sans arrêt; (*brit fam*) *what are you at?* qu'est-ce que tu fabriques ? **4** (*loc*) *not at all* pas du tout; (*Ens*) *he is good at physics* il est fort en physique.

ate [et/eɪt] *p* de **eat**.

atheism ['eɪθɪzm] *n* athéisme *m* ‖ °**atheist** *n* athée *mf*.

athlete ['æθliːt] *n* athlète *mf* ‖ **ath°letic** [æθ'letɪk] *adj* athlétique ‖ **ath°letics** *n* **1** (*brit*) athlétisme *m* **2** (*amér*) sports *mpl*.

Atlantic [ət'læntɪk] *adj* n (*Géog*) *the* ~ (*Ocean*) l'océan *m* Atlantique *m*.

atlas ['ætləs] *n* atlas *m*.

atmosphere ['ætməsfɪə] *n* atmosphère *f* ‖ **atmospheric** [ætməs'ferɪk] *adj* atmosphérique ‖ **atmos°pherics** *n* (*Rad*) interférences *fpl inv*, parasites *mpl inv*.

atom ['ætəm] *n* (*Sc*) atome *m*; ~ *bomb* n bombe *f* atomique; (*fig*) *not an* ~ *of truth* pas un brin de vérité; (*fig*) *smashed to* ~*s* en miettes ‖ **a°tomic** *adj* atomique; ~ *energy* énergie *f* nucléaire; ~ *power-station* centrale *f* nucléaire; ~ *reactor* pile *f*.

atomique ‖ °**atomize** *vt* atomiser; (*fig*) pulvériser.

atone [ə'təʊn] *vi* (*for*) expier ‖ **a°tonement** *n* expiation *f*, réparation *f*.

atrocious [ə'trəʊʃəs] *adj* atroce, horrible;

~ **weather** temps *m* exécrable ‖ **atrocity** [ə'trɒsɪtɪ] *n* atrocité *f*.

attach [ə'tætʃ] *vti* lier, fixer, (s')attacher à ; *the* ~ed *form* le formulaire ci-joint ‖ aˢ**ttaché** [ə'tæʃeɪ] *n* *(diplomatie)* attaché(e) *m(f)* ‖ aˢ**ttachment** *n* 1 lien *m*, attache *f* 2 *(fig)* (r)attachement *m* 3 *(outillage)* accessoire *m*.

attack [ə'tæk] *n* 1 *(Mil)* attaque *f* 2 *(Méd)* crise *f* ; ~ *of flu* grippe *f* ; *heart-*~ crise *f* cardiaque ; ~ *of fever* poussée *f* de fièvre ◆ *vti* (s')attaquer (à).

attain [ə'teɪn] *vt* atteindre ; ~ *perfection* toucher à la perfection ‖ aˢ**ttainable** *adj* accessible, réalisable ‖ aˢ**ttainment** *n* 1 connaissances *fpl*, savoir *m* 2 réalisation *f*.

attempt [ə'tempt] *n* 1 tentative *f* ; *first* ~ coup *m* d'essai 2 *(Jur)* attentat *m* ; *an* ~ *was made on his life* on a attenté à sa vie ◆ *vt* essayer, tenter ; ~ed *murder* tentative *f* de meurtre.

attend [ə'tend] *vi (to)* s'occuper (de) ; *are you being* ~ed *to?* est-ce qu'on s'occupe de vous ? *could you* ~ *to it?* pourriez-vous vous en charger ? ◆ *vt* 1 soigner ; ~ing *physician* médecin *m inv* traitant 2 *(cours)* suivre ; ~ *church* aller à l'église 3 *(personnage officiel)* accompagner ‖ aˢ**ttendance** *n* 1 présence *f* ; *school* ~ fréquentation *f* scolaire 2 assistance *f* ; *there was a large* ~ le public était compteurxux 3 *(Méd)* assistance *f* médicale ‖ aˢ**ttendant** *n* 1 gardien *m* (*f* -ienne), surveillant *m* 2 *(vx)* serviteur *m*.

attention [ə'tenʃən] *n* 1 attention *f* ; *for the* ~ *of...* à l'attention de... ; *pay* ~ *!* fais attention ! *requiring daily* ~ demandant un entretien journalier 2 prévenances *fpl*, attentions *fpl* 3 *(Mil)* garde-à-vous *m* ‖ aˢ**ttentive** *adj* 1 attentif (*f* -ive) 2 prévenant ; *he is very* ~ *to his mother* il est très attentionné pour sa mère ‖ aˢ**ttentiveness** *n* 1 attention *f* 2 prévenances *fpl*.

attenuate [ə'tenjʊeɪt] *vti* diminuer, (s')atténuer ‖ **attenuˢation** *n* diminution *f*, atténuation *f*.

attest [ə'test] *vt* attester ; ~ed *copy* copie *f* certifiée conforme ‖ **attesˢtation** *n* 1 attestation *f* 2 *(Jur)* déposition *f*.

attic [ˈætɪk] *n* grenier *m* ; ~ *room* mansarde *f*.

attire [ə'taɪə] *n (lit)* atours *mpl*, vêtements *mpl* ◆ *vt* vêtir, parer.

attitude [ˈætɪtjuːd] *n* attitude *f* ; ~ *of mind* état *m* d'esprit.

attorney [ə'tɜːnɪ] *n* 1 *(brit) (Jur)* avoué *m*, mandataire *m* ; *power of* ~ procuration *f*, mandat *m* 2 *(amér)* avocat *m* ; *A*~ *General* ministre *m* de la Justice.

attract [ə'trækt] *vt* attirer, séduire ; *that doesn't* ~ *me* cela ne me plaît pas

aˢ**ttraction** *n* 1 attraction *f*, attirance *f* 2 *(pl)* charmes *mpl*, attraits *mpl* ‖ aˢ**ttractive** *adj* attirant, séduisant ; ~ *prices* prix *mpl* intéressants.

attribute [ˈætrɪbjuːt] *n* 1 attribut *m*, qualité *f* 2 *(Gr)* épithète *f* ◆ [ə'trɪbjuːt] *vt* attribuer.

aubergine [ˈəʊbəʒiːn] *n (surtout brit)* aubergine *f*.

auburn [ˈɔːbən] *adj (cheveux)* châtain *inv*, auburn *inv*.

auction [ˈɔːkʃən] *vt* vendre aux enchères/à la criée ◆ *n* vente *f* aux enchères/à la criée ; *sold by* ~ vendu aux enchères ‖ °**auction room** *n* salle *f* des ventes ‖ **auctioˢneer** *n* commissaire *m* priseur.

audacious [ɔː'deɪʃəs] *adj* 1 audacieux (*f* -ieuse) 2 effronté ‖ auˢ**dacity** [ɔː'dæsɪtɪ] *n* 1 audace *f* 2 effronterie *f*.

audible [ˈɔːdɪbl] *adj* audible ; *hardly* ~ à peine perceptible.

audience [ˈɔːdɪəns] *n* 1 *(aussi Jur)* audience *f* 2 auditoire *m* ; *(réunion)* assistance *f* ; *there wasn't a large* ~ le public était clairsemé ; *(TV)* téléspectateurs *mpl*.

audio-visual [ˌɔːdɪəʊ'vɪʒʊəl] *adj* audio-visuel (*f* -elle).

audit [ˈɔːdɪt] *n (Fin)* 1 vérification *f* des comptes 2 audit *m* ◆ *vt* 1 *(Fin)* vérifier 2 faire un audit ‖ auˢ**dition** *n* 1 *(Méd)* audition *f*, ouïe *f* 2 *(Th)* audition *f*, bout *m* d'essai ‖ °**auditor** *n* 1 *(amér) (Ens)* auditeur *m* 2 *(Fin)* commissaire *m* aux comptes.

augment [ɔːg'ment] *vti* augmenter, (s')accroître ‖ **augmenˢtation** *n* augmentation *f*.

August [ˈɔːɡəst] *n* août *m*.

aunt [ɑːnt] *n* tante *f* ‖ °**auntie/**°**aunty** *(fam)* tata *f*, tatie *f*.

au pair [əʊ'peə] *adj adv n* (jeune fille) au pair.

auspices [ˈɔːspɪsɪz] *npl inv* auspices *mpl* ‖ **ausˢpicious** *adj* 1 favorable, propice 2 prospère ; *an* ~ *start* un début prometteur.

austere [ɒs'tɪə] *adj* austère ‖ **ausˢterity** [ɒs'terɪtɪ] *n* austérité *f*.

authentic [ɔː'θentɪk] *adj* authentique ‖ auˢ**thenticate** *vt* authentifier, certifier ‖ **authentiˢcation** *n* authentification *f*.

author [ˈɔːθə] *n* auteur *m inv*.

authoritative [ɔː'θɒrɪtətɪv] *adj* 1 autoritaire 2 qui fait autorité ; *from* ~ *sources* de sources autorisées ‖ auˢ**thority** *n* (*pl* -ies) 1 autorité *f* 2 *(fig)* you *have no* ~ *to do so* vous n'êtes pas qualifié(e) pour le faire 3 *(fig)* expert(e) *m(f)* ; *she is an* ~ *in this field* elle fait autorité dans ce domaine 4 *(brit) health* ~ies services *mpl* de santé ‖ °**authorize/ -ise** *vt* autoriser, avoir qualité pour.

autism [ˈɔːtɪzm] *n* (*Méd*) autisme *m*.
autograph [ˈɔːtəgrɑːf] *n* autographe *m* ◆
vt dédicacer ‖ **auto°mation** *n* automatisation *f* ‖ **°automobile** *n* (*amér vx*) automobile *f* ‖ **au°tonomous** *adj* autonome
‖ **au°tonomy** *n* autonomie *f*.
autumn [ˈɔːtəm] *n* automne *m*.
auxiliary [ɔːgˈzɪljərɪ] *adj n* auxiliaire *mf*;
~ heating chauffage *m* d'appoint.
avail [əˈveɪl] *vti* (se) servir; *I ~ed myself
of the opportunity* j'ai profité de l'occasion ◆ *n* (*lit*) utilité *f*; *of no ~* sans effet
‖ **availa°bility** *n* disponibilité *f*
‖ **a°vailable** *adj* disponible.
avenge [əˈvendʒ] *vt* venger.
average [ˈævrɪdʒ] *adj* moyen (*f* -enne) ◆
n moyenne *f*; *on (an) ~* en moyenne ◆
vt **1** faire la moyenne de **2** atteindre la
moyenne de; *they ~ 37 hours' work a
week* ils font en moyenne 37 heures par
semaine.
averse [əˈvɜːs] *adj* (*to*) opposé (à); *I'm
not ~ to (having) a drink* je prendrais bien
un verre ‖ **a°version** *n* aversion *f*; *I have
a great ~ to flying* je répugne à prendre
l'avion.
avert [əˈvɜːt] *vt* **1** (*yeux*) détourner **2** éviter,
(*coup*) parer.
avid [ˈævɪd] *adj* (*for*) avide (de).
avoid [əˈvɔɪd] *vt* **1** éviter, esquiver; *I
couldn't ~ answering* il a bien fallu que
je réponde ‖ **a°voidable** *adj* évitable.
avow [əˈvaʊ] *vt* (*lit*) **1** avouer, admettre
2 se déclarer ‖ **a°vowal** *n* (*lit*) aveu *m*
‖ **a°vowed** *adj* avoué; *~ enemy* ennemi
m déclaré.
await [əˈweɪt] *vt* (*lit*) attendre; (*Com*)
~ing your reply dans l'attente de votre
réponse.
awake [əˈweɪk] *vti* (*p* awoke ou awaked;
pp awoken ou awaked) (s')éveiller, (se)
réveiller; *that awoke certain memories*
cela a fait ressurgir certains souvenirs ◆
adj éveillé; *wide ~* tout à fait réveillé
‖ **a°waken** *vti* (s')éveiller, (se) réveiller
‖ **a°wakening** *n* réveil *m*.
award [əˈwɔːd] *vt* (*récompense*) attribuer,
décerner; *he was ~ed £50 as a prize* il
a reçu un prix de £50 ◆ *n* **1** prix *m*,
récompense *f* **2** (*Jur*) arbitrage *m*.
aware [əˈweə] *adj* (*of*) avoir conscience
(de), être au courant (de); *I am fully ~
that it is a problem* je n'ignore pas que
c'est difficile; *not that I am ~ (of)* pas

que je sache ‖ **a°wareness** *n* (prise de)
conscience *f*.
away [əˈweɪ] *adv* **1** (au) loin; *how far ~
is it?* à quelle distance est-ce? *he was
standing a little farther ~* il se tenait à
l'écart **2** (*absence*) *he is ~ at the moment*
il est absent pour l'instant; *pity you stayed
~!* dommage que tu ne sois pas venu(e)!
3 (*dans vpart*) *go ~!* allez-vous-en! *he
ran ~* il s'est enfui; *he walked ~ slowly*
il partit d'un pas lent; *he took it ~* il l'a
emporté(e); *she worked ~ all night* elle
a passé toute la nuit à travailler; (*Sp*) *they
played ~* ils ont joué à l'extérieur **4** (*loc*)
right ~ tout de suite ◆ *adj* (*Sp*) *an ~
match* un match à l'extérieur.
awe [ɔː] *n* crainte *f* mêlée de respect *m*;
~-struck frappé de stupeur; *he struck ~
in me* il m'en imposait terriblement ◆ *vt*
inspirer de la crainte (à), (en) imposer (à)
‖ **awe-inspiring/°awesome** *adj* impressionnant, imposant ‖ **°awful** *adj* terrible,
effroyable; *it's simply ~* c'est affreux;
what ~ weather! quel temps abominable
‖ **°awfully** *adj* terriblement; (*fam*) *she's
~ nice!* elle est du tonnerre! (*surtout brit*)
thanks ~! grand merci!
awkward [ˈɔːkwəd] *adj* **1** gauche, maladroit; *the ~ age* l'âge *m* ingrat **2** embarrassé; *I felt rather ~* je me suis senti plutôt gêné **3** embarrassant, gênant; *a very
situation* une situation des plus fâcheuses
4 difficile; (*brit fam*) *an ~ customer* un
personnage peu commode ‖ **°awkwardness** *n* **1** maladresse *f* **2** gêne *f* **3** embarras
m **4** difficulté *f*.
awning [ˈɔːnɪŋ] *n* **1** auvent *m*, store *m* (à
l'italienne) **2** (*Naut*) tendelet *m*, abri *m*.
awoke [əˈwəʊk] *p* de **awake**.
awoken [əˈwəʊkən] *pp* de **awake**.
awry [əˈraɪ] *adj adv* (*lit*) de travers; *our
plans went ~* nos projets ont échoué.
ax (*amér*) **axe** (*brit*) [æks] *n* **1** hache *f*
2 (*fig*) réductions *fpl* (budgétaires) **3** (*fam
amér*) *he was given the ~* il a été renvoyé/sacqué ◆ *vt* **1** (*amér fam*) renvoyer,
virer **2** (*finances*) diminuer, faire une coupe
sombre dans.
axis [ˈæksɪs] (*pl* axes [ˈæksiːz]) *n* (*Math,
Phys*) axe *m*.
axle [ˈæksəl] *n* (*Tech*) axe *m*, arbre *m*; (*Aut*)
front-~ essieu *m* avant.
aye [eɪ/aɪ] *adv* (*surtout écossais*) (mais) oui
◆ *n* (*vote*) *~s and noes* voix *fpl* pour et
contre; *the ~s have it!* les oui l'emportent!

B

B, b [biː] *n* **1** (lettre) B, b **2** (*Mus*) si *m*.
babble ['bæbl] *vi* **1** bredouiller **2** (*ruisseau*) murmurer **3** (*fig*) parler de façon inconsidérée ◆ *n* **1** babil *m* **2** bavardage *m* ‖ °**babbler** *n* bavard *m*.
babe [beɪb] *n* **1** (*lit*) bambin *m* **2** (*amér fam*) jolie fille *f*; (*fam*) poupée *f* **3** (*amér fam*) mec *m*.
baby ['beɪbɪ] *n* **1** bébé *m*; *they've just had a ~ boy* ils viennent d'avoir un petit garçon **2** (*amér fam*) type *m*, mec *m*; *a tough ~* un dur **3** (*fig*) *I don't want to be left holding the ~* je ne veux pas être tenu pour responsable; *it isn't my ~* ce n'est pas mon affaire ◆ *vt* (*surtout amér*) dorloter ‖ °**baby buggy** (*amér*) voiture *f* d'enfant ‖ °**baby-faced** *adj* au visage poupin ‖ °**babyhood** *n* première enfance *f* ‖ °**babyish** *adj* (*péj*) enfantin, puéril ‖ °**baby-like** *adj* enfantin ‖ °**baby-scales** *npl inv* pèse-bébé *m* ‖ °**babysit** *vi* (*fam*) faire du baby-sitting.
bachelor ['bætʃələ] *n* **1** célibataire *m*; ~ *flat* n garçonnière *f* **2** (*Ens*) licencié(e) *m(f)*; *Bachelor of science* licencié(e) ès sciences.
back [bæk] *n* **1** (*Anat*) dos *m*; (*aussi fig*) *he turned his ~ on me* il m'a tourné le dos **2** reins *mpl* **3** (*siège*) dossier *m* **4** arrière *m*, derrière *m*; *at the ~ of the book* à la fin du livre; *on the ~ of the page* au verso; *he knows the place like the ~ of his hand* il connaît l'endroit comme sa poche; *right at the ~* tout au fond; (*brit*) *at the ~ of the train* en queue du train; (*brit*) *at the ~ of beyond* au diable vauvert **5** (*Sp*) *full ~* arrière *m*; *left ~* arrière *m* gauche ◆ *adj* arrière, de derrière; ~ *room* pièce *f* du fond; ~ *seat* siège *m* arrière; (*fig*) *he had to take a ~ seat* il a dû quitter le devant de la scène; *the ~ streets* les bas quartiers, (*Fin*) ~ *interest ns inv* arrérages *mpl*; ~ *pay* rappel *m* de salaire ◆ *adv* **1** en arrière; *house standing ~ from the beach* maison en retrait de la plage; *walking ~ and forth* marchant de long en large; *stand ~!* n'avancez pas!/reculez! **2** (*temps*) (*way*) ~ *in 1980* dès 1980; *as far ~ as 1980* déjà en 1980 **3** (*retour*) *I shall be ~ at ten* je serai de retour à dix heures; *come ~!* revenez! *give ~ to me!* rendez-le-moi! *call me ~!* rappelez-moi! *don't answer ~!* ne réplique pas! ◆ *vti* **1** reculer; (*Aut*) *he ~ed (the car) into the garage* il a rentré la voiture en marche arrière; *he ~ed out of the room* il sortit de la pièce à reculons; (*fam*) *I feel like ~ing out of it* j'ai bien envie de laisser tomber **2** parier, miser sur; *a well ~ed horse* un cheval très coté **3** appuyer, soutenir; *who's ~ing this deal?* qui finance cette affaire? *we ought to ~ him (up)* nous devrions lui donner un coup de main ‖ °**backache** *n* mal *m* de reins ‖ °**backbite** *v* médire ‖ °**backbiting** *ns inv* médisance(s) *f(pl)* ‖ °**backbone** *n* **1** (*Méd*) colonne *f* vertébrale; (*aussi Zool*) épine *f* dorsale; (*fig*) *they are the ~ of the firm* ce sont les éléments clés de l'entreprise **2** (*fig*) (*caractère*) *he has no ~* c'est une chiffe molle ‖ **back°date** *vt* antidater; ~*d to...* avec effet rétroactif à compter de... ‖ °**backer** *n* **1** (*courses*) parieur *m*, **2** (*Pol*) sympathisant *m*, partisan *m*, **3** (*Com*) commanditaire *m* ‖ °**backfire** *n* **1** (*moteur*) retour *m* de flamme; mauvais allumage *m* **2** (*amér*) contre-feu *m* ‖ °**back°fire** *vi* **1** avoir des retours, pétarader **2** (*fig amér*) *their scheme ~d* leur projet s'est retourné contre eux ‖ °**backgammon** *n* (*jeu m de*) trictrac *m* ‖ °**background** *n* **1** arrière-plan *m* (*pl* arrière-plans); ~ *noise* bruit *m* de fond; (*fig*) *better stay in the ~* mieux vaut se tenir à l'écart **2** formation *f*, culture *f*; *family ~* milieu *m* familial; *he has a good educational ~* il a une bonne culture générale ‖ °**backhand** *n* (*tennis*) revers *m* ‖ °**backhanded** *adj* (*tennis*) de revers ‖ °**backhander** *n* **1** (*tennis*) revers *m* **2** (*fam*) pot *m* de vin ‖ °**backing** *n* **1** soutien *m*, support *m*; *financial ~* appui financier **2** (*voiture*) marche *f* arrière, recul *m* ‖ °**backlash** *n* contrecoup *m*; ~ *effect* réaction *f* en retour ‖ °**backless** *adj* (*siège*) sans dossier *m*; (*vêtement*) décolleté dans le dos ‖ °**backpack** *n* (*amér*) sac *m* à dos ◆ *vt* (*amér*) randonner (sac au dos) ‖ °**back°side** *n* (*fam Anat*) postérieur *m*, derrière *m* ‖ °**backslang** (*brit*) (*langue*) verlan *m* ‖ °**backslide** *vi* rechuter, récidiver ‖ °**backstage** *adj* (*Th*) dans les coulisses ‖ °**backstairs** *n* escalier *m* de service, escalier *m* de derrière; (*fam fig*) *he must have had some ~ push* il a dû être pistonné ‖ °**backstroke** *n* **1** (*natation*) nage *f* sur le dos **2** contrecoup *m*; coup *m* de revers, (*fig*) battre en retraite ‖ °**backtrack** *vi* rebrousser chemin, (*fig*) battre en retraite ‖ °**backward** *adj* **1** en arrière; *a ~ and forward motion* un mouvement de va-et-vient **2** peu évolué, arriéré **3** hésitant, peu empressé ‖ °**backwardness** *n* **1** (*enfant*) retard *m* (mental) **2** (*at*, *in*) timidité *f* (à) ‖ °**backwards** *adv* en arrière, he walked ~ il marchait à reculons; ~ *and forwards* de long en large; (*fig*) *you've got to know this ~*

il faut que tu saches cela sur le bout des doigts ‖ **back°yard** *n* arrière-cour *f.*

bacon ['beɪkən] *n* lard *m,* bacon *m ; (brit fam) he saved his ~* il a sauvé sa peau ; *(fam) it was up to my father to bring home the ~* c'était mon père qui devait faire bouillir la marmite.

bad [bæd] *adj (comp* **worse** *super* **worst)** mauvais, méchant ; *he's got a rather ~ attack of flu* il a une grippe assez sévère ; *that fish has gone ~* ce poisson est avarié ; *smoking is ~ for you!* fumer n'est pas bon pour votre santé ! *from ~ to worse* de mal en pis ; *~ language!* langage *m* grossier ; *she isn't ~-looking* elle n'est pas mal du tout ; *too ~!* dommage ! *it wouldn't be a ~ thing to leave early* ce ne serait pas mal de partir de bonne heure ; *not too ~!* pas trop mal ! *it will come to a ~ end* ça va mal se terminer ; *that sounds ~!* ça prend une mauvaise tournure ! *we had a very ~ time of it* ça c'est très mal passé ‖ **°badly** *adv ; he was ~ injured* il a été grièvement blessé ; *I need you ~ (amér* **bad**) j'ai absolument besoin de toi ; *I ~ want to see her* j'ai une envie folle de la voir ‖ **bad-°mannered** *adj* mal élevé, grossier ‖ **bad-°tempered** *adj* d'humeur acariâtre ; *he is ~* il a mauvais caractère ‖ **°badness** *n* méchanceté *f.*

bade [bæd/beɪd] *p* de **bid.**

badge [bædʒ] *n* insigne *m,* badge *m.*

badger¹ ['bædʒə] *n (Zool)* blaireau *m.*

badger² ['bædʒə] *vt* harceler, importuner.

baffle ['bæfl] *n (Tech)* **1** *(Rad)* baffle *m* **2** déflecteur *m* ◆ *vt* déconcerter, *(fig)* dérouter ; *politics ~ me* la politique me laisse pantois ‖ **°baffled** *adj I'm ~* je n'y comprends rien ‖ **°baffling** *adj* déconcertant ; *a ~ move* une manœuvre incompréhensible.

bag [bæg] *n* **1** sac *m* **2** valise *f* **3** *(fig) ~s under the eyes* poches *fpl* sous les yeux ; *(fam) it's in the ~* c'est dans la poche ◆ *vti* **1** mettre en sac **2** *(fam)* empocher ; *he bagged the best site* il a accaparé le meilleur emplacement, **3** *(pantalon)* faire des poches (aux genoux) **4** *(fam péj) old ~* vieille sorcière *f* ‖ **°baggage** *ns inv (surtout amér)* bagages *mpl ; ~-car* fourgon *m* à bagages ; *~-room* consigne *f* ‖ **°baggy** *adj* **1** *(vêtement)* ample, **2** *(pantalon)* sans tenue, flottant ‖ **°bag people** *npl inv (amér)* sans-logis *m (pl inv)* ‖ **°bagpipes** *npl inv (Mus)* cornemuse *f* ‖ **bags** *npl inv* **1** *(fam)* pantalon(s) *m(pl)* **2** *(fam) ~ of money* des tas d'argent **3** *(brit loc) ~ I throw first!* c'est moi qui lance le premier !

bail¹ [beɪl] *n (Jur)* caution *f ; I'll go /stand ~ for him* je me porte garant pour lui ; *on ~* sous caution ◆ *vt* **bail out** *vpart* libérer sous caution.

bail² [beɪl] *vt (Naut) (out)* écoper ◆ *n* écope *f.*

bait [beɪt] *n* appât *m,* amorce *f ; (aussi fig) he took the ~* il a bien mordu à l'hameçon ◆ *vt* **1** amorcer, appâter **2** *(fig)* tourmenter, harceler.

baize [beɪz] *n* feutrine *f ; (billard)* tapis *m* vert.

bake [beɪk] *vt* (faire) cuire (au four) ‖ **baked** *adj* **1** cuit ; *~ potatoes* pommes *fpl* de terre en robe des champs **2** *(terres)* durci, desséché ‖ **°baker** *n* boulanger *m (f* -ère) ; *~'s (shop)* boulangerie *f* ‖ **°baking** *n (pain, pâtisserie)* cuisson *f ; ~ dish* plat *m* allant au four ; *~ powder* levure *f* (chimique).

balaclava [ˌbælə'klɑːvə] *(brit) n* passe-montagne *m (pl* passe-montagnes).

balance ['bæləns] *n* **1** équilibre *m ; off ~* déséquilibré ; *I lost my ~* j'ai perdu l'équilibre **2** *(Tech)* **1** balance *f* **2** *~-weight n* contrepoids *m* **3** *(Com)* solde *m ; debit ~* solde *m* débiteur ; *~ sheet* bilan *m* ◆ *vti* (s')équilibrer ; *that will ~ the loss* cela compensera les pertes ; *(Com) this account will have to be ~d* il faudra solder ce compte ‖ **°balanced** *adj* équilibré ; *the two teams are fairly well ~* les deux équipes sont de même valeur.

balcony ['bælkənɪ] *n* **1** balcon *m* **2** *(Th)* première galerie *f.*

bald [bɔːld] *adj* **1** chauve ; *he is going ~* il commence à perdre ses cheveux **2** *(style)* plat, fade ; *a ~ statement of facts* simple présentation des faits ‖ **°baldness** *n* **1** calvitie *f* **2** *(Lit)* platitude *f,* monotonie *f.*

bale¹ [beɪl] *n* balle *f,* ballot *m.*

bale² [beɪl] *voir* **bail.**

bale [beɪl] **out** *vpart (Av)* sauter en parachute.

balk [bɔːlk] *n* **1** solive *f* **2** entrave *f,* obstacle *m* ◆ *vt* entraver ; *(brit) his plans have been ~ed* ses projets ont été contrariés ◆ *vi (cheval)* se dérober ; *he ~ed at the difficulty* il hésita devant la difficulté.

ball¹ [bɔːl] *n* **1** balle *f,* ballon *m,* boule *f ; (viande)* boulette *f ; (ficelle)* pelote *f ; (œil)* prunelle *f ; (canon)* boulet *m ; they played ~* **1** ils ont joué à la balle **2** *(fig)* ils ont joué le jeu ; *(fig) the ~ is in their court* la balle est dans leur camp (c'est à jouer maintenant) ; *(brit) the ~ is at his feet* il a partie gagnée ; *(fam) he is on the ~* il réagit vite ; *(fam) she can keep the ~ rolling* elle sait animer la conversation ‖ *(Tech)* **ball°bearing** *n* roulement *m* à billes ‖ **°ballboy** *n (Sp)* ramasseur *m inv* de balles ‖ **ba°lloon** *n* **1** *(Av)* ballon *m,* aérostat *m,* **2** *(bande dessinée)* bulle *f* ‖ **ba°lloonist** *n* aérostier *m* ‖ **°ballpoint (pen)** *n* stylo *m* à bille ‖ **balls** *(argot) npl* couilles *fpl* ‖ **ball(s) up** *vpart* (vulg) *he's ~ed it (all) up!* il a semé la pagaïe !

ball² [bɔːl] *n* bal *m* ‖ **ballerina** [ˌbælə'riːnə] *n* ballerine *f* ‖ **ballet** ['bæleɪ] *n* ballet *m* ; *~ dancer* *n* danseur *m* (*f* -euse) de ballet ‖ **°ballroom** *n* salle *f* de bal.

ballad ['bæləd] *n* **1** (Lit) ballade *f* **2** (Mus) romance *f*.

ballast ['bæləst] *n* **1** (Naut) lest *m* **2** (route) empierrement *m* ◆ *vt* **1** (Naut) lester **2** (route) empierrer **3** (voie ferrée) ballaster.

ballistics [bə'lɪstɪks] *n* balistique *f*.

ballot ['bælət] (Pol) **1** scrutin *m* **2** ~ *(paper)* bulletin *m* de vote ; *~-box* *n* urne *f* ; *second ~* deuxième tour de scrutin ; *there will possibly be a second ~* éventuellement il y aura ballotage ◆ *vi* voter (à bulletin secret), tirer au sort.

balm [bɑːm] *n* (aussi fig) baume *m* ‖ **°balmy** *adj* **1** doux, calmant **2** embaumé **3** (fam) timbré, toqué.

baloney [bə'ləʊnɪ] *adj* (fam) *it's all~!* c'est du baratin ! ça ne tient pas debout !

balustrade [ˌbælə'streɪd] *n* balustrade *f*.

bamboo [bæm'buː] *n* bambou *m*.

bamboozle [bæm'buːzl] *vt* (fam) mystifier.

ban [bæn] *vt* interdire ; *~ the motorway!* non à l'autoroute ! ◆ *n* **1** interdiction *f* **2** (Rel) interdit *m* **3** (brit) *driving ~ committee* comité *m* de suspension du permis de conduire.

banana [bə'nɑːnə] *n* banane *f* ‖ **°banana tree** *n* bananier *m*.

band¹ [bænd] *n* **1** lien *m*, bande *f* ; *rubber ~* *n* élastique *m* **2** (Rad) bande *f* (de fréquence) ‖ **°bandsaw** *n* scie *f* à ruban.

band² [bænd] *n* **1** troupe *f* ; (voleurs) bande *f* **2** orchestre *m* ; *military ~* fanfare *f* ‖ (Mil) **°bandmaster** chef *m* de musique ‖ **°bandsman** *n* musicien *m* (d'un orchestre) ‖ **°bandstand** *n* kiosque *m* à musique.

bandit ['bændɪt] *n* bandit *m*, brigand *m*.

bandy¹ ['bændɪ] *adj* (jambes) arqué.

bandy² ['bændɪ] *vt* (coups) échanger ; (injures) (se) renvoyer.

bang [bæŋ] *n* détonation *f*, coup *m* sec ; bang *m* (supersonique) ◆ *adv* en plein (dans), juste (à) ; *~ on time* pile à l'heure ; *~ in the bull's eye* en plein dans le mille ◆ *excl* pan ! vlan ! ◆ *vti* **1** frapper, (se) cogner ; *they ~ed into a tree* ils se sont heurté à un arbre **2** (faire) claquer ; *don't ~ the door!* ne claque pas la porte ! *he ~ed on the door* il martela la porte ‖ **°banger** *n* **1** pétard *m* **2** (brit fam) saucisse *f* **3** (argot brit) *old ~* vieux tacot *m*.

bangle ['bæŋgl] *n* bracelet *m* ; (cheville) anneau *m*.

banish ['bænɪʃ] *vt* bannir, exiler ; *~ all your cares!* chassez tous vos soucis ! ‖ **°banishment** *n* exil *m*, bannissement *m*.

banister(s) ['bænɪstə(z)] *n* (souvent pl) **1** rampe *f* (d'escalier) **2** main-courante *f* **3** (Arch) balustres *mpl*.

bank¹ [bæŋk] *n* **1** berge *f*, rive *f* ; *river ~s* rivage *m* **2** talus *m*, remblai *m* **3** (Géog) banc *m* ‖ **bank up** *vpart* **1** remblayer, surélever ; *that curve has been ~ed up* ce virage a été relevé **2** (s')entasser ; *the road was ~ed up with snow* la route était obstruée par la neige.

bank² [bæŋk] *n* banque *f* ; *savings ~* caisse *f* d'épargne ◆ *vti* **1** déposer en banque **2** (fig) compter ; *don't ~ on that!* n'y compte pas ! ‖ **°bank account** *n* compte *m* en banque ‖ **°bank cheque** *n* chèque *m* bancaire ‖ **°banker** *n* banquier *m* ‖ **bank holiday** *n* (brit) jour *m* férié ‖ **°banking** *adj* *~ hours* heures *fpl* d'ouverture de la banque ◆ *n* opérations *fpl* bancaires ‖ **°bank rate** *n* taux *m* d'escompte ‖ **°bankrupt** *n* failli(e) *m(f)* ◆ *adj* en faillite, ruiné ◆ *vt* mettre en faillite, ruiner ‖ **°bankruptcy** *n* faillite *f*, banqueroute *f*.

banner ['bænə] *n* bannière *f*, étendard *m* ◆ *adj* (amér) excellent ; *it was a ~ year for sales* c'était une grande année pour les ventes.

banns [bænz] *npl inv* (Rel) bans *mpl*.

banquet ['bæŋkwɪt] *n* banquet *m*.

bantam ['bæntəm] *n* **1** coq *m* nain, **2** (boxe) *~ weight* poids coq *m*.

banter ['bæntə] *vi* badiner ◆ *n* badinage *m*.

baptism ['bæptɪzm] *n* baptême *m* ‖ **°baptist** *n* (secte) baptiste *mf* ‖ **baptize** [bæp'taɪz] *vt* baptiser.

bar [bɑː] *n* **1** barre *f*, barreau *m* ; (chocolat) tablette *f* ; (décoration) barrette *f* **2** (aussi fig) obstacle *m* ; *colour ~* ségrégation *f* raciale **3** (Jur) barreau *m* ; *the Bar* l'Ordre *m* des avocats **4** barre *f* **5** *the man at the ~* l'accusé *m* **6** café *m*, bar *m* ; comptoir *m* **7** (Mus) barre *f* ; mesure *f* ◆ *vt* **1** barrer, **2** interdire, défendre ; *he was barred from the post* on l'a empêché d'obtenir ce poste ◆ (aussi **barring**) *prép* excepté, sauf ‖ **°barkeep(er)** (amér) voir **barman** ‖ **°barmaid** *n* serveuse *f* ‖ **°barman** *n* barman *m*, garçon *m* de comptoir ‖ **barred** *adj* barré, muni de barreaux ‖ **°barrier** *n* barrière *f* ; *ticket ~* portillon *m* ‖ **°barring** (aussi **bar**) *prép* excepté ‖ **°bartender** voir **barman**.

barbarian [bɑː'beərɪən] *n adj* barbare *mf* ‖ **°barbarous** *adj* barbare, cruel (*f* -elle).

barbed wire [ˌbɑːbd'waɪə] *n* fil *m* de fer barbelé.

barber ['bɑːbə] *n* coiffeur *m* (hommes) ‖ **°barbershop** (amér) / **°barber's shop** (brit) *n* salon *m* de coiffure (pour hommes).

bare [beə] *adj* **1** nu, dénudé **2** *(fig) the ~ minimum* le strict minimum ♦ *vt* dénuder, (se) découvrir ‖ °**bareback** *adv (équitation)* (monter) à cru ‖ °**barefaced** *adj* effronté ‖ **bare°headed** *adj adv* nu-tête ‖ °**barely** *adv* à peine, tout juste ‖ °**bareness** *n* dénuement *m*, *(Lit)* pauvreté *f*.

bargain [ˈbɑːgɪn] *n* **1** affaire *f*; *make a ~* faire une affaire; *~ price* prix *m* avantageux; *~ sale* les soldes *mpl* **2** marché *m*; *strike a ~* conclure un accord; *into the ~* par-dessus le marché ♦ *vi* **1** négocier **2** marchander; *I didn't ~ for that* je ne m'attendais pas à cela.

barge [bɑːdʒ] *n* péniche *f*, barque *f* ♦ *vi (fam) she ~d into the room* elle fit irruption dans la pièce ‖ °**bargepole** *n (barque)* gaffe *f*; *perche f (brit fam loc) I wouldn't touch it with a ~* je m'en méfie comme de la peste.

bark¹ [bɑːk] *n* écorce *f* ♦ *vt* **1** écorcer, **2** *(genou)* écorcher.

bark² [bɑːk] *n* aboiement *m*; *(renard)* glapissement *m* ♦ *vti (aussi fig)* aboyer; *(fig) you're ~ing up the wrong tree!* tu tapes sur le mauvais cheval!

barley [ˈbɑːlɪ] *n* orge *f*.

barm [bɑːm] *n* levure *f* (de bière) ‖ °**barmy** *adj (argot)* timbré, cinglé.

barn [bɑːn] *n* grange *f*; *(amér)* étable *f* ‖ °**barnyard** *n* basse-cour *f*.

barometer [bəˈrɒmɪtə] *n* baromètre *m*.

barracks [ˈbærəks] *n (pl inv)* caserne *f*.

barrel [ˈbærəl] *n* **1** tonneau *m* **2** *(pétrole)* baril *m* **3** *(arme)* barillet *m* **4** *(mesure)* 119 litres *[= 31,5 gallons (amér); 36 gallons (brit)]* ‖ °**barrel-organ** *n* orgue *m* de Barbarie.

barren [ˈbærən] *adj* aride, stérile.

barrister [ˈbærɪstə] *n* avocat *m*.

barrow¹ [ˈbærəu] *(archéologie)* tumulus *m*.

barrow² [ˈbærəu] *n* charrette *f* à bras; *wheel ~* brouette *f*; *(luggage) ~* diable *m*.

barter [ˈbɑːtə] *n* échange *m*, troc *m* ♦ *vt* échanger, faire du troc.

base¹ [beɪs] *n* **1** *(aussi fig)* base *f* **2** *(statue)* socle *m*, pied *m*; *(lampe)* culot *m* ♦ *vt* baser, fonder ‖ °**baseball** *n (Sp)* base-ball *m* ‖ °**baseless** *adj* sans fondement ‖ °**basement** *n* **1** sous-sol *m*; *(brit) ~ flat* appartement *m* en sous-sol **2** soubassement *m* ‖ °**basic** *adj* fondamental, élémentaire; *~ English* l'anglais de base; *~ truth* vérité *f* première ‖ °**basically** *adv* fondamentalement; *~ you're right* au fond tu as raison ‖ °**basics** *npl* l'essentiel *m* ‖ °**basis** *(pl* **bases** [ˈbeɪsiːz]*) (discussion)* base *f*.

base² [beɪs] *adj* vil, ignoble ‖ °**baseness** *n* bassesse *f* (d'une action).

bash [bæʃ] *n* coup *m*; *(brit fam) have a ~ at it* tenter le coup ♦ *vt* (se) cogner; *(fam) my car has been ~ed on* a cabossé ma voiture.

bashful [ˈbæʃful] *adj* timide, modeste.

basin [ˈbeɪsn] *n* **1** *(Géog Naut)* bassin *m*, **2** *(récipient)* bol *m*, jatte *f*, coupe *f*, cuvette *f*; *(brit) sugar ~* sucrier *m*; *wash ~* lavabo *m*.

bask [bɑːsk] *vi* se chauffer au soleil; *(fam)* lézarder.

basket [ˈbɑːskɪt] *n* panier *m*, corbeille *f* ‖ °**basketball** *n (Sp)* basket-ball *m* ‖ °**basket lunch** *n* pique-nique *m* ‖ °**basketwork** *n* vannerie *f*.

bass¹ [beɪs] *n (Mus)* (voix *f* de) basse *f*.

bass² [bæs] *n (Zool)* perche *f*; *(mer)* bar *m*.

bassoon [bəˈsuːn] *n (Mus)* basson *m*.

bastard [ˈbɑːstəd] *n* **1** bâtard *m*; *(Jur)* fils (fille) naturel(le) **2** *(fam)* salaud *m* ♦ *adj* bâtard.

bat¹ [bæt] *n (cricket)* batte *f*; *(ping-pong)* raquette *f* ♦ *vi* être à la batte (au guichet). *vt* cogner (une balle).

bat² [bæt] *vt* battre (des paupières); *without batting an eyelid* sans sourciller.

bat³ [bæt] *n (Zool)* chauve-souris *f*; *(fam) he's got bats (in the belfry)* il a une araignée au plafond.

batch [bætʃ] *n* **1** fournée *f* **2** *(fig) a ~ of soldiers* un groupe de soldats; *a ~ of letters* un paquet de lettres.

bath [bɑːθ] *n (pl* **baths** [bɑːθs/bɑːðz]*)* bain *m*; baignoire *f*; *have a ~* prendre un bain; *public ~s* bains publics *mpl*, piscine *f* ♦ *vt* donner un bain, baigner ♦ *vi* prendre un bain ‖ °**bathroom** *n* salle *f* de bains; *(fig)* toilettes *fpl*.

bathe [beɪð] **1** *vt* baigner; *~ a wound* laver une blessure **2** *vi* **(a)** se baigner **(b)** *(amér)* prendre un bain ‖ °**bather** *n* baigneur *m (f -euse)* ‖ °**bathing** *n* baignade *f ~costume/suit/trunks* maillot *m* de bain.

baton [ˈbætən] *n* baguette *f* (de chef d'orchestre); bâton *m*; *(Sp)* témoin *m*.

bats [bæts] *adj (argot) he's ~* il est complètement tordu.

batter¹ [ˈbætə] *n (Cuis)* pâte *f* (à frire/à crêpes).

batter² [ˈbætə] *vt* battre; cabosser.

battery [ˈbætərɪ] *n* **1** *(El)* pile *f*; *(Aut)* accumulateur *m* **2** *(artillerie)* batterie *f* **3** *(Ag) ~ breeding* élevage *m* en batterie.

battle [ˈbætl] *n* bataille *f*, combat *m*; *killed in ~* tué à l'ennemi ♦ *vi (lit)* (se) battre, combattre ‖ °**battleship** *n* cuirassé *m*.

bauble [ˈbɔːbl] *n* colifichet *m*.

baulk *voir* **balk**.

bawdy [ˈbɔːdɪ] *adj* grivois.

bawl [bɔːl] *vti (péj)* brailler, gueuler.

bay[1] [beɪ] *n* (*Géog*) baie *f*, golfe *m*.
bay[2] [beɪ] *n* (*Bot*) ~-**tree** laurier *m*.
bay[3] [beɪ] *n at* ~ aux abois *mpl inv*; (*fig*) **held** *at* ~ tenu en échec ◆ *vi* aboyer, hurler.
bazaar [bə'zɑː] *n* **1** (*Com*) bazar *m* **2** (*fig*) vente *f* de charité.
be [biː] *aux p* **was, were** *pp* **been** être; *I am, was, will be, have* (*just*) *been eating* je mange, mangeais, mangerai, viens de manger; (*passif*) *she was, will be, would have been tempted by...* elle était, sera, aurait été tentée par...; (*futur*) *he is to see us soon* il doit nous voir bientôt; (*obligation*) *you are to report now* vous devez vous présenter maintenant; (*ellipse*) *it's ten, isn't it? yes it is* il est dix heures, n'est-ce pas? oui ◆ *v* (*copule*) être, avoir; *how old are you? I am ten* quel âge as-tu? j'ai dix ans; *the room is 3 metres high* la pièce a 3 mètres de haut; *how tall are you?* quelle est votre taille? *I am hot/hungry* j'ai chaud/faim; *you're right* tu as raison; (*impersonnel*) *is there a bus?* y a-t-il un bus? *what time is it?* quelle heure est-il? *it's late* il est tard; (*mouvement*) *where have you been?* où es-tu allé? *has the milkman been?* est-ce que le laitier est passé? ◆ (*loc*) *as it were* pour ainsi dire; *if I were you* si j'étais à votre place.
beach [biːtʃ] *n* plage ◆ *vt* échouer.
beacon ['biːkən] *n* balise *f*; *radio* ~ radio-phare *m*.
bead [biːd] *n* **1** perle *f*; *string of* ~s collier *m* **2** (*fig*) goutte *f* (de sueur).
beak [biːk] *n* (*oiseau*) bec *m*.
beam [biːm] *n* **1** poutre *f*, solive *f* **2** (*soleil*) rayon *m* **3** (*El*) faisceau *m* ◆ *vi* (*soleil*) rayonner; ~*ing smile* sourire *m* radieux ◆ *vt* (*Rad*) transmettre.
bean [biːn] *n* **1** haricot *m*; *broad* ~ fève *f*; *French* ~ haricot *m* vert; (*fam*) *he's full of* ~s il est en pleine forme **2** (*café*) grain *m* ‖ °**beanery** *n* (*amér*) gargote *f* ‖ °**beanpole** *n* rame *f* de haricots; (*fam fig*) (*personne*) échalas *m*, (grande) perche *f*.
bear[1] [beə] *n* **1** ours *m* (*f ourse*) **2** (*Fin*) ~ *market* marché *m* à la baisse ‖ °**bearcub** *n* ourson *m* ‖ °**bearskin** *n* peau *f* d'ours; (*brit Mil*) bonnet *m* à poil.
bear[2] [beə] *vti* (*p* **bore** *pp* **borne**) **1** porter, supporter, soutenir; *I can't* ~ *it any longer* je ne peux plus supporter cela; ~ *that in mind!* souvenez-vous-en! *he bore witness to...* il témoigna de...; *he still* ~s *a grudge against me* il m'en veut toujours; *grin and* ~ *it!* allons, un peu de courage! **2** produire, donner naissance à; *interest-bearing deposits* placements *mpl* porteurs d'intérêts **3** (*direction*) ~ *to the left* prenez à gauche ‖ °**bearable** *adj* supportable ‖ **bear away** *vpart* emporter ‖ **bear**

down (on) *vpart* foncer (sur); *the elephant bore down on them* l'éléphant les a chargés ‖ °**bearer** *n* porteur *m* (*f* -euse); *that variety is a good* ~ cette variété donne beaucoup (de fruits) ‖ °**bearing** *n* **1** port *m*, allure *f* **2** orientation *f*; (*aussi fig*) *he found his* ~s il a trouvé sa direction; (*aussi fam fig*) *he's lost his* ~s il a perdu le nord. ‖ **bear out** *vpart* **1** emporter **2** justifier; *that* ~s *out what I said* cela corrobore ce que j'ai dit ‖ **bear up** *vpart* **1** soutenir **2** faire face; ~ *up!* allons, tenez le coup!
beard [bɪəd] *n* barbe *f*; *he has shaved off his* ~ il ne porte plus la barbe ‖ °**bearded** *adj* barbu ‖ °**beardless** *adj* imberbe.
beast [biːst] *n* **1** animal *m*; bête *f* **2** (*fig*) brute *f*; (*fam*) *he is a perfect* ~ c'est un véritable salaud ‖ °**beastly** *adj* brutal; (*surtout brit fam*) *what* ~ *weather!* il fait bigrement mauvais.
beat [biːt] *n* **1** battement *m*; (*Mus*) mesure *f* **2** (*police*) ronde *f*; (*fig*) *it's off my* ~ ce n'est pas de mon domaine ◆ *vti* (*p* **beat** *pp* **beaten**) **1** battre, (se) frapper; (*fam*) *now, don't* ~ *about the bush!* bon, ne tourne pas autour du pot! **2** vaincre, battre; *you can't* ~ *him* il est imbattable; (*fam*) *that* ~s *me!* ça me dépasse! **3** (*argot*) ~ *it!* dégage! ‖ **beat back off** *vpart* repousser ‖ **beat down** *vpart* **1** (*prix*) faire baisser **2** (*soleil*) taper ‖ °**beaten** *adj* battu, vaincu; *off the* ~ *track* loin des sentiers battus ‖ °**beating** *n* **1** battement *m* **2** (*fam*) volée *f*, raclée *f* ‖ **beat out** *vpart* (*rythme*) marquer ‖ **beat up** *vpart* (*fam*) tabasser.
beautiful ['bjuːtɪfl] *adj* beau, (*f* belle) superbe, splendide ‖ °**beautifully** *adv* magnifiquement, à merveille ‖ °**beauty** beauté *f*; *that's the* ~ *of it!* c'est cela qui est bien! ~ *spot* **1** site *m* touristique **2** grain *m* de beauté.
beaver ['biːvə] *n* **1** castor *m* **2** fourrure *f* de castor ‖ **beaver away** *vpart* travailler avec acharnement.
became [bɪ'keɪm] *p de* **become.**
because [bɪ'kɒz] *conj* parce que ‖ **because of** *prép* à cause de.
beck [bek] *n* (*loc*) *she's at his* ~ *and call* elle lui obéit au doigt et à l'œil ‖ °**beckon (to)** *vti* appeler du doigt.
become [bɪ'kʌm] *vti* (*p* **became** *pp* **become**) **1** *vi* devenir; *he became pale with rage* il devint blême de colère; *what's* ~ *of him?* qu'est-ce qu'il est devenu? **2** *vt* (*lit*) être digne de ‖ **be°coming** *adj* seyant.
bed [bed] *n* **1** lit *m*; *double* ~ lit pour deux personnes; *single* ~ lit pour une personne; *twin* ~s lits *mpl* jumeaux; *will you put the baby to* ~? veux-tu coucher le bébé? *he's in* ~ il est couché; (*fig*) *you've got out of* ~ *on the wrong side!* (*amér*) *you got up on the wrong side of* ~ tu t'es

levé du pied gauche ! ~ *and breakfast*
chambre *f* d'hôte **2** *(Hort)* carré *m* de légumes ; massif *m* (de fleurs) ; *(fig) life's
not just a ~ of roses* dans la vie tout n'est
pas rose **3** *(Géol)* gisement *m* **4** *(mer)* fond
m ; *(rivière)* lit *m* ♦ *vt* mettre au lit
‖ **°bedclothes** *npl inv* literie *f*
‖ **°bedcover** *n* couvre-lit *m* ‖ **°bedding**
n **1** literie *f* **2** *(Ag)* litière *f* ‖ **°bedjacket**
n liseuse *f* ‖ **°bedlinen** *n* literie *f*
‖ **°bedridden** *adj* grabataire ‖ **°bedrock**
n **1** *(Géol)* soubassement *m* **2** *(fig)* essentiel *m* ‖ **°bedroom** *n* chambre *f* à coucher ;
spare ~ chambre *f* d'ami ‖ **°bedside** *n*
chevet *m* ; *our doctor has a good ~ manner* notre médecin a un bon contact avec
ses malades ‖ **°bedsore** *n* escarre *f*
‖ **°bedspread** *n* dessus-de-lit *m*
‖ **°bedtime** *n* ; *it's nearly ~* il est presque
l'heure d'aller se coucher ‖ **°bedwetting**
n (Méd) énurésie *f*.

bedlam ['bedləm] *n* vacarme *m*.

bee [bi:] *n* abeille *f* ; *(loc) he has a ~ in
his bonnet about that* c'est une idée
fixe chez lui ‖ **°beehive** *n* ruche *f*
‖ **°beekeeping** *n* apiculture *f* ‖ **°beeline**
n (loc) he made a ~ for bed il fila tout
droit au lit.

beech [bi:tʃ] *n (Bot)* hêtre *m*.

beef [bi:f] *n (viande de) bœuf m* ; *roast* ~
n rosbif *m* ‖ **°beefsteak** *n* biftek *m*
‖ **°beefy** *adj* costaud, solide.

been [bi:n/bɪn] *pp* de **be**.

beer [bɪə] *n* bière *f I could do with a ~*
je boirais bien une bière.

beetle ['bi:tl] *n (Zool)* scarabée *m* ; *(amér)*
cafard *m*.

beetroot ['bi:tru:t] *n* betterave *f* potagère ;
(Cuis) betteraves rouges *fpl*.

before [bɪ'fɔ:] *prép* avant, devant ; *the day
~ yesterday* avant-hier ; *~ long* avant
peu ; *he appeared ~ the court* il comparut
devant le tribunal ♦ *adv* auparavant ; déjà ;
plus tôt ; *the day ~* la veille ; *the year ~*
l'année précédente ; *long ~* longtemps
avant ; *you might have told me ~* tu aurais
bien pu me le dire plus tôt ♦ *conj* avant
de ; avant que ; *do it now ~ you forget!*
fais-le maintenant, sinon tu vas oublier !

beforehand [bɪ'fɔ:hænd] *adv* plus tôt.

befriend [bɪ'frend] *vt* venir en aide à.

beg [beg] *vti (p pp* **begged**) **1** supplier ;
he begged me to forgive him il m'a supplié de lui pardonner ; *(loc) I ~ your pardon!* pardon ! **2** mendier ; *he had to ~
(for) his meals* il dut mendier pour manger ; *(fig) don't ~ the question!* n'en fais
pas une question de principe !

began [bɪ'gæn] *p* de **begin**.

beggar ['begə] *n* mendiant(e) *m(f)* ; *(loc)
~s can't be choosers!* il ne faut pas faire
la fine bouche ! *(fam) you're a lucky ~!*
tu en as de la chance ! *poor ~!* pauvre gar-

çon ! ‖ **°beggarly** *adj* dérisoire ; *~ wage*
salaire *m* de misère.

begin [bɪ'gɪn] *vti (p* **began** *pp* **begun**)
commencer ; *he began to laugh/laughing*
il se mit à rire ; *she began life as a waitress*
elle a débuté dans la vie comme serveuse ;
(loc) to ~ with... en premier lieu...
‖ **be°ginner** *n* débutant(e) *mf* ‖ **be-
°ginning** *n* commencement *m*, début *m* ;
from ~ to end du début à la fin.

begun [bɪ'gʌn] *pp* de **begin**.

behalf [bɪ'hɑ:f] *n (loc) I'm speaking on
his ~* je parle en son nom.

behave [bɪ'heɪv] *vti* se comporter ; ~
(yourself)! sois sage ! *he always ~d well
to me* il s'est toujours bien conduit envers
moi ; *how is your car behaving?* comment
marche ta voiture ?

behavior *(amér)* / **behaviour** *(brit)*
[bɪ'heɪvjə] *n* comportement *m* ; *she's on
her best ~* elle s'efforce de se montrer
sous son meilleur jour.

behead [bɪ'hed] *vt* décapiter.

behind [bɪ'haɪnd] *prép* **1** *(espace)* derrière ; en arrière de ; *the sun is coming out
from ~ the clouds* le soleil sort de derrière les nuages **2** *(temps) my studies are
~ me* j'en ai terminé avec mes études ;
you're ~ the times! tu retardes ! **3** *(fig)
there's something ~ this* il y a anguille
sous roche ; *I'm ~ you* je vous soutiens ;
he acts ~ your back il agit en dessous ♦
adv derrière ; en arrière *(espace) let's go
~!* allons derrière ! *he left all the other
drivers ~* il a semé toutes les autres voitures ; *I've left my money ~* j'ai oublié
mon argent **2** *(temps) he's ~ with his
work* il est en retard dans son travail ♦ *n*
derrière *m* postérieur *m*.

beige [beɪʒ] *adj* beige.

being ['bi:ɪŋ] *n* être *m* ; *human ~* être *m*
humain ; *(loc) come into ~* naître, surgir
♦ *adj (loc) for the time ~* provisoirement.

belated [bɪ'leɪtɪd] *adj* tardif *(f* -ive).

belch [beltʃ] *vti* **1** roter **2** *(fig) the gun
~ed fire* le canon cracha du feu ♦ *n* **1** renvoi *m* **2** *(fig) a ~ of smoke* un nuage *m*
de fumée.

belfry ['belfrɪ] *n* beffroi *m*.

belief [bɪ'li:f] *n* croyance *f* ; *his religious ~s*
ses convictions religieuses ; *it's my ~
that...* je crois fermement que... ; *to the best
of my ~* autant que je sache.

believe [bɪ'li:v] *vti* croire ; *I ~ in God* je
crois en Dieu ; *she doesn't ~ in banks* elle
ne fait pas confiance aux banques ; *seeing
is believing* je le croirai quand je le verrai ;
he was ~d to be a genius on le consi-
dérait comme un génie ; *I ~ so/not* je crois
que oui/non ‖ **be°liever** *n* croyant(e) *m(f)* ;
he's a great ~ in fresh air c'est un adepte
du grand air.

belittle [bɪ'lɪtl] *vt* dénigrer, déprécier.

bell [bel] (*école, église*) cloche *f*; (*animaux*) clochette *f*; grelot *m*; cloche *f*; sonnaille *f*; (*porte*) sonnette *f*; (*El*) sonnerie *f*; *ring the ~!* sonne! *press the ~* appuie sur la sonnette! *they tolled the ~* on sonna le glas; (*fam fig*) *that rings a ~* cela me rappelle quelque chose; (*loc*) *sound as a ~* en parfaite santé; (*fam fig Sp*) *he was saved by the ~* il s'en est tiré de justesse ‖ °**bellboy** (*brit*) °**bellhop** (*amér*) *n* groom *m* ‖ °**bell tower** *n* clocher *m*.

bellicose ['belɪkəʊz] *adj* belliqueux (*f* -euse) ‖ **be°lligerent** *adj n* belligérant *m*.

bellow ['beləʊ] *vi* (*animal*) mugir; (*personne*) hurler, brailler ◆ *n* mugissement *m*; beuglement *m*.

bellows ['beləʊz] *npl inv* soufflet *m*.

belly ['belɪ] *n* ventre *m* ◆ *vti* (*p pp* **bellied**) (s')enfler, (se) gonfler ‖ °**bellyache** *n* (*fam*) mal *m* au ventre ◆ *vi* (*fam*) bougonner, ronchonner ‖ °**bellybutton** *n* nombril *m* ‖ °**belly dance** *n* danse *f* du ventre ‖ °**bellyflop** *n* (*Sp*) *do a ~* faire un plat ‖ °**bellyful** *n* (*fam fig*) *I've had a ~ of your nagging* j'en ai plein le dos de tes reproches continuels ‖ °**belly-landing** *n* (*Av*) atterrissage *m* sur le ventre ‖ °**belly laugh** *n* rire *m* gras.

belong [bɪ'lɒŋ] *vi* appartenir; *we ~ to the same family* nous sommes de la même famille; *we felt we ~ed* nous nous sentions bien intégrés; *you must put things back where they ~* il faut remettre les choses à leur place ‖ **be°longings** *npl* objets *mpl* personnels.

beloved [bɪ'lʌvd/bɪ'lʌvɪd] *adj n* (bien) aimé(e) *m(f)*, chéri(e) *m(f)*.

below [bɪ'ləʊ] (*prép*) au-dessous de, sous; *it's 5 degrees ~ zero* il fait moins cinq; (*fig*) *I feel ~ the mark* je ne me sens pas en forme.

belt [belt] *n* **1** ceinture *f*; (*voiture*) *seat ~* ceinture *f* de sécurité **2** (*Tech*) courroie *f* **3** (*Ag Ind*) ceinture *f*; zone *f* **4** (*fig*) *we'll have to tighten our ~s* nous devrons nous serrer la ceinture; (*fig Sp*) *that's hitting below the ~* c'est un coup bas ◆ *vti* **1** attacher (avec une courroie) **2** (*fam*) administrer une raclée à **3** (*brit fam*) foncer, se précipiter.

bench [bentʃ] *n* **1** banc *m*; banquette *f* **2** (*Tech*) établi *m* **3** (*Jur*) magistrature *f*; *she is on the ~* elle est juge.

bend [bend] *vti* (*p pp* **bent**) (se) plier, (se) (re)courber; *he bent over his book* il se pencha sur son livre; (*fig*) *you've only to ~ your mind to it* tu n'as qu'à t'y accrocher; (*fig*) *he bent over backwards to help* il se mit en quatre pour venir en aide ◆ *n* pli *m*; courbe *f*; *he took the ~ too fast* il prit le virage trop vite; (*brit fig fam*) *he's driving me round the ~!* il me rend fou! ‖ °**bended** *adj* (*fig loc*) *I went down

on my ~ knees to her je l'ai suppliée à genoux ‖ *bends npl inv* (*Méd*) maladie *f* des caissons.

beneath [bɪ'niːθ] *prép* au-dessous de, sous; (*fig*) *he thinks it's ~ him to apologize!* il croit indigne de lui de présenter des excuses! ◆ *adv* en dessous, en bas.

benefactor ['benɪfæktə] *n* bienfaiteur *m* (*f* -trice) ‖ **be°neficent** *adj* bienfaisant ‖ **bene°ficial** *adj* salutaire ‖ **bene°ficiary** *n* bénéficiaire *mf* ‖ °**benefit** *n* **1** bienfait *m*; avantage *m*, *it's to your ~* c'est dans ton intérêt; *I give him the ~ of the doubt* je lui laisse le bénéfice du doute; *~ concert* gala *m* de bienfaisance **2** (*loc*) *unemployment ~* allocation *f* chômage ◆ *vti* (*by from*) profiter (de).

benign [bɪ'naɪn] *adj* **1** bienveillant **2** (*Méd*) bénin (*f* bénigne).

bent[1] [bent] *p pp* de **bend**.

bent[2] [bent] *adj* **1** courbé; recourbé; *this rod is ~* cette tige est tordue **2** (*argot brit*) *~ copper* policier *m* ripoux **3** (*loc*); *he is ~ on becoming world champion* son ambition est de devenir champion mondial ◆ *n* **1** aptitude *f*; *she has a ~ for languages* elle est douée pour les langues **2** goût *m*, penchant *m*.

bequeath [bɪ'kwiːð/bɪ'kwiːθ] *vt* léguer.

bequest [bɪ'kwest] *n* legs *m*.

bereave [bɪ'riːv] *vt* (*p pp* **bereft**) (*lit*) priver, dépouiller ‖ **be°reaved** *adj* (*lit*) endeuillé; *the ~* la famille du défunt; ‖ **be°reavement** *n* deuil *m*; perte *f* cruelle ‖ **be°reft** *adj* (*lit*) (*of*) privé (de).

beret ['bereɪ] *n* béret *m*.

berry ['berɪ] *n* baie *f*.

berserk [bə'zɜːk] *adj*; (*loc*) *he went ~* est devenu fou furieux.

berth [bɜːθ] *n* **1** couchette *f* **2** (*Naut*) mouillage *m*; (*fig loc*) *give him/it a wide ~* évite-le à tout prix ◆ *vti* (s')amarrer.

beseech [bɪ'siːtʃ] *vt* (*p pp* **besought**) (*lit*) implorer, supplier.

beset [bɪ'set] *adj* (*lit*); *~ with fears* rongé par la crainte ‖ **be°setting** *adj* invétéré.

beside [bɪ'saɪd] *prép* **1** à côté de **2** comparé à **3** (*loc*) *that's ~ the point* cela n'a rien à voir; *he was ~ himself with rage/joy* il était fou de rage/joie.

besides [bɪ'saɪdz] *prép* en dehors de, outre ◆ *adv* en outre, d'ailleurs.

besiege [bɪ'siːdʒ] *vt* assiéger.

besought [bɪ'sɔːt] *p pp* de **beseech**.

best [best] *adj* le meilleur; *for the ~ part of an hour* pendant près d'une heure; *do as you think ~* fais pour le mieux; (*fig*) *~ man* garçon *m* d'honneur ◆ *adv* le mieux; *that's what he does ~* c'est cela qu'il fait le mieux; *I'm doing as ~ I can* je fais de mon mieux; *he knows ~* c'est lui qui sait le mieux ◆ *n* *do your ~* fais

bill

de ton mieux ; *she's looking her ~* elle n'a jamais été plus belle ; *it's all for the ~* tout est pour le mieux ; *at (the very) ~* au mieux ; *to the ~ of my knowledge* autant que je sache ; *we're making the ~ of a bad job* nous faisons contre mauvaise fortune bon cœur ; **best°seller** *n* **1** bestseller *m* **2** auteur *m* à succès.

bestow [bɪˈstəʊ] *vt (lit) (on)* conférer (à).

bet [bet] *vti (p pp* **bet** *ou* **betted)** parier ; *~ on an outsider* jouer un outsider ; *(fig) I ~ he'll win* je te parie qu'il gagnera ; *(loc) you can ~ your life on that!* tu peux compter dessus ! *(fam) you ~!* et comment ! ◆ *n* pari *m* ‖ **°betting** *ns inv* pari(s) *m(pl)* ; *I'm against ~* je suis contre le jeu.

betray [bɪˈtreɪ] *vt* trahir ‖ **be°trayal** *n* trahison *f*.

better [ˈbetə] *adj* meilleur ; *things could be ~* les choses pourraient aller mieux ; *he's no ~ a swimmer than I am* il n'est pas meilleur nageur que moi ; *(loc) you've gone one ~ than me* tu m'as battu en brèche ; *(Méd) you're much ~ today* vous allez beaucoup mieux aujourd'hui ; *the weather is getting ~ and ~* le temps continue de s'améliorer ; *the ~ part of a year* près d'une année ◆ *adv* mieux *she dresses ~ than her sister* elle s'habille mieux que sa sœur ; *the more I see of him the ~ I like him* plus je le vois plus je l'aime ; *he is ~ off than his brother* il a plus d'argent que son frère ; *(fig) il est mieux loti que son frère ; your car would be all the ~ for a wash!* un bon lavage ne ferait pas de mal à ta voiture ! *you had ~ go* tu ferais mieux de partir ; *(loc) ~ late than never* mieux vaut tard que jamais ◆ *n* **1** mieux *m* ; *it's a change for the ~* cela va mieux ; *(loc) for ~ or for worse* pour le meilleur ou pour le pire ; *he got the ~ of the bargain* c'est lui qui s'en est le mieux tiré **2** *(loc)* *one's ~s* ses supérieurs *mpl* ◆ *vt* améliorer.

between [bɪˈtwiːn] *prép* **1** *(espace)* ; *~ the house and the road* entre la maison et la route **2** *(temps)* ; *~ now and lunch* d'ici le déjeuner **3** *(fig)* ; *we'll manage ~ us* on y parviendra à nous deux ; *~ you and me* entre nous, confidentiellement ◆ *adv customers were few and far ~* les clients étaient rares.

beverage [ˈbevrɪdʒ] *n* boisson *f*.

bevy [ˈbevɪ] *n* essaim *m* ; bande *f*.

bewail [bɪˈweɪl] *vt* pleurer, déplorer.

beware [bɪˈweə] *vi (inf et impératif seulement)* ; *~ of him!* méfie-toi de lui !

bewilder [bɪˈwɪldə] *vt* **1** désorienter **2** ahurir ‖ **be°wildered** *adj* **1** perplexe **2** désorienté ‖ **be°wildering** *adj* déroutant ‖ **be°wilderment** *n* désarroi *m*.

bewitch [bɪˈwɪtʃ] *vt* ensorceler ; charmer ‖ **be°witching** *adj* ravissant.

beyond [bɪˈjɒnd] *adv* au-delà ◆ *prép* au-delà de ; *~ reach* hors de portée *f* ; *(fig) he lives ~ his means* il vit au-dessus de ses moyens ; *it's ~ me* cela me dépasse ; *that's ~ a joke!* cela dépasse les bornes ! ◆ *n he lives at the back of ~* il habite un trou perdu.

bias [ˈbaɪəs] *n* préjugé *m* ‖ **°bias(s)ed** *adj* partial, de parti pris.

bib [bɪb] *n* bavoir *m*.

Bible [ˈbaɪbl] *n* Bible *f*.

bibliographer [bɪblɪˈɒɡrəfə] *n* bibliographe *mf* ‖ **bibli°ography** *n* bibliographie *f*.

bicentenary [ˌbaɪsenˈtiːnərɪ] *n* bicentenaire *m*.

biceps [ˈbaɪseps] *n (pl inv)* biceps *m*.

bicker [ˈbɪkə] *vi* se chamailler.

bicycle [ˈbaɪsɪkl] *n* bicyclette *f*, *(fam)* vélo *m* ; *I can't ride a ~* je ne sais pas monter à vélo.

bid[1] [bɪd] *vt (p* **bade/bid** *pp* **bid/bidden)** **1** *(lit)* ordonner ; *he ~/bade us (to) be quiet* il nous ordonna de nous taire **2** *(loc lit) he bade us welcome* il nous souhaita la bienvenue.

bid[2] [bɪd] *vti (p pp* **bid)** **1** *(enchères)* offrir *he ~ £1000 for the table* il a offert £1000 de la table **2** *(cartes)* faire une annonce ◆ *n* **1** offre *f* ; *(Fin) takeover ~* offre *f* publique d'achat **2** essai *m* ; *~ for power* tentative *f* de prise du pouvoir **3** *(cartes)* enchère *f* ‖ **°bidder** *n* enchérisseur *m* ; *the highest ~* le plus offrant *m* ‖ **°bidding** *ns inv* **1** ordre(s) *m(pl)* ; *I won't do his ~* je refuse de me plier à sa volonté **2** enchères *fpl*.

bide [baɪd] *vt (loc) he's biding his time* il attend son heure.

bier [bɪə] *n (enterrement)* bière *f*.

bifocal [baɪˈfəʊkl] *adj (optique)* bifocal ‖ **bi°focals** *npl inv* verres *mpl* à double foyer.

big [bɪɡ] *adj* grand ; gros ; *~ toe* gros orteil *m* ; *~ sister* grande sœur *f* ; *(ironique) that's ~ of you!* tu es bien généreux ! *(fam) ~ shot* gros bonnet *m* ◆ *adv he talks ~* il crâne ‖ **big-°hearted** *adj he's ~* il a le cœur sur la main.

bigamist [ˈbɪɡəmɪst] *n* bigame *mf*.

bigot [ˈbɪɡət] *n* bigot *m* ‖ **°bigoted** *adj* **1** bigot **2** intolérant ; de parti pris.

bike [baɪk] *n (fam)* vélo *m*.

bilious [ˈbɪljəs] *adj* bilieux (*f* -ieuse) ; *~attack* crise *f* de foie.

bilingual [baɪˈlɪŋɡwəl] *adj* bilingue ‖ **bi°lingualism** *n* bilinguisme *m*.

bill[1] [bɪl] *n* **1** *(Com)* facture *f* ; note *f* ; addition *f* **2** *(amér)* billet *m* de banque **3** *(Pol)* projet *m* de loi **4** affiche *f* ; *stick no ~s!*

défense d'afficher ! **5** *(Jur)* acte *m* ; *(Com)* ~ *of exchange* lettre *f* de change ; *(fig) that will fill the* ~ cela fera l'affaire ; *(fig) that's a tall* ~ c'est tout un programme ; *I was given a clean* ~ *of health* on m'a trouvé en parfaite santé ◆ *vt* **1** facturer **2** annoncer ; *he is billed to speak tomorrow* son discours est prévu pour demain ‖ °**billboard** *n* panneau *m* d'affichage ‖ °**billfold** *n (amér)* porte-feuille *m*.

bill² [bɪl] *n (Orn)* bec *m*.

billet ['bɪlɪt] *vt (Mil)* loger des troupes *(chez l'habitant)* ◆ *n (Mil)* logement *m*.

billiards ['bɪljədz] *npl inv* (jeu de) billard *m* ; *do you play* ~ ? est-ce que tu joues au billard ?

billion ['bɪljən] *n* **1** *(brit)* billion *m* **2** *(amér)* milliard *m*.

billow ['bɪləʊ] *n (lit)* vague *f*, onde *f* ◆ *vti* (se) gonfler.

billy goat ['bɪlɪgəʊt] *n (Zool)* bouc *m*.

bin [bɪn] *n* **1** boîte *f* à ordures **2** coffre *m* ; *wine* ~ casier *m* à bouteilles.

binary ['baɪnərɪ] *adj* binaire.

bind [baɪnd] *vt (p pp* **bound)** **1** attacher, lier ; *(fig) bound hand and foot* pieds et poings liés **2** *(livre)* relier ‖ °**binding** *adj* qui lie ; *the contract is* ~ vous êtes lié par le contrat ◆ *n* reliure *f* ‖ °**bindweed** *n* liseron *m*.

binge [bɪndʒ] *n (fam)* fête *f* ; *let's go on a* ~ ! si on faisait la bombe ?

bingo ['bɪŋgəʊ] *n* loto *m*.

binoculars [bɪ'nɒkjʊləz] *npl inv* jumelles *fpl inv*.

biochemist [ˌbaɪəʊ'kemɪst] *n* biochimiste *mf* ‖ **bio°chemistry** *n* biochimie *f*.

biographer [baɪ'ɒgrəfə] *n* biographe *mf* ‖ **bio°graphical** *adj* biographique ‖ **bi°ography** *n* biographie *f*.

biological [ˌbaɪə'lɒdʒɪkəl] *adj* biologique ‖ **bi°ologist** *n* biologiste *mf* ‖ **bi°ology** *n* biologie *f*.

biophysicist [ˌbaɪəʊ'fɪzɪsɪst] *n* biophysicien *m* (*f* -ienne) ‖ **bio°physics** *n* biophysique *f*.

birch [bɜːtʃ] *n* **1** bouleau *m* **2** fouet *m* ◆ *vt* fouetter.

bird [bɜːd] *n* **1** oiseau *m* ; ~ *of prey* oiseau *m* de proie ; ~*'s eye view* vue *f* à vol d'oiseau ; *(fig)* vue *f* d'ensemble ; *(loc) a* ~ *in the hand is worth two in the bush* un tiens vaut mieux que deux tu l'auras ; *a little* ~ *told me* mon petit doigt me l'a dit ; *(fig) I killed two* ~*s with one stone* j'ai fait d'une pierre deux coups ; *the early* ~ *catches the worm* l'avenir appartient aux lève-tôt ; *(fig) they're* ~*s of a feather* ils sont à mettre dans le même sac ; *(fam) they gave him the* ~ on l'a hué **2** *(argot)* nana *f* ‖ °**birdnesting** *n I love* ~ j'aime aller dénicher des oiseaux ‖ °**birdsong** *n* chant

m d'oiseau ‖ °**birdwatching** *n* observation *f* des oiseaux.

birth [bɜːθ] *n* **1** accouchement *m* **2** naissance *f* ; ~ *control* contrôle *m* des naissances ; *(aussi fig) give* ~ *to* donner naissance à ; ~ *certificate* acte *m* / extrait *m* de naissance ; ~ *rate* taux *m* de natalité ‖ °**birthday** *n* anniversaire *m* ‖ °**birthmark** *n (Méd)* tache *f* de vin ‖ °**birthplace** *n* **1** lieu *m* de naissance **2** maison *f* natale.

biro® ['baɪrəʊ] *n* stylo *m* à bille.

biscuit ['bɪskɪt] *n* biscuit *m* sec.

bishop ['bɪʃəp] *n* **1** évêque *m* **2** *(échecs)* fou *m*.

bit¹ [bɪt] *p* de **bite**.

bit² [bɪt] *n* **1** *(cheval)* mors *m* ; *(aussi fig) he took the* ~ *between his teeth* il prit le mors aux dents ; *(aussi fig) he's champing at the* ~ il piaffe (d'impatience) **2** *(Tech)* mèche *f* **3** morceau *m* ; ~ *of paper* bout *m* de papier ; *in* ~*s and pieces* en morceaux **4** *(loc)* ; ~ *by* ~ petit à petit ; *he's a* ~ *of a braggart* il est un peu vantard ; ~ *adv* **1** un peu ; *I'm a* ~ *anxious* je suis un peu inquiet ; *wait a* ~ attends un peu **2** *(loc) not a* ~ *(of it)* ! pas du tout ! *it's not a* ~ *of use* ça ne sert à rien du tout ; *it's every* ~ *as good* c'est tout aussi bon ; *(fam fig) I've done my* ~ j'en ai fait ma part.

bitch [bɪtʃ] *n* **1** *(Zool)* chienne *f* **2** *(fig péj)* garce *f* ◆ *vi (fam)* rouspéter.

bite [baɪt] *vti (p pp bit* pp **bitten) 1** mordre ; *don't* ~ *your nails!* ne te ronge pas les ongles ! *(fig) he's trying to* ~ *off more than he can chew* il n'a pas les moyens de ses ambitions ; *(fam) don't* ~ *my head off!* ne me rembarre pas comme ça ! *(loc) once bitten twice shy* chat échaudé craint l'eau froide ; *the embargo is starting to* ~ l'embargo commence à faire sentir son effet **2** *(insecte)* piquer ; *(fig) what's biting you?* qu'est-ce qui te tracasse ? ◆ *n* **1** morsure *f* **2** piqûre *f* (d'insecte) **3** *(pêche)* touche *f* **4** *(fam) ; what about having a* ~ *(to eat)?* et si on mangeait (un morceau) ? ‖ °**biting** *adj* mordant, cinglant.

bitten ['bɪtn] *pp* de **bite**.

bitter ['bɪtə] *adj* **1** amer (*f* amère) **2** *(temps)* froid **3** *(fig)* âpre ; ~ *enemy* ennemi *m* implacable ; *I know from* ~ *experience* je sais pour avoir souffert ; *to the* ~ *end jusqu'au bout* ◆ *n (brit)* bière *f* amère ‖ °**bitterly** *adv* amèrement ; âprement ; cruellement ; *it's* ~ *cold* il fait un froid de loup ‖ °**bitterness** *n* (aussi *fig*) amertume *f*.

bivouac ['bɪvʊæk] *n* bivouac *m* ◆ *vi* bivouaquer.

bizarre [bɪ'zɑː] *adj* bizarre.

black [blæk] *adj* noir ; ~ *beetle* cafard *m* ; ~ *eye* œil *m* au beurre noir ; *he's (all)* *and blue* il est couvert d'ecchymoses ; *(fig) the ~ sheep of the family* la brebis galeuse de la famille ; *(fig) things are looking ~* la situation ne porte pas à l'optimisme ; *(police) (fam) the Black Maria* panier *m* à salade ◆ *n* noir *m* ; *she was all in ~* elle était tout de noir vêtue ; elle portait le deuil ; *put it down in ~ and white!* mets-le noir sur blanc ! *(loc) he would swear that ~ is white* il nierait jusqu'à l'évidence ◆ *vti* noircir ‖ °**blackberry** *n* mûre *f* ‖ °**blackbird** *n* merle *m* ‖ °**blackboard** *n* tableau *m* noir ‖ **black°currant** *n* cassis *m* ‖ °**blacken** *vti* noircir ‖ °**blackhead** *n* (*Méd*) point *m* noir ‖ °**blackleg** *n* briseur *m* de grève, jaune *m* ‖ °**blacklist** *vt n* (mettre sur la) liste *f* noire ‖ °**blackmail** *ns inv* chantage *m* ◆ *vt* faire chanter ‖ °**blackmailer** *n* maître-chanteur *m* ‖ °**blackness** *n* 1 noirceur *f* 2 obscurité *f* ‖ **black out** *vpart* s'évanouir ‖ °**blackout** *n* 1 trou *m* de mémoire 2 syncope *f* 3 (*El*) panne *f* (du secteur) ‖ °**blacksmith** *n* forgeron *m*.

bladder ['blædə] *n* (*Anat*) vessie *f*.

blade [bleɪd] *n* lame *f* ; *~ of grass* brin *m* d'herbe.

blame [bleɪm] *vt* reprocher à ; *don't ~ me for that / don't ~ that on me / I'm not to ~* ce n'est pas de ma faute ; *you've only yourself to ~!* tu l'as bien cherché ! ◆ *n* reproche *m* ; *he put / laid the ~ on me* il a rejeté la responsabilité sur moi ‖ °**blameless** *adj* irréprochable.

blanch [blɑ:ntʃ] *vt* (*Cuis*) blanchir.

bland [blænd] *adj* suave, doux ‖ °**blandish** *vt* flatter ‖ °**blandishment** *n* flatterie *f*.

blank [blæŋk] *adj* blanc ; *(chèque)* en blanc ; *(cartouche)* à blanc ; *(regard)* sans expression ; *~ wall* mur *m* aveugle ; *my mind went ~* j'ai eu un passage à vide ◆ 1 *n* trou *m* ; vide *m* ; blanc *m* ; *my mind is a ~* j'ai la tête vide ; *I drew a ~* j'ai fait chou blanc 2 (*amér*) formulaire *m* à remplir ‖ °**blankly** *adv* l'air ahuri.

blanket ['blæŋkɪt] *n* couverture *f* ; *electric ~* couverture *f* chauffante ; *(fig) wet ~* rabat-joie *m* ; bonnet *m* de nuit.

blare [bleə] *vi* 1 (*trompette*) sonner 2 beugler ◆ *n* 1 son *m* éclatant 2 bruit *m* strident.

blarney ['blɑ:nɪ] *ns inv* boniment *m*.

blaspheme [blæs'fi:m] *vi* blasphémer ‖ °**blasphemous** ['blæsfɪməs] *adj* 1 blasphémateur (*f* -trice) 2 blasphématoire ‖ °**blasphemy** *ns inv* blasphème(s) *m(pl)*.

blast [blɑ:st] *n* 1 (*vent*) rafale *f* ; (*explosion*) souffle *m* 2 coup *m* (de sifflet) ; hurlement *m* (de sirène) ; *the stereo was playing (at) full ~* la chaîne marchait à tue-tête ◆ *vt* faire sauter (à l'explosif) ◆ *(excl)* zut ! merde ! ‖ °**blast furnace** *n* haut fourneau *m* ‖ °**blasting** *ns inv* tir(s) *m(pl)* de mines ‖ **blast off** *vpart* (*fusée*) décoller ‖ °**blast-off** *n* décollage *m*.

blatant ['bleɪtənt] *adj* flagrant.

blaze [bleɪz] *vi* 1 flamber 2 flamboyer 3 éclater (de colère) ◆ *n* 1 flambée *f* 2 incendie *m* 3 flamboiement *m* 4 (*colère*) éclat *m* ; *in a ~ of fury* fou furieux 5 (*loc*) *he ran like ~s* il courut à toutes jambes ; *go to ~s!* allez au diable ! ‖ °**blazing** *adj* 1 en flammes 2 éclatant 3 (*fig*) flamboyant 4 (*fam fig*) furieux.

blazer ['bleɪzə] *n* blazer *m*.

bleach [bli:tʃ] *vt* décolorer ◆ *n* 1 eau *f* oxygénée 2 eau *f* de Javel.

bleak [bli:k] *adj* 1 austère 2 morne.

bleary ['blɪərɪ] *adj* larmoyant ; trouble.

bleat [bli:t] *vi* bêler ; *(fig) he's always ~ing* il ne cesse de se plaindre ◆ *n* bêlement *m*.

bled [bled] *p pp* de **bleed**.

bleed [bli:d] *vti* saigner ; *my nose is ~ing* je saigne du nez ; *(fig) they bled him white* ils l'ont saigné à blanc ‖ °**bleeding** *n* 1 saignement *m* 2 saignée *f* ◆ *adj* saignant ; ensanglanté.

bleep [bli:p] *vi* (*Tech*) faire bip-bip ◆ *n* bip *m* sonore.

blemish ['blemɪʃ] *n* 1 imperfection *f* ; défaut *m* 2 tare *f*, tache *f* ◆ *vti* souiller ; tacher.

blench [blentʃ] *vi* blêmir ; *(fig) without ~ing* sans broncher.

blend [blend] *vti* (se) mélanger ; (se) fondre ; *these colours ~ well* ces couleurs se marient bien ◆ *n* (*whisky, thé, café*) mélange *m* ‖ °**blender** *n* (*Cuis*) mixer *m*.

bless [bles] *vt* (*p* **blessed**/**blest**) bénir ; *God ~ you!* que Dieu vous bénisse ! *~ you!* 1 tu es un ange ! 2 à tes souhaits ! ‖ °**blessed** ['blesɪd] *adj* béni ; *B~ Virgin* Sainte Vierge ; *(fam péj) the whole ~ day* toute la sainte journée ‖ °**blessing** *n* 1 bénédiction *f* 2 bonheur *m* ; bienfait *m* ; *(loc) it's a ~ in disguise* à quelque chose malheur est bon ‖ **blest** *pp* de **bless**.

blew [blu:] *p* de **blow**.

blight [blaɪt] *n* 1 fléau *m* 2 (*Ag*) rouille *f* ◆ *vt* 1 gâcher 2 détruire, anéantir ‖ °**blighter** ['blaɪtə] *n* (*brit fam*) individu *m* ; type *m*.

blimey ['blaɪmɪ] *excl (fam londonien)* zut ! mince ! bon sang !

blind [blaɪnd] *adj* aveugle ; *~ in one eye* borgne ; *~ as a bat* myope comme une taupe ; *~ alley* impasse *f* ; *~ spot* angle *m* mort ; *he's ~ to all her faults* à ses yeux elle est la perfection même ; *the police turned a ~ eye (to it)* la police a fermé les yeux ◆ *n* 1 store *m* 2 feinte *f* ◆ *adv* *(loc)* ~ **drunk** complètement soûl ◆ *vt* aveugler ‖ °**blindfold** *vt* bander les yeux à ‖ °**blinding** *adj* aveuglant ‖ °**blindly** *adv* aveuglément ‖ °**blindness** *n* **1** cécité *f* **2** *(fig)* aveuglement *m*.

blink [blɪŋk] *vti* **1** *he* ~ed *(his eyes)* il cligna des yeux **2** clignoter ◆ *n* clignotement *m* ‖ °**blinkers** *npl inv* œillères *fpl.*

bliss [blɪs] *n* béatitude *f*; félicité *f* ‖ °**blissful** *adj* **1** bienheureux *(f -euse)* **2** merveilleux *(f -euse).*

blister ['blɪstə] *n* **1** *(Méd)* ampoule *f* **2** *(peinture)* cloque *f* ◆ *vti* **1** *(se)* cloquer **2** *(se)* faire une ampoule ‖ °**blistered** *adj* couvert d'ampoules ‖ °**blistering** *n* formation *f* d'ampoules/de cloques ◆ *adj* brûlant.

blithe [blaɪð] *adj* allègre, joyeux.

blitz [blɪts] *n (Mil)* **1** attaque *f* éclair **2** bombardement *m* aérien.

blizzard ['blɪzəd] *n* tempête *f* de neige; *(vent)* blizzard *m.*

bloated ['bləʊtɪd] *adj (péj)* bouffi.

blob [blɒb] *n* tache *f.*

block [blɒk] *n* **1** bloc *m*; bille *f*; *(loc) he's a chip off the old* ~ tel père tel fils **2** billot *m*; *stumbling* ~ pierre *f* d'achoppement **3** *(amér)* îlot *m*; *it's two* ~*s from here* c'est à deux rues d'ici **4** *(brit)* ~ *(of flats)* immeuble *m* **5** embouteillage *m* **6** *(Psy)* blocage *m* ◆ *adj*; *in* ~ *letters* en majuscules *fpl* ◆ *vt* obstruer; *road* ~*ed* rue barrée ‖ °**blo**°**ckade** [blɒ'keɪd] *n* blocus *m* ◆ *vt* imposer un blocus à ‖ °**blockage** *n* obstruction *f* ‖ °**blockbuster** *n (Ciné)* superproduction *f* ‖ °**blockhead** *n (fam)* imbécile *mf* ‖ **block off** *vpart (territoire)* interdire ‖ **block up** *vpart (orifices)* boucher.

bloke [bləʊk] *n (brit fam)* individu *m*, type *m.*

blond(e) [blɒnd] *adj n* blond(e) *m(f).*

blood [blʌd] *n* sang *m*; *avoid shedding* ~! évitez de verser le sang! *(fig) it makes my* ~ *boil* cela me fait bouillir; *(fig) his* ~ *ran cold* son sang s'est glacé dans ses veines; *there's bad* ~ *between them* ils sont brouillés à mort; *(loc) it's like trying to get* ~ *out of a stone* il n'y a rien à en tirer ‖ °**bloodcurdling** *adj* qui vous fige le sang ‖ °**blood donor** *n* donneur *m* de sang ‖ °**blood group** groupe *m* sanguin ‖ °**bloodless** *adj* **1** exsangue **2** sans effusion de sang ‖ °**bloodpoisoning** *n* septicémie *f* ‖ °**blood pressure** *n* tension *f* artérielle; *high* ~ *pressure* hypertension *f* ‖ °**bloodshed** *n* effusion *f* de sang ‖ °**bloodshot** *adj (yeux)* injecté de sang ‖ °**bloodstain** *n* tache *f* de sang ‖ °**bloodthirsty** *adj* assoiffé de sang ‖ °**bloody** *adj* **1** sanglant **2** sanguinaire **3** *(fam) it's a* ~ *nuisance!* c'est fichtrement embêtant! ‖ **bloody**°**minded**

adj (brit fam) he's just being ~ il ne vise qu'à embêter le monde.

bloom [blu:m] *n* **1** fleur *f*; *in full* ~ en pleine floraison; *in the* ~ *of youth* dans la fleur de l'âge **2** *(fruit)* duvet *m* ◆ *vi* fleurir; *(fig)* prospérer ‖ °**blooming** *adj* **1** *(jardin)* fleuri **2** *(santé)* florissant **3** *(brit fam)* sacré, fichu.

blossom ['blɒsəm] *n* fleur *f* ◆ *vi* **1** fleurir **2** *(fig)* s'épanouir.

blot [blɒt] *n* **1** tache *f* **2** souillure *f* ◆ *vt (brit fig) he's blotted his copybook* il a taché sa réputation ‖ **blot out** *vpart* effacer; annihiler.

blotch [blɒtʃ] *n* tache *f* ‖ °**blotchy** *adj* couvert de taches.

blouse [blaʊz] *n (vêtement)* chemisier *m.*

blow[1] [bləʊ] *vti (p* **blew** *pp* **blown**) **1** souffler; *it's* ~*ing a gale* le vent souffle en tempête; *the window has blown open* le vent a ouvert la fenêtre; *(fig) see which way the wind* ~*s* voir de quel côté le vent souffle; *the referee blew the whistle* l'arbitre a sifflé; *(fig) he likes to* ~ *his own trumpet* il aime se vanter; ~ *your nose!* mouche-toi! *he's blown the gaff* il a vendu la mèche; *(excl)* ~ *that man!* au diable cet homme! **2** *(fusible)* (faire) sauter ‖ **blow away** *vpart* (faire) disparaître; *the wind has blown the rain away* le vent a chassé la pluie **2** *(fig) I needed to* ~ *off steam* il fallait que je dise ce que j'avais sur le cœur ‖ **blow out** *vpart* **1** *(joues)* gonfler **2** *(lampe)* éteindre **3** *(pneu)* éclater **4** *(loc) he blew out his brains* il s'est fait sauter la cervelle ‖ **blow over** *vpart* se calmer ‖ **blow up** *vpart* **1** *(pneu)* gonfler **2** *(à l'explosif)* (faire) sauter **3** *(Phot)* agrandir ‖ °**blow-up** *n (Phot)* agrandissement *m.*

blow[2] [bləʊ] *n* coup; *he struck me a* ~ il m'a donné un coup.

blown [bləʊn] *pp* de **blow.**

blubber [blʌbə] *n* graisse *f* de baleine ◆ *vi* pleurnicher.

bludgeon ['blʌdʒən] *n* matraque *f*, gourdin *m* ◆ *vt* matraquer.

blue [blu:] *adj* **1** bleu; *dark*~ bleu foncé; *light* ~ bleu clair; *navy* ~ bleu marine; *(fig)* ~*-eyed boy* chouchou *m*; *I'm feeling* ~ j'ai le cafard; *(fam) you can talk till you're* ~ *in the face!* tu peux toujours parler! cause toujours! *once in a* ~ *moon* tous les trente-six du mois; *(fam) in a* ~ *funk* pris d'une peur panique ◆ *n* bleu *m*; *(fig) it came out of the* ~ c'est tombé du ciel ◆ *vt (brit fam)* ~ *money* claquer de l'argent ‖ °**bluebell** *n* jacinthe *f* des bois; ‖ °**bluebottle** *n* mouche *f* à viande

‖ °**blueprint** (aussi fig) projet m, plan m (détaillé) ‖ **blues** npl inv 1 (Mus) blues m (pl inv) 2 (fig) cafard m ; **I had (a fit of) the ~s** je broyais du noir.

bluff¹ [blʌf] adj (personne) carré, direct ◆ vt bluffer ◆ n bluff m ; **we'll call his ~** on le prendra au mot.

bluff² [blʌf] (Géog) promontoire m.

blunder [ˈblʌndə] n gaffe f ; bévue f ◆ vi commettre une bévue.

blunt [blʌnt] adj 1 (lame) émoussé 2 brutal ; **he's very ~** il n'y va pas par quatre chemins ◆ vt émousser ‖ °**bluntly** adv carrément, sans ménagements ‖ °**bluntness** n franc-parler m.

blur [blɜ:] vti brouiller, estomper.

blurb [blɜ:b] n descriptif m publicitaire.

blurt [blɜ:t] **(out)** vti (information) 1 laisser échapper 2 s'exclamer.

blush [blʌʃ] vi rougir ◆ n rougeur f.

bluster [ˈblʌstə] vi 1 (vent) souffler en rafales 2 (personne) fulminer ; faire le fanfaron ‖ °**blustery** adj (temps) venteux.

boar [bɔ:] n verrat m ; **wild ~** sanglier m.

board n 1 planche f ; **ironing ~** planche à repasser ; (fig) **it's quite above ~** tout est régulier ; (fam fig) **he swept the ~** il a raflé tous les prix 2 pension f ; **full ~** pension complète ; **with ~ and lodging** nourri et logé 3 (Adm) commission f 4 (Ens) jury m (d'examen) 5 (Com) conseil m (d'administration) 6 (brit) ministère m ; **B~ of Trade** ministère du Commerce 7 (loc) **go on ~ a ship** embarquer sur un bateau ◆ vti 1 être en pension ; **she ~s with a family** elle prend pension chez des particuliers 2 monter à bord de ; **~ a bus** monter dans un autobus 3 (Naut) araisonner ‖ °**boarder** n pensionnaire mf ‖ °**boarding card** n carte f d'embarquement ‖ °**boarding house** n pension f de famille ‖ °**boarding school** n internat m ‖ °**boardroom** n salle f du conseil d'administration ‖ **board out** vpart mettre en pension.

boast [bəʊst] vti 1 **(about)** se vanter (de) ; **that's nothing to ~ about** il n'y a pas de quoi se fier 2 se glorifier d'avoir ; **the town ~s a theatre** la ville s'enorgueillit d'un théâtre ◆ n 1 fierté f 2 fanfaronnade f ‖ °**boaster** n vantard m ‖ °**boastful** adj vantard f.

boat [bəʊt] n bateau m ; navire m ; **rowing ~** canot m ; **sailing ~** voilier m ; **go by ~** prendre le bateau ; (fig) **we're all in the same ~** nous sommes tous logés à la même enseigne ; (fig) **you've missed the ~!** tu as raté le coche ! (fig) **you've burnt your ~s!** tu as coupé tous les ponts ◆ vi faire du bateau ‖ °**boat-builder** n constructeur m de bateaux ‖ °**boatbuilding** n construction f navale ‖ °**boathouse** n hangar m à bateaux

‖ °**boat-race** n régate f ‖ **boatswain** [ˈbəʊsn] n (Naut) maître m d'équipage ‖ °**boatyard** n chantier m naval (pl chantiers navals).

bob¹ [bɒb] vi 1 sautiller 2 (cheveux) couper court.

bob² [bɒb] n (pl inv) (brit fam) shilling m.

bobby [ˈbɒbɪ] n (brit fam) agent m de police.

bodice [ˈbɒdɪs] n corsage m.

bodily [ˈbɒdɪlɪ] adj corporel ◆ adv à bras-le-corps.

body [ˈbɒdɪ] n 1 corps m ; **keep ~ and soul together** survivre ; **over my dead ~!** il faudrait me passer sur le corps ! 2 (voiture) carrosserie f ; (avion) fuselage m 3 ensemble m ; **the ~ of the army** le gros de la troupe 4 base f ; **the ~ of the argument** l'essentiel m du raisonnement 5 organisme m ; **public ~** corporation f ‖ °**bodybuilding** n culturisme m ‖ °**bodyguard** n garde-du-corps m ‖ °**bodywork** n (Aut) carrosserie f.

bog [bɒg] n marécage m ‖ **bog down** vpart embourber ; (fig) **the army got bogged down** l'armée s'est enlisée.

bogey [ˈbəʊgɪ] n bête f noire.

boggle [ˈbɒgl] vi rechigner ; **the mind ~s (at the idea)!** c'est ahurissant !

bogus [ˈbəʊgəs] adj faux (f fausse) ; **~ argument** argument m spécieux.

bohemian [bəʊˈhi:mɪən] adj bohème.

boil¹ [bɔɪl] n (Méd) furoncle m.

boil² [bɔɪl] vti (faire) bouillir ; **~ some water for the tea!** fais bouillir de l'eau pour le thé ! ; **the water's ~ing!** l'eau bout ! **don't let the milk ~ over!** ne laisse pas le lait déborder ! ◆ n (loc) **the water is on/off the ~** l'eau est en train de bouillir/ne bout plus ‖ °**boiled** adj bouilli ; (légumes) cuit à l'eau ; **~ ham** jambon m d'York ; **~ potatoes** pommes fpl de terre à l'anglaise ; **hard-~ egg** œuf m dur ; **soft-~ egg** œuf m (à la) coque ‖ °**boiler** n chaudière f ; **~-suit** bleu m de chauffe ‖ °**boiling** adj bouillant ; **~ point** point m d'ébullition ; (fig) **I was ~ !** j'étais dans une colère noire ! ◆ adv bouillant ; (fig) **it's ~ hot!** il fait une chaleur épouvantable !

boisterous [ˈbɔɪstrəs] adj turbulent, bruyant.

bold [bəʊld] adj 1 hardi, audacieux (f -ieuse) ; (loc) **he's (as) ~ as brass!** il ne manque pas de culot ! 2 (imprimerie) **in ~ type** en caractères mpl gras ‖ °**boldness** n 1 audace f 2 effronterie f.

bolshie/bolshy [ˈbɒlʃɪ] adj (brit fam péj) cabochard.

bolster [ˈbəʊlstə] n traversin m ◆ vt soutenir.

bolt[1] [bəʊlt] *n* **1** verrou *m* **2** *(Tech)* n boulon *m* ◆ *vti (porte)* verrouiller.

bolt[2] [bəʊlt] **1** *(cheval)* s'emballer **2** *(personne)* se sauver **3** *(repas)* avaler à toute allure ◆ pas *m* de course; *he made a ~ for shelter* il se précipita vers un abri.

bomb [bɒm] *n* bombe *f*; *car/ letter ~* voiture/ lettre piégée; *(brit fam) my car goes like a ~* ma voiture file comme le vent ◆ *vt (Mil)* bombarder || **bom°bard** *vt (aussi fig)* bombarder || **°bomber** *n (Av)* bombardier *m* || **°bombshell** *n* **1** *(Mil)* obus *m* **2** *(fig)* bombe *f*.

bona fide [ˌbəʊnəˈfaɪdɪ] *adj* de bonne foi.

bonanza [bəˈnænzə] *n* **1** *(amér)* filon *m*. **2** *(fig)* filon *m*, aubaine *f*.

bond [bɒnd] *n* **1** attache *f*; *(fig) ~s of friendship* liens *mpl* d'amitié **2** engagement *m* **3** *(Fin)* bon *m*; *bearer ~* titre *m* au porteur ◆ *vt* coller fortement.

bondage [ˈbɒndɪdʒ] *n (lit)* esclavage *m*.

bone [bəʊn] *n* **1** os *m*; *she's skin and ~* elle n'a que la peau sur les os; *(loc) I've a ~ to pick with you!* j'ai un compte à régler avec vous! *(fig) ~ of contention* pomme *f* de discorde **2** *(poisson)* arrête *f* **3** *(loc) the ground is ~ dry* le sol est absolument sec; *he's ~ idle/lazy* il est on ne peut plus fainéant; *he made no ~s about it* il n'y est pas allé par quatre chemins ◆ *vt* **1** *(viande)* désosser **2** *(poisson)* ôter les arêtes de || **°bonehead** *n* crétin(e) *m(f)*; abruti(e) *m(f)* || **°boneless** *adj* **1** *(viande)* désossé **2** *(poissons)* sans arêtes.

bonfire [ˈbɒnfaɪə] *n* feu *m* de joie.

bonnet [ˈbɒnɪt] *n* bonnet *m*; *(Aut brit)* capot *m*.

bonus [ˈbəʊnəs] *n* prime *f*; *(Aut) no-claim(s) ~* bonus *m*.

boo [buː] *(excl)* hou! *(loc) he wouldn't say ~ to a goose* c'est un froussard ◆ *vti* huer.

boob [buːb] *n* gaffe *f* ◆ *vi* faire une gaffe || **°booby** *n* nigaud *m* || **°booby-trap** *n (Mil)* objet *m* piégé; traquenard *m*.

book [bʊk] *n* **1** livre *m*; *exercise ~* cahier *m*; *we must go by the ~* il faut se conformer aux règles; *it's a closed ~ to me* pour moi c'est de l'hébreu **2** registre *m*; *keep the ~s* tenir la comptabilité *(fig) I'm in his bad/ good ~s* je suis mal/ bien vu de lui **3** pochette *f (d'allumettes)* **4** *(loc) he must be brought to ~* il faut l'obliger à rendre des comptes ◆ *vt* **1** réserver; *all the hotels were ~ed (up)* tous les hôtels étaient complets; *(Th) they're fully ~ed* ils jouent à guichets fermés **2** *(Police)* dresser contravention à; *I was ~ed for a parking offence* j'ai eu une contravention pour stationnement interdit || **°bookcase** *n (meuble)* bibliothèque *f* || **°bookie** *n (fam)* bookmaker *m* || **°booking** *n* réservation *f*; *~ office* n bureau *m* de location

|| **°bookish** *adj* livresque || **°book-keeper** *n* comptable *mf* || **°book-keeping** *n* comptabilité *f* || **°booklet** *n* brochure *f* || **°book-lover** *n* bibliophile *mf* || **°bookseller** *n* libraire *mf* || **°bookshelf** *n* rayon *m*, étagère *f* || **°bookshop** *n* librairie *f* || **°bookstall/ °bookstand** *n* kiosque *m* à journaux || **°bookworm** *n (fig)* rat *m* de bibliothèque.

boom [buːm] *n* **1** *(Com)* hausse *f*, boom *m*; période *f* d'expansion **2** *(rade, rivière)* barrage *m* **3** grondement *m*; *sonic ~* bang *m* supersonique **4** *(Tech) (grue)* flèche *f*. *(caméra, microphone)* perche *f*; *(Naut)* boom *m* ◆ *vi* **1** gronder; mugir; tonner **2** *(Com)* être en expansion || **°booming** *adj* **1** tonnant **2** *(Com)* prospère, florissant.

boon [buːn] *n* aubaine *f*.

boor [bʊə] *n* rustre *m*, butor *m* || **°boorish** *adj* rustre, grossier *(f* -ière).

boost [buːst] *vt* **1** *(Com Eco)* augmenter; renforcer; développer; *~ sales* promouvoir les ventes **2** *(Aut)* suralimenter **3** *(El)* survolter ◆ *n* impulsion *f*; *it's given the economy a ~* cela a donné un nouvel élan à l'économie || **°booster** *n (fusée)* moteur *m* auxiliaire.

boot [buːt] *n* **1** chaussure *f* à tige montante; *ski ~s* chaussures *fpl* de ski; *(fam fig) he was given the ~* il a été flanqué à la porte; *(fig) the ~ is on the other foot* les rôles *mpl* sont renversés **2** *(brit Aut)* coffre *m* || **°bootee** *n* chausson *m (de* bébé).

booth [buːð] *n* **1** baraque *f* foraine **2** *telephone ~* cabine *f* téléphonique **3** *(Pol) voting ~* isoloir *m*.

booty [ˈbuːtɪ] *n* butin *m*.

booze [buːz] *ns inv (fam)* boisson *f* alcoolique ◆ *vi (fam)* picoler.

border [ˈbɔːdə] *n* **1** *(Pol)* frontière *f* **2** *(tableau, jardin)* bordure *f* **3** *(bois)* lisière *f* **4** *(robe, tapis)* bord *m* || **°borderline** *n* ligne *f* de démarcation; *~ case* cas *m* limite || **border on** *vpart* **1** être limitrophe de **2** *(fig)* être à la limite de.

bore[1] [bɔː] *p* de **bear**.

bore[2] [bɔː] *vt* percer; forer ◆ *n (fusil)* calibre *m*.

bore[3] [bɔː] *vt* ennuyer; *he ~s me (stiff)* il m'ennuie (à mourir) ◆ *n* **1** *(chose)* corvée *f* **2** *(personne)* raseur *m (f* -euse) || **bored** *adj* qui s'ennuie; *I'm ~ to death with all this* tout ceci m'assomme || **°boredom** *ns inv* ennui *m* || **°boring** *adj* ennuyeux *(f* -euse).

born [bɔːn] *pp* de **bear** *(uniquement au passif)* né(e); *she was ~ in England* elle est née en Angleterre; *(loc) I wasn't ~ yesterday!* je ne suis pas né de la dernière pluie! ◆ *adj* né(e); *he's a ~ idiot* c'est un parfait imbécile; *she's a Londoner ~*

and bred c'est une Londonienne de pure souche.

borne [bɔːn] *pp* de **bear**.

borough ['bʌrə] *n* **1** municipalité *f* **2** *(Londres)* arrondissement *m* **3** *(brit)* circonscription *f* électorale.

borrow ['bɒrəʊ] *vt (from)* emprunter (à) *he ~ed £5 from me* il m'a emprunté cinq livres.

bosom ['buzəm] *n* **1** *(Anat)* poitrine *f* **2** *(fig)* cœur *m ; ~ friend* ami(e) *m(f)* intime.

boss [bɒs] *n (fam)* patron *n* ♦ *vt* mener à la baguette ; *(loc) he wants to ~ the show* il veut tout régenter || °**bossy** *adj (fam)* autoritaire.

botanic(al) [bə'tænɪk(l)] *adj* botanique || °**botany** *n* botanique *f*.

botch [bɒtʃ] *(up) vt* cochonner ♦ *n ; he made a ~ (-up) of the job* il a saboté le travail.

both [bəʊθ] *adj* deux ; *in ~ hands* dans les deux mains ; *you can't have it ~ ways* on ne peut avoir le beurre et l'argent du beurre ♦ *adv we ~ agree* nous sommes d'accord tous les deux ; *she ~ loves and hates him* elle l'aime et le déteste à la fois ♦ *pr* (tous) les deux ; *~ of us like music* nous aimons la musique tous les deux.

bother ['bɒðə] *vti* **1** ennuyer ; *sorry to ~ you* désolé de vous déranger ; *don't ~ me!* laisse-moi tranquille ! **2** inquiéter ; *some things ~ me* il y a des choses qui me tracassent **3** se donner la peine ; *I can't be ~ed tidying/ to tidy up* je n'ai pas la patience de tout ranger ; *don't ~ to write* inutile d'écrire ; *nobody ~s about me* personne ne pense à moi ♦ *n* ennui *m ;* tracas *m* ♦ *(excl) ~ (it)!* zut !

bottle ['bɒtl] *n (boissons)* bouteille *f ; (parfum)* flacon *m ; (fruits)* bocal *m ; feeding ~* biberon *m ; ~-fed* nourri au biberon ; *hot-water ~* bouillotte *f* || °**bottleneck** *n (Aut)* **1** bouchon *m* **2** *(Ind)* goulot *m* d'étranglement || °**bottle-opener** *n* décapsuleur *m*.

bottom ['bɒtəm] *n* **1** *(Anat)* derrière *m,* postérieur *m* **2** *(jardin, mer, puits)* fond *m* **3** *(arbre, montagne)* pied *m* **4** *(fig) at the ~ of the page* en bas de (la) page ; *he's ~ of the class* c'est le dernier de la classe ; *(Fin) the crisis has knocked the ~ out of the market* le marché s'est effondré sous l'effet de la crise ; *at ~ he's a nice fellow* au fond c'est un gentil garçon ; *from the ~ of my heart* du fond du cœur ; *we must get to the ~ of it!* il nous faut découvrir le fin mot de l'histoire ! ♦ *adj* inférieur ; *(Aut) in ~ gear* en première || °**bottomless** *adj* sans fond.

bough [baʊ] *n* rameau *m*.

bought [bɔːt] *p pp* de **buy**.

boulder ['bəʊldə] *n* gros rocher *m*.

bounce [baʊns] *vti* (faire) rebondir ; *she ~d in* elle est entrée en coup de vent ; *(fam) your cheque ~d* vous m'avez fait un chèque en bois ♦ *n* rebond *m ; (amér fam) he was given the ~* il a été flanqué à la porte ; *I've got no ~ these days* je manque d'allant ces jours-ci || °**bouncer** *n (boîte de nuit)* videur *m* || °**bouncing** *adj* qui respire la santé || °**bouncy** *adj (fam)* dynamique.

bound[1] [baʊnd] *p et pp* de **bind**.

bound[2] [baʊnd] *vi* rebondir ♦ *n* bond *m.*

bound[3] [baʊnd] *adj* **1** contraint(e) ; *you are not ~ to go* tu n'es pas obligé d'y aller ; *we are ~ by certain rules* nous sommes soumis à certaines règles **2** *(valeur modale) she's ~ to be late* elle ne manquera pas d'arriver en retard ; *it was ~ to happen* cela devait fatalement arriver ; *he is/ was ~ to have heard the news* il connaît/ connaissait certainement la nouvelle **3** en route ; *a ship ~ for China* un navire à destination de la Chine || °**boundary** *n (ville, comté, pays ; cricket)* limite *f ; (fig)* frontière *f.* || °**bounded** *adj* limité, borné || °**boundless** *adj* illimité, sans bornes || **bounds** *npl inv* limites *fpl ; (fig) keep within ~* observer des limites *fpl ; his indignation knew no ~* son indignation *f* était sans bornes.

bout [baʊt] *n* **1** *(Méd)* accès *m,* crise *f ; a severe ~ of flu* une mauvaise grippe **2** *(boxe)* combat *m.*

boutique [buːˈtiːk] *n* magasin *m* de mode.

bow[1] [bəʊ] *n* **1** *(Sp)* arc *m ; (fig) he has more than one string to his ~* il a plus d'une corde à son arc ; *~ legs* jambes *fpl* arquées ; *~ window* fenêtre *f* en saillie **2** *(Mus)* archet *m* **3** *(ruban)* nœud *m ; ~ tie* nœud papillon.

bow[2] [baʊ] *n (Naut)* proue *f,* avant *m.*

bow[3] [baʊ] *vti* (s')incliner, se pencher ; *(fig loc) he refused to ~ and scrape* il refusa de faire des salamalecs ♦ *n* salut *m ;* révérence *f ; (Th) take a ~* saluer l'auditoire.

bowels ['baʊəlz] *npl* intestins *mpl.*

bowl[1] ['bəʊl] *n* bol *m ; fruit ~* coupe *f* à fruits ; *salad ~* saladier *m ; sugar ~* sucrier *m.*

bowl[2] [bəʊl] *n (Sp)* boule *f ; play ~s* jouer aux boules ♦ *vti* **1** lancer des boules **2** *(cricket)* servir || °**bowler** *n* **1** *(cricket)* lanceur *m* **2** chapeau *m* melon || °**bowling** *n* **1** jeu *m* de boules **2** *(cricket)* service *m* **3** *(loc) ~ alley* bowling *m ; ~ green* boulingrin *m* || **bowl over** *vpart* bouleverser || **bowl out** *vpart (Sp aussi fig)* éliminer.

box[1] [bɒks] *n* **1** boîte *f ;* carton *m ;* caisse *f* **2** *(fam)* télé *f* **3** *(Th)* loge *f* **4** *(écurie)* box *m* **5** *(Jur)* barre *f (des* témoins) || **box in** *vpart* encastrer ; *I feel ~ed in* je me sens à l'étroit || **box off**

box 34

vpart compartimenter ‖ °**Boxing Day** *n* le lendemain *m* de Noël ‖ °**box-office** *n* (*Th*) bureau *m* de location ‖ °**boxroom** *n* débarras *m*, petite chambre *f*.

box[2] [bɒks] *vti* boxer ; faire de la boxe ; (*loc*) *you'll get your ears ~ed!* tu vas recevoir une gifle ! ◆ *n* claque *f*, gifle *f* ‖ °**boxing** *n* boxe *f*.

boy [bɔɪ] *n* 1 garçon *m* ; *when he was a ~* lorsqu'il était petit ; *an English ~* un petit Anglais ; (*fig*) *this will separate the men from the ~s* l'expérience fera la différence 2 (*brit fam*) *old ~!* mon vieux ! 3 (*fam*) *the old ~* le paternel 4 (*Ens*) *old ~* ancien élève *m* ; *old ~ network* mafia *f* des anciens 5 (*fam loc*) *it's jobs for the ~s!* les copains se partagent les planques ! ‖ °**boyfriend** *n* petit ami *m* ‖ °**boyhood** *n* enfance *f* ‖ °**boyish** *adj* enfantin, gamin.

boycott ['bɔɪkɒt] *n* boycottage *m*.

bra [brɑ:] *n* (*ab fam de* **brassière**).

brace [breɪs] *n* 1 (*Tech*) armature *f* 2 (*Méd*) appareil *m* d'orthodontie ◆ *vt* 1 consolider ; étayer ; (*fig*) *~ yourself!* prépare-toi (à recevoir un choc) ! 2 tonifier ‖ °**bracing** *adj* tonifiant.

bracelet ['breɪslɪt] *n* bracelet *m*.

braces ['breɪsɪz] *npl inv* (*brit*) bretelles *fpl*.

bracken ['brækən] *ns inv* fougère *f*.

bracket[1] ['brækɪt] *n* 1 support *m* ; console *f* ; 2 (*Arch*) corbeau *m* 3 (*El*) *~ lamp* applique *f*.

bracket[2] ['brækɪt] *n* 1 (*ponctuation*) parenthèse *f* ; *in ~s* entre parenthèses 2 (*loc*) *age ~* classe *f* d'âge ; *income ~* tranche *f* de revenus ◆ *vt* 1 mettre entre parenthèses 2 regrouper.

brag [bræg] *vi* se vanter ; *that's nothing to ~ about!* il n' y a pas de quoi se vanter ‖ °**braggart** *n* vantard *m*.

braid [breɪd] *n* 1 tresse *f* 2 (*robe*) ganse *f* 3 (*Mil*) galon *m* ◆ *vt* tresser.

Braille [breɪl] *n* (*écriture*) braille *m*.

brain [breɪn] *n* 1 cerveau *m* ; *he's got a ~* il n'est pas bête ; *he's got it on the ~* il en est obsédé ; *~ drain* fuite *f* des cerveaux ‖ °**brain-child** *n* invention *f* personnelle ‖ °**brainless** *adj* stupide ‖ **brains** *npl inv* 1 cerveau *m* ; *he's got ~* il n'est pas bête 2 cervelle *f* ; *he blew his ~ out* il s'est fait sauter la cervelle ; (*fig*) *I've racked my ~* je me suis torturé la cervelle ; (*fig*) *could I pick your ~?* puis-je faire appel à tes lumières ? ‖ °**brainwash** *vt* faire un lavage de cerveau à ; (*fam*) *you can ~ him into believing anything* on peut lui faire croire n'importe quoi ‖ °**brainwashing** *n* lavage *m* de cerveau ‖ °**brainwave** *n* (*fam*) idée *f* inspirée ‖ °**brainy** *adj* (*fam*) intelligent, doué.

braise [breɪz] *vt* (*Cuis*) braiser.

brake [breɪk] *n* frein *m* ◆ *vti* freiner.

bramble ['bræmbl] *n* 1 (*buisson*) ronce *f* 2 (*fruit*) mûre *f*.

bran [bræn] *n* (*Ag*) son *m*.

branch [brɑ:ntʃ] *n* 1 (*arbre*) branche *f* 2 (*route, rail*) embranchement *m* 3 (*fleuve*) bras *m* 4 (*Com*) succursale *f* 5 (*Mil*) arme *f* ◆ *vi* bifurquer.

brand [brænd] *vt* 1 (*bétail*) marquer (au fer rouge) 2 stigmatiser ; *he was ~ed (as) a rebel* il fut traité de rebelle ◆ *n* 1 (*Com*) marque *f* ; (*Com, aussi fig*) *~ image* image *f* de marque 2 (*fig*) stigmate *m* ‖ **branded** *adj* 1 (*produit*) de marque 2 (*bétail*) marqué (au fer rouge) ‖ **brand-°new** *adj* flambant neuf.

brandish ['brændɪʃ] *vt* brandir.

brandy ['brændɪ] *n* eau *f* de vie.

brash [bræʃ] *adj* effronté ; irréfléchi.

brass [brɑːs] *n* cuivre *m* jaune ; *~ band* fanfare *f* ; *~ plate* plaque *f* en cuivre ; (*fig*) *let's get down to ~ tacks!* venons-en aux faits ! (*fam*) *he's got a ~ neck!* il a du toupet ! ‖ °**brasses** *npl inv* 1 objets *mpl* en cuivre 2 (*Mus*) *the ~* les cuivres ‖ °**brass-rubbing** *n* (*tombeau*) décalque *m* (au crayon/fusain).

brassière ['bræsɪə] *n* soutien-gorge *m*.

brat [bræt] *n* (*péj*) (*sale*) gosse *mf*.

bravado [brə'vɑːdəʊ] *n* bravade *f*.

brave [breɪv] *adj* courageux (*f* -euse) ◆ *vt* braver ‖ °**bravery** *n* courage *m*.

bravo [brɑː'vəʊ] *n* bravo *m*.

brawl [brɔːl] *n* bagarre *f* ◆ *vi* se bagarrer.

brawn [brɔːn] *n* muscle *m* ‖ °**brawny** *adj* musclé.

bray [breɪ] *vi* braire ◆ *n* braiement *m*.

brazen ['breɪzn] *adj* 1 (*lit*) d'airain 2 (*fig*) effronté ‖ **brazen out** *vpart* ; *he tried to ~ it out* il a essayé de nier l'évidence.

brazier ['breɪzjə] *n* brasero *m*.

breach [briːtʃ] *n* 1 brèche *f* 2 brouille *f* 3 (*Jur*) infraction *f* ; *~ of the law* violation *f* de la loi ; *~ of the peace* attentat *m* à l'ordre public ; *~ of trust* abus *m* de confiance ; *~ of contract* rupture *f* de contrat ◆ *vt* percer.

bread [bred] *ns inv* 1 pain *m* ; *a loaf of ~* un pain ; *wholemeal ~* pain complet ; *a slice of ~ and butter* une tartine beurrée 2 (*fig loc*) *he knows which side his ~ is buttered* il sait où est son intérêt ; *our ~ and butter is at stake!* il s'agit de défendre notre biftek ‖ °**breadcrumb** *n* miette *f* de pain ‖ °**breadcrumbs** *npl inv* chapelure *f* ; *fried in ~* pané ‖ °**breadline** *n* ; *they are on the ~* ils sont sans ressources ‖ °**breadwinner** *n* soutien *m* de famille.

breadth [bredθ] *n* largeur *f* ; *the shelf is 14 inches in ~* l'étagère a 35 cm de large.

break [breɪk] *n* 1 cassure *f* 2 interruption *f* ; *without a ~* sans relâche, sans répit ;

(Ens) récréation *f* **3** *(temps, voix)* altération *f* ; **at the ~ of day** au point du jour **4** fuite *f* ; **he made a ~ for it** il a pris la fuite **5** *(amér)* coup *m* de chance ; **give me a ~!** donne-moi une chance ! *(amér)* laisse-moi un peu tranquille ! ◆ *vti* (p **broke** pp **broken**) **1** (se) casser, (se) briser, (se) rompre ; **you could ~ the lock** vous pourriez forcer la serrure ; **a lion broke free/ loose** un lion s'est échappé ; **a storm broke** un orage éclata ; **this plane can ~ through the sound barrier** cet avion peut franchir le mur du son **2** (s')interrompre **3** *(El)* couper ; *(chute)* amortir **4** *(fig)* **can he ~ the record?** peut-il battre le record ? *(loi)* violer **5** *(nouvelle)* annoncer **6** (~ **in**) mater ; **the dog had to be broken in** le chien a dû être dressé **7** *(voix)* se casser ; muer **8** *(temps)* se détériorer ‖ **°breakable** *adj* fragile ◆ *n* **~s** objets *mpl* fragiles ‖ **°breakage** *n* bris *m* ; **~s** casse *f*, avaries *fpl* ‖ **break away** *vpart (from)* se détacher (de) ‖ **°breakaway** *n* sécession *f* ; **~ group** groupe *m* dissident ‖ **break down** *vpart* **1** démolir ; *(substance)* décomposer, *(dépenses)* ventiler **2** échouer **3** *(personne)* s'effondrer **4** *(Tech)* tomber en panne ‖ **°breakdown** *n* **1** *(Méd)* dépression *f* nerveuse **2** *(Tech)* panne *f* ; **~ service** service *m* de dépannage ; **~ van/ truck** dépanneuse *f* ‖ **break even** *vpart* rentrer dans ses frais ; équilibrer un budget ‖ **°break-even** *adj (Com)* **~ deal** affaire *f* blanche ; **~ point** seuil *m* de rentabilité ‖ **break in** *vpart* interrompre ; **the boss broke in on our chattering** le patron a interrompu notre bavardage ‖ **°break-in** *n* cambriolage *m* ‖ **°breaking** *adj* **~ point** point *m* de rupture ‖ **break into** *vpart* **1** entrer par effraction **2** se mettre brusquement à ; *(Sp)* **~ a gallop** se mettre au galop ‖ **°breakneck** *adj* trop rapide ‖ **break off** *vpart* **1** (se) casser **2** interrompre, cesser ‖ **break out** *vpart (maladie, guerre)* se déclarer **2** *(Mil)* percer ‖ **°breakout** *n* **1** percée *f* **2** évasion *f* ‖ **break through** *vpart* **1** percer **2** faire une découverte *f* fondamentale ‖ **°breakthrough** *n* **1** percée *f* **2** découverte *f* fondamentale ; nouvelle idée *f* force ‖ **break up** *vpart* **1** se briser **2** se dissoudre ; *(foule)* se disperser ; **when will school ~?** quand les vacances commenceront-elles ? ‖ **°breakup** *n* rupture *f* ; *(glaces)* débâcle *f* ; *(Com)* **~ price** prix *m* de liquidation.

breakfast [ˈbrekfəst] *n* petit déjeuner *m* ; **continental ~** petit déjeuner léger ◆ *vi* déjeuner.

breast [brest] *n* **1** *(femme)* sein *m* ; *(homme)* poitrine *f* **2** *(fig)* cœur *m* ; **he made a clean ~ of it** il a fait des aveux complets **3** *(volaille)* blanc *m*

‖ **°breaststroke** *n* *(Sp)* brasse *f* ‖ **°breastwork** *n* barrière *f* (temporaire).

breath [breθ] *n* haleine *f*, souffle *m* ; **out of ~** essoufflé ; **he spoke under his ~** il parla à mi-voix ‖ **°breathalyser** *n* alcootest *m* ‖ **°breathless** *adj* hors d'haleine ‖ **°breathtaking** *adj* stupéfiant.

breathe [briːð] *vti* respirer ; **don't ~ a word!** pas un mot ! ‖ **°breather** *n* *(fam)* moment *m* de répit ‖ **°breathing** *n* respiration *f* ; **~ space** moment *m* de répit.

breed [briːd] *n* race *f*, espèce *f* ◆ *vti* (p pp **bred**) **1** *(animal)* élever **2** se reproduire **3** *(aussi fig)* engendrer ‖ **°breeder** *n* **1** *(Ag)* *(personne)* éleveur *m* ; *(animal)* reproducteur *m* (*f* -trice) **2** *(Aut)* régénérateur *m* ; *(Tech)* **~ reactor** réacteur *m* (auto)générateur ‖ **°breeding** *n* **1** *(animal)* élevage *m* **2** *(enfant)* éducation *f* ; *(good)* ~ savoir-vivre *m* **3** *(Tech)* production *f* d'énergie atomique.

breeze [briːz] *n* brise *f* ◆ *vi* **he ~d out** il sortit d'un air décontracté ‖ **°breezy** *adj* **1** venteux (*f* -euse) **2** *(personne)* jovial, désinvolte.

breeze-block [ˈbriːzblɒk] *n* parpaing *m*.

brevity [ˈbrevətɪ] *n* concision *f*.

brew [bruː] *vti* **1** *(bière)* brasser ; *(thé)* infuser **2** *(fig)* **there's trouble ~ing** des problèmes se préparent ‖ **°brewer** *n* brasseur *m* ‖ **°brewery** *n* brasserie *f*.

bribe [ˈbraɪb] *n* pot-de-vin *m* ◆ *vt* corrompre, acheter ; *(témoin)* suborner ‖ **°bribery** *n* corruption *f*.

brick [brɪk] *n* brique *f* ; **red ~ university** université *f* de création récente ; **building ~s** jeu *m* de cubes ; *(fam fig)* **he dropped a ~** il a fait une gaffe ‖ **°bricklayer** *n* maçon *m*.

bride [braɪd] *n* (jeune/future) mariée *f* ‖ **°bridegroom** *n* (nouveau/futur) marié *m* ‖ **°bridesmaid** *n* demoiselle *f* d'honneur.

bridge [brɪdʒ] *n* **1** pont *m* **2** *(Naut)* passerelle *f* de commandement **3** arête *f* du nez **4** *(Méd)* bridge *m* **5** *(jeu)* bridge *m* ; **play ~** jouer au bridge, bridger ◆ *vt* jeter un pont sur ; *(fig)* **~ a gap** combler une lacune ; *(Com)* **bridging loan** crédit-relais *m*.

bridle [ˈbraɪdl] *n* bride *f* ; **~ path** allée *f* cavalière ◆ *vti (cheval)* brider ; *(personne)* se réfréner, se rebiffer.

brief [briːf] *adj* bref (*f* brève) ◆ *n (Jur)* dossier *m* ◆ *vt* donner des instructions à ; *(fam Av)* briefer ; **we'll have to ~ the press** nous allons devoir donner des informations à la presse ‖ **°briefcase** *n* serviette *f* ‖ **°briefing** *n* instructions *fpl*, directives *fpl* ; *(fam)* briefing *m*. ‖ **°briefly** *adv* brièvement, en deux mots.

briefs [briːfs] *npl* slip *m*.

brier [ˈbraɪə] *n* bruyère *f* ; **~ pipe** pipe *f* de bruyère.

brigade [brɪˈɡeɪd] *n* brigade *f*.

bright [braɪt] *adj* 1 lumineux (*f* -euse), brillant, vif (*f* vive), clair; *cloudy with ~ intervals* nuageux avec des éclaircies 2 gai; intelligent ‖ °**brighten** *vti* 1 faire briller, égayer 2 (*temps*) s'éclaircir; (*fig*) s'améliorer; *his prospects are brightening up* son avenir s'éclaircit.

brilliant ['brɪljənt] *adj* brillant, éclatant.

brim [brɪm] *n* bord *m* ♦ *vi* déborder; *she's brimming (over) with happiness* elle respire le bonheur.

brine [braɪn] *n* saumure *f*.

bring [brɪŋ] *vt* (*p pp* brought) 1 apporter; *~ into play* faire agir; *~ to light* faire la lumière (sur); *~ to mind* rappeler 2 (*personne*) amener; (*objet*) apporter; (*fig*) amener (à); *what brought him to do it?* qu'est-ce qui l'a poussé à le faire? 3 (*Com*) rapporter 4 (*Jur*) *~ an action (against)* intenter un procès (contre) ‖ **bring about** *vpart* provoquer ‖ **bring back** *vpart* (*chose*) rapporter; (*personne*) ramener; (*souvenir*) rappeler ‖ **bring down** *vpart* 1 faire tomber, abattre 2 (*fig*) faire crouler (une salle) sous les applaudissements 3 (*Com*) faire baisser (les prix) ‖ **bring forward** *vpart* 1 avancer 2 (*Com*) reporter ‖ **bring in** *vpart* 1 faire entrer 2 (*Fin*) rapporter 3 (*Jur*) rendre (un verdict) ‖ **bring off** *vpart* réaliser, mener à bien ‖ **bring on** *vpart* provoquer; faire progresser ‖ **bring out** *vpart* 1 faire sortir; (*fig*) faire ressortir 2 publier; (*Com*) lancer; (*Th*) représenter ‖ **bring round** *vpart* 1 (*chose*) apporter, (*personne*) amener 2 (*personne*) faire reprendre conscience; *he was quickly brought round* il fut ranimé rapidement 3 persuader; *I brought him round to my views* je l'ai converti à mes idées ‖ (*Naut*) virer de bord ‖ **bring up** *vpart* 1 (faire) monter; *he'll be brought up before the magistrate* il comparaîtra devant le juge 2 (*question*) soulever, mettre sur le tapis 3 (*enfant, animal*) élever; *these children are well brought up* ces enfants sont bien élevés.

brink [brɪŋk] *n* bord *m*; (*fig*) *we are on the ~ of open warfare* nous sommes à deux doigts d'une guerre ouverte.

brisk [brɪsk] *adj* 1 vif (*f* vive), alerte; *he walks at a ~ pace* il marche d'un bon pas 2 (*Com*) animé, florissant; *~ market* marché *m* actif ‖ °**briskly** *adv* vivement.

bristle ['brɪsl] *n* poil *m*; piquant *m*; (*sanglier*) soie *f* ♦ *vi* 1 se hérisser; *she was bristling with anger* elle se hérissait de colère 2 fourmiller; *the room ~d with ambitious young women* la pièce fourmillait de jeunes femmes ambitieuses ‖ °**bristly** *adj* hirsute; qui pique.

brittle ['brɪtl] *adj* cassant, fragile.

broach [brəʊtʃ] *vt* 1 (*fût*) mettre en perce 2 (*sujet*) aborder.

broad [brɔːd] *adj* 1 large; *the street is 6 yards ~* la rue a 5,50 m de large; *~ ideas* idées *fpl* libérales; *give me the ~ outlines* donnez-moi les grandes lignes 2 (*accent*) prononcé 3 *in ~ daylight* en plein jour 4 (*humour*) grossier (*f* -ière) ‖ °**broaden** *vti* (s')élargir ‖ °**broadly** *adv* généralement, en gros ‖ °**broad-minded** *adj* tolérant, qui a les idées larges ‖ °**broadside** *n* 1 (*Naut*) bordée *f*; (*fig*) bordée (d'injures) 2 (*amér*) (*publicité*) placard *m*.

broadcast ['brɔːdkɑːst] *n* (*Rad TV*) émission *f*; *live ~* émission en direct ♦ *vti* (*p pp* -**cast**) diffuser; téléviser.

broadcloth ['brɔːdklɒθ] *n* (*tissu*) drap *m* fin; (*amér*) popeline *f*.

broccoli ['brɒkəlɪ] *n inv* (*Bot*) brocoli *m*.

brochure ['brəʊʃə] *n* prospectus *m*, brochure *f*, dépliant *m*.

broil [brɔɪl] *vti* griller.

broke[1] [brəʊk] *p* **break**.

broke[2] [brəʊk] *adj* (*fam*) fauché, sans le sou.

broken[1] ['brəʊkən] *pp* **break**.

broken[2] ['brəʊkən] *adj* cassé; *~ home* foyer *m* brisé; *~ sleep* sommeil *m* agité; *he speaks ~ English* il parle un mauvais anglais; *she was ~-hearted* elle avait le cœur brisé.

broker ['brəʊkə] *n* (*Com Fin*) courtier *m* ‖ °**brokerage** *n* frais *mpl* de courtage.

bronchitis [brɒŋ'kaɪtɪs] *ns inv* (*Méd*) bronchite *f*.

bronze [brɒnz] *n* bronze *m* ♦ *adj* en bronze; (*couleur*) bronze *inv*.

brooch [brəʊtʃ] *n* (*bijou*) broche *f*.

brood [bruːd] *n* nichée *f* ♦ *vi* 1 couver 2 (*over*) ruminer, broyer du noir (à propos de).

brook [brʊk] *n* ruisseau *m*.

broom [bruːm] *n* 1 balai *m* 2 (*Bot*) genêt *m*.

broth [brɒθ] *n* bouillon *m*.

brothel ['brɒθl] *n* bordel *m*.

brother ['brʌðə] *n* frère *m* ‖ °**brotherhood** *n* 1 fraternité *f* 2 confrérie *f* ‖ °**brother-in-law** *n* beau-frère *m*.

brought [brɔːt] *p pp* **bring**.

brow [braʊ] *n* 1 (*lit Anat*) front *m* 2 (*colline*) sommet *m* 3 (*eye*)*~s* sourcils *mpl* ‖ °**browbeat** *vt* (*p* -**beat** *pp* -**beaten**) intimider, rudoyer.

brown [braʊn] *adj* brun, marron *inv*, (*cheveux*) châtain, (*peau*) bronzé; *~ bread* pain *m* bis; *~ paper* papier *m* d'emballage; *~ sugar* cassonade *f*; (*fig*) *in a ~ study* plongé dans ses rêveries ♦ *n* brun *m*, marron *m* ♦ *vti* 1 hâler, (se) bronzer 2 (*Cuis*) faire dorer ‖ °**brownie** *n* 1 (*amér*) biscuit *m* au chocolat et aux noix 2 *B~* Jeannette *f*.

browse [braʊz] *vti* 1 (*Ag*) brouter 2 regarder superficiellement ; *(livre)* feuilleter.

bruise [bruːz] *n* contusion *f*, bleu *m* ◆ *vti* **1** contusionner **2** *(fruit)* (s')abîmer **3** *(fig)* se vexer ; *she ~s easily* elle est très susceptible.

brunch [brʌntʃ] *n* petit déjeuner *m* copieux.

brunt [brʌnt] *n* choc *m* ; *bear the ~* supporter le poids *m*.

brush [brʌʃ] *n* **1** brosse *f*, pinceau *m*, balayette *f* **2** coup *m* de brosse **3** effleurement *m* **4** *(Mil)* escarmouche *f* ◆ *vt* **1** brosser, balayer **2** *(against)* frôler, effleurer ‖ **brush aside** *vpart* écarter (une suggestion) ‖ **brush away** *vpart* **1** enlever à la brosse **2** essuyer furtivement ‖ **brush off** *vpart* **1** enlever à la brosse **2** *(personne)* éconduire ◆ *n (fam) she gave me the ~* elle m'a envoyé promener ‖ **brush up** *vpart* **1** *(miettes)* ramasser **2** *(fig)* réviser, remettre en mémoire ; *I want to ~ my English* je veux rafraîchir mon anglais.

brushwood [ˈbrʌʃwʊd] *n* broussailles *fpl*.

brusque [brʊsk] *adj* brusque ‖ °**brusquely** *adv* avec brusquerie.

brutal [ˈbruːtl] *adj* brutal ‖ °**brute** *n* brute *f* ◆ *adj* brute ; *by ~ force* par la force.

brutality [bruːˈtælɪtɪ] *n* brutalité *f*.

bubble [ˈbʌbl] *n* **1** bulle *f* ; *~ pack* emballage-bulle *m*, bulle *f* **2** *(fig)* chimère *f* ◆ *vi* bouillonner ; *(fig) she was bubbling over with joy* elle débordait de joie.

buck [bʌk] *n* **1** *(amér)* dollar *m* **2** *(Zool, cerf, lapin)* mâle *m* **3** *(fam)* responsabilité *f* ; *pass the ~* rejeter la responsabilité ◆ *vti* **1** ruer **2** *(fam) ~ up!* grouille-toi ! **3** *(fam) a day off will ~ you up* une journée de repos te remontera/retapera.

bucket [ˈbʌkɪt] *n* seau *m* ; *it's raining ~s* il pleut à seaux.

buckle [ˈbʌkl] *n* boucle *f* ◆ *vti* **1** boucler **2** *(bois)* (se) gauchir ‖ **buckle down** *vpart (to) (travail)* se mettre sérieusement (à).

buckshot [ˈbʌkʃɒt] *n* chevrotines *fpl*.

bud [bʌd] *n* bourgeon *m*, *rose~* bouton *m* de rose ◆ *vi* bourgeonner ‖ °**budding** *adj* en bouton ; *~ love* amour *m* naissant ; *he's a ~ artist* c'est un artiste en herbe.

buddy [ˈbʌdɪ] *n (amér)* copain *m*.

budge [bʌdʒ] *vti* bouger ; *(fig) he refused to ~* il est resté inflexible.

budgerigar [ˈbʌdʒərɪɡɑː] / **budgie** [ˈbʌdʒɪ] *n (Orn)* perruche *f*.

budget [ˈbʌdʒɪt] *n* budget *m* ; *~ cuts* réductions *fpl* budgétaires ; *~ prices* prix *mpl* modiques ◆ *vti* budgétiser ; *~ for* prévoir (une dépense) ‖ °**budgetary** *adj* *~ year* exercice *m* budgétaire.

buff [bʌf] *adj n (couleur)* chamois *inv* ; *(fam) in the ~* nu comme un ver, à poil ◆ *n (fam)* fanatique *mf* ; mordu(e) *m(f)*.

buffalo [ˈbʌfələʊ] *n* buffle *m* ; *(amér)* bison *m*.

buffer [ˈbʌfə] *n (brit Rail)* tampon *m* ; *(fig) ~ state* état *m* tampon.

buffet[1] [ˈbʊfeɪ] *n (repas)* buffet *m*.

buffet[2] [ˈbʌfɪt] *vt (vent, mer)* battre.

bug [bʌg] *n* **1** *(Zool)* punaise *f* **2** *(amér)* insecte *m*, bestiole *f* **3** *(fam)* microbe *m* **4** micro *m* caché **5** *(fam)* mordu *m* ; *a film ~* un fana de cinéma ◆ *vt* **1** poser des micros cachés ; *his phone was bugged* son téléphone était sur écoute **2** *(fam)* casser les pieds à ‖ °**bugbear** *n* cauchemar *m*, bête *f* noire.

bugle [ˈbjuːgl] *n* clairon *m* ; *~ call* sonnerie *f* de clairon.

build [bɪld] *vti (p pp* **built***)* bâtir, construire ‖ °**builder** *n* constructeur *m* ; entrepreneur *m* en bâtiment ; *(fig)* créateur *m* ‖ **build in** *vpart* intégrer ‖ °**building** *n* construction *f* ; bâtiment *m*, immeuble *m* ; *~ industry* industrie *f* du bâtiment ‖ **build up** *vpart* développer ‖ °**build-up** *n* **1** accumulation *f* ; concentration *f* **2** campagne *f* publicitaire ‖ °**built-in** *adj* encastré, incorporé ‖ °**built-up** *adj* **1** rapporté **2** *~ area* agglomération *f* urbaine.

bulb [bʌlb] *n* **1** *(Bot)* bulbe *m*, oignon *m* **2** *(El)* ampoule *f*.

bulge [bʌldʒ] *n* renflement *m*, saillie *f* ; *(fig)* poussée *f* ◆ *vi* faire saillie ‖ °**bulging** *adj* renflé ; *~ forehead* front *m* bombé ; *~ eyes* yeux *mpl* protubérants.

bulk [bʌlk] *n* masse *f*, volume *m* ; *(Com) in ~* en gros ; en vrac ; *~ buy* acheter en gros ‖ °**bulky** *adj* **1** volumineux *(f* -euse), encombrant **2** *(homme)* corpulent.

bull [bʊl] *n* **1** taureau *m* **2** *(éléphant, baleine)* mâle *m* **2** *(Fin)* spéculateur *m* à la hausse **3** *(Rel)* bulle *f* **4** *(Sp) ~'s eye* mouche *f* de la cible ; *(fam fig) he hit the ~'s eye* il a mis en plein dans le mille **5** *(amér vulg) what a lot of ~ (shit)!* quelles conneries ! *fpl* ‖ °**bulldog** *n* bouledogue *m* ‖ °**bulldozer** *n* bulldozer *m* ‖ °**bullfight** *n* corrida *f*, course *f* de taureaux ‖ °**bullfighter** *n* torero *m* ‖ °**bullring** *n* arène *f*.

bullet [ˈbʊlɪt] *n* balle *f* (de fusil) ‖ °**bulletproof** *adj* à l'épreuve des balles, *(gilet)* pare-balles ; *~ car* voiture *f* blindée.

bulletin [ˈbʊlɪtɪn] *n* bulletin *m*.

bullion [ˈbʊljən] *n (métal)* en lingots.

bully [ˈbʊlɪ] *n* brute *f* ◆ *vt* maltraiter, brimer.

bulwark [ˈbʊlwək] *n (Naut)* bastingage *m* ; *(fig)* rempart *m*, protection *f*.

bum [bʌm] *n* **1** *(brit fam)* cul *m* ; **2** *(amér fam)* clochard *m* ◆ *adj (amér argot)* moche ; *~ check* chèque *m* en bois ; *(fam) ~ rap* accusation *f* bidon.

bumblebee ['bʌmblbi:] n (Zool) bourdon m.

bump [bʌmp] n 1 choc m, secousse f 2 bosse f ♦ vti (se) cogner; he ~ed into a door il est rentré dans une porte; (fig) I ~ed into him in the train je l'ai rencontré par hasard dans le train ‖ °**bumper** n pare-chocs m (pl inv); (amér Rail) tampon m ♦ adj ~ crop récolte f exceptionnelle ‖ °**bumpy** adj (chemin) défoncé, cahoteux (f -euse).

bumptious ['bʌmpfəs] adj prétentieux (f -euse).

bun [bʌn] n 1 petit pain m 2 chignon m.

bunch [bʌntf] n groupe m; (clés) trousseau m; (fleurs) bouquet m; (légumes) botte f, (raisins) grappe f; a ~ of friends une bande d'amis; she wore her hair in bunches elle portait des couettes fpl.

bundle ['bʌndl] n 1 ballot m, baluchon m 2 paquet m, (papiers) liasse f ♦ vt fourrer, entasser négligemment.

bung [bʌŋ] n bonde f ♦ vt (~ up) boucher.

bungalow ['bʌŋgələu] n bungalow m.

bungle ['bʌŋgl] vt bâcler, bousiller.

bunion ['bʌnjən] n (Méd) oignon m.

bunk [bʌŋk] n 1 couchette f; ~-beds lits mpl superposés 2 (vulg) do a ~ mettre les bouts 3 (fam) that's just ~! quelle blague!

bunker ['bʌŋkə] n 1 (Mil) blockhaus m 2 (golf) bunker m 3 (Naut) soute f.

bunny ['bʌnɪ] n 1 (fam) (jeannot) lapin m 2 hôtesse f de boîte de nuit.

bunting ['bʌntɪŋ] n 1 (tissu) étamine f 2 banderoles fpl, drapeaux mpl 3 (Orn) bruant m.

buoy [bɔɪ] n bouée f, balise f flottante ‖ °**buoyancy** n 1 flottabilité f 2 (fig) entrain m, allant m ‖ °**buoyant** adj 1 (chose) flottable 2 (personne) plein d'entrain.

burden ['bɜ:dn] n (aussi fig) fardeau m, poids m; (Jur) the ~ of proof lies with the accuser c'est au plaignant d'apporter les preuves ♦ vt (with) accabler (de).

bureau ['bjuərəu] n bureau m, secrétaire m; (amér) commode f ‖ **bu°reaucracy** n bureaucratie f.

burglar ['bɜ:glə] n cambrioleur m ‖ °**burglary** n cambriolage m ‖ °**burgle**/(amér) °**burglarize** vt cambrioler.

burial ['berɪəl] n enterrement m; ~ ground cimetière m.

burly ['bɜ:lɪ] adj bien bâti, bien planté.

burn [bɜ:n] n brûlure f ♦ vti (p pp burned/burnt) 1 (aussi fig) brûler; Chicago was burnt down / to the ground Chicago a été détruit par le feu; the house was ~ed to ashes la maison a été réduite en cendres 2 laisser brûler; I ~ed the roast j'ai fait brûler le rôti ‖ °**burning** adj allumé; en

flammes; (fig) ardent, cuisant ♦ n odeur f de brûlé ‖ **burn out** vpart griller; (fig) épuiser, ruiner ‖ **burn up** vpart consumer; (fig) s'emporter.

burp [bɜ:p] n rot m ♦ vi roter.

burrow ['bʌrəu] n terrier m ♦ vti creuser, se terrer.

bursar ['bɜ:sə] n (Ens) économe mf ‖ °**bursary** n (Ens) bourse f d'études.

burst [bɜ:st] n 1 explosion f; éclat m; coup m (de tonnerre) ♦ vi (p pp burst) exploser, éclater; ~ into tears éclater en sanglots; (fig) he was ~ing with impatience il bouillait d'impatience ♦ vi crever, faire éclater ‖ **burst out** vpart 1 sortir brusquement 2 s'écrier; ~ out laughing éclater de rire.

bury ['berɪ] vt enterrer, ensevelir; she'll be buried in her native village elle sera inhumée dans son village natal; he buried his hands in his pockets il a enfoui ses mains dans ses poches; (fig) he buried himself in his books il s'est plongé dans ses livres.

bus [bʌs] n autobus m; double-decker ~ autobus à impériale; he missed the ~ il a manqué l'autobus, (fig) il a raté le coche/ l'occasion ♦ vt transporter (par autobus); (amér) transport scolaire.

bush [buf] n 1 buisson m, taillis m 2 the ~ la brousse ‖ °**bushy** adj touffu, en broussailles.

bushel ['bufl] n (mesure) boisseau m (36,4 litres).

busily ['bɪzɪlɪ] adj activement, d'un air affairé.

business ['bɪznɪs] n 1 affaire f; I mean ~ je ne plaisante pas; it's none of your ~ cela ne vous regarde pas 2 affaires fpl; ~ is ~ les affaires sont les affaires; are you travelling for ~ or pleasure? voyagez-vous pour affaires ou en touriste? 3 occupation f; what's his business? que fait-il (dans la vie)? 4 entreprise f, commerce m; ~ centre centre m commercial; ~ manager directeur m commercial; ~ school école f de commerce.

bust[1] [bʌst] n buste m, (femme) poitrine f.

bust[2] [bʌst] adj (fam) fichu; go ~ faire faillite ♦ vt (p pp bust) casser; (police) pincer ‖ **bust up** vpart (fam) briser; he ~ his marriage il a flanqué son mariage en l'air ‖ °**bust-up** n (fam) engueulade f.

bustle ['bʌsl] n animation f ♦ vi s'affairer.

busy ['bɪzɪ] adj 1 occupé; she was ~ filing the mail elle était occupée à classer le courrier 2 affairé; (rue) animé; I've had a ~ day j'ai eu une journée chargée 3 (amér Téléph) occupé ♦ vt he busied *himself with his garden* il s'occupait de son jardin ‖ °**busybody** *n* mouche *f* du coche.

but [bʌt] *conj* mais ◆ *adv* **1** seulement ; *he's ~ a child* ce n'est qu'un enfant **2** presque ; *he's all ~ dead* il est presque mort ; *I can ~ try* je peux toujours essayer ◆ *prép* excepté, sauf ; *~ for him you'd be dead* sans lui tu serais mort ; *anything ~ that* tout mais pas ça ; *no one ~ him* personne d'autre que lui ◆ *n* mais *m* ; *I don't want any ~s* je ne veux pas de mais.

butcher [ˈbutʃə] *n* boucher *m* ◆ *vt* (*animal*) abattre ; (*personne*) massacrer ‖ °**butcher's shop** *n* boucherie *f*.

butler [ˈbʌtlə] *n* maître *m* d'hôtel.

butt [bʌt] *n* **1** tonneau *m* **2** gros bout *m* ; (*fusil*) crosse *f* ; (*cigarette*) mégot *m* **3** (*tête, corne*) coup *m* ; (*fig*) cible *f*, souffre-douleur *m inv* ; *he was the ~ of their jokes* il était en butte à leurs plaisanteries **4** (*Mil*) ~*s* champ *m* de tir **5** (*amér vulg*) derrière *m* ; *get off your ~!* remue-toi le cul ! ◆ *vti* donner un coup ‖ **butt in** *vpart* intervenir ; *I don't want to ~ in* je ne veux pas m'immiscer dans votre conversation.

butter [ˈbʌtə] *n* beurre *m* ; *~ wouldn't melt in her mouth* c'est une sainte nitouche ◆ *vt* beurrer ; (*fig*) *~ up* flatter, passer de la pommade à ‖ °**buttercup** *n* (*Bot*) bouton *m* d'or ‖ °**butterfingers** *n* (*fam*) empoté *m* ‖ °**butterfly** *n* papillon *m* ; *I've got butterflies in my stomach* j'ai le trac ; *~ stroke* brasse *f* papillon ‖ °**butterscotch** *n* caramel *m* dur.

buttock [ˈbʌtək] *n* fesse *f*.

button [ˈbʌtn] *n* bouton *m* ◆ *vt* boutonner ‖ °**buttonhole** *n* boutonnière *f* ◆ *vt* (*fig*) accrocher, cramponner.

buttress [ˈbʌtrɪs] *n* contrefort *m* ; *flying ~* arc-boutant *m* ◆ *vt* (*aussi fig*) étayer.

buxom [ˈbʌksəm] *adj* bien en chair.

buy [baɪ] *vt* (*p pp* **bought**) **1** acheter ; *~ off* (*personne*) soudoyer **2** (*fam*) croire ; *she'll never ~ it* elle ne l'avalera jamais ◆ *n* achat *m* ‖ °**buyer** *n* acheteur *m* (*f -euse*) ; (*Com*) chef *m inv* de rayon.

buzz [bʌz] *n* **1** bourdonnement *m* **2** (*fam*) *I'll give you a ~* je te passerai un coup de fil ◆ *vti* **1** bourdonner **2** appeler par l'interphone *m* ; (*fam*) donner un coup de fil **3** (*fam*) *~ off!* file ! ‖ °**buzzer** *n* avertisseur *m* sonore ; interphone *m*.

buzzard [ˈbʌzəd] *n* (*Orn*) buse *f* ; (*amér*) vautour *m*.

by [baɪ] *prép* **1** (*sans mouvement*) à côté de ; *~ the seaside* au bord de la mer **2** (*avec mouvement*) *go ~ the post-office* passez devant le bureau de poste ; (*fig*) *~ the way* à propos **3** au moyen de ; *~ sea and land* par mer et par terre **4** d'après ; *~ law* selon la loi ; *I know him ~ sight* je le connais de vue **5** (*mesure*) *10 feet ~ 3* 10 pieds sur 3 ; *his salary was cut ~ half* son salaire a été diminué de moitié **6** à ; *cloth is sold ~ the metre* le tissu se vend au mètre ; *~ one ~ one* un à/ par un **7** (*temps*) *~ day* de jour ; *it must be finished ~ now* ça doit être fini maintenant ; *~ tomorrow* d'ici demain ; pas plus tard que demain **8** (*all*) *~ himself* tout seul. ◆ *adv* près ; *close ~* tout près ; *he went ~* il est passé ; *he'll ~* il s'en sortira ; *~ and large* d'une façon générale ‖ °**by-election** *n* élection *f* partielle ‖ °**bygone** *adj* ; *in ~ days* jadis ‖ °**bypass** *n* **1** (*Aut*) bretelle *f* ; voie *f* de contournement **2** (*Tech*) dérivation *f* ◆ *vt* contourner, éviter ; (*fam*) court-circuiter ‖ °**by-path** *n* chemin *m* de traverse ; chemin détourné ‖ °**by-product** *n* **1** dérivé *m* **2** conséquence *f* secondaire ‖ °**by-road** *n* route *f* secondaire ‖ °**bystander** *n* témoin *m inv* ‖ °**byword** *n* **1** symbole *m*, synonyme *m* **2** proverbe *m*.

bye [baɪ] *excl* (*fam*) (*~-~*) au revoir ! (*fam*) salut !

C

C, c [siː] **1** (*lettre*) C, c *m* **2** (*Mus*) do *m* **3** (*Ens*) C (note attribuée à un devoir moyen) **4** (*chiffre romain*) cent *m*.

cab [kæb] *n* **1** taxi *m* **2** (*camion, autobus*) cabine *f* ‖ °**cabbie/-y** *n* (*fam*) chauffeur *m* de taxi.

cabbage [ˈkæbɪdʒ] *n* chou *m*.

cabin [ˈkæbɪn] *n* **1** (*Naut*) cabine *f* ; *~ cruiser* yacht *m* à moteur ; *~ class*

deuxième classe *f* **2** (*Av*) carlingue *f* **3** hutte *f*, case *f*.

cabinet [ˈkæbɪnɪt] *n* **1** meuble *m* de rangement ; *filing ~* classeur *m* **2** (*Pol*) cabinet *m*.

cable [ˈkeɪbl] *n* câble *m* ; *~ car* téléphérique *m* ; *~ railway* funiculaire *m* ; *~ television* télévision *f* par câble ◆ *vt* câbler.

caboose [kəˈbuːs] *n* (*amér Rail*) fourgon *m*.

cackle [ˈkækl] *n* **1** caquet *m* **2** petit rire *m* sec ◆ *vi* **1** caqueter **2** rire bêtement.

cadaver [kəˈdeɪvə] *n* cadavre *m*.

cadaverous [kəˈdævərəs] *adj* cadavérique.

caddie [ˈkædɪ] *n* caddie *m*.

caddy [ˈkædɪ] *n* (*tea* ~) boîte *f* à thé.

cadet [kəˈdet] *n* (*Mil*) élève *m* officier.

cadge [kædʒ] *vt* (*brit fam*) quémander.

cafeteria [ˌkæfɪˈtɪərɪə] *n* cafétéria *f*, (restaurant) self-service *m*.

cage [keɪdʒ] *n* cage *f*.

cagey [ˈkeɪdʒɪ] *adj* réservé, circonspect.

cake [keɪk] *n* **1** gâteau *m* ; (*fig*) *that takes the* ~ *!* c'est le bouquet ! *it's a piece of* ~ c'est du gâteau **2** *vx* (*savon*) morceau *m* ◆ *vi* former une croûte, durcir ; ~*d with mud* raide de boue.

calamitous [kəˈlæmɪtəs] *adj* désastreux (*f* -euse) || **caˈlamity** *n* calamité *f*.

calculate [ˈkælkjʊleɪt] *vti* **1** calculer **2** estimer **3** préméditer ; ~*d insolence* insolence *f* délibérée || **ˈcalculating** *adj* calculateur (*f* -trice) || **calcuˈlation** *n* **1** calcul *m* **2** prévisions *fpl* ◆ **ˈcalculator** *n* calculatrice *f*.

calendar [ˈkælɪndə] *n* calendrier *m* ; ~ *year* année *f* civile.

calf[1] [kɑːf] (*pl* **calves**) **1** veau *m* **2** (*baleine, éléphant, girafe*) petit *m*.

calf[2] [kɑːf] (*pl* **calves**) *n* (*Anat*) mollet *m*.

calico [ˈkælɪkəʊ] *n* (*textile*) calicot *m* ; (*amér*) indienne *f*.

call [kɔːl] *n* **1** appel *m*, cri *m* ; *that's a* ~ *for help* c'est un appel au secours ; *I have no* ~ *for your advice* je ne vous demande pas de conseils ; *she's on* ~ *at the hospital* elle est de garde à l'hôpital **2** coup *m* de téléphone/(*fam*) de fil ; ~ *box* cabine *f* téléphonique ; *transferred charge/*(*amér*) *collect* ~ appel *m* en PCV ; *trunk/long distance* ~ communication *f* interurbaine ; ~ *sign* indicatif *m* d'appel **3** visite *f* ◆ *vti* **1** appeler ; *I* ~*ed him a thief* je l'ai traité de voleur ; (*taxi*) héler **2** convoquer **3** (*Téléph*) téléphoner ; *who's* ~*ing ?* c'est de la part de qui ? **4** (*on*) rendre visite (à) ; *he'll* ~ *on her* il ira la voir ; *I'll* ~ *on my way back* je passerai en rentrant || **call back** *vpart* **1** rappeler **2** repasser || **ˈcaller** **1** visiteur *m* (*f* -euse) **2** (*Téléph*) demandeur *m* (*f* -euse) || **call for** *vpart* **1** faire venir **2** (*fig*) appeler, demander ; *this* ~*s for an explanation* ceci exige une explication ; *this remark wasn't* ~*ed for* cette remarque n'était pas utile ; *he is sure to* ~ *for advice* il demandera sûrement conseil **3** aller chercher ; *he'll* ~ *for you at 5* il passera te prendre à 5 heures || **call in** *vpart* **1** faire venir ; *the shilling coins were* ~*ed in* les pièces d'un shilling ont été retirées de la circulation **2** rendre visite || **ˈcalling** *n* vocation *f* ; métier *m* || **call off** *vpart* an-

nuler || **call out** *vpart* **1** appeler ; faire sortir ; appeler à l'aide **2** donner l'ordre de grève || **call up** *vpart* **1** (*souvenir*) évoquer **2** mobiliser **3** téléphoner à || **ˈcall-up** *n* (*Mil*) mobilisation *f* || **call upon** *vpart* en appeler à, faire appel à ; *you may be* ~*ed upon* on vous sollicitera peut-être.

callous [ˈkæləs] *adj* dur, insensible.

calm [kɑːm] *adj* calme, tranquille ◆ *vti* (~ *down*) (s')apaiser, (se) calmer || **ˈcalmness** *n* calme *m*, tranquillité *f*.

calorie [ˈkælərɪ] *n* calorie *f*.

cam [kæm] *n* (*Tech*) came *f*.

camcorder [ˈkæmˌkɔːdə] *n* camescope *m*.

cambric [ˈkeɪmbrɪk] *n* (*textile*) batiste *f*.

came [keɪm] *p* **come**.

camel [ˈkæml] *n* (*Zool*) chameau *m*.

camellia [kəˈmiːljə] *n* (*Bot*) camélia *m*.

camera [ˈkæmərə] *n* appareil-photo *m* ; *movie* ~ caméra *f* ; (*Jur*) *in* ~ à huis clos.

camp [kæmp] *n* camp *m* ◆ *vi* camper ; *go* ~*ing* faire du camping ◆ *adj* affecté, efféminé || **ˈcampground** (*amér*)/-**site** (*brit*) *n* terrain *m* de camping.

campaign [kæmˈpeɪn] *n* campagne *f* ◆ *vi* faire campagne.

campus [ˈkæmpəs] *n* campus *m*.

can[1] [kæn] *aux mod* (*p* **could**) **1** pouvoir ; *he* ~ *swim for hours* il est capable de nager pendant des heures **2** savoir ; *he* ~ *read and write* il sait lire et écrire **3** être autorisé à ; *you can't smoke here* vous ne pouvez pas fumer ici.

can[2] [kæn] *n* **1** bidon *m* ; (*amér*) (*garbage*) ~ boîte *f* à ordures, poubelle *f* **2** boîte *f* de conserves ; ~-*opener* ouvre-boîtes *nm* (*pl inv*) **3** (*amér fam*) prison *f* ◆ *vt* mettre en conserve ; *canned food* conserves *fpl* ; *canned music* (*fam*) musique *f* enregistrée.

canal [kəˈnæl] *n* canal *m*.

cancel [ˈkænsl] *vt* **1** annuler **2** (*Com*) (*contrat*) résilier ; (*chèque*) faire opposition à **3** (*timbre-poste*) oblitérer || **cancel out** *vpart* se neutraliser || **cancelˈlation** *n* **1** annulation *f* **2** résiliation *f* **3** oblitération *f*.

cancer [ˈkænsə] *n* cancer *m*.

candid [ˈkændɪd] *adj* franc (*f* -che), sincère.

candidacy [ˈkændɪdəsɪ] *n* candidature *f* || **ˈcandidate** *n* candidat(e) *m(f)* || **ˈcandidature** *n* candidature *f*.

candied [ˈkændɪd] *adj* confit (dans le sucre).

candle [ˈkændl] *n* bougie *f*, chandelle *f* ; (*église*) cierge *m* || **ˈcandlestick** *n* bougeoir *m*, chandelier *m*.

candy [ˈkændɪ] *n* (*amér*) bonbon *m* ; ~ *floss* barbe *f* à papa.

cane [keɪn] *n* **1** canne *f*, jonc *m* **2** rotin *m* **3** verge *f* ◆ *vt* fouetter.

canine [ˈkeɪnaɪn] *adj* canin.

canister [ˈkænɪstə] *n* boîte *f* en métal.

cannery [ˈkænərɪ] *n* conserverie *f*.

cannibal [ˈkænɪbl] *n* cannibale *mf*.

cannon [ˈkænən] *n* canon *m* ‖ °**cannonball** *n* boulet *m* de canon.

canny [ˈkænɪ] *adj* **1** rusé, malin (*f* -igne) **2** avisé, prudent.

canoe [kəˈnuː] *n* canoë *m*.

canon [ˈkænən] *n* (*Rel*) **1** chanoine *m* **2** (*Jur, Rel*) canon *m*.

canopy [ˈkænəpɪ] *n* dais *m*, baldaquin *m*.

cant [kænt] *n* **1** jargon *m* **2** langage *m* hypocrite.

can't [kɑːnt] *cannot voir* can.

cantankerous [kænˈtæŋkərəs] *adj* acariâtre, querelleur (*f* -euse).

canteen [kænˈtiːn] *n* **1** cantine *f* **2** (*Mil*) gamelle *f*, bidon *m* **3** ~*of cutlery* ménagère *f*.

canter [ˈkæntə] *n* petit galop *m* ◆ *vi* aller au petit galop.

cantilever [ˈkæntɪliːvə] *n* ; ~ *bridge* pont *m* cantilever.

canvas [ˈkænvəs] *n* toile *f* ; *they slept under* ~ ils ont dormi sous la tente.

canvass [ˈkænvəs] *vti* **1** démarcher ; ~ *opinion* sonder l'opinion **2** (*Pol*) solliciter des votes.

cap [kæp] *n* **1** casquette *f*, bonnet *m* **2** (*bouteille*) capsule *f* ; (*stylo*) capuchon *m* **3** (*pour pistolet*) amorce *f* **4** (*Méd*) *cervical/Dutch* ~ diaphragme *m* ◆ *vt* coiffer ; (*fig*) surpasser ; *he capped it all with his favorite story* pour couronner le tout, il raconta son anecdote préférée.

capability [ˌkeɪpəˈbɪlətɪ] *n* capacité *f*, aptitude *f*.

capable [ˈkeɪpəbl] *adj* **1** capable **2** susceptible ; *this garden is* ~ *of improvement* ce jardin peut être amélioré **3** qualifié ; *this young man is extremely* ~ ce jeune homme est tout à fait compétent.

capacious [kəˈpeɪʃəs] *adj* spacieux (*f* -euse).

capacity [kəˈpæsɪtɪ] *n* **1** capacité *f* ; *the plane is filled to* ~ il n'y a pas une place de libre dans l'avion ; *the factory is working at full* ~ l'usine travaille à plein rendement *m* **2** aptitude *f* ; *he has a great* ~ *for work* il a une grande puissance de travail **3** qualité *f* ; *he spoke in his* ~ *as an expert* il a parlé à titre d'expert.

cape¹ [keɪp] *n* (*Géog*) cap *m*.

cape² [keɪp] *n* cape *f*, pèlerine *f*.

caper¹ [ˈkeɪpə] *n* (*Cuis*) câpre *f*.

caper² [ˈkeɪpə] *n* **1** cabriole *f* **2** farce *f* ◆ *vi* gambader.

capital [ˈkæpɪtl] *adj* **1** capital, essentiel **2** ~ *punishment* peine *f* capitale **3** ~*letter* (lettre) majuscule *f* ◆ *n* **1** (*ville*) capitale *f* **2** (*Fin*) capital *m* ; ~ *gains* plus-

value *f* ; ~ *goods* moyens *mpl* de production ; (*fig*) *make* ~ *out of* tirer parti de ‖ °**capitalism** *n* capitalisme *m* ‖ °**capitalist** *adj n* capitaliste *mf* ‖ °**capitalize/ -se** *vti* (*Fin*) capitaliser ; (*fig*) (*on*) tirer parti (de).

capitulate [kəˈpɪtjʊleɪt] *vi* capituler.

caprice [kəˈpriːs] *n* caprice *m* ‖ **ca°pricious** *adj* capricieux (*f* -ieuse).

capsicum [ˈkæpsɪkəm] *n* (*Bot, Cuis*) piment *m* (fort) ; poivron *m* (doux).

capsize [kæpˈsaɪz] *vti* (faire) chavirer.

captain [ˈkæptɪn] *n* **1** capitaine *m* **2** (*Av, Naut*) commandant *m*.

caption [ˈkæpʃn] *n* **1** (*journal, film*) sous-titre *m* **2** (*illustration*) légende *f*.

captivate [ˈkæptɪveɪt] *vt* captiver ‖ °**captive** *n* captif *m* (*f* -ive) ‖ °**captor** *n* ravisseur *m* ‖ °**capture** *vt* **1** (*animal*) capturer **2** (*attention*) captiver.

car [kɑː] *n* **1** voiture *f*, auto(mobile) *f* ; ~ *park* parking *m* ; ~*port* abri-garage *m* ; *he's* ~*sick* il a le mal de la route **2** (*amér Rail*) wagon *m*, voiture *f*.

caravan [ˈkærəvæn] *n* **1** caravane *f* **2** roulotte *f*.

caraway [ˈkærəweɪ] *n* (*Bot*) cumin *m*.

carbohydrate [ˌkɑːbəʊˈhaɪdreɪt] *n* hydrate *m* de carbone ; ~*s* féculents *mpl*.

carbon [ˈkɑːbən] *n* carbone *m* ; ~ *paper* papier *m* carbone.

carbuncle [ˈkɑːbʌŋkl] *n* (*Méd*) furoncle *m*.

carburet(t)or [ˌkɑːbjʊˈretə] *n* carburateur *m*.

carcass [ˈkɑːkəs] *n* carcasse *f*.

card [kɑːd] *n* **1** carte *f* ; *credit* ~ carte de crédit ; *they played* ~*s* ils ont joué aux cartes ; *identity* ~/*ID* ~ carte d'identité ; *Christmas* ~ carte de Noël **2** fiche *f* ; ~ *index* fichier *m* ‖ °**cardboard** *n* carton *m* ; ~ *box* carton *m*.

cardiology [ˌkɑːdɪˈɒlədʒɪ] *n* cardiologie *f* ‖ **cardi°ologist** *n* cardiologue *mf*.

care [keə] *n* **1** souci *m* **2** soin *m*, attention *f* ; *intensive* ~ *unit* service *m* de soins intensifs ; *child in* ~ enfant assisté ; *take* ~ *of yourself!* fais bien attention à toi ! *I can take* ~ *of myself* je peux me débrouiller tout seul ; (*sur un colis*) *with* ~! fragile ! (*sur une lettre*) ~ *of* (*c/o*) aux bons soins de ◆ *vi* **1** avoir envie de ; *would you* ~ *to try?* voulez-vous essayer ? *would you* ~ *for a cup of tea?* voulez-vous une tasse de thé ? **2** se préoccuper de ; *I don't* ~ ça m'est égal ; *for all I* ~ ça m'est bien égal ; *I couldn't* ~ *less* je m'en fiche **3** apprécier ; *I don't* ~ *for his latest film* je n'aime pas son dernier film **4** soigner ; *she had to* ~ *for her old father* elle a dû s'occuper de son vieux père ‖ °**carefree** *adj* insouciant ‖ °**careful** *adj* **1** attentif (*f* -ive), prudent; *be* ~! (fais) attention! **2** soigneux (*f* -euse), méticuleux (*f* -euse) ‖ **°carefully** *adv* **1** soigneusement **2** prudemment ‖ **°carefulness** *n* **1** soin *m* **2** prudence *f* ‖ **°careless** *adj* **1** insouciant **2** négligent; ~ *mistake* faute *f* d'inattention ‖ **°carelessly** *adv* **1** avec insouciance **2** négligemment ‖ **°carelessness** *n* **1** insouciance *f* **2** négligence *f* ‖ **°caring** *adj* attentionné, compatissant; *a* ~ *government* un gouvernement soucieux du bien-être de tous.

career [kə'rɪə] *n* **1** carrière *f*; ~(s) *adviser/officer* conseiller *m* d'orientation ◆ *vi* ~ *along* foncer, aller à toute allure.

caress [kə'res] *n* caresse *f* ◆ *vt* caresser.

caretaker ['keə,teɪkə] *n* gardien *m*; concierge *m*; ~ *president* président *m* par intérim.

cargo ['kɑ:gəʊ] *n* cargaison *f*; ~ *boat* cargo *m*.

caricature ['kærɪkə,tjʊə] *n* caricature *f* ◆ *vt* caricaturer.

carnage ['kɑ:nɪdʒ] *n* carnage *m*.

carnal ['kɑ:nl] *adj* charnel (*f* -elle).

carnation [kɑ:'neɪʃn] *n* (*Hort*) œillet *m*.

carnival ['kɑ:nɪvl] *n* **1** carnaval *m* **2** (*amér*) fête *f* foraine.

carnivore ['kɑ:nɪvɔ:] *n* carnivore *mf*.

carnivorous [kɑ:'nɪvərəs] *adj* carnivore; *some plants are* ~ certaines plantes sont carnivores; *tigers are* ~ les tigres sont carnassiers.

carol ['kærəl] *n Christmas* ~ chant *m* de Noël ◆ *vi* chanter des noëls; chanter joyeusement.

carousel [,kærə'sel] *n* **1** (*amér*) manège *m* de chevaux de bois **2** (*bagages*) carrousel *m*.

carp[1] [kɑ:p] *n* (*Zool*) carpe *f*.

carp[2] [kɑ:p] *vi* trouver à redire; *he keeps* ~*ing at her clothes* il ne cesse de critiquer ses vêtements.

carpenter ['kɑ:pəntə] *n* charpentier *m*.

carpet ['kɑ:pɪt] *n* tapis *m*; moquette *f*; (*fam*) *be on the* ~ être réprimandé, être sur la sellette ◆ *vt* recouvrir de tapis/de moquette.

carriage ['kærɪdʒ] *n* **1** voiture *f* **2** wagon *m* **3** (*Com*) transport *m*, port *m*; ~ *due* port dû; ~ *free* franco de port ‖ **°carriageway** *n* voie *f*; *dual* ~ route *f* à double voie.

carrier ['kærɪə] *n* **1** transporteur *m* **2** *aircraft* ~ porte-avions *m* (*pl inv*) **3** (*Méd*) porteur *m* de germes **4** ~ *bag* sac *m* à provisions.

carrion ['kærɪən] *n* charogne *f*.

carrot ['kærət] *n* carotte *f*.

carry ['kærɪ] *vi* porter; *her voice carries far* sa voix porte loin ◆ *vt* **1** porter, transporter **2** se comporter; *she carries herself well* elle se tient bien **3** gagner, remporter; *he carried the day* il a réussi/gagné; *they carried the motion* ils ont fait adopter la motion **4** (*Com*) *we don't* ~ *that brand* nous ne tenons pas cette marque; (*journal, Rad, TV*) publier régulièrement; *Radio 4 carries full weather forecasts* Radio 4 diffuse des bulletins météo complets ‖ **carry along** *vpart* emporter, entraîner ‖ **carry away** *vpart* emporter; *don't get carried away!* ne te laisse pas entraîner! (*fam*) ne t'emballe pas! ‖ **°carrycot** *n* porte-bébé *m* ‖ **carry forward** *vpart* reporter ‖ **carry off** *vpart* enlever, emporter; *she carried off all the prizes* elle a remporté tous les prix ‖ **carry on** *vpart* **1** continuer, persévérer; ~ *on with your discours!* poursuivez votre discours! **2** (*fam*) faire des histoires ‖ **°carry-on**/ **°carryings-on** *n* (*fam*) histoire(s) *f(pl)* ‖ **carry out** *vpart* **1** emporter **2** exécuter; *the job was carried out quickly* le travail a été effectué rapidement ‖ **°carry-out** *n* (*amér*) repas *m* à emporter ‖ **carry over** *vpart* reporter ‖ **carry through** *vpart* mener à son terme/à bonne fin.

cart [kɑ:t] *n* charrette *f* ◆ *vt* charrier ‖ **°carthorse** *n* cheval *m* de trait ‖ **°cartwheel** *n* (*Sp*) roue *f*.

carton ['kɑ:tən] *n* **1** carton *m* **2** (*cigarettes*) cartouche *f*.

cartoon [kɑ:'tu:n] *n* **1** dessin *m* humoristique; (*brit*) bande *f* dessinée **2** (*Ciné*) dessin animé **3** (*Art, Tech*) carton *m* ‖ **°cartoonist** *n* dessinateur *m*; caricaturiste *mf*.

cartridge ['kɑ:trɪdʒ] *n* **1** (*fusil, encre*) cartouche *f* **2** (*Tech*) chargeur *m*, cassette *f* **3** (*Tech*) ~ *paper* papier *m* à dessin.

carve [kɑ:v] *vt* **1** sculpter, tailler, graver **2** (*viande*) découper ‖ **carve out** *vpart* (*fig*) *she* ~*d out a fine career for herself* elle s'est taillé une belle carrière ‖ **°carving** *n* **1** sculpture *f* **2** (*viande*) découpage *m*.

cascade [kæ'skeɪd] *n* cascade *f*.

case[1] [keɪs] *n* **1** caisse *f*, boîte *f* **2** (*suit*~) valise *f*; (*lunettes, violon*) étui *m*; (*bijoux*) écrin *m* **3** (*show*) ~ vitrine *f* (d'exposition) ◆ *vt* emballer, mettre en caisse.

case[2] [keɪs] *n* **1** cas *m*; *in any* ~ en tout cas; *in such a* ~ en pareil cas; *a* ~ *in point* un cas d'espèce, un exemple **2** (*Jur*) affaire *f*; *famous* ~*s* causes *fpl* célèbres **3** justification *f*; *they had a strong* ~ *for electing him* ils avaient de bons arguments en faveur de son élection ‖ **°casebook** *n* (*Jur*) recueil *m* de jurisprudence; (*Méd*) dossier *m* médical.

cash [kæʃ] *n* espèces *fpl*, argent *m*; *he paid in* ~ il a payé en espèces; *he always pays cash* il paie toujours comptant; (*Com*) ~ *on delivery* payable à la livraison ◆ *vti* toucher/encaisser (un chèque) ‖ °**cash-and-carry** *n* libre-service *m* de gros et demi-gros ‖ °**cash card** *n* carte *f* bancaire ‖ °**cash-desk** *n* 1 (*magasin*) caisse *f* 2 guichet *m* ‖ °**cash dispenser** *n* distributeur *m* automatique (de billets) ‖ **cash in** *(on)* tirer profit (de) ; *(fig) he ~ed in on her ignorance* il a profité de son ignorance ‖ °**cash register** *n* caisse *f* enregistreuse.

cashew [kæʃuː] *n* noix *f* de cajou.

cashier [kəˈʃiə] *n* caissier *m*.

cashmere [kæʃˈmiə] *n* cachemire *m*.

casing [ˈkeisiŋ] *n* enveloppe *f* protectrice, gaine *f*.

cask [kɑːsk] *n* tonneau *m*, fût *m*, baril *m*.

casket [ˈkɑːskit] *n* 1 coffret *m* 2 (*amér*) cercueil *m*.

casserole [ˈkæsərəul] *n* (*Cuis*) 1 cocotte *f* 2 ragoût *m*.

cassette [kæˈset] *n* 1 cassette *f* ; ~ *recorder* magnétophone *m* à cassettes 2 (*Phot*) cartouche *f*.

cassock [ˈkæsək] *n* soutane *f*.

cast [kɑːst] *n* 1 moule *m*, moulage *m* 2 tournure *f* d'esprit 3 (*dés*) coup *m* ; (*pêche*) lancer *m* 4 (*Ciné, Th*) troupe *f* ; distribution *f* des rôles ◆ *vt* (*p pp* **cast**) 1 mouler, (*métal*) couler, fondre ; ~ *iron* fonte *f* 2 lancer, jeter ; ~ *a doubt* jeter un doute ; ~ *a vote* voter 3 (*Ciné, Th*) distribuer les rôles ‖ **cast about/around** *vpart* chercher ‖ **cast aside** *vpart* jeter, se défaire de ‖ **cast away** *vpart* rejeter ; *be ~* faire naufrage ‖ °**castaway** *n* naufragé *m* ‖ °**casting** *n* 1 moulage *m* 2 (*Ciné, Th*) distribution *f* des rôles, casting *m* ◆ *adj* ~ *vote* voix *f* prépondérante ‖ °**cast-iron** *adj* en fonte (*fig*) solide, inébranlable ‖ **cast off** *vpart* 1 se défaire (de), rejeter ; (*tricot*) arrêter les mailles 2 (*Naut*) larguer les amarres ‖ **cast on** *vpart* (*tricot*) monter les mailles ‖ **cast out** *vpart* rejeter.

caste [kɑːst] *n* caste *f*.

caster [ˈkɑːstə] *n* 1 roulette *f* 2 ~*sugar* sucre *m* semoule/en poudre.

castigate [ˈkæstigeit] *vt* 1 châtier 2 désapprouver.

castle [ˈkɑːsl] *n* 1 château *m* ; ~*s in the air* châteaux en Espagne 2 (*échecs*) tour *f*.

castor[1] [ˈkɑːstə] *n* ~ *oil* huile *f* de ricin.

castor[2] [ˈkɑːstə] *voir* **caster**.

castrate [kæˈstreit] *vt* châtrer.

casual [ˈkæʒjuəl] *adj* 1 accidentel (*f* -elle) ; ~ *meeting* rencontre *f* fortuite ; *that wasn't a ~ remark* ce n'était pas une remarque faite au hasard 2 désinvolte ; *he tried to look ~* il essayait de prendre un air détaché ; ~ *clothes* tenue *f* décontractée 3 intermittent ; ~ *work* travail *m* temporaire ; *we had a ~ conversation* nous

avons eu une conversation à bâtons rompus ‖ °**casually** *adv* avec désinvolture ; *he mentioned her name ~* il a cité son nom en passant ‖ °**casuals** *npl* mocassins *mpl*.

casualty [ˈkæʒjuəlti] *n* victime *f inv* ; blessé *m*, mort *m* ; *the rebels suffered heavy casualties* les rebelles ont subi de lourdes pertes ; ~ *ward* service *m* des urgences, salle *f* de traumatologie.

cat [kæt] *n* 1 chat *m* ; ~*'s eye* cataphote *m* ; (*fig*) *he let the ~ out of the bag* il a vendu la mèche ; *she felt like a ~ on hot bricks*/(*amér*) *a hot tin roof* elle se sentait très mal à l'aise ; *he was like a ~ among the pigeons* il était comme le loup dans la bergerie 2 (*Zool*) félin *m* ; *the big ~s* les grands félins 3 (*fig*) chipie *f* ‖ °**cat burglar** *n* monte-en-l'air *m* ‖ °**catcall** *n* (*Th*) sifflet *m* ‖ °**catfish** *n* poisson-chat *m* ‖ °**catgut** *n* (*Mus*) corde *f* de boyau ; (*Méd*) catgut *m* ‖ °**catkin** *n* (*Bot*) chaton *m* ‖ °**catnap** *n* sieste *f* ◆ *vi* somnoler ‖ °**catty** *adj* méchant ; rosse ‖ °**catwalk** *n* passerelle *f*.

cataclysm [ˈkætəklizəm] *n* cataclysme *m*.

catacombs [ˈkætəkuːmz] *npl* catacombes *fpl*.

catalog(ue) [ˈkætəlɒg] *n* catalogue *m* ◆ *vt* cataloguer.

catapult [ˈkætəpʌlt] *n* 1 fronde *f* 2 (*Av*) catapulte *f*.

cataract [ˈkætərækt] *n* cataracte *f*.

catastrophe [kəˈtæstrəfi] *n* catastrophe *f*.

catch [kætʃ] *n* 1 prise *f*, capture *f* 2 attrape *f* ; *there's the ~* c'est là le hic ; (*Ens*) *that's a ~ question* c'est une colle ; *it's a ~ 22 situation* c'est un cercle *m* vicieux 3 loquet *m* ◆ *vti* (*p pp* **caught**) 1 attraper, saisir ; *I must ~ this train* je dois prendre/attraper ce train ; *I caught him in the act* je l'ai pris sur le fait ; *I tried to ~ his attention* j'ai essayé d'attirer son attention ; ~ *sight of* apercevoir 2 (se) prendre ; *her coat caught on a nail* son manteau s'est accroché sur un clou 3 (*maladie*) *you'll ~ a cold* tu vas attraper un rhume 4 prendre ; *the fire is starting to ~* le feu commence à prendre ; *the car caught fire* l'auto a pris feu 5 comprendre ; *I didn't ~ your name* je n'ai pas saisi votre nom ‖ °**catching** *adj* contagieux (*f* -ieuse) ‖ **catch on** *vpart* (*fam*) 1 *his music caught on at once* sa musique a eu du succès immédiatement 2 *I didn't ~ on what you meant* je n'ai pas compris ce que vous vouliez dire ‖ °**catchphrase** *n* cliché *m* ‖ **catch up** *vpart* rattraper, rejoindre ; *I'll ~ up with you easily* je vous rattraperai facilement ‖ °**catchword** *n* slogan *m* ‖ °**catchy** *adj* attrayant.

category [ˈkætigəri] *n* catégorie *f* ‖ **cate°goric(al)** *adj* catégorique ‖ °**categorize/-se** *vt* classer par catégories.

cater [ˈkeɪtə] *vi (for)* **1** *(repas)* pourvoir **2** *(goût, désir)* satisfaire; *our school ~s for all age groups* notre école accueille tous les groupes d'âge ‖ **°caterer** *n* traiteur *m*; fournisseur *m* ‖ **°catering** *n* restauration *f*, approvisionnement *m*; *~ department* rayon *m* traiteur.

catercornered [ˌkætəˈkɔːnəd] *adj adv (amér)* diamétralement opposé.

caterpillar [ˈkætəpɪlə] *n (Tech, Zool)* chenille *f*.

cathedral [kəˈθiːdrəl] *n* cathédrale *f*.

catholic [ˈkæθəlɪk] *adj* **1** catholique **2** *(goûts)* éclectique; *~ ideas* idées *fpl* libérales.

catholicism [kəˈθɒlɪsɪzəm] *n* catholicisme *m*.

cattle [ˈkætl] *n pl* bétail *m*.

Caucasian [kɔːˈkeɪzjən] *adj n (Géog)* Caucasien; *(amér)* blanc *(f -che)*, de race blanche.

caucus [ˈkɔːkəs] *n* **1** comité *m* électoral **2** réunion *f* d'un comité électoral.

caught [kɔːt] *p pp* **catch**.

cauliflower [ˈkɒlɪflaʊə] *n* chou-fleur *m*.

cause [kɔːz] *n* **1** cause *f* **2** raison *f*, motif *m*; *with good ~* à juste titre; *he has no ~ for complaint* il n'a pas de raison de se plaindre ◆ *vt* causer; occasionner, provoquer.

causeway [ˈkɔːzweɪ] *n* chaussée *f*; digue *f*.

caustic [ˈkɔːstɪk] *adj* caustique.

caution [ˈkɔːʃn] *n* **1** prudence *f* **2** avertissement *m* ◆ *vt* avertir; mettre en garde; *the police ~ed him* la police l'a informé de ses droits; *I ~ed him against selling his house* je lui ai déconseillé de vendre sa maison ‖ **°cautious** *adj* prudent ‖ **°cautiously** *adv* prudemment.

cavalry [ˈkævlrɪ] *n* cavalerie *f*.

cave [keɪv] *n* caverne *f*, grotte *f* ‖ **cave in** *vi* **1** s'affaisser, s'effondrer; *(fig)* se soumettre.

cavern [ˈkævən] *n* caverne *f*.

caviar(e) [ˈkævɪɑː] *n* caviar *m*.

cavity [ˈkævɪtɪ] *n* cavité *f*; creux *m*; *(dent)* carie *f*.

cavort [kəˈvɔːt] *vi* gambader.

cayenne [keɪˈen] *n* poivre *m* de Cayenne.

cease [siːs] *vti* cesser ‖ **°ceasefire** *n* cessez-le-feu *m* ‖ **°ceaseless** *adj* incessant ‖ **°ceaselessly** *adv* sans cesse.

cedar [ˈsiːdə] *n (Bot)* cèdre *m*.

cedilla [sɪˈdɪlə] *n* cédille *f*.

ceiling [ˈsiːlɪŋ] *n* plafond *m*.

celebrate [ˈselɪbreɪt] *vt* célébrer, fêter; *the village ~d the bicentenary* le village a commémoré le bicentenaire ‖ **cele°bration** *n* célébration *f*; festivités *fpl* ‖ **ce°lebrity** *n* célébrité *f*, renommée *f*.

celeriac [sɪˈlerɪæk] *n* céleri-rave *m*.

celery [ˈselərɪ] *n* céleri *m* (en branches).

celibacy [ˈselɪbəsɪ] *n* célibat *m*.

celibate [ˈselɪbət] *adj n* célibataire *mf*.

cell [sel] *n* **1** cellule *f*, cachot *m* **2** *(El)* élément *m* **3** *(ruche)* alvéole *f* **4** *(Bio)* cellule *f*.

cellar [ˈselə] *n* cave *f*, cellier *m*.

cellist [ˈtʃelɪst] *n* violoncelliste *mf* ‖ **°cello** *n* violoncelle *m*.

cement [sɪˈment] *n* ciment; *~ mixer* bétonnière *f* ◆ *vt* cimenter; *(fig)* consolider.

cemetery [ˈsemɪtrɪ] *n* cimetière *m*.

censor [ˈsensə] *n* censeur *m* ◆ *vt* censurer ‖ **°censorship** *n* censure *f*.

censorious [senˈsɔːrɪəs] *adj* sévère.

censure [ˈsenʃə] *n* blâme *m* ◆ *vt* blâmer.

census [ˈsensəs] *n* recensement *m*.

cent [sent] *n* **1** *(amér)* (monnaie) cent *m*; *(fam)* sou *m* **2** *ten per ~* dix pour cent.

centenarian [ˌsentɪˈneərɪən] *n (personne)* centenaire *mf*.

centenary [senˈtiːnərɪ] *n* centenaire *m*; centième anniversaire *m*.

centennial [senˈtenjəl] *(amér)* = **centenary**.

centigrade [ˈsentɪgreɪd] *adj* centigrade.

centimetre [ˈsentɪˌmiːtə] *n* centimètre *m*.

centipede [ˈsentɪpiːd] *n (Zool)* mille-pattes *m (pl inv)*.

central [ˈsentrəl] *adj* central ◆ *n (amér)* central *m* téléphonique ‖ **°centralize/ ise** *vt* centraliser.

centre *(brit)***/-ter** *(amér)* [ˈsentə] *n* centre *m*, milieu *m* ◆ *vt* centrer ‖ **centre (up)on** *vpart* tourner autour de.

century [ˈsentʃʊrɪ] *n* siècle *m*.

ceramic [sɪˈræmɪk] *n* céramique *f*.

cereal [ˈsɪərɪəl] *n* **1** *(Bot)* céréale *f* **2** *breakfast ~s* céréales *fpl*.

ceremonial [ˌserɪˈməʊnjəl] *n* **1** cérémonie *f* **2** cérémonial *m* ‖ **cere°monious** *adj* cérémonieux *(f -ieuse)*.

ceremony [ˈserɪmənɪ] *n* cérémonie *f*, étiquette *f*.

certain [ˈsɜːtn] *adj* certain; *he's ~ to help me* il va sûrement m'aider; *make ~ the door is locked* assure-toi que la porte soit fermée à clé ‖ **°certainly** *adv* certainement, bien sûr ‖ **°certainty** *n* certitude *f*.

certificate [səˈtɪfɪkət] *n* **1** certificat *m* **2** diplôme *m*.

certify [ˈsɜːtɪfaɪ] *vt* **1** certifier, attester **2** légaliser; *certified (insane)* reconnu aliéné.

cesspit [ˈsespɪt]**/-pool** [/-puːl] *n* fosse *f* d'aisance.

chafe [tʃeɪf] *vti* **1** frotter **2** (s')irriter (par frottement) **3** *(fig)* (s')impatienter.

chaff¹ [tʃɑːf] *vt* taquiner ◆ *n* taquinerie *f*, blague *f*.

chaff² [tʃɑːf] *n* **1** balle *f* de grain **2** *(fig)* vétilles *fpl*.

chaffinch [ˈtʃæfɪntʃ] *n (Orn)* pinson *m*.

chagrin ['ʃægrɪn] n dépit m.

chain [tʃeɪn] n chaîne f; ~ **smoker** fumeur m invétéré; ~ **store** magasin m à succursales multiples; ~**saw** tronçonneuse f ◆ vt (aussi fig) enchaîner.

chair [tʃeə] n 1 chaise f; (arm)~ fauteuil m; ~ **lift** télésiège m; **electric** ~ chaise électrique; (amér fam) **he got the** ~ il a été condamné à mort; **wheel** ~ fauteuil roulant 2 (Ens) chaire f; **he holds the** ~ **in linguistics** il est titulaire de la chaire de linguistique 3 fauteuil m présidentiel; **the dean was in the** ~ le doyen présidait (la réunion) ◆ vt présider (une réunion) ‖ °**chairman/woman/person** n président(e) m(f).

chalk [tʃɔːk] n craie f; **by a long** ~ de loin ◆ vt marquer (à la craie) ‖ **chalk up** vpart inscrire à son score; porter au compte (de).

challenge ['tʃælɪndʒ] n 1 défi m 2 (Mil) sommation f 3 (Jur) récusation f (d'un juré) ◆ vti 1 défier, provoquer 2 faire une sommation 3 récuser, contester; **she ~d his authority** elle a mis en doute son autorité ‖ °**challenger** n (Sp) challenger m ‖ °**challenging** adj (ton) de défi; (livre) stimulant.

chamber ['tʃeɪmbə] n chambre f; (Jur) ~**s** cabinet m; ~ **music** musique f de chambre.

chameleon [kə'miːljən] n caméléon m.

chamois leather [ˌʃæmɪ'leðə] n peau f de chamois.

champagne [ˌʃæm'peɪn] n champagne m.

champion ['tʃæmpjən] n champion m; **world** ~ champion du monde; **he ~s to defendre une cause** ‖ °**championship** n 1 championnat m 2 (Sp) titre m de champion 3 défense f d'une cause.

chance [tʃɑːns] n 1 hasard m; **I found it by** ~ je l'ai trouvé par hasard 2 occasion f, possibilité f; **I'm sure he has a** ~ je suis sûr qu'il a des chances (de succès) 3 risque m; **it's a** ~ **we have to take** c'est un risque que nous devons courir ◆ adj fortuit, accidentel (f -elle); **that was a** ~ **meeting** c'était une rencontre de hasard ◆ vti 1 survenir; **I ~d to read it in the paper** je l'ai lu par hasard dans le journal 2 prendre des risques; **he's going to** ~ **it** il va risquer le coup.

chancel ['tʃɑːnsl] n (Arch) chœur m (d'église).

chancellor ['tʃɑːnsələ] n chancelier m; (GB) C~ **of the Exchequer** Chancelier m de l'Échiquier.

change [tʃeɪndʒ] n 1 changement m 2 monnaie f; **have you got** ~ **for a dollar?** pouvez-vous me faire la monnaie d'un dollar? 3 a ~ **of clothes** des vêtements mpl de rechange ◆ vti 1 changer; **I've changed my mind** j'ai changé d'avis; (brit Rail) **all** ~! tout le monde descend! 2 se changer; **he ~d into his swimming trunks** il a enfilé son maillot de bain 3 faire de la monnaie ‖ °**changeable** adj 1 (temps) variable 2 (humeur) changeant ‖ °**changeover** n changement m ‖ °**changing** n **the** ~ **of the guard** la relève de la garde ◆ adj changeant, instable **we live in a fast-~ world** nous vivons dans un monde en pleine évolution; ~ **room** vestiaire m.

channel ['tʃænl] n 1 chenal m, bras m de mer; **the (English)** C~ la Manche; **the** C~ **Islands** les îles anglo-normandes; **the** C~ **Tunnel** le tunnel sous la Manche 2 (Rad) bande f de fréquence, (TV) chaîne f; C~ 2 **carries the news at 7.00 p.m.** les informations passent à 19 h 00 sur la 2 3 filière f; **we went through diplomatic** ~**s** nous sommes passés par la voie diplomatique ◆ vt canaliser; **relief was channel-(l)ed through humanitarian groups** les secours leur sont parvenus par l'intermédiaire d'organisations humanitaires.

chant [tʃɑːnt] vti 1 psalmodier, réciter 2 (slogan) scander ◆ n chant m religieux, mélopée f.

chaos ['keɪɒs] n chaos m.

chap¹ [tʃæp] n (brit fam) gars m, type m; **hello, old** ~! salut, mon vieux!

chap² [tʃæp] vti (se) gercer, (se) crevasser ‖ °**chapped** adj **his hands were** ~ **and rough** il avait les mains gercées et rugueuses.

chaplain ['tʃæplɪn] n aumônier m.

chapter ['tʃæptə] n 1 chapitre m 2 (association) antenne f.

char [tʃɑː] n (brit fam) ~**lady/woman** femme f de ménage.

character ['kærəktə] n 1 (roman) personnage m; (Th) rôle m; ~ **actor** acteur m de genre; (fam) **he's a real** ~ c'est un sacré numéro 2 caractère m, nature f; **her reaction was entirely in** ~ venant d'elle cette réaction n'était pas surprenante 3 (typographie) caractère m ‖ **characte°ristic** adj n caractéristique f ‖ °**characterize/(-ise)** vt 1 caractériser 2 être typique de.

charcoal ['tʃɑːkəʊl] n charbon m de bois; ~ **drawing** dessin m au fusain.

charge [tʃɑːdʒ] n 1 coût m, prix m; **free of** ~ gratuit 2 responsabilité f; **Lance is in** ~ **of the project** c'est Lance qui est responsable du projet 3 (Jur) acte m d'inculpation, chef m d'accusation; **he was booked on a** ~ **of armed robbery** il a été inculpé de vol à main armée 4 (Mil) attaque f, charge f 5 (explosif) charge f 6 (El) charge f ◆ vti 1 faire payer 2 (Fin) porter au compte de; **advertising expense was** ~**d to the current year** les frais de publicité ont été imputés à l'année en cours

3 charger; *he ~d me to pay at once* il m'a sommé de payer sur-le-champ **4** inculper **5** *(Mil)* attaquer, charger **6** *(arme)* charger **7** *(El)* recharger **8** *~* in entrer en trombe/au pas de charge.

charisma [kə'rızmə] *n* charisme *m*.

charitable ['tʃærıtəbl] *adj* caritatif (*f* -ive).

charity ['tʃærətı] *n* charité *f*, bienveillance *f*, aumône *f* **2** œuvre *f* de bienfaisance.

charm [tʃɑːm] *n* **1** charme *m*; *lucky ~* porte-bonheur *m* ‖ **°charmed** *adj*; *he led a ~ life* il était né sous une bonne étoile ‖ **°charming** *adj* charmant.

charred [tʃɑːd] *adj* carbonisé.

chart [tʃɑːt] *n* **1** graphique *m*, courbe *f* **2** *(Naut)* carte *f* marine **3** *~s* hit-parade *m*; *(fam) top of the ~s* tube *m*, hit *m*.

charter ['tʃɑːtə] *n* **1** charte *f* **2** *(tourisme)* *~(flight)* (vol) charter *m* ♦ *vt* louer, affréter ‖ **°chartered a°ccountant** *n* expert-comptable *mf*.

chary ['tʃeərı] *adj* prudent, avare.

chase [tʃeɪs] *n* poursuite *f* ♦ *vti* poursuivre; *~ off* chasser; *I ~d after him* je me suis lancé à sa poursuite.

chasm ['kæzəm] *n* abîme *m*, gouffre *m*.

chasten ['tʃeɪsn] *vt* **1** amender, assagir **2** punir, châtier.

chastise [tʃæ'staɪz] *vt* châtier.

chat [tʃæt] *n* **1** (brin *m* de) causette *f*; *we had a nice long ~* nous avons longuement bavardé ♦ *vi* bavarder ‖ **chat °up** *vpart* *(brit fam)* draguer.

chatter ['tʃætə] *n* bavardage(s) *mpl* ♦ *vi* **1** jacasser **2** *my teeth were ~ing* je claquais des dents ‖ **°chatterbox** *n* *she's a real ~* c'est un vrai moulin à paroles ‖ **°chatty** *adj* *(style)* familier, *(individu)* bavard.

chauffeur ['ʃəʊfə] *n* chauffeur *m* (de maître).

chauvinism ['ʃəʊvɪnɪzəm] *n* chauvinisme *m* ‖ **°chauvinist** *n* chauvin *m* (*f* -ine); *male ~ pig* phallocrate *m*. ‖ **chauvi°nistic** *adj* chauvin.

cheap [tʃiːp] *adj* **1** bon marché, à tarif réduit; *it was dirt ~* c'était donné **2** de qualité *f* médiocre; *(fig) she felt ~ haggling over the price* elle avait honte de marchander ♦ *adv (fam)* à bon marché, au rabais. ‖ **°cheaply** *adv* à bon marché.

cheat [tʃiːt] *n* tricheur (*f* -euse), escroc *m* ♦ *vi* tricher ♦ *vt* tromper; *they ~ed me out of my inheritance* ils m'ont dépossédé de mon héritage.

check[1] [tʃek] *n (amér) voir* **chèque**.

check[2] [tʃek] *n* **1** arrêt *m*, contrôle *m*; *~point* (point *m* de) contrôle; *spot ~* contrôle aléatoire **2** *(amér restaurant)* addition *f*; *I'll take the ~* c'est moi qui paie **3** *(échecs)* échec *m* ♦ *vt* **1** arrêter, contrôler **2** *(bagages)* enregistrer; *(amér)* mettre au vestiaire, à la consigne **3** vérifier, tester **4** *(amér)* cocher, marquer **5** faire échec à ‖ **check in** *vpart (aéroport)* se présenter/*(hôtel)* à l'enregistrement/*(hôtel)* à la réception ‖ **check-in** *n (aéroport)* enregistrement *m*; *~ is at 3:15 p.m. at gate 10* présentez-vous pour l'enregistrement à 15 h 15, porte 10 ‖ **°checklist** *n* liste *f* de contrôle ‖ **°checkmate** *n (échecs)* échec et mat ‖ **check out** *vpart* **1** *(hôtel)* régler sa note **2** recueillir des informations (sur); *(amér argot) ~ this guy out!* vise un peu ce mec! ‖ **check(-)out** *n* **1** *(hôtel)* heure *f* limite pour libérer la chambre **2** *(supermarché) ~ (counter)* caisse *f* ‖ **check(-)up** *n (Méd)* visite *f* médicale; *she had a full ~* elle s'est fait faire un bilan de santé.

checked [tʃekt] *adj* à carreaux ‖ **checks** *npl (dessin)* carreaux *mpl*.

checkered ['tʃekəd] *adj (amér) voir* **chequered**.

checkers ['tʃekəz] *(amér)* = **chequers** *ns inv* jeu *m* de dames.

cheek [tʃiːk] *n* **1** joue *f* **2** *(surtout brit fam)* culot *m*, toupet *m* ‖ **°cheeky** *adj (brit fam)* culotté, effronté, impertinent.

cheer [tʃɪə] *vti* applaudir, acclamer ♦ *n* **1** acclamation *f*; *three ~s for Martha!* un ban pour Martha! *(boisson) cheers!* (à votre/ta) santé! ; à la vôtre!/à la tienne! ; *(brit fam) (au revoir)* salut! **2** *(lit)* humeur *f* ‖ **cheer up** *vpart* réconforter; *we tried to ~ him up* nous avons essayé de lui remonter le moral; *~ up!* courage! ‖ **°cheerful** *adj* gai ‖ **cheer°o** *(brit fam)* salut! ‖ **°cheery** *adj she gave a ~ wave* elle a fait un joyeux signe d'adieu.

cheese [tʃiːz] *n* fromage *m*; *(amér argot) a big ~* une grosse légume; *(amér argot) ~ it, the cops!* vingt-deux v'là les flics! *(Photo) say "~"!* « souriez! »; *Swiss cheese* gruyère *m* ♦ *vpart (argot) I was ~d off at his flippancy* j'en ai eu assez de sa désinvolture.

chemical ['kemɪkl] *n ~s* produits *mpl* chimiques ♦ *adj* chimique; *the ~(s) industry* la chimie *f*/l'industrie *f* chimique.

chemist ['kemɪst] *n* **1** *(brit)* pharmacien (*f* -enne); *~'s (shop) (brit)* pharmacie *f* **2** chimiste *mf* ‖ **°chemistry** *n* chimie *f*; *(fig) for them the ~ was just right* ils s'entendirent à merveille du premier coup.

cheque [tʃek] *n (brit)* chèque *m*; *crossed ~* chèque *m* barré; *cash a ~* encaisser un chèque ‖ **°chequebook** *n* carnet *m* de chèques.

chequered ['tʃekəd] *adj* douteux; *she had a ~ past* elle avait un passé équivoque.

cherish ['tʃerɪʃ] *vt* **1** chérir **2** *(espoir)* entretenir, caresser.

cherry ['tʃerɪ] *n* cerise *f*; *(arbre)* ~ *(tree)* cerisier *m*; ~ *orchard* cerisaie *f*.

cherub ['tʃerəb] *n* chérubin *m*.

chervil ['tʃɜːvɪl] *n* cerfeuil *m*.

chess [tʃes] *n* échecs *mpl*; ~ *set* jeu *m* d'échecs ‖ °**chessboard** *n* échiquier *m*.

chest [tʃest] *n* 1 *(Anat)* poitrine *f*; *(fig) what a relief to get that off my* ~! quel soulagement de pouvoir vous dire ce que j'avais sur le cœur! 2 boîte *f*, coffre *m*; ~ *of drawers* commode *f*.

chestnut ['tʃesnʌt] *n (Cuis)* châtaigne *f*; marron *m*; *(couleur)* châtain *m*; ~ *(tree)* châtaignier *m*; *(horse-)* ~ *(tree)*, marronnier *m* ◆ *adj* châtain.

chew [tʃuː] *vt* mâcher; *(fig) (argot) we had a drink and chewed the fat* on a taillé une bavette autour d'un verre. ‖ **chew out** *vpart (amér argot)* engueuler; *we got* ~*ed out by our coach* notre entraîneur nous a traités de tous les noms ‖ **chew over** *vpart (fam) I* ~*ed over his words* j'ai ressassé ses paroles.

chick [tʃɪk] *n* 1 poussin *m* 2 oisillon *m* 3 *(argot)* nana *f*.

chicken ['tʃɪkɪn] *n* poulet *m*; ~ *liver* foie *m* de volaille; *(fig)* ~ *feed* somme *f* dérisoire; *(fam) he's* ~/~*-hearted*/~*-livered* c'est une poule mouillée/c'est un poltron ◆ *vi (fam) he* ~*ed out before the match* il s'est dégonflé avant le match ‖ °**chickenpox** *n* varicelle *f*.

chickpea ['tʃɪkpiː] *n* pois *m* chiche.

chicory ['tʃɪkərɪ] *n* chicorée *f*; endive *f*.

chief [tʃiːf] *n* responsable *m*, directeur *m*; *(fam)* chef *m*, patron *m*; *(amér)* ~ *executive officer* directeur *m* général, ~ *inspector* inspecteur *m* principal; *(amér)* ~ *operating officer* directeur *m* général adjoint; ~ *of staff* chef *m* d'état-major ◆ *adj* principal.

chiffon ['ʃɪfɒn] *n* mousseline *f* de soie.

child [tʃaɪld] *n (pl children)* enfant *mf*; ~ *abuse is in the news* les media parlent beaucoup des enfants battus; ~*care is a headache for working mothers* faire garder ses enfants pose un problème aux mères (de famille) qui travaillent; *(brit)* ~*minders are one option* une solution est de les confier à une nourrice; *it's* ~*'s play* c'est (simple comme) un jeu d'enfant ‖ °**childbirth** *n* accouchement *m* ‖ °**childhood** *n* enfance *f* ‖ °**childish** *adj* enfantin, puéril.

chill [tʃɪl] *vti* 1 (faire) rafraîchir, refroidir; ~ *before serving* mettre au frais avant de servir 2 réfrigérer 3 se refroidir ◆ *n* froid *m*, *(fig)* froideur *f*; *(Méd) he caught a* ~ il a attrapé/pris froid ‖ °**chilling** *adj now that's a* ~ *thought!* voilà une idée qui fait froid dans le dos! ‖ °**chilly** *adj* froid; *it's a* ~ *day* il fait frisquet; *(fig) she gave me*

a ~ *welcome* elle me fit un accueil glacial.

chilli ['tʃɪlɪ] *(aussi chili) n* 1 ~ *(pepper)* piment *m* (rouge) 2 *(plat mexicain)* chili *m* con carne (haricots rouges, viande, sauce épicée).

chime [tʃaɪm] *n* ~*s* carillon *m*; door-~*s* mobile *m* sonore; *Christmas* ~*s* les cloches de Noël ◆ *vt* carillonner; *the churchbell* ~*d out the hour* les cloches sonnaient l'heure‖ °**chime in** *vpart* donner son opinion; *"I agree" he* ~*d in* « je partage votre avis », glissa-t-il.

chimney ['tʃɪmnɪ] *n* cheminée *f*; ~ *sweep* ramoneur *m*.

chimp/chimpanzee [ˌtʃɪmpənˈziː] *n* chimpanzé *m*.

chin [tʃɪn] *n* menton *m*.

china ['tʃaɪnə] *n* porcelaine *f*; ~ *cup* tasse *f* en porcelaine.

chink [tʃɪŋk] *n* 1 fente *f* 2 *(péj Chinois)* C~ chinetoque *m*.

chip [tʃɪp] *n* 1 débris *m*, éclat *m*, fragment *m*; *(tasse)* ébréchure *f*; *(fig) she has a terrible* ~ *on her shoulder!* qu'est-ce qu'elle peut être susceptible! *he's a* ~ *off the old block* c'est bien le fils de son père 2 *(Inf)* puce *f* 3 *(poker)* jeton *m* 4 *(brit)* ~*s* frites *fpl*; *(amér) (potato)* ~*s* chips *mpl* ‖ **chip in** *vpart* 1 *(fonds)* contribuer 2 *(commentaire)* offrir, mettre son grain de sel ‖ °**chipboard** *n* bois *m* aggloméré, *(fam)* agglo *m*.

chirp [tʃɜːp] *n* gazouillement *m*, pépiement *m* ◆ *vi* pépier.

chisel ['tʃɪzl] *n* ciseau *m* ◆ *vt* ciseler; *(argot fig)* filouter.

chit [tʃɪt] *n* 1 *(surtout brit)* note *f* (petit) billet *m*; reçu *m* 2 jeune fille *f* impertinente.

chitchat ['tʃɪttʃæt] *n* bavardage *m* ◆ *vi* bavarder, parler de choses et d'autres.

chivalry ['ʃɪvlrɪ] *n* chevalerie *f*, galanterie *f* ‖ °**chivalrous** *adj* galant.

chives [tʃaɪvz] *npl* ciboulette *f*.

chlorine ['klɔːriːn] *n* chlore *m*.

choc-ice ['tʃɒkaɪs] *n (brit) (glace)* esquimau *m*.

chock-a-block [ˌtʃɒkəˈblɒk] *adj* plein(e) à craquer.

chocolate ['tʃɒkələt] *n* chocolat *m*, ~*-coated* enrobé de chocolat.

choice [tʃɔɪs] *n* choix *m*, assortiment *m*; *there's not much* ~ *between them* ils se valent à peu de chose près ◆ *adj* de première qualité, de choix; *that store has* ~ *produce* dans ce magasin on trouve de beaux fruits et légumes.

choir ['kwaɪə] *n* chœur *m*, chorale *f* ◆ °**choirboy** *n* enfant *m* de chœur.

choke [tʃəʊk] *vti* 1 étouffer, étrangler; *the smell was enough to* ~ *on* l'odeur était suffocante ; *I* ~*d back tears at the news of his death* j'ai eu du mal à contenir mes larmes en apprenant sa mort **2** obstruer ; *the gutter was* ~*d with leaves* la gouttière était bouchée par des feuilles ◆ *n (Aut)* starter *m*.

choose [tʃuːz] *vti* (*p* **chose** *pp* **chosen**) **1** choisir, sélectionner **2** décider ; *they can move in whenever they* ~ ils peuvent emménager quand bon leur semble ‖ °**chooser** *n* ; *beggars can't be* ~*s* faute de grives, on mange des merles ‖ °**choosing** *n a date of your* ~ une date à votre convenance ‖ °**choosy** *adj* difficile (à satisfaire).

chop [tʃɒp] *vt* couper, hacher, fendre ; *(bois) couper* ~ *d (Cuis)* côtelette *f*.

chopper [ˈtʃɒpə] *n* **1** *(amér fam)* hélicoptère *m* **2** *(amér fam moto)* grosse cylindrée *f*.

choppy [ˈtʃɒpɪ] *adj* inégal ; ~ *waters* eaux *fpl* houleuses.

chopstick [ˈtʃɒpstɪk] *n (Cuis asiatique)* baguette *f*.

chord [kɔːd] *n (Mus)* accord *m*.

chore [tʃɔː] *n* corvée *f*, tâche *f* ; *they took turns doing the household* ~*s* ils faisaient le ménage à tour de rôle.

chorus [ˈkɔːrəs] *n* **1** chœur *m* **2** refrain *m*.

chose [tʃəʊz] *p* **choose**.

chosen [ˈtʃəʊzn] *pp* **choose**.

chowder [ˈtʃaʊdə] *(amér Cuis)* soupe *f* de poisson, chaudrée *f*.

Christ [kraɪst] *n propre* Jésus-Christ ; *(excl) C*~*, what a fool he was!* Nom de Dieu, qu'il était bête ! ‖ °**christen** *vt* **1** baptiser **2** appeler ; *they* ~*ed him Red on account of his hair* on l'a surnommé Red à cause de sa chevelure rousse ‖ °**christening** *n* baptême *m*.

Christian [ˈkrɪstjən] *n adj* chrétien *m*, *(f -ienne)* ; ~ *name* prénom *m* ‖ **Christi**°**anity** [ˌkrɪstɪˈænətɪ] *n* christianisme *m*.

Christmas [ˈkrɪsməs] *n* Noël *m* ; *happy/merry* ~ joyeux Noël ; ~ *Eve* veille *f* de Noël.

chrome [krəʊm] (= **chromium**) *n* chrome *m*.

chronic [ˈkrɒnɪk] *adj* chronique.

chronology [krəˈnɒlədʒɪ] *n* chronologie *f* ‖ **chrono**°**logical** [ˌkrɒnəˈlɒdʒɪkl] *adj in* ~ *order* par ordre chronologique.

chubby [ˈtʃʌbɪ] *adj* potelé, joufflu.

chuck [tʃʌk] *vt* **1** lancer, jeter ; *when you want to go to bed, just* ~ *me out* quand tu veux aller te coucher, tu n'as qu'à me mettre à la porte **2** abandonner, plaquer ; *(fam) just* ~ *it out/away* tu n'as qu'à le balancer **3** *he* ~*ed her under the chin* il lui a donné de petites tapes sous le menton ◆ *n (amér Cuis)* ground ~ bifteck *m*

haché.

chuckle [ˈtʃʌkl] *vi* rire doucement ◆ *n* gloussement *m* de rire.

chum [tʃʌm] *n (surtout brit)* ami *m*, copain *m* (*f* copine) ; *he's* ~*s with my brother* c'est un copain de mon frère.

chunk [tʃʌŋk] *n* gros morceau *m* ‖ °**chunky** *adj* **1** *(personne)* empâté, bien en chair, trapu **2** gros *m* (*f* -se), lourd *m* ; *she wore* ~ *jewelry and a red hat* elle portait de gros bijoux fantaisie et un chapeau rouge.

church [tʃɜːtʃ] *n* église *f* ‖ °**churchgoer** *n* pratiquant *m* ‖ °**churchyard** cimetière *m*.

churl [tʃɜːl] *n* ronchon (*f* -ne) ‖ °**churlish** *adj* grossier (*f* -ière) ; grincheux *m* (*f* -euse).

churn [tʃɜːn] *n* baratte *f* ‖ **churn up** *vpart* remuer, brasser ‖ **churn out** *vpart* produire rapidement et en grande quantité.

chute [ʃuːt] *n* **1** rampe *f* d'évacuation ; **2** *(brit)* toboggan *m* **3** *(garbage)* ~ vide-ordures *m* (*pl* inv).

cigar [sɪˈgɑː] *n* cigare *m*.

cigarette [ˌsɪgəˈret] *n* cigarette *f* ; ~ *butt/end* mégot *m* ; ~ *lighter* briquet *m*.

cinder [ˈsɪndə] *n* cendre *f* ; *the toast is burnt to a* ~ les toasts sont calcinés.

cinema [ˈsɪnəmə] *n* cinéma *m*.

cinnamon [ˈsɪnəmən] *n* cannelle *f*.

cipher [ˈsaɪfə] (= **cypher**) *n* code *m* secret.

circle [ˈsɜːkl] *n* cercle *m* ; *the children danced in a* ~ les enfants faisaient une ronde ; *(amér) traffic* ~ rond-point *m* ; *she'd come full* ~ elle était revenue au point de départ ; *he is well-known in academic* ~*s* il est connu des milieux universitaires ; *she had dark* ~*s under her eyes* elle avait les yeux cernés ; *hold on, we're going round in* ~*s* attention, nous tournons en rond ◆ *vti* décrire des cercles ; *the plane* ~*d the airport for hours* l'avion a tourné au-dessus de l'aéroport pendant des heures.

circuit [ˈsɜːkɪt] circuit *m*, tournée *f* ‖ °**circuitbreaker** *n* disjoncteur *m*, coupe-circuit *m* ‖ **cir**°**cuitous** [səˈkjuːɪtəs] *adj* détourné.

circular [ˈsɜːkjʊlə] *n* prospectus *m*, circulaire *f* ◆ *adj* circulaire.

circulate [ˈsɜːkjʊleɪt] *vti* **1** (faire) circuler ; *she* ~*d rumors* elle a fait courir des bruits ‖ **circu**°**lation** *n* **1** circulation *f* **2** *(journal)* tirage *m*.

circumcise [ˈsɜːkəmsaɪz] *vt* circoncire ‖ **circum**°**cision** circoncision *f*.

circumference [səˈkʌmfərəns] *n* circonférence *f*.

circumflex [ˈsɜːkəmfleks] *n* accent *m* circonflexe.

circumstance [ˈsɜːkəmstəns] *n* **1** occasion *f*, circonstance *f*; *in the* ~*s* dans ce cas/ces circonstances; *under no* ~*s will I consider your offer* en aucun cas je ne prendrai votre offre en considération **2** *(Jur)* *extenuating* ~*s* des circonstances atténuantes **3** situation *f* financière; *my* ~*s won't allow me to take a vacation* je n'ai pas les moyens de partir en vacances.

circus ['sɜːkəs] *n* **1** cirque *m* **2** *(brit)* rond-point *m*.

cistern ['sɪstən] *n* réservoir *m*, citerne *f*.

citadel ['sɪtədəl] *n* citadelle *f*.

cite [saɪt] *vt* **1** citer **2** faire une citation *f* **3** *(Jur)* citer à comparaître; *he was cited for contempt of court* il fut poursuivi en justice pour outrage à magistrat.

citizen ['sɪtɪzn] *n* **1** *(lieu)* habitant *m* **2** citoyen *m* (*f* -enne) *fellow*~ concitoyen *m* (*f* -enne); ~*'s band radio* (radio) CB *f* ‖ **°citizenship** *n* citoyenneté *f*.

city ['sɪtɪ] *n* **1** cité *f*, grande ville *f* **2** *(Londres)* **the City** la City *f* ‖ *(brit)* **city °centre** *n* centre *m* ville ‖ **°citydweller** *n* citadin *m* ‖ **city °planner** *n* urbaniste *mf* ‖ **city °planning** *n* urbanisme *m* ‖ **°cityslicker** *n* (péj) (venant de la ville) frimeur (*f* -euse).

civil ['sɪvl] *adj* **1** poli, civil; *his response was barely* ~ sa réponse frôlait l'impertinence **2** civil, civique; ~ *defence* protection *f* civile; ~ *engineer* ingénieur *m* des travaux publics; ~ *engineering* travaux *mpl* publics; ~ *law* code *m* civil, droit *m* civil; ~ *liberties* libertés *fpl* civiques; ~ *rights* droits *mpl* civiques; *(Jur)* droits *mpl* civils; ~ *servant* fonctionnaire *mf*; ~ *service* fonction *f* publique, administration *f*.

civilian [sɪ'vɪljən] *adj n* civil *m*.

civilization [ˌsɪvəlaɪˈzeɪʃn] *n* civilisation *f* ‖ **°civilize** *vt* civiliser.

claim [kleɪm] *n* **1** réclamation *f*, revendication *f*; *management met most of their wage* ~*s* la direction a accepté la plupart de leurs revendications salariales; *(assurances) he filed a* ~ *for damages* il a déposé une demande de dommages et intérêts; *outstanding* ~*s amounted to over $1 bn* les sinistres en cours se chiffraient à plus d'un milliard de dollars **2** affirmation *f*, prétention *f*; *she was adamant : his* ~*s were totally unfounded* elle fut inflexible : ses affirmations étaient sans aucun fondement; *(fam) Bill's* ~ *to fame was a 1952 jalopy* Bill devait sa renommée à son vieux tacot de 1952 **3** *(amér Géo, Hist) (mines, terrain)* concession *f*; *homesteaders arrived, staked out* ~*s and built their homes* les colons sont arrivés et ont délimité leur parcelle pour y construire une maison.

claimant ['kleɪmənt] *n* *(Adm)* réclamant

m, *(emploi)* demandeur *m* (*f* -euse); *(Jur)* demandeur *m* (*f* -eresse).

clairvoyance [kleəˈvɔɪəns] *n* voyance *f* ‖ **clair°voyant** *n adj* voyant *m*.

clam [klæm] *n* *(Zool)* palourde *f*; praire *f*; ◆ *vi (fam fig) he clammed up* il n'a plus rien voulu dire ‖ **°clammy** *adj* humide, froid et visqueux.

clamber ['klæmbə] *vi* grimper, escalader *she* ~*ed out of the gully* elle a réussi à s'extraire du ravin.

clamor *(amér)/***clamour** *(brit)* ['klæmə] *n* clameurs *fpl*, bruit *m*; *I woke up to a* ~ *of voices* je fus réveillé par des bruits de voix ◆ *vpart* ~ *for* réclamer ‖ **°clamorous** *adj* bruyant.

clamp [klæmp] *n* serre-joint *m* ◆ *vt* **1** attacher **2** ~ *down (on)* *vpart* réprimer; *the authorities* ~*ed down in the wake of the riots* les autorités ont durci leur position après les émeutes.

clan [klæn] *n* clan *m*, famille *f*, tribu *f*.

clang [klæŋ] *n* bruit *m* métallique ◆ *vt* (faire) résonner; *the gates* ~*ed shut* les grilles se sont refermées bruyamment.

clap [klæp] *vti* **1** applaudir, battre des mains **2** *(fam) they clapped him in jail* ils l'ont collé au trou *he clapped me on the back* il m'a donné une tape amicale dans le dos; *I'd never clapped eyes on him* je ne l'avais jamais vu auparavant ◆ *n* **1** tape, *f*, coup *m*; *a* ~ *of thunder* un coup de tonnerre **2** applaudissement *m* **3** *(argot)* blennorragie *f*; *catch the* ~ attraper la chaude-pisse *f* ‖ **°claptrap** *n* sornettes *fpl*.

claret ['klærət] *n* bordeaux *m* rouge.

clarify ['klærɪfaɪ] *vt* explicter, clarifier; *could you* ~ *that?* pourriez-vous donner plus de détails?

clarinet [ˌklærɪˈnet] *n* clarinette *f*.

clarity ['klærətɪ] *n* clarté *f*; *for the sake of* ~ pour plus de clarté.

clash [klæʃ] **1** *n* fracas *m* métallique; *the curtain rose in a* ~ *of cymbals* le rideau se leva sur un coup de cymbales **2** heurt *m*, dispute *f*; *a border* ~ *left two wounded* un incident de frontière a fait deux blessés **3** opposition *f*, incompatibilité *f*; *there was an obvious* ~ *of interests* le conflit d'intérêts était évident ◆ *vi (with)* se heurter (à); *demonstrators* ~*ed with the police* les manifestants ont eu des heurts avec la police; *his invitation* ~*ed with my mother's birthday* son invitation tombait le même jour que l'anniversaire de ma mère; *his tie* ~*ed with his shirt* sa cravate jurait avec sa chemise.

clasp [klɑːsp] *n* fermoir *m* ◆ *vt* tenir serré.

class [klɑːs] *n* **1** classe *f*, catégorie *f*; *the restaurant is in a* ~ *of its own* c'est un restaurant unique (en son genre) **2** *(élégance)* classe *f*; *say what you will, he's got* ~ quoi qu'on en dise, il a de la classe

3 *(Ens)* classe *f*, cours *m* ; *he's taking evening ~es* il suit des cours du soir ; *Ann teaches/gives two ~es a week* Anne donne deux cours par semaine ◆ *vti* classer ‖ °**classmate** *n* camarade *mf* de classe ‖ °**classroom** *n* salle *f* de classe.‖ °**classy** *adj (fam)* élégant, qui a de la classe.

classic [ˈklæsɪk] *adj* classique, de référence ◆ *n* classique *m* ‖ °**classical** *adj* classique ; *~ music* musique *f* classique ; *~ languages* langues *fpl* classiques ‖ °**classics** [ˈklæsɪk] *npl* les humanités *fpl*.

classify [ˈklæsɪfaɪ] *vt* classifier, classer, hiérarchiser **2** déclarer secret (pour raisons de sécurité) ‖ °**classified** *adj* **1** secret (*f* -ète) **2** *~ ad/section* (presse) petites annonces *fpl*.

clatter [ˈklætə] *n* cliquetis *m*, fracas *m* ◆ *vti a typewriter ~ed away in the next room* on entendait le bruit d'une machine à écrire dans la pièce à côté.

clause [klɔːz] *n* **1** *(Gr)* proposition *f* **2** clause *f* ; *(testament)* disposition *f*.

claw [klɔː] *n* **1** griffe *f*, serre *f* **2** *(crabe)* pince *f* ◆ **3** *vt* griffer ; *(fig) the station was so crowded we had to ~ our way to the exit* la gare était si bondée que nous avons dû nous battre pour sortir.

clay [kleɪ] *n* argile *f*.

clean [kliːn] *adj* **1** propre **2** sans tache *f* ; *(Jur) his record is ~* son casier judiciaire est vierge ; *~ copy (imprimerie)* épreuve *f* corrigée ; *he made a ~ breast of it* il a dit ce qu'il avait sur le cœur ; *(fam) he came ~* il est passé aux aveux/a fait des aveux complets/s'est mis à table ◆ *adv (amér fam) I ~ forgot* ça m'est complètement sorti de la tête ‖ °**cleaner** *n* teinturier *m* ; *(fig) they took me to the ~s* je me suis fait arnaquer ‖ **clean out** *vpart* nettoyer à fond, dévaliser ‖ **clean-shaven** *adj* rasé de près ‖ **clean up** *vpart* nettoyer.

cleanliness [ˈklenlɪnɪs] *n* propreté *f* ‖ °**cleanse** [klenz] *vt* nettoyer, désinfecter, purifier ‖ °**cleanser** *n* produit *m* nettoyant, désinfectant *m* (pour la peau), démaquillant *m*.

clear [klɪə] *adj* **1** clair, limpide, net ; *~ skies* un ciel sans nuages ; *wait until the coast is ~* attends que la voie soit libre ; *a ~ conscience* une conscience tranquille **2** *we're ~ of the jungle* nous sommes sortis de la jungle ◆ *vt* **1** *(Jur)* innocenter **2** franchir (un obstacle) ; *clear customs* passer à la douane ; *(marchandises)* dédouaner **3** *(chèque)* compenser, virer **4** *£3000 I ~ed $3000 last month* j'ai gagné 3 000 dollars net le mois dernier **6** *(table)* débarrasser ‖ **clear off** *vpart (fam)* se sauver ‖ **clear out** *vpart* **1** débarrasser, nettoyer ; liquider **2** partir ; *~ out of here!* fiche le camp ! ‖ **clear up**

clear-cut *adj* net (*f* nette), sans ambiguïté ‖ **clear-°headed** raisonnable ‖ °**clearly** *adv* clairement, évidemment ‖ **clear-°sighted** lucide.

clearance [ˈklɪərəns] *n* **1** déblaiement *m*, dégagement *m* (d'arbres, d'immeubles) **2** permission *f* ; *we still don't have ~ to land* nous n'avons toujours pas l'autorisation d'atterrir **3** *~ sale* soldes *mpl* **4** espace *m* libre ; *(pont)* hauteur *f* autorisée.

clearing [ˈklɪərɪŋ] *n* **1** clairière *f* **2** *(Fin)* compensation *f* ; *~ bank* (GB) banque membre d'une chambre de compensation ; *~house* chambre de compensation ; *(titres) ~/clearance and settlement* règlement-livraison *m* (de titres).

cleavage [ˈkliːvɪdʒ] *n* **1** clivage *m* **2** naissance *f* des seins ‖ **cleave** *vt* fendre ◆ *vi (to)* s'accrocher (à).

clef [klef] *n (Mus)* clef *f*.

clench [klentʃ] *vt* serrer (les poings, les dents), agripper.

clergy [ˈklɜːdʒɪ] *n* clergé *m* ‖ °**clergyman** *n* ecclésiastique *m*, pasteur *m*.

clerical [ˈklerɪkl] *adj (travail)* de bureau, d'employé.

clerk [klɑːk] *n* employé *m* de bureau.

clever [ˈklevə] *adj* malin (*f* -igne), astucieux (*f* -euse), habile ‖ °**cleverly** *adv* intelligemment, habilement.

click [klɪk] *n* **1** petit bruit *m* sec, déclic *m* **2** *(langue, talons)* claquement *m* ◆ *vti* **1** faire un bruit sec **2** *(langue, talons)* claquer **3** *(fig) suddenly everything ~ed* tout à coup il a compris ; *(aussi)* tout à coup, tout s'est mis en place.

client [ˈklaɪənt] *n* client *m* ; *they placed a premium on ~ service* le service au client était l'une de leurs priorités.

cliff [klɪf] *n* falaise *f* ‖ °**cliff-hanger** *n* situation *f* (récit *m*, etc.) à suspense.

climate [ˈklaɪmɪt] *n* climat *m*.

climax [ˈklaɪmæks] *n* **1** apogée *m*, point *m* culminant **2** *(sexuel)* orgasme *m* ◆ *vti* **1** atteindre son point culminant **2** *(sexuel)* jouir.

climb [klaɪm] *vti* **1** escalader, grimper ; *she ~ed the hierarchy* elle montait en grade ; *he ~ed down the ladder* il descendit l'échelle **2** s'élever ‖ °**climber** *n* **1** alpiniste *mf* **2** *social ~* arriviste *mf* ‖ °**climbing** *n* escalade *f* ; *(mountain-)~* alpinisme *m*.

clinch [klɪntʃ] *vt we ~ed the deal in record time* nous avons conclu l'affaire en un temps record.

cling [klɪŋ] *vi (p* **clung** *pp* **clung) 1** *(to)* s'accrocher (à), se cramponner (à) **2** *(to)* coller (à) ‖ °**clinging** *adj* collant.

clinic [ˈklɪnɪk] *n* clinique *f*, *(hôpital)* service *m* de consultation ‖ °**clinical** *adj*

clinique; ~ *trials* tests *mpl* cliniques; *(fig) she took a* ~ *view of the matter* elle a réagi avec impartialité/objectivité.

clink [klɪŋk] *n* **1** tintement *m* **2** *(brit argot)* taule *f* ♦ *vti* (faire) tinter.

clip [klɪp] *n* **1** *(gen)* attache *f*; *paper* ~ trombone *m*; **2** *(film)* extrait *m*; *(video-)* ~ vidéo-clip *m* **3** *(armes)* chargeur *m* (de cartouches) **4** *(argot) a* ~ *joint* boîte *f* de nuit, tripot *m* **5** *he set off at a fast* ~ il est parti d'un pas soutenu **6** *(fam)* taloche *f* ♦ *vt* **1** attacher **2** couper; *(animal)* tondre **3** *(article)* découper ‖ **°clippers** *npl* *(hair)* tondeuse *f*; *(ongles)* pince *f* à ongles; *(jardinage)* sécateur *m* ‖ **°clipping** *n* chute *f*; *(ongle)* rognure *f*, *(journal)* coupure *f*.

cloak [kləʊk] *n* cape *f*; **~-and-dagger** *novel* roman *m* de cape et d'épée; *(fig)* **~-and-dagger** *goings-on* agissements *mpl* mystérieux ♦ *vt* revêtir; *the valley was* **~ed** *in mist* la vallée était baignée de brume; *(fig)* **~ed** *in mystery* empreint de mystère; ‖ **°cloakroom** *n* **1** vestiaire *m*; *(brit)* consigne *f* **2** *(brit)* toilettes *fpl*.

clobber [ˈklɒbə] *vt (fam)* tabasser; *(fam fig) we got* **~ed** *by the new tax* le nouvel impôt nous a laissés pantois.

clock [klɒk] *n* pendule *f*; horloge *f*; **~-radio** radio-réveil *m*; *she certainly is a* **~-watcher** elle travaille les yeux rivés sur la pendule; *we operate (a)round the* ~ nous travaillons 24 heures sur 24; *I was working against the* ~ je travaillais contre la montre; *(fig) you can't turn the* ~ *back* on ne peut pas revenir en arrière ♦ *vpart (usine)* ~ *in/on* pointer (en arrivant); ~ *out/off* pointer (à la sortie); ~ *up* totaliser/amasser; *we* **~ed** *up over 2000 miles in April* nous avons fait plus de 2 000 miles en avril ‖ **°clockwise** *adj adv* dans le sens des aiguilles d'une montre ‖ **°clockwork** *n* mouvement *m* d'horlogerie; *the scheme went like* ~ le projet marchait comme sur des roulettes.

clod [klɒd] *n* **1** motte *f* (de terre) **2** lourdaud *m*.

clog [klɒg] *n* sabot *m* ♦ *vti* (s')obstruer; (s')encrasser.

close¹ [kləʊz] *vti* (se) fermer ♦ *n* fin *f*, conclusion *f*; *the meeting was called to a* ~ *at 7 pm* la séance a été levée à 19 h; *the century drew to a* ~ le siècle tirait à sa fin; *(Fin) stocks were down 12% at the* ~ *(of trading)* les valeurs avaient perdu 12 % à la clôture.

close² [kləʊs] *adj* **1** près, proche; *she was a* ~ *friend of my mother* c'était une amie intime de ma mère **2** *(attention)* soutenu; *pay* ~ *attention to what I say!* écoutez bien ce que je vous dis! **3** *(surveillance)* étroit, *(compétition)* serré; *we had a* ~ *call/shave* on l'a échappé belle.

close³ [kləʊs] *adv* **1** *(lieu)* près; ~ *to me* près de moi; *they live* ~ *by* ils habitent tout près **2** *(heure)* ~ *to nine* pas loin de 9 h **3** *(quantité)* ~ *to $1 m* près d'un million de dollars.

closet [ˈklɒzɪt] *n* **1** grand placard *m*; penderie *f* **2** *(W.C.)* cabinets *mpl*.

clot [klɒt] *n* **1** caillot *m*; *(Méd) a* ~ *on the brain* une embolie cérébrale; *a* ~ *in the leg* une thrombose **2** *(personne) (argot)* ballot *m* ♦ *vi (sang)* se coaguler; *(brit) (Cuis) clotted cream* crème *f* en grumeaux.

cloth [klɒθ] *n* **1** étoffe *f*, tissu *m* **2** *(dish)* ~ torchon *m*; *(table)* ~ nappe *f* **3** chiffon *m* **4** *the* ~ le clergé *m*.

clothe [kləʊð] *vt* vêtir ‖ **clothes** [kləʊðz] *npl inv* vêtements *mpl*, habits *mpl*; *put on/take off one's* ~ s'habiller/se déshabiller; *bed*~ literie *f*; ~ *basket* panier *m* à linge; ~ *brush* brosse *f* à habits; ~ *hanger* cintre *m*; ~ *horse* séchoir *m* à linge; ~ *line* corde *f* à linge; ~ *peg (brit)/ *~*pin (amér)* *n* pince *f* à linge; ~ *shop* magasin *m* de confection; *(loc) (policier) in plain* ~ en civil ‖ **clothing** *n inv* vêtements *mpl*.

cloud [klaʊd] *n* nuage *m*; *(insectes)* nuée *f*; *(fig) she has her head in the* ~s elle est dans les nuages; *(fig) he is under a* ~ il est en disgrâce; *(loc) every* ~ *has a silver lining* à quelque chose malheur est bon ♦ *vi (ciel)* ~ *(over)* se couvrir ♦ *vt* embuer; *(liquide)* troubler; *(fig)* ~ *the issue* brouiller les cartes ‖ **°cloudburst** *n* trombe *f* d'eau ‖ **cloud-°cuckoo-land** *n (brit) she lives in* ~ elle plane complètement ‖ **°cloudless** *adj (ciel)* dégagé ‖ **°cloudy** *adj* **1** nuageux *(f -euse)*; *it was* ~ le ciel était couvert **2** *(liquide)* trouble.

clout [klaʊt] *n* **1** coup *m* **2** *(fig)* force *f*; *the company lacks* ~ *on international markets* l'entreprise ne fait pas le poids sur les marchés internationaux ♦ *vt* frapper.

clove [kləʊv] *n* clou *m* de girofle; *garlic* ~ gousse *f* d'ail.

clover [ˈkləʊvə] *n* trèfle *m*; *be in* ~ vivre comme un coq en pâte ‖ **°cloverleaf** *n (Aut)* échangeur *m* autoroutier.

clown [ˈklaʊn] *n* clown *m* ♦ *vi stop* **~ing** *around!* arrête de faire le pitre!

club [klʌb] **1** club *m*, cercle *m*; *(night)*~ boîte *f* (de nuit) **2** matraque *f*, gourdin *m* **3** *(golf)* club *m*, crosse *f* **4** *(cartes)* trèfle *m* ♦ *vt* assommer, matraquer ‖ **club°foot** *n* pied-bot *m* ‖ **°clubhouse** lieu *m* de réunion, pavillon *m* ‖ **club °soda** eau *f* gazeuse.

cluck [klʌk] *vi* **1** glousser **2** *(poule)* caqueter ♦ *n* imbécile *mf*, naïf *m* *(f -ive)*.

clue [kluː] *(aussi clew) n* **1** indice *m*; *I haven't got a* ~! je n'en sais rien! **2** *(mots croisés)* définition *f*.

clump [klʌmp] *n* **1** *(objets)* amas *m*, bloc

m **2** *(Bot)* bosquet *m*, bouquet *m* **3** bruit *m* pesant ♦ *vti* **1** avancer d'un pas lourd **2** grouper; ~ *together* (s')agglutiner.

clumsy [ˈklʌmzɪ] *adj* maladroit, lourd ‖ **°clumsiness** *n* maladresse *f.*

cluster [ˈklʌstə] *n* **1** *(objets)* amas *m* **2** *(Bot)* bouquet *m* (de fleurs, d'arbres) **3** *(raisin)* grappe *f* **4** *(Méd microbes)* agglutination *f* ♦ *vti* se regrouper.

clutch [klʌtʃ] *n* **1** emprise *f*, griffe *f*; *she had him in her* ~*es* elle le tenait dans ses griffes **2** *(Aut)* embrayage *m*; *let in/let out the* ~ embrayer/débrayer ♦ *vt* tenir serré, agripper.

clutter [ˈklʌtə] *n* désordre *m*, fouillis *m* ♦ *vt* encombrer; *the living room was* ~*ed with knickknacks* le salon était surchargé de bibelots.

co- [kəʊ] *préf* co-, avec, ensemble ‖ **co-°driver** *n* *(course)* coéquipier *m*, copilote *m* ‖ **co-°ed** *n* *(amér)* étudiante *f* ‖ **co-°ed/coedu°cational** *adj* *(Ens)* mixte.

coach [kəʊtʃ] *n* **1** *(Sp)* entraîneur *m* **2** autocar *m*; *(Rail)* voiture *f*, wagon *m*; *(vx) (stage-)* ~ diligence *f* ♦ *vt* **1** *(Sp)* entraîner **2** *(Ens)* donner des leçons particulières.

coagulate [kəʊˈægjʊleɪt] *vi* (se) coaguler ‖ **coagu°lation** *n* coagulation *f.*

coal [kəʊl] *n* charbon *m*, houille *f* ‖ **°coalfield** *n* bassin *m* houiller ‖ **°coalmine** *n* mine *f* de charbon ‖ **°coalminer** *n* mineur *m.*

coalesce [ˌkəʊəˈles] *vi* fusionner; *activist groups have* ~*d into one movement* des groupes de militants se sont rassemblés en un seul mouvement.

coalition [ˌkəʊəˈlɪʃn] *n* coalition *f.*

coarse [kɔːs] *adj* grossier *(f* -ière*)*, brut; *(fig)* vulgaire.

coast [kəʊst] *n* côte *f*, littoral *m*; *(fig) let's make a move while the* ~ *is clear* partons pendant que la voie est libre ♦ *vi* avancer sans effort; *the bikers* ~*ed down the hill* les cyclistes sont descendus en roue libre; *(fig)* ~ *along* se laisser porter ‖ **°coastal** *adj* côtier *(f* -ière*)*; ~ *navigation* cabotage *m* ‖ **°coastguard** *n* garde-côte *m* ‖ **coast-to-°coast** à travers tout le pays ‖ **°coaster** *n* dessous de verre.

coat [kəʊt] *n* **1** manteau *m*, veste *f* **2** *(Zool)* fourrure *f*, pelage *m* **3** *(peinture)* couche *f*, revêtement *m* ♦ *vt* recouvrir, enduire ‖ **°coathanger** *n* cintre *m* ‖ **°coating** *n* couche *f*, enduit *m* ‖ **coat-of-°arms** *n* blason *m*, armoiries *fpl.* ‖ **°coattails** *n* basques *fpl*; *(fig) he rode his mentor's* ~ *to fame* il a atteint la renommée à la remorque de son maître.

coax [kəʊks] *vt* cajoler, persuader; *he*

~*ed me into answering* il a fini par m'arracher une réponse.

cobbler [ˈkɒblə] *n* cordonnier *m* ‖ **(fruit) °cobbler** *(amér) n* dessert *m* aux fruits ‖ **°cobblers** *(brit vulg) n* bêtises *f pl*; *(what a load of)* ~*!* foutaises !

cobblestone [ˈkɒbəlstəʊn] *n* petit pavé *m* (rond).

cobweb [ˈkɒbweb] *n* toile *f* d'araignée.

cocaine [kəʊˈkeɪn] *n* cocaïne *f.*

cock [kɒk] *n* **1** coq *m* **2** *(Orn)* oiseau mâle *m* **3** *(argot vulg)* bite *f* **4** chien *m* de fusil **5** *what a cock-and-bull story!* c'est une histoire à dormir debout ! ♦ *vt* **1** armer (un fusil) **2** incliner; *she* ~*ed her head to one side* elle pencha la tête sur le côté ‖ **°cockeyed** *adj* de travers, qui louche; *(fig)* absurde.

cockle [ˈkɒkl] *n* *(coquillage)* coque *f.*

cockney [ˈkɒknɪ] *n adj* cockney *mf.*

cockpit [ˈkɒkpɪt] *n* **1** *(Av)* cockpit *m*, cabine *f* de pilotage *m* **2** *(Aut course)* poste *m* de pilotage.

cockroach [ˈkɒkrəʊtʃ] *(Zool) n* cafard *m.*

cocktail [ˈkɒkteɪl] *n* **1** *(boisson)* cocktail *m*; ~ *party* cocktail *m* **2** mélange *m*; *fruit* ~ salade *f* de fruits.

cock up [ˈkɒk ʌp] *(brit vulg) vt he* ~*ed everything up* il a tout foutu en l'air ♦ *n (fig vulg) what a* ~*!* quel bordel !

cocky [ˈkɒkɪ] *adj (fam)* trop sûr de soi.

cocoa [ˈkəʊkəʊ] **1** *(poudre)* cacao *m* **2** *(boisson)* chocolat *m* chaud.

coconut [ˈkəʊkənʌt] *n* noix *f* de coco.

cocoon [kəˈkuːn] *n* cocon *m.*

cod [kɒd] *n* morue *f*, cabillaud *m*; ~*-liver oil* huile *f* de foie de morue.

coddle [ˈkɒdl] *vt* dorloter.

code [kəʊd] *n* code *m* ♦ *vt* coder, chiffrer.

codger [ˈkɒdʒə] *n* vieillard *m* excentrique; *the old* ~ *was right after all!* tout compte fait, le vieux avait raison !

coefficient [ˌkəʊɪˈfɪʃnt] *n* coefficient *m.*

coerce [kəʊˈɜːs] *vt* contraindre ‖ **co°ercion** *n* contrainte *f* ‖ **co°ercive** *adj* coercitif *(f* -ive*).*

coffee [ˈkɒfɪ] *n* café *m*; *black* ~ café noir/nature; *white* ~ café au lait; ~ *break* pause *f* café; ~ *pot* cafetière *f*; ~ *shop (amér)* restaurant *m* (qui ne sert pas de boissons alcoolisées); ~ *table* table *f* basse.

coffin [ˈkɒfɪn] *n* cercueil *m*, bière *f.*

cog [kɒg] *n (Tech)* dent *f*, engrenage *m.*

cogent [ˈkəʊdʒənt] *adj (argument)* pertinent, convaincant.

cognate [ˈkɒgneɪt] *n (Gr)* dérivé *m*, mot *m* de même étymologie.

coherent [kəʊˈhɪərənt] *adj* cohérent.

cohesion [kəʊˈhiːʒn] *n* cohésion *f* ‖ **co°hesive** *adj* cohérent, d'une seule pièce.

coil [kɔɪl] *n* **1** *(corde)* rouleau *m*; *(serpent)* anneau *m* **2** *(El)* bobine *f*; résistance *f* électrique **3** *(Méd)* stérilet *m* ♦ *vt* enrouler.

coin [kɔɪn] *n* pièce *f* de monnaie; *let's flip a* ~ jouons à pile ou face ♦ *vt* **1** ~ *money* battre monnaie **2** ~ *a phrase* forger un bon mot.

coincide [ˌkəʊɪnˈsaɪd] *vi* coïncider.

coincidence [kəʊˈɪnsɪdəns] *n* coïncidence *f* ‖ **coinci°dentally** *adv* par hasard.

coke [kəʊk] *n* **1** coke *m* **2** *(fam)* Coca *m* (Coca-Cola®) *m* **3** *(fam)* cocaïne *f*.

colander [ˈkʌləndə] *n* passoire *f*.

cold [kəʊld] *adj* **1** froid; *hurry up, your food is getting* ~ dépêche-toi, ton repas refroidit; ~ *cuts* *(amér)* viande *f* froide, charcuterie *f* **2** *(fig)* distant; *he gave me the* ~ *shoulder* il m'a battu froid; ~ *comfort* maigre consolation *f*; *(fig)* indifférent; *his plight leaves me* ~ ses malheurs me laissent froid; *they gunned him down in* ~ *blood* ils l'ont fusillé de sang-froid **3** *(jeu)* *you're* ~ tu gèles ♦ *n* **1** froid *m*; *(fig) he was left out in the* ~ il s'est retrouvé tout seul **2** rhume *m*; *I'm afraid I'll catch* ~ j'ai peur de m'enrhumer; *a bad* ~ un gros rhume ‖ **°coldly** *adv* froidement ‖ **°coldness** *n* froid *m*; *(fig)* froideur *f*.

coleslaw [ˈkəʊlslɔː] *n* salade *f* de chou.

colic [ˈkɒlɪk] *n* coliques *fpl*.

collaborate [kəˈlæbəreɪt] *vi* collaborer ‖ **collabo°ration** *n* collaboration *f* ‖ **co°llaborator** *n* collaborateur *m* (*f* -trice).

collapse [kəˈlæps] *vi* s'effondrer, s'affaisser ♦ *n* effondrement *m* ‖ **co°llapsible** *adj* pliant.

collar [ˈkɒlə] *n* **1** col *m* **2** *(animal)* collier *m* ‖ **°collarbone** *n* clavicule *f*.

colleague [ˈkɒliːg] *n* collègue *mf*.

collect [kəˈlekt] *vti* **1** collectionner **2** (se) rassembler; *a crowd began to* ~ un groupe se formait; *their job is to* ~ *taxes* ils sont chargés de percevoir les impôts; *(fig) I needed to* ~ *my wits* j'avais besoin de reprendre mes esprits **3** s'accumuler; *rust had* ~*ed on the joints* la rouille s'était déposée sur les joints ♦ *adv* *(amér)* en port dû, en PCV ‖ **co°llected** *adj* serein; *he was cool, calm and* ~ il était parfaitement maître de lui ‖ **co°llection** *n* **1** collection *f* **2** *(Rel)* quête *f* **3** levée *f* ‖ **co°llector** *n* collectionneur *m* (*f* -euse); *(Rail) ticket* ~ contrôleur *m* (*f* -euse).

collective [kəˈlektɪv] *adj* collectif (*f* -ive) ‖ **co°llectively** *adv* collectivement.

college [ˈkɒlɪdʒ] *n* **1** université *f*, établissement *m* d'enseignement supérieur **2** académie *f*, collège *m*.

collide [kəˈlaɪd] *vi* se heurter; *the bus* ~*ed with a train* le car est entré en collision avec un train.

collier [ˈkɒlɪə] *n* *(brit)* mineur *m* de charbon ‖ **°colliery** *(brit)* mine *f* de charbon.

collision [kəˈlɪʒn] *n* collision *f*, heurt *m*.

colloquial [kəˈləʊkwɪəl] *adj* familier (*f* -ière); ~ *English* anglais *m* parlé.

colon [ˈkəʊlən] *n* **1** *(Gr)* deux-points *mpl* **2** *(Anat)* côlon *m*.

colonel [ˈkɜːnl] *n* colonel *m*.

colonial [kəˈləʊnjəl] *adj* colonial ‖ **°colonize** *vt* coloniser.

colony [ˈkɒlənɪ] *n* colonie *f*.

colossal [kəˈlɒsl] *adj* colossal, énorme.

color *(amér)*/ **colour** *(brit)* [ˈkʌlə] *n* **1** couleur *f*; ~ *blind* daltonien (*f* -ienne) **2** teint *m* **3** *race f* **4** *(Mus voix)* timbre *m* ♦ *vti* **1** colorier **2** *(visage)* se colorer ‖ **°colo(u)red** *adj* *(personne, race)* de couleur ‖ **°colo(u)rful** *adj* coloré; ~ *language* langage *m* pittoresque, langage grossier; *she gave a* ~ *account of her trip* elle nous a fait un récit très vivant de son voyage.

colt [kəʊlt] *n* **1** poulain *m* **2** *(revolver)* colt *m*.

column [ˈkɒləm] *n* **1** colonne *f* **2** *(journal)* rubrique *f*.

coma [ˈkəʊmə] *n* coma *m*; *she's in a* ~ elle est dans le coma.

comb [kəʊm] *n* peigne *m* ♦ *vt* peigner.

combat [ˈkɒmbæt] *n* combat *m* ♦ *vti* combattre.

combination [ˌkɒmbɪˈneɪʃn] *n* **1** mélange *m*, association *f* **2** *(coffre-fort)* combinaison *f*.

combine[1] [kəmˈbaɪn] *vt* combiner, mélanger; *let's* ~ *our skills* unissons nos forces.

combine[2] [ˈkɒmbaɪn] *n* **1** *(Com)* cartel *m* **2** *(Agr)* ~ *harvester* moissonneuse-batteuse *f*.

combustion [kəmˈbʌstʃən] *n* combustion *f*.

come [kʌm] *vti* (p **came** pp **come**) **1** venir, arriver; ~ *and have a drink* venez boire un verre; ~ *and go* aller et venir; *(fam fig) he had it coming to him* ça lui pendait au nez; ~ *across* rencontrer; *he came at me with a hammer* il m'a attaqué avec un marteau; *this is what* ~*s from trying to be too clever* voilà ce qui arrive quand on veut jouer au plus malin; *he's finally* ~ *into his own* il peut enfin donner toute sa mesure; *what came of the meeting?* qu'est-il sorti de la réunion ? *she* ~*s over as a school-teacher* elle a tout d'une institutrice; *he came to me with his problems* il est venu me déballer ses problèmes; ~ *to think of it, you're right* maintenant que j'y pense, vous avez raison; *the bill* ~*s to $50* cela fait 50 dollars; *if it* ~*s to that, we can always move* si on en arrive là, nous pourrons toujours déménager **2** *the lining of my coat has* ~

apart la doublure de mon manteau s'est décousue ; *(brit)* ~ *a cropper* ramasser une bûche ; *(fig)* se planter **3** — *now!* voyons ! **4** *how* ~? pourquoi ? ‖ **come about** *vpart* survenir ; *tell me how it all came about* explique-moi comment tout cela s'est produit ‖ **come along** *vpart* **1** progresser ; *the project is coming along nicely* le projet avance bon train **2** *the first person to* ~ *along will win the prize* la première personne à se présenter remportera le prix ; *why doesn't she* ~ *along?* pourquoi ne se joint-elle pas à nous ? ‖ **come (a)round** *vpart* **1** faire venir (en son temps) **2** faire le tour de ; *(fig)* céder ; *don't worry, he'll* ~ *round to our point of view* ne t'inquiète pas, il finira par être d'accord avec nous ; **3** reprendre connaissance ‖ **come back** *vpart* revenir ‖ **come by** *vpart* **1** passer **2** trouver, dénicher ‖ **come down** *vpart* **1** descendre, s'abattre **2** baisser (son prix) **3** ~ *down with (maladie)* contracter ‖ **come forward** *vpart* avancer, se présenter ‖ **come full °circle** changer complètement (d'avis) ‖ **come in** *vpart* entrer, arriver ; *he hasn't* ~ *in today* il n'est pas venu aujourd'hui ; *she came in first* elle a remporté le premier prix ; ~ *in handy* s'avérer utile ‖ **come off** *vpart* se détacher, partir ; *(argot)* ~ *off it!* arrête ton char ! ‖ **come on** *vpart* **1** survenir, arriver ; *(brit) the fog is coming on* le brouillard s'installe ; ~ *on strong* ne pas y aller de main morte **2** progresser **3** *come on!* tu plaisantes ! ‖ **come out** *vpart* ~ *out with it!* allons, avoue ! ; *(amér argot) he finally came out (of the closet)* il a fini par dire à son entourage qu'il était homosexuel ‖ **come up 1** monter **2** apparaître, survenir ; *(fig) how did the issue* ~ *up in the first place?* comment se fait-il que cette question soit venue sur le tapis ? *(solution)* ~ *up with* trouver ‖ **°comeback** *n* retour *m* (sur scène) ‖ **°comedown** *n* déception *f* ‖ **°come-on** *n* (*argot péj*) incitation *f*.

comedian [kəˈmiːdjən] *n (Th)* comique *m*.

comedy [ˈkɒmɪdɪ] *n* comédie *f*.

comely [ˈkʌmlɪ] *adj* beau (*f* belle), agréable à voir.

comet [ˈkɒmɪt] *n* comète *f*.

comfort [ˈkʌmfət] *n* **1** confort *m* ; *(fam) that was too close for* ~*!* on a failli y passer **2** réconfort *m* ; *if it's any* ~ *to you* ça peut te consoler ; *cold* ~ maigre consolation *f* ♦ *vt* réconforter, consoler ‖ **°comforter** *n* **1** *(amér)* édredon *m* **2** *(brit)* cache-nez *m* **3** *(bébé)* sucette *f* ; tétine *f* ‖ **°comfortable** *adj* confortable ; *make yourself* ~ mettez-vous à l'aise ‖ **°comfortably** *adv* confortablement.

comic [ˈkɒmɪk] *n* **1** comique *m* **2** ~*s*

bandes *fpl* dessinées ♦ *adj* comique, drôle ‖ **°comic book** *n* livre *m* de bandes dessinées ‖ **°comic strip** *n* bande *f* dessinée.

comma [ˈkɒmə] *n* virgule *f*.

command [kəˈmɑːnd] *n* **1** ordre *m* ; *(Mil)* poste *m* ; *he took his* ~ il a pris son poste de commandement **2** connaissance *f*, maîtrise *f* ; *she has a good* ~ *of English* elle a une bonne connaissance de l'anglais ♦ *vti* **1** commander ; *he* ~*s the armed forces* il est à la tête des forces armées **2** *(public)* dominer.

commemorate [kəˈmeməreɪt] *vi* commémorer.

commence [kəˈmens] *vti* commencer. ‖ **com°mencement** *n (amér Ens)* cérémonie *f* de collation de diplômes.

commend [kəˈmend] *vt* **1** recommander, louer ; *he was* ~*ed by the police* il a eu droit aux éloges de la police **2** *(to)* recommander (à).

commensurate [kəˈmenʃərət] *adj* proportionné ; *pay is* ~ *with performance* on est payé en fonction de son rendement.

comment [ˈkɒment] *n* explication *f*, commentaires *mpl* ; *his* ~*s were not really welcome* ses observations n'étaient guère appréciées ; *no* ~ je n'ai rien à dire/sans commentaire ♦ *vi* faire des remarques (sur) ‖ **°commentary** *n* **1** commentaire *m* **2** *(Rad, TV)* reportage *m* ‖ **°commentator** *n* reporter *mf*, commentateur *m* (*f* -trice).

commercial [kəˈmɜːʃl] *n (Rad, TV)* spot *m* publicitaire, annonce *f* ♦ *adj* commercial, de commerce ‖ ~ *traveller (brit)* VRP *m*.

commission [kəˈmɪʃn] *n* **1** commission *f*, comité *m* ; *a* ~ *of enquiry was set up* une commission d'enquête a été nommée **2** *(Com)* commission *f*, pourcentage *m* ; *I work on a* ~ *basis* je suis payé à la commission **3** *(Art)* commande *f* **4** *out of* ~ hors service ♦ *vt* **1** commander ; *the company* ~*ed three paintings for the lobby* l'entreprise a passé commande de trois tableaux pour le hall d'accueil **2** déléguer, donner pouvoir à ; *(Mil)* être nommé officier ; ~*ed officer* officier *m inv* ‖ **co°mmissioner** *n* **1** *(gouvernement)* commissaire *mf* **2** ~ *of police* préfet *m* de police.

commit [kəˈmɪt] *vti* **1** commettre ; *he committed suicide* il s'est suicidé **2** s'engager ; *she's committed (herself) to getting the job done* elle s'est engagée à effectuer le travail **3** remettre (à), confier (à) **4** *(Méd)* faire interner ‖ **co°mmitment** *n* responsabilité *f* ; engagement *m*.

committee [kəˈmɪtɪ] *n* comité *m*, commission *f*.

commodity [kəˈmɒdətɪ] *n* produit *m*, denrée *f* ; ~ *markets are under pressure* la tension monte sur les marchés des matières premières.

common ['kɒmən] *adj* **1** commun, ordinaire; **~** *courtesy* politesse *f* la plus élémentaire; *there was no* **~** *ground* nous n'avons pu trouver un terrain d'entente; *their affair was* **~** *knowledge* leur liaison était connue de tout un chacun; *the C~ Market* le marché commun; *it's a* **~** *name* c'est un (pré)nom très courant; *it's a* **~** *occurrence* ça arrive tous les jours; *he's devoid of* **~** *sense* il n'a pas le moindre sens commun **2** vulgaire **3** *they have nothing in* **~** ils n'ont rien de/en commun ◆ *n* pré *m*/terrain *m* commun ‖ °**commoner** *n* roturier *m* (*f* -ière) ‖ °**commonly** *adv* généralement ‖ °**commonplace** *adj* banal, commun ‖ **(the)** °**Commons** *n pl inv* (GB) les Communes *fpl*.

commotion [kə'məʊʃn] *n* tumulte *m*, agitation *f*.

communal ['kɒmjʊnl] *adj* en commun; *they went in for* **~** *living* ils ont choisi de vivre en communauté.

commune[1] [kɒ'mju:n] *n vi* (*with*) communier (avec).

commune[2] ['kɒmju:n] *n* communauté *f*; (*Adm France*) commune *f*.

communicate [kə'mju:nɪkeɪt] *vti* communiquer, (*maladie*) transmettre ‖ **communi**°**cation** *n* communication *f*; *she's head of* **~***s* elle est directrice de la communication; *I'm in direct* **~** *with all our subsidiaries* je suis en contact direct avec toutes nos filiales.

communion [kə'mju:njən] *n* communion *f*.

communiqué [kə'mju:nɪkeɪ] *n* (*Pol*) communiqué *m*.

communism ['kɒmjʊnɪzəm] *n* communisme *m* ‖ °**communist** *adj* communiste *mf* ◆ *n* communiste *mf*.

community [kə'mju:nətɪ] *n* communauté *f*; *London's Indian community* la communauté indienne de Londres; **~***center* foyer *m* socio-éducatif; **~** *health care* les soins *mpl* médico-sociaux; **~** *worker* animateur *m* (*f* -trice) socio-culturel(le).

commute [kə'mju:t] *vti* **1** substituer; (*Jur*) commuer **2** (*banlieue*) faire la navette quotidienne entre domicile et travail ‖ **co**°**mmuter** *n* banlieusard *m* qui fait la navette entre domicile et travail.

compact ['kɒmpækt] *adj* compact, concis; *compact disc* disque *m* compact ◆ *n* **1** (*amér Aut*) petite voiture/cylindrée *f* **2** accord *m*, convention *f* **3** poudrier *m* ◆ *vt* condenser; *the unit* **~***s waste into neat bricks* cet appareil transforme les ordures en petites briques.

companion [kəm'pænjən] *n* **1** compagnon *m*, compagne *f* **2** (*paire d'objets*) pendant *m* **3** (*brit*) guide *m*, manuel *m* ‖ **com**°**panionship** *n* compagnie *f*.

company ['kʌmpənɪ] *n* **1** société *f*, entreprise *f*; **~** *car* voiture *f* de fonction **2** invité(s); *tidy up! there's* **~** *coming tonight* range tes affaires, nous avons du monde ce soir **3** (*Th*) troupe *f* **4** (*Mil*) compagnie *f* **5** compagnie *f*; *I stayed to keep him* **~** je suis resté pour lui tenir compagnie; *she fell into bad* **~** elle a fini par avoir de mauvaises fréquentations; (*fig*) *that's where we parted* **~** c'est là-dessus que nous nous sommes disputés.

compare [kəm'peə] *vti* (*with, to*) comparer (à); *after comparing notes we decided to stay home* après avoir échangé nos impressions, nous avons préféré rester à la maison ◆ *n* (*loc*) *beyond* **~** sans comparaison possible ‖ **com**°**parison** *n* comparaison *f*.

compartment [kəm'pɑ:tmənt] *n* compartiment *m*; (*Aut*) *glove* **~** boîte *f* à gants.

compass ['kʌmpəs] *n* **1** boussole *f*, (*Naut*) compas *m* **2** (*aussi* °**compasses** *npl*) compas *m*.

compatible [kəm'pætəbl] *adj* (*with*) compatible (avec).

compatriot [kəm'pætrɪət] *n* compatriote *mf*.

compel [kəm'pel] *vt* contraindre; *I felt* **~**(*l*)*ed to tell him* je me sentais obligé de le lui dire ‖ **com**°**pelling** *adj* **~** *logic* logique *f* irrésistible.

compensate ['kɒmpenseɪt] *vti* (*for*) compenser; (*Fin*) dédommager ‖ **compen**°**sation** *n* (*Eco*) dédommagement *m*; *in* **~** *for* en compensation de, en contrepartie de; *see if he's eligible for workman's* **~** vérifiez s'il a droit aux indemnités journalières.

compete [kəm'pi:t] *vi* (*for*) concourir (*pour*); (*for, with*) faire concurrence (*pour*, à) ‖ **compe**°**tition** *n* **1** concurrence *f* **2** (*Sp*) épreuve *f*; *beauty* **~** concours *m* de beauté ‖ **com**°**petitive** *adj* **1** (*produit*) compétitif (*f* -ive) **2** (*Ens*) **~** *exam* concours *m* **3** (*personne*) qui a l'esprit *m* de compétition ‖ **com**°**petitor** *n* concurrent *m*.

compile [kəm'paɪl] *vt* compiler; (*liste*) dresser.

complacent [kəm'pleɪsnt] *adj* suffisant, satisfait ‖ **com**°**placency** *n* suffisance *f*; *we can't afford* **~** nous ne pouvons pas nous contenter des résultats actuels.

complain [kəm'pleɪn] *vi* **1** se plaindre **2** (*to*) porter plainte *f* (auprès de) ‖ **com**°**plaint** *n* **1** plainte *f*, (*Com*) réclamation *f*; *I filed/lodged a* **~** *with the commission* j'ai porté plainte auprès de la commission **2** (*Méd*) maladie *f*; *he suffers from a whole string of* **~***s* il souffre de toute une série de maux.

complement [ˈkɒmplɪmənt] n complément m ◆ vt [ˈkɒmplɪment] compléter.

complete [kəmˈpliːt] adj **1** complet (f -ète); *that's ~ nonsense!* c'est complètement idiot/ridicule ! **2** achevé **3** parfait, total; *it came as a ~ surprise* je suis tombé des nues ◆ vt achever, compléter : *please ~ these forms* veuillez remplir ces formulaires ‖ **comˈpletion** n achèvement m ; *we're nearing ~* nous nous approchons de la fin.

complex [ˈkɒmpleks] n **1** (*bâtiment*) complexe m ; *housing ~* résidences fpl ; *(high rise) ~* grand ensemble m **2** (*Psych*) complexe m.

complexion [kəmˈplekʃn] n **1** (*visage*) teint m **2** (*fig*) caractère m, nature f; *that put a new ~ on things* l'affaire a pris une autre tournure.

compliance [kəmˈplaɪəns] n docilité f; *in ~ with* en conformité avec.

complicate [ˈkɒmplɪkeɪt] vt compliquer.

compliment [ˈkɒmplɪmənt] n compliment m ; *give them my ~s (when you see them)* faites-leur mes compliments ; *he paid her endless ~s* il n'arrêtait pas de lui faire des compliments ; *my ~s to the chef* toutes mes félicitations au chef ◆ vt [ˈkɒmplɪment] féliciter, faire des compliments à ‖ **compliˈmentary** adj **1** flatteur (f -euse) **2** à titre gracieux; *(spectacle) ~ tickets* billets mpl de faveur.

comply [kəmˈplaɪ] vi (*with*) se soumettre (à), se conformer (à).

component [kəmˈpəʊnənt] n pièce f; *electronic ~s* composants mpl électroniques.

compose [kəmˈpəʊz] vt **1** composer; *each team was ~d of three men* chaque équipe comprenait trois hommes **2** *she sat down and ~d herself* elle s'est assise pour reprendre ses esprits ‖ **comˈposed** adj calme ‖ **comˈposer** n compositeur m (f -trice) ‖ **compoˈsition** n composition f; *(Ens)* rédaction f.

compound [ˈkɒmpaʊnd] n **1** composé m **2** enclos m ; *prison ~* enceinte f de la prison ◆ adj complexe, compliqué, composé; *(Gr) ~ word* mot m composé; *(Fin) ~ interest* intérêts mpl composés/cumulés ◆ vt **1** combiner; arranger **2** aggraver; *his attitude only ~s the problem* son attitude rend l'affaire encore plus délicate.

comprehend [ˌkɒmprɪˈhend] vt **1** se rendre compte de, comprendre **2** englober ‖ **compreˈhensible** adj compréhensible ‖ **compreˈhension** n compréhension f ‖ **compreˈhensive** adj **1** complet (f -ète) m ; *a ~ approach* une vue d'ensemble ; *~ insurance* assurance f tous-risques **2** (*brit Ens*) *~ (school)* collège m / lycée m polyvalent.

compress¹ [ˈkɒmpres] n compresse f.

compress² [kəmˈpres] vti **1** (se) comprimer **2** (*récit*) condenser, réduire ‖ **comˈpressor** n compresseur m.

comprise [kəmˈpraɪz] vi comprendre, inclure.

compromise [ˈkɒmprəmaɪz] n **1** compromis m ◆ vti **1** transiger, parvenir à un arrangement m **2** (*réputation*) compromettre ‖ **ˈcompromising** adj compromettant.

compulsion [kəmˈpʌlʃn] n **1** contrainte **2** désir m immodéré ‖ **comˈpulsive** adj compulsif (f -ive); *he's a ~ gambler* c'est un joueur invétéré.

compulsory [kəmˈpʌlsəri] adj obligatoire.

compunction [kəmˈpʌŋkʃn] n remords m ; *I feel no ~ about taking Monday off* je n'ai pas le moindre scrupule à prendre mon lundi.

compute [kəmˈpjuːt] vt calculer ‖ **compuˈtation** n calcul m.

computer [kəmˈpjuːtə] n ordinateur m ; *~ language* langage m de programmation ; *~ science* informatique f ‖ **computeriˈzation** n informatisation f; traitement m informatique ‖ **comˈputerize** vt informatiser ; *we've ~d all our files* nous avons mis tous nos fichiers sur informatique.

comrade [ˈkɒmreɪd] n camarade mf.

con¹ [kɒn] n **1** contre m ; *we ran through the pros and ~s* nous avons passé en revue le pour et le contre **2** (*brit ab*) *all mod ~s* tout confort.

con² [kɒn] (= **convict**) n **1** (*argot*) taulard m ; *ex-~* ancien taulard **2** (*fam*) escroquerie f ◆ vt (*fam*) escroquer, faire marcher ‖ **ˈconman** n escroc m.

conceal [kənˈsiːl] vt dissimuler, cacher.

concede [kənˈsiːd] vt concéder; *~ victory* s'avouer vaincu.

conceit [kənˈsiːt] n vanité f, suffisance f ‖ **conˈceited** adj vaniteux; *what a ~ fool!* quel (imbécile) vaniteux !

conceivable [kənˈsiːvəbl] adj concevable, imaginable ‖ **conˈceive** vti concevoir, imaginer; *the programme is ~d as follows* le programme est conçu comme suit; *it's difficult to ~ why* il est difficile de comprendre pourquoi.

concentrate [ˈkɒnsəntreɪt] vti (se) concentrer; *~ your efforts!* faites converger vos efforts ‖ **concenˈtration** n concentration f; application f.

concept [ˈkɒnsept] n concept m.

concern [kənˈsɜːn] n **1** (*in*) intérêt m (*pour*); *it's no ~ of yours* cela ne vous regarde pas **2** préoccupation f, inquiétude f; *he showed some ~* il a fait preuve d'une certaine sollicitude **3** (*Ind*) entreprise f; *a flourishing ~* une affaire prospère ◆ vt

1 concerner ; *as far as I am ~d* en ce qui me concerne ; *that doesn't ~ you* ce n'est pas votre affaire ; *(Adm) to whom it may ~* pour qui de droit **2** s'inquiéter de ; *I am ~ed about her* j'ai quelque inquiétude à son sujet ‖ **con°cerning** *prép* concernant ; *~ the car* au sujet de la voiture.

concert[1] [ˈkɒnsət] *n* **1** *(Mus)* concert *m* **2** *(loc) in ~ with...* en accord avec...

concert[2] [kənˈsɜːt] *vti* (se) concerter (avec) ‖ **con°certed** *adj (action)* concerté.

concession [kənˈseʃn] *n* **1** concession *f* **2** *(Com)* réduction *f*.

conciliate [kənˈsɪlɪeɪt] *vt* (ré)concilier ‖ **concili°ation** *n* conciliation *f*; arbitrage *m* ‖ **con°ciliatory** *adj* conciliant.

concise [kənˈsaɪs] *adj* concis ; *~ dictionary* dictionnaire *m* abrégé ‖ **con°ciseness/ con°cision** *n* concision *f*.

conclude [kənˈkluːd] *vt* **1** conclure, régler **2** terminer ; *to ~* en conclusion ‖ **con°cluding** *adj* final ‖ **con°clusion** *n* **1** fin *f* **2** conclusion *f*; *he came to the ~ that...* il en conclut que... ‖ **con°clusive** *adj* concluant, décisif (*f* -ive).

concord [ˈkɒŋkɔːd] *n* **1** concorde *f* **2** *(Gr)* accord *m*, concordance *f* ‖ **con°cordance** *n* **1** accord *m* harmonie *f*; *in ~ with* en accord avec **2** *(Lit)* index *m*, concordance *f*.

concourse [ˈkɒŋkɔːs] *n* **1** foule *f*, affluence *f* **2** *(gare)* hall *m*.

concrete[1] [ˈkɒŋkriːt] *adj* concret (*f* -ète).

concrete[2] [ˈkɒŋkriːt] *n* béton *m* ; *~ mixer* bétonnière *f* ◆ *vt* bétonner.

concubine [ˈkɒŋkjʊbaɪn] *n* concubin(e) *m(f).*

concur [kənˈkɜː] *vi* **1** coïncider **2** *(with)* être du même avis (que) ‖ **con°currence** *n* **1** accord *m*, consentement *m* **2** coopération *f*; concours *m* **3** coïncidence *f* ‖ **con°current** *adj* concordant, simultané.

concuss [kənˈkʌs] *vt* commotionner ‖ **con°cussion** *n* choc *m* ; *(Méd)* commotion *f* cérébrale.

condemn [kənˈdem] *vt* **1** condamner, blâmer **2** *(Tech) this building has been ~ed* ce bâtiment a été déclaré insalubre ‖ **condem°nation** *n* condamnation *f*; blâme *m*.

condensation [ˌkɒndenˈseɪʃn] *n* condensation *f* ‖ **con°dense** *vti* (se) condenser ‖ **con°densed** *adj* condensé ; *~ milk* lait *m* concentré.

condition [kənˈdɪʃn] *n* **1** condition *f* **2** état *m*; *I am not in a ~ to* je ne suis pas en état de ◆ *vt* mettre en condition ‖ **con°ditional** *adj*; *this is ~ to their acceptance* ceci est soumis à leur acceptation ‖ **con°ditioned** *adj* conditionné ; *air-~ room* salle climatisée ‖ **con°dition-**

ing *n* conditionnement *m* ; *(air) ~* climatisation *f*.

condolences [kənˈdəʊlənsɪz] *npl inv* condoléances *fpl.*

condom [ˈkɒndəm] *n* préservatif *m*.

condone [kənˈdəʊn] *vt* pardonner.

conducive [kənˈdjuːsɪv] *adj (to)* favorable (à).

conduct [ˈkɒndʌkt] *n* conduite *f*; *safe ~* sauf-conduit *m*.

conduct [kənˈdʌkt] *vt* **1** (se) conduire ; *~ed tours* visites *fpl* guidées **2** *(Mus)* diriger ‖ **con°ductor** *n* **1** *(Mus)* chef *m* d'orchestre **2** *(bus)* receveur *m* (*f* -euse); *(amér)* chef *m* de train **3** *(El)* conducteur *m* ; *lightning ~* paratonnerre *m* ‖ **con°ductress** *n* receveuse *f.*

cone [kəʊn] *n* **1** cône *m*, **2** *(Bot)* pomme *f* (de pin) **3** *ice-cream ~* cornet *m* (de glace).

confectionary [kənˈfekʃnərɪ] *n* confiserie *f*; bonbons *mpl* ‖ **con°fectioner** *n* confiseur *m* ; *~'s shop* confiserie *f*; pâtisserie *f.*

confederate[1] [kənˈfedərɪt] *n* **1** confédéré *m* **2** *(Jur)* complice *m* ◆ *adj* confédéré.

confederate[2] [kənˈfedəreɪt] *vti* (se) confédérer ; *they ~d against the king* ils se liguèrent contre le roi ‖ **confede°ration** *(aussi* **con°federacy**) *n* conspiration *f.*

confer [kənˈfɜː] *vti* conférer, consulter ‖ **°conference** *n* conférence *f*; congrès *m.*

confess [kənˈfes] *vti* confesser, avouer ‖ **con°fession** *n* confession *f*; *he made a full ~* il a fait des aveux *mpl* complets.

confide [kənˈfaɪd] *vti* (se) confier ; *he ~d to me that...* il m'a confié que... ; *I wouldn't ~ in him* je ne me fierais pas à lui ‖ **°confidence** *n* **1** confiance *f*; *(Pol) vote of no ~* vote *m* de défiance **2** confidence *f* **3** *(amér) ~-man* escroc *m* ‖ **°confident** *adj* confiant, sûr (de); *I am ~ that...* j'ai le ferme espoir que.. ‖ **confi°dential** *adj* **1** confidentiel (*f* -ielle) **2** *(loc) ~ secretary* secrétaire *m(f)*particulier (*f* -ière) ‖ **confidenti°ality** *n* caractère *m* confidentiel ‖ **confi°dentially** *adv* entre nous.

confine [kənˈfaɪn] *vt* **1** emprisonner, enfermer ; *(Mil) ~ to barracks* consigné **2** limiter ; *I ~d myself to listening* je me suis contenté d'écouter ‖ **con°fined** *adj* confiné ; *~ space* espace *m* restreint ‖ **con°finement** *n* **1** emprisonnement *m* ; *3 years' ~* 3 ans de prison **2** *(Méd)* accouchement *m.*

confirm [kənˈfɜːm] *vt* **1** confirmer ; *the decision has been ~ed* la décision a été approuvée **2** *(Rel)* confirmer ‖ **con°firmed** *adj* confirmé ; *~ drunkard* buveur *m* invétéré.

conflict[1] [ˈkɒnflɪkt] *n* conflit *m.*

conflict[2] [kən'flɪkt] *vi* être en conflit ‖ **con°flicting** *adj* opposé ; *(rapport)* contradictoire ; *(fonctions)* incompatible.

conform [kən'fɔːm] *vti* (se) conformer (à).

confound [kən'faʊnd] *vt* 1 déconcerter, troubler 2 *(lit)* confondre 3 *(fam)* envoyer au diable ; ~ *it!* et puis zut ! ‖ **con°founded** *adj (fam)* ~ *idiot!* espèce d'imbécile !

confront [kən'frʌnt] *vt* confronter, *(difficulté)* affronter.

confuse [kən'fjuːz] *vt* 1 rendre confus 2 (em)brouiller 3 confondre ‖ **con°fused** *adj* confus, embrouillé ; *don't get* ~*!* ne vous troublez pas ! ‖ **con°fusing** *adj it's rather* ~ c'est assez déroutant.

congeal [kən'dʒiːl] *vti* 1 (se) congeler 2 *(sang)* (se) coaguler.

congenial [kən'dʒiːnjəl] *adj* 1 *(goûts)* de même nature 2 agréable, sympathique ; *the climate is quite* ~ *to me* le climat me convient tout à fait.

congest [kən'dʒest] *vti* 1 (se) congestionner 2 encombrer ‖ **con°gestion** *n* 1 *(Med)* congestion *f* 2 *(route)* encombrement *m*.

congratulate [kən'grætʃʊleɪt] *vt (for on)* féliciter (de pour) ‖ **congratu°lations** *npl inv* félicitations *fpl*.

congregate ['kɒŋgrɪgeɪt] *vti* (se) rassembler ‖ **congre°gation** *n* 1 rassemblement *m* 2 *(Rel)* assemblée *f* (des fidèles).

congress ['kɒŋgres] *n* congrès *m* ; *(amér)* C~ le Congrès ‖ **°congressman**/ **woman** *(pl* **-men, -women)** *n (amér)* membre *m* du Congrès.

conjecture [kən'dʒektʃə] *n* conjecture *f* ◆ *vt* conjecturer, supposer.

conjunction [kən'dʒʌŋkʃn] *n* conjonction *f* ; *in* ~ *with* conjointement avec ‖ **con°juncture** *n* conjoncture *f*.

conjure[1] [kən'dʒə] *vt* conjurer.

conjure[2] [kən'dʒə] *vi* faire des tours *mpl* (de prestidigitation) ‖ **°conjure up** *vpart* faire (re)surgir ; *(fig)* inventer ‖ **°conjurer/-or** *n* prestidigitateur *m (f* -trice).

conker ['kɒŋkə] *n* marron *m* d'Inde.

connect [kə'nekt] *vt* 1 brancher (sur), (se) relier (à) ; *(Téléph)* **trying to** ~ *you* nous recherchons votre correspondant ; *questions* ~*ed with the war* questions *fpl* relatives à la guerre 2 *(avion, train)* assurer la correspondance 3 *(Tech)* raccorder ; ~ *the two wires* interconnectez les deux fils ‖ **co°nnection** *n* 1 liaison *f*, connexion *f* 2 *(train)* correspondance *f* 3 ~*s* relations *fpl* ; parenté *f* 4 *(Tech)* raccordement *m*, branchement *m*.

connivance [kə'naɪvəns] *n* connivence *f* ‖ **co°nnive** *vi* 1 être de connivence 2 *(fig) (at)* fermer les yeux (sur).

connotation [ˌkɒnə'teɪʃn] *n* connotation *f* ; signification *f* ‖ **co°nnote** *vt* connoter.

conquer ['kɒŋkə] *vt* 1 conquérir 2 *(difficulté)* vaincre ‖ **°conqueror** *n* conquérant *m*, vainqueur *m* ‖ **°conquest** ['kɒŋkwest] *n* conquête *f*.

conscience ['kɒnʃəns] *n (morale)* conscience *f* ‖ **consci°entious** *adj* 1 consciencieux *(f* -euse) 2 ~ *objector n* objecteur *m* de conscience ‖ **°conscious** *adj* 1 conscient ; *he's very money-*~ il se préoccupe beaucoup de son argent 2 *(aussi Méd)* conscient ; *become* ~ reprendre connaissance *f* ‖ **°consciousness** *n* 1 conscience *f* 2 *(Méd)* connaissance *f* ; *he lost* ~ il s'évanouit.

conscript ['kɒnskrɪpt] *n* conscrit *m* ◆ [kən'skrɪpt] *vt* enrôler.

consecrate ['kɒnsɪkreɪt] *vt* consacrer ‖ **conse°cration** *n* consécration *f*.

consecutive [kən'sekjʊtɪv] *adj* consécutif *(f* -ive) ; *two* ~ *years* deux années de suite.

consent [kən'sent] *n* consentement *m* ; *(Jur) by mutual* ~ de gré à gré ◆ *vt* consentir à.

consequence ['kɒnsɪkwəns] *n* conséquence *f* ; *it's of no* ~ cela n'a aucune incidence ‖ **°consequent** *adj* conséquent ; *be* ~ *with yourself!* sois logique avec toi-même ! ‖ **°consequently** *adv* donc, par conséquent.

conservation [ˌkɒnsə'veɪʃn] *n* préservation *f*, défense *f* (de l'environnement) ‖ **conser°vationist** *n* écologiste *mf*.

conservative [kən'sɜːvətɪv] *adj* conservateur *(f* -trice) ◆ *n (Pol)* conservateur *m (f* -trice).

conservatory [kən'sɜːvətrɪ] *n* 1 *(Hort)* serre *f* 2 *(Mus) (aussi* **con°servatoire)** *n* conservatoire *m* ‖ **con°serve** *vt* 1 préserver 2 *(Cuis)* mettre en conserve ◆ *n* confiture *f* ; conserve *f* de fruits.

consider [kən'sɪdə] *vt* 1 considérer, envisager ; *I am* ~*ing a new job* je songe à un nouveau travail ; *all things* ~*ed* tout compte fait 2 estimer ; *I* ~ *he is right* à mon avis il a raison ‖ **con°siderable** *adj* considérable, important ‖ **con°siderate** *adj* plein d'égards ; *it's very* ~ *of her* c'est très aimable de sa part ‖ **consider°ation** *n* 1 considération *f* ; *taking every thing into* ~ tout bien considéré 2 *out of* ~ *for...* par égard pour... 3 compensation *f* ; *there will be no financial* ~ *for the work* vous ne serez pas rétribué pour ce travail ‖ **con°sidering** *prép* eu égard à ; ~ *the results* étant donné les résultats ◆ ~ *(that) conj* vu, attendu que.

consign [kən'saɪn] *vt* 1 *(Com)* expédier 2 confier ‖ **con°signment** *n* 1 expédition *f* 2 arrivage *m*.

consist [kən'sɪst] *vt (in)* consister (en, à) ; se composer (de) ‖ **con°sistency** *n* 1 consistance *f* 2 cohérence *f* ; *lack of* ~ manque de logique ‖ **con°sistent** *adj* 1 cohérent, logique 2 *(with)* conforme (à).

console¹ [kən'səʊl] *vt* consoler.

console² ['kɒnsəʊl] *n (meuble)* console *f*.

consolidate [kən'sɒlɪdeɪt] *vti* (se) consolider ‖ **con°solidated** *adj (Fin)* consolidé.

consort¹ ['kɒnsɔ:t] *n* époux *m (f* épouse); *Prince C~* prince *m* consort.

consort² [kən'sɔ:t] *vi* fréquenter; *he ~s with odd people* il fréquente des gens bizarres.

conspicuous [kən'spɪkjʊəs] *adj* 1 visible 2 voyant 3 qui se fait remarquer.

conspiracy [kən'spɪrəsɪ] *n* conspiration *f*, complot *m* ‖ **con°spire** *vi* 1 conspirer, comploter 2 *(ruine)* contribuer.

constable ['kʌnstəbl] *n* agent *m* de police, gendarme *m* ‖ **con°stabulary** *n* police *f*; gendarmerie *f*.

constant ['kɒnstənt] *adj* constant; *~ rain* pluie *f* continuelle; *~ chatter* bavardage *m* incessant ‖ **°constancy** *n* constance *f*; *praised for his ~* loué pour sa fidélité ‖ **°constantly** *adv* sans cesse.

consternation [ˌkɒnstə'neɪʃn] *n* consternation *f; we looked at each other in (utter) ~* nous nous sommes regardés (complètement) atterrés.

constituency [kən'stɪtjʊənsɪ] *n* 1 circonscription *f* électorale 2 collège *m* électoral ‖ **con°stituent** *n* 1 électeur *m (f* -trice) 2 constituant *m*, élément *m* constitutif ‖ **°constitute** *vt* constituer ‖ **consti°tution** *n (Anat, Pol)* constitution *f* ‖ **consti°tutional** *adj (Pol)* constitutionnel *(f* -elle).

constrain [kən'streɪn] *vt* 1 contraindre; *he was ~ed to accept* il a été mis dans l'obligation d'accepter 2 gêner, embarrasser ‖ **con°straint** *n* 1 contrainte *f; without ~* sans retenue 2 gêne *f*.

constrict [kən'strɪkt] *vt* 1 (res)serrer; *a rather ~ed point of view* un point de vue assez étriqué 2 *(vêtement)* gêner.

construct [kən'strʌkt] *vt* construire ‖ **con°struction** *n (aussi fig)* construction *f* ‖ **con°structive** *adj* constructif *(f* -ive).

construe [kən'stru:] *vt* 1 *(paroles)* interpréter 2 *(latin)* analyser et traduire.

consulate ['kɒnsjʊlət] *n* consulat *m*.

consult [kən'sʌlt] *vti* (se) consulter ‖ **con°sultant** *n 1 (entreprises)* expert-conseil *m* 2 *(Méd)* spécialiste *m* ‖ **con °sulting** *adj* consultant; *~-room* cabinet *m* de consultation; *~ engineer* ingénieur *m* conseil.

consume [kən'sju:m] *vt* 1 consommer; *that's time-consuming* cela demande beaucoup de temps 2 consumer, brûler entièrement ◆ *vi* se consumer ‖ **con°sumer** *n* consommateur *m (f* -trice); *~ goods*

biens *mpl* de consommation; *the ~ society* la société de consommation.

con°summate¹ [kən'sʌmɪt] *adj* complet *(f* -ète); *a ~ liar* un fieffé menteur; *~ art* art *m* consommé.

consummate² ['kɒnsəmeɪt] *vt (mariage)* consommer ‖ **consum°mation** *f 1 (mariage)* consommation *f* 2 *(art)* perfection *f*.

consumption [kən'sʌmpʃn] *n* 1 *(denrées)* consommation *f* 2 destruction *f* 3 *(Méd)* phtisie *f*.

contact ['kɒntækt] *n* 1 contact *m* 2 relation(s) *f*, connaissance(s) *f (souvent pl)* ◆ *vt* se mettre en contact avec; *you ought to ~ him* tu devrais te mettre en rapport avec lui.

contagious [kən'teɪdʒəs] *adj* contagieux *(f* -ieuse); *~ laugh* rire *m* communicatif.

contain [kən'teɪn] *vt* 1 contenir 2 *(larmes)* retenir; *~ yourself!* maîtrisez-vous! ‖ **con°tainer** *n* 1 conteneur *m* 2 récipient *m*.

contaminate [kən'tæmɪneɪt] *vt* contaminer.

contemplate ['kɒntempleɪt] *vt* 1 contempler 2 envisager; *I ~ going to China* je songe à un voyage en Chine ‖ **contem°plation** *n* contemplation *f*; méditation *f*.

contemporary [kən'tempərərɪ] *adj* contemporain *(f* -aine) ◆ *n* contemporain(e) *m(f)*.

contempt [kən'tempt] *n* mépris *m*, dédain *m; (lit) I hold him in ~* je le méprise ‖ **con°temptible** *adj* méprisable, digne de mépris ‖ **con°temptuous** *adj* méprisant, dédaigneux *(f* -euse).

contend [kən'tend] *vt* soutenir; *I ~ you're wrong* je prétends que tu as tort ◆ *vi* s'opposer à; *the problems he has to ~ with* les problèmes auxquels il doit faire face ‖ **con°tender** *n (Sp)* challenger *m*.

content¹ ['kɒntent] *n* 1 contenu *m; table of ~s* table *f* des matières 2 *(Ch)* teneur *f*.

content² [kən'tent] *adj* satisfait; *I am quite ~ to be here* je suis tout à fait heureux d'être ici ◆ *n* contentement *m*, satisfaction *f; to your heart's ~* à cœur joie ◆ *vt* contenter.

contention [kən'tenʃn] *n* 1 dispute *f* 2 controverse *f* 3 *his ~ is that...* il soutient que... ‖ **con°tentious** *adj* querelleur *(f* -euse).

contest¹ ['kɒntest] *n* 1 combat *m* 2 concours *m*.

contest² [kən'test] 1 *vt* contester ‖ **con °testant** *n* adversaire *m* ‖ **contes°tation** *n* contestation *f*.

contiguous [kən'tɪgjʊəs] *adj* contigu *(f* -uë), adjacent.

contingency [kənˈtɪndʒənsɪ] *n* éventualité *f*, imprévu *m* ‖ **conˑtingent** *adj* aléatoire ; **~ on...** sous réserve de....

continual [kənˈtɪnjʊəl] *adj* continuel (*f* -elle) ‖ **conˑtinually** *adv* sans cesse ‖ **conˑtinue** *vti* **1** (se) continuer, (se) poursuivre ; **to be ~d** à suivre **2** (*travail*) garder, conserver ; **he ~s as consultant** il a été maintenu (dans son poste) en tant que consultant ‖ **contiˑnuity** *n* **1** continuité *f* **2** (*Ciné*) découpage *m* ‖ **conˑtinuous** *adj* continu ‖ **conˑtinuously** *adv* sans interruption.

contraband [ˈkɒntrəbænd] *n* contrebande *f.*

contraception [ˌkɒntrəˈsepʃn] *n* contraception *f* ‖ **contraˑceptive** *adj* contraceptif (*f* -ive) ♦ *n* contraceptif *m.*

contract[1] [ˈkɒntrækt] *n* contrat *m* ♦ [kənˈtrækt] *vti* passer un contrat, contracter ; **he ~ed in** il s'est engagé par contrat préalable ‖ **conˑtractor** *n* entrepreneur *m* ‖ **conˑtractual** *adj* contractuel (*f* -elle).

contract[2] [kənˈtrækt] *vti* (se) contracter, (se) rétrécir ‖ **conˑtraction** *n* contraction *f.*

contradict [ˌkɒntrəˈdɪkt] *vt* (se) contredire ‖ **contraˑdictory** *adj* contradictoire.

contraption [kənˈtræpʃn] *n* (*fam*) machin *m*, truc *m.*

contrary [ˈkɒntrərɪ] *adj* **1** contraire **2** [kənˈtreərɪ] (*personne*) contrariant ♦ *n* [ˈkɒntrərɪ] contraire *m* ; **on the ~** (tout) au contraire ♦ *adv* **~ to all expectations** contre toute attente.

contrast [ˈkɒntrɑːst] *n* contraste *m* ♦ [kənˈtrɑːst] *vti* (faire) contraster ‖ **conˑtrasting** *adj* qui fait contraste.

contravene [ˌkɒntrəˈviːn] *vt* enfreindre.

contribute [kənˈtrɪbjuːt] *vti* contribuer ; **he ~s to a magazine** il collabore à un magazine ‖ **contriˑbution** *n* contribution *f* ; **did you pay your ~?** avez-vous réglé/payé votre cotisation ? ‖ **conˑtributor** *n* **1** collaborateur *m* (*f* -trice) d'un journal **2** donateur *m* (*f* -trice).

contrivance [kənˈtraɪvns] *n* **1** invention *f* **2** (*fam*) dispositif *m*, appareil *m* ‖ **conˑtrive** *vti* **1** inventer **2** trouver le moyen de ; **he ~d to get the post** il s'est arrangé pour obtenir le poste.

control [kənˈtrəʊl] *n* **1** contrôle *m* ; maîtrise *f* ; **he has lost ~ of himself** il n'est plus maître de lui ; **keep your feelings under ~!** maîtrisez-vous ! **2** autorité *f* ; **circumstances beyond/outside my ~** circonstances *fpl* indépendantes de ma volonté **3** (*Tech*) commande *f* ; **remote-~** télécommande *f* ♦ *vt* **1** contrôler, maîtriser ; **the rise in prices has been ~led** la montée des prix a été maîtrisée **2** diriger, réglementer ; **he ~s the traffic** il règle la circulation.

controversial [ˌkɒntrəˈvɜːʃl] *adj* **1** controversé ; **~ point** point *m* contesté **2** sujet (*f* -ette) à controverse.

controversy [ˈkɒntrəvɜːsɪ] *n* controverse *f*, polémique *f.*

conundrum [kəˈnʌndrəm] *n* devinette *f.*

convalesce [ˌkɒnvəˈles] *vi* être en convalescence *f* ‖ **convaˑlescent** *adj* convalescent.

convector [kənˈvektə] *n* radiateur *m* à convection *f.*

convene [kənˈviːn] *vti* **1** (*assemblée*) convoquer **2** (se) réunir.

convenience [kənˈviːnjəns] *n* **1** convenance *f* ; **at your earliest ~** dans les meilleurs délais **2** (*pluriel*) commodités *fpl* ; **kitchen with modern ~s** cuisine *f* équipée **3** (*pluriel*) **public ~s** toilettes *fpl* (publiques), W.-C. *mpl* ‖ **conˑvenient** *adj* commode, pratique ; **if it's ~ to you** si cela vous convient.

convent [ˈkɒnvənt] *n* couvent *m.*

convention [kənˈvenʃn] *n* **1** convention *f* **2** convenances *fpl* **3** assemblée *f*, congrès *m* ; (*amér*) congrès *m* (national en vue des élections primaires) ‖ **conˑventional** *adj* conventionnel (*f* -elle) ; **~ house** maison *f* (très) classique.

conversant [kənˈvɜːsənt] *adj* au courant de ; **he is quite ~ with electronics** il connaît très bien l'électronique.

conversation [ˌkɒnvəˈseɪʃn] *n* conversation *f* ; **I was having a ~ with her** je m'entretenais avec elle.

converse [kənˈvɜːs] *vi* converser.

conversely [ˌkɒnˈvɜːslɪ] *adv* inversement.

convert [ˈkɒnvɜːt] *n* converti *m* ; **become a ~** se convertir ♦ [kənˈvɜːt] *vti* (*into*) (se) convertir (en), (se) transformer (en) ‖ **conˑvertible** *adj* **1** convertible **2** (*Auto*) décapotable **3** transformable.

convey [kənˈveɪ] *vt* **1** transporter **2** transmettre, communiquer **3** (*Jur*) transférer (*un bien*) ‖ **conˑveyance** *n* **1** (moyen de) transport *m* ; **public ~** moyen *m* de transport en commun **2** transmission *f* **3** (*Jur*) cession *f*, transfert *m* ‖ **conˑveyer/ conˑveyor** *n* **1** (*lettre*) porteur (*f* -euse) **2** (*Tech*) transporteur *m* ; **~ belt** tapis *m* roulant.

convict [ˈkɒnvɪkt] *n* détenu *m* ; **former ~** repris *m* de justice ♦ [kənˈvɪkt] *vt* déclarer coupable ; **~ed for arson** déclaré coupable d'incendie volontaire ‖ **conˑviction** *n* **1** condamnation *f* **2** conviction *f.*

convince [kənˈvɪns] *vt* convaincre ; **I am quite ~d** je suis tout à fait persuadé ‖ **conˑvinced** *adj* convaincu ‖ **conˑvincing** *adj* convaincant ‖ **conˑvincingly** *adv* de façon persuasive.

convivial [kənˈvɪvɪəl] *adj* jovial, bon vivant ; **~ evening** soirée *f* sympathique.

convoy [ˈkɔnvɔɪ] n convoi m ◆ vt escorter.

convulse [kənˈvʌls] vt 1 *(Méd)* convulsionner 2 *(rire)* se tordre 3 *(fig)* ébranler (par la guerre) || **conˈvulsion** n 1 convulsion f 2 bouleversement m.

coo[1] [ku:] vi *(colombe et fig)* roucouler.

coo[2] [ku:] excl *(brit fam)* eh bien alors ! dis donc !

cook [kʊk] n cuisinier m *(f* -ière); **head ~** chef m *(de cuisine)* ◆ vti cuisiner, (faire) cuire ; *what's ~ing here?* qu'est-ce qui se passe ici ? || **ˈcookbook** n *(amér)* *(brit* **ˈcookery book**) livre m de cuisine || **ˈcooker** n *(ustensile)* cuisinière f; **pressure-~** cocotte f minute || **ˈcookery** n *(art)* cuisine f || **ˈcookie** n *(amér)* petit gâteau m *(sec)*, biscuit m || **ˈcooking** n 1 cuisson f; **~ apples** pommes fpl à cuire 2 *(préparation des repas)* cuisine f; **~ utensils** batterie f de cuisine || **cook up** vpart *(fam)* inventer ; *what are you ~ing up now?* qu'est-ce que vous concoctez maintenant ?

cool [ku:l] adj 1 frais *(f* fraîche) ; *it's getting ~(er)* le temps se rafraîchit 2 calme ; **~ and collected** qui a du sang-froid ; *(fam)* **~ it!** calmons-nous ! 3 *(fig)* froid ; *we got a ~ welcome* nous avons été accueillis fraîchement 4 *(fam)* toupet m ; *I call it ~!* quel sans-gêne ! ◆ n fraîcheur f ◆ adv *(de façon)* décontracté(e); *act ~!* jouez en souplesse ! ◆ vti (se) rafraîchir, (se) refroidir ; *(loc)* **I had to ~ my heels** j'ai dû faire le pied de grue || **cool down** vpart 1 se rafraîchir 2 *(fig)* se calmer.

coop [ku:p] n **chicken ~** poulailler m || **coop up** v part enfermer.

cooperate [kəʊˈɔpəreɪt] vi coopérer || **coopeˈration** n coopération f, concours m.

coordinate [kəʊˈɔ:dɪneɪt] vt coordonner || **coordiˈnation** n coordination f.

cop [kɔp] n *(aussi* **copper**) *(fam)* flic m.

cope [kəʊp] vi *(with)* se charger (de), se débrouiller (avec); *he can ~ with anything* il peut faire face à n'importe quelle situation.

copper [ˈkɔpə] n 1 cuivre m ; **~-coloured** cuivré 2 *(fam)* flic m || **ˈcoppers** npl petite monnaie f || **ˈcoppersmith** n chaudronnier m.

copse [kɔps] n taillis m.

copulate [ˈkɔpjʊleɪt] vi copuler.

copy [ˈkɔpɪ] n 1 copie f, reproduction f 2 double m ; **rough ~** brouillon m ; *(Jur)* **certified true ~** pour copie conforme 3 exemplaire m ◆ *(journal)* numéro m ◆ vt 1 *(aussi fig)* copier, transcrire 2 imiter, reproduire || **ˈcopybook** n cahier m || **ˈcopying machine** n duplicateur m || **ˈcopyright** n droit m d'auteur || **ˈcopywriter** n rédacteur m *(f* -trice) publicitaire.

cord [kɔ:d] n 1 corde f, cordon m 2 *(El)* fil m électrique 3 velours m côtelé || **cords** npl inv pantalon m de velours || **ˈcorduroy** n velours m côtelé.

cordial [ˈkɔ:djəl] adj cordial.

cordon [ˈkɔ:dn] n cordon m, tresse f || **cordon off** vpart *(police)* isoler, fermer.

core [kɔ:] n 1 partie f centrale 2 *(fruit)* cœur m ; **apple ~** trognon m 3 *(Tech)* noyau m.

cork [kɔ:k] n 1 liège m 2 bouchon m ; **~-screw** n tire-bouchon m ◆ vt *(up)* *(bouteille)* boucher || **corked** *(brit)*, **corky** *(amér)* adj *(vin)* qui sent le bouchon.

corn[1] [kɔ:n] ns inv 1 blé m 2 *(amér)* maïs m 3 grain(s) m(pl), céréale(s) f(pl) ◆ vt *(viande)* saler ; **~ed beef** n corned-beef m, bœuf m en conserve || **ˈcornflour** n maïzena f || **ˈcornflower** n *(Bot)* bleuet m.

corn[2] [kɔ:n] n *(Méd)* cor m.

corner [ˈkɔ:nə] n 1 coin m, angle m ; *walk round the ~* tournez au coin de la rue ; *it's just round the ~* *(fig)* c'est à deux pas d'ici ; *I am in a tight ~* je suis dans une sale passe 2 *(route)* virage m, tournant m 3 *(Sp)* corner m ◆ vt mettre dans un coin ; *(aussi fig)* coincer ◆ vi *(Aut)* prendre un virage || **ˈcornered** adj *(fig)* coincé || **ˈcornerstone** n 1 pierre f angulaire 2 borne f 3 *(fig)* base f, pièce f maîtresse.

cornet [ˈkɔ:nɪt] n 1 cornet m 2 *(Mus)* cornet m à pistons.

coronary [ˈkɔrənrɪ] adj coronarien *(f* -ienne) ◆ n **~ (artery)** artère f coronaire ; **~ (thrombosis)** infarctus m.

coronation [ˌkɔrəˈneɪʃn] n couronnement m || **ˈcoronet** n *(petite)* couronne f.

corporal[1] [ˈkɔ:pərəl] adj corporel *(f* -elle).

corporal[2] [ˈkɔ:pərəl] n *(Mil)* *(infanterie)* caporal m ; *(artillerie)* brigadier m.

corporate [ˈkɔ:pərət] adj 1 constitué ; *(Jur)* **~ body/body ~** corps m constitué 2 *(Com)* corporatif *(f* -ive). **~ name** raison f sociale 3 de corps ; **~ attitude** esprit m collectif || **corporation** [ˌkɔ:pəˈreɪʃn] n 1 corporation f 2 *(Com)* société f commerciale 3 municipalité f.

corps [kɔ:] n *(pl inv)* *(Adm)* corps m.

corpse [kɔ:ps] n cadavre m.

corpuscle [ˈkɔ:pʌsl] n *(Méd)* **red ~** globule m rouge.

correct [kəˈrekt] adj 1 exact 2 *(conduite)* correct ; *that's the ~ thing to do* ce qu'il est convenable de faire ◆ vt 1 *(faute)* corriger 2 punir || **corˈrection** n correction f; *under ~* sous toutes réserves.

correspond [ˌkɔrɪˈspɔnd] vi *(to)* 1 correspondre (à) ; **~ing to the project** conforme au projet 2 *(with)* écrire (à), correspondre (avec).

corridor [ˈkɔrɪdɔ:] n couloir m.

corrode [kəˈrəʊd] vti (se) corroder.

corrugated [ˈkɒrəgeɪtɪd] *adj* ondulé; ~ *iron* tôle *f* ondulée.

corrupt [kəˈrʌpt] *adj* corrompu, malhonnête ◆ *vt* corrompre, dépraver ‖ **cor °ruption** *n* corruption *f*.

cosmetic [kɒzˈmetɪk] *adj* cosmétique; ~ *surgery* chirurgie *f* esthétique ‖ **cos °metics** *npl inv* produits *mpl* de beauté.

cosmonaut [ˈkɒzmənɔːt] *n* cosmonaute *mf* (russe).

cost [kɒst] *n* 1 coût *m* 2 prix *m* (*pl inv*); ~ *price* prix coûtant; *at any* ~ à tout prix ◆ *vti* (*p pp* **cost**) 1 coûter; *how much does it* ~? combien cela vaut-il? 2 *vt* (*p pp* **costed**) établir le prix de revient ‖ **°costly** *adj* 1 cher (*f* chère) 2 (*fig*) de valeur ‖ **costs** *npl inv* (*Jur*) dépens *mpl*.

costume [ˈkɒstjuːm] *n* (*Hist, Th*) costume *m*.

cosy [ˈkəʊzɪ] *adj* douillet (*f* -ette); *a* ~ *little room* une pièce intime ◆ *n* egg/tea-~ couvre-théière/œuf *m*.

cot [kɒt] *n* 1 lit *m* d'enfant 2 (*amér*) lit *m* de camp.

cottage [ˈkɒtɪdʒ] *n* 1 cottage *m*, petite maison *f* campagnarde; *thatched* ~ chaumière *f*; ~ *cheese* fromage *m* blanc 2 (*amér*) maison *f* de campagne, villa *f*.

cotton [ˈkɒtn] *n* coton *m*; ~ *goods* cotonnades *fpl* ‖ **°cotton belt** *n* (*amér*) zone *f* de culture du coton ‖ **°cottonwood** *n* (*amér*) peuplier *m* d'Amérique ‖ **cotton °wool** *n* 1 (*brit*) coton *m* hydrophile, ouate *f* 2 (*amér*) coton *m* brut.

couch [kaʊtʃ] *n* divan *m*, canapé *m* ‖ **°couch grass** *n* (*Bot*) chiendent *m*.

cough [kɒf] *n* toux *f*; *whooping-*~ (*Méd*) coqueluche *f* ◆ *vi* tousser ‖ **cough up** *vpart* 1 *he* ~*ed up blood* il a craché du sang 2 (*fam*) *you'll have to* ~ *up* il faudra que tu craches (au bassinet).

could [kʊd] *p de* **can** 1 (*valeur du passé*) *I* ~*n't translate the text* je n'étais pas en mesure de traduire le texte 2 (*valeur de conditionnel*) *I* ~*n't possibly do that* je ne pourrais vraiment pas faire cela 3 (*loc*) *I* ~*n't care less* je m'en fiche éperdument; *a couldn't-care-less attitude* du je-m'en-foutisme *m*.

council [ˈkaʊnsl] *n* 1 conseil *m*; ~ *flat* habitation *f* à loyer modéré (H.L.M.); ~ *housing policy* politique *f* du logement social 2 (*Rel*) concile *m* ‖ **°councillor** *n* conseiller *m* (*f* -ère).

counsel [ˈkaʊnsl] *n* 1 (*Jur*) avocat *m*; ~ *for the defense* avocat de la défense; *Queen's* ~ avocat *m* 2 (*avis*) conseil *m* ◆ *vt* (*p pp* **counsel(l)ed**) conseiller ‖ **°counsel(l)or** *n* 1 conseiller *m*; conseiller d'ambassade 2 (*amér*) avocat *m*.

count¹ [kaʊnt] *n* compte *m*; *I lost* ~ *of time* j'ai perdu la notion du temps; (*boxe*)

he took the ~ il est allé au tapis pour le compte ◆ *vti* (*aussi fig*) 1 compter; *the votes are being* ~*ed* on dépouille le scrutin; *you can* ~ *him out* vous pouvez le décompter; (*fig*) ne comptez pas sur lui 2 avoir de l'importance; *every single minute* ~*s* chaque minute compte ‖ **°countdown** *n* compte *m* à rebours ‖ **°counting** *n* comptage *m*, dépouillement *m* ‖ **°countless** *adj* innombrable.

count² [kaʊnt] *n* (*titre*) comte *m*.

countenance [ˈkaʊntənəns] *n* (*lit*) expression *f* (du visage); *he lost all* ~ il perdit toute contenance.

counter¹ [ˈkaʊntə] *n* 1 comptoir *m*; *bought under the* ~ acheté de façon illégale 2 (*poste*) guichet *m* 3 (*Tech*) compteur *m* 4 (*jeu*) jeton *m*.

counter² [ˈkaʊntə] *n* (*Sp*) contre *m* ◆ *adj* contraire à; ~ *indication* contre-indication *f* ◆ *adv* (*to*) à l'inverse de; ~ *to the expected result* contrairement à l'effet recherché ◆ *vti* 1 contrecarrer 2 (*Sp*) riposter; parer (un coup) ‖ **counter°act** *vt* 1 contrarier 2 neutraliser ‖ **°counterattack** *n* contre-attaque *f* ◆ *vt* contre-attaquer ‖ **°counterbalance** *n* contre-poids *m* ◆ *vt* contre-balancer ‖ **counter-°clockwise** *adv* dans le sens contraire des aiguilles d'une montre ‖ **°counterfeit** *n* contrefaçon *f* ◆ *adj* (*monnaie*) faux (*f* fausse) ◆ *vt* contrefaire ‖ **°counterfoil** *n* (*chèque*) souche *f*, talon *m* ‖ **°counterpart** *n* 1 contrepartie *f* 2 duplicata *m*, double *m* 3 (*personne*) homologue *mf* ‖ **°counterweight** *n* contrepoids *m*.

countess [ˈkaʊntɪs] *n* (*titre*) comtesse *f*.

country [ˈkʌntrɪ] *n* 1 (*Pol*) pays *m*, patrie *f* 2 (*Géo*) pays *m*, région *f*; *in the open* ~ en rase campagne 3 campagne *f*; ~ *town* ville *f* de province; ~ *house* maison *f* de campagne ‖ **°countryman**/**°countrywoman** *n* campagnard(e) *m*(*f*); *fellow* ~ compatriote *mf* ‖ **°countryside** *n* 1 (la) campagne *f* 2 paysage *m*.

county [ˈkaʊntɪ] *n* comté *m*.

coup [kuː] *n* (*Pol*) coup *m* d'État.

couple [ˈkʌpl] *n* 1 (*famille*) couple *m*; *newly married* ~ nouveaux mariés *mpl* 2 (*fam*) deux ou trois; *I met a* ~ *of friends* j'ai rencontré quelques amis ◆ *vt* (ac)coupler, relier ◆ *vi* (s')accoupler.

coupon [ˈkuːpɒn] *n* coupon *m*; *gift-*~ bon-cadeau *m*.

courage [ˈkʌrɪdʒ] *n* courage *m* ‖ **courageous** [kəˈreɪdʒəs] *adj* courageux (*f* -euse).

course [kɔːs] *n* 1 cours *m*, courant *m* 2 (*Ens*) (série de) cours *m*; *a new English* ~ une nouvelle méthode d'anglais; *a* ~ *of lectures* une série de conférences 3 (*direction*) route *f*; (*Naut*) cap *m*; *a new* ~ *of action* une nouvelle ligne de conduite

4 (Sp) (golf) terrain m; (courses) champ m **5** (Cuis) plat m; **first ~** entrée f **6** (loc) **as a matter of ~** comme on s'y attendait; **in due ~** en temps utile; **of ~!** bien sûr!

court [kɔːt] n **1** (Jur) cour f; tribunal m; **go to ~** aller en justice, au tribunal; (tennis) court m **3** (habitat) cour f; résidence f; **View C~** résidence Belle-Vue **4** (Hist) cour f (royale) ◆ vt **1** faire la cour à; (vx) courtiser **2** (re)chercher, solliciter; **he likes ~ing danger** il aime braver le danger ‖ °**courthouse** n tribunal m ‖ **court-**°**martial** n conseil m de guerre ‖ °**courtroom** n (Jur) salle f d'audience ‖ °**courtship** n (faire la) cour f; **they married after a few weeks' ~** ils se marièrent après le quelques semaines ‖ °**courtyard** n cour f (intérieure).

courteous [ˈkɜːtjəs] adj courtois, poli ‖ °**courtesy** n **1** courtoisie f; **by ~ of** avec la gracieuse permission de **2** (souvent pl) politesses fpl **3** (Aut) **~ light** plafonnier m.

cove [kəʊv] n (Géog) anse f, crique f; (amér) cuvette f, gorge f.

covenant [ˈkʌvənənt] n **1** (Jur) convention f **2** (Pol) traité m, pacte m.

cover [ˈkʌvə] n **1** (protection) housse f, bâche f; **bed ~** couvre-lit m **2** couvercle m **3** (livre) couverture f **4** (poste); **under separate ~** par courrier séparé **5** abri m, couvert m; **without ~** à découvert **6** (animal) gîte m, terrier m **7** (Mil) couverture f; **air ~** couverture aérienne **8** (Com) provision f (bancaire) **9** (table) couvert m **10** (fig) **under ~ of darkness** à la faveur de l'obscurité ◆ vti **1** (se) couvrir **2** (distance) parcourir **3** recouvrir; **this paint ~s well** cette peinture couvre bien **4** cacher, dissimuler **5** (Mil) protéger; **~ me** couvre-moi **6** (Mil) tenir en respect **7** (Com) couvrir (un risque); **~ a deficit** combler un déficit; **~ expenditure** rentrer dans ses frais **8** (presse) couvrir (un événement) ‖ °**coveralls** npl (amér) salopette f ‖ °**coverage** n **1** (Com presse) couverture f, reportage m **2** champ m d'action ‖ °**covert** adj caché; (fig) secret; **there's a ~ threat** il y a une menace ◆ n (chasse) couvert m; fourré m ‖ **cover up** vt **1** recouvrir **2** (fig) dissimuler ◆ vi **1** (boxe) se couvrir **2** (fig) (for) servir de couverture (à).

covet [ˈkʌvɪt] vt convoiter ‖ °**covetous** adj (plein) de convoitise.

cow[1] [kaʊ] n **1** vache f **2** femelle f ‖ °**cowboy** n cowboy m ‖ °**cowhand** n (garçon) vacher m ‖ °**cowshed** n étable f.

cow[2] [kaʊ] vt intimider ‖ °**coward** n lâche m, poltron m (f -onne) ‖ °**cowardice** n lâcheté f, couardise f ‖ °**cowardly** adj lâche, poltron (f -onne).

cowslip [ˈkaʊslɪp] n (Bot) coucou m.

cox [kɒks] n (Sp) barreur m ◆ vt barrer ‖ **coxswain** [ˈkɒkswein] **1** patron m de canot m **2** barreur m.

coy [kɔɪ] adj timide.

crab [kræb] n crabe m; **he was walking ~-wise** il marchait de côté ‖ °**crab-apple** n (Bot) pomme f sauvage.

crabbed [ˈkræbɪd] adj **1** grincheux (f -euse), irritable **2** (écriture) déformé.

crack [kræk] n **1** craquement m; (fouet) claquement m; (arme) détonation f **2** fente f; (mur) fissure f, lézarde f; (vernis) craquelure f **3** coup m sec; **I gave myself a ~ on the head** je me suis cogné la tête **4** (fam) tentative f; **I'm going to have a ~ at it** je vais tenter le coup **5** (fam) crack m, champion m (f -ionne) **6** (fam) répartie f; **a nasty ~** une remarque blessante ◆ adj super, excellent; **~ shot** tireur m d'élite ◆ vti **1** faire claquer **2** (se) fêler, (se) crevasser **3** (se) casser, (se) fracturer; (fam) **let's ~ a bottle** on se paie une bouteille **4** (fam) **~ jokes** raconter des blagues **5** (fam) **lets get ~ing!** grouillons-nous! ‖ °**crackbrained** adj (fam) (cerveau) fêlé ‖ **crack down** vpart (on) prendre des mesures énergiques, sévir (contre) ‖ °**crackdown** n mesure f énergique ‖ °**cracked** adj **1** fendu; **~ voice** voix f cassée **2** (fam) timbré ‖ °**cracker** n **1** biscuit m (salé) **2** pétard m ‖ °**crackers** adj (fam) cinglé ‖ °**cracking** adj (fam) excellent; **at a ~ speed** à toute allure ‖ °**crackle** n **1** craquement m; crépitement m **2** (fam Rad) friture f ◆ vti **1** (se) fendiller, (se) craquer **2** crépiter, grésiller ‖ **crack up** vpart **1** (aussi fig) s'effondrer; (fam) craquer **2** vanter abusivement ‖ °**crackup** n **1** effondrement m; faillite f **2** dépression f nerveuse.

cradle [ˈkreidl] n **1** berceau m (d'enfant) **2** (Tech) berceau m, support m ◆ vt bercer (dans ses bras) ‖ °**cradlesong** n berceuse f.

craft[1] [krɑːft] n **1** habileté f; (péj) ruse f **2** métier m manuel; **arts and ~s** artisanat m **3** corps m de métier ‖ °**craftiness** n ruse f ‖ °**craftsman** n artisan m ‖ °**craftsmanship** n **1** dextérité f **2** maîtrise f d'un métier ‖ °**crafty** adj rusé, astucieux (f -euse).

craft[2] [krɑːft] n (pl inv) **1** embarcation f **2** vaisseau m; **air~** avion m; **space~** vaisseau m spatial.

crag [kræg] n rocher m escarpé.

cram [kræm] vti **1** bourrer; **he crammed the papers into his pockets** il fourra les papiers dans ses poches **2** (s')entasser; **we all crammed into the car** nous nous sommes tous entassés dans la voiture; **the train was crammed** le train était bondé **3** (Ens) (for) bûcher (un examen).

cramp [kræmp] *n* **1** *(Méd)* crampe *f* **2** *(Tech)* serre-joint(s) *m* *(pl inv)* ♦ *vt* **1** donner des crampes **2** *(fig)* entraver **3** *(Tech)* serrer ‖ **cramped** *adj* étriqué ; ~ *for space* à l'étroit.

cranberry ['krænbərı] *n* *(Bot)* airelle *f*.

crane [kreɪn] *n* **1** *(Zool)* grue *f* **2** *(Tech)* grue *f* ♦ *vt* *(cou)* tendre, allonger ‖ °**crane-driver** *n* grutier *m*.

crank[1] [kræŋk] *n* *(Tech)* manivelle *f* ‖ °**crankshaft** *n* vilebrequin *m* ‖ **crank (up)** *vt* *(Aut)* démarrer à la manivelle.

crank[2] [kræŋk] *n* excentrique *mf* ‖ °**cranky** *adj* **1** *(personne)* bizarre **2** *(fam)* revêche.

crash [kræʃ] *n* **1** *(bruit)* fracas *m* **2** accident *m* ; *car* ~ collision *f* **3** *(fig)* faillite *f*, krack *m* *(financier)* ♦ *vti* **1** (s')écraser ; *he* ~*ed into a tree* il percuta un arbre **2** *(bruit)* fracasser **3** *(fig)* faire faillite ‖ °**crash barrier** *n* glissière *f* de sécurité ‖ °**crash course** cours *m* intensif ‖ **crash °landing** atterrissage *m* forcé ‖ °**crash programme** programme *m* accéléré.

crate [kreɪt] *n* **1** caisse *f* **2** cageot *m* **3** *(hum)* tacot *m*.

crater ['kreɪtə] *n* cratère *m* ; *(après explosion)* entonnoir *m*.

crave [kreɪv] *vti* **1** *vi* *(for)* désirer ardemment **2** *vt* *(lit)* *(pardon)* implorer ‖ °**craving** *n (for)* besoin *m* insatiable *(de)*.

crawl [krɔ:l] *n* *(Sp)* crawl *m* ♦ *vi* **1** ramper ; *he* ~*ed under the bed* il se glissa sous le lit **2** avancer lentement **3** fourmiller ; *the cheese was* ~*ing with maggots* le fromage grouillait de vers **4** *(fig)* *I won't go* ~*ing to him* je refuse de m'aplatir devant lui.

crayfish ['kreɪfɪʃ] *(aussi* **crawfish***) n* écrevisse *f* ; *sea* ~ *n* langouste *f*.

craze [kreɪz] *n* engouement *m* ; manie *f* ‖ °**crazy** *adj* **1** fou *(f* folle*)* **2** *(amér)* formidable, incroyable.

creak [kri:k] *n* grincement *m* ♦ *vi* grincer.

cream [kri:m] *n* **1** crème *f* ; *single/double* ~ crème *f* liquide/épaisse **2** *shoe-*~ cirage *m* **3** *(fig)* *the* ~ *of the nation* la fine fleur de la nation ‖ °**creamy** *adj* crémeux *(f* -euse*)*, velouté.

crease [kri:s] *n* pli *m* ; ~*-resistant* infroissable ♦ *vti* faire des plis ; (se) froisser.

create [kri:'eɪt] *vt* **1** créer **2** *(bruit, sensation)* faire, susciter ‖ **cre°ation** *n* création *f* ‖ **cre°ative** *adj* créateur *(f* -trice*)* ; créatif *(f* -ive*)* ‖ **cre°ator** *n* créateur *m (f* -trice*)*.

creature ['kri:tʃə] *n* créature *f*.

credible ['kredibl] *adj* croyable ; *(personne)* crédible.

credit ['kredit] *n* **1** *(Fin)* crédit *m* ; ~ *facilities* facilités *fpl* de paiement **2** *(réputation, confiance)* *he has gained* ~ *within the firm* il a pris du poids dans l'entreprise **3** *(fig)* honneur *m* ; *he is a* ~ *to the school* il fait honneur à l'école **4** *(Ens)* *pass with* ~*s* être reçu avec mention honorable ♦ *vt* **1** *(Fin)* créditer **2** ajouter foi à, croire **3** *(fig)* attribuer ; *she is* ~*ed with unusual powers* on lui prête un pouvoir extraordinaire ‖ °**creditable** *adj* honorable ‖ °**creditor** *n* créancier *m (f* -ière*)*.

creed [kri:d] *n* **1** *(Rel)* credo *m* **2** profession *f* de foi.

credulity [krɪ'dju:lətɪ] *n* crédulité *f* ‖ °**credulous** *adj* crédule.

creek [kri:k] *n* **1** *(brit)* crique *f* **2** *(amér)* ruisseau *m* **3** *(amér)* vallon *m*.

creep [kri:p] *vi* *(p pp* **crept***)* **1** ramper **2** avancer lentement **3** s'insinuer ; *fear crept over him* la peur le gagna ♦ *n* *(amér)* dégoûtant, *m* ‖ °**creeper** *n* plante *f* grimpante ‖ **creeps** *npl inv* *(fam)* *it gives me the* ~ ça me fiche la frousse.

cremate [krɪ'meɪt] *vt* incinérer.

crêpe [kreɪp] *n* *(tissu)* crêpe *m* ; ~ *paper* papier *m* crépon.

crept [krept] *p pp* de **creep**.

crescent ['kresnt] *n* **1** *(lune)* croissant *m* **2** rue *f* en arc de cercle.

crest [krest] *n* **1** *(Orn)* crête *f* **2** *(Géol)* sommet *m* **3** armoiries *fpl* **4** *(casque)* cimier *m* ‖ °**crested** *adj* **1** *(Orn)* huppé **2** armorié ‖ °**crestfallen** *adj* **1** abattu ; *he looks* ~ il a l'air penaud.

crevice ['krevɪs] *n* fente *f*, fissure *f*.

crew [kru:] *n* **1** *(Naut)* équipage *m* **2** équipe *f* **3** *(fam)* bande *f* ‖ °**crew cut** *n (cheveux)* coupe *f* en brosse ‖ °**crew neck** *n (tricot)* col *m* ras du cou.

crib [krɪb] *n* **1** mangeoire *f* **2** *(Rel)* crèche *f* **3** berceau *m* **4** *(amér)* coffre *m* (à maïs) **5** *(fam Ens)* antisèche *f* ♦ *vti* **1** copier **2** utiliser un corrigé **3** plagier.

crime [kraɪm] *n* **1** *(Jur)* délit *m* ; crime *m* ; ~ *story* roman *m* policier.

criminal ['krɪmɪnl] *adj* criminel *(f* -elle*)* ; ~ *record* casier *m* judiciaire ♦ *n* criminel *m (f* -elle*)*.

crimson ['krɪmzn] *adj* cramoisi ; ~ *with* *(f* -elle*)* *shame* rouge de honte.

cringe [krɪndʒ] *vi* **1** se faire tout petit *(devant quelqu'un)* **2** *(fig)* se conduire de façon obséquieuse, servile.

cripple ['krɪpl] *n* infirme *mf*, invalide *mf* ♦ *vt* **1** estropier **2** *(aussi fig)* paralyser ; ~*d with rhumatism* perclus de rhumatismes *mpl*.

crisis ['kraɪsɪs] *(pl* **crises** ['kraɪsi:z]*) n* crise *f* ; *point* *m* critique.

crisp [krɪsp] *adj* **1** croustillant **2** croquant **3** *(neige)* craquant **4** *(air)* vif *(f* vive*)* **5** *(cheveux)* crépu ‖ **(po°tato-)crisps** *npl* pommes *fpl* chips.

criss-cross ['krɪskrɒs] *vti* (s')entrecroiser ◆ *adj* entrecroisé, en croisillons ◆ *n* entrecroisement *m*; enchevêtrement *m*.

criterion [kraɪˈtɪərɪən] *n* critère *m*.

critic ['krɪtɪk] *n* 1 (*personne*) critique *m* 2 (*Lit*) censeur *m* ‖ °**critical** *adj* critique.

criticism ['krɪtɪsɪzəm] *n* critique *f*.

criticize/-ise ['krɪtɪsaɪz] *vt* 1 critiquer 2 censurer; *severely* ~*d* sévèrement blâmé.

croak [krəʊk] *vti* 1 croasser 2 coasser 3 (*fig*) parler d'une voix rauque ◆ *n* 1 (*corbeau*) croassement *m* 2 (*grenouille*) coassement *m* ‖ °**croaky** *adj* (*voix*) enroué.

crockery ['krɒkərɪ] *n* 1 poterie *f* 2 (*table*) vaisselle *f* ordinaire; faïence *f*.

crocodile ['krɒkədaɪl] *n* crocodile *m*.

crocus ['krəʊkəs] *n* (*Bot*) crocus *m*.

crook [krʊk] *n* 1 crochet *m* 2 (*Géo*) courbe *f*, coude *m* 3 escroc *m* 4 (*évêque*) crosse *f* ◆ *vti* (re)courber ‖ °**crooked** ['krʊkɪd] *adj* 1 courbé; ~ *nose* nez *m* crochu; ~ *legs* jambes *fpl* torses 2 de travers 3 (*fig*) malhonnête.

crooner ['kruːnə] *n* chanteur *m* de charme.

crop [krɒp] *n* 1 moisson *f*; récolte *f* 2 (*fig*) *a fine* ~ *of hair* une belle chevelure 3 (*équitation*) cravache *f* ◆ *vti* 1 (*cheveux*) couper, tondre 2 cultiver en; *cropped with barley* planté en orge ‖ **crop up** *vpart* (*aussi fig*) surgir; (*difficulté*) se présenter.

cross [krɒs] *n* 1 croix *f* 2 (*génétique*) croisement *m*; métissage *m* 3 (*couture*) *cut on the* ~ coupé en biais ◆ *vti* 1 traverser; *it* ~*ed my mind...* il me vint à l'esprit... 2 (se) croiser; *keep your fingers* ~*ed*! pensez à moi! (ça réussira!) 3 (*Rel*) se signer 4 (*chèque*) barrer 5 (*Bio*) croiser, métisser 6 (*fig*) contrecarrer (*des projets*) ◆ *adj* 1 de mauvaise humeur; *don't be* ~ *with her* ne lui en veuillez pas 2 oblique; (entre)croisé; *he's a bit* ~-*eyed* il louche légèrement; *sitting* ~-*legged* assis les jambes croisées /en tailleur ‖ °**crossbow** *n* arbalète *f* ‖ °**crossbreed** *n* 1 race *f* croisée 2 (*fam*) métis *m* (-*isse*) ◆ *vt* croiser, métisser ‖ **cross**-°**country** *n* (*Sp*) cross *m* ◆ *adj* (*Aut*) tout terrain ‖ °**cross**-°**exami**°**nation** *n* (*Jur*) contre-interrogatoire *m* ‖ **cross**-**e**°**xamine** *vti* 1 (*Jur*) faire subir un contre-interrogatoire 2 faire subir un interrogatoire en règle ‖ °**crossfire** *n* (*Mil*) feu *m* croisé ‖ °**crossing** *n* 1 traversée *f* 2 (*voie*) croisement *m*; *level*~ passage à niveau; *zebra* ~ passage *m* clouté ‖ **cross off** *vpart* (*nom*) rayer ‖ **cross out** *vpart* biffer, barrer ‖ **cross over** *vpart* traverser, faire une traversée ‖ **cross**-°**purposes** *npl inv* (*loc*); *they are speaking at* ~ il y a un malentendu entre eux ‖ °**crossroad** *n* rue *f* transversale ‖ °**crossroads** *n* carrefour *m*; (*fig*) *at the* ~ à la croisée des chemins

‖ **cross**-°**section** *n* 1 coupe *f* (transversale) 2 groupe *m* représentatif; *a* ~ *of life* une tranche de vie ‖ °**crossword** (**puzzle**) *n* mots *mpl* croisés.

crouch [kraʊtʃ] *vi* s'accroupir.

croup [kruːp] *n* (*cheval*) croupe *f*.

crow¹ [krəʊ] *n* 1 (*Orn*) corneille *f*; (*Naut*) ~*'s nest* nid *m* de pie; *as the* ~ *flies* à vol d'oiseau 2 (*amér*) humiliation *f*; *he had to eat* ~ il a dû filer doux.

crow² [krəʊ] *n* 1 chant *m* du coq 2 (*bébé*) gazouillis *m* ◆ *vi* 1 (*coq*) chanter 2 (*bébé*) gazouiller 3 (*over*) crier victoire (sur).

crowbar ['krəʊbaː] *n* 1 levier *m* 2 pied *m* de biche.

crowd [kraʊd] *n* 1 foule *f*; *there was quite a* ~ il y avait pas mal de monde 2 (*fam*) bande *f*; *a* ~ *of youngsters* un groupe de jeunes 3 (*fam*) grand nombre *m*; *a* ~ *of people say so* un tas de gens le disent ◆ *vti* 1 (se) serrer; *the journalists* ~*ed around the winner* les journalistes se pressaient autour du vainqueur 2 affluer; *they* ~*ed (into) the square* ils envahirent la place 3 (*Naut*) ~ *on sail* faire force de voiles ‖ °**crowded** *adj* plein (*de*), bondé; *a* ~ *street* une rue encombrée.

crown [kraʊn] *n* 1 couronne *f*; *C*~ *Prince* prince *m* héritier; ~ *court* tribunal *m* de grande instance; ~ *witness* témoin *m* à charge 2 (*dent*) couronne *f* 3 (*arbre*) cime *f*, faîte *m* 4 (*amér*) ~ *cap* capsule *f*; ~ *cap opener* décapsuleur *m* 5 (*vx*) (*monnaie*) couronne *f* ◆ *vt* 1 couronner 2 (*efforts*) récompenser 3 (*fig*) *and to* ~ *it all* et pour comble de bonheur/malheur 4 (*jeu*) damer (*un pion*) 5 (*fam*) donner un coup sur la tête.

crucial ['kruːʃl] *adj* crucial, décisif (*f* -ive).

crude [kruːd] *adj* 1 grossier (*f* -ière); ~ *tools* outils *mpl* rudimentaires 2 (*pétrole*) brut 3 brutal; ~ *manners* manières *fpl* peu raffinées.

cruel [krʊəl] *adj* cruel (*f* -elle) ‖ °**cruelty** *n* 1 cruauté *f* 2 (*Jur*) sévices *mpl*.

cruise [kruːz] *n* croisière *f* ◆ *vi* 1 faire une croisière 2 (*Naut*) croiser 3 (*argot*) draguer ‖ °**cruiser** *n* croiseur *m* de combat; *cabin* ~ yacht *m* ‖ °**cruising** *adj* 1 en croisière 2 (*taxi*) en maraude ◆ *n* (*fam*) drague *f*.

crumb [krʌm] *n* miette *f* ‖ °**crumble** *vti* 1 (s')émietter, (s')effriter 2 tomber en ruine ‖ °**crumbling** *adj* croulant, qui s'effondre, qui s'effrite.

crumple ['krʌmpl] *vti* (se) froisser, (se) friper; *a* ~*ed dress* une robe chiffonnée.

crunch [krʌntʃ] *vti* 1 croquer 2 écraser 3 (*glace*) crisser ◆ *n* 1 craquement *m* (*sous la dent*) 2 crissement *m* 3 (*amér argot*) problème *m* financier 4 (*fam*) moment *m* critique; *when it comes to a/the* ~ dans les situations cruciales || °**crunchy** *adj* croquant, croustillant.

crusade [kruːˈseɪd] *n* **1** croisade *f*; *launch a ~ against* partir en croisade contre **2** *(fig)* campagne *f* (en faveur de).

crush [krʌʃ] *n* **1** bousculade *f*, cohue *f*; *there was a real ~* il y avait un monde fou **2** *(Cuis)* *lemon ~* citron *m* pressé ◆ *vti* **1** (s')écraser, (se) bousculer **2** froisser || °**crushed** *adj* **1** écrasé; *he was ~ with grief* il était accablé de chagrin **2** froissé || °**crushing** *adj* cinglant, humiliant.

crust [krʌst] *n* **1** croûte *f* **2** croûton *m* ◆ *vi* se couvrir d'une croûte || °**crusty** *adj* **1** croustillant **2** *(personne)* bourru.

crutch [krʌtʃ] *n* **1** béquille *f* **2** *(Tech)* support *m*.

crux [krʌks] *n* point *m* crucial; *that's the ~ of the matter* c'est là l'essentiel.

cry [kraɪ] *vti* **1** crier **2** s'écrier **3** pleurer; *she cried her eyes out* elle pleura toutes les larmes de son corps ◆ *n* **1** cri *m* **2** plainte *f* **3** crise *f* de larmes; *(fam) have a good ~* pleure un bon coup (ça te fera du bien) || **cry down** *vpart* décrier, déprécier || **cry off** *vpart* se dédire, annuler || **cry out** *vpart* **1** pousser un (des) cri(s) **2** *(for)* réclamer; *he cried out for mercy* il demanda grâce.

cryptic(al) [ˈkrɪptɪk(l)] *adj* énigmatique.

crystal [ˈkrɪstl] *n* **1** cristal *m*; *it's ~ clear* c'est clair comme de l'eau de roche; *~ factory* cristallerie *f* **2** *(El)* quartz *m* || °**crystallize** *vti* (se) cristalliser; *~d fruit* fruits *mpl* confits.

cub [kʌb] *n* *(Zool)* petit(e) *m(f)*; *bear ~* ourson *m*; *~ scout* louveteau *m* || °**cubbyhole** *n* **1** abri *m*; cachette *f* **2** cagibi *m* **3** *(Aut)* vide-poches *m (pl inv)*.

cube [kjuːb] *n* cube *m*; *ice ~* glaçon *m* || °**cubicle** *n* **1** *(hôpital)* box *m* **2** *(bateau)* cabine *f*.

cuckoo [ˈkuku:] *n* *(Zool)* coucou *m*; *a ~ clock* un coucou ◆ *adj (brit fam)* loufoque, cinglé.

cucumber [ˈkjuːkʌmbə] *n* concombre *m*.

cuddle [ˈkʌdl] *vti* serrer dans ses bras, câliner ◆ *n* câlin *m*, caresse *f* || **cuddle up** *vpart (to)* se pelotonner (contre).

cudgel [ˈkʌdʒəl] *n* gourdin *m* ◆ *vt* donner des coups de bâton à; *(fig) stop ~ing your brains* arrête de te creuser la cervelle.

cue[1] [kjuː] *n* **1** *(Th)* réplique *f* **2** indication *f*; *(fig) he took his ~ from his friend* il a pris modèle sur son ami ◆ *vt (Th)* donner la réplique; *(fam) he isn't ~d in* il n'est pas sur la même longueur d'onde.

cue[2] [kjuː] *n* queue *f* de billard.

cuff[1] [kʌf] *n* manchette *f*; *(fig) he spoke off the ~* il a parlé au pied levé || °**cufflink** bouton *m* de manchette;

cuff[2] [kʌf] *n* gifle *f*; *(fam)* taloche *f* ◆ *vt* gifler.

cul de sac [ˈkʌldəsæk] *n* cul-de-sac *m*, impasse *f*.

culminate [ˈkʌlmineit] *vi* **1** culminer **2** *(in)* aboutir (à) || culmi°**nation** *n* **1** point *m* culminant **2** *(fig)* apogée *m*.

culprit [ˈkʌlprɪt] *n* coupable *mf*.

cult [kʌlt] *n* culte *m*.

cultivate [ˈkʌltiveit] *vt* cultiver || °**cultivated** *adj (terre, personne)* cultivé || culti°**vation** *n* (mise en) culture *f* || °**cultivator** *n* motoculteur *m*.

cultural [ˈkʌltʃərəl] *adj* culturel *(f -elle)* || °**culture** *n* culture *f* || °**cultured** *adj* **1** *(personne)* cultivé **2** *~pearl* perle *f* de culture.

cumbersome [ˈkʌmbəsəm] *adj* encombrant.

cunning [ˈkʌnɪŋ] *n* **1** ruse *f* **2** ingéniosité *f* ◆ *adj* **1** rusé **2** ingénieux *(f -ieuse)* || °**cunningly** *adv* **1** par ruse **2** astucieusement.

curb [kɜːb] *n* **1** *(fig)* frein *m* **2** *(amér)* bordure *f* de trottoir ◆ *vt (fig)* freiner, refréner.

curd [kɜːd] *n* *~s* lait *m* caillé || °**curdle** *vti* (se) figer; *his blood ~d* son sang se figea.

cure [kjuə] *n* **1** remède *m* **2** guérison *f*; *past ~ disease* mal *m* incurable ◆ *vt* **1** guérir **2** *(fig)* porter remède à **3** *(défaut)* corriger **3** *(viande)* saler, fumer.

curfew [ˈkɜːfjuː] *n* couvre-feu *m (pl inv)*.

curio [ˈkjuəriəʊ] *n* bibelot *m* || **curi**°**osity** [ˌkjuərɪˈɒsɪtɪ] *n* **1** curiosité *f* **2** objet *m* rare || °**curious** *adj* curieux *(f -ieuse)* **2** étrange, singulier.

curl [kɜːl] *n* **1** boucle *f* **2** *(fumée)* volute *f* ◆ *vti* **1** boucler, friser **2** (s')enrouler **3** *(fig) he ~ed his lip* il fit la moue || °**curler** *n* bigoudi *m* || **curl up** *vpart* **1** se pelotonner **2** s'enrouler || °**curly** *adj* **1** bouclé, frisé **2** crépu.

currant [ˈkʌrənt] *n* **1** *(Hort)* groseille *f*; *~ bush* groseillier *m* **2** raisin *m* (sec) de Corinthe.

currency [ˈkʌrənsɪ] *n* **1** *(Fin)* unité *f* monétaire, monnaie *f* **2** *ns inv* devises *fpl* **3** *(fig) this rumour is gaining ~* cette rumeur gagne le terrain.

current [ˈkʌrənt] *adj* **1** courant, *~ account* compte-courant *m* **2** actuel *(f -elle)*; *~ issue* **1** édition *f* (du jour) **2** sujet *m* d'actualité; *~ events* actualité *f* **3** *(Fin)* qui a cours ◆ *n* **1** courant *m* **2** *(fig)* tendance *f*.

curriculum [kəˈrɪkjələm] *n* *(Ens)* programme *m*.

curse [kɜːs] *n* **1** malédiction *f* **2** juron *m* **3** fléau *m* ◆ *vti* **1** maudire **2** être affligé de **3** jurer.

cursory [ˈkɜːsəɪ] *adj (analyse)* rapide.

curt [kɜːt] *adj (manière)* brusque ; ~ **answer** réponse *f* cassante.

curtail [kɜːˈteɪl] *vt* **1** raccourcir **2** restreindre ; **we must ~ expenses** il faut réduire les dépenses.

curtain [ˈkɜːtn] *n* rideau *m*.

curts(e)y [ˈkɜːtsɪ] *n* révérence *f* ◆ *vi* faire la révérence.

curve [kɜːv] *n* **1** courbe *f* **2** tournant *m* ; **he took the ~** il négocia le virage ◆ *vti* (se) courber.

cushion [ˈkʊʃn] *n* **1** coussin *m* **2** bande *f* (de billard) ; *(fig)* **I got it off the ~** je l'ai obtenu par la bande ◆ *vt* **1** garnir de coussins **2** *(fig)* amortir.

custard [ˈkʌstəd] *n* crème *f* anglaise.

custodian [kʌˈstəʊdjən] *n* **1** gardien *m (f* -ienne) **2** *(musée)* conservateur *m (f* -trice).

custody [ˈkʌstədɪ] *n* **1** *(Jur)* garde *f* **2** détention *f* (préventive).

custom [ˈkʌstəm] *n* **1** coutume *f*; *according to ~* selon l'habitude **2** *(Com)* clientèle *f* **3** *(Com)* ~ **made** fait sur commande *f* ‖ °**customary** *adj* **1** habituel *(f* -elle) ; *it is ~ to* il est d'usage de **2** *(droit)* coutumier *(f* -ière) ‖ °**customer** *n* **1** client *m* **2** consommateur *m (f* -trice) ; *a regular ~* un habitué **3** *(péj)* type *m* ‖ °**customs** *n* douane *f* ; ~ *formalities* formalités *fpl* douanières ; ~ *officer* douanier *m*.

cut [kʌt] *vti (p pp* **cut**) **1)** (se) couper, (se) tailler ; *(fig) that argument cuts both ways* c'est un argument à double tranchant **2** entailler **3** *(Méd)* inciser **4** *(papier)* (se) découper **5** réduire ; *to ~ a long story short* bref, *(fam)* pour faire court **6** prendre un raccourci ; ~ *across the meadow* coupez à travers le pré ; *he always cuts his corners* il prend toujours les virages à la corde **7** *(cristal)* tailler, graver **8** *(Sp, cartes)* couper **9** *(fig) (discussion)* interrompre ; *he ~ into the debate* il est intervenu brutalement dans le débat **10** *(fig)* blesser ; *that ~ him to the quick* ça l'a piqué au vif **11** *(fig) she ~ him dead* elle fit comme si elle ne le voyait pas **12** *(fam) (cours)* sécher ◆ *n* **1** coupure *f*, entaille *f* **2** *(Méd)* incision *f* **3** *(arme blanche)* coup *m* ; *a nasty ~* une mauvaise blessure **4** *(viande)* tranche *f* ;

low ~*s* bas morceaux *mpl* **5** *(cheveux)* coupe *f*; *he has a crew* ~ il a les cheveux coupés ras **6** *(fig)* réduction *f*; *a ~ in prices* une baisse des prix **7** *(cartes)* coupe *f* **8** *(fig)* degré *m* ; *she is a ~ above him* elle lui est supérieure ◆ *adj* **1** *(cristal)* taillé **2** *(fleurs)* coupé **3** *(vêtements)* *well-~ suit* un costume de bonne coupe ; *a low-~ blouse* un chemisier décolleté **4** *(prix)* réduit ; ~*-price* articles *mpl* soldés ‖ **cut back** *vpart* **1** *(prix)* diminuer **2** rebrousser chemin ‖ **cut down** *vpart* **1** couper **2** *(arbre)* abattre **3** diminuer ; *I had to ~ down on cigarettes* j'ai dû réduire ma consommation de cigarettes ‖ **cut in** *vpart* **1** intervenir dans la conversation **2** couper la route (à) ‖ °**cutler** *n* coutelier *m* ‖ °**cutlery** *n* couverts *mpl* ‖ **cut off** *vpart* **1** trancher **2** *(Téléph)* couper ; *(émission)* interrompre **3** *(fig) he has been* ~ *off without a penny* on l'a déshérité ‖ **cut out** *vpart* **1** enlever ; ~ *out the shoots* supprimer les rejets **2** découper **3** *(Aut)* déboîter **4** *(fig)* renoncer à ; ~ *out smoking!* cessez de fumer ! **5** *(fam)* ~ *it out!* ça suffit ! ‖ °**cutter** *n* **1** cutter *m*, tranchoir *m* **2** *(Naut)* canot *m* ‖ °**cut-throat** *n* assassin *m* ‖ °**cutting** *adj* **1** tranchant *(vent)* cinglant ◆ *n* **1** coupure (de journal) ‖ **cut up** *vpart* **1** *(viande)* découper, débiter **2** *(fig)* anéantir ; *(critique)* éreinter ◆ *adj* ennuyé (par), déprimé.

cute [kjuːt] *adj* **1** mignon *(f* -onne) **2** astucieux *(f* -ieuse).

cutlet [ˈkʌtlɪt] *n* côtelette *f* (de veau).

cuttlefish [ˈkʌtlfɪʃ] *n (Zool)* seiche *f*.

cyanide [ˈsaɪənaɪd] *n (Ch)* cyanure *m*.

cycle [ˈsaɪkl] *vi* faire de la bicyclette ; aller à bicyclette ◆ *n* **1** *(temps)* cycle *m* **2** *(aussi* **bicycle)** bicyclette *f* ; *(fam)* vélo *m* ‖ °**cyclepath** *n* piste *f* cyclable ‖ °**cycle-racing** °**track** *n* vélodrome *m* ‖ °**cyclist** *n* cycliste *mf*.

cygnet [ˈsɪgnɪt] *n (Orn)* jeune cygne *m*.

cynic [ˈsɪnɪk] *n* cynique *m* ‖ °**cynical** *adj* cynique ‖ °**cynicism** *n* cynisme *m*.

cypress [ˈsaɪprəs] *n (Bot)* cyprès *m (pl inv)*.

cyst [sɪst] *n (Méd)* kyste *m*.

cystitis [sɪsˈtaɪtɪs] *ns inv (Méd)* cystite *f*.

D

D [diː] *n* D *m*; *(Mus)* ré *m*; *D-day* le jour J.

dab [dæb] *vt* tamponner ◆ *n* petite quantité *f*.

dabble [ˈdæbl] *vi (péj) (in)* pratiquer (en amateur).

dachshund [ˈdækshʊnd] *n* teckel *m*.

dad [dæd] /°**daddy** [ˈdædɪ] *n* papa *m*

‖ **daddy°long-legs** n (pl inv) (Zool) tipule f.

daffodil ['dæfədɪl] n (Bot) jonquille f.

daft [dɑːft] adj (brit fam) idiot, imbécile.

dagger ['dægə] n poignard m; *they are at ~s drawn* ils sont à couteaux tirés.

dahlia ['deɪlɪə] n (Bot) dahlia m.

daily ['deɪlɪ] adj (journal; activité) quotidien (f -ienne); (rendement) journalier (f -ière) ♦ adv quotidiennement, journellement ♦ n journal m (quotidien).

dainty ['deɪntɪ] adj délicat; mignon ‖ **°daintily** adv délicatement ‖ **°daintiness** n raffinement m.

dairy ['deərɪ] n 1 laiterie f; crémerie f; ~ *butter* beurre m fermier; ~ *cow* vache f laitière; ~ *farming* industrie f laitière ‖ **°dairyman** n laitier m; crémier m.

dais [deɪs] n estrade f.

daisy ['deɪzɪ] n pâquerette f; marguerite f.

dale [deɪl] n vallée f, vallon m.

dam [dæm] n barrage m, réservoir m ♦ vt contenir, endiguer.

damage ['dæmɪdʒ] 1 ns inv dommage(s) m(pl), dégâts mpl; avarie(s) f(pl); *there was a lot of* ~ il y a eu beaucoup de dégâts; (fig) *there's no great ~ done* il n'y a pas grand mal 2 préjudice m, tort m ♦ vt endommager; abîmer; avarier; nuire à ‖ **°damages** npl inv (Jur) dommages-intérêts mpl ‖ **°damaging** adj nuisible; préjudiciable.

damn [dæm] excl merde! ♦ n loc *I don't care/give a* ~! je m'en fiche! ♦ adj sacré, fichu; *what a* ~ *nuisance!* quelle barbe! ♦ adv sacrément; (brit fam) *he knows* ~ *all* il n'y connaît rien ♦ vt 1 condamner 2 pester contre ‖ **dam°nation** [dæm'neɪʃn] n damnation f ♦ excl merde! ‖ **damned** adj damné; fichu; *I'll be* ~! ça alors! ♦ adv fichtrement ‖ **damning** adj (document, témoignage) accablant.

damp [dæmp] adj humide; (peau) moite ♦ n humidité f ♦ vt (aussi **°dampen**) 1 humidifier 2 (fig) décourager, refroidir ‖ **°dampness** n humidité f.

dance [dɑːns] vti danser; *she ~d with rage* elle trépignait de colère ♦ n 1 danse f 2 bal m (pl bals), soirée f dansante.

dandelion ['dændɪlaɪən] n pissenlit m.

dandruff ['dændrəf] ns inv pellicules fpl.

dangle ['dæŋgl] vti 1 (laisser) pendre; *with arms dangling* les bras ballants 2 balancer 3 (loc) *don't keep me dangling!* ne me laisse pas dans l'incertitude!

dapper ['dæpə] adj pimpant.

dare [deə] aux mod oser; *how ~ you say that!* comment osez-vous dire une chose pareille! *she doesn't* ~ *contradict him* elle n'ose pas le contredire ♦ vt défier; *I ~ you to do it* je vous mets au défi de le faire ‖ **°daredevil** n adj casse-cou m

°daresay (loc) *I ~ you're right* vous avez sans doute raison ‖ **°daring** adj audacieux (f -euse) ♦ n audace f.

dark [dɑːk] adj 1 sombre; *it's getting* ~ la nuit tombe 2 (couleurs) foncé; ~ *red* rouge foncé; ~ *hair* cheveux mpl bruns; ~ *glasses* lunettes fpl noires; (brit fig) *keep it* ~! n'en parle à personne! 3 sombre, triste; *he's always looking on the* ~ *side of things* il voit toujours tout en noir ♦ n noir m; obscurité f; *after* ~ à la nuit tombée; *I'm afraid of the* ~ j'ai peur du noir; (fig) *they keep me in the* ~ *about everything* on ne me dit jamais rien ‖ **°darken** vti (s')obscurcir; (ciel et fig) (s')assombrir; (couleurs) foncer ‖ **°darkness** n obscurité f ‖ **°darkroom** n (Phot) chambre f noire.

darling ['dɑːlɪŋ] n chéri(e); (brit) *he's a mother's* ~ c'est le chouchou de sa maman; (fam) *be a* ~! sois un ange! ♦ adj adorable; *a* ~ *child* un amour d'enfant.

darn [dɑːn] vt 1 repriser ♦ n reprise f ♦ (excl) mince! zut!

dart [dɑːt] n 1 dard m; *play ~s* jouer aux fléchettes 2 (loc) *make a* ~ se précipiter ♦ vti (soleil) darder 2 se précipiter.

dash [dæʃ] vti 1 fracasser; *it ~ed my hopes* cela a anéanti mes espoirs 2 se précipiter; (fam) *I must* ~ (off)! il faut que je me sauve! ♦ n 1 ruée f 2 (Cuis) soupçon m; pointe f; goutte f 3 (couleur) pointe f; touche f 4 (ponctuation) tiret m 5 (loc brit) *cut a* ~ faire de l'effet ‖ **°dashboard** n (Aut) tableau m de bord ‖ **°dashing** adj fringant.

data ['deɪtə] npl inv données fpl; (Inf) ~ *processing* traitement m des données.

date[1] [deɪt] n datte f; ~ *palm* dattier m.

date[2] [deɪt] n 1 date f; ~ *of birth* date f de naissance; *what's today's* ~? quelle date sommes-nous aujourd'hui? *out of* ~ démodé; *to* ~ à ce jour; *up to* ~ moderne; à la page; à jour; *keep up to* ~ (*with*) (se) tenir au courant de (de) 2 (fam) rendez-vous ♦ vti 1 dater 2 (amér) donner rendez-vous à.

daub [dɔːb] v barbouiller ♦ n (Art) croûte f.

daughter ['dɔːtə] n fille f ‖ **°daughter-in-law** n belle-fille f.

daunt [dɔːnt] vt décourager, intimider ‖ **°dauntless** adj intrépide.

dawdle ['dɔːdl] vi (péj) traîner, flâner.

dawn [dɔːn] n aube f; *from ~ to dusk* du matin au soir ♦ vi (jour) se lever; (fig) *it ~ed on me that...* l'idée me vint que...

day [deɪ] n jour m; journée f; ~ *care/ nursery* (facilités de) crèche f, *what ~ is it?* quel jour sommes-nous? c'est le combien aujourd'hui? *the ~ before* la veille; *the ~ before yesterday* avant-hier; *the ~ after* le lendemain; *every other*

~/*every 2* ~*s* tous les deux jours ; *once a* ~ une fois par jour ; *(brit) this* ~ *week* d'aujourd'hui en huit ; *he may arrive any* ~ *now* il peut arriver d'un jour à l'autre ; *we live from* ~ *to* ~ nous vivons au jour le jour ; ~ *in* ~ *out* tous les jours que Dieu fait ; *the working* ~ la journée de travail ; *a* ~ *off* un jour de congé ; *on a sunny* ~ par un jour ensoleillé ; *those were the (good old)* ~*s!* c'était le bon (vieux) temps ! *in my* ~ à mon époque ; *in my young* ~*(s)* dans ma jeunesse ; *these* ~*s nobody minds* de nos jours personne ne fait attention ; *I remember it to this (very)* ~ je m'en souviens encore aujourd'hui ; *it was 5 years ago to the* ~ c'était il y a cinq ans jour pour jour ; *those shoes have seen better* ~*s/have seen better* ~*s* ces chaussures ont fait leur temps ! *his* ~*s are numbered* ses jours sont comptés ; *it's all in* ~*'s work* c'est de la routine ; *let's call it a* ~*!* finissons-en là ! *I'm putting this away for a rainy* ~ je mets de côté une poire pour la soif ; *she's (as) happy as the* ~ *is long* c'est une heureuse nature ; *we haven't got all* ~ nous n'avons pas de temps à perdre ; *he came to pass the time of* ~ il est venu pour bavarder de choses et d'autres ∥ °**daybreak** *n* aube *f* ∥ °**daydream** *vi* rêvasser ∥ °**daylight** *n* lumière *f* du jour ; *can I see the colours in* ~? puis-je voir les couleurs à la lumière du jour ? *it's* ~ il fait jour ; *(fig) I'm beginning to see* ~ je commence à y voir clair ; *(brit) it's* ~ *robbery!* c'est du vol manifeste ! *in broad* ~ en plein jour.

daze [deɪz] *vt (coup)* étourdir ; *(drogue)* hébéter ; *(moral)* stupéfier ◆ *n (loc) he's in a* ~ il est hébété.

dazzle [ˈdæzl] *vt* éblouir.

deacon [ˈdiːkən] *n (Rel)* diacre *m*.

dead [ded] *adj* mort ; *the* ~ *man, woman* le mort, la morte ; ~ *body* cadavre *m* ; *he dropped down (stone)* ~ il est tombé raide mort ; *my friends are all* ~ *and gone* il y a longtemps que tous mes amis ne sont plus de ce monde ; *wanted* ~ *or alive* recherché mort ou vif ; *(peur, fatigue) I felt more* ~ *than alive* je me sentais plus mort que vif ; *(Téléph) the line is* ~ la ligne ne répond plus ; ~ *silence* silence *m* de mort ; *(Com) the* ~ *season* la morte-saison ; *it's a* ~ *loss (Com)* c'est une perte sèche ; *(fam fig)* cela ne vaut rien ; *(fam) I wouldn't be seen* ~ *wearing that!* pour rien au monde je ne porterais cela ! *(fam fig) over my* ~ *body!* jamais de la vie ! *(fam fig) he cut me* ~ il m'a battu froid ◆ *adv (loc)* ~ *drunk* ivre mort ; *go* ~ *slow* aller au pas ; *stop* ~ s'arrêter net ; ~ *tired* mort de fatigue ; *he's* ~ *earnest* il parle tout à fait sérieusement ; *I'm* ~ *against that!* j'y suis totalement opposé ! ◆ *n the* ~ les morts

mpl ; *at* ~ *of night* à la nuit noire ; *in the* ~ *of winter* au plus fort de l'hiver ∥ **dead-°beat** *adj* éreinté ∥ °**deaden** *vt (choc)* amortir ; *(douleur)* calmer ∥ **dead °end** *n (aussi fig)* impasse *f* ∥ °**deadline** *n* date *f* limite ∥ °**deadlock** *n (discussion)* impasse *f* ∥ °**deadly** *adj* mortel *(f -elle)* ; ~ *sin* péché *m* mortel ; ~ *weapon* arme *f* meurtrière ; *(fam)* barbant, rasoir ◆ *adv* mortellement ; *it's* ~ *cold* il fait un froid de loup ∥ °**deadpan** *adj* pince-sans-rire.

deaf [def] *adj* sourd ; *stone* ~ sourd comme un pot ; *he turned a* ~ *ear* il a fait la sourde oreille ∥ °**deaf-aid** *(brit)* appareil *m* acoustique ∥ °**deafening** *adj* assourdissant ∥ **deaf-°mute** *n* sourd-muet *m* ∥ °**deafness** *n* surdité *f*.

deal[1] [diːl] *n* quant *a good/great* ~ *of money* beaucoup d'argent ◆ *adv I worry a good/great* ~ je m'inquiète beaucoup.

deal[2] [diːl] *vti (p pp* **dealt**) 1 *(Cartes)* donner ; distribuer 2 *(loc)* ~ *a blow* porter un coup 3 s'occuper ; *I'll* ~ *with it* j'en ferai mon affaire ; *she knows how to* ~ *with him* elle sait le prendre 4 *(with)* traiter (de) *the book* ~*s with...* le livre parle de... 5 *(Com) (in)* faire le commerce (de) ; *he* ~*s in silk* il est dans la soie ◆ *n* 1 *(Cartes)* donne *f* ; *a new* ~ une nouvelle donne 2 *(Com)* affaire *f* ∥ °**dealer** *n* 1 négociant *m* 2 *(drogue)* dealer *m*, trafiquant *m* ∥ °**dealings** *npl inv* relations *fpl*.

dean [diːn] *n* doyen *m*.

dear [dɪə] *adj* cher *(f* chère) ; *(Lettres)* ~ *Sir/Madam* Monsieur/Madame ; ~ *Sirs* Messieurs ; *everything is getting* ~*er* tout devient plus cher ◆ *(excl)* ~ *me! Oh* ~*!* Mon Dieu ! ◆ *n* cher (ami) ; ma chère ∥ °**dearly** *adv* 1 *(fig)* cher, chèrement ; *I paid* ~ *for my mistake* j'ai payé cher mon erreur 2 tendrement ; *he* ~ *loves his comfort* il tient beaucoup à son confort.

dearth [dɜːθ] *n* pénurie *f* ; disette *f*.

death [deθ] *n* mort *f* ; *at* ~*'s door* à l'article de la mort ; ~ *certificate* acte *m* de décès ; ~ *duties* droits *mpl* de succession ; *(Jur)* ~ *penalty* peine *f* de mort ; ~ *rate* taux *m* de mortalité ; *(fam fig) he'll be the death of me!* il me fera mourir ! *(fam) I'm sick to* ~ *of you!* j'en ai plus qu'assez de toi ! *(fam) you'll catch your* ~ *of cold* tu vas attraper la crève ! ∥ °**deathless** *adj* immortel *(f -elle)* ∥ °**deathly** *adv* ; ~ *pale* d'une pâleur mortelle.

debar [dɪˈbɑː] *vt* exclure.

debase [dɪˈbeɪs] *vt* 1 avilir 2 *(Fin)* déprécier *(une monnaie)* ∥ **de°basement** *n* dégradation *f*.

debatable [dɪˈbeɪtəbl] *adj* discutable ∥ **de°bate** *n* débat *m*, discussion *f* ◆ *vti (about)* débattre (de), discuter (de).

debauch [dɪˈbɔːtʃ] *vt* débaucher ∥ **de °bauchery** *n* débauche *f*.

debrief [͵diːˈbriːf] *vt* (*Mil*) faire faire un compte rendu de mission.

debt [det] *n* dette *f*; *he is in ~* il a des dettes ‖ **°debtor** *n* débiteur *m* (*f* -trice).

debunk [͵diːˈbʌŋk] *vt* (*fam*) démythifier.

decade [ˈdekeɪd] *n* décennie *f*.

decant [dɪˈkænt] *vti* (se) décanter ‖ **de°canter** *n* (*vin, whisky*) carafe *f*.

decay [dɪˈkeɪ] *vi* pourrir; (*nourriture*) se gâter; (*dents*) se carier; (*édifice*) se délabrer; (*fig*) tomber en décadence ◆ *n* pourriture *f*; carie *f*; délabrement *m*; déclin *m*; *senile ~* sénilité *f*.

decease [dɪˈsiːs] *n* (*Jur*) décès *m* ‖ **de°ceased** *adj* & *n* (*Jur*) défunt *m*.

deceit [dɪˈsiːt] *n* tromperie *f* ‖ **de°ceitful** *adj* trompeur (*f* -euse) ‖ **de°ceive** *vt* tromper.

December [dɪˈsembə] *n* décembre *m*.

decency [ˈdiːsənsɪ] *n* décence *f* ‖ **°decent** *adj* 1 modeste 2 honnête; *a ~ fellow* un brave garçon 3 passable; *a ~ meal* un repas convenable.

decentralize [͵diːˈsentrəlaɪz] *vti* (se) décentraliser.

deception [dɪˈsepʃn] *n* tromperie *f* ‖ **de°ceptive** *adj* trompeur (*f* -euse).

decide [dɪˈsaɪd] *vti* (se) décider; *nothing has been ~d* on n'a rien décidé; *I've ~d to leave* j'ai décidé de partir; *we've ~d on a date* nous avons fixé une date; *she ~d against going* elle a décidé de ne pas y aller ‖ **de°cided** *adj* résolu; catégorique ‖ **de°cidedly** *adv* incontestablement ‖ **de°cisive** *adj* 1 décisif (*f* -ive) 2 décidé, tranchant.

decimal [ˈdesɪml] *adj* décimal; (*Math*) *point* virgule *f*; *go ~* adopter le système décimal ◆ *n* décimale *f*.

decimate [ˈdesɪmeɪt] *vt* décimer.

decipher [dɪˈsaɪfə] *vt* déchiffrer.

deck [dek] *n* 1 (*Naut*) pont *m* 2 (*autobus*) impériale *f*; (*avion*) étage *m* 3 (*amér*) jeu *m* de cartes ‖ **°deckchair** *n* chaise *f* longue.

declaim [dɪˈkleɪm] *vi* déclamer.

declare [dɪˈkleə] *vti* déclarer; *~ war (on)* déclarer la guerre (à).

decline [dɪˈklaɪn] *vti* 1 décliner; *she has ~d in popularity* sa cote de popularité a baissé 2 refuser ◆ *n* déclin *m*.

declutch [͵diːˈklʌtʃ] *vi* (*Aut*) débrayer.

decommission [͵diːkəˈmɪʃən] *vt* démanteler.

decontaminate [͵diːkənˈtæmɪneɪt] *vt* décontaminer; désinfecter.

décor [ˈdeɪkɔː] *n* (*Th*) décor *m*.

decorate [ˈdekəreɪt] *vt* décorer; *~d with flowers* orné de fleurs.

decoy [dɪˈkɔɪ] *n* leurre *m* ◆ [dɪˈkɔɪ] *v* leurrer, attirer dans un piège.

decrease [dɪˈkriːs] *vti* diminuer; (*prix*)

baisser; (*force*) décroître; (s')affaiblir ◆ [ˈdiːkriːs] *n* diminution *f*; ralentissement *m*; *a ~ in productivity* baisse de la productivité; *on the ~* en diminution ‖ **de°creasing** *adj* décroissant ‖ **de°creasingly** *adv* de moins en moins.

decree [dɪˈkriː] *n* décret *m*; arrêté *m*; jugement *m* ◆ *vt* décréter, ordonner.

decry [dɪˈkraɪ] *vt* dénigrer.

dedicate [ˈdedɪkeɪt] *vt* 1 dédier; *he ~s his life to the party* il se consacre au parti 2 (*église*) consacrer 3 (*livre*) dédicacer, dédier ‖ **°dedicated** *adj* 1 dévoué 2 dédicacé ‖ **dedi°cation** *n* 1 dévouement *m* 2 consécration *f* 3 dédicace *f*.

deduce [dɪˈdjuːs] *vti* déduire; conclure.

deduct [dɪˈdʌkt] *vt* déduire; enlever; *~ something from the price* faire un rabais sur le prix.

deed [diːd] *n* 1 action *f*; *in ~ if not in name* en fait sinon en titre 2 (*Jur*) acte *m*.

deem [diːm] *vt* (*lit*) estimer, juger.

deep [diːp] *adj* profond; (*son*) grave; (*couleur*) foncé; (*caractère*) secret, insondable; *15 yards ~* profond de 14 mètres; (*piscine*) *the ~ end* le grand bain; (*fig*) *he's in ~ water* il a de gros ennuis; (*fig fam*) *go off at the ~ end* s'emporter; *~ in debt* criblé de dettes; *~ in thought* plongé dans ses pensées ◆ *adv* profondément; *so ~ into the night* si tard dans la nuit ◆ *n* (*lit*) *the ~* l'océan *m* ‖ **°deepen** *vti* (s')approfondir, augmenter ‖ **deep-°freeze** *n* congélateur *m* ◆ *v* congeler ‖ **°deep-fry** *vt* (*friteuse*) faire frire ‖ **°deeply** *adv* profondément; *we ~ regret to announce...* nous avons le profond regret d'annoncer...; *~ grateful* extrêmement reconnaissant ‖ **deep°rooted/ deep-°seated** *adj* enraciné.

deer [dɪə] *n* (*pl inv*) cervidé *m*; *fallow ~* daim *m*; *red ~* cerf *m*; biche *f*; *roe ~* chevreuil *m*.

deface [dɪˈfeɪs] *vt* défigurer; mutiler.

defamation [͵defəˈmeɪʃn] *n* diffamation *f* ‖ **de°famatory** *adj* diffamatoire.

default [dɪˈfɔːlt] *vi* être en cessation de paiement.

defeat [dɪˈfiːt] *n* défaite *f*; échec *m* ◆ *vt* vaincre; battre; mettre en échec.

defect [ˈdiːfekt] *n* imperfection *f*, défaut *m* ◆ [dɪˈfekt] *vi* (*Mil*) passer à l'ennemi; (*Pol*) faire défection ‖ **de°fective** *adj* défectueux (*f* -euse) ‖ **de°fector** *n* transfuge *mf*.

defence (*brit*) / **defense** (*amér*) [dɪˈfens] *n* (*Jur Mil*) défense *f*; (*Jur*) *witness for the ~* témoin *m inv* à décharge; *counsel for the ~* défenseur *m inv*; *self-~* (*Sp*) autodéfense *f* ‖ **de°fenceless** (*brit*) / **de°fenseless** (*amér*) *adj* sans défense ‖ **de°fend** [dɪˈfend] *vt* défendre, protéger ‖ **de°fendant** *n* (*Jur*) accusé(e) *m(f)*, prévenu(e) *m(f)* ‖ **de°fender** *n* **1** *(aussi Jur)* défenseur *m* **2** *(Sp)* détenteur *m* (*f* -trice) du titre ‖ **de°fensive** *adj* défensif (*f* -ive) ◆ *n (loc)* be on the ~ être sur la défensive.

defer[1] [dɪ'fɜ:] *vt* ajourner ; *he always* ~*s deciding things* il remet toujours les décisions à plus tard ; *(Com) deferred payment* paiement *m* échelonné ‖ **de°ferment** *n* ajournement *m*.

defer[2] [dɪ'fɜ:] *vi* déférer, s'en remettre (à) ‖ **defe°rential** *adj (ton)* de déférence.

defiance [dɪ'faɪəns] *n* défi *m* ‖ **de°fiant** *adj* **1** *(attitude)* provocant, de défi **2** *(personne)* intraitable.

deficiency [dɪ'fɪʃənsɪ] *n* **1** insuffisance *f*, manque *m* **2** imperfection *f* **3** *(Méd)* carence *f*.

deficit ['defɪsɪt] *n (Com)* déficit *m*.

defile [dɪ'faɪl] *vt* polluer, souiller.

definite ['defɪnɪt] *adj* **1** *(Gr)* ~ *article* article *m* défini **2** bien déterminé ; bien arrêté ; ~ *improvement* nette amélioration *f* ; ~ *promise* promesse *f* ferme **3** certain ; catégorique ; *the decision is now* ~ la décision est maintenant définitivement prise ‖ **°definitely** *adv* **1** absolument **2** définitivement ‖ **de°finitive** *adj* définitif (*f* -ive).

deflate [,di:'fleɪt] *vt* **1** *(pneu, fig)* dégonfler **2** *(Fin)* procéder à une déflation de la monnaie.

deflect [dɪ'flekt] *vt* faire dévier.

defraud [dɪ'frɔ:d] *vt* escroquer ; frauder.

defrost [,di:'frɒst] *vt* décongeler ; dégivrer.

deft [deft] *adj* adroit.

defuse [,di:'fju:z] *vt (aussi fig)* désamorcer.

defy [dɪ'faɪ] *vt* défier, mettre au défi.

degenerate [dɪ'dʒenərɪt] *adj* dégénéré ◆ [dɪ'dʒenəreɪt] *vi (into)* dégénérer (en).

degrade [dɪ'greɪd] *vt* dégrader.

degree [dɪ'gri:] *n* **1** degré *m* ; *30* ~*s in the shade* trente degrés à l'ombre ; *third* ~ passage *m* à tabac ; *to some* ~ dans une certaine mesure **2** diplôme *m* (universitaire).

dehydrate [,di:'haɪdreɪt] *vt* déshydrater ‖ **dehy°dration** *n* déshydratation *f*.

de-ice [,di:'aɪs] *vt (Aut, Av)* dégivrer.

deign [deɪn] *vi (lit)* daigner.

deity ['di:ɪtɪ] *n (pl* -ies) **1** dieu *m* ; déesse *f* **2** divinité *f*.

dejected [dɪ'dʒektɪd] *adj* abattu, déprimé ‖ **de°jection** *n* découragement *m*.

delay [dɪ'leɪ] *n* **1** retard *m* ; *without* ~ sans tarder **2** *(trafic)* ralentissement *m* ◆ *vti* **1** retarder ; ~*ed action bomb* bombe *f* à retardement **2** ralentir **3** *(Com)* différer.

delegate ['delɪgeɪt] *vt* déléguer ◆ ['delɪgɪt] *n* délégué(e) *m(f)*.

delete [dɪ'li:t] *vt* **1** biffer, effacer ; ~ *where inapplicable* rayer les mentions inutiles **2** supprimer ‖ **de°letion** *n* **1** rature *f* **2** suppression *f (d'un mot)*.

deliberate [dɪ'lɪbrɪt] *adj* **1** délibéré **2** réfléchi **3** lent, mesuré ◆ *vti (over)* délibérer (de) ‖ **de°liberately** *adv* **1** exprès **2** posément.

delicacy ['delɪkəsɪ] *adj* **1** délicatesse *f* **2** pudeur *f* **3** *(Cuis)* mets *m* fin ‖ **°delicate** *adj* délicat, fin ; *(fig)* ~ *health* santé *f* fragile.

delicatessen [,delɪkə'tesn] *n (magasin)* épicerie *f* fine.

delight [dɪ'laɪt] *n* **1** ravissement *m* **2** joie *f* ; *much to my* ~ à ma grande joie ◆ **1** *vt* enchanter **2** prendre plaisir ; *she* ~*s in cooking* elle adore faire la cuisine ‖ **de°lighted** *adj* ravi ; *(loc)* ~ *to meet you* ravi de faire votre connaissance ‖ **de°lightful** *adj* ravissant.

delinquency [dɪ'lɪŋkwənsɪ] *n* délinquence *f*.

delirious [dɪ'lɪrɪəs] *adj* délirant ; *(aussi Méd) he is* ~ il délire ‖ **de°lirium** *n* délire *m*.

deliver [dɪ'lɪvə] *vt* **1** *(marchandises)* livrer ; *(courrier)* distribuer ; ~ *a message* faire une commission **2** *(Méd)* accoucher **3** *(coup)* porter **4** *(discours)* prononcer **5** *(Rel)* délivrer ‖ **de°liverance** *n* délivrance *f* ‖ **de°liverer** *n* libérateur *m* (*f* -trice) ; sauveur *m inv* ‖ **de°livery** *n* **1** livraison *f* ; distribution *f* ; *(Com) cash on* ~ payable à la livraison **2** accouchement *m* **3** diction *f* ; rhétorique *f*.

delude [dɪ'lu:d] *vt* duper ; *don't* ~ *yourself!* ne te fais pas d'illusions !

deluge ['delju:dʒ] *n* déluge *m* ◆ *vt (fig)* ~*d with mail* inondé de courrier.

delusion [dɪ'lu:ʒn] *n* illusion *f* ; *I'm under no* ~ je ne me fais pas d'illusions ‖ **de°lusive** *adj* illusoire.

delve [delv] *vi* fouiller.

demand [dɪ'mɑ:nd] *vt* **1** réclamer ; *they* ~ *better pay* on revendique des augmentations de salaire **2** nécessiter ; *this* ~*s skill* ceci exige du savoir-faire ◆ *n* **1** revendication *f* **2** exigence *f* ; *it makes great* ~*s on one's time* cela oblige à y passer beaucoup de temps **3** *(Com)* demande *f* ; *supply and* ~ l'offre *f* et la demande ; *in great* ~ très demandé ‖ **de°manding** *adj (personne)* exigeant ; *(tâche)* astreignant.

demean [dɪ'mi:n] *vt* avilir.

demeanour [dɪ'mi:nə] *n* air *m*, attitude *f*.

demented [dɪ'mentɪd] *adj* dément.

demise [dɪ'maɪz] *n (lit)* décès *m*.

demo ['deməʊ] *n (fam) (ab de* **demon °stration**) *manif f*.

demob [,di:'mɒb] *vt (fam Mil) (ab de* **de°mobilize**) démobiliser ◆ *n* la quille.

democracy [dɪ'mɒkrəsɪ] *n* démocratie

f ‖ **°democrat** *n* démocrate *m(f)* ‖ **demo°cratic** *adj* démocrate ; démocratique ‖ **demo°cratically** *adv* démocratiquement.

demolish [dɪ'mɒlɪʃ] *vt* démolir.

demonstrate ['demənstreɪt] *vti* **1** *(vérité)* démontrer **2** *(Com, Sc)* expliquer (le fonctionnement de) **3** *vi* *(Pol)* manifester ‖ **demon°stration** *n* **1** démonstration *f* **2** *(Pol)* manifestation *f* ‖ **de°monstrative** *adj* démonstratif *(f -ive)* ‖ **°demonstrator** *n* **1** *(Com)* démonstrateur *m* *(f -trice)* **2** *(Pol)* manifestant(e) *m(f)*.

demote [ˌdiː'məut] *vt* *(carrière)* rétrograder.

demur [dɪ'mɜː] *vi* soulever des objections.

demure [dɪ'mjuə] *adj* modeste, sage.

den [den] *n* antre *m* ; *(voleurs)* repaire *m*.

denial [dɪ'naɪəl] *n* **1** *(Pol)* démenti *m* ; *issue a ~* publier un démenti **2** refus *m* *(d'un droit)* ‖ **de°nied** *p pp* de **deny**.

denigrate ['denɪɡreɪt] *vt* dénigrer ‖ **deni°gration** *n* dénigrement *m*.

denim ['denɪm] *n* toile épaisse *f* de coton ‖ **°denims** *npl inv* blue-jean *m*.

denomination [dɪˌnɒmɪ'neɪʃn] *n* **1** appellation *f*, dénomination *f* **2** *(Rel)* confession *f* **3** valeur *f* ; *coins of various ~s* pièces *fpl* de monnaie de différentes valeurs ‖ **denomi°national** *adj* confessionnel *(f -elle)* ; *(Ens) non-~ school* école *f* laïque.

denounce [dɪ'naʊns] *vt* *(traité, personne, abus)* dénoncer ; *he was ~d as an accomplice* on l'a accusé d'être complice.

dense [dens] *adj* **1** dense, épais *(f épaisse)* **2** bête.

dent [dent] *n* bosse *f* ◆ *vt* cabosser.

dental ['dentl] *adj* dentaire ; *~ surgeon* chirurgien-dentiste *m* ‖ **°dentist** *n* dentiste *mf* ‖ **°dentistry** *n* études *fpl* dentaires ‖ **°denture(s)** *n* *(souvent pl)* dentier *m*.

deny [dɪ'naɪ] *vti* *(p pp* **denied***)* **1** nier ; *he denied killing the man* il nia avoir tué l'homme ; *there's no ~ing (the fact) that...* il est indéniable que... **2** refuser ; *he was denied his basic rights* on lui refusait ses droits fondamentaux ; *he denies himself nothing* il ne se prive de rien.

depart [dɪ'pɑːt] *vi* **1** partir **2** s'écarter *(d'une règle)* ‖ **de°parted** *adj* disparu ; *the ~ le(s) défunt(s)* ‖ **de°parture** *n* départ *m* ; *new ~* nouveauté *f*.

department [dɪ'pɑːtmənt] *n* **1** *(Adm)* bureau *m* ; département *m* ; service *m* **2** *(Ind)* service *m*, division *f* **3** *(Ens)* section *f* **4** *(Pol)* ministère *m* ; *(amér) State D~* ministère des Affaires étrangères **5** *(Com)* rayon *m* ; *~ store* grand magasin *m*.

depend [dɪ'pend] *vi* **1** *(on upon)* dépendre (de) ; *it (all) ~s on you* cela dépend de vous ; *it (all) ~s* cela dépend **2** *(on upon)* compter (sur) ; *you can ~ on him*

on peut compter sur lui ‖ **de°pendable** *adj* *(personne)* digne de confiance ; *(information)* sûr ; *(machine)* robuste, solide ‖ **de°pendant** *n* personne *f* à charge ‖ **de°pendence** *n* dépendance *f* ‖ **de°pendent** *adj* *(on)* dépendant (de) ; à charge (de).

depict [dɪ'pɪkt] *vt* dépeindre ; représenter.

deplete [dɪ'pliːt] *vt* *(stocks)* réduire.

deploy [dɪ'plɔɪ] *vt* *(Mil)* déployer.

depopulate [ˌdiː'pɒpjuleɪt] *vt* dépeupler ‖ **depopu°lation** *n* dépeuplement *m*.

deportment [dɪ'pɔːtmənt] *n* comportement *m*.

depose [dɪ'pəuz] *vt* destituer.

deposit [dɪ'pɒzɪt] *n* **1** dépôt *m* ; *form a ~* se déposer ; *mineral ~* gisement *m* de minerai **2** *(banque)* dépôt *m* **3** acompte *m* ; *pay a ~* verser des arrhes *fpl* ◆ *vt* déposer.

depot ['depəu] *n* **1** dépôt *m* ; entrepôt *m* **2** *bus* ~ garage *m* d'autobus, dépôt *m*.

deprave [dɪ'preɪv] *vt* dépraver.

depravity [dɪ'prævɪtɪ] *n* dépravation *f*.

deprecate ['deprɪkeɪt] *vt* désapprouver ‖ **°deprecating** *adj* **1** désapprobateur *(f -trice)* **2** *(loc) ~ smile* sourire *m* d'excuse.

depreciate [dɪ'priːʃɪeɪt] *vt* *(se)* déprécier.

depress [dɪ'pres] *vt* **1** (faire) baisser **2** déprimer ‖ **de°pressed** *adj* **1** *(Eco) ~ area* zone *f* frappée par la crise **2** *(personne)* déprimé ‖ **de°pressive** *adj* dépressif *(f -ive)*.

deprive [dɪ'praɪv] *vt* priver.

depth [depθ] *n* **1** profondeur *f* **2** hauteur *f* **3** épaisseur *f* **4** largeur *f* **5** *(fig)* gravité *f* ; intensité *f* ; profondeur *f* ; *it is six metres in ~* cela a six mètres de profondeur ; *in the ~ of winter* au plus profond de l'hiver ; *she's in the ~s of despair* elle est complètement désespérée ; *he's out of his ~* il n'a plus pied ; *(fig)* il est dépassé (par les événements) ; *study sth in ~* étudier qch en profondeur.

deputy ['depjutɪ] *n* **1** adjoint(e) *m(f)* ; *~ mayor* adjoint(e) du maire **2** suppléant(e) *m(f)* ; *(brit) D~ Prime Minister* vice-Premier ministre *m inv* **3** *(Jur)* substitut *m* **4** *(Com)* fondé *m* de pouvoir **5** *(Pol française)* député *m* ‖ **depu°tation** *n* **1** délégation *f* **2** députation *f* ‖ **°deputize** *vi* ; *~ for the P.M.* remplacer le Premier ministre *m inv*.

derail [dɪ'reɪl] *vt* dérailler.

deranged [dɪ'reɪndʒd] *adj* *(cerveau)* détraqué.

derelict ['derɪlɪkt] *adj* abandonné ◆ *n* *(fig Naut)* épave *f*.

deride [dɪ'raɪd] *vt* tourner en dérision ‖ **de°risive** *adj* moqueur *(f -euse)*, railleur *(f -euse)* ‖ **de°risory** *adj* dérisoire.

derivative [dɪ'rɪvətɪv] *adj n* dérivé *m*.

derive [dɪ'raɪv] **1** *vt* tirer, trouver ; *he ~s*

his income from... il tire ses revenus de... **2** *vi* provenir, dériver.

dermatitis [ˌdɜːməˈtaɪtɪs] *ns inv (Méd)* dermatite *f* ‖ **derma°tology** *n* dermatologie *f*.

derogatory [dɪˈrɒgətrɪ] *adj* désobligeant, péjoratif (*f* -ive).

desalinate/-ize [dɪˈsælɪneɪt/-aɪz] *vt* dessaler.

descend [dɪˈsend] *vi* **1** descendre; *(fig) the title ~s from father to son* le titre passe de père en fils **2** *(nuit)* tomber **3** *(fig)* s'abaisser; *never ~ to lying!* ne t'abaisse jamais à mentir **4** *(loc) he ~ed on us* il est arrivé à l'improviste ‖ **de°scent** *n* **1** descente *f* **2** origine *f*, descendance *f*.

describe [dɪˈskraɪb] *vt* décrire; *he was ~d as a genius* on l'a qualifié de génie.

desecrate [ˈdesɪkreɪt] *vt* profaner.

desert[1] [ˈdezət] *n* désert *m*; *(loc) ~ island* île *f* déserte.

desert[2] [dɪˈzɜːt] *vti* abandonner; déserter ‖ **de°serted** *adj* désert; *~ house* maison *f* abandonnée ‖ **de°serter** *n (Mil)* déserteur *m* ‖ **de°sertion** *n* **1** abandon *m* **2** *(Mil)* désertion *f* **3** *(Pol)* défection *f*.

deserts [dɪˈzɜːts] *npl inv*; *(loc) he got his (just)* ~ il a eu ce qu'il méritait.

deserve [dɪˈzɜːv] *vt* mériter; *he richly ~s it!* il ne l'a pas volé! ‖ **de°served** *adj* mérité ‖ **deservedly** [dɪˈzɜːvɪdlɪ] *adv* à juste titre.

design [dɪˈzaɪn] *vt* **1** *(Ind)* calculer; concevoir; créer; dessiner; élaborer; *well-~ed* bien conçu ◆ *n* **1** *(Ind)* projet *m* **2** *(Ind)* création *f*; *aircraft of a revolutionary ~* avion *m* d'une conception révolutionnaire **3** plan *m*; *by ~* à dessein **4** dessin *m*; *floral ~* motif *m* fleuri ‖ **de°signedly** *adv* à dessein ‖ **de°signer** *n* architecte *m*; décorateur *m* (*f* -trice); *(Ind)* concepteur *m*; *(mode) (dress) ~* grand couturier *m* (*f* -ière) ‖ **de°signing** *adj* intrigant ◆ *n* métier *m* de concepteur.

designate [ˈdezɪgneɪt] *vt* désigner.

desire [dɪˈzaɪə] *vt* désirer; *this leaves much to be ~d* cela laisse beaucoup à désirer ◆ *n* désir *m*; *I have no ~ for power* je n'éprouve aucune soif de pouvoir.

desist [dɪˈzɪst] *vi* se désister.

desk [desk] *n* table *f* (de travail); bureau *m*; pupitre *m*; *(magasin, restaurant)* caisse *f*; *(aéroports, banques, hôtels)* réception *f*.

desolate [ˈdesələt] *adj* **1** *(endroit)* désolé, solitaire **2** *(personne)* désespéré ‖ **deso°lation** *n* **1** *(endroit)* solitude *f*; dévastation *f* **2** *(personne)* chagrin *m*; désespoir *m*.

despair [dɪˈspeə] *vi* désespérer *m*; *in ~ at missing his friend* au désespoir d'avoir raté son ami ◆ *vi* désespérer (de) *(of)* ‖ **de°spairing** *adj* désespéré.

despatch *(aussi* **dispatch)** [dɪˈspætʃ] *vt* envoyer; expédier; *~ current business* expédier les affaires courantes ◆ *n* **1** envoi *m* **2** *(Mil)* dépêche *f*; *(brit) ~ rider* estafette *f inv*.

desperate [ˈdesprət] *adj* désespéré; aux abois; *I'm ~ for a drink* je meurs de soif ‖ **°desperately** *adv* désespérément; *~ ill* gravement malade ‖ **despe°ration** *n* désespoir *m*; *in (sheer) ~* en désespoir de cause.

despicable [dɪˈspɪkəbl] *adj* méprisable.

despise [dɪˈspaɪz] *vt* mépriser.

despite [dɪˈspaɪt] *prép* en dépit de, malgré.

despondent [dɪˈspɒndənt] *adj* abattu.

despot [ˈdespɒt] *n* despote *m* ‖ **des°potic** *adj* despotique.

dessert [dɪˈzɜːt] *n* dessert *m*.

destination [ˌdestɪˈneɪʃn] *n* destination *f*.

destine [ˈdestɪn] *vt (for)* destiner (à) ‖ **°destiny** *n* destin *m*.

destitute [ˈdestɪtjuːt] *adj* indigent.

destroy [dɪˈstrɔɪ] *vt* **1** détruire; démolir **2** *(animaux, ennemis)* abattre; *they had the dog ~ed* ils ont fait piquer le chien ‖ **de°stroyer** *n (Mil Naut)* destroyer *m*.

destruction [dɪˈstrʌkʃn] *n* destruction *f*; ravages *mpl* ‖ **de°structive** *adj* destructif (*f* -ive); destructeur (*f* -trice).

desultory [ˈdesəltrɪ] *adj (fig)* décousu.

detach [dɪˈtætʃ] *vt* séparer ‖ **de°tachable** *adj* détachable; amovible ‖ **de°tached** *adj*; *(brit) semi-~ house* maison *m* jumelée.

detail [ˈdiːteɪl] *n* détail *m*; *go into ~(s)* entrer dans le détail ◆ *vt* **1** détailler; énumérer **2** *(Mil)* affecter; détacher ‖ **°detailed** *adj* détaillé.

detain [dɪˈteɪn] *vt* **1** retenir **2** *(prison)* détenir ‖ **detai°nee** *n* détenu(e) *m(f)*.

detective [dɪˈtektɪv] *n* détective *m*; *~ story* roman *m* policier.

deter [dɪˈtɜː] *vt* décourager; dissuader ‖ **de°terrent** *n* (force *f* de) dissuasion *f*.

detest [dɪˈtest] *vt* détester.

detonate [ˈdetəneɪt] *vti* (faire) détoner ‖ **°detonator** *n* détonateur *m*.

detriment [ˈdetrɪmənt] *n*; *(loc) to his ~* à son détriment ‖ **detri°mental** *adj* nuisible.

deuce [djuːs] *n* **1** *(tennis)* égalité *f* **2** *(loc)*; *what the ~ are you doing there?* que diable faites-vous là?

devastate [ˈdevəsteɪt] *vt* dévaster ‖ **°devastating** *adj* **1** dévastateur (*f* -trice); *~ news* nouvelle *f* accablante; *~ beauty* beauté *f* irrésistible.

develop [dɪˈveləp] *vti* **1** (se) développer; se dérouler; *the situation ~ed into a crisis* la situation s'est transformée en crise **2** *(maladie, habitude)* (se) contracter **3** *(idée)* exposer **4** *(territoire)* mettre en valeur ‖ de°**veloper** *n* promoteur *m* immobilier; *(Phot)* révélateur *m* ‖ de°**veloping** *adj* en préparation; *(Pol)* en voie *f* de développement; *(Ind)* en expansion ‖ de°**velopment** *n* **1** développement *m*; déroulement *m*; *further* ~*s will tell us* la suite des événements nous le dira **2** aménagement *m*.

deviate ['di:vieit] *vi* dévier.

device [dɪ'vaɪs] *n* **1** appareil *m* **2** dispositif *m* **3** *(loc) I leave you to your own* ~*s* je te laisse faire comme un grand.

devil ['devl] *n* diable *m*; *(fam) he works like the* ~ il se démène comme un beau diable; *go to the* ~*!* allez au diable! *I had a/the* ~ *of a job getting/to get here* j'ai eu un mal de chien pour arriver; *he has the* ~*'s own luck!* il a toutes les veines! *speak/talk of the* ~*!* quand on parle du loup! *there will be the* ~ *to pay!* ça va barder! *I'm between the* ~ *and the deep blue sea* je ne sais pas à quel saint me vouer; *what/why the* ~...? que/pourquoi diable...? ‖ °**devilish** *adj* diabolique ‖ **devil-may-**°**care** *adj* insouciant; je-m'en-foutiste.

devious ['di:viəs] *adj (moyen)* détourné; *(esprit)* tortueux (*f* -euse).

devise [dɪ'vaɪz] *vt* inventer; *(complot)* tramer; *(projet)* combiner.

devoid [dɪ'vɔɪd] *adj (of)* dépourvu (de).

devolution [,di:və'lu:ʃn] *n (Pol)* décentralisation *f* (administrative).

devote [dɪ'vəʊt] *vt* consacrer; *she* ~*(s) herself to charity* elle se consacre à des œuvres ‖ de°**voted** *adj* dévoué ‖ **devo**°**tee** *n* passionné(e) *m(f)* ‖ de°**votion** *n* **1** dévouement *m* **2** *(Rel)* dévotion *f*.

devour [dɪ'vaʊə] *vt* dévorer.

devout [dɪ'vaʊt] *adj* **1** pieux (*f* -euse) **2** *(loc)* ~ *hope* espoir *m* fervent ‖ de°**voutly** *adv* **1** pieusement **2** ardemment.

dew [dju:] *n* rosée *f* ‖ °**dewdrop** *n* goutte *f* de rosée.

dexterity [dek'sterɪtɪ] *n* dextérité *f* ‖ °**dexterous** *adj* adroit.

diabetes [,daɪə'bi:tɪs] *n* diabète *m* ‖ **diabetic** [,daɪə'betɪk] *adj* diabétique *mf*.

diabolical [,daɪə'bɒlɪkl] *adj* diabolique.

diadem [,daɪədem] *n* diadème *m*.

diagnose [,daɪəg'nəʊz] *vt* diagnostiquer ‖ **diag**°**nosis** [,daɪəg'nəʊsɪs] (*pl* **diagnoses** [,daɪəg'nəʊsi:z]) *n* diagnostic *m*.

dial [daɪəl] *n* cadran *m* ◆ *vt (Téléph)* ~ *a number* composer un numéro.

diameter [daɪ'æmɪtə] *n* diamètre *m*; *2 yards* = ~ 1,80 mètre de diamètre ‖ **dia**°**metrically** *adv* diamétralement.

diamond ['daɪəmənd] *n* **1** *(pierre)* dia-

mant *m*; ~ *wedding* noces *fpl* de diamant **2** *(forme)* losange *m* **3** *(Cartes)* carreau *m*.

diaper ['daɪəpə] *n (amér)* couche *f* (bébé).

diarr(h)oea [,daɪə'rɪə] *n* diarrhée *f*.

diary ['daɪərɪ] *n* agenda *m*; journal *m* intime.

dice [daɪs] *n (pl inv)* dé(s) *m* (à jouer); *play* ~ jouer aux dés ◆ *vt* couper en dés.

dicey ['daɪsɪ] *adj (fam)* risqué.

dictate [dɪk'teɪt] *vti* **1** *(lettre)* dicter **2** faire la loi; *I won't be* ~*d to* je n'ai pas d'ordres à recevoir ‖ **dic**°**tation** *n* dictée *f* ‖ **dic**°**tator** *n (Pol)* dictateur *m* ‖ **dic**°**tatorship** *n* dictature *f* ‖ **dicta**°**torial** *adj* dictatorial.

dictionary ['dɪkʃənrɪ] *n* dictionnaire *m*.

did [dɪd] *p* de **do**.

diddle ['dɪdl] *vt (fam)* carotter, rouler.

die [daɪ] *vi* mourir; *he died a natural death* il est mort de sa belle mort; *she is dying* elle est à l'agonie; *(fam) I'm dying for a drink!* j'ai une de ces soifs! *the species is dying out* l'espèce est en voie de disparition; *prejudices* ~ *hard* les préjugés ont la vie dure; ~ *away (bruit)* s'éteindre; ~ *down (vent)* se calmer; *(émotions)* s'apaiser ‖ °**diehard** *n (Pol)* réactionnaire *mf*; jusqu'au-boutiste *mf*.

diesel ['di:zl] *n* diesel *m*; ~ *engine* moteur *m* diesel; ~ *oil* gas-oil *m*.

diet ['daɪət] *n* régime *m* (alimentaire); *go on a* ~ se mettre au régime ◆ *vi* suivre un régime (d'amaigrissement) ‖ **die**°**tician** *n* diététicien(ne) *m(f)*.

differ ['dɪfə] *vi* être d'un avis différent; *we agreed to* ~ chacun est resté sur ses positions ‖ °**difference** *n* **1** différence *f*; *it makes no* ~ *to me* cela m'est indifférent; *that makes all the* ~*!* cela change tout! **2** désaccord *m*, différend *m* ‖ °**differently** *adv* **1** autrement; *we see things* ~ nous voyons les choses différemment **2** diversement ‖ **diffe**°**rentiate** *vt* différencier.

difficult ['dɪfɪkəlt] *adj* difficile; *I find it* ~ *to believe that...* j'ai de la peine à croire que...; *she's* ~ *to get on with* elle est difficile à vivre ‖ °**difficulty** *n (in)* difficulté *f* (à); *he has* ~ *(in) walking* il marche difficilement; *he's in* ~ il a des ennuis.

diffidence ['dɪfɪdns] *n* manque *m* d'assurance ‖ °**diffident** *adj* qui manque d'assurance; *I'm* ~ *about giving an opinion* j'hésite à donner une opinion.

diffuse [dɪ'fju:z] *vt* diffuser ◆ [dɪ'fju:s] *adj* diffus.

dig [dɪg] (*p et pp* **dug**) *vti* **1** creuser; bêcher; *(pommes de terre)* arracher **2** fouiller **3** *(argot)* comprendre; adorer ◆ *n* **1** *(Arch)* fouille *f* **2** coup *m* de coude; *(fig) that's a* ~ *at me!* c'est une pierre dans mon jardin! ‖ **dig in** *vpart* (s')enterrer; *(fig) he dug his heels in* il s'est obstiné

‖ **dig out** *vpart (secrets)* dénicher ‖ **dig up** *vpart (trésor)* déterrer ‖ **digs** *npl inv (brit fam)* logement *m* modeste, piaule *f*.

digest [daɪˈdʒest] *vt* digérer ◆ [ˈdaɪdʒest] *n* résumé *m* ‖ **di°gestible** *adj* digeste.

digit [ˈdɪdʒɪt] *n* chiffre *m* ‖ **°digital** *adj (montre)* à affichage numérique.

dignified [ˈdɪgnɪfaɪd] *adj (air)* digne ‖ **°dignify** *vt* donner de la dignité à ‖ **°dignitary** *n* dignitaire *m*.

digress [daɪˈgres] *vi* s'écarter ; faire une digression.

dilapidated [dɪˈlæpɪdeɪtɪd] *adj* délabré ‖ **dilapi°dation** *n* délabrement *m*.

dilate [daɪˈleɪt] *vti* (se) dilater ; ~ *(up)on a subject* s'étendre sur un sujet ‖ **di°lation** *n* dilatation *f*.

dilatory [ˈdɪlətrɪ] *adj* dilatoire ; lent.

dilemma [dɪˈlemə] *n* dilemme *m*.

diligence [ˈdɪlɪdʒəns] *n* assiduité *f* ‖ **°diligent** *adj* assidu.

dill [dɪl] *n (Bot)* aneth *m*.

dillydally [ˈdɪlɪdælɪ] *vi* musarder, traîner.

dilute [daɪˈljuːt] *vt* diluer.

dim [dɪm] *adj* **1** *(lumière)* faible **2** *(objet)* indistinct ; sombre **3** *(souvenir)* vague **4** *(fam) (esprit)* bête, débile **5** *(vue)* trouble ; *(fam) I take a ~ view of that* je vois cela d'un mauvais œil ◆ *vti* **1** *(lumière)* baisser **2** *(couleurs)* (se) ternir **3** *(contour, souvenir)* (s')estomper ‖ **°dimly** *adv (briller)* faiblement ; *(se souvenir, voir)* vaguement.

dime [daɪm] *n (amér)* pièce *f* de 10 cents.

dimension [daɪˈmenʃn] *n* dimension *f* ‖ **di°mensional** *adj* ; *two/three-~* à deux/trois dimensions.

diminish [dɪˈmɪnɪʃ] *vti* diminuer ‖ **di°minutive** *adj* minuscule ◆ *n* diminutif *m* ‖ **dimi°nution** *n* diminution *f*.

dimple [ˈdɪmpl] *n* fossette *f*.

din [dɪn] *n* vacarme *m*.

dine [daɪn] *vi (on)* dîner (de) ; ~ *out* dîner en ville ‖ **°diner** *n* **1** dîneur *m* **2** *(amér)* wagon-restaurant *m* **3** *(amér)* bar-restaurant *m* ‖ **°dining car** *n* wagon-restaurant *m* ‖ **°dining room** *n* salle *f* à manger.

dinghy [ˈdɪŋgɪ] *n* **1** canot *m* **2** dériveur *m*.

dingy [ˈdɪndʒɪ] *adj* défraîchi ; miteux.

dinner [ˈdɪnə] *n* dîner *m* ; déjeuner *m* ; ~*'s ready!* à table ! ; ~ *jacket* smoking *m*.

diocese [ˈdaɪəsɪz] *n* diocèse *m*.

dip [dɪp] *n* **1** *vt* plonger ; *he dipped (his hand) into his pocket/savings* il a puisé dans ses poches/économies ; ~ *into a book* feuilleter un livre **2** *(Aut)* ~ *the headlights* se mettre en code **3** *(Naut et Av)* ~ *one's flag/wings* saluer **4** *(pain)* tremper **5** *vi (terrain)* descendre ◆ *n* **1** *(liquide)* immersion *f* **2** *(mer)* bain *m*, baignade *f* **3** *(terrain)* déclivité *f* ‖ **°dipper** *n (Astr) (surtout amér) the Big D~* la Grande Ourse ‖

°dipstick *n (Aut)* jauge *f* (de niveau d'huile).

diploma [dɪˈpləʊmə] *n* diplôme *m*.

diplomacy [dɪˈpləʊməsɪ] *n* diplomatie *f* ‖ **°diplomat** *n* diplomate *mf* ‖ **diplo°matic** *adj* **1** *(personne)* diplomate **2** diplomatique ; ~ *bag* valise *f* diplomatique.

dire [daɪə] *adj* affreux *(f* -euse*)* ; ~ *poverty* misère *f* noire ; *in ~ straits* dans une situation désespérée.

direct [dɪˈrekt] *adj* direct ◆ *vt* **1** diriger ; orienter ; *could you ~ me to the city centre?* pourriez-vous m'indiquer le chemin du centre-ville ? *please ~ your remarks to the chairman!* veuillez adresser vos remarques au président ! **2** contrôler *(la circulation)* **3** *(Ciné)* mettre en scène ; diriger **4** charger, ordonner ; *as ~ed* selon les instructions ‖ **di°rectly** *adv* **1** directement **2** absolument ; ~ *opposite* juste en face **3** *tout de suite* ◆ *conj* dès que ‖ **di°rection** *n* **1** direction *f* ; *he has a sense of ~* il a le sens de l'orientation **2** directive *f* ; ~*s for use* mode *m* d'emploi ‖ **di°rectness** *n* franchise *f* ‖ **di°rector** *n* directeur *m (f* -trice*)* ; *(Th, Ciné)* metteur en scène *m inv* ; *(Rad, TV)* réalisateur *m* ‖ **di°rectory** *n* **1** *(Téléph)* annuaire *m* **2** *(amér)* conseil *m* d'administration.

dirt [dɜːt] *n* **1** saleté *f* ; crotte *f* ; *(fig) throw ~ at* calomnier ; *he treats me like ~* il me traite comme le dernier des derniers **2** *(amér Agr)* terre *f* ; ~ *farmer* exploitant *m* agricole ◆ *adv it was ~ cheap* je l'ai eu pour une bouchée de pain ‖ **°dirty** *adj* sale ; salissant ; ~ *trick* sale *m* tour ; ~ *story* histoire *f* salace ; *he gave me a ~ look* il m'a regardé d'un sale œil ◆ *vti* (se) salir.

disability [ˌdɪsəˈbɪlɪtɪ] *n (Méd)* infirmité *f*.

disable [dɪsˈeɪbl] *vt* **1** rendre infirme **2** *(Mil)* mettre hors de combat ‖ **dis°abled** *adj* handicapé, mutilé ‖ **dis°ablement** *n* infirmité *f*.

disadvantage [ˌdɪsədˈvɑːntɪdʒ] *n* désavantage *m* ; *he is at a ~* il est désavantagé.

disagree [ˌdɪsəˈgriː] *vi* **1** être en désaccord **2** se disputer **3** *(chiffres, faits)* ne pas concorder **4** *(climat, aliments)* ne pas convenir ; *garlic ~s with me* je supporte mal l'ail ‖ **disa°greeable** *adj* désagréable ‖ **disa°greement** *n* désaccord *m* ; *we had a ~* nous nous sommes disputés.

disallow [ˌdɪsəˈlaʊ] *vt (Jur)* rejeter.

disappear [ˌdɪsəˈpɪə] *vi* disparaître ‖ **disa°ppearance** *n* disparition *f*.

disappoint [ˌdɪsəˈpɔɪnt] *vt* décevoir ‖ **disa°ppointed** *adj (in with)* déçu (par) ‖ **disa°ppointment** *n* déception *f*.

disapproval [ˌdɪsəˈpruːvl] *n* désapprobation *f* ‖ **disa°pprove** *vi* désapprouver ; *I ~ of him always being late* je réprouve son habitude d'arriver toujours en retard

|| **disa°pproving** adj désapprobateur (*f -trice*).

disarm [dɪsˈɑːm] *n* désarmer || **dis °armament** *n* désarmement *m*.

disarrange [ˌdɪsəˈreɪndʒ] *vt* mettre en désordre.

disarray [ˌdɪsəˈreɪ] *n* désordre *m*; désarroi *m*.

disaster [dɪˈzɑːstə] *n* désastre *m*; catastrophe *f*; sinistre *m* || **di°sastrous** adj désastreux (*f -euse*); catastrophique.

disband [dɪsˈbænd] *vti* disperser.

disbelief [ˌdɪsbɪˈliːf] *n* incrédulité *f* || **disbe°lieve** *vti (in)* ne pas croire (à) || **disbe°lieving** adj incrédule.

disc (*brit*) / **disk** (*amér*) [dɪsk] *n* disque *m*; ~ **brakes** freins *mpl* à disque; *compact* ~ disque compact; (*Inf*) *floppy* ~ disquette *f*; (*Inf*) *hard* ~ disque dur.

discard [dɪsˈkɑːd] *vt* se défaire de.

discern [dɪˈsɜːn] *vt* distinguer || **di °scernible** adj perceptible || **di°scerning** adj judicieux (*f -euse*); perspicace || **di°scernment** *n* discernement *m*, perspicacité *f*.

discharge [dɪsˈtʃɑːdʒ] *vt* **1** décharger, débarquer (*une cargaison*) **2** déverser (*un liquide*) **3** libérer (*un prisonnier*) **4** (*Jur*) relaxer **5** (*Mil*) réformer **6** (*Méd*) renvoyer (*de l'hôpital*) **7** congédier (*un employé*) **8** acquitter, régler (*une dette*) ◆ *n* **1** déchargement *m* **2** (*liquides*) écoulement *m* **3** (*prison*) libération *f* **4** (*Jur*) relaxe *f* **5** (*Mil*) réforme *f* **6** (*hôpital*) renvoi *m* **7** (*employé*) renvoi *m*, congédiement *m* **8** (*dette*) acquittement *m* **9** (*El*) décharge *f*.

disciple [dɪˈsaɪpl] *n* disciple *mf*.

disclaim [dɪsˈkleɪm] *vt* désavouer || **dis°claimer** *n* désaveu *m*; démenti *m*.

disclose [dɪsˈkləʊz] *vt* révéler || **dis °closure** *n* révélation *f*.

discolor (*amér*) / **discolour** (*brit*) [dɪsˈkʌlə] *vti* (se) décolorer; (*couleurs*) s'altérer.

discomfort [dɪsˈkʌmfət] *n* **1** manque *m* de confort **2** gêne *f*, malaise *m*.

disconcert [ˌdɪskənˈsɜːt] *vt* déconcerter.

disconnect [ˌdɪskəˈnekt] *vt* détacher; (*eau, électricité, gaz, téléphone*) couper; (*El*) débrancher (*un appareil*).

disconsolate [dɪsˈkɒnsəlɪt] adj inconsolable.

discontent [ˌdɪskənˈtent] *n* mécontentement *m* || **discon°tented** adj (*with*) mécontent (de).

discord [ˈdɪskɔːd] *n* **1** (*Mus*) dissonance *f* **2** désaccord *m*; discorde *f*; dissension *f*.

discount [ˈdɪskaʊnt] *n* (*Com*) escompte *m*; ristourne *f*; remise *f* ◆ [dɪsˈkaʊnt] *vt* ne pas tenir compte de.

discourage [dɪsˈkʌrɪdʒ] *vt* décourager || **dis°couragement** *n* découragement *m*.

discover [dɪsˈkʌvə] *vt* **1** découvrir **2** s'apercevoir || **dis°covery** *n* découverte *f*; révélation *f*; trouvaille *f*.

discredit [dɪsˈkredɪt] *vt* discréditer ◆ *n* discrédit *m* || **dis°creditable** adj déshonorant.

discreet [dɪsˈkriːt] adj discret (*f -ète*).

discretion [dɪsˈkreʃn] *n* discrétion *f*.

discrepancy [dɪsˈkrepənsɪ] *n* contradiction *f*; divergence *f*.

discriminate [dɪsˈkrɪmɪneɪt] *vi* distinguer; *we are being* ~*ed against* on a un parti-pris contre nous; on prend des mesures discriminatoires contre nous || **dis°criminating** adj judicieux (*f -ieuse*) || **discrimi°nation** *n* discrimination *f*; discernement *m*; jugement *m* || **dis°criminatory** adj discriminatoire.

discus [ˈdɪskəs] *n* (*Sp*) disque *m*; *throw the* ~ lancer le disque.

discuss [dɪsˈkʌs] *vt* discuter de; ~ *a problem* débattre d'un problème.

disdain [dɪsˈdeɪn] *n* dédain *m* ◆ *vt* dédaigner || **dis°dainful** adj dédaigneux (*f -euse*).

disease [dɪˈziːz] *n* maladie *f* || **di°seased** adj (*esprit, organes*) malade.

disembark [ˌdɪsɪmˈbɑːk] *vti* débarquer || **disembar°cation** *n* débarquement *m*.

disengage [ˌdɪsɪnˈgeɪdʒ] *vt* dégager.

disentangle [ˌdɪsɪnˈtæŋgl] *vt* démêler.

disfavor (*amér*) / **disfavour** (*brit*) [dɪsˈfeɪvə] *n* défaveur *f*.

disfigure [dɪsˈfɪgə] *vt* défigurer.

disgorge [dɪsˈgɔːdʒ] *vt* dégorger.

disgrace [dɪsˈgreɪs] *n* **1** disgrâce *f* **2** honte *f*; *you're a* ~ *to the family!* tu es la honte de la famille! *it's a* ~*!* c'est un scandale! ◆ *vt* déshonorer || **dis°graceful** adj honteux (*f -euse*); scandaleux (*f -euse*).

disgruntled [dɪsˈgrʌntld] adj maussade.

disguise [dɪsˈgaɪz] *n* déguisement *m*; *in* ~ déguisé ◆ *vt* déguiser; dissimuler.

disgust [dɪsˈgʌst] *n* dégoût *m*; *in* ~ écœuré ◆ *vt* dégoûter || **dis°gusted** adj dégoûté || **dis°gusting** adj dégoûtant.

dish [dɪʃ] *n* plat *m*; *vegetable* ~ légumier *m*; *tasty* ~ plat *m* succulent; *do the dishes* faire la vaisselle || **dish out** *vpart* servir (*les portions*) || **dish up** *vpart* (*fam*) servir (*le repas*) || **°dishcloth** *n* torchon *m* || **°dishrack** *n* égouttoir *m* || **°dishtowel** *n* torchon *m* || **°dishwasher** *n* lave-vaisselle *m*.

dishearten [dɪsˈhɑːtn] *vt* décourager; *don't get* ~*ed!* ne te décourage pas!

dishevelled [dɪˈʃevld] adj **1** (*cheveux*) ébouriffé **2** (*aspect général*) débraillé.

dishonest [dɪsˈɒnɪst] adj malhonnête;

mensonger (f -ère) ‖ **dis°honesty** n malhonnêteté f.

dishonor *(amér)* / **dishonour** *(brit)* [dɪsˈɒnə] n déshonneur m ♦ vt déshonorer ‖ **dis°hono(u)rable** adj indigne, peu honorable.

dishy [ˈdɪʃɪ] adj *(brit fam)* sexy.

disillusion [ˌdɪsɪˈluːʒn] n désillusion f ♦ vt désenchanter ‖ **disi°llusioned** adj désabusé ‖ **disi°llusionment** n désenchantement m.

disinclination [ˌdɪsɪnklɪˈneɪʃn] n aversion f.

disinclined [ˌdɪsɪnˈklaɪnd] adj peu enclin.

disinfect [ˌdɪsɪnˈfekt] vt désinfecter.

disingenuous [ˌdɪsɪnˈdʒenjʊəs] adj faux (f fausse); de mauvaise foi f ‖ **disin°genuousness** n mauvaise foi.

disinherit [ˌdɪsɪnˈherɪt] vt déshériter.

disintegrate [dɪsˈɪntɪgreɪt] vti (se) désintégrer.

disinter [ˌdɪsɪnˈtɜː] vt déterrer.

disinterested [dɪsˈɪntrɪstɪd] adj désintéressé ‖ **dis°interestedness** n désintéressement m.

disjointed [dɪsˈdʒɔɪntɪd] adj *(fig)* décousu.

disk [dɪsk] *voir* **disc**.

dislike [dɪsˈlaɪk] vt ne pas aimer; *I don't ~ her* elle ne me déplaît pas ♦ n aversion f; *I took a ~ to him* je l'ai pris en grippe.

dislocate [ˈdɪsləkeɪt] vt 1 disloquer; désorganiser 2 *(Méd)* déboîter, luxer; *he ~ed his shoulder* il s'est démis l'épaule.

dislodge [dɪsˈlɒdʒ] vt 1 *(personne)* déloger 2 *(objet)* détacher.

disloyal [dɪsˈlɔɪəl] adj déloyal ‖ **dis°loyalty** n déloyauté f.

dismal [ˈdɪzml] adj morne; *a ~ failure* un échec lamentable.

dismantle [dɪsˈmæntl] vt 1 *(machine)* démonter 2 *(Mil) (aussi fig)* démanteler.

dismay [dɪsˈmeɪ] n consternation f ♦ vt consterner.

dismiss [dɪsˈmɪs] vt 1 congédier, renvoyer *(un employé)*; destituer *(un fonctionnaire)* 2 congédier *(visite)* 3 *(fig)* bannir; *I ~ed it from my mind* je l'ai chassé de mon esprit; *let's ~ the subject!* n'en parlons plus! 4 *(Jur) ~ the case* prononcer un non-lieu 5 *(Mil) ~!* rompez! ‖ **dis°missal** n 1 renvoi m; destitution f 2 congédiement m 3 rejet m.

dismount [dɪsˈmaʊnt] vi mettre pied à terre.

disobedience [ˌdɪsəˈbiːdɪəns] n désobéissance f ‖ **diso°bedient** adj désobéissant ‖ **diso°bey** vt 1 *(personne)* désobéir à 2 *(règlement)* enfreindre.

disorder [dɪsˈɔːdə] n 1 désordre m 2 *(Méd)* affection f, dérangement m

‖ **dis°orderly** adj désordonné; *(réunion)* houleux (f -euse).

disorganized [dɪsˈɔːgənaɪzd] adj désorganisé.

disorient *(surtout amér)* / **disorientate** *(brit)* [dɪsˈɔːrɪənt(eɪt)] vt désorienter.

disown [dɪsˈəʊn] vt désavouer, renier.

disparage [dɪsˈpærɪdʒ] vt dénigrer ‖ **dis°paraging** adj désobligeant ‖ **dis°paragement** n dénigrement m.

disparity [dɪsˈpærɪtɪ] n disparité f.

dispassionate [dɪsˈpæʃənət] adj 1 calme 2 impartial, objectif (f -ive).

dispatch [dɪsˈpætʃ] *voir* **despatch**.

dispel [dɪsˈpel] vt *(fig)* chasser, dissiper.

dispensary [dɪsˈpensərɪ] n 1 *(hôpital)* pharmacie f 2 dispensaire m ‖ **dispen°sation** n dispense f ‖ **dis°pense** vti 1 vt *(soins)* administrer 2 *(Méd)* préparer; *(brit) dispensing chemist* pharmacien m (f -ienne) 3 vi *(from)* dispenser (de) 4 vi *(with)* se passer (de).

dispersal [dɪsˈpɜːsl] n dispersion f ‖ **dis°perse** vti (se) disperser.

dispirited [dɪˈspɪrɪtɪd] adj découragé.

displace [dɪsˈpleɪs] vt 1 déplacer 2 destituer; remplacer.

display [dɪsˈpleɪ] vt 1 *(Com)* étaler, exposer 2 *(aussi fig)* afficher 3 *(sentiments)* manifester; *he ~ed his ignorance* il a révélé son ignorance ♦ n 1 étalage m; *goods on ~* marchandises fpl exposées 2 affichage m 3 manifestation f.

displease [dɪsˈpliːz] vt déplaire à ‖ **dis°pleased** adj *(at, with)* mécontent (de) ‖ **dis°pleasure** [dɪsˈpleʒə] n mécontentement m.

disposable [dɪˈspəʊzəbl] adj qui ne sert qu'une fois; *~ lighter* briquet m jetable ‖ **di°sposal** n 1 disposition f; *I have a typist at my ~* j'ai une dactylo à ma disposition 2 mise f au rebut; *bomb ~* désamorçage m; *waste ~ unit (brit)* broyeur m à ordures ‖ **di°spose** vti 1 disposer, arranger 2 *(of)* se débarrasser (de); *(problème)* régler rapidement ‖ **di°sposed** adj *(bien, mal)* intentionné.

disposition [ˌdɪspəˈzɪʃn] n 1 disposition f 2 caractère m; naturel m 3 penchant m.

dispossess [ˌdɪspəˈzes] vt *(of)* déposséder.

disproportionate [ˌdɪsprəˈpɔːʃnət] adj *(to)* disproportionné (avec).

disprove [dɪsˈpruːv] vt réfuter.

dispute [dɪˈspjuːt] n 1 discussion f; *beyond ~* incontestable; *in ~* contesté; *without ~* sans contredit 2 litige m, conflit m; *(brit) industrial ~* conflit m social ♦ vt 1 débattre (de) 2 contester.

disqualification [dɪsˌkwɒlɪfɪˈkeɪʃn] n disqualification f ‖ **dis°qualify** vt 1 *(from)* rendre inapte (à) 2 *(Jur Sp)* disqualifier, mettre hors jeu; *he was disqualified for taking drugs* il a été disqualifié pour dopage.

disquiet [dɪs'kwaɪət] *n* inquiétude *f* ◆ *vt* inquiéter, troubler.

disregard [ˌdɪsrɪ'gɑːd] *vt* négliger; *they ~ed the court's ruling* ils ont enfreint la décision du tribunal ◆ *n (for)* indifférence *f* (à); *(brit) ~ for the law* non observation *f* de la loi.

disrepair [ˌdɪsrɪ'peə] *n* délabrement *m*.

disreputable [dɪs'repjʊtəbl] *adj* peu recommandable, honteux (*f* -euse).

disrepute [ˌdɪsrɪ'pjuːt] *n* discrédit *m*; *he brought his opponent into ~* il a discrédité son adversaire.

disrespect [ˌdɪsrɪ'spekt] *n* manque *m* d'égards/de respect || **disre°spectful** *adj* irrespectueux (*f* -euse); irrévérencieux (*f* -ieuse).

disrupt [dɪs'rʌpt] *vt* désorganiser, perturber || **dis°ruption** *n* perturbation *f*, interruption *f* || **dis°ruptive** *adj* perturbateur (*f* -trice).

dissatisfaction ['dɪsˌsætɪs'fækʃn] *n (at, with)* mécontentement *m* (devant) || **dis°satisfied** *adj (with)* mécontent (de).

dissect [dɪ'sekt] *vt* 1 disséquer 2 étudier minutieusement; *(fam)* éplucher || **di°ssection** *n* 1 dissection *f* 2 découpage *m*.

disseminate [dɪ'semɪneɪt] *vt* disséminer.

dissent [dɪ'sent] *vi (from)* différer (de) || **di°ssenter** *n* dissident *m*.

disservice [ˌdɪs'sɜːvɪs] *n* mauvais service *m*; *he did a ~ to the cause* il a desservi la cause.

dissident ['dɪsɪdənt] *n adj* dissident(e) *m(f)*.

dissimilar [dɪ'sɪmɪlə] *adj* dissemblable.

dissimilarity [ˌdɪsɪmɪ'lærətɪ] *n (between)* différence *f* (entre).

dissipate ['dɪsɪpeɪt] *vti* (se) dissiper || **°dissipated** *adj* débauché || **dissi°pation** *n* 1 dissipation *f* 2 gaspillage *m* 3 débauche *f*.

dissolute ['dɪsəluːt] *adj* débauché || **disso°lution** *n* dissolution *f*.

dissolve [dɪ'zɒlv] *vti* (se) dissoudre, (se) fondre; *~ two tablets in a glass of water* faire fondre deux comprimés dans un verre d'eau.

dissuade [dɪ'sweɪd] *vt (from)* dissuader (de).

distance ['dɪstəns] *n* 1 distance *f*; *in the ~* au loin; *he kept his ~* il gardait ses distances 2 intervalle *m*, écart *m* || **°distant** *adj* 1 éloigné 2 lointain 3 *(personne)* réservé, froid.

distaste [dɪs'teɪst] *n (for)* répugnance *f* (pour) || **dis°tasteful** *adj (to)* déplaisant (à, pour).

distemper[1] [dɪs'tempə] *n* badigeon *m*.

distemper[2] [dɪs'tempə] *n* maladie *f* des jeunes chiens.

distinct [dɪs'tɪŋkt] *adj (from)* distinct (de); *as ~ from* par opposition à.

distinguish [dɪs'tɪŋgwɪʃ] *vti* (se) distinguer.

distort [dɪs'tɔːt] *vt* 1 déformer 2 dénaturer, fausser || **dis°tortion** *n* distortion *f*, déformation *f*.

distract [dɪs'trækt] *vt (from)* distraire (de); brouiller l'esprit || **dis°tracted** *adj* 1 inattentif (*f* -ive) 2 affolé || **dis°traction** *n* 1 distraction *f* 2 confusion *f*, folie *f*; *this child drives me to ~* cet enfant me rend fou.

distress [dɪs'tres] *n* 1 peine *f*, douleur *f* 2 détresse *f*; *~ signal* signal *m* de détresse ◆ *vt* peiner || **dis°tressing** *adj* affligeant.

distribute [dɪs'trɪbjuːt] *vt* distribuer, répartir || **distri°bution** *n* distribution *f*, répartition *f* || **di°stributor** *n* 1 distributeur *m* 2 *(Tech)* distributeur de courant; *(Aut)* distributeur d'allumage, *(fam)* delco *m*.

district ['dɪstrɪkt] *n* 1 région *f*; territoire *m* 2 quartier *m* 3 secteur *m*.

distrust [dɪs'trʌst] *n* méfiance *f*, défiance *f* ◆ *vt* se méfier (de), se défier (de) || **dis°trustful** *adj* méfiant, soupçonneux (*f* -euse).

disturb [dɪs'tɜːb] *vt* 1 déranger; *please do not ~* ne pas déranger, svp 2 troubler, perturber || **dis°turbance** *n* trouble *m*, agitation *f*; *the policeman said she was causing a ~* l'agent lui a dit qu'elle troublait l'ordre public || **dis°turbed** *adj (at, by)* troublé (par); *(esprit)* dérangé.

disuse [ˌdɪs'juːs] *n* désuétude *f*.

disused [ˌdɪs'juːzd] *adj* désaffecté; hors d'usage.

ditch [dɪtʃ] *n* fossé *m* ◆ *vt (fam)* larguer, plaquer; se débarrasser (de).

dither ['dɪðə] *vi* hésiter.

dive [daɪv] *vi* 1 plonger 2 *(Av)* piquer ◆ *n* 1 plongeon *m* 2 *(Naut)* plongée *f*; *(Av)* piqué *m* 3 *she made a ~ for the door* elle se rua vers la porte 4 *(fam)* bar *m* louche || **°diver** *n* plongeur *m*; scaphandrier *m*.

diverge [daɪ'vɜːdʒ] *vi* diverger.

diverse [daɪ'vɜːs] *adj* divers || **di°versify** *vt* diversifier || **di°version** *n* 1 diversion *f* 2 détournement *m*; déviation *f* 3 divertissement *m* || **di°versity** *n* diversité *f*.

divert [daɪ'vɜːt] *vt* 1 détourner, dérouter, dévier 2 *(attention)* distraire 3 divertir.

divest [daɪ'vest] *vt* 1 *(vêtements)* dépouiller 2 *(autorité)* déposséder 3 *(Fin)* vendre, désinvestir || **di°vestment** *n* *(Fin)* vente *f* (d'actifs).

divide [dɪ'vaɪd] *vt (among, between)* diviser (entre) ◆ *n (Géo)* ligne *f* de partage des eaux.

divine [dɪ'vaɪn] *adj* divin ◆ *vt* deviner.

diving ['daɪvɪŋ] *n* plongée *f*; ~ **board** plongeoir *m*; ~ **suit** *n* scaphandre *m*.

divinity [dɪ'vɪnətɪ] *n* **1** divinité *f* **2** théologie *f*.

division [dɪ'vɪʒn] *n* **1** division *f* **2** branche *f*; département *m*; *after-sales* ~ service *m* après-vente.

divorce [dɪ'vɔːs] *n* divorce *m* ◆ *vt* divorcer ‖ **divorᶜee** *n* divorcé(e) *mf*.

divulge [daɪ'vʌldʒ] *vt* divulguer.

dizziness ['dɪzɪnɪs] *n* étourdissement *m* ‖ **°dizzy** *adj* étourdi; *she felt* ~ elle a eu le vertige.

do¹ [dəʊ] *n* (*Mus*) do *m*, ut *m*.

do² [duː] *v* (*3ᵉ pers sing* **does**; *p* **did** *pp* **done**) *aux* **1** *formes int, nég, int-nég*; *do you like tea?* aimez-vous le thé? *I don't understand* je ne comprends pas; *didn't you see him?* ne l'avez-vous pas vu? *don't move!* ne bougez pas! **2** (*demande de confirmation*) *you like that, don't you?* tu aimes cela, n'est-ce pas? *she didn't answer, did she?* elle n'a pas répondu, n'est-ce pas? **3** (*insistance*) *I did tell you!* je te l'ai pourtant dit! **4** (*invitation polie*) ~ *come in!* entrez, je vous en prie **5** (*requête*) ~ *take care of yourself!* fais bien attention à toi **6** (*reprise d'un syntagme verbal*) *she knows more German than I* (~) elle sait plus d'allemand que moi; *did you phone your mother? yes I did* as-tu appelé ta mère? oui; *he likes the country.* So ~ *I* il aime la campagne. Moi aussi; *may I smoke?* ~! puis-je fumer? bien sûr! *who broke the glass?* - *I did* qui a cassé le verre? (c'est) moi ◆ *vt* **1** faire; *what did he* ~? qu'a-t-il fait? *he had plenty to* ~ il avait beaucoup à faire **2** arranger, préparer; *who did your hair?* qui t'a coiffée? **3** étudier; *I did some Greek at school* j'ai fait un peu de grec en classe **4** accomplir, résoudre, remédier; *what's to be done?* qu'y faire? *I can't* ~ *anything about it* je ne peux rien y faire/je n'y peux rien; *he does a mile in record time* il court le mille en un temps record; *well done!* bravo! *that's not done* ça ne se fait pas **5** (*brit fam*) *that's done it!* c'est le bouquet! (*brit*) *you've been done* on t'a eu/tu as été refait *I'll* ~ *you if you don't stop it* tu vas écoper si tu n'arrêtes pas **6** (*Cuis*) *well done* à point ◆ *vi* **1** se comporter; ~ *as I say* faites comme je vous dis; *I could* ~ *with a drink* je prendrais bien un verre; *you'll have to* ~ *without* tu devras t'en passer; *he has been badly done by* il a été très mal traité **2** se porter; *both mother and baby are doing well* la mère et l'enfant se portent bien **3** aller, convenir; *this will* ~ *nicely* ceci fera l'affaire; *£50 will* ~ (*me*) *for the moment* 50 livres (me) suffiront pour l'instant; *that*

will ~! ça suffit comme ça! **4** terminer; *I'm nearly done* j'ai presque fini; *I've done with all that* j'en ai fini avec tout cela; *get done with it quickly!* finis-en vite! **5** (*loc*) *have to* ~ *with* concerner; *this book has to* ~ *with the war* cet ouvrage traite de la guerre; *it's got nothing to* ~ *with you* cela ne vous regarde pas; *I won't have anything to* ~ *with them* je ne veux pas avoir affaire à eux **6** *nothing doing!* rien à faire!/pas question! *there's nothing doing in this dump* il n'y a rien à faire dans ce bled **7** (*loc*) *how do you do!* enchanté (de faire votre connaissance)! ‖ **do away** *vt* supprimer ‖ **do down** *vpart* (*brit*) **1** tromper, rouler **2** médire de ‖ **do for** *vpart* **1** faire le ménage de **2** tuer; *I'm done for* j'en ai fini ‖ **do in** *vpart* **1** éreinter; *I'm done in* je n'en peux plus **2** (*argot*) buter, descendre ‖ **do out** *vpart* (*brit*) nettoyer à fond, décorer (une pièce) ‖ **do over** *vpart* **1** (*amér fam*) repeindre **2** (*personne*) agresser; (*maison*) cambrioler **3** (*amér*) refaire; *I must* ~ *over my letter* je dois recommencer ma lettre ‖ **do up** *vpart* **1** attacher; *can you* ~ *up my dress* peux-tu boutonner ma robe? *the parcel was done up in paper* le colis était emballé dans du papier **2** réparer; *I want to* ~ *up this old barn* je veux retaper cette vieille grange.

do³ [duː] *n* (*pl* **dos**, **do's**) **1** réunion *f*, réception *f*, fête *f* **2** *the dos and don'ts* ce qu'il faut faire et ne pas faire.

docile ['dəʊsaɪl] *adj* docile, obéissant.

dock¹ [dɒk] *n* (*Jur*) banc *m* des accusés.

dock² [dɒk] *n* **1** quai *m* **2** bassin *m*; *dry* ~ cale *f* sèche ‖ **°docker** *n* docker *m* ‖ **°dockyard** *n* chantier *m* naval (*pl. navals*).

dock³ [dɒk] *vt* **1** (*queue*) couper **2** (*salaire, ration*) diminuer, rogner.

doctor ['dɒktə] *n* **1** médecin *m inv*; docteur *m* (*f* doctoresse) **2** (*Ens*) ~ *of Science* docteur ès sciences ◆ *vt* **1** soigner **2** falsifier, truquer.

doctrine ['dɒktrɪn] *n* doctrine *f*.

document ['dɒkjʊment] *n* document *m* ‖ **docuᵒmentary** *adj n* documentaire (*m*) ‖ **documenᵒtation** *n* documentation *f*.

dodge [dɒdʒ] *vti* **1** (s')esquiver **2** éviter (par la ruse); escamoter ◆ *n* ruse *f*; truc *m*; (*Sp*) esquive *f* ‖ **°dodgems** *npl* (*brit*) autos *f* tamponneuses ‖ **°dodger** *n* (*Mil*) embusqué *m*.

doe [dəʊ] *n* lapine *f*; biche *f*; hase *f*.

does [dʌz] *voir* **do²**.

dog [dɒg] *n* **1** chien *m*, chienne *f*; (*brit*) *sporting* ~ chien de chasse; (*fam*) *lucky* ~ veinard *m*; *the dirty* ~! quel sale type! *let sleeping* ~*s lie* ne réveillez pas le chat qui dort; *his business is going to the* ~*s* son affaire court à la ruine; **2** (*Tech*) chien *m* ; cliquet *m* **3** *fire* ~ chenet *m* ‖ **°dog-collar** *n* collier *m* de chien ; *(fam)* col *m* d'ecclésiastique ‖ **°doghouse** *n (amér)* niche *f* ; *(fam)* **be in the** ~ être en disgrâce ‖ **°dog-eared** *adj* écorné ‖ **°dog-tired** *adj* éreinté ; *(fam)* fourbu, claqué.

dogged ['dɒgɪd] *adj* tenace ; opiniâtre.

dogma ['dɒgmə] *n* dogme *m*.

do-gooder [,du:'gudə] *n (péj)* âme *f* charitable.

doing ['du:ɪŋ] *n* **1** action *f* ; *is that your* ~ ? c'est toi qui as fait cela ? *that will take some* ~ ce ne sera pas facile à faire **2** ~ *s* faits *mpl* et gestes *mpl*.

doldrums ['dɒldrəmz] *npl inv (Naut)* calme *m* ; *be in the* ~ être déprimé ; *(Eco) financial markets were in the* ~ le marasme régnait sur les marchés financiers.

dole [dəʊl] *n (brit)* indemnité *f* de chômage ; *on the* ~ au chômage ‖ **dole out** *vpart* distribuer (équitablement, parcimonieusement) ‖ **°doleful** *adj* lugubre.

doll [dɒl] *n* poupée *f* ‖ **doll up** *vpart* se pomponner.

dollar ['dɒlə] *n* dollar *m*.

dolphin ['dɒlfɪn] *n (Zool)* dauphin *m*.

domain [də'meɪn] *n* domaine *m*.

domestic [də'mestɪk] *adj* **1** domestique ; *(brit)* ~ *science* arts *mpl* ménagers **2** ~ *policy* politique *f* intérieure.

dominate ['dɒmɪneɪt] *vt* dominer.

domineering [,dɒmɪ'nɪərɪŋ] *adj* dominateur *(f -trice)*.

don[1] [dɒn] *vt* revêtir.

don[2] [dɒn] *n (brit)* professeur *m* d'université.

donate [dəʊ'neɪt] *vt* faire la donation de.

done [dʌn] *pp* do[2] : *it is over and* ~ *(with)* c'en est fini ; *(Cuis) well* ~ cuit à point.

donkey ['dɒŋkɪ] *n* **1** âne *m* ; ânesse *f* ; **2** *(brit)* *she's been here for* ~ *'s years* elle est ici depuis une éternité.

donor ['dəʊnə] *n* donateur *m (f -trice)* ; *(Méd)* donneur *(f -euse)*.

don't [dəʊnt] = **do not** voir **do**[2].

doodle ['du:dl] *vi* griffonner (distraitement).

doom [du:m] *n* destin *m* funeste ; perte *f* *(Rep) Doomsday* Jugement *m* dernier ◆ *vt* condamner ‖ **°doomed** *adj* perdu d'avance ; voué à l'échec.

door [dɔ:] *n* **1** porte *f* ; *front* ~ porte d'entrée ; *the people next* ~ les voisins ; ~ *to* ~ *selling* (vente) le porte-à-porte **2** *(véhicule)* portière *f* ‖ **°doorman** *n* portier *m*, concierge *m* ‖ **°doormat** *n* paillasson *m* ‖ **°doorstep** *n* seuil *m* ; *on my* ~ à ma porte.

dope [dəʊp] *n* **1** *(brit fam)* drogue *f* ; *(amér)* drogue *f* ; narcotique *m* **2** *(fam)* *(renseignements)* tuyaux *mpl* **3** idiot *m* ◆

vt (brit) doper ; *the winner was* ~*d* le gagnant était dopé ; *(amér, brit) she was* ~*d and kidnapped* elle a été droguée et kidnappée ‖ **°dope-pusher/peddler** *n* trafiquant *m* de drogue ‖ **°doping** *n* dopage *m* ‖ **°dope-test** *n* contrôle *m* anti-doping.

dormitory ['dɔ:mɪtrɪ] *n* **1** dortoir *m* **2** *(amér)* résidence *f* universitaire.

dormouse ['dɔ:maʊs] *(pl* **-mice**) *n* loir *m*.

dot [dɒt] *n* **1** point *m* ; *(fam) twelve on the* ~ midi pile ; *(fam) the year* ~ il y a des siècles **2** *polka* ~ *s (tissu)* à pois *mpl* ◆ *vt* **1** mettre un point (sur un i) **2** parsemer ‖ **°dotted** *adj* ~ *line* pointillé *m*.

dote [dəʊt] *vi (on)* raffoler (de) ; adorer.

dotty ['dɒtɪ] *adj (brit fam)* toqué ; timbré.

double ['dʌbl] *adj* double ; ~ *room* chambre *f* pour deux personnes ; *(Téléph)* ~ *four* ~ *nine* 4499 ; *"committee" takes a* ~ *m* « committee » prend deux *m* ◆ *adv* deux fois ; *I paid* ~ *the price* je l'ai payé le double ◆ *n* **1** double *m* ; réplique *f* **2** *(personne)* sosie *m* ; *(Ciné, Th)* doublure *f inv* **3** pari *m* couplé ; *(bridge)* contre *m* **4** *(tennis) men's* ~ *s* double *m* messieurs ; *at/on the* ~ au pas *m* de gymnastique ◆ *vti* **1** doubler **2** parier en deux **3** *(Th, Ciné) (for)* doubler (un acteur) **4** *(bridge)* contrer ‖ **double back** *v part* revenir sur ses pas ‖ **double over** *v part* se plier ; *he* ~*d over in pain* il se pliait de douleur ‖ **double up** *vpart* **1** (faire) partager à deux (une chambre, une voiture) **2** *(se)* plier, (faire) plier en deux ‖ **double-°bass** *n* contrebasse *f* ‖ **double-°cross** *vt* trahir ; *(fam)* doubler ‖ **double-°decker** *n* **1** autobus *m* à impériale **2** *(Av)* à deux ponts **3** *(fam)* sandwich *m* double ; ‖ **double-°Dutch** *n (brit)* charabia *m* ; *it's* ~*-Dutch to me* pour moi c'est de l'hébreu ‖ **double-°glazing** *n* double vitrage *m* ‖ **double-°park** *vi* stationner en double file ‖ **double-°quick** *adj adv* en quatrième vitesse.

doubt [daʊt] *n* doute *m* ; *no* ~ sans doute ; *in* ~ dans le doute ; *benefit of the* ~ bénéfice *m* du doute ◆ *vt* douter de ‖ **°doubtful** *adj* **1** douteux *(f -euse)* **2** *(personne)* indécis, incertain ‖ **°doubtfully** *adv* d'un air de doute ; de façon indécise ‖ **°doubtless** *adv* très probablement.

dough [dəʊ] *n* **1** pâte *f* (à pain) **2** *(fam)* fric *m*.

dour [dʊə] *adj* austère ; buté.

douse [daʊs] *vt* **1** arroser copieusement ; tremper **2** *(fig)* éteindre ; *she* ~*d his hopes* elle a ruiné ses espoirs.

dove [dʌv] *n* colombe *f* ; ~*-grey* gris perle *inv* ‖ **°dove-tail** *vt (Tech)* assembler en queue-d'aronde ◆ *vi* se raccorder.

dowdy ['daʊdɪ] *adj* sans chic.

down[1] [daʊn] *n* duvet *m*.

down² [daʊn] *n* colline *f* (crayeuse).

down³ [daʊn] *adv* **1** vers le bas ; *come/go* ~ descendre ; ~ *with colonialism!* à bas le colonialisme ! **2** en bas ; ~ *here* ici bas ; ~ *under* aux antipodes ; *his name is* ~ *on my list* son nom figure sur ma liste ; *I'm feeling* ~ *(in the dumps)* j'ai le cafard **3** vers, dans un endroit moins important (ville, université) ; *(brit) we used to go* ~ *to the country every Saturday* nous allions à la campagne tous les samedis **4** vers le sud **5** ~ *to* jusqu'à ; *I'll drive her* ~ *to the station* je vais la conduire à la gare **6** *(Com) he put £10* ~ il a versé 10 livres d'acompte **7** *they were 5* ~ *at half-time* ils avaient 5 points de retard à la mi-temps **8** *(loc) be* ~ *on somebody* en vouloir à quelqu'un ◆ *prép* **1** en descendant ; *they ran* ~ *the hill* ils dévalèrent la colline **2** plus bas ; *the lock lies* ~ *the river* l'écluse est en aval **3** le long de ; *they walked* ~ *Fifth Avenue* ils descendirent la 5ᵉ Avenue **4** *(loc) she paced up and* ~ elle faisait les cent pas ◆ *adj* **1** par terre **2** *(brit) the* ~ *train* le train (venant) de Londres **3** en baisse ◆ *vt* **1** terrasser ; abattre **2** vaincre **3** *(fam boisson)* vider d'une traite || **down-and-°out** *adj* sans le sou, fauché || **down-at-°heel** *adj* **1** éculé **2** *(personne)* miteux (f -euse) || **°downcast** *adj* abattu ; déprimé ; *eyes* ~ yeux *mpl* baissés || **°downfall** *n (pluie, neige)* chute *f* brutale ; *(fig)* chute *f*; ruine *f* || **°downpour** *n* pluie *f* diluvienne || **°downright** *adj* absolu ; catégorique ◆ *adv* tout à fait ; catégoriquement || **down°stage** *adv (Th)* sur le devant de la scène || **down°stairs** *adj adv* au rez-de-chaussée || **down-to-°earth** *adj* terre-à-terre *inv* || **down°town** *adj adv* (dans, vers le) centre ville *m* || **°downtrodden** *adj* opprimé ; vers le bas *(Fin) (tendance)* à la baisse || **°downwards** *adv* vers le bas ; *he was lying face* ~ il était allongé sur le ventre.

dowry [ˈdaʊərɪ] *n* dot *f*.

doze [dəʊz] *vi* sommeiller ◆ *n* petit somme *m* || **doze off** *vpart* s'assoupir.

dozen [ˈdʌzn] *n* **1** *inv two* ~ *eggs* deux douzaines *f* d'œufs **2** *pl I've told you* ~*s of times* je vous l'ai dit des dizaines de fois.

drab [dræb] *adj* terne ; *(vie)* morne.

draft [drɑːft] *n* **1** brouillon *m* ; ébauche *f* **2** *(Fin)* traite *f* **3** *(amér Mil)* conscription *f* ; ~*-board* conseil *m* de révision ; ~*-dodger* insoumis *m*, réfractaire *m* **4** *(amér)* = **draught** ◆ *vt* **1** faire le brouillon de ; ébaucher **2** *(Jur Fin)* rédiger **3** *(amér Mil)* appeler sous les drapeaux || **°draftsman** *n* dessinateur *m* industriel.

drag [dræg] *vti* **1** tirer ; traîner **2** entraîner

contre son gré **3** rester en arrière **4** languir ; traîner **5** *(Tech)* draguer ◆ *n* **1** drague *f* **2** *(fig)* entrave *f* ; *(argot) what a* ~*!* quelle barbe ! **3** *(Tech)* résistance *f* à l'avancement **4** *(fam) (cigarette)* bouffée *f* **5** *in* ~ en travesti *m*.

dragon [ˈdrægən] *n (Zool)* dragon *m* || **°dragonfly** *n (Zool)* libellule *f.*

drain [dreɪn] *n* **1** égout *m* ; *(fig) he threw his money down the* ~ il a jeté l'argent par les fenêtres **2** *(Méd)* drain *m* **3** ponction *f* ; *(fig) the war was a* ~ *on the country's economy* la guerre épuisa l'économie du pays ; *brain* ~ exode *m* des chercheurs ◆ *vti* **1** (se) vider (complètement) ; drainer ; *(fig)* (s')épuiser ; *she looked tired and* ~*ed* elle avait l'air épuisé **2** *(terrain)* assécher ; *(légumes)* égoutter || **°drainage** *n* **1** drainage *m* **2** système *m* d'égouts **3** *(Géo)* ~ *area n* bassin *m* hydrographique || **°drain(ing) board** *n* paillasse *f* || **°drain pipe** *n* tuyau *m* d'écoulement.

drake [dreɪk] *n* canard *m* (mâle).

drama [ˈdrɑːmə] *n* **1** *(Th)* pièce *f* (tragédie *f*, comédie *f*) **2** l'art *m* dramatique **3** *(fig)* drame *m.*

dramatic [drəˈmætɪk] *adj* **1** dramatique **2** spectaculaire || **dra°matically** *adv* d'une manière spectaculaire.

dramatist [ˈdræmətɪst] *n* auteur *m* dramatique.

dramatization [ˌdræmətaɪˈzeɪʃn] *n* adaptation *f* (pour la scène, l'écran) || **°dramatize/se** *vti* **1** adapter (pour la scène, l'écran) **2** *(fig)* faire un drame de, dramatiser.

drank [dræŋk] *p* **drink.**

drape [dreɪp] *n* ~ *s* tentures *fpl* ; *(amér)* rideaux *mpl* ◆ *adj* + *vt (with)* draper (de), tendre (de) || **°draper** *n (brit)* mercier *m*, drapier *m.*

drastic [ˈdræstɪk] *adj* énergique ; *change* changement *m* radical.

draught/ *(amér)* **draft** [drɑːft] **1** courant *m* d'air, tirage *m* ; *(Naut)* tirant *m* d'eau **2** gorgée *f* ; *a* ~ *of wine* un coup *m* de vin **3** potion *f* **4** *(brit)* ~*s* jeu *m* de dames ; ~*-board* damier *m* ; ~ ~ *horse* cheval *m* de trait ; ~ *beer* bière *f* à la pression || **°draughtsman** *n* **1** *(brit) (dames)* pion *m* **2** dessinateur *m* || **°draughtsmanship** *n* art *m* du dessin || **°draughty** *adj* plein de courants d'air, éventé.

draw [drɔː] *n* **1** tirage *m* au sort, loterie *f* **2** match *m* nul **3** bouffée *f* **4** *(fam)* attraction *f* ; *archery is one of the club's* ~ le tir à l'arc est l'une des attractions du club **5** *(fam) he's quick on the* ~ il dégaine facilement, *(fig)* il a la répartie facile/il réagit au quart de tour ◆ *vti* (*p* **drew** *pp* **drawn**) *vt* **1** tirer ; remorquer **2** attirer ; *(fig) he felt drawn to her* il se sentait attiré vers elle **3** ~ *blood* verser le sang ; ~ *breath* aspirer **4** *(argent)* retirer (d'une banque) **5** *(dent, clou)* arracher ; *(volaille)* vider **7** *(comparaison)* établir ; *what conclusion can we* ~? quelle conclusion pouvons-nous en tirer ? **8** dessiner ; *(personnage)* créer ; peindre ; *(Géog) (carte)* dresser **9** ~ *cards* tirer les cartes **10** *(Fin)* percevoir ; *does he* ~ *good wages?* est-il bien payé ? **11** *(examen)* être ex-æquo *inv* ; *(Sp)* faire match *m* nul ◆ *vi* **1** *(towards)* se diriger (vers) **2** *(Sp)* faire match *m* nul **3** *(thé)* infuser **4** *(cheminée)* tirer **5** dessiner ‖ **draw along** *vpart* tirer ; *(fig)* entraîner ‖ **draw aside** *vpart* tirer à l'écart ; *(from)* s'éloigner (de) ‖ **draw back** *vpart* (faire) reculer ‖ °**drawback** *n* inconvénient *m*, désavantage *m* ‖ °**drawbridge** *n* pont-levis *m* ‖ °**drawer** *n* tiroir *m* ; *(brit)* *cash-*~ *n* tiroir-caisse *m* ‖ °**drawers** *npl* *inv* caleçon *m* ‖ **draw in** *vpart* **1** contracter ; *(air)* aspirer ; *(griffes)* rentrer **2** attirer **3** *(Aut)* s'arrêter ‖ °**drawing** *n* dessin *m* ; ~ *board* *n* planche *f* à dessin ; *(fig)* *it's back to the* ~*board* nous devons tout reprendre à zéro ‖ °**drawing pin** *n* *(brit)* punaise *f* ‖ °**drawing-room** *n* salon *m* ‖ **draw off** *vpart* **1** *(vêtement)* retirer, ôter **2** *(bière)* tirer ; *(Méd) (sang)* prélever ‖ **draw on** *vpart* **1** *(vêtement)* mettre, enfiler **2** *(personne)* *she drew him on* elle l'a fait marcher **3** *(s')*approcher ‖ **draw out** *vpart* **1** *(from)* sortir (de) ; *the train drew out* le train quitta la gare ; *(argent)* retirer ; *(secret)* soutirer **2** *(personne)* faire parler **3** étirer, allonger ; *(fig)* *(affaire, récit)* faire traîner ‖ **draw up** *vpart* **1** dresser, rédiger ; *(Mil) (troupes)* aligner **2** *(to)* approcher (de) **3** *(Aut)* s'arrêter, se ranger.

drawl [drɔːl] *n* voix *f* traînante ; accent *m* traînant ◆ *vti* dire/parler d'une voix traînante.

drawn [drɔːn] *adj* **1** hagard ; *he looks* ~ il a les traits tirés **2** ~ *match* match *m* nul.

drawstring [ˈdrɔːstrɪŋ] *n* cordon *m*.

dread [dred] *n* terreur *f* ◆ *vt* redouter ‖ °**dreadful** *adj* **1** redoutable **2** épouvantable ‖ °**dreadfully** *adv* terriblement, affreusement.

dream [driːm] *n* rêve *m* ; *his* ~ *came true* son rêve se réalisa ◆ *vti* **1** *(about)* rêver (de) **2** imaginer ; *I wouldn't* ~ *of asking him for advice* il ne me viendrait pas à l'idée de lui demander conseil ‖ **dream up** *vpart (fam)* imaginer ‖ °**dreamy** *adj* **1** songeur *(f -euse)* **2** *(fam)* ravissant.

dreary [ˈdrɪərɪ] *adj* morne, ennuyeux *(f -euse)*, monotone ‖ °**drearily** *adv* tristement ‖ °**dreariness** *n* tristesse *f*.

dredge[1] [dredʒ] *vti* draguer (pour nettoyer) ◆ *n (Naut)* drague *f*.

dredge[2] [dredʒ] *vt (Cuis) (sel, farine)* saupoudrer.

dregs [dregz] *npl inv* lie *f* de vin ; *(fig)* lie *f* de la société.

drench [drentʃ] *vt* mouiller, tremper ; ~*ed to the skin* trempé jusqu'aux os.

dress [dres] *n* **1** vêtement *m* **2** robe *f* **3** toilette *f* ; *evening* ~ tenue *f* de soirée ; ~ *designer* *n* styliste *mf* ; *(Th)* ~ *circle* *n* premier balcon *m* ; ~ *rehearsal* *n* générale *f* ◆ *vti* **1** (s')habiller **2** *(sol, peau)* préparer **3** *(Cuis) (salade)* assaisonner, *(volaille)* parer **4** *(Méd)* panser **5** décorer ; ~ *the windows* faire l'étalage ‖ **dress down** *vpart (cheval)* panser **2** *(fam)* passer un savon ‖ **dress up** *vpart* **1** se mettre en grande toilette **2** *(as)* se déguiser (en) ‖ °**dresser** *n* **1** *(brit)* vaisselier *m* ; *(amér)* coiffeuse *f* **2** *(Th)* habilleur *m* *(f -euse)* ‖ °**dressing** *n* **1** habillement *m* ; ~ *gown* robe *f* de chambre ; ~ *room* dressing-room *m* ; *(Th)* loge *f* **2** assaisonnement *m* **3** pansement *m* ‖ °**dressmaker** *n* couturière *f* ‖ °**dressy** *adj* **1** élégant **2** *(trop)* habillé.

drew [druː] *p* draw.

dribble [ˈdrɪbl] *vti* **1** (laisser) tomber goutte à goutte **2** baver **3** *(Sp)* dribbler.

dribs [drɪbz] *loc inv in* ~ *and drabs* petit à petit *inv*.

dried [draɪd] *p pp* dry ◆ *adj* séché ; *(fruit)* sec *(f sèche)* ; *(œuf, lait)* en poudre.

drier [ˈdraɪə] *n* = dryer.

drift [drɪft] *n* **1** mouvement *m* (involontaire) ; *(Av Naut)* dérive *f* ; *(Géol)* congère *f* ; ~ *wood* bois *m* flotté **2** *(fig)* tendance *f*, tournure *f* ; *the* ~ *of his speech was...* le sens général de son discours fut... ◆ *vti* **1** flotter, se laisser aller ; *let things* ~ laisser aller les choses **2** *(Av)* déporter, *(Naut)* dériver **3** *(neige)* s'amonceler **4** *(fig)* tendre (vers un but).

drill[1] [drɪl] *n* **1** *(tissu)* coutil *m*, treillis *m*.

drill[2] [drɪl] *n* **2** grand singe *m*.

drill[3] [drɪl] *n* **1** perceuse *f* ; mèche *f* (d'une perceuse) **2** foreuse *f* ; *pneumatic* ~ marteau-piqueur *m* ; *(pétrole)* trépan *m* **3** *(dentiste)* fraise *f*, roulette *f* ◆ *vt* **1** percer ; forer **2** *(dentiste)* fraiser ◆ *vi* effectuer des forages ‖ °**drilling** *n* forages *mpl* ; ~ *rig* derrick *m* ; *(en mer)* plate-forme *f*.

drill[4] [drɪl] *n* **1** exercice *m* ; *fire-*~ exercice d'incendie *m* **2** *(Ens)* exercice *m* (de grammaire) ◆ *vti* **1** *(Mil)* faire l'exercice ; entraîner **2** *(Ens)* faire faire des exercices.

drily [ˈdraɪlɪ] = dryly.

drink [drɪŋk] *n* **1** boisson *f* ; *soft* ~ boisson sans alcool ; *come and have a* ~ venez prendre un verre **2** boisson *f* ; *to take to* ~ se mettre à boire ◆ *vti* (*p* drank *pp* drunk) boire ; *they drank to his health* ils ont bu à sa santé **2** boire, s'adonner à la boisson ‖ °**drinkable** *adj* buvable ; potable ‖ °**drinker** *n* buveur *m* *(f -euse)* ‖ °**drinking** *n* **1** alcoolisme *m* **2** ~ *water* eau *f* potable.

drip [drɪp] *vti* (laisser) tomber goutte à goutte ; *his umbrella was dripping wet* son parapluie ruisselait ♦ *n* **1** goutte *f* **2** *(Méd)* goutte à goutte *m* ; *to be on a ~* être sous perfusion *f* ‖ **drip °dry** *adj (tissu)* sans repassage ‖ **°dripping(s)** *n (Cuis)* graisse *f* de rôti.

drive [draɪv] *n* **1** *(Aut)* trajet *m* ; *it's an hour's ~ from here* c'est à une heure de voiture d'ici **2** *(chasse)* battue *f* **3** *(~way)* allée *f* (pour voiture) **4** conduite *f* (du bétail) **5** poussée *f* ; *(Tech)* propulsion *f*, transmission *f* ; *front-wheel ~* traction *f* avant **6** *(personne)* pulsion *f*, dynamisme *m* **7** *(Sp)* drive *m*, coup *m* droit **8** *(Pol Com)* campagne *f* **9** *(cartes)* tournoi *m* ♦ *vti* (*p* **drove** *pp* **driven**) *vt* **1** conduire *I've never driven a Lancia* je n'ai jamais conduit de Lancia ; *can you ~ me to the station?* pouvez-vous me conduire à la gare ? *(fig) that child is driving me crazy* cet enfant me rend fou **2** pousser devant soi, chasser **3** *(Tech)* actionner, propulser **4** *(clou)* enfoncer ; *(fig) he drove his point home* il a su se faire comprendre **5** *(Sp)* driver ♦ *vi* **1** aller en voiture, conduire **2** *(fig) what are you driving at?* où voulez-vous en venir ? ‖ **°drive-in** *n* drive-in *m*.

drivel [ˈdrɪvl] *ns inv (fam)* sottises *fpl*, sornettes *fpl* ♦ *vi* radoter.

driven [ˈdrɪvn] *pp* **drive**.

driver [ˈdraɪvə] *n* automobiliste *mf*, conducteur *m* (*f* -trice) ; pilote *mf* ; *~'s license* *(amér)* permis *m* de conduire ‖ **°driving** *n* conduite *f* automobile ; *(brit) ~ licence* permis *m* de conduire ; *~ school* auto-école *f* ; école *f* de conduite ♦ *adj ~ wheel (Tech)* roue *f* motrice.

drizzle [ˈdrɪzl] *n* bruine *f*, crachin *m* ♦ *vi* bruiner, crachiner.

dromedary [ˈdrɒmədərɪ] *n* dromadaire *m*.

drone [drəʊn] *vi* ronronner ♦ *n* **1** bourdonnement *m*, ronronnement *m* **2** faux bourdon *m*, abeille *f* mâle.

drool [druːl] *vi* baver ; *(fig)* radoter.

droop [druːp] *vi* pencher, s'affaisser, s'alanguir ; *(fleur)* se faner ♦ *n* attitude *f* penchée ; langueur *f*.

drop [drɒp] *vi* **1** tomber goutte à goutte **2** tomber ; se laisser tomber ; *he felt ready to ~* il était mort de fatigue **3** *(prix, température)* baisser ♦ *vt* **1** laisser tomber ; *(bombe)* larguer ; *(fig) will you ~ your old friend?* abandonneras-tu ton vieil ami ? **2** déposer ; *~ me at the station!* laissez-moi à la gare ! **3** baisser ; *she dropped her voice* elle baissa la voix **4** omettre ; *he'll ~ the title* il supprimera le titre ♦ *n* **1** goutte *f* ; *~ by ~* goutte à goutte **2** baisse *f* **3** chute *f* **4** *(Sp)* saut *m* en parachute ‖ **drop back/behind** *vpart* rester en arrière ; *(fig)* prendre du retard ‖ **drop in** *vpart (on)* faire une visite imprévue (à)

‖ **drop off** *vpart* **1** tomber, diminuer **2** s'assoupir ‖ **drop out** *vpart* tomber ; *(fig) (of)* se retirer (de) ; *he dropped out of school* il a abandonné ses études ‖ **°dropout** *n* **1** marginal *m* **2** étudiant *m* qui abandonne ses études ‖ **°droppings** *npl* fiente *f*, crottes *fpl*.

dross [drɒs] *ns inv* scories *fpl*, déchets *mpl* ; *(aussi fig)* rebut *m*.

drought [draʊt] *n* sécheresse *f*.

drove[1] [drəʊv] *p* **drive**.

drove[2] [drəʊv] *n* multitude *f* ; *~s of people* des foules *fpl* de gens.

drown [draʊn] *vt* noyer ; *the river ~ed the fields* le fleuve inonda les champs ; *her voice is ~ed by the music* sa voix est couverte par la musique ♦ *vi* se noyer ‖ **°drowning** *n* noyade *f*.

drowse [draʊz] *vi* somnoler ‖ **°drowsy** **1** somnolent, à demi assoupi **2** *(temps)* lourd.

drudge [drʌdʒ] *n* bête *f* de somme ; *(fig)* esclave *mf* ♦ *vi* trimer ‖ **°drudgery** *n* corvée *f*, travail *m* ingrat.

drug [drʌg] *n* **1** médicament *m* **2** stupéfiant *m*, drogue *f* ; *~-addict* toxicomane *mf*, drogué(e) *m(f)* ; *~-peddler/pusher* trafiquant *m* de drogue ; *he is on ~s* il se drogue ; *(Méd)* il est sous médication ♦ *vt* droguer ; *he was drugged with sleep* il était abruti de sommeil ‖ **°druggist** *n (brit)* pharmacien, *(amér)* personne qui tient un drugstore ‖ **°drugstore** *m (amér)* drugstore *m*.

drum [drʌm] *n* **1** tambour *m* ; *(jazz) ~s* batterie *f* **2** *(Méd)* tympan *m* **3** tonneau *m*, *(de métal)* bidon *m* ; *(Tech)* tambour *m* ♦ *vti* **1** *(tambour)* battre **2** tambouriner ; *(fig) the truth was drummed into him* on lui a seriné la vérité ‖ **°drummer** *n (personne)* tambour *m* ; *(jazz)* batteur *m* ‖ **°drumstick** *n* baguette *f* (de tambour) ; *(Cuis volaille)* pilon *m*.

drunk [drʌŋk] *pp* **drink** ♦ *adj* ivre *(fig) (with)* enivré (de, par) ♦ *n* ivrogne *m* (*f* -esse) ‖ **°drunkard** *n* ivrogne *m* (*f* -esse) ‖ **°drunken** *adj* d'ivrogne ; *~ driving* conduite *f* en état d'ébriété ‖ **°drunkenness** *n* ivrognerie *f* ‖ **drun°kometer** *n (amér)* alcootest *m*.

dry [draɪ] *adj* **1** sec *m* (*f* sèche) ; *to be kept ~* craint l'humidité ; *~ dock* cale *f* sèche *the well is ~* le puits est à sec ; *~goods (amér)* mercerie *f*, tissus *mpl* ; *~ ice* neige *f* carbonique **2** simple ; *the ~ facts* les faits purs et simples **3** ennuyeux (*f* -euse) ; *(sujet)* aride **4** *(fig)* froid ; *a ~ voice* une voix sèche **5** pince-sans-rire *(inv)* ; *~ humour* humour *m* froid **6** *(amér) ~ state* état où la vente d'alcool est prohibée ♦ *vti* sécher ‖ **dry up** *vpart* **1** se dessécher ; s'évaporer ; *(aussi fig)* se tarir **2** essuyer la vaisselle ‖ **dry-°clean** *vt* nettoyer à sec ‖ **dry-°cleaner** *n* teinturier *m* ‖ **°dryer** *n* séchoir *m* ‖ **°dryly** *adv* sèchement ‖ **°dryness** *n* sécheresse *f*.

dual [ˈdjuːəl] *adj* double ; *(brit Aut)* ~ **carriageway** route *f* à chaussées séparées ; ~**-purpose** à double usage.

dub [dʌb] *vt* 1 *(Ciné)* doubler 2 qualifier ; surnommer.

dubious [ˈdjuːbjəs] *adj* douteux *(f* -euse) ; incertain.

duchess [ˈdʌtʃɪs] *n* duchesse *f* ‖ **°duchy** *n* duché *m*.

duck [dʌk] *n (Zool)* canard *m* ; cane *f* ; *play* ~*s and drakes* faire des ricochets ; *(Mil)* véhicule *m* amphibie ; ~**-egg blue** bleuvert pâle *inv* ◆ *vti* 1 (se) baisser vivement 2 plonger 3 esquiver ‖ **°duckling** *n* caneton *m*.

duct [dʌkt] *n* 1 conduit *m* 2 *(Méd)* canal *m*, vaisseau *m*.

dud [dʌd] *adj* qui ne fonctionne pas correctement/ faux *(f* fausse) ; *(chèque)* sans provision/ *(fam)* en bois ; *(personne)* nul, raté ◆ *n* raté *m*, nullard *m*.

dude [djuːd] *n (amér)* 1 dandy *m* 2 *(fam)* touriste (venu de l'est) ; ~ *ranch* ranch *m* pour touristes/de fantaisie.

due [djuː] *adj* 1 dû *(f* due) ; *this bill falls* ~ *today* cette facture est exigible/vient à échéance aujourd'hui 2 attendu ; *he was* ~ *in London yesterday* il était attendu à Londres hier 3 convenable ; *after* ~ *consideration* après mûre réflexion ; *in* ~ *time* en temps utile 4 *(loc)* ~ *to* à cause de, en raison de ◆ *n* 1 dû *m* ; *(fig) he was given his* ~ on lui a rendu justice 2 ~*s* cotisation *f* ◆ *adv* tout droit ; *he was heading* ~ *west* il se dirigeait plein ouest.

duel [ˈdjuːəl] *n* duel *m* ◆ *vi* se battre en duel.

duet [djuːˈet] *n* duo *m* ; *(piano)* morceau *m* à quatre mains.

duffel/duffle [ˈdʌfl] *n* ~ *bag* sac *m* de marin ; ~*-coat* duffle-coat *m*.

dug [dʌg] *p pp* dig ‖ **°dugout** *n* 1 pirogue *f* 2 *(Mil)* abri *m* souterrain ; *(baseball)* abri *m*.

duke [djuːk] *n* duc *m*.

dull [dʌl] *adj* 1 peu sensible 2 ennuyeux *(f* -euse) 3 *(esprit)* obtus, borné 4 *(couleur)* terne 5 *(son)* sourd 6 *(temps)* maussade, triste 7 *(lame)* émoussé 8 *(Com) (marché)* inactif *(f* -ive) ; *the* ~ *season* la morte saison ◆ *vti* 1 (s')engourdir, (se) ternir 2 hébéter 3 assourdir 4 émousser.

duly [ˈdjuːlɪ] *adv* 1 comme il convient ; *(Jur)* dûment 2 en temps voulu.

dumb [dʌm] *adj* 1 muet ; ~ *show* pantomime *f* 2 sot *(f* sotte) ; *don't act* ~*!* ne fais pas l'innocent ‖ **°dumbbell** *n* 1 haltère *m* 2 *(amér)* imbécile *m*, idiot *m*

‖ **dumb°found** *vt* abasourdir ‖ **°dumbness** *n* 1 mutisme *m* 2 sottise *f*.

dummy [ˈdʌmɪ] *n* 1 objet *m* factice 2 mannequin *m* ; marionnette *f* de ventriloque 3 *(Com)* homme *m* de paille, prête-nom *m* 4 *(bridge) be* ~ faire le mort 5 *(brit) (baby's)* ~ sucette *f* ◆ *adj* faux *(f* fausse), factice ; *(Sp)* ~ *run n* essai *m*.

dump [dʌmp] *n* 1 décharge *f*, tas *m* d'ordures 2 *(Mil)* dépôt *m* de munitions 3 *(fam) it'a real* ~ c'est un bled 4 *(fig) she was down in the* ~*s* elle avait le cafard ◆ *vt* 1 décharger ; jeter ; *nuclear wastes are* ~*ed in the ocean* des déchets nucléaires sont déversés dans l'océan 2 *(paquet, passager)* déposer 3 *(Com)* faire du dumping ‖ **°dump(er) truck** *n* camion *m* à benne ‖ **°dumping** *n (Com)* dumping *m* ‖ **°dumpy** *adj* courtaud.

dumpling [ˈdʌmplɪŋ] *n* **apple** ~ beignet *m* aux pommes.

dun[1] [dʌn] *adj* gris brunâtre *(m) inv.*

dun[2] [dʌn] *vt* harceler (un débiteur).

dunce [dʌns] *n (Ens)* cancre *m.*

dune [djuːn] *n* dune *f.*

dung [dʌŋ] *n* 1 *(cheval)* crottin *m* ; *(vache)* bouse *f* 2 fumier *m* ; ~*hill* (tas *m* de) fumier *m.*

dungarees [ˌdʌŋɡəˈriːz] *npl* salopette *f* ; bleu *m* de travail.

dungeon [ˈdʌndʒən] *n* cachot *m.*

dunk [dʌŋk] *vt* tremper (dans une boisson).

duo [ˈdjuːəʊ] *n* duo *m.*

dupe [djuːp] *n* dupe *mf* ◆ *vt* duper, tromper.

duplex [ˈdjuːpleks] *adj* double ; *(amér)* ~ *house* maison *f* double ; *(amér)* ~ *apartment* duplex *m.*

duplicate [ˈdjuːplɪkət] *n* double *m* ; duplicata *m* ◆ *adj* (en) double.

duplicate [ˈdjuːplɪkeɪt] *vt* 1 reproduire, faire un double ; polycopier 2 faire double emploi avec ‖ **dupli°cation** *n* répétition *f* ; copie *f* ‖ **dupli°cator** *n* duplicateur *m* ‖ **du°plicity** *n* duplicité *f.*

durable [ˈdjuərəbl] *adj* résistant, solide ◆ ~*s (Com)* biens *mpl* durables ‖ **dura°bility** *n* résistance *f*, durabilité *f.*

duration [djuəˈreɪʃn] *n* durée *f.*

duress [djuəˈres] *n* *under* ~ sous la contrainte.

during [ˈdjuərɪŋ] *prép* pendant, durant.

dusk [dʌsk] *n* crépuscule *m* ; *at* ~ à la nuit tombante.

dust [dʌst] *n* poussière *f* ◆ *vt* 1 épousseter 2 saupoudrer ; ~*ing powder* talc *m* de toilette ‖ **°dustbin** *n (brit)* poubelle *f* ‖ **°dust cover/jacket** *n* jaquette *f* (de livre) ‖ **°dust cart** *n* benne *f* à ordures ‖ **°duster** *n* chiffon *m* à poussière ; *(amér)* blouse *f* ‖ **°dustman** *n (brit)* éboueur *m* ‖ **°dustpan** *n* pelle *f* à poussière ‖ **°dust-**

sheet *n (brit)* housse *f* (à meuble) ‖ °**dustup** *n (fam)* querelle *f* ‖ °**dusty** *adj* poussiéreux *(f -euse).*

Dutch [dʌtʃ] *adj* hollandais; ~ *courage* courage *m* après boire; *(fam) go* ~ partager les frais.

dutiful ['djuːtɪfʊl] *adj* obéissant, respectueux *(f -euse);* plein d'égards; ‖ °**dutifully** *adv* respectueusement ‖ °**duty** *n* 1 devoir *m; on* ~ de service, *(Mil Méd)* de garde; *be off* ~ *(Mil)* avoir quartier libre 2 *duties* fonctions *fpl* 3 taxe *f; customs duties* droits *mpl* de douane; *duty-free* exempté de droits de douane, en franchise; *duty-free shop* boutique *f* hors taxe.

dwarf [dwɔːf] *adj n* nain *m (f* naine) ◆ *vt* rapetisser.

dwell [dwel] *vi* 1 habiter, demeurer 2 *(on)* insister (sur), s'étendre (sur) ‖ °**dweller** *n* habitant *m* ‖ °**dwelling** *n* domicile *m,* habitation *f.*

dwindle ['dwɪndl] *vi* diminuer, dépérir.

dye [daɪ] *n* 1 teinture *f; (tissu) (colour-) fast* ~ grand teint *m* 2 colorant *m; (cheveux)* teinture *f* ◆ *vt* teindre *she dyes her hair red* elle se teint en roux ‖ °**dyer** *n* teinturier *m (f -*ière).

dying ['daɪɪŋ] *adj* mourant, agonisant; *to my* ~ *day* jusqu'à ma dernière heure ◆ *n* mort *f,* agonie *f.*

dyke [daɪk] *n* digue *f.*

dynamic [daɪˈnæmɪk] *adj* dynamique ‖ °**dy°namics** *n* dynamique *f* ‖ °**dyna-mism** *n* dynamisme *m* ‖ °**dynamo** *n* dynamo *f.*

dynasty ['dɪnəstɪ] *n* dynastie *f.*

dysentery ['dɪsntrɪ] *n* dysenterie *f.*

dyslexia [dɪsˈleksɪə] *n* dyslexie *f.*

E

E, e [iː] *n (lettre)* E, e *m; (Mus)* mi *m.*

each [iːtʃ] *adj* chaque; ~ *month* chaque mois, tous les mois ◆ *pr* 1 chacun; ~ *of them* chacun d'entre eux; *they cost a dollar* ~ ils coûtent un dollar pièce 2 ~ *other* l'un l'autre; *they love* ~ *other* ils s'aiment.

eager ['iːgə] *adj* avide, passionné; *he's* ~ *for revenge* il est assoiffé de vengeance ‖ °**eagerly** *adv* passionnément ‖ °**eager-ness** *n* vif désir *m;* impatience *f.*

eagle ['iːgl] *n (Zool)* aigle *mf.*

ear [ɪə] *n* 1 oreille *f; he was all* ~s il était tout ouïe *f; she was up to her* ~s *in work* elle était débordée de travail; *turn a deaf* ~ faire la sourde oreille; *this boy has an* ~ *for music* ce garçon a l'oreille musicale; *by* ~ d'oreille; *(fig) I'll have to play it by* ~ je vais devoir improviser; *(fig) you must keep your* ~ *to the ground* vous devez rester à l'écoute (du public) 2 oreille *f,* anse *m* (de vase) 3 *(blé, maïs)* épi *m* ‖ °**earache** *n* mal *m* d'oreille ‖ °**eardrum** *n* tympan *m* ‖ °**earmark** *vt (for)* réserver (pour); *that money is* ~ed *for our daughter* cet argent est destiné à notre fille ‖ °**earphone** *n* 1 écouteur *m* 2 ~s casque *m* ‖ °**earplug** *n* boule *f* Quies® ‖ °**earring** *n* boucle *f* d'oreille ‖ °**earshot** *n within* ~ à portée de voix ‖ °**ear-splitting** *adj* fracassant.

earl [ɜːl] *n* comte *m.*

early ['ɜːlɪ] *adj* 1 matinal, de bonne heure; *in the* ~ *morning* au petit matin 2 premier *(f -*ière), précoce; *she's always* ~ elle arrive toujours à l'avance; ~ *vegetables* primeurs *fpl; in the* ~ *days of the war* aux premiers jours de la guerre; *in* ~ *spring* au début du printemps 3 *(Com)* ~ *delivery* livraison *f* rapide; *at your earliest convenience* dans les meilleurs délais ◆ *adv* tôt, de bonne heure; ~ *on in the novel* au tout début du roman ◆ *loc prép as* ~ *as 1940* dès 1940.

earn [ɜːn] *vt* 1 *(argent)* gagner; *(salaire)* toucher; ~ed *income* revenus *mpl* salariaux 2 *(intérêt)* rapporter 3 mériter ‖ °**earnings** *npl inv* salaire *m;* bénéfices *mpl;* ~*-related* proportionnel au salaire.

earnest ['ɜːnɪst] *adj* sérieux *(f -*ieuse); sincère ◆ *n* sérieux *m; in* ~ sérieusement ‖ °**earnestly** *adv* avec sérieux; sincèrement ‖ °**earnestness** *n* sérieux *m;* sincérité *f.*

earth [ɜːθ] *n* 1 monde *m,* globe *m* terrestre; terre *f* 2 sol *m,* terre *f* 3 *(El)* terre *f,* masse *f;* ~ *wire* fil *m* de terre 4 *(emphatique) (fam) why on* ~? pourquoi diable? *who on* ~? qui diable? ◆ *vt* mettre à la masse ‖ °**earthenware** *n* poterie *f,* faïence *f* ‖ °**earthly** *adj* 1 terrestre 2 *(emphatique)* possible; *there's no* ~ *reason for me to dislike her* je n'ai pas la moindre raison de ne pas l'aimer ‖ °**earthquake** *n* tremblement *m* de terre ‖ °**earthy** *adj* terreux *(f -*euse); de la terre; *(fig)* truculent.

ease [iːz] *n* 1 bien-être *m,* confort *m; ill at* ~ mal à l'aise 2 tranquillité *f* d'esprit 3 facilité *f* 4 *(Mil) at* ~ au repos ◆ *vti* (~ *off, up)* (se) soulager, (se) détendre, (se) calmer ; ralentir ; *(Com Fin)* baisser, diminuer.

easel [ˈiːzl] *n* chevalet *m*.

easily [ˈiːzɪlɪ] *adv* 1 facilement 2 sans aucun doute ; *it's ~ the best of his films* c'est sûrement son meilleur film.

east [iːst] *n* est *m* ; *the Middle E~* le Moyen-Orient ◆ *adj* d'est, de l'est ; *the E~ End* les bas-quartiers de l'est (de Londres) ; *E~ Side* l'est (de Manhattan) ◆ *adv* vers l'est ‖ °**easterly** *adj* d'est ‖ °**eastern** *adj* d'est, oriental ‖ °**eastwards** *adv* à, vers l'est.

Easter [ˈiːstə] *n* Pâques *fpl*.

easy [ˈiːzɪ] *adj* 1 facile ; *he's not ~ to get on with* il n'est pas facile à vivre ; *it's easier said than done!* c'est vite dit ! *~ option* solution *f* de facilité 2 tranquille ; *~ life* vie *f* sans soucis ; *~ style* style *m* aisé ; *he is in ~ circumstances/(fam) on easy street* il est à l'aise 3 *(Com) on ~ terms* avec facilités *fpl* de paiement ◆ *adv take it ~!* vas-y doucement ! *(Mil) stand ~!* repos ! ‖ °**easy-going** *adj* 1 insouciant 2 accommodant.

eat [iːt] *vti* (*p* ate *pp* eaten) 1 manger ; *~ lunch* déjeuner ; *he ~s like a horse* il mange comme quatre ; *(fig) he'll have to ~ his words* il devra ravaler ses paroles ; *I've got them ~ing out of my hand* ils font mes quatre volontés 2 *(aussi fig)* ronger, consumer ; *(fam) what's ~ing you?* qu'est-ce qui vous tracasse ? ‖ °**eatable** *adj* mangeable, comestible ◆ *~s npl inv (fam)* victuailles *fpl* ‖ **eat away** *vpart* ronger, éroder ‖ **eats** *npl (fam)* boustifaille *f*.

eaves [iːvz] *npl* avant-toit *m* ; *~drop* écouter aux portes.

ebb [eb] *n* 1 reflux *m* ; *~tide* marée *f* descendante 2 *(fig)* déclin *m* ◆ *vi (marée)* descendre ; *(fig)* décliner.

ebony [ˈebənɪ] *n* ébène *f*.

ebulient [ɪˈbʌljənt] *adj* exubérant.

eccentric [ɪkˈsentrɪk] *adj n* excentrique *(mf)* ‖ **eccen°tricity** *n* excentricité *f*.

echo [ˈekəʊ] *n* écho *m* ; *~ chamber* chambre *f* sonore ; *~-sounder* sondeur *m* (à ultra-sons) ◆ *vt* répercuter ; *(paroles)* répéter ◆ *vi (son)* se répercuter ; *(mur)* faire écho.

eclectic [eˈklektɪk] *adj n* éclectique *(mf)*.

eclipse [ɪˈklɪps] *n* éclipse *f* ◆ *vt* éclipser.

ecological [ˌiːkəˈlɒdʒɪkl] *adj* écologique ‖ **e°cologist** *n* écologiste *mf*.

economic [ˌiːkəˈnɒmɪk] *adj* économique ; *this business isn't ~* cette affaire n'est pas rentable ‖ **eco°nomical** *adj (personne)* économe ; *(chose) this car is ~* cette voiture est économique ‖ **eco°nomically** *adv* économiquement ‖ **eco°nomics** *n* économie *f* politique ‖ *home ~* économie *f* domestique ‖ **e°conomist** *n* économiste *mf* ‖ **e°conomize** *vti* économiser ‖ **e°conomy** *n* économie *f* ; *~ class* classe *f* touriste ; *there's an ~ drive on* on cherche à faire des économies/à réduire les frais (généraux).

ecosystem [ˈiːkəʊˌsɪstəm] *n* écosystème *m*.

ecstasy [ˈekstəsɪ] *n* 1 *(Rel)* extase *f* 2 transport *m* (de joie) ‖ **ec°static** *adj* extasié.

ecumenism [iːˈkjuːmənɪzəm] *n* œcuménisme *m*.

eczema [ˈeksɪmə] *n* eczéma *m*.

eddy [ˈedɪ] *n* tourbillon *m*, remous *m* ◆ *vi* tourbillonner.

edge [edʒ] *n* 1 bord *m* ; *(forêt)* lisière *f* ; *(ville)* abords *mpl* 2 *(cube, falaise)* arête *f* 3 *(lame)* tranchant *m*, fil *m* ; *take the ~ off* émousser 4 *(fig) on the ~ of disaster* au bord du désastre ; *he is on ~* il est énervé ; *he's got an ~ on/over his opponent* il a l'avantage sur son adversaire ◆ *vt* 1 border 2 aiguiser ◆ *vi* bouger lentement ; *~ away* s'éloigner peu à peu ‖ °**edgeways** *adv* de côté ‖ °**edging** *n* lisière *f*, bordure *f* ‖ °**edgy** *adj* énervé.

edible [ˈedɪbl] *adj* comestible.

edict [ˈiːdɪkt] *n* édit *m*, décret *m*.

edit [ˈedɪt] *vt* 1 *(journal)* être rédacteur en chef de ; diriger la publication de 2 réviser ; annoter 3 *(Ciné)* monter ; *(Rad TV)* réaliser 4 *(Inf)* éditer ‖ e°**dition** *n* édition *f* ‖ °**editor** *n* 1 *(journal)* rédacteur *m* (*f* -trice) en chef ; *(revue)* directeur *m* (*f* -trice) 2 *(Rad TV)* réalisateur *m* (*f* -trice) 3 *sports ~* rédacteur sportif ‖ **edi°torial** *n* éditorial *m* ◆ *adj* de la rédaction ‖ **edit out** *vpart* expurger.

educate [ˈedʒʊkeɪt] *vt* 1 *(Ens)* instruire ; *he was ~d at Yale* il a fait ses études à Yale 2 éduquer, élever ; *(goût)* former ‖ °**educated** *adj* cultivé ‖ **edu°cation** *n* éducation *f* ; enseignement *m* ; études *fpl* ; *professional ~* formation *f* professionnelle ; *degree in ~* diplôme *m* de pédagogie ; *~ system* système *m* scolaire/d'éducation ‖ **edu°cational** *adj* pédagogique ; *~ visit* visite *f* éducative ‖ **edu°cationally** *adv* pédagogiquement ; *~ deprived children* enfants sous-scolarisés.

eel [iːl] *n* anguille *f*.

eerie/eery [ˈɪərɪ] *adj* sinistre.

effect [ɪˈfekt] *n* 1 effet *m*, influence *f* ; *to no ~* en vain ; *in ~* en réalité, de fait ; en vigueur ; *give ~ to* donner suite à ; *put into ~* mettre à exécution 2 *personal ~s* biens *mpl* personnels ◆ *vt* effectuer ‖ e°**ffective** *adj* 1 efficace 2 réel (*f* -elle), effectif (*f* -ive) 3 *(style)* frappant, qui porte ‖ e°**ffectives** *npl (Mil)* effectifs *mpl* ‖ e°**ffectual** *adj (chose)* efficace.

effeminate [ɪˈfemɪnət] *adj* efféminé.

effervesce [ˌefəˈves] *vi* être en effervescence.

efficacy [ˈefɪkəsɪ] n efficacité f.

efficiency [ɪˈfɪʃənsɪ] n **1** efficacité f **2** (personne) compétence f **3** (Tech) rendement m ‖ **eˈfficient** adj **1** (personne) compétent, capable **2** (Tech) qui a un bon rendement ‖ **eˈfficiently** adv **1** avec compétence **2** efficacement.

effort [ˈefət] n effort m; *he makes every ~ to be polite* il fait tout son possible pour être poli ‖ **ˈeffortless** adj facile.

effusive [ɪˈfjuːsɪv] adj chaleureux (f -euse), démonstratif (f -ive).

egalitarian [ɪˌɡælɪˈteərɪən] adj (personne) égalitariste; (principe) égalitaire.

egg [eɡ] n œuf m; **~cup** coquetier m; **~shell** coquille f d'œuf, (aussi couleur); **~timer** sablier m ‖ **ˈegghead** n (péj) intellectuel m (f -elle) ‖ **egg on** vpart inciter (à), pousser (à) ‖ **ˈeggplant** n (amér) aubergine f.

ego [ˈeɡəʊ] n the ~ le moi m, l'ego m.

eiderdown [ˈaɪdədaʊn] n édredon m.

eight [eɪt] num huit m ‖ **eighˈteen** num dix-huit m ‖ **eighˈteenth** num dix-huitième mf ‖ **eighth** num huitième mf ‖ **ˈeightieth** num quatre-vingtième mf ‖ **ˈeighty** num quatre-vingt(s) m.

either [ˈaɪðə] [ˈiːðə] adj pr **1** l'un ou l'autre (de deux); *you can have ~ book, not both* vous pouvez avoir un des livres, pas les deux; *I'll have ~* je prendrai n'importe lequel l'un et l'autre (de deux); *on either side* des deux côtés, ~ *is acceptable* les deux sont acceptables ◆ adv conj *you can have either tea or coffee* tu peux prendre soit du thé soit du café; ~ *you go or you stay* ou tu pars ou tu restes; *if you don't go, I won't ~* si tu n'y vas pas, moi non plus.

ejaculate [ɪˈdʒækjʊleɪt] vti **1** s'exclamer **2** éjaculer.

eject [ɪˈdʒekt] vt éjecter, expulser ‖ **eˈjection** n ~ *seat* siège m éjectable.

eke [iːk] vpart **~ out** (argent) ménager, faire durer; *they ~ out a living by begging* ils gagnent chichement leur vie en mendiant.

elaborate[1] [ɪˈlæbəreɪt] vti **1** ajouter des détails; *these points will be ~d on as we go along* ces éléments seront développés au fur et à mesure **2** compliquer.

elaborate[2] [ɪˈlæbərət] adj **1** fouillé, compliqué **2** raffiné, recherché ‖ **eˈlaborately** adv minutieusement, avec recherche.

elapse [ɪˈlæps] vi (temps) s'écouler.

elastic [ɪˈlæstɪk] adj élastique; ~ *band* élastique m ◆ n élastique m.

elated [ɪˈleɪtɪd] adj transporté (de joie) ‖ **eˈlation** n allégresse f.

elbow [ˈelbəʊ] n (Anat) coude m; *at my ~* à mes côtés; ~ *grease* huile f de coude; ~ *room* place pour se retourner ◆ vt I *~ed my way through the crowd* je me suis frayé un chemin à travers la foule.

elder[1] [ˈeldə] n (Bot) sureau m.

elder[2] [ˈeldə] adj **1** aîné (de deux frères/sœurs) **2** plus ancien; *an ~ statesman* un homme d'État chevronné ◆ n aîné(e) m(f); (Ethno Rel) the *~s* les anciens mpl ‖ **ˈelderly** adj d'un certain âge ‖ **ˈeldest** adj aîné (de plusieurs frères/sœurs).

elect [ɪˈlekt] vt **1** élire **2** choisir; *he may ~ to opt out* il décidera peut-être de démissionner ◆ adj élu; *the president ~* le futur président ‖ **eˈlection** n élection f; ~ *returns* résultats mpl du scrutin; *~s judge* (amér) scrutateur m ‖ **electioˈneer** vi mener une campagne électorale ‖ **eˈlector** n électeur (f -trice) ‖ **eˈlectorate** n électorat m.

electric [ɪˈlektrɪk] adj électrique; ~ *blanket* couverture f chauffante; ~ *chair* chaise f électrique ‖ **eˈlectrical** adj électrique; ~ *engineer* ingénieur m inv électricien; ~ *engineering* électrotechnique f ‖ **elecˈtrician** n électricien m ‖ **elecˈtricity** n électricité f ‖ **electrifiˈcation** n électrification f ‖ **eˈlectrify** vt **1** (aussi fig) électriser **2** (Rail) électrifier ‖ **eˈlectrocute** vt électrocuter.

electrode [ɪˈlektrəʊd] n électrode f.

electrolysis [ɪˌlekˈtrɒlɪsɪs] n électrolyse f ‖ **elecˈtronic** adj électronique; ~ *engineering* génie m électronique; ~ *mail* messagerie f électronique ‖ **elecˈtronics** n électronique f.

elegance [ˈelɪɡəns] n élégance f ‖ **ˈelegant** adj élégant.

element [ˈelɪmənt] n **1** élément m; *the human ~* le facteur m humain **2** (El) résistance f ‖ **eleˈmental** adj **1** élémentaire, primitif (f -ive); ~ *truths* vérités fpl premières **2** fondamental ‖ **eleˈmentary** adj élémentaire; ~ *school* école f primaire.

elephant [ˈelɪfənt] n éléphant m.

elevate [ˈelɪveɪt] vt élever ‖ **ˈelevated** adj élevé; ~ *railway* métro m aérien; (fig) (style) soutenu ‖ **ˈelevating** adj exaltant ‖ **eleˈvation** n élévation f, altitude f ‖ **ˈelevator** n (Tech) élévateur m, montecharge m; (amér) ascenseur m.

eleven [ɪˈlevn] num onze m ◆ n **1** (Sp) équipe f (de onze joueurs) **2** (brit) *~ses* npl inv pause-café/thé (du matin) f ‖ **eˈleventh** num onzième m.

elf [elf] n lutin m.

elicit [ɪˈlɪsɪt] vt (from) obtenir (de); *her story ~ed tears from the audience* son histoire provoqua les pleurs de l'auditoire.

eligible [ˈelɪdʒəbl] adj **1** éligible **2** admissible; *he's ~ for a grant* il a droit à une bourse d'études **3** *an ~ young man* un bon parti m ‖ **eligiˈbility** n éligibilité f; admissibilité f.

eliminate [ɪ'lɪmɪneɪt] *vt* éliminer, supprimer.

elite [eɪ'li:t] *n* élite *f* || **e°litism** *n* élitisme *m* || **e°litist** *adj n* élitiste *mf*.

elk [elk] *n* (*Zool*) élan *m*.

elliptic(al) [ɪ'lɪptɪkl] *adj* elliptique.

elm [elm] *n* (*Bot*) orme *m*.

elocution [ˌelə'kju:ʃn] *n* élocution *f*.

elongate [ˈiːlɒŋgeɪt] *vti* (s')allonger || **elon°gation** *n* allongement *m*; (*Méd*) élongation *f*.

elope [ɪ'ləʊp] *vi* (*couple*) s'enfuir.

eloquence [ˈeləkwəns] *n* éloquence *f* || **°eloquent** *adj* éloquent.

else [els] *adv* **1** (d')autre; *someone ~* quelqu'un d'autre; *there's nothing ~ to do* il n'y a rien d'autre à faire; *let's go somewhere ~!* allons ailleurs! **2** de plus, d'autre; *what ~ do you want to know?* que veux-tu savoir de plus? *who ~ was there?* qui d'autre y était? **3** ou bien; *I was reading or ~ I was sleeping* je dormais ou (bien) je lisais **4** (*menace*) *stop it at once or ~!* arrête immédiatement, sinon/ autrement! || **else°where** *adv* ailleurs.

elucidate [ɪ'lu:sɪdeɪt] *vt* élucider || **eluci°dation** *n* élucidation *f*.

elude [ɪ'lu:d] *vt* **1** échapper (à); *the date ~s me* la date m'échappe **2** (*question*) éluder; *he ~d the police for a while* il a échappé à la police pendant un temps || **e°lusive** *adj* fuyant; *happiness is ~* le bonheur est insaisissable; *he gave an ~ answer* il fit une réponse évasive (*m -if*).

emanate [ˈemaneɪt] *vi* (*from*) émaner (de).

emancipate [ɪ'mænsɪpeɪt] *vt* émanciper; (*esclave*) affranchir || **emanci°pation** *n* émancipation *f*; affranchissement *m*.

embalm [ɪm'bɑːm] *vt* embaumer.

embankment [ɪm'bæŋkmənt] *n* **1** talus *m*, remblai *m*; digue *f* **2** berge *f*.

embargo [ɪm'bɑːgəʊ] *n* embargo *m* ◆ *vt* mettre l'embargo sur.

embark [ɪm'bɑːk] *vti* **1** (s')embarquer **2** (*fig*) entreprendre; *he ~ed on his favorite story* il s'est lancé dans son histoire préférée || **embar°kation** *n* (*passager*) embarquement *m*; *~ card* carte *f* d'embarquement.

embarrass [ɪm'bærəs] *vt* gêner, embarrasser; *she felt ~ed* elle se sentait gênée || **em°barrassment** *n* (*at*) gêne *f* (devant).

embassy [ˈembəsɪ] *n* ambassade *f*.

embed [ɪm'bed] *vt* enchâsser, enfoncer.

embellish [ɪm'belɪʃ] *vt* (*aussi fig*) **1** orner **2** (*fig*) enjoliver, agrémenter.

embers [ˈembəz] *n* braise(s) *f(pl)*, charbons *mpl* ardents.

embezzle [ɪm'bezl] *vt* détourner (des fonds) || **em°bezzlement** *n* détournement *m* de fonds.

embitter [ɪm'bɪtə] *vt* **1** (*querelle*) envenimer **2** (*personne*) remplir d'amertume || **em°bittered** *adj* aigri.

embodiment [ɪm'bɒdɪmənt] *n* incarnation *f* || **em°body** *vt* **1** personnifier, incarner **2** incorporer **3** (*document*) donner forme à, exprimer.

embolden [ɪm'bəʊldən] *vt* enhardir.

embossed [ɪm'bɒst] *adj* (*métal, cuir*) repoussé; (*papier*) gaufré; *~ letterhead* papier à en-tête en relief.

embrace [ɪm'breɪs] *vt* **1** étreindre, embrasser **2** inclure, englober **3** accepter avec enthousiasme **4** (*Rel*) embrasser ◆ *vi* s'embrasser, s'étreindre ◆ *n* étreinte *f*.

embroider [ɪm'brɔɪdə] *vt* broder; (*fig*) enjoliver ◆ *vi* faire de la broderie || **em°broidery** *n* broderie *f*.

embryo [ˈembrɪəʊ] *n* embryon *m*.

embryonic [ˌembrɪ'ɒnɪk] *adj* embryonnaire; (*fig*) à l'état d'ébauche.

emerald [ˈemərəld] *n* émeraude *f* ◆ *adj* *~ green* vert m émeraude *inv*.

emerge [ɪ'mɜːdʒ] *vi* **1** (*eau*) émerger, surgir; (*lieu*) sortir; (*situation*) s'en sortir/tirer **2** apparaître, s'avérer || **e°merging** *adj* naissant; *the ~ democracies* les nouvelles démocraties.

emergency [ɪ'mɜːdʒənsɪ] *n* urgence *f*, situation *f* critique; *in an ~* en cas d'urgence ◆ *adj* d'urgence, de secours; *~ exit* sortie *f* de secours; *~ landing* atterrissage *m* forcé; *~ powers* pouvoirs *mpl* extraordinaires; *~ room* salle *f* des urgences.

emigrant [ˈemɪgrənt] *adj n* émigré *m*.

emigrate [ˈemɪgreɪt] *vi* émigrer || **emi°gration** *n* émigration *f*.

emission [ɪ'mɪʃn] *n* émission *f* || **e°mit** *vt* émettre, (*polluants*) dégager.

emotion [ɪ'məʊʃn] *n* émotion *f*; *~s were running high* le climat était tendu || **e°motional** *adj* émotif (*f -ive*); *an ~ scene* une scène pleine d'émotion; *an ~ reunion* des retrouvailles poignantes/ émouvantes.

emphasis [ˈemfəsɪs] *n* accentuation *f*, (*fig*) accent *m* || **°emphasize** *vt* souligner; *the jacket ~d his broad shoulders* la veste mettait en valeur ses épaules d'athlète.

emphatic [ɪm'fætɪk] *adj* énergique; *he responded with an ~ no* sa réponse fut un non catégorique.

employ [ɪm'plɔɪ] *vt* (*travail*) employer, (*outil, expression*) utiliser || **em°ployee** *n* employé(e) *m(f)* || **em°ployer** *n* employeur *m inv*; (*fam*) patron *m* (*f -ne*) || **em°ployment** *n* emploi *m*; *temporary ~* emploi *m* intérimaire; *~ agency* agence *f* de placement.

empower [ɪm'paʊə] *vt* (*Jur*) donner pouvoir à || **em°powerment** *n (amér) the group lobbied for ~ of minority groups* le lobby luttait pour que les minorités parviennent à un plein usage de leurs droits.

empty ['emptɪ] *adj* vide ; *~ promises* des promesses en l'air ; *on an ~ stomach* à jeun ; *~ words* paroles *fpl* creuses ◆ *vt* vider, déverser || **°empties** *npl* bouteilles vides *fpl*.

emulate ['emjʊleɪt] *vt* suivre l'exemple (de), prendre comme modèle.

enable [ɪ'neɪbl] *vt* **1** permettre ; *he ~d us to finish on time* grâce à lui, nous avons pu respecter le délai convenu **2** *(Inf Tech)* autoriser ; *your user code ~s all functions on menu 6* votre code vous donne accès à toutes les fonctions du menu 6.

enact [ɪ'nækt] *vt (loi)* passer.

enamel [ɪ'næml] *n* **1** émail *m (pl* émaux*)* **2** *~ (paint)* laque *f*, émail *m* ◆ *vt* **1** émailler **2** laquer.

enchant [ɪn'tʃɑːnt] *vt* **1** ravir, enchanter **2** ensorceler || **en°chanted** *adj* **1** ravi(e) **2** magique, merveilleux *(f* -euse) || **en°chanting** *adj* ravissant || **en°chantment** *n* enchantement *m*.

encircle [ɪn'sɜːkl] *vt* encercler, entourer.

enclose [ɪn'kləʊz] *vt* **1** *(courrier)* joindre ; *please find ~d* veuillez trouver ci-joint **2** clôturer, entourer || **en°closure** *n* **1** clôture *f* **2** enclos *m*, enceinte *f* **3** *(courrier)* pièce *f* jointe.

encompass [ɪn'kʌmpəs] *vt* inclure, comprendre.

encore ['ɒŋkɔː] *interj (Th)* bis ! ◆ *n* bis *m* ; *the audience called for an ~* le public a bissé (la chanson, le chanteur).

encounter [ɪn'kaʊntə] *n* **1** rencontre *f* (par hasard) **2** *(Mil Sp)* rencontre *f*, combat *m* ◆ *vt* rencontrer, *(obstacle)* affronter.

encourage [ɪn'kʌrɪdʒ] *vt* inciter, encourager, soutenir || **en°couragement** *n* encouragement *m* || **en°couraging** *adj* encourageant.

encroach [ɪn'krəʊtʃ] *vi (on)* empiéter (sur) || **en°croachment** *n* **1** empiétement *m* **2** *(Jur)* usurpation *f*.

encumber [ɪn'kʌmbə] *vt* encombrer || **en°cumbrance** *n* embarras *m*, poids *m* ; *her husband had become an ~* son mari était devenu un fardeau.

end [end] *n* **1** fin *f*, terme *m* ; *the meeting came/drew to an ~* la réunion s'est achevée/a tiré à sa fin ; *at the ~ of the day* à la fin de la journée/*(aussi fig)* tout compte fait ; *we waited for hours on ~* on a attendu des heures (d'affilée) **2** bout *m*, extrémité *f* ; *~ to ~* bout à bout ; *his hair stood on ~* il avait les cheveux qui se dressaient sur la tête ; *we made ~s meet* nous sommes arrivés à joindre les deux bouts **3** limite *f* ; *take bus 20 to the ~ of*

the line prenez le bus 20 et descendez au terminus ; *(fig) I was at the ~ of my tether/rope* j'étais sur le point de craquer ; *we had no ~ of trouble* nous avons rencontré des problèmes à n'en plus finir ; *to the bitter ~* jusqu'au bout **4** reste(s) *m(pl)*, bout *m, (brit) cigarette* ~ mégot *m* **5** but *m*, fin *f*, objectif *m* ; *to this ~* à cette fin/dans ce but ◆ *vti* (se) terminer *he ~ed up asking for a transfer* il a fini par demander sa mutation || **°ending** *n* fin *f*, dénouement *m, (Gr)* terminaison *f* || **°endless** *adj* interminable ; *her patience was ~* elle était d'une patience infinie ; *an ~ debate* un débat sans fin ; *the possibilities are ~* les possibilités sont illimitées ; *he was an ~ source of jokes* il avait un stock inépuisable de plaisanteries.

endanger [ɪn'deɪndʒə] *vt* compromettre, mettre en danger ; *~ed species* espèce(s) *f(pl)* en voie de disparition.

endearing [ɪn'dɪərɪŋ] *adj* attendrissant || **en°dearment** *n* mot *m* doux.

endeavo(u)r [ɪn'devə] *n* effort *m*, projet *m* ◆ *vi (to do)* essayer, s'efforcer *(de).*

endive ['endɪv] *n (amér)* endive *f ; (brit)* chicorée *f*.

endorse [ɪn'dɔːs] *vt* **1** souscrire à ; *I fully ~ your actions* j'approuve pleinement vos initiatives **2** *(chèque)* endosser || **en°dorsement** *n* **1** soutien *m*, approbation *f* **2** endossement *m*.

endow [ɪn'daʊ] *vt (with)* doter (de) || **en°dowment** *n* **1** dotation *f* **2** *(physique, moral)* don *m* naturel.

endurance [ɪn'djʊərəns] *n* endurance *f ; beyond ~* intolérable ; *powers of ~* résistance ; *~ test (Sp)* épreuve *f* d'endurance, *(Tech)* essai *m* de durée || **en°dure** *vt* supporter ◆ *vi* **1** survivre **2** durer || **en°during** *adj* durable ; *the film left an ~ memory* le film m'a laissé un souvenir inoubliable.

enemy ['enəmɪ] *n* ennemi(e) *m(f) ; the platoon came under ~ fire* le peloton a essuyé le feu de (l')ennemi.

energetic [ˌenə'dʒetɪk] *adj* énergique ; *he put up an ~ defence* il s'est défendu avec acharnement || **°energy** *n* énergie *f ; ~ crisis* crise *f* de l'énergie ; *~-saving measures* mesures *f(pl)* d'économie d'énergie ; *I haven't got the ~* je n'en ai plus la force.

enforce [ɪn'fɔːs] *vt* imposer, *(loi)* appliquer || **en°forcement** *n* application *f*, mise *f* en vigueur ; *I work in law ~ (amér)* je fais partie des forces de l'ordre.

engage [ɪn'geɪdʒ] *vt (employé)* embaucher, engager, *(Mil)* engager ◆ *vi (in)* s'adonner (à), être occupé *(à)* || **en°gaged** *adj* **1** *(personne)* pas libre **2** fiancé(e) *he('s) just got ~d to my cousin* il vient de se fiancer avec ma cousine **3** *(Téléph* *brit) sorry, the line's* ~d c'est occupé ‖ **en°gagement** *n* **1** rendez-vous *m* ; *I have a prior* ~ je ne suis pas libre/suis pris(e) **2** engagement *m*, promesse *f* **3** fiançailles *fpl* **4** (*Mil*) engagement *m*, bataille *f*.

engine ['endʒɪn] *n* (*Aut*) moteur *m* ; *jet* ~ réacteur *m*, moteur *m* à propulsion/ réacteur ; (*Rail*) locomotive *f* ; ~ *driver* (*brit*) mécanicien *m* ; ~ *room* salle *f* des machines.

engineer [ˌendʒɪ'nɪə] *n* **1** ingénieur *m inv* ; *civil* ~ ingénieur des travaux publics/ ponts et chaussées **2** (*Rail amér*) mécanicien *m* ♦ *vt* organiser, (*péj*) manigancer ; *the secret service* ~*ed his downfall* il devait sa chute aux agissements des services secrets ‖ **engi°neering** *n* ingénierie *f*, génie *m*, technique *f* ; *they're studying* ~ ils font des études d'ingénieur ; *aeronautical* ~ ingénierie aéronautique ; *civil* ~ génie civil ; *financial* ~ ingénierie financière ; *mechanical* ~ construction *f* mécanique.

English ['ɪŋglɪʃ] *n* (*langue*) anglais *m* ; *the King's* ~ l'anglais correct ; *can you say that in plain* ~? pouvez-vous dire ça plus simplement/(*aussi*) où voulez-vous en venir ? (*native*) ~-*speaker* anglophone *m*.

engrave [ɪn'greɪv] *vt* graver ‖ **en°graving** *n* gravure *f*.

engulf [ɪn'ɡʌlf] *vt* engouffrer ; engloutir.

enhance [ɪn'hɑːns] *vt* augmenter, mettre en valeur ; *the speech* ~d *his electoral appeal* son discours a renforcé sa cote auprès des électeurs.

enigma [ɪ'nɪɡmə] *n* énigme *f*, mystère *m* ‖ **enig°matic** *n* énigmatique.

enjoy [ɪn'dʒɔɪ] *vt* **1** aimer, apprécier ; *I('ve)* ~*ed meeting you* j'ai été très heureux/ravi de faire votre connaissance ; *I'm going to sit back and* ~ *life* maintenant je vais pouvoir profiter de la vie ; ~ *yourselves!* amusez-vous bien ! **2** posséder, jouir de ; *the hotel* ~*s a sea view* c'est un hôtel avec vue sur la mer ‖ **en°joyable** *adj* agréable ; *it's been a thoroughly* ~ *evening* nous avons passé une excellente soirée ‖ **en°joyment** *n* plaisir *m*, jouissance *f*.

enlarge [ɪn'lɑːdʒ] *vt* agrandir, accroître, (*Phot*) agrandir ♦ *vi* agrandir ; *let me* ~ *on that* laissez-moi développer ce point ‖ **en°largement** *n* agrandissement *m*.

enlighten [ɪn'laɪtn] *vt* (*personne*) éclairer, informer ‖ **en°lightened** *adj an* ~ *attitude* une attitude progressiste ‖ **en°lightening** *adj* informatif (*f* -ive), enrichissant ‖ **en°light-enment** *n* éclaircissement *m* ; *the Age of E*~ le Siècle *m* des lumières ; *for your* ~ pour votre édification.

enlist [ɪn'lɪst] *vi* (*Mil*) (*in*) s'engager (dans) ♦ *vt* recruter ; *she* ~*ed my support* elle s'est assuré de mon concours ‖ **en°listed**

man (*amér*) simple soldat *m*/homme *m* de troupe.

enliven [ɪn'laɪvn] *vt* stimuler, animer.

enormity [ɪ'nɔːmətɪ] *n* **1** caractère *m* démesuré ; *the* ~ *of the task left me breathless* l'ampleur de la tâche m'a coupé le souffle **2** énormité *f*, horreur *f* ; (*guerre*) *enormities* atrocités *fpl* ‖ **e°normous** *adj* énorme.

enough [ɪ'nʌf] *adj* assez (de), suffisamment ; *is there* ~ *time?* avons-nous le temps ? *it's* ~ *to drive you crazy!* il y a de quoi devenir fou ! ; (*repas*) *I've had* ~ j'ai assez mangé (*aussi colère*) *I've had* ~! j'en ai assez ! (*fam*) j'en ai marre ! ♦ *adv* assez ; ~ *said* n'en parlons plus, arrêtons-nous là ; ~ *is* ~! ça suffit ! (*that's*) *fair* ~ juste ; *curiously* ~ chose curieuse.

enquiry [ɪn'kwaɪərɪ] = **inquiry**.

enrage [ɪn'reɪdʒ] *vt* rendre furieux, mettre en rage.

enrich [ɪn'rɪtʃ] *vt* enrichir ; (*sol*) fertiliser.

enrol(l) [ɪn'rəʊl] *vi* (*for, in*) s'inscrire, se faire inscrire (pour, à/dans) ♦ *vt* inscrire, enrôler.

ensue [ɪn'sjuː] *vi* s'ensuivre, résulter.

ensure [ɪn'ʃʊə] *vt* (*that*) (s')assurer (que).

entail [ɪn'teɪl] *vt* imposer, occasionner ; *entering the data will* ~ *3 days' work* la saisie des chiffres représentera 3 jours de travail.

entangle [ɪn'tæŋɡl] *vt* embrouiller, emmêler ‖ **en°tangled** *adj* emmêlé.

enter ['entə] *vt* **1** entrer **2** (*marché*) pénétrer **3** inscrire, noter, enregistrer ; *please* ~ *your name here* veuillez inscrire votre nom ici ; (*comptabilité*) *she* ~*ed the item in our books* elle a passé l'écriture dans nos livres, **4** (*Pol*) se présenter ; *he* ~*ed the presidential race* il a annoncé sa candidature à la présidence **5** (*Inf*) saisir ; ~ *your user code* tapez votre code d'utilisateur ♦ *vi* **1** entrer (dans) ; pénétrer **2** (*Fin*) (*into*) (*accord*) conclure ; (*contrat*) passer ; (*négociation*) engager.

enterprise ['entəpraɪz] *n* **1** (*projet*) entreprise *f* **2** société *f* ; *private* ~ le secteur privé **3** initiative *f*, esprit *m* d'entreprise ‖ **°enterprising** *adj* entreprenant.

entertain [ˌentə'teɪn] *vti* **1** distraire, amuser **2** (*invités*) accueillir, recevoir **3** (*idée*) considérer ; (*doute*) nourrir ‖ **enter°tainer** *n* (*spectacle*) artiste *mf* de variétés ‖ **enter°taining** *adj* divertissant, amusant ‖ **enter°tainment** *n* spectacle *m*, divertissement *m* ; ~ *allowance* indemnité *f* de représentation ; ~ *expenses* frais *mpl* de réception/représentation.

enthusiasm [ɪn'θjuːzɪæzəm] *n* enthousiasme *m* ‖ **en°thusiast** *n* enthousiaste *mf* ; *he's a video-game* ~ c'est un passionné des jeux vidéo ‖ **enthusi°astic** *adj* enthousiaste ‖ **enthusi°astically** adv avec enthousiasme.

entice [ɪnˈtaɪs] vt allécher, séduire ‖ **en°ticing** adj alléchant ‖ **en°ticement** n appât m, attrait m.

entire [ɪnˈtaɪə] adj entier (f -ière), complet (f -ète) ‖ **en°tirely** adj entièrement, exclusivement ‖ **en°tirety** n intégralité f; *we read the document in its* ~ nous avons lu le document dans sa totalité.

entitle [ɪnˈtaɪtl] vt 1 autoriser, donner droit à; *this coupon* ~*s you to a 5% reduction* ce bon vous donne droit à une réduction de 5 %; *we're* ~*d to appeal* nous avons le droit de faire appel 2 *(document, livre)* intituler ‖ **en°titlement** n droit m; *(Eco)* allocation f.

entrance[1] [ˈentrəns] n 1 entrée f; ~ *hall* vestibule m 2 action d'entrer; ~ *charge/fee* (droit m d')entrée/admission 3 admission f; *(Ens)* ~ *exam(ination)* concours m (d'entrée).

entrance[2] [ɪnˈtrɑːns] vt envoûter ‖ **en°tranced** adj envoûté.

entreat [ɪnˈtriːt] vt supplier; *she* ~*ed me to help her* elle m'implora mon aide.

entree [ˈɒntreɪ] n *(Cuis)* plat m (principal).

en°trenched [ɪnˈtrentʃt] adj *(Mil)* retranché; *(fig)* ~ *interests* intérêts mpl bien établis; ~ *attitudes* attitudes fpl très arrêtées.

entrust [ɪnˈtrʌst] vt *(to, with)* confier (à); *I* ~*ed him with my life savings* je lui ai confié toutes mes économies.

entry [ˈentrɪ] n 1 entrée f 2 *(Inf)* saisie f 3 *(comptabilité)* écriture f; *credit/debit* ~ écriture au crédit/au débit 4 *(liste)* entrée f; *(Sp)* concurrent m; ~ *form* feuille f d'inscription.

enunciate [ɪˈnʌnsɪeɪt] vt 1 *(pron)* articuler 2 exprimer, énoncer.

envelope [ˈenvələʊp] n enveloppe f; *send it in a sealed* ~ envoyez-le sous pli cacheté.

envious [ˈenvɪəs] adj envieux (f -ieuse).

environment [ɪnˈvaɪərənmənt] n 1 milieu m; *the economic* ~ la conjoncture 2 *(écologie) the* ~ l'environnement m ‖ **environ°mentalist** n écologiste mf ♦ adj écologique.

envisage [ɪnˈvɪzɪdʒ] vt envisager, prévoir.

envy [ˈenvɪ] vt envier ♦ n envie f, jalousie f.

epic [ˈepɪk] n épopée f; film m à grand spectacle ♦ adj épique; *(fig)* légendaire.

epidemic [ˌepɪˈdemɪk] n épidémie f ♦ adj épidémique.

epilepsy [ˈepɪlepsɪ] n épilepsie f ‖ **epi°leptic** adj n épileptique mf.

episode [ˈepɪsəʊd] n épisode m; incident m.

epitome [ɪˈpɪtəmɪ] n modèle m parfait;

he's the ~ *of kindness* il est la bonté même.

epoch [ˈiːpɒk] n époque f.

equal [ˈiːkwəl] n égal(e) m(f) ♦ vt égaler ♦ adj égal, identique; *all other things being* ~ toutes choses égales par ailleurs; *we are an* ~ *opportunity employer* nous pratiquons une politique d'embauche anti-discriminatoire; ~ *pay for* ~ *work* à travail égal, salaire égal; *I know she's* ~ *to the task* je sais qu'elle est à la hauteur de la tâche ‖ **e°quality** n égalité f ‖ **°equally** adv également; *(accident) they were* ~ *responsible* ils étaient (tout) aussi responsables l'un que l'autre; *costs will be shared* ~ les frais seront partagés de façon égale.

equanimity [ˌekwəˈnɪmətɪ] n sérénité f.

equator [ɪˈkweɪtə] n équateur m ‖ **equa°torial** adj équatorial.

equilibrium [ˌiːkwɪˈlɪbrɪəm] n équilibre m; *soaring inflation threw the economy out of* ~ l'inflation galopante a mis l'économie en déséquilibre.

equip [ɪˈkwɪp] vt équiper; *(fig)* préparer ‖ **e°quipment** n matériel m, équipement m; outillage m; installation f.

equity [ˈekwətɪ] n 1 équité f, justice f 2 *(Fin) (shareholders') equity* capitaux mpl propres, capital m social ‖ **°equities** npl *(bourse)* actions fpl (ordinaires); ~ *have followed property markets down* les marchés d'actions ont suivi la baisse de l'immobilier; ~ *warrants* bons mpl de souscription d'actions.

equivalent [ɪˈkwɪvələnt] n adj équivalent m; *be* ~ *(to)* équivaloir (à).

era [ˈɪərə] n époque f, ère f.

eradicate [ɪˈrædɪkeɪt] vt extirper, éliminer; *their aim was to* ~ *poverty* leur but était de faire disparaître la pauvreté.

erase [ɪˈreɪz] vt effacer, gommer ‖ **e°raser** n 1 *(caoutchouc)* gomme f 2 *(Ens) (tableau noir)* tampon m effaceur.

erect [ɪˈrekt] vt construire, dresser; *(statue)* ériger ♦ adj debout, (bien) droit.

erode [ɪˈrəʊd] vt 1 éroder, corroder 2 *(écart)* réduire progressivement 3 *(aussi fig)* ronger ‖ **e°rosion** n érosion f.

erotic [ɪˈrɒtɪk] adj érotique ‖ **e°rotica** n publications fpl érotiques ‖ **e°roticism** n érotisme m.

err [ɜː] vi 1 se tromper; s'égarer 2 pécher; *they'd rather* ~ *on the side of caution* ils préfèrent pécher par (excès de) prudence.

errand [ˈerənd] n commission f; *she had to run an* ~ elle avait une course à faire.

erratic [ɪˈrætɪk] adj irrégulier (f -ière); capricieux (f -ieuse).

erroneous [ɪˈrəʊnjəs] adj faux (f fausse), erroné ‖ **°error** n méprise f, erreur f; ~*s and omissions excepted* sauf erreur ou omission ; *the problem arose from a cleri-cal/computer* ~ le problème venait d'une erreur- d'écriture/informatique ; *spelling/typing* ~ faute *f* d'orthographe/de frappe.

erupt [ɪ'rʌpt] *vi (volcan)* entrer en éruption ; *fighting* ~*ed in the east* les combats ont éclaté à l'est.

escalate ['eskəleit] *vi* s'intensifier ; *the cost of living is escalating* le coût de la vie monte ‖ **esca°lation** *n (Pol)* escalade *f* ‖ **°escalator** *n* escalier *m* roulant.

escape [ɪ'skeɪp] *n* évasion *f*, fuite *f* ; *fire* ~ échelle *f* à incendie ; *that was a narrow* ~*!* on l'a échappé belle ! ◆ *vti* (s')échapper, s'en sortir ; *he barely* ~*d with his life* il a failli y laisser la vie.

escort [ɪ'skɔːt] *n* 1 *(compagnon)* cavalier *m* 2 *(Mil)* escorte *f* ◆ *vt let me* ~ *you home* permettez-moi de vous raccompagner.

especially [ɪ'speʃəlɪ] *adv* spécialement ; *I made it* ~ *for you* je l'ai fabriqué exprès pour vous.

espionage ['espjənɑːʒ] *n* espionnage *m*.

essay ['eseɪ] *n* 1 *(écrit)* essai *m* 2 *(Ens)* essai *m*, rédaction *f*, dissertation *f*.

essence ['esns] *n (Phil)* essence *f*, *(Cuis Sc)* extrait *m*.

essential [ɪ'senʃl] *adj* indispensable ◆ *n bring only the* ~*s* n'emmène que le strict nécessaire/l'essentiel ‖ **e°ssentially** *adv* essentiellement, fondamentalement.

establish [ɪ'stæblɪʃ] *vt* 1 établir, créer ; *(entreprise)* ~*ed in 1956* fondée en 1956 2 démontrer ; *she* ~*ed her innocence* elle a prouvé son innocence ; *it's an* ~*ed fact* c'est un fait acquis ‖ **e°stablishment** *n* établissement *m* ; *the E*~ les institutions *fpl* en place.

estate [ɪ'steɪt] *n* 1 domaine *m*, propriété *f* ; *(housing)* ~ lotissement *m*, cité ouvrière/HLM ; *real* ~ (biens) immobiliers *m(pl)* ; *(surtout amér)* *he's in real* ~ il travaille dans l'immobilier ; ~ *(car) (Aut brit)* break *m* 2 *(héritage)* succession *f*.

esteem [ɪ'stiːm] *n* estime *f* ◆ *vt* estimer.

esthetic [iːs'θetɪk] *adj* = **aesthetic**.

estimate ['estɪmeɪt] *n* évaluation *f*, estimation *f* ; *(Com)* devis *m* ; *(fam) can you give me a rough* ~*?* pouvez-vous me donner un prix approximatif ? ◆ *vt* estimer ; *I* ~ *we've got another 3 km (to go)* à mon avis il nous reste 3 km (à faire).

estrange [ɪ'streɪndʒ] *vt* se brouiller ; *she was* ~*d from her family* elle avait coupé tous les ponts avec sa famille ‖ **e°strangement** *n* brouille *f*.

etch [etʃ] *vt* graver ‖ **°etching** *n* (gravure *f* à l')eau-forte *f*.

eternal [ɪ'tɜːnl] *adj* 1 éternel *(f* -elle) 2 sans fin ; *their* ~ *bickering got on my nerves* leurs chamailleries continuelles/

incessantes ont fini par m'énerver ‖ **e°ternity** *n* éternité *f*.

ethical [ˌeθɪkl] *adj* moral ; **°ethics** *n* (principes d')éthique *f*, morale *f* ; *they drew up a professional code of* ~ ils ont rédigé un code déontologique.

ethnic ['eθnɪk] *adj* ethnique ; ~ *restaurants offer good value for money* les restaurants exotiques ont un excellent rapport qualité/prix.

etiquette ['etɪket] *n* étiquette *f* ; ~ *was not his strong point* le respect des convenances n'était pas son fort.

eulogy ['juːlədʒɪ] *n (Lit)* éloge *m*, panégyrique *m*.

euphemism ['juːfəmɪzm] *n* euphémisme *m*.

euphoria [juː'fɔːrɪə] *n* euphorie *f* ‖ **eu°phoric** *adj* euphorique.

Euro(-) ['juərəʊ] *pref* euro- ; *Eurobond n* euro-obligation *f* *Euro-M.P.* *n* député *m* européen.

Europe ['juərəp] *n* Europe *f* ‖ **Euro°pean** *n* Européen *(f* -éenne) ◆ *adj* européen *(f* -éenne) ; ~ *Community* Communauté *f* européenne.

euthanasia [ˌjuːθə'neɪzjə] *n* euthanasie *f*.

evacuate [ɪ'vækjʊeɪt] *vt* évacuer.

evade [ɪ'veɪd] *vt (interrogation)* éluder ; *(devoir)* se soustraire à ; *(impôts)* frauder (le fisc) ; *(prisonnier)* échapper à.

evaluate [ɪ'væljʊeɪt] *vt* évaluer.

evaporate [ɪ'væpəreɪt] *vti* (s')évaporer ; ~*d milk* lait *m* concentré.

evasion [ɪ'veɪʒn] *n (impôts)* fraude *f* fiscale ; *(prisonnier)* évasion *f* ‖ **e°vasive** *adj* évasif *(f* -ive) ; *she gave an* ~ *answer* elle s'est dérobée à la question.

eve [iːv] *n* veille *f* ; *New Year's E*~ (le soir de) la Saint-Sylvestre ; *on the* ~ *of the peace negotiations* à la veille des pourparlers de paix.

even ['iːvn] *adv* même ; ~ *better/worse* encore mieux/pire ; ~ *if* même si ; ~ *more/less,* encore plus/moins ; ~ *now* encore aujourd'hui ; ~ *so* quand même ; ~ *though* même si ; ~ *as we started...* au moment même où nous commencions. ◆ *adj* 1 régulier ; ~-*handed* équitable, impartial ; ~-*tempered* d'humeur égale ; *(comptes)* *now we're* ~ maintenant nous sommes quittes ; ~ *number* nombre *m* pair 2 plan, plat, uni ; *it even up/out* égaliser ‖ **°evenly** *adv* régulièrement, de façon égale.

evening ['iːvnɪŋ] *n* soir *m*, soirée *f* ; *it lasted all* ~ *(long)* cela a duré toute la soirée ; *he signed up for* ~ *classes* il s'est inscrit pour des cours du soir ; ~ *dress* required tenue de soirée obligatoire.

event [ɪ'vent] *n* 1 événement *m* ; *it all became clear after the* ~ après coup tout s'est expliqué **2** cas *m* ; *in the ~ he refuses, we'll ask someone else* au cas où il refuse, nous demanderons à quelqu'un d'autre **3** *(Sp)* épreuve *f*, rencontre *f* ‖ **e°ventful** *adj* mouvementé ; *it was an ~ week* ce fut une semaine riche en événements ‖ **e°ventual** *adj* **1** *(possibilité)* éventuel (*f* -elle) **2** final ‖ **e°ventually** *adv* **1** à la longue, finalement ; *she ~ gave in* elle a fini par céder.

ever ['evə] *adv* **1** jamais, déjà ; *do you ~ take the train?* vous arrive-t-il de prendre le train ? *~ been to the US?* tu es déjà allé aux États-Unis ? *it's the worst storm ~* c'est la pire tempête qu'on ait jamais vue **2** toujours ; *I haven't slept a wink ~ since* je n'ai pas fermé l'œil depuis **3** *(intensif)* *he's ~ so nice!* comme il est gentil ! *thanks ~ so much!* merci mille fois ! *(interj)* *did you ~!* ça alors ! *(lettre)* *yours ~* bien amicalement ‖ **°evergreen** *n* arbre *m*/buisson *m* à feuilles persistantes ♦ *adj* à feuilles persistantes ‖ **ever°lasting** *adj* éternel ; *(fig)* *I'm sick and tired of your ~ whining* j'en ai assez de tes pleurnicheries continuelles.

every ['evrɪ] *adj* **1** chaque ; *I go swimming ~ week/every 3 days* je vais à la piscine toutes les semaines/tous les 3 jours ; *he phones ~ single day* il téléphone chaque jour (sans exception) ; *~ now and again/~ now and then/~ so often* de temps à autre/de temps en temps ; *I enjoyed ~ minute of the play* la pièce m'a plu d'un bout à l'autre ; *he's ~ bit as good as Montand* il est tout aussi bon que M. ; *we have ~ confidence in her* nous lui faisons pleinement confiance ; *his hair stuck out ~ which way* ses cheveux partaient dans tous les sens ‖ **°everybody/ °everyone** *pron* chacun, tout le monde ; *~ else left* tous les autres sont partis ‖ **°everyday** *adj* ordinaire, courant ; *she explained in simple ~ language* elle l'a expliqué simplement ; *put on your ~ shoes* mets tes chaussures de tous les jours ‖ **°everything** *pr* tout ; *what with racism and ~ ...* avec le racisme et tout le reste... ‖ **°everywhere** *adv* partout ; *~ you go there's poverty* où qu'on aille on voit la misère.

evict [ɪ'vɪkt] *vt (from)* chasser, expulser (de) ‖ **e°viction** *n* expulsion *f*.

evidence ['evɪdəns] *n* **1** preuve *f*, *(Jur)* témoignage *m* ; *let's examine the ~* examinons les preuves de plus près ; *she gave ~ against the State* elle a témoigné contre l'État **2** traces *fpl* **3** évidence *f* ; *he was very much in ~* il était très en vue ‖ **°evident** *adj* évident, manifeste ‖ **°evidently** *adv* manifestement.

evil ['iːvl] *n* mal *m* ; *the list of social ~s goes on and on* la liste des plaies sociales est bien longue ♦ *adj* mauvais ; néfaste ; *~ minds were at work* les esprits mal intentionnés veillaient.

evoke [ɪ'vəʊk] *vt* **1** *(souvenir)* évoquer **2** provoquer ; *his comments ~d smiles* ses paroles suscitaient des sourires ‖ **e°vocative** *adj* évocateur (*f* -trice).

evolution [ˌiːvəˈluːʃn] *n (toward)* évolution (vers) *f*.

evolve [ɪ'vɒlv] *vt* développer ♦ *vi* évoluer, se développer.

ewe [juː] *n* brebis *f*.

ex¹ [eks] *prép* sans ; *~ rights* ex-droits ; *(Com)* *price ~ works* prix *m* départ usine.

ex-² [eks] *préf* ancien (*f* -ienne), ex- ; *~-chairman* ancien président *m* ; *~-wife* ex-femme *f*.

exact [ɪg'zækt] *adj* exact ; *the ~ word* le mot juste ; *I'll need an ~ figure* il me faudra un chiffre précis ♦ *vt (from)* extorquer (à) ‖ **ex°acting** *adj (personne)* exigeant ; *(tâche)* astreignant ‖ **ex°actly** *adv* exactement, précisément.

exaggerate [ɪg'zædʒəreɪt] *vti* exagérer ; *as always, he ~d slightly* il en rajoutait un peu, comme d'habitude.

exam [ɪg'zæm] *(= examination)*.

examination [ɪgˌzæmɪ'neɪʃn] *n* **1** examen *m*, inspection *f* **2** *(Jur)* interrogatoire *m* ; *(témoin)* audition *f*.

examine [ɪg'zæmɪn] *vt* examiner ; *(bagages)* fouiller ; *(Ens)* interroger ; *(Jur)* *(témoin)* interroger ; *(document)* étudier, examiner ‖ **e°xaminer** *n (personne)* examinateur *m* (*f* -trice).

example [ɪg'zɑːmpl] *n* exemple *m* ; *take John, for ~* prenons John, par exemple.

exasperate [ɪg'zæspəreɪt] *vt* exaspérer.

excavate ['ekskəveɪt] *vt* creuser, *(Arch)* fouiller, déterrer ; *they were ~ing a site* ils faisaient des fouilles ‖ **°excavator** *n* excavateur/trice *mf*, pelleteuse *f*.

exceed [ɪk'siːd] *vt* excéder, dépasser ‖ **ex°ceedingly** *adv* excessivement.

excel [ɪk'sel] *vti* exceller, surpasser (quelqu'un).

except [ɪk'sept] *prep* **1** excepté, sauf ; *invite anyone ~ Frank* tu peux inviter qui tu veux à part/sauf Frank ; *~ for* à l'exception de ♦ *vt* exclure ‖ **ex°ception** *n* **1** exception *f* ; *he took ~ to their remarks* il s'offensa de leurs commentaires **2** *(Jur)* Exception ! Objection ! ‖ **ex°ceptional** *adj* exceptionnel (*f* -elle).

excerpt [ek'sɜːpt] *n* extrait *m*.

excess [ɪk'ses] *n* excédent *m* ; excès *m* ; *~ capacity* surcapacité *f* ; *~ luggage* excédent *m* de bagage ; *(Rail)* *~ fare* supplément *m* ‖ **ex°cessive** *adj* excessif (*f* -ive) ‖ **ex°cessively** *adv* excessivement ; par trop.

exchange [ɪks'tʃeɪndʒ] *n* **1** échange *m* ; *in*

~ *for* en échange de **2** *(Téléph)* **telephone** ~ **central** *m* téléphonique ; *(Fin)* **stock** ~ **bourse** *f* (des valeurs) **3** *(foreign)* ~ **change** *m*, devises *fpl* ; *the current* ~ *rate is 5.5 francs to the dollar* au taux de change/cours actuel, le dollar est à 5,50 F ◆ *vt (for, against)* échanger (contre).

Exchequer [ɪksˈtʃekə] *(GB)* **the E~** ministère *m* des Finances ; *(GB)* **Chancellor of the** ~ Chancelier *m* de l'Échiquier (ministre *m* des Finances).

excise [ˈeksaɪz] *n* **1** *(GB) (Adm)* **Customs and E~** la Régie *f* ; *(US, GB)* ~ **duties** droits *mpl* de régie **2** *(GB)* régie *f* **3** *(GB)* ~ **tax** contributions *fpl* indirectes ◆ *vt* supprimer, *(Méd)* exciser.

excite [ɪkˈsaɪt] *vt* exciter ‖ **ex°citement** *n* vive émotion *f*, agitation *f* ; émoi *m* ; *it caused great* ~ cela a fait sensation ‖ **ex°citing** *adj* passionnant, palpitant *how* ~ *for you!* comme vous devez être ravi !

exclaim [ɪkˈskleɪm] *vi* s'exclamer.

exclude [ɪkˈskluːd] *vt (from)* exclure (de) ‖ **ex°clusive** *adj* **1** exclusif (*f* -ive) ; *we signed an* ~ *agreement* nous avons signé un accord d'exclusivité **2** seul et unique **3** *(club)* très fermé ◆ *adv* exclusivement ; sans compter ; *(Com)* ~ *of VAT* TVA non comprise.

excommunicate [ˌekskəˈmjuːnɪkeɪt] *vt* excommunier.

excruciating [ɪkˈskruːʃɪeɪtɪŋ] *adj* atroce, horrible.

excursion [ɪkˈskɜːʃn] *n* excursion *f* ; ~ *fare* tarif *m* (spécial) excursion.

excusable [ɪkˈskjuːzəbl] *adj* pardonnable.

excuse[1] [ɪkˈskjuːz] *vt* excuser, pardonner ; *he asked to be* ~*d from the meeting* il demanda l'autorisation de ne pas assister à la réunion ; *may I be* ~*d?* puis-je sortir/vous quitter ? *if you'll* ~ *me, I have work to do* si vous permettez, j'ai du travail qui m'attend.

excuse[2] [ɪkˈskjuːs] *n* **1** excuse *f* **2** prétexte *m*.

execute [ˈeksɪkjuːt] *vt* exécuter ‖ **exe°cution** *n* exécution *f* ; *a stay of* ~ un sursis *m* ‖ **exe°cutioner** *n* bourreau *m*.

executive [ɪgˈzekjʊtɪv] *adj* exécutif ; ◆ *n* cadre *m*, chef *m* de service, responsable *m* ; **senior** ~*s* cadres supérieurs ; ~ **committee** directoire *m* ; comité *m* de direction ; *(amér)* **chairman and chief** ~ **officer** président-directeur *m* *inv* général.

exemplify [ɪgˈzemplɪfaɪ] *vt* illustrer ; *they* ~ *the middle class* ils sont typiques de la classe moyenne ‖ **exemplifi°cation** *n* illustration *f*.

exempt [ɪgˈzempt] *vt* exempter ; ~ *from* dispensé de ‖ **ex°emption** *n* **1** dispense *f* **2** *(Fin)* exonération *f*.

exercise [ˈeksəsaɪz] *n* **1** exercice *m* ; ~ **book** cahier *m* **2** *(Mil)* manœuvre *f* ◆ *vti* (faire) prendre de l'exercice ; *I'm going out to* ~ *the dog* je sors promener le chien ◆ *vt* exercer ; *she* ~*d a lot of tact* elle a fait preuve de beaucoup de tact.

exert [ɪgˈzɜːt] *vt* **1** *(influence)* exercer **2** *(effort)* dépenser ‖ **ex°ertion** *n* effort *m*.

exhale [eksˈheɪl] *vti* **1** (s')exhaler **2** expirer.

exhaust [ɪgˈzɔːst] *vt* épuiser ◆ *n (Aut)* ~ **fumes** gaz *mpl* d'échappement ; ~ **pipe** pot *m* d'échappement ‖ **ex°haustion** *n* épuisement *m*.

exhibit [ɪgˈzɪbɪt] *vt* **1** exhiber, montrer **2** *(Art)* exposer ◆ *n* **1** objet *m* exposé **2** *(Jur)* pièce *f* à conviction ‖ **exhi°bition** *n* **1** exposition *f* ; *on* ~ exposé **2** démonstration *f* ; *he's making an* ~ *of himself* il se donne en spectacle **3** *(Ens)* prix *m* ‖ **ex°hibitor** *n* exposant *m*.

exhilarate [ɪgˈzɪləreɪt] *vt* exciter ; stimuler ‖ **exhila°ration** *n* joie *f* débordante ‖ **ex°hilarating** *adj* stimulant.

exhort [ɪgˈzɔːt] *vt* exhorter ; encourager.

exiguous [egˈzɪgjʊəs] *adj* exigu ; *(économies)* maigre.

exile [ˈeksaɪl] *vt* exiler ; bannir ◆ *n* exil *m* ; *(personne)* exilé(e) *m(f)* ; *in* ~ en exil.

exist [ɪgˈzɪst] *vi* exister ; *latent nationalism still* ~*s* il subsiste encore un nationalisme latent ; *how does he* ~ *on that diet?* comment survit-il avec un régime pareil ? ‖ **ex°isting** *adj* existant ; *the* ~ *system* le système actuel.

exit [ˈeksɪt] *n* sortie *f* ; *(Th)* sortie de scène ; **fire** ~ sortie de secours ◆ *vi* sortir.

exodus [ˈeksədəs] *n* exode *m*.

exonerate [ɪgˈzɒnəreɪt] *vt* **1** *(Jur)* disculper **2** *(obligation)* exonérer ; dispenser.

exorbitant [ɪgˈzɔːbɪtənt] *adj* excessif (*f* -ive), exorbitant.

exotic [ɪgˈzɒtɪk] *adj* exotique.

expand [ɪkˈspænd] *vti* **1** *(Tech Méd)* (se) dilater **2** développer **3** *(pouvoir)* étendre ‖ **ex°panding** *adj* **1** en expansion **2** extensible ‖ **ex°panse** *n* étendue *f* ‖ **ex°pansion** *n* **1** dilatation *f* **2** *(Eco)* développement *m* ; croissance *f* **3** expansion *f*.

expatiate [ekˈspeɪʃɪeɪt] *vi* s'étendre longuement (sur un sujet).

expatriate [eksˈpætrɪət] *n* expatrié(e) *m(f)* ; résident étranger *m* ◆ *vt* [eksˈpætrɪeɪt] (s')expatrier.

expect [ɪkˈspekt] *vt* **1** attendre **2** s'attendre (à) ; *he* ~*ed as much* il s'y attendait **3** supposer ; *bigger than* ~*ed* plus grand que prévu **4** exiger **5** espérer ; *they* ~ *me to help* ils comptent sur mon aide ‖ **ex°pectancy** *n* attente *f* ; **life** ~ espérance *f* de vie ‖ **ex°pectant** *adj* dans l'attente ; ~ **mother** femme *f* enceinte

expec°tation *n* **1** attente *f* **2** espoir *m*; aspiration *f*; *(héritage)* ~s espérances *fpl*.

expediency [ɪkˈspiːdjənsɪ] *n* opportunité *f*; *(péj)* opportunisme *m* ‖ **ex°pedient** *n* expédient *m* ♦ *adj* **1** opportun **2** commode, pratique.

expedite [ˈekspɪdaɪt] *vt* hâter, activer; faciliter.

expedition [ˌekspɪˈdɪʃn] *n* **1** expédition *f* **2** promptitude *f* ‖ **expe°ditious** *adj* rapide; efficace.

expel [ɪkˈspel] *vt* expulser; *(Ens)* renvoyer.

expend [ɪkˈspend] *vt* *(temps)* consacrer; *(ressource)* épuiser; *(argent)* dépenser ‖ **ex°pendable** *adj* remplaçable ‖ **ex °penditure** *ns inv* dépense(s) *f(pl)*.

expense [ɪkˈspens] *n* dépense *f*; ~ *account* frais *mpl* professionnels; *at the firm's* ~ aux frais de la société; *(fig)* at *my* ~ à mes dépens ‖ **ex°pensive** *adj* cher (*f* chère); coûteux (*f* -euse).

experience [ɪkˈspɪərɪəns] *n* expérience *f*; *practical* ~ pratique *f* ♦ *vt* **1** connaître; faire l'expérience de **2** *(émotion)* ressentir, éprouver ‖ **ex°perienced** *adj* expérimenté; *(œil)* exercé.

experiment [ɪkˈsperɪmənt] *n* **1** expérience *f* **2** expérimentation *f* ♦ *vti* **1** faire une expérience **2** expérimenter; tester ‖ **experi°mentally** *adv* à titre expérimental.

expert [ˈekspɜːt] *adj n* expert(e) *m(f)*; *we need* ~ *advice* il nous faut les conseils d'un spécialiste ‖ **exper°tise** *n* **1** adresse *f* **2** compétence *f*.

expire [ɪkˈspaɪə] *vi* expirer ♦ ‖ **ex°piry** *n* *(Jur)* expiration *f*.

explain [ɪkˈspleɪn] *vt* **1** expliquer; éclaircir **2** justifier ‖ **expla°nation** [ˌekspləˈneɪʃn] *n* explication *f* ‖ **ex°planatory** *adj* explicatif (*f* -ive).

explode [ɪkˈspləʊd] *vi* exploser; *(fig)* *(colère, rire)* éclater ♦ *vt* faire exploser; *(fig)* détruire.

exploit[1] [ˈeksplɔɪt] *n* exploit *m*, haut fait *m*.

exploit[2] [ɪkˈsplɔɪt] *vt* exploiter ‖ **ex °ploiter** *n* **1** *(péj)* exploiteur *m* **2** utilisateur *m*.

exploratory [ekˈsplɒrətərɪ] *adj* **1** exploratoire **2** préliminaire.

explore [ɪkˈsplɔː] *vt* explorer; *we'll* ~ *the possibility* nous examinerons la possibilité *m*; *(Méd)* sonder ‖ **ex°plorer** *n* explorateur *m* (*f* -trice).

exponent [ɪkˈspəʊnənt] *n* **1** *(Math)* exposant *m* **2** *(personne)* défenseur *m*; interprète *m(f)*.

export [ɪkˈspɔːt] *vt* exporter ♦ *n* [ˈekspɔːt] exportation *f*; ~ *goods* marchandise *f* d'exportation; *for* ~ à l'exportation *f* ‖ **ex°porter** *n* exportateur *m* (*f* -trice).

expose [ɪkˈspəʊz] *vt* **1** exposer **2** découvrir; démasquer; *(abus)* dénoncer **3** *(Com)* mettre en vitrine ‖ **ex°posure** *n* **1** exposition *f*; *she died of* ~ elle est morte de froid **2** *(Phot)* pose *f* **3** révélation *f* **4** dénonciation *f*.

expostulate [ɪkˈspɒstʃʊleɪt] *vi* protester.

expound [ɪkˈspaʊnd] *vt* exposer; expliquer dans le détail.

express [ɪkˈspres] *vt* **1** exprimer **2** envoyer par exprès ♦ *adj* **1** *(ordre)* explicite **2** *(intention)* délibéré **3** exprès; *(Rail)* rapide ♦ *adv* par service exprès ‖ **ex°pressly** *adv* expressément.

expulsion [ɪkˈspʌlʃn] *n* expulsion *f*; *(Ens)* renvoi *m*.

exquisite [ˈekskwɪzɪt] *adj* **1** exquis **2** *(douleur)* vif (*f* vive); intense **3** délicat.

ex-serviceman [ˌeksˈsɜːvɪsmən] *n* ancien combattant *m*.

extant [ekˈstænt] *adj* existant.

extempore [ekˈstempərɪ] *adj* improvisé ♦ *adv* *speak* ~ improviser ‖ **ex°temporize/ise** *vti* improviser.

extend [ɪkˈstend] *vti* (s')étendre, (s')allonger; (se) prolonger ♦ *vt* **1** tendre **2** accorder; offrir; *he will* ~ *a warm welcome to you* il vous accueillera chaleureusement‖ **ex°tension** *n* **1** prolongement *m*; allongement *m* **2** accroissement *m*; extension *f* **3** *(Tech)* allonge *f* **4** *(Téléph)* poste *m* supplémentaire **5** *(brit Ens)* ~ *college* collège *m* de télé-enseignement ‖ **ex°tensive** *adj* étendu; vaste; *(dégâts)* important ‖ **ex°tensively** *adv* considérablement.

extent [ɪkˈstent] *n* **1** étendue *f* **2** degré *m*; *to a certain* ~ jusqu'à un certain point; *to a large* ~ en grande partie; *to what* ~? jusqu'à quel point?

extenuate [ekˈstenjʊeɪt] *vt* *(Jur)* atténuer.

exterior [ɪkˈstɪərɪə] *adj n* extérieur *m*.

exterminate [ɪkˈstɜːmɪneɪt] *vt* exterminer.

external [ɪkˈstɜːnl] *adj* **1** externe **2** extérieur ♦ ~s *npl* apparences *fpl*.

extinct [ɪkˈstɪŋkt] *adj* disparu; *(volcan)* éteint ‖ **ex°tinction** *n* extinction *f*; *200 jobs are threatened with* ~ on parle de 200 suppressions d'emploi.

extinguish [ɪkˈstɪŋgwɪʃ] *vt* éteindre; *(fig)* anéantir; éliminer ‖ **ex°tinguisher** *n fire* ~ extincteur *m*.

extol [ɪkˈstəʊl] *vt* *(lit)* louer; porter aux nues.

extort [ɪkˈstɔːt] *vt* extorquer ‖ **ex °tortionate** *adj* exorbitant.

extra [ˈekstrə] *adj* **1** supplémentaire; *bring some* ~ *clothes* apportez des vêtements de rechange; *(Sp)* ~ *time* prolongation *f* **2** en supplément; *postage* ~ frais *mpl* d'envoi en sus ♦ *adv* en supplément; *we were charged* ~ *for drinks* les boissons étaient en plus ◆ *n* **1** supplément *m* **2** *(Th)* figurant(e) *m(f)* **3** luxe *m* ; extra *m* ◆ *préf* **1** extra- ; ~*-heavy* particulièrement lourd **2** en dehors de ; ~*-curricular* péri-scolaire ; ~*-marital* extra-conjugal.

extract[1] [ˈekstrækt] *n* extrait *m*.

extract[2] [ɪkˈstrækt] *vt* **1** extraire ; tirer **2** soutirer ‖ **ex°traction** *n* extraction *f* ; *I'm of Irish* ~ je suis d'origine irlandaise ‖ **ex°tractor** *n* extracteur *m* ; ~ *fan (brit)* ventilateur *m*.

extradite [ˈekstrədaɪt] *vt* extrader.

extraneous [ɪkˈstreɪnjəs] *adj* étranger (*f* -ère) ; hors sujet.

extraordinary [ɪkˈstrɔːdnrɪ] *adj* extraordinaire ; *(succès)* prodigieux (*f* -euse) ; *how* ~*!* incroyable !

extravagance [ɪkˈstrævəgəns] *n* **1** gaspillage *m* ; dépense(s) *f(pl)* inconsidérée(s) **2** *(comportement)* exagération *f* ; extravagance *f* ‖ **ex°travagant** *adj* **1** dépensier (*f* -ière) **2** exagéré **3** *(prix)* exorbitant.

extreme [ɪkˈstriːm] *adj* extrême ; *to* ~*s* à l'extrême ‖ **ex°tremist** *adj n* extrême *m* ; *(Pol)* extrémiste *mf*.

extremity [ɪkˈstremətɪ] *n* **1** dernier degré *m* ; point *m* extrême ; *(fig) driven to extremities* poussé à bout **2** extrémité *f* **3** *(Anat) extremities* extrémités *fpl* du corps.

extricate [ˈekstrɪkeɪt] *vt* dégager ; extirper.

extrovert [ˈekstrəvɜːt] *adj n* extraverti *m*.

exude [ɪgˈzjuːd] *vti* exsuder ; *he* ~*s health* il respire la santé.

exult [ɪgˈzʌlt] *vi (at, in)* se réjouir (de) ; jubiler ‖ **e°xultant** *adj* joyeux (*f* -euse) ; *(cri)* de jubilation.

eye [aɪ] *n* **1** œil *m* (*pl* yeux) ; *with blue* ~*s* aux yeux bleus ; *keep an* ~ *on him!* surveille-le ! *there's more to it than meets the* ~ les choses ne sont pas si simples ; *I'm up to my* ~*s in debt* je suis endetté jusqu'au cou **2** regard *m* ; *the car caught my* ~ la voiture a attiré mon attention ; *I ran my* ~ *over the text* j'ai parcouru le texte ; *(loc) as far as the* ~ *can see* à perte de vue **3** opinion *f* ; *in/to my* ~*s* de mon point de vue ; *we don't see* ~ *to* ~ nous ne voyons pas les choses de la même façon **4** *(aiguille)* chas *m* **5** *(couture)* œillet *m* **6** *electric* ~ cellule *f* photo-électrique ◆ *vt* regarder ; *(péj)* lorgner ‖ **°eyeball** *n* globe *m* oculaire ‖ **°eyebrow** *n* sourcil *m* ‖ **°eyelash** *n* cil *m* ‖ **°eyelet** *n* œillet *m* ‖ **°eyelid** *n* paupière *f* ; *(fam) he didn't bat an* ~ il n'a pas sourcillé ‖ **°eye-opener** *n* *(fam)* révélation *f* ‖ **°eyepiece** *n* oculaire *m* ‖ **°eyeshadow** *n* fard *m* à paupières ‖ **°eyesight** *n* vue *f* ‖ **°eyesore** *n* *(fig)* horreur *f* ‖ **°eyewash** *n* collyre *m* ; *(fam fig)* balivernes *fpl* ‖ **°eyewitness** *n* témoin *m* oculaire.

eyrie [ˈaɪərɪ] *n* aire *f* d'aigle.

F

F, f [ef] *n (lettre)* F, f *m* ; *(Mus)* fa *m*.

fable [ˈfeɪbl] *n* fable *f* ‖ **°fabled** *adj* légendaire.

fabric [ˈfæbrɪk] *n* **1** tissu *m* **2** structure *f* ‖ **°fabricate** *vt (histoire)* inventer ; *(document)* falsifier.

fabulous [ˈfæbjuləs] *adj* fabuleux (*f* -euse) ; *(fam)* formidable.

face [feɪs] *n* **1** visage *m*, figure *f* ; ~ *cloth/ flannel (brit)* gant *m* de toilette ; ~ *lift* lifting *m* ; ~ *pack* masque *m* de beauté ; *he said it to my* ~ il me l'a dit en face ; *(brit fig) she set her* ~ *against it* elle s'y est fortement opposée **2** expression *f* ; *he's pulling* ~*s* il fait des grimaces ; *with a puzzled* ~ d'un air perplexe **3** *(immeuble)* façade *f* **4** *(montre)* cadran *m* **5** *(Géog)* paroi *f* **6** surface *f* **7** *(cartes)* face *f* ; *put them* ~ *up!* retournez-les ! **8** apparence *f* ; *on the* ~ *of things* à première vue ; *(Fin) value* valeur *f* nominale ; *(loc fig) I took it at* ~ *value* je l'ai pris pour argent comp-tant **9** *(loc) in the* ~ *of so many problems* devant tant de problèmes ; *(loc) he went on in the* ~ *of opposition* il a continué en dépit de l'opposition **10** *(loc fam fig) he had the* ~ *to say...* il a eu le culot de dire... ◆ *vti* **1** être en face de ; *the room* ~*s the sea* la chambre donne sur la mer **2** faire face à ; *I had to* ~ *the truth* j'ai dû affronter la vérité **3** admettre ; *(fam) let's* ~ *it* regardons les choses en face **4** *(Jur) he* ~*s a heavy sentence* il risque une lourde condamnation **5** *(with)* confronter (à) **6** *(loc) I can't* ~ *telling her* je n'ai pas le courage de le lui dire ‖ **face down** *vpart* forcer à céder ‖ **°faceless** *adj (péj)* anonyme ‖ **face up (to)** *vpart* affronter ; faire face à ‖ **°facing** *n* **1** *(mur)* revêtement *m* **2** *(couture)* parement *m* ; renfort *m*.

facet [ˈfæsɪt] *n* facette *f*.

facetious [fəˈsiːʃəs] *adj* facétieux (*f* -ieuse).

fall

facilitate [fə'sɪlɪteɪt] *vt* faciliter ‖ **fa°cility** *n* **1** unité *f*; usine *f* **2** équipement *m*; services *mpl*; *port facilities* installations *fpl* portuaires **3** aptitude *f*.

fact [fækt] *n* fait *m*; *as a matter of* ~ en réalité; *in (point of)* ~ en fait; *I know for a* ~ *that...* je sais de source sûre que...; *the* ~ *remains that...* néanmoins...; ~ **sheet** documentation *f* ‖ **°factfinding** *adj* exploratoire; *(voyage)* d'étude; *(mission)* d'enquête ‖ **fac°titious** *adj* factice ‖ **°factual** *adj* basé sur les faits.

factor [ˈfæktə] *n* **1** facteur *m*; coefficient *m*; *(Maths) highest common* ~ plus grand commun diviseur *m* **2** *(Com)* agent *m*; mandataire *m*.

factory [ˈfæktərɪ] *n* usine *f*; fabrique *f*; ~ **farming** *(brit)* élevage *m* industriel; ~ **floor** *(lieu)* atelier *m*; ~ **worker** ouvrier *m* (*f* -ière).

faculty [ˈfækltɪ] *n* **1** faculté *f*; ~ *of speech* don *m* de la parole **2** talent *m* **3** *(Ens) Arts F*~ Faculté des Lettres; *(amér université)* personnel *m* enseignant.

fad [fæd] *n* marotte *f*; *passing* ~ caprice *m* du moment ‖ **°faddy** *adj* capricieux (*f* -ieuse); *(brit)* maniaque.

fade [feɪd] *vi* **1** *(fleur)* se faner, se flétrir **2** *(couleur)* se décolorer; *(photo)* jaunir **3** diminuer; *(lumière)* baisser **4** disparaître; *his smile* ~*d* son sourire s'effaça **5** *(into)* se fondre (en); *the weeks* ~*d into months* les semaines se succédèrent ◆ *n* *(Ciné)* fondu *m* ‖ **fade away** *vpart* s'affaiblir ‖ **fade in/out** *vpart* apparaître/disparaître; *(Ciné)* se succéder en fondu enchaîné.

faff [fæf] *vi* *(brit fam) (about/around)* bricoler.

fag [fæg] *n* *(argot brit)* **1** *(cigarette)* sèche *f*; ~ **end** mégot *m* **2** corvée *f*; *the* ~ **end** la partie la plus désagréable **3** *(Ens vx)* jeune élève au service d'un grand **4** *(amér péj)* *(aussi* **°faggot**) homosexuel *m* ‖ **fagged out** *(brit fam)* éreinté, crevé.

fail [feɪl] *vi* **1** échouer; *he never* ~*s to surprise me* il réussit toujours à me surprendre **2** omettre; *I* ~*ed to renew my licence* j'ai négligé de renouveler mon permis **3** faire défaut; *his brakes* ~*ed* ses freins ont lâché; *the crops have* ~*ed* la récolte est mauvaise; *he* ~*ed to come* il n'est pas venu **4** baisser; *his strength is* ~*ing* il s'affaiblit ◆ *vt* **1** *(examen)* échouer à; *the examiner* ~*ed him* l'examinateur l'a recalé **2** trahir **3** manquer à ◆ *n* *(examen)* échec *m*; *(loc) without* ~ sans faute ‖ **°failing** *n* défaut *m*; faiblesse *f* ◆ *adj* défaillant ◆ *prép* à défaut de ‖ **°failure** *n* **1** échec *m*; *(Com)* faillite *f*; *(personne)* raté *m* **2** manque(ment) *m*; ~ *to pay* défaut *m* de paiement; *heart* ~ défaillance *f* cardiaque; *power* ~ panne *f* de courant.

faint [feɪnt] *adj* **1** faible; *I feel* ~ je ne me sens pas bien **2** *(couleur)* pâle; *(son)* léger (*f* -ère) **3** vague; *he hasn't the* ~ *est idea* il n'en a pas la moindre idée ◆ *n* évanouissement *m* ◆ *vi* s'évanouir ‖ **faint-°hearted** *adj* timoré *m*.

fair¹ [feə] *adj* **1** honnête; ~ *competition* concurrence *f* loyale; *(Sp aussi fig) play* ~ jouer franc jeu *m* **2** équitable; *she does her* ~ *share* elle fait sa part; *(loc) come on!* ~*'s* ~*!* allez! sois juste! **3** beau (*f* belle); ~ *copy* *(brit)* copie *f* au net **4** blond; *a* ~ *-haired girl* une blonde; *(teint)* clair **5** assez bon; ~ *guess* réponse *f* proche de la vérité **6** considérable; ~ *amount of money* somme *f* importante ‖ **°fairish** *adj* assez bon; assez important **7** plutôt blond ‖ **°fairly** *adv* assez; raisonnablement ‖ **°fairness** *n* équité *f*; *in* ~ *to/out of all* ~ en toute justice ‖ **°fair-weather** *adj* ~ *friend* opportuniste *mf*; ~ *sailor* plaisancier *m* du dimanche.

fair² [feə] *n* **1** *fun* ~ fête *f* foraine **2** *trade* ~ foire *f* ‖ **°fairground** *n* champ *m* de foire.

fairy [ˈfeərɪ] *n* **1** fée *f*; ~ *lights* *(brit)* guirlande *f* lumineuse; ~ *story/tale* conte *m* de fées **2** *(fam péj)* pédéraste *m* ‖ **°fairyland** *n* royaume *m* des fées; *(fig)* enchantement *m*, féerie *f*.

faith [feɪθ] *n* **1** *(Rel aussi fig)* foi *f*; religion *f*; ~ *healing* guérison *f* par la prière **2** confiance *f* **3** loyauté *f*; *he has broken* ~ *with them* il ne les soutient plus ‖ **°faithful** *adj* fidèle *mf* ‖ **°faithfully** *adv* fidèlement; *(lettre) Yours* ~ veuillez agréer, Madame/Monsieur, l'expression de mes salutations/sentiments distingué(e)s ‖ **°faithless** *adj* déloyal.

fake [feɪk] *vt* contrefaire; falsifier ◆ *n* *(objet)* contrefaçon *f*; *(personne)* imposteur *m inv* ◆ *adj* faux (*f* fausse).

falcon [ˈfɔːlkən] *n* *(Orn)* faucon *m*.

fall [fɔːl] *vi* *(p fell pp fallen)* **1** tomber; *her face fell* elle a eu l'air dépité; *I didn't* ~ *for his story* je n'ai pas cru à son histoire; *the result fell short of our calculations* le résultat n'a pas répondu à notre attente **2** *(prix, température)* baisser; diminuer **3** *(terrain)* aller en pente; descendre **4** s'effondrer; *the government has fallen* le gouvernement a été renversé; ~ *apart* se désagréger; ~ *to pieces* tomber en morceaux **5** devenir; ~ *asleep* s'endormir; ~ *in love* tomber amoureux; ~ *open* s'ouvrir; ~ *silent* se taire **6** commencer; *we fell into conversation* nous avons engagé la conversation; *he fell to work* il se mit au travail **7** se présenter; *the book* ~*s into two parts* le livre se divise en deux parties **8** pendre; *her hair fell on her shoulders* ses cheveux lui arrivaient aux épaules **9** *(Mil)* mourir ◆ *n* **1** chute *f*; **the ~ of the Bastille** la prise de la Bastille 2 *(nuit, tissu)* tombée *f* 3 *(amér)* automne *m* 4 *(Géog)* ~s chute *f* d'eau; cascade *f* 5 *(catch, judo)* prise *f* ‖ **fall about** *vpart (brit fam)* **he fell about laughing** il se tordait de rire ‖ **fall away** *vpart* 1 se détacher 2 descendre en pente 3 diminuer ‖ **fall back** *vpart* 1 *(Mil)* battre en retraite 2 reculer; **I had to ~ back on the first solution** j'ai dû revenir à la première solution ‖ **fall behind** *vpart* rester/traîner en arrière; **he's fallen behind with payment** il a du retard dans les remboursements ‖ **fall down** *vpart* tomber; *(construction)* s'effondrer ‖ **fall in** *vpart* 1 *(toit)* s'affaisser 2 *(Mil)* former les rangs 3 accepter ‖ °**falling** *adj* ~ **birthrate** taux *m* de natalité décroissant; ~ **star** étoile *f* filante ‖ °**falling-off** *n* déclin *m* ‖ **fall off** *vpart* diminuer ‖ **fall out** *vpart* 1 tomber 2 se fâcher; se brouiller 3 *(Mil)* rompre les rangs ‖ °**fallout** *n* retombée *f*; **radio-active ~** retombées radio-actives ‖ **fall over** *vpart* 1 tomber; **the chair fell over** la chaise a basculé 2 *(fig fam)* **he's ~ing over himself to help** il se met en quatre pour aider ‖ **fall through** *vpart* échouer; *(fam)* **his plan fell through** son projet est tombé à l'eau.

fallacious [fə'leɪʃəs] *adj* fallacieux *(f -euse)*.

fallen ['fɔːlən] *pp* de **fall**.

fallow ['fæləʊ] *adj* 1 *(Ag)* en jachère; *(fig)* inactif *(f -ive)* 2 ~ **deer** *(brit)* daim *m*.

false [fɔːls] *adj* faux *(f fausse)*; artificiel *(f -ielle)* ‖ °**falsehood** *n* 1 mensonge *m* 2 fausseté *f* ‖ °**falsify** *vt* falsifier ‖ °**falsity** *n* fausseté *f*.

falter ['fɔːltə] *vi* hésiter; *(paroles)* bredouiller; *(démarche)* trébucher ‖ °**faltering** *adj* hésitant.

fame [feɪm] *n* renom *m*; renommée *f*; célébrité *f* ‖ °**famed**/°**famous** *adj* renommé; célèbre ‖ °**famously** *adv (fam)* **we get on ~** nous nous entendons vraiment bien.

familiar [fə'mɪljə] *adj* 1 familier *(f -ière)*; **are you ~ with her novels?** connaissez-vous ses romans? 2 habituel *(f -elle)* 3 intime ♦ *n* intime *mf* ‖ **famili°arity** *n* 1 connaissance *f* 2 intimité *f* ‖ **fa°miliarize** *vt* familiariser.

family ['fæmɪlɪ] *n* famille *f*; ~ **allowance** allocations *fpl* familiales; ~ **tree** arbre *m* généalogique; **he's one of the ~** il fait partie de la famille; *(vx)* **she's in the ~ way** elle attend un enfant.

famished ['fæmɪʃt] *adj* affamé.

fan[1] [fæn] *n (fam)* supporter *m*; **I'm a rugby ~** je suis un passionné de rugby ‖ °**fanatic** *n* fanatique *mf* ‖ °**fanatical** *adj* fanatique ‖ **fa°naticism** *n* fanatisme *m*.

fan[2] [fæn] *n* 1 éventail *m* 2 ventilateur *m*; *(Aut)* ~ **belt** courroie *f* de ventilateur ♦

vt 1 éventer 2 ventiler 3 *(fig)* attiser ‖ °**fanlight** *n* imposte *f* ‖ **fan out** *vpart* se déployer.

fanciful ['fænsɪfʊl] *adj* 1 *(personne)* capricieux *(f -ieuse)*; fantasque 2 *(projet)* chimérique ‖ **fancy** *vt* 1 *(fam)* avoir envie de, désirer; **I don't ~ it** cela ne me dit rien 2 (s')imaginer; ~ **seeing you!** quelle surprise de vous voir! **he fancied himself an actor** il se prenait pour un acteur ♦ *n* 1 caprice *m*; envie *f* 2 imagination *f*; **the idea took/tickled his ~** l'idée l'a séduit ♦ *adj* élaboré; extravagant; ~ **dress** déguisement *m*; ~ **goods** nouveautés *fpl*; ~ **man** *(argot brit péj)* jules *m* ‖ **fancy-°free** *adj* libre; **he's ~** c'est un cœur à prendre.

fang [fæŋ] *n* croc *m*; *(serpent)* crochet *m*.

fantasize/-ise ['fæntəsaɪz] *vi (about)* fantasmer (sur) ♦ *vt* imaginer ‖ **fan°tastic** *adj* 1 fantastique; *(prix)* exhorbitant; *(idée)* formidable 2 absurde; irréalisable ‖ °**fantasy** *n* fantaisie *f*.

far [fɑː] *adj* loin; lointain; **the F~ East** l'Extrême-Orient *m* ♦ *adv* 1 loin; as ~ as jusqu'à; as ~ **as the eye can see** aussi loin que porte le regard; **as ~ as I'm concerned** en ce qui me concerne; ~ **and near/wide** partout; **how ~ are we from Paris?** à quelle distance sommes-nous de Paris? **how ~ do you trust him?** jusqu'à quel point lui faites-vous confiance? **so ~** jusqu'à présent 2 beaucoup (trop); **by ~** de loin; **I'm ~ too tired** je suis bien trop fatigué ‖ °**faraway** *adj* lointain; *(regard)* vague ‖ **far-°fetched** *adj* invraisemblable, *(fam)* tiré par les cheveux ‖ **far-°flung** *adj* 1 très étendu 2 éloigné; lointain ‖ **far-°off** lointain ‖ **far-°reaching** *adj* à/de grande portée ‖ **far-°sighted** *adj* clairvoyant; *(Méd)* hypermétrope.

farcical ['fɑːsɪkl] *adj* risible; grotesque.

fare [feə] *n* 1 prix *m* du billet; *(taxi)* prix de la course; **half ~** demi-tarif *m* 2 *(taxi)* client(e) *m(f)* ♦ *vi* 1 aller bien/mal 2 réussir ‖ **fare°well** *n* adieu *m*.

farm [fɑːm] *n* ferme *f*; exploitation *f* agricole ♦ *vt* cultiver; exploiter ♦ *vi* être agriculteur ‖ °**farmer** *n* fermier *m*; agriculteur *m* ‖ °**farmhand/labo(u)rer** *n* ouvrier *m* agricole ‖ °**farming** *n* agriculture *f*; **mixed ~** polyculture *f*; **trout ~** élevage *m* de truites ‖ °**farmland** *n* terres *fpl* cultivables ‖ **farm out** *vpart* confier à l'extérieur; sous-traiter ‖ °**farmyard** *n* cour *f* de ferme.

farther/farthest *comp/sup* de **far**.

fascinate ['fæsɪneɪt] *vt* fasciner; captiver.

fashion ['fæʃn] *n* 1 façon *f*; **after a ~** tant bien que mal 2 mode *f*; ~ **designer** grand couturier *m*; styliste *mf*; ~ **show** défilé *m*/présentation *f* de mode; **in ~** à la mode; **out of ~** démodé ♦ *vt* façonner, modeler ‖ °**fashionable** *adj* à la mode.

fast [fɑ:st] *adj* **1** rapide ; *my watch is ~* ma montre avance **2** solide ; permanent ; *(couleur)* grand teint **3** facile ; immoral ; *(fam) he pulled a ~ one on me* il m'a roulé **4** *(Tech) ~ breeder (reactor)* surrégénérateur *m* ♦ *adv* **1** rapidement, vite ; *how ~ are we going?* à quelle vitesse allons-nous ? *I'm getting nowhere ~* je n'avance pas **2** solidement ; *he's ~ asleep* il dort profondément ♦ *vi* jeûner ♦ *n* jeûne *m*.

fasten [ˈfɑ:sn] *vti* **1** (s')attacher **2** (se) fermer ‖ °**fastener** *n* fermeture *f* ‖ °**fastening** *n* attache *f* ‖ **fasten down/up** *vpart* (se) fermer ‖ **fasten (up)on** *vpart* (se) fixer ; (s')accrocher ‖ °**fastness** *n (lit)* place-forte *f*.

fastidious [fəˈstɪdɪəs] *adj* **1** difficile à contenter **2** méticuleux (*f* -euse).

fat [fæt] *adj* **1** corpulent ; gros (*f* -sse) **2** gras ; *(terre)* fertile ; ~ *years* années *fpl* fastes **4** *(loc fam) a ~ lot of good that will do you!* ça te fera une belle jambe ! ♦ *n* **1** gras *m* ; *live off the ~ of the land* vivre comme un coq en pâte **2** graisse *f* ‖ °**fathead** *n (fam)* imbécile *mf*.

fatal [ˈfeɪtl] *adj* fatal ; désastreux (*f* -euse) ; *(blessure)* mortel (*f* -elle) ‖ **fata°listic** *adj* fataliste ‖ **fate** *n* destin *m* ; sort *m* ‖ °**fated** *adj* fatidique ; voué au malheur ; *we were ~ to meet* nous étions destinés à nous rencontrer ‖ °**fateful** *adj* fatal.

fatality [fəˈtælətɪ] *n* **1** fatalité *f* **2** accident *m* mortel.

father [ˈfɑ:ðə] *n* père *m* ; *(vx)* ancêtre *m* ; *~-in-law* beau-père *m* ♦ *vt* engendrer ; *(fig)* concevoir ‖ °**fatherhood** *n* paternité *f* ‖ °**fatherland** *n* patrie *f* ‖ °**fatherless** *adj ~ child* orphelin *m* de père ‖ °**fatherly** *adj* paternel (*f*-elle).

fathom [ˈfæðəm] *n (Naut)* brasse *f* (= 1,8 mètre) ♦ *vt* sonder ; *(fig) (out)* comprendre ; percer (un mystère) ‖ °**fathomless** *adj* insondable.

fatigue [fəˈti:g] *n* **1** fatigue *f* **2** *(Tech)* résistance *f* **3** *(Mil)* ~s treillis *m* ♦ *vti* fatiguer.

fatten [ˈfætn] *vti (up)* (s')engraisser ; *(fig)* (s')enrichir ‖ °**fattening** *adj* qui engraisse ‖ °**fatty** *adj* gras (*f* -grasse).

fatuous [ˈfætjʊəs] *adj* imbécile, stupide.

faucet [ˈfɔ:sɪt] *n (amér)* robinet *m*.

fault [fɔ:lt] *n* **1** défaut *m* ; imperfection *f* ; *he's always finding ~* il trouve toujours à redire **2** erreur *f* ; *at ~* en tort **3** *(Géog)* faille *f* **4** *(Sp)* faute *f* ♦ *vt* **1** prendre en défaut **2** blâmer ‖ °**faultless** *adj* irréprochable ; impeccable ‖ °**faulty** *adj* défectueux (*f* -euse).

favor *(amér)*/**favour** *(brit)* [ˈfeɪvə] *n* **1** faveur *f* ; approbation *f* ; *in ~ of* en faveur de ; *out of ~* en disgrâce **2** service *m* ; *will you do me a ~?* veux-tu me rendre un ser-

vice ? **3** partialité *f* ♦ *vt* **1** être en faveur de ; préférer **2** *(with)* favoriser (de) ; gratifier (de) **3** ressembler à ; *he ~s his mother* il tient de sa mère ‖ °**favourite** *adj* favori (*f* -ite), préféré.

fawn[1] [fɔ:n] *n (Zool)* faon *m* ; *(couleur)* beige.

fawn[2] [fɔ:n] *vi (on)* ramper (devant).

fear [fɪə] *n* **1** peur *f* ; crainte *f* ; *for ~ of...* de peur de... ; *for ~ that...* de crainte que... **2** risque *m* ; *no ~!* jamais de la vie ! ♦ *vt* craindre ‖ °**fearful** *adj* **1** craintif (*f* -ive) **2** effrayant ; terrible ‖ °**fearless** *adj* intrépide ‖ °**fearsome** *adj* effroyable.

feasible [ˈfi:zəbl] *adj* **1** faisable **2** plausible ; vraisemblable ‖ **feasi°bility** *n* **1** praticabilité *f* ; ~ *study* étude *f* de faisabilité **2** vraisemblance *f*.

feast [fi:st] *n* festin *m* ; ~ *day* fête *f* ♦ *vti (on)* (se) régaler (de).

feat [fi:t] *n* exploit *m*.

feather [ˈfeðə] *n* plume *f* ; *it's a ~ in his cap* c'est un fleuron dans sa couronne ♦ *vt* couvrir de plumes ; *(fig fam) he ~ed his nest* il a fait sa pelote ‖ °**featherbedding** *n (fig péj)* protection *f* ; subventionnement *m* ‖ °**feather-brained** *adj* écervelé ‖ °**featherweight** *n* poids *m* plume.

feature [ˈfi:tʃə] *n* **1** caractéristique *f* ; trait *m* **2** ~s traits du visage **3** spécialité *f* **4** *(presse, TV)* (grand) reportage *m* ; ~ *film* long métrage *m* ♦ *vt* **1** *(presse)* mettre en manchette ; *(Ciné)* avoir en vedette **2** *(Com)* promouvoir **3** caractériser ♦ *vi (Ciné, presse)* figurer ‖ °**featureless** *adj* terne, quelconque.

February [ˈfebrʊərɪ] *n* février, *m*.

feckless [ˈfeklɪs] *adj* **1** irresponsable **2** mou (*f* molle).

fed [fed] *p pp* de **feed**.

federal [ˈfedərəl] *adj* fédéral.

federate [ˈfedəreɪt] *vti* (se) fédérer.

fed up [fed ʌp] *adj (fam) be ~* en avoir assez.

fee [fi:] *n* **1** cachet *m* ; honoraires *mpl* **2** cotisation *f* ; *entrance ~* droit *m* d'entrée ; *school ~s* frais *mpl* de scolarité.

feeble [ˈfi:bl] *adj* faible ; *a ~ excuse* une piètre excuse.

feed [fi:d] *vti (p pp* **fed**) **1** (se) nourrir **2** (s')alimenter **3** *(bétail)* paître ♦ *n* **1** nourriture *f* **2** alimentation *f* ; *he is off his ~* il n'a pas d'appétit ‖ °**feedback** *n* information *f* en retour ‖ °**feeder** *n* **1** *(bébé)* bavette *f* **2** *(Tech)* chargeur *m* ‖ °**feeding** *n* alimentation *f*.

feel [fi:l] *vti (p pp* **felt**) **1** toucher ; *he felt his way across the room* il traversa la chambre à tâtons **2** *(pouls)* tâter **3** *(res)*sentir ; *I ~ sorry for him* je suis désolé pour lui ; *what I really ~ about it is that...* mon sentiment sur ce point est que...; *he ~s as if...* il a l'impression que...; *what does it ~ like?* quelle impression cela vous fait-il ? *I don't ~ like going* je n'ai pas envie de partir; *I ~ like a drink* je boirais bien quelque chose; *if you ~ like it* si cela vous dit **4** *(sensation) I ~ cold* j'ai froid; *she ~s the cold* elle craint le froid; *he ~s the heat* il souffre de la chaleur; *I ~ much better* je me sens beaucoup mieux; *this material ~s very soft* ce tissu est très doux au toucher ◆ *n* **1** toucher *m* **2** sensation *f*; *(fam) it's easy enough once you get the ~ of it* c'est assez facile quand on en a pris l'habitude ‖ **°feeler** *n* **1** *(Zool)* antenne *f* **2** *(Zool)* tentacule *m* **3** *(fig)* ballon *m* d'essai ‖ **°feeling** *n* **1** sensation *f* **2** impression *f*; *a ~ of fear* un sentiment de peur **3** émotion *f*; *~s are running high* les esprits sont échauffés **4** *(loc) no hard ~s!* sans rancune !

feet [fi:t] *n pl* de **foot**.

feign [feɪn] *vt (vx)* feindre.

feline [ˈfiːlaɪn] *adj (Zool)* félin.

fell[1] [fel] *p* de **fall**.

fell[2] [fel] *vt (arbre)* abattre, couper.

fellow [ˈfeləʊ] *n* **1** *(fam)* gars *m; he is a good ~* c'est un brave type; *poor little ~!* pauvre petit! **2** associé *m; Fellow of the Royal Society* membre *m* de la Société Royale **3** *(Ens)* chargé *m* de cours **4** *~-citizen n* concitoyen; *~- countryman mf* **5** *his ~s* ses semblables ‖ **°fellowship** *n* **1** *(Ens)* bourse *f* (universitaire) **2** camaraderie *f* **3** association *f* **4** *(société savante)* titre de membre *m* (associé).

felon [ˈfelən] *n (Jur)* criminel *m* ‖ **°felony** *n (Jur)* crime *m*.

felt[1] [felt] *p pp* de **feel**.

felt[2] [felt] *n* feutre *m; ~-tip pen* (crayon) feutre *m*.

female [ˈfiːmeɪl] *n* **1** *(Jur)* femme *f* **2** *(animaux)* femelle *f*.

fen [fen] *n* marais *m*, marécage *m*.

fence [fens] *n* **1** barrière *f*, clôture *f* **2** *(fam)* receleur *m (f* -euse) **3** *(loc) stop sitting on the ~* allons! Il faut choisir! ◆ *vti* **1** clôturer **2** *(Sp)* faire de l'escrime *f; he ~ed off the blow* il para le coup **3** *(amér fam)* faire du recel ‖ **°fencing** *n* **1** *(Sp)* escrime *f* **2** clôture *f; wire ~s* treillage *m* métallique.

fend [fend] *vti* **1** parer; *he ~ed off the blow* il détourna le coup **2** *(fam loc) ~ for oneself* se débrouiller tout seul ‖ **°fender** *n* **1** garde-feu *m (pl inv)* **2** *(amér Aut)* garde-boue *m (pl inv)*.

ferment [fəˈment] *vti* (faire) fermenter ◆ *n* [ˈfɜːment] **1** ferment *m* **2** fermentation *f* **3** *(fig)* agitation *f*.

fern [fɜːn] *n (Bot)* fougère *f*.

ferret [ˈferɪt] *n (Zool)* furet *m* ◆ *vti*

fureter; *~ out information* soutirer une information.

ferry [ˈferɪ] *n* bac *m* ◆ *vti* **1** passer en bac; transborder **2** transporter ‖ **°ferryboat** *n* ferry *m* -(boat) ‖ **°ferryman** *n* passeur *m*.

fertile [ˈfɜːtaɪl] *adj* fertile.

fertilize [ˈfɜːtɪlaɪz] *vt* fertiliser ‖ **°fertilizer** *n* engrais *m*.

fervor *(amér)*, **fervour** *(brit)* [ˈfɜːvə] *n* ferveur *f* ‖ **°fervent** *adj* fervent.

festival [ˈfestəvl] *n* **1** fête *f* **2** festival *m* ‖ **°festive** *adj* ~ *season* saison *f* des fêtes ‖ **fes°tivity** *n* festivité *f*.

fetch [fetʃ] *vt* **1** aller chercher **2** atteindre; *it ~ed quite a tidy sum* cela a rapporté pas mal d'argent **3** *(soupir)* pousser **4** *(fam) I ~ed him a blow* je lui ai flanqué un coup ‖ **°fetch in** *vpart* faire rentrer.

fetish [ˈfetɪʃ] *n* fétiche *m*.

fetter [ˈfetə] *vt* enchaîner ‖ **°fetters** *npl inv* chaînes *fpl*; entraves *fpl*; *in ~* enchaîné.

feud [fjuːd] *n* querelle *f* (de famille/de tribu); vendetta *f*.

feudal [fjuːdl] *adj* féodal *(pl* -aux).

fever [ˈfiːvə] *n* **1** *(Méd)* fièvre *f* **2** *(fig) ~ of activity* activité *f* fébrile ‖ **°feverish** *adj* fiévreux *(f* -euse).

few [fjuː] *adj* **1** peu de; *~ people know that* peu de personnes le savent; *buses run every ~ minutes* les bus passent toutes les deux ou trois minutes; *in the past ~ hours* ces dernières heures; *trains are ~ and far between* les trains sont très rares **2** quelques; *in a ~ days* d'ici quelques jours; *quite a ~ people approve (of) it* pas mal de gens sont d'accord ◆ *pr* **1** peu (de); *there were very ~ of them* ils étaient peu nombreux; *the happy ~* les heureux élus **2** quelques-uns, *a ~ of them* quelques-uns d'entre eux ‖ **°fewer** *(comp de* **few**) moins (de); *there are ~ visitors than yesterday* les visiteurs sont moins nombreux qu'hier ‖ **the °fewest** *(sup de* **few**) le moins (de), les moins nombreux *(f* -euses).

fib [fɪb] *vi (p pp* fibbed) *(vx)* mentir ◆ *n* (petit) mensonge *m; don't tell ~s!* ne raconte pas d'histoires !

fiber *(amér)* **fibre** *(brit)* [ˈfaɪbə] *n* fibre *f; ~- optic* fibre optique ‖ **°fiberglass** *(amér)* **°fibreglass** *(brit)* *n* **1** fibre *f* de verre **2** laine *f* de verre.

fickle [ˈfɪkl] *adj* capricieux *(f* -ieuse), volage ‖ **°fickleness** *n* inconstance *f*.

fiction [ˈfɪkʃn] *n* **1** *(Lit)* roman *m* **2** fiction *f; this is pure ~* c'est une pure invention ‖ **°fictional** *adj* **1** *(Lit)* romanesque **2** fictif *(f* -ive).

fiddle [ˈfɪdl] *n* **1** *(fam)* violon *m; (fig) he is as fit as a ~* il se porte comme un charme; *(fig) play second ~* jouer les deuxièmes rôles **2** *(fam)* combine *f* ◆ *vti* **1** jouer du violon **2** *(fam)* tripoter; *stop fid-*

dling with your pen cesse de jouer avec ton crayon **3** *(fam) (comptes)* truquer ‖ **°fiddle away** *vpart (fam)* perdre son temps ‖ **°fiddler** *n (vx)* **1** violoneux *m* **2** *(péj)* combinard *m*.

fidget ['fɪdʒɪt] *vti* **1** remuer sans cesse ; *stop ~ing* tiens-toi tranquille **2** (s')agacer, (s')énerver ♦ *n (amér °fidgeter)* personne *f* nerveuse/agitée ; *he is a ~* il ne tient pas en place ‖ **°fidgets** *npl inv* agitation *f* nerveuse ; *(fam) it gave me the ~* ça m'agaçait.

field [fiːld] *n* **1** champ *m* **2** *(Sp)* terrain *m* **3** *(fig)* domaine *m* ; compétence *f* ; *in the industrial ~* au plan industriel ; *chamber music is his particular ~* sa spécialité est la musique de chambre ‖ **field day** *(amér)* **1** réunion *f* sportive **2** *(fam)* journée *f* pleine d'événements, grand jour *m* ‖ **°field-glasses** *npl inv* jumelles *fpl* ‖ **°field hospital** *(Mil)* hôpital *m* de campagne ‖ **°field marshal** *(Mil)* maréchal *m* ‖ **°field-mouse** *(pl -mice)* *n* mulot *m* ‖ **°field sports** *n* sports *mpl* de plein-air.

fiend [fiːnd] *n* **1** démon *m* **2** maniaque *mf* ; *drug ~* toxicomane *mf* ‖ **°fiendish** *adj* diabolique.

fierce [fɪəs] *adj* **1** violent **2** féroce ; *a ~ fight* un combat acharné ‖ **°fierceness** *n* **1** férocité *f* **2** fureur *f* **3** *(discours)*, violence *f*, véhémence *f*.

fiery ['faɪərɪ] *adj (lit)* **1** brûlant ; *~ sky* ciel *m* embrasé **2** *(discours)* fougueux *(f -euse)*, emporté.

fifteen [fɪf'tiːn] *adj num* quinze ; *about ~ letters* une quinzaine de lettres environ ‖ **°fifty** *adj num* cinquante ; *in the fifties* dans les années cinquante ; *he is in his fifties* il est dans la cinquantaine ; *I'll go fifty-fifty with you* on fait moitié-moitié.

fig [fɪg] *n (Bot)* figue *f*.

fight [faɪt] *n* **1** combat *m* **2** *(aussi fig)* lutte *f* ; *he put up a very poor ~* il s'est très mal défendu **3** *(fam)* rixe *f* ; *street ~* bagarre *f* de rue ♦ *vti (p pp fought)* se battre (avec, contre) ; combattre ; *they fought over the vacant chair* ils se disputèrent la chaise libre ; *he fought his way through the crowd* il se fraya un passage dans la foule ; *she fought back her tears* elle retint ses larmes ‖ **°fighter** *n* **1** combattant *m* **2** *(Mil)* avion *m* de chasse ; **°-bomber** *n* chasseur *m* bombardier ‖ **°fighting** *n* combat *m* ; pugilat *m* ; *street ~* **1** échauffourées *fpl* **2** combat(s) *m(pl)* de rue ‖ **fight off** *vpart* repousser ‖ **fight out** *vpart ; ~ it out between yourselves* réglez le problème entre vous.

figurative ['fɪgərətɪv] *adj* **1** figuré ; *in the ~ sense* au figuré **2** figuratif *(f -ive)*.

figure ['fɪgə] *n* **1** *(Math)* chiffre *m* ; *I've got a poor head for ~s* je ne suis pas bon en calcul **2** silhouette *f* ; *she watches her ~* elle surveille sa ligne **3** personnage *m* **4** *(dessin)* figure *f* ♦ *vi (amér)* estimer ‖ **figure out** *vpart (surtout amér)* *rather difficult to ~* assez difficile à comprendre ‖ **figures** *npl* **1** chiffres *mpl* **2** statistiques *fpl*.

file¹ [faɪl] *n* **1** classeur *m* ; fichier *m* ; *~-card* fiche *f* **2** dossier *m* ♦ *vt* **1** classer **2** *(Jur) (plainte, requête)* déposer ‖ **files** *npl* archives *fpl* ‖ **°filing** *n* classement *m* ; *~ cabinet* *n (meuble)* classeur *m*.

file² [faɪl] *n* lime *f* ♦ *vt* limer ‖ **°filings** *npl (Tech)* limaille *f*.

file³ [faɪl] *n* file *f* ; *walk in single ~* marcher en file indienne ; *(Mil) the rank and ~* les hommes *mpl* (de troupe) ♦ *vi* **1** marcher en file **2** *(past)* défiler (devant).

fill [fɪl] *vti* **1** (r)emplir ; *(pipe)* bourrer **2** boucher *(trou)*, combler ; *I had a tooth ~ed* je me suis fait plomber une dent **3** *(poste)* occuper ; *the vacancy has been ~ed* quelqu'un a été nommé sur le poste ‖ **fill in** *vpart (formulaire)* remplir **2** *(fossé)* remblayer **3** *(fam)* mettre au courant ; *I'll ~ you in* je te mettrai au parfum ‖ **fill out** *vpart* **1** *(voile)* gonfler **2** *(amér) (formulaire)* remplir ‖ **fill up** *vpart* (se) remplir ; *(Auto) fill her up!* faites le plein ! ‖ **°filling** *n* **1** *(Cuis)* farce *f* **2** *(dentaire)* plombage *m* ; *~ station* station-service *f*.

fillet ['fɪlɪt] *n (Cuis)* filet *m*.

film [fɪlm] *n* **1** *(Ciné, Phot)* film *m* ; pellicule *f* ; *~ short (length)* court-métrage *m* ; *~ script* scénario *m* ; *~ star* vedette *f* (de cinéma) ; *~ strip* film fixe **2** fine couche *f*, pellicule *f* ; *~ of smoke* voile *m* de fumée ♦ *vti* **1** filmer, tourner un film **2** recouvrir d'une pellicule ‖ **film over** *vpart* se voiler.

filter ['fɪltə] *n* filtre *m* ♦ *vt* filtrer.

filth [fɪlθ] *n* **1** saleté *f* **2** *(fig)* grossièreté *f* ; *don't talk ~!* ne dis pas d'obscénités ! ‖ **°filthy** *adj* **1** sale, crasseux *(f -euse)* **2** ordurier *(f -ière)*.

fin [fɪn] *n* nageoire *f* ; aileron *m*.

final ['faɪnl] *adj* final ; *(effort)* dernier ; *(texte)* définitif ♦ *n (Sp)* finale *f* ‖ **fi°nality** *n* **1** finalité *f* **2** caractère *m* définitif ‖ **°finals** *npl* examens *mpl* de dernière année.

finance [faɪ'næns] *n* finance *f* ♦ *vt* financer ‖ **fi°nancial** *adj* financier *(f -ière)* ; *(Com) ~/financing package* financement *m* ; *~ year* année *f* budgétaire, exercice *m* (financier).

find [faɪnd] *vt (p pp found)* **1** trouver ; *it'll be difficult to ~ enough money* il sera difficile de se procurer assez d'argent **2** (re)chercher ; *he found the breakdown* il a localisé la panne **3** constater ; *she found the room had been visited* elle s'aperçut que quelqu'un était venu dans la pièce **4** *(Jur)* rendre un verdict ; *he was found guilty* il a été déclaré coupable ◆ *n* **1** découverte *f* **2** trouvaille *f* ‖ **find out** *vpart* **1** *(vérité)* découvrir **2** *(about)* (se) renseigner (sur).

fine[1] [faɪn] *n* amende *f*, contravention *f* ◆ *vt* donner une contravention ; *I was ~d £ 10* j'ai payé une amende de 10 livres.

fine[2] [faɪn] *adj* **1** beau *(f* belle*)* ; *the ~ arts* les beaux-arts **2** pur ; *~ gold* or *m* fin **3** délicat **4** excellent ; *that's ~!* c'est parfait ! **5** *(fam)* en forme ◆ *adv* **1** finement **2** *(fam)* (très) bien ! *that suits me ~* ça me convient tout à fait ! **3** *(fam)* *you've cut it ~* vous avez calculé un peu juste ◆ *(loc)* d'accord ! ‖ °**finely** *adv* **1** finement **2** magnifiquement.

finger ['fɪŋgə] *n* doigt *m* ; *ring ~* auriculaire *m* ; *keep your ~s crossed!* touchez du bois ! *he has a ~ in every pie* il a des intérêts partout ; *don't you dare lay a ~ on her!* n'essaye pas de lever la main sur elle ! *(vulg) pull your ~ out!* magne-toi ! ◆ *vt* **1** tâter **2** *(fam)* tripoter ‖ °**fingermark** *n* trace *f* de doigt ‖ °**fingernail** *n* ongle *m* ‖ °**fingerprint** *n* empreinte *f* digitale ‖ °**fingertip** *n* bout *m* du doigt ; *he is a gentleman to his ~s* c'est un parfait gentleman.

finicky ['fɪnɪkɪ] *adj* méticuleux *(f* -euse*)* à l'extrême, pointilleux *(f* -euse*)*.

finish ['fɪnɪʃ] *n* **1** *(Sp)* arrivée *f* **2** *(travail)* fini *m*, finition *f* ◆ *vti* (se) finir ; *~ your meal!* termine ton repas ! *I've ~ed second* il est arrivé deuxième ; *(brit fam) I've ~ed with you!* entre nous, c'est fini ! ‖ °**finished** *adj* **1** *(produit)* fini **2** *(aspect)* soigné **3** *(fam) he's ~* il est fichu ‖ °**finishing ~ touches** les finitions *fpl ; (Sp) ~ line* ligne *f* d'arrivée.

fir [fɜː] *n (Bot)* sapin *m* ; pin *m* ; *~ cone* pomme *f* de pin.

fire [faɪə] *n* **1** feu *m* ; incendie *m* ; *on ~* en feu ; *F~!* Au feu ! **2** *(Mil)* feu *m* ; tir *m* ◆ *vti* **1** mettre le feu (à), incendier **2** *(Mil)* tirer (sur), faire feu ; *~ a gun* tirer un coup de canon/fusil... ; *(fig) the press ~d questions at him* les journalistes l'ont bombardé de questions **3** *(poterie)* cuire **4** *(fam)* saquer ; *he's been ~d* il a été viré ‖ °**firebrand** *n (aussi fig)* tison *m* ; *(discorde)* brandon *m* ‖ °**fire brigade** *(brit)* ‖ °**fire department** *(amér)* *n* sapeurs-pompiers *mpl* ‖ °**firedamp** *n* grisou *m* ‖ °**firedogs** *npl* chenets *mpl* ‖ °**fire door** porte *f* coupe-feu ‖ °**fire escape** *n* escalier *m* de secours ‖ °**fireman** *(pl* -men*)* *n* (sapeur) pompier *m* ‖ °**fireproof** *adj* ininflammable ; ignifugé ‖ °**fire-screen** *n* pare-étincelles *m(pl inv)* ‖ °**fireside** *n* cheminée *f* ; coin *m* du feu ‖ °**fire station** *n* caserne *f* de pompiers ‖ °**firewood** *n* bois *m;* de chauffage ‖ °**fireworks** *npl* feu *m*

d'artifice ‖ °**firing range** *n* stand *m* de tir ‖ °**firing squad** *n* peloton *m* d'exécution.

firm[1] [fɜːm] *n* entreprise *f*, firme *f*.

firm[2] [fɜːm] *adj* ferme ; *~ friendship* amitié *f* solide ; *you ought to stand ~* vous devriez tenir bon.

first [fɜːst] *adj* premier *(f* -ière*)* ; *~ cousin* cousin(e) germain(e) ; *~ name* prénom *m* ; *love at ~ sight* coup *m* de foudre ; *~-class mail* **1** *(brit)* courrier *m* au tarif normal **2** *(amér)* lettre *f*/paquet *m* clos(e) ◆ *adv* **1** d'abord ; *~ of all* pour commencer ; *~ and foremost* en (tout) premier lieu ; *ladies ~* honneur aux dames **2** pour la première fois ; *when I ~ visited England* la première fois que je suis allé en Angleterre **3** *(loc) travel ~ class* voyager en première classe ◆ *n* **1** le premier *m (f* la première*)* **2** début *m (brit)* **3** *(Aut)* première *f (vitesse)* ‖ °**first aid** *n* premiers secours *mpl ; ~ kit* trousse *f* d'urgence ‖ °**first°hand** *adj* de première main *f* ‖ °**first°rate** *adj* de premier ordre ; *~ project* projet *m* excellent.

fish [fɪʃ] *(pl* **fish** ou **fishes***) n* poisson *m* ; *(fam fig) they'll have other ~ to fry* ils auront d'autres chats à fouetter ; *(fam) he's like a ~ out of water* il est complètement dépaysé ◆ *vti* pêcher ; *~ for salmon* pêcher le saumon ; *(fig) she ~ed a pen out of her bag* elle fit sortir un stylo de son sac ; *(fam) he's ~ing for compliments* il veut qu'on le félicite ‖ °**fishbone** *n* arête *f* ‖ °**fisherman** *(pl* -men*)* *n* pêcheur *m* ‖ °**fishery** *n* pêcherie *f* ‖ °**fishfarming** *n* pisciculture *f* ‖ °**fish hook** *n* hameçon *m* ‖ °**fishing** *n* pêche *f* ; *~ tackle* attirail *m* de pêche ‖ °**fishmonger** *n* poissonnier *m (f* -ière*)* ‖ °**fishy** *adj* **1** *(goût)* de poisson **2** *(fig)* douteux *(f* -euse*)* ; *it's a ~ business* c'est une affaire louche.

fist [fɪst] *n* poing *m* ‖ °**fistful** *adj (contenance)* poignée *f*.

fit [fɪt] *adj* **1** convenable ; *do as you think ~* faites comme bon vous semblera **2** en bonne santé ; *keep ~* restez en forme **3** en état de ; *he's not ~ to walk yet* il n'est pas encore capable de marcher ; *(Mil) ~ for service* bon pour le service ◆ *n* **1** *(feature)* these shoes are rather a tight ~* ces chaussures sont un peu justes ; *your coat is a perfect ~* ta veste tombe parfaitement **2** *~ of anger* accès *m* de colère ◆ *vti* **1** aller ; *that coat ~s you perfectly* cette veste est tout à fait à ta taille **2** mettre, fixer ; *~ A to B* assembler les pièces A et B **3** équiper ; *car ~ted with radio-telephone* voiture équipée d'un radio-téléphone **4** *(lit)* convenir ; *this model ~s our requirements* ce modèle correspond à notre demande ‖ **fit in** *vpart* **1** (s')emboîter **2** *(fig)* concorder ; *it ~s in with the project* cela cadre avec le projet ‖ °**fitness** *n* **1** à-propos *m* **2** aptitude *f* (à) **3** santé *f*, (bonne) forme *f* ‖ °**fitted** *adj* ajusté ; ~ *carpet* moquette *f* ; ~ *sheet* drap *m* housse ‖ °**fitting** *adj* **1** (*vêtement*) ajusté **2** approprié ; digne ♦ *n* essayage *m* ‖ °**fittings** *npl* agencements *mpl* ; accessoires *mpl* ; *electrical* ~ équipement *m* électrique.

five [faɪv] *adj num* cinq ‖ °**fiver** *n* (*brit fam*) billet *m* de cinq livres.

fix [fɪks] *vti* **1** fixer ; (*cordes*) attacher **2** décider ; (*date*) choisir **3** (*fam*) préparer ; (*amér*) *can I ~ you a drink?* tu peux refaire la serrure ? **4** réparer ; *can you ~ the lock?* tu peux refaire la serrure ? **5** (s')arranger (pour) ; *everything is ~ed (up)* tout est réglé **6** (*service*) fournir ; *can you ~ me with a room tonight?* est-ce que vous pouvez m'héberger ce soir ? ♦ *n* **1** (*fam*) mauvaise passe *f* ; *I'm in a ~!* je me suis mis dans un sale pétrin ! **2** (*argot*) (*drogue*) dose *f* ‖ °**fixed** *adj* **1** fixe ; *he has no ~ ideas* il n'a pas d'idées bien arrêtées **2** (*règle*) invariable ; (*durée*) constant ‖ °**fixing** *n* (*bourse*) fixing *m* ‖ °**fixings** *npl* (*Cuis*) garniture *f* ; ingrédients *mpl*.

fixture [ˈfɪkstʃə] *n* **1** appareil *m* fixe **2** (*brit Sp*) rencontre *f* (sportive) ‖ °**fixtures** *npl* (*maison*) aménagements *mpl*.

fizz [fɪz] *n* pétillement *m* ♦ *vi* pétiller ‖ °**fizzy** *adj* pétillant ; ~ *drink* boisson *f* gazeuse.

fizzle out [fɪzlaut] *vpart* (*projet*) échouer.

flabbergasted [ˈflæbəgaːstɪd] *adj* (*fam*) abasourdi, sidéré.

flabby [ˈflæbɪ] *adj* **1** flasque **2** (*caractère*) mou (*f* molle).

flag[1] [flæg] *n* (*aussi* °**flagstone**) dalle *f* ♦ *vt* daller.

flag[2] [flæg] *vi* **1** pendre mollement ; (*voile*) battre **2** (*fig*) faiblir ; *the talks were flagging* les discussions traînaient en longueur.

flag[3] [flæg] *n* **1** drapeau *m* ; (*fig*) *keep the ~ flying!* ne désespérez pas ! **2** (*Naut*) pavillon *m* ; *they were flying the French ~* ils battaient pavillon français ♦ *vt* **1** pavoiser **2** faire des signaux ; *they flagged us down* ils nous firent signe de nous arrêter ‖ °**flagpole** *n* **1** hampe *f* **2** (*Naut*) mât *m* de pavillon ‖ °**flagship** *n* navire *m* amiral.

flake [fleɪk] *n* **1** flocon *m* (de neige) **2** (*peinture*) écaille *f* ♦ *vi* **1** tomber en flocons **2** (s')écailler ; *that paint is ~ing (off)* cette peinture s'écaille ‖ **flake out** *vpart* **1** (*fam*) tomber dans les pommes **2** (*fam*) (*sommeil*) tomber comme une masse ‖ **flaked out** *adj* (*fam*) crevé ‖ °**flaky** *adj* floconneux (*f* -euse) ; ~ *pastry* pâte *f* feuilletée.

flame [fleɪm] *n* **1** flamme *f* ; *the car went up in ~s* la voiture s'embrasa **2** (*fam fig*) *old ~* ancienne conquête *f* ♦ *vti* flamber, s'enflammer ; (*fig*) *he was flaming with*

rage il était rouge de colère ‖ °**flameproof** *adj* **1** ignifuge **2** ininflammable.

flan [flæn] *n* (*Cuis*) tarte *f* (aux fruits).

flank [flæŋk] *n* flanc *m*, côté *m* ♦ *vti* flanquer ; ~*ed by two policemen* encadré par deux agents (de police).

flannel [ˈflænl] *n* flanelle *f* ‖ °**flannels** *npl inv* pantalon(s) *m(pl)* de flanelle.

flap [flæp] *n* **1** (*ailes*) battement *m* **2** rabat *m* ; pan *m* de veste (*meuble*) **3** (*fam*) affolement *m* **4** (*fam fig*) affolement *m* ; *he got me into a ~* il m'a quelque peu paniqué ♦ *vti* **1** battre **2** claquer **3** (s')agiter, (s')affoler.

flare [fleə] *n* **1** flamme *f* intense **2** fusée *f* (lumineuse) ♦ *vi* flamboyer ; s'enflammer ‖ °**flared** *adj* (*jupe*) évasée ‖ °**flarepath** *n* (*Av*) rampe *f* de balisage ‖ **flare up** *vpart* **1** s'embraser **2** (*fig*) s'emporter ; *he ~d up* il se mit dans une violente colère ‖ °**flare-up** *n* **1** (*aussi fig*) flambée *f* soudaine **2** accès *m* de colère.

flash [flæʃ] *n* **1** éclat *m* ; ~ *of lightning* éclair *m* ; *in a ~* en un clin d'œil ; ~ *in the pan* feu *m* de paille **2** (*Rad*) flash *m* d'information **3** (*Phot*) flash *m* ♦ *vti* **1** clignoter ; (faire) étinceler **2** diriger une lumière (sur) **3** (*Rad*) ~ (*a message*) passer (une dépêche) **4** (*fig*) passer rapidement ; *an idea ~ed across my mind* une idée m'a traversé l'esprit ‖ °**flasher** *n* clignotant *m* ‖ °**flashlight** *n* **1** torche *f* ; lampe *f* électrique **2** (*phare*) feu *m* (à éclats) ‖ °**flashy** *adj* voyant, tape-à-l'œil *inv*.

flask [flaːsk] *n* **1** flacon *m* ; *thermos* ~ bouteille *f* thermos **2** (*Ch*) fiole *f*.

flat[1] [flæt] *adj* **1** plat (*f* plate) (*couleur*) mat *inv* **2** net (*f* -nette) ; formel (*f* -elle) ; ~ *refusal* refus *m* catégorique **3** (*style*) terne **4** uniforme ; ~ *rate* taux *m* fixe **5** (*pneu*) à plat **6** (*Mus*) bémol **7** (*bière, vin*) éventé ♦ *adv* **1** à plat ; *he fell ~ on the ground* il est tombé à plat-ventre **2** faux ; (*loc*) *you sing* ~ tu chantes faux ♦ *n* **1** plat *m* (de la main) **2** pneu *m* crevé ‖ °**flat-°bottomed** *adj* à fond plat ‖ °**flatfoot** *n* (*fam*) agent *m* (de police) ‖ °**flat-°footed** *adj* aux pieds plats ‖ **flat out** *adj* éreinté ♦ *adv* (*fam*) à toute allure ; *work* ~ travailler d'arrache-pied ‖ °**flatten** *vti* (s')aplatir, (s')aplanir.

flat[2] [flæt] *n* (*brit*) appartement *m* ; *block of* ~*s* immeuble *m* (divisé en appartements).

flatter [ˈflætə] *vt* flatter ‖ °**flatterer** *n* flatteur *m* (*f* -euse).

flatulence [ˈflætjʊləns] *n* **1** (*Méd*) flatulence *f* **2** style *m* ampoulé, emphase *f*.

flaunt [flɔːnt] *vt* arborer, étaler.

flavor (*amér*) **flavour** (*brit*) [ˈfleɪvə] *n* **1** saveur *f*, arôme *m* **2** (*Cuis*) parfum *m* ♦ *vt* (*Cuis*) assaisonner, parfumer ‖ °**flavo(u)ring** *n* **1** assaisonnement *m* **2** parfum *m*.

flaw [flɔ:] *n* **1** défaut *m* **2** *(Jur)* vice *m* de forme ‖ **°flawless** *adj* parfait.

flax [flæks] *n* lin *m* ‖ **°flaxen** *adj* couleur de lin.

flay [fleɪ] *vt* **1** *(animal)* écorcher **2** *(fig)* critiquer, éreinter.

flea [fli:] *n* puce *f*; *sand* ~ petite crevette *f* ‖ **°fleabite** *n* **1** morsure *f* de puce **2** *(fig)* broutille *f*.

fleck [flek] *n* **1** petite tache *f* **2** grain *m* (de poussière) ◆ *vt* tacheter, moucheter.

fled [fled] *p pp* de **flee**.

fledged [fledʒd] *adj* qui a toutes ses plumes; *(fig) he is a fully* ~ *doctor* il a terminé ses études de médecine ‖ **°fledgling** *n* **1** oisillon *m* **2** *(fig)* novice *nf*.

flee [fli:] *vti (p pp* **fled**) (s'en)fuir.

fleece [fli:s] *n* toison *f* ‖ **°fleecy** *adj* laineux (f-euse); ~ *sky* ciel *m* moutonné.

fleet[1] [fli:t] *n (Naut)* flotte *f*; *fishing* ~ flottille *f* de pêche.

fleet[2] [fli:t] *adj (lit)* leste ‖ **°fleeting** *adj* passager (f -ère); ~ *joy* joie *f* éphémère.

flesh [fleʃ] *n* chair *f*; ~ *wound* blessure *f* légère; *in the* ~ en chair et en os ‖ **°fleshy** *adj* charnu.

flew [flu:] *p* de **fly**.

flex[1] [fleks] *vti (jambe)* fléchir; *(muscle)* faire jouer.

flex[2] [fleks] *n (brit El)* cordon *m*; câble *m* ‖ **°flexible** *adj* flexible; ~ *hours (aussi)* **°flextime** *horaire m souple/à la carte.

flick [flɪk] *n* chiquenaude *f*; *(fouet)* petit coup *m* ◆ *vt* donner une pichenette à; *she* ~*ed the wasp away with her handkerchief* elle éloigna la guêpe avec son mouchoir; *he* ~*ed through the magazine* il feuilleta la revue ‖ **°flicker** *n* **1** scintillement *m*; *a* ~ *of hope* une lueur d'espoir **2** *(paupière)* battement *m* ◆ *vi (lumière)* vaciller, clignoter ‖ **°flick knife** *n* couteau *m* à cran d'arrêt ‖ **flicks** *npl inv (fam)* ciné *m*.

flier [ˈflaɪə] *voir* **flyer**.

flight[1] [flaɪt] *n* **1** *(Av)* vol *m*; *first* ~ baptême *m* de l'air **2** *(oiseau)* vol *m*, volée *f* **3** ~ *of stairs* escalier *m*.

flight[2] [flaɪt] *n* fuite *f*; *headlong* ~ sauve-qui-peut *m (pl inv)*; *(lit) take (to)* ~ prendre la fuite.

flimsy [ˈflɪmzɪ] *adj* fragile, léger (f -ère); ~ *evidence* témoignage *m* peu convaincant.

flinch [flɪntʃ] *vi* **1** fléchir; *(fam)* flancher **2** tressaillir; *without* ~*ing* sans broncher.

fling [flɪŋ] *vt (p pp* **flung**) **1** (se) jeter; (se) lancer; *(fam) I've a mind to* ~ *you out* j'ai bien envie de te flanquer dehors **2** faire quelque chose d'un geste brusque; *he flung the window open* il ouvrit brusquement la fenêtre.

flint [flɪnt] *n* **1** silex *m* **2** pierre *f* à briquet.

flip [flɪp] *n* **1** pichenette *f* **2** cocktail *m* (aux œufs) ◆ *vti* donner une chiquenaude; ~ *a coin* jouer à pile ou face ‖ **°flipping** *adj (brit fam)* foutu; *what* ~ *weather!* quel fichu temps!

flippancy [ˈflɪpənsɪ] *n* désinvolture *f* ‖ **°flippant** *adj* léger (f -ère), désinvolte.

flipper [ˈflɪpə] *n* nageoire *f* ‖ **°flippers** *npl (Sp)* palmes *fpl*.

flit [flɪt] *vi (p pp* **flitted**) **1** voleter **2** passer rapidement; *it was only an idea that flitted through my mind* ce n'était qu'une idée qui m'a traversé l'esprit **3** *(fam)* déménager (à la cloche de bois).

float [fləʊt] *vti* **1** *(faire)* flotter **2** *(Naut)* mettre à flot; renflouer **3** *(Com)* lancer *(une affaire)* ◆ *n* **1** flotteur *m* **2** *(pêche)* bouchon *m* **3** *(carnaval)* char *m*.

flock [flɒk] *n* **1** *(moutons)* troupeau *m* **2** *(Rel)* fidèles *mpl* **3** *(fig)* foule *f* ◆ *vi* affluer; *they* ~*ed onto the wharf* ils s'attroupèrent sur la jetée.

flog [flɒg] *vt (p pp* **flogged**) **1** fouetter **2** *(argot)* fourguer; *he flogged his old car* il a bazardé sa vieille voiture ‖ **°flogging** *n* **1** flagellation *f* **2** *(Jur)* le fouet *m*.

flood [flʌd] *n* **1** inondation *f*; crue *f* **2** *(fig) (paroles)* torrent *m*, flot *m* **3** *(Rel) the Flood* le Déluge ◆ *vti* **1** inonder; *the carburet(t)or is* ~*ed* le carburateur est noyé **2** *(rivière)* déborder ‖ **°floodgate** *n* **1** porte *f* d'écluse **2** *(aussi fig)* vanne *f* ‖ **°floodlight** *n* projecteur *m* ◆ *vt* illuminer ‖ **°floodlighting** *n* illumination *f*.

floor [flɔ:] *n* **1** plancher *m*, parquet *m*; *stone* ~ sol *m* dallé; *(fig) he took the* ~ il prit la parole **2** étage *m*, palier *m*; *ground* ~ *(brit)* rez-de-chaussée *m*; *first* ~ *(brit)* premier étage *m*, *(amér)* rez-de-chaussée *m* **3** *(Com)* ~ *price* prix *m* plancher ◆ *vt* **1** *(fam) (ennemi)* terrasser; *(fig) she* ~*ed him* elle lui a cloué le bec ‖ **°floorboard** *n* lame *f* (de parquet) ‖ **°floorcloth** *n* serpillière *f* ‖ **°floorpolish** *n* cire *f* ‖ **°floorshow** *n* spectacle *m* de cabaret ‖ **°floorwalker** *n (Com)* chef *m* de rayon.

flop [flɒp] *vi* **1** se laisser tomber **2** *(fig)* échouer ◆ *n* **1** *(chute)* bruit *m* mat **2** *(fig)* fiasco *m*; *(Th)* four *m* ‖ **°floppy** *adj* flasque; ~ *disk* disquette *f*.

florid [ˈflɒrɪd] *adj* **1** *(teint)* coloré **2** *(style)* flamboyant, fleuri.

florist [ˈflɒrɪst] *n* fleuriste *mf*.

flotsam [ˈflɒtsəm] *ns inv* épave(s) *f (pl)* flottante(s).

flounce[1] [flaʊns] *n (robe)* volant *m* ◆ *vt* garnir de volants.

flounce[2] [flaʊns] *vi (loc) she* ~*d out of the room* indignée, elle quitta brusquement la pièce.

flounder [ˈflaʊndə] *vi* **1** patauger **2** *(fig) (discours)* s'empêtrer.

flour [ˈflaʊə] *n* farine *f*.

flourish [ˈflʌrɪʃ] n **1** grand geste m, panache m **2** *(Mus)* fanfare f ◆ vti **1** brandir **2** *(plante)* se développer, prospérer ‖ °**flourishing** adj florissant.

flout [flaut] vt *(lit)* faire fi de, passer outre.

flow [fləʊ] vi **1** (s'é)couler, *(larmes)* se répandre ; *the Thames ~s into the Channel* la Tamise se jette dans la Manche **2** *(marée)* (re)monter **3** *(cheveux)* flotter **4** *(fig)* affluer ◆ n **1** flot m, écoulement m **2** *(marée)* flux m **3** *(Tech)* débit m ‖ °**flow chart** n organigramme m.

flower [ˈflaʊə] n **1** fleur f **2** *(fig)* élite f ◆ vi fleurir ‖ °**flowerbed** n plate-bande f ‖ °**flower garden** n jardin m d'agrément ‖ °**flowery** adj *(aussi fig)* fleuri.

flown [fləʊn] pp de **fly**.

flu [flu:] ns inv grippe f.

flue [flu:] n conduit m de cheminée.

fluency [ˈfluːənsɪ] n aisance f (d'élocution) ; *she has no ~* elle n'a pas de facilité de parole ‖ °**fluent** adj qui parle avec facilité ; *he's ~ in English* il parle couramment l'anglais.

fluff [flʌf] n **1** duvet m **2** peluche f **3** *(poussière)* mouton m ◆ vt **1** *(cheveux)* faire bouffer **2** *(plume)* ébouriffer.

fluke [fluːk] n coup m de veine.

flung [flʌŋ] pp de **fling**.

flunk [flʌŋk] vt *(fam)* *(examen)* rater.

flurry [ˈflʌrɪ] n **1** *(vent)* rafale f **2** *(fig)* agitation f ; *in a ~* tout émoustillé ‖ **flurried** adj *he got ~* il s'est affolé.

flush[1] [flʌʃ] n **1** chasse f (d'eau) **2** rougeur f **3** *(fig)* éclat m ; *~ of anger* accès m de colère ◆ vti **1** *— the toilet* tirer la chasse **2** *(colère...)* rougir, (s')empourprer.

flush[2] [flʌʃ] adj **1** de niveau (avec) **2** *(fam)* en fonds, plein aux as.

fluster [ˈflʌstə] vt rendre nerveux ; *he got ~ed* il s'est troublé ◆ n agitation f.

flutter [ˈflʌtə] vti **1** battre des ailes **2** voleter **3** *(drapeau)* flotter **4** *(cœur)* palpiter ◆ n **1** battement m (d'ailes) **2** palpitation f **3** *(fig)* émoi m, agitation f.

fly[1] [flaɪ] vt *(p* **flew**; *pp* **flown**) **1** *(Naut)* battre (pavillon) **2** faire voler **3** *(avion)* piloter **4** transporter (en avion) ◆ vi **1** voler ; *(loc)* *as the crow flies* à vol d'oiseau **2** voyager en avion **3** *(fam)* filer ; *I must ~* il faut que je me sauve **4** *(fam)* *the blow sent him ~ing* le coup l'a fait perdre l'équilibre **5** *(loc)* *he flew into a rage* il se mit en colère ‖ **fly away/off** vpart s'envoler ‖ °**flyer** n aviateur m (f -trice) ‖ °**flying** adj volant ; *unidentified ~ object (UFO)* objet m volant non identifié (OVNI) **2** rapide ; *~ visit* visite f éclair ; *we got off to a ~ start* nous avons pris un départ en flèche ◆ n **1** vol m **2** aviation f ‖ **fly open** vpart *(porte)* s'ouvrir brusquement ‖ °**flypast** n *(Av)* défilé m aérien.

fly[2] [flaɪ] n *(pl* **flies**) mouche f ‖ °**flyblown** adj couvert d'œufs mpl/ *(fam)* chiures fpl de mouches.

foal [fəʊl] n poulain m, pouliche f.

foam [fəʊm] n écume f ; *~ bath* bain m moussant ; *~ rubber* caoutchouc m mousse ◆ vi **1** mousser **2** écumer.

fob off [fɒb] vpart *(fam)* se débarrasser de ; *he fobbed off his old car on me* il m'a refilé sa vieille bagnole.

focus [ˈfəʊkəs] n *(pl* **focuses/foci** [ˈfəʊsaɪ]) **1** *(optique)* foyer m ; *in ~* au point **2** *(fig)* centre m d'intérêt ; objectif m ◆ vti **1** *(optique)* (faire) converger ; mettre au point **2** *(on)* porter un intérêt (sur).

fodder [ˈfɒdə] n fourrage m.

fog [fɒg] n **1** brouillard m **2** buée f ◆ vti **1** (s')embrumer **2** (se) couvrir de buée ‖ °**fogbound** adj pris dans le brouillard ‖ °**foggy** adj **1** brumeux (f -euse) **2** *(idée)* confus ; *I haven't the foggiest idea* je n'en ai pas la moindre idée ‖ °**foghorn** n corne f de brume ‖ °**foglights** npl *(Aut)* feux mpl anti-brouillard.

foil[1] [fɔɪl] n *(Sp)* fleuret m.

foil[2] [fɔɪl] n **1** fine feuille f de métal ; *alumin(i)um ~* feuille f d'aluminium **2** *(fig)* repoussoir m.

foist [fɔɪst] vt *(on)* s'imposer (à).

fold[1] [fəʊld] n **1** *sheep ~* parc m à moutons **2** *(fig)* bercail m.

fold[2] [fəʊld] n **1** (re)pli m **2** *(Géol)* plissement m ◆ vti **1** (se) (re)plier ; *~ your arms* croisez les bras ‖ °**folder** n *(dossier)* chemise f **2** *(Com)* dépliant m, prospectus m ‖ °**folding** adj pliant, pliable ‖ **fold up** vpart **1** (se) replier **2** *(fam Com)* *(faillite)* fermer.

foliage [ˈfəʊlɪdʒ] n feuillage m.

folk [fəʊk] npl *(amér* **folks**) gens mpl ; *how are your ~s?* comment va ta famille ? *(amér)* *Hi ~s!* salut les gars ! *country ~* campagnards mpl ; *~ song* chant m folklorique ; *~ singer* chanteur m (f -euse) de folk.

follow [ˈfɒləʊ] vti **1** suivre **2** poursuivre **3** s'ensuivre ; *it ~s that...* il en résulte que... **4** *(métier)* exercer **5** *(fig)* emboîter le pas (à) ‖ °**follower** n partisan m ‖ °**following** adj qui suit ; *the ~ students* les étudiants dont les noms suivent ◆ n *(loc)* *she has lost her ~* elle n'est plus suivie ‖ **follow up** vpart **1** (pour-)suivre **2** *(succès)* exploiter ‖ °**follow-up** n **1** poursuite f **2** relance f ; *~ letter* lettre f de rappel.

folly [ˈfɒlɪ] n folie f.

fond [fɒnd] adj **1** *be ~ of* adorer ; *are you ~ of jazz?* êtes-vous amateur de jazz ? **2** affectueux (f -euse), tendre ; *my ~est hope* mon espoir le plus cher **3** *~ father* père m excessivement indulgent ‖ °**fond-**

ness *n* **1** tendresse *f* **2** penchant *m* **3** indulgence *f* excessive ‖ °**fondle** *vt* caresser.

font [fɒnt] *n* fonts *mpl* inv baptismaux.

food [fuːd] *n* **1** nourriture *f*; ~ *department* rayon *m* d'alimentation; *(amér.) canned/(brit) tinned* ~*s* conserves *fpl* **2** *(fig)* ~ *for thought* matière *f* à réflexion ‖ °**foodstuffs** *npl* denrées *fpl* alimentaires.

fool [fuːl] *n* **1** imbécile *mf*; *what a* ~! quel idiot! *he made a* ~ *of himself* il s'est couvert de ridicule **2** fou *m* (du roi); *All Fools Day* le premier avril **3** dupe *f*; *it was a* ~*'s errand* j'ai travaillé pour le roi de Prusse ◆ *vti* **1** faire l'imbécile **2** duper; *you can't* ~ *me!* on ne me la fait pas! ‖ **fool around** *vpart (fam)* se baguenauder ‖ °**foolhardy** *adj* téméraire ‖ °**foolish** *adj* bête, stupide ‖ °**foolproof** *adj* **1** infaillible **2** *(Tech)* indéréglable.

foot [fʊt] *n (pl feet)* **1** *(Anat)* pied *m*; *I've been on my feet all day* je suis resté debout toute la journée; *you should put your feet up!* tu devrais te reposer! *caught on the wrong* ~ pris à contre-pied; *I'm going to put my* ~ *down* je vais faire acte d'autorité; *he put his* ~ *in it* il a mis les pieds dans le plat; *(fam) my* ~*!* mon œil! **2** *(animal)* patte *f*; ~ *and mouth disease* fièvre *f* aphteuse **3** bas *m*; *at the* ~ *of the list* en queue de liste **4** *(mesure)* pied *m* (30,5 cm) ◆ *vt* **1** *you'll have to* ~ *it* il faudra y aller à pied **2** *(note)* régler ‖ °**footboard** *n* marche-pied *m* ‖ °**footbridge** *n* passerelle *f* ‖ °**foothold** *n (varappe)* prise *f* de pied; *(fig) we've got a* ~ *in the market* nous avons réussi à pénétrer le marché ‖ °**footlights** *npl (Th)* rampe *f* ‖ °**footnote** *n* renvoi *m* en bas de page ‖ °**footpath** *n* **1** sentier *m* **2** trottoir *m* ‖ °**footprint** *n* empreinte *f* (de pas) ‖ °**footstep** *n* **1** pas *m* **2** *(fig) try to follow in his* ~*s!* essayez de marcher sur ses traces ‖ °**footwear** *ns inv* chaussures *fpl*.

for [fɔː] *prép* **1** pour; *T* ~ *Tango* T comme Tango; *a train* ~ *London* un train à destination de Londres **2** *(but) what* ~? pourquoi? *I took something* ~ *the flu* j'ai pris quelque chose contre la grippe **3** malgré; ~ *all his efforts* en dépit de tous ses efforts **4** à cause de; *selected* ~ *his competence* choisi en raison de sa compétence **5** *(valeur) sold* ~ *£10* vendu 10 livres **6** *(distance) he walked (*~*) ten miles* il a parcouru dix miles **7** *(durée)* pendant, depuis; *we've enough bread* ~ *two days* nous avons assez de pain pour deux jours; *I've been living here* ~ *two years* il y a deux ans que j'habite ici **8** *(proposition infinitive) it's* ~ *him to decide* c'est à lui de décider; *wait* ~ *them to arrive* attendez qu'ils arrivent **9** *(loc) as* ~ *me* quant à moi; *but* ~ *them* sans eux; ~ *one thing* et d'abord; ~ *sale* à vendre; *(fam) we're*

in ~ *it!* ça va barder! on n'y coupera pas! ◆ *conj* car, parce que.

forbade [fəˈbæd] *p* de **forbid**.

forbear[1] [ˈfɔːbeə] *n* aïeul *m* (*pl* aïeux).

forbear[2] [fɔːˈbeə] *vi (p* **forbore**, *pp* **forborne**) *(lit)* s'abstenir.

forbid [fəˈbɪd] *vi (p* **forbade**; *pp* **forbidden**) **1** interdire, défendre **2** *(loc) Heaven* ~! le Ciel m'en préserve! *God* ~! à Dieu ne plaise! ‖ **for°bidden** *pp* de **forbid** ◆ *adj* interdit; *smoking strictly* ~ défense absolue de fumer ‖ **for°bidding** *adj* **1** menaçant **2** *(aspect)* sinistre.

force [fɔːs] *vt* **1** contraindre **2** *(loc) he* ~*d his way through the crowd* il se fraya un chemin à travers la foule ◆ *n* **1** force *f*, contrainte *f* **2** *(Mil) the Air F*~ l'aviation *f* **3** *(loi) in* ~ en vigueur ‖ **forced** *adj* **1** forcé **2** contraint ‖ °**forceful** *adj* plein de force ‖ °**forcible** *adj* par force; ~ *answer* réponse *f* énergique.

ford [fɔːd] *n* gué *m* ◆ *vt* traverser à gué.

fore [fɔə] *adj* antérieur ◆ *n (loc) ecology has come to the* ~ *these days* l'écologie commence à tenir le devant de la scène ‖ °**forearm** *n* avant-bras *m* ‖ °**forebears** *npl* ancêtres *mpl* ‖ **fore°bode** *vt* présager ‖ **fore°boding** *n* pressentiment *m* ‖ °**forecast** *n* prévision *f*; *weather* ~ bulletin *m* météorologique ◆ *vt (p pp* **forecast**) prévoir, pronostiquer ‖ °**forecourt** *n (Arch)* avant-cour *f* ‖ °**forefathers** *npl* ancêtres *mpl* ‖ °**forefinger** *n* index *m* ‖ °**foregoing** *adj* précédent ‖ °**foregone** *adj (loc) it's a* ~ *conclusion* c'est couru d'avance ‖ °**foreground** *n* premier plan *m* ‖ °**forehead** *n (Anat)* front *m* ‖ °**foreleg** *n (animal)* patte *f* de devant ‖ °**foreman** *n (pl* **-men**) **1** contremaître *m* **2** *(Jur)* président *m* du jury ‖ °**foremost** *adj* **1** le plus avancé **2** *(fig)* le plus en vue ◆ *adv first and* ~ tout d'abord ‖ °**forename** *n* prénom *m* ‖ °**forerunner** *n* précurseur *m inv*.

foresaw [fɔːˈsɔː] *p* de **foresee**.

foresee [fɔːˈsiː] *vt (p* **foresaw**, *pp* **foreseen**) prévoir, entrevoir.

foreseen [fɔːˈsiːn] *pp* de **foresee** ‖ °**foresight** *n* **1** prévoyance *f* **2** prévision *f* **3** *(Tech)* bouton *m* de mire ‖ **fore°stall** *vt* anticiper ‖ °**foretaste** *n* avant-goût *m*.

foretell [fɔːˈtel] *vt (p pp* **foretold**) **1** prédire **2** présager ‖ °**forethought** *n* prévoyance *f* ‖ °**foreword** *n* avant-propos *m (pl inv)*, préface *f*.

foreign [ˈfɒrən] *adj* étranger (*f* -ère); ~ *trade* commerce *m* extérieur; ~ *correspondent* correspondant *m* à l'étranger; *the F*~ *Secretary (brit)* le ministre des Affaires étrangères ‖ °**foreigner** *n* étranger *m (f* -ère).

forest [ˈfɒrɪst] *n* forêt *f* ‖ °**forester** *n* (garde) forestier *m*.

forever [fəˈrevə] *adv* (pour) toujours.

forfeit ['fɔːfɪt] vt **1** (*Jur*) perdre (par confiscation) **2** (*fig*) he ~ed his health il a payé de sa santé ♦ n **1** forfait m **2** (*Jur*) dédit m **3** (*Sp*) play ~s jouer aux gages mpl ♦ adj (*Jur*) confisqué.

forgave [fəˈgeɪv] p de **forgive**.

forge[1] [fɔːdʒ] vi (*Sp*); ~ ahead prendre la tête; (*fig*) progresser.

forge[2] [fɔːdʒ] n forge f; ~ hammer marteau pilon m ♦ vt **1** forger **2** (*fig*) contrefaire || **forger** n faussaire m || **forgery** n **1** contrefaçon f **2** faux m (pl inv).

forget [fəˈget] vti (p forgot; pp forgotten) **1** oublier; ~ it! n'en parlons plus ! never-to-be-forgotten inoubliable **2** omettre || for**getful** adj **1** oublieux (f -euse) **2** négligent || for**get-me-not** n (*Bot*) myosotis m.

forgive [fəˈgɪv] vti (p forgave; pp forgiven) **1** pardonner (à) **2** ~ a debt annuler une dette || for**giveness** n **1** pardon m **2** indulgence f **3** (*Fin*) remise f (de dette).

forgiven [fəˈgɪvn] pp de **forgive**.

forgot [fəˈgɒt] p de **forget**.

fork [fɔːk] n **1** fourchette f **2** fourche f **3** bifurcation f **4** branche f fourchue; tuning ~ diapason m ♦ vti **1** bifurquer **2** remuer avec une fourche || **fork out** vpart (*fam*) (argent) casquer.

forlorn [fəˈlɔːn] adj **1** abandonné **2** désespéré; it's a ~ hope c'est sans espoir.

form [fɔːm] n **1** forme f **2** convenances fpl; (*brit*) it's considered good ~ to... il est de bon ton de... **3** formulaire m **4** condition f physique; (*amér*) in top ~; (*brit*) on top ~ en pleine forme **5** (*Ens*) classe f **6** banc m ♦ vt **1** (se) former **2** (*projet*) concevoir; ~ plans arrêter des projets **3** (*habitude*) contracter.

formal ['fɔːml] adj **1** formel (f -elle) **2** officiel (f -ielle); ~ dress tenue f de cérémonie **3** (*fig*) guindé **4** conventionnel || for**mality** n **1** formalité f **2** (*fig*) cérémonie f || **formalize** vt **1** donner un caractère officiel à **2** formaliser || **formative** adj formateur (f -trice).

former ['fɔːmə] adj précédent; my ~ students mes anciens étudiants; in ~ times autrefois ♦ pr le (la) premier (-ère), celui-là; I prefer the ~ to the latter je préfère la première (proposition) à la dernière || **formerly** adv autrefois, jadis.

formulate ['fɔːmjuleɪt] vt **1** formuler **2** (*opinion*) exprimer.

forsake [fəˈseɪk] vt (p forsook; pp forsaken) (*lit*) abandonner.

forte ['fɔːteɪ] n spécialité f; it's not my ~ ce n'est pas mon fort.

forth [fɔːθ] adv (*lit*) en avant; walking back and ~ marchant de long en large; and so ~ et ainsi de suite || **forthcoming** adj **1** prochain; ~ book livre m à paraître **2** (*personne*) ouvert || **forthright** adj franc (f franche) || **forthwith** adv sur-le-champ.

fortify ['fɔːtɪfaɪ] vt fortifier || **fortitude** n force m d'âme.

fortnight ['fɔːtnaɪt] n (*brit*) quinzaine f || **fortnightly** adj bi-mensuel ♦ adv tous les quinze jours.

fortunate ['fɔːtʃnət] adj **1** heureux (f -euse) **2** propice.

fortune ['fɔːtʃən] n **1** chance f **2** destin m; she tells ~s elle dit la bonne aventure **3** richesse f; come into a ~ faire un gros héritage; he made a ~ il a fait fortune || **fortune-teller** n diseuse f de bonne aventure, cartomancienne f.

forward ['fɔːwəd] adv **1** en avant; he walked backward ~s il faisait les cent pas **2** (*temps*) from that day ~ à partir de ce jour-là; I'm looking ~ to seeing you j'espère avoir bientôt le plaisir de vous revoir **3** (*Com*) carriage ~ (en) port dû; ~-date a check/cheque postdater un chèque **4** (*fig*) put ~ avancer (une idée); (candidat) come ~ se présenter ♦ adj **1** en avant, devant **2** précoce **3** présomptueux (f -euse) **4** (*Com*) (marché) à terme ♦ n (*Sp*) avant m ♦ vt **1** (*courrier*) faire suivre **2** expédier; ~ goods acheminer des marchandises **3** (*fig*) (projet) faire avancer.

foster ['fɒstə] vt **1** élever (en nourrice) **2** (*idée*) encourager; ~ hope entretenir l'espoir || **foster-parents** n parents mpl nourriciers (adoptifs).

fought [fɔːt] p pp de **fight**.

foul [faʊl] adj **1** nauséabond **2** souillé; what ~ weather! quel sale temps ! **3** (*langage*) grossier (f -ière) **4** (*Sp*) irrégulier (f -ière); ~ play jeu m déloyal **5** (*moteur*) encrassé **6** (*corde*) emmêlée **7** (*Jur*) ~ play acte m criminel **8** (*loc*) by fair means or ~ de gré ou de force ♦ adv de façon déloyale ♦ n (*Sp*) faute f ♦ vti **1** salir **2** polluer **3** encrasser **4** (s')emmêler **5** (*Sp*) commettre une faute **6** (*loc*) run ~ of entrer en collision avec || **foul-mouthed** adj au langage ordurier, mal embouché.

found[1] [faʊnd] p pp de **find**.

found[2] [faʊnd] vt (*Tech*) fondre, mouler.

found[3] [faʊnd] vt **1** fonder **2** subventionner **3** (faits) baser sur || **foun°dation** n **1** fondation f **2** base f, fondement m; ~ stone première pierre f **3** ~ cream fond m de teint || **founder** n fondateur m (f -trice).

founder ['faʊndə] vi **1** (*Naut*) sombrer **2** (*espoir*) s'effondrer.

fountain ['faʊntɪn] n fontaine f; ~ pen stylo m (à encre).

four [fɔː] adj num quatre; (*loc*) on all ~s à quatre pattes || **fourfold** adj quadruple.

fowl [faʊl] n volaille f.

fox [fɒks] n **1** renard m **2** (*fam*) old ~ rou-

blard *m* ◆ *vt* **1** tromper **2** rendre perplexe ‖ **°foxglove** *n* (*Bot*) digitale *f* ‖ **°foxhole** *n* **1** terrier *m* **2** (*Mil*) abri *m* (individuel).
fractious [ˈfrækʃəs] *adj* irritable.

fragrance [ˈfreɪɡrəns] *n* parfum *m* ‖ **°fragrant** *adj* parfumé, odorant.

frail [freɪl] *adj* **1** frêle **2** délicat.

frame [freɪm] *n* **1** (*corps*) ossature *f* **2** (*lunettes*) monture *f* **3** (*tableau*) cadre *m* **4** (*fenêtre*) châssis *m* **5** (*loc*) ~ *of mind* disposition *f* d'esprit ◆ *vt* **1** encadrer **2** concevoir **3** (*fam*) *I've been* ~*d* j'ai été victime d'un coup monté ‖ **°frame-up** *n* (*fam*) entourloupette *f* ‖ **°framework** *n* **1** charpente *f* **2** structure *f* **3** (*loc*) *within the* ~ *of*... dans le cadre de...

frank[1] [fræŋk] *adj* franc (*f* franche).

frank[2] [fræŋk] *vt* (*courrier*) affranchir.

frantic [ˈfræntɪk] *adj* frénétique ; *that drives me* ~ cela me met hors de moi.

fraternity [frəˈtɜːnɪtɪ] *n* **1** fraternité *f* **2** confrérie *f* **3** (*amér*) (*université*) association *f* d'étudiants, fraternité *f*.

fraud [frɔːd] *n* **1** fraude *f* **2** imposteur *m* ‖ **°fraudulent** *adj* frauduleux (*f* -euse).

fraught [frɔːt] *adj* (*lit*) (*with*) chargé (de).

fray[1] [freɪ] *vti* **1** (s')user, (s')effilocher **2** (*fig*) mettre à vif.

fray[2] [freɪ] *n* (*lit*) **1** lutte *f* **2** (*fig*) ; *enter the* ~ entrer en lice.

freak [friːk] *n* **1** caprice *m* **2** monstre *m* ; ~ *of nature* phénomène *m* de la nature **3** (*fam*) fana *m* ◆ *adj* anormal ‖ **°freakish** *adj* bizarre.

freckle [ˈfrekl] *n* tache *f* de rousseur.

free [friː] *adj* **1** libre ; *set* ~ libérer ; *of my own* ~ *will* de mon propre gré **2** gratuit ; ~ *copy* spécimen *m* ; *post-*~ franco de port **3** exempt de ; *duty* ~ détaxé ; ~ *of tax* net d'impôt **4** disponible **5** généreux (*f* -euse) ; *he's very* ~ *with his help* il nous aide très volontiers **6** sans contrainte ; *he gave us a* ~ *hand* il nous a donné carte blanche **7** désinvolte ; *he's rather* ~ *with her* il est un peu trop familier avec elle ◆ *adv* **1** librement **2** gratuitement ◆ *vt* (*p pp* de **freed**) **1** libérer **2** exempter **3** dégager ; *they freed the road* ils ont déblayé la route ‖ **°freedom** *n* **1** liberté *f* **2** (*opinion*) franchise *f* **3** *receive the* ~ *of a city* être nommé(e) citoyen (*f* -enne) d'honneur ‖ **°freehand** *adj* (*dessin*) à main levée ‖ **°freehold** *adj* (*Jur*) en libre propriété ‖ **°freelance** *adj* (*profession*) indépendant ‖ **°freestyle** (*Sp*) nage *f* libre ‖ **°freeway** *n* (*amér*) autoroute *f* sans péage ‖ **free °wheel** *vi* **1** faire roue libre **2** (*fig*) aller son petit bonhomme de chemin.

freeze [friːz] *vti* (*p* **froze** *pp* **frozen**) **1** (con)geler **2** (se) figer, (se) raidir ; *he froze* (*stiff*) il resta cloué sur place **3** (*fig*) (*crédits*) geler, (*salaires*) bloquer ◆ *n* **1** gel *m*, gelée *f* **2** *deep* ~ congélateur *m*

3 (*fig*) (*salaires*) blocage *m* ‖ **°freezer** *n* congélateur *m* à glaçons ‖ **°freezing** *adj* glacial ; (*thermomètre*) ~ *point* zéro degré.

freight [freɪt] *n* **1** fret *m* **2** cargaison *f*, marchandises *fpl* **3** transport *m* ◆ *vt* **1** (af)fréter (un navire) **2** charger (un cargo) **3** (*marchandises*) transporter ‖ **°freighter** *n* **1** (avion) cargo *m* **2** (*amér*) ~ *train* train *m* de marchandises **3** affréteur *m*.

French [frentʃ] *adj* français ; ~ *dressing* vinaigrette *f* ; ~ *fries* frites *fpl* ; ~ *horn* cor *m* d'harmonie ; ~ *letter* capote *f* anglaise ; ~ *window* porte-fenêtre *f* ; (*loc*) *he took* ~ *leave* il a filé à l'anglaise.

frenzied [ˈfrenzɪd] *adj* frénétique ; fou (*f* folle) (de rage) ‖ **°frenzy** *n* frénésie *f*.

frequent [ˈfriːkwənt] *adj* **1** fréquent **2** (*visiteur*) habituel (*f* -elle) ◆ *vt* [friˈkwent] fréquenter.

fresco [ˈfreskəʊ] *n* (*pl* **fresco[e]s**) fresque *f*.

fresh [freʃ] *adj* **1** frais (*f* fraîche) **2** nouveau (*f* -elle) **3** (*air*) pur **4** ~ *water* eau *f* douce **5** en forme ; *as* ~ *as a daisy* frais et dispos **6** (*Com*) ~ *capital* argent *m* frais **7** novice ; ~ *from college* frais émoulu de l'université **8** (*Naut*) fort ; *a* ~ *breeze* une bonne brise **9** (*fam fig*) insolent ; *don't you be* ~ *with me!* ne te moque pas de moi ! ‖ **°freshen** *vi* **1** fraîchir **2** (se) rafraîchir ; *I ought to* ~ *up* je devrais faire un brin de toilette ‖ **°fresher** *n* (*fam*) étudiant(e) *m(f)* de première année.

fret[1] [fret] *vti* (*p pp* **fretted**) s'inquiéter, se tourmenter ; *don't* ~*!* ne te fais pas de mauvais sang ! ◆ *n* inquiétude *f*, agacement *m* ; *she's in a* ~ elle se fait de la bile ‖ **°fretful** *adj* irritable, (*enfant*) grognon (*f* -onne).

fret[2] [fret] *vt* (*bois*) découper ‖ **°fretsaw** *n* scie *f* à découper.

friar [ˈfraɪə] *n* (*Rel*) frère *m*, moine *m* ; *Grey F*~*s* Franciscains *mpl* ; *Black F*~*s* Dominicains *mpl*.

friction [ˈfrɪkʃn] *n* **1** friction *f* **2** frottement *m* **3** désaccord *m* ; (*fam*) tirage *m*.

Friday [ˈfraɪdɪ] *n* vendredi *m* ; *Good* ~ Vendredi saint *m*.

fridge [frɪdʒ] *n* (*ab fam* de **refrigerator**) frigidaire *m*, (*fam*) frigo *m*.

fried [fraɪd] *p pp* de **fry** ◆ *adj* frit ; ~ *eggs* œufs *mpl* sur le plat ; ~ *potatoes* pommes *fpl* de terre sautées.

friend [frend] *n* **1** ami *m* ; *we made* ~*s* nous nous sommes liés d'amitié **2** connaissance *f* **3** (*Jur*) *my learned* ~ mon cher confrère ‖ **°friendliness** *n* bonté *f*, bienveillance *f* ‖ **°friendly** *adj* **1** amical **2** bienveillant ‖ **°friendship** *n* amitié *f*.

fries [fraɪz] *npl* (*amér*) *French* ~ frites *fpl*.

fright [fraɪt] *n* **1** peur *f* ; *he took* ~ il s'effraya **2** (*Th*) *stage* ~ trac *m* **3** (*fam*) *you look a* ~*!* quelle touche tu as ! ‖ **°frighten**

vt faire peur; *he ~ed her out of her wits* il lui a fait une peur bleue ‖ **°frightful** *adj* effroyable, épouvantable.

frigid [ˈfrɪdʒɪd] *adj* **1** glacial **2** (*Méd*) frigide.

frill [frɪl] *n* **1** (*robe*) volant *m* **2** (*fig*) *without any ~s* en toute simplicité.

fringe [frɪndʒ] *n* **1** bord *m* **2** (*aussi fig*) frange *f*; *on the ~ of society* en marge de la société **3** (*Fin*) *~ benefits* avantages *mpl* (en nature).

frisk [frɪsk] *vt* **1** folâtrer **2** fouiller ‖ **°frisky** *adj* **1** vif (*f* vive) **2** fringant.

fritter [ˈfrɪtə] *n* (*Cuis*) beignet *m* ‖ **fritter away** *vpart* gaspiller.

frivolous [ˈfrɪvələs] *adj* **1** frivole **2** volage.

frizzle [ˈfrɪzl] *vti* **1** faire frire **2** grésiller.

frizzy [ˈfrɪzɪ] *adj* (*cheveux*) crêpelé.

fro [frəʊ] *adv* (*loc*) *walk to and ~* marcher de long en large.

frock [frɒk] *n* **1** robe *f* **2** (*moine*) bure *f* **3** *~ -coat* redingote *f*.

frog [frɒg] *n* (*Zool*) grenouille *f*; (*loc*) *I've got a ~ in my throat* j'ai un chat dans la gorge ‖ **°Frog(gy)** (*brit péj*) Français *m* ‖ **°frogman** *n* homme *m* grenouille.

frolic [ˈfrɒlɪk] *vi* gambader, folâtrer.

from [frɒm] (*prép*) **1** de **2** depuis, à partir de; *~ next week on* à compter de la semaine prochaine **3** d'après; *~ what I see* à ce que je vois; *~ my point of view* selon moi; vu de mon côté **4** (*loc*); *drink ~ the bottle* boire à la bouteille; *eat ~ a plate* manger dans une assiette.

front [frʌnt] *n* **1** avant *m*, devant *m*; *at the ~ of the train* en tête de train **2** façade *f* **3** front *m* de mer **4** (*Mil*) front *m* **5** (*fig*) audace *f*; *he put on a bold ~* il ne s'est pas démonté ◆ *adj* **1** de devant; *~ door* *n* porte d'entrée; (*Aut*) *~-wheel drive* traction *f* avant **2** (*place, rang*) premier (*f* -ière); *~ page* (*journal*) la une; (*fig*) *we had a ~-row seat* nous étions aux premières loges **3** (*fig*) *~ man* homme *m* de paille, prête-nom *m* ◆ *vt* **1** faire face à **2** faire front à ‖ **°frontage** *n* **1** façade *f* **2** devanture *f*.

frontier [ˈfrʌntɪə] *n* frontière *f*.

frost [frɒst] *n* **1** gel *m*, gelée *f*; *ten degrees of ~* dix degrés en-dessous de zéro; *hoar~* givre *m*; *ground ~* gelée *f* blanche **2** (*fam fig*) fiasco *m* ◆ *vt* **1** geler **2** givrer **3** (*Cuis*) glacer **4** (*Tech*) *~ed glass* verre *m* dépoli ‖ **°frostbite** *n* gelure *f* ‖ **°frostbitten** *adj* **1** gelé **2** brûlé par le froid ‖ **°frosty** *adj* **1** glacial **2** couvert de givre.

froth [frɒθ] *n* **1** (*bière*) mousse *f* **2** (*fig*) paroles *fpl* creuses ◆ *vi* (faire) mousser; *~ing at the mouth* l'écume *f* aux lèvres.

frown [fraʊn] *n* froncement *m* de sourcils

◆ *vi* **1** froncer les sourcils **2** (*fig*) *~ on* désapprouver.

froze [frəʊz] *p* de **freeze**.

frozen [ˈfrəʊzn] *pp* de **freeze** ◆ *adj* **1** gelé, glacé **2** congelé; *~ foods* produits *mpl* surgelés.

fruit [fruːt] *ns inv* (*aussi fig*) fruit(s) *m(pl)*; *have some fruit* prenez un fruit/des fruits; *our efforts have borne ~* nos efforts ont porté leurs fruits ◆ *vi* porter des fruits ‖ **°fruiterer** *n* marchand *m* de fruits ‖ **°fruitful** *adj* **1** fructueux (*f* -euse) **2** fécond ‖ **°fruitless** *adj* infructueux (*f* -euse), stérile; *~ attempt* tentative *f* vaine ‖ **fruits** *npl inv* (*fig*) fruits *mpl*, récompense *f* ‖ **°fruity** *adj* **1** fruité; (*fig*) *~ voice* voix *f* suave **2** (*fig*) corsé.

frustrate [frʌˈstreɪt] *vt* **1** frustrer; *I'm ~d* je suis déçu **2** contrecarrer ‖ **°frus°trating** *adj* **1** frustrant **2** irritant.

fry¹ [fraɪ] *n* **1** alevin *m* **2** (*fig*) *small ~* menu fretin *m*.

fry² [fraɪ] *vt* (*p pp* **fried**) frire; *I've other fish to ~* j'ai d'autres chats à fouetter.

fudge [fʌdʒ] *n* (*Cuis*) caramel *m* mou.

fuel [fjʊəl] *n* **1** combustible *m* **2** carburant *m*; *add ~to the flames* mettre de l'huile sur le feu ‖ **fuel (up)** *vti* (*vpart*) se ravitailler en carburant.

fulfil(l) [fʊlˈfɪl] *vt* **1** (*conditions*) remplir **2** (*tâche*) accomplir **3** (*désir*) satisfaire ‖ **ful°fil(l)ment** *n* accomplissement *m*.

full [fʊl] *adj* **1** plein; *~ of life* débordant de vie; *~ member* membre *mf* titulaire **2** complet (*f* -ète); *~house* salle comble **3** (*brit fam*) *~ up* repu **4** (*silhouette*) rond **5** (*vêtement*) ample **6** maximum; *at ~ speed* à toute vitesse; *~ price* prix fort ◆ *adv* en plein; *the radio was turned up ~* la radio marchait à fond; *turn the tap on ~* ouvre le robinet en grand ◆ *n he explained it in ~* il l'expliqua en détail; *write in ~* écrire en toutes lettres ‖ **°fullback** *n* (*Sp*) arrière *m* ‖ **full-°blown** *adj* **1** (*fleur*) épanoui **2** (*personne*) pleinement qualifié ‖ **full-°grown** *adj* adulte ‖ **full-°length** *adj* **1** (*portrait*) en pied **2** (*Ciné*) long métrage *m* **3** (*robe*) longue *adv he fell ~* il est tombé de tout son long ‖ **°fullness** *n* **1** plénitude *f* **2** perfection *f* **3** ampleur *f* ‖ **full-°scale** *adj* **1** (*aussi* **full-°sized**) grandeur *f* nature **2** (*récit*) complet (*f* -ète) **3** (*action*) de grande envergure *f* ‖ **full°stop** *n* **1** (*ponctuation*) point *m* **2** arrêt *m* total; *he came to a ~* il s'arrêta tout net ‖ **°full-time** *adj* **1** (*emploi*) à temps complet, à plein temps **2** (*fig*) *children are a ~ job!* les enfants, c'est un travail à plein temps! *n* (*Sp*) fin *f* de match ‖ **full(y)-°fledged** *adj* **1** (*oiseau*) qui a toutes ses plumes **2** (*fig*) mûr; pleinement qualifié.

fumble [ˈfʌmbl] *vi* tâtonner; *he was*

fumbling for the switch il cherchait l'interrupteur à tâtons ; *~ for words* chercher ses mots.

fume [fju:m] *n petrol~s* vapeurs *fpl* d'essence ; *exhaust ~s* gaz *m (pl inv)* d'échappement ♦ *vi* **1** fumer **2** *(fig)* fulminer.

fun [fʌn] *n* **1** amusement *m*, plaisir *m* ; *we had great ~ on* s'est bien amusés ; *for ~* pour rire **2** plaisanterie *f* ; *they made ~ of him* ils se moquèrent de lui ; °**funfair** *n* fête *f* foraine || °**funny** *adj* **1** amusant **2** bizarre ; *~ idea* drôle d'idée *f* ; *(fig) I feel ~* je ne me sens pas bien.

function ['fʌŋkʃn] *n* **1** fonction *f* **2** cérémonie *f* officielle ♦ *vi* fonctionner ; *he ~s as...* il fait fonction de...

fund [fʌnd] *n (Fin)* fonds *m (pl inv)* ; *start a ~* lancer une souscription ♦ *vt* financer || **funda°mental** *adj* fondamental || **funda°mentals** *npl inv* principes *mpl* de base || **funds** *npl inv* ressources *fpl* pécuniaires ; *I'm out of ~s* je suis à court d'argent.

funeral ['fju:nrəl] *n* enterrement *m* ; *state ~* funérailles *fpl inv* / obsèques *fpl inv* nationales ; *(fig) that's your ~!* tant pis pour toi ! || **funereal** [fju'nɪərɪəl] *adj* funèbre, morne.

fungus ['fʌŋgəs] *n (pl fungi* ['fʌŋgɪ]*) (Bot)* champignon *m*.

funk [fʌŋk] *n (surtout brit fam)* ; frousse *f*, trouille *f* ; *he's in a (blue) ~!* il a une de ces trouilles !

funnel ['fʌnl] *n* **1** entonnoir *m* **2** *(usine, navire)* cheminée *f*.

funnily ['fʌnɪlɪ] *adv* **1** drôlement **2** curieusement ; *~ enough...* chose curieuse... || °**funny** *adj* **1** amusant, comique ; *are you trying to be ~?* tu trouves ça drôle ? **2** bizarre ; *what a ~ idea!* quelle drôle d'idée !

fur [fɜ:] *n* **1** fourrure *f* ; pelage *m* ; *(loc) the ~'s flying!* le torchon brûle ! **2** *(tuyaux)* tartre *m* || **fur up** *v part* s'entartrer.

furious ['fjʊərɪəs] *adj* **1** *(at, with)* furieux *(f -ieuse) (contre)* **2** acharné ; *~ rush* précipitation *f* folle.

furl [fɜ:l] *vt* **1** *(Naut)* ferler, serrer **2** *(parapluie)* rouler.

furlough ['fɜ:ləʊ] *n (Mil)* permission *f*.

furnace ['fɜ:nɪs] *n* **1** chaudière *f* **2** four *m* ; *blast ~* haut fourneau *m* **3** *(fig)* fournaise *f*.

furnish ['fɜ:nɪʃ] *vt* **1** meubler **2** fournir ; *it ~ed me with an excuse* cela m'a fourni une excuse || °**furnishings** *npl* ameublement *m* || **furniture** ['fɜ:nɪtʃə] *ns inv* mobilier *m* ; *a fine piece of ~* un beau meuble.

furrier ['fʌrɪə] *n* fourreur *m*.

furrow ['fʌrəʊ] *n (Ag) (aussi fig)* sillon *m*.

further ['fɜ:ðə] *adj comp de* **far 1** plus lointain **2** supplémentaire ; *~ education* formation *f* continue ; *until ~ notice* jusqu'à nouvel ordre ♦ *adv* **1** plus loin **2** davantage ; *unless we hear ~* sauf avis *m* contraire ♦ *vt* promouvoir || **further°more** *adv* en outre.

furtive ['fɜ:tɪv] *adj* **1** furtif *(f -ive)* **2** *(caractère)* sournois.

fury ['fjʊərɪ] *n* fureur *f* ; *she flew into a ~* elle s'emporta ; *(fam) he worked like a ~* a travaillé comme un fou.

fuse [fju:z] *n* **1** fusible *m* ; *a ~ has blown* un plomb vient de sauter **2** *(explosif)* détonateur *m* ♦ *vti* **1** *(métaux)* (faire) fondre ; *the lights have ~d* les plombs ont sauté **2** *(bombe)* amorcer **3** *(fig)* fusionner.

fuss [fʌs] *n* agitation *f* ; *a lot of ~ about nothing* beaucoup de bruit pour rien ; *what a ~!* que d'histoires ! *she makes a ~ of / over him* elle est aux petits soins pour lui ♦ *vi* s'agiter, se tracasser ; *don't ~!* ne fais pas tant d'histoires ! || °**fusspot** *n* faiseur *m (f -euse)* d'histoires || °**fussy** *adj (about)* tâtillon *(f -onne)* (pour) ; *(fam) I'm not ~!* cela m'est égal !

fusty ['fʌstɪ] *adj* ; *~ smell* odeur *f* de renfermé.

future ['fju:tʃə] *n* **1** avenir *m* ; *in (the) ~* à l'avenir ; *in the near or distant ~* dans un avenir proche ou éloigné **2** *(Gr)* futur *m* ; *in the ~* au futur ♦ *adj* futur || **futu°ristic** *adj* futuriste.

fuzz [fʌz] *n* **1** duvet *m* **2** *npl inv (argot)* ; *the ~* les flics *mpl*, les poulets *mpl* || °**fuzziness** *n* **1** *(Phot)* flou *m* **2** *(fig)* vague *m* || °**fuzzy** *adj* **1** *(Phot)* flou **2** *(fig)* vague.

G

G, g [dʒi:] *n* G, g *m* ; *(Mus)* sol *m*.

gabble ['gæbl] *vti* **1** bredouiller **2** jacasser.

gable ['geɪbl] *n (Arch)* pignon *m*.

gag [gæg] *n* **1** bâillon *m* **2** *(Ciné)* gag *m* ♦ *vti* **1** bâillonner **2** *(fam)* vomir.

gain [geɪn] *vti* gagner ; *~ speed* prendre de la vitesse ; *this clock ~s 30 seconds a day* cette pendule avance de 30 secondes par jour ♦ *n* **1** gain *m* ; profit *m* **2** accroissement *m* ; augmentation *f*.

gainsay [ˌɡeɪnˈseɪ] *vt* (*p pp* **gainsaid**) nier.

gait [ɡeɪt] *n* (*lit*) dégaine *f*.

gale [ɡeɪl] *n* (*Naut*) coup *m* de vent; *it's blowing a ~* le vent souffle en tempête.

gall [ɡɔːl] *n* 1 (*Méd*) bile *f*; *~ bladder* vésicule *f* biliaire 2 (*fig*) amertume *f*; fiel *m* ◆ *vt* exaspérer.

gallant [ˈɡælənt] *adj* 1 courageux (*f* -euse), vaillant 2 (*lit*) galant ‖ **°gallantry** *n* 1 courage *m* 2 galanterie *f*.

gallery [ˈɡælərɪ] *n* (*Arch*) galerie *f*; *art ~* 1 galerie *f* d'art 2 musée *m* 3 (*spectateurs*) tribune *f* 4 (*Th*) dernier balcon *m*.

galley [ˈɡælɪ] *n* 1 (*Naut*) cuisine *f* 2 galère *f*; *~ slave* galérien *m*.

gallop [ˈɡæləp] *vti* (faire) galoper ◆ *n* galop *m*; *at full ~* au grand galop.

gallows [ˈɡæləʊz] *n* (*pl inv*) potence *f*.

gallstone [ˈɡɔːlstəʊn] *n* (*Méd*) calcul *n* biliaire.

galore [ɡəˈlɔː] *adv* à profusion; à gogo.

gambit [ˈɡæmbɪt] *n* 1 (*échecs*) gambit *m* 2 (*fig*) manœuvre *f*; stratagème *m*.

gamble [ˈɡæmbl] *n* jeu *m* de hasard; (*fig*) *it's a ~* c'est une affaire de chance ◆ *vti* 1 jouer 2 (*fig*) compter; *she ~d on him waiting* elle escomptait qu'il attendrait ‖ **°gambler** *n* joueur *m* (*f* -euse).

gambol [ˈɡæmbəl] *vi* (*p pp* **gambol(l)ed**) gambader.

game[1] [ɡeɪm] *n* jeu *m*; *~ of cards/tennis* partie *f* de cartes/tennis; (*fam fig*) *the ~'s up!* c'est fichu! (*brit fam*) *what's the ~?* où veux-tu en venir? *I can see (through) your ~!* je te vois venir! *two can play that ~!* tu trouveras à qui parler! ‖ **games** *npl inv* (*brit Ens*) sport *m*.

game[2] [ɡeɪm] *ns inv* gibier(s) *m*(*pl*); *big ~* gros gibier; *~ birds* gibier à plumes ‖ **°gamekeeper** *n* garde-chasse *m*.

game[3] [ɡeɪm] *adj* (*fam*) courageux, résolu; *he's ~ for anything* il est prêt à tout essayer.

gammon [ˈɡæmən] *n* jambon *m* (fumé ou salé).

gamut [ˈɡæmət] *n* gamme *f*.

gander [ˈɡændə] *n* (*Zool*) jars *m*.

gang [ɡæŋ] *n* 1 bande *f*, gang *m* 2 (*ouvriers*) équipe *f* ‖ **gang up** *vpart*; *they all ~ed up on/against him* ils se sont tous mis contre lui.

gaol [dʒeɪl] *n* (*brit*) prison *f*.

gap [ɡæp] *n* 1 trou *m*, lacune *f*; (*Eco*) *trade ~* déficit *m* commercial; (*aussi fig*) combler une lacune *f* 2 (*Géog*) trouée *f* 3 interstice *m*; *generation ~* conflit *m* de générations 4 (*fig*) *his death left a ~* sa mort a laissé un vide.

gape [ɡeɪp] *vi* (*at*) regarder bouche bée ‖ **°gaping** *adj* béant.

garage [ˈɡærɑːʒ] *n* garage *m*; *~ proprietor* garagiste *m*.

garbage [ˈɡɑːbɪdʒ] *ns inv* ordures *fpl inv*, détritus *mpl*; *~ tip* décharge *f*.

garbled [ˈɡɑːbld] *adj* confus; dénaturé.

garden [ˈɡɑːdn] *n* jardin *m*; (*brit fam fig*) *everything in the ~'s lovely* tout baigne dans l'huile; (*fam fig*) *you're leading me up the ~ path!* tu me mènes en bateau! ◆ *vi* jardiner ‖ **°gardener** *n* jardinier *m* (*f* -ière).

gargle [ˈɡɑːɡl] *vi* se gargariser.

gargoyle [ˈɡɑːɡɔɪl] *n* (*Arch*) gargouille *f*.

garish [ˈɡeərɪʃ] *adj* (*couleurs*) criard, voyant.

garland [ˈɡɑːlənd] *n* guirlande *f*.

garlic [ˈɡɑːlɪk] *ns inv* ail *m* (*pl* ails/ aulx).

garment [ˈɡɑːmənt] *n* vêtement *m*.

garnet [ˈɡɑːnɪt] *n* grenat *m*.

garnish [ˈɡɑːnɪʃ] *vt* (*Cuis*) (*with*) garnir (de) ◆ *n* garniture *f*.

garret [ˈɡærɪt] *n* mansarde *f*.

garrison [ˈɡærɪsən] *n* garnison *f*.

garrulous [ˈɡærələs] *adj* loquace.

gas [ɡæs] *n* 1 gaz *m* (*pl inv*); *~ ring* réchaud *m* à gaz; *poison ~* gaz *m* asphyxiant; *tear ~* gaz *m* lacrymogène 2 (*amér*) (*ab de* **°gasoline**) essence *f* ◆ *vt* 1 gazer 2 (*fam*) bavarder ‖ **°gasbag** *n* (*fam*) moulin *m* à paroles ‖ **°gasworks** *n* (*pl inv*) usine *f* à gaz.

gash [ɡæʃ] *n* déchirure *f*; entaille *f* ◆ *vt* déchirer; entailler.

gasket [ˈɡæskɪt] *n* (*Aut*) joint *m*; *head ~* joint de culasse; *blow a ~* griller un joint de culasse, (*fig*) piquer une colère.

gasoline [ˈɡæsəliːn] *n* (*amér*) essence *f*.

gasp [ɡɑːsp] *vi* haleter, souffler; (*fig*) *it made me ~* j'en ai eu le souffle coupé ◆ *n* 1 halètement *m* 2 (*fig*); *he's at his last ~* il ne respire plus; il est à l'agonie.

gastronomer [ɡæˈstrɒnəmə] *n* gastronome *mf* ‖ **ga°stronomy** *n* gastronomie *f*.

gate [ɡeɪt] *n* 1 porte *f*; portail *m*; portillon *m*; barrière *f* (à claire voie); grille *f* (en fer forgé) 2 (*écluse*) vanne *f* 3 (*stade*) entrée *f* ‖ **°gatecrash** *vi* (*fam*) entrer sans payer; resquiller ‖ **°gate (money)** *n* recette *f* ‖ **°gateway** *n* porte *f*; *~ to success* chemin *m* de la réussite.

gather [ˈɡæðə] *vti* 1 (se) rassembler 2 (*fleurs, fruits*) cueillir 3 (*informations*) réunir 4 (*nuages*) s'amonceler 5 (*orage*) se préparer 6 deviner; *I ~ that...* je crois comprendre que... 7 (*fig*) *I need to ~ my thoughts* j'ai besoin de me ressaisir; (*loc*) *~ speed* prendre de la vitesse ‖ **°gathering** *n* réunion *f*.

gaudy [ˈɡɔːdɪ] *adj* criard, voyant.

gauge [ɡeɪdʒ] *vt* 1 estimer; jauger; juger ◆ *n* calibre *m*; (*rail*) écartement *m*

2 *(Tech)* jauge *f* ; *(brit)* **petrol ~** jauge *f* à essence ; *pressure ~* manomètre *m*.

gaunt [gɔːnt] *adj* décharné, émacié.

gauntlet ['gɔːntlɪt] *n* *(vx)* gant *m* ; *(fig)* **he ran the ~ of general disapproval** il essuya le feu d'une désapprobation générale.

gauze [gɔːz] *n* gaze *f*.

gave [geɪv] *p* de **give**.

gawk [gɔːk] *vi (at)* rester bouche bée (devant) ‖ °**gawky** *adj* empoté.

gay [geɪ] *adj* **1** gai ; *they lead a ~ life* ils mènent joyeuse vie **2** homosexuel (*f* -uelle) ◆ *n* homosexuel (*f* -uelle).

gaze [geɪz] *vi (at)* contempler ◆ *n* regard *m*.

gazette [gə'zet] *n* gazette *f* ; bulletin *m* officiel ‖ **gaze°tteer** *n* index *m* géographique.

gear [gɪə] *n* **1** appareil *m* ; équipement *m* ; *(pêche)* attirail *m* ; *(brit)* **personal ~** effets *mpl* personnels **2** *(Aut)* vitesse *f* ; *change ~* changer de vitesse ; *in bottom ~* en première ; *in top ~* en quatrième **3** *(Tech)* mécanisme *m* ; *(Av)* **landing ~** train *m* d'atterrissage ◆ *vt* **1** adapter ; *production to export* axer la production sur l'exportation **2** adapter ; *they are ~ing themselves for war* ils se préparent à la guerre ‖ °**gearbox** *n* boîte *f* de vitesses.

geese [giːs] *n* (*pl* de **goose**).

gem [dʒem] *n* pierre *f* précieuse ; *(fig)* perle *f* rare, joyau *m*.

gen [dʒen] *ns inv* *(brit fam)* information(s) *f(pl)*, tuyau(x) *m(pl)*.

general ['dʒenrəl] *adj* général ; *the ~ public* le grand public ; *in ~ use* d'usage courant ; *(brit)* a ~ election* élections *fpl* législatives ; *~ knowledge* culture *f* générale ; *(brit)* ~ **practitioner** docteur *m inv* généraliste ; *as a ~ rule* en règle générale ◆ *n* **1** *(Mil)* général *m* **2** *(loc)* *in ~* en général ‖ °**generalize** *vti* généraliser ‖ °**generally** *adv* généralement ; *~ speaking* en général ‖ **general-°purpose** *adj* tous usages.

generate ['dʒenəreɪt] *vt* générer ‖ **gene°ration** *n* génération *f* ; *the younger/the rising ~* la jeune génération ‖ °**generator** *n* groupe *m* électrogène.

generosity [ˌdʒenə'rɒsɪtɪ] *n* générosité *f* ‖ °**generous** *adj* généreux (*f* -euse).

genetics [dʒə'netɪks] *n* génétique *f*.

genial ['dʒiːnɪəl] *adj* affable, cordial, jovial ‖ **geni°ality** *n* cordialité *f*.

genitals ['dʒenɪtlz] *npl inv* organes *mpl* génitaux.

genius ['dʒiːnɪəs] *n* génie *m* ; *he's a ~/a man of ~* c'est un génie ; *a work of ~* une œuvre *f* de génie ; *an idea of ~* une idée géniale ; *he has a ~ for putting his foot in it* il a l'art de mettre les pieds dans le plat.

gent [dʒent] *n (fam) (ab de* **gentleman**) monsieur *m* ; *(fam) the ~s* les toilettes *fpl*.

genteel [dʒen'tiːl] *adj (péj)* qui se donne des airs (faussement) distingués. ‖ **gen°tility** *n* raffinement *m*.

gentle ['dʒentl] *adj* doux (*f* douce) ; *~ hint* allusion *f* discrète ‖ °**gentleness** *n* douceur *f*.

gentleman ['dʒentlmən] *n* (*pl* °**gentlemen**) monsieur *m* (*pl* messieurs) ; *~'s agreement* accord *m* verbal (reposant sur l'honneur) ‖ °**gentlemanliness** *n* courtoisie *f* ‖ °**gentlemanly** *adj* bien élevé.

gently ['dʒentlɪ] *adv* en douceur ; *go ~!* doucement !

gentry ['dʒentrɪ] *n* petite noblesse *f*.

genuine ['dʒenjʊɪn] *adj* **1** authentique, véritable **2** *(personne)* sincère.

geographer [dʒɪ'ɒgrəfə] *n* géographe *mf*.

geologist [dʒɪ'ɒlədʒɪst] *n* géologue *mf*.

geri°atrics [ˌdʒerɪ'ætrɪks] *n (Méd)* gériatrie *f*.

germ [dʒɜːm] *n* microbe *m* ; *~ warfare* guerre *f* bactériologique ; *~-free* stérile ; stérilisé ‖ °**germinate** *vti* (faire) germer.

German ['dʒɜːmən] *adj* **1** allemand **2** *(Méd)* ~ **measles** *ns inv* rubéole *f* ◆ *n* **1** *(langue)* allemand *m* **2** *(personne)* Allemand(e) *m(f)*.

gesticulate [dʒe'stɪkjʊleɪt] *vi* gesticuler.

gesture ['dʒestʃə] *n (aussi fig)* geste *m* ◆ *vi* faire des gestes ; faire signe.

get [get] *vt (brit)* (*p pp* **got** / (*amér*) *pp* **got/gotten**) **1** obtenir, se procurer ; *did you ~ the bread?* est-ce que tu as acheté le pain ? *let me ~ you a drink!* je vais vous chercher quelque chose à boire ! *go and ~ the doctor!* va chercher le médecin ! *he got me a job* il m'a trouvé un travail **2** recevoir ; *he got the Nobel prize* il a eu le prix Nobel ; *you'll ~ a shock* cela te fera un choc ; *you'll ~ a good price for it* tu en tireras un bon prix ; *he ~s that from his father* il tient cela de son père **3** *(loc avec* **have**) avoir, posséder ; *she's got charm* elle a du charme ; *he has got plenty of money* il a beaucoup d'argent **4** *(loc avec* **have**) devoir ; *I've got to go now* il faut que je parte maintenant **5** attraper ; *we'll ~ them!* on les aura ! *got you!* là je te tiens ! là je t'ai eu ! *he got cancer* il a eu un cancer **6** *(fam)* comprendre ; *I don't ~ it/you!* je ne pige pas ! *got it?* tu y es ? **7** *(fam)* émouvoir ; *his kindness always ~s me* sa gentillesse me fait toujours quelque chose **8** *(fam)* agacer ; *that really ~s me/~s my goat/~s on my nerves/~s my back up!* cela me tape sur les nerfs ! **9** *(valeur causative) I must ~ my hair cut* il faut que je me fasse couper les cheveux ; *you'll ~ yourself sacked!* tu vas te faire mettre à la porte ! *I'll ~ it done by Friday* je le finirai pour vendredi ; je le ferai faire avant vendredi; *I'll ~ him to do it* je le lui demanderai de le faire; je le convaincrai de le faire; *I'll ~ the meal ready* je vais préparer le repas; *I finally got the house off my hands* j'ai réussi enfin à me débarrasser de la maison *you'll ~ me drunk!* tu vas me soûler! *we'll ~ you home* on s'arrangera pour te reconduire à la maison **10** *(loc) this is getting us nowhere* cela ne nous mène nulle part; *I got the better of him* j'ai eu le dessus; *she couldn't ~ it home to him* elle n'arrivait pas à le lui faire comprendre; *he always ~s his own way* il n'en fait qu'à sa tête; *(fam) ~ a move on!* dépêche-toi! grouille-toi! ◆ *vi* **1** aller; *(aussi fig) we got there in the end* on a fini par y arriver; *where have my glasses got to?* où est-ce que mes lunettes sont allées se nicher? *how far have you got in your work?* où en es-tu de ton travail? **2** *(valeur résultative)*; *he's getting deaf.* il devient sourd; *it's getting late* il se fait tard; *I'm getting married tomorrow* je me marie demain; *~ dressed!* habille-toi!; *(fam) let's ~ going!* allons-y! *we got talking* on s'est mis à bavarder; *you'll ~ to like him when you ~ to know him* tu le trouveras sympathique quand tu le connaîtras mieux; *you'll soon ~ used to eating with chopsticks* tu t'habitueras vite à manger avec des baguettes.

get about *voir* **get (a)round 1** et **2**.

get (a)round *vpart* **1** *(personnes)* se déplacer **2** *(nouvelles)* se répandre **3** *(difficulté)* tourner; *she knows how to ~ (a)round people* elle sait s'y prendre avec les gens **4** réussir; *I can't ~ (a)round to answering my mail* je n'arrive pas à trouver le temps de faire mon courrier.

get across *vpart* **1** (faire) traverser **2** *(to)* faire comprendre (à).

get along *vpart* **1** se débrouiller **2** *(with)* s'entendre (avec).

get at *vpart* atteindre; *wait till I ~ at him!* que je l'attrape! *what are you getting at?* où veux-tu en venir? *he's always getting at me* il ne cesse de me tracasser.

get away *vpart* **1** partir **2** s'évader *(loc) he'd ~ away with murder* il tuerait père et mère qu'on lui pardonnerait; *(loc) he won't ~ away with it like that!* il ne s'en tirera pas comme ça! *there's no getting away from the fact that....* il est impossible de nier...; ‖ °**getaway** *n* fuite *f*; *they made their ~ by car* ils ont filé en voiture.

get back *vpart* **1** reculer **2** rentrer (à la maison); *let's ~ back to the point* revenons-en aux faits **3** récupérer, retrouver; *I got my money back* j'ai été remboursé; *(fig) I'll ~ my own back on him* je lui rendrai la monnaie de sa pièce.

get by *vpart* se débrouiller.

get down *vpart* **1** descendre **2** noter (sous la dictée) **3** *(fig) let's ~ down to work!* mettons-nous au travail! *let's ~ down to brass tacks* revenons-en à l'essentiel; *don't let things ~ you down!* ne te laisse pas abattre!

get in *vpart* **1** entrer **2** *(transports)* arriver **3** *(denrées, récoltes...)* (faire) rentrer; *(personnes)* faire entrer **4** *(Pol)* être élu **5** *(loc) I couldn't ~ a word in edgeways* je n'arrivais pas à placer un mot; *he's got in with bad company* il a de mauvaises fréquentations.

get into *vpart* **1** entrer dans **2** *(véhicule)* monter dans **3** *(loc) I'll ~ into my slippers* je vais chausser mes pantoufles; *it's easy to ~ into bad habits* il est facile de prendre de mauvaises habitudes; *they got into trouble* ils se sont attiré des ennuis; *you'll soon ~ into the way of things* tu t'y feras vite.

get off *vpart* **1** partir **2** *(véhicule)* descendre (de); débarquer (de) **3** *(loc) he got off with a fine* il s'en est tiré avec une amende; *he got off doing his national service* il a été exempté du service militaire; *(loc) I told him where to ~ off* je lui ai dit ses quatre vérités ‖ **get on** *vpart* **1** monter **2** *(with)* s'entendre (avec) **3** faire des progrès; réussir; *how are you getting on?* comment ça marche? **4** avancer; *(fig) time is getting on* il se fait tard; *he's getting on (in years)* il se fait vieux; *(brit) he's getting on for fifty* il approche de la cinquantaine.

get out *vpart* **1** sortir **2** *(véhicule)* descendre **3** — *(of here)!* fiche le camp (d'ici)! *(fig) the scandal has got out* le scandale a éclaté; *I've got out of the habit of...* j'ai perdu l'habitude de...; *he's got out of the fix* il s'en est tiré.

get over *vpart* **1** traverser **2** *(obstacle, difficulté)* surmonter **3** *(maladie, chagrin...)* se remettre de; *(fig) I can't ~ over the fact that...* je n'en reviens pas que... **4** faire comprendre; *I couldn't ~ it over to him* je n'ai pas réussi à le lui faire comprendre **5** *(loc)*; *let's ~ it over!* finissons-en!

get round *voir* **get around**.

get through *vpart* **1** *(examen)* être reçu **2** *(travail)* venir à bout de **3** *(nouvelles)* parvenir **4** *(stocks)* épuiser **5** *(Téléph) I couldn't ~ to you* je n'ai pas pu vous joindre **6** *(fig) I can't ~ (it) through to him* je n'arrive pas à le lui faire comprendre.

get together *vpart* (se) réunir, (se) rassembler ‖ °**get-together** *n* réunion *f* (entre amis).

get up *vpart* **1** (se) lever **2** (faire) monter; *(fig) they got up speed* ils ont pris de la vitesse **3** organiser **4** *(Th)* monter **5** s'habiller; se déguiser **6** *(loc) he's always getting up to mischief!* il ne peut s'empêcher

°get-up n 1 toilette f 2 déguisement m 3 (Com) présentation f.

ghastly ['gɑ:stlɪ] adj épouvantable.

gherkin ['gɜ:kɪn] n cornichon m.

ghost [gəʊst] n fantôme m ; ~ **writer** nègre m ‖ **°ghostly** adj spectral.

giant ['dʒaɪənt] n géant m ◆ adj géant, gigantesque.

gibber ['dʒɪbə] vi baragouiner ; bafouiller ‖ **°gibberish** ns inv charabia m.

gibe [dʒaɪb] vi (aussi **jibe**) (at) ricaner (de) ◆ n raillerie f.

giddy ['gɪdɪ] adj 1 (hauteur) vertigineux (f -euse) 2 (loc) I feel ~ j'ai le vertige ; it makes me (feel) ~ cela me fait tourner la tête.

gift [gɪft] n cadeau m, don m ; he made her a ~ of his house il lui fit don de sa maison ; it's a ~ ! c'est donné ! c'est pour rien ! ‖ **°gifted** adj (for, with) doué (pour, de).

gigantic [dʒaɪˈgæntɪk] adj gigantesque.

giggle ['gɪgl] vi rire (nerveusement) ◆ n rire m bête ; I got a fit of the ~s j'ai attrapé le fou rire.

gild [gɪld] vt dorer ; ~ the lily embellir.

gills [gɪlz] npl ouïes fpl, branchies fpl.

gilt [gɪlt] adj doré ◆ n dorure f.

gimmick ['gɪmɪk] n astuce f ; gadget m ‖ **°gimmicky** adj (fam péj) à trucs.

gin [dʒɪn] n gin m ; ~ and tonic gin-tonic m.

ginger ['dʒɪndʒə] n gingembre m ◆ adj (cheveux) roux ‖ **°gingerbread** n pain d'épice m ‖ **°gingerly** adv avec précaution.

gipsy ['dʒɪpsɪ] (amér **gypsy**) n adj bohémien(ne) ; gitan(e) ◆ adj gitan ; tsigane.

giraffe [dʒɪˈrɑːf] n girafe f.

girder ['gɜ:də] n poutre f métallique.

girdle ['gɜ:dl] n (vêtement) gaine f.

girl [gɜ:l] n jeune fille f ; young ~ petite jeune fille ; a French ~ une jeune Française ; (brit) old ~ ancienne élève f ‖ **°girlfriend** n (petite) amie f ; copine f ‖ **°girlhood** n jeunesse f.

Giro ['dʒaɪrəʊ] n (brit) Post Office ~ system service m de chèques postaux.

gist [dʒɪst] n (message) fond m ; I got the ~ j'ai compris l'essentiel.

give [gɪv] (p **gave** ; pp **given**) ◆ vt 1 donner ; ~ me some time ! laisse-moi le temps ! ; how much did you ~ for the house? combien avez-vous payé la maison ? she ~s all her time to charities elle se consacre totalement à des œuvres ; (fig) you must know how to ~ and take il faut savoir faire des concessions ; he gave as good as he got il a rendu coup pour coup (fam) ~ it all you've got! vas-y à fond ! 2 transmettre ; ~ him our love faites-lui nos amitiés ; (fam) he doesn't ~ a damn il s'en fiche ; (Téléph) ~ me Mr Bush!

passez-moi monsieur Bush ! 3 (sens causatif) I was ~n to understand that... on m'a laissé entendre que... 4 (loc) ~ a speech/lecture prononcer un discours/faire une conférence ; ~ a song chanter une chanson ; ~ a toast proposer un toast ; ~ a shout/shriek pousser un cri ; he gave me a smile/wave il m'a fait un sourire/signe de la main ; she gave me a look elle m'a jeté un regard ; it gave me great pleasure cela m'a fait grand plaisir ; just ~ the word! tu n'as qu'un mot à dire ! (fam) don't ~ me that! allons donc ! ~ me French wines any day! rien ne vaut les vins français ! we can ~ you a bed for the night on peut vous héberger pour la nuit ◆ vi s'effondrer ; the floor suddenly gave le plancher a cédé subitement ‖ **give-and-take** ns concession(s) f(pl) réciproque(s) ‖ **give away** vpart 1 donner ; who ~s the bride away? qui conduit la mariée à l'autel ? 2 révéler ; he'll ~ himself away il se trahira ‖ **°giveaway** n révélation f involontaire ‖ **give back** vpart rendre ; restituer ‖ **give in** vpart renoncer ‖ **°given** pp de **give** ◆ adj 1 donné, déterminé ; given name prénom m 2 enclin ; he is ~ to boasting il a tendance à se vanter ◆ adv (loc) ~ a triangle ABC... soit un triangle ABC... ; ~ (that)... étant donné que... ‖ **give off** vpart (odeurs) émettre ‖ **give out** vpart 1 distribuer 2 (stocks, patience...) s'épuiser ‖ **give up** vpart abandonner ; he's ~n up smoking il a cessé de fumer ; he gave himself up to the police il s'est constitué prisonnier ; (loc) my car has just ~n up the ghost ma voiture vient de rendre l'âme ; I ~ it up as a bad job! je laisse tomber ! I ~ up! (devinette) je donne ma langue au chat ! ‖ **give way** vpart céder ; (Aut) céder la priorité.

glacier ['glæsɪə] n (Géog) glacier m.

glad [glæd] adj content ; satisfait ; I'm ~ of a rest je suis content de me reposer ; we'd be only too ~ to help on ne demande pas mieux que d'aider ‖ **°gladly** adv avec plaisir.

glamor (amér) / **glamour** (brit) ['glæmə] n 1 (personne) séduction f 2 (travail) prestige m ‖ **°glamo(u)rous** adj 1 (personne) ensorcelant 2 (situation) prestigieux (f -ieuse).

glance [glɑ:ns] n regard m (rapide) ; at a ~ du premier coup d'œil ; at first ~ à première vue ; cast a ~ over this! jette un coup d'œil sur ceci ! ◆ vi (at) lancer un regard (à) ‖ **glance off** vpart dévier, ricocher.

glare [gleə] n 1 (lumière) éclat m aveuglant 2 regard m courroucé ◆ vi lancer un regard furieux ; he ~d at me il m'a foudroyé du regard ‖ **°glaring** adj 1 aveuglant 2 (erreur) manifeste ; (injustice) flagrant.

glass [glɑ:s] *n* **1** verre *m* ; ~ *of milk* verre *m* de lait ; *pane of* ~ vitre *f*, carreau *m* ; *cut* ~ cristal *m* taillé ; *magnifying* ~ loupe *f* ; *stained* ~ *window* vitrail *m* (*pl* vitraux) ; ~ *door* porte *f* vitrée **2** baromètre *m* ; *the* ~ *is rising* le baromètre monte ‖ °**glasses** *npl inv* lunettes *fpl* ; *(a pair of) field* ~ jumelles *fpl* ‖ °**glasshouse** *n* serre *f* ‖ °**glassful** *n* (*mesure*) verre *m* ‖ °**glassware** *n* verrerie *f*.

glaze [gleɪz] *n* **1** (*poterie...*) vernis *m* **2** (*tissu*) lustre *m* **3** (*Cuis*) glaçage *m* **4** (*Phot*) glacé *m* ♦ *vti* **1** vernisser **2** lustrer **3** (*maison*) vitrer **4** (*Cuis Phot*) glacer **5** (*yeux*) devenir vitreux ‖ °**glazed** *adj* **1** vernissé **2** lustré **3** vitré **4** glacé, brillant **5** (*yeux*) vitreux ‖ °**glazing** *n* vitrerie *f* ; *double* ~ double vitrage *m*.

gleam [gli:m] *vi* luire ♦ *n* lueur *f*.

glee [gli:] *n* **1** allégresse *f*, joie *f* ; ~ *club* chorale *f* ‖ °**gleeful** *adj* joyeux (*f* -euse).

glen [glen] *n* (*Géog*) vallon *m*, gorge *f*.

glib [glɪb] *adj* **1** (*argument*) spécieux (*f* -ieuse) **2** (*manière*) désinvolte **3** (*loc*) *he has a* ~ *tongue* il est beau parleur.

glide [glaɪd] *vi* **1** (*Av*) planer **2** glisser (sans effort) ‖ °**glider** *n* planeur *m* ‖ °**gliding** *n* vol *m* plané.

glimmer ['glɪmə] *n* faible lueur *f* ; miroitement *m* ♦ *vi* luire faiblement.

glimpse [glɪmps] *n* vision *f* momentanée ; aperçu *m* ; *I only caught a* ~ *of her* je l'ai simplement aperçue ♦ *vt* entrevoir.

glint [glɪnt] *n* reflet *m* ♦ *vi* étinceler.

glisten ['glɪsn] *vi* luire.

glitter ['glɪtə] *vi* briller ; étinceler ♦ *n* scintillement *m* ; (*fig*) éclat *m* ‖ °**glittering** *adj* étincelant.

gloat [gləʊt] *vi* (*péj*) jubiler ; *that's nothing to* ~ *over!* il n'y a pas de quoi être fier !

global ['gləʊbəl] *adj* mondial (*mpl* -iaux) ; ~ *warming* réchauffement *m* de la terre.

gloom [glu:m] *n* obscurité *f* ; (*fig*) mélancolie *f*, tristesse *f* ‖ °**gloomily** *adv* d'un air mélancolique ‖ °**gloomy** *adj* lugubre, mélancolique, morne ; *the outlook is* ~ l'avenir est sombre ; *he takes a* ~ *view of things* il voit tout en noir.

glorious ['glɔ:rɪəs] *adj* **1** glorieux (*f* -ieuse) **2** magnifique ‖ °**glory** *n* **1** gloire *f* **2** splendeur *f* ♦ *vi* (*in*) se glorifier (de).

gloss [glɒs] *n* **1** lustre *m*, (*Phot*) glaçage *m* ; *with a* ~*finish* en brillant ; ~ *paint* peinture *f* laquée **2** glose *f* ♦ *vt* gloser ‖ °**gloss over** *vpart* passer sur ; dissimuler ‖ °**glossy** *adj* brillant ; ~ *magazine* magazine *m* illustré.

glossary ['glɒsərɪ] *n* lexique *m*.

glove [glʌv] *n* gant *m* ; (*fig*) *the* ~*s are off now!* on ne prend plus de gants ! *they are hand in* ~ ils sont de mèche.

glow [gləʊ] *vi* **1** (*braise, ciel...*) rougeoyer **2** (*personne*) rayonner ; *her cheeks* ~*ed* elle avait les joues en feu ; *she* ~*ed with joy* elle rayonnait de joie ; *his eyes* ~*ed with anger* ses yeux étincelaient de colère ; ~*ing with health* éclatant de santé ♦ *n* rougeoiement *m* ; lueur *f* ; (*fig*) élan *m* ‖ °**glowing** *adj* rougeoyant ; embrasé ; rayonnant ; *she painted everything in* ~ *colours* elle décrivait tout comme la merveille des merveilles ; *he wrote a* ~ *recommendation* il a écrit une recommandation des plus chaleureuses.

glue [glu:] *n* colle *f* ♦ *vt* coller ; *keep your eyes* ~*d to the road!* ne quitte pas la route des yeux !

glum [glʌm] *adj* morose, sombre.

glut [glʌt] *n* surabondance *f* ‖ °**glutton** *n* glouton(ne) *m(f)* ; *he's a* ~ *for work* c'est un bourreau de travail ‖ °**gluttonous** *adj* glouton(ne) *m(f)* ‖ °**gluttony** *n* gloutonnerie *f*.

gnarled [nɑ:ld] *adj* noueux (*f* -euse).

gnash [næʃ] *vt* (*loc*) ; *he* ~*ed his teeth* il grinça des dents.

gnat [næt] *n* moucheron *m*.

gnaw [nɔ:] *vti* ronger.

go [gəʊ] *vi* (*p* went ; *pp* gone) **1** se déplacer ; ~ *across/over/down/up the street* traverser/descendre/monter la rue ; ~ *into/out of the room* entrer dans/sortir de la pièce ; *come and* ~ aller et venir ; *they've gone 3 miles* ils ont fait 5 km ; *time* ~*es fast* le temps passe vite ; ~ *and fetch the sugar* va chercher le sucre ; *he's gone for his car* il est allé prendre sa voiture ; (*fig*) *he'll* ~ *behind your back* il agira derrière votre dos **2** fonctionner ; *how are things* ~*ing?* comment ça va ? *things are* ~*ing badly* ça va mal ; *my car* ~*es on diesel oil* ma voiture marche au diesel ; *let's try to get industry* ~*ing again!* essayons de faire redémarrer l'industrie ! *let's get* ~*ing!* allons-y ! *we must keep the factories* ~*ing* il faut continuer de faire tourner les usines ; *we've got to keep* ~*ing!* il faut tenir le coup ! **3** *money doesn't* ~ *far* l'argent file vite ; *the house went (dirt) cheap* on a bradé la maison ; *going, going, gone!* une fois, deux fois, trois fois, adjugé ! **4** convenir ; *this key won't* ~ *into the lock* cette clef n'entre pas dans la serrure ; *these colours don't* ~ ces couleurs jurent **5** (*semi-auxiliaire à valeur d'intention*) *I'm* ~*ing to have a cup of tea* je vais me faire une tasse de thé ; *you're* ~*ing to have a surprise!* tu vas être étonné ! *I'm not* ~*ing to give in!* je ne céderai pas ! **6** (*fonction de copule à valeur résultative*) ; *she went white/red* elle a pâli/rougi ; *he is* ~*ing bald* il devient chauve ; *you're* ~*ing mad!* tu perds la tête ! *the country has gone decimal* le pays a adopté le système décimal ; *the war may ~ chemical* on risque d'utiliser l'arme chimique ; *things are ~ing from bad to worse!* les choses vont de mal en pis ! 7 *(valeur d'achèvement)* ; *he's gone* il est parti ; *the whisky has/is all gone* il n'y a plus de whisky ; *my patience is ~ing* ma patience s'épuise ; *(loc) it's all dead and gone* tout cela est bien fini ; *the fuse has gone* le fusible a sauté ; *it's gone mid-day* il est plus de midi ; *let ~!* lâche-moi ! *we'll let it ~ at that!* ça va comme ça ! 8 *(loc)* ; *there he ~es!* le voilà ! *(fig) there you ~ again!* et voilà, tu recommences ! *(fig) here ~es!* allons-y ! *you ~ first!* passe devant ! *~ for a walk* aller se promener ; *I want to ~ places* je veux voir du pays/ *(fig)* réussir dans la vie ; *~ your own way!* fais à ta tête ! *he decided to ~ it alone* il a décidé de faire cavalier seul ; *are you ~ing already?* tu t'en vas déjà ? *you just ~ looking for trouble!* tu cherches le bâton pour te faire battre ! *~ fishing/swimming* aller à la pêche/aller nager ; *as things ~* dans l'état actuel des choses ; *anything ~es* tout est permis ; *what he says ~es!* c'est lui qui commande ; *that just ~es to show!* tu vois ! *that ~es without saying* cela va de soi/sans dire ; *how did that tune ~?* comment était cet air ? *my husband eats what's ~ing* mon mari mange ce qu'il y a ; *I wouldn't ~ as far as that!* je n'irais pas jusque-là ! *two climbers have gone missing* deux alpinistes sont portés disparus ; *success went to his head* le succès lui est monté à la tête ; *she ~es to a lot of trouble* elle se donne beaucoup de mal ; *3 into 15 ~es 5 times* 15 divisé par 3 égale 5 ♦ *n (pl* goes) 1 *(loc) from the word ~* dès le commencement ; *he's always on the ~* il n'arrête pas ; *we're kept on the ~* on n'a pas le temps de souffler ; *I've got two projects on the ~* j'ai deux projets en train ; *(fam) he has a lot of ~* il a beaucoup d'entrain ; *essai m* ; *it's your ~!* à toi de jouer ! *you can have two ~es (at it)* tu as droit à deux réponses ; *we'll try to make a ~ of it* on va essayer de le réussir ; *that was a near ~!* on l'a échappé belle ! *at/in one ~* d'un seul coup ; *(fam) that's no ~!* rien à faire ! je ne marche pas !

go about *vpart* 1 circuler, se déplacer 2 fréquenter ; *she ~es about with a married man* elle sort avec un homme marié 3 *how do you ~ about getting permission?* comment s'y prend-on pour avoir l'autorisation ?

go after *vpart* 1 chercher 2 attaquer.

go ahead *vpart* aller de l'avant ; *~ ahead!* vas-y ! ‖ °go-ahead *adj* dynamique, entrepris ♦ *n (fig)* feu *m* vert.

go along *vpart* poursuivre son chemin ;

as I ~ along chemin faisant, au fur et à mesure ; *I can't ~ along with you there!* là je ne suis pas de ton avis !

go around *vpart voir* **go round**.

go away *vpart* partir.

go back *vpart* 1 retourner ; *he often ~es back to his childhood* il repense souvent à son enfance 2 *(fig)* ; *it ~es back to the Middle Ages* cela remonte au Moyen Âge 3 *(loc) he went back on his word* il n'a pas tenu parole.

°**go-between** *n* intermédiaire *mf*.

go by *vpart* 1 passer ; *as time ~es by...* avec le temps... 2 *(loc) we must ~ by the book* il nous faut suivre le règlement à la lettre 3 *(juger) ; don't ~ by appearances!* ne vous fiez pas aux apparences ! *that's nothing to ~ by!* cela ne prouve rien !

go down *vpart* 1 descendre 2 *(soleil)* se coucher 3 *(prix)* baisser 4 *(bateau)* couler 5 *(enflement)* se dégonfler 6 *(maladie) ~ down with 'flu* attraper la grippe 7 *(fig) the idea didn't ~ down well* l'idée n'a pas été bien reçue.

go for *vpart* 1 aller chercher 2 attaquer 3 *(fam)* aimer.

go forward *vpart* avancer.

°**go-getter** *n* fonceur *m* (f-euse).

go in *vpart* entrer ; rentrer.

go in for *vpart* 1 *(études, examens...)* préparer 2 *(travail)* poser sa candidature à 3 *(hobby)* pratiquer ; *he doesn't ~ in for reading very much* il ne s'intéresse pas beaucoup à la lecture.

°**going** *adj ~ concern* affaire *f* qui marche ♦ *n (loc) it's heavy ~* on progresse difficilement ; *(fam) let's go while the ~'s good* partons tant qu'il est encore temps.

goings-°**on** *npl inv (fam)* agissements *mpl* scandaleux.

go into *vpart* 1 entrer dans ; *(fig) let's not ~ into that now!* laissons cela de côté pour le moment ; *he didn't ~ into detail(s)* il n'est pas entré dans le détail.

go off *vpart* 1 partir ; *he went off with the silver* il a emporté l'argenterie 2 *(aliments)* se gâter ; tourner 3 *(événement)* se passer 4 *(bombe)* exploser 5 *(fusil)* partir 6 *(loc) I've gone off tea* je n'aime plus le thé.

go on *vpart* 1 *(temps)* passer 2 se passer ; *there's something ~ing on here* il se passe quelque chose ici 3 continuer ; *~ on with your work!* continuez votre travail ! *~ on trying!* essayez encore ! *you ~ on and on about that!* tu y reviens sans cesse ! *let's ~ on to something else!* passons à autre chose ! *she went ~ to say...* ensuite elle a dit... 4 fonder un jugement ; *you've no evidence to ~ on* vous ne disposez d'aucune preuve 5 *(fam) she went on at me* elle m'a fait une scène ; *(fam) ~ on (with you)!* allons donc ! à d'autres !

go out *vpart* **1** sortir; *who is she ~ing out with now?* qui fréquente-t-elle en ce moment? **2** *(mode)* se démoder **3** *(feu)* s'éteindre **4** *(marée)* se retirer.

go over *vpart* **1** réviser; revoir; vérifier **2** récapituler **3** passer (à l'ennemi).

go round 1 *(roue)* tourner **2** faire le tour (de) **3** *(rumeur)* circuler **4** passer (voir); *I went (a)round to John's yesterday* je suis passé chez John hier **5** suffire; *is there enough coffee to ~ (a)round?* y a-t-il assez de café pour tout le monde?

go-°slow (strike) *n* grève *f* perlée.

go through *vpart* **1** *(épreuve)* subir **2** *(projet)* conduire jusqu'au bout; *I can't ~ through with it!* j'y renonce! **3** *(projet)* réussir **4** *(argent)* dépenser; *(vêtements)* user **5** *(document)* examiner; éplucher; *I went through everything with a fine-tooth comb* j'ai tout passé au peigne fin.

go up *vpart* **1** monter **2** *(maison)*; *~ in flames/smoke;* flamber; partir en fumée.

go without *vpart* se passer de.

goad [gəʊd] *n* aiguillon *m* ◆ *vt* aiguillonner.

goal [gəʊl] *n* but *m* ‖ °**goalkeeper** *n* gardien *m* de but.

goat [gəʊt] *n* chèvre *f*; bouc *m*; *(fam) act the ~* faire l'idiot(e).

gob [gɒb] *n (argot brit)* **1** crachat *m* **2** *(personne)* gueule *f*; *shut your ~!* boucle-la!/la ferme! ‖ °**gobble** *vti* **1** *(dinde)* glouglouter **2** *(fig)* avaler goulûment ‖ °**gobbledygook** *n* charabia *m*.

goblet [ˈgɒblɪt] *n* gobelet *m*.

goblin [ˈgɒblɪn] *n* lutin *m*.

god [gɒd] *n* dieu *m*; *for G~'s sake!* pour l'amour du ciel! *(Th fam) the ~s* le poulailler *m* ‖ °**god-daughter** *n* filleule *f* ‖ °**goddess** *n* déesse *f* ‖ °**godfather** *n* parrain *m* ‖ °**godforsaken** *adj (endroit)* perdu ‖ °**godmother** *n* marraine *f* ‖ °**godsend** *n* don *m* du ciel; aubaine *f* ‖ °**godson** *n* filleul *m*.

goggle [ˈgɒgl] *vi (péj)*; *don't ~ at me!* ne me fais pas ces gros yeux! ‖ °**goggles** *npl inv* lunettes (protectrices) *fpl*.

gold [gəʊld] *n* or *m*; *~ rush* ruée *f* vers l'or ◆ *adj* **1** en or; *~ watch* montre *f* en or **2** couleur d'or; *~ picture frame* cadre *m* doré ‖ °**gold-digger** *n* **1** chercheur *m* d'or **2** *(fig péj)* croqueuse *f* de diamants ‖ °**golden** *adj* doré; *~ handshake* indemnité *f* de départ; *~ mean* juste milieu *m*; *~ opportunity* occasion *f* rêvée; *~ wedding* noces *fpl* d'or ‖ °**goldfinch** *n* chardonneret *m* ‖ °**goldfish** *n* poisson *m* rouge ‖ °**gold-plated** *adj* plaqué or ‖ °**goldsmith** *n* orfèvre *m*.

golf [gɒlf] *n (Sp)* golf *m*; *play ~* jouer au golf; *~ course/links* (terrain *m* de) golf ‖ °**golfer** *n* golfeur *m* (*f* -euse).

gone [gɒn] *pp* de **go**.

good [gʊd] *(comp better; sup best) adj* **1** bon(ne); *he's a ~ man* c'est quelqu'un de bien; *he's a ~ sort* c'est un brave garçon; *that's very ~ of you!* c'est très aimable de votre part; *G~ Friday* vendredi saint; *G~ God!/Heavens!/Lord!* mon Dieu! *she's ~ at maths* elle est forte en maths; *your opinion is ~ enough for me!* votre opinion me suffit; *it might be ~ to ask him* il serait peut-être bon de lui poser la question; *that's a ~ thing!* tant mieux! *that's a ~ one!* en voilà une bonne! *it's as ~ as new* c'est comme neuf! *he can give as ~ as he gets* il sait rendre coup pour coup **2** *(salutations)*; *~ morning/ afternoon/ day!* bonjour! **3** agréable; *I feel ~ today* je me sens bien aujourd'hui; *it's ~ to be alive!* la vie est belle! *have a ~ time* amusez-vous bien! *~ weather* beau temps; *~ looks* beauté *f*; *too ~ to be true* trop beau pour être vrai **4** valable; *what a ~ idea!* quelle bonne idée! *for no ~ reason* sans raison valable; *it's a ~ thing you were there!* heureusement que tu étais là! **5** *(animal, enfant)* sage; *as ~ as gold* sage comme une image **6** habile; *he's ~ with his hands* il est adroit de ses mains **7** *(intensificateur)*; *it happened a ~ while ago* cela s'est passé il y a pas mal de temps; *it happened a ~ many years ago* il y a bien des années; *it took a ~ deal of time* cela a pris beaucoup de temps; *it will take a ~ 5 hours* cela prendra 5 bonnes heures; *I worried a ~ deal* je me suis fait beaucoup de souci; *give the car a ~ wash!* lave la voiture à fond! **8** *(loc) it's as ~ as done* c'est comme si c'était fait; *(fam) he's made ~* il a réussi dans la vie; *he's made ~ the deficit* il a comblé le déficit. ◆ *adv (intensificateur)*; *it's a ~ long way* c'est à une bonne distance ◆ *n* bien *m*; *do ~* faire le bien; *he's up to no ~* il prépare un mauvais coup; *it did me ~* cela m'a fait du bien; *it's for your ~* c'est pour ton bien; *(it's) all to the ~!* tant mieux! *much ~ may it do him!* grand bien lui fasse! *he'll come to no ~* il finira mal; *it's no ~ talking* cela ne sert à rien de parler; *what's the ~ (of it)?* à quoi bon? *he's gone for ~* il est parti pour de bon; *for ~ and all* une fois pour toutes; *(Com) I was £10 to the ~* j'ai fait un bénéfice de 10 livres.

goodbye [ˌgʊdˈbaɪ] *n* au revoir *m*; *you can say ~ to that!* tu peux en faire ton deuil! ‖ **good-°humoured** *adj* bon enfant ‖ °**good-for-nothing** *n* propre-à-rien *m* ‖ °**goodies** *npl* friandises *fpl* ‖ °**goodish** *adj* assez bon ‖ **good-°looking** *adj* beau (*f* belle) ‖ **good-°natured** *adj* d'humeur égale, sans malice ‖ °**goodness** *n* **1** bonté *f* **2** *(loc) my ~!* mon Dieu! *thank ~!* Dieu merci! *for ~ sake!* pour l'amour du ciel ! ‖ **goods** *npl inv (Com)* denrée(s) *f(pl)* ; *consumer ~* biens *mpl* de consommation ; *(brit) ~ train* train *m* de marchandises ‖ **good°tempered** *adj* qui a bon caractère ‖ **good°will** *n* bonne volonté *f* ; bienveillance *f* ; *(Com)* clientèle *f*.

gooey ['gu:ɪ] *adj* gluant.

goose [gu:s] *(pl* **geese)** *n* oie *f* ‖ **°gooseberry** *n* groseille *f* à maquereau ‖ **°gooseflesh/°goose pimples** *npl* chair *f* de poule ‖ **°goosestep** *n (Mil)* pas *m* de l'oie.

gore [gɔ:] *n* sang *m* (versé) ◆ *vt* blesser d'un coup de corne.

gorge [gɔ:dʒ] *n (Géog)* gorge *f*, défilé *m*.

gorgeous ['gɔ:dʒəs] *adj* splendide ; *(fam)* formidable ‖ **°gorgeously** *adv* magnifiquement.

gorse [gɔ:s] *ns inv* ajoncs *mpl*.

gory ['gɔ:rɪ] *adj* ensanglanté, sanglant.

gosh [gɒʃ] *excl* mince (alors) !

gospel ['gɒspəl] *n* évangile *m* ; *don't take this as ~ truth!* n'accepte pas cela comme parole d'évangile !

gossamer ['gɒsəmə] *ns* fils *mpl* de la vierge.

gossip ['gɒsɪp] *ns inv* **1** bavardage(s) *m(pl)* ; commérages *mpl* ; cancans *mpl* ; *a piece of ~* un ragot *m* **2** commère *f* ; *(fig)* concierge *mf* ◆ *vi* bavarder ; colporter des ragots.

got [gɒt] *p pp* de **get**.

gotten ['gɒtn] *(amér) pp* de **get** ; *(loc) ill-~ gains* gains *mpl* mal acquis.

gouge [gaudʒ] *n* gouge *f* ◆ *vt* gouger.

gout [gaut] *n (Méd)* goutte *f*.

govern ['gʌvən] *vti* gouverner ; *~ing body* conseil *m* d'administration ‖ **°governess** *n* gouvernante *f* ‖ **°government** *n* gouvernement *m* ; *local ~* administration *f* locale ‖ **°governor** *n* gouverneur *m*.

gown [gaun] *n* robe *f* ; *(magistrature, université...)* toge *f*.

grab [græb] *vt* saisir, s'emparer de ; *he grabbed it from me* il me l'a arraché des mains ◆ *n (brit Tech)* pelle *f* mécanique.

grace [greɪs] *n* **1** grâce *f* ; *he agreed with good ~* il a accepté de bonne grâce **2** *(Rel)* grâce(s) *f(pl)* ; *his saving ~ is...* ce qui le rachète, c'est... ; *say ~* dire le bénédicité **3** *(Com)* délai *m* ‖ **°graceful** *adj (forme, mouvement)* élégant, gracieux *(f* -ieuse) ‖ **°gracious** *adj* **1** *(manière)* courtois, gracieux *(f* -ieuse) **2** *(loc) good ~!* mon Dieu !

grade [greɪd] *n* **1** qualité *f* **2** *(Mil)* rang *m* **3** *(amér) (Ens)* classe *f* ; note *f* ; *(fig) make the ~* atteindre le niveau requis ; réussir **4** *(amér)* rampe *f* ◆ *vt* calibrer, classer.

gradient ['greɪdɪənt] *n (train)* rampe *f*.

graduate ['grædʒuɛt] *vti* **1** graduer

2 *(Ens) (brit : université seulement)* obtenir sa licence ; *(amér : tous niveaux)* obtenir son diplôme ◆ *n (Ens)* licencié(e) *m(f)* ; diplômé(e) *m(f)* ‖ **gradu°ation** *n (Ens)* remise *f* de diplômes.

graft [grɑ:ft] *n* **1** *(Hort Méd)* greffe *f* **2** *(amér)* corruption *f* ◆ *vt* greffer.

grain [greɪn] *n* **1** *(Ag)* grain *m* **2** *(bois)* fil *m* ; *it goes against the ~* je le fais à contrecœur ; c'est contre mes principes ; *I take it with a ~ of salt* je ne prends pas cela pour (de l')argent comptant.

grammar ['græmə] *n* grammaire *f* ; *~ school* lycée *m* ‖ **gra°mmatical** *adj* grammatical.

granary ['grænərɪ] *n (Ag)* grenier *m*.

grand [grænd] *adj* **1** grand, grandiose **2** noble ; *~ old man* patriarche *m* **3** magnifique ; *(fam) they had a ~ (old) time* ils se sont amusés comme des fous **3** *(loc) ~ piano* piano *m* à queue ; *(Sp) ~ slam* grand chelem *m* ; *~ total* total *m* général ◆ *n* **1** *ab* de *~ piano* **2** *(amér argot)* mille dollars ‖ **°grandchild(ren)** *n(pl)* petit(s)-enfant(s) *m(pl)* ‖ **°grandeur** *n (fig)* grandeur *f* ‖ **°grandparent(s)** *n(pl)* grand(s)-parent(s) *m(pl)* ‖ **°grandstand** *n (Sp)* tribune *f*.

granny ['grænɪ] *n (fam)* grand-maman *f*.

grant [grɑ:nt] *vt* **1** *(autorisation)* accorder **2** *(discussion)* concéder ; *~ed that...* en admettant que... ; *I ~ you that...* j'admets que... ; *don't take everything for ~ed!* ne crois pas que tout cela va de soi ! ◆ *n* **1** subvention *f* **2** *(Ens)* bourse *f* **3** *(vx)* concession *f* de territoire.

granular ['grænjʊlə] *adj* granuleux *(f* -euse).

grape [greɪp] *n* grain *m* de raisin ; *have some ~s!* prenez un/du raisin ! *bunch of ~s* (grappe *f* de) raisin *m* ‖ **°grapefruit** *n* pamplemousse *m* ‖ **°grapevine** *n* vigne *f* ; *(fig fam) I heard it on the ~* je l'ai appris par le téléphone arabe.

graph [græf] *n* graphique *m* ‖ **°graphic** *adj* **1** graphique **2** pittoresque, vivant ‖ **°graphics** *npl inv* arts *mpl* graphiques.

grapple ['græpl] *vi* ; se battre ; *(fig) they had to ~ with poverty* il leur a fallu faire face à la misère ‖ **°grappling hook** *n* grappin *m*.

grasp [grɑ:sp] *vt* saisir, empoigner ; *(fig) he didn't ~ what I meant* il ne m'a pas compris ◆ *n* **1** poigne *f* **2** *(fig)* portée *f* ; *it's beyond my ~* cela me dépasse ; *he has a good ~ of the subject* il maîtrise bien le sujet ‖ **°grasping** *adj* avare, cupide.

grass [grɑ:s] *n* **1** herbe *f* **2** gazon *m* **3** *(argot brit)* informateur *m* ‖ **°grasshopper** *n* sauterelle *f* ‖ **grass °roots** *npl inv (surtout Pol)* la base ‖ **°grass snake** *n* couleuvre *f*.

grate[1] [greɪt] *n (cheminée)* foyer *m*.

grate[2] [greɪt] vti **1** (*fromage, carottes, etc.*) râper f **2** crisser ; (*loc*) *he ~d his teeth* il a grincé des dents ; (*fig*) *it ~s on my nerves!* cela me tape sur les nerfs.

grateful ['greɪtfʊl] adj (*for*) reconnaissant (de).

grater ['greɪtə] n râpe f (à fromage...).

gratification [ˌgrætɪfɪˈkeɪʃn] n satisfaction f ‖ **°gratified** adj content, satisfait ‖ **°gratify** vt satisfaire.

grating ['greɪtɪŋ] n grille f.

gratuitous [grəˈtjuːɪtəs] adj gratuit ‖ **gra°tuity** n **1** (*Mil*) prime f de démobilisation **2** pourboire m.

grave[1] [greɪv] adj grave, sérieux (f -ieuse) ; *~ mistake* lourde erreur f.

grave[2] [greɪv] n tombe f, tombeau m ‖ **°gravestone** n pierre f tombale ‖ **°graveyard** n cimetière m.

gravel ['grævl] ns inv gravier(s) m(pl).

gravity ['grævɪtɪ] n **1** gravité f **2** (*Sc*) *law of ~* loi f de la pesanteur.

gravy ['greɪvɪ] n (*Cuis*) jus m (de la viande).

gray [greɪ] voir **grey**.

graze[1] [greɪz] vti paître ‖ **°grazing** n pâturage m.

graze[2] [greɪz] vt **1** frôler **2** érafler ◆ n éraflure f.

grease [griːs] n graisse f ◆ vt graisser ‖ **°greasepaint** n (*Th*) fard m ‖ **°greaseproof** adj *~ paper* papier m sulfurisé ‖ **°greasy** adj **1** graisseux (f -euse) **2** (*Cuis péj*) gras (f grasse) **3** (*routes...*) glissant.

great [greɪt] adj grand ; *a ~ mistake* une grosse erreur f ; *a ~ deal of time* beaucoup de temps ; *a ~ many people* beaucoup de personnes ; *to a ~ extent* dans une grande mesure ‖ **°greatcoat** n (*Mil*) capote f ‖ **great °grandparent(s)** arrière-grand(s)-parent(s) m(pl) ‖ **°greatly** adv beaucoup ; *you're ~ mistaken* tu te trompes lourdement ‖ **°greatness** n grandeur f.

Greek [griːk] adj grec (f grecque) ◆ n **1** Grec (f Grecque) **2** (*langue*) grec m ; (*fig*) *that's G~ to me!* c'est de l'hébreu pour moi !

greed [griːd] n **1** (*péj*) gourmandise f **2** cupidité f ‖ **°greedily** adv **1** gloutonnement **2** avidement ‖ **°greedy** adj (*for*) **1** gourmand (de) **2** cupide.

green [griːn] adj **1** (*couleur*) vert ; *~ peas* petits pois mpl ; (*fig*) *she's got ~ fingers* elle a la main verte **2** (*fam*) inexpérimenté ; naïf (f naïve) **3** vivace ; *the memory is still ~* le souvenir reste encore présent ‖ **°greenery** n verdure f ‖ **°greenfly** n (pl. inv) puceron m ‖ **°greengrocer** n marchand(e) m(f) de légumes ‖ **°greenhouse** n serre f ‖ **greens** npl inv légumes mpl

verts **2** (*Pol*) *the G~* les Verts (écologistes).

greet [griːt] vt accueillir ‖ **°greeting** n *Christmas ~s* vœux mpl de Noël ; *she sends you her ~s* elle vous envoie son bon souvenir.

grew [gruː] p de **grow**.

grey [greɪ] adj **1** gris **2** (*fig*) morne ‖ **°greyhound** n lévrier m.

grief [griːf] chagrin m ; *our plans came to ~* nos projets ont échoué ‖ **°grief-stricken** accablé de douleur ‖ **°grievance** n grief m ; *he has a ~ against the whole world* il en veut au monde entier ‖ **grieve 1** vi (*over*) avoir de la peine (pour) **2** vt chagriner.

grill [grɪl] n **1** (*Cuis*) gril m **2** (*Cuis*) grillade f ◆ vt **1** (*Cuis*) faire griller **2** (*interrogatoire*) cuisiner.

grim [grɪm] adj **1** sinistre ; *it's the ~ truth* c'est la triste vérité ; (*fam*) *I feel ~!* ce n'est pas la forme ! **2** acharné ; *with ~ determination* avec une volonté farouche.

grime [graɪm] n crasse f ‖ **°grimy** adj crasseux (f -euse).

grin [grɪn] vi sourire ; (*loc*) *you've got to ~ and bear it* il faut faire contre mauvaise fortune bon cœur ◆ n **1** grand sourire m **2** sourire m forcé ‖ **°grinning** adj **1** qui arbore un grand sourire **2** grimaçant.

grind [graɪnd] (p pp **ground**) vt **1** (*blé, café...*) moudre ; (*fig*) *don't ~ your teeth!* ne grince pas des dents ! **2** vi (*loc*) *~ to a stop* (*véhicule*) s'immobiliser dans un grincement de freins ; (*fig*) se paralyser progressivement ◆ n corvée f ; *the daily ~* le train-train quotidien.

grip [grɪp] v saisir ; serrer ◆ n **1** prise f ; (*aussi fig*) *he lost his ~* il a lâché prise ; (*fig*) *get a ~ on yourself!* ressaisis-toi ! (*loc*) *we must get to ~s with the problem right away* il faut nous attaquer au problème tout de suite ‖ **°gripping** adj passionnant.

gripe [graɪp] vi (*argot*) (*at*) rouspéter (contre).

grisly ['grɪzlɪ] adj macabre, sinistre.

grist [grɪst] ns inv blé (moulu) ; (*fig*) *it's all ~ to the mill* cela peut toujours servir.

grit [grɪt] ns inv **1** sable m **2** (*fam*) courage m, cran m ◆ vt (*loc*) *you've got to ~ your teeth* il te faut serrer les dents.

groan [grəʊn] vi gémir ◆ n gémissement m.

grocer ['grəʊsə] n épicier m (f -ière) ‖ **°groceries** npl inv produits mpl (d'épicerie).

groin [grɔɪn] n (*Anat*) aine f.

groom [gruːm] n **1** valet m (d'écurie) **2** (*ab de* **°bridegroom**) le marié m ◆ vt **1** (*cheval*) panser **2** (*coiffure, habillement, maquillage...*) *well-~ed* d'aspect soigné

3 *(fig)* **~ed for the job** formé pour cette fonction.

groove [gruːv] *n* rainure *f*; (disque) sillon *m*; *(fig)* **we've got into a ~** nous nous sommes encroûtés (dans la routine).

grope [grəʊp] *vi* tâtonner; **~ for change** chercher de la monnaie.

gross[1] [grəʊs] *adj* **1** grossier (*f* -ière); **~ ignorance** ignorance *f* crasse; **~ injustice** injustice *f* flagrante **2** *(poids, revenu...)* brut; **~ national product** revenu *m* national brut.

gross[2] [grəʊs] *n* *(pl inv)* grosse *f* (=12×12); **seven ~** sept grosses *f*.

grotto [ˈgrɒtəʊ] *n* grotte *f*.

grotty [ˈgrɒti] *adj* *(argot)* minable; **after the operation I felt pretty ~** après l'opération ce n'était vraiment pas la forme.

ground[1] [graʊnd] *p* de **grind**.

ground[2] [graʊnd] *ns inv* **1** terre *f*; **on the ~** par terre; *(Av)* **~ crew** équipe *f* au sol; **~ floor** *(brit)* rez-de-chaussée *m*; **at ~level** au ras du sol; *(fig)* **get off the ~** démarrer (un projet); *(fig)* **that suits me down to the ~** cela me convient à merveille **2** sol *m*; **sandy ~** sol sablonneux **3** terrain *m*; **a piece of ~** un terrain; *(fig)* **the idea is gaining ~** l'idée gagne du terrain/fait du chemin; **~s** *npl inv* parc *m* (privé); *(fig)* **let's go over the ~ again** reprenons les mêmes points **4** territoire *m*; **hold/ stand your ~!** tenez bon! *(fig)* **we're on home ~ here** nous sommes en pays de connaissance ici; *(fig)* **we're on firm ~ now** ici nous sommes sûrs de notre fait; **we'll cut the ~ from under their feet** nous allons leur couper l'herbe sous les pieds; *(fig)* **he's shifted his ~** il a changé son fusil d'épaule ◆ *vt* *(Av)* interdire de vol ‖ °**grounding** *n* formation *f*; **a good ~ in English** une bonne base en anglais ‖ °**groundnut** *n* arachide *f* ‖ °**groundsheet** *n* tapis *m* de sol ‖ °**groundsman** *n* gardien *m* de stade ‖ °**groundwater** *n* nappe *f* phréatique.

grounds[1] [graʊndz] *npl inv* marc *m* (de café).

grounds[2] [graʊndz] *npl inv* raison(s) *f(pl)*; **he has no ~ for complaint** il n'a aucune raison de se plaindre; **he resigned on ~ of ill-health** il a démissionné pour des raisons de santé ‖ °**groundless** *adj* sans fondement.

group [gruːp] *n* groupe *m*; **~ action** action *f* collective; **blood ~** groupe sanguin; **in ~s** par groupes; *(Av)* **~ captain** colonel *m* ◆ *vti* (se) grouper.

grouse[1] [graʊs] *n* *(pl inv)* *(Orn)* grouse *m*, tétras *m*.

grouse[2] [graʊs] *vi* *(fam)* *(about)* ronchonner (contre) ◆ *n* grogne *f*.

grovel [ˈgrɒvəl] *vi* *(fig)* *(before, to)* ramper (devant).

grow [grəʊ] *(p* **grew**; *pp* **grown)** *vi* **1** pousser; **roses ~ well here** les roses poussent bien ici **2** grandir; **when you ~ up...** lorsque tu seras grand...; **he'll ~ out of it** cela lui passera (avec l'âge) **3** s'intensifier; **it ~s on you** on finit par s'y habituer/par l'aimer **4** devenir; **I'm ~ing old** je vieillis; **it's ~ing dark** la nuit tombe; **I'm ~ing angry** je commence à me fâcher ◆ *vt* *(Ag Hort)* cultiver; *(barbe)* laisser pousser ‖ °**grown-up** *adj* adulte *mf*.

growl [graʊl] *vi* *(at)* grogner (contre) ◆ *n* grognement *m*.

growth [grəʊθ] *n* croissance *f*.

grub [grʌb] *n* **1** larve *f* **2** *(argot)* bouffe *f*.

grubby [ˈgrʌbi] *adj* sale.

grudge [grʌdʒ] *n* grief *m*; **I bear him a ~ for that** je lui en veux de cela ◆ *vt* donner à contrecœur.

gruelling [ˈgruːəlɪŋ] *adj* épuisant.

gruesome [ˈgruːsəm] *adj* macabre.

gruff [grʌf] *adj* bourru.

grumble [ˈgrʌmbl] *vi* *(about at)* se plaindre (de); grogner (contre) ◆ *n* **he's always got a ~** il n'est jamais content.

grumpy [ˈgrʌmpi] *adj* *(fam)* grincheux.

grunt [grʌnt] *vi* grogner ◆ *n* grognement *m*.

guarantee [ˌgærənˈtiː] *n* garantie *f* ◆ garantir *vti*; **I ~ you'll like it** je suis sûr que cela te plaira.

guard [gɑːd] *vti* garder, surveiller ◆ *n* **1** *(Mil)* garde *f* **2** *(brit)* chef *m* de train **3** *(loc)* **be on your ~!** tiens-toi sur tes gardes! **I was caught off my ~** j'ai été pris au dépourvu ‖ °**guarded** *adj* circonspect ‖ °**guardian** *n* **1** gardien *m* (*f* -ienne) **2** tuteur *m* (*f* -trice) (d'un mineur); **~ angel** *m* gardien.

guer(r)illa [gəˈrɪlə] *n* guérillero *m* ◆ *adj* **~war(fare)** guérilla *f*.

guess [ges] *vti* **1** deviner; **~ (at) the truth** deviner la vérité; **~ right/wrong** deviner juste/tomber à côté; **he kept us ~ing** il a bien caché son jeu; **you've ~ed it!** tu y es! **2** *(amér)* croire; **I ~ so/not** je le crois/ne le crois pas; **I ~ you are tired** vous devez être fatigués ◆ *n* conjecture *f*; **have a ~!** devine! **good ~!** bien deviné! *(fam)* **it's anyone's ~** qui sait? **at a ~...** à vue *f* de nez... ‖ °**guesswork** *ns inv* hypothèse(s) *f(pl)*.

guest [gest] *n* invité(e) *m(f)*; convive *mf*; *(hôtel)* client(e) *m(f)*; *(pension de famille) (paying)* pensionnaire *mf*; **~house** pension *f* de famille; **~room** chambre *f* d'amis.

guffaw [gʌˈfɔː] *n* gros rire *m* ◆ *vi* s'esclaffer.

guidance [ˈgaɪdns] *n* **1** conseil *m*, orien-

tation *f; (amér)* ~ **counselor** conseiller *m* (*f* -ère) d'orientation **2** *(missile)* guidage *m*.
guide [gaɪd] *n* guide *m*; indication *f*; ~ **book** *n* guide *m*, manuel *m* d'entretien ◆ *vt* guider ‖ °**guided** *adj* ~ **missile** téléguidé ‖ °**guidelines** *npl* lignes *fpl* directrices ‖ °**guiding** *adj* ~ **principle** principe *m* directeur.
guild [gɪld] *n* corporation *f*; association *f*.
guile [gaɪl] *n* **1** ruse *f* **2** fourberie *f* ‖ °**guileless** *adj* **1** franc (*f* -che) **2** naïf (*f* -ve).
guillotine [ɡɪləˈtiːn] *n* **1** guillotine *f* **2** massicot *m* ◆ *vt* guillotiner.
guilt [gɪlt] *n* culpabilité *f* ‖ °**guiltless** *adj* innocent ‖ °**guilty** *adj (of)* coupable (de); ~ **conscience** mauvaise conscience *f*.
guinea pig [ˈgɪnɪpɪg] *n (Zool aussi fig)* cobaye *m*.
guitar [ɡɪˈtɑː] *n* guitare *f*.
gulf [gʌlf] *n* **1** gouffre *m* **2** golfe *m*.
gull [gʌl] *n (Zool)* mouette *f*; goéland *m*.
gullet [ˈgʌlɪt] *n* gosier *m*.
gullible [ˈgʌləbl] *adj* crédule.
gully [ˈgʌlɪ] *n* ravine *f*.
gulp [gʌlp] *n* **take a** ~ avaler une gorgée ◆ *vti* **1** (~ **down**) avaler (à grosses bouchées, gorgées) **2** **he** ~**ed** sa gorge s'est serrée.
gum[1] [gʌm] *n* gencive *f*.
gum[2] [gʌm] *n* **1** gomme *f*, colle *f* **2** chewing-gum *m* **3** ~ **tree** eucalyptus *m* ◆ *vt* coller; *(fam)* ~ **up** bousiller.
gumption [ˈgʌmpʃn] *n (fam)* jugeote *f*.
gun [gʌn] *n* fusil *m*; pistolet *m*; canon *m*; ~ **licence** permis *m* de port d'armes ◆ *vt* ~ **an engine** emballer un moteur ‖ °**gunfire** *n* fusillade *f*; tir *m* d'artillerie ‖ °**gunman** *n* bandit *m* armé; tueur *m* à gages ‖ °**gunpoint** **at** ~ sous la menace d'une arme (à feu) ‖ °**gunrunner** *n* trafiquant *m* d'armes ‖ °**gunshot** *n* coup *m* de feu.

gunwale/gunnel [ˈgʌnl] *n* plat-bord *m*.
gurgle [ˈgɜːgl] *n* glouglou *m*; murmure *m*; **a baby's** ~ le gazouillis d'un bébé ◆ *vi* glouglouter; *(bébé)* gazouiller.
guru [ˈguruː] *n (Rel aussi fig)* gourou *m*.
gush [gʌʃ] *n* flot *m*; *(larmes)* effusion *f* ◆ *vi* (~ **out**) **1** jaillir **2** se répandre en flatteries ‖ °**gushing** *adj* **1** *(torrent)* bouillonnant **2** *(fig)* expansif (*f* -ive), volubile.
gust [gʌst] *n* **1** ~ **of wind** rafale *f*; *(fumée)* bouffée *f*; *(pluie)* averse *f*; *(colère)* accès *m*.
gusto [ˈgʌstəu] *n* entrain *m*, enthousiasme *m*.
gut [gʌt] *n* **1** intestin *m*; *(Méd)* catgut *m*; *(Mus)* corde *f* de boyau **2** *(fam fig)* **he felt it deep down in the** ~ il le ressentait dans son for intérieur; *(fam)* **he's got** ~**s** il a du cran; *(vulg)* **I hate his** ~**s** je ne peux pas le blairer ◆ *vt (animal)* vider ‖ °**gutsy** *adj* qui a du cran.
gutter [ˈgʌtə] *n* **1** caniveau *m*, ruisseau *m*; **the** ~ **press** la presse *f* à sensation **2** *(toit)* gouttière *f*.
guy[1] [gaɪ] *n* type *m*; **the good** ~**s and the bad** ~**s** les bons et les méchants; **wise** ~ malin *m*; **tough** ~ dur *m*.
guy[2] [gaɪ] *(~ rope)* corde *f* de tente.
guzzle [ˈgʌzl] *vti (fam)* bâfrer; engloutir.
gym [dʒɪm] **1** *ab de* **gymnastics** *n* gymnastique *f* **2** *ab de* **gymnasium** *n* gymnase *m*.
gymnasium [dʒɪmˈneɪzjəm] *n* gymnase *m*.
gymnast [ˈdʒɪmnæst] *n* gymnaste *mf* ‖ °**gymnastics** *n* gymnastique *f*.
gynaecology / *(amér)* **gynecology** [ˌgaɪnɪˈkɒlədʒɪ] *n* gynécologie *f* ‖ **gyn(a)e°cologist** *n* gynécologue *mf*.
gypsy *voir* **gipsy**.
gyrate [ˌdʒaɪˈreɪt] *vi* tournoyer.

H

H, h [eɪtʃ] *n* H, h *m* ou *f*; **silent** ~ h muet.
haberdashery [ˈhæbədæʃərɪ] *n (brit)* mercerie *f*; *(amér)* chemiserie *f*.
habit [ˈhæbɪt] *n* habitude *f*; **from** ~ par habitude; **he got into the** ~ **of sitting up late** il a pris l'habitude de se coucher tard ‖ °**habitat** *n* habitat *m* ‖ **habi°tation** *n* habitation *f*.
habitual [həˈbɪtjuəl] *adj* habituel (*f* -elle); *(menteur)* invétéré ‖ **ha°bitually** *adv* habituellement, d'habitude.

hack[1] [hæk] *vti* tailler; taillader; **he** ~**ed through the bush** il s'est taillé un chemin dans la brousse ‖ °**hacking** *adj* ~ **cough** toux *f* sèche et opiniâtre ◆ *n (Inf)* effraction *f* informatique ‖ °**hacksaw** *n* scie *f* à métaux.
hack[2] [hæk] *n* **1** cheval *m* de louage **2** ~ **writer** écrivaillon *m*; nègre *m*; ~ **work** travail *m* pénible **3** *(amér)* taxi *m*.
hackles [ˈhæklz] *n inv (volaille)* plumes

fpl du cou ; *(chat, chien)* poils *mpl* du dos ;
he had his ~ up il était furieux.

hackneyed ['hæknɪd] *adj* rebattu, banal ;
~ *phrase* cliché *m*.

had [hæd] *p pp* **have**.

haddock ['hædək] *n inv (Zool)* églefin *m* ;
(Cuis) smoked ~ haddock *m*.

haemo- *(brit)*, **hemo-** *(amér)* ['hiːməʊ]
préf hémo-.

haemorrhage ['hemərɪdʒ] *n* hémorragie *f*.

hag [hæg] *n (fam)* vieille taupe *f*.

haggard ['hægəd] *adj* hâve ; égaré.

haggle ['hægl] *vi* marchander.

hail¹ [heɪl] *n* grêle *f* ◆ *vi* grêler
‖ °**hailstone** *n* grêlon *m* ‖ °**hailstorm** *n*
averse *f* de grêle.

hail² [heɪl] *vt* 1 acclamer, saluer 2 héler.

hail³ [heɪl] *vi (vx) (from)* être originaire
(de).

hair [heə] *n* 1 *(corps, animal)* poil *m* ;
(tête) cheveu *m* ; *(cheval)* crin *m* 2 *ns inv*
cheveux *mpl* ; *(animal)* pelage *m* ; *head of*
~ chevelure *f* ; *keep your* ~ *on!* du
calme ! *Let your* ~ *down!* Détends-toi !
she never turned a ~ elle n'a pas bronché ; *he escaped by a* ~'s *breadth* il l'a
échappé d'un cheveu ‖ °**hairbrush** *n*
brosse *f* à cheveux ‖ °**hairdresser** *n* coiffeur *m* (*f* -euse) ‖ °**hairdrier/-dryer** *n*
sèche-cheveux *m* ‖ °**hairnet** *n* résille *f*
‖ °**hairpin** *n* épingle *f* ; ~ *bend/turn* tournant *m* en épingle à cheveux ‖ °**hair-rais-
ing** *adj* terrifiant ◆ °**hair-splitting** *n*
ergotage *m* ◆ *adj* ergoteur (*f* -euse), chica-
nier (*f* -ière) ‖ °**hairy** *adj* 1 poilu, velu ;
(personne) hirsute 2 *(fam)* épineux (*f*
-euse).

hake [heɪk] *n inv (Zool)* colin *m*.

hale [heɪl] *adj* vigoureux ; *he is* ~ *and
hearty* il est en pleine forme.

half [hɑːf] *n (pl* **halves**) 1 moitié *f*, demie
f ; *cut in* ~ couper en deux ; *he went
halves with her* il s'est mis de moitié avec
elle ; *(brit) he's too clever by* ~ il est deux
fois trop malin ; *prices were cut by* ~ les
prix ont été réduits de moitié 2 *(Sp)* mi-
temps *f* ; *(personne)* demi *m* 3 *(~ price)*
demi-place *f*, demi-tarif *m* ◆ *adj* demi ; *a*
~ *hour*, ~ *an hour* une demi-heure ; ~
past two deux heures et demie ◆ *adv* à
moitié, à demi ; ~ *closed/open* entrouvert ;
~ *French*, ~ *English* mi-français, mi-
anglais ; *I* — *think so* je serais tenté de le
penser ; *(fam) it's not* — *bad* ce n'est pas
mauvais du tout ; ~ *as long (as)* moitié
moins long (que) ; ~ *as long again (as)*
moitié plus long (que) ; ~ *as much (as)*
moitié moins (que) ; ~ *as much again (as)*
moitié plus (que) ; *half-and-half* moitié
moitié ◆ *préf* demi- ; ~*-brother* demi-
frère *m* ‖ **half-**°**baked** *adj (projet)* qui ne
tient pas debout ; *(personne)* mal dégrossi

‖ °**half-caste** *adj n* métis(se) *m(f)*
‖ **half-**°**hearted** *adj* peu enthousiaste
‖ **half-**°**(holi)day** *n* demi-journée *f* ‖ **half-**
°**mast** *n at* ~ en berne ‖ **half-**°**pay**
n demi-solde *f* ‖ **half-**°**timbered** *adj*
(Arch) à colombage *m* ‖ **half-**°**time** *n* mi-
temps *f* ‖ **half-**°**track** *n* (auto-)chenille *f*
‖ **half**°**way** *adj adv (to, between)* à mi-
chemin de/entre ; *he met them* ~ il est
allé à leur rencontre ; *(fig)* ils se sont fait
des concessions ; *(fam)* ils ont coupé la
poire en deux ‖ **half-**°**witted** *adj* simple
d'esprit ‖ **half-**°**yearly** *adj* semestriel (*f*
-ielle) ◆ *adv* tous les six mois.

halibut ['hælɪbət] *n (Zool)* flétan *m*.

hall [hɔːl] *n* 1 *(-way)* vestibule *m*, entrée
f, hall *m* ; *(amér)* couloir *m* 2 (grande) salle
f 3 *town*~ hôtel de ville ; ~ *of residence* résidence *f* universitaire 4 manoir
m ‖ °**hallmark** *n* poinçon *m* d'orfèvre ;
(fig) empreinte *f* ‖ °**hallstand** *n* porte-
manteau *m* (*pl* -x).

hallo [həˈləʊ] = **hello**.

hallowed ['hæləʊd] *adj* consacré, sancti-
fié ‖ **Hallow**°**een** *n* fête *f* de Halloween
(31 octobre).

hallucination [həˌluːsɪˈneɪʃn] *n* hallucination *f* ‖ **ha**°**llucinogen** *n* hallucinogène *m*.

halo ['heɪləʊ] *n* auréole *f* ; *(Astr)* halo *m*.

halt [hɔːlt] *n* halte *f*, arrêt *m* ; *(Aut)* stop
m ◆ *vti* (s')arrêter ; (faire) faire halte (à)
‖ °**halting** *adj* hésitant.

halter ['hɔːltə] *n* licou *m* ‖ °**halterneck** *n*
(robe) encolure *f* bain de soleil.

halve [hɑːv] *vti* partager en deux.

halves [hɑːvz] *n pl* **half**.

ham [hæm] *n* 1 jambon *m* 2 *(Th)* cabotin
m 3 radio-amateur *m* ◆ *vti (Th)* ~ *(it up)*
forcer, jouer en charge ‖ **ham-**°**fisted**,
°**handed** *adj* maladroit ‖ °**hamstring**
n tendon *m* du jarret ◆ *vt* couper les
moyens (à).

hamlet ['hæmlɪt] *n* hameau *m*.

hammer ['hæmə] *n* marteau *m* ◆ *vti* marteler ; frapper à coups redoublés ; *(fig) (critique)* éreinter ‖ **hammer out** *vpart* élaborer avec difficulté.

hammock ['hæmək] *n* hamac *m*.

hamper¹ ['hæmpə] *n* manne *f*, bourri-
che *f*.

hamper² ['hæmpə] *vt* gêner, contrecarrer.

hamster ['hæmstə] *n (Zool)* hamster *m*.

hand [hænd] *n* 1 main *f* ; *at* ~ disponible,
à portée de main ; *the matter in* — l'affaire
en question ; ~ *in* ~ la main dans la
main ; *he had a glass in his* ~ il tenait
un verre à la main ; *gun in* ~ revolver au
poing ; ~*s off!* ne touchez pas ! *(fam)* bas
les pattes ! *on* ~*s and knees* à quatre pattes ; *on the one* ~, *on the other* ~ d'une
part, d'autre part ; *to* ~, *(amér) on* ~ dis-

ponible ; ~s up! haut les mains ! *(Ens)* levez la main ! *can you give me a* ~? pouvez-vous me donner un coup de main ? *he had a* ~ *in the plot* il était mêlé au complot ; *she'll win* ~s *down* elle gagnera haut la main ; *he dismissed my plan out of* ~ il rejeta mon projet d'emblée ; *out of* ~ incontrôlable ; *prices have got out of* ~ les prix ont dérapé ; ~ *operated* à commande manuelle 2 applaudissements *mpl ; let's give the singer a* ~! applaudissons le chanteur ! 3 ouvrier m, manœuvre m ; *(Naut)* matelot m ; *all* ~s *on deck!* tout le monde sur le pont ! *the ship was lost with all* ~s le bateau a péri corps et biens 4 *(horloge)* aiguille f 5 *(cartes)* jeu m, main f ; *a* ~ *of poker* une partie de poker 6 *(~writing)* écriture f ◆ *vt* donner, passer ‖ **hand back** *vpart* rendre ‖ °**handbill** *n* prospectus *m* ‖ °**handbook** *n* manuel *m*, guide *m* ‖ °**handbrake** *n* frein *m* à main ‖ °**handcuff** *n* menotte *f* ◆ *vt* passer les menottes à ‖ °**handful** *n* poignée *f* ‖ °**handicraft** *n* 1 habileté *f* manuelle 2 artisanat *m* ; ~s produits artisanaux *mpl* ‖ **hand in** *vpart* remettre ‖ °**handiwork** *n* œuvre *f*, ouvrage *m* ‖ **hand°made** *adj* fait (à la) main ‖ °**hand-me-down** *n adj* **(clothes)** vêtements *mpl* usagés ; *(fam)* héritages *mpl* ‖ **hand on** *vpart* transmettre ‖ **hand out** *vpart* distribuer ‖ °**handout** *n* 1 prospectus *m* ; *(Ens)* document *m* (distribué aux étudiants) 2 information *f*, communiqué *m* de presse 3 aumône *f* ; *state* ~ subside *m* (de l'État) ‖ **hand over** *vpart* remettre, céder ; *(pouvoir)* transmettre ‖ **hand-°picked** *adj* trié sur le volet ‖ °**handrail** *n* garde-fou *m* ; rampe *f* ‖ °**handshake** *n* poignée *f* de main ‖ °**handstand** *n* ; *do a* ~ faire l'arbre droit ‖ **hand-to-°hand** *n* corps à corps *m* ‖ °**handwritten** *adj* manuscrit.

handicap ['hændɪkæp] *n* handicap *m*, désavantage *m* ◆ *vt* handicaper, désavantager ; *the handicapped* les handicapés.

handkerchief ['hæŋkətʃɪf] *n* mouchoir *m*.

handle ['hændl] *n* *(outil)* manche *m* ; *(porte, valise)* poignée *f*, *(panier)* anse *f* ; *(casserole)* queue *f* ◆ *vt* 1 manier, manipuler ; *"~ with care"* « fragile » ; 2 prendre en charge ; *the old airport could no longer* ~ *the traffic* le vieil aéroport ne pouvait plus faire face au trafic ‖ °**handlebars** *npl* guidon *m*.

handsome ['hænsəm] *adj* 1 beau (*f* belle) 2 élégant 3 important ; *a* ~ *sum* une coquette somme.

handy ['hændɪ] *adj* 1 adroit 2 commode, maniable 3 à portée (de main), sous la main ‖ °**handyman** *n* 1 bricoleur *m* 2 homme à tout faire.

hang [hæŋ] *(p pp* **hung**) *vti* 1 *(laisser)* pendre ; *the child hung her head* l'enfant baissa la tête ; *don't* ~ *out of the window!* ne te penche pas par la fenêtre ! 2 *(~ up)* accrocher, suspendre ◆ *(p pp* **hanged**) *vt* *(criminel)* pendre ◆ *excl* ~! zut ! ◆ *n (fam) get the* ~ *of it* attraper le coup, piger ‖ **hang about/around** *vpart* traîner ; être oisif (*f* -ive) ; fréquenter ‖ **hang back** *vpart* rester en arrière ; hésiter ‖ °**hangdog** *adj a* ~ *look* un air de chien battu ‖ **hang down** *vpart* pendre, tomber ‖ °**hanger** *n* cintre *m* ‖ °**hang glider** *n* aile *f* volante ; deltaplane *m* ‖ °**hanging** *n* pendaison *f* ‖ **hang on** *vpart* tenir bon ; patienter ; *(Téléph)* ~! ne quittez pas ! ‖ **hang out** *vpart* *(linge)* étendre ; *(drapeau)* sortir ‖ °**hangover** *n* 1 gueule *f* de bois 2 reliquat *m* ‖ **hang together** *vpart* 1 faire front commun 2 *(argument)* se tenir ‖ **hang up** *vpart* 1 suspendre 2 retarder 3 *(Téleph)* raccrocher ‖ °**hangup** *n (fam)* complexe *m*.

hanker ['hæŋkə] *vi (after, for)* avoir envie (de) ‖ °**hankering** *n* vif désir *m*.

hanky, hankie ['hæŋkɪ] *n* mouchoir *m*.

hanky-panky [ˌhæŋkɪˈpæŋkɪ] *n (fam)* 1 coup *m* fourré 2 conduite *f* incorrecte.

haphazard [ˌhæpˈhæzəd] *adj* (fait) au hasard ; fortuit.

happen ['hæpən] *vi* se passer, arriver ; *I* ~ *to know her/it so* ~s *that I know her* il se trouve que je la connais ; *as it* ~s justement, en fait ‖ °**happening** *n* événement *m* fortuit ; *(Th)* happening *m* ‖ °**happenstance** *n (amér)* événement *m* fortuit.

happily ['hæpɪlɪ] *adv* 1 joyeusement 2 tranquillement 3 ~ *no one was hurt* heureusement, personne n'a été blessé ‖ °**happiness** *n* bonheur *m* ‖ °**happy** *(about)* heureux (*f* -euse) (de) ; *I'm not* ~ *with my job* je ne suis pas satisfait de ma situation ; ~ *families* jeu *m* des sept familles ; ~ *medium* juste milieu *m* ‖ **happy-go-°lucky** *adj* insouciant.

harass ['hærəs] *vt* harceler, tourmenter ‖ °**harassment** *n* harcèlement *m*.

harbor *(amér)*/ **harbour** *(brit)* ['ha:bə] *n* 1 port *m* 2 *(fig)* asile *m* ; refuge *m* ◆ *vt* abriter ; *(fig) (sentiment)* nourrir.

hard [ha:d] *adj* 1 dur ; ~ *cash* espèces *fpl* ; ~ *labour* travaux *mpl* forcés 2 difficile ; *a* ~ *winter* un hiver rude 3 *(fig)* sévère ; *a* ~ *man* un homme impitoyable ; *no* ~ *feelings!* sans rancune ! ~ *and fast* inflexible, absolu ◆ *adv* 1 fort, dur 2 *she's* ~ *behind me* elle est juste derrière moi ; ~ *by* tout près ‖ °**hardback** *n* livre *m* cartonné ‖ °**hardboard** *n* Isorel® *m* ‖ **hard-°boiled** *adj* *(œuf)* dur ; *(personne)* dur à cuire ‖ **hard °core** *n* noyau *m* dur ◆ *adj* ~ *monarchists* royalistes *mpl* inconditionnels ‖ °**harden** *vti* durcir ; endurcir ‖ **hard-°headed** *adj* réaliste ; pratique

hardly

124

‖ **hard-°hearted** *adj* impitoyable ‖ **hard°liner** *n* inconditionnel *m* (*f* -elle) ‖ **°hardness** *n* dureté *f*, fermeté *f*, sévérité *f* ‖ **hard-°nosed** *adj* impitoyable ; réaliste ‖ **hard-°pressed/°pushed** *adj* be ~ être aux abois ; ~ *(to)* être acculé (à) ‖ **hard °sell** *n* méthode *f* de vente agressive ‖ **°hardship** *n* épreuve(s) *f* (*pl*) ; privation *f* ‖ **hard-°up** *adj (fam)* fauché ‖ **°hardware** *n* quincaillerie *f* ; *(Mil)* matériel *m* ; *(Inf)* hardware *m*, matériel *m* informatique ‖ **hard°wearing** *adj (vêtement)* résistant.

hardly ['hɑːdlɪ] *adv* à peine ; ~ *anything* presque rien ; ~ *ever* presque jamais ; *it's* ~ *surprising* ce n'est guère surprenant.

hardy ['hɑːdɪ] *adj* **1** robuste, résistant **2** *(Bot)* de plein vent ; ~ *perennials* plantes *fpl* vivaces de pleine terre.

hare [heə] *n* lièvre *m* ‖ **°harebell** *n* campanule *f* ‖ **°hare-brained** *adj* écervelé ‖ **°harelip** *n* bec *m* de lièvre.

haricot ['hærɪkəʊ] *n* ~ *bean* haricot *m* blanc.

hark [hɑːk] *excl (lit)* écoutez ! ‖ **hark back** *vpart (to)* ressasser.

harm [hɑːm] *n* mal *m* ; *(fig)* tort *m* ; *no* ~ *done!* il n'y a pas de mal ! *he'll come to no* ~ il ne lui arrivera rien de mal ‖ **°harmful** *adj* nuisible ; malfaisant ; pernicieux (*f* -euse) ‖ **°harmless** *adj* inoffensif (*f* -ive), anodin.

harmonious [hɑːˈməʊnjəs] *adj* harmonieux (*f* -euse).

harmonize ['hɑːmənaɪz] *vti* (s')harmoniser, (s')accorder ‖ **°harmony** *n* harmonie *f*.

harness ['hɑːnɪs] *n* harnais *m* ◆ *vt* harnacher ; *(fig)* exploiter.

harp [hɑːp] *n* harpe *f* ‖ **harp on** *(about)* *vpart* rabâcher.

harpoon [hɑːˈpuːn] *n* harpon *m* ◆ *vt* harponner.

harpsichord ['hɑːpsɪkɔːd] *n* clavecin *m*.

harrow ['hærəʊ] *n* herse *f* ‖ **°harrowing** *adj (fig)* déchirant, poignant, atroce.

harsh [hɑːʃ] *adj (with)* désagréable, sévère (avec, envers) ; ~ *climate* climat *m* rigoureux ; ~ *words* mots *mpl* durs ‖ **°harshly** *adv* durement, sévèrement ‖ **°harshness** *n* rudesse *f* ; sévérité *f*.

harvest ['hɑːvɪst] *n* moisson *f* ; récolte *f*, *(raisin)* vendange *f* ◆ *vti* moissonner, récolter ; vendanger ‖ **°harvester** *n (machine)* moissonneuse *f*.

has [hæz] *voir* **have** ‖ **°has-been** *n* homme *m* fini ; *(chose)* vieillerie *f*.

hash [hæʃ] *n (Cuis)* hachis *m* ; *(fig)* gâchis *m* ; *he made a* ~ *of it* il a tout bousillé ; *(amér)* ~ *browns* pommes *fpl* de terre sautées ◆ (~ *up*) *vt* hacher.

hassle ['hæsl] *n* **1** embêtement *m*, compli-

cation *f* **2** dispute *f* ◆ *vt* tracasser, embêter ◆ *vi* se chamailler.

haste [heɪst] *n* hâte *f* ; *in* ~ à la hâte ‖ **°hastily** *adv* à la hâte ‖ **°hasty** *adj* précipité, hâtif (*f* -ive).

hasten ['heɪsn] *vi* se hâter.

hat [hæt] *n* chapeau *m* ; *keep it under your* ~ *!* garde-le pour toi ! ~ *trick (Sp)* passe *f* de trois.

hatch[1] [hætʃ] *vt* faire éclore ; *(fig)* tramer ◆ *vi* (~ *out*) éclore.

hatch[2] [hætʃ] *n* **1** écoutille *f* **2** passe-plats *m* (*pl inv*) ‖ **°hatchback** *n* voiture *f* avec hayon arrière ; *(fam)* (voiture) cinq portes *f*.

hate [heɪt] *n* haine *f* ◆ *vt* **1** détester, haïr ; *I* ~ *milk* j'ai horreur du lait **2** *I* ~ *to disturb you* je suis désolé de vous déranger ; *I* ~ *to say it* je regrette d'avoir à le dire ‖ **°hateful** *adj* détestable ‖ **°hatred** *n* haine *f*.

haughty ['hɔːtɪ] *adj* hautain.

haul [hɔːl] *n* **1** coup *m* de filet, prise *f* ; *(fam)* butin *m* **2** parcours *m* ; *they rested after their long* ~ ils se sont reposés après leur long trajet ◆ *vt* traîner ; *he* ~*ed himself out of the cockpit* il se hissa hors de la carlingue ‖ **°haulage** *n* transport *m* routier ‖ **°haulier** *n* transporteur *m* routier.

haunch [hɔːntʃ] *n (Cuis)* cuissot *m* ; ~*es* arrière-train *m* ; cuissot *m*.

haunt [hɔːnt] *n* repaire *m* ; lieu *m* favori ◆ *vt* **1** fréquenter **2** hanter ; *(fig)* obséder.

have[1] [hæv] *(p pp had)* *aux* **1** *(present perfect)* *I haven't finished* je n'ai pas fini **2** *(pluperfect)* *We had seen him* nous l'avions vu **3** *(autres temps composés)* *you could* ~ *warned me* vous auriez pu m'avertir.

have[2] [hæv] *(p pp had)* *vt* **1** avoir, posséder **2** obtenir ; *she had a letter this morning* elle a reçu une lettre ce matin ; *I* ~ *it now!* ça y est ! j'ai compris/trouvé ; *(fam) he's had it* il a eu son compte **3** prendre ; ~ *a meal/a shower* prendre un repas/une douche ; ~ *a look* jeter un coup d'œil ; ~ *a go* essayer **4** tolérer ; *I'm not having that dog here* je ne veux pas de ce chien ici **5** faire faire ; *you'll* ~ *him do it* vous lui ferez faire ; *I* ~ *my meals brought up* je fais monter mes repas **6** ~ *to* devoir ; *you don't* ~ *to answer* vous n'êtes pas obligé de répondre ◆ *npl inv* ; *the haves and the have-nots* les riches *mpl* et les pauvres *mpl* ‖ **have in** *vpart* **1** faire entrer **2** *(fam) he has it in for me* il a une dent contre moi ‖ **have on** *vpart* **1** *he has the radio on* il fait marcher la radio **2** *she has a red dress on* elle porte une robe rouge **3** *you're having me on (brit)* tu me fais marcher ‖ **have out** *vpart* faire sortir ; *(fig) let's* ~ *the whole thing out!* expliquons-nous une bonne fois ! ‖ **have over**

with *vpart* **I'll be glad to have it over with** je serai content d'en avoir fini ‖ **have up** *vpart* **1** faire monter **2** *(Jur)* citer en justice.

haven ['heɪvn] *n* abri *m*; *tax* ~ paradis *m* fiscal.

haversack ['hævəsæk] *n* musette *f*.

havoc ['hævək] *n inv* ravages *mpl*; *play* ~ *(with)* faire des ravages (dans), *(fig)* désorganiser.

hawk[1] [hɔːk] *n (Orn)* faucon *m*; *(amér)* buse *f*.

hawk[2] [hɔːk] *vt* colporter, démarcher.

hawthorn ['hɔːθɔːn] *n (Bot)* aubépine *f*.

hay [heɪ] *n* foin *m*; ~ *fever* rhume *m* des foins; *make* ~ *while the sun shines!* il faut battre le fer pendant qu'il est chaud ! ‖ **haywire** *adj (fam)* embrouillé; *go* ~ se détraquer.

hazard ['hæzəd] *n* danger *m*; risque *m*; *(Aut)* ~ *warning lights* feux *mpl* de détresse ◆ *vt* **1** *(vie, argent)* risquer **2** hasarder ‖ **hazardous** *adj* dangereux (*f* -euse); nocif (*f* -ive).

haze [heɪz] *n* brume *f*, vapeur *f*; *(fig) he was in a* ~ il était dans le brouillard ‖ **hazy** *adj* brumeux (*f* -euse); *(fig)* vague, flou.

hazel ['heɪzl] *n* noisetier *m* ◆ *adj (couleur)* noisette *inv* ‖ **hazelnut** *n* noisette *f*.

he [hiː] **1** *p pers sujet* il, lui; *she's late, he isn't* elle est en retard, lui pas **2** *préf* mâle; *a* ~-*goat* un bouc ‖ **he-man** *n* (vrai) mâle *m*.

head [hed] *n* **1** tête *f*; ~ *cold* rhume *m*; *(cheval) he won by a* ~ il a gagné d'une tête; *it'll cost £10 a* ~ cela coûtera 10 livres par personne; *turn* ~ *over heels* faire la culbute; *he was shouting his* ~ *off* il criait à tue-tête **2** intelligence *f*, esprit *m*; *she has a good* ~ *for figures* elle est douée pour les chiffres; *a good* ~ *for business* le sens des affaires; *we put our* ~*s together* nous nous sommes concertés **3** directeur *m* (*f* -trice), chef *m*; ~ *of state* chef d'État; ~ *office* siège *m* social; ~*master (Ens)* directeur *m* d'école **4** *inv* tête *f* de bétail **5** *(lettre)* en-tête *m* **6** *(pièce de monnaie)* face *f*; ~*s or tails?* pile ou face ? *I can't make* ~ *or tail of it* je n'y comprends rien **7** *(Géog)* cap *m*; *(d'un lac)* extrémité *f* **8** *(Tech)* ~ *of steam* pression *f* de vapeur **9** *(magnétophone)* tête *f* magnétique **10** *(abcès)* tête *f*; *come to a* ~ mûrir; *(situation)* devenir critique ◆ *vt* **1** mener **2** *(Sp)* ~ *a ball* faire une tête ◆ *vi (for)* s'avancer (vers); aller droit (à); *(fig) you're* ~*ing for disaster* vous courez au désastre ‖ **headache** *n* mal *m* de tête ‖ **header** *n (Sp)* **1** plongeon *m* **2** coup *m* de tête ‖ **head-**°**first** *adv* la tête la première ‖ °**heading** *n* titre *m*; rubrique *f*, en-

tête *m* ‖ °**headlight** *n (Aut)* phare *m*; *dipped* ~*s* feux *mpl* de croisement ‖ °**headland** *n* promontoire *m* ‖ °**headline** *n (journal)* gros titre *m*, manchette *f*; *(Rad TV)* grand titre *m* ‖ °**headlong** *adj they made a* ~ *rush for the door* ils se sont rués vers la porte ◆ *adv* tête baissée, la tête la première ‖ **head off** *vpart* **1** faire rebrousser chemin (à) **2** parer, éviter ‖ °**head-on** *adj adv* de front, de plein fouet; *a* ~ *collision* une collision frontale ‖ °**headphone** *n* écouteur *m*; ~*s* casque *m* ‖ **head**°**quarters** *npl (Mil)* quartier *m* général; *(Com)* siège *m* social ‖ °**headroom** *n* hauteur *f* disponible ‖ °**headscarf/square** *n* foulard *m* ‖ °**headset** *n* casque *m* à écouteurs ‖ °**headshrinker** *n (fam)* psy(chiatre) *mf* ‖ °**headstrong** *adj* têtu ‖ °**headway** *n* progrès *m* ‖ °**headwind** *n* vent *m* contraire ‖ °**heady** *adj* **1** impétueux (*f* -euse) **2** grisant.

heal [hiːl] *vi* (~ *up*) se cicatriser ◆ *vt* apaiser; *(of)* guérir (de) ‖ °**healer** *n* guérisseur *m* (*f* -euse).

health [helθ] *n* santé *f*; *(brit) the H~ Service* la Sécurité sociale; ~ *food* aliment *m* biologique ‖ °**healthy** *adj* en bonne santé; sain; *seaside air is* ~ l'air de la mer est salubre; *(fig)* ~ *majority* majorité *f* confortable.

heap [hiːp] *n* tas *m*; *(fam) I've got* ~*s of time* j'ai largement le temps; *this is* ~*s better* c'est cent fois mieux ◆ (~ *up*) *vt* entasser.

hear [hɪə] *vti* (*p pp* **heard**) *vt* **1** entendre **2** entendre dire; *I* ~ *you are going away* j'apprends que vous partez ◆ *vi* entendre parler; *have you* ~*d of him?* avez-vous entendu parler de lui? *I won't* ~ *of it!* je ne veux pas en entendre parler ! *(fam)* pas question ! ◆ *excl* ~! ~! bravo! ‖ °**hearing** *n* **1** ouïe *f*; *within* ~ à portée de voix; ~ *aid* prothèse *f* auditive **2** audition *f*; *(Jur)* audience *f* ‖ °**hearsay** *n* ouï-dire *m (pl inv)*; *from* ~ par ouï-dire.

hearse [hɜːs] *n* corbillard *m*.

heart [hɑːt] *n* **1** cœur *m*; ~ *attack* crise *f* cardiaque; ~ *surgeon* chirurgien *m* cardiologue; *(fig) at* ~ au fond; *he took his job to* ~ il prit son travail à cœur; *in his* ~ *of* ~*s* en son for intérieur; ~ *and soul* corps et âme; *(fam) have a* ~*!* pitié ! **2** milieu *m*; *in the* ~ *of the town* au centre de la ville; *(fig) the* ~ *of the matter* le fond *m* du problème **3** courage *m*; *take* ~*!* (reprends) courage ! ‖ °**heartache** *n* chagrin *m*, peine *f* de cœur ‖ °**heartbreak** *n* grand chagrin *m*, déchirement *m* ‖ °**heartbreaking** *adj* navrant ‖ °**heartbroken** *adj he's* ~ il a le cœur brisé ‖ °**heartburn** *n* brûlures *fpl* d'estomac ‖ °**hearten** *vt* encourager ‖ °**heartfelt**

adj sincère ‖ **°heartily** *adv* de tout son cœur ; *I ~ agree* je suis tout à fait d'accord ‖ **°heartless** *adj* cruel (*f* -elle) ‖ **°heartrending** *adj* déchirant ‖ **°heartsick** *adj* découragé ‖ **°heartthrob** *n* (homme) idole *f* ‖ **heart-to-°heart** *adj adv* (fig) à cœur ouvert ◆ *n* conversation *f* intime ‖ **°hearty** *adj* 1 vigoureux (*f* -euse) ; *a ~ meal* un repas copieux 2 chaleureux (*f* -euse) ; *a ~ laugh* un rire franc.

hearth [hɑːθ] *n* âtre *m*, foyer *m*.

heat [hiːt] *n* 1 chaleur *f*, ardeur *f* 2 (fig) *in the ~ of the debate* dans le feu du débat 3 (Sp) éliminatoire *f* ‖ *on/in ~* en rut/chaleur ◆ *vti* (*~ up*) chauffer, (se) réchauffer ; (fig) s'animer ‖ **°heated** *adj* animé ‖ **°heatedly** *adv* avec passion ‖ **°heater** *n* appareil *m* de chauffage ‖ **°heating** *n* chauffage *m* ‖ **°heatproof/resistant** *adj* thermorésistant ‖ **°heat pump** *n* pompe *f* à chaleur.

heath [hiːθ] *n* lande *f*.

heathen [ˈhiːðn] *adj n* païen (*f* -ïenne).

heather [ˈheðə] *n* bruyère *f*.

heave[1] [hiːv] *vti* 1 (se) lever, (se) soulever 2 avoir des hauts-le-cœur 3 *~ a sigh* pousser un soupir ◆ *n* effort *m* pour soulever.

heave[2] [hiːv] (*p pp* **hove**) *vi* (Naut) hisser ; *~ the anchor!* levez l'ancre ! *~ ho!* ho hisse !

heaven [ˈhevn] *n* paradis *m*, ciel *m* ; (fam) *~ forbid!* surtout pas ! *~ knows!* Dieu seul le sait ! (good) *~s!* mon Dieu ! *for ~'s sake!* pour l'amour du ciel ! ‖ **°heavenly** *adj* 1 céleste 2 (fig) divin, splendide.

heavily [ˈhevɪlɪ] *adv* lourdement ‖ **°heaviness** *n* lourdeur *f*, poids *m* ‖ **°heavy** *adj* 1 lourd, pesant ; *how ~ are you?* combien pesez-vous ? ; (brit) *~ goods vehicle* (camion) poids lourd *m* 2 important ; *the traffic is ~ on Saturdays* la circulation est intense le samedi ; *I had a ~ day* j'ai eu une journée chargée 3 ardu, difficile ; *~ work* travail *m* pénible ; *he finds it ~ going* il a bien du mal à avancer ; *~ weather* gros temps *m* 4 (Aut) *this car is ~ on oil* cette voiture consomme beaucoup d'huile ◆ *adv* lourd ‖ **heavy-°duty** *adj* très résistant ; *~ machinery* matériel *m* à grand rendement ‖ **heavy-°handed** *adj* 1 maladroit 2 qui a la main lourde ‖ **heavy-°set** *adj* trapu ‖ **°heavyweight** *adj* lourd ◆ *n* (Sp) poids lourd *m*.

heck [hek] *interj* (fam) zut ! ; *what the ~!* que diable ! *we had a ~ of a trip!* on a fait un sacré voyage !

heckle [ˈhekl] *vt* chahuter (un orateur).

hectic [ˈhektɪk] *adj* 1 fiévreux (*f* -euse) 2 fébrile, bousculé.

he'd [hiːd] *voir* **he had, he would.**

hedge [hedʒ] *n* haie *f* ; (fig) protection *f* ◆ *vti* 1 (*~ in*) enfermer ; *the garden was ~d with hawthorn* le jardin était entouré d'une haie d'aubépines 2 (fig) éviter de se compromettre ; (Fin) *he ~d his bets* il s'est couvert 3 esquiver, éluder ‖ **°hedgehog** *n* hérisson *m* ‖ **°hedgehop** *vi* (Av) voler en rase-mottes ‖ **°hedgerow** *n* haie *f*.

heed [hiːd] *n* attention *f* ◆ *vt* tenir compte de ‖ **°heedless** *adj* étourdi, insouciant.

heel [hiːl] *n* 1 talon *m* ; *he took to his ~s* il a pris ses jambes à son cou 2 (fig) *the country was under the invaders' ~* le pays était sous la botte de l'envahisseur 3 (argot) salaud *m* ◆ *vt* 1 mettre un talon à 2 talonner ‖ **heeled** *adj* (amér fam) 1 plein aux as 2 armé ‖ **heel over** *vpart* (Naut) donner de la bande, prendre de la gîte.

hefty [ˈheftɪ] *adj* (fam) (personne) costaud ; (colis) encombrant ; (prix) élevé.

heifer [ˈhefə] *n* génisse *f*.

height [haɪt] *n* 1 hauteur *f* ; *110 yards in ~* 100 mètres de hauteur 2 altitude *f* 3 taille *f* ; *of medium ~* de taille moyenne 4 haute taille *f* 5 (fig) apogée *m* ; comble *m* ; *he was at the ~ of his power* il avait atteint le sommet de son pouvoir ‖ **°heighten** *vt* intensifier, rehausser.

heir [eə] *n* héritier *m* ‖ **°heiress** *n* héritière *f* ‖ **°heirloom** *n* héritage *m* ; *my ring is a family ~* ma bague est un bijou de famille.

heist [haɪst] *n* (amér argot) braquage *m*, hold-up *m*.

held [held] *p pp* **hold.**

he'll [hiːl] *voir* **he will.**

hell [hel] *n* 1 enfer *m* ; (fig) *he made her life ~* il lui a rendu la vie impossible 2 (vulg) *he gave them ~* il les a engueulés ; *~! merde! go to ~!* fous le camp ! ‖ **hell°bent** *adj* acharné ‖ **°hellish** *adj* diabolique, infernal.

hello [haˈləʊ] *interj* bonjour ! (fam) salut ! (Téléph) allô !

helm [helm] *n* (Naut) barre *f* ‖ **°helmsman** *n* (Naut) timonier *m* ; (plaisance) barreur *m*.

helmet [ˈhelmɪt] *n* casque *m*.

help [help] *n* 1 *inv* aide *f*, assistance *f* ; *~!* au secours ! 2 (home) femme *f* de ménage ; aide *f* ménagère ◆ *vti* 1 aider, tirer d'embarras 2 *shouting won't ~* il ne sert à rien de crier 3 servir ; *~ yourself!* servez-vous ! 3 *I can't ~ it* je n'y peux rien ; *she can't ~ crying* elle ne peut s'empêcher de pleurer ; *I can't ~ but tell you* je suis obligé de vous dire ; *don't spend more than you can ~* tâche de dépenser le moins possible 4 (Jur) *so ~ me God* en mon âme et conscience ‖ **help out** *vpart* aider ‖ **°helper** *n* assistant *m* ‖ **°helpful**

adj (personne) obligeant ; *(chose)* utile ‖ **°helpfulness** *n* obligeance *f* ‖ **°helping** *n (nourriture)* portion *f* ‖ **°helpless** *adj (physique)* impotent ; *(moral)* désarmé ‖ **°helpline** *n (Téléph)* numéro *m* vert.

helter-skelter [ˌheltəˈskeltə] *adj adv* pêle-mêle ; à la débandade ◆ *n (foire)* toboggan *m*.

hem [hem] *n* ourlet *m* ◆ *vt* ourler ‖ **hem in** *vpart* cerner, enserrer ; *(fig)* entraver.

hemisphere [ˈhemɪˌsfɪə] *n* hémisphère *m*.

hemlock [ˈhemlɒk] *n* ciguë *f*.

hemo- [ˈhiːməʊ] = **haemo-** *préf.*

hemp [hemp] *n* chanvre *m*.

hen [hen] *n* **1** poule *f* **2** ~ *bird* oiseau *m* femelle ‖ **°henhouse** *n* poulailler *m* ‖ **°henpecked** *adj* ~ *husband* mari *m* mené par le bout du nez.

hence [hens] *adv* **1** de là ; *(fig)* d'où **2** *a few years* ~ d'ici quelques années ‖ **hence°forth** *adv* désormais.

her [hɜː] *pr pers compl f* la, lui, elle ; *I know* ~ je la connais ; *I was at school with* ~ j'étais en classe avec elle ; *tell* ~ dites-lui ◆ *adj poss* son, sa, ses ; *she likes* ~ *poems and* ~ *humour* il aime ses poèmes et son humour.

herald [ˈherəld] *n* messager *m*, héraut *m* ◆ *vt* annoncer ‖ **°heraldry** *n* héraldique *f*.

herb [hɜːb] *n* herbe *f* ; *(Méd)* simple *f* ; *(Cuis)* ~s herbes *fpl* aromatiques ; ~*(al) tea* tisane *f* ‖ **°herbalist** *n* herboriste *mf*.

herd [hɜːd] *n* troupeau *m* ; *(péj)* foule *f* ◆ *vt* rassembler ◆ *vi* ~ *together* s'assembler en troupeau.

here [hɪə] *adv* ici ; ~ *he is!* le voici ! ~ *(you are)!* tenez ! ~ *goes!* allons-y !/c'est parti ! ~ *and there* ça/ici et là ; *that's neither* ~ *nor there* la question n'est pas là/ça n'a aucun rapport ; *(Ens)* ~! présent ! ; ~*'s to you!* à votre santé ! ~ *below* ici-bas ‖ **°hereabouts** *adv* dans les parages ‖ **here°after** *adv* ci-après ; dorénavant ‖ **here°by** *adv* par ces présentes ‖ **here°with** *adv* ci-inclus ; par la présente.

hereditary [hɪˈredɪtərɪ] *adj* héréditaire ‖ **he°redity** *n* hérédité *f*.

heresy [ˈherəsɪ] *n* hérésie *f* ‖ **°heretic** *n* hérétique *mf* ‖ **he°retical** *adj* hérétique.

heritage [ˈherɪtɪdʒ] *n* patrimoine *m*.

hermit [ˈhɜːmɪt] *n* ermite *m*.

hernia [ˈhɜːnjə] *n* hernie *f*.

hero [ˈhɪərəʊ] *n* héros *m* (*pl inv*)

heroic [hɪˈrəʊɪk] *adj* héroïque.

heroin [ˈherəʊɪn] *n (drogue)* héroïne *f*.

heroine [ˈherəʊɪn] *n (femme)* héroïne *f* ‖ **°heroism** *n* héroïsme *m*.

heron [ˈherən] *n (Orn)* héron *m*.

herring [ˈherɪŋ] *n* hareng *m* ; *red* ~ fausse piste *f* ‖ **°herringbone** *n* (dessin à) chevrons *mpl*.

hers [hɜːz] *pr poss f* le sien, la sienne, les siens, les siennes ; *a friend of* ~ un de ses amis ‖ **her°self** *pr pers réfl* elle-même ; *she looked at* ~ *in the mirror* elle se regarda dans la glace ; *Brenda* ~ *came* Brenda est venue elle-même.

he's [hiːz] *voir* **he is, he has.**

hesitancy [ˈhezɪtənsɪ]/**°hesitance** *n* hésitation *f*, irrésolution *f* ‖ **°hesitant** *adj* hésitant ‖ **hesi°tation** *n* hésitation *f*.

hetero- [ˈhetərəʊ] *préf* hétéro- ; ‖ **hete-ro°geneous** *adj* hétérogène ‖ **hete-ro-°sexual** *adj* hétérosexuel.

het up [het ˈʌp] *adj (fam)* agité, énervé.

hew [hjuː] (*p* **hewed** ; *pp* **hewn**) *vt* tailler, abattre.

hexagon [ˈheksəgən] *n* hexagone *m*.

heyday [ˈheɪdeɪ] *n* apogée *m*, âge *m* d'or.

hi [haɪ] *excl* **1** salut ! **2** hé !

hibernate [ˈhaɪbəneɪt] *vi* hiberner.

hiccough/hiccup [ˈhɪkʌp] *n* hoquet *m*.

hid [hɪd] *p* **hide.**

hidden [ˈhɪdn] *pp* **hide.**

hide[1] [haɪd] (*p* **hid** ; *pp* **hidden**) *vt (from)* cacher (à) ◆ *vi* (~ *away, out*) se cacher ‖ **hide and °seek** *n* cache-cache *m* ‖ **°hideaway/-out/°hiding (place)** *n* cachette *f* ‖ **°hide** *n (brit)* affût *m*.

hide[2] [haɪd] *n* peau *f*, cuir *m* ‖ **°hidebound** *adj* borné ‖ **°hiding** *n (fam)* raclée *f*.

hideous [ˈhɪdɪəs] *adj* hideux (*f* -euse) ; *(crime)* odieux (*f* -euse).

hierarchy [ˈhaɪərɑːkɪ] *n* hiérarchie *f*.

hi-fi [ˈhaɪfaɪ] *adj* hi-fi *f*.

higgledy-piggledy [ˌhɪɡldɪˈpɪɡldɪ] *adj adv* pêle-mêle, en vrac.

high [haɪ] *adj* **1** haut ; *how* ~ *is the fence?* quelle est la hauteur de la clôture ? **2** élevé ; *she has a* ~*(-pitched) voice* elle a une voix aiguë **3** important ; *(fête)* ~ *spot* clou *m* ; ~ *school (amér Ens)* lycée *m* ; ~*er education* enseignement *m* supérieur **4** *(fig)* haut, élevé ; *it was a* ~ *profile position* c'était une situation en vue ; *they were in* ~ *spirits* ils étaient plein d'entrain **5** parti ; ~ *on drugs* défoncé **6** *(gibier)* faisandé ◆ *adv* haut ; ~ *above* au-dessus de nos têtes ; ~ *up* en haut ; *(fig) fly* ~ *voir* grand ◆ *n* **1** zone *f* de haute pression, anti-cyclone *m* **2** *(prix)* maximum *m* **3** *on* ~ en haut ; *orders came from on* ~ des ordres sont venus d'en haut ‖ **°highbrow** *adj n* intellectuel(le) *m(f)* ‖ **high-°class** *adj* de premier ordre ‖ **highfa°lutin'** *adj (fam)* prétentieux (*f* -euse) ‖ **hi(gh) fi(°delity)** *n* haute fidélité *f* ‖ **high-°flier/flyer** *n (fam)* ambitieux *m* (*f* -euse), carriériste *m* ‖ **high-°flown** *adj* ampoulé ‖ **high-°grade** *adj* de premier choix ‖ **high-°handed** *adj* arbitraire

‖ °**highlight** vt mettre en valeur, souligner ◆ n *her hair was chestnut with red ~s* elle avait des cheveux châtains éclairés de reflets roux ; *(fig)* grand moment m ; *it was the ~ of our visit* ce fut le clou de notre visite ‖ °**highly** adv très ; *he thinks ~ of his boss* il a une haute opinion de son patron ‖ **high-°powered** adj puissant ‖ **high-°pressure** adj 1 à haute pression 2 *(Com) ~ salesman* vendeur m agressif 3 anticyclonique ‖ °**high-rise (block)** n tour f (d'habitation ou de bureaux) ‖ °**highroad** n *(brit)* grand-route f ‖ °**high°sounding** adj pompeux (f -euse) ‖ **high°speed** adj ultra-rapide, à grande vitesse ‖ **high-°spirited** adj plein d'ardeur ; *(cheval)* fougueux (f -euse) ‖ °**high street** n grand-rue f ; ~ *shops* commerces mpl du centre-ville ‖ **highly-°strung** adj impressionnable, nerveux (f -euse) ‖ **hi(gh)-tech(°nology)** n technologie f de pointe ‖ °**highway** n 1 *(amér)* grande route f 2 *public ~* voie f publique ; ~ *code* code m de la route.

highjack/hijack ['haɪdʒæk] n *(avion)* détournement m ; vol m d'un véhicule ◆ vt détourner ‖ °**highjacker** n pirate m de l'air/de la route.

hike [haɪk] n 1 randonnée f 2 *(fam) (prix)* hausse f ◆ vi faire une randonnée ◆ vt *(fam) (prix)* augmenter.

hilarious [hɪ'leərɪəs] adj désopilant.

hill [hɪl] n 1 colline f 2 côte f, pente f ‖ °**hill°side** n coteau m ‖ °**hilly** adj vallonné.

hilt [hɪlt] n *(épée)* garde f ; *(couteau)* manche m.

him [hɪm] pr pers compl m le, lui ; *I hate ~* je le déteste ; *I'll phone ~* je lui téléphonerai ‖ **him°self** pr pers réfl se, lui-même ; *he hurt ~* il s'est blessé ; *he lacks confidence in ~* il manque de confiance en lui ; *he came ~* il est venu lui-même.

hind[1] [haɪnd] n *(Zool)* biche f.

hind[2] [haɪnd] adj postérieur ; ~ *legs* pattes fpl de derrière ‖ °**hindsight** n *with ~* rétrospectivement.

hinder ['hɪndə] vt entraver, faire obstacle ‖ °**hindrance** n gêne f, entrave f, obstacle m ; *without ~* sans rencontrer d'opposition.

hinge [hɪndʒ] n *(porte)* gond m, charnière f ◆ vi *(on)* pivoter, tourner (autour de) ; *(fig)* dépendre (de).

hint [hɪnt] n 1 insinuation f ; *drop a ~* faire une allusion ; *he took the ~* il a compris à demi-mot 2 *useful ~s for travellers* petits conseils aux voyageurs 3 soupçon m ; *a ~ of regret* une pointe de regret ◆ vti *(at)* insinuer, suggérer.

hip[1] [hɪp] n 1 hanche f ; *~bone* os m iliaque ; ~ *pocket* poche f revolver

hip[2] [hɪp] adj *(fam 1960)* dans le coup

°**hippie/hippy** n hippie mf ‖ °**hipster** n beatnik mf.

hippopotamus [ˌhɪpə'pɒtəməs] n hippopotame m.

hire [haɪə] n *(main-d'œuvre)* embauche f ; *(voiture)* location f ; *for ~* à louer ; *~ purchase* achat m à crédit ◆ vt embaucher ; louer ‖ **hire out** vpart donner en location.

his [hɪz] adj poss m son, sa, ses *I like ~ house, and ~ books* j'aime sa maison et ses livres ◆ pr poss le sien, la sienne, les siens, les siennes ; *a friend of ~* un de ses amis.

hiss [hɪs] n sifflement m ◆ vti siffler.

historian [hɪ'stɔːrɪən] n historien m (f -ienne)‖ **his°toric** adj historique ; *a plaque commemorates this ~ event* une plaque commémore cet événement historique ‖ **his°torical** adj historique ; ~ *novel* roman m historique.

history ['hɪstərɪ] n histoire f ; *(Méd) case ~* dossier m médical ; antécédents mpl.

histrionic [ˌhɪstrɪ'ɒnɪk] adj théâtral ; *(péj)* de cabotin ‖ **histri°onics** n cabotinage m.

hit [hɪt] n 1 succès m ; *(Ciné, Th, TV)* spectacle m à succès ; *(Mus)* tube m 2 *(Sp)* touche f ; *winning ~* coup m gagnant ; *(Mil) direct ~* coup au but 3 coup 4 *(argot)* dose f de drogue 5 *(amér argot)* meurtre m prémédité ; ~ *man* tueur m à gages ◆ *(p pp hit)* vt 1 toucher, atteindre ; *(fig) it suddenly ~ me* j'ai soudain compris ; *his death ~ the headlines* sa mort a fait la une des journaux 2 frapper ; *(fig)* affecter ; *the recession has badly ~ the working class* la récession a gravement touché la classe ouvrière 3 *(amér argot)* buter ◆ vi frapper ; *(against)* se heurter (à) ‖ **hit-and-°run** adj ~ *driver* chauffard m *(coupable du délit de fuite)* ‖ **hit back** vpart riposter ‖ **hit off** vpart 1 caricaturer 2 *(fam) we hit it off from the start* nous nous sommes tout de suite bien entendus ‖ **hit (up)on** vpart trouver *I've just ~ the answer* je viens de tomber sur la réponse ‖ **hit-or-°miss** adj adv *(fait)* au petit bonheur ‖ **hit out** vpart *(at)* décocher un coup (à).

hitch [hɪtʃ] n 1 contretemps m ; anicroche f ; *technical ~* incident m technique 2 secousse f 3 *(amér fam)* période f ◆ vt accrocher, fixer ‖ °**hitchhike** vi/**hitch a lift** faire de l'auto-stop/du stop.

hive [haɪv] n 1 ruche f 2 *~s* urticaire f ‖ **hive off** vpart *(se)* séparer (de) ; *(fig) (Com) the company ~d off its subsidiaries* le groupe a vendu ses filiales.

hoard [hɔːd] n accumulation f ; ~ *of money* magot m ◆ vt *(~ up)* accumuler, amasser.

hoarding ['hɔːdɪŋ] n 1 panneau m d'affichage 2 palissade f.

hoarfrost [ˌhɔː'frɒst] n gelée f blanche.

hoarse [hɔːs] *adj* enroué ; rauque.
hoax [həʊks] *n* duperie *f* ; *(fam)* canular *m* ; *bomb ~* (fausse) alerte *f* à la bombe ◆ *vt* duper ; *(fam)* monter un canular (à).
hobble [ˈhɒbl] *vi* boitiller, clopiner ◆ *vt (animal)* entraver.
hobby [ˈhɒbi] *n* passe-temps *m* favori, hobby *m* ; *~ horse* cheval *m* à bascule ; *(fig)* dada *m*, marotte *f*.
hobnob [ˈhɒbnɒb] *vi (with)* frayer (avec).
hobo [ˈhəʊbəʊ] *n (amér)* **1** vagabond *m*, clochard *m* **2** ouvrier *m* saisonnier.
hock[1] [hɒk] *n (animal)* jarret *m*.
hock[2] [hɒk] *n* vin *m* du Rhin.
hock[3] [hɒk] *vt (fam)* mettre au clou.
hocus-pocus [ˌhəʊkəsˈpəʊkəs] *n* super-cherie *f*.
hodge-podge [ˈhɒdʒpɒdʒ] *n (amér)* pot-pourri *m*, mélange *m*.
hoe [həʊ] *n* binette *f* ◆ *vt* biner, sarcler.
hog [hɒg] *n* porc *m* ; *(fig)* goinfre *m* ◆ *vt (fam)* goinfrer ; accaparer ‖ °**hogshead** *n* barrique *f* ‖ °**hogwash** *n (vulg)* foutaise(s) *f (pl)*.
hoist [hɔɪst] *n* treuil *m*, monte-charge *m* ◆ *vt* hisser.
hold [həʊld] *n* **1** prise *f* ; *try to catch ~ of my hand!* essaie de saisir/d'attraper ma main ! *can you get ~ of him?* pouvez-vous le joindre ? *(fig) he has a ~ on me* il me tient **2** *(Naut)* cale *f*, soute *f* ; *(Av)* soute ◆ *v (p pp held) vt* **1** tenir, posséder ; *he held his position for years* il a occupé son poste pendant des années **2** contenir ; *this bottle ~s one litre* c'est une bouteille d'un litre **3** garder ; *(Phot) ~ it!* ne bougez plus ! *they'll ~ the train for us* on retardera le train pour nous ; *(fam fig) don't ~ your breath!* ce n'est pas pour demain ! **4** *(fig)* tenir ; *they held their meeting in the townhall* ils ont tenu leur réunion à la mairie **5** maintenir, fixer **6** estimer, soutenir une opinion ; *we ~ these truths to be self-evident* nous tenons ces vérités pour évidentes ◆ *vi* **1** tenir bon ; *this knot will never ~* ce nœud ne tiendra pas ; *I don't ~ with his behaviour* je n'approuve pas sa conduite **2** se maintenir ; rester valable ; *it can ~ for several days* cela se conserve plusieurs jours ; *the same rules ~ for everyone* les mêmes règles s'appliquent à tous ‖ °**holdall** *n* fourre-tout *m (pl inv)* ‖ **hold back** *vpart* **1** retenir ; *(fig)* dissimuler **2** *(from)* se retenir (de) ‖ **hold down** *vpart* maintenir ; *~ down a job* conserver un emploi ‖ °**holder** *n* détenteur *m* ; *cigarette ~* porte-cigarettes *m (pl inv)* ‖ **hold forth** *vpart* pérorer ‖ **hold in** *vpart* contenir ‖ **hold off** *vpart* (se) tenir à distance ‖ **hold on** *vpart* tenir bon, continuer ; *~ on!* un instant ! *(Téléph)* ne quittez pas ! ‖ **hold out** *vpart* **1** tendre ; *science ~s out little hope for the victims of Aids* la

science offre peu d'espoir aux victimes du sida **2** cacher ; *you're ~ing out on me* vous me cachez quelque chose **3** tenir bon ; *union representatives held out for better wages* les délégués syndicaux continuaient à réclamer des augmentations de salaire ‖ **hold over** *vpart* **1** *(until)* remettre (à) **2** continuer ; *the play is held over for a month* les représentations sont prolongées d'un mois ‖ **hold up** *vpart* **1** arrêter **2** retarder **3** attaquer, faire un hold-up **4** lever **5** tenir bon ‖ °**holdup** *n* **1** embouteillage *m*, panne *f* **2** attaque *f* à main armée, hold-up *m*.
hole [həʊl] *n* **1** trou *m*, brèche *f* **2** *rabbit ~* terrier *m* **3** *(fam)* bled *m*, trou *m*.
holiday [ˈhɒlədeɪ] *n* **1** jour *m* de congé **2** vacances *fpl* ; *~s with pay* congés *mpl* payés ◆ *vi* passer ses vacances ‖ °**holidaymaker** *n* vacancier *m (f* -ière).
holiness [ˈhəʊlɪnɪs] *n* **1** sainteté *f* **2** caractère *m* sacré.
holler [ˈhɒlə] *vi (fam)* brailler.
hollow [ˈhɒləʊ] *adj* **1** creux *(f* -euse) **2** *(son)* sourd **3** faux *(f* -sse) ◆ *n* creux *m* ◆ *vt (~ out)* creuser.
holly [ˈhɒli] *n (Bot)* houx *m*.
hollyhock [ˈhɒlɪhɒk] *n (Bot)* rose *f* trémière.
holster [ˈhəʊlstə] *n* étui *m* de revolver.
holy [ˈhəʊli] *adj* saint, sacré.
homage [ˈhɒmɪdʒ] *n* hommage *m*.
home [həʊm] *n* **1** maison *f*, foyer *m* ; *~ address* adresse *f* personnelle ; *~ life* vie *f* de famille ; *~ economics* économie *f* domestique **2** pays *m*, patrie *f* ; *(GB) H~ Office* ministère *m* de l'Intérieur ; *~ market* marché *m* intérieur ; *~ rule* autonomie *f* ; *(fig) France is the ~ of human rights* la France est la patrie des droits de l'homme **3** foyer *m*, asile *m* ; *old people's ~* maison *f* de retraite, hospice *m* **4** *(animal, plante)* habitat *m* **5** *(Sp) play at ~* jouer sur son terrain/à domicile **6** *(Sp) ~ stretch* dernière ligne *f* droite **7** place *f* ◆ *adv loc adv* **1** *I'll stay (at) ~ today* aujourd'hui, je resterai chez moi ; *make yourself at ~!* faites comme chez vous ! *(fig) she feels at ~ with old people* elle est à l'aise avec les vieillards **2** *I want to go ~* je veux rentrer chez moi ; *on her way ~* en rentrant chez elle **3** *back ~* dans mon pays/chez moi ; *the wounded were sent back ~* les blessés ont été rapatriés ; *at ~ and abroad* ici/dans notre pays et à l'étranger **4** *(Tech)* à fond ; *press the button ~* poussez le bouton à fond ; *(fig) he drove his point ~* il a enfoncé le clou ◆ *vi (pigeon)* rentrer (au colombier) ‖ °**homebody** *n what a ~!* quel pantouflard ! *(fam)* ‖ °**homecoming** *n* retour *m* au foyer/au pays ‖ **home°grown** *adj ~ vegetables* légumes *mpl* du pays ;

légumes du jardin ; ~ **hero** (*fig*) enfant *nf* du pays ‖ °**home in** *vi* (*missile*) (*on*) se diriger automatiquement (vers, sur) ‖ °**homeland** *n* patrie *f* ‖ °**homeless** *adj* sans abri *inv* ‖ °**homely** *adj* 1 simple, confortable 2 (*amér*) ingrat, sans charme ‖ **home°made** *adj* fait (à la) maison ‖ °**homesick** *adj* nostalgique ‖ °**homesickness** *n* nostalgie *f*, mal *m* du pays ‖ °**homestead** *n* ferme *f* ‖ °**homeward(s)** *adj adv* sur le chemin du retour ‖ °**homework** *n* (*Ens*) devoirs *mpl* (à la maison) ‖ °**homing** *adj* 1 (*missile*) à tête chercheuse 2 ~ **pigeon** pigeon *m* voyageur.

hom(o)eopathy [ˌhəʊmɪˈɒpəθɪ] *n* homéopathie *f*.

homicide [ˈhɒmɪsaɪd] *n* 1 (*crime*) homicide *m* 2 (*personne*) assassin *m*.

hominy [ˈhɒmɪnɪ] *n* (*amér*) farine *f* de maïs.

homo- [ˈhəʊməʊ] *préf* homo- ; ‖ °**homoge°neity** *n* homogénéité *f*; ‖ °**homo°sexual** *adj nm* homosexuel (*f* -elle).

hone [həʊn] *vt* aiguiser.

honest [ˈɒnɪst] *adj* honnête ; franc (*f* -che), sincère ; **to be ~, I don't know** à vrai dire, je ne sais pas ‖ °**honestly** *adv* honnêtement, franchement ; **do you ~ think so?** le croyez-vous vraiment ? ‖ °**honesty** *n* 1 honnêteté *f*; **in all** ~ en toute franchise 2 véracité *f* 3 (*Bot*) monnaie-du-pape *f*.

honey [ˈhʌnɪ] *n* 1 miel *m* 2 (*amér fam*) chéri(e) *m(f)* ‖ °**honeybee** *n* abeille *f* ‖ °**honeycomb** *n* rayon *m* de miel ; (*tissu*) nid *m* d'abeille (*pl inv*) ‖ °**honeydew (melon)** *n* melon *m* jaune ‖ °**honeyed** *adj* mielleux (*f* -euse) ‖ °**honeymoon** *n* lune *f* de miel ‖ °**honeysuckle** *n* chèvrefeuille *m*.

honk [hɒŋk] *vi* 1 (*oie*) pousser un cri 2 klaxonner.

honor (*amér*)/(*brit*) **-our** [ˈɒnə] *n* 1 honneur *m* 2 (*Ens*) ~**s** mention très bien ◆ *vt* honorer ; faire honneur à ‖ °**honorable** *adj* honorable ‖ °**honorary** *adj* 1 honoraire 2 honorifique.

hood [hʊd] *n* 1 capuche *f*, capuchon *m* ; cagoule *f* 2 (*voiture d'enfant*) capote *f*; (*Aut brit*) capote *f* (*Aut amér*) capot *m* 3 (*cheminée*) hotte *f* 4 (*amér*) = **hoodlum** ‖ °**hoodwink** *vt* tromper.

hoodlum [ˈhuːdləm], (*amér*) **hood** *n* voyou *m*.

hooey [ˈhuːɪ] *n* (*fam*) blagues *fpl*, bobards *mpl*.

hoof [huːf] *pl* **hoofs/hooves** *n* (*animal*) sabot *m*.

hoo-ha [ˈhuːhɑː] *n* (*fam*) remue-ménage *m*.

hook [hʊk] *n* crochet *m* ; **coat** ~ patère *f*; **fish** ~ hameçon *m* ; (*vêtement*) agrafe *f*; (*fig*) **he got me off the** ~ il m'a tiré

d'affaire ; **do it by** ~ **or by crook!** fais-le coûte que coûte ! ◆ *vt* accrocher ; agrafer ; (*poisson*) prendre ‖ °**hooked** *adj* crochu ; ~ **on** entiché (de) ; (*drogue*) dépendant (de) ‖ **hook up** *vpart* 1 agrafer 2 (*TV, Inf*) relier, faire un relais avec ‖ °**hook(e)y** *n* (*amér*) **play** ~ faire l'école buissonnière.

hooligan [ˈhuːlɪɡən] *n* voyou *m* ‖ °**hooliganism** *n* vandalisme *m*.

hoop [huːp] *n* cerceau *m* ‖ °**hoop-la** (*amér*) = **hoo-ha**.

hoot [huːt] *n* 1 hululement *m* 2 coup *m* de klaxon ; mugissement *m* de sirène 3 huée *f* 4 (*fam*) **I don't give a** ~ je m'en fiche ◆ *vti* 1 hululer 2 klaxonner 3 huer 4 s'esclaffer ‖ °**hooter** *n* (*brit*) klaxon *m*, sirène *f*.

hoover® [ˈhuːvə] *n* (*vx*) aspirateur *m* ◆ *vt* passer l'aspirateur (sur).

hop [hɒp] *n* 1 saut *m*, sautillement *m* ; **he caught me on the** ~ il m'a pris au dépourvu 2 (*Av*) étape *f*; **in one** ~ sans escale 3 (*fam*) sauterie *f* ◆ *vi* sauter à cloche-pied, sautiller ; (*fam*) ~ **to it!** grouille-toi ! ‖ °**hopscotch** *n* marelle *f*.

hope [həʊp] *n* espoir *m* ; **beyond** ~ sans espoir, désespéré ◆ *vi* (*for*) espérer ; **let's ~ for the best** soyons optimistes ‖ °**hopeful** *adj* plein d'espoir ; encourageant ‖ °**hopefully** *adv* avec optimisme ; (*fam*) ~ **he'll be gone tomorrow** avec de la chance, il sera parti demain ‖ °**hopeless** *adj* irrémédiable ; **the situation was** ~ la situation était désespérée ; (*personne*) incorrigible ; **as a cook he is** ~ comme cuisinier, il est nul ‖ °**hopelessly** *adv* sans espoir ; **he is** ~ **dull** il est irrémédiablement ennuyeux.

hops [hɒps], *npl* houblon *m*.

horizon [həˈraɪzn] *n* horizon *m*.

hormone [ˈhɔːməʊn] *n* hormone *f*.

horn [hɔːn] *n* 1 corne *f* 2 (*Mus*) cor *m* 3 klaxon *m* ; sirène *f* ‖ °**horned** *adj* à cornes ‖ **horn-°rimmed** *adj* à monture d'écaille ‖ °**horny** *adj* calleux (*f* -euse) ; (*vulg*) excité sexuellement.

hornet [ˈhɔːnɪt] *n* (*Zool*) frelon *m*.

horrendous [həˈrendəs] *adj* horrible, terrible.

horrible [ˈhɒrəbl] *adj* horrible, affreux (*f* -euse) ‖ °**horribly** *adv* horriblement ‖ °**horrid** *adj* affreux (*f* -euse) ; (*fam*) méchant.

horrific [həˈrɪfɪk] *adj* horrible, horrifiant.

horrify [ˈhɒrɪfaɪ] *vt* horrifier ‖ °**horror** *n* horreur *f*; ~ **film** film *m* d'épouvante ‖ °**horror-stricken** *adj* saisi d'horreur.

horse [hɔːs] *n* 1 cheval *m* (*pl* -aux) ; ~ **race** course *f* de chevaux ; ~ **show** concours *m* hippique 2 (*fam*) (*drogue*) héroïne *f* ◆ *vi* (*fam*) ~ **about/around** chahuter ‖ °**horseback** *n* **on** ~ à cheval ; ~ **riding** équitation *f* ‖ **horse °chestnut** *n*

how

marron *m* d'Inde ; °**horsefly** *n (Zool)* taon *m* ‖ °**horsehair** *n* crin *m* ‖ °**horseman/woman** *n* cavalier *m (f* -ière) ‖ °**horsemanship** *n* talent *m* de cavalier ; équitation *f* ‖ °**horseplay** *n* chahut *m* ‖ °**horsepower** *n (Tech)* cheval-vapeur *m* ‖ °**horseradish** *n (Bot)* raifort *m* ‖ °**horseshoe** *n* fer *m* à cheval ‖ °**hors(e)y** *adj* **1** chevalin **2** *(personne)* féru de cheval.

horticulture [ˈhɔːtɪkʌltʃə] *n* horticulture *f*.

hose [həʊz] *n* **1** tuyau *m (pl* -x) **2** *(amér) (bas)* **panty~** collant *m* ◆ *vt (~ down)* laver au jet ‖ °**hosiery** *n* bonneterie *f*.

hospitable [ˈhɒspɪtəbl] *adj* accueillant.

hospital [ˈhɒspɪtl] *n* hôpital *m*.

host[1] [həʊst] *n* hôte *m*, maître *m* de maison ; *(TV)* présentateur *m*, animateur *m* ◆ *vt (TV)* animer ‖ °**hostess** *n* **1** hôtesse *f* ; présentatrice *f*, animatrice *f* **2** entraîneuse *f*.

host[2] [həʊst] *n (lit)* multitude *f*, foule *f*.

hostage [ˈhɒstɪdʒ] *n* otage *mf*.

hostel [ˈhɒstl] *n* foyer *m* ; **youth ~** auberge *f* de jeunesse.

hostile [ˈhɒstaɪl] *adj* hostile.

hostility [hɒˈstɪlɪtɪ] *n* hostilité *f*.

hot [hɒt] *adj* **1** chaud, brûlant ; *it was ~ yesterday* il a fait très chaud hier **2** épicé **3** emporté, irritable **4** *(fig) ~ air* blabla *m*, boniments *mpl* ; *~ goods* marchandises *fpl* volées ; *~ line* téléphone *m* rouge ; *~ news* nouvelles *fpl* de dernière minute ; *~ spot* point *m* névralgique ; boîte *f* de nuit ; *he's ~ at maths* il est fort en maths ; *he's in ~ water* il est dans le pétrin ‖ °**hotbed** *n* foyer *m (d'intrigues)* ‖ **hot-°blooded** *adj* passionné ‖ °**hotfoot** *n adj adv vi (fam)* (aller) à toute vitesse ‖ °**hothead** *n* tête *f* brûlée ; *~ed adj* impétueux (*f* -euse) ‖ °**hothouse** *n* serre *f* chaude ‖ °**hotly** *adv* passionnément ‖ °**hotplate** *n* plaque *f* chauffante ‖ **hot up** *vti (amér)* **1** (se) réchauffer ; s'échauffer **2** (s')exciter **3** *(fam Tech) (moteur)* gonfler.

hotel [həʊˈtel] *n* hôtel *m* ; *~ keeper* hôtelier *m (f* -ière) ; *the ~ trade* l'industrie *f* hôtelière.

hound [haʊnd] *n* chien *m* courant ; *the ~s* la meute *f* ◆ *vt* traquer.

hour [ˈaʊə] *n* heure *f* ; *at all ~s* à toute heure ; *after ~s* après l'heure de fermeture ; *trains leave every ~ on the ~* des trains partent toutes les heures à l'heure juste ; *office ~s* heures de bureau ; *he reads for ~ after ~* il lit pendant des heures ; *in the small ~s* au petit matin ; *she works long ~s* elle fait de longues journées ‖ °**hourly** *adj* **1** horaire ; *~ output* rendement *m* horaire ; *there is an ~ bus service* il y a un service d'autobus toutes les heures **2** constant ◆ *adv* **1** chaque heure ; *he's paid ~* il est payé à

l'heure **2** constamment **3** incessamment.

house [haʊs] *n* **1** maison *f* ; *I went to his ~* je suis allé chez lui ; *(Jur)* **under ~ arrest** assigné à résidence **2** maisonnée *f* ; *the whole ~ was asleep* toute la famille dormait **3** famille *f*, dynastie *f* ; *the H~ of Tudor* la maison des Tudor **4** *(Th, Ciné)* spectateurs *mpl* ; *we played to a full ~* nous avons joué à guichets fermés **5** *(Com)* maison *f*, firme *f* ; *~ publishing* maison *f* d'édition ; *this drink is on the ~* c'est la tournée du patron **6** *the Opera H~* le théâtre *m* de l'Opéra **7** assemblée *f* ; *(GB) the H~ of Commons* la Chambre des Communes ; *the H~s of Parliament* le Palais de Westminster ; *(US) the H~ of Representatives* la Chambre des Représentants ‖ °**house agent** *n* agent *m* immobilier ‖ °**houseboat** *n* péniche *f* aménagée ‖ °**housebound** *adj* confiné chez soi ‖ °**housebreaking** *n* cambriolage *m* ‖ °**housebroken/trained** *adj* *(chien, chat)* propre ‖ °**houseful** *n* maisonnée *f* ‖ °**household** *n* membres *mpl* de la famille ; *2 % of ~s own a computer* 2 % des ménages possèdent un ordinateur ; *~ appliances* appareils *mpl* électro-ménagers ; *~ word* mot *m* d'usage courant ‖ °**householder** *n* chef *m* de famille ; propriétaire *mf* ‖ °**housekeeper** *n* **1** gouvernante *f* **2** intendant(e) *m(f)* ‖ °**housekeeping** *n* ménage *m*, travaux *mpl* ménagers ‖ °**housemaid** *n* bonne *f* à tout faire ‖ °**house party** *n* partie *f* de campagne ‖ **house-to-°house** *adj adv* porte-à-porte ‖ °**housetops** *n (fig) don't shout it from the ~!* ne va pas le crier sur les toits ! ‖ °**house-warming** *n throw a ~ party* pendre la crémaillère ‖ °**housewife** *n* ménagère *f*, femme *f* au foyer ‖ °**housework** *n* travaux *mpl* domestiques.

house [haʊz] *vt* loger, abriter ‖ °**housing** *n* logement *m* ; *~ estate/(amér) project* lotissement *m*, cité *f* ; *~ shortage* crise *f* du logement.

hove [həʊv] *p pp* **heave**.

hovel [ˈhɒvl] *n* taudis *m*.

hover [ˈhɒvə] *vi* **1** planer **2** tourner en rond ; *he ~ed on the doorstep* il hésita sur le seuil de la porte ‖ °**hovercraft** *n* aéroglisseur *m* ‖ °**hoverport** *n* hoverport *m*.

how [haʊ] *adv* **1** *(int)* comment ; *~ are you?* comment allez-vous ? *~ did you do that?* comment as-tu fait cela ? *tell me ~ was Boston* dites-moi comment vous avez trouvé Boston ; *~ is it (that)/(fam) how come you are late?* comment se fait-il que tu sois en retard ? **2** *(loc) ~ much is this bag?* combien vaut ce sac ? *how far* à quelle distance ? *~ old is he?* quel âge a-t-il ? **3** *(excl)* comme, combien ; *~ old he looks!* comme il a l'air vieux ! **4** *(loc) (fam)*

~ *about my new car?* que pensez-vous de ma nouvelle voiture ? ~ *about lunch?* et si nous déjeunions ?

however [hau'evə] *conj* cependant, toutefois ◆ *adv* **1** si... que ; ~ *learned he is he doesn't know everything* si/pour instruit qu'il soit il ne sait pas tout **2** de quelque manière que ; ~ *we do it, it'll come out right* quelle que soit la façon dont nous le ferons, le résultat sera bon ; ~ *that may be* quoi qu'il en soit.

howl [haul] *n* hurlement *m* ◆ *vi* **1** hurler ; *(vent)* mugir ‖ **howl down** *vpart* huer ‖ °**howler** *n (fam)* bourde *f* ‖ °**howling** *adj* **1** hurlant **2** énorme ◆ *n* hurlement *m*.

hub [hʌb] *n* **1** moyeu *m* **2** *(fig)* cœur *m*, centre *m* ; plaque-tournante *f* ‖ °**hubcap** *n (Aut)* enjoliveur *m*.

huckleberry ['hʌklbəri] *n (Bot)* myrtille *f*.

huckster ['hʌkstə] *n* **1** *(vx)* colporteur *m* **2** *(fam péj) (Rad, TV)* bonimenteur *m*.

huddle ['hʌdl] *vti* **1** se serrer, se blottir **2** (s')entasser ; *(fam) the director ~d with his financial advisers* le directeur et ses conseillers financiers se sont réunis en petit comité ◆ *n* tas *m*, masse *f*.

hue [hju:] *n* **1** *(lit)* teinte *f*, nuance *f* **2** *they raised a ~ and cry against fox-hunting* ils ont provoqué un tollé contre la chasse au renard.

huff [hʌf] *n (fam) he got into a ~* il a pris la mouche ‖ °**huffy** *adj* froissé, vexé.

hug [hʌg] *vt* **1** serrer dans ses bras **2** *(Naut)* naviguer au plus près (de) ; *(Aut, Av)* raser (le sol).

huge [hju:dʒ] *adj* énorme, immense.

hulk [hʌlk] *n* **1** carcasse *f* de bateau **2** masse *f* énorme ‖ °**hulking** *adj* **1** gros, lourd **2** *(personne)* lourdaud.

hull [hʌl] *n* **1** *(Naut)* coque *f* **2** *(fraise)* calice *m* ◆ *vt (pois)* écosser ; *(fraise)* équeuter.

hullabaloo [ˌhʌləbə'lu:] *n (fam)* boucan *m*.

hullo [hə'ləu] *(brit)* = **hello**.

hum¹ [hʌm] *vti* **1** bourdonner **2** fredonner ◆ *n* **1** bourdonnement *m* **2** murmure *m* **3** *(Rad)* ronflement *m* ‖ °**humming** *adj* bourdonnant (d'activité).

hum² [hʌm] *excl* euh ! ◆ *vi* ~ *and haw* bafouiller.

human ['hju:mən] *adj* humain ; ~ *being* être *m* humain ; ~ *rights* droits *mpl* de l'homme ‖ **hu**°**manity** *n* humanité *f* ; *the humanities fpl (Ens)* les Sciences humaines ‖ °**humankind** *n* humanité *f* ‖ °**humanly** *adv* humainement.

humane [hju:'mein] *adj* humain, compatissant ‖ **hu**°**maneness** *n* humanité *f*.

humble ['hʌmbl] *adj* **1** humble **2** modeste ◆ *vt* humilier, mortifier.

humbug ['hʌmbʌg] *n* **1** *(brit)* berlingot *m* **2** blague(s) *f(pl)* **3** *(personne)* fumiste *mf*.

humdinger [ˌhʌm'diŋə] *n (argot) (personne/chose)* sensationnelle ; *a ~ of a film* un film formidable.

humdrum ['hʌmdrʌm] *adj* monotone.

humid ['hju:mid] *adj* moite ; chaud et humide ‖ **hu**°**midity** *n* humidité *f*.

hummingbird ['hʌmiŋbɜ:d] *n (Orn)* colibri *m*, oiseau-mouche *m*.

humor *(amér)*, **humour** *(brit)* ['hju:mə] *n* **1** humour *m* ; *he has no sense of* ~ il n'a pas le sens de l'humour **2** humeur *f* ◆ *vt* complaire à, faire tous les caprices de ; *you'll have to* ~ *him* vous devrez le ménager ‖ °**humorist** *n* humoriste *mf*, farceur *m* (*f* -euse) ; *(Th)* comique *mf* ‖ °**humorous** *adj* humoristique, drôle.

hump [hʌmp] *n* bosse *f* ◆ *vt (brit fam)* porter (difficilement) ‖ °**humpback** *n* bossu *m* ; ~ *bridge n* pont *m* en dos d'âne.

hunch [hʌntʃ] *n (fam)* intuition *f* ◆ *vt* (se) voûter ‖ °**hunchback(ed)** *adj n* bossu(e) *m(f).*

hundred ['hʌndrəd] *num* cent *m* ; centaine *f* ; *I agree a/one* ~ *per cent* j'approuve à cent pour cent ‖ °**hundredth** *num* centième *m* ‖ °**hundredweight** *(voir tableau II).*

hung [hʌŋ] *p pp* **hang** ◆ *adj (jury)* divisé ; ~ *parliament* parlement *m* sans majorité.

hunger ['hʌŋgə] *n* **1** *(aussi fig)* faim *f* ; ~ *strike* grève *f* de la faim **2** famine *f* ‖ °**hungrily** *adv* avidement ‖ °**hungry** *adj* **1** affamé ; *I'm* ~ j'ai faim ; *some children go* ~ certains enfants souffrent de la faim **2** *(fig)* avide.

hunk [hʌŋk] *n* gros morceau *m* ; *a ~ of bread* un quignon de pain.

hunt [hʌnt] *vti* **1** *(amér)* chasser ; *(brit)* chasser à courre, chasser le gros gibier **2** pourchasser, rechercher ; *he ~ed for his glasses everywhere* il a fouillé partout à la recherche de ses lunettes ◆ *n* **1** *(amér)* chasse *f* ; *(brit)* chasse à courre/au gros gibier **2** recherche *f* ‖ **hunt down** *vpart* dénicher ; *they ~ed her down in the library* ils ont fini par la trouver dans la bibliothèque ‖ °**hunter** *n* **1** *(amér)* chasseur *m inv* ; *(brit)* chasseur (à courre, au gros gibier) **2** *(fig) fortune* ~ coureur *m* de dot. **head** ~ chasseur *m* de têtes ‖ °**hunting** *n* **1** chasse *f* ; *happy* ~ *grounds* paradis *m* des Indiens ; *(fig)* paradis *m* **2** *(fig)* recherche *f* ‖ °**huntsman** *n (brit)* chasseur *m* ‖ **hunt out/up** *vpart (fig)* déterrer (une information) ; *I ~ed out his address* j'ai déniché son adresse.

hurdle ['hɜ:dl] *n (Sp)* haie *f* ; *(fig)* obstacle *m.*

hurl [hɜ:l] *vt* **1** lancer violemment ; *he ~ed*

himself *at me* il s'est rué sur moi **2** *(injure)* lancer.

hurrah [hʊ'rɑ:], **hurray** [hʊ'reɪ] *interj n* hourra *m*.

hurricane ['hʌrɪkən] *n* ouragan *m*.

hurried ['hʌrɪd] *adj* **1** précipité **2** *(personne)* pressé || **°hurriedly** *adv* précipitamment || **hurry** *vti* (se) presser; ~ *(up)*! dépêche-toi! ◆ *n* hâte *f*, précipitation *f*; *he's in a* ~ il est pressé; *there is no* ~ ça ne presse pas || **hurry on/along** *vpart* (faire) presser le pas (à); *they hurried along* ils marchaient d'un pas rapide.

hurt [hɜːt] *(p pp* **hurt**) *vt* faire mal à; *(aussi fig)* blesser; *I don't want to* ~ *him* je ne veux pas lui faire de peine ◆ *vi* faire mal; *where does it* ~? où cela fait-il mal? || **°hurtful** *adj* blessant.

hurtle ['hɜːtl] *vi* se précipiter.

husband ['hʌzbənd] *n* mari *m* ◆ *vt* gérer sagement; *we have to* ~ *our natural resources* nous devons éviter de gaspiller nos ressources naturelles || **°husbandry** *n (Ag)* culture *f*, élevage *m*.

hush [hʌʃ] *interj* chut ◆ *vt* (~ *up)* (faire) taire; *the scandal was* ~*ed up* le scandale a été étouffé ◆ *n* silence; ~ *money* pot *m* de vin || **°hushed** *adj* étouffé || **hush-°hush** *adj* confidentiel (*f* -elle), *(fam)* top-secret *inv*.

husk [hʌsk] *n* balle *f* (de céréale); cosse *f* de pois; gousse *f* ◆ *vt* décortiquer; écosser.

husky ['hʌskɪ] *adj* **1** *(voix)* rauque, voilé **2** *(fam)* costaud ◆ *n* chien *m* esquimau, husky *m*.

hustings ['hʌstɪŋz] *npl (brit)* campagne *f* électorale.

hustle ['hʌsl] *n* bousculade *f*; ~ *and bustle* activité *f* fébrile ◆ *vt* **1** houspiller **2** *(fam)* arnaquer ◆ *vi* **1** se dépêcher **2** *(amér argot)* faire le trottoir || **°hustler** *n* **1** débrouillard *m* **2** arnaqueur *m*, filou *m*; **3** *(amér argot)* prostitué(e) *m(f)* || **hustle up** *vpart (fam) let's* ~ *up some business!* nous devons racoler de nouveaux clients!

hut [hʌt] *n* hutte *f*, cabane *f*.

hutch [hʌtʃ] *n* clapier *m*.

hyacinth ['haɪəsɪnθ] *n (Bot)* jacinthe *f*.

hybrid ['haɪbrɪd] *adj n* hybride *m*.

hydrangea [haɪ'dreɪndʒə] *n (Hort)* hortensia *m*.

hydrant ['haɪdrənt] *n* prise *f* d'eau; *fire* ~ bouche *f* d'incendie.

hydraulic [haɪ'drɔːlɪk] *adj* hydraulique ◆ ~*s n* hydraulique *f*.

hydrofoil ['haɪdrəʊfɔɪl] *n* hydrofoil *m*.

hydrogen ['haɪdrədʒən] *n* hydrogène *m*; ~ *peroxide* eau *f* oxygénée.

hydroplane ['haɪdrəʊpleɪn] *n* **1** hydroglisseur *m* **2** *(amér)* hydravion *m*.

hydroponics [ˌhaɪdrəʊ'pɒnɪks] *n* culture *f* hydroponique.

hy(a)ena [haɪ'iːnə] *n (Zool)* hyène *f*.

hygiene ['haɪdʒiːn] *n* hygiène *f* || **hy°gienic** *adj* hygiénique.

hymn [hɪm] *n* hymne *m*, cantique *m*.

hype [haɪp] *n (fam)* battage *m* publicitaire ◆ *vt (fam Com)* pousser à la vente de || **°hyped up** *adj* **1** lancé à coup de publicité **2** surexcité **3** *(argot)* camé.

hyperactive [ˌhaɪpər'æktɪv] *adj* hyperactif *(f* -ive).

hypermarket [ˌhaɪpə'mɑːkɪt] *n* hypermarché *m*.

hyphen ['haɪfn] *n* trait *m* d'union || **°hyphenate** *vt* mettre un trait d'union à.

hypnosis [hɪp'nəʊsɪs] *n* hypnose *f*.

hypochondriac ['haɪpəʊˌkɒndrɪæk] *n* hypocondriaque *mf*; malade *mf* imaginaire.

hypocrisy [hɪ'pɒkrəsɪ] *n* hypocrisie *f* || **°hypocrite** *n* hypocrite *mf* || **hypo°critical** *adj* hypocrite.

hypodermic [ˌhaɪpə'dɜːmɪk] *adj* hypodermique ◆ *n* seringue *f*, aiguille *f*, piqûre *f* (hypodermique).

hypothesis [haɪ'pɒθɪsɪs] *n (pl* **-ses** [siːz]) hypothèse *f*.

hysteria [hɪ'stɪərɪə] *n* **1** hystérie *f*; *mass* ~ hystérie collective **2** fou rire *m*.

hysteric [hɪ'sterɪk] *adj n* hystérique *m(f)* || **hy°sterical** *adj* hystérique; en proie à une crise de nerfs; ~ *laughter* fou rire *m*; ~ *sobbing* sanglots *mpl* convulsifs || **hy°sterics** *n* **1** *(Méd)* hystérie *f* **2** crise *f* de nerfs **3** *(fam)* fou rire *m*.

I

I, i[1] [aɪ] *n (lettre)* I, i *m*.

I[2] [aɪ] *pr pers sujet* je, moi; *I like flowers* j'aime les fleurs; *she and I wrote a detective novel* elle et moi avons écrit un roman policier; *here I am* me voici; *it's I* c'est moi.

ice [aɪs] *n* glace *f*; *black* ~ verglas *m*; ~ *axe* piolet *m*; ~ *box* glacière *f*; *(amér)* réfrigérateur *m*; ~ *cold* glacé, glacial; ~ *cube* glaçon *m*; ~ *floe* banquise *f*; ~ *hockey* hockey *m* sur glace; ~ *rink* patinoire *f*; *(fig) I'm on thin* ~ je suis sur un terrain glissant; *their plan has been put on* ~ leur projet a été mis en sommeil ♦ *vt (Cuis)* glacer || °**iceberg** *n* iceberg *m* || °**icebound** *adj* pris par les glaces || °**icecap** *n* calotte *f* glaciaire || °**ice (cream)** *n* crème *f* glacée, glace *f* || °**iced** *adj* glacé || °**icicle** *n* stalactite *f* || °**icing** *n* 1 *(Cuis)* glaçage *m*; ~ *sugar* sucre *m* glace; *(fig) that's the* ~ *on the cake* c'est du superflu 2 givrage *m* || °**ice hockey** *n* hockey *m* sur glace || °**ice skate** *n* patin *m* à glace ♦ *vi* patiner.

icon [ˈaɪkɒn] *n* icône *f*.

icy [ˈaɪsɪ] *adj* 1 verglacé 2 *(fig)* glacé; ~ *glance* regard *m* glacial.

idea [aɪˈdɪə] *n* idée *f*; *I have no* ~ je n'en ai pas la moindre idée; *(fam) the very* ~! quelle idée! *what's the* ~? qu'est-ce qui te prend?

ideal [aɪˈdɪəl] *n* idéal *m* (*pl* -aux) ♦ *adj* idéal, parfait || °**idealist** *n* idéaliste *mf* || **idea**°**listic** *adj* idéaliste.

identical [aɪˈdentɪkl] *adj (with, to)* identique (à); ~ *twins* vrais jumeaux *mpl*.

identification [aɪˌdentɪfɪˈkeɪʃn] *n* identification *f*; ~ *papers* papiers *mpl* d'identité; *(Adm)* ~/*ID card* carte *f* d'identité || °**identify** *vti* (s')identifier || °**identikit** *n* portrait-robot *m* || °**identity** *n* identité *f*.

ideology [ˌaɪdɪˈɒlədʒɪ] *n* idéologie *f*.

idiocy [ˈɪdɪəsɪ] *n* 1 *(Méd)* idiotie *f* 2 stupidité *f*, idiotie *f*.

idiom [ˈɪdɪəm] *n* 1 locution *f* idiomatique 2 idiome *m*, dialecte *m* 3 *(Mus)* style *m*.

idiosyncrasy [ˌɪdɪəˈsɪŋkrəsɪ] *n* 1 particularité *f* 2 *(Méd)* idiosyncrasie *f* || **idiosyn**°**cratic** *adj* particulier (*f* -ière), caractéristique.

idiot [ˈɪdɪət] *n* idiot *m*, imbécile *mf* || °**idi**°**otic** *adj* idiot, stupide.

idle [ˈaɪdl] *adj* 1 inoccupé, désœuvré 2 oisif (*f* -ive) 3 au chômage 4 *(Tech) the machinery stood* ~ les machines étaient au repos 5 inutile, vain; ~ *threat* menace *f* en l'air ♦ *vi* 1 fainéanter 2 *(Tech)* tourner au ralenti || °**idleness** *n* 1 inaction *f* 2 oisiveté *f* 3 paresse *f* 4 futilité *f* || °**idly** *adv* paresseusement; négligemment.

idol [ˈaɪdl] *n* idole *f* || °**idolize/-ise** *vt* idolâtrer.

idyll [ˈɪdɪl] *n* idylle *f*.

if [ɪf] *conj* si; *if I were you* si j'étais vous; *as if* comme si; *even if* même si; *if only you'd listen* si seulement vous écoutiez; *he asked if there was any mail* il a demandé s'il y avait du courrier ♦ *n* si *m*; *the plan had too many ifs and buts* le projet contenait trop de restrictions || °**iffy** *adj (fam) (personne)* incertain; *(chose)* aléatoire.

ignite [ɪgˈnaɪt] *vti* (s')enflammer || °**ignition** *n* 1 *(Tech)* allumage *m* 2 *(Aut)* ~ *key* clé *f* de contact; ~ *switch* contact *m* 2 ignition *f*.

ignoble [ɪgˈnəʊbl] *adj* infâme, vil.

ignominy [ˈɪgnəmɪnɪ] *n* honte *f*, ignominie *f*.

ignorance [ˈɪgnərəns] *n* ignorance *f* || °**ignorant** *adj* ignorant || **ig**°**nore** *vt* ne pas tenir compte de; *they* ~*d him* ils firent semblant de ne pas le voir.

ill [ɪl] *adj* 1 malade, souffrant; *she's* ~ *with bronchitis* elle souffre de bronchite; *he was taken* ~ *last week* il est tombé malade la semaine dernière 2 *(devant un nom)* mauvais; ~ *fortune* mauvaise fortune *f*; ~ *effect* effet *m* pervers; *no* ~ *feelings!* sans rancune! ~ *will* malveillance *f* ♦ *n* mal *m* (*pl* maux); ~*s* malheurs *mpl* ♦ *adv* mal; **ill-advised** peu judicieux (*f* -euse); **ill-gotten** mal acquis; **ill-timed** mal à propos, inopportun || °**illness** *n* maladie *f*.

illegible [ɪˈledʒəbl] *adj* illisible.

illegitimate [ˌɪlɪˈdʒɪtɪmət] *adj* illégitime; *(enfant)* naturel (*f* -elle).

illiteracy [ɪˈlɪtərəsɪ] *n* analphabétisme *m* || °**illiterate** *adj n* illettré(e) *m(f)*.

illuminate [ɪˈluːmɪneɪt] *vt* illuminer, éclairer; *(fig)* élucider || °**illuminated** *adj* 1 illuminé 2 *(manuscrit)* enluminé || **illumi**°**nation** *n* 1 illumination *f* 2 enluminure *f*.

illustrate [ˈɪləstreɪt] *vt* illustrer || **illus**°**tration** *n* illustration *f*; *by way of* ~ à titre d'exemple || °**illustrative** *adj* explicatif (*f* -ive).

illustrious [ɪˈlʌstrɪəs] *adj* célèbre, illustre.

im- *préf* im-, in-, um-, un-.

image [ˈɪmɪdʒ] *n* 1 image *f* 2 représentation *f*; *brand* ~ image de marque; *she is the living* ~ *of her mother* c'est tout le portrait de sa mère 3 *(Lit)* métaphore *f*.

imaginary [ɪˈmædʒɪnərɪ] *adj* imaginaire || **imagi**°**nation** *n* imagination *f* || °**imagine** *vt* 1 imaginer, concevoir 2 croire; *don't* ~ *I'll do it for you!* ne te figure pas que je le ferai à ta place!

imbalance [ˌɪmˈbæləns] *n* déséquilibre *m*.

imbecile [ˈɪmbɪsiːl] *adj n* imbécile *mf*.

imbibe [ɪmˈbaɪb] *vt* 1 absorber 2 *(fig)* s'imprégner de ♦ *vi (fam)* picoler.

imitate [ˈɪmɪteɪt] *vt* 1 imiter 2 copier || **imi**°**tation** *n* imitation *f*; ~ *marble* faux marbre *m*.

imitative [ˈɪmɪtətɪv] *adj* imitateur (*f* -trice).

immaculate [ɪˈmækjʊlət] *adj* immaculé, impeccable.

immaterial [ˌɪməˈtɪərɪəl] *adj* sans importance; *the price is* ~ le prix importe peu.

immature [ˌɪməˈtjʊə] *adj* 1 pas encore mûr 2 *(personne)* immature.

immeasurable [ɪˈmeʒərəbl] *adj* infini, incommensurable.

immediacy [ɪˈmiːdjəsɪ] *n* urgence *f*, imminence *f* || °**immediate** *adj* 1 direct, immédiat ; **~ family** famille *f* proche **2** imminent, urgent ‖ **i°mmediately** *adv* immédiatement ◆ *conj* dès que.

immerse [ɪ'mɜːs] *vt* immerger ; *he ~d himself in his work* il s'est plongé dans son travail.

immigrant ['ɪmɪgrənt] *adj n* **1** immigrant **2** immigré ‖ **immi°gration** *n* immigration *f*.

immobilize/se [ɪ'məʊbɪlaɪz] *vt* immobiliser, paralyser.

immoderate [ɪ'mɒdərət] *adj* immodéré, excessif (*f* -ive).

immodest [ɪ'mɒdɪst] *adj* **1** impudique **2** immodeste.

immoral [ɪ'mɒrəl] *adj* immoral ‖ **immo°rality** *n* immoralité *f* ; débauche *f*.

immovable [ɪ'muːvəbl] *adj* inébranlable ; (*Jur*) **~ property** biens *mpl* immobiliers.

immune [ɪ'mjuːn] *adj* **1** (*Méd*) **(to)** immunisé (contre) **2** (*fig*) **(to, from)** à l'abri (de) ; **~ to taxation** exempt d'impôts ‖ **i°mmunity** *n* **(to)** immunité *f* (contre) ; **(from)** exemption *f* (de).

immutable [ɪ'mjuːtəbl] *adj* immuable ; inaltérable.

imp [ɪmp] *n* **1** lutin *m* **2** espiègle *mf*.

impact ['ɪmpækt] *n* **1** choc *m*, impact *m* **2** (*fig*) impact *m*, répercussion *f*.

impair [ɪm'peə] *vt* détériorer ; altérer.

impart [ɪm'pɑːt] *vt* communiquer.

impartial [ɪm'pɑːʃl] *adj* impartial.

impassable [ɪm'pɑːsəbl] *adj* infranchissable.

impassioned [ɪm'pæʃnd] *adj* passionné.

impassive [ɪm'pæsɪv] *adj* impassible.

impatience [ɪm'peɪʃns] *n* impatience *f* ‖ **im°patient** *adj* impatient.

impeach [ɪm'piːtʃ] *vt* **1** (*Jur*) mettre en accusation **2** mettre en doute.

impede [ɪm'piːd] *vt* entraver.

impediment [ɪm'pedɪmənt] *n* obstacle *m*, entrave *f* ; **speech ~** défaut *m* d'élocution.

impel [ɪm'pel] *vt* forcer, obliger.

impending [ɪm'pendɪŋ] *adj* imminent.

imperative [ɪm'perətɪv] *adj* **1** impérieux (*f* -euse) **2** impératif (*f* -ive) ◆ *n* (*Gr*) impératif *m*.

imperfect [ɪm'pɜːfɪkt] *adj n* imparfait *m*.

imperial [ɪm'pɪərɪəl] *adj* impérial ‖ **im°perialism** *n* impérialisme *m*.

imperil [ɪm'perəl] *vt* mettre en péril.

imperious [ɪm'pɪərɪəs] *adj* impérieux (*f* -euse) ; autoritaire.

impersonal [ɪm'pɜːsnl] *adj* **1** impersonnel (*f* -elle) **2** neutre, anonyme.

impersonate [ɪm'pɜːsəneɪt] *vt* **1** (*Th*) imiter **2** *he ~d a postman* il se faisait passer pour un facteur ‖ **imperso°nation** *n* **1** (*Th*) imitation *f* **2** usurpation *f* d'identité ‖ **im°personator** *n* (*Th*) imitateur *m* (*f* -trice).

impertinence [ɪm'pɜːtɪnəns] *n* impertinence *f* ‖ **im°pertinent** *adj* **1 (to)** impertinent (envers) **2** (*Jur*) hors de propos.

impervious [ɪm'pɜːvjəs] *adj* **1** inaccessible **2** résistant ; **~ to water** étanche ; imperméable.

impetuous [ɪm'petjʊəs] *adj* impétueux (*f* -euse).

impetus ['ɪmpɪtəs] *n* impulsion *f* ; élan *m* ; (*Phys*) vitesse *f* acquise.

impinge [ɪm'pɪndʒ] *vi* **(on)** empiéter (sur).

impious ['ɪmpɪəs] *adj* impie, sacrilège.

implant ['ɪmplɑːnt] *n* (*Méd*) implant *m*.

implement ['ɪmplɪmənt] *n* ustensile *m*, instrument *m* ◆ *vt* mettre en œuvre ; exécuter.

implicate ['ɪmplɪkeɪt] *vt* impliquer.

imply [ɪm'plaɪ] *vt* **1** sous-entendre **2** impliquer.

import ['ɪmpɔːt] *n* **1** importation *f* **2** sens *m*, portée *f* ; **matter of great ~** sujet *m* de grande importance ‖ **im°port** *vti* **1** importer ; **~ed goods** articles *mpl* d'importation **2** (*lit*) signifier ; faire savoir ‖ **im°portance** *n* importance *f* ‖ **im°portant** *adj* important, considérable ‖ **im°portantly** *adv* d'importance ; **more ~ for them** chose plus importante pour eux ‖ **impor°tation** *n* importation *f* ‖ **im°porter** *n* importateur *m* (*f* -trice) ‖ **import-°export** **(~ trade)** *n* import-export *m*.

impose [ɪm'pəʊz] *vt* **(on)** imposer (à) ; infliger (à) ◆ *vi* **(on)** abuser de la gentillesse (de).

impostor [ɪm'pɒstə] *n* imposteur *m inv* ‖ **im°posture** *n* imposture *f*.

impotence ['ɪmpətəns] *n* impuissance *f* ; impotence *f* ‖ **°impotent** *adj* impuissant ; impotent.

impound [ɪm'paʊnd] *vt* confisquer.

impoverish [ɪm'pɒvərɪʃ] *vt* appauvrir.

impracticable [ɪm'præktɪkəbl] *adj* impraticable, infaisable ‖ **im°practical** *adj* irréalisable ; (*personne*) peu réaliste.

impregnable [ɪm'pregnəbl] *adj* imprenable ; invincible.

impregnate ['ɪmpregneɪt] *vt* imprégner ; (*Zool*) féconder.

impress [ɪm'pres] *vt* **1** impressionner **2** inculquer ‖ **im°pression** *n* **1** impression *f* ; *he was under the ~ that...* il avait l'impression que... **2** empreinte *f* **3** (*Th*) imitation *f* ‖ **im°pressionist** *adj n* **1** (*Art*) impressionniste *mf* **2** (*Th*) imitateur *m* (*f* -trice) ‖ **impressio°nistic** *adj* impressionniste ‖ **im°pressive** *adj* impressionnant.

imprint ['ɪmprɪnt] *n* empreinte *f*.

imprison [ɪm'prɪzn] *vt* emprisonner ; (*fig*) enfermer ‖ **im°prisonment** *n* détention *f*.

improper [ɪm'prɒpə] *adj* **1** inconvenant,

déplacé **2** indécent **3** inexact ; ~ *use might damage the mechanism* un usage incorrect pourrait endommager le mécanisme ‖ **impro°priety** n 1 inconvenance *f* **2** indécence *f* **3** impropriété *f*.

improve [ɪm'pruːv] *vti* (s')améliorer ‖ **Im°provement** n amélioration *f*.

improvident [ɪm'prɒvɪdənt] *adj* imprévoyant.

imprudence [ɪm'pruːdəns] n imprudence *f*.

impugn [ɪm'pjuːn] *vt* mettre en doute ; (*Jur*) récuser.

impulse [ɪm'pʌls] n **1** impulsion *f* **2** mouvement *m* spontané ; *I did it on* ~ je l'ai fait sur un coup de tête **3** (*Psy*) pulsion *f* ‖ **Im°pulsion** n impulsion *f* ‖ **im°pulsive** *adj* impulsif (*f* -ive) ; irréfléchi ‖ **im °pulsiveness** n impulsivité *f*.

impunity [ɪm'pjuːnətɪ] n impunité *f* ; *with* ~ impunément.

impure [ɪm'pjʊə] *adj* impur ‖ **im°purity** n impureté *f* ; souillure *f*.

in[1] [ɪn] *prép* **1** (*lieu*) dans ; *I live* ~ *France*, ~ *Paris* je vis en France, à Paris ; *Antwerp is not* ~ *Holland* Anvers n'est pas aux Pays-Bas ; *we ate* ~ *a restaurant* nous avons mangé au restaurant ; *he had a book* ~ *his hand* il tenait un livre à la main ; *he went out* ~ *the rain* ~ *his pyjamas* il est sorti sous la pluie en pyjama ; *she was* ~ *a red hat* elle portait un chapeau rouge **2** (*temps*) dans ; ~ *the morning* le matin ; *I can do it* ~ *ten minutes* je peux le faire en dix minutes ; *we are leaving* ~ *ten minutes* nous partons dans dix minutes **3** (*moyen*) ~ *a gentle tone* il parlait d'une voix douce **4** *two women* ~ *ten still smoke* sur dix femmes deux sur dix continuent de fumer **5** (*cause*) ~ *accepting the deal, he was risking his fortune* en acceptant le marché, il risquait sa fortune ◆ *adv* **1** *she wasn't* ~ elle n'était pas chez elle ; *the train is* ~ le train est en gare **2** (*Sp*) *the ball is* ~ la balle est bonne ; (*Pol*) *she is* ~ elle a été élue **3** à la mode ; *are jeans still* ~? les jeans sont-ils encore dans le vent ? **4** (*fam*) *we're* ~ *for it!* on est bon pour une engueulade ! *the boss has it* ~ *for me* le patron a une dent contre moi ; *he was* ~ *with the teacher* il était dans les petits papiers du professeur ; *I was* ~ *on the secret* j'étais dans le secret ◆ *n the ins and outs* les tenants et les aboutissants.

in-[2] *préf* im-, in-.

inability [ˌɪnə'bɪlətɪ] n incapacité *f* (de), impuissance *f* (à).

inaccuracy [ɪn'ækjʊrəsɪ] n inexactitude *f* ‖ **in°accurate** *adj* inexact.

inaction [ɪn'ækʃn] n inaction *f* ‖ **in°active** *adj* inactif (*f* -ive).

inadequacy [ɪn'ædɪkwəsɪ] n insuffisance

f ; incompétence *f* ‖ **in°adequate** *adj* incompétent, inadapté ; *he felt* ~ il ne se sentait pas à la hauteur.

inadvertent [ˌɪnəd'vɜːtənt] *adj* **1** involontaire **2** étourdi.

inadvisable [ˌɪnəd'vaɪzəbl] *adj* déconseillé.

inane [ɪ'neɪn] *adj* inepte ; ~ *smile* sourire *m* niais.

inanimate [ɪn'ænɪmət] *adj* inanimé.

inapplicable [ɪn'æplɪkəbl] *adj* inapplicable ; inapproprié.

inappropriate [ˌɪnə'prəʊprɪət] *adj* **1** inopportun, déplacé **2** impropre ; *this title is* ~ ce titre est mal choisi.

inapt [ɪn'æpt] *adj* **1** incapable **2** inapproprié.

inarticulate [ˌɪnɑː'tɪkjʊlət] *adj* inintelligible ; qui s'exprime avec difficulté.

inasmuch as [ˌɪnəz'mʌtʃ æz] *conj* vu que, attendu que.

inattention [ˌɪnə'tenʃn] n inattention *f* ‖ **ina°ttentive** *adj* inattentif (*f* -ive) ; distrait.

inaugurate [ɪ'nɔːgjʊreɪt] *vt* **1** inaugurer **2** *the President has been* ~*d* le Président a été installé dans ses fonctions ‖ **inaugu°ration** n **1** inauguration *f* **2** investiture *f*.

inauspicious [ˌɪnɔː'spɪʃəs] *adj* néfaste ; de mauvais augure.

inborn [ˌɪn'bɔːn], **inbred** [ˌɪn'bred] *adj* inné.

inbuilt ['ɪnbɪlt] *adj* **1** encastré **2** congénital.

incapacity [ˌɪnkə'pæsətɪ] n **1** incapacité *f* **2** incompétence *f*.

incarnate ['ɪnkɑːneɪt] *vt* incarner ‖ **in°carnate** *adj* *she's wisdom* ~ elle est la sagesse même ‖ **incar°nation** n incarnation *f* ; *previous* ~ vie *f* antérieure.

incautious [ɪn'kɔːʃəs] *adj* imprudent.

incendiary [ɪn'sendjərɪ] n incendiaire *mf* ◆ *adj* incendiaire ; (*fig*) séditieux (*f* -euse).

incense ['ɪnsens] n encens *m* ‖ **in°cense** *vt* exaspérer.

incentive [ɪn'sentɪv] n encouragement *m*, incitation *f* ; ~ *pay* prime *f* de rendement.

incest ['ɪnsest] n inceste *m* ‖ **in°cestuous** *adj* incestueux (*f* -euse).

inch [ɪntʃ] n pouce *m* (2,54 cm) ; ~ *by* ~ pouce à pouce/petit à petit ; *by* ~*es* de très peu ; *he was within an* ~ *of giving up* il était à deux doigts d'abandonner ◆ *vti* (faire) avancer peu à peu.

incidence ['ɪnsɪdəns] n **1** incidence *f* **2** fréquence *f* ‖ **°incident** n incident *m* ‖ **inci°dental** *adj* **1** fortuit **2** d'importance secondaire ; ~ *music* musique *f* d'accompagnement ; ~ *expenses* frais *mpl* accessoires ‖ **inci°dentally** *adv* incidemment ; soit dit en passant.

incinerate [ɪnˈsɪnəreɪt] *vt* incinérer ‖ **in°cinerator** *n* incinérateur *m*.

incise [ɪnˈsaɪz] *vt* inciser; graver ‖ **in°cisive** *adj* incisif (*f* -ive), pénétrant ‖ **in°cisor** *n* (*Anat*) incisive *f*.

incite [ɪnˈsaɪt] *vt* inciter, pousser ‖ **in°citement** *n* incitation *f*.

inclination [ˌɪnklɪˈneɪʃn] *n* inclination *f*, penchant *m*; *from ~* par goût.

incline [ɪnˈklaɪn] *vti* (s')incliner ‖ **in°clined** *adj* enclin; disposé; *if you feel ~* si le cœur t'en dit.

include [ɪnˈkluːd] *vt* inclure, comprendre ‖ **in°cluded** *adj* compris; *tax ~* taxes comprises ‖ **in°cluding** *prép* y compris; *the cost is £50 ~ food* le prix est de 50 livres, nourriture comprise; *5 people, not ~ the children* 5 personnes, sans compter les enfants ‖ **in°clusive** *adj* qui comprend, inclus; (*Com*) *~ of all taxes* toutes taxes comprises (TTC); *Monday to Friday ~* du lundi au vendredi inclus.

income [ˈɪŋkʌm] *n* revenu(s) *m(pl)*; *earned ~* revenus salariaux; *~ return* déclaration *f* de revenu; *~ tax* impôt *m* sur le revenu; *~s policy* politique *f* des revenus; *gross national ~ (GNI)* revenu national brut (RNB); *he had a private ~ of £5000* il avait 5 000 livres de rente ‖ **°incoming** *adj* qui arrive; *the ~ government* le nouveau gouvernement *m* ♦ *~s n* (*Com Fin*) recettes *fpl*, rentrées *fpl*.

incommensurate [ˌɪnkəˈmenʃərət] *adj* 1 sans rapport 2 disproportionné.

incommunicado [ˌɪnkəmjuːnɪˈkɑːdəʊ] *adj* *they are held ~* ils sont gardés au secret.

inconclusive [ˌɪnkənˈkluːsɪv] *adj* peu concluant.

incongruity [ˌɪnkɒŋˈgruːətɪ] *n* incongruité *f* ‖ **in°congruous** *adj* incongru.

inconsequent [ɪnˈkɒnsɪkwənt] *adj* 1 inconséquent 2 sans importance.

inconsiderable [ˌɪnkənˈsɪdərəbl] *adj* insignifiant.

inconsiderate [ˌɪnkənˈsɪdərət] *adj* inconsidéré; *he's very ~* il n'a aucun égard pour les autres.

inconsistency [ˌɪnkənˈsɪstənsɪ] *n* inconséquence *f*; incohérence *f* ‖ **incon°sistent** *adj* inconsistant, contradictoire; *his behaviour was ~ with his duties* sa conduite était incompatible avec ses devoirs.

inconspicuous [ˌɪnkənˈspɪkjʊəs] *adj* qui passe inaperçu; *he wore ~ clothes* il portait des vêtements discrets.

incontrovertible [ˌɪnkɒntrəˈvɜːtəbl] *adj* irréfutable, incontestable.

inconvenience [ˌɪnkənˈviːnjəns] *n* inconvénient *m*; gêne *f* ♦ *vt* gêner ‖ **incon°venient** *adj* incommode, gênant.

incorporate [ɪnˈkɔːpəreɪt] *vti* incorporer, inclure; (*Com*) constituer en société commerciale ‖ **in°corporated** *adj* incorporé; *~ company (Inc)* (*amér*) société *f* anonyme par actions (S.A.).

incorrect [ˌɪnkəˈrekt] *adj* 1 inexact 2 (*fig*) incorrect, déplacé.

increase [ˈɪnkriːs] *n* (*in*) augmentation *f* (de), hausse *f* (de) ‖ **in°crease** *vti* croître, augmenter ‖ **in°creasingly** *adv* de plus en plus.

incredible [ɪnˈkredəbl] *adj* incroyable ‖ **in°credulous** *adj* incrédule.

incredulity [ˌɪnkrɪˈdjuːlətɪ] *n* incrédulité *f*.

increment [ˈɪnkrɪmənt] *n* 1 accroissement *m*; *he was offered a 5% annual ~* on lui a offert une augmentation annuelle de 5 % 2 profit *m*; *unearned ~* plus-value *f*.

incriminate [ɪnˈkrɪmɪneɪt] *vt* 1 accuser; (*Jur*) *incriminating evidence* pièces *fpl* à conviction 2 impliquer.

incubate [ˈɪnkjʊbeɪt] *vi* 1 (*œuf, aussi fig*) couver 2 (*Méd*) incuber ‖ **°incubator** *n* couveuse *f*, incubateur *m*.

incumbent [ɪnˈkʌmbənt] *n* 1 (*Rel*) bénéficiaire *mf* (d'une charge) 2 (*Adm*) titulaire *mf*; *the present ~ is President Smith* le président en poste est Smith.

incur [ɪnˈkɜː] *vt* 1 encourir; *they incurred heavy losses* ils ont subi de lourdes pertes 2 (*dette*) contracter.

incurable [ɪnˈkjʊərəbl] *adj* incurable; (*fig*) incorrigible.

incurious [ɪnˈkjʊərɪəs] *adj* indifférent, sans curiosité.

indebted [ɪnˈdetɪd] *adj* 1 endetté 2 (*fig*) redevable; *I'm ~ to him for his help* je lui suis reconnaissant pour son aide ‖ **in°debtedness** *n* endettement *m*; dette *f*.

indecency [ɪnˈdiːsnsɪ] *n* indécence *f*; (*Jur*) attentat *m* aux mœurs ‖ **in°decent** *adj* 1 indécent; *~ assault* attentat *m* à la pudeur; *~ exposure* exhibitionnisme *m* 2 (*fig*) déraisonnable; scandaleux (*f* -euse).

indecisive [ˌɪndɪˈsaɪsɪv] *adj* 1 indécis; *he was ~* il était irrésolu 2 (*argument*) peu concluant.

indeed [ɪnˈdiːd] *adv* 1 en effet, vraiment; certes; *there may ~ be extra charges* il peut bien sûr y avoir des suppléments de prix 2 en fait; *unemployment hasn't decreased; ~ it's on the increase* le chômage n'a pas diminué; il est même en augmentation 3 (*emphatique*) *this is very good ~* c'est vraiment très bon; *yes ~!* (*pour approuver*) bien sûr! (*pour contredire*) mais si!; *thank you very much ~!* merci infiniment! 4 *interj* vraiment; *he is a gentleman. – A gentleman ~!* c'est un monsieur. – Ah oui vraiment! (*fam*) sans blague!

indefinite [ɪnˈdefɪnət] *adj* 1 indéfini 2 indéterminé, illimité 3 *(Gr)* indéfini.

indelicacy [ɪnˈdelɪkəsɪ] *n* 1 indélicatesse *f* 2 inconvenance *f*.

indemnity [ɪnˈdemnɪtɪ] *n* indemnité *f*.

indent [ɪnˈdent] *vt* 1 entailler 2 mettre en alinéa ; ~*ed line* ligne *f* en retrait ◆ *vi (brit Com)* ~ *(for)* passer une commande (de) ‖ °**indent** *n* 1 entaille *f* 2 alinéa *m* 3 commande *f*.

independence [ˌɪndɪˈpendəns] *n* indépendance *f* ; *I~ Day (US)* Fête de l'indépendance (4 juillet) ‖ **inde°pendent** *adj (of)* indépendant (de) ◆ *adj n (Pol)* indépendant(e) *m(f)*.

indescribable [ˌɪndɪˈskraɪbəbl] *adj* indescriptible.

indeterminate [ˌɪndɪˈtɜːmɪnət] *adj* indéterminé, imprécis.

index [ˈɪndeks] *n* 1 *(pl* **indexes**) index *m*, table *f* alphabétique ; *card* ~ fichier *m* ; ~ *card* fiche *f* 2 *(pl* **indices**) indice *m* ; *growth* ~ indice de croissance ; *cost of living* ~ indice du coût de la vie 3 *(Anat)* ~ *finger* index *m* ‖ **index-°linked** *adj* indexé.

Indian [ˈɪndjən] *adj* indien ; ~ *ink* encre *f* de Chine ; ~ *Summer* été *m* indien.

indicate [ˈɪndɪkeɪt] *vt* 1 indiquer, désigner 2 manifester, exprimer 3 *(Aut)* signaler ‖ **indi°cation** *n* signe *m*, indication *f* ‖ **in°dicative** *adj* n indicatif *(f* -ive) ‖ °**indicator** *n* 1 *(Aut)* clignotant *m* 2 indicateur *m* ; *(Fin)* indice *m* ; *economic* ~*s* indicateurs *mpl* d'alerte/(fam) clignotants *mpl*.

indices [ˈɪndɪsiːz] *pl* **index**.

indict [ɪnˈdaɪt] *vt* accuser ; poursuivre en justice ; *he was* ~*ed for tax evasion* il a été inculpé de fraude fiscale ‖ **in°dictment** *n* 1 accusation *f*, dénonciation *f* 2 *(Jur)* inculpation *f* ; acte *m* d'accusation.

indifference [ɪnˈdɪfrəns] *n* 1 indifférence *f* ‖ **in°different** *adj* 1 indifférent 2 de peu de talent ; médiocre.

indigestible [ˌɪndɪˈdʒestəbl] *adj* indigeste ‖ **indi°gestion** *n* indigestion *f*.

indignant [ɪnˈdɪgnənt] *adj* indigné ‖ **indig°nation** *n* indignation *f*.

indirect [ˌɪndɪˈrekt] *adj* indirect, détourné ; *(Gr)* indirect ; *(Fin)* ~ *taxes* impôts *mpl* indirects.

indiscreet [ˌɪndɪˈskriːt] *adj* indiscret *(f* -ète) ; inconsidéré ‖ **indi°scretion** *n* indiscrétion *f* ; imprudence *f*.

indiscriminate [ˌɪndɪˈskrɪmɪnət] *adj* qui manque de discernement, aveugle ‖ **indi°scriminately** *adv* au hasard.

indisputable [ˌɪndɪˈspjuːtəbl] *adj* incontestable.

indistinct [ˌɪndɪˈstɪŋkt] *adj* indistinct, vague.

indistinguishable [ˌɪndɪˈstɪŋgwɪʃəbl] *adj (from)* indifférenciable (de).

individual [ˌɪndɪˈvɪdjuəl] *adj* 1 individuel *(f* -elle) 2 particulier *(f* -ère) 3 unique ; *she has an* ~ *talent* elle a un talent original ◆ *n* individu *m inv* ‖ **indi°vidualism** *n* individualisme *m* ‖ **indi°vidualist** *n* individualiste *mf* ‖ **individua°listic** *adj* individualiste ‖ **indi°vidualise/-ize** *vt* 1 individualiser 2 personnaliser.

indoctrinate [ɪnˈdɒktrɪneɪt] *vt* endoctriner ‖ **indoctri°nation** *n* endoctrinement *m*.

indomitable [ɪnˈdɒmɪtəbl] *adj* indomptable, invincible.

indoor [ˈɪndɔː] *adj* d'intérieur ; ~ *plant* plante *f* d'appartement ; ~ *games* sports *mpl* en salle ‖ **in°doors** *adv* à l'intérieur.

induce [ɪnˈdjuːs] *vt* 1 induire ; amener 2 provoquer ‖ **in°ducement** *n* incitation *f*.

induct [ɪnˈdʌkt] *vt* 1 *(Adm)* installer 2 *(into)* initier (à) 3 *(amér Mil)* appeler sous les drapeaux ‖ **in°duction** *n* 1 induction *f* 2 *(Tech)* entrée *f*, admission *f (El)* induction *f* 4 *(Ens)* ~ *course* cours *m* d'initiation.

indulge [ɪnˈdʌldʒ] *vt* gâter, satisfaire ◆ *vi* 1 se permettre ; *she* ~*s in daydreaming* elle se laisse aller à rêvasser 2 *(fam)* boire des boissons alcoolisées ‖ **in°dulgence** *n* complaisance *f* ; indulgence *f* ‖ **in°dulgent** *adj (to)* indulgent (envers).

industrial [ɪnˈdʌstrɪəl] *adj* industriel *(f* -ielle) ; ~ *action* action *f* revendicative ; ~ *dispute* conflit *m* ouvrier ; ~ *unrest* conflits *mpl* sociaux ‖ **in°dustrialism** *n* industrialisme *m* ‖ **in°dustrialist** *n* industriel *m (f* -elle) ‖ **in°dustrialise/(-ize)** *vti* (s')industrialiser ‖ **in°dustrious** *adj* travailleur *m (f* -euse), industrieux *m (f* -euse).

industry [ˈɪndəstrɪ] *n* industrie *f* ; *oil* ~ industrie pétrolière ; *service* ~ secteur *m* tertiaire.

inedible [ɪnˈedɪbl] *adj* non comestible ; *(fig)* immangeable.

ineffective [ˌɪnɪˈfektɪv] *adj* sans effet, vain.

ineffectual [ˌɪnɪˈfektʃuəl] *adj* inefficace, vain.

inefficient [ˌɪnɪˈfɪʃnt] *adj* inefficace ; *(personne)* incompétent.

inequitable [ɪnˈekwɪtəbl] *adj* injuste ‖ **in°equity** *n* injustice *f*.

ineradicable [ˌɪnɪˈrædɪkəbl] *adj* tenace, indéracinable.

inert [ɪˈnɜːt] *adj* inerte, apathique ‖ **i°nertia** *n* inertie *f*.

inescapable [ˌɪnɪˈskeɪpəbl] *adj* inéluctable.

inexcusable [ˌɪnɪkˈskjuːzəbl] *adj* sans excuse, impardonnable.

inexhaustible [ˌɪnɪgˈzɔːstəbl] *adj* 1 inépuisable 2 infatigable.

inexpensive [ˌɪnɪkˈspensɪv] *adj* peu coûteux (*f* -euse).

inexperience [ˌɪnɪkˈspɪərɪəns] *n* inexpérience *f* ‖ **inex°perienced** *adj* inexpérimenté, novice.

inexpressible [ˌɪnɪkˈspresəbl] *adj* inexprimable ; (*lit*) indicible.

infamous [ˈɪnfəməs] *adj* 1 abominable ; *don't go to that ~ place* ne va pas dans cet endroit mal famé 2 (*Jur*) infamant ‖ **°infamy** *n* infamie *f*.

infancy [ˈɪnfənsɪ] *n* première enfance *f* ; (*fig*) débuts *mpl* ‖ **°infant** *n* nouveau-né *m inv* nourrisson *m inv* ; ~ *school* école *f* maternelle ‖ **°infantile** *adj* infantile.

infantry [ˈɪnfəntrɪ] *n* infanterie *f*.

infatuated [ɪnˈfætjʊeɪtɪd] *adj* (*with*) entiché (de) ‖ **infatu°ation** *n* engouement *m*, (*fam*) toquade *f*.

infect [ɪnˈfekt] *vt* 1 infecter, contaminer 2 se propager (à) ; *his enthusiasm ~ed the team* son enthousiasme se communiqua à l'équipe ‖ **in°fectious** *adj* 1 infectieux (*f* -ieuse), contagieux (*f* -ieuse) 2 communicatif (*f* -ive) ‖ **in°fection** *n* infection *f*.

infer [ɪnˈfɜː] *vti* déduire, conclure ‖ **°inference** *n* inférence *f*.

inferior [ɪnˈfɪərɪə] *adj n* inférieur(e) *m(f)*.

infernal [ɪnˈfɜːnl] *adj* 1 de l'enfer 2 (*fig*) diabolique ; *stop that ~ noise!* arrête ce bruit infernal.

infertile [ɪnˈfɜːtaɪl] *adj* stérile.

infidelity [ˌɪnfɪˈdelɪtɪ] *n* infidélité *f*.

in-fighting [ˈɪnˌfaɪtɪŋ] *n* lutte *f* intestine.

infiltrate [ˈɪnfɪltreɪt] *vti* (s')infiltrer (dans).

infinite [ˈɪnfɪnət] *adj* infini, sans bornes ‖ **in°finity** *n* 1 infini *m* 2 infinité *f*.

infirmary [ɪnˈfɜːmərɪ] *n* hôpital *m*.

inflame [ɪnˈfleɪm] *vt* enflammer.

inflatable [ɪnˈfleɪtəbl] *adj* gonflable ; ~ *boat* bateau *m* pneumatique.

inflate [ɪnˈfleɪt] *vt* 1 gonfler 2 (*Fin*) hausser ‖ **in°flated** *adj* 1 gonflé ; ~ *with pride* bouffi d'orgueil 2 exagéré ; ~ *price* prix *m* gonflé ‖ **in°flation** *n* inflation *f* ‖ **in°flatory** *adj* inflationniste.

inflexible [ɪnˈfleksəbl] *adj* inflexible, rigide.

inflict [ɪnˈflɪkt] *vt* infliger.

inflow [ˈɪnfləʊ] *n* afflux *m* ; affluence *f*.

info [ˈɪnfəʊ] *n* (*fam*) tuyaux *mpl*.

inform [ɪnˈfɔːm] *vt* informer, renseigner ◆ *vi* (*on, against*) dénoncer.

informal [ɪnˈfɔːml] *adj* sans cérémonie ; ~ *interview* entretien *m* officieux ; ~ *dinner* repas *m* entre amis ; ~ *clothes* tenue *f* décontractée.

informant [ɪnˈfɔːmənt] *n* informateur *m* ‖ **infor°mation** *ns inv* 1 renseignements *mpl* ; ~ *desk* bureau *m* de renseignements ;

for your ~ à titre d'information ; *that's a precious piece of ~* c'est un renseignement précieux 2 (*Jur*) dénonciation *f* 3 ~ *system* système *m* informatique ; ~ *technology* informatique *f* ‖ **in°formative** *adj* instructif (*f* -ive) ‖ **in°former** *n* indicateur *m* de police, (*fam*) mouchard *m*.

infringe [ɪnˈfrɪndʒ] *vt* transgresser, enfreindre ; (*Com*) contrefaire ; ~ *a copyright* violer des droits d'auteur ◆ *vi* (*on*) empiéter (sur) ‖ **in°fringement** *n* 1 infraction *f*, (*fig*) violation *f* ; *this is an ~ on my private life* c'est une violation de ma vie privée ; 2 (*Com*) contrefaçon *f*.

infuriate [ɪnˈfjʊərɪeɪt] *vt* exaspérer.

infusion [ɪnˈfjuːʒn] *n* 1 (*Méd*) infusion *f* 2 apport *m*, injection *f*.

ingenious [ɪnˈdʒiːnjəs] *adj* ingénieux (*f* -ieuse) ‖ **inge°nuity** *n* ingéniosité *f*.

ingenuous [ɪnˈdʒenjʊəs] *adj* ingénu ‖ **in°genuousness** *n* ingénuité *f*.

ingot [ˈɪŋgət] *n* lingot *m*.

ingrained [ˌɪnˈgreɪnd] *adj* enraciné ; ~ *with dirt* encrassé.

ingratiate [ɪnˈgreɪʃɪeɪt] *vt* *he ~d himself with his boss* il se concilia les bonnes grâces de son patron ‖ **in°gratiating** *adj* ~ *smile* sourire *m* engageant.

ingredient [ɪnˈgriːdjənt] *n* 1 ingrédient *m* 2 facteur *m*, élément *m*.

inhabit [ɪnˈhæbɪt] *vt* habiter ‖ **in°habitant** *n* habitant(e) *m(f)*.

inherit [ɪnˈherɪt] *vt* hériter ; *they ~ed a large house from their father* ils héritèrent de leur père une grande maison ‖ **in°heritance** *n* héritage *m* ; patrimoine *m*.

inhibit [ɪnˈhɪbɪt] *vt* empêcher, gêner ; *inflation ~s social progress* l'inflation entrave le progrès social ‖ **in°hibited** *adj* refoulé ‖ **inhi°bition** *n* refoulement *m*.

inhospitable [ˌɪnhɒˈspɪtəbl] *adj* inhospitalier (*f* -ière).

inhuman [ɪnˈhjuːmən] *adj* inhumain.

inhumane [ˌɪnhjuːˈmeɪn] *adj* cruel (*f* -elle), inhumain.

iniquitous [ɪˈnɪkwɪtəs] *adj* inique.

initial [ɪˈnɪʃl] *adj* initial ◆ *n* initiale *f* ◆ *vt* parapher.

initiate [ɪˈnɪʃɪeɪt] *vt* 1 commencer ; *they ~d an agreement* ils ont lancé les bases d'un accord 2 initier ‖ **initi°ation** *n* 1 commencement *m* 2 initiation *f*.

initiative [ɪˈnɪʃɪətɪv] *n* initiative *f*.

inject [ɪnˈdʒekt] *vt* 1 injecter ; (*fig*) insuffler 2 (*Méd*) inoculer ‖ **in°jection** *n* injection *f*.

injudicious [ˌɪndʒuːˈdɪʃəs] *adj* peu judicieux (*f* -ieuse).

injure [ˈɪndʒə] *vt* 1 blesser 2 (*fig*) nuire, offenser ‖ **°injured** *adj* blessé, accidenté ‖ **°injury** *n* blessure *f* ; (*fig*) préjudice *m*, tort *m*.

injurious [ɪnˈdʒʊərɪəs] *adj* préjudiciable, nuisible.

injustice [ɪnˈdʒʌstɪs] *n* injustice *f*.

ink [ɪŋk] *n* encre *f*.

inkling [ˈɪŋklɪŋ] *n* soupçon *m*.

inland [ˈɪnlənd] *adj* intérieur ◆ **inˈland** *adv* à/vers l'intérieur (des terres).

in-laws [ˈɪnlɔːz] *n* beaux-parents *mpl*; belle-famille *f*.

inlay [ˈɪnleɪ] *n* **1** incrustation *f* **2** *(dent)* obturation *f*.

inlet [ˈɪnlet] *n* **1** *(Tech)* admission *f* **2** *(Géog.)* crique *f*.

inmate [ˈɪnmeɪt] *n* **1** pensionnaire *mf* **2** *(prison)* détenu(e) *m(f)*.

inmost [ˈɪnməʊst] *adj* le plus profond; *my ~ thoughts* mes pensées intimes.

inn [ɪn] *n* auberge *f*, hôtellerie *f*.

innate [ɪˈneɪt] *adj* inné.

inner [ˈɪnə] *adj* intérieur; *~-city area* centre-ville *m*; *~ tube* chambre *f* à air ‖ **ˈinnermost = inmost**.

inning [ˈɪnɪŋ] *n* **1** *(baseball)* tour *m* de batte **2** *~s (cricket)* tour *m* de batte; *(fam fig) he had a good ~s* il a eu une vie bien remplie.

innocuous [ɪˈnɒkjʊəs] *adj* inoffensif *(f -ive)*.

innovate [ˈɪnəveɪt] *vi* innover ‖ **ˈinnovative** *adj* innovateur *(f -trice)*.

innuendo [ˌɪnjuˈendəʊ] *n* insinuation *f* (déplaisante).

innumerable [ɪˈnjuːmərəbl] *adj* innombrable.

inoperative [ɪnˈɒpərətɪv] *adj* inopérant; *this device is ~* cette machine ne fonctionne pas.

inopportune [ɪnˈɒpətjuːn] *adj* inopportun.

inordinate [ɪˈnɔːdɪnət] *adj* **1** immodéré, excessif *(f -ive)* **2** extrême.

in-patient [ˈɪnˌpeɪʃnt] *n (Méd)* malade *m(f)* hospitalisé(e).

input [ˈɪnpʊt] *n* **1** consommation *f* **2** *(Tech)* puissance *f* d'alimentation; entrée *f* **3** *(Inf)* données *fpl* introduites.

inquest [ˈɪnkwest] *n* enquête *f* (judiciaire).

inquire [ɪnˈkwaɪə] *vti* s'informer, se renseigner ‖ **inˈquiring** *adj* curieux *(f -euse)* ‖ **inˈquiry** *n* investigation *f*; enquête *f* ‖ **inˈquisitive** *adj* curieux *(f -euse)*, inquisiteur *(f -trice)*; *he cast an ~ glance* il jeta un coup d'œil indiscret *(f -ète)*.

inroad [ˈɪnrəʊd] *n* incursion *f*.

insane [ɪnˈseɪn] *adj* **1** fou *(f folle)*; *(fam) this project is ~* ce projet est insensé **2** *(Méd)* aliéné ‖ **inˈsanity** *n (Méd)* aliénation *f* mentale.

inscribe [ɪnˈskraɪb] *vt* inscrire, graver ‖ **insˈcription** *n* inscription *f*; dédicace *f*.

inscrutable [ɪnˈskruːtəbl] *adj* impénétrable.

insect [ˈɪnsekt] *n* insecte *m*.

insecure [ˌɪnsɪˈkjʊə] *adj* **1** peu sûr **2** anxieux *(f -ieuse)* ‖ **inseˈcurity** *n* insécurité *f*.

insensible [ɪnˈsensəbl] *adj (of)* inconscient (de).

insensitive [ɪnˈsensətɪv] *adj* insensible, dur; *he was ~ to the pain of others* il était indifférent à la douleur d'autrui ‖ **inˈsensitiveness** *n* insensibilité *f*.

insert [ɪnˈsɜːt] *vt* insérer, introduire ‖ **ˈinsert** *n* encart *m*.

inset [ˈɪnset] *adj* incrusté ◆ *n* **1** incrustation *f* **2** *(typographie)* médaillon *m*.

inshore [ˌɪnˈʃɔː] *adj* côtier *(f -ière)* ◆ *adv* près de la côte.

inside [ˌɪnˈsaɪd] *adv prép* à l'intérieur (de); *~ the speed limit* au-dessous de la limite de vitesse ◆ *adj* intérieur; *(Sp) the ~ lane* la corde; *(Aut GB)* voie *f* de gauche, *(Aut Europe, US)* voie de droite; *~ information* renseignements *mpl* confidentiels ◆ *n* intérieur *m*; *~ out* à l'envers; *(fam) I know the film ~ out* je connais le film dans ses moindres détails; *~s (fam)* entrailles *fpl* ‖ **inˈsider** *n* initié *m*; *~ trading (Fin)* délit *m* d'initié.

insidious [ɪnˈsɪdɪəs] *adj* insidieux *(f -ieuse)*.

insight [ˈɪnsaɪt] *n* **1** perspicacité *f* **2** aperçu *m*; *the book gives an ~ into his childhood* le livre donne un aperçu de son enfance.

insignificance [ˌɪnsɪɡˈnɪfɪkəns] *n* insignifiance *f*.

insincere [ˌɪnsɪnˈsɪə] *adj* feint.

insinuate [ɪnˈsɪnjʊeɪt] *vt* insinuer; suggérer.

insist [ɪnˈsɪst] *vi* **1** insister; *they ~ on a reply* ils exigent une réponse **2** soutenir, affirmer ‖ **inˈsistence** *n* insistance *f*; *at his ~* sur son insistance.

insofar [ˌɪnsəʊˈfɑː] *conj (as)* dans la mesure (où).

insolvent [ɪnˈsɒlvənt] *adj* insolvable.

inspect [ɪnˈspekt] *vt* inspecter, examiner; *(Mil)* passer en revue ‖ **inˈspector** *n* inspecteur *(f -trice)*; contrôleur *m (f -euse)*.

instal(l) [ɪnˈstɔːl] *vt* installer ‖ **inˈstal(l)ment** *n* **1** *(Com)* versement *m*; *monthly ~* mensualité *f* **2** *(Lit Rad TV)* épisode *m* **3** *~ plan (amér)* vente *f* à tempérament.

instance [ˈɪnstəns] *n* **1** exemple *m*; *for ~* par exemple **2** instance *f*; *in the first ~* en premier lieu.

instant [ˈɪnstənt] *n* instant *m*, moment *m*; *stop it this ~!* arrête immédiatement! *the noise stopped the ~ I switched on the lamp* le bruit cessa dès que j'eus allumé la lampe ◆ *adj* instantané; *~ success* succès *m* immédiat; *~ coffee* café *m* soluble ‖ **instanˈtaneous** *adj* instantané.

instead [ɪn'sted] *adv* au lieu (de cela); *use a spoon* ~ prends plutôt une cuiller ‖ **in°stead of** *loc prép* au lieu de, à la place de.

instep ['ɪnstep] *n (Anat)* cou-de-pied *m*.

instigate ['ɪnstɪgeɪt] *vt* **1** provoquer **2** pousser à ‖ **insti°gation** *n* instigation *f*.

insti(l) [ɪn'stɪl] *vt* inculquer.

instinct ['ɪnstɪŋkt] *n* instinct *m* ‖ **ins°tinctively** *adv* instinctivement, d'instinct.

institute ['ɪnstɪtjuːt] *n* institut *m* ♦ *vt* instituer, fonder ‖ **insti°tution** *n* institution *f*, établissement *m* ‖ **insti°tutional** *adj* institutionnel (*f* -elle) ‖ **insti°tutionalise/ize** *vt* **1** institutionnaliser **2** (*personne*) faire internier; *the orphan was* ~*d* l'enfant a été placé dans un orphelinat.

instruct [ɪn'strʌkt] *vt* **1** instruire **2** ordonner ‖ **in°struction** *n* instruction *f*; ~**s** mode *m* d'emploi ‖ **in°structor** *n (Mil)* instructeur *m* (*f* -trice); *(Sp)* moniteur (*f* -trice).

instrument ['ɪnstrəmənt] *n* instrument *m*; ~ *panel* (Aut bis, Av) tableau *m* de bord ♦ *vt (Tech)* équiper ‖ **instru°mental** *adj* **1** *(Mus)* instrumental **2** *he was* ~ *in negotiating the peace treaty* il a joué un rôle décisif dans les négociations de paix.

insubordinate [ˌɪnsəˈbɔːdnət] *adj* insubordonné; *(Mil)* mutin.

insubstantial [ˌɪnsəbˈstænʃl] *adj* sans substance; irréel (*f* -elle).

insular ['ɪnsjʊlə] *adj* **1** insulaire **2** *(fig)* borné *(d'esprit)*.

insulate ['ɪnsjʊleɪt] *vt (Tech aussi fig)* isoler; insonoriser ‖ **°insulating** *adj* isolant ‖ **°insulator** *n* isolant *m*.

insult ['ɪnsʌlt] *n* insulte *f*, affront *m* ‖ **in°sult** *vt* insulter, faire outrage.

insuperable [ɪn'suːpərəbl] *adj* insurmontable.

insurance [ɪn'ʃʊərəns] *ns inv* assurance *f*; ~ *policy/contract* police *f* d'assurance; *you should take out life* ~ vous devriez prendre une assurance-vie ‖ **in°sure** *vi* (s')assurer ♦ *vt* **1** *(against)* (s')assurer, se protéger (contre) **2** *(amér)* = **ensure**.

intake ['ɪnteɪk] *n* **1** *(Tech)* admission *f*, prise *f* **2** *(Mil)* contingent *m* **3** *(Méd)* absorption *f*; ~ *of air* inspiration *f*.

integrate ['ɪntɪgreɪt] *vti* **1** (s')intégrer **2** pratiquer la déségrégation ‖ **°integrated** *adj (école)* multiracial/ multiculturel (*f* -elle).

intellect ['ɪntəlekt] *n* intellect *m* ‖ **inte°llectual** *adj n* intellectuel(le) *m(f)*.

intelligence [ɪn'telɪdʒəns] *n* **1** intelligence *f* **2** *(Mil Adm)* renseignements *mpl*; ~ *service* service *m* de renseignements ‖ **in°telligent** *adj* intelligent.

intend [ɪn'tend] *vt* **1** avoir l'intention de

2 *(for)* destiner (à); *this course isn't* ~*ed for beginners* ce cours ne s'adresse pas aux débutants ‖ **in°tended** *adj* voulu, projeté.

intense [ɪn'tens] *adj* **1** intense **2** *(personne)* véhément ‖ **in°tensify** *vti* (s')intensifier, (s')amplifier ‖ **in°tensity** *n* intensité *f*, violence *f* ‖ **in°tensive** *adj* intensif (*f* -ive); ~ *care unit (Méd)* service *m* de soins intensifs; *(Ens)* ~ *course* formation *f* accélérée.

intent [ɪn'tent] *adj* **1** *(on)* absorbé (par), attentif (*f* -ive) (à) **2** *(on)* résolu (à) ♦ *n* intention *f*; *to all* ~*s and purposes* virtuellement ‖ **in°tention** *n* intention *f* ‖ **in°tentional** *adj* intentionnel (*f* -elle).

inter¹ [ɪn'tɜː] *vt* ensevelir, inhumer.

inter² ['ɪntə] *préf* inter-; ~*-city (Rail)* interurbain.

interact [ˌɪntərækt] *vi* avoir une action réciproque ‖ **inter°action** *n* interaction *f*.

interchange [ˌɪntəˈtʃeɪndʒ] *vti* (s')interchanger ‖ **°interchange** *n* **1** échange *m* **2** *(Aut)* échangeur *m*.

intercom ['ɪntəkɒm] *n (Téléph)* interphone *m*.

intercourse ['ɪntəkɔːs] *n* **1** rapports *mpl* sexuels **2** *(vx)* relations *fpl*, rapports *mpl*.

interest ['ɪntrəst] *n* **1** intérêt *m* **2** avantage *m* **3** *(Fin)* intérêt *m*; ~ *rate* taux *m* d'intérêt; *(Com)* participation *f* ♦ *vt* intéresser ‖ **°interested** *adj (in)* intéressé (par), concerné (par) ‖ **°interesting** *adj* intéressant.

interface ['ɪntəfeɪs] *n (Inf aussi fig)* interface *f* ‖ **inter°face** *vi (with)* avoir une interface (avec) ♦ *vt* mettre en interface.

interfere [ˌɪntəˈfɪə] *vi* **1** *(with)* se mêler (de), s'ingérer (dans) **2** gêner; *this will* ~ *with your career* ceci entravera votre carrière **3** *(Rad) (with)* brouiller ‖ **inter°ference** *n* **1** ingérence *f* **2** *(Sp)* obstruction *f* **3** *(Rad)* interférence *f*, parasites *mpl*.

interim ['ɪntərɪm] *n* intérim *m* ♦ *adj* intérimaire.

interior [ɪn'tɪərɪə] *adj n* intérieur *m*.

interlock [ˌɪntəˈlɒk] *vti* **1** s'entremêler **2** *(Tech)* (s')emboîter, (s')enclencher.

interloper ['ɪntələʊpə] *n* intrus(e) *m(f)*.

interlude ['ɪntəluːd] *n* intermède *m*.

intermediate [ˌɪntəˈmiːdjət] *adj n* intermédiaire *mf*.

intermingle [ˌɪntəˈmɪŋgl] *vti* (se) mélanger, (s')entremêler.

intermission [ˌɪntəˈmɪʃn] *n* **1** *(Ciné Th)* entracte *m* **2** interruption *f*.

intern ['ɪntɜːn] *n* stagiaire *mf*; *(amér Méd)* interne *mf* ‖ **in°tern** *vt* interner ‖ **in°ternal** *adj* interne; ~ *revenue (amér)* recettes *fpl* fiscales.

internecine [ˌɪntəˈniːsaɪn] *adj* ~ *conflict* lutte *f* intestine.

interplay [ˌɪntəˈpleɪ] *n* interaction *f*.

interpose [ˌɪntəˈpəʊz] *vti* (s')interposer.

interpret [ɪnˈtɜ:prɪt] *vt* 1 interpréter 2 traduire ‖ **inˈterpreter** *n* interprète *mf.*

interrogative [ˌɪntəˈrɒɡətɪv] *adj n* (*Gr*) interrogatif (*f* -ive) ‖ **inteˈrrogatory** *adj* interrogateur (*f* -trice).

interrupt [ˌɪntəˈrʌpt] *vt* interrompre.

intersect [ˌɪntəˈsekt] *vti* (s')entrecouper, (s')entrecroiser ‖ **interˈsection** *n* 1 intersection *f* 2 (*amér*) carrefour *m.*

intersperse [ˌɪntəˈspɜ:s] *vt* entremêler.

interstate [ˈɪntəsteɪt] *adj* (*amér*) entre Etats ◆ *n* (*amér*) autoroute *f* (inter-Etats).

interstellar [ˌɪntəˈstelə] *adj* intersidéral.

interval [ˈɪntəvl] *n* 1 intervalle *m*; *at ~s* par intervalles; *rain with bright ~s* pluie avec de belles éclaircies 2 (*Sp*) mi-temps *f*; (*Th*) entracte *m.*

intervene [ˌɪntəˈvi:n] *vi* 1 intervenir, survenir 2 (*temps*) passer; *a year ~d* une année s'écoula ‖ **interˈvention** *n* intervention *f.*

interview [ˈɪntəvju:] *n* 1 entretien *m*; 2 (*media*) interview *f* ◆ *vt* 1 faire passer un entretien 2 interviewer.

intimacy [ˈɪntɪməsɪ] *n* intimité *f*; (*fam*) relations *fpl* intimes/sexuelles.

intimate[1] [ˈɪntɪmət] *adj* intime.

intimate[2] [ˈɪntɪmeɪt] *vt* signifier; faire comprendre ‖ **intiˈmation** *n* indication *f.*

into [ˈɪntʊ] *prép* 1 (*changement de lieu*) dans; *she put the canary ~ its cage* elle plaça le canari dans sa cage; *the car crashed ~ a wall* l'auto s'est écrasée contre un mur; *did you put your money ~ a bank account?* as-tu mis ton argent sur un compte en banque? *the door opens ~ a large hall* la porte donne sur un grand vestibule 2 (*fig*) *there was an inquiry ~ the accident* il y a eu une enquête sur l'accident; *after the war he moved ~ drug smuggling* après la guerre il s'est converti au trafic des stupéfiants; *he is well ~ his fifties* il a une bonne cinquantaine 3 (*changement d'état*) *translate ~ French* traduisez en français; *the little girl grew ~ a lovely woman* la petite fille devint une femme charmante; *fold it ~ a square!* plie-le en carré! *she broke ~ tears* elle fondit en larmes 4 (*fam*) *I'm not ~ it* ce n'est pas mon truc; *they're ~ cycling* ils sont fous/fanas de vélo.

intonation [ˌɪntəˈneɪʃn] *n* intonation *f* ‖ **inˈtone** *vt* entonner; psalmodier.

intoxicated [ɪnˈtɒksɪkeɪtɪd] *adj* 1 intoxiqué; (*alcool*) ivre 2 (*fig*) grisé; *~ with pride* ivre d'orgueil.

intractable [ɪnˈtræktəbl] *adj* 1 (*personne*) intraitable 2 (*problème*) insoluble.

intricacy [ˈɪntrɪkəsɪ] *n* complexité *f* ‖ **ˈintricate** *adj* complexe.

intrigue [ɪnˈtri:ɡ] *n* intrigue *f* ◆ *vt* intri-

guer ‖ **inˈtriguing** *adj* intrigant, mystérieux (*f* -euse).

introduce [ˌɪntrəˈdju:s] *vt* 1 introduire 2 présenter 3 *I ~d him to jazz* je lui ai fait connaître le jazz 4 (*Com*) lancer (sur le marché) ‖ **introˈduction** *n* introduction *f* ‖ **introˈductory** *adj* d'introduction; (*Com*) *~ offer* offre *f* de lancement.

introvert [ˈɪntrəvɜ:t] *n* introverti(e) *m(f)* ‖ **introˈverted** *adj* introverti.

intrude [ɪnˈtru:d] *vi* (*on*) s'immiscer (dans) ‖ **inˈtruder** *n* intrus(e) *m(f)* ‖ **inˈtrusion** *n* (*into*) intrusion *f* (dans) ‖ **inˈtrusive** *adj* importun.

intuition [ˌɪntju:ˈɪʃn] *n* intuition *f* ‖ **inˈtuitive** *adj* intuitif (*f* -ive).

inure [ɪˈnjʊə] *vt* (*to*) endurcir (à, contre).

invade [ɪnˈveɪd] *vt* envahir ‖ **inˈvader** *n* envahisseur *m.*

invalid[1] [ˈɪnvəlɪd] *adj n* infirme *mf*, invalide *mf.*

invalid[2] [ɪnˈvælɪd] *adj* 1 (*Jur*) nul et non avenu 2 erroné, périmé ‖ **inˈvalidate** *vt* (*Jur*) invalider.

invaluable [ɪnˈvæljʊəbl] *adj* inestimable.

invent [ɪnˈvent] *vt* inventer ‖ **inˈvention** *n* invention *f.*

inventory [ˈɪnvəntrɪ] *n* 1 (*Com*) inventaire *m* 2 (*amér*) stock *m.*

invert [ɪnˈvɜ:t] *vt* renverser, retourner; *~ed commas* guillemets *mpl.*

invest [ɪnˈvest] *vt* investir.

investigate [ɪnˈvestɪɡeɪt] *vt* enquêter (sur), examiner ‖ **investiˈgation** *n* investigation *f* ‖ **inˈvestigator** *n* enquêteur *m* (*f* -trice), détective *mf.*

investment [ɪnˈvestmənt] *n* investissement *m*; *safe ~* placement *m* sûr ‖ **inˈvestor** *n* actionnaire *m*; *small ~s* petits épargnants *mpl.*

invidious [ɪnˈvɪdɪəs] *adj* 1 haïssable; *a policeman's task is often ~* la tâche d'un agent de police est souvent ingrate 2 injuste; *~ comparison* comparaison *f* impossible.

inviolate [ɪnˈvaɪələt] *adj* inviolé.

invitation [ˌɪnvɪˈteɪʃn] *n* invitation *f.*

invite [ɪnˈvaɪt] *vt* inviter; *he ~d questions* il sollicita des questions; *his behaviour ~s criticism* sa conduite incite à la critique ‖ **inˈviting** *adj* attrayant, tentant.

invoice [ˈɪnvɔɪs] *n* facture *f* ◆ *vt* facturer.

involve [ɪnˈvɒlv] *vt* 1 exiger; *illness ~s extra expenditure* la maladie entraîne des dépenses supplémentaires 2 impliquer, compromettre 3 concerner ‖ **inˈvolved** *adj* 1 compliqué; *an ~ sentence* une phrase embrouillée; *an ~ plot* une intrigue complexe 2 (*fam*) *get ~* tomber amoureux ‖ **inˈvolvement** *n* implication *f.*

inward [ˈɪnwəd] *adj* intérieur; *~ thoughts*

ivy

pensées *fpl* intimes ◆ *adv (~s)* vers l'intérieur.

iodine ['aɪədi:n] *n (Méd)* teinture *f* d'iode.

irate [aɪ'reɪt] *adj* courroucé.

iris ['aɪərɪs] *n (Anat Bot)* iris *m*.

irk [ɜːk] *vt* irriter, ennuyer ‖ **°irksome** *adj* irritant.

iron ['aɪən] *n* **1** fer *m*; *cast ~* fonte *f*; *corrugated ~* tôle *f* ondulée; *~ sheet* tôle *f*; *wrought ~* fer *m* forgé; *~ and steel industry* industrie *f* sidérurgique; *he has too many ~s in the fire* il court trop de lièvres à la fois **2** *(fig) ~ will* volonté *f* de fer; *he has ~ nerves* il a des nerfs d'acier **3** fer *m* à repasser ◆ *vt* repasser; *~ out (faux pli)* faire disparaître; *(fig)* aplanir ‖ **iron-°gray** *(amér)*/**-°grey** *(brit) adj n* gris fer *inv* ‖ **°ironing** *n* repassage *m* ‖ **°ironmonger** *n* quincaillier *m*. ‖ **°ironwork** *n* ferronnerie *f*; *~s* fonderie *f*, forges *fpl*.

ironic(al) [aɪ'rɒnɪk(l)] *adj* ironique ‖ **°irony** *n* ironie *f*.

irradiate [ɪ'reɪdɪeɪt] *vti* **1** irradier **2** rayonner.

irrational [ɪ'ræʃənl] *adj* **1** irrationnel *(f -elle)* **2** déraisonnable.

irreconcilable [ɪ'rekənsaɪləbl] *adj* **1** irréconciliable **2** inconciliable.

irredeemable [ˌɪrɪ'di:məbl] *adj* **1** *(perte)* irrémédiable **2** *(faute)* impardonnable.

irrefutable [ɪ'refjʊtəbl] *adj* irréfutable.

irregular [ɪ'regjʊlə] *adj* irrégulier *(f -ière)* ‖ **irregu°larity** *n* irrégularité *f*.

irrelevance [ɪ'reləvəns]/**irrelevancy** *n* **1** inapplicabilité *f* **2** manque *m* d'à-propos ‖ **i°rrelevant** *adj* non pertinent; *that's ~* cela n'a rien à voir.

irremediable [ˌɪrɪ'mi:dɪəbl] *adj* irrémédiable; *(perte)* irrécupérable.

irremovable [ˌɪrɪ'mu:vəbl] *adj* inamovible.

irreplaceable [ˌɪrɪ'pleɪsəbl] *adj* irremplaçable.

irrepressible [ˌɪrɪ'presəbl] *adj* irrésistible, irrépressible.

irresolute [ɪ'rezəlu:t] *adj* indécis, hésitant ‖ **i°rresoluteness** *n* indécision *f*.

irrespective [ˌɪrɪ'spektɪv] *adj* indépendant *~ of consequences* quelles que soient les conséquences.

irresponsibility [ˌɪrɪspɒnsə'bɪlətɪ] *n* irresponsabilité *f* ‖ **irres°ponsible** *adj* irresponsable; *(acte)* irréfléchi.

irretrievable [ˌɪrɪ'tri:vəbl] *adj* irréparable; irrécupérable.

irreverent [ɪ'revərənt] *adj* irrévérencieux *(f -ieuse)*.

irrigate ['ɪrɪgeɪt] *vt* irriguer.

irritability [ˌɪrɪtə'bɪlətɪ] *n* irritabilité *f* ‖ **°irritable** *adj* irritable, irascible ‖ **°irritate** *vt* irriter ‖ **°irritating** *adj* irritant *that's ~!* c'est agaçant !

island ['aɪlənd] *n* **1** *(Géog)* île *f*; **2** *(brit) traffic ~* refuge *m* pour piétons ‖ **°islander** *n* insulaire *mf* ‖ **isle** *n* île *f*; *the British I~s* les Îles Britanniques ‖ **°islet** *n* îlot *m*.

isolate ['aɪsəleɪt] *vt* isoler ‖ **iso°lation** *n (Méd)* isolement *m*; *~ ward* salle *f* des contagieux.

issue ['ɪʃu:] *n* **1** *(Fin)* émission *f* **2** *(édition)* publication *f*; parution *f*; *an old ~* un numéro ancien **3** question *f*; point *m* à l'ordre du jour; *he avoided the ~* il se défila **4** *(Pol) electoral ~* thème *m* électoral **5** *(Mil)* dotation *f*; *~ shirts* chemises *fpl* réglementaires **6** *(Jur)* descendance *f* ◆ *vi (from)* provenir de; *(Jur) children ~ing from a former marriage* enfants issus d'un premier mariage ◆ *vt* **1** *(Fin)* émettre **2** *(édition)* publier **3** *(Mil)* percevoir **4** *(passeport)* délivrer.

isthmus ['ɪsməs] *n (Géog)* isthme *m*.

it [ɪt] *pr* **1** *(sujet)* il, elle **2** *(complément)* le, la, l' **3** ce, c', cela; *that's it!* c'est ça ! **4** en, y; *I'll think of it* j'y penserai **5** *(loc) far from it* loin de là; *she's above it* elle est au-dessus de cela; *confound it!* zut alors ! *I've had it* je suis fichu, *(amér)* j'en ai assez; *we're in for it!* on va se faire attraper ! *this is it!* nous y voilà ! *we'll have to walk it* il faudra que nous y allions à pied.

italics [ɪ'tælɪks] *npl in ~* en italique *m*.

itch [ɪtʃ] *n* **1** démangeaison *f* **2** *(fam)* envie *f* **3** *(fig) the seven-year ~* le cap des sept années de mariage ◆ *vi* **1** démanger **2** *(fam) (to)* brûler d'envie (de) ‖ **°itchy** *adj* qui démange.

item ['aɪtəm] *n* **1** *(Com)* article *m* point *m*; *the last ~ on the agenda* le dernier point à l'ordre du jour **3** élément *m (d'information)*; *an ~ of news* une nouvelle **4** *(test)* item *m* ‖ **°itemize** *vt (facture)* détailler.

iterate ['ɪtəreɪt] *vt* réitérer.

itinerary [aɪ'tɪnərərɪ] *n* itinéraire *m*.

its [ɪts] *adj poss* son, sa, ses.

itself [ɪt'self] *pr réfl* lui-même, elle-même, soi-même; *the door opens by ~* la porte s'ouvre automatiquement.

ivory ['aɪvərɪ] *n* ivoire *m*.

ivy ['aɪvɪ] *n* **1** *(Bot)* lierre *m*, **2** *(amér) Ivy League* ensemble des universités les plus prestigieuses du nord-est des États-Unis.

J

J, j [dʒeɪ] *n* J, j *m*.

jab [dʒæb] *vt* (*p pp* **jabbed**) **1** donner un coup sec **2** enfoncer ; *stop jabbing your elbow in my ribs!* arrête de me labourer les côtes avec ton coude ! ◆ *n* **1** (*boxe*) coup *m* sec **2** (*fam*) piqûre *f*.

jabber [ˈdʒæbə] *vt* baragouiner ◆ *vi* jacasser ‖ °**jabbering** *n* **1** baragouin *m* **2** jacasserie *f*.

jack[1] [dʒæk] n (*simple*) matelot *m* *old ~ tar* vieux loup *m* de mer.

jack[2] [dʒæk] *n* **1** (*Aut*) cric *m* ; vérin *m* **2** (*El*) jack *m* **3** (*cartes*) valet *m* **4** (*boules*) cochonnet *m* **5** (*Naut*) pavillon *m* **6** (*loc*) *~ of all trades* touche-à-tout *m* (*pl inv*) ; (*Naut*) *every man ~* tout le monde ‖ °**jackass** *n* **1** (*lit fig*) âne *m* **2** (*fam*) idiot(e) *m(f)* ‖ °**jack-knife** *n* couteau *m* de poche ‖ °**jackpot** *n* (*cartes*) (jack)-pot *m* ; (*aussi fig*) *you've hit the ~* tu as gagné le gros lot.

jackal [ˈdʒækɔːl] *n* (*Zool*) chacal *m*.

jacket [ˈdʒækɪt] *n* **1** veste *f* ; veston *m* ; *dinner-~* smoking *m* **2** (*livre*) couverture *f* ; jacquette *f* **3** (*Cuis*) *potatoes in their ~s* pommes *fpl* de terre en robe de chambre.

jade[1] [dʒeɪd] *n* (*minéral*) jade *m*.

jade[2] [dʒeɪd] *n* (*aussi fig*) haridelle *f* ‖ °**jaded** *adj* **1** fatigué ; éreinté **2** blasé.

jag [dʒæg] *n* (*Géog*) dent *f* ◆ *vt* **1** piquer, **2** déchiqueter ‖ °**jagged** [ˈdʒægɪd] *adj* (*rocher*) déchiqueté ; aux arêtes vives.

jail [dʒeɪl] *vt* mettre en prison ◆ *n* prison *f* ‖ °**jailbird** *n* (*fam péj*) gibier *m* de potence ‖ °**jailbreaker** *n* évadé *m* ‖ °**jailer** *n* **1** gardien *m* de prison **2** (*fig*) geôlier *m*.

jam[1] [dʒæm] *n* confiture *f* ; (*brit*) *it's money for jam* c'est de l'argent facile.

jam[2] [dʒæm] *n* **1** blocage *m* **2** encombrement *m* ; *traffic jam* bouchon **3** (*fam*) *he's in a jam* il est dans un sale pétrin ◆ *vti* **1** (se) coincer ; serrer ; *he jammed on the brakes* il a bloqué les freins **2** (*fusil*) (s')enrayer **3** encombrer ; *the street was jammed* la rue était embouteillée **4** (*fam*) *he jammed his hands in his pockets* il a fourré ses mains dans sa poche.

jangle [ˈdʒæŋgl] *n* cliquetis *m* ◆ *vti* **1** (faire) cliqueter **2** (*loc*) *~d nerves* nerfs *mpl* à fleur de peau.

janitor [ˈdʒænɪtə] *n* **1** concierge *mf* ; portier *m* **2** (*amér*) gardien *m* (d'immeuble).

January [ˈdʒænjʊərɪ] *n* janvier *m*.

japan [dʒəˈpæn] *vt* laquer.

jar[1] [dʒɑː] *n* **1** choc *m* ; secousse *f* **2** son *m* discordant ◆ *vti* **1** (*couleurs, sentiments*) choquer **2** ébranler ; *we were jarred by the news* nous étions secoués par la nouvelle ‖ °**jarring** *adj* **1** (*son*) discordant **2** (*fig*) choquant.

jar[2] [dʒɑː] *n* pot *m* ; *glass ~* bocal *m*.

jargon [ˈdʒɑːgən] *n* jargon *m* ; (*fam*) charabia *m*.

jaundice [ˈdʒɔːndɪs] *n* (*Méd*) jaunisse *f*.

jaunt [dʒɔːnt] *n* (*petite*) excursion *f* ; *let's go for a ~!* allons faire une balade ‖ °**jaunty** *adj* **1** désinvolte **2** vif (*f* vive) ; *with a ~ air* d'un air enjoué.

javelin [ˈdʒævlɪn] *n* (*Sp*) javelot *m*.

jaw [dʒɔː] *n* **1** mâchoire *f* **2** (*fam*) bavardage *m* **3** (*brit vulg*) *hold your ~!* suffit ! ‖ °**jawbone** *n* (*Anat*) maxillaire *m*.

jay [dʒeɪ] *n* (*Orn*) geai *m*.

jazz [dʒæz] *n* **1** (*Mus*) jazz *m* **2** (*argot fig*) *he loves cars, women and all that jazz* il aime les voitures, les femmes et tutti quanti ‖ **jazz up** *vpart* (*fig*) mettre de l'entrain ‖ °**jazzy** *adj* **1** (*air*) de jazz **2** (*couleurs*) tapageur (-euse).

jealous [ˈdʒeləs] *adj* jaloux (*f* -ouse) ‖ °**jealousy** *n* jalousie *f*.

jeans [dʒiːnz] *npl inv* ; (*a pair of blue*) *~* un jean *m*.

jeer [dʒɪə] *n* moquerie *f* ◆ *vi* (*at*) railler ; se moquer (de).

jell [dʒel] *vi* (*projets*) se consolider.

jelly [ˈdʒelɪ] *n* (*Cuis*) **1** gelée *f* **2** (*fam*) marmelade *f* ; *beaten to a ~* réduit en bouillie ; *I was shaking like a ~* je tremblais comme une feuille ‖ °**jellyfish** *n* (*Zool*) méduse *f*.

jeopardy [ˈdʒepədɪ] *n* danger *m* ; *in ~* en péril ‖ °**jeopardize** *vt* **1** mettre en danger **2** compromettre.

jerk [dʒɜːk] *n* **1** à-coup *m*, secousse *f* **2** (*Méd*) contraction *f* **3** (*fam*) tic *m* **4** (*vulg*) abruti(e) *m(f)* ◆ *vti* (*at*) donner une secousse (à) ; *he ~ed himself free* il se libéra d'un geste brusque ‖ °**jerky** *adj* (*mouvement*) saccadé ; (*style*) haché.

jerry-built [ˈdʒerɪbɪlt] *adj* (*construction*) de mauvaise qualité.

jersey [ˈdʒɜːzɪ] *n* **1** chandail *m* ; tricot *m* **2** (*Sp*) maillot *m*.

jest [dʒest] *vi* plaisanter ◆ *n* plaisanterie *f* ; *in ~* pour rire (*f* -euse) ‖ °**jester** *n* **1** farceur *m* (*f* -euse) **2** (*Lit*) bouffon *m*.

jet[1] [dʒet] *n* **1** jet *m* **2** (*Av*) jet (*aircraft*) avion *m* à réaction ; *jet engine* réacteur *m* ; *jet lag* décalage *m* horaire **3** (*Tech*) (*carburateur*) brûleur *m* ; gicleur *m* ◆ *vti* **1** gicler, **2** (*fam*) voyager en jet.

jet[2] [dʒet] *n* (*minéral*) jais *m* ; *jet-black* noir comme du jais.

jetsam [ˈdʒetsəm] *ns inv* épaves *fpl* jetées sur la côte.

jettison [ˈdʒetɪsn] *vt* **1** (*Av Naut*) jeter

par-dessus bord ; se délester **2** *(espoir)* abandonner.

jetty [ˈdʒetɪ] *n* jetée *f* ; môle *m* ; *landing ~* embarcadère *m*.

jewel [ˈdʒuːəl] *n* **1** bijou *m* (*pl* -x) ; joyau *m* (*pl* -x) **2** *(fig)* perle *f* **3** *(horlogerie)* rubis *m* ∥ °**jewel(l)er** *n* bijoutier *m* (*f* -ière) ; joaillier *m* ; *~'s shop* bijouterie *f* ∥ °**jewel(l)ry** *ns inv* bijoux *mpl* ; joaillerie *f*.

jib¹ [dʒɪb] *n (Naut)* foc *m*.

jib² [dʒɪb] *vi (at)* regimber (devant) ; se dérober (à) **2** *(at)* répugner (à).

jibe [dʒaɪb] voir **gibe**.

jiffy [ˈdʒɪfɪ] *n* ; *(fam) in a ~* en moins de deux.

jig [dʒɪg] *n* **1** *(Mus)* gigue *f* **2** *(Tech)* gabarit *m*, calibre *m* ◆ *vt* (*p pp* **jigged**) **1** danser la gigue **2** sautiller ∥ °**jigsaw** *n (Tech)* scie *f* à chantourner ; scie sauteuse ; *~ puzzle* puzzle *m*.

jilt [dʒɪlt] *vt (amoureux)* plaquer.

jingle [ˈdʒɪŋgl] *n* **1** tintement *m* **2** *advertising ~* ritournelle *f* publicitaire ; *(radio, TV)* jingle *m* ◆ *vti* (faire) tinter.

jingoism [ˈdʒɪŋgəʊɪzm] *n* chauvinisme *m*.

jinx [dʒɪŋks] *n (fam)* **1** porte-malheur *n* (*pl inv*) **2** guigne *f* ◆ *vt (fam)* porter la poisse à.

jitters [ˈdʒɪtəz] *npl inv* ; *(fam) it gave me the ~* ça m'a flanqué la frousse ∥ °**jittery** *adj (fam) I feel ~* je ne suis pas tranquille.

jolly [ˈdʒɒlɪ] *adj* joyeux (*f* -euse) ; *he is very ~* il a le vin gai ◆ *adv* très ; *(brit) ~ good!* bravo !

job [dʒɒb] *n* **1** *(fam)* travail *m* ; boulot *m* ; *odd ~ man* homme *m* à tout faire ; *trained on the ~* formé sur le tas ; *no smoking on the ~* interdiction de fumer pendant le travail **2** *(fam)* emploi *m* ; *he knows his ~* il connaît son affaire ; *out of a ~* au/en chômage ; *(fam) ~s for the boys* des fromages pour les petits copains **3** *~ lot n* articles *mpl* dépareillés **4** *(fam loc) that's just the ~!* c'est tout à fait ce qu'il faut ! *(brit) he left and a good ~ too!* il est parti et c'est tant mieux ! *I had quite a ~ persuading him* j'ai eu beaucoup de mal à le convaincre ∥ °**jobless** *adj* en chômage.

jockey [ˈdʒɒkɪ] *vti (loc) the candidates ~ed for position* les candidats intriguèrent pour se trouver en bonne place.

jocular [ˈdʒɒkjʊlə] *adj* enjoué ; jovial.

jodhpurs [ˈdʒɒdpəz] *npl* culotte *f* de cheval ; jodhpurs *mpl*.

jog [dʒɒg] *vti* (*p pp* **jogged**) **1** pousser (*du coude*) **2** cahoter **3** aller au trot, trottiner ; *he jogged along* il allait son petit bonhomme de chemin **4** faire du jogging ◆ *n* **1** coup *m* (de coude) **2** cahot *m*, secousse *f* **3** *jog(trot) n* petit trot *m* ∥ °**joggle** *vti* **1** secouer (légèrement) **2** *~ along* avancer cahin-caha ◆ *n* petite secousse *f*.

join [dʒɔɪn] *vt* **1** joindre ; réunir ; *~ hands with us* associez-vous avec nous **2** se joindre à ; *~ us at the pub* rejoignez-nous au pub ; *will you ~ us in/for a drink?* vous venez prendre un verre avec nous ? **3** adhérer à ; *(Mil) ~ the Army!* engagez-vous ! *he ~ed the evening classes* il s'est inscrit aux cours du soir **4** *vi (in)* participer (à) ; *she ~ed in the conversation* elle prit part à la conversation ∥ **join up** *vpart (Mil)* s'engager.

joiner [ˈdʒɔɪnə] *n* menuisier *m* ∥ °**joinery** *n* menuiserie *f*.

joint [dʒɔɪnt] *n* **1** *(Tech)* joint *m* **2** *(Anat)* articulation *f* ; *he put his knee out of ~* il s'est démis le genou **3** *(Cuis)* rôti *m* **4** *(péj) (bar)* boîte *f* **5** *(drogue)* joint *m* ◆ *vt (Tech)* assembler ◆ *adj* **1** en commun ; *~ account* compte *m* conjoint ; *~ action* action *f* combinée ; *~ efforts* efforts *mpl* coordonnés ; *(Fin) ~ stock company* société par actions **2** co-associé(e) *m(f)* ; *~ tenancy* copropriété *f*.

joist [dʒɔɪst] *n* poutrelle *f* ; solive *f*.

joke [dʒəʊk] *vti* **1** plaisanter ; *you're joking!* tu veux rire ! **2** *(at)* se moquer (de) ◆ *n* **1** plaisanterie *f* ; *a practical ~* une farce **2** moquerie *f* ; *he's the ~ of the town* il est la risée de tout le monde ; *it's no ~!* c'est sérieux ! **3** bon mot *m* ∥ °**joker** *n* **1** farceur *m* (*f* -euse) **2** *(cartes)* joker *m* **3** *(fam)* plaisantin *m* **4** *(amér Jur)* subtilité *f*.

jolt [dʒəʊlt] *n* **1** cahot *m* **2** surprise *f* ; *(fam) it gave us a ~* ça nous a fait un coup ◆ *vti* cahoter.

jostle [ˈdʒɒsl] *vti* **1** (se) bousculer **2** jouer des coudes ◆ *n* bousculade *f*.

jot¹ [dʒɒt] *n* iota *m*.

jot² [dʒɒt] *down vpart* (*p pp* **jotted**) prendre (en) note ∥ °**jotter** *n* bloc-notes *m* (*pl inv*).

journal [ˈdʒɜːnl] *n* **1** revue *f* spécialisée **2** journal *m* (intime) ∥ °**journalist** *n* journaliste *mf*.

journey [ˈdʒɜːnɪ] *n* voyage *m* ; trajet *m*.

journeyman [ˈdʒɜːnɪmən] *n (métier)* compagnon *m*.

joy [dʒɔɪ] *n* joie *f* ; *she danced for ~* elle dansait de joie ∥ °**joyful** *adj* joyeux (*f* -euse) ∥ °**joyride** *n (fam)* virée *f* (en voiture volée) ∥ °**joystick** *n* **1** *(Av)* manche *m* à balai **2** levier *m* de commande.

jubilant [ˈdʒuːbɪlənt] *adj* exultant.

judge [dʒʌdʒ] *vt* **1** *(Jur)* juger **2** apprécier ; *difficult to ~* difficile à estimer ◆ *n* **1** *(Jur)* juge *m* inv *(Sp)* arbitre *m inv* **3** connaisseur *m* (*f* -euse) ; *he's a good ~ of cars* il s'y connaît en voitures ∥ °**judg(e)ment** *n* jugement *m* ∥ °**judicial** *adj* judiciaire ; juridique ∥ **ju°diciary** *n the ~* la magistrature *f* ∥ **ju°dicious** *adj* sage, judicieux.

jug [dʒʌg] *n* cruche *f*; pot *m*.
juggernaut ['dʒʌgənɔ:t] *n* **1** (*brit Aut*) mastodonte *m* **2** (*fig*) force *f* écrasante.
juggle ['dʒʌgl] *vi* jongler || **°juggler** **1** jongleur *m* (*f* -euse) **2** imposteur *m*.
juice [dʒu:s] *n* jus *m*; *gastric* ~ suc *m* gastrique || **°juicy** *adj* **1** juteux (*f* -euse) **2** (*fig*) savoureux (*f* -euse).
July [dʒu:'laɪ] *n* juillet *m*.
jumble ['dʒʌmbl] *n* **1** fouillis *m*; fatras *m* **2** objets *mpl* hétéroclites; ~ *sale* vente *f* de charité ♦ *vti* **1** (s')embrouiller, **2** mettre pêle-mêle.
jumbo ['dʒʌmbəʊ] *adj* énorme; ~ *jet* avion *m* gros porteur.
jump [dʒʌmp] *vti* **1** sauter; ~ *in!* montez vite! *don't* ~ *to conclusions!* méfie-toi de tirer des conclusions prématurément! (*brit fam*) *you* ~ed *the lights!* tu as grillé le feu rouge! (*fam*) ~ *to it!* hop, vas-y! **2** (*amér*) *he* ~ed *the train* il a pris le train en marche **3** sursauter, **4** (*prix*) monter en flèche ♦ *n* **1** saut *m*, bond *m* **2** sursaut *m* **3** (*prix*) flambée *f*; *a* ~ *in prices* une hausse brutale des prix.
jumper[1] ['dʒʌmpə] *n* (*Sp*) sauteur *m* (*f* -euse); *high* ~ sauteur en hauteur
jumper[2] ['dʒʌmpə] *n* **1** pull *m*; tricot *m* **2** (*amér Naut*) vareuse *f* de marin **3** (*amér*) robe *f* (à bretelles).
jumps ['dʒʌmps] *npl inv* (*brit fam*) *I've got the* ~*s* j'ai les nerfs en boule || **°jumpsuit** *n* salopette *f* || **°jumpy** *adj* agité, nerveux (*f* -euse).
junction ['dʒʌŋkʃn] *n* **1** jonction *f* **2** bifurcation *f*, embranchement *m* **3** (*Tech*) raccord *m*; (*El*) ~ *box* boîte *f* de dérivation.
juncture ['dʒʌŋktʃə] **1** jointure *f* **2** conjoncture *f*; *at this* ~ dans les circonstances actuelles.
June ['dʒu:n] *n* juin *m*.
junior ['dʒu:nɪə] *adj n* **1** cadet *m* (*f* -ette); *he is my* ~ il est plus jeune que moi **2** (*Sp*) junior *m* **3** (*rang*) subalterne *m*; (*Com*) ~

partner associé *m* (en second) **4** (*Com*) *Parker Jr* Parker fils.
juniper ['dʒu:nɪpə] *n* (*Bot*) genièvre *m*; ~*tree* genévrier *m*.
junk[1] [dʒʌŋk] *ns inv* **1** rebut *m*; déchet *m*; ~ *heap* dépotoir *m*; ~ *dealer* ferrailleur *m*; (*loc*) *that's all* ~ ça ne vaut pas tripette **2** (*fam drogue*) came *f* || **°junkie/°junky** (*fam*) drogué(e) *m(f)*.
junk[2] [dʒʌŋk] *n* (*Naut*) jonque *f*.
jurist ['dʒʊərɪst] *n* **1** juriste *mf* **2** (*amér*) homme *m* de loi || **°juror** (*Jur*) juré *m*; membre *m* du jury || **°jury** *n* (*Jur*) jury *m*; jurés *mpl*.
just [dʒʌst] *adv* **1** juste, justement; *that's* ~ *what I said* c'est ce que j'ai dit **2** tout à fait; *it's* ~ *the book I need* c'est exactement le livre dont j'ai besoin **3** tout juste; *he's* ~ *a child* ce n'est qu'un enfant; *only* ~ de justesse **4** presque; *he's* ~ *about to leave* il est sur le point de partir **5** seulement; simplement; ~ *once* rien qu'une fois; *you* ~ *have to ask* tu n'as qu'à demander; ~ *for you* uniquement pour toi; *I* ~ *can't believe it* je n'arrive pas à le croire **6** un peu; *he left* ~ *after ten* il est parti peu après dix heures **7** (*avec* **as**) ~ *as he is* tel qu'il est; ~ *as expensive* tout aussi onéreux; *it's* ~ *as well!* c'est aussi bien comme ça! **8** (*loc*) ~ *look at him!* mais regardez-le donc! *you* ~ *about lost* tu as bien failli perdre; ~ *a minute!* un instant! ~ *you repeat that!* répète voir un peu! *not* ~ *yet* pas tout de suite ♦ *adj* **1** juste, équitable; *it's only* ~ ce n'est que justice **2** mérité.
justice ['dʒʌstɪs] *n* **1** justice *f* **2** ~ *of the peace* magistrat *m inv*; juge *m inv*.
justify ['dʒʌstɪfaɪ] *vt* justifier.
jut out [dʒʌt aʊt] *vpart* (*p pp* **jutted**) faire saillie, dépasser.
juvenile ['dʒu:vənaɪl] *adj* juvénile; (*Jur*) ~ *court* tribunal *m* pour enfants; (*Jur*) ~ *delinquent* jeune délinquant *m*.

K

K, k [keɪ] K, k *m*.
kangaroo [kæŋgə'ru:] *n* (*Zool*) kangourou *m*.
kebab [kə'bæb] *n* (*souvent pl*) brochette *f*.
keel [ki:l] *n* (*Naut*) quille *f*; (*fig*) *we've got back on* (*to*) *an even* ~ nous avons rétabli la situation ♦ *vt* mettre en carène || **keel over** *vpart* (faire) chavirer.
keen [ki:n] *adj* **1** enthousiaste; ~ *on sports* passionné de sports **2** (*esprit*) fin,

vif (*f* vive) **3** intense; ~ *wind* vent *m* pénétrant **4** (*aussi fig*) tranchant; *as* ~ *as a razor's edge* affilé comme un rasoir **5** (*brit*) ~ *prices* prix *mpl* compétitifs || **°keenly** *adv* **1** avec enthousiasme **2** vivement; âprement **3** profondément.
keep [ki:p] *vti* (*p pp* **kept**) **1** garder; ~ *your ticket* conservez votre billet; ~ *eye on him!* surveillez-le! ~ *that in mind!* souvenez-vous-en! **2** continuer; ~

the engine running laissez tourner le moteur; *don't ~ him waiting* ne le faites pas attendre; *~ going! /(amér) ~ a move on* circulez! **3** *(to)* s'en tenir (à); *~ to what we decided!* limitez-vous à ce que nous avons décidé! **4** *(magasin, carnet de bord)* tenir; *we don't ~ this article* nous ne faisons pas cet article **5** entretenir; *a well kept road* une route maintenue en bon état **6** protéger; *God ~ you!* Dieu vous garde! **7** *(fête)* célébrer, observer **8** nourrir; subvenir à; *he has his mother to ~* il a sa mère à sa charge **9** *(animaux)* élever, garder **10** *(aliments)* se conserver **11** *(se)* maintenir, rester; *~ to the left!* gardez la gauche! *~ straight on!* allez tout droit! *that'll ~ you warm* cela vous tiendra chaud; *~ quiet!* silence! **12** retenir, faire attendre || **keep away** *vpart* **1** (se) tenir éloigné; *~ away!* n'approchez pas! || **keep back** *vpart* **1** retenir **2** rester derrière **3** *(Ens)* faire redoubler || **keep down** *vpart* **1** limiter **2** réprimer **3** *(Ens)* faire redoubler || °**keeper** *n* gardien *m (f* -ienne); *goal~* gardien de but; *shop~* commerçant *m* || **keep in** *vpart* **1** empêcher de sortir **2** *(Ens)* mettre en retenue **3** *(fam)* se mettre dans les bonnes grâces (de) || °**keeping** *n (loc)* **in ~ with** en accord/conformité avec || **keep on** *vpart* **1** rester à l'écart; *~ off the lawn!* défense de marcher sur la pelouse **2** éloigner || **keep on** *vpart* **1** continuer de **2** *(vêtement)* garder; *~ your hat on!* n'enlève pas ton chapeau! || **keep out** *vpart* **1** empêcher d'entrer **2** rester à l'écart; *~ of this!* ne vous en mêlez pas! || **keeps** *npl inv (loc fam)*; *it's yours for ~* tu peux le garder pour de bon || °**keepsake** *n (cadeau)* souvenir *m* || **keep under** *vpart (fig)* écraser; soumettre à la volonté de || **keep up** *vpart* **1** *(effort)* soutenir; *(se)* maintenir **2** continuer; *~ it up!* allez, continuez! **3** *(traditions)* garder vivant **4** *(loc avec with)* **I can't ~ up with you!** tu vas trop vite pour moi! *they're just trying to ~ up with the Joneses* ils essaient de faire aussi bien que leurs voisins.

keg [keg] *n* tonnelet *m*; *(fig)* **powder ~** poudrière *f*.

kennel [ˈkenl] *n* **1** niche *f* **2** chenil *m*.

kept [kept] *p pp* de **keep**.

kerb [kɜ:b] *n (brit)* bord *m* du trottoir.

kernel [ˈkɜ:nl] *n* **1** *(fruit sec)* amande *f* **2** noyau *m*; *(problème)* fond *m*.

kerosene [ˈkerəsi:n] *n* kérosène *m*; *~ lamp* lampe *f* à pétrole.

ketch [ketʃ] *n (Naut)* ketch *m*, deux-mâts *m*.

kettle [ˈketl] *n* **1** bouilloire *f*; *put the ~ on!* mets l'eau à bouillir! **2** *(loc fam)* *that's a pretty ~ of fish!* nous voilà dans de beaux draps!

key [ki:] *n* **1** clef/clé *f*; *~ring* porte-clefs *n (pl inv)*; *master ~* passe *m* **2** *(énigme)* solution *f* **3** *(Mus)* ton *m*; *you're off ~!* tu chantes faux! **4** *(piano)* touche *f* **5** *(Tech)* **box~** clé *f* à douille || °**keyboard** *n* clavier *m* **1** *(fig)* °**keyed up** *adj (fig)* tendu || °**keyhole** *n* trou *m* de serrure || **key in** *vpart (Inf)* saisir || °**keynote** *n (Mus)*; tonique *f*; *(fig)* idée *f* dominante || °**keystone** *n (Arch fig)* clef *f* de voûte.

khaki [ˈkɑ:kɪ] *adj* kaki.

kick [kɪk] *n* **1** coup *m* de pied; *(fam) I'll give you a ~ in the pants* je vais te botter les fesses **2** *(fig)* force *f*; *there was no ~ left in him* il était complètement vidé **3** *(argot)* plaisir *m*; *he got a ~ out of it* il a pris son pied ♦ *vti* **1** donner un coup de pied **2** *(Sp)* botter **3** *(arme)* reculer **4** *(argot)* *~ the bucket* passer l'arme à gauche || **kick around/about** *vpart* **1** *(fam)* traînasser **2** *(fam)* maltraiter || **kick back** *vpart* **1** *(ballon)* relancer **2** *(fig)* regimber **3** *(Tech)* avoir un retour de manivelle || °**kickback** *n (fam)* dessous-de-table *m (pl inv)*, pot-de-vin *m* || **kick in** *vpart* enfoncer *(à coups de pied)* || **kick off** *vpart* **1** *(Sp)* donner le coup d'envoi **2** *(fig)* démarrer || °**kick-off** *n (Sp)* coup *m* d'envoi **2** *(fam fig)* début *m* || **kick out** *vpart* chasser à coups de pied; *(fam fig)* mettre à la porte || °**kick-stand** *n (moto)* béquille *f* || °**kick-start** *n (brit moto)* démarreur *m* au pied || **kick up** *vpart (fam)* *they ~ed up a dreadful row!* ils en ont fait un sacré vacarme!

kid[1] [kɪd] *vti* **1** *(fam)* faire marcher quelqu'un **2** raconter des blagues; *no kidding!* sans blague! *you're kidding!* tu plaisantes!

kid[2] [kɪd] *n* **1** chevreau *m (f* chevrette) **2** *(fam)* gosse *mf* || °**kidnap** *vt* enlever, kidnapper || °**kidnapper** *n* ravisseur *m (f* -euse) || °**kidnapping** *n* rapt *m*.

kidney [ˈkɪdnɪ] *n* **1** *(Anat)* rein *m*; *~ machine* rein artificiel **2** *(Cuis)* rognon *m* || **kidney-°bean** *n* haricot *m* rouge.

kill [kɪl] *vti* **1** tuer, assassiner; *~ed in action* tombé au champ d'honneur; *~ or cure medecine* remède *m* de cheval **2** *(fig)* mettre fin à; *they ~ed the rumour* ils ont étouffé la rumeur **2** *(fam)* *it's ~ing me!* je n'en peux plus! ♦ *n* **1** mise *f* à mort **2** tableau *m* de chasse || °**killer** *n* meurtrier *m*, tueur *m* || °**killing** *n* meurtre *m*, tuerie *f* **2** destruction *f* ♦ *adj* **1** *(fig)* tuant, assommant **2** *(fam)* terriblement drôle; *too ~ for words* à mourir de rire || **kill off** *vpart* exterminer.

kiln [kɪln] *n (poterie)* four *m*.

kilo [ˈki:ləʊ] *n* kilo *m*; *(Inf)* *~byte* kilo-octet *m*.

kin [kɪn] *n* **1** famille *f* **2** parenté *f*; *next of ~* parent le plus proche.

kind[1] [kaɪnd] *adj* aimable, gentil (*f* -ille); *be ~ enough to answer* ayez l'amabilité de répondre ‖ **kind°hearted** *adj* qui a bon cœur.

kind[2] [kaɪnd] *n* 1 espèce *f*, genre *m*; *I said nothing of the ~* je n'ai rien dit de tel 2 (*Com*) *payment in ~* paiement *m* en nature 3 *loc* (*fam*) *I ~ of thought he would come* j'avais comme dans l'idée qu'il viendrait ‖ °**kindly** *adv* avec gentillesse; *~ shut the door!* ayez l'amabilité de fermer la porte! *I don't take ~ to that idea* je n'aime pas beaucoup cette idée ‖ °**kindness** *n* 1 bonté *f*; gentillesse *f* 2 service *m* (rendu).

kindergarten [ˈkɪndəɡɑːtn] *n* (*Ens*) jardin *m* d'enfants, garderie *f*.

kindle [ˈkɪndl] *vti* 1 (s')allumer, (s')enflammer 2 (*fig*) susciter; *that ~d his fury* cela attisa sa fureur.

kindred [ˈkɪndrɪd] *n* parenté *f*, parents *mpl* ◆ *adj* similaire.

king [kɪŋ] *n* 1 roi *m* 2 (*fig*) *oil ~* magnat *m* du pétrole ‖ °**kingdom** *n* 1 royaume *m* 2 (*Rel*) règne *m* 3 (*Bot, Zool*) règne *m* ‖ °**kingfisher** *n* (*Orn*) martin-pêcheur *m* ‖ °**kingsize(d)** *adj* de très grande taille.

kink [kɪŋk] *n* 1 (en) tortillement *m* (*textile*) boucle *f* 3 (*fig*) aberration *f* ◆ *vi* (s')entortiller ‖ °**kinky** *adj* 1 bizarre, pervers 2 *~ hair* cheveux *mpl* frisés.

kiosk [ˈkiːɒsk] *n* kiosque *m*; (*brit*) *telephone-~* cabine *f* téléphonique.

kipper [ˈkɪpə] *n* hareng *m* fumé et salé.

kiss [kɪs] *n* 1 baiser *m* 2 (*fam*) bise *f* 3 (*fig*) *~ of life* bouche-à-bouche *m* ◆ *vti* 1 (s')embrasser 2 (*fig*) *~ the dust* mordre la poussière; se soumettre 3 (*protocole*) *he ~ed her hand* il lui a baisé la main.

kit [kɪtʃɪn] *n* 1 équipement *m* 2 effets *mpl* personnels 3 (*Mil*) *~ inspection* revue *f* de détail 3 trousse *f*; *first aid ~* trousse de première urgence; *repair ~* nécessaire *m* de réparation 4 kit *m*, ensemble *m* à monter ‖ °**kitbag** *n* 1 (*Mil*) sac *m* à paquetage 2 sac *m* de sport ‖ **kit out** *vpart* équiper.

kitchen [kɪtʃ] *n* cuisine *f* ‖ **kitchen °garden** jardin *m* potager.

kite [kɪθ] *n* 1 cerf-volant *m* 2 (*Orn*) milan *m*.

kitten [ˈkɪtn] *aussi* **kitty**[1] [ˈkɪtɪ] *n* petit chat *m*, chaton *m*.

kitty[2] [ˈkɪtɪ] *n* 1 (*cartes fam*) cagnotte *f* 2 (*boules*) cochonnet *m*.

knack [næk] *n* tour de main *m*; *I can't get the ~ of it* je n'arrive pas à attraper le coup de main; *there's a ~ to it* il y a un truc (à prendre).

knapsack [ˈnæpsæk] *n* sac *m* à dos.

knave [neɪv] *n* 1 (*cartes*) valet *m* 2 (*lit*) coquin *m*, filou *m*.

knead [niːd] *vt* 1 pétrir 2 (*Méd*) masser.

knee [niː] *n* genou *m* (*pl* -oux); *he got down on his ~s* il s'est agenouillé; (*fig*) *I went down on my bended ~s to him* je l'ai supplié à genoux ‖ °**kneecap** *n* (*Anat*) rotule *f* ‖ **knee°deep/knee°high** *adj adv* à hauteur du genou; *he stood ~ in the water* il avait de l'eau jusqu'aux genoux.

kneel [niːl] *vi* (*p pp* **knelt**) s'agenouiller.

knew [njuː] *p* de **know**.

knickers [ˈnɪkəz] *npl* (*brit*) culotte *f* (de femme).

knife [naɪf] (*pl* **knives**) *n* couteau *m*; *pocket-~* canif *m*; *~ and fork* couvert *m*; (*brit fig*) *she's got her ~ into me* elle m'en veut à mort ◆ *vt* donner un coup de couteau à.

knight [naɪt] *n* 1 chevalier *m* 2 (*échecs*) cavalier *m* ◆ *vt* armer; faire chevalier ‖ °**knighthood** *n* 1 chevalerie *f* 2 *he has been given a ~* il vient d'être fait chevalier.

knit [nɪt] *vti* (*p pp* **knitted** ou **knit**) 1 tricoter 2 (*sourcils*) froncer ‖ **knit** *adj* (*fig*) lié; *close-~ group* groupe très uni ‖ °**knitted** *adj* tricoté; *~ goods* articles *mpl* en tricot ‖ °**knitting** *n* tricot *m* ◆ *adj ~ wool* laine *f* à tricoter ‖ °**knitwear** *ns inv* 1 (*Com*) bonneterie *f* 2 tricots *mpl*.

knob [nɒb] *n* 1 (*porte tiroir*) bouton *m* 2 protubérance *f* 3 petit morceau *m*; *~ of butter* noix *f* de beurre ‖ °**knobbly** *adj* noueux (*f* -euse), couvert de bosses.

knock [nɒk] *n* 1 coup *m*; choc *m*; *didn't you hear a ~?* vous n'avez pas entendu frapper? 2 (*moteur*) cliquetis *m* ◆ *vti* 1 frapper; *he ~ed a nail into the door* il a enfoncé un clou dans la porte; *they've ~ed a hole in the wall!* ils ont fait un trou dans le mur! 2 (se) heurter 3 (*moteur*) cliqueter, cogner 4 (*fam*) critiquer; *why are you always ~ing our products?* pourquoi tapez-vous toujours sur nos produits? ‖ **knock about** *vpart* 1 maltraiter 2 bourlinguer 3 (*brit*) flâner 4 dénigrer ‖ **knock back** *vpart* 1 (*fam*) avaler/siffler (un verre) 2 (*fam*) *it ~ed me back a pretty penny!* ça m'a coûté pas mal d'argent! ‖ **knock down** *vpart* 1 faire tomber; *she was ~ed down by a car* elle a été renversée par une voiture 2 démolir 3 (*prix*) réduire 4 (*enchères*) adjuger ◆ *adj ~ price* prix *m* imbattable ‖ °**knocker** *n* (*porte*) heurtoir *m*, marteau *m* ‖ **knock°kneed** *adj* cagneux (*f* -euse) ‖ **knock off** *vpart* 1 (*fam*) (s')arrêter; *~ it off!* ça suffit! 2 (*brit fam*) terminer la journée (de travail) 3 (*fam*) bâcler 4 (*brit fam*) chaparder; *he ~ed off an ashtray* il a fauché un cendrier ‖ **knock out** *vpart* 1 (*boxe*) mettre KO, assommer 2 (*fig*) stupéfier; *~ed out by the news* sourdi par la nouvelle 3 (*Sp*) éliminer ‖ **knock together** *vpart* bricoler à la hâte ‖ **knock up** *vpart* 1 (*brit fam*) faire à la hâte; *she ~ed up a meal* elle improvisa un repas **2** *(brit)* réveiller (en frappant à la porte) **3** *(fam)* fatiguer, éreinter **4** *(tennis)* faire des balles **5** *(amér argot)* faire un gosse à.

knoll [nəʊl] *n* tertre *m*, monticule *m*.

knot [nɒt] *n* **1** nœud *m* **2** *(Naut) making 10* ~s filant à dix nœuds **3** *(fig)* lien *m* ◆ *vti* (se) nouer, faire un nœud ‖ °**knotty** *adj* **1** noueux (*f* -euse) **2** *(fig)* difficile (*à résoudre*) ; ~ *problem* problème *m* épineux.

know [nəʊ] *vti* (*p* **knew** ; *pp* **known**) **1** connaître, savoir ; *she* ~s *English very well* elle possède bien l'anglais ; *I only got to* ~ *of it yesterday* je ne l'ai su qu'hier ; *not that I* ~ *of* pas que je sache ; *as far as I* ~ à ma connaissance **2** apprendre, être informé ; *we didn't* ~ *about it* nous n'étions pas au courant **3** reconnaître *(quelque chose)* ; *he doesn't* ~ *an oak from a beech* il ne fait pas la différence entre un chêne et un hêtre **4** fréquenter *(quelqu'un)*

5 *(loc) you* ~ *what I mean* tu vois ce que je veux dire ; *you* ~ *best* tu es meilleur juge ; *I'll* ~ *better next time* on ne m'y reprendra plus ; *(amér fam) what do you* ~*!* eh bien, dis donc ! ◆ *n in the* ~ au courant ; dans la confidence *f* ‖ °**know-all** *n (fam)* je-sais-tout *mf* ‖ °**know-how** *n* savoir-faire *m*, compétence *f* ‖ °**knowing** *adj* **1** intelligent **2** malin (*f* maligne) ; *a* ~ *smile* un sourire entendu ‖ °**knowingly** *adv* en connaissance de cause ‖ °**knowledge** *ns inv* connaissance(s) *f(pl)*, savoir *m* ; *to my* ~ que je sache ; *without our* ~ à notre insu ‖ °**knowledgeable** *adj* bien informé.

knuckle [ˈnʌkl] *n* **1** *(Anat)* articulation *f* du doigt **2** *(Cuis)* ~ *of veal* jarret *m* de veau ‖ **knuckle down** *vpart* courber l'échine ‖ **knuckle under** *vpart* céder, se soumettre ‖ °**knuckleduster** *n* coup-de-poing *m* américain.

kosher [ˈkəʊʃə] *adj (Rel)* cascher *inv*, kasher *inv*.

L

L, l [el] *n* L, l *m*.

la [lɑː] *n (Mus)* la *m*.

lab [læb] *ab (fam Sc)* labo *m*.

label [ˈleɪbl] *n* **1** étiquette *f* **2** *(Com)* label *m* ◆ *vt* étiqueter ; *label(l)ed as a Democrat* considéré comme démocrate.

laboratory [ləˈbɒrətrɪ] *n* laboratoire *m*.

labor *(amér)*, **labour** *(brit)* [ˈleɪbə] *ns inv* **1** travail *m*, labeur *m* **2** *(Jur) hard* ~ travaux *mpl* forcés **3** main-d'œuvre *f(pl)* ; ~ *union* syndicat *m* ouvrier ; *(brit) L*~ *Exchange* ~ Agence Nationale pour l'Emploi *(A.N.P.E.)* ; *(brit) L*~ *Party* parti *m* travailliste, les travaillistes **5** *(Méd)* travail *m* ; ~ *ward* salle *f* d'accouchement ◆ *vti* **1** travailler (dur), peiner ; *he* ~*ed up the steps* il monta les escaliers avec difficulté **2** *(moteur)* fatiguer **3** élaborer ; *no need to* ~ *the point* inutile de s'étendre sur ce point ‖ °**labored** *(brit* °**laboured***) adj* **1** laborieux (*f* -ieuse), pénible **2** élaboré (à l'excès) ‖ °**laborer** *(brit* °**labourer***) n* ouvrier *m*, manœuvre *m* ‖ °**labor-saving** *(brit* °**labour-saving***) adj* qui facilite le travail.

laburnum [ləˈbɜːnəm] *n (Bot)* cytise *m*.

labyrinth [ˈlæbərɪnθ] *n* labyrinthe *m*.

lace¹ [leɪs] *ns inv* **1** dentelle(s) *f(pl)* **2** *(uniforme) gold* ~ galon *m* d'or ◆ *vt* **1** garnir de dentelle **2** *(Cuis)* relever, corser ; ~*d with cognac* arrosé de cognac.

lace² [leɪs] *n* lacet *m* ◆ *vt* lacer ‖ **lace up** *vpart* (entre)lacer.

lacerate [ˈlæsəreɪt] *vt* lacérer.

lacrymose [ˈlækrɪməʊs] *adj* larmoyant.

lack [læk] *n* manque *m* ; *for* ~ *of* faute de ◆ *vti (in)* manquer (de) ; *they* ~ *capital* ils manquent de capitaux ; *he's* ~*ing in tact* il manque de tact ‖ **lacka°daisical** *adj* nonchalant, apathique ‖ °**lackluster** *(amér)*, °**lacklustre** *(brit) adj* terne.

laconic [ləˈkɒnɪk] *adj* laconique.

lacquer [ˈlækə] *n* vernis-laque *m (pl inv)*, laque *f* ◆ *vt* vernir, laquer.

lad [læd] *n* **1** gars *m*, garçon *m* **2** *(courses)* lad *m*.

ladder [ˈlædə] *n* **1** échelle *f* **2** *(brit) (bas)* maille *f* filée ◆ *vti (brit) I've* ~*ed my tights!* j'ai filé mon collant ! ‖ °**ladderproof** *(brit) adj* indémaillable.

laden [ˈleɪdn] *adj (with)* chargé (de) ‖ °**lading** *(Naut)* chargement *m* ; *(Com) bill of* ~ connaissement *m*.

ladle [ˈleɪdl] *n (Cuis)* louche *f*.

lady [ˈleɪdɪ] *n (pl* **ladies***)* **1** dame *f* ; *young* ~ *(célibataire)* jeune fille *f* ; *(mariée)* jeune femme *f* ; *ladies and gentlemen!* mesdames, messieurs ! **2** *(titre) L*~ *Hunt* Lady *f* Hunt ; ~ *doctor* doctoresse *f* ; ~ *of the manor* châtelaine *f* ; *(amér) first* ~ femme du président **3** *(Rel) Our L*~ Notre Dame **4** *(fam) the Ladies* les toilettes (dames) || °**ladybird** (brit), °**ladybug** (amér) n (Zool) coccinelle f || °**ladykiller** n (fam vx) Don Juan m || °**ladylike** adj distingué ; (péj) **she wants to be ~** elle se donne des airs distingués || °**ladyship** n (titre) Her L~ Madame (la baronne).

lag[1] [læg] vi (p pp **lagged**) traîner ◆ n retard m ; jet ~ décalage m horaire || °**laggard** n traînard m ; retardataire mf.

lag[2] [læg] n (fam) old ~ récidiviste mf.

lag[3] [læg] vt (Tech) calorifuger.

lager [ˈlɑːɡə] n bière f blonde.

lagoon [ləˈɡuːn] n (Géog) lagon m.

laid [leɪd] p pp de **lay**.

lain [leɪn] pp de **lie**.

lair [lɛə] n 1 tanière f 2 (fig) repaire m.

laity [ˈleɪətɪ] ns inv The L~ les laïcs mpl.

lake [leɪk] n lac m.

lamb [læm] n agneau m ; (fig) he took it like a ~ il n'a pas bronché || lamb°chop n (Cuis) côtelette f d'agneau || °**lambskin** n peau f d'agneau.

lame [leɪm] adj 1 boiteux (f -euse) ; he went ~ il s'est mis à boiter 2 (fig) peu convaincant ; ~ excuse piètre excuse f ◆ vt estropier (quelqu'un) || °**lameness** n (Méd) claudication f.

lament [ləˈment] n 1 lamentation f 2 (Mus) complainte f ◆ vti se lamenter (sur) ; our late ~ed brother notre frère regretté.

laminate [ˈlæmɪneɪt] vti (Tech) (se) laminer ; ~ glass verre m feuilleté.

lamp [læmp] n 1 lampe f ; wall ~ applique f 2 (maison) standard ~ lampadaire m 3 ampoule f || °**lamp-post** n réverbère m || °**lampshade** n abat-jour m (pl inv).

lance [lɑːns] n lance f ◆ vt inciser || °**lancet** n (Méd) bistouri m.

land [lænd] n 1 terre f 2 terrain m, sol m ; (fig) first see how the ~ lies d'abord, tâtez le terrain 3 pays m 4 (Ag) ns inv terre(s) f(pl) ; (propriété) propriété(s) f(pl) ; terre(s) ; ~ agent régisseur ; ~ register cadastre m ; ~ tax taxe f foncière ◆ vt 1 amener ; faire descendre ; mettre à terre 2 décharger 3 (loc) they managed to ~ a contract ils ont réussi à décrocher un contrat ; (fam) he ~ed him one il lui a flanqué un coup ; that will ~ you in prison cela te mènera en prison ◆ vi 1 (Naut) accoster, aborder 2 (Av) atterrir ; amerrir 3 débarquer 4 (loc fam) he always ~s on his feet il retombe toujours sur ses pieds || °**landing** n 1 débarquement m ; ~ stage embarcadère m ; débarcadère 2 atterrissage m ; amerrissage m 3 (escalier) palier m || °**landlady** n 1 propriétaire f 2 logeuse f || °**landlocked** adj sans accès à la mer || °**landlord** n 1 propriétaire m 2 logeur m 3 (bar) patron m || °**landmark** n 1 borne f 2 repère m 3 (fig) événement m marquant || °**landowner** n propriétaire m foncier

|| °**landscape** n paysage m ; ~ gardener paysagiste mf ◆ vt aménager une propriété || °**landslide** n 1 glissement m de terrain 2 (Pol élections) raz m de marée.

lane [leɪn] n 1 chemin m ; (ville) ruelle f 2 (circulation) voie f ; get into the right ~ se mettre dans/prendre la bonne file ; air ~ couloir m aérien ; shipping ~ route f maritime.

language [ˈlæŋɡwɪdʒ] n 1 langue f ; modern ~s langues vivantes ; ~ laboratory laboratoire m de langues 2 ns inv langage m ; bad ~ gros mots ; watch your ~! surveillez vos propos !

languid [ˈlæŋɡwɪd] adj languissant ; in a ~ voice d'une voix traînante || °**languish** vi (for) languir (après) || °**languorous** adj langoureux (f -euse).

lank [læŋk] adj maigre, efflanqué ; ~ hair cheveux mpl raides et ternes || °**lanky** adj dégingandé.

lantern [ˈlæntən] n 1 lanterne f 2 (Naut) fanal m (pl -aux) 3 (fig) ~ jaws joues fpl creuses.

lap[1] [læp] n 1 (lit) sein m ; giron m ; they live in the ~ of luxury ils mènent une vie de luxe 2 genoux mpl || °**lapdog** n chien m de manchon.

lap[2] [læp] n 1 (Sp) tour m de piste 2 étape f.

lap[3] [læp] vti (p pp **lapped**) 1 laper ; (fam) he ~s up everything you say il gobe tout ce qu'on lui dit 2 clapoter.

lapel [ləˈpel] n (veste) revers m.

lapse [læps] n 1 faute f légère ; défaillance f ; ~ of memory trou m de mémoire 2 écart m de conduite 3 laps m de temps ; for a short ~ pendant une courte période 4 (Jur) déchéance f d'un droit ◆ vi 1 (péj) (into) (re)tomber (dans) ; he ~d into his jargon il a repris son jargon 2 faiblir 3 (Jur) (se) périmer, expirer || °**lapsed** adj périmé, caduc (f caduque).

larceny [ˈlɑːsənɪ] n (Jur) vol m, larcin m.

lard [lɑːd] n saindoux m ◆ vt (with) 1 larder, barder (de) 2 (fig) truffer (de) || °**larder** n garde-manger m (pl inv).

large [lɑːdʒ] adj 1 grand, gros (f grosse) ; ~ family famille f nombreuse 2 vaste ; ~ powers pouvoirs étendus 3 (idées, vues) large ◆ n 1 at ~ en général 2 en liberté ◆ adv by and ~ généralement || °**largely** adv en grande partie.

lark[1] [lɑːk] n (Orn) alouette f ; (loc) up with the ~ levé au chant du coq.

lark[2] [lɑːk] n (fam) farce f ; what a ~! quelle rigolade ! ◆ vi faire des farces.

larva [ˈlɑːvə] n (pl **larvae** [ˈlɑːviː]) larve f.

laryngitis [ˌlærɪnˈdʒaɪtɪs] n (Méd) laryngite f.

lascivious [ləˈsɪvɪəs] adj lascif (f -ive).

lash [læʃ] n 1 coup m de fouet 2 (aussi

eyelash) cil m ◆ vt **1** attacher, lier **2** (Naut) amarrer **3** (aussi fig) fouetter, cingler ◆ vi (fig) (against) fouetter **2** (fig) (into) parler de façon cinglante (à).

lass [læs] n (dial) jeune fille f || **°lassie** n (dial) fillette f.

last [lɑːst] adj dernier (f -ière); the ~ two pages les deux dernières pages; the ~ but one l'avant-dernier; the day before ~ avant-hier; ~ night hier soir; they made a ~-ditch stand ils ont opposé une résistance désespérée ◆ adv **1** en dernier; when he ~ appeared la dernière fois qu'on l'a vu **2** (loc) at ~ enfin **3** (loc) ~ but not least enfin et surtout ◆ n dernier m (f -ière); to the ~ jusqu'au bout; I'd like to see the ~ of her j'aimerais bien ne plus la voir ◆ vti durer; it won't ~ long cela ne tiendra pas longtemps || **°lasting** adj durable || **°lastly** adv pour finir.

latch [lætʃ] n **1** loquet m; leave the door on the ~! ne ferme pas la porte à clé! **2** verrou m ◆ vti **1** (porte) fermer au loquet **2** (Tech) verrouiller, bloquer || **°latchkey** n clef f (de porte d'entrée) || latch on vpart (fam) (to) s'attacher (à).

late [leɪt] adj **1** en retard; the train is 10 minutes ~ le train a un retard de 10 minutes **2** tard; in ~ May vers la fin mai; they keep ~ hours ils veillent (tard) **3** tardif (f -ive) **4** ancien (f -ienne); our ~ chairman notre ancien président **5** my ~ brother feu mon frère **6** of ~ récemment ◆ adv **1** tard; better ~ than never mieux vaut tard que jamais; ~ in 1990 fin 1990; as ~ as 1980 jusqu'en 1980 **2** en retard || **°later** (comp de late) adj adv **1** ultérieur; at a ~ stage à un stade plus avancé **2** plus tard; sooner or ~ tôt ou tard || **°latest** adj (sup de late) adv **1** dernier (f -ière); the ~ news les dernières nouvelles; did you hear the ~? vous avez entendu la dernière? **2** the ~ date la date limite; (loc) at the ~ au plus tard || **°latecomer** n retardataire mf || **°lately** adv récemment, dernièrement || **°latter** adj **1** dernier (f -ière); the ~ half of June la deuxième moitié de juin **2** (opposé à **former**) celui-ci; ceux-ci; le (les) dernier(s).

lathe [leɪð] n (Tech) tour m.

lather [ˈlɑːðə] n **1** mousse f (de savon) **2** écume f ◆ vti **1** savonner **2** mousser.

latrine(s) [ləˈtriːn(z)] n latrines f(pl).

lattice [ˈlætɪs] n treillis m; treillage m.

laudatory [ˈlɔːdətrɪ] adj élogieux (f -ieuse).

laugh [lɑːf] n **1** rire m; (fam) I had a good ~ je me suis bien marré ◆ vti rire; he'll soon be ~ing on the wrong side of the mouth bientôt il va rire jaune **2** (at) se moquer (de) || laugh down vpart he was ~ed down il a regagné sa place sous les quolibets || **°laughable** adj risible; ~ mistake faute f grotesque || **°laughing** adj riant; rieur (f rieuse); ~ gas gaz hilarant || **°laughingstock** n objet m de raillerie || **°laughter** ns inv rire(s) m(pl); a fit of ~ un fou rire.

launch [lɔːntʃ] vt **1** (navire) lancer, mettre à la mer **2** (Mil) déclencher ◆ n **1** chaloupe f; motor ~ vedette à moteur **2** lancement m || **°launching** n lancement m || **°launch(ing)-pad** n (engin spatial) rampe f de lancement || launch out vpart (into) se lancer (dans).

launder [ˈlɔːndə] vt (linge) (aussi fig) blanchir || **°launderette** n (aussi **°laundromat**) laverie f en libre service || **°laundress** n blanchisseuse f || **°laundry** n **1** blanchisserie f **2** lessive f.

laurel [ˈlɒrəl] n (Bot) laurier m.

lav [læv] n (ab de **lavatory**) (brit fam) cabinets mpl, petit coin m.

lava [ˈlɑːvə] n lave f.

lavatory [ˈlævətrɪ] n toilettes fpl, w.c. mpl.

lavender [ˈlævəndə] n (Bot) lavande f.

lavish [ˈlævɪʃ] adj (with) prodigue (de); ~ expenditure dépenses fpl somptueuses ◆ vt (on) prodiguer (à) || **°lavishly** adv sans compter, à profusion.

law [lɔː] n **1** loi f; législation f; law and order l'ordre m public **2** droit m; he is reading law il fait son droit **3** justice f; court of law tribunal (pl -aux); they went to law ils sont allés devant le juge; don't take the law into your own hands! ne vous faites pas justice vous-même! || **°law-abiding** adj respectueux (f -euse) des lois || **°law court** n cour f de justice, tribunal m (pl -aux) || **°lawful** adj légal, licite || **°lawless** adj **1** sans foi ni loi **2** anarchique || **°lawsuit** n procès m, action f en justice || **°lawyer** n **1** homme m de loi, juriste m **2** avocat m **3** notaire m.

lawn [lɔːn] n pelouse f; ~ mower tondeuse à gazon.

lax [læks] adj **1** négligent **2** mou (f molle) **3** (Méd) relâché || **°laxative** n (Méd) laxatif || **°laxity** n relâchement m.

lay¹ [leɪ] p de **lie**.

lay² [leɪ] adj **1** laïque **2** to the ~ mind aux yeux du profane || **°layman** n **1** laïc m **2** (fig) profane mf.

lay³ [leɪ] vt (p pp **laid**) **1** mettre, poser; don't you dare lay a hand on her! ne t'avise pas de porter la main sur elle! I can't lay my hands on that book je ne trouve pas ce livre **2** coucher, étendre **3** soumettre; he laid the problem before me il m'exposa le problème **4** (Jur) I laid a complaint j'ai déposé plainte/j'ai saisi le tribunal **5** (avec adj) lay it flat! pose-le à plat! he laid himself open to criticism il s'exposa à la critique; they laid the country waste ils ont dévasté le pays **6** (amende) *(on)* infliger (à) **7** pondre ; *new-laid eggs* œufs *mpl* coque ‖ °**layabout** *n (brit fam)* fainéant *m* ‖ **lay aside/by** *vpart* mettre de côté ‖ °**lay-by** *n (brit)* aire *f* de stationnement ‖ °**layer** *n* **1** couche *f* **2** *(Orn)* poule *f* pondeuse ‖ **lay down** *vpart* **1** (dé)poser ; *lay down your cards!* étale ton jeu ! **2** établir ; *it was laid down that...* il était spécifié que... **3** *he laid down his life* il a fait le sacrifice de sa vie ‖ **lay in** *vpart (Com)* emmagasiner ‖ **lay off** *vpart* **1** congédier, licencier **2** *(fam) lay off me!* fiche-moi la paix ! ‖ °**layoff** *n* chômage *m* technique ‖ **lay out** *vpart* **1** étendre ; *(fam) he laid him out* il l'a mis K.O. **2** *(plan)* dessiner ; *a well laid-out road* une route bien tracée **3** *(marchandises)* étaler, disposer **4** *(fam) (argent)* débourser ‖ °**layout** *n* **1** plan *m*, tracé *m* **2** *(édition)* mise *f* en page ; maquette *f* ‖ **lay up** *vpart* **1** mettre en réserve **2** accumuler **3** *(loc) he was laid up for a week* il a dû garder le lit semaine.

laze [leɪz] *vti* paresser, traînasser ‖ °**laziness** *n* paresse *f*, fainéantise *f* ‖ °**lazy** *adj* paresseux (*f* -euse) ‖ °**lazybones** *n (fam)* fainéant *m*.

lead [led] *n* **1** plomb *m* ; *(amér) ~-free gas/(brit) ~-free petrol* essence *f* sans plomb **2** *(crayon)* mine *f*.

lead [liːd] *vti (p pp* **led)** **1** (em)mener ; *~ him back home* ramenez-le à la maison **2** guider ; *~ the way* montrez-nous le chemin ; *~ on!* passez devant ! **3** diriger ; *the expedition was led by Scott* l'expédition était conduite par Scott **4** *(Sp)* être en tête, mener **5** aboutir (à), conduire **6** *(cartes)* attaquer, jouer en premier ◆ *n* **1** exemple *m*, initiative *f* ; *she has taken the ~* elle a pris la tête **2** suggestion *f* ; *give him a ~!* mettez-le sur la piste ! **3** *(Sp)* avance *f* ; *he has a hundred meters ~* il mène de cent mètres **4** *(cartes)* (avoir) la main *f* ; *your ~!* à toi de jouer ! **5** *(Th)* premier rôle *m* **6** *(chien)* laisse *f* ‖ °**leader** *n* **1** dirigeant *m* ; *(Pol) the L~ of the House* le chef de la majorité **2** guide *m*, meneur *m*, leader *m* **3** *(brit Mus)* premier violon *m* ; *(amér)* chef *m* d'orchestre **4** *(Sp)* coureur *m*, cheval *m* de tête **5** *(presse)* éditorial *m* ; *~ writer* éditorialiste *m* **6** *(film)* amorce *f* ‖ °**leadership** *n* **1** direction *f* **2** dirigeants *mpl* **3** *(Mil)* commandement *m* ‖ °**leading** *adj* **1** principal ; *the ~ article* l'éditorial *m* ; *~ role* premier rôle *m* ; *~ figure* personnalité marquante **2** en tête ; *~ vehicle* voiture *f* de tête **3** *(question)* insidieux (*f* -ieuse).

leaf [liːf] *n (pl* **leaves** [liːvz]) **1** *(Bot)* feuille *f* **2** page *f* ; *he turned over a new ~* il s'est acheté une conduite ; *you should take a ~ out of his book* tu devrais prendre modèle sur lui **3** *(table)* rallonge *f* **4** *(porte)* battant *m*, vantail *m* ‖ °**leafless** *adj* qui a perdu ses feuilles ‖ °**leaflet** *n* **1** feuillet *m* **2** prospectus *m* ‖ **leaf through** *vpart* feuilleter ‖ °**leafy** *adj* feuillu.

league [liːg] *n* ligue *f* ; *(brit Sp) ~ match* match *m* de championnat.

leak [liːk] *n* **1** fuite *f* ; *the boat sprang a ~* le bateau commença à prendre eau **2** infiltration *f* **3** *(fig)* fuite *f* ; *there must have been a ~ somewhere* il a dû y avoir une indiscrétion quelque part ◆ *vti* **1** fuir **2** *(Naut)* prendre/faire eau **3** *(fig)* (s')ébruiter, divulguer ‖ °**leakage** *n (aussi fig)* fuite *f* ‖ °**leaky** *adj* **1** qui fuit **2** qui fait/prend eau.

lean[1] [liːn] *adj* maigre, amaigri.

lean[2] [liːn] *vti (p pp* **leaned** ou **leant)** **1** (s')appuyer, (s')adosser ; *(fig) they ~ed over backwards to help* ils se sont mis en quatre pour aider **2** (se) pencher ; *don't ~ out of the window!* ne te penche pas par la fenêtre ‖ °**leaning** *adj* penché ◆ *n* inclinaison *f* ; tendance *f*.

leant [lent] *p pp* de **lean**.

lean-to [ˈliːntuː] *n (Arch)* appentis *m*.

leap [liːp] *vti (p pp* **leaped** ou **leapt)** **1** sauter ; *he ~ed (over) the stream* il franchit le ruisseau d'un bond ; *(fig) she ~ed at the proposal* elle saisit la proposition au vol **2** bondir ; *he ~ed out of his chair* il se leva d'un bond ◆ *n* **1** saut *m*, bond *m* **2** *(fig)* pas *m* ; *she's improved by ~s and bounds* elle a progressé à pas de géant ‖ °**leap-frog** *n* saute-mouton *m (pl inv)* ◆ *vti* sauter comme à saute-mouton ‖ °**leap year** *n* année *f* bissextile.

leapt [lept] *p pp* de **leap**.

learn [lɜːn] *vti (p pp* **learned/learnt)** **1** apprendre, étudier ; *I've ~ed my lesson!* cela m'a servi de leçon **2** *(fig)* apprendre ; *I ~ that...* on m'informe que... ‖ °**learned** [ˈlɜːnɪd] *adj* savant, érudit ‖ °**learner** *n* **1** débutant(e) *m(f)* **2** apprenant *m* ‖ °**learning** *n* **1** apprentissage *m*, étude *f* **2** érudition *f* ‖ **learnt** *p pp* de **learn**.

lease [liːs] *n (Jur)* bail *m (pl* baux) ; *(fig) it has given him a new ~ of life* il y a retrouvé une nouvelle jeunesse ◆ *vt* louer *(à bail)* ‖ °**leasing** *n (Com)* leasing *m*, location *f (à bail).*

leash [liːʃ] *n* laisse *f* ; *(fig) he's straining at the ~* il piaffe (d'impatience).

least [liːst] *adj (sup* de **little)** (le, la) moindre ◆ *n* (le, la) moindre ; *to say the ~ of it* pour ne pas en dire plus ; *it's the ~ I can do!* c'est la moindre des choses ! *it's the ~ of my worries* c'est le cadet de mes soucis ◆ *adv* moins ; *nobody is perfect, myself ~ of all* personne n'est parfait, surtout pas moi ◆ *(loc) at (the very) ~* (tout) au moins ; *not in the (very) ~* pas le moins du monde.

leather ['leðə] n cuir m ; ~ *goods* maroquinerie ‖ °**leather-bound** adj relié en cuir ‖ **leathe°rette** n similicuir m ‖ °**leatherneck** n (amér fam Mil) marine m ‖ °**leathery** adj 1 qui ressemble au cuir 2 (viande) coriace.

leave [li:v] vt (p pp left) 1 laisser ; *you can take it or ~ it!* c'est à prendre ou à laisser ; (fig) ~ *her alone!* fiche-lui la paix ! 2 quitter ; *don't ~ me!* ne m'abandonne pas ! *can I ~ the table?* puis-je sortir de table ? 3 (Math) *three out of four ~s one* trois ôté de quatre, il reste un 4 (loc) *there's no milk left* il n'y a plus de lait 5 vi partir ; *I see you're just leaving* je vois que vous êtes sur le départ ◆ n 1 autorisation f 2 congé m ; *he's on sick ~* il est en congé de maladie 3 (Mil) permission f 4 (loc) *he took ~ (of them)* il prit congé ; (brit fig) *they've taken French ~* ils ont filé à l'anglaise ; *he's taken ~ of his senses* il est devenu fou ‖ **leave off** vpart cesser de, (s')arrêter de ; (péj) ~ *off!* ça suffit comme ça ! ‖ **leave out** vpart omettre ; *he was left out* il a été exclu ‖ **leave over** vpart 1 remettre à plus tard 2 *anything left over?* il ne reste rien ? ‖ °**leavings** n inv pl restes mpl, reliefs mpl (d'un repas).

lecher ['letʃə] n débauché m ‖ °**lecherous** adj débauché ; *a ~ old devil* un vieux paillard.

lecture ['lektʃə] n 1 conférence f 2 (fig) sermon m ; *he gave me a ~* il m'a fait la morale ◆ vti 1 faire une conférence 2 sermonner ‖ °**lecturer** n 1 conférencier m (f -ière) 2 (université) assistant m.

led [led] p pp de **lead**.

ledge [ledʒ] n rebord m, saillie f.

ledger ['ledʒə] n (comptabilité) grand livre m.

lee [li:] n (Naut) côté m sous le vent ; *in the ~ of* à l'abri de ‖ °**leeward** adj adv (côté) sous le vent ‖ °**leeway** n 1 (Nau) dérive f 2 (fig) retard m ; *we've some ~ to make up* nous avons un retard à rattraper.

leech [li:tʃ] n sangsue f.

leek [li:k] n (Bot) poireau m.

leer [lɪə] vi (at) lorgner, guigner.

left¹ [left] p pp de **leave** ‖ **left** °**luggage** ns inv bagage(s) m(pl) laissé(s) en consigne ‖ °**leftovers** npl inv (nourriture) restes mpl inv.

left² [left] adj (n) gauche (f) ; (Pol) *the Left* la gauche ◆ adv à gauche ‖ °**left-hand** adj de/à gauche ; *on the ~ side* sur le côté gauche ‖ °**left-wing** adj (Pol) de gauche ‖ **left-**°**winger** n homme/femme de gauche ‖ **left-°handed** adj 1 gaucher (f -ère) 2 (fam) maladroit 3 (fam) ~ *compliment* compliment ambigu.

leg [leg] n 1 jambe f ; *give him a ~ up*

fais-lui la courte échelle ; (fig) *you're pulling my ~* tu me fais marcher ; (fig) *he's on his last ~s* il est au bout du rouleau ; (fig) *I went out to stretch my ~s* je suis sorti pour me dégourdir les jambes ; (fig) *he hasn't got a ~ to stand on* il ne peut se prévaloir d'aucun argument valable 2 (animal) patte f 3 (Cuis) cuisse f, cuisseau m ; ~ *of lamb* gigot m d'agneau 4 (table) pied m.

legacy ['legəsɪ] n (Jur) legs m.

legal ['li:gl] adj 1 légal 2 (Jur) judiciaire ; juridique ; ~ *adviser* conseiller juridique ; ~ *dispute* affaire f juridique ; ~ *year* année civile.

legend ['ledʒənd] n légende f ‖ °**legendary** adj légendaire.

legible ['ledʒəbl] adj lisible.

legion ['li:dʒən] n légion f.

legislate ['ledʒɪsleɪt] vi légiférer.

legitimate [lɪ'dʒɪtɪmət] adj 1 légitime 2 justifié ; *for no ~ reason* sans aucune raison valable ‖ **le°gitimize** vt légitimer.

leisure ['leʒə] ns inv loisir(s) m(pl) ; temps m libre ; *you can decide at ~* prenez votre temps pour vous décider ‖ °**leisurely** adj sans se presser ◆ adv posément, tranquillement.

lemon ['lemən] n 1 citron m 2 (brit) (squash) citronnade f ; (fam fig) *I drew a ~* je suis tombé sur un bec ‖ **lemo°nade** n 1 (brit) limonade f 2 (amér) citron m pressé ‖ **lemon** °**sole** n limande-sole f.

lend [lend] vt (p pp lent) prêter ; ~ *me a hand!* donne-moi un coup de main ! ‖ °**lender** n prêteur m (f -euse).

length [leŋθ] n longueur f ; *9 metres in ~* 9 mètres de long ; *win by a ~* gagner d'une longueur ; *at ~ she agreed* enfin elle donna son accord ; *he explained it at (great) ~* il l'a expliqué (très) longuement ; *she would go to any ~(s) to...* elle ferait n'importe quoi pour... ‖ °**lengthen** vt (r)allonger ; (durée) prolonger ‖ °**lengthwise** adv dans le sens de la longueur ‖ °**lengthy** adj (péj) (trop) long.

leniency ['li:nɪənsɪ] n indulgence f ‖ °**lenient** adj (to, towards) indulgent (envers).

lens [lenz] n (optique) lentille f ; (Anat) cristallin m ; (Phot) objectif m ; (lunettes) verre m.

lent [lent] p pp de **lend**.

Lent [lent] n (Rel) Carême m.

lentil ['lentɪl] n (Cuis) lentille f.

leopard ['lepəd] n léopard m.

leper ['lepə] n lépreux (f -euse) ; ~ *hospital* léproserie f ‖ °**leprosy** n lèpre f.

lesion ['li:ʒən] n lésion f.

less [les] (comp de **little**) moins (de) ; ~ *money* moins d'argent ; *in (much) ~ than*

an hour en (bien) moins d'une heure ; *I like him ~ and ~* je l'aime de moins en moins ; *the ~ you drink the better* moins vous boirez mieux ce sera || °**lessen** *vti* diminuer ; (s')atténuer || °**lesser** *adj* moindre ; *it's the ~ of two evils* c'est le moindre mal.

lesson ['lesn] *n* leçon *f* ; *let that be a ~ to you!* que cela te serve de leçon !

lest [lest] *conj* (*lit*) ; *~he (should) be offended* de peur qu'il ne s'offusque.

let[1] [let] (*p pp* **let**) *vt* louer ; *flat to ~* appartement à louer.

let[2] [let] (*p pp* **let**) *v aux* ; *~'s go!* allons-y ! *~'s have a drink!* si on prenait un verre ? *don't ~'s worry about that!* ne nous inquiétons pas pour cela ! *just ~ him try!* qu'il essaie !

let[3] [let] (*p pp* **let**) *vt* laisser, permettre ; *~ in/out/past* laisser entrer/sortir/passer ; *~ me speak!* laisse-moi parler ! *~ me know (about it)* fais-le-moi savoir ; *~ go (of that)!* lâche (cela) ! *she ~ out a scream* elle a poussé un hurlement ; *you don't realise what you're letting yourself in for!* tu ne te rends pas compte à quoi tu t'engages ! *she ~ me into/in on a secret* elle m'a confié un secret ; (*loc*) *he ~ the cat out of the bag* il a vendu la mèche || **let a°lone** *loc adv* pour ne rien dire de... || °**let-down** *n* déception *f* || **let down** *vpart* laisser tomber || **let off** *vpart he was ~ off lightly/with a fine* il s'en est tiré à bon compte/avec une amende || **let on** *vpart* (*fam*) ; *she never ~ on* elle n'en a parlé à personne.

lethal ['li:θəl] *adj* (*arme*) mortel (*f* -elle).

letter ['letə] *n* lettre *f* || °**letter-bomb** *n* lettre *f* piégée || °**letterbox** *n* boîte *f* aux lettres.

lettuce ['letɪs] *n* laitue *f*.

leuk(a)emia [lu:'ki:mɪə] *ns inv* (*Méd*) leucémie *f*.

level ['levəl] *n* **1** niveau *m* ; (*fig*) *they are not on the same ~* ils ne sont pas au même niveau ; (*fam*) *is he on the ~?* est-ce qu'il est sérieux ?/est-ce qu'il parle sérieusement ? **2** (*terrain*) plat *m* ◆ *adj* **1** (*terrain*) plat *m* **2** (*objet*) horizontal **3** (*cuillère*) ras **4** (*loc*) *I did my ~ best* j'ai fait de mon mieux ; (*Sp*) *they are now ~ with us* ils sont maintenant à égalité avec nous ; *he kept a ~ head* il a gardé la tête froide ◆ *vt* **1** niveler ; *the city was level(l)ed to the ground* la ville fut rasée **2** *~ a gun (at)* braquer une arme (contre, sur) || **level-°headed** *adj* équilibré, sensé.

lever ['li:və] *n* levier *m* ◆ *vt* (*aussi fig*) faire bouger (d'un mouvement de levier) || °**leverage** *n inv* pression(s) *f(pl)*.

levy ['levi] *vt* prélever ◆ *n* impôt *m*.

lewd [lju:d] *adj* lubrique.

liability [ˌlaɪə'bɪlɪtɪ] *n* (*for*) responsabilité *f* (de) || **lia°bilities** *npl inv* (*comptabilité*)

passif *m* || °**liable** *adj* **1** (*Jur*) (*for*) responsable (de) **2** (*Jur*) (*to*) passible (de) **3** (*probabilité*) susceptible ; *everyone is ~ to make a mistake* tout le monde peut se tromper.

liaison [lɪ'eɪzən] *n* liaison *f*.

liar ['laɪə] *n* menteur *m* (*f* -euse).

lib [lɪb] (*ab de* **liberation**) ; *Women's Lib* mouvement pour la libération de la femme.

libel ['laɪbəl] *n* diffamation *f* (par écrit) ◆ *vt* diffamer.

liberal ['lɪbrəl] *adj* **1** (*Pol*) libéral **2** (*with*) prodigue (de) || °**liberate** *n* libérer || **libe°ration** *n* libération *f* || °**liberty** *n* liberté *f* ; *animals at ~* animaux en liberté ; *you are at ~ to leave* libre à vous de partir ; *can I take the ~ of using your phone?* puis-je me servir de votre téléphone ?

librarian [laɪ'breərɪən] *n* bibliothécaire *mf* || °**library** *n* bibliothèque *f*.

lice [laɪs] *pl de* **louse**.

licence (*brit*), **license** (*amér*) ['laɪsəns] *n* **1** (*Jur*) autorisation *f* **2** (*Aut*) (*driving*) permis *m* (de conduire) ; *road ~* vignette *f* ; *~plate* plaque *f* minéralogique **3** (*Av*) brevet *m* (de pilote) **4** (*TV...*) redevance *f* **5** (*Com*) patente *f* || °**license** *vt* autoriser.

lick [lɪk] *vt* **1** lécher **2** (*fam*) battre ◆ *n* coup *m* de langue || °**licking** *n* (*fam*) raclée *f*.

lid [lɪd] *n* couvercle *m* ; *eye~* paupière *f*.

lie[1] [laɪ] *vi* (*p pp* **lied**) mentir ◆ *n* mensonge *m* ; *he told me a ~* il m'a menti.

lie[2] [laɪ] *vi* (*p* **lay** ; *pp* **lain**) **1** (*personnes*) être couché ; *he was lying on the ground* il était couché par terre ; (*tombe*) *here ~s...* ci-gît... ; (*fam fig*) *you'd better ~ low* tu devrais te faire oublier **2** (*choses*) se trouver ; *the village ~s in a valley* le village est situé dans une vallée ; *the snow didn't ~* la neige n'a pas tenu ; *he leaves everything lying* il laisse tout traîner **3** (*loc*) *the decision ~s with you* c'est à vous de prendre la décision || **lie down** *vpart I'm going to ~ down* je vais m'allonger/m'étendre ; *he is lying down* il est couché ; (*fig*) *I won't take it lying down* je ne me laisserai pas faire.

life [laɪf] *n* (*pl* **lives**) **1** vie *f* ; *I've lived here all my ~* j'ai passé toute ma vie ici ; *in early/late life* tôt/tard dans sa vie ; *he leads a busy ~* il mène une vie active ; *he got a ~ sentence* il a été condamné à la prison à vie ; *~ story* biographie *f* **2** vitalité *f* ; (*loc*) *John was the ~ and soul of the party* John a été le boute-en-train de la soirée **3** (*loc*) *not on your ~!* jamais de la vie ! *you can bet your ~ on that* tu peux en être sûr ; *I couldn't for the ~ of me understand...* je n'arrivais absolument pas à comprendre... ; *he had the time of his ~* il ne s'était jamais autant amusé ‖ **°lifebelt** *n* bouée *f* de sauvetage ‖ **°lifeboat** *n* canot *m* de sauvetage ‖ **°lifebuoy** *n* (= **lifebelt**). ‖ **°lifeguard** *n* **1** maître-nageur *m*; **2** surveillant *m* de plage ‖ **°lifejacket** *n* gilet *m* de sauvetage ‖ **°lifeless** *adj* inanimé; sans vie ‖ **°lifelike** *adj* ressemblant ‖ **°lifeline** *n* (aussi *fig*) corde *f* de sécurité ‖ **°lifelong** *adj* ~ *friend* ami(e) de toujours ‖ **°life-saver** *n* (*fig loc*) *that was a* ~ cela m'a sauvé la vie ‖ **°life-size(d)** *adj* grandeur nature ‖ **°lifestyle** *n* mode *m* de vie ‖ **°lifetime** *n*; *a* ~'*s work* le travail de toute une vie; *it only happens once in a* ~ cela n'arrive qu'une fois dans une vie.

lift [lɪft] *vti* **1** (se) lever; ~ *down/ off/out/ up* descendre/ enlever/ sortir/ soulever; *he won't* ~ *a finger to help* il ne lèvera pas le petit doigt pour aider; *the mist is* ~*ing* le brouillard se lève **2** (*from*) voler (à); *shop-*~*ing* vol *m* à l'étalage **3** (*fig Adm*) supprimer ♦ *n* **1** (*brit*) ascenseur *m*; *goods* ~ monte-charge *m* (*pl inv*) **2** (*loc*) *can I give you a* ~? puis-je vous conduire quelque part? *it gave my morale a* ~ cela m'a remonté le moral.

light¹ [laɪt] *n* **1** lumière *f*; *put off/on the* ~ éteindre/allumer; (*Art*) ~ *and shade* jeu *m* d'ombre et de lumière/clair-obscur; *you're (standing) in my* ~ tu me fais de l'ombre; (*Phot*) *against the* ~ à contre-jour **2** (*Aut*) feu *m*; phare *m*; *traffic* ~*s* feux *mpl* de circulation; (*fig*) *I got the green* ~ j'ai eu le feu vert **3** *can you give me a* ~? peux-tu me donner du feu? **4** (*loc*) *in the* ~ *of what you say* à la lumière de ce que tu dis; *now I see the* ~! maintenant je comprends! *I see it in a new* ~ je le vois sous un jour nouveau; *it came/was brought to* ~ *that...* on a découvert que...; *it throws some* ~ *on the problem* cela éclaire le problème ♦ *vti* (*p pp* **lighted** ou **lit**) **1** allumer **2** (*aussi fig*) (s') éclairer; (s')illuminer ♦ *adj* **1** clair; *it's still* ~ il fait encore jour **2** (*couleur*) clair ‖ **°lighten** *vt* éclaircir ‖ **°lighter** *n* briquet *m* ‖ **°lighthouse** *n* phare *m* ‖ **°lighting** *n* éclairage *m* ‖ **°light-year** *n* année-lumière *f*.

light² [laɪt] *adj* **1** léger (*f* -ère); ~ *luggage* bagages *mpl* légers **2** (*fig*) ~ *rain* pluie *f* fine; *I'm a* ~ *sleeper* j'ai le sommeil léger; ~ *reading* lectures *fpl* divertissantes **3** (*loc*) *he made* ~ *of it* il l'a pris à la légère ♦ *adv* (*loc*) *I always travel* ~ je n'emporte jamais beaucoup de bagages ‖ **°lighten** *vt* alléger ‖ **°light-°headed** *adj* étourdi ‖ **°lightly** *adv* légèrement; (*loc*) *he got off* ~ il s'en est tiré à bon compte ‖ **°lightning** *ns inv* éclair *m*; *a flash of* ~ un éclair; *struck by* ~ frappé par la foudre; ~ *conductor* paratonnerre *m*; *quick as* ~ rapide comme l'éclair.

like¹ [laɪk] *prép* comme; *it happened* ~ *this* cela s'est passé comme ceci; *what's she* ~? comment est-elle? *she's more* ~ *60 than 16!* elle fait plutôt soixante ans que seize ans! *she's* ~ *her mother* elle ressemble à sa mère; *they're as* ~ *as two peas* elles se ressemblent comme deux gouttes d'eau; *it's not* ~ *her to do that* cela ne lui ressemble pas de faire cela; ~ *father* ~ *son* tel père tel fils; *I never heard anything* ~ *that!* je n'ai jamais rien entendu de pareil! *there's nothing* ~ *getting up early* il n'y a rien de tel que de se lever tôt ♦ *adv* *it's nothing* ~ *as good* c'est loin d'être aussi bon; *as* ~ *as not* vraisemblablement ♦ *conj* comme; *just do* ~ *I do* tu n'as qu'à faire comme moi ♦ *n* (*fam*) *I never saw the* ~(*s*) *of him for making blunders* il n'a pas son pareil pour faire des bêtises; (*loc*) *and the* ~ et ainsi de suite.

like² [laɪk] *vt* **1** aimer bien; *how did you* ~ *the film?* est-ce que le film t'a plu? *which part did you* ~ *best?* quel passage as-tu préféré? *whether you* ~ *it or not* que tu le veuilles ou non **2** (+ *-ing* = *plaisir*) *I* ~ *getting up early* j'aime me lever de bonne heure **3** (+ *infinitif* = *choix, volonté*) *I* ~ *to get up early so as not to be rushed* plutôt que de me sentir bousculé je préfère me lever tôt; *how would you* ~ *to dine out?* est-ce que cela te plairait de dîner en ville? *I'd* ~ *you to listen!* j'aimerais que tu écoutes! *I didn't* ~ *to disturb you* j'hésitais à vous déranger; *come round when you* ~ viens quand tu voudras; (*loc*) *you can say what you* ~... on a beau dire... ♦ *npl inv* *we all have our* ~*s and dislikes* nous avons tous nos préférences *f* ‖ **°likeable** *adj* sympathique.

likelihood ['laɪklɪhʊd] *n* probabilité *f* ‖ **°likely** *adj* probable; *it's quite* ~ c'est tout à fait vraisemblable; *nothing is* ~ *to happen tonight* il n'arrivera probablement rien ce soir; *he's not* ~ *to lose his head* il y a peu de chances pour qu'il perde son sang-froid; (*loc*) *a* ~ *story!* à d'autres!

liken ['laɪkən] *vt* (*to*) comparer (à) ‖ **°likeness** *n* ressemblance *f* ‖ **°likewise** *adv* **1** aussi **2** de même.

liking ['laɪkɪŋ] *n* *I have a* ~ *for...* j'aime bien...; *they took a* ~ *to each other* ils ont sympathisé.

lilac ['laɪlək] *n* (*Bot*) lilas *m* ♦ *adj* (couleur) lilas.

lilt [lɪlt] *n* (*chant, voix*) mélodie *f*; rythme *m* ‖ **°lilting** *adj* chantant; mélodieux (*f* -ieuse).

lily ['lɪlɪ] *n* (*Bot*) lis *m*; ~ *of the valley* muguet *m*.

limb [lɪm] *n* (*Anat*) membre *m* ‖ **limber up** *vpart* (*Sp*) s'échauffer (les muscles).

lime¹ [laɪm] *n* citron *m* vert.

lime[2] [laɪm] *n* (*ab* de **limetree**).

lime[3] [laɪm] *n* chaux *f*; **~ kiln** four *m* à chaux.

limelight ['laɪmlaɪt] *n* (*fig*) **he likes to be in the ~** il aime être en vedette.

limerick ['lɪmrɪk] *n* poème *m* humoristique.

limestone ['laɪmstəun] *n* (*Géol*) calcaire *m*.

limetree ['laɪmtri:] *n* (*Bot*) tilleul *m*.

limit ['lɪmɪt] *n* limite *f*; **age ~** limite *f* d'âge; **speed ~** limitation *f* de vitesse; **it's true within ~s** cela est vrai jusqu'à un certain point; (*amér Mil*) **off ~s** accès *m* interdit; **that's the ~!** c'est un comble! ◆ *vt* limiter; **he ~ed himself to saying...** il se limita à dire... ‖ **limi°tation** *n* limitation *f*; restriction *f*; **I know my ~s** je connais mes limites ‖ **°limited** *adj* limité; **~ edition** édition *f* à tirage limité; **to a ~ extent** jusqu'à un certain point.

limp[1] [lɪmp] *adj* flasque, mou (*f* molle).

limp[2] [lɪmp] *vi* boiter ◆ *n* claudication *f*.

linchpin ['lɪntʃpɪn] (*fig*) pivot *m*.

line[1] [laɪn] *n* **1** ligne *f*; **in a straight ~** en ligne droite; **railway ~** ligne de chemin de fer; **drop me a ~** envoie-moi un petit mot; (*fig*) **read between the ~s** lire entre les lignes; (*Téléph*) **the ~'s gone dead** il n'y a plus de tonalité **2** file *f*; rangée *f*; **stand in a ~** (*amér*) faire la queue; (*brit*) être aligné; (*Mil*) **in the front ~** en première ligne; (*fig*) **he was made to toe the party ~** il a dû se plier à la discipline du parti **3** ride *m* **4** (*poème*) vers *m* **5** (*généalogie*) lignée *f* **6** (*loc*) **take the ~ of least resistance** choisir la solution de facilité; **what's your ~ of business?** dans quelle branche travaillez-vous ? **~ of conduct** ligne *f* de conduite; **I took a tough ~** j'ai adopté une ligne dure; **it's in ~ with his principles** c'est en accord avec ses principes; (*fig*) **I draw a ~ at that** je refuse d'aller jusque-là; **you're on the right ~s** tu es sur la bonne voie ◆ *vt* border; **the streets were ~d with trees/people** les rues étaient bordées d'arbres/les gens formaient une haie le long des rues; **the room was ~d with books** la pièce était tapissée de livres ‖ **line up** *vpart* (s')aligner; faire la queue; **John is ~d up for the job** Jean est bien placé pour être nommé à ce poste.

line[2] [laɪn] *vt* (*vêtement*) (with) doubler (de); (*fig*) **he's ~d his pockets well** il s'est bien rempli les poches.

lined [laɪnd] *adj* **1** (*papier*) réglé **2** (*vêtement*) doublé **3** (*figure*) ridé.

linen ['lɪnɪn] *n* **1** lin *m* **2** linge *m*.

liner ['laɪnə] *n* paquebot *m*.

linesman ['laɪnzmən] *n* (*tennis*) juge *m* de ligne; (*football*) juge *m* de touche.

linger ['lɪŋgə] *vi* s'attarder; **the memory ~s** le souvenir vit encore.

lingo ['lɪŋgəu] *n* jargon *m*.

linguist ['lɪŋgwɪst] *n* linguiste *mf* ‖ **lin °guistic** *adj* linguistique ‖ **lin°guistics** *n* linguistique *f*.

lining ['laɪnɪŋ] *n* **1** (*vêtement*) doublure *f* **2** (*frein*) garniture *f*.

link [lɪŋk] *n* **1** (*chaîne*) maillon *m*; **cuff ~s** boutons *mpl* de manchettes **2** (*transports*) liaison *f* **3** (*fig*) lien *m*; **close ~** lien étroit ◆ *vt* relier; **~ arms** se donner le bras; (*fig*) **closely ~ed issues** questions étroitement liées ‖ **link up** *vpart* (s')attacher, (se) relier ‖ **°link-up** *n* lien *m*; liaison *f*.

links [lɪŋks] *n* (*pl inv*) terrain *m* de golf.

linseed ['lɪnsi:d] *n* **~ oil** huile *f* de lin.

lintel ['lɪntl] *n* (*Arch*) linteau *m*.

lion ['laɪən] *n* lion *m*; **~ cub** lionceau *m inv*; **~ tamer** dompteur *m inv* de lions (*fig*) **he got the ~'s share** il a eu la part du lion ‖ **°lioness** *n* lionne *f*.

lip [lɪp] *n* **1** (*Anat*) lèvre *f*; **he smacked his ~s** il s'est léché les babines; **they paid ~ service to it** ils l'ont approuvé du bout des lèvres **2** (*fig*) bord *m* **3** (*fam*) toupet *m* ‖ **°lipread** *vti* lire sur les lèvres ‖ **°lipstick** *n* rouge *m* à lèvres.

liquify ['lɪkwɪfaɪ] *vt* liquéfier.

liqueur [lɪ'kjuə] *n* liqueur *f*.

liquid ['lɪkwɪd] *n* liquide *m* ◆ *adj* liquide ‖ **°liquidate** *vt* (*Com*) liquider ‖ **liqui °dation** *n* (*Com*) **go into ~** déposer son bilan ‖ **°liquidize/ise** *vt* (*Cuis*) passer au mixer ‖ **°liquidizer** *n* (*Cuis*) mixer *m*.

liquor ['lɪkə] *n* boisson *f* alcoolique.

liquorice ['lɪkərɪs] *n* réglisse *m*.

lisp [lɪsp] *vi* zézayer ◆ *n* zézaiement *m*.

list[1] [lɪst] *n* liste *f*; **shopping ~** liste d'achats (à faire); **wine ~** carte *f* des vins; (*aussi fig*) **at the bottom/top of the ~** en fin/tête de liste; **she's off the danger ~** ses jours ne sont plus en danger ◆ *vt* **1** énumérer **2** classer.

list[2] [lɪst] *n* (*Naut*) gîter ◆ *n* gîte *f*.

listen ['lɪsn] *vi* écouter; **~ to this!** écoute ça! **~ for a footstep** être à l'écoute d'un bruit de pas ‖ **°listener** *n* **1** (*Rad*) auditeur *m* (*f* -trice) **2** (*loc*) **she's a good ~** elle sait écouter ‖ **listen in** *vpart* (*Rad*) (to) être à l'écoute (de).

listless ['lɪstlɪs] *adj* apathique.

lit [lɪt] *p pp* de **light**.

liter (*amér*), **litre** (*brit*) ['li:tə] *n* litre *m*.

literacy ['lɪtrəsɪ] *n* **1** le fait de savoir lire et écrire ‖ **°literal** *adj* littéral ‖ **°literally** *adv* littéralement; **don't take it ~** il ne faut pas le prendre au pied de la lettre ‖ **°literate** *adj* **1** qui sait lire et écrire **2** qui possède une culture littéraire ‖ **°literature** *n* **1** littérature *f* **2** documentation *f*.

lithe [laɪð] *adj* agile, souple.

lithograph [ˈlɪθəgrɑːf] *n* lithographie *f*.
‖ **li°thographer** *n* lithographe *mf*.
litigation [ˌlɪtɪˈgeɪʃn] *n* litige *m*.
litre *voir* **liter**.
litter [ˈlɪtə] *ns inv* **1** désordre *m* **2** détritus
mpl; **~-bin** boîte *f* à ordures ◆ *vt* encombrer (de détritus).
little[1] [ˈlɪtl] *adj* **1** petit; *nice ~ house* mi-
gnonne petite maison **2** (*sens affectif*) *(you)
poor ~ thing!* pauvre petit(e)!
little[2] [ˈlɪtl] *adj quant* (*comp* **less**; *sup*
least) peu de ; *we had very ~ money/time*
nous avions très peu d'argent/de temps ◆
adv; *~ by ~* petit à petit ; *a ~ known
fact* un fait peu connu ; *it's ~ better* ce
n'est guère mieux ; *he ~ thought that...*
il était loin de penser que... ; *~ does he
care whether...* il se soucie peu de savoir
si... ◆ *pr*; *she eats ~ or nothing* elle ne
mange presque rien ; *we see (very) ~ of
them* nous les voyons (très) peu ‖ **little**
(*a ~*) *loc quant* un peu de ; *we had a ~
money/time* nous avions un peu d'ar-
gent/de temps ◆ *adv* un peu; *eat a ~!*
mange un peu! *isn't that a ~ (bit) silly?*
est-ce que ce n'est pas un peu nigaud? ◆
pr un peu; *give me a ~!* donne-m'en un
peu! *sit down for a ~!* assieds-toi un peu!
we saw a ~ of them this summer nous
les avons vus un peu cet été.
liturgy [ˈlɪtədʒɪ] *n* (*Rel*) liturgie *f*.
live[1] [laɪv] *adj* **1** vivant ; *a real ~ film star*
une vedette de cinéma en chair et en os
2 (*Rad, TV*) en direct **3** (*bombe...*) non ex-
plosé **4** (*El*) sous tension **4** (*fig*) *he's a ~
wire!* il ne manque pas d'initiative!
live[2] [lɪv] *vi* vivre; *long ~ the Queen!*
vive la Reine! *she ~d to be 100* elle est
devenue centenaire ; *she ~d a long life*
elle a eu une longue vie ; *they ~ in London* ils habitent Londres; *they ~ in style*
ils mènent grand train ; *you ~ and learn*
on apprend à tout âge ; *you must ~ and
let ~* il faut de tout pour faire un monde
◆ (*loc avec prép*) *I've nothing left to ~
for now* je n'ai plus aucune raison de vivre; *he's got enough to ~ on* il a assez
pour vivre ; *you can't ~ on air* on ne vit
pas de l'air du temps; *he's not easy to ~
with* il n'est pas facile à vivre; (*fam*)
you've got to ~ with it il faut faire avec
‖ **live down** *vpart* (*scandale*) faire oublier
(avec le temps) ‖ **live in** *vpart* (*domestique*) être logé et nourri ‖ **°live-in** *adj* (*fam*)
~ boyfriend/ girlfriend concubin(e) *m(f)*;
petit(e) ami(e) *m(f)* ‖ **live up** *vpart* (*loc*);
he ~ed up to his reputation il n'a pas
failli à sa réputation ; *it didn't ~ up to our
expectations* cela nous a déçus ; (*fam*)
they're ~ing it up ils mènent grand train.
livelihood [ˈlaɪvlɪhʊd] *n* moyens *mpl*
d'existence; gagne-pain *m* ‖ **°liveliness** *n*
animation *f*; entrain *m*; vivacité *f* ‖ **°lively**
adj (*discussion...*) animé; (*personne*) plein
d'entrain; (*esprit*) vif; (*style*) vivant; (*loc*)
he takes a ~ interest in everything il manifeste un grand intérêt pour tout; (*fam*)
things are getting ~! ça commence à
chauffer! ‖ **liven up** *vpart* s'animer.
liver [ˈlɪvə] *n* foie *m*.
livestock [ˈlaɪvstɒk] *ns inv* bétail *ms*, bestiaux *mpl*.
living [ˈlɪvɪŋ] *adj* vivant; *~ or dead* mort
ou vif; *there wasn't a ~ soul outside* il
n'y avait pas âme qui vive dehors; *he's
the ~ image of his father* il est tout le
portrait de son père; *within ~ memory* de
mémoire d'homme ◆ *n* (*Eco*) vie *f*; *standard of ~* niveau *m* de vie ◆ *adj*; *he has to work
for his~* il est obligé de gagner sa vie;
he earns/makes a good ~ il gagne bien
sa vie ‖ **°living room** *n* salle *f* de séjour.
lizard [ˈlɪzəd] *n* (*Zool*) lézard *m*.
load[1] [ləʊd] *vt* (*with*) charger (de); *that gun
is ~ed* ce fusil est chargé; (*fig*) *he ~ed
her with jewels* il la couvrait de bijoux ◆
n **1** charge *f*; *heavy work ~* lourde charge
de travail; (*véhicule*) chargement *m*; (*aussi
fig*) poids *m*; *I've a ~ on my conscience*
j'ai un poids sur la conscience; *that's a ~
off my mind!* cela m'a soulagé! **2** *quant*
(*fam*); *~s of people/ things/ money* des
tas de gens/ de choses/ d'argent ‖ **°loaded**
adj chargé; *the dice are ~* les dés sont
pipés; *the question is ~* là question est
piégée; (*argot*) *he's ~* (*argent*) il est plein
aux as; (*alcool*) il est bourré; (*drogue*) il
est défoncé ‖ **°loading** *n* chargement *m*.
loaf[1] [ləʊf] *n* (*pl* **loaves**) pain *m*; (*fig*) *half
a ~ is better than none* faute de grives
on mange des merles.
loaf[2] [ləʊf] *vi* (*péj*) traîner ‖ **°loafer** *n* **1** fainéant *m* **2** (*amér*) mocassin *m*.
loam [ləʊm] *n* (*Agr*) terre *f* grasse.
loan [ləʊn] *n* **1** prêt *m*; *on ~ from the
museum* prêté par le musée **2** emprunt *m*;
I have it on ~ je l'ai emprunté ◆ *vt* prêter.
loath [ləʊθ] *adj*; *I'm ~ to say it* je répugne à le dire.
loathe [ləʊð] *vt* détester; *I ~ having to
say this* il m'est pénible d'avoir à dire ceci
‖ **°loathing** *n* dégoût *m*, répugnance *f*
‖ **°loathesome** *adj* répugnant.
lobby [ˈlɒbɪ] *n* **1** vestibule *m* **2** (*Pol*) lobby
m, groupe *m* de pression ◆ *vti* faire pression (sur).
lobe [ləʊb] *n* (*Anat*) lobe *m*.
lobster [ˈlɒbstə] *n* homard *m*; *rock ~* langouste *f*.
local [ˈləʊkəl] *adj* local (*pl* -aux); *the ~
doctor* le médecin du coin; (*Téléph*) *~
call* communication *f* urbaine; *~ government* administration *f* locale; *~ wine* vin
m du pays ◆ *n* **1** habitant *m* de la localité
2 (*brit*) café *m* du coin ‖ **lo°cality** *n* **1** en-

droit *m* 2 région *f* ‖ °**locally** *adv* 1 sur place 2 dans la région.

locate [ləu'keɪt] *vt* 1 repérer 2 situer ; *the house is ~d in a village* la maison est située dans un village ‖ **lo°cation** *n* 1 repérage 2 emplacement *m* 3 (*Ciné*) on *~* en extérieur.

loch [lɒx/lɒk] *n* (*Écosse*) lac *m*.

lock[1] [lɒk] *n* 1 serrure *f* ; *under ~ and key* sous clef ; sous les verrous 2 (*Auto*) angle *m* de braquage 3 (*canal*) écluse *f* ◆ *vt* fermer à clef ; *~ away* mettre sous clef ; mettre sous les verrous ; *~ in* enfermer ; *~ out* fermer dehors *~ up* fermer la maison ‖ °**locker** *n* casier *m* ‖ °**locket** *n* médaillon *m* ‖ °**lockjaw** *n* (*fam Méd*) tétanos *m* ‖ °**lockout** *n* (*Ind*) lock-out *m* (*pl inv*) ‖ °**locksmith** *n* serrurier *m* ‖ °**lockup** *n* 1 poste *m* (de police) 2 (*Aut*) box *m*.

lock[2] [lɒk] *n* (*arme*) platine *f* ; (*fig*) *he sold off everything, ~, stock and barrel* il a tout vendu sans exception.

lock[3] [lɒk] *n* mèche *f* (de cheveux).

locum ['ləukəm] *n* (*ab de* **locum tenens**) (*surtout brit*) (*médecin, prêtre*) remplaçant(e) *m(f)*.

locust ['ləukəst] *n* criquet *m*.

lodge [lɒdʒ] *n* 1 loge *f* (de gardien) 2 loge *f* maçonnique 3 pavillon *m* de chasse ◆ *vti* 1 (se) loger 2 (*balle*) (se) loger 3 (*loc*) *~ a complaint* porter plainte ‖ °**lodger** *n* 1 locataire *mf* 2 pensionnaire *mf* ‖ °**lodging** *n* logement *m* ‖ °**lodgings** *npl inv* 1 chambre(s) meublée(s) 2 pension *f*.

loft [lɒft] *n* 1 grenier *m* ; *organ ~* tribune *f* d'orgue ‖ °**lofty** *adj* 1 haut 2 noble 3 hautain.

log [lɒg] *n* 1 bûche *f* ; *~ cabin* cabane *f* en rondins *sleep like a ~* dormir comme une souche ; *it's as easy as falling off a ~* c'est simple comme bonjour 2 (*ab de* °**log book**) (*Aut*) carte *f* grise ; (*Av*) carnet *m* de vol ; (*Naut*) journal *m* de bord 3 (*ab de* **logarithm**) ◆ *vt* consigner (dans un registre).

logarithm ['lɒgərɪðm] *n* (*Math*) logarithme *m*.

loggerheads ['lɒgəhedz] *npl inv* ; (*with*) *I'm at ~ with them* je suis en désaccord complet avec eux.

logic ['lɒdʒɪk] *n* logique *f* ‖ °**logical** *adj* logique ‖ **lo°gician** *n* logicien *m*.

loin [lɔɪn] *n* (*bœuf*) aloyau *m*, faux-filet *m* ; (*mouton, veau*) filet.

loiter ['lɔɪtə] *vi* (*péj*) traîner ; *no ~ing* interdit de stationner.

loll [lɒl] *vi* 1 fainéanter 2 se prélasser.

lollipop ['lɒlɪpɒp] *n* (*brit*) sucette *f*.

lolly ['lɒlɪ] *n* (*brit*) 1 (*ab de* **lollipop**) 2 (*argot*) fric *m*, pognon *m*.

lone [ləun] *adj* (*personne*) solitaire ; (*maison*) isolé ‖ °**loneliness** *n* solitude *f* ‖ °**lo-**

nely/°**lonesome** *adj* seul, solitaire ; *he is ~* il souffre de sa solitude.

long[1] [lɒŋ] *adj* long (*f* longue) 1 (*espace*) *how ~ is the room?* quelle est la longueur de la pièce ? *it's 5 metres ~* elle a 5 mètres de long ; *~ jump* saut *m* en longueur ; *he took the ~ way round* il a pris le chemin le plus long ; (*fig*) *pull a ~ face* faire grise mine 2 (*temps*) *how ~ is the film?* quelle est la durée du film ? (*fam*) le film dure combien de temps ? *it will take a ~ time* ce sera long ; *the days are getting ~er* les jours rallongent ; *a ~ time ago* il y a longtemps ; *in the ~ run* à la longue ◆ *adv* *how ~ have you been waiting?* tu attends depuis combien de temps ? *how ~ is it since we first/last met?* à quand remonte notre dernière/première rencontre ? *how ~ ago was it?* c'était il y a combien de temps ? *not ~ ago* il n'y a pas longtemps ; *not ~after/before* peu de temps après/avant ; *before ~ you'll be sorry!* tu ne vas pas tarder à le regretter ! *I've ~ since forgotten* c'est oublié depuis longtemps ; *how ~ will it be/take?* cela prendra combien de temps ? *he won't be ~ in doing it* il n'en a pas pour longtemps ; *don't be too ~ (about it)!* dépêche-toi ! *~ live the Queen!* vive la Reine ! (*loc*) *all day ~* toute la journée ; *as/so ~ as...* pourvu que... ; *so ~!* à bientôt ! ‖ °**longer** *adj adv* (*comp de* **long**) 1 plus long 2 (*temps*) plus longtemps ; *how much ~?* combien de temps encore ? ‖ **long-°distance** *adj* ; *~ runner* coureur *m* de fond ; (*Téléph*) *~ call* appel *m* interurbain ; (*Av*) *~ flight* vol *m* long courrier ‖ **long-drawn-°out** *adj* (*discours*) interminable ‖ **long-playing** °**record** *n* 33 tours *m* (*pl inv*) ‖ **long-°range** *adj* (*prévision*) à long terme ; (*Av*) à grand rayon d'action ; (*canon*) à longue portée ‖ **long-°sighted** *adj* hypermétrope ; presbyte ‖ **long-°standing** *adj* de longue date ‖ **long-°suffering** *adj* indulgent ; patient ‖ °**long-term** *adj* à long terme ‖ **long-°winded** *adj* intarissable ; verbeux ; interminable.

long[2] [lɒŋ] *vi* (*for*) avoir très envie (de) ‖ °**longing** *n* (*for*) grande envie (de) ; nostalgie *f* (de).

loo [luː] *n* (*brit fam*) petit coin *m*.

look[1] [lʊk] *vi* 1 regarder ; *~ where you're going!* regarde où tu vas ! *just ~ and see if...* regarde voir si... ; *I'll never be able to ~ her in the face again* je n'oserai plus jamais la regarder en face ; *~ here!* écoutez ! ◆ *n* regard *m* ; *have/take a ~ (at this)!* regarde (ceci) ! jette un coup d'œil (sur ceci) ! *let me have/take a ~!* fais voir ! *I had a (good) ~ at it* je l'ai examiné (de près) ; *I'll have a (good) ~ for it* je vais le rechercher ; *I had a (good) ~ (a)round the town* j'ai fait le tour de la ville ; *he took a critical/hard ~ at every-thing* il a tout passé au peigne fin (sans complaisance) || **look ahead** *vpart* **1** *(espace)* regarder devant soi **2** *(temps)* regarder vers l'avenir || **look after** *vpart* s'occuper de || °**lookalike** *n* sosie *m inv* || **look around** *vpart* chercher un peu partout || **look at** *vpart* regarder ; *just ~ at her!* regarde-la ! *to ~ at her you'd say...* à la voir on dirait... ; *the house isn't much to ~ at* la maison ne paie pas de mine ; *she ~ed hard at me* elle m'a dévisagé ; *that's another way of ~ing at it* c'est un autre point de vue ; *however you ~ at it* de quelque manière qu'on tourne la question/le problème || **look away** *vpart* détourner les yeux || **look back** *vpart* regarder en arrière ; *(fig) when I ~ back on my life* lorsque je repense à ma vie || **look down** *vpart* **1** baisser les yeux **2** parcourir (une liste) **3** *(fig) he ~s down on us* il nous méprise || **look for** *vpart* chercher || **look forward** *vpart* s'attendre (à un plaisir) ; *I ~ forward to hearing from you* il me tarde d'avoir de tes nouvelles || **look in** *vpart (on)* rendre visite en passant (à) || °**looking glass** *n* miroir *m* || **look into** *vpart* étudier, examiner || **look on** *vpart* **1** regarder sans participer **2** *voir* **look upon** || **look out** *vpart* regarder dehors ; *~ out of the window* regarder par la fenêtre ; *(fig) the house ~s (out) onto/over a lake* la maison donne sur un lac ; *~ out (for the dog)!* fais attention (au chien) ! || °**look-out** *n* guet *m* ; *keep a (sharp) ~ for the postman!* guette le facteur ! *be on the ~ (for trouble)!* sois sur tes gardes ! *(brit) it's a poor ~!* c'est une triste perspective ! *(brit) that's his ~* c'est son affaire || **look over** *vpart* examiner ; jeter un coup d'œil sur || **look round** *vpart* **1** tourner la tête **2** *(fig) ~ round a flat* visiter un appartement **3** *(fig) ~ round for a flat* chercher un appartement || **look through** *vpart* parcourir (un document) || **look up** *vpart* lever les yeux ; *(fig) I ~ up to him* je le respecte ; *things are ~ing up* les choses vont mieux ; *I'll ~ him up* je le passerai le voir ; *~ up the number in the directory!* cherche le numéro dans l'annuaire ! *he ~ed me up and down* il m'a toisé du regard || **look (up)on** *vpart* considérer ; *I ~ (up)on it as a privilege* je le considère comme un privilège ||

look² [luk] *vi* avoir l'air, paraître ; *what does she ~ like?* comment est-elle (physiquement) ? *she ~s prettier than ever* elle est plus jolie que jamais ; *she ~s like her mother* elle ressemble à sa mère ; *(maladie) how does she ~/how is she ~ing today?* comment va-t-elle aujourd'hui ? *she ~s/is ~ing well* elle a bonne mine ; *he*

~s over 50 on lui donnerait plus de 50 ans ; *he doesn't ~ his age* il ne fait/paraît pas son âge ; *(brit) he ~s a rogue* il a l'air d'un scélérat ; *he ~s the part* il a le physique de l'emploi ; *that dress ~s good on you* cette robe vous va bien ; *it ~s bad to leave so early* cela fait mauvais effet de partir si tôt ; *it ~s as if...* on dirait que... ; *it ~s like rain* on dirait qu'il va pleuvoir ; *it does ~ like it!* c'est bien probable ! ◆ *n* **1** apparence *f*, aspect *m* ; *I don't like the ~ of him* il a une tête qui ne me plaît pas ; *I don't like the ~ of it* cela ne me dit rien de bon ; *by the ~ of him/it...* à le voir (comme ça)... **2** mode *f* ; *introduce a new ~ in evening wear* introduire une nouvelle mode pour le soir || **looks** *npl inv* **1** beauté *f* **2** apparences *fpl* ; *you can't judge/go by ~* on ne peut pas se fier aux apparences.

loom¹ [lu:m] *n* métier *m* à tisser.

loom² [lu:m] *vi* surgir ; *war is ~ing (large)* la guerre menace.

loony [ˈluːnɪ] *n (fam)* cinglé(e) *m(f)*.

loop [lu:p] *n (aussi Av)* boucle *f* **2** *(Méd)* stérilet *m* || °**loophole** *n* échappatoire *f*.

loose [lu:s] *adj* **1** lâche ; *come/work (itself) ~* se desserrer ; *some prisoners broke ~* des prisonniers se sont évadés ; *~ earth* terre *f* meuble **2** détaché ; *~-leaf notebook* carnet *m* à feuilles mobiles ; *(brit) ~ covers* housses *fpl* ; *we've some ~ ends to tie up* nous avons encore quelques points de détail à régler ; *(fig) I'm at a ~ end* je me trouve désœuvré **3** *(peau)* flasque **4** *(traduction)* libre ; *(style)* relâché **5** *(Com)* en vrac ; *~ cash* petite monnaie **6** aux mœurs *fpl* relâchées ◆ *vt* détacher ; desserrer ; *it ~d his tongue* cela lui a délié la langue ◆ *n (loc) on the ~* en liberté || °**loose-fitting** *adj (vêtement)* ample || °**loose-limbed** *adj* dégingandé || °**loosen** *vti* (se) desserrer ; (se) relâcher.

loot [lu:t] *n* butin *m* ◆ *vt* piller || °**looting** *n* pillage *m*.

lop [lɒp] *vt* couper.

lop-sided [ˌlɒpˈsaɪdɪd] *adj* de guingois ; déjeté.

loquacious [ləˈkweɪʃəs] *adj* loquace.

lord [lɔːd] *n* **1** maître *m* ; seigneur *m* ; *~ of the manor* châtelain *m* ; *he lives like a ~* il vit comme un prince **2** *(titre) L~ Attlee* lord Attlee ; *my L~* Monsieur le baron etc ; *(Jur)* Monsieur le Juge ; *(Rel)* Monseigneur **3** *(Rel) Our L~* Notre Seigneur ; *in the year of Our L~...* en l'an de grâce... ; *the L~'s prayer* le Notre-Père ; *the L~'s Supper* la sainte Cène ◆ *vt (loc) he loves to ~ it (over people)* il adore faire le grand seigneur || °**lordliness** *n* **1** noblesse *f* **2** orgueil *m* || °**lordly** *adj* **1** majestueux **2** hautain || °**lordship** *n* **1** *(over)* autorité *f* (sur) **2** *(titre) Your L~*,

Monsieur le baron *etc ;* *(Jur)* Monsieur le Juge ; *(Rel)* Monseigneur.

lorry [ˈlɒrɪ] *n (brit)* camion *m.*

lose [luːz] *vti (p pp* lost*)* perdre ; *I've lost my watch* j'ai perdu ma montre ; *you've lost your breath* tu es essoufflé ; *she lost no time in ringing the police* elle a téléphoné tout de suite à la police ; *get lost* se perdre ; *(fam)* ficher le camp ; *don't ~ yourself/your way!* ne te perds pas en chemin ! *don't ~ sight of them!* ne les perds pas de vue ! *he lost his temper* il s'est mis en colère ; *he was lost at sea* il a péri en mer ; *it's a losing battle* c'est perdu d'avance ; *(Sp) they lost to the visiting team* ils se sont fait battre par les visiteurs ; *it lost them the match* cela leur a coûté le match ; *this clock ~s 5 minutes a day* cette pendule retarde de 5 minutes par jour ; *(loc) the joke was lost on him* il n'a pas compris la plaisanterie ; *I lost out on the deal* j'ai été perdant dans l'affaire ‖ °**loser** *n* perdant *m ; bad ~* mauvais joueur ‖ °**losing** *adj* perdant.

loss [lɒs] *n* perte *f ; (Com) sell at a ~* vendre à perte ; *(fam) it's a dead ~* c'est une perte sèche ; *~ of heat* déperdition *f* de chaleur ; *great ~ of life* beaucoup de victimes ; *I'm at a (complete) ~ (to know) what to do* je ne sais (absolument) pas quoi faire ; *I'm at a ~ for words* les mots me manquent.

lost [lɒst] *p pp* de lose ♦ *adj* perdu ; *~-property office* bureau *m* des objets trouvés ; *I had given him up for ~* j'avais abandonné tout espoir de le retrouver.

lot[1] [lɒt] *n quant 1 loc (valeur adverbiale) she worries a ~* elle s'inquiète beaucoup ; *thanks a ~* merci beaucoup *2 loc (valeur adjectivale) ; a ~ of/~s of* beaucoup de ; *such a ~ of problems!* tant de problèmes ! *what a ~of money!* que d'argent ! *the (whole) ~ of you* vous tous (tant que vous êtes) *3 loc (valeur nominale) ; there's not a ~ you can do* vous ne pouvez pas faire grand-chose ; *I don't see a ~ of him* je ne le vois pas souvent ; *I'd give a ~ to know* je donnerais cher pour le savoir ; *that's the ~!* c'est tout !

lot[2] [lɒt] *n 1 sort m ; we drew ~s for it* nous l'avons tiré au sort ; *I won't throw in my ~ with them* je ne me rangerai pas de leur côté ; *it was my ~ to go first* la chance a voulu que je passe le premier *2 (enchères) lot m.*

lot[3] [lɒt] *n 1 (terrain)* parcelle *f 2 (amér) (Aut) parking ~* parking *m.*

lotion [ˈləʊʃn] *n* lotion *f.*

lottery [ˈlɒtrɪ] *n* loterie *f.*

loud [laʊd] *adj 1* bruyant ; *~ voice* voix *f* forte ; *~ cheers* vifs applaudissements *2 (couleurs)* criard, voyant ♦ *adv* fort ; *(Mus) don't play so ~!* ne joue pas si

fort ! ; *he said it out ~* il l'a dit à haute et intelligible voix ‖ **loud°hailer** *n* portevoix *m (pl inv)* ‖ °**loudly** *adv* fort ; fort ‖ °**loudmouth(ed)** *n (adj) (péj)* fort en gueule ‖ **(loud)°speaker** *n* enceinte *f*, haut-parleur *m.*

lounge [laʊndʒ] *n* salon *m ; sun ~* véranda *m ; ~ suit* complet (-veston) *m* ♦ *vi (promenade)* flâner ; paresser ; *(péj)* traîner ‖ °**lounger** *n* flâneur *m ; (péj)* fainéant(e) *m(f).*

lour [ˈlaʊə] *(amér* lower*) vi (at)* regarder d'un air sombre ; *(nuage)* menaçant.

louse [laʊs] *n (pl* lice*)* pou *m (pl* poux*)* ‖ °**lousy** *adj 1* pouilleux *2 (fam fig péj)* dégueulasse, infect.

lout [laʊt] *n* lourdaud *m*, rustre *m* ‖ °**loutish** *adj* lourdaud, rustre.

love [lʌv] *vt 1* aimer (d'amour) ; *he still ~s her* il est toujours amoureux d'elle *2* faire avec plaisir ; *I ~ sitting in the sun* j'adore me prélasser au soleil ; *I'd ~ to (come)* je serais ravi (de venir) ♦ *n 1* amour *m ; he fell in ~ with her* il est tombé amoureux d'elle ; *it was ~ at first sight* ce fut le coup de foudre ; *they are still in ~* ils s'aiment toujours ; *make ~* faire l'amour ; *~ affair* liaison *f* (amoureuse) ; *~ life* vie *f* sentimentale ; *~ match* mariage *m* d'amour ; *~ story* roman *m* d'amour *2 (formules de politesse) give your parents my ~* (fais) mes amitiés à tes parents ; *(lettre) ~ from Mike* amicalement/affectueusement, Mike *3 (score tennis)* zéro *m 4 (loc) for the ~ of God* pour l'amour du Ciel ; *it can't be had for ~ nor money* la chose est introuvable ; *there's no ~ lost between them* ils ne peuvent pas se sentir ; *he won't do it for ~* il ne le fera pas gratuitement/pour l'amour de l'art ‖ °**lovable** *adj* adorable ‖ °**loveliness** *n* beauté *f* ; charme *m* ‖ °**lovely** *adj* beau (*f* belle) ; charmant ; ravissant ; *it's been ~ seeing you again* cela m'a fait grand plaisir de te revoir ; *the weather is ~ and warm* il fait un beau temps chaud ; *have a ~ time!* amusez-vous bien ! ‖ °**lover** *n* amoureux *m (f* -euse*)* ; amant *m ; (fig) music-~* mélomane *mf* ‖ °**lovesick** *adj* qui se meurt d'amour ‖ °**loving** *adj* affectueux *(f* -euse*)* ; tendre.

low[1] [ləʊ] *vi (bétail)* meugler.

low[2] [ləʊ] *adj adv 1* bas (*f* basse) ; *~ hills* collines basses ; *~ quality* qualité inférieure ; *at ~ speed* à faible vitesse ; *she has a ~ voice* elle a une voix grave ; *she spoke in a ~ voice* elle parlait à voix basse ; *stocks are running ~* les stocks s'épuisent *2 (moral)* déprimé ♦ *n an all-time ~* le niveau le plus bas jamais atteint ‖ °**lowbrow** *adj n (personne)* sans prétentions intellectuelles ‖ °**low-cut** *adj* décolleté ‖ °**lowdown** *n (fam)* information *f ;*

tuyau *m* ◆ °**low-down** *adj (fam)* méprisable ‖ °**lower** *adj adv (comp de* **low)** **1** plus bas; **~** *down the street* plus loin dans la rue; *the light is getting* **~** la lumière baisse **2** *(prix, organes, qualité)* inférieur; *the* **~** *jaw* la mâchoire inférieure; *the* **~** *middle classes* la petite bourgeoisie ◆ *vt* **1** *(prix...)* baisser; *(objet)* descendre; *(personne)* abaisser; rabaisser; *(résistance)* diminuer **2** *(amér voir* **lour)** ‖ °**lowest** *adj adv (sup de* **low)** le plus bas; *the* **~** *of the low* le dernier des derniers; *the* **~** *paid workers* les ouvriers les moins payés ‖ °**low-flying** *adj (avion)* à basse altitude ‖ **low-°key** *adj* discret (*f* discrète) ‖ °**lowland** *n* plaine *f* ‖ °**lowly** *adj* humble ‖ **low-°minded** *adj* vulgaire ‖ **low-°pitched** *adj (Mus)* dans le registre grave.

loyal ['lɔɪəl] *adj (to, towards)* loyal (envers) ‖ °**loyalty** *n* loyauté *f*.

lozenge ['lɒzɪndʒ] *n (Math)* losange *m*; *(Méd)* pastille *f*.

lubricant ['lu:brɪkənt] *n* lubrifiant *m* ‖ °**lubricate** *vt* lubrifier ‖ **lubri°cation** *n* lubrification *f*.

lucid ['lu:sɪd] *adj* lucide.

luck [lʌk] *ns inv* chance *f*; *I had a bit/ piece/stroke of* **~** j'ai eu de la chance *bad* **~** malchance *f*; *good* **~**! bonne chance! *bad/hard/tough* **~**! *no such* **~**! pas de chance! *(loc) better* **~** *next time!* cela ira mieux une autre fois! *I'm down on my* **~** je n'ai pas de chance; *your* **~** *is in/out*; *you're in/out of* **~** tu as de la chance/ malchance; *it will bring you (good)* **~**/*bad* **~** cela te portera bonheur/malheur; *(loc) as* **~** *would have it...* par bonheur...; *it's the* **~** *of the draw* c'est une question de chance ‖ °**luckily** *adv* heureusement, par bonheur ‖ °**lucky** *adj* chanceux; *you've been* **~** tu as eu de la chance; *it's my* **~** *day!* c'est mon jour de chance! **~** *charm* porte-bonheur *m (pl inv)*.

lucrative ['lu:krətɪv] *adj* lucratif (*f* -ive).

ludicrous ['lu:dɪkrəs] *adj* ridicule; risible.

lug [lʌg] *vt* traîner (un gros poids).

luggage ['lʌgɪdʒ] *ns inv* bagage(s) *m(pl)*; *how much* **~** *have you got?* combien avez-vous de bagages? **~** *rack* (Rail) porte-bagages *m (pl inv)*; *(Aut)* galerie *f*.

lull [lʌl] *vt* calmer; **~** *to sleep* endormir doucement ‖ °**lullaby** *n (Mus)* berceuse *f*.

lumbago [lʌm'beɪgəʊ] *ns inv (Méd)* lumbago *m*; *I had an attack of* **~** j'ai eu un lumbago.

lumber[1] ['lʌmbə] *n* bois *m* de charpente ‖ °**lumberjack**/°**lumberman** *n (surtout amér)* bûcheron *m*; exploitant *m* forestier.

lumber[2] ['lʌmbə] *ns inv* bric-à-brac *m* encombrant ◆ *vi* marcher d'un pas lourd ‖ °**lumber-room** *n* débarras *m*.

luminous ['lu:mɪnəs] *adj* lumineux (*f* -euse).

lump[1] [lʌmp] *n* bloc *m*; *(terre)* motte *f*; *(Méd)* bosse *f*; grosseur *f*; *(sucre)* morceau *m*; *(sauce)* grumeau *m*; **~** *sum* somme *f* globale; *(fig) it brought a* **~** *to my throat* j'ai eu la gorge nouée/serrée ◆ *vt (fig)* **~** *together* mettre dans le même sac ‖ °**lumpy** *adj* grumeleux (*f* -euse).

lump[2] [lʌmp] *vt*; *(loc) if you don't like it you can* **~** *it!* que cela te plaise ou non il faudra bien que tu t'y fasses!

lunacy ['lu:nəsɪ] *n (aussi fig)* folie *f*.

lunar ['lu:nə] *adj* lunaire.

lunatic ['lu:nətɪk] *n* fou *m* (*f* folle).

lunch [lʌntʃ] *n* déjeuner *m*; *have* **~** prendre le déjeuner ◆ *vi* déjeuner ‖ °**luncheon** *n* déjeuner.

lung [lʌŋ] *n (Méd)* poumon *m*; **~** *cancer* cancer *m* du poumon.

lunge [lʌndʒ] *vi* s'élancer ◆ *n* mouvement *m* brusque en avant; *(escrime)* botte *f*.

lurch[1] [lɜ:tʃ] *vi (véhicule)* être embardée; *(personne)* tituber ◆ *n* embardée *f*.

lurch[2] [lɜ:tʃ] *n (loc)*; *she left him in the* **~** elle l'a planté là.

lure [ljʊə] *n (pêche)* appât *m*; *(chasse)* leurre *m*; *(aussi fig)* appât *m* ◆ *vt* tenter; leurrer; *be* **~***d into doing...* se laisser piéger pour faire...

lurid ['lʊərɪd] *adj* **1** *(couleurs)* rougeoyant; criard **2** *(crime)* affreux **3** *(description)* saisissant.

lurk [lɜ:k] *vi (personne)* rester tapi; rôder; *(danger)* menacer; *(soupçon)* persister.

luscious ['lʌʃəs] *adj* succulent.

lush[1] [lʌʃ] *adj* **1** *(végétation)* luxuriant **2** *(Arch lit)* très orné **3** *(fam fig)* luxueux.

lush[2] [lʌʃ] *n (argot amér)* poivrot *m*, soûlard *m*.

lust [lʌst] *n* **1** désir *m* (sexuel) **2** *(fig) (for)* appétit *m*, soif *f* (de).

luster *(amér)*/**lustre** *(brit)* ['lʌstə] *n* éclat *m*, lustre *m*.

luxuriance [lʌg'ʒʊərɪəns] *n* luxuriance *f* ‖ **lu°xuriant** *adj* luxuriant ‖ **lu°xurious** *adj* luxueux (*f* -euse) ‖ °**luxury** *n* luxe *m*.

lying ['laɪŋ] *adj (déclaration)* mensonger (*f* -ère); *(personne)* menteur (*f* -euse) ◆ *ns inv* mensonge(s) *m(pl)*.

lynch [lɪntʃ] *vt* lyncher ‖ °**lynching** *n* lynchage *m*.

lyric ['lɪrɪk] *n* **1** *(Lit)* poème *m* lyrique **2** *(Th)* chanson *f*; **~** *writer* parolier *m* ‖ °**lyrical** *adj* lyrique ‖ °**lyricism** *n* lyrisme *m*.

M

M, m [em] *n* **1** (*lettre*) M, m *mf* **2** (*ab de* **metre**) mètre *m* **3** (*ab de* **mile**) mile *m*.

mac(k) [mæk] *n* (*ab fam de* **mackintosh**) (*surtout brit*) imper *m*.

macaroni [ˌmækəˈrəʊnɪ] *ns inv* macaroni(s) *m(pl)*.

machine [məˈʃiːn] *n* machine *f*; *vending* ~ distributeur *m* automatique; *I'm just a* ~ je ne suis qu'un automate ♦ *vt* usiner ‖ **ma°chine gun** *n* (*Mil*) mitrailleuse *f* ‖ **ma°chinery** *ns inv* machine(s) *f(pl)*; mécanisme *m*; *a piece of* ~ une machine.

mackerel [ˈmækrəl] *n* (*Zool*) maquereau *m*.

mackintosh [ˈmækɪntɒʃ] *n* imperméable *m*.

mad [mæd] *adj* **1** (*personne*) fou (*f* folle); *go* ~ devenir fou; *drive* ~ rendre fou; *raving* ~ fou à lier; ~ *dog* chien *m* enragé **2** en colère; *get* ~ *at/with* s'emporter contre **3** enthousiaste; *he's* ~ *about/on jazz* c'est un fou du jazz **4** (*loc*) *run like* ~ courir comme un fou ‖ **°madden** *vt* rendre fou, exaspérer ‖ **°madhouse** *n* (*loc*) *it's (like) a* ~ on se croirait dans une maison de fous ‖ **°madly** *adv* follement; ~ *in love* éperdument amoureux ‖ **°madman** *n* fou *m* ‖ **°madness** *n* folie *f*.

made [meɪd] *p pp de* **make** ♦ *adj*; ~ *to measure* fait sur mesure ‖ **made-°up** *adj* **1** (*histoire*) inventé **2** (*personne*) *she is heavily* ~ elle est très maquillée.

magazine [ˌmæɡəˈziːn] *n* **1** magazine *m* **2** (*arme à feu*) magasin *m* **3** (*Mil*) arsenal *m*.

maggot [ˈmæɡət] *n* asticot *m*, ver *m*.

magic [ˈmædʒɪk] *n* magie *f*; *like* ~ comme par enchantement ♦ *adj* magique.

magistrate [ˈmædʒɪstreɪt] *n* magistrat *m inv*, juge *m inv*.

magnanimous [mæɡˈnænɪməs] *adj* magnanime.

magnet [ˈmæɡnɪt] *n* aimant *m* ‖ **mag°netic** *adj* magnétique.

magnificent [mæɡˈnɪfɪsənt] *adj* magnifique ‖ **°magnify** *vt* **1** (*optique*) grossir; ~*ing glass* loupe *f* **2** (*fig*) magnifier ‖ **°magnitude** *n* **1** (*Astr*) magnitude *f* **2** ampleur *f*, grandeur *f*.

magpie [ˈmæɡpaɪ] *n* (*Orn*) pie *f*.

mahogany [məˈhɒɡənɪ] *n* acajou *m*.

maid [meɪd] *n* bonne *f*; *old* ~ vieille fille *f* ‖ **°maiden** *n* jeune fille *f*; ~ *flight* vol *m* inaugural.

mail [meɪl] *n* **1** courrier *m*; *by* ~ par la poste ♦ *vt* (*surtout amér*) poster ‖ **°mailbox** *n* (*amér*) boîte *f* aux lettres ‖ **°mailing list** *n* (*Com*) fichier *m* d'adresses ‖ **°mail-**

man *n* (*amér*) facteur *m inv* ‖ **°mail-order** *n* (*Com*) vente *f* par correspondance.

maim [meɪm] *vt* mutiler.

main [meɪn] *adj* principal *m*; (*Ag*) ~ *crop* culture *f* principale; (*Rail*) ~ *line* grande ligne *f*; ~ *road* route *f* nationale; *the* ~ *thing is to act quickly* le principal est d'agir vite ♦ **1** *n* (*surtout pl*) conduite *f* principale (de gaz, d'eau); (*El*) *plug into the* ~*s* brancher sur le secteur **2** *loc*; *in the* ~ dans l'ensemble ‖ **°mainland** *n* continent *m* ‖ **°mainmast** *m* (*Naut*) grand mât *m* ‖ **°mainsail** *n* ‖ grand-voile *f* ‖ **°mainspring** *n* ressort *m* principal; (*fig*) mobile *m* principal ‖ **°mainstay** *n* soutien *m* principal; pilier *m*.

maintain [meɪnˈteɪn] *vt* **1** (*famille, machine...*) entretenir **2** (*opinion...*) garder; *I* ~ *that...* je maintiens que... ‖ **°maintenance** *n* **1** (*machine...*) entretien *m* **2** (*Jur*) pension *f* alimentaire.

maize [meɪz] *n* (*brit*) maïs *m*.

majestic [məˈdʒestɪk] *adj* majestueux (*f* -euse) ‖ **°majesty** *n* majesté *f*; *His/Her M*~ Sa Majesté le Roi/la Reine.

major[1] [ˈmeɪdʒə] *adj* majeur; *the* ~ *part* la plus grande partie; ~ *repairs* réparations *fpl* importantes; (*Mus*) ~ *key* ton *m* majeur ‖ **ma°jority** *n* majorité *f*; *we are in a* ~ nous sommes majoritaires; *the (great)* ~ *of people are pleased* la plupart des gens sont contents.

major[2] [ˈmeɪdʒə] *n* (*Mil*) commandant *m*; chef *m* de bataillon/d'escadron.

make [meɪk] *vti* (*p pp* **made**) **1** construire; fabriquer; *made of silver* (fait) en argent; (*fig*) ~ *trouble* causer des ennuis; *I'll show them what I'm made of!* je vais leur montrer de quel bois je me chauffe! *this will* ~ *or break him* il y joue son avenir à quitte ou double.

2 (*copule*) devenir; *he'll* ~ *a good doctor* il fera un bon médecin; *she'll* ~ *him a good wife* elle sera une bonne épouse pour lui; *try to* ~ *friends with them* essayez de vous lier d'amitié avec eux.

3 (*calcul*) *he* ~*s £ 1000 a month* il gagne 1 000 £ par mois; *how much does that* ~? combien ça fait? (*surtout brit*) *what time do you* ~ *it?* tu as quelle heure?

4 (*compréhension*) *what do you* ~ *of it?* qu'en penses-tu?

5 (*réussite*) *we've made it!* nous sommes arrivés à temps! on a réussi! (*aussi ironique*) *you've made my day!* grâce à toi j'ai passé une bonne journée!

6 (*sens causatif*) ~ *happy/ill* rendre heureux/malade; *the picture* ~*s you (look) older/younger* la photo te rajeunit/te

vieillit; *they made him chairman* on l'a élu président; **~** *yourself comfortable/at home* mets-toi à l'aise; fais comme chez toi! *do I* **~** *myself understood?* est-ce que je me fais comprendre? *(fam fig) we'll* **~** *it hot for them!* on va leur apprendre à vivre!
7 *(sens coercitif)* **~** *him do it over again!* fais-le-lui recommencer!
8 *(loc)* **~** *love, not war!* faites l'amour, pas la guerre! *she* **~***s fun of him* elle se moque de lui; *he made (as if) to rise* il voulut se lever; *I'll* **~** *sure of it* je vais le vérifier; *he made for the door* il se dirigea vers la porte; *it's time to* **~** *our way home* il est temps de rentrer; *we'll have to* **~** *do with less* il faudra se contenter de moins.
◆ *n* **1** fabrication *f*; *(Aut)* marque *f* **2** *(loc) he's always on the* **~** il ne pense qu'au profit; *(amér vulg)* il ne pense qu'à draguer/baiser || °**make-believe** *adj n (jeu d'enfant)* (monde) imaginaire || **make off** *vpart (fam)* décamper || **make out** *vpart* **1** *(perception)* distinguer **2** comprendre **3** *(liste)* dresser **4** prétendre **5** *(fam)* se débrouiller **6** *(amér) (argot)* se peloter || °**maker** *n* fabricant *m* || °**makeshift** *n* expédient *m* ◆ *adj* de fortune || °**make-up** *n* maquillage *m* || **make up** *vpart* **1** composer, constituer (un groupe) **2** (se) maquiller **3** *(histoire...)* inventer **4** *(to)* se mettre dans les bonnes grâces **5** *(for)* compenser; **~** *up for lost time* rattraper le temps perdu **6** *(loc) let's* **~** *(it) up!* si on faisait la paix! **~** *up your mind!* décide-toi! || °**making** *n* **1** fabrication *f* **2** *(loc) in the* **~** en train de se faire; *it was the* **~** *of him* c'est comme cela qu'il est devenu ce qu'il est; *he's got the* **~***s of a P.M.* il a l'étoffe *f* d'un Premier ministre.

maladjusted [ˌmælə'dʒʌstɪd] *adj* inadapté.

male [meɪl] *adj* mâle; du sexe masculin; **~** *chauvinist* phallocrate *m*; **~** *nurse* infirmier *m*.

malevolence [mə'levələns] *n* malveillance *f*.

malice ['mælɪs] *n* malveillance *f*; méchanceté *f* || **ma°licious** *adj* malveillant; méchant.

malign [mə'laɪn] *vt* calomnier.

malignant [mə'lɪgnənt] *adj* **1** malveillant **2** *(Méd)* **~** *tumour* tumeur *f* maligne.

malinger [mə'lɪŋgə] *vi* se (faire) porter malade; *(fam)* tirer au flanc.

malpractice [ˌmæl'præktɪs] *n* faute *f* professionnelle.

malt [mɔːlt] *n* **1** malt *m*; **~** *whisky* whisky *m* pur malt **2** *(amér fam)* lait *f* malté.

mam(m)a [mə'mɑː] *n* maman *f*.

mammal ['mæməl] *n* *(Zool)* mammifère *m*.

mammoth ['mæməθ] *n* mammouth *m* ◆ *adj* énorme.

man [mæn] *n* *(pl* **men***)* **1** homme *m*; *blind/dead/old* **~** aveugle/mort/vieillard; *(fam loc) old* **~** mon vieux; *he's the* **~** *for the job* c'est l'homme qu'il faut pour ce poste; c'est l'homme de la situation; *the* **~** *in the street* l'homme de la rue; le commun des mortels; **~** *about town* homme du monde; *they were all there to a* **~** tout le monde était là sans exception **2** employé *m*; *electricity/gas* **~** préposé *m* de l'EDF/GDF **3** *(Mil)* homme de troupe **4** *(jeu d'échecs)* pièce *f* ◆ *vt* **1** *(Mil)* servir (les canons) **2** *(Naut)* armer (un bateau) **4** *(Com)* assurer la permanence de **4** *(espace) manned spaceship* vol *m* habité.

manacle ['mænəkl] *n* menotte *f*.

manage ['mænɪdʒ] *vti* **1** réussir; *did you* **~** *to see her?* est-ce que tu as réussi à la voir? *can you* **~** *(it) alone?* tu y arrives tout seul? *(restaurant) can you* **~** *a table for six?* pouvez-vous nous donner une table pour six? *she knows how to* **~** *people* elle sait s'y prendre avec les gens **2** *(Com)* gérer || °**manageable** *adj* maniable **2** faisable || °**management** *n* *(Com)* direction *f*; gestion *f*; *middle/top* **~** cadres *mpl* moyens/supérieurs; **~** *team* équipe *f* dirigeante; *unions and* **~** partenaires sociaux || °**manager** *n* *(Com)* directeur *m*; gérant *m* || **mana°gerial** *adj* directorial || °**managing di°rector** *n (brit)* directeur *m* général.

mandarin ['mændərɪn] *n* **1** *(personne)* mandarin *m* **2** *(fruit)* mandarine *f*.

mandate ['mændeɪt] *n* *(Pol)* mandat *m* || °**mandatory** *adj (Jur)* obligatoire.

mane [meɪn] *n* crinière *f*.

maneuver *(amér)*, **manœuvre** *(brit)* [mə'nuːvə] *n* manœuvre *f* ◆ *vti* manœuvrer.

mange [meɪndʒ] *n (Méd)* gale *f* || °**mangy** *adj* **1** *(Méd)* galeux *(f* -euse*)* **2** *(fam fig)* minable.

manger ['meɪndʒə] *n (Ag)* mangeoire *f*; *(Rel)* crèche *f*.

mangle ['mæŋgl] *vt* lacérer, mutiler.

mangrove ['mæŋgrəʊv] *n (Bot)* palétuvier *m*; **~** *swamp* mangrove *f*.

manhandle [ˌmænˌhændl] *vt* **1** manutentionner **2** malmener || °**manhole** *n* regard *m*, plaque *f* (d'égout...) || °**manhood** *n* **1** âge *m* d'homme **2** virilité *f* || °**man-hour** *n* heure *f* de main-d'œuvre || °**manhunt** *n* chasse *f* à l'homme.

mania ['meɪnɪə] *n* manie *f* || °**maniac** *n* dément *m*; *he's a* **~** il est fou à lier.

manic ['mænɪk] *adj (Psy)* maniaque; frénétique || **manic-de°pressive** *adj n* ma-

niaque (*mf*) dépressif (*f* -ive), cyclothymi-
que (*mf*).

manicure ['mænɪkjʊə] *n* soins *m* des
mains || °**manicurist** *n* manucure *mf*.

manifest ['mænɪfest] *vt* manifester ◆ *adj*
évident, manifeste || **mani°festo** (*pl* -oes)
(*Pol*) manifeste *m*.

manifold ['mænɪfəʊld] *adj* 1 divers 2 multiple ◆ *n* (*Aut*) tubulure *f* (d'échappement).

manil(l)a [mə'nɪlə] *adj*; ~ *envelope* enveloppe *f* en papier Kraft.

manipulate [mə'nɪpjʊleɪt] *vt* manipuler.

mankind [,mæn'kaɪnd] *n* le genre humain
|| °**manliness** *n* virilité *f* || °**manly** *adj* vi-
ril || °**man-made** *adj* artificiel (*f* -elle).

manner ['mænə] *n* 1 manière *f*; *all ~ of
people* toutes sortes *fpl* de gens; *in a ~
of speaking* en quelque sorte; (*good*) ~*s*
bonnes manières *fpl*; politesse *f*; *it's bad
~s* c'est mal élevé || °**mannerism** *n* trait
m particulier || °**mannerly** *adj* courtois,
poli.

manœuvre *voir* maneuver.

manor ['mænə] (**house**) *n* manoir *m*.

manpower ['mæn,paʊə] *n* 1 main-d'œu-
vre *f* 2 (*Mil*) effectifs *mpl* || °**manservant**
n valet *m* de chambre.

mansion ['mænʃən] *n* 1 (*campagne*) gentilhommière *f*; château *m* 2 (*ville*) hôtel *m*
particulier.

manslaughter ['mæn,slɔ:tə] *n* (*Jur*) homicide *m* involontaire.

mantel (piece) ['mæntl(pi:s)] *n* (dessus
m de) cheminée *f*.

manual ['mænjʊəl] *adj* manuel (*f* -uelle)
◆ *n* manuel *m* (d'instructions).

manufacture [,mænjʊ'fæktʃə] *vt* (*Ind*)
fabriquer; *manufacturing industries* industries *fpl* de transformation ◆ *n* fabrication *f*.

manure [mə'njʊə] *n* (*Ag*) fumier *m* ◆ *vt*
fumer.

manuscript ['mænjʊskrɪpt] *n* manuscrit *m*.

many ['menɪ] *adj pr quant* (*comp* **more**;
sup **most**) beaucoup (de); (*a good*) ~ (*of
those*) *bikes* un grand nombre de (ces) vélos; ~ *of them* beaucoup d'entre eux; *how
~ cars?* combien de voitures? *how
~ (of them) were there at the meeting?*
ils étaient combien à la réunion? *as ~ as
yesterday* autant qu'hier; *twice as ~ as
last week* deux fois plus que la semaine
dernière; *there were as ~ as 1000* il y
avait bien 1 000 personnes; *so ~/too ~
people* tant/trop de monde.

map [mæp] *n* 1 (*Géog*) carte *f*; *ordnance
survey* ~ carte *f* d'état-major; *world* ~
mappemonde *f*; *it's right off the* ~ c'est
un trou perdu; *this will put us on the* ~
ceci nous fera connaître; *wipe off the* ~
raser (une ville) 2 (*ville*) plan *m* ◆ *vt* dres-

ser une carte de; (*fig*) *her future is all
mapped out* elle a son avenir tout tracé.

maple ['meɪpl] *n* (*Bot*) érable *m*.

mar [mɑ:] *vt* gâcher, gâter.

marble ['mɑ:bl] *n* 1 marbre *m* 2 bille *f*;
play ~*s* jouer aux billes.

march [mɑ:tʃ] *n* 1 marche *f*; *a day's* ~
une journée de marche 2 défilé *m*, manifestation *f*; *on the* ~ en marche ◆ *vti*
(faire) marcher au pas; (faire) défiler; *he
~ed him out* il l'a fait sortir de force.

March [mɑ:tʃ] *n* mars *m*.

mare [meə] *n* jument *f*.

margarine [,mɑ:dʒə'ri:n]; (*fam brit*)
marge *n* margarine *f*.

margin ['mɑ:dʒɪn] *n* marge *f*, bord *m*; *he
was elected by a narrow* ~ il a été élu de
justesse || °**marginal** *adj* marginal; *he is
a* ~ *figure* c'est un personnage secondaire.

marigold ['mærɪɡəʊld] *n* (*Bot*) souci *m*.

marinade [,mærɪ'neɪd] *n* marinade *f* ||
°**marinate** *vti* (faire) mariner.

marine [mə'ri:n] *adj* marin; ~ *life* vie *f*
sous-marine *n* 1 fusilier *m* marin; (*amér*)
marine *m* 2 *merchant* ~ marine *f* marchande.

marital ['mærɪtl] *adj* conjugal, matrimonial; ~ *status* situation *f* de famille.

maritime ['mærɪtaɪm] *adj* maritime.

marjoram ['mɑ:dʒərəm] *n* (*Bot*) marjolaine *f*; *sweet* ~ origan *m*.

mark[1] [mɑ:k] *n* 1 trace *f*, marque *f*; *punctuation* ~ signe *m* de ponctuation; *grease*
~ tache *f* de gras 2 caractéristique *f*, signe
m 3 (*Ens*) note *f* 4 but *m*, cible *f*; (*fig*) *he
hit the* ~ *at once* il a compris du premier
coup 5 standard *m*, niveau *m* requis; *I
don't feel up to the* ~ je ne suis pas en
forme; *we were wide of the* ~ nous étions
très loin du compte 6 (*Sp*) marque *f*, ligne
f de départ; *on your* ~*s!* à vos marques!
◆ *vt* 1 marquer, noter 2 (*Com*) (*prix*) fixer
3 (*Ens*) noter, corriger 4 (*Mil*) ~ *time* marquer le pas; (*fig*) piétiner, patienter 5 faire
attention; ~ *my words!* écoutez-moi bien!
|| **mark down** *vpart* (*Com*) baisser un prix,
démarquer || °**marked** *adj* marqué, pro-
noncé || (°**board**) °**marker** *n* feutre *m*
|| °**marking** *n* 1 (*Ens*) correction *f*
2 marques *fpl*; *road* ~ signalisation *f* ho-
rizontale || **mark off** *vpart* 1 cocher 2 dé-
limiter, distinguer || **mark out** *vpart* dis-
tinguer || **mark up** *vpart* augmenter le prix
de || °**mark-up** *n* 1 majoration *f*, augmen-
tation *f* (de prix).

mark[2] [mɑ:k] *n* (*Fin*) mark *m*.

market ['mɑ:kɪt] *n* 1 marché *m*; (*brit*)
~ *gardening* cultures *fpl* maraîchères;
~ *place* place *f* du marché 2 marché *m*;
~ *economy* économie *f* de marché; *home*
~ marché intérieur; *the Single M*~ le
Marché unique; ~ *research* étude *f* de
marché; *it's the best car on the* ~

c'est la meilleure voiture sur le marché ; *(Fin) they are in the ~ for new acquisitions* ils sont à la recherche de nouvelles acquisitions **3** débouché *m* ; *the ~ is still good* la demande reste ferme ◆ *vt* vendre ; lancer sur le marché || °**marketing** *n* marketing *m* ; commercialisation *f*.

marksman ['mɑ:ksmən] *n* tireur *m* d'élite.

marmalade ['mɑ:məleɪd] *n* marmelade *f* ; confiture *f* d'oranges.

maroon¹ [mə'ru:n] *adj n* bordeaux *m inv* ; rouge brun *m inv*.

maroon² [mə'ru:n] *vt* abandonner (sur une île déserte).

marquee [mɑ:'ki:] *n* grande tente *f*, chapiteau *m*.

marriage ['mærɪdʒ] *n* mariage *m* ; *~ bureau* agence *f* matrimoniale ; *by ~* par alliance || °**married** *adj* marié ; *~ life* vie *f* conjugale ; *get ~* se marier.

marrow ['mærəʊ] *n* **1** moelle *f* **2** *(brit Bot)* courge *f*.

marry ['mærɪ] *vti* **1** (se) marier ; *she married a Belgian* elle a épousé un Belge ; *he married his daughters* il a marié ses filles ; *she married for money* elle a fait un mariage d'argent **2** *(fig)* (s')allier, (s')accorder.

marsh [mɑ:ʃ]/**-land** *n* marais *m*, marécage *m* || °**marshy** *adj* marécageux.

marshal ['mɑ:ʃl] *n* **1** *(Mil)* maréchal *m*, commandant *m* en chef **2** maître *m* des cérémonies ; membre *m* du service d'ordre **3** *(amér)* fonctionnaire *m* de police ◆ *vt* assembler, rassembler.

marshmallow [,mɑ:ʃ'mæləʊ] *n* **1** guimauve *f* **2** pâte *f* de guimauve.

marsupial [mɑ:'sju:pjəl] *adj n* *(Zool)* marsupial *m*.

mart [mɑ:t] *n* marché *m* ; magasin *m*.

marten ['mɑ:tɪn] *n* *(Zool)* mart(r)e *f*.

martial ['mɑ:ʃl] *adj* martial.

martin ['mɑ:tɪn] *n* *(Orn)* hirondelle *f* (des fenêtres).

martyr ['mɑ:tə] *n* martyr *m* || °**martyrdom** *n* martyre *m*, *(fig)* calvaire *m*.

marvel ['mɑ:vəl] *n* merveille *f* ; *don't expect ~s!* n'attendez pas de miracles ! ◆ *vi (at, that)* s'émerveiller (de, de ce que) || °**marvel(l)ous** *adj* merveilleux *(f -euse)*.

marzipan [,mɑ:zɪ'pæn] *n* massepain *m*.

mascot ['mæskət] *n* mascotte *f*.

masculine ['mæskjʊlɪn] *adj* masculin.

mash [mæʃ] *vt* *(Cuis)* écraser ; *~ed potatoes* purée *f* de pommes de terre.

mask [mɑ:sk] *n* masque *m* ; *(Phot)* cache *m* ◆ *vt* masquer, cacher.

masochism ['mæsəʊkɪzəm] *n* masochisme *m* || °**masochist** *n* masochiste *m* || **maso**°**chistic** *adj* masochiste.

mason ['meɪsn] *n* maçon *m* ; *(free) ~* franc-maçon *m* || °**masonry** *n* maçonnerie *f*.

masquerade [,mæskə'reɪd] *n* mascarade *f* ◆ *vi (as)* se faire passer (pour).

mass¹ [mæs] *n* masse *f* ; *the ~es* les masses *fpl* populaires ; *on a ~ scale* à grande échelle ; *~ hysteria* hystérie *f* collective ; *~ media* mass-média *mpl* ◆ *vti* (se) masser || °**massive** *adj* massif *(f -ive)* || °**mass-pro**°**duce** *vt* fabriquer en série.

mass² [mæs] *n* *(Rel)* messe *f*.

massage ['mæsɑ:ʒ] *n* massage *m* ◆ *vt* masser ; *~ figures* manipuler les chiffres.

mast [mɑ:st] *n* **1** mât *m* **2** pylône *m*.

master ['mɑ:stə] *n* **1** maître *m* ; patron *m* **2** *(Naut)* *~ (mariner)* capitaine *m* marchand **3** *(brit Ens)* maître *m* **4** *M~ of Science* titulaire *mf* d'une maîtrise ès sciences **5** *(Art) an old ~* un maître *m* ; un tableau *m* de maître **6** *(Tech)* original *m* ; bande-mère *f* **7** *(pour un jeune garçon)* *M~ Jim* Monsieur Jim ◆ *vt* maîtriser, *he can't ~ the situation* il n'est pas maître de la situation || °**masterful** *adj* impérieux *(f -euse)* || °**master key** *n* passe-partout *m* || °**masterly** *adj* magistral || °**mastermind** *n* cerveau *m* ; *the ~ behind the robbery was arrested* le cerveau du cambriolage a été arrêté ◆ *vt* organiser, diriger || °**masterpiece** *n* chef-d'œuvre *m* || °**mastery** *n* maîtrise *f*.

mastiff ['mæstɪf] *n* mâtin *m* ; mastiff *m*.

masturbate ['mæstəbeɪt] *vi* se masturber.

mat¹ [mæt] *n* **1** petit tapis *m* **2** *(paille)* natte *f* ; *door ~* paillasson *m* **3** *place ~* set *m* de table.

mat², **matt** [mæt] *adj* mat.

match¹ [mætʃ] *n* **1** pareil *m* *(f -elle)* ; *he's never met his ~* il n'a pas encore trouvé son égal/*(fam)* à qui parler **2** assortiment *m* ; *hat and coat are a perfect ~* chapeau et manteau sont parfaitement assortis **3** mariage *m* ; *he is a good ~* c'est un bon parti **4** *(Sp)* match *m*, partie *f* ◆ *vt* **1** égaler **2** assortir ◆ *vi* s'assortir, s'harmoniser || °**matching** *n* appariement *m* ◆ *adj* assorti || °**matchless** *adj* incomparable.

match² [mætʃ] *n* allumette *f*.

mate¹ [meɪt] *n* **1** *(brit)* camarade *m* ; compagnon *m* de travail **2** aide *m* ; *cook's ~* aide-cuisinier *m* **3** *(Naut) first ~* second *m* **4** *team-~* coéquipier *m* *(f -ière)* **5** *(Zool)* mâle *m* ; femelle *f* ◆ *vti* (s')accoupler || °**mating** *n* accouplement *m* ; *~ season* saison *f* des amours.

mate² [meɪt] *n* *(échecs)* mat *m*.

material [mə'tɪərɪəl] *n* **1** matière *f* ; *raw ~(s)* matière(s) *f(pl)* première(s) **2** matériel *m* ; *building ~s* matériaux *mpl* de construction **3** tissu *m* **4** *~s* fournitures *fpl*, accessoires *mpl* ◆ *adj* **1** matériel **2** important, pertinent ; *~ evidence* preuves *fpl* essentielles || **ma**°**terialism** *n* matérialisme *m* ‖ **ma°terialist** *adj n* matérialiste *mf* ‖ **materia°listic** *adj* matérialiste ‖ **ma°terialize/-se** *vi* se matérialiser ; se réaliser, aboutir ‖ **ma°terially** *adv* 1 essentiellement 2 sensiblement.

maternity [məˈtɜːnɪtɪ] *n* maternité *f* ; ~ *leave* congé *m* de maternité ; ~ *(hospital)* maternité *f*.

math [mæθ] *n (amér)* voir **maths**.

mathe°matical [ˌmæθəˈmætɪkl] *adj* mathématique ‖ **mathema°tician** *n* mathématicien *m* ‖ **mathe°matics** *n* mathématiques *fpl* ‖ **maths** *n (fam)* maths *fpl*.

matinée [ˈmætɪneɪ] *n (Th)* matinée *f*.

matriculate [məˈtrɪkjʊleɪt] *vti (Ens)* (s')inscrire.

matrimony [ˈmætrɪmənɪ] *n (Jur Rel)* mariage *m*.

matron [ˈmeɪtrən] *n* 1 matrone *f* 2 *(brit Ens)* infirmière *f* 3 *(brit)* infirmière *f* en chef.

matt [mæt] *voir* **mat**.

matted [ˈmætɪd] *adj* 1 *(laine)* feutré 2 ~ *hair* cheveux *mpl* emmêlés.

matter [ˈmætə] *n* 1 matière *f* 2 problème *m*, cas *m* ; *this is a personal* ~ c'est une affaire personnelle ; *it's a ~ of dispute* c'est un sujet de controverse ; *his death won't help* ~*s* sa mort n'arrangera pas les choses ; *what's the ~ with you?* qu'est-ce qui ne va pas ?/qu'est-ce que tu as ? *as* ~*s stand* au point où en sont les choses ; *as a ~ of course* tout naturellement ; *as a ~ of fact* à vrai dire, en fait ; *for that* ~ quant à cela 3 *no* ~ *what he thinks* quoi qu'il en pense ♦ *vi* importer ; *it doesn't* ~ cela ne fait rien ; *it's all that* ~*s* c'est tout ce qui compte ; *what does it* ~? qu'importe ? ‖ **matter-of-°fact** *adj* prosaïque, terre à terre ; *she spoke in a* ~ *voice* elle parlait d'un ton neutre.

mattress [ˈmætrɪs] *n* matelas *m*.

mature [məˈtjʊə] *vti* mûrir ; *(Fin)* arriver à échéance ♦ *adj* mûr ‖ **ma°turity** *n* maturité *f* ; *(Fin)* échéance *f*.

maudlin [ˈmɔːdlɪn] *adj* larmoyant.

maul [mɔːl] *vt* déchiqueter ; *(fig)* éreinter.

mausoleum [ˌmɔːsəˈlɪəm] *n* mausolée *m*.

mauve [məʊv] *adj* mauve *m*.

maverick [ˈmævərɪk] *n (amér)* 1 veau non marqué 2 *(fig)* franc-tireur *m (politicien)* indépendant *m*.

mawkish [ˈmɔːkɪʃ] *adj* mièvre.

maxim [ˈmæksɪm] *n* maxime *f*.

maximize/-se [ˈmæksɪmaɪz] *vt* porter au maximum ; *(Com)* maximiser, maximaliser ‖ **°maximum** *n (pl* -ums/-a) maximum *m* ♦ *adj* maximum *inv*, maximal ; ~ *speed* vitesse *f* limite.

may[1] [meɪ] *aux mod* ; *p cond* **might** 1 *(éventualité)* il se peut que ; *I* ~ *go to London in June* j'irai peut-être à Londres

en juin ; *he* ~ *be ill, or he* ~ *not* il se peut-être malade, ou peut-être pas ; *they* ~ *have left* ils sont peut-être partis 2 *(formule de souhait) long* ~ *she live!* puisse-t-elle vivre longtemps ! 3 *(permission)* pouvoir ; *you* ~ *leave the table* vous pouvez sortir de table ; *I'll have tea if I* ~ je prendrai du thé si possible ; *if I* ~ *say so* si j'ose dire ‖ **°maybe** *adv* peut-être.

May[2] [meɪ] *n* mai *m* ; ~ *Day* le premier mai ; ~*pole* arbre *m* de mai ‖ **°mayday** *n (*~ *signal)* mayday *m* ‖ **°mayfly** *n (Zool)* éphémère *m*.

mayhem [ˈmeɪhem] *n* grabuge *m*, *(fam)* pagaille *f* ; *the news created complete* ~ la nouvelle causa une totale confusion.

mayn't [meɪnt] = **may not** *(voir* **may**[1]).

mayor [meə] *n* maire *m*.

maze [meɪz] *n* labyrinthe *m*, dédale *m*.

me [miː] *pr pers compl* me, moi ; *he looked at* ~ il m'a regardé ; *give* ~ *your key* donnez-moi votre clé ; *walk behind* ~ ! marche derrière moi !

meadow [ˈmedəʊ] *n* pré *m*, prairie *f*.

meagre [ˈmiːgə] *adj* maigre, pauvre ; *they can't live on their* ~ *wages* ils ne peuvent pas vivre de leur salaire de misère.

meal[1] [miːl] *n* repas *m* ‖ **°mealtime** *n* heure *f* du repas.

meal[2] [miːl] *n* farine *f* (grossièrement moulue).

mean[1] [miːn] *adj* moyen (*f* -enne) ♦ *n* milieu *m*, moyenne *f* ; *the golden* ~ le juste milieu.

mean[2] [miːn] *adj* 1 cruel (*f* -elle), mesquin ; *a* ~ *trick* un sale tour ; *(amér) he was in a* ~ *temper* il était de méchante humeur 2 *(with)* avare (de) 3 misérable, minable ; *he is no* ~ *writer* il écrit rudement bien 4 *(amér)* très bon, de qualité ; *he plays a* ~ *trumpet* c'est un trompettiste sensationnel ‖ **°meanness** *n* mesquinerie *f*.

mean[3] [miːn] *(p pp* **meant**) *vt* 1 signifier ; *what does this word* ~? que veut dire ce mot ? *what do you* ~? que voulez-vous dire ? 2 parler sérieusement ; *I* ~ *business* je ne plaisante pas ; *you don't* ~ *it!* vous voulez rire ! 3 représenter ; *his letters* ~ *a lot to me* ses lettres comptent beaucoup pour moi 4 avoir l'intention de ; *I didn't* ~ *to hurt you* je ne voulais pas vous blesser 5 destiner ; *this is meant for you* c'est pour vous 6 *(passif)* être censé ; *this is meant to be serious* ceci n'est pas une plaisanterie.

meander [mɪˈændə] *vi* faire des méandres ; *(fig)* errer.

meaning [ˈmiːnɪŋ] *n* sens *m*, signification *f* ; *what's the* ~ *of all this?* qu'est-ce que tout ceci veut dire ? ‖ **°meaningful** *adj* 1 significatif (*f* -ive) 2 lourd de sens ‖ **°meaningless** *adj* dénué de sens, vain ;

he was given ~ tasks il a dû effectuer des tâches futiles.

means [miːnz] *n (pl inv)* **1** moyen *m*; *by all ~!* mais bien sûr! *by no ~* en aucun cas; *it's a good ~ to get it* c'est un bon moyen de l'obtenir **2** ressources *fpl*; *this is beyond my ~* ceci dépasse mes moyens.

meant [ment] *p pp* **mean**³.

meantime [ˌmiːnˈtaɪm] *n in the ~, for the ~* pour l'instant.

meanwhile [ˌmiːnˈwaɪl] *adv* pendant ce temps.

measles [ˈmiːzlz] *n (Méd)* rougeole *f*; *German ~* rubéole *f*.

measly [ˈmiːzlɪ] *adj* minable.

measurable [ˈmeʒərəbl] *adj* mesurable; *~ progress was made* des progrès significatifs ont été faits.

measure [ˈmeʒə] *n* **1** mesure *f*; *inches and feet are old ~s* le pouce et le pied sont des mesures anciennes; *this coat is made to ~* c'est une veste sur mesure **2** démarche *f*; mesure *f* **3** limite *f*; *beyond ~* outre mesure ◆ *vti (against)* (se) mesurer (avec) ‖ °**measurement** *n* mesure *f* ‖ **measure up** *vpart (to)* être à la hauteur (de) ‖ °**measuring** *n* mesure *f*, mesurage *m*; *~ glass* verre *m* gradué.

meat [miːt] *n* viande *f* ‖ °**meaty** *adj* charnu; *(fig)* riche, étoffé.

mechanic [mɪˈkænɪk] *n* mécanicien *m*; *motor/car ~* mécanicien garagiste *m* ‖ **me°chanical** *adj* **1** mécanique; *~ engineering* construction *f* mécanique **2** automatique, machinal ‖ **me°chanics** *n* **1** mécanique *f* **2** mécanisme *m*.

mechanism [ˈmekənɪzəm] *n* mécanisme *m* ‖ °**mechanize/-se** *vt* mécaniser.

medal [ˈmedl] *n* médaille *f* ‖ °**medallist** *n (Sp)* médaillé *m*.

medallion [mɪˈdæljən] *n* médaillon *m*.

meddle [ˈmedl] *vi (in)* se mêler (de); *(with)* toucher (à) ‖ °**meddlesome** *adj* qui se mêle de tout.

media¹ [ˈmiːdjə] *n (pl inv)* média *m*; *an advertising ~* un média publicitaire; *the mass ~* les médias *mpl*; *the ~ are/is rarely unbiased* les médias sont rarement objectifs.

media² [ˈmiːdjə] *n voir* **medium**².

medi(a)eval [ˌmedɪˈiːvl] *adj* médiéval; *(fig)* démodé; *~ street* rue moyenâgeuse.

mediate [ˈmiːdɪeɪt] *vi* servir d'intermédiaire ‖ °**mediator** *n* médiateur *m*, arbitre *m*.

medic [ˈmedɪk] *n (fam)* carabin *m*; *(argot Mil)* toubib *m* ‖ °**medical** *adj* médical; *~ student* étudiant *m* en médecine ◆ *n* visite *f* médicale ‖ **medi°cation** *n* médication *f* ‖ **me°dicinal** *adj* médicinal ‖ °**medicine** *n* **1** médecine *f*; *~ man* sorcier *m* **2** médicament *m*.

mediocrity [ˌmiːdɪˈɒkrɪtɪ] *n* médiocrité *f*.

meditate [ˈmedɪteɪt] *vti (on)* méditer (sur).

medium¹ [ˈmiːdjəm] *adj* moyen; *small and ~-size(d) firms* les PME (petites et moyennes entreprises).

medium² [ˈmiːdjəm] *n* **1** médium *m* **2** *(pl* **mediums, media)** intermédiaire *m*, agent *m*; organe *m*; moyen *m* d'expression; *advertising ~* support *m* publicitaire.

medley [ˈmedlɪ] *n* **1** mélange *m*; pêle-mêle *m* **2** *(natation)* (course *f*) quatre nages **3** *(Mus)* pot-pourri *m*.

meek [miːk] *adj* humble ‖ °**meekness** *n* humilité *f*, soumission *f*.

meet [miːt] *vti (p pp* **met**¹*)* **1** (se) rencontrer **2** *(~ up)* se retrouver; *let's ~ at 5!* rendez-vous à 5 heures! **3** accueillir; *they'll ~ me at the station* ils viendront me chercher à la gare **4** tenir une réunion; *the staff will ~ in my office* le personnel se réunira dans mon bureau **5** faire la connaissance de; *pleased to ~ you!* enchanté (de faire votre connaissance)! **6** satisfaire; *this product will ~ a real need* ce produit répondra à un réel besoin; *we can't ~ all your problems at once* nous ne pouvons résoudre tous vos problèmes à la fois **7** faire face à; *she met her death with great courage* elle a affronté la mort avec un grand courage **8** *(Com) (dette)* honorer; *(dépense)* régler ‖ °**meeting** *n* rencontre *f*, réunion *f*, séance *f* de travail; *(Com) annual general ~* assemblée *f* générale des actionnaires; *(Pol)* meeting *m* ‖ **meet with** *vpart* **1** rencontrer; *his offer met with indifference* son offre fut accueillie avec indifférence **2** se heurter à; *the child met with an accident* l'enfant fut victime d'un accident.

mega- [ˈmegə] *préf* méga-.

megaphone [ˈmegəfəʊn] *n* mégaphone *m*.

melancholy [ˈmelənkəlɪ] *n* mélancolie *f* ◆ *adj* mélancolique.

mellow [ˈmeləʊ] *adj* doux *(f* -ce), moelleux *(f* -euse); chaud; *~ voice* voix de velours; *~ stone* pierre patinée (par le temps); *~ fruit* fruit juteux/bien mûr ◆ *vti* (s')adoucir, mûrir; (se) patiner.

melodic [mɪˈlɒdɪk] *adj* mélodique.

melodious [mɪˈləʊdjəs] *adj* mélodieux *(f* -ieuse).

melodrama [ˈmeləʊˌdrɑːmə] *n* mélodrame *m*.

melody [ˈmelədɪ] *n* mélodie *f*.

melon [ˈmelən] *n* melon *m*.

melt [melt] *vti* (se) fondre; *~ the butter with the sugar!* faites fondre le beurre avec le sucre! *(fig) he ~ed into the bushes* il a disparu dans les buissons ‖ **melt away** *vpart* se dissiper ‖ **melt down** *vpart* fondre ‖ °**melt-down** *n* fusion *f* ‖ °**melting**

point *n* point *m* de fusion ‖ **°melting pot**
n creuset *m*.

member ['membə] *n* membre *m*, adhérent
m; *(brit)* M~ *of Parliament* député *m*;
~ *countries* états *mpl* membres
‖ **°membership** *n* adhésion *f*; *the club
has a* ~ *of nearly 500* le club a près de
500 membres; ~ *card* carte *f* d'adhérent.

membrane ['membreɪn] *n* membrane *f*.

memento [mɪ'mentəʊ] *n (objet)* souvenir
m.

memo ['meməʊ] *n* note *f* de service; ~
pad bloc-notes *m*.

memoir ['memwɑː] *n* **1** *(Ens)* mémoire *m*
2 notice *f* biographique; **3** ~*s* mémoires
mpl; *he couldn't complete his* ~*s* il n'a
pas pu terminer ses mémoires.

memorabilia [ˌmemərə'bɪlɪə] *npl (objets)*
souvenirs *mpl*.

memorable ['memərəbl] *adj* mémorable.

memorandum [ˌmemə'rændəm] *n* mémorandum *m*, note *f*, circulaire *f*.

memorial [mɪ'mɔːrɪəl] *n* monument *m*;
war ~ monument aux morts ♦ *adj*
commémoratif; *(amér)* M~ *Day* journée
f du Souvenir (30 mai).

memorize/-se ['meməraɪz] *vt* apprendre
par cœur, mémoriser ‖ **°memory** *n* **1** mémoire *f*, souvenir *m*; *she can play this
sonata from* ~ elle joue cette sonate de
mémoire; *within living* ~ de mémoire
d'homme; *a mass was said in* ~ *of the
victims* une messe a été dite à la mémoire
des victimes; *I have happy memories of
my schooldays* j'ai de bons souvenirs de
mes années d'études **2** *(Inf)* mémoire *f* ~
capacity capacité *f* de mémoire.

men [men] *pl man*.

menace ['menəs] *n* menace *f*; *public* ~
danger *m* public ♦ *vt* menacer.

mend [mend] *vti* **1** réparer; raccommoder
2 *(santé)* se rétablir **3** ~ *one's ways*
s'amender ♦ *n (fam Méd)* *he's on the* ~
il va mieux ‖ **°mending** *n* raccommodage *m*.

menial ['miːnjəl] *adj* **1** servile **2** subalterne; ~ *jobs* corvées *fpl* ♦ *n* **1** subalterne *mf*, domestique *mf* **2** personne *f* servile.

meningitis [ˌmenɪn'dʒaɪtɪs] *n* méningite *f*.

menstruate ['menstrʊeɪt] *vi* avoir ses règles.

menswear ['menzweə] *n* vêtements *mpl*
d'homme; *(Com)* rayon *m* homme.

mental ['mentl] *adj* mental; *learning a
language requires a* ~ *effort* l'apprentissage d'une langue exige un effort intellectuel; ~ *illness* maladie *f* psychiatrique
‖ **°mentally** *adv* mentalement; intellec-
tuellement; *the* ~ *handicapped* les handicapés mentaux.

mentality [men'tælətɪ] *n* mentalité *f*.

menthol ['menθɒl] *n* menthol *m*.

mention ['menʃn] *n* mention *f* ♦ *vt* mentionner, citer; *she didn't* ~ *her success*
elle n'a pas parlé de son succès; *thank
you!* – *don't* ~ *it!* merci! – il n'y a pas
de quoi!

menu ['menjuː] *n* carte *f*, *(aussi Inf)* menu
m.

mercantile ['mɜːkəntaɪl] *adj* commercial;
~ *marine* marine *f* marchande.

mercenary ['mɜːsɪnərɪ] *adj n* mercenaire
mf.

merchandise ['mɜːtʃəndaɪz] *ns inv* mar-
chandise(s) *f(pl)*.

merchant ['mɜːtʃənt] *n* négociant *m*,
commerçant *m*, *(amér)* marchand *m*; ~
navy marine *f* marchande.

merciful ['mɜːsɪful] *adj* miséricordieux *(f*
-euse) ‖ **°mercifully** *adv (fam)* par bonheur ‖ **°merciless** *adj* impitoyable.

mercury ['mɜːkjʊrɪ] *n* mercure *m*.

mercy ['mɜːsɪ] *n* pitié *f*, miséricorde *f*; ~
killing euthanasie *f*.

mere [mɪə] *adj* pur, simple; *he is a* ~
child ce n'est qu'un enfant ‖ **°merely** *adv*
purement, simplement.

merge [mɜːdʒ] *vti* **1** (se) fondre, se rejoindre **2** (s')amalgamer; *(Com)* fusionner
‖ **°merger** *n (Com)* fusion *f*, absorption *f*.

merit ['merɪt] *n* mérite *m*; *we weighed the
~s of their offer* nous avons pesé le pour
et le contre de leur offre ♦ *vt* mériter.

mermaid ['mɜːmeɪd] *n (Myth)* sirène *f*.

merrily ['merɪlɪ] *adv* joyeusement, gaie-
ment ‖ **°merriment** *n* hilarité *f* ‖ **°merry**
adj gai, joyeux (*f* -euse); M~ *Christmas!*
Joyeux Noël! *the more the merrier!*
on est de fous, plus on rit! ‖ **°merry-go-
round** *n* manège *m*.

mesh [meʃ] *n* **1** maille *f* **2** filet *m*, tissu
m à mailles; ~ *bag* filet *m* (à provisions);
wire ~ grillage *m* **3** *(Tech)* engrenage *m*;
in ~ en prise.

mesmerize/-se ['mezməraɪz] *vt* hypnotiser.

mess [mes] *n* **1** désordre *m*; *what a* ~!
quel fouillis! *(fig) my life is such a* ~!
ma vie est un tel gâchis! **2** saleté *f* **3** *(Mil)*
mess *m* ♦ *vti* gâcher, salir ‖ **mess about/
around** *vpart* **1** déranger, tripoter **2** perdre
son temps, traîner ‖ **mess up** *vpart* salir,
déranger; *don't go and* ~ *up my plans*
ne va pas bousiller mes projets
‖ **°mess-up** *n* gâchis *m* ‖ **mess with**
vpart (amér fam) don't ~ *with Frank!*
n'agace pas Frank! ‖ **°messy** *adj* **1** sale,
en désordre; *(fig) he got into a* ~ *situation* il s'est mis dans une situation difficile **2** salissant.

message ['mesɪdʒ] *n* message *m*, communication *f*; *(fam) I think he's got the* ~

je crois qu'il a compris ‖ **°messenger** *n* messager *m*; **~ boy** *n* commissionnaire *m*.

met¹ [met] *p pp* **meet**.

met² [met] *brit* = **meteoro°logical** *adj* météo ◆ *brit* = **meteo°rology** *n* météo *f*.

metal ['metl] *n* métal *m*; *(Tech)* road **~** cailloutis *m* ‖ **°metalwork** *n* ferronnerie *f*.

metallic [mɪ'tælɪk] *adj* métallique ‖ **me°tallurgy** *n* métallurgie *f*.

metamorphosis [ˌmetə'mɔ:fəsɪs] *n* métamorphose *f*.

mete [mi:t] *vt* (**~ out**) *(Jur)* infliger.

meteorological [ˌmi:tjərə'lɒdʒɪkl] *adj* météorologique ‖ **meteo°rology** *n* météorologie *f*.

meter ['mi:tə] *n* **1** compteur *m*; *parking* **~** parcmètre *m* ◆ *vt* mesurer **2** *(amér)* = **metre**.

method ['meθəd] *n* méthode *f*; manière *f*; *production* **~** procédé *m* de fabrication.

methodical [mɪ'θɒdɪkl] *adj* méthodique.

methylated spirits [ˌmeθɪleɪtɪd ˌspɪrɪts] *(brit fam)* **meths** *n* alcool *m* à brûler.

meticulous [mɪ'tɪkjʊləs] *adj* méticuleux (*f* -euse).

metre ['mi:tə] *n* mètre *m*.

metric ['metrɪk] *adj* métrique; *go* **~** adopter le système métrique.

metropolis [mɪ'trɒpəlɪs] *n* métropole *f*.

mettle ['metl] *n* ardeur *f*.

mew¹ [mju:] *vi* miauler.

mew² [mju:] *n* (**~ gull**) *(lit)* mouette *f*.

mews [mju:z] *n* **1** écurie *f* **2** *(brit)* ruelle *f* (desservant les écuries).

mi [mi:] *n (Mus)* mi *m*.

miaow ['mi:aʊ] *n* miaou *m*, miaulement *m* ◆ *vi* miauler.

mica ['maɪkə] *n* mica *m*.

mice [maɪs] *pl* **mouse**.

Michaelmas ['mɪklməs] *n* la Saint-Michel; *(Bot)* **~ daisy** aster *m* d'automne.

micro¹ ['maɪkrəʊ] = **microprocessor** *n* microprocesseur *m*.

micro-² ['maɪkrəʊ] *préf* micro-; **~chip** *(Inf)* puce *f*; **~dot** micropoint *m*; **~ groove** microsillon *m*; **~ wave (oven)** four *m* à micro-ondes.

microbe ['maɪkrəʊb] *n* microbe *m*.

microphone ['maɪkrəfəʊn] *n* microphone *m*.

microscope ['maɪkrəskəʊp] *n* microscope *m*; *under the* **~** au microscope.

mid [mɪd] *adj* du milieu; **~ May** la mi-mai; *in* **~ air** en plein ciel ‖ **°midday** midi *m*.

middle ['mɪdl] *n* **1** milieu *m*, centre *m* ◆ *adj* du milieu, moyen; **~ age** l'âge *m* mûr; *The M~ Ages* le Moyen Âge; *the* **~ classes** les classes moyennes; **~ management** cadres *mpl* moyens; *the* **~ way** la voie moyenne ‖ **°middle-of-the-road** *adj* modéré; **~ policy** politique *f* modérée ‖ **°middleman** *n* intermédiaire *mf* ‖ **°middling** *adj* moyen; *he was a man of* **~ intelligence** c'était un homme d'intelligence médiocre.

midge [mɪdʒ] *n* moucheron *m*.

midget ['mɪdʒɪt] *n* nain *m*.

midnight ['mɪdnaɪt] *n* minuit *m*.

midriff ['mɪdrɪf] *n (Anat)* diaphragme *m*; *(robe)* **bare ~** ventre *m* nu.

midst [mɪdst] *n in the* **~ of** parmi; *he was in the* **~ of the election campaign** il était en pleine campagne électorale.

midsummer ['mɪdˌsʌmə] *n* solstice *m* d'été; *at* **~** à la Saint-Jean.

midwife ['mɪdwaɪf] *n* sage-femme *f*.

might [maɪt] *p cond* de **may¹** *aux mod* **1** *(éventualité)* *we* **~ never know the truth** il se pourrait que nous ne sachions jamais la vérité; *he* **~ be late** il pourrait être en retard; *they* **~ have been killed** ils auraient pu être tués **2** *(suggestion polie)* *we* **~ take his case as an example** nous pourrions prendre son cas en exemple; *you* **~ try** tu pourrais essayer **3** *(permission)* *who are you, might I ask?* oserais-je vous demander qui vous êtes? ◆ *n* puissance *f*, forces *fpl* ‖ **°might-have been** *n* raté *m* ‖ **°mighty** *adj* **1** puissant **2** formidable ◆ *adv (fam)* rudement ‖ **°mightily** *adv* puissamment; *(fam)* rudement.

mignonette [ˌmɪnjə'net] *n (Bot)* réséda *m*.

migraine ['mi:greɪn] *n* migraine *f*.

migrant ['maɪgrənt] *n* **1** *(animal)* migrateur *m (f* -trice); **~s are flying back from Africa** les oiseaux migrateurs reviennent d'Afrique **2** *(personne)* migrant *m*.

migrate [maɪ'greɪt] *vi* émigrer ‖ **mi°gration** *n* migration *f*.

migratory ['maɪgrətərɪ] *adj* migrateur.

mike [maɪk] (= **microphone**) *n* micro *m*.

mild [maɪld] *adj* doux (*f* douce); *I smoke* **~ tobacco only** je ne fume que du tabac léger; *she had a* **~ case of flu** elle a eu une grippe bénigne ‖ **°mildly** *adv* doucement; *he was* **~ surprised** il fut légèrement surpris; *he was disappointed, to put it* **~** il fut déçu, pour ne pas dire plus.

mildew ['mɪldju:] *n* moisissure *f*, mildiou *m*.

mile [maɪl] *n* mil(l)e *m*; *(fam) the shops are* **~s away** les magasins sont au diable; *this is better by* **~s** c'est cent fois mieux ‖ **°mileage** *n* kilométrage *m* ‖ **°milepost** *n (fig)* jalon *m* ‖ **°milestone** *n* borne *f*; *(fig)* jalon *m*; fait *m* marquant.

milieu ['mi:ljə:] *n* milieu *m* social.

militant ['mɪlɪtənt] *adj n* militant *m*.

military ['mɪlɪtərɪ] *adj* militaire ◆ *n the*

~ les militaires *mpl* ‖ °**militarist** *n* militaire *m* ‖ **milita°ristic** *adj* militariste.

militia [mɪˈlɪʃə] *n* **1** milice *f* **2** *(amér)* réserve *f* territoriale.

milk [mɪlk] *n* lait *m*; ~*shake* milk-shake *m* ◆ *vt* traire ‖ °**milky** *adj* au lait, lacté; *M*~ *Way* Voie *f* lactée.

mill [mɪl] *n* **1** moulin *m*; *wind*~ moulin à vent; *pepper* ~ moulin à poivre; *(fam fig) I was put through the ~ before I got the job* j'ai été mis sur le gril avant d'être embauché **2** usine *f*; *steel* ~ aciérie *f*, *cotton* ~ filature *f* de coton ◆ *vti* moudre ‖ **mill about/around** *vpart* fourmiller; *a large crowd was* ~*ing about on the lawn* la pelouse grouillait de monde ‖ °**millboard** *n* carton-pâte *m* ‖ °**miller** *n* meunier *m*, minotier *m* ‖ °**millstone** *n* meule *f*.

millenium [mɪˈleniəm] *n* millénaire *m*.

millet [ˈmɪlɪt] *n* *(Bot)* millet *m*.

milli- [ˈmɪlɪ] *préfixe* milli- ; ~*gram* *m* milligramme *m*.

milliner [ˈmɪlɪnə] *n* modiste *f*.

million [ˈmɪljən] *num* million *m*; *a* ~ *pounds* un million de livres; *(amér) I feel like a* ~ *dollars* je me sens en pleine forme ‖ °**millionth** *num* millionième *m*.

millipede [ˈmɪlɪpiːd] *n* *(Zool)* mille-pattes *m*.

mime [maɪm] *n* mime *m*; mimique *f* ◆ *vti* mimer.

mimic [ˈmɪmɪk] *n* imitateur *m* ◆ *vt* imiter, singer ‖ °**mimicry** *n* imitation *f*.

mince [mɪns] *n* *(brit)* bifteck *m* haché; ~ *pie* tartelette *f* aux fruits secs ◆ *vt* **1** hacher; *(fig) he didn't* ~ *his words* il n'a pas mâché ses mots **2** marcher à petits pas/ avec affectation ‖ °**mincemeat** *n* *(brit)* hachis de fruits secs; *(fam) he'll make* ~ *of you* il va vous réduire en bouillie ‖ °**mincer** *n* hachoir *m* ‖ °**mincing** *adj* affecté, maniéré.

mind [maɪnd] *n* **1** esprit *m*, intellect *m*; *her* ~ *is on other things* elle a l'esprit ailleurs; *music took my* ~ *off my pain* la musique m'a fait oublier ma douleur; *what's on your* ~? qu'est-ce qui vous préoccupe? **2** mémoire *f*; *keep this in* ~! n'oublie pas cela! *I can't get her out of my* ~ je ne peux pas l'oublier **3** raison *f*; *his* ~ *is going* il perd l'esprit; *you must be out of your* ~! tu as perdu la tête! **4** âme *f*; ~ *will triumph over matter* l'esprit triomphera de la matière **5** mentalité *f*; *I don't approve of her turn of* ~ je n'approuve pas sa tournure d'esprit **6** opinion *f*, idée *f*; *to my* ~ à mon avis; *we are of one* ~ nous sommes d'accord; *I am in two* ~*s* je suis indécis, *(fam)* je me tâte; *she gave him a piece of her* ~ elle lui a dit ses quatre vérités **7** idée *f*, intention *f*; *make up your* ~! décide-toi! *you*

should know your ~ tu devrais savoir ce que tu veux; *I have a good* ~ *to go home* j'ai bien envie de rentrer chez moi **3** cerveau *m*; *the greatest* ~*s are working here* les plus grands cerveaux travaillent ici ◆ *vti* **1** faire attention à; prendre garde à; ~ *the step!* attention à la marche! *don't* ~ *him!* ne fais pas attention à lui! *(amér)* ~ *your mom!* obéis à ta mère! **2** prendre soin de; *she* ~*s my baby* elle garde mon bébé **3** se mêler de; ~ *your own business* occupe-toi de ce qui te regarde **4** avoir une objection (à ce que); *do you* ~ *if I smoke?* la fumée ne vous dérange pas? *I don't* ~ *walking* cela m'est égal d'aller à pied; *would you* ~ *passing the salt?* voudriez-vous me passer le sel? *(fam) have a sandwich?* – *I don't* ~ *(if I do)* un sandwich? – je ne dis pas non; *never* ~! tant pis!/ça ne fait rien; *I'll go myself if you don't* ~ j'irai moi-même, si cela ne vous fait rien ‖ °**mind-boggling** *adj* ahurissant ‖ °**minded** *adj* *(en composition)* enclin, à la tournure d'esprit; *politically* ~ préoccupé de politique ‖ °**mindful** *adj (of)* attentif *(f* -ive*)* (à) ‖ °**mindless** *adj* **1** irresponsable **2** sans intelligence.

mine[1] [maɪn] *pr poss* le mien, la mienne, les miens, les miennes; *it's* ~ c'est le mien/à moi; *a friend of* ~ un de mes amis.

mine[2] [maɪn] *n* mine *f* ◆ *vti* **1** extraire **2** miner, poser des mines ‖ °**miner** *n* mineur *m* ‖ °**minesweeper** *n* dragueur *m* de mines.

mineral [ˈmɪnərəl] *n* **1** minéral *m* **2** *(brit)* ~*s* boissons *fpl* gazeuses ◆ *adj* minéral; *(brit)* ~ *water* eau *f* minérale.

mingle [ˈmɪŋgl] *vti (with)* (se) mêler (à).

mingy [ˈmɪndʒɪ] *adj (brit fam)* **1** radin **2** misérable, minable.

mini [ˈmɪnɪ] *n* *(Aut)* mini *f*; ~ *(skirt)* mini-jupe *f* ◆ *adj* mini *inv*; ~ *computer* mini-ordinateur *m*.

miniature [ˈmɪnətʃə] *adj* miniature, minuscule ◆ *n* miniature *f*.

minimal [ˈmɪnɪml] *adj* minimal, minimum.

minimize/-se [ˈmɪnɪmaɪz] *vt* réduire au minimum, minimiser ‖ °**minimum** *adj* minimum, minimal; ~ *wage* salaire *m* minimum ◆ *n* minimum *m* *(pl* -s, minima*)*.

minister [ˈmɪnɪstə] *n* ministre *m*; *(Rel)* pasteur *m* ◆ *vi (to)* pourvoir aux besoins (de).

ministerial [ˌmɪnɪˈstɪərɪəl] *adj* ministériel; *(Rel)* sacerdotal.

ministry [ˈmɪnɪstrɪ] *n* ministère *m*.

mink [mɪŋk] *n* *(Zool)* vison *m*.

minnow [ˈmɪnəʊ] *n* *(Zool)* vairon *m*.

minor [ˈmaɪnə] *adj* mineur; *of* ~ *importance* d'importance secondaire ◆ *n* mineur(e) *m(f)*; *(Ens)* matière *f* à option, *(fam)* mineure *f*.

minority [maɪˈnɒrətɪ] *n* minorité *f*; *the Greens are in a/the ~* les Verts sont minoritaires.

minster [ˈmɪnstə] *n* église *f* abbatiale.

minstrel [ˈmɪnstrəl] *n* ménestrel *m*.

mint¹ [mɪnt] *vt ~ money* frapper la monnaie; *(fig) ~ a new word* créer un mot nouveau ♦ *n the M~* l'Hôtel de la Monnaie; *in ~ condition* à l'état neuf || °**mintage** *n* monnayage *m*.

mint² [mɪnt] *n* (Bot) menthe *f*; bonbon *m* à la menthe.

minus [ˈmaɪnəs] *prép* 1 (Math) moins; *five ~ two* cinq moins deux; *~ sign* signe *m* moins 2 (fam) sans; *a book ~ its cover* un livre sans couverture.

minute¹ [ˈmɪnɪt] *n* 1 minute *f*; *~ hand* grande aiguille; (fam) *phone me the ~ she comes* téléphone-moi dès qu'elle arrive; *he's going to fall any ~* il va tomber d'une minute à l'autre; *up to the ~* dernier modèle/dernier cri; *up to the ~ news* nouvelles de dernière heure 2 *~s* procès-verbal *m*; (Jur) minutes *fpl* || °**minuteman** *n* (amér Hist) membre *m* de la milice.

minute² [maɪˈnjuːt] *adj* 1 minuscule 2 minutieux (*f* -euse); *in ~ details* dans les moindres détails || **mi°nutely** *adv* minutieusement.

minutiae [maɪˈnjuːʃɪ] *npl inv* petits détails *mpl*.

miracle [ˈmɪrəkl] *n* miracle *m*; *~ cure* remède *m* miracle; *by a ~* par miracle.

mirage [ˈmɪrɑːʒ] *n* mirage *m*.

mire [ˈmaɪə] *n* bourbier *m*.

mirror [ˈmɪrə] *n* miroir *m*, glace *f*; (brit) *driving ~* rétroviseur *m*.

mirth [mɜːθ] *n* hilarité *f*.

mis- [mɪs] *préfixe* mal, mauvais.

misadventure [ˌmɪsədˈventʃə] *n* mésaventure *f*; (brit Jur) *death by ~* mort *f* accidentelle.

misapprehension [ˈmɪsˌæprɪˈhenʃn] *n* malentendu *m*.

misappropriate [ˌmɪsəˈprəʊprɪeɪt] *vt* détourner des fonds (à son profit).

misbehave [ˌmɪsbɪˈheɪv] *vi* se tenir mal, (enfant) ne pas être sage.

miscarriage [ˌmɪsˈkærɪdʒ] *n* 1 (Méd) fausse couche *f* 2 (Jur) *~ of justice* erreur *f* judiciaire || **mis°carry** *vi* (Méd) faire une fausse couche; (fig) échouer.

miscellaneous [ˌmɪsɪˈleɪnjəs] *adj* divers, varié.

miscellany [mɪˈselənɪ] *n* sélection *f*, mélange *m*.

mischance [ˌmɪsˈtʃɑːns] *n* malchance *f*, malheur *m*.

mischief [ˈmɪstʃɪf] *n* 1 méchanceté *f*; *make ~* créer des ennuis; *~-maker* semeur *f* de discorde, mauvaise langue *f* 2 bêtise *f*; *he was up to ~* il préparait une sot-

tise; *this child's full of ~* cet enfant est un polisson || °**mischievous** *adj* 1 malfaisant 2 (enfant) espiègle.

misconception [ˌmɪskənˈsepʃn] *n* idée *f* fausse.

misconduct [ˌmɪsˈkɒndʌkt] *n* inconduite *f*.

misconstruction [ˌmɪskənˈstrʌkʃn] *n* mauvaise interprétation *f*.

misdeed [ˌmɪsˈdiːd] *n* méfait *m*.

misdemeanour [ˌmɪsdɪˈmiːnə] *n* 1 incartade *f* 2 (Jur) délit *m*.

misdirect [ˌmɪsdɪˈrekt] *vt* mal orienter, mal diriger; (Jur) égarer (les jurés).

miser [ˈmaɪzə] *n* avare *mf*.

miserable [ˈmɪzərəbl] *adj* 1 malheureux; *I feel ~* j'ai le cafard 2 misérable, pitoyable 3 lamentable || °**miserably** *adv* tristement, pauvrement.

miserly [ˈmaɪzəlɪ] *adj* avare.

misery [ˈmɪzərɪ] *n* tristesse *f*, misère *f*; *he knew the ~ of unemployment* il a connu les souffrances du chômage.

misfire [ˌmɪsˈfaɪə] *vi* faire long feu; (Aut) avoir des ratés.

misfit [ˈmɪsfɪt] *n* inadapté; marginal.

misfortune [mɪsˈfɔːtʃən] *n* malheur *m*.

misgiving [mɪsˈɡɪvɪŋ] *n* appréhension *f*; *I had ~s from the start* j'ai eu des doutes dès le début.

misguided [ˌmɪsˈɡaɪdɪd] *adj* 1 peu judicieux (*f* -euse) 2 (personne) malavisé.

mishandle [ˌmɪsˈhændl] *vt* se servir mal de; mal gérer.

mishap [ˈmɪshæp] *n* mésaventure *f*.

misinform [ˌmɪsɪnˈfɔːm] *vt* mal renseigner; *they are ~ed* leurs renseignements sont erronés.

misinterpret [ˌmɪsɪnˈtɜːprɪt] *vt* mal interpréter; *I ~ed his silence* je me suis mépris sur son silence.

mislay [ˌmɪsˈleɪ] *vt* (*p pp* -**laid**) égarer.

mislead [ˌmɪsliːd] *vt* (*p pp* -**led**) tromper, induire en erreur || **mis°leading** *adj* trompeur (*f* -euse).

mismanage [ˌmɪsˈmænɪdʒ] *vt* mal gérer || **mis°management** *n* mauvaise gestion *f*.

misnomer [ˌmɪsˈnəʊmə] *n* appellation *f* impropre.

misogynist [mɪˈsɒdʒɪnɪst] *n* misogyne *mf*.

misplace [ˌmɪsˈpleɪs] *vt* mal placer; déplacer.

misprint [ˈmɪsprɪnt] *n* faute *f* d'impression.

mispronounce [ˌmɪsprəˈnaʊns] *vt* mal prononcer.

misquote [ˌmɪsˈkwəʊt] *vt* citer de façon inexacte.

misread [ˌmɪsˈriːd] *vt* (*p pp* -**read**) mal lire; mal interpréter.

misrepresent [ˌmɪsˌreprɪˈzent] *vt* dénaturer ; *his views were ~ed by the press* sa
pensée a été déformée par la presse.

Miss[1] [mɪs] *n* mademoiselle *f* ; *~ Jones*
(ab) Mlle Jones ; *yes, ~ Jones* oui, mademoiselle.

miss[2] [mɪs] *n* coup *m* manqué ; *we had a*
near ~ on l'a échappé belle ◆ *vt* 1 manquer ; *you'll ~ your train* vous allez rater
votre train ; *you don't know what you're*
~ing tu ne sais pas ce que tu perds ; *(fam*
fig) ~ the boat/bus rater le coche 2 omettre, *(fam)* sauter ; *I can't ~ the next meet-*
ing je ne peux pas être absent à la prochaine réunion 3 regretter ; *we ~ our dog*
notre chien nous manque 4 *(Tech)* avoir
des ratés ‖ **miss out** *vpart (brit)* 1 manquer ; *I ~ed out on Maths* je n'ai pas fait
assez de maths ; *they'll ~ out on this deal*
ce marché leur passera sous le nez 2 *(Tech)*
avoir des ratés ‖ **°missing** *adj* manquant ;
my key is ~ ma clé a disparu ; *there's one*
chair ~ il manque une chaise ; *~ person*
personne *f* disparue ; *(Mil) ~ in action*
(soldat *m*) porté disparu.

misshapen [ˌmɪsˈʃeɪpən] *adj* difforme.

missile [ˈmɪsaɪl] *n* 1 projectile *m* 2 missile
m ; *cruise ~* missile de croisière ; *sur-*
face-to-surface ~ missile sol-sol ; *~ base*
base *f* de lancement de missiles.

mission [ˈmɪʃn] *n* mission *f*
‖ **°missionary** *n* missionnaire *mf*.

misspell [ˌmɪsˈspel] *vt (p pp (brit)* **-spelt/**
(amér) **-spelled)** mal orthographié.

mist [mɪst] *n* brume *f*, buée *f* ◆ *vi* s'embuer ; *her eyes ~ed (over)* ses yeux se voi-
lèrent de larmes ‖ **°misty** *adj* 1 brumeux
2 embué 3 *(fig)* flou ; *~ memories* souvenirs vagues ‖ **mist over/up** *vpart* se
couvrir de brume ; s'embuer.

mistake [mɪsˈteɪk] *n* 1 erreur *f*, faute *f* ;
there can be no ~ about it il n'y a pas
à se tromper 2 méprise *f* ; *I took your coat*
by ~ j'ai pris votre manteau par inadvertance ◆ *vt (p* **-took**, *pp* **-taken)** se tromper sur ; *don't ~ their intentions* ne vous
méprenez pas sur leurs intentions ; *you*
can't ~ her for her sister vous ne pouvez
pas la prendre pour sa sœur ‖ **mis°taken**
adj 1 erroné ; *~ identity* erreur *f* sur la personne 2 *be ~ (about)* se tromper (sur) ; *I*
know you are ~ je sais que tu fais erreur.

mistime [ˌmɪsˈtaɪm] *vt* faire à contretemps,
faire mal à propos.

mistletoe [ˈmɪsltəʊ] *n (Bot)* gui *m*.

mistress [ˈmɪstrɪs] *n* maîtresse *f*, *she is*
her own ~ elle est son propre maître.

mistrust [ˌmɪsˈtrʌst] *n* méfiance *f*, défiance
f ◆ *vt* se méfier de, se défier de
‖ **mis°trustful** *adj* méfiant, défiant.

misunderstand [ˌmɪsʌndəˈstænd] *vt (p*
pp **-stood)** mal comprendre ‖ **misunder-**
°standing *n* 1 méprise *f* 2 malentendu *m*

3 mésentente *f* ‖ **misunder°stood** *adj*
incompris.

misuse [ˌmɪsˈjuːs] *n* abus *m*, mauvais emploi *m*.

misuse [ˌmɪsˈjuːz] *vt* abuser de ; mal employer.

mite [maɪt] *n* 1 *(Zool)* mite *f* 2 *(fam)* pe-
tit(e) *m(f)* ; *poor little ~!* pauvre gosse !

mitigate [ˈmɪtɪgeɪt] *vt* adoucir, atténuer ;
mitigating circumstances circonstances *fpl*
atténuantes.

mitt(en) [ˈmɪtn] *n* 1 moufle *f* 2 *(Sp)* gant
m 3 *(fam)* main *f*.

mix [mɪks] *n* mélange *m* ◆ *vt* mélanger,
mêler ◆ *vi* se mêler ; *I don't ~ easily* je
ne suis pas très sociable ‖ **°mixed** *adj* mé-
langé, hétérogène ; *~ economy* économie
f mixte ; *~ feelings* sentiments contradic-
toires ; *it's a ~ bag* il y a un peu de tout/
c'est hétéroclite ; *~ ability teaching* pédagogie différenciée ; *(tennis) ~ doubles*
double *m* mixte ‖ **°mixed up** *adj* 1 dé-
boussolé ; *I'm all ~* je ne sais plus où j'en
suis 2 *be ~ in* être compromis dans ‖ **mix**
up *vpart* embrouiller ; confondre ‖ **°mix-**
up *n* confusion *f*, pagaille *f*.

mixture [ˈmɪkstʃə] *n* mélange *m*.

moan [məʊn] *n* plainte *f*, gémissement *m*
◆ *vi* gémir, se lamenter ; *stop ~ing!* cesse
de te plaindre !

moat [məʊt] *n* fossés *mpl*, douves *fpl*.

mob [mɒb] *n* 1 attroupement *m* 2 émeu-
tiers *mpl*, populace *f* 3 cohue *f* 4 *(fam)*
bande *f* ◆ *vt* 1 attaquer, malmener 2 assiéger.

mobile [ˈməʊbaɪl] *adj* mobile ; itinérant ;
~ library bibliobus *m* ◆ *n* mobile *m*
‖ **mo°bility** *n* mobilité *f*.

mobster [ˈmɒbstə] *n (amér)* gangster *m*.

mock [mɒk] *adj* faux (*f* fausse) ; *~ exam*
examen blanc ; *~ leather* imitation *f* cuir ;
~ trial simulacre *m* de procès ◆ *vti* ridiculiser ; se moquer (de) ‖ **°mocking** *adj*
moqueur (*f* -euse) ‖ **°mock-up** *n* maquette
f.

mode [məʊd] *n* 1 *(Gr, Inf, Mus)* mode *m*
2 *(vêtements)* mode *f*.

model [ˈmɒdl] *n* 1 modèle *m* 2 modèle *m*
réduit, maquette *f* 3 *(personne)* mannequin
m inv ◆ *adj* modèle ; en miniature ◆ *vt*
1 présenter (un vêtement) 2 modeler ◆ *vi*
1 poser *f* 2 être mannequin.

moderate[1] [ˈmɒdərət] *adj* modéré ◆ *n*
modéré(e) *mf* ‖ **°moderately** *adv* 1 modérément 2 moyennement.

moderate[2] [ˈmɒdəreɪt] *vti* (se) modérer,
(se) tempérer ‖ **mode°ration** *n* modération *f* ; *in ~* avec modération.

modern [ˈmɒdən] *adj* moderne
‖ **°modernism** *n* modernisme *m*
‖ **°modernize/-se** *vt* moderniser.

modest [ˈmɒdɪst] *adj* modeste ; pudique

|| °**modesty** *n* modestie *f*; pudeur *f*; *with all due* ~ en toute modestie.
modification [ˌmɒdɪfɪ'keɪʃn] *n* modification *f*.
modify ['mɒdɪfaɪ] *vt* modifier.
modulate ['mɒdjʊleɪt] *vt* moduler || °**modular** *adj* modulaire || °**module** *n* module *m*.
mogul ['məʊgl] *n (fam)* gros bonnet *m*.
moist [mɔɪst] *adj* 1 moite ; ~ *climate* climat humide 2 ~ *cake* gâteau moelleux (*f* -euse).
moisten ['mɔɪsn] *vt* humecter.
moisture ['mɔɪstʃə] *n* humidité *f*.
molar ['məʊlə] *n* molaire *f*.
molasses [məʊ'læsɪz] *npl* mélasse *f*.
mold *(amér)* = **mould**.
mole[1] [məʊl] *n* taupe *f*; ~*hill n* taupinière *f*.
mole[2] [məʊl] *n* grain *m* de beauté.
mole[3] [məʊl] *n* môle *m*.
molecule ['mɒlɪkjuːl] *n* molécule *f*.
molest [məʊ'lest] *vt* 1 importuner 2 attenter à la pudeur de.
mollusc ['mɒləsk] *n* mollusque *m*.
mollycoddle ['mɒlɪˌkɒdl] *vt* dorloter.
molt *(amér)* = **moult**.
molten ['məʊltən] *adj* en fusion.
mom [mɒm] *n (amér fam)* maman *f*.
moment ['məʊmənt] *n* 1 moment *m*; *just a -!* un instant ! *at any* ~ d'un instant à l'autre ; *the ~ I saw her* dès que je l'ai vue ; *the hero of the* ~ l'homme du jour 2 importance *f*; *a matter of the greatest* ~ une affaire de la plus haute importance || °**momentary** *adj* momentané, passager (*f* -ère) || mo°**mentous** *adj* très important || mo°**mentum** *n (Phys)* moment *m*; élan *m*; *gather* ~ prendre de la vitesse/(*fig*) de l'ampleur.
momma ['mɒmə], **mommy** ['mɒmɪ] *n (amér)* maman, m'man *f*.
monarch ['mɒnək] *n* monarque *m* || °**monarchist** *adj n* monarchiste (*mf*) || °**monarchy** *n* monarchie *f* || mo°**narch(ic)al** *adj* monarchique.
monastery ['mɒnəstərɪ] *n* monastère *m*.
Monday ['mʌndɪ] *n* lundi *m*.
monetarism ['mʌnɪtərɪzəm] *n* monétarisme *m* || °**monetary** *adj* monétaire.
money ['mʌnɪ] *ns inv* argent *m*; ~*-box* tire-lire *f*; ~ *market* marché *m* monétaire ; *ready* ~ argent liquide ; *the shop no longer makes any* ~ le magasin ne rapporte plus rien ; *I always insist on getting my* ~*'s worth* je veux toujours en avoir pour mon argent ; *I got my* ~ *back* j'ai été remboursé || °**moneylender** *n* prêteur *m* sur gages || °**moneys/monies** fonds *mpl* ; *public* ~ deniers *mpl* publics.
mongol ['mɒŋgəl] *n (fam péj) (Méd)* mongolien *m* (*f* -ienne).

mongoose ['mɒŋguːs] *n (Zool)* mangouste *f*.
mongrel ['mʌŋgrəl] *n (chien)* bâtard *m*.
monitor ['mɒnɪtə] *n (Tech)* moniteur *m*, appareil *m* de contrôle ◆ *vt* contrôler.
monk [mʌŋk] *n* moine *m*.
monkey ['mʌŋkɪ] *n* singe *m*; ~ *business* combine *f* louche ; ~ *puzzle n (Bot)* araucaria *m*; ~ *wrench* clé *f* universelle || **monkey about** *vpart (fam)* faire des bêtises || **monkey with** *vpart (fam)* bricoler.
mono- ['mɒnəʊ] *préfixe* mono- ; ~*chrome* monochrome *m*; *(Photo)* en noir et blanc.
monogamy [mɒ'nɒgəmɪ] *n* monogamie *f*.
monopolize/-se [mə'nɒpəlaɪz] *vt* monopoliser, accaparer.
monopoly [mə'nɒpəlɪ] *n (of, in ; amér on)* monopole *m* (de).
monorail ['mɒnəreɪl] *n* monorail *m*.
monosyllabic [ˌmɒnəʊsɪ'læbɪk] *adj* monosyllabe ; ~ *answer* réponse *f* monosyllabique.
monotone ['mɒnətəʊn] *n in a* ~ d'un ton monotone.
monotonous [mə'nɒtnəs] *adj* monotone || mo°**notony** *n* monotonie *f*.
monsoon [mɒn'suːn] *n* mousson *f*.
monster ['mɒnstə] *n* monstre *m* || mon°**strosity** *n* monstruosité *f* || °**monstrous** *adj* monstrueux (*f* -euse), colossal.
month [mʌnθ] *n* mois *m*; *I pay £10 a* ~ je paie 10 livres par mois ; *in the* ~ *of June* au mois de juin || °**monthly** *adj* mensuel ; ~ *instalment* mensualité *f* ◆ *adv* mensuellement, tous les mois ◆ *n* mensuel *m*.
monument ['mɒnjʊmənt] *n* 1 monument *m* || monu°**mental** *adj* 1 monumental 2 ~ *mason* marbrier *m* funéraire.
moo [muː] *vi* meugler.
mooch [muːtʃ] *vi* traînasser ◆ *vt (amér)* taper ; *I'll* ~ *$10 off him* je vais le taper de 10 dollars.
mood [muːd] *n* 1 humeur *f*; *in a good* ~ de bonne humeur 2 ambiance *f*; atmosphère *f* 3 *(Gram)* mode *m* || °**moody** *adj* 1 maussade 2 d'humeur changeante.
moon [muːn] *n* lune *f*; ~*beam* rayon *m* de lune ; ~ *landing* alunissage *m*; ~*stone* pierre *f* de lune ; *once in a blue* ~ tous les trente-six du mois ; *(brit fam) he's over the* ~ il est ravi || **moon about/around** *vpart* .1 rêvasser 2 se morfondre || °**moonlight** *n* clair *m* de lune ◆ *vi* travailler au noir ; *(amér)* avoir deux emplois || °**moonlit** *adj* éclairé par la lune || °**moonshine** *n* 1 balivernes *fpl* 2 *(amér)* whisky *m* clandestin.
moor[1] [mʊə] *n (~land)* lande *f*; ~*hen* poule *f* d'eau.

moor[2] [muə] *vti (Naut)* amarrer ; mouiller || **°mooring** *n* mouillage *m*.

moose [mu:s] *n inv (Zool)* élan *m* ; original *m*.

moot [mu:t] *adj* it's a ~ **point** c'est discutable.

mop [mɒp] *n* balai *m* laveur ; *(fig)* tignasse *f* ◆ *vt* laver (le sol) || **mop up** *vpart* essuyer, éponger ; *(Mil)* ~ **all resistance** éliminer toute résistance.

mope [məup] *vi* se morfondre || **mope about/around** *vpart* traînasser.

moped [ˈməuped] *n* vélomoteur *m*.

moral [ˈmɒrəl] *adj* moral ; ~ **duty** devoir *m* moral ◆ *n* **1** morale *f* ; **he drew the ~ of the story** il a tiré la morale de l'histoire **2** ~**s** moralité *f*.

morale [mɒˈrɑːl] *n* moral *m* ; **the ~ of the troops was good** la troupe avait bon moral.

morality [məˈræləti] *n* moralité *f* ; **traditional ~ is on the decline** les valeurs morales traditionnelles se perdent.

moralist [ˈmɒrəlɪst] *n* moraliste *mf* || **°moralize/-se** *vi* faire de la morale || **°moralizing** *adj* moralisateur (*f* -trice) || **°morally** *adv* moralement.

morass [məˈræs] *n* marécage *m*.

morbid [ˈmɔːbɪd] *adj* morbide.

more [mɔː] *comp* **much, many** *quant* (de) plus ; **Give me one ~ book** donnez-moi encore un livre (un livre de plus) ; **much ~, many ~** beaucoup plus ; **some ~ tea?** un peu plus de thé ? **have you any ~ questions?** avez-vous d'autres questions ? ◆ *adv* plus ; ~ **important** plus important ; ~ **and ~** de plus en plus ; ~ **or less** plus ou moins ; **all the ~ so (as)** d'autant plus (que) ; **the ~ I know him, the ~ I like him** plus je le connais, plus je l'apprécie ; **I want to see her once ~** je veux la voir encore une fois.

moreover [mɔːˈrəuvə] *adv* de plus ; d'ailleurs.

mores [ˈmɔːreɪz] *n* mœurs *fpl*, coutumes *fpl*.

morning [ˈmɔːnɪŋ] *n* matin *m*, matinée *f* ; **he works in the ~** il travaille le matin ; **he spent all ~ writing** il a passé toute la matinée à écrire ; **early in the ~** de bon/grand matin ; **10 o'clock in the ~** 10 heures du matin ; **on the ~ of May 1st** le 1er mai au matin ; ~ **paper** journal *m* du matin ; **he'll leave in the ~** il partira dans la matinée.

moron [ˈmɔːrɒn] *n (Méd)* débile *m* léger ; *(fam)* crétin *m*, abruti *m* || **mo°ronic** *adj (fam)* débile, crétin.

morose [məˈrəus] *adj* morose.

morphine [ˈmɔːfiːn] *n* morphine *f*.

Morse [mɔːs] *n* ~ **code** morse *m*.

morsel [ˈmɔːsl] *n* (petit) morceau *m*.

mortal [ˈmɔːtl] *adj* mortel (*f* -elle) ; ~ **combat** lutte *f* à mort ◆ *n* mortel *m*.

mortality [mɔːˈtæləti] *n* mortalité *f*.

mortar [ˈmɔːtə] *n* mortier *m*.

mortgage [ˈmɔːgɪdʒ] *n* hypothèque *f* ◆ *vt* hypothéquer.

mortician [mɔːˈtɪʃn] *n (amér)* entrepreneur *m* de pompes funèbres.

mortify [ˈmɔːtɪfaɪ] *vt* mortifier, humilier.

mortuary [ˈmɔːtjuəri] *n* morgue *f* ◆ *adj* mortuaire.

mosaic [məuˈzeɪk] *adj n* mosaïque (*f*).

mosey [ˈməuzi] *vi (amér fam)* flâner ; **we ~ed over to the park** nous sommes allés jusqu'au parc en nous promenant.

mosque [mɒsk] *n* mosquée *f*.

mosquito [mɒˈskiːtəu] *n* moustique *m* ; ~ **net** moustiquaire *f*.

moss [mɒs] *n (Bot)* mousse *f* || **°mossy** *adj* moussu.

most [məust] *superl* **much, many** *quant* **1** la plupart ; ~ **children like animals** la plupart des enfants aiment les animaux ; ~ **of us** la plupart d'entre nous ; ~ **of the time** la plupart du temps ◆ *adv* **1** (le) plus ; **it's the ~ useful tool I have ever owned** c'est l'outil le plus utile que j'aie jamais possédé **2** *it's a ~ interesting journey* c'est un voyage des plus intéressants ; **he answered ~ politely** il répondit tout à fait poliment ◆ *n* maximum *m* ; **try to make the ~ of the situation** essayez de tirer le meilleur parti possible de la situation ; **it will last an hour at (the) ~** cela durera une heure (tout) au plus.

motel [məuˈtel] *n* motel *m*.

moth [mɒθ] *n* **1** papillon *m* de nuit **2** mite *f* ; ~**ball** boule *f* de naphtaline ; ~**-eaten** mité.

mother [ˈmʌðə] *n* mère *f* ; ~ **country** mère patrie *f* ; ~ **tongue** langue *f* maternelle ; **M~'s Day** fête *f* des Mères ◆ *vt* dorloter ; servir de mère à || **°motherhood** *n* maternité *f* || **°mother-in-law** *n* belle-mère *f* || **°motherland** *n* patrie *f* || **°motherly** *adj* maternel (*f* -elle) || **mother-of-°pearl** *n* nacre *f*.

motion [ˈməuʃn] *n* **1** mouvement *m* ; *social change is in ~* des changements sociaux sont en marche **2** motion *f*, proposition *f* ; **the ~ was carried, 5 to 2** la motion a été adoptée par 5 voix contre 2 ◆ *vt* diriger ◆ *vt* (to) faire signe (à) || **°motionless** *adj* immobile || **°motion °picture** *n* film *m*.

motivate [ˈməutɪveɪt] *vt* motiver || **moti°vation** *n* motivation *f* || **°motive** *n* motif *m* ; *(Jur)* mobile *m* ◆ *adj* moteur (*f* -trice) ; *(Tech)* ~ **power** force *f* motrice.

motley [ˈmɒtli] *adj* hétéroclite ; *(fam)* **they were a ~ crew** c'était une drôle d'équipe.

motor [ˈməutə] *n* moteur *m* ; *(brit)* ~**car**

auto(mobile) *f*, voiture *f* ; ~ *industry* industrie *f* de l'automobile ; ~ *accident* accident *m* d'auto ; ~ *home* camping-car *m* ◆ *adj* moteur (*f* -trice) ◆ *vi* circuler en automobile ‖ °**motorbike** *n* moto(cyclette) *f* ‖ °**motorboat** *n* canot *m* à moteur ‖ °**motorcade** *n* (*amér*) cortège *m* d'automobiles ‖ °**motorcycle** *n* motocyclette *f* ‖ °**motoring** *adj* (d')automobile ◆ *n* conduite *f* automobile ‖ °**motorist** *n* automobiliste *mf* ‖ °**motorize/-se** *vt* motoriser ‖ °**motorman** *n* (*amér*) conducteur *m* ‖ °**motor-racing** *n* (*brit*) course *f* automobile ‖ °**motorway** *n* (*brit*) autoroute *f*.

mottled ['mɒtld] *adj* tacheté.

motto ['mɒtəʊ] *n* devise *f*.

mould[1] [məʊld] *n* moule *m* ◆ *vt* mouler, modeler ‖ °**moulding** *n* moulure *f*.

mould[2] [məʊld] *n* moisissure *f* ‖ °**moulder** *vi* moisir ‖ °**mouldy** *adj* moisi.

moult [məʊlt] *vi* muer ; perdre ses poils.

mound [maʊnd] *n* tas *m* ; tertre *m* ; tumulus *m*.

mount[1] [maʊnt] *n* mont *m*.

mount[2] [maʊnt] *n* 1 monture *f*, support *m* 2 (*photo*) cadre *m* 3 (*cheval*) monture *f* ◆ *vti* monter ; (*fig*) *we must* ~ *a rescue operation* nous devons monter une opération de sauvetage ‖ °**mounted** *adj* monté ; ~ *police* police *f* montée ‖ **mount up** *vpart* augmenter ; *unemployment is* ~*ing up* le chômage s'accroît.

mountain ['maʊntɪn] *n* montagne *f* ; *I went to the* ~*s last winter* je suis allé à la montagne l'hiver dernier ; ~*side* flanc *m* de la montagne ; ~ *village* village *m* montagnard ‖ °**mountaineer** *n* alpiniste *mf* ◆ *vi* faire de l'alpinisme ‖ °**mountainous** *adj* 1 montagneux (*f* -euse) 2 (*fig*) gigantesque.

mountebank ['maʊntɪbæŋk] *n* charlatan *m*.

mourn [mɔːn] *vti* (*for*, *over*) pleurer, déplorer ‖ °**mourner** *n* personne *f* en deuil ; *the* ~*s* le cortège funèbre ‖ °**mournful** *adj* triste, lugubre ‖ °**mourning** *n* affliction *f* ; *they were in* ~ ils étaient en deuil.

mouse [maʊs] *pl* **mice** [maɪs] *n* souris *f* ‖ **mous(e)y** *adj* (*personne*) effacé ; (*cheveu*) terne.

moustache [məˈstɑːʃ] *n* moustache(s) *f(pl)*.

mouth [maʊθ] *n* 1 bouche *f* ; (*animal, canon*) gueule *f* 2 (*port, caverne*) entrée *f* 3 (*fleuve*) embouchure *f* 4 (*fig*) *I got it straight from the horse's* ~ je l'ai appris de source sûre ; (*fam*) *keep your* ~ *shut!* boucle-la ! ◆ *vt* articuler (en silence) ; dire (sans y croire) ‖ °**mouthful** *n* bouchée *f*, gorgée *f* ‖ °**mouth organ** *n* harmonica *m* ‖ °**mouthpiece** *n* 1 (*Mus*) bec *m*

2 (*Téléph*) microphone *m* **3** (*Pol*) porte-parole *m* ‖ °**mouth-to-°mouth** (*Méd*) *n* bouche-à-bouche *m* ‖ °**mouth-watering** *adj* appétissant.

mov(e)able ['muːvəbl] *adj* mobile ; (*Jur*) mobilier (*f* -ière), meuble ◆ ~*s npl* biens *mpl* mobiliers.

move [muːv] *n* 1 mouvement *m* ; *he's always on the* ~ il est toujours en mouvement ; *let's make a* ~! partons ! (*fam*) *get a* ~ *on!* grouille-toi ! (*fig*) *I won't make the first* ~ je ne ferai pas le premier pas 2 (*échecs*) coup *m* ; *it's your* ~ c'est à vous (de jouer) ◆ *vt* 1 déplacer, bouger ; ~ *a motion* proposer une motion 2 émouvoir 3 ~ (*house*) déménager ◆ *vi* 1 (~ *about/around*) se déplacer, bouger ; *keep moving!* circulez ! 2 agir ; (*fam*) *you'd better get moving* tu ferais mieux de bouger, te secouer 3 (*échecs*) jouer ‖ **move in** *vpart* 1 emménager 2 *they* ~*d in for the kill* ils sont venus porter le coup fatal ‖ **move on** *vpart* (*to*) passer (à) ‖ **move over** *vpart* (se) déplacer ; ~ *over a bit!* pousse-toi un peu ! ‖ **move up** *vpart* (faire) monter ; *he has been* ~*d up* il a eu de l'avancement ‖ °**movement** *n* mouvement *m* ‖ °**movie** *n* (*amér*) film *m* ; ~ *camera* caméra *f* ; *let's go to the* ~*s!* allons au cinéma ! ‖ °**moving** *adj* 1 mobile 2 en marche 3 qui fait bouger, (*fig*) émouvant.

mow [məʊ] *vt* (*p* **mowed** ; *pp* **mowed**/**mown**) 1 (*gazon*) tondre 2 (*Ag*) faucher ‖ **mow down** *vpart* (*fig*) faucher ‖ °**mower** *n* 1 (*gazon*) tondeuse *f* 2 (*Ag*) (*machine*) faucheuse *f* ; (*personne*) faucheur *m* (*f* -euse).

much [mʌtʃ] *adj quant* beaucoup de ; *he hasn't got* ~ *time* il n'a pas beaucoup de temps ◆ *adv* beaucoup, bien ; *I don't like it* ~ je ne l'aime pas beaucoup ; *he enjoyed himself very* ~ il s'est bien amusé ; ~ *bigger* bien plus grand ; *it's pretty* ~ *the same* c'est presque pareil ; ~ *to my surprise* à mon grand étonnement ◆ *pr* beaucoup ; ~ *of his speech was inaudible* la plus grande partie de son discours était inaudible ; *he's not* ~ *of a handyman* c'est un piètre bricoleur ; (*fam*) *this wine isn't up to* ~ ce vin ne vaut pas grand-chose ; (*loc*) *it's* ~ *of a muchness* c'est blanc bonnet et bonnet blanc ‖ **as much** (*loc*) autant (de) ; *twice* ~ *money as John* deux fois plus d'argent que John ; *I thought* ~ c'est bien ce que je pensais ; *it's* ~ *as they can do to make ends meet* c'est tout juste s'ils arrivent à joindre les deux bouts ; *I'll pay* ~ *as £ 10* j'accepte de payer jusqu'à 10 livres ‖ **how much** (*loc*) combien (de) ; ~ *milk do we need?* combien de lait nous faut-il ? ‖ **how**~*ever* **much** *conj* ; ~ *we insisted...* nous avions beau insister... ‖ **so much** (*loc*) tant (de) ;

I've got ~ work! j'ai tant de travail ! ***you talk ~ (that)...*** tu parles tellement (que)... ; ***without ~ as a thank you*** sans même dire merci ‖ ***so much so that*** *conj* à tel point que ‖ ***too much*** *(loc)* trop (de).

muck [mʌk] *n* **1** *(Ag)* fumier *m* **2** *(fig fam)* saleté *f* ; gâchis *m* ◆ *vt (Ag)* fumer *(fam)* ‖ **muck around** *vpart (brit fam)* **1** faire l'imbécile **2** *(with)* *(fam)* tripoter ‖ **muck in** *vpart (fam)* mettre la main à la pâte ‖ **muck out** *vpart (écurie)* nettoyer ‖ **muck up** *vpart (brit fam)* **1** salir **2** gâcher.

mud [mʌd] *n* **1** boue *f* **2** *(rivière)* vase *f* ‖ °**mudbank** *n* banc *m* de vase ‖ °**muddy** *adj* boueux *(f* -euse) ; couvert de boue ‖ °**mudflap** *n (brit Aut)* bavette *f* ‖ °**mudguard** *n* garde-boue *m (pl inv)* ‖ °**mudslinging** *n* calomnie(s) *f(pl).*

muddle [mʌdl] *n* **1** confusion *f* **2** désordre *m* ; ***my room is in a ~*** ma chambre est sens dessus dessous ◆ *vt* embrouiller ‖ **muddle along** *vpart (fam)* se débrouiller (tant bien que mal) ‖ **muddle through** *vpart (fam)* s'en sortir (tant bien que mal) ‖ **muddle up** *vpart (fam)* confondre ; ***I got ~ed up*** je me suis embrouillé.

muff[1] [mʌf] *vt (fam)* rater.

muff[2] [mʌf] *n* manchon *m.*

muffle [mʌfl] *vt* assourdir ‖ °**muffle up** *vpart* (s')emmitoufler ‖ °**muffler** *n* **1** *(amér Aut)* silencieux *m* **2** cache-nez *m (pl inv).*

mug[1] [mʌg] *n* **1** *(café)* (grosse) tasse *f* ; *(bière)* chope *f* **2** *(fam)* *(visage)* bouille *f* ; *(personne)* andouille *f.*

mug[2] [mʌg] *vt* agresser ‖ °**mugger** *n* agresseur *m* ‖ °**mugging** *n* agression *f* ‖ **mug up** *vpart (brit fam)* potasser.

muggy [mʌgɪ] *adj (temps)* lourd.

mulberry [mʌlbərɪ] *n* **1** mûre *f* **2** *(arbre)* mûrier *m.*

mule[1] [mjuːl] *n (animal)* mulet *m,* mule *f* ‖ °**mulish** *adj* têtu.

mule[2] [mjuːl] *n (chaussure)* mule *f.*

mull [mʌl] *vt* ***~ed wine*** vin *m* chaud ‖ **mull over** *vpart* réfléchir (sur).

mullet [mʌlɪt] *n (Zool)* grey ***~*** mulet *m* ; ***red ~*** rouget *m.*

multi- [mʌltɪ] *préf* ; ***~-colo(u)red*** *adj* multicolore ; ***~-lingual*** *adj* polyglotte ; ***~-party*** *adj* pluripartite ; ***~-purpose*** *adj* à usages multiples, polyvalent ; ***~-stor(e)y*** *adj* à étages ; ***~-millionaire*** *n* milliardaire *mf.*

multiple [mʌltɪpl] *adj* multiple ; ***~ choice question*** *n* question *f* à choix multiples ; ***~ sclerosis*** *n* sclérose *f* en plaques.

multiply [mʌltɪplaɪ] *vt* multiplier.

mum[1] [mʌm] *n (brit fam)* maman *f.*

mum[2] [mʌm] *adj* ***I kept ~ about it*** je n'en ai pas soufflé mot ; ***~'s the word!*** motus et bouche cousue !

mumble [mʌmbl] *vti* marmonner ◆ *n* marmonnement *m.*

mumbo jumbo [ˌmʌmbəʊˈdʒʌmbəʊ] *n (péj)* charabia *m.*

mummy[1] [mʌmɪ] *n (brit fam)* maman *f.*

mummy[2] [mʌmɪ] *n (Hist)* momie *f.*

mumps [mʌmps] *n (Méd)* oreillons *mpl.*

munch [mʌntʃ] *vti* mâcher, mâchonner ‖ °**munchy** *adj* croquant.

mundane [mʌnˈdeɪn] *adj* **1** banal **2** mondain.

mural [mjʊərəl] *adj* mural ◆ *n* peinture *f* murale.

murder [mɜːdə] *vt* **1** assassiner **2** *(fam fig)* massacrer ◆ *n* meurtre *m,* assassinat *m* ; ***~ in the first degree*** *(amér)* meurtre *m* avec préméditation, *(brit)* assassinat *m* ; *(fig)* ***it's ~ in town on Saturdays*** c'est infernal en ville le samedi ; ***you get away with ~*** tu t'en sors toujours à bon compte ‖ °**murderer** *n* meurtrier *m* ‖ °**murderess** *n* meurtrière *f* ‖ °**murderous** *adj* meurtrier *(f* -ière).

murky [mɜːkɪ] *adj* **1** *(eau)* trouble **2** *(ciel)* sombre **3** *(fig)* obscur.

murmur [mɜːmə] *vti* murmurer ◆ *n* murmure *m* ; ***heart ~*** souffle *m* au cœur ; ***without a ~*** sans la moindre protestation.

muscle [mʌsl] *n* **1** *(Anat)* muscle *m* **2** *(fig)* force *f,* puissance *f* ‖ **muscle in** *vpart* s'immiscer (dans).

muscular [mʌskjʊlə] *adj* **1** *(Anat)* musculaire **2** *(personne ou fig)* musclé.

muse [mjuːz] *n* muse *f* ◆ *vti (about)* rêver (de), méditer (sur).

museum [mjuːˈzɪəm] *n* musée *m.*

mush [mʌʃ] *n* **1** bouillie *f* **2** *(fig)* sentimentalité *f* (à l'eau de rose) ◆ *vt (up)* réduire en bouillie ‖ °**mushy** *adj* **1** en bouillie **2** *(fig)* sentimental.

mushroom [mʌʃrʊm] *n* champignon *m* ; ***~ cloud*** champignon *m* atomique ◆ *vi* **1** ramasser des champignons **2** pousser rapidement **3** proliférer.

music [mjuːzɪk] *n* musique *f* ; ***it's ~ to my ears*** cela me remplit d'aise ; ***~ case*** *n* porte-partitions *m (pl inv)* ; ***~ centre*** *n* chaîne *f* stéréo ; ***~ lover*** *n* mélomane *m* ; ***~ score/sheet of ~*** *n* partition *f* ; ***~ stand*** *n* pupitre *m* ‖ °**musical** *adj* musical ; *(son)* mélodieux *(f* -euse) ◆ *n* comédie *f* musicale ‖ **mu**°**sician** *n* musicien *m (f* -ienne).

Muslim [mʊzlɪm]/**Moslem** *adj n* musulman(e) *m(f).*

muslin [mʌzlɪn] *n (textile)* mousseline *f.*

muss [mʌs] *n* désordre *m* ‖ **muss up** *vpart (amér fam)* **1** déranger **2** *(robe)* froisser.

mussel [mʌsl] *(Zool) n* moule *f.*

must [mʌst] *aux mod* devoir, falloir **1** *(obligation)* ***I ~ go now*** il faut que je parte 2 *(quasi-certitude)* he ~ **have ar-rived by now** il a dû arriver à l'heure qu'il est ; *you ~ **be joking!*** tu plaisantes ! ◆ *n* nécessité *f* absolue.

mustache *voir* **moustache.**

mustard [ˈmʌstəd] *n* moutarde *f.*

muster [ˈmʌstə] *n* **1** *(Mil)* rassemblement *m* ; ~ **station** *(Naut)* point *m* de rassemblement **2** inspection *f* ◆ *vt (Mil)* rassembler ‖ **muster up** *vpart* réunir, rassembler.

mustn't [ˈmʌsnt] *nég* de **must.**

mustiness [ˈmʌstɪnɪs] *n* moisi *m* ‖ °**musty** *adj* **1** *(odeur)* moisi ; *the house smelt* ~ la maison sentait le renfermé **2** *(fig)* vieillot *(f* -otte), vieux jeu *inv.*

mutate [mjuːˈteɪt] *vti* (faire) subir une mutation.

mute [mjuːt] *adj* muet *(f* -ette) ◆ *n* **1** *(personne)* muet *m* **2** *(Mus)* sourdine *f* ◆ *vt* **1** assourdir **2** *(Mus)* mettre une sourdine ‖ °**muted** *adj* **1** *(son)* assourdi **2** *(instrument)* en sourdine, sourd **3** *(couleur)* adouci.

mutilate [ˈmjuːtɪleɪt] *vt* mutiler.

mutiny [ˈmjuːtɪnɪ] *n* mutinerie *f*, révolte *f* ◆ *vi* se mutiner, se révolter ‖ **muti°neer** *n* insurgé *m*, mutin *m* ‖ °**mutinous** *adj* mutiné, en révolte.

mutt [mʌt] *n* **1** *(fam)* idiot(e) *m(f)* **2** *(amér)* chien *m* bâtard.

mutter [ˈmʌtə] *vti* marmonner ; *he ~ **ed an angry complaint*** il grommela une protestation ◆ *n* marmottement *m* ; grommellement *m.*

mutton [ˈmʌtn] *n* *(viande)* mouton *m* ; *leg of* ~ gigot *m.*

mutual [ˈmjuːtʃʋəl] *adj* mutuel *(f* -elle), réciproque ; *our* ~ *friend* notre ami commun.

muzzle [ˈmʌzl] *n* **1** *(animal)* museau *m* **2** muselière *f* **3** *(arme)* bouche *f*, gueule *f* ◆ *vt (aussi fig)* museler ; bâillonner.

muzzy [ˈmʌzɪ] *adj (brit)* **1** confus, vague ; *my head's* ~ je suis abruti **2** *(image)* flou.

my [maɪ] *adj poss* mon, ma, mes ; *where's* ~ *brother/sister?* où est mon frère/ma sœur ? *ask* ~ *parents* demande à mes parents ; *I've hurt* ~ *knee* je me suis fait mal au genou.

myself [maɪˈself] *pr réfl* me ; *I've cut* ~ je me suis coupé ◆ *pr de reprise* moi-même ; *I, ~...* personnellement...

mysterious [mɪˈstɪərɪəs] *adj* mystérieux *(f* -ieuse).

mystery [ˈmɪstərɪ] *n* **1** mystère *m* **2** *(livre)* roman *m* à suspense.

mystic [ˈmɪstɪk] *adj* **1** mystique **2** *(pouvoir)* occulte ‖ °**mystical** *adj* mystique.

myth [mɪθ] *n* mythe *m* ‖ °**mythic/** °**mythical** *adj* mythique.

N

N, n [en] *(lettre)* N, n *m* ; *I've got* ~ *things to do* j'ai x choses à faire.

nab [næb] *vt* **1** *(fam)* attraper, saisir **2** *(argot)* piquer ; *he got nabbed for fraud* il s'est fait pincer pour fraude.

nag[1] [næg] *n (vx)* ; *old* ~ vieux cheval *m*, rosse *f.*

nag[2] [næg] *vti* faire des remarques *fpl* déplaisantes ; *(fam)* enquiquiner ◆ *n* enquiquineur *m (f* -euse) ‖ °**nagging** *adj* **1** *(personne)* agaçant ; ~ *wife (fam)* épouse *f* enquiquineuse **2** *(douleur)* tenace ◆ *n* remarques *fpl* continuelles, criailleries *fpl.*

nail [neɪl] *n* **1** clou *m* ; *you've hit the* ~ *on the head* tu as mis le doigt dessus **2** ongle *m* ; *we paid on the* ~ nous avons payé rubis sur l'ongle ◆ *vt* clouer ‖ **nail down** *vpart* clouer ; *(fig) I ~ed him down to a written contract* j'ai réussi à obtenir un contrat écrit ‖ °**nailfile** *n* lime *f* à ongles ‖ °**nail up** *vpart* **1** *(caisse)* clouer **2** *(cadre)* accrocher **3** *(porte)* condamner.

naïve [naɪˈiːv] *adj* naïf *(f* -ïve) ; ingénu.

naked [ˈneɪkɪd] *adj* **1** nu **2** *(fig)* évident, manifeste ‖ °**nakedness** *n* nudité *f.*

namby-pamby [ˌnæmbɪˈpæmbɪ] *adj (fam)* gnangnan, mollasson.

name [neɪm] *n* **1** nom *m* ; *Christian/given* ~ prénom *m* ; *family* ~ nom *m* de famille ; *what's your* ~? comment vous appelez-vous ? *I've put my* ~ *down* je me suis inscrit ; *he called me* ~*s* il m'a insulté **2** réputation *f* ◆ *vt* **1** *(personne)* appeler **2** *(date, prix)* fixer **3** nommer (à une fonction) **4** *(Jur)* citer ‖ °**nameless** *adj* **1** anonyme **2** *(fig)* indéfinissable ‖ °**namely** *adv* à savoir, c'est-à-dire ‖ °**namesake** *n* homonyme *m* ; *he's my* ~ il a le même nom que moi.

nanny [ˈnænɪ] *n* **1** nourrice *f* ; *(fam)* nounou *f* ; *nurse* *f* ‖ °**nannygoat** *n* chèvre *f*, *(fam)* biquette *f.*

nap[1] [næp] *vi* faire un somme ; *(fig) he caught me napping* il m'a pris au dépourvu ◆ *n* somme *m* ; *afternoon* ~ sieste *f.*

nap² [næp] *n (textile)* poil *m* ; *against the* ~ à rebrousse-poil.

nape [neɪp] *n* nuque *f*.

napkin ['næpkɪn] *n* **1** serviette *f* de table **2** ~/ °**nappy** *(brit)* couche *f* (de bébé).

narc [nɑːk] *ab de* **narcotic** *n (argot)* agent *m* de la brigade des stupéfiants ‖ **nar**°**cotic** *adj n* narcotique *m* ; ~**s** stupéfiants *mpl*.

narcissus [nɑː'sɪsəs] *(pl* -**I**) *n* narcisse *m*.

narrate [nə'reɪt] *vt* raconter, relater ‖ **na**°**rrator** *n* narrateur *m*.

narrative ['nærətɪv] *n* récit *m* ◆ *adj* narratif *(f* -ive).

narrow ['nærəʊ] *adj* **1** étroit ; *I had a* ~ *escape* je l'ai échappé belle **2** *(esprit)* borné **3** *(existence)* limité **4** *(majorité)* faible ◆ *vti* (se) rétrécir ; restreindre ‖ **narrow down** *vpart* restreindre ; limiter ‖ °**narrowly** *adv* **1** étroitement **2** de peu, de justesse ‖ **narrow-**°**minded** *adj* borné ; *he's* ~ il a l'esprit étroit ‖ °**narrowness** *n* étroitesse *f* ‖ °**narrows** *npl (Géog)* détroit *m*.

nasal ['neɪzl] *adj* **1** nasal **2** *(accent)* nasillard ; *he speaks in a* ~ *voice* il parle du nez ◆ *n* nasale *f*.

nasturtium [nə'stɜ:ʃəm] *(Bot) n* capucine *f*.

nastiness ['nɑːstɪnɪs] *n* caractère *m* désagréable ; méchanceté *f* ‖ °**nasty** *adj* **1** désagréable ; *it smells* ~ ça sent mauvais **2** *(personne)* méchant ; antipathique **3** *(accident)* grave **4** *(virage)* dangereux *(f* -euse) **5** *(temps)* mauvais **6** *(langage)* obscène.

nation ['neɪʃn] *n* **1** nation *f* **2** peuple *m*.

national ['næʃənl] *n* ressortissant(e) *m(f)* ◆ *adj* national ; ~ *debt* dette *f* publique ; N~ *Health Service (brit)* Sécurité *f* sociale ; N~ *Service* service *m* militaire ‖ **natio**°**nality** *n* nationalité *f* ‖ °**nationalize** *vt* nationaliser.

native ['neɪtɪv] *n* natif *m (f* -ive), indigène *mf* ; *I'm a* ~ *of Spain* je suis espagnol de naissance ◆ *adj* **1** *(pays)* natal **2** *(langue)* maternelle **3** *(plante) (to)* indigène (de) **4** *(qualité)* inné.

natter ['nætə] *vi (fam)* bavarder ◆ *n (fam)* causette *f*.

natty ['nætɪ] *adj (fam)* **1** *(robe)* chic **2** *(outil, idée)* astucieux *(f* -ieuse).

natural ['nætʃrəl] *adj* **1** naturel *(f* -elle) **2** inné ; *a* ~ *artist* un artiste-né ◆ *n (Mus)* bécarre *m* ‖ °**naturalize/ise** *vt* naturaliser.

nature ['neɪtʃə] *n* **1** nature *f* ; *Mother N*~ la Nature *f* ; ~ *reserve* réserve *f* naturelle ; *(Ens)* ~**study** sciences *fpl* naturelles **2** caractère *m* ; *something in the* ~ *of an apology* une sorte d'excuse.

naught [nɔːt] *voir* **nought**.

naughtiness ['nɔːtɪnɪs] *n* mauvaise conduite *f* ‖ °**naughty** *adj* **1** vilain, mé-

chant ; *he's been a* ~ *boy* il n'a pas été sage **2** *(histoire)* grivois, osé.

nausea ['nɔːsjə] *n* **1** *(Méd)* nausée *f* **2** *(fig)* dégoût *m*, écœurement *m* ‖ °**nauseate** *vt* **1** *(Méd)* donner des nausées **2** *(fig)* dégoûter, écœurer.

nautical ['nɔːtɪkl] *adj* nautique ; ~ *mile* mille *m* marin.

naval ['neɪvl] *adj* naval ; ~ *dockyard* arsenal *m* maritime ; ~ *force* puissance *f* maritime ; ~ *forces* marine *f* de guerre ; ~ *officer* officier *m* de marine.

nave [neɪv] *n (Arch)* nef *f*.

navel ['neɪvl] *n* nombril *m*.

navigable ['nævɪgəbl] *adj* navigable ; *in* ~ *condition* en état *m* de prendre la mer.

navigate ['nævɪgeɪt] *vti* naviguer ; *I* ~*d my way through the crowd* je me suis frayé un chemin à travers la foule ‖ °**navigator** *n* navigateur *m (f* -trice).

navvy ['nævɪ] *n (brit)* terrassier *m*.

navy ['neɪvɪ] *n* marine *f* ; N~ *Department (amér)* ministère *m* de la Marine ◆ *adj* ~ *blue* bleu marine *inv*.

near [nɪə] *adj* **1** près, proche ; *the N*~ *East* le Proche-Orient ; *my* ~*est and dearest* mes proches *mpl* **2** serré, juste ; *that was a* ~ *thing!* il s'en est fallu de peu ! **3** précis ; *she gave a* ~ *description* elle a fourni une description assez exacte ◆ *prép* près de ; ~ *the end* vers la fin ◆ *adv* près, proche ; *as* ~ *as makes no difference* à peu de chose près ; *we came* ~ *to protesting* nous avons failli protester ; *I have nowhere* ~ *finished* je suis loin d'avoir terminé ; *she was* ~ *(to) tears* elle était au bord des larmes ◆ *vt* (s')approcher (de) ‖ °**nearby** *adj* près, proche ‖ **near**°**by** *adv* ; *I live* ~ j'habite tout près ‖ °**nearness** *n* proximité *f* ‖ °**nearside** *adj (brit Aut)* côté *m* gauche ; ~ *wing* aile *f* gauche ‖ **near**°**sighted** *adj* myope.

nearly ['nɪəlɪ] *adv* presque ; *I* ~ *laughed* j'ai failli rire ; *that's not* ~ *big enough* c'est loin d'être assez grand.

neat [niːt] *adj* **1** *(personne)* net *(f* nette), soigné ; *as* ~ *as a new pin* propre comme un sou neuf **2** *(pièce)* rangé **3** *(solution)* adroit, habile **4** *I'll have my whisky* ~ je prendrai mon whisky sec **5** *(amér fam) that's* ~*!* c'est super ! ‖ °**neatly** *adv* soigneusement ; *he* ~ *avoided an argument* il a habilement évité une dispute ; ~ *put!* joliment dit ! ‖ °**neatness** *n* **1** apparence *f* soignée **2** *(pièce)* ordre *m* **3** *(solution)* habileté *f*.

nebulous ['nebjʊləs] *adj* **1** nébuleux *(f* -euse) **2** *(fig)* vague.

necessary ['nesəsərɪ] *adj* **1** nécessaire ; *it's absolutely* ~ c'est indispensable **2** *(disposition)* utile **3** *(qualification)* requis ◆ *n* nécessaire *m* ‖ °**necessarily** *adv* nécessairement ; *it's not* ~ *an advantage* ce n'est pas forcément un avantage ; *it will ~ lead to chaos* cela mènera inévitablement au chaos.

necessitate [nɪˈsesɪteɪt] *vt* nécessiter, rendre nécessaire ‖ **neˈcessitous** *adj* nécessiteux (*f* -euse) ‖ **neˈcessity** *n* nécessité *f* ; *the bare necessities* le strict nécessaire ; *a case of absolute ~* un cas de force majeure ; *in case of ~* en cas de besoin ; *out of ~* par nécessité.

neck [nek] *n* 1 cou *m* ; *~ and ~* à égalité ; *I'm up to my ~ in work* j'ai du travail par-dessus la tête ; *(fam) you'll get it in the ~ !* tu vas te faire sonner les cloches ! *(Méd) stiff ~* torticolis *m* 2 *(robe)* encolure *f* 3 *(bouteille)* goulot *m* 4 *(Cuis)* collet *m* (d'agneau), collier *m* (de bœuf) 5 *(terre)* langue *f* ◆ *vi (fam)* se bécoter ‖ **ˈnecklace** *n* collier *m* ‖ **ˈneckline** *n* décolleté *m* ‖ **ˈnecktie** *n (amér)* cravate *f*.

need [niːd] *n* besoin *m* ; *if ~ be* le cas échéant ; *there's no ~ to wait* ce n'est pas la peine d'attendre ◆ *vt* avoir besoin de ; *is that all you ~?* est-ce tout ce qu'il vous faut ? *you only ~ed to ask* vous n'aviez qu'à demander ◆ *aux mod* falloir, être obligé (de) ; *~ you really go there?* faut-il vraiment que tu ailles là-bas ? *you needn't have written* tu n'avais pas besoin d'écrire ‖ **ˈneedless** *adj* inutile ‖ **ˈneedy** *adj* nécessiteux (*f* -euse) ; *in ~ circumstances* dans le besoin.

needle [ˈniːdl] *n* 1 aiguille *f* 2 *(Arch)* obélisque *m* ◆ *vt (fam)* agacer, irriter ‖ **ˈneedlecraft** *n* travaux *mpl* d'aiguille ‖ **ˈneedlework** *n (Ens)* couture *f*.

needn't [ˈniːdnt] *nég de* **need**.

negate [nɪˈgeɪt] *vt* 1 annuler 2 nier.

negative [ˈnegətɪv] *adj* 1 négatif (*f* -ive) 2 *(Math) (signe)* moins *m* ◆ *n* 1 *(Phot)* négatif *m* 2 *he answered in the ~* il a répondu de façon négative ◆ *adv (réponse)* non !

neglect [nɪˈglekt] *vt* négliger ; *I ~ed to post the letter* j'ai omis de poster la lettre ; *he ~ed my advice* il n'a pas tenu compte de mes conseils ◆ *n* inattention *f* ; *out of ~* par négligence ; *no child suffers from ~* aucun enfant ne manque de soins ‖ **neˈglected** *adj* 1 *(aspect)* négligé 2 *(enfant)* abandonné 3 *(maison)* mal entretenu ‖ **neˈglectful** *adj* négligent.

negligence [ˈneglɪdʒəns] *n* négligence *f* ‖ **ˈnegligible** *adj* négligeable.

negotiate [nɪˈgəʊʃɪeɪt] *vti* négocier ‖ **neˈgotiable** *adj* 1 négociable 2 *(prix)* à débattre 3 *(Jur)* transférable ‖ **negotiˈation** *n* négociation *f* ; *peace ~s* pourparlers *mpl* de paix ‖ **neˈgotiator** *n* négociateur *m* (*f* -trice).

neigh [neɪ] *vi* hennir ◆ *n* hennissement *m*.

neighbor *(amér)* / **neighbour** *(brit)*

[ˈneɪbə] *n* 1 voisin(e) *m(f)* 2 *(Rel)* prochain *m* ‖ **ˈneighbo(u)rhood** *n* quartier *m*, voisinage *m* ; *in the ~ of £ 50* aux alentours de 50 livres ‖ **ˈneighbo(u)ring** *adj* avoisinant, voisin ‖ **ˈneighbo(u)rly** *adj* obligeant ; *a ~ visit* visite *f* de bon voisinage.

neither [ˈnaɪðə] *adj pr quant* aucun (des deux), ni l'un ni l'autre ◆ *adv ~... nor* ni... ni ; *it's ~ here nor there* peu importe ◆ *conj she doesn't smoke – ~ do I!* elle ne fume pas – moi non plus !

nephew [ˈnevjuː] *n* neveu *m*.

nerve [nɜːv] *n* 1 *(Anat)* nerf *m* ; *(fam) he gets on my ~s* il m'agace ; *~ cell* cellule *f* nerveuse ; *~ gas* gaz *m* neurotoxique 2 *(Bot)* nervure *f* 3 *(fig)* courage *m* 4 *(fig)* culot *m* ◆ *vt* (se) donner du courage ‖ **ˈnerve-racking** *adj* éprouvant ‖ **ˈnerviness** *n* 1 nervosité *f* 2 *(amér)* culot *m* ‖ **ˈnervous** *adj* nerveux (*f* -euse) ; *I'm feeling ~* j'ai le trac ; *he makes me ~* il me met mal à l'aise ‖ **ˈnervousness** *n* 1 nervosité *f* 2 timidité *f* ‖ **ˈnervy** *adj* 1 tendu 2 *(amér)* culotté.

nest [nest] *n* nid *m* ; *(fig) ~ egg* pécule *m* ; *~ of tables* tables *fpl* gigognes ◆ *vi* nicher ‖ **ˈnestful** *n* nichée *f* ‖ **ˈnesting** *adj* nicheur (*f* -euse) ; *go ~* dénicher les oiseaux ‖ **ˈnestling** *n* oisillon *m*.

nestle [ˈnesl] *vti (up)* (se) blottir.

net¹ [net] *n* 1 filet *m* ; *through the ~* à travers les mailles *fpl* du filet 2 *(tissu)* tulle *m* ‖ **ˈnetting** *n* filet *m* ; *wire ~* grillage *m*.

net² [net] *vt* 1 gagner net 2 rapporter net 3 produire net ◆ *adj (aussi* **nett***)* net (*f* -tte) ◆ *n* bénéfice *m* net.

nettle [ˈnetl] *n* ortie *f* ; *~ rash* urticaire *f* ◆ *vt* irriter.

network [ˈnetwɜːk] *n* réseau *m* ◆ *vi* 1 établir un réseau 2 utiliser un réseau ‖ **ˈnetworking** 1 *(Inf)* gestion *f* de réseau 2 *(fig)* utilisation *f* des contacts personnels.

neuralgia [ˌnjʊəˈrældʒə] *n* névralgie *f* ‖ **neuˈralgic** *adj* névralgique.

neurologist [ˌnjʊəˈrɒlədʒɪst] *n* neurologue *m*.

neurosis [njʊəˈrəʊsɪs] *(pl* -oses*)* *n* névrose *f*.

neurotic [njʊəˈrɒtɪk] *adj (Méd)* neurasthénique ; névrosé ; *(fig)* complexé.

neuter [ˈnjuːtə] *adj* neutre ◆ *vt* châtrer.

neutral [ˈnjuːtrəl] *adj* neutre ; *(Aut) in ~* au point *m* mort ‖ **neuˈtrality** *n* neutralité *f* ‖ **ˈneutralize/ise** *vt* neutraliser.

never [ˈnevə] *adv* 1 ne... jamais ; *I ~ take sugar* je ne prends jamais de sucre 2 *(emphatique)* ; *~ mind!* ce n'est pas grave, cela n'a pas d'importance ; *he ~ so much as said hello* il n'a même pas dit bonjour ; *well I ~!* ça alors ! *(fam) on the ~-~* à crédit ‖ **never-ˈending** *adj* interminable || **neverthe°less** adv néanmoins, pourtant.

new [nju:] adj 1 nouveau, nouvel (f -elle); *Happy ~ Year!* Bonne année ! *N~ Year's Day* Jour m de l'An ; *N~ Year's Eve* la Saint-Sylvestre 2 neuf (f -ve); *brand ~* flambant neuf ; *as good as ~* comme neuf ; *(fam) that's a ~ one on me!* on en apprend tous les jours! *what's ~?* quoi de neuf ? || **°newborn** adj nouveau-né || **°newcomer** n nouveau (f -elle) venu(e) m(f) || **°newfangled** adj nouveau genre inv || **°newly** adv nouvellement, récemment ; *~ developing* en voie f de développement ; *~-painted* fraîchement peint ; *~weds* jeunes mariés mpl || **°newish** adj assez neuf (f -ve) || **°newness** n 1 (idée) nouveauté f 2 (robe) fraîcheur f.

news [nju:z] ns inv 1 nouvelle f ; *that's good ~!* ce sont de bonnes nouvelles ! *(fam) that's ~ to me!* première nouvelle ! 2 (Presse, Rad, TV) informations fpl ; *he's in the ~* il défraie les chroniques ; *~ agency* agence f de presse ; *~ bulletin* bulletin m d'informations ; *~ editor* rédacteur m ; *financial ~* chronique f financière ; *~ headlines* gros titres mpl ; *~ stand* kiosque m à journaux || **°newsagent** n marchand(e) m(f) de journaux || **°newscast** n programme m d'information || **°newscaster/reader** n présentateur m (f -trice) || **°newsletter** n lettre f circulaire || **°newspaper** n journal m || **°newspaperman** n 1 (amér) journaliste m 2 propriétaire mf de journal 3 (brit) vendeur m de journaux || **°newsprint** n papier m journal.

newt [nju:t] n (Zool) triton m.

next [nekst] adj 1 prochain, suivant; *the ~ day* le lendemain ; *the day after ~* dans deux jours ; *this time ~ year* dans un an (jour pour jour) ; *~ to last* avant-dernier (f -ière) ; *~ to nothing* presque rien 2 voisin ; *~-door neighbour* voisin(e) m(f) ◆ adv après ; *what did you do ~?* qu'avez-vous fait ensuite ? *when I ~ saw him* quand je l'ai revu ; *in ~ to no time* en un rien de temps || **next** to prép à côté de || **°next-of-kin** n famille f proche.

nib [nɪb] n (stylo) plume f.

nibble [ˈnɪbl] vti 1 grignoter, mordiller 2 (poisson) mordre (à l'hameçon) ◆ n *what about a ~?* un petit en-cas ?

nice [naɪs] adj 1 agréable ; *what ~ weather!* quel beau temps ! *~ and quiet* bien tranquille 2 gentil (f -ille) ; *he's a ~ man* c'est un homme bien sympathique 3 convenable ; *(ironique) that's a ~ way to talk!* en voilà des façons de parler ! 4 fin, subtil || **°nicely** adv 1 agréablement 2 gentiment 3 bien, convenablement ; *£10 will do ~* 10 livres feront bien l'affaire 4 avec justesse || **°nicety** n justesse f, précision f ;

to a ~ à la perfection ; *niceties* npl finesses fpl.

niche [nɪtʃ] n 1 (statue) niche f 2 (Com) créneau m ; *he has found his ~* il a trouvé sa voie.

nick [nɪk] vt 1 entailler, encocher 2 (brit argot) voler ◆ n 1 (petite) entaille f, encoche f 2 (loc) in the ~ of time juste à temps.

nickel [ˈnɪkl] n 1 (métal) nickel m 2 (amér) (pièce de) 5 cents ◆ vt nickeler.

nickname [ˈnɪkneɪm] n surnom m ◆ vt surnommer.

niece [ni:s] n nièce f.

nifty [ˈnɪftɪ] adj (fam) 1 (personne) adroit, habile 2 (outil) pratique 3 (robe) chic 4 (idée) astucieux (f -ieuse).

niggard [ˈnɪgəd] n pingre m || **°niggardly** adj mesquin || **°niggardliness** n avarice f.

nigger [ˈnɪgə] n (péj) nègre m.

niggle [ˈnɪgl] vi embêter; chicaner ◆ n doute m || **°niggling** adj 1 (personne) tatillon (f -onne) 2 (détail) insignifiant 3 (douleur) persistant.

night [naɪt] n 1 nuit f ; *I had a late ~* je me suis couché tard ; *all ~ long* toute la nuit ; *at ~* la nuit ; *by ~* de nuit ; *in the ~* pendant la nuit ; *last ~* hier soir ; *the ~ before* la veille au soir ; *the ~ before last* avant-hier soir ; *~ life* vie f nocturne ; *~ nurse* infirmier (f -ière) de garde ; *~ school* cours mpl du soir ; *~ shift* équipe f de nuit ; *~ table* (amér) table f de chevet 2 (Th) *the first ~* la première || **°nightcap** n 1 bonnet m de nuit 2 *let's have a ~* prenons un verre avant de nous coucher || **°nightfall** n tombée f de la nuit || **°nightie** (fam) n chemise f de nuit || **°nightingale** n rossignol m || **°nightlight** n veilleuse f || **°nightly** adv (de) toutes les nuits || **°nightmare** n cauchemar m || **°nightmarish** adj cauchemardesque || **°nightstick** n (amér) (police) matraque f || **°night-time** n nuit f ; *at ~* la nuit ; *in the ~* pendant la nuit || **°nightwear** ns inv vêtements mpl de nuit.

nil [nɪl] n 1 (Sp) zéro m 2 rien m.

nimble [ˈnɪmbl] adj agile ; (esprit) vif (f vive) || **°nimbleness** n agilité f, vivacité f.

nine [naɪn] adj num neuf inv ; *he's ~* il a neuf ans ; *I'll see you at ~* je te verrai à neuf heures ; *~ times out of ten* neuf fois sur dix ; *dressed up to the ~s* sur son trente-et-un || **nine°teen** adj num dix-neuf ; *(loc) he talks ~ to the dozen* c'est un vrai moulin à paroles || **°ninety** adj n quatre-vingt-dix ; *the nineties* les années 90 || **ninth** adj num neuvième ◆ n neuvième m.

nip [nɪp] n 1 pincement m ; morsure f ; 2 ~

of brandy petit verre *m* de cognac ◆ *vt*
1 pincer; mordiller; *he nipped the plot in
the bud* il a écrasé le complot dans l'œuf
‖ **nip back/down/in/off/out/up** *vpart*
(fam) revenir; retourner/descendre/ (r)en-
trer/partir/sortir/monter en coup de vent
‖ °**nippy** *adj (fam)* **1** frisquet **2** *(brit)* rapide, vif *(f* vive*)*.

nipple ['nɪpl] *n* **1** mamelon *m*; tétine *f*
2 *(Tech)* embout *m*; raccord *m*.

nit [nɪt] *n (Zool)* lente *f* ◆ *vt (aussi fig)*
pick ~s chercher des poux *mpl*
‖ **nit/°nitwit** *n (brit fam)* crétin(e) *m(f)*.

nitrogen ['naɪtrədʒən] *n (Ch)* azote *m*.

no [nəʊ] *adv* **1** non; **~-smoking** non-
fumeur **2** ne... pas; *I'll go ~ farther* je
n'irai pas plus loin ◆ *adj quant* aucun, nul
(f -lle*)*; ~ *cameras, please!* défense *f* de
photographier! *it's ~ of ~ interest* c'est sans
intérêt; *it's ~ joke!* il n'y a pas de quoi
rire; *they've got ~ tickets* ils n'ont pas de
billets; *there's ~ knowing how he'll react* il est impossible de prévoir ses réac-
tions.

noble ['nəʊbl] *adj* noble ‖ **no°bility** *n* noblesse *f* ‖ °**noble-minded** *adj* magnanime.

nobody ['nəʊbədɪ]/**no-one** *pr* (ne)... personne; *~ answered* personne n'a répondu
◆ *n* personne *f* insignifiante; nullité *f*.

nocturnal [nɒk'tɜ:nl] *adj* nocturne.

nod [nɒd] *n* signe *m* de la tête ◆ *vt* **1** faire
signe de la tête; *he nodded in agreement*
il acquiesça de la tête **2** dodeliner de la tête
‖ **nod off** *vpart* s'assoupir.

noise [nɔɪz] *n* bruit *m*; *(brit fig)* **a big ~**
un grand manitou ‖ *vi (abroad)* ébruiter
‖ °**noiseless** *adj* silencieux *(f* -ieuse*)*
‖ °**noisy** *adj* bruyant.

nominal ['nɒmɪnl] *adj* nominal; *a ~ sum*
somme *f* insignifiante.

nominate ['nɒmɪneɪt] *vt* **1** nommer
2 *(amér)* désigner comme candidat
‖ **nomi°nee** *n* **1** représentant *m* **2** *(amér)*
candidat *m* officiel.

non- [nɒn] *préf;* **~-alcoholic** *adj* sans alcool; **~-aligned** *adj* non-aligné; **~-com-
missioned officer** *n* sous-officier *m*;
~-committal *adj* évasif *(f* -ive*)*;
~-contributary *adj* sans versements *mpl*
de la part du bénéficiaire; **~-essential** *adj*
superflu; **~-existent** *adj* inexistant;
~-professional *adj* amateur; **~-profit-
making** *adj* sans but *m* lucratif; **~-return-
able** *adj* non-consigné; **~ -smoker** *n* non-
fumeur *m*; **~-stop** *adj* sans interruption *f*;
~-stop flight *n* vol *m* direct.

nondescript ['nɒndɪskrɪpt] *adj* quelconque.

none [nʌn] *pr* aucun; *it's ~ of your
business* cela ne vous regarde pas; *(brit)
I'll have ~ of your cheek* je ne tolérerai
pas d'insolence de votre part; *his partner
is ~ other than my uncle* son partenaire

n'est autre que mon oncle ◆ *adv* *it's ~
too warm* il ne fait pas bien chaud; *I'm
~ the wiser* je ne suis pas plus avancé
pour autant ‖ **none°less** *adv* néanmoins.

nonentity [nɒ'nentətɪ] *n* personne *f* insignifiante; nullité *f*.

nonplussed [ˌnɒn'plʌst] *adj* désemparé.

nonsense ['nɒnsəns] *ns inv* nonsens *m*;
a piece of ~ absurdité *f*; *don't talk ~!*
ne dis pas de bêtises! *there's no ~ about
him* il ne plaisante pas ‖ **non°sensical**
adj absurde ‖ **non°sensically** *adv* en dépit du bon sens.

noodle ['nu:dl] *n* nouille *f*.

nook [nʊk] *n* recoin *m*; **~s and crannies**
coins *mpl* et recoins *mpl*.

noon [nu:n] *n* midi *m*.

no-one ['nəʊwʌn] *voir* **nobody**.

noose [nu:s] *n* nœud *m* coulant; *(fig) the
~ is tightening* l'étau *m* se resserre.

nor [nɔ:] *conj* ni; *he doesn't like it, nor
do I* il ne l'aime pas, ni moi non plus; *I
don't know anything about it, nor do I
want to!* je n'en sais rien et je ne veux rien
en savoir!

norm [nɔ:m] *n* norme *f*; *to ~s* conforme
(aux plans) ‖ °**normal** *adj* normal; *it's ~
for you to ask* il est naturel que tu demandes ◆ *n* normale *f* ‖ °**normalize** *vti*
(se) normaliser.

Norman ['nɔ:mən] *adj* normand; *(Arch)*
roman (anglais).

north [nɔ:θ] *n* nord *m*; *true ~* nord *m* magnétique; *~ star* étoile *f* polaire ◆ *adv*
au nord, vers le nord; *we drove ~* nous
avons roulé vers le nord; *~ of* au nord de
‖ °**northbound** *adj* vers le nord, en direction *f* du nord ‖ °**north-country** *adj*
(des régions) du nord ‖ **north-°east** *n*
nord-est *m* ‖ °**northerly** *adj* du nord; *we
took a ~ direction* nous nous sommes di-
rigés vers le nord ‖ °**northern** *adj* du
nord; *in ~ Italy* dans le nord de l'Italie;
~ lights aurore *f* boréale ‖ °**northerner**
n **1** homme/femme *mf* du nord **2** *(amér
Hist)* nordiste *mf* ‖ °**northernmost** *adj* le
plus au nord ‖ °**northward(s)** *adj adv* vers
le nord ‖ **north-°west** *n* nord-ouest *m*.

nose [nəʊz] *n* **1** nez *m*; *blow your ~!*
mouche-toi! *don't poke your ~ into my
business!* mêle-toi de ce qui te regarde!
she looked down her ~ at me elle m'a
regardé de haut; *he turned his ~ up* il a
fait le difficile; *I paid through the ~ for
it* je l'ai payé les yeux de la tête **2** flair
m **3** *(brit Aut)* avant *m* ‖ **nose about/
around** *vpart* fouiner ‖ °**nosebleed** *n*
saignement *m* de nez ‖ °**nose-dive** *n (Av)*
vol (en) piqué *m*; *prices took a ~* les prix
sont descendus en flèche ‖ **nose forward**
vpart (Aut) avancer (lentement en marche

avant) ‖ **nose out** *vpart* **1** flairer **2** dénicher. ‖ °**nos(e)y** *adj* curieux (*f* -ieuse)
nostalgia [nɒ'stældʒə] *n* nostalgie *f* ‖ **nos°talgic** *adj* nostalgique.
nostril ['nɒstrəl] *n* narine *f*.
not [nɒt] *adv* ne... pas; *there's ~ room for everyone* il n'y a pas de place pour tout le monde; *~ at all* pas du tout; *~ even my sister* pas même ma sœur; *I hope ~* j'espère bien que non; *she told me ~ to write* elle m'a dit de ne pas écrire; *~ yet* pas encore.
notch [nɒtʃ] *n* **1** (*bâton*) encoche *f*, entaille *f* **2** (*ceinture*) cran *m* **3** (*fig*) degré *m* **4** (*amér Géog*) défilé *m* ◆ *vt* **1** encocher, entailler **2** cranter ‖ **notch up** *vpart* marquer (un point).
note [nəʊt] *n* **1** note *f*; *make/take ~s* prendre des notes; *he wrote me a ~* il m'a écrit un petit mot **2** annotation *f* **3** (*Com*) billet *m*; *bank~* billet *m* de banque **4** (*Mus*) note *f*; (*piano*) touche *f* **5** ton *m*; *there's a ~ of anxiety in his voice* il y a une note d'inquiétude dans sa voix **6** distinction *f*, éminence *f*; *a person of ~* personne *f* de marque ◆ *vt* **1** annoter **2** remarquer; *we ~d a fall in production* nous avons constaté une baisse de production; *he's ~d for his sense of humo(u)r* il est connu pour son sens de l'humour ‖ °**notebook** *n* carnet *m*, calepin *m* ‖ **note down** *vpart* **1** noter, prendre des notes **2** inscrire ‖ °**notepad** *n* bloc-notes *m* (*pl inv*) ‖ °**notepaper** *n* papier *m* à lettres ‖ °**noteworthy** *adj* notable, remarquable.
nothing ['nʌθɪŋ] *pr quant* (ne) rien; *I saw ~* je n'ai rien vu; *he had ~ on* il était tout nu; *I've got ~ on tomorrow* je n'ai rien de prévu demain; *I'll have ~ to do with him* je refuse d'avoir à faire à lui; *you'll hear ~ but compliments about her* vous n'entendrez que des compliments à son égard; *~ at all* rien du tout; (*fam*) *~ doing!* rien à faire! *~ else* rien d'autre; *there's ~ like a good night's rest* rien ne vaut une bonne nuit de sommeil; *~ on earth* rien au monde; (*loc*) *~ ventured ~ gained* qui n'ose rien n'a rien ◆ *adv* rien; *~ much* pas grand-chose; *~ new* rien de neuf; *he thinks ~ of getting up at six* cela ne le dérange pas de se lever à six heures; *it's ~ less than a disaster* c'est ni plus ni moins qu'un désastre; *it's ~ like as serious* c'est loin d'être aussi grave ◆ *n* **1** rien *m*; *sweet ~s* petits mots *mpl* doux **2** (*Math*) zéro *m* ‖ °**nothingness** *n* néant *m*.
notice ['nəʊtɪs] *n* **1** affiche *f*; écriteau *m*; (*journal*) annonce *f* **2** attention *f*; *it's beneath ~* ce n'est pas digne d'intérêt; *take no ~!* ne faites pas attention! *I took ~ of her remark* j'ai tenu compte de sa remarque; *it escaped my ~* je ne m'en suis

pas aperçu **3** (*pré*)avis *m*; avertissement *m*; notification *f*; *at a moment's ~* sur-le-champ, à la minute; *at short ~* dans un bref délai; *give me a day's ~* prévenez-moi un jour à l'avance; (*Com*) *~ of delivery* accusé *m* de réception; *he was given three months' ~ by his firm* il a été licencié avec trois mois de préavis; *she handed in her ~* elle a donné sa démission; *until further ~* jusqu'à nouvel ordre **4** (*Th*) critique *f* ◆ *vt* remarquer, (s')apercevoir (de) ‖ °**noticeable** *adj* perceptible, (*défaut*) évident; (*progrès*) sensible ‖ °**notice-board** *n* panneau *m* d'affichage.
notify ['nəʊtɪfaɪ] *vt* notifier; *kindly ~ us of any change of address* veuillez nous signaler tout changement d'adresse; *I was notified by post* j'ai été avisé par courrier ‖ **notifi°cation** *n* annonce *f*, notification *f*; *you will receive official ~* vous serez avisé par la voie officielle.
notion ['nəʊʃn] *n* notion *f*; *I haven't the slightest ~* je n'en ai pas la moindre idée; *I had no ~ that it was so late* j'ignorais qu'il était si tard.
notoriety [ˌnəʊtə'raɪətɪ] *n* (*péj*) mauvaise réputation *f*; notoriété *f*.
notorious [nəʊ'tɔːrɪəs] *adj* notoire; *it was a ~ kidnapping case* ce fut un cas de rapt d'enfant tristement célèbre.
notwithstanding [ˌnɒtwɪθ'stændɪŋ] *prép* en dépit de ◆ *adv* néanmoins.
nought [nɔːt] *n* **1** (*Math*) zéro *m* **2** (*vx*) rien *m*.
noun [naʊn] *n* nom *m*; substantif *m*.
nourish ['nʌrɪʃ] *vt* **1** (*with*) nourrir (de) **2** (*fig*) entretenir ‖ °**nourishing** *adj* nourrissant ‖ °**nourishment** *n* nourriture *f*; *take ~* s'alimenter.
novel ['nɒvl] *n* roman *m* ◆ *adj* nouveau (*f* -elle); (*idée*) originale ‖ °**novelist** *n* romancier *m* (*f* -ière) ‖ °**novelty** *n* **1** nouveauté *f*; innovation *f* **2** article *m* de nouveauté.
November [nə'vembə] *n* novembre *m*.
now [naʊ] *adv* maintenant; de nos jours; *~ and again/then* de temps en temps, de temps à autre; *any moment ~* d'un moment à l'autre; *he will have finished by ~* il aura terminé à l'heure qu'il est; *that's enough for ~* cela suffit pour le moment; *just ~/right ~* en ce moment; *I'll do it right ~* je vais le faire tout de suite; *I saw him just ~* je l'ai vu il y a quelques minutes; *from ~ on* à partir de maintenant; *two days from ~* d'ici deux jours; *it's a week ~ since I last saw her* cela fait une semaine que je ne l'ai pas vue; *until ~/up to ~* jusqu'à présent; (*fam*) *~, ~! don't cry!* allons! ne pleure pas!
nowadays ['naʊədeɪz] *adv* aujourd'hui; de nos jours.
nowhere ['nəʊweə] *adv* nulle part; *I went*

~ je ne suis allé nulle part; ~ *else* nulle part ailleurs; *the debate was getting* ~ le débat tournait en rond; *shouting will get you* ~ crier ne vous avancera à rien; *it's* ~ *near ready* c'est loin d'être prêt.

noxious ['nɒkʃəs] *adj* **1** nocif (*f* -ive); ~ *gas* gaz *m* toxique **2** (*fig*) désagréable.

nozzle ['nɒzl] *n* **1** lance *f* (d'arrosage) **2** (*aspirateur*) suceur *m* **3** (*Méd*) canule *f* **4** (*essence*) pistolet *m*.

nub [nʌb] *n* essentiel *m*; *the* ~ *of the question* le cœur du problème.

nuclear ['nju:klɪə] *adj* nucléaire; ~ *power station* centrale *f* atomique; ~ *processing plant* usine *f* de (re)traitement de déchets nucléaires; ~ *scientist* atomiste *m*; ~ *warhead* tête *f* nucléaire.

nucleus ['nju:klɪəs] (*pl* -ei) *n* **1** (*Astr, Phys*) noyau *m* **2** (*Bio*) nucléus *m* **3** (*fig*) base *f*.

nude [nju:d] *adj n* nu *m*.

nudge [nʌdʒ] *vt* **1** pousser du coude **2** (*fig*) encourager; persuader ◆ *n* coup *m* de coude.

nugget ['nʌgɪt] *n* **1** pépite *f* **2** bribe *f* (d'information).

nuisance ['nju:sns] *n* **1** ennui *m*; *it's such a* ~ c'est bien embêtant **2** (*personne*) casse-pieds *m* (*pl inv*), peste *f* **3** nuisance *f* **4** (*Jur*) dommage *m*.

nuke [nju:k] *n* (*amér argot*) arme *f* nucléaire ◆ *vt* détruire à l'arme atomique.

null [nʌl] *adj* (*Jur*) nul (*f* nulle); ~ *and void* nul et non-avenu ‖ °**nullify** *vt* (*Jur*) annuler; invalider.

numb [nʌm] *adj* **1** engourdi; *I'm* ~ *with cold* je suis transi (de froid) **2** paralysé ◆ *vt* engourdir; paralyser ‖ °**numbness** *n* engourdissement *m*.

number ['nʌmbə] *n* **1** (*Math*) chiffre *m* **2** numéro *m*; (*fam*) *his* ~ *is up* il est fichu; (*fam*) *my* ~ *came up* j'ai tiré le bon numéro; ~ *plate* plaque *f* d'immatriculation; *registration* ~ numéro *m* d'immatriculation **3** nombre *m*; *we were 30 in* ~ nous étions (au nombre de) 30 **4** (*presse*) numéro *m*; *back* ~ vieux numéro **5** (*Th*)

numéro *m*, attraction *f* **6** membre *m* (d'un groupe) ◆ *vt* **1** (*pages*) numéroter **2** dénombrer; *she is* ~*ed among the great poets* elle compte parmi les grands poètes ‖ °**numberless** *adj* innombrable; sans nombre.

numeral ['nju:mərəl] *n* numéral *m* ‖ **nu°meric(al)** *adj* numérique ‖ °**numerous** *adj* nombreux (*f* -euse).

nun [nʌn] *n* religieuse *f*, nonne *f*.

nurse [nɜ:s] *n* **1** infirmière *f*; *male* ~ infirmier *m* ◆ *vti* **1** soigner; *she wants to* ~ elle veut être infirmière **2** (*bébé*) allaiter; bercer; (*amér*) *the baby is nursing* le bébé tète **3** (*fig*) nourrir; ~ *a hope* entretenir un espoir ‖ °**nursery** *n* **1** chambre *f* d'enfant **2** crèche *f*; pouponnière *f*; ~ *school* école *f* maternelle; ~ *rhyme* comptine *f* **3** (*Hort*) pépinière *f*; ~ *gardener* pépiniériste *mf* ‖ °**nursing** *n* **1** profession *f* d'infirmier (*f* -ière); *he took up* ~ il est devenu infirmier; ~ *home* clinique *f* (privée); maison *f* de repos **2** allaitement *m* **3** soins *mpl* assidus ◆ *adj* **1** soignant; ~ *auxiliary* aide-soignant(e) *m(f)*; ~ *staff* personnel *m* soignant **2** ~ *mother* mère *f* qui allaite; ~ *baby* nourrisson *m*.

nurture ['nɜ:tʃə] *vt* **1** nourrir; soigner **2** (*enfant*) élever; éduquer **3** (*fig*) entretenir ◆ *n* **1** soins *mpl* **2** éducation *f*.

nut [nʌt] *n* **1** (*fruit*) noix *f*; (*loc*) *it's a hard* ~ *to crack* c'est (un problème) difficile **2** (*Tech*) écrou *m* **3** (*argot*) (*tête*) caboche *f*; *you're* ~*s off your* ~ tu es cinglé/timbré **4** (*personne*) dingue *mf* ‖ °**nutcrackers** *npl inv* casse-noix *m* (*pl inv*) ‖ °**nutmeg** *n* noix *f* muscade ‖ °**nutshell** *n* coquille *f* de noix; (*fig*) *in a* ~ en un mot ‖ °**nutty** *adj* **1** au goût de noix **2** (*argot*) dingue, fou (*f* folle).

nutrient ['nju:trɪənt] *n* aliment *m*; élément *m* nutritif ◆ *adj* nutritif (*f* -ive) ‖ **nu°tritious/°nutritive** *adj* nutritif (*f* -ive) ‖ **nu°tritional** *adj* nutritionnel (*f* -elle).

nuzzle ['nʌzl] *vti* (se) blottir; *he* ~*d up to me* il s'est serré contre moi.

O

O, o [əʊ] *n* **1** (*lettre*) O, o *m* **2** zéro *m*.

oaf [əʊf] *n* balourd *m*, mufle *m*.

oak [əʊk] *n* chêne *m*.

oar [ɔ:] *n* aviron *m*, rame *f*; (*fam*) *don't stick your* ~ *in* ne t'en mêle pas ‖ °**oarsman/woman** *n* rameur *m* (*f* -euse).

oasis (*pl* **oases**) [əʊˈeɪsɪs, -iːz] *n* oasis *f*.

oath [əʊθ] *n* **1** (*Jur*) serment *m*; *on* ~ sous serment; *take the* ~ prêter serment **2** juron *m*.

oats [əʊts] *npl inv* avoine *f*; (*fam*) *he sowed his wild* ~ il a jeté sa gourme ‖ °**oatmeal** *ns inv* flocons *mpl* d'avoine ◆ *adj* beige.

obedience [ə'bi:djəns] *n* **1** *(to)* obéissance *f* (à) **2** *(Rel, Pol)* obédience *f* ‖ **o°bedient** *adj* obéissant ‖ **o°bediently** *adv* docilement.

obelisk ['ɒbəlɪsk] *n* obélisque *m*.

obey [ə'beɪ] *vti* obéir (à); obtempérer.

obituary [ə'bɪtʃʊərɪ] *n* nécrologie *f*; ~ *column* notices *fpl* nécrologiques.

object[1] ['ɒbdʒɪkt] *n* **1** objet *m*; ~ *lesson* démonstration *f* **2** *(Gr)* complément *m* d'objet **3** but *m*; *what's the* ~ *of your question?* où veux-tu en venir ? **4** sujet *m*; ~ *of embarrassment* source *f* d'ennui.

object[2] [əb'dʒekt] *vti* **1** *(to)* faire des objections (à); protester (contre); *I* ~ *to their policy* je désapprouve leur politique ; *I* ~ *to you/your smoking* je ne supporte pas que tu fumes ; *if you don't* ~ si vous n'y voyez pas d'inconvénient **2** *(Jur)* récuser ‖ **ob°jection** *n* **1** objection *f*; *I see no* ~ je n'y vois pas d'inconvénient **2** *(Jur)* récusation *f* ‖ **ob°jectionable** *adj* **1** désagréable; choquant **2** *(conduite)* répréhensible.

objective [əb'dʒektɪv] *adj* objectif (*f* -ive) ◆ *n* **1** but *m*, objectif *m* **2** *(Gr)* accusatif *m*.

obligated ['ɒblɪgeɪtɪd] *adj (to)* redevable (de/envers) ‖ **obli°gation** *n* **1** obligation *f*; *I'm under an* ~ *to you* je vous suis redevable **2** *(Com) without* ~ sans engagement *m*.

obligatory [ə'blɪgətərɪ] *adj* obligatoire.

oblige [ə'blaɪdʒ] *vt* **1** obliger, contraindre **2** rendre service à; *I'm much* ~*d to you* je vous suis très reconnaissant.

oblique [ə'bli:k] *adj* oblique; *(référence)* indirect.

obliterate [ə'blɪtəreɪt] *vt* **1** oblitérer **2** *(souvenir)* effacer **3** détruire.

oblivion [ə'blɪvɪən] *n* oubli *m* ‖ **o°blivious** *adj (to)* inconscient (de); *he was* ~ *to time* il avait perdu toute notion du temps.

obnoxious [əb'nɒkʃəs] *adj* odieux (*f* -ieuse), détestable; répugnant; *(odeur)* infecte.

oboe ['əʊbəʊ] *n* hautbois *m* ‖ **°oboist** *n* hautboïste *mf*.

obscene [əb'si:n] *adj* **1** obscène **2** *(fig)* scandaleux (*f* -euse).

obscenity [əb'senətɪ] *n* **1** obscénité *f* **2** *(fig)* scandale *m*.

obscure [əb'skjʊə] *adj* **1** obscur, vague **2** *(idée)* embrouillé **3** peu connu ◆ *vt* **1** obscurcir; *it* ~*s our view* il/elle nous cache la vue **2** *(fig)* éclipser ‖ **ob°scurity** *n* **1** obscurité *f* **2** *(lit)* ténèbres *fpl*.

obsequious [əb'si:kwɪəs] *adj* obséquieux (*f* -ieuse), servile.

observation [ˌɒbzə'veɪʃn] *n* **1** observation *f*; *under* ~ sous surveillance *f* **2** remarque *f*.

observe [əb'zɜ:v] *vti* **1** observer; surveiller **2** respecter; *we* ~ *all religious festivals* nous célébrons toutes les fêtes religieuses **3** *(faire)* remarquer ‖ **ob°servance** *n* *(loi, coutume)* respect *m* ‖ **ob°servant** *adj* **1** observateur (*f* -trice) **2** respectueux (*f* -ueuse).

obsess [əb'ses] *vt* obséder; *(souvenir)* hanter ‖ **ob°sessive** *adj* obsédant.

obsolescence [ˌɒbsə'lesns] *n* **1** désuétude *f* **2** *(Tech) (machine)* obsolescence *f*.

obsolete ['ɒbsəli:t] *adj* **1** *(passeport)* périmé **2** *(mot)* désuet (*f* -uète) **3** *(technique)* dépassé.

obstacle ['ɒbstəkl] *n* **1** obstacle *m*; *can you see any* ~*s to our plans?* voyez-vous un empêchement quelconque à nos projets? **2** *(Mil)* ~ *course (aussi fig)* parcours *m* du combattant.

obstinacy ['ɒbstɪnəsɪ] *n* obstination *f* ‖ **°obstinate** *adj* **1** obstiné **2** *(douleur)* tenace, persistant.

obstruct [əb'strʌkt] *vti* **1** bloquer, boucher **2** *(Méd)* obstruer **3** *(Jur)* entraver **4** *(Sp)* faire obstruction ‖ **ob°struction** *n* **1** obstruction *f* **2** *(circulation)* bouchon *m* **3** *(Jur)* entrave *f* ‖ **ob°structive** *adj* *he's being* ~ il fait de l'obstruction.

obtain [əb'teɪn] *vt* obtenir; se procurer ‖ **ob°tainable** *adj* disponible; *interest of up to 12% is* ~ vous obtiendrez jusqu'à 12 % d'intérêt.

obtrude [əb'tru:d] *vti* (s')imposer, (se) mettre en avant ‖ **ob°trusive** *adj* **1** *(personne)* importun **2** *(comportement)* indiscret (*f* -ète) **3** trop visible **4** *(odeur)* pénétrant.

obvious ['ɒbvɪəs] *adj* évident; manifeste; *it's* ~ *he's lying* il est clair qu'il ment.

occasion [ə'keɪʒn] *n* occasion *f*; *there are* ~*s when he annoys me* il lui arrive de m'agacer; *on* ~*s* par moments; *she rose to the* ~ elle s'est montrée à la hauteur; *should the* ~ *arise* le cas échéant ◆ *vt* occasionner ‖ **o°ccasional** *adj* **1** intermittent; *we make* ~ *visits to London* nous nous rendons à Londres de temps à autre ‖ **o°ccasionally** *adv* de temps en temps.

occupant ['ɒkjʊpənt] / **occupier** ['ɒkjʊpaɪə] *n* **1** occupant(e) *m(f)* **2** locataire *mf* ‖ **occu°pation** *n* **1** occupation *f* **2** profession *f* ‖ **occu°pational** *adj* ~ *disease* maladie *f* professionnelle; ~ *hazard* risque *m* du métier; ~ *therapy* ergothérapie *f* ‖ **°occupy** *vt* occuper.

occur [ə'kɜ:] *vi* **1** *(événement)* avoir lieu **2** venir à l'esprit **3** se présenter; *measles often* ~ *s in young children* la rougeole se rencontre souvent chez de jeunes enfants ‖ **o°ccurrence** *n* **1** évé-

nement *m*; fait *m* 2 *(fréquence)* occurrence *f*.
ocean [ˈəʊʃn] *n* océan *m*; ~ **bed** fonds *mpl* marins; ~ **liner** paquebot *m*.
o'clock [əˈklɒk] *adv* **at six** ~ à six heures; *I'll be on the four* ~ *train* j'arriverai par le train de quatre heures.
octane [ˈɒkteɪn] *n (Ch)* octane *m*; **high** ~ **petrol** super *m*.
October [ɒkˈtəʊbə] *n* octobre *m*.
octopus [ˈɒktəpəs] *n* pieuvre *f*; poulpe *m*.
odd [ɒd] *adj* 1 bizarre, curieux *f* -ieuse; *what an* ~ *question!* quelle drôle de question! 2 *(nombre)* impair 3 divers; ~ *jobs* petits travaux *mpl*; ~*-job man* homme *m* à tout faire; *in my* ~ *moments* à mes moments perdus; *add the* ~ *vegetable* ajoutez quelques légumes; ~ *man out* exception *f*; *find the* ~ *man out!* cherchez l'intrus! 4 approximatif *f* -ive); *there are 20*~ *people* il y a une vingtaine de personnes ◆ **odds** *npl* 1 chances *fpl*; *the* ~ *against the strike ending are slim* il est peu probable que la grève prenne fin 2 *(pari)* cote *f*; *he won against all* ~ il a gagné contre toute attente; **odds-on** *adj* probable 3 *he is at* ~ *with his boss* il est en désaccord avec son patron 4 ~ *and ends npl* articles/objets *mpl* divers || **°oddity** *n* 1 bizarre *f* 2 *(personne)* original(e) *m(f)* || **°oddment** *n* article *m* dépareillé.
odious [ˈəʊdjəs] *adj* odieux *(f* -ieuse).
odor *(amér)*/**odour** *(brit)* [ˈəʊdə] *n* odeur *f* || **odo°riferous** *adj* odoriférant || **°odorous** *adj* odorant; *(désagréable)* malodorant || **°odo(u)rless** *adj* inodore.
of [ɒv] *prép* **de** 1 *(quantité, somme) a piece of cake* une part de gâteau; *increase of 2 %* hausse de 2 % 2 *(âge) a boy of 10* un garçon de 10 ans 3 *(description) a photo of my wife* une photo de ma femme 4 *(appartenance) a friend of mine* un ami à moi 5 *(réaction) that's kind of you* c'est gentil de ta part 6 *(matière) a ring of solid gold* bague *f* en or massif 7 *(cause) they died of thirst* ils sont morts de soif.
off [ɒf] *prép* de; *I jumped* ~ *the bike* j'ai sauté du vélo; *I ate* ~ *a paper plate* j'ai mangé dans une assiette en carton; *I got £20* ~ *the normal price* j'ai eu une remise de 20 livres; *the farm is* ~ *the road* la ferme est à l'écart de la route; *the shop is just* ~ *High Street* le magasin est tout près de High Street; *I'm* ~ *meat* je n'aime plus la viande; ~ *the coast* au large; *it works* ~ *a battery* cela fonctionne sur pile; *(brit fam) you are* ~ *your head* t'es un peu cinglé ◆ *adv* 1 *(éloignement)* goodbye, *I'm* ~ au revoir, je m'en vais; *it's a long way* ~ c'est loin; *the handle fell* ~ la poignée s'est détachée; *he ran* ~ il est parti en courant 2 *(fréquence)* ~

and on de temps à autre ◆ *adj* 1 *(lait)* tourné; *(poisson)* pas frais 2 *(absence) I'm sorry the beef is* ~ je regrette mais il ne reste plus de bœuf; *(réunion)* annulé || **off-°balance** *adj adv* en déséquilibre; *(fig) it caught me* ~ j'ai été pris au dépourvu || **°offbeat** *adj n* original(e) *m(f)* ◆ *n (Mus)* temps *m* faible || **off-°center** *(amér)* /**-centre** *(brit) adj* décentré, décalé || **off-°colour** *adj (brit)*; *you look* ~ tu n'as pas l'air en forme || **°off-day** *n (fam)* un jour où rien ne va || **°offhand** *adj* désinvolte ◆ *adv* 1 de façon désinvolte 2 au pied levé || **°off-licence** *n (brit)* magasin *m* de vin et de spiritueux || **°off-peak** *adj* ~ *hour* heure *f* creuse; ~ *tariff* tarif *m* réduit || **°off-putting** *adj* 1 *(personne)* peu engageant 2 *(travail)* rebutant 3 *(plat)* peu appétissant || **°off-stage** *adj adv* en coulisse, dans les coulisses || **off-the-cuff** *adv* à l'improviste || **off-the-peg** *adj* prêt à porter || **off-the-°record** *adj* officieux *(f* -ieuse).
offal [ˈɒfl] *n* abats *mpl*.
offence *(brit)*/**offense** *(amér)* [əˈfens] *n* 1 *(Jur)* délit *m*; *driving* ~ infraction *f* au code de la route 2 offense *f*; *he takes* ~ *easily* il s'offense facilement.
offend [əˈfend] *vt* 1 offenser 2 *(Jur)* contrevenir (à) || **o°ffender** *n* 1 offenseur *m* 2 *(Jur)* contrevenant(e) *m(f)*, malfaiteur *m*; *first* ~ délinquant *m* primaire; *(fig) TV is the worst* ~ la télévision est le premier coupable || **o°ffensive** *adj* 1 offensant 2 *(mot)* injurieux *(f* -ieuse) ◆ *n (Mil)* offensive *f*.
offer [ˈɒfə] *vt* offrir; *I* ~*ed to help* j'ai proposé mon aide; *it has a lot to* ~ cela présente beaucoup d'avantages ◆ *n* offre *f*; *cheese is on* ~ *this week* le fromage est en promotion cette semaine; *£200 or the nearest* ~ 200 livres ou au plus offrant || **°offering** *n* offrande *f* || **offer up** *vpart* offrir, faire offrande (de).
office [ˈɒfɪs] *n* 1 *(pièce)* bureau *m*; *(notaire)* étude *f*; *(ministre)* cabinet *m*; ~ *block* immeuble *m* de bureaux; ~ *hours* heures *fpl* ouvrables 2 personnel *m* (de bureau) 3 fonction *f*; *he has been in* ~ *for years* il est au pouvoir depuis des années 4 *(brit) Foreign O*~ ministère *m* des Affaires étrangères; *Home O*~ ministère de l'Intérieur 5 *thanks to the good* ~*s of the press* grâce au soutien de la presse.
officer [ˈɒfɪsə] *n* 1 *(Mil)* officier *m* 2 *government* ~ *(haut)* fonctionnaire *m* 3 *police* ~ agent *m* de police 4 *(association)* membre *m* dirigeant.
official [əˈfɪʃl] *n* 1 responsable *m*; *government* ~ représentant *m* du gouvernement 2 *(manifestation)* organisateur *m (f* -trice); *he's one of the* ~*s* il fait partie

des officiels ◆ *adj* officiel (*f* -ielle); ~ *terms* langage *m* administratif.

officious [ə'fɪʃəs] *adj* (trop) empressé; (trop) zélé.

offing ['ɒfɪŋ] *n* (*Naut*) large *m*; (*fig*) *in the* ~ imminent.

offset ['ɒfset] *vt* (*p pp* offset) 1 compenser 2 (*Tech*) désaxer, décaler 3 imprimer en offset.

offshoot ['ɒfʃuːt] *n* 1 (*Hort*) rejet *m*, gourmand *m* 2 (*fig*) ramification *f*.

offshore ['ɒfʃɔː] *adj* 1 au large, vers le large 2 (*vent*) de terre 3 (*pêche*) côtier (*f* -ière) 4 (*Com*) à l'étranger.

offside ['ɒfsaɪd] *adj* (*amér Aut*) côté *m* gauche; (*brit*) côté *m* droit ◆ *adv* [,ɒf'saɪd] (*Sp*) hors jeu.

offspring ['ɒfsprɪŋ] *ns inv* progéniture *f*.

often ['ɒfn/'ɒftən] *adv* souvent; *as* ~ *is not/more* ~ *than not* le plus souvent; *every so* ~ de temps en temps; *de loin en loin*; *how* ~? combien de fois (par an/jour/semaine)?

ogle ['əʊgl] *vt* lorgner.

oil [ɔɪl] *n* 1 huile *f*; *cooking* ~ huile *f* de cuisine; ~ *paint* peinture *f* à l'huile; (*Art*) ~ *painting* tableau *m* (peint à l'huile) 2 *crude* ~ pétrole *m*; *oilfield* gisement *m* pétrolifère; ~ *rig* (*mer*) plateforme *f* pétrolière; (*terre*) derrick *m*; ~ *spill(age)/slick* (*côte*) marée *f* noire; (*mer*) nappe *f* de pétrole; (*Fin*) ~ *shares* valeurs *fpl* pétrolières; ~ *tanker* pétrolier *m* 3 *domestic* ~ mazout *m*; ~*fired adj* au mazout 4 *engine/lubricating* ~ huile *f* (de moteur); ~ *gauge* jauge *f* à huile; *oilcan* burette *f* 5 (*parfum*) essence *f* ◆ *vt* huiler, graisser; lubrifier ‖ °**oilcloth** *n* toile *f* cirée ‖ °**oilskin(s)** *n(pl)* ciré *m* ‖ °**oily** *adj* 1 huileux (*f* -euse); graisseux (*f* -euse); (*nourriture*) gras (*f* grasse) 2 (*péj*) (*personne*) onctueux (*f* -ueuse).

ointment ['ɔɪntmənt] *n* pommade *f*, onguent *m*.

OK [,əʊ'keɪ]/**okay** *excl* (*fam*) entendu! *it's* ~ *by me* je suis d'accord ◆ *adj* bien; *are you* ~? est-ce que tu vas bien? ◆ *vt* approuver.

old [əʊld] *adj* 1 vieux/vieil *m* (*f* vieille); *the good* ~ *days* le bon vieux temps; *I say,* ~ *man!* dites donc, mon vieux! 2 (*âge*) *I'm 20 years* ~ j'ai 20 ans; ~ *age* vieillesse *f*; ~ *man* vieil homme *m*, vieillard *m*; ~ *people's home* hospice *m*, maison *f* de retraite; (*loc*) *as* ~ *as the hills* vieux comme le monde 3 ancien (*f* -ienne); (*art*) ~ *master* tableau *m* de maître; (*Ens*) ~ *boy/girl* ancien(ne) élève 4 expérimenté; *I'm an* ~ *hand (at...)* j'ai une grande expérience (de/en matière de...) 5 (*fam*) *any* ~ *glass will do* n'importe quel verre fera l'affaire ‖ °**older**; *grow* ~ vieillir; *when you grow* ~... quand tu seras

plus grand(e)... ‖ **old-**°**fashioned** *adj* démodé, vieillot (*f* -otte) ‖ **old-**°**timer** *n* (*amér*) vétéran *m*, (*fam*) vieillard *m*.

olive ['ɒlɪv] *adj n* olive *f*; ~ *branch* rameau *m* d'olivier; ~ *tree* olivier *m*.

olympic [əʊ'lɪmpɪk] *adj* olympique.

ombudsman ['ɒmbʊdzmən] *n* médiateur *m*.

omen ['əʊmen] *n* présage *m*; *bird of ill* ~ oiseau *m* de mauvais augure.

ominous ['ɒmɪnəs] *adj* de mauvais augure; *look at those* ~ *clouds* regarde ces nuages menaçants.

omit [ə'mɪt] *vt* omettre; *he omitted to sign* il n'a pas signé.

on [ɒn] *prép* 1 (*localisation*) sur; *on horseback* à cheval 2 *on the train* dans le train 3 (*temps*) *on Monday* lundi; *on April 1st* le 1er avril; *on the following day* le jour suivant; *on a clear night* par une nuit claire; *on that occasion* à cette occasion; *on his departure* à son départ 4 *on (an) average* en moyenne; *on sale* en vente 5 (*loc*) *he travels on a Swiss passport* il voyage avec un passeport suisse; *on a charge of murder* sous l'inculpation de meurtre; *he's on a diet* il suit un régime; *on further examination* après une étude plus approfondie; *on condition that...* à (la) condition que...; *he lives on fruit* il ne vit que de fruits ◆ *adv* 1 (*habillement*) *put your shoes on!* mets tes chaussures! *he had nothing on* il était tout nu 2 (*temps*) *later on* plus tard; *from that day on* à compter de ce jour; *he's well on in years* il a un âge avancé 3 (*fonctionnement*) *put on the brakes* serrez les freins; *turn on the radio* mets la radio; *put the kettle on* fais chauffer l'eau 4 (*continuité*) *go on!* continue! *he talked on and on* il n'arrêtait pas de parler 5 (*spectacle*) *what's on tonight?* qu'est-ce qu'il y a au programme ce soir? *is Hamlet still on?* est-ce qu'Hamlet est toujours à l'affiche? 6 (*loc*) *off and on* par intermittence; (*fam*) *he's always on at me* il s'en prend toujours à moi ‖ **oncoming** *adj* qui approche; ~ *traffic* les véhicules venant en sens inverse ‖ °**onlooker** *n* spectateur *m* (*f* -trice) ‖ °**onslaught** *n* attaque *f* ‖ °**onward(s)** *adv* en avant.

once [wʌns] *adv* 1 une fois; ~ *in a while* de temps à autre; ~ *upon a time* il était une fois 2 jadis; *it was* ~ *the custom* c'était la coutume autrefois 3 (*loc*) *all at* ~ tous ensemble; *at* ~ tout de suite; *the speech was at* ~ *brief and eloquent* le discours fut à la fois bref et éloquent; *just for (this)* ~ pour cette fois-ci ◆ *conj* une fois que; ~ *he has gone, we can start* nous pourrons commencer dès qu'il sera parti ‖ °**once-over** *n* (*fam*) vérification *f* rapide.

one [wʌn] *adj num* 1 un; *for* ~ *thing*

opportune

d'abord **2** seul *my ~ and only care* mon seul et unique souci ; *all in ~ direction* tous dans la même direction ; *it's ~ and the same thing* c'est tout à fait la même chose ◆ *pr* **1** un(e) *m(f)* ; *which ~ do you like?* lequel préférez-vous ? *this ~* celui-ci ; *the big ~* le gros ; *the last row but ~* l'avant-dernière rangée ; *any ~ will do* n'importe lequel conviendra ; *he is ~ of us* il est des nôtres **2** *our loved ~s* ceux qui nous sont chers ; *how are the little ~s?* comment vont les petits ? ◆ *pr réc ~ another* l'un l'autre (*pl* les uns les autres) ; *they looked at ~ another* ils se regardèrent ◆ *pr pers* on ; *(lit) ~ always has to decide alone* on est toujours tout seul pour prendre une décision ◆ *(loc) I for ~* quant à moi ; *it's all ~ to her* ça lui est égal ; *(fam) that's a good ~!* elle est bien bonne ! *(fam) ~ for the road?* un dernier verre avant le départ ; *(fam) he has had ~ too many* il a bu un coup de trop ‖ °**one-armed** °**bandit** *n (fam) (machine à sous)* bandit *m* manchot ‖ °**one-horse** *adj (fam loc péj)* ; *~ town* trou *m* perdu ‖ °**one-man** *adj* **1** *it's a ~ job* une seule personne suffit pour faire ce travail **2** *(Mus) ~ band* homme-orchestre *m* ‖ °**one-sided** *adj* **1** *(décision)* unilatéral **2** inéquitable, partial ‖ °**one-to-one** *adj* ~ *talk* discussion *f* en tête-à-tête ‖ °**one-way** *adj* **1** *(circulation)* à/en sens unique **2** *(amér aussi fig)* ; *~ ticket* aller *m* simple.

onerous [ˈɒnərəs] *adj* **1** *(travail)* pénible **2** *(coût)* onéreux *(f -euse)*.

oneself [wʌnˈself] *pr* se ; soi-même.

onion [ˈʌnjən] *n (Bot)* oignon *m*.

only [ˈəʊnlɪ] *adj* **1** seul **2** *(enfant)* unique ◆ *adv* seulement ; *I ~ want to say that...* je veux simplement dire que... ; *~ half an hour* rien qu'une demi-heure ; *I saw him ~ yesterday* je l'ai vu pas plus tard qu'hier ◆ *conj* mais/seulement.

onus [ˈəʊnəs] *n* responsabilité *f* ; *the ~ is on you* c'est votre responsabilité.

onyx [ˈɒnɪks] *n (minéral)* onyx *m*.

ooze[1] [uːz] *vti* suinter ; *(fig) oozing happiness* respirant le bonheur ◆ *n* suintement *m*.

ooze[2] [uːz] *n* marais *m*, vase *f*.

op [ɒp] *n (ab de* **operation***) (brit fam Méd, Mil)* opération *f*.

opal [ˈəʊpl] *n* opale *f* ; opaline *f*.

open [ˈəʊpən] *adj* **1** ouvert ; *half-~* entrouvert ; *wide-~ eyes* yeux écarquillés ; *~-mouthed* bouche bée ; *(pli)* non cacheté, décacheté ; *(bouteille)* débouché, décapsulé **2** *(paysage, route, vue)* dégagé, découvert ; *I enjoy the ~ air* j'aime le grand air ; *we slept in the ~ (air)* nous avons dormi à la belle étoile ; *~ to the winds* exposé aux vents, *out on the ~ sea* en pleine mer

3 *(fig) (marché, réunion)* public *(f -ique)* ; *~ day/~house* journée *f* portes ouvertes ; *~ to the public* accessible au public ; *(chasse) ~ season* saison *f* de la chasse ; *(brit Ens) Open University* Centre *m* de télé-enseignement ; *it's an ~ secret* c'est un secret de Polichinelle **4** *(fig) (to)* ouvert/sujet à ; *~ to criticism* qui s'expose/se prête à la critique **5** *(fig) (question)* non résolu, non défini ; *the issue is still ~* la question reste pendante/en suspens ◆ *n* dehors *m* ; *out in the ~* en plein air ; *(fig) the news finally came out into the ~* la nouvelle a été révélée au grand jour ◆ *vt* **1** ouvrir ; *(bouteille)* déboucher ; *(lettre)* décacheter ; *(carte)* déplier **2** *(jambes)* écarter **3** *(discussion)* engager, entamer **4** inaugurer ◆ *vi* **1** s'ouvrir ; *when the season ~s* à l'ouverture de la saison ; *(fleur)* s'épanouir **2** *(fenêtre) (onto/into)* donner (sur) **3** *(with)* commencer (par) ‖ °**open**-°**air** *adj* en plein air ‖ °**open**-°**ended** *adj* sans limites déterminées ‖ °**opener** *n (bouteille)* décapsuleur *m, (conserves)* ouvre-boîte *m (pl inv)* ‖ °**open**-°**handed** *adj* généreux *(f -euse)* ‖ °**open**-°**hearted** *adj* **1** franc *(f franche)* **2** aimable ‖ °**openly** *adv* **1** franchement **2** publiquement ‖ °**open**-°**minded** *adj* à l'esprit ouvert, sans parti pris ‖ **open out** *vpart* (s')ouvrir, (s')étendre ‖ **open up** *vpart* **1** (s')ouvrir **2** *(secret)* révéler **3** *they ~ed (up) fire* ils ont ouvert le feu.

opera [ˈɒpərə] *n* **1** *(genre musical)* opéra *m* **2** *~ (house)* théâtre *m* de l'opéra ; *~ glasses* jumelles *fpl* de théâtre.

operate [ˈɒpəreɪt] *vt* **1** *(machine)* faire fonctionner ; *(freins)* actionner **2** *(mines, transports)* exploiter ◆ *vi* **1** *(Méd)* opérer ; *he's been ~d on* il a subi une opération **2** *(faire)* fonctionner **3** *(fig) burglars ~ at night* les cambrioleurs opèrent la nuit ‖ **ope**°**ration** *n* **1** *(gén)* opération *f* **2** fonctionnement *m* ; *in ~* en marche ‖ **ope**°**rational** *adj* opérationnel *(f -elle)*, effectif *(f -ive)* ‖ °**operator** *n* **1** opérateur *m (f -trice)* **2** *(téléphone)* standardiste *mf* **3** organisateur *m (f -trice)* ; *tour ~* organisateur de voyages, voyagiste *mf*.

ophthalmologist [ˌɒfθælˈmɒlədʒɪst] *n (Méd)* ophtalmologiste *mf*.

opinion [əˈpɪnjən] *n* opinion *f* ; *in my ~* à mon avis ; *he is of the ~ that...* il estime/est d'avis que... ; *my ~ about this?* ce que j'en pense ? ‖ °**opinionated** *adj* dogmatique.

opium [ˈəʊpjəm] *n (Méd)* opium *m* ; *~ addict* opiomane *mf*.

opponent [əˈpəʊnənt] *n* adversaire *mf* ; *left wing ~s* opposants de gauche.

opportune [ˈɒpətjuːn] *adj* opportun ‖ °**opportunely** *adv* au moment opportun ‖ **oppor**°**tunity** *n* occasion *f* ; chance *f* ; *a* *post offering great opportunities* une situation offrant d'excellentes perspectives.

oppose [əˈpəʊz] *vt* 1 (s')opposer (à) ; *as ~d to* par opposition à 2 faire obstacle à ; résister à ‖ **o°pposing** *adj* opposé ; *(Sp)* *~ team* équipe *f* adverse ‖ **°opposite** *adj* *(from to)* opposé (à) ; *in the ~ direction* en sens inverse/contraire ; *see details on the page ~* voir les détails sur la page ci-contre ; *see my ~ number!* voyez mon homologue ! ◆ *n* opposé *m* ; *quite the ~* tout à fait le contraire ◆ *adv* vis-à-vis ; *the house ~* la maison d'en face ◆ *prép* en face de.

opposition [ˌɒpəˈzɪʃn] *n* 1 opposition *f* ; *(Pol) the parties in ~* les partis de l'opposition ; *in ~ to the rules* contrairement aux règles *f* 2 résistance *f* ; *they met no ~* ils ne rencontrèrent aucune résistance.

oppress [əˈpres] *vt* opprimer ; *he was ~ed with cares* il était accablé de soucis ‖ **o°ppression** *n* 1 oppression *f* ; 2 accablement *m* ‖ **o°ppressive** *adj* 1 oppressif (*f* -ive) 2 opprimant 3 (temps) lourd, étouffant ‖ **o°ppressor** *n* oppresseur *m*.

opprobrious [əˈprəʊbrɪəs] *adj* injurieux (*f* -ieuse).

opt [ɒpt] *vi* opter ‖ **opt out** *vpart* se mettre en marge ; *(of)* quitter.

optical [ˈɒptɪkl] *adj* (d')optique ‖ **op°tician** *n* opticien *m* (*f* -ienne).

optimism [ˈɒptɪmɪzəm] *n* optimisme *m* ‖ **°optimist** optimiste *mf* ‖ **opti°mistic** *adj* optimiste.

option [ˈɒpʃn] *n* option *f* ; *I've no other ~* je n'ai pas d'autre choix ; *I had no other ~ but to accept* je n'ai pas pu faire autrement que d'accepter ‖ **°optional** *adj* facultatif (*f* -ive) ; *French is ~* le français n'est pas obligatoire.

opulent [ˈɒpjʊlənt] *adj* 1 opulent 2 abondant.

or [ɔː] *conj* 1 ou ; *either you stay or you go!* soit tu restes soit tu t'en vas ! 2 sinon ; *hurry up or (else) you'll miss your train!* dépêche-toi ou bien tu vas manquer ton train ! 3 (avec nég) ni ; *he never reads newspapers or magazines* il ne lit jamais ni journaux ni revues 4 (loc) *an hour or so* environ une heure.

oral [ˈɔːrəl] *adj n* oral *m* (*pl* oraux).

orange [ˈɒrɪndʒ] *adj* (*n*) orange (*f*) ; *~ blossom* fleur *f* d'oranger ‖ **°orange tree** *n* oranger *m*.

orator [ˈɒrətə] *n* orateur *m* (*f* -trice) ‖ **ora°torical** *adj* oratoire ‖ **°oratory** *n* 1 éloquence *f* 2 (Rel) oratoire *m*.

orbit [ˈɔːbɪt] *n* (Astr) orbite *f* ◆ *vti* 1 mettre en orbite 2 décrire une orbite.

orchard [ˈɔːtʃəd] *n* verger *m*.

orchestra [ˈɔːkɪstrə] *n* (Mus) orchestre *m* ; *(Th) ~-stalls* fauteuils *mpl* d'orchestre ‖ **°orchestrate** *vt* (aussi fig) orchestrer.

orchid [ˈɔːkɪd] *n* (Bot) orchidée *f*.

ordain [ɔːˈdeɪn] *vt* 1 (Rel) ordonner (un prêtre) 2 (fig fin) décréter.

ordeal [ɔːˈdiːl] *n* épreuve *f* ; supplice *m*.

order [ˈɔːdə] *n* 1 (rangement) ordre *m* ; *now we've put our ideas in ~* on voit plus clair maintenant 2 (classement) *in alphabetical ~* par ordre alphabétique 3 (sécurité) *law and ~* ordre public ; *he restored ~ in the class* il rétablit la discipline dans la classe 4 (brit) (réunion) *Order!* Silence ! 5 (distinction) *the Order of the Garter* l'Ordre *m* de la Jarretière 6 (Rel) *monastic ~s* les ordres *mpl* religieux 7 (directives) *the ~s are to...* la consigne est de... ; *until further ~* jusqu'à nouvel avis 8 (bourse) ordre *m* ; *(Com) we've placed two more ~s* nous avons passé deux nouvelles commandes ; *(restaurant) have you given the ~?* avez-vous commandé ? *delivery ~* bon *m* de livraison ; *~ form* bon *m* de commande ; *~ book* carnet *m* de commandes ; *cash with ~* payable à la commande 9 (Fin) *postal ~* mandat *m* poste ; *pay to the ~ of...* payer à l'ordre de... 10 (fonctionnement) *in working ~* en ordre de marche ; *out of ~* en panne ; *(téléphone)* en dérangement ◆ *vt* 1 (ar)ranger 2 ordonner, donner des ordres ; *I've been ~ed not to let anyone in* j'ai reçu l'ordre de ne laisser entrer personne 3 commander, passer une commande 4 (Méd) prescrire ‖ *in order to/that* conj pour ; *~ to help them* de façon à les aider ; *~ for them to know* afin qu'ils sachent.

orderly [ˈɔːdəlɪ] *adj* 1 (personne) ordonné ; *he's quite ~* il est très méthodique 2 (foule) discipliné 3 (Mil) *~ officer* officier *m* de service ◆ *n* 1 (Mil) planton *m* 2 (Mil) ordonnance *f inv* 3 (Méd) aide-infirmier *m*.

ordinance [ˈɔːdɪnəns] *n* 1 (Pol) arrêté *m*, décret *m* 2 (Rel) rite *m*.

ordinal [ˈɔːdɪnl] *adj* (*n*) ordinal (*m*).

ordinary [ˈɔːdnrɪ] *adj* ordinaire, commun ; *an ~ Frenchman* un Français moyen ◆ *n* ordinaire *m* ; *out of the ~* inhabituel, hors du commun.

ordnance [ˈɔːdnəns] *n* (Mil) *~ Corps/Service* *n* Service *m* du matériel *m* ‖ **ordnance °survey map** *n* carte *f* d'état-major.

ore [ɔː] *n* minerai *m*.

oregano [ˌɒrɪˈgɑːnəʊ] *n* (Cuis) origan *m*.

organ[1] [ˈɔːgən] *n* (Mus) orgue *m* ; (Rel) *grand ~* grandes orgues *fpl* ; *street ~* orgue *m* de Barbarie ; *~-grinder* joueur *m* d'orgue (de Barbarie) ‖ **°organist** *n* organiste *mf*.

organ[2] [ˈɔːgən] *n* (aussi fig) organe *m* ‖ **°organic** *adj* organique ‖ **°organism** *n* organisme *m*.

organization/-isation [ˌɔːgənaɪˈzeɪʃn] *n*

1 organisation *f* **2** organisme *m* ‖ **°organize/-ise** *vt* organiser ‖ **°organizer/-ser** *n* organisateur (*f* -trice).

orgasm [ˈɔːɡæzm] *n* orgasme *m*.

orgy [ˈɔːdʒɪ] *n* orgie *f*; **~ of colo(u)rs** débauche *f* de couleurs.

orient [ˈɔːrɪənt] *n* orient *m*; **the O~** l'Orient *m* ◆ *vti* (*aussi* **°orientate**) (s')orienter ‖ **ori°ental** *adj* (*n*) oriental (*m*); d'Orient ‖ **°oriented** *adj* orienté (vers) ‖ **orien°tation** *n* orientation *f* ‖ **orien°teering** *n* (*Sp*) course *f* d'orientation.

origin [ˈɒrɪdʒɪn] *n* origine *f* ‖ **o°riginal** *adj* **1** original (*pl* -aux); **~ parts** pièces d'origine **2** (*personne*) excentrique, étrange **3** (*Rel*) **~ sin** péché *m* originel ◆ *n* **1** *did you keep the* **~**? vous avez conservé l'original? *he reads Latin in the* **~** il lit le latin dans le texte **2** (*personne*) original *m* (*f* -ale) ‖ **origi°nality** *n* originalité *f* ‖ **o°riginate** *vti* **1** (*from*) provenir, émaner (de); *the fire* **~d** *in the attic* le feu a pris naissance dans le grenier **2** créer ‖ **o°riginator** *n* créateur *m* (*f* -trice), initiateur *m* (*f* -trice).

ornament [ˈɔːnəmənt] *n* ornement *m* ◆ *vt* orner, embellir.

ornate [ɔːˈneɪt] *adj* **1** richement décoré; (*péj*) **~ room** pièce surchargée **2** (*style*) fleuri, imagé.

ornithology [ˌɔːnɪˈθɒlədʒɪ] *n* ornithologie *f*.

orphan [ˈɔːfn] *n* (*adj*) orphelin *m* ‖ **°orphanage** *n* orphelinat *m*.

orthodox [ˈɔːθədɒks] *adj* **1** orthodoxe **2** classique, conventionnel ‖ **°orthodoxy** *n* orthodoxie *f*, conformisme *m*.

orthographic(al) [ˌɔːθəʊˈɡræfɪk(l)] *adj* orthographique ‖ **or°thography** *n* orthographe *f*.

oscillate [ˈɒsɪleɪt] *vti* **1** osciller **2** (*fig*) vaciller, hésiter.

osier [ˈəʊzɪə] *n* (*surtout brit*) (*Bot*) osier *m*.

ostensible [ɒˈstensəbl] *adj* prétendu ‖ **o°stensibly** *adv* soi-disant.

ostentatious [ˌɒstenˈteɪʃəs] *adj* (*attitude*) ostentatoire; (*personne*) prétentieux (*f* -ieuse).

osteopath [ˈɒstɪəpæθ] *n* (*Méd*) ostéopathe *mf*.

ostrich [ˈɒstrɪtʃ] *n* (*Orn*) autruche *f*.

other [ˈʌðə] *adj* autre; *the* **~** *night* l'autre nuit; *every* **~** *week* toutes les deux semaines; *the* **~** *two* les deux autres; (*fam*) *my* **~** *half* ma moitié; (*loc*) *on the* **~** *hand* d'un autre côté, au contraire; *things being equal* toutes choses égales par ailleurs ◆ *pr* autre; *some will stay,* **~s** *will go* certains resteront, d'autres partiront; *anyone* **~** *than you would refuse*

tout le monde refuserait sauf toi ◆ *adv* autrement ‖ **each other/one another** *pr réc* l'un l'autre; *they looked at* **~** ils se regardèrent ‖ **°otherwise** *adv* **1** autrement; *should it be* **°otherwise** dans le cas contraire; (*loc*) *except where* **~** *stated* sauf indication contraire; **~** *known as* connu aussi sous le nom de **2** à part cela; *he's a bit old but* **~** *very fit* il est un peu âgé, néanmoins il est en forme ◆ *conj* autrement; *go off* **~** *you'll be late* partez sinon vous serez en retard ◆ *adj* différent; *the problem is quite* **~** c'est un tout autre problème.

otitis [əʊˈtaɪtɪs] *n* (*Méd*) otite *f*.

otter [ˈɒtə] *n* (*Zool*) loutre *f*.

ouch [aʊtʃ] (*interj*) aïe!

ought [ɔːt] *aux mod* **1** (*obligation*) *I* **~** *to go* il faudrait que je parte; *he* **~** *not to have come* il n'aurait pas dû venir **2** (*conseil*) *he* **~** *to have a rest* il devrait prendre du repos; *you* **~** *to tell him* tu devrais bien lui dire **3** (*probabilité*) *she* **~** *to be here any minute* elle devrait arriver incessamment **4** (*loc*) *you* **~** *to know* tu es bien placé pour le savoir.

ounce [aʊns] *n* (*ab* **oz**) (*mesure*) once *f* (environ 28,35 g).

our [ˈaʊə] *adj poss* notre (*pl* nos) ‖ **ours** *pr poss* le/la nôtre, les nôtres; *a friend of* **~** un de nos amis ‖ **our°selves** *pr réfl pl* nous-mêmes; *we made it* **~** nous l'avons fait nous-mêmes; *we built the house all by* **~** nous avons construit la maison tout seuls.

oust [aʊst] *vt* évincer.

out [aʊt] *adv* **1** (*mouvement, sortie*) dehors; *he is* **~** il est sorti; *he ran* **~** il est sorti en courant; *I'm eating* **~** *tonight* ce soir je dîne en ville; **~** *you go!* allez, sortez d'ici! *a day* **~** *by the sea* une journée au bord de la mer; **~** *at sea* en mer; *the tide is* **~** c'est marée basse; (*Sp*) *he is* **~** il est hors-jeu; *he had a tooth* **~** il s'est fait extraire une dent; (*loc*) *she was* **~** *for 5 minutes* elle a perdu connaissance pendant 5 minutes **2** (*accomplissement*) *the winter catalogue is just* **~** le catalogue d'hiver vient d'être publié; *just* **~**! vient de paraître! *the daffodils are* **~** les jonquilles sont en fleur; *the secret is now* **~** le secret a été révélé; *the rash has come* **~** l'éruption s'est développée **3** (*achèvement*) *the light is* **~** la lumière est éteinte; (*Mil*) *lights* **~**! extinction *f* des feux! *before the year is* **~** avant la fin de l'année; *he typed* **~** *the report* il a terminé de taper le compte-rendu; *they fought it* **~** ils ont vidé leur querelle; *I am tired* **~** *of fuel* nous n'avons plus de carburant **4** (*insistance, renforcement*) *look* **~**!/*watch* **~**! attention!/prends garde! *read it* **~** *to us!* lisle-nous à haute voix ; *think it* ~ ! trouve une solution ! *speak* ~ ! parle franchement ! 5 *(loc)* ~ *and away the best* de loin le meilleur ; *he's* ~ *and about again* il est de nouveau sur pied ; *he's an* ~*-and-~ scoundrel* c'est une parfaite canaille ; *right* ~ franchement ; ~ *with it!* allez, avoue ! || *out of prép* 1 *(déplacement) ten miles* ~ *London* à dix milles de Londres ; ~ *the window* par la fenêtre ; *he's* ~ *England* il n'est plus en Angleterre ; *get* ~ *here!* sors d'ici ! 2 *(origine) made* ~ *wood* en bois ; *he got some money* ~ *his family* sa famille lui a procuré un peu d'argent ; *he came* ~ *the blue* il est arrivé à l'improviste ; *she took a key* ~ *her bag* elle sortit une clé de son sac ; *don't drink* ~ *the bottle!* ne bois pas à la bouteille ! 3 *(cause)* ~ *respect for* par respect pour ; ~ *sheer curiosity* par simple curiosité 4 *(loc)* hors de ; ~ *bounds* hors limites ; ~ *breath* essoufflé ; ~ *date* démodé ; ~ *hand* incontrôlable ; *you're* ~ *your mind!* tu es fou ! ~ *money* à court d'argent ; ~ *order* en panne ; ~ *sight,* ~ *mind* loin des yeux, loin du cœur 5 *(chiffres) two* ~ *nine makes seven* deux ôtés de neuf, reste sept ; *nine candidates* ~ *ten passed* neuf candidats sur dix ont été reçus.

outbid [aʊtˈbɪd] *vt* (*p* outbid; *pp* outbid/ outbidden) 1 (sur)enchérir 2 surpasser || **°outboard** *adj* (*n*) hors-bord (*m*) || **°outbound** *adj* en partance || **°outbreak** *n* (*épidémie, guerre*) déclenchement *m* || **°outbuilding** *n* hangar *m* ; ~*s* dépendances *fpl* || **°outburst** *n* (*colère*) explosion *f* ; éclat *m* ; || **°outcast** *n* 1 paria *m*, proscrit *m* 2 vagabond *m* || **°outcaste** *n* paria *m* || **°outcome** *n* résultat *m* ; *unexpected* ~ issue *f* inattendue || **°outcry** *n* protestation *f* (*véhémente*), tollé *m* || **°outdated** *adj* périmé, obsolète || **out°do** *vt* (*p* outdid; *pp* outdone) surpasser || **out°door** *adj* (à l')extérieur ; ~ *swimming- pool* piscine de plein air || **out°doors** (*aussi* out of doors) *adv* (au-)dehors ; (*manger*) en plein air || **°outer** *adj* 1 extérieur ; ~ *space* espace *m* sidéral 2 externe || **°outermost/outmost** *adj* le plus écarté/éloigné || **°outfit** *n* 1 équipement *m*, (*jouet*) panoplie *f* 2 (*fam*) équipe *f* ◆ *vt* (*p pp* outfitted) équiper || **°outflank** *vt* (*Mil*) déborder || **°outflow** *n* 1 écoulement *m* 2 débit *m* || **out°fox** *vt* prendre par la ruse || **°outgoing** *adj* 1 (*train, courrier*) au départ 2 (*président*) sortant 3 extraverti || **°outgoings** *npl* dépenses *fpl* || **out°grew** *p de* **outgrow** || **out°grow** *vt* (*p* outgrew; *pp* outgrown) 1 grandir plus vite que 2 dépasser (*en taille*) || **°outgrowth** *n* excroissance *f* || **out°house** *n* appentis *m* || **°outing** *n* excursion *f*, randonnée *f* || **out°landish** *adj* bizarre || **out°last** *vt* durer plus longtemps que, survivre à || **°outlaw** *n* hors-la-loi *m* ◆ *vt* mettre hors-la-loi || **°outlet** *n* 1 sortie *f* 2 (*Com*) débouché *m* 3 (*amér*) prise *f* de courant || **°outline** *n* 1 esquisse *f* ; (*projet*) aperçu *m* 2 *general* ~(*s*) grandes lignes *fpl* ◆ *vt* 1 (*projet*) donner les grandes lignes de 2 (*dessin*) esquisser || **out°live** *vt* survivre à || **°outlook** *n* 1 (*fig*) perspective *f* 2 (*fig*) point de vue *m* 3 vue *f* || **°outlying** *adj* éloigné ; ~ *area* zone *f* excentrée || **°outmoded** *adj* démodé || **°outmost/outermost** 1 le plus éloigné 2 le dernier || **out°number** *vt* surpasser en nombre || *out of* °*date adj* démodé || *out of the* °*way adj* 1 écarté 2 (*fig*) peu connu || **°outpost** *n* (*Mil*) poste *m* avancé, avant-poste *m* || **°output** *n* 1 production *f* 2 (*moteur*) puissance *f* || **°outrage** *n* 1 crime *m* 2 indignation *f* ◆ *vt* 1 outrager 2 scandaliser || **out°rageous** *adj* 1 immodéré ; ~ *price* prix excessif 2 outrageant 3 scandaleux (*f* -euse) || **out°right** *adv* 1 entièrement 2 carrément ; *he refused* ~ il refusa tout net 3 *he bought it* ~ il l'a acheté(e) au comptant ◆ *adj* véritable ; *by* ~ *wickedness* par pure méchanceté ; *an* ~ *winner* un vainqueur incontesté || **°outset** *n* commencement *m* ; *from the* ~ dès le début || **°outside** *n* 1 extérieur *m* ; *from the* ~ du dehors 2 (*loc*) *at the* ~ tout au plus ◆ *adj* extérieur ◆ *adv* à/de l'extérieur ; *wait for me* ~ attends-moi dehors ◆ *prép* 1 à l'extérieur de ; *meet me* ~ *the station* attends-moi devant la gare 2 en dehors de ; ~ *a few friends* à part quelques amis ; ~ *the law* en marge de la loi || **out°sider** *n* 1 étranger *m* (*f* -ère) 2 (*Sp*) outsider *m* || **°outskirts** *npl inv* (*ville*) banlieue *f*, faubourgs *mpl* || **out°spoken** *adj* franc (*f* franche) ; *he's very* ~ il est très direct || **out°spokenness** *n* franc-parler *m* || **out°spread** *adj* étendu, déployé || **out°standing** *adj* 1 (*fait*) marquant, (*personnalité*) hors du commun, remarquable 2 (*affaire*) en suspens, non résolu || **out°stretched** *adj* étendu ; ~ *hand* main tendue || **°outward** *adj* 1 (vers l') extérieur ; *on the* ~ *voyage* à l'aller 2 (*lit*) *in all* ~ *respects* selon toutes apparences ◆ *adv* (*aussi* outwards) vers l'extérieur ; (*navire*) ~ *bound* en partance (pour l'étranger) || **°outwardly** *adv* apparemment || **out°weigh** *vt* (*fig*) (l')emporter sur || **out°wit** *vt* se montrer plus rusé que ; *he has been outwitted* ses intentions ont été déjouées || **out°worn** *adj* (*idées*) périmé.

oval [ˈəʊvl] *adj* (*n*) ovale (*m*).

ovary [ˈəʊvərɪ] (*Anat*) ovaire *m*.

oven [ˈʌvn] *n* four *m* ; *drying-*~ étuve *f* || **°oven-ready** *adj* prêt à cuire.

over [ˈəʊvə] *prép* 1 sur, par-dessus ; *he*

stumbled ~ *a stone* il buta contre une pierre ; *he fell* ~ *the cliff* il est tombé de la falaise ; *with his cap* ~ *his eyes* la casquette enfoncée jusqu'aux yeux **2** au-dessus de ; *we flew* ~ *London* nous avons survolé Londres **3** de l'autre côté (de) ; *the house* ~ *the road* la maison d'en face **4** *(temps)* ~ *the last ten years* durant les dix dernières années **5** (en) plus de ; *children* ~ *five* les enfants âgés de plus de cinq ans ; *he is well* ~ *sixty* il a largement dépassé la soixantaine ; *all bids* ~ *£10* tous les paris dépassant 10 livres **6** *(loc)* ; *he travelled all* ~ *the world* il a parcouru le monde entier ; *there was rubbish all* ~ *the floor* le plancher était jonché de détritus **7** *(loc)* *let's talk about it* ~ *a glass* discutons-en devant un verre ; *I heard it* ~ *the radio* je l'ai entendu à la radio ; *(fam)* *you'll get* ~ *it!* ça te passera ! ~ *and above* en outre ◆ *adv* **1** *(déplacement)* *come* ~ *here* viens ici ; *put it* ~ *there* mets-le là-bas ; *he came* ~ *from England* il est venu d'Angleterre ; *cross* ~ *!* traversez ! **2** par-dessus ; *he knocked me* ~ il m'a renversé ; *the milk is boiling* ~ le lait se sauve **3** partout ; *he was bruised all* ~ il était couvert d'ecchymoses ; *known the world* ~ connu dans le monde entier **4** *(en excès)* de/en plus ; *children of five and* ~ les enfants âgés de cinq ans et plus ; *take what is left* ~ prenez ce qui reste ; *he was not* ~ *thrilled at the idea* l'idée ne l'enthousiasmait pas outre mesure **5** fini, terminé ; *the holidays are* ~ c'est la fin des vacances ; *it's all* ~ *between us* tout est terminé entre nous **6** *(répétition)* *I had to write it all* ~ *(again)* j'ai dû le réécrire en entier ; *ten times* ~ dix fois de suite/à dix reprises **7** *(radio)* ~ *(to you)!* à vous ! **8** *(loc)* ~ *and* ~ sans cesse ; *ask him* ~ demandez-lui de venir ; *think it* ~ *!* pensez-y ! *that's him all* ~ *!* c'est tout à fait lui ! *why don't you stay* ~ *with us?* pourquoi ne resterais-tu pas avec nous ? ‖ °**overall** *n* *(brit)* blouse *f*, tablier *m* ◆ *adj* total ; ~ *length* longueur *f* hors-tout ◆ *adv* dans l'ensemble ‖ °**overalls** *npl inv* salopette *f* ; bleus *mpl* de travail ‖ **over**°**awe** *vt* intimider ‖ **over**°**balance** *vt* déséquilibrer ◆ *vi* renverser ‖ **over**°**bearing** *adj* arrogant, autoritaire ‖ **over**°**bid** *vti* (*p pp* **overbid**) surenchérir ‖ °**overboard** *adv* **1** *(Naut)* par-dessus bord **2** *(fam)* *he went* ~ *for her* il s'est emballé pour elle ‖ °**overcast** *vi* (*p pp* **overcast**) *(ciel)* se couvrir ◆ *adj* *(ciel)* couvert ‖ **over**°**charge** *vt* **1** *(prix)* majorer ; *he* ~*d us* il nous a fait payer plus cher **2** *(fig)* surcharger ‖ °**overcoat** *n* pardessus *m* ‖ **over**°**come** *(p* **overcame** ; *pp* **overcome**) *vt* **1** maîtriser **2** vaincre ◆ *adj* accablé ‖ °**overcooked** *adj* trop cuit

‖ °**overcrowded** *adj* *(ville)* surpeuplé ; *(bus)* bondé ‖ **over**°**do** (*p* **overdid** ; *pp* **overdone**) *vt* exagérer ; *you are* ~*ing it* tu te surmènes ‖ °**overdone** *adj* *(Cuis)* trop cuit ‖ °**overdraft** *n* *(Fin)* découvert *m* ‖ °**overdrawn** *adj* *(compte)* à découvert ‖ °**overdrive** *n* *(Aut)* *(vitesse)* surmultipliée *f*, overdrive *m* ‖ °**overdue** *adj* **1** *(train)* en retard **2** tardif (*f* -ive) **3** *(Fin)* impayé ‖ **over**°**estimate** *vt* surestimer ‖ **overex**°**cite** *vt* surexciter ‖ **over-ex**°**pose** *vt* *(Phot)* surexposer ‖ **over**°**feed** (*p pp* **overfed**) *(se)* suralimenter ‖ **over**°**flow** *vti* **1** déborder **2** inonder, se répandre **3** *(fig)* *(with)* regorger (de) ◆ *n* **1** débordement *m* **2** inondation *f* **3** trop-plein *m* ; ~ *of population* excédent *m* de population ‖ °**overgrown** *adj* couvert de ; ~ *with weeds* envahi par les mauvaises herbes ‖ **over**°**hang** *vti* (*p pp* **overhung**) surplomber, faire saillie ‖ °**overhanging** *adj* **1** en surplomb **2** *(fig)* menaçant ‖ **over**°**haul** *vt* **1** réviser **2** remettre en état ◆ *n* *(Tech)* **1** révision *f* **2** remise *f* en état ‖ °**overhead** *adv* au-dessus *(de la tête)*/en l'air ◆ *adj* aérien (*f* -ienne) ‖ °**overheads** *npl inv* *(Com)* *(aussi)* frais *mpl* généraux ‖ **over**°**hear** (*p pp* **overheard**) surprendre *(une conversation)* ‖ **over**°**heat** *vti* *(sur)*chauffer ‖ °**overheated** *adj* **1** surchauffé **2** *(fig)* *he got* ~ il s'est énervé ‖ **over**°**joyed** *adj* ravi, enchanté ‖ °**overland** *adv* par voie de terre ‖ **over**°**lap** *vti* **1** *(se)* chevaucher **2** empiéter sur ‖ **over**°**leaf** *adv* au dos de la page ; *see* ~ voir au verso ‖ **over**°**load** *vt* surcharger ‖ **over**°**look** *vt* **1** *(vue)* donner sur **2** laisser passer, *(feindre d')* ignorer ; *I* ~*ed that detail* ce détail m'a échappé **3** superviser *(un travail)* ‖ **over**°**night** *adv* **1** pendant la/une nuit ; *you can stay* ~ vous pouvez rester *(ici)* jusqu'à demain **2** *(fig)* *the situation changed* ~ la situation a changé du jour au lendemain ◆ *adj* diurne/de nuit ; ~ *bag* sac *m* de voyage ‖ °**overpass** *n* *(circulation)* auto-pont *m* ‖ **over**°**paid** surpayé ; *this work is not* ~ ce travail n'est pas trop payé ‖ **over**°**populated** *adj* surpeuplé ‖ **over**°**power** *vt* maîtriser ; *(fig)* succomber ‖ **over**°**powering** *adj* *(chaleur)* accablant ; *(odeur)* suffoquant ‖ **over**°**ran** *p de* **overrun** ‖ **over**°**rate** *vt* surévaluer ; *he* ~*d his chances* il a surestimé ses chances ‖ **over**°**ride** *vt* (*p* **overrode** ; *pp* **overridden**) **1** *(droits)* outrepasser **2** *(fig)* fouler aux pieds **3** casser *(un arrêté)* **4** *(cheval)* surmener ‖ **over**°**riding** *adj* *(avis)* primordial ‖ **over**°**rule** *vt* *(Jur)* annuler ; *(proposition)* écarter ‖ **over**°**run** *vt* (*p* **overran** ; *pp* **overrun**) **1** envahir **2** dévaster **3** *(temps)* dépasser ‖ **over**°**saw** *p de* **oversee** ‖ **over**°**seas** *adj adv* (d')outre-mer ; *~ postage rates* affranchissement pour l'étranger ∥ **over°see** *vt* (*p* **oversaw** ; *pp* **overseen**) surveiller, superviser ∥ **°overseer** *n* contremaître *m* ; surveillant *m* ∥ **over°sensitive** *adj* hypersensible ∥ **°oversight** *n* **1** oubli *m* **2** inadvertance *f* ∥ **over°simplify** *vt* simplifier à l'excès ∥ **over°sleep** *vi* (*p pp* **overslept**) dormir trop longtemps ; *I overslept* je me suis réveillé trop tard ∥ **over-°spread** *adj* (*with*) couvert (de) ∥ **over°staffed** *adj* (*service*) surdoté ∥ **over°step** *vt* dépasser (les limites) ∥ **over°take** *vt* (*p* **overtook** ; *pp* **overtaken**) **1** rattraper **2** dépasser ∥ **over-°taking** *n* (*brit Auto*) no — défense de doubler ∥ **over°throw** *vt* (*p* **overthrew** ; *pp* **overthrown**) (*Pol*) renverser ∥ **over°time** *n* (*adj*) **1** (en) heures *fpl* supplémentaires **2** (*amér Sp*) hors du temps réglementaire ∥ **over°whelm** *vt* accabler ; *~ed* (*with work*) débordé, écrasé (de travail) ∥ **over°whelming** *adj* accablant ; *~ majority* majorité *f* écrasante ∥ **over°work** *vti* (se) surmener ◆ *n* surmenage *m* ∥ **over°wrought** *adj* excédé ; surmené.

overt ['ɔʊvɜːt] *adj* évident ∥ **°overtly** *adv* manifestement.

owe [əʊ] *vt* (*to*) devoir (à) ; *the money ~d to you* l'argent qu'on vous doit ∥ **°owing** *adj* **1** dû ; *the money ~ to you* l'argent qui vous est dû **2** *~ to* en raison de.

owl [əʊl] *n* (*Orn*) hibou *m*, chouette *f*.

own [əʊn] *adj* (*appartenance*) (en) propre ; *I saw it with my ~ eyes* je l'ai vu de mes propres yeux ; *her ~ books* ses livres personnels ; *he does his ~ cooking* il cuisine lui-même ; *he has his ~ table* il a sa table particulière ◆ *pr* (*avec adj poss*) **1** (*possession*) *he has some money of his ~* il a un peu d'argent à lui ; *I've a copy of my ~* j'ai un exemplaire en propre **2** *my ~* le(s) mien(s) *m(pl)* ; *la/les mienne(s) f(pl)* **3** particulier ; *a style (all) of its ~* un style original ◆ (*loc*) *on my ~* tout seul ; *are you working on your ~?* tu travailles à ton compte ? *I'll get my ~ back!* j'aurai ma revanche ! ◆ *vt* posséder ; *he ~s a racing stable* il est propriétaire d'une écurie de courses ◆ *vti* reconnaître (*une erreur*) ; *I ~ you're right* j'avoue que tu as raison ∥ **own °up** *vpart* faire des aveux ∥ **°owner** *n* propriétaire *mf* ∥ **°ownership** *n* (*Jur*) (droit *m* de) propriété ; (*Com*) *change of ~* changement *m* de propriétaire.

ox [ɒks] *n* (*pl* **oxen**) bœuf *m* ∥ **°oxtail** *n* (*Cuis*) queue *f* de bœuf.

oyster ['ɔɪstə] *n* huître *f* ∥ **°oyster bank/ bed** *n* parc *m* à huîtres ∥ **°oyster farmer** *n* ostréiculteur *m* (*-trice*).

oz [əʊns] *ab* de **ounce.**

P

P, p[1] [pi:] *n* (*lettre*), P, p, *m*.
p[2] [pi:] *ab* de **penny, pence.**

pace [peɪs] *n* **1** pas *m* **2** allure *f* ; *at a slow ~* à vitesse lente ; *I can't keep ~ with you* tu marches trop vite pour moi ◆ *vt* mesurer (en comptant les pas) ◆ *vi* arpenter ; *pacing up and down* en faisant les cent pas ∥ **°pacemaker** *n* (*Méd*) stimulateur *m* cardiaque.

pacifier ['pæsɪfaɪə] *n* **1** pacificateur *m* (*f -trice*) **2** (*amér*) tétine *f* (*pour bébé*).

pack [pæk] *n* **1** paquet *m*, ballot *m* ; *~ animal* bête *f* de somme ; (*fig*) *~ of lies* tissu *m* de mensonges **2** (*Mil*) paquetage *m*, sac *m* **3** (*chiens, scouts...*) meute *f* **4** (*Sp*) pack *m* **5** jeu (de cartes) **6** (*amér*) paquet *m* (de cigarettes) ◆ *vt* **1** emballer, empaqueter **2** remplir ; *~ your suitcase!* fais ta valise ! **3** (*fig*) (en)tasser ; *~ed like sardines* serrés comme des sardines ; *the train was ~ed* le train était bondé ; *the theatre was ~ed out* la salle était comble ◆ *vi*

1 faire des bagages **2** se rassembler, se regrouper ∥ **°package** *n* **1** colis *m*, paquet *m* **2** (*loc*) *it's a ~ deal* cela ne fait qu'un tout ; *~ tour* *n* voyage *m* organisé ∥ **°packet** *n* paquet *m* ∥ **°packing** *n* emballage *m* ; *I still have my ~ to do* je dois encore faire mes valises ∥ **pack up** *vpart* (*fam*) (*machine*) tomber en panne.

pad [pæd] *n* **1** bloc-notes *m* **2** tampon *m* ; compresse *f* **3** (*Sp*) jambière *f* **4** (*fusée*) *launch~* plate-forme *f* de lancement ◆ *vt* rembourrer ; capitonner ◆ *vi* marcher à pas feutrés ∥ **°padding** *n* rembourrage *m*.

paddle ['pædl] *n* **1** pagaie *f* **2** *~ steamer* *n* bateau à aubes ◆ *vti* **1** pagayer **2** marcher dans l'eau, barboter.

paddy ['pædɪ] *n ~ (field*) champ *m* de riz.

padlock ['pædlɒk] *n* cadenas *m* ◆ *vt* cadenasser.

p(a)ediatrics [ˌpiːdɪˈætrɪks] *n* (*Méd*) pédiatrie *f*.

pagan ['peɪgən] *adj* païen (*f -ienne*).

page¹ [peɪdʒ] *n* page *f* ◆ *vi* paginer.
page² [peɪdʒ] *n* groom *m*, chasseur *m*.
pageant ['pædʒənt] *n* cavalcade *f*, défilé *m* ‖ °**pageantry** *n* apparat *m*, pompe *f*.
paid [peɪd] *p pp* de **pay**.
pail [peɪl] *n* seau *m*.
pain [peɪn] *n (aussi fig)* douleur *f*, souffrance *f*; *(fam)* he's a ~ *in the neck* il est assommant ◆ *vt* faire de la peine à ‖ °**painful** *adj* 1 douloureux (*f* -euse) 2 pénible ‖ °**painkiller** *n* calmant *m* ‖ °**painless** *adj* indolore ‖ **pains** *npl* peine *f*; *he got nothing for his* ~ il s'est donné du mal pour rien ‖ °**painstaking** *adj* soigneux (*f* -euse), appliqué.
paint [peɪnt] *n* peinture *f* ◆ *vti* 1 peindre ; *(fam loc)* they ~*ed the town red* ils ont fait les quatre cents coups 2 *(fig)* dépeindre ‖ °**paintbrush** *n* pinceau *m* ‖ °**painter** *n* peintre *m* ‖ °**painting** *n* peinture *f* 2 *(art)* tableau *m*.
pair [peə] *n* 1 paire *f*; *a* ~ *of trousers* un pantalon ; *(brit) the* ~ *of you!* vous deux ! 2 couple *m* ◆ *vi* (s')accoupler ‖ **pair off** *vpart* (se) regrouper (deux) par deux.
pajamas *(amér) voir* **pyjamas**.
pal [pæl] *n (fam)* copain *m*, copine *f*.
palace ['pælɪs] *n* 1 palais *m* 2 *(hôtel)* palace *m*.
palatable ['pælətəbl] *adj* 1 agréable au goût 2 *(idée)* satisfaisant.
palate ['pælət] *n (Anat)* palais *m*.
pale¹ [peɪl] *adj* pâle ◆ *vi* pâlir.
pale² [peɪl] *n* 1 pieu *m* 2 *(fig) he is beyond the* ~ il est imbuvable.
paling ['peɪlɪŋ] *n* palissade *f*.
pall [pɔ:l] *n* 1 drap *m* mortuaire 2 *(fig)* voile *m* (de fumée) ◆ *vi* perdre de son intérêt.
pallid ['pælɪd] *adj* 1 blême, blafard 2 insipide.
palm¹ [pɑ:m] *n (Anat)* paume *f* ‖ **palm off** *vpart (fam) (on)* refiler (à).
palm² [pɑ:m] *n* 1 palme *f*; *P*~ *Sunday* dimanche des Rameaux 2 ~*tree* palmier *m* ‖ °**palmy** *adj* florissant; ~ *days* beaux jours.
palmistry ['pɑ:mɪstrɪ] *n* chiromancie *f*.
paltry ['pɔ:ltrɪ] *adj* sans valeur.
pamper ['pæmpə] *vt* dorloter, choyer.
pan [pæn] *n* 1 casserole *f*; *frying* ~ poêle *f* 2 cuvette *f* 3 *(balance)* plateau *m* ‖ °**pancake** *n* crêpe *f*; *(fam) P*~ *Day* Mardi gras ‖ **pan** *vti* 1 *(or)* laver à la batée 2 *(Ciné)* faire un panoramique.
pandemonium [,pændɪ'məʊnjəm] *n* désordre *m* indescriptible, chahut *m*.
pane [peɪn] *n* vitre *f*; carreau *m*.
panel ['pænl] *n* 1 panneau *m*; *instrument* ~ tableau *m* de bord 2 *(radio, TV)* ~ *game* jeu *m* radiophonique/télévisé ; ~ *debate* réunion-débat *f* 3 *(concours)* jury *m* ‖ °**panel(l)ing** 1 lambris *m* 2 lambrissage *m*.
pang [pæŋ] *n* 1 douleur *f* 2 angoisse *f*.
panic ['pænɪk] *n* panique *f* ◆ *vti* (s')affoler ‖ °**panicky** *adj (fam) he got* ~ il a perdu les pédales.
pansy ['pænzi] *n* 1 *(Bot)* pensée *f* 2 *(fam)* pédé(raste) *m*.
pant [pænt] *vti* haleter ; *he* ~*ed for breath* il essayait de reprendre haleine ◆ *n* halètement *m*.
panties ['pæntɪz] *n* culotte *f*, slip *m* de femme ‖ **pants** *npl inv* 1 *(fam) (brit)* caleçon *m*, slip *m* 2 *(amér)* pantalon *m*; *(fam loc) he was caught with his* ~ *down* il a été surpris dans une situation embarrassante.
pantry ['pæntri] *n* 1 office *m* 2 garde-manger *m*.
papacy ['peɪpəsi] *n* papauté *f*.
paper ['peɪpə] *n* 1 papier *m* 2 *(ab de* °**newspaper***)* journal *m*; *daily* ~ quotidien *m* 3 *(Ens)* copie *f* 4 *(colloque)* communication *f* 5 document *m* officiel ◆ *vt* tapisser ‖ °**paperback** *n* livre *m* de poche ‖ °**paperboy** *n* vendeur *m* de journaux ‖ °**paperclip** *n* trombone *m* ‖ °**paperweight** *n* presse-papiers *m* (*pl inv*) ‖ °**paperwork** *n* paperasserie *f*.
par [pɑ:] *n* 1 *above/below* ~ au-dessus/dessous de la moyenne 2 *(loc) on a* ~ *with* sur un pied d'égalité avec 3 *(Fin)* pair *m* 4 *(golf)* par *m*.
parable ['pærəbl] *n (Lit)* parabole *f*.
parachute ['pærəʃu:t] *n* parachute *m*.
parade [pə'reɪd] *n* 1 *(Mil)* parade *f*; ~ *ground* terrain *m* de manœuvres 2 défilé *m*; procession *f* 3 esplanade *f* ◆ *vti* 1 *(faire)* défiler 2 *(fig)* parader.
paradise ['pærədaɪs] *n* paradis *m*.
paraffin ['pærəfɪn] *n* paraffine *f*; ~ *lamp* lampe *f* à pétrole ; *(pharmacie) liquid* ~ huile *f* de vaseline.
parakeet ['pærəki:t] *n* perruche *f*.
paralysis [pə'rælɪsɪs] *n* paralysie *f*.
paramount ['pærəmaʊnt] *adj* suprême; *of* ~ *importance* de la plus haute importance.
paraphernalia [,pærəfə'neɪljə] *n* 1 attirail *m* 2 *(fam)* bazar *m*.
parasite ['pærəsaɪt] *n* parasite *m* ‖ **para**°**sitic(al)** *adj* parasite.
parasol ['pærəsɒl] *n* ombrelle *f*; ~ *pine* pin *m* parasol.
paratrooper ['pærətru:pə] *n (Mil)* parachutiste *m*.
parcel ['pɑ:sl] *n* colis *m*, paquet *m*; *by* ~-*post* en colis postal ‖ °**parcel out** *vpart* lotir ‖ °**parcel up** *vpart* emballer (un colis).
parch [pɑ:tʃ] *vti* (des)sécher ‖ °**parched**

adj (fam) I'm ~ je meurs de soif
|| °**parchment** *n* parchemin *m.*

pardon ['pɑːdn] *n* 1 pardon *m*; *I beg your
~?* vous pouvez répéter ? 2 *(Jur) (free)*
amnistie *f*; grâce ♦ *vt* 1 pardonner (à);
~ me! excusez-moi ! 2 amnistier; gracier.

pare [peə] *vt (fruit)* peler; *(légume)* éplu-
cher || °**pare away/down** *vpart* réduire
(les dépenses).

parent ['peərənt] *n* 1 père *m* ou mère *f*
2 parent *m* 3 *(Com) ~ company* société
f mère || °**parentage** *n* origine *f*; *of un-
known ~* de parents inconnus.

parenthesis [pə'renθɪsɪs] *n* (*pl* **paren-
theses**) parenthèse *f*; *in ~* entre parenthèses.

parish ['pærɪʃ] *n* paroisse *f*; *~ register*
registre *m* paroissial; *(Adm)* commune *f*
|| **pa**°**rishioner** *n* paroissien *m* (*f* -ienne).

park [pɑːk] *n* 1 parc *m*; jardin *m* public
2 *(amér)* terrain *m* de sports 3 *(brit) car-~
parking m* ♦ *vt* 1 (se) garer 2 *(animaux)*
parquer || °**parking** *n* stationnement *m*; *no
~* interdiction *f* de stationner || °**parking
lights** *n* feux *mpl* de position || °**parking
lot** *(amér)* parking *m* || °**parking meter**
n parcmètre *m* || °**parking ticket** *n* contra-
vention *f* (pour stationnement abusif)
|| °**parkway** *n (amér)* route *f* touristique
(bordée d'arbres).

parley ['pɑːlɪ] *vi (Mil)* entrer en pourparlers (avec), parlementer.

parliament ['pɑːləmənt] *n* parlement *m*;
(brit) debate in Parliament débat *m* au Parlement 2 **parlia**°**mentary** *adj* parlementaire; *~ election* élection *f* législative.

parlor *(amér)* **parlour** *(brit)* ['pɑːlə] *n* salon *m*; *~ game* jeu de société; *beauty
~* institut *m* de beauté.

parochial [pə'rəʊkjəl] *adj* 1 paroissial
2 *(fig péj) (d'intérêt)* restreint || **pa**
°**rochialism** *n* esprit *m* de clocher.

parole [pə'rəʊl] *n (Jur) on ~* en liberté
f conditionnelle.

parrot ['pærət] *n (aussi fig)* perroquet *m*
♦ *vt* répéter comme un perroquet.

parry ['pærɪ] *vt (Sp)* parer (un coup).

parsimonious [ˌpɑːsɪ'məʊnjəs] *adj* parcimonieux (*f* -ieuse).

parsley ['pɑːslɪ] *n (Bot)* persil *m.*

parson ['pɑːsn] *n (Rel)* pasteur *m*; prêtre
m; *(Cuis) ~'s nose* croupion *m* || °**par-
sonage** *n* presbytère *m*, cure *f.*

part [pɑːt] *n* 1 partie *f*; *for the most ~*
pour la plus grande part; *it's ~ and parcel
of the project* c'est un point essentiel du
projet 2 *(Tech)* pièce *f*; *spare ~* pièce de
rechange 3 part *f*, portion *f*; *three ~s of
sand for one of cement* trois mesures de
sable pour une de ciment 4 *(Th)* rôle *m*
5 parti *m*; *I've no ~ in it* je n'y suis pour
rien; *I took his ~* j'ai pris fait et cause
pour lui 6 *(Mus) ~-song* chant *m* à plu-

sieurs voix 7 *(amér) (voir parting)* raie *f*
(dans les cheveux) 8 *(loc) for my ~* en
ce qui me concerne; *it was rash on your
~* c'était osé de ta part de; *that's the
funny ~ of it* c'est ce qu'il y a de drôle ♦
(lit) a man of ~s un homme de talent ♦
adv en partie; *~ silk ~ cotton* mi-soie
mi-coton ♦ *vti* 1 (se) séparer; *the crowd
~ed* la foule s'écarta; *I had to ~ from
them* j'ai dû les quitter 2 se dessaisir de;
he ~ed with the idea il abandonna l'idée.

partake [pɑː'teɪk] (*p* **partook**; *pp* **par-
taken**) *(in)* participer (à).

partial ['pɑːʃl] *adj* 1 partiel (*f* -ielle) 2 partial; *he is ~ to good wines* il a un faible
pour les bons vins || **parti**°**ality** *n* par-
tialité *f* 2 prédilection *f*, penchant *m.*

participate [pɑː'tɪsɪpeɪt] *vi (in)* participer
(à).

particular [pə'tɪkjʊlə] *adj* 1 particulier (*f*
-ière); *for no ~ reason* sans raison pré-
cise; *a rather ~ job* un travail quelque peu
spécial 2 détaillé 3 méticuleux (*f* -euse);
pointilleux (*f* -euse); *he's ~ about cleanliness* il est difficile en ce qui concerne la
propreté || **par**°**ticulars** *npl* détails *mpl*;
we need further ~ nous avons besoin de
plus amples renseignements.

parting ['pɑːtɪŋ] *n* 1 séparation *f*; *~
speech* discours *m* d'adieu 2 *(cheveux)* raie
f || **par**°**tition** *n (construction)* cloison *f.*

partner ['pɑːtnə] *n* 1 *(Com)* associé *m*;
sleeping ~ commanditaire *m* 2 *(danse)* cavalier *m* (*f* -ière) 3 *(cartes)* partenaire *mf*
|| °**partnership** *n* association *f*; partena-
riat *m.*

partridge ['pɑːtrɪdʒ] *n (Orn)* perdrix *f.*

part-time [pɑː'taɪm] *adj adv*; *~ job* travail *m* à temps partiel.

party ['pɑːtɪ] *n* 1 réunion *f*, réception *f*;
dinner ~ dîner *m* 2 groupe *m*; *rescue ~*
équipe *f* de sauveteurs 3 *(Mil)* détachement
m 4 *(Pol)* parti *m* 5 *(Jur)* partie *f*; *third
~ insurance* assurance *f* au tiers.

pass [pɑːs] *vi* 1 *(along by down on)* passer; *they cheered as he ~ed (by)* ils l'ont
acclamé à son passage; *the road ~es
through the forest* la route traverse la forêt; *~ along!* circulez ! 2 *(temps)* passer;
the hours ~ed slowly les heures s'écou-
laient lentement 3 *(examen)* être admis; *I
~ed!* je suis reçu ! 4 *(cartes)* passer (son
tour); *~! parole! 5 (for)* passer (pour);
(amér) he ~es for a White il est considéré
comme Blanc 6 *(into)* (se) transformer en
7 se terminer, disparaître ♦ *vti* 1 (dé)pas-
ser; *he tried to ~* il a essayé de doubler
2 donner, (faire) passer; *~ the salt,
please!* passez-moi le sel, s'il vous plaît !
3 *(examen)* réussir, être admis à 4 *(jury)*
recevoir (un candidat) 5 mettre; *he ~ed
the rope (a)round the trunk* il glissa la
corde autour du tronc 6 *(Sp)* faire une (des)

passe(s) **7** *(Jur)*; **~ *a sentence*** prononcer un jugement; *(loi)* adopter, voter **8** *(loc)* **he ~ed a remark** il a fait une observation ◆ *n* **1** *(Géog)* col *m* **2** *(Sp)* passe *f* **3** *(circulation)* laisser-passer *m* *(pl inv)*; sauf-conduit *m*; coupe-fil *m*; *(tranports urbains)*; **free ~** carte *f* d'abonnement **4** *(Ens)* **he got a ~ mark** il est passé avec la moyenne; *(brit)* **~ degree** licence *f* sans mention **5** *(loc)* **things have come to a fine ~** nous nous sommes mis dans une sale passe ‖ **pass away** *vpart* **1** mourir **2** *(mode)* passer, disparaître ‖ **°passable** *adj* **1** passable **2** *(route)* praticable; *(gué)* franchissable ‖ **°passage** *n* **1** passage *m* **2** *(voyages)* traversée *f* **3** couloir *m* *(aussi* **°passageway)** ‖ **°passenger** *n* voyageur *m* (*f* -euse); passager *m* (*f* -ère); ‖ **passer-°by** *n* (*pl* **passers-by**) passant *m* ‖ **°pass-key** *n* passe-partout *m* (*pl inv*) ‖ **pass out** *vpart* s'évanouir ‖ **°passport** *n* passeport *m* ‖ **°password** *n* mot *m* de passe.

passion ['pæʃn] *n* **1** passion *f* **2** colère *f*; **he flew into a ~** il s'emporta ‖ **°passionate** *adj* **1** passionné **2** emporté; **~ speech** discours *m* véhément.

passive ['pæsɪv] *adj* passif (*f* -ive).

past [pɑːst] *n* passé *m*; **in the ~** autrefois ◆ *adj* **1** passé; **for some time ~** depuis quelque temps **2** ancien ◆ *prép* **1** au-delà de; **just ~ the church** juste après l'église **2** *(heure)* **half ~ one** une heure et demie; **ten ~ one** une heure dix **3** *(loc)* **~ all belief** incroyable; *(lit)* **~ endurance** insupportable; **he is ~ recovery** son cas est désespéré ◆ *adv* **he ran ~** il passa en courant; **the troops marched ~** les troupes défilèrent.

paste [peɪst] *n* **1** *(pâtisserie)* pâte *f* **2** pâté *m*; *fish* **~** mousse *f* de poisson; *anchovy* **~** beurre *m* d'anchois **3** colle *f* (de tapissier) ◆ *vt* coller ‖ **paste up** *vpart* afficher.

pasteboard ['peɪstbɔːd] *n* carton *m*.

pastime ['pɑːstaɪm] *n* passe-temps *m* (*pl inv*).

pastor ['pɑːstə] *n* *(Rel)* pasteur *m*.

pastry ['peɪstrɪ] *n* pâtisserie *f* ‖ **°pastry-cook** *n* pâtissier *m* (*f* -ière).

pasture ['pɑːstʃə] *n* **1** pâturage *m* **2** *(aliment)* herbage *m* ◆ *vti* (faire) paître.

pasty ['peɪstɪ] *adj* **1** pâteux (*f* -euse) **2** *(fig) (teint)* terreux (*f* -euse); **he is ~-faced** il a un teint de papier mâché.

pat¹ [pæt] *vt* **1** tapoter; **she patted him on the back** elle lui donna une petite tape amicale **2** **she patted his hand** elle lui caressa la main ◆ *n* tape *f*; *(loc)* **you can give yourself a ~ on the back** tu peux te féliciter.

pat² [pæt] *n* *(loc)* **~ of butter** noix *f* de beurre.

pat³ [pæt] *adv* à propos; **he answered ~** il répondit du tac au tac; **he had his answers off ~** il avait ses réponses toutes prêtes.

patch [pætʃ] *n* **1** *(raccommodage)* pièce *f*; *(pneu)* rustine *f* **2** *(surface)* lopin *m* (de terre), carré *m* (de légumes), parcelle *f* (de terrain) **3** *(huile)* tache *f*; *(brouillard)* nappe *f*; *(verglas)* plaque *f*; *(éclaircie)* **~ of blue sky** coin *m* de ciel bleu **4** *(police) (brit fam)* secteur *m* **5** *(Méd)* **eye-~** bandeau *m* **6** *(fig)* **we're going through a rough ~** nous traversons une mauvaise période ◆ *vt* **1** rapiécer **2** *(chambre à air)* réparer ‖ **patch up** *vpart* **1** rapiécer **2** *(fam)* rafistoler; **he ~ed it up** il l'a réparé(e) avec des moyens de fortune **3** *(fig)* raccommoder (après une dispute) ‖ **°patchwork** *n* patchwork *m* ‖ **°patchy** *adj* de qualité inégale.

patent ['peɪtənt] *n* **1** brevet *m* d'invention **2** invention *f* brevetée ◆ *adj* **1** évident **2** breveté **3** *(loc)* **~ leather shoes** chaussures *fpl* vernies ◆ *vt* (faire) breveter, prendre un brevet.

path [pɑːθ] *n* **1** sentier *m* **2** trajectoire *f*; *flight* **~** ligne *f* de vol ‖ **°pathfinder** *n* *(avion)* éclaireur *m* ‖ **°pathway** *n* sentier *m*.

patrimony ['pætrɪmənɪ] *n* patrimoine *m*.

patrol [pəˈtrəʊl] *n* patrouille *f* ◆ *vti* patrouiller ‖ **paˈtrolman** *n* *(amér)* agent *m* de police.

patron ['peɪtrən] (*f* **patroness**) *n* **1** mécène *m inv* **2** *(Com)* client *m* **3** *(Rel)* **~ saint** saint(e) patron(ne) *m(f)*.

patronage ['pætrənɪdʒ] *n* **1** mécénat *m* **2** clientèle *f* ‖ **°patronize/-ise** *vt* **1** traiter avec condescendance **2** *(Art)* patronner; sponsoriser **3** être client(e) de.

patter¹ ['pætə] *n* **1** *(pluie)* crépitement *m* **2** léger bruit *m* (de pas) ◆ *vi* **1** *(pluie)* fouetter **2** trottiner.

patter² ['pætə] *n* **1** boniment *m* **2** jargon *m* (de métier) ◆ *vi* **1** bonimenter **2** jacasser.

pattern ['pætən] *n* **1** *(tissus)* motif *m*, dessin *m* **2** *(couture)* patron *m* **3** échantillon *m* **4** modèle *m* (de vertu); **~ of behavio(u)r** ligne *f* de conduite **5** *(Tech)* moule *m*, calibre *m* ◆ *vt* modeler ‖ **°patterned** *adj* à motifs; **~ fabrics** tissus *mpl* imprimés.

paunch [pɔːntʃ] *n* **1** panse *f* **2** *(fam)* bedaine *f*.

pauper ['pɔːpə] *n* indigent *m*; **~'s grave** fosse *f* commune.

pause [pɔːz] *n* **1** pause *f* **2** *(Mus)* silence *m* ◆ *vi* **1** faire une pause **2** *(over)* hésiter (sur); **that gave him ~ to reflect...** cela lui a donné à réfléchir...

pave [peɪv] *vt* **1** paver **2** *(with)* joncher (de), couvrir (de) **3** *(fig)* préparer le terrain

|| °**pavement** *n* **1** (*brit*) trottoir *m* **2** (*amér*) chaussée *f* **3** (*Tech*) pavage *m* (d'une rue) || °**paving-stone** *n* pavé *m*.

pavilion [pə'vɪljən] *n* (*exposition*) pavillon *m*.

paw [pɔ:] *n* (*animaux*) patte *f* ◆ *vti* **1** donner un coup de patte ; (*cheval*) piaffer **2** (*péj*) tripoter (quelqu'un).

pawn¹ [pɔ:n] *n* (*aussi fig*) pion *m*.

pawn² [pɔ:n] *n* gage *m* ◆ *vt* mettre en gage || °**pawnbroker** *n* prêteur *m* sur gage(s).

pay [peɪ] *n* salaire *m*, paie *f* ; (*cadre*) appointements *mpl* ; (*Mil*) solde *f* ; (*fonctionnaire*) traitement *m* ◆ *vt* (*p pp* **paid**) **1** payer ; (*facture*) acquitter ; (*note*) régler **2** (*fig*) ~ **attention!** fais attention ! ~ **homage to...** rendre hommage à... ; ~ **one's respects to...** présenter ses respects à... ; ~ **a visit** rendre visite ◆ *vi* être rentable ; **crime doesn't** ~ le crime ne rapporte pas || °**payable** *adj* payable ; **cheque** ~ **to...** chèque *m* à l'ordre de... ; ~ **by the landlord** à la charge du propriétaire || **pay-as-you-earn (P.A.Y.E.)** *n* (*brit*) salaire avec impôts retenus à la source || **pay back** *vpart* rembourser ; (*fig*) **I'll** ~ **you back for that** je te revaudrai ça (un jour) || °**pay claim** *n* revendicaton *f* salariale || °**payee** *n* (*Fin*) bénéficiaire *mf* (d'un chèque) || **pay in** *vpart* verser (sur un compte) || °**paying** *adj* payant ; (*fam*) rentable || °**payment** *n* **1** paiement *m* ; versement *m* **2** rétribution *f* || **pay off** *vpart* rembourser, liquider (un compte) ; (*fig*) **our efforts have paid off** nous avons été récompensés de nos efforts || °**pay slip** *n* bulletin *m* de salaire.

pea [pi:] *n* (*Bot*) pois *m* ; **green** ~**s** petits pois || **pea-°souper** *n* (*brit fam*) brouillard *m* à couper au couteau.

peace [pi:s] *n* **1** paix *f* ; ~ **talks** pourparlers *mpl* de paix ; **they made** ~ ils se sont réconciliés **2** (*Jur*) ordre *m* public **3** tranquillité *f* (d'esprit) ; **at** ~ serein || °**peaceful** *adj* **1** paisible, tranquille **2** (*aussi*) °**peaceable** tranquille.

peach [pi:tʃ] *n* pêche *f* ; ~ **tree** pêcher *m* ; (*fam*) **she's a** ~ elle est chouette.

peacock [ˈpiːkɔk] *n* (*Orn*) paon *m*.

pea-jacket [ˈpiːdʒækɪt] *n* caban *m* (de marin).

peak [pi:k] *n* **1** pic *m*, sommet *m* **2** (*casquette*) visière *f* **3** (*fig*) apogée *m* ; **at its** ~ à son maximum ; ~ **hours** heures *fpl* de pointe ; (*électricité*) ~ **load** débit *m* maximum.

peal [pi:l] *vti* **1** carillonner **2** retentir ◆ *n* (*cloches*) carillon *m* ; (*fig*) ~ **of laughter** éclat *m* de rire ; ~ **of thunder** coup *m* de tonnerre.

peanut [ˈpiːnʌt] *n* cacahuète *f* ; (*fam*) **we**

worked for ~**s** nous avons travaillé pour des broutilles.

pear [peə] *n* poire *f* ; ~ **tree** poirier *m*.

pearl [pɜːl] *n* (*aussi fig*) perle *f* ; ~ **diver** pêcheur *m* (*f* -euse) de perles ; **mother of** ~ nacre *f* ; ~ **button** bouton *m* de nacre ; ~ **oyster** huître *f* perlière ; (*loc*) **cast** ~**s before swine** donner de la confiture aux cochons ◆ *vi* perler.

peasant [ˈpeznt] *n* **1** paysan *m*, paysanne *f* **2** (*fig*) rustre *m* || °**peasantry** *n* paysannerie *f*.

peat [pi:t] *n* tourbe *f* || °**peatbog** *n* tourbière *f*.

pebble [ˈpebl] *n* caillou (*pl* -oux) *m* ; ~ **beach** plage *f* de galets ; (*loc*) **you're not the only** ~ **on the beach!** personne n'est indispensable !

peck [pek] *n* **1** coup *m* de bec **2** (*fam*) bisou *m* ◆ *vti* **1** donner un coup de bec, becqueter **2** faire un bisou || °**peckish** *adj* (*fam*) **I feel rather** ~ j'ai un petit creux.

peculate [ˈpekjʊlet] *vti* détourner des fonds || **pecu°lation** *n* détournement *m* de fonds.

peculiar [pɪˈkjuːljə] *adj* **1** étrange ; **he's a bit** ~ il est un peu bizarre **2** particulier (*f* -ière) ; **it's a custom** ~ **to that tribe** c'est une tradition propre à cette tribu.

peculiarity [pɪˌkjuːlɪˈærɪt] *n* **1** bizarrerie *f*, singularité *f* **2** particularité *f*.

pecuniary [pɪˈkjuːnjərɪ] *adj* pécuniaire.

peddle [ˈpedl] *vti* **1** colporter **2** vendre à la sauvette || °**peddler** *n* **1** colporteur *m*, marchand *m* forain **2** (*drogue*) trafiquant *m* ; **arrested for drug peddling** arrêté pour trafic de stupéfiants.

pedestrian [pɪˈdestrɪən] *n* piéton *m*, piétonne *f* ; ~ **crossing** passage *m* pour piétons ◆ *adj* **1** pédestre **2** piéton (*f* piétonne) ; **area** zone *f* piétonne **3** (*fig*) prosaïque.

pee [pi:] *vi* (*fam*) faire pipi.

peek [pi:k] *vi* (*at*) jeter un coup d'œil (à, sur) ◆ *n* coup *m* d'œil rapide.

peel [pi:l] *vt* (*fruit*) éplucher ; (*arbre*) écorcer ; (*crevette*) décortiquer || °**peelings** *npl* épluchures *fpl* || **peel off** *vpart* (*peinture*) s'écailler ; (*peau*) peler ; (*fam Sp*) se déshabiller.

peep [pi:p] *vi* (*at*) regarder (furtivement) ◆ *n* petit coup d'œil || °**peephole** *n* judas *m* ; (*Tech*) (trou de) regard *m* || **peeping** °**Tom** *loc* voyeur *m*.

peer¹ [pɪə] *vi* (*at*) regarder (les yeux plissés).

peer² [pɪə] *n* pair *m* || °**peerage** *n* pairie *f* ; noblesse *f* ; **he was given a** ~ il fut anobli || °**peeress** *n* pairesse *f*.

peeve [pi:v] *vt* (*fam*) mettre en rogne || °**peevish** *adj* geignard, maussade.

peewit ['pi:wɪt] *n* (*Orn*) vanneau *m* (huppé).

peg [peg] *n* 1 (*bois*) cheville *f*; (*métal*) fiche *f*; (*fig*) *he's a square ~ in a round hole* il n'est pas taillé pour cela; *that will take him down a ~* (*or two*) cela lui rabattra le caquet 2 (*chapeau, manteau*) patère *f*; *I bought this off the ~* j'ai acheté ceci en confection 3 (*tente*) piquet *m* ◆ *vt* 1 (*Tech*) cheviller 2 (*prix*) stabiliser; (*salaires*) indexer ‖ **peg away** *vpart* (*fam*) (*at*) bosser ‖ **peg down** *vpart try to ~ him down to something* essaie de lui faire dire quelque chose de concret ‖ **peg out** *vpart* (*fam*) passer l'arme à gauche; crever.

pejorative [prɪˈdʒɒrətɪv] *adj* péjoratif (*f* -ive).

peke [pi:k] (*ab dé* **pekin(g)ese**).

pekin(g)ese [ˌpi:kɪˈni:z] *n* (*chien*) pékinois *m*.

pelican ['pelɪkən] *n* (*Orn*) pélican *m*.

pellet ['pelɪt] *n* 1 (*pain, papier*) boulette *f* 2 (*cartouche*) plomb *m* 3 (*Méd*) granule *m*; pilule *f*.

pelmet ['pelmɪt] *n* cantonnière *f*.

pelt[1] [pelt] *vti* 1 (*with*) bombarder (de) 2 (*pluie*) tomber à verse; *in ~ing rain* sous une pluie battante 3 courir à toute vitesse.

pelt[2] [pelt] *n* peau *f* (à fourrure).

pelvis ['pelvɪs] *n* (*Anat*) bassin *m*.

pen [pen] *n* plume *f*; *ball-point ~* stylo *m* à bille; *felt-tip ~* feutre *m*; *fountain ~* stylo *m* (à plume); *~and ink drawing* dessin *m* à la plume ‖ °**penfriend**/°**penpal** *n* correspondant(e) *m(f)* ‖ °**penknife** *n* canif *m*.

penal ['pi:nl] *adj* pénal; *~ servitude* travaux *mpl* forcés.

penalty ['penltɪ] *n* 1 pénalité *f*; *death ~* la peine de mort; (*fig*) *pay the ~ for...* subir les conséquences de... 2 (*Sp*) pénalisation *f*; (*football*) pénalty *m*; *~ area* surface *f* de réparation.

penance ['penəns] *n* (*Rel*) pénitence *f*.

pence [pens] *npl de* **penny**.

pencil ['pensɪl] *n* crayon *m*; *written in ~* écrit au crayon.

pendant ['pendənt] *n* pendentif *m*.

pending ['pendɪŋ] *adj* (*Jur*) en instance ◆ *prép – a decision* en attente d'une décision.

pendulum ['pendjʊləm] *n* pendule *m*; balancier *m*.

penetrate ['penɪtreɪt] *vti* (*into*) pénétrer (dans).

penguin ['pengwɪn] *n* (*Orn*) manchot *m*.

penicillin [ˌpenɪˈsɪlɪn] *n* pénicilline *f*.

peninsula [pɪˈnɪnsjʊlə] *n* péninsule *f*.

penitentiary [ˌpenɪˈtenʃərɪ] *n* (*amér*) prison *f*.

penniless ['penɪləs] *adj* sans le sou.

penny ['penɪ] *n* (*pl* **pence/pennies**) 1 (*brit*) 1/100e d'une livre sterling; (*loc*) *that must have cost a pretty ~* cela a dû coûter les yeux de la tête; (*fam*) *he hasn't got a ~ to his name* il est sans le sou; (*fam*) *the ~ has dropped!* ça y est! c'est compris! 2 (*amér*) 1/100e d'un dollar.

pension ['penʃn] *n* 1 pension *f*; retraite *f* ‖ °**pensioner** *n* retraité(e) *m(f)*.

pensive ['pensɪv] *adj* pensif (*f* -ive).

penthouse ['penthaʊs] *n* 1 appentis *m* 2 grand appartement avec terrasse sur le toit d'un immeuble.

peony ['pɪənɪ] *n* (*Bot*) pivoine *f*.

people[1] ['pi:pl] *npl inv* 1 gens *mpl*; personnes *fpl*; *young ~* jeunes gens *mpl*; *old ~* personnes *fpl* âgées; *many ~ say so* beaucoup de gens le disent; *several ~ died* plusieurs personnes sont mortes 2 (*avec poss*) *my/your ~* mes/tes parents.

people[2] ['pi:pl] *n* peuple *m* ◆ *vt* peupler.

pep [pep] *n* entrain *m*; *she's full of ~* elle est pleine d'entrain ‖ **pep up** *vpart* ragaillardir.

pepper ['pepə] *n* 1 poivre *m* 2 poivron *m* 3 piment *m* ◆ *vt* poivrer.

peppermint ['pepəmɪnt] *n* 1 (*Bot*) menthe *f* poivrée 2 pastille *f* à la menthe.

per [pɜ:] *prép* par; *~ annum/~ day* par an/par jour; *300 kms ~ hour* 300 kms à l'heure; *50 francs ~ kilo* 50 francs le kilo; *1 kilo ~ person* 1 kilo par personne; *100 ~ cent* 100 pour cent.

perambulator [pəˈræmbjʊleɪtə] *n* (*brit*) landau *m*, voiture *f* d'enfant.

perceive [pəˈsi:v] *vt* 1 percevoir 2 s'apercevoir (de).

percentage [pəˈsentɪdʒ] *n* pourcentage *m*.

perceptible [pəˈseptɪbl] *adj* perceptible; appréciable ‖ **per**°**ceptibly** *adv* sensiblement ‖ **per**°**ception** *n* 1 perception *f* 2 sensibilité *f* ‖ **per**°**ceptive** *adj* perspicace.

perch[1] [pɜ:tʃ] *n* (*poisson*) perche *f*.

perch[2] [pɜ:tʃ] *n* perchoir *m* ◆ *vti* (se) percher.

percolator ['pɜ:kəleɪtə] *n* percolateur *m*; cafetière *f* électrique.

peremptory [pəˈremptərɪ] *adj* péremptoire.

perennial [pəˈrenɪəl] *adj* 1 éternel (*f* -elle) 2 (*Bot*) vivace ◆ *n* (*Bot*) plante *f* vivace.

perfect ['pɜ:fɪkt] *adj* parfait; *he's a ~ stranger to me* je ne le connais absolument pas ◆ *vt* perfectionner; parfaire ‖ **per**°**fectionist** *n* perfectionniste *mf* ‖ °**perfectly** *adv* à la perfection.

perfidy ['pɜ:fɪdɪ] *n* perfidie *f* ‖ **per**°**fidious** *adj* perfide.

perforate ['pɜ:fəreɪt] *vt* perforer.

perform [pəˈfɔ:m] *vt* (*mouvement*) exécuter; *~ one's duty* faire son devoir; *~ a task* s'acquitter d'une tâche; *~ a miracle* accomplir un miracle; *(Méd)* ~ *an operation* pratiquer une intervention chirurgicale; *(Mus, Th)* ~ *a concerto/a play* jouer un concerto/une pièce de théâtre ◆ *vi* **1** *(Th)* jouer; *(Mus)* chanter; jouer; *(danse)* danser **2** *(Tech)* fonctionner ‖ **per°formance** *n* **1** *(Sp, Tech)* performance *f* **2** *(acteur, musicien)* interprétation *f* **3** *(Ciné)* séance *f*; *(Th)* représentation *f*; *no* ~ *tonight* ce soir, relâche ‖ **per°former** *n* *(Th)* artiste *mf*; acteur *m* *(f* actrice); *(Mus)* exécutant(e) *m(f).*

perfume ['pɜ:fjum] *n* parfum *m.*

perfunctory [pə'fʌŋktrɪ] *adj* superficiel *(f* -ielle); négligent.

perhaps [pə'hæps] *adv* peut-être; ~ *not* peut-être que non.

peril ['perɪl] *n* péril *m*; *you do it at your* ~ tu le fais à tes risques et périls ‖ **°perilous** *adj* périlleux *(f* -euse).

perimeter [pə'rɪmɪtə] *n* périmètre *m.*

period ['pɪərɪəd] *n* **1** période *f*; *at that* ~ à cette époque; ~ *furniture* meuble(s) *m(pl)* de style **2** *(Ens)* heure *f* (de cours) **3** *(amér) (ponctuation)* point *m*; *(fig) I refuse,* ~*!* je refuse, un point, c'est tout! **4** *(Méd)* menstruation *f*, règles *fpl* ‖ **peri°odical** *n* périodique *m.*

peripheral [pə'rɪfərəl] *adj* périphérique.

perish ['perɪʃ] *vi* **1** périr **2** *(denrées)* se détériorer **3** *(fam fig) I'm* ~*ed/*~*ing* (with cold) je suis frigorifié; *it's* ~*ing* (cold) il fait un froid de canard ‖ **°perishable** *adj (Com)* périssable.

peritonitis [ˌperɪtə'naɪtɪs] *ns inv (Méd)* péritonite *f.*

perjury ['pɜ:dʒərɪ] *n (Jur)* faux témoignage; *commit* ~ se parjurer.

perk [pɜ:k] *n (ab de* **perquisite**).

perkiness ['pɜ:kɪnəs] *n* **1** entrain *m* **2** effronterie *f* ‖ **perk up** *vpart* se ranimer ‖ **°perky** *adj* **1** plein d'entrain **2** effronté.

perm [pɜ:m] *n (ab de* **permanent wave**) *(brit fam)* permanente *f* ◆ *vt (brit fam) she had her hair* ~*ed* elle s'est fait faire une permanente.

permanent ['pɜ:mənənt] *adj* permanent; *with no* ~ *address* sans domicile *m* fixe ◆ *n* permanente *f.*

permeable ['pɜ:mɪəbl] *adj* perméable ‖ **°permeate** *vti* filtrer à travers; s'infiltrer.

permissible [pə'mɪsəbl] *adj* acceptable, permis ‖ **per°mit** *vt* permettre; ~ *me to tell you that...* permettez-moi de vous dire que... ‖ **°permit** *n* **1** *(Adm)* autorisation *f* **2** laissez-passer *m* **3** *(chasse, pêche)* permis *m.*

pernickety [pə'nɪkɪtɪ] *adj* pointilleux *(f* -euse), tatillon *(f* -onne).

perpendicular [ˌpɜ:pən'dɪkjulə] *adj* perpendiculaire.

perpetrate ['pɜ:pɪtreɪt] *vt* commettre, perpétrer ‖ **°perpetrator** *n* auteur *m* (d'un crime).

perpetual [pə'petʃʊəl] *adj* **1** continuel *(f* -elle); perpétuel *(f* -elle); *your* ~ *grumbling* tes plaintes *fpl* incessantes; ~ *snows* neiges *fpl* éternelles ‖ **perpe°tuate** *vt* perpétuer ‖ **perpe°tuity** *loc in* ~ à perpétuité.

perplex [pə'pleks] *vt* rendre perplexe ‖ **per°plexed** *adj* perplexe ‖ **per°plexing** *adj* embarrassant.

perquisite ['pɜ:kwɪzɪt] *n* avantage *m* en nature.

persevere [ˌpɜ:sɪ'vɪə] *vi* persévérer.

persist [pə'sɪst] *vi (in)* persister (à) ‖ **per°sistence** *n* persistance *f*; *(personne)* opiniâtreté *f*; obstination *f* ‖ **per°sistent** *adj* **1** *(chose)* persistant **2** *(personne)* persévérant; *(péj)* obstiné.

person ['pɜ:sn] *n* personne *f* ‖ **°personable** *adj* qui présente bien ‖ **°personage** *n* personnalité *f inv* importante ‖ **°personal** *adj* personnel *(f* -elle); ~ *secretary* secrétaire *mf* particulier *(f* -ière); *make a* ~ *appearance* paraître en personne; *don't be* ~*!* ne fais pas de remarques personnelles! ‖ **perso°nality** *n* personnalité *f*; *she's a (real)* ~*!* elle est (vraiment) quelqu'un! ‖ **°personally** *adv* personnellement; *you mustn't take it* ~*!* il ne faut pas prendre cela pour toi! *I'll give it to him* ~ je le lui remettrai en main propre; *could I speak to you* ~*?* pourrais-je vous parler seul à seul? ‖ **perso°nnel** *n* personnel *m*; ~ *department* service *m* du personnel.

perspective [pə'spektɪv] *n (Art)* perspective *f*; *(fig) let's get things into* ~ essayons de voir les choses dans leurs vraies dimensions.

perspex ['pɜ:speks] *n (brit)* plexiglas *m.*

perspicacious [ˌpɜ:spɪ'keɪʃəs] *adj* perspicace.

perspiration [ˌpɜ:spə'reɪʃn] *n* transpiration *f.*

perspire [pə'spaɪə] *vi* transpirer.

persuade [pə'sweɪd] *vt* convaincre, persuader; *she* ~*d him to come* elle l'a décidé à venir ‖ **per°suasion** *n* **1** persuasion *f* **2** *(Rel)* confession *f*; *people of different* ~*s* gens de différentes religions.

pert [pɜ:t] *adj* effronté ‖ **°pertness** effronterie *f.*

peruse [pə'ru:z] *vt* lire attentivement ‖ **pe°rusal** *n* lecture *f.*

pervade [pə'veɪd] *vt* envahir, se répandre dans ‖ **per°vasive** *adj* envahissant, pénétrant.

perverse [pə'vɜ:s] *adj* **1** pervers **2** contrariant ‖ **per°versity** *n* **1** perversité *f* **2** esprit *m* de contradiction ‖ **per°vert** *vt* pervertir ‖ **°pervert** *n* perverti(e) *m(f).*

pessimism [ˈpesɪmɪzm] n pessimisme m ‖ **°pessimist** n pessimiste mf ‖ **pessi°mistic** adj pessimiste.

pest [pest] n **1** animal m nuisible **2** (fig) (personne) peste f ‖ **°pester** vt importuner.

pestle [ˈpesl] n pilon m.

pet [pet] n **1** animal m familier **2** (personne) favori m (f -ite), m(f), chouchou m (f -oute); my ~ mon chou; ~ name petit nom (affectueux); he's on his ~ subject il a enfourché son dada favori ◆ vt **1** chouchouter **2** caresser.

petal [ˈpetl] n (Bot) pétale m.

peter [ˈpiːtə] **out** vpart disparaître (petit à petit); tourner court.

petition [pəˈtɪʃn] n pétition f; file a ~ for divorce demander le divorce ◆ vti pétitionner; adresser une pétition (à).

petrify [ˈpetrɪfaɪ] vt (aussi fig) pétrifier.

petrobuck [ˌpetrəʊˈbʌk] n (fam) pétrodollar m.

petrol [ˈpetrəl] n (brit) essence f; ~ tank réservoir m d'essence; this car is light on ~ cette voiture consomme peu ‖ **pe°troleum** n pétrole m ‖ **°petrol station** n (brit) poste m d'essence; station-service f.

petticoat [ˈpetɪkəʊt] n jupon m.

petty [ˈpeti] adj **1** (fait) sans importance **2** (personne) mesquin **3** (Com) ~ cash (petite) caisse.

petulant [ˈpetjʊlənt] n irritable; susceptible.

pew [pjuː] n banc m (d'église).

pewter [ˈpjuːtə] n (vaisselle) étain m.

phantom [ˈfæntəm] n fantôme m, spectre m.

pharmaceutical [ˌfɑːməˈsjuːtɪkl] adj pharmaceutique ‖ **°pharmacist** n pharmacien(ne) m(f).

phase [feɪz] n phase f ‖ **phase in/out** vpart introduire/éliminer progressivement.

pheasant [ˈfeznt] n (Orn) faisan(e) m(f).

phenomenon [fəˈnɒmɪnən] n (pl -ena) phénomène m ‖ **phe°nomenal** adj phénoménal.

philanthropic [ˌfɪlənˈθrɒpɪk] adj philanthropique ‖ **phi°lanthropist** n philanthrope mf.

philistine [ˈfɪlɪstaɪn] adj n philistin; (fig) béotien (f -ienne).

philologist [fɪˈlɒlədʒɪst] n philologue mf ‖ **philo°logical** adj philologique ‖ **phi°lology** n philologie f.

philosopher [fɪˈlɒsəfə] n philosophe mf ‖ **philo°sophical** adj philosophique ‖ **phi°losophy** n philosophie f.

phlebitis [flɪˈbaɪtɪs] ns inv phlébite f.

phlegm [flem] n flegme m ‖ **phleg°matic** [flegˈmætɪk] adj flegmatique.

phobia [ˈfəʊbɪə] n phobie f.

phone [fəʊn] n (ab de **telephone**).

phonetic [fəˈnetɪk] adj phonétique ‖ **phone°tician** n phonéticien(ne) m(f) ‖ **pho°netics** n phonétique f.

phoney [ˈfəʊnɪ] adj (fam) faux (f fausse); bidon; (sentiment) factice; (bijoux) en toc ◆ n charlatan m.

phosphorous [ˈfɒsfərəs] n phosphore m.

photo [ˈfəʊtəʊ] n (ab de **photograph**) cliché m, photo f ◆ vt photographier ‖ **°photocopy** n photocopie f ◆ vt photocopier ‖ **photo°genic** adj photogénique ‖ **°photograph** n cliché m, photographie f; it's a ~ of my mother c'est une photo(graphie) de ma mère ‖ **pho°tographer** n photographe mf ‖ **photo°graphic** adj photographique ‖ **pho°tography** n photographie f; ~ is one of the arts la photo(graphie) fait partie des arts.

phrase [freɪz] n **1** expression f; as the ~ goes comme on dit; in the ~ of Bernard Shaw... selon le mot de Bernard Shaw... **2** (Gr) locution f **3** (Mus) phrase f.

physical [ˈfɪzɪkl] adj physique; ~ training éducation f physique; ~ impossibility impossibilité f matérielle ‖ **phy°sician** n médecin m ‖ **°physicist** n physicien(ne) m(f) ‖ **°physics** n (Phys) physique f ‖ **physi°ognomy** n physionomie f ‖ **physio°logical** adj physiologique ‖ **physi°ology** n physiologie f ‖ **physio°therapist** n kinésithérapeute mf ‖ **physio°therapy** n kinésithérapie f.

physique [fɪˈziːk] n (aspect) physique m; (santé) constitution f.

pianist [ˈpɪənɪst] n (Mus) pianiste mf ‖ **piano** [pɪˈænəʊ] n piano m; grand ~ piano à queue.

pick [pɪk] vti **1** (fleurs, fruits...) cueillir **2** choisir; (jeu) let's ~ sides! tirons les camps! you can't always ~ and choose on ne peut pas toujours faire la fine bouche; why ~ on her? pourquoi s'en prendre à elle? he ~ed his way through the crowd il se faufila à travers la foule **3** (intervention) ~ a lock crocheter une serrure; my pocket has been ~ed! on m'a fait les poches! can I ~ your brains? puis-je faire appel à tes lumières? **4** picorer; she just ~s (at) her food elle grignote sans appétit; I have a bone to ~ with you! j'ai un compte à régler avec toi! **5** (loc) he's trying to ~ a fight with me il cherche la bagarre; he ~ed his teeth il se cura les dents; don't ~ your nose! ne te mets pas les doigts dans le nez! he likes to ~ holes in everything rien ne trouve grâce à ses yeux ◆ n choix m; take your ~! fais ton choix! she's the ~ of the bunch c'est elle que je préfère ‖ **°pick-me-up** n remontant m ‖ **°pickings** npl inv (fam péj) gratte f ‖ **pick out** vpart **1** choisir **2** distinguer ‖ **pick up** vpart ramasser; ~ up the *phone* décrocher le téléphone ; **~ up an accent/a habit** prendre un accent/une habitude ; **I ~ed up a few words of Chinese** j'ai appris quelques mots de chinois ; **~ up speed** prendre de la vitesse ; **business is ~ing up** les affaires reprennent ; **I'll ~ you up** je vous passerai vous prendre ; **I ~ed this up at the flea market** j'ai déniché cela aux puces ; **I didn't ~ up what you said** je n'ai pas saisi ce que vous avez dit ‖ **°pick-up** *n* **1** (*Aut*) camionnette *f* (à plateau) **2** (*fam*) partenaire *mf* de rencontre **3** bras *m* (de platine).

picket ['pɪkɪt] *n* **1** (*Ag*) pieu *m* **2** (*Mil*) garde *m* ; piquet *m* (de soldats) **3** (*Ind*) piquet *m* (de grève) ◆ *vt* **1** (*Mil*) garder (un camp) **2** (*Ind*) **~ a factory** installer un piquet (de grève) devant une usine.

pickle ['pɪkl] *n* **1** marinade *f* ; saumure *f* ; **~s** mélange *m* de petits oignons, etc. (conservés dans du vinaigre) ; (*fam*) **be in a ~** être dans le pétrin.

picnic ['pɪknɪk] *n* pique-nique *m* ; (*fig*) **it was no ~** ce n'était pas une partie de plaisir ◆ *vi* pique-niquer.

picture ['pɪktʃə] *n* **1** tableau *m* ; **~ gallery** (*public*) musée *m* ; (*privé*) galerie *f* de peinture ; **draw a ~** faire un dessin ; (*fig*) faire une description ; (*aussi fig*) **paint a ~** peindre un tableau ; (*loc*) **she's (as) pretty as a ~** elle est jolie comme un cœur **2** photographie *f* **3** (*TV*) image *f* **4** (*Ciné*) (*fam*) film *m* **5** (*fig*) **she's the ~ of her mother** c'est l'image de sa mère ; **she's a ~ of happiness** elle rayonne de bonheur ; **he's the ~ of health** il respire la santé ; (*loc*) **put in the ~** mettre au courant ◆ *vt* **1** dépeindre **2** se représenter ‖ **°pictures** *npl inv* (*brit*) cinéma *m* ‖ **pictu°resque** *adj* pittoresque.

pie [paɪ] *n* (*Cuis*) tourte *f* ; **meat ~** pâté *m* en croûte ; **shepherd's ~** hachis *m* Parmentier ; (*fam*) **it's as easy as ~** c'est facile comme bonjour ; **eat humble ~** faire amende honorable.

piebald ['paɪbɔːld] *adj n* (*cheval*) pie *m*.

piece [piːs] *n* **1** bout *m* ; fragment *m* ; **smashed to ~s** brisé en mille morceaux ; (*fig*) **she went to ~s** elle s'est complètement effondrée ; (*aussi fig*) **it's a ~ of cake** c'est du gâteau **2** (*Gr*) (*fonction de dénombreur*) **a ~ of advice, furniture, luck, news, nonsense...** un conseil, un meuble, une chance, une nouvelle, une idiotie... **3** (*fig*) **I gave him a ~ of my mind** je lui ai dit ses quatre vérités ; **we're still all in one ~** nous sommes sains et saufs ‖ **°piece°meal** *adj* décousu ◆ *adv* par bribes ‖ **°piecework** *n* travail *m* aux pièces.

pier [pɪə] *n* **1** jetée *f* ; **landing ~** quai *m* **2** (*Arch*) pilier *m* **3** (*pont*) pile *f*.

pierce [pɪəs] *vt* percer ; transpercer

‖ **°piercing** *adj* (*cri*) perçant ; (*froid*) pénétrant.

piety ['paɪətɪ] *n* piété *f*.

pig [pɪɡ] *n* cochon *m*, porc *m* ; **sucking ~** cochon de lait ; (*fig*) **he made a ~ of himself** il a mangé comme un goinfre ; **buy a ~ in a poke** acheter sans réfléchir ; **~s might fly!** ce sera la semaine des quatre jeudis ! ‖ **°pig iron** fonte *f* (de fer).

pigeon ['pɪdʒɪn] *n* pigeon *m* ; (*fam fig*) **that's your ~** cela te regarde ‖ **°pigeonhole** *n* casier *m* ◆ *vt* classer.

piglet ['pɪɡlɪt] *n* porcelet *m* ‖ **°pig-°headed** *adj* entêté ‖ **°pigskin** *n* peau *f* de porc ‖ **°pigsty** *n* porcherie *f* ‖ **°pigtail** *n* (*cheveux*) natte *f*.

pike [paɪk] *n* (*Zool*) brochet *m*.

pile¹ [paɪl] *n* **1** monceau *m*, tas *m* ; **in a ~** en pile/tas ; (*fam*) **he made a ~** il a ramassé un paquet (d'argent) ; (*fam*) **he's got ~s of money** il est plein d'argent **2** (*Tech*) **atomic ~** pile *f* atomique ‖ **pile (up)** *vti* (s')empiler ; (s')entasser ‖ **°pile-up** *n* (*Aut*) carambolage *m*.

pile² [paɪl] *n* (*bâtiment*) pieu *m*.

piles [paɪlz] *npl inv* (*brit*) hémorroïdes *fpl*.

pilfer ['pɪlfə] *vti* chaparder ‖ **°pilfering** *n* chapardage *m*.

pilgrim ['pɪlɡrɪm] *n* pèlerin *m inv* ‖ **°pilgrimage** *n* pèlerinage *m*.

pill [pɪl] *n* pilule *f* ; **she's on the ~** elle prend la pilule (contraceptive) ; (*fig*) **sweeten the ~** dorer la pilule ; (*fig*) **it's a bitter ~ to swallow** c'est dur à avaler.

pillage ['pɪlɪdʒ] *n* pillage *m* ◆ *vt* piller.

pillar ['pɪlə] *n* pilier *m* ; colonne *f* ‖ **°pillarbox** *n* (*brit*) boîte *f* aux lettres.

pillion ['pɪlɪən] *n* (*brit*) siège *m* arrière (d'une moto) ; **ride ~** monter derrière.

pillow ['pɪləʊ] *n* oreiller *m* ‖ **°pillowcase/°pillowslip** *n* taie *f* d'oreiller.

pilot ['paɪlət] *n* pilote *m* ◆ *vt* (*aussi fig*) piloter.

pimento [pɪ'mentəʊ] *n* (*Cuis*) piment *m*.

pimp [pɪmp] *n* souteneur *m*.

pimple ['pɪmpl] *n* (*Méd*) bouton *m*.

pin [pɪn] *n* **1** épingle *f* ; (*brit*) **drawing ~** punaise *f* ; **safety ~** épingle *f* de sûreté ; (*loc*) **you could have heard a ~ drop** on aurait entendu une mouche voler ; (*fam loc*) **I don't care two ~s** je m'en fiche complètement ; (*brit*) **for two ~s I'd kick him out** pour un peu je le flanquerais dehors ; (*fig*) **I've got ~s and needles in my leg** j'ai des fourmis dans la jambe ; (*fig*) **~ money** argent *m* de poche **2** (*Tech*) goupille *f* ◆ *vt* épingler ; **~ up a notice** afficher une note ; (*fig*) **he was pinned to the ground** on l'a immobilisé par terre ; **try to ~ him down to something** essaie de le mettre au pied du mur ; *I* — *my hopes on*... je mets mon espoir dans...

pinafore ['pɪnəfɔ:] n *(Cuis)* tablier m.

pincers ['pɪnsəz] npl inv ; *a pair of* — des tenailles fpl.

pinch [pɪntʃ] vt 1 pincer 2 *(fam) (from)* chiper, piquer (à) ◆ vi *(vêtements)* serrer.

pine[1] [paɪn] vi *(lit) (for)* languir (de).

pine[2] [paɪn] n *(Bot)* pin m.

pineapple ['paɪnæpl] n ananas m.

ping [pɪŋ] n tintement m.

pink [pɪŋk] n 1 *(Bot)* mignardise f 2 *(couleur)* rose m ; *(fig) in the* — *(of health)* en parfaite bonne santé ◆ adj rose.

pinpoint ['pɪnpɔɪnt] vt localiser ; *(fig)* mettre le doigt sur ∥ °**pinprick** n piqûre f d'épingle ; *(fig)* , coup m d'épingle ∥ °**pinstripe** n *(étoffe)* fine rayure f blanche ; — *trousers* pantalon m rayé.

pint [paɪnt] n pinte f *(amér :* 0,47 litres *; brit :* 0,57 litres).

pioneer [ˌpaɪə'nɪə] n pionnier m *(f -ière)* ◆ vt — *a new process* inventer un nouveau procédé.

pious ['paɪəs] adj pieux *(f -ieuse)*.

pip[1] [pɪp] n *(signal)* bip-bip m ; top m sonore.

pip[2] [pɪp] n pépin m *(d'un fruit)* ; *(brit Mil)* galon m *(d'officier)* ; *(argot brit) he gives me the* — il me tape sur les nerfs.

pipe [paɪp] n 1 tuyau m ; conduit m 2 pipe f ; *he smokes a* — il fume la pipe 3 *(Mus)* pipeau m ; *(bag)* —s cornemuse f 4 *(fam) put that in your* —*and smoke it!* si ça ne te plaît pas, c'est la même chose ! ◆ vt *(eau, gaz)* canaliser ◆ vi 1 *(Mus) (cornemuse, pipeau)* jouer ; *(lieux publics)* —*d music* musique de fond 2 parler d'une voix flûtée ∥ *pipe down* vpart *(fam)* se taire, mettre la sourdine ∥ °**pipeline** n canalisation f ; gazoduc m ; oléoduc m ; *there's something in the* — il se prépare quelque chose ∥ °**piper** n joueur m *(de cornemuse, pipeau)* ; *pay the* — payer la note ∥ *pipe up* vpart dire son mot ∥ °**piping** n 1 tuyauterie f 2 *(couture)* passepoil m 3 *(Mus)* jeu m *(de cornemuse, pipeau)* 4 pépiement m ◆ adv *(Cuis)* — *hot* tout chaud.

pippin ['pɪpɪn] n pomme f reinette.

piquant ['pi:kənt] adj piquant ∥ °**piquancy** n piquant m.

pique [pi:k] n dépit m ◆ vt dépiter.

piracy ['paɪrəsɪ] n piraterie f ∥ °**pirate** n pirate m ; *(Rad, TV)* — *station* émetteur m pirate ◆ vt contrefaire ; plagier ; voler.

piss [pɪs] vi pisser ; *(argot)* — *off!* fous le camp !

pistachio [pɪ'stɑ:ʃɪəʊ] n pistache f.

pistol ['pɪstl] n pistolet m.

pit [pɪt] n 1 trou m 2 puits m *(pl inv)* de mine 3 *(Mus)* fosse f d'orchestre 4 *(brit Th)* fauteuils mpl d'orchestre 5 *(Aut)* *(course)* stand m 6 *(Anat)* — *of the stomach* creux m de l'estomac ◆ vt 1 piqueter 2 *(loc)* — *your wits against*... se mesurer avec...

pitch[1] [pɪtʃ] n poix f ; *it's* —*-black/-dark* il fait nuit noire.

pitch[2] [pɪtʃ] vti 1 lancer (une balle) 2 dresser (une tente) 3 *(Mus)* placer (le ton) ; *(fig)* — *prices at the right level* fixer les prix au bon niveau 4 *(Naut)* tanguer ◆ n 1 *(Sp)* terrain m ; *(camping)* emplacement m ; *(fig) he's queered my* — il m'a mis des bâtons dans les roues 2 *(Mus)* ton m ; diapason m ; *he has perfect* — il a l'oreille absolue 3 *(Naut)* tangage m 4 degré m *(d'intensité)* ∥ °**pitched** adj — *battle* bataille f rangée.

pitcher ['pɪtʃə] n broc m, cruche f.

pitchfork ['pɪtʃfɔ:k] n *(Ag)* fourche f (à foin) ◆ vt *(aussi fig)* lancer.

piteous ['pɪtɪəs] adj pitoyable.

pitfall ['pɪtfɔ:l] n piège m.

pith [pɪθ] n 1 *(Bot)* moelle f *(d'une tige)* ; peau f blanche *(d'une orange)* 2 *(fig)* sève f ; vigueur f ∥ °**pithy** adj vigoureux *(f -euse)*.

pitiful ['pɪtɪfʊl] adj pitoyable ∥ °**pitiless** adj impitoyable.

pittance ['pɪtəns] n salaire m dérisoire.

pity ['pɪtɪ] n 1 pitié f ; *have/take* — *on us!* ayez pitié de nous ! 2 dommage m ; *it's a (great)* — c'est (bien) dommage ; *what a* —*!* quel dommage !

pivot ['pɪvət] n *(Tech)* pivot m.

placard ['plækɑ:d] n affiche f ◆ vt afficher ; placarder.

placate [plə'keɪt] vt amadouer.

place [pleɪs] n 1 endroit m ; — *of birth* lieu m de naissance ; *market* — place f du marché ; *there are books all over the* — il y a des livres partout ; *they want to go* —*s* ils veulent voyager ; *(fig)* ils veulent faire leur chemin 2 résidence f ; *at my* — chez moi 3 *(à table) lay a* — mettre un couvert 4 rôle m ; *he's the right man in the right* — c'est l'homme qui convient ; *it's not my* — *to say so* ce n'est pas à moi de le dire ; *the remark was out of* — la remarque était déplacée 5 emploi m *(récit)* passage m 7 *(course, examen)* place f ; *take first* — arriver premier *(f -ière)* 8 *(Math)* answer to three decimal —*s* solution f à trois décimales 9 *(société)* rang m ; *I put him in his* — je l'ai remis à sa place ; *in your* — à votre place 10 *(loc) take* — avoir lieu ; *in* — *of* au lieu de ; *in the first/second/next* — premièrement/en second lieu/ensuite ◆ vt 1 *(placer)* placer ; situer ; *(objet)* poser ; *(fig) I* — *the matter in your hands* je remets l'affaire entre vos mains 2 *(Com)* passer (une commande) 3 *(courses, examens)* classer, placer 4 identifier ; *I can't* — *her* je n'arrive pas à la situer.

plagiarism ['pleɪdʒərɪzm] *n* plagiat *m* ‖ **°plagiarist** *n* plagiaire *mf* ‖ **°plagiarize/-ise** *vt* plagier.

plague [pleɪg] *n* (*Méd*) peste *f*; (*fig*) fléau *m* ♦ *vt* harceler; tourmenter.

plaice [pleɪs] *n* (*poisson*) carrelet *m*.

plain¹ [pleɪn] *adj* 1 simple; ~ *chocolate* chocolat *m* noir 2 (*couleur*) uni 3 (*visage*) quelconque; ingrat 4 clair, limpide; *it was* ~ *that...* il était évident que...; *I want to make it* ~ *that...* je tiens à dire clairement que...; *it's as* ~ *as daylight/as the nose on your face* cela saute aux yeux; *in* ~ *English* pour parler clairement 4 (*loc*) (*militaire, policier*) *in* ~ *clothes* en civil 5 (*tricot*) ~ *stitch* maille *f* à l'endroit ‖ **°plainly** *adv* 1 simplement 2 clairement 3 carrément.

plain² [pleɪn] *n* (*Géog*) plaine *f*.

plaintiff ['pleɪntɪf] *n* (*Jur*) plaignant *m* ‖ **°plaintive** *adj* plaintif (*f* -ive).

plait [plæt] *n* natte *f* ♦ *vt* natter, tresser.

plan [plæn] *n* 1 (*Arch*) plan *m* 2 projet *m*; *five-year* ~ plan *m* quinquennal; *everything is going according to* ~ tout marche comme prévu ♦ *vti* 1 (*Arch*) faire le plan de; *well-planned house* maison *f* bien conçue 2 (*Éco*) planifier 3 projeter; *we* ~ *to go to Scotland* nous avons l'intention d'aller en Écosse.

plane¹ [pleɪn] *n* 1 niveau *m*; (*fig*) *on an equal* ~ sur un plan d'égalité 2 (*Math*) ~ *geometry* géométrie *f* plane.

plane² [pleɪn] *n* rabot *m* ♦ *vt* raboter.

plane³ [pleɪn] *n* (*Bot*) platane *m*.

plane⁴ [pleɪn] *n* (*ab de* **°aeroplane/°airplane**) avion *m*.

plank [plæŋk] *n* planche *f*.

plankton ['plæŋktən] *n* (*Bot*) plancton *m*.

planner ['plænə] *n* (*Éco*) planificateur *m* ‖ **°planning** *ns inv* planification *f*; *town* ~ urbanisme *m*; *family* ~ planning *m* familial.

plant¹ [plɑːnt] *n* (*Bot*) plante *f*; *potted* ~ plante verte ♦ *vt* 1 planter 2 implanter.

plant² [plɑːnt] *ns inv* (*Ind*) équipement *m* lourd.

plant³ [plɑːnt] *n* (*Ind*) usine *f*.

plant⁴ [plɑːnt] *n* (*fam péj*) coup *m* monté ♦ *vt* (*fam*) cacher; *they* ~*ed drugs on him* on a caché des drogues sur lui.

plaster ['plɑːstə] *n* plâtre *m* ♦ *vt* 1 (*aussi Méd*) plâtrer 2 (*fig*) ~*ed with mud* couvert de boue ‖ **°plasterboard** *n* placoplâtre *m* ‖ **°plastered** *adj* 1 plâtré 2 (*fam*) soûl.

plastic ['plæstɪk] *n* plastique *m*; ~ *surgery* chirurgie *f* esthétique ♦ *adj* plastique.

plasticine ['plæstɪsiːn] *n* pâte *f* à modeler.

plate¹ [pleɪt] *n* 1 assiette *f*; *dinner* ~ assiette plate; *soup* ~ assiette creuse; (*fig*) *she's got a lot on her* ~ elle a du pain sur la planche; *he wants everything handed to him on a* ~ il veut qu'on lui porte tout sur un plateau 2 (*Phot, Tech*) plaque *f* 3 (*Art*) estampe *f* 4 (*Aut*) *number* ~ plaque *f* d'immatriculation 5 dentier *m* ♦ *vt* (*métaux*) plaquer; *armo(u)r-~d* blindé; *gold-~ed* plaqué or ‖ **°plateful** *n* assiettée *f* ‖ **plate °glass** *n* verre *m* trempé.

plate² [pleɪt] *ns inv* vaisselle *f* (d'or ou d'argent).

platform ['plætfɔːm] *n* 1 (*gare*) quai *m* 2 (*salle*) estrade *f* 3 (*fig Pol*) plate-forme *f* (électorale) 4 (*Tech*) plate-forme *f* (de forage).

platinum ['plætɪnəm] *n* platine *m*.

platoon [plə'tuːn] *n* (*Mil*); (*infanterie*) section *f*; (*blindés*) peloton *m*.

play¹ [pleɪ] *n* (*Th*) pièce *f*.

play² [pleɪ] *ns inv* jeu *m*; ~ *on words* jeu *m* de mots; *I said it in* ~ je l'ai dit pour plaisanter; (*fig*) *it's child's* ~ c'est un jeu d'enfant 2 activité *f*; *call into* ~ faire entrer en jeu 3 (*Sp*) *in* ~ en jeu; *out of* ~ hors-jeu; *rain stopped* ~ la partie fut arrêtée pour cause de pluie 4 (*Tech*) jeu *m*, mouvement *m*; *give full* ~ *to...* donner libre cours à... ♦ *vti* 1 jouer; ~ *the flute/violin* jouer de la flûte/du violon; ~ (*at*) *rugby/(at) football* jouer au rugby/au football; ~ *a match* disputer un match; ~ *fair* jouer franc jeu; *the radio is* ~*ing* la radio marche 2 (*loc*) ~ *ball* coopérer; ~ *it cool!* ne t'énerve pas! *stop* ~*ing the fool!* cesse de faire l'idiot! *he* ~*ed a joke on me* il m'a joué un tour; (*fam*) *she's* ~*ing hard to get* elle fait la coquette; *they* ~*ed into their hands* nous avons fait leur jeu; *they are* ~*ing for time* ils essaient de gagner du temps ‖ **°play-act** *vi* (*fig péj*) jouer la comédie ‖ **°play-acting** *n* (*fig péj*) comédie *f* ‖ **play back** *vpart* repasser (un enregistrement) ‖ **play down** *vpart* dénigrer, minimiser ‖ **played °out** *adj* (*fam*) épuisé ‖ **°player** *n* 1 (*Sp*) joueur *m* (*f* -euse) 2 (*Th*) acteur *m* (*f* actrice) 3 (*Mus*) musicien *m* (*f* -ienne) ‖ **°playful** *adj* enjoué, espiègle ‖ **°playgoer** *n* amateur *m* de théâtre ‖ **°playground** *n* (*Ens*) cour *f* de récréation; *covered* ~ préau *m* ‖ **°playgroup/°playschool** *n* (*Ens*) garderie *f* ‖ **°playhouse** *n* théâtre *m* ‖ **°playing** *n* jeu *m*; ~ *card* carte *f* à jouer; ~ *field* terrain *m* de sport ‖ **°playmate** *n* camarade *mf* de jeu ‖ **play off** *vpart* 1 (*Sp*) ~ *off a match* jouer la belle 2 monter (une personne contre une autre) ‖ **°playpen** *n* (*enfants*) parc *m* ‖ **°plaything** *n* jouet *m*; (*fig*) pantin *m* ‖ **°playtime** *n* récréation *f* ‖ **play up** *vpart* 1 (*to*) flatter 2 tracasser 3 (*Ens*) chahuter ‖ **°playwright** *n* dramaturge *m*.

plea [pliː] *n* 1 excuse *f*; *on the* ~ *that...*

prétextant que... **2** supplication *f* **3** *(Jur)* argument *m* ; **enter a ~ of not guilty** plaider non coupable || **plead** *vti (p pp* **pleaded/pled) 1** *(Jur)* plaider ; **~ guilty** plaider coupable **2** implorer ; **he ~ed with them for mercy** il les supplia de l'épargner.

pleasant ['plezənt] *adj* aimable ; courtois ; plaisant ; sympathique ; **have a ~ time** passer un moment agréable || **°pleasantry** *n* plaisanterie *f*.

please [pli:z] *vti* **1** plaire (à) ; **she's hard to ~** elle est difficile à contenter ; **~ yourself!/as you ~!** faites comme vous voulez ! **2** *adv* yes, **~** oui, s'il vous plaît ; **may I smoke? ~ do!** puis-je fumer ? je vous en prie !/faites donc ! **~ don't make so much noise!** faites moins de bruit, s'il vous plaît ! || **pleased** *adj (at with)* content (de) ; *(loc)* **he was (as) ~ as Punch** il était aux anges ; *(Com)* **we are ~ to inform you that...** nous avons l'honneur de vous informer que... || **°pleasing** *adj* plaisant ; sympathique.

pleasurable ['pleʒrəbl] *adj (lit)* agréable || **°pleasure** *n* plaisir *m* ; **take ~ in...** avoir du plaisir à... ; **it's a ~ to see you again** cela fait plaisir de vous revoir.

pleat [pli:t] *n* pli *m* ♦ *vt* plisser.

plebiscite ['plebɪsɪt] *n* plébiscite *m*.

pledge [pledʒ] *vti* **1** mettre en gage **2** *(fig)* **I ~ (my word) that...** je prends l'engagement solennel que... ♦ *n* **1** gage *m* **2** engagement *m*.

plenary ['pli:nərɪ] *adj* **~ powers** pleins *mpl* pouvoirs ; **~ session** séance *f* plénière.

plentiful ['plentɪfəl] *adj* abondant || **°plenty** *adv n pr* abondance *f* ; **she has ~ of money and friends** elle a beaucoup d'argent et d'amis ; **you've got ~ time** tu as largement le temps ; **land of ~** pays *m* de cocagne.

pleurisy ['plʊrɪsɪ] *ns inv (Méd)* pleurésie *f*.

pliable ['plaɪəbl] *adj (chose)* flexible ; *(personne)* docile ; souple.

pliers ['plaɪəz] *npl inv* ; **a pair of ~** pince(s) *f(pl)*.

plight [plaɪt] *n (lit)* situation *f* lamentable.

plimsoll ['plɪmsl] *n (brit)* (chaussure de) tennis.

plod [plɒd] *vi* **1** marcher péniblement **2** *(fig)* travailler laborieusement.

plonk [plɒŋk] *n (brit fam)* vin *m* ordinaire || **plonk (down)** *vti* (laisser) tomber lourdement.

plot¹ [plɒt] *n* terrain *m* ; **vegetable ~** carré *m* de légumes.

plot² [plɒt] *n* complot *m* ♦ *vti* comploter.

plot³ [plɒt] *n (Lit)* intrigue *f* ♦ *vt* tracer (un graphique) ; localiser.

plough *(brit)* / **plow** *(amér)* [plaʊ] *n* **1** charrue *f* **2** *(Astr)* **the P~** la Grande Ourse ♦ *vti* **1** labourer **2** *(fam Ens)* coller,

recaler || **plough back** *vpart (Com)* réinvestir (des bénéfices) || **°ploughman** *n* laboureur *m*.

plow/plowman *(amér)* voir **plough.**

ploy [plɔɪ] *n (fam)* astuce *f* ; stratagème *m*.

pluck [plʌk] *vt* **1** *(fruit)* cueillir ; *(volaille)* plumer ; *(sourcils)* épiler ; *(Mus)* pincer (les cordes) ♦ *n (fam)* courage *m*, cran *m* || **pluck up** *vpart (loc)* **~ up courage** prendre son courage à deux mains || **°plucky** *adj* courageux *(f* -euse).

plug [plʌg] *n* **1** *(fût)* bonde *f* **2** *(Tech)* cheville *f* **3** *(El)* fiche *f* ; prise *f* **4** *(Aut) (spark)* **~** bougie *f* **5** publicité *f* ♦ *vt* **1** boucher **2** faire de la publicité pour || **plug in** *vpart (El)* brancher.

plum [plʌm] *n* **1** *(Bot)* prune *f* ; **~ pudding** pudding *m* ; **~ (tree)** prunier *m* **2** *(fam)* **he's got a ~ (job)** il a un boulot en or ♦ *adj (couleur)* prune.

plumb [plʌm] *n (Tech)* plomb *m* ; **~ line** fil *m* à plomb ♦ *adv* **~ in the middle of...** en plein milieu de... ♦ *vt* sonder || **°plumber** *n* plombier *m* || **°plumbing** *n* plomberie *f*.

plume [plu:m] *n* **1** plume *f* (d'autruche) **2** *(casque)* plumet *m* **3** *(fig)* **~ of smoke** panache *m* de fumée.

plummet ['plʌmɪt] *vi* tomber à pic.

plummy ['plʌmɪ] *adj (fam)* **1** *(travail)* enviable **2** *(péj) (accent)* par trop châtié ; *(voix)* de velours.

plump [plʌmp] *adj* dodu ; potelé ; rebondi ♦ *vt* opter || **plump down** *vpart* s'affaler.

plunder ['plʌndə] *n inv* butin *m* ♦ *vti* piller.

plunge [plʌndʒ] *vi (aussi fig)* plonger ♦ *n* plongeon *m* ; *(fig)* **take the ~** se jeter à l'eau.

plus [plʌs] *n* **1** *(Math)* plus *m* **2** *(fig)* atout *m* (de plus) ♦ *prép* plus.

plush [plʌʃ] *n (tissu)* peluche *f* || **°plush(y)** *adj (fam)* rupin ; luxueux *(f* -euse).

ply [plaɪ] *vti* **1** *(véhicule)* faire la navette **2** *(loc)* **they plied me with drink/questions** ils ne cessèrent de me verser à boire/m'en poser des questions ♦ *n* épaisseur *f* || **°plywood** *n (bois)* contreplaqué *m*.

p.m. [pi:'em] *adv (ab de* **post°meridiem)** de l'après-midi/du soir ; **9 p.m.** 21 heures.

pneumatic [nju:'mætɪk] *adj* pneumatique ; **~ drill** marteau-piqueur *m*.

pneumonia [nju:'məʊnɪə] *ns inv (Méd)* pneumonie *f*.

poach¹ [pəʊtʃ] *vt (Cuis)* pocher.

poach² [pəʊtʃ] *vti* braconner || **°poacher** *n* braconnier *m*.

pocket ['pɒkɪt] *n* poche *f* ; **hip ~** poche revolver ; **she went through his~s** elle lui a fait les poches ; **he lined his ~s** il s'est rempli les poches ; **I'm in ~** je suis ga-

gnant ; *I'm out of* ~ j'y suis de ma poche ;
~ *money* argent *m* de poche ; *(fig Av)* **air**
~ trou *m* d'air ◆ *vt* empocher
‖ °**pocketbook** *n* **1** *(amér)* portefeuille *m*
2 *(amér)* sac *m* à main **3** *(amér)* livre *m*
de poche ‖ °**pocketknife** *n* canif *m*.

pockmark ['pɒkmɑːk] *n (Méd)* cicatrice *f*
(laissée par la varicelle, etc.).

pod [pɒd] *n (Bot)* cosse *f*.

podgy ['pɒdʒɪ] *adj (fam)* gras *(f* grasse*)* ;
potelé.

poem ['pəʊɪm] *n (Lit)* poème *m* ‖ °**poet**
n poète *m* ‖ °**poetess** *n* poétesse *f*
‖ **po°etic** *adj* poétique ‖ °**poetry** *n* poésie *f*.

poignant ['pɔɪnjənt] *adj* poignant.

point [pɔɪnt] *n* **1** pointe *f* ; *at gun* ~ sous
la menace d'un pistolet **2** *(Math)* **decimal**
~ virgule *f* décimale **3** *(géométrie)* point
m **4** *(Géog)* promontoire *m* **5** *(espace,
temps)* endroit *m* ; point *m* **6** *(loc)* **on the**
~ *of going* sur le point de partir **7** *(Rail)*
~*s* aiguilles *fpl* **8** *(discussion)* point *m* ; ~
at issue sujet *m* litigieux ; ~ *of view* point
m de vue ; *that's beside/off the* ~ c'est
hors sujet ; *keep/stick to the* ~ rester dans
le sujet ; *make a (good)* ~ faire valoir un
point de vue ; *I make a* ~ *of listening* je
me fais un point d'honneur d'écouter ;
come to the ~ venez-en au fait ; *let's get
back to the* ~*!* revenons à nos moutons !
I (don't) get/see the ~ je (ne) vois (pas)
où tu veux en venir ; *that's the (whole)* ~*!*
c'est bien là l'essentiel ! *you've missed the*
~*!* tu n'as rien compris ! *there's no* ~ *in
arguing!* cela ne sert à rien de discuter !
◆ *vti* **1** *(arme)* pointer **2** *(at)*
montrer *(du doigt)* **3** *(to)* indiquer
‖ **point-°blank** *adj adv* **1** à bout portant ;
à brûle-pourpoint **2** *(refus)* net ‖ **point out**
vpart (aussi fig) faire remarquer
‖ °**pointed** *adj* **1** pointu **2** *(Arch)* en ogive
3 *(ton)* mordant ‖ °**pointedly** *adv (ton)*
sans ambiguïté ‖ °**pointer** *n* **1** chien *m*
d'arrêt **2** *(cadran)* aiguille *f* **3** *(fig)* indice
m ‖ °**pointless** *adj* **1** sans but **2** dénué de
sens.

poise [pɔɪz] *n (corps)* port *m* **2** *(esprit)*
assurance *f* ◆ *vt be* ~*d* être suspendu, immobile en l'air ; *(fig)* ~*d for action* prêt
à entrer en action.

poison ['pɔɪzən] *n* poison *m* ; venin *m* ◆
vt empoisonner ‖ °**poisonous** *adj* **1** toxique **2** *(serpent)* venimeux *(f* -euse*)*
3 *(plante)* vénéneux *(f* -euse*)*.

poke [pəʊk] *vti* **1** donner un petit coup (à) ;
he ~*d me in the ribs* il m'a donné un coup
de coude dans les côtes **2** pousser ; *he* ~*d
his head out of the window* il a passé la
tête par la fenêtre **3** *(loc)* ~ *fun at* se moquer de **4** *(argot brit)* tringler ◆ *n* petit
coup *m* (de coude...) ‖ **poke about/
around** *vpart* fureter ‖ °**poker** *n* **1** tison-

nier *m* **2** *(cartes)* poker *m* ‖ °**poker-faced**
adj au visage impassible.

poky ['pəʊkɪ] *adj (péj)* exigu *(f* -uë*)*.

polar ['pəʊlə] *adj (Géog)* polaire.

pole[1] [pəʊl] *n* perche *f* ; poteau *m* ; *flag-
/tent*~ mât *m*.

pole[2] [pəʊl] *n (Géog)* pôle *m* ; *North/South
P*~ pôle nord/sud ; ~ *star* étoile *f* polaire ;
(fig) we are ~*s apart* nous n'avons rien
en commun.

polemic [pə'lemɪk] *n* polémique *f*.

police [pə'liːs] *npl inv* police *f* ; gendarmerie *f* ; *the* ~ *are on the alert* la police
est sur le qui-vive ; ~*man/woman* *m* agent
m inv de police ; ~ *record* casier *m* judiciaire ; ~ *station* poste *m* (de police) ; ~
state état *m* policier ◆ *vt* contrôler ; maintenir l'ordre dans.

policy ['pɒlɪsɪ] *n* **1** politique *f* ; programme
m ; règle *f* **2** *insurance* ~ police *f* d'assurance.

polio ['pəʊlɪəʊ] *n (Méd)* polio *f*.

polish ['pɒlɪʃ] *n* **1** cirage *m* **2** cire *f* ; encaustique *f* **3** *(amér) nail* ~ vernis *m* à
ongles **4** brillant *m* ; éclat *m* **5** *(fig)* élégance *f* ; raffinement *m* ◆ *vt* astiquer ; cirer ; polir ; *(fig) I need to* ~ *up my English* il faudrait que je travaille mon anglais ;
(fam) they ~*ed off the cake* ils ont mangé
tout le gâteau ‖ °**polished** *adj* **1** ciré
2 *(fig)* raffiné.

polite [pə'laɪt] *adj (to)* poli (avec)
‖ **po°liteness** *n* politesse *f*.

politic ['pɒlɪtɪk] *adj* avisé, prudent
‖ **po°litical** *adj (Pol)* politique
‖ **poli°tician** *n* homme/femme politique
‖ °**politics** *n* politique *f* ; *party* ~ *are to
blame* c'est la politique *f* politicienne qui
est à incriminer ; *go into* ~ se lancer dans
la politique.

poll [pəʊl] *n (Pol)* **1** scrutin *m* ; *go to the*
~*s* aller aux urnes **2** sondage *m* **3** nombre
m de suffrages exprimés ◆ *vt* **1** sonder
2 *(voix)* obtenir ‖ °**polling** *adj* ~ *booth*
isoloir *m* ; *(brit)* ~ *day* jour *m* des élections ; ~ *station* bureau *m* de vote
‖ °**pollster** *n* institut *m* de sondage ; enquêteur *m*.

pollute [pə'luːt] *vti* polluer ‖ **po°llutant**
n polluant *m* ‖ **po°llution** *n* pollution *f*.

polystyrene [ˌpɒlɪ'staɪriːn] *n* polysty-
rène *m*.

polytechnic [ˌpɒlɪ'teknɪk] *n* institut *m*
universitaire de technologie.

polythene ['pɒlɪθiːn] *n* polythène *m*.

pomegranate ['pɒmɪˌɡrænɪt] *n (fruit)*
grenade *f*.

pond [pɒnd] *n* étang *m* ; mare *f*.

ponder ['pɒndə] *vi (on, over)* méditer
(sur) ; réfléchir (à) ‖ °**ponderous** *adj (péj)
(manière)* lourd.

pong [pɒŋ] *n* (*brit fam*) puanteur *f* ◆ *vi* puer.

pontiff [ˈpɒntɪf] *n* (*Rel*) pontife *m*; *sovereign* ~ souverain *m* pontife || **pon°tificate** *vi* (*about*) pontifier (sur).

pontoon [pɒnˈtuːn] *n* ponton *m*; ~ *bridge* pont *m* flottant.

pony [ˈpəʊnɪ] *n* poney *m*; (*coiffure*) ~**-tail** queue *f* de cheval || **°pony-trekking** *n* randonnée *f* équestre.

poodle [ˈpuːdl] *n* caniche *m*.

poof [puːf] *n* (*brit péj*) tapette *f*.

pooh-pooh [ˌpuːˈpuː] *vt* (*fam*) (*idée*) dénigrer.

pool¹ [puːl] *n* flaque *f* (d'eau); (*aussi fig*) mare *f*; *bassin m*; *swimming* ~ piscine *f*.

pool² [puːl] *n* **1** (*Com*) fonds *m* (*pl inv*) commun **2** cagnotte *f* **3** (*brit*) *football* ~**s** loto *m* sportif **4** équipe *f* d'experts; *typing* ~ pool *m* de dactylos **5** (*Com*) consortium *m* ◆ *vt* mettre en commun.

poor [pʊə] *adj* **1** (*argent*) pauvre, démuni **2** (*qualité*) médiocre; ~ *excuse* piètre excuse *f*; *my sight is getting* ~ ma vue baisse; *she is in* ~ *health* elle a des ennuis de santé; *I was always* ~ *at figures* je n'ai jamais été doué pour le calcul **3** (*fig*) pauvre, pitoyable; ~ *thing!* pauvre petit! || **°poorly** *adj* souffrant ◆ *adv* pauvrement; médiocrement || **poorly °off** *adj* pauvre, démuni || **°poorness** *n* (*qualité*) médiocrité *f*.

pop¹ [pɒp] *n* **1** bruit *m* sec; *it gave a* ~ cela a fait pan **2** boisson *f* pétillante ◆ **1** éclater; (*bouchon*) sauter **2** (*action rapide*); ~ *in/round to see a friend* faire un saut chez un ami; *I'll just* ~ *my coat on* je passe rapidement mon manteau; *I was* ~**-eyed** j'ai ouvert de grands yeux.

pop² [pɒp] *n* (*amér fam*) papa *m*.

pop³ [pɒp] *adj* (*ab de* **popular**); ~ *music* musique *f* pop; *they're top of the* ~**s** ils sont en tête du hit-parade.

pope [pəʊp] *n* (*Rel*) pape *m*.

poplar [ˈpɒplə] *n* (*Bot*) peuplier *m*.

poplin [ˈpɒplɪn] *n* popeline *f*.

poppy [ˈpɒpɪ] *n* (*Bot*) pavot *m*; coquelicot *m*.

popular [ˈpɒpjʊlə] *adj* **1** populaire, aimé; *she's very* ~ *with everybody* elle est très appréciée de tout le monde **2** à la mode; ~ *game* jeu *m* qui a beaucoup de succès **3** courant; ~ *error* erreur *f* répandue; ~ *press* la presse à sensation **4** traditionnel (*f* -elle); ~ *saying* dicton *m* || **popu°larity** *n* (*with*) popularité *f* (auprès de) || **°popularize/-ise** *vt* populariser; vulgariser.

populate [ˈpɒpjʊleɪt] *vt* peupler; *densely/ thickly* ~**d** très peuplé.

porch [pɔːtʃ] *n* **1** porche *f* **2** (*amér*) véranda *f*.

porcupine [ˈpɔːkjʊpaɪn] *n* (*Zool*) porc-épic *m*.

pore¹ [pɔː] *n* (*Anat*) pore *m*.

pore² [pɔː] *vi* ~ *over a document* être absorbé par la lecture d'un document.

pork [pɔːk] *n* (*viande*) porc *m*; (*brit*) ~ *butcher* charcutier *m* (*f* -ière).

porn [pɔːn] *n* (*fam*) (*ab de* **pornography**) || **porno°graphic** *adj* pornographique || **por°nography** *n* pornographie *f*.

porpoise [ˈpɔːpəs] *n* (*Zool*) marsouin *m*.

porridge [ˈpɒrɪdʒ] *n* bouillie *f* d'avoine; ~ *oats* flocons *mpl* d'avoine.

port¹ [pɔːt] *n* (*Naut*) **1** port *m*; *home* ~ port d'attache; ~ *of call* port d'escale **2** bâbord *m*; ~**hole** hublot *m*.

port² [pɔːt] *n* porto *m*.

portable [ˈpɔːtəbl] *adj* portable; portatif (*f* -ive) || **°porter** *n* **1** (*bagages*) porteur *m* **2** (*immeuble*) concierge *mf*; gardien *m* (*f* -ienne) || **°porterhouse (°steak)** *n* (*Cuis*) chateaubriand *m*.

portfolio [pɔːtˈfəʊlɪəʊ] *n* portefeuille *m*.

portly [ˈpɔːtlɪ] *adj* corpulent.

portrait [ˈpɔːtrɪt] *n* portrait *m* || **por°tray** *vt* **1** (*Art*) peindre le portrait de **2** (*fig*) dépeindre; représenter || **por°trayal** *n* (*aussi fig*) peinture *f*; portrait *m*.

pose [pəʊz] *n* pose *f*; (*aussi fig péj*) *strike a* ~ prendre une pose ◆ *vti* poser; *this* ~**s** *problems* ceci pose des problèmes; *he* ~**d** *as a diplomat* il s'est fait passer pour un diplomate.

posh [pɒʃ] *adj* (*fam*) chic; distingué; cossu || **posh up** *vpart* (*fam*) bichonner; *he's* ~**ed** *himself up* il s'est mis sur son trente et un.

position [pəˈzɪʃn] *n* **1** (*espace*) position *f*; emplacement *m* **2** (*fig*) état *m*; *put yourself in my* ~ mettez-vous à ma place **3** attitude *f* **4** emploi *m*; *she has a good* ~ elle a une bonne situation **5** (*loc*) *I'm not in a* ~ *to help you* je ne suis pas à même de vous aider ◆ *vt* placer.

positive [ˈpɒzɪtɪv] *adj* **1** positif (*f* -ive) **2** certain; *I'm* ~ *about it* j'en suis sûr **3** réel (*f* -elle); *it was a* ~ *delight* c'était un vrai ravissement || **°positively** *adv* **1** positivement **2** affirmativement **3** absolument.

possess [pəˈzes] *vt* **1** posséder **2** (*loc*) *what* ~**ed** *him to do that?* qu'est-ce qui lui a pris de faire cela? || **po°ssessive** *adj* possessif (*f* -ive).

possible [ˈpɒsɪbl] *adj* possible; (*loc*) *as far as* ~ dans la mesure du possible || **°possibly** *adv* **1** peut-être; *she may* ~ *be early* il se peut qu'elle arrive en avance **2** vraiment; *he did everything he* ~ *could* il a fait tout son possible; *if I* ~ *can* si cela est dans mon pouvoir.

post¹ [pəʊst] *n* poteau *m*; *starting* ~ poteau de départ ; *finishing/winning* ~ poteau d'arrivée ; *(fig) he's (as) deaf as a* ~ il est sourd comme un pot.

post² [pəʊst] *n* **1** emploi *m* ; poste *m* **2** *(Mil)* poste *m* sentinelle ◆ *vt* **1** poster **2** *(Adm)* affecter (à un poste).

post³ [pəʊst] *n* **1** poste *f* ; ~*box* boîte *f* aux lettres ; ~*card* carte *f* postale ; ~*code* code *m* postal ; ~*man/*~*woman* facteur *m/*factrice *f* ; ~*mark* cachet *m* de la poste ; ~*master/*~*mistress* receveur *m/* receveuse *f* des postes ; ~ *office* bureau *m* de poste ; ~*paid (surtout amér)* port *m* payé ; *send by* ~ envoyer par la poste **2** courrier *m* ; *miss the* ~ manquer la levée (du courrier) ; *has the* ~ *come?* est-ce que le facteur est passé ? *what's in the* ~ *this morning?* qu'y a-t-il dans le courrier ce matin ? *by return of* ~ par retour de courrier ; ~*free* franco de port ◆ *vt* poster (une lettre) ; *(fig) keep me* ~*ed* tenez-moi au courant ‖ °**postage** *n* tarif *m* postal ; ~ *stamp* timbre-poste *m* *(pl* timbres-poste) ‖ °**postal** *adj* postal ; ~ *order* mandat *m* ; ~ *vote* vote *m* par correspondance.

postdate [ˌpəʊst'deɪt] *vt* postdater.

poster [ˈpəʊstə] *n* poster *m*, affiche *f*.

posterity [pɒˈsterɪtɪ] *n* postérité *f*.

postgraduate [ˌpəʊst'grædjʊɪt] *adj n* (étudiant) de troisième cycle universitaire.

posthumous [ˈpɒstjʊməs] *adj* posthume ‖ °**posthumously** *adv* **1** après la mort **2** *(honneur)* à titre posthume.

postmortem [ˌpəʊst'mɔːtəm] *n* autopsie *f*.

postpone [pəʊst'pəʊn] *vt* remettre à plus tard, ajourner ‖ **post°ponement** *n* ajournement *m*.

postscript [ˈpəʊstskrɪpt] *n* post-scriptum *m*.

posture [ˈpɒstʃə] *n* attitude *f* ; posture *f* ; position *f* ◆ *vi (péj)* se donner des airs.

postwar [ˌpəʊst'wɔː] *adj* d'après-guerre.

pot [pɒt] *n* **1** *(plante)* pot *m* **2** *(Cuis)* casserole *f* ; ~*s and pans* batterie *f* de cuisine ; *coffee/tea* ~ cafetière *f*/théière *f* ; *(fig) keep the* ~ *boiling* faire bouillir la marmite ; *(fam) everything is going to* ~ tout va à vau-l'eau ; *(fam) he's got* ~*s of money* il roule sur l'or **3** *(fam Sp)* coupe *f* **4** *(argot)* marijuana *f* ◆ *vt* **1** mettre en pot **2** *(fam) (gibier)* tirer.

potato [pəˈteɪtəʊ] *n* pomme *f* de terre ; *sweet* ~ patate *f* douce ; *(amér)* ~ *chips/ (brit)* ~ *crisps* pommes *fpl* chips ; ~ *peeler* épluche-légumes *m (pl inv)*.

potbellied [ˈpɒt,belɪd] *adj* bedonnant ‖ °**potbelly** *n (fam péj)* **1** bedaine *f* **2** individu *m inv* ventru ‖ °**potboiler** *n (fam Lit)* ouvrage *m* alimentaire.

potency [ˈpəʊtənsɪ] *n* puissance *f* ‖ °**potent** *adj* puissant ‖ **po°tential** *adj* potentiel *(f* -ielle) ◆ *n* potentiel *m* ; po-

tentialité *f* ‖ **potenti°ality** *n* potentialité *f* ‖ **po°tentially** *adv* potentiellement ; en puissance.

pothole [ˈpɒthəʊl] *n* **1** *(chemin)* nid *m* de poule **2** *(spéléologie)* gouffre *m* ‖ °**potholer** *n* spéléologue *mf* ‖ °**potholing** *n* spéléologie *f*.

pothunter [ˈpɒt,hʌntə] *n (fam Sp)* collectionneur *m* de trophées ‖ **pot°luck** *n (loc) take* ~ *luck* manger à la fortune du pot ‖ °**pot-roast** *vt* faire rôtir à la cocotte ‖ °**potshot** *n (fam) take a* ~ *(at)* tirer au jugé ; canarder ‖ °**potted** *adj* en pot ; ~ *plant* plante *f* verte ; *(brit fig)* ~ *version* version *f* simplifiée ‖ °**potter** *n* potier *m* ; ~*'s wheel* tour *m* de potier ◆ *vi (fam)* bricoler ; s'occuper tranquillement de choses et d'autres ‖ °**pottery** *n* poterie *f* ; *a piece of* ~ une poterie ‖ °**potty** *adj (fam) (surtout brit)* dingue, toqué ◆ *n* pot *m* de chambre (de bébé).

pouch [paʊtʃ] *n* **1** *(marsupiaux)* poche *f* ; *(fig)* ~*es under the eyes* poches sous les yeux ; *tobacco* ~ blague *f* à tabac.

poultice [ˈpəʊltɪs] *n* cataplasme *m*.

poulterer [ˈpəʊltərə] *n* marchand(e) *m(f)* de volailles ‖ °**poultry** *n (pl inv)* **1** *(Ag)* volaille(s) *f(pl)* ; *our* ~ *are well-fed* nos volailles sont bien nourries **2** *(Cuis)* ~*is cheaper than red meat* la volaille est moins chère que la viande rouge.

pounce [paʊns] *vi (at, on)* bondir (sur).

pound¹ [paʊnd] *n* **1** *(poids)* livre *f* (= 453,6 grammes) **2** *(monnaie)* ~ *(sterling)* livre *f* (sterling).

pound² [paʊnd] *n* fourrière *f*.

pound³ [paʊnd] *vti* **1** *(Cuis)* piler **2** *(Tech)* broyer ; concasser **3** *(Mil)* pilonner **4** *(fig)* marteler **5** *(cœur)* battre la chamade.

pour [pɔː] *vti* (se) verser ; (se) déverser ; *can I* ~ *you a drink?* puis-je vous servir à boire ? *they* ~*ed a fortune into the scheme* ils ont investi une fortune dans le projet ; *it's* ~*ing (rain)* il pleut à verse ; *he was* ~*ing with sweat* il ruisselait de sueur ; *the crowd* ~*ed into the streets* la foule se déversa dans les rues ; *she* ~*ed out her heart* elle a vidé son cœur.

pout [paʊt] *n* moue *f* ◆ *vi* faire la moue.

poverty [ˈpɒvətɪ] *n* dénuement *m*, misère *f* ; *(aussi fig)* pauvreté *f* ‖ °**poverty-stricken** *adj* miséreux *(f* -euse), dans la misère.

powder [ˈpaʊdə] *n* poudre *f* ; *keep your* ~ *dry!* reste vigilant ! ne baisse pas ta garde ! ◆ *vt* poudrer ; ~*ed milk* lait *m* en poudre ‖ °**powdery** *adj* poudreux *(f* -euse).

power [ˈpaʊə] *n* **1** pouvoir *m* ; *I'll do everything in my* ~ *to...* je ferai tout ce qui est en mon pouvoir pour... **2** faculté *f* ; *he lost the* ~ *of speech* il a perdu la parole ; *intellectual* ~*s* capacités *fpl* intellectuelles **3** énergie *f* ; *she has great* ~*s* *of persuasion* elle possède une grande force de persuasion **4** autorité *f*; *he has the ~ to arrest anyone who...* il est autorisé à arrêter quiconque...; *he has ~ of life and death over his subjects* il a droit de vie ou de mort sur ses sujets **5** (*Tech*) énergie *f*; (*El*) *~ station* centrale *f*; *~ cut* coupure *f* d'électricité **6** (*Pol*) pouvoir *m*; (*Pol*) *in ~* au pouvoir; *come to ~* accéder au pouvoir; *the great ~s* les grandes puissances; *the ~s that be* les autorités constituées **7** (*Jur*) procuration *f* **8** (*Math*) puissance *f*; *4 to the power of 9* 4 puissance 9 ◆ *vt* faire fonctionner; *nuclear-~ed submarine* sous-marin *m* nucléaire || **°powerful** *adj* puissant || **°powerhouse** *n* **1** centrale *f* (électrique) **2** (*fig*) groupe *m* de réflexion || **°powerless** *adj* impuissant || **°power °politics** *npl inv* (*souvent péj*) la politique du plus fort || **°power °steering** *n* (*Aut*) direction *f* assistée.

practicable ['præktɪkəbl] *adj* praticable || **°practical** *adj* pratique; *~ joke* canular *m*; (*loc*) *for all ~ purposes* dans les faits.

practice[1] ['præktɪs] *n* **1** pratique *f*; *in theory and in ~* en théorie et dans la pratique **2** coutume *f*; *I make a ~ of...* j'ai pour habitude de...; *it's common ~* cela se fait couramment **2** (*Sp*) entraînement *m*; (*Mus*) *choir ~* répétition *f* de la chorale; (*Mus*) *he does 6 hours' ~a day* il fait 6 heures de piano (violon...) par jour; *I'm out of ~/not in ~* je manque d'entraînement; j'ai perdu la main; *~ makes perfect* c'est en forgeant qu'on devient forgeron **3** (*Méd*) clientèle *f*; *he is in private ~* il a un cabinet.

practice[2] (*amér*) / **practise** (*brit*) ['præktɪs] *vti* **1** pratiquer *he ~s what he preaches* il met ses principes en pratique **2** (*Mus Sp*) s'entraîner; *I ~ my violin 6 hours a day* je travaille mon violon 6 heures par jour; *I must ~ my English* il faut que je m'exerce à parler anglais **3** (*Méd*) exercer || **°practiced** (*amér*)/**°practised** (*brit*) *adj* chevronné; exercé; expérimenté || **°practicing** (*amér*) / **°practising** (*brit*) *adj* **1** en exercice **2** (*Rel*) pratiquant || **prac°titioner** *n* (*Jur, Méd*) praticien (*f* -ienne); *general ~* (*ab* = **G.P.**) médecin *m inv* généraliste.

pragmatic [præg'mætɪk] *adj* pragmatique.

prairie ['preərɪ] *n* (*EU*) la prairie *f*; *~ schooner* chariot *m* couvert; *~ wolf* coyote *m*.

praise [preɪz] *ns inv* éloge(s) *m(pl)*; (*fig*) louange(s) *f(pl)* ◆ *vt* louer.

pram [præm] *n* = **perambulator**.

prance [prɑːns] *vi* **1** caracoler **2** (*fig*) se pavaner.

prank [præŋk] *n* farce *f*.

prattle ['prætl] *n* (*fam*) **1** babil *m* **2** papotage *m* ◆ *vi* **1** jacasser **2** papoter.

prawn [prɔːn] *n* (*Zool*) crevette *f* rose; bouquet *m*.

pray [preɪ] *vti* prier; *Muslims ~ to Allah* les Musulmans prient Allah; *I'll never ~ for his forgiveness* je n'implorerai jamais son pardon || **°prayer** *n* prière *f*.

pre- ['priː] *préf* pré-; *~-war* (d')avant-guerre; *~-1939* (d')avant 1939.

preach [priːtʃ] *vti* prêcher; (*fam*) *stop ~ing at me!* arrête tes sermons! || **°preacher** *n* prédicateur *m*; (*amér*) pasteur *m*.

preamble [priː'æmbl] *n* préambule *m*.

precarious [prɪ'keərɪəs] *adj* précaire.

precaution [prɪ'kɔːʃn] *n* précaution *f* || **pre°cautionary** *adj*; *~ steps* mesures *fpl* de précaution.

precede [prɪ'siːd] *vt* précéder || **pre°ceding** *adj* précédent.

precedence ['presɪdəns] *n* (*personne*) préséance *f*; (*chose*) priorité *f*; *safety takes ~ over comfort* la sécurité l'emporte sur le confort || **°precedent** *n* précédent *m*; *set a ~* créer un précédent.

precept ['priːsept] *n* précepte *m*.

precinct ['priːsɪŋkt] *n* **1** (*brit*) zone *f*; *shopping ~* centre *m* commercial; allée *f* marchande; *pedestrian ~* rue *f*/zone *f* piétonnière **2** (*amér*) (*police*) circonscription *f* **3** enceinte *f*; *smoking is prohibited within the ~ s of the university* il est interdit de fumer dans les limites de l'université.

precious ['preʃəs] *adj* **1** précieux (*f* -euse) **2** maniéré **3** (*fam*) satané; *I'm sick of all your ~ plans* j'en ai marre de tous tes beaux projets ◆ *adv* (*fam*) *~ little* rudement peu.

precipice ['presɪpɪs] *n* précipice *m*; paroi *f* à pic.

precipitate[1] [prɪ'sɪpɪtət] *adj* hâtif (*f* -ive), irréfléchi.

precipitate[2] [prɪ'sɪpɪteɪt] *vt* précipiter, brusquer || **precipi°tation** *n* précipitation *f* || **pre°cipitous** *adj* **1** escarpé, abrupt **2** précipité.

précis ['preɪsiː] *n* résumé *m*; précis *m*.

precise [prɪ'saɪs] *adj* précis; (*personne*) minutieux (*f* -euse).

precision [prɪ'sɪʒn] *n* précision *f*.

preclude [prɪ'kluːd] *vt* exclure; interdire.

precocious [prɪ'kəʊʃəs] *adj* précoce || **pre°cociousness/pre°cocity** *n* précocité *f*.

preconceived [ˌpriːkən'siːvd] *adj* préconçu || **precon°ception** *n* préjugé *m*, idée *f* préconçue.

predator ['predətə] *n* (*Zool aussi fig*) prédateur *m*, rapace *m* || **°predatory** *adj* prédateur (*f* -trice), rapace.

predecessor [ˈpriːdɪsesə] *n* prédécesseur *m*.

predicament [prɪˈdɪkəmənt] *n* situation *f* difficile.

predicate [ˈpredɪkət] *n* (*Gr*) prédicat *m* ; attribut *m*.

predict [prɪˈdɪkt] *vt* prédire ‖ **pre °dictable** *adj* prévisible ‖ **pre°diction** prédiction *f*.

predilection [ˌpriːdɪˈlekʃn] *n* prédilection *f*.

predominance [prɪˈdɒmɪnəns] *n* prédominance *f* ‖ **pre°dominate** *vi* prédominer.

pre-eminent [ˌpriːˈemɪnənt] *adj* prééminent.

pre-empt [ˌpriːˈempt] *vt* **1** anticiper **2** (*Com*) préempter, acquérir par priorité.

preen [priːn] *vti* (*oiseau*) lisser (ses plumes) ; (*fig*) (se) pomponner.

prefab [ˈpriːfæb] *ab* **prefabricated building** *n* (bâtiment) préfabriqué *m*.

preface [ˈprefɪs] *n* préface *f* ◆ *vt* préfacer ; (*with*) faire précéder (de).

prefect [ˈpriːfekt] *n* **1** (*brit Ens*) grand élève *m* (chargé de la discipline) **2** (*France*) préfet *m*.

prefer [prɪˈfɜː] *vt* **1** préférer ; *I ~ tea to coffee* je préfère le thé au café **2** (*Jur*) *they may ~ charges against him* ils le mettront en examen peut-être ‖ **pre°ferment** *n* promotion *f*.

preferable [ˈprefərəbl] *adj* préférable ‖ **°preference** *n* préférence *f* ; *in ~ to* de préférence à, plutôt que ‖ **prefe°rential** *adj* préférentiel (*f* -ielle) ; *~ treatment* traitement *m* de faveur.

prefix [ˈpriːfɪks] *n* préfixe *m*.

pregnancy [ˈpregnənsɪ] *n* grossesse *f* ‖ **pregnant** *adj* **1** (*femme*) enceinte ; (*femelle*) grosse **2** (*fig*) lourd de sens.

prehistoric [ˌpriːhɪˈstɒrɪk] *adj* préhistorique.

prejudge [ˌpriːˈdʒʌdʒ] *vt* préjuger (de).

prejudice [ˈpredʒʊdɪs] *n* **1** préjugé *m* ; *racial ~* racisme *m* **2** préjudice *m* ; (*Com*) *without ~* sous toutes réserves ◆ *vt* prévenir ; porter préjudice à ; *this may ~ your chances* ceci risque de nuire à vos intérêts ‖ **°prejudiced** *adj* **1** (*personne*) prévenu, partial ; *in this case, he was ~* dans cette affaire, il était de parti pris **2** (*idée*) préconçue ‖ **preju°dicial** *adj* préjudiciable, nuisible.

preliminary [prɪˈlɪmɪnərɪ] *adj* préliminaire ◆ *n* (*souvent* **-ies**) préliminaire(s) *m*(pl) ; (*Sp*) éliminatoire *f*.

prelude [ˈpreljuːd] *n* (*to*) prélude *m* (à).

premature [ˈpremətjʊə] *adj* prématuré.

premeditated [ˌpriːˈmedɪteɪtɪd] *adj* prémédité, calculé ‖ **premedi°tation** *n* préméditation *f*.

premier [ˈpremjə] *adj* premier (*f* -ière), primordial ◆ *n* Premier ministre *m*.

première [ˈpremɪeə] *n* (*Ciné Th*) première *f*.

premise [ˈpremɪs] *n* **1** (= **premiss**) prémisse *f* **2** *~s* lieux *mpl* ; *business ~* locaux *mpl* commerciaux ; *the janitor lives on the ~* le gardien habite sur place.

premium [ˈpriːmjəm] *n* **1** valeur *f* ; *at a ~* au-dessus de sa valeur ; *the firm places a high ~ on flexibility* l'entreprise attache beaucoup de prix à l'adaptabilité ; *~ grade petrol* (*brit*) supercarburant *m*, (*fam*) super *m* **2** prime *f* ; *insurance ~* prime d'assurance, cotisation *f* ; *~ written* primes émises **3** (*Fin*) *~ bond* obligation *f* à prime.

premonition [ˌpriːməˈnɪʃn] *n* prémonition *f*.

preoccupation [priːˌɒkjʊˈpeɪʃn] *n* préoccupation *f* ‖ **pre°occupy** *vt* préoccuper.

prep [prep] *n* = **preparation** (*Ens*) devoirs *mpl* ; étude *f* ◆ *adj* = **preparatory** (*Ens*) *~ school* école *f* primaire privée.

pre-packed [ˌpriːˈpækt] *adj* préconditionné.

prepaid [ˌpriːˈpeɪd] *adj* payé d'avance ; (*lettre*) affranchie ; (*Com*) *carriage ~* port *m* payé, franco *inv* ; *reply ~* réponse *f* payée.

preparation [ˌprepəˈreɪʃn] *n* **1** préparation *f* ; *he wrote a report in ~ for the meeting* il a rédigé un rapport en vue de la réunion **2** *~s* préparatifs *mpl voir* **prep** *n*.

preparatory [prɪˈpærətərɪ] *adj* **1** préparatoire **2** préliminaire **3** *voir* **prep** *adj*.

prepare [prɪˈpeə] *vti* (se) préparer ‖ **pre°pared** *adj* **1** préparé ; *I was ~ for his remarks* je m'attendais à ses remarques **2** (*to*) disposé (à) ; *are you ~ to take risks?* êtes-vous prêt à prendre des risques ?

preposition [ˌprepəˈzɪʃn] *n* préposition *f*.

prepossessing [ˌpriːpəˈzesɪŋ] *adj* sympathique ; *this is a ~ fellow* ce garçon fait bonne impression.

preposterous [prɪˈpɒstərəs] *adj* grotesque, absurde ; *a ~ idea* une idée ridicule.

prerecord [ˌpriːrɪˈkɔːd] *vt* enregistrer à l'avance ; *~ed broadcast* émission *f* en différé.

prerequisite [ˌpriːˈrekwɪzɪt] *adj* prérequis (*m*) ; préalable (*m*).

presage [ˈpresɪdʒ] *n* présage *m*, pressentiment *m* ◆ *vt* présager de.

prescribe [prɪˈskraɪb] *vt* prescrire.

prescription [prɪˈskrɪpʃn] *n* (*Jur*) prescription *f* ; (*Méd*) prescription *f* ; ordonnance *f*.

presence [ˈprezns] *n* présence ; *~ of mind* présence d'esprit ‖ **°present** *adj* présent ; *at the ~ time* actuellement ‖ **pre-**

sent-°day adj moderne ; ~ *India* l'Inde d'aujourd'hui ◆ *n* présent *m* ; *at* = ~ actuellement ; *that's all for the* ~ c'est tout pour l'instant.

present[1] ['preznt] *n* cadeau *m*, présent *m*.

present[2] [prɪ'zent] *vt* 1 présenter, offrir ; *can you* ~ *the winner with his prize?* pouvez-vous remettre son prix au vainqueur ? 2 *(Ciné, Th)* *he'll* ~ *a concert in May* il donnera un concert en mai 3 fournir ; *the oil crisis* ~s *us with severe problems* la crise du pétrole nous pose de graves problèmes.

presentation [ˌprezən'teɪʃn] *n* 1 présentation *f* 2 *(Th)* représentation *f* 3 remise *f* de prix 4 *(Com)* *payable on* ~ payable à vue.

presentiment [prɪ'zentɪmənt] *n* pressentiment *m*.

presently ['prezntlɪ] *adv* 1 bientôt 2 à présent ; *a summit meeting is* ~ *taking place* une réunion au sommet se déroule actuellement.

preservative [prɪ'zɜːvətɪv] *n* conservateur *m*, agent *m* de conservation ‖ **pre°serve** *vt* 1 conserver ; *it's a new way of preserving fruit* c'est un nouveau moyen de mettre les fruits en conserve 2 préserver ; *we want to* ~ *peace* nous voulons sauvegarder la paix ◆ *n* 1 ~s confitures *fpl* ; conserves *fpl* 2 *(gibier)* réserve *f* ; *(fig)* domaine *m* réservé.

preset [ˌpriː'set] *vt* *(appareil électrique)* programmer, prérégler.

preshrunk [ˌpriː'ʃrʌŋk] *adj* irrétrécissable.

preside [prɪ'zaɪd] *vi* (*at, over*) présider.

presidency ['prezɪdənsɪ] *n* présidence *f* ‖ **°president** *n* président *m* ; *(amér)* président-directeur général.

press [pres] *n* 1 presse *f* ; pressoir *m* 2 printing ~ presse *f* d'imprimerie ; *his novel is going to* ~ son roman est sous presse 3 *the* ~ la presse ; *he refuses to meet the* ~ il refuse de recevoir les journalistes ; ~ *agent* agent *m* de publicité ; ~ *cutting* coupure *f* de presse ; ~ *release* communiqué *m* de presse ; ~ *report* reportage *m* ; ~ *secretary* *(amér)* porte-parole *m inv* 4 armoire *f* ◆ *vti* 1 (se) presser ; *he* ~ed *her arm* il lui serra le bras 2 appuyer (sur) ; ~ *button A to open* appuyez sur le bouton A pour ouvrir 3 *(vêtement)* repasser 4 *(fig)* oppresser 5 pousser ; *(fam)* forcer la main à ; *he* ~s *me to go* il insiste pour que j'y aille 6 *(idée)* mettre en avant, poursuivre ; *they* ~ *the issue of disarmament* ils insistent sur le problème du désarmement ; *don't* ~ *the point!* n'insiste pas ! 7 faire pression ; *the unions* ~ *for higher wages* les syndicats font pression pour obtenir des augmentations de salaire 8 *(Jur)* ~ *charges against* engager des poursuites contre ‖ **°pressed** *adj* ; ~ *for money* à court d'argent ‖ **press ahead** *vpart* aller de l'avant ‖ **°pressing** *adj* pressant, urgent ◆ *n* 1 repassage *m* 2 *(Tech)* moulage *m* ‖ **press on** *vpart* 1 continuer 2 continuer son chemin ‖ **°press-stud** *n* bouton-pression *m*, pression *f* ‖ **°pressup** *n* *(Gym)* traction *f*, *(fam)* pompe *f*.

pressure ['preʃə] *n* pression *f* ; *blood* ~ tension *f* artérielle ; *(fig)* tension *f* ; *he works only under* ~ il ne travaille que sous la contrainte ; *they can bring* ~ *to bear on the government* on peut faire pression sur le gouvernement ‖ **°pressure-cooker** *n* autocuiseur *m* ‖ **°pressure-gauge** *n* manomètre *m* ‖ **°pressurize/-ise** *vt* 1 pressuriser 2 faire pression (sur).

prestige [pre'stiːʒ] *n* prestige *m*.

presumably [prɪ'zjuːməblɪ] *adv* vraisemblablement ‖ **pre°sume** *vti* 1 présumer, supposer 2 prendre des libertés ; *don't* ~ *on my kindness* n'abusez pas de ma bonté ‖ **pre°sumption** *n* présomption *f*.

pretence *(brit)*/**pretense** *(amér)* [prɪ'tens] *n* 1 faux-semblant *m* ; *he makes a* ~ *of reading* il fait semblant de lire 2 prétexte *m* ; *he got money under false* ~s il a obtenu de l'argent par des moyens frauduleux 3 prétention *f*.

pretend [prɪ'tend] *vti* 1 feindre ; *I* ~ed *not to see him* j'ai fait semblant de ne pas le voir 2 *(par jeu) the children* ~ *to be cosmonauts* les enfants jouent aux cosmonautes 3 prétendre ‖ **pre°tention** *n* prétention *f*.

preterit(e) ['pretərɪt] *n* *(Gr)* prétérit *m*.

pretext ['priːtekst] *n* prétexte *m* ; *on/under the* ~ *of* sous prétexte de.

prettily ['prɪtɪlɪ] *adv* joliment ‖ **°pretty** *adj* 1 joli ; *she's as* ~ *as a picture* elle est jolie comme un cœur 2 *(hum) that's a* ~ *sight!* c'est du joli ! ◆ *adv* *(fam)* 1 assez ; *that's* ~ *strange!* c'est plutôt bizarre 2 presque ; *it's* ~ *much the same* c'est presque la même chose 3 *(fam) he's sitting* ~ il est peinard.

prevail [prɪ'veɪl] *vi* 1 prédominer ; *liberalism* ~s *le libéralisme règne 2 (over)* prévaloir (sur) ; *in the end reason* ~ed finalement la raison l'emporta 3 *(on, upon)* persuader, convaincre ‖ **pre°vailing** *adj* actuel, courant ; ~ *wind* vent *m* dominant.

prevalence ['prevələns] *n* prédominance *f* ‖ **°prevalent** *adj* courant, général ; *the* ~ *theory is hardly scientific* la théorie la plus répandue n'est guère scientifique.

prevaricate [prɪ'værɪkeɪt] *vi* 1 tergiverser 2 biaiser ‖ **prevari°cation** *n* tergiversation *f* ; faux-fuyant *m*.

prevent [prɪ'vent] *vt* 1 empêcher ; *I want to* ~ *them from fighting* je veux les empêcher de se battre 2 éviter, prévenir ‖ **pre°ventable** *adj* évitable ‖ **pre°ven-**

(ta)tive *adj* préventif (*f* -ive) ‖ **pre°ven-tion** *n* prévention *f*; *road* ~ prévention routière.

preview ['pri:vju:] *n* (*Ciné*) avant-pre-mière *f*; (*amér*) bande-annonce *f*.

previous ['pri:vjəs] *adj* antérieur, précé-dent; *the* ~ *day* la veille; *were there any* ~ *questions?* y a-t-il eu des questions préalables? ‖ **°previously** *adv* précédem-ment; auparavant.

prey [preɪ] *n* proie *f*; *small firms fall* ~ *to multinational companies* les petites en-treprises sont absorbées par les multina-tionales ‖ **prey on** *vpart* (*animal*) chasser, s'attaquer à; (*fig*) miner; *his remark is* ~*ing on my mind* sa remarque m'obsède.

price [praɪs] *n* 1 prix *m*; *everything has a* ~ tout peut s'acheter; ~ *control* contrôle *m* des prix; ~ *list* tarif *m*; *quote/ name a* ~ fixer un prix 2 (*fig*) prix *m*; *peace at any* ~ la paix à tout prix 3 (*Fin*) cours *m*; *closing* ~ cours de fermeture; ~ *of money* loyer *m* de l'argent ◆ *vt* 1 dé-terminer le prix 2 estimer 3 *they* ~ *them-selves out of the market* leurs prix trop élevés leur ont fait perdre le marché ‖ **°priceless** *adj* inestimable; (*hum*) im-payable ‖ **°pricey** *adj* (*fam*) cher (*f* chère), coûteux (*f* -euse) ‖ **°pricing** *n* fixation *f* du prix; ~ *policy* politique *f* des prix.

prick [prɪk] *n* 1 piqûre *f*; (*fig*) ~*s of con-science* mauvaise conscience *f* 2 (*argot*) (*pénis*) bite *f* ◆ *vti* piquer; *she* ~*ed little holes in the lid* elle a fait des trous d'épin-gle dans le couvercle; *my eyes are* ~*ing* mes yeux me picotent; (*fig*) *my conscience* ~*s me* je n'ai pas la conscience tranquille ‖ **prick in** *vpart* (*Hort*) repiquer ‖ **prick up** *vpart*; ~ *up one's ears* (*animal*) dres-ser les oreilles; (*fig*) (*personne*) dresser l'oreille ‖ **°pricking** *n* picotement *m*.

prickle ['prɪkl] *n* 1 piquant *m*, épine *f* 2 pi-cotement *m* ◆ *vti* piquer; picoter ‖ **°prickly** *adj* 1 armé de piquants; épi-neux (*f* -euse); ~ *pear* figue *f* de Barbarie 2 (*fig*) (*personne*) irritable; (*problème*) épi-neux (*f* -euse).

pride [praɪd] *n* 1 fierté *f*; *I take* ~ *in it* j'en suis fier 2 orgueil *m* 3 amour-propre *m*; *false* ~ vanité *f* 4 ~ *of place* place *f* d'honneur ◆ *vt I* ~ *myself on it* j'en suis fier.

priest [pri:st] *n* prêtre *m* ‖ **°priesthood** *n* 1 sacerdoce *m* 2 clergé *m*.

prig [prɪg] *n* pharisien *m*; *he's such a* ~ il est tellement suffisant ‖ **°priggish** *adj* poseur (*f* -euse).

prim [prɪm] *adj* collet monté *inv*, guindé.

primacy ['praɪməsɪ] *n* primauté *f*.

prima facie [ˌpraɪməˈfeɪʃɪ] *adj adv* à pre-mière vue.

primarily ['praɪmərɪlɪ] *adv* principalement, primitivement ‖ **°primary** *adj* 1 originel (*f*

-elle), fondamental; ~ *causes* causes *fpl* premières; ~ *colour* couleur *f* primaire 2 primordial 3 (*Ens*) primaire; ~ *school* école *f* élémentaire ◆ *n* (*amér Pol*) pri-maire *f*.

primate[1] ['praɪmət] *n* (*Rel*) primat *m*.

primate[2] ['praɪmeɪt] *n* (*Zool*) primate *m*.

prime [praɪm] *adj* 1 premier, fondamen-tal; *this is of* ~ *importance* c'est d'une importance primordiale 2 excellent; ~ *beef* bœuf *m* de premier choix; *this is a* ~ *example of Indian art* c'est un parfait exemple d'art indien 3 (*Rad, TV*) ~ *time* heure *f* de grande écoute 4 *P*~ *Minister* Premier ministre ◆ *n* apogée *m*, dans le ~ *of life* dans la fleur de l'âge ◆ *vt* 1 pré-parer; (*pompe*) amorcer; ~ *bare wood be-fore painting* apprêtez le bois blanc avant de le peindre 2 (*personne*) mettre au cou-rant ‖ **°primer** *n* 1 apprêt *m* 2 livre *m* d'initiation, abécédaire *m*.

prim(a)eval [praɪˈmiːvl] *adj* primitif (*f* -ive); ~ *forest* forêt *f* vierge.

primitive ['prɪmɪtɪv] *adj n* primitif (*f* -ive).

primrose ['prɪmrəʊz] *n* (*Bot*) primevère *f* ◆ *adj* jaune primevère.

prince [prɪns] *n* prince *m* ‖ **°princely** *adj* princier (*f* -ière); (*fig*) ~ *gift* cadeau *m* somptueux (*f* -euse) ‖ **prin°cess** *n* prin-cesse *f*.

principal ['prɪnsəpl] *adj* principal *m* ◆ *n* (*Ens*) directeur *m* (*f* -trice).

principle ['prɪnsəpl] *n* principe *m*; *in* ~ en principe; *on* ~ par principe ‖ **°principled** *adj* qui a des principes.

print [prɪnt] *n* 1 empreinte *f*; *finger*~ empreinte digitale 2 caractères *mpl* d'im-primerie; *large* ~ gros caractères 3 im-pression *f*; matière *f* imprimée; *he was proud to see his story in* ~ il était fier de voir publier son histoire; *the first edition is out of* ~ la première édition est épuisée 4 gravure *f*; (*Phot*) épreuve *f* 5 (*tissu*) im-primé *m* ◆ *vti* 1 imprimer, graver, publier; (*Phot*) faire un tirage de 2 écrire en ca-ractères d'imprimerie ‖ **print out** *vpart* (*Inf*) imprimer ‖ **°printed** *adj* imprimé; ~ *papers* imprimés *mpl*; *the* ~ *word* chose *f* imprimée, l'écrit *m* ‖ **°printer** *n* 1 imprimeur *m*; ~*'s error* coquille *f* 2 (*Inf*) imprimante *f* ‖ **°printing** *n* 1 im-pression *f*, tirage *m* 2 écriture *f* en carac-tères d'imprimerie; ~ *press* presse *f* ty-pographique ‖ **°printout** *n* (*Inf*) listage *m*.

prior ['praɪə] *adj* antérieur ◆ *adv* ~ *to* an-térieurement à ‖ **pri°ority** *n* priorité *f*.

prise/prize [praɪz] *vt* (*brit*) forcer; ~ *open* ouvrir en faisant levier.

prism ['prɪzəm] *n* prisme *m*.

prison ['prɪzn] *n* prison *f*; ~ *camp* camp *m* de prisonniers; ~ *colony* colonie *f* pé-nitentiaire ‖ **°prisoner** *n* prisonnier *m* (*f*

-ière) détenu m ; **~ of war** prisonnier de guerre.

prissy ['prısı] adj (fam) guindé.

pristine ['prıstaın] adj virginal, immaculé.

privacy ['prıvəsı] n intimité f, vie f privée.

private ['praıvıt] adj 1 privé ; **~ citizen** simple particulier m ; **~ house** maison f particulière 2 (personne) réservé, secret 3 officieux (f -euse) ; **a ~ interview** une entrevue f confidentielle ; **~ information** information de source privée ; **~ letter** lettre f personnelle 4 particulier (f -ière) ; **~ money** fortune f personnelle ; **~ secretary** secrétaire m particulier 5 intime ; **~ wedding** mariage m dans l'intimité 6 (Éco) **~ sector** secteur m privé ; (Jur) **~ agreement** acte m sous seing privé ♦ n simple soldat m ‖ °**privately** adv 1 en privé 2 en secret ; dans son for intérieur 3 officieusement ; à titre personnel ‖ °**privatize/-se** vt privatiser.

privet ['prıvıt] n (Bot) troène m.

privilege ['prıvılıdʒ] n privilège m ; **parliamentary ~** immunité f parlementaire ‖ °**privileged** adj privilégié ; **I was ~ to work with him** j'ai eu le privilège de travailler avec lui.

privy ['prıvı] n cabinets mpl ♦ adj (brit) **P~ Council** conseil m privé.

prize[1] [praız] n 1 prix m ; **he won first ~** il a gagné le gros lot/il a eu le premier prix ; **~ fighter** boxeur m professionnel ; **~-giving** distribution f des prix ; **~ list** palmarès m ; **~ winner** lauréat m ♦ adj primé ; (fig) **his ~ roses** ses plus belles roses ♦ vt priser ‖ °**prized** adj de valeur.

prize[2] [praız] voir **prise**.

pro[1] [prəʊ] ab **professional** n professionnel m.

pro[2] [prəʊ] n **the ~s and cons** le pour et le contre ♦ préfixe pro-, partisan de ; **pro-American** américanophile ; **pro-life (movement)** (mouvement) pour le respect de la vie.

probable ['prɒbəbl] adj probable ‖ **proba°bility** n probabilité f ; **in all ~** selon toute probabilité.

probation [prə'beıʃn] n probation f ; **be on ~** être engagé à l'essai ; (Jur) être en liberté provisoire.

probe [prəʊb] n 1 (Tech, Méd) sonde f 2 enquête f ♦ vti sonder, explorer ; (into) enquêter (sur).

problem ['prɒbləm] n problème m ; **no ~!** sans problème ! ; **~ child** enfant mf difficile/inadapté(e) ‖ **problem°atic(al)** adj problématique.

procedure [prə'si:dʒə] n procédure f.

proceed [prə'si:d] vi 1 avancer ; **he ~ed across the lawn** il a traversé la pelouse 2 (with) continuer ; **they ~ed with their meal** ils ont continué à manger ; **things are ~ing as usual** les choses se déroulent comme d'habitude 3 entreprendre (de) ; **he sat down and ~ed to read** il s'assit et se mit à lire 4 (Jur) (against) intenter un procès (à) ‖ **pro°ceedings** npl 1 séance f, débat m ; (événement) déroulement m 2 actes mpl (d'un congrès) 3 (Jur) procès m.

proceeds ['prəʊsi:dz] npl produit m d'une vente ; **the ~ will be sent to Poland** l'argent recueilli sera envoyé à la Pologne.

process ['prəʊses] n 1 processus m 2 procédé m, méthode f ♦ vt 1 traiter, transformer ; (Inf) traiter 2 (document) analyser, étudier (préalablement) ‖ °**processed** adj traité ; **~ food** aliments mpl préparés industriellement ; **~ cheese** fromage m fondu ‖ °**processing** n traitement m, transformation f ; **food ~ industry** industrie f alimentaire ; **data ~** traitement des données ; **word ~** traitement de texte 2 (document) étude f préalable 3 (personne) mise f en condition ‖ °**processor** n 1 (Cuis) **food ~** robot m domestique 2 (Inf) processeur m, ordinateur m.

procession [prə'seʃn] n défilé m, cortège m ; (Rel) procession f.

proclaim [prə'kleım] vt proclamer.

proclamation [,prɒklə'meıʃn] n proclamation f ; déclaration f.

proclivity [prə'klıvıtı] n (for) inclination f (pour).

procrastinate [prəʊ'kræstıneıt] vi temporiser ; faire traîner les choses ‖ **procrasti°nation** n temporisation f.

procure [prə'kjʊə] vt (se) procurer ; obtenir ‖ **pro°curer** n proxénète m.

prod [prɒd] n petit coup (du bout du doigt, d'un bâton) ♦ vt pousser ; (fig) aiguillonner, stimuler.

prodigal ['prɒdıgl] adj n prodigue mf.

prodigious [prə'dıdʒəs] adj prodigieux (f -euse), merveilleux (f -euse).

prodigy ['prɒdıdʒı] n prodige m.

produce[1] ['prɒdju:s] ns inv denrées fpl ; **farm ~** produits mpl fermiers.

produce[2] [prə'dju:s] vt 1 produire, présenter ; **he can ~ new evidence** il peut fournir de nouvelles preuves 2 publier 3 (Rad, TV) réaliser ; (Th) mettre en scène ‖ **pro°ducer** n producteur m ; (Rad, TV) réalisateur m ; (Th) metteur m inv en scène.

product ['prɒdʌkt] n produit m ; **by-~** dérivé m ; **gross national ~ (GNP)** produit m national brut (PNB) ; **gross domestic ~ (GDP)** produit intérieur brut (PIB).

production [prə'dʌkʃn] n production f ; **on ~ of** sur présentation de ; **mass ~** fabrication f en série ‖ **pro°ductive** adj productif (f -ive).

productivity [,prɒdʌk'tıvıtı] n productivité f ; **~ bonus** prime f de rendement.

profane [prə'feın] adj profane ; blasphématoire ♦ vt profaner.

profanity [prəˈfænətɪ] *n* **1** impiété *f*
2 jurons *mpl*.

profess [prəˈfes] *vt* professer, prétendre
‖ pro°fessed *adj* prétendu; avoué;
~ *enemy* ennemi *m* déclaré ‖ **pro°fessedly** *adv* soi-disant ‖ **pro°fession** *n* profession *f*; métier *m*; *the* ~*s* les professions libérales ‖ **pro°fessional** *adj* professionnel (*f* -elle); ~ *army* armée *f* de métier ◆ *n* professionnel *m* ‖ **pro°fessor** *n* professeur *m* (d'université).

proficiency [prəˈfɪʃnsɪ] *n* compétence *f*
‖ pro°ficient *adj* compétent.

profile [ˈprəʊfaɪl] *n* **1** profil *m*; *in* ~ de
profil; *job* ~ description *f* de fonction; *(fig) keep a low* ~ rester dans l'ombre **2** notice *f* biographique.

profit [ˈprɒfɪt] *n* **1** bénéfice *m*; ~*-sharing*
participation *f* aux bénéfices, intéressement *m*; *non* ~*-making association* association *f* à but non lucratif **2** *(fig)* avantage *m*, profit *m* ◆ *vi (fig) (from, with)* profiter (de), tirer avantage (de) ‖ **°profitable** *adj* **1** avantageux (-euse); lucratif (*f* -ive) **2** profitable.

profiteer [ˌprɒfɪˈtɪə] *n* profiteur *m* (*f*
-euse), affairiste *mf*.

profligacy [ˈprɒflɪgəsɪ] *n* gaspillage *m*.
‖ **°profligate** *n* débauché *m*; prodigue *m*.

profound [prəˈfaʊnd] *adj (fig)* profond.

profuse [prəˈfjuːs] *adj* **1** abondant **2** excessif (*f* -ive) ‖ **pro°fusion** *n* profusion *f*.

progeny [ˈprɒdʒənɪ] *n* progéniture *f*.

prognostic [prɒgˈnɒstɪk] *n* pronostic *m*.

program (*amér*), **programme** (*brit*)
[ˈprəʊgræm] *n* programme *m*; *(Rad, TV)* émission *f* ◆ *vt* programmer ‖ **°programmer** *n (machine)* programmateur *m*; *(Inf) (personne)* programmeur *m* ‖ **°programming** *n* programmation *f*.

progress[1] [ˈprəʊgres] *ns inv* **1** progrès *m*;
I'm making good ~ je fais des progrès **2** déroulement *m*; *in* ~ en cours.

progress[2] [prəʊˈgres] *vi* progresser, avancer ‖ **pro°gression** *n* progression *f* ‖ **pro°gressive** *adj* **1** progressif (*f* -ive) ◆ *n* progressiste *mf* ‖ **pro°gressively** *adv* au fur et à mesure, progressivement.

prohibit [prəˈhɪbɪt] *vt* prohiber, interdire;
smoking ~*ed* défense de fumer ‖ **pro°hibitive** *adj* prohibitif (*f* -ive).

prohibition [ˌprəʊɪˈbɪʃn] *n* prohibition *f*.

project[1] [ˈprɒdʒekt] *n* **1** projet *m* **2** étude
f; *(Ens)* dossier *m*.

project[2] [prəˈdʒekt] *vt* projeter ◆ *vi*
(s')avancer, faire saillie ‖ **pro°jectile** *n* projectile *m* ‖ **pro°jecting** *adj* saillant, en surplomb ‖ **pro°jection** *n* **1** projection *f* **2** saillie *f* ‖ **pro°jectionist** *n* projectionniste *mf* ‖ **pro°jector** *n* projecteur *m*.

proletarian [ˌprəʊlɪˈteərɪən] *adj* prolétarien (*f* -ienne), prolétaire ◆ *n* prolétaire *mf*.

proliferate [prəˈlɪfəreɪt] *vi* proliférer
‖ **pro°lific** *adj* prolifique, fécond.

prologue [ˈprəʊlɒg] *n* prologue *m*.

prolong [prəʊˈlɒŋ] *vt* prolonger
‖ **prolon°gation** *n* prolongation *f*; prolongement *m*.

prominence [ˈprɒmɪnəns] *n* **1** proéminence *f* **2** *(fig)* importance *f* ‖ **°prominent** *adj* saillant; *(fig)* éminent; *he is a* ~ *man* c'est un homme en vue.

promiscuity [ˌprɒmɪˈskjuːətɪ] *n* promiscuité *f*.

promiscuous [prəˈmɪskjʊəs] *adj* de
mœurs *fpl* faciles.

promise [ˈprɒmɪs] *n* **1** promesse *f* **2** *inv*
promesses *fpl* ◆ *vti* promettre ‖ **°promising** *adj* prometteur; *a* ~ *young man* un jeune homme d'avenir.

promontory [ˈprɒməntrɪ] *n* promontoire *m*.

promote [prəˈməʊt] *vt* **1** promouvoir
2 *(Com) (produit)* promouvoir; lancer **3** promouvoir; *he was* ~*d* il a eu de l'avancement *m*/une promotion *f* ‖ **pro°moter** *n* promoteur *m*; organisateur *m* sportif ‖ **pro°motion** *n* promotion *f* ‖ **pro°motional** *adj* promotionnel (*f* -elle).

prompt [prɒmpt] *vt* **1** inciter, pousser
2 *(Th Ens)* souffler ◆ *adj* **1** prompt; *(Com)* ~ *service* service rapide; ~ *reply* réponse par retour (de courrier) **2** ponctuel (*f* -elle) ◆ *adv* ponctuellement; *we'll leave at 2 o'clock* ~ nous partirons à 2 heures pile ‖ **°prompter** *n (Th)* souffleur *m* (*f* -euse) ‖ **°prompting** *n* incitation *f* ‖ **°promptness** *n* promptitude *f*.

promulgate [ˈprɒmlgeɪt] *vt* **1** promulguer
2 *(idée)* répandre.

prone [prəʊn] *adj* **1** couché sur le ventre
2 *(to)* enclin (à).

prong [prɒŋ] *n (fourchette)* dent *f*.

pronoun [ˈprəʊnaʊn] *n* pronom *m*.

pronounce [prəˈnaʊns] *vt* prononcer; déclarer ‖ **pro°nounced** *adj* prononcé, marqué ‖ **pro°nouncement** *n* déclaration *f*.

pronunciation [prəˌnʌnsɪˈeɪʃn] *n* prononciation *f*.

proof[1] [pruːf] *n* preuve *f*; *(imprimerie)*
épreuve *f* ◆ *adj* **1** *(against)* à l'épreuve de **2** *(titre d'alcool)* 86 ~ 40° d'alcool ‖ **°proofread** *vt (imprimerie)* corriger des épreuves.

-proof[2] [pruf] *suffixe* résistant à; *water*~
imperméable; *fire*~ ininflammable.

prop [prop] *n* **1** soutien *m* **2** *(Th)* (~*s*)
accessoire(s) *m(pl)* ◆ *vt* (~ *up*) soutenir.

propaganda [ˌprɒpəˈgændə] *n* propagande *f*.

propel [prəˈpel] *vt* propulser ‖ **pro°peller**
n propulseur *m*; *(Av Naut)* hélice *f*.

propensity [prəˈpensətɪ] *n* penchant *m*,
affinité *f*.

proper ['prɒpə] *adj* **1** adéquat, propre ; *I've never been to a ~ doctor* je n'ai jamais consulté de vrai docteur ; *at the ~ moment* au moment opportun **2** *(fam)* réel ; *there was a ~ riot* il y a eu une véritable émeute **3** proprement dit ; *we never got to the village ~* nous ne sommes jamais arrivés au village même ‖ °**properly** *adv* correctement.

property ['prɒpətɪ] *n* propriété *f* ; *personal ~* biens *mpl* personnels ; *lost ~* objets *mpl* trouvés ; *~ market* marché *m* immobilier ; *~ tax* impôt *m* foncier.

prophecy ['prɒfɪsɪ] *n* prophétie *f*.

prophesy ['prɒfɪsaɪ] *vti* prophétiser, prédire ‖ °**prophet** *n* prophète *m*.

propitious [prə'pɪʃəs] *adj* propice.

proportion [prə'pɔːʃn] *n* proportion *f* ; *out of all ~ (with)* sans mesure (avec) ◆ *vt* doser ; *(to)* proportionner (à) ‖ **pro-°portional** *adj* proportionnel (*f* -elle) ‖ **pro°portionate** *adj* (*to*) proportionnel (à).

proposal [prə'pəʊzl] *n* proposition *f*, offre *f* ; *(for)* projet (de, pour) ‖ **pro°pose** *vti* (se) proposer (de) ; *I ~ to go to Scotland* je projette d'aller en Écosse **2** *~ a motion* déposer une motion **3** demander en mariage.

proposition [ˌprɒpə'zɪʃn] *n* proposition *f*, offre *f* ; *paying ~* affaire *f* rentable.

propound [prə'paʊnd] *vt* exposer, émettre.

proprietary [prə'praɪətrɪ] *adj* de spécialité ; *~ article* article *m* breveté ; *~ name* marque *f* déposée ‖ **pro°prietor** *n* propriétaire *m* ‖ **pro°priety** *n* **1** bien-fondé *m*, opportunité *f* **2** bienséance *f*.

propulsion [prə'pʌlʃn] *n* propulsion *f*.

prosaic [prəʊ'zeɪk] *adj* prosaïque.

proscribe [prəʊ'skraɪb] *vt* proscrire.

prose [prəʊz] *n* prose *f* ; *(Ens) Latin ~* thème *m* latin.

prosecute ['prɒsɪkjuːt] *vti* poursuivre en justice ‖ **prose°cution** *n* prosécution *f* ; *(Jur)* ministère *m* public ‖ °**prosecutor** *n* *(Jur)* **1** plaignant *m* **2** *public ~* procureur *m*.

prospect[1] ['prɒspekt] *n* perspective *f* ; avenir *m*.

prospect[2] [prə'spekt] *vt* prospecter ‖ **pro°spective** *adj* futur ‖ **pro°spector** *n* prospecteur *m*.

prosper ['prɒspə] *vi* prospérer ‖ °**prosperous** *adj* prospère.

prostitute ['prɒstɪtjuːt] *adj n* prostitué(e) *m(f)* ◆ *vt* prostituer.

prostrate[1] ['prɒstreɪt] *adj* prosterné ; *(aussi fig)* prostré.

prostrate[2] [prɒ'streɪt] *vt* (se) prosterner.

protagonist [prəʊ'tægənɪst] *n* protagoniste *m* ; *he was the leading ~ of the*

movement c'était le champion du mouvement.

protect [prə'tekt] *vt* protéger ; sauvegarder ‖ **pro°tective** *adj* protecteur (*f* -trice) ; *~ clothing* vêtements *mpl* de protection.

protein ['prəʊtiːn] *n* protéine *f*.

protest[1] ['prəʊtest] *n* **1** contestation *f*, protestation *f* ; *~ march* manifestation *f* **2** *(Com)* protêt *m*.

protest[2] [prə'test] **1** *(brit)* *vi* protester **2** *(amér)* *vt* contester ‖ **pro°tester** *n* manifestant *m*.

protestant ['prɒtɪstənt] *adj n* protestant(e) *m(f)*.

prototype ['prəʊtətaɪp] *n* prototype *m*.

protract [prə'trækt] *vt* faire traîner, prolonger.

protrude [prə'truːd] *vi* avancer, faire saillie ‖ **pro°truding** *adj* protubérant.

proud [praʊd] *adj* **1** fier (-ière) **2** orgueilleux (*f* -euse) **3** important, majestueux (*f* -euse) ‖ °**proudly** *adv* fièrement.

prove [pruːv] *vti* *(amér pp* **proven**) **1** prouver **2** se révéler ; *he may ~ guilty* il peut s'avérer coupable.

proverb ['prɒvɜːb] *n* proverbe *m*.

provide [prə'vaɪd] *vt* **1** pourvoir ; *will they ~ us with food?* nous fourniront-ils la nourriture ? **2** *(Jur)* prévoir ; *the law ~s that children have certain rights* la loi stipule que l'enfant a certains droits ◆ *vi* *(for)* subvenir aux besoins (de) ; *parents ~ for their children* les parents pourvoient aux besoins de leurs enfants ‖ **pro°vided/ pro°viding that** *conj* pourvu que.

providence ['prɒvɪdəns] *n* providence *f* ‖ **provi°dential** *adj* providentiel (*f* -elle).

province ['prɒvɪns] *n* **1** province *f* ; *in the ~s* en province **2** *(fig)* domaine *m*.

provision [prə'vɪʒn] *n* **1** provision *f* **2** *(fig) I made ~ for my old age* j'ai pris des dispositions pour ma vieillesse **3** *(Jur)* stipulation *f*, clause *f* **4** *~s* provisions *fpl* ; *we have enough ~ for everybody* nous avons assez de vivres pour tout le monde ‖ **pro°visional** *adj* provisionnel (*f* -elle), conditionnel (*f* -elle) ; *this agreement is ~* cet accord est temporaire ◆ *P~* *n* membre *m* de l'armée provisoire de l'IRA *(fam = Provo)*.

proviso [prə'vaɪzəʊ] *n* stipulation *f*, clause *f* conditionnelle ; *with the ~ that* sous réserve que.

provocative [prə'vɒkətɪv] *adj* provocant ; provocateur (*f* -trice).

provoke [prə'vəʊk] *vt* provoquer, exaspérer.

prow [praʊ] *n* *(Naut)* proue *f*.

prowl [praʊl] *vi* *(about, around)* rôder ◆ *n* action *f* de rôder ; *(amér) ~ car* voiture *f* de patrouille ‖ °**prowler** *n* rôdeur *m*.

proximity [prɒk'sɪmətɪ] *n* proximité *f*.

proxy ['prɒksɪ] *n* 1 procuration *f* 2 mandataire *m*.

prude [pru:d] *n* prude *mf* ‖ **°prudery** *n* pruderie *f* ‖ **°prudish** *adj* prude.

prudence ['pru:dns] *n* prudence *f* ‖ **°prudent** *adj* prudent.

prune[1] [pru:n] *n* pruneau *m*.

prune[2] [pru:n] *vt* (Hort) élaguer, émonder; (fig) élaguer, faire des coupures ‖ **°pruning** *n* taille *f*, élagage *m*.

pry[1] [praɪ] *vi* (into, about) fureter (dans).

pry[2] [praɪ] *vt* (amér) voir **prise**.

psalm [sɑ:m] *n* psaume *m*.

pseud [sju:d] *n* (fam) bêcheur *m* (f -euse).

pseudo- ['sju:dəʊ] *préfixe* pseudo- ‖ **°pseudonym** *n* pseudonyme *m*.

psych/psyche [saɪk] *vt* (~ out) (fam) intimider, déstabiliser; (~ up) préparer mentalement; *the boxer is ~(e)d up* le boxeur est gonflé à bloc.

psyche ['saɪkɪ] *n* psyché *f*, psychisme *m* ‖ **psyche°delic** *adj* psychédélique.

psychiatric [ˌsaɪkɪˈætrɪk] *adj* psychiatrique.

psychiatrist [saɪˈkaɪətrɪst] *n* psychiatre *mf* ‖ **psy°chiatry** *n* psychiatrie *f*.

psychic ['saɪkɪk] *adj* 1 psychique 2 télépathe.

psycho- ['saɪkəʊ] *préf* psych(o)-.

psychoanalyze/ise [ˌsaɪkəʊˈænəlaɪz] *vt* psychanalyser ‖ **psychoa°nalysis** *n* psychanalyse *f* ‖ **°psychopath** *n* psychopathe *mf* ‖ **psy°chosis** *n* psychose *f* ‖ **psycho°therapy** *n* psychothérapie *f*.

psychological [ˌsaɪkəˈlɒdʒɪkəl] *adj* psychologique.

psychologist [saɪˈkɒlədʒɪst] *n* psychologue *mf* ‖ **psy°chology** *n* psychologie *f*.

ptomaine ['təʊmeɪn] *n*; ~ *poisoning* intoxication *f* alimentaire.

pub [pʌb] *ab* **public house** *n* pub *m* bistrot *m*.

puberty ['pju:bətɪ] *n* puberté *f*.

public ['pʌblɪk] *adj* 1 public (f -ique); ~ *announcement* déclaration officielle; ~ *address system* (système *m* de) sonorisation *f*; *call him over the* ~ *address system* appelez-le par haut-parleur; ~ *relations* relations *fpl* publiques 2 ~ *health* santé *f* publique; ~ *holiday* fête *f* légale; ~ *library* bibliothèque *f* municipale; ~ *school* (brit) école *f* secondaire privée, (amér) école publique; ~ *speaking* art *m* oratoire; ~ *spirit* civisme *m*; ~ *transport* transports *mpl* en commun 3 (Éco) ~ *sector* secteur *m* public ‖ *in public m*; *the general* ~ le grand public ‖ **°publicly** *adv* publiquement; ~ *owned company* société *f* nationalisée.

publication [ˌpʌblɪˈkeɪʃn] *n* publication *f*.

publicist ['pʌblɪsɪst] *n* publicitaire *mf*

pu°blicity *n* publicité *f* ‖ **°publicize/ -ise** *vt* 1 rendre public 2 faire de la publicité pour.

publish ['pʌblɪʃ] *vt* publier, éditer ‖ **°publisher** *n* éditeur *m* (f -trice) ‖ **°publishing house** *n* maison *f* d'édition.

puck [pʌk] *n* (Sp) palet *m*.

pucker ['pʌkə] *vti* (se) plisser; (tissu) goder.

pudding ['pʊdɪŋ] *n* (Cuis) 1 pudding *m*; *Christmas* ~ pudding de Noël 2 (brit) entremets *m* 3 *black* ~ boudin *m*.

puddle ['pʌdl] *n* flaque *f* d'eau.

puff [pʌf] *n* 1 bouffée *f*, souffle *m*; 2 (Cuis) *cream* ~ chou *m* à la crème; ~ *pastry* pâte *f* feuilletée 3 (fam) boniment *m* 4 (amér) édredon *m* ♦ *vi* 1 souffler, haleter 2 *he was puffing at his cigar* il tirait des bouffées de son cigare ♦ *vt* (~ out/ up) gonfler ‖ **°puffed** *adj* 1 gonflé, bouffi 2 ~ *out* (fam) essoufflé 3 ~ *up* (fig) vantard ‖ **°puffy** *adj* 1 boursouflé 2 (fam) essoufflé.

puffin ['pʌfɪn] *n* (Orn) macareux *m*.

pug [pʌg] *n* (~ *dog*) carlin *m*; ~ *nose* nez *m* camus.

pugnacious [pʌgˈneɪʃəs] *adj* querelleur (f -euse).

pull [pʊl] *n* 1 traction *f*, attraction *f* 2 (cigarette) bouffée *f*; (boisson) gorgée *f* 3 (fig) attirance *f*; envie *f* 4 (fam) influence *f*; *he must have some* ~ il a sûrement du piston 5 poignée *f* ♦ *vt* 1 tirer; *the old car could hardly* ~ *the trailer* la vieille voiture avait du mal à tirer la remorque; *he was ready to* ~ *his gun* il était prêt à sortir son pistolet; *can you* ~ *the curtains?* pouvez-vous tirer les rideaux ? ~ *to pieces* mettre en pièces 2 (fig) attirer; *this should* ~ *him a few votes* ceci devrait lui faire gagner quelques voix 3 (cheval, coup) retenir ♦ *vi* 1 tirer; *the engine won't* ~ *when it's cold* le moteur ne tire pas quand il est froid ‖ **pull apart** *vpart* (se) séparer ‖ **pull away** *vpart* (se) détacher; (Aut) démarrer ‖ **pull back** *vpart (from)* se retirer (de) ‖ **pull down** *vpart* abattre; (Com) ~ *down prices* faire baisser les prix ‖ **pull in** *vpart* 1 (faire) entrer; (fig) attirer 2 (véhicule) s'arrêter; *I* ~*ed in for petrol* je me suis arrêté pour prendre de l'essence ‖ **°pull-in** *n* (Brit fam) restoroute *m* ‖ **pull off** *vpart* 1 (se) détacher; (s')enlever 2 (Aut) se mettre en route; *the car* ~*ed off* la voiture démarra 3 (Aut) quitter (la route); *I* ~*ed off the road* je me suis rangé (sur le bas-côté) 4 (fam) réussir; *she* ~*ed off a big contract* elle a décroché un gros contrat ‖ **°pull-off** *n* (amér Aut) aire *f* de repos ‖ **pull out** *vpart* 1 extraire 2 (of) se retirer de 3 (véhicule) démarrer 4 (Aut) *I must* ~ *out to overtake this lorry* je dois

push

déboîter pour dépasser ce camion ‖ °**pull-out** *n* encart *m* ‖ **pull over** *vpart* **1** faire passer par-dessus **2** *(Aut)* se ranger ‖ °**pullover** *n* pull(-over) *m* ‖ **pull round** *vpart* *(maladie)* se remettre ‖ **pull through** *vpart* s'en tirer, en réchapper ‖ **pull together** *vpart* **1** rassembler ; *(fig)* ~ *yourself together* ressaisis-toi **2** s'entendre ‖ **pull up** *vpart* **1** faire halte **2** *(fam)* ralentir (ses activités) **3** *(fam) he's* ~ *ed up quite a bit in French* il a fait des progrès en français **4** (sou)lever, hisser ; arracher **5** *(fam)* réprimander ‖ °**pull-up** *n (Aut)* arrêt *m* ; restoroute *m*.

pulley ['pʊlɪ] *n (Tech)* poulie *f*.

pulp [pʌlp] *n* **1** pulpe *f* ; pâte *f* à papier ; *(fam) crush to a* ~ réduire en bouillie **2** ~/*pulpy magazine* magazine *m* à sensation.

pulsate [pʌl'seɪt] *vi* palpiter ‖ °**pulse** *n* pouls *m*, pulsation *f* ; *(Tech)* impulsion *f* ◆ *vi* palpiter ‖ **pulse(s)** *n (Cuis)* légumes *mpl* secs.

pulverize/ise ['pʌlvəraɪz] *vt* pulvériser ; *(fig)* réduire à néant.

puma ['pjuːmə] *n (Zool)* puma *m*.

pumice ['pʌmɪs] *n* (~ *stone*) pierre *f* ponce.

pump¹ [pʌmp] *n* pompe *f* ◆ *vti* pomper ; ~ *dry* assécher ; *(fig) I* ~ *ed him about his research* je lui ai soutiré des renseignements sur ses recherches ‖ **pumping** *adj* ; ~ *station* station *f* de pompage.

pump² [pʌmp] *n* **1** chausson *m* (de danse) **2** escarpin *m*.

pumpkin ['pʌmpkɪn] *n (Hort)* potiron *m*, citrouille *f*.

pun [pʌn] *n* jeu *m* de mots ; calembour *m*.

punch¹ [pʌntʃ] *n* **1** *(Tech)* poinçon *m* ; poinçonneuse *f* **2** coup *m* de poing **3** *(fam)* énergie *f* ; force *f* **4** *(boisson)* punch *m* ◆ *vt* **1** percer, perforer, poinçonner **2** donner un coup de poing à ‖ °**punch line** *n* chute *f* (d'une histoire) ‖ °**punch-up** *n (brit fam)* bagarre *f*.

Punch² [pʌntʃ] *n* Polichinelle *m* ; ~ *and Judy show* théâtre *m* de Guignol.

punctilious [pʌŋk'tɪlɪəs] *adj* pointilleux *(f -euse)*.

punctual ['pʌŋktjʊəl] *adj* ponctuel *(f -elle)*.

punctuate ['pʌŋktjʊeɪt] *vt (with)* ponctuer (de) ‖ **punctu°ation** *n* ponctuation *f* ; ~ *mark* signe *m* de ponctuation.

puncture ['pʌŋktʃə] *n* crevaison *f* ; piqûre *f* ◆ *vti* crever, perforer ; *(fam fig)* ~*d* déprimé.

pundit ['pʌndɪt] *n* pontife *m* ; expert *m* ; *(fam) television* ~*s* les grands pontes de la télévision.

pungent ['pʌndʒənt] *adj* **1** âcre, piquant **2** *(fig) (style)* mordant.

punish ['pʌnɪʃ] *vt* punir ; malmener ‖ °**punishing** *adj (fam)* dur, sévère ◆ *n* punition *f* ‖ °**punishment** *n* punition *f* ; châtiment *m* ; *capital* ~ peine *f* capitale.

punk [pʌŋk] *n (fam)* voyou *m* ; punk *m* ◆ *adj (fam)* moche ; punk.

punt [pʌnt] *n* bachot *m* ; ~ *pole* perche *f* ◆ *vti* **1** conduire un bachot à la perche **2** *(brit) (courses)* parier ‖ °**punter** *n (brit)* parieur *m*.

puny ['pjuːnɪ] *adj* chétif, malingre.

pup [pʌp] *n* **1** chiot *m* **2** *(Com)* rossignol *m* **3** freluquet *m* ‖ °**puppy** *n* chiot *m*.

pupil ['pjuːpl] *n* **1** élève *mf* **2** *(Anat)* pupille *f* **3** *(Jur)* pupille *mf*.

puppet ['pʌpɪt] *n* marionnette *f*, pantin *m* ; ~ *government* gouvernement *m* fantoche.

purchase ['pɜːtʃəs] *n* **1** achat *m* ; *credit* ~ achat à crédit **2** *s inv (alpinisme)* prise(s) *f(pl)* ◆ *vt* acheter, acquérir ; *purchasing power* pouvoir *m* d'achat.

pure [pjʊə] *adj* pur ; ~*-bred* pure race ‖ °**purity** *n* pureté *f*.

purgative ['pɜːgətɪv] *adj n* purgatif *m (f -ive)* ‖ °**purge** *n* purge *f* ◆ *vti (of)* purger (de).

puritan ['pjʊərɪtən] *adj n* puritain(e) *m(f)* ‖ **puri°tanical** *adj* puritain ‖ °**puritanism** *n* puritanisme *m*.

purl [pɜːl] *n* maille *f* à l'envers.

purple ['pɜːpl] *adj n* violet *(m) (f* -ette), pourpre *(m)* ; *he went* ~ *in the face* son visage devint cramoisi.

purpose ['pɜːpəs] *n* **1** but *m*, objectif *m* ; *for that* ~ dans cette intention ; *on* ~ exprès ; *my offer was to no* ~ mon offre n'a servi à rien ; *for all practical* ~*s* dans la pratique ; *general* ~ *vehicle* véhicule *m* tous usages **2** résolution *f*, détermination *f* ‖ °**purposeful** *adj* résolu, décidé ‖ °**purposefully** *adv* délibérément ‖ °**purposeless** *adj (action)* inutile ; *(personne)* indécis ‖ °**purposely** *adv* à dessein, exprès.

purr [pɜː] *vi* ronronner ◆ *n* ronronnement *m*, ron-ron *m*.

purse [pɜːs] *n (brit)* porte-monnaie *m* ; *(amér)* sac *m* à main ◆ *vt* (~ *up*) plisser ‖ °**purser** *n (Av, Naut)* commissaire *m* de bord.

pursue [pə'sjuː] *vt* **1** poursuivre, rechercher **2** suivre ; *they* ~ *a policy of austerity* ils poursuivent une politique d'austérité ‖ **pur°suer** *n* poursuivant *m* ‖ **pur°suit** *n* **1** poursuite *f* ; *in* ~ *of happiness* à la recherche du bonheur **2** carrière *f* **3** occupation *f*.

purvey [pə'veɪ] *vt* fournir ‖ **pur°veyor** *n* fournisseur *m*.

push [pʊʃ] *n* **1** poussée *f*, effort *m* ; *at the* ~ *of a button* en poussant un bouton ; *I could do it at a* ~ je pourrais le faire à la rigueur **2** *(fam)* dynamisme *m* **3** *(brit fam)* he was given the ~ il a été flanqué à la porte ♦ *vt* **1** pousser **2** presser ; *I don't want to ~ my point* je ne veux pas insister **3** *(Com)* *commercials ~ suntan lotions* la publicité pousse à la vente de lotions solaires **4** *(drogue)* vendre ‖ **push about/around** *vpart (fam)* bousculer ; *I'm not going to be ~ed around* je ne vais pas me laisser mener par le bout du nez ‖ **push along** *vpart (fam)* partir ‖ °**push-button** *adj* automatique, presse-bouton ‖ °**push-cart** *n (amér)* voiture *f* à bras ‖ °**pushchair** *n (brit)* poussette *f* (d'enfant) ‖ °**pushed** *adj* pressé ; *she's always ~ for money* elle est toujours à court d'argent ‖ °**pusher** *n (fam)* **1** arriviste *m* **2** revendeur *m* de drogue ‖ **push in** *vpart* (s')introduire de force ‖ °**pushing** *adj* **1** entreprenant **2** *(fam) my brother is ~ forty* mon frère frise la quarantaine ‖ **push off** *vpart (fam)* partir ; *~ off !* fiche le camp ! *(Naut)* pousser au large ‖ **push on** *vpart* **1** aller de l'avant **2** se remettre en marche ‖ **push out** *vpart (fam)* faire sortir ‖ **push over** *vpart* faire tomber ‖ °**pushover** *n* personne *f* crédule ; chose *f* facile à faire ; *this exam is a real ~* cet examen est un jeu d'enfant ‖ **push through** *vpart* mener à bien **2** *(Jur)* faire passer (projet de loi) ‖ °**pushup** *n (amér Sp)* traction *f* ; *(fam)* pompe *f* ‖ °**pushy** *adj* arrogant ; *a ~ man* un arriviste.

pussy ['pusɪ]/**puss** *n* minet *m*, minou *m* ‖ °**pussyfoot** *vi (fam)* tergiverser ; *stop ~ing!* décide-toi !

put [put] *v (p pp put) vt* **1** placer, poser **2** exprimer ; *I don't know how to ~ it* je ne sais comment le dire ; *to ~ it briefly* pour parler bref ; *may I ~ a question ?* puis-je poser une question ? **3** *(Com)* mettre ; *I ~ a lot of money in real estate* j'ai placé beaucoup d'argent dans l'immobilier **4** présenter ; poser ; *let's ~ it that he is innocent* mettons qu'il soit innocent ; *they ~ the house at £90000* on estime la maison à 90 000 livres ♦ *vi (Naut) ~ to sea* faire voile ‖ **put about/around** *vpart* répandre une rumeur ‖ **put across** *vpart* faire comprendre ; *(fam)* faire avaler ‖ **put aside** *vpart* écarter ; économiser ‖ **put away** *vpart* **1** écarter ; ranger ; mettre de côté **3** *(fam)* enfermer, emprisonner **4** *(fam) (nourriture)* engloutir ‖ **put back** *vpart* **1** remettre (à sa place) **2** *(to)* reporter (à) **3** *(by)* retarder (de) ‖ **put by** *vpart* mettre de côté ‖ **put down** *vpart* **1** déposer **2** rabrouer, humilier **3** noter ; *I've ~ down my name for the mixed doubles* je me suis inscrit pour le double mixte **4** considérer ; *I ~ him down as a crook* je le prends pour un escroc **5** *~ down to* attribuer ; *I ~ this mistake down to overwork* j'attribue cette

erreur au surmenage **6** *I had my old dog ~ down* j'ai fait piquer mon vieux chien. ‖ °**put-down** *n (fam)* rebuffade *f* ; vanne *f* ‖ **put forward** *vpart* **1** *(to, until)* avancer (à) ; *the meeting was ~ forward by an hour* la réunion a été avancée d'une heure **2** exprimer ; avancer ; *few women's names are ~ forward for the job* peu de noms de femmes sont proposés pour ce poste ‖ **put in** *vpart* **1** planter, installer **2** inclure ; *"She's loyal", he ~ in* « Elle est loyale », ajouta-t-il **3** *(temps)* passer ; *I ~ in two hours a day looking after him* je m'en occupe deux heures par jour **4** soumettre, proposer ; *the corporal ~ in for leave* le caporal a fait une demande de permission **5** *(Naut) (at)* faire escale (à) ‖ **put off** *vpart* **1** renvoyer ; *~ it off till tomorrow* remets-le à demain **2** dissuader ; déconcerter ; *this accident was enough to ~ me off swimming* cet accident a suffi à me dégoûter de la natation **3** éteindre ; *shall I ~ off the radio ?* dois-je arrêter la radio ? **4** *(voyageur)* déposer ‖ **put on** *vpart* **1** mettre ; *he ~ on his hat* il a mis son chapeau **2** ajouter ; *~ on weight* grossir **3** appliquer, utiliser ; *he ~ on the brakes suddenly* il a freiné brusquement ; *(appareil électrique)* brancher ; *can you ~ on the light?* peux-tu allumer (la lumière) ? **4** *(Th)* monter (un spectacle) **5** simuler ; *don't ~ on an English accent* ne fais pas semblant d'avoir l'accent anglais ; *(fam) aren't you putting me on?* tu me fais marcher, non ? **6** *put onto/on to* indiquer ; *he ~ me on to a good hotel* il m'a signalé un bon hôtel ‖ **put out** *vpart* **1** (faire) sortir ; *he ~ out his map* il a étalé sa carte **2** *(fam) I ~ my knee out skiing* je me suis déboîté le genou en skiant **3** publier ; *the pilot ~ out a radio message* le pilote a lancé un message radio **4** éteindre ; *don't forget to ~ out the heater* n'oublie pas de fermer le radiateur **5** *(fam)* (se) déranger *she's always putting herself out for her friends* elle se donne toujours beaucoup de mal pour ses amis **6** *(fam)* contrarier ; *the speaker was ~ out by the farmers' heckling* l'orateur a été décontenancé par le chahut des agriculteurs **7** *(Ind) ~ out work* donner du travail en sous-traitance ‖ **put over** *vpart* = **put across** ‖ **put through** *vpart* **1** mener à bien ; faire accepter **2** *(Téléph)* passer ; *can you ~ me through to the director?* pouvez-vous me passer le directeur ? ‖ **put together** *vpart* **1** assembler ; *he ~ together an excellent file* il a constitué un excellent dossier ‖ **put up** *vpart* **1** ériger, élever ; *posters were ~ up all over the town* des affiches ont été collées dans toute la ville **2** *(prix)* augmenter **3** fournir ; *he ~ up most of the money* il a apporté la plus grande partie

des fonds **4** présenter ; *the enemy ~ up a fierce struggle* l'ennemi a livré un combat farouche ; *the argument he ~ up isn't valid* l'argument qu'il a avancé n'est pas valable **5** loger ; *I can ~ you up for the night* je peux vous héberger pour la nuit **6** *~ up for sale* mettre en vente **7** proposer ; *I can't ~ him up as a candidate* je ne peux pas le proposer comme candidat ‖ **°put-up** *adj ~ job* coup *m* monté ‖ **put upon** *vpart* (*fam*) *be ~* se laisser exploiter ‖ **put up to** *vpart* inciter ; *she ~ her brother up to that silly trick* elle a poussé son frère à jouer ce tour stupide ‖ **put up with** *vpart* endurer, supporter.
putrefy ['pju:trɪfaɪ] *vi* se putréfier

‖ **°putrid** *adj* en putréfaction, putride ; (*fig*) infect.
putty ['pʌtɪ] *n* mastic *m* ◆ *vt* mastiquer.
puzzle ['pʌzl] *n* **1** mystère *m*, énigme *f* **2** casse-tête *m* ; *crossword ~* mots *mpl* croisés ; *jigsaw ~* puzzle *m* ◆ *vti* intriguer, laisser perplexe ‖ **puzzle out** *vpart* résoudre ; *I can't ~ out the answer* je n'arrive pas à trouver la réponse.
pyjamas [pə'dʒɑ:məz] (*amér* **pajamas**) *npl* pyjama *m*.
pylon ['paɪlən] *n* pylône *m*.
pyramid ['pɪrəmɪd] *n* pyramide *f*.
pyre ['paɪə] *n* bûcher *m* funéraire.
pyromaniac [ˌpaɪrəʊ'meɪnɪæk] *n* pyromane *mf*.
python ['paɪθn] *n* (*Zool*) python *m*.

Q

Q, q [kju:] *n* Q, q *m*.
quack[1] [kwæk] *n* charlatan *m*.
quack[2] [kwæk] *n interj* coin-coin *m* (*pl inv*) ◆ *vi* (canard) cancaner.
quad [kwɒd] = **quadrangle, quadruplet**.
quadrangle ['kwɒdræŋgl] *n* **1** (*Math*) quadrilatère *m* **2** (*Ens*) cour *f*.
quadruple ['kwɒdrupl] *adj* quadruple ‖ **°quadruplet** *n* quadruplé *m*.
quag [kwæg] *n* (*~mire*) fondrière *f*.
quail[1] [kweɪl] *n* (*Orn*) caille *f*.
quail[2] [kweɪl] *vi* faiblir, perdre courage.
quaint [kweɪnt] *adj* **1** étrange **2** vieillot (*f* -otte) **3** pittoresque.
quake [kweɪk] *vi* trembler (de).
qualification [ˌkwɒlɪfɪ'keɪʃn] *n* **1** compétence *f* **2** diplôme *m*, qualification *f* **3** restriction *f* ; *I make no ~* je ne fais pas de réserve ‖ **°qualified** *adj* **1** qualifié **2** diplômé **3** nuancé ; restreint ‖ **°qualify** *vt* **1** qualifier **2** (*Ens*) obtenir un diplôme **3** nuancer, atténuer ◆ *vi* se qualifier ; avoir qualité pour ‖ **°qualifying** *adj* (*Gr*) qualificatif (*f* -ive).
quality ['kwɒlətɪ] *n* qualité *f* ; *she has many good qualities and few bad ones* elle a beaucoup de qualités et peu de défauts ; *~ control* contrôle *m* de qualité ; *~ goods* marchandises *fpl* de qualité ; *~ (news) paper* journal *m* de qualité.
qualm [kwɑ:m] *n* **1** scrupule *m* **2** doute *m*.
quandary ['kwɒndərɪ] *n* dilemme *m* ; *he was in a ~* il ne savait que faire ; *legal ~* casse-tête *m* juridique.
quantify ['kwɒntɪfaɪ] *vt* quantifier.

quantity ['kwɒntətɪ] *n* **1** quantité *f* **2** (*Math*) *unknown ~* inconnue *f* ; (*fig*) mystère *m*.
quarantine ['kwɒrənti:n] *n* quarantaine *f* ◆ *vt* mettre en quarantaine.
quarrel ['kwɒrəl] *n* querelle *f* ; dispute *f* ; différend *m* ; *family ~* brouille *f* de famille ◆ *vi* **1** se disputer **2** trouver à redire ; *what I ~ with is your view on TV* ce que je conteste est votre point de vue sur la télévision ‖ **°quarrelling/°quarrelsome** *adj* querelleur (*f* -euse).
quarry[1] ['kwɒrɪ] *n inv* proie *f* ; gibier *m*.
quarry[2] ['kwɒrɪ] *n* carrière *f* ◆ *vt* extraire, exploiter.
quart [kwɔ:t] *n* (*approx*) litre *m* (*voir tableau II*).
quarter ['kwɔ:tə] *n* **1** quart *m* ; *the first ~ of the year* le premier trimestre ; *a ~ of an apple* un quartier de pomme ; *a ~ of an hour* un quart d'heure ; *a ~ to 2* (*amér of 2*) deux heures moins le quart ; *a ~ past 5* (*amér after 5*) cinq heures et quart ; (*brit fam*) (*poids*) quart de livre **2** quartier *m* ; *the Black ~s of Chicago* les quartiers noirs de Chicago **3** *~s* (*Mil*) quartiers *mpl* ; cantonnement *m* **4** *~s* milieux *mpl* ; *the reaction was violent in certain ~s* la réaction a été violente dans certains cercles *mpl* ; *from all ~s* de toute(s) part(s) **5** (*US, Canada*) un quart de dollar (25 *cents*) ◆ *vt* **1** diviser en quatre **2** loger ; *they were ~ed in a barn* ils ont été hébergés dans une grange ‖ **°quarterdeck** *n* (*Naut*) plage *f* arrière ‖ **°quarterly** *adj* trimestriel ◆ *n* publication *f* trimestrielle.

quartet [kwɔːˈtet] n quatuor m; (jazz) quartette m.

quartz [kwɔːts] n quartz m; ~ watch montre f à quartz.

quash [kwɒʃ] vt 1 réprimer, écraser 2 (Jur) casser, annuler.

quaver [ˈkweɪvə] n 1 (Mus) croche f; trille f 2 chevrotement m; trémolo m ◆ vi 1 (Mus) triller 2 chevroter.

quay [kiː] n (Naut) quai m; at the ~side à quai.

queasy [ˈkwiːzɪ] adj qui a des nausées; I feel ~ j'ai mal au cœur; (fam) I have a ~ feeling about his speech son discours m'a mis mal à l'aise.

queen [kwiːn] n 1 reine f 2 (cartes) dame f 3 (fam péj) tante f.

queer [kwɪə] adj 1 bizarre, étrange 2 louche; he's a ~ fellow c'est un drôle de type 3 (argot) pédé m, pédale f.

quell [kwel] vt réprimer, étouffer.

quench [kwentʃ] vt 1 éteindre; (soif) étancher; 2 (fig) réprimer 3 (Tech) (acier) tremper.

querulous [ˈkwerʊləs] adj grognon (f -onne); (ton) plaintif (f -ive).

query [ˈkwɪərɪ] n question f, doute m ◆ vti 1 mettre en doute; he won't ~ my statement il ne discutera pas ma déclaration 2 poser une question; "Alone?" he queried « Seule ? » demanda-t-il 3 (Inf) ~ a data base interroger une banque de données.

quest [kwest] n (for) quête f (de) ◆ vi (for) rechercher.

question [ˈkwestʃən] n 1 question f; ~ mark point m d'interrogation; ~ time période f réservée aux questions; you are begging the ~ vous faites une pétition de principe 2 problème m, question f; it's out of the ~ c'est hors de question 3 doute m; without ~ sans aucun doute; beyond ~ hors de doute ◆ vt 1 questionner; he was ~ed about his past on l'a interrogé sur son passé 2 contester; I ~ those figures je mets ces chiffres en doute ‖ °**questionable** adj contestable ‖ °**question-master** n (Rad, TV) présentateur m (f -trice) (de jeux) ‖ °**questionnaire** n questionnaire m.

queue [kjuː] n (brit) queue f; file f ◆ vi (~ up) faire la queue.

quibble [ˈkwɪbl] n argutie f ◆ vi ergoter (sur les mots), chicaner.

quick [kwɪk] adj 1 rapide; be ~ about it! fais vite! 2 vif (f vive); I wish you a ~ recovery je vous souhaite un prompt rétablissement; he has a ~ mind and a ~ temper il a l'esprit vif et un caractère emporté ◆ adv (~ly) rapidement; vivement; I can't walk quicker je ne peux pas mar-

cher plus vite ◆ n vif m ◆ préfixe ~-acting à action rapide ‖ °**quicken** vti (s')accélérer ‖ °**quickfreeze** vt (p -froze, -frozen) surgeler ‖ °**quickness** n rapidité f ‖ °**quicksand** n sables mpl mouvants ‖ °**quicksilver** n vif argent m.

quid [kwɪd] n (pl inv) (argot brit) livre f (sterling).

quiet [ˈkwaɪət] adj 1 silencieux (f -ieuse); (be) ~! silence! keep ~! taisez-vous! 2 calme, tranquille; sit ~! reste tranquille! 3 ~ music musique f douce 4 simple, secret; keep ~ about it n'en parlez pas; they're ~ people ce sont des personnes discrètes ◆ n 1 silence m 2 calme m, tranquillité f 3 (loc fam) on the ~ en douce ◆ vti (down) (amér) 1 (faire) taire 2 calmer ‖ **quiet(en) down** vpart (se) calmer ‖ °**quietness** n 1 silence m 2 calme m, tranquillité f.

quilt [kwɪlt] n couverture f piquée; continental ~ couette f, duvet m ◆ vt matelasser.

quince [kwɪns] n (fruit) coing m; (arbre) cognassier m.

quinquagenarian [ˌkwɪŋkwədʒɪˈneərɪən] adj n quinquagénaire mf.

quip [kwɪp] n remarque f sarcastique; repartie f.

quirk [kwɜːk] n bizarrerie f; ~ of fate caprice m du destin.

quit [kwɪt] vt (p pp quit/quitted) 1 (fam) quitter 2 abandonner; he has ~ his job il a donné sa démission; I ~! je renonce! 3 (amér) cesser; ~ mumbling! arrête de marmonner! 4 (loc) I'm glad to be ~ of that job je suis content d'être débarrassé de ce travail! ‖ **quits** adj we're ~ nous sommes quittes; let's call it ~! on en reste là!

quite [kwaɪt] adv 1 tout à fait; you're ~ right tu as parfaitement raison; ~ so! exactement! 2 assez; ~ a few people came pas mal de gens sont venus; it's ~ expensive c'est plutôt cher; it's ~ something! c'est assez remarquable!

quiver[1] [ˈkwɪvə] n carquois m.

quiver[2] [ˈkwɪvə] vi trembler; he ~ed with rage il frémit de rage ◆ n 1 tremblement m; frisson m 2 (paupière) battement m.

quiz [kwɪz] vt questionner ◆ n 1 (Ens) colle f 2 (TV) jeu m (sous forme de questions) ‖ °**quizzical** adj 1 (regard) interrogateur (f -trice) 2 narquois.

quotation [kwəʊˈteɪʃn] n 1 citation f; ~ marks guillemets mpl 2 (Com) devis m estimatif 3 (Fin) cotation f, cours m ‖ **quote** vt 1 citer; (loc) ~... unquote ouvrez les guillemets... fermez les guillemets/fin de citation 2 (Com devis) établir 3 (Fin) coter ◆ n citation f; in ~s entre guillemets.

R

R, r [ɒ:] *n* R, r *m*; *the three R's (Reading, wRiting, aRithmetic)* les matières *fpl* de base/fondamentales.

rabbi [ˈræbaɪ] *n (Rel)* rabbin *m*.

rabbit [ˈræbɪt] *n* lapin *m*; *(amér)* lièvre *m*; *wild ~* lapin de garenne; *~ warren (lieu)* garenne *f* ‖ **°rabbit on** *vpart (brit fam)* parler pour ne rien dire.

rabble [ˈræbl] *n* **1** foule *f* (incontrôlée); *~-rouser* fomenteur *m* (*f* -euse) de troubles **2** *(péj) the ~* la populace.

rabid [ˈræbɪd] *adj* **1** *(Méd)* atteint de la rage; *(animal)* enragé **2** furieux (*f* -ieuse) **3** fanatique ‖ **°rabies** *n (Méd)* rage *f*.

race¹ [reɪs] *n* race *f*; *~ relations* relations *fpl* interethniques *f* ‖ **°racial** *adj* racial (*pl* -iaux) ‖ **°racist** *adj n* raciste *mf*.

race² [reɪs] *n* **1** *(Sp)* course *f*; *(brit) ~ meeting* courses *fpl* hippiques ◆ *vt* **1** faire la course avec **2** *(cheval)* faire courir **3** *(moteur)* emballer ◆ *vi* (faire) courir; *they ~d upstairs* ils montèrent les escaliers quatre à quatre; *his heart was racing* son cœur battait la chamade ‖ **°racecourse** *n* hippodrome *m*, champ *m* de courses ‖ **°racegoer** *n* turfiste *mf* ‖ **°racehorse** *n* cheval *m* de course ‖ **°racetrack** *(brit)/* **°raceway** *(amér) n* **1** piste *f* **2** champ *m* de courses ‖ **°racing** *adj n motor ~* course *f* automobile; *~ car* voiture *f* de course; *~ driver* pilote *mf* de course.

racial [ˈreɪʃl] *adj* racial.

rack¹ [ræk] *n* **1** étagère *f* **2** casier *m*; *plate ~* égouttoir *m* **3** porte-bagages *m inv*; *(Aut) roof ~* galerie *f* **4** râtelier *m*.

rack² [ræk] *n* chevalet *m* (de torture); *(loc fig) be on the ~* être au supplice ◆ *vt* **1** torturer **2** *(fig)* tourmenter; *~ed with remorse* tenaillé par le remords; *~ one's brain* se creuser la cervelle.

rack³ [ræk] *n (loc) everything goes to ~ and ruin* tout va à vau-l'eau/se délabre.

racket¹ *(aussi* **racquet)** [ˈrækɪt] *n (Sp)* raquette *f*.

racket² [ˈrækɪt] *n* **1** *(fam)* vacarme *m*; *what a ~!* quel tapage! **2** racket *m*.

racketeer [ˌrækəˈtɪə] *n* escroc *m*, racketteur *m*.

radar [ˈreɪdɑː] *n* radar *m*.

radiance [ˈreɪdjəns] *n* **1** éclat *m* **2** rayonnement *m* ‖ **°radiant** *adj* **1** *(aussi fig)* rayonnant **2** *(fig)* radieux (*f* -ieuse) ‖ **°radiate** *vti* irradier; *(chaleur)* émettre, *(aussi fig)* rayonner ‖ **°radiator** *n* radiateur *m*.

radio [ˈreɪdɪəʊ] *n* radio *f*; *I heard it on the ~* je l'ai entendu à la radio ◆ *vti* appeler (à la radio); envoyer un message par radio

‖ **radio-con°trolled** *adj* radioguidé, téléguidé.

radish [ˈrædɪʃ] *n (Bot)* radis *m*.

radius [ˈreɪdɪəs] *(pl* **radii** [ˈreɪdɪaɪ]) *n* **1** *(Math)* rayon *m* **2** *(Anat)* radius *m*.

raffish [ˈræfɪʃ] *adj* **1** de mauvaise réputation **2** de mauvais goût.

raffle [ˈræfl] *n (vente de charité)* tombola *f* ◆ *vi (off)* mettre en loterie.

raft [rɑːft] *n* radeau *m* ◆ *vt* transporter sur un radeau; *(bois)* flotter.

rafter [ˈrɑːftə] *n (toiture)* chevron *m*.

rag¹ [ræg] *n (brit Ens)* **1** bizutage *m* **2** chahut *m*.

rag² [ræg] *n* **1** chiffon *m*; *(brit) ~ and bone man* chiffonnier *m* **2** *(pl)* haillons *mpl*; *in ~s* en loques, loqueteux (*f* -euse) **3** *(péj) (édition)* feuille *f* de chou ‖ **°ragamuffin** *n* va-nu-pieds *m inv* ‖ **°ragbag** *n* **1** sac *m* à chiffons; *(argot)* femme *f* mal fagotée **2** collection *f* hétéroclite ‖ **rag trade** *n (fam)* confection *f* (féminine); *(argot)* fripe *f*.

rage [reɪdʒ] *n* **1** rage *f*; *he flew into a ~* il s'emporta **2** *(aussi fig)* fureur *f*, furie *f*; *it's all the ~* c'est la grande mode ◆ *vi* **1** rager, être furieux (*f* -ieuse) **2** *(aussi fig)* faire rage.

ragged [ˈrægɪd] *adj* **1** en lambeaux; déguenillé **2** déchiqueté; *(tissu)* effiloché.

raid [reɪd] *n* **1** *(Mil)* raid *m* **2** descente *f* (de police) ◆ *vt* **1** faire un raid sur **2** faire une descente (de police) dans **3** piller.

rail¹ [reɪl] *vi (at)* se répandre en invectives *fpl* (contre).

rail² [reɪl] *n* **1** barre *f*, barreau *m* **2** *(aussi railing) (escalier)* rampe *f*; *(pont)* parapet *m*; *(Arch)* balustrade *f*; *(Naut)* bastingage *m* **3** rail *m*; chemin de fer *m*; *he came by ~* il est arrivé par le train; *(fam fig) he went off the ~s* il a déraillé ‖ **rail in/off** *vpart* fermer à l'aide d'une grille ‖ **°railing** *n* grille *f* ‖ **°railroad** *(amér) /* **railway** *(brit) n* **1** voie *f* ferrée **2** chemin de fer *m* ‖ **°railwayman** *(brit) /* **°railman** *(amér) n* cheminot *m*.

rain [reɪn] *n* pluie *f*; *in the ~* sous la pluie; *~s* saison *f* des pluies ◆ *vti* pleuvoir; *(loc) it's ~ing cats and dogs* il pleut à verse/à seaux ‖ **°rainbow** *n* arc-en-ciel *m* ‖ **°raincoat** *n* imperméable *m* ‖ **°rainfall** *n* précipitation *f* ‖ **rain off** *vpart* annuler pour cause de mauvais temps ‖ **°rainproof** *adj* imperméable ◆ *vt* imperméabiliser ‖ **°rainy** *adj* pluvieux (*f* -ieuse); *(fig) for a ~ day* en cas de besoin.

raise [reɪz] *vt* **1** *(aussi fig)* lever, soulever; *he ~d his glass to us* il nous a porté un toast; *she ~d her voice* elle haussa le ton **2** ériger, bâtir; *(mur)* surélever **3** *(salaire)* augmenter; *(tarif)* relever; *(prix)* majorer; *(enchères)* relancer **4** *(famille, bétail)* élever; *(légumes)* cultiver, faire pousser **5** *(fonds)* rassembler; collecter **6** *(loc)* he *~d a ghost* il a soulevé un lièvre; *that'll ~ hell* ça va faire du bruit; *he ~d a laugh* il a fait rire (tout le monde) ◆ *n (amér)* augmentation *f* de salaire).

raisin ['reɪzn] *n* raisin *m* sec.

rake[1] [reɪk] *n* débauché *m*, coureur *m*.

rake[2] [reɪk] *n* râteau *m* ◆ *vti* **1** ratisser **2** *(aussi fig)* fouiller **3** *(Mil)* mitrailler ‖ **rake in** *vpart (fam)* amasser (des bénéfices) ‖ **rake off** *n* profit *m (illégal)* ◆ *vpart he ~d off a large sum* il préleva une somme importante ‖ **rake up** *vpart* **1** *(querelle)* raviver; *he ~d up old memories* il a remué de vieux souvenirs **2** *(fam)* he *~d up the money* il a déniché l'argent (nécessaire).

rally ['rælɪ] *n* **1** ralliement *m*; rassemblement *m* **2** rallye *m* (automobile) **3** *(Éco)* reprise *f* ◆ *vti* **1** (se) rallier; (se) rassembler **2** reprendre des forces **3** *(Fin)* se redresser.

ram [ræm] *n* bélier *m* ◆ *vt* **1** tasser **2** *(aussi fig)* enfoncer.

ramble ['ræmbl] *vi* **1** *(brit)* faire une balade **2** *(fig)* divaguer; *(péj)* radoter ◆ *n* randonnée *f*, balade *f* ‖ **°rambling** *adj* **1** *(récit)* incohérent, décousu **2** *(Arch)* anarchique; *~ house* une maison pleine de coins et de recoins.

ramp [ræmp] *n* **1** *(Av)* passerelle *f* **2** *(route)* rampe *f*, dénivellation *f*.

rampage [ræm'peɪdʒ] *n the mob went on the ~* la foule s'est déchaînée.

ramshackle ['ræmʃækl] *adj* délabré; branlant; *~ old car* vieille guimbarde *f*.

ran [ræn] *p* de **run**.

rancid ['rænsɪd] *adj* rance.

rancor *(amér)*/**rancour** *(brit)* ['ræŋkə] *n* rancœur *f* ‖ **°rancorous** *adj* rancunier (*f* -ière).

random ['rændəm] *adj n at ~* au hasard; *~ selection* choix *m* aléatoire.

rang [ræŋ] *p* de **ring**.

range [reɪndʒ] *n* **1** chaîne *f* (de montagnes) **2** *(aussi fig)* portée *f*, étendue *f* **3** *(série)* éventail *m*; *a wide ~ of colo(u)rs* une large gamme de couleurs **4** rayon *m* (d'action); *(Aut)* autonomie *f*; *long-~ missile* missile *m* à longue portée; *medium-~ air-craft* (avion) moyen courrier *m*; *short-~ forecast* prévision *f f(pl)* à court terme **5** *(tir)* portée *f*; *shooting ~* stand *m*/champ *m* de tir **6** *(kitchen) ~* cuisinière *f* **7** *(amér)* pâturage *m* (ouvert) ◆ *vti* **1** *(se)* ranger; (s')aligner **2** parcourir (la campagne); *(aussi fig)* errer **3** *(discussion)* porter

sur **4** *ranging from 5 to 10* compris entre 5 et 10.

rank[1] [ræŋk] *n* **1** *(Mil)* rang *m*; *the ~ and file* les hommes de troupe; *(fig)* les sansgrade **2** classe *f* (sociale), rang *m* **3** *(brit) taxi ~* station *f* de taxis ◆ *vti* (se) classer; (se) ranger.

rank[2] [ræŋk] *adj* **1** *(végétation)* exubérant **2** *(odeur)* fétide; *(goût)* rance **3** flagrant; *~ mistake* erreur *f* grossière.

ransack ['rænsæk] *vt* **1** mettre à sac **2** fouiller (de fond en comble).

ransom ['rænsəm] *n* rançon *f* ◆ *vt* rançonner.

rant [rænt] *vti (péj)* déclamer; *~ing at politicians* tempêtant à l'encontre des hommes politiques.

rap [ræp] *vti* **1** donner un petit coup sec; *~ at the window* tapez à la fenêtre **2** *(fam)* critiquer vivement ◆ *n* **1** petit coup *m* sec **2** réprimande *f*; *who's going to take the ~?* qui va payer les pots cassés?

rapacious [rə'peɪʃəs] *adj* rapace.

rape[1] [reɪp] *n (Bot)* colza *m*.

rape[2] [reɪp] *n* viol *m* ◆ *vt* violer ‖ **°rapist** *n* violeur *m (f* -euse).

rapt [ræpt] *adj* **1** enchanté, ravi **2** *(intérêt)* profond; *~ in his thoughts* plongé dans ses pensées ‖ **°rapture** *n* ravissement *m*; *he went into ~s over...* il s'extasia sur...

rare [reə] *adj* **1** rare **2** *(Cuis)* saignant.

rascal ['rɑːskəl] *n* vaurien *m*; *you little ~!* petit polisson!

rash[1] [ræʃ] *n (Méd)* éruption *f*; *(fig) a ~ of crime* vague *f* de crimes.

rash[2] [ræʃ] *adj* irréfléchi; téméraire.

rasher ['ræʃə] *n (Cuis)* tranche *f* de lard.

rasp [rɑːsp] *n* **1** râpe *f* (à bois) **2** cri *m* rauque ◆ *vt* râper ◆ *vi* grincer.

raspberry ['rɑːzbərɪ] *n* framboise *f*.

rat [ræt] *n* **1** rat *m*; *(fig) what a ~ race!* quelle foire d'empoigne! **2** *(fig péj)* traître *m*; salaud *m*.

rate [reɪt] *n* **1** taux *m (pl inv)*; *death ~* taux de mortalité **2** *~s* impôts *mpl* locaux **3** tarif *m*; *what are your ~s?* quelles sont vos conditions? **4** vitesse *f*; *at the ~ of ten pages per hour* à raison de dix pages à l'heure; *prices rose at a fearful ~* les prix ont augmenté à une allure folle **5** *(loc) at any ~* en tout cas; *at that ~* à ce train-là ◆ *vt* **1** estimer, évaluer **2** tarif(i)er, calculer la valeur de ‖ **°ratepayer** *(brit)* contribuable *mf* ‖ **°rating** *n* **1** évaluation *f* **2** classification *f*; *popularity ~* indice *m* de popularité.

rather ['rɑːðə] *adv* **1** plutôt; assez; *he's ~ shy* il est un peu timide **2** *(brit) (emphatique) ~!* tout à fait! **3** *(loc) I would ~ have a book* j'aimerais mieux un livre; *I would ~ not wait* j'aimerais mieux ne pas attendre; *I'd ~ not!* je n'y tiens pas!

rebound

ratio ['reɪʃɪəʊ] *n* **1** proportion *f*, ration *f* **2** ratio *m*.

ration ['ræʃn] *n* ration *f* ◆ *vt* rationner.

rattle ['rætl] *n* **1** *(bruit sec)* cliquetis *m*; *(arme à feu)* crépitement *m* **2** *(vx)* bavardage *m* **3** *(jouet)* hochet *m*; crécelle *f* **4** *(Méd)* râle *m* ◆ *vti* (faire) cliqueter; (faire) crépiter; (faire) vibrer ◆ *vt (fam fig)* paniquer; *don't get* ~*d!* ne t'affole pas! || **rattle off** *vpart* dire/réciter à toute vitesse || **rattle on** *vpart* jacasser || °**rattlesnake** *n* serpent *m* à sonnettes.

raucous ['rɔːkəs] *adj* rauque; ~ *voice* voix *f* éraillée.

rave [reɪv] *vi* **1** délirer; *he's raving* il divague **2** *(fig) (at)* s'emporter/pester (contre) **3** *(fam) (about)* s'extasier (sur) || °**rave-up** *n (fam)* boum *f* || °**raving** *adj* délirant; ~ *mad* fou furieux (*f* folle furieuse) || °**ravings** *npl* hallucinations *fpl*, délire *m*.

raven ['reɪvn] *n (Orn)* corbeau *m*.

ravenous ['rævənəs] *adj* **1** vorace **2** affamé **3** rapace.

ravishing ['rævɪʃɪŋ] *adj* ravissant.

raw [rɔː] *adj* **1** *(aliment)* cru **2** (à l'état) brut; ~ *materials* matières *fpl* premières **3** inexpérimenté; *(fam) a* ~ *recruit* un bleu **4** *(aussi fig)* à vif; ~ *nerves* nerfs *mpl* à fleur de peau **5** *(climat)* âpre ◆ *n in the* ~ *(fam)* tout nu; à l'état naturel; *(loc) touched on the* ~ piqué au vif.

ray[1] [reɪ] *n* **1** *(lumière)* rayon *m* **2** *(fig)* ~ *of hope* lueur *f* d'espoir.

ray[2] [reɪ] *n (Zool)* raie *f*.

raze [reɪz] *vt* **1** *(Mil)* raser **2** *(fig)* effacer; gommer.

razor ['reɪzə] *n* rasoir *m* || °**razor-shell** *n (Zool)* couteau *m*.

re [reɪ] *n (Mus)* ré *m*.

reach [riːtʃ] *vt* **1** atteindre; *I* ~*ed Paris at 10* je suis arrivé à Paris à 10 heures; *they* ~ *an agreement* ils sont parvenus à un accord **2** joindre (quelqu'un) **3** *can you* ~ *me the paper?* tu peux me (faire) passer le journal? ◆ *vi* **1** *(for)* (é)tendre le bras; *he* ~*ed for his gun* il saisit son revolver **2** atteindre; *the water* ~*ed up to his knees* l'eau lui montait jusqu'aux genoux **3** *(loc) as far as the eye can* ~ à perte de vue ◆ *n* portée *f*; *out of* ~ hors d'atteinte; *within easy* ~ *of the shops* à proximité immédiate des magasins.

react [rɪ'ækt] *vi* réagir.

read [riːd] *vt (p pp* **read** [red]) **1** lire; *I can't* ~ *that message* je n'arrive pas à déchiffrer ce message **2** indiquer; *the meter* ~*s 90 m*^{3} le compteur affiche 90 m^3 **3** *(expression)* interpréter; déduire **4** *(Ens)* étudier; *he's* ~*ing Medecine* il fait sa médecine; *he's widely read* c'est un érudit || °**readable** *adj* **1** lisible **2** agréable à lire || °**reader** *n* **1** lecteur *m* (*f* -trice) **2** *(Ens)*

recueil *m* de textes **3** maître *m inv* de conférences || °**reading** *n* lecture *f* || **read out** *vpart* lire à haute voix.

readily ['redɪlɪ] *adv* volontiers || °**readiness** *n* empressement *m*.

ready ['redɪ] *adj* **1** prêt; *get* ~*!* préparetoi! **2** disposé à; *he's* ~ *to accept* il est sur le point d'accepter **3** *(argent)* disponible; ~ *money* argent *m* liquide **4** prompt (à); *he has a* ~ *wit* il a la repartie facile || °**ready-cooked** *adj* pré-cuit || °**readymade** *adj* tout fait; ~ *clothes* prêt-à-porter *m*; *a* ~ *suit* un costume de confection.

real [rɪəl] *adj* **1** réel (*f* réelle); *in* ~ *life* dans la réalité **2** vrai, véritable; *it's the* ~ *thing!* c'est authentique! *(fam) for* ~*!* pour de vrai! **3** *(amér Jur)* ~ *estate* biens *mpl* immobiliers, immobilier *m*; ~ *estate agency* agence *f* immobilière || **rea**°**listic** *adj* réaliste.

reality [rɪ'ælətɪ] *n* **1** réalité *f* **2** vérité *f* || °**realize** *vt* **1** se rendre compte de/que; *I do* ~ *it's difficult* j'ai bien conscience de la difficulté **2** *(Fin)* réaliser un placement.

realtor ['rɪəltə] *n (amér)* agent *m* immobilier || °**realty** *(amér)* bien(s) *m(pl)* immobilier(s).

realm [relm] *n (lit)* royaume *m*.

reap [riːp] *vti* moissonner; *(aussi fig)* récolter || °**reaper** *n (Ag)* moissonneuse *f*.

reappear [riːə'pɪə] *vi* réapparaître, reparaître.

reappoint [riːə'pɔɪnt] *vt* réintégrer (dans ses fonctions).

rear [rɪə] *n* **1** arrière *m*; derrière *m*; ~*-view mirror* rétroviseur *m* **2** *(Mil)* arrière-garde *f inv*; *bring up the* ~ fermer la marche ◆ *vt* **1** *(enfants, animaux)* élever **2** redresser ◆ *vi (up)* se cabrer; se dresser || **rear**°**admiral** *n (Naut)* contreamiral *m* || °**rearguard** *n (Mil)* arrièregarde *f*.

reason ['riːzn] *n* **1** cause *f*, motif *m*; *there's no* ~ *to be scared* il n'y a pas de quoi avoir peur; *it's the* ~ *why I came* c'est la raison pour laquelle je suis venu; *by* ~ *of...* en raison de... **2** *(Phil)* raison *f* **3** bon sens *m inv*; *it stands to* ~ c'est évident; *bring him to* ~*!* raisonnez-le! ◆ *vti* raisonner; *I* ~*ed her into staying* je l'ai persuadée de rester || °**reasoning** *n* raisonnement *m*.

reassure [riːə'ʃɔː] *vt* rassurer.

rebate ['riːbeɪt] *n* rabais *m*, remise *f*; *(impôts) tax* ~ trop-perçu *m*.

rebel[1] ['rebl] *adj n* rebelle *m*.

rebel[2] [rɪ'bel] *vi* se rebeller, s'insurger || **re**°**bellious** *adj* rebelle.

rebound [rɪ'baʊnd] *vi (aussi fig)* rebondir || °**rebound** *n* **1** rebond *m*; *on the* ~ au rebond **2** rebondissement *m*.

rebuff [rɪ'bʌf] *n* rebuffade *f* ◆ *vt* **1** rabrouer **2** *(idée)* repousser.

rebuke [rɪ'bjuːk] *n* réprimande *f* ◆ *vt* réprimander.

rebut [rɪ'bʌt] *vt (Jur)* réfuter.

recall [rɪ'kɔːl] *vt* **1** (se) rappeler; *I don't ~ saying it* je ne me souviens pas l'avoir dit **2** *(décision)* annuler ◆ *n* **1** rappel *m* **2** évocation *f*; *beyond ~* irrévocable.

recant [rɪ'kænt] *vti* se rétracter.

recap ['riːkæp] *ab* de **recapitulate**.

recapitulate [ˌriːkə'pɪtjʊleɪt] *vt* récapituler; résumer.

recapture [ˌriː'kæptʃə] *vt* **1** reprendre **2** *(souvenirs)* faire revivre.

recast [ˌriː'kɑːst] *vt (p pp recast)* **1** *(Tech)* refondre **2** *(fig)* remanier **3** *(Th)* redistribuer (les rôles).

recede [rɪ'siːd] *vi* **1** s'éloigner; *the water is receding* l'eau se retire **2** *he has a receding hairline* son front se dégarnit **3** *(forces)* décliner.

receipt [rɪ'siːt] *n* **1** *(Adm)* reçu *m*, récépissé *m*; *(gaz, électricité)* quittance *f* **2** *(Com) on ~* à la réception **3** *(Com, Fin) ~s* recettes *fpl*, rentrées *fpl* (d'argent) ◆ *vt* acquitter (une facture).

receive [rɪ'siːv] *vt* **1** recevoir **2** accueillir || **re°ceiver** *n* **1** destinataire *mf* **2** *(Rad)* récepteur *m*; *telephone ~* combiné *m* (téléphonique) **3** *(Jur)* administrateur *m* judiciaire.

recent ['riːsnt] *adj* récent; *~ news* nouvelles fraîches || **°recently** *adv* récemment; *as ~ as last week* pas plus tard que la semaine dernière.

reception [rɪ'sepʃn] *n* **1** réception *f* **2** accueil *m* **3** admission *f*.

recess [rɪ'ses] *n* **1** (re)coin *m* **2** *(Arch)* niche *f*; embrasure *f* **3** *(Pol)* vacances *fpl* (parlementaires); *(amér)* suspension *f* de séance; ajournement *m*.

recession [rɪ'seʃn] *n (Éco)* récession *f*.

recipe ['resɪpɪ] *n (Cuis)* recette *f*; *(fam Ch)* formule *f*.

recipient [rɪ'sɪpɪənt] *n* **1** bénéficiaire *mf*, destinataire *mf* **2** *(Méd)* receveur *m (f* -euse) (d'organes) **3** *(Ch)* récipient *m*.

reciprocal [rɪ'sɪprəkl] *adj* réciproque || **re°ciprocate** *vti* **1** se rendre mutuellement service **2** retourner un compliment; *we~d their invitation* nous les avons invités à notre tour.

recite [rɪ'saɪt] *vti* réciter.

reckless ['reklɪs] *adj* **1** imprudent; *~ driving* conduite *f* dangereuse **2** téméraire; insouciant (du danger).

reckon ['rekən] *vti* **1** calculer, compter **2** estimer; *he is ~ed as the best* il est considéré comme étant le meilleur; *(amér) I ~ you're right* tu dois avoir raison **3** prendre en compte; *a man to be ~ed*

with un homme dont il faut tenir compte || **reckon up** *vpart* calculer; *I've ~ed up your bill* j'ai fait votre compte.

reclaim [rɪ'kleɪm] *vt* **1** *(bagages, argent)* récupérer; *(matériaux)* faire de la récupération **2** *~ land* conquérir des terres sur la mer.

recline [rɪ'klaɪn] *vti* (s')allonger, (se) reposer || **re°clinable** *adj* inclinable.

recluse [rɪ'kluːs] *adj n* reclus *m*.

recognition [ˌrekəg'nɪʃən] *n* reconnaissance *f*; *beyond all ~* méconnaissable.

recognizable/-isable ['rekəgnaɪzəbl] *adj* reconnaissable || **°recognize/-ise** *vt* **1** reconnaître **2** admettre; se rendre compte de.

recoil [rɪ'kɔɪl] *vi* **1** reculer (devant) **2** *(fig)* rejaillir (sur) ◆ *n* **1** *(arme)* recul *m* **2** *(personne)* mouvement *m* de recul.

recollect [ˌrekə'lekt] *vt* se rappeler; *as far as I can ~* autant que je m'en souviens || **reco°llection** *n* souvenir *m*.

recommend [ˌrekə'mend] *vt* recommander; conseiller.

recompense ['rekəmpens] *n* **1** récompense *f* **2** dédommagement *m* ◆ *vt* **1** récompenser **2** dédommager.

reconcile ['rekənsaɪl] *vt* **1** (se) réconcilier; *they were ~d* ils mirent fin à leur querelle **2** concilier; *your views do not ~ with theirs* votre point de vue est difficilement conciliable avec le leur.

recondite ['rekəndaɪt] *adj (lit)* abstrus, *(style)* obscur.

recondition [ˌriːkən'dɪʃn] *vt* remettre à neuf || **recon°ditioned** *adj* remis à neuf; *~ engine* moteur révisé.

reconnaissance [rɪ'kɒnɪsəns] *n (Mil)* reconnaissance *f*.

reconnoiter [ˌrekə'nɔɪtə] *(amér)*/**reconnoitre** *vti (Mil)* faire une reconnaissance; reconnaître le terrain.

reconstruct [ˌriːkən'strʌkt] *vt* **1** reconstruire **2** réorganiser **3** *(Jur)* reconstituer.

record[1] [rɪ'kɔːd] *vt* **1** noter; enregistrer (une demande); *he ~ed all the facts* il a consigné tous les faits **2** *(Rad, TV)* enregistrer.

record[2] ['rekɔːd] *n* **1** *(Adm)* récit *m*; enregistrement *m* (d'un fait); *he keeps a ~ of all he's bought* il note tous ses achats; *off the ~* à titre confidentiel, de façon officieuse **2** *(Mus)* disque *m*; *~ player* électrophone *m* **3** *(Sp)* record *m* **4** *(Adm)* dossier *m*; *(fonctionnaire)* états *mpl* de service; *police ~* casier *m* judiciaire; *school ~* dossier *m* scolaire **5** *(Jur)* procès-verbal *m*; minutes *fpl* (d'un jugement) || **re°corder** *n* **1** *tape ~* *n* magnétophone *m* **2** *(appareil)* enregistreur *m*; *(Av) flight ~* boîte *f* noire, enregistreur *m* de vol; *sound ~* preneur *m (f* -euse) de son

3 *(Mus)* flûte *f* à bec **4** *R~* *(brit Jur)* magistrat *m*.

recording [rɪˈkɔːdɪŋ] *n* *(Rad, TV)* enregistrement *m*; ***sound ~*** prise *f* de son.

records [ˈrekɔːdz] *npl inv* archives *fpl*.

recount¹ [rɪˈkaʊnt] *vt* raconter.

recount² [ˌriːˈkaʊnt] *vt* *(élections)* recompter (les voix) ‖ **°recount** *n* recomptage *m* (des voix).

recoup [rɪˈkuːp] *vt* *(Com)* **1** dédommager **2** récupérer (un trop-perçu).

recourse [rɪˈkɔːs] *n* *(aussi Jur)* recours *m*; *(fig)* ***I had no other ~*** je n'avais pas d'autre solution.

recover¹ [rɪˈkʌvə] *vt* **1** retrouver; ***I ~ed my coat*** j'ai récupéré mon manteau **2** *(Adm, Fin, Jur)* recouvrer (une dette); rentrer dans ses fonds; ***he ~ed his flat*** il est rentré en possession de son appartement **3** *(appétit, forces)* reprendre, retrouver **4** *(Ind)* régénérer; récupérer (les sous-produits) ◆ *vi* **1** guérir, se remettre; ***he has fully ~ed*** il est complètement rétabli **2** reprendre ses sens; se ressaisir; *(fig)* ***business is ~ing*** les affaires reprennent ‖ **re°covery** *n* **1** guérison *f*; ***I wish him a quick ~*** je lui souhaite un prompt rétablissement *m*; ***he's past ~*** son état est désespéré **2** récupération *f* (d'un objet perdu) **3** *(Éco)* reprise *f*.

recover² [ˌriːˈkʌvə] *vt* recouvrir (un siège).

recreation [ˌrekrɪˈeɪʃn] *n* **1** *(Ens)* récréation *f*; ***~ grounds*** terrains *mpl* de jeux **2** détente *f*, délassement *m*.

recruit [rɪˈkruːt] *n* **1** *(Mil)* recrue *f inv* **2** *(fig)* *(jeunc)* débutant(e) *m(f)* ◆ *vti* recruter.

rectification [ˌrektɪfɪˈkeɪʃn] *n* rectification *f*.

rectify [ˈrektɪfaɪ] *vt* rectifier.

recur [rɪˈkɜː] *vi* **1** revenir (à la mémoire) **2** *(fait)* se reproduire.

recurrent [rɪˈkʌrənt] *adj* **1** périodique; ***~ situation*** situation qui se représente périodiquement **2** récurrent, chronique.

recycle [ˌriːˈsaɪkl] *vt* recycler, retraiter.

red [red] *adj* **1** rouge; ***she went ~ in the face*** elle devint toute rouge **2** *(chevelure)* roux (*f* rousse); ***she's a ~-head*** c'est une rousse ◆ *n* *(couleur)* rouge *m*; ***she likes to wear ~*** elle aime porter du rouge; *(fig Fin)* ***you're in the ~!*** ton compte est à découvert! *(fam Pol)* ***he's a Red*** c'est un communiste; **~-°blooded** *adj* viril ‖ **°redbreast** *n* *(Orn)* rouge-gorge *m* ‖ **°redcap** *n* **1** *(brit)* soldat *m* de la police militaire **2** *(amér)* porteur *m*. ‖ **°redden** *vti* rougir; *(arbre)* roussir ‖ **°reddish** *adj* rougeâtre ‖ **red-°faced** *adj* *(fig)* honteux (*f* -euse) ‖ **red-°haired** *(aussi* **red-°headed**) *adj* *(cheveux)* roux (*f* rousse) ‖ **red-°handed** *adj* *(fig)* ***he was caught ~*** il a été pris la main dans le sac ‖ **red**

°herring *n* *(fig)* fausse piste *f* ‖ **red-°hot** *adj* chauffé à blanc; ***~ news*** nouvelle (toute) fraîche/chaude ‖ **red °tape** *n* routine *f*; *(péj)* démarches *fpl* administratives.

redeem [rɪˈdiːm] *vt* **1** *(Fin)* racheter; *(dette)* rembourser; amortir **2** *(Rel)* racheter ‖ **the Redeemer** *(Rel)* le Rédempteur *m inv*.

redemption [rɪˈdempʃn] *n* **1** *(aussi fig)* rachat *m* **2** *(Rel)* rédemption *f*.

redirect [ˌriːdaɪˈrekt] *vt* *(lettre)* réexpédier.

reduce [rɪˈdjuːs] *vt* **1** réduire; baisser, diminuer **3** *(Cuis)* faire réduire **4** *(Mil)* ***~ to the ranks*** rétrograder **5** ***~ weight*** maigrir.

reduction [rɪˈdʌkʃn] *n* **1** réduction *f*, remise *f*; ***bought with a ~*** acheté au rabais *m* **2** diminution *f*; ***staff ~*** compression *f* de personnel *m* **3** *(Phot)* format *m* réduit.

redundancy [rɪˈdʌndənsɪ] *n* **1** *(Lit)* pléonasme *m* **2** *(Éco, Ind)* (effectif en) surnombre *m*; ***~ payment*** indemnités *fpl* de licenciement *m* ‖ **re°dundant** *adj* en surnombre, superflu; ***she was made ~*** on l'a licenciée.

re-echo [ˌriːˈekəʊ] *vti* **1** renvoyer en écho **2** résonner.

reed [riːd] *n* *(Bot)* roseau *m* ‖ **°reedy** *adj* **1** couvert(e) de roseaux **2** ***~ voice*** voix *f* flûtée.

reef¹ [riːf] *n* *(Naut)* récif *m*; écueil *m*.

reef² [riːf] *n* *(Naut)* ris *m* ‖ **°reefer** *n* **1** *(aussi* **reefing jacket**) caban *m* **2** *(argot)* cigarette *f* de marijuana; joint *m*.

reek [riːk] *vi* empester; ***this ~s of corruption*** cela sent la corruption ◆ *n* puanteur *f*; ***~ of tobacco*** relent *m* de tabac.

reel [riːl] *n* **1** *(fil, film)* bobine *f* **2** *(pêche)* moulinet *m* **3** *(Tech)* dévidoir *m* ◆ *vt* *(fil)* dévider; enrouler; ***~ in that fish!*** remonte ce poisson! ◆ *vi* **1** chanceler, tituber **2** *(Naut)* tanguer **3** *(fig)* ***my head is ~ing*** la tête me tourne ‖ **reel off** *vpart* réciter à toute vitesse.

ref [ref] *ab de* **referee**.

refectory [rɪˈfektərɪ] *n* réfectoire *m*.

refer [rɪˈfɜː] *vt* **1** soumettre (à); ***I shall this decision to the mayor*** je m'en remettrai à la décision du maire **2** renvoyer (à); ***I referred him to an expert*** je l'ai envoyé consulter un expert ◆ *vi* **1** se référer à, se reporter à; ***I ~ (back) to our previous decision*** je m'en rapporte à la décision précédente **2** s'appliquer à; ***this ~s to aliens only*** ceci ne concerne que les étrangers **3** mentionner; ***what is he referring to?*** à quoi fait-il allusion?

referee [ˌrefəˈriː] *n* *(Sp)* arbitre *m*.

refill¹ [ˌriːˈfɪl] *vti* re/remplir à nouveau.

refill² [ˈriːfɪl] *n* recharge *f*; plein *m* (d'essence); *(fam)* ***what about a ~?*** je vous ressers à boire?

refine [rɪˈfaɪn] *vti* (se) raffiner ‖ **re°finement** *n* **1** affinage *m*; raffinage *m* **2** (*goût*) raffinement *m* **3** (*Tech*) perfectionnement *m* ‖ **re°finery** *n* (*Ind*) raffinerie *f*.

refit [ˌriːˈfɪt] *vt* (*surtout Naut*) remettre en état; réaménager.

reflation [riːˈfleɪʃn] *n* (*Éco*) relance *f*.

reflect [rɪˈflekt] *vt* **1** (*Phys*) réfléchir; (*chaleur*) renvoyer **2** (*aussi fig*) refléter **3** (*fig*) traduire ◆ *vi* **1** (*on*) réfléchir (à, sur) **2** (*that*) penser (que); *he was probably wrong, I ~ed* je me suis dit qu'il avait probablement tort ‖ **re°flexion** *n* **1** (*Phys*) réflexion *f* **2** (*aussi fig*) image *f*, reflet *m* **3** (*loc*) *on ~* réflexion faite ‖ **re°flective** *adj* **1** réfléchi **2** pensif (*f -ive*) ‖ **re°flector** *n* réflecteur *m*; (*Aut*) cataphote *m* ‖ **re°flexive** *adj* (*Gr*) réfléchi.

refloat [ˌriːˈfləʊt] *vt* (*aussi fig*) renflouer.

reforestation [ˌriːˌfɒrɪˈsteɪʃn] *n* reboisement *m*.

reform[1] [rɪˈfɔːm] *vti* (se) réformer, (se) corriger ◆ *n* réforme *f*.

re-form[2] [ˌriːˈfɔːm] *vti* (se) reformer.

refrain[1] [rɪˈfreɪn] *n* (*Mus*) refrain *m*.

refrain[2] [rɪˈfreɪn] *vi* (*from*) s'abstenir (de); *I couldn't ~ from laughing* je n'ai pas pu m'empêcher de rire.

refresh [rɪˈfreʃ] *vt* **1** (*aussi fig*) rafraîchir; *a few days away will ~ you* quelques journées de congé te reposeront **2** restaurer ‖ **re°fresher** *n* (*Ens*) *~ course* cours *m* de mise *f* à niveau ‖ **re°freshing** *adj* **1** rafraîchissant **2** stimulant; reposant; *~ sleep* sommeil *m* réparateur ‖ **re°freshment** *n* rafraîchissement *m*; *~ room* buffet *m* (de gare).

refrigerator [rɪˌfrɪdʒəˈreɪtə] *n* réfrigérateur *m*.

refuel [ˌriːˈfjʊəl] *vti* (se) ravitailler en carburant.

refuge [ˈrefjuːdʒ] *n* (*aussi fig*) refuge *m* ‖ **refu°gee** *n* réfugié(e) *m(f)*.

refund [ˌriːˈfʌnd] *vt* rembourser ‖ **°refund** *n* remboursement *m* ‖ **re°fundable** *adj* **1** (*emballage*) consigné **2** remboursable.

refusal [rɪˈfjuːzl] *n* **1** refus *m*; *in ~* en signe de refus **2** (*Jur*) *first ~* droit *m* de préemption ‖ **re°fuse** *vti* refuser.

refuse [ˈrefjuːs] *ns inv* déchets *mpl*; *~ dump* dépôt *m* d'ordures, dépotoir *m*.

refute [rɪˈfjuːt] *vt* réfuter.

regain [rɪˈɡeɪn] *vt* regagner; (*liberté*) recouvrer; *he ~ed consciousness* il reprit connaissance.

regal [ˈriːɡl] *adj* royal (*mpl* -aux).

regard [rɪˈɡɑːd] *vt* **1** (*as*) considérer (comme) **2** (*lit*) regarder **3** (*loc*) *as ~s* en ce qui concerne ◆ *n* **1** (*for*) respect *m*; *out of ~ for him* par égard pour lui; *I hold her in great ~* j'ai beaucoup d'es-

time *f* pour elle **2** (*lit*) regard *m* **3** (*loc*) *in this ~* à cet égard; *in/with ~ to* en ce qui concerne; quant à ‖ **re°gardless** *adv* (*of*) en dépit (de); sans se soucier (de) ‖ **re°gards** *npl* (*lettre*) *with my best ~* avec mon meilleur souvenir; *kind ~* bien cordialement.

register [ˈredʒɪstə] *n* **1** registre *m* **2** *cash-~* caisse *f* enregistreuse ◆ *vt* **1** (*aussi fig*) enregistrer **2** (*voiture*) immatriculer **3** (*compteur*) indiquer, marquer **4** (*lettre*) recommander ◆ *vi* **1** s'inscrire **2** (*fam fig*) *it didn't ~ at all with him* il n'a pas du tout compris ‖ **regis°trar** *n* **1** (*Adm*) officier *m* de l'état civil **2** (*Jur*) greffier *m* (*f -ière*) **3** (*Université*) secrétaire *m(f)* général(e).

registration [ˌredʒɪˈstreɪʃn] *n* **1** enregistrement *m*; inscription *f* (officielle) **2** (*Aut*) immatriculation *f*; *~ plate* plaque *f* minéralogique **3** (*Adm*) dépôt *m* légal **4** (*lettre*) recommandation *f*.

registry [ˈredʒɪstrɪ] *n* **1** bureau *m* d'enregistrement; (*Jur*) greffe *m*; *~ office* bureau *m* de l'état civil **2** (*Naut*) certificat *m* d'inscription *f*; *port of ~* port *m* d'attache.

regret [rɪˈɡret] *vt* regretter; *I deeply ~ saying that* je suis profondément désolé(e)/navré(e) d'avoir dit cela ◆ *n* regret *m*; *I've no ~s* je ne regrette rien.

regular [ˈreɡjʊlə] *adj* **1** régulier (*f -ière*); *he keeps ~ hours* il a une vie bien réglée **2** habituel; (*client*) fidèle; (*prix*) normal **3** reconnu; *~ troops* soldats *mpl* de métier **4** (*fam*) vrai; *he's a ~ hero* c'est un véritable héros ◆ *n* (*fam*) habitué(e) *m(f)*.

regulate [ˈreɡjʊleɪt] *vt* **1** (*Tech*) régler; réguler **2** réglementer ‖ **regu°lation** *n* **1** règlement *m*; réglementation *f*; *~ haircut* coupe *f* réglementaire **2** (*Tech*) régulation *f*.

rehabilitate [ˌriːəˈbɪlɪteɪt] *vt* **1** réhabiliter **2** rééduquer.

rehearsal [rɪˈhɜːsl] *n* (*Th*) répétition *f*; *dress ~* avant-première *f* ‖ **re°hearse** *vti* (*Th*) (faire) répéter.

rehouse [ˌriːˈhaʊz] *vt* reloger ‖ **re°housing** *n* relogement *m*.

reign [reɪn] *vi* régner ◆ *n* règne *m*.

reimburse [ˌriːɪmˈbɜːs] *vt* rembourser.

rein [reɪn] *n* rêne *f*; (*fig*) *give him a free ~!* lâchez-lui la bride!

reindeer [ˈreɪndɪə] *n* (*Zool*) renne *m*.

reinforced [ˌriːɪnˈfɔːst] *adj* renforcé; *~ concrete* béton *m* armé.

reinstate [ˌriːɪnˈsteɪt] *vt* réintégrer ‖ **rein°statement** *n* réintégration *f*.

reinvigorate [ˌriːɪnˈvɪɡəreɪt] *vt* revigorer.

reject[1] [rɪˈdʒekt] *vt* **1** rejeter; refuser **2** (*Méd*) faire un rejet ‖ **re°jection** *n* **1** rejet *m* **2** refus *m* **3** (*Méd*) régurgitation *f*.

reject[2] [ˈriːdʒekt] *n* (article de) rebut *m*.

rejoice [rɪˈdʒɔɪs] *vti (lit)* (se) réjouir ; *he ~s in reading* il prend plaisir à lire.

rejoin[1] [riːˈdʒɔɪn] *vt* rejoindre.

rejoin[2] [rɪˈdʒɔɪn] *vi* répliquer ‖ **re°joinder** *n* réplique *f*.

rejuvenate [rɪˈdʒuːvənɪt] *vt* rajeunir ; régénérer.

relapse [rɪˈlæps] *vi (into)* retomber (dans) ; *(Méd)* rechuter ◆ *n* rechute *f*.

relate [rɪˈleɪt] *vt* 1 raconter ; *(expérience)* relater ; *what do you ~ this to?* à quoi rattachez-vous cela ? ◆ *vi* avoir rapport à/trait à ‖ **re°lated** *adj* 1 *(fait)* relaté 2 *(to)* relatif (*f* -ive) (à) 3 *(to)* apparenté (à) ; *we are closely ~* nous sommes proches parents ‖ **re°lation** *n* 1 relation *f* 2 rapport *m* ; *~ between cause and effect* lien *m* de cause à effet 3 parent *m* *(récit)* relation *f* ‖ **re°lationship** *n* 1 rapport *m* ; *parent-teacher ~* relations *fpl* parents-enseignants 2 (lien *m* de) parenté *f*.

relative [ˈrelətɪv] *n* parent(e) *m(f)* ◆ *adj* relatif (*f* -ive).

relax [rɪˈlæks] *vti (muscles)* (se) décontracter ; *(discipline)* (se) relâcher ; *(personne)* (se) détendre ‖ **rela°xation** *n* 1 décontraction *f* ; relaxation *f* 2 délassement *m* ; *an hour's ~* une heure de détente *f* 3 *(fig)* relâchement *m*.

relay [riːˈleɪ] *vt* 1 relayer 2 retransmettre ‖ **°relay** *n* relais *m* ; *(Sp) ~ race* course *f* relais.

release [rɪˈliːs] *vt* 1 lâcher ; *~ the brake!* desserrez le frein ! *~ the clutch!* débrayez ! 2 *(Jur)* libérer ; relâcher 3 *(nouveau produit)* sortir ; *(information)* publier, diffuser 4 *(colère)* donner libre cours à ◆ *n* 1 *(Jur)* libération *f*, levée *f* d'écrou 2 soulagement *m* 3 *(édition)* (nouvelle) parution *f* ; *(produit)* lancement *m* ; *(film) on ~* à l'affiche *f* 4 *(Mil)* largage *m* 5 *(gaz)* émission *f*.

relegate [ˈrelɪgeɪt] *vt* reléguer.

relent [rɪˈlent] *vti* se laisser fléchir ‖ **re°lentless** *adj* implacable ; *~ verdict* verdict *m* impitoyable.

relevant [ˈreləvənt] *adj* pertinent ; approprié ; *(Jur) ~ documents* pièces *fpl* justificatives.

reliable [rɪˈlaɪəbl] *adj* sûr ; *~ car* voiture *f* fiable ; *~ person* personne *f* de confiance ‖ **re°liant** *adj* confiant ; *self-~* indépendant ‖ **re°ly** *vi (on)* compter (sur) ; *I ~ on him* je lui fais confiance.

relic [ˈrelɪk] *n* 1 *(Rel)* relique *f* 2 *(souvent pl)* vestige(s) *m(pl)*.

relief[1] [rɪˈliːf] *n* *(Art, Géog)* relief *m* ; *~ map* carte *f* en relief.

relief[2] [rɪˈliːf] *n* 1 *(aussi fig)* soulagement *m* 2 aide *f* ; *~ fund* fonds *m* de secours ; *(brit) ~ train* train *m* supplémentaire ; *(brit) ~ road* route *f* de délestage 3 *(Jur)* dégrèvement *m* (fiscal) ; exonération *f*

‖ **re°lieve** *vti* 1 *(aussi fig)* (se) soulager 2 aider, secourir 3 *(aussi fig)* délivrer 4 remplacer ; *can you ~ me?* peux-tu me relayer ? 5 *(Mil)* relever.

religious [rɪˈlɪdʒəs] *adj* religieux (*f* -ieuse) ; pieux (*f* pieuse).

relinquish [rɪˈlɪŋkwɪʃ] *vt* renoncer à ; *(espoir)* abandonner.

relish [ˈrelɪʃ] *n* 1 *(fig) (for)* goût *m* (pour) 2 *(Cuis)* condiment *m* ◆ *vt* *(fig)* savourer ; *I don't ~ that idea* cette idée ne me dit rien (qui vaille).

reload [ˌriːˈləʊd] *vt* recharger.

relocation [ˌriːləʊˈkeɪʃn] *n (Adm)* délocalisation *f*.

reluctance [rɪˈlʌktəns] *n* répugnance *f* ‖ **re°luctant** *adj* peu disposé (à) ; *I was ~ to leave* j'ai beaucoup hésité à partir ‖ **re°luctantly** *adv* à contrecœur.

remain [rɪˈmeɪn] *vi* 1 rester ; *much ~s to be done* il reste beaucoup à faire ; *some doubts ~* quelques doutes subsistent ‖ **re°mainder** *n* 1 *(Maths)* reste *m* 2 reliquat *m* ; *I'll pay the ~ later* je réglerai le solde plus tard 3 *the ~ of his life* le restant *m* de sa vie ‖ **re°mains** *npl inv* 1 *(repas)* restes *mpl* 2 dépouille *f* (mortelle) 3 vestiges *mpl*.

remand [rɪˈmɑːnd] *vt (Jur)* renvoyer (une affaire) ; *(brit) he was ~ed in custody* il a été placé en détention *f* préventive ; *(brit) he was ~ed on bail* il a été libéré sous caution ◆ *n (Jur)* renvoi *m*.

remark [rɪˈmɑːk] *vti* remarquer ; *he ~ed (that) we were right* il constata/fit remarquer que nous avions raison ◆ *n* remarque *f* ; observation *f* ‖ **re°markable** *adj* remarquable.

remarry [ˌriːˈmærɪ] *vti* se remarier.

remedial [rɪˈmiːdjəl] *adj* 1 *(Méd) ~ exercises* gymnastique *f* corrective 2 *(Ens) ~ course* cours *m* de rattrapage *m* 3 *I took ~ steps* j'ai pris des mesures pour y remédier.

remedy [ˈremədɪ] *n (aussi fig)* remède *m* ◆ *vt* remédier à.

remember [rɪˈmembə] *vti* 1 se rappeler ; *I don't ~ saying that* je ne me souviens pas avoir dit cela ; *~ to switch off the lights!* n'oublie pas d'éteindre (les lumières) ! *if I ~ right(ly)* si j'ai bonne mémoire 2 *(politesse) ~ me to her* rappelez-moi à son bon souvenir ‖ **re°membrance** *n* souvenir *m* ; *in ~ of* en mémoire *f* de ; *(1918) R~ Day* (fête de l')Armistice *f*.

remind [rɪˈmaɪnd] *vt* remettre en mémoire ; *~ me to call them* fais-moi penser à les appeler ; *she ~ed him he had two children* elle lui rappela qu'il avait deux enfants ; *you ~ me of my brother* tu me rappelles ton frère ‖ **re°minder** *n* 1 *(Adm)* lettre *f* de rappel 2 rappel *m* ; *I'll write it down, just as a ~* je vais l'écrire juste pour m'en souvenir ; *I've left you a ~ on the desk* je vous ai laissé un pense-bête sur le bureau.

reminisce [ˌremɪˈnɪs] *vt* (prendre plaisir à) raconter ses souvenirs ‖ **remiˈniscent** *adj* (*lit*) ~ *of the past* qui évoque le passé ; *this is ~ of the war years* ceci fait penser aux années de guerre.

remiss [rɪˈmɪs] *adj* négligent.

remission [rɪˈmɪʃn] *n* **1** (*Jur*) remise *f* de peine **2** (*Méd, Rel*) rémission *f*.

remit [rɪˈmɪt] *vti* **1** (*Com*) régler (une somme due) **2** (*Jur*) (*dette*) annuler, remettre **3** (*Jur*) (*jugement*) différer **4** (*Rel*) pardonner, absoudre ‖ **reˈmittal** *n* (*Jur*) remise *f* de peine ‖ **reˈmittance** *n* règlement *m*, versement *m*.

remnant [ˈremnənt] *n* **1** reste *m* **2** fin *f* de série ; (*tissu*) coupon *m*.

remonstrate [ˈremənstreɪt] *vi* faire des reproches *mpl* ; (*at, over*) protester (contre).

remorse [rɪˈmɔːs] *n* remords *m* ‖ **reˈmorseless** *adj* **1** sans pitié, impitoyable **2** implacable **3** sans remords.

remote [rɪˈməʊt] *adj* **1** éloigné **2** isolé ; ~ *place* endroit reculé **3** (*fig*) distant ; *she's rather ~* elle est plutôt réservée **4** vague ; *in the ~ event that...* au cas peu vraisemblable où... ‖ **remote-conˈtrol** *n* télécommande *f*.

remould [ˈriːməʊld] *n* (*brit Aut*) pneu *m* rechapé.

removable [rɪˈmuːvəbl] *adj* amovible ‖ **reˈmoval** *n* **1** déménagement *m* **2** enlèvement *m* ; (*difficulté*) suppression *f* ‖ **reˈmove** *vt* **1** enlever, ôter **2** (*inégalités*) supprimer **3** (*Adm*) révoquer ‖ **reˈmoved** *adj far* ~ très éloigné ; *cousin once* ~ cousin(e) issu(e) de germain(e) *m(f)* ‖ **reˈmover** *n paint* ~ décapant *m* ; *stain* ~ dissolvant *m*.

remunerative [rɪˈmjuːnərətɪv] *adj* rémunérateur (*f* -trice).

rend [rend] *vt* (*p pp* **rent**) déchirer.

render [ˈrendə] *vt* (*lit*) **1** rendre **2** (*facture*) soumettre.

renew [rɪˈnjuː] *vt* **1** renouveler **2** (*amitié*) renouer ‖ **reˈnewal** *n* **1** renouvellement *m* ; *subscription* ~ réabonnement *m* **2** (*fig*) renouveau *m*.

renounce [rɪˈnaʊns] *vt* renoncer à.

renovate [ˈrenəveɪt] *vt* rénover.

renown [rɪˈnaʊn] *n* renommée *f*, renom *m*.

rent¹ [rent] *p pp* de **rend**.

rent² [rent] *n* déchirure *f*.

rent³ [rent] *n* **1** loyer *m* **2** (*Jur*) location *f* ; *for* ~ à louer ◆ *vt* (*locataire*) louer ‖ **ˈrental** *n* loyer *m* ; ~ *service* service *m* de location.

reopen [ˌriːˈəʊpən] *vti* (se) rouvrir.

rep [rep] *ab* de **representative**.

repaid [riːˈpeɪd] *p pp* de **repay**.

repair [rɪˈpeə] *n* réparation *f* ; *beyond* ~ irréparable ; *in good* ~ en bon état ; *under* ~ en réparation ◆ *vt* (*aussi fig*) réparer.

repartee [ˌrepɑːˈtiː] *n* repartie *f*.

repatriate [riːˈpætrɪeɪt] *vt* rapatrier.

repay [ˌriːˈpeɪ] *vt* (*p pp* **repaid**) **1** rembourser **2** (*fig*) payer de retour ; *I'll have to ~ her invitation* il faudra que je lui rende son invitation.

repeal [rɪˈpiːl] *vt* (*loi*) abroger ◆ *n* abrogation *f* ; (*ordre*) annulation *f*.

repeat [rɪˈpiːt] *vti* **1** (se) répéter **2** réciter **3** (*Rad, TV*) rediffuser **4** refaire ; *the test has been ~ed three times* le test a été repassé trois fois ◆ *n* (*Rad, TV*) rediffusion *f* ; (*Th*) reprise *f* ‖ **reˈpeatedly** *adv* à plusieurs reprises.

repel [rɪˈpel] *vt* **1** repousser **2** indigner ; *that foul deed repelled her* cette infamie la révolta ‖ **reˈpellent** *adj* répugnant ◆ *vt* *insect* ~ produit *m* anti-moustiques.

repent [rɪˈpent] *vti* se repentir (de) ‖ **reˈpentance** *n* (*Rel*) repentir *m*.

repertory [ˈrepətərɪ] *n* **1** répertoire *m* **2** (*aussi* **ˈrepertoire**) ~ *theatre* théâtre *m* de répertoire.

replace [rɪˈpleɪs] *vt* **1** replacer **2** remplacer ‖ **reˈplacement** *n* **1** remplacement *m* **2** (*personne*) remplaçant(e) *m(f)*.

replenish [rɪˈplenɪʃ] *vt* remplir (à nouveau) ; réapprovisionner.

replete [rɪˈpliːt] *adj* rempli ; rassasié.

replica [ˈreplɪkə] *n* (*Art*) réplique *f*.

reply [rɪˈplaɪ] *vi* répondre ; répliquer ◆ *n* réponse *f*.

report [rɪˈpɔːt] *vti* **1** (*fait*) rapporter ; *it is ~ed that...* on dit que... **2** signaler ; *two sailors are ~ed missing* deux marins sont portés manquants/disparus **3** rendre compte ; *he ~ed on the talks* il fit un compte rendu des discussions **4** dénoncer ‖ **reˈport back** *vpart* **1** (*on*) présenter un rapport (sur) **2** (*Mil*) rejoindre (son unité) ‖ **reˈporter** *n* **1** journaliste *mf* **2** (*Rad, TV*) reporter *m*.

repository [rɪˈpɒzɪtərɪ] *n* **1** dépôt *m* **2** endroit *m* de rangement.

represent [ˌreprɪˈzent] *vt* représenter ‖ **repreˈsentative** *adj* représentatif (*f* -ive) ◆ *n* **1** représentant(e) *m(f)* ; délégué(e) *m(f)* **2** (*amér*) *the House of R~s* la Chambre *f* des Représentants.

repress [rɪˈpres] *vt* **1** réprimer **2** (*sentiments*) refouler ‖ **reˈpressive** *adj* répressif (*f* -ive).

reprieve [rɪˈpriːv] *vt* (*Jur*) gracier ◆ *n* **1** (*Jur*) grâce *f* ; sursis *m* ; répit *m*.

reprint [ˌriːˈprɪnt] *vt* réimprimer ‖ **ˈreprint** *n* réimpression *f*.

reprisal [rɪˈpraɪzl] *n* représailles *fpl* ; *as a ~* en représailles.

reproach [rɪˈprəʊtʃ] *n* reproche *m* ; *be-*

yond ~ irréprochable ◆ *vt* faire des reproches ; *what do you* ~ *me with?* que me reprochez-vous ? ‖ **re°proachful** *adj* réprobateur (*f* -trice).

reprobate [ˈreprəbeɪt] *adj n* dépravé(e) *m(f)*.

reprocess [ˌriːˈprəʊses] *vt (Ind)* recycler ‖ **re°processing** *adj* ~ *plant* usine *f* de retraitement (de déchets).

reproduce [ˌriːprəˈdjuːs] *vti* (se) reproduire.

reproduction [ˌriːprəˈdʌkʃn] *n* **1** reproduction *f* **2** imitation *f* ‖ **repro°ductive** *adj* reproducteur (*f* -trice).

re-proof [ˌriːˈpruːf] *vt* réimperméabiliser.

reproof [riːˈpruːf] *n* reproche *m* ; réprobation *f* ; réprimande *f*.

reprove [rɪˈpruːv] *vt* réprimander ‖ **re°proving** *adj* (air, ton) réprobateur (*f* -trice).

repudiate [rɪˈpjuːdɪeɪt] *vt* répudier.

repulse [rɪˈpʌls] *vt* rebuter ; repousser ‖ **re°pulsive** *adj* répugnant ; repoussant.

reputable [ˈrepjʊtəbl] *adj* respectable ; de bonne réputation ‖ **re°pute** *n* renom *m* ; *a man of high* ~ un homme de grande réputation *f* ‖ **re°puted** *adj* réputé ; *(Jur)* *father* père *m* putatif ‖ **re°putedly** *adv* *he's* ~ *the best* il passe pour (être) le meilleur.

request [rɪˈkwest] *n* **1** demande *f* ; *sent on* ~ envoyé sur demande ; ~ *stop* arrêt *m* facultatif **2** *(Adm)* requête *f* ◆ *vt* **1** demander (de façon officielle/polie) ; *(Com)* *as* ~ed conformément à votre demande **2** solliciter (l'attention) ; *Mr and Mrs X* ~ *the pleasure of your company at...* M. et Mme X seraient honorés de votre présence à... ; *you are* ~ *not to smoke* vous êtes prié(e)s de ne pas fumer.

require [rɪˈkwaɪə] *vt* **1** avoir besoin de ; *a secretary is* ~d on demande un(e) secrétaire **2** nécessiter ; *this plant* ~s *a lot of water* cette plante a besoin de beaucoup d'eau ; *have you got everything you* ~? vous avez tout ce qu'il vous faut ? ‖ **re°quired** *adj* exigé ; *the* ~ *sum* la somme requise ‖ **re°quirement** *n* **1** exigence *f* ; *prime* ~ condition *f* essentielle **2** besoin *m*.

requisite [ˈrekwɪzɪt] *adj* nécessaire ; *the* ~ *majority* la majorité requise ◆ *n* condition *f* nécessaire ‖ **requi°sition** *vt* réquisitionner.

re-route [ˌriːˈruːt] *vt* *(Av, Naut)* dérouter.

rescue [ˈreskjuː] *vt* **1** sauver ; *ten people have been* ~d dix personnes ont été secourues ; *nobody was* ~d il n'y a pas eu de rescapés **2** *(prisonnier)* délivrer ; ~d *from the flames* arraché aux flammes ◆ *n* **1** sauvetage *m* ; *mountain* ~ secours *m* en montagne **2** délivrance *f* ; *they came to the* ~ ils vinrent à la rescousse

‖ **°rescuer** *n* **1** sauveteur *m* **2** libérateur *m* (*f* -trice).

research [rɪˈsɜːtʃ] *n* recherche *f* ◆ *vi* faire de la/(des) recherche(s) ‖ **re°searcher** *n* chercheur *m*.

resemblance [rɪˈzembləns] *n* ressemblance *f* ‖ **re°semble** *vt* ressembler à.

resent [rɪˈzent] *vt* s'offenser de ; *he* ~ed *their lack of courage* leur manque de courage l'indignait ; *I* ~ *his remark* sa remarque me déplaît ‖ **re°sentful** *adj* **1** indigné **2** rancunier (*f* -ière) ‖ **re°sentment** *n* **1** rancune *f* **2** ressentiment *m*.

reservation [ˌrezəˈveɪʃn] *n* **1** réserve *f* ; *he agreed, not without* ~s il accepta non sans réserves ; *without* ~ sans restriction **2** *(Av, Rail)* réservation *f* ; *have you got a* ~? avez-vous une place réservée ? **3** *(amér)* réserve *f* (indienne).

reserve [rɪˈzɜːv] *vt* **1** réserver ; *sorry, this seat is* ~d désolé, cette place est retenue **2** *he* ~d *the right to...* il se réserva le droit de... ◆ *n* **1** *(aussi fig)* réserve *f* **2** *(Mil)* *the R* ~s la (les) réserve(s) *f(pl)* ‖ **re°served** *adj* *(aussi fig)* réservé ; peu communicatif (*f* -ive).

reservoir [ˈrezəvwɑː] *n (aussi fig)* réservoir *m* ; *(El)* bassin *m* de retenue *f*.

reset [ˌriːˈset] *vt* (*p pp* **reset**) **1** *(alarme)* rebrancher **2** *(Méd)* remettre (en place) ; ~ *a bone* réduire une fracture.

resettlement [ˌriːˈsetlmənt] *n (Pol)* transfert *m* de populations.

reshape [ˌriːˈʃeɪp] *vt* remodeler.

reshuffle [ˌriːˈʃʌfl] *n (Pol)* remaniement *m* (ministériel) ◆ *vt* **1** *(équipe)* remanier, réorganiser **2** *(cartes)* rebattre.

reside [rɪˈzaɪd] *vi* résider.

resident [ˈrezɪdənt] *n* **1** habitant *m* (d'un pays) **2** résident *m* (d'un immeuble) ; *for* ~s *only* réservé(e) aux riverains **3** pensionnaire *mf* (d'un hôtel) **4** *(Zool)* sédentaire *m*.

residue [ˈrezɪdjuː] *n* résidu *m*, reste(s) *m(pl)* ‖ **re°sidual** *adj* résiduel (*f* -elle).

resign [rɪˈzaɪn] *vti* **1** démissionner ; *he* ~ed *his post* il s'est démis de ses fonctions **2** *(to)* se résigner (à). **resignation** [ˌrezɪgˈneɪʃn] *n* **1** démission *f* **2** résignation *f*.

resilient [rɪˈzɪlɪənt] *adj* **1** *(Ind)* résilient ; résistant **2** *(personne)* résistant ; qui a du ressort.

resist [rɪˈzɪst] *vt* **1** résister (à) **2** *I can't* ~ *teasing her* je ne peux pas m'empêcher de la taquiner.

resolute [ˈrezəluːt] *adj* déterminé ; *a* ~ *decision* une décision ferme ‖ **°resoluteness** *n* fermeté *f* ‖ **reso°lution** *n* **1** résolution *f* ; *we should make the necessary* ~s nous devrions prendre les résolutions nécessaires **2** fermeté *f* ; détermination *f*.

resolve [rɪ'zɒlv] *vt* résoudre ; *we shall try to ~ the crisis* nous nous efforcerons de trouver une solution à cette crise ◆ *vi (to)* se résoudre (à) ; *they ~d to move house* ils se décidèrent à déménager.

resonant ['rezənənt] *adj* **1** *(voix)* sonore **2** résonnant ; qui fait écho **‖** **°resonate** *vi* **1** *(rire)* retentir **2** résonner.

resort [rɪ'zɔːt] *vi (to)* avoir recours (à) ◆ *n* **1** recours *m* ; *in the last ~* en dernier ressort *m* ; *it was our last ~* c'était notre dernière ressource *f* **2** lieu *m* de séjour ; *seaside ~* station *f* balnéaire ; *Cannes was their favo(u)rite ~* Cannes était leur lieu de prédilection.

resound [rɪ'zaʊnd] *vi* **1** résonner **2** retentir **‖** **re°sounding** *adj* **1** *(rire)* sonore **2** *(aussi fig)* retentissant ; *a ~ success* un succès éclatant.

resource [rɪ'sɔːs] *n* ressource *f* ; *a ~ centre* un centre de documentation *f* **‖** **re°sourceful** *adj* habile, ingénieux *(f -ieuse)*.

respect [rɪ'spekt] *vt* respecter ◆ *n* **1** respect *m* **2** égard *m* ; *in many ~s* à maints égards ; *with ~ to...* en ce qui concerne/en égard à... **3** *(pl)* hommages *mpl* ; *I thought it best to pay my ~s to him* j'ai pensé qu'il serait bon de lui présenter mes respects ; *they paid their last ~s to the mayor* ils rendirent un dernier hommage au maire **‖** **re°spectful** *adj* respectueux *(f -euse)* **‖** **re°spective** *adj* respectif *(f -ive)*.

respiration [,respɪ'reɪʃn] *n* respiration *f* **‖** **°respirator** *n* **1** masque *m* à gaz **2** *(Méd)* appareil *m* respiratoire.

respite ['respaɪt] *n* **1** répit *m* ; *he worked without ~* il travailla sans relâche **2** *(petit)* délai *m*.

resplendent [rɪ'splendənt] *adj* resplendissant.

respond [rɪ'spɒnd] *vi* **1** répondre **2** réagir **‖** **re°sponse** *n* **1** réponse *f* **2** réaction *f* **‖** **re°sponsive** *adj* sensible ; *he proved most ~ to our project* il a en fait très bien réagi à notre projet.

responsibility [rɪs,pɒnsə'bɪlɪtɪ] *n* responsabilité *f* ; *I did it on my own ~* je l'ai fait de mon propre chef ; *his new responsibilities in the firm* ses nouvelles fonctions dans l'entreprise **‖** **re°sponsible** *adj* **1** *(for)* responsable (de) ; *you'll be ~ to me* vous serez sous ma responsabilité ; *he was ~ for foreign affairs* il était chargé des affaires *fpl* étrangères **2** *(décision)* sage ; *(personne)* sérieux *(f -ieuse)*.

rest¹ [rest] *n* reste *m*, restant *m* ; *the ~ of us* nous autres.

rest² [rest] *n* **1** repos *m* ; *I need a ~* j'ai besoin de me reposer ; *put your mind at ~!* tranquillisez-vous ! *(brit fam) give it a*

~! fiche-moi la paix ! *~ home* maison *f* de convalescence *f* ; *(fig) come to ~* s'arrêter ; *at last the car came to ~* enfin la voiture s'immobilisa **2** *(Tech)* support *m* ; *arm ~* accoudoir *m* ; *foot-~* repose-pied *mpl inv* **3** *(Mus)* pause *f* ; silence *m* ◆ *vti* **1** se reposer **2** (se) poser ; (s')appuyer **3** *(fig)* reposer sur ; *the decision ~s with you* c'est à vous de décider ; *~ assured that...* soyez assuré que... **4** *let it ~!* n'en parlons plus ! **‖** **°restful** *adj* reposant **‖** **°restive** *adj* rétif *(f -ive)* **‖** **°restless** *adj* agité ; *he grew ~* il devint nerveux *(f -euse)*.

restore [rɪ'stɔː] *vt* **1** restituer **2** restaurer **3** *(ordre public)* rétablir.

restrain [rɪ'streɪn] *vt* **1** retenir ; *I couldn't ~ him from speaking* je n'ai pas pu l'empêcher de parler **2** contraindre **3** *(prix, sentiments)* contenir **‖** **re°straint** *n* **1** contrainte *f* **2** restriction *f* **3** maîtrise *f* de soi, réserve *f* ; *he spoke with ~* il fit preuve de modération dans son discours.

restrict [rɪ'strɪkt] *vt* restreindre **‖** **re°stricted** *adj* restreint, limité ; *(Mil) ~ area* zone *f* interdite ; *(Aut)* zone à vitesse limitée.

result [rɪ'zʌlt] *n* résultat *m* ; *as a ~* en conséquence ◆ *vi (in)* aboutir (à).

resume [rɪ'zjuːm] *vt* **1** *(activité)* reprendre **2** continuer, poursuivre.

resumption [rɪ'zʌmpʃn] *n* *(Éco)* reprise *f*.

resurrect [,rezə'rekt] *vt* ressusciter ; *(querelle)* ranimer.

resuscitate [rɪ'sʌsɪteɪt] *vt* **1** ressusciter **2** *(Méd)* ranimer.

retail [riː'teɪl] *vti* **1** (se) vendre au détail **2** *(faits)* rapporter ◆ *n* (vente au) détail *m* **‖** **re°tailer** *n* *(Com)* détaillant *m*.

retain [rɪ'teɪn] *vt* **1** conserver, garder **2** retenir.

retaliate [rɪ'tælɪeɪt] *vi* riposter **‖** **retaliation** *n* **1** riposte *f* **2** représailles *fpl*.

retarded [rɪ'tɑːdɪd] *adj* **1** *mentally ~* arriéré(e) *m(f)* mental(e) **2** *(Ens) ~ child* enfant *mf* accusant un retard scolaire.

retch [retʃ] *vi* faire un effort pour vomir.

retentive [rɪ'tentɪv] *adj* **1** qui retient (l'eau) **2** *(mémoire)* fidèle.

reticent ['retɪsənt] *adj* **1** *(esprit)* réservé **2** réticent **3** taciturne.

retina ['retɪnə] *n* *(pl* **-as/-ae)** *(Anat)* rétine *f*.

retire [rɪ'taɪə] *vi* **1** prendre sa retraite **2** (se) retirer ; *he ~d into himself* il se replia sur lui-même **3** *(vx)* aller se coucher **‖** **re°tirement** *n* retraite *f* ; *~ pension* pension *f* de retraite **‖** **re°tiring** *adj* réservé, timide.

retort [rɪ'tɔːt] *n* réplique *f* ◆ *vti* répliquer, riposter.

retrace [riˈtreɪs] vt **1** remonter à la source **2** (*carrière*) retracer **3** he~d his steps il rebroussa chemin.

retract [rɪˈtrækt] vti **1** (se) rétracter **2** (*griffes*) rentrer.

retrain [ˌriːˈtreɪn] vt (*personne*) recycler; (*muscle*) rééduquer ‖ **reˈtraining** n recyclage m.

retread [ˈriːtred] n (*brit*) pneu m rechapé.

retreat [rɪˈtriːt] n **1** (*Mil, Rel*) retraite f **2** lieu m de retraite, asile m ◆ vi **1** (*Mil*) battre en retraite **2** (se) retirer, reculer.

retribution [ˌretrɪˈbjuːʃn] n (*lit*) châtiment m; vengeance f.

retrieve [rɪˈtriːv] vt **1** retrouver **2** (*chasse*) rapporter (un gibier) **3** réparer (une erreur); the situation was rather difficult to ~ la situation était quelque peu difficile à rétablir **4** (*Inf*) extraire, récupérer (une donnée).

retrospect [ˈretrəʊspekt] n étude f rétrospective; in ~ rétrospectivement ‖ **retroˈspective** adj **1** rétrospectif (f -ive) **2** rétroactif (f -ive).

return [rɪˈtɜːn] vi **1** revenir; he hasn't ~ed yet il n'est pas encore rentré **2** (*to*) retourner (à) **3** (*fig*) he ~ed to work il a repris le travail ◆ vt **1** (*lettre*) renvoyer **2** rendre; don't forget to ~ your book! n'oublie pas de rapporter ton livre! **3** répondre (du tac au tac) **4** (*cartes*) rejouer (dans la couleur) **5** (*Fin*) rapporter **6** (*Pol*) élire (un député) ◆ n **1** retour m; ~-ticket billet (aller et) retour; ~ match match m revanche **2** renvoi m **3** (*souvent pl*) rentrées f (d'argent); quick ~s rentabilité f immédiate **4** (*brit*) élection f (d'un député) **5** rapport m; sales ~s statistiques fpl de vente **6** (*loc*) in ~ en échange; I'll pay you in ~ je te rendrai la pareille; many happy ~s (of the day)! bon anniversaire! no ~s (*emballage*) non consigné.

rev [rev] (*ab de* **revolution**) n (*Tech*) three thousand ~s a minute trois mille tours-minute ‖ **rev up** vpart (*moteur*) emballer.

reveal [rɪˈviːl] vt révéler, découvrir.

revel [ˈrevl] vi se réjouir; he ~s in backbiting il prend plaisir à calomnier ‖ **ˈrevelry** n réjouissances fpl.

revenge [rɪˈvendʒ] n **1** vengeance f **2** (*Sp*) revanche f ◆ vt (*oneself*) (se) venger (de) ‖ **reˈvengeful** adj vindicatif (f -ive).

revenue [ˈrevənjuː] n **1** revenu m **2** fisc m; Inland ~ department service m des impôts (directs).

reverberate [rɪˈvɜːbəreɪt] vti **1** (*son*) répercuter **2** (*lumière*) réverbérer.

reverent [ˈrevərənt] adj respectueux (f -euse), plein(e) de vénération.

reverse [rɪˈvɜːs] vti **1** inverser, renverser; he ~d his decision il est revenu sur sa décision **2** (*Aut*) mettre en marche arrière;

faire marche arrière; he ~d the car into the garage il a rentré la voiture en marche arrière dans le garage ◆ n **1** contraire m **2** revers m **3** (*Aut*) in ~ en marche arrière ◆ adj contraire; (*loc*) in ~ order en ordre inverse.

revert [rɪˈvɜːt] vi (*to*) retourner (à).

review [rɪˈvjuː] n **1** revue f, périodique m **2** compte rendu m (critique) **3** (*Mil*) revue f **4** (*Jur*) révision f; decision under ~ décision f à nouveau à l'étude ◆ vt **1** faire la critique de **2** ré-examiner **3** passer en revue.

revival [rɪˈvaɪvl] n **1** renaissance f, renouveau m **2** (*Th*) reprise f ‖ **reˈvive** vti (faire) renaître, (faire) revivre.

revoke [rɪˈvəʊk] vt révoquer; annuler.

revolt [rɪˈvəʊlt] vti (se) révolter ‖ **reˈvolting** adj dégoûtant.

revolve [rɪˈvɒlv] vti (faire) tourner ‖ **reˈvolving ˈdoor** porte-tambour f.

revue [rɪˈvjuː] n (*Th*) revue f.

reward [rɪˈwɔːd] n récompense f ◆ vt récompenser ‖ **reˈwarding** adj rémunérateur (f -trice); qui donne de la satisfaction.

rheumatism [ˈruːmətɪzəm] ns inv (*Méd*) rhumatisme(s) m(pl); I suffer from ~ j'ai des rhumatismes.

rhubarb [ˈruːbɑːb] n **1** (*Bot*) rhubarbe f **2** (*argot*) foutaise f.

rhyme [raɪm] n rime f; in ~ en vers ◆ vti (faire) rimer; mettre en vers.

rhythm [ˈrɪðm] n rythme m.

rib [rɪb] n **1** (*Anat*) côte f **2** (*Arch*) nervure f.

ribald [ˈrɪbəld] adj n paillard m; ~ joke paillardise f.

ribbon [ˈrɪbən] n ruban m; torn to ~s déchiqueté, en lambeaux.

rice [raɪs] n riz m (pl inv); ~ pudding riz au lait.

rich [rɪtʃ] adj **1** riche **2** copieux (f -ieuse); abondant **3** (*terre*) fertile **4** (*ton, odeur*) chaud, intense **5** (*humour*) truculent ‖ **ˈriches** npl richesse(s) f(pl).

rick [rɪk] n (*Ag*) meule f ◆ vt (se) froisser un muscle; I ~ed my ankle je me suis foulé la cheville.

rickets [ˈrɪkɪts] n (*Méd*) rachitisme m ‖ **ˈrickety** adj **1** rachitique **2** branlant.

rid [rɪd] vt (p pp **rid**) (*of*) (se) débarrasser (de); we got ~ of that candidate nous avons éliminé ce candidat; it's difficult to get ~ of such a habit il est difficile de se défaire d'une telle habitude ‖ **ˈriddance** n good ~! bon débarras!

ridden [ˈrɪdən] pp de **ride**.

riddle[1] [ˈrɪdl] n énigme f; devinette f.

riddle[2] [ˈrɪdl] vt passer au crible ◆ vi (*aussi fig*) cribler.

ride [raɪd] vti (p **rode**; pp **ridden**) **1** aller à cheval/à bicyclette; (*amér Aut*) conduire

2 monter à cheval/à bicyclette ; chevaucher 3 se promener à cheval/à bicyclette ; *he rode a good race* il a fait une bonne course 4 *(Naut) riding at anchor* à l'ancre ; *boat riding the waves* bateau porté par les vagues 5 *(amér fig)* ennuyer quelqu'un 6 *(fig passif) rat-ridden* infesté de rats ; *ridden with grief* rongé par le remords 7 *(loc) let things ~* laissez les choses se mettre en place ; *he was riding high* il était euphorique ◆ n 1 déplacement m, promenade f à bicyclette/à cheval/en voiture 2 *(durée)* trajet m ; *it's a short ~ from here* c'est tout près d'ici ; *an hour's ~* un parcours d'une heure 3 allée f cavalière ‖ °**rider** n 1 cavalier m (f -ière) 2 annexe f (d'un document) ‖ °**riding** n équitation f.

ridge [rɪdʒ] n 1 *(toit)* faîte m 2 *(Géog)* arête f ; crête f, dorsale f 3 *(Ag)* butte f.

ridicule [ˈrɪdɪkjuːl] n ridicule m ◆ vt ridiculiser ‖ **ri°diculous** adj ridicule.

riffle [ˈrɪfl] vt feuilleter (un livre).

riff-raff [ˈrɪfræf] n racaille f.

rifle [ˈraɪfl] n 1 fusil m ‖ °**rifleman** n fantassin m ‖ °**rifle-range** n stand m de tir.

rift [rɪft] n 1 *(lit)* fissure f 2 *(nuage)* déchirure f 3 *(Géol)* rift m 4 *(fig)* rupture f ; désaccord m.

rig[1] [rɪg] n 1 *(Naut)* gréement m ; *in full ~* toutes voiles dehors 2 équipement m spécial 3 *oil ~* derrick m 4 *(fam, aussi* °**rig-out**) accoutrement m ◆ vt *(Naut)* gréer ; équiper ‖ **rig out** vpart *(as)* déguiser (en) ‖ **rig up** vpart 1 *(Av)* assembler 2 *(as)* déguiser (en) 3 *(fam)* bricoler (quelque chose).

rig[2] [rɪg] vt truquer (une élection).

right [raɪt] adj 1 correct, juste ; *what's the ~ time?* quelle est l'heure exacte ? *the ~ answer* la bonne réponse 2 approprié, juste ; *it's the ~ thing to do* c'est tout à fait ce qu'il faut faire ; *you were ~ to tell her* tu as eu raison de le lui dire ; *he thought it ~ to leave* il a jugé bon de partir ; *the ~ man for the ~ job* la personne qui convient parfaitement 3 *(localisation)* droit ; *on the ~ side* sur la droite/à droite ; *at ~ angles* à angle droit 4 *(tissu)* à l'endroit 5 *(santé) are you all ~?* ça va ? *that'll put you ~* cela te remettra ; *(fig) the engine doesn't sound ~* le moteur ne tourne pas rond 6 *(loc) that's ~!* parfaitement ! *everything is all ~* tout va très bien ; *that's all ~!* il n'y a pas de quoi ! *~ you are!* d'accord !/tu as raison ! *he's still on the ~ side of sixty!* il est toujours dans la cinquantaine ◆ adv 1 *(directement)* go ~ *down to the station* descendez tout droit jusqu'à la gare ; *he went ~ home* il est rentré directement chez lui 2 *(immédiatement) I'll be ~ back* je reviens tout de suite ; *do it ~ away/~ now!* fais-le

immédiatement ! 3 *(complètement) he walked ~ across the square* il a traversé toute la place ; *he sat ~ at the top* il s'est assis tout en haut ; *we're ~ out of whisky* nous n'avons plus une goutte de whisky ; *~ in the middle* en plein milieu 4 correctement ; *if I remember ~* si je m'en souviens bien ; *nothing goes ~!* rien ne marche ! 5 à droite ; *turn ~!* tournez à droite ! ◆ n 1 *(Jur)* droit m ; *might and ~* la force et le droit ; *human ~s* les droits de l'homme ; *~ and wrong* le bien et le mal ; *(code de la route) ~ of way* priorité f 2 *(direction)* droite f ; *keep to the ~* restez à droite 3 *(Pol)* la droite f 4 *(boxe)* droite f 5 *(loc) the ~s and wrongs of a case* les tenants et les aboutissants d'une affaire ◆ vt 1 *(position)* redresser ; *the boat ~ed itself* le bateau s'est relevé de lui-même 2 *(tort)* réparer ; *it's a mistake that ought to be ~ed* c'est une erreur qu'il conviendrait de corriger ‖ °**righteous** adj 1 *(lit, Rel)* vertueux (f -euse) 2 *(action)* justifié, juste ‖ °**rightful** adj 1 légitime 2 équitable ‖ **right°handed** adj droitier (f -ière) ‖ °**righto** *(loc brit fam)* O.K.! d'accord !

rigid [ˈrɪdʒɪd] adj 1 rigide 2 *(fig)* sévère, inflexible.

rigmarole [ˈrɪgmərəʊl] n galimatias m.

rigor *(amér)* / **rigour** *(brit)* [ˈrɪgə] n rigueur f ‖ °**rigorous** adj rigoureux (f -euse) ; ~ *measures* mesures de rigueur.

rile [raɪl] vt *(fam)* agacer.

rim [rɪm] n 1 *(roue)* jante f 2 *(lunettes)* monture f 3 *(re)*bord m ◆ vt border, cercler ‖ °**rimless** adj *(lunettes)* sans monture.

rime [raɪm] n gelée f blanche ; *(lit)* frimas m.

rind [raɪnd] n *(lard)* couenne f ; *(fromage)* croûte f ; *(citron)* pelure f.

ring[1] [rɪŋ] n 1 anneau m, bague f ; *key-~* porte-clés m *(pl inv)* ; *wedding ~* alliance f 2 *(Tech)* bague f ; rondelle f 3 *(yeux)* cerne m ; *(fumée)* rond m ; *(lune)* halo m 4 *(fig)* cercle m ; *(péj)* clique f 5 *(Sp)* arène f ; piste f *(de cirque)* ; ring m ; *I had a ~side seat* j'étais aux premières loges ◆ vt 1 entourer d'un cercle 2 *(oiseaux)* baguer.

ring[2] [rɪŋ] vti *(p* **rang** ; *pp* **rung**) 1 *(cloche)* sonner ; *(fig) that ~s a bell* cela me dit quelque chose 2 résonner, retentir 3 *(oreille)* bourdonner ◆ n 1 son m *(métallique)* 2 sonnerie f ; *~ of bells* tintement m de cloches 3 *(fam)* coup m de téléphone ; *give me a ~!* passe-moi un coup de fil ! ‖ **ring back** vpart *(téléph)* rappeler ‖ **ring off** vpart *(téléph)* raccrocher ‖ **ring out** vpart retentir ; *I can hear the bells ringing ~* j'entends les cloches sonner à toute volée ‖ **ring up** *vpart (téléph)* appeler; **~ me up!** passe-moi un coup de fil !

rink [rɪŋk] *n (Sp)* *ice-skating* **~** patinoire *f*; *skateboard-* **~** piste *f* de skateboard.

rinse [rɪns] *vt* rincer ◆ *n* rinçage *m*.

riot ['raɪət] *n* **1** émeute *f*; **~** *police* police *f* anti-émeute **2** *(fig)* débauche *f*; *a* **~** *of colo(u)rs* une profusion de couleurs **3** *(loc)* *the garden has run* **~** le jardin est retourné à l'état sauvage ‖ **°rioter** *n* émeutier *m (f* -ière) ‖ **°riotous** *adj* **1** *(foule)* agité **2** *(étudiant)* chahuteur *(f* -euse) **3** débridé **4** *(végétation)* sauvage.

rip [rɪp] *n* déchirure *f* ◆ *vti* **1** (se) déchirer **2** *(open) (colis)* éventrer ‖ **°ripcord** *n* commande *f* d'ouverture [de parachute] ‖ **rip off** *vpart (fam)* **1** escroquer **2** *(amér)* voler ‖ **°rip(-)off** *n* **1** escroquerie *f* **2** *(amér)* vol *m*.

ripe [raɪp] *adj* mûr; *when the time is* **~** (quand) le moment (sera) venu ‖ **°ripen** *vti* mûrir ‖ **°ripeness** *n* maturité *f*.

ripple ['rɪpl] *n* **1** *(eau)* ride *f* **2** *(cheveux)* ondulation *f* **3** *(son)* murmure *m* ◆ *vti* **1** (se) rider **2** clapoter.

rise [raɪz] *vi (p* **rose**; *pp* **risen) 1** (se) lever; *he rose to his feet* il se leva d'un bond; *the horse rose on its hindlegs* le cheval se cabra; *(fig) he* **~***s with the sun* il est très matinal **2** s'élever; *(flot)* monter **3** *(provocation)* réagir, se révolter; *(fam fig) he rose to the bait* il a mordu à l'hameçon **4** *(fleuve)* prendre sa source **5** *(rang social) he rose from the ranks* issu du rang; *he rose from nothing* il a commencé au bas de l'échelle **6** *(loc) he rose to the occasion* il se montra à la hauteur de la situation; *his stomach rose* il fut pris de nausées ◆ *n* **1** lever *m* **2** *(Géog)* montée *f*, éminence *f* **3** *(eaux)* crue *f*; *the* **~** *and fall of the waves* le flux et le reflux des vagues; *(fig) the* **~** *of racism* la montée du racisme **2** *(prix)* augmentation *f*; *(brit) a* **~** *in wages* une hausse de salaire **5** *(fleuve)* source *f*, naissance *f* **6** *(fig)* progrès *m*; *a social* **~** une avancée sociale **7** *that would give* **~** *to difficulties* cela susciterait quelques difficultés ‖ **°riser** *n he's an early* **~** c'est un lève-tôt/un matinal ‖ **rise up** *vpart* se dresser ‖ **°rising** *n* soulèvement *m* ◆ *adj* qui monte; *the* **~** *generation* la génération montante; **~** *prices* prix *mpl* en hausse.

risen ['rɪzn] *pp* de **rise**.

risk [rɪsk] *n* risque *m*; *at his own* **~** à ses risques et périls; *our jobs are at* **~** nos emplois sont menacés ◆ *vt* risquer; se hasarder à; *(fam) he decided to* **~** *it* il décida de tenter le coup ‖ **°risky** *adj* hasardeux *(f* -euse); *a* **~** *move* une démarche risquée.

rite [raɪt] *n (Rel)* rite *m*.

ritual ['rɪtjʊəl] *n* **1** cérémonial *m* **2** rituel *m* ◆ *adj* rituel *(f* -uelle).

rival ['raɪvl] *n* rival *m (pl* -aux); *he doesn't fear his* **~***s* il ne craint pas ses concurrents ◆ *vt (p pp* **rival(l)ed)** rivaliser avec ‖ **°rivalry** *n* rivalité *f*; concurrence *f*.

river ['rɪvə] *n* **1** rivière *f* **2** fleuve *m*; *the* **~** *Thames* la Tamise **3** *(fam loc) he sold us down the* **~** il nous a trahis ‖ **°riverside** *n* rive *f*; *by the* **~** au bord de l'eau.

rivet ['rɪvɪt] *n (Tech)* rivet *m* ◆ *vt* **1** river, riveter **2** *(attention)* fixer.

rivulet ['rɪvjʊlɪt] *n* ruisseau *m*.

road [rəʊd] *n* **1** route *f*, chemin *m*; *main* **~** route principale/nationale; *ring-* **~** voie *f* de contournement, périphérique *m*; *through* **~** voie *f* express; **~** *traffic* circulation *f* routière **2** *(fig)* voie *f* ‖ **°roadblock** *n* barrage *m* routier *(brit)* ‖ **°road (fund) licence** *n* (équivalent de) vignette *f* ‖ **°roadhog** *n* chauffard *m* ‖ **°roadhump** *n (aussi* **sleeping policeman)** ralentisseur *m*; gendarme *m* couché ‖ **°roadmap** *n* carte *f* routière, atlas *m* des routes ‖ **°roadside** *n* accotement *m*; *along the* **~** au bord de la route ‖ **°roadsign** *n* panneau *m* d'information routière ‖ **°road tax** *n* péage *m* ‖ **°roadway** *n* chaussée *f* ‖ **°roadworthy** *adj (Aut)* en état de marche.

roam [rəʊm] *vi* rôder ◆ *vt (lit, pays)* parcourir; *the Vikings* **~***ed the seas* les Vikings ont sillonné les mers.

roar [rɔː] *n* **1** hurlement *m*; *a* **~** *of laughter* un grand éclat de rire **2** *(lion)* rugissement *m* **3** *(tonnerre)* grondement *m* ◆ *vi* **1** hurler; *they* **~***ed with laughter* ils éclatèrent de rire **2** rugir, mugir **3** gronder; *the cars* **~***ed past* les voitures passèrent dans un bruit d'enfer ◆ *vt (ordre)* hurler ‖ **°roaring** *adj (Geog) the* **~** *forties* les grands mugissants; *a* **~** *fire* un feu ronflant; *a* **~** *success* un succès du tonnerre.

roast [rəʊst] *vti* **1** (se) rôtir; *leave it to* **~** *for an hour* laisser cuire au four pendant une heure; *he's* **~***ing in the sun* il se dore au soleil **2** *(café)* torréfier ◆ *n* **1** rôti *m* **2** morceau *m* (de viande) à rôtir ‖ **°roaster** *n* **1** rôtisseur *m (f* -euse) **2** rôtissoire *f* **3** plat *m* à rôtir ‖ **°roasting** *adj (fam)* brûlant.

rob [rɒb] *vt* **1** voler; *our house has been robbed* notre maison a été dévalisée **2** *(of)* priver de **3** *(loc)* **~** *Peter to pay Paul* déshabiller Pierre pour habiller Paul ‖ **°robber** *n* voleur *m (f* -euse) ‖ **°robbery** *n* **1** vol *m* **2** escroquerie *f*.

robe [rəʊb] *n* **1** robe *f* (longue) **2** peignoir *m* **3** toge *f*.

robin ['rɒbɪn] *n (Orn)* rouge-gorge *m*.

robust [rəʊˈbʌst] *adj* **1** robuste **2** vigoureux *(f* -euse) **3** *(vin)* corsé.

rock¹ [rɒk] *n* **1** rocher *m*, roc *m* **2** *(amér)* pierre *f*, caillou *m* (*pl* -oux) **3** (*loc*) ~ *bottom price* prix *m* plancher ‖ **°rock-climbing** *n* escalade *f*, varappe *f* ‖ **°rock-face** *n* paroi *f* (rocheuse) ‖ **°rock-garden** (*aussi* **°rockery**) rocaille *f* ‖ **°rock-salt** *n* sel *m* gemme ‖ **°rock-wool** (*construction*) laine *f* de roche ‖ **°rocky** *adj* rocheux (*f* -euse).

rock[2] [rɒk] *vti* **1** bercer **2** (se) balancer **3** ébranler ; ~*ed by the news* secoué par la nouvelle ; (*fam*) *they are trying to* ~ *the boat* ils essayent de nous déstabiliser ‖ **°rocker** *n* **1** (*amér*) fauteuil *m* à bascule **2** (*chanteur*) rocker *m* **3** (*Tech*) pied *m* (de chaise à bascule) **4** (*loc argot*) *he's off his* ~ il est complètement cinglé ‖ **rocking chair** *n* fauteuil *m* à bascule ‖ **°rocky** *adj* instable, chancelant.

rocket ['rɒkɪt] *n* **1** fusée *f* **2** (*Mil*) missile *m* **3** (*brit péj*) engueulade *f* ◆ *vi* (*fig, prix*) monter en flèche.

rod [rɒd] *n* **1** baguette *f* **2** tringle *f* **3** *fishing*-~ canne *f* à pêche.

rode [rəʊd] *p* de *ride*.

rodent ['rəʊdənt] *n* (*Zool*) rongeur *m*.

roe[1] [rəʊ] *n* (*Zool*) ~ *deer* chevreuil *m*.

roe[2] [rəʊ] *ns inv* œufs *mpl* de poisson.

roger ['rɒdʒə] (*Téléph, interj*) compris.

rogue [rəʊg] *n* (*vx*) filou *m* ; (*brit enfant*) espiègle *mf* ; *you little* ~! petit coquin ! ‖ **°roguish** *adj* espiègle, fripon (*f* -onne).

role [rəʊl] *n* rôle *m* ; (*Ens*) ~-*play*(*ing*) jeu *m* de rôle.

roll [rəʊl] *n* **1** (*aussi Tech*) rouleau *m* ; *bread* ~ petit pain *m* **2** (*amér*) liasse *f* (de dollars) **3** (*tonnerre*) roulement *m* **4** (*Naut*) roulis *m* **5** (*Av*) tonneau *m* **6** liste *f* ; *call the* ~! faites l'appel ! ◆ *vti* **1** (*balle*) rouler **2** (*mouvement*) *the car* ~*ed along* la voiture avançait ; *the years* ~ *by* les années passent **3** faire une boule ; (*Sp*) *he* ~*ed into a ball* il se mit en boule **4** aplatir ; ~ *the pastry* étendre la pâte **5** se rouler ; *he was* ~*ing in the mud* il se vautrait dans la boue ; (*fam*) *he's* ~*ing in money* il est plein aux as **6** (*orage*) gronder ‖ **°rollaway (bed)** (*amér*) *n* lit *m* d'appoint (à roulettes) ‖ **°rollback** (*amér*) *n* réduction *f*, baisse *f* des prix ‖ **°rollbar** *n* (*Aut*) arceau *m* de sécurité ‖ **°roller** *n* **1** (*Tech*) rouleau *m* ; *road* ~ rouleau *m* compresseur **2** enrouleur *m* ; ~ *blind* store *m* américain/SNCF ‖ **°rollercoaster** (*amér*) *n* montagnes *fpl* russes ‖ **°rollerskate** *n* patin *m* à roulettes ‖ **°rollicking** *adj* très joyeux, exubérant ‖ **°rolling** *adj* roulant ; ~ *drunk* titubant ‖ **°rolling mill** *n* laminoir *m* ‖ **°rolling pin** *n* rouleau *m* à pâtisserie ‖ **°rolling stock** *n* (*Rail*) matériel *m* roulant ‖ **°rollneck** *n* (*brit*) col *m* roulé ‖ **roll over** *vpart* (se) renverser ; se retourner ; (*avion*) capoter ‖ **roll up** *vpart* (s')enrouler ; ~*ed up sleeves* manches *fpl* relevées/retroussées.

romance [rəʊ'mæns] *n* **1** histoire *f* romanesque **2** idylle *f* **3** (*Mus*) romance *f* **4** ~ *language* langue *f* romane ◆ *vi* fantasmer ‖ **ro°mantic** *adj* **1** romantique **2** (*aventure*) romanesque ‖ **ro°manticism** *n* (*Lit*) romantisme *m* ‖ **ro°manticize** *vt* romancer ◆ *vi* donner dans le romanesque.

romp [rɒmp] *vi* jouer bruyamment ‖ **romp in** *vpart* (*fam, Sp*) gagner haut la main ‖ **°rompers** *npl* (*vêtement*) barboteuse *f*.

roof [ruːf] *n* **1** toit *m* **2** (*voiture*) pavillon *m* ; *sun*~ toit ouvrant **3** voûte *f* **4** (*fig, prix*) plafond *m* ‖ **°roofer** *n* couvreur *m* ‖ **°roofgarden** *n* jardin *m* suspendu ‖ **°roofless** *adj* **1** sans toit ; à ciel ouvert **2** (*fig*) sans abri ‖ **°rooftop** *n* (*partie extérieure du*) toit *m* ; (*loc*) *shout from the* ~*s* crier sur les toits.

rook [rʊk] *n* **1** (*Orn*) (corbeau) freux *m* **2** (*fig*) tricheur *m* (aux cartes) ‖ **°rookery** *n* (*Orn*, freux) colonie *f* ; (*manchots*) rookerie *f*.

room [ruːm] *n* **1** chambre *f*, pièce *f* ; *drawing* ~ salon *m* ; (*Naut*) *store*-~ soute *f* ; (*vin*) *at* ~ *temperature* chambré ; ~ *service* repas *m*(*pl*) servi(s) dans la chambre **2** salle *f* ; *dining* ~ salle à manger *f* ; *engine* ~ salle des machines **3** espace *m* ; *there's plenty of* ~ il y a (largement) de la place ; *make* ~! faites de la place ! *we're a bit cramped for* ~ nous sommes un peu à l'étroit **4** (*fig*) place *f* ; *there's no* ~ *for doubt* le doute n'est plus permis ; *there's* ~ *to improve* cela peut encore s'améliorer ‖ **°roomer** *n* (*amér*) pensionnaire *mf* ‖ **°roomette** *n* **1** (*amér*) compartiment *m* couchettes **2** petite chambre *f* ‖ **rooms** *npl* (*brit*) appartement *m* (meublé) ‖ **°roomy** *adj* spacieux (*f* -ieuse) ◆ *vi* (*amér*) *we're* ~*ing together* nous partageons la même chambre/appartement.

roost [ruːst] *n* perchoir *m* ; (*Orn*) dortoir *m* ; (*loc fam*) *he rules the* ~ c'est lui le patron ◆ *vi* **1** se percher **2** (*brit fam*) passer la nuit (chez) ◆ *vt* héberger ‖ **°rooster** *n* (*Orn*) coq *m*.

root [ruːt] *n* **1** (*Bot*) racine *f* **2** (*fig*) cause *f*, origine *f* ; *money is the* ~ *of all evil* l'argent est la source de tous les maux ; *get to the* ~ *of things* aller à l'essentiel **3** (*loc*) ~ *and branch* radicalement ; *pulled up by the* ~*s* déraciné, extirpé ; *put down/strike* ~*s* (s')enraciner ◆ *vti* **1** (*s*')enraciner ; *fright* ~*ed him to the spot* la peur le cloua sur place ‖ **°rooted** *adj* enraciné ‖ **°rootless** *adj* sans racines ‖ **root out/up** *vpart* déraciner ; ~ *evil* extirper le mal.

rope [rəʊp] *n* **1** corde *f* ; cordage *m* **2** (*perles*) rang *m* ; ~ *of onions* chapelet *m* d'oignons **3** (*fam*) *I know the* ~*s* je connais les ficelles *fpl* ◆ *vt* **1** attacher avec une corde **2** *(alpinistes)* encorder **3** *(amér)* prendre au lasso **4** *(fam)* he **~ed me into the job** il m'a embringué dans ce affaire ‖ **rope in** *vpart (espace)* délimiter à l'aide de cordes ‖ **°ropedancer** *(aussi °ropewalker)* funambule *mf.*

rosary ['rəʊzərɪ] *n (Rel)* rosaire *m* ; chapelet *m* (de prière).

rose¹ [rəʊz] *p* de **rise.**

rose² [rəʊz] *n* **1** *(Bot)* rose *f* ; **wild ~** églantine *f* ; *(loc)* **life is not a bed of ~s** la vie n'est pas toujours rose *f* ; *(couleur)* rose ; **he sees life through ~-coloured glasses** il voit la vie en rose **3** pomme *f* d'arrosoir ‖ **°rosebush** *n* rosier *m* ‖ **°rose garden** *n* roseraie *f* ‖ **°rosemary** *n (Bot)* romarin *m* ‖ **°rose window** *n (Arch)* rosace *f* ‖ **°rosy** *adj* rosé.

rostrum ['rɒstrəm] *n* **1** estrade *f* ; podium *m.*

rot [rɒt] *n* **1** pourriture *f* **2** *(péj)* idiotie *f* **3** mauvaise passe *f* ; **stop the ~!** halte au défaitisme ! ◆ *vti* (se) putréfier ; (faire) pourrir ‖ **°rotten** *adj* **1** pourri ; *(fam)* **~ weather!** fichu temps ! **~ idea!** foutue idée ! **2** *(fig)* corrompu.

rotary ['rəʊtərɪ] *adj* rotatif *(f -ive)* ◆ *n* **1** *(presse)* rotative(s) *f(pl)* **2** *(amér circulation)* rond-point *m* ‖ **ro°tate** *vti* (faire) tourner ; **what about rotating?** et si nous le faisions à tour de rôle ? ‖ **ro°tation** *n* rotation *f.*

rote [rəʊt] *n (loc lit)* **learn by ~** apprendre par cœur.

rough [rʌf] *adj* **1** *(mer)* agité ; *(jeu)* brutal, violent **2** *(personne)* grossier *(f -ière)*, fruste **3** *(vin)* âpre ; *(accueil)* bourru **4** *(surface)* rugueux *(f -euse)* ; *(terrain)* accidenté **5** rudimentaire ; **a ~ copy** un brouillon ; **a ~ account** un compte-rendu approximatif **6** *(fam)* **he feels ~** il ne se sent pas bien ; **that's ~!** pas de chance ! ◆ *n* **1** vaurien *m* ; *(fam)* dur(e) *m(f)* **2** **the ~** le côté *m* désagréable (des choses) ; **take the ~ with the smooth!** prenez les choses comme elles viennent ! **3** *(loc)* **in the ~** à l'état brut ‖ *adv* de façon brutale/grossière ; **live ~** vivre à la dure ‖ **rough-and-ready** *adj* fruste ; **he's a bit ~** il manque de finesse *f* ‖ **rough-and-°tumble** *n* bousculade *f* ◆ *adj* désordonné ‖ **°roughcast** *n* crépi *m* ‖ **°roughen** *vti* rendre/devenir rugueux *(f -euse)* ‖ **rough in/out** *vpart* ébaucher ‖ **°roughly** *adv* approximativement ; **~ speaking** généralement parlant ‖ **°roughneck** *n (fam)* voyou *m* ‖ **°roughrider** *n* dresseur *m* de chevaux.

round [raʊnd] *adj* **1** rond, circulaire **2** complet ; **a ~ dozen** une bonne douzaine ; **~ trip** voyage aller et retour **3** *(fig)* *(déclaration)* catégorique, franc *(f -che)* ◆ *n* **1** rond *m* **2** *(facteur)* tournée *f* ; *(Mil)* ronde *f* ; **the doctor is on his rounds** le docteur fait ses visites *fpl* **3** tranche *f* (de

pain/de viande) **4** *(Sp)* manche *f* **5** *(Mil)* cartouche *f* ; balle *f* ; coup *m* **6** *(loc)* **~ of applause** salve *f* d'applaudissements ; **~ of cards** partie *f* de cartes ; **~ of drinks** tournée *f* ; **~ of talks** série *f* de discussions ◆ *prép* autour de ; **~ midnight** vers minuit ; **he travelled ~ the world** il a fait le tour du monde ; **go ~ the corner** tournez au coin ; **he took her ~ the country** il lui a fait visiter le pays ; **he walked ~ the garden** il fit le tour du jardin ; **he drove ~ the wood** il contourna le bois ; *(péj)* **he drives me ~ the bend** il me rend fou ; ◆ *adv* **1** **~ about ten** aux environs de dix heures ; **all the year ~** toute l'année **2** *(loc)* **turn ~!** (re)tournez-vous ! **that's a long way ~** cela fait un grand détour ; **hand ~ the text!** faites passer/circuler le texte ! **he brought his friends ~** il a amené ses amis ; **have a look ~** jetez un coup d'œil ; **right ~** tout autour ◆ *vti* **1** (s')arrondir **2** contourner ‖ **°roundabout** *n* **1** *(brit)* rond-point *m* **2** *(brit)* manège *m* ◆ *adj* (moyen *m*) détourné ‖ **°roundness** *n* rondeur *f* ‖ **round off** *vpart* **1** arrondir **2** *(discussion)* achever ‖ **round up** *vpart* rassembler ‖ **n** rafle *f.*

rouse [raʊz] *vt* **1** (r)éveiller **2** *(colère)* susciter ; **that ~d him** cela le mit en colère **3** *(gibier)* lever ◆ *vi* (se) réveiller.

rout [raʊt] *n (Mil)* déroute *f.*

route [ruːt] *n* **1** itinéraire *m* ; **bus ~** ligne *f* d'autobus ; **sea ~** voie *f* maritime **2** *(amér)* tournée *f* ◆ *vt* acheminer ; *(envois)* router ‖ **°rout(e)ing** *n* routage *m.*

rove [rəʊv] *vi (aussi fig)* rôder, errer ◆ *vt* *(campagne)* parcourir ‖ **°rover** *n* **1** *(lit)* vagabond *m* **2** *(brit scout)* routier *m* ‖ **°roving** *adj* **1** itinérant **2** *(fig)* **she has a ~ eye** elle est un peu aguicheuse.

row¹ [rəʊ] *n* rang *m*, rangée *f* ; **in a ~** aligné ; **three days in a ~** trois jours d'affilée.

row² [rəʊ] *vi* ramer ◆ *vt (across)* (faire) traverser en barque ◆ *n* promenade *f* en barque ‖ **°rower** *n* rameur *m (f -euse)* ‖ **°rowing** *n (Sp)* aviron *m* ; canotage *m* ‖ **°rowing-boat** *(amér* **rowboat)** barque *f*, canot *m.*

row³ [raʊ] *n* **1** tapage *m* ; **kick up a ~** faire du chahut **2** dispute *f* **3** réprimande *f* ; **he got into a ~** il s'est fait attraper ‖ **°rowdiness** *n* tapage *m* ‖ **°rowdy** *adj* chahuteur *(f -euse).*

royal ['rɔɪəl] *adj* **1** royal **2** *(repas)* exceptionnel ◆ *n* membre *m* de la famille royale ‖ **°royalty** *n* **1** royauté *f* **2** membre *m* de la famille royale **3** *(souvent pl)* droits *mpl* d'auteur.

rub [rʌb] *vti* **1** (se) frotter **2** frictionner ‖ **rub along** *vpart (brit fam)* faire avec ‖ **rub down** *vpart* frictionner ‖ **rub in** *vpart* **1** faire entrer en frottant **2** *(fam)* *don't ~ it in!* bon, ça va, pas la peine d'insister ! || **rub off** *vpart* 1 effacer 2 *(fig)* he *~s off on his brother* il déteint sur son frère ; || **rub up** *vpart* astiquer ; *(loc) he rubbed him up the wrong way* il l'a pris à rebrousse-poil.

rubber ['rʌbə] *n* 1 caoutchouc *m* ; *foam ~* caoutchouc *m* mousse 2 gomme *f* ; *(tableau)* effaceur *m* 3 *(péj)* capote *f* anglaise || **°rubberneck** *n (fam)* badaud *m* || **°rubbers** *npl (amér chaussures)* caoutchoucs *mpl* || **rubber-°stamp** *n* 1 tampon *m* 2 *(fam)* béni-oui-oui *m inv* ◆ *vt* approuver sans discuter.

rubbish ['rʌbɪʃ] *ns inv (brit)* 1 détritus *mpl*, ordures *fpl* 2 *(fig)* camelote *f* 3 *(fig)* sottises *fpl* ; *don't talk ~!* ne dis pas de bêtises *fpl* !

rubble ['rʌbl] *ns inv* décombres *mpl* ; gravats *mpl*.

ruby ['ru:bɪ] *adj n* rubis *m* ; *~ wedding* noces *fpl* de vermeil.

rucksack ['rʌksæk] *n* sac *m* à dos.

rudder ['rʌdə] *n* gouvernail *m*.

ruddy ['rʌdɪ] *adj* 1 *(teint)* coloré 2 *(lueur)* rougeâtre 3 *(brit péj)* espèce de ; *~ idiot!* sacré imbécile !

rude [ru:d] *adj* 1 grossier *(f -ière)* 2 rudimentaire 3 *(rappel)* brusque 4 *(santé)* vigoureux *(f -euse)* 5 *(fam)* lubrique || **°rudeness** *n* 1 grossièreté *f* 2 aspect *m* primitif.

rue [ru:] *vt* regretter || **°rueful** *adj* affligé || **°ruefully** *adv* tristement.

ruffian ['rʌfjən] *n* brute *f*.

ruffle ['rʌfl] *vt* 1 *(cheveux)* ébouriffer ; *(plumes)* hérisser 2 *(fig)* contrarier.

rug [rʌg] *n* 1 carpette *f* 2 couverture *f* ; plaid *m*.

rugged ['rʌgɪd] *adj* 1 *(relief)* accidenté 2 *(traits)* marqué 3 *(caractère)* fruste ; *~ life* vie *f* austère 4 *(machine)* robuste.

ruin ['ru:ɪn] *n (aussi fig)* ruine *f* ◆ *vt* ruiner ; *you're ~ing your eyes* tu t'abîmes les yeux.

rule [ru:l] *n* 1 règle *f* ; règlement *m* ; *~ and regulations* statuts *mpl* et règlements ; *~ of the road* code *m* de la route ; *they're working to ~* ils font la grève du zèle 2 autorité *f* ; *(loc) by ~ of thumb (décision prise)* par expérience 3 règle *f* (graduée) ; *folding ~* mètre *m* pliant ◆ *vti* 1 gouverner ; *he ~s over a huge country* il règne sur un vaste territoire ; *(loc) she ~s the roost* c'est elle qui fait la loi 2 décider ; *his life is ~d by his religious convictions* sa vie est guidée par ses convictions religieuses 3 tracer *(des lignes)* || **°ruler** *n* 1 *(outil)* règle *f* 2 *(personne)* souverain *m* ; dirigeant *m* (d'un pays) || **rule out** *vpart* exclure ; *you can't ~ that hypothesis out* on ne peut pas éliminer cette hypothèse || **°ruling** *adj* dominant ; *~ classes* classes

fpl dirigeantes ◆ *n (Jur) by ~ of the judge* par décision *f* du juge.

rum¹ ['rʌm] *n* 1 rhum *m* 2 *(amér)* boisson *f* alcoolisée.

rum² ['rʌm] *adj (brit argot)* 1 bizarre 2 dangereux *(f -euse)*.

rumble ['rʌmbl] *n* grondement *m* ◆ *vti* 1 *(tonnerre)* gronder 2 *(discussion)* battre son plein ; *(fam)* ronfler 3 *(piège)* flairer ; *I've ~d it for some time now* je l'ai subodoré depuis quelque temps.

ruminate ['ru:mɪneɪt] *vti* ruminer ; *he's ruminating over something* il médite quelque chose.

rummage ['rʌmɪdʒ] *vti* (far)fouiller ◆ *n ~ sale* vente *f* de charité ; *(fam)* foire *f* à la farfouille.

rumor *(amér)*/**rumour** *(brit)* ['ru:mə] *n* rumeur *f* ; *I heard a ~ that...* j'ai entendu dire que... ◆ *vt it is ~ed that...* on dit que...

rump [rʌmp] *n* 1 *(animal)* croupe *f* ; *(viande)* culotte *f* ; *~ steak* rumsteck *m* 2 *(personne)* postérieur *m*.

rumple ['rʌmpl] *vti (habit)* chiffonner.

rumpus ['rʌmpəs] *n* chahut *m* ; *what a ~!* quel vacarme ! *(amér) ~ room* salle *f* de jeux (en sous-sol).

run¹ [rʌn] *vi (p ran ; pp run)* 1 courir ; *he ran across the road* il traversa la rue en courant 2 *(s'en)fuir* ; *~ for it!* sauve qui peut ! 3 (faire) fonctionner ; *he left the engine running* il a laissé tourner le moteur ; *buses ~ late today* les bus passent très tard aujourd'hui ; *buses ~ between London and Oxford* il y a un service de bus entre Londres et Oxford ; *that train doesn't ~ any longer* ce train est supprimé 4 couler ; *the Thames ~s into the sea* la Tamise se jette dans la mer ; *sweat was running down his cheeks* ses joues ruisselaient de sueur ; *the sea is running high* la mer grossit ; *his spirits are running low* son moral baisse 5 *(Pol) ~ for office* se porter candidat ; *he's running for president* il se présente à la présidence 6 *(Th)* être à l'affiche ; *(Ciné) is that film still running?* ils passent toujours ce film ? 7 *(Com) our contract is still running* notre contrat court toujours 8 *(bas)* filer 9 *(loc) the story ~s like this* voici comment l'histoire est racontée ; *an idea ran through my mind* une idée me vint à l'esprit ; *I've ~ out of change* je n'ai plus de monnaie.

run² [rʌn] *vt* 1 faire fonctionner ; *(entreprise)* diriger ; *(magasin)* tenir ; *(ferme)* exploiter 2 mettre en service ; *he ~s four cars* il entretient quatre voitures ; *they're running a new bus line* ils ont ouvert une nouvelle ligne d'autobus 3 couler ; *~ me a bath!* fais-moi couler un bain ! 4 conduire ; *can you ~ me to the station?* peux-tu m'emmener à la gare ? 5 *he's run-*

ning a temperature il a de la fièvre **6 ~ an errand** faire une course **7** participer à ; *who's running this race?* qui dispute cette course ? **8** *(amér)* *we plan to ~ two candidates* nous avons l'intention de présenter deux candidats **9** *he ran his hand through his hair* il se passa la main dans les cheveux.

run[3] [rʌn] *n* **1** course *f* ; *he broke into a ~* il se mit à courir ; *you're always on the ~* tu ne t'arrêtes jamais ; *prisoner on the ~* prisonnier *m* en cavale **2** trajet *m* ; *it's a long ~ to Paris* le voyage est long jusqu'à Paris **3** *(cartes)* série *f*, séquence *f* **4** *(cricket)* point *m* **5** *(Av)* passage *m* **6** *(Fin)* *a ~ on the dollar* une ruée *f* sur le dollar **7** *(loc) out of the ordinary ~* hors du commun ; *in the long ~* finalement, à la longue ; *let's give him a good ~ for his money!* il va en avoir pour son argent ! *we were given the ~ of the house* ils ont mis la maison à notre disposition.

runabout ['rʌnəbaʊt] *n* *(vx)* petite voiture *f* ‖ **run about** *vpart* courir en tous sens ‖ **run across/against** *vpart* rencontrer par hasard ‖ **run around** *vpart* **1** *(brit)* promener quelqu'un en voiture **2** *(with)* *(péj)* fréquenter (quelqu'un) ‖ °**runaway** *n* fugitif *m* (*f* -ive) ◆ *adj* ~ *car* voiture *f* folle ‖ **run away** *vpart* **1** se sauver **2** *(couple)* s'enfuir (pour vivre ensemble) ‖ **run down** *vpart* **1** descendre en courant **2** *(Aut)* renverser **3** *(fig)* dénigrer **4** *(stock)* s'épuiser **5** *(fam fig)* dénicher ◆ *n give me a ~* donne-moi tous les détails ‖ °**rundown** *adj* **1** surmené **2** en déclin ‖ **run in** *vpart* **1** *(moteur)* roder **2** *(fam)* coffrer ‖ **run into** *vpart* **1** *(Aut)* heurter **2** rencontrer par hasard ; *you'll ~ into trouble* tu vas te causer des ennuis ‖ °**runner** *n* **1** *(Sp)* coureur *m* **2** *(hippisme)* partant *m* **3** *(Hort)* ~**-bean** haricot *m* à rames **4** *(patin à glace)* lame *f* **5** *(Tech)* glissière *f* ‖ °**running** *adj* **1** courant ; ~ *board* marche-pied *m* ; ~ *commentary* reportage *m* en direct ; ~ *costs* coût *m* d'entretien ; *in* ~ *order* en état de marche ; *(Méd)* ~ *sore* plaie *f* suppurante ◆ *adv two days* ~ deux jours de suite ‖ °**runny** *adj* **1** *(Cuis)* liquide **2** ~ *nose* nez *m* qui coule ‖ **run off** *vpart* **1** (s'en)fuir **2** *(Phot)* ~ *off ten copies!* tirez dix exemplaires ! **3** *(fig)* *he ran off at a tangent* il a fait une digression ‖ **run-of-the-°mill** *(loc fam)* le tout-venant *m inv* ‖ **run out** *vpart* **1** sortir en courant

2 *(mer)* se retirer **3** *(durée)* *time is running out* il nous reste peu de temps ; *(réserves)* s'épuiser ‖ **run over** *vpart* **1** *(Aut)* écraser **2** déborder **3** *(déplacement)* *(to)* faire un saut à/en **4** *(texte)* parcourir rapidement ‖ **run through** *vpart* **1** traverser, (trans)percer **2** *(texte)* prendre connaissance **3** *(Th)* répéter **4** *(héritage)* dissiper ‖ **run up** *vpart* **1** monter en courant **2** accourir **3** *(to)* faire un saut (à/chez) **4** *(couture)* faire à la hâte **5** *(fig)* *(against)* rencontrer (par hasard) ‖ °**runway** *(Av)* piste *f*.

rung[1] [rʌŋ] *pp* de **ring**.

rung[2] [rʌŋ] *n* *(chaise, échelle)* barreau *m*.

rupture ['rʌptʃə] *n* **1** rupture *f* **2** *(Méd)* hernie *f*.

rural ['rʊərəl] *adj* rural.

ruse [ruːz] *n* ruse *f*, subterfuge *m*.

rush[1] [rʌʃ] *n* *(Bot)* jonc *m* ; ~**-bottomed chair** chaise *f* paillée.

rush[2] [rʌʃ] *n* **1** précipitation *f* ; *why all the* ~? pourquoi toute cette agitation ? *he's always in a ~* il est toujours pressé ; *(fam)* *no ~!* doucement ! **2** bousculade *f* ; *there is a ~ for...* il y a une forte demande en... ; *the gold ~* la ruée vers l'or ; *the ~ hours* les heures *fpl* de pointe ◆ *vi* se précipiter, se ruer ; *he ~ed down the stairs* il dégringola les escaliers ; *he ~ed past us* il passa devant nous à toute allure ◆ *vt* **1** faire quelque chose rapidement ; *she was* ~*ed to the nearest hospital* on l'a transporté en urgence à l'hôpital le plus proche ; *he ~ed his meal* il a expédié son repas **2** bousculer ; *he keeps ~ing me!* il ne me laisse jamais le temps de souffler ! **3** *(Mil)* prendre d'assaut (une position) ‖ °**rushes** *npl* *(Ciné)* rushes *mpl*, épreuves *fpl*.

russet ['rʌsɪt] *adj* roux (*f* rousse).

rust [rʌst] *n* rouille *f* ◆ *vti* **1** (se) rouiller **2** prendre une couleur rousse/rouille ‖ °**rustproof** *adj* inoxydable ‖ °**rusty** *adj* **1** rouillé **2** couleur rouille.

rustle ['rʌsl] *n* frémissement *m* ◆ *vti* **1** (faire) frémir ; *(feuilles)* bruire **2** *(amér fam)* bousculer **3** *(amér)* *(bétail)* voler ‖ °**rustler** *(amér)* voleur *m* de bétail ‖ **rustle up** *vpart* *(amér)* se débrouiller pour faire ; *(brit)* *she ~d up an excellent meal* elle a improvisé un excellent repas.

rut [rʌt] *n* **1** ornière *f* **2** *(fig)* routine *f* ; *(fam fig)* *I'm getting into a ~* je m'encroûte.

ruthless ['ruːθlɪs] *adj* impitoyable.

rye [raɪ] *n* *(Ag)* seigle *m*.

S

S, s [es] *n (lettre)* S, s *m*.

sable ['seɪbl] *adj n* zibeline *f*.

sabotage ['sæbətɑːʒ] *n* sabotage *m* ◆ *vt* saboter.

saber *(amér)* / **sabre** *(brit)* ['seɪbə] *n* sabre *m*.

sack[1] [sæk] *n* **1** sac *m (papier, toile)*; *(argot) hit the ~* se pieuter **2** *(fam) he got the ~* il a été congédié ◆ *vt (fam)* mettre à la porte.

sack[2] [sæk] *n (Mil)* sac *m*, pillage *m* ◆ *vt* piller.

sacrament ['sækrəmənt] *n* sacrement *m*.

sacred ['seɪkrɪd] *adj (Rel)* sacré ‖ **°sacrosanct** *adj* sacro-saint.

sacrifice ['sækrɪfaɪs] *n* sacrifice *m* ◆ *vt* sacrifier.

sacrilege ['sækrɪlɪdʒ] *n* sacrilège *m*.

sad [sæd] *adj* triste; *(spectacle)* affligeant; *that news makes me ~* ces nouvelles m'attristent ‖ **°sadden** *vti* (s')attrister.

saddle ['sædl] *n* selle *f* ◆ *vt* **1** seller **2** *(fig)* charger; *he's been ~d with the problem* on lui a mis le problème sur le dos ‖ **°saddlebag** *n* sacoche *f* ‖ **°saddler** *n* bourrelier *m*.

sadism ['seɪdɪzəm] *n* sadisme *m* ‖ **°sadist** *n* sadique *m* ‖ **sa°distic** *adj* sadique.

safe[1] [seɪf] *n* **1** coffre-fort *m*; *meat ~* garde-manger *m (pl inv)*; *(Mil) at ~* sécurité *f* engagée.

safe[2] [seɪf] *adj* **1** en sécurité, hors de danger; *~ and sound* sain et sauf **2** *(endroit)* sûr; *(construction)* solide **3** sans risques; *it's ~ to say that...* à coup sûr on peut dire que...; *(loc) we'd better stay on the ~ side* mieux vaudrait ne pas prendre de risques ‖ **safe-°conduct** *n* sauf-conduit *m* ‖ **°safeguard** *vt* sauvegarder ‖ **°safety** *n* sécurité *f*, sûreté *f* ‖ **°safety-catch** *n (arme)* cran *m* de sûreté ‖ **°safety-pin** *n* épingle *f* de nourrice.

saffron ['sæfrən] *adj n (Bot)* safran *m*.

sag [sæg] *vi* s'affaisser; *prices are sagging* les prix fléchissent.

sagacious [sə'geɪʃəs] *adj* sagace ‖ **sa°gacity** *n* sagacité *f*.

sage[1] [seɪdʒ] *adj n* sage *m*.

sage[2] [seɪdʒ] *n (Bot)* sauge *f*.

said [sed] *pp pp* de **say**.

sail [seɪl] *n* **1** *(Naut)* voile *f*; *get under ~* appareiller **2** sortie *f* à la voile **3** *(moulin)* aile *f* ‖ *vi* **1** faire voile; *he ~ed round the world* il a fait le tour du monde en bateau **2** *(fam) he ~ed through his exams* il a réussi ses examens haut la main ◆ *vt* piloter (un bateau); barrer ‖ **°sailing** *n* **1** navigation *f* **2** *~ hour* heure *f* de départ *m* **3** *(loc fam) it's plain ~!* ça marche

comme sur des roulettes! ‖ **°sailing-boat** *n (amér* **sailboat**) voilier *m* ‖ **°sailor** *n* marin *m*; matelot *m*; *I'm not a good ~* je n'ai pas le pied marin.

saint [seɪnt] *adj n* saint *m*; *All Saints' Day* la Toussaint.

sake [seɪk] *n for God's ~* pour l'amour de Dieu; *for your own ~* dans votre propre intérêt; *for the ~ of simplicity* par souci de simplicité; *for old times' ~* en souvenir du passé.

salad ['sæləd] *n* salade *f*; *fruit ~* salade de fruits ‖ **°salad dressing** *n* vinaigrette *f*.

salary ['sælərɪ] *n* salaire *m*, traitement *m*.

sale [seɪl] *n* **1** vente *f*; *for ~* à vendre; *on ~* en vente; *auction-~* vente *f* aux enchères **2** soldes *mpl*; *bought at ~-price* vendu au rabais ‖ **°salesman/woman** *n* **1** vendeur *m (f* -euse**) 2** *(amér)* représentant(e) *m(f)* de commerce ‖ **°saleroom** *n* salle *f* des ventes.

salient ['seɪlɪənt] *adj* saillant.

saline ['seɪlaɪn] *adj* salin.

saliva [sə'laɪvə] *n* salive *f*.

sallow ['sæləʊ] *adj* jaunâtre.

salmon ['sæmən] *n* saumon *m*; *~ trout* truite *f* saumonée.

saloon [sə'luːn] *n* **1** *(hôtel)* (grand) salon *m*, (grande) salle *f* **2** *(amér)* bar *m*, saloon *m* ‖ **sa°loon bar** *n (brit)* partie la plus confortable d'un pub ‖ **sa°loon (car)** *n (Aut)* berline *f*.

salt [sɔːlt] *n* sel *m*; *rock-~* sel gemme; *bath-~s* sels de bain; *(Naut) old ~* vieux loup *m* de mer; *(fig) that's to be taken with a pinch of ~* il ne faut pas le prendre pour argent comptant ◆ *vt* saler ‖ **°salt cellar** *n* salière *f* ‖ **°salt-free** *adj (régime)* sans sel ‖ **°salt water** *n* eau *f* de mer ‖ **°saltworks** *n* saline *f*, mine *f* de sel ‖ **°salty** *adj* salé.

salutary ['sæljʊtərɪ] *adj* salutaire.

salute [sə'luːt] *vti (Mil)* saluer, faire le salut militaire ◆ *n* **1** salut *m* **2** *(Mil) fire a six-gun ~* saluer d'une salve de six coups de canon.

salvage ['sælvɪdʒ] *n* **1** sauvetage *m* **2** objets *mpl* sauvés (d'un sinistre) **3** matériaux *mpl* de récupération ◆ *vt* sauver, récupérer.

salvation [sæl'veɪʃən] *n (Rel)* salut *m*.

salver ['sælvə] *n* plateau *m* (en métal).

same [seɪm] *adj pr* (le, la, les) même(s); *in the ~ way* de même; *you can't do two things at the ~ time!* vous ne pouvez pas faire deux choses à la fois; *it's the ~ wherever you go* c'est pareil partout; *(fam) (boisson) (the) ~ again?* je vous remets ça ? ◆ *adv* de même ; *I feel the ~* j'ai la même impression ; *it's all the ~ to her* cela lui est bien égal ; *I need help, (the) ~ as you (do)* j'ai besoin d'aide, comme toi ‖ °**sameness** *n* 1 identité *f* ; similitude *f* 2 monotonie *f*.

sample ['sɑːmpl] *n* échantillon *m* ; *(Méd)* prélèvement *m* ◆ *vt* 1 échantillonner ; *I ~d a couple of restaurants* j'ai testé un ou deux restaurants 2 *(vin)* goûter.

sanctify ['sæŋktɪfaɪ] *vt* sanctifier ; consacrer ‖ °**sanctuary** *n* 1 sanctuaire *m* 2 *(fig)* asile *m* ; *(oiseaux)* refuge *m*.

sanction ['sæŋkʃən] *n* sanction *f* ◆ *vt* 1 sanctionner, condamner 2 autoriser.

sand [sænd] *n* sable *m* ; *(fig) the ~s are running out* le temps (imparti) est presque écoulé ◆ *vt (Tech)* sabler ‖ °**sandbag** *n (Mil)* sac *m* de sable ‖ °**sandblast** *vt* décaper/nettoyer au sable ‖ °**sandboy** *(loc) happy as a ~* gai comme un pinson ‖ °**sander** *n (Tech)* ponceuse *f* ‖ °**sandglass** *n* sablier *m* ‖ °**sandman** *n (fig)* marchand *m* de sable ‖ °**sandpaper** *n* papier *m* de verre ‖ °**sandpit** *n* 1 sablière *f* 2 *(pour enfants)* bac *m* à sable ‖ °**sandstone** *n (Géol)* grès *m* ‖ **sand up** *vpart* (s')ensabler ‖ °**sandy** *adj* 1 sablonneux *(f -euse)* 2 *(cheveux)* blond-roux.

sandwich ['sænwɪdʒ] *n* sandwich *m* ; *(Ens) ~ course* formation *f* en alternance.

sane [seɪn] *adj* 1 sain (d'esprit) 2 sensé.

sang [sæŋ] *p* de **sing**.

sanguine ['sæŋgwɪn] *adj* 1 confiant, optimiste 2 *(teint)* rouge sanguin ; *(tempérament)* sanguin.

sanitary ['sænɪtərɪ] *adj* 1 sanitaire 2 hygiénique ; *~ fittings* équipement *m* sanitaire ; *~ towel/napkin* serviette *f* hygiénique ‖ °**sanitize** *vt* désinfecter.

sanity ['sænɪtɪ] *n* 1 santé *f* mentale 2 bon sens *m*.

sank [sæŋk] *pp* **sink**.

sap[1] [sæp] *n* 1 *(Bot)* sève *f* 2 *(fig)* vigueur *f* ‖ °**sapling** *n* 1 *(Bot)* jeune arbre *m* 2 *(fig)* adolescent *m*.

sap[2] [sæp] *vti* 1 *(Mil)* miner 2 *(fig)* saper ‖ °**sapper** *n (Mil)* sapeur *m*.

sarcastic [sɑːˈkæstɪk] *adj* sarcastique.

sardine [sɑːˈdiːn] *n (Zool)* sardine *f*.

sash[1] [sæʃ] *n* 1 *(maire)* écharpe *f* 2 *(robe)* ceinture *f* (large).

sash[2] [sæʃ] *n ~ window* fenêtre *f* à guillotine.

sat [sæt] *p pp* de **sit**.

sassy ['sæsɪ] *adj (amér)* effronté.

satchel ['sætʃəl] *n* cartable *m*.

satellite ['sætəlaɪt] *adj n* satellite *m* ; *~ dish* antenne *f* parabolique.

satiate ['seɪʃɪeɪt] *vt* rassasier.

satin ['sætɪn] *adj n* satin *m* ; *~ finish* satiné.

satire ['sætaɪə] *n (Lit)* satire *f*.

satisfactory [ˌsætɪsˈfæktərɪ] *adj* satisfaisant ‖ °**satisfy** *vti* 1 satisfaire ; donner satisfaction 2 *(condition)* remplir 3 *(loc) I'm quite satisfied with that* cela me convient tout à fait ; *I'm satisfied that you're right* je suis persuadé que vous avez raison.

saturate ['sætʃəreɪt] *vt* saturer.

Saturday ['sætədeɪ] *n* samedi *m* ; *on Saturdays* le samedi.

sauce [sɔːs] *n* 1 *(Cuis)* sauce *f* 2 *(fam)* toupet *m* ‖ °**sauce-boat** *n* saucière *f* ‖ °**saucepan** *n* casserole *f* ‖ °**saucer** *n* soucoupe *f* ‖ °**saucy** *adj* effronté ; *(fam)* coquin.

sauerkraut ['sauəkraut] *n* choucroute *f*.

saunter ['sɔːntə] *vi* flâner, se promener sans se presser ◆ *n (fam) what about a ~ in town?* si on allait en ville ?

sausage ['sɒsɪdʒ] *n* 1 saucisse *f* 2 saucisson *m* (sec) ; *(argot) it is not worth a ~!* ça ne vaut pas tripette !

savage ['sævɪdʒ] *adj* 1 *(animal)* sauvage 2 cruel, féroce 3 *(fam) he was in a ~ mood* il était furieux ◆ *vt* attaquer férocement.

save[1] [seɪv] *prép (lit)* sauf, excepté.

save[2] [seɪv] *vt* 1 sauver ; *God ~ the Queen!* Dieu sauve la Reine ! 2 économiser ; *I managed to ~ (up) some money* j'ai réussi à mettre un peu d'argent de côté ; *that ~s a lot of time* cela fait gagner pas mal de temps 3 préserver de ; *that'll ~ you from falling* nous vous éviterez de tomber ; *that ~d me a lot of trouble* cela m'a épargné beaucoup d'ennuis ‖ °**saver** *n* 1 épargnant *m* 2 *time-~* n gain *m* de temps ; *energy-~* économiseur *m* d'énergie ‖ °**saving** *n (argent)* économie *f* ◆ *prép (lit)* excepté ◆ *adj* économique ; *(Jur) ~ clause* clause *f* de sauvegarde ‖ °**savings** *npl inv* économies *fpl* ; *~ account* compte *m* d'épargne ; *Savings Bank* Caisse *f* d'Épargne ‖ °**savior** *(amér) /* °**saviour** *(brit) n (Rel)* sauveur *m*.

savor *(amér) /* **savour** *(brit)* ['seɪvə] *n* saveur *f* ◆ *vt* savourer ◆ *vi (of)* sentir ; *it ~s of garlic* cela a le goût de l'ail ; *it ~s of racism* cela a des relents de racisme ‖ °**savo(u)ry** *adj* 1 savoureux *(f -euse)* 2 salé ; *~ sauce* sauce *f* relevée 3 *(fig)* agréable ◆ *n* entremets *m* (salé).

saw[1] [sɔː] *vt (p* **sawed** ; *pp* **sawed** ou **sawn)** scier ◆ *n (Tech)* scie *f* ‖ °**sawdust** *n* sciure *f* ‖ °**sawhorse** *n* chevalet *m* ‖ °**sawmill** *n* scierie *f* ‖ **saw up** *vpart (bois)* débiter.

saw[2] [sɔː] *p* de **see**.

sawn [sɔːn] *pp* de **saw**.

say [seɪ] *(p pp* **said)** *vti* 1 dire ; *"Hello!" he said* « bonjour ! » dit-il ; *the clock ~s six* la pendule marque six heures ; *to ~ nothing of the food* sans parler de la nourriture 2 *(leçon)* réciter 3 *(loc) I ~! (amér*

~! dis donc! *(fam)* **you don't ~!** pas possible! *that is to ~* c'est-à-dire ‖ **°saying** *n* dicton *m*; *as the ~ goes* comme dit le proverbe.

scab [skæb] *n* 1 *(Méd)* croûte *f* 2 *(argot)* *(gréviste)* jaune *m* 3 *(animal)* gale *f* ‖ **°scabby** *adj* 1 couvert de croûtes 2 galeux *(f* -euse).

scaffold [ˈskæfəʊld] *n* échafaud *m* ‖ **°scaffolding** *n* échafaudage *m*.

scald [skɔːld] *vt* 1 *(aussi fig)* échauder 2 ébouillanter ◆ *n* brûlure *f* (avec un liquide) ‖ **°scalding** *adj*; *~ hot* brûlant.

scale¹ [skeɪl] *n* 1 *(poisson)* écaille *f* 2 *(bulbe)* peau *f* 3 *(dent)* tartre *m* ◆ *vt* 1 écailler 2 *(dent)* détartrer ‖ **scale off** *vpart (peinture)* s'écailler.

scale² [skeɪl] *n* 1 *(Arch, Géog)* échelle *f*; *~ model* maquette *f*; *in ~* à l'échelle 2 *(thermomètre)* graduation(s) *f(pl)* 3 *(salaire)* barème *m* 4 *(Mus)* gamme *f* ‖ **scale down** *vpart* 1 faire un dessin à l'échelle réduite 2 réduire.

scale³ [skeɪl] *n* 1 plateau *m* (de balance) ‖ **(pair of) scales** *npl* balance *f*; *bathroom ~s* pèse-personne *m*.

scale⁴ [skeɪl] *vt* escalader.

scallop [ˈskɒləp] *n* *(Zool)* coquille *f* Saint-Jacques.

scallywag [ˈskælɪwæg] *n (fam)* vaurien *m*.

scalp [skælp] *n* 1 cuir *m* chevelu 2 scalp *m* ◆ *vt* scalper; *(fig) (critique)* éreinter.

scamp [skæmp] *n* polisson *m*.

scan [skæn] *vt* 1 *(horizon)* scruter 2 *(lecture)* parcourir 3 *(radar)* faire un balayage, sonder ‖ **°scanner** *n (Inf, Méd)* scanner *m*.

scandal [ˈskændl] *n* 1 scandale *m* 2 calomnie *f*; médisance *f* 3 *(Jur)* propos *mpl* diffamatoires ‖ **°scandalize** *vt* scandaliser ‖ **°scandalmonger** *n* cancanier *m (f* -ière) ‖ **°scandalous** *adj* 1 scandaleux *(f* -euse) 2 *(Jur)* diffamatoire.

scant(y) [skænt(ɪ)] *adj* insuffisant.

scapegoat [ˈskeɪpgəʊt] *n (fig)* bouc *m* émissaire.

scar [skɑː] *n* cicatrice *f* ◆ *vt* marquer (d'une cicatrice); *scarred for life* marqué à vie ◆ *vi* cicatriser ‖ **°scarface** *n* balafré.

scarce [skeəs] *adj* rare; *you ought to make yourself ~* tu devrais éviter de te montrer ‖ **°scarcely** *adv* à peine; *~ ever* presque jamais ‖ **°scarcity** *n* pénurie *f*.

scare [skeə] *vti* (s')effrayer; *why ~ them?* pourquoi les alarmer? *she ~s easily* elle s'épouvante pour un rien; *(fam) you ~d me stiff* tu m'as flanqué une peur bleue ◆ *n (peur)* panique *f*; *(fam) you gave me a ~* tu m'as fichu la frousse; *bomb ~* alerte *f* à la bombe ‖ **°scarecrow** *n* épouvantail *m* ‖ **°scared** *adj* effrayé,

apeuré; *~ stiff* pétrifié de peur ‖ **°scaremonger** *n* alarmiste *m* ‖ **scare up** *vpart (amér)* débusquer ‖ **°scary** *adj* 1 *(fam)* effrayant 2 peureux *(f* -euse).

scarf [skɑːf] *n (pl* **scarfs** ou **scarves**) écharpe *f*, foulard *m*.

scarify [ˈskærɪfaɪ] *vt (Méd)* scarifier.

scarlet [ˈskɑːlɪt] *adj n* écarlate; *~ fever* scarlatine *f*.

scathing [ˈskeɪðɪŋ] *adj (propos)* cinglant, caustique.

scatter [ˈskætə] *vti* (se) disperser, (s')éparpiller ‖ **°scatterbrained** *adj* étourdi ‖ **°scatty** *adj (brit fam)* farfelu.

scavenge [ˈskævɪndʒ] *vi* fouiller ‖ **°scavenger** *n* 1 animal *m* nécrophage 2 *(personne)* récupérateur *m (f* -trice).

scene [siːn] *n* 1 scène *f* 2 lieu *m* (d'un événement); *where does the ~ take place?* où se passe l'action? 3 *(souvent pl)* décor *m*; *behind the ~s* dans les coulisses *fpl*; *(fig)* en coulisse 4 vue *f* 5 *(loc)* he *made a ~* il nous a fait une scène; *(fam) it's not my ~* ce n'est pas mon truc ‖ **°scenery** *ns inv* 1 *(Th)* décor *m* 2 paysage *m* (pittoresque) ‖ **°sceneshifter** *n (Th)* machiniste *m* ‖ **°scenic** *adj* scénique; *~ road* route *f* panoramique; *~ railway* chemin de fer *m* miniature; *(manège)* *(aussi big dipper)* montagnes *fpl* russes.

scent [sent] *n* 1 *(brit)* parfum *m* 2 odeur *f* 3 piste *f*; *we lost the ~* nous avons perdu la trace 4 *(fig)* flair *m* ◆ *vt* 1 *(aussi fig)* flairer 2 parfumer.

sceptic [ˈskeptɪk] *(amér* **skeptic)** *n* sceptique *mf* ‖ **°sceptical** *(amér* **skeptical)** *adj* sceptique.

schedule [ˈʃedjuːl/ˈskedjuːl] *n* 1 plan *m* prévisionnel; programmation *f*; *it is not on my ~* ce n'est pas inscrit dans mon programme; *ahead of/behind ~* en avance/en retard sur les prévisions; *I'm on a tight ~* j'ai un emploi du temps très chargé 2 *(prix)* barème *m* 3 *(train)* horaire *m*; *on ~* à l'heure 4 *(amér)* emploi *m* du temps ◆ *vt* 1 établir un programme 2 dresser un inventaire; *(brit Jur) that house has been ~d* cette maison est inscrite à l'inventaire *m* (des monuments historiques) ‖ **°scheduled** *(amér* **skeduled)** *adj* programmé; *~ flight* vol *m* régulier.

scheme [skiːm] *n* 1 plan *m*; projet *m* 2 arrangement *m*; *colour ~* combinaison *f* de couleurs 3 machination *f*, intrigue *f* ◆ *vti* comploter.

schism [ˈsɪzəm] *n* schisme *m*.

schizophrenic [ˌskɪtsəʊˈfrenɪk] *adj n* schizophrène *mf*.

scholar [ˈskɒlə] *n* 1 érudit *m* 2 boursier *m (f* -ière) ‖ **°scholarship** *n* 1 *(Ens)* bourse *f* (d'études) 2 connaissances *fpl*; *he shows great ~* il fait preuve d'une grande érudition ‖ **scho°lastic** adj 1 ~ *year* année f scolaire 2 *(Phil)* scolastique.

school[1] [sku:l] n *(brit, jusqu'à 18 ans; amér, y compris niveau universitaire)* école f; *children go to ~ when they are six* les enfants sont scolarisés à l'âge de six ans; *~ begins at nine* les cours mpl commencent à neuf heures; *boarding ~* pensionnat m; *driving ~/(brit) ~ of motoring* auto-école f; *public ~* (brit) école privée; *(amér)* école publique; *summer ~* cours m d'été ♦ vt 1 *(esprit)* former 2 *(animal)* dresser ‖ **°schoolbag** n cartable m. ‖ **°schoolboy/girl** n écolier m (f -ière) ‖ **school °bus** n bus m de ramassage m scolaire ‖ **°schoolday** n jour m de classe; *in my ~s* quand j'allais en classe ‖ **school fees** npl frais mpl de scolarité ‖ **°schoolfriend** n *(aussi* **schoolmate**) camarade mf de classe ‖ **°schooling** n 1 instruction f, éducation f 2 *(animal)* dressage m ‖ **°schoolmaster/-mistress** n 1 maître m/maîtresse f d'école ‖ **school re°port** n bulletin m scolaire ‖ **°schoolroom** n salle f de classe ‖ **°schoolteacher** n 1 *(école élémentaire)* instituteur m (f -trice); professeur m d'école 2 *(collège, lycée)* professeur m.

school[2] [sku:l] n banc m (de poissons).

schooner ['sku:nə] n *(Naut)* goélette f.

sciatica [saɪ'ætɪkə] ns inv *(Méd)* sciatique f.

science ['saɪəns] n science f ‖ **scien°tific** adj scientifique ‖ **°scientist** n scientifique mf.

scintillate ['sɪntɪleɪt] vi étinceler, scintiller.

scissors ['sɪzəz] npl inv ciseaux mpl.

scoff [skɒf] vi *(at)* se moquer (de).

scold [skəʊld] vt gronder, réprimander.

scone [skɒn/skəʊn] n pain m au lait.

scoop [sku:p] n 1 *(farine)* pelle f; *(Naut)* écope f; *(fig) at one ~* d'un coup 2 *(fig) (Presse)* scoop m ♦ vt 1 ramasser (à la pelle); *~ out* évider; excaver 2 *(Presse)* devancer (dans la publication d'une nouvelle).

scooter ['sku:tə] n 1 *(jouet)* trottinette f 2 *(à moteur)* scooter m.

scope [skəʊp] n portée f; *it's within my ~* c'est dans mes compétences; *there's ~ for improvement* il y a une place pour des améliorations.

scorch [skɔ:tʃ] vt brûler; roussir ♦ n brûlure f ‖ **°scorcher** n journée f torride ‖ **°scorching** adj brûlant; *it's ~ hot (aliment)* c'est brûlant; *(temps)* il fait une chaleur torride.

score [skɔ:] n 1 écorchure f 2 *(Sp)* score m; *(fig) I've a ~ to settle with you!* j'ai un compte à régler avec toi! 3 *(Mus)* partition f 4 *(chiffre)* vingtaine f; *(fam) ~s of times* des centaines de fois ♦ vti

1 rayer; *~ off/out* barrer 2 *(Sp)* marquer (un point) 3 *(Mus)* écrire (pour un instrument précis) ‖ **°scoreboard** n *(Sp)* tableau m ‖ **°scorer** n *(Sp)* marqueur m.

scorn [skɔ:n] n mépris m ♦ vt mépriser ‖ **°scornful** adj méprisant.

Scot [skɒt] n Écossais(e) m(f); *(aussi fig) get off ~-free* sortir indemne ‖ **Scotch** adj écossais; *(Cuis) ~ egg* œuf dur enrobé de farce ♦ n whisky m (écossais), scotch m ‖ **scotch** vt *(projet)* faire échouer ‖ **°Scotsman/°Scotswoman** n Écossais(e) m(f) ‖ **°Scottish** adj écossais.

scoundrel ['skaʊndrəl] n escroc m, scélérat m.

scour [skaʊə] vt lessiver (un plancher); récurer (une casserole) ♦ n *(loc) I gave the pan a (good) ~* j'ai récuré la casserole (à fond).

scourge [skɜ:dʒ] n fléau m.

scout [skaʊt] n 1 *(Mil)* éclaireur m; *~ car* voiture f de reconnaissance 2 *(scoutisme)* éclaireur m; scout m ‖ **scout about/ (a)round** vpart *(Mil) (aussi fig)* aller reconnaître le terrain ‖ **°scouting** n scoutisme m ‖ **°scoutmaster** n chef m de troupe.

scowl [skaʊl] vi froncer les sourcils.

scraggy ['skrægɪ] adj décharné.

scram [skræm] vi *(fam)* ficher le camp.

scramble ['skræmbl] vt 1 se déplacer (en s'aidant des mains et des pieds) 2 se bousculer 3 *(Cuis) ~d eggs* œufs mpl brouillés 4 *(Rad)* brouiller (un signal) ♦ n 1 escalade f 2 *(Sp)* course f de motocross m 3 ruée f.

scrap[1] [skræp] n fragment m; *catch ~s of conversation* saisir des bribes fpl de conversation; *not a ~ of evidence* pas la moindre preuve.

scrap[2] [skræp] ns inv *(Ind)* déchets mpl; *~ iron* ferraille f; *~ paper* papier m brouillon; vieux papiers; *sell for ~* vendre à la casse/à la ferraille; *(aussi fig) throw on the ~ heap* mettre au rebut; envoyer à la casse ♦ vt envoyer à la casse; mettre au rebut ‖ **°scrapbook** n album m (de coupures de journaux, photos, etc.).

scrap[3] [skræp] n *(fam)* courte bagarre f ♦ vi se bagarrer.

scrape [skreɪp] vt écorcher; érafler; gratter; racler; *~ through an examination* réussir un examen de justesse; *he just ~s a (bare) living* il gagne à peine de quoi vivre; *(loc) ~ (up) an acquaintance with someone* s'arranger pour lier connaissance avec quelqu'un ♦ n 1 éraflure f 2 *(fam)* embarras m; *he got into/out of a ~* il s'est mis dans/il est sorti d'un mauvais pas.

scraps [skræps] npl inv *(aliments)* restes mpl.

scratch [skrætʃ] vti 1 (se) gratter; *stop ~ing (your head)!* cesse de te gratter (la tête)! *she ~es a (bare) living* elle gagne juste de quoi vivre ; *you've only ~ed the surface* tu n'es pas allé au fond des choses 2 égratigner ; griffer 3 *(Sp)* annuler ◆ *n* 1 grattement *m* 2 égratignure *f* ; éraflure *f* 3 *(loc) start from* ~ *(Sp)* there scratch ; *(fig)* partir de rien ; *he didn't come up to* ~ il ne s'est pas montré à la hauteur.

scrawl [skrɔːl] *vt* griffonner ◆ *n* gribouillage *m*.

scrawny ['skrɔːnɪ] *adj* décharné.

scream [skriːm] *vi* crier ; ~ *with pain* hurler de douleur ; ~ *with laughter* rire aux éclats ◆ *n* cri *m* ; *give a* ~ *of pain/laughter* pousser un hurlement/ éclater de rire ; *(fam) she was a* ~ elle était tordante ‖ °**screamingly** *adv (fam loc)* ~ *funny* à se tordre de rire.

screech [skriːtʃ] *n* cri *m* strident ; ~ *of tires/tyres* crissement *m* de pneus ◆ *vi* hurler.

screen [skriːn] *n* 1 paravent *m* 2 *(Arch)* jubé *m* 3 *(Ciné)* écran *m* 4 *(fig)* ~ *of trees* rideau *m* d'arbres ◆ *vt* 1 *(aussi fig)* protéger 2 *(Ciné)* adapter à l'écran ; projeter 3 *(sécurité)* examiner ; interroger ‖ °**screenplay** *n (Ciné)* scénario *m*.

screw [skruː] *n* 1 vis *f* 2 hélice *f* 3 *(argot brit)* paie *f* 4 *(Sp) put a* ~ *on a ball* donner de l'effet à une balle 5 *(fig) he's got a* ~ *loose* il lui manque une case ◆ *vti* 1 (se) visser ; ~ *tight* visser à bloc ; *I'll* ~ *your neck!* je vais te tordre le cou ! *(fig) she's got her head* ~*ed on all right* elle a la tête sur les épaules ; *he* ~*ed up the letter* il froissa la lettre dans sa main ; *she* ~*ed up her eyes* elle plissa ses yeux ; *he* ~*ed up his face* il fit la grimace ; *she had to* ~ *up her courage* elle dut prendre son courage à deux mains 2 *(fam)* escroquer ; extorquer 3 *(argot brit)* baiser ‖ °**screwball** *adj n (amér fam)* cinglé, dingue, loufoque ‖ °**screwdriver** *n* tournevis *m* ‖ °**screwed** *adj (brit fam)* bourré, paf ‖ °**screwy** *adj (fam)* cinglé.

scribble ['skrɪbl] *vti* griffonner ◆ *n* gribouillage *m* ‖ °**scribbling pad** *n* bloc-notes *m*.

script [skrɪpt] *n* 1 manuscrit *m* 2 *(Ens)* copie *f* 3 *(Rad, Th, TV)* texte *m* ; *(Ciné)* scénario *m* ‖ °**scriptwriter** *n* scénariste *mf*.

Scripture ['skrɪptʃə] *n* Écriture *f* sainte.

scroll [skrəʊl] *n* rouleau *m* (de parchemin) 2 *(Arch)* volute *f*.

scrooge [skruːdʒ] *n (fam)* grippe-sou *m*.

scrounge ['skraʊndʒ] *vti* mendier ; *he* ~*d a meal off me* il m'a tapé d'un repas ‖ °**scrounger** *n* parasite *m*.

scrub[1] [skrʌb] *ns inv* broussailles *fpl* ‖ °**scrubby** *adj* 1 rabougri 2 couvert de broussailles.

scrub[2] [skrʌb] *vt* 1 brosser ; récurer ; ~ *off the stain* faire partir la tache en frottant

2 *(fam)* annuler ◆ *n (loc) give it a (good/hard)* ~*!* frotte-le énergiquement ‖ °**scrubber** *n* tampon *m* à récurer 2 *(fam)* putain *f* ‖ °**scrubbing brush** *(brit)* /°**scrub brush** *(amér) n* brosse *f* dure.

scruff [skrʌf] *n* ~ *of the neck* peau *f* du cou ‖ °**scruffy** *adj* débraillé ; miteux *(f* -euse) ; négligé.

scrum [skrʌm] *n (rugby)* mêlée *f* ; ~ *half* demi *m* de mêlée.

scrumptious ['skrʌmpʃəs] *adj (fam)* succulent.

scruple ['skruːpl] *n* scrupule *m* ; *I have no* ~*s about saying...* je n'hésite pas à dire... ‖ °**scrupulous** *adj* scrupuleux *(f* -euse) ; méticuleux *(f* -euse).

scrutinize/-ise ['skruːtɪnaɪz] *vt* scruter ‖ °**scrutiny** *n* examen *m* minutieux.

scuba ['skjuːbə] *n* scaphandre *m* autonome.

scuff [skʌf] *vti (loc)* ~ *one's feet* traîner (les pieds).

scuffle ['skʌfl] *vi* se bagarrer ◆ *n* bagarre *f* ; échauffourée *f*.

scull [skʌl] *n* aviron *m* ◆ *vi* faire de l'aviron.

scullery ['skʌlrɪ] *n* arrière-cuisine *f*.

sculpt [skʌlpt] *vti* sculpter ‖ °**sculptor** *m* ‖ °**sculptress** *n* femme *f* sculpteur ‖ °**sculpture** *n* sculpture *f* ◆ *vt* sculpter.

scum [skʌm] *n* écume *f* ; *(fig) the* ~ *of the earth* la lie de la société.

scurf [skɜːf] *ns inv (Méd)* pellicules *fpl*.

scurrilous ['skʌrɪləs] *adj (langage)* calomnieux *(f* -ieuse) ; grossier *(f* -ière) ; ordurier *(f* -ière).

scurry ['skʌrɪ] *vi* se précipiter ; ~ *away/off* détaler.

scurvy ['skɜːvɪ] *n (Méd)* scorbut *m*.

scuttle[1] ['skʌtl] *n coal* ~ seau *m* à charbon.

scuttle[2] ['skʌtl] *vt (Naut)* saborder ‖ **scuttle off** *vpart* décamper, déguerpir, détaler.

scythe [saɪð] *n* faux *f*.

sea [siː] *n* mer *f* ; *heavy/rough* ~ mer houleuse ; *at* ~ en mer ; *in the open* ~ au grand large ; *go/put to* ~ prendre le large ; *(fig) I'm all at* ~ je n'y comprends rien ; je nage complètement ; ~ *battle* bataille *f* navale ; ~ *power* puissance *f* maritime ; ~ *wall* digue *f* ; *at* ~ *level* au niveau de la mer ‖ °**seaboard** *n* littoral *m* ‖ °**seafaring** *adj* marin ; ~ *life* vie *f* de marin ‖ °**seafood** *ns inv* fruits *mpl* de mer ‖ °**seafront** *n* esplanade *f* (de front de mer) ‖ °**seagull** *n* mouette *f* ; goéland *m*.

seal[1] [siːl] *n (Zool)* phoque *m*.

seal[2] [siːl] *n (aussi fig)* cachet *m* ; sceau *m* ◆ *vt* 1 *(enveloppe)* cacheter ; coller 2 *(aliments)* fermer hermétiquement 3 *(Jur)* *(aussi fig)* sceller ; *(lit) his fate is ~ed* son sort est réglé ; *(fig) the area is ~ed off* le quartier est bouclé (par la police) ‖ **°sealing wax** *n* cire *f* à cacheter.

sealion ['siːlaɪən] *n* otarie *f*.

seam [siːm] *n* **1** couture *f* **2** *(charbon)* veine *f* ‖ **°seamy** *adj (loc) the ~ side of life* l'envers *m* du décor.

séance ['seɪəs] *n* séance *f* de spiritisme.

search [sɜːtʃ] *vti* **1** *(for)* (re)chercher **2** fouiller **3** *(Jur)* perquisitionner ◆ *n* **1** recherche *f* ; *in ~ of* à la recherche de **2** fouille *f* **3** *(Jur)* perquisition *f* ‖ **°searching** *adj (regard)* pénétrant ; *(examen)* minutieux *(f -euse)* ‖ **°searchlight** *n* projecteur *m* ‖ **°search party** *n* équipe *f* de secours ‖ **°search warrant** *n* mandat *m* de perquisition.

seascape ['siːskeɪp] *n (Art)* paysage *m* marin ‖ **°seashell** *n* coquillage *m* ‖ **°seashore** *n* rivage *m* ‖ **°seasick** *adj be ~* avoir le mal de mer ‖ **°seasickness** *n* mal *m* de mer ‖ **°seaside** *n* bord *m* de mer ; *~ resort* station *f* balnéaire.

season¹ ['siːzən] *n* saison *f* ; *(Th) ~ ticket* carte *f* d'abonnement ; *festive ~* saison *f* des fêtes ‖ **°seasonal** *adj* saisonnier *(f -ière)*.

season² ['siːzən] *vt* **1** *(Cuis)* assaisonner ; relever **2** *(bois)* faire sécher ‖ **°seasoned** *adj* **1** *(bois)* sec **2** *(personne)* expérimenté ; *~ troops* militaires *mpl* aguerris ‖ **°seasoning** *n (Cuis)* assaisonnement *m* **2** *(bois)* séchage *m*.

seat [siːt] *n* **1** siège *m* ; *take a ~!* asseyez-vous ! *keep your ~s!* restez assis ! ; *(fig) take a back ~* quitter le devant de la scène **2** *(Pol) lose/win a ~* perdre/gagner un siège **3** *(Th, transports)* place *f* ; *book your ~!* réservez votre place ! **4** fond *m* (de culotte) **5** *country ~* château *m* ◆ *vt* **1** asseoir, faire asseoir ; *remain ~ed* rester assis **2** *(à table)* placer (des invités) **3** *(capacité) this room can ~ 50 guests* cette salle peut accueillir 50 invités ‖ **°seat belt** *n (Aut)* ceinture *f* de sécurité.

sea urchin ['siːɜːtʃɪn] *n* oursin *m* ‖ **°seaweed** *ns inv* algue(s) *f(pl)* ; goémon *m* ; varech *m* ‖ **°seaworthy** *adj* en état de prendre la mer.

secateurs [ˌsekə'tɜːz] *npl inv* sécateur(s) *m(pl)*.

secluded [sɪ'kluːdɪd] *adj* isolé, retiré ; à l'écart ‖ **se°clusion** *n* isolement *m*, solitude *f*.

second¹ ['sekənd] *n (temps)* seconde *f* ; *just/half a ~!* une (petite) seconde !

second² [sɪ'kɒnd] *(Adm)* détacher (un fonctionnaire) ‖ **se°condment** *n (Adm)* détachement *m*.

second³ ['sekənd] *adj* **1** deuxième ; second ; *every ~ week* une semaine sur deux ; *he's ~ to none* il n'a pas son pareil ;

(amér) on ~thought/(brit) on ~ thoughts à la réflexion ◆ *adv (Sp) he came in ~* il a pris la deuxième place ; *we came off ~ best* nous avons essuyé une défaite ◆ *n* **1** *(Aut) in ~* en seconde (vitesse) **2** *(boxe)* soigneur *m* ◆ *vt (proposition)* appuyer ‖ **°secondary** *adj* secondaire ‖ **second-°class** *adj adv I travel ~* je voyage en seconde ‖ **second-°hand** *adj adv* d'occasion ; *(information)* de seconde main ‖ **°second-in-co°mmand** *n (Mil)* commandant *m* en second ‖ **°secondly** *adv* deuxièmement ; en second lieu ‖ **second-°rate** *adj* médiocre ‖ **°seconds** *npl inv* **1** *(Com)* articles *mpl* de deuxième choix **2** *(à table)* deuxième portion *f*.

secrecy ['siːkrɪsɪ] *n* secret *m* ; *in (strict) ~* en (grand) secret ‖ **°secret** *n* secret *m* ; *she makes no ~ of it* elle ne s'en cache pas ; *it's an open ~* c'est un secret de Polichinelle ◆ *adj* secret *(f -ète)* ; *keep it ~!* ne le dis à personne !

secretarial [ˌsekrə'teərɪəl] *adj a ~ post* un poste de secrétaire ; *~ work* travail *m* de secrétariat ‖ **°secretary** *n* **1** *(Adm, Com)* secrétaire *mf* **2** *(Pol) S~ of State (brit)* ministre *m inv* (de certains grands ministères seulement) ; *(amér)* ministre *m inv* des Affaires étrangères.

secrete [sɪ'kriːt] *vt* **1** *(Méd)* sécréter **2** *(fig)* cacher ; receler ‖ **°secretive** *adj* secret *(f -ète)* ; cachottier *(f -ière)*.

sect [sekt] *n* secte *f* ‖ **sec°tarian** *adj* sectaire.

section ['sekʃən] *n* **1** section *f* **2** *(Mil)* groupe *m* de combat ‖ **°sectional** *adj ~ furniture* mobilier *m* démontable/à éléments ‖ **°sector** *n* secteur *m*.

secular ['sekjʊlə] *adj* **1** *(Rel)* séculier *(f -ière)* **2** *(Ens)* laïque **3** *(Mus)* profane.

secure [sɪ'kjʊə] *adj* **1** sûr ; solide ; bien fermé **2** *(fig)* assuré ; *she has a ~ job* elle a un travail stable ◆ *vt* **1** attacher ; fixer **2** *(fig)* assurer ; préserver **3** se procurer ‖ **se°curities** *npl inv (Fin)* titres *mpl*, valeurs *fpl* ‖ **se°curity** *n* sécurité *f* ; *(UNO) S~ Council* Conseil *m* de sécurité **2** *(Fin)* caution *f* ; garantie *f*.

sedate [sɪ'deɪt] *adj* calme ; posé ◆ *vt (Méd)* mettre sous calmant ‖ **°sedative** *n (Méd)* calmant *m*.

sedentary ['sedntrɪ] *adj* sédentaire.

sediment ['sedɪmənt] *n (rivière)* sédiment *m* ; *(vin)* dépôt *m*, lie *f*.

seduce [sɪ'djuːs] *vt* séduire ‖ **se°ductive** *adj* séduisant.

see¹ [siː] *n (Rel)* siège *m* épiscopal.

see² [siː] *vti (p saw ; pp seen)* **1** voir ; *I can't ~ to read* je n'y vois pas pour lire ; *as far as the eye can ~* à perte de vue ; *~ for yourself!* regarde toi-même ! *I saw her open(ing) the door* je l'ai vue ouvrir/qui ouvrait la porte ; *she was ~n to open* the door on l'a vue ouvrir la porte ; *it has to be ~n!* c'est (une chose) à voir ! *there was nothing to ~/be ~n* il n'y avait rien à voir 2 *(fig)* we don't ~ eye to eye nous n'avons pas la même vision des choses ; *I don't know what she ~s in him* je ne comprends pas ce qu'elle lui trouve ; *I've ~n the day when...* je me souviens de l'époque où... ; *this coat has ~n better days* ce manteau commence à être usé ; *I can't ~ her doing that* je ne la vois pas faire cela 3 *(imperativ)* go and ~ who it is! va voir qui c'est ! 4 rencontrer : *I don't ~ much of him* je ne le vois pas souvent ; *(I'll) ~ you/be ~ing you later!/soon!/on Monday!* à tout à l'heure !/à bientôt !/à lundi ! *you should ~ a doctor* tu devrais consulter un médecin ; *he can ~ you now* il peut vous recevoir maintenant 5 comprendre ; *let me ~!* que je réfléchisse !/montre-moi ! *if you ~ what I mean* si tu vois ce que je veux dire ; *(so) I ~!* en effet ! *as I ~ it...* de mon point de vue... ; *as far as I can ~* pour autant que je puisse en juger 6 accompagner ; *I saw them home/out* je les ai raccompagnés jusque chez eux/jusqu'à la porte ; *we saw them off* on les a accompagnés (à la gare, à l'aéroport) 7 s'assurer ; *~ (that) you lock the door* veille à bien fermer la porte ; *I must ~ about that* il faut que je m'en occupe ; *I'll ~ to booking the seats* je me charge de louer les places ; *(fam) I'll ~ you damned/dead/in hell first!* tu peux aller te faire foutre ! ∥ °**seeing (that)** *conj* étant donné que ∥ **see through** *vpart* 1 voir clair en 2 mener à bonne fin.

seed [si:d] *n* 1 *(tomate)* graine *f* ; *(raisin)* pépin *m* 2 *(Ag)* semence *f* ; *go to ~ (Bot)* monter en graine ; *(fig)* se laisser aller 3 *(tennis)* tête *f* de série ◆ *vt* 1 *(Ag)* ensemencer 2 *(Bot)* monter en graine 3 *(Cuis)* épépiner 4 *(tennis)* classer ∥ °**seedless** *adj* sans pépins ∥ °**seedling** *n* (jeune) plant *m* ∥ °**seedy** *adj (fam)* 1 râpé ; minable ; miteux *(f* -euse*)* 2 *(santé)* mal fichu, patraque.

seek [si:k] *vti (p pp* **sought**) *(for)* chercher ; *he ~s (for) help from everybody* il demande de l'aide à tout le monde ; *it's very (much) sought after* c'est très recherché.

seem [si:m] *vi* paraître, sembler 1 *(sujet personnel)* ; *she ~s (to be) afraid* elle a l'air d'avoir peur ; *I ~ to remember you* il me semble vous reconnaître ; *I ~ to have heard that* il me semble avoir entendu dire cela ; *I ~ to have caught a cold* je crois que je m'enrhume ; *you ~ to have been running* on dirait que tu as couru 2 *(sujet impersonnel)* ; *it ~s you're leaving* il paraît que tu pars ; *it ~s so* on (le) dirait ; *it ~s not* on dirait que non ; *it ~s*

as if/though... on dirait que... ; *there ~s to be a mistake* il semble y avoir une erreur ∥ °**seemingly** *adv* apparemment.

seemly [ˈsiːmlɪ] *adj* convenable, décent.

seen [siːn] *pp* de **see**.

seep [siːp] *vi* filtrer ; suinter.

seesaw [ˈsiːsɔː] *n (jeu)* bascule *f*.

seethe [siːð] *vi* 1 *(aussi fig)* bouillonner 2 *(foule)* grouiller.

segregate [ˈsegrɪgeɪt] *vt* séparer ∥ **se**-°**gregation** *n (aussi Pol)* ségrégation *f*.

seize [siːz] *vti* 1 s'emparer de ; *~ (upon) the chance* saisir l'occasion 2 *(machine)* se gripper ∥ °**seizure** *n (Jur)* saisie *f* 2 prise *f* 3 *(Méd) heart ~* crise *f* cardiaque.

seldom [ˈseldəm] *adv* rarement.

select [srˈlekt] *vt* choisir ; *(concours)* sélectionner ; *~ed works* œuvres *fpl* choisies ◆ *adj* de choix ; sélect ∥ **se**°**lection** *n* choix *m*, sélection *f* ∥ **se**°**lective** *adj* sélectif *(f* -ive*)*.

self[1] [self] *n (pl* **selves**) *(Psy) the ~* le moi ; *he's his old ~ again* il est complètement rétabli ; *he showed his better ~* il a montré le meilleur de lui-même.

self[2] [self] *suffixe* ; *voir* **herself**, **himself**, **myself**, **ourselves**, **themselves**, **yourself**, **yourselves**.

self- [self] *préfixe* auto- ∥ **self-ad**°**hesive** *adj* auto-collant ∥ **self-a**°**ssertive** *adj* autoritaire ∥ **self-a**°**ssurance** *n* confiance *f* en soi, aplomb *m* ∥ **self-a**°**ssured** *adj* assuré ∥ **self-o**°**pinionated** *adj* self-o°pinionated... ∥ **self-**°**centred** *adj* égocentrique ∥ **self-**°**centredness** *n* égocentrisme *m* ∥ **self-**°**confidence** *n* assurance *f* ∥ **self-**°**confident** *adj* sûr de soi ∥ **self-**°**conscious** *adj* timide, qui manque d'assurance ∥ **self-**°**consciousness** *n* gêne *f* ; timidité *f* ∥ **self-con**°**tained** *adj* autonome ; indépendant ∥ **self-con**°**trol** *n* maîtrise *f* de soi ; sang-froid *m* ∥ **self-de**°**fence** *(brit)/-*de°**fense** *(amér) n (Jur)* légitime défense *f* ∥ **self-de**°**nial** *n* abnégation *f* de soi ∥ **self-determi**°**nation** *n (Pol)* auto-détermination *f* ∥ °**self-drive** *adj ~ car* voiture *f* sans chauffeur ∥ **self-**°**educated** *adj* autodidacte ∥ **self-o**°**employed** *adj* *he's ~* c'est un travailleur indépendant ∥ **self-es**°**teem** *n* amour-propre *m* ∥ **self-**°**evident** *adj* évident ; qui va de soi ∥ **self-ex**°**planatory** *adj* qui se passe de commentaire ∥ **self-**°**governing** *adj* autonome ∥ **self-**°**government** *n* autonomie *f* ∥ **self-im**°**portant** *adj* imbu de sa personne ∥ **self-in**°**dulgent** *adj* qui ne se refuse rien ∥ **self-**°**interest** *n* intérêt *m* (personnel) ∥ **self-o**°**pinionated** *adj* pontifiant ∥ **self-**°**pity** *n* apitoiement *m* (sur soi-même) ∥ **self-**°**portrait** *n* autoportrait *m* ∥ **self-po**°**ssessed** *adj* maître de soi ∥ **self-preser**°**vation** *n* instinct *m* de conservation ∥ °**self-raising** °**flour** *n* farine *f* à levure ∥ **self-re**°**liance** *n* (esprit d') indépendance *f* ‖ **self-re°liant** *adj* indépendant ‖ **self-re°spect** *n* amour-propre *m*, respect *m* de soi ‖ **self-re°specting** *adj* qui se respecte ‖ **self-°righteous** *adj* satisfait de soi, sûr de son bon droit ‖ **self-°righteousness** *n* suffisance *f* ‖ **self-°service** *n* (Com) libre-service *m* ‖ **self-su°fficiency** *n* (personne) suffisance *f*; (Eco) autarcie *f*; indépendance *f* ‖ **self-su°fficient** *adj* (personne) suffisant; (Eco) indépendant ‖ **self-°taught** *adj* autodidacte ‖ **self-°willed** *adj* opiniâtre.

selfish ['selfɪʃ] *adj* égoïste ‖ **°selfishness** *n* égoïsme *m* ‖ **°selfless** *adj* altruiste, désintéressé ‖ **°selflessness** *n* altruisme *m*.

sell [sel] *vt* (p pp **sold**) vendre; *he sold it to me for £5* il me l'a vendu 5 livres; *it ~s well* cela se vend bien; *they're ~ing off everything* ils liquident tout; *it's sold out* c'est épuisé; *we're sold out of it* nous n'en avons plus en stock; *he's ~ing up* il vend son commerce; (fig) *you've been sold a pup on it* ça te refait; *he tried to ~ me the idea of...* il a essayé de me faire accepter l'idée de...; *I'm not sold on it* je ne suis pas emballé par cela ‖ **°seller** *n* (Eco) vendeur *m inv* ‖ **°selling price** *n* prix *m* de vente.

sellotape ['seləteɪp] *n* ruban *m* adhésif, scotch *m*.

seltzer ['seltsə] *n* eau *f* de Seltz.

semantic [sɪ'mæntɪk] *adj* sémantique ‖ **se°mantics** *n* sémantique *f*.

semaphore ['seməfɔ:] *n* sémaphore *m*.

semblance ['sembləns] *n* semblant *m*.

semen ['si:mən] *n* sperme *m*.

semester [sɪ'mestə] *n* (Ens) semestre *m*.

semi- ['semi] *préf* demi-, semi- ‖ **°semicircle** *n* demi-cercle *m* ‖ **semi-°colon** *n* point-virgule *m* ‖ **semi-°conscious** *adj* à demi conscient ‖ **semi-de°tached** *adj* ~ *house* maison *f* jumelle ‖ **semi-°final** *n* (Sp) demi-finale *f* ‖ **semi-o°fficial** *adj* officieux (*f* -ieuse).

seminar ['semɪnɑ:] *n* (Ens) séminaire *m*.

seminary ['semɪnrɪ] *n* (Rel) séminaire *m*.

semolina [semə'li:nə] *n* (Cuis) semoule *f*.

senate ['senɪt] *n* sénat *m* ‖ **°senator** *n* sénateur *m*.

send [send] *vt* (p pp **sent**) **1** envoyer; *I sent her (away/off/out) for a doctor* je l'ai envoyée chercher un médecin **2** (loc) *it sent a shiver down my spine* cela m'a fait froid dans le dos; *the blow sent him sprawling* le coup l'a envoyé par terre; *I sent him packing/about his business* je l'ai envoyé promener; *it ~s me to sleep* cela m'endort **3** (fam) *his playing ~s me!* je suis emballé par son jeu! ‖ **send back** *vpart* renvoyer ‖ **°sender** *n* expéditeur (*f* -trice) ‖ **send in** *vpart* *I sent in my ap-*

plication/resignation j'ai fait ma demande/donné ma démission; *I sent in for the form* j'ai écrit pour demander le formulaire ‖ **°send-off** *n* cérémonie *f* d'adieux ‖ **send on** *vpart* (courrier) faire suivre ‖ **send up** *vpart* **1** faire monter **2** (brit fam) parodier **3** (amér fam) mettre en taule.

senile ['si:naɪl] *adj* sénile ‖ **senility** [sɪ'nɪlɪtɪ] *n* sénilité *f*.

senior ['si:nɪə] *adj* *n* **1** (hiérarchie) supérieur **2** (âge) aîné; *he's 3 years ~ to me* il est de 3 ans mon aîné ‖ ~ *citizen* personne *f* âgée ‖ **seni°ority** *n* **1** supériorité *f* **2** ancienneté *f*.

sensation [sen'seɪʃən] *n* sensation *f* ‖ **sen°sational** *adj* **1** qui fait sensation **2** (journal) à sensation **3** (fam) sensationnel (*f* -elle); super ‖ **sense** *n* **1** sens *m*; *the five ~s* les cinq sens; ~ *of hearing/sight/smell/touch* l'ouïe *f*; la vue *f*; l'odorat *m*; le toucher *m*; ~ *of direction/humour* sens de l'orientation/de l'humour **2** impression *f*; ~ *of freedom* sensation *f* de liberté; ~ *of injustice* sentiment *m* d'injustice **3** bon sens; *it's only (common) ~!* cela tombe sous le sens; *there's no ~ in doing that!* cela ne rime à rien de faire cela; *try to make her see* ~ essaie de lui faire entendre raison **4** (loc) *I can't make ~ of this!* je ne comprends rien à cela! *it doesn't make* ~ cela ne tient pas debout **5** (signification) *in every* ~ *of the word* dans toute l'acception du mot; *in a* ~... en un sens...; *in the figurative* ~ au figuré ◆ *vt* flairer; sentir; pressentir ‖ **°senseless** *adj* **1** (physique) sans connaissance **2** (mental) déraisonnable, stupide ‖ **°senses** *npl* (loc); *she's taken leave of her ~s!* elle est devenue folle! *that will bring her back to her ~s* cela va la ramener à la raison; *no one in his ~s would believe that!* personne de normal ne croirait cela! ‖ **sensi°bility** *n* sensibilité *f* ‖ **°sensible** *adj* raisonnable, sensé ‖ **°sensitive** *adj* sensible; (péj) susceptible ‖ **sensi°tivity** *n* sensibilité *f* ‖ **°sensual** *adj* sensuel (*f* -uelle) ‖ **°sensuous** *adj* voluptueux (*f* -ueuse).

sent [sent] *p pp* de **send**.

sentence ['sentəns] *n* **1** (Gr) phrase *f* **2** (Jur) condamnation *f*; *death ~* peine *f* de mort ◆ *vt* (Jur) condamner.

sentiment ['sentɪmənt] *n* **1** sentiment *m* **2** (péj) sentimentalité *f* ‖ **senti°mental** *adj* sentimental ‖ **senti°mentalist** *n* sentimental(e) *m(f)* ‖ **senti°mentality** *n* sentimentalité *f*; (péj) sensiblerie *f*.

sentry ['sentrɪ] *n* (Mil) sentinelle *f inv*; ~ *box* guérite *f*; *be on ~ duty* être de faction.

separate ['sepəreɪt] *vti* (into) (se) séparer (en) ◆ *adj* ['seprɪt] **1** séparé **2** (loc) *on ~*

days à des jours différents ; *two ~ meanings* deux sens distincts.

September [sep'tembə] *n* septembre *m*.

septet [sep'tet] *n (Mus)* septuor *m*.

septic ['septik] *adj* 1 *(Méd)* septique ; *~ tank* fosse *f* septique 2 *(plaie)* infecté.

sequel ['si:kwəl] *n* 1 *(Lit, TV)* suite *f* 2 conséquences *fpl*, suites *fpl* ‖ °**sequence** *n* 1 ordre *m*, suite *f* 2 *(cartes)* séquence *f*.

sequin ['si:kwɪn] *n* paillette *f*.

serenade [,serɪ'neɪd] *n* sérénade *f*.

serene [sɪ'ri:n] *adj* serein.

sergeant ['sɑ:dʒənt] *n (infanterie)* sergent *m* ; *(artillerie)* maréchal *m* des logis ; *(amér Av) flight ~* sergent-chef *m* ; *(Police)* brigadier *m*.

serial ['sɪərɪəl] *adj ~ number* numéro *m* de série ◆ *n (Lit, Rad, TV)* feuilleton *m* ‖ °**serialize/-ise** adapter en feuilleton.

series ['sɪəri:z] *n (pl inv)* série *f*.

serious ['sɪərɪəs] *adj* 1 sérieux *(f -ieuse)* ; sincère ; *~ proposal* proposition *f* sérieuse ; *I'm ~!* je ne plaisante pas ! 2 grave ; *~ accident/mistake/problem* accident/erreur/problème grave ‖ °**seriously** *adv* 1 sérieusement ; *take ~* prendre au sérieux 2 gravement (malade), grièvement (blessé) ‖ °**seriousness** *n* 1 sérieux *m* 2 gravité *f*.

serrated [sɪ'reɪtɪd] *adj* en dents de scie.

serum ['sɪərəm] *n* sérum *m*.

servant ['sɜ:vənt] *n* domestique *mf* ; *maid~* bonne *f* ; *civil ~* fonctionnaire *mf* ; *(aussi fig)* serviteur *m* ‖ **serve** *vti* 1 servir ; *~ a dish* servir un plat ; *(Com) are you being ~d?* est-ce qu'on s'occupe de vous ? *~ an apprenticeship* faire un apprentissage ; *~ a (prison) sentence* purger une peine (de prison) ; *(Jur) ~ on a committee/jury* faire partie d'un comité/jury ; *this will ~ the purpose* ceci fera l'affaire ; *(loc) if my memory ~s me right* si j'ai bonne mémoire 2 *(transports)* desservir ; *it ~s you right (for doing...)!* cela t'apprendra (à faire...) ! *~ as an example* servir d'exemple ◆ *n (tennis)* service *m* ; *it's your ~* c'est à toi de servir ‖ °**server** *n* 1 *(tennis)* serveur *m (f -euse)* 2 *(à table)* couvert *m* (à servir) ‖ °**service** *n* 1 service *m* ; *he's in the S~s* il est dans l'armée ; *civil ~* administration *f* ; *foreign ~* service diplomatique ; *at your ~* à votre disposition/service ; *(Com) can I be of ~ to you?* puis-je vous être utile ? *(autoroute) ~ area* aire *f* de services ; *(restaurant) ~ included* service compris 2 *(Rel)* culte *m*, office *m* 3 *(Tech)* entretien *m*, révision *f* ◆ *vt (machine)* entretenir, réviser ‖ °**serviceable** *adj* 1 utilisable 2 commode ‖ °**serviceman** *n* 1 militaire *m* ; *ex-~* ancien combattant *m*.

serviette [,sɜ:vɪ'et] *n* serviette *f* de table.

servile ['sɜ:vaɪl] *adj* servile ‖ **servility** [sɜ:'vɪlɪtɪ] *n* servilité *f*.

session ['seʃən] *n* 1 *(réunion)* séance *f* ; *(Pol) the House is in ~* la Chambre siège actuellement 2 *(Ens) (brit)* année *f* scolaire/universitaire ; *(amér)* trimestre *m*.

set [set] *vt (p pp set)* 1 placer, poser ; *village ~ on a hill* village *m* situé sur une colline ; *(fig) ~ the table* mettre la table ; *~ the words to music* mettre les paroles en musique 2 *(date)* fixer ; *~ the alarm for 7 o'clock* mettre le réveil pour 7 heures 3 *(bijou)* sertir 4 *(Sp)* établir (un record) 5 *(Méd) ~ a broken limb* réduire une fracture 6 *(coiffure) she had her hair ~* elle s'est fait faire une mise en plis 7 *(fig)* poser (un problème) 8 *(Ens)* donner (un sujet d'examen) ; mettre (un livre) au programme 9 *(loc) I haven't ~ eyes on her* je ne l'ai pas vue ; *she had ~ her heart/mind on doing that* elle avait tenu à faire cela ; *~ a trap* poser un piège ; *~the fashion* mener la mode ; *I ~ my teeth* j'ai serré les dents ; *~ an example* donner l'exemple 10 *(sens causatif) I ~ him to dig the garden* je lui ai fait bêcher le jardin ; *it ~ me thinking* cela m'a donné à réfléchir ◆ *vi* 1 *(colle)* coaguler ; (se) durcir ; prendre 2 *(soleil)* se coucher 3 *(loc) I ~ to work* je me suis mis au travail ; *they ~ about cleaning the house* ils se sont mis à nettoyer la maison ; *I don't know how to ~ about (doing) it* je ne sais pas comment m'y prendre ◆ *adj* stable ; *(temps)* fixe ; *(Ens) ~ book* livre *m* au programme ; *~ phrase* expression *f* consacrée ; *~ purpose* ferme intention *f* ; *at ~ hours* à heures *fpl* fixes ; *he's ~ in his ways* il ne sort pas de sa routine ; *she's (dead) ~ on being a doctor* elle veut (à tout prix) être médecin ; *I'm (dead) ~ against it* je m'y oppose absolument ; *I'm all ~ to leave* je suis fin prêt à partir ◆ *n* 1 *(outils)* assortiment *m*, jeu *m* ; service *m* (de porcelaine) ; batterie *f* (de cuisine) ; série *f* (de casseroles/de timbres) ; train *m* (de pneus) ; groupe *m* (de personnes) ; *(Math)* ensemble *m* ; *(Ciné, Th)* décor *m* ; *(Rad, TV)* poste *m* ; *(tennis)* manche *f*, set *m* ; *~ of (false) teeth* dentier *m* 2 *(coiffure)* mise *f* en plis ‖ **set aside** *vpart* 1 mettre de côté ; *house ~ back from the road* maison *f* en retrait de la route 2 *(fam fig) it ~ me back £ 10* cela m'a coûté 10 livres ‖ °**setback** *n* revers *m* ; déconvenue *f* ‖ **set down** *vpart (avion)* poser ; *(passager)* déposer ; *(par écrit)* consigner ‖ **set in** *vpart before winter ~s in* avant que l'hiver ne s'installe ‖ **set off** *vpart* 1 partir (en voyage) 2 *(explosif)* faire partir ; *(fig)* déclencher (une réaction) ‖ **set out** *vpart* 1 disposer ; exposer 2 se mettre en route ; *(fig) that wasn't what I ~ out to do ce* n'est pas cela que je voulais faire initialement ‖ °**setting** n décor m ; (bijou) monture f ; (fig) cadre m ; (Mus) arrangement m ‖ **set up** vpart 1 (s')installer ; (organisme) créer 2 (enquête) ouvrir 3 (Sp) établir (un record) 4 (fig) **they ~ up house together** ils se sont mis en ménage ‖ °**set-up** n organisation f.

settee [se'ti:] n canapé m ; **bed ~** canapé-lit m.

settle ['setl] vti 1 (facture, problème) régler ; (doutes) dissiper ; **that's ~d!** voilà une chose de réglée ; (Jur) **~ (a case) out of court** régler une affaire à l'amiable ; (compensation) **they ~d for £ 1000** ils ont accepté 1 000 livres 2 (se) stabiliser ; **the weather is settling** le temps se met au beau ; **an aspirin will ~ you** une aspirine vous calmera ; **things will soon ~** la situation s'arrangera bientôt 3 (oiseau) se poser ; (fig) **a dense fog ~d over the city** un brouillard épais tomba sur la ville 4 (s')installer ; **they (are) ~d in France** ils (se) sont établis en France ; **~ into a new job/routine** s'adapter à un nouveau travail/train-train ; **he ~d into his armchair** il se cala dans son fauteuil ‖ **settle down** vpart se stabiliser ; **he'll ~ down after getting married** il va se ranger après le mariage ; **I must ~ down to work** il faut que je me mette au travail ; **I can't ~ down to anything** je n'arrive pas à me concentrer ‖ °**settlement** n 1 règlement m ; **reach a ~** arriver à un accord 2 colonie f ‖ °**settler** n colon m.

seven ['sevn] num sept m ‖ °**seventh** adj septième ◆ n septième m.

sever ['sevə] vt couper.

several ['sevrəl] adj pr plusieurs mfpl ; **~ people** plusieurs personnes fpl ; **~ of them** plusieurs d'entre elles.

severe [sɪ'vɪə] adj (regard) sévère ; (douleur, froid) intense ; **a ~ bout of flu** une mauvaise grippe ‖ **severity** [sɪ'verɪtɪ] n sévérité f.

sew [səʊ] vti (p **sewed** ; pp **sewed/ sewn**) coudre.

sewage ['sju:ɪdʒ] n eaux fpl usées ‖ °**sewer** n égout m.

sewing ['səʊɪŋ] n couture f ; **~ machine** machine f à coudre.

sewn [səʊn] pp de **sew**.

sex [seks] n sexe m ; **she had ~ with him** elle a couché avec lui ‖ °**sexual** adj sexuel (f -uelle) ; **~ intercourse** rapports mpl sexuels.

sextet [seks'tet] n (Mus) sextuor m.

shabby ['ʃæbɪ] adj miteux (f -euse) ; (vêtement) râpé ; (fig) (comportement) mesquin.

shack [ʃæk] n cabane f.

shade [ʃeɪd] n 1 ombre f ; **in the ~ (of a tree)** à l'ombre (d'un arbre) ; (fig) **she**

put everyone else into the **~** elle a éclipsé tout le monde 2 (Art) **light and ~** l'ombre et la lumière ; (couleurs) ton m ; (fig) **~ of meaning** nuance f 3 abat-jour m (pl inv) ; (amér) store m ; (amér argot) **~s** lunettes fpl de soleil 4 (loc) **a ~ too salt** un peu (trop) salé ◆ vt abriter de la lumière.

shadow ['ʃædəʊ] n ombre f ; **in the ~s** dans l'obscurité f ; (aussi fig) **cast a ~** projeter une ombre ; (fig) **beyond the ~ of a doubt** sans l'ombre d'un doute ; (fig) **he has ~s under his eyes** il a les yeux cernés ; (fig) **she wore herself to a ~** elle s'est tuée à la tâche ◆ vt (police) filer ‖ °**shadowy** adj vague.

shady ['ʃeɪdɪ] adj 1 ombragé 2 (fig) louche.

shaft [ʃɑːft] n 1 (outil) manche m 2 (vx) flèche f ; (fig) **~ of light** rayon m de lumière 3 (Tech) arbre m (de transmission) 4 (mine) puits m ; (ascenseur) cage f.

shaggy ['ʃægɪ] adj (animal) à longs poils mpl ; (sourcils) broussailleux (f -euse).

shake [ʃeɪk] vti (p **shook**, pp **shaken**) 1 secouer ; **she shook her head** elle a secoué la tête ; elle a fait non de la tête ; **he shook his fist at me** il m'a menacé du poing ; **she shook hands with me** elle m'a serré la main 2 (convictions) ébranler 3 trembler ; **I was shaking with laughter** je me tordais de rire ‖ **shake off** vpart 1 (maladie) se débarrasser de 2 (poursuite) semer ‖ °**shake-up** n bouleversement m ; (Pol) remaniement m.

shall [ʃəl/ʃæl] aux mod 1 (sens futur) **I ~ be/I'll be at home tonight** je serai chez moi ce soir 2 (offre de services) **I switch off the radio?** veux-tu que j'éteigne le poste ? **~ we go?** on y va ?

shallot [ʃə'lɒt] n (Bot) échalote f.

shallow ['ʃæləʊ] adj peu profond ; (personne) superficiel (f -elle) ‖ °**shallows** npl inv hauts-fonds mpl.

sham [ʃæm] vt simuler ◆ adj feint ◆ n (personne) imposteur m inv ; (chose) trompe-l'œil m.

shambles ['ʃæmblz] n scène f de carnage/de dévastation ; (fam) **your room is a ~!** quelle pagaille dans ta chambre !

shame [ʃeɪm] n 1 honte f 2 (loc) **what a ~ you missed that!** quel dommage d'avoir raté ça ! ◆ vt faire honte à ‖ °**shame°faced** adj honteux (f -euse), penaud ‖ °**shameful** adj honteux, scandaleux (f -euse) ‖ °**shameless** adj éhonté, effronté.

shammy ['ʃæmɪ] n peau f de chamois.

shampoo [ʃæm'pu:] n shampooing m ◆ vt faire un shampooing à.

shamrock ['ʃæmrɒk] n trèfle m.

shandy ['ʃændɪ] n (bière) panaché m.

shan't [ʃɑːnt] ab de **shall not**.

shanty[1] ['ʃæntɪ] *n* baraque *f*; ~ *town* bidonville *m*.

shanty[2] ['ʃæntɪ] *n* (*sea*) ~ chanson *f* de marin.

shape [ʃeɪp] *n* forme *f*; *what* ~ *is the house?* quelle est la forme de la maison ?; *get out of* ~ (*costume*) se déformer; (*personne*) perdre la forme; *be in good*~ (*personne*) être en forme; (*organisme*) marcher bien; (*fig*) *no concession of any* ~ aucune concession de n'importe quelle sorte ◆ *vt* former, façonner; *U-~d* en forme de U ◆ *vi* ~ (*up*) *well* faire des progrès || °s-**hapeless** *adj* informe || °**shapely** *adj* bien proportionné.

share [ʃeə] *vti* (*in*) participer (à); *I* ~ *your grief* je partage votre douleur ◆ *n* 1 part *f*; *let's go* ~*s!* si on partageait ! ~ *and* ~ *alike!* partageons équitablement ! *I had no* ~ *in it* je n'y étais pour rien; *I've done my (fair)* ~ j'en ai fait ma part; (*Com*) *a* ~ *in profits* une participation *f* aux bénéfices 2 (*Fin*) action *f* || °**share-cropper** *n* (*Ag*) métayer *m* (*f* -ère) || °**shareholder** *n* (*Fin*) actionnaire *mf*.

shark [ʃɑːk] *n* (*aussi fig*) requin *m*.

sharp [ʃɑːp] *adj* 1 (*aiguille*) pointu; (*lame*) tranchant; (*photo*) net, piqué; (*goût*) acide, aigre; piquant 2 (*personne*) éveillé; (*péj*) malin; ~ *practice* procédés *mpl* peu scrupuleux 3 (*fig*) ~ *cold* froid *m* vif; ~ *corner* tournant *m* brusque; ~ *cry* cri *m* perçant; ~ *eyes* vue *f* perçante; ~ *pace* allure *f* rapide; ~ *pain* douleur *f* aiguë; ~ *shower* forte averse *f*; ~ *tone* ton *m* cassant; ~*wind* vent *m* pénétrant; ~ *winter* hiver *m* rigoureux; ~ *fall in prices* chute *f* brutale des prix; ~ *contrast* contraste *m* marqué ◆ *adv* (*espace*) *turn* ~ *left* tournez carrément à gauche; (*temps*) *at* 7 ~ à sept heures pile; (*loc*) *look* ~ (*about it)!* dépêche-toi ! ◆ *n* (*Mus*) dièse *m* || °**sharpen** *vt* affûter, aiguiser; (*crayon*) tailler (en pointe); (*fig*) *that will* ~ *his wits* cela le dégourdira || °**sharply** *adv* *he braked* ~ il freina brusquement; *she reprimanded him* ~ elle l'a réprimandé sévèrement; *the party is* ~ *divided* le parti est nettement divisé || °**sharpshooter** *n* franc-tireur *m*; tireur *m* d'élite.

shatter ['ʃætə] *vti* 1 (*objet*) (se) fracasser 2 (*personne*) bouleverser 3 (*fig*) détruire, écraser.

shave [ʃeɪv] *vti* (se) raser; *shaving brush* blaireau *m*; *shaving cream* crème *f* à raser ◆ *n* rasage *m*; *have a* ~ se (faire) raser; (*fig*) *it was a close* ~ nous l'avons échappé belle || °**shaver** *n* rasoir *m* électrique || °s-**having** *n* 1 rasage *m* 2 copeau *m* (de bois).

shawl [ʃɔːl] *n* châle *m*.

she [ʃi/ʃiː] *pr* 1 (*personne*) elle; ~ *is a dancer* elle est danseuse; *here* ~ *comes!*

la voilà qui arrive ! 2 (*sens affectif*) (*surtout Aut, Naut*) ~ *drives well* elle (la voiture) se conduit bien; ~ *sails tomorrow* il (le bateau) part demain ◆ *n* (*naissance*) *it's a* ~ (*humain*) c'est une fille; (*animal*) c'est une femelle ◆ *préf* ~ *cat* chatte *f*; ~ *dog* chienne *f*; ~ *monkey* guenon *f*.

sheaf [ʃiːf] *n* gerbe *f* (de blé).

shear [ʃɪə] *vt* (*p* sheared; *pp* shorn) 1 couper, cisailler 2 (*mouton*) tondre 3 (*fig*) *shorn of* dépouillé de || °**shearing** *n* tonte *f* || **shears** *npl inv* cisaille(s) *f(pl).*

sheath [ʃiːθ] *n* 1 gaine *f* 2 (*épée*) fourreau *m* 3 (*Méd*) préservatif *m*.

shed[1] [ʃed] *n* 1 (*rangement*) remise *f* 2 (*Ag, Av*) hangar *m*; *cattle-* ~ étable *f*.

shed[2] [ʃed] *vt* (*p pp* shed) 1 (*nature*) *this tree* ~*s its leaves* cet arbre perd ses feuilles; *this snake* ~*s its skin* ce serpent mue 2 (*fig*) se débarrasser de 3 (*loc*) ~ *blood/tears* verser du sang/des larmes; (*fig*) *this* ~*s light on the issue* ceci éclaire le problème.

sheen [ʃiːn] *n* chatoiement *m*.

sheep [ʃiːp] *n* (*pl* sheep) mouton *m*; ~ *farming* élevage *m* de moutons; (*fig*) *black* ~ brebis *f* galeuse; *lost* ~ brebis *f* égarée || °**sheepfold** *n* parc *m* à moutons || °**sheepdog** *n* chien *m* de berger || °**sheepish** *adj* 1 penaud 2 gauche.

sheer [ʃɪə] *adj* 1 (*intensificateur*) absolu; pur; *out of* ~ *stupidity* par pure bêtise *f*; *by* ~ *will-power* par sa seule volonté 2 (*précipice*) à pic 3 (*soie*) fin; transparent.

sheet [ʃiːt] *n* 1 feuille *f* (de papier); *order* ~ bulletin *m* de commande 2 (*maison*) drap *m* (de lit); *dust* ~ housse *f* 3 (*dehors*) bâche *f* 4 (*métal, verre*) plaque *f*; ~ *iron* tôle *f* 5 (*fig*) ~ *of water* nappe *f* d'eau.

sheik(h) [ʃeɪk/ʃiːk] *n* cheik *m*.

shelf [ʃelf] *n* (*pl* shelves) 1 étagère *f* (d'armoire); rayon *m* (de bibliothèque); (*fig*) *left on the* ~ laissé pour compte 2 (*montagne*) corniche *f* 3 (*Géog*) *the continental* ~ la plate-forme continentale.

shell [ʃel] *n* 1 (*œuf*) coque *f*; coquille *f*; (*huître*) écaille *f*; (*crustacés*) carapace *f*; (*fig*) *he's come out of his* ~ il est sorti de sa coquille 2 (*bateau*) carcasse *f* 3 (*Mil*) obus *m* ◆ *vt* 1 décortiquer; (*petits pois*) écosser 2 (*Mil*) bombarder || °**shellfish** *ns inv* coquillages *mpl*; (*Cuis*) fruits *mpl* de mer || °**shelling** *n* (*Mil*) bombardement *m* || **shell out** *vpart* (*fam*) casquer, payer.

shelter ['ʃeltə] *n* abri *m*; *take* ~ se mettre à l'abri; (*aussi fig*) *seek* ~ chercher à s'abriter; *bus* ~ abribus *m* ◆ *vti* (s')abriter.

shelve [ʃelv] *vti* 1 garnir d'étagères 2 descendre en pente douce 3 (*fig*) (*projet*) mettre en sommeil.

shelves [ʃelvz] *pl* de **shelf**.

shepherd ['ʃepəd] *n* berger *m*; *(Rel) the Good S~* le bon Pasteur; *~'s pie* tourte *f* à la viande ◆ *vt* escorter ‖ °**shepherdess** *n* bergère *f*.

sherbet ['ʃɜ:bət] *n* sorbet *m*.

sherry ['ʃerɪ] *n* xérès *m*.

shield [ʃi:ld] *n (Mil)* bouclier *m*; *(Ind)* écran *m* protecteur ◆ *vt* protéger.

shift [ʃɪft] *vti* **1** (se) déplacer; *the wind has ~ed* le vent a tourné; *~ house* déménager* **2** (amér Aut) *~ gears* changer de vitesse **3** (faire) bouger; *(Th) ~ the scenery* changer le décor; *(aussi fig) he won't ~* il refuse de bouger; *(fig) you'll have to ~ for yourself!* il faudra que tu te débrouilles tout seul! ◆ *n* **1** déplacement *m*; **2** changement *m* **3** *(Ind)* équipe *f*, poste *m*; *he's on day ~* il est de jour ‖ °**shiftiness** *n* manque *m* de franchise ‖ °**shiftless** *adj* paresseux (*f* -euse); futile; *~ eyes* regard *m* fuyant || °**shifty** *adj* évasif (*f* -ive), sournois; *~ eyes* regard *m* fuyant.

shilly-shally ['ʃɪlɪʃælɪ] *vi* hésiter; tergiverser.

shimmer ['ʃɪmə] *vi* miroiter ◆ *n* miroitement *m*.

shin [ʃɪn] *n (Anat)* tibia *m* ◆ *vi ~ up a wall* escalader un mur.

shine [ʃaɪn] *vti* (*p pp* **shone**) (faire) briller; *the sun is shining* le soleil brille; *~ the light in here!* porte la lampe ici! *(fig) ~ with happiness* rayonner de bonheur; *(fig) he doesn't ~ in company* il ne brille pas en société ◆ *n* éclat *m*; *give your shoes a ~* fais briller tes chaussures; *he goes out rain or ~* il sort qu'il pleuve ou qu'il vente; *(fam) she took a ~ to him* elle s'est toquée de lui ‖ °**shiner** *n (fam)* œil *m* au beurre noir.

shingle¹ ['ʃɪŋgl] *ns inv (plage)* galets *mpl.*

shingle² ['ʃɪŋgl] *n* **1** *(bâtiment)* bardeau *m* **2** *(amér fam)* plaque *f* (professionnelle).

shingles ['ʃɪŋglz] *npl inv (Méd)* zona *m*.

shiny ['ʃaɪnɪ] *adj* brillant; *(vêtement)* lustré.

ship [ʃɪp] *n* bateau *m*; *merchant ~* navire *m* marchand; *(Mil)* bâtiment *m*; *~'s company* équipage *m*; *go on board ~* embarquer ◆ *vt* transporter ‖ °**shipbroker** *n* courtier *m* maritime ‖ °**shipbuilding** *n* constuction *f* navale ‖ °**shipment** *n* cargaison *f* ‖ °**shipowner** *n* armateur *m* ‖ °**shipping** *n* **1** trafic *m* maritime; *~ agency* agence *f* maritime; *~ lane* voie *f* de navigation **2** ensemble *m* des navires ‖ °**shipshape** *adj* en ordre ‖ °**shipwreck** *n* naufrage *m* ◆ *vt be ~ed* faire naufrage ‖ °**shipyard** *n* chantier *m* naval.

shire [ʃaɪə] *n (brit)* comté *m*.

shirk [ʃɜ:k] *vti* **1** esquiver **2** tirer au flanc ‖ °**shirker** *n* tire-au-flanc *m* (*pl inv*).

shirt [ʃɜ:t] *n* chemise *f*; chemisier *m*; *I was*

in ~ sleeves j'étais en bras de chemise ‖ °**shirty** *adj (fam)* en rogne.

shit [ʃɪt] *n (excl)* merde *f*.

shiver ['ʃɪvə] *vi (with)* frissonner (de) ◆ *n* frisson *m*; *she gave a ~* elle eut un frisson; *(fig) it gives me the ~s* j'en ai froid dans le dos ‖ °**shivery** *adj I feel ~* j'ai le frisson; je me sens fiévreux.

shoal [ʃəʊl] *n* banc *m* (de poissons).

shock [ʃɒk] *n* choc *m*; *(El)* décharge *f*; *(explosion, tremblement de terre)* secousse *f*; *~ wave* onde *f* de choc; *(fig) it came as a ~ to hear...* cela m'a fait un choc d'apprendre...; *you gave me a ~!* tu m'as fait peur! *(Méd) suffer from ~* être en état de choc; *(Aut) ~ absorber* amortisseur *m*; *(Mil) ~ troops* troupes *fpl* d'assaut ◆ *vt (fig)* choquer; secouer; scandaliser ‖ °**shocking** *adj* choquant; révoltant; affreux (*f* -euse).

shoddy ['ʃɒdɪ] *adj (article)* de mauvaise qualité; *(comportement)* mesquin.

shoe [ʃu:] *n* chaussure *f*, soulier *m*; *horse ~* fer *m* à cheval; *~ polish* cirage *m*; *(fig) put yourself in my ~s!* mets-toi à ma place! ◆ *vt* ferrer (un cheval) ‖ °**shoehorn** *n* chausse-pied *m* ‖ °**shoelace** *(brit)* lacet *m* ‖ °**shoemaker** *n* cordonnier *m*; fabricant *m* de chaussures ‖ °**shoestring** *(amér) n* lacet *m*; *(fig) he did it on a ~* il l'a fait avec un budget minime.

shone [ʃu:] *p pp* de **shine**.

shoo [ʃʊn] **(away)** *vt* faire partir; chasser.

shook [ʃʊk] *p* de **shake**.

shoot¹ [ʃu:t] *n (Bot)* pousse *f*.

shoot² [ʃu:t] *vti* (*p pp* **shot**) **1** *(arme)* tirer; *don't ~!* ne tirez pas! *~ on sight* tirer à vue; *~ a bullet* tirer une balle; *(fig) they shot questions at me* ils m'ont bombardé de questions **2** *(amér)* *he was shot* il fut tué par balle; *he was shot in the arm* il fut blessé au bras **3** *(Sp)* chasser (du petit gibier); *(football) ~ a goal* marquer un but; *S~!* tire! **4** *(Ciné)* tourner (un film) **5** *(précipitation) ~ ahead* s'élancer en avant; *~ the lights* brûler le feu rouge **6** *(loc) ~ a line* baratiner ◆ *n* **1** partie *f* de chasse **2** *(fam) the whole (bang) ~* et tout le bataclan ‖ °**shooting** *n* **1** fusillade *f* **2** meurtre *m* **3** chasse *f* ◆ *adj (douleur)* lancinant; *~ star* étoile *f* filante; *~ brake* break *m*; *~ gallery* stand *m* de tir; *within ~ range* à portée de canon/fusil ‖ **shoot down** *vpart* abattre ‖ **shoot up** *vpart* **1** *(plante)* pousser vite **3** *(prix)* monter en flèche.

shop [ʃɒp] *n* magasin *m*; boutique *f*; *baker's/butcher's/grocer's ~* boulangerie *f*/ boucherie *f*/ épicerie *f*; *~ assistant* vendeur *m* (*f* -euse); *~ window* vitrine *f*; *stop talking ~!* cessez de parler boutique! *(fig) you've come to the wrong ~!* tu tombes mal! *(brit) all over the ~* n'importe où ; un peu partout 2 *(Ind)* atelier *m* ‖ **shop °floor** *n* l'ensemble *m* des ouvriers ‖ **°shopkeeper** *n* commerçant(e) *m(f)* ‖ **°shoplifting** *n* vol *m* à l'étalage ‖ **°shopper** *n* client(e) *m(f)* ‖ **°shopping** *n* 1 achats *mpl* ; ~ *bag* cabas *m* ; ~ *centre* centre *m* commercial ; *go* ~ faire des courses ; *go window-*~ faire du lèche-vitrine ‖ **°shopsoiled** *adj* défraîchi ‖ **shop °steward** *n* délégué(e) syndical(e) *m(f)*.

shore [ʃɔ:] *n (mer)* rivage *m* ; *(lac)* rive *f* ; côte *f* ; bord *m* de mer ; littoral *m* ; *(Naut)* *off/on* ~ au large/à terre ◆ *vt* ~ *up* étayer.

shorn [ʃɔ:n] *pp* de **shear**.

short [ʃɔ:t] *adj* 1 *(espace)* court ; *a* ~ *distance off* non loin ; *he is rather* ~ il est plutôt courtaud ; *take a* ~ *cut* prendre un raccourci ; *we walked not far* ~ *of 30 miles* nous avons fait pas loin de 30 milles à pied 2 *(temps)* ; *in a* ~ *time/while* sous peu ; *a* ~ *time ago* il y a peu de temps ; *I had a* ~ *nap* j'ai fait un petit somme ; *the days are getting* ~*er* les jours raccourcissent ; *we're (running)* ~ *of time* nous n'avons plus beaucoup de temps ; *work* ~ *time* être en chômage partiel 3 *(quantité)* *fresh milk is in* ~ *supply* on manque de lait frais ; *they go* ~ *of nothing* ils ne se privent de rien ; *I'm £5* ~ il me manque 5 livres ; *I'm a bit* ~ *this month* je suis un peu à court ce mois-ci 4 *(loc)* *in* ~ bref, en un mot ; *John made* ~ *work of his opponent* John n'a pas mis longtemps pour venir à bout de son adversaire ; ~ *story* nouvelle *f* ; *he has a* ~ *temper* il est coléreux ; *(fam)* *he's a bit* ~ *on brains* il n'est pas très doué ◆ *n (El)* court-circuit *m* ◆ *vti (El)* court-circuiter ‖ **°shortage** *n* manque *m* ; pénurie *f* ‖ **°shortbread** *n (Cuis)* sablé *m* ‖ **short-°change** *vt (fam fig)* rouler ‖ **short-°circuit** *n (El)* court-circuit *m* ◆ *vti (fig El)* court-circuiter ‖ **°shortcoming** *n* imperfection *f* ‖ **°shorten** *vti* (se) raccourcir ; écourter ‖ **°shortening** *n* 1 raccourcissement *m* 2 *(surtout amér) (Cuis)* matière *f* grasse (pour faire de la pâtisserie) ‖ **°shortfall** *n* déficit *m* ‖ **°shorthand** *n* sténo *f* ; ~*-typist* sténodactylo *mf* ‖ **short-°handed** *adj* à court de personnel ‖ **°short-list** *n* présélection *f* (de candidatures) ◆ *vt* présélectionner ‖ **°short-°lived** *adj* de courte durée ‖ **°shortly** *adv* sous peu ; ~ *after/before midnight* peu après/avant minuit ‖ **shorts** *npl inv* *a pair of* ~ un short ‖ **°short-°sighted** *adj (aussi fig)* myope ‖ **°short-°staffed** *adj* à court de personnel ‖ **°short-°tempered** *adj* irascible ‖ **°short-term** *adj* à court terme ‖ **°short-wave** *adj*

(Rad) sur ondes courtes ‖ **°short-°winded** *adj* qui manque de souffle.

shot[1] [ʃɒt] *p pp* de **shoot** ◆ *n* 1 coup *m* (de feu) ; *fire/have/take a* ~ *at* tirer un coup sur ; *good* ~*!* bien tiré ! 2 *ns inv (cartouche)* plomb *m* 3 *(personne)* *a crack/poor* ~ un tireur *m* émérite/médiocre ; *(fam fig)* *big* ~ gros bonnet *m* ; *(fig)* *he'll accept like a* ~ il acceptera tout de suite 4 *(Sp)* *putting the* ~ lancement *m* du poids 5 *(tir spatial)* *moon* ~ tir *m* lunaire 6 *(Phot)* cliché *m* ; *(Ciné)* prise *f* de vues 7 *(drogue, Méd)* piqûre *f* ; *(fig)* *a* ~ *in the arm* un coup *m* de fouet 8 *(alcool) (fam)* coup *m* ; *I'll pay this* ~ je paierai cette tournée 9 tentative *f* ; *have a* ~ *at it!* essaie ! *it's your* ~ *now* c'est à ton tour (de jouer) ‖ **°shotgun** *n* fusil *m* de chasse.

shot[2] [ʃɒt] *adj* 1 chatoyant ; ~ *silk* soie *f* gorge-de-pigeon 2 *(amér fam)* exténué 3 *loc (fam)* *I'm glad to be* ~ *of them!* bon débarras !

should [ʃəd/ʃʊd] *aux mod* 1 *(futur)* *I* ~ *like/have liked to go there* j'aimerais/aurais aimé y aller 2 *(sens appréciatif)* *you* ~ *go now* tu devrais partir maintenant ; *you* ~ *have seen it!* tu aurais dû voir ça ! *how* ~ *I know?* comment veux-tu que je le sache ? *I* ~ *say so!* je pense bien !/je comprends !

shoulder [ˈʃəʊldə] *n* 1 *(Anat)* épaule *f* ; ~ *blade* *n* omoplate *f* ; ~ *strap* bretelle *f* ; ~ *of lamb* épaule *f* d'agneau 2 *(fig)* *stand* ~ *to* ~ se serrer les coudes ; *I let him have it (straight) from the* ~ je lui ai dit son fait ; *this novel is/stands head and* ~*s above the rest* ce roman se détache nettement de tous les autres *(fam)* *he likes to rub* ~*s with celebrities* il aime côtoyer les gens célèbres 3 *(route)* bas-côté *m* ◆ *vt* *(loc)* *he* ~*ed his way through the crowd* il s'est frayé un chemin dans la foule ; *I've got to* ~ *the responsibility* c'est à moi d'en assumer la responsabilité.

shout [ʃaʊt] *n* cri *m* ; *give a* ~ pousser un cri ◆ *vi* crier ; ~ *for help* crier au secours ; *I* ~*ed for her to come* je l'ai appelée (pour qu'elle vienne) ; *he* ~*ed himself hoarse* il s'est enroué à force de crier ; *he was* ~*ed down* on l'a hué ‖ **°shouting** *ns inv* cri(s) *m(pl)* ; *(loc)* *it's all over bar the* ~ pour l'essentiel, la partie est gagnée ◆ *adj* *within* ~ *distance* à portée *f* de voix.

shove [ʃʌv] *vt* pousser ; bousculer ; fourrer ; *(fam)* ~ *off!* fous le camp !

shovel [ˈʃʌvl] *n* pelle *f* ◆ *vt* ramasser à la pelle ‖ **°shovelful** *n* pelletée *f*.

show [ʃəʊ] *vt* (*p* **showed** ; *pp* **shown**) montrer ; *(Art)* exposer ; *(Ciné)* ~ *a film* passer un film ; *my watch* ~*s 5 o'clock* ma montre marque 5 heures ; *it doesn't* ~ *the dirt* ce n'est pas salissant ; *she* ~*ed an* *interest in...* elle s'est intéressée à... ; *(loc) can you ~ me the way to...?* pouvez-vous m'indiquer le chemin de... ? *I'll ~ you to your room* je vous conduirai à votre chambre ; *~ her in/out* faites-la entrer/ sortir ; *~ her (a)round (the house etc.)* fais-lui visiter la maison etc. ; *he's ashamed to ~ his face* il a honte de se montrer ; *(Com) the concern is ~ing a profit* l'entreprise est bénéficiaire ; *you've got nothing to ~ for your money* c'est de l'argent donné pour rien ; *(fam) it all goes to ~ that...* cela prouve bien que... ◆ *vi time will ~* qui vivra verra ; *the dirt ~s (on it)* la saleté se voit ; *his age is beginning to ~* il commence à faire son âge ; *I'll ~ you!* je t'apprendrai ! ◆ *n* 1 *(Art)* exposition f ; *objects on ~* objets mpl exposés ; *~ flat/house* appartement m/maison f témoin ; *fashion ~* présentation f de mode ; *horse ~* concours m hippique ; *motor ~* salon m de l'automobile ; *(Ciné)* séance f ; *(Th)* spectacle m ; *she stole the ~!* on ne voyait qu'elle ! *he made a ~ of himself* il s'est donné en spectacle ; *she wants to run the ~* elle veut tout régenter 2 apparence f ; *he made a ~ of being sorry* il a affecté d'être désolé ; *she gave the ~ away* elle a vendu la mèche 3 *(loc) ~ of hands* vote m à main levée ‖ °**showbiz**/°**show business** n industrie f du spectacle ‖ °**showcase** n vitrine f ‖ °**showdown** n règlement m de comptes.

shower [ˈʃaʊə] n 1 averse f ; *heavy ~* forte averse ; *(fig) ~ of stones/insults* volée f de pierres/d'injures 2 douche f ; *have/ take a ~* prendre une douche 3 *(amér)* réception f 4 *(brit) (fam péj)* bande f (de... !) ◆ *vt* verser ; *they ~ed blows/insults on him* ils l'ont roué de coups/accablé d'injures ‖ °**showery** adj *(temps)* pluvieux (f -euse).

showground [ˈʃəʊɡraʊnd] n champ m de foire ‖ °**showing** n *(Ciné)* séance f ‖ °**showman** n forain m ‖ °**showmanship** n art m de la mise en scène spectaculaire ‖ **shown** pp de **show** ‖ **show off** vpart 1 mettre en valeur 2 se vanter ‖ °**show-off** n vantard m inv ‖ °**showpiece** n article m particulièrement remarquable ‖ °**showroom** n salle f d'exposition ‖ **show up** vpart 1 faire une apparition 2 *(contraste)* faire ressortir 3 démasquer ‖ °**showy** adj prétentieux (f -ieuse), voyant.

shrank [ʃræŋk] p de **shrink**.

shred [ʃred] n lambeau m ; *(aussi fig) tear to ~s* mettre en lambeaux ; *not a ~ of evidence/truth* pas la moindre preuve/ parcelle de vérité ◆ *vt* déchiqueter ‖ °**shredder** n 1 *(Cuis)* moulin m à légumes 2 destructeur m (de documents).

shrew [ʃru:] n 1 *(Zool)* musaraigne f ; *(femme)* mégère f.

shrewd [ʃru:d] adj avisé, perspicace ; astucieux (f -ieuse) ; *I have a ~ idea that...* je suis porté à croire que...

shriek [ʃri:k] vi *(with)* hurler (de) ; *~ with laughter* rire aux éclats ◆ *n* hurlement m ; *~ of laughter* éclat m de rire.

shrill [ʃrɪl] adj perçant, strident.

shrimp [ʃrɪmp] n *(Zool)* crevette f.

shrine [ʃraɪn] n sanctuaire m.

shrink [ʃrɪŋk] vi *(p* **shrank** ; *pp* **shrunk**) 1 *(vêtement)* rétrécir ; *(espace, marché)* se réduire 2 *(peur, timidité)* ~ *(back)* esquisser un mouvement de recul ◆ *n (fam)* psychiatre m.

shrivel [ˈʃrɪvl] vi ; *~ (up)* se rider, se ratatiner.

shroud [ʃraʊd] n linceul m ◆ *vt (in)* envelopper (de).

Shrove Tuesday [ˌʃrəʊvˈtjuːzdɪ] n *(Rel)* Mardi m gras.

shrub [ʃrʌb] n arbrisseau m ; arbuste m.

shrug [ʃrʌɡ] vt *~ (one's shoulders)* hausser les épaules ◆ *n* he gave a ~ *(of the shoulders)* il haussa les épaules.

shrunk [ʃrʌŋk] pp de **shrink**.

shudder [ˈʃʌdə] vi *(with)* frémir (d'horreur) ◆ *n* frisson m (d'horreur).

shuffle [ˈʃʌfl] vti 1 *~ (one's feet)* traîner les pieds 2 *(cartes)* battre 3 *(fig)* tergiverser.

shun [ʃʌn] vt *(fig lit)* fuir.

shunt [ʃʌnt] vt *(Rail)* manœuvrer ; garer ; *~ing yard* gare f de triage.

shush [ʃʌʃ] excl chut !

shut [ʃʌt] vti *(p pp* **shut**) fermer ; *~ the door!* ferme la porte ! *the shops ~ early today* les magasins ferment tôt aujourd'hui ‖ **shut away** vpart enfermer ‖ **shut down** vpart *(usine)* fermer (définitivement) ‖ °**shutdown** n *(usine)* fermeture f (définitive) ‖ **shut in/out** vpart enfermer/ fermer dehors ‖ °**shutter** n 1 *(fenêtre)* volet m 2 *(Phot)* obturateur m ; *~ speed* vitesse f d'obturation ‖ **shut up** vpart 1 enfermer 2 *(fam péj)* se taire ; *~ up!* boucle-la !

shuttle [ˈʃʌtl] n navette f ◆ *vi* faire la navette ‖ °**shuttlecock** n *(badminton)* volant m.

shy [ʃaɪ] adj 1 timide ; *fight ~ of* se défier de ◆ *vi* 1 jeter 2 *(cheval) (at)* faire un écart (devant) 3 *(personne) ~ away from doing* rechigner à faire.

sick [sɪk] adj 1 malade ; *on ~ leave* en congé m de maladie 2 *feel ~* avoir mal au cœur ; *be ~* vomir 3 *(fig) I'm ~ (and tired) of* j'en ai assez ‖ °**sickbed** n lit m de malade ‖ °**sicken** vt *(aussi fig)* écœurer ‖ °**sickly** adj 1 maladif (f -ive), souffreteux (f -euse) 2 *(sucreries)* écœurant

|| **°sickness** *n* **1** maladie *f* **2** *s inv* vomissement(s) *m(pl).*

sickle ['sɪkl] *n* faucille *f.*

side [saɪd] *n* **1** côté *m*; *(animal, montagne)* flanc *m*; *by my ~* à mes côtés; *~ by* côte à côte; *from all ~s* de tous côtés; *~ entrance* entrée *f* latérale; *that's a ~ issue* là n'est pas la vraie question; *(Méd) ~ effect* effet *m* secondaire; *he makes something on the ~* il fait de la gratte; *put it on/to one ~!* mets-le de côté; *I took him on one ~* je l'ai pris à part; *he's on the right/wrong ~ of fifty* il a moins/plus de cinquante ans; *I nearly split my ~s with laughter* je me tenais les côtes de rire; *on his father's ~* du côté paternel **2** aspect *m*; *see both ~s (of the question)* voir le pour et le contre; *she's got some very nice ~s to her character* elle a quelques côtés très plaisants; *try to get on his soft ~* essaie de le prendre par son point faible; *see the bright ~ of things* voir le bon côté des choses; *(fig) the other ~ of the picture* le revers de la médaille; **3** *(loc) it's on the expensive ~* c'est un peu (trop) cher **4** *(Sp)* équipe *f*; *our ~ won* notre équipe a gagné; *(aussi fig) don't let the ~ down* tâche de défendre l'honneur de l'équipe; *pick ~s* former les camps; *(fig) take ~s* with se ranger du côté de; *you have the law on your ~* tu as la loi pour toi ◆ *vi ~ with* prendre parti pour || **°sideboard** *n (meuble)* buffet *m* || **°sideboards/°sideburns** *npl (amér)* favoris *mpl* || **°sidelight** *n (Aut)* lanterne *f*, veilleuse *f* || **°sideline** *n (Sp)* on the ~s sur la touche; *(fig)* violon *m* d'Ingres || **°sidesaddle** *adv* en amazone || **°sideshow** *n (foire)* attraction *f* || **°sidestep** *vti* **1** faire un pas de côté **2** *(fig)* éviter (la question) || **°sidetrack** *vt* détourner (du sujet) || **°sidewalk** *n (amér)* trottoir *m* ||**°sideways** *adv* de côté || **°siding** *n* voie *f* de garage.

sidle ['saɪdl] *vi* se diriger furtivement.

siege [si:dʒ] *n (Mil)* siège *m.*

sieve [sɪv] *n* tamis *m*; crible *m*; passoire *f* ◆ *vt* tamiser, passer.

sift [sɪft] *vt* tamiser, *(aussi fig)* passer au crible.

sigh [saɪ] *vti* soupirer; *she ~ed with relief* elle poussa un soupir de soulagement ◆ *n* soupir *m.*

sight [saɪt] *n* **1** vue *f*; *his ~ is failing* il perd la vue; *at first ~* à première vue; *I know him by ~* je le connais de vue; *there was nobody (with)in ~* il n'y avait personne en vue; *you can catch ~ of squirrels* vous pouvez apercevoir des écureuils; *the plane came into ~* l'avion apparut; *let's not lose ~ of our objective!* ne perdons pas notre objectif de vue! **2** spectacle *m*; *what a ~ you look!* *(brit*

fam) tu en as une allure! **3** site *m* pittoresque; *he showed me the ~s of Montreal* il m'a fait visiter Montréal **4** mire *f*; *(fig) he set his ~s on this house* il avait des vues sur cette maison ◆ *adv (fam) the plane is a ~ quicker* l'avion est rudement plus rapide ◆ *vt* apercevoir || **°sighted** *adj* qui voit; *the ~ and the blind* les voyants et les non-voyants || **°sighting** *n* vue *f*; visée *f* || **°sightseeing** *n* visite (d'une ville); *we had time to do some ~ in town* nous avons eu le temps de visiter la ville || **°sightseer** *n* touriste *mf.*

sign [saɪn] *n* **1** signe *m*; *(Math) a minus ~* un signe moins; *there is no ~ that the situation is improving* rien n'indique que la situation s'améliore **2** panneau *m*; *there's a ~ over the shop* il y a une enseigne au-dessus du magasin ◆ *vti* **1** signer; *~ your name in the book as you go in* signez le registre en entrant **2** faire signe || **°signboard** *n* panneau *m* || **sign for** *vpart (reçu, contrat)* signer; *he didn't ~ for his parcel* il n'a pas signé de reçu pour son colis || **sign in** *vpart* pointer (à l'arrivée); *you must ~ in at the reception desk* vous devez vous inscrire à l'accueil || **sign on/up** *vpart* se faire inscrire; se faire embaucher; *(Mil)* s'engager || **sign over** *vpart* léguer || **°signpost** *n* panneau *m* indicateur; *(fig)* indication *f* ◆ *vt* signaliser, *(aussi fig)* indiquer/montrer le chemin.

signal ['sɪgnl] *n* signal *m*; *(Rail) ~ box* poste *m* d'aiguillage ◆ *vti* faire des signaux à, faire signe à; *I signal(l)ed the driver to stop* j'ai fait signe d'arrêter au conducteur ◆ *adj* notable; *~ victory* victoire *f* importante.

significance [sɪg'nɪfɪkəns] *n* **1** importance *f*; portée *f* **2** signification *f* || **sig°nificant** *adj* **1** important, considérable **2** significatif (*f* -ive).

signify ['sɪgnɪfaɪ] *vt* indiquer, signifier ◆ *vi* importer.

silence ['saɪləns] *n* silence *m* ◆ *vt* réduire au silence, faire taire || **°silencer** *n* **1** *(brit Aut)* pot *m* d'échappement **2** *(revolver)* silencieux *m* || **°silent** *adj* **1** silencieux (*f* -ieuse); *keep ~!* tais-toi! **2** *(Ciné) ~ film* film *m* muet **3** *~ letter* lettre *f* muette.

silhouette [sɪlu:'et] *n* silhouette *f* ◆ *vti (against)* (se) découper (sur).

silicon ['sɪlɪkən] *n (Ch)* silicium *m*; *(Inf) ~ chip* puce *f* (de silicium).

silicone ['sɪlɪkəʊn] *n (Ch)* silicone *m.*

silk [sɪlk] *n* soie *f* || **°silken/silky** *adj* soyeux (*f* -euse) || **°silkworm** *n* ver *m* à soie.

sill [sɪl] *n* appui *m* de fenêtre; seuil *m* (de porte).

silliness ['sɪlɪnɪs] *n* sottise *f*, bêtise *f* || **°silly** *adj* sot (*f* sotte); *you ~ fool!* espèce f d'idiot ! *that's a ~ thing to do* c'est idiot de faire ça ! *~ question* question f stupide.

silt [sɪlt] n (Géol) vase f, limon m ‖ **silt up** vti (canal) (s')ensabler, (s')envaser.

silver [ˈsɪlvə] n 1 argent m 2 monnaie f d'argent 3 *~(ware)* argenterie f ◆ adj d'argent, argenté ; *~ birch* (Bot) bouleau m argenté ; *~ grey hair* cheveux mpl gris argent ; *~ plated* plaqué argent ◆ vt argenter ‖ °**silvery** adj argenté ; *~ laugh* rire m argentin.

simian [ˈsɪmɪən] adj (Zool) anthropoïde ; (fig) simiesque.

similar [ˈsɪmɪlə] adj semblable, pareil (f -eille).

simile [ˈsɪmɪlɪ] n (Lit) comparaison f.

simmer [ˈsɪmə] vti (Cuis) (faire) mijoter, (laisser) frémir ; (fig) *a quarrel was ~ing* une querelle couvait ; (fam) *~ down!* du calme !

simper [ˈsɪmpə] vi minauder, sourire sottement ◆ n sourire m niais.

simple [ˈsɪmpl] adj 1 simple ; *this is a ~ way of making money* c'est un moyen facile de gagner de l'argent 2 (personne) crédule, naïf (f -ive) ‖ **simple-°minded** adj simple d'esprit ‖ °**simplify** vt simplifier ‖ **sim°plistic** adj simpliste ‖ °**simply** adv 1 simplement 2 *you ~ must pay* il faut absolument que tu paies ; *it's ~ awful* c'est vraiment horrible.

simulate [ˈsɪmjʊleɪt] vt simuler, feindre.

simultaneous [ˌsɪməlˈteɪnjəs] adj simultané.

sin [sɪn] n 1 péché m 2 (fig) *it's a ~ to tear that book!* quel crime de déchirer ce livre ! ◆ vi pécher ‖ °**sinful** adj coupable.

since [sɪns] adv depuis ; *ever ~* depuis lors ◆ prép depuis ; *I've been working ~ 8* je travaille depuis 8 heures ; *we've been friends ~ school* nous sommes amis depuis l'école ◆ conj 1 depuis que ; *I have been worried ever ~ you left* je me fais du souci depuis que tu es parti ; *it's a week ~ she left* cela fait une semaine qu'elle est partie 2 puisque ; *~ he is ill, he can't play* étant donné qu'il est malade, il ne peut pas jouer.

sincere [sɪnˈsɪə] adj sincère ‖ **sin°cerely** adv sincèrement ; *yours ~* croyez, cher (f chère) M..., à mes sentiments les meilleurs.

sincerity [sɪnˈserɪtɪ] n sincérité f.

sinew [ˈsɪnjuː] n (Anat) tendon m ; (fam) nerf m.

sing [sɪŋ] vti (p **sang** ; pp **sung**) 1 chanter 2 siffler, tinter ; *my ears are ~ing* j'ai les oreilles qui bourdonnent ‖ °**singer** n chanteur m (f -euse) ‖ °**sing-song** adj *~ intonation* intonation f chantante ◆ n concert m improvisé.

singe [sɪndʒ] vt 1 roussir, brûler légèrement 2 (Cuis) flamber.

single [ˈsɪŋgl] adj 1 simple, seul ; *not a ~ person answered* absolument personne n'a répondu ; *~ bed* lit m d'une personne ; *~ ticket* (brit Rail) aller m simple ; (fam) *~ (record)* (disque) 45 tours m 2 célibataire ; *~ parent* parent m célibataire ; *~-parent family* famille f monoparentale ◆ n (tennis) *men's ~s* simple m messieurs ‖ *(~ out)* vt choisir ‖ **single-°handed** adj seul, sans aide ; en solitaire ‖ **single-°minded** adj résolu, obstiné ; constant ‖ °**singly** adv séparément, un à un.

singlet [ˈsɪŋglɪt] n maillot m de corps.

singular [ˈsɪŋgjʊlə] n (Gr) singulier m ◆ adj 1 singulier (f -ière) 2 étrange.

sinister [ˈsɪnɪstə] adj sinistre.

sink¹ [sɪŋk] n 1 évier m 2 (amér) lavabo m.

sink² vt (p **sank** ; pp **sunk**) 1 couler ; *a single torpedo sank the ship* une seule torpille a coulé le navire 2 enfoncer ; *the farmer had to ~ a well* le fermier a dû creuser un puits 3 (Fin) investir, placer ; *he sank all his money into their new scheme* il a investi toute sa fortune dans leur nouveau projet 4 (fam) *he's sunk* il est fichu ◆ vi 1 couler, sombrer ; (fig) *he was left to ~ or swim* on l'a laissé s'en tirer tout seul 2 s'enfoncer, décroître ; *he sank to his knees* il est tombé à genoux ; *the old man was ~ing fast* le vieillard déclinait rapidement ; *his savings had sunk* ses économies avaient fondu ; *my heart ~s whenever I think of her* mon cœur se serre chaque fois que je pense à elle ; *he was sunk in thoughts* il était plongé dans ses pensées ‖ **sink down** vpart se laisser tomber ‖ **sink in** vpart s'enfoncer ; *his words are beginning to ~ in* je/elle... commence à comprendre ses paroles ‖ °**sinking** adj *I had the ~ feeling I had blundered* j'ai eu l'impression affreuse que j'avais fait une gaffe.

sinner [ˈsɪnə] n pécheur m (f pécheresse).

sinus [ˈsaɪnəs] n (Méd) sinus m.

sip [sɪp] vti boire à petites gorgées, siroter ◆ n petite gorgée f.

sir [sɜː] n 1 monsieur ; *yes ~* oui monsieur ; (Mil) oui mon colonel/capitaine... 2 (Adm, Com) (lettre) *Dear Sir* Monsieur 3 (GB) (titre suivi du prénom) *Sir Winston Churchill*.

siren [ˈsaɪərən] n sirène f.

sirloin [ˈsɜːlɔɪn] n (Cuis) aloyau m, faux-filet m.

sissy [ˈsɪsɪ] n poule f mouillée ◆ adj peureux (f -euse), efféminé.

sister [ˈsɪstə] n 1 sœur f 2 religieuse f 3 (brit Méd) infirmière f en chef ‖ °**sister-in-law** n belle-sœur f.

sit [sɪt] vt (p pp **sat**) 1 asseoir ; *she sat the child at the piano* elle a installé l'enfant au piano **2** (brit Ens) *he's sitting (for) an exam* il passe un examen ♦ *vi* **1** être assis ; *come and ~ next to me* venez vous asseoir près de moi ; *she sat very still* elle resta assise sans bouger ; (loc) *he's sitting pretty* il est comme un coq en pâte **2** s'asseoir ; *do ~ (down) on the sofa* asseyez-vous donc sur le canapé **3** siéger ; *the committee is sitting* le comité est en séance **4** (oiseau) (se) percher ; (poule) couver ; (fam aussi fig) *~ tight!* ne bouge pas ! **5** poser (pour un peintre) ‖ **sit back** *vpart* **1** se carrer (dans un fauteuil) **2** (fig) rester passif ‖ **sit down** *vpart* s'asseoir ‖ **°sit-down** *adj* ~ *strike* grève *f* sur le tas ‖ **sit in** *vpart* faire grève avec occupation des locaux ; (on) (réunion, cours) assister en observateur, en auditeur > **°sit-in** *n* occupation *f* des locaux, sit-in *m* ‖ **sit out** *vpart* ne pas participer à ‖ **°sitter** *n* **1** modèle *m* (de peintre) **2** *baby ~* babysitter *mf* ‖ **°sitting** *adj* assis ; (animal) au repos, au gîte ; (fig) ~ *duck* cible *f*/proie *f* facile ♦ *n* **1** séance *f* ; séance *f* de pose **2** (repas) *first ~* premier service *m* ‖ **sit up** *vpart* **1** se redresser (sur sa chaise) ; se dresser sur son séant **2** veiller tard.

sitcom [ˈsɪtkɒm] *n* (fam TV) comédie *f* de situation (série *f* télévisée).

site [saɪt] *n* **1** emplacement *m*, site *m* ; *building ~* chantier *m* de construction ; *camp ~* camping *m* **2** terrain *m* à bâtir ♦ *vt* situer ; *no nuclear missiles are ~d in our country* aucun missile nucléaire n'est stationné dans notre pays.

situate [ˈsɪtjʊeɪt] *vt* situer ‖ **situ°ation** *n* **1** situation *f* ; ~*s vacant* offres *fpl* d'emploi **2** position *f*.

six [sɪks] *num* six *m* ; *at ~es and sevens* en pagaille ‖ **sixth** *adj* sixième ♦ *n* sixième *m* ‖ **°sixty** *num* soixante *m* ‖ **°sixtieth** *adj* soixantième ♦ *n* soixantième *m*.

size [saɪz] *n* **1** taille *f* ; *what ~ do you take?* (chaussures) quelle pointure *f* faites-vous ? **2** dimension *f* ♦ *vt* classer par taille ‖ **size(e)able** *adj* plutôt important ‖ **size up** *vpart* juger, estimer.

sizzle [ˈsɪzl] *vi* grésiller.

skate[1] [skeɪt] *n* patin *m* ; *ice ~* patin à glace ; *roller ~* patin à roulettes ♦ *vi* patiner ‖ **°skateboard** *n* planche *f* à roulettes, skate(board) ‖ **skate (a)round/over** *vpart* (fam) éluder, effleurer (un problème) ‖ **°skating-rink** *n* patinoire *f*.

skate[2] [skeɪt] *n* (Zool) raie *f*.

skein [skeɪn] *n* écheveau *m*.

skeletal [ˈskelɪtl] *adj* **1** squelettique **2** du squelette ; (fig) de base ‖ **°skeleton** *n* squelette *m* ; (fam) *a ~ in the cupboard/* (amér) *closet* un cadavre dans le placard ; ~ *key* passe-partout *m* ; ~ *staff* personnel *m* réduit.

skeptic [ˈskeptɪk] *n* voir **sceptic**.

sketch [sketʃ] *n* **1** croquis *m* ; esquisse *f* ; (fig) ébauche *f* **2** (Th) sketch *m* ♦ *vt* esquisser ; (~ *out*) ébaucher ‖ **°sketchy** *adj* sommaire, imprécis.

skewer [skjʊə] *n* (Cuis) broche *f* ; brochette *f*.

ski [skiː] *n* ski *m* ; ~*boot* chaussure *f* de ski ; ~ *jump* saut *m* à skis ; ~*lift* monte-pente *m*, téléski *m* ; ~*wax* fart *m* ♦ *vi* skier, faire du ski ‖ **°skier** *n* skieur *m* (*f* -euse).

skid [skɪd] *vi* déraper ♦ *n* dérapage *m*.

skil(l)ful [ˈskɪlfʊl] *adj* habile ; *he's ~ with his hands* il est adroit de ses mains ‖ **skill** *n* **1** habileté *f*, adresse *f* **2** aptitude *f*, talent *m* **3** métier *m* ; *many of the ~s of our local craftsmen have been lost* beaucoup des techniques *fpl* de nos artisans locaux sont perdues ‖ **°skilled** *adj* habile ; ~ *labour* main-d'œuvre *f* qualifiée.

skillet [ˈskɪlɪt] *n* poêlon *m*.

skim [skɪm] *vti* **1** écumer ; (lait) écrémer ; **2** effleurer ; *I like to ~ (through) the paper every day* j'aime parcourir le journal tous les jours **3** ~ *stones* faire des ricochets ‖ **°skim(med)** (lait) *m* écrémé.

skimp [skɪmp] *vti* **1** lésiner **2** bâcler (un travail) ‖ **°skimpy** *adj* insuffisant ; *she wore a ~ skirt* elle portait une jupe étriquée.

skin [skɪn] *n* **1** peau *f* ; *I'm soaked/wet to the ~* je suis trempé jusqu'aux os ; *they escaped by the ~ of their teeth* ils l'ont échappé belle ; (fam) *this kid gets under my ~* ce gosse me tape sur les nerfs **2** (animal) peau *f* ; (fruit) pelure *f* ♦ *vt* **1** écorcher **2** (animal) dépouiller, (fruit) peler ‖ **°skin-deep** *adj* superficiel (*f* -ielle) ‖ **°skin-diver** *n* plongeur *m* (*f* -euse) sousmarin (avec un scaphandre autonome) ‖ **°skin-diving** *n* plongée *f* sous-marine ‖ **°skin flick** *n* film *m* porno ‖ **°skinhead** *n* skin(head) *mf*, voyou *m* ‖ **°skinny** *adj* maigre, décharné ‖ **°skin-tight** *adj* moulant.

skip [skɪp] *vti* **1** sautiller ; sauter (à la corde) **2** omettre, sauter ; *you can easily ~ a meal* tu peux facilement sauter un repas ; (fam) ~ *it!* laisse tomber ! ♦ *n* (petit) saut *m* ‖ **°skipping** (brit)/**skip rope** *n* (amér) corde *f* à sauter.

skipper [ˈskɪpə] *n* (Naut) patron *m* (de navire marchand), (aussi Sp) capitaine *m* ♦ *vt* (aussi fig) être aux commandes.

skirmish [ˈskɜːmɪʃ] *n* escarmouche *f*.

skirt [skɜːt] *n* **1** jupe *f* **2** basque *f* (d'un vêtement) **3** (vulg) gonzesse *f* ♦ *vt* **1** longer **2** contourner ‖ **°skirting** *n* bordure *f* ; ~*(board)* (brit) plinthe *f*.

skit [skɪt] *n* (Lit, Th) sketch *m* (parodique) ‖ **°skittish** *adj* capricieux (*f* -ieuse).

skittle [ˈskɪtl] *n* (jeu) quille *f*.

skive [skaɪv] *vi (fam)* tirer au flanc.

skulk [skʌlk] *vi* se tenir caché ; rôder furtivement.

skull [skʌl] *n* crâne ; ~ **and crossbones** tête *f* de mort ; pavillon *m* des corsaires.

skunk [skʌŋk] *n* **1** *(Zool)* mouf(f)ette *f* **2** *(fourrure)* skunk(s) *m* **3** *you* ~! espèce de salaud !

sky [skaɪ] *n* ciel *m* ; *he was praised to the* ~ on l'a porté aux nues ; ~-**blue** bleu ciel *inv* ‖ °**skydiving** *n* parachutisme *m* en chute libre ‖ °**sky-high** *adj* très élevé ; *real estate prices are* ~ les prix de l'immobilier sont astronomiques ‖ °**skylark** *n* alouette *f* ‖ °**skylight** *n* lucarne *f* ‖ °**skyline** *n* *(ville)* ligne *f* d'horizon ‖ °**skyrocket** *n* fusée *f* éclairante ◆ *vi* monter en flèche ‖ °**skyscraper** *n* gratte-ciel *m*.

slab [slæb] *n* **1** dalle *f*, plaque *f* **2** *(gâteau)* grosse tranche *f* ; *(chocolat)* plaque *f*.

slack [slæk] *n* *(Tech)* jeu *m* ; *(câble)* mou *m* ◆ *adj* **1** mou *(f* molle*)*, lâche **2** stagnant ; *(Com)* ~ **season** saison *f* creuse ; *(Naut)* ~ **sea** mer *f* étale **3** *(personne)* indolent ; *he is* ~ *about his work* il est négligent dans son travail ◆ *vi (fam)* (personne) se relâcher, se laisser aller ‖ °**slacken** *vt* **1** *(câble)* détendre **2** ralentir ; ~ **speed** diminuer de vitesse ◆ *vi* diminuer, se relâcher ‖ **slacks** *npl* pantalon *m* (de sport).

slag [slæg] *n* **1** scories *fpl* ; ~**heap** crassier *m*, terril *m* **2** *(brit vulg)* pouffiasse *f*.

slain [sleɪn] *p pp* **slay**.

slake [sleɪk] *vt* **1** étancher (sa soif) **2** éteindre ; ~**ed lime** chaux *f* éteinte.

slam [slæm] *vti* (se) fermer bruyamment, claquer **2** *he slammed the phone down* il a raccroché brutalement **3** *(fam) (critique)* éreinter ◆ *n* **1** claquement *m* **2** *(bridge)* chelem *m*.

slander ['slɑ:ndə] *vt* calomnier ; *(Jur)* diffamer ◆ *n* calomnie *f* ; *(Jur)* diffamation *f*.

slang [slæŋ] *n* argot *m*.

slant [slɑ:nt] *vti* **1** être en biais **2** *(fig)* fausser ; ~**ed information** renseignements *mpl* tendancieux ◆ *n* **1** pente *f*, inclinaison *f* **2** point *m* de vue ; ~**slant-eyed** *adj (péj)* aux yeux bridés ‖ °**slanting** *adj* oblique.

slap [slæp] *vt* **1** donner une claque à ; *he was so angry he slapped her across the face* il était si furieux qu'il l'a giflée ; *I congratulated him and slapped him on the back* je l'ai félicité et lui ai donné une tape dans le dos **2** ~ *(down)* poser brutalement ◆ *n* claque *f* ; *(fig)* gifle *f*, affront *m* ◆ *adv* tout droit ; *he walked* ~ *into the glass door* il est entré en plein dans la porte vitrée ‖ °**slapdash** *adj* sans soin ; ~**work** travail *m* bâclé ‖ °**slapstick** *n (Th)* farce *f*.

slash [slæʃ] *vti* **1** taillader, cingler **2** *(Com)*

~ *prices* écraser les prix **3** *(fig)* éreinter ◆ *vi (at)* frapper ◆ *n* **1** entaille *f* **2** balafre *f* **3** *(typographie)* barre *f* oblique.

slat [slæt] *n* lame *f*, lamelle *f*.

slate [sleɪt] *n* ardoise *f* ◆ *vt* **1** couvrir d'ardoises **2** *(amér)* prices are ~**d to rise in February** on prévoit une augmentation des prix en février **3** réprimander ; éreinter.

slaughter ['slɔ:tə] *n* **1** tuerie *f*, massacre *m* **2** abattage *m* ; ~**house** abattoir *m* ◆ *vt* **1** massacrer **2** *(boucherie)* abattre **3** *(fig)* battre à plates coutures.

slave [sleɪv] *n* esclave *mf* ; ~ *driver* surveillant *m* d'esclaves ; ~ *labour* travail *m* d'esclave, *(fig)* esclavage *m* ; ~ *trade* traite *f* des Noirs, commerce *m* des esclaves ◆ *vi* ~ *(away)* travailler comme un nègre ‖ °**slavery** *n* esclavage *m* ‖ °**slavish** *adj* servile.

slay [sleɪ] *vt* *(p* **slew** ; *pp* **slain**) *(lit)* tuer ; *(amér)* assassiner.

sleazy ['sli:zɪ] *adj (fam)* louche ; sordide.

sled [sled] *(amér)*/**sledge** [sledʒ] *(brit)* *n* traîneau *m* ◆ *vi* aller en traîneau.

sledgehammer ['sledʒ,hæmə] *n* marteau *m* à deux mains, masse *f*.

sleek [sli:k] *adj* **1** lisse, luisant ; ~ *hair* cheveux *mpl* lisses et soyeux **2** *(péj)* bichonné, trop soigné **3** *(voiture, navire)* fin, gracieux *(f* -ieuse*)*.

sleep [sli:p] *n* sommeil *m* ; *go to* ~ s'endormir ; *my foot has gone to* ~ mon pied est engourdi ; *I had my old dog put to* ~ j'ai fait piquer mon vieux chien ◆ *vi (p pp* **slept**) **1** dormir ; *he* ~*s like a log* il dort comme un loir ◆ *vt this tent* ~*s 6 people* c'est une tente pour 6 personnes ‖ **sleep in** *vpart* faire la grasse matinée ‖ **sleep off** *vpart* faire passer en dormant ; cuver son vin ‖ °**sleeper** *n* **1** dormeur *m* *(f* -euse*)* **2** *(espion)* taupe *f* **3** *(Rail)* couchette *f* ; train-couchettes *m* **4** *(brit Rail)* traverse *f* ‖ °**sleeping** *adj* ~ *bag* sac *m* de couchage ; ~ *car* wagon-lit *m* ; ~ *partner* (brit Com) commanditaire *m* ; ~ *pill* somnifère *m* ‖ °**sleepless** *adj* *(personne)* insomniaque ; *she had a* ~ *night* elle n'a pas dormi de la nuit ‖ °**sleepwalker** *n* somnambule *mf* ‖ °**sleepy** *adj* endormi ; *I feel* ~ j'ai sommeil.

sleet [sli:t] *n* pluie *f* mêlée de neige ; neige *f* fondue.

sleeve [sli:v] *n* **1** manche *f* ; *he was in his shirt* ~*s* il était en bras de chemise ; *(fig)* *she was laughing up her* ~ elle riait sous cape **2** pochette *f* (de disque) **3** *(Tech)* gaine *f*, manchon *m* ; ~ *air* ~ manche *f* à air.

sleigh [sleɪ] *n* traîneau *m*.

sleight [slaɪt] *n* ~ *of hand* tour *m* de passe-passe.

slender ['slendə] *adj* mince ; *(fig)* maigre ; *there is a* ~ *hope of peace* il y a un léger espoir de paix.

slept [slept] *p pp* **sleep**.
sleuth [sluːθ] *n* (*vx, hum*) (fin) limier *m*.
slew [sluː] *p* **slay**.
slice [slaɪs] *n* **1** tranche *f*; (*fig*) *he demands a ~ of the profits* il exige une part des bénéfices **2** (*gâteau, poisson*) truelle *f*, pelle *f* ♦ *vt* **~** (*up*) couper en tranches **2** (*Sp*) (*balle*) couper ‖ **sliced** *adj* coupé (en tranches).
slick [slɪk] *adj* (*fam*) **1** habile, facile **2** (*personne*) rusé **3** (*livre*) bien fait ♦ *n* nappe *f* de pétrole, marée *f* noire ♦ *vti* (*cheveux*) lisser; **~** (*up*) se faire beau ‖ **slicker** *n* (*amér*) (*vêtement*) ciré *m*.
slide [slaɪd] *vti* (*p pp* **slid**) (se) glisser, faire glisser; *the little boy was sliding on the snow* le petit garçon faisait des glissades sur la neige **2** (*Com*) *the dollar has slid since January* le dollar a baissé depuis janvier **3** *he is so ill he lets things ~* il est si malade qu'il laisse tout aller (à vau-l'eau) ♦ *n* **1** (*action*) glissement *m*; glissade *f*; (*Com*) baisse *f*; *price ~* chute *f* des prix **2** (*objet*) glissoire *f*, toboggan *m* **3** (*Tech*) coulisse *f*, curseur *m* **4** (*Phot*) diapositive *f*, (*fam*) diapo *f* ‖ **sliding** *adj* glissant; **~** *door* porte *f* coulissante; (*Eco*) **~** *scale* échelle *f* mobile.
slight [slaɪt] *adj* **1** peu considérable, petit; *I haven't the ~est* (*idea*) je n'en ai pas la moindre idée; *he has a ~ accent* il a un léger accent; (*fam*) *"do you know him?" – "not in the ~est!"* « le connais-tu ? – pas le moins du monde » **2** (*personne*) menu ♦ *vt* vexer, traiter sans égards ♦ *n* affront *m*, manque *m* d'égards ‖ **slighting** *adj* vexant, dédaigneux (*f* -euse) ‖ **slightly** *adv* légèrement.
slim [slɪm] *adj* (*personne*) **1** svelte, élancé **2** mince; (*fig*) *his chances of success are ~* ses chances de succès sont minces ♦ *vti* maigrir, amaigrir; *she was slimming* elle suivait un régime amaigrissant ‖ **slim down** *vpart* **1** maigrir **2** diminuer, réduire.
slime [slaɪm] *n* **1** vase *f* **2** humeur *f* visqueuse ‖ **slimy** *adj* **1** visqueux (*f* -euse) **2** (*personne*) obséquieux (*f* -ieuse).
sling [slɪŋ] *vti* (*p pp* **slung**) **1** lancer (violemment) **2** suspendre; *the girl had a bag slung over her shoulder* la jeune fille portait un sac en bandoulière ♦ *n* **1** (*amér* ~ *shot*) fronde *f*, lance-pierre *m* **2** bandoulière *f*; (*Méd*) écharpe *f* ‖ **slingback** *n* sandale *f*.
slink [slɪŋk] *vi* (*p pp* **slunk**) se déplacer furtivement/en douce; *he came ~ing back* il est revenu en catimini ‖ **slinky** *adj* mince, élancé; **~** *dress* robe *f* moulante.
slip [slɪp] *vi* **1** glisser; *I slipped and fell* j'ai glissé et je suis tombé; *the glass slipped out of her hands* le verre lui a glissé des mains **2** se glisser; *can you ~ through the crowd?* peux-tu te faufiler à

travers la foule ? **3** tomber; *profits may ~ by half* les bénéfices risquent de diminuer de moitié **4** **~** (*up*) faire une erreur ♦ *vt* **1** glisser **2** échapper; *his name slips my mind* son nom m'échappe ♦ *n* **1** glissade *f*; *he gave me the ~* (*fam fig*) il m'a filé entre les doigts **2** (*légère*) erreur *f*; **~** *of the tongue* lapsus *m*; **3** **~** *of paper* fiche *f*, note *f*; *pay ~* bulletin *m* de paie **4** (*vêtement*) combinaison *f* ‖ °**slipcover** *n* (*amér*) housse *f* ‖ °**slipknot** *n* nœud *m* coulant ‖ °**slip-on** (~ *shoe*) mocassin *m* ‖ °**slipover** *n* (*vêtement*) débardeur *m* ‖ °**slipper** *n* pantoufle *f* ‖ °**slippery** *adj* **1** glissant; (*personne*) rusé **2** (*fig*) *on the ~ slope* sur la mauvaise pente ‖ °**sliproad** *n* (*Aut brit*) bretelle *f* d'autoroute ‖ °**slipshod** *adj* négligé, bâclé ‖ °**slipstream** *n* (*air, eau*) sillage *m* ‖ °**slip-up** *n* (*fam*) erreur *f*, gaffe *f* ‖ °**slipway** *n* (*Naut*) cale *f* de construction; slip *m*.
slit [slɪt] *vti* (*p pp* **slit**) inciser; (se) fendre; **~** *eyes* (*péj*) yeux *mpl* bridés ♦ *n* fente *f*.
slither [ˈslɪðə] *vi* **1** glisser; *the children were ~ing down the sandhill* les enfants dégringolaient la dune **2** (*serpent*) ramper.
sliver [ˈslɪvə] *n* petit morceau *m*; **~** *of glass* éclat *m* de verre.
slob [slɒb] *n* (*péj*) rustaud *m*, gros lard *m*.
slobber [ˈslɒbə] *vi* baver; larmoyer; *stop ~ing over him* arrête de t'attendrir sur lui.
sloe [sləʊ] *n* (*Bot*) prunelle *f*.
slog [slɒg] *vi* (*fam*) **1** trimer; *she had to ~ away at her maths* elle a dû bûcher ses maths **2** (*along*) avancer péniblement ♦ *vt* cogner, frapper fort ♦ *n* **1** gros boulot *m* (*fam*) **2** (*marche*) trajet *m* pénible.
slogan [ˈsləʊgən] *n* slogan *m*.
slop [slɒp] *vi* déborder ♦ *vt* renverser ♦ *n* **1** fond *m* de tasse, boisson *f* renversée **2** **~s** eaux *fpl* usées, eau *f* de vaisselle, lavasse *f* **3** (*Lit Ciné*) sensiblerie *f* ‖ °**sloppy** *adj* (*fam*) **1** bâclé **2** débraillé **3** fadasse (*fam*).
slope [sləʊp] *n* pente *f*; *the chalet was on the west ~* le chalet était sur le versant ouest ♦ *vi* **1** être en pente; *the path ~s down to the stream* le chemin descend jusqu'au ruisseau **2** pencher ‖ °**sloping** *adj* en pente, incliné.
slosh [slɒʃ] *vi* clapoter; (*fam*) **~** *about/around* patauger ♦ *vt* éclabousser.
slot [slɒt] *n* **1** rainure *f*, fente *f*; **~** *machine* machine *f* à sous; distributeur *m* automatique **2** (*Rad, TV*) tranche *f* horaire; (*aussi Av*) créneau *m*; *students have one ~ a day to study in the library* les élèves ont une heure libre par jour pour étudier en bibliothèque ♦ *vt* **1** (*Tech*) rainurer **2** insérer ♦ *vi* s'insérer.
sloth [sləʊθ] *n* indolence *f*, paresse *f*.
slouch [slaʊtʃ] *vi* marcher lourdement;

être avachi/affalé ; *don't ~!* tiens-toi droit ! ◆ *n* démarche *f* molle, allure *f* avachie ; *(fam) he's no ~ at cooking* il se débrouille bien en cuisine.

slough [slʌf] *vti* (*~ off*) *(animal)* muer, se dépouiller **2** *(Méd) (croûte)* se détacher **3** *(fig)* abandonner.

slovenly [ˈslʌvnlɪ] *adj* négligé, débraillé.

slow [sləʊ] *adj* **1** lent ; *~ motion* ralenti *m* ; *~ train* omnibus *m* ; *~ oven* four *m* doux **2** *~ child* enfant *mf* attardé **3** ennuyeux (*f* -euse) ; *the game was* ~ le match languissait **4** *my watch is two minutes* ~ ma montre retarde de deux minutes ◆ *adv* lentement ; *the engine is running* ~ le moteur tourne au ralenti ‖ °**slowcoach** *(amér)*/**poke** *(fam) n* traînard *m*, lambin *m* ‖ °**slow(ing)down** *n* ralentissement *m* ; *(amér)* grève *f* perlée ‖ **slow down/up** *vpart* ralentir ‖ °**slowly** *adv* lentement ‖ °**slowworm** *n* (*Zool*) orvet *m*.

sludge [slʌdʒ] *ns inv* boue *f* ; boues *fpl* résiduelles ; *sewage ~* eaux *fpl* d'égout.

slug [slʌg] *n* **1** limace *f* **2** *(fam) (boisson)* gorgée *f* **3** *(amér argot)* balle *f* (de revolver) ◆ *vt (fam)* tabasser, cogner ‖ °**sluggish** *adj* **1** paresseux (*f* -euse) **2** engourdi ; *(Com) the market is* ~ le marché stagne.

sluice [sluːs] *n* écluse *f* ◆ *vt ~ (down)* laver à grande eau.

slum [slʌm] *n* **1** taudis *m* **2** *~ (area)* bas quartiers *mpl* ; *~ clearance* rénovation *f* des bas quartiers.

slumber [ˈslʌmbə] *(lit)* sommeil *m*.

slump [slʌmp] *vi ~ (down)* s'effondrer ◆ *n* **1** baisse *f* brutale **2** *(Eco)* crise *f*, dépression *f*.

slung [slʌŋ] *p pp* **sling.**

slunk [slʌŋk] *p pp* **slink.**

slur [slɜː] *n* affront *m* ◆ *vti* mal articuler ; *his words were slurred* il mangeait ses mots.

slurp [slɜːp] *vti* boire bruyamment.

slush [slʌʃ] *n* **1** neige *f* fondante **2** histoire *f* à l'eau de rose **3** *(fam) ~ fund* caisse *f* noire.

slut [slʌt] *n* **1** souillon *f* **2** *(vulg)* salope *f*.

sly [slaɪ] *adj* **1** rusé **2** sournois ; *he smokes on the* ~ il fume en cachette.

smack [smæk] *n* tape *f*, claque *f* ◆ *vt* **1** frapper ; *he ~ed her on the bottom* il lui a donné une fessée ; *she ~ed his face* elle l'a giflé **2** *she ~ed a kiss on his cheek* elle lui a planté un gros baiser sur la joue ; *he ~ed his lips* il a fait claquer ses lèvres **3** *this deal ~s of double-dealing* ce marché sent l'escroquerie ◆ *adv (fam)* en plein ; *the car drove ~ into a wall* la voiture entra tout droit dans un mur.

small [smɔːl] *adj* **1** petit ; de petite taille ;

~ business petite entreprise *f*, petit commerce *m* ; *~ change* (petite) monnaie *f* ; *~ child* enfant *mf* en bas âge ; *the ~ hours* le petit matin ; *~ letter* minuscule *f* **2** menu ; *~ voice* voix *f* fluette **3** insignifiant ; *~ talk* bavardage(s) *m(pl)* **4** mesquin ; *I feel very ~* je ne me sens pas fier ◆ *n ~ of the back* chute *f* des reins ◆ *adv fin* ; *chop ~* hacher menu ‖ °**smallish** *adj* plutôt petit ‖ °**small-time** *adj* peu important ; *~ farmers* petits fermiers *mpl*.

smallpox [ˈsmɔːlpɒks] *n (Méd)* variole *f*.

smarmy [ˈsmɑːmɪ] *adj* obséquieux (*f* -ieuse).

smart [smɑːt] *adj* **1** élégant, chic *(inv)* **2** *(amér)* intelligent ; *that isn't very ~* ce n'est pas très malin ; *~ card* carte *f* à puce **3** rapide ; *at a ~ pace* à vive allure **4** cuisant, cinglant ◆ *n* douleur *f* cuisante ◆ *vi* éprouver une vive douleur ‖ °**smarten** *vti* (bien) arranger ; *she wants to ~ up a bit* elle veut se refaire une beauté.

smash [smæʃ] *vti* **1** (s')écraser ; *the waves ~ed the boat against the cliff* les vagues ont fracassé le bateau contre la falaise ; *the robber ~ed the door open* le cambrioleur a enfoncé la porte **2** (faire) échouer, ruiner ; *(fig Com)* mettre en faillite, faire faillite **3** *(Sp) (record)* pulvériser ◆ *n* **1** coup *m* violent ; *(tennis)* smash *m* ; *they made a ~-and-grab raid at a jeweller's* ils ont brisé la devanture et raflé les bijoux. **2** fracas *m* **3** collision *f* **4** *~ hit* gros succès *m* ; *this film was a ~ hit* ce film a fait un tabac *m* ◆ *adv* en plein, de front ‖ **smash down** *vpart* défoncer ‖ °**smashed** *adj (fam)* soûl ‖ **smash in** *vpart* enfoncer ; *they'll ~ his face in* ils vont lui casser la figure ‖ °**smashing** *adj (brit fam)* super *inv*, génial ‖ **smash up** *vpart* démolir, mettre en morceaux ; *(fam)* bousiller ‖ °**smash-up** *(fam Aut, Rail)* télescopage *m*.

smattering [ˈsmætərɪŋ] *n* légères connaissances *fpl* ; *he had a ~ of Chinese* il avait quelques notions de chinois.

smear [smɪə] *n* **1** tache *f* ; *(fig)* calomnie *f* ; *~ campaign* campagne *f* de calomnies **2** *(Méd) ~ test* frottis *m* vaginal ◆ *vt* barbouiller, tacher ; *(aussi fig)* salir.

smell [smel] *vti* (*p pp* **smelled/smelt**) **1** sentir ; *~ good/bad* sentir bon/ mauvais ; *he ~s* il sent mauvais ; *this sauce ~s of mint* cette sauce sent la menthe **2** flairer ; *(fig)* pressentir ; *I ~ a rat* je soupçonne quelque chose (de mauvais) ◆ *n* **1** odorat *m* **2** odeur *f*, parfum *m* ‖ °**smelling** *adj* odorant ; *sweet-~ roses* des roses aux parfumées ‖ **smell out** *vpart* dépister ; *(fig)* découvrir ‖ °**smelly** *adj* malodorant.

smelt[1] [smelt] *p pp* **smell.**

smelt[2] [smelt] *vt (minerai)* fondre.

smile [smaɪl] *n* sourire *m* ; *he answered*

with a ~ il répondit en souriant ◆ *vti* sourire ; *he ~d a queer smile* il eut un sourire bizarre.

smirk [smɜːk] *n* **1** sourire *m* satisfait/ supérieur **2** sourire affecté ◆ *vi* **1** sourire d'un air supérieur **2** minauder.

smith [smɪθ] *n* forgeron *m* ‖ °**smithy** *n* forge *f*.

smithereens [ˌsmɪðəˈriːnz] *npl (fam) she smashed the mirror to ~* elle a brisé le miroir en mille morceaux.

smitten [ˈsmɪtn] *adj* frappé ; *he was ~ with her beauty* il fut captivé par sa beauté.

smock [smɒk] *n* blouse *f* ‖ °**smocking** *n (broderie)* smocks *mpl*.

smog [smɒg] *n* brouillard *m* (chargé de fumée).

smoke [sməʊk] *ns inv* fumée *f* ; *~ bomb* bombe *f* fumigène ; *~ screen* (aussi *fig*) écran *m* de fumée ; *do you want a ~?* voulez-vous une cigarette ? ◆ *vti* fumer ‖ °**smokeless** *adj* sans fumée ‖ **smoke out** *vpart* enfumer ‖ °**smoker** *n* **1** fumeur (*f* -euse) **2** (*Rail*) compartiment *m* fumeurs ‖ °**smokestack** *n (locomotive, usine)* cheminée *f* ‖ °**smoking** *adj* fumant ◆ *n* tabagisme *m* ; *~ jacket* veste *f* d'intérieur ‖ °**smoky** *adj* enfumé ; fumé.

smolder (*amér*) = **smoulder**.

smooch [smuːtʃ] *vi (fam)* se peloter.

smooth [smuːð] *adj* **1** uni, lisse ; *~ surface* surface *f* régulière ; *~ sea* mer *f* d'huile **2** onctueux (*f* -euse) **3** (*fig*) sans problème, régulier (*f* -ière) ; *he led a ~ life* il eut une vie tranquille **4** doux (*f* douce), égal ; *~ temper* caractère *m* facile **5** (*péj*) doucereux (*f* -euse) ; (*fam*) *~ character* personne *f* mielleuse ◆ *vt* lisser ; (*fig*) *he ~ed the way for the president* il a aplani la voie pour le président ‖ **smooth over** *vpart (difficulté)* aplanir ‖ °**smoothly** *adv* doucement, sans à-coups ; *the meeting went off ~* la réunion s'est bien passée.

smother [ˈsmʌðə] *vt* étouffer.

smoulder [ˈsməʊldə] *vi (feu)* (aussi *fig*) couver.

smudge [smʌdʒ] *vt* salir, barbouiller ◆ *n* tache *f* ‖ °**smudgy** *adj* barbouillé ; *~ photo* photo *f* floue.

smug [smʌg] *adj* suffisant.

smuggle [ˈsmʌgl] *vt* passer en contrebande ; *~ in/out* entrer/sortir en contrebande ‖ °**smuggler** *n* contrebandier *m*.

smut [smʌt] *n* **1** grivoiseries *fpl* **2** tache *f* de suie.

snack [snæk] *n* repas *m* léger.

snag [snæg] *n* **1** anicroche *f* ; *that's the ~!* voilà le hic ! **2** accroc *m*.

snail [sneɪl] *n (Zool)* escargot *m*.

snake [sneɪk] *n* **1** (*Zool*) serpent *m* ; *he's a ~ in the grass* c'est un faux-jeton ; *~s*

and ladders jeu *m* du serpent ; jeu de l'oie **2** (*Fin*) serpent *m* monétaire ◆ *vi* serpenter.

snap [snæp] *n* **1** bruit *m* sec, claquement *m* **2** cassure *f* nette **3** (*Phot*) *~ (shot)* instantané *m* **4** brève période *f* ; *cold ~* vague *f* de froid **5** (*jeu de cartes*) bataille *f* ◆ *adj* imprévu ; *~ decision* décision *f* brusque ◆ *vti* **1** (*bruit*) craquer, claquer ; *the rope snapped (in two)* la corde s'est cassée net ; *the dog was snapping at flies* le chien essayait de happer les mouches ; *he snapped his fingers at the waiter* il appela le garçon en claquant des doigts **2** *~ (out)* parler d'un ton cassant **3** (*Phot*) prendre un instantané ‖ **snap off** *vpart* casser net ‖ **snap to** *vpart* (se) (re)fermer d'un bruit sec ‖ °**snappy** *adj* alerte ; *make it ~!* (*fam*) grouille-toi ! ‖ **snap up** *vpart* saisir ; *~ a bargain* sauter sur une occasion.

snapdragon [ˈsnæpˌdrægən] *n (Bot)* gueule-de-loup *f*.

snare [sneə] *n* collet *m* ; (*fig*) piège *m* ◆ *vt* piéger.

snarl [snɑːl] *vi (animal)* gronder, grogner ◆ *n* **1** grondement *m*, grognement *m* **2** paralysie *f* ; (*circulation*) embouteillage *m*.

snatch [snætʃ] *vt* saisir brusquement, arracher ; *I ~ed a few moments' sleep in the train* j'ai réussi à dormir un peu dans le train ◆ *n* **1** geste *m* vif **2** (*Sp*) (*haltères*) arraché *m* **3** fragment *m* ; *he heard ~es of music* il entendit des bribes de musique.

sneak [sniːk] *n* **1** lâche *mf* **2** (*fam Ens*) mouchard *m*, cafard *m* **3** (*fam Ciné*) *we had a ~ preview of his new film* nous avons vu son nouveau film en avant-première ◆ *vi* **1** se déplacer furtivement ; *he ~ed out of the room* il se faufila hors de la pièce **2** (*fam Ens*) *don't ~ on us!* ne va pas rapporter/cafarder sur notre dos ! ◆ *vt (fam)* chiper ‖ °**sneaker** *n (amér)* (*chaussure f de*) tennis *m* ‖ °**sneaking** *adj (sentiment)* caché, inavoué ‖ °**sneaky** *adj* sournois.

sneer [snɪə] *vi* ricaner ◆ *n* **1** sourire *m* sarcastique **2** ricanement *m*.

sneeze [sniːz] *vi* éternuer ; (*fam*) *his advice is not to be ~d at* ses conseils ne sont pas à dédaigner ◆ *n* éternuement *m*.

snicker [ˈsnɪkə] *vi* rire sous cape.

snide [snaɪd] *adj (fam)* sarcastique, narquois.

sniff [snɪf] *vti* **1** renifler, flairer **2** dire d'un ton supérieur ; *"indeed!" he ~ed* «vraiment !» laissa-t-il tomber ‖ °**sniffer dog** *n* chien *m* renifleur ‖ °**sniffy** *adj (fam)* méprisant.

sniffle [ˈsnɪfl] *vi* **1** renifler (plusieurs fois) **2** pleurnicher.

snigger [ˈsnɪgə] *vi* rire sous cape, ricaner ◆ *n* **1** ricanement *m* **2** rire *m* grivois.

snip [snɪp] *vt* couper (d'un coup de ciseaux) ◆ **1** coup *m* de ciseaux **2** petit morceau *m* (coupé) **3** (*brit fam*) bonne affaire *f*.

snipe [snaɪp] *n* (Orn) bécassine *f* ◆ *vi* **1** (*Mil*) canarder **2** (*fig*) critiquer (sournoisement) ‖ °**sniper** *n* (*Mil*) tireur *m* embusqué ‖ °**sniping** *n* **1** tir *m* d'embuscade **2** critique *f* sournoise.

snippet [ˈsnɪpɪt] *n* **1** petit morceau *m* **2** (*fig*) bribe *f*.

snivel [ˈsnɪvl] *vi* pleurnicher.

snob [snɒb] *n* snob *mf* ‖ °**snobbery/** °**snobbishness** *n* snobisme *m* ‖ °**snobbish** *adj* snob *mf*.

snooker [ˈsnuːkə] *n* (sorte de) jeu *m* de billard.

snoop [snuːp] *vi* fureter, fouiner; *stop ~ing around!* arrête de mettre ton nez partout !

snooty [ˈsnuːtɪ] *adj* (*fam*) arrogant.

snooze [snuːz] *n* (*fam*) petit somme *m* ◆ *vi* faire un petit somme.

snore [snɔː] *vi* ronfler ◆ *n* ronflement *m*.

snorkel [ˈsnɔːkl] *n* (*Sp*) tuba *m* ◆ *vi go snorkelling* faire de la plongée sous-marine (avec tuba).

snort [snɔːt] *vi* renifler; (*cheval*) renâcler, s'ébrouer ◆ *n* **1** reniflement *m*; grognement *m* (de colère) **2** (*cheval*) ébrouement *m*.

snot [snɒt] *n* (*vulg*) morve *f* ‖ °**snotty** *adj* **1** morveux (*f* -euse) **2** arrogant.

snout [snaʊt] *n* **1** museau *m* **2** (*porc*) groin *m* **3** (*argot*) pif *m*.

snow [snəʊ] *n* **1** neige *f*; ~*ball* boule *f* de neige; ~*drift* congère *f*; ~*flake* flocon *m* de neige; ~*man* bonhomme *m* de neige **2** (argot brit) (cocaïne) neige *f* ◆ *vi* neiger; *we were ~ed up/(amér)* nous avons été bloqués par la neige ‖ °**snowbound** *adj* bloqué par la neige ‖ °**snowdrop** *n* (*Bot*) perce-neige *m* ‖ °**snowmobile** *n* (*amér*) motoneige *m* ‖ °**snowplough** (*brit*), **snowplow** (*amér*) *n* chasse-neige *m* (*pl inv*) ‖ °**snowshoe** *n* raquette *f* ‖ °**snowwhite** *adj* blanc (*f* -che) comme neige ‖ **Snow White** *n* Blanche-Neige ‖ °**snowy** *adj* neigeux (*f* -euse); de neige; enneigé.

snub [snʌb] *vt* rabrouer, faire un affront ◆ *n* affront *m*, rebuffade *f* ‖ °**snub-nosed** *adj* au nez camus.

snuff [snʌf] *vi* priser du tabac ◆ *vt* (*chandelle*) moucher; (*fig*) éteindre ◆ *n* tabac *m* à priser.

snug [snʌg] *adj* **1** confortable, douillet (*f* -ette) **2** (*vêtement*) très ajusté ‖ °**snuggle** *vti* (se) serrer, se blottir.

so [səʊ] *adv* **1** si, tant; *what's ~ funny?* qu'est-ce qu'il y a de si drôle ? *I do love you ~!* je vous aime tant ! *I have ~ many friends* j'ai tellement d'amis; *she was ~ funny that I burst out laughing* elle était si drôle que j'ai éclaté de rire; *his book is ~ abstruse as to be incomprehensible* son livre est si obscur qu'il en est incompréhensible **2** ainsi; *it is ~, I tell you!* c'est vrai, je vous l'assure ! *it ~ happens (that) I know him* il se trouve que je le connais; *and ~ on (and ~ forth)* et ainsi de suite/ etc. **3** (*reprise d'un mot ou d'une phrase*) "*I think it's a good film*" – "*I think ~ too*" «je pense que c'est un bon film. – je le pense aussi.» "*is it too expensive?*" – "*I'm afraid ~*" «est-ce trop cher ? – je le crains.» "*it may be fine*" – "*I hope ~*" «il fera peut-être beau. – je l'espère.» "*do you like good coffee? if ~ try this*" «aimes-tu le bon café ? si oui, essaie ceci» **4** (*accord, confirmation*) "*he's late*" – "*~ I see/~ he is*" «il est en retard – en effet» **5** (*conformité*) "*they like it*" – "*~ do I*" «ils l'aiment. – moi aussi» ; ~ *did we/they* nous/eux aussi ◆ *conj* **1** donc; "*I'm going*" – "*~ I won't see you again?*" «je pars. – je ne te verrai plus, alors ?» **2** (*conséquence*) donc, aussi; *it was getting late, ~ I went home* il se faisait tard, aussi je suis rentré chez moi **3** (*but*) *so/so that* afin que, pour que; *you should shut the door ~ the cat can't run away* tu devrais fermer la porte pour que le chat ne puisse pas se sauver **4** ~ *as to* afin de, pour; *he hid behind the door (~ as) not to be seen* il s'est caché derrière la porte pour ne pas être vu **5** (*fam*) "*the wine you bought was stolen*" – "*~ (what)?*" «le vin que tu as acheté provient d'un vol. – et alors ? » ‖ °**so-and-so** *n* (*fam*) *Mr ~* Monsieur Un tel; *you (old) ~!* espèce *f* d'idiot ! ‖ **so-**°**called** *adj* **1** prétendu; *a ~ expert* un soi-disant expert **2** ~ *wild animals* les animaux dits sauvages ‖ °**so-so** (*fam*) passable, ni bien ni mal; "*how are you?*" – "*~*" «comment allez-vous ? – couci-couça ! » *this wine is ~* ce vin est quelconque.

soak [səʊk] *vti* **1** (faire) tremper **2** (*fam*) ~ *the rich!* faites payer les riches ! ◆ *vi* plonger, tremper; *blood had ~ed through the dressing* le sang avait traversé le pansement ‖ °**soaked** *adj* détrempé; *I'm ~ through/to the skin* je suis trempé jusqu'aux os ‖ °**soaking** *adj* trempé ‖ **soak up** *vpart* absorber, s'imprégner de.

soap [səʊp] *n* savon *m*; ~*flakes* savon en paillettes; ~*suds* eau *f* savonneuse; (*amér argot*) *no ~!* rien à faire ! ~ *opera* (*Rad, TV*) feuilleton *m* sentimental ◆ *vt* savonner ‖ °**soapbox** *n* caisse *f* à savon; ~ *orator* orateur *m* de rue.

soar [sɔː] *vi* **1** prendre son essor **2** monter en flèche.

sob [sɒb] *vi* sangloter ◆ *n* sanglot *m*; (*fam*) ~ *story* histoire *f* pathétique.

sober [ˈsəʊbə] *adj* **1** qui n'est pas ivre

2 tempéré, modéré ; ~ *clothes* vêtements *mpl* sobres **3** réfléchi, posé ◆ *vti* ~ *up* (se) dégriser ‖ **°soberness** *n* sobriété *f*, modération *f*.

soccer ['sɒkə] *n* foot(ball) *m*.

sociable ['səʊʃəbl] *adj* sociable.

social ['səʊʃl] *adj* **1** social ; ~ *climber* arriviste *mf* ; ~ *science(s)* sciences *fpl* humaines ; *(GB)* ~ *security* aide *f* sociale ; *(US) S*~ *Security* régime *m* de retraite (d'État) ; ~ *work* œuvres *fpl* sociales **2** sociable ◆ *n* soirée *f* amicale ‖ **°socialism** *n* socialisme *m* ‖ **°socialite** *n* homme/ femme du monde ‖ **°socialize/-se** *vi (with)* fréquenter (des gens).

society [sə'saɪətɪ] *n* **1** société *f* ; *consumer* ~ société *f* de consommation **2** association *f*.

sociology [ˌsəʊsɪ'ɒlədʒɪ] *n* sociologie *f*.

sock [sɒk] *n* chaussette *f* ; *ankle* ~ socquette *f* ◆ *vt (fam)* flanquer un gnon à.

socket ['sɒkɪt] *n* **1** cavité *f* ; *(Anat)* (œil) orbite *f* ; *(dent)* alvéole *f* **2** *(brit El)* douille *f* ; prise *f* de courant (femelle).

sod [sɒd] *n* **1** *(lit)* gazon *m* **2** *(argot brit) poor* ~ *!* pauvre gars *m* !

soda ['səʊdə] *n* **1** soude *f* **2** *baking* ~ bicarbonate *m* de soude **3** ~ *water* eau *f* de Seltz ; soda *m*.

sodden ['sɒdn] *adj* trempé.

sofa ['səʊfə] *n* sofa *m*, canapé *m*.

soft [sɒft] *adj* **1** doux *(f* douce) ; ~ *bed* lit *m* moelleux **2** mou *(f* molle), *(aussi fig)* tendre ; ~ *palate* voile *m* du palais ; ~ *shoulder* accotement *m* non stabilisé **3** doux *(f* douce) ; ~ *breeze* brise *f* légère ; ~ *drink* boisson *f* non alcoolisée ; ~ *drugs* les drogues *fpl* douces **4** facile ; ~ *life* vie *f* douce ; ~ *job* travail *m* facile ; ~ *option* solution *f* de facilité **5** faible ; *(fam) he's* ~ *in the head* c'est un simple d'esprit **6** *(Phot)* ~ *focus* flou *m* ‖ **°soft-boiled** *adj (*œuf*)* mollet ; à la coque ‖ **°soft-cover** *n (amér)* livre *m* broché ‖ **°softness** *n* douceur *f*, mollesse *f* ‖ **°software** *n (Inf)* software *m*, logiciel(s) *m(pl)*.

soften ['sɒfn] *vti* **1** (se) ramollir **2** (s')adoucir, (s')attendrir ‖ **°softener** *n* adoucisseur *m*.

soggy ['sɒgɪ] *adj* détrempé.

so(h) [səʊ] *n (Mus)* sol *m*.

soil [sɔɪl] *n* terre *f* ; *on Irish* ~ sur le sol irlandais ◆ *vt* souiller.

solace ['sɒləs] *n* réconfort *m*.

solar ['səʊlə] *adj* solaire ; ~ *energy* énergie *f* solaire.

sold [səʊld] *p pp* **sell**.

solder ['sɒldə] *vt* souder.

soldier ['səʊldʒə] *n* soldat ◆ *vi* ~ *on* persévérer.

sole[1] [səʊl] *adj* seul, unique, exclusif *(f* -ive).

sole[2] [səʊl] *n* **1** plante *f* du pied **2** *(chaussure)* semelle *f*.

sole[3] [səʊl] *n (Zool)* sole *f*.

solemn ['sɒləm] *adj* solennel *(f* -elle).

solicit [sə'lɪsɪt] *vt* **1** solliciter **2** *(prostitué(e))* racoler ‖ **so°liciting** *n* racolage *m*.

solicitor [sə'lɪsɪtə] *n* **1** *(brit Jur)* solicitor *m (*avoué et notaire*)* **2** *(amér Jur)* conseiller *m* juridique ; courtier *m*.

solid ['sɒlɪd] *adj* **1** solide ; massif *(f* -ive) ; ~ *silver* argent *m* massif ; *(fig)* ~ *vote* vote *m* massif / unanime **2** plein ; *I worked for two* ~ *hours* j'ai travaillé deux heures d'affilée **3** *(personne)* sérieux *(f* -euse), posé ‖ **solid-°state** *adj (El)* à semi-conducteurs.

solidity [sə'lɪdətɪ] *n* solidité *f*.

soliloquy [sə'lɪləkwɪ] *n* monologue *m*.

solitaire [ˌsɒlɪ'teə] *n* **1** *(jeu)* solitaire *m* **2** *(amér) (jeu de)* patience *f*.

solitary ['sɒlɪtərɪ] *adj* **1** solitaire ; *(Jur) in* ~ *confinement* au régime *m* cellulaire **2** seul, unique ‖ **°solitude** *n* solitude *f*.

solo ['səʊləʊ] *n* solo *m* ◆ *adj adv* solo, en solo ‖ **°soloist** *n* soliste *mf*.

solubility [ˌsɒljʊ'bɪlətɪ] *n* solubilité *f* ‖ **°soluble** *adj (Ch) (aussi fig)* soluble.

solution [sə'lu:ʃn] *n* solution *f*.

solvable ['sɒlvəbl] *adj (problème)* soluble ‖ **solve** *vt* résoudre.

solvency ['sɒlvənsɪ] *n (Com)* solvabilité *f* ‖ **°solvent** *adj (Com)* solvable ◆ *n* dissolvant *m* ; solvant *m*.

somber *(amér)* / **sombre** *(brit)* ['sɒmbə] *adj* sombre ; maussade.

some [sʌm] *quant* **1** un quelconque ; ~ *passer-by will have picked it up* un passant l'aura ramassé ; *he'll do it* ~ *day* il le fera un beau jour ; ~ *way or other* d'une manière ou d'une autre **2** une certaine quantité (de) ; *buy* ~ *butter and* ~ *apples!* achète du beurre et des pommes ! *I have* ~ j'en ai ; ~ *days ago* il y a quelques jours ; ~ *like it cold,* ~ *like it hot* les uns l'aiment froid, les autres l'aiment chaud **3** *(emphatique) (fam) that's* ~ *car!* ça, c'est une voiture ! ◆ *adv* **1** environ ; *I walked for* ~ *three hours* j'ai marché pendant quelque trois heures **2** *(amér fam)* beaucoup ; *I'll have to work* ~ je vais devoir rudement travailler.

somebody ['sʌmbədɪ] *pr* quelqu'un ; ~ *called* on a téléphoné ; ~ *else* quelqu'un d'autre.

somehow ['sʌmhaʊ] *adv* **1** d'une manière ou d'une autre ; *we'll do it* ~ nous le ferons tant bien que mal **2** ~ *it sounded wrong* pour une raison ou une autre, cela semblait faux.

someone ['sʌmwʌn] *pr* = **somebody**.

someplace ['sʌmpleɪs] *(amér fam)* = **somewhere**.

somersault ['sʌməsɔːlt] *n* **1** culbute *f*; *(enfant)* galipette *f*; *(Aut)* tonneau *m* **2** saut *m* périlleux.

something ['sʌmθɪŋ] *pr* quelque chose; ~ *odd* quelque chose d'étrange; ~ *else* autre chose; *(fam)* he's got measles or ~ il a la rougeole ou quelque chose comme ça; *the gardener is* ~ *of a poet* le jardinier est poète à ses heures ◆ *adv* quelque peu, environ; *taxes have risen by* ~ *over 5 %* les impôts ont augmenté d'un peu plus de 5 %.

sometime ['sʌmtaɪm] *adv* un jour ou l'autre; ~ *or other* tôt ou tard ◆ *adj a* ~ *actor* un ancien acteur.

sometimes ['sʌmtaɪmz] *adv* quelquefois; *sometimes... sometimes* tantôt... tantôt.

somewhat ['sʌmwɒt] *adv* **1** quelque peu; *it's* ~ *difficult* c'est plutôt difficile.

somewhere ['sʌmweə] *adv* quelque part; ~ *else* ailleurs.

son [sʌn] *n* fils *m*; *(fig)* descendant *m*; ~*-in-law* gendre *m*.

song [sɒŋ] *n* chanson *f*; *a bird's* ~ un chant d'oiseau; *I bought it for a* ~ je l'ai acheté pour une bouchée de pain ‖ °**songwriter** *n* compositeur (*f* -trice) (de chansons).

sonic ['sɒnɪk] *adj (Av)* sonique; ~ *boom* bang *m* (supersonique).

sonnet ['sɒnɪt] *n* sonnet *m*.

sonorous ['sɒnərəs] *adj* sonore.

soon [suːn] *adv* **1** bientôt; *come back* ~! reviens vite! *see you* ~! à bientôt! *write as* ~ *as possible!* écris dès que possible **2** tôt, de bonne heure; ~*er or later* tôt ou tard; *the* ~*er the better* le plus tôt sera le mieux; *no* ~*er said than done* sitôt dit, sitôt fait; *no* ~*er had he left than...* à peine était-il parti que... **3** plutôt; *I would just as* ~ *stay* j'aimerais autant rester.

soot [sʊt] *n* suie *f*.

soothe [suːð] *vi* calmer, apaiser.

sop [sɒp] *n* **1** concession *f*; cadeau *m* (pour amadouer) **2** morceau *m* de pain trempé ◆ *vt* ~ *(up)* tremper; absorber; *he's sopping wet* il est trempé.

sophisticated [sə'fɪstɪkeɪtɪd] *adj* **1** raffiné; *he has a* ~ *approach to the problem* il a une approche subtile du problème **2** *(technique)* avancé, hautement perfectionné; *a* ~ *aircraft* un avion sophistiqué.

soppy ['sɒpɪ] *adj (fam)* sentimental; bébête.

sorcerer ['sɔːsərə] *n* sorcier *m* ‖ °**sorceress** *n* sorcière *f* ‖ °**sorcery** *n* sorcellerie *f*.

sordid ['sɔːdɪd] *adj* ignoble, sordide.

sore [sɔː] *n* plaie *f* ◆ *adj* **1** douloureux (*f* -euse); *he's* ~ *all over* il a mal partout;

I've got a ~ *throat* j'ai mal à la gorge **2** *(amér)* contrarié, vexé; *don't get* ~! ne te fâche pas! **3** *(fig)* épineux (*f* -euse); *it's a* ~ *point* c'est une question délicate.

sorrel ['sɒrəl] *n (Bot)* oseille *f*.

sorrow ['sɒrəʊ] *n* chagrin *m*, douleur *f* ‖ °**sorrowful** *adj* triste.

sorry ['sɒrɪ] *adj* **1** triste, désolé; ~! *(pour s'excuser)* désolé! *(pour faire répéter)* pardon? *I'm* ~ *I'm late* excusez-moi d'être en retard; *I'm* ~ *I can't swim* je regrette de ne pas savoir nager **2** lamentable; *he's in a* ~ *state* il est dans un triste état.

sort [sɔːt] *n* **1** sorte *f*, espèce *f*; *nothing of the* ~ absolument pas **2** *(fig)* he's a poet *of the* ~ c'est un poète en son genre; *I feel out of* ~s je ne me sens pas dans mon assiette **3** *(fam)* I ~ *of expected it* je m'y attendais un peu ◆ *vt* ~ *(out)* **1** classer, trier; *I must* ~ *out my ideas* je dois mettre de l'ordre dans mes idées **2** résoudre; *we* ~*ed out our problem* nous avons réglé notre problème ‖ °**sorting-office** *n* bureau *m* de tri.

sought [sɔːt] *p pp* seek.

soul [səʊl] *n* **1** âme *f*; *he is the* ~ *of loyalty* il est la loyauté même; ~*-destroying job* travail *m* abrutissant **2** être *m*; *I didn't know a single* ~ je ne connaissais pas âme qui vive; *you poor* ~! ma/mon pauvre! **3** culture *f* des Afro-Américains; ~ *brother/sister* frère/sœur noir(e); ~ *music* musique *f* soul (sorte de blues) ‖ °**soulful** *adj* sentimental ‖ °**soul-searching** *n* examen *m* de conscience, délibération *f*.

sound[1] [saʊnd] *n (Géog)* détroit *m*.

sound[2] [saʊnd] *n* **1** son *m*; *the speed of* ~ la vitesse du son; ~ *barrier* mur *m* du son; ~ *effects* bruitage *m*; ~ *track* bande *f* sonore **2** bruit *m*; **3** sonorité *f* **4** *(Méd)* sonde *f* ◆ *vi* **1** sonner, résonner **2** sembler (à l'oreille); *he* ~*ed angry over the phone* il avait l'air en colère au téléphone ◆ *vt* **1** sonder **2** *(Méd)* ausculter; sonder ◆ *adj* **1** sain, solide; *the walls are* ~ les murs sont en bon état; *(fig)* he is ~ *of mind* il est sain d'esprit **2** valide, juste; *her advice is* ~ ses conseils sont judicieux **3** *sleep* sommeil *m* profond ‖ °**sounding** *n* sondage *m* ‖ °**soundproof** *adj* insonorisé.

soup [suːp] *n* soupe *f*; potage *m* ‖ **soup up** *vpart (fam) (moteur)* gonfler.

sour ['saʊə] *adj* **1** acide **2** aigre; *this milk has gone* ~ ce lait a suri **3** *(fig)* aigri, amer (*f* -ère); *the meeting turned* ~ la réunion a mal tourné ◆ *vti* (s')aigrir.

source [sɔːs] *n (aussi fig)* source *f*.

souse [saʊs] *vt* plonger; *(Cuis)* faire mariner.

south [saʊθ] *adj adv n* (au, du, vers le) sud; *I'm going* ~ je vais vers le sud ‖ °**southbound** *adj (train, route)* qui va vers le sud ‖ **south°east** *n* sud-est *m* ‖ **°southward** *adj* sud *m* ‖ **°southwards** *adv* vers le sud ‖ **south°west** *n* sud-ouest *m*.

southerly [ˈsʌðəlɪ] *adj* du sud, du midi ‖ **°southern** *adj* du sud ‖ **°southerner** *n* méridional(e) *m(f)*; *(amér Hist)* sudiste *mf*.

souvenir [ˌsuːvəˈnɪə] *n (objet)* souvenir *m*.

sovereign [ˈsɒvrɪn] *n* souverain(e) *m(f)* ♦ *adj* souverain *(Fin)* ~ **risk** risque *m* pays.

sow¹ [saʊ] *n (Zool)* truie *f*.

sow² [səʊ] *vt (p* **sowed**; *pp* **sown)** semer.

soya [ˈsɔɪə] *n (Ag)* soja *m*.

spa [spɑː] *n* source *f* thermale; station *f* thermale.

space [speɪs] *n* **1** espace *m*; ~ **research** recherche *f* spatiale; ~**craft** *(pl inv)*/**ship** vaisseau *m* spatial; ~ **probe** sonde *f* spatiale; ~**suit** combinaison *f* spatiale **2** espace *m*, place *f*; *living* ~ espace vital; *can you make* ~ *for me?* peux-tu me faire une petite place? **3** espace *m* libre, intervalle *m*; *in a very short* ~ *of time* dans un court laps de temps ‖ **space out** *vpart* espacer ‖ **°spacing** *n* espacement *m*, interligne *m* ‖ **°spacious** *adj* spacieux *(f -euse)*, vaste.

spade [speɪd] *n* **1** bêche *f*, pelle *f*; *(fig)* ~*work* travaux *mpl* préliminaires; *I call a* ~ *a* ~ j'appelle un chat un chat **2** *(carte)* pique *m* **3** *(brit péj)* nègre *m (f -esse)*.

spaghetti [spəˈgetɪ] *n* **1** spaghettis *mpl* **2** *(brit)* échangeur *m* (sur plusieurs niveaux).

span [spæn] *n* **1** envergure *f* **2** écartement *m*, portée *f*; *single-*~ *bridge* pont à travée *f* unique **3** espace *m* de temps; *the* ~ *of human life is brief* la durée de la vie d'un homme est courte ♦ *vt* franchir; *a bridge* ~*s the valley* un pont enjambe la vallée; *(fig) her career* ~*s half a century* sa carrière couvre un demi-siècle.

spangle [ˈspæŋgl] *n* paillette *f*.

spaniel [ˈspænjəl] *n (Zool)* épagneul *m*.

spank [spæŋk] *vt* donner une fessée à ‖ **°spanking** *n* fessée *f* ♦ *adv (fam)* ~ *new* flambant neuf.

spanner [ˈspænə] *n (Tech)* clé *f* anglaise; *(loc) throw a* ~ *in the works* mettre des bâtons dans les roues.

spar [spɑː] *vi* **1** *(boxe)* s'entraîner **2** *(fig)* discuter, se disputer.

spare [speə] *adj* **1** de réserve, de rechange; *have you got a* ~ *copy?* en avez-vous un autre exemplaire? ~ *parts* pièces *fpl* de rechange; ~ *room* chambre *f* d'ami; ~ *wheel* roue *f* de secours; *do it in your* ~ *time* fais-le à tes moments perdus **2** maigre; *tall and* ~ grand et mince ♦ *vt* **1** épargner; *he* ~*d the pri-*

soner's life il a fait grâce au prisonnier **2** se priver de, se passer de; *can you* ~ *a moment/$5?* pouvez-vous m'accorder un moment/me prêter 5 dollars? **3** ménager; *you should* ~ *a thought for the homeless* vous devriez avoir une pensée pour les sans-abri ‖ **°spareribs** *n* travers *m* de porc ‖ **°sparing** *adj* économe, modéré.

spark [spɑːk] *n* ~ étincelle *f* ♦ *vi* faire des étincelles ♦ *vi* ~ *(off)* provoquer, déclencher ‖ **°spark plug** *n (Aut)* bougie *f*.

sparkle [ˈspɑːkl] *vi* scintiller, étinceler; *(boisson)* pétiller ♦ *n* éclat *m*; *(fig)* vivacité *f* (d'esprit) ‖ **°sparkling** *adj* gazeux *(f -euse)*; ~ *wine* mousseux *m*.

sparrow [ˈspærəʊ] *n (Orn)* moineau *m* ‖ **°sparrowhawk** *n* épervier *m*.

sparse [spɑːs] *adj* clairsemé.

spasm [ˈspæzəm] *n* spasme *m*; *(fig)* accès *m*.

spastic [ˈspæstɪk] *adj (Méd) (mouvement)* spasmodique ♦ *n* handicapé *m* moteur; *(argot)* minable, nul *(f -lle)*.

spat¹ [spæt] *p pp* spit.

spat² [spæt] *n* demi-guêtre *f*.

spat³ [spæt] *n (amér)* querelle *f*.

spate [speɪt] *n* **1** crue *f* **2** *(fig)* avalanche *f*; *a* ~ *of protests* une cascade *f* de protestations.

spatter [ˈspætə] *vti* éclabousser.

spawn [spɔːn] *n* œufs *mpl* de poisson, frai *m* ♦ *vi* frayer.

speak [spiːk] *vti (p* **spoke**; *pp* **spoken)** **1** dire; ~ *the truth!* dites la vérité! ~ *your mind!* dites ce que vous pensez! *so to* ~ pour ainsi dire **2** *(about, of)* parler (de); *I'll* ~ *to him about his future* je lui parlerai de son avenir; *he spoke for the group* il a parlé au nom du groupe; *it* ~*s for itself* c'est évident **3** faire un discours, prendre la parole **4** *(Téleph) who's* ~*ing?* qui est à l'appareil? *Mr Smith?* – *lui-même!* M. Smith? – lui-même! ‖ **°speaker** *n* **1** orateur *m* **2** Président *m* (de la Chambre des Communes/des Représentants) **3** haut-parleur *m* ‖ **°speaking** *n* discours *m*; *plain* ~ franc-parler *m* ♦ *adj English-*~ **1** anglophone **2** qui parle anglais ‖ **speak out** *vpart* oser s'exprimer ‖ **speak up** *vpart* **1** parler plus fort **2** prendre la parole.

spear [spɪə] *n* **1** lance *f*; *(Sp)* javelot *m*; harpon *m* ♦ *vt* harponner, transpercer d'un coup de lance ‖ **°spearhead** *n* fer *m* de lance ♦ *vt* ~*ed a campaign against illiteracy* ils ont lancé une campagne contre l'analphabétisme ‖ **°spearmint** *n* menthe *f* verte.

spec [spek] *n* **1** *(brit fam) I'm calling on* ~ à tout hasard **2** ~*s* lunettes *fpl* **3** = **spe-cification**.

special [ˈspeʃl] *adj* **1** spécial, unique; ~ *occasion* occasion *f* exceptionnelle; *(Com)* ~ *offer* offre *f* spéciale **2** extraordinaire;

~ agent agent *m* secret ; **by ~ delivery** (lettre en) exprès ♦ *n* (restaurant) **today's ~ plat** *m* du jour ; (Radio, TV) émission *f* spéciale ‖ **°specialist** *n* spécialiste *mf*.

speciality [ˌspeʃɪˈælɪtɪ]/(amér) **specialty** [ˈspeʃltɪ] *n* spécialité *f*.

species [ˈspiːʃiːz] *ns* (pl inv) espèce *f*.

specific [spɪˈsɪfɪk] *adj* spécifique, précis.

specification [ˌspesɪfɪˈkeɪʃn] *n* prescription *f*, stipulation *f* ; (Tech) **~s sheet** cahier *m* des charges.

specify [ˌspesɪfrˈkeɪʃn] *vt* spécifier ; **unless otherwise specified** sauf indication *f* contraire.

speck [spek] *n* petite tache *f* ; **~ of dust** grain *m* de poussière ‖ **°speckle** *vt* tacheter, moucheter.

spectacle [ˈspektəkl] *n* **1** spectacle *m* **2 ~s** lunettes *fpl*.

spectator [spekˈteɪtə] *n* spectateur *m* ; **soccer is a ~ sport** le football est un sport qui attire les foules.

spectre (brit)/**-er** (amér) [ˈspektə] *n* spectre *m*, fantôme *m* ‖ **°spectrum** *n* spectre *m* ; (fig) gamme *f*, éventail *m*.

speculate [ˈspekjʊleɪt] *vi* **1** (about) s'interroger (sur) **2** (Fin) spéculer ; **~ on the gold market** spéculer sur le marché de l'or ; **~ in oils** spéculer sur les valeurs pétrolières ‖ **specu°lation** *n* conjectures *fpl* ; (aussi Fin) spéculation *f*.

sped [sped] *p pp* **speed**.

speech [spiːtʃ] *n* **1** parole *f* ; **freedom of ~** liberté *f* d'expression ; **~ impediment** défaut *m* d'élocution ; **~ therapy** orthophonie *f* **2** langue *f* parlée ; **parler** *m* **3** discours *m* ; (Th) tirade *f* **4** (Gr) **indirect ~** discours *m*/style *m* indirect ‖ **°speechless** *adj* muet (*f* -ette) ; **~ with fear** muet de peur.

speed [spiːd] *n* **1** vitesse *f* ; **~ limit** limitation *f* de vitesse ; **cruising ~** vitesse de croisière **2** rapidité *f*, diligence *f* **3** **a five-~ car** une voiture à cinq vitesses **4** (argot) speed *m*, amphétamine *f* ♦ *vi* (*p pp* **sped**) se hâter ; **they sped away** ils s'éloignèrent à toute vitesse ♦ *vi* (*p pp* **speeded**) (Aut) conduire trop vite ‖ **°speedboat** *n* canot *m* automobile ‖ **°speedily** *adv* vite, rapidement ‖ **°speeding** *n* excès *m* de vitesse ‖ **spee°dometer** *n* compteur *m* de vitesse ‖ **speed up** *vpart* (se) hâter ; **~ up !** accélère ! ‖ **°speedway** *n* (brit) **1** course *f* de motos ; circuit *m* **2** (amér) circuit *m* automobile ‖ **°speedy** *adj* rapide, prompt.

spell¹ [spel] *n* **1** période *f* ; **cold ~** coup *m* de froid **2** tour *m*, relais *m* ; **we took ~s at the wheel** nous nous sommes relayés au volant.

spell² [spel] *n* charme *m* ; **under a ~** ensorcelé ; **~bound** charmé, fasciné.

spell³ [spel] *vti* (*p pp* **spelt/spelled**)

1 épeler **2** orthographier ; **he can't ~** il fait beaucoup de fautes d'orthographe **3** signifier ; **ozone loss ~s danger** la diminution de la couche d'ozone représente un danger ‖ **°spelling** *n* orthographe *f* ‖ **spell out** *vpart* **1** épeler **2** expliciter, détailler.

spend [spend] *vt* (*p pp* **spent**) **1** dépenser **2** passer (du temps) ; **I spent all night reading** j'ai passé la nuit à lire **3** épuiser ‖ **°spending** *n* dépense *f* ; **~ money** argent *m* de poche ‖ **°spendthrift** *n* *adj* dépensier (*f* -ière) ‖ **°spent** *adj* consumé, épuisé.

spent [spent] *p pp* **spend**.

sperm [spɜːm] *n* (Bio) sperme *m* ; spermatozoïde *m* ‖ **°sperm whale** *n* cachalot *m*.

spew [spjuː] *vti* vomir.

sphere [sfɪə] *n* **1** sphère *f* **2** domaine *m*, champ *m* ; **it's not within my ~** ce n'est pas de mon ressort **3** milieu *m*.

spice [spaɪs] *n* épice *f* ; (fig) sel *m*, piment *m* ♦ *vt* épicer ; pimenter.

spick [spɪk] *adj* **~ and span** (loc) reluisant de propreté, (personne) tiré à quatre épingles ♦ *n* (amér argot) latino *mf*.

spider [ˈspaɪdə] *n* (Zool) araignée *f*.

spiel [ʃpiːl] *n* (fam péj) boniment *m*.

spike [spaɪk] *n* **1** pointe *f* de fer ; (Sp) **~s** chaussures *fpl* à pointes **2** piquant *m* (de fil barbelé) **3** (Bot) épi *m*.

spill [spɪl] *vti* (*p pp* **spilt/spilled**) (se) répandre, (se) renverser ; (fam) **don't ~ the beans!** ne vends pas la mèche ! ♦ **1** liquide *m* renversé ; **oil ~/spillage** nappe *f* de pétrole **2** chute *f*, culbute *f* ‖ **spill out** *vpart* **1** déborder **2** renverser ; (fig) répandre, déverser.

spin [spɪn] *vti* (*p pp* **spun**) **1** (faire) tournoyer, (faire) tourner **2** **~ dry** essorer **3** (laine) filer, (araignée) tisser ; (fig) **~ a story/yarn** débiter une longue histoire ♦ *n* **1** (Sp) **put ~ on a ball** donner de l'effet à une balle **2** (Av) **go into a ~** tomber en vrille ; (fam fig) **get into a ~** paniquer ‖ **°spin-off** *n* retombée *f* ; dérivé *m* ‖ **°spinning ~ mill** filature *f* ‖ **spin out** *vpart* étirer, faire durer.

spinach [ˈspɪnɪtʃ] *ns inv* (Bot) épinard *m* ; (Cuis) épinards *mpl*.

spindle [ˈspɪndl] *n* axe *m*, fuseau *m* ‖ **°spindly** *adj* maigrichon (*f* -onne).

spine [spaɪn] *n* **1** (Anat) colonne *f* vertébrale **2** (livre) dos *m* **3** (Zool Bot) piquant *m*, épine *f* ‖ **°spineless** *adj* **1** faible, lâche **2** sans épines ‖ **°spiny** *adj* épineux (*f* -euse).

spinster [ˈspɪnstə] *n* (vx Adm) célibataire *f*.

spiral [ˈspaɪərəl] *n* spirale *f* ♦ *vi* monter en spirale ; **prices are ~(l)ing** les prix *mpl* montent en flèche ; **~ down** (Av) descendre en vrille ; *sales ~(l)ed downwards* les ventes *fpl* se sont effondrées.

spire [´spaɪə] *n* flèche *f* (d'église).

spirit [´spɪrɪt] *n* **1** esprit *m* **2** fantôme *m*, esprit *m* **3** courage *m* ; entrain *m* ; *he was in good ~s* il était de bonne humeur ; *the victory raised the team's ~s* la victoire remonta le moral de l'équipe ; *keep up! that's the ~!* continue ! à la bonne heure ! **4** *surgical* ~ alcool à 90° ; *~s* spiritueux *mpl* ◆ *vt* escamoter ; *he was ~ed away through the back door* on le fit disparaître par la porte de service || °**spirited** *adj* fougueux (*f* -euse), déterminé || °**spiritless** *adj* sans vigueur, sans courage.

spiritual [´spɪrɪtjʊəl] *adj* spirituel (*f* -elle) ◆ *n negro* ~ négro-spiritual *m*.

spit [spɪt] *vti* (*p pp* **spat**) cracher ; (*feu*) crépiter ◆ *n* **1** bave *f*, crachat *m* **2** (*Cuis*) broche *f*.

spite [spaɪt] *n* **1** rancune *f* ; *he refused out of* ~ il a refusé par dépit *m* ◆ *vt* contrarier ◆ *loc prép in* ~ *of* malgré, en dépit de || °**spiteful** *adj* rancunier (*f* -ière), méchant.

spittle [´spɪtl] *n* bave *f*, salive *f* || **spi°ttoon** *n* crachoir *m*.

splash [splæʃ] *vti* **1** éclabousser ; *he ~ed water on his face* il s'est aspergé le visage d'eau ; *he was ~ing in the gutter* il pataugeait dans le caniveau **2** (*fig*) *tabloids ~ed the scandal over their front page* les journaux ont étalé le scandale à la une ◆ *n* **1** éclaboussure *f* ; éclaboussement *m* **2** clapotis *m* **3** *a* ~ *of colour* une tache de couleur **4** giclée *f* **5** (*fam*) *she made quite a* ~ *in her new dress* elle a fait sensation avec sa nouvelle robe ◆ *interj* plouf ! floc ! || **splash down** *vpart* (*engin spatial*) amerrir || **splash out** *vpart* (*fam*) *we ~ed out on a camcorder* nous avons fait une folie en achetant un camescope.

splatter [´splætə] *vti* gicler, éclabousser ◆ *n* éclaboussure *f*.

spleen [spli:n] *n* **1** (*Anat*) rate *f* **2** (*fig*) rancœur *f*, bile *f* ; (*lit*) spleen *m*.

splendid [´splendɪd] *adj* **1** splendide **2** (*fam*) formidable || °**splendour** *n* splendeur *f*.

splice [splaɪs] *n* **1** épissure *f* **2** (*film*) collage *m*, (*bande magnétique*) raccord *m* ◆ *vt* **1** épisser **2** coller, faire un raccord à.

splint [splɪnt] *n* (*Méd*) attelle *f*, éclisse *f*.

splinter [´splɪntə] *n* (*bois*) écharde *f* ; (*verre*) éclat *m* ; ~ *group* faction *f* ◆ *vti* (faire) voler en éclats.

split [splɪt] *vt* (*p pp* **split**) **1** fendre, diviser **2** (*atome*) fissionner **3** partager ; ~ *personality* double personnalité *f* ◆ *vi* **1** se fendre ; *my sleeve* ~ ma manche s'est déchirée ◆ *n* fente *f*, déchirure *f* ; (*Pol*) scission *f* ; (*Sp*) *the ~s* le grand écart *m* || °**splitting** *adj* ~ *headache* violent mal

m de tête ◆ *n* division *f* ; ~ *of the atom* fission *f* de l'atome || **split up** *vpart* **1** (se) diviser **2** (se) séparer.

splodge [splɒdʒ] / **splotch** [splɒtʃ] *n* tache *f*.

splurge [splɜ:dʒ] *vt* (*fam*) *I ~d on their Christmas presents* j'ai fait des folies pour leurs cadeaux de Noël.

splutter [´splʌtə] *vi* bafouiller ; crachoter.

spoil [spɔɪl] *vti* (*p pp* **spoiled/spoilt**) **1** (s')abîmer ; *don't* ~ *everything!* ne gâche pas tout ! *Tom is a spoilt child* Tom est un enfant gâté **2** (*fam*) *he's ~ing for a fight* il cherche la bagarre ◆ *npl* ~*s* butin *m* || °**spoiler** *n* (*Aut*) béquet *m* || °**spoilsport** *n* (*fam*) rabat-joie *mf*.

spoke¹ [spəʊk] *p* **speak**.

spoke² [spəʊk] *n* rayon *m* (de roue).

spoken [´spəʊkən] *p pp* **speak**.

spokesman [´spəʊksmən] /**woman**/ **person** *n* porte-parole *m inv*.

sponge [spʌndʒ] *n* **1** éponge *f* ; ~ *cake* gâteau *m* mousseline ◆ *vti* éponger || **sponge off/on** *vpart* (*fam*) vivre aux crochets de || °**sponger** *n* (*fam*) parasite *m* || °**spongy** *n* **1** spongieux (*f* -euse), mou (*f* molle) **2** moelleux (*f* -euse).

sponsor [´spɒnsə] *n* **1** (*Com*) parrain *m* ; sponsor *m* ◆ *vt* patronner, sponsoriser.

spontaneous [spɒn´teɪnjəs] *adj* spontané.

spoof [spu:f] *n* **1** (*fam Cin, Th*) parodie *f* **2** blague *f*.

spook [spu:k] *n* **1** (*fam*) fantôme *m* **2** (*amér*) espion *m* || °**spooky** *adj* (*fam*) hanté ; sinistre.

spool [spu:l] *n* bobine *f*.

spoon [spu:n] *n* cuiller/cuillère *f* ◆ ~ (*up*) *vt* prendre, verser (avec une cuiller) || °**spoonfeed** *vt* (*p pp* **-fed**) nourrir à la cuiller ; (*fig*) mâcher le travail à.

spoonerism [´spu:nərɪzəm] *n* contrepèterie *f*.

sporadic [spə´rædɪk] *adj* sporadique ; (*Mil*) ~ *attacks* échauffourées *fpl*.

sport [spɔ:t] *n* **1** sport *m* **2** amusement *m* ; *I did it for the* ~ *of it* je l'ai fait pour le plaisir **3** (*personne*) chic type *m*, brave fille *f* ◆ *vt* arborer ; exhiber || °**sporting** *adj* **1** de sport **2** *that's* ~ *of you* c'est très chic de votre part ; *I've got a* ~ *chance* j'ai mes chances || °**sportsman**/**woman** *n* **1** sportif *m* (*f* -ive) **2** chasseur *m* || °**sportsmanlike** *adj* sportif (*f* -ive) || °**sportsmanship** *n* esprit *m* sportif || °**sportswear** *n* vêtements *mpl* de sport ; décontractés.

spot [spɒt] *n* **1** tache *f* ; *red with white ~s* rouge à pois blancs **2** (*brit Méd*) bouton *m* ; *it makes me come out in ~s* ça me donne des boutons **3** lieu *m*, endroit *m* ; *he was on the* ~ *when the riot broke out* il

était sur place quand l'émeute éclata ; *(fig)*
I resigned on the ~ j'ai démissionné sur-
le-champ ; *(fam)* ***I'm in a tight ~*** je suis
dans le pétrin ; *(Ind)* **~** ***check*** contrôle *m*
par sondage **4** *(Rad, TV)* créneau *m* ; spot
m/page *f* de publicité **5** petite quantité ; *a*
~ of rain quelques gouttes *fpl* de pluie ◆
vti **1** (se) tacher **2** repérer ‖ **°spotless** *adj*
immaculé ‖ **°spotlight** *n* projecteur *m* ;
she holds the ~ elle tient la vedette.

spout [spaʊt] *n* **1** bec *m* (de théière) **2** jet
m d'eau ◆ *vti* (faire) jaillir ; *(fig)* parler à
jet continu.

sprain [spreɪn] *n (Méd)* entorse *f* ; foulure
f ◆ *vt* se faire une entorse à, se fouler.

sprang [spræŋ] *p* spring.

sprawl [sprɔːl] *vi* s'étendre ; ***he was ~ed***
on the floor il était étalé de tout son long
sur le sol ‖ **°sprawling** *adj* **1** *(personne)*
vautré **2** ***~ town*** ville *f* tentaculaire.

spray¹ [spreɪ] *n* **1** *(mer)* embruns *mpl* ; liquide *m* vaporisé **2** vaporisateur *m*, atomiseur *m* ◆ *vt* vaporiser, pulvériser.

spray² [spreɪ] *n* brin *m* ; ***~ of flowers***
gerbe *f* de fleurs.

spread [spred] *n* **1** étendue *f* ; envergure
f **2** diffusion *f* **3** *(Com)* éventail *m* ; *a large*
~ of products une large gamme de pro-
duits **4** différence *f* entre prix d'achat et
prix de vente **5** *(Cuis) (sandwich)* **~** pâte
f à tartiner **6** *(journal)* ***a double-page ~***
article *m*/photo *f* en double page **7** repas
m somptueux ◆ *vti* *(p pp* **spread**) (s')éta-
ler, (s')étendre, *(Com)* échelonner (les
paiements) ‖ **spread out** *vpart* (s')étaler,
(se) déployer.

spree [spriː] *n* ***they were on a ~*** ils ont
fait la noce ; ***we went on a shopping ~***
nous avons dévalisé les magasins.

sprig [sprɪg] *n* rameau *m*.

sprightly [ˈspraɪtlɪ] *adj* alerte.

spring [sprɪŋ] *vi (p* **sprang** ; *pp* **sprung**)
1 bondir **2** jaillir **3** découler ◆ *vt* présenter
brusquement ; ***they sprang their questions***
on the speaker leurs questions ont pris
l'orateur de court ◆ *n* **1** source *f*, *(fig)* origine *f* **2** ressort *m* **3** printemps *m* ; **~** ***onion***
(Bot) ciboule *f* ‖ **spring up** *vpart* surgir
‖ **°springboard** *n (aussi fig)* tremplin *m*
‖ **°springy** *adj* élastique, souple.

sprinkle [ˈsprɪŋkl] *vt* **1** asperger, saupoudrer **2** répandre ‖ **°sprinkler** *n* arroseur
m ; ***fire ~*** extincteur *m* automatique
‖ **°sprinkling** *n* **1** aspersion *f* **2** saupou-
drage *m* ; *(fig)* ***a ~ of sightseers*** une poignée de touristes.

sprout [spraʊt] *n (Bot)* pousse *f* ; rejeton
m ; ***Brussels ~s*** choux *mpl* de Bruxelles
◆ *vi* bourgeonner, germer ‖ **sprout up**
vpart surgir.

spruce¹ [spruːs] *adj* soigné, pimpant ◆ **~**
up pomponner, donner de l'éclat.

spruce² [spruːs] *n (Bot)* épicéa *m*.

sprung [sprʌŋ] *p pp* **spring**.

spry [spraɪ] *adj* alerte.

spud [spʌd] *n (fam)* patate *f*.

spun [spʌn] *p pp* **spin**.

spur [spɜː] *n* **1** éperon *m* **2** *(fig)* stimulant
m ; ***on the ~ of the moment*** sur un coup
de tête ◆ *vt* éperonner, *(fig)* stimuler.
‖ **spur on** *vpart*
éperonner, *(fig)* stimuler.

spurious [ˈspjʊərɪəs] *adj* faux (*f* fausse).

spurn [spɜːn] *vt* repousser (avec mépris).

spurt [spɜːt] *vi* gicler, jaillir ◆ *vt* cracher
◆ *n* **1** giclée *f* **2** effort *m* soudain ; *(Sp)*
pointe *f* de vitesse.

sputter [ˈspʌtə] *vti* **1** bredouiller, postil-
lonner **2** crépiter.

spy [spaɪ] *n* espion *m* (*f* -onne) ; ***police ~***
mouchard *m* ◆ *vi* faire de l'espionnage ;
he spied on me il m'a épié ‖ **°spyglass**
n longue-vue *f* ‖ **°spyhole** *n* judas *m*
‖ **°spying** *n* espionnage *m*.

squabble [ˈskwɒbl] *vi* se chamailler ◆ *n*
querelle *f*.

squad [skwɒd] *n* peloton *m* ; brigade *f*
‖ **°squadron** *n* escadron *m*, escadrille *f* ;
~ ***leader*** commandant *m*.

squalid [ˈskwɒlɪd] *adj* sordide.

squall [skwɔːl] *n* **1** bourrasque *f*, rafale *f* ;
(Naut) grain *m* **2** cri *m* ◆ *vi* brailler, piailler.

squalor [ˈskwɒlə] *n* saleté *f* ; misère *f*.

squander [ˈskwɒndə] *vt* dilapider.

square [skweə] *n* **1** carré *m* **2** place *f* ; ***the***
town ~ la grand-place **3** *(jeu)* case *f* ; *(fig)*
back to ~ one! retour à la case départ !
4 équerre *f* ◆ *adj* **1** carré **2** *(fam)* régulier
(*f* -ière) ***he gave me a ~ deal*** il m'a traité
équitablement **3** *(fam)* à égalité ; ***we're all***
~ nous sommes quittes **4** *(fam)* trois ans
5 ***four ~ yards*** trois mètres carrés ◆ *adv*
en plein milieu ; **~** ***in the eye*** droit dans
l'œil ◆ *vti* **1** élever au carré **2** équarrir,
ajuster **3** mettre en accord ; ***it doesn't~***
with his past ça ne cadre pas avec son
passé ‖ **square up** *vpart (fam)* régler ses
dettes.

squash [skwɒʃ] *vt* **1** écraser ; entasser
2 *(fam fig)* rembarrer ◆ *n* **1** écrasement
m, cohue *f* **2** *(brit)* sirop *m* de fruit **3** *(Sp)*
squash *m* **4** *(amér Bot)* courge *f*.

squat [skwɒt] *vi* **1** ~ *(down)* s'accroupir
2 squatter, occuper un local illégalement
◆ *n* local *m* occupé illégalement ◆ *adj*
(personne) trapu ; *(bâtiment)* écrasé
‖ **°squatter** *n* squatter *m*.

squawk [skwɔːk] *vi (oiseau)* pousser des
cris rauques ◆ *n* **1** cri *m* rauque **2** cri de
protestation.

squeak [skwiːk] *vi* **1** couiner **2** grincer ◆
n **1** petit cri *m* aigu **2** grincement *m*.

squeal [skwiːl] *vi* **1** pousser des cris aigus
2 *(frein)* grincer **3** jeter les hauts cris
4 *(fam)* moucharder.

squeamish ['skwi:mɪʃ] *adj* **1** (*péj*) trop délicat **2** dégoûté ; *he felt* ~ il avait la nausée.

squeeze [skwi:z] *vti* **1** (se) presser ; *can I* ~ *in?* y a-t-il une petite place pour moi ? **2** extraire, extorquer ; *he* ~*d some money out of his mother* il a soutiré de l'argent à sa mère **3** faire pression sur ◆ *n* **1** pression *f*, étreinte *f* ; (*fig*) *they put a* ~ *on the economy of the rebel state* ils ont étranglé l'économie de l'État rebelle **2** cohue *f* **3** (*Eco*) *credit* ~ restriction *f* / encadrement *m* du crédit.

squib [skwɪb] *n* pétard *m*.

squid [skwɪd] *n* (*Zool*) calmar *m*.

squiggle ['skwɪgl] *n* gribouillis *m*.

squint [skwɪnt] *vi* loucher ◆ *vt* cligner.

squire ['skwaɪə] *n* châtelain *m*.

squirm [skwɜ:m] *vi* **1** se tortiller **2** (*fig*) être au supplice.

squirrel ['skwɪrəl] *n* (*Zool*) écureuil *m*.

squirt [skwɜt] *vti* (faire) jaillir, (faire) gicler ◆ *n* **1** giclée *f* **2** (*vulg*) petit merdeux *m*.

stab [stæb] *vt* **1** poignarder ; donner un coup de couteau à **2** taper (du doigt) ◆ *n* **1** coup *m* de poignard/ de couteau **2** (*fig*) ~ *of pain* élancement *m* **3** (*fam*) essai *m* ; *I'll have a* ~ *at windsurfing* je vais essayer la planche à voile ‖ °**stabbing** *adj* ~ *pain* douleur *f* lancinante ◆ *n* agression *f* (à l'arme blanche).

stability [stə'bɪlətɪ] *n* stabilité *f* ‖ °**stabilizer** *n* stabilisateur *m*.

stable¹ ['steɪbl] *adj* **1** stable, solide **2** ferme ; ~ *personality* personnalité *f* équilibrée.

stable² ['steɪbl] *n* écurie *f*.

stack [stæk] *n* **1** pile *f* ; *hay* ~ meule *f* de foin **2** (*fam*) *a* ~ *of* un tas de **3** (*chimney* ~) cheminée *f*.

stadium ['steɪdjəm] *n* stade *m*.

staff¹ [stɑ:f] *n* **1** personnel *m* ; *he's on the teaching* ~ il fait partie du corps enseignant ; *the senior* ~ les cadres supérieurs **2** (*Mil*) état-major *m* ◆ *vt* fournir en personnel ; *this workshop is* ~*ed by handicapped people* la main-d'œuvre de cet atelier est constituée d'handicapés.

staff² [stæf] *n* **1** bâton *m* ; (*drapeau*) hampe *f*.

stag [stæg] *n* cerf *m* ; ~ *beetle* (*Zool*) cerf-volant *m*.

stage [steɪdʒ] *n* **1** étape *f* ; stade *m* ; ~ *by* ~ d'étape en étape ; *at this* ~ à ce point ; *we are going through a critical* ~ nous traversons une période critique ; ~*coach* diligence *f* **2** estrade *f* ; (*Th*) scène *f* ; *the* ~ le théâtre ; *she wants to go on (the)* ~ elle veut faire du théâtre ; ~ *door* l'entrée *f* des artistes ; ~ *fright* trac *m* ; ~ *hand* machiniste *m* ; ~ *manager* régisseur *m* ◆

vt **1** (*Th*) monter **2** organiser ‖ °**stage-manage** *vt* monter (un coup), orchestrer ‖ °**staging** *adj* ~ *post* (*Av*) escale *f* (régulière).

stagger ['stægə] *vi* chanceler, tituber ◆ *vt* **1** consterner ; *his murder* ~*ed the world* son assassinat a bouleversé le monde **2** alterner ; *winter holidays are* ~*ed* les vacances d'hiver sont échelonnées ‖ °**staggering** *adj* renversant, atterrant ◆ *n* échelonnement *m*.

staid [steɪd] *adj* posé, sérieux (*f* -euse).

stain [steɪn] *n* **1** tache *f* **2** teinture *f*, colorant *m* ◆ *vt* **1** (*aussi fig*) tacher, salir **2** teinter ; ~*ed-glass* vitrail *m* (*pl* -aux) ‖ °**stainless** *adj* sans tache ; ~ *steel* acier *m* inoxydable.

stair [steə] *n* **1** marche *f* ; ~*s* escalier *m* ; ~*case/way* cage *f* d'escalier ; escalier *m*.

stake [steɪk] *vt* **1** mettre en jeu, jouer, risquer **2** jalonner ; *did you* ~ *your claim?* (*fig*) avez-vous fait valoir vos droits ? **3** (*Hort*) tuteurer ; (*amér fam fig*) apporter une aide financière à ◆ *n* **1** enjeu *m* ; *his career is at* ~ sa carrière est en jeu ; *I have a large* ~ *in real estate* j'ai de gros intérêts *mpl* dans l'immobilier **2** pieu *m*, jalon *m*, tuteur *m*.

stale [steɪl] *adj* qui n'est plus frais ; ~ *bread* pain *m* rassis ; *the room smells* ~ la pièce sent le renfermé ; (*fam fig*) *I'm getting* ~ *in my job* je ne trouve plus d'intérêt à mon travail ‖ °**stalemate** *n* (*échecs*) mat *m* ; (*fig*) impasse *f*.

stalk¹ [stɔ:k] *n* (*Bot*) tige *f*, queue *f*.

stalk² [stɔ:k] *vt* **1** marcher d'un pas hautain **2** (*gibier*) suivre à la trace ; (*détective*) filer.

stall [stɔ:l] *n* **1** éventaire *m* ; stand *m* **2** (*Th*) fauteuil *m* d'orchestre **3** (*église, écurie*) stalle *f* ◆ *vti* **1** (*moteur*) caler **2** retarder ; ~ *for time* chercher à gagner du temps.

stallion ['stæljən] *n* (*cheval*) étalon *m*.

stalwart ['stɔ:lwət] *adj* **1** déterminé, résolu **2** vigoureux (*f* -euse).

stamina ['stæmɪnə] *n* endurance *f*, vigueur *f*.

stammer ['stæmə] *vi* bégayer ◆ *n* bégaiement *m*.

stamp [stæmp] *n* **1** estampille *f* ; (*aussi fig*) empreinte *f*, marque *f* **2** (*postage* ~) timbre *m* (-poste) ◆ *vt* **1** estamper, (*aussi fig*) marquer ; (*Rail*) ~ *your ticket* compostez votre billet **2** affranchir ; *enclose a* ~*ed (self-)addressed envelope* joindre une enveloppe timbrée à votre adresse **3** taper des pieds ‖ **stamp out** *vpart* éteindre ; détruire ; *the army* ~*ed out the rebellion* l'armée a écrasé la rébellion.

stampede [stæm'pi:d] *n* panique *f*, débandade *f* ◆ *vi* se ruer ◆ *vt* jeter la panique parmi.

starve

stance [stæns] *n* position *f*, attitude *f*.
stanch[1] [stɑːntʃ] *voir* **staunch**[1].
stanch[2] [stɑːntʃ] *vi* (*sang*) étancher.
stand [stænd] *n* **1** stand *m*, étalage *m* ;
news ~ kiosque *m* à journaux **2** position
f, attitude *f* **3** socle *m*, support *m* ; *music
~* pupitre *m* **4** (*amér Jur*) barre *f* (*des témoins*) **5** (*Sp*) tribune *f* ♦ *vi* (*p pp* **stood**)
1 être/se tenir debout **2** s'élever ; *the
church ~s on the market square* l'église
se dresse sur la place du marché **3** être, se
trouver ; *how do we ~?* où en sommes-
nous ? *it ~s to reason* cela va de soi **4** se
maintenir ; *my offer (still) ~s* mon offre
tient toujours **5** se présenter à une élection
♦ *vt* **1** mettre debout **2** endurer ; *this will
~ the test of time* ceci résistera à l'épreuve
du temps **3** supporter ; *I can't ~ the sight
of him* (*fam*) je ne peux pas le sentir
‖ **stand back** *vpart* se tenir en retrait
‖ **stand by** *vpart* **1** se tenir prêt, attendre
2 soutenir **3** maintenir ; *I ~ by my promise* je reste fidèle à ma promesse
‖ **°stand-by** *n* **1** suppléant *m*, en
réserve **2** (*Av*) *~ ticket* standby *m* ; *he's
on ~* il est en standby/sur la liste d'attente
‖ **°stand for** *vpart* **1** signifier **2** tolérer
‖ **°stand-in** *n* remplaçant *m* ; (*Th*) doublure *f* ‖ **°standing** *n* **1** réputation *f*, rang
m ; standing *m* **2** *financial ~* situation *f*
financière **3** durée *f* ♦ *adj* **1** debout **2** permanent ; *~ order* ordre *m* permanent ;
(*Fin*) virement *m* automatique **3** (*Th, autobus*) *~ room only* (*places*) debout seulement ‖ **°stand-off** *n* confrontation *f*
‖ **°stand-offish** *adj* distant ‖ **stand out**
vpart ressortir ‖ **°standpoint** *n* point *m* de
vue ‖ **°standstill** *n at a ~* à l'arrêt, au
point mort ‖ **stand up** *vpart* se lever, (se)
mettre debout ; (*fig*) (*argument*) être
valide ; *~ up for* défendre ; *this party ~s
up for human rights* ce parti soutient les
droits de l'homme ; *~ up to* résister ; *they
stood up to oppression* ils ont résisté à
l'oppression.
standard [ˈstændəd] *n* **1** niveau *m* **2** standard *m* **3** bannière *f*, pavillon *m* **4** support
m, pied *m* ♦ *adj* normal, courant.
stank [stæŋk] *p* **stink**.
stanza [ˈstænzə] *n* strophe *f*.
staple[1] [ˈsteɪpl] *n* article *m* de base ♦ *adj
~ diet* nourriture *f* de base ; *~ commo-
dities* produits *mpl* de première nécessité.
staple[2] [ˈsteɪpl] *n* **1** agrafe *f* ; *~ gun*
(= **stapler**) agrafeuse *f* **2** (*clou*) cavalier
m ♦ *vt* agrafer.
star [stɑː] *n* **1** étoile *f* ; *shooting ~* étoile
filante ; *I saw ~s* j'ai vu trente-six chandelles ; (*US*) *the S~s and Stripes* la bannière étoilée **2** (*spectacle*) vedette *f* **3** astérisque *m* ♦ *vt* **1** avoir comme vedette
2 semer d'étoiles **3** (*vitre*) fêler, étoiler ♦
vi avoir le rôle principal ‖ **°stardom** *n* ve-

dettariat *m* ‖ **°starlit** *adj* (*ciel*) étoilé
‖ **°starry** *adj* parsemé d'étoiles ; *~-eyed*
extasié ; idéaliste ‖ **(the) Star-Spangled
Banner** *n* (*US hymne national*) la Bannière étoilée.
starboard [ˈstɑːbəd] *n* (*Naut*) tribord *m*.
starch [stɑːtʃ] *n* amidon *m* ; *~es* féculents
mpl ♦ *vt* amidonner ‖ **°starchy** *adj ~
food* féculents *mpl* ; (*fig*) guindé.
stare [steə] *vti* **1** regarder fixement, dé-
visager ; *he's staring into space* il a le regard perdu **2** (*fam fig*) *it's staring you in
the face* c'est sous ton nez ; **°staring** *adj
~ eyes* yeux *mpl* fixes ; yeux grands ouverts.
starfish [ˈstɑːfɪʃ] *n* (*Zool*) étoile *f* de mer.
stark [stɑːk] *adj* austère ; *~ naked* tout(e)
nu(e).
starling [ˈstɑːlɪŋ] *n* (*Orn*) étourneau *m*.
start [stɑːt] *n* **1** tressaillement *m*, sursaut
m ; *he gave a ~ in his chair* il fit un bond
dans son fauteuil **2** début *m*, commencement *m* ; *you were wonderful from ~ to
finish* tu as été formidable de bout en bout/
tout du long ; *we got off to a good ~* nous
avons bien commencé ; *for a ~* pour
commencer **3** avance *f*, (*fig*) avantage *m* ;
give me 5 minutes' ~ donne-moi 5 minutes d'avance ! ♦ *vi* **1** tressaillir, sursauter ; faire un mouvement brusque ; *he ~ed
back when he saw the snake* il recula brusquement quand il vit le serpent **2** se mettre
en route ; *we must ~ (off) early* nous
devons partir tôt ; *the engine ~ed (up)
smoothly* le moteur démarra sans à-coups
3 commencer, débuter ; *let's ~!* allons-y !
to ~ with pour commencer ; *~ing from
today* à partir d'aujourd'hui ; *he ~ed (off)
as a mechanic* il a débuté comme mécanicien ; *I ~ed from scratch* j'ai commencé
à zéro ♦ *vt* **1** commencer ; *he ~ed work
at 16* il a commencé à travailler à 16 ans ;
he ~ed crying/to cry il s'est mis à pleurer
2 mettre en marche ; *can you ~ the car?*
peux-tu faire démarrer la voiture ? *he'll ~
(up) a new shop in May* il ouvrira un nouveau magasin en mai ; *he ~ed a fire in
the undergrowth* a mis le feu aux brous-
sailles ‖ **°starter** *n* **1** (*Sp*) starter *m*, partant
m **2** (*Tech*) démarreur *m* **3** hors-d'œuvre
m (*pl inv*) ‖ **°starting** *adj ~ point* point
m de départ ‖ **start off** *vpart* **1** débuter
2 s'élancer, (se) mettre en route ; (*fig*)
*don't ~ her off on the Loch Ness mon-
ster* ne la lancez pas sur le sujet du monstre du Loch Ness.
startle [ˈstɑːtl] *vt* faire sursauter, (*fig*) alarmer ‖ **°startling** *adj* saisissant, effrayant.
starvation [stɑːˈveɪʃn] *n* faim *f* ; famine *f*.
starve [stɑːv] *vi* souffrir de la faim ; *~ to
death* mourir de faim ; (*fam fig*) *I'm starving!* je meurs de faim ! (*fig*) *the child was*

~d of love l'enfant souffrait d'un manque d'amour.

stash [stæʃ] *vt (fam)* ~ *(away)* cacher, *(fam)* planquer.

state [steɪt] *n* **1** état *m*, condition *f*; ~ *of war* état de guerre; ~ *of mind* disposition *f* d'esprit; *this aircraft is the* ~-*of-the-art* cet avion est à la pointe du progrès/de la technologie **2** *(fam)* *he's in an awful* ~ il est dans tous ses états **3** apparat *m*; *he lives in* ~ il mène grand train **4** État *m*; ~ *police* police *f* d'État; ~ *control* étatisme *m*; *the S~s* les États-Unis; *Secretary of* ~ *(GB)* secrétaire *m* d'État, *(US)* ministre des Affaires étrangères ♦ *vt* **1** déclarer, énoncer; *our goals are* ~d *in the contract* nos objectifs sont définis dans le contrat ‖ °**stateless** *adj* apatride ‖ °**stately** *adj* **1** majestueux (*f* -euse) **2** *(brit)* ~ *home* château *m* ‖ °**statement** *n* **1** déclaration *f*; compte *m* rendu **2** *(Com)* état *m* de compte; *bank* ~ relevé *m* de compte ‖ °**statesman** *n* homme *m* d'État.

static [stætɪk] *adj* statique ♦ *n (Rad, TV)* parasites *mpl.*

station [steɪʃn] *n* **1** *(Rail)* gare *f*; *(métro)* station *f*; *(autobus)* arrêt *m* **2** station *f*; *air* ~ base *f* aérienne; *nuclear power* ~ centrale *f* atomique; *police* ~ commissariat *m* de police; *weather* ~ station météo(rologique) **3** position *f* sociale, condition *f* ♦ *vt* placer, poster ‖ °**stationary** *adj* immobile, fixe ‖ °**station wagon** *n (amér)* break *m.*

stationer [steɪʃnə] *n* papetier *m*; ~'*s (shop)* papeterie *f* ‖ °**stationery** *n (fournitures)* papeterie *f*; papier *m* à lettres.

statistics [stə'tɪstɪks] *npl* statistiques *fpl* ♦ *ns inv (science)* statistique *f.*

stature [stætʃə] *n* stature *f*; *(fig)* envergure *f.*

status [steɪtəs] *n* statut *m*; situation *f* sociale, standing *m*; ~ *symbol* signe *m* extérieur de standing.

status quo [steɪtəs'kwəʊ] *n* statu quo *m.*

statute [stætjuːt] *n* **1** loi *f*; ~ *book (Jur)* code *m* **2** ~*s* statuts *mpl*, règlements *mpl* ‖ °**statutory** *adj* **1** légal, réglementaire **2** prévu par la loi; ~ *holiday* fête *f* légale **3** statutaire.

staunch¹ [stɔːntʃ] *adj* **1** étanche **2** convaincu, inébranlable; ~ *friend* ami(e) *m(f)* dévoué(e).

staunch² [stɔːntʃ] *voir* **stanch².**

stave [steɪv] *n* **1** *(tonneau)* douve *f* **2** *(échelle)* barreau *m* **3** *(Mus)* portée *f* **4** *(Lit)* strophe *f* ‖ **stave off** *vpart (danger)* écarter; ~ *a difficulty* parer à une difficulté.

stay [steɪ] *n* **1** séjour *m* **2** *(Jur)* ~ *of execution* sursis *m* ♦ *vi* **1** rester **2** séjourner; *he* ~*ed at the Ritz* il est descendu au Ritz; *why don't you* ~ *a few days with*

us? pourquoi ne passes-tu pas quelques jours chez nous? **3** *(loc fam) he* ~*ed put* il n'a pas bougé ♦ *vt (Jur)* ajourner, suspendre ‖ °**stay-at-home** *n* casanier *m* (*f* -ière) ‖ **stay away (from)** s'abstenir (de); ~ *from it!* ne t'en mêle pas! ‖ **stay in** *vpart* **1** rester à la maison **2** *(Ens)* rester en retenue ‖ **stay up** veiller; rester en l'état.

steadfast [stedfɑːst] *adj (décision)* ferme; *(amitié)* constant.

steady [stedɪ] *adj* **1** régulier (*f* -ière); *at a* ~ *speed of...* à une vitesse constante de... **2** stable **3** *(attitude)* posé; *(voix)* calme **4** *(personne)* sûr, solide ♦ *adv* **1** fermement; *hold it* ~! tiens-le bien! **2** régulièrement; *Bill is going* ~ *with Jane* Bill est le petit ami attitré de Jane ♦ *interj* ~! attention! ~ *(on)!* doucement! ♦ *vti* **1** *(aussi fig)* stabiliser **2** (se) calmer.

steak [steɪk] *n* **1** bifteck *m* **2** *(poisson, viande)* tranche *f*; *salmon* ~ darne *f* de saumon.

steal [stiːl] *vt (p stole; pp stolen)* voler; *(loc) he stole a glance at her* il la regarda à la dérobée ♦ *vi (into/out of)* entrer/sortir subrepticement; *he stole into the room* il se glissa furtivement dans la pièce ♦ *n (amér) it's a* ~! c'est une bonne affaire! ‖ °**stealthy** [stelθɪ] *adj* furtif (-ive).

steam [stiːm] *n* **1** vapeur *f*; *(vx) the train picked up* ~ le train prit de la vitesse **2** buée *f* **3** *(fig)* *the project gathered* ~ le projet monta en puissance; *(fam) I feel like letting off* ~ j'ai besoin de me défouler ♦ *vt* cuire à la vapeur ♦ *vi (vapeur)* fumer; *a* ~*ing cup of tea* une tasse de thé bouillant ‖ °**steam engine** *n* locomotive *f* (à vapeur) ‖ °**steamer**- °**steamship** *n (bateau à) vapeur *m*, steamer *m* ‖ °**steamroller** *(aussi fig)* rouleau *m* compresseur ‖ **steam up** *vpart* **1** mettre la vapeur **2** *(vitre)* s'embuer **3** *(fig)* perdre son sang-froid ‖ °**steamy** *adj* **1** embué **2** *(fam) (film, livre)* érotique.

steel [stiːl] *n* acier *m*; ~ *industry* sidérurgie *f*, industrie *f* sidérurgique ♦ *v réfl (fig)* s'endurcir; ~ *yourself for the shock!* arme-toi de courage! ‖ °**steel wool** *n* paille *f* de fer ‖ °**steelworks** *(amér* °**steelplant)** *n* aciérie *f* ‖ °**steely** *adj* **1** *(couleur)* acier **2** d'acier **3** *(fig)* inflexible.

steep¹ [stiːp] *adj (pente)* raide; *(sentier)* escarpé; *(prix)* élevé; *a* ~ *rise in prices* une forte hausse des prix.

steep² [stiːp] *vt* tremper **2** *(in)* (s')imprégner (de); *(lit)* ~*ed in mystery* en plein mystère.

steeple [stiːpl] *n (tour)* clocher *m*; flèche *f.*

steer¹ [stɪə] *vti (aussi fig)* **1** diriger **2** *(Naut)* gouverner; *he* ~*ed due south* il mit le cap plein sud **3** *(conversation)* aiguiller ‖ °**steering wheel** *n (Aut)* volant *m*.

steer[2] [stɪə] *n (Ag)* (jeune) bœuf *m*.

stem[1] [stem] *n* **1** *(Bot)* tige *f* **2** *(verre)* pied *m* **3** *(Naut)* étrave *f*; *from* **~** *to stern* de l'avant à l'arrière **4** *(fig vx)* (famille) souche *f* ♦ *vi* **~** *from* provenir de.

stem[2] [stem] *vt (aussi fig)* endiguer; *they tried to* **~** *the tide of migrants* ils essayèrent d'arrêter/d'enrayer la vague d'immigration.

stench [stentʃ] *n* puanteur *f*.

stencil [ˈstensl] *n* **1** (travail au) pochoir *m* **2** *(écriture)* stencil *m* ♦ *vt* tirer au stencil, polycopier.

step[1] [step] *n* **1** pas *m*; *I heard* (foot)steps j'ai entendu des bruits de pas; *(fig)* he followed (in) his father's **~**s il a suivi les traces de son père; *(loc fig)* **~** *by* **~** petit à petit; *watch your* **~**! fais attention! **2** cadence *f*; *walk in* **~** marcher au pas **3** *(escalier)* marche *f*; *(bus)* marchepied *m*; *flight of* **~**s escalier *m*; perron *m* **4** échelon *m*; degré *m* **5** *(fig)* *(souvent pl)* mesure(s) *f(pl)*; *he took the necessary* **~**s il a fait les démarches nécessaires ♦ *vi* marcher; **~**aside/back/forward faire un pas de côté/en arrière/en avant ‖ °**step-ladder** *(of)* **steps** *n* escabeau *m*.

step[2] [step] *préf* (marque d'un degré de parenté suite à un second mariage) ‖ °**stepbrother** *n* demi-frère *m* ‖ °**stepfather** *n* beau-père *m*.

sterile [ˈsteraɪl] *adj* stérile.

sterilize/-ise [ˈsteraɪlaɪz] *vt* stériliser.

sterling [ˈstɜːlɪŋ] *adj* **1** *(brit)* pound **~** livre *f* sterling **2** *(fig)* solide; *a* **~** *friend* un ami sûr.

stern[1] [stɜːn] *n (Naut)* poupe *f*; arrière *m*.

stern[2] [stɜːn] *adj* sévère, dur; *a man of* **~** *stuff* un homme d'une extrême rigueur.

stevedore [ˈstiːvədɔː] *n (vx)* docker *m*.

stew [stjuː] *n (Cuis)* ragoût *m*; *(fam fig)* *she was in a* **~** elle était dans tous ses états ♦ *vt* **1** (faire) cuire en ragoût **2** *(fruits)* faire une compote de... **3** *(aussi fig)* (faire) mijoter ‖ °**stewed** *adj* **~** *apples* compote *f* de pommes.

steward [stjʊəd] *n* **1** *(restauration)* steward *m* **2** *(propriété)* régisseur *m* **3** *(institution)* économe *m*; intendant *m* ‖ °**stewardess** *n* hôtesse *f* (de l'air).

stick [stɪk] *n* **1** bâton *m*; *walking* **~** canne *f* **2** bâtonnet *m* **3** *(Av Inf)* *(joy)* **~** manche *m* (à balai) **4** *(Sp)* crosse *f* **5** *(fam)* **~**s *of furniture* meubles *mpl* sans valeur **6** *(brit fam)* hi, old **~**! salut, vieille branche! **7** *(loc)* he got the wrong end of the **~** il a compris de travers; *he's an old* **~**-*in-the-mud!* ce qu'il peut être routinier! ♦ *vt (p pp* **stuck**) **1** enfoncer; *joint stuck with garlic* rôti piqué d'ail **2** coller; *(brit)*

~ *no bills* défense d'afficher **3** *(fam)* fourrer; **~** *it in your pocket!* colle-le dans ta poche! **4** *(fam)* supporter; *(brit)* I can't **~** *them* je ne peux pas les sentir ♦ *vi* **1** coller, adhérer **2** se coincer; *they got stuck in the sand(s)* ils se sont enlisés; *stuck in bed* cloué au lit **3** rester, persister; **~** *to the point!* ne vous écartez pas du sujet! **~** *to it/at it!* tiens bon! **4** *(fam)* sécher; *I'm stuck* je suis bloqué ‖ °**stick around** *vpart (fam)* attendre, rester dans les parages ‖ °**sticker** *n* auto-collant *m*; affiche(tte) *f* ‖ °**sticking plaster** *n (brit)* pansement *m* adhésif ‖ **stick out** *vpart* **1** *(fam)* dépasser; faire saillie; *he stuck out his tongue* il tira sa langue **2** *(fig)* they stuck out for higher wages ils s'obstinèrent à demander une augmentation de salaire **3** *(loc)* **~** *it out!* tiens le coup/ tiens bon! ‖ **stick up** *vpart* (se) dresser; **~** *up for your rights!* défendez vos droits! *(fam)* stick'em up! haut les mains! ‖ °**stick-up** *n* attaque *f* à main armée ‖ °**sticky** *adj* **1** collant, gluant **2** *(atmosphère)* moite **3** *(fig)* *(problème)* embarrassant, gênant.

stiff [stɪf] *adj* **1** raide, rigide; *(Méd)* engourdi; ankylosé; *I've a* **~** *neck* j'ai le torticolis **2** *(boisson, vent)* fort **3** *(pâte)* ferme, consistant **4** *(mécanisme)* difficile à manœuvrer **5** *(fig)* *(compétition, jugement)* sévère **6** *(prix)* élevé **7** *(style)* guindé **8** *(effort)* opiniâtre **9** *(loc)* keep a **~** *upper lip!* serrez les dents! ♦ *adv* I was bored **~** je mourais d'ennui; *she was scared* **~** elle avait une peur bleue ♦ *n (amér argot)* cadavre *m* ‖ °**stiffen** *vti (aussi fig)* (se) raidir; (se) durcir ‖ °**stiff-necked** *adj* **1** obstiné **2** hautain.

stifle [ˈstaɪfl] *vti* étouffer; suffoquer.

stigma [ˈstɪgmə] *n (pl* **-as/-ata**) **1** stigmate *m* **2** tache *f*, flétrissure *f*.

stile [staɪl] *n (clôture)* échalier *m*.

still[1] [stɪl] *adj adv* **1** tranquille; *he stood* **~** il se tenait immobile; *keep* **~**! ne bouge pas! **2** silencieux (*f* -ieuse) **3** *(air)* calme; *(eau)* plate ♦ *vt (se)* calmer; (se) tranquilliser ‖ °**stillborn** *adj (aussi fig)* mort-né ‖ °**still life** *n (Art)* nature *f* morte.

still[2] [stɪl] *adv* **1** encore; *I* **~** *have two pages to write* il me reste (encore) deux pages à écrire **2** toujours; *I* **~** *live in Paris* j'habite toujours Paris **3** cependant, pourtant, toutefois.

still[3] [stɪl] *n* alambic *m*.

stilt [stɪlt] *n* **1** pilotis *m (pl inv)* **2** **~**s échasses *fpl*.

stilted [ˈstɪltɪd] *adj (style)* guindé.

stimulate [ˈstɪmjʊleɪt] *vt* stimuler ‖ °**stimulus** *(pl* **-li**) *n* **1** stimulant *m* **2** *(Psy)* stimulus *m*.

sting [stɪŋ] *vti (pp* **stung**) **1** *(insecte)* piquer **2** *(fumée)* picoter **3** *(fam)* estamper; *(brit)* I was stung for £ 10 je me suis fait avoir de 10 livres ◆ *n* (*insecte*) dard *m* ; aiguillon *m* 2 piqûre *f* ; brûlure *f* ; *I got a ~ on my arm* j'ai été piqué au bras ‖ °**stinging** *adj* (*douleur*) cuisant ; (*propos*) cinglant.

stingy [ˈstɪndʒɪ] *adj* mesquin ; chiche.

stink [stɪŋk] *vi* (*p* **stank** ; *pp* **stunk**) sentir mauvais ; puer ; *it ~s of exhaust* (*fumes*)! ça empeste les gaz d'échappement ! ◆ *n* 1 puanteur *f* ; *~ bomb* boule *f* puante ; *what a ~!* quelle infection ! 2 (*fig*) *they made a ~ about it* ils en ont fait tout une histoire ‖ °**stinker** *n* 1 sale type *m* 2 (*fam*) lettre *f* vacharde 3 (*argot*) vacherie *f* ; coup *m* vache.

stint [stɪnt] *vt* 1 restreindre ; *without ~ing* sans lésiner 2 priver ◆ *n* 1 restriction *f* 2 période *f* (de travail) ; *I've done my ~* j'ai terminé ce qui m'était assigné.

stipulate [ˈstɪpjʊleɪt] *vti* stipuler.

stir [stɜ:] *vti* 1 bouger, (se) remuer 2 (s')agiter ◆ *n* 1 *that sauce needs a ~* cette sauce a besoin d'être tournée 2 *the news created a ~* la nouvelle a fait sensation ; *what a ~!* quel émoi ! ‖ **stir up** *vpart* 1 remuer 2 (*foule*) exciter ; (*haine*) attiser ; (*discorde*) fomenter.

stirrup [ˈstɪrəp] *n* étrier *m*.

stitch [stɪtʃ] *vt* 1 coudre ; piquer (à la machine) 2 (*Méd*) suturer ◆ *n* 1 (*couture*) point *m* ; piqûre *f* 2 (*tricot*) maille *f* ; *you've dropped a ~* tu as sauté une maille ; (*fam*) *I haven't got a ~ on* je suis tout nu 3 (*Méd*) point *m* de suture 4 (*loc*) point *m* (de côté) 5 (*loc*) *they were in ~es* ils se tenaient les côtes de rire.

stock [stɒk] *n* 1 (*Com Fin*) actions *fpl* ; fonds *mpl* ; *~ exchange* bourse *f* (des valeurs) ; *capital ~* fonds *mpl* propres ; (*brit*) *~s and shares*/(*amér*) *~ and bonds* valeurs *fpl* mobilières 2 (*Com*) stock *m* ; *in ~* en magasin ; *out of ~* (*article*) épuisé ; *new ~* réassortiment *m* ; *~ keeper* magasinier *m* ; *~ list* inventaire *m* ; *take ~* faire l'inventaire ; (*fig*) *take ~ of the situation* évaluer la situation 3 provision(s) *f(pl)* ; approvisionnement *m* ; *we've a good ~ of wines* nous sommes bien approvisionnés en vins 4 (*famille*) lignée *f* ; *of German ~* de descendance *f* allemande 5 (*Ag*) bétail *m* ; cheptel *m* ; *~ breeding/farming* élevage *m* 6 (*Cuis*) *~ cube* bouillon-cube *m* 7 (*Bot*) souche *f* ; porte-greffe *m* 8 (*loc*) *he's the laughing ~ of the class* il est la risée de la classe ; (*amér*) *I don't put a lot of ~ in...* je n'accorde pas une grande valeur à... ; *did you take that into ~?* avez-vous pris cela en compte ? ◆ *adj* habituel ; *~ phrase* cliché *m* ; *~ size article* article *m* de taille courante ◆ *vt* 1 stocker, avoir en stock ; *we don't ~ this article* nous ne tenons pas cet article (en magasin) 2 emmagasiner ; approvisionner ‖ °**stoc-**

kade *n* palissade *f* ‖ °**stockbroker** *n* agent *m* de change ; courtier *m* (en bourse) ‖ °**stockholder** *n* actionnaire *m(f)* ‖ °**stockman** *n* 1 (*amér*) magasinier *m* 2 gardien *m* de bestiaux ‖ **stocks** *mpl* pilori *m* ‖ **stock-**°**still** *adv* immobile ‖ °**stocktaking** *n* inventaire *m* ‖ **stock up** *vpart* (s')approvisionner, emmagasiner ‖ °**stocky** *adj* trapu.

stocking [ˈstɒkɪŋ] *n* bas *m*.

stodgy [ˈstɒdʒɪ] *adj* 1 (*nourriture*) lourd ; (*fam*) bourratif (*f* -ive) 2 (*aussi fig*) indigeste 3 (*personne*) lourdaud.

stoke [stəʊk] *vti* 1 (*up*) (*chaudière*) charger 2 (*up*) (*fig*) alimenter (une conversation).

stole[1] [stəʊl] *n* étole *f*.

stole[2] [stəʊl] *p* de **steal**.

stolen [ˈstəʊlən] *pp* de **steal**.

stolid [ˈstɒlɪd] *adj* flegmatique.

stomach [ˈstʌmək] *n* 1 (*Anat*) estomac *m* ; (*fam*) ventre *m* ; (*fig*) *I've no ~ for...* je n'ai aucune envie de... ◆ *vt* supporter ; (*fam*) encaisser.

stone [stəʊn] *n* 1 pierre *f* ; *at a ~'s throw from here* à deux pas d'ici 2 (*fruit*) noyau *m* 3 (*Méd*) calcul *m* 4 (*poids*) stone *inv* = 6,348 kg 5 (*loc*) *~-deaf* sourd comme un pot ◆ *vt* 1 lapider 2 dénoyauter ‖ °**stoned** *adj* (*fam*) 1 soûl 2 drogué ‖ °**stoneware** *n* (*poterie*) grès *m* ‖ °**stony** *adj* 1 pierreux (*f* -euse) 2 (*regard*) froid, glacial 3 (*loc argot*) *~/stone broke* complètement fauché.

stood [stʊd] *p pp* de **stand**.

stool [stu:l] *n* tabouret *m* ; *folding ~* pliant *m*.

stoop [stu:p] *vti* 1 (se) pencher, (se) baisser 2 se courber 3 (*fig*) s'abaisser.

stop [stɒp] *vt* 1 arrêter ; (*moteur*) stopper ; *~ thief!* au voleur ! *he stopped the blow* il para le coup 2 mettre fin à ; (*paiement*) suspendre ; cesser ; (*chèque*) bloquer 3 empêcher ; *nothing will ~ him (from) going* rien ne l'empêchera de partir 4 boucher ; (*trou*) combler ; (*dent*) obturer ◆ *vi* 1 cesser ; *I have to ~ smoking* je dois m'arrêter de fumer ; *the road ~s here* la route se termine ici 2 séjourner ; descendre (à un hôtel) ◆ *n* 1 arrêt *m* ; *request ~* arrêt facultatif ; *he put a ~ to...* il mit fin à... ; *he brought the car to a ~* il arrêta la voiture 2 halte *f* ; pause *f* ; *without a ~* sans interruption *f* 3 (*Tech*) arrêt *m* ; butée *f* ; heurtoir *m* 4 (*écriture*) *full ~* point *m* ‖ **stop by** *vpart* faire une brève visite ‖ °**stopgap** *n* bouche-trou *m* ; mesure *f* provisoire ‖ °**stoplight** *n* feu *m* rouge ; (*Aut*) feu de stop ‖ **stop off/over** *vpart* faire étape (à/chez) ‖ °**stoppage** *n* 1 arrêt *m* (de travail) 2 (*brit*) retenue *f* (sur salaire) ‖ °**stopper** *n* bouchon *m* (de carafe)

‖ °**stop press** n (nouvelle f de) dernière heure ‖ °**stopwatch** n chronomètre m.

storage ['stɔːrɪdʒ] n 1 (em)magasinage m 2 espace m de rangement.

store [stɔː] vt 1 emmagasiner 2 (away) mettre en réserve ; accumuler ◆ n 1 magasin m ; *department* ~ grand magasin 2 réserve f ; entrepôt m 3 ~s provisions fpl 4 (loc fig) set great ~ by... faire grand cas de... ; *I've something in* ~ *for you* je vous ai réservé quelque chose ‖ °**storehouse** n entrepôt m ‖ °**storekeeper** n 1 magasinier m (f -ière) 2 (amér) commerçant m ‖ °**storeroom** n (local) 1 réserve f 2 débarras m.

storey (brit) ['stɔːrɪ] (amér **story**) n étage m.

stork [stɔːk] n (Orn) cigogne f.

storm [stɔːm] n 1 orage m 2 (aussi fig) tempête f ◆ vt donner l'assaut à ; prendre d'assaut ◆ vi 1 (vent) faire rage 2 (fig) tempêter, fulminer ‖ °**stormy** adj orageux (f -euse) ; (débat) houleux (-euse).

story¹ ['stɔːrɪ] voir **storey**.

story² ['stɔːrɪ] n 1 histoire f, récit m ; *fairy* ~ conte m de fées ; (loc) as the ~ goes à ce qu'on raconte ; *to cut a long* ~ *short* bref (Lit) short ~ nouvelle f 3 (Lit) intrigue f 4 mensonge m.

stout¹ [staut] n bière f brune.

stout² [staut] adj 1 corpulent 2 solide 3 courageux (f -euse), brave ; ~-*hearted* vaillant ; intrépide.

stove [stəuv] n 1 poêle m, fourneau m 2 cuisinière f 3 réchaud m.

stow [stəu] vt 1 ranger 2 (argot) ~ *that noise!* la ferme ! ‖ **stow away** vpart voyager clandestinement ‖ °**stowaway** n passager m clandestin.

straggle ['strægl] vi 1 (along) marcher à la débandade 2 (behind) traîner ‖ °**straggler** n traînard m ‖ °**straggling** adj dispersé, épars ‖ °**straggly** adj mal tenu.

straight [streɪt] adj 1 droit 2 franc, net, sûr 3 (cheveux) raide 4 (choix) clair 5 (visage) impassible ; *he kept a* ~ *face* il n'a pas bronché 6 (loc) ~ *out* tout net ; ~-*whisky* whisky m sec ; *on the* ~ *and narrow* sur le droit chemin ◆ adv 1 (tout) droit 2 directement ; *I'll come* ~ *back* je reviens tout de suite 3 franchement ‖ **straighta'way** adv tout de suite ‖ °**straighten** vt 1 (re)dresser 2 mettre en ordre 3 (up) (habit) arranger, (r)ajuster ‖ **straight'forward** adj 1 droit, direct 2 loyal ; franc (f -che), franc-jeu.

strain¹ [streɪn] n 1 (aussi fig) (sur)tension f, pression f 2 contrainte f 3 (Méd) stress m, fatigue f 4 (Méd) foulure f, entorse f ◆ vti 1 tendre 2 (muscle) (se) froisser ; (cheville) (se) fouler 3 (at) peiner ; *you're going to* ~ *your eyes* tu vas t'abîmer les yeux.

strain² [streɪn] vt filtrer, tamiser ‖ °**strainer** n filtre m, passoire f, tamis m.

strain³ [streɪn] n (Ag Bio) variété f.

strait [streɪt] adj étroit ; ~ *jacket* camisole f de force.

straits [streɪts] npl 1 (Géog) détroit m ; *the S~ of Dover* le Pas-de-Calais 2 dire ~ situation f désespérée, grande détresse f.

strand¹ [strænd] n (lit) grève f, rive f ‖ °**stranded** adj 1 échoué 2 (fig) en rade ; abandonné sans ressources.

strand² [strænd] n 1 fil m ; brin m ; ~ *of hair* mèche f de cheveux.

strange [streɪndʒ] adj 1 étrange, bizarre ; *I feel a bit* ~ je ne me sens pas bien 2 étranger (f -ère) ; inconnu ‖ °**stranger** n inconnu m ; étranger m ; *you're a* ~ *to me* je ne vous connais pas.

strangle ['stræŋgl] vt étrangler.

strap [stræp] n 1 courroie f 2 lanière f, sangle f ; *watch* ~ bracelet m de montre 3 (bus) poignée f 4 (Tech) bride f, collier m ◆ vt attacher (avec une courroie) ; sangler ; *he strapped on his watch* il mit sa montre ‖ °**strapping** ns inv 1 courroies fpl 2 (brit Méd) strapping m, pansement m compressif ◆ adj bien bâti ; (fam) costaud.

strategy ['strætɪdʒɪ] n stratégie f.

stratum ['strɑːtəm] n (pl -**ta**) (Géol) strate f, couche f (géologique).

straw [strɔː] n paille f ; *draw* ~s tirer à la courte paille ; *I don't care a* ~ je m'en soucie comme de ma dernière chemise.

strawberry ['strɔːbərɪ] n (Hort) fraise f ; ~-*plant* fraisier m.

stray [streɪ] vi 1 s'égarer 2 (from) s'écarter (de) 3 (pensée) vagabonder ◆ adj 1 égaré ; ~ *bullet* balle f perdue 2 (pensée) qui vagabonde ◆ n enfant m/animal m perdu ; (vx) *waifs and* ~s enfants mpl abandonnés.

streak [striːk] n 1 raie f, rayure f ; ~ *of light* filet m de lumière 2 (aussi fig) filon m ; *I had a lucky* ~ j'ai eu beaucoup de chance 3 (fig) trace f, tendance f (à) ◆ vt rayer, strier ‖ **streak along/past** vpart filer comme un éclair.

stream [striːm] n 1 ruisseau m 2 (eau, fumée) filet m 3 (aussi fig) courant m 4 (aussi fig) flot m ; ~ *of words* torrent m de paroles 5 (Ens) classe f de niveau ◆ vi 1 ruisseler 2 couler à flots ◆ vt (Ens) répartir par niveau ‖ °**streamer** 1 serpentin m 2 banderole f °**streamline** vt 1 caréner 2 (fig) rationaliser ‖ °**streamlined** adj 1 aérodynamique 2 (rapport) simplifié, réduit.

street [striːt] n rue f ; *back* ~ rue écartée (mal fréquentée) ; *high* ~ rue principale ; grand-rue f ; *the man in the* ~ l'homme de la rue; *(brit)* *he's* ~*s ahead of us* il est à cent coudées *fpl* de nous ‖ °**streetcar** *n (amér)* tramway *m* ‖ °**streetlamp/light** *n* lampadaire *m* ‖ °**streetwalker** *n (fam)* prostituée *f.*

strength [streŋθ] *n* **1** force *f* **2** solidité *f,* robustesse *f* **3** intensité *f* **4** effectifs *mpl; in great* ~ en grand nombre ‖ °**strengthen** *vti* (se) consolider; (se) renforcer; (se) fortifier.

strenuous ['strenjʊəs] *adj* **1** énergique **2** *(effort)* acharné.

stress [stres] *n* **1** *(Tech)* tension *f;* pression *f* **2** stress *m; mental* ~ surmenage *m* **3** contrainte *f* **4** accent *m* (tonique); *he laid the* ~ *on...* il a insisté sur... ◆ *vt* **1** insister sur **2** accentuer.

stretch [stretʃ] *vti* **1** (se) tendre **2** (s')étirer; ~ *your legs!* dégourdissez-vous les jambes! *he* ~*ed his neck to see* il allongea le cou pour voir; *you can't* ~ *the budget* le budget n'est pas extensible **3** (s')étendre; *his influence doesn't* ~ *that far* son influence ne va pas jusque-là; ~ *a point* faire une concession ◆ *n* **1** *(Géog)* étendue *f;* ~ *of road* section *f* de route **2** *(temps)* période *f; ten at a* ~ dix d'affilée; *all in one* ~ d'une seule traite **3** étirement *m; with a* ~ en s'étirant ◆ *adj (tissu)* extensible ‖ °**stretcher** *n* brancard *m,* civière *f.*

strew [stru:] *vt* (*p* **strewed**; *pp* **strewed/strewn**) répandre; éparpiller; *strewn with litter* jonché(e) de détritus.

stricken ['strɪkən] *adj* **1** *(with)* *(personne)* affligé (de); *horror-*~ horrifié **2** *(Méd)* *(with)* atteint (de) **3** durement touché.

strict [strɪkt] *adj* strict; sévère ‖ °**strictly** *adv* strictement, formellement.

stridden ['strɪdn] *pp* de **stride**.

stride [straɪd] *vi* (*p* **strode**; *pp* **stridden**) marcher à grandes enjambées ◆ *n* **1** (grand) pas *m,* enjambée *f* **2** *(fig)* progrès *m; he took it in his* ~ il l'a fait sans sourciller.

strife [straɪf] *n* conflit *m,* querelle *f.*

strike [straɪk] *vti* (*p pp* **struck**) **1** frapper **2** heurter; (se) cogner (contre) **3** *how did it* ~ *you?* quelle a été votre impression? *it struck me that...* il m'est venu à l'esprit que... **4** *(allumette)* gratter **5** *(heure)* sonner **6** *(affaire)* conclure **7** *(pétrole)* découvrir; *(or)* tomber sur un filon **8** *(loc)* ~ *the eye* sauter aux yeux; ~ *terror (into)* terroriser (quelqu'un) ◆ *vi* **1** faire grève **2** *(Mil)* attaquer **3** *(Bot)* ~ *root* prendre racine **4** prendre une direction; *we struck due South* nous avons mis le cap au Sud ◆ *n* **1** grève *f* **2** *(Mil)* attaque *f* **3** *(fam) lucky* ~ coup *m* de veine *f* ‖ **strike back** *vpart* riposter ‖ **strike down** *vpart* abattre ‖ **strike off** *vpart* rayer (d'une liste), radier ‖ °**striker** *n* **1** gréviste *mf* **2** *(Sp)* attaquant *m* ‖ **strike up** *vpart* **1** *(Mus)* attaquer **2** ~ *a friendship* se lier d'amitié ‖ °**striking** *adj* **1** *(spectacle)* frappant, saisissant **2** évident; remarcable.

string [strɪŋ] *n* **1** ficelle *f; piece of* ~ bout *m* de ficelle; *shoe-*~s lacets *mpl; a shoe-*~ *budget* un budget tiré à la corde **2** *(arc, violon)* corde *f;* ~ *orchestra* orchestre *m* à cordes **3** *(raquette)* cordage *m* **4** *(oignons)* chapelet *m;* ~ *of pearls* collier *m* de perles **5** file *f* (de voitures) **6** série *f* **7** *(loc) with no* ~*s attached* sans conditions; *I've got him on a* ~ il est à ma botte ◆ *vt* (*p pp* **strung**) **1** ficeler **2** *(perles)* enfiler **3** *(up)* *(guirlande)* suspendre **4** *(argot brit)* faire marcher quelqu'un.

stringent ['strɪndʒənt] *adj* rigoureux (*f* -euse), strict; *under the* ~ *condition that...* sous la condition expresse que...

stringy ['strɪŋɪ] *adj* filandreux (*f* -euse).

strip ['strɪp] *n* **1** *(papier, tissu)* bande *f;* lambeau *m* **2** *(terre)* langue *f* **3** *(Av)* piste *f* **5** *(brit)* ~ *cartoon* n bande *f* dessinée **6** ~ *light* éclairage *m* au néon **7** *(police)* ~ *search* fouille *f* au corps ◆ *vti* **1** (se) déshabiller **2** dépouiller; *(maison)* dévaliser **3** *(down)* *(moteur)* démonter.

stripe [straɪp] *n* **1** raie *f;* rayure *f;* *(US) the Stars and S*~*s* la bannière étoilée **2** *(Mil)* galon *m* ◆ *vt* rayer; *face*~*d with scars* visage *m* barré de cicatrices.

strive [straɪv] *vi* (*p* **strove**; *pp* **striven**) **1** s'efforcer **2** *(for)* lutter (pour).

strode [strəʊd] *p* de **stride**.

stroke [strəʊk] *n* **1** caresse *f* **2** *(Méd)* attaque *f* (d'apoplexie) **3** coup *m; in a single* ~ d'un seul coup **4** *(natation)* nage *f; breast*~ brasse *f* **5** trait *m* (de crayon); ~ *of genius* trait *m* de génie **6** *(moteur)* *four-*~ *engine* moteur *m* à quatre temps **7** *(loc) we haven't done a* ~ *of work today* nous n'avons rien fait aujourd'hui; *that put him off his* ~ cela l'a déstabilisé ◆ *vt* caresser; *he* ~*d me the wrong way* il m'a pris à rebrousse-poil.

stroll [strəʊl] *n (fam)* (petite) balade *f; let's go for a* ~*!* allons faire un (petit) tour! ◆ *vi* flâner; *(fam)* se balader ‖ °**stroller** *(amér)* poussette *f* ‖ °**strolling** *adj* ~ *player* comédien *m* ambulant.

strong [strɒŋ] *adj* **1** fort, solide; robuste **2** vigoureux (*f* -euse); ~ *measures* mesures *fpl* énergiques **3** *(loc)* ~ *wind* grand vent *m; I'm a* ~ *believer in...* je crois fermement à... ‖ °**strong-arm policy** politique *f* de la force ‖ °**strongbox** *n* coffre-fort *m* ‖ °**stronghold** *n* forteresse *f* ‖ °**strong-minded** *adj* résolu, décidé ‖ °**strong-willed** entêté; *he's* ~ c'est une forte tête.

strove [strəʊv] *p* de **strive**.

struck [strʌk] *p pp* de **strike**.

structure [ˈstrʌktʃə] *n* 1 structure *f* 2 construction *f*, édifice *m* ◆ *vt* structurer, organiser.

struggle [ˈstrʌgl] *vi* 1 lutter, se battre ; *he ~d to keep his job* il se démena pour conserver son travail 2 se débattre ; *he ~d free* il se libéra (de ses liens) 3 *(along)* avancer avec difficulté ; *(on)* peiner ◆ *n* 1 lutte *f* 2 effort *m* ; *without a ~* sans difficulté/résistance *f*.

strum [strʌm] *vti* pianoter ; *he was strumming on a guitar* il grattait de la guitare.

strung [strʌŋ] *(p pp de* **string***)* ◆ *adj highly ~* tendu (nerveusement).

strut[1] [strʌt] *vi* se pavaner ; se rengorger.

strut[2] [strʌt] *n* support *m*, étai *m*.

stub [stʌb] *n* 1 souche *f* ; *(dent)* chicot *m* ; *(brit) cigarette* ~ mégot *m* 2 *(Fin)* talon *m* (de chèque) ◆ *vt (out)* écraser (une cigarette).

stubble [ˈstʌbl] *ns inv* 1 *(Ag)* chaume *m* 2 barbe *f* (de plusieurs jours).

stubborn [ˈstʌbən] *adj* 1 obstiné ; opiniâtre, têtu 2 *(tache)* rebelle ; *a ~ fever* une fièvre persistante.

stubby [ˈstʌbɪ] *adj* 1 trapu ; *a ~ pencil* un vieux bout de crayon 2 *(oiseau)* ~ *wings* ailes *fpl* coupées/tronquées.

stuck [stʌk] *p pp de* **stick** ; ~*-up adj* prétentieux (*f* -euse).

stud[1] [stʌd] *n* 1 *(Ag)* étalon *m* 2 *(aussi* °**studfarm***)* haras *m (pl inv)* || °**stud-horse** *n* étalon *m*.

stud[2] [stʌd] *n* 1 *(bijoux)* incrustation *f* 2 *(Sp)* crampon *m* 3 *collar* ~ bouton *m* de col 4 clou *m* de tapissier || °**studded** *adj (with)* incrusté (de).

student [ˈstjuːdnt] *n* étudiant *m* ; élève *mf* ; ~ *nurse* élève-infirmière *f*.

studio [ˈstjuːdɪəʊ] *n* 1 *(Ciné, TV)* studio *m* 2 *(peintre)* atelier *m*.

study [ˈstʌdɪ] *vti* étudier ; *he's ~ing for an exam* il prépare un examen ; *I studied in London* j'ai fait mes études à Londres ◆ *n* 1 *(Art, Ens)* étude(s) *f(pl)* 2 bureau *m*, cabinet *m* de travail.

stuff [stʌf] *n* 1 chose *f*, truc *m* ; *put that ~ away!* enlève-moi ce machin ! 2 étoffe *f* ; tissu 3 fatras *m (pl inv)* ; *old* ~ vieilleries *fpl* 4 *(loc) that's the ~!* bravo, bien joué ! *he knows his* ~ il connaît son affaire ◆ *vt* 1 *(fam)* fourrer (dans un sac) 2 bourrer ; ~*ed with old books* rempli(e) de vieux livres 3 *(se)* boucher 4 *(se)* rembourrer ; *(Cuis)* farcir 5 *(loc fam)* ~*ed shirt* personnage *m* suffisant || °**stuffing** *n* 1 *(Cuis)* farce *f* 2 rembourrage *m* ; *(fam) that knocked the* ~ *out of me* ça m'a fichu à plat || °**stuffy** *adj* 1 vieux jeu *inv*, conventionnel (*f* -elle) 2 mal aéré ; *it's* ~ *in here!* ça sent le renfermé (ici) ! 3 *(nez)* bouché.

stumble [ˈstʌmbl] *vi* 1 trébucher 2 *(élo-*cution)* hésiter 3 *(across/on)* rencontrer par hasard ◆ *n* faux-pas *m (pl inv)* || °**stumbling block** *n* pierre *f* d'achoppement.

stump [stʌmp] *n* 1 *(arbre)* souche *f* ; *(membre)* moignon *m* ; *(dent)* chicot *m* 2 *(cricket)* piquet *m* (du guichet) 3 *(fam Pol) be on the ~* haranguer (la foule) ◆ *vt (cricket)* mettre hors jeu ; *(fig)* désarçonner ; *he's ~ed* il ne sait pas comment faire ◆ *vi* marcher lourdement || **stump up** *vpart (fam)* casquer.

stun [stʌn] *vt* 1 assommer 2 abasourdir ; épater ; *I'm stunned* je suis stupéfait || °**stunner** *n (fam) he's a ~* c'est un type épatant || °**stunning** *adj* 1 étourdissant 2 *(événement)* sensationnel.

stung [stʌŋ] *p pp de* **sting**.

stunk [stʌŋk] *pp* de **stink**.

stunt[1] [stʌnt] *n* 1 tour *m* de force 2 *(Com)* coup *m* de publicité 3 *(Av)* acrobatie *f* || °**stuntman** *n* cascadeur *m*.

stunt[2] [stʌnt] *vt* arrêter la croissance ; *(se)* rabougrir || °**stunted** *adj* rabougri.

stupefy [ˈstjuːpɪfaɪ] *vt* 1 *(fig)* stupéfier 2 *(alcool)* hébéter, abrutir.

stupendous [stjuːˈpendəs] *adj* prodigieux (*f* -ieuse).

stupid [ˈstjuːpɪd] *adj* sot (*f* sotte) ; *what a ~ thing!* quelle bêtise ! *(fam) it's ~ of you!* c'est idiot de ta part ! || **stu°pidity** *n* stupidité *f*, bêtise *f*.

sturdy [ˈstɜːdɪ] *adj* robuste.

sturgeon [ˈstɜːdʒən] *n (Zool)* esturgeon *m*.

stutter [ˈstʌtə] *vti* bégayer ◆ *n* bégaiement *m*.

sty[1] [staɪ] *n (aussi fig)* porcherie *f*.

sty[2] [staɪ] *n (aussi* **style***)* *(Méd)* orgelet *m*.

style [staɪl] *n* 1 style *m* 2 genre *m*, modèle *m* ; *a new ~ of car* un nouveau type de voiture 3 mode *f* ; *the latest* ~ le dernier cri 4 *(loc) they entertained us in* ~ leur réception ne manquait pas d'allure ◆ *vt (mode)* créer || °**stylish** *adj* élégant, chic || **sty°listics** *n (Lit)* stylistique *f*.

suave [swɑːv] *adj* 1 suave 2 *(vin)* doucereux (*f* -euse) 3 *(péj)* mielleux (*f* -euse).

subaltern [ˈsʌbltən] *n (brit Mil)* (sous-)lieutenant *m*.

subcontractor [ˌsʌbkənˈtræktə] *n (Ind)* sous-traitant *m*.

subdue [səbˈdjuː] *vt* 1 subjuguer 2 *(émotion)* contenir 3 *(couleur)* adoucir, atténuer || °**subdued** *adj* ; ~ *light* lumière *f* tamisée ; *in a ~ voice* à voix *f* basse.

sub-editor [ˌsʌbˈedɪtə] *n (journalisme)* secrétaire *mf* de rédaction.

subhead [ˈsʌbhed] *n (Presse)* sous-titre *m*.

subject[1] [ˈsʌbdʒɪkt] *n* 1 *(thème)* sujet *m* ; *this is not the ~* ce n'est pas la question ;

on the ~ of... au sujet de... **2** *(Ens)* matière *f* ◆ *adj* **1** *(to)* sujet (à) **2** *(to)* susceptible (de) **3** *(to)* soumis (à) **4** *(to)* sous réserve (de).

subject² [sʌbˈdʒekt] *vt* soumettre.

sublet [ˌsʌbˈlet] *vt* (*p pp* **sublet**) souslouer ◆ *n* (= **sublease**) sous-location *f*.

sublime [səˈblaɪm] *adj* sublime ; *~ arrogance* suprême arrogance *f*.

submarine [ˌsʌbməˈriːn] *n* sous-marin *m*.

submerge [səbˈmɜːdʒ] *vti* submerger ; immerger ; *(sous-marin)* plonger.

submission [səbˈmɪʃn] *n* **1** soumission *f* **2** résignation *f* ‖ **sub°missive** *adj* **1** *(personne)* docile **2** soumis.

submit [səbˈmɪt] *vti* **1** *(to)* (se) soumettre (à).

subordinate [səˈbɔːdnɪt] *adj* subordonné ; *~ role* rôle *m* secondaire.

subordinate [səˈbɔːdɪneɪt] *vt* (*to*) subordonner (à).

subscribe [səbˈskraɪb] *vti* **1** *(to, for)* souscrire (à, pour) ; *(fig)* approuver **2** *(journal)* s'abonner (à) ‖ **sub°scriber** *n* **1** souscripteur *m* ; signataire *mf* **2** abonné(e) *m(f)* ; *(brit) ~ trunk dialling* téléphone *m* automatique.

subscription [səbˈskrɪpʃn] *n* **1** souscription *f* **2** *(brit)* cotisation *f* **3** *(journal)* abonnement *m* (par souscription).

subsequent [ˈsʌbsɪkwənt] *adj* **1** consécutif *(f* -ive) **2** postérieur.

subservient [səbˈsɜːvjənt] *adj* **1** obséquieux *(f* -ieuse) **2** *(to)* utile (à) **3** *(to)* subordonné (à).

subside [səbˈsaɪd] *vi* **1** *(terrain)* s'affaisser ; *(fig) he ~d on his bed* il s'affala sur son lit **2** *(tempête)* s'apaiser, se calmer **3** *(crue)* baisser.

subsidiary [səbˈsɪdɪərɪ] *adj* subsidiaire ◆ *n (Ind)* filiale *f*.

subsidize [ˈsʌbsɪdaɪz] *vt* subventionner.

subsidy [ˈsʌbsɪdɪ] *n* subvention *f*, allocation *f*.

subsistence [səbˈsɪstəns] *n* subsistance *f* ; *~ wage* salaire *m* minimum.

substantial [səbˈstænʃl] *adj* **1** substantiel *(f* -ielle) ; *~ amount* somme *f* appréciable **2** solide.

substantiate [səbˈstænʃɪeɪt] *vt* justifier.

substitute [ˈsʌbstɪtjuːt] *n* **1** remplaçant *m* **2** *(Jur)* suppléant *m* **3** produit *m* de remplacement ; *butter ~* succédané *m* de beurre ◆ *vt* substituer ; *he ~d margarine for butter* il remplaça le beurre par de la margarine ◆ *vi (for)* remplacer (par) ; suppléer.

subtitle [ˈsʌbtaɪtl] *n (Ciné)* sous-titre *m* ◆ *vt* sous-titrer.

subtle [ˈsʌtl] *adj* **1** subtil **2** *(parfum)* délicat **3** astucieux *(f* -euse) ‖ **°subtlety** *n* subtilité *f*, finesse *f* (d'esprit).

subtract [səbˈtrækt] *vt* soustraire.

suburb [ˈsʌbɜːb] *n* banlieue *f* ; *(loc) in the ~s* en banlieue ‖ **su°burban** *adj* de banlieue.

suburbanite [səˈbɜːbənaɪt] *n (péj)* banlieusard *m*.

suburbia [səˈbɜːbɪə] *n (fig péj)* (la vie de) banlieue *f*.

subversion [səbˈvɜːʃn] *n* subversion *f* ‖ **sub°vert** *v (Pol)* renverser.

subway [ˈsʌbweɪ] *n* **1** *(brit)* passage *m* souterrain **2** *(amér)* métro *m*.

succeed [səkˈsiːd] *vti* **1** succéder (à) **2** suivre ; *days ~ days* les jours se succèdent **3** réussir (à) ; *he ~ed in getting an invitation* il est parvenu à se faire inviter ‖ **su°cceeding** *adj* suivant ; *the ~ generations* les générations *fpl* futures.

success [səkˈses] *n* succès *m* ; *a great ~* une belle réussite ‖ **suc°cessful** *adj* **1** (qui a) réussi **2** *(candidat)* reçu **3** *(Pol)* élu **4** *(affaire)* prospère.

succession [səkˈseʃn] *n* **1** succession *f* ; *six days in ~* six jours de suite ; *in quick ~* à intervalles *mpl* rapprochés *(Jur)* succession *f*, descendance *f* ‖ **suc°cessively** *adv* successivement.

succumb [səˈkʌm] *vi* succomber.

such [sʌtʃ] *adj dét* **1** tel (telle) ; *on ~ a week* telle semaine ; *~ and ~ a person* telle ou telle personne ; *there's no ~ thing!* rien de tout cela n'existe ! *~ books are no longer to be found* ce genre de livres est introuvable maintenant ; *he acts in ~ a way as not to be criticized* il agit de manière à ne jamais être critiqué ; *I'm not ~ a fool as to accept* je ne suis pas sot au point d'accepter ? pareil *(f* -eille) *I've never heard of ~ things* je n'ai jamais rien entendu de la sorte ; *in ~ cases* dans des cas semblables ◆ *pr* tel *(f* telle) *he was known as ~* il était connu comme tel ; *~ as wish to help will be welcome* ceux qui voudront bien aider seront les bienvenus ◆ *adv* *they are ~ nice people* ils sont tellement gentils ; *~ a beautiful day* une si belle journée.

suck [sʌk] *vti* **1** téter **2** sucer **3** aspirer *~ing at his pipe* tirant sur sa pipe ‖ **°sucker** *n* **1** suceur *m (f* -euse) **2** *(fam fig)* jobard *m* **3** *(Tech)* ventouse *f* **4** *(Bot)* rejet *m* ‖ **°suckle** *vt* allaiter ◆ *vi* téter ‖ **°suckling pig** *n* cochon *m* de lait ‖ **°suction** *n* **1** succion *f* **2** aspiration *f* ; *~ pump* pompe *f* aspirante.

sudden [ˈsʌdn] *adj* soudain ; *all of a ~* tout à coup.

suds [sʌdz] *npl inv* mousse *f* de savon.

sue [suː] *vt* poursuivre en justice ◆ *vi (for)* plaider (une cause).

suede [sweɪd] *adj* *(chaussures)* en daim *m*.

suet [ˈsʊɪt] *n (Cuis)* graisse *f* (de rognons) de bœuf.

suffer [ˈsʌfə] *vt* **1** *(peine)* éprouver; *he ~ed a great loss* il a subi une perte considérable **2** tolérer; *you'll have to ~ me* il faudra que vous me supportiez ◆ *vi (aussi fig)* souffrir; *he'll ~ for it* il en subira les conséquences *fpl* || °**sufferance** *n* tolérance *f* || °**suffering** *n* souffrance(s) *f(pl)*.

suffice [səˈfaɪs] *vti* suffire; *(loc) ~ it to say that...* je me contenterai de dire que... || su°**fficient** *adj* suffisant; *have you got ~ flour?* avez-vous assez de farine?

suffocate [ˈsʌfəkeɪt] *vti* suffoquer; *suffocating with wrath* étouffant de colère.

suffrage [ˈsʌfrɪdʒ] *n* **1** droit *m* de vote **2** suffrage *m*.

suffuse [səˈfjuːz] *vt (couleur)* répandre.

sugar [ˈʃʊɡə] *n* **1** sucre *m* **2** *(amér fam)* chéri(e) *m(f)* **3** *(argot)* drogue *f (héroïne, cocaïne)* ◆ *vt* **1** sucrer **2** *(pâtisserie)* napper de sucre **3** *(fig) (paroles)* adoucir || °**sugar basin** *n* sucrier *m* || °**sugar beet** *n* betterave *f* sucrière || °**sugar cane** *n* canne *f* à sucre || °**sugar pea** *(Bot)* pois mange-tout *m (pl inv)* || °**sugar refinery** *n (Ind)* sucrerie *f* || °**sugary** *adj* **1** sucré **2** *(fig) (ton)* mielleux *(f -euse)*, sirupeux *(f -euse)*.

suggest [səˈdʒest] *vt* **1** suggérer; *I ~ed we stop* j'ai proposé que nous nous arrêtions **2** insinuer; *are you ~ing we're wrong?* tu veux dire que nous avons tort? **3** évoquer || su°**ggestive** *adj* **1** suggestif *(f -ive)* **2** évocateur *(f -trice)*.

suicide [ˈsuːɪsaɪd] *n* suicide *m*; *he commited ~* il s'est suicidé.

suit¹ [suːt] *n* **1** *(homme)* costume *m*, complet *m*; *put your best ~ on!* mets tes plus beaux habits! **2** *(femme)* ensemble *m* **3** *(cartes)* couleur *f*; *he followed ~* il fournit à la couleur; *(fig) John left and his friends followed ~* Jean s'en alla et ses amis en firent autant || °**suitcase** *n* valise *f*.

suit² [suːt] *vti* **1** convenir; *does that ~ you?* est-ce que cela vous va? *mourning ~s Electra* le noir sied à Électre **2** adapter; *he's ~ed to the job* il est fait pour ce travail || °**suitable** *adj* qui convient; *a ~ example* un exemple approprié.

suitor [ˈsuːtə] *n* **1** soupirant *m* **2** *(Jur)* plaignant *m*.

sulfur [ˈsʌlfə] *n voir* **sulphur**.

sulk [sʌlk] *vi* bouder || °**sulky** *adj* **1** boudeur *(f -euse)* **2** *(sourire)* renfrogné.

sullen [ˈsʌlən] *adj* maussade; *a ~ day* une journée morose.

sully [ˈsʌlɪ] *vt (réputation)* ternir, souiller.

sulphur [ˈsʌlfə] *n (Ch)* soufre *m*; *~ spring* source *f* sulfureuse.

sultana [sʌlˈtɑːnə] *n (Cuis)* raisin *m* sec.

sultry [ˈsʌltrɪ] *adj (temps)* lourd; *~ atmosphere* atmosphère *f* étouffante.

sum [sʌm] *n* **1** somme *f*; *the ~ total is...* le montant total est de... **2** *(Math)* problème *m* d'arithmétique; *I'm not good at ~s* je ne suis pas bon en calcul ◆ *vt* additionner || °**summing up** *n* **1** récapitulation *f* **2** *(Jur)* résumé *m (des débats)* || **sum up** *vpart* résumer.

summarize [ˈsʌmər21z] *vt* résumer || °**summary** *n* **1** résumé *m* **2** récapitulatif *m* ◆ *adj* sommaire.

summer [ˈsʌmə] *n* été *m* || °**summer camp** *n* colonie *f* de vacances || °**summerhouse** *n (jardin)* pavillon *m*, loggia *f* || **summer** °**lightning** *n* éclair *m* de chaleur || °**summer resort** *n* station *f* estivale || °**summer school** *n* cours *m* de vacances || °**summery** *adj* estival.

summit [ˈsʌmɪt] *n* sommet *m*; *(fig) ~ meeting* réunion *f* au sommet.

summon [ˈsʌmən] *vt* **1** convoquer; *he ~ed an expert* il fit venir un expert **2** *(Jur)* appeler (à la barre) **3** *(fig)* rassembler *(ses forces)* || °**summons** *n (pl* summonses*)* **1** convocation *f* **2** *(Jur)* assignation *f*; citation *f* à comparaître || °**summon up** *vpart (courage, forces)* rassembler.

sun [sʌn] *n* soleil *m* ◆ *vt* **1** exposer au soleil **2** *~ oneself* prendre un bain de soleil || °**sunbathe** *vi* prendre un bain de soleil || °**sunblind** *n* store *m* || °**sunburnt** *adj* **1** bronzé **2** brûlé par le soleil; *he got ~* il a pris un coup de soleil || °**sun-deck** *n (Naut)* pont *m* supérieur || °**sundial** *n* cadran *m* solaire || °**sundown** *n* coucher *m* du soleil || °**sunflower** *n (Bot)* tournesol *m* || °**sunhelmet** *n* casque *m* colonial || °**sunlamp** *n (Méd)* lampe *f* à rayons ultraviolets || °**sunlight** *n in the ~* au soleil || °**sun lounge** *n (amér* °**sun parlor***)* solarium *m* || °**sunny** *adj* ensoleillé; *(fig) see the ~ side of life* prendre la vie du bon côté || °**sunrise** *n* lever *m* du soleil || °**sunroof** *n (Aut)* toit *m* ouvrant || °**sunset** *n* **1** coucher *m* du soleil; *at ~* au soleil couchant || °**sunshade** *n* **1** parasol *m* **2** *(caravane)* tendelet *m* || °**sunshine** *n*; *he was sitting in the ~* il était assis au soleil; *a day of glorious ~* un jour de grand soleil || °**sunspot** *n* tache *f* solaire || °**sunstroke** *n (Méd)* insolation *f* || °**suntanned** *adj* bronzé, hâlé.

sundae [ˈsʌndeɪ] *n* glace *f* aux fruits.

Sunday [ˈsʌndɪ] *n* dimanche *m*.

sundry [ˈsʌndrɪ] *adj (frais)* divers; *(loc) all and ~* tout un chacun.

sung [sʌŋ] *pp de* **sing**.

sunk [sʌŋk] *pp de* **sink**.

super [ˈsuːpə] *adj* exceptionnel *(f -elle)*; *(fam) ~-duper!* super (chouette)! *(aliments)* surfin.

super² [ˈsuːpə] *n* **1** *(Th fam) (ab de* **super°numerary***)* figurant *m* **2** *(ab de* **superin°tendant***) (fam)* chef *m* de travaux; surveillant *m*.

superannuate [ˌsuːpəˈrænjʊeɪt] *vt* **1** mettre à la retraite **2** *(machine)* réformer ‖ **super°annuated** *adj* démodé ; suranné.

supercharged [ˈsuːpətʃɑːdʒd] *adj (moteur)* surcompressé.

supercilious [ˌsuːpəˈsɪlɪəs] *adj* hautain.

superfine [ˌsuːpəˈfaɪn] *adj (Com)* surfin.

superhighway [ˌsuːpəˈhaɪweɪ] *n (amér)* autoroute *f*.

superintendent [ˌsuːpərɪnˈtendənt] *n* **1** directeur *m* (*f* -trice) **2** surveillant *m* **3** *(brit)* commissaire (de police) *m* **4** *(amér)* gardien *m* (d'immeuble).

superior [suːˈpɪərɪə] *adj* supérieur *m* ; *she is ~ to that* elle est au-dessus de cela.

supermarket [ˈsuːpəmɑːkɪt] *n* supermarché *m*.

supernatural [ˌsuːpəˈnætʃrəl] *adj* surnaturel (*f* -elle).

supernormal [ˌsuːpəˈnɔːml] *adj* au-dessus de la normale.

supernumerary [ˌsuːpəˈnjuːmərərɪ] *n* **1** — *officer* officier *m* en surnombre **2** *(vx Th)* figurant *m*.

supersede [ˌsuːpəˈsiːd] *vt* **1** remplacer **2** supplanter ; *I've been ~d* j'ai été évincé ‖ **super°seded** *adj* (idée) périmé, obsolète.

supervise [ˈsuːpəvaɪz] *vt* surveiller.

supper [ˈsʌpə] *n* dîner *m*, souper *m*.

supple [ˈsʌpl] *adj (aussi fig)* **1** souple **2** complaisant.

supplement [ˈsʌplɪmənt] *n* supplément *m* ♦ *vt* ajouter un supplément ‖ **supple°mentary** *adj* supplémentaire.

supplier [səˈplaɪə] *n* fournisseur *m* (*f* -euse) ‖ **su°pplies** *npl* **1** provisions *fpl* ; *food* — vivres *mpl* **2** *(argent)* allocation *f* ‖ **su°pply** *n* **1** fourniture *f* ; *water* — approvisionnement *m* en eau **2** provision *f* ; *in short* — en quantité limitée **3** *(Adm)* supplément *m* ♦ *vt* **1** fournir **2** *(with)* approvisionner (en) **3** *(aide financière)* subvenir (à) **4** *(Adm)* remplacer (quelqu'un).

support [səˈpɔːt] *vt* **1** *(aussi fig)* soutenir **2** *(aussi fig)* supporter **3** subvenir aux besoins (de) ; *I've a family to ~* il faut que je fasse vivre ma famille **4** subventionner **5** *(Sp)* encourager ♦ *n* **1** *(aussi fig)* support *m*, soutien *m* ; *without any ~* sans aucun appui ; *(Eco)* — *price* prix *m* minimum garanti **2** ressources *fpl* (financières) ; *means of* — moyens *mpl* de subsistance ‖ **su°pporter** *n* **1** *(Sp)* supporter *m* **2** partisan *m* ‖ **su°pportive** *adj* qui apporte son appui/soutien.

suppose [səˈpəʊz] *vt* supposer ; *you're not ~d to be here* tu n'es pas censé être ici ; *he's ~d to be rich* on dit qu'il est riche ; *I ~ so!* probablement ! *supposing he paid* à supposer qu'il paie ; *~ he refused* et s'il refusait.

supposition [ˌsʌpəˈzɪʃn] supposition *f* ; *on the ~ that*... dans l'hypothèse où...

suppress [səˈpres] *vt* **1** supprimer **2** *(émotion)* réprimer ; *(scandale)* étouffer **3** *(information)* dissimuler **4** *(El) I ~ed my TV* j'ai équipé ma télévision d'un système antiparasites ♦ *vt (Aut, Rad)* antiparasiter.

sure [ʃɔː] *adj* **1** sûr, certain ; *I'm ~ he'll give up* je suis convaincu qu'il cédera ; *be ~ we'll help you!* soyez assuré que nous vous aiderons ! **2** *(loc) ~ enough* à coup sûr ; *to be ~!* bien sûr/assurément ! *for ~* sans faute ; *(amér) (it's a) ~ thing!* bien sûr ! ♦ *adv* **1** certainement ; *make ~ he'll come* assurez-vous qu'il viendra **2** assurément ‖ **°surely** *adv* sûrement ~ *you don't believe that!* assurément, vous ne croyez pas cela !

surf [sɜːf] *n* ressac *m* ♦ *vi* surfer ‖ **°surfing** *n (Sp)* surf *m*.

surface [ˈsɜːfɪs] *n (aussi fig)* surface *f* ; *~-to-~ missile* missile *m* sol-sol ♦ *vi (Naut)* faire surface ; *(fig)* réapparaître.

surfeit [ˈsɜːfɪt] *n (nourriture)* excès *m* (de) ♦ *vti* (se) gorger (de).

surge [sɜːdʒ] *n* **1** houle *f* **2** *(El)* surtension *f* **3** *(fig)* vague *f* ; ~ *of anger* poussée *f* de colère ; *a ~ in prices* une brusque montée des prix ♦ *vi* **1** *(océan)* devenir houleux **2** *(aussi fig)* déferler ; *(colère)* monter.

surgeon [ˈsɜːdʒən] *n (Méd)* chirurgien *m inv* ‖ **°surgery** *n* **1** chirurgie *f* **2** *(brit Méd)* cabinet *m* de consultation ; *his ~ times are 9-12* il consulte de 9 à 12 ‖ **°surgical** *adj* chirurgical *(pl* -aux) ; *(brit) ~ spirit* alcool *m* à 90° ; désinfectant *m*.

surly [ˈsɜːlɪ] *adj* bourru, revêche.

surmise [sɜːˈmaɪz] *n* conjecture *f* ♦ *vt* conjecturer ; soupçonner.

surmount [sɜːˈmaʊnt] *vt* surmonter.

surname [ˈsɜːneɪm] *n* nom *m* de famille

surplus [ˈsɜːpləs] *n* excédent *m*, surplus *m* ♦ *adj* excédentaire.

surprise [səˈpraɪz] *n* **1** surprise *f* ; *he took me by ~* il m'a pris à l'improviste **2** étonnement *m* ♦ *vt* **1** surprendre ; *I ~d him stealing* je l'ai pris en flagrant délit de vol **2** étonner ; *I'm ~d at them!* cela me surprend de leur part ! ‖ **sur°prised** *adj* surpris ‖ **sur°prisingly** *adv* étonnamment

surrender [səˈrendə] *vi (Mil)* se rendre ; *he ~ed to the police* il s'est constitué prisonnier ; *(fam) I ~!* j'abandonne ! ♦ *vt* **1** *(Jur, Mil)* rendre ; *they had to ~ all their weapons* ils durent livrer toutes leurs armes **2** *(droits)* céder **3** *(espoir)* abandonner ♦ *n* **1** reddition *f* ; *no ~!* pas question de se rendre ! **2** cession *f* (de droits).

surreptitious [ˌsʌrəpˈtɪʃəs] *adj* secret, clandestin ; ~ *answer* réponse *f* furtive ‖ **surrep°titiously** *adv* subrepticement.

surrogate [ˈsʌrəgɪt] *n* substitut *m* ; ~ *mother* mère *f* porteuse.

switch [swɪtʃ] *n* **1** (*El*) interrupteur *m* ; *a two-way* ~ un va-et-vient **2** (*amér*) aiguillage *m* **3** baguette *f* ; *riding* ~ badine *f* **4** (*fig*) changement *m* **5** (*brit*) (*coiffure*) queue *f* de cheval (*postiche*) ◆ *vti* **1** changer (de position/programme) **2** (*fig*) aiguiller ; *he* ~*ed the conversation onto...* il a fait dévier la conversation sur... **3** (*El*) commuter **4** saisir d'un coup sec ; *he* ~*ed the letter out of my hands* il m'arracha la lettre des mains ‖ °**switchback** *n* **1** (*brit*) (*foire*) montagnes *fpl* russes **2** (*amér*) virage *m* en épingle à cheveux ‖ °**switch-blade** (*amér*) couteau *m* à cran d'arrêt ‖ °**switchboard** *n* **1** tableau *m* électrique **2** (*Téléph*) standard *m* (téléphonique) ‖ **switch off** *vpart* (*électricité, gaz*) couper, fermer ; ~ *the lights!* éteignez ! **2** (*radio*) arrêter **3** (*Aut*) couper le contact ‖ **switch on** *vpart* **1** (*électricité, gaz*) allumer, brancher ; *the water heater switches on at 8 pm* le chauffe-eau s'enclenche à 20 heures **2** (*Aut*) mettre le contact ‖ **switch over** *vpart* (*to*) changer (de) ; *they switched over to English* ils sont passés à l'anglais ‖ °**switchyard** *n* (*amér*) gare *f* de triage.

swivel [ˈswɪvl] *n* pivot *m* ; ~ *chair* chaise *f* pivotante ◆ *vti* (*faire*) pivoter.

swollen [ˈswəʊlən] *pp* de **swell** ◆ *adj* enflé, gonflé ; ~*-headed* bouffi d'orgueil.

swoon [swuːn] *vi* (*lit*) s'évanouir.

swoop [swuːp] **down** *vpart* (*on*) **1** (*aigle*) fondre sur **2** (*fam*) faire une descente (de police) (sur).

swop [swɒp] *voir* **swap**.

sword [sɔːd] *n* **1** épée *f* ; ~ *dance* danse *f* du sabre **2** (*lit*) glaive *m* ‖ °**swordfish** *n* (*Zool*) espadon *m* ‖ °**swordsman** *n* épéiste *mf*.

swore [swɔː] *p* de **swear**.

sworn [swɔːn] *pp* de **swear** ◆ *adj* **1** assermenté **2** sous serment **3** ~ *enemy* ennemi *m* juré.

swot [swɒt] *vi* (*brit fam Ens*) bûcher ◆ *n* (*fam*) bûcheur *m* (*f* -euse).

swum [swʌm] *pp* de **swim**.

swung [swʌŋ] *p pp* de **swing**.

sycophancy [ˈsɪkəfənsɪ] *n* flagornerie *f*.

syllable [ˈsɪləbl] *n* syllabe *f*.

syllabus [ˈsɪləbəs] *n* (*Ens*) programme *m*.

sylvan [ˈsɪlvən] *adj* **1** sylvestre **2** boisé.

symbiosis [ˌsɪmbɪˈəʊsɪs] *n* (*Bio*) symbiose *f*.

symbol [ˈsɪmbl] *n* symbole *m* ‖ sym°**bolic** *adj* symbolique ‖ °**symbolize/ -ise** *vt* symboliser.

symmetrical [sɪˈmetrɪkl] *adj* symétrique.

sympathetic [ˌsɪmpəˈθetɪk] *adj* **1** compatissant ; qui comprend ; ~ *to youngsters* bien disposé à l'égard des jeunes **2** (*Méd*) ~ *system* système *m* sympathique ‖ °**sympathize** *vi* compatir ‖ °**sympathy** *n* **1** compassion *f* **2** condoléances *fpl* **3** *in ~ with* en accord avec ; ~ *strike* grève *f* de solidarité ‖ °**sympathizer** *n* (*Pol*) sympathisant(e) *m(f)*.

symphony [ˈsɪmfənɪ] *n* (*Mus*) symphonie *f* ; ~ *orchestra* orchestre *m* symphonique.

synchronize [ˈsɪŋkrənaɪz] *vt* synchroniser ◆ *vi* avoir lieu simultanément.

syndicate [ˈsɪndɪkət] *n* **1** (*Com, Fin*) syndicat *m*, consortium *m* **2** groupement *m* (d'intérêt économique).

synonymous [sɪˈnɒnɪməs] *adj* synonyme ; ~ *with...* synonyme de....

synopsis [sɪˈnɒpsɪs] (*pl* **synopses**) *n* résumé *m* sommaire ; (*film*) synopsis *f*.

synthesis [ˈsɪnθəsɪs] (*pl* **syntheses**) *n* synthèse *f* ‖ °**synthetic** *adj* synthétique ; (*émotion*) peu sincère, faux (*f* fausse).

syringe [ˈsɪrɪndʒ] *n* (*Méd*) seringue *f*.

syrup [ˈsɪrəp] *n* **1** sirop *m* ; (*brit*) *golden* ~ sirop à base de sucre de canne **2** mélasse *f* ‖ °**syrupy** *adj* (*aussi fig*) sirupeux (*f* -euse) ; (*ton*) mielleux (*f* -euse).

system [ˈsɪstəm] *n* **1** système *m* ; *digestive* ~ appareil *m* digestif **2** réseau *m* (fluvial, ferré) **3** méthode *f*, organisation *f* ‖ sys-te°**matic** *adj* **1** méthodique ; *he's not very* ~ il manque de méthode **2** systématique ‖ °**systems analyst** *n* analyste-programmeur *m*.

T

T, t [tiː] *n* T, t *m* ; (*loc*) *it suits you to a T* ça vous va impeccablement ; *T-shaped adj* en forme de T ; (*Arch*) *T-square n* té *m*.

tab[1] [tæb] *n* **1** (*vêtement*) patte *f* **2** pan *m* (de rideau) **3** étiquette *f* ; marque *f* **4** (*amér*)

facture *f*, ticket *m* de caisse **5** (*loc*) *keep* ~*s on him!* surveillez-le de près !

tab[2] [tæb] *n ab* de **tabulator**.

tabby [ˈtæbɪ] *n* ~ *cat* chat(te) *m(f)* tigré(e).

table [ˈteɪbl] *n* **1** table *f* ; *set the* ~ mettre la table ; *clear the* ~ desservir **2** (*personnes*) tablée *f* **3** plateau *m*, console *f* **4** tableau *m* (indicateur) **5** *(inscription)* tablette *f*, plaque *f* ◆ *vt (Pol)* présenter (une motion) ‖ °**tablecloth** *n* nappe *f* ‖ °**tableland** *n (Géog)* plateau *m* ‖ °**tablemat** *n* dessous-de-plat *m (pl inv)* ; set *m* de table ‖ °**tablespoon** *n* cuiller *f* (à soupe).

tablet [ˈtæblɪt] *n* **1** plaque *f* commémorative **2** *(Méd)* comprimé *m*, pastille *f* **3** ~ *(of soap)* savonnette *f*.

tabloid [ˈtæblɔɪd] *n (péj) (journal)* feuille *f* de chou.

taboo [taˈbuː] *n adj* tabou.

tabulator [ˈtæbjʊleɪtə] *n* **1** tabulateur *m* **2** tabulatrice *f*.

tack [tæk] *n* **1** *(clou)* semence *f* de tapissier **2** *(amér)* punaise *f* **3** *(Naut)* bordée *f* **4** *(fig) on the right ~* sur la bonne voie ◆ *vt* **1** clouer **2** ajouter en annexe **3** *(couture)* faufiler ◆ *vi* **1** *(Naut)* virer de bord **2** louvoyer.

tackle [ˈtækl] *n* **1** attirail *m* ; *climbing ~* matériel *m* d'escalade **2** palan *m* **3** *(Sp)* tackle *m*, arrêt *m* ; *(rugby)* placage *m* ◆ *vt* **1** *(Sp)* faire un tackle ; plaquer **2** saisir à bras-le-corps ; *(difficulté)* s'attaquer à, aborder ; *I'll ~ him about it* je vais l'entreprendre sur ce problème.

tacky [ˈtækɪ] *adj* **1** *(peinture)* pas tout à fait sec ; collant **2** *(fam)* moche **3** *(amér) (personne)* vulgaire.

tactics [ˈtæktɪk] *(souvent pl)* tactique *f* ; stratégie *f*.

tadpole [ˈtædpəʊl] *n (Zool)* têtard *m*.

tag [tæg] *n* **1** étiquette *f* **2** *(oiseau)* bague *f* ; *(animal)* tatouage *m* **3** *(amér)* plaque *f* d'immatriculation **4** *(discours)* lieu *m* commun, cliché *m* ◆ *vt* étiqueter ‖ **tag along** *vpart* suivre le mouvement ; *(fam)* coller (à quelqu'un) ‖ **tag on** *vpart* attacher, joindre en annexe.

tail [teɪl] *n* **1** queue *f* ; *(avion)* empennage *m* ; *(habit)* pan *m* ; *it's the ~ end* bout *m*, fin *f* **2** *(fam)* suiveur *m* ; *we've got a ~* on nous a pris en filature **3** *call heads or ~s* tirer à pile ou face **4** ~*s (fam)* queue-de-pie *f* ◆ *vti* **1** *(on, to)* attacher (à) **2** *(fig)* filer (quelqu'un) **3** *(fruit)* équeuter ‖ °**tail-back** *n (Aut)* bouchon *m* ‖ °**tail-lamp** *(amér)/***tail-light** *(brit)* feu *m* arrière ‖ °**tail wind** *n* vent *m* arrière.

tailor [ˈteɪlə] *n* **1** *(personne)* tailleur *m* ‖ °**tailor-made** *adj* *(fait)* sur mesure.

taint [teɪnt] *n* **1** corruption *f*, infection *f* **2** tare *f*, souillure *f* ◆ *vt* souiller.

take [teɪk] *vt (p* took; *pp* taken) **1** prendre ; ~ *my address* notez mon adresse ; *he took the opportunity* il a saisi l'occasion **2** *(bouture)* reprendre **3** mener ; *he'll ~ you to the station* il vous conduira à la gare ; ~ *them out* faites-les sortir ; ~ *her out to the pictures* emmène-la au cinéma **4** apporter, emporter **5** *(boisson, repas)*

prendre **6** *(Math)* retrancher ; ~ *two from six* deux ôté de six **7** *(capacité) my tank ~s 70 litres* mon réservoir a une capacité de 70 litres ; *it won't ~ such a load* il ne supportera pas une telle charge **8** *(Ens) why did you ~ Latin?* pourquoi as-tu choisi de faire du latin ? *he took a degree in French* il a passé une licence de français **9** comprendre ; *I ~ your point* je vois ce que vous voulez dire **10** accepter, tolérer ; *I can't ~ that* je ne supporte pas cela ; *I can't ~ any more!* je n'en peux plus ! **11** imaginer, considérer ; *I ~ it that...* je suppose que... ; *let's ~ the textile industries...* prenons le cas du textile... **12** *(temps)* prendre ; *how long does it ~ to go there?* combien de temps faut-il pour y aller ? *it won't ~ long* cela ne prendra pas longtemps ; *it'll ~ me an hour* j'en aurai pour une heure **13** *(passif) (by/with)* être attiré (par) ; *I've been much taken by the play* la pièce m'a enchanté ; *he was taken prisoner* il a été fait prisonnier **14** prendre goût (à) ; *he took to drinking* il s'est mis à boire ; avoir de la sympathie (pour quelqu'un) **15** *(loc) I can ~ it* je sais encaisser ; ~ *it easy!* ne t'en fais pas ! *you can~ my word for it* croyez-moi ; *(fam)* ~ *it and like it!* mets ça dans ta poche et ton mouchoir par-dessus ! ◆ *n* **1** *(cinéma)* prise *f* (de vues) **2** *(amér Th)* recettes *fpl* **3** *(pêche)* prise *f* ‖ **take after** *vpart* ressembler à ‖ °**take away** *vpart* **1** emporter **2** ôter ; *taken away from a school* (enfant) retiré d'un établissement scolaire ‖ °**takeaway** *n (brit nourriture)* vente *f* à emporter ‖ **take back** *vpart* **1** *(personne)* ramener **2** *(chose)* rapporter **3** *(fig)* retirer (ce que l'on vient de dire) ‖ **take down** *vpart* **1** prendre en note **2** *(aussi fig)* descendre ; *(tableau)* décrocher ; *(structure)* démonter ‖ **take-home** °**pay** *n* salaire *m* net (après retenues à la source) ‖ **take in** *vpart* **1** *(objet)* rentrer **2** héberger, loger **3** prendre (du travail à domicile) **4** prendre régulièrement (un journal) **5** *(couture)* reprendre ; *(voile)* diminuer **6** comprendre **7** *(excursion)* inclure, comprendre ; *shall we ~ in Eaton?* on passe par Eaton ? **8** duper ; *I've been taken in* je me suis fait avoir ‖ **take off** *vpart* **1** *(vêtement)* ôter ; ~ *off your hat!* enlève ton chapeau ! **2** décoller **3** *(fam)* décamper, filer **4** *he took a day off* il a pris un jour de congé **5** décalquer ; *(prix)* rabattre **6** *(fam)* singer, imiter ‖ °**take off** *n (Av, Eco)* décollage *m* ‖ **take on** *vpart* **1** entreprendre (un travail) ; *I'll ~ on the responsibility* j'en dosse la responsabilité **2** *(ouvrier)* embaucher ; *did you ~ on a new help?* vous avez pris une nouvelle aide-ménagère ? **3** *(défi)* accepter, relever **4** *(fam)* prendre (trop) cœur ‖ **take out** *vpart* **1** ôter, extraire

2 *(faire)* sortir ; *I'll* ~ *you out to lunch* je t'emmène déjeuner **3** *(loc) don't* ~ *it out on me!* ne t'en prends pas à moi ! ‖ **take over** *vpart* **1** prendre le contrôle (de) **2** prendre la suite (des affaires), succéder à ‖ °**takeover** *n* **1** prise *f* de contrôle/de pouvoir **2** *(entreprise)* rachat *m* ; ~ *bid* offre *f* publique d'achat (OPA) ‖ **take up** *vpart* **1** prendre, ramasser **2** *(idée)* adopter ; *I'll* ~ *up the idea* je reprendrai cette idée (à mon compte) **3** s'intéresser à ; *I took up golf* je me suis mis au golf **4** *(espace, temps)* occuper ; *it* ~*s up a lot of time* cela prend beaucoup de temps **5** *(pari)* tenir ; *(offre)* accepter **6** reprendre (la parole).

takings ['teɪkɪŋz] *npl inv (Com)* recette *f*.

tale [teɪl] *n* **1** conte *m* **2** récit *m* **3** *(péj)* bruit *m*, rumeur *f* ; *all sorts of* ~*s go around!* on raconte n'importe quoi ! ‖ °**talebearer** *n* rapporteur *m* (*f* -euse).

talent ['tælənt] *n* talent *m* ; *he has a* ~ *for music* il est doué pour la musique ‖ °**talented** *adj* **1** *(étudiant)* doué **2** *(musicien, peintre)* de talent.

talk [tɔːk] *vti* **1** parler ; *I'll* ~ *to him* je vais lui dire un mot **2** *(on)* converser (avec) **3** discuter ; *what are they* ~*ing about?* de quoi parlent-ils ? **4** bavarder **5** *he* ~*ed them round* il les a persuadés ; *he* ~*ed me round into buying a car* il m'a convaincu d'acheter une voiture ; *he* ~*ed me out of doing it* il m'a dissuadé de le faire **6** *(loc) you're* ~*ing nonsense!* tu dis des sottises ! *they're* ~*ing shop* ils parlent boutique ; ~*ing of...* à propos de... ; *you can* ~*!* tu parles ! ◆ *n* **1** conversation *f* ; *I'll have a* ~ *with him* il faudra que je lui parle ; *small*~ banalités *fpl* **2** exposé *m*, causerie *f* **3** *(pl) the Geneva* ~*s* la conférence *f* de Genève ; *peace* ~*s* pourparlers *mpl* **4** *(loc) it's the* ~ *of the town* on ne parle que de cela ; *it's common* ~ *that...* on dit partout que... ‖ °**talkative** *adj* bavard ‖ **talk away** *vpart* passer son temps à bavarder ‖ **talk back** *vpart* répliquer (de façon impertinente) ‖ **talk over** *vpart* **1** discuter **2** convaincre, persuader.

tall [tɔːl] *adj* **1** *(personne)* grand ; *how* ~ *is he?* combien mesure-t-il ? *he is getting* ~*er* il grandit **2** *(bâtiment)* élevé, haut **3** *(récit)* extravagant ; *(fam) that's a bit of a* ~ *order* c'est bien compliqué (mais je le ferai quand même) **4** *(loc) he can walk* ~ il peut marcher la tête haute.

tallow ['tæləʊ] *n* suif *m*.

tally ['tælɪ] *vi (with)* correspondre (à) ; *these accounts do not* ~ *with mine* ces comptes ne concordent pas avec les miens.

talon ['tælən] *n (Zool)* serre *f*, griffe *f*.

tamarisk ['tæmərɪsk] *n (Bot)* tamaris *m*.

tame [teɪm] *adj* **1** dompté, apprivoisé

2 *(personne)* docile, soumis **3** *(amér) (terre)* cultivé **4** *(fig)* terne, banal ◆ *vt* **1** dompter, apprivoiser **2** contrôler **3** *(amér)* cultiver.

tamper ['tæmpə] *vi (with) (comptes)* falsifier ; *this file has been* ~*ed with* on a touché à ce dossier.

tampon ['tæmpɒn] *n* tampon *m* (hygiénique).

tan [tæn] *n* **1** *(écorce)* tan *m* **2** couleur *f* havane **3** bronzage *m* ◆ *vti* **1** *(peaux)* tanner **2** *(se)* bronzer ‖ °**tanned** *adj* **1** hâlé, bronzé **2** *(cuir)* tanné.

tang [tæŋ] *n* odeur *f* piquante ; ~ *of irony* pointe *f* d'ironie.

tangerine [ˌtændʒəˈriːn] *n* mandarine *f*.

tangle ['tæŋgl] *n* **1** enchevêtrement *m* ; *(fig) he got into a* ~ il s'est emmêlé (dans ses explications) **2** *(Mil)* échauffourée *f* ◆ *vti* **1** *(s')*enchevêtrer, *(cheveux) (s')*emmêler **2** *(fig)* s'empêtrer **3** *I* ~*d with him* je me suis disputé avec lui.

tank [tæŋk] *n* **1** réservoir *m* **2** citerne *f* **3** *(Mil)* char *m* (de combat).

tankard ['tæŋkəd] *n* pot *m*, chope *f* (en étain).

tanker ['tæŋkə] *n (Naut)* tanker *m* ; *oil* ~ pétrolier *m* **2** ~ *lorry* camion *m* citerne ; *(Mil)* ~ *aircraft* avion *m* ravitailleur.

tantalize ['tæntəlaɪz] *vt* **1** *(fig)* mettre au supplice **2** *(fig)* tourmenter ‖ °**tantalizing** *adj* (terriblement) tentant.

tantamount ['tæntəmaʊnt] *adj (to)* équivalent (à) ; *it's* ~ *to saying that...* cela revient à dire que...

tantrum ['tæntrəm] *n* (vif) accès *m* de colère ; *(fam) he threw a* ~ il a piqué une crise.

tap[1] [tæp] *n* **1** robinet *m* ; *don't drink* ~ *water* ne bois pas l'eau du robinet **2** *(brit)* (= **taproom**) bar *m* ; *beer on* ~ bière *f* pression ◆ *vti* **1** *(bière, vin)* tirer **2** *(tonneau)* mettre en perce **3** *(eau, gaz)* faire un branchement **4** brancher (quelqu'un) sur écoute téléphonique ; *we have been tapped* on nous a mis sur table d'écoute **5** ~ *sb (fam argent)* taper quelqu'un.

tap[2] [tæp] *n* **1** petite tape *f* **2** petit coup *m* **3** (= **tapdance**) claquettes *fpl* ◆ *vti* **1** donner de petits coups, taper légèrement **2** *(danse)* faire des claquettes ‖ **taps** *npl* *(amér Mil, sonnerie)* extinction *f* des feux.

tape [teɪp] *n* **1** ruban *m* **2** *(adhesive)* ~ scotch *m* ; *(El) insulating* ~ chatterton *m* **3** *(Rad)* bande *f* magnétique ; *on* ~ enregistré (sur bande) **4** *(Sp)* fil *m* d'arrivée ‖ °**tape-measure** *n* mètre *m* à ruban ‖ °**tape-recorder** *n* magnétophone *m* ‖ °**tape-recording** *n* enregistrement *m* (sur magnétophone).

taper ['teɪpə] *n* bougie *f* (effilée) ‖ °**tapered** *adj (doigt)* effilé ; ~ *trousers* pantalon *m* étroit ‖ **taper off** *vpart* diminuer; *(souvenir)* s'estomper; *the firing tapered off* la fusillade cessa progressivement.

tapestry ['tæpəstrɪ] *n* tapisserie *f*.

tar [tɑː] *n* **1** goudron *m* **2** *(vx) old* ~ vieux loup *m* de mer ◆ *vt* goudronner ‖ °**tar-mac** *n* **1** macadam *m* **2** *(Av)* piste *f* (d'envol).

target ['tɑːgɪt] *n* **1** cible *f* **2** *(fig)* objectif *m*, but *m*; ~ *date* date *f* limite.

tariff ['tærɪf] *n* **1** tarif *m*; liste *f* des prix **2** tarifs *mpl* douaniers.

tarnish ['tɑːnɪʃ] *vti (aussi fig)* (se) ternir; *(réputation)* flétrir ◆ *n* ternissure *f*.

tarpaulin [tɑːˈpɔːlɪn] *n* bâche *f* goudronnée.

tart[1] [tɑːt] *n* **1** *(Cuis)* tarte *f* **2** *(argot)* fille *f* (très maquillée); prostituée *f*.

tart[2] [tɑːt] *adj* **1** *(goût)* âpre, aigrelet **2** *(remarque)* acerbe.

task [tɑːsk] *n* **1** tâche *f* **2** *(Ens)* devoir *m* **3** *(loc) don't take me to* ~ ne me fais pas de reproches ‖ °**task force** *n (Mil)* force *f* d'intervention.

taste [teɪst] *n* **1** goût *m*, saveur *f* **2** *(quantité)* a ~ *of cinnamon* un soupçon *m* de cannelle **3** *(fig)* penchant *m*, prédilection *f*; *it isn't my* ~ ce n'est pas de mon goût; *it is bad* ~ *to...* il est de mauvais goût de... ◆ *vti* **1** *(saveur) it* ~s *nice* ça a bon goût **2** goûter; *(fig) I haven't* ~d *food for days* il y a des jours que je n'ai pas mangé **3** avoir un goût (de); *it* ~s *like garlic* on dirait de l'ail ‖ °**taste bud** *n* papille *f* gustative ‖ °**tasteful** *adj* de bon goût ‖ °**tasteless** *adj* **1** *(aussi fig)* insipide, fade **2** de mauvais goût ‖ °**tasty** *adj* **1** savoureux *(f* -euse*)* **2** appétissant.

tatters ['tætəz] *npl inv (vêtement)* lambeaux *mpl*; *in* ~ en loques *fpl* ‖ °**tattered** *adj* **1** en loques **2** *(personne)* déguenillé ‖ °**tatty** *adj (fam)* **1** élimé **2** miteux *(f* -euse*)*.

tatoo[1] [təˈtuː] *n* tatouage *m* ◆ *vt* tatouer.

tatoo[2] [təˈtuː] *n* parade *f* militaire.

taught [tɔːt] *p pp* de **teach**.

taunt [tɔːnt] *vt* **1** reprocher de façon méprisante; *he* ~*ed me with my modest up-bringing* il s'est moqué de mes origines *fpl* modestes **2** accabler de sarcasmes *mpl*.

taut [tɔːt] *adj* tendu, raide ‖ °**tauten** *vt* tendre, raidir.

tawdry ['tɔːdrɪ] *adj* de mauvais goût, clinquant.

tawny ['tɔːnɪ] *adj (couleur)* fauve.

tax [tæks] *n* **1** taxe *f*; *value added* ~ *(V.A.T.)* taxe à la valeur ajoutée (T.V.A.) **2** impôt *m*, contribution *f*; ~ *evasion* évasion *f* /fraude *f* fiscale; ~-*free* exempt d'impôt(s) ◆ *vt* **1** *(impôt)* taxer **2** imposer (sur le revenu) **3** *you* ~*ed my pa-tience* vous avez mis ma patience à

l'épreuve ‖ °**taxpayer** *n* contribuable *mf* ‖ °**tax relief** *n* dégrèvement *m* fiscal.

tea [tiː] *n* thé *m*; *a cup of* ~ une tasse de thé; *herb* ~ infusion *f*; *mint* ~ thé à la menthe ‖ °**teacup** *n* tasse *f* à thé ‖ °**tea-pot** *n* théière *f*.

teach [tiːtʃ] *vti (p pp* **taught**) enseigner; ~ *me how to dance* apprends-moi à danser; *that'll* ~ *him!* ça lui apprendra! ‖ °**teacher** *n* **1** *(école, collège, lycée)* professeur *m* **2** *(école primaire)* instituteur *m (f* -trice*)* ‖ °**teaching** *n* enseignement *m* ◆ *adj (Ens)* ~ *machine* machine *f* à enseigner; ~ *hospital* centre *m* hospitalo-universitaire (C.H.U.).

teak [tiːk] *n* teck *m*, tek *m*.

team [tiːm] *n* **1** équipe *f*; ~-*mate* équipier *m (f* -ière*)*; *(Ens)* ~-*teaching* travail *m* en équipe **2** *(chevaux)* attelage *m* ‖ °**teams-ter** *n (amér)* camionneur *m* ‖ **team up** *vpart* (s')associer.

tear[1] [tɪə] *n* larme *f*; *English without* ~s l'anglais sans peine; *a* ~-*drop* une larme; ~-*gas* gaz *m (pl inv)* lacrymogène.

tear[2] [tɛə] *n* accroc *m*, déchirure *f* ◆ *vti (p* tore; *pp* torn) **1** *(aussi fig)* déchirer; faire un accroc (à un vêtement); *they were torn between two attitudes* ils étaient tiraillés entre deux attitudes **2** arracher **3** aller à toute vitesse; *he tore across the road* il traversa la rue comme un fou ‖ **tear apart** *vpart* **1** déchirer, mettre en lambeaux; *they were torn apart about it* le sujet les divisait **2** *(fig)* critiquer férocement ‖ **tear away** *vpart (from)* s'arracher (à, de) ‖ °**tearaway** *n (fam)* casse-cou *m (pl inv)* ‖ **tear loose** *vpart* se libérer ‖ **tear off** *vpart* **1** *(vêtement)* arracher **2** filer à toute vitesse ‖ **tear up** *vpart* **1** déchirer **2** *he tore up the stairs* il grimpa l'escalier quatre à quatre.

tease [tiːz] *vt* **1** taquiner **2** *(animal)* exciter, tourmenter ◆ *n* **1** *(fam)* taquin *m (f* -ine*)* **2** taquinerie *f* ‖ °**teaser** *n* **1** taquin *m* **2** question *f* difficile, *(fam)* colle *f*.

teat [tiːt] *n* **1** *(Anat)* mamelon *m*; *(animal)* tétine *f* **2** *(brit)* (biberon) tétine *f*.

technical ['teknɪkl] *adj* technique ‖ **techni°cality** *n* **1** technicité *f* **2** détail *m* technique ‖ **tech°nician** *n* technicien *m (f* -ienne*)*.

technique [tekˈniːk] *n* technique *f*.

technological [ˌteknəˈlɒdʒɪkl] *adj* technologique ‖ **tech°nology** *n* technologie *f*.

teddy ['tedɪ] *n* ~ *bear* ours *m* en peluche *(fam)* nounours *m*.

tedious ['tiːdjəs] *adj* **1** fatigant, pénible **2** fastidieux *(f* -ieuse*)*.

teem [tiːm] *vi (idée)* abonder; fourmiller *the streets were* ~*ing with people* les rues grouillaient de monde.

teenager ['tiːneɪdʒə] *n* adolescent(e) *m(f)*

jeune *mf* ‖ **teens** *npl inv* adolescence *f* (13-19 ans) ; *still in his* ~ encore adolescent.

teeth [ti:θ] *pl* de **tooth** *n* ‖ °**teethe** *vi* (*bébé*) percer ses dents ; *he's* ~ *ing* il fait ses dents ‖ °**teething** *n* (*fig*) ~ *troubles* difficultés *fpl* initiales (et temporaires).

teetotal(l)er [ti:'təʊtlə] *n* membre *m* de la ligue antialcoolique, abstinent(e) *m(f)*.

tele- ['telɪ] *préf* télé (à distance).

telecast ['telɪkɑ:st] *vt* (*p pp* **telecast**) télédiffuser ◆ *n* programme *m* télédiffusé.

telegraph ['telɪɡrɑ:f] *n* télégraphe *m*.

telephone ['telɪfəʊn] *n* (*aussi* **phone**) téléphone *m* ; *he's on the* ~ **1** il a le téléphone **2** il téléphone ‖ °**telephone book** (*aussi* **directory**) annuaire *m* (téléphonique), bottin *m* ‖ °**telephone booth** (*amér*)/ **telephone box** (*brit*) *n* cabine *f* téléphonique ‖ °**telephone exchange** *n* central *m* téléphonique ◆ *vti* (*aussi* **phone**) téléphoner (à).

teleprinter ['telɪprɪntə] *n* téléscripteur *m*.

teleprompter ['telɪprɒmptə] *n* (*aussi* **autocue**) téléprompteur *m*.

telesales ['telɪseɪlz] *npl inv* télévente *f*.

telescope ['telɪskəʊp] *n* télescope *m* ◆ *vti* **1** (s')emboîter **2** (se) télescoper.

televiewer ['telɪvju:ə] *n* téléspectateur *m* (*f* -trice).

televise ['telɪvaɪz] *vt* téléviser.

television ['telɪvɪʒn] *n* (*aussi* **T.V.**) télévision *f* ‖ °**television set** *n* téléviseur *m* ‖ °**telly** *n* (*fam*) télé *f*.

tell [tel] *vt* (*p pp* **told**) **1** raconter **2** dire ; *do as you're told!* fais ce qu'on te dit ! *I told you so!* je t'avais prévenu ! *you're* ~*ing me!* tu parles ! **3** expliquer, montrer ; *can you* ~ *me the time?* pouvez-vous m'indiquer l'heure ? **4** discerner ; *I can't* ~ *one from the other* je n'arrive pas à faire la différence entre les deux **5** connaître, savoir ; *as far as I can* ~ pour autant que je sache **6** (*secret*) révéler, divulguer **7** (*votes*) compter ; (*loc*) *all told* tout compte fait ◆ *vi* **1** se faire sentir ; produire un effet ; *weariness* ~*s on his face* la lassitude se lit sur son visage **2** (*of*) (*secret*) divulguer ; *he told of the project* il a parlé du projet **3** (*on*) *I won't* ~ *on you* je ne te rapporterai pas ; (*fam*) *don't* ~ *on me!* ne me débine pas ! ‖ °**teller** *n* **1** (*banque*) guichetier *m* (*f* -ière), caissier *m* (*f* -ière) **2** (*élections*) scrutateur *m* (*f* -trice) **3** *story* ~ conteur *m* (*f* -euse) ‖ °**telling** *adj* marquant, significatif (*f* -ive) ‖ **tell off** *vpart* réprimander, gronder ; *I've been told off* je me suis fait disputer.

temp [temp] *ab* de **temporary** ◆ *n* intérimaire *mf* ◆ *vi* faire de l'intérim.

temper ['tempə] *n* **1** tempérament *m* **2** colère *f* ; mauvaise humeur *f* ; *he flew into a fit of* ~ il s'est emporté **3** sang-froid *m* (*pl inv*) ; *he lost his* ~ il a perdu son calme

temperament ['temprəmənt] *n* tempérament *m* ; humeur *f* ‖ **tempera**°**mental** *adj* **1** du tempérament **2** capricieux (*f* -ieuse), instable.

temperate ['temprət] *adj* **1** (*climat*) tempéré **2** (*personne*) modéré.

temperature ['temprətʃə] *n* température *f* ; *she's running a high* ~ elle a beaucoup de fièvre.

tempest ['tempɪst] *n* tempête *f* ‖ **tem**°**pestuous** *adj* **1** (*débat*) orageux (*f* -euse) **2** (*personne*) agité, turbulent.

temple ['templ] *n* **1** (*Rel*) temple *m* **2** (*Anat*) tempe *f*.

temporary ['temprərɪ] *adj* **1** temporaire ; ~ *building* bâtiment *m* provisoire **2** momentané ; ~ *relief* soulagement *m* passager ◆ *n* intérimaire *mf*.

tempt [tempt] *vt* **1** tenter ; *I'm quite* ~*ed to...* j'ai bien envie de... **2** pousser (à) ‖ °**temptation** *n* tentation *f* ‖ °**tempting** *adj* tentant, séduisant.

ten [ten] *adj num* dix ; *about* ~ une dizaine ; *at around* ~ vers 10 heures ‖ °**tenfold** *adj* dix fois ; *prices have increased* ~ les prix ont décuplé ‖ **tenth** *adj et n* dixième *m*.

tenacious [tɪ'neɪʃəs] *adj* tenace.

tenant ['tenənt] *n* locataire *mf*.

tend[1] [tend] *vt* soigner, surveiller ; *she* ~*ed me* elle a veillé sur moi ◆ *vi* (*to*) s'occuper (de).

tend[2] [tend] *vi* tendre ; *he* ~*s to cheat* il a tendance à tricher.

tender[1] ['tendə] *adj* **1** tendre **2** affectueux (*f* -euse) **3** sensible, délicat ‖ °**tenderfoot** *n* (*amér*) novice *mf* ‖ °**tenderloin** *n* (*Cuis*) filet *m* (*de bœuf*) ‖ °**tenderize/-ise** *vt* (*viande*) attendrir.

tender[2] ['tendə] *n* **1** (*Com*) offre *f* ; soumission *f* **2** (*Com, Jur*) *legal* ~ cours *m* légal ◆ *vt* **1** (*démission*) donner ; (*excuses*) présenter **2** (*contrat*) faire une offre ◆ *vi* (*for*) soumissionner.

tender[3] ['tendə] *n* (*Rail*) tender *m*.

tenement ['tenəmənt] *n* ~ *house* immeuble *m* d'habitation ; habitation *f* à loyer *m* modéré (HLM).

tense[1] [tens] *n* (*Gr*) temps *m*.

tense[2] [tens] *adj* (*aussi fig*) raide, tendu ; ~ *moment* moment *m* d'intense émotion ◆ *vi* tendre ‖ **tense up** *vpart* raidir ‖ °**tension** *n* (*aussi fig*) tension *f*.

tent [tent] *n* tente *f*.

tentacle ['tentəkl] *n* tentacule *f*.

tentative ['tentətɪv] *adj* **1** expérimental ; ~ *conclusion* essai *m* de conclusion **2** indécis, hésitant.

tenterhook ['tentəhʊk] *n* (*fig*) *we were*

on ~s nous étions sur des charbons *mpl* ardents/au supplice.

tenuous ['tenjʊəs] *adj* ténu, très fin.

tenure ['tenjʊə] *n* 1 *(Jur)* tenure *f*; **during her ~ of office** pendant son mandat *m* 2 *(Ens, université)* titularisation *f*.

tepid ['tepɪd] *adj (aussi fig)* tiède.

term [tɜːm] *n* 1 *(communication)* terme *m*; expression *f*; **in set ~s** (écrit) noir sur blanc 2 *(temps)* durée *f*, période *f*, terme *m*; **in the short ~** dans l'immédiat; **in the long ~** à long terme 3 *(Ens)* trimestre *m* ‖ **°terminal** *n* 1 terminus *m*; **air ~** terminal *m* 2 *(El)* borne *f*; *(Inf)* terminal *m* ◆ *adj* terminal; *(maladie)* incurable ‖ **°terminate** *vti* 1 (se) terminer 2 *(contrat)* résilier.

terms [tɜːmz] *npl* 1 *(Com)* termes *mpl* (d'un contrat); **~ of payment** conditions *fpl* de paiement; **easy ~** facilités *fpl* de paiement 2 *(relations)* **I am on good ~s with...** je suis en bons termes avec...; **they came to ~** ils se sont réconciliés; ils sont arrivés à un accord.

terrace ['terəs] *n* 1 terrasse *f* 2 rangée *f* de maisons (attenantes et identiques) 3 *(Sp souvent pl)* gradins *mpl*.

terrible ['terəbl] *adj* 1 terrible, épouvantable 2 *(fam)* **he's a ~ liar** c'est un affreux menteur; **he's ~ at French** son français est épouvantable.

terrific [tə'rɪfɪk] *adj* 1 terrifiant; **a ~ shock** un choc épouvantable 2 *(fig)* énorme 3 *(fam)* du tonnerre! **that's a ~ job!** c'est un travail fantastique! ‖ **°terrify** *vt* terrifier.

territorial [,terɪ'tɔːrɪəl] *adj* territorial ‖ **°territory** *n* territoire *m*.

terror ['terə] *n* terreur *f*; **that child is a ~** c'est un vrai diable; **~-stricken** terrorisé; *(loc)* **he went in ~ of his life** il craignait pour sa vie ‖ **°terrorism** *n* terrorisme *m* ‖ **°terrorist** *n* terroriste *mf* ‖ **°terrorize/-ise** *vt* terroriser.

terse [tɜːs] *adj* concis; laconique.

terylene ['terɪliːn] *n* tergal *m*.

test [test] *vti* 1 essayer; expérimenter 2 contrôler 3 mettre à l'épreuve ◆ *n* 1 essai *m*; *(Av)* **~ pilot** pilote *m* d'essai 2 contrôle *m*; **blood ~** analyse *f* du sang; **~ tube** éprouvette *f*; **~-tube baby** bébééprouvette *m* 3 *(Ens)* interrogation *f*; *(Aut)* **she got through her driving ~** elle a passé son permis *m* (de conduire) 4 épreuve *f*; **put to the ~** mettre à l'épreuve; **stand the ~** résister à l'épreuve; *(fig)* **stand the acid ~** être à toute épreuve; *(cricket)* **~ match** rencontre *f* internationale.

testament ['testəmənt] *n* testament *m*; *(loc)* **last will and ~** dernières volontés *fpl*; **the New/Old T~** le Nouveau/ Ancien Testament ‖ **°testify** *vi (to)* témoigner (de) ‖ **testi°monial** *n* attestation *f*; (lettre de)

recommandation *f* ‖ **°testimony** *n* témoignage *m*; *(Jur)* déposition *f*.

tetanus ['tetanəs] *n (Méd)* tétanos *m*.

tetchy ['tetʃɪ] *adj* irascible; susceptible.

tether ['teðə] *n (animaux)* attache *f*; longe *f*; *(fig)* **I'm at the end of my ~!** je suis à bout! ◆ *vt* attacher.

text [tekst] *n* texte *m*; **~ book** manuel *m* ‖ **°textual** *adj* **~ analysis** analyse *f* de texte.

textile ['tekstaɪl] *n* textile *m*.

texture ['tekstʃə] *n* texture *f*; *(peau)* grain *m*.

than [ðən/ðæn] *conj* 1 que; **taller ~** plus grand que; **rather ~ give in he would argue for hours** plutôt que de céder il préférait discuter pendant des heures 2 *(chiffres)* de; **less ~ £50** moins de 50 livres.

thank [θæŋk] *vt (for)* remercier (de); **~ you (very much)!** merci (beaucoup)! **no ~ you!** (non) merci! **~ God/goodness/ heavens** Dieu merci; **~ you for having us** je vous remercie de nous avoir accueillis ‖ **°thankful** *adj (for)* reconnaissant (de) ‖ **°thanks** *npl* remerciements *mpl* ◆ *excl* merci! **many ~** merci infiniment ◆ *(loc)* **~ to you...** grâce à toi... ‖ **°thanksgiving** *n* action *f* de grâces; **T~ Day** fête *f* nationale (célébrée aux États-Unis le 4e jeudi de novembre; au Canada le 2e lundi d'octobre).

that¹ [ðæt] *adj dém* 1 ce, cet, cette; **~ boy** ce garçon; **~ girl** cette fille; **~ man** cet homme 2 *(valeur contrastive)* **I'd rather have this house than ~ (one)** je préfère cette maison-ci à celle-là ◆ *adv* si; **when I was only ~ tall** lorsque je n'étais pas plus grand que ça; **it's not ~ easy!** ce n'est pas si facile que ça! ◆ *pr* 1 cela; **give me ~!** donne-moi cela! **who's ~?** qui c'est? **~'s what I want** c'est ça que je veux; **~'s all!** c'est tout! **~'s ~!** et voilà! *(loc)* **~ is to say** c'est-à-dire 2 *(valeur contrastive)* **I'd rather have this than ~** je préfère ceci à cela/celui-ci à celui-là.

that² [ðət/ðæt] *pr rel (souvent remplacé par zéro en position de complément)* 1 qui; que; lequel; laquelle; lesquel(le)s; **the person ~ likes wine** la personne qui aime le vin; **the wine (~) you drank** le vin que tu as bu; **the wine (~) they had added sugar to** le vin dans lequel on avait ajouté du sucre; **the girl (~) you were in love with** la fille dont tu étais amoureux; **the boy (~) you were going out with** le garçon avec qui tu sortais; *(élision de la préposition) (fam)* **the day (~) I arrived** le jour où je suis arrivé; **given the speed (~) he drives** étant donné la vitesse à laquelle il roule.

that³ [ðət/ðæt] *conj* que 1 **I believe ~...** je crois que...; *(résultat)* **it was so heavy**

~... c'était si lourd que... ; **2 so ~** *(intention)* pour que ; *(résultat)* de sorte que.

thatch [θætʃ] *n* chaume *m* ; **~ed cottage** chaumière *f*.

thaw [θɔː] *n* dégel *m* ; *(fig)* détente *f* ◆ *vti* dégeler ; *(glace)* fondre.

the [ðə/ðiː] *art* **1** le ; la ; les ; **~ Smiths** les Smith **2** *(incorporant une préposition)* au, du ; aux ; des ; **he's one of ~ Smiths** il est de la famille des Smith.

theater *(amér)*/**theatre** *(brit)* [ˈθɪətə] *n* **1** théâtre *m* **2** *(Ens)* ~ amphithéâtre *m* ; *(brit Méd)* **operating ~** salle *f* d'opérations ; *(Mil)* zone *f* d'opérations ‖ **°theatregoer** *n* passionné(e) *m(f)* de théâtre ‖ **the°atrical** *adj* théâtral.

thee [ðiː] *pr pers (dial, lit)* te ; toi.

theft [θeft] *n* vol *m*.

their [ðər/ðeə] *adj poss* leur(s) *mf(pl)* ‖ **theirs** *pr poss* le/la leur (les leurs) *m/f(pl)* **a book of ~** un de leurs livres.

them [ðəm/ðem] *pr pers pl* **1** *(complément direct)* les *mf* ; **I like ~** je les aime bien **2** *(complément indirect)* leur *mf* ; **I told them so** je le leur ai dit **3** *(interj) it's ~!* c'est eux/elles. **4** *(après préposition)* eux *mpl* ; elles *fpl* ; **many/most of ~** beaucoup/la plupart d'entre eux/elles ; **both of ~** tous/toutes les deux ; **neither of ~** ni l'un(e) ni l'autre ‖ **them°selves** *pr pers pl* **1** *(réfl)* se *mf* ; **they're enjoying ~** ils/elles s'amusent **2** *(emphatique)* eux-mêmes *mpl* ; elles-mêmes *fpl* ; **they do everything ~** ils/elles font tout eux-mêmes/elles-mêmes.

theme [θiːm] *n (Lit, Mus)* thème *m*.

then [ðen] *adv* **1** alors ; **I didn't know her ~** je ne la connaissais pas à cette époque-là ; **before ~** avant cela ; **until ~** jusqu'alors ; **now and ~** de temps en temps ; **~ and there** sur-le-champ **2** puis ; **he studied first at Cambridge and ~ at Paris** il a fait ses études d'abord à Cambridge, ensuite à Paris **3** d'ailleurs ; **I didn't believe it, but ~ neither did anyone else** je ne l'ai pas cru, ni personne d'autre d'ailleurs **4** *(récit)* **now ~, as I was saying...** or, comme je disais... **5** *(logique)* donc ; **you must be tired, ~** alors tu dois être fatigué ◆ *adj* **the ~ chairman** le président d'alors.

theological [θɪəˈlɒdʒɪkəl] *adj* théologique ‖ **the°ology** *n* théologie *f* ‖ **theo°logian** *n* théologien(ne) *m(f)*.

theorist [ˈθɪərɪst] *n* théoricien(ne) *m(f)* ‖ **°theory** *n* théorie *f* ‖ **theo°retical** *adj* théorique.

therapeutic [θerəˈpjuːtɪk] *adj* thérapeutique ‖ **°therapist** *n* thérapeute *mf* ‖ **°therapy** *n* thérapie *f*.

there [ðeə] *adv (espace)* **1** là ; **I was ~** j'y étais ; **in ~** là-dedans ; **back/down/over ~** là-bas ; **up ~** là-haut ; **here and ~** çà et là ; **~ and then** séance *f* tenante ; **~ and back** aller et retour ; *(fig)* **he's not all ~** il n'a pas toute sa tête ; *(emphatique)* **get a move on ~!** dépêchez-vous donc ! **2** *(loc introductif)* **~ is/are...** il y a... ; **~'s a page missing** il manque une page ; **~ comes a time when...** il arrive un moment où... ; **~ must be over a hundred people working here** il doit y avoir plus de cent personnes qui travaillent ici ; **~ appears to have been some mistake** il semble qu'il y a eu erreur ; **suddenly ~ came a flash** subitement il y eut un éclair **3** *(emphatique)* **~ he is!** le voilà ! **~ (you are)! I told you so!** voilà ! je te l'avais bien dit ! **4** *(réconfort)* **~, ~!** allons, allons ! ‖ **°thereabouts** *adv* dans les parages ; *(loc)* **50 or ~** environ 50 ‖ **there°after** *adv* par la suite ‖ **°thereby** *adv* par ce moyen ‖ **°therefore** *adv* donc, par conséquent ‖ **there°upon** *adv* sur ce.

thermal [ˈθɜːməl] *adj* thermal ; **~ baths** thermes *mpl* ‖ **ther°mometer** *n* thermomètre *m* ‖ **°thermos (bottle/flask)** *n* bouteille *f* thermos ‖ **°thermostat** *n* thermostat *m*.

these [ðiːz] *adj pr dém (pl de this)* **~ skis are mine!** ces skis sont à moi ; **~ are my views!** voilà ce que j'en pense !

thesis [ˈθiːsɪs] *n (pl theses [ˈθiːsiːz])* thèse *f*.

they [ðeɪ] *pr pers* **1** ils *mpl* ; elles *fpl* ; **~ are here** ils sont arrivés **2** *(emphatique)* **~ are the ones who did it** ce sont eux qui l'ont fait **2** *(impersonnel)* **they say that...** on dit que...

thick [θɪk] *adj* **1** épais *(f épaisse)* ; **2 metres ~** épais de 2 mètres ; **~ voice** voix *f* pâteuse **2** *(fig)* ; **~ with spectators** plein de spectateurs ; **they are as ~ as thieves** ils s'entendent comme larrons en foire ; **that's a bit ~!** c'est un peu raide ! **3** *(personne)* bête ◆ *adv* **en couche épaisse** ; *(fig)* **he laid it on a bit ~** il a un peu exagéré ; **the snow fell ~** la neige tombait dru ◆ *n* **we stuck together through ~ and thin** nous avons traversé ensemble toutes les épreuves ; **in the ~ of the fight** au plus fort de la mêlée ‖ **°thicken** *vti* (s')épaissir ‖ **°thickly** *adv* **1** en une couche épaisse **2** *(fig)* **~ populated** très peuplé ‖ **°thickset** *adj (personne)* trapu ‖ **thick-°skinned** *adj* à la peau épaisse ; *(fig)* peu sensible.

thicket [ˈθɪkɪt] *n* fourré *m*.

thief [θiːf] *n (pl thieves* *(f -euse)* ; **there's hono(u)r among thieves** les loups ne se mangent pas entre eux.

thigh [θaɪ] *n (Anat)* cuisse *f* ; **~ boots** cuissardes *fpl* ‖ **°thighbone** *n (Anat)* fémur *m*.

thimble [ˈθɪmbl] *n* dé *m* (à coudre).

thin [θɪn] *adj* maigre ; mince ; **as ~ as a rake** maigre comme un clou ; **he's getting ~ on top** il se dégarnit ; **she vanished into**

~ air elle s'est volatilisée; *(Th)* **a ~ audience** peu de monde ◆ *adv* en une couche mince; *cut* ~ couper en tranches fines ◆ *vti (liquide)* délayer; *(cheveux)* (s')éclaircir; *(plantes)* éclaircir ‖ °**thinly** *adv* en couche mince; **~ populated** peu peuplé ‖ °**thinness** *n* maigreur *f*; minceur *f* ‖ **thin-°skinned** *adj* sensible.

thine [ðaɪn] *adj poss (dial, lit)* ton; ta; tes ◆ *pr poss* tien(nes) *m(fpl)*.

thing [θɪŋ] *n* chose *f*; *I must put my ~s away!* il faut que je range mes affaires! *I must pack my ~s!* il faut que je fasse mes bagages! *take off your ~s!* enlève ton manteau! *we talked of one ~ and another* nous avons parlé de choses et d'autres; *(fam) the ~ is that...* ce qu'il y a c'est que...; *the ~ is this!* voici ce dont il s'agit! *what with one ~ and another...* entre une chose et l'autre...; *first ~ in the morning* à la première heure; *(fam) how are ~s (with you)?* comment ça va? *the best ~ (to do) would be to...* le mieux serait de...; *as ~s are* dans l'état actuel des choses; *it's just one of these~s!* ce sont des choses qui arrivent! *(fam) he doesn't do a ~!* il n'en fiche pas une rame! *I want to do my own ~* je veux me consacrer à ce qui m'intéresse; *I've got a ~ about...* j'ai la manie/la phobie des...; *that's the ~ these days!* c'est la grande mode de nos jours!

thingumajig / thingummy [ˈθɪŋəmɪdʒɪg/ˈθɪŋəmɪ] *n (fam)* machin *m*, truc *m*.

think [θɪŋk] *vi (p pp thought)* **1** penser; *let me ~!* laisse-moi réfléchir! *I'll ~ about it* j'y réfléchirai; *what are you ~ing about/of?* à quoi penses-tu? *I must ~ up a plan* il faut que j'invente un plan; *I wouldn't ~ of such a thing!* jamais cela ne me viendrait à l'idée! *I often ~ back to my boyhood* je repense souvent à mon enfance; *it wants ~ing over* cela mérite réflexion **2** imaginer; *just ~ of it!* songe donc! *you would ~ that...* on dirait que... **3** croire; *I ~ so* je le crois; *I ~ not* je crois que non; *I thought as much* je m'en doutais **4** estimer; *I ~ a lot of her* je l'admire; *I ~ her a genius* je la considère comme un génie; *don't ~ she's a fool!* ne la prends pas pour une idiote! *she told him what she thought of him* elle lui a dit son fait; *do as you ~ best* fais ce qui te paraît le mieux; *you may ~ better of it* tu peux changer d'avis ‖ °**thinking** *n* réflexion *f*; *I'll have to put on my ~ cap* il faudra que j'y réfléchisse ‖ °**think tank** *n (fam)* groupe *m* de réflexion.

third [θɜːd] *adj* troisième; *(Jur)* **~ party** tiers *m*; **~ party insurance** assurance *f* au tiers; **~ time lucky!** la troisième fois sera la bonne! *the T~ World* le Tiers-Monde

◆ *n* tiers *m*; *(Mus)* tierce *f*; *(Aut)* **in ~ (gear)** en troisième (vitesse) ◆ *adv* troisièmement ‖ °**thirdly** *adv* troisièmement ‖ **third-°rate** *adj* de piètre qualité.

thirst [θɜːst] *n (for)* soif *f* (de) ‖ °**thirsty** *adj I'm ~* j'ai soif; *it makes you ~* cela vous donne soif.

thirteen [θɜːˈtiːn] *num* treize ‖ °**thirty** *num* trente.

this [ðɪs] *adj dém* **1** ce, cet, cette; **~ boy** ce garçon; **~ girl** cette fille; **~ man** cet homme; **~ coming week** la semaine qui vient **2** *(valeur contrastive) I'd rather have* **~ house than that (one)** je préfère cette maison-ci à celle-là ◆ *pr* **1** ceci; **~ is my wife** je vous présente ma femme; **~ is where we get off** nous descendons à cette station; *what's (all) ~ I hear about...?* qu'est-ce que j'apprends au sujet de...? *what I say is* **~** voici ce que je pense **2** *(valeur contrastive) I'd rather have* **~ than that** je préfère ceci à cela/celui-ci à celui-là ◆ *adv* **~ far** jusqu'ici.

thistle [ˈθɪsl] *n (Bot)* chardon *m*.

thong [θɒŋ] *n* lanière *f*.

thorax [ˈθɔːræks] *n* thorax *m*.

thorn [θɔːn] *n* épine *f*; *(fig)* **~ in the flesh** épine *f* dans le pied.

thorough [ˈθʌrə] *adj* **1** *(personne, travail)* consciencieux *(f -ieuse)*; minutieux *(f -ieuse)* **2** *(connaissances)* approfondi ‖ °**thoroughbred** *n* pur-sang *m (pl inv)* ‖ °**thoroughfare** *n* voie *f* publique *no ~!* passage interdit! ‖ °**thoroughly** *adv* à fond; minutieusement; *I ~ realize* je me rends parfaitement compte.

those [ðəʊz] *adj pr dém (pl de that)* **~ skis are mine!** ces skis sont à moi; **~ are my views** voilà ce que j'en pense!

thou [ðaʊ] *pr pers (dial, lit)* tu; toi.

though [ðəʊ] *conj* **1** quoique; *I'm sorry for him ~ I don't like him* je le plains, bien qu'il ne me soit pas sympathique **2** *(loc)* **strange ~ it may seem** si étrange que cela paraisse **3** *(loc)* **it looks as ~ he's gone** on dirait qu'il est parti ◆ *adv (en position finale)* pourtant; *it's cold ~* il fait tout de même froid.

thought [θɔːt] *p pp de* **think** ◆ *n* pensée *f*; *after much ~* après mûre réflexion; *don't give it another ~!* n'y pensez plus! *collect one's ~s* rassembler ses idées; *on second ~(s)* réflexion faite; *that's a ~!* c'est une idée! *the mere ~ of it...* rien que d'y penser...; *deep/lost in ~* plongé dans ses pensées ‖ °**thoughtful** *adj* **1** pensif *(f -ive)* **2** sérieux *(f -ieuse)* **3** prévenant ‖ °**thoughtless** *adj* irréfléchi, étourdi.

thousand [ˈθaʊzənd] *adj num* mille ◆ *n* millier *m*.

thrash [θræʃ] *vt* rosser; *(Sp)* battre (à plates coutures); *(fig)* **we ~ed out the plan** nous avons discuté durement pour mettre au point le projet ‖ **°thrashing** *n* correction *f*; *(fam)* **we gave them a ~** nous leur avons flanqué une raclée.

thread [θred] *n* fil *m* ◆ *vt* enfiler (une aiguille); *(fig)* **~ one's way** se faufiler.

threat [θret] *n* menace *f* ‖ **°threaten** *vti* menacer.

three [θriː] *num* trois ‖ **three-piece-°suite** *n (meubles)* salon *m* (comprenant un canapé et deux fauteuils).

thresh [θreʃ] *vt (grain)* battre.

threshold [ˈθreʃəʊld] *n* seuil *m*.

threw [θruː] *p* de **throw**.

thrice [θraɪs] *adv (vx)* trois fois.

thrift [θrɪft] *n* économie *f* ‖ **°thrifty** *adj* économe.

thrill [θrɪl] *n (danger, plaisir)* frisson *m*; sensation *f* forte ◆ *vt* exciter; *(fam)* **I was ~ed (to death)** j'étais aux anges ‖ **°thriller** *n* roman *m*/film *m* à suspense ‖ **°thrilling** *adj* excitant, palpitant.

thrive [θraɪv] *vi* prospérer ‖ **°thriving** *adj* florissant.

throat [θrəʊt] *n* gorge *f*; **I have a sore ~** j'ai mal *m* à la gorge; *(fam)* **don't jump down my ~!** ne me rabroue pas comme ça! *(fig)* **it still sticks in my ~** je l'ai encore en travers de la gorge ‖ **°throaty** *adj* guttural.

throb [θrɒb] *vi* palpiter; vibrer; **my head is throbbing** j'ai des élancements dans la tête.

throes [θrəʊz] *npl inv* douleurs *fpl*; **in the ~ of a general election** au beau milieu/dans les affres des élections.

throne [θrəʊn] *n* trône *m*; *(fig)* **come to the ~** monter sur le trône.

throng [θrɒŋ] *n* foule *f* ◆ *vti* affluer; **streets ~ed with people** rues *fpl* pleines de monde.

throttle [ˈθrɒtl] *vt* étrangler ◆ *n (moto)* **open the ~** mettre les gaz.

through [θruː] *prép* **1** *(espace)* à travers; **go ~** traverser; *(Aut)* griller; *(document)* examiner; *(bagages)* fouiller; **look ~ the window** regarder par la fenêtre **2** *(temps)* **all ~ the week/year/life** tout au long de la semaine/l'année/la vie; *(amér)* **Monday ~ Friday** du lundi au vendredi **3** *(loc Ens)* **get ~ an exam** être reçu à un examen; *(fam)* **he's been ~ it!** il en a vu de dures; **I'm half-way ~ the novel** j'en suis à la moitié du roman **4** à cause de; **~ your own fault** par ta propre faute; **absent ~ illness** absent pour cause de maladie ◆ *adv* à travers **1** *(espace)* **let me (get/go) ~!** laissez-moi passer! *(Téléph)* **I can't get ~ to her** je n'arrive pas à la joindre; *(fig)* **I'm ~ with you!** j'en ai fini avec toi! **he's rotten ~ and ~** il est complètement pourri **2** *(temps)* **all night ~** toute la nuit ◆ *adj (Rail)* **~ train to London** train *m* direct pour Londres; **~ traffic** transit *m*

‖ **through°out** *prép* **1** *(espace)* **~ the country** partout dans le pays **2** *(temps)* pendant ‖ **°throughway** *n (amér)* autoroute *f* à péage.

throw [θrəʊ] *vt (p threw; pp thrown)* jeter; lancer; **he was thrown out of the car** il a été projeté hors de la voiture; **the horse/question threw me** le cheval/la question m'a désarçonné; *(fig)* **he likes to ~ his weight about** il aime se vanter; *(fig)* **~ some light on the issue** éclairer l'affaire; **~ a kiss** envoyer un baiser; **~ a party** donner une petite fête (pour amis); *(débarras)* **~ away** jeter; *(sa vie)* gâcher; **~ back (balle)** renvoyer; *(cheveux, tête)* rejeter en arrière; *(fam)* **~ in** inclure; **~ in one's hand** abandonner la partie; **~ on (vêtement)** enfiler à la hâte; **~ open (porte)** ouvrir grand; *(château)* ouvrir au public; **~ out** éjecter; expulser; *(proposition)* rejeter; **it threw out my calculations** cela a faussé mes calculs; **~ over (fille, garçon)** plaquer; **~ together (fam)** rassembler à la hâte; **~ up (balle)** lancer en l'air; *(bras)* lever au ciel **2** vomir **3** abandonner ‖ **°throwaway** *n* prospectus *m* ◆ *adj (ustensile)* à jeter; *(remarque)* en l'air.

thru [θruː] *(amér)* = **through**.

thrush [θrʌʃ] *n* **1** *(Orn)* grive *f* **2** *(Méd)* muguet *m*.

thrust [θrʌst] *vt (p pp thrust)* pousser; enfoncer, fourrer; *(fig)* **(upon)** imposer (à) ◆ *n* **1** *(Tech)* poussée *f* **2** *(personne)* dynamisme *m* ‖ **°thruster** *n (fusée)* moteur *m* principal.

thud [θʌd] *n* bruit *m* sourd ◆ *vi* faire un bruit sourd.

thug [θʌg] *n* voyou *m*.

thumb [θʌm] *n (Anat)* pouce *m*; *(fig)* **he's all ~s** il ne sait rien faire de ses doigts ◆ *vt* feuilleter (un livre); **~ a lift** faire du stop ‖ **°thumbtack** *n (amér)* punaise *f*.

thump [θʌmp] *n* **1** coup *m* de poing **2** bruit *m* sourd ◆ *vti* **he ~ed me on the back** il m'a donné un grand coup sur le dos; **he ~ed on the table** il a frappé du poing sur la table; **my heart was ~ing** mon cœur battait à grands coups.

thunder [ˈθʌndə] *ns inv* tonnerre *m*; **a clap/peal of ~** un coup de tonnerre; **a roll of ~** un grondement de tonnerre ◆ *vi (aussi fig)* tonner ‖ **°thunderbolt** *n* coup *m* de foudre ‖ **°thunderstorm** *n* orage *m* ‖ **°thunderstruck** *adj* abasourdi, sidéré ‖ **°thundery** *adj* orageux (*f* -euse).

Thursday [ˈθəːzdɪ] *n* jeudi *m*.

thus [ðʌs] *adv* ainsi.

thwart [θwɔːt] *vt (lit)* contrecarrer.

thy [ðaɪ] *adj poss (dial, lit)* ton, ta, tes.

thyme [taɪm] *n (Bot)* thym *m*.

thyroid [ˈθaɪrɔɪd] *n* **~ (gland)** thyroïde *f*.

tiara [tɪˈɑːrə] *n* diadème *m*.

tick[1] [tɪk] *n* **1** (Zool) tique *f*.

tick[2] [tɪk] *n* (loc) ; *put a ~ against* cocher ; *on ~* à crédit ◆ *vt* cocher ‖ **tick off** *vt* **1** cocher **2** (fam) réprimander.

tick[3] [tɪk] *n* **1** (horloge) tic-tac *m* **2** instant *m* ; (fam) *half a ~!* un instant ! ◆ *vi* faire tic-tac ; (fig) *what makes him ~?* qu'est-ce qui le motive ? ‖ **°ticker** *n* **1** (argot) montre *f* ; cœur *m* **2** téléimprimeur *m* ; *~ tape* bande *f* de téléimprimeur ; (fam) serpentin *m* ‖ **tick over** *vpart* (Aut) tourner au ralenti.

ticket [ˈtɪkɪt] *n* (Av, Rail) billet *m* ; (Métro, restaurant) ticket *m* ; *~ collector* contrôleur *m* ; *~ holder* personne *f* munie d'un billet ; *~ office* guichet *m* ; *platform ~* ticket de quai ; *return ~* billet aller et retour ; *single ~* billet simple ; *season ~* abonnement *m* ; *cloakroom ~* bulletin *m* de consigne ; (fam) *get a ~* attraper une contravention.

tickle [ˈtɪkl] *vti* chatouiller ; (fam) *I was ~d pink/to death* cela m'a follement amusé ◆ **°ticklish** *adj* **1** (personne) chatouilleux (*f* -euse) **2** (problème) délicat.

tiddlywinks [ˈtɪdlɪwɪŋks] *n* jeu *m* de puce.

tidal [ˈtaɪdl] *adj* *~ river* fleuve *m* à marée ; *~ wave* raz *m* de marée ‖ **tide** *n* marée *f* ; *at high/low ~* à marée haute/basse ; (fig) *go/swim against the ~* aller à contre-courant ; (fig) *go/swim with the ~* suivre le courant ; (fig) *the ~ will turn* la chance tournera ‖ **tide over** *vpart* (argent) *this will ~ us over* cela nous dépannera.

tidy [ˈtaɪdɪ] *adj* rangé ; soigné ; ordonné ; méthodique ; (fam) *a ~ sum* (of money) une somme rondelette ◆ *vt* ranger ◆ *n* vide-poches *m* (*pl inv*).

tie [taɪ] *n* **1** cravate ; *bow ~* nœud *m* papillon ; (carte d'invitation) *black ~* smoking *m* exigé ; *white ~* habit *m* exigé **2** attache *f* ; *~s of friendship* liens *mpl* d'amitié **3** (Sp) match *m* nul ; *cup ~* match éliminatoire du championnat ◆ *vt* attacher ; (chaussures) lacer ; (fig) lier ; *~ a knot* faire un nœud ; (fig) *he gets easily ~d in knots* il s'embrouille facilement ◆ *vi* (Sp) faire match nul ; *they ~d for first place* ils ont été premiers ex-aequo ‖ **°tiebreak(er)** *n* (tennis) tie-break *m* ‖ **tie down** (fig) immobiliser ‖ **°tiepin** *n* épingle *f* de cravate ‖ **tie up** *vpart* **1** ficeler **2** (aussi fig Fin) immobiliser **3** (fig) (re)lier ‖ **°tie-up** *n* (fig Com) association *f* ; lien *m*.

tier [tɪə] *n* **1** étage *m* **2** (stade) gradin *m*.

tiff [tɪf] *n* (fam) prise *f* de bec.

tiger [ˈtaɪgə] *n* (Zool) tigre *m* ; *~ cub* petit *m* du tigre ‖ **°tigress** *n* tigresse *f*.

tight [taɪt] *adj* **1** (corde) tendu ; (vêtement) serré ; (fig) *in a ~ corner* dans une mauvaise passe **2** (récipient) étanche ; *air-~*

hermétique **3** (Fin) (budget) serré ; (restrictions) sévère ; *we're ~ (for money)* nous sommes justes **4** (fam) ivre ; *get ~* prendre une cuite ‖ **°tighten** *vti* (se) serrer ; (se) resserrer ; (corde) (se) tendre ; (fig) *~ up on security* renforcer la sécurité ; (fig) *we'll have to ~ our belts!* il nous faudra serrer la ceinture ! ‖ **tight-°fisted** *adj* grippe-sous *m* (*pl inv*) ‖ **°tightness** *n* tension *f* ‖ **°tightrope** *n* corde *f* raide ; *~ walker* funambule *mf* ‖ **tights** *npl inv* collant *m*.

tile [taɪl] *n* (toit) tuile *f* ; (mur, plancher) carreau *m* ‖ **tiled** *adj* (toit) en tuiles ; (mur, plancher) carrelé.

till[1] [tɪl] *voir* **until**.

till[2] [tɪl] *vt* (Ag) labourer.

till[3] [tɪl] *n* (Com) tiroir-caisse *m*.

tiller [ˈtɪlə] *n* (Naut) barre *f*.

tilt [tɪlt] *n* **1** pente *f* **2** (loc) *at full ~* à toute vitesse ◆ *vti* pencher.

timber [ˈtɪmbə] *n* bois *m* de construction ; *half-~ed house* maison *f* à colombages.

time [taɪm] *n* **1** temps *m* ; *space-~* l'espace-temps *m* ; *in a short ~* en peu de temps ; *in a week's ~* d'ici huit jours ; *he took a long ~ to decide* il a mis longtemps pour se décider ; *I've got (plenty of) ~/all the ~ in the world* j'ai tout mon temps ; *I've got ~ on my hands* j'ai du temps de reste ; *as ~ goes by, in ~, with ~* avec le temps ; *for the ~ being* pour l'instant ; *~ will show/tell* l'avenir nous le dira ; *~ is running out* le temps presse ; *~ is up* c'est terminé ; *we're in good ~* nous sommes en avance ; *make up for lost ~* rattraper le temps perdu ; *she lost no ~ in ringing up* elle s'est dépêchée de téléphoner ; *take your ~ over it!* ne te presse pas ! *don't waste ~!* ne perds pas de temps ! *work against ~* travailler contre la montre ; *all in good ~* chaque chose en son temps ; *he did it in no ~* il l'a fait en un rien de temps **2** heure *f* ; *what ~ is it?/what's the ~?* quelle heure est-il ? *the right ~* l'heure exacte ; *the clock keeps good ~* l'horloge est toujours à l'heure ; *behind ~* en retard ; *in ~* à temps ; *on ~* à l'heure ; *this ~ tomorrow* demain à la même heure **3** moment *m* ; *at the present ~* en ce moment ; *at the same ~* en même temps ; *at one ~* à un moment donné ; *in due ~* le moment venu ; *come any ~ you like* venez quand vous voudrez ; *from that ~ on* à partir de ce moment-là ; *it's (high)~ I was off* il est (grand) temps que je parte ; *it's about ~ we were going* il est presque l'heure de partir ; *it's about ~!* ce n'est pas trop tôt ! *now's the ~!* c'est le moment ! *the ~ has come to do...* le moment est venu de faire... **4** époque *f* ; *in my ~* à mon époque ; *at his ~ of life* à son âge ; *it was before your*

~ c'était avant que tu ne sois né ; *you're behind the ~s* tu es vieux jeu ; *there's a ~ for everything* il y a un temps pour tout ; *it will last my ~* cela durera autant que moi **5** fois *f* ; *3 ~s 3 is 9* 3 fois 3 font 9 ; *it's three ~s as expensive* c'est trois fois plus cher ; *three ~s running* trois fois de suite ; *last/next ~* la dernière/prochaine fois ; *many a ~* bien des fois ; *after ~*, *~ and ~ again* maintes et maintes fois ; *for days at a ~* pendant des journées entières ; *you can't do two things at the same ~* on ne peut pas faire deux choses à la fois **6** *(Mus)* *beat ~* battre la mesure ; *keep ~* rester en mesure **7** *(loc)* *he's done his ~* il a purgé sa peine ; *he's served his ~* il a fini son apprentissage ; *have a good ~!* amusez-vous bien ! *she had the ~ of her life* elle s'est amusée comme une folle ; *she's had a bad/ rough ~ (of it)* elle en a vu de dures ; *he's a dull stick at the best of ~s* même dans ses meilleurs moments il n'est pas amusant ; *I've no ~ for such people!* je n'ai aucune patience avec des gens comme ça ! ♦ *vt* **1** déterminer l'heure de ; *the meeting is ~d for 2 p.m.* la réunion est fixée à 14 heures ; *you ~d your visit well* tu as bien choisi le moment de ta visite **2** *(Sp)* chronométrer || °**time bomb** *n* bombe *f* à retardement || °**time-consuming** *adj (péj)* qui prend du temps || °**time-lag** *n* **1** retard *m* **2** décalage *m* horaire || °**timeless** *adj* éternel *(f* -elle*)* || °**time-limit** *n* délai *m* (maximum) || °**timely** *adj* à propos, opportun || °**timepiece** *n* montre *f* ; pendule *f* || °**timer** *n* minuteur *m* || °**time signal** *n (Rad)* signal *m* horaire || °**time-switch** *n* minuterie *f* || °**timetable** *n (Rail)* horaire *m* ; *(Ens)* emploi du temps || °**time zone** *n* fuseau *m* horaire || °**timing** *n* **1** *(Sp)* chronométrage *m* ; minutage *m* **2** moment *m* opportun *(Aut)* réglage *m* d'allumage.

timid ['tɪmɪd] *adj* craintif *(f* -ive*)* ; timoré.

timpani ['tɪmpənɪ] *npl inv (Mus)* timbales *fpl*.

tin [tɪn] *n* **1** étain *m* **2** fer-blanc *m* **3** *(brit)* boîte *f* en fer-blanc ; *~ of sardines* boîte *f* de sardines **4** *(Cuis)* *cake ~* moule *m* à gâteaux ♦ *vt* **1** étamer **2** mettre en conserve || °**tinfoil** *n* papier *m* aluminium || °**tin-opener** *n* ouvre-boîtes *m (pl inv)*.

tinge [tɪndʒ] *n (aussi fig)* teinte *f*, nuance *f* ♦ *vt* teinter, nuancer.

tingle ['tɪŋgl] *vi* picoter ; *(fig)* frissonner.

tinker ['tɪŋkə] *n* **1** chaudronnier *m* ambulant **2** *(fam)* romanichel *m (f* -elle*)* ♦ *vi (with)* bricoler ; rafistoler.

tinkle ['tɪŋkl] *vt* tinter ♦ *n* tintement *m*.

tinsel ['tɪnsl] *n (aussi fig)* clinquant *m* ; *(Noël)* cheveux *mpl* d'ange.

tint [tɪnt] *vt (with)* teinter (de).

tiny ['taɪnɪ] *adj* minuscule.

tip[1] [tɪp] *n (brit)* décharge *f* ♦ *vti* (faire) basculer ; *(fig)* *~ the scales* faire pencher la balance.

tip[2] [tɪp] *n* pourboire *m* ♦ *vt* donner un pourboire à.

tip[3] [tɪp] *n (fam)* information *f*, tuyau *m* ♦ *vt (courses)* pronostiquer ; *he is tipped as future P.M.* on le donne comme futur Premier ministre || **tip off** *vpart (fam)* donner un tuyau à.

tip[4] [tɪp] *n (objet pointu : bâton, cigare, doigt, nez)* bout *m* ; *asparagus ~s* pointes *fpl* d'asperges ; *(aussi fig) the ~ of the iceberg* la partie émergée de l'iceberg ; *(fig)* *he has his facts at his finger-~s* il connaît ses dossiers sur le bout des doigts ; *(fig)* *it's on the ~ of my tongue* je l'ai sur le bout de la langue || °**tiptoe** *n (vi)* (marcher sur) la pointe *f* des pieds.

tipsy ['tɪpsɪ] *adj* éméché.

tire[1] *(amér)*/ **tyre** *(brit)* [taɪə] *n* pneu *m*.

tire[2] [taɪə] *vti* **(a)** fatiguer ; (se) lasser || **tired** *adj* fatigué || °**tiredness** *n* fatigue *f* || °**tiresome** *adj* ennuyeux *(f* -euse*)* || °**tiring** *adj* fatigant.

tissue ['tɪʃu:] *n* **1** *(Bio)* tissu *m* **2** *(mouchoir)* kleenex *m* ; *~ paper* papier *m* de soie.

tit [tɪt] *n* **1** *(Orn)* *~ (mouse)* mésange *f* **2** *(loc)* *she'll give him ~ for tat* elle saura lui répondre du tac au tac ; elle lui rendra la pareille.

titbit ['tɪtbɪt] *n* friandise *f*.

title ['taɪtl] *n* titre *m* ; *(Th)* *~ role* rôle *m* principal.

titter ['tɪtə] *vi* glousser ♦ *n* rire *m* nerveux.

to [tə/tʊ/tu:] **1** *prép* **1** ; *go ~ the window* aller à la fenêtre ; *go ~ England* aller en Angleterre ; *go ~ the dentist's* aller chez le dentiste ; *the road ~ London* la route de Londres ; *the way ~ the Louvre* le chemin du Louvre ; *it's only 20 km ~ Oxford* Oxford n'est qu'à 20 km ; *he's our ambassador ~ Belgium* il est notre ambassadeur en Belgique ; *private secretary ~ the director* secrétaire particulier du directeur ; *it's a quarter ~ four* il est quatre heures moins le quart ; **2** *(loc)* *here's ~ us!* à la nôtre ! *what's it ~ you?* qu'est-ce que cela peut te faire ? *there's nothing ~ it!* c'est simple comme bonjour ! ♦ *adv* *walk ~ and fro* marcher de long en large ♦ *(signe de l'infinitif)* *~ be or not ~ be* être ou ne pas être.

toad [təʊd] *n (Zool)* crapaud *m* || °**toadstool** *n* champignon *m (*vénéneux*)*.

toast[1] [təʊst] *n* toast *m* ; *drink a ~ to the health of...* porter un toast à la santé de... ♦ *vt* porter un toast à.

toast[2] [təʊst] *ns inv* pain *m* grillé ; *a slice of ~* un toast ♦ *(pain)* faire griller || °**toaster** *n* grille-pain *m (pl inv)*.

tobacco [tə'bækəʊ] *n* tabac *m*

‖ **to°bacconist** *n* buraliste *mf* ; **~'s shop** bureau *m* de tabac.

toboggan [təˈbɒgən] *n* luge *f*.

today [təˈdeɪ] *adv n* aujourd'hui *(m)* ; **~ week** *(passé)* il y a huit jours aujourd'hui ; *(futur)* d'aujourd'hui en huit ; **~'s paper** le journal d'aujourd'hui.

toddle [ˈtɒdl] *n* démarche peu sûre (d'un enfant qui commence à marcher) ◆ *vi* trottiner ; *(fam) I must be toddling* il faut que je parte ‖ **°toddler** *n* bambin *m*.

toddy [ˈtɒdɪ] *n* grog *m* chaud.

toe [təʊ] *n (Anat)* orteil *m* ; *(fig) that will keep him on his ~s!* cela l'empêchera de s'endormir sur ses lauriers ! ◆ *vt (fig) ~ the line* respecter le règlement, obéir ‖ **°toenail** *n* ongle *m* du pied.

toff [tɒf] *n (argot brit) he's a ~* c'est quelqu'un de la haute.

toffee [ˈtɒfɪ] *n (bonbon)* caramel *m*.

together [təˈgeðə] *adv* ensemble ; **~with** avec ; *get ~s* se réunir ‖ **to°getherness** *n* camaraderie *f*.

toil [tɔɪl] *vi* peiner ◆ *n* travail *m* pénible.

toilet [ˈtɔɪlɪt] *n* 1 toilette *f* ; **~ case** nécessaire *m* de toilette 2 toilettes *fpl* ; **~ paper** papier *m* hygiénique.

token [ˈtəʊkən] *n* 1 symbole *m* ; **~ strike** grève *f* d'avertissement ; *in ~ of our esteem* en témoignage de notre estime 2 *(jeu, Téléph)* jeton *m* 3 bon *m* ; **record-~** chèque-disque *m*.

told [təʊld] *p pp* de **tell**.

tolerable [ˈtɒlrəbl] *adj* 1 tolérable 2 *(Ens)* passable ‖ **°tolerably** *adv* passablement ; *it's ~ certain* c'est à peu près sûr ‖ **°tolerant** *adj* tolérant ‖ **°tolerance** *n* tolérance *f* ‖ **°tolerate** *vt* tolérer.

toll[1] [təʊl] *vti* sonner (le glas) ; *for whom the bell ~s* pour qui sonne le glas.

toll[2] [təʊl] *n* 1 *(autoroute)* péage *m* 2 tribut *m* ; *the roads take a heavy ~* la route fait un nombre considérable de victimes ; *the death ~ paid to progress* le prix du progrès en vies humaines.

tom *voir* **tomcat**.

tomato *(brit)* [təˈmɑːtəʊ] / *(amér)* [təˈmeɪtəʊ] *n (pl -oes) (Bot)* tomate *f*.

tomb [tuːm] *n* tombe *f* ; tombeau *m*.

tomboy [ˈtɒmbɔɪ] *n* garçon *m* manqué.

tombstone [ˈtuːmstəʊn] *n* pierre *f* tombale.

tomcat [ˈtɒmkæt] *n* matou *m*.

tomorrow [təˈmɒrəʊ] *adv n* demain *f* ; **a week ~** *(passé)* il y aura huit jours demain ; *(futur)* de demain en huit ; **the day after ~** après-demain ; *see you ~!* à demain ! **~ is my birthday** c'est demain mon anniversaire.

ton [tʌn] *n* tonne *f* *(brit = 1016 kg ; amér = 907 kg)* ; *(fam) ~s of fruit* des quantités de fruits.

tone [təʊn] *n* 1 *(Mus intervalle)* ton *m* ; *he's ~-deaf* il n'a pas d'oreille ; *(voix)* timbre *m* ; *(instrument)* sonorité *f* ; **~ knob** bouton *m* de tonalité 2 *(parole)* ton *m* ; *in a low ~ (of voice)* à voix basse ; *in a nasty ~* sur un ton désagréable 3 *(Téléph) dialling ~* tonalité *f* ◆ *vi* harmoniser ‖ **tone down** *vpart* adoucir, atténuer.

tongs [tɒŋz] *npl inv* pinces *fpl* ; pincettes *fpl*.

tongue [tʌŋ] *n (Anat)* langue *f* ; *mother ~* langue *f* maternelle ; *(fig) I was speaking with my ~ in my cheek* je l'ai dit en plaisantant ; *it was a slip of the ~* la langue m'a fourché ‖ **°tongue-tied** *adj* qui n'ose pas parler ‖ **°tongue-twister** *n* phrase *f* piège (car difficile à prononcer).

tonic [ˈtɒnɪk] *adj* tonique ◆ *n* 1 *(Méd)* fortifiant *m* 2 *gin and ~* gin-tonic *m*.

tonight [təˈnaɪt] *adv n* 1 ce soir ; **~'s news** les informations *fpl* de ce soir 2 cette nuit.

tonsil [ˈtɒnsɪl] *n (Méd)* amygdale *f* ‖ **tonsil°itis** *ns inv* amygdalite *f*.

too[1] [tuː] *adv* aussi.

too[2] [tuː] *adv* trop ; **~ expensive** trop cher ; **~ much money** trop d'argent.

took [tʊk] *p* de **take**.

tool [tuːl] *n* outil *m* ; *(fam) down ~s* se mettre en grève ‖ **°toolbox** *n* boîte *f* à outils.

toot [tuːt] *vti* klaxonner.

tooth [tuːθ] *n (pl teeth) (Anat/ Tech)* dent *f* ; *back ~* molaire *f* ; *have a ~ out* se faire extraire/arracher une dent ; *(fig) fight ~ and claw/nail* se défendre bec et ongles ‖ **°toothache** *n* mal *m* aux dents ‖ **°toothbrush** *n* brosse *f* à dents ‖ **°toothcomb** *n (aussi fig) go through the evidence with a fine ~* passer les indices au peigne fin ‖ **°toothpaste** *n* pâte *f* dentifrice ‖ **°toothpick** *n* cure-dents *m* *(pl inv)*.

top[1] [tɒp] *n (jouet)* toupie *f*.

top[2] [tɒp] *n* 1 dessus *m* ; haut *m* ; sommet *m* ; *the ~ drawer* le tiroir du haut ; *in the ~ left-hand corner* en haut à gauche ; *on the ~ floor* au dernier étage ; *search from ~ to bottom* fouiller de fond en comble ; *dressed all in black from ~ to toe* tout de noir vêtu de la tête aux pieds ; *at the ~ of the list* en tête de liste ; *(fig) ~ price* prix *m* maximum ; *(Mus) her ~ note* sa note la plus haute ; *I shouted at the ~ of my voice* j'ai crié à tue-tête ; *(fam) I blew my ~* je me suis mis dans une colère noire ; *you're talking out of the ~ of your head!* tu dis des sornettes ! *(brit Aut) in ~ (gear)* en prise *f* directe ; *at ~ speed* à toute vitesse ; *(Ens) ~ of the form* premier de la classe ; *sit at the ~ of the table* être assis à la place d'honneur ; *(fig) get to the ~* réussir ; *(fig) those at the ~* les hommes au pouvoir ; *(fig)* **he's reached the ~ of the ladder/tree** il s'est hissé au premier rang dans sa profession ; *(loc)* **she came out on ~** c'est elle qui a eu le dessus ; *(loc)* **on ~of all that** pour couronner le tout ; **the ~ score** le meilleur score **2** couvercle *m* ; capuchon *m* ; *(cirque)* **big ~** grand chapiteau *m* **3** *(vêtement)* haut *m* ◆ *vt* surpasser ; **~ a list** être en tête d'une liste ; *(fig)* **and to ~ it all...** et pour comble... ; *(Th)* **~ the bill** être en tête d'affiche ; *(Aut)* **~ up with oil** faire le plein d'huile ‖ °**topcoat** *n* **1** dernière couche *f* (de peinture) **2** pardessus *m* ‖ **top** °**hat** *n* *(chapeau)* haut-de-forme *m*.

topic ['tɒpɪk] *n* *(conversation)* sujet *m* ‖ °**topical** *adj* d'actualité.

topless ['tɒplɪs] *adj* *(vêtement)* sans le haut ; *(fille)* aux seins nus ‖ °**top-level** *adj* *(discussion)* au sommet ‖ °**topmost** *adj* le plus élevé.

topple ['tɒpl] *vti* (faire) perdre l'équilibre ; (faire) tomber ; **~ a government** renverser un gouvernement.

top-ranking ['tɒpˌræŋkɪŋ] *adj* **~ official** personnage *m* haut placé ‖ °**topsoil** *n* *(Ag)* couche *f* arable ‖ °**topspin** *n* *(tennis)* **put ~ on a ball** lifter une balle ‖ **topsy-**°**turvey** *adj* sens dessus dessous ; **turn everything ~** tout bouleverser.

torch [tɔːtʃ] *n* torche *f* ; **electric ~** lampe *f* de poche ‖ °**torchlight** **pro**°**cession** *n* retraite *f* aux flambeaux.

tore [tɔː] *p de* **tear**.

torment ['tɔːment] *n* supplice *m* ; *(fig)* **suffer ~s** souffrir le martyre ◆ *vt* [tɔː'ment] **1** torturer **2** *(fig)* tourmenter.

torn [tɔːn] *pp de* **tear**.

tornado [tɔː'neɪdəʊ] *n* tornade *f*.

torpedo [tɔː'piːdəʊ] *n* torpille *f*.

torrent ['tɒrənt] *n* *(fig)* torrent *m* ; **~ of abuse** torrent d'injures.

torso ['tɔːsəʊ] *n* torse *m*.

tortoise ['tɔːtəs] *n* tortue *f* ‖ °**tortoise-shell** *n* écaille *f*.

tortuous ['tɔːtjʊəs] *adj* tortueux *(f -euse)*.

torture ['tɔːtʃə] *n* *(aussi fig)* supplice *m* ; torture *f* ◆ *vt* torturer.

toss [tɒs] *vti* lancer en l'air ; **~ a pancake** faire sauter une crêpe ; **let's ~ a coin!/let's ~ for it!** jouons-le à pile ou face ; *(loc)* **I ~ed and turned all night** je me suis tourné et retourné toute la nuit ◆ *vt* **lose/win the ~** perdre/gagner à pile ou face ; **with a ~ of her head** avec un mouvement hautain de la tête.

tot[1] [tɒt] *n* **1** tout(e) petit(e) enfant *m(f)* **2** *(whisky)* petit verre *m*.

total ['təʊtl] *adj* total *m* ; totalité *f* ; **in ~** au total ‖ **tot(al) up** *vpart* totaliser ; **it ~s up to...** cela se monte à... ‖ **totali**°**tarian** *adj* totalitaire.

tote [təʊt] *n* pari *m* mutuel.

totter ['tɒtə] *vi* chanceler.

touch [tʌtʃ] *n* **1** *(sens)* toucher *m* **2** contact *m* ; **we got in ~** nous avons pris contact ; **we are still in ~** nous sommes restés en relation ; **let's keep in ~!** gardons le contact ! **I've lost ~ with him** je ne sais plus ce qu'il est devenu **3** *(loc)* **put the finishing ~** mettre la dernière main ; **it gives a personal ~** cela donne une note personnelle ; *(fam)* **it was ~-and-go** c'était loin d'être joué **4** *(rugby)* touche *f* ◆ *vti* **1** toucher (à), **don't ~ that!** n'y touche pas ! ne t'en approche pas ! **I never ~ alcohol** je ne bois jamais d'alcool **2** *(loc)* **on a subject** effleurer un sujet ; **no one can ~ him there** il est imbattable dans ce domaine ; **the police can't ~ you** la police ne peut rien contre toi ‖ **touch down** *vpart (Av)* faire escale ‖ °**touchiness** *n* susceptibilité *f* ‖ °**touching** *adj* émouvant ‖ **touch off** *vpart* déclencher ‖ **touch up** *vpart* faire des retouches à ‖ °**touchy** *adj* susceptible.

tough [tʌf] *adj* **1** *(chose)* résistant ; **this meat is ~** cette viande est dure ; **jeans are ~** les jeans sont solides **2** *(santé)* robuste, solide ; **she's ~ (as nails)** elle a une santé de fer **3** *(caractère)* inflexible ; *(fam)* **he's a ~ nut (to crack)** il est coriace (en affaires) ; *(argot)* **he's a ~ guy** c'est un dur **4** *(loc)* **take a ~ line** adopter une ligne dure ; **I had a ~ time!** j'en ai bavé ! *(fam)* **that's ~ (luck)!** pas de veine ! ‖ °**toughen** *vti* (se) durcir ; (s')endurcir.

tour [tʊə] *n* **1** voyage *m* ; excursion *f* ; visite *f* ; **package ~** voyage *m* organisé ; **~ operator** voyagiste *mf* ; **we went on a ~** nous sommes allés en excursion ; **walking ~** randonnée *f* pédestre **2** visite *f* ; **we did a conducted ~ of the town** nous avons fait une visite guidée de la ville **3** *(Th)* **be on ~** être en tournée *f* **4** *(loc)* **do a ~ of inspection** faire une tournée d'inspection ◆ *vti* **1** voyager ; visiter ; faire du tourisme **2** *(Th)* être en tournée ‖ °**tourism** *n* tourisme *m* ‖ °**tourist** *n* touriste *mf* ; **~ agency** agence *f* de voyages ; **~ season** saison *f* touristique.

tournament ['tʊənəmənt] *n* *(Hist, Sp)* tournoi *m*.

tourniquet ['tʊənɪkeɪ] *n* *(Méd)* garrot *m*.

tousle ['taʊzəl] *vt* ébouriffer.

tout [taʊt] *n* racoleur *m* ; *(marché noir)* **ticket ~** revendeur *m* de billets ◆ *vti* **1** racoler **2** faire l'article dans.

tow[1] [təʊ] *n* étoupe *f*.

tow[2] [təʊ] *vt* remorquer ◆ *n* *(loc)* **be on ~** être en remorque ; **can you give me a ~?** pouvez-vous me remorquer ? ‖ °**towrope** *n* câble *m* de remorque ‖ °**towpath** *n* chemin *m* de halage.

towards [tə'wɔːdz] *prép* **1** *(espace)* vers ;

du côté de **2** *(comportement)* envers; à
l'égard de.

towel ['tauǝl] *n* serviette *f* de toilette; *dish/
tea* ~ torchon *m*; *hand* ~ essuie-mains
m (pl inv); *face* ~ gant *m* de toilette; ~
rail porte-serviettes *m (pl inv)*; *(fig) throw
in the* ~ jeter l'éponge ‖ °**towel(l)ing** *n*
tissu *m* éponge.

tower ['tauǝ] *n* tour *f*; *bell* ~ clocher *m*;
he was a ~ *of strength* il nous a été d'un
grand secours ♦ *vi* ~ *above/over* dominer
‖ °**towering** *adj* ~ *height* hauteur *f* ver-
tigineuse; *(fig) in a* ~ *rage* dans une colère noire.

town [taun] *n* ville *f*; *country* ~ ville de
province; ~ *life* vie *f* urbaine; ~ *clerk*
secrétaire *mf* de mairie; ~ *council* conseil
m municipal; ~ *hall* mairie *f*; ~ *planning* urbanisme *m*; ~*-and-country planning* aménagement *m* du territoire; *they
really went to* ~*on it* ils y ont vraiment
mis le paquet; *(fam) they painted the* ~
red ils ont fait les quatre cents coups ‖
°**township** *n* **1** *(amér)* commune *f*
2 *(Afrique du Sud)* ville-ghetto sous l'apar-
theid ‖ °**townspeople** *npl inv* citadins
mpl.

toy [tɔɪ] *n* jouet *m* ♦ *vt (fig)* jouer; ~
with the idea caresser l'idée.

trace [treɪs] *n* trace *f* ♦ *vt* **1** tracer (une
ligne) **2** retrouver (la trace de) ‖ °**tracing-
paper** *n* papier-calque *m.*

track [træk] *n* **1** trace *f*; *the police are on
his* ~ la police est sur sa piste; *(fig) I've
lost* ~ *of her* je l'ai perdue de vue; *(fig)
you're on the right/wrong* ~ tu es sur la
bonne voie/tu fais fausse route **2** *(Sp)* piste
f **3** *(Rail)* voie *f* **4** *(fusée)* trajectoire *f* ♦
vt **1** faire la chasse à **2** *(fusée)* suivre la
trajectoire de ‖ °**tracksuit** *n* survêtement *m.*

tract [trækt] *n* **1** *(espace)* étendue *f* **2** *(Pol)*
tract *m.*

tractor ['træktǝ] *n* tracteur *m.*

trade [treɪd] *n* **1** métier *m* **2** commerce *m*;
(brit) Board of T~/*(amér) Department of*
~ ministère *m* du Commerce; ~ *name*
marque *f* déposée ♦ *vi* **1** *(in)* faire le
commerce (de) **2** *(on)* abuser (de) ♦ *vt
(for)* troquer (contre) ‖ **trade in** *vpart*
échanger; *you can* ~ *in your car for a
new one* tu peux demander une reprise
pour ton ancienne voiture ‖ °**trade-in** *n*
reprise *f* ‖ °**trademark** *n* marque *f* de
fabrication ‖ °**trader** *n* négociant *m*
‖ °**tradesman** *n* commerçant *m* ‖ **trade
°union** *n* syndicat *m* ‖ **trade °unionist**
n syndicaliste *mf* ‖ **trade wind** *n (vent)*
alizé *m* ‖ °**trading** *n* commerce *m*; ~ *estate* zone *f* industrielle.

tradition [trǝ'dɪʃǝn] *n* tradition *f*
‖ **tra°ditional** *adj* traditionnel *(f* -elle).

traffic ['træfɪk] *n* **1** *(route)* circulation *f*;

heavy ~ circulation dense; ~ *jam* embouteillage *m*; ~ *lights* feux *mpl* de signalisation; ~ *sign* panneau *m* de signalisation; ~ *warden* contractuel(le) *m(f)*
2 *(Com)* trafic *m* ♦ *vi (in)* faire le trafic
(de).

tragedy ['trædʒɪdɪ] *n* tragédie *f* ‖ °**tragic**
adj tragique.

trail [treɪl] *n* **1** *(fumée)* traînée *f* **2** *(aussi
fig)* piste *f*; *pick up a* ~ retrouver une
piste; *in its* ~ dans le sillage ♦ *vti* traîner; *(caravane)* tirer ‖ °**trailer** *n* **1** remorque *f*; caravane *f* **2** *(Ciné)* film *m* annonce.

train [treɪn] *n* **1** *(Rail)* train *m*; *fast* ~ rapide *m*; *slow* ~ omnibus *m*; *through* ~
train direct; *board the* ~ monter dans le
train; *in time to catch the* ~ à temps pour
prendre le train **2** *(fig)* ~ *of events* suite
f des événements; *my* ~ *of thought* le fil
de mes idées ♦ *vti* **1** *(adulte)* former; suivre une formation; *(enfant)* éduquer; *(animaux)* dresser; *(Hort)* diriger (une plante);
(Sp) (s')entraîner **2** *(arme)* braquer
‖ °**trained** *adj (métier)* qualifié, diplômé;
(enfant) ill/well ~ mal/bien élevé; *(animal)* dressé; *(sens)* exercé ‖ **trai°nee** *n* stagiaire *mf* ‖ °**trainer** *n (cirque)* dresseur *m*
(d'animaux); *(Sp)* **1** entraîneur *m* **2** chaussure *f* de sport ‖ °**training** *n* **1** formation
f; ~ *college* école *f* professionnelle; *(Ens)*
école *f* normale **2** entraînement *m*; *go into*
~ s'entraîner; *he's out of* ~ il n'est pas en
forme.

trait [treɪt] *n* trait *m* (de caractère).

traitor ['treɪtǝ] *n* traître *m inv*; *turn* ~ passer à l'ennemi.

tram(car) ['træmkɑ:] *n* tramway *m.*

tramp [træmp] *vi* marcher d'un pas lourd
♦ *n* **1** pas lourd **2** *(fam)* randonnée *f* à pied
3 vagabond(e) *m(f)*; clochard(e) *m(f)*
4 *(amér)* prostituée *f* **5** *(Naut)* ~ *(steamer)*
cargo *m.*

trample ['træmpl] *vt* piétiner.

trance [trɑ:ns] *n* transe *f.*

tranquil(l)ize/-ise ['træŋkwɪlaɪz] *vt* tranquilliser; *(Méd)* mettre sous calmant.

trans- [trænz/trænz] *préf* trans- ‖ **tran-
°scribe** *vt* transcrire ‖ °**transcript** *n* transcription *f* ‖ **trans°fer** *vt* transférer;
(Téléph) ~ *the charges* téléphoner en PCV
♦ *vi* être transféré ‖ °**transfer** *n* **1** transfert *m*; *bank* ~ virement *m* bancaire **2** dé-
calcomanie *f* ‖ **trans°ferable** *adj (Jur)*
transmissible ‖ **trans°form** *vt (into)* transformer (en) ‖ **trans°former** *(El)* transformateur *m* ‖ **trans°fusion** *n (Méd) blood*
~ transfusion *f* sanguine ‖ **trans°gress**
vti pécher (contre) ‖ **trans°it** *n* transit *m*;
~ *passengers* passagers *mpl* en transit
‖ **trans°itional** *adj* transitoire ‖ **trans-
°late** *vt* traduire ‖ **trans°lation** *n* traduction *f* ‖ **trans°lator** *n* traducteur *m (f*
-trice) ‖ **trans°missible** *adj (Méd)* trans-

missible ‖ **trans°mit** vt transmettre ; *(Rad, TV)* émettre ‖ **trans°mitter** n *(Rad, TV)* émetteur m ‖ **trans°parency** n 1 transparence f 2 *(Phot)* diapositive f ‖ **tran°spire** vi 1 se passer 2 s'ébruiter ‖ **trans°plant** vt 1 *(Hort)* repiquer 2 *(Méd)* greffer 3 *(population)* transplanter ‖ **°transplant** n *(Méd)* greffe f ‖ **trans°port** vt transporter ‖ **°transport** n *(amér* **transpor°tation)** 1 s inv transport(s) m(pl) ; ~ *café* restaurant m de routiers 2 transport m (de joie).

trap [træp] n piège m ; *(aussi fig)* lay/set a ~ tendre un piège ; *be caught in a* ~ être pris au piège ◆ vt piéger ; *(fig)* coincer ‖ **°trapper** n trappeur m.

trapeze [trə'piːz] n trapèze m ; ~ *artist* trapéziste mf.

trash [træʃ] ns inv ordures fpl ; *(fig)* camelote f ; *(loc) you're talking* ~! des sornettes !

trauma ['trɔːmə] *(Méd, Psy)* traumatisme m ‖ **trau°matic** adj traumatisant.

travel ['trævl] vi 1 voyager 2 se déplacer ; *news* ~*s fast* les nouvelles circulent vite ; *this train* ~*s at 300 km an hour* ce train roule à 300 km à l'heure ◆ ns inv voyage(s) m(pl) ; ~ *agency* agence f de voyages ; *(loc)* ~ *broadens the mind* les voyages forment la jeunesse ‖ **°travelator** n tapis m roulant ‖ **°travel(l)er** n voyageur m (f -euse) ; *(commercial)* ~ représentant m (de commerce) ; *(brit)* ~'s *cheque/* *(amér)* ~'s *check* chèque m de voyage ‖ **°travel(l)ing** n voyages mpl ◆ adj *(cirque)* ambulant ; ~ *salesman* représentant m (de commerce) ; ~ *expenses* frais mpl de déplacement ‖ **°travels** npl inv 1 *(Lit)* (récit de) voyages mpl 2 *(souvent ironique)* (nombreux et longs) voyages.

travesty ['trævɪstɪ] n *(Lit)* pastiche m ; *(fig)* ~ *of justice* simulacre m de justice.

trawl [trɔːl] n *(Naut)* chalut m ◆ vti pêcher au chalut ‖ **°trawler** n chalutier m.

tray [treɪ] n plateau m.

treacherous ['tretʃərəs] adj traître ‖ **°treachery** n traîtrise f.

treacle [triːkl] *(brit)* n mélasse f.

tread [tred] vi *(p* **trod,** *pp* **trodden)** marcher ; *(fig) (on)* écraser ◆ vt ~ *grapes* fouler le raisin ◆ 1 n (bruit de) pas m 2 *(pneu)* chape f.

treason ['triːzn] n trahison f.

treasure ['treʒə] n trésor m ; *our home help is a* ~ notre aide-ménagère est une perle ◆ vt chérir ; *I* ~ *the memory* je garde précieusement le souvenir ‖ **°treasurer** n trésorier m (f -ière) ‖ **°treasury** n trésorerie f ; *(brit) the T*~ le ministère des Finances.

treat [triːt] vt 1 traiter ; *I always* ~*ed her as a friend* je l'ai toujours traitée en amie 2 *(Méd)* soigner 3 offrir ; *they* ~*ed her to*

an outing at the theatre ils lui ont offert une sortie au théâtre ◆ n fête f ; *a* ~ *in store* un plaisir à venir.

treatise ['triːtɪz] n traité m (d'érudition).

treatment ['triːtmənt] n *(aussi Méd)* traitement m.

treaty ['triːtɪ] n *(Pol)* traité m ◆ vti tripler.

treble[1] ['trebl] adj 1 triple ◆ vti tripler.

treble[2] ['trebl] adj *(Mus)* (voix d'enfant) soprano.

tree [triː] n (Hort) arbre m ; *(fig) be at the top of the* ~ être en haut de l'échelle ‖ **°treetop** n cime f d'un arbre ‖ **°treetrunk** n tronc m d'arbre.

trek [trek] n 1 voyage m (long et pénible) ; *it's quite a* ~! ce n'est pas la porte à côté ! 2 *(Sp)* randonnée f ◆ vi 1 *(fam)* ~ *round the shops* traîner dans les magasins 2 *(Sp)* faire une randonnée.

trellis ['trelɪs] n (Hort) treillage m.

tremble ['trembl] vi *(with)* trembler (de) ; vibrer ◆ n tremblement m ; *(fam) I was all of a* ~ je tremblais de tous mes membres.

tremendous [trɪ'mendəs] adj énorme ; *(péj)* effrayant ; *(fam)* formidable, super ‖ **tre°mendously** adv énormément, extrêmement ‖ **°tremor** n tremblement m ; *(tellurique)* secousse f ‖ **°tremulous** adj tremblotant ; chevrotant.

trench [trentʃ] n tranchée f.

trenchant ['trentʃənt] adj mordant.

trend [trend] n tendance f ; *set a* ~ lancer une mode ‖ **°trendy** adj *(brit fam)* dernier cri ; dans le vent.

trepidation [ˌtrepɪ'deɪʃən] n agitation f ; trépidation f.

trespass ['trespəs] vi s'introduire sans autorisation dans la propriété d'autrui ‖ **°trespasser** n intrus(e) m(f) ; *(panneau)* "~*s will be prosecuted*" « défense d'entrer sous peine d'amende ».

trestle ['tresl] n tréteau m.

trial ['traɪəl] n 1 essai m ; *give it a* ~! essaie-le ! *on* ~ à l'essai ; *we learn by* ~ *and error* on apprend en tâtonnant ; *(Sp)* épreuve f de sélection ; *(Ag)* concours m ; *(fig)* ~ *of strength* épreuve f de force 2 *(moral) it was a great* ~ *to us* cela nous a donné beaucoup de soucis 3 *(Jur)* procès m ; *be on* ~, *stand* ~ passer en jugement.

triangle ['traɪæŋgəl] n triangle m.

tribe [traɪb] n tribu f.

tribunal [traɪ'bjuːnəl] n tribunal m.

tributary ['trɪbjutrɪ] n *(Géog)* affluent m.

tribute ['trɪbjut] n tribut m ; *pay* ~ rendre hommage.

trice [traɪs] loc *in a* ~ en un clin d'œil.

trick [trɪk] n 1 tour m ; *he played a (dirty)* ~ *on me* il m'a joué un (sale) tour ; *it's a* ~ *question!* c'est la question-piège ! *conjuring* ~ tour m de passe-passe 2 habitude *f*; *(fam)* **she has a ~ of making you feel small** elle a le chic de vous faire ressentir que vous ne faites pas le poids; *(fam)* **that will do the ~** cela fera l'affaire 3 *(cartes)* levée *f*; **take a ~** faire une levée ◆ *vt* attraper; duper; *I've been ~ed into selling* on m'a fait vendre par ruse; *I've been ~ed out of my rights* on m'a usurpé mes droits ‖ °**trickery** *n* ruse *f* ‖ °**trickster** *n* escroc *m*.

trickle [ˈtrɪkl] *n* filet *m* (d'eau) ◆ *vi* couler goutte à goutte.

tricky [ˈtrɪkɪ] *adj* 1 *(personne)* rusé 2 *(problème)* délicat.

tricycle [ˈtraɪsɪkl] *n* tricycle *m*.

tried [traɪd] *p pp* de **try** ◆ *adj* **well ~** éprouvé ‖ °**trier** *n (fam)* **he's a ~** c'est un battant.

trifle [ˈtraɪfl] *n* 1 bagatelle *f* 2 *(Cuis)* diplomate *m* ◆ *adv (lit)* **I was a ~ disappointed** j'étais quelque peu déçu ‖ °**trifling** *adj* insignifiant.

trigger [ˈtrɪgə] *n* détente *f*; **~-happy** qui a la gâchette facile ◆ *vt (fig)* **~ (off)** déclencher.

trim [trɪm] *adj* net *(f* nette*)* ◆ *vt* 1 *(Hort)* tailler; couper 2 *(cheveux)* rafraîchir 3 *(tissus)* garnir ◆ *n* 1 forme *f*; **is he in (good) ~ for the competition?** est-il en forme pour la compétition? 2 *(coiffure)* **my hair needs a ~** il faut que je me fasse égaliser les cheveux ‖ °**trimming** *n* 1 *(tissus)* garniture *f* 2 *(loc)* **with all the ~s** *(Cuis)* avec toutes les garnitures; *(fig)* avec tous les à-côtés.

trinity [ˈtrɪnɪtɪ] *n* trinité *f*.

trinket [ˈtrɪŋkɪt] *n* bibelot *m*; babiole *f*.

trio [ˈtriːəʊ] *n (Mus)* trio *m*.

trip[1] [trɪp] *vti (along)* aller d'un pas léger 2 *(aussi fig)* (faire) trébucher.

trip[2] [trɪp] *n* 1 voyage *m*; **business ~** voyage d'affaires; **have a nice ~!** bon voyage! 2 excursion *f* ‖ °**tripper** *n* excursionniste *mf*.

tripe [traɪp] *ns inv* 1 *(Cuis)* tripes *fpl* 2 *(fam fig)* **don't talk ~!** ne dis pas de sottises!

triple [ˈtrɪpl] *adj* triple ◆ *vti* tripler.

triplets [ˈtrɪplɪts] *npl* triplé(e)s *m(f)pl*.

triplicate [ˈtrɪplɪkɪt] *n* **in ~** en trois exemplaires.

tripod [ˈtraɪpɒd] *n* trépied *f*.

trite [traɪt] *adj (expression)* banal, rebattu.

triumph [ˈtraɪəmf] *n* triomphe *m* ◆ *vi (over)* triompher (de) ‖ **tri**°**umphantly** *adv* triomphalement.

trivial [ˈtrɪvɪəl] *adj* insignifiant; sans importance ‖ **trivi**°**ality** *n* banalité *f*.

trod(den) [ˈtrɒdn] *p (pp)* de **tread**.

trolley [ˈtrɒlɪ] *n* 1 *(Rail, supermarché)* chariot *m* 2 table *f* roulante.

troop [truːp] *n* troupe *f*, groupe *m*; **~ car-**

rier transport *m* de troupes ◆ *vti* se déplacer en groupe; s'assembler; **~ the colours** *(brit)* faire le salut au drapeau ‖ °**trooper** *n* 1 *(Mil brit)* soldat *m* de la cavalerie; *(amér)* cavalier *m* de la police montée.

trophy [ˈtrəʊfɪ] *n* trophée *m*.

tropic [ˈtrɒpɪk] *n* tropique *m*.

trot [trɒt] *n* trot *m*; **at a ~** au trot; *(fam)* **on the ~** d'affilée; *(fam)* **I've been on the ~ all week** j'ai été sur les dents toute la semaine ‖ °**trotter** *n (Cuis)* pied *m* de porc.

trouble [ˈtrʌbl] *vti* 1 gêner; (se) déranger **don't ~!** ne vous dérangez pas! **can I ~ you for a pen?** puis-je vous demander un stylo? 2 (s')inquiéter ◆ *n* 1 difficulté *f*; **did you have any ~ finding my house?** avez-vous eu du mal à trouver ma maison? 2 ennui *m*; **that's the ~** c'est ça le problème *m*; **this boy is no ~ for his parents** ce garçon ne donne aucun souci *m* à ses parents 3 conflit *m*; **~ spot** point *m* névralgique/chaud ‖ °**troublemaker** *n* provocateur *m (f* -trice*)* ‖ °**troubleshooter** *n* médiateur *m (f* -trice*)* ‖ °**troublesome** *adj* ennuyeux *(f* -euse*)*, pénible ‖ °**troubling** *adj* inquiétant.

trough [trɒf] *n* 1 *(Géog)* creux *m*, dépression *f* 2 *(Ag)* auge *f*.

trounce [traʊns] *vt (fam)* rosser, écraser.

troupe [truːp] *n* troupe *f* (de comédiens).

trousers [ˈtraʊzəz] *npl inv* pantalon *m*.

trout [traʊt] *n (pl inv) (Zool)* truite *f*.

trowel [ˈtraʊəl] *n* déplantoir *m*; truelle *f*.

troy [trɔɪ] *n* **~ weight** poids *m* troy.

truant [ˈtruːənt] *n* **play ~** faire l'école buissonnière.

truce [truːs] *n* trêve *f*.

truck[1] [trʌk] *n* 1 *(amér)* camion *m*; **wrecking ~** dépanneuse *f* 2 *(Rail)* fourgon *m* à bestiaux; chariot *m* à bagages ◆ *vti* transporter (chose lourde) (par camion); *(amér)* conduire un camion ‖ °**truckdriver** *(brit)*/°**trucker** *(amér)* *n* camionneur *m*.

truck[2] [trʌk] *n* 1 troc *m* 2 **~ farming** *(amér)* cultures *m* maraîchères.

truculence [ˈtrʌkjʊləns] *n* agressivité *f* ‖ °**truculent** *adj* agressif *(f* -ive*)*.

trudge [trʌdʒ] *vi* se traîner, aller péniblement.

true [truː] *adj* 1 exact, vrai; **he gave a ~ account of his journey** il a fait un récit véridique de son voyage; **her dreams came ~** ses rêves se sont réalisés 2 sincère 3 véritable; **he's a ~ American** c'est un vrai Américain 4 fidèle; **she was ~ to her word** elle a tenu sa promesse 5 *(Tech)* juste; **the door isn't ~** la porte n'est pas d'équerre ‖ °**truly** *adv* 1 vraiment, véritablement 2 sincèrement 3 *(lettre)* **yours ~** je vous prie d'agréer mes sentiments distingués.

trump [trʌmp] *n (cartes aussi fig)* atout *m*

|| **trump up** *vpart* inventer; *they ~ed up a charge against him* on a forgé une accusation contre lui.

trumpet ['trʌmpɪt] *n* (*Mus*) trompette *f* ◆ *vi* **1** sonner de la trompe **2** (*éléphant*) barrir.

truncheon ['trʌntʃən] *n* matraque *f*.

trundle ['trʌndl] *vti* (faire) rouler (lentement).

trunk [trʌŋk] *n* **1** (*Anat, Bot*) tronc *m* **2** (*éléphant*) trompe *f* **3** malle *f* **4** (*amér Aut*) coffre *m*, malle *f* || °**trunk-call** *n* (*Téléph*) appel *m* interurbain || °**trunk line** *n* (*Rail*) grande ligne *f* || °**trunk road** *n* grande route *f* || **trunks** *npl inv* slip *m* de bain.

truss [trʌs] *n* **1** (*Méd*) bandage *m* herniaire **2** (*Arch*) armature *f* ◆ *vt* **1** renforcer **2** (*Cuis*) brider || **truss up** *vpart* ligoter.

trust [trʌst] *n* **1** confiance *f*; *you can take that on ~* vous pouvez accepter cela en (toute) confiance; *breach of ~* abus *m* de confiance **2** (*Fin*) trust *m*; (*Jur*) fidéicommis *m* ◆ *vt* **1** se fier à; *I ~ you to do your best* je vous fais confiance pour faire de votre mieux **2** (se) confier; *he's a man I can ~ with a secret* c'est quelqu'un à qui je peux confier un secret || °**trusted** *adj* éprouvé, à toute épreuve || **trus°tee** *n* (*Com*) administrateur *m*; *board of ~s* conseil *m* d'administration || °**trustful** *adj* confiant || **trust in** *vpart* mettre sa confiance en || °**trustiness** *n* loyauté *f* || °**trusting** *adj* confiant || °**trustworthy** *adj* digne de foi; digne de confiance.

truth [truːθ] *n* vérité *f*; *I'll tell him a few home ~s* je vais lui dire ses quatre vérités || °**truthful** *adj* **1** sincère **2** fidèle.

try [traɪ] *n* **1** essai *m*; *you should give it a ~* vous devriez l'essayer; *I got it at the first ~* je l'ai eu du premier coup ◆ *vti* **1** essayer; *~ and get some rest* essaie de te reposer un peu; *~ to be on time* tâche d'être à l'heure **2** (*Jur*) juger; *he was tried and convicted* il a été jugé et condamné **3** éprouver; tester; *don't ~ my patience* ne mets pas ma patience à l'épreuve || °**trying** *adj* éprouvant, pénible || **try on** *vpart* (*vêtement*) essayer || **try out** *vpart* expérimenter || °**try-out** *n* épreuve *f* de sélection.

tub [tʌb] *n* bac *m*, baquet *m*; (*amér*) (*bath*) *~* baignoire *f* || °**tubby** *adj* (*fam*) dodu, rondouillard.

tube [tjuːb] *n* **1** tube *m*, tuyau *m*; (*Aut*) *inner ~* chambre *f* à air **2** (*à Londres*) métro *m*; *~ station* station *f* de métro **3** (*Anat*) canal *m* **4** (*Rad*) lampe *f*, (*TV*) tube *m* cathodique || °**tubeless** *adj* (*pneu*) sans chambre à air || °**tubing** *ns inv* tuyau(x) *m(pl)*.

tuber ['tjuːbə] *n* (*Bot*) tubercule *m*.

tuberculosis [tjuːˌbɜːkjʊˈləʊsɪs] *ns inv* tuberculose *f*.

tuck [tʌk] *vt* rentrer, replier, (*fam*) fourrer; *she ~ed her blouse into her skirt* elle a rentré son corsage dans sa jupe || **tuck away** *vpart* **1** cacher **2** (*fam nourriture*) engloutir || **tuck in** *vpart* **1** rentrer **2** border (dans un lit).

Tuesday ['tjuːzdɪ] *n* mardi *m*; *Shrove T~* Mardi gras.

tuft [tʌft] *n* (*herbe, cheveux*) touffe *f*; (*oiseau*) aigrette *f*, huppe *f*.

tug [tʌg] *vti* tirer ◆ *n* traction *f*; saccade *f*; *he gave a ~ at her sleeve* il l'a tirée par la manche; *~* (*boat*) remorqueur *m*; *~-of-war* lutte *f* à la corde; (*fig*) partie *f* de bras de fer.

tuition [tjuːˈɪʃn] *n* (*Ens*) cours *m* particulier; *~ fee* frais *mpl* de scolarité.

tulip ['tjuːlɪp] *n* (*Bot*) tulipe *f*; *~ tree* tulipier *m*.

tumble ['tʌmbl] *vti* tomber, culbuter || **tumble down** *vpart* dégringoler; (*maison*) tomber en ruines || **tumble(r)** °**drier/dryer** *n* sèche-linge *m* || °**tumbler** *n* gobelet *m*, timbale *f*; (*El*) culbuteur *m*.

tummy ['tʌmɪ] *n* (*fam*) ventre *m*.

tumor (*amér*)/**tumour** (*brit*) ['tjuːmə] *n* tumeur *f*.

tumult ['tjuːmʌlt] *n* tumulte *m*, agitation *f*.

tun [tʌn] *n* tonneau *m*, cuve *f*.

tuna ['tjuːnə] *n* (*Zool*) thon *m*.

tune [tjuːn] *n* air *m*, mélodie *f*; *she sings out of ~* elle chante faux; *they are in ~ with their time* ils sont en harmonie avec leur époque; (*fig*) *he's the man who calls the ~* c'est lui qui fait la loi ◆ *vt* **1** (*Mus*) accorder; **2** (*moteur*) régler **3** (*Rad*) *you're ~d in to WCF* vous êtes à l'écoute de WCF || **tune up** *vpart* (*orchestre*) s'accorder; (*moteur*) régler || °**tuner** *n* (*Rad*) tuner *m* || °**tuning** *n* (*Mus*) accord *m*; *~ fork* diapason *m*.

tunic ['tjuːnɪk] *n* tunique *f*.

tunnel ['tʌnl] *n* tunnel *m* ◆ *vt* creuser/percer (un tunnel).

tunny ['tʌnɪ] *n* (*Zool*) *~* (*fish*) thon *m*.

turbine ['tɜːbaɪn] *n* turbine *f*.

turbo- [ˌtɜːbəʊ] *préf* turbo-; *~-charger* turbocompresseur *m*; *~jet* (*avion m à*) turboréacteur *m*.

turbot ['tɜːbət] *n* (*pl inv*) (*Zool*) turbot *m*.

turbulence ['tɜːbjʊləns] *n* agitation *f*, turbulence *f*.

tureen [təˈriːn] *n* soupière *f*.

turf [tɜːf] *n* **1** gazon *m*; motte *f* de gazon **2** tourbe *f* **3** (*Sp*) terrain *m*; (*hippodrome*) *the ~* le turf *m* || **turf out** *vpart* (*fam*) flanquer à la porte.

turkey ['tɜːkɪ] *n* **1** (*Zool*) dindon *m*, dinde *f*; (*Cuis*) dinde *f* **2** (*amér fam*) *let's talk*

~ parlons sérieusement 3 *(argot Th)* four
m 4 *(argot)* abruti(e) *m(f).*

Turkish ['tɜːkɪʃ] *adj* ~ *towel* serviette *f*
éponge.

turmeric ['tɜːmərɪk] *n (Bot)* curcuma *m.*

turmoil ['tɜːmɔɪl] *n* agitation *f; the village
was in (a)* ~ le village était en émoi.

turn [tɜːn] *n* 1 tour *m*, tournant *m; (Aut)*
virage *m; (fig) at every* ~ à tout bout de
champ 2 *(fig)* changement *m; since the* ~
of the century depuis le début du siècle;
things are taking a ~ *for the better* la situation s'améliore 3 ~ *of mind* tournure
f d'esprit 4 tour *m; it's your* ~ *to play*
c'est à vous de jouer; *they take it in* ~s
to drive ils se relaient au volant; *he spoke
out of* ~ il a parlé mal à propos 5 *(fam)*
choc *m*, surprise *f; (Méd)* crise *f* 6 *you did
me a good* ~ vous m'avez rendu service
◆ *vt* 1 (faire) tourner; *the burglar* ~ed
everything upside down le cambrioleur a
tout mis sens dessus dessous 2 *(into)* transformer, changer (en) 3 *(Tech)* tourner ◆
vi 1 tourner, virer; ~ *right!* tournez à
droite! 2 se tourner; *he* ~ed *to see her*
il s'est retourné pour la voir 3 *(fig)* s'adresser à; *he* ~ed *to me for help* il s'est tourné
vers moi pour avoir de l'aide 4 devenir;
he ~ed *pale* il a pâli || **turn (a)round**
vpart 1 pivoter; (se) retourner || **turn-
about** *n* retournement *m* || °**turnaround**
n (Com) ~ *time* délai *m* de livraison
|| **turn away** *vpart* (se) détourner; *they
had to turn people away* ils ont dû refuser
du monde || **turn back** *vpart* (faire) faire
demi-tour || °**turncoat** *n* renégat *m* || **turn
down** *vpart* 1 rabattre 2 rejeter; *he* ~ed
down my invitation il a refusé mon invi-
tation 3 *(gaz, son)* baisser || °**turner** *n
(Tech)* tourneur *m* || **turn in** *vpart* 1 *(fam
Ens)* rendre, remettre 2 livrer à la police
3 *(fam)* se mettre au lit || °**turning** *n*
1 coude *m* 2 route *f* latérale; embranchement *m* 3 virage *m*, mouvement *m* tournant
4 *(Tech)* travail *m* au tour ◆ *adj* ~ *point*
moment *m* décisif; moment critique || **turn
off** *vpart* 1 *(lumière, son)* éteindre, couper; *(robinet)* fermer 2 *(fam)* dégoûter, re-
froidir || °**turn off** *n (amér)* 1 sortie *f* d'au-
toroute 2 route *f* secondaire || **turn on**
vpart 1 *(lumière, TV)* allumer, brancher;
(robinet) ouvrir 2 *(fam)* brancher, exciter
|| **turn out** *vpart* 1 *(lumière, TV)* éteindre,
couper 2 produire 3 expulser, mettre à la
porte 4 *(résultat)* ~ *out well* bien tourner; *as it* ~ed *out, I was early* en fin de
compte, j'étais à l'avance; *she* ~ed *out to
be a good driver* elle s'est révélée bonne
conductrice/il s'est avéré qu'elle conduisait
bien 5 *you must* ~ *out your room* tu dois
nettoyer ta chambre à fond 6 aller participer; *the whole town* ~ed *out to see the
parade* toute la ville est allée voir le défilé

|| °**turnout** *n* 1 production *f*, rendement *m*
2 assistance *f; there was a large* ~ *at the
last election* il y a eu une bonne participation lors des dernières élections 3 net-
toyage *m* à fond || **turn over** *vpart* 1 (se)
(re)tourner; *please* ~ (PTO) tournez la
page s.v.p. (TSVP); *(fig) he* ~ed *over the
plan in his mind* il a repassé le projet dans
sa tête 2 *(Com)* rapporter 3 rendre, restituer; *the murderer was* ~ed *over to the
police* le meurtrier a été remis entre les
mains de la police || °**turnover** *n* 1 *(brit
Com)* chiffre *m* d'affaires 2 rotation *f; the
staff* ~ *is high* le taux de renouvellement
du personnel est élevé || °**turnpike** *n
(amér)* autoroute *f* à péage || °**turnstile** *n*
tourniquet *m* || °**turntable** *n* 1 *(Rail)* pla-
que *f* tournante 2 *(tourne-disque)* platine *f*
|| **turn up** *vpart* 1 arriver; *he* ~ed *up late*
il s'est présenté en retard 2 *(fam)* survenir;
my keys will ~ *up one day* mes clés re-
paraîtront un bien jour; *take this job until
a better one* ~s *up* prends cet emploi en
attendant mieux 3 (se) retrousser; *(fam fig)
she* ~s *up her nose at them* elle les snobe
4 augmenter; *could you* ~ *up the sound?*
pourriez-vous monter le son?

turnip ['tɜːnɪp] *n (Bot)* navet *m.*

turpentine ['tɜːpəntaɪn] *n* térébenthine *f.*

turquoise ['tɜːkwɔɪz] *n* turquoise *f* ◆ *adj
n (couleur)* (bleu) turquoise *(m) inv.*

turret ['tʌrɪt] *n* tourelle *f.*

turtle ['tɜːtl] *n (Zool)* tortue *f* de mer;
(amér) tortue *f* || °**turtledove** *n (Orn)* tour-
terelle *f* || °**turtleneck** *n* (pull *m* à) col *m*
cheminée.

tusk [tʌsk] *n (éléphant)* défense *f.*

tussle ['tʌsl] *n* lutte *f*, mêlée *f* ◆ *vi* lutter.

tussock ['tʌsək] *n* touffe *f* d'herbe.

tutor ['tjuːtə] *n* 1 *(Jur)* tuteur *m (f* -trice)
2 précepteur *m (f* -trice) 3 *(université brit)*
directeur *m (f* -trice) d'études, *(amér)* as-
sistant(e) *m(f).*

tutorial [tjuːˈtɔːrɪəl] *n* cours *m* individuel;
travaux *mpl* pratiques.

tuxedo [tʌkˈsiːdəʊ] *n (amér)* smoking *m.*

TV [ˌtiːˈviː] *n* télé(vision) *f;* ~ *dinner* pla-
teau-repas *m* (surgelé).

twang [twæŋ] *n* 1 *(arc, guitare)* bruit *m*
sec (d'une corde) 2 *(voix)* ton *m* nasillard.

tweak [twiːk] *vt* pincer (en tordant).

twee [twiː] *adj (brit fam péj)* gentillet
(f -ette).

tweed [twiːd] *n* tweed *m.*

tweet [twiːt] *vi* pépier ◆ *n* pépiement
|| °**tweeter** *n* haut-parleur *m* aigu.

tweezers ['twiːzəz] *npl inv* pince *f* à épiler.

twelve [twelv] *num* douze *m;* ~ *o'clock
(nuit)* minuit *m; (jour)* midi *m* || **twelfth**
num douzième *(m); T~ Night* la fête des
Rois.

twenty ['twentɪ] *num* vingt *m; about* ~

people une vingtaine de personnes ; *he is in his twenties* il a entre vingt et trente ans ; *in the twenties* dans les années vingt ‖ °**twentieth** *num* vingtième *m*.

twice [twaɪs] *adv* deux fois ; **~ *a year*** deux fois par an ; *think ~ about it!* pensez-y à deux fois ! **~ *as long*** deux fois plus long ; *this jet can fly at ~ the speed of sound* cet avion peut voler à deux fois la vitesse du son.

twiddle ['twɪdl] *vti* (faire) tourner ; *stop twiddling the knob of the radio* arrête de tripoter le bouton de la radio.

twig¹ [twɪg] *n* brindille *f*.

twig² [twɪg] *vti* (*brit fam*) piger.

twilight ['twaɪlaɪt] *n* crépuscule *m*.

twill [twɪl] *n* sergé *m*.

twin [twɪn] *n* jumeau (*f* -elle) ; **~ *brother*** frère *m* jumeau ; **~ *beds*** lits *mpl* jumeaux ; **~ *towns*** villes jumelées ◆ *vti* (se) jumeler, s'apparier.

twine [twaɪn] *ns inv* ficelle *f* ◆ *vti* (se) tortiller.

twinge [twɪndʒ] *n* élancement *m* ; **~ *of conscience*** remords *m*.

twinkle ['twɪŋkl] *n* scintillement *m* ; clignotement *m* ◆ *vi* **1** scintiller **2** clignoter ; *his eyes ~d* ses yeux pétillaient ‖ °**twinkling** *n in the ~ of an eye* en un clin d'œil.

twirl [twɜːl] *vti* (faire) tournoyer.

twist [twɪst] *n* **1** torsion *f* ; contorsion *f* ; (*Sp*) effet *m* **2** tournant *m* ; **~*s and turns*** tours *mpl* et détours *mpl* ; (*fig*) rebondissement *m* **3** torsade *f*, tortillon *m* **4** déformation *f* ◆ *vti* **1** (se) tourner, (se) tordre ; (s')entortiller ; **~ *it slowly*** fais-le tourner lentement ; *I ~ed my ankle* je me suis foulé la cheville, je me suis fait une entorse **2** (*fig*) dénaturer ; *don't ~ my words* ne déformez pas mes propos ‖ °**twisted** *adj* tordu ; dénaturé ; **~ *mind*** esprit *m* retors

‖ °**twister** *n* **1** escroc *m* **2** (*fam*) *set a ~* poser une colle **3** (*amér*) tornade *f* ‖ °**twisty** *adj* tortueux (*f* -euse).

twit [twɪt] *n* (*brit fam*) idiot(e) *m(f)*.

twitch [twɪtʃ] *n* **1** mouvement *m* convulsif, tic *m* **2** saccade *f* ◆ *vti* **1** (se) crisper, (se) contracter **2** donner une saccade (à).

twitter ['twɪtə] *vi* gazouiller ◆ *n* gazouillis *m*.

two [tuː] *num* deux *m* ; *they walk in ~s/~ by ~* ils marchent deux par deux ; *I can put ~ and ~ together* je peux faire le rapport ‖ °**two-colour** *adj* bicolore ‖ **two-°edged** *adj* (aussi *fig*) à double tranchant ‖ °**two-faced** *adj* hypocrite ‖ °**twofold** *adj* double ◆ *adv* doublement ; *the production has increased ~* la production a doublé ‖ °**two-ply** (*laine*) à deux brins ‖ °**two-way** *adj* bilatéral ; **~ *radio*** poste *m* émetteur-récepteur.

tycoon [taɪˈkuːn] *n* magnat *m*.

type [taɪp] *n* **1** type *m*, genre *m* **2** caractère *m* (d'imprimerie) ◆ *vti* taper/écrire à la machine, dactylographier ‖ °**typescript** *n* texte *m* dactylographié ‖ °**typewriter** *n* machine *f* à écrire ‖ °**typing** *n* dactylographie *f* ; **~ *error*** faute *f* de frappe ‖ °**typeset** *vt* composer ‖ °**typist** *n* dactylo(graphe) *mf*.

typhoid ['taɪfɔɪd] *adj* **~ *fever*** (fièvre *f*) typhoïde *f*.

typhoon [taɪˈfuːn] *n* typhon *m*.

typhus ['taɪfəs] *n* typhus *m*.

typical ['tɪpɪkl] *adj* **1** typique **2** caractéristique ; *it's ~ of him* c'est bien de lui ‖ °**typify** *vt* **1** être caractéristique de **2** symboliser, personnifier.

tyranny ['tɪrənɪ] *n* tyrannie *f*.

tyrant ['taɪərənt] *n* tyran *m*.

tyre (*brit*)/**tire** (*amér*) ['taɪə] *n* pneu(-matique) *m*.

tyro ['taɪərəʊ] *n* novice *mf*.

U

U, u [juː] *n* U, u *m* ; *U-bend* (*Tech*) coude *m* ; (*Aut*) virage *m* en épingle à cheveux ; *U-turn* demi-tour *m* ; (*fig*) volte-face *f*.

udder ['ʌdə] *n* mamelle *f*, pis *m*.

ugh [ʌg] *excl* pouah !

ugliness ['ʌglɪnəs] *n* laideur *f* ‖ °**ugly** *adj* laid ; *that's an ~ wound* c'est une vilaine blessure ; *an ~ incident occurred* un incident regrettable s'est produit ; *he gave me an ~ look* il m'a lancé un regard menaçant.

ulcer ['ʌlsə] *n* (*Méd*) ulcère *m*.

ulterior [ʌlˈtɪərɪə] *adj* ultérieur ; **~ *motive*** arrière-pensée *f*.

ultimate ['ʌltɪmət] *adj* **1** final **2** suprême, ultime ◆ *n* summum *m* ; *the ~ in luxury* le comble du luxe ‖ °**ultimately** *adv* finalement, en fin de compte.

ultra- ['ʌltrə] *préf* ultra- ; **~*modern*** ultramoderne ; **~*sound scan*** (*Méd*) échographie *f*.

umbrella [ʌmˈbrelə] *n* parapluie *m* ; *beach ~* parasol *m*.

umpire [ˈʌmpaɪə] *n (Sp)* arbitre *m*, juge *m* ◆ *vti* arbitrer.

umpteen [ˌʌmpˈtiːn] *n (fam)* je ne sais combien de ; *I've said it ~ times* je l'ai dit x fois.

un- [ʌn] *préf* in-, dé-, mal, *devant adj, adv, nom, verbe* ; **una°bridged** intégral ; **unac°ceptable** inacceptable ; **una°ccomplished** non réalisé, inachevé ; médiocre ; **una°ccountable** inexplicable ; **una°ccounted for** ; *two skiers are still ~* on est encore sans nouvelles de deux skieurs ; **una°ccustomed 1** inhabituel (*f* -elle) **2** *(to)* qui n'a pas l'habitude (de) ; **una°dulterated** pur, sans mélange ; **unad°vised** imprudent, déconseillé ; **una°fraid** qui n'a pas peur ; **unam°biguous** sans équivoque ; sans ambiguïté ; **un-A°merican** antiaméricain ; **un°answerable** irréfutable ; qui ne peut recevoir de réponse ; **un°answered** sans réponse ; irréfuté ; **una°shamed** qui n'a pas honte ; *~ curiosity* curiosité éhontée/ non dissimulée ; **un°asked** spontané ; spontanément ; **una°ssuming** modeste ; **una°ttached** libre, sans attaches, indépendant ; **una°ttended** sans surveillance ; **un°authorized** non autorisé ; sans autorisation ; **una°vailable** indisponible ; *(marchandise)* épuisé ; **una°vailing** inefficace ; **una°ware** inconscient ; ignorant ; **una°ware(s)** sans s'en rendre compte ; *he caught her ~* il l'a prise au dépourvu ; **un°balance** déséquilibrer ; **un°beatable** imbattable, invincible ; **unbe°lief** incrédulité *f* ; **unbe°lievable** incroyable ; **un°bending** inflexible, intransigeant ; **un°bias(s)ed** impartial ; **un°bound** détaché, libre ; **un°bounded** sans borne, démesuré ; **un°breakable** incassable ; **un°broken** ininterrompu ; **un°burden** décharger ; **un°called-for** injustifié, déplacé ; **un°challenged** incontesté ; **un°changeable** immuable, inaltérable ; **un°charted** inexploré ; **un°checked** non vérifié, *(fig)* sans freins ; **un°claimed** non revendiqué, non réclamé ; **un°clean** impur, pollué ; **un°comfortable** inconfortable ; *I felt ~* j'étais gêné, mal à l'aise ; **unco°mmitted** non engagé ; **unco°mmunicative** renfermé, peu expansif (*f* -ive) ; **un°compromising** intransigeant ; **uncon°cerned** indifférent, imperturbable ; **uncon°genial** peu agréable, antipathique ; **un°conscious 1** *(Méd)* sans connaissance **2** ignorant ; *he was ~ of the danger* il ne se rendait pas compte du danger ; *the ~* l'inconscient *m* ; **un°cover** découvrir ; *(aussi fig)* dévoiler ; **un°damaged** intact ; **un°daunted** pas intimidé ; *he was ~ by this setback* il n'a pas été découragé par cet échec ;

unde°cided indécis, irrésolu ; **unde°niable** indéniable, incontestable ; **unde°tected** non détecté ; *he went ~* il passa inaperçu ; **unde°terred** non découragé ; *they carried on ~* ils ont persévéré sans se laisser décourager ; **un°did**, *voir* **undo** ; **undi°luted** pur, sans mélange ; **undi°sputed** incontesté ; **undi°sturbed** non dérangé ; *he was ~ by the shots* il n'a pas été troublé par les coups de feu ; **undi°vided** sans partage, entier (*f* -ère) ; **un°dreamed-of/un°dreamt-of** inattendu, inimaginable ; **un°drinkable 1** imbuvable **2** non potable ; **un°due** injustifiable, exagéré, indu ; **un°duly** à tort, indûment, à l'excès ; *his letter did not surprise me ~* sa lettre ne m'a pas surpris outre mesure ; **un°earned** immérité ; *(Fin) ~ income* rentes *fpl* ; **un°ease** malaise *m* ; **un°easy** gêné, mal à l'aise ; inquiet (*f* -ète) ; **un°eatable 1** non comestible **2** immangeable ; **un°educated** sans instruction ; sans éducation ; **unem°ployed 1** sans travail, au chômage ; *the ~* les chômeurs **2** inutilisé ; **unem°ployment** chômage *m* ; *(brit) ~ benefit/(amér) ~ compensation* allocation *f*/indemnité *f* chômage ; **un°equal** inégal ; *he felt ~ to the task* il ne se sentait pas à la hauteur de la tâche ; **un°equalled** inégalé ; **un°even 1** irrégulier (*f* -ière), *(chemin)* accidenté **2** *(fig)* inégal ; **une°ventful** tranquille, sans incident ; **unex°ceptionable** irréprochable ; **unex°ceptional** ordinaire, qui n'a rien d'exceptionnel ; **unex°pected** inattendu, imprévu ; **unim°paired** intact ; **un°fair** injuste ; déloyal ; *~ dismissal* licenciement *m* arbitraire ; **un°faltering** sans défaillance ; *she answered in an ~ voice* elle a répondu d'une voix ferme/ assurée ; **unfa°miliar** peu familier (*f* -ère) ; *I'm quite ~ with computers* je ne connais rien aux ordinateurs ; **un°fasten** (se) défaire, (se) dénouer, (se) déboucler ; **un°feeling** insensible, dur ; **un°fit (for)** impropre (à), inapte (à) ; **un°flagging** inlassable, inébranlable ; **un°flinching** inébranlable, impassible ; **un°fold 1** (se) déplier **2** (se) dévoiler **3** (se) dérouler ; **unfor°givable** impardonnable ; **unfor°giving** implacable ; **un°fortunate** malheureux (*f* -euse), malchanceux (*f* -euse) ; malencontreux (*f* -euse) ; **un°fortunately** malheureusement ; **un° friendly** inamical, hostile ; **unful°filled 1** inaccompli **2** inassouvi ; **un°furl** (se) déployer ; **un°godly** impie ; *(fam) ~ hour* heure *f* indue ; **un°grateful** ingrat ; **un°guarded 1** sans surveillance **2** *(machine)* sans protection **3** irréfléchi ; *~ moment* moment *m* d'inattention ; **un°hampered** libre (de ses mouvements) ; **un°happily** malheureusement ; **un°happy 1** malheureux (*f* -euse), malchanceux (*f* -euse) **2** pas satisfait ; **un°harmed** indemne ; **un°healthy** (*chose*) malsain ; (*personne*) maladif (*f* -ive) ; **unheard** non entendu ; *their wishes go* ~ leurs désirs restent lettre morte ; **un°heard-of** inouï ; **un°heeded** négligé ; *his cries went* ~ on n'a pas prêté attention à ses cris ; **un°hinge** (*fig*) déséquilibrer ; **un°holy** profane ; (*fam*) *your room is an* ~ *mess* ta chambre est un fouillis abominable ; **un°hurried** fait à loisir ; **un°hurt** indemne ; **uni°dentified** non-identifié ; ~ *flying object (UFO)* objet *m* volant non identifié (OVNI) ; **uni°maginable** inimaginable ; **unim°paired** intact ; *her sight is* ~ *by age* sa vue n'est pas affectée par l'âge ; **unim°portant** sans importance, insignifiant ; **unin°habitable** inhabitable ; **unin°habited** inhabité ; **unin°hibited** sans inhibition ; **un°injured** indemne ; **un°interested (in)** indifférent (à) *m* ; **un°kind** pas gentil (*f* -ille) méchant, cruel (*f* -elle) ; **un°known (to)** inconnu (de) ; ~ *to her he was watching* il l'observait à son insu ; **un°lawful** illicite ; illégitime ; illégal ; **un°leaded** sans plomb ; **un°leash** (*chien*) lâcher ; (*fig*) déchaîner ; **un°like** différent ; ~ *you, I like cats* contrairement à vous, j'aime les chats ; *that's quite* ~ *him* cela ne lui ressemble pas ; **un°likely** improbable ; *he's* ~ *to win* il y a peu de chances qu'il gagne ; **un°load** décharger ; (*fig*) se débarrasser de ; **un°lock** (*serrure*) ouvrir ; **un°lucky 1** malchanceux (*f* -euse) **2** malencontreux (*f* -euse) ; **un°manned** sans équipage ; *spacecraft* vaisseau *m* spatial inhabité ; **un°manageable** peu maniable ; indocile ; **un°marked** sans marque ; ~ *police car* voiture *f* de police banalisée ; **un°married** célibataire ; **un°matched 1** dépareillé **2** sans égal ; **unmi°stak(e)able** manifeste ; qu'on ne peut pas confondre ; **un°mitigated** sans mélange ; total ; (*fig*) indifférent ; **un°moved** immobile ; **un°natural 1** pas naturel ; ~ *smile* sourire *f* affecté **2** contre nature ; **un°necessary** inutile, superflu ; **un°nerve** dérouter, déconcerter ; **un°noticed** inaperçu ; **unob°trusive** discret (*f* -ète) ; **un°official** officieux (*f* -euse) ; ~ *visit* visite *f* privée ; **un°pack** déballer ; **un°paid 1** non payé **2** bénévole ; **un°palatable** désagréable ; **un°paralleled** sans pareil (*f* -eille) ; sans précédent ; **unper°turbed** impassible ; **un°pleasant** déplaisant, désagréable ; **un°pleasantness 1** caractère *m* désagréable **2** dispute *f*, différend *m* ; **unpo°lluted** non pollué ; ~ *air* air *m* pur ; **unpre°pared** (*action*) improvisé ; *she was quite* ~ *for it* elle a été prise au dépourvu ;

unprepo°ssessing peu engageant ; **un°printable** qu'on ne peut répéter ; *what he said is* ~ ce qu'il a dit est trop grossier pour être répété ; **unpro°fessional** indigne d'un professionnel ; **unpro°tected** sans défense ; sans protection ; **un°published** inédit ; **un°qualified 1** non diplômé **2** incompétent **3** sans réserves ; absolu ; **un°questionable** incontestable ; **un°questioned** indiscuté ; **un°ravel** démêler, débrouiller ; *une real* irréel (*f* -elle), imaginaire ; **unrea°listic** irréaliste ; **un°reasonable** déraisonnable ; extravagant ; **un°recognizable** méconnaissable ; **unre°corded 1** non mentionné **2** non enregistré ; **unre°fined 1** brut **2** (*fig*) grossier (*f* -ière), fruste ; **unre°hearsed** improvisé ; **unre°lated (to)** qui n'a aucun rapport (avec) ; **unre°lenting** implacable ; acharné ; **unre°liable** peu sûr ; *he's* ~ on ne peut pas compter sur lui ; **unre°lieved** constant, sans répit ; ~ *poverty* misère *f* totale ; **unre°markable** médiocre, quelconque ; **unre°served** sans réserves ; ~ *support* soutien *m* total ; **un°rest** agitation *f* ; *social* ~ malaise *m* social ; **unre°stricted** illimité ; *he has* ~ *access to my books* j'ai libre accès à mes livres ; **un°rival(l)ed** sans rival ; hors pair ; **un°ruffled** uni, lisse ; (*fig*) calme, serein ; **un°safe** dangereux (*f* -euse) ; *I feel* ~ *here* je ne me sens pas en sécurité ici ; **un°said** ; *he should leave the names* ~ il devrait passer les noms sous silence ; **un°savo(u)ry** désagréable ; *an* ~ *fellow* un type répugnant ; **un°scheduled** non prévu, impromptu ; **un°scrupulous** sans scrupules, malhonnête ; **un°seemly** inconvenant ; **un°seen** invisible ; **un°settle** troubler, ébranler ; **un°settled 1** perturbé **2** instable **3** (*Com*) impayé ; **un°shak(e)able** inébranlable ; **un°sightly** laid ; **un°skilled 1** inexpérimenté **2** sans qualification ; ~ *worker* ouvrier *m* (non qualifié), O.S. ; **unso°licited** non sollicité, spontané ; **unso°phisticated** simple, naturel (*f* -elle) ; **un°sound** peu solide ; ~ *judgement* opinion *f* discutable ; *he is* ~ *of mind* il n'a pas toute sa raison ; **un°sparing** prodigue ; **un°spoken** tacite ; **un°stick** (*p pp -stuck*) décoller ; (*fam fig*) *their plan came unstuck* leur projet s'est effondré ; **unsuc°cessful** vain, infructueux (*f* -euse) ; ~ *candidate* candidat(e) *m(f)* malheureux (*f* -euse) ; **un°suitable** impropre, inadapté ; **un°suited (for, to)** inapte (à) ; **un°sure 1** (*position*) précaire **2** (*personne*) (*about*) incertain (de) ; *he's* ~ *of himself* il manque de confiance en lui ; **unsu°specting** qui ne se doute de rien ; **un°sweetened** non sucré ; **un°swerving** ferme, inébranlable ; **unsympa°thetic 1** (*to*) indifférent (à) **2** antipathique ;

un°tenable intenable ; ~ ***argument*** argument *m* indéfendable ; **un°thinkable** inconcevable ; **un°thinking** étourdi ; **un°tidy** en désordre, négligé, brouillon ; *he's very* ~ il est très désordonné ; **un°trained** (*animal*) non dressé ; (*personne*) sans formation professionnelle ; **un°tramel(l)ed** sans entrave ; (*by*) libre (de) ; ~ *by prejudices* libre de tout préjugé ; **un°true 1** faux (*f* fausse) **2** infidèle ; **un°truthful** mensonger (*f* -ère) ; **un°usable** inutilisable ; **un°used 1** inutilisé, désaffecté **2** neuf (*f* neuve) ; **un°wanted** non désiré ; superflu ; *she felt* ~ elle se sentait de trop ; **un°warranted** injustifié ; **un°wavering** inébranlable ; **un°welcome** importun ; ~ *publicity* publicité *f* regrettable ; **un°willing** qui fait à contrecœur ; *he was* ~ *to lend me his car* il n'avait pas envie de me prêter sa voiture ; **un°witting** accidentel (*f* -elle) ; involontaire ; **un°written** non écrit ; oral, verbal.

unanimous [juːˈnænɪməs] *adj* unanime ; ~ *vote* vote *m* à l'unanimité.

uncanny [ʌnˈkænɪ] *adj* **1** mystérieux (*f* -euse) **2** inquiétant.

uncle [ˈʌŋkl] *n* oncle *m*.

uncouth [ʌnˈkuːθ] *adj* grossier (*f* -ière), fruste.

under[1] [ˈʌndə] *adv* au-dessous ; *see* ~ voir ci-dessous ◆ *prép* **1** sous ; *he rested* ~ *a hedge* il s'est reposé au pied d'une haie **2** (*fig*) ~ *the new government* sous le nouveau gouvernement ; *a concert* ~ *a young Japanese conductor* un concert sous la direction d'un jeune chef japonais ; ~ *the circumstances* dans ces circonstances **3** selon ; *the fine is heavier* ~ *the new law* aux termes de la nouvelle loi, l'amende est plus élevée **4** au-dessous de ; *children* ~ *10* les enfants de moins de 10 ans **5** *get* ~ *way* commencer ; *be* ~ *way* être en cours.

under-[2] [ˈʌndə] *préf* **1** pas assez, sous- **2** sous-, aide- || **°underbush** *n* (*amér*) sous-bois *m* || **°undercarriage** *n* train *m* d'atterrissage || **°underclothes** *npl*/ -clothing *ns inv* sous-vêtements *mpl* || **°undercover** *adj* secret (*f* -ète) || **°undercurrent** *n* courant *m* sous-marin ; (*fig*) courant sous-jacent || **°undercut** *vt* (*p pp* -cut) **1** vendre moins cher que **2** (*fig*) saper || **under°developed** *adj* sous-développé || **°underdog** *n* opprimé *m*, perdant *m* || **under°done** *adj* (*péj Cuis*) pas assez cuit ; (*viande*) saignant || **underem°ployment** *n* sous-emploi *m* || **under°fed** *adj* sous-alimenté || **under°go** *vt* (*p* -went ; *pp* -gone) subir || **under°graduate** *n* étudiant *m* (pas diplômé) || **°underground** *adj n* **1** souterrain (*m*) ; (*brit*) *the* ~ le métro **2** (*fig*)

(mouvement *m*) secret, clandestin ; *the U* ~ la Résistance ; (*Art*) l'avant-garde *f* || **under°ground** *adv* sous terre ; *go* ~ prendre le maquis || **under°hand** *adj* (*péj*) secret (*f* -ète) ; (*personne*) sournois || **under°lie** *vt* (*p* -lay ; *pp* lain) être à la base de || **under°line** *vt* souligner || **°underling** *n* (*péj*) subalterne *mf* || **under°lying** *adj* **1** sous-jacent **2** fondamental || **under°mine** *vt* miner ; (*aussi fig*) saper || **under°neath** *prép* sous, au-dessous de ◆ *adj adv* (d'en) dessous ◆ *n* dessous *m* || **°underpass** *n* passage *m* souterrain || **under°pinning** *n* (*aussi fig*) soutien *m* ; infrastructure *f* || **under °privileged** *adj* défavorisé, déshérité || **under°rate** *vt* sous-estimer || **under °score** *vt* (*aussi fig*) souligner ; mettre en évidence || **under-°secretary** *n* sous-secrétaire *m* || **under°signed** *adj* non signé(e) *m*(*f*) ; *I, the* ~ je soussigné(e) || **under°staffed** *adj* qui manque de personnel || **under°statement** *n* euphémisme *m*, litote *f* || **°understudy** *n* (*Th*) doublure *f* || **°undertone** *n* ton *m* peu élevé ; *in an* ~ à mi-voix || **°undertow** *n* courant *m* sous-marin || **under°water** *adj* sous-marin ◆ *adv* sous l'eau, sous la mer || **°underworld** *n* **1** pègre *f*, milieu *m* **2** (*Myth*) les enfers *mpl* || **°underwrite** *vt* (*p* -wrote ; *pp* -written) (*Fin* emprunt, risque) garantir.

understand [ˌʌndəˈstænd] *vti* (*p pp* -stood) **1** comprendre ; *he made himself understood* il s'est fait comprendre ; *give it back,* ~? rends-le, compris ? *I* ~ *he hasn't been invited* je crois comprendre qu'il n'a pas été invité **2** sous-entendre ; *it's understood that* il est entendu que || **under°standable** *adj* compréhensible || **under°standing** *adj* compréhensif (*f* -ive) ◆ *n* **1** intelligence *f* **2** compréhension *f* **3** accord *m*, entente *f* ; (*loc*) *on the* ~ *that* à la condition que.

undertake [ˌʌndəˈteɪk] *vt* (*p* -took ; *pp* -taken) **1** entreprendre **2** s'engager à || **°undertaker** *n* entrepreneur *m* des pompes funèbres ; (*fam*) croque-mort *m* || **°undertaking** *n* **1** entreprise *f* **2** promesse *f* ; *he gave an* ~ *to protect the underdog* il s'est engagé à protéger les déshérités.

undo [ʌnˈduː] *vt* (*p* -did ; *pp* -done) **1** défaire **2** détacher **3** détruire || **un°doing** *n* ruine *f* ; *ambition led to his* ~ son ambition causa sa perte || **un°done** *adj* **1** défait, dénoué **2** (*fig lit*) perdu, ruiné **3** non exécuté ; *I have to do what he has left* ~ je dois faire ce qu'il n'a pas fait.

undoubted [ʌnˈdaʊtɪd] *adj* incontestable || **un°doubtedly** *adv* indubitablement.

unearth [ʌnˈɜːθ] *vt* (*aussi fig*) déterrer || **un°earthly** *adj* **1** mystérieux (*f* -euse)

2 *(fam)* *why are you calling me at this ~ hour?* pourquoi m'appelles-tu à cette heure impossible ? *stop that ~ noise!* arrête ce bruit infernal.

unending [ʌnˈendɪŋ] *adj* interminable.

unfailing [ʌnˈfeɪlɪŋ] *adj* inépuisable ; infaillible.

unflappable [ˌʌnˈflæpəbl] *adj* imperturbable.

ungainly [ʌnˈgeɪnlɪ] *adj* disgracieux *(f -euse)*, gauche.

unicorn [ˈjuːnɪkɔːn] *n* licorne *f.*

unification [ˌjuːnɪfɪˈkeɪʃn] *n* unification *f.*

unify [ˈjuːnɪfaɪ] *vt* unifier.

uniform [ˈjuːnɪfɔːm] *adj n* uniforme *(m)* ‖ **uniˈformity** *n* uniformité *f.*

union [ˈjuːnjən] *f* **1** union *f* ; *trade ~* syndicat *m* ; *~ member* syndicaliste *mf* ; *U~ Jack* Union Jack *m* **2** association *f.*

unique [juːˈniːk] *adj* unique, exceptionnel *(f -elle).*

unit [ˈjuːnɪt] *n* **1** unité *f* ; *monetary ~* unité monétaire ; *(Com) ~ price* prix *m* à l'unité **2** *(Méd) intensive care ~* service *m* de soins intensifs **3** élément *m* **4** *(brit) ~ trust* société *f* d'investissement ‖ **ˈunity** *n* unité *f.*

unite [juːˈnaɪt] *vti (with)* (s')unir (à) ; *(Fin)* fusionner ‖ **uˈnited** *adj* uni ; unifié.

universal [ˌjuːnɪˈvɜːsl] *adj* universel *(f -elle)* ◆ *n* ~*s* universaux *mpl* ‖ **ˈuniverse** *n* univers *m* ‖ **uniˈversity** *n* université *f* ; *at ~* à l'université.

unkempt [ˌʌnˈkempt] *adj* négligé, débraillé.

unless [ənˈles] *conj* à moins que... ; *he'll buy it ~ it is too expensive* il l'achètera à moins que ce ne soit trop cher ; *~ otherwise stated* sauf indication contraire.

unprecedented [ʌnˈpresɪdəntɪd] *adj* sans précédent.

unruly [ʌnˈruːlɪ] *adj* indiscipliné.

unscathed [ˌʌnˈskeɪðd] *adj* indemne ; *he escaped ~* il en est sorti sain et sauf.

unspeakable [ʌnˈspiːkəbl] *adj* indicible, indescriptible.

untimely [ʌnˈtaɪmlɪ] *adj* inopportun, hors de saison ; *~ death* mort *f* prématurée.

untoward [ˌʌntəˈwɔːd] *adj* fâcheux *(f -euse).*

up [ʌp] *adv* **1** vers le haut ; *the bird flew ~* l'oiseau s'envola ; *he looked ~* il leva les yeux ; *prices are going ~* les prix montent ; *children from 10 ~* les enfants à partir de 10 ans **2** vers le nord ; *we're going ~ to Glasgow* nous allons à Glasgow **3** *(fig)* dans un endroit plus important ; *~ to London* à Londres **4** en haut ; *he's ~ in his room* il est dans sa chambre ; *they camped ~ in the hills* ils ont campé dans les collines ; *(sur une caisse) this side ~* haut ; *the results are ~ on the board* les

résultats sont affichés **5** debout ; *he was ~ early* il s'est levé de bonne heure ; *stand ~!* debout ! *(fam fig) what's ~?* qu'est-ce qui se passe ? **6** *(fig) we are two goals ~* nous avons deux buts d'avance **7** complètement ; *close up* tout près ; *eat ~ your soup* finis ta soupe ; *the paper is all used ~* il n'y a plus de papier ; *time is ~!* il est l'heure ! *(fam) the game is ~/it's all ~* c'est fichu ; *it's all ~ with her and me* tout est fini entre nous **8** *we are ~ against the lack of water* nous nous heurtons au manque d'eau **9** *(loc) ~ to* jusque ; *~ to now* jusqu'à maintenant ; *his French isn't ~ to much* son français ne vaut pas grand-chose ; *it's ~ to me* cela dépend de moi ; *~ with Ted!* vive Ted ! **10** particule adverbiale qui peut suivre certains verbes ; *voir* **add, give, put, take** *etc.* ◆ *prép* vers le haut/en haut de ; *help me ~ the stairs* aide-moi à monter (ces marches) ; *he's pacing ~ and down the garden* il fait les cent pas dans le jardin ; *(vulg) ~ yours!* enculé ! ◆ *adj (brit) ~ train* train de/pour Londres ◆ *n we've had our ups and downs* nous avons eu des hauts et des bas ◆ *vti (fam)* se lever brusquement ; *he upped and started shouting* il s'est levé d'un bond et s'est mis à crier ‖ **up-and-ˈcoming** *adj (fam)* plein d'avenir ‖ **up-and-ˈover** *adj ~ door* porte *f* basculante ‖ **upˈbeat** *adj (amér)* optimiste ‖ **upˈbraid** *vt* réprimander ‖ **ˈupbringing** *n* éducation *f* ‖ **upˈcoming** *adj (amér)* prochain ‖ **upˈcountry** *adj n* (de, vers l')intérieur (du pays) ‖ **upˈdate** *vt* mettre à jour ‖ **upˈend** *vt* **1** poser debout **2** poser sens dessus dessous ‖ **up-ˈfront** *adj (fam)* franc *(f* franche*)* ; *(Com)* à l'avance ◆ *adv pay ~* payer d'avance ‖ **upˈgrade** *vt* améliorer ; promouvoir ‖ **upˈheaval** *n* bouleversement *m* ‖ **upˈheld** *p pp* uphold ‖ **upˈhill** *adj (chemin)* qui monte ; *(fig)* pénible ◆ *adv* en montant ‖ **upˈhold** *vt (p pp* **-held***)* soutenir ; *he promised to ~ the law* il a promis de faire observer la loi ; *(Jur)* confirmer ‖ **upˈholstered** *adj* rembourré ‖ **upˈholstery** *n* capitonnage *m* ‖ **ˈupkeep** *n* (frais *mpl*) d'entretien *m* ‖ **upˈlift** *vt* élever (moralement) ‖ **upˈlifting** *adj* édifiant, enrichissant ‖ **ˈupmarket** *adj (Com)* haut de gamme ‖ **uˈpon** *prép* **1** = **on 2** *(proximité) summer is ~ us* l'été approche **3** *loc he wrote her letter ~ letter* il lui a écrit lettre sur lettre ‖ **ˈupper** *adj* supérieur ; *(Th) ~ circle* deuxième balcon *m* ; *the ~ classes* la haute société ; *the ~ middle class* la haute bourgeoisie ; *get the ~ hand* prendre le dessus ‖ **upper-ˈclass** *adj* aristocratique, distingué ‖ **ˈuppermost** *adj adv* le plus haut ; *face ~* face en dessus ‖ **ˈuppish** *(brit)* / **ˈuppity** *(amér) adj (fam)* arrogant, bêcheur (f -euse) ‖ **°upmost = uppermost** ‖ **°upright** *adj adv (aussi fig)* droit, juste ‖ **°uprising** *n* soulèvement *m* ‖ **°uproar** *n* vacarme *m*, tumulte *m* ‖ **up°root** *vt (aussi fig)* déraciner ‖ **up°set** *vti (p pp* **-set)** **1)** (se) renverser, déranger **2** (faire) chavirer **3** désorganiser **4** émouvoir ; *I'm very ~ about it* cela m'a bouleversé **5** fâcher ‖ **°upset** *n* bouleversement *m* ; *he has a stomach ~* il a l'estomac dérangé ‖ **°upshot** *n* résultat *m* ‖ **upside °down** *adj adv* la tête en bas, sens dessus dessous ‖ **up°stage** *adj adv (Th)* de, à l'arrière-scène ♦ *vt* souffler la vedette à ‖ **up°stairs** *adj adv* à l'étage, en haut ‖ **°upstart** *n* parvenu *m* ‖ **up°state** *adj adv (amér)* du, vers le nord d'un État ‖ **up°stream** *adj adv* **1** en amont **2** à contre-courant ‖ **°upsurge** *n* poussée *f* ; *~ in social unrest* vague *f* d'agitation sociale ‖ **°upswing** *n* hausse *f* ; amélioration *f* ; *sales are on the ~* les ventes remontent ‖ **°uptake** *n (fam) he's quick on the ~* il a l'esprit vif ‖ **°uptight** *adj (fam)* tendu, crispé ‖ **up-to-°date** *adj* **1** moderne ; à la mode **2** *I try to keep ~* j'essaie de rester à jour ‖ **up-to-the-°minute** *adj ~ news* nouvelles *f* de dernière minute ‖ **°uptown** *adv n (amér)* (dans, vers) la banlieue (résidentielle) ‖ **°upturn** *n (Eco)* amélioration *f* ‖ **up°turned** *adj* retourné ; *(nez)* retroussé ‖ **°upward(s)** *adj adv* vers le haut ; *there were ~ of 500 people* il y avait plus de 500 personnes.

uranium [juˈreɪnjəm] *n* uranium *m*.

urban [ˈɜːbən] *adj* urbain ; *~ area* agglomération *f* urbaine.

urbane [ɜːˈbeɪn] *adj* courtois.

urchin [ˈɜːtʃɪn] *n* **1** gosse *mf* ; *(péj)* galopin *m* **2** *sea ~ (Zool)* oursin *m*.

urge [ɜːdʒ] *n* impulsion *f* ; vif désir *m* ♦ *vt* conseiller vivement ; *she ~d him to accept* elle l'a poussé à accepter ‖ **°urgency** *n* urgence *f* ‖ **°urgent** *adj* urgent, pressant ‖ **urge on** *vpart* encourager.

urine [ˈjʊərɪn] *ns inv* urine(s) *f(pl)*.

urn [ɜːn] *n* urne *f* ; *tea, coffee ~* fontaine *f* à thé, à café.

urologist [jʊəˈrɒlədʒɪst] *n* urologue *mf*.

us [ʌs] *pr pers compl* nous ; *don't laugh at ~!* ne te moque pas de nous ! *there's room for ~ all* il y a de la place pour nous tous ; *there are four of ~* nous sommes quatre ; *(fam) give ~ a cigarette!* passemoi une cigarette !

use¹ [juːs] *n* **1** emploi *m*, usage *m* ; *directions for ~* mode *m* d'emploi **2** utilité *f* ; *it's not much ~* ce n'est pas très utile ; *it's no use crying* ça ne sert à rien de pleurer ; *what's the ~!* à quoi bon ! **3** jouissance *f* ; *he has full ~ of his faculties* il jouit de toutes ses facultés **4** *(Jur)* usufruit *m*.

use² [juːz] *vt* **1** utiliser, employer ; *can I ~ your phone?* puis-je me servir de votre téléphone ? **2** *(fig) I feel I have been ~d* j'ai l'impression qu'on s'est servi de moi ; *(fam) ~ your head!* réfléchis ! ‖ **°used** *adj* **1** usé, usagé **2** *(loc)* be *~ to* avoir l'habitude de ; *get ~ to* s'habituer à ; *I'm ~ to sitting up late* j'ai l'habitude de me coucher tard **3** *(loc) (p seulement) (habitude) I used to smoke* je fumais (jadis) ; *I didn't use(d) to/I used not to* moi autrefois, je n'aimais pas le thé ; *do you play chess? - I used to* jouez-vous aux échecs ? plus maintenant/j'ai arrêté.

useful [ˈjuːsfʊl] *adj* utile ; profitable ‖ **°usefulness** *n* utilité *f* ‖ **°useless** *adj* inutile, vain ; *he's ~ at English* il est nul en anglais ‖ **°uselessness** *n* inutilité *f* ; incompétence *f* ‖ **°user** *n* utilisateur *m* (*f* -trice) ; *~-friendly* facile à utiliser ; *(Inf)* convivial ‖ **use up** *vpart* utiliser jusqu'au bout ; *have you ~d up all the envelopes?* as-tu utilisé toutes les enveloppes/fini le paquet d'enveloppes ?

usher [ˈʌʃə] *vt* introduire ; *I was ~ed into a large room* on me fit entrer dans une grande salle ♦ *n* huissier *m* ‖ **°usherette** *n (Th, Ciné)* ouvreuse *f*.

usual [ˈjuːʒʊəl] *adj* habituel (*f* -elle) ; *as ~* comme d'habitude ‖ **°usually** *adv* habituellement.

utensil [juːˈtensl] *n* ustensile *m*.

uterus [ˈjuːtərəs] *n (Anat)* utérus *m*.

utility [juːˈtɪlətɪ] *n* utilité *f* ; *~ vehicle* véhicule *m* tous usages ; *(public) utilities* (eau, électricité) services *mpl* publics.

utilize/-se [ˈjuːtɪlaɪz] *vt* utiliser ; *(fig)* tirer profit de.

utmost [ˈʌtməʊst] *adj (aussi* **uttermost)** le plus grand, extrême ♦ *n* maximum *m* ; *he did his ~ to help them* il a fait tout son possible pour les aider.

utter¹ [ˈʌtə] *adj* absolu, complet (*f* -ète) ; *it's ~ madness* c'est de la folie pure ‖ **°utterly** *adv* totalement.

utter² [ˈʌtə] *vt* prononcer ; proférer ; pousser (un cri) ‖ **°utterance** *n* expression *f* ; énoncé *m*.

uttermost [ˈʌtəməʊst] *voir* **utmost**.

V

V, v [vi:] *n (lettre)* V *m*; *(chiffre romain)* cinq ‖ °**V-neck** *n* encolure *f* en V.

vacancy ['veɪkənsɪ] *n* **1** *(hôtel)* chambre *f* libre; *no vacancies* complet **2** poste *m* vacant ‖ °**vacant** *adj* **1** vacant; à louer; *situations* ~ offres d'emploi **2** *(regard)* vide.

vacate [və'keɪt] *vt* libérer, quitter ‖ **va°cation** *n* **1** *(brit Ens, Jur)* vacances *fpl*; *summer* ~ vacances d'été **2** *(amér)* vacances; *she is taking a* ~ *in April* elle prend des vacances en avril.

vaccinate ['væksɪneɪt] *vt* vacciner ‖ °**vaccine** *n* vaccin *m*.

vacuous ['vækjʊəs] *adj* vide, sans expression.

vacuum ['vækjʊəm] *n* vide *m*; ~ *cleaner* aspirateur *m*; *(brit)* ~ *flask/(amér)* bottle bouteille *f* thermos®; *(Ind)* ~ *packing* emballage *m* sous vide ‖ °**vacuum** *vt* passer l'aspirateur sur.

vagary ['veɪgərɪ] *n* caprice *m*.

vagina [və'dʒaɪnə] *n* vagin *m*.

vagrancy ['veɪgrənsɪ] *n (Jur)* vagabondage *m* ‖ °**vagrant** *adj n* vagabond(e) *m(f)*.

vague [veɪg] *adj* vague, imprécis; *I haven't a* ~*st idea* je n'en ai pas la moindre idée.

vain [veɪn] *adj* **1** vain, vaniteux *(f -euse)*; **2** vain, inutile; *in* ~ en vain.

valedictory [vælɪ'dɪktərɪ] *adj* ~ *address (amér Ens)* discours *m* d'adieu.

valentine ['væləntaɪn] *n* **1** carte *f* de la Saint-Valentin **2** celle/celui qui reçoit une carte de la Saint-Valentin.

valerian [və'lɪərɪən] *n (Bot)* valériane *f*.

valet ['vælɪt] *n* valet *m* de chambre.

valiant ['vælɪənt] *adj* courageux *(f -euse)*, valeureux *(f -euse)*.

valid ['vælɪd] *adj* valide, valable; *no longer* ~ périmé ‖ °**validate** *vt* **1** valider **2** corroborer.

valley ['vælɪ] *n* vallée *f*.

valor *(amér)*/**valour** *(brit)* ['vælə] *n* courage *m*, bravoure *f*.

valuable ['væljʊəbl] *adj* de valeur, précieux *(f -euse)* ◆ *n* ~*s* objets *mpl* de valeur ‖ **valu°ation** *n* évaluation *f*, estimation *f* ‖ °**value** *n* valeur *f*, prix *m*; *I like to get good* ~ *for my money* j'aime en avoir pour mon argent; *this is good* ~ c'est avantageux; *this may lose* ~/*fall in* ~ ceci risque de perdre de la valeur; *(fig)* ~ *judgment* jugement *m* de valeur ◆ *vt (Com)* évaluer, *(aussi fig)* estimer; tenir à ‖ °**value-**°**added tax** *(VAT)* *n* taxe *f* à la valeur ajoutée (TVA).

valve [vælv] *n (Tech)* valve *f*, soupape *f*;

(Anat) valvule *f*; *(eau, gaz)* vanne *f*; *(Rad)* lampe *f*.

vampire ['væmpaɪə] *n (Zool aussi fig)* vampire *m*.

van [væn] *n* **1** camion *m*, camionnette *f* **2** *(brit Rail)* fourgon *m*.

vandal ['vændl] *n* vandale *m* ‖ °**vandalize/-se** *vt* saccager.

vane [veɪn] *n* ailette *f*; *(hélice)* pale *f*; *weather-*~ girouette *f*.

vanguard ['vænɡɑːd] *n* avant-garde *f*.

vanilla [və'nɪlə] *n (Bot)* vanille *f*.

vanish ['vænɪʃ] *vi* s'évanouir, disparaître; *his fears* ~*ed* ses craintes se dissipèrent.

vanity ['vænətɪ] *n* vanité *f*.

vanquish ['væŋkwɪʃ] *vti* vaincre.

vantage ['vɑːntɪdʒ] *n* ~ *point* position *f* avantageuse.

vapid ['væpɪd] *adj* insipide, plat.

vapor *(amér)* / **vapour** *(brit)* ['veɪpə] *n* vapeur *f*, buée *f* ‖ °**vaporize/-ise** *vti* (se) vaporiser ‖ °**vaporizer** *n* vaporisateur *m*.

variable ['veərɪəbl] *adj* variable, changeant.

variance ['veərɪəns] *n* désaccord *m*; *at* ~ *with* en contradiction avec.

varicose ['værɪkəʊs] *adj* ~ *veins* varices *fpl*.

varied ['veərɪd] *adj* varié, divers ‖ °**variegated** *adj* bigarré; *(Bot)* panaché.

variety [və'raɪətɪ] *n* **1** variété *f*, diversité *f*; *(Th)* variétés *fpl* **2** *(amér Cuis)* ~ *meat* abat(s) *m(pl)*.

various ['veərɪəs] *adj* divers.

varnish ['vɑːnɪʃ] *n* vernis *m* ◆ *vt* vernir.

varsity ['vɑːsətɪ] *n* **1** *(brit fam)* université *f* **2** *(amér)* équipe *f* universitaire.

vary ['veərɪ] *vti* **1** varier; *it varies with the weather* il varie selon le temps **2** *(from)* différer (de); *they* ~ *from the norm* ils s'écartent de la norme.

vase [vɑːz] *n* vase *m*; *flower* ~ vase à fleurs.

vast [vɑːst] *adj* vaste, énorme; *a* ~ *majority of people approve of the plan* l'immense majorité des gens approuve le projet ‖ °**vastly** *adv* extrêmement ‖ °**vastness** *n* immensité *f*.

vat [væt] *n* cuve *f*.

vault[1] [vɔːlt] *n* **1** *(Arch)* voûte *f* **2** cave *f*; *wine* ~ cellier *m* **3** caveau *m*.

vault[2] [vɔːlt] *vti* sauter; *he* ~*ed over the wall* il a sauté par-dessus le mur ◆ *n* saut *m*; *pole* ~ saut à la perche ‖ °**vaulting** *n (Sp)* voltige *f*; ~ *horse* cheval *m* d'arçons.

veal [viːl] *n* (viande *f* de) veau *m*.

veer [vɪə] *vi* tourner, virer.

vegan ['viːɡən] *adj n* végétalien *(f -ienne)*.

vegetable ['vedʒtəbl] *n* légume *m* ; ~ **garden** potager *m* ◆ *adj n* végétal *m* ; *is it animal or* ~? est-ce un animal ou un végétal ? ~ **marrow** (Bot) courge *f*.

vegetarian [,vedʒɪ'teərɪən] *adj n* végétarien (*f* -ienne).

vehement ['vi:mənt] *adj* véhément.

vehicle ['vi:ɪkl] *n* véhicule *m*.

veil [veɪl] *n* voile *m* ◆ *vt (aussi fig)* voiler, dissimuler.

vein [veɪn] *n* veine *f* ; (Bot, Zool) nervure *f*.

vellum ['veləm] *n* vélin *m*.

velour(s) [və'luə] *n* velours *m* de laine ; *(feutre)* taupé *m*.

velvet ['velvɪt] *n* velours *m* ‖ °**velveteen** *n* velours de coton ‖ °**velvety** *adj* velouté.

vend [vend] *vt* (Adm, Jur) vendre ‖ °**vending machine** *n* distributeur *m* automatique, machine *f* (à café, etc.) ‖ °**vendor** *n* 1 vendeur *m* (de rue) (*f* -euse) 2 (Adm, Jur) vendeur.

veneer [və'nɪə] *n* 1 placage *m* 2 *(fig)* vernis *m*.

venerate ['venəreɪt] *vt* vénérer.

venereal [və'nɪərɪəl] *adj* (Méd) vénérien (*f* -ienne).

Venitian [və'ni:ʃn] *adj* ~ **blind** store *m* vénitien.

vengeance ['vendʒəns] *n* vengeance *f* ; *with a* ~ avec acharnement, d'arrachepied ‖ °**vengeful** *adj* vindicatif (*f* -ive).

venison ['venɪzn] *n* (Cuis) venaison *f*.

venom ['venəm] *n (aussi fig)* venin *m* ‖ °**venomous** *adj (serpent fig)* venimeux (*f* -euse) ; *(plante)* vénéneux (*f* -euse).

vent [vent] *n* orifice *m*, trou *m* (d'aération) ; *she gave* ~ *to her grief* elle a donné libre cours à son chagrin ◆ *vt he* ~*ed his anger on his dog* il a passé sa colère sur son chien.

ventilate ['ventɪleɪt] *vt* 1 aérer, ventiler 2 étaler au grand jour ‖ **venti°lation** *n* 1 aération *f*, ventilation *f* 2 discussion *f* publique ‖ °**ventilator** *n* ventilateur *m* ; (Méd) respirateur *m*.

venture ['ventʃə] *n* entreprise *f* risquée ; (Com) **joint** ~ affaire *f* en participation ◆ *vti* (s')aventurer, (se) risquer.

venue ['venju:] *n* lieu *m* (de rendez-vous) ; *where is the* ~ *for the meeting?* où la réunion se tiendra-t-elle ?

verb [vɜ:b] *n* (Gr) verbe *m* ‖ °**verbal** *adj* verbal, oral ; ~ **memory** mémoire *f* auditive ‖ **ver°batim** *adv* mot pour mot, textuellement ‖ **ver°bose** *adj* verbeux (*f* -euse).

verbena [vɜ:'bi:nə] *n* (Bot) verveine *f*.

verdict ['vɜ:dɪkt] *n* verdict *m*.

verge [vɜ:dʒ] *n* bord *m* ; *(route)* accotement *m* ; *(fig) they are on the* ~ *of starvation* ils sont au bord/à deux doigts de la famine ◆ *vi* (upon) être voisin (de) ; *optimism verging on stupidity* de l'optimisme qui confine à la bêtise.

verify ['verɪfaɪ] *vt* vérifier.

verisimilitude [,verɪsɪ'mɪlɪtju:d] *n* vraisemblance *f*.

vermin ['vɜ:mɪn] *npl inv* animaux *mpl* nuisibles ; *(aussi fig)* vermine *f inv*.

vernacular [və'nækjulə] *n* 1 langue *f* vulgaire/vernaculaire 2 jargon *m* ◆ *adj* (langue) du pays/vernaculaire.

versatile ['vɜ:sətaɪl] *adj* 1 *(personne)* aux talents multiples 2 *(outil)* universel, polyvalent, aux usages multiples.

versatility [,vɜ:sə'tɪlɪtɪ] *n* variété *f* de talents ; *(machine)* souplesse *f* d'utilisation.

verse [vɜ:s] *n* 1 vers *mpl* 2 strophe *f* ; *(chant)* couplet *m* ; *(Bible)* verset *m*.

version ['vɜ:ʃn] *n* version *f*.

versus ['vɜ:səs] *prép* (Jur, Sp) contre.

vertebra ['vɜ:tɪbrə] (*pl* -ae) vertèbre *f*.

vertigo ['vɜ:tɪgəu] *ns inv* vertige *m*.

very ['verɪ] *adv* 1 très, fort ; *thank you* ~ *much* merci beaucoup/bien 2 *(emphatique)* *the* ~ *first edition* la toute première édition ; *the* ~ *same man* exactement le même homme ◆ *adj* même ; *from the* ~ *beginning* dès le tout début ; *those are his* ~ *words* ce sont là ses paroles mêmes ; *you are the* ~ *person I need* vous êtes exactement la personne qu'il me faut.

vesicle ['vesɪkl] *n* (Anat) vésicule *f*.

vessel ['vesl] *n* vaisseau *m*.

vest[1] [vest] *n* 1 (brit) maillot *m* de corps 2 (amér) gilet *m*.

vest[2] [vest] *vt* investir ‖ °**vested** *adj* ; ~ **interest** intérêt *m* personnel ; (Fin) ~ **interests** droits *mpl* acquis.

vet[1] [vet] *n* 1 *ab* (amér) **veterinarian**/ (brit) **veterinary surgeon** 2 (amér) (ab) veteran.

vet[2] [vet] *vt* examiner, contrôler, valider ‖ °**vetting** *n* contrôle *m* de sécurité.

veteran ['vetərən] *n* vétéran *m* ; **war** ~ ancien combattant *m* ◆ *adj* chevronné, expérimenté.

veterinarian [,vetərɪ'neərɪən] *n* (amér) vétérinaire *m* ‖ °**veterinary** *adj* vétérinaire ; (brit) ~ **surgeon** vétérinaire *m*.

veto ['vi:təu] *n* veto *m* ◆ *vt* mettre son veto à.

vex [veks] *vt* agacer ; chagriner ; ~**ed question** question *f* controversée ‖ **ve°xation** *n* contrariété *f*, chagrin *m*.

via ['vaɪə] *prép* par ; *Chicago* ~ *Boston* Chicago via Boston ; *(fig) let me know* ~ *David* fais-le-moi savoir par l'intermédiaire de David.

viable ['vaɪəbl] *adj* viable ; *(fig)* faisable.

viaduct ['vaɪədʌkt] *n* viaduc *m*.

vibes [vaɪbz] *npl inv* (fam) 1 vibrations *fpl* ; *I'm getting bad* ~ *from him* le courant ne passe pas/plus entre nous **2** vibraphone *m*.

vibrant [ˈvaɪbrənt] *adj* vibrant, palpitant.

vibraphone [ˈvaɪbrəfəʊn] *n* vibraphone *m*.

vibrate [vaɪˈbreɪt] *vti* (faire) vibrer ‖ **vibration** *n* vibration *f*.

vicar [ˈvɪkə] *n* (Rel) (Église anglicane) pasteur *m* ‖ **vicarage** *n* presbytère *m*.

vicarious [vɪˈkeərɪəs] *adj* par personne interposée.

vice[1] [vaɪs] *n* **1** vice *m*; ~ *squad* brigade *f* des mœurs **2** défaut *m*.

vice[2] (*brit*)/**vise** (*amér*) [vaɪs] *n* (*outil*) étau *m*.

vice[3] [vaɪs] *préf* ~ *chairman* n vice-président *m*.

vicinity [vɪˈsɪnɪtɪ] *n* **1** voisinage *m*; *in the* ~ *of* à proximité de **2** alentours *mpl*; *in the* ~ *of £20* environ 20 livres.

vicious [ˈvɪʃəs] *adj* **1** méchant, cruel (*f* -elle) **2** violent **3** vicieux (*f* -euse); corrompu ‖ **viciousness** *n* **1** méchanceté *f* **2** violence *f* **3** nature *f* vicieuse.

victim [ˈvɪktɪm] *n* victime *f*; *he fell* ~ *to typhoid fever* il a succombé à la typhoïde ‖ **victimize** *vt* prendre comme victime; exercer des représailles contre.

victor [ˈvɪktə] *n* vainqueur *m inv* ‖ **victory** *n* victoire *f*.

victorious [vɪkˈtɔːrɪəs] *adj* victorieux (*f* -euse).

victuals [ˈvɪtlz] *npl* vivres *mpl*, victuailles *fpl*.

video [ˈvɪdɪəʊ] *adj inv* n vidéo *f*; ~ *recorder* magnétoscope *m* ‖ **videotape** *n* bande *f* vidéo.

vie [vaɪ] *vi* rivaliser.

view [vjuː] *n* **1** vue *f*; perspective *f*; point *m* de vue; *in* ~ visible; en vue; *come into* ~ apparaître **2** opinion *f*; *in my* ~ à mon avis **3** intention *f*; *with a* ~ *to* en vue de ◆ *vt* **1** (*situation*) envisager **2** (*maison*) visiter ‖ **viewer** *n* **1** (TV) téléspectateur *m* (*f* -trice) **2** (*Phot*) visionneuse *f* ‖ **viewfinder** *n* (*Phot*) viseur *m*.

vigil [ˈvɪdʒɪl] *n* **1** veille *f*; *keep* ~ *over* veiller **2** (*Rel*) vigile *f* **3** (*police*) vigile *m* ‖ **vigilante** *n* redresseur *m inv* de torts.

vigorous [ˈvɪgərəs] *adj* **1** vigoureux (*f* -euse), robuste **2** énergique, dynamique ‖ **vigo(u)r** *n* vigueur *f*, énergie *f*.

vile [vaɪl] *adj* abject; détestable ‖ **vileness** *n* nature *f* abjecte, bassesse *f*.

vilify [ˈvɪlɪfaɪ] *vt* **1** avilir **2** dénigrer; calomnier.

village [ˈvɪlɪdʒ] *n* village *m*; ~ *hall* salle *f* des fêtes ‖ **villager** *n* villageois(e) *m(f)*.

villain [ˈvɪlən] *n* **1** scélérat *m* **2** (*Th*) the ~ le traître ‖ **villainous** *adj* infâme, vil ‖ **villainy** *n* infamie *f*.

vindicate [ˈvɪndɪkeɪt] *vt* **1** justifier, donner raison **2** (*droit*) revendiquer **3** (*personne*) disculper ‖ **vindication** *n* **1** défense *f*; *in* ~ *of* en justification de **2** revendication *f* ‖ **vindictive** *adj* vindicatif (*f* -ive); (*personne*) rancunier (*f* -ière) ‖ **vindictiveness** *n* esprit *m* de vengeance.

vine [vaɪn] *n* **1** pied *m* de vigne *f* **2** plante *f* grimpante.

vinegar [ˈvɪnɪgə] *n* vinaigre *m* ‖ **vinegary** *adj* **1** vinaigré **2** (*personne*) revêche; (*ton*) acerbe.

vineyard [ˈvɪnjəd] *n* vignoble *m*; vigne *f*.

vintage [ˈvɪntɪdʒ] *n* **1** année *f*, millésime *m*; (*vin*) grand cru *m*; **2** vendange *f* **3** ~ *car* voiture *f* de collection ◆ *adj* classique; typique; *it's* ~ *Hitchcock* c'est du meilleur Hitchcock.

viola [vɪˈəʊlə] *n* (*Mus*) alto *m*; ~ *player* altiste *mf*.

violate [ˈvaɪəleɪt] *vt* **1** (*loi*) enfreindre **2** (*Rel*) profaner **3** (*calme*) troubler **4** (*femme*) violer ‖ **violation** *n* **1** violation *f* **2** profanation *f* **3** intrusion *f* **4** viol *m* **5** (*amér*) infraction *f*.

violence [ˈvaɪələns] *n* violence *f*; force *f*.

violet [ˈvaɪələt] *n* (*Bot*) violette *f*; (*couleur*) violet *m* ◆ *adj* violet (*f* -ette).

violin [vaɪəˈlɪn] *n* violon *m*; *I play the* ~ je joue du violon.

viper [ˈvaɪpə] *n* (*Zool aussi fig*) vipère *f*.

virgin [ˈvɜːdʒɪn] *adj* n vierge *f*.

virile [ˈvɪraɪl] *adj* viril, mâle.

virtual [ˈvɜːtʃʊəl] *adj* **1** de fait; (*brit*) *a* ~ *snob* un véritable snob **2** (*Phys*) virtuel (*f* -elle) ‖ **virtually** *adv* **1** pratiquement; *I'm* ~ *broke* je suis quasiment fauché **2** virtuellement.

virtue [ˈvɜːtjuː] *n* **1** vertu *f* **2** qualité *f*; mérite *m*; *by/in* ~ *of* en vertu de **3** efficacité *f* ‖ **virtuous** *adj* vertueux (*f* -euse), chaste.

virtuoso [ˌvɜːtjʊˈəʊzəʊ] *n* virtuose *mf*.

virulent [ˈvɪrʊlənt] *adj* (*Méd*) virulent; (*critique*) venimeux (*f* -euse).

vis-à-vis [ˌviːzɑːˈviː] *prép* par rapport à.

vise *voir* **vice**[2].

vision [ˈvɪʒn] *n* **1** vision *f* **2** vue *f*.

visit [ˈvɪzɪt] *n* visite *f*; *he paid me a* ~ il m'a rendu visite; *five-day* ~ séjour *m* de cinq jours ◆ *vti* **1** (*site*) visiter **2** (*personne*) rendre visite (à) **3** (*with*) (*amér*) bavarder **4** inspecter ‖ **visiting** *n* visite *f*; ~ *hours* heures *f* de visite; ~ *professor* professeur *m* associé; (*Sp*) ~ *team* visiteurs *mpl* ‖ **visitor** *n* visiteur *m* (*f* -euse); (*hôtel*) client(e) *m(f)*.

visor [ˈvaɪzə] *n* visière *f*; (*Aut*) pare-soleil *m* (*pl inv*).

vista [ˈvɪstə] *n* vue *f*; perspective *f*.

visual [ˈvɪzʊəl] *adj* **1** visuel (*f* -elle); ~ *nerve* nerf *m* optique **2** perceptible **3** (*Inf*)

~ **display (unit)** écran *m* ; moniteur *m* || °**visually** *adv* ~ **handicapped** malvoyant || °**visualize/-ise** *vt* **1** (se) représenter **2** envisager.

vital [ˈvaɪtl] *adj* **1** vital, essentiel (*f* -elle) ; (*importance*) capital **2** énergique || °**vitally** *adv* absolument, extrêmement.

vitiate [ˈvɪʃɪeɪt] *vt* vicier ; corrompre.

vivacious [vɪˈveɪʃəs] *adj* vif (*f* vive), enjoué.

vivid [ˈvɪvɪd] *adj* vif (*f* vive), brillant ; (*récit*) vivant ; (*souvenir*) net (*f* nette) || °**vividness** *n* vivacité *f* ; netteté *f*.

vixen [ˈvɪksn] *n* **1** (*Zool*) renarde *f* ; (*fig*) mégère *f*.

viz. [vɪz] *ab de* **videlicet** *adv* c'est-à-dire ; à savoir.

vocabulary [vəʊˈkæbjʊlərɪ] *n* vocabulaire *m* ; lexique *m*.

vocal [ˈvəʊkl] *adj* **1** vocal **2** verbal, oral ♦ *n* (*brit*) ~**s** chant *m*, musique *f* vocale.

vocational [vəʊˈkeɪʃənl] *adj* (*Ens*) professionnel (*f* -elle).

vociferate [vəʊˈsɪfəreɪt] *vi* vociférer, crier || °**vociferous** *adj* bruyant.

voice [vɔɪs] *n* **1** voix *f* ; *he shouted at the top of his* ~ il cria à tue-tête ; *in a low* ~ à voix basse, à mi-voix ; (*Méd*) *I've lost my* ~ j'ai une extinction de voix ; (*Ciné, Th*) ~-*over* voix *f* off **2** avis *m* ♦ *vt* exprimer || °**voiceless** *adj* muet (*f* -ette) ; (*Méd*) aphone.

void [vɔɪd] *n* vide *m* ♦ *adj* **1** vide ; ~ *of all meaning* dénué de tout sens **2** (*Jur*) nul (*f* nulle) ♦ *vt* (*Jur*) annuler ; (*contrat*) résilier.

volcano [vɒlˈkeɪnəʊ] *n* volcan *m*.

volley [ˈvɒlɪ] *n* volée *f* ; (*Mil*) salve *f* ; (*insultes*) bordée *f*.

voluble [ˈvɒljʊbl] *adj* volubile, loquace.

voluntary [ˈvɒləntərɪ] *adj* **1** volontaire ; (*travailleur*) bénévole **2** intentionnel (*f* -elle) || **volun°teer** *n* volontaire *mf* ♦ *vt* offrir, proposer ♦ *vi* se porter volontaire ; (*Mil*) s'engager.

vomit [ˈvɒmɪt] *vti* vomir ♦ *n* vomi *m* || °**vomiting** *n* vomissements *mpl*.

voracious [vəˈreɪʃəs] *adj* vorace ; (*fig*) avide.

vortex [ˈvɔːteks] *n* tourbillon *m*.

vote [vəʊt] *n* **1** vote *m* ; ~ *of no confidence* motion *f* de censure ; ~ *of thanks* discours *m* de remerciements **2** suffrage *m* ; *he won by 120* ~*s* il gagna par 120 voix ; *the* ~ *will be on Thursday* le scrutin aura lieu jeudi ♦ *vti* **1** voter ; (*fam*) proposer **2** (*for*) élire || **vote down** *vpart* rejeter || **vote in** *vpart* élire || **vote out** *vpart* *he was* ~*d out* il n'a pas été réélu || °**voter** *n* électeur *m* (*f* -trice) || °**voting** *n* scrutin *m* ; ~ *booth* isoloir *m*.

vouch [vaʊtʃ] *vi* (*for*) garantir ; *I* ~ *for him* je réponds de lui || °**voucher** *n* **1** bon *m* ; *meal* ~ chèque-repas *m*, ticket-restaurant *m* **2** (*Com*) récépissé *m*, reçu *m* **3** (*personne*) garant(e) *m(f)* || **vouch°safe** *vt* **1** accorder **2** garantir.

vow [vaʊ] *vt* vouer ; jurer ♦ *n* promesse *f* ; (*Rel*) vœu *m*.

vowel [ˈvaʊəl] *n* voyelle *f*.

voyage [ˈvɔɪdʒ] *n* (*mer*) traversée *f* ; ~ *in space* voyage *m* dans l'espace.

vulgar [ˈvʌlgə] *adj* **1** vulgaire, de mauvais goût **2** répandu, commun || °**vulgarism** *n* expression *f* vulgaire.

vulture [ˈvʌltʃə] *n* (*Orn aussi fig*) vautour *m*.

vying *voir* **vie**.

W

W, w [ˈdʌblju:] (*lettre*) W, w.

wad [wɒd] *n* **1** (*billets*) liasse *f* **2** tampon *m* ♦ *vt* rembourrer ; fourrer || °**wadding** *n* rembourrage *m*.

waddle [ˈwɒdl] *vi* se dandiner.

wade [weɪd] *vi* **1** patauger, marcher (dans l'eau) ; ~ *across* passer à gué **2** (*through*) (*fig*) venir péniblement à bout de.

wafer [ˈweɪfə] *n* (*Cuis*) gaufrette *f* ; (*Rel*) hostie *f*.

waffle[1] [ˈwɒfl] *n* (*Cuis*) gaufre *f*.

waffle[2] [ˈwɒfl] *n* (*fam*) blabla *m* ♦ *vi* parler pour ne rien dire.

waft [wɑːft] *vti* (ap)porter ; flotter (dans l'air) ♦ *n* bouffée *f*.

wag[1] [wæg] *vti* (*queue*) agiter, remuer ; (*tête*) hocher ; (*doigt*) menacer ♦ *n* (*tête*) hochement *m*.

wag[2] [wæg] *n* (*vx*) plaisantin *m* || °**waggish** *adj* amusant.

wage[1] [weɪdʒ] *n* **1** salaire *f* ; (*ouvrier*) paye *f* ; ~ *bill* coûts *mpl* salariaux ; ~ *claim* revendication *f* salariale ; ~ *earner* salarié *m* ; ~ *freeze* blocage *m* des salaires || **wages** *npl* salaire *m* ; (*fig*) récompense *f*.

wage[2] [weɪdʒ] *vt* **1** (*campagne*) mener **2** ~ *war* faire la guerre **3** parier || °**wager** *n* pari *m*.

waggle [ˈwægl] *vt* agiter, remuer.

wag(g)on ['wægən] n (Ag) charrette f; (Rail) wagon m; (Ind) chariot m; (loc) he's on the ~ il ne boit plus (d'alcool).
waif [weɪf] n enfant m abandonné.
wail [weɪl] vi gémir; (sirène) hurler ◆ n gémissement m; hurlement m.
waist [weɪst] n taille f || °**waistband** n ceinture f || °**waistcoat** n gilet m || °**waistline** n taille f.
wait [weɪt] n attente f; lie in ~ guetter ◆ vi attendre; ~ for me! attends-moi! ~ and see policy politique f d'attente, attentisme m; I can't ~ to see her j'ai hâte de la voir || **wait about/around** vpart attendre; traîner || **wait behind** vpart rester || °**waiter** n garçon m (de café); (restaurant) serveur m || **wait in** vpart attendre à la maison || °**waiting** n attente f; ~ room n salle f d'attente; no ~ défense de stationner || **wait on** vpart servir || **waitress** n serveuse f || **wait up** vpart he ~ed up all night il ne s'est pas couché de la nuit.
waive [weɪv] vt 1 renoncer (à) 2 ~ payment refuser tout paiement.
wake[1] [weɪk] (p woke; pp woken) vti (s')éveiller, (se) réveiller || °**waking** n veille f || °**wakeful** adj éveillé; ~ night nuit f blanche || **wake up** vpart (se) réveiller; I woke up to the danger je me suis enfin rendu compte du danger.
wake[2] [weɪk] n (Naut aussi fig) sillage m.
waken ['weɪkən] vti (se) réveiller.
walk [wɔːk] vi marcher; se promener; let's ~ there allons-y à pied ◆ vt promener ◆ n 1 marche f; promenade f 2 démarche f 3 allée f, sentier m 4 ~ of life position f sociale; métier m || °**walkabout**; go ~ prendre un bain de foule || **walk away** vpart (from) s'éloigner (à pied) (de); he ~ed away with the prize il a gagné le prix haut la main || °**walker** n promeneur m (f -euse); randonneur m (f -euse) || **walk in** vpart entrer; (fig) (on) déranger || °**walking** (brit) n marche f à pied; randonnée f; ~ stick n canne f; it's within ~ distance on peut y aller à pied ◆ adj ambulant || **walk off** vpart partir; he ~ed off with my book il a emporté mon livre; I ~ed lunch off j'ai fait une promenade digestive || °**walk-on** adj ~ part rôle m de figurant(e) || **walk out** vpart 1 sortir 2 (on) quitter; (ouvriers) se mettre en grève ◆ n débrayage m || **walk over** vpart piétiner; (fig) opprimer || °**walkover** n tâche f/victoire f facile || °**walk-up** n (amér) immeuble m sans ascenseur || °**walkway** n passage m (pour piétons).
wall [wɔːl] n 1 (maison) mur m; ~ lamp applique f 2 muraille f 3 barrière f; (Com) tariff ~ barrière f douanière || **wall in** vpart entourer (d'un mur) || °**wallflower** n (Bot) giroflée f; (fig fam) she's a ~ elle

fait tapisserie f || °**wallpaper** n papier m peint; tapisserie f ◆ vt tapisser || **wall off** vpart séparer (par un mur) || **wall up** vpart (em)murer; condamner (une fenêtre).
wallet ['wɒlɪt] n portefeuille m.
wallop ['wɒləp] n 1 torgnole f 2 he came down with a ~ il est tombé lourdement ◆ vt (fam) rosser.
wallow ['wɒləʊ] vi se vautrer.
walnut ['wɔːlnʌt] n (fruit) noix f; ~ tree noyer m.
walrus ['wɔːlrəs] n (Zool) morse m.
waltz [wɔːls] n valse f ◆ vi valser; she ~ed out elle est sortie d'une manière désinvolte.
wan [wɒn] adj pâle, pâlot (f -otte); blême.
wand [wɒnd] n baguette f magique.
wander ['wɒndə] vti 1 errer; he ~ed in il est entré sans se presser 2 (esprit) divaguer; don't ~ from the subject ne vous écartez pas du sujet || °**wanderer** n vagabond m || °**wandering** adj itinérant m; (chemin) tortueux (f -euse); (esprit) distrait; (loc) ~ hands mains fpl baladeuses ◆ n vagabondage m.
wane [weɪn] vi 1 faiblir; décliner 2 (lune) décroître ◆ n on the ~ sur le déclin.
want [wɒnt] vt 1 vouloir; avoir besoin de; I ~ to see her je veux la voir; I ~ed you to help me je voulais que tu m'aides 2 demander, réclamer; ~ed for murder recherché pour meurtre ◆ vti 1 manquer (de) 2 (loc) he ~s out il abandonne ◆ n 1 besoin m 2 manque m; for ~ of... faute de... 3 indigence f, misère f.
wanton ['wɒntən] adj 1 délibéré; gratuit 2 (personne) capricieux (f -ieuse) 3 (vx) (conduite) impudique.
war [wɔː] n 1 guerre f; at ~ (with) en guerre (contre); go to ~ entrer en guerre; wage ~ (against/on) faire la guerre (contre/à) 2 conflit m; lutte f ◆ vi faire la guerre || °**warcraft** n 1 art m militaire 2 navires mpl/avions mpl de guerre || °**warfare** n guerre f; global ~ guerre mondiale || °**warhead** n ogive f || °**warlike** adj belliqueux (f -euse); hostile || °**warmongering** n bellicisme m.
warble ['wɔːbl] vi gazouiller ◆ n gazouillement m; gazouillis m || °**warbler** n (Orn) fauvette f.
ward [wɔːd] n 1 (hôpital) salle f (commune) 2 (Pol) district m 3 (Jur) ~ of court pupille mf 4 protection f; tutelle f || °**warden** n 1 gardien(ne) m(f) 2 (prison) directeur m (f -trice) 3 traffic ~ contractuel(le) m(f) || °**warder**/°**wardress** n (brit) gardien(ne) m(f) de prison || **ward off** vpart écarter; (coup) parer; (maladie) prévenir || °**wardrobe** n garde-robe f || °**wardroom** n (Mil) carré m des officiers.
wares [weəz] npl inv marchandises fpl

|| °**warehouse** n entrepôt m; *bonded ~* entrepôt en douane ◆ vt entreposer; mettre en douane.

warm [wɔ:m] adj 1 chaud; tiède; *I'm too ~* j'ai trop chaud; *it's ~* il fait chaud; *get ~* se réchauffer 2 chaleureux (f -euse) 3 vif (f vive); animé ◆ vti (se) chauffer || **warm-°hearted** adj généreux (f -euse) || **warmth** n chaleur f || **warm up** vpart (se) (ré)chauffer; (Sp) s'échauffer.

warn [wɔ:n] vt 1 avertir; *he came without warning (us)* il est arrivé à l'improviste 2 conseiller || °**warning** n 1 avertissement m 2 avertisseur m (lumineux/ sonore) 3 préavis m.

warp [wɔ:p] vti 1 (se) gauchir; (se) voiler 2 (fig) corrompre ◆ n défaut m.

warrant ['wɔrənt] vt 1 garantir 2 justifier; *it ~s your attention* cela mérite votre attention ◆ n 1 justification f 2 (personne) garant m 3 (Jur) mandat m; ordre m 4 (Fin) bon m de souscription || °**warranty** garantie f.

warren ['wɔrən] n garenne f; (fig) dédale m.

warrior ['wɔrɪə] n guerrier m; *the Unknown W~* le Soldat inconnu.

wart [wɔ:t] n verrue f.

wary ['weərɪ] adj prudent; méfiant; *I'm ~ of lending money* j'hésite à prêter de l'argent.

was [wɒz] p de **be**.

wash [wɒʃ] vti 1 (se) laver; *~ your hands* lave-toi les mains 2 (murs) lessiver 3 baigner 4 (loc) *that won't ~ with me!* ça ne prendra pas avec moi! ◆ n 1 toilette f; *he's having a ~* il se lave 2 lessive f; *in the ~* au lavage m 3 (Naut) remous m 4 (Méd) soluté m; *mouth ~* bain m de bouche 5 (Art) lavis m || **wash away/off** vpart 1 enlever; éliminer 2 emporter (par le courant) || (°**wash)basin** n lavabo m || **wash down** vpart laver; lessiver || °**washed-out** adj délavé; (fam) *you look ~* tu as l'air lessivé || °**washer** n 1 (Tech) rondelle f; joint m 2 (fam) lavelinge m; lave-vaisselle m || °**washing** n lessive f; *~ powder* poudre f à laver, lessive f || °**washing-up** n vaisselle f || **wash off/out** vpart 1 (tache) enlever, éliminer; *I'll ~ the cup out* je vais rincer la tasse 2 *~ed out to sea* entraîné vers le large || °**washout** n (fam) désastre m || °**washroom** n toilettes fpl || **wash up** vpart 1 (brit) faire la vaisselle 2 (amér) se laver 3 apporter (par le courant); *washed up on the beach* rejeté sur la plage.

wasp [wɒsp] n (Zool) guêpe f || °**waspish** adj (fig) hargneux (f -euse).

wastage ['weɪstɪdʒ] n 1 gaspillage m 2 déchets mpl 3 (Ind) déperdition f; perte f.

waste [weɪst] n 1 gaspillage m; (temps) perte f; *what a ~!* quel gâchis! 2 ordures

fpl ménagères 3 (Ind) déchets mpl 4 *~ (land)* désert m; terres fpl à l'abandon; *polar ~s* régions fpl polaires ◆ adj 1 de rebut; *~-paper basket* corbeille f à papiers; *~ water* eaux fpl usées 2 perdu; *lay ~* dévaster 3 inculte; *~ ground* (brit) terrain m vague ◆ vt gaspiller; (temps) perdre || **waste away** vpart dépérir || °**wastebin** n (brit) poubelle f || °**wasted** adj 1 inutile 2 (personne) émacié.

watch [wɒtʃ] n 1 montre f; *by my ~* à ma montre 2 garde f; (Naut) quart m 3 guet m; *on the ~ (for)* à l'affût de 4 surveillance f; *keep (a) ~ on/over* surveiller ◆ vti 1 regarder 2 (over) (enfant) surveiller; (malade) veiller 3 (out for) guetter; faire attention (à); (fam) *~ it!* attention! || °**watchband** (amér)/**strap** (brit) bracelet m de montre || °**watchdog** n chien m de garde || °**watchful** adj alerte; vigilant || °**watchman** n veilleur m; guetteur m || °**watchword** n mot m d'ordre.

water ['wɔ:tə] n 1 eau f; *drinking ~* eau potable; *(hot) ~ bottle* bouillotte f; (fam fig) *in hot ~* dans de beaux draps; *~ ice* (brit) sorbet m; *~ lily* nénuphar m; *~ skiing* ski m nautique; *~ supply* alimentation f en eau; *~ tower* château m d'eau 2 *high/low* marée f haute/basse 3 (Méd) urine f; *pass ~* uriner 4 (loc) *your theory doesn't hold ~* ta théorie ne tient pas debout ◆ vt 1 arroser 2 (cheval) abreuver 3 couper (avec de l'eau) ◆ vi 1 (bouche) saliver 2 (yeux) pleurer || °**watercolo(u)r** n aquarelle f || °**watercress** n cresson m || **water down** vpart diluer; (fig) édulcorer || °**waterfall** n cascade f || °**waterfront** n quai m; bord m de mer || °**watering** n 1 arrosage m; *~ can* arrosoir m 2 (animal) abreuvage m || °**waterline** n (Naut) ligne f de flottaison || °**waterlogged** adj détrempé || °**watermark** n filigrane m || °**watermelon** n pastèque f || °**waterproof** adj imperméable || °**waters** npl 1 eaux fpl territoriales 2 eaux thermales; *take the ~* faire une cure || °**watershed** n (Géog) ligne f de partage des eaux; (fig) grand tournant m || °**watertight** adj étanche; (argument) irréfutable || °**waterway** n voie f navigable || °**waterworks** n 1 usine f de traitement des eaux; (fam fig) *turn on the ~* se mettre à pleurer 2 (brit fam) voies fpl urinaires || °**watery** adj 1 humide; aquatique 2 (yeux) larmoyant 3 (couleur) pâle; délavé 4 (soupe, thé) trop clair.

wave [weɪv] vti 1 saluer (de la main) 2 agiter; brandir 3 (drapeau) flotter; (blé) onduler ◆ n 1 signe m de la main 2 vague f 3 (El) onde f 4 ondulation f || **wave aside** vpart écarter || **wave down/on** vpart faire signe d'arrêter/de continuer

‖ **wave off** *vpart* faire un signe d'adieu à ‖ **°wavy** *adj* ondulé; ondoyant.

waver ['weivə] *vi* hésiter; *(courage)* défaillir; *(flamme)* vaciller.

wax[1] [wæks] *n* cire *f*; *(ski)* fart *m* ◆ *vt* cirer; farter; **°waxen** *adj* de cire; *(teint)* cireux (*f* -euse).

wax[2] [wæks] *vi* *(lune)* croître.

way [wei] *n* 1 chemin *m*; route *f*; *across the* ~ de l'autre côté de la rue; *one-~ street type f* à sens unique; *(Aut) right of* ~ priorité *f*; *out of the* ~ à l'écart; *(fig) don't go out of your* ~*!* ne vous dérangez pas! 2 place *f*; position *f*; *the right* ~ *up* à l'endroit; *the wrong* ~ *round* à l'envers; *under* ~ en cours; *he's worked his* ~ *up* il est parti de rien 3 distance *f*; *all the* ~ jusqu'au bout 4 direction *f*; ~ *in* entrée *f*; ~ *out* sortie *f*; *could you tell me the* ~*?* pourriez-vous m'indiquer le chemin? *the other* ~ à l'opposé; *I went the wrong* ~ je me suis trompé de chemin 5 manière *f*; *do it your* ~ fais-le à ta façon; *he has a* ~ *with babies* il sait s'y prendre avec les bébés 6 moyen *m* 7 *(loc)*; *in a bad* ~ mal en point; *by* ~ *of* en guise de; *by the* ~ à propos; *in many* ~*s* à bien des égards; *if I had my* ~... si j'avais mon mot à dire...; *no* ~*!* en aucun cas! ◆ *adv it's* ~ *below* c'est bien en dessous ‖ **°waylay** *vt* retarder ‖ **°wayside** *n* bord *m* de la route ‖ **°wayward** *adj* capricieux (*f* -ieuse).

we [wi:] *pr sujet* nous.

weak [wi:k] *adj* faible; *(santé)* fragile; ~*-kneed* *(fam fig)* faible de caractère ‖ **°weaken** *vti* (s')affaiblir ‖ **°weakling** *n (péj)* mauviette *f inv* ‖ **°weakly** *adj* chétif (*f* -ive) ◆ *adv* faiblement; sans force ‖ **°weakness** *n* faiblesse *f*; *(défaut)* point *m* faible.

wealth [welθ] *n* 1 richesse *f*; ~ *tax* impôt *m* sur la fortune *f* 2 profusion *f* ‖ **°wealthy** *adj* riche; opulent.

wean [wi:n] *vt* sevrer.

weapon ['wepən] *n* arme *f*; *(fig)* défense *f* ‖ **°weaponry** *ns inv* armes *fpl*.

wear [weə] *vti* (*p* **wore** /*pp* **worn**) 1 *(vêtement)* porter; *what shall I* ~*?* qu'est-ce que je vais mettre? 2 s'user; *it will* ~ *well* ça fera bon usage 3 *(loc fam) that won't* ~ *with me!* je ne marche pas! ◆ *n* 1 vêtements *mpl*; *evening* ~ tenue *f* de soirée 2 usure *f*; détérioration *f*; ~ *and tear* usure naturelle ‖ **wear away/off** *vpart* (s')user, (s')effacer; *my headache has worn off* mon mal de tête est passé ‖ **wear down/out** *vpart* (s')user; *I'm worn out* je suis épuisé ‖ **°wearing** *adj* épuisant.

weariness ['wiərinis] *n* lassitude *f* ‖ **°wearisome** *adj* lassant ‖ **°weary** *adj* las, fatigué ◆ *vti* (se) lasser.

weasel ['wi:zl] *n* belette *f*.

weather ['weðə] *n* 1 temps *m*; *what's the* ~ *like?* quel temps fait-il? ~ *forecast* prévisions *fpl* météorologiques; *(loc) he's under the* ~ il est patraque ◆ *vt* résister à; *(fig)* surmonter (une difficulté) ◆ *vi* s'altérer, travailler ‖ **°weather-beaten** *adj* 1 battu par les vents 2 *(personne)* hâlé; basané ‖ **°weathercock/vane** *n* girouette *f*.

weave [wi:v] *vti* (*p* **wove** /*pp* **woven**) tisser; entrelacer; *(fig)* se faufiler.

web [web] *n* 1 toile *f* (d'araignée) 2 tissu *m* 3 membrane *f*; *webbed foot* pied *m* palmé ‖ **°webbing** *n* toile *f* (à sangle).

wed [wed] *vt* épouser ‖ **°wedding** *n* mariage *m*; ~ *ring* alliance *f* ‖ **°wedlock** *(Jur)* mariage *m*.

wedge [wedʒ] *vt* caler; coincer ◆ *n* 1 cale *f*; coin *m* 2 *(fig)* part *f*.

Wednesday ['wenzdi] *n* mercredi *m*; *Ash W* ~ mercredi des Cendres.

weed [wi:d] *n* mauvaise herbe *f*; ~*-killer* *n* désherbant *m* ◆ *vti* désherber ‖ **weed out** *vpart* éliminer ‖ **°weedy** *adj* 1 couvert de mauvaises herbes 2 *(fam)* chétif (*f* -ive).

week [wi:k] *n* semaine *f*; ~ *by* ~ de semaine en semaine; ~ *in* ~ *out* des semaines durant; *Sunday* ~ *(surtout brit)* dimanche en huit ‖ **°weekday** *n* jour *m* de semaine; *on* ~*s* en semaine ‖ **°weekly** *adj* *n* hebdomadaire *m* ◆ *adv* chaque semaine.

weep [wi:p] *vi* (*p pp* **wept**) pleurer; *(plaie)* suppurer ‖ **°weeping** *n* pleurs *mpl*; ~ *willow* saule *m* pleureur ‖ **°weepy** *adj* larmoyant.

weigh [wei] *vti* 1 peser 2 ~ *anchor*/~ *to* lever l'ancre ‖ **weigh down** *vpart* lester; *(fig)* accabler ‖ **weigh in** *vpart* intervenir; *(Sp)* se faire peser ‖ **weigh out/up** *vpart* peser; *(fig)* apprécier ‖ **weight** *n* poids *m*; *I've gained/put on* ~ j'ai pris du poids ‖ **°weighted** *adj* partial; ~ *average* moyenne *f* pondérée ‖ **°weightlifter** *n* haltérophile *mf* ‖ **°weightlifting** *n* haltérophilie *f* ‖ **°weighty** *adj* (trop) lourd; *(fig)* sérieux (*f* -ieuse).

weird [wiəd] *adj* étrange, inquiétant ‖ **°weirdo** *n (fam)* type *m* étrange.

welcome ['welkəm] *vt* 1 accueillir; souhaiter la bienvenue à 2 encourager ◆ *n* bienvenue *f*; ~ *desk (amér)* réception *f* ◆ *adj* bienvenu; *you're* ~ *to borrow it* je vous le prête volontiers ‖ **°welcoming** *adj* accueillant; ~ *speech* discours *m* de bienvenue.

weld [weld] *vt* souder ‖ **°welding** *n* soudure *f*.

welfare ['welfeə] *n* 1 bien-être *m*; ~ *centre* centre *m* d'aide sociale; *child* ~ protection *f* de l'enfance 2 allocations *fpl* (de l'État); *W*~ *State* État *m* Providence.

well¹ [wel] *n* **1** puits *m* **2** cage *f* d'escalier ◆ *vi* (*up*) jaillir.

well² [wel] *adj* bien portant; *are you ~?* tu vas bien? *get ~ soon!* remets-toi vite! *it's all very ~ but...* c'est bien joli mais... ◆ *adv* bien; satisfaisant; *as ~* aussi; *I can't very ~ criticize* je ne peux guère critiquer; *he may ~ be late* il se peut qu'il soit en retard; *pretty ~* presque; *I know her pretty ~* je la connais assez bien; *it's ~ worth visiting* ça vaut vraiment la visite; *I'd just as ~...* j'aimerais autant... ◆ *excl ~ I never!* ça alors! *~ done!* bravo! ◆ *préf* **~-behaved** *adj* sage; **~-being** *n* bien-être *m*; **~-heeled** *adj* nanti; **~-kept** *adj* bien entretenu; **~-meaning** *adj* bien intentionné; **~-off** *adj* aisé; **~-timed** *adj* opportun; **~-to-do** *adj* riche; **~-tried** *adj* éprouvé || **°wellwisher** *n* ami(e) *m(f)* (qui vous veut du bien); partisan *m*.

wend [wend] *vti* avancer (lentement).

went [went] *p de* **go**.

wept [wept] *p pp de* **weep**.

were [wɜ:] *p de* **be**.

west [west] *adj n* ouest *m*; *the W~* l'Occident *m* ◆ *adv I walked ~* j'ai marché vers l'ouest || **°westbound** *adj* en direction de/vers l'ouest || **°west-country** *adj* (*brit*) (des régions) de l'ouest || **°westerly** *adj* de/vers l'ouest; *~ wind* vent *m* d'ouest || **°western** *adj* dans l'ouest; de l'ouest; *the W~ World* l'Occident *m* || **°westernmost** *adj* le plus à l'ouest || **°westward(s)** *adj* (*adv*) vers l'ouest.

wet [wet] *vt* (*p pp* **wet/wetted**) mouiller ◆ *adj* **1** humide, mouillé; *you'll get ~* tu vas te (faire) mouiller; *~ suit* combinaison *f* de plongée **2** (*temps*) pluvieux (*f* -ieuse) **3** (*peinture*) fraîche **4** (*fig*) faible; *~ blanket* rabat-joie *m* (*pl inv*) ◆ *n* **1** humidité *f* **2** pluie *f*; temps *m* humide **3** (*brit péj Pol*) modéré(e) *m(f)* **4** (*amér Hist*) antiprohibitionniste *mf*.

whack [wæk] *vt* frapper; battre; (*brit fam*) *I'm ~ed* je suis fourbu ◆ *n* coup *m* || **°whacking** *n* (*fam*) raclée *f* ◆ *adj* énorme.

whale [weɪl] *n* (*Zool*) baleine *f*; (*fam fig*) *a ~ of an evening* une sacrée bonne soirée || **°whaler** *n* baleinier *m* || **°whaling** *n* pêche *f* à la baleine.

wharf [wɔ:f] *n* quai *m*; embarcadère *m*; débarcadère *m*.

what [wɒt] *adj* **1** *excl* quel (*f* quelle); *~ a match!* quel match! **2** *int ~ time is it?* quelle heure est-il? *can you tell me ~ time it is?* pouvez-vous me donner l'heure? ◆ *pr int ~ is he doing?* que fait-il? *~'s it for?* à quoi ça sert? ◆ *pr rel do ~ you can* faites ce que vous pouvez; *that's ~ he needs* c'est ce dont il a besoin **3** (*loc*) *what!* quoi! *what?* comment? *~ about men over 40?* et les hommes au-dessus de 40 ans? *~ if I don't like it?* et si je ne l'aime pas? *~ with unemployment and...* si on tient compte du chômage et de...

whatever [wɒt'evə] *adj* **1** *~ the weather* quel que soit le temps; *at ~ price* à n'importe quel prix **2** *emphatique* (*aussi* **whatsoever**) *no hope* ~ aucun espoir; *nothing* ~ rien du tout ◆ *pron take ~ you can find!* prends tout ce que tu trouveras! *~ he may say* quoi qu'il en dise ◆ *pr int ~ is he reading?* que diable lit-il?

wheat [wi:t] *n* blé *m*; froment *m*.

wheedle ['wi:dl] *vti* cajoler.

wheel [wi:l] *n* **1** roue *f*; (*Naut*) barre *f*; (*Aut*) *steering ~* volant *m* **2** (*Tech aussi fig*) rouage *f* ◆ *vt* rouler; pousser ◆ *vi* tournoyer; *he ~ed round* il fit volte-face || **°wheelbarrow** *n* brouette *f* || **°wheelchair** *n* fauteuil *m* roulant || **°wheelerdealer** *n* brasseur *m* d'affaires.

wheeze [wi:z] *vi* respirer avec peine.

when [wen] *adv* quand; *since ~?* depuis quand? ◆ *conj he'll do it ~ he has time* il le fera quand il aura le temps; *~ I've finished* quand j'aurai terminé; *don't stay in ~ it's so nice* ne reste pas dedans alors qu'il fait si beau ◆ *pr rel the day ~* le jour où; *May 10th, ~...* le 10 mai, date à laquelle...

whenever [wen'evə] *adv conj* toutes les fois que; chaque fois que; *~ you like* quand tu veux.

where [weə] *int* où; *~ are you?* où es-tu? *~ do you come from?* d'où viens-tu? *tell me ~ he is* dis-moi où il est ◆ *conj rel* où; *go ~ you like* allez où vous voulez; *the room ~ he was* la pièce où/dans laquelle il était; *that's ~ you are wrong* c'est là que vous avez tort; *we reached Paris, ~ the car broke down* nous sommes arrivés à Paris, et là la voiture est tombée en panne ◆ *conj* alors que ◆ *n the ~ and the when* le lieu et l'heure || **where°abouts** *adv* où || **°whereabouts** *npl I don't know his ~* je ne sais pas ce qu'il devient || **°whereas** *conj* alors que || **where°by** *conj* par lequel/où || **where°ever** *adv conj* partout où; *~ I go* où que j'aille || **°whereupon** *conj* sur quoi.

whet [wet] *vt* aiguiser || **°whetstone** *n* pierre *f* à aiguiser.

whether ['weðə] *conj* **1** si; *I asked him ~ it was true (or not)* je lui ai demandé si c'était vrai (ou pas) **2** *~ you like it or not* que cela vous plaise ou non.

whew [hwu:] *interj* ouf!

which [wɪtʃ] *rel* **1** qui, que; *the train in ~ you travelled* le train dans lequel vous avez voyagé; *he died in 1980, by ~ time his son had left school* il mourut en 1980, au moment où son fils avait fini ses études

2 *(reprise)* *he's late,* ~ *is hardly surprising* il est en retard, ce qui n'est guère surprenant ◆ *adj pr int (choix limité)* le (la)-quel(le), (les)-quels -quelles ; ~ *book is yours?* quel livre est à toi ? ~ *is your son, the dark-haired boy or the fair one?* lequel est ton fils, le brun ou le blond ? *I don't know* ~ *(one) is the chairman* je ne sais pas lequel est le président ‖ **which**°**ever** *adj rel* n'importe quel(s)/quelle(s) ; ~ *train you catch* quel que soit le train que vous preniez ◆ *pr rel* n'importe lequel ; *take* ~ *you like best* prends celui que tu préfères.

whiff [wɪf] *n* bouffée *f*.

while [waɪl] *n* espace *m* de temps ; *a short* ~ un court instant *m* ; *he slept all the* ~ il a dormi tout le temps ; *once in a* ~ de temps en temps ◆ *vt* (~ *away*) faire passer (le temps) ◆ *(brit. vx* **whilst**) *conj* **1** *(temps)* tandis que, pendant (tout le temps) que ; *I'll work* ~ *you rest* je travaillerai pendant que vous vous reposerez **2** *(contraste)* alors que ; *Tom was healthy* ~ *his sister was delicate* Tom était en bonne santé, tandis que sa sœur était fragile.

whim [wɪm] *n* caprice *m* ‖ °**whimsical** *adj* **1** fantasque **2** bizarre.

whimper [ˈwɪmpə] *vi* pleurnicher ; gémir.

whine [waɪn] *vi* gémir, geindre.

whinny [ˈwɪnɪ] *vi* hennir.

whip [wɪp] *n* fouet *m* ; *strawberry* ~ mousse *f* aux fraises ; *(GB Parlement, US Congrès)* chef *m* de file ◆ *vti* **1** faire un mouvement brusque **2** fouetter ; *whipped cream* crème *f* fouettée ; *(fig) whipping boy* bouc *m* émissaire **3** *(foule)* galvaniser ‖ °**whipcord** *n* mèche *f* de fouet ; *(tissu)* whipcord *m* ‖ °**whiplash** *n* coup *m* de fouet ; *(fam Méd)* coup *m* du lapin ‖ °**whip-round** *n (brit fam)* collecte *f*.

whirl [wɜ:l] *n* tourbillon *m* ◆ *vti* (faire) tourbillonner ‖ °**whirlpool** *n (eau)* tourbillon *m* ‖ °**whirlwind** *n* tornade *f*.

whirr [wɜ:] *n (machine)* ronflement *m*.

whisk [wɪsk] *vt* faire un mouvement rapide ; *(Cuis)* (~ *up*) battre (œufs en neige, crème) ◆ *n* mouvement rapide ; *(Cuis) egg* ~ fouet *m*.

whiskers [ˈwɪskəz] *npl* poils *mpl* de barbe ; *side* ~ favoris *mpl* ; *(chat)* moustaches *fpl*.

whisky (brit), **whiskey** *(US, Irlande)* [ˈwɪskɪ] *n* whisky.

whisper [ˈwɪspə] *n* chuchotement *m* ; *in a* ~ à voix basse ◆ *vti* chuchoter.

whistle [ˈwɪsl] *n* **1** sifflet **2** coup *m* de sifflet ; *blow the* ~ donner un coup de sifflet ; *(fig) blow the* ~ *on* dénoncer ◆ *vi* siffler ; siffloter ‖ °**whistle-stop** *(amér Rail)* halte *f* facultative ; ~ *campaign* tournée *f* électorale (en train).

white [waɪt] *adj* blanc (*f* -che) ; *(brit)* ~ *coffee* café *m* au lait ; *as* ~ *as snow* blanc comme neige ; ~ *lie* mensonge *m* pieux ; *(Cuis)* ~ *meat* blanc *m* (de volaille) ◆ *n* blanc *m* ; *she was dressed in* ~ elle portait du blanc ; *(Sp)* tenue *f* blanche ; *(Adm) W~ Paper* livre *m* blanc ; ~ *goods* appareils *mpl* ménagers ; linge *m* de maison ‖ **white-**°**collar** *adj* ~ *worker* employé *m* de bureau ; **white-**°**hot** *adj* chauffé à blanc ‖ °**whiten** *vti* blanchir ‖ °**whiteness** *n* blancheur *f* ‖ °**whitewash** *vt* blanchir à la chaux ; *(fig)* blanchir (une réputation).

whiting [ˈwaɪtɪŋ] *n (Zool)* merlan *m*.

Whitsun [ˈwɪtsn] *n* Pentecôte *f*.

whittle [ˈwɪtl] *vt* tailler au canif ; rogner.

whizz [wɪz] *n* sifflement *m* ◆ *vi* (~ *by*) passer à toute vitesse ‖ °**whiz(z) kid** *n (fam)* jeune prodige *mf*.

who [hu:] *pr int* qui ; ~*'s there?* qui est là ? *(Téléph)* ~*'s speaking?* qui est à l'appareil ? *I asked* ~ *he was* j'ai demandé qui il était ◆ *rel* qui ; *ask Mary,* ~ *speaks English well* demandez à Mary, qui parle bien anglais ; *my father,* ~ *I think you know* mon père, que vous connaissez, je pense ‖ *who'd* = *who had, who would* ‖ °**whodun(n)it** *n (fam)* roman *m* policier ‖ *who*°*ever* *pr* **1** quiconque ; ~ *asked the question* celui/celle qui a posé la question **2** qui que ; *come out,* ~ *you are!* sortez, qui que vous soyez !

whole [həʊl] *n* totalité *f*, tout *m* ; *as a* ~ dans son ensemble ; *on the* ~ dans l'ensemble ; *the* ~ *of Europe* l'Europe entière ◆ *adj* entier (*f* -ière), complet (*f* -ète) ; *tell the* ~ *truth* dites toute la vérité ‖ °**wholefood** *n* aliments *mpl* complets ‖ **whole-**°**heartedly** *adv* de tout cœur, sans réserve ‖ °**wholemeal** / *(amér)* -**wheat** *adj* ~ *bread* pain *m* complet ‖ °**wholesale** *n* vente *f* en gros ◆ *adj adv* ~ *price* prix *m* de gros ; *(fig)* en bloc ‖ °**wholesaler** *n* grossiste *mf* ‖ °**wholesome** *adj* sain, salubre ‖ °**wholly** *adv* entièrement.

whom [hu:m] *pr int for* ~ *do you work?/*~ *do you work for?* pour qui travaillez-vous ? ◆ *rel* que ; *my friends, most of* ~ *you know,* mes amis, dont vous connaissez la plupart ‖ *whom*°*ever* *rel* celui (quel qu'il soit) qui, qui que ce soit qui.

whooping cough [ˈhu:pɪŋkɒf] *n (Méd)* coqueluche *f*.

whopper [ˈwɒpə] *n (fam)* bobard *m*.

whore [hɔ:] *n* prostituée *f* ; *(fam)* putain *f*.

who're [ˈhu:ə] = *who are*.

who's [hu:z] = *who is*.

whose [hu:z] *adj pr inter* à/de qui ; ~ *is this?* à qui est-ce ? ◆ *rel* dont, de qui ; duquel, de laquelle, desquels (-les) ; *the*

woman ~ bag was stolen la femme dont le sac a été volé ; *my father, with ~ help I bought this house* mon père, avec l'aide duquel/de qui j'ai acheté cette maison.

why [waɪ] *adv conj int* **1** pourquoi ; *~ not?* pourquoi pas ? *I want to know ~* je veux savoir pourquoi ; *~ work so hard?* à quoi bon tant travailler ? **2** *(invitation)* *~ don't you sit down?* asseyez-vous donc ! ◆ *rel that's the reason ~ I wrote* voilà pourquoi/c'est la raison pour laquelle j'ai écrit ◆ *n* pourquoi *m* ◆ *inter* tiens ! eh bien !

wick [wɪk] *n* mèche *f*.

wicked ['wɪkɪd] *adj* méchant, mauvais ◆ *npl the ~* les méchants ‖ °**wickedness** *n* méchanceté *f*, atrocité *f*.

wicker ['wɪkə] *n* osier *m* ‖ °**wickerwork** *n* vannerie *f*.

wicket ['wɪkɪt] *n (cricket)* guichet *m*.

wide [waɪd] *adj* **1** large ; *this bed is a metre ~* ce lit fait un mètre de largeur/large **2** ample, étendu ; *the ~ world* le vaste monde ; *we sell a ~ range of products* nous vendons toute une gamme de produits ; *~ views* opinions libérales ; *~-angle (lens)* objectif *m* grand angle/angulaire ◆ *adv ~ apart* très écarté ; *~ open* grand ouvert ‖ °**widely** *adv* largement ‖ °**widen** *vti* (s')élargir ‖ °**widespread** *adj* étendu ; répandu.

widow ['wɪdəʊ] *n* veuve *f* ‖ °**widower** *n* veuf *m* ‖ °**widowhood** *n* veuvage *m*.

width [wɪdθ] *n* largeur *f*, étendue *f*.

wield [wi:ld] *vt* manier, brandir ; *(pouvoir)* exercer.

wiener ['wi:nə] *n (amér)* saucisse *f* de Francfort.

wife [waɪf] *n* femme *f* ; *(Adm)* épouse *f*.

wig [wɪg] *n* perruque *f*.

wiggle ['wɪgl] *vti* (s')agiter, (se) tortiller.

wild [waɪld] *adj* **1** sauvage ; *(vent)* violent ; *(mer)* agité ; *~ talk* propos *mpl* en l'air ; *~ goose chase* fausse piste *f* ; *(amér) ~ card* joker *m* **2** *(personne)* indiscipliné, fantasque ; *I was ~ with joy* j'étais fou (*f* folle) de joie ; *his answer made me ~* sa réponse m'a mis en rage ; *(fam) I'm not ~ about him* il ne m'emballe pas, pas ; *the crowd went ~* la foule s'est déchaînée ◆ *n in the ~s* à l'état sauvage ; *in the ~s of Canada* au fin fond du Canada ‖ °**wildcat** *n* chat *m* sauvage ; *(fig)* sauvageon (*f* -onne) ; *~ strike* grève *f* sauvage ‖ °**wildlife** *n* nature *f* ; la faune et la flore *f* ; *~ reserve/sanctuary* réserve *f* naturelle ‖ °**wildly** *adv* **1** de façon extravagante, déréglée ; *(fam) ~ happy* follement heureux **2** au hasard.

wilderness ['wɪldənɪs] *n* désert *m*, friche *f*.

wil(l)ful ['wɪlfʊl] *adj* **1** obstiné **2** intentionnel (*f* -elle), *(Jur) ~ murder* homicide *m* volontaire ‖ °**wil(l)fully** *adv* obstiné-

ment ; exprès ‖ °**wil(l)fulness** *n* **1** entêtement *m* **2** préméditation *f*.

will [wɪl] *aux mod* (= 'll) *nég* **won't 1** *(futur) ~ you write to me?* m'écrirez-vous ? **2** *(volonté) I ~ not talk* je refuse de parler ; *the door won't open* la porte ne veut pas s'ouvrir ; *(fam) ~ you keep quiet!* veux-tu bien te taire ! *~ you stay for lunch?* voulez-vous rester déjeuner ? **3** *(caractéristique, habitude) these things ~ happen* ce genre de choses arrive ; *he ~ go for a walk every day* il se promène tous les jours **4** *(emphatique) why ~ you leave your clothes around?* pourquoi faut-il que tu laisses traîner tes vêtements ? **5** *(supposition) that ~ be a letter from Betty* ce doit être une lettre de Betty ◆ *n* **1** volonté *f* ; *strength of ~* force *f* de volonté ; *where there's a ~ there's a way* quand on veut on peut **2** volonté *f*, vouloir *m* ; *at ~* à volonté ; *good ~* bienveillance *f* ; *I did it of my own free ~* je l'ai fait de mon plein gré **3** testament *m* ◆ *vt* **1** faire un effort de volonté ; *I ~ed my legs to walk* je me suis forcé à marcher **2** léguer (par testament) ‖ °**willing** *adj* **1** *(to)* disposé (à), prêt (à) **2** de bonne volonté ; *a ~ student* un étudiant enthousiaste ‖ °**willingly** *adv* volontiers, avec plaisir ‖ °**willingness** *n* bonne volonté *f* ‖ °**willpower** *n* volonté *f* ‖ **willy-°nilly** *adv* bon gré mal gré.

willies ['wɪlɪz] *npl (fam)* trac *m*.

willow ['wɪləʊ] *n (Bot)* saule *m*.

wilt [wɪlt] *vi (fleur)* se faner ; *(fig)* dépérir ; *(fam)* se dégonfler.

wily ['waɪlɪ] *adj* rusé, astucieux (*f* -euse), *(fam)* roublard.

wimp [wɪmp] *n (fam)* poule *f* mouillée ‖ °**wimpish** *adj* he's ~ il n'a pas de cran.

win [wɪn] *vti (p pp* **won) 1** gagner ; *they won a big contract* ils ont remporté un gros contrat **2** acquérir, conquérir ; *her novel won her the award* son roman lui a valu le prix ‖ **win out/through** *vpart* prévaloir.

wince [wɪns] *vi* faire une grimace (de douleur) ; *he ~d* son visage se crispa.

winch [wɪntʃ] *n* treuil *m*.

wind[1] [wɪnd] *n* **1** vent *m*, *(Naut)* head~ vent debout ; *(Mus) ~ instrument* instrument *m* à vent ; *~ power* énergie *f* éolienne ; *~ sock (Av)* manche *f* à air ; *(fig) we'll take the ~ out of their sails* nous leur couperons l'herbe sous les pieds ; *he's full of ~* il parle pour ne rien dire ; *~bag (fam)* moulin *m* à paroles ; *did you get ~ of his visit?* avez-vous eu vent de sa visite ? **2** souffle *m* ; *let me get my ~* laisse-moi reprendre haleine **3** *(Méd)* vent(s) *m* ‖ °**windbreak** *n* brise-vent *m (pl inv)* ‖ °**windbreaker** *(amér)/(brit)* **-cheater** *n (vêtement)* coupe-vent *m (pl inv)* ‖ °**winded** *adj* hors d'haleine

‖ °**windfall** *n (fig)* aubaine *f* ; profit *m* inattendu ‖ °**windmill** *n* moulin *m* à vent ‖ °**windpipe** *n (Anat)* trachée *f* ‖ °**windscreen/**(*amér*) **-shield** *n* pare-brise *m* (*pl inv*) ‖ °**windsurfer** *n* **1** planche *f* à voile **2** véliplanchiste *mf* ‖ °**windsurfing** *n* **go ~** faire de la planche à voile ‖ °**windward** *adj* au vent ‖ °**windy** *adj* **1** balayé par le vent ; **a ~ day** un jour de grand vent **2** (*fam fig*) (*discours*) pompeux (*f* -euse).

wind² [waind] *vti* (*p pp* **wound**) **1** s'enrouler ; *the river* **~s** *its* way la rivière serpente **2** (**~ up**) enrouler ; (*horloge*) remonter ; **~ back** (*bande magnétique*) rembobiner ‖ **wind down** *vpart* dérouler ; baisser, réduire (progressivement) ; (*fig*) se détendre ‖ **wind up** *vpart* terminer ; (*Com*) liquider ; (*séance*) lever ; *it's time to* **~ up** il est temps de conclure ; *we wound up at the cinema* nous avons fini par aller/nous sommes retrouvés au cinéma ‖ °**winding** *adj* sinueux (*f* -euse) ; **~ road** route *f* en lacets ‖ **~** *n* **~s** (*rivière*) méandres *mpl* ; (*route*) zigzags *mpl* ‖ °**winding up** *n* fin *f* ; (*Com*) liquidation *f* ; (*Fin*) clôture *f*.

window [ˈwindəʊ] *n* **1** fenêtre *f* ; (*Aut*) glace *f* ; *he was looking out of the* **~** il regardait par la fenêtre/(*Aut*), la portière ; **~ pane** vitre *f* ; **~ sill** appui *m* de fenêtre **2** (*banque*) guichet *m* **3** vitrine *f* ; **~ display** étalage *m* **4** (*église*) vitrail *m* ‖ °**window-box** *n* jardinière *f* ‖ °**window-dressing** *n* **1** (l'art de faire l') étalage *m* **2** (*fig péj*) trompe-l'œil *m* ; (*Fin*) habillage *m* de bilan.

wine [wain] *n* **1** vin *m* ; **~ glass** verre *m* à vin ; **~ growing** viticulture *f* ; **~ waiter** sommelier *m* **2** **~ (-colour)** lie-de-vin *inv*.

wing [wiŋ] *n* aile *f* ; (*Th*) **~s** coulisses *fpl* ; (*Pol*) **the right ~** la droite ; (*brit Aut*) **~ mirror** rétroviseur *m* d'aile ; (*brit armée de l'air*) **~ commander** lieutenant-colonel *m* ‖ °**wingspan/-spread** *n* (*Av, Orn*) envergure *f*.

wink [wiŋk] *n* clin *m* d'œil ◆ *vi* cligner de l'œil ; (*lumière*) clignoter ; (*at*) faire un clin d'oeil (*à*), (*fig*) fermer les yeux (sur).

winkle [ˈwiŋkl] (= **peri~**) *n* (*Zool*) bigorneau *m* ◆ **~ out** *vpart* (*fam*) soutirer ; déloger.

winner [ˈwinə] *n* gagnant *m*, vainqueur *m inv* ; *her film is a* **~** son film est un succès ‖ °**winning** *adj* gagnant ; **~ smile** sourire *m* engageant ◆ *n* **~s** gains *mpl* ‖ °**winsome** *adj* séduisant.

wino [ˈwainəʊ] *n* (*fam*) ivrogne *m*.

winter [ˈwintə] *n* hiver *m* ; **in ~** en hiver ; **~ resort** station *f* de sports d'hiver ◆ *vti* hiverner ‖ °**wint(e)ry** *adj* hivernal.

wipe [waip] *n* coup *m* de chiffon/d'éponge ◆ (**~ away/off**) essuyer ‖ **wipe out** *vpart* exterminer, liquider ; *he* **~d** out the re-

---

cording il a effacé l'enregistrement ; (*fam*) *I feel* **~d out** je suis crevé ‖ °**wiper** *n* (*Aut*) essuie-glace *m* (*pl inv*).

wire [ˈwaiə] *n* **1** fil *m* (métallique), fil de fer, fil électrique ; **~ netting** treillage *m* métallique **2** télégramme *m* ◆ *vti* **1** attacher (avec du fil de fer) **2** (**~ up**) relier (par fil électrique) ; faire une installation électrique dans (une maison), brancher **3** (*amér*) télégraphier (à) ‖ °**wired** *adj* **1** équipé d'alarme électrique **2** équipé de micros cachés ‖ °**wireless** *n* (*brit*) TSF *f* ‖ °**wiretap** *vt* (*amér Téléph*) mettre sur écoute ‖ °**wiring** *n* installation *f* électrique, câblage *m* ‖ °**wiry** *adj* **1** (*personne*) sec et vigoureux (*f* -euse) **2** (*cheveu*) raide.

wisdom [ˈwizdəm] *n* sagesse *f*, prudence *f* ; **~ tooth** dent *f* de sagesse.

wise¹ [waiz] *adj* sage, prudent ; judicieux (*f* -ieuse) ; *the Three W~ Men* les Rois Mages ; *we're none the* **~r for it** nous n'en savons pas plus long pour autant ; *no one will be any the* **~r** personne n'en saura rien ; *he looked* **~** il a pris un air entendu ; (*amér fam*) *he put me* **~ to it** il m'a mis au courant ; **~ guy!** petit malin ! ‖ °**wisecrack** *n* (*fam*) blague *f*, vanne *f* ‖ °**wisely** *adv* **1** sagement, prudemment **2** d'un air entendu ‖ **wise up** *vpart* (*amér fam*) mettre au courant ; *he* **~d up** to the fact that il s'est rendu compte que.

-wise² [waiz] *suff* **1** dans le sens de ; (*fig*) à la façon de ; *crab~* en crabe **2** en ce qui concerne ; *world~* au plan mondial.

wish [wiʃ] *n* **1** désir *m* souhait *m* ; *she made a* **~** and it came true elle a fait un vœu, qui s'est réalisé ; *against my* **~es** contre mon gré **2** vœu *m*, souhait *m* ; **best ~es** meilleurs vœux ; (*fin de lettre*) **with best ~es** toutes mes amitiés/très amicalement ◆ *vti* désirer, souhaiter ; *I* **~ you luck** je te souhaite bonne chance ; *I wouldn't* **~ that** on my worst enemy je ne souhaiterais pas cela à mon pire ennemi ; *I* **~ I were rich!** si seulement j'étais riche ! *I* **~ I hadn't bought it** si seulement je ne l'avais pas acheté ! ‖ °**wishbone** *n* (*Orn*) fourchette *f* ; (*Naut*) wishbone *m* ‖ °**wishful** *adj* *it's* **~ thinking** c'est prendre ses désirs pour des réalités ‖ °**wishy-washy** *adj* (*fam*) indécis, mou (*f* molle).

wisp [wisp] *n* **1** petite poignée *f* ; **~ of hair** mèche *f* folle **2** (*lit*) **~ of smoke** volute *f* de fumée.

wisteria [wiˈstiəriə] *n* (*Bot*) glycine *f*.

wistful [ˈwistful] *adj* mélancolique, nostalgique.

wit [wit] *n* **1** esprit *m* ; (*personne*) bel esprit **2** **~s** esprit, intelligence *f* ; *she's got quick* **~s** elle a l'esprit vif ; *he has lost his* **~s** il a perdu la raison/l'esprit ; *during the fire he kept his* **~s** about him il a conservé sa présence d'esprit pendant l'incendie ;

I'm at my ~s' end je ne sais plus que faire.

witch [wɪtʃ] *n* sorcière *f*; *~ doctor* sorcier guérisseur *m*; *~hazel (Bot)* hamamélis *m* ‖ °**witchcraft** *n* sorcellerie *f*; *(fam)* magie *f* ‖ °**witchhunt** *n* chasse *f* aux sorcières.

with [wɪð] *prép* **1** avec; *cut it ~ scissors* coupe-le avec des ciseaux **2** avec, à; *an old man ~ a white beard* un vieillard à barbe blanche **3** par, de; *her eyes filled ~ tears* ses yeux s'emplirent de larmes; *he was shaking ~ anger* il tremblait de colère **4** *it's a habit ~ him* c'est une habitude chez lui; *I'll never part ~ it* je ne m'en séparerai jamais; *I couldn't do it ~ him watching* je ne pouvais pas le faire alors qu'il me surveillait; *~ those words he walked out* sur ces mots il sortit **5** malgré; *~ all his money he's not happy* malgré sa fortune il n'est pas heureux **6** *(fam) I'm ~ you* je suis d'accord avec vous; je vous suis/comprends.

withdraw [wɪð'drɔː] *vti* (*p* **-drew**; *pp* **-drawn**) *(from)* (se) retirer (de); *he withdrew in my favour* il s'est désisté en ma faveur ‖ **with°drawal** *n* retrait *m*; *(Mil)* repli *m*; *(Méd) ~ symptoms* état *m* de manque ‖ **with°drawn** *adj* replié sur soi-même.

wither ['wɪðə] *vi* se flétrir ‖ °**withered** *adj* **1** desséché **2** *he had a ~ hand* il avait une main atrophiée ‖ °**withering** *adj* écrasant; *~ look* regard *m* méprisant.

withhold [wɪð'həʊld] *vt* (*p pp* **-held**) retenir; cacher; *(Fin) ~ing tax* retenue *f* à la source.

within [wɪ'ðɪn] *prép* **1** *(lieu)* à l'intérieur de; *~ call* à portée de voix; *the shops are ~ walking distance* on peut faire ses courses à pied; *(fig) ~ reason* dans des limites raisonnables **2** *(temps) ~ an hour* d'ici une heure/en moins d'une heure; *~ a week of her marriage* moins d'une semaine après (*ou* avant) son mariage ◆ *adv* à l'intérieur.

without [wɪ'ðaʊt] *prép* sans; *they walked ~ speaking* ils marchaient sans parler; *~ so much as saying thank you* sans même dire merci.

withstand [wɪð'stænd] *vt* (*p pp* **-stood**) résister à, supporter.

witness ['wɪtnɪs] *n* **1** témoin *m inv*; *(Jur) ~ for the prosecution* témoin à charge; *~ box (brit)/-stand (amér)* barre *f* des témoins **2** témoignage *m*; *this statue is ~ to his popularity* cette statue témoigne de sa popularité ◆ *vt* être témoin de; *(Jur)* attester, certifier ◆ *vi (to)* témoigner (de); *(against, for)* témoigner (contre, pour).

witticism ['wɪtɪsɪzəm] *n* mot *m* d'esprit ‖ °**witty** *adj* spirituel (*f* -elle), plein d'esprit.

wives [waɪvz] *pl* **wife**.

wizard ['wɪzəd] *n* sorcier *m*, magicien *m*; *(fam)* expert *m*; *he's a financial ~* c'est un génie de la finance ‖ **wizardry** *n* sorcellerie *f*, magie *f*; *(fam)* génie *m*.

wizened ['wɪznd] *adj* ratatiné.

wobble ['wɒbl] *vi* trembloter; *(roue)* avoir du jeu; *(voix)* chevroter ‖ °**wobbly** *adj* tremblant; *~ chair* chaise *f* boiteuse/bancale; *my legs feel ~* j'ai les jambes en coton.

woe [wəʊ] *n (lit)* malheur *m*.

woke [wəʊk] *p* **wake** ‖ °**woken** *pp* **wake**.

wolf [wʊlf] *n* (*pl* **wolves**) *(Zool)* loup *m*; *cry ~* crier au loup; *(fam fig)* coureur *m* de jupons ◆ *vt (nourriture)* engloutir ‖ °**wolfhound** *n Irish ~* lévrier *m* irlandais.

woman ['wʊmən] *pl* **women** ['wɪmɪn] *n* femme *f*; *single ~* femme *f* célibataire; *young ~* jeune femme; *women's magazine* revue *f* féminine; *Women's Liberation/(péj) women's lib* mouvement *m* pour la libération de la femme (M.L.F.) ‖ °**womanhood** *n* (l'état *m* de) femme ‖ °**womanizer/-ser** *n* coureur *m* de jupons ‖ °**womanly** *adj* féminin; *~ virtues* vertus *fpl* féminines.

womb [wuːm] *n (Anat)* matrice *f*, utérus *m*; *a baby in its mother's ~* un bébé dans le sein *m* de sa mère.

won [wʌn] *p pp* **win**.

wonder ['wʌndə] *vti* **1** se demander; *I ~ if he's married* je voudrais bien savoir s'il est marié; *his death made me ~* sa mort m'a fait réfléchir/m'a donné à penser **2** *(at)* s'étonner (de) ◆ *n* **1** merveille *f*; *it's a ~ that she's still alive* c'est un miracle qu'elle soit encore en vie; *no ~/little ~ that* ce n'est pas étonnant que; *this drug works/does ~s* ce médicament fait des miracles; *the ~ boy of tennis* le prodige du tennis **2** émerveillement *m*; *a look of ~* un air émerveillé ‖ °**wonderful** *n* merveilleux (*f* -euse) ‖ °**wonderland** *n* le Pays des Merveilles.

wonky ['wɒŋkɪ] *adj (brit fam)* détraqué; *it's a bit ~* ça cloche.

won't [wəʊnt] = **will not** *(voir will)*.

woo [wuː] *vt* **1** *(vx)* courtiser **2** *(fig) he wooed them with promises of higher wages* il leur a fait miroiter de futures augmentations.

wood [wʊd] *n* **1** bois *m*; *a walk in the ~s* une promenade en forêt *f* **2** *(matériau)* bois *m*; *~ fire* feu *m* de bois; *~-carving* sculpture *f* sur bois ‖ °**woodbine** *n (Bot)* chèvrefeuille *m*; *(amér)* vigne *f* vierge ‖ °**woodcock** *n (Orn)* bécasse *f* ‖ °**wooded** *adj* boisé ‖ °**wooden** *adj* de/en bois; *(fig)* raide; *~ face* visage *m* fermé ‖ °**woodland** *n* forêt *f* ‖ °**woodlark** *n (Orn)* alouette *f* lulu ‖ °**woodlouse** *pl* **-lice** *n (Zool)* cloporte *m* ‖ °**woodpecker**

n (Orn) pic *m*; **green ~** pivert *m* ‖ °**woodpigeon** *n (Orn)* ramier *m* ‖ °**woodwork** *n* charpente *f*; menuiserie *f* ‖ °**woodworm** *ns* ver(s) *m(pl)* de bois; *this table is full of ~* cette table est vermoulue ‖ °**woody** *adj* 1 boisé 2 ligneux (*f* -euse).

wool [wʊl] *n* laine *f*; **~ coat** manteau *m* de laine *f*; **knitting ~** laine à tricoter; *(fam) he pulled the ~ over their eyes* il leur a jeté de la poudre aux yeux ‖ °**wool(l)en** *adj* de laine ◆ *n ~s* lainages *mpl* ‖ °**wool(l)y** *adj* de laine; *(fig)* flou, confus ◆ *n (vêtement)* tricot *m*, pull *m* (over) ‖ °**wool(l)ies** lainages *mpl*.

wop [wɒp] *n (argot péj)* Rital *m*.

word [wɜːd] *n* 1 mot *m*; *the written ~* l'écrit; *in other ~s* autrement dit; *I want a ~ with you* j'ai un (petit) mot à vous dire; *I'll repeat it ~ for ~* je le répéterai mot pour mot; *he translated it ~ for ~* il l'a traduit mot à mot; *by ~ of mouth* de bouche à oreille; *I can't put it into ~s* je ne peux pas l'exprimer; *this is the last ~ in comfort* c'est le dernier cri en matière de confort 2 parole *f*; *the ~s of a song* les paroles d'une chanson 3 parole *f*; *I give you my ~ (of honour)* je vous donne ma parole (d'honneur); *I'll take your ~ for it* je vous crois sur parole ◆ *vt* formuler ‖ °**wording** *n* rédaction *f*, formulation *f* ‖ °**wordbook** *n* lexique *m* ‖ °**wordplay** *n* jeu *m* de mots ‖ °**word-processing** *n (Inf)* traitement *m* de texte ‖ °**wordy** *adj* verbeux (*f* -euse).

wore [wɔː] *p* **wear**.

work [wɜːk] *n* 1 travail *m*; **~ permit** permis de travail; *in progress* travaux *mpl* en cours; *get to ~!* (mettez-vous) au travail! 2 emploi *m*; *casual/temporary ~* travail temporaire; *out of ~* au chômage 3 ouvrage *m*, œuvre *f*; **~ of art** œuvre d'art 4 *~s* travaux *mpl*, chantier *m* 5 *(brit)* usine *f*; *printing ~s* imprimerie *f*; **~s council** comité *m* d'entreprise 6 *(fam) the whole ~s* tout le tralala; *give him the ~s* sors-lui le grand jeu ◆ *vti* 1 *(at, on)* travailler (à, sur) 2 œuvrer; *this ~s in his favour* cela joue en sa faveur 3 fonctionner; *this engine won't ~* ce moteur ne marche pas 4 produire un effet, opérer, agir; *aspirin won't ~* l'aspirine n'y fera rien 5 faire fonctionner; *he couldn't ~ the new machine* il ne savait pas faire marcher la nouvelle machine ‖ °**workable** *adj* maniable; réalisable ‖ °**workaholic** *n* bourreau *m* de travail ‖ °**workbench** *n* établi *m* ‖ °**worker** *n* travailleur *m* (*f* -euse), ouvrier (*f* -ière); *office ~* employé *m* de bureau; *she's a hard ~* elle est travailleuse ‖ °**workflow** *n* rythme *m* de travail ‖ °**workforce** *n* main-d'œuvre *f* ‖ **work in** *vpart* introduire, incorporer ‖ °**working**

adj 1 de travail; **~ day** *(brit)/(amér)* **workday** jour *m* ouvrable 2 qui travaille; **~ class** classe *f* ouvrière; *(Fin)* **~ capital** fonds *m* de roulement 3 qui fonctionne; *in ~ order* en état (de marche) ‖ °**workings** *npl* rouages *mpl* ‖ °**workload** *n* charge *f* de travail ‖ °**workman** *n* ouvrier *m* ‖ °**workmanship** *n* qualité *f* de fabrication ‖ **work out** *vpart* 1 résoudre, comprendre; *she ~ed out the discount on her pocket calculator* elle a calculé le rabais sur sa calculette 2 *it ~ed out well* cela s'est bien passé 3 *(Sp)* s'entraîner ‖ °**workout** *n* (séance *f* d') entraînement *m* ‖ °**workshop** *n* atelier *m* ‖ °**workstation** *n* poste *m* de travail ‖ °**work-to-rule** *n* grève *f* du zèle.

world [wɜːld] *n* 1 monde *m*; *the New W~* le nouveau monde; *the ~ over, all over the ~* dans le monde entier; *the animal ~* le monde animal; *the next ~* l'autre monde; **~ peace** la paix mondiale; **~ fair** exposition *f* internationale; *W~ War I* la Première Guerre mondiale; *Marie Curie is a ~-famous scientist* M.C. est un savant de renommée mondiale 2 société *f*; *he's come up in the ~* il s'est élevé dans l'échelle sociale 3 milieu *m* 4 *(fam) Mary is all the ~ to him* Mary est tout ce qui compte à ses yeux; *I wouldn't do it for the ~* je ne le ferais pour rien au monde; *he's on top of the ~* il est aux anges; *this cake is out of this ~* ce gâteau est sensationnel ‖ °**worldly** *adj* de ce monde; matérialiste ‖ °**worldwide** *adj* à l'échelle mondiale, partout dans le monde.

worm [wɜːm] *n* ver *m*; *~eaten (fruit)* véreux (*f* -euse), *(bois)* vermoulu ‖ °**wormwood** *n (Bot)* armoise *f*.

worn [wɔːn] *pp* **wear** ◆ *(~ out)* usé; *(personne)* épuisé.

worried [ˈwʌrɪd] *adj* préoccupé, inquiet (*f* -iète) ‖ **worry** *vt* 1 inquiéter; *it worries me to know she is ill* cela m'inquiète de la savoir malade 2 tourmenter; *stop ~ing that cat* arrête de tracasser ce chat ◆ *vi* se tourmenter, se tracasser; *don't ~ about me* ne t'en fais pas pour moi ◆ *n* souci *m*; *that's my ~* c'est mon problème ‖ °**worrying** *adj* préoccupant.

worse [wɜːs] *(comp* **bad, badly, ill**) *adj* pire, plus mauvais; *the situation is getting ~* la situation empire/s'aggrave; *it's getting ~ and ~* cela va de mal en pis; *we are none the ~ (for it)* nous ne nous en trouvons pas plus mal ◆ *adv* plus mal, pire ◆ *n* pire *m*; *change for the ~* détérioration *f*, aggravation *f*.

worship [ˈwɜːʃɪp] *n* 1 *(Rel)* culte *m* 2 adoration *f* 3 *Your W~* Votre Honneur ◆ *vti* vouer un culte à, vénérer ‖ °**worship(p)er** *n* adorateur *m*; fidèle *mf*.

worst [wɜːst] *(sup* **bad, badly, ill**) *adj* le

worsted 314

(la) pire, le (la) plus mauvais(e); *my ~ enemy* mon pire ennemi ◆ *adv* le pis, le plus mal ◆ *n* pire *m*; *at the ~* au pire; *if (the) ~ comes to (the) ~* (en mettant les choses) au pire ◆ *vt* vaincre, battre.
worsted [ˈwʊstɪd] *n* laine *f* peignée.
worth [wɜːθ] *n* valeur *f*; *I know his ~* je sais ce qu'il vaut; *an hour's ~ of work* une heure de travail; *I want my money's ~* j'en veux pour mon argent ◆ *adj* qui vaut; *it's not ~ £5* cela ne vaut pas 5 livres; *I'd like £10 ~ of petrol* donnez-moi pour 10 livres d'essence; *it's ~ it* cela vaut la peine; *take it for what it's ~* prends ça pour ce que ça vaut; *it's ~ working for it* cela vaut la peine de travailler pour l'obtenir; *it's ~ knowing* c'est bon à savoir || °**worthless** *adj* sans valeur || **worth**°**while** *adj* valable, qui en vaut la peine.
worthy [ˈwɜːðɪ] *adj* digne; *~ of respect* digne de respect.
would [wʊd] *aux mod* (*ab* : 'd) **1** *I knew he ~ be late* je savais qu'il serait en retard **2** (*cond*) *if I had time I ~ do it* si j'avais le temps je le ferais; *if I had had time I ~ have done it* si j'avais eu le temps je l'aurais fait **3** (*volonté*) *the car ~ not start* la voiture refusait de démarrer; *~ you shut the door?* voudriez-vous fermer la porte? *~ you like a drink?* voudriez-vous boire quelque chose? **4** (*caractéristique*) *the journey ~ take three days* le voyage prenait trois jours; (*habitude*) *he ~ watch TV for hours on end* il regardait la télé pendant des heures **5** (*emphatique*) *"he's lost the key" – "he ~!"* « il a perdu la clé – ça ne m'étonne pas de lui! » **6** (*supposition*) *you ~n't remember him* tu ne t'en souviens peut-être pas || °**would-be** *adj* prétendu; potentiel; *a ~ poet* un poète en herbe || **wouldn't** = **would not** || **would've** = **would have**.
wound[1] [wuːnd] *n* blessure *f*, plaie *f*; *head ~* blessure à la tête ◆ *vt* blesser; (*fig*) froisser || **the** °**wounded** *npl* les blessés *mpl*.
wound[2] [waʊnd] *p pp* **wind**[2].
wove [wəʊv] *p* **weave** || °**woven** *pp* **weave**.
wow [waʊ] *interj* oh là là! ◆ *n* (*argot*) succès *m* phénoménal ◆ *vi* (*argot*) *she ~ed them with her act* elle a fait un malheur avec son numéro.
wrack [ræk] *n* varech *m*.
wrangle [ˈræŋgl] *vi* (*over*) se chamailler (à propos de) ◆ *n* dispute *f*, querelle *f* ◆ *vt* (*amér*) garder le bétail || °**wrangler** *n* **1** querelleur *m* (*f* -euse) **2** (*amér*) cowboy *m*.
wrap [ræp] *n* pèlerine *f*, châle *m*; (*fig*) *they kept the date under ~s* on a gardé la date secrète ◆ *vt* envelopper, emballer; *wrap-*

ping paper papier *m* d'emballage, papier cadeau || **wrap (a)round** *vpart* enrouler || °**wrap(a)round** *adj* ~ *skirt* jupe *f* portefeuille; (*brit*) ~ *windscreen* pare-brise *m* panoramique || **wrap up** *vpart* **1** (s')envelopper, (s')emmitoufler; (*fig*) *she's wrapped up in her children* elle est absorbée par ses enfants **2** (*fam affaire*) conclure || °**wrapped** *adj* (pré)emballé || °**wrapper**/°**wrapping** *n* emballage *m*.
wreath [riːθ] *n* couronne *f* (de fleurs).
wreck [rek] *vt* détruire, anéantir; (*fam*) gâcher; (*Naut*) faire faire naufrage à ◆ *n* (*aussi fig*) épave *f* **1** (*Naut*) ~ naufrage *m* **2** épave *f*; débris *mpl* || °**wrecker** *n* **1** naufrageur *m* **2** (*amér Aut*) dépanneuse *f*; (*personne*) dépanneur *m*.
wren [ren] *n* (*Orn*) troglodyte *m*, (*fam*) roitelet *m*.
wrench [rentʃ] *vt* tirer violemment (en tordant); *he ~ed his knee* il s'est foulé le genou; (*fig*) *I couldn't ~ him away from the screen* je ne pouvais pas l'arracher à l'écran ◆ *n* **1** arrachement *m*; (*fig*) déchirement *m* **2** (*Tech*) clé *f* (à molette).
wrestle [ˈresl] *vi* lutter; se débattre; *he's ~d with this problem for days* il est aux prises avec ce problème depuis des jours ◆ *n* lutte *f* corps à corps || °**wrestler** *n* lutteur *m* || °**wrestling** *n* (*Sp*) lutte *f*.
wretched [ˈretʃɪd] *adj* malheureux (*f* -euse); misérable; lamentable; (*fam*) *where's that ~ key?* où est cette fichue clé?
wriggle [ˈrɪgl] *vi* se tortiller, se trémousser; (*fig*) *I'll try to ~ out of it if I can* j'essaierai d'y échapper si je le peux.
wring [rɪŋ] *vt* (*p pp* **wrung**) tordre; (*fig*) arracher; (~ *out*) (*linge*) essorer; (*fam*) *~ing wet* trempé, à tordre || °**wringer** *n* essoreuse *f*.
wrinkle [ˈrɪŋkl] *n* (*peau*) ride *f*; (*tissu*) faux pli *m* ◆ *vti* (*se*) rider, (*se*) plisser; (*tissu*) (*se*) froisser, (*se*) chiffonner.
wrist [rɪst] *n* (*Anat*) poignet *m*.
writ [rɪt] *n* (*Jur*) acte *m* judiciaire; assignation *f*.
write [raɪt] *vti* (*p* **wrote**; *pp* **written**) **1** écrire **2** rédiger; (*chèque*) libeller || **write down** *vpart* inscrire, noter || **write in** *vpart* **1** (*for*) faire une demande écrite (de) **2** (*amér Pol*) inscrire un nom (sur un bulletin de vote) || **write off** *vpart* **1** écrire rapidement **2** (*Fin*) amortir **3** (*Com*) ~ *a bad debt* passer une créance par profits et pertes; (*fam*) bousiller, démolir || °**write-off** *n this car is a ~* cette voiture est bonne pour la ferraille; (*Com*) perte *f* sèche *m* || °**writer** *n* écrivain *m*; auteur || °**write-up** *n* compte rendu *m* (de presse); *the play has good ~s* la pièce a de bonnes critiques || °**writing** *n* écriture *f*; écrit *m*;

put it in ~*!* mets-le par écrit !/*(fam)* noir sur blanc !

written [ˈrɪtn] *pp* **write** ♦ *adj* ~ *exam* écrit *m*.

wrong [rɒŋ] *adj* **1** mauvais ; *(Mus)* ~ *note* fausse note *f* ; ~ *side out/up* à l'envers ; *is there anything* ~? y a-t-il quelque chose qui ne va pas ? *what's* ~ *with him?* qu'est-ce qu'il a (qui ne va pas) ? **2** erroné, incorrect ; *you took the* ~ *road* vous vous êtes trompé de route ; *he's the* ~ *man for the job* il ne fait pas l'affaire ; *(Téléph) Sorry,* ~ *number* vous avez fait un faux numéro **3** *be* ~ avoir tort ; *if you're right, then I'm* ~ si vous avez raison, alors j'ai tort ; *you're* ~ *about him* vous vous trompez sur son compte **4** mal ; *stealing is* ~ c'est mal de voler ; ♦ *adv* mal ; *you've got it all* ~ vous n'avez rien compris ; *go* ~ se tromper ; *where did I go* ~? où/*(fig)* en quoi me suis-je trompé ? ♦ *n* mal *m* ; *do* ~ faire le mal ; *right and* ~ le bien et le mal ♦ *vt* léser, faire (du) tort à ‖ °**wrongdoer** *n* malfaiteur *m* ‖ °**wrongdoing** *n* **1** injustice *f* **2** méfait *m* ‖ °**wrong-foot** *(brit) vt (aussi fig) he* ~*ed his opponent* il a pris son adversaire à contre-pied ‖ °**wrongful** *adj* injustifié ; ~ *arrest* arrestation *f* arbitraire ‖ °**wrongfully** *adv* injustement.

wrote [rəʊt] *p* **write**.

wrought [rɔːt] *adj* façonné ; ~ *iron* fer *m* forgé.

wrung [rʌŋ] *p pp* **wring**.

wry [raɪ] *adj* **1** tordu, de travers **2** *(sourire)* forcé, désabusé ; *he made a* ~ *face* il a fait la grimace.

X

X, x [eks] *n (lettre)* X, x *m* ; *(chiffre romain)* dix *m* ; *X (-rated) film* film *m* réservé aux adultes ; *X marks the spot* l'endroit est marqué d'une croix.

Xerox® [ˈzɪərɒks] *vt* photocopier ♦ *n* photocopie *f*.

Xmas [ˈeksməs] = **Christmas** *n* Noël.

X-ray [ˌeksˈreɪ] *n* rayon *m* X ; radiographie *f* ♦ *vt* radiographier.

Y

Y, y [waɪ] *n (lettre)* Y, y, *m*.

yam [jæm] *n (Bot)* igname *f*.

yank [jæŋk] *vt* tirer d'un coup sec.

Yank(ee) [ˈjæŋk(ɪ)] *adj n* Yankee *mf*.

yap [jæp] *vi* japper ; *(personne)* jacasser.

yard[1] [jɑːd] *n* **1** cour *f* ; *(amér)* jardin *m* **2** chantier *m* ; *builders'* ~ chantier *m* de construction.

yard[2] [jɑːd] *n* yard *m* (0,914 m) ‖ °**yardstick** *n (règle)* yard *m* ; *(fig)* critère *m*.

yarn [jɑːn] *n* **1** *(laine)* fil *m* **2** *(fam) spin a* ~ débiter une (longue) histoire.

yawn [jɔːn] *n* bâillement *m* ♦ *vi* bâiller ; ~*ing gap* trou *m* béant.

yea [jeɪ] *(lit)*/**yeah** [jeə] *(fam)* = **yes**.

year [jɜː] *n* an *m*, année *f* ; *all (the)* ~ *round* toute l'année ; *last* ~ l'an dernier, l'année dernière ; *he's 5 years old/of age* il a cinq ans ; ~ *by* ~ d'année en année ; *over the* ~*s* au fil des ans ‖ °**yearbook** *n* annuaire *m* ‖ °**yearly** *adj* annuel (*f* -elle) ♦ *adv* annuellement.

yearn [jɜːn] *vi (for, after)* aspirer (à) ; *we* ~ *to go back to our native land* nous brûlons de retourner dans notre pays natal ‖ °**yearning** *n* vif désir *m*, nostalgie *f*.

yeast [jiːst] *n* levure *f*.

yell [jel] *n* hurlement *m* ♦ *vi* hurler.

yellow [ˈjeləʊ] *adj* jaune ; *(fam)* lâche, dégonflé ♦ *n* jaune *m* ♦ *vti* jaunir ‖ °**yellowish** *adj* jaunâtre.

yelp [jelp] *n* jappement *m* ♦ *vi* japper.

yen[1] [jen] *n (pl inv) (monnaie)* yen *m*.

yen[2] [jen] *n (fam)* envie *f*.

yep [jep] *adv (amér fam)* ouais.

yes [jes] *adv* oui ; *you don't like tea –* ~ *I do* tu n'aimes pas le thé – mais si ‖ °**yes-man** *n (fam)* béni-oui-oui *m*.

yesterday [ˈjestədɪ] *adv n* hier; *the day before* ~ avant-hier.

yet [jet] *adv* 1 *(avec négation)* encore; *it's not dark* ~ il ne fait pas encore noir 2 *(dans question)* déjà; *have you met her* ~? l'as-tu déjà rencontrée? 3 encore; *there's hope* ~ il y a encore de l'espoir; ~ *again* encore une fois 4 *(loc) not as* ~ pas encore; *not just* ~ pas pour l'instant ◆ *conj* cependant, pourtant.

yew [juː] *n (Bot)* ~ *(tree)* if *m*.

yid [jɪd] *n (argot péj)* youpin *m (f* -ine).

yield [jiːld] *n* rendement *m*, production *f*; *(Fin) net* ~ revenu *m* net ◆ *vi* 1 *(to)* céder (à); *he'll* ~ *to reason* il se rendra à la raison 2 *(amér) (panneau routier)* ~! cédez le passage! ◆ *vt* produire; *(Fin)* rapporter ‖ °**yielding** *adj* 1 *(personne)* accommodant 2 *(matériau)* flexible.

yippee [jɪˈpiː] *interj* hourra!

yob [jɒb] **(yobbo)** *n (fam)* loubard *m*.

yodel [ˈjəʊdl] *n (Mus)* tyrolienne *f*.

yog(h)urt [ˈjɒgət] *n* yaourt *m*.

yoke [jəʊk] *n* 1 *(aussi fig)* joug *m* 2 *(Tech)* bâti *m*; *(vêtement)* empiècement *m* ◆ *vt* accoupler.

yolk [jəʊk] *n* jaune *m* (d'œuf).

yoohoo [ˌjuːˈhuː] *interj* ohé!

you [juː] *pr pers s pl* tu, te, toi, vous 1 *I can't see* ~ je ne peux pas te/vous voir; *can I sit next to* ~? puis-je m'asseoir près de toi/vous? 2 *(impersonnel) can* ~ *see it from here?* peut-on le voir d'ici? 3 *(impératif) don't* ~ *go out!* ne t'avise pas de sortir! *(apposition)* ~ *fool!* espèce d'idiot! ~ *boys* vous autres les garçons; *(amér) (hommes ou femmes)* ~ *guys!* vous autres! *(amér sud) you-all* vous (autres) ‖ **you'd = you had, you would** ‖ **you'll = you will**.

young [jʌŋ] *adj* jeune; *a* ~ *country* un pays neuf ◆ *the* ~ *npl* les jeunes *mpl*; *(animal)* petits *mpl* ‖ °**younger** *adj* plus jeune; ~ *brother/sister* frère *m* cadet/sœur *f* cadette ‖ °**youngest** *adj* le plus jeune; *my* ~ *son* mon (fils) cadet ‖ °**youngster** *n* jeune *mf*.

your [jɔː] *adj poss* ton, ta, tes, votre, vos; ~ *books* tes, vos livres; *give me* ~ *hand* donne-moi la main ‖ **yours** *pr poss* le tien, la tienne, les tiens, les tiennes; le vôtre, la vôtre, les vôtres; *is this* ~? est-ce à toi/à vous, le tien/le vôtre? ‖ **your**°**self** *pr réfl (pl* -**selves**) te, toi, vous, toi-même, vous-même *(pl* -mêmes); *did you enjoy* ~? vous êtes-vous bien amusé? *see for* ~ voyez vous-même; *did you do it all by* ~? l'as-tu fait tout seul? *(impersonnel) you can't do it* ~ on ne peut pas le faire soi-même.

youth [juːθ] *n* 1 jeunesse *f* 2 jeune homme *m*, adolescent *m*; ~ *hostel* auberge *f* de jeunesse; *several* ~s plusieurs jeunes gens *mpl* 3 *the* ~ *of the village* la jeunesse/les jeunes du village ‖ °**youthful** *adj* 1 *(allure, mode)* jeune 2 de la jeunesse.

you've [juːv] = **you have**.

yowl [jaʊl] *vi* hurler; *(chat)* miauler.

yummy [ˈjʌmɪ] *adj (fam)* délicieux *(f* -euse).

yuppie [ˈjʌpɪ] *n* jeune cadre *m* supérieur (dynamique).

Z

Z, z [zed] / *(amér)* [ziː] *n* lettre Z, z *m*.

zany [ˈzeɪnɪ] *adj (fam)* loufoque.

zap [zæp] *vt (fam)* 1 buter, descendre 2 expédier; *I'll just* ~ *into town* je file en ville 3 *(Inf)* effacer ◆ *vi (TV)* zapper ‖ °**zapped** *adj* crevé, claqué ‖ **zap up** *vpart* donner du piment à, relever ‖ °**zappy** *adj* nerveux *(f* -euse), énergique.

zeal [ziːl] *n* ardeur *f*, ferveur *f*, zèle *m*.

zealous [ˈzeləs] *adj* zélé ‖ °**zealot** *n* fanatique *mf*.

zebra [ˈzebrə] *n* zèbre *m*; *(brit Aut)* ~ *crossing* passage *m* pour piétons.

zebu [ˈziːbuː] *n (Zool)* zébu *m*.

zenith [ˈzenɪθ] *n* zénith *m*.

zero [ˈzɪərəʊ] *n* zéro *m*; ~ *hour* l'heure H; ~ *(economic) growth* croissance *f* (économique) nulle ‖ **zero in on** *vpart* *(Mil)* régler le tir sur; *(fig)* se concentrer sur.

zest [zest] *n* 1 entrain *m* 2 *(Cuis)* zeste *m* 3 *(fig)* piquant *m*.

zigzag [ˈzɪgzæg] *n* zigzag *m* ◆ *vi* zigzaguer.

zinc [zɪŋk] *n* zinc *m*.

zing [zɪŋ] *n (fam)* 1 vitalité *f* 2 bruit *m* perçant.

zip[1] [zɪp] / *(amér)* **zipper** *n* fermeture *f* Eclair® / à glissière.

zip[2] [zɪp] *(US)* ~ *code* code *m* postal.

zither [ˈzɪðə] *n (Mus)* cithare *f*.

zodiac [ˈzəʊdɪæk] *n* zodiaque *m*.

zone [zəʊn] *n* zone *f* ◆ *vt* répartir en zones, urbaniser ‖ °**zoning** *n* zonage *m*; aménagement *m* du territoire.

zonked [zɒŋkt] *adj (fam)* ~ *out* défoncé, bourré ; crevé.

zoo [zu:] *n* jardin *m* zoologique.

zoological [ˌzəʊəˈlɒdʒɪkl] *adj* zoologique ‖ **zo°ologist** *n* zoologiste *mf.*

zoom [zu:m] *n* **1** vrombissement *m* **2** *(Av)* montée *f* en chandelle **3** *(Ciné)* zoom *m* ◆ *vi* **1** ~ *along* passer en trombe **2** ~*up (Av)* monter en chandelle ; *(fig)* monter en flèche **3** *(Ciné)* ~ *in/out* faire un zoom avant/arrière.

zucchini [zʊˈkiːnɪ] *n (amér Bot)* courgette *f.*

FRANÇAIS-ANGLAIS

A

a [a] *nm (lettre)* A, a.

à [a] *prép* (**au** + *nms*; **aux** + *npl*) **1** to; *je vais à Londres* I'm going to London **2** at; in; *il est à la maison, à Paris* he's at home, in Paris; *je l'ai eu à la banque* I got it at/from the bank; *tenir qch à la main* *hold sth in one's hand **3** *à lundi, à bientôt!* see you on Monday, see you soon! *à 8 heures* at 8 o'clock; *à vie* for life **4** *(moyen) écrire à l'encre* *write in ink; *fait à la machine* made by hand/hand-made; *à vélo* by bike **5** to; for; *donne-le à Jean* give it to Jean; *quelque chose à manger* something to eat; *à vendre* for sale; *verre à vin* wine-glass **6** *(appartenance) c'est à mon fils* it's my son's; *une amie à nous* a friend of ours; *à qui est ce sac?* whose bag is this? **7** *(caractéristiques) à crédit* on hire purchase; *une glace à 15 francs* a 15-franc ice-cream; *à manches courtes* with short sleeves, short-sleeved; *à six kilomètres d'ici, de la côte* six kilometres (away) from here, off the coast; *à 60 km à l'heure* 60 km an/per hour **8** *à ce qu'il a dit...* from what he said...; *à vous écouter tout paraît simple* if I listen to you, it all sounds easy.

abaissement [abɛsmã] *nm* drop, fall; *(action)* dropping, lowering ‖ **abaisser** *vt (1)* lower; *bring down **2** *(aussi fig)* humiliate; degrade ‖ **s'abaisser** *vpr* **1** *fall, drop **2** stoop; lower oneself.

abandon [abãdɔ̃] *nm* **1** abandonment; *(Jur)* ~ *de famille* desertion **2** abandon; *avec* ~ freely **3** neglect; *à l'*~ in a state of neglect; *la maison est laissée à l'*~ the house has been left to go to ruin **4** *(Sp)* withdrawal ‖ **abandonner** *vt (1)* **1** abandon; *leave; desert; *un garage abandonné* a disused garage **2** *give up; *(Jur)* *forgo **3** *(Sp)* *withdraw **4** *(Info)* abort ‖ **s'abandonner** *vpr (à) (émotion)* *let oneself go; ~ *aux larmes* *give way to tears.

abasourdir [abazurdiʀ] *vt (2)* stun; astound; *(bruit)* deafen.

abat-jour [abaʒuʀ] *nm (pl inv)* lampshade.

abats [aba] *nmpl inv (brit)* offal *ns inv*, *(amér)* variety meat; *(volaille)* giblets *npl inv*.

abattage [abataʒ] *nm (arbre)* felling; *(animal)* slaughter; *(fig). avoir de l'*~ *have pep ‖ **abattant** *nm* cover; *(table)* flap, leaf; *siège à* ~ tip-up seat ‖ **abattement** *nm* **1** *(prix)* reduction; *(taxe)* allowance **2** *(moral)* dejection; *(physical)* exhaustion.

abattis [abati] *nmpl inv (Cuis)* giblets *npl inv* ‖ **abattoir** *nm* slaughterhouse; *(fig) mener à l'*~ *lead to the slaughter ‖ **abattre** *vt (28)* **1** *(arbre)* fell, *cut down; *(personne)* kill, *shoot down; *(animal)* slaughter; *(mur)* knock/pull down; *(cartes)* *lay down; *(travail)* *get through **2** demoralize; *(maladie)* weaken; *(fam) ne te laisse pas* ~ don't let it get you down! ‖ **s'abattre** *vpr* *fall down; *come down; *(pluie)* *beat down; *(ennemi)* swoop down ‖ **abattu** *adj (personne) (morale)* downcast; *(physique)* weak; exhausted.

abbaye [abei] *nf* abbey.

abbé [abe] *nm (église)* priest; *L'*~ *X* Father X; *(monastère)* abbot ‖ **abbesse** *nf* abbess.

abcès [apsɛ] *nm* abscess.

abdiquer [abdike] *vi (1)* abdicate ◆ *vt* *give up.

abeille [abɛj] *nf* (honey)bee.

aberrant [abɛrã] *adj* absurd; *(Bio Math)* aberrant.

abêtir [abetiʀ] *vt (2)* stultify, turn into a moron ‖ **abêtissement** *nm (action)* stultifying effect; *(état)* stupidity.

abhorrer [abɔʀe] *vt (1)* loathe; abhor.

abîme [abim] *nm (Géog)* abyss; chasm; *(fig)* gulf; *au bord de l'*~ on the brink of disaster ‖ **abîmer** *vt (1)* **1** damage, spoil, ruin **2** engulf; destroy ‖ **s'abîmer** *vpr* **1** *get spoilt; *get damaged; ~ *les yeux* ruin one's eyesight **2** *(Naut)* founder; ~ *en mer* *sink at sea.

abject [abʒɛkt] *adj* despicable, base, abject.

abjurer [abʒyʀe] *vti (1)* abjure; retract.

ablation [ablasjɔ̃] *nf (Méd)* removal.

aboiement [abwamã] *nm* bark; barking; *(fig péj)* rantings.

abois [abwa] *nmpl loc* **aux** ~ at bay; *(fig)* hard-pressed.

abolir [abɔliʀ] *vt (2)* abolish; *do away with; *(Jur)* repeal; annul ‖ **abolition** *nf* abolition; *(Jur)* repeal; annulment.

abominable [abɔminabl] *adj* abominable; atrocious; *(crime)* heinous ‖ **abomination** *nf* abomination; *je l'ai en* ~ I loathe it.

abondamment [abɔ̃damã] *adv* abundantly; copiously ‖ **abondance** *nf* **1** abundance; plenty; *il vit dans l'*~ he lives in affluence; *en* ~ in profusion ‖ **abondant** *adj* abundant; profuse; *(repas)* copious; *peu* ~ scanty ‖ **abonder** *vi (1)* **1** *be plentiful; abound **2** ~ *dans le sens de qn* *be in agreement with sb.

abonné [abɔne] *nm (presse)* subscriber; *(services)* customer; consumer; *(Rail Th)* season-ticket holder ‖ **abonnement** *nm (presse)* subscription; *(Téléph)* system rental; *(eau)* standing charge; *(El gaz)* quarterly charge; *(Rail Th)* season ticket ‖

abonner vt (1) **s'~** vpr *take out a subscription, season ticket.

abord [abɔʀ] nm **1** access; approach; *dès l'~* from the very first (moment); *au premier ~* at first sight, to start with; *d'un ~ facile* easily accessibie, *(personne)* approachable **2** *~s* surroundings ‖ **d'abord** adv (at) first; *tout ~* to begin with, for a start ‖ **abordable** adj *(lieu)* accessible; *(personne)* approachable; *(prix)* reasonable ‖ **abordage** nm *(Naut)* landing; *(assaut)* boarding; *(accident)* collision ‖ **aborder** vti (1) **1** approach; *(difficulté)* tackle; *(sujet)* broach **2** *(Naut)* land; *(port)* *come alongside; *(accident)* collide (with).

aboutir [abutiʀ] vi (2) *(à)* **1** succeed; *le projet n'a pas abouti* the plan came to nothing **2** *~ (à)* end (in), result (in); *(chemin)* *lead (to) ‖ **aboutissement** nm outcome, result.

aboyer [abwaje] vi (1f) bark.

abrégé [abʀeʒe] nm summary; *(article)* abstract; *(livre)* abridged edition ‖ **abréger** vt (1c, 1h) shorten; *cut short; *(mot)* abbreviate; *(fam) abrégeons!* let's get to the point!

abreuver [abʀœve] vt (1) **1** *(animal)* water **2** drench; swamp; *~ qn de compliments* shower compliments on sb ‖ **abreuvoir** nm drinking trough; *(lieu)* watering place.

abréviation [abʀevjasjɔ̃] nf abbreviation.

abri [abʀi] nm shelter; *~ à vélos* bike shed; *être à l'~* *be safe; *se mettre à l'~* *take cover; *les sans ~* the homeless ‖ **abribus** nm *(pl inv)* bus shelter ‖ **abrigarage** nm *(pl inv)* carport ‖ **abrivent** nm *(pl inv)* windbreak.

abricot [abʀiko] nm apricot ‖ **abricotier** nm apricot tree.

abriter [abʀite] vt (1) **1** shelter; *(yeux)* shade; *la haie nous abrite des voisins* the hedge screens us from the neighbours **2** house; accommodate ‖ **s'abriter** vpr *take shelter/cover; *(fig) ~ derrière les chiffres* *hide behind the figures.

abrogation [abʀɔgasjɔ̃] nf *(Jur)* abrogation; repeal ‖ **abroger** vt (1h) repeal; revoke.

abrupt [abʀypt] adj **1** *(pente)* steep; *(paroi)* sheer **2** *(manière)* abrupt; brusque.

abruti [abʀyti] nm idiot; moron ‖ **abrutir** vt (2) **1** deaden the mind, stultify; *il m'a abruti de ses explications* his explanations left me in a daze **2** exhaust; *ne t'abrutis pas au travail!* don't overwork, will you? ‖ **abrutissant** adj exhausting; *(bruit)* deafening; *émission ~e* mind-destroying programme ‖ **abrutissement** nm **1** *(état)* stupidity; *(action)* deadening of the mind.

absence [apsɑ̃s] nf **1** absence **2** lack **3** *(Méd)* blackout; *j'ai eu une ~ de mémoire* my mind went blank ‖ **absent** adj **1** absent **2** missing **3** *(distrait)* absent-minded; *(regard)* vacant ◆ nm absent person; absentee ‖ **absentéisme** nm absenteeism ‖ **s'absenter** vpr (1) *leave; *go out; *~ quelques jours* *take a few days off.

absolu [apsɔly] adj absolute; utter ◆ nm *l'~* the absolute.

absorbant [apsɔʀbɑ̃] adj **1** absorbent **2** *(activité)* absorbing; engrossing ‖ **absorber** vt (1) **1** absorb; *il est absorbé par son livre* he's engrossed in his book **2** *(Méd) (aliment)* *take **3** *(Com)* *take over.

absoudre [apsudʀ] vt (27) absolve.

abstenir [apstəniʀ] **s'~** vpr (10) abstain; *~ de tout commentaire* refrain from all comment ‖ **abstention** nf abstention ‖ **abstentionniste** adj nmf abstentionist.

abstraction [apstʀaksjɔ̃] nf abstraction; *faire ~* disregard; *faites ~ du prix!* don't take the price into account! ‖ **abstraire** vt (49) abstract ‖ **s'abstraire** vpr *(de) (s'isoler)* *cut oneself off (from) ‖ **abstrait** adj nm abstract.

absurde [apsyʀd] adj absurd, ridiculous ◆ nm *l'~* the absurd ‖ **absurdité** nf absurdity.

abus [aby] nm abuse; *~ d'autorité* undue authority; *~ de confiance* breach of trust; *~ de pouvoir* misuse of power; *(fam) il y a de l'~!* that's a bit much! ‖ **abuser** vt (1) abuse; deceive ◆ vi *(de)* abuse; misuse; *tu abuses de ma faiblesse!* you're taking advantage of my weakness! ‖ **s'abuser** vpr *be mistaken ‖ **abusif** adj *(f -ive)* **1** abusive; improper **2** excessive.

acabit [akabi] nm *(péj)* sort; type.

académicien [akademisjɛ̃] nm *(f -ienne)* academician ‖ **académie** nf **1** academy; learned society **2** *(Ens) (GB)* Local Education Authority ‖ **académique** adj academic.

acajou [akaʒu] nm mahogany.

acariâtre [akaʀjɑtʀ] adj sour(-tempered).

accablant [akablɑ̃] adj overwhelming; overpowering; *(preuve)* damning ‖ **accablement** nm dejection; despondency; *(Méd)* prostration ‖ **accabler** vt (1) **1** overpower; overwhelm; weigh down; *~ qn d'invitations* shower invitations on sb; *je suis accablé de travail* I'm snowed under with work **2** *(preuve, témoin)* condemn.

accalmie [akalmi] nf lull; *(fig)* respite.

accaparer [akapaʀe] vt (1) monopolize; *take up; *(Com Fin) (marché)* corner.

accéder [aksede] vi (1c) *(à)* **1** accede (to); *~ au pouvoir* *rise to power **2** reach; *on y accède par l'arrière* you can get in through the back **3** grant; *~ à une demande* comply with a request.

accélérateur [akseleʀatœʀ] *nm* accelerator ‖ **accéléré** *adj* accelerated ; *(pouls)* quick ◆ *nm (Ciné)* quick motion ‖ **accélérer** *vti (1c)* accelerate ; speed up.

accent [aksã] *nm* **1** accent ; ~ *aigu* acute accent **2** *(importance)* stress ; emphasis **3** *(son, voix)* strain ; tone ‖ **accentuer** *vt (1)* **1** accentuate **2** emphasize ; stress **3** intensify ‖ **s'accentuer** *vpr* increase ; *l'opposition s'accentue* opposition is becoming more marked.

acceptable [akseptabl] *adj* acceptable ; satisfactory ‖ **acceptation** *nf* acceptance ‖ **accepter** *vt (1)* accept ; *(défi)* *take up ; *je n'accepte pas que tu me mentes !* I won't have you lying to me! *(Com) nous acceptons vos conditions* we are agreeable to your conditions.

acception [aksepsjɔ̃] *nf* meaning ; sense.

accès [akse] *nm inv* **1** access ; *(porte)* entrance ; ~ *interdit* no entry ; *d'~ facile* easily accessible **2** *les ~s* the approach(es) **3** *(Méd)* fit ; bout ‖ **accessible** *adj* accessible ; *(but)* attainable ; *(personne)* approachable ; available ; *il n'est pas ~ à mes arguments* he's not open to my arguments ‖ **accession** *nf* ~ *à la propriété* home-ownership.

accessoire [akseswaʀ] *adj* secondary ; incidental ◆ *nm* accessory ; *(Th)* prop ‖ **accessoiriste** *nmf* prop(erty) man, woman.

accident [aksidã] *nm* accident ; *(Aut Av)* crash ; *rencontrer qn par ~* *meet sb by chance ‖ **accidenté** *adj (Aut)* damaged ; *(personne)* injured ; *(terrain)* uneven ◆ *nm* casualty ‖ **accidentel** *adj (f* -elle*)* accidental ; fortuitous ‖ **accidentellement** *adv* accidentally ; *mourir ~* die in an accident.

acclamation [aklamasjɔ̃] *nf (surtout pl)* cheering *s inv* ; cheers ; *(presse)* critical acclaim ‖ **acclamer** *vt (1)* cheer ; acclaim.

acclimatation [aklimatasjɔ̃] *nf* acclimatization ‖ **acclimater** *vt (1)* acclimatize.

accointances [akwɛ̃tãs] *nfpl inv (péj)* contacts ; links.

accolade [akɔlad] *nf* embrace ; *(signe)* brace ‖ **accolé** *adj* joined ; coupled ; braced.

accommodant [akɔmɔdã] *adj* accommodating ‖ **accommodement** *nm* compromise ‖ **accommoder** *vt (1)* **1** adapt ; reconcile **2** *(Cuis)* prepare **3** *(yeux)* focus ‖ **s'accommoder** *vpr (de)* *make do (with).

accompagnateur [akɔ̃paɲatœʀ] *adj (f* -trice*)* accompanying ◆ *nmf (Mus)* accompanist ; *(tourisme)* courier ; guide ‖ **accompagnement** *nm* accompaniment ‖ **accompagner** *vt (1)* *come with, *go with, accompany ; ~ *qn à la porte* *see

sb to the door ; *(Cuis)* ~ *de crème* serve with cream.

accompli [akɔ̃pli] *adj* accomplished ‖ **accomplir** *vt (2)* carry out ; accomplish ; *(vœu)* fulfill ‖ **accomplissement** *nm* accomplishment ; fulfillment.

accord [akɔʀ] *nm* **1** agreement ; *d'un commun ~* by mutual consent ; *donner un ~ de principe* agree in principal ; *se mettre d'~* *come to an agreement ; *es-tu d'~ ?* do you agree? *(fam) d'~ !* all right! **2** harmony ; *c'est en ~ avec nos idées* it's in line with our ideas **3** *(Mus)* chord ‖ **accorder** *vt (1)* **1** allow ; grant ; *(Jur)* award ; *pourriez-vous m'~ une minute ?* could you spare me a minute? ~ *de l'importance à qch* attach importance to sth **2** admit ; concede ; *je vous l'accorde* granted! **3** *(Mus)* tune ‖ **s'accorder** *vpr* *get on well together ; agree ; *(couleurs)* match ; *go together ‖ **accordeur** *nm inv* (piano) tuner.

accordéon [akɔʀdeɔ̃] *nm* accordion ; *(fig) les voitures avançaient en ~* the traffic was stopping and starting.

accoster [akɔste] *vt (1)* accost ◆ *vti (Naut) (quai)* berth ; *(rivage)* moor.

accotement [akɔtmã] *nm (stabilisé)* (hard) shoulder ; *(non-stabilisé)* (grass) verge.

accouchement [akuʃmã] *nm* childbirth ; delivery ‖ **accoucher** *vi (1) (de)* *give birth (to) ; *Sophie accouchera bientôt* Sophie's baby is due soon ; *(fig fam) allez, accouche !* come on, spit it out! ◆ *vt* deliver ‖ **accoucheur** *nm (f* -euse*)* obstetrician.

accouder [akude] **s'~** *vpr (1)* *lean (with one's elbows) ‖ **accoudoir** *nm* armrest.

accouplement [akupləmã] *nm* coupling ; *(El)* connecting ; *(Zool)* mating ‖ **accoupler** *vt (1)* couple ; connect ‖ **s'accoupler** *vpr (Zool)* mate.

accourir [akuʀiʀ] *vi (3)* *run (up) ; rush (up).

accoutrement [akutʀəmã] *nm (fam péj)* get-up ; rig-out ‖ **accoutrer** *vt (1) (fam péj)* *get up ; *rig out.

accoutumance [akutymãs] *nf* familiarization ; *(Méd)* tolerance ; *(drogue)* addiction ‖ **accoutumé** *adj* usual ; customary ; ~ *à* accustomed to ; *(loc) comme à l'accoutumée* as usual ‖ **accoutumer** *vt (1)* accustom ‖ **s'accoutumer** *vpr* ~ *à* *get used to.

accréditer [akʀedite] *vt (1)* accredit ; *(rumeur)* substantiate.

accroc [akʀo] *nm* tear ; *(fig)* snag ; hitch ‖ **accrochage** *nf (1) (objet)* hanging (up) **2** *(Aut)* (slight) collision ; *(Mil aussi fig)* clash ‖ **accrocher** *vt (1)* **1** *(objet)* *hang (up) **2** *(accident) (Aut)* bump (into) ;

(vêtement) snag **3** *(attention)* *catch ; *(fam)* **il m'a accroché dans le couloir** he buttonholed me in the corridor ♦ *vi* **1** *(coller)* *stick ; jam **2** clash ; *(fam)* **ça n'accroche pas entre nous** we don't get on (together) ‖ **s'accrocher** *vpr* **1** *(tenir)* *hold on, *cling on **2** *(quereller)* clash ; *have a row ‖ **accrocheur** *adj (f -euse)* **1** *(personne)* tenacious **2** *(image)* eye-catching ; *(Mus)* catchy.

accroissement [akrwasmɑ̃] *nm* growth, increase ‖ **accroître** *vt* (37) **s'~** *vpr* *grow, increase.

accroupi [akrupi] *adj* crouching, squatting ‖ **s'accroupir** *vpr* (2) crouch (down), squat (down).

accueil [akœj] *nm* welcome ; *(hôtel)* reception (desk) ; *soirée d'~* welcoming party ‖ **accueillant** *adj* friendly ; hospitable ‖ **accueillir** *vt* (4) **1** welcome ; greet ; **~ qn à la gare** *meet sb at the station **2** *(loger)* accommodate ; *put up.

acculer [akyle] *vt* (1) *drive back ; *(fig)* force.

accu(mulateur) [aky(mylatœr)] *nm* (El) battery ‖ **accumulation** *nf* accumulation ; *radiateur à ~* storage heater ‖ **accumuler** *vt* (1) amass ; accumulate ‖ **s'accumuler** *vpr* *build up ; pile up.

accusateur [akyzatœr] *adj (f -trice)* accusing ; *(objet)* incriminating ♦ *nmf* accuser ‖ **accusatif** *nm* (Gr) accusative ‖ **accusation** *nf* accusation ; *(Jur)* charge ; **l'A~** the Prosecution ; **mise en ~** indictment ‖ **accusé** *nm* **1** accused ; defendant **2** *(Com)* **~ de réception** acknowledgement of receipt ; *(lettre)* recorded delivery ♦ *adj* marked ‖ **accuser** *vt* (1) **1** *(de)* accuse (of) ; *(Jur)* charge (with) ; **n'accuse pas le temps !** don't blame it on the weather ! **2 ~ réception** *(Com)* acknowledge receipt **3** *show ; emphasize ; **il accuse son âge** he looks his age ‖ **s'accuser** *vpr* **1** admit ; confess **2** *become more marked.

acerbe [asɛrb] *adj* caustic ; sharp.

acéré [asere] *adj* sharp ; *(fig)* cutting.

achalandé [aʃalɑ̃de] *adj* **bien ~** well-patronized.

acharné [aʃarne] *adj* relentless ; *(combat)* fierce ‖ **acharnement** *nm* relentlessness ; fierceness ‖ **s'acharner** *vpr* (1) **1** *(à)* persevere (in) ; *be set on **2** *(contre)* hound ; *(fam)* **il s'acharne contre moi** he's got his knife into me **3** persevere ; *acharne-toi !* keep at it !

achat [aʃa] *nm* purchase ; **faire des ~s** *go shopping ; *directeur des ~s* purchasing manager.

acheminement [aʃminmɑ̃] *nm* (Mil) conveyance, transporting ; *(Com)* forwarding ; dispatching ‖ **acheminer** *vt* (1) convey, transport ; *(Com)* forward, dispatch ‖

s'acheminer *vpr* *(vers)* head (for/towards).

acheter [aʃte] *vt* (1c) *buy, purchase ; *(fig péj)* bribe ; **~ (au) comptant** *pay cash ; **~ à crédit** *buy on hire purchase, *(amér)* on the installment plan ‖ **acheteur** *nm (f -euse)* shopper ; *(Com)* buyer.

achevé [aʃve] *adj* **1** completed **2** *(personne)* accomplished **3** perfect ; *(fam)* **un idiot ~** an utter fool ‖ **achèvement** *nm* completion ‖ **achever** *vt* (1c) **1** complete, finish ; *(discours, soirée)* round off ; **~ de faire qch** finish doing sth **2** *(coup de grâce)* finish off ‖ **s'achever** *vpr* *come to an end ; *draw to a close.

achoppement [aʃɔpmɑ̃] *nm* *(lit)* difficulty ; *pierre d'~* stumbling block ‖ **achopper** *vi* (1) *(sur)* *(difficulté)* *come up (against).

acide [asid] *adj* acid ; *(fruit)* sour, sharp ♦ *nm* acid ‖ **acidité** *nf* acidity ; sharpness.

acier [asje] *nm* steel ‖ **aciérie** *nf* steelworks.

acné [akne] *nf* acne.

acolyte [akɔlit] *nm (péj)* associate.

acompte [akɔ̃t] *nm* down payment ; *(hôtel)* deposit ; **un ~ de 200 francs** 200 francs on account ; **~ (sur salaire)** advance (on salary).

acoquiner [akɔkine] **s'~** *vpr* *team up.

à-côté [akote] *nm* **1** side issue ; *(conversation)* aside **2** *(fam)* extra ; perk.

à-coup [aku] *nm* jolt ; judder ; *par ~s* by/in fits and starts ; intermittently ; *sans ~* smoothly.

acoustique [akustik] *adj* acoustic ♦ *nf* acoustics.

acquéreur [akerœr] *nm* buyer, purchaser ‖ **acquérir** *vt* (13) **1** *(objet)* *buy, purchase **2** *(expérience)* gain ; acquire ‖ **acquis** *nm* knowledge ; experience ♦ *adj* acquired ; *(droit)* established ; *(fait)* accepted ; *sa voix nous est ~e* we can count on his vote ; *(Jur)* **droits ~** vested interests ; *tenir pour ~* *take for granted.

acquiescement [akjesmɑ̃] *nm* approval ; agreement ‖ **acquiescer** *vi* (1c, 1h) approve ; agree ; **~ de la tête** nod in agreement.

acquisition [akizizjɔ̃] *nf* purchase ; acquisition ‖ **acquit** *nm* **1** *(Com)* receipt ; *pour ~* received with thanks **2** *par ~ de conscience* for conscience's sake ‖ **acquittement** *nm* **1** *(Com)* payment **2** *(Jur)* acquittal ‖ **acquitter** *vt* (1) *(facture)* receipt ; *(debt)* acquit ; *pay ; *(Jur)* acquit ‖ **s'acquitter** *vpr* **~ de** carry out, fulfil.

âcre [akr] *adj* acrid, pungent ‖ **âcreté** *nf* *(odeur)* pungency ; *(goût, remarque)* bitterness.

acrobate [akrɔbat] *nmf* acrobat ‖ **acro-**

batie [akʀɔbasi] *nf* acrobatics ‖ **acrobatique** *adj* acrobatic.

acrylique [akʀilik] *adj nm* acrylic.

acte [akt] *nm* **1** act, action ; *faire ~ d'autorité* exercise authority ; *faire ~ de candidature à un emploi* apply for a job ; *faire ~ de présence* *put in an appearance ; *prendre ~* *take due note **2** *(Méd)* treatment **3** *(Jur)* deed ; *~ d'accusation* charges ; *~ de naissance* birth certificate **4** *(Th)* act ‖ **acteur** *nm* actor ‖ **actif** *adj* *(f* **-ive)** active ; *(Mil)* regular ; *(Com)* **dettes actives** accounts receivable ; *(Eco)* **population active** workforce ◆ *nm (Fin)* assets ; *(Com aussi fig)* credit ‖ **action** *nf* **1** act ; action ; *bonne ~* good deed ; *passer à l'~* *go into action **2** influence ; effect **3** *(Fin)* share **4** *(Jur)* action ; lawsuit ; *intenter une ~ (en)* sue (for) **5** *(Th)* plot ‖ **actionnaire** *nmf* share-holder ‖ **actionner** *vt (1)* **1** operate **2** *set in action.

activer [aktive] *vt (1)* activate ; speed up ; *(fam)* *activons !* let's get a move on ! ‖ **s'activer** *vpr* *be busy ; bustle around ‖ **activité** *nf* activity ; *(foule)* bustle ; *en ~* in operation, *(usine)* in production, *(personne)* in active employment, *(volcan)* active.

actrice [aktʀis] *nf* actress.

actualiser [aktyalize] *vt (1)* update ; *bring up to date ‖ **actualité** *nf* **1** topicality ; *d'~* topical **2** topical issue ; current events ; *(Rad TV)* **les ~s** the news *(s inv)* ‖ **actuel** *adj* *(f* **-elle)** present ; current ‖ **actuellement** *adv* at the present time ; currently.

acuité [akyite] *nf* acuteness ; sharpness ; *~ visuelle* eyesight.

adage [ada3] *nm* saying.

adaptateur [adaptatœʀ] *nm* *(f* **-trice)** **1** *(Lit Th)* adaptor **2** *nm (Tech)* adaptor ‖ **adapter** *vt (1)* adapt ; adjust ‖ **s'adapter** *vpr* adapt oneself ; *be adaptable ; *fit.

additif [aditif] *nm* addition ; supplement ; *(Ch)* additive ; *(Jur)* additional clause ‖ **addition** *nf* **1** addition ; *sans ~ de sucre* no added sugar **2** *(restaurant)* bill, check ‖ **additionner** *vt (1)* **s'~** *vpr* add (up).

adduction [adyksjɔ̃] *nf* conveyance.

adepte [adept] *nmf* follower ; *(fam)* buff.

adéquat [adekwa] *adj* appropriate ; *(somme)* adequate ; *(lieu)* suitable.

adhérence [adeʀɑ̃s] *nf* adhesion ; *(pneu)* grip ; *(soutien)* adherence ‖ **adhérent** *adj* adherent ◆ *nm* member ; *carte d'~* membership card ‖ **adhérer** *vi (1c)* **1** adhere ; *stick **2** *(à)* support ; subscribe (to) ; *(club)* join ‖ **adhésif** *nm* adhesive ◆ *adj (f* **-ive)** sticky, adhesive ‖ **adhésion** *nf* **1** approval ; support **2** membership.

adieu [adjø] *nm (pl* **-x)** farewell ◆ *excl* farewell, *(fam)* goodbye !

adipeux [adipø] *adj (f* **-euse)** adipose ; fatty.

adjacent [adʒasɑ̃] *adj* adjoining ; *(angle)* adjacent.

adjectif [adʒɛktif] *nm* adjective.

adjoindre [adʒwɛ̃dʀ] *vt (35)* add ; attach ‖ **adjoint** *nm* assistant ‖ **adjonction** *nf* addition ‖ **adjudant** *nm (Mil)* warrant officer.

adjudication [adʒydikasjɔ̃] *nf (travaux)* adjudication ; *(vente)* sale by auction ‖ **adjuger** *vt (1h)* award ; *(vente)* auction ; *adjugé, vendu !* going, going, gone ! ‖ **s'adjuger** *vpr* ~ *qch* *take sth (for oneself).

adjurer [adʒyʀe] *vt (1)* beg ; implore.

admettre [admɛtʀ] *vt (42)* **1** *(personne)* *let in, admit **2** accept ; *(erreur)* acknowledge **3** allow, permit ; *je n'admets aucune discussion* I won't have any discussion **4** *(hypothèse)* assume ; *admettons que je ...* supposing that I...

administrateur [administʀatœʀ] *nm (f* **-trice)** administrator ; governor ‖ **administration** *nf* administration ; *l'A~* the Civil Service ; *(Com)* **conseil d'~** board of directors, *(Ens)* board of governors ‖ **administrer** *vt (1)* **1** *(Com)* manage ; handle ; *(Pol)* govern (over) **2** *(Jur Méd)* administer, dispense ; *(fam)* ~ *une correction à qn* *give sb a thrashing.

admirable [admiʀabl] *adj* wonderful ; admirable ‖ **admirateur** *nm (f* **-trice)** admirer ‖ **admiratif** *adj (f* **-ive)** admiring ‖ **admiration** *nf* admiration ; *elle fait l'~ de tous* everyone admires her ‖ **admirer** *vt (1)* admire.

admissible [admisibl] *adj* acceptable ; admissible ; *(candidat)* eligible ; *(Jur)* receivable ‖ **admission** *nf* admission ; *concours d'~* entrance examination.

adolescence [adɔlesɑ̃s] *nf* adolescence ‖ **adolescent** *adj* adolescent, teenager.

adonner [adɔne] **s'~** *vpr (1) (à)* devote oneself (to) ; *~ à la boisson* *take to drink.

adopter [adɔpte] *vt (1)* adopt ‖ **adoptif** *adj (f* **-ive)** *(parent)* adoptive ; *(enfant, pays)* adopted.

adorable [adɔʀabl] *adj* delightful, adorable ‖ **adorateur** *nm (f* **-trice)** worshipper ‖ **adoration** *nf* adoration ; *il est en ~ devant elle* he worships the ground she treads on ‖ **adorer** *vt (1)* adore ; *(Rel)* worship ; *(fam)* *j'adore lire* I love reading.

adossé [adose] *adj être ~ à, contre qch* *be leaning against sth ‖ **adosser** *vt (1)* *stand (against) ‖ **s'adosser** *vpr (à)* *lean with one's back (against).

adoucir [adusiʀ] *vt (2)* **s'~** *vpr (eau, voix)* soften ; *(lumière)* subdue ; *(douleur)* ease ‖ **s'adoucir** *vpr (temps)* turn milder ‖ **adoucissant** *adj* softening ◆ *nm (linge)* fabric softener ‖ **adoucisseur** *nm* ~ *d'eau* water softener.

adresse[1] [adʀɛs] *nf* **1** dexterity; skill; *tour d'* ~ (conjuring) trick; *(aussi fig)* sleight of hand **2** diplomacy; tact.

adresse[2] [adʀɛs] *nf* **1** address; *donner une bonne* ~ recommend a good place; *faire une remarque à l'* ~ *de qn* *make a remark for sb's benefit **2** *(Inf)* location ‖ **adresser** *vt (1)* address; ~ *qn à un cardiologue* refer sb to a heart specialist; ~ *la parole à qn* *speak to sb ‖ **s'adresser** *vpr (à)* **1** address; *le film s'adresse aux adolescents* the film is aimed at a teenage audience **2** *go and *see; *adressez-vous à la mairie* ask at the town hall; ~ *ici* apply within.

adroit [adʀwa] *adj* skillful; *(négociateur)* shrewd; *il est* ~ *de ses mains* he's clever with his hands.

adulte [adylt] *adj* adult; *(Zool Bio)* full-grown; *l'âge* ~ adulthood ♦ *nmf* adult, grown-up.

adultère [adyltɛʀ] *nm (acte)* adultery; *(personne)* adulterer, adulteress ♦ *adj* adulterous.

advenir [advǝniʀ] *v impers (10)* happen; *qu'adviendra-t-il d'elle?* what will become of her? *advienne que pourra* come what may.

adverbe [advɛʀb] *nm* adverb.

adversaire [advɛʀsɛʀ] *nmf* opponent; *(Mil)* adversary, enemy ‖ **adverse** *adj* opposing; *(sort)* adverse ‖ **adversité** *nf* adversity.

aérateur [aeʀatœʀ] *nm* ventilator ‖ **aération** *nf* ventilation ‖ **aéré** *adj* well-ventilated; airy ‖ **aérer** *vt (1c) (pièce)* air; *(Tech)* ventilate; *(fig)* lighten (up) ‖ **s'aérer** *vpr* *get some fresh air ‖ **aérien** *adj* (f **-ienne**) **1** light; airy **2** *(Phot)* aerial; *(câble métro)* overhead; *compagnie aérienne* airline (company); *forces aériennes* air forces.

aéro- [aeʀɔ] *préf* **aéroclub** *nm* flying club ‖ **aérodrome** *nm* airfield ‖ **aérodynamique** *adj* aerodynamic; stream-lined ♦ *nf* aerodynamics ‖ **aérogare** *nf* air terminal ‖ **aéroglisseur** *nm* hovercraft ‖ **aéronautique** *adj* aeronautical ♦ *nf* aeronautics ‖ **aéronaval** *adj* *forces aéronavales* air and sea forces ‖ **aérophagie** *nf* flatulence ‖ **aéroport** *nm* airport ‖ **aéroporté** *adj* airborne; *opération* ~*e* airlift ‖ **aérosol** *nm* aerosol ‖ **aérospatial** *adj (mpl* **-aux)** aerospace ‖ **aérospatiale** *nf* aerospace industry.

affabulateur [afabylatœʀ] *nm (f* **-trice)** storyteller ‖ **affabuler** *vi (1)* invent; *make up stories.

affadir [afadiʀ] *vt* *make tasteless.

affaiblir [afebliʀ] *vt (2)* weaken ‖ **s'affaiblir** *vpr* *grow weaker; decline.

affaire [afɛʀ] *nf* **1** business; *(fam)* *occupe-toi de tes* ~*s!* mind your own business! *j'en fais mon* ~ I'll see to it; *cela fera l'* ~ that will do nicely; *il est à son* ~ he's in his element **2** matter; *une* ~ *de goût* a question of taste; *c'est l'* ~ *de deux jours* it will only take two days **3** *(Jur Méd)* case; *être tiré d'* ~ *(Méd)* *be out of danger, (fig)* out of trouble **4** affair; scandal; *(fig) en faire une* ~ *d'état* *make an issue out of sth **5** deal; transaction; *avoir* ~ *à qn* *deal with sb; *bonne* ~ bargain; *être dur en* ~*s* *strike a hard bargain* **6** firm; company ‖ **affaires** *nfpl* **1** *(Pol)* affairs; *ministère des A*~ *étrangères (GB)* Foreign Office, *(US)* State Department **2** *(Com)* business; *droit des* ~ corporate law; *homme, femme d'*~ businessman, woman **3** belongings; things ‖ **affairé** *adj* busy; bustling ‖ **s'affairer** *vpr (1)* bustle (around).

affaissement [afesmɑ̃] *nm* subsidence; collapse ‖ **s'affaisser** *vpr (1) (sol)* *give way; subside; *(toit)* cave in; *(poutre)* sag; *(personne)* collapse.

affaler [afale] *vt (1) (Naut) (voile)* lower ‖ **s'affaler** *vpr* collapse; ~ *sur* sprawl on, over; slump over.

affamé [afame] *adj* starving, ravenous ‖ **affamer** *vt (1)* starve.

affectation [afɛktasjɔ̃] *nf* **1** *(somme)* allocation; *(personne)* appointment; *(Mil)* posting **2** *(comportement)* affectation; show ‖ **affecté** *adj* **1** affected; feigned **2** *(ému)* moved ‖ **affecter** *vt (1)* **1** allocate; appoint; post **2** affect.

affectif [afɛktif] *adj (f* **-ive)** affective; *la vie* ~*e* emotional life ‖ **affection** *nf* **1** affection; *j'ai de l'* ~ *pour lui* I'm fond of him **2** *(Méd)* complaint, trouble ‖ **affectionner** *vt (1)* like, *be fond of ‖ **affectueux** *adj (f* **-euse)** affectionate.

afférent [afeʀɑ̃] *adj (à)* relating to).

affermir [afɛʀmiʀ] *vt (2)* strengthen; consolidate; *(muscle)* tone up ‖ **affermissement** *nm* strengthening; consolidation; toning up.

affichage [afiʃaʒ] *nm* bill posting; *(El Inf)* display; *tableau d'*~ notice board ‖ **affiche** *nf* **1** poster; notice; *(publicité)* advertisement **2** *(Th)* (play) bill; *tenir l'*~ *run **1** ‖ **afficher** *vt (1)* **1** pin (up); post (up); *défense d'*~*!* stick no bills! **2** *(fig)* display; *(péj)* flaunt.

affilée [afile] *loc* **d'**~ in a row.

affiler [afile] *vt (1)* sharpen.

affilié [afilje] *nm* affiliate; affiliated member ‖ **affilier** *vt (1h)* affiliate ‖ **s'affilier** *vpr* *become affiliated; join.

affinage [afinaʒ] *nm* refining; *(fromage)* maturing ‖ **affiner** *vt (1)* refine; *(métal)* smelt; *(fromage)* mature; ripen ‖ **s'affiner** *vpr* *become finer; *(sens)* sharpen; *(physique)* slim down.

affinité [afinite] *nf* affinity.

affirmatif [afiʀmatif] *adj (f* **-ive)** affirmative; positive || **affirmation** *nf* assertion; affirmation || **affirmer** *vt (1)* affirm; maintain; *(autorité)* assert.

affleurer [aflœʀe] *vi (1)* appear at the surface || **affleurement** *nm (Géol)* outcrop.

affligeant [afliʒɑ̃] *adj* distressing; **~** *d'ennui* painfully dull || **affligé** *adj* distressed; *(de)* afflicted (with) || **affliger** *vt (1h)* distress; grieve.

affluence [aflyɑ̃s] *nf* crowd; *heures d'~* rush hours || **affluent** *nm (Géog)* tributary || **affluer** *vi (1) (sang)* flow; *(aide)* flood in; *(foule)* crowd in; flock in || **afflux** *nm* flow; rush.

affolant [afɔlɑ̃] *adj* alarming; *(fam fig)* incredible || **affolé** *adj* panic-stricken; *(fig)* astounded || **affolement** *nm* panic || **affoler** *vt (1)* *throw into a panic || **s'affoler** *vpr* panic.

affranchissement[1] [afʀɑ̃ʃismɑ̃] *nm* emancipation || **affranchir** *vt (2)* emancipate; free; *(fig fam)* *put in the picture.

affranchissement[2] [afʀɑ̃ʃismɑ̃] *nm* *(lettre) (action)* stamping; franking; *(somme)* postage || **affranchir** *vt (2)* stamp; frank.

affres [afʀ] *nfpl (lit)* agonies; *les ~ de la faim* pangs of hunger.

affrètement [afʀɛtmɑ̃] *nm* chartering || **affréter** *vt (1c)* charter.

affreusement [afʀøzmɑ̃] *adv* awfully, dreadfully || **affreux** *adj (f* **-euse)** awful; dreadful; **~** *à voir* ghastly.

affriolant [afʀijɔlɑ̃] *adj* alluring.

affront [afʀɔ̃] *nm* insult || **affrontement** *nm* confrontation; clash || **affronter** *vt (1)* face; confront; *(orage)* brave || **s'affronter** *vpr* clash.

affubler [afyble] *vt (1) (péj) (de)* rig out (in, with); *(fam fig)* saddle (with).

affût [afy] *nm (Sp)* hide(-out); *être à l'~* *lie in wait; *(fig) à l'~ (de)* on the lookout (for).

affûter [afyte] *vt (1)* sharpen.

afin [afɛ̃] *loc* **~** *de* (in order) to; so as to || **afin que** *conj* so that; in order that; **~** *je puisse lui écrire* so that I can write to him.

agaçant [agasɑ̃] *adj* annoying || **agacement** *nm* annoyance; irritation || **agacer** *vt (1h)* annoy; irritate.

âge [aʒ] *nm* **1** age; *quel ~ a-t-il ?* how old is he, it? *il ne fait pas son ~* he doesn't look his age; *enfant en bas ~* infant; *d'un certain ~/entre deux ~s* middle-aged; *le troisième ~* senior citizens; *j'ai passé l'~ de jouer* I'm too old to play games **2** period; *au Moyen Age* in the Middle Ages || **âgé** *adj* old; **~** *de 6 ans* 6 years old; *les personnes âgées* the elderly.

agence [aʒɑ̃s] *nf* agency; *(Com)* branch office; **~** *de voyage* travel agency; **~** *pour l'emploi* job centre, employment agency, *(amér)* office || **agencement** *nm* arrangement; layout; *(équipement)* fittings, fixtures || **agencer** *vt (1h) (ordonner)* arrange; *lay out; (équiper)* *fit out.

agenda [aʒɛ̃da] *nm* diary.

agenouiller [aʒnuje] *s'~* *vpr (1)* *kneel (down); *être agenouillé* *be kneeling.

agent [aʒɑ̃] *nm* agent; **~** *d'assurance* insurance broker; **~** *immobilier* estate agent, *(amér)* real estate agent; **~** *de maîtrise* supervisor; **~** *de police* police officer.

agglomérat [aglɔmeʀa] *nm* agglomerate || **agglomération** *nf* agglomeration; **~** *urbaine* urban area, built-up area || **aggloméré** *nm (bois)* chipboard || **agglomérer** *vt (1c)* agglomerate, compress.

agglutiner [aglytine] *vt (1)* agglutinate || **s'agglutiner** *vpr* collect (together); *(personnes)* congregate.

aggravant [agʀavɑ̃] *adj (circonstances)* aggravating || **aggravation** *nf* **1** deterioration, worsening **2** increase || **aggraver** *vt (1)* **1** increase **2** aggravate; *n'aggrave pas les choses !* don't make things worse! || **s'aggraver** *vpr* *get worse; deteriorate.

agile [aʒil] *adj* agile; nimble || **agilité** *nf* agility; nimbleness.

agio [aʒjo] *nm (Fin)* premium; **~***s* interest rate; bank charges; commission.

agir [aʒiʀ] *vi (2)* **1** act; *take action **2** *(se comporter)* behave **3** **~** *sur* affect; *ce remède n'agit plus* this medecine has lost its effect || **s'agir** *vpr impers* **1** concern; *de qui s'agit-il ?* who are you talking about? *quand il s'agit de payer...* when it comes to paying... **2** *il s'agit d'être à l'heure* we must be on time; *il s'agit de ne pas perdre* there's no question of losing || **agissant** *adj* effective || **agissements** *nmpl (péj)* dealings; intrigues.

agitateur [aʒitatœʀ] *nm (f* **-trice)** agitator || **agitation** *nf* agitation; *(rue)* bustle; *(nervosité)* restlessness; *(Pol)* unrest || **agité** *adj* nervous; excited; *(mer)* rough; *(malade)* restless; *(sommeil)* fitful; *(vie)* hectic; *(période)* troubled || **agiter** *vt (1)* **1** wave; *(liquide)* *shake; *(queue)* wag; *(vent)* stir **2** excite; agitate; *(inquiéter)* trouble || **s'agiter** *vpr* **1** rush around **2** *be restless; *(enfant)* fidget; *(au lit)* toss and turn.

agneau [aɲo] *nm (pl* **-x)** lamb.

agnostique [agnɔstik] *adj nmf* agnostic.

agonie [agɔni] *nf* agony; death throes || **agoniser** *vi (1)* *be dying; *(fig) le cinéma muet agonisait* silent pictures were on their last legs.

agrafe [agʀaf] *nf (couture)* hook; *(bureau)* staple; *(Méd)* clip || **agrafer** *vt (1) (robe)* hook up ; *(feuilles)* staple (together) ; *(fam fig) se faire ~* *get nabbed ‖ **agrafeuse** *nf* stapler.

agraire [agʀɛʀ] *adj (Agr)* agrarian ; *(Jur)* land.

agrandissement [agʀɑ̃dismɑ̃] *nm* expansion ; *(bâtiment)* extension ; *(Phot)* enlargement ‖ **agrandir** *vt (2)* expand ; extend ; enlarge ; *le blanc agrandit la pièce* white makes the room look bigger ‖ **s'agrandir** *vpr* expand ; *get bigger, deeper, wider.

agréable [agʀeabl] *adj* pleasant, nice ; *il lui serait ~ de vous voir* she, he would be pleased to see you ‖ **agréé** *adj (Com)* registered ‖ **agréer** *vt (1)* accept ; approve ; *veuillez ~ l'expression de mes salutations distinguées* Yours faithfully ‖ **agrément** *nm* **1** approval ; consent **2** attractiveness ; *voyage d'~* pleasure trip.

agrémenter [agʀemɑ̃te] *vt (1)* embellish ; *agrémenté de bons vins* accompanied by fine wines.

agrès [agʀɛ] *nmpl inv (Sp)* apparatus ; *(Naut)* tackle.

agresser [agʀese] *vt (1)* attack ; mug ‖ **agresseur** *nm* attacker ; mugger ‖ **agressif** *adj (f* -**ive**) aggressive ‖ **agression** *nf* aggression ; attack ; mugging ‖ **agressivité** *nf* aggressiveness.

agricole [agʀikɔl] *adj* agricultural ; *ouvrier ~* farm hand ; *le monde ~* the farmers ‖ **agriculteur** *nm (f* -**trice**) farmer ‖ **agriculture** *nf* agriculture, farming.

agripper [agʀipe] *vt (1)* clutch ; grip ‖ **s'agripper** *vpr (à)* *cling (on) (to), grip.

agro-alimentaire [agʀɔalimɑ̃tɛʀ] *nm* agribusiness ◆ *adj industrie ~* food (processing) industry ‖ **agronomie** *nf* agronomy ‖ **agronome** *nm* agronomist.

agrumes [agʀym] *nmpl* citrus fruits.

aguerrir [ageʀiʀ] *vt (2)* harden.

aguets [age] *loc* aux *~* on the look-out ; *rester l'oreille aux ~* *keep one's ears open.

aguicher [agiʃe] *vt (1)* entice ; provoke ‖ **aguicheur** *adj (f* -**euse**) seductive ; provocative.

ahuri [ayʀi] *nm* dim-wit ‖ **ahurir** *vt (2)* astound ; stagger ‖ **ahurissant** *adj* staggering ‖ **ahurissement** *nm* stupefaction.

aide [ɛd] *nf* help ; *à l'~ !* help! *à l'~ de* with the aid/help of ; *venir en ~ à qn* *come to sb's aid ; *~ publique* public assistance ; *~ sociale* welfare ◆ *nmf* assistant ; *~ familiale* home help ; *~ soignant(e)* nursing auxiliary, *(amér)* nurse's aid ‖ **aider** *vt (1)* **1** help ; *se faire ~ par qn* *get sb to help **2** *~ à* contribute to(wards) ‖ **s'aider** *vpr* aide-toi d'un *bâton !* use a stick (to help you)!

aïeul [ajœl] *nm (pl* -**aïeux**) ancestor ; grandparent.

aigle [ɛgl] *nm* eagle ; *(fig fam) ce n'est pas un ~ !* he's no genius!

aiglefin *voir* **églefin**.

aigre [ɛgʀ] *adj* sour, sharp ; *(remarque)* cutting ‖ **aigrelet** *adj (f* -**ette**) *(rather)* sour ; *(son)* reedy ; shrill ‖ **aigreur** *nf* sourness ; sharpness ; *répondre avec ~* answer bitterly ; *~s d'estomac* heartburn ‖ **aigrir** *vt (2)* embitter ‖ **s'aigrir** *vpr (aliment)* turn sour ; *(personne)* turn bitter, *become embittered.

aigu [egy] *adj (f* -**uë**) acute ; sharp ; *(note)* high-pitched ; *(voix)* shrill.

aigue-marine [ɛgmaʀin] *nf* aquamarine.

aiguillage [egɥijaʒ] *nm (Rail)* points, *(amér)* switches ; *poste d'~* signal box ‖ **aiguille** *nf* **1** needle ; *~ à tricoter* knitting needle **2** *(montre)* hand ; *(balance)* pointer ; *dans le sens des ~s d'une montre* clockwise ‖ **aiguiller** *vt (1)* direct ; steer ; *(Rail)* shunt, *(amér)* switch ‖ **aiguilleur** *nm ~ du ciel* air traffic controller ‖ **aiguillon** *nm* goad ; *(guêpe)* sting ; *(fig)* incentive ‖ **aiguillonner** *vt (1)* goad (on) ; spur (on).

aiguisage [egizaʒ] *nm* sharpening ‖ **aiguiser** *vt (1)* sharpen ; *(fig)* stimulate ; *(appétit)* whet.

ail [aj] *nm (pl* **aulx**) garlic.

aile [ɛl] *nf* wing ; *(moulin)* sail ; *(Aut)* wing, *(amér)* fender ; *(hélice)* blade ; *(fig) l'entreprise bat de l'~* the firm is in a bad way ; *voler de ses propres ~s* *stand on one's own two feet ‖ **aileron** *nm (poisson)* fin ; *(Av)* aileron ‖ **ailier** *nm (Sp)* winger.

ailleurs [ajœʀ] *adv* **1** somewhere else, elsewhere ; *nulle part ~* nowhere else ; *(fig) il est ~* he is miles away **2** *d'~* besides, moreover ; *par ~* in other respects ; moreover.

aimable [emabl] *adj* nice, amiable ; *c'est bien ~ de votre part* that's kind/good of you ‖ **aimer** *vt (1) (amitié)* like ; *(amour)* love ; *~ lire* *be fond of/keen on reading ; *j'aimerais autant...* I'd just as soon... ; *~ mieux* prefer ; *j'aimerais mieux du café* I would rather have coffee ‖ **s'aimer** *vpr* *be in love ; love each other.

aimant [emɑ̃] *nm* magnet ‖ **aimanté** *adj aiguille ~ e* magnetic pointer ‖ **aimanter** *vt (1)* magnetize.

aine [en] *nf (Anat)* groin.

aîné [ene] *adj frère ~, sœur ~e (de 2)* elder/older brother, sister ; *(plus de 2)* eldest, oldest ‖ **aîné** *nm* **1** elder child ; *il est mon ~ d'un an* he's a year older than me **2** *ses ~s* one's elders ‖ **aînesse** *nf droit d'~* birth right.

ainsi [ɛ̃si] *adv* in this, that way ; like this, that ; *et ~ de suite* and so on ; *pour ~ dire* so to speak ; *s'il en est ~...* if that's the way it is... ; *~ que Philippe* as well as Philippe ; *(Rel) ~ soit-il* Amen.

air [ɛʀ] *nm* **1** air ; *à ~ conditionné* air

conditioned ; *courant d'~* draught, *(amér)* draft ; *à l'~ libre* in the open ; exposed ; *on manque d'~ ici* it's stuffy in here ; *(fig) il ne manque pas d'~ !* he's got a nerve! *~ marin* sea breeze ; *paroles en l'~* idle talk ; *jeux de plein ~* outdoor activities ; *théâtre en plein ~* open-air theatre ; *prendre l'~* *go out for a breath of fresh air ; *(fig) être dans l'~* *be in the wind **2** sky ; *armée de l'~* air force ; *regarder en l'~* look up ; *(fig fam) il l'a fichu en l'~* he chucked it out **3** atmosphere ; *il y a de l'orage dans l'~* there's a storm brewing **4** appearance ; *~ de famille* family resemblance ; *avoir l'~ fatigué* look tired **5** *(Mus)* tune, melody ; *~ d'opéra* aria.

aire [ɛR] *nf* **1** area ; *~ d'atterrissage* landing strip ; *~ de lancement* launch(ing) pad **2** *(influence)* sphere ; *zone* **3** *(nid)* eyrie.

airelle [ɛRɛl] *nf* bilberry, *(amér)* blueberry.

aisance [ɛzɑ̃s] *nf* **1** *(richesse)* affluence **2** *(facilité)* ease **3** *(vêtement)* freedom (of movement) ‖ **aise** *nf* comfort ; ease ; *aimer ses ~s* like one's (creature) comforts ; *être à l'~ (riche)* *be comfortably off, *(détendu)* *be at (one's) ease ; *faire qch à l'~* *do sth easily ; *mettez-vous à l'~ !* make yourself comfortable! *à votre ~ !* please yourself! ‖ **aisé** *adj* **1** well-off ; well-to-do **2** easy.

aisselle [ɛsɛl] *nf* *(Anat)* armpit.

ajonc [aʒɔ̃] *nm (Bot)* gorse.

ajournement [aʒuRnəmɑ̃] *nm* postponement ; adjournment ‖ **ajourner** *vt (1)* postpone, defer ; *(réunion)* adjourn ; *(Ens) (candidat)* fail.

ajout [aʒu] *nm* addition ‖ **ajouter** *vt (1)* add ; *~ foi (à)* *lend credence (to) ‖ **s'ajouter** *vpr* add up ; *~ (à)* *be added (to) ; *les primes s'ajoutent aux salaires* bonuses come on top of fixed salaries.

ajustage [aʒystaʒ] *nf* fitting ‖ **ajusté** *adj (vêtement)* close-fitting ‖ **ajustement** *nm* adjustment ‖ **ajuster** *vt (1)* adjust ; *(vêtement)* *fit ; *(tir)* aim ‖ **s'ajuster** *vpr* *fit (together) ‖ **ajusteur** *nm* metal worker ; fitter.

alaise *voir* **alèze**.

alambic [alɑ̃bik] *nm* still ‖ **alambiqué** *adj* overcomplicated.

alarme [alaRm] *nf* alarm ‖ **alarmer** *vt (1)* alarm ‖ **s'alarmer** *vpr (de)* *become alarmed (at, about).

albâtre [albɑtR] *nm* alabaster.

albatros [albatRos] *nm* albatross.

albumine [albymin] *nf* albumin.

alcool [alkɔl] *nm* alcohol ; spirits ; *~ à 90°* surgical spirit, *(amér)* rubbing alcohol ; *~ à brûler* methylated spirits ; *~ de poire* pear brandy ; *il ne boit pas d'~* he's a tee-totaller ‖ **alcoolique** *adj nmf (personne)* alcoholic ‖ **alcoolisé** *adj (boisson)* alcoholic ‖ **alcoolisme** *nm* alcoholism, *(fam)*

drinking ‖ **alco(o)test** *nm* Breathalyzer ; *subir une épreuve d'~* *be breathalized.

alcôve [alkov] *nf* alcove ; recess.

aléa [alea] *nm* hazard ; *il y a trop d'~s* it's too risky ‖ **aléatoire** *adj* **1** uncertain ; risky **2** *(Inf)* random.

alentours [alɑ̃tuR] *nmpl inv* surroundings *pl inv* ; neighbourhood ; *aux ~ de* around ; in the vicinity of ; *aux ~ de 50 francs* round about, roughly 50 francs.

alerte [alɛRt] *adj* alert ; nimble ; *(pas)* brisk ◆ *nf* alert, warning (sign) ; *~ aérienne* air raid signal ; *~ à la bombe* bombscare, *(amér)* bomb alert ; *donner l'~* sound the alarm ; *(Mil) fin d'~* all clear ‖ **alerter** *vt (1)* warn, alert.

algarade [algaRad] *nf* quarrel ; row.

algèbre [alʒɛbR] *nf* algebra ‖ **algébrique** *adj* algebraic.

algue [alg] *nf* seaweed *s inv*, alga *(pl -ae)*.

aliénation [aljenasjɔ̃] *nf* alienation ; *~ mentale* insanity ‖ **aliéné** *nm* mentally ill person, *(péj)* lunatic ‖ **aliéner** *vt (1c)* alienate ; *(Jur)* transfer.

aligné [aliɲe] *adj* in line ; lined up ; *(Pol) non-~* non-aligned ‖ **alignement** *nm* alignment ‖ **aligner** *vt (1)* line up ; *(Pol)* align ; *(mots)* *string together ; *~ qch sur* *bring sth in(to) line with.

aliment [alimɑ̃] *nm* food(stuff) ‖ **alimentaire** *adj (Méd aussi fig)* alimentary ; *habitudes ~s* eating habits ; *intoxication ~* food poisoning ; *(Jur) pension ~* alimony ; *produit ~* food(stuff) ‖ **alimentation** *nf* **1** food ; nourishment ; *~ équilibrée* balanced diet ; *magasin d'~* grocery/ grocer's shop **2** *(Tech)* alimentation ; *(action)* feeding ; *~ en eau* water supply ; *pompe d'~* feed pump ‖ **alimenter** *vt (1) (en)* *feed (with) ; supply (with) ; *~ la discussion* *keep the discussion going.

alinéa [alinea] *nm* paragraph.

alité [alite] *adj* in bed ; *(grabataire)* bed-ridden ‖ **s'aliter** *vpr* *take to one's bed.

alizé [alize] *nm* trade wind.

allaitement [alɛtmɑ̃] *nm* feeding ; *~ maternel* breast-feeding ; *(Zool)* suckling ‖ **allaiter** *vt (1)* (breast)*feed, *(amér)* nurse ; *(Zool)* suckle.

allant [alɑ̃] *nm* drive ; energy.

alléchant [alleʃɑ̃] *adj* attractive ; tempting ‖ **allécher** *vt (1c)* attract ; tempt.

allée [ale] *nf (jardin)* path, walk ; *(maison)* drive ; *(église, théâtre)* aisle ; *~s et venues* comings and goings.

allégé [aleʒe] *adj produit laitier ~* low-fat dairy product ‖ **allégement** *nm (poids)* lightening ; *(impôts)* reduction ‖ **alléger** *vt (1c, 1h)* lighten, *make lighter ; reduce ; *(douleur)* alleviate, soothe.

allègre [alegR] *adj* cheerful ; lively ; *(pas)*

jaunty ‖ **allégresse** *nf* elation; exhilaration.

alléguer [alege] *vt (1c)* allege; **put forward*; *refuser en alléguant un rendez-vous* refuse on the pretext of an appointment.

aller [ale] *nm* outward journey; *(billet)* ~ *simple* single, *(amér)* one-way ticket; ~ *(et) retour* return ticket, *(amér)* round trip ◆ *vi (1g)* **1** *(sujet animé)* *go; ~ *au travail* *go to work; *allons-y!* let's go! *comment allez-vous?* how are you? ~ *bien* *be well; *il va sur ses 50 ans* he's getting on for 50; ~ *vers* head for; *(se) laisser* ~ neglect (oneself); *se laisser à la colère* *give way to anger; ~ *voir* *go and see; *(fam) allez, vas-y!* go on! *allons! ressaisis-toi!* come on now! pull yourself together! *ça va?* how are things? *ça va!* fine! *il n'y a pas par quatre chemins* he doesn't beat about/around the bush **2** *(sujet inanimé)* *go; *le bus va à la gare* the bus goes to the station; *(chemin)* *lead to; ~ *bien, mal* *be in a good, bad state/way **3** ~ *à (convenir)* suit; *(taille, pointure)* *fit; *est-ce que 4 heures vous va?* will 4 o'clock be convenient/all right? ~ *ensemble* *go together; match ◆ *v aux* **1** *je vais laver la voiture* I'm going to wash the car; *l'avion va atterrir d'un moment à l'autre* the plane will be landing any moment now; *nous allions partir* we were about to leave **2** *tout va (en) s'aggravant* everything is steadily deteriorating ◆ *v impers cela va sans dire* it goes without saying; *il y va de sa vie* his life is at stake; *il en va de même pour moi* the same (thing) applies to me ‖ **s'en aller** *vpr* **1** *leave; *(eau)* *run out; *(fumée)* escape; ~ *en fumée* *go up in smoke; ~ *en courant* *run off; *(fam) je m'en vais (lui dire ce que je pense)* I'm off (to give him a piece of my mind) **2** disappear; *(peinture, tache)* *come off; *va-t'en!* go away!

allergie [alɛʀʒi] *nf* allergy ‖ **allergique** *adj (à)* allergic (to).

alliage [aljaʒ] *nm* alloy ‖ **alliance** *nf* **1** alliance; *faire* ~ *(contre)* team up (against) **2** marriage; *(bague)* wedding ring **3** combination ‖ **allié** *nm* ally; *(famille)* relative ‖ **allier** *vt (1h)* combine ‖ **s'allier** *vpr (à)* **1** link/tie up (with) **2** form an alliance (with); unite (with).

allô [alo] *interj (Téléph)* hello.

allocation [alɔkasjɔ̃] *nf* allocation; *(par la famille)* allowance; *(par l'État)* benefit.

allocution [alɔkysjɔ̃] *nf* short speech.

allongé [alɔ̃ʒe] *adj* long; *(forme)* elongated; ~ *sur un lit* lying on a bed ‖ **allongement** *nm* lengthening; extension ‖ **allonger** *vt (1h)* **1** lengthen; *(vêtement)* *let down **2** extend; ~ *le bras* stretch out one's arm **3** *(Cuis)* thin down **4** *(malade)* *lie down ‖ **s'allonger** *vpr* **1** *lie down;

stretch out **2** lengthen; *get longer; *j'ai vu son visage* ~ I saw his face drop **3** *(grandir)* *grow tall(er).

allouer [alwe] *vt (1)* *(somme)* allocate; *(temps)* allot.

allumage [alymaʒ] *nm* lighting up; *(Aut)* ignition ‖ **allume-gaz** *nm (pl inv)* gas lighter ‖ **allumer** *vt (1)* *(feu)** light **2** *(lumière T.V.)* turn on, switch on **3** excite ‖ **s'allumer** *vpr (feu)* *catch fire; *(lampe)* *light up ‖ **allumette** *nf* match; matchstick.

allure [alyʀ] *nf* **1** *(piéton)* pace; *(véhicule)* speed; *à toute* ~ at full speed **2** *(maintien)* bearing; *(démarche)* walk **3** *(aspect)* appearance; *avoir une drôle d'*~ *be odd-looking.

allusion [alyzjɔ̃] *nf* allusion, *(péj)* innuendo; *faire* ~ *à* refer to; allude to, *(péj)* hint at.

alluvions [alyvjɔ̃] *nfpl* alluvium *s inv.*

aloi [alwa] *loc de bon* ~ standard; genuine; *(succès)* well-deserved.

alors [alɔʀ] *adv* **1** then; at the time *jusqu'*~ up till then **2** so, consequently *(fam) et* ~! so what! ‖ **alors que** *con* when; *il est brun* ~ *sa sœur est blonde* he's got brown hair, whereas his sister is blond; *il est venu,* ~ *qu'il pleuvait* he came, even though it was raining.

alouette [alwɛt] *nf (Orn)* (sky)lark.

alourdissement [aluʀdismɑ̃] *nm* heaviness; *(charges, impôts)* increase ‖ **alourdir** *vt (2)* *make heavier, weigh down *(fig)* increase ‖ **s'alourdir** *vpr* *grow heavier; *(fig)* increase.

alphabétique [alfabetik] *adj* alphabetical ‖ **alphabétisation** *nf taux d'*~ literacy rate ‖ **alphabétiser** *vt (1)* *teach how to read and write.

alpin [alpɛ̃] *adj* alpine; *ski* ~ downhill skiing ‖ **alpinisme** *nm* mountaineering; climbing ‖ **alpiniste** *nmf* mountaineer; climber.

altération [alteʀasjɔ̃] *nf* change; alteration; *(santé)* deterioration; *(faits)* distortion; *(Mus)* accidental ‖ **altérer** *vt (1c)* **1** change; alter **2** deteriorate; *(vérité)* distort; *(document)* falsify ‖ **s'altérer** *vpr* deteriorate; *(couleur)* fade; *(nourriture)* *go off.

alternance [altɛʀnɑ̃s] *nf* alternance; *travailler en* ~ work on a job rotation system; *études en* ~ sandwich course ‖ **alternateur** *nm (El)* generator; alternator ‖ **alternatif** *adj (f -ive)* alternative; *(El)* alternating ‖ **alternative** *nf* alternative; *je n'ai pas d'autre* ~ I have no other choice ‖ **alternativement** *adv* alternatively; in turn ‖ **alterner** *vt (1)* alternate; rotate.

altesse [altɛs] *nf* highness ‖ **altier** *adj* haughty; proud.

altiste [altist] *nmf* viola player ‖ **alto** *nm* viola ◆ *nf* (contr)alto.

altitude [altityd] *nf* height ; *en ~* at (a) high altitude ; *prendre de l'~* climb.

altruisme [altʀɥism] *nm* altruism ‖ **altruiste** *adj* altruistic ◆ *nmf* altruist.

alunissage [alynisaʒ] *nm* moon landing ‖ **alunir** *vt* (2) land (on the moon).

alvéole [alveɔl] *nm ou f* cell ; (*Méd*) alveolus ‖ **alvéolé** *adj* honeycombed.

amabilité [amabilite] *nf* kindness ; *ayez l'~ d'écrire* be so kind as to write.

amadouer [amadwe] *vt* (1) mollify ; coax.

amaigri [amegʀi] *adj* thin ; emaciated ; *il est amaigri* he has lost weight ‖ **amaigrir** *vt* (2) thin down ‖ **amaigrissant** *adj* slimming ‖ **amaigrissement** *nm* thinness ; emaciation ; *cure d'~* slimming treatment.

amalgame [amalgam] *nm* amalgam ; (*fig*) combination ‖ **amalgamer** *vt* (1) amalgamate ; combine ; (*Cuis*) blend (in).

amande [amɑ̃d] *nf* (*fruit*) almond ; (*noyau*) kernel ; (*forme*) *en ~* almond-shaped ‖ **amandier** *nm* almond tree.

amant [amɑ̃] *nm* lover.

amarrage [amaʀaʒ] *nm* (*port*) berthing ; (*rivage*) mooring ‖ **amarre** *nf* mooring rope ; *les ~s* the moorings ‖ **amarrer** *vt* (1) **1** (*Naut*) berth ; dock ; moor **2** fix ; secure.

amas [amɑ] *nm* heap, pile ‖ **amasser** *vt* (1) pile up ; amass ‖ **s'amasser** *vpr* collect, gather ; (*preuves*) pile up.

amateur [amatœʀ] *nm* amateur ; (*fam*) buff ; *peindre en ~* paint as a hobby ; (*fam péj*) *un travail d'~* a botched-up job ; (*fam*) *il n'y a pas d'~s* nobody is interested ‖ **amateurisme** *nm* amateurism ; (*péj*) amateurishness.

amazone [amazon] *nf* amazone ; *monter en ~* *ride side-saddle.

ambages [ɑ̃baʒ] *nfpl loc sans ~* plainly.

ambassade [ɑ̃basad] *nf* embassy ; *envoyer en ~* *send on a mission ‖ **ambassadeur** *nm inv* ambassador ‖ **ambassadrice** *nf* ambassador's wife ; (*fig*) ambassadress.

ambiance [ɑ̃bjɑ̃s] *nf* atmosphere ; *musique d'~* background music ; *thermostat d'~* regulator ‖ **ambiant** *adj* ambient ; surrounding ; *en milieu ~* in its, their environment ; *à température ~e* at room temperature.

ambigu [ɑ̃bigy] *adj* (*f* -**uë**) ambiguous ‖ **ambiguïté** *nf* ambiguity.

ambitieux [ɑ̃bisjø] *adj* (*f* -**euse**) ambitious ‖ **ambition** *nf* ambition ‖ **ambitionner** *vt* (1) *il ambitionne la première place* his ambition is to be first ; (*fig*) *~ de faire qch* *set one's heart on doing sth.

ambre [ɑ̃bʀ] *nm* amber ‖ **ambré** *adj* amber-coloured.

ambulance [ɑ̃bylɑ̃s] *nf* ambulance ‖ **ambulancier** *nm* (*f* -**ière**) ambulance man, woman.

ambulant [ɑ̃bylɑ̃] *adj* travelling, itinerant ; (*fig*) *c'est un dictionnaire ~* he's a walking dictionary.

âme [ɑm] *nf* **1** soul ; spirit ; *rendre l'~* *give up the ghost ; *comme une ~ en peine* like a lost soul ; *corps et ~* heart and soul ; *états d'~* misgivings **2** conscience ; *en mon ~ et conscience* to the best of my belief **3** person ; *il n'y avait qui vive* there wasn't a living soul ; *le village compte 60 ~s* there are 60 inhabitants in the village.

amélioration [ameljɔʀasjɔ̃] *nf* improvement ‖ **améliorer** *vt* (1) improve ; upgrade ‖ **s'améliorer** *vpr* improve ; *take a turn for the better.

aménagement [amenaʒmɑ̃] *nf* arrangement ; (*lieu*) fitting out ; *~ du territoire* town and country planning **2** adaptation ; (*impôt*) adjustment ‖ **aménager** *vt* (1h) **1** arrange ; *~ en salle de gym* fit out as a gym **2** adapt ; adjust **3** (*route*) *build.

amende [amɑ̃d] *nf* fine ; *donner une ~* fine ; *faire ~ honorable* *make amends ‖ **amender** *vt* (1) **1** improve **2** (*Jur Pol*) amend ‖ **s'amender** *vpr il a intérêt à ~ !* he'd better mend his ways!

amener [amne] *vt* (1c) **1** *bring ; *mandat d'~* summons **2** *lead ; *~ qn à la raison* *get sb to see reason **3** *bring in ; (*pêche*) reel in ‖ **s'amener** *vpr* (*fam*) *amène-toi !* come along, over here!

amenuiser [amənɥize] *vt* (1) reduce ‖ **s'amenuiser** *vpr* dwindle.

amer [amɛʀ] *adj* (*f* -**ère**) bitter.

amerrissage [ameʀisaʒ] *nm* sea-landing ; (*astronaute*) splashdown ‖ **amerrir** *vt* (2) *make a sea landing ; splash down.

amertume [amɛʀtym] *nf* bitterness.

ameublement [amœblǝmɑ̃] *nm* furniture ; (*action*) furnishing ; *tissu d'~* furnishing fabric ‖ **ameublir** *vt* (2) (*Ag*) *break up.

ameuter [amøte] *vt* (1) rouse ; stir up.

ami [ami] *adj* friendly ; *pays ~* ally ◆ *nm* friend ; *~ de la nature* nature lover ; *petit(e) ami(e)* boyfriend, girlfriend ‖ **amiable** *loc* **à l'~** amicably ; (*Jur*) out of court ; *vente à l'~* sale by private treaty.

amiante [amjɑ̃t] *nm* asbestos.

amibe [amib] *nf* amoeba (*pl* -**æ**).

amical [amikal] *adj* (*mpl* -**aux**) friendly ‖ **amicale** *nf* association ‖ **amicalement** *adv* in a friendly way ; (*lettre*) *bien ~, Michel* yours ever, Michel.

amidon [amidɔ̃] *nm* starch ‖ **amidonner** *vt* (1) starch.

amincir [amɛ̃siʀ] *vti (2)* thin (down); *le noir vous amincit* black makes you look slimmer || **s'amincir** *vpr* *get thinner; slim down.

amiral [amiʀal] *nm (pl -aux)* admiral || **amirauté** *nf* admiralty.

amitié [amitje] *nf* **1** friendship; *se lier d'~* *become friends; *(lettre) mes ~s à tes parents* best wishes to your parents **2** kindness; *par ~* out of kindness; *faites-moi l'~ de rester* do me the favour of staying.

ammoniac [amɔnjak] *nm (gaz)* ammonia || **ammoniaque** *nf (liquide, engrais)* ammonia (water).

amnésie [amnezi] *nf* amnesia || **amnésique** *adj* amnesic ◆ *nm* amnesiac.

amnistie [amnisti] *nf* amnesty || **amnistier** *vt (1h)* amnesty; pardon.

amocher [amɔʃe] *vt (1) (fam)* bash up.

amoindrir [amwɛ̃dʀiʀ] *vt (2)* lessen; reduce || **s'amoindrir** *vpr* diminish; weaken || **amoindrissement** *nm* lessening; reduction; weakening.

amollir [amɔliʀ] *vt (2)* soften; *(fig)* flag || **amollissement** *nm* softening; *(fig)* flagging.

amonceler [amɔ̃sle] *vt (1b)* s'~ *vpr* heap up, pile up; *(fig)* accumulate || **amoncellement** *nm* heap, pile; *(fig)* accumulation; *(action)* building up.

amont [amɔ̃] *nm (rivière aussi fig)* upstream; *(montagne)* uphill.

amorçage [amɔʀsaʒ] *nm (Tech)* priming; *(fig)* beginning || **amorce** *nf* **1** *(pêche)* bait; *(arme)* detonator; cap **2** *(fig)* beginning; initial stage || **amorcer** *vt (1h)* **1** *(poisson)* bait; *(explosif)* detonate; *(bombe)* fuse; *(pompe)* prime **2** *(fig)* begin; initiate; *(Com Fin) ~ une tendance à la hausse* *show an upward trend.

amorphe [amɔʀf] *adj (Ch Géol)* amorphous; *(fig)* passive.

amortir [amɔʀtiʀ] *vt (2)* **1** *(choc)* absorb; *(chute)* cushion; *(bruit)* muffle, deaden **2** *(Fin)* *pay off; *~ ses pertes* recoup one's losses || **amortissement** *nm (Fin)* amortization; *(équipement)* depreciation || **amortisseur** *nm (Aut)* shock absorber.

amour [amuʀ] *nm* **1** love; *l'~ des voyages* a passion for travel; *faire qch avec ~* *do sth with loving care; *un mariage d'~* a love match; *un ~ de petite fille* a sweet little girl; *pour l'~ du ciel!* for heaven's sake! **2** *(Myth)* A ~ Cupid; *(Art)* cherub || **s'amouracher** *vpr (1) (de)* *become infatuated (with) || **amoureux** *adj (f -euse)* loving; *il est ~* he's in love; *vie ~euse* love-life ◆ *nm (f -euse)* lover; sweetheart || **amour-propre** *nm* self-esteem; *mon ~ en a pris un coup!* it was a blow to my pride!

amovible [amɔvibl] *adj* detachable, removable.

amphibie [ɑ̃fibi] *adj* amphibious ◆ *nm* amphibian.

amphithéâtre [ɑ̃fiteatʀ] *nm* amphitheatre; *(Ens)* lecture hall.

ample [ɑ̃pl] *adj (robe)* loose-fitting; full; *(geste)* wide; sweeping; *(ressources)* ample || **amplement** *adv* amply || **ampleur** *nf* **1** fullness; amplitude **2** *(fig)* extent; *de grande ~* wide-scale; *prendre de l'~* amplify; *grow || **ampli(ficateur)** *nm* amplifier || **amplifier** *vt (1h)* amplify; increase || **s'amplifier** *vpr* increase; *(son)* *get louder || **amplitude** *nf* amplitude; *(fig)* range.

ampoule [ɑ̃pul] *nf* **1** *(El)* light bulb; *(Méd)* phial **2** *(blessure)* blister.

amputer [ɑ̃pyte] *vt (1)* amputate; *(fig)* *cut (back).

amusant [amyzɑ̃] *adj* funny, amusing; entertaining || **amuse-gueule** *nm (pl inv)* cocktail snack || **amusement** *nm* amusement; entertainment || **amusement** *nm* amusement; entertainement; *(jeu)* pastime; *faire qch par ~* *do sth for fun || **amuser** *vt (1)* amuse; entertain; *(retenir l'attention) ~ un enfant* *keep a child occupied || **s'amuser** *vpr* **1** *have fun; *amuse-toi!* enjoy yourself! *ne t'amuse pas à recommencer!* don't you dare do that again! **2** *(fig fam)* mess about || **s'amuser** *vpr ~ de qch, qn* *make fun of sth, sb.

amygdale [amidal] *nf* tonsil.

an [ɑ̃] *nm* year; *il a 20 ans* he's 20 (years old); *un bail de trois ans* a three-year lease; *le Jour de l'An* New Year's Day; *trois fois par an* three times a year; *bon an, mal an* year in year out; *(fam) il s'en moque comme de l'an quarante* he doesn't give a hoot.

anachronique [anakʀɔnik] *adj* anachronistic || **anachronisme** *nm* anachronism.

analgésique [analʒezik] *adj nm* analgesic.

analogie [analɔʒi] *nf* analogy || **analogue** *adj* **1** *(raisonnement)* analogical **2** *(à)* analogous (to); similar (to) ◆ *nm* parallel; equivalent.

analphabète [analfabet] *adj nmf* illiterate || **analphabétisme** *nm* illiteracy.

analyse [analiz] *nf* analysis; *~ du sang* blood test; *avoir l'esprit d'~* *have an analytical mind || **analyser** *vt (1)* analyse || **analyste** *nm* analyst; *(Méd)* psychoanalyst; *~-programmeur* systems analyst || **analytique** *adj* analytic; psychoanalytic.

ananas [anana] *nm* pineapple.

anarchie [anaʀʃi] *nf (Pol)* anarchy; *(fig)* chaos || **anarchique** *adj* anarchic.

anatomie [anatɔmi] *nf* anatomy || **anatomique** *adj* anatomical.

ancestral [ɑ̃sɛstʀal] *adj (mpl* **-aux)** ancestral **ancêtre** *nm* ancestor; *(fig)* forerunner.

anchois [ɑ̃ʃwa] *nm* anchovy; *beurre d'~* anchovy paste.

ancien [ɑ̃sjɛ̃] *adj (f* **-ienne) 1** old; *(meuble)* antique; *(monument)* ancient **2** former; *~ combattant* (war) veteran ◆ *nm* senior; *(peuple)* elder; *(Ens)* former pupil **ancienneté** *adv* formerly **ancienneté** *nf* **1** age; *par ordre d'~* in order of seniority **2** *(Adm)* length of service; *elle a trois ans d'~ dans l'entreprise* she has been with the firm for three years.

ancrage [ɑ̃kʀaʒ] *nm* anchoring; *point d'~* anchorage **ancre** *nf* anchor; *lever l'~* weigh anchor, *(fig)* 'set off **ancrer** *vt (1)* anchor; *(fig)* fix firmly; root.

andouille [ɑ̃duj] *nf (Cuis)* chitterlings; *(fam fig) faire l'~* fool around.

âne [an] *nm* **1** donkey; ass; *(fig) dos d'~* humpback **2** *(fig)* fool; *bonnet d'~* dunce's cap.

anéantir [aneɑ̃tiʀ] *vt (2)* devastate; reduce to nothing ‖ *s'anéantir* *vpr* 'come to nothing ‖ **anéantissement** *nm* destruction; annihilation; *c'est l'~ de mes espoirs* my hopes have been dashed to the ground.

anecdote [anɛkdɔt] *nf* anecdote ‖ **anecdotique** *adj* anecdotal; *(péj)* of secondary interest.

anémie [anemi] *nf* an(a)emia; *(aussi fig)* deficiency ‖ **anémier** *vt (1h)* an(a)emiate; *(fig)* weaken ‖ *s'anémier* *vpr* 'become an(a)emic; *(fig)* decline ‖ **anémique** *adj* an(a)emic.

ânerie [anʀi] *nf* stupidity; *dire des ~s* talk rubbish; *faire une ~* 'do something stupid ‖ **ânesse** *nf* she-ass.

anesthésie [anɛstezi] *nf* an(a)esthesia ‖ **anesthésier** *vt (1h)* an(a)esthetize; *(fig)* numb ‖ **anesthésique** *adj nm* an(a)esthetic ‖ **anesthésiste** *nmf* an(a)esthetist.

ange [ɑ̃ʒ] *nm* angel; *(Sp) saut de l'~* swallow, *(amér)* swan dive; *(fig) être aux ~s* 'be in the seventh heaven; *un ~ passa* there was an awkward silence ‖ **angélique** *adj* angelical ◆ *nf (Cuis)* angelica.

angine [ɑ̃ʒin] *nf* throat infection; sore throat; *~ de poitrine* angina.

angle [ɑ̃gl] *nm* angle; *(coin)* corner; *la maison qui fait l'~* the corner house; *(fig) sous l'~* de from the point of view of.

angliciser [ɑ̃glisize] *vt (1)* anglicize ‖ **angliciste** *nmf* student of English ‖ **anglo-normand** *adj les îles* **~es** the Channel Islands ‖ **anglophone** *adj* English-speaking ◆ *nmf* (native) English speaker ‖ **anglo-saxon** *adj* Anglo-Saxon; Anglo-American.

angoissant [ɑ̃gwasɑ̃] *adj (situation)* tense; *(nouvelle)* distressing; *(expérience)*

harrowing **angoisse** *nf* anxiety; distress; anguish; *vivre dans l'~* live in fear, dread **angoisser** *vt (1)* fill with anxiety; distress ◆ *vi* worry.

anguille [ɑ̃gij] *nf (Zool)* (conger) eel; *(fig) il y a ~ sous roche* there's something brewing.

angulaire [ɑ̃gylɛʀ] *adj* angular; *(Phot) grand-~* wide-angle **anguleux** *adj (f* **-euse)** angular; bony.

anicroche [anikʀɔʃ] *nf* hitch, snag.

animal [animal] *nm (pl* **-aux)** animal; *(péj)* beast ◆ *adj* animal.

animateur [animatœʀ] *nm (f* **-trice)** organiser; *(Rad TV)* host; *(Ciné)* animator; *(centre)* (youth) leader ‖ **animation** *nf* **1** animation; *(rue)* activity; *(Fin)* buoyancy; *mettre de l'~* liven up **2** *~s* (cultural, sporting) activities ‖ **animé** *adj* animated; *(espèce)* animate; *(rue)* busy; *(marché)* brisk; *(voix)* lively ‖ **animer** *vt (1)* animate; 'bring to life'; *(discussion)* 'lead; *(Rad)* host, present ‖ *s'animer* *vpr* 'come to life; liven up.

animosité [animozite] *nf* animosity; *cela créera de l'~* that will make for bad feelings.

anis [anis] *nm (pl inv) (Bot)* anise; *(Cuis)* aniseed.

ankylosé [ɑ̃kiloze] *adj* stiff ‖ *s'ankyloser* *vpr (1)* 'get/'grow stiff; *(fig)* 'get into a rut.

anneau [ano] *nm (pl* **-x)** ring; *(chaîne)* link; *(serpent)* coil; *(Naut)* berth.

année [ane] *nf* year; *Bonne A~ !* Happy New Year! *~ civile, fiscale, scolaire* calendar, tax, academic year; *une ~ de salaire* a year's salary; *d'~ en ~* year by year; *louer à l'~* rent by the year; *tout au long de l'~* all (the) year round; *les ~s 60* the 60s/sixties; *à des ~s-lumière* light years away.

annexe [anɛks] *nf* annex; appendice; *(Naut)* tender ◆ *adj* annex; subsidiary ‖ **annexer** *vt (1) (document)* append; enclose; *(pays)* annex ‖ *s'annexer* *vpr* appropriate ‖ **annexion** *nf* annexation.

anniversaire [anivɛʀsɛʀ] *nm* **1** *(date)* birthday; *bon ~ !* happy birthday! *~ de mariage* wedding anniversary **2** *(cérémonie)* commemoration.

annonce [anɔ̃s] *nf* **1** announcement; declaration **2** advertisement; *les petites ~s* classified ads **3** indication; sign **4** *(cartes)* bid ‖ **annoncer** *vt (1h)* **1** announce; declare; *~ la nouvelle* 'break the news **2** advertise **3** indicate; *la reprise économique est annoncée* there are signs that the economy is picking up ‖ *s'annoncer* *vpr* ~ *bien, mal* 'show signs of being a success, a flop ‖ **annonceur** *nm (f* **-euse)** *(publicité)* advertiser; *(Rad TV)* announcer ‖ **annonciateur** *adj (f* **-trice)** premonitory ; *signes ~s d'une reprise économique* signs that economic recovery is on the way.

annotation [anɔtasjɔ̃] *nf* annotation ‖ **annoter** *vt (1)* annotate.

annuaire [anɥɛʀ] *nm* yearbook ; *(Téléph)* (telephone) directory, *(fam)* phone book ‖ **annuel** *adj (f* **-elle***)* yearly, annual ‖ **annuité** *nf* annual instalment.

annulaire [anylɛʀ] *nm* ring/third finger.

annulation [anylasjɔ̃] *nf* cancellation ; nullification ‖ **annuler** *vt (1)* cancel ; delete ; *la réunion a été annulée* the meeting was called off ; *(loi)* rescind, repeal.

anodin [anɔdɛ̃] *adj* 1 harmless 2 insignificant.

anomalie [anɔmali] *nf* anomaly.

anônner [anɔne] *vti (1)* stumble (through a text).

anonymat [anɔnima] *nm* anonymity ‖ **anonyme** *adj* 1 anonymous ; *lettre ~* poison-pen letter 2 impersonal 3 *(Com) société ~ (SA)* (French) business corporation.

anorexie [anɔʀɛksi] *nf (Méd)* anorexia.

anormal [anɔʀmal] *adj* 1 abnormal 2 *(Méd)* mentally defective.

anse [ɑ̃s] *nf* 1 *(panier)* handle 2 *(Géog)* cove.

antagonisme [ɑ̃tagɔnism] *nm* antagonism ‖ **antagoniste** *adj* antagonistic, opposed ◆ *nmf* antagonist.

antan [ɑ̃tɑ̃] *d'~ loc inv (lit)* of yore.

antarctique [ɑ̃taʀktik] *adj et nm* Antarctic.

anté- [ɑ̃te] *préf* ante-, pre-.

antécédent [ɑ̃tesedɑ̃] *nm* antecedent ; *~s* previous history, *(Méd)* case history.

antenne [ɑ̃tɛn] *nf* 1 *(Zool)* antenna, feeler 2 *(Com)* sub-branch ; *(Méd)* emergency unit 3 *(Rad TV)* aerial ; *~ parabolique* dish antenna ; *vous êtes à l'~* you are on the air ; *hors ~* off the air ; *sur notre ~* on our (radio) station.

antérieur [ɑ̃teʀjœʀ] *adj* previous ; former ‖ **antérieurement** *adv* earlier ; *~ à* prior to, before.

anthologie [ɑ̃tɔlɔʒi] *nf* anthology.

anthracite [ɑ̃tʀasit] *adj inv (couleur)* charcoal grey.

anthropophage [ɑ̃tʀɔpɔfaʒ] *adj nmf* cannibal.

anti- [ɑ̃ti] *préf* anti-, non -, -proof ; *vaccination ~tétanique* tetanus vaccination.

antiaérien [ɑ̃tiaeʀjɛ̃] *adj (f* **-enne***)* anti-aircraft ; *abri ~* air-raid shelter.

antialcoolique [ɑ̃tialkɔlik] *adj ligue ~* temperance league ◆ *nmf* teetotal(l)er.

antiallergique [ɑ̃tialɛʀʒik] *adj* hypo-allergenic.

antiatomique [ɑ̃tiatɔmik] *adj abri ~* fall-out shelter.

antibiotique [ɑ̃tibjɔtik] *adj nm* antibiotic.

antibrouillard [ɑ̃tibʀujaʀ] *adj nm (Aut) (phare) ~* fog lamp/light(s).

antichambre [ɑ̃tiʃɑ̃bʀ] *nf* antechamber.

antichoc [ɑ̃tiʃɔk] *adj inv (Méd)* anti-shock ; *montre ~* shockproof watch.

anticipation [ɑ̃tisipasjɔ̃] *nf* anticipation ; *roman d'~* science fiction novel ‖ **anticipé** *adj* early ; *paiement ~* advance payment ; *avec mes remerciements ~s* thanking you in advance ‖ **anticiper** *vti (1)* *foresee, anticipate.

anticonformiste [ɑ̃tikɔ̃fɔʀmist] *adj* non-conformist.

anticorps [ɑ̃tikɔʀ] *nm inv* antibody.

anticyclone [ɑ̃tisiklon] *nm* anticyclone.

antidater [ɑ̃tidate] *vt (1)* antedate.

antidérapant [ɑ̃tideʀapɑ̃] *adj* non-skid.

antidote [ɑ̃tidɔt] *nm (Méd aussi fig) (contre)* antidote (for).

antigel [ɑ̃tiʒɛl] *nm* antifreeze.

antilope [ɑ̃tilɔp] *nf (Zool)* antelope.

antimite [ɑ̃timit] *adj* mothproof ◆ *nm* mothballs.

antiparasite [ɑ̃tipaʀazit] *nm* pesticide.

antipathie [ɑ̃tipati] *nf* antipathy ‖ **antipathique** *adj* antipathetic.

antipodes [ɑ̃tipɔd] *nmpl (Géog)* antipodes ; *(fig) aux ~s (de)* poles apart (from).

antiprotectionniste [ɑ̃tipʀɔtɛksjɔnist] *adj* free trade.

antiquaire [ɑ̃tikɛʀ] *nmf* antique dealer ‖ **antique** *adj* ancient ; *(péj)* antiquated ‖ **antiquité** *nf* 1 antiquity 2 *(objet)* antique.

antirouille [ɑ̃tiʀuj] *adj* rustproof.

antivol [ɑ̃tivɔl] *nm* thief-proof lock ; *(Aut)* alarm.

antre [ɑ̃tʀ] *nm* den, lair.

anxiété [ɑ̃ksjete] *nf* anxiety, concern ‖ **anxieux** *adj (f* **-euse***)* 1 *(de)* eager (to) 2 worried, troubled.

août [ut] *nm* August.

apaisement [apɛzmɑ̃] *nm* relief, alleviation ‖ **apaiser** *vt (1)* soothe, calm down ; appease ‖ **s'apaiser** *vpr* calm down, subside.

aparté [apaʀte] *nm* 1 private conversation 2 *(Th)* aside.

apathie [apati] *nf* apathy, listlessness ‖ **apathique** *adj* apathetic, listless.

apatride [apatʀid] *adj nmf* stateless (person).

apercevoir [apɛʀsəvwaʀ] *vt (15)* 1 *catch sight of, *catch a glimpse of 2 *see, perceive ‖ **s'apercevoir** *vpr (de)* notice ; *elle s'aperçut qu'il pleuvait* she realized (that) it was raining ‖ **aperçu** *nm* 1 glimpse 2 rough estimate, general idea 3 insight.

apesanteur [apazɑ̃tœʀ] *nf* weightlessness ; *en état d'~* in weightless conditions.

à-peu-près [apøpʀɛ] *nm (pl inv)* vague approximation ◆ *loc adv* approximately.

apeuré [apœʀe] *adj* frightened, scared.

apport

aphone [afɔn] *adj (Méd) je suis ~* I've lost my voice.

aphte [aft] *nm* mouth ulcer.

à-pic [apik] *nm* bluff, cliff.

apiculteur [apikyltœr] *nm* beekeeper.

apitoyer [apitwaje] *vt (1f)* move to pity ‖ **s'apitoyer** *vpr cesse de t'~ sur ton sort* stop feeling sorry for yourself.

aplanir [aplanir] *vt (2)* level ; *(fig)* smooth out, iron out.

aplatir [aplatir] *vt (2)* flatten, squash ‖ **s'aplatir** *vpr* 1 *get flat ; ~ par terre* *fall down flat* 2 *(fig) (devant)* grovel (to).

aplomb [aplɔ̃] *nm* 1 perpendicular ; *d'~* vertical ; *hors d'~* out of plumb ; *(fig) Bill n'a pas l'air d'~* Bill seems out of sorts 2 self-assurance ; *(péj)* nerve, cheek.

apocalypse [apɔkalips] *nf* apocalypse ; *(Rel) l'A~* the Revelation, *(fam)* the Book of Revelations.

apogée [apɔʒe] *nm (Astr)* apogee ; *(fig)* pinnacle ; *il était à l'~ de sa carrière* he was at the height of his career.

apologie [apɔlɔʒi] *nf* apology, praise.

apostrophe [apɔstʀɔf] *nf* 1 *(Gr)* apostrophe 2 rude remark ‖ **apostropher** *vt (1)* shout (at, to).

apothéose [apɔteoz] *nf* 1 apotheosis ; glorification 2 *(fig)* crowning moment.

apôtre [apotʀ] *nm* apostle.

apparaître [apaʀetʀ] *vi (34)* 1 appear, *come into sight* 2 seem ; appear 3 *become evident/obvious* 4 emerge ; *un nouveau parti apparut* a new party emerged ◆ *v impers* seem, appear.

apparat [apaʀa] *nm* pomp ; *épée d'~* ceremonial sword.

appareil [apaʀɛj] *nm* 1 equipment, appliance ; *~s de laboratoire* laboratory apparatus ; *~s ménagers* household appliances ; *~ dentaire* brace ; dentures ; *~-photo* camera 2 *(Av)* aircraft/plane ; *(Téléph)* (tele)phone ; *qui est à l'~ ?* who is speaking? 3 *(Méd)* system 4 authorities ; *(Pol) l'~ du parti* the party machine 5 pomp ; *dans le plus simple* ~ in the nude ‖ **appareillage** *nm* equipment, fittings ‖ **appareiller** *vt (1)* *fit up* ◆ *vi (Naut)* *get under way.*

apparemment [apaʀamɑ̃] *adv* apparently.

apparence [apaʀɑ̃s] *nf* 1 appearance, look 2 exterior, façade ; *en ~* outwardly, on the surface ; *c'est plus facile en ~ qu'en réalité* it is more difficult than it looks ; *sauver les ~s* save face ‖ **apparent** *adj* apparent.

apparenté [apaʀɑ̃te] *adj* 1 related 2 *(Pol)* connected ‖ **s'apparenter** *vpr (1) (à)* *be similar (to) ; (Pol) (à)* form an alliance (with).

apparition [apaʀisjɔ̃] *nf* 1 appearance,

emergence ; *(Méd)* outbreak 2 apparition, ghost.

appartement [apaʀtəmɑ̃] *nm (brit)* flat, *(amér)* apartment.

appartenance [apaʀtənɑ̃s] *nf (à)* membership (of) ‖ **appartenir** *vi (10) (à)* belong (to) ; *le choix m'appartient* it's up to me (to choose) ◆ *v impers il appartient au président de décider* it's for the president to decide.

appât [apa] *nm* bait ; *(fig)* lure ‖ **appâter** *vt (1)* bait ; *(fig)* lure, entice.

appauvrir [apovʀiʀ] *vt (2)* impoverish ‖ **s'appauvrir** *vpr* *grow poorer* ‖ **appauvrissement** *nm* impoverishment.

appel [apɛl] *nm* 1 call ; (telephone) call ; *~ au secours* call for help 2 appeal ; *ce poste fait ~ à une bonne connaissance de l'anglais* this job requires/calls for a sound knowledge of English 3 *(Jur)* appeal ; *sans ~* final, irrevocable 4 *(Ens) faire l'~* roll call ‖ **appelé** *nm (Mil) (brit)* conscript, *(amér)* draftee ‖ **appeler** *vti (1b)* 1 call 2 call to ; *il m'a appelé de sa fenêtre* he called to me from his window ; *~ qn au secours* call to sb for help 3 *(Téléph)* *(brit)* *ring up, (amér)* call 4 *(docteur)* call in 5 *(Jur) ~ en justice* summon 6 demand ; *il sera appelé à voyager à l'étranger* he will be required to travel abroad 7 *en ~ à* appeal to ‖ **s'appeler** *vpr je m'appelle Anne* my name is Anne ‖ **appellation** *nf* 1 designation 2 name, term.

appendicite [apɛ̃disit] *nf* appendicitis.

appentis [apɑ̃ti] *nm (pl inv)* lean-to.

appesantir [apəzɑ̃tiʀ] *s'~ vpr (2)* 1 *grow heavier* 2 insist ; *inutile de ~ sur des détails* there's no point in dwelling on details.

appétissant [apetisɑ̃] *adj* appetizing, tempting ‖ **appétit** *nm* appetite ; *ils ont mangé avec ~* they ate heartily ; *(fig)* craving.

applaudir [aplodiʀ] *vti (2)* applaud, clap ; *(fig) (à)* congratulate (for) ‖ **applaudissements** *nmpl* applause, clapping.

application [aplikasjɔ̃] *nf* 1 application 2 *(loi)* enforcement ; *(conseil, théorie)* practice 3 industriousness ‖ **applique** *nf* wall lamp ‖ **appliqué** *adj* 1 industrious, careful 2 *linguistique ~e* applied linguistics ‖ **appliquer** *vt (1)* apply 2 *(loi)* enforce ; *(conseil)* implement ‖ **s'appliquer** *vpr* 1 apply oneself 2 *(loi, théorie)* *be enforced, *be put into practice.

appoint [apwɛ̃] *nm* 1 *faire l'~* *give the right change 2 *d'~* extra ; *chauffage d'~* auxiliary heating ‖ **appointements** *nmpl inv* salary.

apport [apɔʀ] *nm* 1 contribution ; *(Fin) ~ d'actifs* transfer of assets ; *capital d'~* initial capital 2 supply ‖ **apporter** *vt (1)*

1 *bring **2** supply ; provide **3** cause ; *(changement)* *bring about.

apposer [apoze] *vt (1)* place ; *(signature)* append.

appréciable [apʀesjabl] *adj* significant ‖ **appréciation** *nf* **1** estimate, assessment ; comment **2** appreciation ‖ **apprécier** *vt (1h)* **1** estimate, assess **2** appreciate ; *je n'apprécie pas sa musique* ! don't care much for his music.

appréhender [apʀeɑ̃de] *vt (1)* **1** arrest, apprehend **2** dread, fear **3** *(concept)* apprehend, grasp ‖ **appréhension** *nf* **1** apprehension ; *avoir de l'~* *be apprehensive **2** grasp.

apprendre [apʀɑ̃dʀ] *vti (45)* **1** *learn ; où avez-vous appris le chinois ?* where did you learn Chinese? **2** *(enseigner)* *teach ; je lui ai appris à nager* I taught/showed him how to swim **3** *hear (of) ; j'ai appris votre nomination* I have heard of your appointment **4** *(informer)* inform ; *je lui ai appris votre départ* I told him you were leaving **5** *(fam)* *ça vous apprendra !* serves you right! *je vais lui ~ à vivre* I'll teach him some manners ‖ **s'apprendre** *vpr cela ne s'apprend pas* it can't be learnt.

apprenti [apʀɑ̃ti] *nm* apprentice ; beginner ‖ **apprentissage** *nm* apprenticeship ; *centre d'~* training school.

apprêté [apʀete] *adj (manières, style)* stiff, affected ‖ **apprêter** *vt (1)* prepare ; *(bois, mur)* prime ; *(tissu)* dress ; *(cuir, bois)* finish ‖ **s'apprêter** *vpr* *get ready ; (à)* *be about (to).

apprivoisé [apʀivwaze] *adj* tame ‖ **apprivoiser** *vt (1)* *(animal)* tame ; *(fig)* *win over.

approbateur [apʀɔbatœʀ] *adj (f -trice)* approving ‖ **approbation** *nf* approval.

approchant [apʀɔʃɑ̃] *adj (de)* similar (to), close (to) ‖ **approche** *nf* approach ; *travail d'~* preliminary work, *(fig)* manœuvre ; *à leur ~ elle se mit à pleurer* as they came near she started crying ; *les ~s de la ville* the outskirts of town ‖ **approcher** *vt (1)* approach, *come close to ; personne ne peut ~ le patron* no one can get near the boss ◆ *vi (de)* approach, *come nearer/closer ; nous approchons de notre but* we are nearing our goal ; *il approche de la cinquantaine* he's pushing fifty ; *le printemps approche* spring is on its way ‖ **s'approcher** *vpr* *go/*come closer/nearer ; *ne t'approche pas des ours* don't go near the bears.

approfondi [apʀɔfɔ̃di] *adj* thorough, detailed ; *enquête ~e* in-depth enquiry ‖ **approfondir** *vt (2)* deepen ; *~ une question* study a question thoroughly ‖ **s'approfondir** *vpr* deepen.

appropriation [apʀɔpʀijasjɔ̃] *nm* **1** appropriation **2** *(argent)* embezzlement ‖ ap-

proprié *adj* suitable, appropriate ; suited ‖ **s'approprier** *vpr (1)* appropriate.

approuver [apʀuve] *vt (1)* **1** approve (of) **2** consent (to), agree (to).

approvisionnement [apʀɔvizjɔnmɑ̃] *nm (réserves)* supply, stock ‖ **approvisionner** *vt (1) (de)* supply (with) ; stock (with) ‖ **s'approvisionner** *vpr* **1** *(de, en)* stock up (with) **2** shop.

approximatif [apʀɔksimatif] *adj (f -ive)* approximate ‖ **approximation** *nf* approximation, rough estimate.

appui [apɥi] *nm* **1** support, prop ; *~ de fenêtre* window sill ; *(levier)* point d'~ fulcrum **2** *(fig)* backing ; *~ moral* moral support ; *avec preuves à l'~* with supporting evidence ; *à l'~ de* in support of ‖ **appui(e)-bras** *nm inv* armrest ‖ **appuyé** *adj* heavy, laboured ; *regard ~* stare ‖ **appuyer** *vt (1f)* **1** press (down) **2** *lean, rest **3** *(fig)* base **4** support ◆ *vi* press ; *dwell ; ~ sur un mot* stress a word ◆ **s'appuyer** *vpr (sur)* *lean (on) ; (fig)* rely (on) ; *be based (on).

âpre [apʀ] *adj* **1** bitter ; *pomme ~* tart apple **2** harsh ; *temps ~* raw weather **3** keen ; *lutte ~* fierce battle ; *~ au gain* grasping.

après [apʀe] *adv* after, afterwards ; *deux ans ~* two years later ; *le jour d'~* the next/following day ; *(fam) et ~ ?* so what? ◆ *prép* **1** after ; *~ tout* after all ; *~ quoi* after which, *~ coup* afterwards ; *(+ inf passé) ~ avoir volé une voiture* after stealing a car **2** *(fam) il est toujours ~ moi* he's always nagging (at) me **3** *après que loc (+ ind)* after ; *il partira ~ qu'il aura répondu* he'll leave after he has answered ; *il est parti ~ qu'il a eu répondu* he left after he had answered ‖ **d'après** *(loc prép)* according to ; *~ ce que je sais* from what I know ; *un paysage ~ Turner* a landscape after Turner ; *un film ~ un roman* a film adapted from a novel ‖ **après-demain** *adv* the day after tomorrow ‖ **après-guerre** *nm* post-war period ‖ **après-midi** *nf ou m (pl inv)* afternoon ; *il est parti à 4 heures de l'~* he left at 4 p.m./in the afternoon ‖ **après-vente** *adj inv* service ~ after-sales service.

âpreté [apʀəte] *nf* bitterness ; harshness.

a priori [apʀijɔʀi] *adj inv, adv* a priori ◆ *nm (pl inv)* apriorism.

à-propos [apʀɔpo] *nm (pl inv)* **1** relevance, aptness **2** *elle a l'esprit d'~* she's quick on the uptake **3** *voir* **propos.**

apte [apt] *adj* apt, suitable ; *(Mil) ~au service* fit for military service ‖ **aptitude** *nf (à)* ability (for), *(à)* ability (to) ; *certificat d'~ professionnelle* vocational training certificate.

aquarelle [akwaʀɛl] *nf* watercolour.

aquarium [akwaʀjɔm] *nm* aquarium ‖

aquatique *adj* aquatic ‖ **aqueduc** *nm* aqueduct.

arabe [aʀab] *adj nmf* Arab; *(fam)* **apprendre qch par le téléphone ~** *hear sth on the grapevine ◆ nm (langue)* Arabic.

arachide [aʀaʃid] *nf* peanut, groundnut.

araignée [aʀeɲe] *nf* spider; **toile d'~** cobweb; **~ de mer** spider crab.

araucaria [aʀokaʀja] *nm (Bot)* monkey puzzle (tree).

arbitrage [aʀbitʀaʒ] *nm (Sp)* refereeing; *(Tennis)* umpiring; *(Jur)* arbitration; *(Fin)* arbitrage ‖ **arbitraire** *adj* arbitrary; discretionary ◆ *nm* arbitrary; arbitrariness; **laissé à l'~ (de)** left to the discretion (of) ‖ **arbitre** *nm* 1 *(Sp)* referee; **~ de touche** linesman; *(Tennis)* umpire 2 *(Jur)* arbitrator 3 *(Phil)* **libre ~** free will ‖ **arbitrer** *vt (1)* referee, umpire; arbitrate.

arborer [aʀbɔʀe] *vt (1)* **~ ses décorations** sport one's medals.

arbre [aʀbʀə] *nm* 1 *(Bot)* tree; **~ vert/à feuillage persistant** evergreen (tree); **jeune ~** sapling; **~ de Noël** Christmas tree 2 **~ généalogique** family tree 3 *(Aut)* shaft; *(Tech)* spindle ‖ **arbrisseau** *nm* shrub ‖ **arbuste** *nm* bush.

arc [aʀk] *nm (Math)* arc; *(Arch)* arch; *(arme)* bow ‖ **arcade** *nf (Arch)* archway; **~s** arcade.

arc-boutant [aʀkbutɑ̃] *nm* flying buttress ‖ **s'arc-bouter** *vpr (contre)* brace up (against).

arc-en-ciel [aʀkɑ̃sjɛl] *nm* rainbow.

archaïque [aʀkaik] *adj* archaic.

arche [aʀʃ] *nf* 1 ark 2 *(Arch)* arch.

archéologie [aʀkeɔlɔʒi] *nf* arch(a)eology.

archet [aʀʃe] *nm (Mus, Tech)* bow.

archevêque [aʀʃəvɛk] *nm* archbishop.

archi- [aʀʃi] *préf (fam)* extremely; **~faux** totally wrong; **~sec** bone dry; **~secret** top secret.

archipel [aʀʃipɛl] *nm* archipelago.

architecte [aʀʃitɛkt] *nm* architect ‖ **architecture** *nf* architecture.

archives [aʀʃiv] *nfpl inv* archives; *(Adm)* Public Record Office; **dans les ~** filed away.

arctique [aʀktik] *adj nm* Arctic.

ardemment [aʀdamɑ̃] *adv* ardently, eagerly.

ardent [aʀdɑ̃] *adj* 1 burning hot; **soleil ~** blazing sun 2 *(fig)* fiery, passionate; **~ partisan** keen supporter ‖ **ardeur** *nf* heat; *(fig)* eagerness, ardour; **travailler avec ~** work zealously.

ardoise [aʀdwaz] *nf* slate.

ardu [aʀdy] *adj* arduous, hard.

arène [aʀɛn] *nf* arena, bullring; *(fig)* **descendre dans l'~** enter the fray.

aréopage [aʀeɔpaʒ] *nm (fig)* learned assembly.

arête [aʀɛt] *nf* 1 *(fish)*bone 2 *(nez)* bridge; *(angle)* edge; *(rocher)* ridge.

argent [aʀʒɑ̃] *nm* 1 *(métal)* silver 2 *(Fin)* money; **~ liquide** cash; ready money; **vous en aurez pour votre ~** you'll get your money's worth/good value for your money; *(fig)* **il prend tout pour ~ comptant** he takes everything at face value ‖ **argenté** *adj* silver, silvery; *(couvert)* silver-plated ‖ **argenterie** *nf* silver(ware); **l'~ de famille** the family silver.

argile [aʀʒil] *nf* clay.

argot [aʀgo] *nm* slang; *(jargon)* cant ‖ **argotique** *adj* slangy.

arguer [aʀgye] *vi (1)* 1 infer, deduce 2 plead; **arguant de l'heure tardive** arguing that it was late ‖ **argument** *nm* 1 argument 2 plot, synopsis ‖ **argumenter** *vi (1) (contre)* argue (against) ‖ **argutie** *nf* quibble, cavil.

aride [aʀid] *adj (aussi fig)* arid, barren ‖ **aridité** *nf* aridity, barrenness.

aristocrate [aʀistɔkʀat] *nmf* aristocrat.

arithmétique [aʀitmetik] *nf* arithmetic ◆ *adj* arithmetical.

arlequin [aʀləkɛ̃] *nm* Harlequin.

armateur [aʀmatœʀ] *nm* ship-owner.

armature [aʀmatyʀ] *nf* frame(work).

arme [aʀm] *nf* weapon, arm; **~ atomique** atomic weapon; **~ à feu** firearm; **~ de dissuasion** deterrent; *(fig)* **à ~s égales** on equal terms ‖ **armé** *adj* 1 armed; **vol à main ~e** armed robbery; **béton ~** reinforced concrete 2 strengthened ‖ **armée** *nf* 1 army; **~ de métier** professional army; **~ permanente** standing army; **~ de l'air** air force 2 *(fig)* crowd ‖ **armement** *nm* 1 arming; armament 2 *(Naut)* **port d'~** port of registry ‖ **armer** *vt (1)* 1 arm; equip 2 *(fusil)* cock; *(Phot)* *set* 3 strengthen 4 *(Naut)* commission ‖ **s'armer** *vpr* 1 arm oneself 2 **s'~ de patience** summon up one's patience.

armistice [aʀmistis] *nm* armistice.

armoire [aʀmwaʀ] *nf* cupboard, *(vêtements)* wardrobe; **~ de toilette** bathroom cabinet.

armoiries [aʀmwaʀi] *nfpl inv* coat of arms.

armure [aʀmyʀ] *nf* armour ‖ **armurier** *nm* gunsmith; arms manufacturer.

arnaque [aʀnak] *nf (fam)* swindle.

aromate [aʀɔmat] *nm* spice; herb ‖ **aromatiser** *vt (1)* flavour ‖ **arôme** *nm* flavour; aroma.

arpent [aʀpɑ̃] *nm (approx)* acre ‖ **arpenter** *vt (1)* 1 survey 2 walk/pace up and down ‖ **arpenteur** *nm* land surveyor.

arqué [aʀke] *adj* arched, curbed; **jambes ~es** bow legs.

arrachage [aʀaʃaʒ] *nm* wrenching; *(plante)* pulling up, uprooting; *(dent)* extraction **arraché** *nm (Sp)* snatch **arrachement** *nm* wrench **d'arrache-pied** *loc adv* steadily **arracher** *vt (1)* **1** pull (out, away); snatch; *(plante)* pull up; *(arbre)* root up; *(dent)* extract, pull out **2** *(papier, tissu)* *tear (off) **3** *(fig)* drag away; *j'ai dû l'~ à son livre* I had to tear him away from hir book ‖ **s'arracher** *vpr* **1** *(à, de)* *tear away from **2** *(fig)* ~ *ses cheveux* *tear one's hair **3** *(fam)* on se *l'arrache* he/she/it's in great demand.

arrangé [aʀɑ̃ʒe] *adj* **1** settled; repaired **2** *(fam)* te voilà bien ~ ! what a mess you look! **arrangeant** *adj* accommodating ‖ **arrangement** *nm* **1** arranging, arrangement **2** agreement, settlement ‖ **arranger** *vt (1h)* **1** arrange, *put in order **2** repair, mend, fix **3** *be convenient for; *fais ce qui t'arrange* do as you like **4** settle; *il a essayé d'~ les choses* he tried to put matters right ‖ **s'arranger** *vpr* **1** manage; *arrange-toi pour le voir* *make sure you see him **2** work out, *get better; *ça s'arrangera* things will turn out all right **3** ~ *avec* *come to terms with, *come to an agreement with **4** ~ *de* *make do with **5** *arrange-toi un peu*; tidy yourself up a bit!

arrérages [aʀeʀaʒ] *nmpl inv (Fin)* arrears, back interest.

arrestation [aʀestɑsjɔ̃] *nf* arrest; *en état d'~* under arrest; *on l'a mis en état d'~* he was taken into custody ‖ **arrêt** *nm* **1** stop; halt; *tomber en ~* stop short; ~ *facultatif* request stop; *sans ~* non-stop; continuously; *point d'~* stopping place; *un voyage de 3 semaines avec un arrêt de 2 jours à Londres* a three-week tour with a two-day stopover in London; ~ *du cœur* heart failure; ~ *de travail* stoppage; *(Méd)* sick leave **2** *(Mil)* aux ~s under arrest **3** *(Jur)* judgement; decision; ~ *de mort* death sentence **4** *(football)* tackle ‖ **arrêté** *nm* **1** decree, order **2** *(Com)* ~ *de compte* statement, *(définitif)* settlement ◆ *adj* **1** decided, settled **2** *(Sp)* départ ~ standing start ‖ **arrêter** *vt (1)* **1** stop; check; halt; **2** *(malfaiteur)* arrest, seize **3** fix; ~ *une date* decide on a date; ~ *un choix* *make a choice **4** *(Com)* settle, close ◆ *vi* stop, halt; *n'arrête pas de marcher* keep (on) walking ◆ *v imp* decide, decree ‖ **s'arrêter** *vpr* **1** stop; *(de)* stop, cease; *tu devrais t'~ de fumer* you should give up smoking **2** *(véhicule)* *come to a standstill **3** *son choix s'est arrêté sur le plus petit* he (finally) opted for the smallest one **4** *(à)* insist on; *ne vous arrêtez pas aux détails* don't worry too much about the details.

arrhes [aʀ] *nfpl inv* deposit.

arrière [aʀjɛʀ] *adj inv* back, rear; *siège ~* back seat ◆ *nm* **1** back, rear; *à l'~ de* at the back of **2** *(Sp)* (full)back **3** *(Naut)* stern; *vers l'~* aft ◆ *adv (en) ~* behind; back(wards); *retourner en ~* turn back **arrière-boutique** *nf (brit)* back shop, *(amér)* back store **arrière-cuisine** *nf* scullery **arrière-garde** *nf* rearguard **arrière-goût** *nm* aftertaste **arrière-grand-mère** *nf* great-grandmother ‖ **arrière-petit-fils** *nm* great-grandson ‖ **arrière-pensée** *nf* ulterior motive ‖ **arrière-plan** *nm* background; *(Th)* backstage ‖ **arrière-saison** *nf (brit)* late autumn, *(amér)* late fall **arrière-train** *nm* hindquarters ‖ **arriéré** *nm* **1** *(Fin)* arrears; *(travail)* backlog **2** backward/retarded person ◆ *adj* **1** late; *paiement ~* overdue payment; *idées ~es* old-fashioned ideas **2** *(personne)* retarded, backward.

arrimer [aʀime] *vt (1)* **1** secure **2** *(Naut)* *(bateau à quai)* *make fast.

arrivage [aʀivaʒ] *nm* arrival; *(Com)* consignment ‖ **arrivée** *nf* **1** arrival, coming **2** *(Tech)* intake, admission **3** *(Sp)* finish ‖ **arriver** *vi (1)* **1** arrive, *come; *son avion arrive à midi* her plane is due at 12; *à quelle heure arriverez-vous ?* what time will you get there? **2** reach; *l'eau m'arrivait aux genoux* the water came up to my knees/was knee-deep **3** succeed; *il veut ~ à tout prix* he wants to get on, *(amér)* ahead at any cost; *il n'arrivera jamais à rien* he'll never amount to anything **4** manage; *(fam)* tu y arrives ? can you manage? **5** occur, happen; *cela arrive à tout le monde* it can happen to anyone; *ça n'arrive qu'à moi !* just my luck! **6** *ils en sont arrivés aux coups* they came to blows; *j'en arrive à croire que...* I'm beginning to think that... ◆ *v impers* happen; *quoi qu'il arrive* whatever happens; *s'il vous arrive d'avoir besoin d'aide* if you happen to need help ‖ **arriviste** *nmf* careerist.

arrogance [aʀɔgɑ̃s] *nf* arrogance ‖ **arrogant** *adj* arrogant, overbearing.

arroger [aʀɔʒe] **s'~** *vpr (1h) (droit)* assume.

arrondi [aʀɔ̃di] *nm* roundness; *(jupe)* hemline ◆ *adj* rounded, round ‖ **arrondir** *vt (2)* **1** *make round; *(jupe)* level; *(fig)* ~ *les angles* smooth things over **2** *(salaire)* supplement; ~ *sa fortune* round out one's wealth; ~ *ses fins de mois* top up one's (monthly) salary **3** *(calcul)* arrondissons à 500 F* let's make that a round 500 francs ‖ **s'arrondir** *vpr* round out; increase.

arrondissement [aʀɔ̃dismɑ̃] *nm (Adm)* (approx) borough, district.

arrosage [aʀozaʒ] *nm* watering, sprinkling ‖ **arroser** *vt (1)* **1** water, *(pelouse)* sprinkle **2** *(Cuis)* baste **3** *(Géog)* water; *la Tamise arrose Londres* the Thames flows through London **4** ~ *un succès* celebrate a success with a drink ‖ **arroseur** *nm* sprinkler ‖ **arrosoir** *nm* watering can.

arsenal [aʀsənal] *nm* arsenal ; *(fig)* paraphernalia.

art [aʀ] *nm* **1** art ; *œuvre d'*~ work of art **2** art, craft **3** *l'*~ *de vivre* the art of good living ; *(fam) il a l'*~ *de m'agacer* he's got a knack for annoying me.

artère [aʀtɛʀ] *nf (Méd)* artery ; *(rue)* thoroughfare.

artichaut [aʀtiʃo] *nm (Bot)* artichoke.

article [aʀtikl] *nm* **1** article ; *(journal)* ~ *de fond* lead(ing) article **2** *(dictionnaire)* entry **3** *(Com)* item.

articulation [aʀtikulɑsjɔ̃] *nf* **1** joint ; *(doigt)* knuckle **2** *(Tech)* connection **3** *(élocution)* articulation ‖ **articuler** *vt (1)* articulate, pronounce.

artifice [aʀtifis] *nm* stratagem, trick, artifice ; *feu d'*~ fireworks ‖ **artificiel** *adj* (*f* **-elle**) artificial, false.

artillerie [aʀtijʀi] *nf* artillery.

artisan [aʀtizɑ̃] *nm* craftsman ; *(fig)* architect ‖ **artisanat** *nm* arts and crafts ; *produits d'*~ handicrafts.

artiste [aʀtist] *nmf* **1** artist **2** *(Th)* *m* actor, *f* actress ; entertainer ; *entrée des* ~*s* stage door ‖ **artistique** *adj* artistic.

as [ɑs] *nm* **1** *(aussi fig)* ace **2** *(fam)* star, crack (driver) **3** *(fam) il est plein aux* ~ he's got *(brit)* bags of money, *(amér)* wads of dough.

ascendance [asɑ̃dɑ̃s] *nf* lineage ‖ **ascendant** *nm* **1** *(sur)* influence ; ascendancy (over) **2** *(Astrologie)* ascending sign **3** ~*s* ancestry ◆ *adj* upward, climbing ; ascending.

ascenseur [asɑ̃sœʀ] *nm (brit)* lift, *(amér)* elevator ‖ **ascension** *nf* **1** ascent, climb ; *faire l'*~ *de* climb **2** *(fig)* *rise, progress.

ascète [asɛt] *nm* ascetic ‖ **ascétisme** *nm* asceticism.

asiatique [azjatik] *adj nmf* Asian.

asile [azil] *nm* **1** refuge ; ~ *de nuit* night shelter, *(fam péj)* flop house *(brit)* doss house ; *(vx)* ~ *d'aliénés* mental hospital ; *(vx)* ~ *de vieillards* old people's home.

aspect [aspɛ] *nm* **1** look, appearance ; *d'*~ *agréable* pleasant-looking ; *sous tous les* ~*s* from every angle **2** *(Gr)* aspect.

asperge [aspɛʀʒ] *nf (Bot)* asparagus.

asperger [aspɛʀʒe] *vt (1h) (de)* sprinkle, splash (with).

aspérité [aspeʀite] *nf* unevenness, roughness ; *(fig)* asperity.

asphyxie [asfiksi] *nf* suffocation, asphyxiation ‖ **asphyxier** *vt (1h)* suffocate, asphyxiate ‖ **s'asphyxier** *vpr il s'est asphyxié au gaz* he gassed himself.

aspic [aspik] *nm (Zool)* asp.

aspirant [aspiʀɑ̃] *nm* candidate ; *(Naut)* midshipman ; *(Mil)* cadet ◆ *adj* sucking ; *pompe* ~*e* suction pump ‖ **aspirateur** *nm* vacuum cleaner ‖ **aspiration** *nf* **1** inhaling ; suction **2** *(fig) (à, vers)* yearning (for, after) ‖ **aspiré** *adj h* ~ aspirated h ‖ **aspirer** *vt (1)* breathe (in), sniff up ; suck up/in ◆ *vi (fig) (à)* aspire (to), long (for).

aspirine [aspiʀin] *nf* aspirin.

assagir [asaʒiʀ] **s'** ~ *vpr (2)* sober down.

assaillant [asajɑ̃] *nm* assailant, aggressor ‖ **assaillir** *vt (4)* assault ; storm ; *(fig)* bombard ; ~ *de questions* bombard with questions ; *assailli de doutes* assailed by doubts.

assainir [aseniʀ] *vt (2) (site)* clean up ; *(air)* purify ; *(Fin)* *bring back onto a sound footing ‖ **s'assainir** *vpr* *become healthier ‖ **assainissement** *nm* cleansing ; *(Fin)* recovery, improvement.

assaisonnement [asɛzɔnmɑ̃] *nm (Cuis)* seasoning ; *(salade)* dressing ‖ **assaisonner** *vt (1)* season, dress ; *(fam)* *tell off.

assassin [asasɛ̃] *nm* murderer ; *(Pol)* assassin ‖ **assassinat** *nm* murder ; assassination ‖ **assassiner** *vt (1)* murder ; assassinate.

assaut [aso] *nm* **1** assault ; *(Mil)* charge ; *partir à l'*~ *de* launch an attack against ; *(fig)* *make a rush for ; *faire* ~ *de politesse* try to outdo each other in politeness.

assécher [aseʃe] *vti (1)* drain ; dry (up).

assemblage [asɑ̃blaʒ] *nm* combination ; assembling ‖ **assemblée** *nf* meeting ; assembly ; *nombreuse* ~ large gathering ‖ **assembler** *vt (1)* assemble, gather (together), join together ‖ **s'assembler** *vpr* gather, *meet.

assener [asene] *vt (1c)* *strike, *deal.

assentiment [asɑ̃timɑ̃] *nm (à)* assent (to), consent (to).

asseoir [aswaʀ] *vt (21)* **1** seat ; *asseyez l'enfant au piano* *sit the child at the piano **2** place ; *(fig)* establish **3** *(fam)* stagger ; *son aplomb m'a assis* his nerve staggered me ‖ **s'asseoir** *vpr* **1** *sit (down), *asseyez-vous, je vous en prie* please be seated **2** *(fam) ses conseils, je m'assois/assieds dessus* I don't give a damn about his advice.

assermenté [asɛʀmɑ̃te] *adj* sworn.

assertion [asɛʀsjɔ̃] *nf* assertion.

asservir [asɛʀviʀ] *vt (2)* enslave ; subdue ‖ **s'asservir** *vpr* submit ‖ **asservissement** *nm* enslavement, subjection.

assesseur [asesœʀ] *nm* assistant ; *(Jur)* assessor.

assez [ase] *adv* **1** enough ; ~ *chaud* hot enough ; ~ *d'argent* enough money ; *j'en ai* ~ *de toi !* I've had enough of you ! I'm fed up with you ! **2** rather ; *elle est* ~ *jolie* she's quite pretty.

assidu [asidy] *adj* regular ; *efforts* ~*s* untiring efforts ‖ **assiduité** *nf* assiduity.

assiéger [asjeʒe] *vt (1h)* besiege ; *(fig)* crowd round.

assiette [asjɛt] *nf* **1** plate ; *(Cuis)* ~ *anglaise* cold cuts **2** *(fig)* basis **3** *(équitation)* seat ; *(fam)* **je ne suis pas dans mon** ~ I'm feeling out of sorts.

assigner [asiɲe] *vt (1)* **1** assign **2** *set, fix* ; ~ *une somme (pour)* earmark a sum (for) **3** *(Jur)* ~ *à comparaître* summon ; ~ *à résidence* place under house arrest.

assimilation [asimilɑsjɔ̃] *nf* assimilation ‖ **assimiler** *vt (1)* **1** assimilate **2** *(à)* compare, liken (to, with) ‖ **s'assimiler** *vpr* *become assimilated.

assis [asi] *pp voir* **asseoir** ◆ *adj* seated, sitting ; *il n'y a plus de places* ~*es* standing room only.

assise [asiz] *nf* **1** seating ; foundation **2** *(brit Jur) les* ~*s* the assizes **2** sittings ; ~*s du parti (brit)* party conference, *(amér)* national convention.

assistance [asistɑ̃s] *nf* **1** audience, *(Sp)* spectators, *(Rel)* congregation **2** help, aid ; ~ *médicale* medical aid/assistance ; ~ *sociale* welfare ; *être à l'A~* *(brit)* *be on welfare ‖ **assistant** *nm* assistant ; bystander ; spectator ; *les* ~*s* the spectators, the audience ; ~*(e) social(e)* welfare/social worker ‖ **assister** *vi (1) (à)* attend, witness ◆ *vt* assist, help.

association [asɔsjɑsjɔ̃] *nf* **1** association, society ; partnership ; ~ *sportive* sports club **2** combination ‖ **associé** *nm* associate ; *(Com)* partner ◆ *adj* associated ‖ **associer** *vt (1h)* **1** join ; *il veut m'~ à ses recherches* he wants to *bring me in on his research **2** link ‖ **s'associer** *vpr* **1** join in ; *(Com)* *become associates ; *je m'associe à votre douleur* I share your grief **2** combine.

assoiffé [aswafe] *adj* thirsty ‖ **assoiffer** *vt (1)* *make thirsty.

assombrir [asɔ̃briʀ] *vt (2)* darken ; *(fig)* *cast a gloom over ‖ **s'assombrir** *vpr* *become dark ; *(aussi fig)* cloud over, *become gloomy.

assommant [asɔmɑ̃] *adj (fam)* boring, dull ‖ **assommer** *vt (1)* stun ; *on l'a assommé* he was clubbed (to death) **2** *(fam)* bore ; *il m'assomme* he bores me to death.

Assomption [asɔ̃psjɔ̃] *nf (Rel)* Assumption.

assorti [asɔʀti] *adj* matching, matched **2** assorted ; *bonbons* ~*s* mixed sweets ‖ **assortiment** *nm* assortment, variety ‖ **assortir** *vt (2)* match ‖ **s'assortir** *vpr* blend ; *go well together.

assoupir [asupiʀ] **s'**~ *vpr (2)* doze off ; *(fig)* lull, calm down ‖ **assoupissement** *nm* drowsiness.

assouplir [asupliʀ] *vt (2)* *make supple ; *(fig)* relax, ease ‖ **s'assouplir** *vpr* relax ;

son caractère s'est assoupli he has become more easy-going ‖ **assouplissant** *nm* fabric softener ‖ **assouplissement** *nm* softening ; *(fig)* easing ; *exercices d'*~ limbering-up exercises.

assourdir [asuʀdiʀ] *vt (2)* **1** *(personne)* deafen **2** *(son)* deaden, muffle ; *(couleur)* subdue, tone down.

assouvir [asuviʀ] *vt (2)* satisfy, appease ; ~ *sa soif* quench one's thirst ‖ **s'assouvir** *vpr* *be satisfied.

assujettir [asyʒetiʀ] *vt (2)* **1** subdue ; subject **2** fasten, secure.

assumer [asyme] *vt (1)* **1** *(fonction)* assume, *take up ; *hold **2** accept.

assurance [asyʀɑ̃s] *nf* **1** self-confidence ; *elle agit avec* ~ she acts with (self-) assurance **2** guarantee, assurance ; *(lettre)* *recevez l'*~ *de mes sentiments distingués* yours truly **3** insurance ; *police d'*~ insurance policy ; ~*-vie* life insurance ; **4** *(brit)* ~*s sociales* national insurance ‖ **assuré** *adj* sure, assured, confident ; *un pas* ~ a steady/firm tread ◆ *nm* policyholder ‖ **assurément** *adv* certainly, definitely ‖ **assurer** *vt (1)* **1** assure, ensure, guarantee **2** *make firm, steady **3** provide, supply **4** insure ‖ **s'assurer** *vpr* **1** *(de)* *make sure (of) ; *je vais m'*~ *qu'il est arrivé* I'll make sure he has arrived **2** ~ *sur la vie* *take out life insurance **3** *(protection, faveur)* *ils se sont assuré l'aide de la police* they secured help from the police ‖ **assureur** *nm* insurance agent.

astérisque [asteʀisk] *nm* asterisk.

asthme [asm] *nm* asthma.

asticot [astiko] *nm (Zool)* maggot.

astiquer [astike] *vt (1)* polish.

astre [astʀ] *nm (Astr)* star.

astreignant [astʀeɲɑ̃] *adj* demanding, exacting.

astreindre [astʀɛ̃dʀ] *vt (35)* compel, force ‖ **astreinte** *nf* obligation, constraint.

astrologie [astʀɔlɔʒi] *nf* astrology ‖ **astrologue** *nm* astrologer.

astronaute [astʀonot] *nmf* astronaut ‖ **astronomie** *nf* astronomy ‖ **astronomique** *adj (aussi fig)* astronomical.

astuce [astys] *nf* **1** astuteness ; *(péj)* craftiness **2** trick ; *les* ~*s du métier* the tricks of the trade **3** *(jeu de mots)* pun ‖ **astucieux** *adj (f -euse)* clever ; *(péj)* crafty, artful ; tricky.

atelier [atəlje] *nm* workshop ; *(artiste)* studio.

atermoiements [atɛʀmwamɑ̃] *nmpl inv* *(fam)* delays, shillyshallying.

athée [ate] *nmf* atheist ◆ *adj* atheistic ‖ **athéisme** *nm* atheism.

athlète [atlɛt] *nmf* athlete ‖ **athlétique** *adj* athletic ‖ **athlétisme** *nm* athletics.

atlantique [atlɑ̃tik] *adj nm* Atlantic.

atlas [atlɑs] *nm* atlas.

atmosphère [atmɔsfɛʀ] *nf* atmosphere.

atome [atom] *nm (Phys)* atom ; *(fig)* particle, bit ‖ **atomique** *adj* atomic ; *bombe* ~ atom bomb ‖ **atomiseur** *nm* atomizer.

atone [atɔn] *adj* **1** dull ; *(Méd)* atonic **2** *(voyelle)* unstressed.

atours [atuʀ] *nmpl inv (lit ou hum) dans ses plus beaux* ~ in all her finery.

atout [atu] *nm (cartes)* trump ; *(fig)* asset.

âtre [ɑtʀ] *nm* hearth.

atroce [atʀɔs] *adj* **1** atrocious, abominable ; *douleur* ~ excruciating pain **2** *(fam)* dreadful, awful ; *odeur* ~ foul smell ‖ **atrocité** *nf* atrocity.

atrophié [atʀɔfje] *adj* atrophied ; *main* ~ withered hand.

attabler [atable] **s'**~ *vpr (1)* *sit down at a table.

attachant [ataʃɑ̃] *adj* engaging, attractive ‖ **attache** *nf* fastener ; *(aussi fig)* tie, link ‖ **attacher** *vt (1)* tie up, attach ; *(fam)* *do up ; *attachez vos ceintures !* fasten your seat belts! *(fam)* buckle up! ‖ **s'attacher** *vpr* **1** fasten, *do up **2** *(fig)* ~ *aux faits* *stick to facts ; *elle s'est attachée à son travail* she applied herself to her job ; *il s'est attaché à cet enfant* he has grown fond of the child.

attaquant [atakɑ̃] *nm* attacker ‖ **attaque** *nf* attack ; ~ *à main armée* armed hold-up ; ~ *aérienne* air raid **2** *angle d'*~ *(fig)* approach **3** *(cartes)* lead **4** *(Méd)* attack, fit **5** *être d'*~ *be on (top) form/in good shape ‖ **attaquer** *vt (1)* **1** attack **2** *(tâche)* tackle, *get to work on **3** *(Jur)* prosecute, sue ‖ **s'attaquer** *vpr (à)* attack ; ~ *à une difficulté* grapple with a difficulty.

attardé [ataʀde] *adj* **1** late **2** old-fashioned, outmoded ◆ *nm (Méd)* (mentally) retarded person ‖ **s'attarder** *vpr (1)* linger, lag behind.

atteindre [atɛ̃dʀ] *vti (35)* **1** reach ; *(fig) il a atteint son but* he achieved his aim ; *ce tableau atteignit un prix élevé* this painting fetched a high price **2** affect, *hit ; *il est atteint d'une grave maladie* he is suffering from a serious disease ‖ **atteinte** *nf* **1** reach ; *hors d'*~ out of reach **2** *(à)* attack (on) ; *porter* ~ *à* affect.

attelage [atlaʒ] *nm (chevaux)* team, *(bœuf)* yoke ‖ **atteler** *vt (1b)* hitch up ‖ **s'atteler** *vpr* ; *elle s'est attelée à sa tâche* she buckled down to her work.

attelle [atɛl] *nf (Méd)* splint.

attenant [atnɑ̃] *adj (à)* contiguous (to), adjoining.

attendre [atɑ̃dʀ] *vti (46)* wait for ; *attendez-moi* wait for me ; *(fam) attends voir !* let me see! *(menace)* just wait and see! *j'attends qu'il soit endormi* I'm waiting until he is asleep ; *il se fait* ~ he's keeping

us waiting **2** ~ *après* want ; *je n'attends pas après votre aide* I don't need your help **3** expect ; *qu'attends-tu de moi ?* what do you expect from me? *Jane attend un bébé* Jane is expecting (a baby) ‖ **en attendant** *loc adv* in the meantime, meanwhile ‖ **s'attendre** *vpr (à)* expect ; *il s'attend à ce que je le fasse* he expects me to do it.

attendrir [atɑ̃dʀiʀ] *vt (2)* soften : move to pity ‖ **s'attendrir** *vpr (sur)* *be moved (by) ‖ **attendrissant** *adj* moving ‖ **attendrissement** *nm* emotion ; *pas d'*~ ! let's not get emotional!

attendu [atɑ̃dy] *adj* expected ◆ *nm (Jur)* *(d'un jugement)* ~*s* grounds ‖ **attendu que** *loc conj* seeing that ; *(Jur)* considering that.

attentat [atɑ̃ta] *nm (contre)* attack (on) ; ~ *à la bombe* bomb attack ; ~ *à la liberté* violation/infringement of liberty ; ~ *à la pudeur* indecent assault.

attente [atɑ̃t] *nf* wait ; *salle d'*~ waiting room ; *file d'*~ *(brit)* queue, *(amér)* line ; *en* ~ on stand-by ; *(Téléph)* on hold **2** expectation.

attenter [atɑ̃te] *vi (1) (à)* attack ; ~ *à ses jours* attempt suicide.

attentif [atɑ̃tif] *adj (f -ive)* **1** *(à)* attentive (to) ; *être* ~ *à* *pay attention to **2** careful ; *examen* ~ close examination ‖ **attention** *nf* attention, care ; *faire* ~ *(à)* ; ~ *!* watch it!/careful! ~ *à la marche !* mind the step! ~ *à la peinture !* wet paint! ‖ **attentionné** *adj (pour)* considerate (towards) ‖ **attentisme** *nm* wait and see policy ‖ **attentivement** *adv* attentively.

atténuant [atenɥɑ̃] *adj (Jur)* extenuating ‖ **atténuer** *vt (1)* **1** lessen, attenuate **2** extenuate, alleviate ‖ **s'atténuer** *vpr* diminish, lessen.

atterrant [ateʀɑ̃] *adj* appalling.

atterrir [ateʀiʀ] *vi (2)* land, touch down ; *(fam) il a atterri dans un fossé* he ended up in a ditch ‖ **atterrissage** *nm* landing.

attestation [atɛstasjɔ̃] *nf* testimonial, certificate ‖ **attester** *vi (1) (de)* testify (to), *bear witness (to) ; *c'est un fait attesté* it's an established fact.

attirail [atiʀaj] *nm* gear ; *(fam)* paraphernalia.

attirance [atiʀɑ̃s] *nf (pour)* attraction (for) ‖ **attirer** *vt (1)* **1** lure, entice **2** attract, *draw ; ~ *l'attention sur* *draw attention (to) ‖ **s'attirer** *vpr* attract each other ; *il va* ~ *des ennuis* he's going to get himself into trouble.

attiser [atize] *vt (1) (feu)* poke up ; *(fig)* ~ *une querelle* stir up a quarrel.

attitré [atitʀe] *adj* **1** accredited **2** *son boulanger* ~ his regular baker.

attitude [atityd] *nf* **1** bearing, manner ; *sa gentillesse n'est qu'une* ~ his kindness is only a pose **2** attitude ; position.

attraction [atraksjɔ̃] *nf* 1 attraction ; ~ *universelle* gravitation 2 *(Th)* number ; ~*s* sideshows ; *parc d'*~*s* amusement park.

attrait [atrɛ] *nm* 1 charm, attractiveness 2 attraction, lure.

attrape [atrap] *nf* trick, practical joke ‖ **attrape-nigaud** *nm* trick ‖ **attraper** *vt (1)* 1 *catch ; il a attrapé un rhume* he caught a cold ; ~ *un accent* pick up an accent ; *(fam) je l'ai attrapé à voler* I caught him stealing ; *le voilà bien attrapé* he has been taken in good and proper 2 *(fam)* scold ‖ **s'attraper** *vpr* 1 *be caught 2 *(fam)* quarrel.

attrayant [atrɛjã] *adj* attractive, enticing.

attribuer [atribye] *vt (1)* 1 assign, allot ; ~ *un prix* award a prize 2 attribute ; ~ *de l'importance à* attach importance to ‖ **s'attribuer** *vpr* *lay claim to ‖ **attribut** *nm* attribute ; *(Gr)* attributive ‖ **attribution** *nf* attribution, allocation ; *ce n'est pas dans mes* ~*s* this isn't within my competence.

attristé [atriste] *adj* sad, sorrowful ‖ **attrister** *vt (1)* sadden, grieve ‖ **s'attrister** *vpr (de)* *be sad, grieve (about).

attroupement [atrupmã] *nm* crowd, gathering ‖ **s'attrouper** *vpr (1)* gather (together).

au [o] *art déf voir* **à, le.**

aubaine [obɛn] *nf* windfall, godsend ; *quelle* ~ *!* what a stroke of luck!

aube[1] [ob] *nf (aussi fig)* dawn.

aube[2] [ob] *nf (Naut)* blade ; *roue à* ~*s* paddle wheel.

aubépine [obepin] *nf (Bot)* hawthorn.

auberge [obɛrʒ] *nf* inn ; ~ *de jeunesse* youth hostel ‖ **aubergiste** *nmf* innkeeper.

aubergine [obɛrʒin] *nf (brit)* aubergine, *(amér)* eggplant.

aucun [okœ̃] *adj quant* any ; *(nég)* not any, no ; *je l'aime plus qu'*~ *autre peintre* I like him better than any other painter ; *je n'ai* ~*e aide* I have no help ♦ *pr quant* any(one), *(nég)* none, not any ; *des nouvelles ?* -~*e !* any news? -none! *je ne connais* ~ *des acteurs* I don't know any of the actors ‖ **d'aucuns** *pr (lit)* some, some people ‖ **aucunement** *adv* in no way, by no means.

audace [odas] *nf* 1 boldness, audacity ; daring 2 *(fam péj)* cheek, nerve ‖ **audacieux** *adj (f* **-euse)** 1 bold, daring 2 impudent, brazen.

au-dedans, au-dehors, au-delà, au-dessous, au-dessus, au-devant *voir* **dedans, dehors, delà, dessous, dessus, devant.**

audience [odjãs] *nf* 1 *(Jur)* hearing, sitting 2 audience 3 *(lit) ce poète a l'*~ *des jeunes* this poet has a following among young people.

auditeur [oditœr] *nm (f* **-trice)** listener ‖

audition *nf* 1 hearing 2 *(Th)* audition ‖ **auditoire** *nm* audience ‖ **auditorium** *nm (Rad TV)* studio.

auge [oʒ] *nf* trough.

augmentation [ɔgmãtasjɔ̃] *nf* growth, increase ; ~ *de salaire (brit)* rise, *(amér)* raise (in salary) ; *(Adm)* increment ; *la mortalité infantile est en* ~ infant mortality is on the increase ‖ **augmenter** *vt (1)* enlarge, increase, raise ♦ *vi* 1 *rise ; les prix ont augmenté de 2 %* prices rose/went up by 2% 2 *grow (larger) ‖ **s'augmenter** *vpr* *rise, *grow.

augure [ɔgyr] *nm* omen ; *de bon* ~ auspicious ; *de mauvais* ~ ominous, inauspicious.

aujourd'hui [oʒurdɥi] *adv* today ; ~ *en huit (brit)* a week today, *(amér)* a week from today.

au(l)ne [on] *nm (Bot)* alder.

aumône [omon] *nf* alms ; *demander l'*~ beg ‖ **aumônier** *nm* chaplain.

auparavant [oparavã] *adv* before(hand) ; *parlons, mais* ~ *asseyons-nous* let's talk, but first let's sit down.

auprès [oprɛ] *adv* nearby ♦ ~ *de loc prép* 1 close to, next to, by ; *assieds-toi* ~ *de moi* sit near me ; *il y a une infirmière* ~ *du malade* there's a nurse with the patient 2 with ; *il a de l'influence* ~ *du ministre* he has the minister's ear ; *il a trouvé grâce* ~ *d'elle* he found favour in her eyes 3 in comparison with ; *ce violon n'est rien* ~ *d'un Stradivarius* this violin is nothing compared with a Stradivarius.

auquel [okɛl] *voir* **lequel.**

auréole [ɔreɔl] *nf* halo ; *(tache)* ring.

auriculaire [ɔrikylɛr] *nm* little finger, *(amér)* pinkie.

aurore [ɔrɔr] *nf* daybreak ; *(aussi fig)* dawn.

ausculter [ɔskylte] *vt (Méd)* sound.

aussi [osi] *adv* 1 *(comparaison)* as, so ; *cours* ~ *vite que tu le peux/pourras* run as fast as you can ; *il n'est pas* ~ *vieux que Tom* he is not so/as old as Tom 2 *(si)* so, such ; *ne marche pas aussi vite* don't walk so fast ; *je n'ai jamais entendu un* ~ *bon pianiste* I've never heard such a good pianist 3 *(également)* too, also ; *lui* ~ *est parti* he left as well 4 *(quelque)* however ; ~ *riche soit-il...* however rich he may be,... ♦ *conj* so, therefore.

aussitôt [osito] *adv* at once, directly ; ~ *dit,* ~ *fait* no sooner said than done ‖ **aussitôt que** *loc conj* as soon as.

austère [ɔstɛr] *adj* severe, austere ‖ **austérité** *nf* austerity.

austral [ɔstral] *adj (mpl* **-s)** southern.

autant [otã] *adv* 1 as much ; *il gagne* ~ *que moi* he earns as much as I do ; *(pour)* ~ *que je sache* as far as I know 2 ~ *de* as much/many as ; *pas ~ de* (not) so much/ many as ; *il y a ~ de chaises que d'invités* there are as many chairs as (there are) guests **3** *(tant)* so much/many ; *je ne savais pas qu'il avait ~ d'argent et ~ de livres* I didn't know he had so much money and so many books ; *c'est ~ de gagné* that's so much to the good **4** *je ne peux en dire ~* I can't say as much **5** *~ le père est travailleur, ~ le fils est paresseux* the father is as hardworking as the son is lazy **6** *j'aimerais ~ rester chez moi* I would just as soon stay at home ; *~ dire la vérité* we/you might as well tell the truth **7** *pour ~* in spite of that ; *il est riche, il n'en est pas plus heureux pour ~* he is wealthy, he's not happier for all that **8** *d'~* by so much ; *cela augmente d'~ mon travail* it increases my workload by the same amount **9** *d'~ que loc conj je n'ai pas voulu sortir, d'~ qu'il pleuvait* I didn't want to go out especially since it was raining ; *d'autant plus/moins que* all the more/less as ; *je suis d'~ plus inquiet que...* I'm all the more worried as/because.

autel [ɔtɛl] *nm* altar.

auteur [otœʀ] *nm* **1** author, writer ; *(Mus)* composer ; *droits d'~* royalties **2** *(crime)* perpetrator ; *(fig)* cause.

authenticité [ɔtɑ̃tisite] *nf* authenticity, genuine nature || **authentifier** *vt (1)* authenticate || **authentique** *adj* authentic, genuine.

auto[1] [oto] *nf (brit fam)* car, *(amér)* automobile ; *~s tamponneuses (brit)* dodgems, *(amér)* bumper cars.

auto[2] [ɔto] *préf* self-, auto.

autobiographie [ɔtɔbjɔgʀafi] *nf* autobiography.

autobus [ɔtɔbys] *nm (pl inv)* bus || **autocar** *nm (brit)* coach, *(amér)* bus.

auto-couchette [ɔtɔkuʃɛt] *adj inv* train ~ car sleeper train.

autocollant [ɔtɔkɔlɑ̃] *nm* sticker.

auto-cuiseur [ɔtɔkyizœʀ] *nm* pressure-cooker.

autodéfense [ɔtɔdefɑ̃s] *nf* self-defence.

autodidacte [ɔtɔdidakt] *adj nmf* self-taught (man) ; self-made (man).

auto-école [ɔtɔekɔl] *nf* driving-school.

autogestion [ɔtɔʒɛstjɔ̃] *nf* worker management.

autoguidé [ɔtɔgide] *adj (missile)* homing.

automate [ɔtɔmat] *nm* automaton, robot.

automatique [ɔtɔmatik] *adj* automatic || **automatisation** *nf* automation || **automatiser** *vt (1)* automate || **automatisme** *nm* automatism.

automitrailleuse [ɔtɔmitʀajøz] *nf* armoured car.

automne [ɔtɔn] *nm (brit)* autumn, *(amér)* fall.

automobile [ɔtɔmɔbil] *nf (brit)* car, *(amér)* automobile ◆ *adj* motor ; *assurance ~* car/motor insurance || **automobiliste** *nmf* motorist, driver.

autonome [ɔtɔnɔm] *adj* autonomous ; self-governing ; self-contained || **autonomie** *nf* **1** autonomy ; self-government **2** *(véhicule)* *cet avion a une ~ de 10 heures* this aircraft has a 10-hour range.

autopsie [ɔtɔpsi] *nf* post-mortem, autopsy.

autoradio [ɔtɔradjo] *nf* car radio.

autorail [ɔtɔʀaj] *nm* railcar.

autorisation [ɔtɔʀizasjɔ̃] *nf* authorization, permission ; *~ de stationner* parking permit || **autoriser** *vt (1)* **1** authorize ; allow **2** entitle ; *rien ne vous autorise à dire cela* nothing gives you the right to say that || **autoritaire** *adj* authoritative ; *(péj)* overbearing ; *(fam)* bossy || **autorité** *nf (sur)* authority (over) ; *faire ~ en* *be an authority on.

autoroute [ɔtɔʀut] *nf (brit)* motorway, *(amér)* freeway, thruway ; *~ à péage (brit)* toll motorway ; *(amér)* turnpike.

auto-stop [ɔtɔstɔp] *nm* hitch-hiking ; *faire de l'~* hitch-hike, *(fam)* thumb a lift ; *prendre qn en ~* *give sb a lift.

autour [otuʀ] *adv* round ◆ *~ de loc prép* round, around ; about ; *asseyez-vous ~ de moi* sit around me ; *il est ~ de 4 heures* it's about/around 4 o'clock ; *(fam)* *ne tourne pas ~ du pot* don't beat about the bush.

autre [otʀ] *adj indéf* **1** other ; *l'~ jour* the other day ; *un ~ jour* another day ; *j'ai une ~ idée* I've got another idea ; *l'~ monde* the next world ; *d'~s fois* at other times **2** *(différent)* *une ~ personne* somebody else ; *parlons d'~ chose* let's talk about something else ; *c'est tout ~ chose* that's something quite different, that's something else again ; *il est devenu un ~ homme* he is a new/different man ; *~ part* somewhere else ; *(loc)* *d'~ part* on the other hand **3** *(en plus)* *donnez-moi deux ~s exemples* give me two more examples ◆ *pr indéf* **1** another one, other, others ; *je n'en veux pas d'~* I don't want any other ; *d'un jour à l'~* any day now ; *pensez un peu aux ~s* you should think of other people **2** *(différent)* *quelqu'un d'~* somebody else ; *rien d'~* nothing else ; *personne d'~* no one else **3** *(de plus)* *donnez-m'en d'~s* give me some more/a few more **4** *j'en ai vu d'~s* I've been through worse ; *il n'en fait jamais d'~s* that's typical of him ; *à d'autres !* tell that to the Marines! *(fam)* *vous ~s, vous resterez ici* as for you, you'll stay here ; *l'un dans l'~* on average **5** *l'un ou l'~* either ; *ni l'un* *ni l'~* neither; *l'un et l'~* both **6** *(réciproque)* each other, one another; *ils marchent l'un à côté de l'~* they are walking side by side || **autrefois** *adv* formerly: in the past || **autrement** *adv* **1** otherwise; *~ dit* in other words; *je n'ai pas pu faire ~ que d'y aller* I couldn't avoid going/I had no choice but to go **2** *(plus) c'est ~ (plus) grave* it's far more serious **3** otherwise; *tiens-le* — hold it differently; *(menace) fais-le tout de suite, ~ !* do it at once, or else!

autruche [otʀyʃ] *nf* ostrich.

autrui [otʀyi] *pr indéf* others, other people.

auvent [ovã] *nm* canopy, awning.

aux [o] *voir* **à, les** **auxquel(le)s** *voir* **à, lesquel(le)s**.

auxiliaire [ɔksiljɛʀ] *adj* auxiliary ◆ *nmf* assistant ◆ *nm (Gr)* auxiliary (verb).

avachir *s'~* *vpr (2)* *become flabby; *let oneself go.

aval[1] [aval] *nm (aussi fig)* downstream.

aval[2] [aval] *nm* **1** *(Fin)* endorsement **2** *(fig)* backing, support.

avalanche [avalɑ̃ʃ] *nf* avalanche.

avaler [avale] *vt (1)* **1** swallow; *~ d'un trait* gulp down; *~ la fumée* inhale **2** *(fam fig)* accept, believe.

avance [avɑ̃s] *nf* **1** advance **2** lead **3** *~s* overtures **4** *à l'~, d'~* *loc adv* beforehand, in advance **5** *il est en ~ sur son temps* he is ahead of his time || **avancé** *adj* **1** advanced; forward; *à une heure ~e de la nuit* in the small/wee hours; *opinions ~es* progressive ideas; *d'âge ~* elderly **2** *ce poisson est ~* this fish is high **3** *(fam) me voilà bien ~ !* a lot of good that's done me! || **avancée** *nf* bulge, projection; *(fig)* progress || **avancement** *nm* advancement; *(travaux)* progress; *(carrière)* promotion; *elle vient d'avoir de l'~* she has just been promoted || **avancer** *vti (1h)* **1** move forward, *put forward; *cela ne t'avance à rien de mentir* lying won't get you anywhere **2** *bring forward **3** promote, forward **4** *ma montre avançait* my watch was fast ◆ *s'avancer* *vpr* move forward, *put ahead; *~ vers* head towards; *(fig) elle ne veut pas ~* she's unwilling to commit herself.

avanie [avani] *nf (lit)* minor insult.

avant [avã] *prép* **1** before; *ne partez pas ~ midi* don't leave until 12; *vous aurez la réponse ~ une semaine, ~ lundi* you'll get the answer within a week, by Monday; *~ tout* above all, first of all **2** *~ de partir* before leaving **3** *~ que loc conj* before; *ne pars pas ~ que je (ne) te le dise* don't go until I tell you ◆ *adv* before; *deux jours ~* two days earlier; *le jour d'~* the day before, the previous day; *en ~ ! marche ! (Mil)* forward, march! ◆

adj inv forward, front; *roue ~* front wheel ◆ *nm* **1** front; *(Naut)* bow, head; *aller de l'~* *go/*get ahead; *(fig)* forge ahead **2** *(Sp)* forward || **avant-bras** *nm (pl inv)* forearm || **avant-centre** *nm* centre forward || **avant-coureur** *adj* premonitory || **avant-dernier** *adj nm (f -ière)* last but one || **avant-garde** *nf* advanced guard; *(Art)* avant-garde || **avant-guerre** *nf* prewar (period) || **avant-hier** *adv* the day before yesterday || **avant-première** *nf (Ciné)* preview, *(Th)* dress rehearsal || **avant-propos** *nm* foreword || **avant-veille** *nf* two days before.

avantage [avɑ̃taʒ] *nm* **1** advantage; *l'~ de l'âge* the benefit of age; *~ en nature* perk **2** *il y a ~ à* it's best to; *tu aurais ~ à te taire* you'd better keep quiet || **avantager** *vt (1h)* favour; *cette coiffure l'avantage* this hairdo flatters her || **avantageux** *adj (f -euse)* **1** profitable, worthwhile **2** *(péj) prendre un air ~* *put on a superior air.

avare [avaʀ] *adj* miserly ◆ *nmf* miser || **avarice** *nf* miserliness, avarice.

avarie [avaʀi] *nf ~s* damage || **avarié** *adj (marchandise)* damaged; *(aliment)* gone bad/off, rotten.

avatar [avataʀ] *nm* **1** avatar, transformation **2** *~s* ups and downs, mishaps.

à vau-l'eau [avolo] *loc adv* *mes projets sont partis ~* my plans went down the drain.

avec [avɛk] *prép* **1** with; *~ joie* gladly; *~ soin* carefully; *(fam) ~ ça* besides **2** like; *~ vous, je pense que...* like you, I think that... **3** *comment se comporte-t-il ~ vous ?* how does he behave towards you? *il est gentil ~ moi* he's nice to me **4** *(dans un magasin) et ~ cela ?* anything else? **5** in spite of ◆ *adv (fam) vous devrez faire avec* you'll have to do with it.

avenant [avnã] *adj* pleasant ◆ *nm* **1** endorsement **2** additional clause **3** *loc adv à l'~* accordingly.

avènement [avɛnmã] *nm* accession; *(fig)* advent.

avenir [avniʀ] *nm* future; *à l'~* in future; *une carrière d'~* a career with good prospects.

aventure [avɑ̃tyʀ] *nf* **1** adventure; *à l'~* at random; *d'~* by chance **2** *la bonne ~* fortune-telling || **aventurer** *vt (1)* risk, venture || **s'aventurer** *vpr* venture || **aventureux** *adj (f -euse) (entreprise)* risky; *(personne)* adventurous || **aventurier** *nm (f -ière)* adventurer.

avenue [avny] *nf* avenue.

avéré [aveʀe] *adj* established || **s'avérer** *vpr (1c)* turn out, prove to be.

averse [avɛʀs] *nf* shower.

aversion [avɛʀsjɔ̃] *nf (pour)* aversion (to),

loathing (for); **prendre en ~** *take a dislike (to).

averti [avɛʀti] *adj* experienced; *(de)* warned (of) ‖ **avertir** *vt (2)* warn, notify ‖ **avertissement** *nm* **1** warning **2** reprimand ‖ **avertisseur** *nm* warning signal, buzzer; *(Aut)* horn; **~ d'incendie** fire alarm.

aveu [avø] *nm (pl* **-x)** confession; admission.

aveugle [avœgl] *adj* blind; *(fig)* unquestioning ◆ *nmf* a blind man/woman; **les ~s** the blind ‖ **aveuglement** *nm (fig)* blindness ‖ **aveuglément** *adv* blindly ‖ **aveugler** *vt (1)* blind ‖ **à l'aveuglette** *loc adv* blindly.

aviateur [avjatœʀ] *nm (f* **-trice)** airman/woman ‖ **aviation** *nf (Mil)* airforce; **compagnie d'~** airline.

avide [avid] *adj* **1** greedy **2 ~ de savoir** eager for knowledge ‖ **avidité** *nf* greed; eagerness; avidity.

avilir [aviliʀ] *vt (2)* degrade, depreciate.

avion [avjɔ̃] *nm* (air)plane, aircraft; **je voyagerai par ~** I'll take the/a plane/I'll fly; **~-cargo** air freighter; **~ à réaction** jet (plane); *(courrier)* **par ~** by airmail.

aviron [aviʀɔ̃] *nm* oar; *(sport)* rowing.

avis [avi] *nm* **1** opinion; **à mon ~** in my opinion; **je suis de votre ~** I agree with you; **il a changé d'~** he changed his mind **2 demander l'~ de qn** ask sb's advice **3** note, notice; notification; **jusqu'à nouvel ~** until further notice ‖ **avisé** *adj* shrewd; **bien ~** well-advised ‖ **aviser** *vt (1)* inform, notify ◆ *vi* decide; **il est temps d'~** it's time to take a decision ‖ **s'aviser** *vpr (de)* realize, *become aware of; **ne vous avisez surtout pas de parler!** don't you dare speak!

aviver [avive] *vt (1) (couleur)* brighten; *(passion)* stir up; *(douleur)* revive.

avocat[1] [avɔka] *nm (brit)* barrister, *(amér)* lawyer, attorney; *(fig)* advocate.

avocat[2] [avɔka] *nm (fruit)* avocado (pear).

avoine [avwan] *nf* oats.

avoir[1] [avwaʀ] *aux (14) (temps composés des v transitifs et de certains v intransitifs)* *have; **elle l'a déjà rencontré** she has already met him; **hier, il a lavé sa voiture** he washed his car yesterday; **il était déjà parti** he had already left; **il partira quand il aura fini** he'll go when he has finished; **tu aurais pu me prévenir** you could have warned me.

avoir[2] [avwaʀ] *copule (14)* **1** *(sentir, éprouver)* **avoir faim, soif** *be hungry, thirsty; **il a de la chance** he's lucky; **avoir le mal de mer** *be seasick; **j'ai la tête qui tourne** I feel dizzy; **il a les épinards en horreur** he can't stand spinach **2** *(devoir)* *have to; **j'ai à lui parler** I have to speak to him **3 n'~ qu'à...** the only thing to do

is...; **tu n'as qu'à partir si tu n'aimes pas ça** if you don't like it, why don't you leave?

avoir[3] [avwaʀ] *vt (14)* **1** *(posséder)* *have, own; have got; **ils ont deux fils** they have two sons; **elle a les yeux noirs** she has dark eyes; **j'ai une vieille voiture** I've got an old car; **il n'a pas le temps** he hasn't got (the) time **2** *(mesure)* **il a sept ans** he is seven (years old); **le salon a huit mètres de long** the living room is eight metres long **3** *(obtenir)* *get; **j'ai eu cette maison pour presque rien** I got/bought this house for a song; **elle a eu une lettre ce matin** she got/had a letter this morning **4** *(fam)* **avoir qn** *get the better of sb; **n'essaie pas de m'~!** don't try to con me!

avoir[4] [avwaʀ] *(loc)* **1 il y a** there is, there are; **il y en aura davantage** there will be more; **qu'est-ce qu'il y a?** what's the matter? *(fam)* what's up? **il est mort il y a cinq ans** he died five years ago; **combien y a-t-il jusqu'à la plage?** how far is it to the beach? **il n'y a pas de quoi rire** this is no laughing matter; **il n'y a qu'à lui demander** all there is to/all we have to do is ask him; **(en réponse à 'merci')** **il n'y a pas de quoi!** *(brit)* don't mention it! *(amér)* you're welcome! **2 il y en a qui aiment ça** there are people/some that like it; *(fam)* **quand il n'y en a plus, il y en a encore** it's endless, there's an endless supply of it **3 en avoir après/contre qn** *have/*hold a grudge against sb, have it in for sb **4 j'en ai pour cinq minutes** it'll take me five minutes; **il en aura pour 100 francs** it'll cost him 100 francs; **il en aura pour son argent** he'll get his money's worth **5 j'en ai assez** I've had enough *(fam)* I'm fed up.

avoir[5] [avwaʀ] *nm* **1** property **2** *(Com)* **doit et ~** debit and credit **3 ~s** assets.

avoisinant [avwazinɑ̃] *adj* neighbouring, nearby.

avortement [avɔʀtəmɑ̃] *nm* abortion; *(fig)* failure ‖ **avorter** *vi (1)* *have an abortion; *(aussi fig)* abort; *(fig)* fail ‖ **avorton** *nm (péj)* little runt.

avoué [avwe] *nm (vx) (approx) (brit)* solicitor, *(amér)* attorney.

avouer [avwe] *vt (1)* confess, admit ◆ *vi* confess, own up.

avril [avʀil] *nm* April; **poisson d'~!** April fool!

axe [aks] *nm (Tech)* axle, pin; *(Math)* axis; *(route)* main road ‖ **axer** *vt (1) (sur)* centre (on).

azalée [azale] *nf (Bot)* azalea.

azimut [azimyt] *nm* azimuth; *(fam)* **tous ~s** in all directions.

azote [azɔt] *nm* nitrogen.

azur [azyʀ] *nm* azure; **bleu d'~** sky blue.

azyme [azim] *adj* **pain ~** unleavened bread.

B

B,b [be] *nm (lettre)* B, b.

baba [baba] *nm (Cuis)* baba ◆ *adj (fam) (brit)* flabbergasted.

babiller [babije] *vi (1) (bébé, ruisseau)* babble.

babiole [babjɔl] *nf* trinket ; trifle.

babord [babɔʀ] *nm (Naut)* port(side).

babouin [babwɛ̃] *nm (Zool)* baboon.

bac[1] [bak] *nm* **1** ferry-boat **2** tank ; ~ *à glace* ice-tray.

bac[2] [bak] *nm (fam)* = **baccalauréat** *(Ens)* examen de fin d'études secondaires.

bâche [baʃ] *nf* canvas cover ; tarpaulin.

bachot [baʃo] *nm voir* **bac**[2] ‖ **bachoter** *vi (1) (brit)* swot ; cram (for an examination).

bacille [basil] *nm (fam)* germ ; *(Méd)* bacillus.

bâclé [bakle] *adj* slapdash ‖ **bâcler** *vt (1)* botch up.

bactérie [bakteʀi] *nf* bacterium *(pl* bacteria*)* ; *(fam)* germ.

badaud [bado] *adj nm* stroller, gawker.

baderne [badɛʀn] *nf (fam)* (old) stick-in-the-mud.

badge [badʒ] *nm* badge ; *(amér)* button ; *(police) (amér)* badge.

badigeon [badiʒɔ̃] *nm* wash, distemper ; *(Méd)* *faire un* ~ paint (a wound).

badine [badin] *nf* switch.

badiner [badine] *vi (1)* joke.

baffe [baf] *nf (fam)* slap, smack.

bafouer [bafwe] *vt (1)* ridicule ; *(loi)* flout.

bafouiller [bafuje] *vi (1) (fam)* splutter, stammer.

bâfrer [bɑfʀe] *vti (1) (fam)* guzzle.

bagage [bagaʒ] *nm* **1** bag, *(Mil) (brit)* kit ; ~s luggage, *(amér)* baggage ; *faire ses* ~s pack **2** *(fig)* knowledge ; qualifications.

bagarre [bagaʀ] *nf* brawl ‖ **se bagarrer** *vpr (1)* quarrel, brawl *(fig)* *fight ‖ **bagarreur** *nm (f* **-euse)** fighter.

bagatelle [bagatɛl] *nf* trifle.

bagnard [baɲaʀ] *nm* convict ‖ **bagne** *nm (peine)* hard labour, *(lieu)* penal colony ; *(fam) ce boulot, c'est le* ~ *!* this job's sheer hell!

bagnole [baɲɔl] *nf (fam)* car.

bagou(t) [bagu] *nm (fam)* glibness ; *il a du* ~ he has the gift of *(amér)* gab, *(brit)* the gab.

bague [bag] *nf* ring ; *(cigare)* band.

baguenauder [bagnode] *vi (1)* **se** ~ *vpr* mooch about/around.

baguette [bagɛt] *nf* **1** stick, switch ; ~ *magique* (magic) wand ; ~ *de chef d'orchestre* conductor's baton ; *ils mangent avec des* ~s they eat with chopsticks

2 *(fig) il mène son personnel à la* ~ he rules his staff with an iron rod.

bahut [bay] *nm* side-board ; *(fam)* school.

baie[1] [bɛ] *nf* **1** *(Géog)* bay, cove **2** *(Arch)* bay ; ~ *vitrée* picture window.

baie[2] [bɛ] *nf (Bot)* berry.

baignade [bɛɲad] *nf* bathe ; bathing place ‖ **baigner** *vt (1)* **1** bath ; *vous devez* ~ *ce chien* you must give this dog a bath **2** *(mer)* wash ; *(rivière)* water **3** *(aussi fig)* bathe ◆ *vi* steep, soak ; *(fam) ça baigne dans l'huile* everything is going like clockwork ‖ **se baigner** *vpr* **1** *(se laver)* *have a bath, *(amér)* bathe **2** *go for a swim, *have a bathe, *(brit)* bathe ‖ **baignoire** *nf* **1** bath(tub) **2** *(Th)* ground floor box.

bail [baj] *nm (pl* **baux)** lease ; *(fam) ça fait un* ~ *que j'attends* I've been waiting fo ages ‖ **bailleur** *nm (Com)* ~ *de fonds* (financial) backer.

bâiller [bɑje] *vi (1)* **1** yawn **2** *son co bâille* his collar is gaping ; *(porte)* *be ajar

bâillon [bɑjɔ̃] *nm* gag ‖ **bâillonner** *vt (1* gag.

bain [bɛ̃] *nm* **1** *(laver)* bath ; *prendre u* ~ have a bath, *(amér)* bathe ; ~ *de bou che* mouthwash **2** *(en mer, etc...)* swim bathe ; *maillot de* ~ swimsuit, *(amér* bathing suit ; *(homme)* trunks ; *prendre u* ~ *de soleil* sunbathe **3** *(fam fig) nou sommes dans le même* ~ we are in th same boat ; *être dans le* ~ *be implicate **4** *(Tech)* bath ‖ **bain-marie** *nm* doub boiler.

baïonnette [bajɔnɛt] *nf* bayonet.

baiser [beze] *nm* kiss ; *(lettre) bons* ~ lots of love ◆ *vt (1) (vx)* kiss ‖ *vti (vulg* screw, fuck ; *(tromper) il s'est fait* ~ h got screwed.

baisse [bɛs] *nf* fall, drop ; *(Fin) march à la* ~ bear market ‖ **baisser** *vt (* lower ; ~ *un store* pull a blind down ; ~ *les yeux* look down ; ~ *la tête* *bend dow one's head ; *(Aut)* ~ *ses phares* dip one headlights ; *(fig)* ~ *les bras* *give in/u *foncer tête baissée* rush (at/into) ◆ *vi* **1** *go down, *come down ; *la températu baisse* the temperature is droppir **2** weaken ‖ **se baisser** *vpr* stoop, *ben down!; *attention! baisse-toi!* look ou duck (your head)!

bal [bal] *nm (pl* **bals)** ball, dance ; ~ *co tumé* fancy dress ball ; *(lieu)* dance ha

balade [balad] *nf (fam)* walk, strol *(auto)* run ‖ **balader** *vt (1) (objet)* dra round ; *(personne)* *take sb for a stroll, run ‖ **se balader** *vpr* *go for a stroll

baladeur *nm* personal stereo ; Walkma ‖ **baladeuse** *nf* inspection lamp.

balafre [balafʀ] *nf* **1** slash, gash **2** *(cicatrice)* scar ‖ **balafrer** *vt (1)* slash ; scar.

balai [balɛ] *nm* **1** broom ; brush ; **~-brosse** long-handled scrubbing brush ; **~ mécanique** carpet-sweeper ; *donner un coup de ~* *give the floor a sweep ; (fig)* *make a clean sweep (of it) ; **manche à ~** broomstick ; *(fam Av)* joystick *(fam)* year.

balance [balɑ̃s] *nf* **1** *(domestique)* (pair of) scales ; *(laboratoire)* balance **2** *(Éco)* **~ commerciale** balance of trade **3** *(fig)* *faire pencher la ~* tip the scales ‖ **balancement** *nm* rocking, swaying, swinging ‖ **balancer** *vt (1h)* **1** *swing ; rock **2** *(fam)* *(jeter)* chuck /*fling (out) **3** *(fig)* *mon cœur balance* I'm in two minds (about it) **4** *(argot)* *(dénoncer)* squeal on, *(brit)* shop ‖ **se balancer** *vpr* **1** *swing ; (bateau)* rock ; *(mât)* sway **2** *(argot)* *je m'en balance !* I couldn't care less ! ‖ **balancier** *nm* *(pendule)* pendulum ‖ **balançoire** *nf* **1** swing **2** *(à pivot)* see-saw, *(amér)* teeter-totter.

balayage [balɛjaʒ] *nm* sweeping ; *(image TV)* scanning ‖ **balayer** *vt (1e)* **1** *(rue)* *sweep ; *(pièce)* *sweep (out) *(poussière)* *sweep up **2** *(fig)* *(objections)* brush/ *sweep away **3** *(image TV)* scan ‖ **balayette** *nf* handbrush ‖ **balayeur** *nm* *(-euse)* *(personne)* road-sweeper ‖ **balayeuse** *nf* *(machine)* road-sweeper ‖ **balayures** *nfpl inv* sweepings *pl inv.*

balbutiement [balbysimɑ̃] *nm* mumbling ; stammer(ing) ; *(fig)* *cette science en est encore à ses ~s* this science is still in its infancy ‖ **balbutier** *vti (1h)* mumble, stammer.

balcon [balkɔ̃] *nm* **1** balcony **2** *(Th)* *premier ~* dress circle ; *deuxième ~* upper circle.

baldaquin [baldakɛ̃] *nm* canopy ; *lit à ~* four-poster bed.

baleine [balɛn] *nf* **1** *(Zool)* whale ; *pêche à la ~* whaling **2** *(matière)* whalebone ; *(parapluie)* rib ‖ **baleinier** *nm* *(bateau)* whaler.

balise [baliz] *nf* *(Naut)* *(côtière)* beacon ; *(en mer)* marker buoy ; *(chemin)* signpost ; *(Av)* runway light ‖ **baliser** *(1)* *vt* mark out ; *(chemin)* signpost ; *(Av)* *piste balisée* flare-path.

balistique [balistik] *nf* ballistics *pl inv.*

baliverne [balivɛʀn] *nf* *(fam)* nonsense *s inv,* rubbish *s inv ; tu dis des ~s !* you're talking nonsense !

ballant [balɑ̃] *adj (bras, jambes)* dangling ◆ *n (câble)* slack ; *le chargement/la voiture a du ~* the luggage is loose/the car is top-heavy.

ballast [balast] *nm* ballast, *(amér)* roadbed.

balle [bal] *nf* **1** *(Sp)* ball ; **~ de tennis** tennis ball ; *jouer à la ~* play (with a) ball **2** *(fig)* *la ~ est dans votre camp !* it's up to you now ! *(fig)* *renvoyer la ~* return the compliment ; *j'ai pris la ~ au bond* I jumped at the chance **3** *(arme)* bullet ; **~ perdue** stray bullet **4** *(argot)* *dix ~s* ten francs **5** *(Com)* bale (of cotton...)

ballerine [balʀin] *nf* **1** *(personne)* ballerina ; ballet dancer **2** *(chaussure)* ballet shoe. ‖ **ballet** *nm* *(Th)* ballet.

ballon [balɔ̃] *nm* **1** *(Sp)* ball ; **~ de foot(ball)** football **2** *(baudruche)* balloon **3** *(Av)* **~ captif** captive balloon ; **~ dirigeable** airship **4** *(eau)* (water) tank **5** *(fig)* *lancer un ~ d'essai* *put out feelers ‖ **ballonner** *vti (1)* balloon, *swell (out).

ballot [balo] *nm* **1** bundle **2** *(Com)* bale **3** *(fam fig)* clot, nit(wit).

ballottage [balɔtaʒ] *nm* *(élections)* *il y a ~/ils sont en ~* there will be a second ballot.

ballotter [balɔte] *vti (1)* jolt ; roll about.

balnéaire [balneɛʀ] *adj* **station ~** *(mer)* seaside resort ; *(cure)* spa.

balourd [baluʀ] *nm* oaf, yokel ◆ *adj* awkward ; doltish ; oafish ‖ **balourdise** *nf* awkwardness ; *c'était une ~* that was a blunder.

balustrade [balystʀad] *nf* *(Arch)* balustrade ; *(garde-fou)* railing.

bambin [bɑ̃bɛ̃] *nm* *(fam)* kid, kiddy.

bambou [bɑ̃bu] *nm* *(Bot)* bamboo.

ban [bɑ̃] *nm* **1** round of applause ; *un ~ pour le vainqueur !* three cheers for the winner ! **2** *(loc)* *il fut mis au ~ de la société* he became a social outcast **3** *(mariage)* *publier les ~s* publish the banns.

banal [banal] *adj (mpl ~s)* **1** banal ; commonplace ; *c'est ~* it's nothing out of the ordinary **2** *(remarque)* trite ‖ **banaliser** *vt (1)* banalize ; *voiture banalisée* unmarked (police) car ‖ **banalité** *nf* banality ; *(remarque)* triteness ; *dire des ~s* *make trite remarks.

banane [banan] *nf* banana ‖ **bananier** *nm* banana tree.

banc [bɑ̃] *nm* **1** *(siège)* bench ; *(église)* pew **2** *(poissons)* shoal **3** *(sable)* bank **4** *(Tech)* **~ d'essai** test bench **5** *(Jur)* **~ des accusés** dock ; **~ des témoins** *(amér)* witness stand, *(brit)* witness box **6** *(Pol)* **~ des ministres** *(amér)* front bench.

bancaire [bɑ̃kɛʀ] *adj (Fin)* **opérations ~s** banking transactions ; **chèque ~** bank cheque *(amér)* check.

bancal [bɑ̃kal] *adj (mpl -s)* **1** *(personne)* bandy-legged ; unsteady **2** *(meubles)* rickety ; wobbly **3** *(raisonnement)* shaky.

bande[1] [bɑ̃d] *nf* **1** group ; band ; *ils font ~ à part* they keep themselves to themselves. **2** *(péj)* gang ; **~ d'idiots!** bunch of idiots!

bande[2] [bɑ̃d] *nf* **1** *(papier, tissu, terrain)* strip; *(pour envelopper)* wrapper; ~ **dessinée** strip cartoon **2** *(de couleur contrastée)* stripe **3** *(Méd)* bandage **4** *(Rad)* band **5** *(magnétophone/ -scope)* tape **6** *(Ciné)* ~ **sonore** sound track; ~ **annonce** trailer.

bandeau [bɑ̃do] *nm* *(tête)* headband; *(Méd)* head bandage; *(yeux)* blindfold.

bander [bɑ̃de] *vt* (1) **1** *(Méd)* bandage **2** blindfold; *il avait les yeux bandés* he was blindfolded **3** *(Sp)* *(arc)* bend; *(muscles)* flex **4** *(vulg)* *have an erection/ a hard on.

banderole [bɑ̃dʀɔl] *nf* banner; streamer.

bandit [bɑ̃di] *nm* **1** bandit **2** *(fig)* crook; swindler ‖ **banditisme** *nm* **1** armed robbery **2** *(fig) c'est du ~!* it's a swindle!

bandoulière [bɑ̃duljɛʀ] *nf* *(loc)* **en ~** (slung) over one's shoulder.

banlieue [bɑ̃ljø] *nf* suburb; *proche/ grande ~* inner/outer suburbs; *en ~* in the suburbs; *(Rail) train de ~* suburban/ commuter train ‖ **banlieusard** *nm* *(péj)* suburbanite; commuter.

bannière [banjɛʀ] *nf* banner.

bannir [baniʀ] *vt* (2) **1** *(Pol) (aussi fig)* banish **2** *(Jur)* ban, prohibit ‖ **bannissement** *nm* banishment.

banque [bɑ̃k] *nf* bank; ~ **de sang** blood bank; ~ **de données** data bank ‖ **banquier** *nm* banker ‖ **banqueroute** *nf* bankruptcy; *faire ~* *go bankrupt.

banquet [bɑ̃kɛ] *nm* banquet.

banquette [bɑ̃kɛt] *nf* bench.

banquise [bɑ̃kiz] *nf* icefield, icepack.

baptême [batɛm] *nm* **1** *(Rel)* baptism; christening; *nom de ~* Christian/first name **2** *(Naut)* launching **3** *(Av)* ~ **de l'air** first flight ‖ **baptiser** *vt* (1) **1** *(Rel)* baptize, christen **2** *(surnommer)* name; dub; nickname **3** *(vin)* water down.

baquet [bakɛ] *nm* tub.

bar[1] [baʀ] *nm* bar; pub.

bar[2] [baʀ] *nm* *(Zool)* bass.

baragouiner [baʀagwine] *vt* (1) *il baragouine le français* he speaks broken French.

baraque [baʀak] *nf* **1** hut; *(péj)* shack, shanty **2** *(foire)* stall; booth.

baraqué [baʀake] *adj* hefty, well-built.

baraquement [baʀakmɑ̃] *nm* hut, shack.

baratin [baʀatɛ̃] *nm* smooth talk; *(Com)* patter ‖ **baratiner** *vti* (1) *have a lot of patter; *(draguer)* chat up.

baratte [baʀat] *nf* churn.

barbant [baʀbɑ̃] *adj (fam)* boring; deadly.

barbare [baʀbaʀ] *adj* *(Hist)* barbarian; *(fig) traitement ~* barbaric/barbarous treatment ◆ *nmf* barbarian ‖ **barbarie** *nf* barbarity ‖ **barbarisme** *nm* barbarism.

barbe [baʀb] *nf* **1** beard; *il porte la ~*

he has a beard/he is bearded **2** stubble: *il a une ~ de huit jours* he hasn't shaved for a week **3** *(fig) il riait dans sa ~* he was laughing up his sleeve; *il l'a fait à la ~ de la police* he did it under the nose of the police; *(fam) vieille ~* old fogey; *(argot)* **la ~!/quelle ~!** what a bore/a drag! **4** *(confiserie)* ~ **à papa** *(brit)* candy floss/ *(amér)* cotton candy.

barbelé [baʀbəle] *adj fil de fer ~* barbed wire ◆ *nm* ~**s** barbed wire fencing.

barber [baʀbe] *vt* (1) *(fam)* bore (stiff) ‖ **se barber** *vpr (fam)* *be bored (stiff).

barbiturique [baʀbityʀik] *nm (Méd)* barbiturate.

barboter[1] [baʀbɔte] *vt* (1) *(voler) (fam)* *(à)* pinch (from).

barboter[2] [baʀbɔte] *vi* (1) *(baignade)* paddle. ‖ **barboteuse** *nf* a (pair of) romper(s).

barbouiller [baʀbuje] *vt* (1) *(péj)* **1** *(Art)* daub **2** *(gribouiller)* scrawl; scribble **3** *(= salir)* smear; *il a le visage barbouillé de confiture* he's got jam all over his face **4** *(fam fig) j'ai l'estomac barbouillé* I feel a bit queasy.

barbu [baʀby] *adj nm* bearded (man).

barda [baʀda] *nm (Mil) (aussi fig)* gear.

barder [baʀde] *vi* (1) *(loc) (fam) ça va ~!* there's going to be hell to pay! *ça a bardé (dispute)* sparks were flying; *(conflit armé)* all hell broke loose.

barème [baʀɛm] *nm* **1** *(Com)* price list **2** ~ **des salaires** wage scale.

baril [baʀil] *nm* drum; *(pétrole)* barrel; *(poudre)* keg ‖ **barillet** *nm (revolver)* cylinder.

bariolé [baʀjɔle] *adj* bright-coloured; *(péj)* gaudy.

baromètre [baʀɔmɛtʀ] *nm* barometer.

baroque [baʀɔk] *adj* **1** *(Arch)* baroque **2** *(fam)* odd; quaint; weird.

baroud [baʀud] *nm (loc)* ~ **d'honneur** last stand ‖ **baroudeur** *nm (fam Mil)* scrapper.

barque [baʀk] *nf* small boat *(sans pont)*; *il a bien mené sa ~* he's made his way in the world.

barrage [baʀaʒ] *nm* **1** *(eau)* dam; weir **2** *(route)* (police) roadblock **3** *(loc) faire ~ à* block.

barre [baʀ] *nf* **1** *(métal)* bar; ~ **d'appui** (window) rail; ~ **à mine** crowbar **2** *(Naut)* *(aussi fig)* helm; *tenir la ~* *be at the helm **3** *(Jur)* ~ **des témoins** *(amér)* witness stand/ *(brit)* witness box; *comparaître à la ~* appear as a witness **4** *(Sp)* ~ **fixe** horizontal bar **5** *(fig) c'était un coup de ~* I had to pay through the nose; *j'ai le coup de ~* I'm dead tired/I'm all in.

barreau [baʀo] *nm* **1** *(échelle)* rung; *(cage)* bar **2** *(Jur)* être inscrit au ~ *(brit)*

*be called to the Bar, *(amér)* *become a lawyer.

barrer [baʀe] *vt (1)* **1** *(porte)* bar; *(route)* block; *(fig) il m'a barré la route* he blocked my path **2** *(Naut)* steer (a boat) **3** ~ *un chèque* cross a cheque **4** *(fam) on se barre!* let's clear off!

barrette [baʀɛt] *nf* **1** *(Rel)* biretta **2** *(cheveux) (amér)* clip, *(brit)* slide.

barreur [baʀœʀ] *nm* helmsman; *(aviron)* cox.

barricade [baʀikad] *nf* barricade ‖ **barricader** *vt (1)* barricade.

barrière [baʀjɛʀ] *nf* **1** *(clôture)* fence **2** *(portail)* gate **3** *(fig)* barrier.

barrique [baʀik] *nf* barrel, cask.

barrir [baʀiʀ] *vi* trumpet.

bas[1] [ba] *(f* **basse**) *adj* low; *à voix basse* in an undertone; *en* ~ *âge* very young; *je l'ai eu à* ~ *prix* I got it cheap; *(boucherie)* ~ *morceaux* cheap cuts; *(ville)* ~ *quartiers* seedy areas; *à marée basse* at low tide; *au* ~ *mot* at the very least ◆ *adv (Zool)* **mettre** ~ *give birth; *parle plus* ~ ! lower your voice! ~ *les pattes!* *(chien)* down! *(fig)* (get your) paws off! *il m'a mis plus* ~ *que terre* he treated me like dirt; *à* ~ *la magouille!* down with graft! ◆ *nm* bottom; *de haut en* ~ from top to bottom; *en* ~ down below; downstairs; *en* ~ *de l'échelle* at the bottom of the ladder; *(fig) j'ai connu des hauts et des* ~ I've had my ups and downs.

bas[2] [ba] *nm* stocking; *(fig)* ~ *de laine* nest egg.

bas-côté [bakote] *nm* **1** *(route)* verge **2** *(église)* side-aisle.

basané [bazane] *adj* darkskinned; *(péj)* swarthy.

bascule [baskyl] *nf* weighing machine; *fauteuil à* ~ rocking chair.

basculer [baskyle] *vi (1)* topple (over); *faire* ~ *un chargement* tip (out/up) a load.

base [baz] *nf* **1** *(Mil)* base; ~ *de lancement* launching pad **2** *(Ch)* base **3** *(abstractions)* basis; *principes de* ~ basic principles; *(Ens) il a de bonnes* ~*s en physique* he's got a good grounding in physics **4** *(Pol) la* ~ the rank and file **5** *(loc) à la* ~ at the basis/root; *jeter les* ~*s* *lay the foundations.

base-ball [bɛzbol] *nm (Sp)* baseball.

baser [baze] *vt (1)* base; *je me base sur ce que je sais* I'm going on what I know.

bas-fond [baf5] *nm (mer)* shallows *pl inv* ‖ **bas-fonds** *npl inv (fig)* dregs *pl inv* (of society).

basilic [bazilik] *nm (Bot)* basil.

basilique [bazilik] *nf (Rel)* basilica.

basket [basket] *nm (Sp)* basketball ‖ **basketteur** *nm (f* **-euse**) basketball player ‖

baskets *npl inv (amér)* sneakers, tennis shoes/ *(brit)* trainers.

basse[1] [bas] *nf (Mus)* bass.

basse[2] [bas] *adj voir* **bas**[1] ‖ **basse-cour** *nf* farmyard. ‖ **bassement** *adv (fig)* basely, meanly ‖ **bassesse** *nf* **1** servility *il est prêt à toutes les* ~*s* he's ready to grovel/kowtow to anyone **2** baseness, meanness.

bassin [basɛ̃] *nm* **1** ornamental lake **2** *(fontaine)* basin **3** *(piscine) grand* ~ deep pool **3** *(Naut)* dock **4** *(Géog)* basin; ~ *houiller* coalfield **5** *(Anat)* pelvis **6** *(Méd)* bedpan.

bassine [basin] *nf* basin; bowl.

bassiner [basine] *vt (1)* bug, pester.

basson [bas5] *nm (Mus)* **1** *(instrument)* bassoon **2** *(personne)* bassoonist.

bastingage [bastɛ̃gaʒ] *nm (Naut)* rail.

bât [ba] *nm* packsaddle; *(loc) c'est là que le* ~ *blesse!* that's where the shoe pinches!

bataclan [bataklɑ̃] *nm (fam)* paraphernalia; *et tout le* ~ and the whole caboodle.

bataille [bataj] *nf* battle; ~ *rangée* pitched battle; *au plus fort de la* ~ in the thick of the fight; *(loc fig) il a les cheveux en* ~ his hair is all tousled ‖ **batailler** *vi (1)* *fight ‖ **batailleur** *(f* **-euse**) *adj il est très* ~ he's always ready for a fight ‖ **bataillon** *nm (Mil)* battalion.

bâtard [bataʀ] *adj nm* bastard; *(chien)* mongrel.

bateau [bato] *nm* boat; ~ *à voile* sailing boat; *faire du* ~ *go boating/sailing; ~ *-citerne* tanker; ~ *de sauvetage* lifeboat; ~ *à vapeur* steamer.

bateleur [batlœʀ] *nm (f* **-euse**) juggler, tumbler.

bâti [bati] *pp de* **bâtir** ◆ *adj (bâtiment, personne) être bien/mal* ~ *be well/badly built ◆ *nm (Tech)* frame(work); *(couture)* basting, tacking.

batifoler [batifɔle] *vi (1)* fool around.

bâtiment [batimɑ̃] *nm* **1** building; *industrie du* ~ building industry **2** *(Naut)* ship ‖ **bâtir** *vt (2)* **1** *build; *terrain à* ~ building site **2** *(couture)* baste, tack ‖ **bâtisse** *nf (souvent péj)* building; (great) pile ‖ **bâtisseur** *nm (f* **-euse**) builder.

bâton [batɔ̃] *nm* stick; *(fig) mener une vie de* ~ *de chaise* *lead a loose life; *tu lui as mis des* ~*s dans les roues!* you've put a spoke in his wheel! *parler à* ~*s rompus* talk about this and that.

battage [bataʒ] *nm* publicity; *faire du* ~ *autour de qch (fam)* hype/plug/push sth.

battant [batɑ̃] *nm* **1** *(cloche)* clapper, tongue **2** *(table)* flap; *porte à double* ~ double door **3** *(personne)* fighter ◆ *adj par une pluie* ~*e* in pouring rain; *tambour* ~ at the double ‖ **battement** *nm*

1 *(aile, cœur, pluie)* beating; *(paupières)* blinking **2** *(attente)* **il y a un ~ de 5 minutes** we have 5 minutes to wait ‖ **batterie** *nf* **1** *(Mil)* battery; **dévoiler ses ~s** *show one's hand 2 (Mus)* drums; tympani **3** *(Cuis)* set of pots and pans **4** *(El)* battery ‖ **batteur** *nm* **1** *(Cuis)* whisk **2** *(Mus)* drummer ‖ **batteuse** *nf* *(Ag)* thresher ‖ **battre** *vti* (28) **1** *beat; son cœur battait (la chamade)* her heart was beating (madly); **~ des mains** clap (one's hands); **~ du pied** stamp (one's foot); *(oiseau)* **~ des ailes** beat/flap its wings; **2** *(Sp)* **il s'est fait ~ (à plate couture)** he was beaten (hollow) **3** *(porte)* bang **4** *(Ag)* *(blé...)* thresh **5** *(Cuis)* *(œufs)* *beat, whisk; (crème)* whip; *(beurre)* churn **6** *(Mus)* **~ la mesure** *beat (out the) time* **7** *(cartes)* shuffle **8** *(loc)* **il bat de l'aile** he's in a bad/ poor way; *(fig)* **~ le fer pendant qu'il est chaud** *strike while the iron is hot; ~ pavillon français* *fly the French flag; ~ en retraite* *beat a retreat; ~ en brèche un argument* demolish an argument; *son esprit bat la campagne* his mind is wandering **9** *(loc)* **elle m'a battu froid** she snubbed me/gave me the cold shoulder; *la fête battait son plein* the party was in full swing; **~ monnaie** mint/*strike coins ‖ se battre* *vpr* *fight; ils se battent comme des chiffonniers* they fight like cat(s) and dog(s) ‖ **battu** *pp* de **battre ♦** *adj* **il a les yeux ~s** he's got rings round his eyes; *(aussi fig)* **hors des sentiers ~s** off the beaten track ‖ **battue** *nf* *(chasse)* beat.

baume [bom] *nm* balm.

baux [bo] *pl* de **bail**.

bavard [bavar] *adj* talkative **♦** *nm* chatterbox ‖ **bavardage** *nm* **1** chatter(ing) **2** *(péj)* gossip(ing) ‖ **bavarder** *vi* (1) **1** chat; chatter **2** *(péj)* gossip.

bave [bav] *nf* dribble; slaver; *(escargot)* slime ‖ **baver** *vi* (1) dribble; slaver; slobber; *(chien enragé)* *(aussi fig)* foam at the mouth; *(fig)* **en ~** *have a rough/tough time of it ‖ bavette* *nf* **1** *(bébé)* bib **2** *(Cuis)* top of the sirloin ‖ **baveux** *(f -euse)* *adj* dribbling; slavering; *(omelette)* runny ‖ **bavoir** *nm* *(bébé)* bib ‖ **bavure** *nf* *(fam péj)* *(erreur)* blunder.

bazar [bazar] *nm* **1** general store **2** *(fig)* **tout ton ~** all your gear/ *(brit)* clobber; **quel ~!** what a mess! **tout le ~** the whole caboodle ‖ **bazarder** *vt* (1) *(fam)* chuck out.

béant [beã] *adj* gaping; *(fig)* yawning.

béat [bea] *adj* **1** blissful **2** *(péj)* complacent; smug ‖ **béatitude** *nf* **1** *(Rel)* beatitude **2** bliss.

beau [bo] *adj* *(devant voyelle ou h muet* **bel**; *mpl* **beaux**; *f* **belle**) **1** *(personnes)* good-looking; *(homme)* handsome; *(femme)* beautiful, lovely **2** *(choses)* beau-

tiful; **il fait ~** the weather is fine; **il a eu une belle vie/mort** he had a fine life/a good death **3** *(loc)* **les beaux-arts** the fine arts; **elle fait les Beaux-Arts** she's at Art School; **puis, un ~ jour elle est partie!** then, one fine day, off she went! **c'était trop ~ pour être vrai** it was too good to be true; **je refuse de faire ça pour ses beaux yeux!** I'm not going to do that just to please her! **cela s'est passé il y a belle lurette** it happened ages ago; **coucher à la belle étoile** *sleep out in the open (air); il est ~ parleur* he's got a glib/smooth tongue; **c'est la belle vie!** this is the life (for me)! **on est dans un ~ pétrin** we're in a real mess; **j'avais ~ faire...** however much I tried...; **on a ~ dire...** you can say what you like...; **on l'a échappé belle** we had a narrow escape; it was a close shave; **il a ri de plus belle** he laughed all the more; **c'était bel et bien vrai** it really was true; **ça me fait une belle jambe!** that's not much help (to me)! *(fam)* **la belle affaire!** so what! **♦** *nm* **le temps est au ~ fixe** the weather is set fair; *(chien)* **faire le ~** *sit up and beg; c'est du ~!* what a thing to do! **le plus ~ (de l'histoire), c'est...** the best of it is that...

beaucoup [boku] *adv* *quant* many; much; a lot; *(fam)* lots; **ils se sont donné ~ de mal** they went to a great deal of trouble; **il y avait ~ d'experts** there were a great number of experts; **~ d'entre nous** (a great) many of us; **il voyage ~** he travels a lot; **il travaille ~** he works hard; **c'est ~ trop facile** it's far/much too easy **♦** *(loc)* far, much; **il est de ~ le meilleur** he is (by) far the best; **je la préfère de ~** I much prefer her **♦** *pr* **il y a ~ à faire** there's a lot to be done; **c'est déjà ~** it's not bad at that.

beau-fils [bofis] *nm* *(pl* **beaux-fils**) **1** son-in-law **2** *(remariage)* stepson ‖ **beau-frère** *nm* *(pl* **beaux-frères**) brother-in-law ‖ **beau-père** *nm* *(pl* **beaux-pères**) **1** father-in-law **2** *(remariage)* stepfather ‖ **beaux-parents** *nmpl* parents-in-law; *(fam)* in-laws.

beauté [bote] *nf* **1** beauty; loveliness; *(personnes)* good looks; **institut de ~** beauty parlo(u)r; **le paysage est de toute ~** the countryside is wonderful **2** *(loc)* **je vais me (re)faire une ~** I'm going to do myself up; **il a fini en ~** he made a brilliant finish.

bébé [bebe] *nm* *inv* baby; **~-éprouvette** test-tube baby; **elle est encore très ~** she's still very babyish.

bec [bɛk] *nm* **1** *(oiseau)* beak, bill; *(bouilloire, théière...)* spout; *(instruments de musique)* mouthpiece **2** *(loc)* **je suis resté le ~ dans l'eau** I was left high and dry; *(fam)* **je vais lui clouer le ~!** I'll soon

shut him up; *(fam)* **je suis tombé sur un
~** it was no go.

bécane [bekan] *nf (fam)* bike.

bécarre [bekaʀ] *nm (Mus)* natural.

bécasse [bekas] *nf (Orn)* woodcock;
(personne) (silly) goose.

bec-de-lièvre [bɛkdəljevʀ] *nm (Anat)*
harelip.

bêche [bɛʃ] *nf* spade || **bêcher** *vt (1)* *dig
|| **bêcheur** *adj & nm (f -euse) (fam)*
stuck-up (person).

bécoter [bekɔte] *vt (1) (aussi fig)* bill and
coo.

becquée [beke] *nf (oiseau)* beakful;
(enfant) **donner la ~ à un enfant** *feed
a baby || **becqueter** *vi (1c) (fam)* *feed.

bedaine [bədɛn] *nf (péj)* paunch.

bédé [bede] *nm (fam)* (ab de **bande
dessinée**) comic strip; strip cartoon.

bedeau [bədo] *nm (pl -eaux) (Rel)*
verger.

bedonnant [bədɔnɑ̃] *adj* portly.

bée [be] *adj (loc)* **je suis resté bouche ~**
I was left open-mouthed.

beffroi [befʀwa] *nm* belfry.

bégaiement [begemɑ̃] *nm* stammer(ing);
stutter(ing); **bégayer** *vti (1e)* stammer;
stutter || **bègue** *adj* **il est ~** he has a
stammer.

bégueule [begœl] *adj* prudish ◆ *nmf*
prude.

béguin [begɛ̃] *nm (loc fam)* **il a le ~ pour
elle** he's got a crush on her.

beignet [bɛɲɛ] *nm (Cuis)* fritter; dough-
nut.

bel [bɛl] *voir* **beau**.

bêlement [bɛlmɑ̃] *nm (aussi fig)* bleating.
|| **bêler** *vi (1) (Zool)* bleat.

belette [bəlɛt] *nf (Zool)* weasel.

bélier [belje] *nm* **1** *(Zool)* ram **2** *(Mil)*
battering ram **3** *(zodiaque)* Aries.

belle[1] [bɛl] *nf* **1** *(Sp)* deciding match; **ils
ont perdu la ~** they lost in the third game
2 *(loc)* **le prisonnier s'est fait la ~** the
prisoner did a bunk; **il en a fait de ~s!**
he was no better than he should have been!

belle[2] [bɛl] *adj voir* **beau** || **belle-fille**
nf (pl belles-filles) **1** daughter-in-law
2 *(remariage)* stepdaughter || **belle-mère**
nf (pl belles-mères) **1** mother-in-law
2 *(remariage)* stepmother.

belligérant [beliʒeʀɑ̃] *adj nm* belli-
gerent.

belliqueux [belikø] *adj (f -euse)* warlike; **il est d'humeur belliqueuse** he's itching for a fight.

belvédère [belvedeʀ] *nm* belvedere;
viewpoint.

bémol [bemɔl] *nm (Mus)* flat.

bénédiction [benediksjɔ̃] *nf* blessing.

bénéfice [benefis] *nm* **1** *(Com)* profit
2 benefit; **au ~ des sans-logis** for the

benefit of the homeless **3** *(Rel)* living || **bé-
néficiaire** *nmf* beneficiary || **bénéficier** *vi
(1h) (de)* **1** benefit (from) **2** *have; **nous
bénéficions d'un bon climat** we enjoy a
good climate; **il bénéficiera d'une retraite**
he will be entitled to a pension || **béné-
fique** *adj* beneficial.

benêt [bənɛ] *nm* simpleton.

bénévolat [benevɔla] *nm* voluntary
work; charity || **bénévole** *adj* voluntary,
unpaid || **bénévolement** *adv* voluntarily,
unpaid.

bénin [benɛ̃] *adj (f bénigne)* **1** *(Méd)*
tumeur bénigne benign tumour **2 incident
~** minor incident.

bénir [beniʀ] *vt (2)* bless; *(que)* **Dieu vous
bénisse!** God bless you! || **bénit** *adj* **eau
~e** holy water; **pain ~** consecrated wafer
|| **bénitier** *nm (Rel)* (holy water) font.

benjamin [bɛ̃ʒamɛ̃] *nm* youngest child.

benne [bɛn] *nf* **1** skip; **camion à ~
basculante** tip-truck **2** *(grue)* scoop
3 *(téléphérique)* cable-car.

béotien [beɔsjɛ̃] *nm (f -ienne)* philistine.

béquille [bekij] *nf* **1** *(infirme)* crutch
2 *(moto)* stand.

bercail [bɛʀkaj] *nm (aussi fig)* fold.

berceau [bɛʀso] *nm (pl -x)* **1** cradle; cot
2 *(Rel)* crib **3** *(Hort)* arbour **4** *(fig)* birth-
place || **bercer** *vti (1h)* rock; *(fig)* **se ~
d'illusions** delude oneself || **berceuse** *nf*
cradle-song; lullaby.

berge [bɛʀʒ] *nf (fleuve, talus)* bank.

berger [bɛʀʒe] *nm* shepherd; **chien de ~**
sheep-dog; **l'étoile du ~** the North star ||
bergère *nf* **1** shepherdess **2** easy-chair ||
bergerie *nf* sheepfold.

berline [bɛʀlin] *nf* **1** *(mine)* truck **2** *(Aut)
(brit)* saloon, *(amer)* sedan.

berlingot [bɛʀlɛ̃go] *nm* **1** *(confiserie)*
boiled sweet **2** *(emballage)* carton.

berlue [bɛʀly] *nf (loc)* **j'ai la ~!** I must
be seeing things!

bernard-l'hermite [bɛʀnaʀlɛʀmit] *nm
(pl inv) (Zool)* hermit-crab.

berne [bɛʀn] *nf (loc)* **pavillon en ~** flag
(hung) at half-mast.

berner [bɛʀne] *vt (1)* fool.

bernique [bɛʀnik] *nf* **1** *(Zool)* limpet
2 *(excl fam)* no go! nothing doing!

besogne [bəzɔɲ] *nf* task; *(fam)* job; **se
mettre à la ~** *get down to work; **il va
vite en ~** he wastes no time || **besogneux**
adj (f -euse) hard-working.

besoin [bəzwɛ̃] *nm* need; **j'ai ~ de toi**
I need you; **tu as ~ de maigrir** you need
to lose weight; **ai-je /est-il ~ de rappeler...?** need I remind you...? **dans le ~**
in need/in want; **au ~/si ~ est** if need
be.

bestial [bɛstjal] *adj (pl -aux)* bestial ||
bestialité *nf* bestiality || **bestiaux** *nmpl*

inv livestock *s inv*; *(bovins)* cattle *pl inv* || **bestiole** *nf* tiny insect.

bétail [betaj] *nms inv (Ag)* livestock *s inv*; *gros* ~ cattle *pl inv*

bête[1] [bɛt] *nf inv* **1** *(aussi Ag)* animal; *(péj)* beast; ~ *sauvage* wild animal/beast; ~ *à cornes* horned animal; ~ *de somme* pack animal; *(fig)* beast of burden **2** bug, insect; ~ *à bon dieu* ladybird/ *(amér)* ladybug **3** *(fig) il cherche toujours la petite* ~ he's always nit-picking; *c'est ma* ~ *noire* I just can't stand her/him/it.

bête[2] [bɛt] *adj* stupid; foolish; *je ne suis pas si* ~ *!* I'm not so silly/such a fool; *il est* ~ *comme ses pieds* he's dead from the neck up; *ne fais pas la* ~ *!* don't act stupid; *c'est* ~ *comme chou* it's dead simple/ there's nothing to it || **bêtise** *nf* stupidity; *j'ai fait une* ~ I've made a fool of myself; *j'ai fait la* ~ *de...* I was silly enough to...; *tu dis des* ~*s* you're talking nonsense.

béton [betɔ̃] *nm* concrete; ~ *armé* reinforced concrete; *(fig) alibi en* ~ cast iron alibi || **bétonner** *vt* (1) *build up* || **bétonnière** *nf* concrete-mixer.

betterave [bɛtʀav] *nf* beet(root); ~ *à sucre* sugar beet.

beugler [bøgle] *vi* (1) *(taureau)* bellow; *(vache)* low, moo; *(personne)* bellow; *(haut-parleur)* blare || **beuglement** *nm* bellow(ing); lowing; moo(ing); blaring.

beurre [bœʀ] *nm* **1** butter; *(Cuis) fait au* ~ cooked in butter; ~ *noir* brown butter sauce; ~ *d'anchois* anchovy paste **2** *(fig) œil au* ~ *noir* black eye; *il a fait son* ~ he's feathered his nest; *on ne peut avoir le* ~ *et le prix du beurre* you can't have your cake and eat it; *cela mettra du* ~ *dans les épinards* that will butter our parsnips || **beurrer** *vt* (1) butter || **beurrier** *nm* butter dish.

beuverie [bœvʀi] *nf* drinking bout.

bévue [bevy] *nf* blunder.

biais [bjɛ] *nm* **1** expedient; *par le* ~ *de...* by means of **2** angle; *regarder de* ~ look sideways; *(couture) coupé de* ~ cut on the cross || **biaiser** *vi* (1) prevaricate; evade the issue.

bibelot [biblo] *nm* trinket; curio.

biberon [bibʀɔ̃] *nm* baby's (feeding) bottle; *nourrir au* ~ *bottle-feed.

bible [bibl] *nf* bible.

bibliobus [biblijɔbys] *nm* mobile library || **bibliographe** *nmf* bibliographer || **bibliographie** *nf* bibliography || **bibliomane/ bibliophile** *nmf* bibliophile, booklover || **bibliothécaire** *nmf* librarian || **bibliothèque** *nf (collection, salle)* library; *(aéroport, gare)* bookstall; *(meuble)* bookcase.

biblique [biblik] *adj* biblical.

biche [biʃ] *nf (Zoo)* doe; *(fig) ma* ~ darling.

bicoque [bikɔk] *nf (péj)* shack, shanty.

bicyclette [bisiklɛt] *nf* bicycle; *faire de la* ~ *go cycling.

bide [bid] *nm (fam)* belly; *(Th) ça a fait un* ~ it was a flop.

bidon [bidɔ̃] *nm* **1** can, tin; *(contenance accrue)* drum **2** *(fig) c'est du* ~ it's a lot of eyewash ◆ *adj inv* phoney || **bidonville** *nm* shantytown.

bidule [bidyl] *nm (fam)* thingumabob.

bielle [bjɛl] *nf (Tech)* connecting rod.

bien [bjɛ̃] *adj inv* **1** *(aspect) elle est* ~ she is good-looking **2** *(santé) je ne suis pas/ne me sens pas* ~ I don't feel well **3** *(confort)* happy; *je suis/me sens* ~ *dans cette maison* I feel at home here **4** *(moral) ce sont des gens* ~ they are respectable people; *ce n'est pas* ~ *de ta part de faire cela !* it's not nice of you to do that! **5** *(entente) elle n'est plus aussi* ~ *avec eux* she's fallen out with them **6** *(loc) il ne sait pas quand il est* ~ he doesn't know when he is lucky/well-off; *essaie de te mettre* ~ *avec elle* try to get on her good side; *(fam) maintenant nous voilà* ~ *!* we're in a nice pickle now!

◆ *adv* **1** well; *tout va* ~ everything is going well/all right; *je vais* ~ I am well/fit; *elle parle* ~ *anglais* she speaks good English; *tu as* ~ *fait de...* you did/were right to...; *la fenêtre ne ferme pas* ~ the window doesn't shut properly; *elle s'y est* ~ *prise* she set about it in the proper way; *écoute* ~ *!* listen carefully/closely; *est-ce* ~ *clair ?* is that quite clear; *c'est* ~ *fait pour toi !* it serves you right! **2** *(+ adj) c'est* ~ *triste* it's very sad **3** *(+ comp) c'est* ~ *mieux* that's far/much better; *c'est* ~ *moins bon* it's not nearly so good **4** *(sens emphatique) c'est* ~ *lui que j'ai vu* he's definitely the man I saw; *était-ce* ~ *le même ?* are you quite sure it's the same one? *elle peut très* ~ *gagner* she may very easily/well win; *je pense* ~/*j'espère* ~ *!* I should think so/hope so! *je partirais* ~ *en vacances* I'd be only too glad to go off on holiday; ~ *sûr* of course; *où ai-je* ~ *pu laisser mes lunettes ?* where on earth can I have left my glasses? *c'est* ~ *de moi de faire ça !* it's just like me to do that! *c'est* ~ *fait pour toi !* it serves you right! *j'y arriverai tant* ~ *que mal* I'll manage somehow (or other).

◆ *conj loc* ~ *que* (al)though; *si* ~ *que* so that/with the result that; *ou* ~ or else.

◆ *excl (très)* ~ *!* (very) good! well done!

◆ *nm* **1** *(valeur morale)* good; *faire le* ~/*le mal* do good/evil; *cela lui fera du* ~ it will do him good; *on dit du* ~ *d'elle* she is very highly spoken of; *c'est un homme de* ~ he's a man of honour **2** *(sens ma-*

tériel) property; *(Com)* goods *pl inv*; ~s *de consommation* consumer goods; *(Jur)* (real and personal) estate; *il a laissé tous ses* ~s *à sa fille* he left all he possessed to his daughter || **bien-être** *nm* well-being || **bienfaisance** *nf* charity || **bienfaisant** *adj (chose)* beneficial; *(personne)* charitable || **bienfait** *nm* 1 (act of) kindness 2 benefit; *je ressens le* ~ *du traitement* I feel the beneficial effects/benefit of the treatment || **bienfaiteur** *nm* benefactor || **bienfaitrice** *nf* benefactress || **bienheureux** *adj (f* **-euse)** 1 blissful 2 *(Rel) les* ~ the Blest || **bienséance** *nf* decorum, propriety.

biennal [bjenal] *adj (mpl* **-aux)** biennial, two-yearly || **biennale** *nf* two-yearly event.

bienséant [bjɛ̃seɑ̃] *adj* becoming, proper.

bientôt [bjɛ̃to] *adv* soon; *à* ~ *!* see you (soon)!

bienveillance [bjɛ̃vɛjɑ̃s] *nf* kindness || **bienveillant** *adj* kindly || **bienvenu** *nm (loc) soyez les* ~s*!* welcome! || **bienvenue** *nf* welcome; *je vous souhaite la* ~ *en France!* (I wish you) welcome to France!

bière[1] [bjɛʀ] *nf* beer; ~ *blonde* lager; ~ *pression* draught/ *(amér)* draft beer.

bière[2] [bjɛʀ] *nf* coffin.

biffer [bife] *vt (1)* cross out.

biftek [biftɛk] *nm* (beef)steak.

bifurcation [bifyʀkasjɔ̃] *nf* fork || **bifurquer** *vi (1)* branch (off); ~ *sur la droite* *bear right.

bigame [bigam] *adj* bigamous.

bigarré [bigaʀe] *adj* many-coloured.

bigorneau [bigɔʀno] *nm (pl* **-x)** *(Zool)* winkle.

bigot [bigo] *nm (Rel)* bigot ◆ *adj* bigoted.

bigoudi [bigudi] *nm* (hair-)curler.

bijou [biʒu] *nm (pl* **-x)** jewel; *(fig)* gem || **bijouterie** *nf* 1 jewellery *s inv*, jewels *pl* 2 jeweller's (shop) || **bijoutier** *nm (f* **-ière)** jeweller.

bilan [bilɑ̃] *nm* 1 *(Fin)* balance sheet; *déposer son* ~ *go bankrupt; *(aussi fig) faire le* ~ *de...* *take stock of, assess 2 *(fig)* result; *le* ~ *des accidents de la route* the toll taken by road accidents 3 *(fig)* assessment; *(Méd)* check-up.

bile [bil] *nf (Anat)* bile; *(fam fig) ne te fais pas de* ~ *!* don't worry!

bilingue [bilɛ̃g] *adj* bilingual || **bilinguisme** *nm* bilingualism.

billard [bijaʀ] *n* 1 billiards *pl inv*; *jouer au* ~ play billiards; *si l'on faisait un* ~ *?* what about a game of billiards? *(fig) c'est du* ~ *!* it's dead easy! 2 billiard table; *(fam fig) passer sur le* ~ *have an op(eration).

bille [bij] *nf* 1 billiard ball 2 marble; *jouer*

aux ~s play marbles; *(fig) je retire mes* ~s I'm pulling out.

billet [bijɛ] *nm* 1 ticket; ~ *aller* single (ticket); ~ *aller et retour (amér)* round-trip/ *(brit)* return ticket 2 ~ *de banque (amér)* bill/ *(brit)* (bank)note 3 ~ *doux* love letter.

billot [bijo] *nm (exécution)* block.

bimensuel [bimɑ̃sɥɛl] *adj (f* **-elle)** twice-monthly.

bimoteur [bimɔtœʀ] *adj inv & nm (Av)* twin-engined (plane).

biner [bine] *vt (1) (Hort)* hoe || **binette** *nf* 1 hoe 2 *(fam) (figure)* dial, mug.

biochimie [bjɔʃimi] *nf* biochemistry || **biochimiste** *nmf* biochemist || **biodégradable** *adj* biodegradable || **biographe** *nmf* biographer || **biographie** *nf* biography || **biographique** *adj* biographical || **biologie** *nf* biology || **biologique** *adj* biological || **biologiste** *nmf* biologist || **biopsie** *nf* biopsy.

bique [bik] *nf* nanny-goat || **biquet** *nm (f* **-ette)** *(Zool)* kid.

biréacteur [biʀeaktœʀ] *nm (Av)* twin-engined jet.

bis[1] [bi] *adj* greyish brown; *pain* ~ brown bread.

bis[2] [bis] *adv (numéro)* 5 ~ 5 a ◆ *excl (Th)* ~ *!* encore! ◆ *n* bis; *jouer en* ~ play as an encore.

bisaïeul [bizajœl] *nm (f* **-e)** *(lit)* ~s great-grandparents.

bisbille [bisbij] *loc être en* ~ *avec qn* *be on bad terms with sb.

biscornu [biskɔʀny] *adj (forme)* crooked; *(idées)* cranky; far-fetched; *(caractère)* crotchety.

biscotte [biskɔt] *nf (brit)* rusk, *(amér)* zwieback.

biscuit [biskɥi] *nm* 1 *(surtout brit)* biscuit, *(amér)* cookie 2 *(salé)* cracker || **biscuiterie** *nf* biscuit factory.

bise[1] [biz] *nf (cold)* north wind.

bise[2] [biz] *nf (fam)* kiss; *je vous fais la* ~ *!* let me give you a kiss!

biseau [bizo] *nm (pl* **-x)** bevel; *en* ~ bevelled || **biseauter** *vt (1)* bevel.

bison [bizɔ̃] *nm* bison *(pl inv)*; *(amér fam)* buffalo.

bisou [bizu] *nm (fam)* kiss.

bisser [bise] *vt (1) (Th)* encore.

bissextile [bisɛkstil] *adj année* ~ leap-year.

bistouri [bisturi] *nm (chirurgie)* lancet.

bistro(t) [bistro] *nm (fam)* bar; café.

bitume [bitym] *nm* 1 *(matériau)* bitumen 2 *(revêtement)* asphalt || **bitumer** *vt (1)* asphalt.

bivouac [bivwak] *nm (Mil)* bivouac || **bivouaquer** *vi (1)* bivouac.

bizarre [bizaʀ] *adj* odd, peculiar, strange

|| **bizarrerie** *nf* oddness, strangeness ; *c'est une de ses ~s* it's one of his oddities/ peculiarities.

blackbouler [blakbule] *vt* (1) blackball.

blafard [blafar] *adj* pallid, wan.

blague[1] [blag] *nf ~ à tabac* tobacco pouch.

blague[2] [blag] *nf* 1 joke 2 hoax ; *tu m'as fait une ~* you played a trick on me ; *il m'a raconté une ~* he told me a tall story ; *(loc) quelle ~ !* you're pulling my leg! you must be joking! *sans ~ !* really! *(amér)* no kidding! || **blaguer** *vti* (1) banter, chaff, *(amér)* kid || **blagueur** (*f* -**euse**) *nm* (*f*) joker ◆ *adj* teasing.

blaireau [blεro] *nm* (*pl* -**x**) 1 *(Zool)* badger 2 *(rasage)* shaving brush.

blairer [blεre] *vt* (1) *(fam péj) je ne peux pas le ~ !* I can't stand him!

blâmable [blɑmabl] *adj* reprehensible. || **blâme** *nm* blame ; *(Adm)* reprimand || **blâmer** *vt* (1) blame ; *(Adm)* reprimand.

blanc [blɑ̃] *adj* (*f* **blanche**) 1 white ; *il est devenu ~ comme un linge* he turned white as a sheet 2 *(fig) ~ comme neige* pure as (the) driven snow ; *il faut montrer patte blanche* you've got to show your credentials ; *(loc) c'est bonnet ~ et ~ bonnet* it's six of one and half a dozen of the other ; *(fig) passer une nuit blanche* *have/* *spend a sleepless night ; *(fig) voix blanche* toneless voice 3 *(vide)* blank ; *page blanche* blank page ; *(Ens) il a rendu copie blanche* he handed in a blank paper 4 *(Lit)* rhymeless ; *vers ~* blank verse ◆ *nm* 1 *(couleur)* white ; *le ~* (household) linen ; *(lessive)* the whites *pl inv* ; *un ~* *(d'œuf)* the white (of an egg) ; *(de poulet)* breast of chicken 2 *(espace)* blank ; *chèque en ~* blank cheque/ *(amér)* check ; *laisser en ~* *leave blank ; *tirer à ~* fire blanks || **blanc-bec** *nm inv* (*pl* **blancs-becs**) greenhorn || **blanchâtre** *adj* off-white ; *(péj)* whitish || **blanche** *adj* (*f* de **blanc**) ◆ *nf* (*Mus*) *(surtout brit)* minim, *(amér)* half note || **blancheur** *nf* whiteness || **blanchiment** *nm* *(argent)* laundering || **blanchir** *vti* (2) 1 whiten ; *go white ; *(lessive)* launder ; *~ à la chaux* whitewash 2 *(Jur) (personne)* clear ; *(fam)* whitewash ; *(argent)* launder || **blanchissage** *nm* laundering || **blanchisserie** *nf* laundry || **blanchisseur** *nm* launderer || **blanchisseuse** *nf* laundress.

blanquette [blɑ̃kεt] *nf* (*Cuis*) *~ de veau* veal stew.

blasé [blaze] *adj* (*de*) blasé (with).

blason [blazɔ̃] *nm* coat of arms ; *(loc) cela a redoré son ~* that has restored his image.

blasphématoire [blasfematwar] blasphemous || **blasphème** *nm* blasphemy s *inv.* || **blasphémer** *vi* (1c) blaspheme.

blatte [blat] *nf* cockroach.

blé [ble] *nm (brit)* corn, *(amér)* wheat ; *(fig) manger son ~ en herbe* anticipate one's income.

bled [blεd] *nm (fam péj) (village)* hole ; *habiter un ~* live out in the wilds.

blême [blεm] *adj (de)* pale, wan (with).

blesser [blese] *vt* (1) *(accident) (aussi fig)* *hurt ; injure ; *(combat)* wound || **blessant** *adj* cutting (remark) || **blessé** *nm* casualty ; *~ grave* serious casualty || **blessure** *nf* injury ; *(Mil)* wound.

blet [blε] *adj* (*f* **blette**) overripe.

bleu [blø] *adj* blue ; *~ marine* navy blue ; *(loc) j'en suis resté ~* I couldn't believe my ears/eyes ; I was flabbergasted ◆ *nm* 1 *(couleur)* blue ; *(loc) il n'y a vu que du ~* he never suspected a thing 2 *(meurtrissure)* bruise ; *mon bras est couvert de ~s* my arm is all black and blue 3 blue (fermented) cheese 4 *~s de travail/ ~ de chauffe* overalls *pl inv* ; boiler-suit 5 *(Mil)* raw recruit ; *(fig)* novice || **bleuâtre** *adj* bluish || **bleuet** *nm* cornflower || **bleuir** *vti* (2) *make/*become blue || **bleuté** *adj* blue-tinted.

blindage [blɛ̃daʒ] *nm* (*Mil*) armour plating || **blindé** *adj* (*Mil*) armour-plated ; *division ~e* armoured division ; *porte ~e* reinforced door ◆ *n les ~s* the tanks || **blinder** *vt* (1) *(Mil)* armour ; *(porte)* reinforce.

bloc [blɔk] *nm* 1 block (of wood) ; *(Pol)* bloc(k) ; *(fig) faire ~ contre* unite against 2 *(Méd) ~ opératoire* operating room/ *(brit)* theatre 3 *(argot) (prison)* clink, jug 4 *(loc) visser à ~* screw (up) tight ; *il a tout acheté en ~* he bought up everything, lock, stock and barrel || **blocage** *nm* 1 *(Tech)* clamping 2 *(dérèglement)* jamming 3 *(prix, salaires)* freeze 4 *(Psy)* (mental) block || **bloc-évier** *nm* (*Cuis*) sink unit || **bloc-moteur** *nm* (*Tech*) engine block || **bloc-notes** *nm* note-pad, writing pad ; || **blocus** *nm* (*Mil*) blockade.

blond [blɔ̃] *adj (cheveux)* blond, fair ; *(personne)* blond, fair, fair-haired, fair-skinned ; *bière ~e* lager ; light ale.

bloquer [blɔke] *vt* (1) 1 block ; jam ; obstruct 2 *(Tech)* tighten up 3 group together 4 *(prix, salaires)* freeze 5 *(loc) ~ les freins* jam on the brakes ; *les négociations sont bloquées* talks are at a standstill || **se bloquer** *vpr* jam, *get jammed.

blottir [blɔtir] **se ~** *vpr* (2) 1 *(affection)* cuddle, snuggle (up) 2 *(peur)* cower, huddle (up).

blouse [bluz] *nf* overall ; smock ; *(Méd)* white coat.

blouson [bluzɔ̃] *nm* blouson ; *(amér)* windbreaker.

blue-jean [bludʒin] *nm un ~* (a pair of) denims *pl inv* / (blue) jeans *pl inv*.

bluet [blyɛ] *nm* cornflower *(voir* **bleuet**).
bluff [blœf] *nm* bluff ‖ **bluffer** *vi (1)* bluff.
bobard [bɔbaʀ] *nm (fam)* tall story, yarn.
bobine [bɔbin] *nf* **1** *(filature, Ciné)* bobbin, reel **2** *(El)* coil **3** *(argot = figure)* mug, *(brit)* dial.
bobo [bɔbo] *nm (langage enfantin)* bruise ; cut ; *ça fait ~ ?* does it hurt?
bocal [bɔkal] *nm (pl* **-aux)** jar ; *mettre en ~* bottle, preserve.
bock [bɔk] *nm* glass of beer.
bœuf [bœf] *nm (pl* **-s** [bø]) *(boucherie)* bullock ; *(viande)* beef ; *(labourage)* ox *(pl* oxen).
bof [bɔf] *excl (fam)* so what?
bohème [bɔɛm] *adj nmf* bohemian ; *mener une vie de ~* *lead a happy-go-lucky existence ‖ **bohémien** *adj & nm (f* **-ienne)** gipsy.
boire [bwaʀ] *vti (29)* *drink ; *(fam)* ~ *un coup* *have a drink ; ~ comme un trou* *drink like a fish ; cela se laisse ~* it's very drinkable ; *(fig)* ~ *du petit lait* lap it up ; *il y a à ~ et à manger* there's a lot to be said on both sides ; *elle en a perdu le ~ et le manger* she went completely off her food ; *ce vin se boit au dessert* this is a dessert wine.
bois [bwa] *nm* **1** forest ; wood **2** wood ; *(matériau de construction)* timber ; *(amér)* lumber ; *chaise en ~* wooden chair ; *(fig) il va voir de quel ~ je me chauffe !* he'll soon see what I'm made of! **3** *(Mus) les ~* the woodwinds **4** *(Zool)* ~ *de cerf* antlers ‖ **boisé** *adj* wooded ‖ **boiserie** *nf* woodwork ; *~s* panel(l)ing *s inv.*
boisson [bwasɔ̃] *nf* drink ; *il s'adonne à la ~* he drinks.
boîte [bwat] *nf* **1** box ; *~ aux lettres (brit)* letterbox, *(amér)* mailbox, *~ à ordures (brit)* dustbin, *(amér)* trashcan, *~ à outils* toolbox ; *~ à thé* tea caddy/canister **2** *(conserves) (amér)* can, *(brit)* tin ; *thon en ~* canned/ tinned tuna **3** *(Aut)* ~ *de vitesses* gearbox ; *~ à gants* glove compartment **4** *(El)* ~ *à fusibles* fuse-box **5** *(fam) (a) (loisirs)* nightclub ; *(b) (travail)* firm ; office ; school **6** *(Anat)* ~ *crânienne* cranium **7** *(loc) mettre qn en ~* pull sb's leg.
boiter [bwate] *vi (1)* limp ‖ **boiteux** *adj (f* **-euse)** *(personne)* lame ; *(meuble)* rickety ; wobbly ; *(excuse)* lame ; *(raisonnement)* shaky ; *(style)* clumsy, halting.
boîtier [bwatje] *nm* casing ; *~ de montre* watch-case.
bol [bɔl] *nm* bowl ; *prendre un ~ d'air* *get out for a breath of fresh air ; *(fam) j'ai eu du ~* I was lucky/in luck ; *(fam) j'en ai ras le ~* I'm fed up.
bolide [bɔlid] *nm* **1** *(Astr)* meteor **2** *(fam)*

racing car ; *(fig) il est passé comme un ~* he flashed past.
bombance [bɔ̃bɑ̃s] *(loc)* faire ~ *have a feast.
bombardement [bɔ̃baʀdəmɑ̃] *nm (Av Mil)* bombing ; *(obus)* shelling ‖ **bombarder** *vt (1)* bomb ; shell ; *(fig) (de)* bombard ; pelt (with) ‖ **bombardier** *nm (Av)* bomber ‖ **bombe** *nf* **1** bomb ; *(fig) la nouvelle est tombée comme une ~* the news came like a bolt out of the blue **2** *(équitation)* riding cap **3** *(loc fam)* faire la ~ *go on a binge/on the spree ‖ **bombé** *adj* bulging ; convex ; *(route)* cambered ‖ **bomber** *vt (1)* ~ *le torse* *throw out one's chest ; *(fig)* strut, swagger (about) ◆ *vi (1)* bulge (out).
bon[1] [bɔ̃] *adj (f* **bonne** [bɔn]) **1** good ; *le ~ Dieu* the Good Lord ; *le ~ vieux temps* the good old days ; *c'était le ~ temps !* those were the days **2** *(gentil)* kind ; *c'est un ~ geste* it's a nice gesture **3** *(compétent) il est ~ en langues* he is good at languages/ *(Ens)* in languages ; *elle est de ~ conseil* she's a good person to ask for advice **4** *(justesse) c'est le ~ bus* it's the right bus ; *au ~ moment* at the right time **5** *(valable) ce billet n'est plus ~* this ticket is no longer valid ; *en ~ état* in (good) working order ; *cela n'est pas ~ à grandchose* it's not much use ; *~ pour le service* fit for duty ; *c'est ~ à savoir* it's worth knowing ; *(fig) c'est ~ pour les autres !* it's all right for other people! **6** *(sagace)* advisable ; *j'ai cru ~ de l'avertir* I thought it wise to warn her ; *faites comme ~ vous semble* do as you see fit/think best **7** *(intensification) ~ nombre de gens* a good few/many people ; *cela a duré trois bonnes heures* it lasted a good three hours ; *je te le dis une bonne fois pour toutes* I'm telling you once and for all **8** *(souhaits) (je te souhaite une) bonne année !* (I wish you a) happy new year ! ~ *anniversaire !* happy birthday ! ~ *courage !* good luck ! ~ *voyage !* (have a) safe journey ! **9** *(loc) de bonne heure* early ; *(péj) bonne femme* woman ; *~ mot* witty phrase ; *~ sens* common sense ; *bonne sœur* nun ; *(spectacle) je suis ~ public* I'm really pleased ; *elle est très ~ enfant* she's very good-natured ; *~ gré mal gré* whether you like it or not ; *à quoi ~ (faire...)?* what's the good of doing...)? *s'en tirer à ~ compte* *get off lightly ; *on est ~ !* we're in for it! *manger/rire de ~ cœur* *eat/laugh heartily ; *c'est de bonne guerre* that's fair enough ; *il est né sous une bonne étoile* he was born under a lucky star ; *si ma mémoire est bonne* if I remember correctly ◆ *adv (température) il fait ~ ici* it's nice and warm here ; *c'est ~ !* all right! that's that! *tiens ~ !* don't give way! *pour de ~* for good

(and all); *c'est pour de* ~ ? are you in earnest? ◆ *interj* ~ *!* good! agreed! *(fam)* O.K.! *à la bonne heure* as you like! ~ *débarras!* good riddance! *(ironique) en voilà une (bien) bonne!* that's a good one! *(fam) tu en as de bonnes!* you must be joking! *voilà une bonne chose de faite!* that's a good job done! ◆ *nm cela a du* ~ it has its good points/sides.

bon² [bɔ̃] *nm (Fin)* bill, bond, draft *(Com)* voucher; ~ *de commande* order slip.

bonbon [bɔ̃bɔ̃] *nm (brit)* sweet, *(amér)* candy || **bonbonne** *nf* demijohn || **bonbonnière** *nf (brit)* sweet box, *(amér)* candy box.

bond [bɔ̃] *nm* bound, leap; *faire un* ~ *leap up/*give a leap; *(prix)* soar, *shoot up.

bonde [bɔ̃d] *nf (fût)* bung.

bondé [bɔ̃de] *adj* packed, crammed.

bondir [bɔ̃diʀ] *vi (2)* bound, *leap, *spring (up); ~ *de joie* jump for joy; *(fig) (colère) cela me fait* ~ it makes me (hopping) mad.

bonheur [bɔnœʀ] *nm* 1 happiness; *il fera son* ~ he'll make her happy 2 luck; *cela te portera* ~ it will bring you luck; *par* ~ fortunately, luckily; *au petit* ~ *la chance* at random.

bonhomie [bɔnɔmi] *nf* good naturedness.

bonhomme [bɔnɔm] *nm (pl* **bons-hommes)** *(fam)* chap, fellow, *(amér)* guy; ~ *de neige* snowman; *(loc) il va son petit* ~ *de chemin* he carries on in his own sweet way ◆ *adj* good-natured.

bonification [bɔnifikasjɔ̃] *nf* bonus.

boniment [bɔnimɑ̃] *nm* smooth talk; *(Com)* patter.

bonjour [bɔ̃ʒuʀ] *excl* hello; good morning; good afternoon ◆ *nm donnez-lui le* ~ *de ma part* give her my (best) regards.

bonne¹ [bɔn] *adj voir* **bon** ◆ *nf (fam loc) elle m'a à la* ~ I'm in her good books.

bonne² [bɔn] *nf* maid (servant); ~ *d'enfants* nurse; *(fam)* nanny.

bonnement [bɔnmɑ̃] *adv; (loc) tout* ~ quite simply.

bonnet [bɔnɛ] *nm* bonnet; ~ *de bain* bathing cap; *(fam fig) je prends cela sous mon* ~ I'll make that my business; *c'est* ~ *blanc et blanc* ~ it's six of one and half a dozen of the other || **bonnetterie** *nf* hosiery; knitwear.

bonsoir [bɔ̃swaʀ] *excl* good evening; good night.

bonté [bɔ̃te] *nf* goodness; kindness; *ayez la* ~ *de...* be good/kind enough to...

bord [bɔʀ] *nm* 1 edge; *(rivière)* bank; *(route)* side; *(trottoir)* curb, kerb; *(chapeau, verre)* brim; *au* ~ *de la mer* at the seaside; *(fig) au* ~ *des larmes* on the verge of tears; *au* ~ *d'une guerre* on the brink of a war; *(loc) nous sommes du même* ~ we're on the same side; *(fam) il est un peu fou sur les* ~s he's a bit eccentric 2 *(Av Naut) à* ~ *(de)* on board; *(aussi fig) jeter par-dessus* ~ *board;* jettison 3 *(Naut) tirer des* ~s tack || **bordée** *nf* 1 *(Naut)* broadside; *tirer des* ~s tack 2 *(fig) lâcher une* ~ *d'injures* *let fly a volley of abuse.

bordel [bɔʀdɛl] *nm* 1 brothel 2 *(fam) quel* ~ *!* what a mess/shambles! ◆ *excl* hell! || **bordélique** *adj (fam)* chaotic; *c'est* ~ *!* it's a mess/a shambles!

border [bɔʀde] *vt (1)* 1 *(de)* edge (with); *bordé d'arbres* lined with trees 2 *(au lit)* tuck in.

bordereau [bɔʀdəʀo] *nm (pl* **-x)** 1 list 2 *(Com)* invoice.

bordure [bɔʀdyʀ] *nf* edge; *(jardin)* border.

borgne [bɔʀɲ] *adj* blind in one eye, one-eyed; *(fig) (hôtel, rue)* disreputable, sleazy.

borne [bɔʀn] *nf* 1 *(terres)* boundary marker; *(loc) sans* ~s unlimited; *(fig) cela me passe les* ~s *!* that's beyond a joke! 2 *(route)* milestone 3 *(fam)* kilometre 4 *(El)* terminal || **borné** *adj (personne)* narrow-minded || **borner** *vt (1)* limit; *le traité se borne à stipuler...* the treaty limits itself to stipulating...

bosquet [bɔskɛ] *nm* copse, thicket.

bosse [bɔs] *nf* 1 *(chameau)* hump 2 *(coup)* bump; *(fig) il a la* ~ *des affaires* he has a good head for business; *(loc) il a beaucoup roulé sa* ~ he has knocked around the world a lot || **bosseler** *vt (1b)* dent || **bosser** *vti (1) (fam)* work hard (at); *(Ens)* cram (for), *(brit)* swot (for) || **bosseur** *nm (f* **-euse)** hard worker; *(brit fam)* slogger || **bossu** *adj* hunchbacked ◆ *nm* hunchback.

bot [bo] *adj (loc) pied* ~ club-foot.

botanique [bɔtanik] *adj* botanical ◆ *nf* botany.

botte [bɔt] *nf* 1 boot; ~ *de caoutchouc (brit)* gumboot, wellington boot, *(amér)* rubber boot 2 *(Ag) (carottes)* bunch; *(foin...)* truss; *bale* || **botter** *vt (1)* boot || *se botter vpr* *put on one's boots || **bottier** *nm* bootmaker || **bottillon** *nm*/**bottine** *nf* ankle boot.

Bottin® [bɔtɛ̃] *nm (Tél)* directory.

bouc [buk] *nm* 1 *(Zool)* billy goat; *(fig)* ~ *émissaire* scapegoat 2 *(barbe)* goatee.

boucan [bukɑ̃] *nm (fam)* racket; *ils en font un* ~ *!* they're kicking up a hell of a din/racket.

bouche [buʃ] *nf* 1 *(Anat)* mouth; *de* ~ *à oreille* by word of mouth; *ne fais pas la fine* ~ *!* don't turn up your nose (at everything)! *pour la bonne* ~ last but not least; *(fig)* ~ *de métro* underground/ *(amér)* subway entrance 2 *(Tech)* ~ *d'aé-*

boulot

ration air vent; ~ *d'égout* manhole; ~ *d'incendie* hydrant ‖ **bouche-à-bouche** *nm (pl inv) (Méd)* mouth-to-mouth resuscitation; *(fam)* kiss of life ‖ **bouché** *adj* **1** blocked, stopped (up) **2** *(fig)* dull-witted, stupid **3** *(ciel, temps)* overcast **4** *(instruments à vent)* muted ‖ **bouchée** *nf* **1** mouthful; *je l'ai acheté pour une ~ de pain* I bought it for next to nothing; *mettre les ~s doubles* *put on a spurt; *il n'a fait qu'une ~ de son adversaire* he made short work of his opponent **2** *(Cuis)* ~ *à la reine* vol-au-vent.

boucher[1] [buʃe] *vt (1) (trou)* stop; *(bouteille)* cork; *(vue)* block; *se ~ le nez* *hold one's nose; *il s'est bouché les oreilles* he stopped his ears; *(fig)* he refused to listen; *(fam) ça va lui en ~ un coin!* that will show him!

boucher[2] [buʃe] *nm (f -ère)* butcher ‖ **boucherie** *nf* butcher's shop; *(fig) (massacre)* butchery, slaughter.

bouche-trou [buʃtru] *nm (fig)* stop-gap.

bouchon [buʃɔ̃] *nm (bouteille)* cap; top; *(en liège)* cork; *(pêche)* float; *(circulation)* traffic jam ‖ **bouchonner** *vti (1)* **1** *(cheval)* rub down **2** *(circulation) ça bouchonne* the traffic is at a crawl.

bouchot [buʃo] *nm* mussel bed.

boucle [bukl] *nf* **1** *(ceinture)* buckle **2** *(ruban)* bow; *(corde, rivière)* loop **3** ~ *d'oreille* ear-ring **4** *(cheveux)* curl ‖ **bouclé** *adj* curly ‖ **boucler** *vti (1)* **1** *(ceinture)* buckle; fasten; *shut; *(aussi fig)* ~ *sa valise* pack one's bags **2** *(isoler)* seal off **3** *(achever)* complete; ~ *une affaire* clinch a deal **4** *(fam) (prison)* jail, lock up **5** *(loc fam) boucle-la!* shut up!

bouclier [buklije] *nm* shield; *(fig) il y a eu une levée de ~s* there was a movement of protest.

bouder [bude] *vti (1)* **1** sulk (at) **2** *(loc) il ne faut pas ~ son plaisir* you must take your pleasure where you find it ‖ **bouderie** *nf* sulkiness ‖ **boudeur** *adj (f -euse)* sulky.

boudin [budɛ̃] *nm* **1** *(Cuis) (brit)* black pudding; *(amér)* blood sausage; ~ *blanc* white pudding **2** *(fig)* roll of fat ‖ **boudiné** *adj (doigts)* podgy.

boue [bu] *nf* **1** mud; *(fig) on l'a traîné dans la* ~ he was the victim of a mud-slinging campaign **2** *(Ind)* ~*s industrielles* industrial waste *s inv* **3** *(Méd) bain de* ~ mud bath ‖ **boueux** *adj (f -euse)* muddy ◆ *n (éboueur) (brit)* dustman, *(amér)* garbage collector.

bouée [bwe] *nf* **1** *(Naut)* buoy; ~ *de sauvetage* lifebuoy **2** *(plage)* ring.

bouffant [bufɑ̃] *adj (pantalon)* baggy; *manches* ~*es* puff sleeves.

bouffe [buf] *nf (fam)* grub, *(amér)* chow; *(brit)* nosh ‖ **bouffée** *nf* puff (of smoke);

whiff (of perfume); breath (of fresh air) ‖ **bouffer** *vti (1) (fam) (manger) si on bouffait?* what about some grub?

bouffi [bufi] *adj (figure)* bloated; *(yeux)* puffy, swollen.

bouffon [bufɔ̃] *nm (f -onne)* clown; *(Lit)* jester; *(lit)* buffoon ◆ *adj* farcical ‖ **bouffonnerie** *nf* buffoonery, clowning.

bouge [buʒ] *nm (low)* dive.

bougeoir [buʒwaR] *nm* candlestick.

bouger [buʒe] *vti (1h) (aussi fig)* move; *(surtout nég)* budge.

bougie [buʒi] *nf* **1** candle **2** *(Aut) (amér)* spark plug, *(brit)* sparking plug.

bougon [bugɔ̃] *adj (f -onne)* grumpy ‖ **bougonner** *vi (1)* grouse, grumble.

bougre [bugR] *nm (brit)* chap, *(amér)* guy.

bouillant [bujɑ̃] *adj* **1** boiling; *(brûlant)* boiling hot **2** *(tempérament)* fiery ‖ **bouillie** *nf* **1** *(bébé)* baby cereals **2** *(avoine)* gruel; porridge **3** *(loc) mettre en* ~ reduce to a pulp ‖ **bouillir** *vi (5)* boil; *faire* ~ *de l'eau* boil water; *(fig) cela m'a fait* ~ it made my blood boil ‖ **bouilloire** *nf* kettle ‖ **bouillon** *nm* ~ *gras* meat soup/stock; ~ *de légumes* broth, vegetable soup; *cuire à petit* ~ simmer ‖ **bouillonner** *vi (1)* bubble ‖ **bouillotte** *nf* hot-water bottle.

boulanger [bulɑ̃ʒe] *nm (f -ère)* baker ‖ **boulangerie** *nf* bakery, baker's shop.

boule [bul] *nf* **1** ball; ~ *de neige* snowball; *(fig) cela fera* ~ *de neige* this will snowball **2** *(Sp)* bowl; *jouer aux* ~*s* play bowls **3** *(loc) j'ai une* ~ *dans la gorge* I've got a lump in my throat; *(fam) il perd la* ~ he's going bats/batty/nuts; *(fam) je suis en* ~ I'm in a (flaming) rage.

bouleau [bulo] *nm (pl -x) (Bot)* (silver) birch.

bouledogue [buldɔg] *nm* bulldog.

boulet [bule] *nm* **1** ~ *de canon* cannon-ball; *(fig) tirer à* ~*s rouges sur* *go for sb tooth and nail **2** *(forçat)* ball and chain; *c'est un vrai* ~ *à traîner* it's a millstone (a)round your neck.

boulette [bulet] *nf* **1** *(papier)* pellet; *(viande)* meatball **2** *(fig) j'ai fait une* ~ I dropped a brick.

bouleversant [bulvɛRsɑ̃] *adj* heart-rending; shattering ‖ **bouleversement** *nm (mineur)* upset; *(majeur)* upheaval ‖ **bouleversé** *adj* shattered; staggered; upset ‖ **bouleverser** *vt (1)* **1** *(affectif)* *upset; *(fam)* bowl over, shatter, stagger **2** *(situation)* disrupt.

boulimie [bulimi] *nf (Méd)* compulsive eating.

boulon [bulɔ̃] *nm (Tech)* bolt ‖ **boulonner** *vi (1) (fam)* work.

boulot [bulo] *nm (fam)* **1** *(emploi)* job

2 *c'est du ~ !* it's a lot of work! ◆ *adj (f **-otte**)* tubby.

boum [bum] *nm* *en plein ~* in full swing ◆ *nf* party.

bouquet [buke] *nm* **1** *(arbres)* clump; *(fleurs)* bouquet, bunch **2** *(crevette)* prawn **3** *(vin)* bouquet **4** *(Cuis)* *~ garni* mixed herbs **5** *(fig)* *ça, c'est le ~ (final)!* that's the limit/last straw!

bouquin [bukɛ̃] *nm (fam)* book ‖ **bouquiner** *vi (1)* *read ‖ **bouquiniste** *nmf* second-hand bookseller.

bourbe [buʀb] *nf* mire, mud ‖ **bourbeux** *adj (f **-euse**)* muddy ‖ **bourbier** *nm (quag)mire; *comment sortir de ce ~?* how can we get out of this mess?

bourde [buʀd] *nf* blunder; *tu dis des ~s* you're talking nonsense; *j'ai fait une ~* I've made a blunder; *(impair)* I've put my foot in it/dropped a brick.

bourdon [buʀdɔ̃] *nm* **1** *(Zool)* bumblebee **2** *(cloche)* great bell **3** *(Mus)* drone **4** *(fam)* *avoir le ~* *have (a fit of) the blues* ‖ **bourdonnement** *nm (aussi fig)* buzz(ing); *(monotone)* drone ‖ **bourdonner** *vi (1)* buzz; hum, drone.

bourg [buʀ] *nm* market town ‖ **bourgeois** *adj* middle-class; *(péj)* bourgeois; *cuisine ~e* good home cooking ◆ *nm* member of the middle class(es); *(péj)* bourgeois ‖ **bourgeoisie** *nf* middle class(es); bourgeoisie; *la petite/grande ~* the lower middle/upper classes.

bourgeon [buʀʒɔ̃] *nm* bud ‖ **bourgeonner** *vi (1)* bud; *(fig)* *break out in pimples*.

bourlinguer [buʀlɛ̃ge] *vi (1)* *(Naut)* pitch; roll **2** *(fam fig)* knock about the world.

bourrade [buʀad] *nf* shove, thump.

bourrage [buʀaʒ] *nm (loc)* *~ de crâne* *(Pol)* brainwashing, *(Ens)* cramming.

bourrasque [buʀask] *nf* gust (of wind); squall; *(of rain)* flurry (of snow).

bourratif [buʀatif] *adj (f **-ive**)* *(Cuis)* filling.

bourré [buʀe] *adj* **1** *(de)* crammed, packed (with) **2** *(fam) (ivre)* tight.

bourreau [buʀo] *nm (pl **-eaux**)* executioner; hangman; *(aussi fig)* torturer; *(fig) c'est un ~ de travail* he's a glutton for work/ *(péj)* a workaholic.

bourrelé [buʀle] *adj* *il était ~ de remords* he was racked by remorse.

bourrelet [buʀle] *nm* **1** *(fenêtre, porte)* draught/ *(amér)* draft excluder **2** *(Anat)* roll of fat; *(hum)* spare tyre/ *(amér)* tire.

bourrer [buʀe] *vt (1)* fill; cram; stuff; *(fig) on nous bourre le crâne!* we're being brainwashed! *il fut bourré de coups* he was beaten up; *ne te bourre pas de pain!* don't stuff yourself with bread!

bourrique [buʀik] *nf* **1** *(Zool)* she-ass;

(fam) il me fait tourner en ~ he's driving me up the wall **2** *(fig)* mule.

bourru [buʀy] *adj (ton)* gruff; *(caractère)* surly.

bourse [buʀs] *nf* **1** purse; *sans ~ délier* without spending a cent/penny/ *(fam)* bean; *ils font ~ commune* they pool their finances; *elle tient les cordons de la ~* she holds the pursestrings **2** *(Ens)* bursary; grant; scholarship **3** *(Fin)* *la B~* the Stock Exchange/Market ‖ **boursicoter** *vi (1)* dabble on the stock market ‖ **boursier** *nm (f **-ière**)* scholarship-holder.

boursouflé [buʀsufle] *adj* bloated, puffy, swollen; *(style)* bombastic; turgid ‖ **boursouflure** *nf* swelling; *(style)* pomposity.

bousculade [buskylad] *nf* crush; jostle; scuffle ‖ **bousculer** *vt (1)* jostle; *nous sommes bousculés par le travail* we're snowed under with work.

bousiller [buzije] *vt (1)* *(fam) (travail)* botch; *(projet)* wreck.

boussole [busɔl] *nf* compass; *(loc fam) il a perdu la ~* he's off his head.

bout [bu] *nm* **1** *(fragment)* bit; *~ de fromage* a bit of cheese; *~ de papier* scrap of paper; *~ de terrain* patch/plot of land; *(enfant) ~ de chou* nipper; tiny tot **2** *(pointe)* tip; *il connaît cela sur le ~ des doigts* he has it at his fingertips; *(fig) je l'ai sur le ~ de la langue* I've got it on the tip of my tongue; *il a donné son accord du ~ des lèvres* he gave a half-hearted consent **3** *(espace)* end; *au ~ de la rue* at the end of the street; *mettre à ~* *put end to end; *(fig) je suis au ~ du rouleau* I'm at the end of my tether; *(aussi fig) il reste un ~ de chemin à faire* there's still a fair way to go **4** *(temps) au ~ d'un an* after a year; *d'un ~ à l'autre de l'année* throughout the year; *il a mené la course de ~ en ~* he led the race from start to finish; *(fig) ce n'est pas le ~ du monde!* it's not the end of the world! *tu n'es pas au ~ de tes peines* you're not out of the woods yet **5** *(loc)* *tirer à ~ portant* fire at point-blank range; *mettre les deux ~* *make ends meet; *je suis à ~!* I'm dead tired/all in! *elle est à ~ de souffle* she's out of breath; *je suis à ~ de nerfs* my nerves are all on edge; *on tient le bon ~* we're past the worst.

boutade [butad] *nf* jest, quip.

boute-en-train [butɑ̃tʀɛ̃] *nm inv (pl inv)* *c'est un ~* he's the life and soul of the party.

bouteille [butɛj] *nf* bottle; *~ Thermos* Thermos (flask); *mettre en ~* bottle; *(fig) il a de la ~* he's experienced; he's getting on in years.

boutique [butik] *nf* shop; *(amér)* store; *parler ~* talk shop ‖ **boutiquier** *nm (f **-ière**)* shopkeeper.

bouton [butɔ̃] nm 1 (*vêtement*) button ; ~ **de manchette** cufflink 2 (*El*) switch 3 (*qu'on tourne*) knob 4 (*Méd*) pimple, (*brit*) spot 5 (*Bot*) bud ∥ **boutonner** vt (1) button (up) ; **boutonne-toi !** button (up) your coat ! *cela se boutonne devant* it buttons down/up the front ∥ **boutonnière** nf buttonhole.

bouture [butyʀ] nf (*jardin*) cutting, slip.

bouvreuil [buvʀœj] nm (*Orn*) bullfinch.

bovin [bɔvɛ̃] adj bovine ◆ nm des ~s cattle *pl inv*.

bowling [boliŋ] nm (*jeu*) tenpin bowling ; (*salle*) bowling alley.

box [bɔks] nm (*pl* **boxes**) 1 horse box. 2 (*Aut*) garage, (*brit*) lock-up 3 (*Jur*) dock.

boxe [bɔks] nf boxing.

boyau [bwajo] nm (*pl* **-aux**) 1 (*Anat*) gut, intestine 2 (*matériau*) (cat)gut 3 (*vélo*) tubeless tyre/ (*amér*) tire.

boycottage [bɔjkɔtaʒ] nm boycott ∥ **boycotter** vt (1) boycott.

bracelet [bʀaslɛ] nm (*poignet*) bracelet ; (*bras, cheville*) bangle ; (*montre*) (*amér*) band, (*brit*) strap ∥ **bracelet-montre** nm wrist watch.

braconnage [bʀakɔnaʒ] nm poaching ∥ **braconner** vi (1) poach ∥ **braconnier** nm poacher.

brader [bʀade] vt (1) *sell for next to nothing ; (*Com*) *sell off (at cut prices) ∥ **braderie** nf (*Com*) clearance sale.

braguette [bʀagɛt] nf (*brit*) fly (*souvent au pl* flies), (*amér*) zipper.

braillard [bʀajaʀ] adj noisy, rowdy ∥ **brailler** vi (1) bawl, yell.

braire [bʀɛʀ] vi (49) bray.

braise [bʀɛz] nf embers *pl* ∥ **braiser** vt (1) (*Cuis*) braise.

bramer [bʀame] vi (1) (*cerf*) bell ; (*fam*) howl ; wail.

brancard [bʀɑ̃kaʀ] nm (*Méd*) stretcher ∥ **brancardier** nm (*f* **-ière**) stretcher-bearer.

branchage [bʀɑ̃ʃaʒ] nm branches *pl*, boughs *pl* ; ~**s** fallen branches ∥ **branche** nf (*aussi fig*) branch ; (*compas, lunettes*) leg ∥ **branché** adj (*fam*) *il est* ~ he's with it ∥ **branchement** nm 1 branching 2 connection ∥ **brancher** vt (1) (*El*) plug in ; (*Tél*) connect (up).

branchies [bʀɑ̃ʃi] nfpl gills *pl*.

brandir [bʀɑ̃diʀ] vt (2) (*menace*) brandish ; (*triomphe*) flourish.

branlant [bʀɑ̃lɑ̃] adj loose ; shaky ∥ **branle** nm (*loc*) *mettre en* ~ *get moving ∥ **branle-bas** nm (*pl inv*) bustle ; (*Naut & fig*) *c'est le* ~ *de combat* they're clearing the decks for action ∥ **branler** vt (1) (*tête*) *shake, wag ; (*fam*) *j'en ai rien à* ~ it's nothing to do with me ∥ **se branler** vpr (*fam*) (*amér*) jerk off, (*brit*) wank.

braquage [bʀakaʒ] nm 1 (*Aut*) *rayon de* ~ turning circle 2 (*fam*) hold-up ∥ **braquer** vti (1) 1 (*Aut*) turn 2 ~ *une arme sur qn* level a gun at sb 3 (*fig*) ~ *les yeux sur qch* fix one's eyes on sth ; *il est braqué contre cela* he's (dead) set against it.

bras [bʀa] nm 1 (*Anat*) arm ; ~ *dessus* ~ *dessous* arm in arm ; *je l'ai saisi à* ~ *le corps* I seized him round the waist ; *il a levé les* ~ *au ciel* he threw up his arms ; *les* ~ *m'en tombent* I'm dumbfounded ; *elle a deux enfants sur les* ~ she's got two children on her hands ; *il a le* ~ *long* he can pull a lot of strings ; (*fig*) *mon* ~ *droit* my right-hand man 2 (*Ag Ind*) hand ; *nous manquons de* ~ we're shorthanded 3 (*loc*) *voiture à* ~ handcart ; *en* ~ *de chemise* in shirt sleeves ; (*fig*) *engager une partie de* ~ *de fer* *begin a trial of strength.

brasier [bʀazje] nm 1 blaze 2 (*fig*) inferno.

brassage [bʀasaʒ] nm 1 mixture 2 (*bière*) brewing.

brassard [bʀasaʀ] nm armband ∥ **brasse** nf 1 (*Naut*) fathom 2 *nager la* ~ *swim breast-stroke ∥ **brassée** nf armful.

brasser [bʀase] vt (1) 1 mix ; (*bière*) brew ; (*fig*) *il brasse beaucoup d'affaires* he handles a lot of business ∥ **brasserie** nf 1 (*Ind*) brewery 2 café ∥ **brasseur** nm brewer ; (*fig*) ~ *d'affaires* tycoon.

bravache [bʀavaʃ] nm braggart ∥ **bravade** nf bravado.

brave [bʀav] adj 1 brave, courageous 2 decent, nice ∥ **braver** vt (1) (*danger*) brave, face (up to) ; (*ordres*) defy.

bravo [bʀavo] interj (*félicitations*) bravo ! (*accord*) hear ! hear !

bravoure [bʀavuʀ] nf bravery, valour.

break [bʀɛk] nm (*Aut*) (*brit*) estate car, (*amér*) station wagon.

brebis [bʀəbi] nf (*Zool*) ewe ; ~ *galeuse* black sheep (of the family).

brèche [bʀɛʃ] nf breach.

bredouille [bʀəduj] adj *revenir* ~ return empty-handed.

bredouiller [bʀəduje] vti (1) mumble, stammer.

bref [bʀɛf] adj (*f* **brève** [bʀɛv]) brief ; *à* ~ *délai* shortly ; *sur un ton* ~ curtly ◆ adv in short.

breloque [bʀələk] nf trinket ; (*fig*) *battre la* ~ *be on the blink.

bretelle [bʀətɛl] nf (shoulder) strap ; (*pantalon*) ~**s** (*brit*) braces, (*amér*) suspenders ; (*autoroute*) (*amér*) entrance/exit ramp, (*brit*) slip road.

breuvage [bʀœvaʒ] nm beverage, drink.

brève [bʀɛv] nf short syllable. *Voir aussi* **bref.**

brevet [bʀəvɛ] nm certificate, diploma ;

(de pilote) licence; *(invention)* patent ‖ **breveter** *vt (1d)* patent.

bréviaire [bʀevjɛʀ] *nm (Rel)* breviary.

bribe [bʀib] *nf* fragment; *(information)* scrap.

bric [bʀik] *(loc) voir* **broc.**

bric-à-brac [bʀikabʀak] *nm* bric-a-brac; junk.

bricole [bʀikɔl] *nf* 1 *(babiole)* trifle 2 *(travail)* odd job ‖ **bricolage** *nm* odd jobs; *magasin de* ~ DIY *(ab de :* Do It Yourself*)* shop ‖ **bricoler** *vti (1)* *do odd jobs; potter about; fix (up)* ‖ **bricoleur** *nm* handyman, DIY man.

bride [bʀid] *nf* 1 *(cheval)* bridle 2 *(aussi fig) aller à* ~ *abattue* *go flat out; il faut lui tenir la* ~ *haute !* keep a tight rein on him! *je lui ai laissé la* ~ *sur le cou* I gave him full rein ‖ **bridé** *adj yeux* ~*s* slit eyes ‖ **brider** *vt (1)* 1 *(cheval)* bridle 2 *(volaille)* truss.

bridge [bʀidʒ] *nm* 1 *(jeu)* bridge 2 *(dentaire)* bridge.

brièvement [bʀijɛvmɑ̃] *adv* briefly; in short ‖ **brièveté** *nf* brevity.

brigade [bʀigad] *nf (Mil)* brigade; *(police)* squad ‖ **brigadier** *nm (police)* sergeant; *(Mil)* corporal.

brigand [bʀigɑ̃] *nm* brigand; *(fig)* crook, twister.

briguer [bʀige] *vt (1)* covet; ~ *des suffrages* canvass (for votes).

brillamment [bʀijamɑ̃] *adv* brilliantly ‖ **brillant** *adj* 1 *(éclat)* bright; glittering glossy; shiny; sparkling 2 *(esprit)* bright, brilliant ◆ *nm* 1 *(diamant)* brilliant 2 *(soie)* gloss; sheen 3 *(péj)* glitter ‖ **briller** *vi (1)* 1 *shine; sparkle; (étoile)* twinkle; *(souvent péj)* glitter 2 *(argenterie, meubles) faire* ~ polish 3 *(personne) il brille en société* he's the life and soul of the party; *il ne brille pas par son éloquence !* eloquence is not his strong point! *il a brillé par son absence !* he was conspicuous by his absence!

brimade [bʀimad] *nf* vexation; insult; *(Ens)* bullying; *(brit)* rag(ging) ‖ **brimer** *vt (1) (Ens)* bully, rag; *je me sens brimé* I feel deprived.

brin [bʀɛ̃] *nm (herbe)* blade; *(bruyère, muguet)* sprig : *(corde)* strand; *(fig)* ~ *de malice* touch of mischief; *un beau* ~ *de fille* a fine figure of a girl; *faire un* ~ *de toilette* *have a quick wash ‖ **brindille** *nf* sprig; twig.

bringue [bʀɛ̃g] *nf (fam)* binge, spree; *faire la* ~ go on a binge/the spree.

bringuebaler [bʀɛ̃gbale] **brinquebaler** [bʀɛ̃kbale] *vi (1)* joggle; rock.

brio [bʀijo] *nm* brilliance, brio.

brioche [bʀijɔʃ] *nf* 1 *(Cuis)* bun 2 *(fam) (Anat)* paunch; *(hum)* spare tyre.

brique [bʀik] *nf* 1 brick 2 *(fam)* a million (old francs).

briquer [bʀike] *vt (1) (fam)* polish.

briquet [bʀikɛ] *nm* cigarette lighter.

brise [bʀiz] *nf* breeze.

brisées [bʀize] *nfpl inv (loc) je ne veux pas marcher sur tes* ~*s* I don't want to poach on your preserves.

brise-glace [bʀizɡlas] *nm (pl inv)* ice-breaker ‖ **brise-lames** *nm (pl inv)* breakwater. ‖ **briser** *vt (1) (objet)* *break ; ~ en mille morceaux* shatter/smash into smithereens 2 *(personne) (moral)* *break; (espoir)* crush; *(carrière)* ruin ‖ **se briser** *vpr* *break.

broc[1] [bʀɔk] *loc fait de bric et de* ~ made (up) of odds and pieces.

broc[2] [bʀo] *nm* pitcher.

brocante [bʀɔkɑ̃t] *nf* second-hand goods *pl inv* ‖ **brocanteur** *nm* second-hand salesman.

broche [bʀɔʃ] *nf* 1 *(bijou)* brooch 2 *(Cuis)* spit 3 *(Méd)* pin.

broché [bʀɔʃe] *adj livre* ~ paper-back (book).

brochet [bʀɔʃɛ] *nm (Zool)* pike *(pl inv)*.

brochette [bʀɔʃɛt] *nf (Cuis) (ustensile)* skewer; *(plat)* kebab.

brochure [bʀɔʃyʀ] *nf* booklet, pamphlet.

broder [bʀɔde] *vt (1) (de)* embroider (with) ‖ **broderie** *nf* embroidery.

bronche [bʀɔ̃ʃ] *nf (Méd)* ~*s* bronchial tubes; *il a les* ~*s malades* he's got a weak chest.

broncher [bʀɔ̃ʃe] *vi (1) (surtout négatif) sans* ~ *(sans bouger)* without moving a muscle; *(sans se plaindre)* without flinching; *(sans frémir)* without turning a hair.

bronchite [bʀɔ̃ʃit] *nf (Méd)* bronchitis *s inv*.

bronzage [bʀɔ̃zaʒ] *nm* suntan.

bronze [bʀɔ̃z] *nm (métal)* bronze ‖ **bronzé** *adj* sunburnt, suntanned ‖ **bronzer** *vti (1)* 1 tan; *tu as bien bronzé* you've got a fine tan 2 sunbathe ‖ **se bronzer** *vpr (1)* 1 tan, *get a tan, *sunbathe.

brosse [bʀɔs] *nf* brush; ~ *à chaussures* shoebrush; ~ *à cheveux* hairbrush; ~ *à dents* toothbrush; ~ *de ménage* scrubbing brush; *donne-lui un coup de* ~ *!* give it a brush! *il a les cheveux coupés en* ~ he has a crew-cut; *(fig) manier la* ~ *à reluire* lick sb's shoes ‖ **brosser** *vt (1)* brush; scrub; *brosse-toi les dents !* brush your teeth! *brosse-toi !* give your coat a brush! *un portrait* paint a portrait; *(fam) tu peux te* ~ *!* you can like it or lump it!

brouette [bʀuɛt] *nf* wheelbarrow.

brouhaha [bʀuaa] *nm* hubbub, uproar.

brouillard [bʀujaʀ] *nm* fog; *(pollution)*

smog; *il y a du* ~ it's foggy (weather); *(fig) je suis dans le* ~ I'm all at sea.

brouille [bʀuj] *nf* quarrel; *(fam)* tiff.

brouiller [bʀuje] *vt (1)* **1** *(vue)* blur; *(idées, papiers)* muddle up; *(message, œufs)* scramble; *(Rad)* jam; *(cartes)* shuffle; *(fig)* ~ *les cartes/pistes* cause confusion **2** *ils sont brouillés depuis des années* they've been on bad terms for years ‖ **se brouiller** *vpr* **1** *become muddled, *get mixed up; *(loc) le temps se brouille !* *(aussi fig)* there's a storm brewing! **2** *(avec qn)* *fall out (with sb) ‖ **brouillon** *adj* *(f* **-onne)** untidy, disorganised ◆ *nm (devoir)* rough copy, draft.

broussaille [bʀusaj] *nf (surtout pl)* undergrowth *(s inv)*, scrub *(s inv)*; *(cheveux) en* ~ shaggy ‖ **broussailleux** *adj (f* **-euse)** bushy.

brousse [bʀus] *nf (Géog) la* ~ the bush; *feu de* ~ bush fire; *(fig) en pleine* ~ in the middle of nowhere.

brouter [bʀute] *vti (1)* *(herbe)* graze; *(feuilles)* browse.

broutille [bʀutij] *nf* trifle; *(loc) c'est de la* ~ *!* it doesn't matter at all!

broyer [bʀwaje] *vt (1f)* **1** *grind **2** *(main, doigts)* crush; *(loc)* ~ *du noir* brood ‖ **broyeur** *nm (Tech)* grinder.

bru [bʀy] *nf* daughter-in-law.

bruant [bʀyã] *nm (Orn)* bunting.

brugnon [bʀyɲɔ̃] *nm* nectarine.

bruine [bʀɥin] *nf* drizzle ‖ **bruiner** *vi (1)* drizzle.

bruire [bʀɥiʀ] *vi (30)* rustle; murmur ‖ **bruissement** *nm* rustling; murmuring.

bruit [bʀɥi] *nm* **1** noise, sound; *faire du* ~ *make a noise; *(fig)* cause a stir; *(loc) beaucoup de* ~ *pour rien* much ado about nothing; *sans* ~ noiselessly; ~ *de fond* background noise; ~ *de pas* sound of footsteps **2** rumour; *le* ~ *court que... nm* rumour has it that... ‖ **bruitage** *nm (TV, Rad)* sound effects.

brûler [bʀyle] *vt (1)* *burn; *(en surface)* scorch; *(eau bouillante)* scald; *(fig)* ~ *les étapes* *shoot ahead; ~ *un feu rouge (brit)* jump, *(amér)* *run a red light; *(Mil) politique de la terre brûlée* scorched-earth policy; *brûlé par le soleil (personne)* sunburnt; *(herbe)* sun-scorched; *brûlé vif* burnt alive ◆ *vi* **1** *burn; *ça brûle !* it's burning hot! *(jeu) tu brûles !* you're getting hot! *(loc) le torchon brûle !* the sparks are flying! **2** *(bâtiment)* *burn down **3** *(faire mal)* smart; *j'ai les yeux qui brûlent* my eyes are smarting **4** *(fig) elle brûle d'envie de partir* she's dying to leave; ~ *d'impatience* *burn with impatience ‖ **se brûler** *vpr* *burn/scald oneself; *se* ~ *la cervelle* *blow one's brains out ‖ **brûlant** *adj* **1** burning hot; scalding hot **2** *(sujet)* controversial ‖ **brûlé** *nm ça sent le* ~ I

can smell something burning; *les grands brûlés* badly burnt cases ‖ **brûle-pourpoint** *(loc) à* ~ at point-blank range ‖ **brûleur** *nm* burner ‖ **brûlure** *nf* burn; scald; ~s *d'estomac* heartburn *(s inv)*.

brume [bʀym] *nf* mist; *(légère)* haze; *(dense)* fog ‖ **brumeux** *adj (f* **-euse)** **1** misty; hazy; foggy **2** *(fig)* vague, obscure ‖ **brumisateur** *nm* spray, atomiser.

brun [bʀœ̃] *adj* brown; *(cheveux)* dark; *(peau)* swarthy; *(bronzé)* tanned; *il est* ~ he's dark-haired; *elle est* ~*e* she's dark-haired/a brunette ‖ **brunir** *vti (2)* *(personne)* tan.

brushing [bʀœʃiŋ] *nm* blow-dry, blow-wave; *elle s'est fait faire un* ~ she had her hair blow-dried.

brusque [bʀysk] *adj* abrupt, blunt ‖ **brusquement** *adv* abruptly; suddenly ‖ **brusquer** *vt (1)* **1** *(malmener)* *speak harshly to **2** *(précipiter)* rush ‖ **brusquerie** *nf* abruptness; bluntness.

brut [bʀyt] *adj* **1** rough, crude, unrefined, raw; *à l'état* ~ in the rough **2** *(Com)* gross; *ça fait 10 000 dollars* ~ that makes $10000 gross; *produit* ~ gross income ◆ *nm (pétrole)* crude (oil).

brutal [bʀytal] *adj (mpl* **-aux)** brutal; rough, violent ‖ **brutaliser** *vt (1)* mistreat; *(fam)* knock about, bully ‖ **brutalité** *nf* brutality; violence ‖ **brute** *nf inv* brute; lout.

bruyamment [bʀɥijamã] *adv* noisily ‖ **bruyant** *adj* noisy.

bruyère [bʀyjɛʀ] *nf* **1** *(plante)* heather; *pipe de* ~ briar pipe **2** *(terrain)* heath(land).

buanderie [byãdəʀi] *nf* laundry; laundry room.

bûche [byʃ] *nf* log; ~ *de Noël* Yule log; *(loc) ramasser une* ~ *(fig)* trip up ‖ **bûcher** *nm (obsèques)* funeral pyre; *(supplice) elle est morte au* ~ she was burnt at the stake ◆ *vi (1)* work hard; *(fam) (Ens) (amér)* cram, *(brit)* swot ‖ **bûcheron** *nm inv* woodcutter, *(amér)* lumberjack.

budget [bydʒɛ] *nm* budget ‖ **budgétaire** *adj* budget, budgetary; *prévisions* ~*s* budget forecasts.

buée [bɥe] *nf* mist, condensation; *couvert de* ~ misted up, steamed up.

buffet [byfɛ] *nm* **1** *(meuble)* sideboard **2** *(réception)* buffet **3** *(gare)* buffet.

buffle [byfl] *nm (Zool)* buffalo.

buis [bɥi] *nm (Bot)* box; *(bois)* boxwood.

buisson [bɥisɔ̃] *nm* bush, shrub ‖ **buissonnière** *(loc) faire l'école* ~ play truant, *(amér)* play hooky.

bulbe [bylb] *nm (Bot)* bulb.

bulle [byl] *nf* **1** bubble; *faire des* ~*s*

blow bubbles 2 (bande dessinée) balloon 3 (Rel) bull.

bulletin [byltɛ̃] *nm* **1** *(compte-rendu)* report, bulletin; *(amér)* update; ~ **météorologique** weather report **2** *(papier)* ~ **de paie** pay slip; ~ **réponse** reply slip/coupon; ~ **scolaire** *(amér)* report card, *(brit)* (school) report **3** *(Pol)* ~ **blanc** blank ballot paper; ~ **nul** spoiled ballot paper; **à** ~ **secret** by secret ballot; ~ **de vote** ballot paper.

buraliste [byʀalist] *nmf* tobacconist.

bureau [byʀo] *nm (pl -x)* **1** *(meuble)* desk **2** *(lieu de travail)* office; *(chez soi)* study **3** *(organisme)* bureau **4** *(comité)* board, committee **5** ~ **de location** booking office; *(Th)* box office; ~ **de poste** post office; ~ **de vote** polling booth ‖ **bureaucratie** *nf* bureaucracy; *(fam)* red tape ‖ **bureaucratique** *adj* bureaucratic ‖ **bureautique** *nf* office automation.

burin [byʀɛ̃] *nm* **1** *(Art) (outil)* graver, burin; *(gravure)* engraving **2** *(Tech)* (cold) chisel ‖ **buriné** *adj (visage)* seamed ‖ **buriner** *vt (1)* engrave; chisel.

burlesque [byʀlɛsk] *adj* **1** *(Lit)* burlesque **2** *(fam)* ludicrous.

bus [bys] *nm (ab* **autobus**) *(fam)* bus.

buse [byz] *nf (Orn) (brit)* buzzard, *(amér)* hawk.

buste [byst] *nm* **1** *(Anat)* chest **2** *(Art)* bust.

but [byt] *nm* **1** *(Sp)* goal **2** *(fig)* aim, goal,

objective; **aller tout droit au** ~ *get straight to the point; **dans le** ~ **de** with the aim of; **il me l'a demandé de** ~ **en blanc** he asked me point-blank; **organisation à** ~ **non-lucratif** non-profit-making organisation, *(amér)* not-for-profit organization; **sans** ~ aimlessly.

butane [bytan] *nm (Ind)* butane; *(cuisson)* calor gas.

buté [byte] *adj* stubborn, obstinate ‖ **butée** *nf (Tech)* stop ‖ **buter** *vti (1)* **1** *(contre, sur)* *(personne)* stumble (against, into); *(objet)* knock (against); *(fig)* ~ **contre une difficulté** *come up against a problem **2** *(argot)* ~ **qn** bump sb off ‖ **se buter** *vpr (fam)* *dig one's heels in ‖ **buteur** *nm inv (football)* striker.

butin [bytɛ̃] *nm* booty *(s inv)*; ~ **de guerre** spoils of war ‖ **butiner** *vti (1)* **1** *(abeille)* collect nectar **2** *(fig)* gather.

butoir [bytwaʀ] *nm (Tech)* stop; ~ **de porte** door-stop; **date** ~ final date.

butor [bytɔʀ] *nm* **1** *(Orn)* bittern **2** *(fam)* lout.

butte [byt] *nf* **1** hillock, mound **2** *(Mil)* ~ **de tir** shooting range; *(loc)* **être en** ~ **à** *be exposed to/faced with.

buvable [byvabl] *adj* **1** drinkable **2** *(fam) (personne)* bearable ‖ **buvard** *nm* **1** *(papier)* blotting paper **2** *(sous-main)* blotter ‖ **buvette** *nf* refreshment room/stand ‖ **buveur** *nm (f* **-euse**) *drinker; **c'est un grand** ~ he's a heavy drinker.

C

C, c [se] *nm (lettre)* C, c.

c' [s] *ab* **ce**.

ça [sa] *pr dem (fam) voir* **cela**.

çà [sa] *(loc adv)* ~ **et là** here and there.

cabale [kabal] *nf* scheme, plot.

cabane [kaban] *nf* hut; *(péj)* shack; *(loc) (fam)* **en** ~ behind bars ‖ **cabanon** *nm* **1** hut **2** padded cell; **il est bon à mettre au** ~ he's a raving lunatic.

cabaret [kabaʀɛ] *nm* cabaret; night-club.

cabas [kaba] *nm (pl inv)* (shopping) bag; *(amér)* carry-all.

cabillaud [kabijo] *nm (Zool)* cod.

cabine [kabin] *nf (ascenseur)* cage; *(avion)* cockpit; *(fusée, navire)* cabin; *(piscine)* cubicle; ~ **de douche** shower cubicle; ~ **d'essayage** fitting room; ~ **téléphonique** call-box, phone box.

cabinet [kabinɛ] *nm* **1** *(médecin) (brit)* surgery, *(amér)* office; *(notaire)* office, *(immobilier)* agency **2** *(gouvernement)*

cabinet; **chef de** ~ principal private secretary **3** **les** ~**s** the toilet(s).

câble [kɑbl] *nm* **1** *(Tech)* cable **2** *(TV)* cable (television) ‖ **câbler** *vt (1)* cable; **êtes-vous câblé ?** do you have cable TV?

cabosser [kabɔse] *vt (1)* dent.

cabrer [kabʀe] *vt (1)* **1** *(cheval)* *make rear (up); *(avion)* nose up **2** *(fig)* ~ **qn** *put sb's back up ‖ **se cabrer** *vpr* **1** *(cheval)* rear (up) **2** *(fig)* ~ **contre qn** turn against sb.

cabriole [kabʀijɔl] *nf* caper; *(clown)* somersault ‖ **cabriolet** *nm (véhicule)* convertible.

caca [kaka] *nm (fam) (langage enfantin)* pooh; **faire** ~ *do a pooh/job; **touche pas, c'est** ~ **!** don't touch that, it's dirty!

cacahuète [kakawɛt] *nf* peanut.

cacao [kakao] *nm (Bot, Cuis)* cocoa.

cacatoès [kakatɔɛs] *nm (Orn)* cockatoo.

cachalot [kaʃalo] *nm (Zool)* (sperm-) whale.

cache[1] [kaʃ] *nm (Phot)* mask.

cache[2] [kaʃ] *nf* hiding-place; *(butin)* cache ‖ **caché** *adj* hidden, concealed. ‖ **cache-cache** *nm (loc) (aussi fig) jouer à* ~ play hide-and-seek ‖ **cache-col** *nm (pl inv) (aussi* **cache-nez**) scarf, muffler.

cachemire [kaʃmir] *nm* **1** *(tricot)* cashmere **2** *(dessin)* paisley (pattern).

cacher [kaʃe] *vt (1)* *hide, conceal; (fig) il cache son jeu* he keeps his cards close to his chest ‖ **se cacher** *vpr* *hide, conceal oneself ‖ **cache-sexe** *nm (pl inv)* G-string.

cachet [kaʃɛ] *nm* **1** *(pilule)* pill **2** *(tampon)* stamp; ~ *de la poste* postmark **3** *(sceau)* seal **4** *(honoraires)* fee **5** *avoir du* ~ *have style/character ‖ **cacheter** *vt (1c) (tamponner)* stamp; *(sceller)* seal.

cache-tampon [kaʃtɑ̃pɔ̃] *nm (loc) jouer à* ~ play hunt-the-thimble.

cachette [kaʃɛt] *nf* hiding-place; *en* ~ *(loc adv)* in secret; *(fam)* on the quiet.

cachot [kaʃo] *nm* **1** *(Hist)* dungeon **2** *(supplice) trois jours de* ~ three days' solitary confinement ‖ **cachotterie** *nf* secrecy, mystery ‖ **cachottier** *adj (f* **-ière**) *(personne)* secretive, mysterious.

cactus [kaktys] *nm (pl inv) (Bot)* cactus.

cadastral [kadastʀal] *adj (pl* **-aux**) *(Adm) plan* ~ plan of the commune; city surveyor's plan ‖ **cadastre** *nm* land register.

cadavérique [kadaveʀik] *adj* corpse-like; *(teint)* deathly pale ‖ **cadavre** *nm* corpse, dead body, *(amér)* cadaver.

cadeau [kado] *nm (pl* **-x**) present, gift; *je t'en fais* ~ *(aussi fig)* you can have it as a gift.

cadenas [kadna] *nm* padlock ‖ **cadenasser** *vt (1)* padlock.

cadence [kadɑ̃s] *nf* rhythm, pace; *(Ind)* production rate; *à la* ~ *de* at the rate of; *en* ~ rhythmically ‖ **cadencé** *adj* rhythmic.

cadet [kadɛ] *adj (f* **-ette**) *(de deux)* younger; *(de plusieurs)* youngest; *son frère* ~ his younger brother ◆ *nm* **1** younger/youngest child; *je suis son* ~ *de 3 ans* I'm three years younger than him **2** *(Sp)* junior; *l'équipe des* ~*s* the junior team.

cadran [kadʀɑ̃] *nm* dial; *(horloge)* face; ~ *solaire* sundial.

cadre [kadʀ] *nm* **1** *(tableau, voiture)* frame; *(sur imprimé)* box; *(contexte)* framework; *(décor)* setting; *dans le* ~ *de nos recherches* as part of our research **2** *(personne) (Ind)* manager; *les* ~*s* the managerial/executive staff; *jeune* ~ *dynamique* dynamic young executive; *(péj)* yuppy; ~*s moyens* middle management; ~*s supérieurs* senior management ‖ **cadrer** *vti (1)* **1** *(avec)* correspond (to); match **2** *(Phot)* centre.

caduc [kadyk] *adj (f* **-que**) **1** *(Bot) arbre à feuilles caduques* deciduous tree **2** *(fig) (périmé)* obsolete; *(Jur)* null and void; *(contrat) devenir* ~ expire.

cafard [kafaʀ] *nm* **1** *(Zool)* cockroach, *(amér)* roach; *(fam) avoir le* ~ *be down in the dumps ‖ **cafardeux** *adj (f* **-euse**) *(fam)* blue, sad.

café [kafe] *nm* **1** *(produit)* coffee; ~ *crème* white coffee **2** *(bistrot)* café ‖ **caféine** *nf (Ch)* caffeine ‖ **cafetier** *nm (f* **-ière**) café-owner ‖ **cafetière** *nf* **1** coffee-pot; ~ *électrique* (electric) coffee-maker **2** *(argot) (tête)* nut.

cafouiller [kafuje] *vi (fam)* muddle, *get into a mess.

cage [kaʒ] *nf* **1** *(animaux)* cage **2** *(Sp) (fam)* goal, net **3** *(Tech)* (protective) casing; ~ *d'ascenseur (amér)* elevator car, *(brit)* lift cage; ~ *d'escalier* stairwell; *(Anat)* ~ *thoracique* rib cage.

cageot [kaʒo] *nm* crate; *(fruits)* tray.

cagibi [kaʒibi] *nm* **1** *(débarras)* box room; *(amér)* junk room **2** *(placard) (amér)* closet; *(brit)* cupboard.

cagneux [kaɲø] *adj (f* **-euse**) knock-kneed.

cagnotte [kaɲɔt] *nf (caisse commune)* kitty.

cagoule [kagul] *nf* hood; *(passe-montagne)* balaclava.

cahier [kaje] *nm* **1** *(Ens)* exercise book; ~ *de brouillon* roughbook; ~ *de textes* homework notebook, *(brit)* prep book **2** *(revue)* journal **3** ~ *des charges (Jur)* regulations; *(Tech)* specifications.

cahot [kao] *nm* bump, jolt.

cahute [kayt] *nf* hut; *(péj)* shack.

caïd [kaid] *nm inv (fam)* **1** *(pègre)* gangleader, boss **2** *(chef)* big shot **3** *(as)* star; *faire le* ~ *(fam)* *throw one's weight around.

caille [kaj] *nf (Orn)* quail.

caillebottis [kajbɔti] *nm (pl inv)* duckboard.

cailler [kaje] *vti (1)* **1** *(lait)* curdle; *(sang)* clot **2** *(fam) (temps) ça caille!* it's freezing! ‖ **caillot** *nm* blood clot.

caillou [kaju] *nm (pl* **-x**) **1** stone; *(galet)* pebble; *gros* ~ boulder **2** *(argot) (diamant)* stone **3** *(argot) (tête)* nut; *il n'a pas un poil sur le* ~ he's as bald as a coot ‖ **caillouteux** *adj (f* **-euse**) stony, pebbly.

caisse [kɛs] *nf* **1** *(boîte)* box; *(Ind)* crate; ~ *à outils* toolbox; *(Mus)* ~ *de résonance* sound box **2** *(pour argent)* cashbox; ~ *noire* secret cash, *(amér)* slush fund; *(fig) les* ~*s de l'État* the coffers of the state **3** *(machine)* ~ *enregistreuse* cash register, till; *elle est à la* ~ she's on the checkout; *c'est elle qui tient la* ~ she's the cashier; *(fig)* she holds the pursestrings 4 *(contenu)* takings *pl inv*; **faire la ~** *do the till/count the takings 5 *(comptoir) (magasin)* cashdesk; *(banque)* cashier's desk; *(supermarché)* checkout 6 *(organisme)* **~ d'épargne** savings bank; **~ de retraite** pension fund; **~ de sécurité sociale** social security office 7 *(Mus)* drum; **la grosse ~** the big drum 8 *(Aut)* bodywork; *(argot) (voiture)* crate; *(fam)* **à fond la ~** at full speed 9 *(argot) (poitrine)* **il s'en va de la ~** he's got trouble with his lungs. ‖ **caissier** *nm (f* **-ière)** cashier ‖ **caisson** *nm* 1 box, crate 2 *(de plongeur)* diving-bell; *(Méd)* **maladie des ~s** the bends 3 *(Mil)* caisson; *(fam)* **se faire sauter le ~** *blow one's brains out.

cajoler [kaʒɔle] *vt (1)* coax, *make a fuss of; *(câliner)* cuddle ‖ **cajolerie** *nf* coaxing; cuddling.

cajou [kaʒu] *nm (noix de)* **~** cashew nut.

cake [kek] *nm* fruit cake.

calamité [kalamite] *nf* calamity, disaster ‖ **calamiteux** *adj (f* **-euse)** disastrous.

calcaire [kalkɛʀ] *nm 1 (Géol)* limestone 2 *(dépôt)* fur ◆ *adj* chalky; *(Géol)* limestone; *(eau)* hard.

calciné [kalsine] *adj* burnt to a cinder.

calcium [kalsjɔm] *nm (Ch)* calcium.

calcul[1] [kalkyl] *nm (Méd)* **~ rénal** kidney stone.

calcul[2] [kalkyl] *nm* calculation; sum; **le ~** arithmetic; **erreur de ~** miscalculation ‖ **calculateur** *adj (f* **-trice)** calculating ◆ *nmf (personne)* calculator ‖ **calculatrice** *nf (appareil)* calculator ‖ **calculer** *vti (1)* calculate ‖ **calculette** *nf* (pocket) calculator.

cale[1] [kal] *nf (Naut)* 1 hold 2 slipway; **en ~ sèche** in dry dock.

cale[2] [kal] *nf (Tech)* wedge ‖ **calé** *adj* 1 wedged, propped up 2 *(fam) (personne)* bright; **elle est calée** she knows her stuff; *(problème)* difficult.

caleçon [kalsɔ̃] *nm* 1 *(sous-vêtement)* boxer shorts; **~ long** long johns 2 **~ de bain** swimming trunks 3 *(mode féminine)* leggings.

calembour [kalɑ̃buʀ] *nm* pun.

calendrier [kalɑ̃dʀije] *nm* 1 calendar 2 *(planning)* schedule; *(brit)* timetable.

calepin [kalpɛ̃] *nm* notebook.

caler [kale] *vt (1)* wedge, prop up ◆ *vi (Aut)* stall; *(fam)* **je cale!** I give up! ‖ **se caler** *vpr* **il s'est calé dans son fauteuil préféré** he settled comfortably into his favourite armchair.

calfeutrer [kalføtʀe] *vt (1)* draughtproof.

calibre [kalibʀ] *nm* size; *(arme)* calibre; *(fruits, œufs)* grade ‖ **calibrer** *vt (1)* grade.

calice [kalis] *nm* 1 *(Rel)* chalice 2 *(Bot)* calyx.

califourchon [kalifuʀʃɔ̃] *nm* **à ~** *(loc)* astride.

câlin [kalɛ̃] *nm* cuddle, hug ◆ *adj (enfant)* cuddly, *(chat)* affectionate; *(ton)* tender ‖ **câliner** *vt (1)* cuddle, hug ‖ **câlinerie** *nf* affection; **faire des ~s** cuddle, hug.

calmant [kalmɑ̃] *nm (Méd)* tranquilizer.

calmar [kalmaʀ] *nm (Zool)* squid.

calme [kalm] *nm* calm(ness); peace and quiet; *(mer)* calm; *(Pol)* order; **le ~ est rétabli** *(aussi fig)* order has been restored; **garder son ~** *keep calm; **du ~!** *(tiens-toi tranquille!)* keep quiet! *(ne t'affole pas!)* don't panic! ◆ *adj* calm, peaceful ‖ **calmement** *adv* quietly, calmly. ‖ **calmer** *vt (1)* calm (down); *(douleur)* soothe; *(faim, soif)* satisfy ‖ **se calmer** *vpr* calm down; *(douleur)* ease; *(fièvre)* subside.

calomnie [kalɔmni] *nf (orale)* slander *(s inv)*; *(écrite)* libel *(s inv)* ‖ **calomnier** *vt (1)* slander; libel ‖ **calomnieux** *adj (f* **-euse)** slanderous; libellous.

calorie [kalɔʀi] *nf (Bio, Phys)* calorie ‖ **calorifique** *adj* calorific ‖ **calorifuger** *vt (1h) (Tech)* insulate; *(plomberie)* lag.

calotte [kalɔt] *nf* 1 *(bonnet)* skullcap 2 *(du crâne)* crown; *(Orn)* cap 3 *(Géog)* **~ glaciaire** icecap.

calque [kalk] *nm* 1 *(dessin)* tracing; **papier ~** tracing paper 2 *(fig)* carbon copy ‖ **calquer** *vt (1)* trace; copy.

calumet [kalymɛ] *nm* **le ~ de la paix** the pipe of peace; *(amér)* peacepipe.

calvaire [kalvɛʀ] *nm* 1 *(Rel)* Calvary 2 *(fig)* suffering.

calvitie [kalvisi] *nf* baldness.

camarade [kamaʀad] *nmf* 1 friend; **~ de classe** classmate 2 *(Pol)* comrade ‖ **camaraderie** *nf* friendship; comradeship.

cambiste [kɑ̃bist] *nm inv (Fin)* foreign-exchange/forex dealer.

cambouis [kɑ̃bwi] *nm* (dirty) oil/grease.

cambré [kɑ̃bʀe] *adj* arched ‖ **cambrer** *vt (1)* arch ‖ **se cambrer** *vpr* arch one's back.

cambriolage [kɑ̃bʀiɔlaʒ] *nm* burglary ‖ **cambrioler** *vt (1) (amér)* burglarize, *(brit)* burgle; **se faire ~** *be burgled/burglarized ‖ **cambrioleur** *nm inv* burglar.

cambrousse [kɑ̃bʀus] *nf (fam)* countryside; **en pleine ~** in the middle of nowhere.

cambrure [kɑ̃bʀyʀ] *nf* curve; *(pied)* arch; *(chaussée)* camber.

caméléon [kameleɔ̃] *nm (Zool)* chameleon.

camélia [kamelja] *nf (Bot)* camellia.

camelot [kamlo] *nm* peddlar ‖ **camelote** *nf* cheap goods; *(fam)* junk.

caméra [kameʀa] *nf (Ciné, TV)* camera; *(d'amateur) (amér)* movie-camera, *(brit)* cine-camera ‖ **caméraman** *nm inv (pl*

-men) cameraman ‖ **caméscope** *nm* camcorder.

camion [kamjɔ̃] *nm* truck; *(brit)* lorry ‖ **camion-citerne** *nm (amér)* tanker-truck; *(brit)* tanker ‖ **camionnette** *nf* van ‖ **camionneur** *nm inv* truck-driver, /lorry-driver.

camisole [kamizɔl] *nf* ~ **de force** strait-jacket.

camomille [kamɔmij] *nf (Bot)* camomile.

camouflage [kamuflaʒ] *nm* camouflage ‖ **camoufler** *vt (1)* conceal, disguise; *(Mil)* camouflage.

camp [kɑ̃] *nm* **1** camp; *lit de* ~ *(amér)* cot, *(brit)* camp bed **2** *(Sp)* side; *changer de* ~ change sides.

campagnard [kɑ̃paɲaʀ] *nm* countryman, *(f* **countrywoman)** ♦ *adj* country ‖ **campagne** *nf* **1** countryside; *à la* ~ in the country **2** campaign; ~ **électorale** election campaign; ~ **publicitaire** advertising campaign; *faire* ~ (**fight a) campaign; *mener une* ~ *(contre)* campaign (against).

campement [kɑ̃pmɑ̃] encampment, camp ‖ **camper** *vi (1)* camp (out) ♦ *vt* **1** *(Mil)* encamp **2** *(placer)* *stick, plant ‖ **se camper** *vpr il se campa devant moi* he planted himself in front of me ‖ **campeur** *nm (f* **-euse)** camper.

camphre [kɑ̃fʀ] *nm (Ch)* camphor.

camping [kɑ̃piŋ] *nm* **1** *(activité)* camping; *faire du* ~ *go camping **2** *(lieu)* campsite.

campus [kɑ̃pys] *nm* campus.

canadienne [kanadjɛn] *nf* **1** fur-lined jacket **2** (two-man) tent.

canaille [kanaj] *nf inv* **1** *(pègre)* crook **2** *(enfant) petite* ~ *!* you little rascal!

canal [kanal] *nm (pl* **-aux)** canal; *(détroit)* channel; *(Anat)* canal, duct; *(TV)* channel ‖ **canalisation** *nf (Tech)* pipe ‖ **canaliser** *vt (1)* channel, direct.

canapé [kanape] *nm* **1** *(sofa)* settee, sofa; ~**-lit** sofa-bed **2** *(Cuis)* open sandwich; canapé.

canard [kanaʀ] *nm* **1** duck; *(mâle)* drake **2** *(péj) (journal)* rag **3** *(Mus)* wrong note ‖ **canarder** *vi (1)* *hit a wrong note ♦ *vt (tirer)* *take pot shots (at).

canari [kanaʀi] *nm (Orn)* canary.

cancan [kɑ̃kɑ̃] *nm* **1** *(danse)* French cancan **2** ~**s** *mpl* gossip *(s inv)* ‖ **cancaner** *vi (1)* gossip.

cancer [kɑ̃sɛʀ] *nm* **1** *(Méd)* cancer *(s inv)*, *avoir un* ~ *have cancer ‖ **cancéreux** *adj (f* **-euse)** cancerous ‖ **cancérigène** *adj* carcinogenic; *c'est* ~ it can cause cancer **2** *(Astr) le C*~ Cancer.

cancre [kɑ̃kʀ] *nm* dunce.

candélabre [kɑ̃delɑbʀ] *nm* candelabra.

candeur [kɑ̃dœʀ] *nf* naïvety.

candidat [kɑ̃dida] *nm (à)* candidate (for); *(emploi)* applicant (for); *il est* ~ *à la présidence* he's running for president ‖ **candidature** *nf (amér)* candidacy, *(brit)* candidature; *(emploi)* application; *j'ai posé ma* ~ *au poste* I've applied for the job.

candide [kɑ̃did] *adj* naïve, innocent.

cane [kan] *nf (Orn)* (female) duck ‖ **caneton** *nm* duckling ‖ **canette** *nf* **1** *(Cuis)* duckling **2** ~ *(de bière)* bottle (of beer).

canevas [kanva] *nm (pl inv)* **1** *(toile)* canvas; *(broderie)* tapestry **2** *(devoir, livre)* plan, outline.

caniche [kaniʃ] *nm (chien)* poodle.

canicule [kanikyl] *nf* scorching heat, heatwave; *(lit) la* ~ the dog days; *(fig) c'est la* ~ *!* it's scorching (hot)!

canif [kanif] *nm* penknife.

canin [kanɛ̃] *adj* canine ‖ **canine** *nf (dent)* canine.

caniveau [kanivo] *nm (pl* **-x)** gutter.

canne [kan] *nf* **1** *(tige)* cane **2** walking stick; ~ *à pêche* fishing rod; ~ *à sucre* sugar cane **3** *(argot)* ~**s** *(jambes)* pins.

cannelé [kanle] *adj* fluted ‖ **cannelure** *nf* fluting.

cannelle [kanɛl] *nf* cinnamon.

cannibale [kanibal] *nmf* cannibal ‖ **cannibalisme** *nm* cannibalism.

canoë [kanɔe] *nm* canoe; *faire du* ~ *go canoeing.

canon [kanɔ̃] *nm* **1** *(Hist)* cannon; *(Mil, Naut)* gun *chair à* ~ cannon fodder **2** *(d'un fusil)* barrel **3** *(Mus, Rel)* canon **4** *(idéal)* canon **5** *(fam) un* ~ *de rouge* a glass of red wine.

cañon [kaɲɔ̃] *nm (Géog)* canyon.

canot [kano] *nm* boat, dinghy; ~ *automobile* motor boat; ~ *de sauvetage* lifeboat ‖ **canotier** *nm (chapeau)* boater.

cantatrice [kɑ̃tatʀis] *nf* (female) opera singer.

cantine [kɑ̃tin] *nf* **1** *(lieu)* canteen; *tu manges à la* ~ *?* do you have school meals? **2** *(malle)* (metal) trunk.

cantique [kɑ̃tik] *nm (Rel)* hymn.

canton [kɑ̃tɔ̃] *nm (Adm)* district; *(Suisse)* canton ‖ **cantonal** *adj (mpl* **-aux)** *les (élections)* ~**es** local election.

cantonade [kɑ̃tɔnad] *nf à la* ~ *(loc)* for all to hear.

cantonnement [kɑ̃tɔnmɑ̃] *nm (Mil)* **1** *(action)* stationing **2** *(lieu)* camp ‖ **cantonner** *vt (1)* station; billet ‖ **se cantonner** *vpr* limit oneself ‖ **cantonnier** *nm inv (dans une commune)* municipal employee.

canular [kanylaʀ] *nm* hoax.

caoutchouc [kautʃu] *nm* **1** *(Ind)* rubber *(s inv)*; ~ *mousse®* foam rubber **2** *(Bot)* rubber plant ‖ **caoutchouteux** *adj (f* **-euse)** rubbery.

cap [kap] *nm* 1 *(Géog)* cape; *passer/franchir un* ~ round a cape; *(fig) passer le* ~ **overcome the obstacle* 2 direction; *changer de* ~ *(aussi fig)* change course; *mettre le* ~ *sur (aussi fig)* *set course for.

capable [kapabl] *adj (de)* 1 capable (of), able (to); *je ne me sens pas* ~ *d'y aller seul* I don't feel up to going there alone 2 likely (to); *elle est* ~ *d'avoir oublié* she may well have forgotten.

capacité [kapasite] *nf* 1 *(volume, production)* capacity 2 *(personne)* capacity, ability.

cape [kap] *nf* cape, cloak; *histoire de* ~ *et d'épée* cloak and dagger story.

capilotade [kapilɔtad] *nf en* ~ *(loc)* crushed to a pulp.

capitaine [kapiten] *nm inv* captain.

capital [kapital] *adj (mpl* **-aux***)* main; *(peine, péché)* capital; *(importance)* utmost ◆ *nm (Fin) (souvent pl)* capital *(s inv)* ∥ **capitale** *nf* 1 *(ville)* capital (city) 2 *(majuscule)* capital (letter) ∥ **capitalisation** *nf* capitalization ∥ **capitaliser** *vt (1) (Fin)* capitalize ◆ *vi* *make money ∥ **capitalisme** *nm (Pol)* capitalism ∥ **capitaliste** *nmf* capitalist.

capiteux [kapitø] *adj (f* **-euse***) (parfum)* intoxicating; *(beauté)* captivating.

capitonner [kapitɔne] *vt (1) (meubles)* pad, upholster; *(tissu)* quilt.

capitulation [kapitylasjɔ̃] *nf* capitulation, surrender ∥ **capituler** *vi (1)* capitulate, surrender.

caporal [kapɔral] *nm (pl* **-aux***) (Mil)* corporal.

capot [kapo] *nm (Aut) (amér)* hood; *(brit)* bonnet.

capote [kapɔt] *nf* 1 *(Aut) (amér)* top; *(brit)* hood 2 *(manteau)* greatcoat 3 *(fam) (préservatif)* condom, *(amér)* rubber; *(hum)* ~ *(anglaise)* French letter.

capoter [kapɔte] *vi (1) (Aut)* overturn.

câpre [kɑpR] *nf (Cuis)* caper.

caprice [kapRis] *nm* 1 whim, fancy 2 *(enfant)* tantrum; *faire un* ~ *throw a tantrum ∥ **capricieux** *adj (f* **-euse***)* 1 capricious, fanciful 2 temperamental; *(enfant)* bad-tempered.

capricorne [kapRikɔRn] *nm (Astr) le C*~ Capricorn.

capsule [kapsyl] *nf* capsule.

capter [kapte] *vt (1) (attention)* attract; *(Rad, TV)* receive, pick up; *(énergie)* harness ∥ **capteur** *nm* ~ *solaire* solar panel.

captif [kaptif] *adj & nm (f* **-ive***)* captive ∥ **captivité** *nf* captivity.

capture [kaptyR] *nf* capture ∥ **capturer** *vt (1)* capture, *catch.

capuche [kapyʃ] *nf* hood ∥ **capuchon**

nm 1 hood; *(moine)* cowl 2 hooded cape 3 *(stylo)* cap, top.

capucine [kapysin] *nf (Bot)* nasturtium.

caquet [kake] *nm* cackle; *(fam) rabaisser le* ~ *à qn* *shut sb up ∥ **caquetage** *nm (poule)* cackling; *(fam) (personne)* nattering ∥ **caqueter** *vi (1d)* cackle; natter.

car[1] [kaR] *nm (amér)* bus; *(brit)* coach.

car[2] [kaR] *conj* for.

carabine [kaRabin] *nf* rifle ∥ **carabiné** *adj (fam)* violent; *une grippe* ~*e* a nasty bout of flu.

caractère [kaRaktɛR] *nm* 1 *(nature)* character, nature; *il a bon/mauvais* ~ he is good-/ill-natured; *il a du* ~ *!* he's got a lot of character! 2 *(trait)* characteristic 3 *(typographie)* character, type; *en* ~*s gras* in bold type ∥ **caractériel** *adj (f* **-ielle***) enfant* ~ problem child ∥ **caractériser** *vt (1)* characterize; *l'opération est caractérisée par...* key features of the deal include... ∥ **caractéristique** *nf* characteristic.

carafe [kaRaf] *nf* carafe; *(décorative)* decanter ∥ **carafon** *nm* (small) carafe.

carambolage [kaRɑ̃bɔlaʒ] *nm (motorway)* pile-up.

caramel [kaRamel] *nm* 1 *(Cuis)* caramel 2 *(bonbon)* toffee; *(mou)* fudge.

carapace [kaRapas] *nf (Zool) (aussi fig)* shell.

carat [kaRa] *nm* carat.

caravane [kaRavan] *nf* 1 *(convoi)* caravan 2 *(véhicule)* caravan ∥ **caravaning** *nm* caravanning.

carbone [kaRbɔn] *nm (Ch)* carbon ∥ **carbonisé** *adj* charred; *mort* ~ burnt alive.

carburant [kaRbyRɑ̃] *nm* fuel ∥ **carburateur** *nm (Aut)* carburettor.

carcasse [kaRkas] *nf (corps, voiture)* carcass; *(bateau, bâtiment)* shell 2 *(armature)* frame(work).

carcéral [kaRseRal] *adj (mpl* **-aux***) en milieu* ~ in a prison context.

cardiaque [kaRdjak] *adj* cardiac; *crise* ~ heart attack; *elle est* ~ she's got heart trouble ◆ *nmf* heart patient.

cardinal [kaRdinal] *nm (pl* **-aux***)* cardinal ◆ *adj* cardinal.

cardiologie [kaRdjɔlɔʒi] *nf (Méd)* cardiology ∥ **cardiologue** *nmf* cardiologist, heart specialist.

carême [kaRem] *nm (Rel) le C*~ Lent.

carénage [kaRenaʒ] *nm (Naut)* careening ∥ **carène** *nf* hull.

carence [kaRɑ̃s] *nf* 1 *(en)* lack (of); *(Méd)* deficiency; ~ *en calcium* calcium deficiency 2 *(incompétence)* incompetence.

caressant [kaRɛsɑ̃] *adj (ton)* tender; *(brise)* caressing; *(personne)* affectionate ∥ **caresser** *vt (1)* caress, fondle; *(animal)* stroke.

case

cargaison [kaʀgɛzɔ̃] *nf* cargo, *(camion)* load ‖ **cargo** *nm (Naut)* cargo vessel, freighter.

caricatural [kaʀikatyʀal] *adj (mpl -aux)* caricatural ; *(ridicule)* ridiculous ‖ **caricature** *nf* caricature ‖ **caricaturer** *vt (1)* caricature.

carie [kaʀi] *nf* ~ *dentaire* tooth decay *(s inv)* ; *ils ont des* ~*s* they've got bad teeth ‖ **carié** *adj* rotten, decayed.

carillon [kaʀijɔ̃] *nm (cloches)* peal of bells ; *(horloge, sonnette)* chime ; *(Mus)* chimes.

caritatif [kaʀitatif] *adj (f -ive)* charitable.

carlingue [kaʀlɛ̃g] *nf (avion)* fuselage, cabin.

carnage [kaʀnaʒ] *nm* carnage, slaughter.

carnassier [kaʀnasje] *adj (f -ière)* carnivorous ◆ *nm (Zool)* carnivore.

carnaval [kaʀnaval] *nm (pl -s)* carnival.

carnet [kaʀnɛ] *nm* notebook ; *(timbres)* book ; ~ *de bord* logbook ; ~ *de chèques* chequebook.

carnivore [kaʀnivɔʀ] *adj* carnivorous ◆ *nm* carnivore.

carotide [kaʀɔtid] *nf (Anat)* carotid artery.

carotte [kaʀɔt] *nf* 1 *(Bot)* carrot ; *(loc) les* ~*s sont cuites !* the game is up ! 2 *(Géol)* core sample.

carpe [kaʀp] *nf (Zool)* carp.

carpette [kaʀpɛt] *nf* rug ; *(péj) (personne)* doormat.

carquois [kaʀkwa] *nm* quiver.

carré [kaʀe] *adj* 1 *(forme)* square ; *3 mètres* ~*s* three square metres 2 *(franc)* blunt ; *(intègre)* upright ◆ *nm* square ; *(de terre)* plot ; *(Math) 9 au* ~ nine squared ; *(Tech) mettre au* ~ square.

carreau [kaʀo] *nm (pl -x)* 1 *(vitre)* (window) pane 2 *(au mur)* wall tile ; *(au sol)* floor tile 3 *(vx)* tiled floor ; *(loc) rester sur le* ~ *(assommé)* *be knocked out cold, *(fig)* *get left behind ; *(examen)* fail 4 small square ; *papier à* ~*x* squared paper ; *tissu à* ~*x* checked cloth 5 *(cartes) la dame de* ~ the queen of diamonds ; *(loc) se tenir à* ~ *be on one's guard.

carrefour [kaʀfuʀ] *nm* intersection, crossroads ; *(fig)* meeting-place.

carrelage [kaʀlaʒ] *nm* tiling, tiles ; *(sol)* tiled floor ‖ **carreler** *vt (1d)* tile.

carrelet [kaʀlɛ] *nm* 1 *(Zool)* plaice 2 *(suspended)* fishing-net.

carrément [kaʀemɑ̃] *adv* 1 frankly, boldly 2 *(complètement)* absolutely, utterly.

carrière [kaʀjɛʀ] *nf* 1 *(Tech)* quarry ; *(sable)* sandpit 2 *(profession)* career ; *militaire de* ~ professional soldier ; *il a fait* ~ *dans l'armée* he made his career in the army.

carriole [kaʀjɔl] *nf* (small) cart.

carrossable [kaʀɔsabl] *adj route* ~ road suitable for motor vehicles ‖ **carrosse** *nm* (horse-drawn) carriage ‖ **carrosserie** *nf (Aut)* bodywork ‖ **carrossier** *nm (Aut)* body repairer.

carrure [kaʀyʀ] *nf (personne)* build ; *(aussi fig)* stature ; *de forte* ~ well-built ; *(vêtement)* size.

cartable [kaʀtabl] *nm* school satchel/bag.

carte [kaʀt] *nf* 1 card ; *(Rail)* season ticket, pass ; *(menu)* menu ; *C*~ *Bleue®* Visa Card® ; ~ *de crédit* credit card ; ~ *d'étudiant* student card ; ~ *grise (Aut) (amér)* registration document, *(brit)* logbook ; ~ *d'identité* identity card, *(amér)* ID card ; ~ *à jouer* playing card ; *jouer* ~ *sur table (fig)* play fair ; ~ *de lecteur* library ticket ; ~ *orange (à Paris)* monthly metro/bus pass ; ~ *postale* postcard ; ~ *vermeil* senior citizen's pass ; ~ *des vins* wine list ; *(Com)* ~ *de visite* business card ; *avoir* ~ *blanche* *have a free hand 2 *(Géog)* map ; *(météo, Naut)* chart ; ~ *routière* road map.

cartilage [kaʀtilaʒ] *nm (Anat)* cartilage ; *(viande)* gristle.

carton [kaʀtɔ̃] *nm* 1 *(matière)* cardboard 2 *(bristol)* card ; *(Sp)* ~ *jaune/rouge* yellow/red card ; *(cible)* target 3 *(boîte)* cardboard box ; ~ *à chapeau/à chaussures* hat/shoe box 4 *(dossier)* file ; ~ *à dessin* portfolio ; ~ *d'écolier* satchel ‖ **cartonné** *adj livre* ~ *(amér)* hardcover book, *(brit)* hardbacked book ‖ **carton-pâte** *(loc) en* ~ papier-mâché ; false.

cartouche [kaʀtuʃ] *nf* 1 cartridge 2 *(cigarettes)* carton ◆ *nm (Art)* cartouche, tablet.

cas [ka] *nm (pl inv)* case ; ~ *de conscience* moral dilemma ; ~ *de force majeure* case of absolute necessity ; ~ *limite* borderline case ; *(enfant) c'est un* ~ *social* he's a problem child ; *(fam) tu es vraiment un* ~ *!* you're really quite something ! *au* ~ *où il ne viendrait pas* in case he doesn't come ; *je vous le dis au* ~ *où...* I'm telling you, just in case... ; *dans le* ~ *présent* in the present instance ; *dans ce* ~ *-là* in that case ; *en aucun* ~ under no circumstances ; *en* ~ *de besoin* if need be ; *en tout* ~ in any case ; *ne faire aucun* ~ *de* attach no importance to ; *faire peu de/grand* ~ *de* attach little/great importance to.

casanier [kazanje] *adj (f -ière)* stay-at-home ◆ *nm* stay-at-home ; *(amér)* homebody.

casaque [kazak] *nf (de jockey)* blouse.

cascade [kaskad] *nf* 1 waterfall ; *(fig)* torrent 2 *(Ciné)* stunt ‖ **cascadeur** *nm (f -euse)* stuntman, stuntwoman.

case [kaz] *nf* 1 *(hutte)* hut 2 *(carré)* square ; *retourner à la* ~ *départ (aussi fig)* *go back to square one 3 *(casier)* compartment, cubbyhole; *(fam)* **il lui manque une ~** he's got a screw loose ‖ **caser** *vt* *(1)* *(fam)* **~ qch** *find room for sth; **~ qn** *find a husband/wife/job for sb; **le voilà donc casé enfin !** so he's fixed up/settled at last! ‖ **se caser** *vpr (fam)* settle down.

caserne [kazɛʀn] *nf* barracks; **~ de pompiers** fire station.

cash [kaʃ] *adv* **payer ~** *pay hard cash; **$200 ~** two hundred dollars hard cash.

casier [kazje] *nm* compartment; *(courrier)* pigeon-hole; *(vestiaire)* locker; **~ à bouteilles** bottle rack; **~ judiciaire** police record.

casque [kask] *nm* helmet; *(moto)* crash-helmet; **C~s bleus** UN peace-keeping forces ‖ **casqué** *adj* helmeted ‖ **casquer** *vi (1) (fam) (payer)* cough up ‖ **casquette** *nf* cap.

cassable [kasabl] *adj* breakable ‖ **cassant** *adj (fragile)* brittle; *(ton)* sharp; *(travail)* *(fam)* exhausting ‖ **cassation** *nf (Jur)* **pourvoi en ~** appeal ‖ **casse** *nf (argot)* burglary; *(fam)* **faire un ~** *do a job ◆ *nf* **1** breakage; *(fam)* **il va y avoir de la ~** there's going to be trouble **2** *(lieu)* scrapyard ‖ **casse-cou** *nm (pl inv)* daredevil ‖ **casse-croûte** *nm (pl inv)* snack; sandwich ‖ **casse-noisettes** *nm (aussi* **casse-noix**) *nm (pl inv)* nutcrackers *(npl)* ‖ **casse-pieds** *nmf (pl inv)* nuisance; bore; **il est vraiment ~** he's a real pain in the neck ‖ **casser** *vt (1)* *break; *(corde)* snap; *(jugement)* quash; *(noix)* crack; *(prix)* slash; *(loc)* **~ la croûte** *have a bite to eat; *(fam)* **~ la figure à qn** smash sb's face in; *(fam)* **~ les pieds /la tête à qn** *get on sb's nerves; *(fam)* **~ sa pipe** *(mourir)* kick the bucket; *(fam)* **ça ne casse rien !** that's no big deal! *(loc) (médire)* **~ du sucre sur le dos de qn** talk about sb behind his back; **ça ne fait que 500 francs à tout ~** that makes no more than five hundred francs altogether ‖ **se casser** *vpr* **1** *break; **elle s'est cassé le bras** she broke her arm; *(fig)* **il s'est cassé la figure** *(tomber)* he fell flat on his face; *(échouer)* he didn't make it; *(fam)* **ne te casse pas la tête !** don't worry about it! **2** *(argot) (partir)* **on se casse ?** shall we split/make a move?

casserole [kasʀɔl] *nf* saucepan; *(fam)* **on va tous passer à la ~** we're all going to be put through it.

casse-tête [kastɛt] *nm (pl inv) (jeu)* brain-teaser; *(fig)* **c'est un vrai ~ !** it's a real headache!

cassette [kasɛt] *nf* **1** *(coffret)* casket **2** *(audio, vidéo)* cassette.

casseur [kasœʀ] *nm inv* **1** vandal; *(manifestant)* rioter **2** *(ferrailleur)* scrap dealer.

cassis [kasis] *nm* **1** *(Bot)* blackcurrant **2** *(Aut)* bump.

cassure [kasyʀ] *nf* break.

castagnettes [kastaɲɛt] *nfpl (Mus)* castanets.

caste [kast] *nm (classe)* caste.

castor [kastɔʀ] *nm (Zool)* beaver.

castration [kastʀasjɔ̃] *nf* castration; *(chat)* neutering ‖ **castrer** *vt (1)* castrate; neuter.

cataclysme [kataklism] *nm* cataclysm, disaster.

catacombe [katakɔ̃b] *nf (souvent pl)* catacomb.

catalogue [katalɔg] *nm (amér)* catalog, *(brit)* catalogue ‖ **cataloguer** *vt (1) (choses)* catalogue; *(péj) (personne)* label.

catalyse [kataliz] *nf · (Ch)* catalysis ‖ **catalyseur** *nm (aussi fig)* catalyst ‖ **catalytique** *adj* catalytic.

catamaran [katamaʀɑ̃] *nm (Naut)* catamaran.

cataplasme [kataplasm] *nm (Méd)* poultice.

catapulte [katapylt] *nf (Mil, Tech)* catapult ‖ **catapulter** *vt (1) (aussi fig)* catapult.

cataracte [kataʀakt] *nf (Géog, Méd)* cataract; *(fig)* **des ~s de pluie** torrential rain.

catastrophe [katastʀɔf] *nf* catastrophe; **en ~** in a rush; at the last minute; **il a fallu atterrir en ~** we had to make an emergency landing ‖ **catastrophé** *adj* shattered ‖ **catastropher** *vt (1)* shatter, stun ‖ **catastrophique** *adj* catastrophic, disastrous ‖ **catastrophisme** *nm* pessimism.

catch [katʃ] *nm (Sp)* (all-in) wrestling ‖ **catcheur** *nm (f -euse)* all-in wrestler.

catéchisme [kateʃism] *nm (Rel)* catechism.

catégorie [kategɔʀi] *nf* category, class; *(fonctionnaire, fruits)* grade ‖ **catégorique** *adj* categorical ‖ **catégoriquement** *adv* categorically.

cathédrale [katedʀal] *nf* cathedral.

catholicisme [katɔlisism] *nm (Roman)* Catholicism ‖ **catholique** *adj & nmf (Roman)* Catholic; *(fam)* **pas très ~** a bit fishy/shady.

catimini [katimini] *nm* **en ~** *(fam)* on the quiet.

cauchemar [koʃmaʀ] *nm* nightmare; **je fais des ~s** I have/get nightmares ‖ **cauchemardesque** *adj* nightmarish.

causant [kozɑ̃] *adj* talkative; communicative.

cause [koz] *nf* **1** *(raison)* cause; **à ~ de** because of; **fermé pour ~ de décès/d'inventaire** closed for funeral/inventory; **elle est revenue, et pour ~...** she's back, and I hardly need tell you why...; **pour la**

celluloïd

bonne ~ for the right reason **2** *(Jur)* cause, case ; *en connaissance de* ~ knowing all the facts ; *en désespoir de* ~ in the last resort ; *en tout état de* ~ in all events ; *(loc) (aussi fig) mettre hors de* ~ clear ; *(re)mettre en* ~ question ; *obtenir gain de* ~ *win one's case ; *plaider une* ~ plead a case **3** *(idéal)* cause ; *(loc) faire* ~ *commune avec qn* *fight alongside sb.

causer[1] [koze] *vt* (1) *(provoquer)* cause ; *bring about.

causer[2] [koze] *vi* (1) *(bavarder)* chat ‖ **causerie** *nf* conversation ‖ **causette** *nf* *(loc) faire la* ~ *have a chat.

cautériser [kɔterize] *vt* (1) *(Méd)* cauterize.

caution [kosjɔ̃] *nf* **1** *(Fin)* guarantee, security ; *(location)* deposit ; *(Jur)* bail ; *libéré sous* ~ released on bail ; *(fam) sujet à* ~ unreliable **2** *(fig)* approval, backing ‖ **cautionner** *vt* (1) *(prêt)* guarantee ; *(fig) (politique)* support.

cavalcade [kavalkad] *nf* *(spectacle)* cavalcade ; *(incontrôlée)* stampede.

cavale [kaval] *nf* **1** *(lit)* pedigree mare **2** *(loc) (fam) (évadé) en* ~ on the run ‖ **cavaler** *vi* (1) *(fam)* *be on the run ; *(fig) je n'arrête pas de* ~ *(fam)* I'm always on the go.

cavalerie [kavalRi] *nf* *(Mil)* cavalry ‖ **cavalier** *nm* (f **-ière**) **1** horseman, horsewoman ; *(Mil)* cavalryman **2** *(bal)* partner **3** *(échecs)* knight ◆ *adj (impertinent)* offhand.

cave [kav] *nf* cellar. ‖ **caveau** *nm (pl* **-x)** **1** *(sépulture)* vault **2** cellar.

caverne [kavɛRn] *nf* cave, cavern ; *homme des* ~*s* caveman.

caviar [kavjaR] *nm (Cuis)* caviar.

cavité [kavite] *nf* cavity.

ce [sə] *adj dem* (*devant voyelle ou h muet* **cet** ; *f* **cette** ; *pl* **ces)** **1** *(proximité)* this *(pl* these) ; *cette voiture* this car ; *cet homme-ci* this man (over here) **2** *(éloignement)* that *(pl* those) ; *ces garçons* those boys ; *cette femme-là* that woman (over there) **3** *(temps) un de ces jours* one of these days ; some day ; *ces derniers jours* in the last few days ; *cette nuit (à venir)* tonight ; *(passée)* last night ; *cette semaine* this week ; *cette semaine-là* that week.
◆ *pr dem (c' devant le e des formes du verbe* **être)** **1** *(impersonnel)* it ; *qui est-ce ? c'est moi* who is it?/who's there? me/it's me ; *qui a parlé ?* *c'est elle* who spoke? her/it was her/she did **2** *c'est moi/toi/lui/ elle qui...* I'm/you're/he's/she's the one who... ; *ce sont eux/elles qui* they are the ones who/*(choses)* which... *c'est vous qui le dites !* that's what *you* say!/think ! **3** ~ *faisant* in doing this ; *pour* ~ *faire* in order to do this ; *(lit) il est parti, et* ~ *pour la raison suivante...* he left for the fol-

lowing reason... **4** *ce qui/ce que (reprise d'un nom)* what ; *ce qui me plaît, c'est que...* what I like is that... ; *je sais ce qu'elle a acheté* I know what she bought **5** *(reprise d'une proposition)* which ; *il est malade, ce qui pose problème* he's sick, which raises a problem ; *elle se dit enceinte, ce que je ne crois pas* she says she's pregnant, but I don't believe it/that **6** *(exclamatif)* (= **qu'est-ce que)** *ce qu'elle est jolie !* how pretty she is !

ceci [səsi] *pr dém* this ; *à* ~ *près que* except that.

cécité [sesite] *nf* blindness.

céder [sede] *vt* (1c) ~ *qch* *give sth up ; ~ *qch à qn* *give sth over to sb ; *let sb have sth ; *bail à* ~ end of lease ; ~ *le pas à qn* *give way to sb ; ~ *du terrain (à) (Mil) (aussi fig)* *give ground (to) ◆ *vi (personne)* *give in ; *(objets)* collapse.

cédille [sedij] *nf (typographie)* cedilla.

cèdre [sɛdR] *nm (Bot)* cedar.

ceinture [sɛ̃tyR] *nf* **1** belt ; *(pyjama)* cord ; *(loc) il faut se serrer la* ~ we have to tighten our belts ; ~ *de sécurité* safety belt **2** *(taille)* waist ; *dans l'eau jusqu'à la* ~ waist-deep in water ; *(de vêtement)* waistband **3** *(fig) (arbres, murs)* ring ; *(transports)* circle line ‖ **ceinturer** *vt* (1) *(ville)* surround ; *(personne)* seize around the waist ‖ **ceinturon** *nm* belt.

cela [səla] *pr dém (aussi* **ça)** that ; *à* ~ *près que* except that ; *il y a* ~ *de bien que...* ; one good thing is that... ; ~ *fait 2 ans que j'habite à Rome* I've been living in Rome for two years *où* ~ ? where's that?/where did you say? *qu'est-ce que* ~ *veut dire ?* what does that mean? *tout* ~ *est faux* that's all wrong ; *voyez-vous* ~ ! just fancy that!

célébration [selebRasjɔ̃] *nf* celebration ‖ **célèbre** *adj (par)* famous/well-known (for) ‖ **célébrer** *vt* (1c) celebrate ‖ **célébrité** *nf (renommée)* celebrity, fame ; *(personne)* celebrity.

céleri [selRi] *nm (Cuis)* ~ *en branches* celery ‖ **céleri-rave** *nm* celeriac.

célérité [seleRite] *nf* promptness, speed.

céleste [selɛst] *adj* heavenly ; *(lit)* celestial.

célibat [seliba] *nm (prêtre)* celibacy ; *(homme)* bachelorhood ; *(femme)* spinsterhood ‖ **célibataire** *nmf* single person ; *(homme)* bachelor ; *(femme)* spinster ◆ *adj* single, unmarried.

celle [sɛl] *pr dém voir* **celui.**

cellier [selje] *nm (food)* storeroom.

cellophane [selɔfan] *nf* cellophane.

cellule [selyl] *nf cell* ; ~ *photo-électrique* electric eye.

cellulite [selylit] *nf (Méd)* cellulite.

celluloïd [selylɔid] *nm* celluloid.

cellulose [selyloz] *nf* cellulose.
celui [səlɥi] *pr dém (f* **celle**; *mpl* **ceux**; *fpl* **celles**) **1** the one; the ones; *celui/ceux avec qui vous m'avez vu hier* the one/the ones you saw me with yesterday **2** this, that, these, those; *vos chemises sont plus belles que celles que j'ai achetées* your shirts are nicer than those/the ones I bought **3** *celui-ci, celle-ci* this one; *celui-là, celle-là* that one; *ceux-ci, celles-ci* these; *ceux-là, celles-là* those; *(loc) elle est bien bonne, celle-là!* that's a good joke! **4** *(reprise) celui-ci* the latter; *celui-là* the former; *elle voulait prévenir son père, mais celui-ci était absent* she wanted to let her father know, but he/the latter was away.
cendre [sɑ̃dʀ] *nf* ash; ~*s* ashes; *(qui pourraient reprendre feu)* embers ‖ **cendré** *adj* ash-grey ‖ **cendrée** *nf (Sp)* ash-track ‖ **cendrier** *nm* ash tray ‖ **Cendrillon** *nf (Lit)* Cinderella.
censé [sɑ̃se] *adj (loc) être ~ faire qch* *be supposed to sth.
censeur [sɑ̃sœʀ] *nm inv* **1** *(Hist, Presse)* censor; *(fig)* critic **2** *(Ens)* deputy head.
censure [sɑ̃syʀ] *nf* **1** censure, criticism; *(Pol) motion de ~* vote of no-confidence **2** *(Presse)* censorship; *(censeurs)* (board of) censors ‖ **censurer** *vt (1)* **1** censure, criticise **2** *(Presse)* censor.
cent[1] [sɑ̃] *adj num cardinal (ne prend pas la marque du pluriel devant un autre chiffre)* **1** a/one hundred; ~ *un* a hundred and one; ~ *hommes* a hundred men; *cinq cents hommes* five hundred men; *trois cent cinquante dollars* three hundred and fifty dollars; *(prend la marque du pluriel devant les noms* **milliard** *et* **million***) deux* ~*s millions* two hundred million **2** *(beaucoup) (loc) je n'attendrai pas ~ sept ans* I'm not waiting for ever; *on a fait les quatre* ~*s coups ensemble* we got up to all sorts of tricks together; *je te l'ai dit* ~ *fois* I've told you (that) over and over again/a million times; *faire les* ~ *pas* walk up and down; *(fam)* *hang about ◆ adj num ordinal inv page deux* ~ page two hundred ◆ *nm* **(the)** number one hundred; *(pourcentage) vingt-cinq pour* ~ twenty-five per cent; *(loc) il gagne des* ~*s et des mille* he earns a fortune ‖ **centaine** *nf* a hundred or so; *des* ~*s de personnes* hundreds of people ‖ **centenaire** **1** *nm (date)* centenary **2** *nmf (personne)* centenarian.
cent[2] [sɑ̃] *nm (monnaie)* cent.
centi- [sɑ̃ti] *préf* centi- ‖ **centième** *nm & adj* hundredth ‖ **centigrade** *adj* centigrade ‖ **centigramme** *nm* centigramme ‖ **centilitre** *nm* centilitre ‖ **centime** *nm (monnaie)* centime ‖ **centimètre** *nm* centimetre; *(ruban)* tape measure.
central [sɑ̃tʀal] *adj (mpl* **-aux**) central; *chauffage* ~ central heating; *(principal)*

main ◆ *nm (téléphonique)* telephone exchange ‖ **centrale** *nf (électrique)* power station/plant; ~ *nucléaire* nuclear power station/plant; ~ *syndicale (amér)* labor union, *(brit)* trade union ‖ **centraliser** *vt (1)* centralize ‖ **centre** *nm* centre; ~ *d'accueil* reception centre; ~ *aéré* outdoor (recreational) centre; ~ *commercial* shopping centre/*(amér)* mall; ~ *culturel* arts centre; ~ *hospitalier* hospital complex; ~ *de tri* sorting office; *en* ~-*ville (brit)* in the town centre, *(amér)* downtown ‖ **centrer** *vt (1)* centre ‖ **centrifuge** *adj (Tech)* centrifugal ‖ **centrifugeuse** *nf (appareil)* liquidizer, *(amér)* juicer ‖ **centripète** *adj (Tech)* centripetal ‖ **centriste** *nmf (Pol)* member of a central party; moderate ◆ *adj* moderate; *(fam)* middle-of-the-road.
centuple [sɑ̃typl] *nm* a hundred times; *(loc) je vous le rendrai au* ~ I'll pay you back a hundredfold.
cep [sɛp] *nm* ~ *de vigne* vine stock ‖ **cépage** *nm* (variety of) vine.
cèpe [sɛp] *nm (Cuis)* cepe; wild mushroom.
cependant [səpɑ̃dɑ̃] *conj & adv* **1** *(pourtant)* however, yet, nevertheless **2** *(vx)* meanwhile; ~ *que* while.
céramique [seramik] *nf* **1** *(Art)* ceramics **2** *(matière, objet)* ceramic ◆ *adj* ceramic.
cerceau [sɛʀso] *nm (pl* **-x**) hoop.
cercle [sɛʀkl] *nm* circle; *(club)* circle, club; *(fig)* ~ *vicieux* vicious circle.
cercueil [sɛʀkœj] *nm (amér)* casket, *(brit)* coffin.
céréale [sereal] *nf (Ag)* cereal.
cérébral [serebral] *adj (mpl* **-aux**) *(Méd)* cerebral; *(effort)* mental.
cérémonial [seremonjal] *nm (pl* **-s**) *(étiquette)* ceremonial, ceremony ‖ **cérémonie** *nf* ceremony; *sans* ~ informal, informally ‖ **cérémonieux** *adj (f* **-euse**) ceremonious, formal.
cerf [sɛʀ] *nm (Zool)* stag ‖ **cerf-volant** *nm* **1** *(jouet)* kite **2** *(Zool)* stag-beetle.
cerfeuil [sɛʀfœj] *nm (Cuis)* chervil.
cerise [səriz] *nf* cherry; ‖ **cerisier** *nm* cherry (tree).
cerne [sɛʀn] *nm (loc) elle a des* ~*s* she's got rings/bags under her eyes ‖ **cerner** *vt (1)* *(ennemi)* surround; *(fig) (problème)* grasp; *(loc) il a les yeux cernés* he's got rings/bags under his eyes.
certain [sɛʀtɛ̃] *adj* **1** *(après n) (mort, résultat)* certain, inevitable; *(vérité)* unquestionable **2** *(personnes) (adj attribut) elle en est* ~*e* she's certain/sure about it **3** *(avant n) une* ~ *Mme Dupont* a certain Mrs Dupont; *il a un* ~ *charme* there's something rather charming about him; *dans* ~*s cas* in some cases ◆ *pr* ~*s (personnes)* some (people); *(choses)* some ‖ **certai-**

nement *adv* certainly ; *mais ~ !* but of course ! ‖ **certes** *adv* (*lit*) certainly, indeed.

certificat [sɛʀtifika] *nm* certificate ‖ **certifier** *vt* (*1h*) certify ; *copie certifiée conforme* certified copy ; *je vous certifie que c'est vrai* I assure you it's true.

certitude [sɛʀtityd] *nf* certainty ; *avoir la ~ que* *be sure that.

cérumen [seʀymɛn] *nm* ear wax.

cerveau [sɛʀvo] *nm* (*pl* **-x**) brain ; *la fuite des ~x* the brain drain.

cervelle [sɛʀvɛl] *nf* **1** (*Anat*) brain ; (*loc*) *se brûler la ~* *blow one's brains out **2** (*Cuis*) brains (*npl inv*).

ces [se] *adj dém voir* **ce**.

césarienne [sezaʀjɛn] *nf* (*Méd*) Caesarean (section).

cessation [sesasjɔ̃] *nf* cessation ; (*hostilités, paiement*) suspension ‖ **cesse** *nf* (*loc*) *sans ~* ceaselessly, without stopping ‖ **cesser** *vi* (*1*) **1** (*choses*) cease, stop ; (*bruit, fièvre*) die down **2** (*personnes*) stop ; *il a cessé d'écrire* he stopped writing ; *il ne cesse de se plaindre* he's forever complaining **3** *faire ~* *put an end/a stop to ‖ **cessez-le-feu** *nm* (*pl inv*) ceasefire ‖ **cession** *nf* transfer ; (*vente*) sale.

c'est-à-dire [setadiʀ] *loc* (*que*) that is to say (that).

cet [sɛt] *pr dém voir* **ce**.

ceux [sø] *pr dém voir* **celui**.

chacal [ʃakal] *nm* (*pl* **-s**) (*Zool*) jackal.

chacun [ʃakœ̃] *pr indéfini* (*f* **chacune**) (*un par un*) each one ; (*tous sans exception*) every one ; *~ son tour !* now it's my/your turn ! *tout un ~* (*lit*) anybody.

chagrin [ʃagʀɛ̃] *nm* grief, sorrow ; *cela lui fait du ~* that upsets her ; *il a du ~* he's upset ; (*loc*) *noyer son ~ dans le vin* drown one's sorrows ‖ **chagriner** *vt* (*1*) *upset.

chahut [ʃay] *nm* uproar, (*fam*) rumpus ; *faire du ~* kick up a rumpus ‖ **chahuter** *vi* (*1*) cause uproar ; kick up a rumpus ◆ *vt* (*un professeur*) bait, rag ‖ **chahuteur** *adj* (*f* **-euse**) rowdy ; (*élève*) unruly ◆ *nm* rowdy/unruly pupil.

chai [ʃɛ] *nm* (*Ag*) wine shed/store.

chaîne [ʃɛn] *nf* chain ; (*montagnes*) chain, range ; (*TV*) channel ; (*Ind*) *~ de montage* assembly line ; *~ de production* production line ; *produire à la ~* mass-produce ; *travail à la ~* (*aussi fig*) production-line work ‖ **chaînette** *nf* (*small*) chain ‖ **chaînon** *nm* **1** (*maillon*) link **2** (*Géog*) secondary chain.

chair [ʃɛʀ] *nf* flesh ; (*loc*) *bien en ~* plump ; (*loc*) *en ~ et en os* in the flesh ; (*fig*) *~ de poule* (*amér*) goosebumps, (*brit*) gooseflesh ; (*Cuis*) *~ à saucisse* sausage meat.

chaire [ʃɛʀ] *nf* (*prêtre*) pulpit ; (*évêque*) throne ; (*professeur*) chair.

chaise [ʃɛz] *nf* chair ; *~ de bébé* highchair ; *~ longue* deckchair.

châle [ʃɑl] *nm* shawl.

chalet [ʃalɛ] *nm* chalet.

chaleur [ʃalœʀ] *nf* **1** (*intense*) heat ; *vague de ~* heatwave ; (*agréable*) warmth **2** (*fig*) (*argument*) heat ; (*accueil*) warmth ; *avec ~* hotly ; warmly **3** (*Zool*) *en ~* (*amér*) in heat, (*brit*) on heat ; (*Méd*) *elle a des ~s* she gets hot (*amér*) flashes/(*brit*) flushes ‖ **chaleureusement** *adv* warmly ‖ **chaleureux** *adj* (*f* **-euse**) (*accueil*) warm ; (*personne*) warm, welcoming.

chaloupe [ʃalup] *nf* (*Naut*) launch.

chalumeau [ʃalymo] *nm* (*pl* **-x**) (*Tech*) (*amér*) blowtorch, (*brit*) blowlamp ; (*à souder*) welding torch.

chalut [ʃaly] *nm* (*Tech*) trawl net ‖ **chalutier** (*bateau*) trawler.

chamailler [ʃamaje] *se ~ vpr* (*1*) (*fam*) squabble.

chamboulement [ʃɑ̃bulmɑ̃] *nm* (*fam*) chaos ; upset ‖ **chambouler** *vt* (*1*) turn upside down ; (*fam*) mess up.

chambre [ʃɑ̃bʀ] *nf* **1** bedroom ; (*hôtel*) room ; *~ d'amis* spare (bed)room ; *~ à coucher* (*pièce*) bedroom, (*mobilier*) bedroom suite ; *~ froide* cold room ; *~ noire* (*Phot*) dark room ; (*loc*) *faire ~ à part* *sleep in separate rooms ; (*loc*) *elle garde la ~* (*malade*) she's confined to her room **2** (*Pol*) *C~ des Communes /des Lords* (*GB*) House of Commons/Lords ; *~ de commerce* chamber of commerce ; (*Jur*) court **3** (*Tech*) chamber ; (*vélo*) *~ à air* inner tube.

chameau [ʃamo] *nm* (*pl* **-x**) (*Zool*) camel.

chamois [ʃamwa] *nm* (*pl inv*) (*Zool*) chamois.

champ [ʃɑ̃] *nm* **1** field ; *~ de bataille* battlefield ; *~ de courses* race course ; (*Mil*) *mort au ~ d'honneur* killed in action ; *~ de tir* (*Mil*) rifle/firing range **2** (*fig*) (*recherches*) field, area, domain ; (*loc*) *donner libre ~ à son imagination* *give a free rein to one's imagination ; (*loc*) *laisser le ~ libre (à)* *leave the way clear (for) **3** (*Phot*) *dans le ~* in shot ; *sortir du ~* *go out of shot **4** *sur-le-champ* (*loc*) at once ‖ **champêtre** *adj* rural ; *la vie ~* country life.

champignon [ʃɑ̃piɲɔ̃] *nm* **1** mushroom ; (*vénéneux*) toadstool **2** (*Méd*) (*surtout pl*) fungus ; (*au pied*) athlete's foot **3** (*fam*) (*accélérateur*) *appuie sur le ~ !* put your foot down !

champion [ʃɑ̃pjɔ̃] *nm* (*f* **-ionne**) champion ◆ *adj* (*fam*) great, first-rate ‖ **championnat** *nm* championship.

chance [ʃɑ̃s] *nf* **1** (good) luck, good fortune ; *bonne ~ !* good luck ! *pas de ~ !*

hard luck! *par* ~ luckily; *tu as de la* ~ you're lucky/in luck; *j'ai eu la* ~ *de la voir* I was lucky enough to see her 2 *(hasard)* luck, chance; *il y a des* ~*s que* it's likely that; *il faut mettre toutes les* ~*s de ton côté* you mustn't take any chances; *tente ta* ~ *!* try your luck! give it a try!

chancelant [ʃɑ̃slɑ̃] *adj* shaky; *(pas)* faltering ‖ **chanceler** *vi (1b)* stagger, totter; *(détermination)* waver.

chancelier [ʃɑ̃səlje] *nm inv (Adm, Pol)* chancellor; *(GB)* *C*~ *de l'Echiquier* Chancellor of the Exchequer ‖ **chancellerie** *nf* chancellery; *(en France) la C*~ the Ministry of Justice.

chanceux [ʃɑ̃sø] *adj (f -euse)* lucky, fortunate.

chandail [ʃɑ̃daj] *nm* jersey, sweater.

chandelier [ʃɑ̃dəlje] *nm* candlestick; *(à branches)* candelabra ‖ **chandelle** *nf* candle; *(loc) un dîner aux* ~*s* a candlelight dinner; *(fam) tenir la* ~ *(hum)* play gooseberry.

change [ʃɑ̃ʒ] *nm (Fin)* exchange; *taux de* ~ exchange rate; *(loc) gagner/perdre au* ~ *win/*lose on a deal; *(loc) donner le* ~ *à qn* deceive sb, *put sb off the scent/ track* ‖ **changeant** *adj* changeable; *(varié)* variable ‖ **changement** *nm (de)* change (in, of); *il y a eu du* ~ *!* there have been changes around here! ‖ **changer** *vt (1h)* 1 change, alter; ~ *qch/qn en* change sth/sb into; *(fam) ça vous changera !* it'll be a change (for you)! *ça te changera les idées !* it'll do you good! *ça ne change rien/rien au fait que...* that doesn't change a thing/the fact that...; *ça ne change rien au problème* the problem remains the same 2 *(céder)* ~ *qch (contre qch)* exchange sth (for sth) 3 *(enfant, malade)* change 4 ~ *qch de place* move sth 5 ~ *de chose* ; ~ *de voiture* change cars; ~ *d'adresse* move house; ~ *d'avis* change one's mind; *changeons de sujet !* let's change the subject! ◆ *vi* change; *(loc)* ~ *en bien/en mal* change for the better/the worse; *(loc) ça change !* that makes a change! ‖ **se changer** *vpr* change (one's clothes); *se* ~ *en* change/turn into ‖ **changeur** *nm* 1 money-changer 2 ~ *de monnaie* change machine.

chanoine [ʃanwan] *nm (Rel)* canon.

chanson [ʃɑ̃sɔ̃] *nf* song; *(loc) c'est toujours la même* ~ *!* it's always the same old story!

chant [ʃɑ̃] *nm* 1 singing 2 *(lit)* song; *(oiseau)* song; *au* ~ *du coq* at cockcrow 3 *(Lit)* song, canto.

chantage [ʃɑ̃taʒ] *nm (aussi fig)* blackmail *(ns inv)*.

chanter [ʃɑ̃te] *vti (1)* 1 *sing; (coq)* crow; *(fig) qu'est-ce qu'il nous chante là ?* what is he going on about? *(loc) si ça vous chante* if that appeals to you 2 *faire* ~ *qn* blackmail sb ‖ **chanteur** *nm (f -euse)* singer.

chantier [ʃɑ̃tje] *nm (construction)* building site; *(démolition)* demolition site; *(route)* roadworks *(npl inv)*; ~ *naval* shipyard; *(fig) quel* ~ *!* what a mess! *mettre qch en* ~ start work on sth.

chantonner [ʃɑ̃tɔne] *vi (1)* hum.

chanvre [ʃɑ̃vʀ] *nm (Tech)* hemp.

chaos [kao] *nm* chaos ‖ **chaotique** *adj* chaotic.

chapardage [ʃapaʀdaʒ] *nm* pilfering ‖ **chaparder** *vi (1)* pilfer.

chapeau [ʃapo] *nm (pl -x)* hat; ~ *haut-de-forme* top hat; ~ *melon* bowler (hat); ~ *mou (amér)* fedora, *(brit)* trilby; ~ *de paille* straw hat; *(fam)* ~ *!* well done! *(fig) je lui tire mon* ~ I take my hat off to him; *(loc) arriver sur les* ~*s de roues* arrive at the last minute ‖ **chapeauter** *vt (1)* head, direct.

chapelet [ʃaplɛ] *nm (Rel)* rosary; *(fig)* ~ *de* string of.

chapelier [ʃapəlje] *nm (f -ière)* hatter.

chapelle [ʃapɛl] *nf* chapel; ~ *ardente* chapel of rest; *(fig) querelle de* ~ internal quarrel.

chapelure [ʃaplyʀ] *nf (Cuis)* breadcrumbs.

chapiteau [ʃapito] *nm (f -x) (Arch)* capital; *(cirque)* big top.

chapitre [ʃapitʀ] *nm* 1 *(livre)* chapter; *(section)* section, item 2 *(Rel)* chapter; *(loc) il n'a pas voix au* ~ he has no say in the matter.

chaque [ʃak] *adj* every, each; *à* ~ *instant* from one moment to the next.

char [ʃaʀ] *nm (Mil)* tank; *(Hist)* chariot; *(carnaval)* float.

charabia [ʃaʀabja] *nm (fam)* gibberish *(ns inv)*.

charade [ʃaʀad] *nf (parlée)* riddle; *(mimée)* charade.

charbon [ʃaʀbɔ̃] *nm* coal; ~ *de bois* charcoal; *(loc) sur des* ~*s ardents* like a cat on hot bricks/on a hot tin roof ‖ **charbonnier** *nm* coalman.

charcuterie [ʃaʀkytʀi] *nf (boutique)* pork butcher's (shop), delicatessen; *(produits)* cooked meats ‖ **charcutier** *nm (f -ière)* pork butcher; delicatessen owner.

chardon [ʃaʀdɔ̃] *nm (Bot)* thistle.

chardonneret [ʃaʀdɔnʀe] *nm (Orn)* goldfinch.

charge [ʃaʀʒ] *nf* 1 *(poids) (camion)* load; *(fig)* burden 2 *(force) (arme, El)* charge 3 *(fig)* responsibiity, office; *enfants à* ~ dependent children; *à la* ~ *de (personne)* dependent on; *(frais)* to be paid by; *(loc) à* ~ *de revanche* if I can do the same for you; *prendre en* ~ *take care of, accept responsibility for 4* ~*s* expenses, costs;

(location) ~s *comprises* maintenance costs included ; ~s *sociales* social security contributions **5** *(Jus)* charge ; *témoin à* ~ witness for the prosecution **6** *(Mil, animaux)* charge ‖ **chargé** *adj (de)* loaded (with) ; full (of) ; *programme* ~ full/heavy schedule ◆ *nm (Pol)* ~ *d'affaires* chargé d'affaires ; ~ *de mission* official representative ; special advisor ‖ **chargement** *nm (action)* loading ; *(charge)* load, cargo ‖ **charger** *vt (1h)* **1** *(camion, arme)* load ; *(batterie)* charge ; *(ennemi)* charge **2** ~ *de* load with **3** *(ordonner)* ~ *qn de faire qch* instruct/*tell sb to do sth ◆ *vi (Mil, animaux)* charge ; *chargez !* charge ! ‖ **se charger de** *vpr* ~ *take/accept responsibility for ; je me charge de le faire* I *undertake to do it ‖ **chargeur** *nm (arme)* magazine ; *(Phot)* cartridge ; ~ *de batterie* battery charger.

chariot [ʃarjo] *nm* **1** *(Ag)* cart, *(à foin)* waggon ; *(entrepôt)* truck ; ~ *élévateur* fork-lift truck ; *(supermarché)* caddy, *(amér)* (shopping) cart ; *(de courses)* trolley **2** *(machine à écrire)* carriage.

charisme [karism] *nm* charisma.

charitable [ʃaritabl] *adj* charitable ‖ **charité** *nf* charity ; *demander la* ~ beg/ask for charity ; *vente de* ~ charity sale, bazaar.

charlatan [ʃarlatã] *nm* charlatan ; *(médecin)* quack.

charmant [ʃarmã] *adj* charming, delightful.

charme[1] [ʃarm] *nm (Bot)* hornbeam.

charme[2] [ʃarm] *nm* charm ; *elle me tient sous son* ~ she's got me under her spell ; *faire du* ~ *à qn* *make eyes at sb ; (loc) je me porte comme un* ~ I'm as fit as a fiddle ‖ **charmer** *vt (1)* charm, delight ‖ **charmeur** *adj (f -euse)* charming, engaging ◆ *nm (séducteur)* charmer ; ~ *de serpents* snake charmer.

charnel [ʃarnɛl] *adj (f -elle)* carnal.

charnier [ʃarnje] *nm* mass grave.

charnière [ʃarnjɛr] *nf (Tech)* hinge ; *(fig) année* ~ decisive year ; turning point.

charnu [ʃarny] *adj* fleshy.

charognard [ʃarɔɲar] *nm (Orn) (aussi fig)* vulture ‖ **charogne** *nf* carrion *(ns inv)*.

charpente [ʃarpãt] *nf (Tech)* framework ; *(carrure)* build ‖ **charpentier** *nm inv* carpenter.

charpie [ʃarpi] *nf réduire en* ~ *tear to shreds.

charretier [ʃartje] *nm* carter ; *(loc) jurer comme un* ~ *swear like a trooper ‖ **charrette** *nf* cart ; *(à bras)* handcart.

charrier [ʃarje] *vt (1h)* **1** *(emporter)* carry along **2** *(fam)* joke ; *tu charries !* that's going a bit far !

charrue [ʃary] *nf (Ag) (amér)* plow, *(brit)* plough ; *(loc) mettre la* ~ *devant les bœufs* *put the cart before the horse.

charte [ʃart] *nf (texte)* charter.

charter [ʃartɛr] *nm (vol)* charter flight ; *(avion)* chartered plane.

chasse [ʃas] *nf* **1** *(activité) (Sp) (gros gibier)* hunting ; *(petit gibier)* shooting ; ~ *aux canards* duck-shooting ; ~ *à l'homme* manhunt ~ *au sanglier* boar-hunting ; ~ *sous-marine* underwater fishing ~ *interdite (amér)* no hunting, *(brit)* no shooting ; ~ *réservée* private hunting reserve ; *aller à la* ~ *go hunting/shooting ; (fig) donner la* ~ *(à)* *give chase (to), hunt ; (fig) faire la* ~ *aux affaires* *go bargain-hunting **2** *(saison)* hunting/shooting season ; *ouverture de la* ~ first day of the season **3** *(chasseurs) la* ~ the shooting party ; *(chasse à courre)* the hunt ; *(Av)* the fighters **4** *(gibier) faire bonne* ~ *get a good bag **5** ~ *d'eau* (toilet) flush ; *tirer la* ~ *flush the toilet ‖ **chassé-croisé** *nm* coming and going ; to-ing and fro-ing ‖ **chasse-neige** *nm (pl inv)* snow plough ‖ **chasser** *vt (1)* **1** hunt ; ~ *le sanglier* *go boar-hunting **2** *(éliminer)* *drive/chase away ◆ *vi* **1** *go hunting ; (brit) (petit gibier)* *go shooting **2** *(voiture)* skid ‖ **chasseur** *nm inv* **1** hunter ; *(chasse à courre)* huntsman ; ~ *de têtes (aussi fig)* headhunter ; *(soldat)* chasseur ; *(Av)* fighter **2** *(hôtel) (amér)* bellboy, *(brit)* page boy.

châsse [ʃas] *nf (Rel)* shrine, reliquary.

châssis [ʃasi] *nm (Aut)* chassis ; *(Ag)* cold frame.

chaste [ʃast] *adj* chaste ; *oreilles* ~s innocent ears ‖ **chasteté** *nf* chastity.

chat [ʃa] *nm* cat ; *(matou)* tomcat ; ~ *de gouttière* alley cat ; *(fig) (affectif) mon* ~ my pet, my darling ; *(loc) j'ai un* ~ *dans la gorge* I've got a frog in my throat ; *j'ai d'autres* ~s *à fouetter* I've other fish to fry ; ~ *échaudé craint l'eau froide* once bitten, twice shy ; *(jeu) je donne ma langue au* ~ I give up ; *il n'y a pas un* ~ there isn't a soul about ; *il n'y a pas de quoi fouetter un* ~ it's nothing to make a fuss about ; *quand le* ~ *n'est pas là, les souris dansent* when the cat's away the mice will play.

châtaigne [ʃatɛɲ] *nf* **1** chestnut **2** *(fam)* clout, punch ‖ **châtaignier** *nm (Bot)* (sweet) chestnut tree.

châtain [ʃatɛ̃] *adj inv (cheveux)* chestnut ; *(personne)* brown-haired.

château [ʃato] *nm (pl -x) (en France)* château ; *(GB)* stately home ; *(palais)* palace ; ~ *fort* castle ; ~ *d'eau* water tower ; *(loc) bâtir des* ~x *en Espagne* *build castles in the air ‖ **châtelain** *nm* lord of the manor ‖ **châtelaine** *nf* lady of the manor.

chat-huant [ʃaɥã] *nm (Orn)* (tawny) owl.

châtié [ʃatje] *adj* punished; *(fig) (langage, style)* refined ‖ **châtier** *vt (1h)* punish ‖ **châtiment** *nm* punishment.

chatoiement [ʃatwamɑ̃] *nm* shimmering.

chaton [ʃatɔ̃] *nm inv* 1 *(petit chat)* kitten 2 *(Bot)* catkin.

chatouille [ʃatuj] *nf (souvent pl)* tickle; *je n'aime pas les* ~*s* I don't like being tickled ‖ **chatouillement** *nm (picotement)* tickling, tickle ‖ **chatouiller** *vt (1)* tickle ‖ **chatouilleux** *adj (f* -**euse**) ticklish.

chatoyer [ʃatwaje] *vi (1f)* shimmer.

châtrer [ʃɑtre] *vt (1)* castrate; *(chat)* neuter; *(cheval)* geld.

chatte [ʃat] *nf* (she-)cat

chaud [ʃo] *adj (intense)* hot; *(agréable)* warm; *(fig) (discussion)* heated; *(couleur, voix)* warm; *point* ~ hot spot; *quartier* ~ *(prostitution)* red-light district; *(insécurité)* risky area; *elle n'était pas très* ~*e pour le faire* she wasn't very keen on the idea; *tiens-moi* ~ *!* keep me warm! ◆ *nm* heat, warmth; *(Méd) un* ~ *et froid* a chill; *avoir* ~ *be warm/hot; (fig) il a eu* ~ he got quite a fright; *(temps) il fait* ~ it's hot; *elle craint le* ~ she doesn't like the heat; *(Cuis) garder/tenir au* ~ *keep warm; restez au* ~ stay inside/in the warm; *(loc) ça ne me fait ni* ~ *ni froid* I couldn't care less about that ‖ **chaudement** *adv* warmly ‖ **chaudière** *nf (chauffage)* boiler.

chaudron [ʃodrɔ̃] *nm* cauldron.

chauffage [ʃofaʒ] *nm* heating; ~ *central* central heating.

chauffard [ʃofar] *nm inv (péj)* dangerous driver; *(fam)* road hog.

chauffe-eau [ʃofo] *nm (pl inv)* water-heater ‖ **chauffe-plats** *nm (pl inv)* plate-warmer ‖ **chauffer** *vti (1)* heat (up), warm (up); *faire* ~ *qch* heat/warm sth up; *(fam) ça va* ~ *!* there's going to be trouble! ‖ **se chauffer** *vpr* 1 *(au soleil)* warm oneself 2 *(maison) on se chauffe au mazout* we have oil-fired central heating; *(loc) (menace) je vais lui montrer de quel bois je me chauffe* I'll show him (what I'm made of)! ‖ **chaufferie** *nf* boiler room.

chauffeur [ʃofœr] *nm inv* driver; *(personnel)* chauffeur; *(péj)* ~ *du dimanche* Sunday driver; *(brit)* weekend driver; *voiture sans* ~ *(self-drive) (amér)* rental car/ *(brit)* hire car.

chauffeuse [ʃoføz] *nf* armchair.

chaume [ʃom] *nm (toit)* thatch; *(champ)* stubble ‖ **chaumière** *nf* (thatched) cottage.

chaussée [ʃose] *nf* 1 *(route) (amér)* pavement, *(brit)* road(way); ~ *déformée* uneven road surface 2 ~ *surélevée* causeway.

chausse-pied [ʃospje] *nm* shoehorn ‖ **chausser** *vt (1) (chaussures)* *put on; vous chaussez du combien?* what size

shoes do you take? ‖ **se chausser** *vpr* *put one's shoes on ‖ **chaussette** *nf* sock ‖ **chausson** *nm* 1 *(pantoufle)* slipper; *(bébé)* bootee; *(danseur)* ballet shoe 2 *(Cuis)* ~ *aux pommes* apple turnover.

chaussure [ʃosyr] *nf* shoe; ~*s de ski* ski boots; *rayon* ~*s* footwear department.

chauve [ʃov] *adj* bald ‖ **chauve-souris** *nf (pl* ~**s-souris**) bat.

chauvin [ʃovɛ̃] *nm* chauvinist ◆ *adj* chauvinistic ‖ **chauvinisme** *nm* chauvinism; jingoism.

chaux [ʃo] *nf* lime; *blanchir à la* ~ white-wash.

chavirer [ʃavire] *vi (1) (Naut)* capsize; overturn; *(fig)* *upset; bowl over.

chef [ʃef] *nm* 1 leader; head; *(patron)* boss; *(Cuis)* chef; *elle est* ~ *d'entreprise* she heads/runs a company; ~ *d'état* head of state; ~ *d'équipe* foreman; *(Pol)* ~ *de file* leader; ~ *de gare* stationmaster; ~ *d'orchestre* conductor; *rédacteur en* ~ chief editor 2 *(Mil)* officer; ~ *d'escadrille* squadron leader 3 *(Jur)* ~ *d'accusation* charge 4 *au premier* ~ essentially; *de mon propre* ~ on my own initiative, *(brit fam)* off my own bat 5 *(fam)* champion ‖ **chef-d'œuvre** *nm (pl* ~**s-d'œuvre**) masterpiece ‖ **chef-lieu** *nm (pl* ~**s-lieux**) county town, *(amér)* main town.

chemin [ʃəmɛ̃] *nm* 1 path; road; *à mi-* ~ half way; *demander le* ~ ask the way; *il est en* ~ he's on his way; *se mettre en* ~ *set out; ~ de fer* railway, *(amér)* rail-road; *par* ~ *de fer* by rail; ~ *de terre* track; *rebrousser* ~ retrace one's steps 2 *(fig) faire son* ~ *dans la vie* *get on in life; l'idée fait son* ~ the idea is catching on; *sur le bon* ~ on the right track; *je n'irai pas par quatre* ~*s* I'll get straight to the point.

cheminée [ʃəmine] *nf* chimney (stack); *(intérieur)* fireplace; *sur la* ~ on the mantel(piece); *(Naut)* funnel; *(Tech)* shaft.

cheminement [ʃəminmɑ̃] *nm* progress; *(Mil)* advance; ~ *de la pensée* thought process ‖ **cheminer** *vi (1)* 1 walk along 2 progress; advance.

cheminot [ʃəmino] *nm* railwayman, *(amér)* railroad engineer.

chemise [ʃəmiz] *nf* 1 shirt; ~ *de nuit* nightdress; *(fam fig) je m'en soucie comme de ma première* ~ I couldn't care less about it 2 *(dossier)* folder; *(Tech)* jacket; liner ‖ **chemiser** *vt (1) (Tech)* line ‖ **chemisette** *nf* short-sleeved shirt ‖ **chemisier** *nm* blouse; *(profession)* shirtmaker.

chenal [ʃənal] *nm (pl* -**aux**) channel.

chêne [ʃɛn] *nm* oak; *fort comme un* ~ as strong as an ox.

chenet [ʃəne] *nm* firedog, andiron.

chenil [ʃənil] *nm* kennels *npl*.

chenille [ʃənij] *nf* caterpillar; *(Aut)* (caterpillar) track.

cheptel [ʃɛptɛl] *nm* livestock.

chèque [ʃɛk] *nm* cheque, *(amér)* check; ~ **de voyage** traveller's cheque; ~ **en blanc** blank cheque; *(fig)* **il m'a donné un** ~ **en blanc** he gave me a free rein; ~ **postal** giro cheque; ~ **repas/restaurant** luncheon voucher; *(fig)* ~ **en bois** bounced cheque, *(amér)* rubber check ‖ **chéquier** *nm* cheque, *(amér)* check book.

cher [ʃɛʁ] *adj* (f **-ère**) **1** dear; *(souvenir)* precious; *(lettre)* **Cher Monsieur,** Dear Sir, **2** dear, expensive ♦ *adv* **coûter** ~ *cost a lot (of money); (fig)* **ça va te coûter** ~ you'll have to pay for it; **il les vend** ~ he's asking a high price/a lot for them.

chercher [ʃɛʁʃe] *vt* (1) **1** look for; search for; **aller** ~ fetch; **aller** ~ **qn à la gare** pick sb up at the station; **envoyez** ~ **l'ambulance!** send for the ambulance! **venir** ~ **qn** call for sb; *(fig)* ~ **des histoires** look for trouble; ~ **la petite bête** pick nits **2** (try to) *find out; ~ **qch dans l'annuaire** look sth up in the directory; *(fig)* ~ **midi à quatorze heures** complicate things ♦ *vi* **1** ~ **à faire qch** try to do sth **2** reach; **ça va** ~ **dans les 200 francs** that will make it about 200 francs ‖ **chercheur** *nm* reseacher; ~ **d'or** gold prospector ♦ *adj* (f **-euse**) **missile à tête** ~ homing missile.

chéri [ʃeʁi] *adj* beloved ♦ *nm* darling ‖ **chérir** *vt* (2) cherish.

cherté [ʃɛʁte] *nf* dearness; expensiveness; **la** ~ **de la vie** the high cost of living.

chétif [ʃetif] *adj* (f **-ive**) puny; weak; *(arbre)* stunted.

cheval [ʃəval] *nm* (pl **-aux**) **1** horse; **à** ~ on horseback; *(Sp)* ~ **d'arçons** vaulting horse; ~ **à bascule** rocking horse; ~ **de course** racehorse; ~ **pur sang** thoroughbred; *(fig)* ~ **de bataille** hobby horse; **une fièvre de** ~ a raging temperature; **un grand** ~ a horsey-looking person; **ce n'est pas un mauvais** ~ he, she's not a bad sort; **remède de** ~ drastic remedy **2** riding; **faire du** ~ *go riding; **culotte de** ~ jodhpurs, (fig Méd) cellulite; **monter à** ~ *ride; (fam fig) **monter sur ses grands chevaux** *get huffy **3** *(Aut)* ~ *(fiscal, vapeur)* horsepower **4** **à** ~ **sur** astride; *(fig)* **à** ~ **sur six mois** over a span of six months; **il est à** ~ **sur les règles** he's a stickler for rules ‖ **chevalet** *nm* trestle; *(peintre)* easel; *(Mus)* bridge; *(torture)* rack ‖ **chevaleresque** *adj* chivalrous ‖ **chevalerie** *nf* chivalry; *(Hist)* knighthood ‖ **chevalier** *nm (Hist)* knight; *(titre honorifique)* chevalier; *(fig)* ~ **servant** escort; faithful admirer ‖ **chevalière** *nf* signet ring ‖ **chevalin** *adj* equine; hors(e)y; **boucherie** ~**e** horse butcher's

shop ‖ **chevauchement** *nm* overlap(ping) ‖ **chevaucher** *vi* (1) **1** *ride **2** overlap ♦ *vt* *sit astride ‖ **se chevaucher** *vpr* overlap.

chevelu [ʃəvly] *adj* long-haired; *(péj)* hairy; **cuir** ~ scalp ‖ **chevelure** *nf* hair; **une belle** ~ a fine head of hair.

chevet [ʃəvɛ] *nm* bedhead; **il est à son** ~ he's at her bedside; **lampe de** ~ bedside lamp; **livre de** ~ bedside book/reading.

cheveu [ʃəvø] *nm* (pl **-x**) **1 un** ~ a hair; **les** ~**x** hair; **coupe de** ~**x** haircut **2** *(fam fig)* **à un** ~ **près** as little as makes no difference; **arriver comme un** ~ **sur la soupe** arrive at an awkward time; **il s'en est fallu d'un** ~ it was touch and go; **gagner d'un** ~ *win by a hair's breadth; **couper les** ~ **en quatre** *split hairs; **se faire des** ~ *be worried stiff; **j'ai mal aux** ~ I've got a hangover; **tiré par les** ~ farfetched **3** *(Méd)* **un** ~ **sur la langue** a lisp.

cheville [ʃəvij] *nf* **1** *(Anat)* ankle; *(fig)* **personne ne lui arrive à la** ~ nobody can hold a candle to her, him **2** peg; pin; ~ **ouvrière** kingpin ‖ **cheviller** *vt* (1) pin (together); peg (together).

chèvre [ʃɛvʁ] *nf* (she) goat, nanny goat; *(fam)* **il me fera devenir** ~ he'll drive me up the wall; *(fig)* **ménager la** ~ **et le chou** *sit on the fence ‖ **chevreau** *nm* kid ‖ **chèvrefeuille** *nm* honeysuckle.

chevreuil [ʃəvʁœj] *nm* roe deer; *(Cuis)* venison.

chevron [ʃəvʁɔ̃] *nm* *(toit)* rafter; *(galon)* stripe, chevron ‖ **chevronné** *adj* experienced.

chevrotement [ʃəvʁɔtmɑ̃] *nm* quavering ‖ **chevroter** *vi* (1) quaver.

chez [ʃe] *prép* **1** at; ~ **moi** in my home, at my house; **il est** ~ **lui** he's at home; **faites comme** ~ **vous** make yourself at home; **bien de** ~ **nous** typical; **local 2** to; **je rentre** ~ **moi** I'm going home; **aller** ~ **le dentist** *go to the dentist's **3** ~ **les Zoulous** among the Zulus; **habiter** ~ **ses parents** live with one's parents; **vous trouverez** ~ **Shakespeare...** in Shakespeare('s works)... ‖ **chez-moi, chez-soi** *nm* **un** ~ a place of my, one's own.

chiader [ʃjade] *vti* (1) *(argot)* swot, *(amér)* cram.

chiant [ʃjɑ̃] *adj (vulg)* **il est** ~ he's a pain in the arse.

chialer [ʃjale] *vi* (1) *(fam)* snivel.

chic [ʃik] *nm* **1** elegance; style **2** *(fig)* talent, *(fam)* knack ♦ *adj inv* **1** smart, elegant; stylish; **bon** ~ **bon genre** preppie **2** pleasant; nice; **c'est un** ~ **type** he's a decent fellow ♦ *excl* ~ **alors!** great!

chicane [ʃikan] *nf* **1** obstacle; chicane **2** quibble ‖ **chicaner** *vi* (1) *(sur)* quibble (about, over) ; haggle ◆ *vt* squabble (with) ‖ **chicanerie** *nf* quibbling ; squabbling.

chiche [ʃiʃ] *adj* mean ; stingy ; *(quantité)* meagre ; *pois* ~ chickpea ◆ *excl* ~ *!* I bet you won't, can't!

chichi [ʃiʃi] *nm* affectation ; fuss ; *sans* ~ simply ; informally.

chicorée [ʃikɔʀe] *nf* chicory ; *(salade)* endive.

chien [ʃjɛ̃] *nm* 1 dog ; ~ *d'aveugle* guide-dog, *(amér)* seeing eyedog ; ~ *de berger* sheepdog ; ~ *de chasse* hound ; retriever ; ~ *de race* pedigree ; *attention ! * ~ *méchant* beware of the dog! *(fig)* comme un ~ *dans un jeu de quilles* like a bull in a china shop ; *se regarder en* ~s *de faïence* glare at each other ; *entre* ~ *et loup* (at) dusk ; *quel temps de* ~ *!* what lousy/rotten weather! 2 *(fusil)* hammer ; *(fig) se coucher en* ~ *de fusil* curl up 3 *(fam)* seduction ; *elle a du* ~ she's got style 4 *(presse)* ~s *écrasés* fillers ‖ **chiendent** *nm (Bot)* couch grass ; *brosse de* ~ scrubbing brush ‖ **chienne** *nf* bitch.

chier [ʃje] *vi (1h) (vulg)* shit, *(amér)* crap ; *envoyer* ~ *qn* *tell sb to fuck off ; *faire* ~ bug.

chiffon [ʃifɔ̃] *nm* rag ; *en* ~s in rags ; ~ *à poussière* duster ‖ **chiffonner** *vt (1)* 1 crumple ; crease 2 *(fig)* worry ; intrigue ‖ **chiffonnier** *nm* 1 ragman ; *se battre comme des* ~s *fight like cat and dog 2 *(meuble)* chiffonnier.

chiffre [ʃifʀ] *nm* 1 figure ; ~ *romain* Roman numeral ; *nombre de cinq* ~s five-figure/digit number 2 amount ; total ; ~ *d'affaires* turnover, *(amér)* revenues ; ~ *de vente* sales figures 3 code ; cipher 4 monogramme ‖ **chiffrer** *vt (1)* evaluate ; assess ◆ *vi* add up ‖ **se chiffrer** *vpr* amount to ; *make ; *à combien ça se chiffre ?* how much does it work out at?

chignole [ʃiɲɔl] *nf* drill.

chignon [ʃiɲɔ̃] *nm* bun, chignon.

chimère [ʃimɛʀ] *nf (monstre)* chimera ; *(rêve)* illusion ; pipe-dream ‖ **chimérique** *adj* fanciful ; utopian.

chimie [ʃimi] *nf* chemistry ; ~ *minérale* inorganic chemistry ‖ **chimiothérapie** *nf* chemotherapy ‖ **chimique** *adj* chemical ; *produits* ~s chemicals ‖ **chimiste** *nmf* chemist ; *ingénieur* ~ chemical engineer.

chimpanzé [ʃɛ̃pɑ̃ze] *nm* chimpanzee.

chiner [ʃine] *vi (1)* hunt for bric-a-brac/ antiques ◆ *vt (fam fig)* *make fun of.

chinois [ʃinwa] *adj nm* 1 Chinese ; *c'est du* ~ *pour moi* it's Greek to me 2 *(Cuis)* strainer ‖ **chinoiser** *vi (1)* quibble (over).

chiot [ʃjo] *nm* puppy.

chiper [ʃipe] *vt (1) (fam)* pinch, swipe.

chipie [ʃipi] *nf (péj)* vixen ; *(fam) petite* ~ *!* you naughty little girl!

chipoter [ʃipɔte] *vt (1)* pick at ; toy with ◆ *vi (sur)* quibble over ; *(prix)* haggle over.

chips [ʃips] *nfpl* (potato) crisps, *(amér)* chips.

chiqué [ʃike] *nm* pretence ; sham ; *(fam) c'est du* ~ it's a load of eyewash.

chiquenaude [ʃiknod] *nf* flick (of the finger).

chirurgical [ʃiʀyʀʒikal] *adj (mpl -aux)* surgical ; *intervention* ~*e* operation ‖ **chirurgie** *nf* surgery ; ~ *esthétique* cosmetic/ plastic surgery ‖ **chirurgien** *nm* surgeon ; ~ *dentiste* dental surgeon.

chlore [klɔʀ] *nm* chlorine ‖ **chloroforme** *nm* chloroform.

chlorophylle [klɔʀɔfil] *nf* chlorophyll.

choc [ʃɔk] *nm* 1 shock ; *(balle)* impact ; *(tête)* bump ; *(verre)* clink ; *(voiture)* crash 2 *(conflit)* clash ; ~ *en retour* backlash 3 *(émotion)* shock ; ~ *opératoire* post-operative shock 4 *prix* ~ cut price ; *personnalité de* ~ high-powered personality.

chocolat [ʃɔkɔla] *nm* chocolate ; ~ *à croquer* plain chocolate ◆ *adj inv* chocolate-coloured ‖ **chocolaté** *adj* chocolate flavoured.

chœur [kœʀ] *nm* 1 choir ; *(Mus Th)* chorus ; *en* ~ all together 2 *(Arch)* choir ; chancel.

choir [ʃwaʀ] *vi (only used as infin and pp chu)* *fall ; *laisser* ~ drop.

choisir [ʃwaziʀ] *vt (2)* *choose ; select ‖ **choix** *nm* 1 choice ; *mon* ~ *est fait* I've made my mind up 2 option ; *tu n'as pas le* ~ you have no alternative 3 assortment ; selection 4 *loc de* ~ fine ; select ; *bœuf de premier* ~ prime beef.

choléra [kɔleʀa] *nm* cholera ; *(fig)* pest.

cholestérol [kɔlesteʀɔl] *nm* cholesterol ; *taux de* ~ cholesterol count.

chômage [ʃomaʒ] *nm* unemployment ; *être au* ~ *be out of work/unemployed ; *au* ~ *partiel* on short time ; ~ *technique* temporary layoff ; *indemnité de* ~ unemployment benefit, *(fam)* dole ; *mettre au* ~ *make redundant, *(amér)* *lay off ‖ **chômé** *adj* le *1ᵉʳ mai est un jour* ~ the 1st May is a public holiday ‖ **chômer** *vi (1)* *be unemployed ; *(fam fig) je n'ai pas chômé aujourd'hui* I've been on the go all day ‖ **chômeur** *nm* unemployed person.

chope [ʃɔp] *nf* tankard ; mug.

choper [ʃɔpe] *vt (1) (fam)* pinch ; ~ *une grippe* *catch the flu ; *se faire* ~ *get nabbed.

choquer [ʃɔke] *vt (1)* 1 shock ; offend 2 *shake up ; *(Méd) être choqué* *be in (a state of) shock ‖ **choquant** *adj* shocking ; offensive.

choral [kɔʀal] *adj (mpl -aux)* choral ◆

                                       cinq

nm (pl -s) choral(e) ‖ **chorale** *nf* choir ; choral society ‖ **choriste** *nmf* choir member ; *(église)* chorister ; *(Th)* chorus member.

chorégraphe [kɔʀegʀaf] *nm* choreographer ‖ **chorégraphie** *nf* choreography.

chorus [kɔʀys] *nm (pl inv)* chorus ; *faire ~* approve ; chorus.

chose [ʃoz] *nf* **1** thing ; *autre ~* something else ; *avant toute ~* firstly, above/before anything else ; *bien des ~s à ton frère !* give my regards to your brother ! *chaque ~ en son temps* everything at its own time ; *ce n'est pas ~ facile* it's not an easy matter ; *c'est peu de ~* it's nothing (much) ; *quelque ~* something ; *tu as bien fait les ~s* you made a good job of that/did a good job **2** *(réalité) aller au fond des ~s* *be very thorough **3** *(fam)* thing, contraption ; *(personne)* what's her, his name ◆ *adj (fam)* peculiar ; *se sentir tout ~* *feel a bit funny.

chou [ʃu] *nm (pl -x)* **1** *(Bot)* cabbage ; *~ de Bruxelles* Brussel sprout ; *(fig) faire ~ blanc* *draw a blank **2** *(Cuis) pâte à ~* puff pastry ; *(fam) bête comme ~* as simple as pie **3** *(fam fig) feuille de ~* rag ◆ *adj* sweet ; lovely ◆ *nm* sweetheart ‖ **chouchou** *nm (f -te)* pet ‖ **chouchouter** *vt (1)* pamper ‖ **choucroute** *nf* sauerkraut ‖ **chou-fleur** *nm (pl -~x-~s)* cauliflower.

chouette [ʃwɛt] *nf (Orn)* owl ◆ *adj (fam)* super ◆ *interj* great !

choyer [ʃwaje] *vt (1f)* pamper ; cherish.

chrétien [kʀetjɛ̃] *adj nm (f -ienne)* Christian ‖ **chrétienté** *nf* Christendom.

christ [kʀist] *nm* **1** *le C~* (Jesus) Christ **2** crucifix ‖ **christianisme** *nm* Christianity.

chromatique [kʀɔmatik] *adj* chromatic.

chrome [kʀom] *nm* chrome ; *(Ch)* chromium ‖ **chromé** *adj* chromium-plated ‖ **chromer** *vt (1)* chromium plate.

chronique [kʀɔnik] *adj* chronic ◆ *nf* **1** *(Hist Lit)* chronicle **2** *(Rad TV)* news ; *(Presse)* article ; column ; *~ sportive* sports report ; *défrayer la ~* *hit the headlines ‖ **chroniquement** *adv* chronically ‖ **chroniqueur** *nm (Hist)* chronicler ; *(presse Rad) littéraire* reviewer.

chronologie [kʀɔnɔlɔʒi] *nf* chronology ‖ **chronologique** *adj* chronological.

chronomètre [kʀɔnɔmɛtʀ] *nm (Naut)* chronometer ; *(Sp)* stopwatch ‖ **chronométrer** *vt (1)* time ‖ **chronométreur** *nm (f -euse)* timekeeper ‖ **chronométrique** *adj* chronometric.

chrysalide [kʀizalid] *nf* chrysalis.

chrysanthème [kʀizɑ̃tɛm] *nm* chrysanthemum.

chuchotement [ʃyʃɔtmɑ̃] *nm* whisper ‖ **chuchoter** *vti (1)* whisper.

chut [ʃyt] *excl* hush !

chute [ʃyt] *nf* **1** fall ; *(à pic)* drop ; *(bruit)* bump ; thud ; *~ d'eau* waterfall ; *(Sp) saut en ~ libre* sky-diving **2** *(cheveux)* loss **3** *(Pol)* collapse ; *(Com Eco)* drop ; *les ventes sont en ~ libre* sales are plummeting **4** scrap ; *(bois)* off-cut, *(amér)* scrap ; *(tissu)* trimmings **5** *(Anat) ~ des reins* small of the back ‖ **chuter** *vi (1)* *fall ; drop ; *(Th)* flop ; *(cartes) ~ de deux* *be two tricks down.

ci [si] *adv* here ; *cet homme-ci* this man ; *je l'enverrai ces jours-ci* I'll send it in a couple of days ; *ci-contre* opposite ; *ci-dessous* below ; *ci-dessus* above ; *ci-inclus* included ; *ci-gît...* here lies the body of... ; *ci-joint* attached ; enclosed (herewith) ; *par-ci, par-là* here and there.

ciblage [siblaʒ] *nm* targeting ‖ **cible** *nf* target ‖ **cibler** *vt (1)* target.

ciboulette [sibulɛt] *nf (Bot)* chives ‖ **cicatrice** [sikatʀis] *nf* scar ‖ **cicatrisation** *nf* healing ‖ **cicatriser** *vi (1)* heal (up).

cidre [sidʀ] *nm* cider.

ciel [sjɛl] *nm (pl cieux)* **1** sky ; *à ~ ouvert* open-air ; *mine à ~ ouvert* opencast mine ; *(fig) tomber du ~* appear out of the blue **2** *(Rel)* Heaven ; *le ~ soit loué !* thank heavens ! **3** *(Astr)* (heavenly) vault **4** *(pl -s) ~ de lit* canopy.

cierge [sjɛʀʒ] *nm (Rel)* candle.

cigale [sigal] *nf* cicada.

cigare [sigaʀ] *nm* cigar ‖ **cigarette** *nf ~ à bout filtre* filter-tipped cigarette.

cigogne [sigɔɲ] *nf (Orn)* stork.

ciguë [sigy] *nf* hemlock.

cil [sil] *nm* eyelash ‖ **ciller** *vi (1)* blink ; *(fig) il n'a pas cillé* he didn't bat an eyelid.

cime [sim] *nf (arbre)* (tree)top ; *(montagne)* peak ; summit.

ciment [simɑ̃] *nm* cement ; *~ armé* reinforced concrete ‖ **cimenter** *vt (1)* cement ; concrete ; *(fig)* consolidate ; establish ‖ **cimenterie** *nf* cement works.

cimetière [simtjɛʀ] *nm* cemetery ; graveyard.

cinéaste [sineast] *nmf* film-maker/ *(amér)* movie-maker ‖ **cinéma** *nm* cinema, *(amér)* movies ; *salle de ~* cinema, *(amér)* movie theater ; *(fig) c'est du ~* it's just a put-on act ‖ **cinémathèque** *nf* film library ‖ **cinématographique** *adj* cinematographic ; *industrie ~* film industry ‖ **cinéphile** *nmf* cinema/film enthusiast, buff.

cinglant [sɛ̃glɑ̃] *adj* lashing ; whipping ; *(vent)* biting ; *(remarque)* cutting ; scathing ‖ **cinglé** *adj (fam)* cracked, nutty ◆ *nm* crackpot, nut ‖ **cingler** *vt (1)* lash ; whip ; *bite.

cinq [sɛ̃k] *adj* five ; *il est ~ heures* it's five o'clock ; *le ~ mai* 5th May ; *(fam fig)* *il était moins ~ !* that was a close shave! ‖ **cinquantaine** *nf* about fifty; *il approche la ~* he's coming up to fifty, (*amér*) pushing fifty ‖ **cinquième** *adj* fifth; (*Ens*) *il est en ~* he's in the second year, (*amér*) seventh grade ‖ **cinquièmement** *adv* in the fifth place.

cintre [sɛtʀ] *nm* **1** (*Arch*) arch **2** (*coat*) hanger ‖ **cintré** *adj* **1** arched **2** (*robe*) fitted; close-fitting ‖ **cintrer** *vt* (1) arch; *bend; curve; je vais ~ la veste* I'll take the jacket in at the waist.

cirage [siʀaʒ] *nm* **1** (*shoe*) polish; (*fig*) *être dans le ~* *be groggy **2** (*action*) polishing.

circonférence [siʀkɔ̃feʀɑ̃s] *nf* circumference.

circonflexe [siʀkɔ̃flɛks] *adj* *accent ~* circumflex.

circonscription [siʀkɔ̃skʀipsjɔ̃] *nf* area; district; *~ électorale* constituency ‖ **circonscrire** *vt* (39) limit; (*feu*) confine; (*territoire*) mark out; (*sujet*) define.

circonspect [siʀkɔ̃spɛ] *adj* cautious; wary; circumspect ‖ **circonspection** *nf* caution; wariness; circumspection.

circonstance [siʀkɔ̃stɑ̃s] *nf* **1** circumstance; (*Jur*) *~s atténuantes* extenuating, mitigating circumstances **2** occasion; *de ~* appropriate/fitting; *profiter de la ~* *make the most of the opportunity ‖ **circonstancié** *adj* detailed ‖ **circonstanciel** *adj* (*f* **-ielle**) **1** (*Gr*) adverbial **2** circumstancial.

circonvenir [siʀkɔ̃vniʀ] *vt* (10) circumvent; (*difficulté*) *get round; (*personne*) outwit.

circuit [siʀkɥi] *nm* **1** (*tourisme*) tour **2** (*El Sp*) circuit; *~ fermé* closed circuit; *mettre en ~* connect **3** (*Com*) channel; *~ de distribution* distribution network.

circulaire [siʀkylɛʀ] *adj* round; circular ‖ **circulation** *nf* **1** circulation; *mettre en ~* *put into circulation **2** traffic; *accident de la ~* road, traffic accident ‖ **circuler** *vi* (1) **1** circulate; (*liquide*) flow; (*rumeur*) *go around; *faire ~ un document* hand round/pass a document round **2** walk along; *drive along; *circulez !* move along please!

cire [siʀ] *nf* wax; *~ à cacheter* sealing wax ‖ **ciré** *nm* oil-skin ‖ **cirer** *vt* (1) wax; polish ‖ **cireur** *nm* shoe-shine ‖ **cireuse** *nf* floor polisher ‖ **cireux** *adj* (*f* **-euse**) waxy; (*teint*) waxen.

cirque [siʀk] *nm* circus; (*Géol*) cirque; (*fam fig*) mess; *qu'est-ce que c'est que ce ~ ?* what the devil's going on here?

cisailler [sizaje] *vt* (1) *cut; clip ‖ **cisailles** *nfpl* shears ‖ **ciseau** *nm* (*pl* **-x**) *~ à bois, métal* chisel ‖ **ciseaux** *nmpl* (pair of) scissors ‖ **ciseler** *vt* (1) chisel; (*bois*) carve; (*métal*) work; (*cuir*) tool.

citadelle [sitadɛl] *nf* citadel ‖ **citadin** *nm* town-dweller ◆ *adj* urban.

citation [sitasjɔ̃] *nf* **1** quotation; *fin de ~* close the inverted commas, (*amér*) end of quote **2** (*Jur*) citation; *~ à comparaître* summons before the court **3** (*Mil*) mention; award ‖ **citer** *vt* (1) quote; summons; cite.

cité [site] *nf* city; *~ dortoir* dormitory town; *~ ouvrière* housing development; *j'habite à la ~ universitaire* I live in a hall of residence, (*amér*) on the campus.

citerne [sitɛʀn] *nf* tank; *~ d'eau* cistern; *bateau, camion ~* tanker.

citoyen [sitwajɛ̃] *nm* (*f* **-enne**) citizen; (*fam*) *un drôle de ~* a strange fellow ‖ **citoyenneté** *nf* citizenship.

citron [sitʀɔ̃] *nm* lemon; *~ vert* lime; (*fam fig*) (*tête*) nut, bean ‖ **citronnade** *nf* lemonade ‖ **citronnelle** *nf* citronella ‖ **citronnier** *nm* lemon tree.

citrouille [sitʀuj] *nf* pumpkin; (*fam*) (*tête*) nut.

civet [sivɛ] *nm* stew; *~ de lapin* (*brit*) jugged rabbit.

civière [sivjɛʀ] *nf* stretcher.

civil [sivil] *adj* **1** civil; (*Jur*) *se constituer partie ~e* sue for damages **2** (*Rel*) lay **3** (*lit*) polite ◆ *nm* **1** civilian; *dans le ~* in civilian life; *habillé en ~* in civilian clothes; *policier en ~* plain-clothes detective **2** (*Rel*) layman ‖ **civilement** *adv* civilly; *se marier ~* *get married at a registry office ‖ **civilisation** *nf* civilization ‖ **civiliser** *vt* (1) civilize ‖ **se civiliser** *vpr* *become civilized ‖ **civilités** *nfpl* civilities; compliments ‖ **civique** *adj* civic; *esprit ~* public spirit; (*Ens*) *instruction ~* civics *ns inv* ‖ **civisme** *nm* public spirit.

clair [klɛʀ] *adj* **1** light; luminous; bright **2** (*sauce*) thin **3** pale; *bleu ~* light blue **4** clear; pure; *~ comme de l'eau de roche* crystal-clear/as clear as daylight **5** clear; obvious; plain ◆ *adv* clearly ◆ *nm* *~ de lune* moonlight; (*Art*) *les ~s* the highlights; *tirons cette histoire au ~* let's clear this matter up; (*fig*) *le plus ~ de la journée* most of the day ‖ **claire-voie** *nf* openwork (fence) ‖ **clairière** *nf* clearing.

clairon [klɛʀɔ̃] *nm* bugle ‖ **claironnant** *adj* loud; piercing ‖ **claironner** *vi* (1) sound the bugle ◆ *vt* (*aussi fig*) trumpet.

clairsemé [klɛʀsəme] *adj* **1** sparse; thin **2** scattered.

clairvoyance [klɛʀvwajɑ̃s] *nf* perspicacity; shrewdness ‖ **clairvoyant** *adj* clear-sighted; perspicacious; shrewd.

clamer [klame] *vt* (1) shout out; *~ son innocence* proclaim one's innocence ‖ **clameur** *nf* clamour; *~ publique* public outcry.

clamser/clamecer [klɑmse] *vi (1)* *(fam) (mourir)* kick the bucket.

clan [klɑ̃] *nm* clan ; clique ‖ **clandestin** *adj* secret ; *(mouvement)* underground ; *(travailleur)* illegal ; *passager* ♦ *nm* illegal immigrant, *(amér)* alien ‖ **clandestinité** *nf* secrecy ; *vivre dans la* ~ live underground.

clapet [klape] *nm (Tech)* valve ; *(fam) ferme ton* ~ ! shut your trap !

clapier [klapje] *nm* hutch.

clapoter [klapɔte] *vti (1)* lap ‖ **clapotis** *nm* lap(ping).

claquage [klakaʒ] *nm* strained muscle ; *se faire un* ~ strain a muscle ‖ **claque** *nf* **1** slap, smack **2** *(Th)* claque **3** *(argot) j'en ai ma* ~ I've had enough ‖ **claqué** *adj (fam)* dead beat ‖ **claquement** *nm (dents)* chatter ; *(doigts)* snap ; *(fouet)* crack ; *(langue)* click ; *(porte)* bang ; slam ‖ **claquer** *vt (1)* **1** bang ; click ; crack ; slam ; snap **2** *(muscle)* strain **3** *(gifler)* slap ; smack **4** *(fam) (argent)* blue ♦ *vi* **1** *(dents)* chatter **2** *(fam) (mourir)* snuff it ; *le projet lui a claqué dans les doigts* the project fizzled out on him ♦ **se claquer** *vpr (fam) (se fatiguer)* *wear oneself out ‖ **claquettes** *nfpl* tap dancing.

claquemurer [klakmyʁe] *se* ~ *vpr (1)* coop oneself up, *shut oneself up.

clarification [klaʁifikasjɔ̃] *nf* clarification ; *(Cuis)* clarifying ‖ **clarifier** *vt (1h)* clarify ‖ **se clarifier** *vpr* *become clearer.

clarinette [klaʁinɛt] *nf* clarinet ‖ **clarinettiste** *nmf* clarinet player.

clarté [klaʁte] *nf* **1** *(lumière)* light(ness) ; brightness **2** *(eau)* limpidity ; clearness ; *parler avec* ~ *speak clearly **3** *(lit)* ~s knowledge.

classe [klɑs] *nf* **1** class ; category ; ~ *d'âge* age bracket, age group ; *billet de deuxième* ~ second class ticket ; ~ *ouvrière* working class ; ~ *touriste* economy class **2** *(Ens)* class/form, *(amér)* grade ; ~ *de physique* physics lesson ; *livre de* ~ textbook ; *salle de* ~ classroom ; *aller en* ~ *go to school **3** class ; distinction ; *de grande* ~ high class ; *elle a de la* ~ she's got style ‖ **classement** *nm* classification ; *(papiers)* filing ; *(compétition)* position, place ; *(objets)* grading ; sorting ‖ **classer** *vt (1)* **1** classify ; file ; grade ; sort ; *c'est une affaire classée* the matter's closed **2** catalogue ; class ‖ **se classer** *vpr* rate ; rank ; ~ *troisième* *come third ‖ **classeur** *nm* (loose-leaf) file ; *(meuble)* filing cabinet ‖ **classifier** *vt (1h)* classify.

classique [klasik] *adj* **1** classical **2** standard ; classic ; *(fam) un coup* ~ a typical/usual trick ♦ *nm (Ens Lit)* classic.

clause [kloz] *nf* clause.

claustration [klostʁasjɔ̃] *nf* confinement ‖ **claustrophobie** *nf* clastrophobia.

clavecin [klavsɛ̃] *nm* harpsichord ‖ **claveciniste** *nmf* harpsichordist.

clavicule [klavikyl] *nf* collarbone.

clavier [klavje] *nm* keyboard.

clé/clef [kle] *nf* **1** key ; ~ *de contact* ignition key ; *fermer à* ~ lock ; *mettre sous* ~ lock up ; *(fig) mettre la* ~ *sous la porte* clear out ; *prendre la* ~ *des champs* *run off ; ~ *de voûte* keystone **2** *(outil)* spanner ; *clé anglaise* monkey wrench **3** *(Mus)* clef ; ~ *de fa* bass clef ; ~ *de sol* treble clef.

clémence [klemɑ̃s] *nf (lit)* clemency ‖ **clément** *adj* **1** clement, lenient **2** *(temps)* mild.

clémentine [klemɑ̃tin] *nf* clementine.

clerc [klɛʁ] *nm* clerk ; *(Rel)* cleric ‖ **clergé** *nm* clergy.

cliché [kliʃe] *nm* cliché ; *(Photo)* negative ; *(typographie)* plate.

client [klijɑ̃] *nm* customer ; client ; *(Méd)* patient ; *(hôtel)* guest ‖ **clientèle** *nf* customers ; ~ *électorale* supporters ; *(Méd) elle a une grosse* ~ she has a large practice.

cligner [kliɲe] *vi (1)* blink ; ~ *de l'œil* wink ‖ **clignotant** *nm (Aut)* indicator ‖ **clignoter** *vi (1)* flash ; flicker ♦ *vt (yeux)* blink.

climat [klima] *nm (Géog)* climate ; *(fig)* atmosphere ‖ **climatique** *adj* climatic ; *station* ~ health resort ‖ **climatisation** *nf* air-conditioning ‖ **climatisé** *adj* air-conditioned ‖ **climatiseur** *nm* air-conditioner.

clin [klɛ̃] *nm* ~ *d'œil* wink ; *(fig) en un* ~ *d'œil* in a flash.

clinique [klinik] *adj* clinical ♦ *nf* clinic ; nursing home.

clinquant [klɛ̃kɑ̃] *adj* flashy ♦ *nm* tawdry jewellery.

clique [klik] *nf (Mus)* band ; *(péj) (groupe)* set ; *(fam) prendre ses* ~s *et ses claques* clear out.

cliqueter [klikte] *vi (1d)* click ; *(verre)* chink ; *(métal)* jingle ‖ **cliquetis** *nm* click(ing) ; chink(ing) ; jingling.

clivage [klivaʒ] *nm (Géol)* cleavage ; *(fig)* division ; rift.

clochard [klɔʃaʁ] *nm* bag/homeless person.

cloche [klɔʃ] *nf* **1** bell ; *(Cuis)* cover ; *(Hort)* cloche ; *(fam fig) déménager à la* ~ *de bois* *do a moonlight flit ; *entendre un autre son de* ~ *hear a different version ; *se faire sonner les* ~s *get it in the neck* **2** *(fam) (idiot)* clot, oaf ‖ **cloche-pied** *adv sauter à* ~ hop ‖ **clocher** *nm* belfry ; steeple ♦ *vi (1) (fam)* *go wrong ; *ça cloche* there's something wrong ‖ **clochette** *nf* small bell.

cloison [klwazɔ̃] *nf* partition (wall) ;

(Naut) bulkhead ; *(fig)* barrier ‖ **cloison-ner** *vt (1)* partition off ; compartmentalize.

cloître [klwatʀ] *nm* **1** *(Arch)* cloister **2** *(Rel)* convent ; monastery ‖ **cloîtrer** *vt (1) (Rel)* cloister ; *(fig)* *shut up.

clope [klɔp] *nf (argot)* fag.

clopin-clopant [klɔpɛ̃klɔpɑ̃] *adv aller ~* hobble along ; *(fig)* *get by ‖ **clopiner** *vi (1)* hobble ; limp.

cloque [klɔk] *nf* blister ‖ **cloquer** *vi (1)* blister.

clore [klɔʀ] *vt (31)* close ; end ‖ **clos** *adj* closed, shut ; *(Jur) huis ~* in camera ◆ *nm* enclosure ; *(Fin) prix à la ~* closing price **2** enclosure ; fence ‖ **clôturer** *vt (1)* **1** close ; conclude **2** enclose ; fence in, off.

clou [klu] *nm* **1** nail ; *~ de girofle* clove ; *~ de tapissier* tack ; *(fig) le ~ de la soirée* the highlight of the evening ; *maigre comme un ~* as thin as a rake ; *mettre au ~* pawn ; *ça ne vaut pas un ~* it's not worth a brass farthing ; *(fam fig) des ~s !* no way ! **2** *(Méd)* boil ‖ **clouer** *vt (1)* nail (down, on, up) ; *cloué au lit* confined to bed ; *(fig) ~ qn sur place* root sb to the spot ; *(fam fig) ~ le bec à qn* *shut sb up ‖ **clouter** *vt (1)* stud ; *passage clouté* pedestrian crossing.

clown [klun] *nm* clown ; *faire le ~* clown around ‖ **clownerie** *nf* clowning (around).

club [klœb] *nm* club ; *~ de golf* golf club.

co- [ko] *préf* co- ; joint ‖ **coaccusé** *nm* co-defendant ‖ **coacquéreur** *nm* joint purchaser.

coaguler [kɔagyle] *vt (1)* coagulate ; *(lait)* curdle.

coaliser [kɔalize] *vt (1)* unite ‖ **se coaliser** *vpr* join forces ; *(Pol)* form a coalition.

coasser [kɔase] *vi (1)* croak ‖ **coassement** *nm* croak(ing).

cobaye [kɔbaj] *nm* guinea pig.

cocagne [kɔkaɲ] *nf mât de ~* greasy pole ; *pays de ~* land of milk and honey.

cocaïne [kɔkain] *nf* cocaine ‖ **cocaïnomane** *nmf* cocaine addict.

cocarde [kɔkaʀd] *nf* rosette ; *(Hist)* cockade ‖ **cocardier** *nm (f -ière)* chauvinist.

cocasse [kɔkas] *adj* highly comical ‖ **cocasserie** *nf* comical nature, situation.

coccinelle [kɔksinɛl] *nf* ladybird, *(amér)* ladybug.

coche [kɔʃ] *nm (véhicule)* coach ; *(fig) louper le ~* miss the boat.

cocher[1] [kɔʃe] *nm* coachman ‖ **cochère** *adj porte ~* carriage entrance.

cocher[2] [kɔʃe] *vt (1) (bâton)* notch, nick ; *(liste)* tick (off).

cochon [kɔʃɔ̃] *nm* pig ; swine ; *~ d'Inde* guinea pig ; *(fig) copains comme ~s* as thick as thieves ; *temps de ~* disgusting,

awful weather ; *un tour de ~* a rotten trick ◆ *adj (f -onne)* dirty ; disgusting ‖ **cochonner** *vt (1) (fam)* muck, mess up ; *(travail)* bungle ‖ **cochonnerie** *nf* muck ; rubbish ‖ **cochonnet** *nm* piglet ; *(Sp)* jack.

cocker [kɔkɛʀ] *nm* cocker spaniel.

cocktail [kɔktɛl] *nm* cocktail ; *~ Molotov* fire bomb, Molotov cocktail.

cocon [kɔkɔ̃] *nm* cocoon ; *(fig)* shell.

cocotier [kɔkɔtje] *nm* (coconut) palm (tree).

cocotte[1] [kɔkɔt] *nf (Cuis)* casserole ; *~ minute* pressure cooker.

cocotte[2] [kɔkɔt] *nf (fam)* **1** hen ; *(fig) ma ~* my darling **2** *(prostituée)* tart, *(amér)* hooker.

code [kɔd] *nm* **1** code ; *(Mil)* cipher ; *~-barres* bar code ; *~ de commerce* commercial laws ; *~ de la route* highway code ; *~ postal* postcode, *(amér)* zip code **2** *(Aut)* dipped (head)light ‖ **coder** *vti (1)* code.

codétenu [kɔdetny] *nm* fellow prisoner.

codifier [kɔdifje] *vt (1h)* codify.

coefficient [kɔefisjɑ̃] *nm* coefficient ; factor.

coéquipier [kɔekipje] *nm (f -ière)* team mate.

coercition [kɔɛʀsisjɔ̃] *nf* coercion.

cœur [kœʀ] *nm* **1** heart ; *opération à ~ ouvert* open-heart surgery ; *(fig) serrer qn sur son ~* clasp sb to one's breast **2** stomach ; *avoir mal au ~* *feel sick, nauseous ; *l'odeur me soulève le ~* the smell is nauseating **3** feeling ; sentiment ; *avoir du ~, bon ~* *be kind-hearted ; *être sans ~* *be hard-hearted ; *si le ~ vous en dit* if you feel like it ; *elle a dit ce qu'elle avait sur le ~* she got it off her chest ; *je veux en avoir le ~ net* I want to get to the bottom of this ; *cela me tient à ~* I've set my heart on it **4** core ; centre ; *au ~ de l'été, de l'hiver* in the height of summer, depth of winter ; *cuit à ~* cooked right through **5** *apprendre par ~* *learn (off) by heart **6** *(cartes) as de ~* ace of hearts ; *atout ~* hearts are trumps.

coexister [kɔɛgziste] *vi (1)* coexist.

coffre [kɔfʀ] *nm* **1** chest **2** *(Aut)* boot, *(amér)* trunk ‖ **coffre-fort** *nm* safe ; safety deposit box ‖ **coffret** *nm* box ; casket ‖ **coffrer** *vt (1) (fam) (prison)* jug, *(amér)* *put away.

cogestion [kɔʒɛstjɔ̃] *nf* joint management.

cogiter [kɔʒite] *vi (1) (hum)* *think, cogitate.

cognassier [kɔɲasje] *nm* quince(-tree).

cogner [kɔɲe] *vi (1)* knock ; bang ; *(fam)* bash ◆ *vt* *hit ; thump ‖ **se cogner** *vpr ~ à, contre* bump into ; knock oneself on.

cohabitation [kɔabitasjɔ̃] *nf (aussi Pol)*

cohabitation || **cohabiter** *vi (1)* live together.

cohérence [kɔeRɑ̃s] *nf* consistency; coherence || **cohérent** *adj* consistant; coherent || **cohésion** *nf* cohesion.

cohue [kɔy] *nf* crowd; throng.

coi [kwa] *adj (f* -**coite**) *(vx) se tenir* ~ *keep silent.

coiffer [kwafe] *vt (1)* **1** cover **2** *do sb's hair; tu es bien coiffé* your hair looks nice; *se faire* ~ *have one's hair done* **3** control; head **4** *(fam fig) se faire* ~ *au poteau* *be pipped at the post || **se coiffer** *vpr va te* ~ *!* go and brush, comb your hair! || **coiffeur** *nm (f* -**euse**) hairdresser || **coiffeuse** *nf* dressing-table || **coiffure** *nf* **1** hat; headgear **2** hair-style **3** *(profession)* hairdressing.

coin [kwɛ̃] *nm* **1** corner; *les* ~*s et recoins* the nooks and crannies; *un sourire en* ~ a half smile; *(fig fam) le petit* ~ the loo, *(amér)* bathroom **2** area; *(ciel)* patch; *(terre)* piece; plot; *le café du* ~ the local café; *je ne suis pas du* ~ I'm a stranger round here **3** *(cale)* wedge.

coincer [kwɛ̃se] *vt (1h)* **1** jam; wedge; *être coincé* *be stuck, (fig) *be uptight **2** corner || **se coincer** *vpr* *get jammed/stuck.

coïncidence [kɔɛ̃sidɑ̃s] *nf* coincidence || **coïncider** *vi (1)* coincide.

coing [kwɛ̃] *nm* quince.

col [kɔl] *nm* **1** collar; *(fig) les* ~*s blancs* the white-collar workers; ~ *roulé* polo-neck **2** *(bouteille)* neck **3** *(Anat)* ~ *du fémur* hip joint; ~ *de l'utérus* cervix **4** *(Géog)* pass.

colère [kɔlɛR] *nf* anger; *être, se mettre en* ~ *be, *get angry; *faire une* ~ *throw a tantrum || **noire** rage || **coléreux** *adj (f* -**euse**) quick-tempered.

colifichet [kɔlifiʃɛ] *nm* trinket.

colimaçon [kɔlimasɔ̃] *nm escalier en* ~ spiral staircase.

colin [kɔlɛ̃] *nm (Zool)* hake || **colin-maillard** *nm* blind man's buff.

colique [kɔlik] *nf* diarrh(o)ea.

colis [kɔli] *nm* parcel; ~ *piégé* letter bomb.

collaborateur [kɔlabɔRatœR] *nm (f* -**trice**) colleague; associate; *(presse)* contributor; *(Hist)* collaborator || **collaborer** *vi (1)* contribute; collaborate.

collant [kɔlɑ̃] *nm* tights, *(amér)* pantyhose ♦ *adj* **1** sticky; *(fam fig) ce qu'il est* ~ *!* you just can't get rid of him! **2** *(robe)* clinging, tight-fitting.

colle [kɔl] *nf* **1** glue; ~ *à papier* paste **2** *(Ens)* ~ *de math* maths test; *(punition)* detention.

collecte [kɔlɛkt] *nf* collection || **collecter** *vt (1)* collect; ~ *des fonds* raise funds ||

collecteur *nm* collector; ~ *d'ondes* aerial; ~ *d'égout* main sewer || **collectif** *adj (f* -**ive**) collective; *billet* ~ group ticket; *immeuble* ~ block of flats; *licenciements* ~*s* mass lay-offs || **collection** *nf* collection; *faire* ~ *(de)* collect || **collectionner** *vt (1)* collect || **collectionneur** *nm (f* -**euse**) collector || **collectiviser** *vt (1)* collectivize || **collectivité** *nf* **1** group; *la vie en* ~ community life **2** *(Adm)* body; ~ *locale* local community **3** institution.

collège [kɔlɛʒ] *nm* **1** *(Ens)* lower secondary school **2** body; *(Pol Rel)* college || **collégial** *adj* collegiate || **collégien** *nm (f* -**ienne**) schoolboy, girl.

collègue [kɔlɛg] *nmf* colleague.

coller [kɔle] *vt (1)* **1** glue; *stick; *(tapisserie)* *hang; ~ *son nez contre la vitre* press one's nose against the window; *(fig fam) on m'a collé le chat jusqu'à lundi* I'm lumbered with, stuck with the cat till Monday **2** *(fam) (Ens)* *keep in; *(examen)* fail ♦ *vi* **1** *stick; *(fam fig) ça colle ?* is it all right? **2** *(Ens)* fail.

collet [kɔlɛ] *nm* **1** collar; *(fig)* ~ *monté* straightlaced **2** *(Anat Bot)* neck **3** *(chasse)* snare.

collier [kɔlje] *nm* necklace; *(animal)* collar; *(Tech)* collar; ring; *(fig) reprendre le* ~ *go back to work.

colline [kɔlin] *nf* hill.

collision [kɔlizjɔ̃] *nf* collision; *entrer en* ~ collide; *(fig)* clash.

collutoire [kɔlytwaR] *nm* mouthwash.

collyre [kɔliR] *nm* eye drops.

colmater [kɔlmate] *vt (1) (fente)* fill in; *(trou)* plug (up); *(fuite)* seal off.

colocataire [kɔlɔkatɛR] *nm* joint tenant.

colombage [kɔlɔ̃baʒ] *nm maison à* ~*s* half-timbered house.

colombe [kɔlɔ̃b] *nf* dove.

colon [kɔlɔ̃] *nm* settler || **colonialisme** *nm* colonialism || **colonie** *nf* colony; ~ *de vacances* holiday camp || **colonisateur** *adj (f* -**trice**) colonizing || **coloniser** *vt (1)* settle; colonize.

côlon [kolɔ̃] *nm (Anat)* colon.

colonne [kɔlɔn] *nf* column; *(aussi fig)* pillar; *(Mil)* file; ~ *vertébrale* spine.

colorant [kɔlɔRɑ̃] *nm* colouring; *(teinture)* dye ♦ *adj shampooing* ~ colour shampoo || **coloration** *nf* colour; tint || **coloré** *adj* coloured; *(teint)* florid; ruddy; *(description)* colourful || **colorer** *vt (1)* colour || **colorier** *vt (1h)* colour in || **coloris** *nm* colour; shade.

colossal [kɔlɔsal] *adj* huge, colossal || **colosse** *nm* giant; colossus.

colporter [kɔlpɔRte] *vt (1)* **1** hawk; peddle **2** *(rumeur)* *spread || **colporteur**

*nm (f -***euse***)* **1** hawker; peddler **2** gossip-monger.

coltiner [kɔltine] *vt (1)* carry ‖ **se coltiner** *vpr (fam)* *je me coltine tout le travail* I'm stuck with all the work.

colza [kɔlza] *nm* rape(seed).

coma [kɔma] *nm* coma ‖ **comateux** *adj (f -***euse***)* comatose.

combat [kɔ̃ba] *nm* **1** fight(ing); battle; *(fig)* struggle; *hors de ~* out of action; *livrer ~* engage action; *tenue de ~* battle dress, fatigues **2** *(Sp)* match; contest ‖ **combatif** *adj (f -***ive***)* combative; *esprit ~* fighting spirit ‖ **combattant** *nm (Mil)* *~s* active troops; *ancien ~* ex-serviceman, (war) veteran ‖ **combattre** *vt (28)* *fight; combat.

combien [kɔ̃bjɛ̃] *adv* how many; how much; *~ de lait?* how much milk? *~ d'enfants?* how many children? *~ de fois?* how often? *depuis ~ de temps habites-tu ici?* how long have you been living here? ◆ *nm (fam) on est le ~ aujourd'hui?* what's today's date?

combinaison [kɔ̃binɛzɔ̃] *nf* **1** combination; arrangement; *(péj)* scheme **2** *(sous-vêtement)* slip; *~ de plongée* wetsuit; *~ de travail* boiler-suit ‖ **combine** *nf (fam)* fiddle, *(amér)* scam ‖ **combiné** *nm (Téléph)* receiver ‖ **combiner** *vt (1)* combine; *(plan)* devise; *(fam)* concoct.

comble [kɔ̃bl] *adj* packed; *(Th) salle ~* a full house ◆ *nm* **1** roof; *de fond en ~* from top to bottom; *sous les ~s* in the attic **2** summit; *le ~ du luxe* the height of luxury; *c'est un ~!* that's the last straw! ‖ **comblé** *adj* satisfied; *elle est ~e* she has everything she could wish for ‖ **combler** *vt (1)* **1** *(vide)* fill in; *(déficit)* *make good; *(désir)* fulfill.

combustible [kɔ̃bystibl] *nm* fuel ◆ *adj* combustible.

comédie [kɔmedi] *nf (Lit Th aussi fig)* comedy; *(fig)* fuss; *jouer la ~* act, *(fig)* play-act ‖ **comédien** *nm (f -***ienne***)* actor; actress.

comestible [kɔmɛstibl] *adj* edible ‖ **comestibles** *nmpl inv* food, comestibles.

comète [kɔmɛt] *nf* comet; *tirer des plans sur la ~* *build castles in the air.

comique [kɔmik] *adj* comical; *(acteur)* comic ◆ *nm* comedian.

comité [kɔmite] *nm* committee; council; *~ consultatif* advisory board; *(fig) se réunir en petit ~* *have an informal gathering.

commandant [kɔmɑ̃dɑ̃] *nm* commander; *(Mil) (Terre)* major; *(Air)* squadron leader; *(Marine)* captain ‖ **commande** *nf* **1** order; *passer ~* *put in an order; *payer à la ~* *pay on order; *sur ~* to order **2** control; *prendre les ~s* *take over the controls ‖ **commande-**

ment *nm (Mil)* command; *(Rel)* commandment ‖ **commander** *vti (1)* **1** *(Com)* order **2** command; control; *qui commande ici?* who's in charge here? ‖ **commanditaire** *nm* sleeping partner ‖ **commanditer** *vt (1)* finance.

comme [kɔm] *conj* **1** *(cause)* as, since; *~ il fait beau...* as it's fine... **2** *(comparaison)* as, like; *tu parles ~ ton père* you speak like your father/as your father does; *sage ~ une image* as good as gold; *il se comporte ~ s'il avait dix ans* he acts as if he were ten years old/like a ten year-old; *mange ~ il faut!* eat properly! *~ ci ~ ça* so-so; *(fam) jolie ~ tout* really pretty **3** (just) as; *il arriva ~ le train partait* he arrived (just) as the train was leaving **4** *il est efficace ~ juge* he's a very effective judge ◆ *adv* how; *~ tu as grandi!* how tall you've grown! *il fait froid!* what cold weather!

commémoratif [kɔmemɔratif] *adj (f -***ive***)* commemorative; *(cérémonie)* memorial ‖ **commémorer** *vt (1h)* commemorate.

commencement [kɔmɑ̃smɑ̃] *nm* beginning; start ‖ **commencer** *vt (1)* *begin; start ◆ *vi ~ à être fatigué* *begin to feel tired; *~ par mentir* start off by lying.

comment [kɔmɑ̃] *adv conj* how; *~ allez-vous?* how are you? *~ ?* pardon? *~ s'appelle-t-il?* what's his name? *n'importe ~* anyhow ‖ *excl ~!* what! what! *mais donc!* by all means!

commentaire [kɔmɑ̃tɛr] *nm* remark; observation; *sans ~!* no comment! *(Lit Rad TV)* commentary ‖ **commentateur** *nm (f -***trice***)* commentator ‖ **commenter** *vt (1)* comment on; *(Sp)* commentate.

commérage [kɔmeraʒ] *nm* gossip(ing) ‖ **commère** *nf* gossip.

commerçant [kɔmɛrsɑ̃] *nm* shopkeeper; tradesman; *il est ~ en vins* he's in the wine trade; *~ en gros, au détail* wholesaler, retailer ◆ *adj* commercial; *(rue)* shopping ‖ **commerce** *nm (magasin)* shop; *(profession)* trade; *faire du ~ (avec)* trade (with) ‖ **commercer** *vi (1h)* trade ‖ **commercial** *adj (mpl -***iaux***)* commercial; *affaire ~e* business; *centre ~* shopping centre ‖ **commercialisation** *nf* marketing.

commettre [kɔmɛtr] *vt (42) (délit)* commit; perpetrate; *(erreur)* *make.

commis [kɔmi] *nm* clerk; shop assistant; *~ voyageur* commercial traveller, *(amér)* travelling salesman.

commisération [kɔmizerasjɔ̃] *nf* compassion; commiseration.

commissaire [kɔmisɛr] *nm (police)* superintendent; *(Sp)* steward; *~ priseur* auctioneer ‖ **commissariat** *nm* police station.

commission [kɔmisjɔ̃] *nf* **1** message; errand; *faire les ~s* *do the shopping **2** commission; percentage **3** committee; board ‖ **commissionnaire** *nm (message)* errand boy; *(livraison)* delivery man.

commissure [kɔmisyʀ] *nf (lèvres)* corner.

commode [kɔmɔd] *adj* convenient; *(outil)* handy; *(tâche)* easy; *elle n'est pas ~* she's a tough customer ◆ *nf* chest of drawers ‖ **commodité** *nf* convenience; facility.

commotion [kɔmosjɔ̃] *nf* shock; *~ cérébrale* concussion ‖ **commotionner** *vt* (1) shock; *shake (up).

commuer [kɔmɥe] *vt* (1) *(en)* commute (to).

commun [kɔmœ̃] *adj* **1** common; communal; *(hôpital)* *salle ~e* ward **2** joint; *(ami)* mutual; *mettre en ~* pool **3** ordinary, run-of-the mill ◆ *nm le ~ des mortels* the common run of people ‖ **communal** *adj (mpl -aux)* local ‖ **communauté** *nf* community; *(Rel)* order ‖ **commune** *nf (Adm)* district; *(municipalité)* (town) council; *(GB) Chambre des ~s* House of Commons ‖ **communément** *adv* commonly.

communiant [kɔmynjɑ̃] *nm* communicant.

communicatif [kɔmynikatif] *adj (f -ive)* communicative; *(rire)* infectious ‖ **communication** *nf* **1** communication; *~ d'entreprise* corporate communications; *porte de ~* communicating door **2** *(Téléph)* call; *~ avec préavis* personal call; *passer une ~* *put a call through.

communier [kɔmynje] *vi (1h)* (Rel) *take communion ‖ **communion** *nf* communion.

communiqué [kɔmynike] *nm* bulletin; *~ de presse* press release ‖ **communiquer** *vt* (1) communicate; express; *(renseignement)* convey; *(nouvelle)* pass on ◆ *vi* *be in communication; *nos chambres communiquent* we have adjoining rooms ‖ **se communiquer** *vpr (feu)* *spread.

communisme [kɔmynism] *nm* communism ‖ **communiste** *adj nm* communist.

communs [kɔmœ̃] *nmpl inv les ~* the outbuildings.

commutateur [kɔmytatœʀ] *nm* switch ‖ **commuter** *vt (1)* exchange, swap; *(El)* switch over.

compact [kɔpakt] *adj* dense; compact.

compagne [kɔpaɲ] *nf* companion; *(Zool)* mate ‖ **compagnie** *nf* **1** company; *fausser ~ à qn* *give sb the slip; *tenir ~ à qn* *keep sb company **2** firm; *~ aérienne* airline company ‖ **compagnon** *nm* companion; *~ de jeux* playmate.

comparable [kɔpaʀabl] *adj* comparable

‖ **comparaison** *nf* comparison; *en ~ de* in comparison with.

comparaître [kɔpaʀɛtʀ] *vi (34) (Jur)* appear.

comparatif [kɔpaʀatif] *adj (f -ive) nm* comparative ‖ **comparé** *adj* comparative ‖ **comparer** *vt (1) (à, avec)* compare (to, with).

comparse [kɔpaʀs] *nmf (péj)* stooge.

compartiment [kɔpaʀtimɑ̃] *nm* compartment ‖ **compartimenter** *vt (1)* partition; divide off.

comparution [kɔpaʀysjɔ̃] *nf* appearance.

compas [kɔpa] *nm (pl inv)* **1** *(Math)* compasses/compass **2** *(Naut)* compass; *avoir le ~ dans l'œil* *have an accurate eye.

compassé [kɔpase] *adj* formal; stiff.

compassion [kɔpasjɔ̃] *nf* pity; compassion.

compatibilité [kɔpatibilite] *nf* compatibility ‖ **compatible** *adj* compatible.

compatir [kɔpatir] *vi (2) (à)* sympathize (with); *feel (for) ‖ **compatissant** *adj* sympathetic.

compatriote [kɔpatʀijɔt] *nmf* compatriot.

compensateur [kɔpɑ̃satœʀ] *adj (f -trice)* compensatory ‖ **compensation** *nf* compensation; *prenez votre après-midi en ~* take the afternoon off to make up for it ‖ **compensé** *adj talons ~s* built-up heels ‖ **compenser** *vt (1)* *make up for; compensate for.

compère [kɔpɛʀ] *nm* accomplice.

compétence [kɔpetɑ̃s] *nf* competence; *(Jur)* powers; *cela ne fait pas partie de mes ~s* that's not within my scope ‖ **compétent** *adj (personne)* capable, able; *(Jur)* competent; *(Adm)* appropriate; *envoyer au service ~* *send to the department concerned.

compétitif [kɔpetitif] *adj (f -ive)* competitive ‖ **compétition** *nf (personnes)* rivalry; *(Com Sp)* competition; *~ sportive* sporting event; *sport de ~* competitive sport.

complainte [kɔplɛ̃t] *nf* lament.

complaire [kɔplɛʀ] *se ~ vpr (44) (à)* *take pleasure (in), delight (in) ‖ **complaisance** *nf* **1** kindness; indulgence **2** complacency; self-satisfaction ‖ **complaisant** *adj* **1** kind; indulgent **2** complacent; smug.

complément [kɔplemɑ̃] *nm* **1** remainder; *~ d'information* additional information **2** *(Bio Gr Math)* complement; *~ d'objet direct* direct object; *~ circonstanciel* adverbial phrase ‖ **complémentaire** *adj* complementary; *pour tout renseignement ~...* for further information... ‖ **complémenter** *vt (1)* complement; round out.

complet [kɔplɛ] *adj (f -ète)* complete;

(train) full ; **pain ~** wholemeal bread ; **un jour ~** a full/whole day ; (Méd) **examen ~** thorough check up ; **'hôtel ~'** 'no vacancies' ; **l'équipe au grand ~** the entire team **◆ nm ~ (-veston)** suit ‖ **compléter** vt (1d) complete ; (collection) add to ; (améliorer) supplement ; (somme) *make up ‖ **se compléter** vpr *be complimentary.

complexe [kɔ̃plɛks] adj complex, complicated **◆ nm 1** (Arch) development ; **~ sportif** sports complex **2** (Psy) complex, (fam) hangup ‖ **complexé** adj uptight ‖ **complexité** nf complexity.

complication [kɔ̃plikasjɔ̃] nf complexity ; complication.

complice [kɔ̃plis] adj **1** (regard) knowing **2 ~de** accessory to ; **être ~ du vol** *be (a) party to the theft **◆ nmf** accomplice ‖ **complicité** nf complicity.

compliment [kɔ̃plimɑ̃] nm compliment ; **mes ~s !** congratulations ! ‖ **complimenter** vt (1) compliment ; congratulate.

compliquer [kɔ̃plike] vt (1) complicate ‖ **se compliquer** vpr *become complicated ; **~ la vie** *make life difficult for oneself.

complot [kɔ̃plo] nm plot ‖ **comploter** vti (1) plot ; (fam) **qu'est-ce qu'ils complotent ?** what are they up to ? ‖ **comploteur** nm inv plotter, conspirator.

comportement [kɔ̃pɔrtəmɑ̃] nm behaviour ‖ **comporter** vt (1) *have ; include ; **est-ce que cela comporte des risques ?** are there any risks involved ? ‖ **se comporter** vpr (en) behave (like) ; (machine) perform.

composant [kɔ̃pozɑ̃] adj nm constituent ; (Ch Math Tech) component ‖ **composante** nf (Tech) component ‖ **composer** vt (1) *make up ; compose ; (Téléph) dial ; (bouquet) arrange ; (Lit Mus) compose ; (imprimerie) *set **◆ vi 1** (Ens) *sit (for) a test **2 ~ avec** compromise ; *come to terms with ‖ **se composer** vpr **~ de** comprise ; *be composed of ‖ **composite** adj varied ; (matériau) composite ‖ **compositeur** nm (Mus) composer ; (imprimerie) typesetter ‖ **composition** nf composition ; (Ens) exam ; test ; **~ française** French essay ; **être de bonne ~** *be easy-going.

composter [kɔ̃pɔste] vt (1) punch.

compote [kɔ̃pɔt] nf stewed fruit ; compote.

compréhensible [kɔ̃preɑ̃sibl] adj (explication) comprehensible ; (attitude) understandable ‖ **compréhensif** adj (f -ive) understanding ‖ **compréhension** nf understanding ; comprehension ‖ **comprendre** vt (45) **1** *understand ; **j'ai compris qu'il était en colère** I realized he was angry ; **se faire ~** *make oneself clear

2 comprise ; consist of ; **les charges comprennent l'eau et l'électricité** maintenance charges include water and electricity.

compresse [kɔ̃prɛs] nf compress ‖ **compresseur** nm compress **◆ adj rouleau ~** steamroller ‖ **compression** nf (de) compression (of) ; reduction (in) ; cutback (in).

comprimé [kɔ̃prime] nm (Méd) tablet **◆ adj** compressed ‖ **comprimer** vt (1) compress ; reduce ; *cut back.

compris [kɔ̃pri] adj included ; **tout ~** all inclusive.

compromettant [kɔ̃prɔmetɑ̃] adj compromising ‖ **compromettre** vt (42) (personne) compromise ; (santé, réputation) jeopardize ; **être compromis** *be implicated ‖ **compromis** nm compromise ‖ **compromission** nf compromise ; (péj) abandon of principles ; deal.

comptabiliser [kɔ̃tabilize] vt (1) enter in the accounts ; (Fin) post ‖ **comptabilité** nf accountancy ; **service de ~** accounts department ; **tenir la ~** *keep the accounts/books ‖ **comptable** nm accountant ; **expert ~** chartered accountant, (amér) certified public accountant **◆ adj** accountable ‖ **comptant** adj **argent ~** cash ; (fig) **prendre pour argent ~** *take at face value **◆ nm** cash ; **vendre au ~** *sell cash **◆ adv payer ~** pay (in) cash ‖ **compte** nm **1** (calcul) count ; **~ à rebours** countdown ; **tenir ~ de** *take into account ; **le ~ y est** that's the right amount, number **2** account ; **~ chèque, courant** checking, current account ; **~ chèque postal** giro account ; **régler un ~** settle an account, (fig) settle a score ‖ **compte-gouttes** nm (pl inv) dropper ; (fig) **au ~** sparingly ‖ **compter** vt (1) **1** (calculer) count (up), reckon (up) **2** (prévoir) allow ; reckon (on) **3** include ; **huit personnes, sans ~ les enfants** eight people, not counting the children **4** (intention) intend **◆ vi** count ; (Adm) **à ~ du 1er avril** with effect from April 1st ; **~ avec** reckon with ; **~ parmi les meilleurs** rank among the best ; **~ sur** count on, rely on ‖ **compte rendu** nm account ; report ; **~ de livre** book review ‖ **compteur** nm meter ; **~ Geiger** Geiger counter ; **~ de vitesse** speedometer.

comptine [kɔ̃tin] nf nursery rhyme.

comptoir [kɔ̃twar] nm counter ; (café) bar ; (Com Hist) trading post.

compulser [kɔ̃pylse] vt (1) consult.

comte [kɔ̃t] nm count ; (brit) earl ‖ **comté** nm county ‖ **comtesse** nf countess.

concasser [kɔ̃kase] vt (1) crush ; *grind.

concave [kɔ̃kav] adj concave.

concéder [kɔ̃sede] vt (1c) concede ; grant.

concentration [kɔ̃sɑ̃trasjɔ̃] nf concentration ‖ **concentré** nm concentrate ;

extract; **~** *de tomates* tomato purée ‖ **concentrer** *vt (1)* **se ~** *vpr* concentrate; *(fig)* focus on.

concentrique [kɔ̃sɑ̃trik] *adj* concentric.

conception [kɔ̃sɛpsjɔ̃] *nf* conception; idea; *(Art)* creation; **~** *assistée par ordinateur* computer-aided design.

concerner [kɔ̃sɛrne] *vt (1)* concern; *en ce qui me concerne* as far as I'm concerned; *ça ne te concerne pas* it's none of your business.

concert [kɔ̃sɛr] *nm* **1** *(Mus)* concert; **~** *de protestations* a chorus of protests **2** *(accord)* agreement; *entente*; *agir de* **~** *take concerted action* ‖ **concertation** *nf* dialogue; *travailler en* **~** work in co-operation ‖ **se concerter** *vpr (1)* consult each other, one another.

concession [kɔ̃sesjɔ̃] *nf* concession; *(terre)* claim ‖ **concessionnaire** *nmf* agent; *(voiture)* dealer.

concevable [kɔ̃svabl] *adj* conceivable ‖ **concevoir** *vt (15)* **1** conceive; *(idée)* form; *(plan)* devise; *voilà comment je conçois le jeu* this is how I see the game; *une maison bien conçue* a well-designed house **2** *understand; realize **3** *(amitié, haine)* feel; *(doute)* have.

concierge [kɔ̃sjɛrʒ] *nmf* caretaker, *(amér)* superintendent; *(fig péj)* gossip.

concile [kɔ̃sil] *nm (Rel)* council; synod.

conciliable [kɔ̃siljabl] *adj* reconcilable.

conciliabule [kɔ̃siljabyl] *nm* (private) discussion, *(fam)* confab.

conciliant [kɔ̃siljɑ̃] *adj* conciliatory, conciliating ‖ **conciliation** *nf* conciliation ‖ **concilier** *vt (1h)* *(opinions)* conciliate; *(personnes)* reconciliate ‖ **se concilier** *vpr* win, gain.

concis [kɔ̃si] *adj* concise.

concitoyen [kɔ̃sitwajɛ̃] *nm* (f **-enne**) fellow citizen.

concluant [kɔ̃klyɑ̃] *adj* conclusive ‖ **conclure** *vt (32)* conclude; finish, end; **~** *un marché* *strike a deal; *il a conclu à une erreur* he concluded there had been some mistake; *j'en ai conclu que ...* I came to the conclusion that....

conclusion [kɔ̃klyzjɔ̃] *nf* conclusion.

concocter [kɔ̃kɔkte] *vt (1)* elaborate; concoct; *(fam)* cook up.

concombre [kɔ̃kɔ̃br] *nm* cucumber.

concordance [kɔ̃kɔrdɑ̃s] *nf* agreement; *en* **~** *(avec)* in concordance (with); *(Gr)* **~** *des temps* sequence of tenses ‖ **concorde** *nf* concord ‖ **concorder** *vi (1)* agree; *(idée)* match; *(projet)* coincide; *(témoignage)* concord.

concourir [kɔ̃kurir] *vi (3)* **1** *(Sp)* compete **2** converge **3** **~** *à* unite; contribute to ‖ **concours** *nm* **1** *(Sp)* competition; *(Ens)* competitive exam; **~** *de beauté*

beauty contest; **~** *hippique* horse show **2** help; **~** *financier* financial aid **3** **~** *de circonstances* combination of circumstances.

concret [kɔ̃krɛ] *adj* (f **-ète**) concrete ‖ **concrètement** *adv* practically; in concrete terms ‖ **concrétiser** *vt (1)* *put into concrete form ‖ **se concrétiser** *vpr* materialize; *(projet)* *take shape.

conçu [kɔ̃sy] *voir* **concevoir**.

concurrence [kɔ̃kyrɑ̃s] *nf* competition; *à un prix défiant toute* **~** at bargain price; *faire* **~** *à* compete with; *jusqu'à* **~** *de ..* to the limit of... ‖ **concurrencer** *vt (1h)* compete with; rival with ‖ **concurrent** *nm* rival; *(Sp)* competitor ‖ **concurrentiel** *adj* (f **-ielle**) competitive ‖ **concurremment** *adv* jointly.

condamnable [kɔ̃danabl] *adj* reprehensible ‖ **condamnation** *nf* condemnation; *(Jur)* conviction; **~** *à vie* life sentence ‖ **condamné** *nm* convicted person; **~** *à mort* condemned person ‖ **condamner** *vt (1)* **1** *(Jur)* *(peine)* convict; *(mort)* condemn; *(fig)* *le projet était condamné depuis le départ* the plan was doomed from the start **2** condemn; *(pièce)* *shut up **3** *(idée)* reprove; condemn.

condensateur [kɔ̃dɑ̃satœr] *nm* condenser ‖ **condensation** *nf* condensation ‖ **condensé** *adj* condensed ◆ *nm* digest ‖ **condenser** *vt (1)* **se ~** *vpr* condense.

condescendance [kɔ̃desɑ̃dɑ̃s] *nf* condescension ‖ **condescendre** *vi (46)* deign, condescend.

condisciple [kɔ̃disipl] *nm* school fellow; fellow student.

condition [kɔ̃disjɔ̃] *nf* **1** state; **~**s *de travail* working conditions; *en bonne* **~** *physique* fit, in good shape; *mettre en* **~** condition **2** *(position, social status; *de* **~** *modeste* from a modest background **3** circumstances; *(météo)* conditions **4** requirements; *sans* **~** unconditionally **5** *(Com)* terms ◆ *conj à* **~** *que...* provided that, on the condition that... ‖ **conditionnel** *nm (Gr)* conditional ◆ *adj* (f **-elle**) conditional ‖ **conditionnement** *nm* **1** conditioning; influence **2** *(Com)* packaging ‖ **conditionner** *vt (1)* **1** condition; influence **2** package.

condoléances [kɔ̃dɔleɑ̃s] *nfpl inv* sympathy, condolences.

conducteur [kɔ̃dyktœr] *nm* (f **-trice**) **1** leader **2** *(Aut)* driver **3** *(El)* conductor ◆ *adj* conducting ‖ **conduction** *nf* conduction.

conduire [kɔ̃dɥir] *vt (33)* **1** accompany; escort; **~** *un enfant à l'école* *take a child to school **2** *(diriger)* *lead; head **3** *(Aut)* *drive **4** *(Phys)* conduct ‖ **se conduire** *vpr* act, behave ‖ **conduit** *nm (Tech)* pipe; *(Anat Tech)* duct ‖ **conduite** *nf* **1** accompanying, escorting **2** direction; supervision; *sous la ~ de* led by **3** *(Aut)* driving; *~ à gauche* left-hand drive; *leçons de ~* driving lessons; *~ en état d'ivresse* drunken driving **4** behaviour; *(Ens Jur)* conduct **5** *(Tech)* pipe; duct.

cône [kon] *nm* cone.

confection [kɔ̃fɛksjɔ̃] *nf* **1** preparation; fabrication **2** clothing (industry); *costume de ~* off-the-peg/ready-made suit; *magasin de ~* clothes shop || **confectionner** *vt (1)* **1** prepare **2** *make; produce.

confédération [kɔ̃federasjɔ̃] *nf* confederation || **confédéré** *adj* confederate.

conférence [kɔ̃feʁɑ̃s] *nf* lecture; *~ au sommet, de presse* summit, press conference; *être en ~* *be at a meeting || **conférencier** *nm* (f -**ière**) speaker; lecturer.

conférer [kɔ̃feʁe] *vt (1c) (à) (titre)* confer (on); *(qualité)* endow (with) ◆ *vi* confer (with); consult.

confesser [kɔ̃fese] *vt (1)* confess; *(Rel)* *hear a confession || **se confesser** *vpr* *make one's confession; *(Rel) aller ~* *go to confession || **confesseur** *nm* confessor || **confession** *nf* **1** *(acte)* confession; *on lui donnerait le bon Dieu sans ~* he looks as though butter wouldn't melt in his mouth **2** *(religion)* faith, denomination || **confessionnal** *nm (pl* -**aux**) confessional || **confessionnel** *adj* (f -**elle**) denominational.

confiance [kɔ̃fjɑ̃s] *nf* trust; faith; *~ en soi* self-confidence; *avoir ~ (en)* *have confidence (in); *faire ~ à* trust; *digne de ~ (personne)* trustworthy, *(source)* reliable; *vote de ~* confidence vote || **confiant** *adj* **1** confident **2** trusting.

confidence [kɔ̃fidɑ̃s] *nf* confidence; *faire une ~ à qn* confide in sb; *il m'a mis dans la ~* he let me into the secret || **confident** *nm* confidant || **confidentiel** *adj* (f -**ielle**) private; confidential.

confier [kɔ̃fje] *vt (1h) (à) (objet)* *leave (with); *(mission)* entrust (to); *~ un secret à qn* *tell sb a secret || **se confier** *vpr (à)* confide (in).

configuration [kɔ̃fiɡyʁasjɔ̃] *nf* configuration; form; *~ du terrain* lay/lie of the land.

confiné [kɔ̃fine] *adj* confined; *(pièce)* close, stuffy || **confiner** *vt (1) se ~ vpr (à) (limité)* confine (to) ◆ *vi (proche)* border (on) || **confins** *nmpl inv* borders; limits.

confirmation [kɔ̃fiʁmasjɔ̃] *nf* confirmation || **confirmer** *vt (1)* **1** confirm **2** approve; *~ qn à son poste* *take sb on permanently, confirm sb's appointment || **se confirmer** *vpr* *be confirmed.

confiscation [kɔ̃fiskasjɔ̃] *nf (droits)* confiscation; *(biens)* seizure.

confiserie [kɔ̃fizʁi] *nf* confectionery; *(magasin)* confectioner's, *(amér)* candy shop; *des ~s* sweets, *(amér)* candy || **confiseur** *nm* (f -**euse**) confectioner.

confisquer [kɔ̃fiske] *vt (1) (biens)* seize; *(droits)* confiscate.

confit [kɔ̃fi] *adj (fruits)* crystallized ◆ *nm* preserve; *~ de canard* potted duck || **confiture** *nf* jam; *~ d'orange* marmalade.

conflagration [kɔ̃flaɡʁasjɔ̃] *nf* catastrophe; *(Pol)* upheaval.

conflictuel [kɔ̃fliktɥɛl] *adj* (f -**elle**) conflicting; *état ~* state of conflict || **conflit** *nm* clash; conflict; *entrer en ~* conflict.

confluent[1] [kɔ̃flyɑ̃] *nm* confluence.

confondre[1] [kɔ̃fɔ̃dʁ] *vt (46)* mix (up); *(confusion)* muddle up ◆ *vi* *be mistaken || **se confondre** *vpr* blend; merge.

confondre[2] [kɔ̃fɔ̃dʁ] *vt (46)* **1** *(lit)* astound; baffle **2** *(coupable)* confound **3** mix up; *~ qn avec son frère* *mistake sb for his brother || **se confondre** *vpr* **1** merge; mix **2** *~ en excuses* apologize profusely || **confondu** *adj* **1** astounded; dumbfounded **2** *(catégories)* taken together.

conformation [kɔ̃fɔʁmasjɔ̃] *nf* conformation; structure || **conforme** *adj* **1** true; *~ aux plans* true to plans; *copie ~* exact copy, *(Adm)* certified true copy **2** *(approprié)* in keeping with; *~ à mes moyens* according to my means || **conformément** *adv (à)* in accordance with; *~ aux instructions* as per instructions || **conformer** *vt (1) (à)* model (on); shape (according to); adapt (to) || **se conformer** *vpr (à)* conform (to); comply (with) || **conformité** *nf* conformity.

confort [kɔ̃fɔʁ] *nm* comfort; *la maison a tout le ~* the house has all modern conveniences || **confortable** *adj* comfortable || **conforter** *vt (1)* **1** comfort, *give comfort **2** strengthen; *cela me conforte dans mes opinions* that confirms me in my opinions.

confrère [kɔ̃fʁɛʁ] *nm* colleague || **confrérie** *nf* brotherhood; fellowship.

confrontation [kɔ̃fʁɔ̃tasjɔ̃] *nf* confrontation; comparison || **confronter** *vt (1)* **1** confront **2** *être confronté à* *be faced/confronted with; *être confronté à de grosses difficultés* *be up against enormous difficulties.

confus [kɔ̃fy] *adj* **1** embarrassed; confused; *je suis confus de vous avoir fait attendre* I'm so sorry to have kept you waiting **2** vague; confused; *(vision)* blurred || **confusément** *adv* confusedly || **confusion** *nf* **1** embarrassment; confusion **2** *(erreur)* mistake **3** *(Jur) (peines)* concurrency.

congé [kɔ̃ʒe] *nm* **1** holidays, *(amér)* vacation; *(Mil)* leave; *j'ai deux jours de ~*

I've got two days off; **~ de maladie, maternité** sick, maternity leave; **~s payés** holidays with pay, *(amér)* paid vacation; **prendre ~ (de)** *take leave (of) **2** *(renvoi)* dismissal; **donner ~ à qn** *give sb notice ‖ **congédier** *vt (1h)* dismiss.

congélateur [kɔ̃ʒelatœʀ] *nm* deep freeze, freezer ‖ **congélation** *nf* freezing ‖ **congelé** *adj* frozen ‖ **congeler** *vt (1a)* **se ~** *vpr* *freeze.

congénère [kɔ̃ʒenɛʀ] *nmf* fellow creature.

congénital [kɔ̃ʒenital] *adj (mpl* -**aux)** congenital.

congère [kɔ̃ʒɛʀ] *nf* snowdrift.

congestion [kɔ̃ʒɛstjɔ̃] *nf* congestion; **~ cérébrale** stroke ‖ **congestionner** *vt (1)* *(Méd)* congest; *(rue)* block.

conglomérat [kɔ̃glɔmeʀa] *nm* conglomerate.

congratuler [kɔ̃gʀatyle] *vt (1)* congratulate.

congre [kɔ̃gʀ] *nm* conger eel.

congrégation [kɔ̃gʀegasjɔ̃] *nf (Rel)* community; congregation; *(fig)* assembly.

congrès [kɔ̃gʀɛ] *nm* congress ‖ **congressiste** *nmf* participant (at a congress); delegate.

conifère [kɔnifɛʀ] *nm* conifer.

conique [kɔnik] *adj* conical.

conjectural [kɔ̃ʒektyʀal] *adj (pl* -**aux)** speculative ‖ **conjecture** *nf* speculation; conjecture.

conjoint [kɔ̃ʒwɛ̃] *nm* spouse ◆ *adj* joint.

conjonctif [kɔ̃ʒɔ̃ktif] *adj* conjunctive ‖ **conjonction** *nf* conjunction.

conjonctivite [kɔ̃ʒɔ̃ktivit] *nf* conjunctivitis.

conjoncture [kɔ̃ʒɔ̃ktyʀ] *nf* circumstances; **~ politique** political climate/ situation.

conjugaison [kɔ̃ʒygɛzɔ̃] *nf* conjugation ‖ **conjuguer** *vt (1)* *(Gr)* conjugate; *(fig)* combine.

conjugal [kɔ̃ʒygal] *adj (mpl* -**aux)** matrimonial.

conjuration [kɔ̃ʒyʀasjɔ̃] *nf* conspiracy, plot ‖ **conjuré** *nm* conspirator ‖ **conjurer** *vt (1)* **1** *(complot)* conspire **2** *(danger)* avert; ward off **3** implore, beseech.

connaissance [kɔnɛsɑ̃s] *nf* **1** knowledge; acquaintance; **à ma ~** to (the best of) my knowledge **2** *(personne)* acquaintance; **faire plus ample ~** *get to know sb better; **lier ~** *strike up an acquaintance **3** consciousness; **perdre ~** faint; **sans ~** unconscious ‖ **connaisseur** *nm inv* expert ‖ **connaître** *vt (34)* **1** *know; **il m'a fait ~ le jazz** he introduced me to jazz **2** *be acquainted with; *be familiar with **3** enjoy; experience ‖ **se connaître** *vpr* **il ne se connaît plus** he has lost control of himself; *(fam)* **s'y ~ (en)** *know all (about).

connecter [kɔnɛkte] *vt (1)* connect (up) ‖ **connexion** *nf* connection.

connerie [kɔnʀi] *nf (vulg)* bullshit, crap.

connivence [kɔnivɑ̃s] *nf* connivance; **être de ~** act in complicity.

connu [kɔny] *adj* famous, well-known.

conquérant [kɔ̃keʀɑ̃] *nm* conqueror ‖ **conquérir** *vt (13)* conquer; *win over ‖ **conquête** *nf* conquest.

consacrer [kɔ̃sakʀe] *vt (1)* **1** devote; **pouvez-vous me ~ cinq minutes ?** can you spare me five minutes? **2** dedicate; *(Rel)* consecrate; **expression consacrée** set phrase.

consciemment [kɔ̃sjamɑ̃] *adv* consciously ‖ **conscience** *nf* **1** consciousness **2** *(morale)* conscience; **j'ai la ~ tranquille** I've got an easy/a clear conscience **3** conscientiousness; **~ professionnelle** professional integrity ‖ **consciencieux** *adj (f* -**ieuse)** conscientious ‖ **conscient** *adj* conscious, aware.

conscription [kɔ̃skʀipsjɔ̃] *nf (Mil) (brit)* conscription, *(amér)* draft ‖ **conscrit** *nm (brit)* conscript, *(amér)* draftee.

consécration [kɔ̃sekʀasjɔ̃] *nf* consecration.

consécutif [kɔ̃sekytif] *adj (f* -**ive)** consecutive; **deux jours ~s** two days running; **~ à** following on.

conseil [kɔ̃sɛj] *nm* **1** piece of advice; **sur ses ~s** on his advice **2** committee, council; **Conseil de l'Europe** Council of Europe; **~ d'administration** board of directors; **~ des ministres** Cabinet meeting **3** **ingénieur-~** consulting engineer ‖ **conseiller** *nm (f* -**ière)** adviser; **~ fiscal** tax consultant; **~ d'orientation** *(brit)* careers adviser, *(amér)* guidance counselor ‖ **conseiller** *vt (1)* advise; **je vous conseille de vous taire** I advise you to keep quiet; *(vivement)* (strongly) recommend.

consentement [kɔ̃sɑ̃tmɑ̃] *nm* consent; assent ‖ **consentir** *vi (8) (à)* agree (to), consent (to) ◆ *vt* accept; **~ un prêt** grant a loan.

conséquence [kɔ̃sekɑ̃s] *nf* **1** consequence, result; **en ~** as a result, consequently; **j'agirai en ~** I'll act accordingly **2** importance ‖ **conséquent** *adj* **1** coherent; *(fam)* important **2** **par ~** consequently; accordingly.

conservateur [kɔ̃sɛʀvatœʀ] *nm (f* -**trice)** **1** keeper, warden **2** *(Pol)* conservative ◆ *adj* preservative; *(Pol)* conservative ‖ **conservation** *nf* conservation; **instinct de ~** instinct of self-preservation; **état de ~** state of preservation ‖ **conservatisme** *nm* conservatism ‖ **conservatoire** *nm (Mus Th)* school, academy ‖ **conserve** *nf* **~s** preserve; tinned/canned food; **mettre**

en ~ tin, can || **conserver** vt (1) *keep; store; (fig) retain, maintain || **se conserver** vpr *keep || **conserverie** nf canning factory, cannery.

considérable [kɔ̃siderabl] adj substantial; extensive; considerable || **considération** nf 1 consideration; *prendre en ~* *take into account 2 ~s reflexions 3 regard, esteem; (lettre) veuillez agréer l'assurance de ma parfaite considération yours faithfully || **considéré** adj (highly) regarded; *tout bien ~* all things considered || **considérer** vt (1c) 1 consider 2 contemplate 3 regard, look upon.

consignation [kɔ̃siɲasjɔ̃] nf deposit; (Com) consignment || **consigne** nf 1 order(s), instruction(s) 2 (Rail) (brit) left-luggage office, (amér) luggage/baggage check (room) 3 (bouteille) deposit 4 (Ens) detention || **consigné** adj (Com) returnable || **consigner** vt (1) register, record; (Ens) *keep in detention.

consistance [kɔ̃sistɑ̃s] nf 1 consistency 2 firmness 3 credit || **consistant** adj firm, consistent; (repas) substantial || **consister** vi (1) ~ en consist of, *be made up of; ~ dans consist in.

consolation [kɔ̃sɔlasjɔ̃] nf comfort, consolation || **consoler** vt (1) comfort, console || **se consoler** vpr (de) console oneself (of); *get over.

console [kɔ̃sɔl] nf console.

consolidation [kɔ̃sɔlidasjɔ̃] nf strengthening; (Fin) consolidation || **consolider** vt (1) strengthen, reinforce; (Fin) consolidate.

consommable [kɔ̃sɔmabl] adj consumable; drinkable; eatable || **consommateur** nm (f -trice) consumer; (restaurant) customer || **consommation** nf 1 consumption, use; *biens de ~* consumer goods 2 accomplishment 3 (au café) drink || **consommer** vti (1) consume; use; (boisson) *drink ◆ vt achieve, accomplish.

consonne [kɔ̃sɔn] nf consonant.

conspirateur [kɔ̃spiratœʀ] nm (f -trice) conspirator, conspirer || **conspiration** nf conspiracy, plot || **conspirer** vi (1) conspire; (fig) concur.

conspuer [kɔ̃spɥe] vt (1) boo, shout down.

constamment [kɔ̃stamɑ̃] adv constantly || **constance** nf constancy || **constant** adj constant; continuous.

constat [kɔ̃sta] nm report; (Jur) statement || **constatation** nf observation; (enquête) ~s findings || **constater** vt (1) note, record.

constellation [kɔ̃stelasjɔ̃] nf constellation || **constellé** adj studded; (tache) spotted; *ciel ~ d'étoiles* star-spangled sky.

consternation [kɔ̃stɛʀnasjɔ̃] nf dismay, consternation || **consterner** vt (1) dismay.

constipé [kɔ̃stipe] adj (Méd) constipated; (fam fig) uptight, stiff.

constitué [kɔ̃stitɥe] adj formed, made up, constituted; *les corps ~s* the official bodies || **constituer** vt (1) 1 form, *make up, constitute 2 represent || **se constituer** vpr ~ *prisonnier* *give oneself up || **constitution** nf 1 (Méd Pol) constitution 2 composition; institution, set up.

constructeur [kɔ̃stryktœʀ] nm builder, (Aut) manufacturer || **construction** nf building, construction; *maison en ~* house under construction; *~ mécanique* mechanical engineering || **construire** vt (33) 1 *build, construct 2 *make, assemble, *put together || **se construire** vpr *be constructed; (Gr) «après que» se construit avec l'indicatif 'après que' takes the indicative.

consul [kɔ̃syl] nm consul || **consulat** nm consulate.

consultable [kɔ̃syltabl] adj available for consultation || **consultatif** adj (f -ive) consultative, advisory || **consultation** nf consultation; advice; (médecin) heures de ~ (brit) surgery (hours), (amér) office hours || **consulter** vti (1) consult, *take (medical, legal) advice ◆ vi (médecin) (brit) *take surgery, (amér) *see patients || **se consulter** vpr confer.

consumer [kɔ̃syme] vt (1) (aussi fig) consume, *burn || **se consumer** vpr *burn; (fig) waste away.

contact [kɔ̃takt] nm 1 contact, touch; *prendre ~* *get in touch; *mettre en ~* *bring into contact, (personne) *put in touch; *lentille de ~* contact lens 2 (El) *mettre/couper le ~* switch on/off || **contacter** vt (1) contact, *get in touch (with).

contagieux [kɔ̃taʒjø] adj (f -ieuse) catching, contagious; infectious || **contagion** nf contagion.

container [kɔ̃tenɛʀ] nm container.

contamination [kɔ̃taminasjɔ̃] nf contamination; (Méd) infection || **contaminer** vt (1) contaminate; (Méd) infect.

conte [kɔ̃t] nm tale, story; *~ de fées* fairy tale.

contemplation [kɔ̃tɑ̃plasjɔ̃] nf contemplation || **contempler** vt (1) contemplate, gaze at.

contemporain [kɔ̃tɑ̃pɔʀɛ̃] adj (de) contemporary (with); present-day ◆ nm contemporary.

contenance [kɔ̃tnɑ̃s] nf 1 capacity 2 countenance, composure; *faire bonne ~* *put on a bold front || **contenir** vt (10) 1 contain, *hold 2 restrain, *hold back; *hold in check.

content [kɔ̃tɑ̃] adj (de) pleased (with), satisfied (with); happy (with); *~ de soi* self-satisfied, smug || **contentement** nm satisfaction ‖ **contenter** *vt (1)* satisfy, please ‖ **se contenter** *vpr (de)* *be happy (with) ; *elle se contenta de hocher la tête* she merely nodded.

contentieux [kɔ̃tɑ̃sjø] *nm* dispute ; *(Jur)* litigation.

contenu [kɔ̃tny] *nm* 1 contents 2 *le ~ de son discours* the content of his speech ◆ *adj* restrained.

conter [kɔ̃te] *vt (1)* *tell, relate.

contestable [kɔ̃tɛstabl] *adj* questionable ‖ **contestataire** *nmf* protester ◆ *adj* rebellious ‖ **contestation** *nf* protest ‖ **sans conteste** *loc adv* unquestionably ‖ **contester** *vt (1)* question, dispute ; *(Pol)* protest.

conteur [kɔ̃tœʀ] *nm (f* **-euse)** storyteller ; storywriter.

contexte [kɔ̃tɛkst] *nm* context.

contigu [kɔ̃tigy] *adj (f* **-uë) (à)** adjacent (to), contiguous (to).

continent [kɔ̃tinɑ̃] *nm* 1 continent 2 mainland.

contingences [kɔ̃tɛ̃ʒɑ̃s] *nfpl inv* contingency.

contingent [kɔ̃tɛ̃ʒɑ̃] *nm* 1 *(Mil)* contingent 2 quota, share ‖ **contingenter** *vt (1)* fix a quota for.

continu [kɔ̃tiny] *adj* continuous, unbroken ; *(progression)* steady ‖ **continuation** *nf* continuation, duration ‖ **continuel** *adj (f* **-elle)** continual ; constant ‖ **continuer** *vt (1) vpr* **se ~** *go on (with), continue ; pursue ◆ *vi* 1 **~** *à/de lire* continue to read, *go on reading/*keep on reading 2 extend ‖ **continuité** *nf* continuity ; *solution de ~* interruption, break.

contondant [kɔ̃tɔ̃dɑ̃] *adj* blunt.

contorsion [kɔ̃tɔʀsjɔ̃] *nf* contortion.

contour [kɔ̃tuʀ] *nm* outline, contour ‖ **contourner** *vt (1)* pass round ; bypass.

contraceptif [kɔ̃tʀaseptif] *nm* contraceptive ◆ *adj (f* **-ive)** contraceptive.

contracter [kɔ̃tʀakte] *vt (1)* 1 contract ; tense 2 *(assurance)* *take out 3 acquire ; *(Méd)* *catch ‖ **se contracter** *vpr* contract ‖ **contraction** *nf* contraction ; tenseness ‖ **contracture** *nf* spasm ‖ **contractuel** *adj (f* **-elle)** 1 contractual ; binding 2 *(employé)* temporary.

contradicteur [kɔ̃tʀadiktœʀ] *nm* contradictor ‖ **contradiction** *nf* 1 contradiction, opposition ; *esprit de ~* contrariness ; *être en ~ avec* *be at variance with 2 inconsistency ‖ **contradictoire** *adj (à)* contradictory (to) ; inconsistent (with) ; *débat ~* debate.

contraignant [kɔ̃tʀɛɲɑ̃] *adj* restrictive, constraining.

contraindre [kɔ̃tʀɛ̃dʀ] *vt vpr (35)* 1 compel, force 2 *(sentiment)* restrain ‖ **contrainte** *nf* constraint ; *sans ~ un-*

restrainedly, freely ; *sous la ~* under duress.

contraire [kɔ̃tʀɛʀ] *adj* 1 opposite ; *~ à la règle* against the rules ; *vents ~s* contrary winds 2 opposed ◆ *nm* opposite ; *au ~* on the contrary ; *au ~ de* unlike ‖ **contrairement** *adv (à)* contrary (to).

contrarier [kɔ̃tʀaʀje] *vt (1h)* 1 thwart, oppose 2 annoy ; *qu'est-ce qui vous contrarie ?* what's bothering you ? ‖ **contrariété** *nf* annoyance, vexation.

contraste [kɔ̃tʀast] *nm* contrast ; *en ~ avec* in contrast to ‖ **contraster** *vi (1) (avec)* contrast (with) ◆ *vt* *put in contrast.

contrat [kɔ̃tʀa] *nm* contract ; *passer un ~* conclude an agreement ; *~ de mariage* (brit) marriage settlement, *(amér)* premarital agreement.

contravention [kɔ̃tʀavɑ̃sjɔ̃] *nf* 1 *(Jur)* infringement ; *être en ~ avec la loi* infringe the law 2 (parking, speeding) ticket 3 fine.

contre[1] [kɔ̃tʀ] *adv prép* 1 against ; *~ toute attente* contrary to all expectations ; *lutter ~* *fight against ; *voter pour ou ~* vote for or against ; *(Jur Sp)* versus 2 in spite of ; *~ toute apparence* despite all appearances 3 close to ; *joue ~ joue* cheek to cheek 4 from ; *abriter ~ le gel* shelter from the frost 5 in exchange ; *un livre neuf ~ deux vieux* a new book for two old ones ; *parier à 10 contre 1* *bet ten to one 6 *(fam)* *par ~* on the other hand ◆ *nm* 1 *peser le pour et le ~* weigh the pros and cons 2 *(Bridge)* double.

contre[2] [kɔ̃tʀ] *préf* counter- ; *contre-manifestant* counter demonstrator.

contre-allée [kɔ̃tʀale] *nf* side lane.

contrebalancer [kɔ̃tʀəbalɑ̃se] *vt (1h)* counterbalance ◆ **s'en contrebalancer** *vpr (fam)* not *give a damn.

contrebande [kɔ̃tʀəbɑ̃d] *nf* smuggling.

contrebas [kɔ̃tʀəba] *en ~ loc adv* below, on a lower level.

contrebasse [kɔ̃tʀəbas] *nf* double bass.

contrecarrer [kɔ̃tʀəkaʀe] *vt (1)* thwart.

contrechamp [kɔ̃tʀəʃɑ̃] *nm (Ciné)* reverse shot.

contrecœur [kɔ̃tʀəkœʀ] *à ~ loc adv* reluctantly.

contrecoup [kɔ̃tʀəku] *nm* after-effect ; consequence.

contre-courant [kɔ̃tʀəkuʀɑ̃] *à ~ loc adv* against the current.

contredanse [kɔ̃tʀədɑ̃s] *nf (fam)* ticket, fine.

contredire [kɔ̃tʀədiʀ] *vt (38)* contradict, refute ‖ **sans contredit** *loc adv* indisputably.

contrée [kɔ̃tʀe] *nf (lit)* country.

contre-espionnage [kɔ̃tʀɛspjonaʒ] *nm* counter-espionage, counterintelligence.

contrefaçon [kɔ̃tʀəfasɔ̃] *nf* counterfeiting; forgery ‖ **contrefaire** *vt (41)* 1 counterfeit, forge 2 mimic.

contrefiche [kɔ̃tʀəfiʃ] *se ~ vpr (1) (fam) je m'en contrefiche* I couldn't care less.

contrefort [kɔ̃tʀəfɔʀ] *nm ~s (Géog)* foothills.

contre-indication [kɔ̃tʀɛ̃dikasjɔ̃] *nf* contra-indication ‖ **contre-indiqué** *adj* unwise; unadvisable.

contre-jour [kɔ̃tʀəʒuʀ] *à ~ loc adv* against the light.

contre-maître [kɔ̃tʀəmɛtʀ] *nm (f -esse)* supervisor; foreperson; *(vx)* foreman/woman.

contre-ordre [kɔ̃tʀɔʀdʀ] *nm* counter-order; *sauf ~* unless otherwise directed/informed.

contrepartie [kɔ̃tʀəpaʀti] *nf* 1 opposite view 2 *(Fin)* counterparty; *(loc)* en ~ in return.

contrepèterie [kɔ̃tʀəpetʀi] *nf* spoonerism.

contre-pied [kɔ̃tʀəpje] *nm* (exact) opposite; *(Sp) prendre qn à ~* wrongfoot sb.

contre-plaqué [kɔ̃tʀəplake] *nm* plywood.

contre-plongée [kɔ̃tʀəplɔ̃ʒe] *nf (Cin)* low angle shot.

contre-poids [kɔ̃tʀəpwa] *nm* counterweight; counterbalance.

contre-poison [kɔ̃tʀəpwazɔ̃] *nm* antidote.

contrer [kɔ̃tʀe] *vt (1) (fam)* thwart ♦ *vi (bridge)* double.

contresens [kɔ̃tʀəsɑ̃s] *nm* 1 *faire un ~* *misunderstand; mistranslate 2 *à ~ (de)* in the opposite direction (to).

contre-torpilleur [kɔ̃tʀətɔʀpijœʀ] *nm* destroyer.

contretemps [kɔ̃tʀətɑ̃] *nm* mishap; *arriver à ~* *come at the wrong moment.

contrevérité [kɔ̃tʀəveʀite] *nf* untruth.

contribuable [kɔ̃tʀibɥabl] *nmf* taxpayer.

contribuer [kɔ̃tʀibɥe] *vi (1) (à)* contribute (towards); *il a beaucoup contribué à leur succès* he has played a key role in their success ‖ **contribution** *nf* 1 participation, contribution; *mettre qn à ~* call on sb's help 2 *~s* tax(es).

contrôle [kɔ̃tʀol] *nm* 1 checking; check; *~ de gestion* cost accounting; *~ d'identité* identity check 2 control, supervision; *~ de soi* self-control ‖ **contrôler** *vt (1)* check, inspect; supervise, control ‖ **contrôleur** *nm* controller, inspector; *(autobus, train)* conductor.

contrordre [kɔ̃tʀɔʀdʀ] *voir* **contre-ordre**.

controverse [kɔ̃tʀɔvɛʀs] *nf* controversy ‖ **controversé** *adj* controversial, debated.

contumace [kɔ̃tymas] *nf par ~* in absentia.

contusion [kɔ̃tyzjɔ̃] *nf* bruise ‖ **contusionné** *adj* bruised.

convaincre [kɔ̃vɛ̃kʀ] *vt (50)* convince; *il s'est laissé ~* he let himself be persuaded.

convalescence [kɔ̃valesɑ̃s] *nf* convalescence; *être en ~* *be convalescing ‖ **convalescent** *adj nm* convalescent.

convenable [kɔ̃vnabl] *adj* 1 suitable, proper 2 decent, acceptable 3 *son salaire est ~* his pay is adequate ‖ **convenance** *nf* 1 suitability, appropriateness; *choisissez une date à votre ~* choose a date at your convenience; *pour (des raisons de) ~ personnelle* for personal reasons 2 *respecter les ~s* *be a stickler for proprieties/form.

convenir[1] [kɔ̃vniʀ] *vi (10) (à)* suit, fit; *j'irai si cela vous convient* I'll go if it's convenient for you ♦ *v impers il convient de vérifier (que)...* the right thing to do is to cheek (that)...

convenir[2] [kɔ̃vniʀ] *vi (10)* agree; *il a convenu de son erreur* he admitted he was wrong; *comme convenu* as agreed ♦ *v impers il a été convenu que...* it was agreed that...

convention [kɔ̃vɑ̃sjɔ̃] *nf* 1 agreement; *~s diplomatiques* diplomatic conventions 2 assembly, convention ‖ **conventionnel** *adj (f -elle)* conventional.

converger [kɔ̃vɛʀʒe] *vi (1h)* converge.

conversation [kɔ̃vɛʀsasjɔ̃] *nf* conversation, talk; chat; *dans la ~ courante* in informal speech.

conversion [kɔ̃vɛʀsjɔ̃] *nf* conversion ‖ **convertible** *adj* convertible ‖ **convertir** *vt (2) vpr se ~ (en)* convert (into); change (into), turn (into).

convexe [kɔ̃vɛks] *adj* convex.

conviction [kɔ̃viksjɔ̃] *nf* conviction; *(Jur) pièce à ~* exhibit.

convier [kɔ̃vje] *vt (1h)* invite ‖ **convive** *nmf* guest ‖ **convivial** *adj* convivial; *(Inf)* user-friendly.

convocation [kɔ̃vɔkasjɔ̃] *nf (Jur)* summons; *(examen)* notification.

convoi [kɔ̃vwa] *nm* 1 convoy; train 2 (funeral) procession.

convoiter [kɔ̃vwate] *vt (1)* hanker after/for; *(lit)* covet; lust after ‖ **convoitise** *nf* hankering; *(lit)* lust.

convoquer [kɔ̃vɔke] *vt (1) (assemblée)* convene; summon.

convulsion [kɔ̃vylsjɔ̃] *nf* convulsion.

coopératif [kɔɔpeʀatif] *adj (f -ive)* cooperative ♦ *nf (fam)* co-op.

coopter [kɔɔpte] *vt (1)* co-opt.

coordination [kɔɔʀdinasjɔ̃] *nf* coordination ‖ **coordonnées** *nfpl (Math)*

coordinates; *(fam)* ***donnez-moi vos ~***
*give me your address and phone number
‖ **coordonner** *vt (1)* coordinate; match.
copain [kɔpɛ̃] *nm (f* **copine)** *(fam)* pal,
chum, *(amér)* buddy; *il est très ~ avec
eux* they are great pals.
copeau [kɔpo] *nm (pl* **-x)** shaving,
cutting.
copie [kɔpi] *nf* **1** copy; imitation **2** *(Ens)
(examen, exercice)* (exam) paper; *(Inf)
(papier)* print-out; *(Adm)* transcript; *~
conforme* certified true copy ‖ **copier** *vt
(1h)* copy; *(Ens) (sur)* crib (from).
copieux [kɔpjø] *adj (f* **-leuse)** copious,
plentiful; *repas ~* hearty meal ‖ **copieusement** *adv* copiously; *(fam) je m'ennuie
~* I'm bored stiff.
copinage [kɔpinaʒ] *nm (fam péj)*
chumminess ‖ **copine** *nf voir* **copain.**
copropriété [kɔpʀɔpʀijete] *nf* joint ownership, co-ownership; *(immeuble) (amér)*
condominium.
coq [kɔk] *nm* **1** cock, *(amér)* rooster; *jeune
~,* **coquelet** cockerel; *~ de bruyère*
grouse **2** (ship's) cook **3** *(Boxe) poids ~*
bantam weight ‖ **coq-à-l'âne** *nm (pl inv);
sauter du ~* skip from one subject to
another.
coque [kɔk] *nf* **1** *(Zool)* cockle **2** *(Bot)*
husk, shell **3** *(œuf)* shell; *œuf à la ~*
(soft-)boiled egg **4** *(Naut)* hull; *(Aut)* body.
coquelicot [kɔkliko] *nm (Bot)* poppy.
coqueluche [kɔklyʃ] *nf* **1** whooping
cough **2** *(fam) il est la ~ de...* he's the
blue-eyed boy/the pet of...
coquet [kɔkɛ] *adj (f* **-ette) 1** smart,
spruce; *(lieu)* trim, neat **2** *(fam)
~ette somme* tidy sum of money ‖
coquetterie *nf* fastidiousness; smartness.
coquillage [kɔkijaʒ] *nm* shell; *(Cuis)*
shellfish.
coquille [kɔkij] *nf* **1** shell; *(Zool) ~
Saint-Jacques* scallop shell; *(couleur) ~
d'œuf* off-white **2** *(Typ)* misprint, *(fam)*
typo ‖ **coquillettes** *nfpl* pasta shells.
coquin [kɔkɛ̃] *adj* mischievous, naughty
◆ *nm* rascal, scamp.
cor [kɔʀ] *nm* **1** *(Mus)* horn; *~ anglais*
French horn; *réclamer qch à ~ et à cri*
clamour for sth **2** *~ (au pied)* corn **3** *(cerf)
~s* antlers.
corail [kɔʀaj] *nm (pl* **coraux)** *adj inv*
coral.
corbeau [kɔʀbo] *nm (pl* **-x)** *(Orn)* crow;
grand ~ raven; *~ freux* rook.
corbeille [kɔʀbɛj] *nf* **1** basket; *~ de mariage* wedding presents **2** *(Bourse)* floor;
(Th) dress circle **3** *(Bot) ~ d'argent, d'or*
sweet, rock alyssum.
corbillard [kɔʀbijaʀ] *nm* hearse.
cordage [kɔʀdaʒ] *nm* rope; *(raquette)*
strings; *~s (Naut)* rigging ‖ **corde** *nf*

1 rope; *(raquette)* string; *~ à linge*
clothes line; *~ à sauter* skipping rope;
danseur de ~ tightrope dancer **2** *(Mus) les
~s* the strings **3** *(Sp) tenir la ~* hug the
rails; *(Aut) prendre un virage à la ~* hug
a/the bend **4** *(tissu)* thread; *usé jusqu'à la
~* threadbare **5** *~s vocales* vocal cords
6 *ce n'est pas dans mes ~s* it's not (in)
my line ‖ **cordée** *nf* rope; roped party ‖
cordelette *nf* string.
cordial [kɔʀdjal] *adj (pl* **-aux)** hearty,
warm ‖ **cordialement** *adv* heartily; *(fin
de lettre) ~ vôtre* best wishes ‖ **cordialité**
nf warmth, cordiality.
cordon [kɔʀdɔ̃] *nm* **1** string; *~ de tirage*
cord; *(El)* cord, flex; *(vêtement)* string,
(décoration) ribbon; *~ ombilical* umbilical cord; *(fig) il n'a pas encore coupé le
~ ombilical* he's still tied to his mother's
apron strings **2** *(police)* cordon **3** *(Géog)
~ littoral* offshore bar.
cordonnier [kɔʀdɔnje] *nm* shoe-repairer;
(vx) cobbler.
coriace [kɔʀjas] *adj* **1** *(aussi fig)* tough
2 *(personne)* hard-headed.
coriandre [kɔʀjɑ̃dʀ] *nf (Bot)* coriander.
cormoran [kɔʀmɔʀɑ̃] *nm (Orn)* cormo-
rant.
corne [kɔʀn] *nf* **1** horn; *bêtes à ~s* horned animals **2** *~ de brume* foghorn **3** hard
skin, callus ‖ **corné** *adj* **1** horny **2** *(papier)*
dog-eared.
cornée [kɔʀne] *nf (Anat)* cornea.
corneille [kɔʀnɛj] *nf (Orn)* rook, crow.
cornemuse [kɔʀnəmyz] *nf* bagpipe(s).
corner[1] [kɔʀne] *vt (1) (page)* *make a dog
ear ◆ *vi (vx) (Aut)* sound a horn; honk.
corner[2] [kɔʀnɛʀ] *nm (football)* corner
kick.
cornet [kɔʀne] *n m* cornet; *~ de glace*
ice cream cone; *(Mus)* cornet.
corniaud [kɔʀnjo] *nm* mongrel (dog);
(fam) (personne) nitwit.
corniche [kɔʀniʃ] *nf (Géog)* ledge;
(Arch) cornice.
cornichon [kɔʀniʃɔ̃] *nm* gherkin; *(fam)
(personne)* idiot.
cornouiller [kɔʀnuje] *nm (Bot)* dog-
wood.
cornu [kɔʀny] *adj* horned.
corollaire [kɔʀɔlɛʀ] *nm* corollary, consequence.
corolle [kɔʀɔl] *nf (Bot)* corolla.
coronaire [kɔʀɔnɛʀ] *adj (Anat)* coronary.
corporatif [kɔʀpɔʀatif] *adj (f* **-ive)**
corporate; corporative ‖ **corporation** *nf*
guild.
corporel [kɔʀpɔʀɛl] *adj (f* **-elle)** bodily;
(châtiment) corporal.
corps [kɔʀ] *nm (pl inv)* **1** body; *(cadavre)*
corpse, *(amér)* cadaver; *combattre à ~ à ~*
*fight hand to hand; *il s'est jeté à ~ perdu*

dans son travail he threw himself into his work ; *à mi-corps* up to one's waist ; *à son ~ défendant* against one's will ; *il frissonnait de tout son ~* he was shivering all over ; *elle pleurait toutes les larmes de son ~* she was crying her eyes out ; (*fig*) *il faudra me passer sur le ~ !* over my dead body ! (*Naut*) *perdu ~ et biens* lost with all hands 2 (*groupe de gens*) (*Mil*) corps ; *le ~ médical* the medical profession ; *esprit de ~* team spirit ; *faire ~ avec...* *be an integral part of... 3 ~ *de bâtiment* main part of a building.

corpulence [kɔrpylɑ̃s] *nf* stoutness, corpulence ‖ **corpulent** *adj* stout.

correct [kɔrekt] *adj* 1 correct ; *réponse ~e* right answer ; (*vêtements*) *tenue ~e exigée* correct dress only, (*comportement*) *tenue ~e* proper behaviour 2 (*fam*) fair, acceptable ‖ **correcteur** *nm* (*f* **-trice**) (*Ens*) examiner ; (*Typ*) proof-reader ‖ **correctif** *adj* (*f* **-ive**) remedial, corrective ‖ **correction** *nf* 1 correction ; (*Typ*) proof-reading 2 (*punition*) punishment ; *maison de ~* reform school 3 (*tenue*) correctness, (*comportement*) propriety.

correspondance [kɔrɛspɔ̃dɑ̃s] *nf* 1 letters, correspondence ; *vente par ~* mail order (sales) 2 (*fig*) conformity, agreement ‖ **correspondant** *nm* 1 (*journal*) correspondent 2 pen friend/(*amér*) pal ◆ *adj* (*à*) corresponding (to, with) ‖ **correspondre** *vi* (46) (*avec*) *write (to), correspond (with) 2 (*à*) correspond (to, with) ; match, suit ‖ **se correspondre** *vpr* match, correspond.

corrida [kɔrida] *nf* bullfight.

corridor [kɔridɔr] *nm* passage, corridor.

corrigé [kɔriʒe] *nm* (*Ens*) (*d'un exercice*) key, (*fam*) crib ‖ **corriger** *vt* (1h) 1 correct ; (*Typ*) proof-read ; (*Ens*) mark 2 remedy 3 punish ‖ **se corriger** *vpr* mend one's ways.

corrodant [kɔrɔdɑ̃] *adj nm* corrosive ‖ **corroder** *vt* (1) corrode.

corrompre [kɔrɔ̃pr] *vt* (46) corrupt ; *spoil ‖ **corrompu** *adj* corrupt.

corrosif [kɔrozif] *adj* (*f* **-ive**) corrosive ; (*fig*) scathing ‖ **corrosion** *nf* corrosion.

corruption [kɔrypsjɔ̃] *nf* corruption.

corsage [kɔrsaʒ] *nm* blouse.

corsaire [kɔrsɛr] *nm* (*Hist*) privateer.

corsé [kɔrse] *adj* spicy, strong ; (*vin*) full-bodied ‖ **corser** *vt* (1) strengthen ; increase, intensify ; *~ une sauce* add flavouring to a sauce ; ‖ **se corser** *vpr* *get worse, *get more difficult ; (*fam*) *ça se corse !* things are getting serious !

cortège [kɔrtɛʒ] *nm* 1 procession 2 (*d'un souverain*) suite, retinue 3 (*fig*) series, run.

corvée [kɔrve] *nf* chore ; (*Mil*) *être de ~* *be on fatigue (duty).

cosmétique [kɔsmetik] *nm* cosmetic, beauty care product.

cosmique [kɔsmik] *adj* cosmic.

cosmonaute [kɔsmonot] *nm* cosmonaut.

cosmopolite [kɔsmopolit] *adj* cosmopolitan.

cosmos [kɔsmɔs] *nm* (*Phil*) cosmos ; (*Astr*) outer space.

cossard [kɔsar] *nm* (*fam*) lazy ; *c'est un ~* he's (a bit of) a lazybones.

cosse [kɔs] *nf* husk, pod.

costaud [kɔsto] *adj* (*f* **-d/-de**) (*fam*) sturdy, strong.

costume [kɔstym] *nm* suit, dress ; (*Th*) costume ‖ **costumé** *adj* *bal ~* fancy-dress ball ‖ **se costumer** *vpr* (1) (*en*) dress up (as).

cotation [kɔtɑsjɔ̃] *nf* (*Fin*) quotation ‖ **cote** *nf* 1 quotation, rating ; *~ d'un cheval* odds on a horse ; *~ de popularité* popularity rating ; (*Fin*) listing 2 dimension ; (*Géog*) height ; *~ d'alerte* flood level, (*fig*) danger mark 3 proportion, assessment ; *~ mal taillée* rough and ready settlement 4 classification ; mark ; (*livre*) shelfmark.

côte [kot] *nf* 1 rib ; (*fam*) (*rire*) *se tenir les ~s* *split one's sides (laughing) ; *~ à ~* side by side 2 (*Cuis*) chop ; (*bœuf*) rib ; *~s découvertes* spare ribs 3 (*route*) hill, slope 4 (*Géog*) coast(line).

côté [kote] *nm* 1 side ; (*route*) (*bas-*)*~* shoulder 2 (*fig*) aspect ; *prends les choses du bon ~* look on the bright side of things ; *par certains ~s* in some respects/ways ; *d'un ~..., d'un autre ~* on the one hand, on the other hand ; *de mon ~* for my part ; (*fam*) *~ finances* money-wise/as far as money is concerned 3 *de quel ~ allez-vous ?* which way are you going ? *du ~ de la gare ?* towards/near the station ? ‖ **à côté (de)** *adv prép* 1 near, beside ; *reste à ~ de moi* stay next to me, by my side ; *passer à ~ de la question* miss the point 2 compared to ‖ **de côté** *adv* sideways ; *laisser de ~* neglect ; *mettre de ~* *put aside ; save.

coteau [kɔto] *nm* (*pl* **-x**) hill(side).

côtelé [kotle] *adj* *velours ~* corduroy.

côtelette [kotlet] *nf* (*Cuis*) chop.

coter [kɔte] *vt* (1) 1 (*Fin*) quote, trade ; *Michelin est coté à Paris* M. shares are listed in Paris ; (*fig*) *très coté* highly considered 2 mark, classify, number.

côtier [kotje] *adj* (*f* **-ière**) coastal, inshore ; *navigation côtière* coasting.

cotisation [kɔtizasjɔ̃] *nf* 1 (*club*) subscription 2 contribution ‖ **cotiser** *vi* (1) (*pour*) contribute (towards) ‖ **se cotiser** *vpr* club together.

coton [kɔtɔ̃] *nm* cotton ; *~ hydrophile* cotton wool ; (*amér*) absorbent cotton ; *~*

à broder embroidery thread ; *(fam fig)* **n'élève pas ton fils dans du ~** don't mollycoddle your son ; *(fam fig)* **il file un mauvais ~** he is in a bad way ◆ *adj inv (fam)* difficult ; *c'est un, ce truc* this is a rough/tough one ‖ **cotonnade** *nf* cotton fabric.

côtoyer [kotwaje] *vt (1f)* **1** *(côte, rivière)* *keep close to, hug **2** *(fig)* border (on) ; *il côtoie toutes sortes de gens* he meets/sees all sorts of people.

cou [ku] *nm* neck ; *je l'ai pris par la peau du ~* I caught him by the scruff of his neck ; *il a pris ses jambes à son ~* he took to his heels ; *j'ai du travail jusqu'au ~* I am up to my ears/eyes in work ‖ **cou-de-pied** *nm (pl* **cous-de-pied)** instep.

couac [kwak] *nm* squeak, *(aussi fig)* false note.

couchage [kuʃaʒ] *nm* bedding ; sleeping arrangements ; *sac de ~* sleeping bag ‖ **couchant** *nm* west ◆ *adj* **soleil ~** setting sun ; **chien ~** setter ‖ **couche** *nf* **1** layer ; *(Géog)* stratum, bed ; **~ d'ozone** ozone layer ; **~s sociales** social strata ; *(fam)* **il en tient une ~** he's really thick **2** **fausse ~** miscarriage **3** *(bébé)* *(brit)* nappy, *(amér)* diaper ‖ **couché** *adj* lying ‖ **coucher** *nm* **1** **heure du ~** bedtime **2** **au ~ du soleil** at sunset/sundown ◆ *vt (1)* **1** *put to bed ; *(héberger)* *put sb up **2** *lay down ; **~ en joue** *take aim (at) **3** *(vx)* *put sb down (in writing) ◆ **se coucher** *vpr* *go to bed ; *lie down ; *(soleil)* *set ‖ **couchette** *nf (bateau, train)* berth ; *(marin)* bunk.

couci-couça [kusikusa] *adv (fam)* so-so.

coucou [kuku] *nm* **1** *(Orn)* cuckoo ; *(pendule)* cuckoo clock **2** *(Bot)* cowslip **3** *(Av fam)* old crate ◆ *interj* peek-a-boo!

coude [kud] *nm* **1** *(Anat)* elbow ; **~ à ~** shoulder to shoulder ; **jouer des ~s** elbow one's way ; *(fig)* **se serrer les ~s** *stick together **2** *(route)* bend (in the road) ‖ **coudoyer** *vt (1f)* *(personne)* rub shoulders with, hobnob with ; *(chose)* border on.

coudre [kudʀ] *vti (27)* *sew, stitch ; **machine à ~** sewing machine.

coudrier [kudʀje] *nm (Bot)* hazel(tree).

couenne [kwan] *nf* rind.

couette [kwet] *nf* **1** quilt, duvet **2** *(cheveux)* **~s** bunches.

couffin [kufɛ̃] *nm* basket.

coug(o)uar [kugwaʀ] *nm (Zool)* puma.

couic [kwik] *interj* squeak!

couille [kuj] *nf (vulg)* ball ‖ **couillon** *nm (vulg)* fathead ‖ **couillonner** *vt (1) (vulg)* swindle.

couiner [kwine] *vi (1)* squeak, *(enfant)* whine.

coulage [kulaʒ] *nm* **1** *(Tech)* casting **2** *(fam fig)* wastage ‖ **coulant** *adj* **1** runny ; **nœud ~** slip knot ; *(style)* flow-

ing **2** *(fam) (personne)* easy-going ‖ **coule** *nf (argot) être à la ~* *know the ropes ‖ **coulée** *nf* flow, slide ‖ **couler** *vti* **1** flow **2** *run **3** *(Tech)* *cast, pour **4** *(bateau)* *sink ; *(fig)* ruin, discredit ‖ **se couler** *vpr* **1** slip **2** discredit oneself **3** *(fam)* **se la ~ douce** *take it easy, live the life of Riley.

couleur [kulœʀ] *nf* **1** colour ; *de quelle ~ est la Terre ?* what colour is the Earth? **photo en ~** colour photo(graph) ; **sous ~ de** under the guise/pretext of **2** *(cartes)* suit.

couleuvre [kulœvʀ] *nf (Zool)* grass snake.

coulisse [kulis] *nf* **1** groove, slide ; **porte à ~** sliding door **2** *(Th)* **~s** wings ; *(fig)* **rester dans la ~** stay behind the scenes ; **les ~s de la politique** the corridors of power ‖ **coulisser** *vi (1)* *slide.

couloir [kulwaʀ] *nm* **1** passage, corridor, hall **2** *(Aut Sp)* lane ; *(Av)* **~ aérien** air corridor.

coup [ku] *nm* **1** knock ; *(sec et léger)* tap, rap ; *(violent)* blow ; *(bec)* peck ; *(couteau)* stab ; *(fusil)* shot ; *(pied)* kick ; *(poing)* punch ; **donner un ~** *hit, bang ; *(Jur)* **~s et blessures** assault and battery ; *(fig)* **faire ~ double** kill two birds with a stone **2** *(Sp)* **~ d'envoi** kick-off ; **~ franc** free kick ; *(tennis)* **~ droit** forehand (shot) ; *(boxe)* punch ; **faire un ~ bas** *hit below the belt, *(fig)* play a lousy trick **3** **il donna un brusque ~ de frein** he braked suddenly ; **~ de froid** *(Méd)* chill, *(météo)* cold spell ; **peux-tu me donner un ~ de main ?** can you give/lend me a hand, can you help me? **donner un ~ de peigne à qn** comb sb's hair ; **vous devriez lui donner un ~ de peinture** you should give it a coat of paint ; **~ de soleil** sunburn ; **~ de téléphone** phone call **4** **jeter un ~ d'œil (à)** glance (at) ; **au premier ~ d'œil** at first glance ; **~ de foudre** love at first sight ; **~ de chance** stroke of luck ; **~ de maître** master stroke ; **~ d'état** coup **5** *(fam)* **boire un ~** *have a drink ; **en mettre un ~** *work hard ; **tenir le ~** *hold out ; **tenter le ~** *have a go ; **il est dans le ~** he's in the know ; **ça vaut le ~** it's worth it ; **c'est un ~ dur** it's a hard blow **6** *(loc adv)* **à ~ sûr** definitely ; **après ~** after the event ; **sur ~** in a row, in succession ; **du premier ~** at the first try, straight off ; **du ~** (and) so ; **du même ~** at the same time ; **sous le ~ de la colère** in a fit of anger ; **sur un ~ de tête** impulsively ; **tué sur le ~** killed outright ; **tout à ~** all of a sudden ; **bois ça d'un (seul) ~** drink/swallow that all in a gulp.

coupable [kupabl] *adj (de)* guilty (of).

coupage [kupaʒ] *nm* blending ; diluting ‖ **coupant** *adj* cutting, sharp.

coup-de-poing [kudpwɛ̃] *nm* knuckle duster; *(fig)* *opération* ~ surprise raid.

coupe¹ [kup] *nf* cup; ~ *à champagne* champagne glass; *la C~ du monde* the World Cup.

coupe² [kup] *nf* **1** cutting; *(arbre)* felling; ~ *sombre (fig)* drastic cut **2** ~ *de cheveux* haircut; *(tissu)* length **3** *(Arch)* section **4** *(cartes)* cut; *(fig)* *être sous la ~ de qn* *be in sb's power ∥ **coupe-cigares** *nm (pl inv)* cigar cutter ∥ **coupe-gorge** *nm (pl inv)* *(rue, maison)* dangerous place ∥ **coupe-ongles** *nm (pl inv)* nail clippers ∥ **coupe-papier** *nm (pl.inv)* paper-knife.

couper [kupe] *vt (1)* **1** *cut; (bois)* chop; *(tête)* *cut off; (vêtement)* *cut out; (viande)* carve; *(Sp)* slice (a ball); *(cartes)* *cut, trump; ~ *les cheveux en quatre (fig)* *split hairs **2** cross; *coupons à travers le parc* let's cut across the park **3** *(parole)* interrupt; *cut off; *as-tu coupé l'eau?* have you turned the water off? *(Téléph)* on *nous a coupés* we were cut off; ~ *le souffle à qn* wind sb, *(fig)* *take sb's breath away **4** *(vin)* blend; water ◆ *vi (fam)* ~ *à une corvée* shirk a chore ∥ **se couper** *vpr* **1** *il s'est coupé le doigt* he cut his finger **2** *(fam fig)* *si jamais tu mens, essaie de ne pas te couper par la suite!* if ever you lie, try not to give yourself away afterwards! ∥ **couperet** *nm* blade; *(viande)* chopper, cleaver ∥ **coupe-vent** *nm (pl inv)* *(brit)* windcheater, *(amér)* windbreaker.

couple [kupl] *nm* (married) couple; pair.

couplet [kuplɛ] *nm* verse.

coupole [kupɔl] *nf* dome; *(tank)* gun turret.

coupon [kupɔ̃] *nm* ticket; *(Fin)* coupon ∥ **coupon-réponse** *nm* reply coupon.

coupure [kupyʀ] *nf* **1** cut; ~ *de courant* power cut; ~ *de presse* press clipping, cutting; *(fig)* gap **2** *(brit)* (bank)note *(amér)* bill.

cour [kuʀ] *nf* **1** (court)yard; backyard; *(école)* playground **2** ~ *de justice* court of justice; ~ *martiale* court martial **3** *(d'un souverain)* *(lieu)* court; *(gens)* retinue **4** courtship; *faire la ~* *pay court.

courage [kuʀaʒ] *nm* courage, bravery; *perdre* ~ *lose heart; *prendre* ~ *take heart; *prendre son ~ à deux mains* pluck up courage ∥ **courageux** *adj (f -euse)* courageous, brave.

couramment [kuʀamɑ̃] *adv* **1** easily; *parler une langue* ~ *speak a language fluently **2** usually ∥ **courant** *adj* **1** current; usual; standard; *affaires ~es* current business; *l'année ~e* the present/current year **2** flowing; *eau ~e* running water ◆ *nm* **1** current, stream; ~ *d'air* draught; *(fig)* trend **2** *(El)* power; ~ *continu, alternatif* direct, alternating current **3** *dans*

le ~ *de la semaine* during/within the week; *(Com)* *le 3* ~ *(on)* the 3rd of this month **4** *être au* ~ *be informed, *(fam)* *be in the know; *mettre au* ~ inform, *(fam)* *tenir au* ~ *keep up to date; *je vous tiendrai au* ~ I'll keep you informed/posted.

courbatu [kuʀbaty] *adj* stiff ∥ **courbature** *nf* ache; *avoir des* ~*s* *be stiff all over.

courbe [kuʀb] *adj* curved ◆ *nf* curve; *(graphique)* graph ∥ **courber** *vti (1) vpr* **se** ~ *bend, bow ∥ **courbure** *nf* curve.

coureur [kuʀœʀ] *nm (f -euse)* runner; ~ *cycliste* racing cyclist; ~ *de femmes* womanizer.

courge [kuʀʒ] *nf (Bot)* marrow, *(amér)* squash ∥ **courgette** *nf (Bot)* zucchini, *(brit)* courgette.

courir [kuʀiʀ] *vi (3)* **1** *run; *(Sp)* race, *run (in a race); hurry; *entrer, sortir en courant* *run in, out; *(fam)* *tu peux toujours* ~ *you can whistle for it, don't count on it; *(liquide)* flow; *(fig)* ~ *à sa perte* head for disaster; ~ *après la richesse* chase after wealth; *le bruit court que...* rumour has it that... **2** *(Naut)* sail **3** *(Com)* *le mois qui court* the current month; *(Fin)* *les intérêts courent à partir de* interest accrues (as) from; *(fam)* *laisse* ~*!* drop it! ◆ *vt* *run; ~ *sa chance* try one's luck; *faire* ~ *un bruit* *spread a rumour; *ça ne court pas les rues* it's rather unusual ∥ **se courir** *vpr* *be run.

courlis [kuʀli] *nm (Orn)* curlew.

couronne [kuʀɔn] *nf* crown; *(fleurs)* wreath; *en* ~ in a ring ∥ **couronnement** *nm* crowning; *(fig)* peak, pinnacle ∥ **couronner** *vt (1)* crown; *(lauréat)* award a prize to; *(hum)* *pour* ~ *le tout* to cap it all.

courrier [kuʀje] *nm* letters; post, mail; *par retour du* ~ by return (of post); ~ *du cœur* advice column, *(fam)* agony column.

courroie [kuʀwa] *nf* strap; belt.

courroux [kuʀu] *nm (pl inv)* *(lit)* wrath, ire.

cours [kuʀ] *nm* **1** course; ~ *d'eau* stream; *(fig)* *donner libre* ~ *à* *give free rein to **2** *l'année en* ~ the current year; *au* ~ *de* in the course of; *en* ~ *de* during; *en* ~ *de route* on the way; *travaux en* ~ work in progress **3** *(Fin)* price, rate; *avoir* ~ *be legal tender **4** *(Ens)* lesson; course; ~ *du soir* night class; *(Université)* lecture; *prête-moi tes* ~ lend me your notes; *(école)* academy, institute, school **5** *(rue)* avenue **6** *(Naut)* *voyage au long* ~ (ocean) voyage.

course [kuʀs] *nf* **1** race; *faire la* ~ race; *aller aux* ~*s* *go to the races; ~ *d'obstacles (chevaux)* steeplechase; *(athlétisme)*

hurdle race **2** *faire une* ~ *run an errand ;
faire des* ~*s* *go shopping* **3** *(taxi) payer
la* ~ *pay the fare* **4** *(montagne)* climb
5 path, way **6** *(fam fig) être dans la* ~
*be with it/in the know ; il n'est plus dans
la* ~ *he's out of it/out of the fray* ‖ **cour-
sier** *nm* messenger.

coursive [kuʀsiv] *nf (Naut)* gangway.

court¹ [kuʀ] *adj* short, brief ; *il a la vue
*~*e* *he's short-sighted, (fig)* he takes a
short-sighted view ; *(Ciné)* ~ *métrage*
short film ; *à* ~ *terme* in the short run ;
politique à ~ *terme* short-term/near-term
policy ♦ *adv* **1** short ; *couper* ~ *cut
short ; *tourner* ~ turn sharp ; *(fig)* end suddenly ; *il est resté* ~ he was at a loss (for
arguments) ; *j'ai été pris de* ~ I was
caught off guard **2** *tout* ~ simply ; *c'est
la vérité tout* ~ it's nothing but the truth
3 *à* ~ *de* ~ short of, lacking.

court² [kuʀ] *nm (tennis)* court.

courtage [kuʀtaʒ] *nm* brokerage ‖ **courtier** *nm* broker.

court-circuit [kuʀsiʀkɥi] *nm* short-
circuit ; *(fig)* by-pass.

courtisan [kuʀtizɑ̃] *nm* courtier, *(péj)*
sycophant ‖ **courtiser** *vt (1)* pay court
to, *(péj)* fawn on.

courtois [kuʀtwa] *adj (envers)* courteous
(to) ‖ **courtoisie** *nf* courtesy.

couru [kuʀy] *adj* **1** popular, sought after
2 *(fam) c'est* ~ *d'avance* it's a sure thing.

cousin [kuzɛ̃] *nm* **1** cousin ; ~ *germain*
first cousin **2** *(Zool)* crane fly, *(fam)* daddy-
longlegs.

coussin [kusɛ̃] *nm* cushion ; ~ *d'air* air
cushion ‖ **coussinet** *nm* pad ; *(Tech)* bearing.

cousu [kuzy] *adj* sewn ; ~ *main* hand
sewn/stitched ; *(fam fig) son histoire est
*~*e de fil blanc* you can see right through
his lie/trick.

coût [ku] *nm (aussi fig)* cost, price ‖
coûtant *adj prix* ~ cost price.

couteau [kuto] *nm (pl* **-x***)* **1** knife ; ~ *à
pain* breadknife ; ~ *à cran d'arrêt* flick
knife, *(amér)* switch blade ; ~ *de chasse*
hunting knife, *(amér)* bowie knife ; *être à
*~*x tirés* *be at daggers drawn ; ne retourne pas le* ~ *dans la plaie !* don't rub
it in ! **2** *(mollusque)* razor shell.

coûter [kute] *vti (1)* *cost ; ~ *cher* *be
expensive ; *(fam) ça va te* ~ *cher !* you'll
have to pay for it ! *coûte que coûte* at any
cost, whatever the cost ♦ *v impers il m'en
coûte de le jeter* it breaks my heart to
throw it away ‖ **coûteux** *adj (f* **-euse***)* expensive.

coutil [kuti] *nm* twill, drill.

coutume [kutym] *nf* custom, habit ; *les
*~*s d'une tribu* the mores of a tribe ; *avoir
*~ *de* *be accustomed to ; *comme de* ~
as usual ; *une fois n'est pas* ~ just for this

once ‖ **coutumier** *adj (f* **-ière***)* customary ; *(Jur) droit* ~ common law.

couture [kutyʀ] *nf* **1** sewing ; needle-
work ; *faire de la* ~ *sew **2** dressmaking
3 seam ; *sans* ~ *s* seamless ; *(fig) battre
qn à plate* ~ *beat sb hollow ; *(fig) examiner sous toutes les* ~*s* examine from
every angle ‖ **couturé** *adj* scarred ‖
couturier *nm (haute couture)* couturier ‖
couturière *nf* dressmaker.

couvent [kuvɑ̃] *nm* **1** *(femmes)* convent ;
(hommes) monastery **2** convent school.

couver [kuve] *vt (1)* *sit on one's eggs ;
(fig) elle couve ses enfants she is an
overprotective mother ♦ *vi (aussi fig)*
brood, brew.

couvercle [kuvɛʀkl] *nm* lid, cover ;
(bocal) cap, top.

couvert¹ [kuvɛʀ] *nm* **1** cutlery **2** place ;
place setting ; *mettre le* ~ *lay/*set the
table **3** shelter ; *sous le* ~ *de* under the
pretence of ; *être à* ~ *be under cover ;
(Com Fin) *be covered, *be hedged.

couvert² [kuvɛʀ] *adj* **1** *(de)* covered (with,
in) ; *(ciel)* overcast ; *chaudement* ~
warmly dressed/wrapped up ; *à mots* ~*s* in
veiled terms **2** *(fig)* protected ‖ **couverture** *nf (lit)* blanket ; *(toit)* roofing *(aussi
fig)* cover ; *(journalisme)* coverage.

couvre- [kuvʀ] *préf* *-cover ; ~*-feu*
curfew ; ~*-lit* bedspread, bedcover.

couvrir [kuvʀiʀ] *vt (7)* **1** *(aussi fig)
(de, avec)* cover (with) ; *on m'a couvert de
cadeaux* I was showered with presents ; *la
musique couvrait sa voix* the music
drowned out his voice **2** protect ; *(assurance) je suis bien couvert* I am well
insured ; *(Com Fin)* ~ *un risque* hedge a
risk ‖ **se couvrir** *vpr* **1** *couvrez-vous bien*
wrap yourself up warmly ; *(ciel)* *become
overcast **2** *(Com Fin) (risque)* cover oneself, hedge one's bets.

coyote [kɔjɔt] *nm* coyote, prairie dog.

crabe [kʀɑb] *nm* crab ; *marcher en* ~
walk sideways.

crachat [kʀaʃa] *nm* ~*(s)* spittle ; spit ‖
crachement *nm* ~*(s)* spitting ; *(bruit)*
crackling ‖ **cracher** *vi (1)* *spit ; *(bruit)*
crackle ♦ *vt* *spit out ; *(fam) (argent)*
cough up ‖ **craché** *adj (fam) c'est son
père tout* ~ he's the spitting image of his
father ‖ **crachin** *nm* drizzle ‖ **crachoter**
vti (1) sputter, splutter.

crack [kʀak] *nm* **1** *(fam)* star horse ; ace
2 *(drogue)* crack.

craie [kʀɛ] *nf* chalk.

craindre [kʀɛ̃dʀ] *vti (35)* **1** fear, *be
afraid of/scared of ; *il a échoué, je le
crains* he failed, I'm sorry to say **2** *be
sensitive to ; *je crains le froid* I feel/can't
stand the cold ; *(sur emballage) craint
l'humidité* keep in a dry place **3** ~ *de +
infinitif* *be afraid to ; *je crains de le dé-*

ranger I don't want to disturb him **4 ~ que + subjonctif; je crains qu'il (ne) soit en retard** I'm afraid he might be late/he will arrive late ‖ **crainte** *nf* fear; *dans le ~ de, de ~ de, par ~ de* for fear of; *de ~ que* for fear that; *(lit)* lest ‖ **craintif** *adj (f- **ive**)* timorous.

cramer [kʀame] *vti (1) (fam)* *burn.

cramoisi [kʀamwazi] *adj* crimson.

crampe [kʀɑ̃p] *nf* cramp ‖ **crampon** *nm* **1** *(athlétisme)* spike; *(football)* stud; *(alpinisme)* crampon **2** *(fam) quel ~ !* he's so clingy! *(amér)* he's a clinging vine! ‖ **se cramponner** *vpr (1) (à)* *cling (to), *hold on (to); *(fam fig) cramponne-toi !* hold on to your hat!

cran [kʀɑ̃] *nm* **1** notch; *(ceinture)* hole; *~ de sûreté* safety catch **2** *(fam) il a du ~* he's got guts; *il est à ~ aujourd'hui* he's edgy/on edge today.

crâne [kʀɑn] *nm (Anat)* skull ‖ **crâner** *vi (1)* swagger, *show off.

crapaud [kʀapo] *nm* **1** *(Zool)* toad **2** *(piano)* baby grand (piano) **3** *(pierre)* blemish **4** *(fauteuil)* tub chair.

crapule [kʀapyl] *nf* scoundrel ‖ **crapuleux** *adj (f -**euse**)* sordid.

craqueler [kʀakle] *vt (1b)* **se ~** *vpr* crack ‖ **craquer** *vi (1)* **1** rip, *tear, snap **2** *(bruit)* crack, creak **3** *(personne)* *give up, *break down ◆ *vt ~ une allumette* *strike a match.

crasse [kʀas] *nf* filth, grime ◆ *adj* gross; *ignorance ~* crass ignorance ‖ **crassier** *nm* slagheap.

cratère [kʀatɛʀ] *nm* crater.

cravache [kʀavaʃ] *nf* (riding) crop ‖ **cravacher** *vti (1)* whip ◆ *vi (fam fig)* work like mad.

cravate [kʀavat] *nf* **1** tie; *(invitation) ~ blanche* tails, *~ noire* dinner jacket, *(amér)* tuxedo **2** *(lutte)* headlock ‖ **cravater** *vt (1)* grab by the neck.

crayeux [kʀɛjø] *adj (f -**euse**)* chalky.

crayon [kʀɛjɔ̃] *nm* pencil; *~ de couleur (brit)* crayon, *(amér)* colored pencil ‖ **crayonner** *vti (1) (notes)* pencil in (notes), scribble (down), *(distraitement)* doodle.

créance [kʀeɑ̃s] *nf* **1** *(Fin)* claim **2** *lettres de ~* credentials ‖ **créancier** *nm* creditor.

créateur [kʀeatœʀ] *nm (f -**trice**)* creator, maker ◆ *adj* creative ‖ **création** *nf* creation; invention; founding ‖ **créature** *nf* creature; *~ humaine* human being.

crèche [kʀɛʃ] *nf* day nursery, *(fam)* (collective) day care (center); *(Noël)* crib.

crédibilité [kʀedibilite] *nf* credibility.

crédit [kʀedi] *nm (aussi fig)* credit; *faire ~ à qn* *give sb credit; *(fig)* trust sb; *acheter à ~* *buy on credit/hire purchase, *(amér)* on the installment plan ‖ **créditer**

vt (1) (de, à) credit (with, to) ‖ **créditeur** *nm (f -**trice**)* creditor.

crédule [kʀedyl] *adj* gullible, credulous ‖ **crédulité** *nf* gullibility, credulity.

créer [kʀee] *vt (1)* create; *(problème)* cause; *(entreprise)* *set up, establish.

crémaillère [kʀemajɛʀ] *nf chemin de fer à ~* cog railway; *pendre la ~* *give a house warming party.

crématoire [kʀematwaʀ] *nm* crematorium.

crème [kʀɛm] *nf* cream; *~ anglaise* custard; *café ~ (brit)* white coffee, *(amér)* coffee with cream; *~ de beauté* face cream; *(fam) la ~ des hommes* the best of men ◆ *nm (fam) un ~* a (cup of) *(brit)* white coffee, *(amér)* coffee with cream ◆ *adj inv* cream-coloured ‖ **crémerie** *nf* dairy (shop) ‖ **crémeux** *adj (f -**euse**)* creamy ‖ **crémier** *nm* dairyman ‖ **crémière** *nf* dairywoman.

créneau [kʀeno] *nm (pl -x)* **1** slit, gap; *(Arch) ~x* battlements; *~ horaire* time slot; *(Com)* opening, niche **2** *(Aut) faire un ~* reverse to park, reverse into a parking space.

crêpe [kʀɛp] *nf* **1** pancake **2** *(tissu)* crêpe **3** *semelle (de) ~* crepe sole ‖ **crêper** *vt (1)* crimp.

crépi [kʀepi] *nm* roughcast.

crépiter [kʀepite] *vi (1)* crackle, sputter.

crépu [kʀepy] *adj* fuzzy, frizzy.

crépuscule [kʀepyskyl] *nm* twilight, dusk.

cresson [kʀesɔ̃] *nm (Bot)* (water)cress.

crête [kʀɛt] *nf* crest; *(Orn)* comb; *(montagne)* ridge; *(Géog) ligne de ~* watershed.

crétin [kʀetɛ̃] *nm (Méd)* cretin; *(fam)* idiot, moron ◆ *adj (fam)* idiotic, moronic.

creuser [kʀøze] *vt (1)* *dig; *(puits)* bore; *(question)* examine, *go thoroughly into; *des rides creusaient son visage* his face was furrowed with wrinkles ◆ *vi* *dig ◆ **se creuser** *vpr* *grow hollow; *(fam) je me suis creusé la cervelle* I've racked my brains.

creuset [kʀøze] *nm* crucible, melting pot.

creux [kʀø] *adj (f -**euse**)* hollow; *yeux ~* deep-set eyes; *période creuse* slack period; *(fam) (estomac)* empty ◆ *adv sonner ~* sound hollow/(fig) false ◆ *nm (pl inv)* hollow; cavity; *(estomac)* pit; *(reins)* small of the back.

crevaison [kʀavezɔ̃] *nf* puncture, *(amér)* flat.

crevant [kʀavɑ̃] *adj (fam)* hilarious; *(travail)* killing, exhausting.

crevasse [kʀavas] *nf* crack; *(glacier)* crevasse ‖ **crevasser** *vt (1)* **se ~** *vpr* crack.

crevé [kʀave] *adj* **1** burst; *(pneu)* punctured *(amér)* flat **2** *(fam)* **je suis ~** I'm dead beat, I'm wiped out.

crève-cœur [kʀɛvkœʀ] *nm* heartbreak; *c'est un ~* it's heart-breaking.

crever [kʀəve] *vi (1c)* **1** **burst, *split; (Aut) *get a puncture/a flat tyre* **2** *(fam)* die; **~ de faim** starve to death; *je crève de froid, de chaud* I'm freezing cold, baking/boiling hot ◆ *vt *burst;* **~** *le mur du son* *break through the sound barrier; **~** *un cheval* *ride/work a horse to death; *(fam)* *ça crève les yeux* it sticks out like a red/sore thumb || **se crever** *vpr* *elle se crève ~ au travail* she works herself to death; **~** *les yeux à lire* ruin one's eyes reading.

crevette [kʀəvɛt] *nf (grise)* shrimp; *(rose)* prawn.

cri [kʀi] *nm* cry, call; *(plus fort)* shout; *(très fort)* yell; *(aigu)* shriek; *(peur)* scream; *(plainte)* whine; **~** *de guerre* war cry; *appeler qn à grands ~s* call (to) sb loudly; *(fam) c'est le dernier ~* it's the latest fashion/all the rage || **criant** *adj* glaring, striking || **criard** *adj (voix)* shrill, high-pitched; *(couleur)* gaudy, garish.

crible [kʀibl] *nm* sieve, riddle; *passer au ~* sift, *(fig)* examine throughly || **criblé** *adj* **~** *de dettes* up to one's ears/eyes in debt || **cribler** *vt (1)* sift, riddle; **~** *de balles* riddle with bullets.

cric [kʀik] *nm* jack.

cricket [kʀikɛt] *nm (Sp)* cricket.

crier [kʀije] *vti (1h)* call out; cry out; *(plus fort)* shout; *(très fort)* yell, howl; *(aigu)* shriek; *(peur)* scream; *(plainte)* whine; **~** *de douleur* scream/howl with pain; **~** *grâce* beg for mercy; **~** *comme un putois* shout one's head off; **~** *au scandale* protest loudly; **~** *au secours* shout for help; **~** *la vérité* proclaim the truth; *sans ~ gare* without warning; **~** *contre/après* cry out at, shout at; *(fig) inutile de le ~ sur les toits* no need to shout it from the rooftops.

crime [kʀim] *nm* **1** crime, offence; **~s** *de guerre* war crimes **2** murder || **criminel** *nm (-elle)* criminal; murderer ◆ *adj* criminal.

crin [kʀɛ̃] *nm* horsehair || **crinière** *nf* mane.

crique [kʀik] *nf* cove, inlet.

criquet [kʀikɛ] *nm* locust.

crise [kʀiz] *nf* **1** crisis; **~** *du logement* housing shortage; *(Eco)* downturn, slowdown **2** *(Méd)* attack, fit.

crispation [kʀispasjɔ̃] *nf* twitch, strain || **crispé** *adj* tense, strained || **crisper** *vt (1)* **1** tense; *(poings)* clench **2** annoy.

crissement [kʀismɑ̃] *nm (freins)* screeching; *(gravier)* crunching || **crisser** *vi (1) (freins)* screech; *(gravier)* crunch.

cristal [kʀistal] *nm (pl -aux)* crystal ||

cristallin *nm (Anat)* crystalline lens ◆ *adj* crystalline; *(voix)* crystal-clear || **cristalliser** *vti (1)* **se ~** *vpr (aussi fig)* crystallize.

critère [kʀitɛʀ] *nm* criterion *(pl* criteria).

critiquable [kʀitikabl] *adj* open to criticism || **critique** *adj* critical; *moment ~* crucial moment ◆ *nmf (personne)* critic ◆ *nf* **1** criticism **2** *(Th Ciné)* review; *la ~* the critics **3** rebuke || **critiquer** *vt (1)* criticize.

croasser [kʀoase] *vi (1) (corbeau)* caw.

croc [kʀo] *nm* **1** *(dent)* fang **2** *(crochet)* hook || **croc-en-jambe** *nm (pl* **crocs-en-jambe),** **croche-pied** *nm (pl* **croche-pieds)**; *il m'a fait un ~* he tripped me up.

croche [kʀɔʃ] *nf (Mus)* quaver, *(amér)* eighth note.

crochet [kʀɔʃɛ] *nm* **1** hook; *(fig) vivre aux ~s de qn* sponge off sb **2** *(à venir)* fang **3** *(tricot)* crochet **4** *(Typ)* square bracket **5** *(boxe)* **~** *du droit* right hook **6** detour; *je vais faire un ~ par la banque (brit)* I'll call in at/*(amér)* I'll drop by the bank on my way || **crocheter** *vt (1c) (serrure)* pick; *(tricot)* crochet || **crochu** *adj* hooked; *(main)* claw-like.

crocodile [kʀɔkɔdil] *nm (Zool)* crocodile.

crocus [kʀɔkys] *nm (pl inv) (Bot)* crocus.

croire [kʀwaʀ] *vt (36)* **1** believe; *je ne te crois pas* I don't believe you; *je te crois sur parole* I'll take your word for it; *je n'en croyais pas mes yeux* I couldn't believe my eyes; *(fam) je te crois!* I should think so! **2** *je crois que non* I think not; *je crois que oui* I think so; *je ne crois pas qu'il vienne* I don't think he'll come; *je croyais rêver* I thought I was dreaming; *je l'ai cru mort* I thought he was dead **3** *si vous m'en croyez* take it from me; take my word for it **4** *j'aime à ~ que...* I trust that...; *il est à ~ que...* it's quite probable that... ◆ *vi* **1** **~** *en* trust, have faith in; *j'ai cru en sa parole* I trusted him; **~** *en Dieu* believe in God **2** **~** *à* believe in; *crois-tu aux fantômes?* do you believe in ghosts? *je ne crois plus à notre succès* I no longer believe we can succeed ◆ **se croire** *vpr tu te crois malin!* you think you are clever, don't you!

croisade [kʀwazad] *nf* crusade; *(fig)* campaign || **croisé** *adj (veston)* double-breasted; *mots ~s* crossword puzzle || **croisement** *nm* crossing; crossroads; road junction || **croiser** *vt (1)* cross, **cut across; (animal) *crossbreed; (Naut)* cruise || **se croiser** *vpr* cross, intersect || **croisière** *nf* cruise; *vitesse de ~* cruising speed, *(fig)* comfortable tempo.

croissance [kʀwasɑ̃s] *nf* growth || **croissant** *adj* increasing, growing ◆ *nm* crescent; *(Cuis)* croissant.

croître [kʀwatʀ] *vi* (37) increase, *grow; *rise.

croix [kʀwa] *nf* (*pl inv*) cross; ~ *gammée* swastika; *en* ~ cross-shaped; (*fam*) *faire une* ~ *sur qch* *give sth up for good.

croquant [kʀɔkɑ̃] *adj* crisp, crunchy ‖ **croque-mitaine** *nm* bogeyman ‖ **croque-mort** *nm* (*fam*) (*brit*) undertaker, (*amér*) mortician ‖ **croquer** *vt* (*1*) **1** crunch, munch; (*fam*) (*argent*) squander **2** (*dessin*) sketch ◆ *vi* crunch; ~ *dans un biscuit* *bite into a biscuit.

croquet [kʀɔke] *nm* (*jeu*) croquet.

croquis [kʀɔki] *nm* sketch, rough drawing.

crosse [kʀɔs] *nf* **1** (*fusil*) butt, (*pistolet*) grip **2** (*Sp*) stick; (*golf*) club **3** (*fam*) *chercher des* ~*s à qn* pick a fight/quarrel with sb.

crotale [kʀɔtal] *nm* (*Zool*) rattlesnake.

crotte [kʀɔt] *nf* **1** dung, droppings, (*argot*) shit; (*fam*) ~! darn it! (*amér*) shucks! ‖ **crotté** *adj* covered in mud ‖ **crottin** *nm* **1** (*horse*)dung **2** small goat's cheese.

croulant [kʀulɑ̃] *adj* crumbling, ramshackle ◆ *nm* (*fam*) old fogey ‖ **crouler** *vi* (*1*) crumble.

croupe [kʀup] *nf* rump; *monter en* ~ (*surtout brit*) *ride pillion ‖ *à croupetons loc adv* squatting.

croupir [kʀupiʀ] *vi* (*2*) stagnate; *eau croupie* stagnant water.

croustillant [kʀustijɑ̃] *adj* crisp; *pain* ~ crusty bread; (*fam*) *histoire* ~*e* spicy story.

croûte [kʀut] *nf* **1** crust; (*fam*) *casser la* ~ *have a bite to eat **2** (*Méd*) scab **3** (*fam*) (*tableau*) daub ‖ **croûton** *nm* (*pain*) crusty end; (*Cuis*) (*brit*) croûton, (*amér*) crouton.

croyable [kʀwajabl] *adj* believable ‖ **croyance** *nf* (*à, en*) belief (in); conviction (in) ‖ **croyant** *nm* believer.

cru¹ [kʀy] *adj* raw; (*fig*) (*grossier*) crude, coarse; (*brutal*) blunt; (*lumière*) garish.

cru² [kʀy] *nm* vintage; vineyard; *les journalistes du* ~ the local reporters; *une histoire de son* ~ a story of his own invention.

cru³ [kʀy] *pp voir* **croire**.

cru⁴ [kʀy] *pp voir* **croître**.

cruauté [kʀyote] *nf* (*envers*) cruelty (to).

cruche [kʀyʃ] *nf* jug, pitcher; (*fam*) *quelle* ~! what a fool!

crucial [kʀysjal] *adj* crucial.

crudité [kʀydite] *nf* crudity, coarseness; (*Cuis*) ~*s* mixed salad.

crue [kʀy] *nf* flood; *le fleuve était en* ~ the river was swollen/in flood.

cruel [kʀyel] *adj* (*f* -**elle**) cruel, ferocious; (*sort*) harsh; *perte cruelle* bitter loss.

crûment [kʀymɑ̃] *adv* crudely, roughly; *parler* ~ *speak bluntly.

crustacé [kʀystase] *nm* shellfish.

cube [kyb] *nm* cube; (*jeu*) brick ◆ *adj* cubic; *mètre* ~ cubic meter.

cueillette [kœjet] *nf* picking; crop ‖ **cueillir** *vt* (*4*) gather, pick.

cuiller, cuillère [kɥijeʀ] *nf* spoon; (*fam*) *se serrer la* ~ *shake hands; *il n'y est pas allé avec le dos de la* ~ he didn't pull his punches ‖ **cuillerée** *nf* spoonful.

cuir [kɥiʀ] *nm* **1** leather **2** (*peau*) hide; ~ *chevelu* scalp.

cuirasse [kɥiʀas] *nf* cuirass, breastplate; (*tank, navire*) armour (plating) ‖ **cuirassé** *nm* battleship ◆ *adj* armoured ‖ **se cuirasser** *vpr* (*1*) (*fig*) (*contre*) steel/harden oneself (against).

cuire [kɥiʀ] *vti* (*33*) (*Cuis*) cook; (*à l'eau*) boil; (*vapeur*) steam; (*four*) roast, (*gâteau*) bake; (*gril*) grill; (*à feu doux*) simmer; (*trop*) overcook; *pommes à* ~ cooking apples; (*fam*) *un dur à* ~ a tough customer ◆ *vi* smart, *burn ◆ *v impers il t'en cuira* you'll have to pay for it.

cuisant [kɥizɑ̃] *adj* smarting, biting; (*échec*) bitter ‖ **cuisine** *nf* **1** (*local*) kitchen **2** cookery; cooking; *faire la* ~ *do the cooking; *il fait parfois la* ~ he sometimes cooks; *livre de* ~ cookery book, (*amér*) cookbook ‖ **cuisiner** *vt* (*1*) cook; *plats cuisinés* ready-cooked/takeaway dishes; (*fam*) (*qn*) grill (sb) ‖ **cuisinier** *nm* (*f* -**ière**) chef, cook ‖ **cuisinière** *nf* stove, cooker.

cuisse [kɥis] *nf* (*Anat*) thigh; (*Cuis*) ~ *de poulet* chicken leg, (*fam*) drumstick ‖ **cuisson** *nf* cooking; (*rôti*) roasting; (*gâteau*) baking ‖ **cuistot** *nm* (*fam*) cook ‖ **cuit** *adj* (*Cuis*) cooked; *trop* ~ overdone; *pas assez* ~ underdone; ~ *à point* done to a turn; (*fam*) *il est* ~ he's had it; *c'est du tout* ~ it's a cinch/walkover ‖ **cuite** *nf* (*fam*) *prendre une* ~ *get sloshed/plastered.

cuivre [kɥivʀ] *nm* copper; ~ *jaune* brass; (*Mus*) *les* ~*s* the brass (section) ‖ **cuivré** *adj* copper-coloured, bronzed.

cul [ky] *nm* **1** (*personne*) (*vulg*) (*brit*) arse, (*amér*) ass; (*argot*) bum **2** (*chose*) bottom ‖ **cul-de-jatte** *nm* (*pl* **culs-de-jatte**) legless cripple ‖ **cul-de-sac** *nm* (*pl* **culs-de-sac**) dead end.

culasse [kylas] *nf* **1** cylinder head **2** (*fusil*) breech.

culbute [kylbyt] *nf* **1** somersault **2** (*chute*) tumble ‖ **culbuter** *vi* (*1*) (*personne*) tumble; (*chose*) topple over ◆ *vt* knock over.

culinaire [kylineʀ] *adj* culinary.

culminer [kylmine] *vi* (*1*) culminate; *le Mont McKinley culmine à 20320 pieds* Mount McKinley is 20320 ft at its highest point ‖ **culminant** *adj* *point* ~ peak, (*fig*) pinnacle, zenith.

culot [kylo] *nm* **1** *(fam)* cheek, nerve **2** *(lampe, bouteille)* bottom, base.

culotte [kylɔt] *nf* ~*(s)* **1** *(homme)* trousers; ~ *de cheval* riding breeches; *c'est la femme qui porte la* ~ she's the one who wears the pants (in the family) **2** *(femme)* panties, *(brit)* knickers **3** *(Cuis)* rump.

culpabilité [kylpabilite] *nf* guilt.

culte [kylt] *nm* **1** cult; *les ministres du* ~ the clergy, clergymen **2** church service; worship.

cultivateur [kyltivatœr] *nm* farmer ‖ **cultivatrice** *nf* farmer's wife; woman farmer ‖ **cultivé** *adj* cultivated, *(fig)* cultured, educated ‖ **cultiver** *vt (1)* farm, **grow, (aussi fig)* cultivate ‖ **se cultiver** *vpr* broaden/improve one's mind ‖ **culture** *nf* **1** cultivation, farming **2** ~ *microbienne* culture of bacteria **3** education; ~ *générale* general knowledge/background; ~ *physique* physical training **4** *la* ~ *orientale* eastern civilization ‖ **culturel** *adj (f* **-elle)** cultural, educational ‖ **culturisme** *nm* body-building.

cumin [kymɛ̃] *nm (Cuis)* caraway (seeds).

cumuler [kymyl] *vt (1) (Adm)* ~ *des fonctions* **hold several offices; ~ *deux pensions de retraite* **draw two old age pensions.

curateur [kyratœr] *nm* trustee, guardian ‖ **curatif** *adj (f* **-ive)** curative.

cure[1] [kyr] *nf* treatment; *faire une* ~ *d'amaigrissement* **go on a slimming diet **2** *je n'en ai cure* I couldn't care less.

cure[2] [kyr] *nf* parish; vicarage ‖ **curé** *nm* parish priest, vicar.

cure-dent(s) [kyrdɑ̃] *nm (pl inv)* toothpick ‖ **curer** *vt (1)* clean; *(rivière)* dredge.

curieusement [kyrjøzmɑ̃] *adv* oddly, strangely ‖ **curieux** *adj (f* **-euse)** **1** interested, curious **2** inquisitive **3** odd, strange, peculiar ◆ *nm* inquisitive person; *(fam brit)* nos(e)yparker; *le bruit attira une foule de* ~ the noise attracted a crowd of onlookers ‖ **curiosité** *nf* **1** curiosity; interest; **2** inquisitiveness; *par* ~ out of curiosity **3** interesting feature.

curriculum vitæ [kyrikylɔmvite] *nm* curriculum vitæ, *(amér)* résumé.

curry [kyri] *nm (Cuis)* curry.

curseur [kyrsœr] *nm (Inf)* cursor.

cursif [kyrsif] *adj (f* **-ive)** cursory.

cursus [kyrsys] *nm (Ens)* programme, *(amér)* program, curriculum, course of study.

cuve [kyv] *nf* tank; *(vin)* vat ‖ **cuvée** *nf* vintage ‖ **cuver** *vt (1) (fam)* ~ *son vin* **sleep it off ‖ **cuvette** *nf* bowl; *(lavabo)* washbasin; (lavatory) pan; *(Géog)* basin.

cyclable [siklabl] *adj piste* ~ cycle track ‖ **cycle** *nm* **1** cycle **2** bicycle; *magasin de* ~*s* cycle shop **3** *(Ens) premier* ~ first two or three years (of secondary education or at university) ‖ **cyclisme** *nm* cycling ‖ **cycliste** *nmf* cyclist; *coureur* ~ racing cyclist ‖ **cyclomoteur** *nm* moped.

cyclone [siklon] *nm* cyclone; *(Atlantique)* hurricane; *(Pacifique)* typhoon.

cygne [siɲ] *nm* swan; *jeune* ~ cygnet.

cylindre [silɛ̃dr] *nm* cylinder; drum.

cymbale [sɛ̃bal] *nf (Mus)* cymbal.

cynique [sinik] *nmf* cynic ◆ *adj* cynical ‖ **cynisme** *nm* cynicism.

cyprès [siprɛ] *nm (pl inv) (Bot)* cypress (tree).

cytise [sitiz] *nm (Bot)* laburnum.

D

d [de] *nm* (lettre) D, d; *c'est un adepte du système D* he's a resourceful fellow.

d'abord *voir* abord **(d').**

dactylo [daktilo] *nmf* typist ◆ *nf* typing.

dada [dada] *nm* **1** hobby-horse, *(brit fam)* horsy **2** *(fam fig)* pet subject.

dadais [dadɛ] *nm (pl inv) (fam) grand* ~ (tall) gawky boy.

dague [dag] *nf* dagger.

dahlia [dalja] *nm (Bot)* dahlia.

daigner [deɲe] *vt (1)* deign, condescend.

daim [dɛ̃] *nm (Zool)* (fallow) deer; buck; *chaussures de* ~ suede shoes.

dais [dɛ] *nm (pl inv)* canopy.

dallage [dalaʒ] *nf* paving ‖ **dalle** *nf* **1** flagstone, paving stone; ~ *funéraire* gravestone **2** *(argot) je n'y vois que* ~ I can't see a bloody thing ‖ **daller** *vt (1)* pave, flag.

daltonien [daltɔnjɛ̃] *adj (f* **-ienne)** colour-blind.

damassé [damase] *adj nm* damask.

dame [dam] *nf* **1** lady; married woman; ~ *de compagnie* lady's companion; *c'est une (vraie)* ~ she is a (real) lady; *elle fait la grande* ~ she puts on airs; *D*~ *Nature* Mother Nature **2** *(échecs, cartes)* queen; *jeu de* ~*s* draughts, *(amér)* checkers ‖ **damer** *vt (1) (fam)* ~ *le pion à* **outdo ‖ **damier** *nm* draughtboard *(amér)* checkerboard.

damné [dane] *adj* damned ◆ *nm les* ~*s* the damned; *souffrir comme un* ~ **go through hell ‖ **damner** *vt (1)* damn ; *(fam)* faire ~ *qn* *drive sb crazy.

dancing [dɑ̃siŋ] *nm* dance hall.

dandiner [dɑ̃dine] **se** ~ *vpr (1)* waddle.

danger [dɑ̃ʒe] *nm* danger, peril ; *(source de)* hazard : **en cas de** ~ in case of emergency ; ~ **public** public menace ; **mettre en** ~ endanger ‖ **dangereusement** *adv* dangerously ‖ **dangereux** *adj (f* **-euse**) *(pour)* dangerous (to, for).

danois [danwa] *nm (chien)* Great Dane.

dans [dɑ̃] *prép* **1 in 2** *(avec mouvement)* into ; **mets-le** ~ **la boîte** put it in(to) the box **3** *(temps)* ~ **la semaine** within/during the week ; ~ **la nuit** during the night ; **le temps** long ago ; **j'habitais là** ~ **le temps** I used to live there **4** *(origine)* **boire** ~ **une tasse** *drink out of a cup ; **tu peux boire** ~ **mon verre** you can drink from my glass ; **je l'ai copié** ~ **un livre** I copied it out of/from a book *(environ)* **ça vaut** ~ **les 3 dollars** it costs about $3 6 ~ **ces circonstances** under/in the circumstances.

dansant [dɑ̃sɑ̃] *adj* dancing ; *(air)* lively ‖ **danse** *nf* dance ; ~ **classique** ballet dancing ‖ **danser** *vti (1)* dance ; *(fam)* **il ne sait sur quel pied** ~ he is all at sea/at a loss ‖ **danseur** *nm (f* **-euse**) dancer ; dancing partner.

dard [daʀ] *nm* sting.

dare-dare [daʀdaʀ] *loc adv (fam)* double-quick ; at/on the double.

darne [daʀn] *nf (fish)* steak.

date [dat] *nf* date ; ~ **limite** deadline ; **prendre** ~ fix a date ; **lettre sans** ~ undated letter ; **une amitié de longue** ~ a long-standing friendship ; **je le connais de longue** ~ I have known him for a long time ; ~ **limite d'utilisation...** best before... ; **cela fera** ~ that will mark an epoch ‖ **dater** *vti (1)* date ; **à** ~ **de ce jour** from today (on) ; **cela date de quand ?** how long ago was that ?

datte [dat] *nf (Bot)* date ‖ **dattier** *nm* date palm.

daube [dob] *nf (Cuis)* **bœuf en** ~ beef stew.

dauphin [dofɛ̃] *nm (Zool)* dolphin.

daurade [dɔʀad] *nf (aussi* **dorade**) *(Zool)* sea bream.

davantage [davɑ̃taʒ] *adv* more ; ~ **de place/de temps** more room/time ; **bien/encore** ~ much/still more ; **toujours** ~ more and more ; **je ne puis rester** ~ I can't stay any longer ; **je n'en dis pas** ~ I shall say no more.

de [də] *prép* **1** *(appartenance, provenance)* **le toit** ~ **la maison** the roof of the house ; **un tronc d'arbre** a tree trunk ; **un** ~ **mes amis** a friend of mine ; **mes amis** ~ **Londres** my friends from London ; **c'est une pièce** ~ **Molière** it's a play by Molière ; **une décision du gouvernement**

a decision taken by the government ; **le plus grand du monde** the biggest in the world ; **le train** ~ **Paris** the train from/for Paris **2** *(éloignement)* out of ; from ; **sortir** ~ **chez soi** *leave home ; **du matin au soir** from morning to night ; **du jour au lendemain** from one day to the next **3** *(désignation)* **il n'y a plus d'espoir** there's no hope left ; **un verre** ~ **vin** a glass of wine ; **un kilo** ~ **sucre** one kilo of sugar ; **un tas** ~ **bois** a pile of wood ; **une maison** ~ **deux étages** a two-storey house ; **elle est âgée** ~ **10 ans** she's ten years old/a girl of ten ; **un voyage** ~ **5 jours** a 5-day/5 days' journey ; **il gagne 50 francs** ~ **l'heure** he earns 50 francs an hour **4** *(qualification)* **une robe** ~ **soie** a silk dress ; **le journal d'hier** yesterday's newspaper ; **un professeur d'anglais** an English teacher ; **un cri** ~ **terreur** a scream of terror ; **un caractère d'ange** an angelic nature **5** *(espace)* **sa maison du Kent** his house in Kent **6** *(temps)* **deux heures** ~ **l'après-midi** three o'clock in the afternoon ; **il travaille** ~ **jour et** ~ **nuit** he works day and night ; **je voyagerai** ~ **nuit** I'll travel by night ; **d'ici demain on le saura** we'll know by tomorrow ; ~ **vendredi en huit** a week on Friday ; **ma montre avance/retarde** ~ **5 minutes** my watch is 5 minutes fast/slow **7** *(copule)* **c'est un beau brin** ~ **fille** she's a fine figure of a girl ; **voilà quelque chose** ~ **nouveau !** that's something new ! **il y a deux hommes** ~ **tués** two men were killed **8** *(loc)* **frapper des mains** clap (one's hands) ; **taper du pied** stamp (one's foot) ; **il dépasse sa sœur** ~ **10 cm** he is 10 centimetres taller than his sister ; **ils se nourrissent** ~ **riz** they live on rice ; **il arrive à vivre** ~ **sa musique** his music gives him enough to live on ; **donnez** ~ **vos nouvelles !** let's hear from you ! **le mieux serait d'en parler** the best would be to talk it over.

dé [de] *nm* **1** *(jeu)* dice *(pl inv)* ; *(vx)* die **les** ~**s sont jetés** the die is cast ; *(aussi fig)* **les** ~**s sont pipés** the dice are loaded **2** *(à coudre)* thimble.

déambuler [deɑ̃byle] *vi (1)* saunter, stroll (around).

débâcle [debɑkl] *nf* **1** *(Mil)* rout **2** *(fig)* collapse.

déballer [debale] *vt (1)* unpack.

débandade [debɑ̃dad] *nf* flight ; **ce fut la** ~ the crowd scattered in all directions ; *(fig)* **tout va à la** ~ everything is going to rack and ruin.

débarbouiller [debaʀbuje] *vt (1)* wash ‖ **se débarbouiller** *vpr* wash/*have a wash.

débarcadère [debaʀkadɛʀ] *nm* landing stage.

débarquement [debaʀkəmɑ̃] *nm* **1** *(personnes)* landing **2** *(marchandises)* unloading ‖ **débarquer** *vti (1)* **1** land ; *(aussi fig)* *je débarque* I've only just arrived **2** unload.

débarras [debaʀa] *nm* junk room ; *(surtout brit)* lumber room ; *(fam)* glory hole *(fig)* **bon ~ !** good riddance ! ‖ **débarrasser** *vt (1)* **~ la table** clear the table ; *puis-je vous ~ de votre manteau ?* can I take your coat ? ‖ **se débarrasser** *vpr (de)* *get rid (of).

débat [deba] *nm* debate ‖ **débattre** *vt (28)* debate ; discuss ‖ **se débattre** *vpr* **1** *(sens passif)* *be under debate/discussion **2** *(contre)* struggle (with).

débauche [deboʃ] *nf* **1** *(morale)* debauchery **2** *(fig)* **~ de couleurs** riot of colo(u)rs ‖ **débauché** *adj* debauched, dissolute ◆ *nm* debauchee ‖ **débaucher** *vt (1)* **1** debauch **2** *(travail)* *lay off, *make redundant.

débile [debil] *adj* **1** *(santé)* frail, weakly **2** *(fam)* half-witted, moronic ◆ *nmf* **~ mental** mental defective ‖ **débilitant** *adj* debilitating.

débiner [debine] *vt (1)* denigrate, *run down ‖ **se débiner** *vpr* **1** clear out, *run off **2** *(fig)* *il se débine* he won't give a straight answer.

débit [debi] *nm* **1** *(rivière)* flow **2** *(Tech)* output **3** *(vente)* turnover **4** *(magasin)* **~ de boisson** public house ; **~ de tabac** tobacconist's (shop) **5** *(Fin)* debit ‖ **débiter** *vt (1)* **1** *(Tech)* produce **2** *(boucherie)* *cut up **3** *(péj)* *il n'a fait que ~ son discours* he simply reeled off his speech **4** *(Fin)* debit ‖ **débiteur** *nm (f* **-trice**) debtor ; *je suis votre ~* I'm (greatly) indebted to you ◆ *adj (Fin)* **solde ~** debit balance.

déblaiement [deblɛmɑ̃] *nm* clearing ‖ **déblais** *nmpl inv* rubble *s inv* ‖ **déblayer** *vt (1e)* clear (away) ; *(aussi fig)* **~ le terrain** clear the ground/pave the way.

débloquer [debloke] *vt (1)* **1** *(Fin)* release **2** *(prix, salaires)* free **3** *(fam)* *tu débloques !* you're talking nonsense !

déboires [debwaʀ] *nmpl inv* disappointment(s), setback(s).

déboisement [debwazmɑ̃] *nm* **1** clearing **2** *(grande échelle)* deforestation ‖ **déboiser** *vt (1)* clear ; deforest.

déboîter [debwate] *vti (1)* **1** *(Tech)* disconnect **2** *(Méd)* dislocate **3** *(Aut)* change lanes ; pull out.

débonnaire [deboneʀ] *adj* good-natured.

débordement [debɔʀdəmɑ̃] *nm* **~ de paroles** torrent of words ; **~ de joie** explosion of joy ‖ **déborder** *vi (1)* **1** *(rivière)* overflow ; **plein à ~** full to overflowing ; *(Cuis)* boil over ; *(fig)* *c'est la goutte qui fait ~ le vase !* that's the last straw ! **2** *(Tech)* project ; overlap **3** *(personne)* **~ de vitalité** *be bubbling

over with energy ; *je suis débordé (de travail)* I'm snowed under (with work).

débouché [debuʃe] *nm* **1** *(travail)* opening **2** *(Com)* outlet ‖ **déboucher** *vt (1)* **1** *(bouteille)* uncork **2** *(tuyau)* clear ◆ *vi (1)* *(sur)* **1** *(personne)* emerge (into) ; *(rue)* open (into) **2** *(discussion)* result (in).

débourser [debuʀse] *vt (1)* *spend.

debout [dabu] *adv (chose)* upright ; *(personne)* standing ; **être ~** *(réveil)* *be up ; *(rétablissement)* *be up and about ; *se mettre ~* *stand up ; **tenir ~** *(personne)* *stand ; *(théorie)* *hold good ; *cela ne tient pas ~* *(argument)* it doesn't hold water ; *(histoire)* that's a tall story ; *places ~ seulement !* standing room only ! ◆ *interj* **~ !** get up ! ◆ *adj* **vent ~** head wind.

déboutonner [debutɔne] *vt (1)* unbutton.

débraillé [debʀaje] *adj* slovenly.

débrancher [debʀɑ̃ʃe] *vt (1)* disconnect.

débrayage [debʀɛjaʒ] *nm* **1** *(Aut)* clutch **2** *(Ind)* stoppage ‖ **débrayer** *vi (1e)* *(Aut)* **1** declutch **2** *(Ind)* stop work.

débridé [debʀide] *adj* unbridled.

débris [debʀi] *nm (pl inv)* **1** debris *s inv* **2** remains *pl inv*.

débrouillard [debʀujaʀ] *adj* resourceful ; *(péj)* smart ‖ **débrouillardise** *nf* resourcefulness ‖ **débrouiller** *vt (1)* *(énigme)* unravel ; *(problème)* straighten out ‖ **se débrouiller** *vpr* manage ; *débrouille-toi !* that's your business !

débroussailler [debʀusaje] *vt (1)* clear ; *(fig)* clarify.

début [deby] *nm* beginning ; *(Ciné Sp Th)* start ; *salaire de ~* starting salary ; *au ~* at first ; *dès le ~* from the start ; *du ~ à la fin* from start to finish/from beginning to end ; *faire ses ~* start out (in life) ‖ **débutant** *nm* beginner ; novice ‖ **débuter** *vi (1)* *begin ; start.

deça [dəsa] *adv* ; *en ~ de* on this side of ; *(fig)* below ; short of ; within.

décacheter [dekaʃte] *vt (1b)* open ; unseal.

décade [dekad] *nf* period of ten days.

décadence [dekadɑ̃s] *nf* decadence ; decline ‖ **décadent** *adj* decadent.

décaféiné [dekafeine] *adj* decaffeinated.

décalage [dekalaʒ] *nm* gap ; *(Av)* **~ horaire** jet lag ‖ **décaler** *vt (1)* move forward/back.

décalquer [dekalke] *vt (1)* trace ; transfer.

décamper [dekɑ̃pe] *vi (1)* *(fam)* clear off/out.

décapant [dekapɑ̃] *nm* abrasive ; *(peinture)* paint stripper ‖ **décaper** *vt (1)* clean ; *(à l'abrasif)* scour ; *(à la brosse)* scrub ; *(au papier de verre)* sand(paper) ; *(peinture)* strip.

décapiter [dekapite] *vt (1)* behead;
(accident) decapitate.

décapotable [dekapɔtabl] *adj (Aut)*
convertible.

décapsuler [dekapsyle] *vt (1) (bouteille)*
open ‖ **décapsuleur** *nm* bottle-opener.

décarcasser [dekarkase] **se ~** *vpr (1)*
(fam) *go to no end of trouble.

décati [dekati] *adj* broken-down, decrepit.

décéder [desede] *vi (1c)* die, pass away.

déceler [desle] *vt (1a)* detect, discover.

décence [desɑ̃s] *nf* decency ‖ **décem-
ment** *adv* decently ‖ **décent** *adj* decent.

décennie [deseni] *nf* decade.

décentralisation [desɑ̃tralizasjɔ̃] *nf*
decentralization ‖ **décentraliser** *vti (1)*
decentralize.

déception [desɛpsjɔ̃] *nf* disappointment.

décerner [deserne] *vt (1)* award.

décès [desɛ] *nm (pl inv)* death; *acte de
~* death certificate.

décevoir [desvwar] *vt (15)* disappoint.

déchaînement [deʃɛnmɑ̃] *nm* unleash-
ing; outbreak; outburst ‖ **déchaîner** *vt (1)*
raise; *(émotions)* rouse; *(violence)* unleash
‖ **se déchaîner** *vpr (violence)* *break out;
*burst out; *(individuel)* *fly into a rage.

décharge [deʃarʒ] *nf* **1** *(arme)* volley
2 *(El)* discharge **3** *(ordures) (amér)* garbage dump/ *(brit)* rubbish dump/tip **4** *(Jur)*
discharge; *(fig) à sa ~* in his defence/
(amér) defense ‖ **déchargement** *nm* unloading ‖ **décharger** *vt (1h) (chargement)*
unload; *(arme)* fire; *(fig)* unburden; relieve ‖ **se décharger** *vpr (batterie)* *go
flat.

décharné [deʃarne] *adj (corps)* emaciated; *(figure)* gaunt; *(doigts)* bony.

déchausser [deʃose] *vt (1) ~ qn* *take
sb's shoes off.

dèche [dɛʃ] *nf (fam) être dans la ~* *be
broke.

déchéance [deʃeɑ̃s] *nf* decline.

déchet [deʃɛ] *nm* **1** *(métal)* scrap *s inv*;
(nourriture) scraps **2** *~s radioactifs* radioactive waste *s inv* **3** *~ humain* human
wreck.

déchiffrer [deʃifre] *vt (1)* decipher;
solve.

déchiqueter [deʃikte] *vt (1d)* *tear to
shreds.

déchirant [deʃirɑ̃] *adj* heart-rending ‖
déchirement *nm* heartbreak ‖ **déchirer**
vt (1) se ~ vpr (muscle, tissu) (aussi fig)
*tear (apart/open); *(cœur)* *break; *(Pol)*
*split ‖ **déchirure** *nf* tear; *(brouillard,
nuages)* break, gap; *(Pol)* split.

déchoir [deʃwar] *vi (24) il croirait ~*
he would think it beneath him.

déchu [deʃy] *adj* **1** *(Pol)* deposed **2** *(Jur)*
être ~ de ses droits *be deprived of one's
rights; *(fig) un ange ~* a fallen angel.

décidé [deside] *adj* **1** *(personne)* deter-
mined **2** *(chose)* decided; settled ‖ **déci-
dément** *adv* indeed ‖ **décider** *vti (1) (de)*
decide (on); *make up one's mind (about);
elle m'a décidé she convinced/persuaded
me ‖ **se décider** *vpr (à faire)* decide (to
do); *make up one's mind (to do).

décimal [desimal] *adj (mpl -aux)* decimal ‖ **décimale** *nf* decimal.

décimer [desime] *vt (1)* decimate.

décisif [desizif] *adj (f -ive)* **1** decisive
2 *(moment)* crucial **3** *(ton)* peremptory ‖
décision *nf* decision.

déclamer [deklame] *vt (1)* declaim ‖
déclamatoire *adj* declamatory.

déclaration [deklarasjɔ̃] *nf* declaration;
(Adm) registration; *~ de revenus* income-
tax return; *(Pol) faire une ~* issue a statement ‖ **déclarer** *vt (1)* declare; *~ la
guerre (à)* declare war (on); *(Adm)* register; *(Jur) ~ non coupable* *find not
guilty.

déclasser [deklase] *vt (1)* **1** *(employé,
équipe)* demote; relegate; *(hôtel, transports)* downgrade **2** *(papiers)* *put out of
order; *(fam)* mess up.

déclenchement [deklɑ̃ʃmɑ̃] *nm*
(sonnerie) setting off; *(frein)* release; *(attaque)* launching; *(réaction)* triggering off
‖ **déclencher** *vt (1)* *set off; release;
launch; trigger off ‖ **se déclencher** *vpr*
(sonnerie) *go off; *(attaque)* *begin.

déclic [deklik] *nm* click.

déclin [deklɛ̃] *nm* decline; *en ~* on the
decline ‖ **décliner** *vt (1)* decline; *(lit) le
jour décline* the day is drawing to a close.

déclivité [deklivite] *nf* incline, slope.

décloisonner [deklwazɔne] *vt (1)*
decompartmentalize.

décocher [dekɔʃe] *vt (1) (flèche)* *shoot;
~ un coup de poing (à) *throw a punch
(at); *(fig) ~ un regard* *shoot a glance.

décoder [dekɔde] *vt (1)* decode, decipher.

décoiffer [dekwafe] *vt (1) le vent m'a dé-
coiffée !* the wind has made a mess of my
hair! *(fam fig) ça décoiffe !* it's a thrill! ‖
se décoiffer *vpr* *take off one's hat.

décoincer [dekwɛ̃se] *vt (1h)* loosen;
release.

décollage [dekɔlaʒ] *nm (Av)* takeoff.

décoller *vt (1)* **1** *unstick **2** *(Av)* *take off
‖ **se décoller** *vpr* *come unstuck.

décolleté [dekɔlte] *adj (robe)* low-cut ◆
nm low neck-line.

décoloration [dekɔlɔrasjɔ̃] *nf se faire
faire une ~* *get one's hair bleached ‖
décolorer *vt (1)* bleach ‖ **se décolorer**
vpr fade.

décombres [dekɔ̃br] *mfpl inv* rubble *s
inv*.

décommander [dekɔmɑ̃de] *vt (1) (réu-*

défaire

nion) cancel ; *(invités) (amér)* *give a rain check, *(brit)* *put off.

décomposer [dekɔ̃poze] *vt (1)* **1** *(Ch)* decompose ; *(aussi fig)* *break up ‖ **se décomposer** *vpr (se détériorer)* decompose, rot ; *(visage)* *become drawn ‖ **décomposition** *nf* decomposition, decay.

décompte [dekɔ̃t] *nm (Com)* detailed account ‖ **décompter** *vt (1)* deduct.

déconcerter [dekɔ̃sɛrte] *vt (1)* disconcert.

déconfit [dekɔ̃fi] *adj* crestfallen.

décongeler [dekɔ̃ʒle] *vt (1a)* defrost *(Cuis) laisser ~* *leave to thaw (out).

déconnecter [dekɔnɛkte] *vt (1)* disconnect.

déconseiller [dekɔ̃seje] *vt (1) elle me l'a déconseillé* she advised me against it ; *c'est à ~* it's inadvisable/not advisable.

déconsidérer [dekɔ̃sidere] *vt (1c)* discredit.

décontenancé [dekɔ̃tnɑ̃se] *adj* disconcerted.

décontracté [dekɔ̃trakte] *adj* cool, relaxed ‖ **décontracter** *vt (1)* **se ~** *vpr* relax.

déconvenue [dekɔ̃vny] *nf* disappointment.

décor [dekɔr] *nm* setting ; *(Th)* scenery *s inv* ; stage set ‖ **décorateur** *nm (f -trice)* **1** *(maison)* decorator **2** *(Th)* set designer ‖ **décoratif** *adj (f -ive)* decorative ‖ **décoration** *nf* decoration ‖ **décorer** *vt (1)* decorate.

décortiquer [dekɔrtike] *vt (1)* **1** *(crustacés, fruits secs)* shell ; *(riz...)* hull **2** *(fig)* analyse, dissect.

découcher [dekuʃe] *vi (1) (fam)* stay out all night.

découdre [dekudr] *vt (27)* **1** *(couture)* unpick **2** *(loc) ils veulent en ~* they're looking for a fight.

découler [dekule] *vi (1)* ensue ; *il découle de cela que...* il follows from this that...

découpage [dekupaʒ] *nm (jeu)* cut-out ‖ **découper** *vt (1)* **1** *cut up ; *(Geog) côte découpée* jagged coastline **2** *(Cuis)* carve ‖ **se découper** *vpr (se profiler) (sur)* *stand out (against).

découragement [dekuraʒmɑ̃] *nm* discouragement ‖ **décourager** *vt (1h)* discourage, dishearten ‖ **se décourager** *vpr* *grow discouraged, *lose heart.

décousu [dekuzy] *adj* **1** *(couture)* unstitched **2** *(discours)* confused, disconnected.

découvert [dekuvɛr] *adj* bare ; *agir à visage ~* act openly ◆ *nm (compte)* overdraft ; *(Com)* deficit ‖ **découverte** *nf* discovery ; *aller à la ~ de* prospect ‖ **découvrir** *vt (7)* **1** *(matériel)* uncover **2** *(fig)* discover ; *find out ‖ **se découvrir**

vpr **1** *take off one's hat **2** *(temps)* clear (up) **3** *(fig)* *come to light.

décrasser [dekrase] *vt (1)* clean ; scour.

décrépit [dekrepi] *adj (personne)* decrepit ; *(maison)* dilapidated.

décret [dekrɛ] *nm* decree ‖ **décréter** *vt (1c)* order.

décrier [dekrije] *vt (1h)* disparage ; *(fam)* *run down.

décrire [dekrir] *vt (39)* describe.

décrisper [dekrispe] *vt (1) ~ la situation* defuse the situation.

décrocher [dekrɔʃe] *vt (1)* **1** *(descendre)* *take down **2** *(défaire)* *undo **3** *(Téléph)* pick up **4** *(réussir)* *get through (an examination) ; land (a contract) ◆ *vi* **1** *(Téléph)* lift the telephone **2** *(fam fig) je décroche !* I'm lost!

décroître [dekrwatr] *vi (37)* decrease, diminish.

déçu [desy] *adj* disappointed.

déculottée [dekylɔte] *nf (fam)* beating.

déculpabiliser [dekylpabilize] *vt (1) ~ qn* *take away sb's feeling of guilt.

décupler [dekyple] *vt (1)* increase tenfold.

dédaigner [dedɛɲe] *vt (1)* despise, disdain, scorn ‖ **dédaigneux** *adj (f -euse)* contemptuous, disdainful, scornful ‖ **dédain** *nm* contempt, disdain, scorn.

dédale [dedal] *nm* maze.

dedans [dədɑ̃] *adv (en) ~* inside ; *(fam) tu te fiches ~* you're making a mistake ◆ *nm* inside.

dédicace [dedikas] *nf* dedication ‖ **dédicacer** *vt (1h)* dedicate ; *(livre)* sign ‖ **dédier** *vt (1h)* dedicate.

dédire [dedir] *se ~ vpr (38)* *go back on one's word ‖ **dédit** *nm (rupture de contrat)* penalty.

dédommagement [dedɔmaʒmɑ̃] *nm (de)* compensation (for) ‖ **dédommager** *vt (1h)* compensate.

dédouaner [dedwane] *vt (1) (Com)* clear through customs ; *(fig) il veut se ~* he's trying to put himself in the clear.

dédramatiser [dedramatize] *vt (1)* calm down, defuse.

déductible [dedyktibl] *adj* deductible ‖ **déduction** *nf* deduction ‖ **déduire** *vt (33)* **1** *(ôter)* deduct **2** *(logique)* deduce.

déesse [dees] *nf* goddess.

défaillance [defajɑ̃s] *nf* weakness ; *(Tech)* breakdown ; *(Méd) (évanouissement)* blackout, faint ; *~ cardiaque* heart failure ; *(Psy) moment de ~* weak moment ; *~ de mémoire* lapse of memory ‖ **défaillant** *adj* failing ; *(voix)* faltering ‖ **défaillir** *vi (4)* weaken.

défaire [defɛr] *vt (41) (fermoir, nœud...)* *undo ; *(Tech)* dismantle ; *(valises)* unpack ‖ **se défaire** *vpr* **1** *come undone **2** *(de)* *get rid (of) ‖ **défait** *adj cheveux ~s* tousled hair ; *traits ~s* drawn features ‖ **défaite** *nf* defeat ; *subir une ~* suffer a defeat ‖ **défaitiste** *adj* defeatist.

défalquer [defalke] *vt (1)* deduct.

défaut [defo] *nm* 1 *(chose)* defect ; flaw ; *(personne)* failing ; fault ; shortcoming ; *je l'ai pris en ~* I caught him napping 2 *(manque) à ~ de* for lack of ; *le temps me fait ~* I can't spare the time ; *l'argent fait ~* money is scarce.

défavorable [defavɔʀabl] *adj* unfavourable ‖ **défavorisé** *adj* underprivileged ‖ **défavoriser** *vt (1)* *be unfair to.

défection [defɛksjɔ̃] *nf* defection ; *faire ~* fail to support ‖ **défectueux** *adj (f -euse)* defective, faulty ‖ **défectuosité** *nf* defectiveness ; fault.

défendable [defɑ̃dabl] *adj* defensible ‖ **défendre** *(46)* 1 *(protéger)* defend 2 *(interdire)* *forbid ; à mon corps défendant !* over my dead body ! ‖ **se défendre** *vpr* 1 defend oneself ; *(fam) ça se défend* that's not silly 2 *(réussir) (fam) il se défend bien* he's doing well ‖ **défense** *nf* 1 defence ; *(amér)* defense ; *sans ~* defenceless 2 *(loc) ~ d'entrer !* no entry ! — *de fumer !* no smoking ! 3 *(éléphant)* tusk ‖ **défenseur** *nm* defender ; *(Jur)* counsel for the defence.

déférence [deferɑ̃s] *nf* deference ; *par ~* out of respect ‖ **déférent** *adj* deferent, respectful.

déferlement [defɛʀləmɑ̃] *nm* surge ‖ **déferler** *vi (1)* 1 *(Naut) (voile)* unfurl ; *(vague)* *break ; vague déferlante* breaker 2 *(fig) (foule)* rush, *sweep.

défi [defi] *nm* challenge ; *relever le ~* *take up the challenge ; je vous mets au ~ de le faire* I challenge/defy you to do it ; *c'est un ~ au bon sens* it's complete nonsense.

défiance [defjɑ̃s] *nf* distrust ; mistrust ; suspicion ; *elle était sans ~* she was unsuspecting ‖ **défiant** *adj* suspicious.

déficience [defisjɑ̃s] *nf* deficiency ‖ **déficient** *adj* deficient ; *(mentalement)* defective.

déficit [defisit] *nm (Fin)* deficit ‖ **déficitaire** *adj être ~* *be in deficit.

défier [defje] *vt (1h)* challenge ; defy ; *nos prix défient toute concurrence* our prices are unbeatable.

défigurer [defigyʀe] *vt (1)* disfigure ; *(faits)* distort.

défilé [defile] *nm* 1 *(Géog)* defile, gorge 2 *(cortège)* procession ; *(manifestation)* march ; *(Mil)* march past ; *(Av)* *fly past ‖ **défiler** *vi (1)* walk in procession ; *(Mil)* march (past) ; *(images)* pass ◆ **se défiler** *vpr (fam)* sneak off ; *(fig)* wriggle out (of a responsibility).

défini [defini] *adj* definite ‖ **définir** *vt (2)* define.

définitif [definitif] *adj (f -ive)* definitive ◆ *nf en définitive* in the end ‖ **définitivement** *adv (temps)* for good ; *(décision)* definitively.

définition [definisjɔ̃] *nf* definition.

déflagration [deflagʀasjɔ̃] *nf* explosion.

défoncer [defɔ̃se] *vt (1h)* *break (down/up) ; (Ag)* deep-plough/ *(amér)* plow ‖ **se défoncer** *vpr (argot)* *get high (on drugs).

déformation [defɔʀmasjɔ̃] *nf* deformation ; *~ professionnelle* occupational bias ‖ **déformer** *vt (1)* warp ; *(image)* distort ‖ **se déformer** *vpr* *go out of shape ; *become distorted/warped.

défouler [defule] **se ~** *vpr (1)* relax ; *(fam)* *let one's hair down, *unwind.

défraîchir [defʀeʃiʀ] **se ~** *vpr (2)* fade ; *(Com) articles défraîchis* shop-soiled goods.

défrayer [defʀeje] *vt (1e) être défrayé de tout* *have one's expenses paid ; *(péj) ~ la chronique* *be the talk of the town.

défricher [defʀiʃe] *vt (1) (Ag)* clear (land) ; *(fig)* *break new ground.

défriser [defʀize] *vt (1)* 1 *(cheveux)* straighten 2 *(fam) (contrarier) ça me défrise* it gets my goat.

défroisser [defʀwase] *vt (1)* smooth (out).

défunt [defœ̃] *adj nm le ~* the deceased.

dégagé [degaʒe] *adj* 1 *(ciel, route)* clear 2 *(allure)* casual, free ‖ **dégagement** *nm* clearing ; release ‖ **dégager** *vt (1h)* 1 *(voie)* clear ; *(fam) dégage !* clear out ! 2 *(émanation)* *give off 3 *(fig) ~ un bénéfice* *show a profit ; *il veut ~ sa responsabilité* he refuses to be held responsible ◆ **se dégager** *vpr* 1 free oneself 2 *(fig) le ciel se dégage* the sky is clearing.

dégaine [degɛn] *nf* (ungainly) walk.

dégainer [degene] *vt (1) (arme)* *draw.

dégarnir [degaʀniʀ] *vt (2)* empty ; *il a le front dégarni* his hair is receding ‖ **se dégarnir** *vpr (salle)* empty ; *(personne)* *go bald ; *(arbre)* *shed its leaves.

dégât [dega] *nm* damage *s inv.*

dégel [deʒɛl] *nm* thaw ‖ **dégeler** *vti (1)* thaw (out) ‖ **se dégeler** *vpr (aussi fig)* thaw (out).

dégénéré [deʒeneʀe] *adj nm* degenerate ‖ **dégénérer** *vi (1) (en)* degenerate (into) ‖ **dégénérescence** *nf* degeneracy.

dégingandé [deʒɛ̃gɑ̃de] *adj* lanky ; *(péj)* gangling.

dégivrer [deʒivʀe] *vt (1)* defrost.

déglinguer [deglɛ̃ge] **se ~** *vpr (1)* collapse.

dégonfler [degɔ̃fle] *vt (1)* deflate ; *pneu dégonflé* flat (tyre) ‖ **se dégonfler** *vpr* *(pneu)* *go flat; *(fam) (personne)* chicken out.

dégorger [degɔʀʒe] *vti (1h) (égout)* clear; *(fig)* disgorge; *(Cuis)* faire ~ sweat.

dégot(t)er [degɔte] *vt (1) (fam)* *dig out/up.

dégouliner [deguline] *vi (1) (fam)* drip; trickle.

dégourdir [deguʀdiʀ] *vt (2) se ~ les jambes* stretch one's legs; *(fig) il s'est dégourdi* he's come out of his shell; *elle est dégourdie !* she's a smart one!

dégoût [degu] *nm (de)* disgust (for) ‖ **dégoûtant** *adj* disgusting ‖ **dégoûté** *(de)* disgusted (at, with), sick (of) ‖ **dégoûter** *vt (1)* disgust, *put off ‖ **se dégoûter** *vpr (de)* *be disgusted (at with).

dégoutter [degute] *vi (1)* drip, trickle.

dégradation [degʀadasjɔ̃] *nf (personne)* degradation; *(situation, édifice, temps)* deterioration; *(dégâts)* damage *n inv* ‖ **dégradant** *adj* degrading ‖ **dégrader** *vt (1)* **1** *(Mil)* degrade **2** damage; deface ‖ **se dégrader** *vpr (situation, temps)* deteriorate.

dégrafer [degʀafe] *vt (1)* *undo, unfasten.

dégraissage [degʀesaʒ] *nm (Eco)* cutback ‖ **dégraisser** *vti (1) (bouillon)* skim **2** *(Eco)* *cut back; *(entreprise)* slim down, streamline.

degré [degʀe] *nm* **1** *(escalier)* step **2** *(alcool, géométrie, température)* degree **3** *(niveau) au plus haut ~* at the highest level; *par ~s* gradually; *comprendre au second ~* *understand at a deeper level.

dégressif [degʀesif] *adj (f* **-ive**) decreasing.

dégrèvement [degʀɛvmɑ̃] *nm* tax relief ‖ **dégrever** *vt (1c) (impôt)* reduce.

dégriffé [degʀife] *adj (vêtement)* sold with the designer's label removed.

dégringoler [degʀɛ̃gɔle] *vi (1) (involontaire)* tumble down; *(fig)* collapse ◆ *vt (volontaire)* rush down ‖ **dégringolade** *nf* tumble; *(fig)* collapse.

dégriser [degʀize] *vt (1)* sober down/up.

dégrossir [degʀosiʀ] *vt (2) (matériau)* *rough-hew; *(personne)* polish.

déguenillé [degənije] *adj* ragged, tattered.

dégueulasse [degœlas] *adj (vulg)* filthy; lousy ‖ **dégueuler** *vi (1) (vulg)* puke, *throw up.

déguerpir [degɛʀpiʀ] *vi (2)* clear off/out.

déguisement [degizmɑ̃] *nm* disguise ‖ **déguiser** *vt (1)* disguise ◆ **se déguiser** *vpr (jeu)* dress up.

dégustation [degystasjɔ̃] *nf* sampling, tasting ‖ **déguster** *vt (1)* **1** sample, sip, taste **2** enjoy ◆ *vi (fam fig) qu'est-ce que j'ai dégusté !* I really went through the mill!

dehors [dəɔʀ] *adv* **1** outside; out of

doors; *mettre ~* *put out **2** *(loc) je veux rester en ~ de cela* I want to keep out of that; *c'est en ~ du sujet* it's beside the point ◆ *nm (pl inv)* **1** outside **2** *(personne) sous des ~ bourrus il cache...* though outwardly surly, he is...

déjà [deʒa] *adv* **1** *(affirmations au présent)* already; *je le sais ~* I already know about it **2** *(affirmations au passé)* already; before; *j'ai ~ réglé la note* I've already paid the bill; *je vous ai ~ vu* I've seen you before **3** *(interrogations)* already; before; yet; *as-tu ~ vu le film ?* have you seen the film already/before/yet? **4** *(intensificateur) c'est ~ assez cher !* it's expensive enough as it is! *avoir un travail, ce n'est ~ pas si mal* any job is better than none; *qu'est-ce que tu disais ~ ?* what's that you were saying?

déjeuner [deʒœne] *nm* lunch; *petit ~* breakfast ◆ *vi (1)* (*have) breakfast/lunch.

déjouer [deʒwe] *vt (1) (projet)* foil, thwart.

déjuger [deʒyʒe] *se ~ vpr* *go back on one's decision.

delà [dəla] *au-~ loc adv* beyond ◆ *au-~ de/par-~ loc prép* beyond ◆ *nm l'au-~* the beyond.

délabrement [delabʀəmɑ̃] *nm* dilapidation ‖ **délabré** *adj* dilapidated, tumbledown; *(santé)* impaired ‖ **délabrer** *vt (1)* dilapidate; *(santé)* impair ‖ **se délabrer** *vpr* *fall into decay; *(santé)* *become impaired.

délacer [delase] *vt (1h)* *undo, unlace.

délai [dele] *nm* **1** time limit; *~ de livraison : deux semaines* delivery in two weeks; *dans un ~ d'un mois* within a month; *être dans les ~s* *be on schedule; *à bref ~* shortly; *dans les plus brefs ~s* as soon as possible **2** *(retard) sans ~* without delay.

délaisser [delese] *vt (1)* abandon, desert; *(fig)* neglect.

délassement [delasmɑ̃] *nm* relaxation ‖ **se délasser** *vpr (1)* relax.

délateur [delatœʀ] *nm (f* **-trice**) informer ‖ **délation** *nf* informing.

délavé [delave] *adj* faded.

délayer [deleje] *vt (1e) (dans)* mix (with); *(discours)* pad.

delco® [delko] *nm (Aut)* distributor.

délectable [delektabl] *adj* delectable, delightful ‖ **délectation** *nf* delight ‖ **se délecter** *vpr (1) (de)* delight (in).

délégation [delegasjɔ̃] *nf* delegation ‖ **délégué** *nm* delegate ‖ **déléguer** *vt (1c)* delegate.

délestage [delestaʒ] *nm itinéraire de ~* alternative route ‖ **délester** *vt (1) (Naut)* unballast; *~ une route* divert traffic (from a congested road).

délibération [deliberɑsjɔ̃] *nf* deliberation ‖ **délibéré** *adj* deliberate, intentional ‖ **délibérer** *vi (1c) (de, sur)* deliberate (about, upon); ~ *d'un problème* discuss a problem.

délicat [delika] *adj* 1 delicate; sensitive 2 *(problème)* tricky 3 *(nourriture)* fussy, particular 4 tactful; scrupulous ‖ **délicatesse** *nf* delicacy; trickiness; fuss; tact.

délice [delis] *nm* delight; *(nourriture) c'est un* ~ *!* this is delicious! *cela ferait ses* ~*s* she would be delighted (with it) ‖ **délicieux** *adj (f* **-leuse)** delightful; *(nourriture)* delicious.

délié [delje] *adj (aussi fig)* nimble ‖ **délier** *vt (1h)* *undo, untie; *sans bourse* ~ without spending a penny; *cela lui a délié la langue* it loosened his tongue.

délimiter [delimite] *vt (1)* delimit; *(territoire)* demarcate; *(pouvoirs)* define.

délinquance [delɛ̃kɑ̃s] *nf* delinquency ‖ **délinquant** *adj nm* delinquent.

délire [delir] *nm (Méd)* delirium; *(fig)* craze, frenzy; *en* ~ crazy, frenzied; *c'est du* ~ *!* it's crazy! ‖ **délirer** *vi (1) (Méd)* *be delirious; *(fig)* rave.

délit [deli] *nm (Jur)* misdemeanour, offence.

délivrance [delivrɑ̃s] *nf* 1 delivery 2 *(soulagement)* relief 3 liberation; release ‖ **délivrer** *vt (1)* 1 deliver 2 relieve 3 *(prisonnier)* liberate; release.

déloger [delɔʒe] *vt (1h) (Mil)* dislodge; *(locataire)* evict.

déloyal [delwajal] *adj (mpl* **-aux)** disloyal; *concurrence* ~*e* unfair competition ‖ **déloyauté** *nf* disloyalty.

delta [delta] *nm (Géog)* delta ‖ **deltaplane** *nm (Sp)* hang glider; *faire du* ~ practise hang gliding.

déluge [delyʒ] *nm* 1 *(pluie)* downpour 2 *(Rel) le* ~ the Flood; *(fig) cela remonte au* ~ it's as old as the hills 3 *(fig)* deluge, flood, torrent.

déluré [delyre] *adj (souvent péj)* smart.

démagogie [demagɔʒi] *nf* demagogy ‖ **démagogique** *adj* demagogic ‖ **démagogue** *nmf* demagogue.

demain [dəmɛ̃] *adv* tomorrow; *à* ~ *!* see you tomorrow! ~ *en huit* a week tomorrow.

demande [dəmɑ̃d] *nf* 1 request; *à la* ~ *de...* at the request of...; *sur* ~ on request 2 *(exigence)* demand 3 *(par écrit)* application 4 *(mariage)* proposal 5 *(Eco) l'offre et la* ~ supply and demand ‖ **demander** *vt (1)* 1 ask (for); *elle m'a demandé de tes nouvelles* she asked me for news of you; *on vous demande au téléphone* you are wanted on the (tele)phone 2 *(exiger) cela demande beaucoup d'attention* this demands great care; *cela demande à être étudié de près* this needs to be studied

closely 3 *(revendiquer)* claim 4 *(par écrit)* apply (for) 5 *(loc) il m'a demandé en mariage* he proposed to me 6 *(Com) cet article est très demandé* this article is in great demand ‖ **se demander** *vpr* wonder ‖ **demandeur** *nm (f* **-euse)** 1 ~ *d'emploi* job-seeker 2 *(f* **-eresse)** *(Jur)* plaintiff; petitioner.

démangeaison [demɑ̃ʒɛzɔ̃] *nf* itch ‖ **démanger** *vi (1h)* itch; *(fig) cela me démange de lui dire son fait* I'm itching to give him a piece of my mind.

démanteler [demɑ̃tele] *vt (1a) (Tech)* dismantle; *(péj)* demolish; *(organisation)* *break up.

démantibuler [demɑ̃tibyle] *vt (1)* *take to pieces ◆ **se démantibuler** *vpr* *fall to pieces.

démaquillant [demakijɑ̃] *nm* cleansing cream ‖ **se démaquiller** *vpr (1)* remove one's make-up.

démarcation [demarkɑsjɔ̃] *nf* demarcation; *ligne de* ~ dividing line, *(Hist Pol)* demarcation line.

démarche [demarʃ] *nf* 1 gait, walk 2 *(fig) faire certaines* ~*s* *go through certain formalities ‖ **démarcheur** *nm (f* **-euse)** door-to-door salesman/saleswoman.

démarquer [demarke] *vt (1) (Com)* mark down (prices) ◆ **se démarquer** *vpr (de)* *stand out (from), *stand/apart (from); *(Sp)* *break away/free.

démarrage [demaraʒ] *nm (aussi fig)* start ‖ **démarrer** *vi (1) (aussi fig)* start ‖ **démarreur** *nm (Aut)* starter.

démasquer [demaske] *vt (1)* unmask.

démâter [demɑte] *vt (1) (Naut)* dismast ◆ *vi* *be dismasted.

démêlé [demele] *nm (souvent pl) j'ai eu des* ~*s avec les voisins* I had a quarrel/tangle with the neighbours ‖ **démêler** *vt (1)* disentangle, untangle; *(fig)* ~ *une affaire* clear up an issue.

déménagement [demenaʒmɑ̃] *nm* move; removal ‖ **déménager** *vti (1h)* move (house); *(fam fig) il déménage !* he's gone crazy! *(fam fig) déménage !* scram! ‖ **déménageur** *nm* furniture remover.

démence [demɑ̃s] *nf* insanity, lunacy, madness ‖ **dément** *adj* insane, lunatic, mad; *(fam) c'est* ~ *!* it's unbelievable! ◆ *nm* lunatic, madman ‖ **démentiel** *adj (f* **-ielle)** insane, mad.

démener [demne] **se** ~ *vpr (1c)* struggle; *(fig)* *go to great trouble.

démenti [demɑ̃ti] *nm* denial ‖ **démentir** *vt (8)* deny; *les soupçons furent démentis par les faits* the suspicions were belied by the facts; *son courage ne s'est jamais démenti* his courage never failed.

démériter [demerite] *vi (1) il n'a pas démérité* he has lived up to his principles.

démesure [demǝzyʀ] *nf* excess ‖ **démesuré** *adj* excessive, immoderate.

démettre [demetʀ] *vt* (42) **1** *(Méd)* dislocate (a limb) **2** dismiss ‖ **se démettre** *vpr (loc) il s'est démis de ses fonctions* he has resigned.

demeurant [dǝmœʀɑ̃] *loc au ~* incidentally ‖ **demeure** *nf* (place of) residence ; *il habite ici à ~* he lives here permanently ; *(Jur) mettre qn en ~ de faire...* *give sb notice to do... ‖ **demeuré** *adj* half-witted ◆ *nmf* half-wit ‖ **demeurer** *vi* (1) **1** live **2** remain.

demi [dǝmi] *adj* half ; *un ~ verre* half a glass ◆ *loc adv* half ; *je ne suis qu'à ~ rassuré* I'm only half reassured ◆ *nm (bière) un ~* a half-pint ; *(Sp)* half-back; *(rugby) ~ de mêlée* scrum half ◆ *préfixe* half-, semi- ; *~-cercle* half-circle, semicircle ; *~-douzaine* half-dozen, half a dozen ; *(Sp) ~-finale* semi-final ; *~-frère* half-brother ; *~-heure* half-hour, half an hour ; *~-pension* half-board ; *~-saison* spring ; autumn ; *~-sœur* half-sister ; *~-tarif* half-fare ; half-price ; *~-tour* half-turn ; *faire ~-tour* turn back ‖ **demie** *nf* half-hour ; *5 heures ~e* (brit) half past five, *(amér)* half after five.

démission [demisjɔ̃] *nf* resignation ‖ **démissionner** *vi* (1) **1** *(poste)* resign **2** *(renoncer)* *give up.

démobilisation [demɔbilizasjɔ̃] *nf* demobilization ‖ **démobiliser** *vt* (1) demobilize.

démocrate [demɔkʀat] *adj* democratic ◆ *nmf* democrat ‖ **démocratique** *adj* democratic ‖ **démocratiquement** *adv* democratically ‖ **démocratisation** *nf* democratization ‖ **démocratiser** *vt* (1) democratize.

démodé [demɔde] *adj (mode)* old-fashioned, out of date ; *(mœurs)* outdated ‖ **se démoder** *vpr* (1) *go out of fashion.

démographie [demɔgʀafi] *nf* demography ‖ **démographique** *adj* demographic ; *poussée ~* population explosion/increase.

demoiselle [dǝmwazɛl] *nf* young (single) lady ; *(mariage) ~ d'honneur* bridesmaid.

démolir [demɔliʀ] *vt* (2) pull down ; *(aussi fig)* demolish ‖ **démolisseur** *nm* demolition worker.

démon [demɔ̃] *nm* demon ; devil.

démonstrateur [demɔ̃stʀatœʀ] *(f* **-trice)** demonstrator ‖ **démonstratif** *adj (f* **-ive) 1** *(Gr)* demonstrative **2** *(personne)* expansive, demonstrative ‖ **démonstration** *nf* demonstration ; *faire une ~* *give a demonstration.

démontable [demɔ̃tabl] *adj* that can be dismantled ; collapsible ‖ **démontage** *nm* dismantling ‖ **démonté** *adj (mer)* wild ‖ **démonter** *vt* (1) **1** *take to pieces ; *(Tech) (aussi fig)* dismantle **2** *(fig) je me suis*

laissé ~ I got flustered ‖ **se démonter** *vpr (fig)* *get flustered.

démontrer [demɔ̃tʀe] *vt* (1) **1** demonstrate **2** prove.

démoraliser [demɔʀalize] *vt* (1) demoralize ‖ **se démoraliser** *vpr* *lose heart.

démordre [demɔʀdʀ] *vi* (46) *(loc) il n'en démord pas* he won't budge an inch.

démunir [demynir] *vt* (2) deprive ; *ils sont démunis de tout* they are utterly destitute ; *(Com) nous sommes démunis de cet article* we are out of that item.

dénatalité [denatalite] *nf* fall in the birth rate.

dénationaliser [denasjɔnalize] *vt* (1) denationalize.

dénaturé [denatyʀe] *adj* **1** *(caractère)* hard-hearted ; unnatural **2** *(vérité)* distorted **3** *(goût)* perverted ‖ **dénaturer** *vt* (1) distort ; pervert.

dénégation [denegasjɔ̃] *nf* denial.

déni [deni] *nm (loc) ~ de justice* denial of justice.

dénicher [denife] *vt* (1) *(fam)* ferret out, unearth.

denier [dǝnje] *nm (loc) je l'ai payé de mes propres ~s* I paid it out of my own pocket.

dénier [denje] *vt* (1h) deny.

dénigrement [denigʀǝmɑ̃] *nm* denigration, disparagement ‖ **dénigrer** *vt* (1) disparage ; *run down.

dénivellation [denivɛlasjɔ̃] *nf (Tech)* incline ; slope.

dénombrer [denɔ̃bʀe] *vt* (1) count, enumerate.

dénominateur [denɔminatœʀ] *nm* denominator.

dénomination [denɔminasjɔ̃] *nf* designation ‖ **dénommer** *vt* (1) designate ; name ; *un dénommé Dupont* a certain Dupont.

dénoncer [denɔ̃se] *vt* (1h) **1** *(scandale)* denounce ; expose **2** *(Pol)* denounce (a treaty) **3** *(Com)* cancel (a contract) **4** *(police)* inform against ‖ **se dénoncer** *vpr* *give oneself up ‖ **dénonciation** *nf* denunciation ; exposure.

dénoter [denɔte] *vt* (1) denote.

dénouement [denumɑ̃] *nm* outcome ; *(Th)* dénouement ‖ **dénouer** *vt* (1) *undo, untie ; *(fig)* solve ; unravel ‖ **se dénouer** *vpr* *come loose, *(fig)* *be solved.

dénoyauter [denwajote] *vt* (1) stone, *(amér)* pit.

denrée [dɑ̃ʀe] *nf (Com)* commodity ; goods *pl inv* ; *~s alimentaires* foodstuffs ; *~s périssables* perishable goods.

dense [dɑ̃s] *adj* **1** dense **2** *(brouillard)* dense, thick ; *(style)* concise ; condensed ‖ **densité** *nf* density.

dent [dɑ̃] *nf* **1** *(Anat)* tooth ; *se laver les*

~s brush one's teeth; *avoir mal aux* ~s *have (a) toothache; *percer une* ~ *cut a tooth; *serre les* ~s! clench your teeth! *je claque des* ~s my teeth are chattering 2 *(fig) il a la* ~ *dure* he's got a lashing tongue; *il a une* ~ *contre moi* he has a grudge against me; *il a les* ~s *longues* he's a go-getter; *il va se casser les* ~s he's bitten off more than he can chew; *quand les poules auront des* ~s! not in a month of Sundays! 3 *(Tech) (engrenage)* cog; *(fourchette)* prong; *(scie)* tooth ‖ **dentaire** *adj* dental ‖ **denteté** *adj* jagged.

dentelle [dɑ̃tɛl] *nf* lace *ns inv* ‖ **dentellière** *nf* lace-maker.

dentier [dɑ̃tje] *nm* denture ‖ **dentifrice** *nm* toothpaste ‖ **dentiste** *nmf* dentist ‖ **dentition** *nf* set of teeth.

dénudé [denyde] *adj* bare.

dénué [denye] *adj* devoid; *livre* ~ *d'intérêt* book devoid of interest; *accusation* ~*e de tout fondement* entirely unfounded accusation ‖ **dénuement** *nm* *vivre dans le* ~ live in a state of destitution.

déodorant [deɔdɔrɑ̃] *nm* deodorant.

déontologie [deɔ̃tɔlɔʒi] *nf* (professional) code of ethics ‖ **déontologique** *adj* ethical.

dépannage [depanaʒ] *nm* repairs service; *(Aut)* breakdown service ‖ **dépanner** *vt (1)* 1 fix, repair 2 *(fam) (personne)* help out ‖ **dépanneur** *nm* *(Aut)* breakdown mechanic ‖ **dépanneuse** *nf* breakdown truck.

dépareillé [depareje] *adj* odd.

déparer [depare] *vt (1)* spoil; *(fig)* mar.

départ [depar] *nm* 1 departure 2 *(Sp)* start; *(aussi fig) il a pris un mauvais* ~ he got off to a bad start 3 *(loc) au* ~ at first; *dès le* ~ from the start; *point de* ~ starting point.

départager [departaʒe] *vt (1h)* ~ *les candidats* distinguish between the applicants.

département [departəmɑ̃] *nm (Adm)* department.

dépassé [depɑse] *adj* obsolete; outmoded ‖ **dépassement** *nm (Aut)* overtaking; ~ *interdit* no overtaking ‖ **dépasser** *vt (1)* 1 *(aussi Aut)* *overtake; pass 2 *go beyond; ~ *la vitesse limite* exceed the speed limit; *cela dépasse mes forces* it's more than I can do; *cela dépasse les bornes!* that's beyond the limit! *cela me dépasse!* it's beyond me! *je suis dépassé par les événements!* I'm lost! ◆ *vi* project.

dépaysement [depeizmɑ̃] *nm* change of scenery ‖ **dépaysé** *adj je me sentais* ~ I felt lost/out of my element/like a fish out of water.

dépecer [depəse] *vt (1a) (boucher)* *cut up; *(fauve)* *tear apart.

dépêche [depɛʃ] *nf (Adm)* dispatch; *(fam)* telegram ‖ **dépêcher** *vt (1)* dispatch ◆ **se dépêcher** *vpr* hurry (up).

dépeigné [depeɲe] *adj* dishevelled.

dépeindre [depɛ̃dr] *vt (35)* depict, describe.

dépendance [depɑ̃dɑ̃s] *nf* 1 dependence 2 subjection, subordination 3 *(bâtisse)* outbuilding 4 *(territoire)* dependency ‖ **dépendre** *vi (46) (de)* depend (on), *be dependent (on).

dépens [depɑ̃] *nmpl inv; (Jur) être condamné aux* ~ *be ordered to pay costs; *(fig) rire aux* ~ *de qn* laugh at sb's expense; *il l'a appris à ses* ~ he learned it to his cost ‖ **dépense** *nf (aussi fig)* expense; expenditure *s inv* ‖ **dépenser** *vt (1) (argent)* *spend; *(fig)* expend ‖ **se dépenser** *vpr* exert oneself ‖ **dépensier** *adj (f* -**ière)** extravagant; *être* ~ *be a spendthrift.

déperdition [deperdisjɔ̃] *nf* loss, waste ‖ **dépérir** *vi (2) (personne)* fail, waste (away); *(plante)* wither (away); *(fig)* decline.

dépêtrer [depetre] **se** ~ *vpr (1) (fam fig)* 1 *get out of a hole 2 ~ *de qn* *get rid of sb.

dépeuplement [depœpləmɑ̃] *nm* depopulation ‖ **se dépeupler** *vpr (1)* *become depopulated.

déphasé [defaze] *adj (fam) je me sens* ~ I'm not with it any more.

dépistage [depistaʒ] *nm (Méd)* detection; screening; *le* ~ *du Sida* AIDS testing ‖ **dépister** *vt (1)* detect.

dépit [depi] *nm* 1 resentment; *pleurer de* ~ cry with vexation 2 *(loc)* en ~ de in spite of ‖ **dépité** *adj* vexed.

déplacé [deplase] *adj (remarque)* out of place; ill-timed; *(Pol) personnes* ~*es* displaced persons ‖ **déplacement** *nm* 1 displacement 2 journey, trip; *frais de* ~ travelling expenses ‖ **déplacer** *vt (1h)* displace; move, shift ‖ **se déplacer** *vpr* 1 *(personne)* travel 2 *(objet)* move; *get moved.

déplaire [depler] *vi (44) (à)* displease; *cela lui a déplu* it didn't please him/he didn't like it; *ne vous en déplaise* with all due respect (to you) ‖ **déplaisant** *adj* unpleasant.

dépliant [deplijɑ̃] *nm (Com)* brochure; leaflet ‖ **déplier** *vt (1h)* unfold.

déploiement [deplwamɑ̃] *nm* 1 unfolding; *(drapeau)* unfurling; *(Mil)* deployment 2 *(Com)* display 3 *(fig)* display.

déplorer [deplɔre] *vt (1)* deplore.

déployer [deplwaje] *vt (1f)* 1 unfold; *(drapeau)* unfurl; *(Mil)* deploy 2 *(Com)* display, exhibit 3 *(fig)* ~ *une grande activité* *show great activity 4 *(loc)* rire à *gorge déployée* laugh one's head off ‖ **se déployer** *vpr* **1** unfold **2** *(Mil)* deploy.

déplumer [deplyme] **se ~** *vpr (1) (fam)* *lose one's hair; *go bald.

dépoli [depɔli] *adj verre ~* frosted glass.

déportation [depɔʀtasjɔ̃] *nf* deportation; transportation ‖ **déporté** *nm* deportee ‖ **déporter** *vt (1)* **1** deport; transport **2** *(Aut)* *swing (off course) ◆ **se déporter** *vpr (Aut)* swerve; *swing.

déposer [depoze] *vt (1)* **1** *(livrer)* *leave; *(sédiment)* deposit; *(banque...)* deposit; *(gerbe)* *lay; *(passager)* drop; *(destituer)* depose; *(Tech)* *take out (a motor...); *(Com) marque déposée* registered trademark; *(Fin) ~ son bilan* file for bankruptcy; *(Jur) ~ une plainte* lodge a complaint ◆ *vi (1) (vin...)* *leave sediment **2** *(Jur)* *give evidence ‖ **se déposer** *vpr* settle ‖ **dépositaire** *nmf* depository; *(Com)* agent ‖ **déposition** *nf (Jur)* statement; testimony.

déposséder [deposede] *vt (1c)* dispossess.

dépôt [depo] *nm (gerbe)* laying; *(vin)* deposit, sediment; *(banque)* deposit; *(transports publics)* depot; *(entrepôt)* warehouse; *~ d'ordures* rubbish dump/tip, *(amér)* garbage dump; *(Com) marchandises en ~-vente* goods on sale or return; *(Fin) ~ de bilan* (filing for) bankruptcy ‖ **dépotoir** *nm (péj)* dump.

dépouille [depuj] *nf (animal)* skin, hide; *(personne) ~ mortelle* mortal remains; *(butin) ~s* spoils *pl inv*, booty *s inv* ‖ **dépouillé** *adj (style)* bare, sober ‖ **dépouillement** *nm* **1** *(animal)* skinning **2** *(personne)* despoiling (of) **3** *(courrier)* perusal; *(scrutin)* counting **4** *(style)* sobriety ‖ **dépouiller** *vt (1)* **1** *(animal)* skin **2** *(personne) (de)* despoil (of); strip (of) **3** *(loc) ~ le courrier* open the mail; *~ le scrutin* count the votes ‖ **se dépouiller** *vpr (de)* **1** *(reptile)* *shed (its skin) **2** *(arbre)* *shed (its leaves) **3** *(personne)* deprive/strip oneself (of).

dépourvu [depuʀvy] *adj (de)* devoid (of); lacking (in); wanting (in) ◆ *nm (loc) prendre au ~* *take unawares.

dépoussiérer [depusjere] *vt (1)* dust.

dépravation [depʀavasjɔ̃] *nf* depravity.

dépréciation [depʀesjasjɔ̃] *nf* depreciation, write-down ‖ **déprécier** *vt (1h)* **se ~** *vpr (Fin)* depreciate.

déprédations [depʀedasjɔ̃] *nfpl inv* damage *s inv*, depredation *s inv*.

dépressif [depʀesif] *adj (f -ive)* depressive ‖ **dépression** *nf* **1** *(météorologie)* depression **2** *(Méd) faire une ~ nerveuse* *have a nervous breakdown ‖ **déprimant** *adj* depressing ‖ **déprime** *nf (fam) avoir la ~, être en ~* *have (a fit of) the blues

‖ **déprimé** *adj* depressed ‖ **déprimer** *vt (1)* depress.

depuis [dəpɥi] *prép* **1** *(à partir d'un point dans le passé)* since; *~ quand fais-tu du ski?* how long have you been skiing? *~ l'an dernier* since last year; *~ mon enfance* since my childhood; *~ lors* since then **2** *(durée totale)* for; *je fais du ski ~ deux ans* I've been skiing for (the past) two years **3** *(double repère temporel)* from; *~ le matin jusqu'au soir* from morning till night **4** *(repère spatial) il neige ~ Grenoble* it's been snowing since Grenoble; *on voit les pistes ~ l'hôtel* you can see the slopes from the hotel **5** *(double repère spatio-temporel) ~ le haut jusqu'en bas* from top to bottom; *~ le début jusqu'à la fin* from beginning to end ◆ *adv je ne suis pas revenu ~* I haven't been back since ◆ *conj* since; *~ que je fais du jogging je suis en grande forme* since I started jogging I've been *(amér)* in great shape/ *(brit)* on top form.

député [depyte] *nm (amér)* representative; *(brit)* Member of Parliament; *(français)* deputy.

déraciner [deʀasine] *vt (1)* uproot; *je me sens déraciné* I feel I've lost my roots.

dérailler [deʀaje] *vi (1)* **1** *(train)* *be derailed **2** *(fam fig) tu dérailles!* you're talking nonsense!

déraisonnable [deʀezɔnabl] *adj* unreasonable.

dérangement [deʀɑ̃ʒmɑ̃] *nm* **1** inconvenience **2** *(santé)* upset **3** *(machine) en ~* out of order ‖ **déranger** *vt (1h)* **1** disturb; *je ne vous dérange pas?* I'm not disturbing you, am I? *est-ce que cela vous dérangerait si...?* would you mind if...? **2** *(santé)* *upset **3** *(esprit)* derange ‖ **se déranger** *vpr* bother, trouble; *ne vous dérangez pas pour moi!* don't put yourself out on my account!

dérapage [deʀapaʒ] *nm (Aut)* skid; *(fig)* laxity; *(Fin) ~ budgétaire* budgetary excess ‖ **déraper** *vi (1)* skid; *(personne)* slip.

dérèglement [deʀɛɡləmɑ̃] *nm* upset ‖ **dérégler** *vt (1c)* unsettle; *upset; *(machine) être déréglé* *be out of order ‖ **se dérégler** *vpr* *become unsettled/upset; *(mécanisme)* *go wrong.

dérider [deʀide] *vt (1)* **se ~** *vpr* cheer up.

dérision [deʀizjɔ̃] *nf* derision; *tourner en ~* mock, ridicule ‖ **dérisoire** *adj* **1** ludicrous, ridiculous **2** paltry; trivial.

dérivation [deʀivasjɔ̃] *nf* derivation; *(cours d'eau)* diversion ‖ **dérive** *nf* **1** *(Av Naut)* drift; *(aussi fig) aller à la ~* drift **2** *(Av)* fin; *(Naut)* centre-board ‖ **dérivé** *nm* derivative; *(Tech)* by-product ‖ **dériver** *vti (1)* derive; *(cours d'eau)* divert;

(Av Naut) drift (off course) ‖ **dériveur** *nm* *(Naut)* sailing dinghy.

dermatologue [dɛʀmatɔlɔg] *nmf* dermatologist.

dernier [dɛʀnje] *adj* *(f* **-ière)** **1** last; *les trois* ~*s mois* the last three months; *en dernière page* on the back page; *au* ~ *étage* on the top floor; *j'y mets la dernière main* I'm putting the finishing touches to it; *en* ~ *lieu* finally; *en* ~ *recours* in the last resort **2** *(irrévocable)* final; *c'est mon* ~ *mot!* that's final! **3** *(de date récente)* latest; *la dernière mode/nouvelle* the latest fashion/piece of news; *c'est le* ~ *cri* it's the latest; *le* ~ *né* the youngest of the family **4** *(emphase) c'est le* ~ *des* ~*s* he's the lowest of the low; *c'est le* ~ *de mes soucis* it's the least of my worries ‖ **dernièrement** *adv* lately, recently.

dérobade [deʀɔbad] *nf* evasion ‖ **dérobé** *adj* concealed, hidden; *(loc) à la* ~*e* stealthily ‖ **dérober** *vt* *(1)* (à) **1** *hide (from)* **2** *steal (from)* ‖ **se dérober** *vpr* **1** *steal away, escape* **2** *(fig)* avoid answering **3** *(loc) le sol s'est dérobé sous lui* the ground gave way under him.

dérogation [deʀɔgasjɔ̃] *nf* dispensation ‖ **déroger** *vi* *(1h)* *(lit) il croirait* ~ he would think it beneath him.

déroulement [deʀulmɑ̃] *nm* development ‖ **dérouler** *vt* unroll; *unwind* ‖ **se dérouler** *vpr* *(récit)* unfold; *(événement)* *take place.*

déroute [deʀut] *nf* *(Mil)* rout; *mettre en* ~ rout, *put to flight* ‖ **dérouter** *vt* *(1)* **1** *(trafic)* divert, re-route; *(Av péj)* hijack **2** disconcert; ~ *les soupçons* *throw off the scent.*

derrière [dɛʀjɛʀ] *prép* behind; *l'un* ~ *l'autre* one behind the other; *il a une idée* ~ *la tête* he's got an idea at the back of his mind ◆ *adv* behind; *(Aut) monter* ~ *get into the back seat; (loc) de/par* ~ from behind ◆ *nm* *(personne)* backside, behind, bottom; *(animal)* hindquarters *pl inv; (chose)* back, rear; *porte de* ~ back door.

des[1] [de] *art pl voir* **un**.

des[2] [de] *prép voir* **de**.

dès [dɛ] *prép* **1** *(déjà)* ~ *le début je le savais* I knew it from the start; ~ *l'âge de cinq ans il jouait en public* by the age of five he was performing in public; ~ *lors* ever since **2** *(au plus tard) je le ferai* ~ *jeudi* I'll do it by Thursday (at the latest); ~ *maintenant* straight away ◆ ~ *que conj* as soon as.

désabusé [dezabyze] *adj* disillusioned.

désaccord [dezakɔʀ] *nm* disagreement; *je suis en* ~ *avec cela* I disagree with that ‖ **désaccordé** *adj* *(Mus)* out of tune.

désaffecté [dezafɛkte] *adj* disused.

désagréable [dezagʀeabl] *adj* disagreeable, unpleasant

désagréger [dezagʀeʒe] *vt* *(1c)* **se** ~ *vpr* disintegrate.

désagrément [dezagʀemɑ̃] *nm* unpleasantness.

désaltérant [dezalteʀɑ̃] *adj* thirstquenching ‖ **désaltérer** *vti* *(1) cela (vous) désaltère* it quenches your thirst.

désamorcer [dezamɔʀse] *vt* *(1h)* *(aussi fig)* defuse.

désapprobateur [dezapʀɔbatœʀ] *adj* *(f* **-trice)** disapproving ‖ **désapprobation** *nf* disapproval ‖ **désapprouver** *vt* *(1)* disapprove of; object to.

désarçonner [dezaʀsɔne] *vt* *(1)* unseat; *(fig)* disconcert.

désarmant [dezaʀmɑ̃] *adj* *(fig)* disarming ‖ **désarmement** *nf* *(Mil)* disarmament ‖ **désarmer** *vti* *(1)* *(aussi fig)* disarm.

désarroi [dezaʀwa] *nm* confusion; distress; *je suis dans un grand* ~ I'm at loss (to know what to do).

désastre [dezastʀ] *nm* disaster ‖ **désastreux** *adj* *(f* **-euse)** appalling, disastrous.

désavantage [dezavɑ̃taʒ] *nm* disadvantage, drawback ‖ **désavantagé** *adj être* ~ *be at a disadvantage* ‖ **désavantager** *vt* *(1h)* *put at a disadvantage; *be unfair to ‖ **désavantageux** *adj* *(f* **-euse)** disadvantageous.

désaveu [dezavø] *nm* denial; disavowal ‖ **désavouer** *vt* *(1)* disavow; deny.

désaxé [dezakse] *adj* unbalanced.

desceller [desele] *vt* *(1)* unseal.

descendance [desɑ̃dɑ̃s] *nf* descent; *(personnes)* descendants *pl* ‖ **descendant** *adj* descending ◆ *nm* descendant ‖ **descendre** *vi* *(46)* **1** *come/*go down; *fais* ~ *ton frère* tell your brother to come down **2** ~ *chez des amis/à l'hôtel* stay with friends/at a hotel **3** *(Aut)* *get out; (cheval)* dismount; *(autobus, train, vélo)* *get off; *tout le monde descend!* *(amér)* end of the line! *(brit)* all change! **4** *(temps) la nuit/le baromètre/la température/descend* the night/the barometer/the temperature is falling; *le brouillard descend* the fog/mist is coming down **5** *(marée)* *go out **6** *(aussi fig)* descend; *il descend d'une famille célèbre* he comes/is descended from an old family ◆ *vt* **1** *(escalier)* *come/*go down **2** *(objet)* *bring/fetch/*take down **3** *(tuer)* *shoot (down); *il s'est fait* ~ he was shot (down) ‖ **descente** *nf* **1** slope; ~ *dangereuse* dangerous hill **2** *(action)* descent; *la D—* *de la Croix* the Descent from the Cross; *à la* ~ *de l'avion* getting off the plane; *ski de* ~ downhill skiing **3** ~ *de police* police raid ‖ **descente de lit** *nf* bedside rug.

descriptif [dɛskʀiptif] *adj* *(f* **-ive)** descriptive ◆ *nm* *(Tech)* description; specifications; specification sheet ‖ **description** *nf* description.

désembuer [dezɑ̃bɥe] *vt (1) (Aut)* demist.

désemparé [dezɑ̃paʀe] *adj* distraught.

désemplir [dezɑ̃pliʀ] *vi (2) se ~ vpr* empty.

désenchanté [dezɑ̃ʃɑ̃te] *adj* disillusioned ‖ **désenchantement** *nm* disillusionment.

désencombrer [dezɑ̃kɔ̃bʀe] *vt (1)* clear.

désensibiliser [desɑ̃sibilize] *vt (1)* desensitize.

déséquilibre [dezekilibʀ] *nm (physique)* lack of balance; *(esprit)* unbalance; *(chiffré)* imbalance ‖ **déséquilibré** *adj* unbalanced ‖ **déséquilibrer** *vt (1)* *throw off balance; unbalance.

désert [dezeʀ] *adj* deserted; uninhabited; **île ~e** desert island ♦ *nm* desert; *(biblique) (aussi fig)* wilderness ‖ **déserter** *vti (1)* desert ‖ **déserteur** *nm (Mil)* deserter ‖ **désertion** *nf* desertion ‖ **désertique** *adj* **la région est ~** the area is arid/a desert.

désespérant [dezɛspeʀɑ̃] *adj* appalling ‖ **désespéré** *adj (fébrilité)* desperate; *(apathie)* in despair; *(insoluble)* hopeless ‖ **désespérer** *vt (1c)* *drive to despair/fill with despair ♦ *vi (1) (de)* despair (of) ‖ **se désespérer** *vpr* despair ‖ **désespoir** *nm (fébrilité)* desperation; *(apathie)* despair; **je suis au ~** I'm in despair; **en ~ de cause** as a last resort, in desperation.

déshabiller [dezabije] *vt (1)* **se ~ vpr** undress.

déshabituer [dezabitɥe] *vt (1)* **~ qn de faire** *break sb of the habit of doing ‖ **se déshabituer** *vpr* **se ~ de sortir** *get out of the habit of going out; **se ~ de fumer** *break oneself of the habit of smoking.

désherbant [dezeʀbɑ̃] *nm* weedkiller ‖ **désherber** *vti (1)* weed.

déshériter [dezeʀite] *vt (1)* disinherit; **les déshérités** the have-nots.

déshonneur [dezɔnœʀ] *nm* dishonour ‖ **déshonorant** *adj* discreditable ‖ **déshonorer** *vt (1)* dishonour.

déshydratation [dezidʀatasjɔ̃] *nf (Méd)* dehydration ‖ **déshydrater** *vt (1)* dehydrate ‖ **se déshydrater** *vpr* *become dehydrated.

désigner [dezine] *vt (1)* **1** point out; *(fig)* refer to **2** *(nommer)* appoint; *(fig)* **il est tout désigné pour ce poste** he is absolutely cut out for the job ‖ **désignation** *nf* **1** name **2** appointment.

désinfectant [dezɛ̃fɛktɑ̃] *adj nm* disinfectant.

désintégrer [dezɛ̃tegʀe] *vti (1c)* disintegrate.

désintéressement [dezɛ̃teʀesmɑ̃] *nm*

disinterestedness ‖ **désintéresser** *vt (1) (Com)* *buy out, *pay off ‖ **se désintéresser (de)** *lose interest (in) ‖ **désintérêt** *nm* lack of interest.

désintoxiquer [dezɛ̃tɔksike] *vt (1) (alcoolique)* dry out; *(toxicomane)* treat for drug addiction ‖ **désintoxication** *nf* **cure de ~** treatment for addiction.

désinvolte [dezɛ̃vɔlt] *adj* casual, offhand ‖ **désinvolture** *nf* casualness; **avec ~** in an off-hand way.

désir [deziʀ] *nm (de)* desire (for); *(loc)* **tu prends tes ~s pour des réalités !** that's (a piece of) wishful thinking! ‖ **désirable** *adj* desirable; **peu ~** undesirable ‖ **désirer** *vt (1)* desire, wish (for); **cela laisse beaucoup à ~** it leaves a great deal to be desired; *(magasin)* **vous désirez ?** can I help you? ‖ **désireux** *adj (f -euse)* **être ~ de faire...** *be anxious to do...

désistement [dezistəmɑ̃] *nm* withdrawal ‖ **se désister** *vpr (1)* desist; *withdraw.

désobéir [dezɔbeiʀ] *vi (2) (à)* disobey ‖ **désobéissance** *nf* disobedience ‖ **désobéissant** *adj* disobedient.

désobligeant [dezɔbliʒɑ̃] *adj* offensive.

désodorisant [dezɔdɔʀizɑ̃] *nm* deodorant.

désœuvré [dezœvʀe] *adj* idle ‖ **désœuvrement** *nm* idleness; **par ~** for want of something better to do.

désolant [dezɔlɑ̃] *adj* distressing ‖ **désolation** *nf* **1** *(chagrin)* distress **2** *(pays)* devastation ‖ **désolé** *adj* **1** *(chagrin)* distressed **2** *(pays)* desolate; *(en ruines)* devastated **3** *(loc)* **je suis ~** I am so sorry ‖ **désoler** *vt (1)* distress ♦ **se désoler** *vpr* *be distressed.

désolidariser [desɔlidaʀize] **se ~ vpr** *(1) (de)* dissociate oneself (from).

désopilant [dezɔpilɑ̃] *adj* hilarious.

désordonné [dezɔʀdɔne] *adj* untidy; *(vie)* dissolute; *(mouvements)* uncoordinated ‖ **désordre** *nm* **1** untidiness; **pièce en ~** untidy room **2** *(fig)* disorder; disturbance.

désorganisation [dezɔʀganizasjɔ̃] *nf* disorganization ‖ **désorganisé** *adj* disorganized.

désorienté [dezɔʀjɑ̃te] *adj* **être ~** *be lost; *(fig)* *be bewildered ‖ **désorienter** *vt (1)* bewilder.

désormais [dezɔʀme] *adv* from now on; in (the) future; *(lit)* henceforth.

désosser [dezɔse] *vt (1)* bone.

despote [despɔt] *nm* despot, tyrant.

dessaisir [deseziʀ] **se ~ vpr** *(2) (de)* part (with).

dessécher [deseʃe] *vt (1c)* dry (out/up) ‖ **se dessécher** *vpr* dry (out/up); *(plante)* wither (away); *(personne)* waste away.

dessein [desɛ̃] *nm* **1** plan **2** intention;
à ~ on purpose.

desserrer [desere] *vt (1)* loosen; *(frein)*
release || **se desserrer** *vpr* *come loose.

dessert [desɛʀ] *nm* dessert.

desservir [desɛʀviʀ] *vt (9)* **1** *(table)* clear
the table **2** *(transports)* serve; *notre région
est bien desservie* there's a good public
transport service in our area **2** *(nuire)*
harm; *ses manières peuvent le* ~ his
manners might count against him.

dessin [desɛ̃] *nm* **1** *(activité)* drawing,
sketching; *planche à* ~ drawing board;
(Ens) professeur de ~ art teacher **2** *(dessin exécuté)* drawing, sketch **3** *(finesse
d'exécution)* draughtsmanship **4** *(motif)*
pattern **5** *(technique)* design **6** *(journaux)*
~ *humoristique* cartoon **7** *(Ciné)* ~
animé cartoon || **dessinateur** *nm (f
-trice) (Art Ind)* draughtsman; *(presse)*
cartoonist; ~ *de mode* fashion designer ||
dessiner *vti (1)* **1** *draw, sketch **2** design
|| **se dessiner** *vpr (fig)* *stand out; *take
shape.

dessous [dəsu] *nm* bottom; *voisin du* ~
downstairs neighbour; *avoir le* ~ *get the
worst of it; *les* ~ *de la politique* the shady
side of politics ◆ *adv* beneath, un-
der(neath); *bras dessus bras* ~ arm in arm
|| **au-dessous** *adv* underneath; down-
stairs || **au-dessous de** *loc prép (âge,
prix)* under; *(température)* below; *(fig) il
est* ~ *tout!* he's the limit! || **en dessous**
loc adv under(neath); *agir* ~ act in an
underhand way || **par-dessous** *adv* ~
under(neath).

dessous-de-plat [dəsudpla] *nm* tablemat.

dessous-de-table [dəsudtabl] *nm*
1 bribe **2** under-the-counter payment.

dessus [dəsy] *nm* top; *le voisin du* ~ the
upstairs neighbour; *avoir/prendre le* ~
*have/*get the upper hand; *reprendre le*
~ recover; *c'est le* ~ *du panier* he's the
pick of the bunch ◆ *adv je n'arrive pas
à mettre la main* ~ I can't *lay my hands
on it || **au-dessus** *adv* above; upstairs ||
au-dessus de *loc prép (âge, prix)* over;
(température) above || **en dessus** *loc adv* on
top.

dessus-de-lit [dəsydli] *nm (pl inv)* bedspread.

destin [destɛ̃] *nm* fate; destiny || **des-
tinataire** *nmf (lettres)* addressee;
(marchandises) consignee || **destination**
nf destination; *passagers à* ~ *de...* pas-
sengers for... || **destinée** *nf* fate; destiny
|| **destiner** *vt (1)* **1** *(intention) cette lettre
vous est destinée* this letter is for you; *il
se destine au barreau* he intends to go in
for the Bar **2** *(sort) il était destiné à réussir* he was bound to succeed.

destituer [destitɥe] *vt (1)* dismiss;

remove from office || **destitution** *nf*
dismissal; removal.

destructeur [destʀyktœʀ] *adj (f -trice)*
destructive || **destruction** *nf* destruction ||
destructuré *adj* broken-down; *vêtements*
~*s* casual clothes || **déstructurer** *vt (1)*
*break down.

désuet [desɥɛ] *adj (f -ète)* old-fashioned;
obsolete.

détachant [detaʃɑ̃] *nm* stain-remover.

détacher [detaʃe] *vt (1)* **1** untie, detach
2 separate; ~ *suivant le pointillé* *tear
along the dotted line; *il faut bien* ~ *ses
mots* you must speak clearly **3** *(fonction-
naire)* second || **se détacher** *vpr*
1 *(prisonnier)* *get free; *(ficelle)* *come
untied; *(objet)* *come away; *le papier
peint se détache du mur* the wallpaper is
peeling off (the wall); *(coureur)* pull
ahead/away **2** *stand out; *les personnages
se détachent sur un fond clair* the figures
stand out against a pale background **3** *(sens
affectif) peu à peu ils se sont détachés l'un
de l'autre* they've gradually grown apart ||
détachable *adj* detachable || **détaché** *adj*
1 detached; *d'un air* ~ indifferently;
(Tech) pièces ~*es* spare parts **2** *(fonction-
naire)* on secondment || **détachement** *nm*
1 *(indifférence)* detachment **2** *(Mil)* detachment **3** *(fonctionnaire)* secondment.

détail [detaj] *nm* **1** detail; *c'est un* ~*!*
that's of no importance! *en* ~ in detail;
sans entrer dans le ~ without going into
details **2** *vendre au* ~ *sell retail; *le
commerce de* ~ the retail trade || **détail-
lant** *nm* retailer || **détaillé** *adj* detailed ||
détailler *vt (1)* **1** *(denrées)* *sell retail, *(à
l'unité)* *sell separately **2** *(liste)* itemize
3 examine; *il détailla son rival des pieds
à la tête* he studied his rival from head to
foot.

détaler [detale] *vi (1)* scuttle off; *(loc)
il a détalé comme un lapin* he ran for his
life.

détartrage [detaʀtʀaʒ] *nm (dents) (amér)*
cleaning, *(brit)* scaling; *(appareil) (amér)*
cleaning, *(brit)* descaling || **détartrant** *nm*
descaling/cleaning agent || **détartrer** *vt (1)
(amér)* clean; *(brit)* scale, descale.

détaxe [detaks] *nf (réduction)* tax reduction; *(suppression)* removal of tax;
(remboursement) tax refund; ~ *à l'expor-
tation* tax-free for export || **détaxé** *adj*
duty-free.

détecter [detɛkte] *vt (1)* detect || **détec-
teur** *nm (appareil)* detector; ~ *de mines*
mine detector ◆ *adj (f -trice)* detecting;
système ~ detecting device || **détection**
nf detection || **détective** *nm* detective.

déteindre [detɛ̃dʀ] *vi (35)* fade, *lose its
colour; *(au lavage)* *run; *ça déteint?* will
the colour(s) run? *ton jean a déteint sur
ma chemise* the colour's come out of your

jeans and stained my shirt; *(fig)* rub off (on); *sa passion a déteint sur son fils* his enthusiasm has rubbed off on his son.

détendre [detɑ̃dʀ] *vt (46)* **se ~** *vpr (corde)* loosen, slacken; *(ambiance, personne)* relax; *l'atmosphère se détend (soirée)* the party's warming up; *je vais me ~ les jambes* I'm going to stretch my legs || **détendu** *adj* relaxed; *(corde)* slack.

détenir [detniʀ] *vt (10)* *have; *(trophée, pouvoir)* *hold; *(prisonnier)* detain || **détenteur** *nm (f* **-trice)** holder || **détention** *nf (armes)* possession; *(prisonnier)* detention || **détenu** *nm* prisoner.

détente [detɑ̃t] *nf (1)* relaxation; *(loc) il est dur à la ~* he's a hard nut to crack **2** *(Pol)* **la ~** détente **3** *(ressort)* release; *(Sp) il a une belle ~* he's got plenty of spring **4** *(gâchette)* trigger.

détergent [deteʀʒɑ̃] *nm* detergent.

détérioration [deteʀjɔʀasjɔ̃] *nf (de)* damage (to); deterioration (in) || **détériorer** *vt (1)* damage, *spoil || **se détériorer** *vpr* deteriorate.

déterminant [detɛʀminɑ̃] *adj* decisive; *le facteur ~* the deciding factor ◆ *nm (Gr)* determiner.

détermination [detɛʀminasjɔ̃] *nf* **1** *(résolution)* determination **2** *(date)* fixing, choosing || **déterminé** *adj* **1** determined, resolute **2** fixed || **déterminer** *vt (1)* determine **2** fix, decide on; *(événement)* cause **3** *(personne)* decide; *c'est cela qui m'a déterminé à partir* that's what made me decide to leave || **se déterminer** *vpr (à)* decide/resolve (to).

déterrer [detere] *vt (1)* *dig up; *(fig)* uncover.

détersif [detɛʀsif] *adj (f* **-ive)** detergent ◆ *nm (aussi* **détergent** *nm)* detergent.

détester [detɛste] *vt (1)* hate, detest; *je déteste qu'on me fasse attendre* I can't stand being kept waiting; *elle ne déteste pas la cuisine chinoise* she's got nothing against Chinese food || **détestable** *adj* detestable, awful.

détonateur [detɔnatœʀ] *nm* detonator || **détonation** *nf* detonation, explosion.

détonner [detɔne] *vi (1)* **1** *(Mus)* *be/ *sing out of tune **2** *(couleur, style)* clash.

détour [detuʀ] *nm (tournant)* bend; *au ~ du chemin* at a bend in the road; *(déviation)* detour; *j'ai fait un ~ par la ferme* I stopped off at the farm on the way; *(fig) sans ~* without beating about the bush || **détourné** *adj* indirect; *par des moyens ~s* by roundabout means || **détournement** *nm* **1** *(rivière)* diversion **2** *(avion)* hijacking **3** *(fonds)* embezzlement **4** *(Jur) ~ de mineur* corruption of a minor || **détourner** *vt (1)* **1** divert; *~ la tête* turn away; *(fig) ne détourne pas la conversation!* don't change the subject! **2** hijack

3 embezzle **4** corrupt || **se détourner** *vpr* turn away; *(fig) se ~ du droit chemin* *go astray.

détraqué [detʀake] *adj* **1** *(appareil)* out of order **2** *(temps)* unsettled **3** *(santé)* upset ◆ *nm* maniac; *(fam) c'est un détraqué!* he's a real nutcase! || **détraquer** *vt (1)* **1** *put out of order **2** unsettle **3** *upset || **se détraquer** *vpr* **1** *go wrong **2** *become unsettled **3** *get upset.

détrempé [detʀɑ̃pe] *adj* soaking wet, drenched.

détresse [detʀɛs] *nf* distress.

détriment [detʀimɑ̃] *nm* detriment; *au ~ de* to the detriment of.

détritus [detʀitys] *nm (pl inv)* rubbish *ns inv*, refuse *ns inv*, *(amér)* garbage *ns inv*, trash *ns inv*.

détroit [detʀwa] *nm (Géog)* strait; *le ~ de Gibraltar* the straits of Gibraltar.

détromper [detʀɔ̃pe] *vt (1) (de) (personne)* correct (on); *je veux vous en détromper* let me put you right on that || **se détromper** *vpr* *see one's mistake; *détrompez-vous!* don't you believe it!

détrôner [detʀone] *vt (1)* depose, dethrone.

détrousser [detʀuse] *vt (1) (hum)* rob.

détruire [detʀɥiʀ] *vt (33)* destroy.

dette [dɛt] *nf debt; *j'ai des ~s envers ma sœur* I am indebted to my sister/I am in my sister's debt; *(fig) sa ~ envers la société* his debt to society.

deuil [dœj] *nm* **1** *(décès)* bereavement **2** *(chagrin)* grief **3** *(habits)* mourning (clothes); *en ~* in mourning; *porter le ~* *be in mourning **4** *(loc) il a dû faire son ~ de l'héritage* he had to kiss the inheritance goodbye.

deux [dø] *adj num inv* two; *tous les ~* both; *des ~ côtés* on both sides; *tous les ~ jours* every other day/every two days; *(en épelant) ~ p* double p; *pris entre ~ feux* caught in the crossfire; *j'ai ~ mots à vous dire* I want a word with you; *c'est à ~ pas d'ici* it's only a stone's throw from here; *l'amour et l'amitié, ça fait ~* love and friendship are two (quite) different things ◆ *nm* (number) two; *elle habite au ~ rue du Louvre* she lives at number two Rue du Louvre; *(cartes)* deuce || **deux-pièces** *nm (pl inv)* **1** *(costume)* two-piece suit **2** *(maillot de bain)* bikini; two-piece bathing suit **3** *(appartement) (amér)* two-room apartment, *(brit)* two-room flat || **deux-points** *nm (pl inv) (typographie)* colon || **deux-roues** *nm (pl inv)* two-wheeled vehicle || **deuxième** *adj sec* second; *soldat ~ classe (Mil)* private.

dévaler [devale] *vti (1) (objet)* hurtle down; *(personne)* rush down.

dévaliser [devalize] *vt (1) (fam)* rob; *(fig)*

elles ont dévalisé le magasin they bought (up) the whole shop.

dévaloriser [devalɔʀize] vt (1) **se** ~ vpr depreciate; *(fig) ne te dévalorise pas!* don't underestimate yourself! ‖ **dévalorisant** adj humiliating ‖ **dévalorisation** nf depreciation.

dévaluation [devalyasjɔ̃] nf *(Fin)* devaluation ‖ **dévaluer** vt (1) devalue.

devancer [dəvɑ̃se] vt (1h) *get ahead of; arrive before; (fig)* anticipate ‖ **devancier** nm (f **-ière**) precursor, predecessor.

devant [dəvɑ̃] prep 1 *(position)* in front of; *(en présence de)* before; *comparaître* ~ *un tribunal* appear before a court; *elle ne recule jamais* ~ *la difficulté* she's ready to tackle anything 2 *(mouvement)* past; *es-tu passé* ~ *le magasin?* did you go past the shop? 3 *(dépassement)* ahead; *ils sont loin* ~ *nous* they're miles ahead of us ♦ adv ahead, in front; *loin* ~ far ahead; *ils sont juste* ~ they're just in front/ahead; *passez* ~! you go first! ♦ loc prép au-~ de; *aller au-*~ *de* *go to meet, (fig)* anticipate; *tu vas au-*~ *du danger!* are you looking for trouble! ♦ nm 1 front; *pattes de* ~ *(animal)* front legs 2 *prendre les* ~s *(fig)* look ahead; *take the initiative* ‖ **devanture** nf *(amér)* storefront/window, *(brit)* shop-front/window.

dévastateur [devastatœʀ] adj (f **-trice**) devastating, destructive ‖ **dévastation** nf devastation ‖ **dévaster** vt (1) devastate, *lay waste.

déveine [devɛn] nf bad luck; *quelle* ~! *(fam)* what rotten luck!

développement [devlɔpmɑ̃] nm development; *(en importance)* expansion ‖ **développer** vt (1) **se** ~ vpr develop; expand.

devenir [dəvniʀ] vi (10) *become; il est devenu fou* he went mad; *il devient vieux* he's getting old; *qu'allons-nous devenir?* what will become of us? *(fam) qu'est-ce que tu deviens?* what have you been up to lately?

dévergondé [devɛʀgɔ̃de] adj wild, shameless; *une vie* ~e loose living ♦ nm *c'est un* ~! he's a wild one! ‖ **se dévergonder** vpr (1) *run wild.

déverrouiller [deveʀuje] vt (1) unbolt, unlock.

déverser [devɛʀse] vt (1) **se** ~ vpr pour out.

dévêtir [devetiʀ] vt (12) **se** ~ vpr undress.

déviation [devjasjɔ̃] nf 1 *(route)* diversion 2 *(comportement)* deviation ‖ **dévier** vi (1h) *(bateau, projectile)* change course; *la fusée a dévié de sa trajectoire* the rocket veered off course ♦ vt divert.

devin [dəvɛ̃] nm (f **-eresse**) soothsayer, prophet; *je ne suis pas* ~! how should I know? ‖ **deviner** vt (1) 1 guess; *tu n'as*

qu'à ~ you'll have to guess 2 *(apercevoir)* *make out.

devinette [dəvinɛt] nf riddle; *pose-moi une* ~ ask me a riddle.

devis [dəvi] nm estimate, quote; *le peintre m'a fait un* ~ the painter has given me an estimate.

devise [dəviz] nf 1 motto 2 *(Fin)* currency; *le cours officiel des* ~s the official exchange rate.

dévisser [devise] vt (1) unscrew ♦ vi *(alpiniste)* *fall; *lose one's hold.

dévitaliser [devitalize] vt (1) *(Méd)* ~ *une dent* remove the nerve of a tooth.

dévoiler [devwale] vt (1) *(statue)* unveil; *(secret)* reveal; **se dévoiler** vpr *le mystère se dévoile peu à peu* the mystery is gradually unfolding.

devoir [dəvwaʀ] vt (15) owe; *tu me dois $10* you owe me ten dollars; *c'est à lui que je dois d'avoir gagné* I owe my victory to him; *donne-lui ce qui lui est dû* give him what he's entitled to; *tu me dois bien cela!* that's the least you can do (for me) ♦ aux mod 1 *(obligation)* *must; *have to; *should; *je dois partir* I must leave; *il a dû rentrer chez lui, tellement il était fatigué* he was so tired that he had to go home; *(conseil) tu devrais tout lui dire* you should tell her everything 2 *(probabilité) elle doit vous manquer beaucoup* you must miss her a lot; *cette voiture a dû/n'a pas dû vous coûter cher* this car must have/can't have cost you much 3 *(fatalité) il devait mourir peu de temps après* he was to die shortly afterwards; *ce qui devait arriver arriva* the inevitable happened 4 *(intention) nous devions aller au cinéma hier* we'd intended to go to the cinema yesterday ‖ **se devoir** vpr *(de)* *be obliged (to); *tu te dois d'essayer une dernière fois* it's your duty to try one last time; *(loc) comme il se doit* as is only right ♦ nm 1 duty; *as-tu fait ton* ~ *de citoyen?* have you been to vote? *elle se fait un* ~ *de tout vérifier* she makes a point of checking everything 2 *(Ens)* exercise; ~ *sur table* written test; ~s homework.

dévolu [devɔly] adj allotted ♦ nm *(loc) elle avait jeté son* ~ *sur lui* she had set her heart on him.

dévorer [devɔʀe] vt (1) devour; *tu dévores!* what an appetite you have! *il l'a dévorée des yeux* he gazed at her longingly; *la jalousie le dévore* he's burning with jealousy.

dévot [devo] adj devout ♦ nm very devout person ‖ **dévotion** nf 1 *(piété)* devoutness 2 *(pratique)* devotion.

dévoué [devwe] adj devoted, faithful ‖ **dévouement** nm devotion; self-sacrifice ‖ **se dévouer** vpr (1) sacrifice oneself;

(fig) c'est toujours elle qui se dévoue she's always the one who volunteers.

dévoyé [devwaje] *adj nm* delinquent.

dextérité [dɛksteʁite] *nf* dexterity, skill.

diabète [djabɛt] *nm* diabetes *ns inv* ‖ **diabétique** *adj nmf* diabetic.

diable [djabl] *nm* **1** devil, demon; *il a le ~ au corps* he's a real devil; *que le ~ l'emporte!* the devil take him! *tirer le ~ par la queue* live from hand to mouth; *à la ~* carelessly; *au ~ (vert/vauvert)* miles from anywhere; *un bruit de tous les ~s* a noise to awaken the dead; *il fait un froid du ~* it's devilish/freezing cold **2** *(amér)* guy; *(brit)* fellow, chap; *pauvre ~* poor fellow **3** *(interj)* D~! Heavens! *que ~ se passe-t-il?* what the devil's going on?

diabolique [djabɔlik] *adj* diabolical, devilish.

diabolo [djabɔlo] *nm (boisson)* lemonade with cordial; *~ menthe* mint lemonade.

diadème [djadɛm] *nm* diadem.

diagnostic [djagnɔstik] *nm (Méd)* diagnosis ‖ **diagnostiquer** *vt (1)* diagnose.

diagonal [djagɔnal] *adj (mpl -aux)* diagonal; *(fam) je l'ai lu en ~* I skimmed through it ‖ **diagonale** *nf* diagonal (line).

diagramme [djagʁam] *nm* diagram, graph.

dialecte [djalɛkt] *nm* dialect ‖ **dialectal** *adj (mpl -aux)* dialectal.

dialogue [djalɔg] *nm* dialogue, *(amér)* dialog; conversation ‖ **dialoguer** *vi (1)* **1** converse **2** *(négocier)* *have a dialogue **3** *(Inf)* interact.

diamant [djamã] *nm* diamond.

diamètre [djamɛtʁ] *nm* diameter.

diapason [djapazɔ̃] *nm (Mus)* tuning fork; *(aussi fig) au ~ de* in tune with.

diaphane [djafan] *adj* diaphanous, translucent.

diaphragme [djafʁagm] *nm* diaphragm.

diapositive [djapozitiv] *nf (aussi diapo nf) (Phot)* slide.

diarrhée [djaʁe] *nf* diarrhoea *ns inv*; *il a la ~* he's got diarrhoea.

diaspora [djaspɔʁa] *nf (Hist)* Diaspora; dispersal.

diatribe [djatʁib] *nf (discours)* diatribe; *(écrit)* pamphlet.

dico [diko] *nm (ab de* **dictionnaire** *nm).*

dictaphone [diktafɔn] *nm* dictaphone.

dictateur [diktatœʁ] *nm inv* dictator ‖ **dictatorial** *adj (mpl -aux)* dictatorial ‖ **dictature** *nf* dictatorship.

dictée [dikte] *nf* dictation; *écrire sous la ~* *take down; *(fig) il a agi sous la ~ des circonstances* his actions were dictated by the circumstances ‖ **dicter** *vt (1)* dictate.

diction [diksjɔ̃] *nf* diction, elocution.

dictionnaire [diksjɔnɛʁ] *nm* dictionary.

dicton [diktɔ̃] *nm* dictum, saying.

didacticiel [didaktisjɛl] *nm (Inf)* educational software (program).

dièse [djɛz] *nm (Mus)* sharp; *fa ~* F sharp.

diesel [djezɛl] *nm (véhicule)* diesel; *moteur D~* diesel engine.

diète [djɛt] *nf* starvation diet; *mettre à la ~* *put on a diet/on liquids only ‖ **diététicien** *nm (f* **-ienne**) dietician ‖ **diététique** *adj* dietary ♦ *nf* dietetics.

dieu [djø] *nm (pl* **-x**) god; *le bon D~* the Good Lord, God; *(loc) on lui donnerait le bon D~ sans confession* butter wouldn't melt in his mouth; *(interj) mon D~!* Good Heavens!; *D~ vous bénisse!* God bless you! *D~ soit loué* praise be to God! *praise the Lord!; D~ seul le sait* God only knows; *D~ sait si elle est efficace!* she's so efficient! *mais donne-le-lui, bon D~!* give it to him for Heaven's sake!

diffamation [difamasjɔ̃] *nf (paroles)* slander *ns inv*; *(écrits)* libel *ns inv* ‖ **diffamer** *vt (1)* slander, libel.

différé [difeʁe] *adj* postponed, deferred; *paiement ~* credit; *(Rad TV) en ~* prerecorded; *l'émission fut diffusée en ~* the programme had been pre-recorded.

différence [difeʁãs] *nf* difference; *à la ~ de sa femme* unlike his wife ‖ **différemment** *adv* differently ‖ **différent** *adj* different.

différenciation [difeʁãsjasjɔ̃] *nf* distinction ‖ **différencier** *vt (1h)* differentiate ‖ **se différencier** *vpr* differ.

différend [difeʁã] *nm* dispute; difference of opinion.

différer [difeʁe] *vt (1c)* **1** *(réponse)* postpone; *(paiement)* defer **2** differ; *ce travail ne diffère en rien de celui que je faisais avant* this job is no different from the one I had before.

difficile [difisil] *adj* difficult, hard; *le problème est ~ à résoudre* it's a difficult problem to solve; *elle est ~ pour la nourriture* she's fussy about (her) food ‖ **difficilement** *adv* with difficulty; *~ audible* hard to hear, barely audible ‖ **difficulté** *nf* difficulty; *il a des ~s à parler* he has difficulty (in) speaking; *être en ~* *be in difficulty; *be in a difficult position.

difforme [difɔʁm] *adj* deformed ‖ **difformité** *nf* deformity.

diffus [dify] *adj* diffuse; *(style)* wordy ‖ **diffuser** *vt (1)* **1** *(chaleur)* diffuse **2** *(livres)* distribute **3** *(Rad TV)* *broadcast ‖ **diffusion** *nf* **1** diffusion **2** distribution **3** broadcasting.

digérer [diʒeʁe] *vti (1c)* **1** digest; *la salade aide à ~* salad is good for the digestion **2** *(fam)* *bear; *je ne peux pas*

~ *ce genre d'attitude* I can't stand that sort of attitude.

digeste [diʒɛst] *adj* (easily) digestible ‖ **digestif** *adj* (f **-ive**) *(Méd)* digestive ◆ *nm* liqueur ‖ **digestion** *nf* digestion.

digital [diʒital] *adj (mpl* **-aux**) digital ; *empreintes* ~*es* fingerprints.

digitale [diʒital] *nf (Bot)* foxglove.

digne [diɲ] *adj* **1** *(air)* dignified **2** *(qui mérite)* worthy ; ~ *d'admiration* worthy of admiration ; ~ *de foi* trustworthy ; ~ *de pitié* pitiable ; *il n'est pas* ~ *de lui adresser la parole* ; he's not fit to speak to her ‖ **dignement** *adv* with dignity ; worthily ‖ **dignitaire** *nm inv* dignitary ‖ **dignité** *nf* dignity.

digression [digʀesjɔ̃] *nf* digression.

digue [dig] *nf (amér)* dike, *(brit)* dyke ; sea wall.

dilapider [dilapide] *vt (1)* squander.

dilatation [dilatasjɔ̃] *nf* dilation ; *(gaz, métal)* expansion ‖ **dilater** *vt (1)* dilate ; cause to expand ‖ **se dilater** *vpr* dilate, expand.

dilemme [dilɛm] *nm* dilemma.

dilettante [diletɑ̃t] *nmf (péj)* amateur ; *en* ~ in an amateurish way ‖ **dilettantisme** *nm* amateurishness.

diligemment [diliʒamɑ̃] *adv* diligently ‖ **diligence** *nf* **1** *(soin)* diligence **2** *(vitesse)* haste **3** *(coche)* stage-coach ‖ **diligent** *adj* **1** diligent **2** prompt.

diluer [dilɥe] *vt (1)* dilute ; *(boisson)* water down ; *(peinture)* thin down ‖ **dilution** *nf* dilution ; watering down ; thinning down.

diluvien [dilyvjɛ̃] *adj* (f **-enne**) *(Bible)* diluvian ; *(fig) pluie* ~*enne* torrential rain.

dimanche [dimɑ̃ʃ] *nm* Sunday ; ~ *de Pâques* Easter Sunday ; ~ *des Rameaux* Palm Sunday.

dimension [dimɑ̃sjɔ̃] *nf* dimension, size ; *j'ai pris les* ~*s* I've taken the measurements.

diminuer [diminɥe] *vt (1)* **1** decrease, *(son)* turn down ; *(forces)* weaken **2** *(dénigrer)* belittle ; *cela l'a diminué aux yeux de sa femme* that lowered him in his wife's eyes ◆ *vi* diminish ; *(bruit)* die down ; *(prix)* *fall ; les jours diminuent* the days are growing shorter/*(brit)* are drawing in ‖ **diminution** *nf (de)* decrease (in), cut (in).

dinde [dɛ̃d] *nf* turkey ; *la* ~ *aux marrons* turkey with chestnut stuffing ; *(fam fig) c'est une dinde !* how stupid she is! ‖ **dindon** *nm* turkey cock ; *(fig) c'était moi le* ~ *de la farce* I was the one who was made to look a fool ‖ **dindonneau** *nm (pl* **-x**) young turkey.

dîner [dine] *vi (1)* *have dinner, dine ; *j'ai des amis à* ~ I've got friends coming to dinner ; ◆ *nm* dinner ‖ **dînette** *nf* tea party ; ~ *de poupée* doll's tea-set ‖ **dîneur** *nm (f* **-euse**) diner.

dingue [dɛ̃g] *adj (fam)* **1** crazy, nuts ; *elle est* ~ *de ce garçon* she's crazy about that boy **2** wonderful, great ◆ *nmf (fam)* nutcase ; *chez les* ~*s* in the nut-house ; *c'est un* ~ *de la moto* he's crazy about motorbikes ; *(fam) tu mènes une vie de* ~ you're always on the go.

dinosaure [dinozɔʀ] *nm* dinosaur.

diocèse [djɔsɛz] *nm* diocese.

diphthérie [difteʀi] *nf (Méd)* diphtheria *ns inv.*

diplomate [diplɔmat] *nmf* diplomat, *(fig)* diplomatist ◆ *adj* tactful ‖ **diplomatie** *nf* diplomacy ; *(fig)* tact ‖ **diplomatique** *adj* diplomatic ; *le corps* ~ the Diplomatic Corps.

diplôme [diplom] *nm* diploma, degree ; *quels sont vos* ~*s?* what qualifications have you got? ‖ **diplômé** *adj* qualified.

dire [diʀ] *vt (38)* *say, *tell **1** *(prononcer) pars ! dit-il* "leave!" he said ; ~ *la messe* *say mass ; ~ *des vers* recite poetry **2** *(raconter) arrête de* ~ *des bêtises !* stop talking nonsense ; *je ne te dirai pas mon secret* I won't tell you my secret ; *dis-leur la vérité* tell them the truth ; *(loc) ça en dit long sur sa mère* that says a lot about his mother **3** *(apprendre qch à qn) que t'a-t-elle dit ?* what did she tell you/what did she say to you? *je t'avais dit que je venais* I told you I was coming ; *(loc) son nom ne me dit rien /me dit quelque chose* his name means nothing/sounds familiar to me **4** *(ordre) ils m'ont dit de faire vite* they told me to be quick **5** *(plaire) ça te dirait d'aller au cinéma ?* would you like to go to the cinema/*(amér)* movies? *ses tableaux ne me disent rien* I don't like his paintings at all **6** *(ressemblance) on dirait un serpent !* it looks like a snake! *on dirait que tu as couru* you look as if you've been running **7** *(décider) il n'est pas dit qu'il vienne* it's not sure he's coming ; *le jour dit* (on) the appointed day ; *disons à cinq heures* let's say at five **8** *faire* ~ *qch à qn* *send word to sb ; *ta mère te fait* ~ *de rentrer* your mother says you should go home ; *(loc) il ne se l'est pas fait* ~ *deux fois* he didn't need to be told twice **9** *vouloir* ~ *mean ; *ça ne veut rien* ~ that doesn't mean a thing **10** *(loc) cela va sans* ~ that goes without saying ; *ce n'est pas pour* ~, *mais....* I don't like to say this but... ; *c'est-à-dire* that is to say ; *c'est tout* ~ need I say more? *comme on dit* as the saying goes ; *et* ~ *que nous l'avons cru !* and to think we believed him! *dis/dites donc !* look here! *soit dit en passant* incidentally ; *Alexandre, dit le Grand* Alexander, called/known as the Great ‖ **se dire** *vpr elle se dit pauvre* she claims to be poor ; *cela se dit comment en espagnol ?* how do you say that in Spanish ? *il ne restera pas, se dit-elle* he won't stay, she thought ‖ **dire** *nm* assertion ; *(loc) au ~ de chacun* from all accounts ; *selon les ~s de ses collègues* according to the allegations made by his colleagues.

direct [diʀɛkt] *adj* direct ; *cause ~e* immediate cause ; *le chemin le plus ~* the shortest way ; *en ligne ~e* in a straight line ; *train ~* through/express train ; *vol ~* direct flight ; *(Rad, Tv) en ~* live ‖ **directement** *adv* directly ; *ils sont rentrés ~* they went straight home.

directeur [diʀɛktœʀ] *nm* (*f* **-trice**) 1 *(Adm)* director 2 *(entreprise)* manager, head ; *~ général (amér)* vice-president, *(brit)* general manager 3 *(école)* headmaster, *(f* headmistress) 4 *(recherches) (Ens)* supervisor ; *(Ind)* head ♦ *adj* leading ; *force directrice* driving force ; *ligne directrice* guiding line ‖ **directif** *adj* (**-ive**) authoritarian ‖ **direction** *nf* 1 *(sens)* direction ; *le train en ~ de Londres* the train to London 2 *(société)* management ; *~ générale* general management ; *(bureau)* director's/manager's office 3 *(parti)* leadership 4 *(Aut)* steering ‖ **directive** *nf* directive, instruction ‖ **directrice** *nf voir* **directeur**.

dirigeable [diʀiʒabl] *nm* airship, balloon ‖ **dirigeant** *adj* leading ; *les classes ~es* the ruling classes ♦ *nm* leader, manager ; ‖ **diriger** *vt* (1h) 1 *run, direct ; (société)* manage, *(parti)* *lead ; (orchestre)* conduct ; *(recherches)* supervise 2 *(Aut)* steer ; *(Av)* pilot ; *(arme)* aim/point (at) ‖ **se diriger** *vpr (vers)* head/*make one's way (towards)*.

discal [diskal] *adj* (*mpl* **-aux**) *(Méd) hernie ~e* slipped disc.

discernement [disɛʀnəmã] *nm* judgement ; *sans ~* without distinction ‖ **discerner** *vt* (1) perceive, distinguish.

disciple [disipl] *nmf* disciple, follower.

disciplinaire [disiplinɛʀ] *adj* disciplinary ‖ **discipline** *nf* 1 *(conduite)* discipline 2 *(matière)* discipline, subject ‖ **discipliné** *adj* disciplined ‖ **discipliner** *vt* (1) discipline.

discontinu [diskɔ̃tiny] *adj* intermittent ‖ **discontinuer** *vt* (1) *(loc) sans ~* without stopping ; endlessly.

discophile [diskɔfil] *nmf* record collector ; record-lover.

discordance [diskɔʀdãs] *nf* 1 lack of harmony ; *(sons)* discordance 2 *(témoignages)* discrepancy ‖ **discordant** *adj* 1 *(sons)* unharmonious 2 *(opinions)* conflicting 3 *(couleurs)* clashing ‖ **discorde** *nf* discord ; *(loc)* pomme *de ~* bone of contention ; *(loc)* semer *la ~* *make trouble.

discothèque [diskɔtɛk] *nf* 1 *(prêt de disques)* record library 2 *(pour danser)* disco.

discourir [diskuʀiʀ] *vt* (3) *(sur)* talk (about) ; *(péj)* talk for the sake of talking ‖ **discours** *nm* 1 speech ; *~ d'ouverture/de clôture* opening/closing speech 2 *(Gr) ~ direct/indirect* direct/indirect speech 3 *(traité)* treatise.

discourtois [diskuʀtwa] *adj* discourteous.

discrédit [diskʀedi] *nm* disrepute ‖ **discréditer** *vt* (1) discredit ‖ **se discréditer** *vpr* *fall into disrepute.

discret [diskʀɛ] *adj* (*f* **-ète**) discreet ‖ **discrètement** *adv* discreetly ; quietly ‖ **discrétion** *nf* 1 discretion, tact 2 *(loc) à ~* ad lib. ‖ **discrétionnaire** *adj* discretionary.

discrimination [diskʀiminasjɔ̃] *nf* discrimination ‖ **discriminatoire** *adj* discriminatory.

disculper [diskylpe] *vt* (1) *~ qn* prove sb innocent ; *il a été disculpé du crime* he was cleared of the crime ‖ **se disculper** *vpr (de)* exonerate oneself (from) ; *(fig)* excuse oneself (for).

discussion [diskysjɔ̃] *nf* discussion ; debate ; *pas de ~ !* no arguing !

discutable [diskytabl] *adj* debatable, questionable ‖ **discuter** *vti* (1) 1 discuss ; debate ; *on a discuté le prix* we argued over the price 2 question ; *il n'y a pas à ~* there's no question about it ; *ça se discute* that's a matter of opinion.

disette [dizɛt] *nf* (food) shortage ; famine.

diseuse [dizøz] *nf (loc) ~ de bonne aventure* fortune-teller.

disgrâce [disgʀas] *nf* disgrace.

disgracieux [disgʀasjø] *adj* (*f* **-euse**) 1 *(aspect)* inelegant, ungainly 2 *(réponse)* ungracious.

disjoncter [disʒɔ̃kte] *vi* (1) *(Elec)* *cut out ; (fam fig) il a complètement disjoncté* he's lost his head completely ‖ **disjoncteur** *nm (Elec)* (automatic) cut-out, circuit-breaker ; *(fam)* mains switch.

dislocation [dislɔkasjɔ̃] *nf* 1 *(Méd)* dislocation 2 *(démantèlement)* breaking up 3 *(dispersion)* dispersal ‖ **disloquer** *vt* (1) *se ~* *vpr* dislocate ; *break up ; disperse.

disparaître [dispaʀɛtʀ] *vi* (34) 1 disappear, vanish ; *(espèce, coutume)* die out ; *(mourir)* pass away 2 *faire ~* remove ; *(cacher)* *hide ; (tuer)* *get rid of.

disparate [dispaʀat] *adj* 1 dissimilar 2 ill-matching ‖ **disparité** *nf (de)* 1 disparity (in) 2 incongruity (of).

disparition [dispaʀisjɔ̃] *nf* disappearance ; *(mort)* death ; *une espèce en voie de ~* a vanishing/an endangered species.

disparu [dispaʀy] *adj* vanished ; *(mort)*

dead; *(espèce)* extinct; *(perdu)* lost; *(Mil)* porté ~ reported missing ◆ *nmf* le cher ~ the departed, the deceased.

dispensaire [dispãsɛʀ] *nm* dispensary; clinic.

dispense [dispãs] *nf* exemption || **dispensé** *(de)* adj exempted (from) || **dispenser** *vt (1)* **1** exempt **2** *(soins, bienfaits)* dispense || **se dispenser** *vpr (de)* *do without; *on ne peut se ~ de travailler* you can't get out of working.

disperser [dispɛʀse] *vt (1)* **se ~** *vpr* scatter, disperse, *break up; *(fig) il se disperse trop* he tries to do too many things at once || **dispersion** *nf* **1** dispersal **2** *(esprit)* lack of concentration.

disponibilité [disponibilite] *nf* availability; *(fonctionnaire)* **en ~** temporarily relieved of duty for personal reasons || **disponible** *adj* available; *je ne suis pas ~ ce soir* I'm not free this evening.

dispos [dispo] *adj* fit, refreshed.

disposé [dispoze] *adj (à)* **1** ready (to); *il n'est pas ~ à sortir* he's in no mood to go out; *elle est bien/mal ~e envers lui* she has a good/bad opinion of him **2** arranged; *un appartement bien ~* a well laid-out *(brit)* flat/*(amér)* apartment || **disposer** *vt (1)* prepare; arrange; *on avait disposé les chaises en rangs* the chairs had been placed in rows ◆ *vi (lit)* *leave; *vous pouvez ~* you may leave || **se disposer** *vpr (à)* prepare (to); *je me disposais à partir* I was getting ready to leave.

dispositif [dispozitif] *nm* **1** *(mécanisme)* device; **~ de sûreté** safety device **2** *(Mil)* plan of action; **~ d'attaque** attack force; *le ~ de sécurité de l'ONU* the United Nations peace-keeping force.

disposition [dispozisjõ] *nf* **1** *(à)* tendency (to) **2** *(pour)* aptitude (for) **3** *(objets)* lay-out **4** *(préparatifs)* arrangements; *on a pris toutes les ~s nécessaires* we've made all the necessary arrangements **5** *(Jur)* provision, clause **6** *(loc) à votre ~* at your disposal.

disproportion [dispropɔʀsjõ] *nf* disproportion || **disproportionné** *adj* disproportionate; *(fig)* exaggerated.

dispute [dispyt] *nf* quarrel, argument || **disputer** *vt (1)* **1** *(combat)* *fight; *(match)* play; *un match très disputé* a close (ly)-fought match; *(poste, trophée)* compete for; *un trophée chaudement disputé* a hard-won trophy **2** *(fam)* scold; *se faire ~* *get told off || **se disputer** *vpr* quarrel.

disquaire [diskɛʀ] *nm* record-dealer.

disqualification [diskalifikasjõ] *nf* disqualification || **disqualifier** *vt (1h)* disqualify.

disque [disk] *nm (Tech)* disc, plate; **~ d'embrayage** clutch plate; **freins à ~** disc brakes; *(Sp)* discus; *(Mus)* record, disc; **~**

compact/laser compact disc; **~ vidéo** video disc; *(Inf)* **~ dur** hard disc || **disquette** *nf (Inf)* floppy disc (disk).

dissection [disɛksjõ] *nf* dissection.

dissemblable [disãblabl] *adj* dissimilar.

dissémination [diseminasjõ] *nf* **1** *(graines)* scattering **2** *(idées)* spreading || **disséminer** *vt (1)* scatter; *spread.

dissension [disãsjõ] *nf* dissension.

disséquer [diseke] *vt (1c)* dissect.

dissertation [disɛʀtasjõ] *nf* essay || **disserter** *vi (1)* *(oralement) (sur)* *give a talk (on); *(fam)* *hold forth on; *(par écrit)* *write an essay (on).

dissidence [disidãs] *nf* dissidence || **dissident** *nm* dissident; *(Rel)* dissenter.

dissimulation [disimylasjõ] *nf* concealment; *(fig)* deceit || **dissimuler** *vt (1)* **se ~** *vpr* *hide.

dissipation [disipasjõ] *nf* **1** *(conduite)* misbehaviour **2** *(brume)* clearing || **dissipé** *adj (élève)* inattentive || **dissiper** *vt (1) (nuages)* scatter; *(argent) (fam)* fritter away; *(craintes)* dispel || **se dissiper** *vpr* **1** misbehave **2** disappear; *le brouillard matinal s'est dissipé rapidement* the early morning fog soon lifted.

dissocier [disɔsje] *vt (1h)* dissociate || **se dissocier** *vpr* **1** *(se désagréger)* *split/ *break up **2** dissociate oneself (from); *je me dissocie de ces propos* I want nothing to do with those remarks.

dissolu [disɔly] *adj* dissolute, corrupt.

dissolution [disɔlysjõ] *nf* **1** *(parlement)* dissolution; *(réunion)* breaking up; *(firme)* winding up **2** *(comportement)* dissoluteness.

dissolvant [disɔlvã] *nm (Ch)* solvent; (nail) varnish remover.

dissoudre [disudʀ] *vt (27)* **se ~** *vpr* dissolve; *(réunion)* *break up.

dissuader [disɥade] *vt (1) (de)* dissuade (from) || **dissuasif** *adj (f -ive)* dissuasive || **dissuasion** *nf* dissuasion; *la ~ nucléaire* the nuclear deterrent.

dissymétrie [disimetʀi] *nf* dissymmetry || **dissymétrique** *adj* dissymmetrical.

distance [distãs] *nf* **1** distance; *tu habites à quelle ~ de la ville ?* how far away from the town do you live? *(loc)* **à ~** distant; *l'enseignement à ~* correspondence course(s); *(fig) je préfère le tenir à ~* I prefer to keep him at arm's length; *elle garde ses ~s* she keeps her distance **2** interval; *ils sont arrivés à quelques années de ~* they arrived within a few years of one another || **distancer** *vt (1h)* *outrun, *leave behind; *il s'est vite laissé ~ par les autres coureurs* he was soon left behind by the other competitors || **distant** *adj* distant; *(réservé)* reserved.

distendre [distãdʀ] *vt (46)* distend;

(corde) slacken ‖ **se distendre** *vpr*
*become distended/slack.

distillation [distilasjɔ̃] *nf* distillation;
procédé de ~ distilling process ‖ **distiller**
vt (1) distil ‖ **distillerie** *nf* distillery.

distinct [distɛ̃kt] *adj (de)* distinct (from)
‖ **distinctement** *adv* distinctly ‖ **distinctif** *adj (f* **-ive**) distinctive ‖ **distinction** *nf*
distinction.

distingué [distɛ̃ge] *adj* distinguished ‖
distinguer *vt (1)* distinguish; *make out;
(reconnaître) on ne peut les ~ l'un de
l'autre you can't tell them apart; *(discerner)* j'ai du mal à ~ l'horizon I can barely
make out the horizon ‖ **se distinguer** *vpr
(de)* **1** differ (from) **2** *stand out; *elle se
distingue par son talent pour les langues*
she is very gifted for languages.

distorsion [distɔrsjɔ̃] *nf* distortion.

distraction [distraksjɔ̃] *nf* **1** absent-mindedness; *par* ~ inadvertently **2** *(divertissement)* entertainment, amusement.

distraire [distrɛr] *vt (49)* **1** *(attention)*
distract, divert **2** *(divertir)* entertain ‖ **se
distraire** *vpr* amuse oneself ‖ **distrait** *adj*
absent-minded ‖ **distraitement** *adv* absent-mindedly.

distrayant [distrɛjɑ̃] *adj* entertaining.

distribuer [distribɥe] *vt (1)* distribute;
(marchandises) supply; *(courrier)* deliver;
(répartir) share out; *(cartes)* *deal ‖ **distributeur** *nm (f* **-trice**) distributor; ~ *automatique de billets* cash dispenser; ~ *de
boissons chaudes* hot drinks/coffee machine ‖ **distribution** *nf* distribution; *(marchandises)* supply; *(courrier)* delivery;
(répartition) sharing out; *(cartes)* dealing;
(acteurs) cast; *(plan)* layout; *la* ~ *des
prix* the awarding of prizes, *(Ens)* *(amér)*
awards ceremony, *(brit)* prize-giving.

district [distrikt] *nm* district.

dithyrambique [ditirãbik] *adj* enthusiastic; *en termes* ~s in glowing terms.

diurne [djyrn] *adj* diurnal.

divagation [divagasjɔ̃] *nf* les ~s *d'un
fou* the ramblings/ravings of a madman ‖
divaguer *vi (1)* digress, ramble; *il divague* his mind is wandering.

divan [divã] *nm* divan; *(de psychiatre)*
couch.

divergence [divɛrʒɑ̃s] *nf* divergence;
(opinion) difference ‖ **divergent** *adj* divergent ‖ **diverger** *vi (1h)* diverge, differ.

divers [divɛr] *adj* various; *en* ~es
occasions on various/several occasions;
faits ~ miscellaneous news items ‖ **diversement** *adv* variously.

diversification [divɛrsifikasjɔ̃] *nf* diversification ‖ **diversifier** *vt (1h)* **se** ~ *vpr*
1 vary **2** *(Ind)* diversify.

diversion [divɛrsjɔ̃] *nf* diversion; *j'ai
fait* ~ I created a diversion.

diversité [divɛrsite] *nf* diversity, variety.

divertir [divɛrtir] *vt (2)* amuse, entertain
‖ **se divertir** *vpr* amuse oneself; *have
fun ‖ **divertissant** *adj* entertaining ‖ **divertissement** *nm* entertainment.

dividende [dividɛ̃d] *nm (Fin)* dividend.

divin [divɛ̃] *adj* **1** divine; *le D*~ *Enfant*
the Holy Child **2** *(fam)* exquisite ‖ **divinité** *nf* divinity, deity.

diviser [divize] *vt (1)* divide; *il faut* ~
le gâteau en six you must divide the cake
into six parts ‖ **se diviser** *vpr* be divided; *son œuvre se divise en 3 catégories
distinctes* his work falls into three different
categories ‖ **divisible** *adj* divisible ‖ **division** *nf* division, split.

divorce [divɔrs] *nm* divorce; *il demande
le* ~ he's asking for a divorce ‖ **divorcé**
nm divorcee; *(amér)* divorcé *(f* divorcee)
‖ **divorcer** *vi (1h)* *get divorced; *elle
vient de* ~ *d'avec son mari* she's just
divorced her husband/got divorced from
her husband.

divulguer [divylge] *vt (1)* divulge.

dix [dis] *adj num inv (en;* *il a* ~ *ans* he's
ten years old; *dix-neuf* nineteen ◆ *nm le*
~ *de trèfle* the ten of clubs; *le* ~ *août*
the tenth of August ‖ **dixième** *adj nm*
tenth ‖ **dizaine** *nf* about ten; ten or so.

do [do] *nm (pl inv) (Mus)* C; *(chanté)* doh.

doc [dɔk] *nm (fam) ab* documentation.

docile [dɔsil] *adj* docile ‖ **docilement**
adv obediently ‖ **docilité** *nf* docility.

dock [dɔk] *nm* **1** *(bassin)* dock **2** *(entrepôt)* warehouse ‖ **docker** *nm* docker.

docteur [dɔktœr] *nm inv* doctor; *elle est*
~ *en philosophie* she's a doctor of philosophy; *le* ~ *Morel* Doctor Morel ‖ **doctoral** *adj (mpl* **-aux**) doctoral; *(fig)* *un ton*
~ a pompous tone ‖ **doctorat** *nm* doctorate.

doctrinaire [dɔktrinɛr] *adj* doctrinaire
◆ *nmf* doctrinarian ‖ **doctrine** *nf* doctrine.

document [dɔkymã] *nm* document ‖
documentaire *adj* documentary; *(Com)*
crédit ~ documentary credit ◆ *nm* documentary (film/programme) ‖ **documentaliste** *nmf* archivist; *(école)* librarian;
(service presse) researcher ‖ **documentation** *nf (action)* documentation; *(documents)* (background) documents, literature;
research ‖ **documenter** *vt (1)* document;
une étude bien documentée a well-researched/well-documented study ‖ **se
documenter** *vpr* inform oneself/collect
information (about).

dodeliner [dɔdline] *vi (vieille personne)*
nod; *ils dodelinaient de la tête* their heads
were nodding.

dodo [dodo] *nm (langage enfantin)* **faire**
~ *(amér)* *go beddy-bye, *(brit)* *go to
bye-byes; *au* ~ *!* off to bed!

dodu [dɔdy] *adj* plump.

dogmatique [dɔgmatik] *adj* dogmatic ‖ **dogmatisme** *nm* dogmatism ‖ **dogme** *nm* dogma.

dogue [dɔg] *nm (chien)* mastiff.

doigt [dwa] *nm* **1** finger; ~ *de pied* toe; *(fig) ils sont comme les* ~*s de la main* they're as thick as thieves; *(fam fig) il le ferait les* ~*s dans le nez* he could do it standing on his head; *il ne sait rien faire de ses dix* ~*s* his fingers are all thumbs; *tu t'es fourré le* ~ *dans l'oeil* you've got it all wrong; *il n'a pas levé le petit* ~ *pour m'aider* he didn't lift a finger to help me; *(fig) tu as mis le* ~ *dessus* you've put your finger on it/you've hit the nail on the head; *montrer du* ~ point to, *(fig)* accuse; *(loc) maintenant je m'en mords les* ~*s* now I regret it; *elle le sait sur le bout des* ~*s* she's got it at her finger-tips; *je me suis fait taper sur les* ~*s* I got a good telling off; *(loc) mon petit* ~ *me l'a dit* a little bird told me **2** *(mesure) un* ~ *de whisky?* a nip/a drop of whisky? *on était à deux* ~*s de la catastrophe* we were on the brink of disaster ‖ **doigté** *nm* skill; *(Mus)* fingering; *(fig)* tact ‖ **doigtier** *nm* fingerstall, finger bandage.

doléances [dɔleɑ̃s] *nfpl* complaints.

dollar [dɔlaʀ] *nm (Fin)* dollar; *un billet de 10* ~*s (amér)* a ten-dollar bill/*(brit)* a ten-dollar note.

domaine [dɔmɛn] *nm (propriété)* estate; *(fig)* domain, field.

dôme [dom] *nm* dome.

domestique [dɔmɛstik] *nmf* servant ◆ *adj* domestic ‖ **domestiquer** *vt (1)* domesticate.

domicile [dɔmisil] *nm* home, residence; *à* ~ at home; *livraisons à* ~ we deliver; *sans* ~ *fixe* of no fixed address/abode ‖ **domicilié** *adj (à) (personne)* resident (at); *(chèque)* payable (at).

dominant [dɔminɑ̃] *adj* dominant ‖ **dominante** *nf* dominant feature; *(Ens) (amér)* major, *(brit)* main subject ‖ **domination** *nf* domination ‖ **dominer** *vt (1) (maîtriser)* dominate; *(surplomber)* overlook ◆ *vi (idée)* prevail; *(couleur)* *stand out ‖ **se dominer** *vpr* control one's feelings.

dominicain [dɔminikɛ̃] *nm adj* **1** *(Rel)* Dominican friar **2** *(nationalité)* Dominican.

dominical [dɔminikal] *adj (mpl* -**aux**) Sunday; *sa promenade* ~*e* her Sunday drive/outing.

domino [dɔmino] *nm* domino; *jouer aux* ~*s* play dominoes.

dommage [dɔmaʒ] *nm* **1** harm; *(fig) quel* ~ *!* what a shame! **2** ~*s (dégâts)* damage *s inv*; ~*s corporels* physical injury; *(Jur) réclamer* ~*s et intérêts* claim for damages ‖ **dommageable** *adj (Jur)* prejudicial.

dompter [dɔ̃te] *vt (1) (fauves)* tame; *(chevaux)* *break in; *(peuple)* subdue; *(passions)* control ‖ **dompteur** *nm (f* -**trice**) ~ *de fauves* lion-tamer ~ *de chevaux* horse-breaker.

don [dɔ̃] *nm* **1** *(inné)* gift; talent **2** *(cadeau)* gift; *(donation)* donation; *le* ~ *de soi* self-denial; *faire* ~ *de* donate ‖ **donation** *nf* donation.

donc [dɔ̃k] *conj* so, then; *c'était* ~ *toi!* so it was you! *(surprise) il est* ~ *parti?* so he's gone? *(en insistant) vas-y* ~ *!* go on then! *dis/dites* ~ *!* look here!

donjon [dɔ̃ʒɔ̃] *nm (Arch)* keep.

donnant [dɔnɑ̃] *adj* generous; *(loc)* ~,~ fair's fair.

donne [dɔn] *nf (cartes)* deal; *(fig) la nouvelle* ~ *politique* the new political climate.

donné [dɔne] *adj* given; *(fig) c'est* ~ *!* that's really cheap!; *(loc) étant* ~ given *(that)*; *étant* ~ *la conjoncture* in view of the current economic situation ‖ **donnée** *nf* fact; *je n'ai pas toutes les* ~*s du problème* I don't have all the data on the problem; *(Inf) base de* ~*s* database.

donner [dɔne] *vt (1)* **1** *give*; *je lui ai donné le cadeau* I gave him the present/I gave the present to him; ~ *à manger* *feed; *donne-lui à boire /à manger* give him something to drink/eat; *je l'ai donné à réparer* I've taken it to be repaired; *(fig) tu me donnes faim* you make me (feel) hungry; *(loc) je te le donne en mille!* you'll never guess!; *tu te donnes de la peine* you're going to a lot of trouble; *je lui ai donné raison* I agreed with her; *elle ne sait où* ~ *de la tête* she doesn't know which way to turn **2** *(distribuer)* *give away; *chatons à* ~ kittens to good homes; *(cartes)* *deal **3** *(céder)* *give up; *donne ta place à la dame* let the lady sit down **4** *(apparence) ses lunettes lui donnent un air sérieux* her glasses make her look serious; *il te donnes quel âge?* how old do you think he is? **5** *(récolte)* yield; *le tabac n'a rien donné cette année* the tobacco crop has been poor this year; *(fig) ça ne donne rien!* that's no good at all! **6** *(ouverture) la fenêtre donne sur une cour* the window looks out onto a yard **7** *(tendance) elle donne dans le romantique* she has a taste for the romantic ‖ **donneur** *nm (f* -**euse**) giver; *(Méd)* donor.

dont [dɔ̃] *pr rel* whose; *(choses)* of which; *(personnes)* of whom; *la fille* ~ *la mère est docteur* the girl whose mother is a doctor; *la maison* ~ *la porte est rouge* the house with the red door; *il a 3 frères* ~ *l'aîné ne travaille pas* he's got three brothers, the eldest of whom is out of work; *j'ai acheté 2 chemises,* ~ *une* *bleue* I bought two shirts, including a blue one/one of which is blue ; *l'ami ~ je vous ai parlé* the friend I told you about.

dopage [dɔpaʒ] *nm (Sp)* doping ‖ **doper** *vt (1)* dope.

dorade [dɔrad] *nf voir* **daurade**.

dorénavant [dɔrenavɑ̃] *adv* from now on.

doré [dɔre] *adj (objet)* gilt ; *(couleur)* golden ‖ **dorer** *vt (1)* gild ; *(Cuis)* faire ~ brown ‖ **se dorer** *vpr* turn golden ; *~ au soleil* bask in the sun.

dorloter [dɔrlɔte] *vt (1)* pamper.

dormant [dɔrmɑ̃] *adj* sleeping, dormant ; *(Lit) la Belle au bois ~* Sleeping Beauty ; *eau ~e* stagnant water ‖ **dormeur** *nm (f -euse)* sleeper ‖ **dormir** *vi (8)* *sleep ; *le bébé dort* the baby's asleep ; *(fig)* *be still ; *(argent)* *lie idle ; *~ comme une souche/comme un loir* *sleep like a log ; *je dors debout !* I can't keep my eyes open! *une histoire à ~ debout* an endless tale *~ sur ses deux oreilles* *sleep soundly ; *je n'ai pas dormi de la nuit* I didn't sleep a wink last night.

dorsal [dɔrsal] *adj (mpl -aux)* dorsal ; *épine ~e (Anat)* spine.

dortoir [dɔrtwar] *nm* dormitory ; *ville ~* dormitory town.

dorure [dɔryr] *nf* gilding.

dos [do] *nm* back ; *de ~* from the back ; *voir au ~* see overleaf ; *il m'a tourné le ~* he turned his back on me ; *aller à ~ d'âne* *ride on a donkey ; *je n'ai rien à me mettre sur le ~* I haven't got a thing to wear ; *(fig) il l'a mis sur le ~ de son frère* he blamed his brother ; *je l'ai tout le temps sur le ~* he's always breathing down my neck ; *j'en ai plein le ~* I've had enough.

dosage [dozaʒ] *nm* dosage ‖ **dose** *nf (Méd)* dose ; *(quantité)* measure ; *à petites ~s* in small quantities ; *(fig) forcer la ~* *go too far ; *y mettre la ~* *go the whole hog ‖ **doser** *vt (1)* measure out ‖ **doseur** *nm* measure.

dossard [dosar] *nm (au dos)* number.

dossier [dosje] *nm* **1** *(documents)* file, dossier **2** *(chaise)* back.

dot [dɔt] *nf* dowry ‖ **dotation** *nf* endowment ‖ **doter** *vt (1) (de) (matériels)* equip (with) ; *(argent, qualités)* endow (with).

douairière [dwerjer] *nf* dowager.

douane [dwan] *nf* customs *(npl inv)* ; *passer la ~* *go through customs ‖ **douanier** *adj (f -ière)* customs ◆ *nm inv* customs officer.

doublage [dublaʒ] *nm (Ciné)* dubbing ‖ **double** *adj* double ; *ça fait ~ emploi* that's unnecessary/redundant ; *en ~* in duplicate ; *il me le faut en ~ exemplaire* I need two copies of it ◆ *nm* double

1 *(quantité) j'ai payé le ~* I paid double/twice as much ; *quitte ou ~ !* double or quits! **2** *(copie, sosie) j'ai celui-là en ~* I've got two of that one ; *j'ai le ~ de la clef* I've got a copy of the key ; *on dirait son ~* you'd think he was his double **3** *(tennis) ~ messieurs* men's doubles (match) ‖ **doublement** *adv* doubly ‖ **doubler** *vt (1)* **1** *(augmenter)* double ; *~ de volume* double in size **2** *(dépasser)* *overtake **3** *(Ciné)* dub **4** *(Th) ~ un rôle* *stand in for a role **5** *(vêtement)* line ‖ **doublure** *nf* **1** *(manteau)* lining **2** *(Ciné)* dubbing **3** *(Th)* understudy **4** *(cascadeur)* stuntman.

douce [dus] *adj voir* **doux** ‖ **douceâtre** *adj* sweetish, sickly ‖ **doucement** *adv* gently ; *(sans bruit)* softly ; *(rouler)* slowly ‖ **doucereux** *adj (f -euse) (péj) (ton, voix)* smooth-tongued ‖ **douceur** *nf* **1** *(au toucher)* softness ; *(au goût)* sweetness ; *(manière)* gentleness ; *avec/en ~* gently **2** *(sucrerie)* sweet.

douche [duʃ] *nf* shower ‖ **doucher** *vt (1)* shower ‖ **se doucher** *vpr* *have/*take a shower.

doudoune [dudun] *nf* anorak.

doué [dwe] *adj* gifted ; *~ d'intelligence* endowed with intelligence ‖ **douer** *(de) vt (1)* endow (with).

douille [duj] *nf* **1** *(cartouche)* (cartridge) case **2** *(El)* socket, lamp-holder.

douillet [duje] *adj (f -ette)* cosy ; *(peureux)* soft ‖ **douillettement** *adv* cosily.

douleur [dulœr] *nf* **1** pain, suffering ; *sans ~* painless **2** *(chagrin)* grief ‖ **douloureusement** *adv* painfully ; sorrowfully ‖ **douloureux** *adj (f -euse)* painful, distressing.

doute [dut] *nm* doubt *le ~ n'est pas permis* there's no room for doubt ; *j'ai des ~s là-dessus* I have my doubts about that ; *sans ~* doubtless, no doubt ; *sans aucun ~* without a doubt **2** *mettre en ~* question ‖ **douter** *vt (1)* doubt ‖ **se douter** *vpr (de)* suspect ; *je m'en doute* I thought as much ‖ **douteux** *adj (f -euse) (qui doute)* doubtful ; *(péj)* dubious.

douve [duv] *nf (château)* moat.

doux [du] *adj (f* **douce** *) (au toucher ; lumière)* soft ; *(au goût)* sweet ; *(manière)* gentle ; *(conduite)* slow ; *(Cuis) faire cuire à feu ~* simmer gently ; *en pente douce* sloping gently ; *(fam fig) en douce* on the quiet.

douze [duz] *adj nm inv* twelve ‖ **douzaine** *nf* dozen ‖ **douzième** *adj nm* twelfth ; *les 5 ~s* five twelfths.

doyen [dwajɛ̃] *nm (f -enne)* **1** *(Ens)* dean **2** *(âge, ancienneté)* senior.

draconien [drakɔnjɛ̃] *adj (f -ienne)* draconian, drastic.

dragée [draʒe] *nf* **1** *(bonbon)* sugared almond **2** *(Méd)* (sugar-coated) pill.

dragon [dʀagɔ̃] *nm* **1** *(monstre)* dragon **2** *(Mil)* dragoon.

drague [dʀag] *nf* **1** *(pêche)* dragnet; *(Tech)* dredger **2** *(fam) (flirt)* picking up, *(brit)* chatting up; *(surtout milieu homosexuel)* cruising ‖ **draguer** *vti (1)* **1** fish with a dragnet; *(à la recherche de qch)* drag; *(mines)* *sweep (for); *(pour nettoyer)* dredge **2** *(fam) vt* chat up, pick up ◆ *vi* *go cruising ‖ **dragueur** *adj (f* **-euse)** who chats up ◆ *nm* **1** *(Naut)* minesweeper **2** *(personne) quel* ~ *!* he's always on the make!

drain [dʀɛ̃] *nm (Méd)* drain ‖ **drainer** *vt (1)* drain.

dramatique [dʀamatik] *adj* dramatic; tragic ‖ **dramatiser** *vt (1)* dramatize ‖ **dramaturge** *nmf* dramatist, playwright ‖ **drame** *nm* drama; *(fig) n'en faites pas un* ~ *!* don't make such a fuss about it!

drap [dʀa] *nm* **1** *(tissu)* woollen cloth **2** *(literie)* sheet; ~**-housse** fitted sheet; *(loc) nous voilà dans de beaux* ~*s !* we're in a fine mess!

drapeau [dʀapo] *nm (pl* **-x)** flag; *sous les* ~*x* in the army.

draper [dʀape] *vt (1)* drape ‖ **draperie** *nf* drapery.

dressage [dʀesaʒ] *nf* **1** *(animaux)* training; *(fauves)* taming ‖ **dresser** *vt (1)* **1** train; tame **2** erect; *(tente)* pitch **3** *(disposer)* ~ *un plat* present a dish; ~ *une table* *lay a table **4** *(liste, plan, procès-verbal)* *draw up **5** raise; ~ *l'oreille* prick up one's ears **6** *(qn contre qn)* *set up; *on l'a dressé contre son père* they set him up against his father ‖ **se dresser** *vpr* *stand/ *sit up straight; *(animal) se* ~ *sur ses pattes arrière* *stand on its hind legs; *(cheval)* rear up; *(cheveux)* *stand on end ‖ **dresseur** *nm (f* **-euse)** trainer; tamer.

drogue [dʀɔg] *nf* **1** drug **2** drug use/ addiction ‖ **drogué** *nm* drug addict ‖ **droguer** *vt (1)* sedate; *(fam)* drug ‖ **se droguer** *vpr* *take drugs, *be on drugs ‖ **droguerie** *nf* hardware store ‖ **droguiste** *nmf* hardware merchant.

droit[1] [dʀwa] *adj* **1** straight; *en ligne* ~*e* in a straight line; *tenez-vous* ~ sit/stand up straight; *angle* ~ right angle; *(fig) le* ~ *chemin* the straight and narrow **2** *(intègre)* upright ◆ *adv* straight; *continuer tout* ~ *go straight ahead; *regarde-moi* ~ *dans les yeux* look me straight in the eye ‖ **droite** *nf* straight line.

droit[2] [dʀwa] *adj* right; *du côté* ~ on the right-hand side; *(tennis) coup* ~ forehand (shot) ‖ **droite** *nf* **1** right; *à ma* ~ on my right; *rouler à* ~ *drive on the right **2** *(Pol) la* ~ the right (wing); *un homme de* ~ a right-winger **3** *(boxe)* right.

droit[3] [dʀwa] *nm* **1** right; ~ *d'appel* right of appeal; *les* ~*s de l'homme* human

rights; ~ *de vote* right to vote; *vous n'avez pas le* ~ *de faire cela* you have no right to do that; *tu as* ~ *à un deuxième morceau* you're entitled to a second piece **2** *(Jur)* law; *elle fait son* ~ *à Londres* she's studying law in London **3** *(taxe)* duty; ~*s de douane* customs duties; ~*s d'entrée* entrance fee; ~*s d'inscription* registration fee.

droite [dʀwat] *adj & nf* voir **droit**[1] et **droit**[2].

droitier [dʀwatje] *adj (f* **-ière)** right-handed.

droiture [dʀwatjʀ] *nf* uprightness, integrity.

drôle [dʀol] *adj* funny; *(bizarre)* odd; *voilà une* ~ *d'idée* that's a strange idea ◆ *nm (fam)* kid ‖ **drôlement** *adv* funnily; *(fam) c'est* ~ *bien* that's really good; *le prix a* ~ *baissé* the price has come down a hell of a lot.

dromadaire [dʀɔmadɛʀ] *nm (Zool)* dromedary.

dru [dʀy] *adj* dense; *(barbe)* bushy; *(pluie)* heavy ◆ *adv* thickly; heavily.

druide [dʀɥid] *nmf (Hist)* druid ‖ **druidique** *adj* druidic.

du voir **de.**

dû [dy] *adj (f* **due**; *mpl* **dus)** due; *cette somme lui est due* he is owed that sum; *(Jur) en bonne et due forme* in due form ◆ *nm* due; *(argent)* dues; *il réclame son* ~ he's claiming what he's entitled to.

dubitatif [dybitatif] *adj (f* **-tive)** dubious.

duc [dyk] *nm* duke ‖ **ducal** *adj (mpl* **-aux)** ducal ‖ **duché** *nm* dukedom ‖ **duchesse** *nf* duchess.

duel [dɥɛl] *nm* duel; *ils se sont battus en* ~ they fought a duel.

dûment [dymɑ̃] *adv* duly.

dune [dyn] *nf* dune.

duo [dɥo] *nm* **1** *(paire)* duo **2** *(Mus)* duet.

dupe [dyp] *nf* dupe; *il n'est pas* ~ you can't take him in ‖ **duper** *vt (1)* deceive.

duplex [dypleks] *nm* **1** *(brit)* split-level apartment; *(amér)* duplex **2** *(TV) émission en* ~ two-way link-up.

duplicata [dyplikata] *nm* duplicate.

duplication [dypliɑsjɔ̃] *nf* duplication.

duplicité [dyplisite] *nf* duplicity, deceit.

dupliquer [dyplike] *vt (1)* duplicate.

dur [dyʀ] *adj (au toucher)* hard; *(vie)* hard, harsh; *(viande)* tough; *(enfant, problème)* difficult; *tu es* ~ *avec lui* you're hard on him; *élevé à la* ~ brought up the hard way; ~ *d'oreille* hard of hearing; *(loc) j'y crois* ~ *comme fer* I firmly believe in that ◆ *nm (fam)* tough guy.

durable [dyʀabl] *adj* long-lasting.

durant [dyʀɑ̃] *prép* during; *4 nuits* ~ for four nights.

durcir [dyʀsiʀ] *vt (2)* harden; *(ciment)*

*set ‖ **durcissement** nm hardening; (ci-ment) setting.
durée [dyre] nf duration; (contrat) term; (pile) life; de courte ~ short-lived; une ~ de trois mois a three-month period.
durement [dyrmɑ̃] adv hard, harshly; un repos ~ gagné a hard-earned rest.
durer [dyre] vi (1) last; (temps) continue; faire ~ prolong.
dureté [dyrte] nf hardness; (vie) harsh-ness; (force) toughness.
durillon [dyrijɔ̃] nm (Méd) (aux mains) callus; (aux pieds) corn.
durite [dyrit] nf (Aut) hose.
duvet [dyve] nm **1** down ns inv **2** (sac de couchage) sleeping bag.

dynamique [dinamik] adj dynamic ◆ nf (Sc) dynamics ‖ **dynamisme** nm dyna-mism, energy.
dynamite [dinamit] nf dynamite ‖ **dy-namiter** vt (1) dynamite, *blow up.
dynamo [dinamo] nm dynamo; (Aut) al-ternator.
dynastie [dinasti] nf dynasty.
dysenterie [disɑ̃tri] nf (Méd) dysentery ns inv.
dysfonctionnement [disfɔ̃ksjɔnmɑ̃] nm (Méd) dysfunction; (fig) malfunction-ing, inefficiency.
dyslexie [disleksi] nf dyslexia, word-blindness ‖ **dyslexique** adj dyslexic, word-blind ◆ nmf dyslexic.

E

E,e [ə] nm (lettre) E,e.
eau [o] nf (pl -x) water; ~ bénite holy water; la Compagnie des E~x the Water Board; ~ courante running water; ~ qui dort stagnant water; il n'est pire ~ que l'~ qui dort still waters run deep;~ douce fresh water; ~ fraîche chilled/iced water; ~ gazeuse/plate sparkling/still water; ~ de javel bleach; roman à l'~ de rose romantic/(fam) soppy novel; dans les ~x territoriales britanniques in Brit-ish (territorial) waters; ~x usées liquid waste; j'en ai l'~ à la bouche it makes my mouth water; (fig) il y a de l'~ dans le gaz things aren't going too well; (fig) cela ne fait qu'apporter de l'~ à son moulin that only strengthens his case; (ba-teau) mettre à l'~ launch; ces chaussures prennent l'~ these shoes let in water; (fig) tomber à l'~ *fall through ‖ eau-forte nf etching ‖ eau-de-vie nf (de poire/prune) (pear/plum) brandy.
ébahir [ebair] vt (2) astound ‖ **ébahis-sement** nm astonishment.
ébats [eba] nmpl frolics; ~s amoureux love-making ‖ **s'ébattre** vpr (28) frolic.
ébauche [ebof] nf (projet) rough outline; (fig) beginning; première ~ rough draft; à l'état d'~ at the drawing-board stage ‖ **ébaucher** vt (1) sketch, outline ‖ **s'ébau-cher** vpr *begin, appear.
ébène [eben] nf ebony; d'un noir d'~ jet-black ‖ **ébéniste** nmf cabinet-maker ‖ **ébénisterie** nf cabinet-making.
éberluer [ebɛrlye] vt (1) astound.
éblouir [ebluir] vt (1) (aussi fig) dazzle ‖ **éblouissant** adj dazzling ‖ **éblouis-sement** nm dazzle(ment); (vertige) elle a des ~s she gets dizzy turns.

éboueur [ebwœr] nm inv (brit) dustman; (amér) garbage-collector.
ébouillanter [ebujɑ̃te] vt (1) scald.
éboulement [ebulmɑ̃] nm fall of rocks; landslide ‖ **s'ébouler** vpr (1) collapse.
ébouriffé [eburife] adj dishevelled; (fig) startled ‖ **ébouriffer** vt (1) (cheveux, plu-mes) ruffle; (fig) startle, amaze.
ébranlement [ebrɑ̃lmɑ̃] nm **1** commo-tion, shock **2** (fig) shakiness ‖ **ébranler** vt (1) *shake; (opinion) unsettle ‖ **s'ébran-ler** vpr (partir) start off.
ébrécher [ebrefe] vt (1c) chip.
ébriété [ebrijete] nf drunkenness; en état d'~ under the influence of drink.
ébrouer [ebrue] s'~ vpr (1) *shake one-self; (cheval) snort.
ébruiter [ebruite] vt (1) (rumeur) *spread about ‖ **s'ébruiter** vpr leak out.
ébullition [ebylisjɔ̃] nf boiling; en ~ on the boil; (fig) in uproar; (excitation) bub-bling over.
écaille [ekaj] nf **1** (poisson) scale; (pein-ture) flake **2** (matière) tortoise-shell ‖ **écailler** nm (f -ère) oyster-opener/-seller ‖ **s'écailler** vpr (peinture) flake off.
écarlate [ekarlat] adj scarlet.
écarquiller [ekarkije] vt (1) (loc) ~ les yeux (devant) stare with eyes open wide (at).
écart [ekar] nm gap, difference; ~ de conduite misbehaviour ns inv; ~ des sa-laires wage differentials; faire un ~ (voi-ture) swerve aside; (Sp) faire le grand ~ (amér) *do a split, (brit) *do the splits; à l'~ on one side; à l'~ de la route off the road; il m'a toujours tenu à l'~ he's always ignored me; il est resté à l'~ he stayed in the background ‖ **écartement**

nm (Tech) gap, distance ‖ **écarter** *vt (1)*
1 separate ; *les jambes écartées* with legs
apart **2** *(éloigner)* move away **3** *(rejeter)*
dismiss ; *l'hypothèse du meurtre a été
écartée par la police* the police have ruled
out murder (as a possible cause of death)
‖ **s'écarter** *vpr* **1** part **2** move away.

ecchymose [ekimoz] *nf (Méd)* bruise.

ecclésiastique [eklezjastik] *adj* ecclesi-
astical ◆ *nmf* ecclesiastic.

écervelé [eservəle] *nmf* scatterbrain.

échafaud [eʃafo] *nm* scaffold ‖ **échafaudage** *nm* scaffolding ; *(tas)* pile ; *(fig)*
structure ‖ **échafauder** *vt (1)* *build up ;
pile up.

échalote [eʃalɔt] *nf (Cuis)* shallot.

échancré [eʃãkre] *adj (robe)* with a low
neckline ‖ **échancrure** *nf* neckline.

échange [eʃãʒ] *nm* exchange ; *en ~ de*
in exchange for ; *(Com) les ~s internationaux* international trade ‖ **échanger** *vt
(1h)* exchange ; *(fam)* swap ‖ **échangeur**
nm (motorway) interchange.

échantillon [eʃãtijɔ̃] *nm* sample ‖
échantillonnage *nm* range of samples.

échappatoire [eʃapatwaʀ] *nf* way out ;
loop-hole ‖ **échappée** *nf* **1** *(Sp)* sudden
spurt ; *par ~s* in fits and starts **2** *~ de
soleil* burst of sunshine ; *(vue) une ~ sur
la campagne* a view of the countryside ‖
échappement *nm (Aut)* exhaust ; *pot
d'~* exhaust pipe ‖ **échapper** *vi (1) (à)*
escape (from) ; *il a échappé de justesse* he
only just got away ; *(loc) vous l'avez
échappé belle* you had a narrow escape ;
laisser ~ un cri cry out ; *le plateau lui a
échappé des mains* the tray fell from his
hands ; *(fig) rien ne t'échappe* you don't
miss a thing ◆ *vt (fam)* drop ‖ **s'échapper** *vpr (de)* escape (from).

écharde [eʃaʀd] *nf* splinter.

écharpe [eʃaʀp] *nf* scarf ; *(de maire)* sash.

échasse [eʃas] *nf* stilt ‖ **échassier** *nm
(Orn)* wader.

échauder [eʃode] *vt (1)* scald ; *(fig) maintenant je suis échaudé* now I've learnt my
lesson.

échauffement [eʃofmã] *nm* **1** *(Sp)*
warming up **2** *(Aut)* overheating ‖ **échauffer** *vt (1)* warm (up) ‖ **s'échauffer** *vpr*
1 *(Sp)* warm up **2** *(débat)* *become heated.

échauffourée [eʃofuʀe] *nf (Mil)*
skirmish ; *(fig)* scuffle.

échéance [eʃeãs] *nf* deadline ; date of
payment ; *à brève ~* shortly ; *à longue ~*
in the long run ; *à ~ prévisible* in the
forseeable future ; *faire face à ses ~s* honour one's (financial) commitments ; *arriver
à ~ (bail)* *run out ; *(contrat)* expire ;
(paiement) *fall due ‖ **échéant** *(loc) le cas
~* if necessary.

échec [eʃɛk] *nm* failure ; defeat ; *mis en

~ defeated ; *faire ~ à* defeat ; *(jeu
d'échecs) ~ au roi!* check! *~ et mat !*
checkmate! ‖ **échecs** *nmpl* chess *ns inv.*

échelle [eʃɛl] *nf* **1** *(travaux)* ladder ; *(loc)
je lui ai fait la courte* I gave him a leg
up ; *la grande ~* the fireman's ladder
2 *(graduation)* scale ; *à l'~ nationale* on
a national scale ; *dans l'~ de Richter* on
the Richter scale.

échelon [eʃlɔ̃] *nm* rung ; *(fig)* grade ‖
échelonner *vt (1)* space out ; *(versements)* stagger.

écheveau [eʃvo] *nm (pl -x)* skein.

échevelé [eʃəvle] *adj (cheveux)* dishevelled ; *(danse)* frenzied.

échine [eʃin] *nf (Anat)* spine ‖ **s'échiner**
vpr (1) (fam) work like a slave.

échiquier [eʃikje] *nm (échecs)* chessboard ; *(fig) l' ~ politique* the political
arena.

écho [eko] *nm* echo ; *(rumeur)* report ; *il
se fait l'~ du ministre* he repeats what the
minister has to say ‖ **échographie** *nf
(Méd)* scan, ultrasound ; *passer une ~* *go
for a scan/an ultrasound.

échoir [eʃwaʀ] *vi et défectif (pp* **échu)**
(Fin) *fall due ; *(bail, délai)* expire.

échouer [eʃwe] *vi (1)* **1** *(bateau)* *run
aground ; *(baleine)* *become stranded ; *(fig)*
end up **2** *~ à un examen* fail an exam ‖
s'échouer *vpr* *run aground ; *become
stranded ; *(objets)* *be washed up.

éclabousser [eklabuse] *vt (1) (de)*
splash (with) ‖ **éclaboussure** *nf* splash.

éclair [eklɛʀ] *nm* **1** flash of lightning ;
(Phot) flash ; *j'ai vu des ~s* I saw lightning ; *comme un ~* like lightning ; *en un
~* in a flash ; *~ de génie* brainwave ; *un
passage ~ à Paris* a lightning trip to Paris
2 *(Cuis)* éclair ‖ **éclairage** *nm (Th)* lighting ; *(Phot)* light ; *l'~ est trop faible* the
light is too poor ; *(fig) sous cet ~* in that
light.

éclaircie [eklɛʀsi] *nf (météo)* bright period
‖ **éclaircir** *vt (2)* **1** *(couleur)* lighten
2 *(dépaissir) (cheveux, soupe)* thin
3 *(énigme)* clarify ‖ **s'éclaircir** *vpr* **1** *become lighter ; *(temps)* clear up **2** thin out
3 *become clear ; clarify ‖ **éclaircissement** *nm* clarification ; *il nous faudrait
quelques ~s* we require a few explanations.

éclairer [eklere] *vt (1) (pièce)* *light (up) ;
(objet) *shine on ; *(personne)* *light the
way for ; *(fig)* enlighten ‖ **s'éclairer** *vpr*
1 *(visage)* *light/brighten up **2** *(fig)* *become clear ‖ **éclaireur** *nm (f-euse)*
1 scout ; *il est parti en ~* he's scouting
ahead **2** boy-scout ; girl-guide.

éclat [ekla] *nm* **1** fragment ; *(bois, verre,
splinter ; *le verre vola en ~s* the glass
smashed to pieces ; *~ d'obus* piece of
shrapnel **2** *(son)* burst ; *~s de rire* bursts

of laughter; **~s de voix** shouts; *(loc)* **faire un ~** cause a fuss **3** *(lumière)* brilliance; sparkle; *(qui éblouit)* glare **4** *(renommée)* fame ‖ **éclatant** *adj* deafening; brilliant, dazzling; **~ de beauté** dazzlingly beautiful ‖ **éclatement** *nm (bombe)* explosion; *(pneu)* bursting; *(foule)* dispersal; *(ensemble)* breaking up ‖ **éclater** *vi (1)* **1** explode, *burst; *break up **2** *(guerre)* *break out; *(orage)* *break; **elle éclata en sanglots** she burst into tears ‖ **s'éclater** *vpr (argot)* *have a great time.

éclectique [eklεktik] *adj* eclectic ‖ **éclectisme** *nm* eclecticism.

éclipse [eklipsə] *nf* eclipse ‖ **éclipser** *vt (1)* eclipse ‖ **s'éclipser** *vpr (fam)* disappear.

éclopé [eklɔpe] *adj* crippled; lame.

éclore [eklɔʀ] *vi (31) (œuf)* hatch; *(fleur)* open ‖ **éclosion** *nf* hatching; opening; *(fig)* appearance.

écluse [eklyz] *nf (Naut)* lock ‖ **écluser** *vt (1) (argot) (boire)* knock back ‖ **éclusier** *nm (f -ière)* lock-keeper.

écœurant [ekœʀɑ̃] *adj* disgusting; *(plat)* sickly ‖ **écœurer** *vt (1)* sicken; *(fig)* disgust ‖ **écœurement** *nm* disgust; disappointment.

école [ekɔl] *nf* school; **aller à l'~** *go to school; **faire l'~ buissonnière** *play truant/*(amér)* hooky; **~ maternelle** nursery school; **~ normale** teacher-training college; *(loc)* **vous êtes à bonne ~** you're in good hands ‖ **écolier** *nm (f -ière)* schoolboy, schoolgirl; *(loc)* **j'ai pris le chemin des ~s** I went the long way round.

écologie [ekɔlɔʒi] *nf* ecology ‖ **écologique** *adj* ecological ‖ **écologiste** *nmf* ecologist; *(Pol)* **les ~s** the Greens.

éconduire [ekɔ̃dɥiʀ] *vt (33)* dismiss, reject.

économe [ekɔnɔm] *adj* thrifty; **il est ~ de ses compliments** he's sparing with his compliments ◆ *nmf (Adm)* bursar.

économie [ekɔnɔmi] *nf* **1** *(science)* economics; *(Pol)* economy **2** *(épargne)* thrift; **des ~s (d'argent)** savings *(npl inv)*; **on fait des ~s d'énergie** we're saving energy; *(loc)* **des ~s de bouts de chandelle** penny-pinching (economies).

écoper [ekɔpe] *vti (1) (Naut)* bale out; *(fam fig)* **il a écopé de 6 mois de prison** he got six months' prison.

écorce [ekɔʀs] *nf (arbre)* bark; *(fruit)* peel; **l'~ terrestre** the earth's crust.

écorché [ekɔʀʃe] *adj* **~ vif** flayed alive ‖ **écorcher** *vt (1) (animal)* skin; *(genou)* graze **2** *(mot)* mispronounce; **son accent vous écorche les oreilles** his accent grates on your ears ‖ **écorchure** *nf* graze.

écorné [ekɔʀne] *adj (livre)* dog-eared.

écossais [ekɔsε] *adj (nationalité)* Scottish; *(whisky)* scotch; *(tissu)* tartan.

écosser [ekɔse] *vt (1) (légumes)* shell.

écosystème [ekosistεm] *nm* ecosystem.

écot [eko] *nm (loc)* **payer son ~** *pay one's share.

écoulement [ekulmɑ̃] *nm (eau)* flow, drainage; *(temps)* passage; *(stocks)* selling ‖ **écouler** *vt (1)* *sell; distribute ‖ **s'écouler** *vpr (eau)* flow out/away; *(temps)* pass.

écourter [ekuʀte] *vt (1)* shorten; *(visite)* *cut short.

écoute [ekut] *nf* listening; **à l'~ de** listening to; *(Rad TV)* **heures de grande ~** peak (listening/viewing) time; *(Com)* prime time; **~ téléphonique** telephone tapping; **il est sur table d'~** his phone's being tapped ‖ **écouter** *vt (1)* listen (to); **si je m'écoutais, je dirais non** if I had any sense I'd say no ‖ **écouteurs** *nmpl (Rad)* headphones.

écoutille [ekutij] *nf (Naut)* hatch.

écrabouiller [ekʀabuje] *vt (1) (fam)* crush.

écran [ekʀɑ̃] *nm* screen; **~ de fumée** smokescreen; **le grand ~** the cinema; **le petit ~** (the) television; **faire ~ à qn** screen sb (from); **porter à l'~** adapt for the screen.

écrasant [ekʀazɑ̃] *adj* overwhelming ‖ **écraser** *vt (1) (aussi fig)* crush; *(en voiture)* *run over; **elle s'est fait ~** she got run over; *(Sp)* **on s'est fait ~!** we were massacred! *(fam)* **écrase!** shut up! ‖ **s'écraser** *vpr* **1** *(Av)* crash **2** *(fam)* *keep quiet, *be discreet.

écrémer [ekʀeme] *vt (1c)* skim; **demi-écrémé** *adj* semi-skimmed.

écrevisse [ekʀəvis] *nf (Zool)* freshwater crayfish.

écrier [ekʀije] **s'~** *vpr (1h)* cry out; exclaim.

écrin [ekʀɛ̃] *nm* jewel-box.

écrire [ekʀiʀ] *vti (39)* **1** *write **2** *spell; **ça s'écrit comment?** how do you spell that? ‖ **écrit** *adj* written; **par ~** in writing; **c'était ~** it was bound to happen ◆ *nm* **1** *(examen)* written paper **2** *(ouvrage)* piece of writing; **~s** writings ‖ **écriteau** *nm (pl -x)* notice ‖ **écriture** *nf* **1** *(action)* writing; *(résultat)* handwriting; *(style)* style; **l'E~ sainte** the Holy Scriptures **2** *(Fin)* entry; **tenir les ~s** *keep the accounts ‖ **écrivain** *nm inv* writer.

écrou [ekʀu] *nm (Tech)* nut.

écrouer [ekʀue] *vt (1) (Jur)* imprison.

écroulement [ekʀulmɑ̃] *nm* collapse ‖ **s'écrouler** *vpr* collapse; **on était tous écroulés (de rire)** we were all holding our sides with laughter.

écru [ekʀy] *adj* natural-coloured; beige.

écu [eky] *nm (monnaie)* **1** *(vx)* crown **2** *(CEE)* ECU.

écueil [ekœj] *nm* reef ; *(fig)* hazard, pitfall.

écuelle [ekɥɛl] *nf* bowl.

éculé [ekyle] *adj* down-at-heel ; *(fig) plaisanterie* ~*e* hackneyed joke.

écume [ekym] *nf (vagues)* foam ; *(liquide)* froth ; *(sale)* scum ; *(cheval)* lather ‖ **écumer** *vi (1)* foam ◆ *vt* skim ; *(fig) (piller)* ~ *les mers* scour the seas ‖ **écumoire** *nf* skimmer.

écureuil [ekyrœj] *nm (Zool)* squirrel.

écurie [ekyri] *nf* stable ; *(fig) c'est une vraie* ~ it's a real pigsty.

écusson [ekysɔ̃] *nm (blason)* crest ; badge.

écuyer [ekɥije] *nm (f* **-ère)** **1** *(Hist)* squire **2** *(cavalier)* horseman, horsewoman.

eczéma [ɛgzema] *nm (Méd)* eczema *ns inv*.

édicter [edikte] *vt (1)* decree.

édification [edifikasjɔ̃] *nf* **1** *(bâtiment) (aussi fig)* construction **2** *(esprit)* edification ‖ **édifice** *nm* (large) building ; *(fig)* structure ‖ **édifier** *vt (1h)* *build ; *(fig)* edify.

édit [edi] *nm (Hist)* edict ‖ **éditer** *vt (1)* publish ‖ **éditeur** *nm inv* publisher ‖ **édition** *nf* **1** *(produit)* edition **2** *(activité)* publishing ‖ **éditorial** *nm (pl* **-iaux)** editorial, leader ‖ **éditorialiste** *nmf* editorial/leader writer.

édredon [edrədɔ̃] *nm* eiderdown, quilt.

éducateur [edykatœr] *nm (f* **-trice)** educator ; ~ *spécialisé* teacher for the handicapped ‖ **éducatif** *adj (f* **-ive)** educational ‖ **éducation** *nf* **1** *(familiale)* upbringing ; *il manque d'*~ he has no manners **2** *(Ens)* education, schooling ; *l'E*~ *nationale* Department of Education.

édulcorant [edylkɔrɑ̃] *nm* sweetener ‖ **édulcorer** *vt (1)* sweeten ; *(fig) (propos)* tone down.

éduquer [edyke] *vt (1)* *bring up ; educate.

effacé [efase] *adj (personne)* retiring ‖ **effacement** *nm* **1** *(inscription, cassette)* erasing **2** *(personne)* shyness ‖ **effacer** *vt (1h)* **1** erase **2** *(craintes)* dispel ‖ **s'effacer** *vpr* **1** disappear ; fade away **2** *(personne)* slip away ; stay in the background.

effarant [efarɑ̃] *adj* alarming ‖ **effarement** *nm* fright ‖ **effarer** *vt (1)* frighten ; *tu as l'air effaré* you look alarmed ‖ **s'effarer** *vpr* *take fright.

effaroucher [efaruʃe] *vt (1) (animal)* frighten (away) ; *(personne)* alarm ‖ **s'effaroucher** *vpr* *take fright.

effectif [efektif] *adj (f* **-ive)** effective ◆ *nm* number ; *nos* ~*s ont beaucoup augmenté* we have many more students/staff than before ‖ **effectivement** *adv* **1** effectively **2** *(intensification)* **oui,** ~ **!** yes, that's very true!

effectuer [efektɥe] *vt (1)* carry out ‖ **s'effectuer** *vpr* *take place

efféminé [efemine] *adj* effeminate.

effervescence [efɛrvesɑ̃s] *nf* effervescence ; *(fig)* agitation, excitement ; *en* ~ filled with excitement ‖ **effervescent** *adj* effervescent ; *(personne)* bubbling with energy.

effet [efɛ] *nm* **1** effect ; ~ *de serre* greenhouse effect ; ~ *de style* stylistic effect ; *le tout prendra* ~ *le 10 juin* it will all come into effect on June 10th **2** result ; *avoir comme* ~ result in **3** impression ; *cela fait de l'*~ *!* that makes quite an impression! *cela vous fait quel* ~ *?* how do you feel about that? **4** *(Sp) donner de l'*~ *à une balle* *put (some) spin on a ball **5** *(Com)* ~ *de commerce* bill of exchange **6** ~*s* clothes **7** *(loc) en* ~**, vous avez raison** yes indeed, you're right.

efficace [efikas] *adj* efficient ; *(action)* effective ; *(remède)* efficacious ‖ **efficacité** *nf* efficiency ; effectiveness ; efficacity.

effigie [efiʒi] *nf* effigy ; head.

effilé [efile] *adj* tapering ; slender ‖ **effiler** *vt (1) (crayon)* sharpen ; *(cheveux)* taper ; *(tissu)* fray ; *(haricots)* string ‖ **effiloché** *adj* frayed.

efflanqué [eflɑ̃ke] *adj* lean.

effleurement [eflœrmɑ̃] *nm* light touch ‖ **effleurer** *vt (1)* touch lightly ; brush against ; *(surface)* skim over ; *(sujet)* touch on ; *l'idée ne m'a pas effleuré* it didn't cross my mind.

effluves [eflyv] *nmpl inv* emanations.

effondré [efɔ̃dre] *adj* shattered ‖ **effondrement** *nm* collapse ‖ **s'effondrer** *vpr (1)* collapse ; *fall to pieces ; *(toit)* cave in ; *(personne)* *break down ; *(espoir)* crumble ; *be shattered.

efforcer [efɔrse] **s'**~ *vpr (1h)* endeavour ; try hard ; *do one's utmost/best.

effort [efɔr] *nm* effort ; ~ *physique* exertion ; *(Tech)* strain, stress.

effraction [efraksjɔ̃] *nf entrer par* ~ *break in ; *vol avec* ~ burglary.

effrayant [efrɛjɑ̃] *adj* frightening, terrifying ; *(fig)* dreadful ; appalling ‖ **effrayer** *vt (1e)* frighten, terrify ‖ **s'effrayer** *vpr* *get frightened.

effréné [efrene] *adj* frantic, wild ; uncontrolled.

effritement [efritmɑ̃] *nm* crumbling ; ~ *monétaire* erosion ‖ **effriter** *vt (1)* crumble ; erode ‖ **s'effriter** *vpr* crumble ; *be eroded.

effroi [efrwa] *nm* fright, terror.

effronté [efrɔ̃te] *adj* insolent ; *(enfant)* cheeky ; *(mensonge)* barefaced ‖ **effronterie** *nf* insolence ; cheekiness.

effroyable [efʀwajablə] *adj* frightful ; appalling.

effusion [efyzjɔ̃] *nf* effusion ; ~ *de sang* bloodshed.

égailler [egaje] **s'~** *vpr (1)* scatter.

égal [egal] *adj (mpl* -**aux**) **1** (*à, en*) equal (to, in) **2** constant ; *(sol)* level ; *(vitesse)* steady ; *d'humeur* ~*e* even-tempered **3** *cela m'est* ~ I don't mind (either way) ; *c'est* ~, *je veux le faire* all the same, I want to do it ♦ *nm* equal ; *trouver son* ~ *find one's match ; parler d'~ à ~ *speak as equals || **également** *adv* **1** equally **2** *(aussi)* as well ; also || **égaler** *vt (1)(en)* equal (in) ; *3 et 3 égalent 6* 3 and/plus 3 make 6 || **égalisation** *nf* equalization ; *(Sp) but d'~* equalizer || **égaliser** *vt (1)* equalize ; *(niveau)* level (off) ♦ *vi (Sp)* equalize, *draw even || **égalitaire** *adj* egalitarian || **égalité** *nf* **1** equality ; ~ *des chances* equal opportunities ; *être à* ~ *be equal, (Sp) *be even ; *sur un pied d'~* on an equal footing **2** *(surface, caractère)* evenness.

égard [egaʀ] *mm* **1** respect ; *avoir des* ~*s pour qn* *show sb consideration **2** *à l'~ de* as regards, concerning ; towards ; *eu ~ à son âge* allowing for his age ; *à cet* ~ in this, that respect ; *à tous* ~*s* in every respect, from all points of view.

égaré [egaʀe] *adj* **1** lost ; *(animal)* stray **2** *(regard)* distraught || **égarement** *nm (oubli)* distraction ; *(folie)* (mental) aberration || **égarer** *vt (1)* *(objet)* *lose ; *mislay **2** *(tromper)* *mislead || **s'égarer** *vpr* *get lost ; *(fig)* wander (from the point).

égayer [egeje] *vt (1e)* cheer up ; liven up || **s'égayer** *vpr* *have fun.

égide [eʒid] *nf loc lit sous l'~ de* under the aegis of ; with the support of.

églefin [eglǝfɛ̃] *nm* haddock.

église [egliz] *nf* church ; *l'E~ anglicane* the Church of England.

égocentrique [egɔsɑ̃tʀik] *adj nmf* self-centred/egocentric (person) || **égoïsme** *nm* egoism || **égoïste** *adj* selfish, egoistic ♦ *nmf* egoist.

égorger [egɔʀʒe] *vt (1h)* *cut somebody's throat ; *(animal)* slaughter.

égosiller [egozije] **s'~** *vpr (1)* shout one's head off ; *(oiseau)* *sing away.

égout [egu] *nm* sewer ; *bouche d'~* manhole.

égoutter [egute] *vt (1)* strain || **s'égoutter** *vpr* drain ; drip || **égouttoir** *nm (légumes)* colander ; *(assiettes)* dishrack ; ~ *d'évier* draining board, *(amér)* drainboard.

égratigner [egʀatiɲe] *vt (1)* scratch ; *(fig)* *dig at || **égratignure** *nf* scratch.

égrener [egʀǝne] *vt (1c)* **1** *(pois)* shell ; *(baies)* pick off **2** *(chapelet)* *tell (one's beads) || **s'égrener** *vpr* **1** *(baies)* *fall off **2** *(temps)* pass by.

éhonté [eɔ̃te] *adj* brazen ; shameless.

éjaculer [eʒakyle] *vt (1)* ejaculate.

éjectable [eʒɛktabl] *adj* ejectable ; *siège* ~ ejector seat || **éjecter** *vt (1)* eject ; *(fam)* chuck out.

élaboration [elabɔʀasjɔ̃] *nf* elaboration ; development || **élaborer** *vt (1)* elaborate ; develop ; *(solution)* work out.

élagage [elagaʒ] *nm* pruning || **élaguer** *vt (1)* prune ; *(fig)* *cut down.

élan[1] [elɑ̃] *nm (Zool)* elk, moose.

élan[2] [elɑ̃] *nm* **1** impetus ; *(Sp)* run-up ; *prendre son* ~ gather speed **2** fervour ; *(joie, colère)* outburst.

élancé [elɑ̃se] *adj* slender || **élancement** *nm (douleur)* shooting/searing pain || **élancer** *vi (1h) ma jambe m'élance* there are shooting pains going up my leg || **s'élancer** *vpr* rush ; ~ *sur qn* *fly at sb ; ~ *vers le ciel* soar upwards.

élargir [elaʀʒiʀ] *vt (2)* **1** widen (out) ; broaden (out) ; *(jupe)* *let out **2** *(Jur)* release || **s'élargir** *vpr* widen out, broaden out ; *(chaussures)* stretch || **élargissement** *nm* **1** widening ; broadening ; extension **2** release.

élasticité [elastisite] *nf* elasticity || **élastique** *adj* elastic ; *(pas)* springy ; *(fig)* flexible ♦ *nm* elastic ; rubber band ; *(Sp) saut à l'~* bungy jumping.

électeur [elɛktœʀ] *nm (f* -**trice**) voter || **électif** *adj (f* -**ive**) elective || **élection** *nf* election ; ~ *partielle* by-election ; *jour des* ~*s (brit)* polling day ; *patrie d'~* elected country || **électoral** *adj (mpl* -**aux**) electoral || **électorat** *nm* electorate.

électricien [elɛktʀisjɛ̃] *nm (f* -**ienne**) electrician || **électricité** *nf* electricity ; *allumer, éteindre l'~* switch on, switch off ; *panne d'~* power cut || **électrifier** *vt (1h) (Rail)* electrify ; *(maison)* *have electricity installed || **électrique** *adj* electric ; electrical || **électriser** *vt (1)* electrify ; charge (with electricity) ; *(fig)* rouse ; thrill.

électro- [elɛktʀɔ] *préf* electro- || **électrocardiogramme** *nm* electrocardiogram || **électrochimie** *nf* electrochemistry || **électrochoc** *nm* electric shock treatment || **électrocuter** *vt (1)* electrocute || **électrode** *nf* electrode || **électrodynamique** *nf* electrodynamics || **électrogène** *adj groupe* ~ generating unit, generator || **électrolyse** *nf* electrolysis || **électromagnétique** *adj* electromagnetic.

électroménager [elɛktʀɔmenaʒe] *nm* household appliances.

électron [elɛktʀɔ̃] *nm* electron || **électronique** *adj* electronic ♦ *nf* electronics.

électronucléaire [elɛktʀɔnykleaʀ] *adj industrie* ~ nuclear power industry.

électrophone [elɛktʀɔfɔn] *nm* record player.

électrostatique [elektʀɔstatik] adj electrostatic ◆ nf electrostatics.

électrotechnique [elektʀɔteknik] adj electrotechnic(al) ◆ nf electrotechnology.

élégamment [elegamɑ̃] adv elegantly ‖ **élégance** nf 1 *(style, décor)* elegance 2 *(remarque)* courtesy, grace ‖ **élégant** adj elegant; neat; *(comportement)* courteous.

élégie [eleʒi] nf elegy.

élément [elemɑ̃] nm element; *(donnée)* data; *(Mil)* unit; *(El Inf)* component, part; ~s de base rudiments ‖ **élémentaire** adj elementary; basic; *(école)* primary.

éléphant [elefɑ̃] nm elephant ‖ **éléphanteau** nm baby elephant.

élevage [elvaʒ] nm *(Ag)* 1 *(activité)* *(bétail)* livestock farming; *(animaux de race)* breeding; ~ de poulets chicken farming 2 *(lieu)* farm; ~ de chevaux stud (farm).

élévateur [elevatœʀ] nm *(Tech)* elevator.

élève [elev] nmf pupil; student; ~ officier cadet officer.

élevé [elve] adj 1 high; *(sentiment)* exalted, lofty 2 bien/mal ~ well/badly brought up; c'est mal ~ d'interrompre it's bad manners to interrupt ‖ **élever** vt *(1a)* 1 raise; *(poids)* lift up; *(prix)* increase; *(esprit)* elevate; *(statue)* erect 2 *(enfant)* *bring up, raise; *(animaux)* *breed, raise, *(abeilles)* *keep ‖ **s'élever** vpr *rise; *(bâtiment)* *stand; *(murmure)* *go up; la note s'éleva à 900 francs the bill came to 900 francs; ~ contre *take a stand against ‖ **éleveur** nm *(f -euse)* *(Ag)* livestock farmer; *(animaux de race)* breeder.

éligibilité [eliʒibilite] nf eligibility ‖ **éligible** adj eligible.

élimé [elime] adj threadbare.

élimination [eliminasjɔ̃] nf elimination ‖ **éliminatoire** adj eliminatory; *(Sp)* épreuve ~ eliminating heat/round ‖ **éliminer** vt *(1)* eliminate; rule out.

élire [eliʀ] vt *(38)* elect; ~ domicile *take up residence.

élite [elit] nf elite; joueur d'~ first-class player ‖ **élitisme** nm elitism.

elle [ɛl] pron pers *(pl elles)* 1 *(sujet)* she, it; *(pl)* they; elle dort she's asleep; la lettre? elle est là the letter? it's (over) there 2 *(compl)* her, it; *(pl)* them; tu es plus jeune qu'~ you're younger than her/she is; c'est à elle, elles it's hers, theirs ‖ **elle-même** pron de reprise *(pl elles-mêmes)* herself, itself; *(pl)* themselves; elle l'a vu ~ she saw it (for) herself.

ellipse [elips] nf *(Math)* ellipse; *(Gr)* ellipsis ‖ **elliptique** adj elliptic(al).

élocution [elɔkysjɔ̃] nf elocution; défaut d'~ speech impediment.

éloge [elɔʒ] nm praise; digne d'~ praiseworthy ‖ **élogieux** adj *(f -ieuse)* complimentary; il parle de vous en termes élogieux he *speaks very highly of you.

éloigné [elwane] adj distant; *(lieu)* remote; ~ de far from; ~ de 5 kilomètres 5 kilometres away ‖ **éloignement** nm distance; remoteness; *(personnes)* estrangement; *(action)* removal ‖ **éloigner** vt *(1)* 1 remove; *(personne)* *send away; *take away; *(danger)* ward off 2 *(temps)* postpone; *put off 1 *go away, move away; **s'éloigner** vpr 1 *go away, move away; éloigne-toi du bord move back, step back! ~ du chemin stray from the road 2 *(personnes)* *become estranged; *(souvenir)* fade away.

élongation [elɔ̃gasjɔ̃] nf elongation; *(Méd)* se faire une ~ strain a muscle.

éloquence [elɔkɑ̃s] nf eloquence ‖ **éloquent** adj eloquent.

élu [ely] adj elected; le Président ~ president-elect ◆ nmf *(Pol)* elected representative; *(Rel)* les ~s the elect; *(fam)* qui est l'heureux ~? who's the lucky man?

élucider [elyside] vt *(1)* elucidate; clear up.

élucubration [elykybʀasjɔ̃] nf *(surtout pl)* flight of imagination.

éluder [elyde] vt *(1)* evade; *(fam)* dodge; ~ une difficulté gloss over a difficulty.

émacié [emasje] adj emaciated.

émail [emaj] nm *(pl -aux)* enamel; en ~ enamelled ‖ **émailler** vt *(1)* enamel; *(fig)* ~ de dot with.

émanation [emanasjɔ̃] nf emanation; *(fig)* product; expression.

émancipation [emɑ̃sipasjɔ̃] nf *(Jur)* emancipation; *(fig)* liberation ‖ **émanciper** vt *(1)* emancipate; liberate.

émaner [emane] vi *(1)* ~ de emanate from; *come from; *(fig)* proceed from.

émarger [emaʀʒe] vt *(1h)* *(contrat)* initial ◆ vi sign (an attendance list); sign a payroll.

emballage [ɑ̃balaʒ] nm wrapping(s); packaging ‖ **emballer** vt *(1)* 1 wrap (up); *(affaires)* pack (up); *(produit)* package 2 *(Aut)* rev (up); *(fam fig)* être emballé *be thrilled; *be enthusiastic ‖ **s'emballer** vpr *(cheval)* bolt; *(moteur)* race; *(fam)* *get carried away.

embarcadère [ɑ̃baʀkadeʀ] nm landing stage; *(port)* loading dock ‖ **embarcation** nf boat.

embardée [ɑ̃baʀde] nf swerve; faire une ~ swerve.

embargo [ɑ̃baʀgo] nm embargo.

embarquement [ɑ̃baʀkəmɑ̃] nm *(passagers)* boarding; *(marchandises)* loading ‖ **embarquer** vi *(1)* board ◆ vt 1 embark; load; *(Naut)* ~ de l'eau ship water 2 *(fig)* *(voler)* pinch; walk off with *émerveillement*

‖ **s'embarquer** *vpr* *go aboard ; *(fig)* ~ *dans* *get involved in ; embark on.

embarras [ābaʀa] *nm* **1** predicament ; *être dans l'* ~ *be in financial difficulties ; *tirer qn d'* ~ help sb out ; *(Méd)* ~ *gastrique* upset stomach **2** quandary ; *j'ai l'* ~ *du choix* I'm spoilt for choice, *(amér)* I have plenty to choose from **3** obstacle ; ~ *de voitures* traffic jam ; *faire des* ~s *make a fuss **4** embarrassment ‖ **embarrassant** *adj* awkward ; embarrassing ; *(charge)* cumbersome ‖ **embarrassé** *adj* *(chargé)* loaded up, encumbered ; *(gêné)* embarrassed ; ill at ease ‖ **embarrasser** *vt (1)* **1** encumber ; load (up) ; clutter up **2** embarrass ; hinder **3** *leave perplex ; puzzle ‖ **s'embarrasser** *vpr* burden oneself ; ~ *d'un problème* bother (oneself) with a problem.

embauche [āboʃ] *nf* hiring ‖ **embaucher** *vt (1)* hire, *take on.

embauchoir [āboʃwaʀ] *nm* shoetree.

embaumer [ābome] *vt (1)* **1** *(momie)* embalm **2** *(parfumer)* perfume ◆ *vi* *be fragrant.

embellie [ābeli] *nf* bright, calm spell (of weather) ‖ **embellir** *vt (2)* *make more beautiful ; improve the look of ; *(récit)* embellish ‖ **s'embellir** *vpr* *become more attractive, *grow lovelier ‖ **embellissement** *nm* improvement ; embellishment.

embêtant [ābetā] *adj* annoying, aggravating ‖ **embêtement** *nm* difficulty ; *causer des* ~s cause trouble ; *j'ai des* ~s I've got problems ‖ **embêter** *vt (1)* **1** bore ; *ça l'embête de m'écrire* he can't be bothered to write to me **2** annoy, aggravate ‖ **s'embêter** *vpr* **1** *be bored ; *get bored **2** *ne t'embête pas à le refaire* don't bother to do it again.

emblée [āble] *d'* ~ *loc* straightaway ; at (the) first attempt.

emblème [āblɛm] *nm* emblem ; *(fig)* symbol.

embobiner [ābɔbine] *vt (1) (fam)* *get round ; *ne vous laissez pas* ~ *par ses histoires* don't let yourself be taken in by his tales.

emboîter [ābwate] *vt (1)* **s'**~ *vpr* fit together, fit into each other ; ~ *le pas à qn* follow on sb's heels, *(fig)* follow sb's lead.

embonpoint [ābɔ̃pwɛ̃] *nm* corpulence ; *avoir de l'* ~ *be stout/portly.

embouché [ābuʃe] *adj mal* ~ foulmouthed ‖ **emboucher** *vt (1)* *put to one's mouth/lips ‖ **embouchure** *nf* *(Géog)* mouth ; *(Mus)* mouthpiece.

embourber [ābuʀbe] **s'**~ *vpr (1)* *get stuck in the mud ; *(fig)* flounder ; *get bogged down.

embourgeoiser [ābuʀʒwaze] **s'**~ *vpr (1)* reach middle-class status ; *(péj)* *lead a soft life.

embout [ābu] *nm* end ; tip ; *(tuyau)* nozzle.

embouteillage [ābutejaʒ] *nm* congestion ; *(Aut)* traffic jam, *(brit)* hold-up ‖ **embouteiller** *vt (1)* block (up), *(amér)* back up ; congest.

emboutir [ābutiʀ] *vt (2)* **1** *(Ind)* stamp ; *tôle emboutie* pressed steel **2** *(Aut)* bump (into) ; crash (into).

embranchement [ābʀāʃmā] *nm* branch ; fork ; *(croisement)* junction ; *(Rail)* branch line ‖ **embrancher** *vt (1)* connect up.

embrasement [ābʀazemā] *nm* blaze ‖ **embraser** *vt (1)* *set on fire ; *(fig)* fire ‖ **s'embraser** *vpr* blaze up.

embrassade [ābʀasad] *nm* hug ; embrace ‖ **embrasser** *vt (1)* **1** kiss ; embrace **2** *(carrière)* *take up ; *(cause)* embrace **3** *(inclure)* include ; cover.

embrasure [ābʀazyʀ] *nf* ~ *de la porte* doorway.

embrayage [ābʀejaʒ] *nm (Aut)* clutch ‖ **embrayer** *vt (1c)* engage ◆ *vi* **1** *(Aut)* *let the clutch in **2** ~ *sur* *have influence on/ over **3** *(fam)* ~ *sur la politique* start on about politics.

embrigader [ābʀigade] *vt (1)* recruit ; brigade (into).

embringuer [ābʀɛ̃ge] *vt (1) (fam)* ~ *qn dans qch* *get sb mixed up in sth.

embrocher [ābʀɔʃe] *vt (1) (Cuis) (morceaux, brochette)* skewer ; *(poulet)* *put on a spit ; *(fig) (épée)* *run through.

embrouiller [ābʀuje] *vt (1)* **1** *(fil)* tangle up ; *(papiers)* muddle up **2** *(problème)* confuse ‖ **s'embrouiller** *vpr* *get in a muddle, *get mixed up ; *become confused.

embrumé [ābʀyme] *adj* misty ; *(aussi fig)* hazy.

embruns [ābʀœ̃] *nm pl* (sea) spray.

embryon [ābʀijɔ̃] *nm (aussi fig)* embryo ‖ **embryonnaire** *adj* embryonic.

embûches [ābyʃ] *nf pl* traps ; *(fig)* pitfalls.

embuer [ābɥe] *vt (1)* mist up/over.

embuscade [ābyskad] *nf* ambush ‖ **embusqué** *adj* in ambush ◆ *nm* *(fig péj)* shirker ‖ **s'embusquer** *vpr* *lie in ambush ; *(fig)* *lie in wait.

éméché [emeʃe] *adj (fam)* tipsy.

émeraude [emʀod] *nf* emerald.

émergence [emɛʀʒās] *nf* emergence ‖ **émerger** *vt (1h)* **1** emerge ; *stand out **2** appear.

émeri [emʀi] *nm* emery.

émérite [emeʀit] *adj* eminent ; skilled ; *(Ens)* emeritus.

émerveillement [emɛʀvejmā] *nm* amazement ; wonder ‖ **émerveiller** *vt (1)* amaze ; fill with wonder ‖ **s'émerveiller** *vpr (de)* *be amazed (at) ; marvel (at).

émetteur [emetœʀ] *nm (f -trice) (Fin)* issuer ; *(Rad)* transmitter ◆ *adj* issuing ; transmitting ‖ **émettre** *vt (42)* **1** *(Fin Com)* issue ; *(chaleur, son)* emit, *give out ; *(Rad)* transmit ; *(programme)* *broadcast **2** ~ *un avis* voice an opinion ; ~ *un vœu* express a wish ◆ *vi* *broadcast ; transmit.

émeute [emøt] *nf* riot ‖ **émeutier** *nm (f -ière)* rioter.

émiettement [emjɛtmɑ̃] *nm* crumbling ‖ **émietter** *vt (1)* crumble ; *(fig)* disperse.

émigration [emigʀasjɔ̃] *nf* emigration ; *(Zool)* migration ‖ **émigré** *nm* expatriate ‖ **émigrer** *vi (1)* emigrate ; *(Zool)* migrate.

émincer [emɛ̃se] *vt (1h)* slice (thinly).

éminemment [eminamɑ̃] *adv* eminently ‖ **éminence** *nf* **1** eminence **2** *(Géog)* hill ‖ **éminent** *adj* distinguished ; eminent.

émirat [emiʀa] *nm* emirate.

émissaire [emisɛʀ] *adj nm* emissary ; *bouc* ~ scapegoat.

émission [emisjɔ̃] *nf* **1** emission ; transmission ; ~ *télévisée* television programme ; ~ *en direct, différé* live, recorded broadcast **2** *(Fin Com)* issue ; issuing.

emmagasiner [ɑ̃magazine] *vt (1) (Com)* warehouse ; stock ; *(fig)* store up.

emmailloter [ɑ̃majɔte] *vt (1)* wrap up ; *(bébé)* swaddle.

emmancher [ɑ̃mɑ̃ʃe] *vt (1)* fit a handle (to) ; join together ; *(fam fig)* *set about (doing sth).

emmanchure [ɑ̃mɑ̃ʃyʀ] *nf* armhole.

emmêler [ɑ̃mele] *vt (1)* tangle up ; muddle up ‖ **s'emmêler** *vpr* *get in a tangle ; *(fig)* *get mixed up/muddled up.

emménagement [ɑ̃menaʒmɑ̃] *nm* moving in ; *(meubles)* installation ‖ **emménager** *vi (1h)* move in.

emmener [ɑ̃mne] *vt (1c)* *take ; *(prisonnier)* *take away, *lead away ; ~ *en promenade* *take for a walk.

emmerdant [ɑ̃mɛʀdɑ̃] *adj (vulg) c'est* ~ it's a pain in the arse/ *(amér)* in the butt ‖ **emmerder** *vt (1)* bug ; *je t'emmerde !* shit to you !

emmitoufler [ɑ̃mitufle] *vt (1)* wrap up.

emmurer [ɑ̃myʀe] *vt (1) (aussi fig)* wall up.

émoi [emwa] *nm* **1** agitation ; commotion **2** emotion.

émoluments [emɔlymɑ̃] *nmpl inv* remuneration ; emoluments.

émonder [emɔ̃de] *vt (1) (arbre)* prune.

émotif [emɔtif] *adj (f -ive)* emotive ; *(personne)* emotional ‖ **émotion** *nf* **1** emotion **2** fright ; shock ‖ **émotionnel** *adj (f -elle)* emotional.

émoulu [emuly] *adj frais* ~ *de l'armée* fresh out of the army.

émousser [emuse] *vt (1)* blunt ; *(fig)* dull.

émoustiller [emustije] *vt (1)* arouse ; titillate.

émouvant [emuvɑ̃] *adj* moving ‖ **émouvoir** *vt (25)* **1** move ; touch **2** worry ; *upset ‖ **s'émouvoir** *vpr* *be moved ; *be worried ; *be excited.

empailler [ɑ̃paje] *vt (1)* stuff ; *(chaise)* cane ; *(Hort)* cover (with straw).

empaler [ɑ̃pale] *vt (1)* impale.

empaquetage [ɑ̃paktaʒ] *nm (Com)* packaging ‖ **empaqueter** *vt (1d)* pack ; wrap (up) ; *(Com)* package.

emparer [ɑ̃paʀe] **s'~** *vpr (1) (de)* seize ; *take hold (of).

empâté [ɑ̃pate] *adj (traits)* bloated ; *(voix)* thick ‖ **empâter** *vt (1)* **s'~** *vpr* thicken out.

empêchement [ɑ̃pɛʃmɑ̃] *nm* hitch ; obstacle ; *j'ai eu un* ~ I got held up ‖ **empêcher** *vt (1)* **1** prevent ; ~ *qn de faire qch* stop sb from doing sth **2** *n'empêche que* all the same, nevertheless ‖ **s'empêcher** *vpr il ne peut pas* ~ *de critiquer* he can't help criticizing ‖ **empêcheur** *nm (f -euse) un* ~ *de danser en rond* a spoilsport.

empereur [ɑ̃pʀœʀ] *nm* emperor.

empeser [ɑ̃pəze] *vt (1c)* starch.

empester [ɑ̃pɛste] *vi (1)* *stink ◆ *vt* ~ *le tabac* reek of tobacco.

empêtrer [ɑ̃petʀe] *vt (1)* entangle ‖ **s'empêtrer** *vpr (dans) (aussi fig)* *get tangled up (in).

emphase [ɑ̃faz] *nf* **1** *(péj) (style, ton)* pomposity **2** *(Gr)* emphasis ‖ **emphatique** *adj* pompous ; emphatic.

empiéter [ɑ̃pjete] *vt (1c) (sur)* encroach (on) ; *(droits)* infringe (on).

empiffrer [ɑ̃pifʀe] **s'~** *vpr (1) (de)* stuff oneself (with).

empiler [ɑ̃pile] *vt (1)* **s'~** *vpr* **1** pile up ; stack up **2** ~ *dans* cram into.

empire [ɑ̃piʀ] *nm* **1** empire ; *(fig)* world **2** influence ; *sous l'~ de la colère* in a fit of anger.

empirer [ɑ̃piʀe] *vti (1)* deteriorate, *get worse ; *(lit) cela ne fera qu'~ les choses* that will only make matters worse.

empirique [ɑ̃piʀik] *adj* empirical.

emplacement [ɑ̃plasmɑ̃] *nm* location, site ; ~ *de parking* parking space.

emplâtre [ɑ̃plɑtʀ] *nm (Méd)* plaster.

emplette [ɑ̃plɛt] *nf (vx)* purchase.

emplir [ɑ̃pliʀ] *vt (2)* **s'~** *vpr (de)* fill (with).

emploi [ɑ̃plwa] *nm* **1** use ; *(Gr)* usage ; ~ *du temps* schedule, *(Ens)* timetable ; *mode d'*~ instructions (for use) **2** job, employment ; *offres, demandes d'*~ situations vacant, wanted ; *sans* ~ unemployed, jobless ‖ **employé** *nm* employee ; ~ *de bureau* clerical/office worker ; clerk ‖ **employer** *vt (1f)* **1** use ; *c'est de l'argent bien employé* the money has been put to good use **2** employ ‖ **s'employer** *vpr* **1** *comment ça s'emploie ?* how do you use it? **2** ~ *(à)* *make an effort (to) ‖ **employeur** *nm (f* -**euse)** employer.

empocher [ɑ̃pɔʃe] *vt (1)* pocket.

empoignade [ɑ̃pwaɲad] *nf* row ; set-to ‖ **empoigne** *nf (fam)* *foire d'*~ free-for-all ‖ **empoigner** *vt (1)* grab (hold of) ; *(fig)* thrill ‖ **s'empoigner** *vpr* **1** *have a row, a fight **2** grab hold of each other.

empoisonnement [ɑ̃pwazɔnmɑ̃] *nm* poisoning ‖ **empoisonner** *vt (1)* **1** poison ; infect **2** annoy ; bore ; ~ *la vie de qn* *make life difficult for sb.

emporté [ɑ̃pɔrte] *adj* quick-tempered ‖ **emportement** *nm* fit of anger ‖ **emporte-pièce** *nm (pl inv)* (Tech) punch ; (Cuis) pastry cutter ; *(loc fig)* *à l'*~ cutting, incisive ‖ **emporter** *vt (1)* **1** *take (away) ; *take with one **2** carry away ; *(mer, vent)* *sweep away ; *(mort)* carry off ; *que le diable l'emporte !* to hell with him! **3** *(Sp)* *win ‖ **s'emporter** *vpr (contre)* *lose one's temper (with).

empoté [ɑ̃pɔte] *adj* clumsy ; blundering.

empourprer [ɑ̃purpre] **s'**~ *vpr (1)* turn crimson ; flush.

empreint [ɑ̃prɛ̃] *adj (lit) (de)* marked (with), stamped (with) ‖ **empreinte** *nf* **1** mark ; imprint ; *(animal)* track ; ~ *digitale* fingerprint **2** (Tech) mould ; cast.

empressé [ɑ̃prese] *adj (zélé)* eager ; willing **2** *(prévenant)* attentive ; *(péj)* over zealous ‖ **empressement** *nm* eagerness ; attentiveness ‖ **s'empresser** *vpr (1)* **1** *(à)* *show eagerness (to) ; ~ *auprès de qn* shower sb with attentions **2** *(de)* hurry (to), hasten (to).

emprise [ɑ̃priz] *nf* ascendancy ; hold ; *sous l'*~ *de* under the influence of.

emprisonnement [ɑ̃prizɔnmɑ̃] *nm* imprisonment ‖ **emprisonner** *vt (1)* *put in prison/jail ; *(aussi fig)* imprison.

emprunt [ɑ̃prœ̃] *nm* **1** *(Fin)* loan ; ~ *d'État* government bond/bond issue ; ~ *à taux fixe, variable* fixed-rate, floating-rate loan/bond issue **2** borrowing ; *faire un* ~ borrow/*take out a loan ; *nom d'*~ assumed name ‖ **emprunté** *adj (fig)* awkward ; self-conscious ‖ **emprunter** *vt (1)* **1** borrow ; *(identité)* assume **2** *(méthode)* adopt ; *(route)* *take ‖ **emprunteur** *nm (f* -**euse)** borrower.

empuantir [ɑ̃pɥɑ̃tir] *vt (2)* infect ; ~ *la pièce* *make the room stink.

ému [emy] *adj* moved, touched ; *(souvenir)*

touching ; *il l'a dit d'une voix* ~*e* he said it with emotion in his voice.

émulation [emylasjɔ̃] *nf* emulation ‖ **émule** *nmf* emule ; rival.

émulsion [emylsjɔ̃] *nf* emulsion ‖ **émulsionner** *vt (1)* emulsify.

en¹ [ɑ̃] *prép* **1** in ; *vivre en France* live in France ; *en mars* in March ; *partir en voiture* *go by car ; *docteur en philosophie* doctor of philosophy ; *fort en maths* good at maths, *(amér)* math ; *parler en (tant que)* connaisseur *speak as an expert **2** to ; *aller en Italie* *go to Italy ; *mettre en musique* *set to music **3** (made) of ; *un sac en plastique* a plastic bag **4** into ; *couper en deux* *cut in(to) two (pieces) ; *fondre en larmes* *burst into tears ; *se mettre en colère* *get angry **5** *(progression) de plus en plus* more and more ; *de jour en jour* from day to day ; *de demi-heure en demi-heure* every half hour **6** while ; as ; *arriver en courant* *run up/*come running ; *en disant cela vous le blesserez* saying that will hurt his feelings **7** *loc* *en général* in general ; *en gros* roughly speaking.

en² [ɑ̃] *pron* **1** *(lieu)* from there **2** *(quantité)* of it, of them ; *combien en veux-tu ?* how many (of them)/much (of it) do you want? *est-ce qu'il en reste ?* is there/are there any left? **3** of it/of them ; *qu'en penses-tu ?* what do you think (of it/of them)? **4** *(cause)* *il n'en dort plus* he can't sleep for (thinking about) it ; *il risque d'en mourir* he could well die of it ; *j'en ai bien ri* I had a good laugh about it **5** *elle en est contente* she's pleased with it, with them ; *il en est capable* he could do it/that easily.

encadrement [ɑ̃kadrəmɑ̃] *nm* **1** *(Art)* frame ; *dans l'*~ *de la porte* in the doorway **2** supervision ; leadership ; *(Mil)* officers ; *(Adm)* management ; supervisory staff **3** *(Éco Fin)* ~ *du crédit* credit restrictions/squeeze ‖ **encadrer** *vt (1)* **1** flank ; *(Art)* frame ; *(fam fig)* *je ne peux pas l'*~ I can't stand him **2** manage ; supervise ‖ **encadreur** *nmf* picture framer.

encaisse [ɑ̃kɛs] *nf (Com)* cash in hand ‖ **encaissé** *adj (vallée)* deep ; *(route)* deep-cut ; sunken ‖ **encaissement** *nm* **1** *(chèque)* cashing ; *(argent)* collection **2** *(Géog)* depth ; cutting ‖ **encaisser** *vt (1)* **1** cash ; collect **2** *(fig)* *take (a blow) **3** *(fam fig)* *je ne peux pas l'*~ I can't stand him ‖ **encaisseur** *nm* collector.

encart [ɑ̃kar] *nm* insert ; inset.

en-cas [ɑ̃ka] *nm (pl inv)* snack.

encastrable [ɑ̃kastrabl] *adj* built in ‖ **encastrer** *vt (1)* *build in ; fit in (flush) ‖ **s'encastrer** *vpr (dans)* fit (into).

encaustique [ɑ̃kostik] *nf* wax, polish.

enceinte¹ [ɑ̃sɛ̃t] *nf* **1** wall ; *(espace)* enclosure ; *dans l'*~ *de hôpital* within the hospital premises 2 ~ *acoustique* (loud)-speaker.

enceinte² [ãsɛ̃t] *adj* pregnant; *femme* ~ expectant mother; *ma fille est* ~ my daughter's expecting a baby.

encens [ãsã] *nm* incense ‖ **encenser** *vt* (1) *(fig)* shower praise on; flatter.

encerclement [ãsɛʀkləmã] *nm* surrounding, encircling ‖ **encercler** *vt* (1) surround, encircle.

enchaînement [ãʃɛnmã] *nm* chain; sequence; ~ *de pensées* train of thought ‖ **enchaîner** *vt* (1) 1 *(attacher)* chain up 2 *(unir)* link together; connect ◆ *vi (Ciné)* fade in; ~ *sur* continue with ‖ **s'enchaîner** *vpr* *be linked together.

enchanté [ãʃɑ̃te] *adj* enchanted; *(fig)* delighted ‖ **enchantement** *nm* 1 magic; enchantment; *rompre l'*~ *break the spell 2 *(fig)* delight; joy ‖ **enchanter** *vt* (1) enchant; delight ‖ **enchanteur** *adj (f* **-eresse)** enchanting.

enchâsser [ãʃase] *vt* (1) insert; *set.

enchère [ãʃɛʀ] *nf* bid; *les* ~*s* the bidding; *mettre aux* ~*s* *put up for auction; *vente aux* ~*s* auction sale ‖ **enchérir** *vt* (2) *bid; ~ *sur* *outbid.

enchevêtrement [ãʃəvɛtʀəmã] *nm* tangle; *(fig)* confusion; muddle ‖ **enchevêtrer** *vt* (1) tangle up; entangle.

enclave [ãklav] *nf* enclave ‖ **enclaver** *vt* (1) enclose.

enclencher [ãklɑ̃ʃe] *vt* (1) *(Tech)* engage; *(fig)* *set in motion; *(Aut)* ~ *la marche arrière* *put in reverse gear.

enclin [ãklɛ̃] *adj* inclined; ~ *aux maux de tête* prone to headaches.

enclore [ãklɔʀ] *vt* (31) enclose ‖ **enclos** *nm* enclosure; *(chevaux)* paddock; *(moutons)* fold; *(poules)* run.

enclume [ãklym] *nf* anvil; *(loc) entre l'*~ *et le marteau* between the devil and the deep blue sea.

encoche [ãkɔʃ] *nf* notch; *(répertoire)* thumb index ‖ **encocher** *vt* (1) notch.

encoignure [ãkɔɲyʀ] *nf* corner.

encoller [ãkɔle] *vt* (1) *(papier)* paste; *(bois)* glue.

encolure [ãkɔlyʀ] *nf* 1 *(Anat)* neck 2 *(taille)* collar size.

encombrant [ãkɔ̃bʀã] *adj* cumbersome; bulky; *(fig)* unwanted ‖ **encombre** *loc adv sans* ~ without incident ‖ **encombrement** *nm* 1 congestion; *(rue)* overcrowding; *(Aut)* traffic jam; *(désordre)* clutter 2 volume; *(taille)* dimensions ‖ **encombrer** *vt* (1) block; congest; clutter up ‖ **s'encombrer** *vpr* load oneself up; *(fig)* ~ *de détails* bother/burden oneself with details.

encontre [ãkɔ̃tʀ] *à l'*~ *loc adv elle n'ira pas à l'*~ she won't go against it ◆ *loc*

prép à l'~ *de* contrary to; *à l'*~ *de moi* unlike me.

encorder [ãkɔʀde] **s'**~ *vpr* (1) rope up.

encore [ãkɔʀ] *adv* 1 still; *il est* ~ *au lit* he's still in bed; *(nég) pas* ~ not yet 2 *(de nouveau)* again; *il est* ~ *en colère* he's angry again; ~ *du café?* some more coffee? ~ *un mensonge!* another lie! 3 *(davantage)* even; ~ *plus sale, plus cher* even dirtier, more expensive; ~ *un mois* another/one more month 4 *(restriction)* only; *si* ~ *il nous écoutait!* if only he would listen! *il me dit bonjour et* ~*!* he only just manages to say hello! 5 ~ *que conj* though; even though.

encourageant [ãkuʀaʒã] *adj* encouraging ‖ **encouragement** *nm* encouragement; *cris d'*~ cheers; cheering ‖ **encourager** *vt* (1h) encourage; *(Sp)* support; ~ *de la voix* cheer.

encourir [ãkuʀiʀ] *vt* (3) *(peine)* *be liable to; *(perte)* incur.

encrasser [ãkʀase] *vt* (1) dirty; *(machine)* clog (up) ‖ **s'encrasser** *vpr* *get dirty; clog up.

encre [ãkʀ] *nf* ink; *écrire à l'*~ *write in ink; ~ *de Chine* Indian ink, *(amér)* India ink; ~ *d'imprimerie* printer's ink; ~ *sympathique* invisible ink; *(fig) se faire un sang d'*~ *be worried stiff ‖ **encreur** *adj (f* **-euse)** *tampon* ~ inkpad ‖ **encrier** *nm* inkwell.

encroûter [ãkʀute] **s'**~ *vpr* (1) *get in a rut.

encyclopédie [ãsiklɔpedi] *nf* encyclop(a)edia ‖ **encyclopédique** *adj* encyclop(a)edic.

endémique [ãdemik] *adj* endemic.

endetté [ãdete] *adj* in debt ‖ **endettement** *nm* debt ‖ **endetter** *vt* (1) **s'**~ *vpr* *get into debt.

endiablé [ãdjable] *adj (rythme)* wild; *(enfant)* boisterous.

endiguer [ãdige] *vt* (1) embank, dyke, *(amér)* dike; *(fig)* check; *hold back.

endimancher [ãdimãʃe] **s'**~ *vpr* (1) dress up in one's Sunday best.

endive [ãdiv] *nf* chicory, *(amér)* (Belgium) endive.

endoctrinement [ãdɔktʀinmã] *nm* indoctrination ‖ **endoctriner** *vt* (1) indoctrinate.

endolori [ãdɔlɔʀi] *adj* aching; painful.

endommager [ãdɔmaʒe] *vt* (1) damage.

endormant [ãdɔʀmã] *adj* soporific; boring ‖ **endormi** *adj* sleeping; *(ville)* sleepy; *à moitié* ~ half asleep ‖ **endormir** *vt* (8) 1 *send to sleep; *(Méd)* an(a)esthetize 2 *(fig)* beguile; *(soupçons)* allay ‖ **s'endormir** *vpr* *fall asleep; *go to sleep.

endosser [ãdose] *vt* (1) 1 *(veste)* *put on

2 accept; *(paternité)* acknowledge; *(responsabilité)* shoulder **3** *(chèque)* endorse.

endroit [ɑ̃dʀwa] *nm* **1** *(lieu)* place; spot; *à quel ~?* where? *par ~s* in places; here and there **2** *(fig)* side; *(loc)* *à l'~ de* regarding; *son attitude à mon ~* his attitude towards me **3** *(tissu)* right side; *à l'~* the right way round; the right way up.

enduire [ɑ̃dɥiʀ] *vt* (33) *(de)* coat (with) ‖ **s'enduire** *vpr ~ de crème* cover oneself with cream ‖ **enduit** *nm* coat; coating; *(avant peinture)* primer.

endurance [ɑ̃dyʀɑ̃s] *nf* stamina; staying power; *(Aut)* *épreuve d'~* endurance trial ‖ **endurant** *adj* tough; resilient; *(patience)* long-suffering.

endurci [ɑ̃dyʀsi] *adj* **1** *(dur)* tough **2** *(invétéré)* hardened; *(célibataire)* confirmed ‖ **endurcir** *vt* (2) harden; toughen.

endurer [ɑ̃dyʀe] *vt* (1) *bear; endure; *(fam)* put up with.

énergétique [enɛʀʒetik] *adj* *(aliment)* energy-giving; *(Eco)* energy ‖ **énergie** *nf* energy; *~ nucléaire* nuclear power; *protester avec ~* protest vigorously, forcefully ‖ **énergique** *adj* energetic; *(mesure)* drastic; *(intervention)* forceful.

énergumène [enɛʀgymɛn] *nm inv* lunatic; *(fam fig péj)* lout.

énervant [enɛʀvɑ̃] *adj* irritating ‖ **énervement** *nm* irritation; agitation ‖ **énervé** *adj* excited; worked up ‖ **énerver** *vt* (1) annoy; irritate; *(fam)* *il m'énerve!* he gets on my nerves! ‖ **s'énerver** *vpr* *get annoyed, *get excited; *(fam)* *ne t'énerve pas!* keep your hair on!

enfance [ɑ̃fɑ̃s] *nf* childhood; *(aussi fig)* infancy; *retomber en ~* lapse into second childhood ‖ **enfant** *nmf* child; *ma fille attend un ~* my daughter is expecting a baby; *~ en bas âge* infant; *~ caractériel, inadapté* problem, maladjusted child; *~ de chœur (Rel)* altar boy, girl; *(fig)* *tu me prends pour un ~ de chœur!* I wasn't born yesterday, you know! *faire l'~* behave childishly; *un livre pour ~* a children's book ‖ **enfanter** *vt* (1) *(de)* *give birth (to) ‖ **enfantillage** *nf* childishness; *dire des ~s* *make childish remarks ‖ **enfantin** *adj* childlike; *(péj)* childish; *c'est ~* it's child's play.

enfer [ɑ̃fɛʀ] *nm* **1** hell **2** *les ~s* the underworld **3** *(loc)* *d'~* *(bruit)* infernal, *(feu)* roaring; *conduire à un train d'~* *drive hell for leather; *(fam)* *une soirée d'~* a fabulous evening.

enfermer [ɑ̃fɛʀme] *vt* (1) **1** *shut in; *shut up; *(terrain)* enclose; *~ qch à clé* lock sth (up); *(fou)* *il est bon à ~* he ought to be locked up **2** *(foule)* hem in; *(fig)* confine; *enfermé dans ses pensées* wrapped up, lost in thought.

enferrer [ɑ̃fɛʀe] **s'~** *vpr* (1) *(dans)* *get tangled up (in), *get bogged down (with).

enfilade [ɑ̃filad] *nf* line; series; *en ~* in a row.

enfiler [ɑ̃file] *vt* (1) *(vêtement)* slip on; *(aiguille)* thread; *(perles)* *string; *(rue)* *take ‖ **s'enfiler** *vpr (fam)* **1** *(repas)* swallow; wolf (down) **2** *~ dans* slip into.

enfin [ɑ̃fɛ̃] *adv* **1** at last; *je l'ai ~ trouvé* I've found it at last; *(série)* finally, lastly **2** in a word; *~, bref* in short; *~, si vous insistez* well, if you really insist **3** still; *~, tu aurais pu me le dire* you might have told me all the same.

enflammé [ɑ̃flame] *adj* burning; *(Méd)* inflamed; *(fig)* fiery ‖ **enflammer** *vt* (1) **1** *set on fire; *(allumette)* *strike **2** *(Méd aussi fig)* inflame; *(dispute)* stir up ‖ **s'enflammer** *vpr* *catch fire; *(aussi fig)* flare up.

enfler [ɑ̃fle] *vt* (1) *swell; *(prix)* inflate; *(voix)* raise ◆ *vi* **s'~** *vpr* *swell (up); *(voix)* *rise ‖ **enflure** *nf* swelling.

enfoncé [ɑ̃fɔ̃se] *adj* *(creux)* sunken; deepset; *(brisé)* broken down; *(épine)* embedded ‖ **enfoncement** *nm* **1** *(action)* *(pieu)* driving in; *(porte)* breaking down; *(bateau)* sinking **2** *(creux)* hollow; recess; *(porte)* doorway ‖ **enfoncer** *vt* (1) **1** *stick in; *(clou)* *drive in; *(chapeau)* ram on; *(fig)* *j'essaie de lui ~ ça dans le crâne* I'm trying to drum it into him **2** *(défoncer)* *break down; *(porte)* *break open; *(fig)* *~ une porte ouverte* state the obvious **3** *(critiquer)* hammer **4** *(Sp) (fam)* lick ◆ *vi* *sink; plunge; *(sol)* subside; *(céder)* *give way ‖ **s'enfoncer** *vpr (dans)* *sink (into); *go below ground.

enfouir [ɑ̃fwiʀ] *vt* (2) bury; *(Ag)* plough in; *(fig)* tuck away.

enfourcher [ɑ̃fuʀʃe] *vt* (1) mount.

enfourner [ɑ̃fuʀne] *vt* (1) *put in the oven; *(fam fig)* tuck away.

enfreindre [ɑ̃fʀɛ̃dʀ] *vt* (45) *(Jur)* infringe; *(loi)* *break; *(règle)* transgress.

enfuir [ɑ̃fɥiʀ] **s'~** *vpr* (11) *(de)* *run away (from); escape (from).

enfumé [ɑ̃fyme] *adj* smoky ‖ **enfumer** *vt* (1) fill with smoke; *(ruche)* smoke out.

engagé [ɑ̃gaʒe] *adj* engaged; involved; *(Pol Lit)* committed ◆ *nm* **1** *(Mil)* *~ volontaire* volunteer **2** *(cheval)* runner ‖ **engageant** *adj* engaging; *(sourire)* winning ‖ **engagement** *nm* **1** promise; commitment; *prendre l'~ de faire qch* *undertake to do sth; *(Com)* *sans ~ de votre part* without obligation on your part **2** *(emploi)* appointment, engagement; *(Mil)* enlistment **3** *(combat)* engagement **4** *(Sp)* entry; *(match)* start, *(football)* kick-off **5** *(Lit Pol)* commitment ‖ **engager** *vt* (1h) **1** recruit;

(employé) engage, *take on; *(Mil)* enlist **2** *(clé, tuyau)* insert, fit in; *(voiture)* *drive into; *(vitesse)* engage **3** start; *(négociation)* open; *(Jur)* institute; *(combat)* engage **4** *(Fin)* invest; ~ *des fonds* commit capital; *(dépenses)* incur **5** encourage; *je vous engage à y réfléchir* I advise you to think about it **6** promise; *ceci ne vous engage à rien* this does not commit you in any way **7** *(mettre en gage)* pawn; *(maison)* mortgage ‖ **s'engager** *vpr* **1** commit oneself; *je m'engage à vous le rendre* I promise to give it back **2** *(Mil)* enlist, join up **3** enter; ~ *dans la ruelle* turn into the alley **4** start; *la journée s'engage bien* the day has got off to a good start **5** *get involved.

engelure [ɑ̃ʒlyʀ] *nf* chilblain.

engendrer [ɑ̃ʒɑ̃dʀe] *vt (1)* father; *(fig)* *give rise to; *breed.

engin [ɑ̃ʒɛ̃] *nm* machine; device; ~ *air-sol* air-to-ground missile; ~ *de levage* lifting machinery/tackle; *(fam) quel drôle d'~!* what a contraption!

englober [ɑ̃glɔbe] *vt (1)* include.

engloutir [ɑ̃glutiʀ] *vt (2)* **1** bolt down; *(boisson)* gulp down; *(fig)* swallow up; ~ *de l'argent dans une affaire* *sink money into a business **2** submerge; engulf.

engoncer [ɑ̃gɔ̃se] *vt (1)* hunch up.

engorgement [ɑ̃gɔʀʒəmɑ̃] *nm* block; *(action)* blocking; *(marché)* glut; *(Méd)* congestion ‖ **engorger** *vt (1h)* block; clog; *(Com Fin)* glut.

engouement [ɑ̃gumɑ̃] *nm* craze; *(passing)* fad ‖ **s'engouer** *vpr (1) (de)* *go crazy (over); *become infatuated (with).

engouffrer [ɑ̃gufʀe] *vt (1)* swallow up; engulf ‖ **s'engouffrer** *vpr* rush; *(vent)* *sweep.

engourdi [ɑ̃guʀdi] *adj* drowsy; *(main, pied)* numb ‖ **engourdir** *vt (2)* numb; *(esprit)* dull; *(chaleur)* *make drowsy ‖ **s'engourdir** *vpr* *go numb; *grow dull, sluggish; *become drowsy ‖ **engourdissement** *nm* numbness; drowsiness; *(activité)* sluggishness.

engrais [ɑ̃gʀɛ] *nm* fertiliser ‖ **engraisser** *vt (1)* fatten (up) ♦ *vi* *grow fat ‖ **s'engraisser** *vpr* *get fat.

engranger [ɑ̃gʀɑ̃ʒe] *vt (1h) (Ag)* *bring in; *(fig)* store away.

engrenage [ɑ̃gʀənaʒ] *nm* gearing; *(fig)* chain (of events).

engueuler [ɑ̃gœle] *vt (1) (fam)* ~ *qn* *give sb hell ‖ **s'engueuler** *vpr* *have a row.

enguirlander [ɑ̃giʀlɑ̃de] *vt (1)* **1** decorate with garlands **2** *(fam fig) voir* **engueuler**.

enhardir [ɑ̃aʀdiʀ] **s'~** *vpr* *get bold(er); *il s'enhardit à demander* he plucked up courage to ask.

énigmatique [enigmatik] *adj* enigmatic ‖ **énigme** *nf (jeu)* riddle; *(fig)* enigma.

enivrant [ɑ̃nivʀɑ̃] *adj* heady; intoxicating ‖ **enivrer** *vt (1)* intoxicate; *make drunk; *(fig)* exhilarate ‖ **s'enivrer** *vpr (de)* *get drunk (on).

enjambée [ɑ̃ʒɑ̃be] *nf* stride; *marcher à grandes ~s* *stride along ‖ **enjamber** *vt (1)* step across; *(obstacle)* step over; *(fig)* span.

enjeu [ɑ̃ʒø] *nm (pl -x)* stake; *(fig) (de)* stakes (in).

enjoindre [ɑ̃ʒwɛ̃dʀ] *vt (35)* order, charge.

enjôler [ɑ̃ʒole] *vt (1)* cajole, coax ‖ **enjôleur** *nm (f -euse)* cajoler ♦ *adj* cajoling, coaxing.

enjoliver [ɑ̃ʒɔlive] *vt (1)* embellish; *(récit)* embroider on ‖ **enjoliveur** *nm (Aut)* hubcap.

enjoué [ɑ̃ʒwe] *adj* cheerful; playful ‖ **enjouement** *nm* cheerfulness; playfulness.

enlacement [ɑ̃lɑsmɑ̃] *nm* intertwining; enlacing ‖ **enlacer** *vt (1h)* **1** *(rubans)* intertwine; interlace **2** *(embrasser)* enlace; hug.

enlaidir [ɑ̃lediʀ] *vt (2)* disfigure; *le noir m'enlaidit* I look awful in black ♦ *vi* *grow ugly.

enlevé [ɑ̃lve] *adj* lively ‖ **enlèvement** *nm* **1** collection; removal; ~ *d'enfant* child abduction **2** *(Mil)* capture; storming ‖ **enlever** *vt (1a)* **1** remove; *(vêtement)* *take off; *(tache)* *take out **2** *(priver)* *take away; *ceci n'enlève rien à votre succès* this does not detract from your success **3** *(marché, victoire)* *win; *(Mil)* ~ *une position* capture; *take **4** lift up; carry away; *(personne)* kidnap; abduct; *(marchandises, ordures)* collect; *(mort)* carry off ‖ **s'enlever** *vpr* *come off.

enlisement [ɑ̃lizmɑ̃] *nm* sinking; floundering ‖ **s'enliser** *vpr (1)* *sink; *get stuck in the sand(s), mud; *(fig)* flounder; *get bogged down.

enluminure [ɑ̃lyminyʀ] *nf (Art)* illumination ‖ **enluminer** *vt (1)* illuminate.

enneigé [ɑ̃neʒe] *adj* snow-covered; *(route)* snow-bound ‖ **enneigement** *nm (action)* snowing up; *(état)* snow conditions; depth of snow; *bulletin d'~* snow report.

ennemi [enmi] *nm* enemy ♦ *adj* enemy; hostile.

ennui [ɑ̃nɥi] *nm* **1** boredom; *quel ~!* what a bore! **2** worry; *j'ai des ~s d'argent* I've got money problems; *faire des ~s* *make trouble ‖ **ennuyer** *vt (1f)* **1** worry; bother **2** *(lasser)* bore; annoy ‖ **s'ennuyer** *vpr* *be bored; ~ *de qn* miss sb ‖ **ennuyeux** *adj (f -euse)* annoying; *(lassant)* boring.

énoncé [enɔ̃se] *nm (problème)* terms; *(question)* wording; *(fait)* statement

énoncer *vt (1h)* state; *(fait)* expose ‖
énonciation *nf* statement; *(action)* stating.

enorgueillir [ɑ̃nɔʀgœjiʀ] **s'~** *vpr (de)*
pride oneself (on), boast (of).

énorme [enɔʀm] *adj* huge, enormous ‖
énormément *adv* enormously; *il y a ~
de gaspillage/de gens* there's a vast amount
of waste/a vast number of people ‖ **énormité** *nf* (huge) size; *(fam fig) une ~
(erreur)* howler; *(mensonge)* whopper.

enquérir [ɑ̃keʀiʀ] **s'~** *vpr (13) (de)* ask
(about), inquire (after).

enquête [ɑ̃kɛt] *nf* **1** inquiry; investigation
2 *(sondage)* survey ‖ **enquêter** *vi (1)* **1** investigate; *hold an inquiry **2** conduct a
survey ‖ **enquêteur** *nm (f -teuse, -trice)*
investigator; *(Com)* market researcher;
pollster.

enquiquiner [ɑ̃kikine] *vt (1) (fam) voir*
embêter, ennuyer ‖ **enquiquineur** *nm
(f -euse)* nuisance.

enraciné [ɑ̃ʀasine] *adj* (deep-)rooted;
(fig) deep-seated; *~ dans ses habitudes*
set in his ways ‖ **enracinement** *nm* rooting; *(aussi fig)* taking root ‖ **enraciner** *vt
(1)* root; *(fig)* implant ‖ **s'enraciner** *vpr*
*take root.

enragé [ɑ̃ʀaʒe] *adj* **1** *(animal)* rabid
2 *(fig) (de)* keen (on), mad (about) ‖ **enrageant** *adj* infuriating, maddening ‖ **enrager** *vt (1h)* **1** *be furious; *il me fait ~*
he infuriates me **2** *(taquiner)* tease.

enrayer [ɑ̃ʀeje] *vt (1e)* check; *(fuite)* stem
‖ **s'enrayer** *vpr* jam.

enregistrement [ɑ̃ʀʒistʀəmɑ̃] *nm* registration; *(bagages)* check in; *(Mus)* recording ‖ **enregistrer** *vt (1)* **1** register
2 *(Av)* check in **3** *(Mus)* record; *~ sur
bande* tape; *~ sur magnétoscope* video ‖
enregistreur *adj (f -euse)* recording;
caisse ~euse cash register ◆ *nm* recorder; *(Av) ~ de vol* flight recorder.

enrhumé [ɑ̃ʀyme] *adj être ~* *have a
cold ‖ **s'enrhumer** *vpr (1)* *catch a cold.

enrichir [ɑ̃ʀiʃiʀ] *vt (2)* enrich; *make
richer; *les technologies de pointe ont enrichi la région* hi-tech industries have
brought prosperity to/benefited the region
‖ **s'enrichir** *vpr* *get rich; *~ de* *become
richer with ‖ **enrichissant** *adj* enriching;
fruitful ‖ **enrichissement** *nm* enrichment.

enrober [ɑ̃ʀɔbe] *vt (1) (de)* coat (with);
(fig) wrap up; *(de belles paroles)* sweettalk.

enrôler [ɑ̃ʀule] *vt (1)* enrol; enlist.

enroué [ɑ̃ʀwe] *adj* hoarse ‖ **enrouement**
nm hoarseness ‖ **s'enrouer** *vpr (1)* *go
hoarse.

enroulement [ɑ̃ʀulmɑ̃] *nm* rolling up ‖
enrouler *vt (1)* roll up; *~ autour d'un
bâton* *wind round a stick ‖ **s'enrouler**

vpr roll oneself up; *(serpent)* coil round.

ensabler [ɑ̃sable] **s'~** *vpr (1) (rivière)*
silt up; *(bateau)* *run aground; *(voiture)*
*get stuck in the sand.

ensacher [ɑ̃saʃe] *vt (1)* bag, *put in bags.

ensanglanté [ɑ̃sɑ̃glɑ̃te] *adj* bloodstained; bloody ‖ **ensanglanter** *vt (1)*
stain with blood.

enseignant [ɑ̃sɛɲɑ̃] *nm* ◆ teacher ◆ *adj*
teaching; *corps ~* (members of the) teaching profession.

enseigne[1] [ɑ̃sɛɲ] *nf* sign; *(Naut)* flag,
ensign; *(fig) être logé à la même ~* *be
in the same boat.

enseigne[2] [ɑ̃sɛɲ] *nm (Marine)* ensign.

enseignement [ɑ̃sɛɲmɑ̃] *nm* **1** teaching; *~ assisté par ordinateur* computeraided learning; *~ par correspondance*
correspondence course **2** education; *~ secondaire* secondary, *(amér)* high school
education **3** *(fig) ~s* lesson(s) ‖ **enseigner** *vt (1)* *teach.

ensemble[1] [ɑ̃sɑ̃bl] *adv* together; *agir ~*
act jointly.

ensemble[2] [ɑ̃sɑ̃bl] *nm* **1** *(vx)* unity;
cohesion **2** totality; *l'~ de la population*
the entire/whole population; *dans l'~* on
the whole; *idée d'~* general idea; *vue
d'~* overall view **3** group; *(idées, règles)*
set; *(vêtement)* suit; *un grand ~* a housing development **4** *(Mus)* ensemble; *~
vocal* choir.

ensemencement [ɑ̃səmɑ̃smɑ̃] *nm* sowing ‖ **ensemencer** *vt (1h)* *sow.

enserrer [ɑ̃seʀe] *vt (1)* encircle; hug.

ensevelir [ɑ̃səvliʀ] *vt (2)* bury.

ensoleillé [ɑ̃sɔleje] *adj* sunny ‖ **ensoleillement** *nm* (period of) sunshine.

ensommeillé [ɑ̃sɔmeje] *adj* sleepy.

ensorceler [ɑ̃sɔʀsəle] *vt (1b)* bewitch;
*cast a spell on; *(fig)* charm ‖ **ensorceleur** *adj (f -euse)* bewitching ◆ *nm* sorcerer ‖ **ensorceleuse** *nf* sorceress.

ensuite [ɑ̃sɥit] *adv* then; *qu'as-tu fait
~?* what did you do next/after(wards)?
d'abord c'est cher et ~ c'est trop grand
first (of all) it's expensive and secondly
it's too big.

ensuivre [ɑ̃sɥivʀ] **s'~** *vpr (48)* follow.

entaille [ɑ̃taj] *nf* nick; notch; *(profonde)*
gash ‖ **entailler** *vt (1)* nick, *cut; gash.

entame [ɑ̃tam] *nf* outside slice; *(cartes)*
opening card ‖ **entamer** *vt (1)* **1** *(pain)*
*cut into, start on; *(capital)* *break into;
(défense) *break through **2** *begin; *(discussion)* open; *(Jur)* institute **3** *(abîmer)*
damage; *(confiance)* *shake.

entartrer [ɑ̃taʀtʀe] *vt (1)* **s'~** *vpr* scale
(up).

entassement [ɑ̃tasmɑ̃] *nm* pile; stack;
(action) piling up; stacking; *(gens)* crowding ‖ **entasser** *vt (1)* **s'~** *vpr* **1** pile up;

stack **2** (*dans*) pack (into); cram (into).

entendement [ɑ̃tɑ̃dmɑ̃] *nm* understanding ‖ **entendre** *vt* (46) **1** *hear; ~ qn chanter* *hear sb sing(ing); *~ parler de qch* *hear of/about sth* **2** listen; *~ raison* listen to reason; *je ne veux plus en ~ parler* I don't want it mentioned again; *à l'~, il aurait raison* if we go by what he says, he's right **3** (*Jur*) *come up for hearing **4** *understand; *il m'a donné à ~ que...* he has led me to believe that...; *laisser ~* imply; insinuate **5** *mean*; *j'entends qu'on m'obéisse* I expect to be obeyed; *faites comme vous l'entendez* do as you please ‖ **s'entendre** *vpr* **1** *~ parler* *hear oneself speak(ing)* **2** agree; *come to an agreement; *ils s'entendent bien* they get on well together; *~ comme larrons en foire* *be as thick as thieves* **3** *be understood; *cela peut ~ de deux façons* it can be taken two ways **4** *know how to; *il s'y entend pour mentir!* he's a darn(ed) good liar! ‖ **entendu** *adj* (*air*) knowing; (*affaire*) settled; *c'est ~!* all right, agreed! *bien entendu* of course ‖ **entente** *nf* **1** agreement; *il y a une bonne ~ dans notre bureau* there's good atmosphere in our office **2** understanding; *à double ~* with a double meaning.

entériner [ɑ̃terine] *vt* (1) endorse; (*Jur Pol*) ratify, (*péj*) rubber-stamp.

enterrement [ɑ̃tɛrmɑ̃] *nm* burial; (*cérémonie*) funeral; (*fig*) *faire une tête d'~* pull a long face ‖ **enterrer** *vt* (1) bury; (*fig*) scrap.

entêtant [ɑ̃tɛtɑ̃] *adj* heady ‖ **en-tête** *nm* heading; *papier à ~* headed notepaper; (*presse*) headline ‖ **entêté** *adj* stubborn, obstinate ‖ **entêtement** *nm* stubbornness, obstinacy ‖ **entêter** *vt* (1) turn one's head; *make giddy ‖ **s'entêter** *vpr* (1) *~ à faire qch* persist in doing sth.

enthousiasmant [ɑ̃tuzjasmɑ̃] *nm* exciting ‖ **enthousiasme** *nm* enthusiasm ‖ **enthousiasmer** *vt* (1) fill with enthusiasm ‖ **s'enthousiasmer** *vpr* *become enthusiastic ‖ **enthousiaste** *adj* enthusiastic.

enticher [ɑ̃tiʃe] **s'~** *vpr* (1) (*de*) *take a fancy (to); *become crazy about.

entier [ɑ̃tje] *adj* (*f* **-ière**) **1** complete, whole; intact; (*lait*) (*brit*) full-cream; *des semaines entières* weeks on end; *place entière* full price, (*Rail*) full fare; *se donner tout ~ à son travail* devote oneself entirely to one's work **2** absolute; (*personne*) unyielding; (*opinion*) unbending ◆ *nm* totality; (*Math*) integer ‖ **entièrement** *adv* completely, totally; *~ convaincu* fully convinced.

entité [ɑ̃tite] *nf* entity.

entonner [ɑ̃tɔne] *vt* (1) (*chant*) *break into.

entonnoir [ɑ̃tɔnwaʀ] *nm* funnel.

entorse [ɑ̃tɔʀs] *nf* (*Méd*) sprain; *je me suis fait une ~ au genou* I've sprained my knee; *faire une ~ au règlement* *bend/stretch the rules.

entortiller [ɑ̃tɔʀtije] *vt* (1) twist; *wind; (*fig*) *il a réussi à m'~* he got round me ‖ **s'entortiller** *vpr* *~ autour de* twist round; (*serpent*) coil round; *~ dans qch* wrap sth round oneself.

entourage [ɑ̃tuʀaʒ] *nm* (*cadre*) surround; (*personnes*) circle; *dans son ~* among his acquaintances ‖ **entourer** *vt* (1) **1** *put round, surround; (*Mil*) encircle; (*haie*) hedge round; (*palissade*) fence in; (*papier*) wrap up **2** help; support; *~ qn d'affection* *show sb affection.

entournure [ɑ̃tuʀnyʀ] *nf* armhole; (*fig*) *être gêné aux ~s* *feel awkward, (*argent*) *feel the pinch.

entracte [ɑ̃tʀakt] *nf* (*Th*) interval, (*amér*) intermission; (*fig*) break.

entraide [ɑ̃tʀɛd] *nf* mutual aid/assistance ‖ **s'entraider** *vt* (1) *give mutual aid; help one another, each other.

entrailles [ɑ̃tʀaj] *nfpl inv* (*Zool*) entrails; guts.

entrain [ɑ̃tʀɛ̃] *nm* liveliness; enthusiasm; *être plein d'~* *be in high spirits; *manquer d'~* flag ‖ **entraînant** *adj* lively; (*discours*) stirring.

entraînement [ɑ̃tʀɛnmɑ̃] *nm* **1** practice; (*Sp*) training; *match d'~* practice match **2** (*élan*) impulse **3** (*Tech*) drive ‖ **entraîner** *vt* (1) **1** carry along; *~ vers le large* *sweep out to sea* **2** *lead; *il m'a entraîné à la réunion* he dragged me along to the meeting **3** (*conséquence*) *lead to; result in; (*retard*) involve, entail; incur **4** (*Sp*) train **5** (*Tech*) *drive ‖ **s'entraîner** *vpr* practise; (*Sp*) train ‖ **entraîneur** *nm* (*f* **-euse**) coach; (*cheval*) trainer ‖ **entraîneuse** *nf* (*bar*) hostess.

entrave [ɑ̃tʀav] *nf* hobble; (*fig*) obstruction; hindrance ‖ **entraver** *vt* (1) (*animal*) hobble; (*fig*) hamper, hinder.

entre [ɑ̃tʀ] *prép* **1** between; *~ nous* between you and me; *~ deux âges* middle-aged; *~ guillemets* in inverted commas; *nous serons ~ nous* we'll be by ourselves **2** (*parmi*) among; *l'un d'~ vous* one of you; *préférer ~ tous* like best/above all others.

entrebâillé [ɑ̃tʀəbaje] *adj* ajar ‖ **entrebâiller** *vt* (1) half open.

entrechoquer [ɑ̃tʀəʃɔke] *vt* (1) **s'~** *vpr* knock together; (*verres*) chink; (*dents*) chatter; (*fig*) clash.

entrecôte [ɑ̃tʀəkot] *nf* (*Cuis*) ribsteak.

entrecoupé [ɑ̃tʀəkupe] *adj* broken; *d'une voix ~e d'émotion* with a catch of emotion in his/her voice ‖ **entrecouper** *vt* (1) **s'~** *vpr* (*de*) interrupt (with); (*lignes*) *cut across each other.

entrecroiser [ɑ̃trəkrwaze] *vt (1)* **s'~** *vpr (fils)* intertwine ; *(routes)* intersect.

entrée [ɑ̃tre] *nf* **1** entrance, entry ; ~ *en gare* arrival ; ~ *en scène* stage entrance **2** *(livre)* entry ; *(Inf)* input/entry **3** way in ; *(vestibule)* entrance hall ; *(tunnel)* opening ; ~ *des artistes* stage door **4** access ; admission ; ~ *interdite* no admittance ; *(Ens) examen d'~* entrance examination **5** *(Com)* les ~s the takings ; *droits d'~* import duty **6** *(Cuis)* first course, *(fam)* starter **7** ~ *en matière* introduction ; *(loc) d'~ de jeu* from the outset.

entrefaites [ɑ̃trəfɛt] *loc sur ces ~* meanwhile ; at this moment.

entrefilet [ɑ̃trəfilɛ] *nm (presse)* item ; paragraph.

entre-jambes [ɑ̃trəʒɑ̃b] *nm (pl inv)* crotch.

entrelacer [ɑ̃trəlase] *vt (1h)* **s'~** *vpr* intertwine.

entremêler [ɑ̃trəmele] *vt (1)* **s'~** *vpr* intermingle.

entremets [ɑ̃trəmɛ] *nm (pl inv) (Cuis)* dessert.

entremetteur [ɑ̃trəmɛtœr] *nm (f -euse)* go-between ‖ **s'entremettre** *vpr (42)* intervene ‖ **entremise** *nf* intervention ; *par l'~ de ma sœur* through my sister.

entreposer [ɑ̃trəpoze] *vt (1)* store ‖ **entrepôt** *nm* warehouse ; ~ *en douane* bonded warehouse.

entreprenant [ɑ̃trəprənɑ̃] *adj* enterprising ‖ **entreprendre** *vt (45)* **1** *begin, start ; ~ *de faire qch* *undertake to do sth **2** tackle ; *(femme)* *make advances to ‖ **entrepreneur** *nm (f -euse)* entrepreneur ; ~ *en bâtiment* (building) contractor ; ~ *de transports* forwarding agent ; carrier ‖ **entreprise** *nf* **1** undertaking ; venture ; operation ; *libre ~* free enterprise **2** *(Com)* business ; *petites et moyennes ~s* small and medium-sized companies.

entrer[1] [ɑ̃tre] *vi (1) avec aux être* **1** *(aller)* *go in ; *(venir)* *come in ; *entrez !* come in! ~ *en courant, en boitant* *run in, limp in ; *défense d'~* no admittance ; *faire ~ qn* *show sb in ; *laisser ~ qn, qch* *let sb, sth in **2** ~ *dans* fit in ; *(série)* *be included ; *(catégorie)* *fall into ; ~ *dans les attributions de qn* *be within sb's powers ; *cela entrera pour beaucoup dans ma décision* that will weigh heavily (up)on my decision **3** ~ *au parti* join the party ; ~ *à l'université* (brit) *go up to university ; ~ *en action* *move into action ; ~ *dans les ordres* *take holy orders ; ~ *en guerre* enter war **4** ~ *dans (heurter)* *run into ; *(Aut)* crash into ; bump into.

entrer[2] [ɑ̃tre] *vt avec aux avoir* **1** ; *(voiture)* *drive in(to) **2** *sink in(to) ; *il m'a entré les ongles dans le bras* he dug his

nails into my arm **3** *(Inf)* enter ; *input, key in.

entre-temps [ɑ̃trətɑ̃] *adv* in the meantime, meanwhile.

entretenir [ɑ̃trətnir] *vt (10)* **1** *(personne)* support, maintain ; *(route, jardin)* *keep up ; *(machine)* maintain ; service ; *(sentiment)* *keep alive ; ~ *qn dans l'ignorance* *keep sb in ignorance **2** ~ *qn de qch* *speak to sb about sth ‖ **s'entretenir** *vpr* **1** *(forme physique)* *keep fit **2** *speak together ; ~ *avec qn de qch* *speak to sb about sth **3** earn one's keep, support oneself ‖ **entretien** *nm* **1** upkeep ; *(Aut)* servicing ; *équipe d'~* maintenance staff ; *notice d'~* service handbook/leaflet ; *produit d'~* cleaning product **2** conversation ; discussion ; *(entrevue)* interview.

entre-tuer [ɑ̃trətɥe] **s'~** *vpr (1)* kill one another, each other.

entrevoir [ɑ̃trəvwar] *vt (22)* *catch a glimpse of ; *make out ; *(fig)* glimpse ; *(avenir)* *foresee ‖ **entrevue** *nf* **1** glimpse **2** *(entretien)* interview.

entrouvert [ɑ̃truvɛr] *adj* half-open ; *(porte)* ajar ‖ **entrouvrir** *vt (7)* **s'~** *vpr* half-open.

énumération [enymerɑsjɔ̃] *nf* enumeration ; listing ‖ **énumérer** *vt (1)* enumerate ; reel off.

envahir [ɑ̃vair] *vt (2)* invade ; move in in force ; *(herbe, insectes)* *overrun ; *(sentiment)* *overcome ; *(Com)* ~ *le marché* flood, submerge the market ‖ **envahissant** *adj (personne)* intrusive ; *(herbe)* encroaching ; *(sentiment)* overwhelming ‖ **envahissement** *nm* invasion ‖ **envahisseur** *nm* invader.

envasement [ɑ̃vazmɑ̃] *nm* silting up ‖ **s'envaser** *vpr (1)* *get stuck in the mud ; *(port)* silt up.

enveloppant [ɑ̃vlɔpɑ̃] *adj* enveloping ‖ **enveloppe** *nf* **1** wrapper, wrapping ; *(Tech)* casing, jacket ; *(Bot)* husk **2** *(lettre)* envelope ; ~ *autocollante* self-seal envelope ; *envoyer sous* ~ *send under cover ; *mettre sous* ~ *put in an envelope **3** *(Fin)* budget ‖ **enveloppé** *adj (personne)* plump ‖ **envelopper** *vpr (1)* wrap (up) ; *(brouillard)* envelop, shroud ‖ **s'envelopper** *vpr* wrap (oneself) up.

envenimer [ɑ̃vnime] *vt (1)* poison ; inflame ; *(fig)* aggravate ; *make worse ‖ **s'envenimer** *vpr (plaie)* turn septic ; fester ; *(fig)* *grow worse ; *(discussion)* turn bitter.

envergure [ɑ̃vɛrgyr] *nf* **1** *(Av Orn)* wing-span **2** scope ; class ; *un homme d'une autre* ~ a man of a different calibre ; *réforme de grande* ~ large-scale, sweeping reform.

envers[1] [ɑ̃vɛr] *prép* to(wards) ; ~ *et*

contre tout in spite of everything ; ~ *et contre tous* against the whole world.

envers² [ɑ̄vɛʀ] *nm* 1 *(dos, verso)* back ; *(médaille)* reverse ; *à l'*~ back to front 2 *(contraire)* inverse ; *(tissu)* wrong side ; *ton pull est à l'*~ your jumper, *(amér)* sweater is inside out ; *(fig) l'*~ *du décor* the wrong side of the picture 3 *(la tête en bas)* wrong way up ; *poser qch à l'*~ *put sth upside down.

envie [ɑ̄vi] *nf* 1 longing ; *une* ~ *soudaine* a sudden urge ; *avoir* ~ *de faire qch* *feel like doing sth ; *j'ai* ~ *qu'il vienne* I wish he would come ; *brûler d'*~ *de faire qch* long to sth ; *l'idée me fait* ~ the idea is very appealing 2 envy ; *son succès me fait* ~ I envy her succes 3 *(tache)* birthmark ‖ **envier** *vt* (1h) envy ; *tu n'as rien à m'*~ you have no reason to be envious of me ‖ **envieux** *adj (f* -euse*)* envious ◆ *nmf* *faire des* ~ *make people jealous.

environ [ɑ̄viʀɔ̄] *adv* about ; approximately ‖ **environnant** *adj* surrounding ; *(proche)* nearby ‖ **environnement** *nm* environment ‖ **environner** *vt* (1) surround ‖ **environs** *nmpl inv* surroundings ; *(ville)* outskirts ; *aux* ~ *de* round about ; near.

envisageable [ɑ̄vizaʒabl] *adj* conceivable ‖ **envisager** *vt* (1h) consider ; *j'envisage de partir* I'm contemplating leaving.

envoi [ɑ̄vwa] *nm* 1 *(action)* sending ; dispatching ; *(Com)* forwarding ; ~ *contre remboursement* cash on delivery 2 *(objet)* letter ; parcel ; *(Com)* consignement 3 *(Sp) coup d'*~ kick-off.

envol [ɑ̄vɔl] *nm (Orn)* taking wing ; *(Av)* take-off ; *piste d'*~ runway ‖ **envolée** *nf* 1 *(Orn)* flight 2 sudden rise ‖ **s'envoler** *vpr* (1) 1 *(Av)* *take off ; *(Orn)* *fly away ; *(prix)* soar 2 *(objet)* *blow away, off ; *(temps)* *fly ; *(fig)* vanish into thin air.

envoûtement [ɑ̄vutmɑ̄] *nm* spell ; *(action)* bewitching ‖ **envoûter** *vt* (1) bewitch ; *cast a spell (on).

envoyé [ɑ̄vwaje] *nm* messenger ; *(Pol)* envoy ; *(Rad TV)* ~ *spécial* special correspondent ‖ **envoyer** *vt* (1f) 1 *send (off) ; dispatch ; *(candidature)* *send in ; *(Com)* forward ; ~ *chercher* *send for ; ~ *qn chercher qch* *send sb to fetch sth ; *(fam)* ~ *promener* *qn* *send sb packing 2 *(pierre)* *throw ; *(balle)* *hit ‖ **envoyeur** *nm (f* -euse*)* sender.

épagneul [epaɲœl] *nm* spaniel.

épais [epɛ] *adj* thick ; *(esprit)* dull ; ~ *de 3 mètres* 3 metres thick ◆ *adv* thickly ; *(fam) il n'y en a pas* ~ there's not much of it ‖ **épaisseur** *nf* thickness ; depth ; density ‖ **épaissir** *vt* (2) **s'**~ *vpr* thicken (out) ; *(fig)* deepen ‖ **épaississement** *nm* thickening (out) ; deepening.

épanchement [epɑ̄ʃmɑ̄] *nm* effusion ‖

épancher *vt* (1) **s'**~ *vpr* pour out ; pour out one's feelings.

épanoui [epanwi] *adj (enfant)* open, outgoing ; happy ; *(fleur)* in full bloom ; *(sourire)* beaming ‖ **épanouissement** *nm* blossoming ‖ **épanouir** *vt* (2) bloom, blossom ‖ **s'épanouir** *vpr* 1 open out ; blossom out ; *(visage)* *light up.

épargnant [epaʀɲɑ̄] *nm* saver ; *(Fin) petit* ~ small investor ‖ **épargne** *nf (aussi fig)* saving ; *(somme)* savings ; *caisse d'*~ savings bank ‖ **épargner** *vt* (1) 1 *(argent)* save (up) ; *(effort)* save 2 *(vie)* spare.

éparpillement [epaʀpijmɑ̄] *nm* scattering ‖ **éparpiller** *vt* (1) **s'**~ *vpr* disperse, scatter ‖ **épars** *adj (éparpillé)* scattered ; *(peu abondant)* sparse.

épatant [epatɑ̄] *adj (fam)* great, super ‖ **épate** *nf faire de l'*~ *show off ‖ **épaté** *adj* 1 *(étonné)* amazed ; flabbergasted 2 *(élargi)* splayed (out) ; *(nez)* flat ‖ **épater** *vt* (1) amaze ; flabbergast.

épaule [epol] *nf* shoulder ; ~ *contre* ~ shoulder to shoulder ; *large d'*~s broad shouldered ; *il m'a écarté d'un coup d'*~ he shouldered me aside ‖ **épauler** *vt* (1) 1 ~ *qn* help sb ; support sb 2 ~ *qch* shoulder sth ; *(fusil)* raise ‖ **épaulement** *nm (Géog)* shoulder ‖ **épaulette** *nf (Mil)* epaulet(te) ; *(rembourrage)* shoulder pad ; *(bretelle)* shoulder strap.

épave [epav] *nf* wreck.

épée [epe] *nf* sword ; *(fig) un coup d'*~ *dans l'eau* a wasted effort.

épeler [eple] *vti* (1b) *spell (out).

éperdu [epɛʀdy] *adj* desperate ; *(regard)* distraught ; *(fuite)* headlong ; ~ *de joie* overcome with joy ‖ **éperdument** *adv* desperately ; ~ *amoureux* head over heels in love ; *(fam) il s'en moque* ~ he couldn't care less.

éperon [epʀɔ̄] *nm* spur ‖ **éperonner** *vt* (1) spur on ; *(Naut)* ram.

éphémère [efemɛʀ] *adj* short-lived ; *(souvenir)* fleeting.

épi [epi] *nm (blé)* ear ; *(Cuis)* ~ *de maïs* corn on the cob ; *(fleur)* spike ; *(cheveux)* tuft ; *se garer en* ~ park at an angle.

épice [epis] *nf* spice ; seasoning ‖ **épicé** *adj* spicy ‖ **épicer** *vt* (1h) season ; add spice ‖ **épicerie** *nf* 1 *(produits)* groceries 2 *(lieu)* grocery, grocer's shop, food store ‖ **épicier** *nm (f* -ière*)* grocer.

épidémie [epidemi] *nf* epidemic ‖ **épidémique** *adj* epidemic.

épiderme [epidɛʀm] *nm* skin, epidermis ‖ **épidermique** *adj* epidermic.

épier *vt* (1h) *(personne)* spy on ; *(geste, réaction)* observe, watch for ; *(bruit)* listen for ; *(occasion)* watch out for.

épiler [epile] *vt* (1) remove hair ; *(sourcils)* pluck ‖ **épilatoire** *adj* depilatory.

épilepsie [epilɛpsi] *nf* epilepsy ‖ **épileptique** *adj* epilectic.

épilogue [epilɔg] *nm* epilogue; conclusion ‖ **épiloguer** *vi* (1) *(sur)* comment (on); *(fam)* *go on and on (about).

épinard(s) [epinaʀ] *nm* (pl) spinach *ns inv.*

épine [epin] *nf* **1** *(Bot)* thorn; *(Zool)* prickle; *(fig) il m'a tiré une ~ du pied* he got me out of a mess **2** *(Anat) ~ dorsale* spine; backbone ‖ **épineux** *adj* (f -euse) *(aussi fig)* thorny.

épingle [epɛ̃gl] *nf* pin; *~ à linge* clothes peg; *~ de nourrice* safety pin; *(fig) tiré à quatre ~s* smartly turned out; *tirer son ~ du jeu* *get out while the going's good, *withdraw; *virage en ~ à cheveux* hairpin bend ‖ **épingler** *vt* (1) **1** *(à, sur)* pin (on); *~ au mur* pin up **2** *(fam) (arrêter)* nab.

épinière [epinjɛʀ] *adj moelle ~* spinal cord.

épique [epik] *adj* epic.

épiscopal [episkɔpal] *adj* (mpl -aux) episcopal ‖ **épiscopat** *nm* episcopacy.

épisode [epizɔd] *nm* episode ‖ **épisodique** *adj* episodic; *de façon ~* episodically.

épitaphe [epitaf] *nf* epitaph.

épithète [epitɛt] *adj adjectif ~* attributive adjective ◆ *nf* epithet.

épître [epitʀ] *nf* epistle.

éploré [eplɔʀe] *adj (lit)* tearful.

éplucher [eplyʃe] *vt* (1) peel; *(salade)* clean; *(fig)* examine in detail; dissect ‖ **éplucheur** *nm* peeler ‖ **épluchure** *nf* peeling.

éponge [epɔ̃ʒ] *nf* sponge; *donner un coup d'~ à qch* wipe sth (down) with a sponge; *serviette ~* terry/Turkish towel; *(fig) boire comme une ~* *drink like a fish; *jeter l'~* *throw in the sponge, *(amér)* the towel; *passer l'~* *let bygones be bygones ‖ **éponger** *vt* (1) *(surface)* sponge down, *(amér)* wipe (off); *(liquide)* sponge up, wipe up; *(front)* mop; *(dette)* absorb.

épopée [epɔpe] *nf* epic.

époque [epɔk] *nf* time; period; *(Hist)* era; *à notre ~* in our day and age; *faire ~* mark an epoch; *meubles d'~* period furniture.

époumoner [epumɔne] *s'~* *vpr* (1) shout oneself hoarse.

épouse [epuz] *nf* wife, *(Jur)* spouse ‖ **épouser** *vt* (1) **1** marry; *(fig) (cause)* *take up **2** *(s'adapter à)* fit; *(contour)* follow; *(robe)* mould to.

épousseter [epuste] *vt* (1d) dust.

époustouflant [epustuflɑ̃] *adj* staggering ‖ **époustoufler** *vt* (1) amaze; stagger.

épouvantable [epuvɑ̃tabl] *adj* appalling; dreadful ‖ **épouvantail** *nm* (pl -ails) scarecrow; *(fig)* bog(e)y; bogeyman ‖ **épouvante** *nf* terror; *film d'~* horror film ‖ **épouvanter** *vt* (1) appal; terrify.

époux [epu] *nm* (pl inv) husband; *(Jur)* spouse; *les ~* husband and wife.

éprendre [epʀɑ̃dʀ] *s'~* *vpr* (45) *(de)* *be taken (with); *(amoureux)* *fall in love (with).

épreuve[1] [epʀœv] *nf* **1** *(malheur)* ordeal **2** test; *à l'~ des balles, de l'eau* bulletproof, waterproof; *une patience à toute ~* unfailing patience **3** *(Ens) ~ écrite* written paper/exam(ination); *~ orale* oral (exam) **4** *(Sp)* event; trial.

épreuve[2] [epʀœv] *nf* *(Photo)* print; *(imprimerie)* proof.

épris [epʀi] *adj (de)* taken (with); *(amoureux)* in love with.

éprouvant [epʀuvɑ̃] *adj* trying ‖ **éprouvé** *adj* **1** *(malheur)* stricken; hard-hit **2** *(testé)* well-tried, proven; tested ‖ **éprouver** *vt* (1) **1** *(tester)* test; *(personne)* *put to the test; try **2** *(faire souffrir)* distress; *(guerre, maladie)* afflict; *(perte)* suffer **3** *(sentiment)* *feel; *(difficulté)* experience ‖ **éprouvette** *nf* test tube.

épuisant [epɥizɑ̃] *adj* exhausting ‖ **épuisé** *adj* **1** exhausted **2** *(article)* sold out; *(Com)* out of stock; *(édition)* out of print ‖ **épuisement** *nm* exhaustion; *jusqu'à ~ des fonds* while funds last ‖ **épuiser** *vt* (1) **1** exhaust **2** *sell out.

épuisette [epɥizɛt] *nf* landing net.

épuration [epyʀasjɔ̃] *nf* purification; *(Pol)* purge; *~ ethnique* ethnic cleansing; *station d'~* treatment plant ‖ **épurer** *vt* (1) purify; purge; *(langage)* refine.

équarrissage [ekaʀisaʒ] *nm* *(bois)* squaring; *(animal)* quartering ‖ **équarrir** *vt* (2) square; quarter.

équateur [ekwatœʀ] *nm* equator ‖ **équatorial** *adj* (mpl -iaux) equatorial.

équation [ekwatjɔ̃] *nf* equation.

équerre [ekɛʀ] *nf* *(dessin)* (set) square; *(soutien)* brace; *à l'~/ en ~* at right angles; *d'~* square; straight.

équestre [ekɛstʀ] *adj* equestrian.

équilibrage [ekilibʀaʒ] *nf* *(Aut) ~ des roues* wheel balancing ‖ **équilibre** *nm* **1** balance; *perdre l'~* *(physique)* *lose one's balance, *(mental)* *become unbalanced; *tenir en ~* balance **2** *(Ch Phys)* equilibrium **3** *(fig)* harmony ‖ **équilibré** *adj* (well-)balanced ‖ **équilibrer** *vt* (1) balance ‖ **s'équilibrer** *vpr* balance out; *(forces)* counterbalance ‖ **équilibriste** *nmf* acrobat; tightrope-walker.

équinoxe [ekinɔks] *nm* equinox.

équipage [ekipaʒ] *nm* **1** *(Av Naut)* crew **2** equipment; gear **3** *(vx) (chevaux, voiture)* equipage ‖ **équipe** *nf* **1** team; *chef d'~* foreman; *~ de nuit* night shift;

faire ~ team up; *travailler en* ~ work as a team 2 group; *(fam)* bunch ‖ **équipée** *nf* escapade; jaunt ‖ **équipement** *nm* 1 *(action)* equipping; fitting out 2 equipment; *(Mil)* kit, *(amér)* gear; *(pêche)* tackle 3 *(services)* facilities; ~*s collectifs* public amenities, *(amér)* infrastructure ‖ **équiper** *vt* (1) equip (out); fit out ‖ **équipier** *nm* (f **-ière**) team member.

équitable [ekitabl] *adj* fair; *(personne)* fair-minded.

équitation [ekitasjɔ̃] *nf* (horse)riding; *faire de l'*~ *go (horse)riding.

équité [ekite] *nf* fairness; equity.

équivalence [ekivalɑ̃s] *nf* equivalence ‖ **équivalent** *adj (à)* equivalent (to) ◆ *nm (de)* equivalent (of) ‖ **équivaloir** *vt* (17) *be equivalent (to); *be the equivalent of.

équivoque [ekivɔk] *adj* ambiguous; *(péj)* dubious ◆ *nf* ambiguity; doubt; *(malentendu)* misunderstanding.

érable [eʀabl] *nm* maple (tree).

érafler [eʀafle] *vt* (1) scratch; *(écorcher)* graze ‖ **éraflure** *nf* scratch; graze.

éraillé [eʀaje] *adj (voix)* hoarse; rasping.

ère [eʀ] *nf* era; *avant notre* ~ B.C.; *en l'an 863 de notre* ~ in 863 A.D.

éreinter [eʀɛ̃te] *vt* (1) 1 *wear out, exhaust 2 (fig) (critiquer)* slate.

ergonomie [eʀgɔnɔmi] *nf* ergonomics.

ergot [eʀgo] *nm (Orn)* spur; *(Tech)* lug; *(Bio)* ergot.

ergoter [eʀgɔte] *vt* (1) *(sur)* quibble (over, about).

ergothérapie [eʀgɔteʀapi] *nf* occupational therapy.

ériger [eʀiʒe] *vt* (1h) *set up; erect ‖ **s'ériger** *vpr* ~ *en juge* *set oneself up as (a) judge.

ermitage [eʀmitaʒ] *nm* hermitage ‖ **ermite** *nm* hermit.

éroder [eʀɔde] *vt* (1) erode; *wear away ‖ **érosion** *nf* erosion.

érotique [eʀɔtik] *adj* erotic ‖ **érotisme** *nm* eroticism.

errant [eʀɑ̃] *adj* wandering; *(chien)* stray ‖ **erratique** *adj* erratic ‖ **errements** *nmpl inv (acte)* misguidance *ns inv*; *(décision)* misjudgement ‖ **errer** *vt* (1) 1 roam, wander 2 err ‖ **erreur** *nf* mistake; *(fam)* slip-up; ~ *d'interprétation* misinterpretaion; ~ *de jugement* error of judgement ‖ ~ *judiciaire* miscarriage of justice; *faire* ~ *be mistaken; *sauf* ~ *de ma part* unless I am mistaken ‖ **erroné** *adj* wrong; erroneous.

érudit [eʀydi] *adj* learned, scholarly ◆ *nm* scholar ‖ **érudition** *nf* learning, erudition.

éruption [eʀypsjɔ̃] *nf* 1 *(volcan)* eruption; *entrer en* ~ erupt 2 *(Méd)* rash 3 *(joie)* outburst.

ès [ɛs] *prép* of; *licencié ès lettres* bachelor of arts.

esbroufe [esbʀuf] *nf faire de l'*~ bluff; *show off.

escabeau [eskabo] *nm (pl* -**x**) 1 *(tabouret)* stool 2 *(échelle)* stepladder.

escadre [eskadʀ] *nf (Naut)* fleet, squadron; *(Av)* wing ‖ **escadrille** *nf (Naut)* flotilla; *(Av)* flight ‖ **escadron** *nm* squadron.

escalade [eskalad] *nf* climb; *(action)* climbing; *(prix, violence)* escalation ‖ **escalader** *vt* (1) climb; escalate.

escale [eskal] *nf (Naut)* port of call; *(Av)* stopover; *vol sans* ~ nonstop flight; *faire* ~ *(Naut)* *put in, *(Av)* stop over.

escalier [eskalje] *nm* (flight of) stairs; *cage d'*~ staircase; *marche d'*~ stair; ~ *roulant* escalator; ~ *de secours* fire escape.

escamotable [eskamɔtabl] *adj* collapsible; *(meuble)* foldaway; *(antenne)* retractable ‖ **escamoter** *vt* (1) 1 conjure away; *(fam)* sneak (away) 2 *(Av)* retract 3 *(problème)* evade; dodge.

escapade [eskapad] *nf* jaunt; escapade; *faire une* ~ *run away.

escargot [eskaʀgo] *nm* snail.

escarmouche [eskaʀmuʃ] *nf* skirmish.

escarpé [eskaʀpe] *adj* steep; *(falaise)* sheer ‖ **escarpement** *nm* steep slope; sheer face; *(Géog)* escarpment.

escarpin [eskaʀpɛ̃] *nm* court shoe, *(amér)* pump.

escarre [eskaʀ] *nf* bedsore.

escient [esjɑ̃] *loc* **à bon** ~ discerningly; judiciously.

esclaffer [esklafe] **s'**~ *vpr* (1) guffaw.

esclandre [esklɑ̃dʀ] *nm* scandal; *faire un* ~ *make a scene.

esclavage [esklavaʒ] *nm* slavery; *(fig)* drudgery ‖ **esclavagisme** *nm* slave system; *(commerce)* slave trade ‖ **esclavagiste** *adj état* ~ slave state ‖ **esclave** *nm(f) (de)* slave (to).

escompte [eskɔ̃t] *nm (Com Fin)* discount ‖ **escompter** *vt* (1) 1 anticipate; expect 2 *(Com Fin)* discount.

escorte [eskɔʀt] *nf* escort ‖ **escorter** *vt* (1) escort.

escouade [eskwad] *nf* squad.

escrime [eskʀim] *nf* fencing ‖ **s'escrimer** *vpr* (1) 1 try hard 2 *(contre)* battle (against) 3 *(fam)* ~ *à tout ranger* *wear oneself out tidying up ‖ **escrimeur** *nm (f* -**euse**) fencer.

escroc [eskʀo] *nm* crook, swindler ‖ **escroquer** *vt* (1) *(de)* swindle (out of) ‖ **escroquerie** *nf* swindle; *(Jur)* fraud; *(fam fig) c'est une* ~ *!* it's daylight robbery

espace [espas] *nm* space; distance; ~ *vital* living space; *en l'*~ *de deux jour.*

within two days ‖ **espacement** *nm* spacing; *barre d'~* space bar ‖ **espacer** *vt (1h)* space out ‖ **s'espacer** *vpr* *become few and far apart.

espadon [espadɔ̃] *nm* swordfish.

espagnolette [espaɲɔlɛt] *nf* catch.

espèce [espɛs] *nf* **1** kind, sort; *cela n'a aucune ~ d'importance* it's of no importance whatsoever; *~ de menteur!* you liar! **2** *(Jur) cas d'~* specific case; *en l'~* in this particular case **3** *(Bio)* species; *~ humaine* human race **4** *~s (Com) cash*; *en ~s* in cash.

espérance [esperɑ̃s] *nf* **1** hope **2** expectations; *~ de vie* life expectancy ‖ **espérer** *vt (1c)* **1** *~ qch* hope for sth; *j'espère qu'elle viendra* I hope she will come **2** *~ qn* expect sb; *je ne vous espérais plus* I had given you up ◆ *vi* *~ en* trust in; *have faith in.

espiègle [espjɛgl] *adj* mischievous ‖ **espièglerie** *nf (acte)* mischief; *(caractère)* mischievousness.

espion [espjɔ̃] *nm (f -onne)* spy; *avion ~* spy plane ‖ **espionnage** *nm* spying; *(Pol Mil)* espionage; *faire de l'~* spy; *roman d'~* spy novel ‖ **espionner** *vt (1)* spy on.

espoir [espwar] *nm* hope; *il a bon ~ de réussir* he's confident he will succeed; *dans l'~ de recevoir de vos nouvelles* hoping to hear from you.

esprit [espri] *nm* **1** mind; *large d'~* broad-minded; *lent d'~* slow witted; *perdre l'~* *go out of one's mind; *reprenez vos ~s!* pull yourself together! *sortir de l'~* slip one's mind; *cela m'est venu à l'~* it occurred to me **2** humour; *avoir de l'~* *be witty; *tu fais de l'~?* are you being funny? **3** *(fantôme)* spirit; *(fée)* elf, imp **4** attitude; *~ d'équipe* team spirit; *~ de famille* family feeling; *j'ai eu le bon ~ de m'arrêter* I had the sense to stop.

esquif [eskif] *nm* skiff.

esquimau [eskimo] *adj nm (f -aude)* **1** Eskimo **2** *(glace) (brit)* choc-ice.

esquinter [eskɛ̃te] *vt (1) (fam)* ruin; *(critiquer)* slate, slam ‖ **s'esquinter** *wear oneself out.

esquisse [eskis] *nf* sketch; *(fig)* hint ‖ **esquisser** *vt (1) (Art)* sketch; *(ébaucher)* outline; *elle esquissa un sourire* she gave a slight smile/a hint of a smile.

esquive [eskiv] *nf* dodge ‖ **esquiver** *vt (1)* dodge; *~ un problem* evade an issue, side-step ‖ **s'esquiver** *vpr* slip away.

essai [ese] *nm* **1** test; *à l'~* on trial, *(personne)* on probation, *(marchandise)* on approval; *mettre à ~* *put to the test; *pilote d'~* test pilot **2** attempt; *(Sp)* try; *coup d'~* trial shot; *(Ciné)* screen test **3** *(Lit)* essay ‖ **essayiste** *nm* essayist.

essaim [esɛ̃] *nm* swarm ‖ **essaimer** *vt*

(1) swarm; *(Com)* expand; *(fig)* spread.

essayage [esejaʒ] *nm* fitting ‖ **essayer** *vt (1e)* **1** *(machine)* test, try out; *(robe)* try on **2** try; *(méthode)* experiment; *~ de faire qch* try/attempt to do sth ‖ **s'essayer** *vpr* *~ à faire qch* try one's hand at doing sth.

essence [esɑ̃s] *nf* **1** essence; *par ~* in essence **2** *(Aut) (amér)* gas(oline); *~ sans plomb* unleaded petrol **3** spirit; *(parfum)* essence; *~ de lavande* lavender oil; *~ de térébenthine* turpentine **4** *(arbre)* species ‖ **essentiel** *adj (f -ielle) (à)* essential (for); fundamental ◆ *nm (discours)* the main point; *(besoins)* the basics.

essieu [esjø] *nm (pl -x)* axle.

essor [esɔr] *nm* **1** *(Orn aussi fig)* soaring **2** *(Eco)* expansion; *secteur en plein ~* booming sector; *prendre son ~* expand; boom.

essorage [esɔraʒ] *nf* spin-drying ‖ **essorer** *vt (1)* *wring out; *(machine)* *spindry ‖ **essoreuse** *nf* spinner, spin-drier/dryer; *~ à salade* salad spinner.

essoufflé [esufle] *adj* out of breath ‖ **essoufflement** *nm* breathlessness ‖ **essouffler** *vt (1)* *make breathless ‖ **s'essouffler** *vpr* *run out of breath; *(fig)* flag, *run out of steam.

essuie-glace [esɥiglas] *nm* windscreenwiper, *(amér)* windshield wiper ‖ **essuiemain(s)** *nm (pl inv)* hand towel ‖ **essuie-tout** *nm (pl inv)* kitchen paper ‖ **essuyer** *vt (1f)* **1** wipe (away); *(vaisselle)* dry (up) **2** *(perte)* suffer; *(refus)* *meet with ‖ **s'essuyer** *vpr* dry oneself; *essuietoi les pieds* wipe your feet.

est [est] *nm* east; *à l'~* in the east; *to the east*; *de l'~* eastern; *vent d'~* easterly wind ◆ *adj* eastern.

estacade [estakad] *nf* jetty.

estafilade [estafilad] *nf* gash; slash.

estampe [estɑ̃p] *nf* print ‖ **estamper** *vt (1)* stamp ‖ **estampille** *nf* stamp ‖ **estampiller** *vt (1)* stamp; mark.

esthète [estet] *nm* (a)esthete ‖ **esthéticien** *nm (f -ienne)* beautician ‖ **esthétique** *adj* attractive; (a)esthetic; *(chirurgie)* cosmetic ◆ *nm* (a)esthetics.

estimable [estimabl] *adj* **1** honorable; respectable **2** fairly remarkable ‖ **estimation** *nf* estimation; assessment ‖ **estime** *nf* **1** esteem; regard; *baisser dans l'~ de qn* *go down in sb's estimations; *tenir en (haute) ~* *think highly of **2** *à l'~* by guesswork ‖ **estimer** *vt (1)* **1** consider; esteem **2** *(coût)* estimate; *(dégât)* assess.

estival [estival] *adj (mpl -aux)* summer ‖ **estivant** *nm* holiday maker.

estomac [estɔma] *nm* stomach; *(fig) avoir l'~ dans les talons* *be ravenous; *manquer d'~* lack guts.

estomper [ɛstɔ̃pe] *vt (1) (Art)* stump; *(fig)* blur.

estrade [ɛstrad] *nf* platform, dais; rostrum.

estragon [ɛstragɔ̃] *nm (Bot)* tarragon.

estropié [ɛstrɔpje] *adj* crippled, maimed ◆ *nm* cripple ‖ **estropier** *vt (1)* maim; *(fig)* mutilate; *(mot)* mispronounce.

estuaire [ɛstɥɛr] *nm* estuary.

estudiantin [ɛstydjɑ̃tɛ̃] *adj* vie *~e* student life.

esturgeon [ɛstyrʒɔ̃] *nm (Zool)* sturgeon.

et [e] *conj* 1 and; *deux et deux* two and two 2 *j'ai faim, et vous?* I'm hungry; aren't you?/what about you? 3 *(nombre) vingt et un* twenty-one 4 *il est une heure et demie* it's half past one, *deux heures et/un quart* a quarter past one, *d'un, ... et de deux...* in the first place, in the second place...

étable [etabl] *nf* cowshed.

établi [etabli] *nm* (work)bench.

établir [etablir] *vt (2)* 1 *put up; (entreprise)* *set up; (prix)* quote/fix; *(règle)* *lay down; (fig)* establish 2 base; *(plan, compte)* *draw up; (fait)* prove ‖ **s'établir** *vpr* 1 settle 2 *il s'établit en juge* he sets himself up as a judge ◆ *v impers il s'est établi des liens étroits entre les deux pays* a close relationship has grown up between the two countries ‖ **établissement** *nm* 1 *(action)* setting up, building up 2 establishment; institution; *~ scolaire* school 3 business, firm; *~ commercial* commercial premises.

étage [etaʒ] *nm* 1 floor; storey, *(amér)* story; *deuxième ~ (brit)* second floor, *(amér)* third floor; *sa chambre est à l'~* her room is upstairs 2 *(Tech)* stage 3 tier, level; *(terrain)* level 4 *(fig) de bas ~* second rate ‖ **étager** *vt (1)* arrange in tiers; arrange in stages ‖ **étagère** *nf* shelf; *~s* (set of) shelves.

étai [etɛ] *nm* stay; prop.

étain [etɛ̃] *nm* tin; *vaisselle d'~* pewter (plate).

étal [etal] *nm* stall ‖ **étalage** *nm* display; display window; *mettre à l'~* display for sale; *(fig péj) faire ~ de* *show off ‖ **étalagiste** *nmf* window dresser.

étalement [etalmɑ̃] *nm* spreading; *(vacances, paiements)* staggering ‖ **étaler** *vt (1)* 1 *spread (out) 2 (Com)* display (for sale) 3 *(péj)* *show off 4 (vacances, paiements)* stagger ‖ **s'étaler** *vpr* *spread out; *il aime ~ sur le canapé* he likes to sprawl on the sofa; *(fam) ~ (par terre)* *fall flat (on the ground).

étalon [etalɔ̃] *nm* 1 *(Tech)* standard; *~ or* gold standard 2 *(cheval)* stallion ‖ **étalonner** *vt (1)* gauge, test; calibrate.

étamine [etamin] *nf* 1 *(Bot)* stamen 2 *(tissu)* muslin, cheesecloth.

étanche [etɑ̃ʃ] *adj* watertight; *(montre)* waterproof; *(à l'air)* airtight; *(à la poussière)* dust proof ‖ **étancher** *vt (1) (sang)* staunch; *(soif)* quench.

étang [etɑ̃] *nm* pond.

étape [etap] *nf* 1 stage; *d'~ en ~* stage by stage 2 stop(over); *faire ~* stop off; stop (overnight); *(fig) brûler les ~s* *get ahead of schedule.

état [eta] *nm* 1 state, condition; *à l'~ neuf* as good as new; *en bon ~* in good condition; *hors d'~* out of order; *en tout ~ de cause* in any case; *un ~ de fait* an established fact 2 *(personne) en ~ de choc* in a state of shock; *~ d'esprit* state/frame of mind; *avoir des ~s d'âme* *have doubts/misgivings; *hors d'~ de +inf* unable to/not up to 3 statement, list; *~ de services* record of services; *~ des lieux* inventory of fixtures; *faire ~ de* mention, state 4 *de son ~* by trade; *(Adm) ~-civil* civil status; *(bureau) (brit)* register/registry office 5 state, nation; *homme d'~* statesman ‖ **étatisé** *adj* state-controlled ‖ **étatisme** *nm* state-control ‖ **état-major** *nm (lieu)* headquarters; *(personne)* staff. *(entreprise)* top/senior management.

étau [eto] *nm* vice; *(fig)* stranglehold.

étayer [eteje] *vt (1e)* prop up; *(fig)* back up, support.

et c(a)etera [ɛtsetera] *etc loc* etc., and so on.

été[1] [ete] *voir* **être.**

été[2] [ete] *nm* summer; *en ~* in (the) summer, in the summertime.

éteignoir [etɛɲwar] *nm* extinguisher *(fig)* killjoy, wet blanket ‖ **éteindre** *vt (35)* 1 turn off; *(El)* switch off, turn off 2 *(fig)* kill ‖ **s'éteindre** *vpr (feu)* *go out; *(fig)* die down; *(personne)* die ‖ **éteint** *ad (couleur)* dull; *(voix)* toneless; *(volcan)* extinct; *être ~ (feu)* *be out, *(El)* *be off ‖ **étendard** [etɑ̃dar] *nm* standard; *(auss fig)* flag, banner.

étendre [etɑ̃dr] *vt (46)* 1 *spread; *(bras jambes)* stretch out; *(linge)* *hang ou 2 (fig)* extend, develop, widen 3 dilute; *d'eau* water down ‖ **s'étendre** *vpr* 1 *(ob jet)* extend; stretch; widen; *(feu)* *sprea 2 (personne)* *lie down; *(fig) je ne m'éten drai pas sur ce sujet* I won't dwell on thi point ‖ **étendu** *adj* 1 lying 2 stretched out *bras ~s* arms outstretched 3 *(de)* dilute (with) 4 wide, extensive ‖ **étendue** *r 1* area; stretch; *(temps)* length 2 *(fig* range, scope.

éternel [etɛrnɛl] *adj (f -elle)* eternal, enc less; *(regrets)* everlasting ‖ **éternelle ment** *adv* 1 eternally; forever *(mor 2* endlessly ‖ **éterniser** *vt (1) (mémoire* immortalize 2 *(discussion)* drag out ‖ **s'éterniser** *vpr* drag on; linger (too lon ‖ **éternité** *nf* eternity; *de toute ~* fro time immemorial ; *(fam) il y a des* ~*s qu'il a quitté le pays* he left the country ages ago.

éternuement [etɛʀnymɑ̃] *nm* sneeze ‖ **éternuer** *vi (1)* sneeze.

êtes [ɛt] *voir* être.

éthique [etik] *adj* ethical ◆ *nf* ethics.

ethnie [etni] *nf* ethnic group ‖ **ethnique** *adj* ethnic ‖ **ethnologie** *nf* ethnology ‖ **ethnologique** *adj* ethnological ‖ **ethnologue** *nmf* ethnologist.

éthylique [etilik] *adj* ethylic ◆ *nmf (Méd)* alcoholic.

étincelant [etɛ̃slɑ̃] *adj (de)* sparkling (with), glittering (with) ; *(fig) (discours)* brilliant ‖ **étinceler** *vi (1b) (de)* sparkle (with), glitter (with) ; *(étoile)* twinkle ‖ **étincelle** *nf (aussi fig)* spark.

étioler [etjɔle] *s'*~ *vpr (1)* wilt, wither ; *(personne)* *grow sickly ; decline.

étiqueter [etikte] *vt (1d)* label.

étiquette [etiket] *nf* **1** label ; tag **2** *l'*~ *de la Cour* court etiquette.

étirer [etiʀe] *vt (1) s'* ~ *vpr* stretch.

étoffe [etɔf] *nf* **1** material, fabric **2** *(fig)* stuff ; *il a l'*~ *d'un chef* he has the makings of a leader ‖ **étoffé** *adj* full, rich ‖ **étoffer** *vt (1)* fill out.

étoile [etwal] *nf* **1** star ; *bonne* ~ lucky star ; *dormir à la belle* ~ sleep in the open ; ~ *filante* shooting star **2** *(Zool)* ~ *de mer* starfish ‖ **étoiler** *vt (1)* stud with stars.

étonnamment [etɔnamɑ̃] *adv* surprisingly, astonishingly ‖ **étonnant** *adj* astonishing, amazing ; *cela n'a rien d'*~ there's nothing odd in that ; *ce n'est pas* ~ *qu'elle soit fatiguée* (it's) no wonder she is tired ‖ **étonnement** *nm* astonishment, amazement ‖ **étonner** *vt (1)* astonish, amaze ; *cela m'étonnerait* it would surprise me ‖ **s'étonner** *vpr (de)* wonder (at) ; *je m'étonne de votre refus* I'm surprised that you have refused.

étouffant [etufɑ̃] *adj* stifling, *(temps)* sultry ; *(fig)* oppressive ‖ **étouffement** *nm* **1** suffocation ; breathlessness **2** *(fig)* stifling ‖ **étouffer** *vt (1)* **1** suffocate ; choke **2** *(feu)* smother ; *(bruit)* muffle ; *(cri)* choke back, stifle ; *(révolte)* quell ; *le scandale fut étouffé* the scandal was hushed up ◆ *vi* suffocate ‖ **s'étouffer** *vpr (de)* choke (with).

étourderie [etuʀdəʀi] *nf* thoughtlessness ; *faute d'*~ thoughtless mistake ; *par* ~ inadvertently ‖ **étourdi** *adj* thoughtless ◆ *nm* scatterbrain, *(amér)* airhead ‖ **étourdir** *vt (2)* **1** stun, daze **2** *le vin l'avait étourdi* the wine had made him dizzy ‖ **étourdissant** *adj* stunning, staggering ‖ **étourdissement** *nm* giddiness, dizziness ; *il a des* ~*s* he has dizzy spells.

étourneau [etuʀno] *nm (pl -x) (Orn)* starling ; *(fam) (personne)* scatterbrain.

étrange [etʀɑ̃ʒ] *adj* strange, odd ; *chose* ~, *il l'avait vue à Boston* oddly enough, he had seen her in Boston.

étranger [etʀɑ̃ʒe] *adj (f -ère)* **1** foreign ; *langues étrangères* foreign languages **2** strange ; unfamiliar ; *son visage ne m'est pas* ~ her face looks familiar **3** *il n'est pas* ~ *à leur succès* he played a part in their success ◆ *nm (f -ère)* **1** foreigner ; *(Adm)* alien **2** *(inconnu)* stranger ‖ *nm* foreign countries ; *nouvelles de l'*~ news from abroad ; *il voyage à l'*~ he is travelling abroad ‖ **étrangeté** *nf* peculiarity, oddity ; *(impression)* strangeness.

étranglé [etʀɑ̃gle] *adj* narrow, *(voix)* choking ‖ **étranglement** *nm* **1** strangulation **2** narrowing ; *goulet d'*~ bottleneck ‖ **étrangler** *vt (1)* choke ; *(aussi fig)* strangle ‖ **s'étrangler** *vpr (de)* choke (with) ‖ **étrangleur** *nm* strangler.

être[1] [etʀ] *aux (40)* *be **1** *(tps composés de tous vpr)* *have ; *il s'était étranglé* he had choked ; *ils se sont rencontrés* they (have) met **2** *(temps composés de certains vi)* *have ; *ils sont partis* they (have) left ; *elle était tombée* she had fallen **3** *(passif)* *be ; *un nouveau virus a été identifié* a new virus was/has been identified **4** *il va toujours à crier* he's always shouting.

être[2] [etʀ] *v copule (40)* *be **1** *la terre est ronde* the earth is round ; *ils étaient étudiants* they were students ; *ce garçon est bien* he's a nice boy **2** *(+ prép) tu n'es pas à ton travail* you're not paying attention to your work ; *(fam) j'y suis !* I've got it ! *c'est à vous d'agir* it's up to you to do sth (about it), *(fam)* it's your move ; *le temps est à la pluie* it looks like rain ; *il est de Toronto* he is from Toronto ; *il était en pantoufles* he was wearing slippers ; *je suis pour beaucoup dans son succès* I've had a great part in his success ; *elle est sans cesse après moi* she's always nagging at me **3** *(possession) ce livre est à moi* this book is mine **4** *(obligation) ce film est à voir* you've got to see this film ; *(fam) c'est à voir !* that remains to be seen !

être[3] [etʀ] *vi (40)* *be ; *je pense, donc je suis* I think, therefore I am ; *il n'est plus* he is no more/he's passed away ; *soit !* so be it !

être[4] [etʀ] *v impers (40)* *be **1** *il est des cas où/des gens qui...* there are cases when/ people who... ; *c'est un malin, s'il en est* he is a crafty fellow, if ever there was one ; *(loc) comme si de rien n'était* as if nothing had happened ; casually ; *c'en est trop !* that's too much ! **2** *c'est eux/ce sont eux les chefs* they are the leaders ; *c'est lui qui l'a dit* he said so ; *était-ce nécessaire ?* was it necessary ? *c'en est trop* that's too much ;

*si ce n'était la confiance que j'ai en lui...*were it not/if it were not for the trust I have in him...; *ne serait-ce que...* if only... **3** *il était une fois un sorcier* once upon a time there was a wizard **4** *(question) est-ce que vous l'aimez ?* do you love him? *vous lirez mon poème, n'est-ce pas ?* you'll read my poem, won't you?

être[5] [ɛtʀ] *nm* **1** being ; *~ humain* human being ; *ses ~s chers* her/his loved ones ; *(péj) quel ~ odieux !* what an awful person! **2** being, existence **3** *elle l'aime de tout son être* she loves him with all her heart.

étreindre [etʀɛ̃dʀ] *vt* (35) *(personne)* hug, embrace ; *une main lui étreignit le bras* a hand clutched/grasped her arm ; *la vue de ces malheureux vous étreint le cœur* the sight of those wretched people is heartbreaking ‖ **étreinte** *nf* embrace, hug ; grasp ; *(fig) l'armée resserre son ~ autour de la ville* the troops are tightening their grip on the town.

étrenner [etʀene] *vt* (1) use for the first time ‖ **étrennes** *nfpl inv* New Year's gift, *(approx)* Christmas box.

étrier [etʀije] *nm* stirrup.

étrique [etʀike] *adj (vêtement)* skimpy ; *(fig)* narrow, limited.

étroit [etʀwa] *adj* **1** tight, *(aussi fig)* narrow ; *(fig)* limited **2** *(fig)* close, tight ; *~ d'esprit* narrow-minded ◆ *nm (loc) à l'étroit* cramped for space ‖ **étroitesse** *nf* narrowness, tightness.

étude [etyd] *nf* **1** study ; *il a fait ses ~s à Oxford* he studied at Oxford ; *où avez-vous fait vos ~s ? (amér)* where did you go to school? *~ de marché* market survey/research **2** *(notaire)* office ‖ **étudiant** *adj nm* student ‖ **étudier** *vti* (1) study ; examine, look into.

étui [etɥi] *nm* case ; *(pistolet)* holster.

étuve [etyv] *nf* steam room ; *(Tech)* drying oven.

étymologie [etimɔlɔʒi] *nf* etymology.

eu, eûmes [y, ym] *voir* **avoir**.

eunuque [ønyk] *nm* eunuch.

euphémisme [øfemism] *nm* euphemism.

euphorie [øfɔʀi] *nf* euphoria ‖ **euphorisant** *adj* exhilarating ◆ *(Méd) adj nm* euphoriant.

eurent [yʀ] *voir* **avoir**.

euro- [øʀɔ] *préf* euro- ‖ **eurocrate** *nmf* Eurocrat ‖ **euromonnaie** *nf* Eurocurrency.

eus, eut, eûtes [y, y, yt] *voir* **avoir**.

euthanasie [øtanazi] *nf* euthanasia.

eux [ø] *pr pers 3ᵉ pers pl* **1** *(sujet)* they ; *~ (ils) aiment ça* they like that **2** *(compl)* them ; *avec ~* with them ; *l'un d'~* one of them ; *(poss) c'est à ~* it's theirs ‖ **eux-**

mêmes *(renforce* **eux***)* themselves ; *ils l'ont fait ~* they did it themselves ; *(réfléchi) ils se parlaient à ~* they were speaking to themselves.

évacuation [evakɥasjɔ̃] *nf* evacuation ‖ **évacué** *nm* evacuee ‖ **évacuer** *vt* (1) evacuate ; *(eau)* drain away/off.

évadé [evade] *nm* fugitive ‖ **s'évader** *vpr* (1) escape.

évaluation [evalɥasjɔ̃] *nf* appraisal ; *(prix)* assessment, estimate ‖ **évaluer** *vt* (1) value, appraise ; assess, estimate.

évangélique [evɑ̃ʒelik] *adj* evangelical ‖ **évangile** *nm* gospel.

évanouir [evanwiʀ] **s'~** *vpr* (2) **1** *(perdre connaissance)* faint **2** vanish, fade away ; disappear ‖ **évanoui** *adj* unconscious ‖ **évanouissement** *nm* faint, fainting fit.

évaporation [evapɔʀasjɔ̃] *nf* evaporation ‖ **s'évaporer** *vpr* (1) evaporate ; *(fam fig)* vanish (into thin air).

évasé [evase] *adj (jupe)* flared ; *(récipient)* wide-mouthed ‖ **s'évaser** *vpr* (1) flare out ; widen ‖ **évasif** *adj (f -ive)* evasive ‖ **évasion** *nf* **1** escape ; *~ fiscale* tax evasion **2** *(fig)* escapism ; *roman d'~* escapist novel.

évêché [eveʃe] *nm (diocèse)* bishopric ; *(résidence)* bishop's palace.

éveil [evɛj] *nm* **1** awakening ; *être en ~* *be on the alert **2** *donner l'~* raise the alarm ‖ **éveillé** *adj* awake ; *enfant ~* bright child ‖ **éveiller** *vt* (1) awaken ; arouse ‖ **s'éveiller** *vpr* *wake up ; *awake, awaken ; *(fig)* *be aroused.

événement [evɛnmã] *nm* event.

éventail [evɑ̃taj] *nm* fan ; *(fig)* range.

éventaire [evɑ̃tɛʀ] *nm* stall.

éventé [evɑ̃te] *adj* **1** windy **2** *(boisson, parfum)* flat, stale ‖ **éventer** *vt* (1) fan ; *(fig) (secret)* divulge, reveal.

éventration [evɑ̃tʀasjɔ̃] *nf (Méd)* rupture ‖ **éventrer** *vt* (1) **1** disembowel ; gut **2** *(caisse)* smash open ; *(sac)* *tear/rip open.

éventualité [evɑ̃tɥalite] *nf* possibility ; contingency ; *dans l'~ de* in the event of ‖ **éventuel** *adj (f -elle)* possible, potential ; *(client)* prospective ‖ **éventuellement** *adv* possibly.

évêque [evɛk] *nm* bishop.

évertuer [evɛʀtɥe] **s'~** *vpr* (1) *do one's utmost.

éviction [eviksjɔ̃] *nf* eviction ; ousting.

évidemment [evidamã] *adv* of course ‖ **évidence** *nf* obviousness ; *se rendre à l'~* yield to the facts ; *de toute ~* obviously ; *être en ~* *be conspicuous ‖ **évident** *adj* evident, obvious.

évider [evide] *vt* (1) hollow out.

évier [evje] *nm* (kitchen) sink.

évincer [evɛ̃se] *vt (1)* evict; oust, supplant.

éviter [evite] *vt (1)* **1** avoid; ~ *un coup* dodge a blow **2** spare; *cela m'évitera le déplacement* this will save me the trip.

évocateur [evɔkatœʀ] *adj (f* -**trice**) evocative || **évocation** *nf* evocation.

évolué [evɔlɥe] *adj* advanced; *(pays)* developed; *(personne)* broadminded || **évoluer** *vi (1)* **1** evolve, develop **2** move (around); *(Mil)* manœuvre || **évolution** *nf* evolution; development; movement.

évoquer [evɔke] *vt (1)* **1** evoke **2** mention; *il n'a fait qu'~ le sujet* he has only touched on the subject.

ex- [eks] *préf* ex-; *ex-ministre* former minister.

exacerber [ɛgzasɛʀbe] *vt (1)* exacerbate, aggravate.

exact [ɛgza] *adj* **1** exact, accurate; *(réponse)* correct, right **2** punctual; *je serai* ~ I'll be on time || **exactement** *adv* exactly; precisely || **exactitude** *nf* accuracy; punctuality.

exaction [ɛgzaksjɔ̃] *nf* exaction; extorsion.

ex aequo [ɛgzeko] *adj inv adv ils sont premiers* ~ they (have) tied for first place ◆ *nm (pl inv) en cas d'*~ in the event of a tie/draw.

exagération [ɛgzaʒeʀasjɔ̃] *nf* exaggeration || **exagérer** *vti (1a)* exaggerate; *tu exagères !* you're going too far!

exaltant [ɛgzaltɑ̃] *adj* exciting || **exalté** *adj* excited, wild; *(péj)* fanatical ◆ *nm (péj)* fanatic || **exalter** *vt (1)* excite; exalt.

examen [ɛgzamɛ̃] *nm* examination; inspection; *(Méd)* test, checkup; *(Ens) passer un* ~ *sit (for)/*take an exam, *go in for an exam || **examinateur** *nm (f* -**trice**) examiner || **examiner** *vt (1)* examine, inspect; ~ *une question* look into/*go into a matter; ~ *une demande* consider a request.

exaspération [ɛgzaspeʀasjɔ̃] *nf* exasperation; irritation; aggravation || **exaspérer** *vt (1c)* exasperate; irritate; aggravate.

exaucer [ɛgzose] *vt (1)* grant, fulfil; *exauce ma prière !* hear my prayer!

excédent [ɛksedɑ̃] *nm* excess; *budget en* ~ surplus budget || **excédentaire** *adj* excess, surplus || **excéder** *vt (1c)* **1** exceed, surpass **2** *(énerver)* exasperate.

excellence [ɛksɛlɑ̃s] *nf* **1** excellence; *par* ~ above all else **2** *Son E*~ His/Her Excellency || **excellent** *adj* excellent, first-rate || **exceller** *vi (1) (dans, en)* excel (in).

excentré [ɛksɑ̃tʀe] *adj* off-centre(d) || **excentricité** *nf* eccentricity || **excentrique** *adj* eccentric.

excepté [ɛksɛpte] *prép* except, apart from

excepter *vt (1) (de)* except (from) || **exception** *nf* **1** exception; *à l'*~ *de* except for **2** *mesures d'*~ exceptional/extraordinary measures || **exceptionnel** *adj (f* -**elle**) exceptional.

excès [ɛksɛ] *nm* **1** excess; *(Aut)* ~ *de vitesse* speeding; *travailler/manger/réagir avec* ~ overwork, overeat, overreact || **excessif** *adj (f* -**ive**) excessive.

excitant [ɛksitɑ̃] *adj* exciting; stimulating ◆ *nm* stimulant || **excitation** *nf* **1** excitement **2** excitation || **excité** *nm (péj)* hothead || **exciter** *vt (1)* excite, arouse || **s'exciter** *vpr* *get excited/worked up.

exclamation [ɛksklamasjɔ̃] *nf* exclamation; *point d'*~ exclamation mark/ *(amér)* exclamation point || **s'exclamer** *vpr (1)* exclaim; cry out.

exclure [ɛksklyʀ] *vt (32)* **1** expel, eject **2** exclude; *il est exclu (que)* it's out of the question (that) || **exclusif** *adj (f* -**ive**) exclusive; selective || **exclusion** *nf* expulsion; ejection; *à l'*~ *de* with the exception of || **exclusivement** *adv* exclusively; *du 1ᵉʳ au 15* ~/*exclu* from the 1st to the 15th exclusive || **exclusivité** *nf* **1** *(de)* sole/exclusive rights (to) **2** *(Com Ciné presse)* exclusive article, film.

excréments [ɛkskʀemɑ̃] *nmpl inv* excrement.

excroissance [ɛkskʀwasɑ̃s] *nf (Méd)* growth; *(fam)* outgrowth.

excursion [ɛkskyʀsjɔ̃] *nf* excursion, trip, outing; *(à pied)* hike.

excuse [ɛkskyz] *nf (1)* **1** excuse **2** ~*s* apologies; *faire des* ~*s* apologize || **excuser** *vt (1)* excuse; *je me ferai* ~ I'll ask to be excused; *excusez mon retard* I'm sorry I'm late || **s'excuser** *vpr* ~ *de/de faire* apologize for/for doing.

exécrer [ɛgzekʀe] *vt (1a)* loathe, execrate.

exécuter [ɛgzekyte] *vt (1)* **1** perform; execute, carry out **2** *(condamné)* execute, *put to death || **s'exécuter** *vpr* comply || **exécution** *nf* **1** execution **2** *(Mus)* performance; *mettre à* ~ carry out; *en voie d'*~ in progress **3** ~ *(capitale)* execution.

exemplaire [ɛgzɑ̃plɛʀ] *adj* exemplary ◆ *nm* example; *(livre)* copy; *en double* ~ in duplicate || **exemple** *nm* **1** example, model; *donner l'*~ *set an example; *par* ~ for example/instance; *(fam) ça, par* ~ *!* well, I never! **2** warning; *que cela vous serve d'*~ *!* let it be a lesson to you!

exempt [ɛgzɑ̃] *adj (de)* exempt (from); ~ *de droits* duty-free || **exempter** *vt (1) (de)* exempt (from).

exercé [ɛgzɛʀse] *adj* experienced, practised || **exercer** *vt (1)* **1** exercise, train; *(Mil)* drill **2** ~ *de l'influence* exert influence **3** *(profession)* practise; *(métier)* carry on ◆ *vi* **s'**~ *vpr* practise || **exercice** *nm* **1** exercise; *faire de l'*~ *take exercise, exercise; *(Mil)* training, drill 2 *(profession)* practice 3 *ministre en ~* minister in office, current minister 4 *(Fin)* financial year.

exergue [ɛgzɛʀg] *nm* inscription; epigraph.

exhaler [ɛgzale] *vt (1)* exhale; *(colère)* vent.

exhaustif [ɛgzostif] *adj (f -ive)* exhaustive.

exhiber [ɛgzibe] *vt (1)* present, *show; *(péj)* *show off ‖ **exhibition** *nf* exhibition.

exhortation [ɛgzɔʀtasjɔ̃] *nf* exhortation ‖ **exhorter** *vt (1)* exhort, urge.

exhumation [ɛgzymasjɔ̃] *nf* exhumation; *(aussi fig)* digging up ‖ **exhumer** *vt (1)* exhume; unearth, *dig up.

exigeant [ɛgziʒã] *adj* demanding, exacting ‖ **exigence** *nf* demand, requirement ‖ **exiger** *vt (1)* demand; require ‖ **exigible** *adj (Com)* payable.

exigu [ɛgzigy] *adj (f -uë)* cramped.

exil [ɛgzil] *nm* exile ‖ **exilé** *nm* exile ‖ **exiler** *vt (1)* exile.

existence [ɛgzistɑ̃s] *nf* existence; *dans l'~* in life ‖ **exister** *vt (1)* exist, *be ◆ *v impers* there is, there are; *il existait des raisons d'espérer* there were grounds for hope.

exode [ɛgzɔd] *nm* exodus; *~ rural* rural depopulation.

exonération [ɛgzoneʀasjɔ̃] *nf* exemption ‖ **exonérer** *vt (1a) (de)* exempt (from).

exorbitant [ɛgzɔʀbitɑ̃] *adj* exorbitant; outrageous ‖ **exorbité** *adj (yeux)* bulging.

exorciser [ɛgzɔʀsize] *vt (1)* exorcize.

exotique [ɛgzɔtik] *adj* exotic ‖ **exotisme** *nm* exoticism.

expansé [ɛkspɑ̃se] *adj* expanded ‖ **expansif** *adj (f -ive)* expansive; effusive ‖ **expansion** *nf* expansion; expansiveness; *industrie en ~* expanding industry.

expatrié [ɛkspatʀije] *adj nm* expatriate ‖ **s'expatrier** *vpr (1)* expatriate; *(fig)* settle abroad.

expectative [ɛkspɛktativ] *nf* expectation; *vivre dans l'~* live in hope.

expédient [ɛkspedjã] *nm vivre d'~s* live by one's wits/on expedients.

expédier [ɛkspedje] *vt (1)* 1 *send; dispatch; *(par mer)* ship 2 *(tâche)* *deal promptly with; *(personne)* *get rid of it ‖ **expéditeur** *nm (f -trice)* sender ‖ **expéditif** *adj (f -ive)* speedy ‖ **expédition** *nf* 1 dispatch; shipment 2 *(objet)* consignment 3 *(Mil)* expedition.

expérience [ɛkspeʀjɑ̃s] *nf* 1 experience, practice; *par ~* out of experience; *sans ~* inexperienced 2 *(essai)* experiment; *fais-en l'~ !* give it a try! ‖ **expérimental** *adj (mpl -aux)* experimental ‖ **expérimentation** *nf* experimentation ‖ **expé-** **rimenter** *vt (1)* 1 experience; test, try out 2 *(Sc)* experiment.

expert [ɛkspɛʀ] *adj (en)* expert (in) ◆ *nm* expert; valuer ‖ **expert-comptable** *nm* chartered accountant, *(amér)* certified public accountant ‖ **expertise** *nf* 1 *(d'un bien)* valuation; *(d'un dommage)* assessment 2 expert's report ‖ **expertiser** *vt (1)* value; assess.

expiation [ɛkspjasjɔ̃] *nf* expiation ‖ **expier** *vt (1h)* expiate.

expiration [ɛkspiʀasjɔ̃] 1 expiry, expiration 2 *(air)* breathing out ‖ **expirer** *vi (1)* 1 expire, *run out 2 *(air)* breathe out 3 die ◆ *vt* breathe out.

explicatif [ɛksplikatif] *adj (f -ive)* explanatory; *notice ~ive* directions for use, instructions ‖ **explication** *nf* 1 explanation; *avoir une ~* talk things over, *have it out 2 *(Ens)* analysis (of a text) ‖ **expliciter** *vt (1)* clarify ‖ **expliquer** *vt (1)* 1 explain; *(théorie)* expound/elucidate 2 *elle ne peut ~ sa conduite* she cannot account for her behaviour ‖ **s'expliquer** *vpr* 1 explain oneself; *je m'explique :* ...here is what I mean: ... ; *expliquons-nous* let's talk things over 2 *cet accident ne s'explique pas* this accident can't be accounted for 3 *je ne m'explique pas son retard* I can't understand/*(fam)* figure out why he is late.

exploit [ɛksplwa] *nm* feat, achievement.

exploitant [ɛksplwatɑ̃] *nm (entreprise) (souvent péj)* operator; *~ agricole* farmer; *petit ~* smallholder ‖ **exploitation** *nf* 1 *(action)* running, operation; *frais d'~* operating expense(s)/cost(s) 2 enterprise; *~ minière* mine; *~ agricole* farm 3 *(Pol)* exploitation ‖ **exploiter** *vt (1)* 1 work, *run, operate, farm; *~ des ressources naturelles* tap/exploit natural resources 2 *make the most of 3 exploit; *take unfair advantage of ‖ **exploiteur** *nm (f -euse) (péj)* exploiter.

explorateur [ɛksplɔʀatœʀ] *nm (f -trice)* explorer ‖ **exploration** *nf* exploration, *(Méd)* probing ‖ **explorer** *vt (1)* explore, *(Méd)* explore, probe.

exploser [ɛksploze] *vi (1)* 1 explode, *blow up; *faire ~* explode; *(fam fig) ~ de joie* *burst with joy; *(fam) (colère)* *blow one's top off ‖ **explosible** *adj* explosive ‖ **explosif** *adj (f -ive)* explosive ◆ *nm* explosive ‖ **explosion** *nf* explosion; *faire ~* explode, *blow up; *moteur à ~* internal combustion engine 2 *(fig) (colère)* outburst; *~ démographique* population explosion; *(fam)* baby boom.

exportateur [ɛkspɔʀtatœʀ] *adj (f -trice)* exporting ◆ *nm (f -trice)* exporter ‖ **exportation** *nf* export, *(amér)* exportation; export trade ‖ **exporter** *vt (1)* export.

exposant [ɛkspozɑ̃] nm 1 (Math) exponent 2 (Art Com) exhibitor ‖ **exposé** nm report, short talk ; (écrit) statement ; ~ *des faits* account of the facts ‖ **exposer** vt (1) 1 explain 2 display, exhibit 3 (aussi Phot) expose 4 risk, hazard 5 *la chambre est exposée à l'ouest* the room faces west ‖ **s'exposer** vpr ~ *(au danger)* expose oneself (to danger), *put oneself in danger* ; ~ *à la critique* *lay oneself open to criticism ‖ **exposition** nf 1 show, display ; (Art) exhibition ; *E~ universelle* World Fair 2 (Phot, danger) exposure.

exprès[1] [ɛksprɛ] adv 1 specially 2 deliberately ; *tu l'as fait* ~ you did it on purpose ◆ (loc) *(comme) par un fait* ~ as if on purpose.

exprès[2] [ɛksprɛ] adj (f **-esse**) express, explicit.

exprès[3] [ɛksprɛ] adj inv *lettre* ~ express/special delivery letter.

express [ɛksprɛs] nm (pl inv) adj inv 1 (train) ~ express (train) 2 (café) espresso.

expressément [ɛksprɛsemɑ̃] adv specially ; expressly.

expressif [ɛksprɛsif] adj (f **-ive**) expressive ‖ **expression** nf 1 expression 2 phrase ; ~ *populaire* colloquial phrase.

exprimable [ɛksprimabl] adj expressible ‖ **exprimer** vt (1) express ‖ **s'exprimer** vpr express oneself.

expropriation [ɛksprɔprijasjɔ̃] nf expropriation ‖ **exproprier** vt (1) expropriate.

expulser [ɛkspylse] vt (1) 1 eject, expel ; (Sp) *send off* 2 (locataire) evict 3 deport.

exquis [ɛkski] adj exquisite ; delightful.

extase [ɛkstaz] nf ecstasy ; (fam) rapture.

extensible [ɛkstɑ̃sibl] adj extensible ; expanding ; (tissu) stretch(able) ‖ **extensif** adj (f **-ive**) extensive ‖ **extension** nf extension ; (fig) expansion ; *prendre de l'*~ (entreprise) expand, (épidémie) *spread*.

exténuer [ɛkstenɥe] vt (1) exhaust ; tire out.

extérieur [ɛksterjœr] nm 1 outside, exterior ; (Sp) *match à l'*~ away match 2 (outward) appearance 3 foreign countries, abroad 4 (Ciné) location shot ◆ adj 1 outside, outward ; *signes* ~*s de richesse* visible signs of wealth 2 (Com) external, foreign ‖ **extérieurement** adv 1 externally, on the outside 2 on the surface ‖ **extérioriser** vt (1) exteriorize ; display, *show*.

extermination [ɛkstɛrminasjɔ̃] nf extermination ‖ **exterminer** vt (1) exterminate ; wipe out.

externe [ɛkstɛrnə] adj external ◆ nmf (Ens) day pupil ; (Méd) non-resident student, (amér) extern.

extincteur [ɛkstɛ̃ktœr] nm (fire) extinguisher ; ~ *automatique* (fire) sprinkler ‖ **extinction** nf extinction, dying out ; *espèce en voie d'*~ endangered species ; (Mil) ~ *des feux* lights out ; *il a une* ~ *de voix* he has lost his voice.

extirper [ɛkstirpe] vt (1) (aussi fig) eradicate, root out ; (fam) squeeze out.

extorquer [ɛkstɔrke] vt (1) (à) extort (from) ‖ **extorsion** nf extortion.

extra [ɛkstra] adj inv first-rate ; (fam) fabulous ◆ nm 1 (personne) extra help 2 special treat.

extraction [ɛkstraksjɔ̃] nf extraction ; (charbon) mining ; (pierre) quarrying.

extrader [ɛkstrade] vt (1) extradite.

extra-fin [ɛkstrafɛ̃] adj extra-fine ; top quality.

extraire [ɛkstrɛr] vt (49) extract ; (charbon) mine, (pierre) quarry ‖ **s'extraire** vpr (de) wriggle out (of) ‖ **extrait** nm 1 extract 2 (texte, musique) excerpt ; ~ *de naissance* birth certificate 3 (Com) abstract, statement.

extra-lucide [ɛkstralysid] adj nmf clairvoyant.

extraordinaire [ɛkstraɔrdinɛr] adj extraordinary ; special.

extra-plat [ɛkstrapla] adj slim(line).

extra-terrestre [ɛkstratɛrɛstr] adj nmf extra-terrestrial.

extravagance [ɛkstravagɑ̃s] nf extravagance ; (paroles) nonsense ‖ **extravagant** adj extravagant, eccentric ; immoderate.

extrême [ɛkstrɛm] adj 1 (devant le nom) extreme ; far ; ~ *limite* farthest limit 2 (après le nom) severe ; *solution* ~ drastic solution ◆ nm extreme ; *scrupuleux à l'*~ scrupulous in the extreme/to a fault ‖ **extrémiste** adj nmf extremist ‖ **extrémité** nf end, point ; (doigt) tip ; *en venir à des* ~*s* resort to violence ; *réduit à la dernière* ~ in dire straits ; *à toute* ~ at the point of death.

exubérance [ɛgzyberɑ̃s] nf exuberance ‖ **exubérant** adj exuberant.

exulter [ɛgzylte] vi (1) exult.

exutoire [ɛgzytuar] nm outlet.

F

F, f [ɛf] *nm (lettre)* F, f ; **F2** two-room flat/ *(amér)* apartment.

fa [fa] *nm (Mus)* F ; *(solfège)* fa.

fable [fɑbl] *nf* **1** fable **2** tale, invention.

fabricant [fabʀikɑ̃] *nm* manufacturer, maker ‖ **fabrication** *nf* making ; manufacturing ; *de ~ française* made in France ‖ **fabrique** *nf* factory ; works ; plant ; mill ‖ **fabriquer** *vt (1)* **1** manufacture, *(artisan)* *make* **2** *(mensonge)* *make up* **3** *(fam) qu'est-ce que tu fabriques ?* what are you up to?

fabuleux [fabylø] *adj (f -euse)* fabulous.

fac [fak] *voir* **faculté 2.**

façade [fasad] *nf* front ; *(aussi fig)* façade.

face [fas] *nf* **1** face ; *en ~* de opposite, facing ; *~ à* face to face ; *(fig) faire ~ (à la situation)* cope (with the situation) **2** *(monnaie)* head.

facétie [fasesi] *nf* joke, prank.

facette [fasɛt] *nf* facet.

fâché [faʃe] *adj (avec)* angry (at, with), cross (with) ; *(de)* sorry (about) ‖ **fâcher** *vti (1)* anger ‖ **se fâcher** *vpr (contre)* *get angry (at, with, about)* ‖ **fâcheux** *adj (f -euse)* unfortunate.

faciès [fasjɛs] *nm (pl inv)* features ; facies.

facile [fasil] *adj* **1** easy ; *(personne)* easy-going ; *à vivre* easy to get along with **2** *plaisanterie ~ facile* joke ‖ **facilement** *adv* easily ‖ **facilité** *nf* **1** easiness ; ease ; *(Com) ~s de paiement* credit (terms) **2** aptitude ; readiness ‖ **faciliter** *vt (1)* facilitate ; *make sth easier.*

façon [fasɔ̃] *nf* **1** way, manner ; *je le ferai à ma ~* I'll do it my way ; *~ de parler* manner of speaking ; *de cette ~* thus, in this way ; *d'une ~ ou d'une autre* one way or another ; *de toute ~* anyhow, in any case ; *de ~ à* so as to ; *de ~ que (+ subj)* so that **2** making, style ; *(vêtement)* cut ; *~ cuir* imitation leather **3** *sans ~s* unaffected ; rough and ready ; *non merci, sans ~s* no thanks, really ‖ **façonner** *vt (1)* *make*, manufacture ; shape.

facteur [faktœʀ] *nm* **1** postman, *(amér)* mailman **2** factor.

factice [faktis] *adj* artificial ; phoney ; *(bijou)* imitation ; *(fig)* false, forced.

faction [faksjɔ̃] *nf* **1** *(groupe)* faction ; *(Mil) être de ~* *be on guard.*

facture [faktyʀ] *nf* **1** *(Com)* invoice ; bill **2** composition ; technique ‖ **facturer** *vt (1)* invoice.

facultatif [fakyltatif] *adj (f -ive)* optional ; *arrêt ~* request stop, stop on request.

faculté [fakylte] *nf* **1** faculty, ability **2** *(Ens)* faculty ; *la F~* the doctors.

fadasse [fadas] *adj (fam)* bland ; dull ‖ **fade** *adj* bland, insipid ; dull.

fagot [fago] *nm* bundle of sticks, faggot, firewood.

faiblard [fɛblaʀ] *adj (fam)* weakish ‖ **faible** *adj* weak ; *(différence)* slight ; *(espoir)* faint ; *(lumière)* weak ; *(intelligence)* low ; *~ en sports* poor at sports ; *~ d'esprit* feeble-minded ; *~ de caractère* weak-willed ; *je suis bien trop ~ avec toi* I'm much too soft with you ◆ *nm* **1** weakness **2** weak person, weakling ; *les ~s* the weak ‖ **faiblement** *adv* weakly ; slightly, faintly, dimly ‖ **faiblesse** *nf* weakness ; slightness ; faintness ; dimness ; *~ d'esprit* feeble-mindedness ‖ **faiblir** *vi (2)* weaken, *grow weaker* ; *ses forces faiblissent* his strength is failing.

faïence [fajɑ̃s] *nf* earthenware ; *vaisselle en ~* crockery.

faille [faj] *nf* **1** *(Géol)* fault ; *(fig) (argument)* flaw.

faillir [fajiʀ] *vi* **1** *(pp failli)* + *inf : j'ai failli tomber* I almost/nearly fell **2** *(vx)* fail ; *~ à son devoir* fall short of one's duty ‖ **faillite** *nf* bankruptcy ; *faire ~* *go bankrupt* ; *(fig) la ~ de sa politique* the failure of his policy.

faim [fɛ̃] *nf* hunger ; *avoir ~* *be hungry* ; *mourir de ~* die of starvation, *(hum)* *be starving* ; *(fig) avoir ~ de justice* hunger/ yearn for justice.

fainéant [feneɑ̃] *adj* lazy, idle ◆ *nm* lazybones.

faire¹ [fɛʀ] *vti (41)* **1** *(fabriquer, produire)* *make* ; *~ du thé* *make tea* ; *~ les lits* *make the beds* ; *~ un chèque* *make out/ write a cheque* ; *ce fermier fait du colza* that farmer grows rape ; *je ne suis pas fait pour ce travail* I am not cut out for this job ; *(argot) tu es fait !* you've had it! **2** *(accomplir, pratiquer, étudier)* *do* ; *qu'est-ce que vous allez faire ?* what are you going to do? *que ~ ?* what's to be done? *il n'y a rien à ~* it can't be helped! *(brit)* there's no help for it ; *je n'ai rien à ~ de tes conseils* I have no use/need for your advice ; *c'est bien fait !* serves you right! *il a cru bien ~* he thought he was doing the right thing ; *rien à ~ !* nothing doing! no way! *~ du sport* *go in for sports* ; *~ les magasins/une promenade* *go shopping/for a walk* ; *il a fait sa médecine* he studied medicine ; *j'ai fait du russe au lycée* I studied Russian at school ; *~ son devoir* *do one's duty* **3** *~ le ménage* *do the housework* ; *~ une valise* pack (a suitcase) ; *~ un rêve* *dream* ; *~ une maladie, de la fièvre* *have an illness,* a temperature **4** *(provoquer, causer)* ~ *peur* frighten; ~ *tort* harm, damage; ~ *du bruit* *make a noise; ~ *de l'ordre* tidy up **5** say; *"Merveilleux !", fit-elle* "Wonderful!", she exclaimed **6** *(mesure)* **2 et 2 font 4** two and two are four; *ce cèdre fait 10 mètres de haut* this cedar is 10 metres high/in height; *ça vous fera 10 livres* it'll cost you £10; *combien cela fait-il ?* how much does that come to? *cela fait deux jours que l'ascenseur est en panne* the lift has been out of order for two days **7** look; *elle fait vieux* she looks old; pretend; ~ *l'idiot* play the fool **8** matter; *cela ne fait rien* it doesn't matter; *qu'est-ce que cela peut* ~ *?* what does it matter? *(fam)* so what! *si cela ne vous fait rien* if you don't mind **9** *(loc)* *il sait y* ~ he knows the ropes/his way around; *que voulez-vous que j'y fasse* there's nothing I can do; *elle n'en a fait qu'à sa tête* she did just as she liked **10** *un chien a fait (ses besoins) sur la pelouse* a dog has done its business on the lawn.

faire[2] [fɛʀ] *v impers (41) il fait froid* it's cold (weather); *il fait bon vivre ici* it is a pleasant place to live ◆ *vpr il se fait tard* it's getting late; *comment se fait-il que... ?* how is it that...? *(amér fam)* how come..?

faire[3] [fɛʀ] *v aux (41) (part passé* **fait** *invariable)* **1** *do; *répondez vous-même, moi, je ne veux pas le* ~ answer yourself, I won't (do it); *vous parlez anglais mieux que je ne (le) fais* you can speak English better than I (do) **2** *ne* ~ *que* *do nothing but; *je n'ai fait que l'apercevoir* I only caught a glimpse of it **3** *il ferait mieux de céder* he had better give in, he'd be better off giving in **4** *(+ inf, sens actif) je l'ai fait partir* I made her/him go, I got her/him to go; *il l'a fait attendre* he kept her/him waiting; *je lui ai fait revoir mon article* I had him go over my article **5** *(+ inf, sens passif) je ferai signer le contrat aujourd'hui* I'll have/get the contract signed today ◆ *vpr elle s'est fait photographier* she had her picture taken.

faire[4] [fɛʀ] *se* ~ *vpr (41)* **1** *become; *il se fait vieux* he's getting old; *(vin)* mature; *(fromage)* ripen **2** *(loc) tu te feras à la situation* you'll get used to the situation; *je me suis fait une opinion* I have formed an opinion **3** *(sens passif) cela ne se fait pas en public* it's not done in public **4** *s'en* ~ worry; *ne t'en fais pas* don't worry.

faire-part [fɛʀpaʀ] *nm (pl inv)* announcement ‖ **faire-valoir** *nm (pl inv) (personne)* foil; *(Th)* stooge.

faisable [fəzabl] *adj* feasible ‖ **faisabilité** *nf* feasibility.

faisan [fəzɑ̃] *nm (Orn)* pheasant ‖ **faisandé** *adj* high; *(fam fig)* decadent.

faisceau [fɛso] *nm (pl* **-x**) beam; bundle; *(fig) un* ~ *de preuves* a body of proof.

fait[1] [fɛ] *adj (personne)* mature; *(fromage)* ripe.

fait[2] [fɛ] *nm* **1** act; *prendre sur le* ~ *catch in the act **2** fact; *aller droit au* ~ *go straight to the point; *je suis au* ~ *du problème* I know how things stand; *prendre* ~ *et cause pour* *stand up for **3** event, happening; *un* ~ *nouveau* a new development; *un* ~ *divers* a news item **4** *(loc) du* ~ *(que)* owing to (the fact that); *au* ~ by the way; *en* ~, *par le* ~, *de* ~ in fact, as a matter of fact, actually; *de ce* ~ for that/this reason, on that/this account; *tout à* ~ quite; *en* ~ *de* as regards/when it comes to.

faîte [fɛt] *nm* top, summit, *(fig)* height, pinnacle; *(Géog)* watershed.

faitout, fait-tout [fɛtu] *nm* stewpot.

falaise [falɛz] *nf* cliff.

falloir [falwaʀ] *vi impers (16)* **1** *(besoin) il me faut de l'argent* I need (some) money; *(Com) vous faut-il autre chose ?* will that be all? *il lui a fallu une heure pour écrire cette lettre* it took her/him an hour to write this letter; *(hum) il a fallu que tu lui dises !* you had to go and tell him! **2** *(obligation) (+ subj) il faut que tu sois présent* you must/have to be there; *il faudrait que tu la voies* you ought to/should see her; *il aurait fallu vous taire* you ought to have kept silent **3** *(loc) comme il faut* proper(ly); *mes voisins sont des gens* ~ my neighbours are decent people **4** *(loc) s'il le faut* if need be, if necessary; *je paierai s'il le faut* I'll pay if I have to ‖ **s'en falloir** *vpr impers peu s'en faut* almost, nearly; *il n'est pas heureux, il s'en faut de beaucoup/tant s'en faut* he is far from happy.

falsifier [falsifje] *vt (1)* falsify, *(document)* tamper with.

famé [fame] *adj mal* ~ of ill repute.

famélique [famelik] *adj* half-starved.

fameux [famø] *adj (f* **-euse**) **1** *(pour)* famous (for) **2** *(fam)* splendid **3** *(fam) c'est un* ~ *menteur* he's a first-rate liar.

familial [familjal] *adj (mpl* **-iaux**) family ‖ **familiale** *nf (Aut)* estate car, *(amér)* station wagon ‖ **familiariser** *vt (1)* familiarize ‖ **se familiariser** *vpr (avec)* get to know, *grow accustomed to ‖ **familiarité** *nf* **1** familiarity **2** informality ‖ **familier** *adj (f* **-ière**) **1** familiar, usual **2** informal, casual **3** colloquial; *expression familière* colloquialism ◆ *nm (de)* regular visitor (to) ‖ **famille** *nf* **1** *(aussi Zool Bot)* family; *chef de* ~ head of a household; *charges de* ~ dependants; *jeu des 7* ~*s (brit)* Happy Families **2** ~ *(étendue)* relatives **3** ~ *des Tudor* House of Tudor.

famine [famin] *nf* famine ; *salaire de ~* starvation wages.

fana [fana] *adj (fam) (de) (brit)* dead keen (on), crazy (about) ◆ *nmf ~ de jeux vidéo* videogames freak.

fanatique [fanatik] *adj* fanatic(al) ◆ *nmf* fanatic ; *(Rel)* zealot ‖ **fanatisme** *nm* fanaticism, *(Rel)* zealotry.

faner [fane] *vt (1)* **se ~** *vpr* fade ; wither.

fanfare [fɑ̃faʀ] *nf* brass band ; fanfare ; *(fig) en ~* noisily.

fanfaron [fɑ̃faʀɔ̃] *adj (f* **-onne)** boastful ◆ *nm (f* **-onne)** braggart, boaster.

fanfreluche [fɑ̃fʀəlyʃ] *nf* trimming ; *(péj)* frill.

fanion [fanjɔ̃] *nm* pennant ; *(Sp)* flag.

fantaisie [fɑ̃tezi] *nf* **1** imagination, fantasy ; *sans ~* dull **2** *uniforme de ~* fancy uniform **3** whim ; *il lui a pris la ~ de...* he took/got it into his head to/he had a sudden inclination to... ‖ **fantaisiste** *adj* capricious ◆ *nmf (Th)* entertainer.

fantasme [fɑ̃tasm] *nm* fantasy ‖ **fantasmer** *vi (1)* fantasize ‖ **fantasque** *adj* whimsical.

fantassin [fɑ̃tasɛ̃] *nm* infantryman.

fantastique [fɑ̃tastik] *adj* fantastic.

fantoche [fɑ̃tɔʃ] *nm adj (péj)* puppet.

fantomatique [fɑ̃tɔmatik] *adj* ghostly ; *(Pol)* shadow ‖ **fantôme** *nm* ghost, phantom.

faon [fɑ̃] *nm (Zool)* fawn.

faramineux [faraminø] *adj (f* **-euse)** staggering.

farce [faʀs] *nf* **1** prank, practical joke ; *~s et attrapes* tricks and jokes ; *faire une ~ (à)* play a trick (on) **2** *(Th)* farce **3** *(Cuis)* stuffing ‖ **farceur** *adj (f* **-euse)** practical joker ‖ **farcir** *vt (2)* stuff ; *(fig)* cram ‖ **se farcir** *vpr (fam) je vais devoir me ~ le travail* I'm landed/stuck with the job.

fard [faʀ] *nm* makeup ; *(Th)* greasepaint ; *~ à paupières* eye shadow ; *(fig) sans ~* candidly.

fardeau [faʀdo] *nm (pl* **-x)** burden.

farfelu [faʀfəly] *adj (fam)* weird, eccentric.

farine [faʀin] *nf* flour ; *~ d'avoine* oatmeal ; *~ de maïs* cornflour, *(amér)* cornstarch ‖ **farineux** *adj (f* **-euse)** starchy ; *(péj)* mealy.

farouche [faʀuʃ] *adj* **1** *(animal)* untamed **2** *(personne)* shy **3** unshak(e)able ; *ennemi ~* fierce enemy ‖ **farouchement** *adv* fiercely.

fart [faʀ] *nm* (ski)wax.

fascicule [fasikyl] *nm* **1** section ; *publier par ~s* publish in instalments **2** booklet.

fascinant [fasinɑ̃] *adj* fascinating ‖ **fascination** *nf* fascination ‖ **fasciner** *vt (1)* *(proie)* hypnotize ; *(personne)* captivate.

fascisme [faʃism] *nm* fascism.

faste [fast] *nm* pomp, ostentation ◆ *adj jour ~* lucky day.

fastidieux [fastidjø] *adj (f* **-euse)** tedious, tiresome.

fatal [fatal] *adj (pl* **-als) 1** fatal ; *(coup)* deadly **2** inevitable ; *c'était ~ qu'il échoue* he was bound to fail ‖ **fatalement** *adv* inevitably ‖ **fatalité** *nf* **1** fate **2** inevitability **3** mischance ‖ **fatidique** *adj* fateful.

fatigant [fatigɑ̃] *adj* **1** *(épuisant)* tiring **2** *(ennuyeux, irritant)* tiresome ‖ **fatigue** *nf* **1** tiredness, weariness ; *~ nerveuse* nervous exhaustion ; *~ intellectuelle* mental strain **2** effort, stress ‖ **fatigué** *adj (aussi fig)* tired, weary ; *(vêtement)* shabby ‖ **fatiguer** *vt (1)* tire, strain **2** annoy, weary ◆ *vi* tire, labour ‖ **se fatiguer** *vpr* tire, *get tired* ; *~ le cœur* strain one's heart ; *(fam) tu ne t'es pas fatigué !* you didn't exert yourself/knock yourself out!

fatras [fatra] *nm* jumble, muddle.

fatuité [fatɥite] *nf* self-conceit.

faubourg [fobuʀ] *nm* suburb.

fauché [foʃe] *adj (argot)* broke ‖ **faucher** *vt (1)* **1** *(Ag)* reap, *mow* **2** *~ un piéton* *mow down a pedestrian* **2** *(fam)* swipe, *(brit)* pinch ‖ **faucheur** *nm (f* **-euse)** *(Ag)* reaper, mower ◆ *nm (Zool)* daddy longlegs ‖ **faucheuse** *nf* reaper.

faucille [fosij] *nf* sickle.

faucon [fokɔ̃] *nm (Orn aussi Pol)* hawk.

faufiler [fofile] *vt (1)* baste, *(brit)* tack ‖ **se faufiler** *vpr (dans, hors de)* slip, sneak (into, out of) ; *~ parmi la foule* worm one's way through the crowd.

faune [fon] *nf (Zool)* animal life, wildlife.

faussaire [fosɛʀ] *nmf* forger ‖ **fausser** *vt (1)* **1** *bend*, buckle **2** *(fait)* distort ; *(jugement)* warp **3** *~ compagnie à qn* *give sb the slip* ‖ **fausset** *nm (Mus)* falsetto ‖ **fausseté** *nf* falsity ; duplicity.

fausse [fos] *adj f voir* **faux.**

faut [fo] *voir* **falloir.**

faute [fot] *nf* **1** mistake, error ; *~ d'impression* misprint ; *être en ~* *be at fault ;* **2** offence, sin ; *~ professionnelle* professional misconduct **3** *(Sp)* foul ; *(tennis)* fault **4** lack ; *faire ~* *be lacking ; ~ de temps/d'argent* for lack want of time/money ; *~ de quoi/de réponse* failing which/a reply.

fauteuil [fotœj] *nm* (arm)chair ; seat ; *~ roulant* wheelchair.

fauteur [fotœʀ] *nm (loc) ~ de troubles* troublemaker.

fautif [fotif] *adj (f* **-ive)** faulty, incorrect ; *(personne)* guilty.

fauve [fov] *adj* fawn, tawny ◆ *nm* big cat ; *chasse aux ~s* big-game hunting ; *odeur de ~* musky smell.

fauvette [fovɛt] *nf (Orn)* warbler.

faux[1] [fo] *nf* scythe.

faux[2] [fo] *adj (f* **fausse**) **1** false, untrue; ~ *témoignage* perjury **2** inaccurate; ~ *calcul* miscalculation; *fausse couche* miscarriage; *fausse manœuvre* wrong move; ~ *sens* mistranslation; *fausse situation* awkward situation/spot; *fausse note* wrong note; *faire un* ~ *pas* stumble, *(fig)* blunder; *faire* ~ *bond* *let down **3** false; ~ *bijoux* imitation jewelry; *fausse clé* skeleton key; ~ *frais* incidental expenses; *(fam fig) c'est un* ~ *jeton* he's a hypocrite; *fausse monnaie* counterfeit coin/note; ~ *nom* assumed name; ~ *tableau* fake painting ♦ *nm* falsehood; *(tableau) un* ~ a forgery ♦ *adv* wrongly; *chanter* ~ *sing out of tune.

faveur [favœʀ] *nf* **1** favour; *perdre la* ~ *(de)* *be out of favour (with); *traitement de* ~ preferential treatment; *billet de* ~ complimentary ticket **2** *(loc) en* ~ *de qn* on sb's behalf, in aid of sb; *en* ~ *de son âge* in consideration of his age; *à la* ~ *de la nuit* under cover of darkness **3** ribbon ‖ **favorable** *adj (à)* favourable (to) ‖ **favori** *adj nm (f* **-ite**) favourite ‖ **favoris** *nmpl inv (brit)* (side) whiskers, *(amér)* sideburns ‖ **favoriser** *vt (1)* **1** favour **2** encourage, promote.

fayot [fajo] *nm* **1** *(fam) (Cuis)* haricot/kidney bean **2** *(argot) (personne)* crawler, *(amér)* apple-polisher.

fébrile [febʀil] *adj* feverish.

fécond [fekɔ̃] *adj* fertile, *(sol)* rich; *(fig)* fruitful, productive ‖ **fécondation** *nf* fertilization; ~ *artificielle* artificial insemination ‖ **féconder** *vt (1) (Bio)* fertilize; *(femme, animal)* impregnate ‖ **fécondité** *nf* fertility; *(fig)* fruitfulness, productiveness.

fécule [fekyl] *nf* starch ‖ **féculent** *adj* starchy ♦ *nm* starchy food.

fédéral [federal] *adj (mpl* **-aux**) federal ‖ **fédération** *nf* federation.

fée [fe] *nf* fairy ‖ **féerie** *nf* enchantment; *(Ciné Th)* fantasy ‖ **féerique** *adj* fairy, magic; *(fig)* enchanting.

feignant[1] [fɛɲɑ̃] *voir* **feindre**.

feignant[2] [fɛɲɑ̃] *voir* **fainéant**.

feindre [fɛ̃dʀ] *v (35) vt* feign, simulate ♦ *vi* dissemble, pretend ‖ **feinte** *nf* ruse; *(Sp)* feint, dummy move ‖ **feinter** *vi (1) (Sp)* feint ♦ *vt (fam)* *take sb in.

fêler [fele] *vt (1)* **se** ~ *vpr* crack.

félicitations [felisitɑsjɔ̃] *nfpl (pour)* congratulations (on) ‖ **félicité** *nf* bliss ‖ **féliciter** *vt (1) (pour)* congratulate (on) ‖ **se féliciter** *vpr (de)* congratulate oneself (on).

félin [felɛ̃] *adj (aussi fig)* feline ♦ *nm les grands* ~*s* big cats; felines.

fêlure [felyʀ] *nf* crack.

femelle [fəmɛl] *adj nf* female; *(Zool)* she-animal, female; hen (bird), cow (buffalo).

féminin [feminɛ̃] *adj* feminine; female; *magazines* ~*s* women's magazines ♦ *nm (Gr)* feminine; *au* ~ in the feminine.

femme [fam] *nf* woman; *(épouse)* wife; ~ *au foyer* housewife; ~ *de ménage* cleaning lady/woman, domestic help; *contes de bonne* ~ old wives' tales.

fémur [femyʀ] *nm (Anat)* thighbone.

fendiller [fɑ̃dije] *vt (1)* **se** ~ *vpr* crack.

fendre [fɑ̃dʀ] *vt (46)* *split; crack; *histoire à* ~ *l'âme* heart-breaking story ‖ **se fendre** *vpr* *split, crack; *(argot)* ~ *de 10 dollars* fork out $10; *(fam)* ~ *la pipe* laugh one's head off ‖ **fendu** *adj* split, cracked; *jupe* ~*e* slit skirt.

fenêtre [fənɛtʀ] *nf* window; ~ *à guillotine* sash window; *regarder par la* ~ look out of the window.

fenouil [fənuj] *nm (Bot)* fennel.

fente [fɑ̃t] *nf* **1** split, crack **2** *(ouverture)* slit, slot.

fer [fɛʀ] *nm* **1** iron; ~ *forgé* wrought iron; *fil de* ~ wire; *santé de* ~ iron constitution **2** *(lame)* blade; sword; *croiser le* ~ cross swords; ~ *de lance (aussi fig)* spearhead **3** ~ *à cheval* horseshoe; ~ *à repasser* iron; *marquer au* ~ *rouge* brand **4** *(golf)* iron **5** ~*s* fetters ‖ **fer-blanc** *nm* tin(plate); *boîte en* ~ tin can.

férié [feʀje] *adj jour* ~ public holiday.

ferme[1] [fɛʀm] *nf* farm; *(maison)* farmhouse.

ferme[2] [fɛʀm] *adj* firm, solid; *(voix)* steady; *(caractère)* steadfast; *je t'attends de pied* ~ I'm all ready for you; *offre* ~ definite/firm offer ♦ *adv* firmly; hard; *tiens* ~ *!* stand fast!

fermé [fɛʀme] *adj* **1** closed, shut; ~ *à clé* locked; *le gaz est* ~ the gas is off; *la banque est* ~*e le samedi* the bank is closed on Saturdays **2** *(personne)* uncommunicative; ~ *à la pitié* impervious to pity **3** *(club)* exclusive.

ferment [fɛʀmɑ̃] *nm (aussi fig)* ferment ‖ **fermentation** *nf* fermentation; *(fig)* unrest, ferment.

fermer [fɛʀme] *vt (1)* **1** *shut; ~ *à clé* lock; *(rideau)* *draw; *(gaz)* turn off; *(radio)* switch off; *(vêtement)* *do up/fasten up; *(fam) ferme-la !* shut up! **2** *(magasin, usine)* close down; *(définitivement)* close down ♦ *vi* close, *shut; *la banque ferme le samedi* the bank closes/is closed on Saturdays ‖ **se fermer** *vpr* close; *shut; *(plaie)* heal.

fermeté [fɛʀməte] *nf* firmness, steadiness; ~ *d'esprit* strength of mind.

fermeture [fɛʀmətyʀ] *nf* **1** *(action)* closing, shutting; closure; *heure de* ~ closing time, finishing time **2** *(objet)* fastener; ~ *éclair* zip (fastener), *(amér)* zipper.

fermier [fɛʀmje] *nm* farmer ‖ **fermière** *nf* farmer's wife; woman farmer.

fermoir [fɛRmwaR] *nm* clasp, fastener.

féroce [feRɔs] *adj* ferocious, savage ; *(regard)* fierce ‖ **férocité** *nf* ferocity, ferociousness.

ferraille [feRaj] *nf* 1 old iron, scrap iron ; *mettre à la* ~ scrap ; *faire un bruit de* ~ rattle, clank 2 *(fam) (monnaie)* small change, coppers ‖ **ferré** *adj* 1 *(cheval)* shod ; *voie* ~*e* track ; railway, *(amér)* railroad 2 *(fam) être* ~ *sur* *be well up in/on ‖ **ferrer** *vt (1)* 1 *(cheval)* shoe 2 *(pêche)* *strike.

ferronnerie [feRɔnRi] *nf* ironwork.

ferroviaire [feRɔvjɛR] *adj* rail(way/road) ; *transports* ~*s* rail transport.

ferry-boat [feRibot] *nm* (car, train) ferry.

fertile [fɛRtil] *adj (aussi fig)* fertile ; *(personne)* inventive ; ~ *en événements* eventful ‖ **fertiliser** *vt (1)* fertilize ‖ **fertilité** *nf* fertility.

fervent [fɛRvɑ̃] *adj* fervent, keen ‖ **ferveur** *nf* fervour ; *avec* ~ earnestly.

fesse [fɛs] *nf* buttock ; *(enfant)* bottom ‖ **fessée** *nf* spanking.

festin [fɛstɛ̃] *nm* feast.

festival [fɛstival] *nm* festival ‖ **festivités** *nfpl inv* festivities.

feston [fɛstɔ̃] *nm* festoon ; *(couture)* scallop.

festoyer [fɛstwaje] *vi (1f)* feast.

fêtard [fɛtaR] *n (fam)* reveller ‖ **fête** *nf* 1 fair ; festival ; show ; ~ *foraine* fun fair ; ~ *de charité* bazaar, fete 2 party ; entertainment 3 public holiday ; *(Rel)* feast 4 *je me fais une* ~ *d'y aller* I'm looking forward to going ; *(hum) ça va être sa* ~ *!* he's in for it! ‖ **fêter** *vt (1)* celebrate.

fétiche [fetiʃ] *nm* fetish.

fétide [fetid] *adj* fetid, rank.

feu[1] [fø] *nm (pl* -**x***)* 1 fire ; *faire du* ~ *make a fire ; *au coin du* ~ by the fireside ; ~ *de joie* bonfire ; *(fig) visage en* ~ flushed face *(incendie)* blaze ; *au feu !* fire! *mettre le* ~ *(à)* *set fire (to) ; *la maison est en* ~ the house is ablaze/on fire ; *(fam fig) il n'y a pas le* ~ *!* there's no hurry! 3 *(cigarette) as-tu du* ~ *?* have you got a light? 4 *(Cuis)* stove, *(amér)* burner ; *cuire à* ~ *doux* simmer 5 *arme à* ~ firearm ; *faire* ~ fire, *shoot 6 *(Aut Av Naut)* light ; ~*x (de signalisation)* traffic lights 7 *(fig)* passion, ardour, heat 8 ~ *d'artifice* fireworks.

feu[2] [fø] *adj* deceased ; ~ *son père* his late father.

feuillage [fœjaʒ] *nm* foliage, leaves ‖ **feuille** *nf* 1 *(Bot)* leaf *(pl* leaves) 2 *(métal, papier)* sheet ; ~ *volante* loose sheet ; ~ *d'impôt* income tax form/return ‖ **feuillet** *nm* leaf ‖ **feuilleté** *adj (verre)* laminated ; *(Cuis)* flaky ; *pâte* ~*e* puff pastry ‖ **feuilleter** *vt (1b) (livre)* leaf through ‖ **feuil-**

leton *nm (TV)* serial ; *(journal)* regular feature.

feutre [føtR] *nm* 1 felt ; *(chapeau)* felt hat 2 *(stylo)* felt(-tip) pen ‖ **feutré** *adj* 1 muffled ; *s'éloigner à pas* ~ *steal away *(lainage)* matted ‖ **feutrine** *nf* lightweight felt ; flannel cloth.

fève [fɛv] *nf* broad bean.

février [fevRije] *nm* February.

fi [fi] *excl* fie ; *faire* ~ *de* scorn.

fiabilité [fjabilite] *nf* reliability, dependability ‖ **fiable** *adj* reliable, dependable.

fiacre [fjakR] *nm* hackney (carriage).

fiançailles [fjɑ̃saj] *nfpl inv* engagement ‖ **fiancé** *adj* engaged ‖ **fiancer : se fiancer** *vpr (1) (avec)* *get engaged (to).

fiasco [fjasko] *nm* fiasco ; *c'est un* ~ it's a flop.

fibre [fibR] *nf* fibre ; ~*s optiques* optical fibres ; ~ *de verre* fibreglass ; *(fig) faire vibrer la* ~ *paternelle* play on paternal feelings ‖ **fibreux** *adj (f* -**euse***)* fibrous ; *(viande)* stringy.

ficeler [fisle] *vt (1b)* tie up ‖ **ficelé** *adj* 1 tied up 2 *(fam)* rigged out ; *mal* ~ badly dressed ‖ **ficelle** *nf* 1 string ; *(fig) connaître les* ~*s du métier* *know the ropes of the trade 2 *(pain)* ficelle.

fiche[1] [fiʃ] *nf* 1 card ; *(classement)* index card ; form ; ~ *de paie* pay slip 2 *(bois, fer)* pin, peg ; *(El Téléph)* plug ‖ **ficher**[1] *vt (1)* *put on file/on record 2 *drive in, *stick in ‖ **fichier** *nm* card-index box ; cabinet ; *(Inf)* file.

fiche[2] [fiʃ] **ficher**[2] [fiʃe] *vt (1) (pp* **fichu***) (fam)* 1 *do ; work ; *il ne fiche rien de la journée* he doesn't do a stroke all day 2 *give ; *il m'a fichu une gifle* he slapped my face 3 *veux-tu me fiche(r) le camp !* shove off! take a walk! ~ *par terre* chuck/throw on the ground, *(fig)* mess up ; *je l'ai fichu à la porte* I chucked/threw him out ; *va te faire fiche !* get lost! scram! ‖ **se ficher** *vpr* 1 *il s'est fichu dedans* he screwed up 2 *je m'en fiche* I couldn't care less, I don't give a damn 3 *tu te fiches de moi* you're pulling my leg/*(amér)* putting me on ; *ne te fiche pas de moi !* don't laugh at me! *(brit)* don't take the mickey out of me!

fichu[1] [fiʃy] *adj (fam)* 1 rotten, lousy ; ~ *temps !* filthy weather! 2 *c'est* ~ *!* it's hopeless! *il est* ~ he's done for, he's had it 3 *mal* ~ *(santé)* off colour 4 *il n'est pas* ~ *de répondre* he can't even answer.

fichu[2] [fiʃy] *nm* headscarf.

fictif [fiktif] *adj (f* -**ive***)* 1 fictitious, imaginary 2 false, sham ‖ **fiction** *nf* fiction ; *c'est de la politique-* ~ it's political pie in the sky ‖ **fictivement** *adv* fictitiously.

fidèle [fidɛl] *nmf* 1 *(Rel) les* ~*s* the faithful ; *l'assemblée des* ~*s* the congregation

2 *(Com)* regular/loyal customer; *(Rad TV)* regular listener/viewer ◆ *adj* **1** faithful; loyal; *femme* ~ faithful wife; *être* ~ *à une promesse* *stand by a promise; *elle est restée* ~ *à ses idées* she remained true to her ideas **2** accurate, faithful; *(mémoire)* reliable; *(traduction)* faithful ‖ **fidèlement** *adv* faithfully ‖ **fidélité** *nf* **1** faithfulness; *(époux)* fidelity; ~ *à un parti* allegiance to a party **2** accuracy; *(mémoire)* reliability.

fief [fjɛf] *nm (Hist)* fief; *(fig)* domain.

fieffé [fjefe] *adj* out-and-out; ~ *menteur* arrant liar.

fiel [fjɛl] *nm* gall; *(fig)* venom, malice.

fiente [fjɑ̃t] *nf* droppings.

fier [fje] **se** ~ *vpr (1h) (à)* rely (on), count (on); *ne vous fiez pas à lui* don't trust him.

fier [fjɛʀ] *adj (f* **-ière) 1** *(de)* proud (of) **2** haughty, proud **3** *(fam)* first-rate; *il a un* ~ *culot!* he's got some nerve! ‖ **fièrement** *adv* proudly; haughtily ‖ **fierté** *nf* pride.

fièvre [fjɛvʀ] *nf* **1** temperature; *elle a de la* ~ she's got a temperature, she's feverish **2** *(aussi fig)* fever; excitement; *dans la* ~ *du débat* in the heat of the debate ‖ **fiévreusement** *adv* feverishly ‖ **fiévreux** *(f* **-euse)** *(aussi fig)* feverish; *(fig)* frantic; *attente fiévreuse* anxious wait.

fifre [fifʀ] *nm (Mus)* fife.

figé [fiʒe] *adj (sourire)* fixed; *(expression, locution)* set ‖ **figer** *vt (1h)* *set; *freeze ‖ **se figer** *vpr (liquide)* congeal.

fignoler [fiɲɔle] *vt (1)* touch up; *(fam)* *put the finishing touches to.

figue [fig] *nf* fig; ~ *de Barbarie* prickly pear; *(loc)* **mi-~, mi-raisin** half-hearted ‖ **figuier** *nm* fig tree.

figurant [figyʀɑ̃] *nm (Ciné)* extra, *(Th)* walk-on; *(fig)* *il ne veut pas être un simple* ~ he refuses to be a mere onlooker ‖ **figuration** *nf* **1** figuration **2** *faire de la* ~ *(Ciné)* play bit parts, *(Th)* *do walk-on parts.

figure [figyʀ] *nf* **1** *(visage)* face; *faire bonne* ~ *put on a brave face; *faire piètre* ~ *cut a sorry figure; *(fig)* *il fait* ~ *de chef* he passes as a leader **2** figure; *(cartes) court/(amér)* face cards **3** illustration, figure **4** *(Gr)* ~ *de style* figure of speech ‖ **figuré** *adj (sens)* figurative ‖ **figurer** *vt (1)* represent ◆ *vi* appear, figure; *(Ciné)* *have a bit part, *(Th)* *have a walk-on part ‖ **se figurer** *vpr* imagine ‖ **figurine** *nf* figurine; statuette.

fil [fil] *nm* **1** thread; *(brit)* yarn; ~ *à coudre* *(brit)* sewing cotton; *(fig)* *mince comme un* ~ as thin as a pole/rake; *(câble)* strand; ~ *à pêche* line; *(fig) de* ~ *en aiguille* gradually; in the end **2** *(métal)* wire; *(Elec)* ~ *souple* cord,

(brit) flex **3** *(Téléph)* wire; *téléphone sans* ~ cordless phone; *donner un coup de* ~ *ring up, (amér)* call up; *(fam)* *ta mère est au bout du* ~ your mother's on the phone/line **4** *(tissu)* linen; *pur* ~ pure linen **5** *(fig) au* ~ *des jours* as time passes/passed; *le* ~ *des événements* the chain of events **6** *(lame)* edge ‖ **filament** *nm* filament ‖ **filature** *nf* **1** *(usine)* spinning mill **2** *(détective)* shadowing, tailing ‖ **fil-de-fériste** *nmf* high-wire performer; tightrope walker.

file [fil] *nf* **1** line; ~ *d'attente* queue, *(amér)* line; *en* ~ *indienne* in single file **2** *à la* ~ one after the other; *il a lu trois livres à la* ~ he read three books in succession **3** *(Aut)* lane; ~ *de gauche* left lane; *stationner en double* ~ double-park.

filer [file] *vt (1)* **1** *(laine)* *spin **2** *(détective)* shadow, tail **3** *(fam)* *give; *il m'a filé 100F* he slipped me 100 francs **4** *(un bas) (brit)* ladder ◆ *vi* **1** *fly by **2** *(un bas) (brit)* ladder, *(amér)* *run **3** *(fam)* dash off; *file!* scram!; ~ *en douce* slip away/off; ~ *à l'anglaise* *take French leave **4** *(fam)* ~ *doux* knuckle under; toe the line.

filet[1] [file] *nm (pêche Sp)* net; ~ *à provisions* string bag; ~ *à bagages* luggage rack; *(aussi police)* *un beau coup de* ~ a good haul; *(fig) attirer dans ses* ~*s* ensnare.

filet[2] [file] *nm* **1** thin streak; ~ *d'eau* dribble; *(Cuis)* ~ *de citron* dash of lemon; ~ *de voix* thin voice **2** *(vis)* thread **3** *(Cuis)* fillet.

filial [filjal] *adj (mpl* **-aux)** filial ‖ **filiale** *nf (Com)* subsidiary; affiliate ‖ **filiation** *nf* filiation; *(fig) (faits, événements)* relationship.

filière [filjɛʀ] *nf* **1** channels; *(Ens)* course of study **2** *(police)* network.

filigrane [filigʀan] *nm* **1** filigree **2** *(papier)* watermark.

filin [filɛ̃] *nm* rope.

fille [fij] *nf* **1** daughter **2** girl; *jeune* ~ girl, young lady/woman; *nom de jeune* ~ maiden name; *vieille* ~ old maid; ~ *de joie* prostitute ‖ **fillette** *nf* little girl.

filleul [fijœl] *nm* godson, godchild ‖ **filleule** *nf* goddaughter, godchild.

film [film] *nm* **1** film; *(Ciné)* film, picture, *(amér)* movie, motion picture; ~ *d'actualité* newsreel, news film **2** *(fig)* sequence ‖ **filmer** *vti (1)* film, *shoot.

filon [filɔ̃] *nm* **1** *(mine)* vein, seam **2** *(argot)* cushy job.

filou [filu] *nm (fam)* rogue.

fils [fis] *nm* son; *ils ont deux* ~ they have two boys; *(péj) c'est un* ~ *à papa* he's a daddy's boy.

filtre [filtʀ] *nm* filter ‖ **filtrer** *vt (1)* filter; *(fig)* screen ◆ *vi* filter (out).

fin[1] [fɛ̃] *nf* **1** end; ~ *du jour* close of the

day; **~ d'un empire** fall of an empire; **le mot de la ~** the last word; **sans ~** endless(ly); **à la ~** in the end; **à la ~ du compte, en ~ de compte** all things considered; **(fam) c'est la ~ des haricots!** this is the last straw! **2** conclusion, expiration **3** end, purpose; **il est arrivé à ses ~s** he achieved his aims; **à toutes ~s utiles** for whatever purpose it may serve; **à seule ~ de** for the sole purpose of **4 ~ de non-recevoir** flat refusal.

fin[2] [fɛ̃] *adj* **1** fine, delicate; **taille ~e** slender waist; **cheveux ~s** fine hair **2** fine, first-class; **vins ~s** choice/fine wines; *or* **~ pure gold 3** fine, subtle; **elle a l'oreille ~e** she has sharp/keen ears **4** clever; **il se croit ~** he thinks he's clever; **(hum) c'est ~, ça!** how clever! **5 au ~ fond du Texas** deep in the heart of Texas; **au ~ fond du lac** at the very bottom of the lake; **au ~ fond de mon cœur** in my heart of hearts; **le ~ mot de l'histoire** the truth of the matter ◆ *adv* **1** quite **2** finely; **couper ~** *cut/slice fine ◆ nm le ~ du ~** the ultimate ‖ **final** *adj (pl* **-als)** last, final ‖ **finale** *nf (Sp)* final; **être en ~** *be in the finals ◆ nm (Mus)* finale ‖ **finalement** *adv* finally, in the end ‖ **finaliste** *nmf* finalist ‖ **finalité** *nf* aim, objective; *(Phil)* finality.

finance [finɑ̃s] *nf* **1** finance; **moyennant ~** for cash **2 le Ministère des ~s** *(Fr)* the Ministry of Finance, *(GB)* the Exchequer, *(US)* the Treasury; *(fam)* **mes ~s vont mal** I'm hard up ‖ **financement** *nm* financing, funding; backing ‖ **financer** *vt (1)* finance, back; **cette entreprise a financé l'exposition** this firm funded/sponsored the exhibition ‖ **financier** *adj (f* **-ière)** financial; **marché ~** financial markets ◆ *nm* financier.

finasser [finɑse] *vi (1)* resort to trickery.
finaud [fino] *adj* wily, crafty.
fine [fin] *nf* brandy.
finement [finmɑ̃] *adv* **1** finely **2** subtly ‖ **finesse** *nf* fineness, sharpness, keenness **2** *(ouïe, vue)* acuteness; **~ d'esprit** shrewdness **3 les ~ du métier** the tricks of the trade; **les ~ d'une langue** the niceties of a language.

fini [fini] *adj* **1** finished; **c'est un homme ~** he's finished/done for; **tout est ~** it's all over (and done with) **2** accomplished, well finished; *(péj)* **idiot ~** utter/complete fool **3** *(espace)* finite ◆ *nm* **1** finite **2** *(finition)* finish ‖ **finir** *vti (2)* **1** finish, end; **cela finira mal** it will come to a bad end; **il finira en prison** he'll end up in jail **2 ~ de + inf; finissez de vous disputer** stop quarrelling; **~ par + inf; cela finira par casser** it'll break in the end ‖ **finition** *nf* finish.

firmament [fiʀmamɑ̃] *nm* firmament, sky.
firme [fiʀm] *nf* firm, business.
fisc [fisk] *nm (Adm) (GB)* Inland Revenue, *(US)* Internal Revenue Service; **agent du ~** tax official ‖ **fiscalité** *nf* fiscal/tax system.
fission [fisjɔ̃] *nf* fission; **~ de l'atome** splitting of the atom ‖ **fissure** *nf* crack; *(fig)* split ‖ **fissurer** *vi (1)* **se ~** *vpr* crack.
fiston [fistɔ̃] *nm (fam)* sonny, young fellow/man.
fixation [fiksasjɔ̃] *nf* **1** *(action)* fixing; fastening; *(objet)* fastening, *(ski)* binding **2** *(Psy)* fixation ‖ **fixe** *adj* **1** fixed; **idée ~** fixed idea, obsession; **prix ~** fixed price; **regard ~** stare; **à heure ~** at set time **2** permanent, steady; **sans domicile ~** of no fixed abode; **beau ~** steady fair weather ◆ *nm* fixed salary ‖ **fixé** *adj* fixed, set ‖ **fixer** *vt (1)* fix, *set, settle; **~ un couvercle** fasten a lid; **il la fixait du regard** he was staring at her; **elle sait ~ l'attention de son public** she can hold the attention of an audience **2** *(date)* fix, appoint; *(conditions)* *lay down; **elle n'est pas encore fixée** she has not made up her mind yet ‖ **se fixer** *vpr* **1** *(s'installer)* settle down **2** *become fixed, settle; **mon choix s'est fixé sur le plus petit** I (made up my mind and) chose the smallest one.
flacon [flakɔ̃] *nm* flask, (small) bottle.
flageoler [flaʒɔle] *vi (1)* *shake, tremble; **il a les jambes qui flageolent** he feels weak at the knees.
flageolet [flaʒɔlɛ] *nm* **1** haricot bean **2** *(Mus)* flageolet.
flagrant [flagʀɑ̃] *adj* **1** flagrant; *(Jur)* **pris en ~ délit** caught in the act **2** obvious, *(fam)* blatant.
flair [flɛʀ] *nm* **1** *(chien)* scent, nose **2** intuition ‖ **flairer** *vt (1)* *(chien)* scent, *smell (out); *(fig)* sense.
flamant [flamɑ̃] *nm (Orn)* flamingo.
flambant [flɑ̃bɑ̃] *adv* **~ neuf** brand new.
flambeau [flɑ̃bo] *nm (pl* **-x)** *(aussi fig)* torch.
flambée [flɑ̃be] *nf* **1** blaze **2** *(fig)* outbreak; outburst; **~ des prix** surge in prices ‖ **flamber** *vi (1)* blaze, *burn ◆ vt (volaille)* singe, *(crêpe)* flambé; *(aiguille)* sterilize; *(fig)* **~ de l'argent au jeu** gamble away (money) ‖ **flamboyer** *vi (1f)* blaze, flash.
flamme [flam] *nf* **1** flame; **en ~s** on fire; **retour de ~** backfire **2** enthusiasm; **plein de ~** passionate, fiery **3** *(lit)* passion, love **4** *(drapeau)* pennant ‖ **flammèche** *nf* spark.
flan [flɑ̃] *nm* **1** *(Cuis)* baked custard **2** *(argot)* **c'est du ~** it's nonsense.

flanc [flᾶ] *nm* **1** side ; *(pneu)* wall ; *à ~ de coteau* on the hillside ; *(fam fig) je suis sur le ~* I'm worn out/(dead) beat **2** *(fig) il prête le ~ à la critique* he lays himself open to criticism **3** *(fam) tirer au ~* skive, shirk (a task).

flancher [flᾶʃe] *vi* (1) *(fam)* weaken ; *il va sûrement ~* he is sure to crack up/*break down.

flanelle [flanɛl] *nf* flannel.

flâner [flɑne] *vi* (1) saunter, stroll ‖ **flânerie** *nf* saunter, stroll ‖ **flâneur** *nm* stroller ; *(péj)* idler.

flanquer [flᾶke] *vt* (1) *(fam) ~ qn à la porte* chuck/kick sb out.

flapi [flapi] *adj (fam)* dog-tired.

flaque [flak] *nf* puddle ; *(fig)* pool.

flash [flaʃ] *nm* (pl **flashes**) **1** *(Photo)* flash **2** *~ (d'information)* (news)flash.

flasque [flask] *adj* flabby, flaccid ; *(main)* limp.

flatter [flate] *vt* (1) **1** flatter **2** *(caresse)* stroke ‖ **flatterie** *nf* flattery ‖ **flatteur** *adj* (*f* **-euse**) flattering ◆ *nm* flatterer.

fléau [fleo] *nm* (pl **-x**) **1** *(Ag)* flail **2** *(balance)* beam **3** *(fig)* plague, scourge.

fléchage [fleʃaʒ] *nm (itinéraire)* signposting ‖ **flèche** *nf* **1** arrow ; *(prix) monter en ~* *shoot up, soar ; *il fait ~ de tout bois* everything is grist to his mill **2** *(clocher)* spire **3** *(grue)* jib ‖ **flécher** *vt* (1c) arrow ; *(itinéraire)* signpost ‖ **fléchette** *nf* dart ; *jouer aux ~s* play darts.

fléchissement [fleʃismᾶ] *nm (prix)* drop ; *(attention)* flag ‖ **fléchir** *vt* (2) *bend ; *(fig) il s'est laissé ~* he gave way ◆ *vi* yield.

flegmatique [flɛgmatik] *adj* phlegmatic ‖ **flegme** *nm* phlegm ; composure.

flemme [flɛm] *nf (fam) ;* laziness, idleness ; *tirer sa ~* *have a lazy time ‖ **flemmard** *adj* bone idle/lazy ◆ *nm (fam)* lazybones.

flétan [fletᾶ] *nm (poisson)* halibut.

flétrir [fletʀiʀ] *vti* (2) ‖ **se ~** *vpr (fleur, peau)* wither.

fleur [flœʀ] *nf* flower ; bloom ; *(arbre)* blossom ; *dans la ~ de l'âge* in the prime of life ; *(fam) faire une ~ à qn* *do sb a favour ; *rochers à ~ d'eau* rocks at surface level ; *yeux à ~ de tête* bulging eyes ; *j'ai les nerfs à ~ de peau* my nerves are on edge ‖ **fleurette** *nf conter ~ à qn* court sb ‖ **fleuri** *adj* **1** in bloom, in blossom ; in flower **2** *(orné de...)* flowery **3** *(style)* flowery ‖ **fleurir** *vi* (2) bloom ; blossom ; flower ‖ **fleuriste** *nmf* florist.

fleuve [flœv] *nm (Géog) (aussi fig)* river.

flexible [flɛksibl] *adj* flexible.

flibustier [flibystje] *nm* free-booter.

flic [flik] *nm (fam) (brit)* bobby, *(amér)* cop.

flipper [flipœʀ] *nm (jeu)* pinball ◆ *vi* [flipe] (1) *(fam)* **1** *(déprimer)* crack up, flip out **2** *(exaltation)* freak out.

flirt [flœʀt] *nm* **1** flirtation **2** *(vx)* boyfriend ; girlfriend ‖ **flirter** *vi* (1) flirt.

flocon [flɔkɔ̃] *nm* flake ; *~ de neige* snow-flake ; *~ d'avoine* porridge oats *pl inv* ‖ **floconneux** *adj* (*f* **-euse**) *(laine, nuage...)* fleecy, fluffy.

floraison [flɔʀɛzɔ̃] *nf* flowering ‖ **floralies** *nfpl inv* flower show ‖ **flore** *nf (Bot)* flora ‖ **florissant** *adj* flourishing, prosperous ; *il a le teint ~* he is in the pink (of health).

flot [flo] *nm* **1** stream ; *les ~* the waves **2** *(fig) ~s de larmes* floods of tears ; *l'argent/le vin coulait à ~s* money/wine flowed like water **3** *(Naut) mettre à ~* launch ; *(fig) remettre qn à ~* restore sb's fortunes ‖ **flotte** *nf* **1** *(Naut)* fleet **2** *(fam)* water ‖ **flotter** *vti* (1) **1** *(aussi fig)* float **2** *(hésiter)* waver ‖ **flottille** *nf (Naut)* flotilla.

flou [flu] *adj* blurred ; *(aussi fig)* hazy ; *cheveux ~s* fluffy hair ◆ *nm* blur ; haze ‖ **flouer** *vt* (1) swindle.

fluctuant [flyktyᾶ] *adj* fluctuating ; *les prix sont ~s* prices fluctuate.

fluet [flyɛ] *adj* (*f* **-ette**) **1** *(personne)* slender, slight **2** *(voix)* piping.

fluide [flɥid] *adj nm* fluid.

fluorescent [flyɔʀesᾶ] *adj* fluorescent.

flûte [flyt] *nf* **1** *(Mus)* flute ; *jouer de la ~* play the flute ; *~ à bec* recorder ; *~ de Pan* panpipes *pl inv* **2** *(pain)* loaf **3** *(champagne)* glass **4** *(excl) ~ !* (brit) dash (it)! *(amér)* darn it! ‖ **flûtiste** *nmf (Mus)* flautist.

fluvial [flyvjal] *adj (mpl* **-iaux**) *voie ~e* waterway.

flux [fly] *nm* flood ; *le ~ et le reflux* the ebb and flow.

foc [fɔk] *nm (Naut)* jib.

focal [fɔkal] *adj (pl* **-aux**) focal ‖ **focale** *nf (optique)* focal length ‖ **focaliser** *vt* focus.

fœtus [fetys] *nm* fetus, foetus.

foi [fwa] *nf* **1** faith ; *(Rel) avoir la ~ en* *have faith (in) ; *(excl) ma foi !* well! ‖ *être de bonne/mauvaise ~* *be in good/bad faith ; *(Jur) sous la ~ du serment* under oath ; *on ne peut y ajouter ~* you can't trust it ; *digne de ~* reliable, trustworthy.

foie [fwa] *nm (Anat)* liver.

foin [fwɛ̃] *nm* **1** hay ; *faire les ~s* *make hay ; *rhume des ~s* hay fever ; *(fig) faire du ~* *make a great fuss.

foire [fwaʀ] *nf* fair ; *faire la ~* whoop it up ; live it up.

fois [fwa] *nf* time ; *une ~* once ; *deux ~* twice ; *il était une ~...* once upon a time... ; *encore une ~* once more ; *une* *(bonne)* ~ *pour toutes* once and for all ; *c'est trois* ~ *rien* it's nothing at all ; *une* ~ *qu'il aura parlé...* once he has spoken ; *ne répondez pas tous à la* ~ *!* don't answer all at the same time! *il est à la* ~ *beau et intelligent* he is both handsome and intelligent.

foison [fwazɔ̃] *nf loc à* ~ in plenty ‖ **foisonnement** *nm* abundance ‖ **foisonner** *vi (1) (de)* abound (in, with).

fol [fɔl] *adj voir* **fou**.

folâtre [fɔlɑtʀ] *adj* frisky ‖ **folâtrer** *vi (1)* frisk, frolic.

folichon [fɔliʃɔ̃] *adj (f -onne) (fam) ce n'est pas* ~ it's not much fun.

folie [fɔli] *nf* **1** lunacy, madness ; *il a la* ~ *des grandeurs* he has delusions of grandeur ; *il l'aime à la* ~ he is madly in love with her **2** *(inconsidéré)* (piece of) folly ; *(cadeau) tu as fait des* ~*s !* you shouldn't have gone to such expense!

folklorique [fɔlklɔʀik] *adj* **1** *chant/danse* ~ folksong/folk dance **2** *(fam)* weird.

folle [fɔl] *adj voir* **fou** ‖ **follement** *adv* madly.

fomenter [fɔmɑ̃te] *vt (1)* foment.

foncé [fɔ̃se] *adj (couleur)* dark.

foncer[1] [fɔ̃se] *vi (1)* darken.

foncer[2] [fɔ̃se] *vi (1h)* **1** rush **2** *(attaquer) (sur)* charge ‖ **fonceur** *nm (f -euse) (fam)* whizz kid.

foncier [fɔ̃sje] *adj (f -ière)* **1** *impôt* ~ land tax **2** *(de base)* basic ; *bon sens* ~ innate common/good sense.

fonction [fɔ̃ksjɔ̃] *nf* **1** *(Math) (aussi fig)* function ; *en* ~ *du temps* depending on the weather ; *elle fait* ~ *d'infirmière* she acts as a nurse **2** *(charge)* post ; *entrer en* ~ *take up one's duties ; dans l'exercice de ses* ~*s* in the course of his duties ; *la* ~ *publique* the civil service ‖ **fonctionnaire** *nm inv* official ; *(haut/petit)* ~ (senior/minor) civil servant ‖ **fonctionnel** *adj (f -elle)* functional ‖ **fonctionnement** *nm* functioning, working ‖ **fonctionner** *vi (1) (mécanisme)* function ; *sais-tu faire* ~ *ce magnétoscope ?* can you work this video recorder?

fond [fɔ̃] *nm* **1** *(vertical) au* ~ *du puits* at the bottom of the well **2** *(horizontal) au* ~ *du jardin* at the bottom of the garden ; *au* ~ *de la salle* at the back/far end of the hall ; *au fin* ~ *du pays* (out) in the middle of nowhere/at the back of beyond/ *(amér)* in the boondocks **3** *(mer)* bed ; *haut* ~ shallows *pl inv* **4** *(tableau)* background **5** *(fig) le* ~ *de l'air est frais* there's a chill in the air ; *le* ~ *du problème* the heart of the matter ; *il y a là un* ~ *de vérité* there's something in that ; *il ne dit pas le* ~ *de sa pensée* he doesn't say what's really in his mind **6** *(loc)* ~ *de teint* foundation (cream) ; *bruit/musique de* ~ background

noise/music ; *ski de* ~ cross-country skiing ; *rouler à* ~ *(de train)* ; *drive at break-neck speed ; coureur de* ~ long-distance runner ; *visser à* ~ screw up (tight) ; *connaître à* ~ know backwards/inside out/thoroughly ; *(journal) article de* ~ leader ; *au* ~ *il a bon cœur* at bottom/ basically/deep down he's kind-hearted ; *au* ~ *il n'a pas tort* he may be right after all ; *de* ~ *en comble* from top to bottom ; *racler les* ~*s de tiroir* scrape around for cash ; *tu connais le fin* ~ *de l'histoire ?* do you know how it all turned out in the end? *toucher le* ~ *du désespoir* plumb the depths of despair/*be in the depths of misery ; sans* ~ bottomless ‖ **fondamental** *adj (mpl -aux)* basic, fundamental ‖ **fondateur** *nm (f -trice)* founder ‖ **fondation** *nf* foundation ‖ **fondé** *adj* (well-)founded ; *mal* ~ ill-founded ◆ *nm inv (Jur)* ~ *de pouvoir* proxy ‖ **fonder** *vt (1)* **1** *(innover)* found **2** *(organiser)* *set up ‖ **se fonder** *vpr* base oneself ; *je me fonde sur ce qu'on m'a dit* I'm going on what I was told.

fonderie [fɔ̃dʀi] *nf (Ind)* foundry.

fondre [fɔ̃dʀ] *vti (41)* **1** *(effet de chaleur)* melt ; *(minerai)* smelt **2** *(dissoudre)* dissolve **3** *(mouler)* *cast **4** *(couleurs)* blend, merge **5** *(loc)* ~ *en larmes* dissolve/*burst into tears ‖ **se fondre** *vpr* **1** *(en)* melt ; merge (into) **2** *(oiseau de proie) (sur)* swoop down (upon).

fondrière [fɔ̃dʀijɛʀ] *nf* **1** bog, quagmire **2** *(chemin)* pothole.

fonds [fɔ̃] *nm (pl inv)* **1** fund ; ~ *de commerce* business **2** *(pl)* funds ; *mise de* ~ outlay ; *rentrer dans ses* ~ recoup one's money ; *être en* ~ *(brit)* *be in funds ; (fam)* *be flush ; prêter à* ~ *perdus* *lend without hope of recovery.

fontaine [fɔ̃tɛn] *nf* **1** *(source)* spring **2** *(édifice)* fountain.

fonte [fɔ̃t] *nf* **1** *(processus)* melting ; *(neige)* thaw ; *(minerai)* smelting **2** *(produit)* cast iron.

fonts [fɔ̃] *nmpl inv* ~ *baptismaux* font.

football [futbol] *nm (Sp)* football ; *(brit)* soccer ; *(brit)* **footballer** *nm* football player ; *(brit)* footballer.

footing [futiŋ] *nm* jogging ; running.

for [fɔʀ] *loc dans/en mon* ~ *intérieur* deep down.

forage [fɔʀaʒ] *nm (pétrole)* boring, drilling.

forain [fɔʀɛ̃] *adj marchand* ~ hawker ; *stall-keeper ; fête* ~*e* (fun)fair ◆ *nm* travelling showman.

forçat [fɔʀsa] *nm* convict.

force [fɔʀs] *nf* **1** *(Phys)* force ; ~ *de gravitation* force of gravity **2** *(physique, morale)* strength ; *dans la* ~ *de l'âge* in the prime of life ; *essaie de toutes tes* ~*s !* try as hard as you can/with all your might! *je* *suis à bout de* ~*s* I'm exhausted/at the end of my tether ; *c'est un tour de* ~ it's quite a feat ; *les deux équipes sont de la même* ~ the two teams are evenly matched **3** *(contrainte)* force ; ~ *s de l'ordre* the police (force) ; *les* ~*s armées* the armed forces ; ~ *de frappe* nuclear deterrent ; *avoir recours à la* ~ resort to force ; *on l'a fait avouer de* ~ they forced him to confess ; *de gré ou de* ~ willy-nilly ; *c'est un cas de* ~ *majeure* it's beyond our control ; *par la* ~ *des choses* necessarily **4** *(loc)* *à toute* ~ at all costs ; *à* ~ *de répéter* by dint of repetition ; *à* ~ *on va céder* we'll end up by giving in || **forcé** *adj* **1** *(peu naturel)* forced **2** inevitable || **forcément** *adv* **1** inevitably ; *cela devait* ~ *arriver* that was bound to happen **2** of course, naturally ; *pas* ~ not necessarily.

forcené [fɔʀsəne] *adj* frantic, frenzied, mad ◆ *nm (aussi fig)* madman ; ~*e* madwoman.

forceps [fɔʀsɛps] *nm* (pair of) forceps *pl inv*.

forcer [fɔʀse] *vt (1h)* compel, force ; *(porte)* *break/*burst open ; ~ *sa voix* strain one's voice ; ~ *l'allure* exert pressure ; *ne force pas !* don't overdo it/things! *il a gagné sans* ~ he won easily || **forcing** *nm* pressure ; *faire du* ~ *put on the pressure || **forcir** *vi (2)* **1** *(vent)* *build up **2** *(personne)* fill out.

forer [fɔʀe] *vt (1)* bore, drill.

forestier [fɔʀɛstje] *adj (f -ière)* *chemin* ~ forest path ; *industrie forestière* forestry, lumbering.

foret [fɔʀɛ] *nm* bore, drill.

forêt [fɔʀɛ] *nf* forest ; ~ *tropicale* rainforest ; ~ *vierge* virgin forest.

forfait [fɔʀfɛ] *nm* **1** crime **2** *(Com)* set price ; *travail à* ~ contract work **3** *(loc)* *déclarer* ~ *withdraw || **forfaitaire** *adj* contractual.

forfanterie [fɔʀfɑ̃tʀi] *nf* bragging.

forge [fɔʀʒ] *nf* forge, smithy ; *(Ind)* ~*s* ironworks || **forger** *vt (1h) (aussi fig)* forge ; *il s'est forgé une réputation* he has earned/won himself a reputation ; *cette histoire est forgée de toutes pièces* there's not a word of truth in it || **forgeron** *nm* (black)smith.

formaliser [fɔʀmalize] *vt (1)* formalize || **se formaliser** *vpr* *take offence || **formaliste** *adj* formal || **formalité** *nf* formality ; *sans autre* ~ without further ado.

format [fɔʀma] *nm* format ; *(fig)* size.

formation [fɔʀmasjɔ̃] *nf* **1** *(création)* formation **2** *(Ens)* training ; ~ *professionnelle* vocational training || **forme** *nf* **1** *(configuration)* form, shape ; *sans* ~ shapeless ; *sous* ~ *de...* in the form/shape of... **2** *(fig)* form ; *de pure* ~ purely formal ; *en bonne et due* ~ in due form ;

pour la ~ for form's sake ; *sans autre* ~ *de procès* without further ado **3** *(santé) être en* ~ *be in good shape/ *(brit)* on top form || **formel** *adj (f -elle)* **1** *(de pure forme)* formal **2** categorical ; positive || **formellement** *adv* **1** formally **2** categorically || **former** *vt (1)* **1** form ; *make up **2** *(Ens)* train ; *(caractère)* mould.

formidable [fɔʀmidabl] *adj* **1** fearsome **2** splendid, wonderful.

formulaire [fɔʀmylɛʀ] *nm (imprimé)* form.

formule [fɔʀmyl] *nf* **1** *(Math)* formula **2** *(formulaire)* form **3** *(expression)* phrase ; ~ *de politesse* set phrase || **formuler** *vt (1)* formulate.

fort [fɔʀ] *adj* **1** *(physique, moral)* strong ; *(bruit)* loud ; *(coup)* hard ; *(douleur)* severe ; *(femme)* large, stout ; *(mer)* heavy ; *(pente)* steep ; *(pluie)* heavy ; *(somme)* large ; *(voix)* loud ; strong ; *acheter qch au prix* ~ *pay full price for sth ; *c'est une* ~*e tête* he's a bit of a rebel ; *il a affaire à une* ~*e partie* he's up against tough opposition ; *il y a de* ~*es chances* there's every chance **2** *(compétent)* good ; *il est* ~ *en maths* he's good at maths ; *ce n'est pas mon* ~ it's not my strong point ; *il a trouvé plus* ~ *que lui* he has found his match **3** *(loc) je me fais* ~ *de le convaincre* I'm certain/sure I can persuade him ; *à plus* ~*e raison* all the more so ; *c'est plus* ~ *que moi* I can't help it ; *ça, c'est (un peu)* ~ *!* that's a bit much! *le plus* ~ *c'est que...* and the best part of it is that... ◆ *adv (frapper, lancer)* hard ; *(parler)* loud(ly) ; *(ressentir)* strongly ; *respirez* ~ *!* take a deep breath! *là tu y vas* ~ *!* you're going a bit far now! *j'en doute* — I very much doubt it ; *j'ai* ~ *à faire* I've got a lot to do ; *il a* ~ *à faire avec elle* he has his work cut out with her ◆ *nm* **1** *(Mil)* fort ; fortress **2** *(loc) au plus* ~ *de l'été* at the height of summer ; *au plus* ~ *de l'hiver* in the dead/depths of winter ; *au plus* ~ *du combat* in the thick of the fight ; *au plus* ~ *de la discussion* when the debate was at its height || **fortement** *adv (conseiller)* strongly ; *(désirer)* deeply ; *(s'intéresser)* deeply ; highly ; *(frapper)* hard ; *(serrer)* hard, tight ; *il est* ~ *probable* it is highly probable || **forteresse** *nf* fortress, stronghold || **fortifiant** *nm (Méd)* tonic || **fortification** *nf* fortification || **fortifier** *vt (1h)* strengthen ; *(Arch) (aussi fig)* fortify.

fortiori [fɔʀsjɔʀi] *loc adv* *a* ~ all the more so.

fortuit [fɔʀtɥi] *adj* fortuitous.

fortune [fɔʀtyn] *nf* fortune ; *il a de la* ~ he's well-off ; *il a fait* ~ he made a fortune/ *(fam)* a pile ; *ce sera à la* ~ *du pot !* you'll have to take pot luck! *dispositif de*

~ makeshift installation ‖ **fortuné** *adj* rich, wealthy, well-heeled, well-off.

forum [fɔʀɔm] *nm* forum.

fosse [fos] *nf* **1** pit; *(Aut)* inspection pit; ~ *d'aisances* cesspool; ~ *septique* septic tank **2** *(tombe)* grave ‖ **fossé** *nm* ditch; *(fig)* gap, gulf ‖ **fossette** *nf* dimple.

fossile [fosil] *adj nm* fossil.

fossoyeur [foswajœʀ] *nm* gravedigger.

fou [fu] *adj (devant voyelle* **fol)** *(f* **folle) 1** insane; *(aussi fig)* crazy, mad; ~ *à lier* raving mad; *devenir* ~ *go mad; (fig) il est* ~ *d'elle* he is crazy/mad about her; ~ *de joie* mad with joy; *un fol espoir* a mad hope; *plus on est de* ~*s plus on rit* the more the merrier **2** *(incontrôlé) herbes folles* rank weeds **3** enormous; *tout est à un prix* ~ prices are sky-high; *conduire à une allure folle* *drive at breakneck speed; *j'ai mis un temps* ~ *à venir* it took me ages to get here ◆ *nm* **1** lunatic, madman **2** *(Hist)* buffoon, fool, jester; *arrête de faire le* ~ ! stop fooling around/ *(brit)* playing the fool! **3** *(échecs)* bishop ‖ **folle** *nf* lunatic, madwoman.

foudre [fudʀ] *nf* lightning; *coup de* ~ thunderbolt; *(fig) il a eu le coup de* ~ *fall in love at first sight ‖ **foudroyant** *adj* violent; *(rapide) il a eu un succès* ~ he was an overnight success ‖ **foudroyer** *vt (1e)* *strike; *arbre foudroyé* tree struck by lightning; *il a été foudroyé (maladie)* he was struck down; *(émotion)* he was thunderstruck; *(fig) il m'a foudroyé du regard* he looked daggers at me.

fouet [fwe] *nm* **1** whip; *coup de* ~ lash **2** *(Cuis)* whisk **3** *(Aut) les deux voitures se sont heurtées de plein* ~ the two cars collided head-on ‖ **fouetter** *vt (1)* whip; *(punition)* flog; *(loc) il n'y a pas de coup* ~ *un chat* there's nothing to make a fuss about; *j'ai d'autres chats à* ~ I've (got) other fish to fry.

fougère [fuʒɛʀ] *nf (Bot)* bracken, fern.

fougue [fug] *nf* ardour ‖ **fougueux** *adj (f* **-euse)** ardent, fiery, spirited.

fouille [fuj] *nf* **1** search **2** *(archéologie)* ~*s* excavation; *(fam)* dig; *faire des* ~*s* excavate; *(fam)* *dig ‖ **fouillé** *adj* detailed ‖ **fouiller** *vt (1) (bagages, maison...)* search; *(au corps)* frisk; *(région)* scour; *(sujet)* *go thoroughly into ◆ *vi (1)* ~ *dans un tiroir* rummage through a drawer; *(fig)* ~ *dans sa mémoire* search one's memory ‖ **fouillis** *nm (objets hétéroclites)* jumble; *la maison est en* ~ ! the house is in a mess/muddle.

fouine [fwin] *nf (Zool)* (stone-)marten; *(fig) des yeux de* ~ ferrety eyes ‖ **fouiner** *vi (1)* ferret/nose around.

foulard [fulaʀ] *nm* (silk) scarf *(pl* scarves).

foule [ful] *nf* crowd; throng; *(fam) j'ai*

une ~ *de choses à faire* I've got loads/ masses of things to do.

foulée [fule] *nf (course)* stride; *(fig) dans la* ~ *il a peint les volets* while he was at it he painted the shutters ‖ **fouler** *vt (1)* ~ *le sol de son pays* walk on one's native soil; *(raisins)* crush; *(fig)* ~ *aux pieds* trample *(underfoot)* ‖ **se fouler** *vpr* **1** *(Anat) se* ~ *le poignet* sprain one's wrist **2** *(fam) (travail) il ne se foule pas* he doesn't kill himself/he takes things easy ‖ **foulure** *nf (Méd)* sprain.

four [fuʀ] *nm* **1** *(Cuis)* oven; *faire cuire au* ~ *(gâteau)* bake; *(viande)* roast; *je ne peux pas être au* ~ *et au moulin* I can't be in two places at once **2** *(poterie)* kiln **3** *(Ind)* furnace **4** *(Th)* flop.

fourbe [fuʀb] *adj* deceitful ‖ **fourberie** *nf* deceit.

fourbi [fuʀbi] *nm* **1** *(Mil)* gear **2** *(fam)* mess.

fourbu [fuʀby] *adj* exhausted.

fourche [fuʀʃ] *nf (Ag Hort)* fork ‖ **fourcher** *vi (1) (loc) la langue m'a fourché* it was a slip of the tongue ‖ **fourchette** *nf* **1** (table) fork **2** *(marge)* margin ‖ **fourchu** *adj* forked.

fourgon [fuʀgɔ̃] *nm* van; ~ *mortuaire* hearse ‖ **fourgonnette** *nf* light van.

fourmi [fuʀmi] *nf (Zool)* ant; *j'ai des* ~*s dans les jambes* I've got pins and needles in my legs ‖ **fourmilière** *nf* ant hill; *(fig)* bustle, hive ‖ **fourmillement** *nm* **1** *(grouillement)* swarming **2** *(picotement)* pricking ‖ **fourmiller** *vi (1) (de)* swarm (with); teem (with).

fournaise [fuʀnɛz] *nf (flammes)* blaze; *(chaleur)* furnace; oven ‖ **fournée** *nf (pain) (aussi fig)* batch ‖ **fourneau** *nm (pl* -**x)** stove ‖ **fournil** *nm* bakehouse.

fournir [fuʀniʀ] *vt (2)* provide, supply; ~ *des armes aux rebelles* provide/supply the rebels with weapons; *magasin bien fourni* well-stocked shop; *(fig) cela m'a fourni une excuse* it provided/supplied me with an excuse ‖ **se fournir** *vpr (en)* *buy; *se* ~ *chez Dupont (particuliers)* patronize Dupont; *(Com)* *get one's supplies from Dupont ‖ **fournisseur** *nm* retailer; supplier ‖ **fourniture** *nf (acte)* supply(ing); ~*s de bureau* office supplies/ *(brit)* stationery.

fourrage [fuʀaʒ] *nm (Ag)* fodder.

fourré¹ [fuʀe] *nm* thicket.

fourré² [fuʀe] *adj* **1** *(bonbons)* filled **2** *(vêtement)* fur-lined **3** *(loc) coup* ~ stab in the back.

fourreau [fuʀo] *nm (pl* -**x)** scabbard, sheath; *robe* ~ sheath (dress).

fourrer [fuʀe] *vt (1) (fam)* shove; *il fourre son nez partout* he pokes his nose into everything ‖ **fourre-tout** *nm (pl inv)* *(débarras)* lumber room ; *(sac)* carryall ; *(amér fam)* totebag.

fourreur [fuʀœʀ] *nm* furrier.

fourrière [fuʀjɛʀ] *nf (animaux, Aut)* pound.

fourrure [fuʀyʀ] *nf* fur.

fourvoyer [fuʀvwaje] *vt (1f)* *mislead || **se fourvoyer** *vpr (lit)* *lose one's way ; *(fig)* *go off the track.

foutaise [futɛz] *nf (fam)* nonsense, rubbish || **foutoir** *nm (fam vulg)* shambles || **foutre** *vt (27) (vulg)* 1 *do ; *il n'en fout pas une rame* he does damn all/fuck all ; *qu'est-ce que ça peut me ~ ?* I don't give a damn/fuck (for that)! 2 *(lancer)* chuck ; *(fig) ça fout tout en l'air/par terre (brit)* that buggers everything up/ *(amér)* that screws everything up 3 *(loc) ~ une raclée à qn* *beat hell out of sb ; *fous le camp !* fuck off!/ *(brit)* bugger off! *ça me fout la trouille* that scares the life out of me ; *fous-moi la paix !* lay off! *ça m'a foutu en rogne* it got my goat || **se foutre** *vpr* 1 *(se mettre) il s'est foutu par terre* he fell flat on his face ; *(fig) je me suis foutu dedans (brit)* I made a boob/I boobed/ *(amér)* I screwed up 2 *(indifférence) je m'en fous !* I don't give a damn!/I couldn't care less! 3 *(moquerie) tu te fous de moi ?* what do you take me for? 4 *(injure) va te faire ~ !* bugger off! fuck off! 5 *(regret) ça la fout mal* that looks bad! || **foutu** *adj* 1 *(aspect) bien ~ (personne)* good-looking ; *(chose)* clever 2 *(santé) je me sens mal ~* I feel lousy/ *(brit)* rotten 3 *(injure)* lousy ; *(brit)* bloody 4 *(ruine) il est ~* he's done for 5 *(mauvais) il a un ~ caractère* he's not easy to get on with 6 *(impossibilité) je n'ai pas été ~ de trouver la rue* for the life of me I couldn't find the street.

foyer [fwaje] *nm* 1 *(chez soi)* home ; *il est sans ~* he is homeless 2 *(étudiants)* hostel, residence ; *(jeunes)* club ; *(personnes âgées)* home ; *(Th)* foyer 3 *(cheminée)* fire(-place), hearth 4 *(optique)* focus ; *verres à double ~* bifocal lenses 5 *(origine)* centre ; source.

fracas [fʀaka] *nm* crash ; din || **fracassant** *adj* deafening ; *(fig)* sensational || **fracasser** *vt (1)* se ~ *vpr* shatter, smash.

fraction [fʀaksjɔ̃] *nf* fraction || **fractionner** *vt (1)* se ~ *vpr* *split up || **fracture** *nf* fracture || **fracturer** *vt (1)* 1 *(Méd)* fracture 2 *(porte...)* *break (open).

fragile [fʀaʒil] *adj* 1 *(objet)* fragile ; brittle 2 *(santé)* delicate, frail 3 *(raisonnement)* flimsy, frail, shaky || **fragilité** *nf* brittleness ; delicacy ; fragility ; frailty ; shakiness.

fragment [fʀagmɑ̃] *nm* fragment ; splinter || **fragmentaire** *adj* fragmentary || **fragmenter** *vt (1)* se ~ *vpr* fragment ; *split (up).

fraîche [fʀɛʃ] *adj voir* **frais** ◆ *nf à la ~* in the cool of the evening || **fraîchement** *adv* 1 coolly 2 freshly, newly || **fraîcheur** *nf* 1 coolness 2 freshness || **fraîchir** *vi (2) (température)* freshen, cool down.

frais[1] [fʀɛ] *adj (f* **fraîche)** 1 *(froid)* cool ; *il fait ~* it's cool 2 *(récent)* fresh ; *argent ~* fresh capital ; *œufs ~* fresh/new-laid eggs ; *peinture fraîche* wet paint ; *teint ~* fresh complexion ; *~ et dispos* (as) fresh as a daisy ; *(fam) nous voilà ~ !* we're in a fix/mess! ◆ *nm* **mettre au ~** *put in a cool place ; **prendre le ~** *go out for a breath of (fresh) air.

frais[2] [fʀɛ] *nmpl inv* 1 expenses ; *(Adm)* charges ; *~ généraux* overheads ; *~ de scolarité* fees ; *à peu de ~* cheaply ; *se mettre en ~ (argent)* *go to great expense ; *(tracas)* *go to great trouble ; *(Com)* **rentrer dans ses ~** recover one's outlay ; *aux ~ de la princesse* at the firm's/taxpayer's expense 2 *(fig)* **faire les ~** suffer the consequences ; *j'en suis pour mes ~* I've put myself out for nothing/to no end.

fraise[1] [fʀɛz] *nf (vêtement)* ruff.

fraise[2] [fʀɛz] *nf (dentiste)* drill || **fraiser** *vt (1) (Tech)* *countersink.

fraise[3] [fʀɛz] *nf (fruit)* strawberry || **fraisier** *nm* strawberry plant.

framboise [fʀɑ̃bwaz] *nf* raspberry || **framboisier** *nm* raspberry-cane.

franc [fʀɑ̃] *adj (f* **franche)** 1 *(personne)* candid, frank ; *(parler)* blunt 2 *(bien défini)* clear-cut 3 *(péj) une franche canaille* a downright scoundrel 4 *(Sp) coup ~* free kick ◆ *adv* **à parler ~...** to be candid... || **franchement** *adv (parler)* candidly, frankly ; *(agir)* clearly, openly ; *(loc)* **vas-y ~ !** speak your mind! *(agir)* go right ahead!

franche [fʀɑ̃ʃ] *adj voir* **franc.**

franchir [fʀɑ̃ʃiʀ] *vt (2)* 1 *(traverser)* cross 2 *(distance)* cover 3 *(obstacle)* *overcome.

franchise [fʀɑ̃ʃiz] *nf* 1 *(personne)* candour, frankness 2 *(Com)* exemption.

franc-maçon [fʀɑ̃masɔ̃] *nm* freemason || **franc-maçonnerie** *nf* freemasonry.

franco [fʀɑ̃ko] *adv (Com) ~ de port* carriage-paid.

franco- [fʀɑ̃ko] *préf* franco || **franco-britannique** *adj* Anglo-French || **franco-canadien** *adj* French-Canadian || **francophile** *adj nmf* francophile || **francophobe** *adj nmf* francophobe || **francophone** *adj* French-speaking ◆ *nmf* native French speaker.

franc-parler [fʀɑ̃paʀle] *nm* bluntness ; *il a son ~* he speaks his mind.

franc-tireur [fʀɑ̃tiʀœʀ] *nm (Mil)* irregular ; sniper.

frange [fʀɑ̃ʒ] *nf* fringe.

frangin [fʀɑ̃ʒɛ̃] *nm (fam)* brother || **frangine** *nf (fam)* sister.

franquette [fʀɑ̃kɛt] *nf (loc) à la bonne ~* without making a fuss, without standing on ceremony.

frappant [fʀapɑ̃] *adj* striking ‖ **frappe** *nf* 1 *(Mil) force de ~* nuclear deterrent 2 *(dactylo) faute de ~* typing error ; *la lettre est à la ~* the letter is being typed ‖ **frappé** *adj* 1 *~ de stupeur* thunderstruck 2 *(vin)* chilled ‖ **frapper** *vti (1)* 1 **hit, *strike* ; *~ à la porte* knock at the door ; *~ le sol du pied* stamp on the ground ; *~ des mains* clap one's hands ; *cela frappe le regard* it catches the eye ; *(fig) ~ un grand coup* *strike a decisive blow ; *je fus frappé par son intelligence* I was struck by his intelligence 2 *(Adm) ~ des denrées d'un droit* impose a duty on goods ; *~ la monnaie* mint coins ; *(fig) c'est une remarque frappée au coin du bon sens* that's a sensible remark ‖ **se frapper** *vpr (fam)* *get worried/worked up.

frasque [fʀask] *nf* escapade.

fraternel [fʀatɛʀnɛl] *adj (f -elle)* brotherly ‖ **fraternellement** *adv* fraternally ‖ **fraterniser** *vi (1)* fraternize ‖ **fraternité** *nf* brotherhood, fraternity.

fraude [fʀod] *nf* deceit ; fraud ; *~ fiscale* tax evasion ; *passer en ~* smuggle (through the Customs) ‖ **frauder** *vti (1)* defraud ; *(examen)* cheat ; *~ le fisc* evade taxation ‖ **fraudeur** *nm (f -euse) (Com)* person guilty of fraud ; *(fisc)* tax evader ; *(douane)* smuggler ‖ **frauduleux** *adj (f -euse)* fraudulent.

frayer [fʀeje] *vt (1e) (loc) se ~ un passage* *make one's way through.

frayeur [fʀejœʀ] *nf* fright.

fredaine [fʀadɛn] *nf (loc) faire des ~s* *get up to mischief.

fredonner [fʀadɔne] *vti (1)* hum.

frégate [fʀegat] *nf* 1 *(Naut)* frigate 2 *(Orn)* frigate bird.

frein [fʀɛ̃] *nm* 1 brake ; *donner un coup de ~* step on the brake(s) 2 *(fig) il ronge son ~* he's champing at the bit ; *mettre un ~ à* check, curb ‖ **freinage** *nm* braking ‖ **freiner** *vti (1) (aussi fig)* brake ; slow down.

frelaté [fʀalate] *adj* adulterated.

frêle [fʀɛl] *adj* frail.

frelon [fʀalɔ̃] *nm (Zool)* hornet.

frémir [fʀemiʀ] *vi (2)* 1 *(légèrement)* quiver ; *(plaisir)* *be thrilled ; *(horreur)* shudder ; *(peur)* quake, shake, tremble 2 *(Cuis) l'eau commence à ~* the water is coming to the boil ‖ **frémissement** *nm* quiver(ing) ; thrill ; shudder(ing) ; shaking, trembling.

frêne [fʀɛn] *nm (Bot)* ash (tree).

frénésie [fʀenezi] *nf* frenzy ‖ **frénétique** *adj* frantic ; frenzied.

fréquemment [fʀekamɑ̃] *adv* frequently

fréquent *adj* frequent ‖ **fréquentation** *nf* frequenting ; *mauvaises ~s* bad company ‖ **fréquenté** *adj (lieu)* busy ; *mal ~* ill-famed ‖ **fréquenter** *vt (1) (lieu)* frequent ; *(personnes)* associate with ; *quel genre de personnes fréquente-t-il ?* what kind of company does he keep?

frère [fʀɛʀ] *nm* brother.

fresque [fʀɛskə] *nf (Art)* fresco.

fret [fʀɛ] *nm* freight ‖ **fréter** *vt (1) (Naut)* charter.

frétiller [fʀetije] *vi (1)* wriggle.

fretin [fʀatɛ̃] *nm (fig) le menu ~* the small fry.

friable [fʀijabl] *adj* crumbly ; flaky.

friand [fʀijɑ̃] *adj (de)* fond (of), keen (on) ; *il est ~ de sucreries* he has a sweet tooth ‖ **friandise** *nf* delicacy, titbit.

fric [fʀik] *nm (fam) (argent)* dough, *(brit)* lolly.

fric-frac [fʀikfʀak] *nm (fam)* break-in.

friche [fʀiʃ] *nf (Ag)* fallow land ; *laisser des terres en ~* *let land lie fallow, *set aside land ; *~s industrielles* disused factories.

fricot [fʀiko] *nm (fam)* grub ‖ **fricoter** *vt (1) (fam) qu'est-ce qu'il fricote ?* what's he up to?

friction [fʀiksjɔ̃] *nf (aussi fig)* friction ; *(massage)* rub-down ‖ **frictionner** *vt (1)* rub down.

frigidaire® [fʀiʒidɛʀ] *nm* refrigerator ‖ **frigo** *nm (fam)* fridge ‖ **frigorifier** *vt* refrigerate ; *(fam fig) je suis frigorifié* I'm frozen (stiff).

frileux [fʀilø] *adj (f -euse) je suis ~* I feel the cold (easily) ; *(fig)* timid ; lacking initiative.

frimas [fʀima] *nm (surtout pl) (lit)* winter.

frime [fʀim] *nf (fam) pour la ~* (just) for show ‖ **frimer** *vi (1) (fam)* *show off ‖ **frimeur** *nm* show-off.

frimousse [fʀimus] *nf (affectueux)* face.

fringale [fʀɛ̃gal] *nf (fam) j'ai une de ces ~s !* I'm famished/ravenous/starving!

fringant [fʀɛ̃gɑ̃] *adj (cheval)* frisky ; *(personne)* dashing.

fringues [fʀɛ̃g] *nfpl inv* clobber *s inv* ; togs *pl inv*.

friper [fʀipe] *vt (1) se ~ vpr* crumple ‖ **fripier** *nm (f -ière)* secondhand clothes dealer.

fripon [fʀipɔ̃] *adj (f -onne)* mischievous, roguish ♦ *nmf* rascal, rogue ‖ **fripouille** *nf inv* scoundrel, rogue.

frire [fʀiʀ] *vti (33) faire ~* fry.

frise [fʀiz] *nf (Arch)* frieze.

frisé [fʀize] *adj* curly ; kinky ‖ **friser** *vti (1)* 1 *(cheveux)* curl ; *tu frises !* your hair is beginning to curl 2 *(effleurer)* graze ; *il frise la cinquantaine* he's pushing fifty ‖ **frisette** *nf* curl ; ringlet.

frisquet [fʀiskɛ] *adj (f* **-ette)** chilly ; *il fait* ~ there's a chill/nip in the air.

frisson [fʀisɔ̃] *nm (léger)* quiver ; *(froid, peur)* shiver ; *(horreur)* shudder ; *(plaisir)* thrill ‖ **frissonner** *vi (1)* quiver ; shiver ; shudder.

frit [fʀi] *adj* fried ‖ **frites** *nfpl (brit)* chips, *(amér)* French fries ‖ **friteuse** *nf* chip pan ‖ **friture** *nf* **1** deep fat **2** *(plat)* fried food **3** *(Rad Téléph)* crackling.

frivole [fʀivɔl] *adj* frivolous ‖ **frivolité** *nf* frivolity.

froc [fʀɔk] *nm (Rel)* frock ; *(fam) (brit)* bags *pl inv, (amér)* pants *pl inv*.

froid [fʀwa] *adj* cold ; *(fig)* **garder la tête** ~**e** **keep cool* ◆ *nm* **1** cold ; *il fait un* ~ *de canard* it's freezing cold ; *j'ai aux mains* my hands are cold ; *prendre* ~ **catch cold/a chill* **2** *(fig)* **cela me fait** ~ *dans le dos* it sends a shiver up my spine ; *il n'a pas* ~ *aux yeux* he's afraid of nothing ; *ils sont en* ~ they're not on speaking terms ‖ **froidement** *adv (fig)* coldly ; *(calculer)* coolly ; *(tuer)* in cold blood ; **froideur** *nf* coldness.

froisser [fʀwase] *vt (1) (vêtement)* crease, crumple, rumple ; *(personne)* **give offence to* ‖ **se froisser** *vpr* **take offence*.

frôler [fʀole] *vt (1) (effleurer)* brush ; *(fig) il a frôlé la mort* he escaped death by the skin of his teeth.

fromage [fʀɔmaʒ] *nm* cheese ; ~ *de tête* brawn.

froment [fʀɔmɑ̃] *nm* wheat.

fronce [fʀɔ̃s] *nf* gather ‖ **froncer** *vt (1h)* gather ; *(fig)* ~ *les sourcils* frown.

fronde [fʀɔ̃d] *nf* **1** *(arme)* sling ; *(jeu)* catapult **2** revolt ‖ **frondeur** *adj (f* **-euse)** rebellious.

front [fʀɔ̃] *nm* **1** *(Anat)* brow, forehead ; *(fig) il a eu le* ~ *de dire...* he had the cheek/effrontery/nerve to say... **2** *(Mil)* front ; *(fig)* **faire** ~ *à qch* face (up to) sth ; *elle mène plusieurs activités de* ~ she has several irons in the fire **3** ~ *de mer* sea front ‖ **frontal** *adj (mpl* **-aux)** frontal ; *choc* ~ head-on collision.

frontière [fʀɔ̃tjɛʀ] *nf* border ; *(aussi fig)* frontier.

fronton [fʀɔ̃tɔ̃] *nm (Arch)* pediment.

frottement [fʀɔtmɑ̃] *nm* friction ‖ **frotter** *vt (1)* **1** rub ; *se* ~ *les mains* rub one's hands **2** *(gratter)* scrape **3** *(parquet...)* polish **4** *(allumette)* **strike* ◆ *vi (1)* rub ; scrape ‖ **se frotter** *vpr (loc)* **ne te frotte pas à lui !** don't cross swords with him!

froussard [fʀusaʀ] *adj (fam)* cowardly ◆ *nm* coward ‖ **frousse** *nf (fam)* **avoir la** ~ **be scared stiff*.

fructifier [fʀyktifje] *vi (1h) (Bot)* **bear fruit* ; *(Fin)* **faire** ~ *son capital* invest one's capital profitably ‖ **fructueux** *adj (f* **-euse)** fruitful ; profitable.

frugal [fʀygal] *adj* frugal *(f* **-aux)** ‖ **frugalité** *nf* frugality.

fruit [fʀɥi] *nm* **1** fruit ; *prenez un* ~ *!* have some fruit! ~*s de mer* seafood ; *(fig) l'idée a porté ses* ~*s* the idea has borne fruit ‖ **fruité** *adj* fruity.

frusques [fʀysk] *nfpl inv (fam)* togs.

fruste [fʀyst] *adj* coarse, crude.

frustrer [fʀystʀe] *adj* frustrate ; *se sentir frustré de qch* **feel deprived of sth*.

fuel [fjul] *nm* domestic oil.

fugitif [fyʒitif] *adj (f* **-ive)** fleeting ◆ *nmf* fugitive.

fugue [fyg] *nf* **1** *(Mus)* fugue **2** *faire une* ~ **run away (from home)*.

fuir [fɥiʀ] *vti (11)* **1** **run away (from)* ; escape (from) ; *(lit)* **flee, *take flight* **2** avoid ; *(lit)* shun **3** *(robinet)* leak ‖ **fuite** *nf* **1** escape ; *(lit)* flight ; *(prisonnier)* *en* ~ on the run ; *ils prirent la* ~ they took flight/to their heels **2** leak ; *la* ~ *des cerveaux* the brain drain.

fulgurant [fylgyʀɑ̃] *adj à une vitesse* ~*e* at lightning speed.

fume-cigarette [fymsigaʀɛt] *nm (pl inv)* cigarette-holder ‖ **fumée** *nf* smoke ; *(vapeur d'eau)* steam ; *(polluant)* fumes *pl inv* ‖ **fumer** *vti (1)* **1** smoke ; steam ; fume **2** *(Ag)* manure ‖ **fumet** *nm* aroma ‖ **fumeur** *nm (f* **-euse)** smoker ; *grand* ~ heavy smoker ‖ **fumeux** *adj (f* **-euse)** smoky ; *(fig)* hazy ‖ **fumier** *nm* **1** *(Ag)* dung, manure **2** *(fam) (personne)* bastard, shit ‖ **fumiste** *adj nm (fam) c'est un* ~ he's a fake/fraud/phoney ; he's work-shy ‖ **fumisterie** *nf* fraud.

funambule [fynɑ̃byl] *nmf* tightrope walker.

funèbre [fynɛbʀ] *adj* funereal ; **marche** ~ dead march ‖ **funérailles** *nfpl inv* funeral ‖ **funéraire** *adj* funerary ; **pierre** ~ gravestone ‖ **funeste** *adj* disastrous ; fatal ; fateful.

funiculaire [fynikylɛʀ] *nm* funicular (railway).

fur [fyʀ] *loc adv* **au** ~ **et à mesure** progressively ◆ *loc conj* **au** ~ **et à mesure que** as fast/soon as ◆ *loc prép* **au** ~ **et à mesure de vos besoins** as and when required.

furet [fyʀɛ] *nm (Zool)* ferret ‖ **fureter** *vi (1c)* ferret/ *(fam)* nose around ; *elle furète dans tous les coins (fam)* she's a real snoop/ *(brit)* nosy parker ‖ **fureteur** *adj (f* **-euse)** inquisitive.

fureur [fyʀœʀ] *nf* **1** *(colère)* fury, rage **2** *(passion)* ~ *de vivre* lust for life ; *(mode) cela fait* ~ it's all the rage ‖ **furibard** *adj (fam)* livid, wild ‖ **furibond** *adj* livid ‖ **furie** *nf* **1** *(colère)* fury **2** *(mégère)* shrew ‖ **furieux** *adj (f* **-ieuse)** **1** *(contre)* furious (at, with) **2** *(fig) j'ai une furieuse envie*

d'une tasse de thé I'm simply dying for a cup of tea.
furoncle [fyʀɔ̃kl] *nm* (*Méd*) boil.
furtif [fyʀtif] *adj* (*f* **-ive**) furtive, stealthy.
fus [fy] *voir* **être**.
fusain [fyzɛ̃] *nm* **1** (*Bot*) spindle-tree **2** charcoal crayon; (*dessin*) charcoal sketch.
fuseau [fyzo] *nm* (*pl* **-x**) **1** (*filature*) spindle **2** ski trousers **3** ~ **horaire** time zone.
fusée [fyze] *nf* rocket.
fuselage [fyzlaʒ] *nm* fuselage.
fuser [fyze] *vi* (*1*) **les applaudissements/ rires fusèrent** there was a burst of applause/laughter.
fusible [fyzibl] *nm* (*El*) fuse.
fusil [fyzi] *nm* **1** (*arme*) gun; (*fig*) **il a changé son** ~ **d'épaule** he's changed his tactics **2** ~ **à aiguiser** steel || **fusillade**

nf gunfire || **fusiller** *vt* (*1*) *shoot; (*fig*) ~ **qn du regard** look daggers at sb.
fusion [fyzjɔ̃] *nf* (*Ch Phys*) fusion; **métal en** ~ molten metal; (*Com*) merger || **fusionner** *vi* (*1*) merge.
fusse(s) [fys] *voir* **être**.
fut/fût¹ [fy] *voir* **être**.
fût² [fy] *nm* **1** (*arbre*) bole **2** (*vin*) barrel, cask.
futaie [fytɛ] *nf* timber forest.
futé [fyte] *adj* crafty, cunning, sly.
futile [fytil] *adj* **1** (*personne*) frivolous; superficial **2** (*sans importance*) trifling, trivial.
futur [fytyʀ] *adj* future ◆ *nm* **1** future **2** (*vx*) (*fiancé*) betrothed || **futuriste** *adj* futuristic.
fuyant [fɥijã] *adj* **1** (*front*) receding **2** (*regard*) shifty **3** (*personne*) elusive; evasive.
fuyard [fɥijaʀ] *nm* runaway.

G

G, g [ʒe] *nm* (*lettre*) G, g.
gabardine [gabaʀdin] *nf* gabardine.
gabarit [gabaʀi] *nm* size.
gâcher [gɑʃe] *vt* (*1*) **1** (*mortier*) mix **2** *spoil; (*argent*) *throw away; ~ **sa vie** waste one's life || **gâchis** *nm* **quel** ~ **!** what a mess/waste!
gâchette [gɑʃɛt] *nf* trigger.
gadget [gadʒɛt] *nm* gadget; (*procédé*) gimmick.
gadoue [gadu] *nf* mud; (*neige*) slush.
gaffe [gaf] *nf* **1** (*Naut*) boat-hook; (*pêche*) gaff **2** (*faute*) blunder, (*brit*) boob; (*impair*) **j'ai fait une** ~ I've dropped a brick/ put my foot in it || **gaffer** *vi* (*1*) drop a brick || **gaffeur** *nm* (*f* **-euse**) blunderer.
gaga [gaga] *adj* (*fam*) **il est** ~ he's gaga/ in his dotage.
gage [gaʒ] *nm* **1** (*Fin*) security; (*fig*) token **2** (*jeu*) forfeit || **gager** *vt* (*1h*) wager || **gages** *nfpl inv* wage(s); **tueur à** ~ hit man || **gageure** [gaʒyʀ] *nf* wager.
gagnant [gaɲɑ̃] *adj* winning ◆ *nm* winner || **gagner** *vt* (*1*) **1** (*prix*) *win; ~ **le gros lot** *hit the jackpot **2** ~ **sa vie** earn one's living **3** reach; **ils ont gagné péniblement le sommet** they got to the top with great difficulty **4** gain; **il peut y** ~ he stands to gain by it; **c'est autant de gagné** that's so much to the good **5** (*se répandre*) gain ground **6** **je l'ai gagné à notre cause** I won him over (to our side) || **gagne-pain** *nm* (*pl inv*) **1** (*vie*) livelihood, living **2** (*personne*) bread-winner.
gai [ge] *adj* (*couleur, personne*) bright,

cheerful; (*aussi ivre*) merry || **gaiement** *adv* cheerfully; happily; gaily || **gaieté** *nf* cheerfulness; gaiety; **de** ~ **de cœur** lightheartedly.
gaillard [gajaʀ] *adj* strong ◆ *nm* **grand** ~ (great) strapping fellow.
gain [gɛ̃] *nm* **1** (*bénéfice*) profit **2** (*salaire*) earnings, wage(s) **3** (*jeu*) winnings *pl inv* **4** (*économie*) gain; **obtenir** ~ **de cause** *win.
gaine [gɛn] *nf* **1** (*vêtement*) girdle **2** casing; sheath; ~ **d'aération** ventilation shaft || **gainer** *vt* (*1*) (*de*) case (in); sheath (in).
galamment [galamɑ̃] *adv* courteously ||
galant *adj* **1** courteous **2** gallant ◆ *nm* suitor; (*péj*) ladies' man || **galanterie** *nf* courtesy.
galaxie [galaksi] *nf* galaxy.
galbe [galb] *nm* curve; shape || **galbé** *adj* curved; (*corps*) shapely.
gale [gal] *nf* (*Méd*) (*personne*) scabies; (*chat, chien*) mange; (*fig*) **c'est une** ~ she's a bitch.
galère [galɛʀ] *nf* (*Naut*) galley; (*fig*) **qu'est-ce que je fais dans cette** ~ **?** what the hell am I doing here? (*fam*) **quelle** ~ **!** what a drag!
galerie [galʀi] *nf* **1** (*Arch Art*) gallery **2** ~ **marchande** shopping arcade **3** (*Th*) balcony; **première/seconde** ~ dress/upper circle **4** (*Aut*) roof rack.
galérien [galeʀjɛ̃] *nm* galley slave.
galet [galɛ] *nm* pebble; ~**s** shingle *s inv*.
galette [galɛt] *nf* girdle-/griddle-cake.

galeux [galø] *adj* (**-euse**) *(chat, chien)* mangy; *(fig)* **brebis galeuse** black sheep.

galimatias [galimatja] *nm* gibberish *s inv.*

galipette [galipɛt] *nf* somersault.

galoche [galɔʃ] *nf* clog.

galon [galɔ̃] *nm* **1** (piece of) braid **2** *(Mil)* stripe.

galop [galo] *nm* gallop; *(fig)* ~ **d'essai** trial run || **galopade** *nf* mad rush || **galoper** *vi* (1) *(cheval)* gallop; *(personne)* rush around || **galopin** *nm* **1** ragamuffin **2** rascal, rogue.

galvaniser [galvanize] *vt* (1) *(aussi fig)* galvanize.

galvauder [galvode] *vt* (1) cheapen; tarnish.

gambader [gɑ̃bade] *vi* (1) caper, gambol.

gamelle [gamɛl] *nf (fam) (brit)* billy-can, *(amér)* lunch pail; *(Mil)* mess tin; *(chien)* bowl.

gamin [gamɛ̃] *adj* mischievous; *(péj)* childish ♦ *nm* kid || **gaminerie** *nf* mischief; childishness.

gamme [gam] *nf (Mus)* scale; *(fig)* range.

ganglion [gɑ̃glijɔ̃] *nm (Méd)* ganglion.

gangrène [gɑ̃gʁɛn] *nf (Méd)* gangrene *s inv.*

gant [gɑ̃] *nm* glove; ~ **de boxe** boxing glove; *il faut prendre des ~s avec lui* you've got to be careful how you handle him; *cela te va comme un* ~ *(taille)* it fits you like a glove; *(style)* it suits you perfectly/ *(fam)* to a T; *(loc)* **relever le** ~ *take up the gauntlet || **se ganter** *vpr* (1) *put on one's gloves.

garage [gaʁaʒ] garage; *(autobus)* depot; *(Rail)* **voie de** ~ siding || **garagiste** *nm* garage owner/manager/mechanic.

garant [gaʁɑ̃] *nm* **se porter** ~ **de** guarantee || **garantie** *nf* guarantee, warranty || **garantir** *vt* (1) guarantee.

garçon [gaʁsɔ̃] *nm* **1** boy; *(fam)* lad **2** *(café)* waiter **3** *(mariage)* ~ **d'honneur** best man **4** *(célibataire)* bachelor || **garçonnet** *nm* small boy || **garçonnière** *nf* bachelor flat/apartment.

garde[1] [gaʁd] *nf* **1** care; custody; *confier qch à la* ~ **de qn** entrust sb with sth **2** *(Mil)* guard; *être de* ~ *be on guard; *(Méd)* ~ *be on call/duty* **3** *(Sp)* guard; en ~ *! on guard!* **4** *(épée)* hilt **5** *(loc)* *être sur ses ~s* *be on one's guard; *mettre en* ~ warn; *mise en* ~ warning; *prendre* ~ *(à)* beware (of); *prends* ~ *qu'il ne te voie pas!* mind he doesn't see you!

garde[2] [gaʁd] *nm (personne)* guard; ~ **du corps** bodyguard; ~ **champêtre** rural policeman; ~ **forestier** forest warden; *(Mil)* guardsman.

garde[3] [gaʁd] *préfixe* || **garde-barrière**

nmf level-crossing keeper || **garde-boue** *nm (pl inv)* mudguard || **garde-chasse** *(pl inv)* gamekeeper || **garde-côte** *nm* coastguard || **garde-fou** *nm* parapet; railing || **garde-malade** *nmf* home nurse || **garde-manger** *nm (pl inv)* meat safe || **garde-robe** *nf* wardrobe || **garde-à-vous** *nm* **se mettre au** ~ *stand to attention.

garder [gaʁde] *vt* (1) **1** keep; ~ **son argent/un secret** keep one's money/a secret; ~ **la chambre/le lit** *be laid up in bed; ~ **l'anonymat** remain anonymous; ~ **les apparences** *keep up appearances; ~ **son calme** *keep cool; *il m'en garde rancune* he still bears a grudge against me for that; ~ **une poire pour la soif** *put sth by for a rainy day **2** *(surveiller)* keep an eye on, look after; *(ne pas quitter)* ~ **la boutique/les enfants** mind the shop/the children **3** *(loc)* *Dieu m'en garde!* Heaven forbid! || **se garder** *vpr* **garde-toi de prendre froid!** be careful you don't catch cold; *je m'en garderai bien!* that's one thing I won't do!

garderie [gaʁdəʁi] *nf (Ens)* child-minding service.

gardien [gaʁdjɛ̃] *nm (f* **-ienne**) guard; *(domaine)* warden; *(enfant)* child-minder; *(musée)* attendant; *(prison) (amér)* warden, *(brit)* warder; *(zoo)* keeper; ~ **de but** goalkeeper; ~ **d'immeuble** *(brit)* caretaker, *(amér)* superintendent; ~ **de nuit** night watchman; ~ **de la paix** policeman; ~ **de phare** lighthouse keeper.

gare[1] [gaʁ] *excl* ~ **à toi!** watch out!

gare[2] [gaʁ] *nf (Rail)* station; ~ **de triage** marshalling yard; ~ **routière** *(camions)* haulage depot; *(autocars)* bus/coach station.

garenne [gaʁɛn] *nf* (rabbit-)warren; **lapin de** ~ wild rabbit.

garer [gaʁe] *vt* (1) **se** ~ *vpr* park.

gargariser [gaʁgaʁize] **se** ~ *vpr* (1) gargle.

gargote [gaʁgɔt] *nf (péj)* eating place.

gargouille [gaʁguj] *nf (Arch)* gargoyle || **gargouiller** *vi* (1) gurgle || **gargouillis** *nm* gurgle.

garnement [gaʁnəmɑ̃] *nm* rascal, rogue.

garni [gaʁni] *adj* full; *portefeuille bien* ~ well-lined purse || **garnir** *vt* (2) **1** cover; fill; line **2** decorate; trim || **se garnir** *vpr (Th)* fill up.

garnison [gaʁnizɔ̃] *nf* garrison.

garniture [gaʁnityʁ] *nf* **1** *(vêtement)* lining; trimming; ~ **de frein** brake lining **2** *(Cuis)* vegetables.

garrigue [gaʁig] *nf* moor; scrubland *s inv.*

gars [gɑ] *nm (fam)* fellow, *(amér)* guy, *(brit)* lad.

gas-oil [gazɔjl] *nm* diesel oil.

gaspillage [gaspijaʒ] *nm* waste ‖ **gaspiller** *vt (1)* squander, waste.

gastrique [gastʀik] *adj (Méd)* gastric ‖ **gastrite** *nf (Méd)* gastritis ‖ **gastronome** *nmf (fam)* foodie ‖ **gastronomie** *nf* gastronomy ‖ **gastronomique** *adj* gastronomic; *guide* ~ good food guide.

gâté [gate] *adj* 1 *(aliment)* bad; rotten 2 *(enfant)* spoilt.

gâteau [gato] *nm (pl* -x*)* cake; ~ *sec (brit)* biscuit, *(amér)* cookie; ~ *de riz* rice pudding; *(fig) c'est du* ~ *!* it's a piece of cake!

gâter [gate] *vt (1)* *spoil; *(loc) ce qui ne gâte rien* which is all to the good ‖ **se gâter** *vpr (aliment)* *go bad; *(temps)* *break; *(fig)* *take a turn for the worse ‖ **gâterie** *nf* treat ‖ **gâteux** *adj (f* -euse*)* senile ‖ **gâtisme** *nm* senility.

gauche [goʃ] *adj* 1 *(côté) main* ~ left hand; *du côté* ~ on the left-hand side 2 *(maladroit)* awkward, clumsy ◆ *nm (boxe)* left ‖ *nf (côté) à* ~ on/to the left; *(Pol) la* ~ the left (wing); *il est de* ~ he's left-wing; *(fam) passer l'arme à* ~ kick the bucket ‖ **gauchement** *adv* awkwardly, clumsily ‖ **gaucher** *adj (f* -ère*)* left-handed ◆ *nm (Sp)* left-hander ‖ **gaucherie** *nf* awkwardness, clumsiness ‖ **gauchir** *vt (2)* se ~ *vpr* warp ‖ **gauchisme** *nm (Pol)* leftism ‖ **gauchiste** *adj nmf* leftist.

gaudriole [godʀijɔl] *nf* 1 womanizing 2 bawdy joke.

gaufre [gofʀ] *nf (Cuis)* waffle ‖ **gaufrer** *vt (1)* emboss ‖ **gaufrette** *nf (Cuis)* wafer.

gaule [gol] *nf* pole.

gaulois [golwa] *adj* 1 Gallic 2 bawdy ◆ *nm* G~ Gaul ‖ **gauloiserie** *nf* bawdy joke.

gausser [gose] se ~ *vpr (1) (de)* laugh (at); mock.

gaver [gave] *vt (1) (volaille)* *force-feed ‖ **se gaver** *vpr (de)* stuff oneself (with).

gaz [gaz] *nm (pl inv)* gas; *(flatuosité) avoir des* ~ suffer from wind.

gaze [gaz] *nf* gauze.

gazelle [gazɛl] *nf (Zool)* gazelle.

gazeux [gazø] *adj (f* -euse*) (Ch)* gaseous; *(boisson)* fizzy ‖ **gazoduc** *nm* gas pipeline ‖ **gazole** *nm* diesel oil ‖ **gazomètre** *nm* gasometer.

gazon [gazõ] *nm* 1 *(herbe)* turf 2 *(pelouse)* lawn.

gazouiller [gazuje] *vi (1) (oiseaux)* chirp, twitter; *(enfant, ruisseau)* babble ‖ **gazouillis** *nm* chirp(ing), twitter(ing); babbling.

geai [ʒɛ] *nm (Orn)* jay.

géant [ʒeɑ̃] *nm* giant ◆ *adj* gigantic; *(fam) c'est* ~ *!* it's great/terrific! ‖ **géante** *nf* giantess.

geindre [ʒɛ̃dʀə] *vi (35)* moan, whimper.

gel [ʒɛl] *nm* 1 frost 2 *(Fin)* *freeze ‖ **gélatine** *nf* gelatine, jelly ‖ **gelée** *nf* 1 frost; ~ *blanche* hoarfrost 2 *(Cuis)* jelly ‖ **geler** *vti (1a)* *freeze; *(Méd) il a les doigts gelés* his fingers are frostbitten ‖ **se geler** *vpr* *freeze; *je me gèle* I'm freezing/frozen ‖ **gélule** *nf (Méd)* capsule ‖ **gelure** *nf (Méd)* frostbite.

gémeaux [ʒemo] *nmpl; les* G~ Gemini.

gémir [ʒemiʀ] *vi (2)* groan, moan ‖ **gémissement** *nm* groan(ing), moan(ing).

gemme [ʒɛm] *nf* 1 gem 2 *(pin)* resin ◆ *adj sel* ~ rock-salt.

gênant [ʒɛnɑ̃] *adj* awkward, embarrassing.

gencive [ʒɑ̃siv] *nfi (Anat)* gum.

gendarme [ʒɑ̃daʀm] *nm* 1 policeman; policewoman ‖ **gendarmerie** *nf* 1 police force 2 police station.

gendre [ʒɑ̃dʀ] *nm* son-in-law.

gène [ʒɛn] *nm (Bio)* gene.

gêne [ʒɛn] *nf* 1 *(physique)* discomfort 2 *(embarras)* awkwardness, embarrassment 3 *(argent) être dans la* ~ *be hard up ‖ **gêné** *adj* 1 embarrassed 2 *(argent) être* ~ *have financial difficulties.

généalogie [ʒenealɔʒi] *nf* genealogy ‖ **généalogique** *adj* genealogical; *arbre* ~ family tree.

gêner [ʒene] *vt (1)* 1 disturb; hamper; inconvenience; *j'espère que cela ne vous gêne pas si je fume* I hope you don't mind my smoking 2 embarrass; *cela me gêne de le dire* I hate to say it ‖ **se gêner** *vpr je ne me suis pas gêné pour le lui dire* I made no bones about telling him; *(ironique) ne vous gênez pas pour moi !* don't mind me!

général [ʒeneʀal] *adj (mpl* -aux*)* general; *en règle* ~*e* as a general rule ◆ *nm (Mil)* general ‖ **générale** *nf* 1 general's wife 2 *(Th)* dress rehearsal ‖ **généralement** *adv* generally (speaking) ‖ **généralisation** *nf* generalization ‖ **généraliser** *vi (1)* generalize ‖ **se généraliser** *vpr* *become general/widespread ‖ **généraliste** *nm (Méd)* general practitioner *(ab* G.P.) ‖ **généralité** *nf* generality.

générateur [ʒeneʀatœʀ] *adj (f* -trice*)* generative ◆ *nmf (El)* generator ‖ **génération** *nf* generation ‖ **générer** *vt (1c)* generate.

généreux [ʒeneʀø] *adj (f* -euse*)* generous ‖ **générosité** *nf* generosity.

générique [ʒeneʀik] *nm (Ciné TV)* credits *pl*.

genèse [ʒənɛz] *nf* genesis, origin.

genêt [ʒənɛ] *nm (Bot)* broom *s inv*.

génétique [ʒenetik] *adj* genetic ◆ *nf* genetics.

gêneur [ʒɛnœʀ] *nm* intruder ; *(fam)* spoilsport.

genévrier [ʒənevʀije] *nm (Bot)* juniper (tree).

génial [ʒenjal] *adj (mpl* -aux) *homme ~* man of genius ; *idée ~e* brilliant/inspired idea ; *(fam)* brainwave ‖ **génie** *nm* 1 (personne) genius ; *c'est un ~* he's a genius 2 *(chose) il a du ~* he has genius ; *il a du ~ pour mettre les pieds dans le plat* he has a genius/gift for putting his foot in it 3 *(surnaturel)* spirit ; *c'est son mauvais ~* he's her evil genius 4 *(Mil) le G~* the Engineers ; *le ~ civil* civil engineering 5 *(Sc) ~ génétique* genetic engineering.

genièvre [ʒənjɛvʀ] *nm* 1 *(Bot)* juniper berry/tree 2 *(boisson)* geneva, gin.

génisse [ʒenis] *nf (Ag)* heifer.

génital [ʒenital] *adj (mpl* -aux) genital ; *organes génitaux* genitals.

génocide [ʒenɔsid] *nm* genocide.

genou [ʒənu] *nm (pl* -oux) knee ; *se mettre à genoux (devant qn)* *kneel down/*go down on one's knees (to sb) ; *faire du ~ à qn* play footsie with sb ; *(fig) je suis sur les genoux* I'm on my knees.

genre [ʒɑ̃ʀ] *nm* 1 kind, sort, type ; *le ~ humain* mankind 2 *(loc) ils font très bon chic bon ~* they have the preppy look ; *il n'a pas bon ~* I don't like the look(s) of him ; *cela fait mauvais ~* that's in very bad taste ; *ce n'est pas son ~* it's not like him 3 *(Art)* genre 4 *(Gr)* gender.

gens [ʒɑ̃] *nmpl inv* people ; *jeunes ~* young men/people ; *~ de bien* honest folk(s) ; *~ du monde* society people ; *les ~ du pays* the locals ; *~ de maison* servants.

gentil [ʒɑ̃ti] *adj (f* -ille) 1 pleasant ; *(fam)* nice ; *un ~ appartement* a nice flat 2 kind ; *(fam)* nice ; *sois ~ avec ta tante !* be kind/nice to your aunt ! *que c'est ~ à toi de m'inviter !* how kind/nice of you to invite me ! *sois ~ et ferme la porte !* be a dear/an angel and *shut the door ! ‖ **gentilhomme** *nm (pl* **gentilshommes**) gentleman ‖ **gentilhommière** *nf* manor (house) ‖ **gentillesse** *nf* kindness ; *auriez-vous la ~ de le faire ?* would you be so kind as to do it ? ‖ **gentiment** *adv* kindly, nicely.

génuflexion [ʒenyflɛksjɔ̃] *nf* genuflexion.

géographe [ʒeɔgʀaf] *nmf* geographer ‖ **géographie** *nf* geography ‖ **géographique** *adj* geographic(al).

geôle [ʒol] *nf (brit)* gaol, *(amér)* jail ‖ **geôlier** *nm (f* -ière) gaoler, jailer.

géologie [ʒeɔlɔʒi] *nf* geology ‖ **géologique** *adj* geological ‖ **géologue** *nmf* geologist ‖ **géomètre** *nm* 1 *(Math)* geometer 2 surveyor ‖ **géométrie** *nf* geometry ; *~ plane* plane geometry ; *~ dans l'espace* solid geometry ‖ **géométrique** *adj* geometric(al).

gérance [ʒeʀɑ̃s] *nf* management ; *mettre en ~* *put under management.

géranium [ʒeʀanjɔm] *nm (Bot)* geranium.

gérant [ʒeʀɑ̃] *nm* manager ‖ **gérante** *nf* manageress.

gerbe [ʒɛʀb] *nf (blé)* sheaf ; *(eau, fleurs)* spray ; *(étincelles)* shower.

gercer [ʒɛʀse] *vt (1h) se ~ vpr* chap ‖ **gerçure** *nf* chap.

gérer [ʒeʀe] *vt (1c)* manage.

germain [ʒɛʀmɛ̃] *adj cousin ~* first cousin.

germe [ʒɛʀm] *nm (Bio)* germ ‖ **germer** *vi* (1) germinate, *shoot.

gérondif [ʒeʀɔ̃dif] *nm (Gr)* gerund.

gésier [ʒezje] *nm* gizzard.

gésir [ʒeziʀ] *vi défectif* *lie ; *il gisait sur le sol* he was lying on the ground ; *(inscription tombale) ci-gît* here lies ; *ci-gisent* here lie.

gestation [ʒɛstasjɔ̃] *nf* gestation.

geste [ʒɛst] *nm* gesture ; *(aussi fig) faire un ~* make a gesture.

gesticulation [ʒɛstikylasjɔ̃] *nf* gesticulation ‖ **gesticuler** *vi* (1) gesticulate.

gestion [ʒɛstjɔ̃] *nf* administration ; management ‖ **gestionnaire** *nmf* administrator.

geyser [ʒezɛʀ] *nm* geyser.

ghetto [gɛto] *nm* ghetto.

gibecière [ʒibsjɛʀ] *nf* gamebag.

gibet [ʒibɛ] *nm* gibbet, gallows.

gibier [ʒibje] *nm* game *s inv* ; *gros/menu ~* big/small game ; *~ à plume* game birds ; *~ d'eau* waterfowl ; *(fig) ~ de potence* gallows bird.

giboulée [ʒibule] *nf* shower ; *~s de mars* April showers.

giboyeux [ʒibwajø] *adj (f* -euse) *(région)* abounding in game.

giclée [ʒikle] *nf* spray, spurt ‖ **gicler** *vi* (1) spurt ‖ **gicleur** *nm (Aut)* jet.

gifle [ʒifl] *nf* box (on the ear) ; slap (in the face) ‖ **gifler** *vt* (1) slap.

gigantesque [ʒigɑ̃tɛsk] *adj* gigantic.

gigot [ʒigo] *nm* leg of lamb/mutton.

gigoter [ʒigɔte] *vi* (1) wriggle.

gilet [ʒilɛ] *nm (amér)* vest, *(brit)* waistcoat ; *(tricot)* cardigan ; *~ de sauvetage* lifejacket.

gin [dʒin] *nm* gin.

gingembre [ʒɛ̃ʒɑ̃bʀ] *nm* ginger.

girafe [ʒiʀaf] *nf (Zool)* giraffe.

giratoire [ʒiʀatwaʀ] *adj (Aut) sens ~* roundabout.

girofle [ʒiʀɔfl] *nm* ; *(Cuis) clou de ~* clove.

giroflée [ʒiʀɔfle] *nf (Bot)* wallflower.

girouette [ʒiʀwɛt] *nf* weathercock, weathervane.

gisement [ʒizmɑ̃] *nm (minerai)* deposit.

gitan [ʒitɑ̃] *nm (brit)* gipsy, *(amér)* gypsy.

gîte[1] [ʒit] *nm (boucherie)* shelter; ~ *rural* (rented) holiday cottage; *(loc) donner le ~ et le couvert* *give board and lodging.

gîte[2] [ʒit] *nm (boucherie)* shin, topside; ~ *à la noix* silverside.

gîte[3] [ʒit] *nf (loc Naut) donner de la ~* list ‖ **gîter** *vi (1)* list.

givre [ʒivʀ] *nm* hoarfrost, rime ‖ **givré** *adj* 1 frosted 2 *(fam) (fou)* nuts; *(ivre)* plastered ‖ **givrer** *vt (1)* frost (up).

glabre [glabʀ] *adj* clean-shaven.

glace [glas] *nf* 1 ice 2 *(Cuis)* ice cream 3 *(Aut)* window 4 *(miroir)* mirror, looking glass ‖ **glacé** *adj* 1 frozen 2 *(température, aussi fig)* freezing; icy; *j'ai les pieds glacés* my feet are frozen 3 *(boisson)* chilled; iced 4 *(papier)* glazed ‖ **glacer** *vt (1h)* 1 *(Cuis) (boisson)* chill 2 *(gâteau)* ice 3 *(aussi fig)* *freeze; cela m'a glacé le sang* it made my blood run cold ‖ **se glacer** *vpr* *freeze ‖ **glacial** *adj (mpl* -**als**; *aussi* -**aux**) freezing; icy ‖ **glacier** *nm* 1 *(Géog)* glacier 2 ice-cream manufacturer ‖ **glacière** *nf* icebox ‖ **glaçon** *nm* icicle; *(boisson)* ice cube.

gladiateur [gladjatœʀ] *nm* gladiator.

glaïeul [glajœl] *nm (Bot)* gladiolus *(pl* gladioli).

glaise [glɛz] *nf* clay.

gland [glɑ̃] *nm* 1 *(Bot)* acorn 2 tassel.

glande [glɑ̃d] *nf (Anat)* gland.

glaner [glane] *vt (1)* glean.

glapir [glapiʀ] *vi (2)* yap, yelp ‖ **glapissement** *nm* yap(ping) yelp(ing).

glas [glɑ] *nm* knell; *(aussi fig) sonner le ~* toll the bell/knell.

glauque [glok] *adj* bluish green; *(fig)* seedy.

glissade [glisad] *nf (jeu)* slide; *(accident)* slip; *(Aut)* skid ‖ **glissant** *adj* slippery ‖ **glissement** *nm* 1 *(terrain)* landslide 2 *(élections)* swing 3 *(fig) ~ de sens* shift in meaning ‖ **glisser** *vi (1)* 1 *slide 2 *(accident)* slip 3 *(sur l'eau et dans les airs)* glide 4 *(fig) ~ un mot à qn* drop a word to sb; ~ *qch dans sa poche* slip sth into one's pocket; ~ *sur les détails* skate over the details; *tout glisse sur lui* everything rolls off him ‖ **se glisser** *vpr* *creep; slip; *steal ‖ **glissière** *nf* groove; *porte à ~* sliding door; *(autoroute)* ~ *de sécurité* crash barrier.

global [glɔbal] *adj (pl* -**aux**) global; *somme globale* lump sum ‖ **globalement** *adv* as a whole ‖ **globe** *nm* globe; ~ *oculaire* eyeball ‖ **globulaire** *adj numération* ~ blood count ‖ **globule** *nm* globule; *(sanguin)* corpuscle ‖ **globuleux** *adj (f* -**euse**) globular; *yeux* ~ bulging eyes.

gloire [glwaʀ] *nf* glory; *chanter la* ~ *de qn* *sing sb's praises; *(loc) travailler pour la gloire* work for nothing/love ‖ **glorieux** *adj (f* -**ieuse**) glorious ‖ **glorifier** *vt (1h)* glorify, praise ‖ **se glorifier** *vpr (de)* glory (in) ‖ **gloriole** *nf* vainglory.

glossaire [glɔsɛʀ] *nm* glossary.

glotte [glɔt] *nf* glottis; *coup de* ~ glottal stop.

glouglou [gluglu] *nm* gurgle ‖ **glouglouter** *vi (1) (dindon)* gobble.

gloussement [glusmɑ̃] *nm (poule)* cluck; *(personne)* chuckle ‖ **glousser** *vi (1)* cluck; chuckle.

glouton [glutɔ̃] *adj (f* -**onne**) gluttonous ◆ *nm* glutton ‖ **gloutonnerie** *nf* gluttony.

glu [gly] *nf* birdlime ‖ **gluant** *adj* sticky.

glucose [glykoz] *nm* glucose.

glycérine [gliseʀin] *nf* glycerin.

glycine [glisin] *nf (Bot)* wisteria.

gnognote [nɔnɔt] *nf (fam) ce n'est pas de la* ~ *!* it's quality!

gnôle [nol] *nf (fam)* hooch, firewater.

gnome [gnom] *nm* gnome.

gnon [nɔ̃] *nm (fam)* bash.

go [go] *tout de* ~ *loc adv dire* ~ *say straight out.

goal [gol] *nm (football)* goalkeeper.

gobelet [gɔblɛ] *nm (verre)* tumbler; *(plastique)* cup.

gober [gɔbe] *vt (1) (aussi fig)* swallow.

goberger [gɔbɛʀʒe] *se* ~ *vpr (1h) (fam) (de)* stuff oneself (with).

godasse [gɔdas] *nf (fam)* boot; shoe.

godet [gɔde] *nm* pot.

godiller [gɔdije] *vi (1) (barque)* skull; *(ski)* wedel.

godillot [gɔdijo] *nm (fam Mil)* boot; *(Pol) les* ~s the faithful.

goéland [gɔelɑ̃] *nm (Orn)* (sea)gull.

goélette [gɔelɛt] *nf (Naut)* schooner.

goémon [gɔemɔ̃] *nm* wrack.

gogo [gɔgo] *nm (fam)* mug, sucker ◆ *loc whisky à* ~ whisky galore.

goguenard [gɔgnaʀ] *adj* facetious, mocking.

goguette [gɔgɛt] *nf (fam loc) ils sont en* ~ they are painting the town red, *(brit)* they're on the spree, *(amér)* they are out on the town.

goinfre [gwɛ̃fʀ] *nm (fam)* pig ◆ *adj ne sois pas si* ~ *!* don't be so greedy! ‖ **se goinfrer** *vpr (1h) (péj)* guzzle; *il s'est goinfré* he made a pig of himself at table, *(amér)* he pigged out.

goître [gwatʀ] *nm (Méd)* goitre.

golf [gɔlf] *nm (Sp)* golf; *(terrain)* golf course.

golfe [gɔlfə] *nm (Géog)* gulf.

gomme [gɔm] *nf* 1 *(Bot)* gum 2 *(à effacer) (amér)* eraser, *(brit)* rubber 3 *(loc) (Aut) mettre la* ~ step on it ‖ **gommer** *vt (1)* 1 gum, *stick 2 erase, rub out.

gond [gɔ̃] *nm* hinge ; *(loc) cela l'a fait sortir de ses* ~*s* he was fuming.

gondole [gɔ̃dɔl] *nf* gondola ‖ **gondolier** *nm* gondolier.

gondoler [gɔ̃dɔle] **se** ~ *vpr (tôle)* buckle ; *(papier)* crinkle ; *(bois)* warp ; *(fam)* laugh one's head off.

gonflable [gɔ̃flabl] *adj* inflatable ‖ **gonflage** *nm (pneus)* tyre pressure ‖ **gonflé** *adj* swollen ; *(corps)* bloated ; *(figure, yeux)* puffy ; *(fam) il est* ~ *!* he's got a/some cheek/nerve! ‖ **gonflement** *nm* swelling ; *(fig)* exaggeration ‖ **gonfler** *vti (1) (ballon, pneu)* *blow up, inflate, pump up ; *(poche)* bulge ; *(rivière, voile)* *swell ; *(joues, poitrine)* puff out ; *(pâtisserie)* *rise ; *(moteur)* soup up ; *(récit)* exaggerate ; *(loc) il a le cœur gonflé* his heart is bursting ‖ **se gonfler** *vpr* *swell ; *(pâtisserie)* *rise ‖ **gonfleur** *nm* (air) pump.

gonzesse [gɔ̃zɛs] *nf (fam)* chick, doll, *(brit)* bird.

gong [gɔ̃g] *nm* gong ; *(boxe)* bell.

gorge [gɔʀʒ] *nf* 1 *(Anat)* throat ; *j'ai mal à la* ~ I've got a sore throat ; *(poitrine)* breast 2 *(fig) j'ai la* ~ *serrée* I've got a lump in my throat ; *chanter/rire à* ~ *déployée* *sing at the top of one's voice/laugh heartily ; *faire des* ~*s chaudes de qch* *make fun of sth ; *cela m'est resté en travers de la* ~ it stuck in my gullet/throat 3 *(Géog)* gorge ‖ **gorgée** *nf* mouthful ; *(boisson)* gulp ; *boire à petites* ~ *s* sip ‖ **gorger** *vt (1h) (de)* gorge (with).

gorille [gɔʀij] *nm (Zool)* gorilla ; *(fam)* bodyguard.

gosier [gozje] *nm (fam)* gullet, throat.

gosse [gɔs] *nmf (fam)* kid.

gothique [gɔtik] *adj (Arch)* Gothic.

gouache [gwaʃ] *nf* gouache.

gouaille [gwaj] *nf* cocky humour.

goudron [gudʀɔ̃] *nm* tar ‖ **goudronner** *vt (1)* tar.

gouffre [gufʀ] *nm* abyss, pit.

goujat [guʒa] *nm* boor.

goulot [gulo] *nm (bouteille)* neck ; *(fig)* ~ *d'étranglement* bottleneck.

goulu [guly] *adj* gluttonous, greedy ‖ **goulûment** *adv* gluttonously, greedily.

goupille [gupij] *nf (Tech)* (linch)pin ‖ **goupiller** *vt (1)* pin (together) ; *(fig)* arrange, fix ‖ **se goupiller** *vpr* work (out).

gourd [guʀ] *adj (de froid)* numb.

gourde [guʀd] *nf* 1 *(Bot)* gourd 2 waterbottle 3 *(fam) (personne)* dimwit, *(amér)* clod, *(brit)* clot.

gourdin [guʀdɛ̃] *nm* bludgeon, club.

gourer [guʀe] **se** ~ *vpr (1) (fam) (amér)* *make a blooper, *(brit)* *make a boob.

gourmand [guʀmɑ̃] *adj* 1 *il est très* ~ he is fond of his food ; he is very interested in/keen on food ; *(fam)* he's a real foodie 2 *(péj)* greedy ◆ *nm* 1 *(fam)* foodie 2 *(péj)* glutton 3 *(Hort)* sucker ‖ **gourmandise** *nf* 1 fondness for/interest in food 2 *(péj)* greed 3 *(mets)* titbit ‖ **gourmet** *nm inv* epicure, gourmet ; *(fam)* foodie.

gourmette [guʀmɛt] *nf* chain bracelet.

gousse [gus] *nf (pois)* pod ; *(ail)* clove.

goût [gu] *nm* 1 *(sens)* taste 2 *(aliments)* flavour, taste ; *sans* ~ flavourless, tasteless ; *cela a du* ~ it's tasty ; *cela a un* ~ *de moisi* it tastes fusty 3 *(fig)* taste ; *c'est une personne de* ~ she has good taste ; *de bon* ~ tasteful, in good taste ; *de mauvais* ~ in bad/poor taste ; tasteless ; *c'est à mon* ~ it's to my taste/liking ; *tous les* ~*s sont dans la nature* there's no accounting for taste ; *prendre* ~ *à qch* acquire a taste for sth ; *se mettre au* ~ *du jour* *keep up with the times 4 *(ardeur) il travaille avec* ~ he takes pride in his work ‖ **goûter** *vt (1)* 1 taste ; *goûtez à cela !* taste this! 2 enjoy ◆ *vi* *have afternoon tea/a snack ◆ *nm* afternoon snack/tea ‖ **goûteux** *adj (f -euse)* tasty.

goutte[1] [gut] *nf* 1 *(pluie)* drop ; *(sueur)* bead ; *(alcool)* dash, nip, spot ; *(loc) c'est la dernière* ~ *qui fait déborder le vase* it's the last straw (that breaks the camel's back) 2 *(négation) je n'y vois* ~ I can't see a thing 3 *(Méd) faire du* ~-*à-* ~ qn *put sb on a drip ‖ **gouttelette** *nf* droplet ‖ **goutter** *vi (1)* drip ‖ **gouttière** *nf* 1 drainpipe ; *(chéneau)* gutter 2 *(fuite)* leak 3 *(Méd)* plaster cast.

goutte[2] [gut] *nf (Méd)* gout ‖ **goutteux** *adj (f -euse)* gouty.

gouvernail [guvɛʀnaj] *nm (Naut)* helm, rudder.

gouvernante [guvɛʀnɑ̃t] *nf (enfants)* governess ; *(intendante)* housekeeper ‖ **gouverne** *nf (loc) pour ta* ~ for your guidance ‖ **gouvernement** *nm* government ; *le parti au* ~ the party in office/power ‖ **gouvernemental** *adj (mpl -aux)* governmental ‖ **gouverner** *vt (1)* govern ‖ **gouverneur** *nm* governor.

grabat [gʀaba] *nm (vx)* pallet ‖ **grabataire** *adj* bed-ridden.

grabuge [gʀabyʒ] *nm* rumpus ; *(loc) il y aura du* ~ *!* it will create havoc!

grâce [gʀɑs] *nf* 1 grace, charm ; *de bonne* ~ willingly ; *de mauvaise* ~ unwillingly 2 favour ; *trouver* ~ *aux yeux de qn* *find favour in sb's eyes ; *se mettre dans les bonnes* ~*s de qn* *get into sb's good books 3 *(miséricorde)* mercy ; *(Jur)* pardon ; *(fig) accorder un mois de* ~ *give a month's grace ; *je vous fais* ~ *du reste* I'll spare you the rest 4 *(Rel)* grace ; *à la* ~ *de Dieu !* it's all in God's hands! *(fig) il se trouvait en état de* ~ he was inspired 5 *(loc)* ~ *à toi* thanks to you ; ~ *à Dieu !* thank God!/Heaven! *pour la* ~ *de Dieu* for God's/Heaven's sake; *de* ~ *!* for pity's sake ‖ **gracier** *vt* (1h) *(Jur)* pardon ‖ **gracieusement** *adv* **1** *(physique)* gracefully; *(comportement)* graciously **2** *(gratuitement)* free of charge, gratis ‖ **gracieux** *adj* (f **-euse) 1** *(physique)* graceful; *(comportement)* gracious **2** *(loc)* à *titre* ~ free of charge, gratis ‖ **gracile** *adj* slender.

grade [ɡʀad] *nm (Adm, Mil)* rank; *monter en* ~ *be promoted; (fig) les sans* ~ the rank and file; *(loc) il en a pris pour son* ~ he got a good dressing down/ticking off ‖ **gradé** *nm (Mil)* officer ‖ **gradin** *nm (Th)* tier; *(stade)* terracing ‖ **graduel** *adj* (f **-elle)** gradual ‖ **graduellement** *adv* gradually ‖ **graduer** *vt (1)* graduate.

graffiti [ɡʀafiti] *nmpl inv* graffiti.

grain [ɡʀɛ̃] *nm* **1** *(céréales)* grain; *(café)* bean; *(raisin)* grape; ~ *de poivre* peppercorn **2** *(fig) (poussière)* speck; ~ *de beauté* beauty spot; mole **3** *(Naut)* squall; *(fig) veiller au* ~ *be on the look-out* **4** *(texture)* grain **5** *(loc) il met son* ~ *de sel partout* he's always butting in/shoving his oar in; *(fam) il en tient un* ~ he's bats/nuts/off his rocker ‖ **graine** *nf* seed; *(loc) monter en* ~ *run to seed; (fig) c'est une mauvaise* ~ he'll come to a bad end; *prends-en de la* ~ *!* take a leaf out of his book!

graisse [ɡʀɛs] *nf* fat; grease ‖ **graisser** *vt (1)* grease; ~ *la patte à qn* grease sb's palm ‖ **graisseux** *adj* (f **-euse).** greasy.

grammaire [ɡʀamɛʀ] *nf* grammar ‖ **grammatical** *adj* (mpl **-aux)** ‖ **grammaticalement** *adv* grammatically.

gramme [ɡʀam] *nm* gram, gramme.

grand [ɡʀɑ̃] *adj.*
1 *(choses)* big, large; ~ *bruit* loud noise; ~*e chaleur* intense heat; ~ *vent* high/strong wind; *(abstractions)* great; *à ma* ~*e joie/surprise* to my great joy/surprise.
2 *(personnes)* tall; *il est* ~ *avec de* ~*s bras et de* ~*s pieds* he is tall with long arms and big feet; ~ *homme de science* great scientist; *c'est un* ~ *ami* he's a great friend; *c'est un* ~ *manitou* he's a big shot; *c'est un* ~ *malade* he's a chronic invalid; *il a un* ~ *âge* he is well on in years; *ton* ~ *frère* your big/elder brother; *quand tu seras* ~ when you are big/grown up; *les* ~*es personnes* grown-ups; *(Ens) les* ~*es classes* the senior classes/ *(brit)* forms.
3 *(évaluation quantitative) il n'y a pas* ~-*monde dehors* there are not many people out; *de* ~*e envergure* large-scale; *de* ~ *matin* early in the morning; *il fait* ~ *jour* it's broad daylight; *il est* ~ *temps de partir* it's high time to be off/we were off; *cela ne vaut pas* ~-*chose* it's not worth much.

4 *(loc) le* ~ *air* the open air; *(Phot)* ~ *angle* wide-angle lens; *les* ~*s axes* main/ *(brit)* trunk roads; *la* ~*e banlieue* the outer suburbs *pl inv; de* ~ *cœur* gladly, wholeheartedly; *(Rail) (aussi fig) les* ~*es lignes* the main lines; ~ *magasin* department store; *(Naut) le* ~ *mât* the mainmast; *le* ~ *monde* high society; *en* ~*e partie* to a great extent; *(Méd)* ~ *patron* top consultant; *le* ~ *public* the general public; *(Pol) les* ~*es puissances* the major powers; ~*e surface* hypermarket, supermarket; *les* ~*es vacances* the summer holidays/ *(amér)* vacation.

◆ *adv ouvrir* ~ *la porte* open the door wide; *il voit* ~ he thinks big; *(loc) faire les choses en* ~ *do things in a big way/on a large scale.

◆ *nm c'est un* ~ he's a grown-up; *mon* ~ my boy/lad; *les* ~*s de ce monde* those in high places.

◆ **grand-** *préf il ne fait pas* ~ *chose* he doesn't do much; *(Com)* ~-*livre nm* ledger; ~-*mère nf* grandmother; *(fam)* grandma, granny; ~-*messe nf* high mass; *-oncle nm* great-uncle; ~-*parents nmpl* grandparents; ~-*peine (à* ~) *loc* with great difficulty; *-père nm* grandfather; *(fam)* grand-dad, grandpa; ~-*route nf* highway; *-rue nf* main/ *(brit)* high street; ~-*tante nf* great-aunt; *(Naut)* ~-*voile nf* mainsail.

grandement [ɡʀɑ̃dmɑ̃] *adv* greatly; *nous avons* ~ *le temps* we've got plenty of time ‖ **grandeur** *nf* **1** *(évaluation quantitative)* size; *(loc)* ~ *nature* life size **2** *(évaluation qualititative)* greatness; ~ *d'âme* nobility of soul ‖ **grandiose** *adj* grandiose ‖ **grandir** *vi (2)* **1** *grow; (fig) il a grandi dans mon estime* he has gone up in my estimation **2** *(devenir adulte)* *grow up* ◆ *vt cette robe te grandit* that dress makes you look taller; *(fig) cette initiative l'a grandi* this move has added to his stature.

grange [ɡʀɑ̃ʒ] *nf* barn.

granit [ɡʀanit] *nm (Géol)* granite.

granule [ɡʀanyl] *nm (Méd)* granule ‖ **granuleux** *adj* (f **-euse)** granular; *papier* ~ grained paper.

graphique [ɡʀafik] *adj* graphic ◆ *nm* graph ‖ **graphisme** *nm* **1** *(design)* graphics; *(Art)* graphic arts **2** style; handwriting ‖ **graphiste** *nmf* graphic designer ‖ **graphologie** *nf* graphology ‖ **graphologue** *nmf* graphologist.

grappe [ɡʀap] *nf* cluster; *(raisins)* bunch.

grappiller [ɡʀapije] *vt (1)* glean.

grappin [ɡʀapɛ̃] *nm* grappling hook; *(loc) mettre le* ~ *sur qch* *get one's hands on sth.

gras [ɡʀɑ] *adj* (f **grasse)** fat; *(volaille)* plump; *(viande)* fatty; *(mains)* greasy;

(toux) loose; *(rire)* coarse; *(crayon)* soft; *(trait)* thick; *(péj)* **en caractères ~** in bold type, in boldface; **faire la grasse matinée** *(brit)* *sleep late ◆ *nm* fat; *(péj)* grease ‖ **grassement** *adv* **~ payé** (too) well paid ‖ **grassouillet** *adj (f* **-ette)** plump.

gratification [gratifikɑsjɔ̃] *nf* **1** *(prime)* bonus **2** gratification ‖ **gratifier** *vt (1h)* **1 ~ de** reward with **2** gratify.

gratin [gratɛ̃] *nm (Cuis)* gratin; cheese-topped oven dish; *(fam) (haute société)* the upper crust ‖ **gratiné** *adj* oven-browned; *(fig)* extraordinary, outrageous.

gratis [gratis] *adv & adj* free.

gratitude [gratityd] *nf* gratitude.

gratte-ciel [gratsjɛl] *nm (pl inv)* sky-scraper.

gratte-papier [gratpapje] *nm (péj)* pen-pusher.

gratter [grate] *vti (1)* **1** scratch; *(racler)* scrape **2** itch; **ça me gratte !** I've got an itch! **3** *(écrire)* scribble **4** *(fam)* work hard **5** *(économiser)* scrimp and save ‖ **grattoir** *nm* scraper.

gratuit [gratɥi] *adj* free; *(remarque)* uncalled for; *(violence)* gratuitous ‖ **gratuité** *nf* **1** non-payment **2** gratuitousness ‖ **gratuitement** *adv* free of charge; gratuitously.

gravats [grava] *nmpl* rubble *ns inv.*

grave [grav] *adj* **1** serious; **il y a eu de nombreux blessés ~s** many people were seriously injured **2** *(note, son)* low; *(voix)* deep ‖ **gravement** *adv* seriously, gravely.

graver [grave] *vt (1) (aussi fig)* engrave; *(sur bois)* carve; *(à l'eau-forte)* etch ‖ **graveur** *nm* engraver; *(sur bois)* wood carver.

gravier [gravje] *nm* gravel *ns inv* ‖ **gravillon** *nm* a piece/bit of gravel; **des ~s** gravel *ns.*

gravir [gravir] *vt (2) (lit)* climb.

gravité [gravite] *nf* **1** *(sérieux)* gravity, seriousness; **c'est sans ~** it's of no importance **2** *(Phys)* gravity ‖ **graviter** *vi (1)* gravitate.

gravure [gravyr] *nf* engraving; *(sur bois)* woodcut; *(eau-forte)* etching; *(tableau)* print; *(planche)* plate.

gré [gre] *nm* will, taste, liking; **à mon ~** to my liking/taste; in my opinion; *(fig)* **au ~ des flots** at the mercy of the waves; **contre son ~** against his will; **de bon ~** willingly; **de mauvais ~** grudgingly; *(loc)* **bon ~ mal ~** like it or not; *(Fin)* **opération de ~ à ~** off-market transaction; *(loc) (lit)* **je vous saurais ~ de...** I should be grateful if you would...

gredin [grədɛ̃] *nm* rascal; rogue.

gréement [gremɑ̃] *nm (Naut)* rigging.

greffe[1] [gref] *nm (Jur)* clerk of the court's office ‖ **greffier** *nm* clerk of the court.

greffe[2] [gref] *nf (plante, peau)* graft;

(organe) transplant ‖ **greffer** *vt (1)* graft; transplant ‖ **greffon** *nm* graft; transplant.

grégaire [greger] *adj* gregarious.

grêle[1] [grɛl] *adj* **1** slender; *(Anat)* **intestin ~** small intestine **2** *(voix)* high-pitched.

grêle[2] [grɛl] *nf* hail; *(fig)* **une ~ de balles** a hail of bullets ‖ **grêler** *vi (1)* hail ‖ **grêlon** *nm* hailstone.

grelot [grəlo] *nm* bell.

grelotter [grəlote] *vi (1) (de)* shiver (with).

grenade [grənad] *nf* **1** *(fruit)* pomegranate **2** *(Mil)* grenade ‖ **grenadier** *nm* **1** *(Bot)* pomegranate tree **2** *(soldat)* grenadier ‖ **grenadine** *nf* pomegranate juice.

grenat [grəna] *adj inv* dark red.

grenier [grənje] *nm (maison)* attic; *(habité)* garret; *(grange)* loft.

grenouille [grənuj] *nf (Zool)* frog; *(Cuis)* **cuisses de ~s** frogs' legs.

grès [grɛ] *nm (Géol)* sandstone; *(poterie)* earthenware, stoneware.

grésil [grezil] *nm* fine hail ‖ **grésiller** *vi (1)* **1** hail **2** *(Cuis)* sizzle; *(Rad)* crackle.

grève[1] [grɛv] *nf (mer)* shore, *(lit)* strand; *(rivière)* bank.

grève[2] [grɛv] *nf (Ind)* strike; **on appelle à la ~** a strike has been called; **ils font ~** they're on strike; **~ de la faim** hunger strike; **~ perlée** go-slow; **~ sauvage** wildcat strike; **~ tournante** strike by rota; **~ du zèle** work-to-rule.

grever [grəve] *vt (1c)* burden; *(budget)* strain; **on est grevé d'impôts supplémentaires** we're saddled with extra taxes.

gréviste [grevist] *nmf* striker.

gribouillage [gribujaʒ] *nm (1) (aussi* **gribouillis** *nm) (dessin)* scribble; *(écriture)* scrawl ‖ **gribouiller** *vi (1)* scribble; scrawl.

grief [grijɛf] *nm* grievance; **on me fait ~ d'avoir soutenu sa candidature** they haven't forgiven me for supporting his application.

grièvement [grijɛvmɑ̃] *adv* **~ blessé** seriously injured.

griffe [grif] *nf* **1** *(Zool)* claw **2** *(marque)* label **3** *(sceau)* stamp; *(fam)* signature ‖ **griffer** *vt (1)* scratch; *(gravement)* claw.

griffon [grifɔ̃] *nm (Myth)* griffon.

griffonnage [grifɔnaʒ] *nm* scribble ‖ **griffonner** *vt (1)* scribble, scrawl.

grignoter [griɲɔte] *vti (1) (fam)* nibble.

gril [gril] *nm (Cuis)* grill, grid; *(fig)* **être sur le ~** *be on the grill/rack ‖ **grillade** *nf (viande)* grill, barbecue.

grillage [grijaʒ] *nm* wire-netting; *(clôture)* fence ‖ **grille** *nf* **1** *(portail)* (iron) gate; *(clôture)* railings; *(prison)* bars; *(fig) (mots-croisés)* grid **2** *(fig)* scale; **la ~ des salaires** salary structure.

grille-pain [grijpɛ̃] *nm (pl inv)* toaster ‖

griller vti (1) 1 (Cuis) (aussi faire ~) (viande) grill, barbecue; (pain) toast; (café, marrons) roast 2 *burn; (cheveux) singe; (herbe) scorch; (ampoule) *blow 3 (fam) (Aut) ~ un feu rouge jump a light.
grillon [gʀijɔ̃] nm (Zool) cricket.
grimace [gʀimas] nf grimace; faire des ~s pull faces ‖ **grimacer** vi (1h) grimace, *make/pull faces.
grimer [gʀime] vt (1) se ~ vpr (Th) *make up.
grimper [gʀɛ̃pe] vti (1) 1 climb; ~ aux arbres climb trees; qu'est-ce que ça grimpe! what a steep climb! 2 (prix) soar, rocket.
grinçant [gʀɛ̃sɑ̃] adj (aussi fig) grating ‖ **grincement** nm (métal) grating; (porte) creak(ing); (dents) gnashing ‖ **grincer** vi (1h) grate, creak; (dents) gnash; ça me fait ~ les dents that sets my teeth on edge.
grincheux [gʀɛ̃ʃø] adj (f **-euse**) grumpy.
grippe [gʀip] nf (Méd) flu (ab influenza) (ns inv) une mauvaise ~ a nasty bout of flu; (loc) prendre qn en ~ *take a dislike to sb ‖ **grippé** adj être ~ *have flu.
gris [gʀi] adj (amér) gray/(brit) grey; ~ anthracite charcoal grey; ~ perle pearl grey; (fig) éminence ~e the power behind the throne; (loc) faire ~e mine look glum ‖ **grisaille** nf (météo) greyness, dullness ‖ **grisâtre** adj greyish.
griser [gʀize] vt (1) intoxicate ‖ **se griser** vpr (de) (aussi fig) *get drunk (on).
grisonnant [gʀizɔnɑ̃] adj (cheveux) greying ‖ **grisonner** vi (1) (turn) grey.
grisou [gʀizu] nm (gaz) firedamp; un coup de ~ a firedamp explosion.
grive [gʀiv] nf (Orn) thrush; (loc) faute de ~s on mange des merles beggars can't be choosers.
grivois [gʀivwa] adj bawdy ‖ **grivoiserie** nf smutty joke/story.
grog [gʀɔg] nm grog; hot toddy.
grogne [gʀɔɲ] nf discontent; grumbling ‖ **grognement** nm 1 (porc) grunt(ing); (chien) growl(ing) 2 grumble, grumbling ‖ **grogner** vi (1) grunt; growl; grumble ‖ **grognon** adj (f **-onne**) grumpy.
groin [gʀwɛ̃] nm (porc) snout.
grommeler [gʀɔmle] vi (1b) grumble; mutter ‖ **grommellement** nm grumbling.
grondement [gʀɔ̃dmɑ̃] nm (animal) growling; (tonnerre) rumbling ‖ **gronder** vti 1 (1) scold; je me suis fait ~ I got told off 2 (tonnerre) rumble.
groom [gʀum] nm bellboy/(amér) bellhop.
gros [gʀo] adj (f **grosse**) 1 (grand) big, large; (épais) thick; (gras) fat; (lourd) heavy; (dégâts, ennuis, fautes) serious; (fièvre) high; (mer, pertes) heavy; (rivière) swollen; (voix) booming 2 (fam) ~ bon-

net big shot; ~ buveur heavy drinker; (Mus) grosse caisse big/bass drum; (Méd) ~ intestin large intestine; (fam) grosse légume big shot; ~ lot jackpot; ~ mangeur hearty eater ~ mot swearword; ~ mots bad language (ns inv); (Ciné) ~ plan close-up; ~ sel cooking salt; grosse tête genius; (péj) egghead, bighead; (presse) ~ titre headline 3 femme grosse (vx) woman in the family way; ~ de (aussi fig) pregnant (with); une situation grosse de danger a situation full of danger; les yeux ~ de larmes his eyes swollen with tears 4 (loc) c'est ~ comme une maison it sticks out a mile; ça, c'est un peu ~! that's going a bit far! avoir le cœur ~ *have a heavy heart; faire les ~ yeux glower (at); (chat) (aussi fig) faire le ~ dos arch its back ◆ nm 1 (personne) fat man 2 bulk, main part; (cœur) au ~ de l'hiver in the depths of winter; (l'essentiel) le plus ~ (du travail) est fait the bulk/the worst part of the work is done; (majorité) le ~ des manifestants the majority of the demonstrators 3 (Com) commerce de ~ wholesale trade ◆ adv j'en ai ~ sur le cœur I'm very upset about it; ça peut rapporter ~ (fig) that can be a big advantage; elle risque ~ she's taking a big risk; (loc) en ~ broadly speaking; vendre en ~ *sell wholesale.
groseille [gʀozɛj] nf red-currant; ~ à maquereau gooseberry ‖ **groseillier** nm currant bush.
grosse [gʀos] nf 1 fat woman 2 (12x12) gross ◆ adj voir **gros** ‖ **grossesse** nf pregnancy; interruption volontaire de ~ (IVG) voluntary termination of pregnancy; abortion ‖ **grosseur** nf 1 size; (corde) thickness 2 (Méd) lump.
grossier [gʀosje] adj (f **-ière**) (tissu, traits) rough, coarse; (personnage) uncouth; (idée, instrument) crude, rough; (plaisanterie, ton) crude, vulgar; (faute, ignorance) gross ‖ **grossièrement** adv 1 coarsely 2 (approximativement) roughly ‖ **grossièreté** nf 1 coarseness 2 (propos) rude remark, obscenity.
grossir [gʀosiʀ] vti (2) 1 (personne) *grow; (prendre du poids) *put on weight 2 (gonfler) *swell 3 (nombre) increase 4 (loupe) enlarge, magnify 5 (exagérer) exaggerate ‖ **grossiste** nmf wholesaler.
grosso modo [gʀosomodo] loc adv roughly.
grotesque [gʀɔtɛsk] adj (Lit) grotesque; (ridicule) ridiculous.
grotte [gʀɔt] nf cave.
grouillement [gʀujmɑ̃] (fig) swarming; (foule) milling ‖ **grouiller** vi (1) (de) swarm (with) ‖ **se grouiller** vpr (fam) hurry up; grouille-toi! get a move on!
groupe [gʀup] nm group; (arbres)

clump; *les élèves s'en allèrent par ~s de deux ou trois* the pupils went off in twos and threes; *~ électrogène* generator set; *~ sanguin* blood group; *~ scolaire* school complex; *~ de travail* working party ‖ **groupement** *nm (action)* grouping; *(résultat)* group; *~ d'achats* (bulk-)buying organization ‖ **grouper** *vt (1)* group; *(fonds)* pool ‖ **se grouper** *vpr* gather (together) ‖ **groupuscule** *nm (Pol)* faction.

grue [gʀy] *nf* 1 *(Orn)* crane 2 *(prostituée) (amér)* streetwalker, *(brit)* tart; *(loc) faire le pied de ~* walk up and down 3 *(Tech)* crane.

grumeau [gʀymo] *nm (pl -x) (sauce)* lump.

gruyère [gʀyjɛʀ] *nm* gruyère cheese.

gué [ge] *nm* ford; *il traversa la rivière à ~* he forded the river.

guéguerre [gegɛʀ] *nf (fam)* minor skirmish.

guenille [gənij] *nf* rag; *en ~s* in rags.

guenon [gənɔ̃] *nf* female monkey; *(femme) (péj)* hag.

guépard [gepaʀ] *nm (Zool)* cheetah.

guêpe [gɛp] *nf* 1 *(Zool)* wasp 2 *(fam) pas folle, la ~!* no fool, that girl! ‖ **guêpier** *nm* 1 *(aussi fig)* wasps' nest 2 trap 3 *(Orn)* bee-eater.

guère [gɛʀ] *adv* hardly, scarcely; *il n'y a ~ d'autre solution* there isn't really any other solution; *je ne l'apprécie ~* I don't much care for him at all.

guéridon [geʀidɔ̃] *nm* (small) pedestal table.

guérilla [geʀija] *nf* 1 *(armée)* guerilla force 2 *(combat)* guerilla warfare *(ns inv)* ‖ **guérillero** *nm (soldat)* guerilla.

guérir [geʀiʀ] *vt (de) (malade, maladie)* cure (of); *(plaie)* heal ◆ *vi (aussi* **se guérir** *vpr)* 1 *(de malade)* recover from, *get better 2 (plaie)* heal ‖ **guérison** *nf* cure; recovery ‖ **guérissable** *adj* curable ‖ **guérisseur** *nm (f -euse)* (faith) healer.

guérite [geʀit] *nf (garde)* sentry-box; *(chantier)* site hut.

guerre [gɛʀ] *nf* war; warfare *(ns inv); la ~ de Sécession* the American Civil War; *en ~* at war; *faire la ~ (contre)* *make/wage war (on); (loc) c'est de bonne ~* it's perfectly fair; *à la ~ comme à la ~* (you must) take the rough with the smooth ‖ **guerrier** *nm (f -ère)* warrior ◆ *adj* warlike.

guet [gɛ] *nm* watch; *faire le ~* *keep watch.

guet-apens [gɛtapɑ̃] *nm* ambush; trap.

guêtre [gɛtʀ] *nf* gaiter.

guetter [gete] *vti (1)* *look out (for), *be on the look-out (for) ‖ **guetteur** *nm inv* look-out.

gueule [gœl] *nf* 1 *(animal)* jaws 2 *(personne) (fam)* face; mouth; *(vulg) ta ~!* shut your face/mouth! *~ de bois* hangover; *je lui casserai la ~* I'll smash his face in; *il s'est cassé la ~ (aussi fig)* he fell flat on his face; *faire la ~* sulk 3 *(arme)* muzzle ‖ **gueule-de-loup** *(Bot)* snapdragon ‖ **gueuler** *vi (1) (fam)* bawl; complain ‖ **gueuleton** *nm (fam)* blowout; *(brit)* nosh-up.

gueuse [gøz] *nf voir* **gueux.**

gueux [gø] *nm (f* **gueuse**) *(lit)* beggar; rogue.

gui [gi] *nm (Bot)* mistletoe.

guibol(l)e [gibɔl] *nf (argot) (jambe)* pin.

guichet [giʃɛ] *nm (gare)* ticket office; *(Th)* box office; *(banque)* counter ‖ **guichetier** *nm (f -ière) (Th)* ticket-seller; *(banque)* counter clerk.

guide [gid] *nmf* 1 *(personne)* guide; *servir de ~ (à qn)* act as guide (for sb) ◆ *nm (livre)* guide(book) ◆ *nf* 1 *(scoutisme) (amér)* girl scout, *(brit)* (girl) guide 2 *les ~s (rênes)* reins ‖ **guider** *vt (1)* guide.

guidon [gidɔ̃] *nm (vélo)* handlebars *(npl inv)*.

guigne[1] [giɲ] *nf* cherry; *(loc) je m'en soucie comme d'une ~* I don't give a fig/damn for that.

guigne[2] [giɲ] *nf (fam)* rotten luck.

guignol [giɲɔl] *nm* 1 puppet; *(fig)* clown 2 *(spectacle)* puppet show.

guillemet [gijmɛ] *nm ~s (typographie) (amér)* quotes, *(brit)* inverted commas.

guilleret [gijʀɛ] *adj (f -ette)* lively; cheerful.

guillotine [gijɔtin] *nf* guillotine ‖ **guillotiner** *vt (1)* guillotine.

guimauve [gimov] *nf* marshmallow.

guimbarde [gɛ̃baʀd] *nf vieille ~ (amér)* jalopy, *(brit)* old banger.

guindé [gɛ̃de] *adj* starchy; *(style)* stilted.

guingois [gɛ̃gwa] *de ~ loc* crookedly.

guirlande [giʀlɑ̃d] *nf* garland; *(Noël) ~s* Christmas trimmings/decorations.

guise [giz] *nf en ~ de* by way of; *elle n'en fait qu'à sa ~* she does as she pleases.

guitare [gitaʀ] *nf (Mus)* guitar ‖ **guitariste** *nmf* guitarist.

guttural [gytyʀal] *adj (mpl -aux) (son, voix)* guttural; throaty.

gym [ʒim] *nf (ab* **gymnastique**); *prof de ~* P.E. teacher/instructor.

gymkhana [ʒimkana] *nm (autos, motos)* rally.

gymnase [ʒimnaz] *nm* gymnasium ‖ **gymnaste** *nmf* gymnast ‖ **gymnastique** *nf* gymnastics; *(Ens)* P.E.

gynéco [ʒinekɔ] *nmf (fam) ab* **gynécologue** ‖ **gynécologie** *nf (Méd)* gynaecology ‖ **gynécologique** *adj* gynaecological ‖ **gynécologue** *nmf* gynaecologist.

gyrophare [ʒiʀɔfaʀ] *nm* flashing light (on police vehicle, etc).

gyroscope [ʒiʀɔskɔp] *nm (Tech)* gyroscope.

H

H, h [aʃ] *nm (lettre)* H, h; ~ *aspiré* aspirate h; ~ *muet* silent h.

habile [abil] *adj (à)* skilful/clever (at); *il est ~ de ses mains* he's good with his hands ‖ **habilement** *adv* skilfully ‖ **habileté** *nf* skill, dexterity.

habilitation [abilitasjɔ] *nf* authority ‖ **habiliter** *vt (1) (à)* empower/entitle (to).

habillé [abije] *adj* 1 *(robe)* elegant; *(souvent péj)* dressy 2 *(personne)* **bien ~** well dressed; dressed up; ~ *de noir* dressed in black ‖ **habillement** *nm* clothing ‖ **habiller** *vt (1) (de)* dress (in); *(fig)* cover (with) ‖ **s'habiller** *vpr* 1 dress, *get dressed 2 (se déguiser)* ~ *en* dress up as ‖ **habilleur** *nm (f -euse) (Th)* dresser.

habit [abi] *nm* 1 *(costume)* suit, costume; *(de soirée)* tails; ~*s* clothes 2 *(moine)* habit; *(loc) l'~ ne fait pas le moine!* don't judge a book by its cover!

habitable [abitabl] *adj* inhabitable ‖ **habitant** *nm (pays)* inhabitant; *(logement)* occupant; *nous étions logés chez l'~* we stayed with a local family ‖ **habitacle** *nm (Av)* cockpit ‖ **habitat** *nm (Zool)* habitat ‖ **habitation** *nf* 1 housing *(ns inv)*; *conditions d'~* housing conditions 2 *(maison)* house; ~ *à loyer modéré (ab HLM) (brit)* council flat; *(amér)* public housing unit ‖ **habité** *adj (maison)* inhabited; *(espace) vol ~* manned space-flight ‖ **habiter** *vti (1)* live (in); *(pays)* inhabit; *où habitez-vous?* where do you live?

habitude [abityd] *nf* habit, custom; *avoir l'~ de faire qch* *be used/accustomed to doing sth; tu as pris de mauvaises ~s* you've got into bad habits; *d'~* usually; *comme d'~* as usual.

habitué [abitɥe] *adj (à)* used/accustomed (to) ◆ *nm (café, magasin)* regular (customer); *(maison)* regular visitor ‖ **habituel** *adj (f -elle)* usual ‖ **habituellement** *adv* usually ‖ **habituer** *vt (1)* ~ *qn à faire qch* accustom sb to doing sth. ‖ **s'habituer** *vpr* ~ *à* *get/*become used to.

hache [aʃ] *nf* axe; *(loc) enterrer la ~ de guerre* bury the hatchet ‖ **haché** *adj (Cuis) (persil)* chopped; *(viande) (brit)* minced/*(amér)* ground; *(discours)* jerky ‖ **hacher** *vt (1)* chop; mince, *(amér)* *grind ‖ **hachette** *nf* hatchet ‖ **hachis** *nm (viande) (amér)* hash, *(brit)* mince; ~

Parmentier cottage pie; ~ *d'échalotes* chopped shallots ‖ **hachoir** *nm (couteau)* chopper; *(appareil)* mincer, grinder.

hachisch [aʃiʃ] *voir* **haschisch.**

hachure [aʃyʀ] *adj (carte, dessin)* shading ‖ **hachuré** *adj* shaded.

hagard [agaʀ] *adj* haggard, drawn.

haie [ɛ] *nf (Hort)* hedge; *(Sp)* hurdle; *(équitation)* fence; *course de ~s (athlètes)* hurdle-race; *(chevaux)* steeple-chase.

haillon [ajɔ] *nm* rag; *en ~s* in rags.

haine [ɛn] *nf* hate, hatred; ~ *de* hatred of ‖ **haineux** *adj (f -euse)* full of hatred.

haïr [aiʀ] *vt (2)* hate, detest; *je le hais de m'avoir dit cela* I hate him for telling me that ‖ **haïssable** *adj* hateful, detestable.

halage [alaʒ] *nm* towing; *chemin de ~* towpath.

hâle [ɑl] *nm* (sun)tan ‖ **hâlé** *adj* (sun) tanned.

haleine [alɛn] *nf* breath; *(respiration)* breathing; *hors d'~* out of breath; *tenir qn en ~* *keep someone spellbound; *(loc) c'est un travail de longue ~* it's something that can't be done overnight.

haler [ale] *vt (1) (Com)* tow.

haletant [altɑ] *adj* panting; *poitrine ~e* heaving breast ‖ **halètement** *nm* panting ‖ **haleter** *vi (1c)* pant.

hall [ol] *nm (hôtel)* hall, foyer; *(gare)* hall.

halle [al] *nf (souvent pl)* (covered) market.

hallebarde [albard] *nf (Hist)* halberd; *(loc) il pleut/tombe des ~s* it's raining cats and dogs.

hallucinant [alysinɑ] *adj (fig)* amazing ‖ **hallucination** *nf* hallucination ‖ **hallucinatoire** *adj* halucinatory ‖ **hallucinogène** *adj* hallucinogenic ◆ *nm* hallucinogen.

halo [alo] *nm* halo ‖ **halogène** *adj (Ch)* halogenous; *lampe ~* halogen lamp.

halte [alt] *nf* pause, break; *(endroit)* stopping place; *(Rail)* halt; *faire ~* stop, halt; ~ *! stop! ~ au racisme!* end racism!

haltère [altɛʀ] *nm (Sp)* dumbbell; ~ *à disques* barbell; *tous les jours il fait des ~s* he lifts weights/*(amér)* pumps iron every day.

hamac [amak] *nm* hammock.

hamburger [ɑbuʀɡœʀ] *nm* hamburger.

hameau [amo] *nm (pl -x)* hamlet.

hameçon [amsɔ̃] *nm* fish hook.

hampe ['ãp] *nf (drapeau)* flagpole ; *(Bot)* stem.

hamster ['amstɛr] *nm (Zool)* hamster.

hanche ['ãʃ] *nf (Anat)* hip ; *(animal)* haunch.

hand-ball ['ãdbal] *nm (Sp)* handball || **handballeur** *nm (f* **-euse)** handball-player.

handicap ['ãdikap] *nm (Méd, Sp)* handicap || **handicapé** *adj* handicapped ◆ *nm* handicapped person ; *les* ~ *s mentaux* the mentally handicapped ; ~ *moteur* spastic || **handicaper** *vt (1)* handicap.

hangar [ãgar] *nm* shed ; *(Av)* hangar.

hanneton ['antɔ̃] *nm (Zool)* cockchafer, *(amér)* maybug.

hanter ['ãte] *vt (1)* haunt || **hantise** *nf* obsession.

happer ['ape] *vt (1) (animal)* snap up ; *(voleur)* snatch up.

haras ['ara] *nm (pl inv)* stud (farm).

harassant ['arasã] *adj* exhausting || **harassé** *adj* worn-out, exhausted || **harassement** *nm* exhaustion || **harasser** *vt (1)* *wear out.

harcèlement ['arsɛlmã] *nm* harassment, pestering ; ~ *sexuel* sexual harassment || **harceler** *vt (1c) (de)* pester/harass (with).

hardi ['ardi] *adj* bold, daring || **hardiesse** *nf* boldness, daring || **hardiment** *adv* boldly.

hareng ['arã] *nm (Zool)* herring ; ~ *saur* kipper.

hargne ['arɲ] *nf* resentment, spite || **hargneux** *adj (f* **-euse)** spiteful, resentful ; *(fam)* snappy.

haricot ['ariko] *nm (Hort)* bean ; ~ *blanc* haricot bean ; ~ *vert* French/green bean.

harmonica [armɔnika] *nm (Mus)* harmonica, mouth organ.

harmonie [armɔni] *nf* **1** *(aussi fig)* harmony **2** *(orchestre)* brass and wind band || **harmonieux** *adj (f* **-euse)** harmonious || **harmoniser** *vt (1)* s'~ *vpr* harmonize.

harmonium [armɔnjɔm] *nm (Mus)* harmonium.

harnacher ['arnaʃe] *vt (1) (cheval)* harness ; *(fig)* rig out, dress up.

harnais ['arnɛ] *nm* harness.

harpe ['arp] *nf (Mus)* harp || **harpiste** *nmf* harpist.

harpon ['arpɔ̃] *nm* harpoon || **harponner** *vt (1) (baleine)* harpoon ; *(fig, personne) (fam)* collar.

hasard ['azar] *nm* **1** coincidence, chance ; *un heureux* ~ a stroke of luck **2** *(destin)* fate ; *(lit) le* ~ *l'a voulu* it was fated to happen **3** risk ; *les* ~*s de la guerre* the hazards of war **4** *(loc) au* ~ *(errer)* aimlessly, *(agir)* haphazardly ; *à tout* ~ just in case ; *par* ~ by chance || **hasarder** *vt*

(1) (opinion) venture ; *(vie)* risk || **se hasarder** *vpr (à faire qch)* risk (doing sth) || **hasardeux** *adj (f* **-euse)** risky, hazardous.

haschi(s)ch ['aʃiʃ] *nm (aussi* **hachisch)** hashish.

hâte ['ɑt] *nf* haste ; *à la* ~ in a hurry ; *sans* ~ without rushing ; *j'ai* ~ *de partir* I can't wait to leave || **hâter** *vt (1)* se ~ *vpr* hasten ; *elle s'est hâtée de rentrer* she hurried home || **hâtif** *adj (f* **-ive)** hasty || **hâtivement** *adv* hastily.

hausse ['os] *nf* increase, rise ; ~ *des prix* rise in prices ; *les prix sont en* ~ prices are going up/are on the rise || **hausser** *vt (1)* raise ; *il haussa les épaules* he shrugged his shoulders ; *elle se haussa sur la pointe des pieds* she stood (up) on tiptoe.

haut ['o] *adj* high ; **1** ~ *de 3 mètres* three metres high ; *(loc)* ~ *comme trois pommes* knee-high to a grasshopper ; *une pièce* ~*e de plafond* a room with a high ceiling **2** *marée* ~*e* high tide ; *le* ~ *plateau* the high plateau ; *(fig) en* ~ *lieu* in high places ; *de* ~ *vol/de* ~*e volée (personne)* high-flying, *(projet)* far-reaching ; *(loc) marcher la tête* ~*e* walk with one's head held high ; *avoir la* ~*e main sur la situation* *have control of the situation **3** *(intensité)* ~ *en couleur* brightly coloured ; *(fig)* ~*e couleur* colourful ; *à* ~*e voix* aloud **4** *(hiérarchie) la* ~*e bourgeoisie* the upper middle class(es) ; ~ *fonctionnaire* senior civil servant ; *la* ~*e société* high society **5** *(extrême) de la plus* ~*e importance* of the utmost importance ; ~*e trahison* high treason ; *(dans le temps) la* ~*e antiquité* earliest antiquity. ◆ *adv* **1** *(position)* ~ *dans le ciel* high in the sky ; *monter/sauter* ~ climb/jump high ; *(sur document) voir plus* ~ see above ; ~ *les mains !* hands up ! *(fig) des amis* ~ *placés* friends in high places **2** *(intensité) parler* ~ *speak loudly ; *lire/penser tout* ~ *read/*think aloud **3** *(loc) l'emporter* ~ *la main* *win hands down ; *(examen)* pass with flying colours ; *le prendre de* ~ react haughtily ; *tomber de* ~ *(fig)* *have one's hopes dashed, *be taken aback ; *(fig) voir les choses de* ~ *take a detached view of things **4** *en* ~ up there ; upstairs ; *en* ~ *de la colline* at the top of the hill ; *jusqu'en* ~ right to the top ; *tout en* ~ right at the top ; *d'en* ~ from above ◆ *nm* the top ; *du* ~ *en bas* from top to bottom ; *il a connu des* ~*s et des bas* he's had his ups and downs *(npl inv)* || **haut-de-chausses** *nm* breeches *(npl inv)* || **haut-de-forme** *nm* top hat || **haute-contre** *nm (Mus)* counter-tenor || **haute-fidélité** *nf* high fidelity, hi-fi || **haut-fourneau** *nm (pl* **-x)** *(Tech)* blast furnace || **haut-le-cœur** *nm (pl inv)* avoir des ~ retch ; *cela me donne des* ~ that makes my stomach heave ‖ **haut-le-corps** *nm (pl inv)* sudden start, jump ‖ **haut-parleur** *nm* loudspeaker.

hautain ['otɛ̃] *adj* haughty.

hautbois ['obwɑ] *nm (pl inv) (Mus)* oboe ‖ **hauboiste** *nmf* oboist, oboe-player.

haute ['ot] *adj voir* **haut** ♦ *nf la ~e (fam, société)* the upper crust ‖ **hautement** *adv* highly ‖ **hauteur** *nf* 1 height ; *(Av)* on prend de la ~ we're climbing/gaining height ; *à la ~ de* at the level of ; *(fig)* vous n'êtes pas à la ~ de la situation you're not up to coping with the situation 2 *(Géog)* height, hill 3 *(arrogance)* haughtiness.

hâve ['av] *adj* gaunt, haggard.

havre ['avrə] *nm (vx)* port ; *(fig)* haven.

hebdomadaire [ɛbdɔmadɛr] *adj* weekly ♦ *nm* weekly (newspaper/magazine).

hébergement [ebɛrʒəmɑ̃] *nm* accommodation *(ns inv)* ‖ **héberger** *vt (1)* lodge, accomodate.

hébété [ebete] *adj* dazed, bewildered ‖ **hébéter** *vt (1c)* daze, stupefy ‖ **hébétude** *nf* stupor.

hébreu [ebrø] *nm (langue)* Hebrew ; *(loc)* c'est de l'~ pour moi ! it's all Greek to me!

hécatombe [ekatɔ̃b] *nf (aussi fig)* massacre.

hectare [ɛktar] *nm* hectare (2.47 acres).

hecto- [ɛkto] *préfixe* hecto- ‖ **hectolitre** *nm* hectolitre.

hégémonie [eʒemɔni] *nf* hegemony, supremacy.

hein ['ɛ̃] *interj* eh ?, what ?

hélas ['elas] *excl* alas!

héler [ele] *vt (1c)* hail, call.

hélice [elis] *nf* propellor ; *(Naut)* screw.

hélicoptère [elikɔptɛr] *nm* helicopter.

hélium [eljɔm] *nm (Ch)* helium.

helvétique [elvetik] *adj (lit)* Swiss.

hématie [emati] *nf (Méd)* red blood corpuscle ‖ **hématome** *nm* bruise.

hémicycle [emisikl] *nm* semi-circle ; dans l'~ de l'Assemblée nationale) in the National Assembly ; *(GB)* in the Commons, *(US)* in the House of Representatives.

hémisphère [emisfɛr] *nm* hemisphere.

hémo- [emo] *préf (Méd)* hemo-, *(brit)* haemo- ‖ **hémoglobine** *nf* haemoglobin ‖ **hémophile** *adj & nmf* haemophiliac ‖ **hémophilie** *nf (Méd)* haemophilia ‖ **hémorragie** *nf* haemorrhage ; faire une ~ *have a haemorrhage ; *(Fin)* ~ des capitaux outflow/loss of capital ‖ **hémorroïde** *nf (surtout pl)* ~s *(Méd)* haemorrhoids ; *(fam)* piles.

hennir ['enir] *vi (2) (cheval) (aussi fig)* neigh, whinny ‖ **hennissement** *nm* neigh, whinny.

hep ['ɛp] *interj* hey!

hépatique [epatik] *adj (Méd)* hepatic, of the liver ‖ **hépatite** *nf* hepatitis *(ns inv)*.

héraut ['ero] *nm* herald.

herbacé [ɛrbase] *adj (Bot)* herbaceous.

herbage [ɛrbaʒ] *nm* pasture.

herbe [ɛrb] *nf* 1 grass ; brin d'~ blade of grass ; déjeuner sur l'~ picnic ; ~s folles wild grass, weeds ; *(argot)* fumer de l'~ smoke grass ; *(loc)* il m'a coupé l'~ sous les pieds he cut the ground from under my feet 2 plant ; ~s aquatiques water plants ; mauvaise ~ weed 3 *(Méd, Cuis)* herb ; fines ~s mixed herbs 4 *(loc)* en ~ *(blé)* in the blade ; *(fig)* un musicien en ~ a budding musician ; manger son blé en ~ *(fig)* squander one's capital ‖ **herbeux** *adj (f* **-euse)** grassy ‖ **herbicide** *nm* weed-killer ‖ **herbivore** *adj (Zool)* herbivorous ♦ *nm* herbivore ‖ **herboriste** *nmf* herbalist ‖ **herboristerie** *nf* herbalist's shop ‖ **herbu** *adj (lit)* grassy.

héréditaire [erediter] *adj* hereditary ‖ **hérédité** *nf* heredity.

hérésie [erezi] *nf (Rel) (aussi fig)* heresy ‖ **hérétique** *adj* heretical ♦ *nmf* heretic.

hérisser ['erise] *vt (1)* se ~ *vpr (poils)* bristle ; *(plumes)* ruffle ; *(fig)* ne le hérisse pas ! don't rub him up the wrong way ‖ **hérissé** *adj (de)* bristling (with).

hérisson ['erisɔ̃] *nm (Zool)* hedgehog.

héritage [eritaʒ] *nm (aussi fig)* inheritance ; je viens de faire un ~ I've just come into an inheritance ‖ **hériter** *vt (1) (de)* inherit ; il a hérité d'une grosse fortune he inherited a large fortune ‖ **héritier** *nm* heir ‖ **héritière** *nf* heiress.

hermétique [ɛrmetik] *adj* 1 *(étanche)* hermetic, airtight 2 *(discours, écrivain)* obscure ‖ **hermétiquement** *adv* hermetically ; fermé ~ hermetically sealed.

hermine [ɛrmin] *nf (Zool)* stoat ; *(fourrure)* ermine.

hernie ['ɛrni] *nf (Méd)* hernia, rupture ; ~ discale slipped disc.

héroïne[1] [erɔin] *nf (femme)* heroine.

héroïne[2] [erɔin] *nf (drogue)* heroin ‖ **héroïnomane** *nmf* heroin addict ♦ *adj* heroin-addicted.

héroïque [erɔik] *adj* heroic ‖ **héroïquement** *adv* heroically ‖ **héroïsme** *nm* heroism.

héron ['erɔ̃] *nm (Orn)* heron.

héros ['ero] *nm (pl inv)* hero.

herpès [ɛrpɛs] *nm (Méd)* herpes *(ns inv)*.

herse ['ɛrs] *nf* 1 *(Ag)* harrow 2 *(château)* portcullis.

hertz ['ɛrts] *nm (Phy)* hertz ‖ **hertzien** *adj (f* **-ienne)** Hertzian.

hésitant [ezitɑ̃] *adj* hesitant ; *(pas, voix)* faltering ‖ **hésitation** *nf* hesitation ; après bien des ~s after much hesitation ; sans ~ without hesitating ‖ **hésiter** *vi (1)* hesitate; falter; *il n'y a pas à* ~ *!* there are no two ways about it!

hétéro [etero] *préf* hetero- ◆ *nmf & adj inv (fam)* heterosexual.

hétéroclite [eterɔklit] *adj* varied, assorted.

hétérogène [eterɔʒɛn] *adj* heterogeneous ‖ **hétérogénéité** *nf* heterogeneousness.

hétérosexualité [eterɔsɛksɥalite] *nf* heterosexuality ‖ **hétérosexuel** *adj & nm* (*f* **-elle**) *(fam)* heterosexual.

hêtre ['ɛtʀ] *nm (arbre)* beech (tree); *(bois)* beech (wood).

heure [œʀ] *nf* **1** *(durée)* hour; *ouvert 24* ~*s sur 24* open twenty-four hours a day; *elle est payée à l'*~/*60 francs de l'*~ she's paid by the hour/sixty francs an hour; *elle fait des* ~*s supplémentaires* she works overtime; *un trajet de 2* ~ a two-hour journey **2** *(à la pendule)* time; *quelle* ~ *est-il ?* what time is it? *quelle* ~ *as-tu ?* what time do you make it?; *il est 5* ~*s* it's five o'clock; *à une* ~ *pile (fam)* at one o'clock sharp; ~ *de Paris* Paris time **3** *(heure prévue)* time; *avant l'*~ before time, early; *à l'*~ on time; *après l'*~ late; *(loc)* *mettre la pendule à l'*~ *set the clock, *put the clock right; *(fig)* *bring things up to date **4** *(moment)* *il est poète à ses* ~*s* he's quite a poet when he wants to be; ~*s d'affluence/de pointe* rush hour; peaktime; ~*s creuses* slack periods; *l'*~ *H* zero hour; *c'est l'*~ *du thé* it's teatime; *l'*~ *de vérité* the moment of truth; *(moment actuel) l'*~ *est à la conciliation* it's a time for reconciliation **5** *(loc)* *à la bonne* ~ *!* well done! *à cette* ~ at this moment; *à l'*~ *qu'il est elle doit être partie* she must have left by now; *à toute* ~ all day long; *de bonne* ~ early; *la situation s'aggrave d'*~ *en* ~ /*d'une* ~ *à l'autre* the situation is getting worse by the hour; *pour l'*~ for the time being; *tout à l'*~ *(passé)* just now; *(futur)* in a while, presently.

heureusement [œʀøzmɑ̃] *adv* fortunately; happily.

heureux [œʀø] *adj* (*f* **-euse**) **1** *(content)* happy; *très* ~ *de vous connaître* very pleased to meet you; *je suis très* ~ *de...* I'm pleased to...; *ils ont vécu* ~ they lived happily **2** *(chanceux)* fortunate, lucky; ~ *en amour* lucky in love; *estimez-vous* ~ *!* think yourself lucky! thank your lucky stars! *(naissance) un* ~ *événement* a happy event; *un* ~ *hasard* a stroke of luck; *c'est encore* ~ *qu'elle soit là !* it's just as well she's here!

heurt ['œʀ] *nm (choc)* bump, collision; *(fig conflit)* clash; *sans* ~*s* smoothly ‖ **heurter** *vt* (1) **1** bump into; collide with; *le bateau heurta un récif* the boat hit a reef; *(bousculer)* jostle **2** *(fig) (personne)* offend; *(intérêts)* *go against ‖ **se heurter** *vpr* *(contre, à)* bump (into), collide (with); *les deux véhicules se heurtèrent de front* the two vehicles crashed head-on; *(fig) là on se heurte à un problème* we have a problem there.

hexagonal [ɛgzagɔnal] *adj* (*mpl* **-aux**) **1** hexagonal **2** *(fig)* domestic, *(péj)* inward-looking ‖ **hexagone** *nm* hexagon; *(fig) l'H*~ France.

hibernation [ibɛʀnasjɔ̃] *nf (Zool)* hibernation ‖ **hiberner** *vi* (1) hibernate.

hibou ['ibu] *nm (pl* **-x***) (Orn)* owl.

hic ['ik] *nm* snag; *voilà le* ~ *!* there's the catch!

hideux ['idø] *adj* (*f* **-euse**) ugly, hideous.

hier [jɛʀ] *adv* yesterday; ~ *matin/soir* yesterday morning/evening; *ça ne date pas d'*~ *!* it's nothing new!

hiérarchie ['jeʀaʀʃi] *nf* hierarchy ‖ **hiérarchique** *(aussi* **hiérarchisé***) adj* hierarchical.

hi-fi ['ifi] *nf* hi-fi; *chaîne* ~ hi-fi system.

hilare [ilaʀ] *adj (personne)* joyful; *(visage)* beaming; *(histoire)* hilarious ‖ **hilarité** *nf* hilarity.

hindou [ɛ̃du] *adj & nm (Rel)* Hindu; *(fam)* Indian.

hippique [ipik] *adj* equestrian; *concours* ~ horse-show; *(courses)* race-meeting ‖ **hippisme** *nm* horse-riding; horse-racing.

hippocampe [ipɔkɑ̃p] *nm (Zool)* sea-horse.

hippodrome [ipɔdʀom] *nm* race-course.

hippopotame [ipɔpɔtam] *nm (Zool)* hippopotamus.

hirondelle [iʀɔ̃dɛl] *nf (Orn)* swallow, martin.

hirsute [iʀsyt] *adj* shaggy-haired; *(barbe)* unkempt.

hisser ['ise] *vt* (1) *(drapeau, voile)* hoist ‖ **se** ~ *vpr il s'est hissé sur la berge* he hauled himself onto the bank.

histoire [istwaʀ] *nf* **1** *(matière)* history **2** *(livre)* history book; *j'ai acheté une* ~ *de France* I bought a book of French history **3** *(récit)* story; ~ *à dormir debout* tall story; ~ *drôle* joke **4** *(mensonge) (fam) ne raconte pas d'*~*s* stop telling fibs **5** *(affaire) quelle* ~ *!* what a fuss!; *une sale* ~ a nasty business **6** *(ennuis) pas d'*~*s !* don't make a fuss! *vous allez vous attirer des* ~*s* you're going to get into trouble; *un homme sans* ~ a man above reproach **7** *(loc) je te dis ça,* ~ *de rire* I'm telling you that just for a laugh ‖ **historien** *nm* (*f* **-ienne***)* historian ‖ **historique** *adj (étude)* historical; *(exceptionnel)* historic ◆ *nm* history; *je vous ferai l'*~ *de l'affaire* I'll give you the history/a full account (of the business).

hit-parade ['itpaʀad] *nm (Mus)* hit-parade, charts ; *premier au ~* top of the charts.

hiver [ivɛʀ] *nm* winter ; *sports d'~* winter sports ‖ **hivernal** *adj (mpl* **-aux)** winter ; *(fig)* wintery, icy ‖ **hivernant** *nm (tourisme, Orn)* winter visitor ‖ **hiverner** *vi (1)* winter.

hochement ['ɔʃmɑ̃] *nm un ~ de tête (affirmatif)* nod (of the head) ; *(négatif)* shake of the head ‖ **hocher** *vt (1) ~ la tête* nod/*shake one's head ‖ **hochet** *nm* (baby's) rattle.

hockey ['ɔkɛ] *nm (Sp)* hockey ; *~ sur glace* ice hockey ; *~ sur gazon* field hockey.

holà [ɔla] *nm* halt ; *~ !* stop! ; *mettre le ~ (à)* *put a stop (to).

hold-up ['ɔldœp] *nm (pl inv)* hold-up.

holocauste [ɔlɔkost] *nm* holocaust.

hologramme [ɔlɔgʀam] *nm (Phot)* hologram ‖ **holographie** *nf* holography.

homard ['ɔmaʀ] *nm (Zool)* lobster.

homéo- [ɔmeo] *préf* homeo-, *(brit)* homoeo- ‖ **homéopathe** *nmf* homoeopath ; *médecin ~* homoeopathic doctor ‖ **homéopathie** *nf* homoeopathy ‖ **homéopathique** *adj* homoeopathic.

homicide [ɔmisid] *nm 1 (crime)* murder *(amér)* homicide ; *~ involontaire/par imprudence* manslaughter ; *~ volontaire* murder **2** *(tueur)* murderer ◆ *nf (lit)* murderess ◆ *adj (lit)* homicidal ; *(fig)* murderous.

hommage [ɔmaʒ] *nm 1 (Hist)* homage ; *(fig)* elle *a reçu de nombreux ~s* she received many compliments ; *en ~ de l'éditeur* with the publisher's compliments **2** tribute ; *je rends ~ à son courage* I pay tribute to her courage **3** sign ; *(fig) en ~ de* as a token/mark of.

homme [ɔm] *nm* man ; **1** *(espèce)* l'*~* man, mankind *(ns inv)* ; *les droits de l'~* human rights **2** *une affaire d'~s* men's business ; *(magasin)* le *rayon ~s* the menswear department ; *~ d'affaires* businessman ; *~ de confiance* right-hand man ; *~ d'Etat* statesman ; *~ de lettres* man of letters ; *~ de main* hired man, *(Com, Pol)* representative ; *~ du monde* gentleman ; *~ de paille (fig)* front man ; *~ de peine (vx)* labourer ; *l'~ de la rue* the man in the street **3** *(loc) il n'est pas ~ à mentir* he's not the kind of man who would lie ; *c'est l'~ qu'il nous faut* he's the man for the job ; *comme un seul ~* as one man ; *un ~ averti en vaut deux!* forewarned is forearmed! ‖ **homme-grenouille** *nm* frogman ‖ **homme-orchestre** *nm (aussi fig)* one-man band.

homo [ɔmo] *préf* homo- ◆ *nmf & adj (fam)* homosexual, gay.

homogène [ɔmɔʒɛn] *adj* homogeneous ‖ **homogénéité** *nf* homogeneousness.

homologue [ɔmɔlɔg] *adj (de)* equivalent (to) ◆ *nm* opposite number, counterpart ‖ **homologuer** *vt (1) (Jur)* ratify ; *(Com, Sp)* approve.

homonyme [ɔmɔnim] *adj* homonymous ◆ *nm 1 (Gr)* homonym **2** *(personne)* namesake ‖ **homonymie** *nf* homonymy.

homosexualité [ɔmɔsɛksɥalite] *nf* homosexuality ‖ **homosexuel** *adj & nm (f* **-elle)** homosexual.

hongre ['ɔ̃gʀ] *nm (cheval)* gelding.

honnête [ɔnɛt] *adj* **1** *(personne)* honest **2** *(prix)* fair ; *un ~ homme* a gentleman ‖ **honnêtement** *adv* **1** honestly **2** frankly ‖ **honnêteté** *nf* honesty.

honneur [ɔnœʀ] *nm* **1** honour ; *avec les ~s de la guerre* with full military honours **2** *(loc) ~ aux dames!* ladies first! ; *à toi l'~* you can start ; *à qui ai-je l'~ ?* who do I have the honour of speaking to? ; *(lettre)* j'ai l'~ de solliciter... I am writing to request... ; *c'est tout à votre ~* it's all to your credit ; *être à l'~* *have the place of honour ; *être en ~ (mode, pratique)* *be fashionable/in favour ; *faire ~ (à)* honour ; *(fig) (repas)* *do justice to) ; *faites-moi l'~ d'accepter* do me the honour of accepting/please be good enough to accept ; *il fait l'~ de la famille* he's a credit to the family **3** *en l'~ de* in honour of ; *(ironique)* en quel *~ ?* why, for Heaven's sake? **4** *il m'a fait un bras d'~* he gave me the finger/the V sign ; *champ d'~* battlefield ; *mort au champ d'~* killed in action ; *(mariage)* demoiselle /garçon d'~* bridesmaid/best man ; *parole d'~ !* on my word! ; *point d'~* point of honour ; *il se fait un point d'~ de répondre tout de suite* he makes a point of replying at once ; *vin d'~* reception.

honorabilité [ɔnɔʀabilite] *nf* respectability ‖ **honorable** *adj* honourable, respectable ; *(sentiments)* worthy ; *(résultat)* decent ; *peu ~* disreputable ‖ **honoraire** *adj* honorary ‖ **honoraires** *nmpl* fees ‖ **honorer** *vt (1)* honour ‖ **honorifique** *adj* honorary.

honte ['ɔ̃t] *nf* shame ; *c'est une ~ !* it's a disgrace! *quelle ~ !* how disgraceful! *tu me fais ~ !* I'm ashamed of you! ‖ **honteux** *adj (f* **-euse)** *(chose)* shameful ; *(personne)* ashamed.

hôpital [ɔpital] *nm (pl* **-aux)** hospital.

hoquet ['ɔkɛ] *nm (Méd)* hiccough, hiccup ; *j'ai le ~* I've got hiccups ‖ **hoqueter** *vi (1c)* hiccup.

horaire [ɔʀɛʀ] *adj* hourly ; *décalage ~* jet-lag ; *fuseau ~* time zone ◆ *nm* schedule ; *(transport)* timetable.

horde ['ɔʀd] *nf* horde.

horizon [ɔʀizɔ̃] *nm* **1** horizon, skyline **2** *(paysage)* landscape ; *(fig) ~ politique* political scene ; *(loc) tour d'~* survey ‖

horizontal *adj (mpl* **-aux)** horizontal ‖ **horizontale** *nf* horizontal (line).

horloge [ɔrlɔʒ] *nf* clock ; *réglé comme une ~* running like clockwork ‖ **horloger** *nm (f* **-ère)** watchmaker ; **horlogerie** *nf* **1** *(métier)* watchmaking ; *(magasin)* **rayon ~** clocks and watches department **2** *(boutique)* watchmaker's (shop).

hormis [ˈɔrmi] *prép* except, save.

hormone [ɔrmɔn] *nf (Méd)* hormone.

horodateur [ɔrɔdatœr] *nm* parking-ticket machine.

horoscope [ɔrɔskɔp] *nm* horoscope.

horreur [ɔrœr] *nf* **1** *(sentiment)* horror, loathing ; *c'est une vision d'~* it's a horrifying sight ; *j'ai ~ du fromage* I can't stand cheese ; *cette idée lui fait ~/l'emplit d'~* that idea fills him with horror **2** *(qui provoque l'horreur)* **les ~s de la guerre** the horrors of war ; *c'est une ~ !* it's dreadful ; *quelle ~ !* how horrible! *on raconte des ~s sur son mari* they're saying terrible things about her husband ‖ **horrible** *adj* horrible ; *(laid)* hideous ‖ **horriblement** *adv* horribly ‖ **horrifier** *vt (1h)* horrify ‖ **horripiler** *vt (1)* exasperate.

hors [ˈɔr] *prép* **1** except for ; out of ; *~ commerce* uncommercialized ; *~ contexte* out of context ; *(Sp) ~ jeu* offside ; *~ pair* matchless ; *(modèle, voiture) ~ série* custom-built **2** *~ de loc prép* outside, out of ; *~ de soi* beside oneself with anger ; *~ d'affaire (malade)* over the worst ; *~ d'atteinte /danger* out of reach/danger ; *~ de doute* beyond doubt ; *~ d'état de nuire* harmless ; *~ d'haleine* breathless ; *~ d'ici !* get out of here! *~ de prix* exorbitant ; *~ de question* out of the question ‖ **hors-bord** *nm (pl inv)* **1** outboard motor **2** speedboat ‖ **hors-d'œuvre** *nm (pl inv)* hors-d'œuvre, starter ‖ **hors-jeu** *nm* offside ‖ **hors-la-loi** *nm (pl inv)* outlaw ‖ **hors-piste** *nm (ski)* ils font du **~** they do off-piste skiing ‖ **hors-taxe** *adj* duty-free ‖ **hors-texte** *nm (pl inv)* (planche) plate.

hortensia [ɔrtɑ̃sja] *nm (Hort)* hydrangea.

horticole [ɔrtikɔl] *adj* horticultural ‖ **horticulteur** *nm (f* **-trice)** horticulturist ‖ **horticulture** *nf* horticulture.

hospice [ɔspis] *nm (hôpital)* home ; *~ de vieillards* old people's home.

hospitalier [ɔspitalje] *adj (f* **-ière) 1** *(accueillant)* hospitable **2** *(Méd)* hospital ; *centre/service ~* hospital complex/service ‖ **hospitalisation** *nf* hospitalization ; *~ à domicile* home care *(ns inv)* ‖ **hospitaliser** *vt (1)* hospitalize ‖ **hospitalité** *nf* hospitality.

hostie [ɔsti] *nf (Rel)* host.

hostile [ɔstil] *adj* hostile ‖ **hostilité** *nf* hostility.

hôte[1] [ot] *nm (f* **hôtesse)** *(maître de mai-*son) host ; *(fig) l'~ actuel de la Maison-Blanche* the present occupant of the White House.

hôte[2] [ot] *nmf (invité)* guest ; *chambres/table d'~* bed and breakfast/meals provided.

hôtel [otel] *nm* hotel ; *~ particulier* private mansion (in town), townhouse ; *~ de ville* town hall, city hall ‖ **hôtelier** *nm (f* **-ière)** hotelier ✦ *adj* hotel ; *école hôtelière* catering college ‖ **hôtellerie** *nf* hotel/catering business.

hôtesse [otɛs] *nf* hostess ; *~ de l'air* air hostess.

hotte [ˈɔt] *nf* **1** *(panier)* basket **2** *(cheminée, table de cuisson)* hood.

hou [ˈu] *interj (pour faire peur)* boo! *(désapprobation)* tut! tut!

houblon [ˈublɔ̃] *nm (Hort)* hops *(npl inv).*

houe [ˈu] *nf (Hort)* hoe.

houille [ˈuj] *nf* coal ; *~ blanche* hydro-electric power ‖ **houiller** *adj (f* **-ère)** coal-mining ‖ **houillère** *nf* coal-mine, pit.

houle [ˈul] *nf (mer)* swell ‖ **houleux** *adj (f* **-euse)** *(mer)* rough ; *(réunion)* stormy, rowdy ; *(foule)* rowdy.

houspiller [ˈuspije] *vt (1)* jostle ; *(fam)* bully ; *(Orn)* mob.

housse [ˈus] *nf (couette)* cover ; *(canapé) (amér)* slipcover, *(brit)* loose cover ; *(de protection)* dustcover.

houx [ˈu] *nm (pl inv)* holly ; *(arbre)* holly tree.

hublot [ˈyblo] *nm (bateau)* porthole ; *(avion)* window.

huche [ˈyʃ] *nf ~ à pain* bread bin.

huée [ˈ(ɥ)e] *nf (surtout pl) ~s* boos ‖ **huer** *vi (1)* boo ; *il s'est fait ~* he was booed.

huile [ˈɥil] *nf* **1** oil ; *frit à l'~* fried in oil ; *peinture à l'~ (Art)* oil painting ; *(Tech)* oil-based paint ; *(fig) mer d'~* sea of glass ; *(loc) l'affaire a fait tache d'~* the scandal spread ; *il a jeté de l'~ sur le feu* he added fuel to the flames **2** *(fam)* big shot ‖ **huiler** *vt (1)* oil, lubricate ‖ **huileux** *adj (f* **-euse)** oily, greasy.

huis [ˈɥi] *loc adv à ~ clos (Jur)* in camera ; *(fig)* behind closed doors ‖ **huisserie** *nf (Tech)* woodwork ‖ **huissier** *nm (Jur)* bailiff ; *(appariteur)* usher.

huit [ˈ(ɥ)it] *adj num inv* eight ; *dans ~ jours* in a week ; *samedi en ~* a week on Saturday ✦ *nm (chiffre)* (number) eight ‖ **huitaine** *nf* about eight ; *sous ~* within a week ‖ **huitième** *adj & nm* eighth.

huître [ˈɥitr] *nf (Zool)* oyster ; *~ perlière* pearl oyster.

hulotte [ˈylɔt] *nf (Orn)* brown/tawny owl.

humain [umɛ̃] *adj* **1** *(de l'homme)* human **2** *(compatissant)* humane ✦ *nm* human (being) ‖ **humainement** *adv* **1** humanly **2** humanely ‖ **humaniser** *vt (1)* humanize

‖ **humanitaire** *adj* humanitarian ‖ **humanité** *nf* **1** *(sentiment)* humanity **2** *(genre humain)* humanity, mankind.
humble [œ̃bl] *adj* humble.
humecter [ymɛkte] *vt (1)* moisten.
humer [yme] *vt (1)* *smell.
humeur [ymœʀ] *nf* **1** temperament; *(passagère)* mood; *de bonne/mauvaise ~* in a good/bad mood; *plein de bonne ~* good-humoured; *être en ~ de faire qch* *be in the mood to do sth; *accès/saute d'~* fit of temper **2** *(vx) (Méd)* humour.
humide [ymid] *adj* damp, moist; *(tropical)* humid ‖ **humidifier** *vt (1h)* humidify ‖ **humidité** *nf* **1** damp, dampness; *tache d'~* damp patch **2** *(climat)* humidity.
humiliation [ymiljɑsjɔ̃] *nf* humiliation ‖ **humilier** *vt (1h)* humiliate ‖ **humilité** *nf* humility.
humoriste [ymɔʀist] *nmf* humorist ‖ **humoristique** *adj* humorous, comic ‖ **humour** *nm* humour; *~ noir* black/sick humour; *il a de l'~!* he's got a sense of humour!
huppe [yp] *nf* *(Orn)* **1** crest **2** *(oiseau)* hoopoe ‖ **huppé** *adj* **1** *(Orn)* crested **2** *(fam)* posh, classy.
hurlement ['yʀləmɑ̃] *nm* howl(ing); *il poussa un ~* he gave a howl ‖ **hurler** *vti (1) (chien, vent)* howl, *(personne)* howl, yell.
hurluberlu [yʀlybɛʀly] *nm* crank; scatterbrain.
hussard ['ysaʀ] *nm* *(Mil)* hussar; *(loc) à la ~e* unceremoniously.
hutte ['yt] *nf* hut, cabin.
hybride [ibʀid] *adj* & *nm* hybrid.
hydratant [idʀatɑ̃] *adj* *(crème)* moisturizing ‖ **hydratation** *nf* moisturizing; *(Méd)* hydration ‖ **hydrater** *vt (1)* moisturize; hydrate.
hydraulique [idʀolik] *adj* *(Tech)* hydraulic.
hydravion [idʀavjɔ̃] *nm* seaplane.
hydrocarbure [idʀokaʀbyʀ] *nm* *(Ch)* hydrocarbon.
hydrogène [idʀɔʒen] *nm* *(Ch)* hydrogen.
hydroglisseur [idʀɔglisœʀ] *nm* hydroplane.

hydrophile [idʀɔfil] *adj* absorbent; *coton ~ (amér)* absorbent cotton, *(brit)* cotton wool.
hyène [jen] *nf* *(Zool)* hyena.
hygiène [iʒjen] *nf* hygiene; *~ alimentaire* nutrition ‖ **hygiénique** *adj* hygienic; *papier ~* toilet paper; *serviette ~* sanitary towel.
hymne [imn] *nm* *(Lit, Rel)* hymn; *~ national* national anthem.
hyper [ipeʀ] *préf* **1** hyper- **2** *(intensifieur)* *(fam) c'est hyper bon!* it's really great!
hyperbole [ipeʀbɔl] *nf* **1** *(Lit)* hyperbole **2** *(Math)* hyperbola.
hypermarché [ipeʀmaʀʃe] *nm* hypermarket, superstore.
hypertendu [ipeʀtɑ̃dy] *adj* suffering from high blood pressure ‖ **hypertension** *nf* *(Méd)* hypertension; *(fam)* high blood-pressure.
hypertrophié [ipeʀtʀɔfje] *adj* *(Méd)* enlarged; *(fig)* overdeveloped.
hypnose [ipnoz] *nf* hypnosis ‖ **hypnotique** hypnotic ‖ **hypnotiser** *vt (1)* hypnotize ‖ **hypnotiseur** *nm inv* hypnotizer ‖ **hypnotisme** *nm* hypnotism.
hypo [ipo] *préf* hypo-.
hypoallergénique [ipoalɛʀʒenik] *adj* hypoallergenic.
hypocalorique [ipokalɔʀik] *adj* low-calory.
hypocondriaque [ipokɔ̃dʀiak] *adj* & *nmf* hypochondriac ‖ **hypocondrie** *nf* hypochondria.
hypocrisie [ipokʀizi] *nf* hypocrisy ‖ **hypocrite** *adj* hypocritical ◆ *nmf* hypocrite.
hypotension [ipotɑ̃sjɔ̃] *nf* *(Méd)* low blood pressure.
hypothécaire [ipotekɛʀ] *adj* mortgage; *prêt ~* mortgage loan ‖ **hypothèque** *nf* mortgage ‖ **hypothéquer** *vt (1c)* mortgage; *(fig)* endanger, jeopardize.
hypothèse [ipotɛz] *nf* hypothesis *(pl -es)*; *dans l'~ contraire* if the contrary is true ‖ **hypothétique** *adj* hypothetical; *(fig) on attend un redressement ~ de l'économie* we're waiting for the economic upturn we've been promised.
hystérie [isteʀi] *nf* hysteria ‖ **hystérique** *adj* hysterical ◆ *nmf* hysteric.

I

I, i [i] *nm (lettre)* I, i.
iceberg [isbɛʀg] *nm* iceberg.
ici [isi] *adv* **1** *(espace)* here; *les gens d'~* the local people; *par ~* around here; *passez par ~!* come this way! **2** *(temps)* *jusqu'~* until now; *d'~ un mois* within a month (from now); *d'~ là* in the meantime; *d'~ peu* shortly.
icône [ikon] *nf* *(Art, Inf)* icon.
idéal [ideal] *adj* & *nm (pl -aux)* ideal; *ce*

serait l'~ that would be ideal ‖ **idéalisme** *nm* idealism ‖ **idéaliste** *adj* idealistic ◆ *nmf* idealist.

idée [ide] *nf* idea; ~ *fixe* obsession; ~*-force* key idea; *il a les* ~*s larges* he's broad-minded; ~*s noires* black thoughts; *on n'a pas* ~ ! that's ridiculous! *j'ai une* ~ *derrière la tête* I've got an idea at the back of my mind; *elle a dans l'*~ *de revenir* she intends to come back; *tu te fais des* ~*s !* (*fam*) you're kidding yourself! *elle n'en fait qu'à son* ~ she does just what she pleases; *il s'est mis dans l'*~ *de travailler* he's taken it into his head to work.

identifiable [idɑ̃tifjabl] *adj* identifiable ‖ **identification** *nf* identification; ~ *génétique* genetic fingerprinting ‖ **identifier** *vt* (*1h*) s'~ *vpr* (*à*) identify (with) ‖ **identique** *adj* identical ‖ **identité** *nf* identity.

idéologie [ideɔlɔʒi] *nf* ideology ‖ **idéologique** *adj* ideological.

idiomatique [idjɔmatik] *adj* idiomatic; *expression* ~ idiom ‖ **idiome** *nm* idiom

idiot [idjo] *adj* idiotic ◆ *nm* idiot; *arrête de faire l'*~ stop playing the fool ‖ **idiotie** *nf* 1 (*état*) stupidity 2 (*propos*) idiotic remark

idolâtrer [idɔlɑtʀe] *vt* (*1*) idolize ‖ **idolâtrie** *nf* idolatry ‖ **idole** *nf inv* idol.

idylle [idil] *nf* (*Lit*) idyll ‖ **idyllique** *adj* idyllic.

if [if] *nm* (*Bot*) yew (tree).

igloo [iglu] *nm* (*aussi* **iglou**) igloo.

ignare [iɲaʀ] *adj* (*péj*) ignorant ◆ *nmf* ignoramus.

ignoble [iɲɔblə] *adj* 1 vile, base 2 (*répugnant*) disgusting.

ignorance [iɲɔʀɑ̃s] *nf* ignorance ‖ **ignorant** *adj* ignorant ◆ *nmf* ignoramus; (*fam*) *ne fais pas l'*~ don't play the innocent ‖ **ignoré** *adj* (*de*) unknown (to) ‖ **ignorer** *vt* (*1*) 1 *be* ignorant of; *je l'ignore* I've no idea; *cette région ignore le chômage* this region is unaffected by unemployment 2 (*personne*) ignore.

il [il] *pr pers* he, it; *il y a* there is/are.

île [il] *nf* island; (*lit, Géog*) isle.

illégal [ilegal] *adj* (*mpl* -**aux**) illegal, unlawful ‖ **illégalement** *adv* illegally ‖ **illégalité** *nf* illegality; *il est là en toute* ~ he has absolutely no legal right to be here.

illégitime [ileʒitim] *adj* 1 (*Jur*) (*enfant*) illegitimate 2 (*revendication*) unjustified.

illettré [iletʀe] *adj* illiterate ‖ **illettrisme** *nm* illiteracy.

illicite [ilisit] (*Jur*) illicit.

illico [iliko] *adv* (*fam*) pronto.

illimité [ilimite] *adj* unlimited, boundless.

illisible [ilizibl] *adj* (*écriture*) illegible; (*style*) unreadable.

illogique [ilɔʒik] *adj* illogical.

illumination [ilyminɑsjɔ̃] *nf* illumination ‖ **illuminé** *adj* lit up ◆ *nm* (*péj*) crank ‖ **illuminer** *vt* (*1*) illuminate ‖ **s'illuminer** *vpr* *light up.

illusion [ilyzjɔ̃] *nf* illusion; *ne vous faites pas d'*~ ! (*fam*) don't kid yourself! *faire* ~ *be deceptive ‖ **s'illusionner** *vpr* (*1*) (*sur*) delude oneself (about) ‖ **illusionniste** *nmf* conjuror ‖ **illusoire** *adj* illusory.

illustrateur [ilystʀatœʀ] *nm* (*f* -**trice**) illustrator ‖ **illustration** *nf* illustration ‖ **illustre** *adj* illustrious ‖ **illustré** *adj* illustrated ◆ *nm* (*journal*) comic ‖ **illustrer** *vt* (*1*) (*de*) illustrate (with).

îlot [ilo] *nm* 1 (*aussi fig*) island 2 (*de maisons*) block ‖ **îlotage** *nm* community policing ‖ **îlotier** *nm inv* community policeman.

image [imaʒ] *nf* picture; (*fig*) image; (*reflet*) reflection; ~ *de marque* public image, reputation; ~*s de synthèse* computer graphics ‖ **imagé** *adj* vivid, full of imagery.

imaginaire [imaʒinɛʀ] *adj* imaginary ‖ **imaginatif** *adj* (*f* -**ive**) imaginative ‖ **imagination** *nf* imagination; *il ne manque pas d'*~ ! he's got quite an imagination! ‖ **imaginer** *vt* (*1*) s'~ *vpr* imagine.

imbattable [ɛ̃batabl] *adj* unbeatable.

imbécile [ɛ̃besil] *nmf* idiot; (*fam*) *ne fais pas l'*~ don't be stupid ◆ *adj* stupid ‖ **imbécillité** *nf* (*état*) idiocy; (*propos*) stupid remark.

imberbe [ɛ̃bɛʀb] *adj* beardless.

imbibé [ɛ̃bibe] *adj* (*de*) soaked (in) ‖ **imbiber** *vt* (*1*) (*de*) soak (in) ‖ **s'imbiber** *vpr* s'~ *de* soak up; (*fam*) *drink.

imbroglio [ɛ̃bʀɔɡljo] *nm* imbroglio.

imbu [ɛ̃by] *adj* (*de*) 1 soaked (in) 2 (*fig*) full of; (*loc*) *il est* ~ *de lui-même* he's full of his own importance.

imbuvable [ɛ̃byvabl] *adj* 1 undrinkable 2 (*fam*) (*personne*) unbearable.

imitateur [imitatœʀ] *nm* (*f* -**trice**) imitator; (*Th*) impersonator ‖ **imitation** *nf* imitation, copy; impersonation ‖ **imiter** *vt* (*1*) imitate, copy, (*signature*) forge; (*Th*) impersonate.

immaculé [imakyle] *adj* 1 spotless; *d'un blanc* ~ pure white 2 (*Rel*) immaculate.

immangeable [ɛ̃mɑ̃ʒabl] *adj* inedible; (*fam*) uneatable.

immanquablement [imɑ̃kabləmɑ̃] *adv* inevitably.

immatriculation [imatʀikylɑsjɔ̃] *nf* registration; *plaque d'*~ (*voiture*) (*amér*) license plate, (*brit*) number plate ‖ **immatriculer** *vt* (*1*) register; *faire/se faire* ~ register.

immédiat [imedja] *adj* immediate ◆ *nm pas dans l'*~ not for the time being ‖ **im-**

médiatement *adv* at once, immediately.
immense [imãs] *adj* immense, huge ‖ **immensité** *nf* immensity, hugeness.
immerger [imɛrʒe] *vt (1h) (aussi fig)* immerse, submerge ‖ **immersion** *nf* immersion, submersion.
immeuble [imœbl] *nm* 1 *(appartements) (brit)* block of flats ; *(amér)* apartment house/building 2 *(bureaux) (brit)* office block ; *(amér)* office building.
immigrant [imigrã] *adj & nm* immigrant ‖ **immigration** *nf* immigration ‖ **immigré** *nm* immigrant ; ~ *clandestin* illegal immigrant ; ~ *de la deuxième génération* second-generation immigrant ‖ **immigrer** *vi (1)* immigrate.
imminence [iminãs] *nf* imminence ‖ **imminent** *adj* imminent.
immiscer [imise] **s'~** *vpr (dans)* interfere (in).
immobile [imɔbil] *adj* immobile ; motionless ; *(voiture)* stationary.
immobilier [imɔbilje] *adj (f* **-lère)** *agent* ~ *(amér)* real-estate agent, *(brit)* estate agent ; *bien* ~ property ◆ *nm l'*~ the property/ *(amér)* real-estate business/market.
immobilisation [imɔbilizasjɔ̃] *nf* immobilization ; *(Fin)* fixed asset ‖ **immobiliser** *vt (1)* immobilize ; *(véhicule)* stop ‖ **immobilité** *nf* immobility.
immodéré [imɔdere] *adj* immoderate.
immolation [imɔlasjɔ̃] *nf* sacrifice ‖ **immoler** *vt (1)* sacrifice ; *le manifestant s'immola par le feu* the protester burned himself alive.
immonde [imɔ̃d] *adj* vile, base ; *(sale)* squalid ‖ **immondices** *nfpl* refuse *(ns inv)*.
immoral [imɔral] *adj (mpl* **-aux)** immoral ‖ **immoralité** *nf* immorality.
immortaliser [imɔrtalize] *vt (1) (aussi fig)* immortalize ‖ **immortalité** *nf* immortality ‖ **immortel** *adj (f* **-elle)** immortal ◆ *nf* everlasting flower.
immuable [imɥabl] *adj* unchangeable.
immuniser [imynize] *vt (1) (aussi fig)* immunize ‖ **immunité** *nf* immunity ; ~ *parlementaire* parliamentary privilege.
impact [ɛ̃pakt] *nm* impact.
impair [ɛ̃pɛr] *adj (chiffre)* odd ◆ *nm* blunder.
impalpable [ɛ̃palpabl] *adj* intangible.
imparable [ɛ̃parabl] *adj* unstoppable ; unavoidable.
impardonnable [ɛ̃pardɔnabl] *adj* unforgiveable.
imparfait [ɛ̃parfɛ] *adj* imperfect ◆ *nm (Gr)* imperfect (tense).
impartial [ɛ̃parsjal] *adj (mpl* **-aux)** impartial ‖ **impartialité** *nf* impartiality.
impasse [ɛ̃pas] *nf (rue)* dead-end ; *(Pol)*

impasse ; *(négociations) dans l'*~ at deadlock ; *faire l'*~ *(sur) (Ens)* skip.
impassible [ɛ̃pasibl] *adj* impassive.
impatiemment [ɛ̃pasjamã] *adv* impatiently ‖ **impatience** *nf* impatience ‖ **impatient** *adj (de)* 1 impatient (to) 2 eager (to) ‖ **impatienter** *vt (1)* ~ *qn* try sb's patience ‖ **s'impatienter** *vpr* *get impatient.
impayable [ɛ̃pɛjabl] *adj (drôle)* hilarious ‖ **impayé** *adj* unpaid ◆ *nmpl* ~s *(Fin)* arrears.
impeccable [ɛ̃pekabl] *adj* impeccable ; *(fam)* ~ ! great!
impénétrable [ɛ̃penetrabl] *adj* impenetrable ; *(fig)* incomprehensible.
impénitent [ɛ̃penitã] *adj* unrepentant.
impensable [ɛ̃pãsabl] *adj* unthinkable.
imper [ɛ̃pɛr] *nm fam (ab* **imperméable)** mac.
impératif [ɛ̃peratif] *adj (f* **-ive)** imperative ◆ *nm* 1 necessity ; *(Mil)* imperative 2 *(Gr)* imperative ‖ **impérativement** *adv* imperatively ; *il le lui faut* ~ he absolutely must have it.
impératrice [ɛ̃peratris] *nf* empress.
imperceptible [ɛ̃pɛrsɛptibl] *adj* imperceptible.
imperfection [ɛ̃pɛrfɛksjɔ̃] *nf* imperfection.
impérial [ɛ̃perjal] *adj (mpl* **-iaux)** imperial ◆ *nf (loc) (bus) à l'*~e on the top deck ‖ **impérialisme** *nm* imperialism ‖ **impérialiste** *adj* imperialistic ◆ *nmf* imperialist ‖ **impérieux** *adj (f* **-euse)** imperious.
impérissable [ɛ̃perisabl] *adj* imperishable.
imperméabiliser [ɛ̃pɛrmeabilize] *vt (1)* waterproof, rainproof ‖ **imperméable** *adj* waterproof ; *(roche)* non-porous ; ~ *à l'air* airtight ; *(fig)* ~ *à* impervious to ◆ *nm (aussi* **imper)** raincoat.
impersonnel [ɛ̃pɛrsɔnɛl] *adj (f* **-elle)** impersonal.
impertinence [ɛ̃pɛrtinãs] *nf* impertinence ; *(propos)* impertinent remark ‖ **impertinent** *adj* impertinent.
imperturbable [ɛ̃pɛrtyrbabl] *adj* imperturbable.
impétueux [ɛ̃petɥø] *adj (f* **-euse)** impetuous ‖ **impétuosité** *nf* impetuosity.
impie [ɛ̃pi] *adj* impious ‖ **impiété** *nf* impiety.
impitoyable [ɛ̃pitwajabl] *adj (sans pitié)* pitiless ; *(sans scrupules)* ruthless.
implacable [ɛ̃plakabl] *adj* implacable ; unrelenting.
implant [ɛ̃plã] *nm (Méd)* implant ‖ **implantation** *nf* implantation ‖ **implanter** *vt (1)* implant ; *(usine)* *set up ‖ **s'implanter**

vpr (idées) *become established; *(usine)* *be set up; *(personnes)* settle.

implication [ɛ̃plikasjɔ̃] *nf* implication.

implicite [ɛ̃plisit] *adj* implicit ‖ **implicitement** *adv* implicitly.

impliquer [ɛ̃plike] *vt (1)* 1 *(suggérer)* imply 2 *(mêler à)* implicate.

implorer [ɛ̃plɔre] *vt (1) (de)* implore, beg (to).

imploser [ɛ̃ploze] *vi (1)* implode ‖ **implosion** *nf* implosion.

impoli [ɛ̃pɔli] *adj* impolite ‖ **impolitesse** *nf* rudeness; *(propos)* rude remark.

impopulaire [ɛ̃pɔpylɛʀ] *adj* unpopular ‖ **impopularité** *nf* unpopularity.

import [ɛ̃pɔʀ] *nm* import; *l'~-export* the import-export business.

importance [ɛ̃pɔʀtɑ̃s] *nf* 1 *(qualitatif)* importance 2 *(quantitatif)* size; *(dégâts)* extent; *c'est sans ~* it's of no importance; *ça n'a pas d'~* it doesn't matter; *c'est une fonction qui prend de l'~* it's a function that is becoming increasingly important; *la firme prend de l'~* the firm is expanding ‖ **important** *adj* 1 important; *peu ~* of little importance 2 large, widespread.

importateur [ɛ̃pɔʀtatœʀ] *nm (f -trice)* importer ‖ **importation** *nf* 1 *(marchandise)* import 2 *(activité)* importing; *(amér)* importation.

importer[1] [ɛ̃pɔʀte] *vt (1) (Com)* import.

importer[2] [ɛ̃pɔʀte] *vi (1)* matter; *cela m'importe peu* that's of little importance to me; I don't mind; *qu'~!* who cares!; *(lit) il importe de...* it is important to...; *n'importe comment/lequel/où/quand/qui/quoi* no matter how/which/where/when/who/what.

importun [ɛ̃pɔʀtœ̃] *adj* inconvenient ◆ *nmf* intruder ‖ **importuner** *vt (1)* bother ‖ **importunité** *nf* inconvenience.

imposable [ɛ̃pozabl] *adj (Fin)* taxable ‖ **imposant** *adj* imposing ‖ **imposer** *vt (1)* 1 impose; *un délai lui a été imposé* a time limit was imposed on him 2 *(Fin)* tax ‖ **s'imposer** *vpr* 1 *(chose)* *be essential; *ça s'impose* that's inevitable 2 *(personne)* *make a name for oneself ‖ **imposition** *nf (Fin)* taxation.

impossibilité [ɛ̃pɔsibilite] *nf* impossibility; *je suis dans l'~ de venir* I won't be able to be there ‖ **impossible** *adj* impossible.

imposteur [ɛ̃pɔstœʀ] *nm inv* impostor ‖ **imposture** *nf* imposture.

impôt [ɛ̃po] *nm* tax; *vous ne payez pas d'~s?* don't you pay tax?; *~ directs/indirects* direct/indirect taxation; *~ sur les grandes fortunes* wealth tax; *~s locaux (amér)* local taxes, *(brit)* rates; *~ sur le revenu* income tax; *~ sur les sociétés* corporation tax, corporate profits tax.

impotent [ɛ̃pɔtɑ̃] *adj* disabled ◆ *nm* disabled person, cripple ‖ **impotence** *nf* disability.

impraticable [ɛ̃pʀatikabl] *adj* impracticable; *(route)* unsuitable for motor vehicles.

imprécis [ɛ̃pʀesi] *adj* imprecise ‖ **imprécision** *nf* imprecision.

imprégner [ɛ̃pʀeɲe] *vt (1c) (de) (liquide, odeur)* impregnate (with); *(fig)* fill (with).

imprenable [ɛ̃pʀənabl] *adj (forteresse)* impregnable; *(vue)* unobstructed.

impression [ɛ̃pʀesjɔ̃] *nf* 1 *(idée, sentiment)* impression; *quelles sont vos ~s?* what do you think of it?; *j'ai l'~ qu'il est sorti* I have a feeling he's gone out; *elle m'a fait très bonne ~* she made a very good impression on me 2 *(imprimerie)* printing ‖ **impressionnable** *adj* impressionable ‖ **impressionnant** *adj* impressive ‖ **impressionner** *vt (1)* impress.

imprévisible [ɛ̃pʀevizibl] *adj* unpredictable.

imprévoyance [ɛ̃pʀevwajɑ̃s] *nf* lack of foresight; *(argent)* improvidence ‖ **imprévoyant** *adj* improvident ‖ **imprévu** *adj* unforeseen, unexpected ◆ *nm* contingency; *(loc) sauf ~* unless something unexpected crops up.

imprimante [ɛ̃pʀimɑ̃t] *nf (Inf)* printer; *~ à jet d'encre* ink-jet printer; *~ laser* laser printer; *~ à marguerite* daisy-wheel printer; *~ matricielle* dot matrix printer ‖ **imprimer** *vt (1)* 1 *(marque, idée)* imprint, stamp 2 *(livre)* print, publish ‖ **imprimé** *adj* printed ◆ *nm* (printed) form; *(poste) ~s* printed matter *(ns inv)* ‖ **imprimerie** *nf* 1 *(usine)* printing works *(ns inv)* 2 *(industrie)* printing; *en caractères d'~* in block capitals ‖ **imprimeur** *nm inv* printer.

improbable [ɛ̃pʀɔbabl] *adj* improbable.

impromptu [ɛ̃pʀɔ̃pty] *adj* unplanned, sudden; *(visite)* surprise; *(discours)* impromptu ◆ *adv arriver ~ (fam)* turn up out of the blue ◆ *nm (Mus)* impromptu.

impropre [ɛ̃pʀɔpʀ] *adj (à)* unsuitable (for); *~ à la consommation* unfit for human consumption ‖ **impropriété** *nf* incorrectness.

improvisation [ɛ̃pʀɔvizasjɔ̃] *nf* improvisation ‖ **improviser** *vt (1)* improvise ‖ **s'improviser** *vpr* act as; *on ne s'improvise pas médecin* you can't become a doctor just like that ‖ **improviste** *loc adv à l'~* unexpectedly, by surprise.

imprudemment [ɛ̃pʀydamɑ̃] *adv* carelessly, rashly ‖ **imprudence** *nf* carelessness, rashness; *commettre une ~* *do something rash ‖ **imprudent** *adj* careless, rash.

impuissance [ɛ̃pɥisɑ̃s] *nf* helplessness;

(Méd) impotence ‖ **impuissant** *adj* helpless ; impotent.

impulsif [ɛ̃pylsif] *adj (f* **-ive)** impulsive ‖ **impulsion** *nf* impulse ; *sous l'~ de la jalousie* prompted by jealousy.

impunément [ɛ̃pynemɑ̃] *adv* with impunity ‖ **impuni** *adj* unpunished ‖ **impunité** *nf* impunity.

impur [ɛ̃pyR] *adj* impure ‖ **impureté** *nf* impurity.

imputer [ɛ̃pyte] *vt (1) (à)* attribute (to) ; *(Fin)* charge (to).

inabordable [inabɔRdabl] *adj (côte, personne)* unapproachable ; *(prix)* prohibitive.

inaccentué [inaksɑ̃tɥe] *adj (Gr)* unaccentuated, unstressed.

inacceptable [inaksɛptabl] *adj* unacceptable.

inaccessible [inaksesibl] *adj* inaccessible.

inaccoutumé [inakutyme] *adj* unaccustomed.

inachevé [inaʃve] *adj* unfinished.

inactif [inaktif] *adj (f* **-ive)** inactive ‖ **inaction** *nf* idleness ‖ **inactivité** *nf* inactivity.

inadapté [inadapte] *adj (à) (objet)* unsuitable (for) ; *enfant ~* maladjusted child.

inadéquat [inadekwa] *adj* inadequate.

inadmissible [inadmisibl] *adj* unacceptable, outrageous.

inadvertance [inadvɛRtɑ̃s] *loc adv par ~* inadvertently.

inaliénable [inaljenabl] *adj* inalienable.

inaltérable [inalteRabl] *adj* stable ; *(bonne humeur)* constant.

inanimé [inanime] *adj (objet)* inanimate ; *(personne)* unconscious, lifeless.

inaperçu [inapɛRsy] *adj* unnoticed ; *passer ~* ✲go unnoticed.

inappréciable [inapResjabl] *adj* priceless.

inapte [inapt] *adj (à)* unsuitable (for) ; incapable (of).

inarticulé [inaRtikyle] *adj* inarticulate.

inattaquable [inatakabl] *adj* unattackable ; *(personne)* above reproach.

inattendu [inatɑ̃dy] *adj* unexpected.

inattentif [inatɑ̃tif] *adj (f* **-ive)** *(à)* inattentive (to) ‖ **inattention** *nf* inattention ; *faute d'~* careless mistake ; slip.

inaudible [inodibl] *adj* inaudible.

inaugural [inɔgyRal] *adj (mpl* **-aux)** inaugural ‖ **inauguration** *nf* inauguration ; *(fête, bâtiment)* opening ; *(statue)* unveiling ‖ **inaugurer** *vt (1)* inaugurate ; open ; unveil.

inavouable [inavwabl] *adj* shameful.

incalculable [ɛ̃kalkylabl] *adj* incalculable ; countless.

incandescence [ɛ̃kɑ̃desɑ̃s] *nf* glow ‖

incandescent *adj* **1** *(métal)* white-hot **2** *(fig)* glowing.

incapable [ɛ̃kapabl] *adj (de)* incapable (of) ; unable (to) ◆ *nmf* incompetent ‖ **incapacité** *nf* **1** *(à)* incapacity (to) **2** *(Méd)* disability.

incarcération [ɛ̃kaRseRasjɔ̃] *nf* imprisonment ‖ **incarcérer** *vt (1c)* imprison, incarcerate.

incarnation [ɛ̃kaRnasjɔ̃] *nf* incarnation ‖ **incarné** *adj* incarnate ; *(Méd) ongle ~ (amér)* ingrown/ *(brit)* ingrowing toe-nail ‖ **incarner** *vt (1)* incarnate, embody.

incartade [ɛ̃kaRtad] *nf* **1** *(conduite)* prank **2** *(verbale)* outburst.

incassable [ɛ̃kasabl] *adj* unbreakable.

incendiaire [ɛ̃sɑ̃djɛR] *adj (aussi fig)* incendiary ◆ *nmf* arsonist ‖ **incendie** *nm* fire ; *~ criminel* arson ; *~ de forêt* forest fire ‖ **incendier** *vt (1h)* **1** *(mettre le feu)* ✲set fire to/✲set on fire **2** *(brûler complètement)* ✲burn down **3** *(fig) il s'est fait ~* he got a good telling-off.

incertain [ɛ̃sɛRtɛ̃] *adj* uncertain, doubtful ; *(temps)* unsettled ‖ **incertitude** *nf* uncertainty.

incessamment [ɛ̃sesamɑ̃] *adv* shortly ‖ **incessant** *adj* incessant, continuous ; repeated.

inceste [ɛ̃sɛst] *nm* incest *(ns inv)* ‖ **incestueux** *adj (f* **-euse)** incestuous.

inchangé [ɛ̃ʃɑ̃ʒe] *adj* unchanged.

incidence [ɛ̃sidɑ̃s] *nf* **1** *(conséquence)* effect **2** *(Tech)* incidence.

incident [ɛ̃sidɑ̃] *nm* incident ; *~ technique* technical hitch.

incinération [ɛ̃sineRasjɔ̃] *nf* incineration ; *(obsèques)* cremation ‖ **incinérer** *vt (1c)* incinerate ; cremate.

inciser [ɛ̃size] *vt (1)* incise ; *(abcès)* lance ‖ **incisif** *adj (f* **-ive)** incisive ; *(remarque)* cutting ‖ **incision** *nf* incision.

incitation [ɛ̃sitasjɔ̃] *nf (à)* incitement (to) ; *~ fiscale* tax incentive ‖ **inciter** *vt (1)* incite.

inclinaison [ɛ̃klinɛzɔ̃] *nf (pente)* gradient ; *(surface)* slope ; *(mur)* lean ; *(chapeau)* tilt ‖ **inclination** *nf* **1** *(tête)* bow ; *(approbation)* nod **2** *(envie)* inclination ‖ **incliner** *vt (1) (objet)* tilt ; *(personne)* incline ; *(tête)* bow, nod ‖ **s'incliner** *vpr* **1** *(devant) (aussi fig)* bow (before) ; *je m'incline !* I give in! **2** slope ; ✲lean ; tilt.

inclure [ɛ̃klyR] *vt (32)* include ‖ **inclus** *adj* included ; *jusqu'à dimanche ~* up to and including Sunday ‖ **inclusion** *nf* inclusion.

incohérence [ɛ̃kɔeRɑ̃s] *nf* incoherence ; *son témoignage est plein d'~s* his testimony is full of inconsistencies ‖ **incohérent** *adj* incoherent ; inconsistent.

incollable [ɛ̃kɔlabl] *adj (fam)* unbeatable ;

elle est ~ en astronomie she's an expert on astronomy.

incolore [ɛ̃kɔlɔʀ] *adj* colourless; *(vernis)* clear.

incomber [ɛ̃kɔbe] *vi (1) (lit) il vous in-combe/c'est à vous qu'il incombe de le faire* it is your responsibility to do it.

incombustible [ɛ̃kɔ̃bystibl] *adj* uninflammable, fireproof.

incomestible [ɛ̃kɔmɛstibl] *adj* inedible.

incommensurable [ɛ̃kɔmɑ̃syʀabl] *adj* immeasurable; *(fam)* huge.

incommoder [ɛ̃kɔmɔde] *vt (1)* inconvenience ‖ **incommodité** *nf* inconvenience.

incomparable [ɛ̃kɔ̃paʀabl] *adj* incomparable.

incompatibilité [ɛ̃kɔ̃patibilite] *nf* incompatibility ‖ **incompatible** *adj* incompatible.

incompétence [ɛ̃kɔ̃petɑ̃s] *nf* incompetence ‖ **incompétent** *adj* incompetent.

incomplet [ɛ̃kɔ̃plɛ] *adj (f* **-ète)** incomplete.

incompréhensible [ɛ̃kɔ̃pʀeɑ̃sibl] *adj* incomprehensible ‖ **incompréhensif** *adj (f* **-ive)** unsympathetic ‖ **incompréhension** *nf* lack of understanding; lack of sympathy ‖ **incompris** *adj* misunderstood.

incompressible [ɛ̃kɔ̃pʀesibl] *adj* irreducible; *(Jur) peine ~* minimum sentence.

inconcevable [ɛ̃kɔ̃svabl] *adj* inconceivable.

inconciliable [ɛ̃kɔ̃siljabl] *adj* irreconcilable.

inconditionnel [ɛ̃kɔ̃disjɔnɛl] *adj (f* **-elle)** unconditional.

inconfort [ɛ̃kɔ̃fɔʀ] *nm* discomfort ‖ **inconfortable** *adj* uncomfortable.

incongru [ɛ̃kɔ̃gʀy] *adj* inappropriate.

inconnu [ɛ̃kɔny] *adj (de)* unknown (to) ◆ *nm* **1** stranger **2** *l'~* the unknown.

inconsciemment [ɛ̃kɔ̃sjamɑ̃] *adv* unknowingly ‖ **inconscience** *nf* unconsciousness; *(manque de réflexion)* thoughtlessness ‖ **inconscient** *adj* **1** *~ de* unconscious/unaware of **2** thoughtless, rash ◆ *nm (Psy) l'~* the subconscious.

inconsidéré [ɛ̃kɔ̃sideʀe] *adj* thoughtless, rash ‖ **inconsidérément** *adv* thoughtlessly.

inconsolable [ɛ̃kɔ̃sɔlabl] *adj* unconsolable.

inconstance [ɛ̃kɔ̃stɑ̃s] *nf* fickleness ‖ **inconstant** *adj* fickle; *(en amour)* flighty.

incontestable [ɛ̃kɔ̃tɛstabl] *adj* undeniable ‖ **incontesté** *adj* undisputed.

incontinence [ɛ̃kɔ̃tinɑ̃s] *nf (Méd)* incontinence ‖ **incontinent** *adj* incontinent.

incontournable [ɛ̃kɔ̃tuʀnabl] *adj* inescapable, inevitable.

incontrôlable [ɛ̃kɔ̃tʀolabl] *adj* **1** imposs-

ible to check **2** uncontrollable ‖ **incontrôlé** *adj* uncontrolled.

inconvenance [ɛ̃kɔ̃vnɑ̃s] *nf* impropriety; *il se permet toutes les ~s* he's always taking liberties ‖ **inconvenant** *adj (acte)* improper; *(personne)* impolite.

inconvénient [ɛ̃kɔ̃venjɑ̃] *nm* drawback, disadvantage; *si vous n'y voyez pas d'~…* if you have no objections…

incorporation [ɛ̃kɔʀpɔʀasjɔ̃] *nf* incorporation; *(Mil)* enlistment, *(amér)* draft ‖ **incorporer** *vt (1)* incorporate; enlist, draft.

incorrect [ɛ̃kɔʀɛkt] *adj* **1** incorrect **2** *(personne, propos)* rude; *(tenue)* indecent ‖ **incorrection** *nf* incorrectness; impropriety; *(erreur)* error.

incorrigible [ɛ̃kɔʀiʒibl] *adj* incorrigible.

incorruptibilité [ɛ̃kɔʀyptibilite] *nf* incorruptibility ‖ **incorruptible** *adj* incorruptible.

incrédule [ɛ̃kʀedyl] *adj* incredulous ‖ **incrédulité** *nf* incredulity.

increvable [ɛ̃kʀəvabl] *adj* **1** *(pneu)* puncture-proof **2** *(fam)* tireless; *il est ~!* he never stops.

incriminer [ɛ̃kʀimine] *vt (1)* incriminate.

incroyable [ɛ̃kʀwajabl] *adj* incredible, unbelievable ‖ **incroyant** *nm* non-believer.

incrustation [ɛ̃kʀystasjɔ̃] *nf* **1** *(Art)* inlay **2** *(Géol)* incrustation ‖ **incruster** *vt (1) (de)* *inlay (with) ‖ **s'incruster** *vpr (dans) (aussi fig)* *become embedded (in); *(fam) il s'est incrusté chez eux* they can't get rid of him.

incubation [ɛ̃kybasjɔ̃] *nf (Méd)* incubation.

inculpation [ɛ̃kylpasjɔ̃] *nf (Jur)* charging; *chef d'~* charge; *sous l'~ d'assassinat* on a charge of murder ‖ **inculpé** *nm* prisoner; *l'~* the accused ‖ **inculper** *vt (1) (de)* charge (with).

inculquer [ɛ̃kylke] *vt (1) (à)* instill (in).

inculte [ɛ̃kylt] *adj (terre)* uncultivated; *(barbe)* unkempt; *(personne)* uneducated.

incurable [ɛ̃kyʀabl] *adj* incurable.

incursion [ɛ̃kyʀsjɔ̃] *nf* incursion.

incurver [ɛ̃kyʀve] *vt (1)* **s'~** *vpr* curve, *bend.

indécence [ɛ̃desɑ̃s] *nf* indecency ‖ **indécent** *adj* indecent.

indécis [ɛ̃desi] *adj (réponse)* vague; *(résultat)* uncertain; *(personne)* undecided ‖ **indécision** *nf* indecision; uncertainty.

indécrottable [ɛ̃dekʀɔtabl] *adj (fam)* hopeless.

indéfendable [ɛ̃defɑ̃dabl] *adj* indefensible.

indéfini [ɛ̃defini] *adj* indefinite; *(imprécis)* undefined ‖ **indéfiniment** *adv* indefinitely ‖ **indéfinissable** *adj* undefinable; nondescript.

indélébile [ɛ̃delebil] *adj* indelible.

indélicat [ɛ̃delika] *adj* *(paroles)* tactless; *(acte)* dishonest ‖ **indélicatesse** *nf* tactlessness; dishonesty.

indémaillable [ɛ̃demajabl] *adj* non-run; run-resist.

indemne [ɛ̃demn] *adj* *(objet)* undamaged; *(personne)* unharmed, safe and sound ‖ **indemnisation** *nf* compensation; *(somme)* indemnity ‖ **indemniser** *vt* *(1)* *(de)* compensate (for); *pay compensation/an indemnity ‖ **indemnité** *nf* indemnity; ~ *de chômage* unemployment benefit; ~ *de déplacement* travelling allowance; ~ *de licenciement* severance pay; ~ *de vie chère* cost of living allowance/bonus.

indémontable [ɛ̃demɔ̃tabl] *adj* fixed.

indéniable [ɛ̃denjabl] *adj* obvious; undeniable.

indépendamment [ɛ̃depɑ̃damɑ̃] *adv* 1 *(seul)* independently 2 ~ *de* apart from; *(sans tenir compte de)* regardless of; irrespective of; ~ *de notre volonté* for reasons beyond our control ‖ **indépendance** *nf* independence ‖ **indépendant** *adj* *(de)* independent (of); *(travailleur)* self-employed ‖ **indépendantiste** *nm* freedom fighter; separatist ◆ *adj mouvement* ~ independence/separatist movement.

indescriptible [ɛ̃deskʀiptibl] *adj* indescribable.

indésirable [ɛ̃dezirabl] *adj nmf* undesirable.

indestructible [ɛ̃destʀyktibl] *adj* indestructible.

indétermination [ɛ̃detɛʀminasjɔ̃] *nf* 1 imprecision 2 indecision ‖ **indéterminé** *adj* 1 *(vague)* imprecise; *à une heure* ~*e* at an unspecified time 2 *(personne)* undecided; irresolute.

index [ɛ̃deks] *nf* 1 index; *mettre à l'* ~ *(fig)* blacklist 2 *(Anat)* forefinger, index finger ‖ **indexation** *nf* indexation, indexing ‖ **indexé** *adj* index-linked, indexed ‖ **indexer** *vt* *(1)* *(sur)* index (on, to).

indicateur [ɛ̃dikatœʀ] *adj* *(f* -**trice**) *panneau* ~ road sign; *poteau* ~ signpost ◆ *nm* 1 *(police)* informer 2 directory; *(Rail)* timetable, schedule 3 *(Eco)* indicator 4 *(Tech)* pointer; gauge; ~ *d'altitude* altimeter; ~ *de vitesse* speedometer ‖ **indicatif** *adj* *(f* -**ive**) *(de)* indicative (of); *à titre* ~ for information ◆ *nm* 1 *(Gr)* indicative 2 *(TV)* signature tune; *(Téléph)* dialling code ‖ **indication** *nf* 1 *(piece of)* information; indication 2 instruction; *(Th)* ~*s scéniques* stage directions ‖ **indice** *nm* 1 sign; *(enquête)* clue 2 rating; ~ *des prix*

price index; ~ *de protection* protection factor 3 *(Math)* index.

indifféremment [ɛ̃difeʀamɑ̃] *adv* equally; indifferently ‖ **indifférence** *nf* 1 *(envers)* indifference (towards) 2 *(pour)* lack of interest (in) ‖ **indifférencié** *adj* undifferentiated ‖ **indifférent** *adj* 1 indifferent; *il m'est* ~ I couldn't care less about him 2 unconcerned ‖ **indifférer** *vt* *(1c)* *(fam)* *cela nous indiffère* it makes no difference to us.

indigence [ɛ̃diʒɑ̃s] *nf* poverty; destitution ‖ **indigent** *adj* poor; poverty-stricken; destitute.

indigène [ɛ̃diʒɛn] *adj* *(Bot)* indigenous ◆ *adj nmf* native; local.

indigeste [ɛ̃diʒɛst] *adj* indigestible ‖ **indigestion** *nf* indigestion.

indignation [ɛ̃diɲasjɔ̃] *nf* indignation ‖ **indigné** *adj* *(par)* indignant (at); shocked (at) ‖ **indigner** *vt* *(1)* *make indignant ‖ **s'indigner** *vpr* *be indignant; *be shocked; ~ *de* *get indignant (at).

indigne [ɛ̃diɲ] *adj* 1 *(acte)* shameful 2 *(de)* unworthy (of); *c'est un père* ~ he's not fit to be a father; *ce travail est* ~ *de moi* this work is beneath me ‖ **indignité** *nf* 1 unworthiness 2 shameful act/ conduct.

indiqué [ɛ̃dike] *adj* 1 suitable; appropriate; *(conseillé)* advisable 2 convenient; *à l'heure* ~*e* at the appointed time ‖ **indiquer** *vt* *(1)* 1 *show; indicate; *pourriez-vous m'*~ *la route de Paris?* could you direct me onto the Paris road? ~ *du doigt* point (at, to); *qu'indique le panneau?* what does the sign say? 2 *(faire connaître)* advise; recommend 3 *(esquisser)* outline, sketch.

indirect [ɛ̃diʀɛkt] *adj* indirect; roundabout.

indiscipliné [ɛ̃disipline] *adj* unruly; undisciplined.

indiscret [ɛ̃diskʀɛ] *adj* *(f* -**ète**) indiscreet; nosy; *(regard)* prying ‖ **indiscrétion** *nf* *(acte)* indiscretion; *(nature)* indiscreetness; *il a eu l'*~ *de demander...* he was indiscreet enough to ask...

indiscutable [ɛ̃diskytabl] *adj* unquestionable.

indispensable [ɛ̃dispɑ̃sabl] *adj* *(à, pour)* essential (to, for); *il se croit* ~ he thinks he's indispensable.

indisponibilité [ɛ̃disponibilite] *nf* unavailability ‖ **indisponible** *adj* unavailable.

indisposé [ɛ̃dispoze] *adj* indisposed; *(malade)* unwell ‖ **indisposer** *vt* *(1)* 1 *(rendre malade)* indispose; upset 2 *(contrarier)* annoy; antagonize.

indissociable [ɛ̃disɔsjabl] *adj* inseparable.

indistinct [ɛ̃distɛ̃kt] *adj* indistinct; *(vue)* blurred; hazy; *(bruit)* confused ‖ **indistinctement** *adv* 1 indistinctly; hazily

2 *(indifféremment)* indiscriminately ; without distinction.

individu [ɛ̃dividy] *nm* individual ; *(péj)* character ‖ **individualisé** *adj (personnalisé)* tailor-made ‖ **individualiser** *vt (1)* individualize ; *(personnaliser)* tailor ‖ **s'individualiser** *vpr* acquire a character, style of one's own ‖ **individualisme** *nm* individualism ‖ **individualiste** *adj* individualistic ‖ **individuel** *adj (f -elle)* **1** individual ; *(chambre)* single ; *(maison)* detached **2** personal ; distinctive.

indivis [ɛ̃divi] *adj (Jur)* undivided ; ‖ **indivisible** *adj* indivisible ‖ **indivision** *nf (Jur)* joint possession.

indocilité [ɛ̃dɔsilite] *nf* disobedience ; opposition ‖ **indocile** *adj* unruly.

indolence [ɛ̃dɔlɑ̃s] *nf* indolence ‖ **indolent** *adj* indolent.

indolore [ɛ̃dɔlɔʀ] *adj* painless.

indomptable [ɛ̃dɔ̃tabl] *adj (volonté)* indomitable ; *(nature)* inflexible ; *(cheval)* unmanageable ; *(fig)* uncontrollable ‖ **indompté** *adj (animal)* untamed.

indu [ɛ̃dy] *adj* undue ; unwarranted ; *à une heure ~e* at some ungodly hour.

indubitable [ɛ̃dybitabl] *adj* unquestionable ; undoubted ‖ **indubitablement** *adv* undoubtedly ; beyond a/all doubt.

induire [ɛ̃dɥiʀ] *vt (33)* **1** induce ; *~ qn en erreur* *mislead sb **2** *~ de* infer from ‖ **induit** *adj (El)* induced.

indulgence [ɛ̃dylʒɑ̃s] *nf* **1** leniency ; *avoir de l'~* *be indulgent **2** *(Rel)* indulgence ‖ **indulgent** *adj (envers)* indulgent (with) ; lenient (towards).

indûment [ɛ̃dymɑ̃] *adv* unduly.

industrialisation [ɛ̃dystʀializasjɔ̃] *nf* industrialization ; *en voie d'~* newly industrializing ‖ **industrialiser** *vt (1)* industrialize ‖ **industrie** *nf* **1** industry ; *~ alimentaire* food industry ; *~ de pointe, de transformation* hi-tech, processing industry **2** activity ‖ **industriel** *adj (f -elle)* **1** industrial ; *(produit)* mass-produced **2** large-scale ; *emballage ~* bulk packaging ; *(fig) en quantité ~elle* in vast quantities ◆ *nm* industrialist ; manufacturer ‖ **industrieux** *adj (f -euse)* industrious.

inébranlable [inebʀɑ̃labl] *adj* solid ; *(opinion)* unshakeable ; *(courage)* unswerving.

inédit [inedi] *adj* unpublished ; *(fig)* novel ; original.

ineffaçable [inefasabl] *adj* indelible.

inefficace [inefikas] *adj (incompétent)* inefficient ; *(sans effet)* ineffective, ineffectual ‖ **inefficacité** *nf* ineffectiveness ; inefficiency.

inégal [inegal] *adj (pl -aux)* **1** *(combat, parts)* unequal **2** *(terrain)* uneven ; irregular ‖ **inégalable** *adj* matchless ; incomp-

arable ‖ **inégalé** *adj* unequalled ; unmatched ‖ **inégalité** *nf* **1** *(entre, de)* inequality (between, in) ; disparity **2** *(humeur, sol)* unevenness.

inélégance [inelegɑ̃s] *nf* inelegance ‖ **inélégant** *adj* inelegant.

inéluctable [inelyktabl] *adj* inescapable, unavoidable.

inemployé [inɑ̃plwaje] *adj* unused.

inénarrable [inenaʀabl] *adj* hilarious.

inepte [inɛptə] *adj* inept ‖ **ineptie** *nf* ineptitude ; *dire des ~s* *make inept remarks.

inépuisable [inepɥizabl] *adj* inexhaustible ; never-ending.

inéquitable [inekitabl] *adj* unfair.

inerte [inɛʀt] *adj (matière)* inert ; *(corps)* lifeless ‖ **inertie** *nf (Phys aussi fig)* inertia ; *(fig)* passivity.

inescompté [ineskɔ̃te] *adj* unexpected ; unhoped for.

inespéré [inespeʀe] *adj* unhoped for ; unexpected.

inesthétique [inestetik] *adj* unsightly.

inestimable [inestimabl] *adj (objet)* priceless ; *(somme)* incalculable ; *(aide)* invaluable.

inévitable [inevitabl] *adj* unavoidable ; *(fig)* inevitable.

inexact [inɛgzakt] *adj* inaccurate ; inexact ‖ **inexactitude** *nf* inaccuracy ; inexactitude ; *(retard)* unpunctuality.

inexcusable [inɛkskyzabl] *adj* unforgiveable ; inexcusable.

inexécutable [inɛgzekytabl] *adj* unworkable.

inexistant [inɛgzistɑ̃] *adj* non-existent.

inexorable [inɛgzɔʀabl] *adj (destin)* inexorable, relentless ; *(personne)* inflexible.

inexpérience [inɛkspeʀjɑ̃s] *nf* inexperience ‖ **inexpérimenté** *adj* **1** *(personne)* inexperienced **2** *(produit)* untested.

inexplicable [inɛksplikabl] *adj* inexplicable ‖ **inexpliqué** *adj* unexplained.

inexploité [inɛksplwate] *adj* unexploited ; *(ressources)* untapped.

inexploré [inɛksplɔʀe] *adj* unexplored.

inexpressif [inɛkspʀesif] *adj (f -ive)* inexpressive ; expressionless.

inexprimable [inɛkspʀimabl] *adj* beyond words ‖ **inexprimé** *adj* unexpressed ; unspoken.

in extenso [inɛkstenso] *loc adv* in full.

in extremis [inɛkstʀemis] *loc adv* at the last minute.

inextricable [inɛkstʀikabl] *adj* inextricable.

infaillibilité [ɛ̃fajibilite] *nf* infallibility ‖ **infaillible** *adj* infallible.

infaisable [ɛ̃fəzabl] *adj* impracticable ; not feasible.

infamant [ɛ̃famɑ̃] *adj* defamatory ‖ **in-**

fâme *adj* ignominious, vile ‖ **infamie** *nf* infamy; *une* ~ a vile action.
infanterie [ɛ̃fɑ̃tʀi] *nf* infantry.
infanticide [ɛ̃fɑ̃tisid] *nf* infanticide ◆ *nmf* child murderer ‖ **infantile** *adj* 1 infantile; *mortalité* ~ infant mortality 2 *(péj)* childish, infantile ‖ **infantilisme** *nm* childishness.
infarctus [ɛ̃faʀktys] *nm (Méd)* infarct; ~ *(du myocarde)* coronary (thrombosis).
infatigable [ɛ̃fatigabl] *adj* tireless; indefatigable.
infatué [ɛ̃fatɥe] *adj* conceited.
infect [ɛ̃fɛkt] *adj* revolting; filthy ‖ **infecter** *vt (1)* poison; contaminate; *(Méd)* infect ‖ **s'infecter** *vpr* *become infected, turn septic ‖ **infectieux** *adj (f -euse)* infectious ‖ **infection** *nf (odeur)* stench; *(Méd)* infection.
inférieur [ɛ̃feʀjœʀ] *adj (à)* 1 lower (than); *lèvre* ~*e* bottom lip 2 smaller (than) 3 inferior (to); ~ *à la moyenne* below average ◆ *nm* inferior ‖ **infériorité** *nf (en)* inferiority (in).
infernal [ɛ̃fɛʀnal] *adj (pl -aux)* infernal; *(fam)* awful; *un enfant* ~ a little devil.
infester [ɛ̃fɛste] *vt (1) (de)* infest (with).
infidèle [ɛ̃fidɛl] *adj* unfaithful; *(mémoire)* unreliable ◆ *nmf (Rel)* infidel ‖ **infidélité** *nf* unfaithfulness; *une* ~ an infidelity.
infiltration [ɛ̃filtʀasjɔ̃] *nf* infiltration; *(liquide)* seepage ‖ **infiltrer** *vt (1)* infiltrate; seep ‖ **s'infiltrer** *vpr* infiltrate; *(eau)* seep through.
infime [ɛ̃fim] *adj* minute; tiny.
infini [ɛ̃fini] *adj* infinite; *(fig)* endless ◆ *nm* infinity; *à l'*~ to infinity, *(fig)* endlessly, ad infinitum ‖ **infiniment** *adv* infinitely ‖ **infinité** *nf* infinity.
infinitif [ɛ̃finitif] *nm adj (f -ive)* infinitive.
infirme [ɛ̃fiʀm] *adj* disabled; crippled ◆ *nmf* disabled person; cripple ‖ **infirmer** *vt (1) (Jur)* annul, invalidate ‖ **infirmerie** *nf* infirmary; *(Ens Mil)* sick bay ‖ **infirmier** *nm (f -ière)* (male) nurse ‖ **infirmité** *nf* (physical) disability; infirmity.
inflammable [ɛ̃flamabl] *adj* (in)flammable ‖ **inflammation** *nf* inflammation ‖ **inflammatoire** *adj* inflammatory.
inflation [ɛ̃flasjɔ̃] *nf* inflation ‖ **inflationniste** *adj* inflationary; inflationist.
infléchir [ɛ̃fleʃiʀ] *vt (2)* 1 *bend; curve; (Eco Pol)* reorientate 2 *(Gr)* inflect ‖ **s'infléchir** *vpr (poutre, toit)* sag.
inflexibilité [ɛ̃fleksibilite] *nf* inflexibility ‖ **inflexible** *adj* rigid; inflexible ‖ **inflexion** *nf* inflexion/ inflection.
infliger [ɛ̃fliʒe] *vt (1h) (à)* impose (on); inflict (on).
influençable [ɛ̃flyɑ̃sabl] *adj* easily influenced ‖ **influence** *nf* influence ‖ **influencer** *vt (1h)* influence ‖ **influent** *adj* influential ‖ **influer** *vt (1)* ~ *sur qch* *have an effect on sth; ~ *sur qn* influence sb.
influx [ɛ̃fly] *nm (pl inv)* ~ *nerveux* nervous impulse.
informateur [ɛ̃fɔʀmatœʀ] *nm (f -trice)* informant; *(péj)* informer.
informaticien [ɛ̃fɔʀmatisjɛ̃] *nm (f -ienne)* computer scientist.
information [ɛ̃fɔʀmasjɔ̃] *nf* 1 information; *une* ~ a piece of information; *(nouvelle)* a piece of news 2 *(presse)* article; news item; *(Rad T.V.) les* ~*s* the news; *à quelle heure commencent les* ~*s?* what time does the news start? 3 *(Jur)* investigation; inquiry 4 *(Inf)* data.
informatique [ɛ̃fɔʀmatik] *nf (Com)* information technology; *(Ens)* computer science(s); *(opération)* data processing; *connaissances en* ~ computer skills; *elle travaille dans l'*~ she works in computing, computers ‖ **informatiser** *vt (1)* computerize.
informe [ɛ̃fɔʀm] *adj* shapeless; *(brouillon)* rough.
informer [ɛ̃fɔʀme] *vt (1) (de)* inform (about, of) ‖ **s'informer** *vpr* ask, *find out, inquire.
infortune [ɛ̃fɔʀtyn] *nf* misfortune ‖ **infortuné** *adj* unfortunate; wretched ◆ *nm* wretch.
infraction [ɛ̃fʀaksjɔ̃] *nf* breach of law; ~ *au code de la route* driving offence, *(amér)* traffic violation; *vous êtes en* ~ you are committing an offence.
infranchissable [ɛ̃fʀɑ̃ʃisabl] *adj* impassable; *(fig)* unsurmountable.
infra- [ɛ̃fʀa] *préf* ‖ **infrarouge** *adj nm* infrared ‖ **infra-son** *nm* infrasound ‖ **infrastructure** *nf* 1 *(Eco aussi fig)* infrastructure; *(Tech)* substructure; base 2 *(équipements)* installations.
infroissable [ɛ̃fʀwasabl] *adj* crease-resistant.
infructueux [ɛ̃fʀyktɥø] *adj (f -euse)* fruitless; unsuccessful; *(Fin)* unprofitable.
infus [ɛ̃fy] *adj* innate; *(fam) il croit avoir la science* ~*e* he thinks he is a born genius.
infuser [ɛ̃fyze] *vt (1)* infuse; *(Cuis)* brew; *laisser* ~ *leave to draw ‖ **infusion** *nf* infusion; *(Cuis)* herb(al) tea.
ingénier [ɛ̃ʒenje] *s'* ~ *vpr (1h)* ~ *à faire qch* *strive/ try hard to do sth.
ingénierie [ɛ̃ʒeniʀi] *nf* engineering ‖ **ingénieur** *nm* engineer; *elle est* ~ *chimiste* she's a chemical engineer ‖ **ingénieux** *adj (f -euse)* ingenious ‖ **ingéniosité** *nf* ingenuity.
ingénu [ɛ̃ʒeny] *adj* naïve, ingenuous ◆ *nf (Th)* ingénue ‖ **ingénuité** *nf* ingenuousness.

ingérence [ɛ̃ʒeʀɑ̃s] *nf* interference || **s'ingérer** *vpr (1c) (dans)* interfere (in); *(péj)* meddle (in).

ingouvernable [ɛ̃guvɛʀnabl] *adj* ungovernable; *(fig)* unmanageable.

ingrat [ɛ̃gʀa] *adj* 1 *(envers) (personne)* ungrateful (to); *(tâche)* unrewarding 2 *(aspect)* unattractive; *l'âge ~* the awkward age ◆ *nm* ungrateful person || **ingratitude** *nf* ingratitude.

ingrédient [ɛ̃gʀedjɑ̃] *nm* constituant; *(Cuis)* ingredient.

inguérissable [ɛ̃geʀisabl] *adj* incurable.

ingurgiter [ɛ̃gyʀʒite] *vt (1)* swallow, ingurgitate; *(fam)* knock back.

inhabile [inabil] *adj* 1 clumsy 2 incompetent || **inhabilité** *nf (Jur)* incapacity; incompetence.

inhabitable [inabitabl] *adj* uninhabitable || **inhabité** *adj (région)* uninhabited; *(maison)* unoccupied; *(Av) (vol)* unmanned.

inhabituel [inabitɥɛl] *adj (f -elle)* unusual.

inhalateur [inalatœʀ] *nm (Méd)* inhaler || **inhaler** *vt (1)* breathe in, inhale.

inhérent [ineʀɑ̃] *adj (à)* inherant (in).

inhiber [inibe] *vt (1)* inhibit || **inhibition** *nf* inhibition.

inhospitalier [inɔspitalje] *adj (f -ière)* unfriendly; inhospitable.

inhumain [inymɛ̃] *adj* inhuman; *(souffrance)* inhumane.

inhumation [inymasjɔ̃] *nf* burial, interment || **inhumer** *vt (1)* bury, inter.

inimaginable [inimaʒinabl] *adj* unimaginable; *(surprenant)* incredible.

inimitable [inimitabl] *adj* matchless, inimitable.

inimitié [inimitje] *nf* hostility, enmity.

ininflammable [inɛ̃flamabl] *adj* non-(in)flammable; *(tissu)* flame-resistant.

inintelligent [inɛ̃teliʒɑ̃] *adj* unintelligent. || **inintelligible** *adj* unintelligible.

inintéressant [inɛ̃teʀesɑ̃] *adj* uninteresting.

ininterrompu [inɛ̃teʀɔ̃py] *adj (file)* continuous; *(effort)* steady; *(musique)* nonstop; *(nuit)* unbroken.

initial [inisjal] *adj (pl -aux)* original; initial || **initiale** *nf* initial || **initialiser** *vt (1)* initialize (to).

initiateur [inisjatœʀ] *nm (f -trice)* instigator; initiator || **initiation** *nf* initiation || **initiative** *nf* initiative; *à l'~ des ouvriers* initiated by the workers || **initié** *nm* initiate; *délit d'~* insider trading || **initier** *vt (1h)* 1 instigate, initiate 2 *— qn à qch* introduce sb to sth || **s'initier** *vpr (à)* *be initiated (into); *~ à la peinture* *take up painting.

injecté [ɛ̃ʒɛkte] *adj ~ de sang* bloodshot

|| **injecter** *vt (1)* inject || **injecteur** *nm* injector || **injection** *nf* injection.

injonction [ɛ̃ʒɔ̃ksjɔ̃] *nf* order, injunction.

injouable [ɛ̃ʒwabl] *adj (Sp) (aussi fig)* unplayable.

injure [ɛ̃ʒyʀ] *nf* insult; *bordée d'~s* hail of abuse || **injurier** *vt (1h)* insult, abuse || **injurieux** *adj (f -euse)* abusive; *(pour)* insulting (to).

injuste [ɛ̃ʒyst] *adj* unjust; *(avec, envers)* unfair (to) || **injustice** *nf* injustice || **injustifiable** *adj* unjustifiable || **injustifié** *adj* unwarranted; unjustified.

inlassable [ɛ̃lasabl] *adj (personne)* tireless; *(effort)* untiring.

inné [ine] *adj* innate; inborn.

innocemment [inɔsamɑ̃] *adv* innocently || **innocence** *nf* innocence || **innocent** *adj (de)* innocent (of) ◆ *nm* innocent (person); *(idiot)* simpleton || **innocenter** *vt (1)* declare innocent; *~ qn d'une accusation* clear sb of a charge.

innocuité [inɔkɥite] *nf* harmlessness.

innombrable [inɔ̃bʀablə] *adj* countless, innumerable.

innommable [inɔmabl] *adj* unnameable; *(péj)* unspeakable.

innovateur [inɔvatœʀ] *adj (f -trice)* progressive, innovatory ◆ *nmf* innovator || **innovation** *nf* innovation || **innover** *vt (1)* innovate.

inoccupé [inɔkype] *adj* vacant; unoccupied; *(personne)* idle.

inoculation [inɔkylasjɔ̃] *nf* inoculation || **inoculer** *vt (1) (contre)* inoculate (against); *~ qch à qn* innoculate sb with sth.

inodore [inɔdɔʀ] *adj* odourless; scentless.

inoffensif [inɔfɑ̃sif] *adj (f -ive)* harmless, inoffensive.

inondable [inɔ̃dabl] *adj* liable to flooding || **inondation** *nf* flood(ing) || **inonder** *vt (1)* flood; swamp; *(larmes, pluie)* soak.

inopérant [inɔpeʀɑ̃] *adj* inoperative.

inopiné [inɔpine] *adj* sudden; unexpected.

inopportun [inɔpɔʀtœ̃] *adj* untimely; ill-timed.

inorganique [inɔʀganik] *adj* inorganic.

inorganisé [inɔʀganize] *adj* unorganized; *(désordre)* disorganized.

inoubliable [inublijabl] *adj* unforgettable.

inouï [inwi] *adj* unheard-of; *c'est ~!* that's incredible!

inoxydable [inɔksidabl] *adj acier ~* stainless steel.

inqualifiable [ɛ̃kalifjabl] *adj (péj)* unspeakable.

inquiet [ɛ̃kjɛ] *adj (f -ète) (de)* worried (about); *(attente)* anxious ◆ *nm c'est un ~* he's a worrier || **inquiétant** *adj* worrying; disturbing ‖ **inquiéter** *vt (1c) (tourmenter)* worry; *(ennuyer)* bother ‖ **s'inquiéter** *vpr* **1** *(de) (état)* *be worried (about); *(processus)* *get worried; *ne t'inquiète pas pour ça !* don't let that bother you! **2** *(enquérir) (de)* inquire (about) ‖ **inquiétude** *nf* anxiety; *avoir des ~s* *be worried; *donner des ~s* *give cause for concern.

inquisiteur [ɛ̃kizitœʀ] *adj (f -trice)* inquisitive ◆ *nm* inquisitor ‖ **inquisition** *nf* inquisition.

insaisissable [ɛ̃sezisabl] *adj (personne)* elusive; *(son)* imperceptible.

insalubre [ɛ̃salybʀ] *adj* unhealthy; insalubrious ‖ **insalubrité** *nf* insalubrity.

insanité [ɛ̃sanite] *nf* insanity; *dire des ~s* *make insane remarks.

insatiable [ɛ̃sasjabl] *adj* insatiable.

insatisfait [ɛ̃satisfɛ] *adj (personne)* dissatisfied; *(envie)* unsatisfied.

inscription [ɛ̃skʀipsjɔ̃] *nf* **1** *(légende)* inscription; *(registre)* entry **2** enrolment; *(faculté, congrès)* registration **3** *(Jur) ~ en faux* plea of forgery ‖ **inscrire** *vt (35)* **1** *(sur papier)* *write down; *(sur pierre)* inscribe; *~ à l'ordre du jour* *put on the agenda **2** enrol; register; *se faire ~* *put one's name down ‖ **s'inscrire** *vpr* **1** fit into; *cela s'inscrit dans le cadre de notre politique* it is in keeping with our policy **2** *put one's name down; register; *~ dans un club* join a club **3** *~ en faux* deny; challenge ‖ **inscrit** *nm* registered member; *(Pol)* registered voter.

insecte [ɛ̃sɛkt] *nm* insect ‖ **insecticide** *nm* insecticide.

insécurité [ɛ̃sekyʀite] *nf* insecurity.

insémination [ɛ̃seminasjɔ̃] *nf* insemination.

insensé [ɛ̃sɑ̃se] *adj* crazy, insane.

insensibiliser [ɛ̃sɑ̃sibilize] *vt (1)* an(a)esthetize ‖ **insensibilité** *nf* numbness; *(fig)* insensitivity ‖ **insensible** *adj* **1** *(Méd)* numb; insensitive **2** *(à)* insensible (to); impervious (to) **3** imperceptible ‖ **insensiblement** *adv* imperceptibly.

inséparable [ɛ̃sepaʀabl] *adj (de)* inseparable (from).

insérer [ɛ̃seʀe] *vt (1c)* insert; include ‖ **s'insérer** *vpr ~ dans* fit into; *~ sur* *be attached to ‖ **insertion** *nf* insertion; *(sociale)* integration.

insidieux [ɛ̃sidjø] *adj (f -euse)* insidious.

insigne [ɛ̃siɲ] *nm* badge; *(Mil)* insignia.

insignifiance [ɛ̃siɲifjɑ̃s] *nf* insignificance ‖ **insignifiant** *adj* insignificant; trivial.

insinuation [ɛ̃sinɥasjɔ̃] *nf* insinuation ‖ **insinuer** *vt (1)* imply; insinuate ‖ **s'insinuer** *vpr ~ dans* *creep into; *~ entre* thread one's way among/between.

insipide [ɛ̃sipid] *adj* insipid; dull; *(goût)* tasteless.

insistance [ɛ̃sistɑ̃s] *nf* insistence ‖ **insister** *vi (1)* **1** insist; *il insiste pour vous voir* he insists on seeing you; *~ auprès de qn* *take it up with sb; *~ sur qch* stress sth **2** persist; *n'insiste pas !* don't labour the point! *(fam)* give it a rest!

insolemment [ɛ̃sɔlamɑ̃] *adv* insolently.

insolation [ɛ̃sɔlasjɔ̃] *nf (Méd)* sunstroke.

insolence [ɛ̃sɔlɑ̃s] *nf* insolence; *des ~s* insolent remarks ‖ **insolent** *adj* **1** *(impoli)* insolent, cheeky **2** *(hautain)* overbearing; *(extraordinaire)* indecent.

insolite [ɛ̃sɔlit] *adj* strange; unusual.

insoluble [ɛ̃sɔlybl] *adj* insoluble.

insolvabilité [ɛ̃sɔlvabilite] *nf* insolvency; bankruptcy ‖ **insolvable** *adj* insolvent.

insomniaque [ɛ̃sɔmnjak] *adj nmf* insomniac ‖ **insomnie** *nf* insomnia; *une nuit d'~* a sleepless night.

insondable [ɛ̃sɔ̃dabl] *adj* unfathomable.

insonorisation [ɛ̃sɔnɔʀizasjɔ̃] *nf* soundproofing ‖ **insonoriser** *vt (1)* soundproof.

insouciance [ɛ̃susjɑ̃s] *nf* carefree attitude; unconcern ‖ **insouciant** *adj* happy-go-lucky; unconcerned.

insoumis [ɛ̃sumi] *adj* **1** rebellious; unruly **2** undefeated ◆ *nm (Mil)* absentee ‖ **insoumission** *nf* insubordination; rebelliousness.

insoupçonnable [ɛ̃supsɔnabl] *adj* above suspicion ‖ **insoupçonné** *adj* unsuspected.

insoutenable [ɛ̃sutnabl] *adj* unbearable.

inspecter [ɛ̃spɛkte] *vt (1)* inspect; examine ‖ **inspecteur** *nm (f -trice)* inspector ‖ **inspection** *nf* inspection; *~ des Finances* tax office, Inland Revenue Service.

inspirateur [ɛ̃spiʀatœʀ] *nm (f -trice)* *(Art)* inspiration; *(action)* instigator ‖ **inspiration** *nf* inspiration; *(fam)* brainwave ‖ **inspiré** *adj bien, mal ~* well/ ill advised ‖ **inspirer** *vt (1)* inspire; *(attitude)* prompt ◆ *vi (Méd)* breathe in ‖ **s'inspirer** *vpr (de)* *draw inspiration (from); *be inspired (by).

instable [ɛ̃stabl] *adj (Eco Pol)* unstable; fragile; *(meuble)* unsteady; wobbly; *(personne)* unbalanced; *(temps)* unsettled ‖ **instabilité** *nf* instability; precarity.

installateur [ɛ̃stalatœʀ] *nm (f -trice)* fitter ‖ **installation** *nf* **1** *(El Téléph)* installation; *(Com)* setting up; *(logement)* moving in; *(pièce)* fitting out **2** equipment; *~(s) sanitaires* plumbing **3** *~s* installations; *~s sportives* sports facilities ‖ **installer** *vt (1)* **1** *(El Téléph)* install, *set up **4** *(équiper)* fit out; *tu es bien installé !* you've got a nice place here! ‖ **s'installer** *vpr* **1** settle in; *~ chez qn* move in with sb **2** settle down; *(fam)* **installe-toi !** make yourself comfortable! 3 *(Com)* *set up (a business), *(Méd)* *set up in practice.

instamment [ɛ̃stamɑ̃] *adv* in earnest; *demander qch* ~ require sth urgently.

instance [ɛ̃stɑ̃s] *nf* 1 *(Adm)* authority; *(Jur)* (legal) proceedings; *tribunal de première* ~ magistrates' court; county court; *(US)* district court; *en seconde* ~ on appeal; *ils sont en* ~ *de divorce* divorce proceedings are pending 2 *en* ~ *de départ* on the point of leaving 3 *(lit)* ~*s* entreaties.

instant [ɛ̃stɑ̃] *nm* instant; *l'*~ *présent* the present moment; *à l'*~ just now; *à chaque* ~*/à tout* ~ at any moment; *c'est tout pour l'*~ that's all for now/ for the time being; *par* ~*s* at times ◆ *conj* 1 *dès l'*~ *où il m'a parlé* the moment he spoke to me 2 *dès l'*~ *que tu es d'accord* seeing that/ since you agree ‖ **instantané** *adj* instantaneously; *(café)* instant ◆ *nm (Phot)* snap(shot).

instauration [ɛ̃stɔʀasjɔ̃] *nf* institution ‖ **instaurer** *vt (1)* institute, *set up.

instigateur [ɛ̃stigatœʀ] *nm (f* **-trice)** instigator ‖ **instigation** *nf* incitement; instigation.

instillation [ɛ̃stilasjɔ̃] *nf* instillation ‖ **instiller** *vt (1)* instil.

instinct [ɛ̃stɛ̃] *nm* instinct; *(talent)* feeling; *d'*~ instinctively ‖ **instinctif** *adj (f* **-ive)** instinctive.

instituer [ɛ̃stitɥe] *vt (1)* *set up; institute; *(Jur)* appoint ‖ **institut** *nm* institute; ~ *de beauté* beauty salon.

instituteur [ɛ̃stitytœʀ] *nm (f* **-trice)** (primary school) teacher, *(amér)* (grade school) teacher ‖ **institution** *nf* institution; *(Ens)* establishment ‖ **institutionnaliser** *vt (1)* institutionalize ‖ **institutionnel** *adj (f* **-elle)** institutional.

instructeur [ɛ̃stʀyktœʀ] *nm (f* **-trice)** instructor ‖ **instructif** *adj (f* **-ive)** instructive ‖ **instruction** *nf* 1 education; schooling; *avoir de l'*~ *be well-educated 2 ~*s* instructions; directives 3 *(Mil)* instruction; training 4 *(police)* inquiry; *(Jur)* investigation; committal proceedings; *juge d'*~ examining magistrate ‖ **instruire** *vt (33)* 1 educate; instruct 2 ~ *qn de qch* inform sb of sth 3 examine, investigate ‖ **s'instruire** *vpr* educate oneself; improve one's mind.

instrument [ɛ̃stʀymɑ̃] *nm* instrument; implement; ~ *de travail* tool; *(Mus)* ~ *à vent* wind instrument ‖ **instrumental** *adj (pl* **-aux)** instrumental ‖ **instrumentiste** *nmf* instrumentalist ‖ **instrumenter** *vi (1) (Jur) (contrat)* *draw up.

insu [ɛ̃sy] *loc à mon* ~ without my knowledge; *à l'*~ *de tout le monde* without anyone knowing (it).

insubordonné [ɛ̃sybɔʀdɔne] *adj* insubordinate.

insuccès [ɛ̃syksɛ] *nm (pl inv)* failure.

insuffisamment [ɛ̃syfizamɑ̃] *adv* insufficiently ‖ **insuffisance** *nf (manque)* shortage; *(ressources)* inadequacy; *(Méd)* deficiency ‖ **insuffisant** *adj* inadequate; insufficient; *(travail)* below standard.

insuffler [ɛ̃syfle] *vt (1)* 1 *blow; *(Méd)* insufflate 2 *(Rel)* ~ *la vie* breathe life into 3 *(fig)* *on m'a insufflé l'horreur de la guerre* I was inspired by a horror of war.

insulaire [ɛ̃sylɛʀ] *adj* island; *(Pol)* insular ◆ *nmf* islander ‖ **Insularité** *nf* insularity.

insuline [ɛ̃sylin] *nf* insulin.

insulte [ɛ̃sylt] *nf* insult; ~*s* abuse *s inv* ‖ **insulter** *vt (1)* insult; abuse.

insupportable [ɛ̃sypɔʀtabl] *adj* unbearable; insufferable; *(énervant)* infuriating.

insurgé [ɛ̃syʀʒe] *adj nm* rebel; insurgent ‖ **s'insurger** *vpr (1h) (contre)* rebel, *rise up (against).

insurmontable [ɛ̃syʀmɔ̃tabl] *adj* insuperable, insurmountable.

insurrection [ɛ̃syʀɛksjɔ̃] *nf* uprising; insurrection.

intact [ɛ̃takt] *adj* intact.

intarissable [ɛ̃taʀisabl] *adj* inexhaustible; *il est* ~ *là-dessus* he can talk endlessly on the subject.

intégral [ɛ̃tegʀal] *adj (pl* **-aux)** complete; *(remboursement)* in full; *(texte)* unabridged ‖ **intégrale** *nf* 1 *(Math)* integral 2 *(Lit Mus)* complete works ‖ **intégralité** *nf* the whole; *dans son* ~ in full ‖ **intégrant** *adj* integral ‖ **intégration** *nf (à)* integration (into).

intègre [ɛ̃tɛgʀ] *adj* upright; honest.

intégrer [ɛ̃tegʀe] *vt (1c)* integrate ‖ **s'intégrer** *vpr (à)* *become integrated (into) ‖ **intégrisme** *nm (Rel)* fundamentalism ‖ **intégriste** *adj* fundamentalist.

intégrité [ɛ̃tegʀite] *nf* integrity.

intellectuel [ɛ̃telɛktɥɛl] *adj nm (f* **-elle)** intellectual.

intelligemment [ɛ̃teliʒamɑ̃] *adv* intelligently ‖ **intelligence** *nf* 1 intelligence; aptitude; *une vive* ~ a quick mind 2 comprehension; understanding; *un air d'*~ a knowing look; *l'*~ *des chiffres* a good grasp of figures 3 complicity; *(péj)* dealings; *agir d'*~ *avec* act in collusion with; *vivre en bonne* ~ *be on good terms ‖ **intelligent** *adj* intelligent ‖ **intelligible** *adj* intelligible.

intempéries [ɛ̃tɑ̃peʀi] *nfpl* bad weather.

intempestif [ɛ̃tɑ̃pɛstif] *adj (f* **-ive)** *(inopportun)* ill-timed; *(déplacé)* excessive.

intenable [ɛ̃tnabl] *adj* unbearable; *(argument)* untenable; *(enfant)* unruly.

intendance [ɛ̃tɑ̃dɑ̃s] *nf (Mil)* supplies, stores; *(Ens)* bursar's office ‖ **intendant**

nm (domaine) steward ; *(Ens)* bursar ; *(Mil)* quartermaster.

intense [ɛ̃tɑ̃s] *adj* intense ; *(trafic)* dense ; *(couleur)* deep ‖ **intensif** *adj (f -ive)* intensive ‖ **intensifier** *vt (1h)* **s'~** *vpr* intensify ‖ **intensité** *nf* intensity.

intenter [ɛ̃tɑ̃te] *vt (1h) (Jur)* **~ un procès contre qn** *take legal action against sb.

intention [ɛ̃tɑ̃sjɔ̃] *nf* 1 intention ; *(Jur)* intent ; *avoir l'~ de faire qch* intend to do sth ; *j'avais l'~ de les inviter* I meant to invite them ; *dans l'~ de leur nuire* with a view to harming them 2 *à l'~ de* for the benefit of ‖ **intentionné** *adj* **bien-~** well-meaning ; *mal-~* ill-intentioned ‖ **intentionnel** *adj (f -elle)* intentional, deliberate.

inter- [ɛ̃tɛr] *préf* inter- ‖ **interactif** *adj (f -ive)* interactive ‖ **interbancaire** *adj* interbank.

intercaler [ɛ̃tɛrkale] *vt (1)* insert ‖ **s'intercaler** *vpr* **~ entre** *come (in) between.

intercéder [ɛ̃tɛrsede] *vt (1c) (auprès de)* intercede (with).

intercepter [ɛ̃tɛrsɛpte] *vt (1c)* intercept.

interchangeable [ɛ̃tɛrʃɑ̃ʒabl] *adj* interchangeable.

interclasse [ɛ̃tɛrklas] *nm (Ens)* break.

intercontinental [ɛ̃tɛrkɔ̃tinɑtal] *adj (pl -aux)* intercontinental.

interdépendance [ɛ̃tɛrdepɑ̃dɑ̃s] *nf* interdependence.

interdiction [ɛ̃tɛrdiksjɔ̃] *nf (de)* ban (on) ; **~ de stationner** no parking ‖ **interdire** *vt (38)* *forbid ; *(Adm)* ban, prohibit ; *sa maladie lui interdit de voyager* his illness prevents him from travelling ‖ **interdit** *adj* 1 forbidden ; *(Ciné Lit)* banned ; *(Adm Aut)* prohibited ; *être ~ de séjour en France* *be barred from/ *be declared persona non grata in France ; *il est ~ de chéquier* he has had his chequebook/ *(amér)* checkbook facilities withdrawn 2 *(étonné)* taken aback ◆ *nm* bar ; *(Jur)* injunction.

intéressant [ɛ̃teresɑ̃] *adj* interesting ; *(alléchant)* attractive ◆ *nm* faire l'~ *show off ‖ **intéressé** *adj* 1 interested 2 *(égoïste)* self-interested ; *(avis)* biased ◆ *nm* the person concerned ‖ **intéressement** *nm (Com)* profit-sharing ‖ **intéresser** *vt (1)* 1 interest ; *be of interest (to) 2 affect ; concern 3 *(Com)* **~ qn à une affaire** *give sb a stake in a business ‖ **s'intéresser** *vpr (à)* *be interested (in) ‖ **intérêt** *nm* 1 interest ; *elle aurait ~ à accepter* she would do well to accept 2 *(Com Fin)* stake ; *6 % d'~* 6 % interest.

interface [ɛ̃tɛrfas] *nf (Inf)* interface.

interférence [ɛ̃tɛrferɑ̃s] *nf* interference ‖ **interférer** *(1c)* interfere.

intérieur [ɛ̃terjœr] *adj* 1 *(antenne)* indoor ; *(escalier, poche)* inside ; *(décoration)* interior ; *(vie)* inner 2 *(Géog)* inland ;

(Com) **marché ~** home/domestic market ; *(Pol)* internal ◆ *nm* 1 inside ; *(≠ jardin)* indoors ; *à l'~ de* inside ; *(fig)* within 2 *(Sp)* **~ droit** inside-right 3 *Ministère de l'I~ (GB)* Home Office, *(US)* State Department ‖ **intérieurement** *adv* inwardly.

intérim [ɛ̃terim] *nm* interim period ; *assurer l'~ (de)* *stand in (for) ; *président par ~* acting president ‖ **intérimaire** *adj* provisional ; *personnel ~* temporary staff ◆ *nm* temp.

intérioriser [ɛ̃terjɔrize] *vt (1)* interiorize.

interjection [ɛ̃tɛrʒɛksjɔ̃] *nf* interjection.

interligne [ɛ̃tɛrliɲ] *nm (Mus)* space ; *(texte)* **avec double ~** double-spaced.

interlocuteur [ɛ̃tɛrlɔkytœr] *nm (f -trice)* interlocutor ; speaker ; *(négociation)* representative.

interloquer [ɛ̃tɛrlɔke] *vt (1)* *take aback.

intermède [ɛ̃tɛrmɛd] *nm* interlude.

intermédiaire [ɛ̃tɛrmedjɛr] *adj* intermediate, halfway ◆ *nm* intermediary ; *(Com)* middleman ; *(fam)* go-between ; *par l'~ de* through ; *sans ~* directly.

interminable [ɛ̃tɛrminabl] *adj* endless, interminable.

interministériel [ɛ̃tɛrministerjel] *adj (f -ielle)* interdepartmental.

intermittence [ɛ̃tɛrmitɑ̃s] *nf* **par ~** intermittently ‖ **intermittent** *adj* sporadic, intermittent.

internat [ɛ̃tɛrna] *nm (Ens)* boarding school.

international [ɛ̃tɛrnasjɔnal] *adj (pl -aux)* international ; *(Com)* offshore ‖ **internationaliser** *vt (1)* internationalize.

interne [ɛ̃tɛrn] *adj* internal ◆ *nm (Ens)* boarder ; *(Méd)* houseman ; *(amér)* intern ‖ **internement** *nm (Jur Méd)* committal ; *(Pol)* internment ‖ **interner** *vt (1) (Jur Méd)* commit ; *(Pol)* intern.

interpellation [ɛ̃tɛrpelasjɔ̃] *nf* 1 *(cri)* call 2 interpellation ; *(police)* questioning ‖ **interpeller** *vt (1)* 1 *(qn)* call out (to sb) ; shout (at sb) ; *(Mil)* challenge (sb) 2 interpellate ; *(police)* *take in for questioning ; **~ un ministre** *put a question to a minister.

interphone [ɛ̃tɛrfɔn] *nm* intercom.

interposer [ɛ̃tɛrpoze] *vt (1)* interpose ‖ **s'interposer** *vpr* intervene.

interprétariat [ɛ̃tɛrpretarja] *nm* interpreting ‖ **interprétation** *nf* interpretation ; *(Mus Th)* rendering ; performance ‖ **interprète** *nmf* 1 interpreter ; *(Th)* spokesman 2 performer ; *(Th)* **les ~s** the cast ‖ **interpréter** *vt (1c)* 1 interpret 2 *(Mus Th)* perform ; play ; *(chanson)* *sing.

interrogateur [ɛ̃tɛrɔgatœr] *adj (f -trice)* inquiring, questioning ◆ *nm* examiner ‖ **interrogatif** *adj (f -ive)* interrogative ‖ **interrogation** *nf* question ; *(police)* questioning; *(Ens)* test ‖ **interrogatoire** *nm* interrogation; questioning ‖ **interroger** *vt (1h) (sur)* ask (about); question; *(conscience)* examine; ~ *qn du regard* *give sb an inquiring look **2** *(Ens)* examine; test ‖ **s'interroger** *vpr (sur)* wonder (about).

interrompre [ɛ̃terɔ̃pr] *vt (46)* interrupt; *(discussion)* *break off ‖ **s'interrompre** *vpr* *break off ‖ **interrupteur** *nm (El)* switch ‖ **interruption** *nf* interruption; *trois heures sans* ~ three hours without a break; *(Med)* ~ *de grossesse* termination of pregnancy.

intersection [ɛ̃tɛrsɛksjɔ̃] *nf* intersection; *(rues)* junction.

interstice [ɛ̃tɛrstis] *nm* crack; gap.

interurbain [ɛ̃tɛryrbɛ̃] *adj (Téléph)* long-distance.

intervalle [ɛ̃tɛrval] *nm* **1** space; *à un mètre d'*~ a metre apart **2** *(temps)* interval; *dans l'*~ in the meantime **3** *(Mus)* interval.

intervenir [ɛ̃tɛrvənir] *vi (10)* **1** step in, intervene; *(Med)* operate **2** *take place; *(accord)* *be reached **3** *(circonstances, élément)* play a role ‖ **intervention** *nf* intervention; *(Med)* operation ‖ **interventionniste** *adj nmf* interventionist.

intervertir [ɛ̃tɛrvɛrtir] *vt (2)* invert; reverse.

interviewer [ɛ̃tɛrvjuve] *vt (1)* interview.

intestin [ɛ̃tɛstɛ̃] *nm (Anat)* intestine ◆ *adj* internal ‖ **intestinal** *adj (pl -aux)* intestinal; *grippe* ~*e* gastric flu.

intime [ɛ̃tim] *adj (ami)* close; intimate; *(journal, vie)* private ◆ *nmf* close friend ‖ **intimement** *adv* closely; intimately; ~ *persuadé* deeply convinced.

intimider [ɛ̃timide] *vt (1)* intimidate.

intimité [ɛ̃timite] *nf* **1** intimacy **2** privacy; *dans l'*~ in private; *un mariage dans l'*~ a quiet wedding.

intituler [ɛ̃tityle] *vt (1)* *give the title of ‖ **s'intituler** *vpr* *be entitled.

intolérable [ɛ̃tɔlerabl] *adj* intolerable ‖ **intolérance** *nf* intolerance ‖ **intolérant** *adj* intolerant.

intonation [ɛ̃tɔnasjɔ̃] *nf* intonation; tone.

intouchable [ɛ̃tuʃabl] *adj* untouchable; *(fig)* sacrosanct.

intoxication [ɛ̃tɔksikasjɔ̃] *nf* **1** intoxication; ~ *alimentaire* food poisoning **2** *(Pol)* propaganda; brainwashing ‖ **intoxiqué** *nm* (drug) addict ‖ **intoxiquer** *vt (1)* **1** poison **2** intoxicate; *(fig)* brainwash.

intraduisible [ɛ̃traduizibl] *adj* untranslatable; *(fig)* inexpressible.

intraitable [ɛ̃tretabl] *adj* inflexible; obstinate.

intransigeance [ɛ̃trɑ̃ziʒɑ̃s] *nf* intransigence ‖ **intransigeant** *adj* uncompromising; *(règle)* strict.

intransportable [ɛ̃trɑ̃spɔrtabl] *adj* untransportable; *(Méd)* unfit to travel.

intraveineux [ɛ̃travenø] *adj (f -euse)* intravenous.

intrépide [ɛ̃trepid] *adj* intrepid.

intrigant [ɛ̃trigɑ̃] *nm* schemer ‖ **intrigue** *nf* intrigue; scheme; *(Lit Th)* plot ‖ **intriguer** *vt (1)* puzzle; intrigue ◆ *vi* scheme, plot.

intrinsèque [ɛ̃trɛ̃sɛk] *adj* intrinsic.

introduction [ɛ̃trɔdyksjɔ̃] *nf* introduction; *paragraphe d'*~ introductory paragraph ‖ **introduire** *vt (33)* introduce; *bring in; *(clé)* insert; *(personne)* *show in ‖ **s'introduire** *vpr* ~ *dans* *get into.

introuvable [ɛ̃truvabl] *adj (Com)* unobtainable; *elle est* ~ I can't find her anywhere.

introverti [ɛ̃trɔverti] *nm* introvert.

intrus [ɛ̃try] *nm* intruder ‖ **intrusion** *nf* intrusion.

intuitif [ɛ̃tyitif] *adj (f -ive)* intuitive ‖ **intuition** *nf* intuition.

inusable [inyzabl] *adj* hard-wearing ‖ **inusité** *adj* uncommon; rarely used.

inutile [inytil] *adj* **1** useless; *il est* ~ *d'attendre* there's no point in waiting **2** unnecessary; ~ *de vous rappeler que...* I don't need to remind you that... ‖ **inutilisable** *adj* inappropriate; *(abîmé)* spoilt, ruined ‖ **inutilisé** *adj* unused ‖ **inutilité** *nf* uselessness; pointlessness.

invaincu [ɛ̃vɛ̃ky] *adj* unconquered; *(fig)* unbeaten.

invalide [ɛ̃valid] *adj (Jur)* invalid; *(Méd)* disabled ◆ *nmf* disabled person; invalid ‖ **invalider** *vt (1)* invalidate; disable ‖ **invalidité** *nf* disablement; *pension d'*~ disability pension.

invariable [ɛ̃varjabl] *adj* invariable.

invasion [ɛ̃vazjɔ̃] *nf* invasion.

invective [ɛ̃vɛktiv] *nf (souvent pl)* abuse *s inv* ‖ **invectiver** *vti (1)* hurl abuse (at).

invendable [ɛ̃vɑ̃dabl] *adj* unsaleable ‖ **invendu** *nm* unsold article; *(journal)* unsold copy.

inventaire [ɛ̃vɑ̃tɛr] *nm* inventory; stocklist; *faire l'*~ *take stock.

inventer [ɛ̃vɑ̃te] *vt (1)* invent; *(histoire)* *make up ‖ **inventeur** *nm (f -trice)* inventor ‖ **inventif** *adj (f -ive)* inventive ‖ **invention** *nf* invention; *(imagination)* inventiveness.

inventorier [ɛ̃vɑ̃tɔrje] *vt (1h)* *make/ *take an inventory of.

inverse [ɛ̃vɛrs] *adj (sens)* opposite; *(ordre)* reverse; *(proportion)* inverse ◆ *nm* contrary; inverse; *à l'*~ conversely ‖ **inversement** *adv* conversely ‖ **inverser** *vt (1)* reverse; invert.

investigation [ɛ̃vɛstigasjɔ̃] *nf* inquiry; investigation.

investir [ɛ̃vɛstiʀ] *vti (2)* **1** *(Eco Fin)* invest **2** *(Jur Adm)* confer; invest **3** *(Mil)* encircle; invest ‖ **investissement** *nm* **1** investment **2** investing **3** encircling ‖ **investisseur** *nm (f -euse)* investor ‖ **investiture** *nf* appointment; *(Pol)* nomination; *(cérémonie)* investiture.

invétéré [ɛ̃vetere] *adj* ingrained; inveterate.

invincibilité [ɛ̃vɛ̃sibilite] *nf* invincibility ‖ **invincible** *adj* invincible; *(fig)* insuperable.

inviolable [ɛ̃vjɔlabl] *adj* inviolable; sacred.

invisible [ɛ̃vizibl] *adj* invisible.

invitation [ɛ̃vitɑsjɔ̃] *nf* invitation ‖ **invite** *nf* invitation ‖ **invité** *nm* guest ‖ **inviter** *vt (1)* **(à)** invite (to).

invivable [ɛ̃vivabl] *adj* unbearable.

involontaire [ɛ̃vɔlɔ̃tɛʀ] *adj (acte)* unintentional; *(mouvement, témoin)* involuntary.

invoquer [ɛ̃vɔke] *vt (1)* *(Rel)* invoke; *(Jur)* call upon; *(argument)* *put forward.

invraisemblable [ɛ̃vʀɛsɑ̃blabl] *adj* **1** unlikely; improbable **2** incredible ‖ **invraisemblance** *nf* unlikeliness; improbability.

invulnérable [ɛ̃vylneʀabl] *adj (à)* invulnerable (to).

iode [jɔd] *nm* iodine ‖ **iodé** *adj* iodized.

ion [jɔ̃] *nm* ion.

iota [jɔta] *nm (fam fig)* jot.

irascible [iʀasibl] *adj* short-tempered.

iris [iʀis] *nm (Anat Bot)* iris ‖ **irisé** *adj* iridescent.

ironie [iʀɔni] *nf* irony ‖ **ironique** *adj* ironical ‖ **ironiser** *vi (1)* *(sur)* *be ironical (about).

irradier [iʀadje] *vt (1h)* irradiate.

irraisonné [iʀɛzɔne] *adj (acte)* unreasonable; *(peur)* irrational.

irrationnel [iʀasjɔnɛl] *adj (f -elle)* irrational.

irréalisable [iʀealizabl] *adj* unfeasible; unworkable ‖ **irréaliste** *adj* unrealistic ‖ **irréalité** *nf* unreality.

irrecevable [iʀəsəvabl] *adj* unacceptable.

irrécupérable [iʀekypeʀabl] *adj (personne)* incurable; hopeless; *(objet)* beyond repair.

irrécusable [iʀekyzabl] *adj* irrefutable; unimpeachable.

irréductible [iʀedyktibl] *adj* implacable; *(Math)* irreducible.

irréel [iʀeel] *adj (f -elle)* unreal.

irréfléchi [iʀefleʃi] *adj* thoughtless; *(précipité)* hasty.

irrégularité [iʀegylaʀite] *nf* irregularity ‖ **irrégulier** *adj (f -ière)* irregular; *(sol)* uneven.

irrémédiable [iʀemedjabl] *adj* irreparable; irremediable.

irremplaçable [iʀɑ̃plasabl] *adj* irreplaceable; **personne n'est ~** nobody is indispensable.

irréparable [iʀepaʀabl] *adj* beyond repair.

irréprochable [iʀepʀɔʃabl] *adj* impeccable; irreproachable.

irrésistible [iʀezistibl] *adj* irresistable.

irrésolu [iʀezɔly] *adj* indecisive, irresolute ‖ **irrésolution** *nf* indecision.

irrespectueux [iʀɛspɛktɥø] *adj (f -euse)* disrespectful.

irrespirable [iʀespiʀabl] *adj* stifling; *(fig)* unbearable.

irresponsabilité [iʀɛspɔ̃sabilite] *nf* irresponsibility ‖ **irresponsable** *adj* irresponsible.

irrévérencieux [iʀeveʀɑ̃sjø] *adj (f -euse)* disrespectful; irreverent.

irréversible [iʀevɛʀsibl] *adj* irreversible.

irriguer [iʀige] *vt (1)* irrigate.

irritable [iʀitabl] *adj* irritable ‖ **irritant** *adj* irritating ‖ **irritation** *nf* irritation ‖ **irriter** *vt (1)* annoy; irritate ‖ **s'irriter** *vpr (de)* *get irritated (at); *(contre)* *feel annoyed (with).

irruption [iʀypsjɔ̃] *nf* irruption; **faire ~ dans une pièce** *burst into a room.

islamique [islamik] *adj* Islamic.

isolant [izɔlɑ̃] *adj* isolating; *(Tech)* insulating ◆ *nm* insulator ‖ **isolateur** *nm (El)* insulator ‖ **isolation** *nf* **1** isolation **2** *(El)* insulation; **~ phonique** soundproofing ‖ **isolationniste** *adj* isolationist ‖ **isolé** *adj* **1** isolated; *(loin)* remote **2** *(El)* insulated ‖ **isolement** *nm* isolation; *(solitude)* loneliness; *(prison)* solitary confinement ‖ **isolément** *adv* separately ‖ **isoler** *vt (1)* **1** isolate; *cut off **2** *(El)* insulate; *(phonique)* soundproof ‖ **isoloir** *nm* polling booth ‖ **isorel®** *nm* hardboard.

issu [isy] *adj* **être ~ de** *come from.

issue [isy] *nf* **1** way out; **~ de secours** emergency exit; *(fig)* solution **2** conclusion; end; *(résultat)* outcome.

italique [italik] *adj nm* italic; **en ~(s)** in italics.

itinéraire [itineʀɛʀ] *nm* route ‖ **itinérant** *adj* travelling; itinerant.

ivoire [ivwaʀ] *nm* ivory.

ivre [ivʀ] *adj* drunk; **~ de joie** wild with joy ‖ **ivresse** *nf* drunkenness; *(aussi fig)* intoxication ‖ **ivrogne** *nmf* drunkard.

J

j [ʒi] *nm (lettre)* J, j.

jabot [ʒabo] *nm* **1** ruffle **2** *(Orn)* crop.

jacasser [ʒakase] *vi (1)* chatter.

jachère [ʒaʃɛʀ] *nf* fallow (land); *laisser en ~* *leave fallow.

jacinthe [ʒasɛ̃t] *nf (Bot)* hyacinth; *~ des bois* blue-bell.

jacquet [ʒakɛ] *nm* backgammon.

jacter [ʒakte] *vi (1) (fam)* jabber.

jadis [ʒadis] *adv* formerly; long ago.

jaillir [ʒajiʀ] *vi (2) (source)* *spring (up); *(eau, sang)* gush, spurt (out); *(son)* *burst (out) || **jaillissement** *nm* burst; gush; *(lumière)* flash.

jalon [ʒalɔ̃] *nm* **1** rod; stake **2** landmark; milestone **3** stage, step; *poser des ~s* prepare the way || **jalonner** *vti(1)* stake out; *(aligner)* line; *jalonné de doutes* marked with doubts.

jalouser [ʒaluze] *vt (1)* envy; *be jealous of || **jalousie** *nf* **1** envy; jealousy **2** *(store)* venetian blind || **jaloux** *adj (f* **-ouse***) (de)* envious (of); jealous (of) ◆ *nmf faire des ~* *make people envious.

jamais [ʒamɛ] *adv* **1** *(sens positif)* ever; *y êtes-vous ~ allé ?* have you ever been there? *à (tout) ~* for ever **2** *(sens négatif)* *ne ... ~* never; *il ne comprendra ~* he'll never understand; *presque ~* hardly ever; *~ plus* never again; *il ne fait ~ que dormir* he does nothing but sleep; *~ de la vie !* not on your life! *mieux vaut tard que ~* better late than never.

jambe [ʒɑ̃b] *nf leg; ~s nues* bare-legged; *s'enfuir à toutes ~s* *run off as fast as one's legs can carry one; *j'ai pris mes ~s à mon cou* I took to my heels; *il ne reste pas dans mes ~s* get out from under my feet; *un travail fait par-dessus la ~* a botched up job; *(fam) ça me fait une belle ~ !* a fat lot of good that will do me! || **jambière** *nf (Sp)* shin pad/guard; *(danse)* leg warmer.

jambon [ʒɑ̃bɔ̃] *nm* ham; *~ blanc* boiled ham || **jambonneau** *nm (pl* **-x***)* knuckle of ham.

jante [ʒɑ̃t] *nf* rim.

janvier [ʒɑ̃vje] *nm* January; *en ~* in January.

jappement [ʒapmɑ̃] *nm* yap(ping) || **japper** *vi (1)* yap; yelp.

jaquette [ʒakɛt] *nf (vêtement)* morning coat; *(livre)* dust cover; *(disque)* sleeve.

jardin [ʒaʀdɛ̃] *nm* garden; *~ d'enfants* nursery school, kindergarten; *~ ouvrier* allotment; *~ potager* kitchen/vegetable garden; *~ public* public gardens, park || **jardinage** *nm* gardening || **jardiner** *vi (1)* garden, *do the garden || **jardinier** *nm*

(f **-ière***)* gardener || **jardinière** *nf* **1** *(fleurs)* window box **2** *~ d'enfants* nursery school teacher.

jargon [ʒaʀgɔ̃] *nm* jargon; *(charabia)* gibberish.

jarret [ʒaʀɛ] *nm (Cuis)* knuckle; shin || **jarretelle** *nf* suspender, *(amér)* garter || **jarretière** *nf* garter.

jaser [ʒaze] *vi (1)* chatter; *(péj)* gossip; *ça va faire ~ !* that'll set tongues wagging!

jauge [ʒoʒ] *nf* **1** gauge; *(Aut) ~ à huile* dipstick **2** capacity; gauge; *(Naut)* tonnage || **jauger** *vti (1)* **1** gauge; *have the capacity; *(Naut) (tirant d'eau)* *draw **2** measure; *(fig)* sical up.

jaune [ʒon] *adj* yellow ◆ *nm* **1** yellow; *~ d'œuf* egg yolk **2** *(péj)* Asiatic **3** *(grève)* scab, *(brit)* blackleg ◆ *adv rire ~* *give a forced laugh || **jaunâtre** *adj* yellowish || **jaunir** *vti (2)* turn yellow || **jaunisse** *nf (Méd)* jaundice.

java [ʒava] *nf (danse)* lively waltz; *(fig) faire la ~* live it up, *(amér)* *let loose.

Javel [ʒavɛl] *eau de ~ nf* bleach || **javelliser** *vt (1)* chlorinate.

javelot [ʒavlo] *nm* javelin.

j'/je [ʒə] *pron pers* I.

jérémiades [ʒeʀemjad] *nfpl (fam)* moaning.

jersey [ʒɛʀze] *nm* jumper; jersey.

jet¹ [ʒɛ] *nm* **1** throw; *(action)* throwing **2** *premier ~* sketch; rough draft **3** *(lumière)* beam; *(vapeur)* jet; *(liquide)* spurt; *~ d'eau* fountain **4** *à ~ continu* non-stop, continuously; *d'un seul ~* in one go.

jet² [dʒɛt] *nm (Av)* jet.

jetable [ʒətablə] *adj* disposable.

jetée [ʒəte] *nf* jetty; pier.

jeter [ʒəte] *vt (1)* **1** *(lancer)* *throw; *~ avec force* *fling, hurl; *(dé, sort)* *cast; *~ un regard à qn* glance at sb **2** *(se débarrasser)* *throw away; *~ à la porte* *throw out; *(loc) ~ l'argent par la fenêtre* *throw money down the drain **3** *(à terre)* *throw down; *(fig) ~ une idée sur un bout de papier* jot down an idea **4** *(Pol) ~ bas* *overthrow, *bring down **5** *(base)* establish; *set up; *(fondations)* *lay || **se jeter** *vpr* **1** *~ sur* *fall (up)on; attack; *~ dans* rush into; plunge into; *(rivière)* flow into **2** *(fig) ~ à l'eau* *take the plunge.

jeton [ʒətɔ̃] *nm* **1** token; *(jeu)* counter, *(casino)* chip **2** *(fam fig) (coup)* blow **3** *(fam fig) les ~s* the jitters.

jeu [ʒø] *nm (pl* **-x***)* **1** amusement; play(ing); *faire qch par ~* *do sth for a laugh **2** game; *~ de société* parlour game; *~ d'esprit* witticism; *~ de mot* play on words, pun; *~ télévisé* quiz (show); *(fig)* *c'est un ~ d'enfant* it's child's play; *tu as beau ~ de dire ça* it's easy for you to say that **3** (Sp) match; game; *Jeux Olympiques* Olympic games; *faire ~ égal* *draw; *hors ~* (joueur) offside, (ballon) out of play; (aussi fig) *d'entrée de ~* from the outset **4** (argent) gambling; gaming; *faites vos ~x!* place your bets! *jouer gros ~* play for high stakes; (aussi fig) *être en ~* *be at stake **5** (série) set; *~ d'échecs* chess set; (cartes) deck/pack; *avoir un beau ~* *have a good hand **6** effect; pattern; (Sp) *~ de jambes* footwork **7** interpretation; (Th) acting; (Mus) technique; (fig) *être vieux ~* *be old-fashioned **8** (Tech) (fonctionnement) working; (mou) play; *avoir du ~* *be loose; *donner du ~* slacken (off), ease; (fig) *laisser du ~* *leave scope.

jeudi [ʒødi] *nm* Thursday; *à ~!* see you on Thursday!

jeun [ʒœ̃] *loc* *être à ~* *have an empty stomach; (sans alcool) *be sober.

jeûne [ʒøn] *nm* fast || **jeûner** *vi* (1) *go without food; (Rel) fast.

jeune [ʒœn] *adj* **1** young; (apparence) youthful, young-looking; *dans son ~ âge* in his youth; (Th) *~ premier* leading man **2** new; (talent) budding; *~s* newly-weds **3** (fam) (insuffisant) short; skimpy ◆ *adv* *s'habiller ~* dress young/youthfully ◆ *nmf* young person; *les ~s* young people, youngsters.

jeunesse [ʒœnɛs] *nf* **1** youth; (apparence) youthfulness; *il n'est plus de la première ~* he's getting on in years **2** young people; (fam) youngsters.

joaillerie [ʒɔajʀi] *nf* jewellery; (métier) jewel trade; (magasin) jeweller's (shop) || **joaillier** *nm* (f **-ère**) jeweller.

jobard [ʒɔbaʀ] *nm* mug, sucker.

joie [ʒwa] *nm* pleasure; joy; *il se fera une ~ de vous aider* he'll be delighted to help you.

joindre [ʒwɛ̃dʀ] *vt* (35) **1** join; link; (mains) *put together; (efforts, qualités) combine; (fig) *~ les deux bouts* *make ends meet **2** (à) add; attach; (lettre) enclose **3** *get in touch with; *~ qn par téléphone* contact sb by telephone ◆ *vi* (porte) *shut, close || **se joindre** *vpr* **1** *come together; link up **2** (à) join; (discussion) join in; *venez vous joindre à nous!* come and join us!

joint¹ [ʒwɛ̃] *adj* joined; combined; (Adm Com) *P(ièces) J(ointes)* Encl(osed) ◆ *adv* *ci-joint une copie de...* please find enclosed a copy of...

joint² [ʒwɛ̃] *nm* join; (porte) joint; (étanche) seal; (robinet) washer || **jointure** *nf* join; (Anat Tech) joint.

joint³ [ʒwɛ̃] *nm* (cannabis) joint.

joli [ʒɔli] *adj* attractive; nice; *~ comme*

un cœur pretty as a picture; *c'est bien ~ mais...* that's all very well but...; (ironique) *quel ~ monsieur!* a fine gentleman he is! (loc) *c'est du ~!* what a mess! || **joliment** *adv* **1** attractively; prettily; *~ dit!* nicely put! **2** extremely.

jonc [ʒɔ̃] *nm* (Bot) (bul)rush.

joncher [ʒɔ̃ʃe] *vt* (1) *strew (with).

jonction [ʒɔ̃ksjɔ̃] *nf* junction; (action) joining; (Mil) *opérer une ~* join forces.

jongler [ʒɔ̃gle] *vi* (1) juggle || **jongleur** *nm* (f **-euse**) juggler.

jonque [ʒɔ̃k] *nf* junk.

jonquille [ʒɔ̃kij] *nf* daffodil.

joue [ʒu] *nf* cheek; (Mil) *mettre en ~* *take aim; *mettre qn en ~* point a rifle at sb.

jouer [ʒwe] *vi* (1) **1** play; *~ au tennis* play tennis; *~ aux soldats* play at soldiers; *~ avec une idée* play with an idea; *~ de la flûte* play the flute; *à toi de ~!* your turn! (fig) your move! *bien joué!* well played! (fig) well done! **2** risk; (jeux d'argent) gamble; *~ gros* play for high stakes; *~ (sur)* (Bourse aussi fig) speculate (on) **3** apply; *be in operation; *la clause joue depuis un mois* this clause has been effective for a month; *le temps joue pour nous* time is on our side; *faire ~ ses relations* *make use of one's connections **4** fit badly; *be slack; (bois) warp ◆ *vt* **1** play; *~ un cheval* *bet on a horse; *~ un pion* move a piece **2** act; perform; (rôle) play; *~ l'étonnement* pretend to be surprised; *~ qn* trick sb **3** risk || **se jouer** *vpr* **1** (Ciné Th) *be on; *le film, la pièce se joue toute la semaine* the film is showing, the play is on all week **2** *~ de qn* deceive sb; *~ d'un handicap* *make light of a handicap || **jouet** *nm* toy; plaything || **joueur** *nm* (f **-euse**) player; (casino) gambler; (fig) *être mauvais ~* *be a bad loser ◆ *adj* playful.

joufflu [ʒufly] *adj* chubby.

joug [ʒu] *nm* yolk.

jouir [ʒwiʀ] *vi* (2) (de) **1** enjoy; (sexuellement) *come, *have an orgasm **2** possess; (droit) *have || **jouissance** *nf* **1** enjoyment, pleasure **2** (Jur) tenure; *vente avec ~ immédiate* sale with vacant possession; *avoir la ~ de qch* *have the use of sth.

joujou [ʒuʒu] *nm* (pl **-x**) (fam) toy; *faire ~* play (about).

jour [ʒuʀ] *nm* **1** day(light); *le ~ se lève* it's getting light; *au petit ~* in the early hours; *voyager de ~* travel by day/in daytime; *en plein ~* in broad daylight; (fig) *au grand ~* in the open; *sous un ~ nouveau* in a new light **2** life; *pour mes vieux ~s* for my old age; *donner le ~* *give birth to; *il vit le ~ à Madrid* he was born in Madrid **3** day; *quel ~ sommes-nous?*

what day is it? *quinze* ~*s* a fortnight ; ~ *férié* public holiday ; ~ *ouvrable* working day ; (Com Fin) *à ce* ~ to date ; *au* ~ *le* ~ from day to day ; *dans deux* ~*s* in two days' time ; *un* ~ *ou l'autre* one of these days, soon ; *d'un* ~ *à l'autre* from one day to the next ; *du* ~ *au lendemain* overnight ; *il le voulait du* ~ *au lendemain* he wanted it at a day's notice ; *six mois* ~ *pour* ~ six months to the (very) day **4** date ; *le* ~ *J* D-day ; *mettre à* ~ *bring up to date ; *mise à* ~ update, updating **5** moment ; *au goût du* ~ in the taste of the times ; *de nos* ~*s* nowadays **6** opening ; gap ; *à* ~*s (clôture, broderie)* openwork.

journal [ʒuʀnal] *nm* (pl -aux) **1** newspaper ; (*spécialisé*) (trade) journal ; *les journaux* the Press ; ~ *intime* diary ; (*Naut*) ~ *de bord* ship's log ; ~ *de mode* fashion magazine ; *papier* ~ newsprint **2** (Rad TV) news (bulletin) ∥ **journalisme** *nm* journalism ; ~ *sportif* sports reporting ∥ **journaliste** *nmf* reporter, journalist ∥ **journalistique** *adj* journalistic ; *style* ~ (*péj*) journalese.

journalier [ʒuʀnalje] *adj* (f -ière) daily ; (*aussi fig*) everyday ∥ **journée** *nf* day ; *des* ~*s entières* days on end ; *dans la* ~ during the day, in the course of the day ; *nous faisons la* ~ *continue* we don't stop for lunch ; *gagner sa* ~ earn one's day's pay ∥ **journellement** *adv* daily.

joute [ʒut] *nf* joust ; (*fig*) exchange.

jovial [ʒɔvjal] *adj* (pl -als/aux) jolly ; jovial ∥ **jovialité** *nf* joviality.

joyau [ʒwajo] *nm* (pl -x) jewel ; gem.

joyeux [ʒwajø] *adj* (f -euse) cheerful ; gay ; ~ *anniversaire !* happy birthday ! *J~ Noël !* Merry Christmas !

jubilation [ʒybilasjɔ̃] *nf* jubilation ∥ **jubilé** *nm* jubilee ∥ **jubiler** *vi* (1) (*de*) rejoice (at, over) ; (*péj*) jubilate ; gloat (over).

jucher [ʒyʃe] *vt* (1) se ~*vpr* (*sur*) perch (on).

judaïsme [ʒydaism] *nm* Judaism.

judiciaire [ʒydisjɛʀ] *adj* legal ; *casier* ~ criminal record ; *erreur* ~ miscarriage of justice ; *le pouvoir* ~ the Judiciary.

judicieux [ʒydisjø] *adj* (f -euse) wise, judicious.

judo [ʒydo] *nm* judo ∥ **judoka** *nmf* judoka.

juge [ʒyʒ] *nm* **1** (Jur) judge ; (*civil*) (district) judge ; (*civil, criminel*) county court judge ; ~ *d'instruction* examining magistrate ; ~ *de paix* justice of the peace, magistrate ; (*fig*) *je vous en fais* ~ I'll leave you to judge **2** (Sp) ~*-arbitre* referee ; umpire ; ~ *de ligne* linesman ; ~ *de touche* touch judge ∥ **jugé** *nm loc au* ~ by guesswork ∥ **jugement** *nm* **1** (Rel) judgement ; (Jur) judging ; *passer en* ~ *stand trial **2** decision ; (Jur) verdict **3** discernment ; judge-

ment ; *porter un* ~ pass an opinion ∥ **jugeote** *nf* (*fam*) gumption ∥ **juger** *vt* (1h) **1** judge ; ~ *pour meurtre* try for murder ; (*revendication*) arbitrate **2** *think ; consider ; ~ *bon de faire qch* consider it advisable to do sth ; ~ *qch à sa propre valeur* appreciate sth at its true value ♦ *vi* ~ *de* judge ; *jugez de notre étonnement !* imagine our surprise !

jugulaire [ʒygylɛʀ] *adj* (Anat) jugular ♦ *nf* chin strap.

juguler [ʒygyle] *vt* (1) check, *keep in check ; (*inflation*) curb ; (*révolte*) repress.

juif [ʒɥif] *adj* (f *juive*) Jewish ♦ *nm* Jew ; (Anat) (*fam*) *le petit* ~ the funny bone ∥ **juive** *nf* Jewess.

juillet [ʒɥijɛ] *nm* July ; *en* ~/*au mois de* ~ in July.

juin [ʒɥɛ̃] *nm* June.

jumeau [ʒymo] *adj* (f -elle ; mpl -x) twin ♦ *nm* twin ∥ **jumelage** *nm* twinning ∥ **jumelle** *nf* twin (girl) ∥ **jumeler** *vt* (1b) combine ; join ; (*villes*) twin ∥ **jumelles** *nfpl* binoculars ; (Th) opera glasses.

jument [ʒymɑ̃] *nf* mare.

jungle [ʒɔ̃gl] *nf* jungle.

junior [ʒynjɔʀ] *adj nmf* junior.

junte [ʒœ̃t] *nf* junta.

jupe [ʒyp] *nf* skirt ; (*fig*) *être dans les* ~*s de sa mère* *be tied to one's mother's apron strings ∥ **jupe-culotte** *nf* divided skirt ∥ **jupon** *nm* waist slip ; *courir le* ~ chase the girls.

juré [ʒyʀe] *nm* juror ; *les* ~*s* the members of the jury ♦ *adj* sworn ∥ **jurer** *vt* (1) **1** *swear ; (*fig*) promise ; *quelle idée, je te jure !* honestly, what an idea ! **2** ~ *de* *swear to ; (*fig*) *il ne faut* ~ *de rien* you never can tell ♦ *vi* **1** *swear ; ~ *contre qn* curse sb ; *se* ~ *de faire qch* vow to do sth **2** (*couleurs*) clash.

juridiction [ʒyʀidiksjɔ̃] *nf* jurisdiction ; (*tribunal*) court of law ∥ **juridique** *adj* legal ∥ **jurisprudence** *nf* **1** jurisprudence **2** case law ; *faire* ~ create a precedent ∥ **juriste** *nmf* jurist ; lawyer ∥ **juron** *nm* swearword ; curse ; *dire des* ~*s* *swear ∥ **jury** *nm* **1** (Jur) jury **2** (Sp) (panel of) judges ; (*concours*) selection committee ; (*Ens*) examining board/board of examiners.

jus [ʒy] *nm* **1** juice ; ~ *d'orange* orange juice ; ~ *de viande* gravy **2** (*fam*) coffee ; water **3** (*fam*) (El) juice ; *un court-*~ a short (circuit).

jusqu'auboutiste [ʒyskobutist] *nmf* hardliner.

jusque [ʒysk] *prép* **1** (*distance*) as far as ; *jusqu'au bord* up to the brim ; *jusqu'où ?* how far ? (*fam*) *j'en ai* ~*-là de tes plaintes* I'm fed up (to the back teeth) with your complaints **2** (*temps*) till, until ; *jusqu'à présent* up till now ; *du matin jusqu'au soir* from morning to night ; *jusqu'ici* so far ; ~ **là** until then **3** including ; *j'ai cher-ché ~ dans le grenier* I even looked in the attic ‖ **jusqu'à ce que** *conj* till, until ; *j'attendrai ~ tu reviennes* I'll wait till you get back ‖ **jusqu'à tant que** *conj (vx)* till, until.

justaucorps [ʒystokɔR] *nm pl inv* leotard.

juste [ʒyst] *adj* **1** *(cause)* just ; *(colère)* righteous ; *(critique)* justified ; *il proteste – et à ~ titre !* he's protesting – and quite rightly too ! **2** fair ; ~ *envers qn* fair to sb ; *le ~ milieu* the happy medium **3** accu-rate ; exact ; *(résultat)* right ; *(raison-nement)* sound ; *arriver à l'heure ~* arrive right on time **4** *(Mus) (intervalle)* perfect ; *(instrument)* in tune **5** scanty ; *(robe)* tight ; *je suis un peu ~* I'm a bit short (of money) ♦ *adv* **1** accurately ; *chanter ~* *sing in tune ; *deviner ~* guess correctly **2** precisely ; *j'habite ~ au-dessus* I live just above ; *je ne savais pas au ~* I didn't exactly know **3** only ; just ; *ils ont tout ~ de quoi vivre* they have barely enough to live on **4** *comme de ~* as usual ; naturally ♦ *nm pl les ~s* the just ; the righteous ‖ **justement** *adv* **1** legitimately **2** exactly ; precisely ‖ **justesse** *nf* **1** accuracy ; *(juge-ment)* soundness ; *(mot, expression)* appro-priateness **2** *de ~* narrowly ; *j'ai gagné de ~* I only just won.

justice [ʒystis] *nf* **1** *(Jur)* justice ; *passer en ~ (délit)* *come up in court ; *(crime)* *stand trial ; *poursuivre qn en ~* *take legal action against sb ; *rendre ~* render justice ; *rendre ~ à qn* *do sb justice ; *se faire ~ (soi-même)* *take the law into one's own hands ; *take one's (own) life **2** *(équité)* fairness ; *en toute ~* in/out of all fairness ‖ **justiciable** *adj (Jur) (de)* justiciable to ; *(fig)* answerable (to) ‖ **jus-ticier** *nm (f* -**ière)** **1** *(Jur)* administrator of justice **2** upholder of the law ; *(fam)* righter of wrongs.

justifiable [ʒystifjabl] *adj* justifiable ; va-lid ‖ **justificatif** *adj (f* -**ive)** justifiable ; *pièce* -**ive** supporting document ♦ *nm* supporting document ; *(Adm Com)* voucher, file copy ‖ **justification** *nf* **1** jus-tification ; defence **2** *(preuve)* proof **3** *(Inf)* justification ‖ **justifier** *vt (1h)* **1** justify ; warrant **2** prove **3** *(Inf)* justify ; ~ *à gau-che* left-justify ♦ *vi* **1** ~ *de* account for ; ~ *de son identité* prove one's identity ‖ **se justifier** *vpr* **1** justify oneself **2** prove one's innocence.

jute [ʒyt] *nm* jute ; *toile de ~* hessian, *(amér)* burlap.

juteux [ʒytø] *adj (f* -**euse)** juicy.

juvénile [ʒyvenil] *adj* juvenile ; *(appa-rence)* youthful.

juxtaposer [ʒykstapoze] *vt (1)* juxtapose ‖ **juxtaposition** *nf* juxtaposition.

K

K, k [ka] *nm* K, k.

kaki [kaki] *adj (couleur)* khaki.

kaléidoscope [kaleidɔskɔp] *nm* kaleido-scope.

kangourou [kãguRu] *nm* kangaroo.

karaté [kaRate] *nm* karate.

kayac, kayak [kajac] *nm* kayak.

képi [kepi] *nm* kepi.

kermesse [kɛRmɛs] *nf* fair ; *(brit)* (cha-rity) fête.

kérosène [keRozɛn] *nm* jet fuel, kerosine/kerosene.

kidnapper [kidnape] *vt (1)* kidnap ‖ **kidnappeur** *nm* kidnapper.

kilo [kilo] *nm* kilo ‖ **kilométrage** *nm* mi-leage ‖ **kilomètre** *nm* kilometre.

kinésithérapeute [kineziteRapøt] *nmf*

physiotherapist ‖ **kinésithérapie** *nf* physiotherapy.

kiosque [kjɔsk] *nm* kiosk ; stall ; ~ *à journaux* news-stand ; ~ *à musique* bandstand.

klaxon [klaksɔn] *nm* horn, *(brit)* hooter ‖ **klaxonner** *vi (1)* hoot, *(amér)* honk.

kleptomane [klɛptɔman] *nmf* klepto-maniac ‖ **kleptomanie** *nf* kleptomania.

knock-out [knɔkawt] *adj* knocked out ; *mettre qn ~* knock sb out ♦ *nm* knock-out.

krach [kRak] *nm* crash.

kraft [kRaft] *nm* brown (wrapping) paper.

kyrielle [kiRjɛl] *nf* long stream (of words) ; *(fig)* series ; batch.

kyste [kist] *nm* cyst.

L

L, l [εl] *nm* L, l.

la[1] [la] *art défini* the.

la[2] [la] *pron pers compl* her; it; *Hélène ? je ne la vois pas* Hélène ? I can't see her; *la voiture ? je ne la vois pas* the car? I can't see it.

la[3] [la] *nm* (*Mus*) A, lah; *en la majeur* in A major; *donner le la* *give the pitch; (*fig*) *set the tone.

là [la] *adv* **1** there; *ton frère est ~ ?* is your brother in? *désolé, il n'est pas ~* sorry, he's out; *c'est ~ où/qu'il a vécu* that's where he lived; *j'en suis ~* that's as far as I've got; *viens par ~ !* come this way! (*fig*) *de là je conclus* ... from this I conclude... **2** then; at that point; *à trois jours de ~* three days later; *d'ici ~* in the meantime; *restons-en ~* let's leave it at that **3** *ce jour-là* that day; *ces gens-là* those people ◆ *interj là là, ne pleure pas !* now then, don't cry! *alors là !* well! *oh là !* hey there! *oh là là !* oh dear! ‖ **là-bas** *adv* over there ‖ **là-dedans** *adv* inside; in there ‖ **là-dessous** *adv* underneath; under there ‖ **là-dessus** *adv* on there; (*fig*) about that; at that point ‖ **là-haut** *adv* up there.

label [label] *nm* mark; stamp; *~ de qualité* quality brand/seal.

labeur [labœʀ] *nm* (*lit*) labour.

laborantin [labɔʀɑ̃tɛ̃] *nm* laboratory assistant ‖ **laboratoire** *nm* laboratory.

laborieux [labɔʀjø] *adj* (*f* **-euse**) **1** (*pénible*) laborious; (*péj*) laboured **2** industrious; hard-working; *les masses ~euses* the working classes.

labour [labuʀ] *nm* (*Ag*) ploughing ‖ **labourer** *vt* (*1*) plough; (*fig*) furrow ‖ **laboureur** *nm* ploughman.

labyrinthe [labiʀɛ̃t] *nm* maze; labyrinth.

lac [lak] *nm* lake; (*fam fig*) (*projet*) *être/tomber dans le ~* *fall through.

lacer [lase] *vt* (*1h*) lace (up).

lacérer [laseʀe] *vt* (*1c*) slash; rip open; (*tissu*) lacerate; (*douleur*) *shoot through.

lacet [lase] *nm* **1** lace; *~ de chaussure* shoe-lace **2** (*amér*) (*hairpin*) bend, (*amér*) switch-back; *en ~* twisty; winding **3** noose; *poser un ~* *set a snare.

lâche [laʃ] *adj* **1** (*personne*) cowardly **2** slack; (*nœud*) loose; (*robe*) loose-fitting; (*mœurs*) lax ◆ *nmf* coward ‖ **lâchement** *adv* in a cowardly way.

lâcher [laʃe] *vt* (*1*) **1** (*laisser tomber*) drop; *~ prise* *let go (of) **2** (*libérer*) release; *set free; (*Naut*) (*amarres*) *cast off; (*cri*) *let out; (*bêtise*) blurt out **3** loosen, slacken; (*couture*) *let out **4** (*fam*) abandon **5** *give up; (*études, pro-

jet*) drop out (of) **6** (*Sp aussi fig*) (*peloton*) outdistance ◆ *vi* **1** *break; (*frein*) fail; (*nerfs*) *give way ‖ **lâcher** *nm* release ‖ **lâcheur** *nm* (*f* **-euse**) *c'est un ~* you can't count/rely on him.

lâcheté [laʃte] *nf* cowardice; *une ~* an act of cowardice.

lacis [lasi] *nm* web; tangle.

laconique [lakɔnik] *adj* laconic.

lacrimogène [lakʀimɔʒɛn] *adj gaz ~* tear gas.

lacté [lakte] *adj* lactic; *régime ~* milk diet; (*Astr*) *voie ~e* Milky Way.

lacunaire [lakynɛʀ] *adj* incomplete ‖ **lacune** *nf* **1** break; (*texte, mémoire*) blank; *combler les ~s* fill the gaps **2** inadequacy.

lad [lad] *nm* stable-lad.

ladite [ladit] *adj voir* **ledit**.

lagune [lagyn] *nf* lagoon.

laïc [laik] *nm* (*Rel*) layman ‖ **laïcité** *nf* secularism.

laid [lɛ] *adj* **1** ugly; (*personne*) unattractive, (*amér*) homely; (*vision*) unsightly **2** (*action*) low; mean; (*fam*) *c'est ~ de tirer la langue !* it's not nice to stick out your tongue! ‖ **laideur** *nf* **1** ugliness; unsightliness **2** meanness.

lainage [lɛnaʒ] *nm* wool material; (*vêtement*) woolly ‖ **laine** *nf* **1** wool; fleece; *de/en ~* woollen **2** *~ de verre* fibreglass ‖ **laineux** *adj* (*f* **-euse**) fleecy.

laïque [laik] *adj* (*Rel*) lay; (*Jur*) civil; secular; (*Ens*) non-denominational ◆ *nm* layman (*f* laywoman).

laisse [lɛs] *nf* lead, leash; *tenir en ~* *keep on a lead.

laissé-pour-compte [lesepuʀkɔ̃t] *adj* rejected; unwanted ◆ *nm* (*mpl* **laissés-~-~**) **1** (*Com*) reject; unsold item **2** (*personnes*) the excluded; *il y aura des laissés-pour-compte* some people will be excluded.

laisser [lese] *vt* (*1*) **1** (*quitter*) *leave; *bon, je vous laisse !* well, I'm off! **2** (*garder*) *leave; *~ qn debout* *leave sb standing; *laisse-moi tranquille !* leave me alone! *~ la vie sauve à qn* spare sb's life **3** *let, allow; *~ qn conduire* *let sb drive; *il me l'a laissé pour 10 francs* he let me have it for 10 francs; *le patron laisse faire* the boss never intervenes; *~ tomber* drop; *~ voir* *show; *tout laisse à penser que...* there is every reason to believe that... *laisse-moi rire !* don't make me laugh! ◆ *vi* **1** *cela laisse à désirer* it leaves much to be desired **2** (*lit*) *malgré tout elles ne laissent pas d'être amies* they are nevertheless friends ‖ **se laisser** *vpr* *~*

aller *let oneself go; ~ *influencer* *let oneself be influenced; ~ *vivre* *take life as it comes; *(fam)* ça *se laisse boire* it's drinkable; *ne te laisse pas faire !* don't let anyone push you around! ‖ **laisser-aller** *nm (pl inv)* slovenliness; lack of discipline ‖ **laisser-passer** *nm (pl inv)* pass.

lait [lɛ] *nm* milk; ~ *concentré, écrémé* evaporated, skimmed milk; ~ *de brebis* ewe's milk; *petit* ~ whey; *(fig) boire du petit* ~ lap it up; *café au* ~ white coffee, coffee with cream; *chocolat au* ~ milk chocolate; *vache à* ~ dairy cow; *(fig péj)* milch cow, *(Fin)* cash cow; ~ *démaquillant* cleansing lotion ‖ **laitage** *nm* milk product ‖ **laitance** *nf (Cuis)* soft roe ‖ **laiterie** *nf* dairy ‖ **laiteux** *adj (f -euse)* milky ‖ **laitier** *adj (f -ière)* dairy ◆ *nm (livreur)* milkman; *(Ag Com)* dairyman, dairy farmer.

laiton [letɔ̃] *nm* brass.

laitue [lety] *nf* lettuce.

laïus [lajys] *nm (pl inv) (fam)* speech; *(péj)* spiel.

lama[1] [lama] *nm (Zool)* llama.

lama[2] [lama] *nm (Rel)* lama.

lambeau [lɑ̃bo] *nm (pl -x)* scrap; fragment; *en ~x* in rags/tatters; *mettre en ~x* *tear to shreds.

lambin [lɑ̃bɛ̃] *adj* slow ◆ *nm* slowcoach, *(amér)* slowpoke ‖ **lambiner** *vi (1)* dawdle.

lambris [lɑ̃bʀi] *nm* wainscot; panelling.

lame [lam] *nf* 1 strip; *(store)* slat; ~ *de parquet* floorboard 2 *(couteau)* blade; ~ *de rasoir* razor blade 3 sword; *une fine* ~ a good swordsman 4 wave; ~ *de fond* ground swell ‖ **lamelle** *nf* 1 thin strip; *(Cuis) couper en ~s* slice thinly 2 small blade; *(Tech)* ~ *de verre* slide 3 *(Bot Zool)* lamella.

lamentable [lamɑ̃tabl] *adj* deplorable; appalling; *(fam)* hopeless ‖ **lamentablement** *adv* hopelessly; miserably ‖ **lamentation** *nf* wailing(s); lamentation; *(péj)* moaning(s) ‖ **se lamenter** *vpr (1)* 1 wail; lament 2 ~ *de* deplore; ~ *sur* moan about/over.

laminer [lamine] *vt (1)* laminate; *(fig)* *wear down ‖ **laminoir** *nm* rolling mill.

lampadaire [lɑ̃padɛʀ] *nm (rue)* street lamp; *(maison)* standard lamp ‖ **lampe** *nf* 1 lamp; ~ *de poche* torch; flashlight; ~ *à souder* blow lamp; ~ *témoin* pilot light 2 *(fam) s'en mettre plein la* ~ *have a nosh-up/ *(amér)* blow-out ‖ **lampée** *nf* gulp; *(fam)* swig ‖ **lamper** *vt (1)* gulp down ‖ **lampion** *nm* Chinese lantern ‖ **lampiste** *nm* 1 *(Rail)* lampman 2 *(Th)* lighting technician 2 *(fig)* underling; fall guy.

lance [lɑ̃s] *nf* 1 spear; lance; *fer de* ~ spearhead; *(fig)* flagship 2 nozzle; ~ *d'incendie* fire hose.

lancée [lɑ̃se] *nf* impetus; *(fig) continuer sur sa* ~ *keep going ‖ **lance-flammes** *nm (pl inv)* flame-thrower ‖ **lancement** *nm (Sp)* throw(ing); ~ *du poids* putting the shot; *(Com, fusée)* launch(ing) ‖ **lance-missiles** *nm (pl inv)* missile launcher ‖ **lance-pierres** *nm (pl inv)* catapult, slingshot.

lancer [lɑ̃se] *vt (1h)* 1 *throw; *(violemment)* hurl, *fling; *(flèche)* *shoot; *(fusée)* launch; *(bomb)* drop; ~ *un coup d'œil* flash a glance 2 *(Sp)* *throw; *(poids)* *put the shot 3 *(Com Fin Naut)* launch; *(mode)* *set, initiate ◆ **se lancer** *vpr (contre)* dash (at); *(discussion) (dans)* launch (into) ◆ *nm (pêche) lancer* casting ‖ **lancinant** *adj (douleur)* throbbing; *(fig)* haunting.

landau [lɑ̃do] *nm (pl -s) (brit)* perambulator, *(ab)* pram, *(amér)* baby carriage.

lande [lɑ̃d] *nf* moor, heath.

langage [lɑ̃gaʒ] *nm* language; ~ *chiffré* cipher, code; ~ *populaire* popular speech.

lange [lɑ̃ʒ] *nm* nappy, *(amér)* diaper; *(Rel)* ~s swaddling clothes.

langouste [lɑ̃gust] *nf* crayfish ‖ **langoustine** *nf* prawn.

langue [lɑ̃g] *nf* 1 *(Anat)* tongue; ~ *de bois* officialese; *(devinette)* je donne ma ~ *au chat* I give up; *une mauvaise* ~ a scandalmonger 2 language; ~ *maternelle* mother/native tongue ‖ **langue-de-chat** *nf (biscuit)* butter finger ‖ **languette** *nf (chaussure)* tongue; *(emballage)* tab.

langueur [lɑ̃gœʀ] *nf* languor ‖ **languir** *vi (2)* 1 *(après)* languish (for), pine (for); *ne nous fais pas* ~ don't keep us on tenterhooks 2 flag; *les affaires languissent* business is slack ‖ **languissant** *adj* languid; lagging, dragging.

lanière [lanjɛʀ] *nf* strap; *(tissu)* strip.

lanterne [lɑ̃tɛʀn] *nf* lantern; *(Aut)* sidelight, *(amér)* parking light.

lapalissade [lapalisad] *nf* truism.

laper [lape] *vti (1)* lap (up).

lapidaire [lapidɛʀ] *adj* lapidary, *(fig)* concise ‖ **lapider** *vt (1)* stone (to death).

lapin [lapɛ̃] *nm* rabbit; ~ *de garenne* wild rabbit; *(fam) poser un* ~ *(à qn)* *stand sb up; *(Méd) le coup du* ~ whiplash injury ‖ **lapine** *nf* doe (rabbit).

laps [laps] *nm (pl inv)* ~ *de temps* space of time.

lapsus [lapsys] *nm (pl inv)* slip (of the tongue/pen).

laquais [lakɛ] *nm* footman; *(péj)* lackey.

laque [lak] *nf* 1 *(meuble)* lacquer 2 *(cheveux)* lacquer; hair spray ◆ *nm* lacquer; *(objet)* lacquerware ‖ **laquer** *vt (1)* lacquer.

larbin [laʀbɛ̃] *nm (fam péj)* flunkey.

larcin [laʀsɛ̃] *nm* theft; *(objet)* loot.
lard [laʀ] *nm (gras)* fat; *(maigre)* bacon; *(fam) gros ~* big fat slob; *c'est une tête de ~* he's pigheaded ‖ **lardon** *nm (Cuis)* lardon; *(argot) (enfant)* kid.
large [laʀʒ] *adj* **1** wide; *~ avenue* wide avenue; *3 mètres de ~* 3 metres wide **2** broad; *~ d'épaules* broad-shouldered; *geste ~* broad gesture; *(fig) ~ d'esprit* broad-minded; *au sens ~* in the broad sense of the word; *dans une ~ mesure* to a large extent **3** generous; considerable ◆ *nm (Naut)* open sea; *(fig) être au ~* *have plenty of room, *(fortune)* *be well off; *marcher de long en ~* walk up and down ◆ *adv elle s'habille ~* she wears loose-fitting clothes; *il n'en mène pas ~* he's shaking in his shoes; *(amér fam)* he's (all) uptight ‖ **largement** *adv* widely; broadly; *nous avons ~ le temps* we have ample time; *il a ~ 20 ans* he is 20 if he is a day ‖ **largesse** *nf* generosity ‖ **largeur** *nf* width; breadth; *en ~* widthwise; *(fam) dans les grandes ~s* well and truly.
larguer [laʀge] *vt (1)* **1** *let go, *let loose; *(Naut) (amarres)* *cast off **2** *(bombe)* drop **3** *(fam fig)* chuck, ditch.
larme [laʀm] *nf* tear; *fondre en ~s* *burst into tears; *pleurer à chaudes ~s* cry one's heart out; *(lit)* *weep bitterly; *(fam) une ~ de cognac* a drop of brandy ‖ **larmoyant** *adj (yeux)* watering; *(personne)* tearful, *(péj)* snivelling; *(histoire)* maudlin, soppy ‖ **larmoyer** *vt (1f) (yeux)* water; *(personne)* snivel.
larve [laʀv] *nf* larva, grub; *(fig)* worm ‖ **larvé** *adj* latent.
las [lɑ] *adj (f lasse) (de)* weary (of), tired (of).
lascar [laskaʀ] *nm (fam)* fellow; *c'est un drôle de ~* he's quite a character.
lascif [lasif] *adj (f -ive)* lascivious; lewd.
laser [lazɛʀ] *nm* laser; *disque ~* compact disc.
lassant [lasɑ̃] *adj* wearisome, tedious ‖ **lasser** *vt (1)* tire, weary; *(patience)* tax ◆ *se lasser vpr (de)* tire (of) ‖ **lassitude** *nf* weariness, lassitude.
lasso [laso] *nm* lasso; *on l'a pris au ~* it was lassoed.
latent [latɑ̃] *adj* latent.
latéral [lateʀal] *adj (mpl -aux)* lateral; *rue ~e* side street.
latitude [latityd] *nf* **1** *(Géog)* latitude **2** scope, freedom.
latte [lat] *nf* slat; *~ de plancher* floorboard.
laudatif [lɔdatif] *adj (f -ive)* laudatory.
lauréat [lɔʀea] *nm* prize-winner.
laurier [lɔʀje] *nm (Bot)* laurel; *(Cuis)* bay leaf ‖ **laurier-rose** *nm (Bot)* oleander.
lavable [lavabl] *adj* washable; *~ en machine* machine-washable ‖ **lavabo**

nm washbasin; *~s* washroom, toilets ‖ **lavage** *nm* washing; *~ de cerveau* brainwashing.
lavande [lavɑ̃d] *nf* lavender; *bleu ~* lavender blue.
lave[1] [lav] *nf (Géol)* lava.
lave[2] [lav] *préf ~-glace nm (pl inv) (brit)* windscreen/ *(amér)* windshield washer; *~-linge nm (pl inv)* washing-machine; *~-vaisselle nm (pl inv)* dish-washer.
lavement [lavmɑ̃] *nm* enema ‖ **laver** *vt (1)* wash; *(fig) ~ d'un soupçon* clear of an accusation ◆ *se laver vpr (brit)* *have a wash, *(amér)* wash up; *~ les dents* brush one's teeth; *elle s'est lavé les mains* she washed her hands ‖ **laverie** *nf ~ automatique* launderette ‖ **lavette** *nf* dishcloth; *(péj) (personne)* drip ‖ **laveur** *nm (f -euse)* washer, scrubber; *(vitres)* window cleaner.
laxatif [laksatif] *adj (f -ive) nm* laxative.
laxisme [laksism] *nm* laxity.
layette [lɛjɛt] *nf* baby clothes, layette.
lazzi [lazi] *nm (pl inv)* jeers, catcalls.
le[1] [lə] **la**[1] [la] **les**[1] [le] *art déf (voir* **des, du, au, aux)** **1** the, *puis-je prendre la voiture?* can I have the car? **2** *(généralité) je n'aime ni le lait ni le fromage* I don't like milk or cheese; *la baleine est une espèce menacée* whales are/the whale is an endangered species; *l'homme et la femme* man and woman **3** *(partie du corps, vêtement) il entra, le chapeau à la main* he came in with his hat in his hand; *elle s'est cassé le bras* she broke her arm **4** *(temps) la semaine dernière* last week; *fermé le samedi* closed on Saturdays **5** *(excl) oh! les beaux jours!* what fine days! **6** *(distributif) deux fois la semaine* twice a week; *50F le kilo* 50 francs a kilo **7** *(Géog) le Canada* Canada; *le lac Tahoe* Lake Tahoe; *l'Everest* (Mount) Everest **8** *(environ) le film dure dans les trois heures* the film lasts about three hours **9** *(superlatif) le plus grand* the largest (one); *les journaux les meilleurs* the best newspapers **10** *inv c'est dans cette maison qu'elle fut le plus heureuse* she was happiest in this house; *la femme qu'il a le plus aimée* the woman he loved most.
le[2] [lə] **la**[2] [la] **les**[2] [le] *pr pers* **1** him, her, it, them; *je l'ai lu* I have read it; *je le connais* I know him **2** *(neutre) je le sais* I know it/that **3** *(remplaçant expression ou proposition) so; je te l'ai dit* I told you so; *il est plus tard que vous ne le croyez* it's later than you think.
lèche [lɛʃ] *nf (fam)* bootlicking ‖ **lèche-vitrines** *nm (pl inv)* window-shopping ‖ **lécher** *vt (1c) (lick; (vagues)* lap against **2** *(fignoler)* polish up; *(péj)* overpolish.
leçon [ləsɔ̃] *nf* **1** lesson; *faire la ~ à qn (réprimander)* lecture sb **2** *(Ens)* lesson,

class ; *devoirs et ~s* homework, *(brit)* prep.

lecteur [lɛktœʀ] *nm (f* **-trice)** reader ; *(université)* assistant ◆ *nm ~ de cassettes* cassette player ; *~ optique* optical scanner ‖ **lecture** *nf* reading ; *apportez-moi de la ~* *bring me sth to read ; *(projet de loi)* reading.

ledit [lədi] **ladite** [ladit] *adj* the (afore)said.

légal [legal] *adj (mpl* **-aux)** legal ; *activité ~e* lawful activity ; *médecine ~e* forensic medicine ‖ **légaliser** *vt (1)* **1** legalize **2** authenticate, certify ‖ **légalité** *nf* legality, lawfulness.

légataire [legatɛʀ] *nmf* legatee.

légendaire [leʒɑ̃dɛʀ] *adj* legendary ‖ **légende** *nf* **1** *(fable)* legend **2** *(inscription) (plan)* key ; *(dessin, photo)* caption.

léger [leʒe] *adj (f* **-ère) 1** light **2** *(peu important)* slight ; *(peu épais)* thin ; *(boisson)* light ; *(péj)* weak ; *(tabac)* mild **3** *(conduite)* flighty, frivolous ; *il prend la situation à la ~ère* he doesn't take the situation seriously ‖ **légèrement** *adv* lightly, slightly ; thoughtlessly ‖ **légèreté** *nf* lightness ; thoughtlessness ; off-handedness.

légiférer [leʒifeʀe] *vi (1c)* legislate.

légion [leʒjɔ̃] *nf* legion ; *(fig)* host.

législateur [leʒislatœʀ] *nm (f* **-trice)** legislator, lawmaker ‖ **législatif** *adj (f* **-lve)** legislative ‖ **législation** *nf* legislation ‖ **législature** *nf* term of office ‖ **légiste** *nmf* jurist ◆ *adj médecin ~* forensic pathologist.

légitime [leʒitim] *adj* legitimate ; lawful ; *~ défense* self-defence ; *(récompense)* just ; *(colère)* justifiable ‖ **légitimité** *nf* legitimacy.

legs [lɛg] *nm (pl inv)* bequest, *(aussi fig)* legacy ‖ **léguer** *vt (1c)* bequeath ; *(fig)* hand down.

légume [legym] *nm (aussi personne)* vegetable ◆ *nf (argot) grosse ~* bigwig, big wheel ‖ **légumineux** *adj (f* **-euse)** leguminous.

lendemain [lɑ̃dmɛ̃] *nm* **1** next day ; *le ~ soir* the next evening, the evening after ; *du jour au ~* overnight **2** future ; *des ~s heureux* rosy prospects ; *sans ~* short-lived ; *au ~ de* soon after, immediately following.

lénifiant [lenifjɑ̃] *adj* soothing.

lent [lɑ̃] *adj* slow ‖ **lenteur** *nf* slowness.

lente [lɑ̃t] *nf* nit.

lentille [lɑ̃tij] *nf* **1** *(Cuis)* lentil **2** *(Phys)* lens ; *~ de contact* contact lens.

léopard [leɔpaʀ] *nm* leopard.

lèpre [lɛpʀ] *nf* leprosy ‖ **lépreux** *adj (f* **-euse)** leprous ; *(mur)* peeling ◆ *nm* leper.

lequel [ləkɛl] **laquelle** [lakɛl] **lesquel(le)s** [lekɛl] *pr int* which (one) ; *lequel de vous ?* which (one) of you? ◆ *adj, pr rel (personne)* who, whom ; *(chose)* which ; *la personne à laquelle vous avez écrit* the person (whom) you wrote to/to whom you wrote.

les [le] *voir* le[1], le[2].

lèse-majesté [lɛzmaʒɛste] *nf* lese-majesty ‖ **léser** *vt (1c)* wrong, damage ; *(Méd)* injure ; *(Jur) (droits)* encroach upon.

lésiner [lezine] *vi (1) (sur)* skimp (on).

lésion [lezjɔ̃] *nf* lesion ; injury.

lessivable [lesivabl] *adj* washable ‖ **lessivage** *nm* washing ‖ **lessive** *nf* **1** wash ; *faire la ~* do the washing **2** *(produit)* detergent, washing powder ‖ **lessivé** *adj (fam)* washed out, dead beat ‖ **lessiver** *vt (1)* wash ; wash out ; *(mur)* wash down.

lest [lɛst] *nm* ballast ; *jeter du ~ (fig)* *make concessions.

leste [lɛst] *adj* **1** nimble, agile ; *d'un pas ~* at a brisk pace **2** *(plaisanterie)* risqué.

lettre [lɛtʀə] *nf* **1** letter ; *en toutes ~s* in full **2** *~ d'affaires* business letter ; *~ recommandée* registered letter **3** *au pied de la ~/à la ~* literally ; *rester ~ morte* *go unheeded ; *(fam) comme une ~ à la poste* without a hitch ‖ **lettré** *adj* well-read ◆ *nm* scholar ‖ **lettres** *nfpl inv (Ens)* humanities ; *les (belles) lettres* literature ; *homme de ~* man of letters.

leucémie [løsemi] *nf* leuk(a)emia.

leur[1] [lœʀ] *pr pers compl* them ; *je le ~ ai dit* I told them so.

leur[2], *pl* **leurs** [lœʀ] *adj poss* their ; *leurs enfants et leur chien* their children and their dog ‖ **le leur, la leur, les leurs** *pr poss* theirs ; *c'était l'un des leurs* he was one of the family, one of the group, on their side ; *ils y ont mis du leur* they did their bit.

leurre [lœʀ] *nm* lure, decoy ; *(fig)* deception, delusion ‖ **leurrer** *vt (1)* lure ; *(fig)* deceive, delude.

levage [ləvaʒ] *nm* lifting, hoisting.

levain [ləvɛ̃] *nm* leaven ; *sans ~* unleavened.

levant [ləvɑ̃] *nm le L~* the East ◆ *adj soleil ~* rising sun ‖ **levé** *adj* raised ; *être ~* *be up/out of bed ; *voter à mains ~es* vote by a show of hands ; *au pied ~* at a moment's notice ‖ **levée** *nf* **1** dyke, levee **2** collecting ; *(courrier)* collection **3** *(siège)* raising ; *(séance)* adjourning ; *(fig) ~ de boucliers* general outcry **4** *(cartes)* trick ‖ **lever** *vt (1c)* **1** lift, raise, *~ l'ancre* weigh anchor ; *(Com) ~ une option* *take up an option ; *(séance)* adjourn **2** *(difficulté)* remove ; *~ le voile (sur)* reveal the truth (about) **3** *(courrier)* collect ; *(troupes, impôts)* levy **4** *(plan)* *draw ◆ *vi (Cuis)* *rise ; *(plante)* *come up ◆ **se lever** *vpr* *(personne allongée)* *get up; *(personne assise)* *stand up; *(soleil)* *rise; *(jour)* *break; *(brouillard)* clear ◆ *nm* de soleil sunrise; **~ du jour** daybreak; *(Th)* **~ de rideau** (rise of the) curtain ‖ **lève-tard** *nm (pl inv)* late riser ‖ **lève-tôt** *nm (pl inv)* early riser, *(fam)* early bird.

levier [ləvje] *nm* 1 lever; *ouvrir avec un* **~ prise** open 2 **~ de commande** control lever; *il est au(x)* **~(s) de commande** he is at the controls, *(fig)* he is in command; *(Aut)* **~ de vitesse** *(brit)* gear lever, *(amér)* gearshift 3 *(Fin)* **effet de ~** gearing.

levraut [ləvʀo] *nm (Zool)* leveret, young hare.

lèvre [lɛvʀ] *nf* lip; *rouge à* **~s** lipstick; *(fig) du bout des* **~s** reluctantly; *nous étions suspendus à ses* **~s** we were hanging on his/her every word.

lévrier [levʀje] *nm* greyhound.

levure [ləvyʀ] *nf* yeast; **~ chimique** baking powder.

lexique [lɛksik] *nm* 1 *(liste)* glossary 2 *(langue)* vocabulary.

lézard [lezaʀ] *nm* lizard ‖ **lézarde** *nf* crack, crevice ‖ **lézarder** *vt (1)* crack ◆ *vi (fam)* lounge in the sun.

liaison [ljɛzɔ̃] *nf* 1 connection 2 liaison; *agent de* **~** contact; *(péj)* go-between; **~ radio** radio contact; *se mettre en* **~** *avec* *get in touch with 3 collaboration; contact; *(amoureuse)* (love) affair 4 *(transports)* link 5 *(Gr)* liaison; *mot de* **~** link word 6 *(Mus)* tie 7 *(Cuis)* thickening ‖ **liant** *adj* sociable; *être* **~** *be a good mixer ◆ *nm (Ch, construction)* admixture, binder.

liane [ljan] *nf* creeper.

liasse [ljas] *nf* bundle, wad.

libeller [libele] *vt (1)* word, *(contrat)* *draw up.

libellule [libelyl] *nf* dragonfly.

libéral [libeʀal] *adj (mpl -aux)* 1 liberal; *(médecine)* private 2 broad-minded 3 generous ◆ *nm (pl -aux)* liberal ‖ **libéraliser** *vt (1)* liberalize ‖ **libéralité** *nf* 1 liberality 2 generosity; generous gift.

libérateur [libeʀatœʀ] *adj (f -trice)* liberating ◆ *nm* liberator ‖ **libération** *nf* liberation; *(Ch, prisonnier)* release; **~ conditionnelle** release on parole; *(soldat, dette)* discharge ‖ **libérer** *vt (1c)* liberate; release; *(personne)* free, *set free; *(conscience)* free.

liberté [libɛʀte] *nf* 1 freedom, liberty; **~ de la presse** freedom of the press; *mettre en* **~** *set free; *parler en toute* **~** *speak freely; *jour de* **~** day off; *que fais-tu pendant tes moments de* **~ ?** what do you do in your spare time; **~ d'esprit** independence of mind 2 *prendre des* **~s** *take liberties, *be too familiar.

libraire [libʀɛʀ] *nmf* bookseller ‖ **librairie**

nf (magasin) bookshop, *(amér)* bookstore; *(commerce)* book trade.

libre [libʀ] *adj* 1 *(de)* free (of); *elle est très* **~** *avec son patron* she has an easy relationship with her boss 2 *le champ est* **~** the coast is clear; *j'ai du temps* **~** I have some free/spare time; *cette place est-elle* **~ ?** is this seat vacant? *(hôtel)* chambres **~s** vacancies 3 *(magasin)* "entrée **~**" "please come in"; *(taxi)* empty; *(Téléph)* pas **~** the line is engaged 4 *(vélo)* roue **~** freewheel; *(natation, patinage)* free style 5 *(école)* independent ‖ **libre arbitre** *nm* free will ‖ **libre-échange** *nm* free trade ‖ **libre-service** *nm* self-service shop/restaurant.

licence [lisɑ̃s] *nf* 1 *(université)* bachelor's degree; **~ ès/de lettres** Arts degree, B.A 2 licence 3 **~ poétique** poetic licence ‖ **licencié** *nm* graduate; **~ ès sciences** bachelor of Science ◆ *adj (renvoyé)* laid off; made redundant ‖ **licenciement** *nm* dismissal; layoff; *lettre de* **~** redundancy notice ‖ **licencier** *vt (1h)* dismiss, *lay off.

licite [lisit] *adj* lawful, licit.

licorne [likɔʀn] *nf* unicorn.

lie [li] *nf (aussi fig)* dregs ‖ **lie de vin** *adj inv* wine-coloured.

lié [lje] *adj* bound, tied; *ils sont très* **~s** they are very close friends.

liège [ljɛʒ] *nm* cork.

lien [ljɛ̃] *nm* 1 tie; **~ d'amitié** bond of friendship; **~ de parenté** family tie 2 connection, link ‖ **lier** *vt (1h)* 1 tie up, *bind; **~ amitié** *strike up a friendship 2 *(relier)* connect, link 3 *(Cuis)* thicken ◆ **se lier** *vpr il se lie facilement* he makes friends easily.

lierre [ljɛʀ] *nm* ivy.

lieu [ljø] *nm (pl -x)* 1 place; *en* **~ sûr** in a safe place; *en tous* **~x** everywhere; *le* **~ du crime** the scene of the crime; *il était sur les* **~x** he was on the spot; *avoir* **~** *take place 2 **~x** *(locaux)* premises; **~x d'aisances** toilets; *les L*~*x Saints* the Holy Land 3 cause, reason, ground(s); *s'il y a* **~** if necessary; *donner* **~** *à* *give rise to, *be the occasion for 4 *tenir* **~** *de* *take the place of; *au* **~** *(de)* instead (of) ‖ **lieu commun** *nm* commonplace ‖ **lieudit** *nm* locality.

lieue [ljø] *nf (vx)* league; *(fig) à cent* **~s** miles away.

lieutenant [ljøtnɑ̃] *nm* lieutenant; *(Naut)* mate; *(Av)* flying officer.

lièvre [ljɛvʀ] *nm* hare.

lifting [liftiŋ] *nm* face lift.

ligament [ligamɑ̃] *nm* ligament ‖ **ligature** *nf 1 (action)* tying, bending; *(câble)* splice; *(Méd)* ligature ‖ **ligaturer** *vt (1)* tie; *(câble)* splice; *(Méd)* ligature.

ligne [liɲ] *nf* 1 line; **~ d'horizon** skyline; *entrer en* **~ de compte** *come into consideration 2 contour ; *garder la* ~ *keep one's figure ; les grandes ~s d'un discours* the broad outline of a speech 3 *(transport)* line ; ~ *d'autobus* bus route 4 *(pêche)* line 5 *(Téléph)* line ; *vous êtes en* ~ you are connected/through 6 *(Com)* line, range ‖ **lignée** *nf* line, descendants ; *(fig)* tradition.

ligneux [liɲø] *adj* (f **-euse**) woody, ligneous.

ligoter [ligɔte] *vt* (1) tie up, *bind.

ligue [lig] *nf* league ‖ **se liguer** *vpr* (1) league, conspire.

lilas [lila] *nm* (pl inv), *adj inv* lilac.

limace [limas] *nf* (Zool) slug.

limande [limãd] *nf* (Zool) dab ; ~-**sole** lemon sole.

lime [lim] *nf* file ‖ **limer** *vt* (1) file.

limier [limje] *nm* bloodhound ; *(fig)* sleuth.

limitatif [limitatif] *adj* (f **-ive**) restrictive ‖ **limitation** *nf* limitation ; ~ *de vitesse* speed limit ; ~ *des naissances* birth control ‖ **limite** *nf* 1 limit ; ~ *d'âge* age limit ; *dans une certaine* ~ to a certain extent ; *il acceptera, à la limite* he'll accept on a push 2 boundary ◆ *adj cas* ~ borderline case ; *date* ~ deadline ; *date* ~ *de vente* sell-by date ‖ **limiter** *vt* (1) limit ; *(délimiter)* bound ‖ **limitrophe** *adj* (de) adjacent (to), bordering (on).

limoger [limɔʒe] *vt* (1h) dismiss.

limpide [lɛ̃pid] *adj* limpid, clear ; *(fig)* lucid ‖ **limpidité** *nf* limpidity ; *(fig)* lucidity.

lin [lɛ̃] *nm (tissu)* linen ; *(Bot)* flax ; *huile de* ~ linseed oil.

linceul [lɛ̃sœl] *nm* shroud.

linéaire [lineɛʀ] *adj* linear.

linge [lɛ̃ʒ] *nm* 1 linen ; ~ *de corps* underwear ; ~ *de maison* household linen ; *envelopper dans un* ~ wrap up in a piece of cloth 2 *(à laver)* washing, laundry ‖ **lingerie** *nf* 1 underwear, lingerie 2 *(local)* linen room.

lingot [lɛ̃go] *nm* ingot ; *or en* ~s gold bullion.

linguiste [lɛ̃gɥist] *nmf* linguist ‖ **linguistique** *nf* linguistics ◆ *adj* linguistic.

linotte [linɔt] *nf* (Orn) linnet ; *(fam)* tête *de* ~ scatterbrain.

lion [ljɔ̃] *nm* (Zool) lion ; *(Astr)* Leo ‖ **lionceau** *nm* (pl **-x**) lion cub ‖ **lionne** *nf* lioness.

liquéfier [likefje] *vt* (1h) **se** ~ *vpr* liquefy.

liquidation [likidasjɔ̃] 1 *(Jur)* liquidation *(Bourse) jour de la* ~ account/settlement day 2 *(Com)* clearance sale ; selling off (of stock).

liquide [likid] *adj* liquid ; *(Cuis)* thin ◆ *nm* 1 ready money ; *payer en* ~ *pay (in) cash 2 liquid ; *(Méd Tech)* fluid ‖ **liquider** *vt* (1) 1 *(compte)* settle, *(dette)* wipe out ;

(entreprise) liquidate, *wind up ; ~ *le stock* *sell off stock 2 *(fam)* finish off ; ~ *qn* kill sb, eliminate sb ‖ **liquidités** *nfpl inv* (Fin) liquid assets.

lire[1] [liʀ] *vt* (38) *read ; *(fig) je lis dans son jeu* I know what he's up to ◆ **se lire** *vpr la fierté se lit sur son visage* pride is written all over his face ; *ce roman se lit bien* this novel makes good reading.

lire[2] [liʀ] *nf* lira.

lis, lys [lis] *nm* lily.

liseré [lizʀe] *nm* piping, edging.

liseron [lizʀɔ̃] *nm* bindweed, convolvulus.

liseuse [lizøz] *nf* 1 (dust) cover/jacket 2 bed jacket ‖ **lisibilité** *nf* legibility ‖ **lisible** *adj (écriture)* legible ; *(livre)* readable.

lisière [lizjɛʀ] *nf* 1 edge ; border 2 *(tissu)* selvage.

lisse [lis] *adj* smooth ; *(cheveux)* sleek ‖ **lisser** *vt* (1) smooth.

liste [list] *nf* list ; *faire une* ~ *draw up/ *make a list ; ~ *électorale* electoral roll ; *être sur la* ~ *rouge* (brit) *be ex-directory, *(amér)* *have an unlisted number ‖ **listage, listing** *nm* (Inf) printout.

lit [li] *nm* bed ; ~ *d'une personne, de deux personnes* single/double bed ; ~ *d'enfant* (brit) cot, (amér) crib ; ~ *de camp* camp bed, (amér) cot ; *être au* ~ *be in bed ; *mourir dans son* ~ die of natural causes ; *(enfant) du premier* ~ by a first marriage ‖ **literie** *nf* bedding, bed linen ‖ **litière** *nf* litter.

litige [litiʒ] *nm* dispute ; contention ; *(Jur)* lawsuit ‖ **litigieux** *adj* (f **-euse**) contentious ; *point* ~ controversial issue, moot point.

litote [litɔt] *nf* understatement.

litre [litʀ] *nm* litre ; litre bottle.

littéraire [liteʀɛʀ] *adj* literary ◆ *nmf* literary person ‖ **littéral** *adj* (mpl **-aux**) literal ‖ **littérature** *nf* literature.

littoral [litɔʀal] *nm* coastline ◆ *adj* coastal.

liturgie [lityʀʒi] *nf* liturgy ‖ **liturgique** *adj* liturgical.

livide [livid] *adj* pallid, ghastly pale ‖ **lividité** *nf* lividity.

livrable [livʀabl] *adj* (Com) ~ *à domicile* delivered (to your door) ‖ **livraison** *nf* delivery ; *payable à la* ~ payable on delivery.

livre[1] [livʀ] *nm* 1 book ; ~ *de poche* paperback ; *(Naut)* ~ *de bord* log 2 *l'industrie du* ~ (the) publishing (industry).

livre[2] [livʀ] *nf* pound ; ~ *sterling* pound (sterling).

livrer [livʀe] *vt* (1) 1 deliver ; *(prisonnier)* hand over 2 *(secret)* betray 3 abandon, *leave ; *il est livré à lui-même* he's left to himself/to his own devices 4 ~ *bataille* (à)

*give battle (to) ◆ **se livrer** *vpr* **1** surrender ; ~ **à la police** *give oneself up **2** *(à)* confide (in) ; *il se livre difficilement* he keeps himself (very much) to himself **3** *(à)* ~ **à l'étude** devote oneself to study ; *(vice)* indulge in, *give way to ; *(enquête)* proceed with, *hold || **livresque** *adj* bookish || **livret** *nm* booklet ; handbook ; *(Mus)* libretto.

livreur [livrœʀ] *nm* delivery boy.

local [lɔkal] *nm (pl* **-aux)** room ; premises ; office ◆ *adj (mpl* **-aux)** local || **localement** *adv* locally ; in places || **localisation** *nf* **1** localization **2** location || **localiser** *vt (1)* **1** localize ; *(limiter)* confine **2** *(repérer)* locate || **localité** *nf* place, spot, locality.

locataire [lɔkatɛʀ] *nmf* tenant ; *(Jur)* leaseholder ; *(chez l'habitant)* lodger, *(amér)* roomer || **location** *nf* **1** *(par locataire)* *(maison)* renting, rental ; *(voiture)* hiring, renting, rental **2** *donner en* ~ hire out, rent out ; *(maison)* *let **3** *(Av Th)* booking, reservation ; *bureau de* ~ box office, booking office || **location-vente** *nf* purchase on the installment plan ; *(brit)* hire purchase.

locomotion [lɔkɔmosjɔ̃] *nf* locomotion ; *moyens de* ~ means of transport || **locomotive** *nf* locomotive, engine ; *(fig)* trendsetter.

locuteur [lɔkytœʀ] *nm* speaker || **locution** *nf* phrase ; ~ *figée* set phrase.

loge [lɔʒ] *nf* lodge ; *(concierge)* lodge ; *(artiste)* dressing room ; *(Th)* box || **logeable** *adj* roomy || **logement** *nm* **1** *(lieu)* accommodation, *(amér)* lodgings, *(Mil)* quarters, *(chez l'habitant)* billet **2** housing ; *crise du* ~ housing shortage || **loger** *vt (1h)* **1** accommodate ; *(Mil)* quarter, *(chez l'habitant)* billet ; *je peux vous* ~ *pour cette nuit* I can put you up for the night ; *logé et nourri* with board and lodging/bed and board **2** place, *put ; ~ *une balle* lodge a bullet ◆ *vi* lodge ; ~ *à l'hôtel* *put up/stay at a hotel ◆ **se loger** *vpr* *find a house ; *find accommodation **2** *(se ficher)* *get lodged || **logeur** *nm* landlord || **logeuse** *nf* landlady.

logiciel [lɔʒisjɛl] *nm* software *ns inv* (package/application).

logique [lɔʒik] *nf* logic ; *en toute* ~ logically ◆ *adj* logical ; *il n'a pas l'esprit* ~ he hasn't got a logical mind || **logiquement** *adv* logically.

logis [lɔʒi] *nm* dwelling, house, home.

loi [lwa] *nf* law ; *projet de* ~ bill ; *homme de* ~ lawyer ; *faire la* ~ *lay down the law, *(fam)* *be the boss.

loin [lwɛ̃] *adv* **1** *(de)* far (from) ; *plus* ~ farther, *(fig)* further ; *il est de* ~ *le meilleur* he's by far the best **2** *(temps)* *(futur)* *les vacances sont encore* ~ the holidays are a long way off ; *(passé) le plein emploi est (bien)* ~ full employment is a thing of the past ; *de* ~ *en* ~ now and then ◆ *nm au* ~ in the distance, far away/off ; *de* ~ from a distance || **lointain** *nm* distance ◆ *adj* distant, far off, far away.

loir [lwaʀ] *nm* dormouse ; *dormir comme un* ~ *sleep like a log.

loisir [lwaziʀ] *nm* **1** leisure ; *pendant mes* ~*s/heures de* ~ in my spare time **2** opportunity ; *(loc) à* ~ at leisure **3** ~*s* spare time activities.

lombric [lɔ̃bʀik] *nm* earthworm.

long [lɔ̃] *adj (f* **longue)** **1** long ; *un jardin de 10 mètres* a 10-metre-long garden **2** *(durée)* long, *(discours)* lengthy **3** *(travail)* slow ; *(film)* ~ *métrage* full-length film ; *de longue date* long-standing ; *projet à* ~ *terme/à longue échéance* long-term plan ; *(loc adv) à longue échéance* in the long run ; *il est* ~ *à répondre* he's a long time answering ◆ *nm* **1** length ; *5 mètres de* ~ 5 metres in length ; *en* ~ lengthwise ; *le* ~ *de* along ; *marcher de* ~ *en large* walk up and down ; *(fig) raconter de* ~ *en large* *tell at great length ; *il est tombé de tout son* ~ he fell flat on his face **2** *(temps) tout le* ~ *du jour* throughout the day, all day long ◆ *adv elle s'habille* ~ she wears long skirts ; *il en sait* ~ he knows (quite) a lot || **long-courrier** *adj nm* *(Av)* long-haul (aircraft) ; *(Naut)* ocean-going (ship).

longer [lɔ̃ʒe] *vt (1h)* **1** *go along, *(Naut)* ~ *la côte* hug the coast **2** *(chose)* border ; *prenez la route qui longe la mer* take the coast road.

longévité [lɔ̃ʒevite] *nf* longevity.

longitude [lɔ̃ʒityd] *nf* longitude ; *par 40° de* ~ *est* at 40° longitude east || **longitudinal** *adj (mpl* **-aux)** lengthwise.

longtemps [lɔ̃tɑ̃] *adv* a long time ; *dormir* ~ *sleep for a long time ; *je ne peux pas rester* ~ I can't stay long ◆ *nm inv il y a* ~ a long time ago ; *il est célèbre depuis* ~ he has been famous for a long time ; *je n'en ai pas pour* ~ I won't be long.

longue [lɔ̃g] *nf (Gr)* long syllable ◆ *adj* voir **long** ; *loc adv à la* ~ in the long run, in the end || **longuement** *adv* for a long time ; at length ; *expliquer* ~ explain in (great) detail || **longueur** *nf* **1** length ; *dans (le sens de) la* ~ lengthwise ; *5 mètres de* ~ 5 metres long/in length **2** *(Sp) gagner d'une* ~ *win by a length ; *(fig) nous avons une (bonne)* ~ *d'avance sur nos concurrents* we have a clear lead over our rivals **3** *(loc) à* ~ *d'année* from one year's end to the other ; *à* ~ *de journée* all day long **4** *(film, roman)* ~*(s) (péj)* long passage(s) ; *traîner en* ~ drag on || **longue-vue** *nf* telescope.

looping [lupiŋ] *nm (Av)* loop; *faire un* ~ loop the loop.

lopin [lɔpɛ̃] *nm* patch/plot (of land).

loquace [lɔkas] *adj* talkative.

loque [lɔk] *nf* rag; *en* ~*s* in rags, in tatters; *(fig)* ~ *humaine* wreck.

loquet [lɔkɛ] *nm* latch.

lorgner [lɔrɲe] *vt (1)* eye; peer at; *(fig) il lorgne mon poste* he has his eye on my job || **lorgnette** *nf* opera glasses *pl inv*; *voir les choses par le petit bout de la* ~ *get things out of perspective || **lorgnon** *nm* pince-nez.

loriot [lɔrjo] *nm (Orn)* oriole.

lors [lɔr] *adv depuis* ~ ever since (then); ~ *de* at the time of; *dès* ~ *que* since.

lorsque [lɔrsk] *conj* when.

losange [lɔzɑ̃ʒ] *nm* diamond; *en* ~ diamond-shaped.

lot [lo] *nm* 1 *(loterie)* prize; *gros* ~ jackpot 2 *(portion)* share, set 3 *(destin)* lot, fate 4 *(Com)* batch, set || **loterie** *nf* lottery.

lotir [lɔtir] *vt (2)* 1 divide into lots, parcel out; *terrain à* ~ development site 2 allot; *il est mal loti* he's badly off || **lotissement** *nm (lieu)* housing estate.

lotte [lɔt] *nf* monkfish.

louable [lwabl] *adj* praiseworthy.

louange [lwɑ̃ʒ] *nf* praise; *à la* ~ *de* in praise of.

loubard [lubar] *nm* hoodlum, *(surtout brit)* lout.

louche[1] [luʃ] *nf* ladle.

louche[2] [luʃ] *adj* shady; *(fam)* fishy || **loucher** *vi (1)* squint; *be cross-eyed; *(fig)* ~ *vers/sur* *have one's eye on.

louer[1] [lwe] *vt (1) (de)* praise (for); *Dieu soit loué!* thank God! ◆ **se louer** *vpr (de)* *be very satisfied (with); congratulate oneself (on).

louer[2] [lwe] *vt (1)* 1 *(locataire) (à)* rent (from); *(voiture)* hire/rent (from) 2 *(propriétaire)* rent (out), *let; *(voiture)* hire out, rent out; *(appartement) à* ~ to let, *(amér)* for rent 3 *(Th, transports)* book, reserve || **loueur** *nm (f* -**euse***)* hirer.

loufoque [lufɔk] *adj (fam)* crazy, *(brit)* zany, wacky.

loup [lu] *nm* 1 wolf; *marcher à pas de* ~ *steal along; *(fig) se mettre dans la gueule du* ~ *place one's head in the lion's mouth 2 *(poisson)* bass 3 velvet mask.

loupe [lup] *nf* 1 *(optique)* magnifying glass 2 *(Méd)* wen.

louper [lupe] *vt (1)* 1 *(fam)* botch, bungle, *make a mess of; *(examen)* fail, *(surtout amér)* flunk 2 *(fam) (train, occasion)* miss ◆ *vi ça n'a pas loupé* it had to happen.

loup-garou [lugaru] *nm* werewolf; *attention au* ~ *!* the bogeyman will get you!

lourd [lur] *adj* 1 heavy; *j'ai la tête* ~*e* my head feels thick; *avoir l'estomac* ~ *feel bloated; *(fig)* ~ *de menaces* heavy with threats 2 *(temps)* close, sultry 3 *(mouvement)* awkward, clumsy; *(esprit)* slow, dull 4 *(loc) poids* ~ *(Sp)* heavyweight; *(camion)* heavy lorry, truck ◆ *adv* much; *(fam) il n'en sait pas* ~ he doesn't know much || **lourdaud** *adj* oafish ◆ *nm* oaf || **lourdement** *adv* heavily; awkwardly; *insister* ~ labour the point; *il se trompe* ~ he's making a big mistake || **lourdeur** *nf* heaviness; awkwardness; *(esprit)* dullness.

loustic [lustik] *nm (fam péj)* fellow.

loutre [lutr] *nf* otter.

louve [luv] *nf* she-wolf || **louveteau** *nm (pl* -**x***) (Zool)* wolf cub; *(garçon)* cub (scout).

louvoyer [luvwaje] *vi (1f) (Naut)* tack; *(fig)* hedge; *(en paroles)* *beat about the bush.

loyal [lwajal] *adj (mpl* -**aux***) (envers)* loyal (to); faithful (to); *ami* ~ staunch friend || **loyauté** *nf* honesty; loyalty; faithfulness.

loyer [lwaje] *nm* rent.

lubie [lybi] *nf* craze, fad.

lubrifiant [lybrifjɑ̃] *nm* lubricant || **lubrifier** *vt (1h)* lubricate.

lubrique [lybrik] *adj* lecherous.

lucarne [lykarn] *nf* skylight.

lucide [lysid] *adj* lucid; clear-sighted/clear-headed.

luciole [lysjɔl] *nf* firefly.

lucratif [lykratif] *adj (f* -**ive***)* lucrative; *(association)* sans but ~ non-profit-making, *(amér)* not-for-profit.

ludique [lydik] *adj activités* ~*s* play activities.

lueur [lɥœr] *nf (aussi fig)* gleam, glimmer; *(fig)* ~ *de lucidité* spark of lucidity.

luge [lyʒ] *nf* sledge, sled.

lugubre [lygybr] *adj* lugubrious, dismal; gloomy; *(cri)* mournful.

lui[1] [lɥi] *pr pers compl mf (pl* leur*)* him; her; it; *il lui a dit* he told him/her; *je lui ai saisi le bras* I caught his/her arm.

lui[2] [lɥi] *pr pers m (pl* eux*)* 1 *(sujet)* he, it; *lui ne me décevra pas* he won't disappoint me; *lui, il ira plus tard* as for him, he'll go later; *c'est lui* it's he/*(fam)* him 2 *(compl)* him, it; *je le ferai pour lui* I'll do it for him 3 *(poss) c'est à lui* it's his (own); *il a un style bien à lui* he has a style of his own 4 *(réfléchi) il ne pense qu'à lui* he only thinks of himself; *il regarda autour de lui* he looked around him 5 *lui-même (renforce lui)* lui-même me l'a dit he told me so himself; *(réfléchi) il se parle à lui-même* he speaks to himself.

luire [lɥiʀ] *vt (33)* *shine ; gleam ; glisten.
lumière [lymjɛʀ] *nf* light ; *la ~ du jour* daylight ; *je peux voir de la ~* I can see a light ; *(fig) faire la ~ sur qch* clarify sth ; *avoir des ~s sur* *have some knowledge of ; *(fam péj) ce garçon n'est pas une ~* that boy is no genius ‖ **luminaire** *nm* light, lamp ‖ **lumineux** *adj (f* **-euse)** luminous, bright ; *(regard)* radiant ; *(idée)* brilliant.
lunatique [lynatik] *adj* temperamental.
lunch [lœnʃ] *nm (pl* **-s,** **-es)** buffet lunch.
lundi [lœdi] *nm* Monday ; *il travaille le ~* he works on Mondays.
lune [lyn] *nf* moon ; *clair de ~* moonlight ; *~ de miel* honeymoon ; *(fig) il est dans la ~* he is woolgathering.
lunette [lynɛt] *nf* 1 *~ d'approche* field glass 2 *(paire de)* **lunettes** glasses, spectacles, *(amér)* (eye)glasses ; *~s de soleil* sunglasses ; *~s de protection* goggles 3 *(WC)* seat 4 *(Aut)* *~ arrière* rear window.
lurette [lyʀɛt] *nf (loc) il y a belle ~* ages ago.
lustre [lystʀ] *nm* 1 chandelier 2 polish, glaze, lustre 3 *(lit) depuis des ~* for ages ‖ **lustré** *adj* shiny ‖ **lustrer** *vt (1)* gloss, polish.
luth [lyt] *nm* lute.
lutin [lytɛ̃] *nm* imp.
lutte [lyt] *nf* 1 fight ; *~ pour la vie* struggle for survival ; *~ d'intérêts* clash of interests ; *(fig)* conflict 2 *(Sp)* wrestling ‖ **lutter** *vi (1) (avec, contre)* *fight, struggle ; wrestle (with) ‖ **lutteur** *nm (f* **-euse)** fighter ; *(Sp)* wrestler.
luxation [lyksasjɔ̃] *nf* luxation, dislocation.
luxe [lyks] *nm* 1 luxury ; sumptuousness ; *goûts de ~* extravagant tastes ; *(objet)* *version de ~* de luxe version ; *voiture de ~* luxury car ; *se payer le ~ de* indulge in ; *je me suis payé le luxe de faire...* I gave myself the pleasure of doing... 2 *(abondance)* wealth, profusion 3 *(fam) ce n'est pas du ~ !* it's no luxury ; *(hum) ça ne serait pas du ~ de le laver* a good wash wouldn't come amiss!/do any harm ! ‖ **luxueux** *adj (f* **-euse)** luxurious, sumptuous ‖ **luxure** *nf* lust ‖ **luxuriant** *adj* luxuriant, lush.
luzerne [lyzɛʀn] *nf (brit)* lucerne, *(amér)* alfalfa.
lycée [lise] *nm* secondary school, *(amér)* (senior) high school.
lymphatique [lɛ̃fatik] *adj* lethargic, sluggish ; *(Méd)* lymphatic.
lyncher [lɛ̃ʃe] *vt (1)* lynch.
lyophiliser [ljofilize] *vt (1)* freeze-dry.
lyre [liʀ] *nf* lyre ; *(Astr)* Lyra ‖ **lyrique** *adj* lyric ; *(style)* lyrical ; *arts ~s* opera, comic opera, operetta ‖ **lyrisme** *nm* lyricism, *(fig)* over-enthusiasm.
lys *voir* **lis.**

M

m [ɛm] *nm ou f inv (lettre)* M, m.
ma [ma] *adj poss voir* **mon.**
macabre [makabʀ] *adj* macabre, gruesome.
macadam [makadam] *nm* macadam ; tarmac.
macaron [makaʀɔ̃] *nm* 1 *(Cuis)* macaroon 2 badge, button.
macédoine [masedwan] *nf (Cuis) ~ de fruits* fruit salad ; *~ de légumes* mixed vegetables.
macérer [maseʀe] *vti (1c) (Cuis)* macerate ; steep, soak.
mâche [maʃ] *nf (Bot)* lamb's lettuce.
mâcher [maʃe] *vt (1)* chew ; *(bruyamment)* munch ; *(fig) ~ le travail à qn* *spoon-feed sb ; *il n'a pas mâché ses mots* he didn't mince his words.
machin [maʃɛ̃] *nm (fam)* thing, whatsit what's-his/her/its name, what-d'you-call-him/her/it.
machinal [maʃinal] *adj* mechanical, unconscious ‖ **machination** *nf* plot, machination ‖ **machine** *nf* 1 *(moteur)* engine ; *~ à vapeur* steam engine ; *faire ~ arrière* *go into reverse, *(fig)* backtrack 2 machine ; *~ à calculer* calculator, calculating machine ; *~ à écrire* typewriter ; *taper à la machine* type ; *(Inf) langage ~* machine language ; *~ à laver* washing-machine ; *~ à sous* slot machine 3 *(fig)* organization ; *la ~ administrative* the administrative machinery 4 *(Tech) les ~s* the machinery ‖ **machine-outil** *nf* machine tool ‖ **machiniste** *nmf (Th)* stagehand.
macho [matʃo] *nm* male chauvinist, *(fam)* male chauvinist pig.
mâchoire [maʃwaʀ] *nf* jaw ‖ **mâchonner** *vt (1)* chew (away at) ; *(paroles)* mutter ; mumble.
maçon[1] [masɔ̃] *nm (f* **-onne)** builder, bricklayer ; (stone) mason ‖ **maçonnerie** *nf* masonry, brickwork, stonework.
maçon[2] [masɔ̃] *nm voir* **franc-maçon.**

maculer [makyle] *vt (1) (de)* stain (with).

madame [madam] *nf (pl* **mesdames)** *Madame (Mme) B.* Mrs B.; *Mesdames Bernard* the Mrs Bernards; *(en parlant)* madam, ma'am; *bonjour* ~ good morning; Mrs B, *(avec déférence)* good morning, Madam; *(magasin)* ~ *veut voir le directeur* this lady wants to see the manager; *(lettre) chère M*~ dear Madam/dear Mrs B; *mesdames et messieurs!* ladies and gentlemen!

mademoiselle [madmwazɛl] *nf (pl* **mesdemoiselles)** *M*~ *B, Melle B* Miss B; *Mesdemoiselles B, Melles B* the Misses B; *(en parlant)* madam, ma'am; *bonjour* ~ good morning, Miss B; *bonjour* madam; ~ *veut voir le directeur* this (young) lady wants to see the manager; *(lettre) chère M*~ dear Madam/dear Miss B; *mesdemoiselles!* ladies!

madrier [madʀije] *nm* (piece of) timber; beam.

maestria [maɛstʀija] *nf* mastery; *avec* ~ brilliantly.

magasin [magazɛ̃] *nm* **1** shop, *(amér)* store; *avoir en* ~ *have in stock; grand* ~ department store **2** warehouse **3** *(fusil, appareil-photo)* magazine ‖ **magasinier** *nm* warehouseman, storeman.

magazine [magazin] *nm* magazine.

mage [maʒ] *nm* **1** magus; *les Rois M*~*s* the Three Wise Men **2** *(voyant)* seer ‖ **magicien** *nm* wizard; *(Th)* magician ‖ **magicienne** *nf* witch ‖ **magie** *nf* magic; *comme par* ~ as if by magic ‖ **magique** *adj* magic(al); *c'est* ~ *!* it's magic!

magistral [maʒistʀal] *adj (mpl* **-aux)** **1** authoritative, magisterial; *cours* ~ lecture **2** *(fig)* masterly; *(erreur)* monumental; *(succès)* colossal ‖ **magistralement** *adv* in a masterly way.

magistrat [maʒistʀa] *nm* magistrate; *(du parquet)* public prosecutor.

magnanime [maɲanim] *adj* magnanimous.

magnat [magna] *nm* magnate, tycoon.

magner [maɲe] **se** *vpr (1) (fam)* hurry up; *magne-toi!* get a move on!

magnétique [maɲetik] *adj* magnetic; *bande* ~ (magnetic) tape; *monnaie* ~ plastic money ‖ **magnétiser** *vt (1)* magnetize; *(personne)* hypnotize ‖ **magnétisme** *nm* magnetism; *(personne)* hypnotism; *il a un grand* ~ *personnel* he has great charisma.

magnétophone [maɲetofɔn] *nm* tape recorder; ~ *à cassettes* cassette recorder ‖ **magnétoscope** *nm* video cassette recorder.

magnificence [maɲifisɑ̃s] *nf* **1** magnificence, splendour **2** *(lit)* munificence ‖ **magnifique** *adj* magnificent; superb; *(fam)* ~ *!* great!

magot [mago] *nm (fam)* hoard; *(économies)* nest egg.

magouillage [maguijaʒ] *nm,* **magouille** *nf* shady dealing ‖ **magouiller** *vti (1)* scheme, plot.

magret [magʀɛ] *nm (Cuis) (canard)* breast.

mai [mɛ] *nm* May; *le premier* ~ May day.

maigre [mɛgʀ] *adj (personne)* thin, lean; ~ *comme un clou* as thin as a rail/rake; *(viande)* lean; *(laitage)* low-fat; *(typographie)* light-faced; *(espoir)* slight; *(résultat, salaire)* poor, meagre; ~ *repas* scanty meal ◆ *nm* lean meat ‖ **maigrelet** *adj (f* **-ette)** skinny ‖ **maigreur** *nf* thinness, leanness; meagreness ‖ **maigrichon** *adj (f* **-onne)** scraggy ‖ **maigrir** *vi (2)* *lose weight; se faire* ~ slim; *go on a* (slimming) diet ◆ *vt (qn)* *make sb look thinner.

maille [maj] *nf* stitch; *(filet)* mesh; *(vêtement)* knitwear; *avoir* ~ *à partir (avec)* *have a bone to pick (with).

maillet [majɛ] *nm* mallet.

maillon [majɔ̃] *nm* link.

maillot [majo] *nm (danse)* leotard; *(Sp)* jersey, singlet; ~ *de bains (femme)* swimsuit, *(vx)* bathing costume, swimming/bathing suit; *(homme)* (swimming) trunks; ~ *de corps (brit)* vest, *(amér)* undershirt.

main [mɛ̃] *nf* **1** hand; *elle a un stylo à la* ~ she is holding a pen; *se donner la* ~ *hold hands; c'est fait de* ~ *de maître* it's a masterpiece; *de première, seconde* ~ first-hand, second-hand; *fait à la* ~ handmade; *haut les* ~*s!* hands up! *pris la* ~ *dans le sac* caught red-handed; *sous la* ~ within reach; *donner un coup de* ~ *lend a hand; faire* ~ *basse sur* *take control of; mettre la dernière* ~ *(à)* *put the finishing touches (to); remettre qch en* ~ *propre* deliver sth in person; *tendre la* ~ *hold out one's hand; (fig)* stretch out a hand; *en venir aux* ~*s* *come to blows **2** *(cartes)* hand ‖ **main courante** *nf* handrail ‖ **main-d'œuvre** *nf* labour, manpower, workforce ‖ **main-forte** *nf (loc)* *prêter* ~ *à qn* *come to sb's assistance ‖ **mainmise** *nf* seizure, appropriation.

maint [mɛ̃] *adj quant (lit)* ~*es et* ~*es fois* time and (time) again.

maintenance [mɛ̃tnɑ̃s] *nf* maintenance service; servicing.

maintenant [mɛ̃tnɑ̃] *adv* now; *dès* ~ right now; *à partir de* ~ from now on; *les vieux de* ~ old people today/nowadays.

maintenir [mɛ̃tniʀ] *vt (10)* **1** *keep; support; ~ *en place* *hold in place* **2** *(décision)* *uphold; je maintiens que j'ai raison* I maintain that I'm right ◆ **se maintenir** *vpr* remain; *(prix)* *hold; remain firm/steady; le temps se maintien* the weather is holding ‖ **maintien** *nm (lo* *principe)* maintenance ; upholding ; *(posture)* bearing.

maire [mɛʀ] *nm* mayor ‖ **mairie** *nf (lieu) (brit)* town hall ; city hall ; *(administration)* town/city council ; *(amér)* city hall.

mais [me] *adv conj* **1** but **2** *(emphatique)* ~ *oui !* oh yes ! yes of course ! ~ *non !* of course not, not at all **3** *(excl) (menace)* *non* ~ *!* look here ! ◆ *nm il n'y a pas de mais !* I won't have any buts !

mais [mais] *nm (Ag)* maize, *(amér)* corn ; *(Cuis)* sweetcorn ; *farine de* ~ cornflour, *(amér)* cornstarch.

maison [mɛzɔ̃] *nf* **1** house ; building ; ~ *de repos* convalescent home ; ~ *de retraite* old people's home **2** home ; *elle est à la* ~ she is at home ; *je rentre à la* ~ I'm going home **3** *(entreprise)* firm ; company ; ~ *mère* head office ; *l'esprit* ~ the company spirit **4** *(en apposition, inv) gâteaux* ~ home-made cakes **5** *(fam) (inv) c'est une bourde* ~ *!* it's an enormous blunder ! ‖ **maisonnée** *nf* household, family ‖ **maisonnette** *nf* small house ; cottage ; *(moderne)* maison(n)ette.

maître [mɛtʀ] *nm (f* **maîtresse)** **1** master, *(f* mistress) ; ~, *maîtresse de maison* man/lady of the house ; *être* ~ *de* *be in control of ; *elle est son propre* ~ she is her own master ; *parler en* ~ *speak with authority ; *se rendre* ~ *de* gain control of, *get the upper hand of **2** *(Ens) (school)* teacher ; ~ *nageur* swimming instructor **3** ~ *d'hôtel (restaurant)* head waiter, *(maison)* butler ; ~ *d'œuvre* project manager, prime contractor ◆ *adj* main, principal, essential ; *carte maîtresse* master card ; *(fig)* trump card ‖ **maître chanteur** *nm inv* blackmailer ‖ **maître-chien** *nm inv* dog handler ‖ **maîtrise** *nf* **1** mastery ; ~ *de soi* self-control **2** *(personne) agent de* ~ foreman, supervisor **3** *(Ens)* master's degree **4** *(chorale)* choir ‖ **maîtriser** *vt (1)* control, overpower ; *(connaissances)* master ; *(sentiment)* *overcome.

majesté [maʒɛste] *nf* majesty ; *(fig)* stateliness, grandeur ‖ **majestueux** *adj (f* -**euse)** majestic, stately.

majeur [maʒœʀ] *adj* major ; *(intérêt, raison)* chief ; *force* ~*e* absolute necessity, *(Jur)* force majeure ; *la* ~*e partie du temps* most of the time ; *la* ~*e partie des gens* most people ◆ *adj nm (Jur)* of age, major ◆ *nm* middle finger ◆ *nf (Mus)* major.

major [maʒɔʀ] *nm (Mil)* medical officer ‖ **majoration** *nf* increase ; additional charge ; overestimation ‖ **majorer** *vt (1)* increase (the price of) ; overestimate ‖ **majorité** *nf (aussi Jur)* majority ; *à sa* ~ at his coming of age.

majuscule [maʒyskyl] *adj* capital ◆ *nf* capital letter ; ~ *d'imprimerie* block capital.

mal[1] [mal] *nms inv* evil, wrong ; *penser à* ~ *think evil ; *dire du* ~ *(de)* *speak ill (of) ◆ *nm (pl* **maux)** **1** harm, hurt ; *faire du* ~ *à qn* harm sb ; ~ *de mer* seasickness ; ~ *du pays* homesickness ; ~ *de tête* headache ; *mon pied me fait* ~ my foot hurts ; *ça ne vous ferait pas de mal de...* it wouldn't do you any harm to... ; *(fam) il n'y a pas de* ~ *!* no harm done ! **2** difficulty, trouble ; *se donner du* ~ *take pains.

mal[2] [mal] *adj inv ça n'est pas* ~ it's not bad ; *cette fille n'est pas* ~ that girl is not bad (-looking) ◆ *adv* **1** *pas* ~ *de bruit* a fair amount of noise ; *pas* ~ *de gens* a fair/good number of people **2** ill, badly ; ~ *à l'aise* ill at ease ; ~ *informé* ill-informed ; *de* ~ *en pis* from bad to worse ; ~ *agir* *do wrong ; ~ *comprendre* *misunderstand ; *(santé) se trouver* ~ faint.

malade [malad] *adj* **1** ill, sick ; unwell ; *tomber* ~ *fall/*be taken ill ; *(dent)* bad ; *(plante)* diseased ; *esprit* ~ sick mind ; ~ *d'inquiétude* sick with worry ; *il a les nerfs* ~*s* he's got bad nerves ; *(fam fig) j'en suis* ~ I'm sick at the very thought of it **2** *(fam)* crazy ; *t'es pas* ~ *!* you must be mad ! ◆ *nmf* sick person ; invalid ; *(Méd)* patient ‖ **maladie** *nf* illness, disease ; sickness ; *attraper une* ~ *catch a disease ; ~ *de cœur* heart complaint ; ~ *mentale* mental illness ; *congé de* ~ sick leave ‖ **maladif** *adj (f* -**ive)** sickly ; unhealthy ; morbid ‖ **maladivement** *adv* morbidly.

maladresse [maladʀɛs] *nf* clumsiness, awkwardness ; *(parole) une* ~ a blunder ‖ **maladroit** *adj* clumsy, awkward.

malaise [malez] *nm* **1** *(physique)* sick feeling ; *avoir un* ~ *feel faint **2** *(moral)* uneasiness ; *(social)* unrest ‖ **malaisé** *adj (lit)* difficult.

malappris [malapʀi] *adj* bad-mannered ; uncouth.

malaxer [malakse] *vt (1)* knead ; *(ciment)* mix.

malchance [malʃɑ̃s] *nf* **1** bad/ill luck ; *par* ~ unfortunately **2** *une* ~ a misfortune ‖ **malchanceux** *adj nm (f* -**euse)** unlucky (person).

maldonne [maldɔn] *nf (cartes)* misdeal ; *(fig loc) il y a* ~ there's a/some misunderstanding.

mâle [mɑl] *adj* **1** male **2** *(fig)* virile ; *(courage)* manly ◆ *nm* male.

malédiction [malediksjɔ̃] *nf* curse ‖ **maléfice** *nm* evil spell.

malencontreux [malɑ̃kɔ̃tʀø] *adj (f* -**euse)** unfortunate.

malentendant [malɑ̃tɑ̃dɑ̃] *adj nm* (person) with impaired hearing ‖ **malentendu** *nm* misunderstanding.

malfaçon [malfasɔ̃] *nf* defect.

malfaisant [malfəzã] *adj* harmful; evil ‖ **malfaiteur** *nm* (*f* **-trice**) criminal, lawbreaker.

malfamé [malfame] *adj* disreputable; (*fam*) shady.

malformation [malfɔrmasjɔ̃] *nf* malformation.

malgré [malgre] *prép* in spite of, despite; **~ tout** yet, for all that.

malhabile [malabil] *adj* clumsy, awkward.

malheur [malœr] *nm* 1 bad luck; *par ~* unfortunately; *porter ~ à qn* *bring sb bad luck 2 misfortune, accident; *j'ai eu le ~ de dire* I was foolish enough to say 3 (*fam*) *ce film fait un ~* the film is a big hit ‖ **malheureusement** *adv* unfortunately, unhappily ‖ **malheureux** *adj* (*f* **-euse**) 1 unhappy; *il la rend ~euse* he makes her miserable; *les ~euses victimes* the unfortunate victims 2 (*après le nom*) *candidat ~* unlucky/unsuccessful candidate; (*tentative*) unsuccessful; (*amour*) unrequited 3 regrettable 4 (*avant le nom*) (*fam*) paltry, wretched; *tout ça pour un ~ gâteau* all that fuss for a miserable cake! ◆ *nm* (*f* **-euse**) poor wretch; *aider les ~* help the needy.

malhonnête [malɔnɛt] *adj* dishonest ‖ **malhonnêteté** *nf* dishonesty; *faire des ~s* *do dishonest actions.

malice [malis] *nf* mischievousness; *sans ~* harmless, innocent ‖ **malicieux** *adj* (*f* **-euse**) mischievous.

malin [malɛ̃] *adj* (*f* **maligne**) smart, clever; (*plaisir*) malicious; (*tumeur*) malignant ◆ *nm* *faire le ~* *show off; *le M~* the Devil.

malingre [malɛ̃gr] *adj* puny; sickly.

malintentionné [malɛ̃tãsjɔne] *adj* ill-intentioned.

malle [mal] *nf* trunk; *~ arrière* (*Aut*) (*brit*) boot, (*amér*) trunk ‖ **mallette** *nf* small (suit)case.

malmener [malmәne] *vt* (*1c*) treat/handle roughly.

malodorant [malɔdɔrɑ̃] *adj* smelly, foul-smelling.

malotru [malɔtry] *nm* boor.

malpoli [malpɔli] *adj* (*fam*) impolite.

malpropre [malprɔpr] *adj* dirty, grubby; (*travail*) slovenly ‖ **malpropreté** *nf* dirtiness, grubbiness; slovenliness.

malsain [malsɛ̃] *adj* unhealthy; (*nourriture*) unwholesome.

maltraiter [maltrete] *vt* (*1*) ill-treat, mistreat.

malveillance [malvɛjɑ̃s] *nf* malevolence, ill-will ‖ **malveillant** *adj* malevolent; (*critique*) spiteful.

malversation [malvɛrsasjɔ̃] *nf* (*Fin*) embezzlement.

malvoyant [malvwajɑ̃] *adj nm* visually handicapped (person).

maman [mamɑ̃] *nf* mother, (*surtout brit*) mum(my), (*amér*) mom(my).

mamelle [mamɛl] *nf* teat; (*vache*) udder ‖ **mamelon** *nm* (*Anat*) nipple; (*Géog*) hillock.

mamie [mami] *nf* (*fam*) granny.

mammifère [mamifɛr] *nm* mammal.

mammouth [mamut] *nm* mammoth.

manche[1] [mɑ̃ʃ] *nf* 1 sleeve; (*fig*) *je l'ai dans ma ~* I've got him/her in my pocket; (*fam*) *c'est une autre paire de ~s* that's quite another kettle of fish; *faire la ~* beg, (*amér*) panhandle 2 (*Av*) *~ à air* wind sock; *~ à incendie* fire hose 3 (*Sp*) heat; (*tennis*) set; (*cartes*) game.

manche[2] [mɑ̃ʃ] *nm* handle; *~ à balai* broomstick, (*Av*) joystick.

manchette [mɑ̃ʃɛt] *nf* 1 (*chemise*) cuff 2 (*journal*) headline 3 (*lutte*) forearm blow ‖ **manchot** *adj nm* (*f* **-ote**) one-armed, one-handed (person); (*privé des deux bras, des deux mains*) armless, handless ◆ *nm* (*Orn*) penguin.

mandarin [mɑ̃darɛ̃] *nm* (*aussi fig péj*) mandarin ‖ **mandarinat** *nm* (*fig péj*) the establishment ‖ **mandarine** *nf* (*Bot*) tangerine.

mandat [mɑ̃da] *nm* 1 postal order, money order 2 (*procuration*) proxy; (*Jur*) warrant; *~ de perquisition* search warrant 3 (*Pol*) mandate; term of office ‖ **mandataire** *nmf* representative; proxy ‖ **mandater** *vt* (*1*) commission; (*Pol*) mandate.

manège [manɛʒ] *nm* 1 (*cheval*) breaking (in) 2 riding school, manège 3 merry-go-round, (*amér*) carousel 4 game; *j'ai compris son ~* I know what he's up to.

manette [manɛt] *nf* lever, switch; (*jeu vidéo*) joystick.

mangeable [mɑ̃ʒabl] *adj* (*aussi péj*) eatable ‖ **mangeaille** *nf* (*péj*) grub ‖ **mangeoire** *nf* trough; manger ‖ **manger** *vti* (*1h*) *eat; *donner à ~* (*à*) *feed; *~ comme quatre* *eat like a horse; *~ à sa faim* *eat one's fill; (*fig*) *~ ses mots* mumble ◆ *nm* (*fam*) food ‖ **mangeur** *nm* (*f* **-euse**) eater.

mangouste [mɑ̃gust] *nf* (*Zool*) mongoose.

mangue [mɑ̃g] *nf* (*Bot*) mango.

maniable [manjabl] *adj* easy to handle.

maniaque [manjak] *adj* fussy, finicky ◆ *nmf* 1 fusspot 2 lunatic, maniac ‖ **manie** *nf* (*Psy*) obsession, mania; (*petite*) *~* (odd, queer) habit.

maniement [manimɑ̃] *nm* handling ‖ **manier** *vt* (*1h*) handle, control ◆ *vpr* (*argot*) *voir* **magner**.

manière [manjɛʀ] nf **1** manner, way; *de cette ~* in this way; *d'une ~ ou d'une autre* one way or another; *d'une certaine ~* in a way; *d'une ~ générale* generally speaking; *de toute ~* in any case; *en aucune ~* under no circumstances; *de telle ~ que* in such a way that, so that **2** *~s* manners, behaviour; *(fam) en voilà des ~!* that's no way to behave! *faire des ~* *put on airs ‖ **maniéré** adj affected.

manif [manif] nf *(ab* manifestation) ‖ **manifestant** nm demonstrator ‖ **manifestation** nf **1** manifestation **2** *(Pol)* demonstration; *(Art Sp)* event ‖ **manifeste** adj evident, obvious ◆ nm *(Pol)* manifesto ‖ **manifestement** adv obviously ‖ **manifester** vt *(1)* **1** reveal, express ◆ vi demonstrate ◆ **se manifester** vpr appear, *show up.

manigance [manigãs] nf plot, scheme ‖ **manigancer** vt *(1h)* plot, scheme.

manioc [manjɔk] nm *(Bot)* manioc, cassava.

manip [manip] nf *(ab* manipulation) ‖ **manipulation** nf **1** handling; *(Méd)* manipulation; *~ génétique* genetic engineering **2** experiment **3** *(fig péj)* underhand manœuvre ‖ **manipuler** vt *(1)* handle; *(fig péj)* manipulate; *(Fin) (comptabilité)* massage, fiddle (books, figures).

manitou [manitu] nm *(fam fig)* big boss.

manivelle [manivɛl] nf *(Tech)* crank.

manne [man] nf *(aussi fig)* manna; *(fig)* godsend.

mannequin [mankɛ̃] nm dummy; *(personne)* model.

manœuvre [manœvʀ] nf **1** working; *(Mil)* drill; *~s manœuvres* **2** scheme, intrigue; *(Jur) ~s frauduleuses* embezzling ◆ nm labourer; unskilled worker ‖ **manœuvrer** vti *(1)* work, operate; manœuvre.

manoir [manwaʀ] nm manor (house).

manquant [mãkã] adj missing ‖ **manque** nm **1** lack, shortage; *~ de vitamines* vitamin deficiency; *par ~ de* through lack of; *(fam) ~ de pot/bol!* hard/tough luck! *(drogue) (crise de) manque* withdrawal symptoms **2** *~s* failings, shortcomings **3** *(argot) loc à la ~* crummy ‖ **manquement** nm breach; violation ‖ **manquer** vt *(1)* miss ◆ vi **1 (de)** *be short (of); ~ de courage* lack courage; *l'eau manque* water is in short supply **2** *be absent; personne ne manque* nobody's missing **3** *(à qn) la mer me manque* I miss the sea **4** *~ à* *fall short of, fail; (devoir)* neglect; *~ à sa parole* *break one's word **5** *(oublier) ne manquez pas de téléphoner* *be sure to/don't forget to call ◆ *v aux elle a manqué mourir* she almost/nearly died ◆ *v impers il me manque 100F* I'm 100 francs short; *il manque deux personnes* two peo-

ple are absent/missing; *(fam) il ne manque plus que ça!* that's the last straw!

mansarde [mãsaʀd] nf attic.

manteau [mãto] nm *(pl -x)* coat; *(fig)* mantle, blanket; *sous le ~* secretly.

manucure [manykyʀ] nf manicure.

manuel[1] [manɥɛl] adj *(f -elle)* manual; ◆ nm blue collar, manual worker.

manuel[2] [manɥɛl] nm handbook, manual; instruction book; *(Ens)* textbook.

manufacture [manyfaktyʀ] nf factory ‖ **manufacturer** vt *(1)* manufacture; *produits manufacturés* manufactured goods.

manuscrit [manyskʀi] nm manuscript; *(dactylographié)* typescript ◆ adj handwritten.

manutention [manytãsjɔ̃] nf **1** handling ‖ **manutentionnaire** nmf packer; handler; warehouse worker.

mappemonde [mapmɔ̃d] nf map of the world; globe.

maquereau [makʀo] nm *(pl -x)* **1** *(Zool)* mackerel **2** *(argot)* pimp.

maquette [makɛt] nf *(scale)* model; *(Ind)* mock-up.

maquillage [makijaʒ] nm **1** *(produits)* make-up **2** *(action)* making up **2** *(fraude) (document)* forging, faking; *(voiture)* disguising ‖ **maquiller** vt *(1) (visage)* *make up; *(fraude)* fake ◆ **se maquiller** vpr *make up.

maquis [maki] nm **1** *(Géog)* maquis; *(fig)* maze, jungle **2** *(Hist)* underground (forces); *prendre le ~* *take to the hills; *go underground ‖ **maquisard** nm maquis fighter, guerilla.

marabout [maʀabu] nm **1** *(Rel)* marabout **2** witchdoctor **3** *(Orn)* marabou.

maraîcher [maʀeʃe] nm *(f -ère) (brit)* market gardener, *(amér)* truck farmer ◆ adj *(f -ère) cultures (brit)* market gardening, *(amér)* truck farming.

marais [maʀɛ] nm marsh, bog; swamp.

marasme [maʀasm] nm *(Eco)* slump, stagnation.

marauder [maʀode] vi pilfer, thieve; *(taxi)* cruise.

marbre [maʀbʀ] nm marble; *rester de ~* remain impassive ‖ **marbrer** vt *(1)* marble; *(peau)* mottle ‖ **marbrier** nm monumental mason ‖ **marbrure** nf marbling; *(peau)* mottling; *(blessure)* blotch, mark.

marc [maʀ] nm *(fruits écrasés)* marc; *~ de café* coffee grounds.

marcassin [maʀkasɛ̃] nm young wild boar.

marchand [maʀʃã] nm shopkeeper, *(amér)* storekeeper; *~ en gros* wholesaler; *~ au détail* retailer; *~ de journaux* newsagent; *~ de légumes* greengrocer; *~ de tabac* tobacconist; *~ ambulant* hawker

◆ *adj* commercial ; *galerie* ~*e* shopping mall ; *marine* ~*e* merchant marine/navy ‖ **marchandage** *nm* haggling, bargaining ‖ **marchander** *vti (1)* haggle (over) ‖ **marchandise** *nf* goods, merchandise ; commodity ; *train de* ~*s (brit)* goods train, *(amér)* freight train.

marche [maʀʃ] *nf* 1 *(escalier)* step ; *(exclusivement à l'intérieur)* stair ; *attention à la* ~ mind the step 2 *(action)* walking ; walk ; ~ *arrière* reverse, *(fig)* backtracking 3 *(manifestation)* march 4 *(fonctionnement)* running ; ~ *à suivre* procedure ; *en état de* ~ in working order ; *mettre en* ~ start 5 *(Mus)* march.

marché [maʀʃe] *nm* 1 market ; *aller au* ~ *go to market ; ~ *aux puces* flea market 2 *(Com) étude de* ~ market research ; *M*~ *unique* Single Market ; *lancer sur le* ~ launch on the market 3 contract ; bargain ; *conclure un* ~ *strike a deal ; *par-dessus le* ~ into the bargain ; *(loc adj inv) bon* ~ cheap.

marchepied [maʀʃpje] *nm* step.

marcher [maʀʃe] *vi (1)* 1 walk ; *(Mil)* march ; ~ *sur les pieds de qn* *tread on sb's toes ; *(fig) il marche sur les traces de son père* he's following (in) his father's footsteps ; ~ *au désastre* head for disaster ; *(fam) faire* ~ *qn* pull sb's leg 2 *(fonctionner)* work, *run ; comment ça marche ?* how does it work? *ça marche ?* is it all right/OK? *(fam) je ne marche pas !* that won't wear with me ‖ **marcheur** *nm (f -euse)* walker.

mardi [maʀdi] *nm* Tuesday ; *M*~ *gras* Shrove Tuesday.

mare [maʀ] *nf* pond ; ~ *de sang* pool of blood.

marécage [maʀekaʒ] *nm* marsh, bog ; swamp ‖ **marécageux** *adj (f -euse)* marshy, boggy ; swampy.

maréchal [maʀeʃal] *nm (pl -aux) (approx)* field-marshal ; ~-*ferrant* blacksmith.

marée [maʀe] *nf* 1 tide ; ~ *haute* high tide ; ~ *noire* oil slick ; *une* ~ *humaine* a flood of people 2 fresh fish ‖ **mareyeur** *nm* wholesale fishmonger.

marelle [maʀɛl] *nf* hopscotch.

margarine [maʀgaʀin] *nf* margarine.

marge [maʀʒ] *nf* margin ; ~ *de sécurité* security margin ; *laisser de la* ~ *leave some leeway ; *en* ~ *(de)* apart (from), outside ; *vivre en* ~ live on the fringe(s) (of society) ‖ **marginal** *adj (mpl -aux)* marginal ◆ *nm (pl -aux)* dropout.

margoulin [maʀgulɛ̃] *nm* swindler.

marguerite [maʀgəʀit] *nf* daisy.

mari [maʀi] *nm* husband ‖ **mariage** *nm* 1 *(cérémonie)* wedding 2 *(institution) (aussi fig)* marriage ; *(Jur Rel)* matrimony ; ~ *de raison* marriage of convenience ;

anniversaire de ~ wedding anniversary ; *demande en* ~ proposal 3 *(état) le* ~ *lui réussit* married life suits him/her ; *enfant né hors du* ~ child born out of wedlock ‖ **marié** *nm (le jour de la cérémonie)* bridegroom *(f bride)* ; *jeunes* ~*s* newly-married couple, newlyweds ‖ **marier** *vt (1h)* 1 marry ; *il a marié sa fille* he married off his daughter 2 *(fig)* join, unite ; *(couleurs)* blend ◆ **se marier** *vpr* marry ; *ils se sont mariés l'an dernier* they married/got married last year ; *elle s'est mariée avec Tom* she married Tom.

marin [maʀɛ̃] *nm* sailor ; *(péj) d'eau douce* landlubber ◆ *adj* sea ; *mille* ~ nautical mile ‖ **marine** *adj inv (bleu)* ~ navy (blue) ◆ *nf* 1 navy ; ~ *marchande* merchant marine 2 *(Art)* seascape.

marinade [maʀinad] *nf* marinade ; *(sel)* pickle.

marinier [maʀinje] *nm* waterman, *(brit)* bargee, *(amér)* bargeman.

marionnette [maʀjɔnɛt] *nf (aussi fig)* puppet.

marital [maʀital] *adj (mpl -aux)* marital ‖ **maritalement** *adv* maritally ; *vivre* ~ live as husband and wife.

maritime [maʀitim] *adj* maritime ; *commerce* ~ maritime trade.

marjolaine [maʀʒɔlɛn] *nf (Bot)* (sweet) marjoram.

marmaille [maʀmaj] *nf (péj)* (noisy) brats.

marmelade [maʀməlad] *nf* stewed fruit ; ~ *d'oranges* orange marmalade ; *(fig) il a le visage en* ~ his face has been beaten to a pulp.

marmite [maʀmit] *nf* (cooking) pot.

marmonner [maʀmɔne] *vt (1)* mumble, mutter.

marmot [maʀmo] *nm (fam)* (young) kid.

marmotte [maʀmɔt] *nf (Zool)* marmot ; *(fig) dormir comme une* ~ *sleep like a baby/a log.

marmotter [maʀmɔte] *vt (1)* mumble, mutter.

maroquin [maʀɔkɛ̃] *nm* morocco leather ; *(fam fig)* minister's portfolio ‖ **maroquinerie** *nf* leather goods (shop).

marotte [maʀɔt] *nf* fad ; hobby.

marquant [maʀkɑ̃] *adj* outstanding ; *(souvenir)* vivid ‖ **marque** *nf* 1 mark ; *(Sp) à vos* ~*s !* on your mark! 2 *(Com)* brand ; ~ *déposée* registered trademark ; ~ *d'automobile* make of car 3 *(cachet)* stamp 4 *(jeu)* score 5 *(fig)* sign, proof ; ~ *d'amitié* token of friendship 6 *(personne) de* ~ distinguished, prominent ‖ **marqué** *adj* marked ; *(ridé)* lined ; *(fig)* pronounced, distinct ‖ **marquer** *vt (1)* 1 mark ; *(fam)* *write down ; *(fig)* mark, *(fam fig)* ~ *le coup (célébrer)* mark the occasion 2 *(Sp) (adversaire)* mark ; *(point, but)* score 3 *ma* *montre marque la date* my watch shows the date ; *(sentiment)* *show, reveal ; *(Mus)* ~ *la mesure* *beat (the) time ; ~ *le pas* mark time ◆ *vi* *leave a mark ; *stand out ‖ **marqueur** *nm (f* -**euse)** brander ; *(jeu)* scorekeeper, scorer ◆ *nm* (felt-tip)marker (pen).

marqueterie [maʀkɛtʀi] *nf* inlaid work ; marquetry.

marquis [maʀki] *nm* marquess ‖ **marquise** *nf* **1** marchioness **2** awning ; glass canopy.

marraine [maʀɛn] *nf* godmother.

marrant [maʀɑ̃] *adj (fam)* funny ; strange ‖ **marre** *adv (fam)* **en avoir** ~ *(de)* *be fed up (with) ‖ **se marrer** *vpr (1) (fam)* laugh ; *on s'est bien marré* we had a good laugh.

marron[1] [maʀɔ̃] *nm* **1** *(Bot)* ~ *(d'Inde)* horse chestnut ; *(Cuis)* chestnut **2** *(argot)* clout ◆ *nm adj inv* (chestnut) brown ‖ **marronnier** *nm* (horse) chestnut tree.

marron[2] [maʀɔ̃] *adj (f* -**onne) 1** runaway (slave) **2** *(médecin)* unqualified ; *(fam)* quack.

mars [maʀs] *nm* March.

marsouin [maʀswɛ̃] *nm (Zool)* porpoise.

marteau [maʀto] *nm (pl* -**x)** *(Tech Sp)* hammer ; *(commissaire-priseur)* gavel ◆ *adj (fam)* nuts, touched (in the head) ‖ **marteau-pilon** *nm* power hammer ‖ **marteau-piqueur** *nm* pneumatic drill ‖ **marteler** *vt (1a)* hammer ; *(fig)* hammer out.

martial [maʀsjal] *adj (mpl* -**aux)** martial ; *(allure)* soldierly ; *cour* ~*e* court martial.

martien [maʀsjɛ̃] *adj (f* -**ienne)** Martian.

martinet [maʀtinɛ] *nm (Orn)* swift, house martin.

martin-pêcheur [maʀtɛ̃pɛʃœʀ] *nm (Orn)* kingfisher.

martre [maʀtʀ] *nf (Zool)* marten.

martyr [maʀtiʀ] *nm (personne)* martyr ◆ *adj* martyred ; *enfant* ~ battered child ‖ **martyre** *nm (supplice)* martyrdom ‖ **martyriser** *vt (1)* martyr ; *(fig)* torture.

mascarade [maskaʀad] *nf* masquerade ; *(fig)* sham.

mascotte [maskɔt] *nf* mascot.

masculin [maskylɛ̃] *adj* male ; masculine ◆ *nm (Gr)* masculine ; *au* ~ in the masculine.

masochiste [mazɔʃist] *nmf* masochist ◆ *adj* masochistic.

masque [mask] *nm* mask ; *(fig)* façade, front ; *lever le* ~ *throw off the mask ‖ **masquer** *vt (1)* mask ; *hide, conceal ; *(fig)* disguise.

massacre [masakʀ] *nm* massacre, slaughter ; *(fam fig)* mess ‖ **massacrer** *vt (1)* massacre, slaughter ; *(fam fig)* bungle.

masse[1] [mas] *nf* mass ; *taillé dans la* ~ carved from the block **2** *(quantité) une* ~

de a heap of ; *la (grande)* ~ *des gens* the majority of people ; *en* ~ in great numbers, en masse **3** *les* ~*s laborieuses* the masses ; *culture de* ~ mass culture **4** *(Fin)* ~ *monétaire* total supply money in circulation **5** *(Sc)* mass ; *(El)* earth, *(amér)* ground.

masse[2] [mas] *nf* sledgehammer ; *(fam fig) ça a été le coup de* ~ it came as a crushing blow.

masser[1] [mase] *vt (1)* **se** ~ *vpr* mass ; *(foule)* crowd.

masser[2] [mase] *vt (1)* massage ‖ **masseur** *nm (f* -**euse)** *(personne)* masseur, *(f* masseuse) ; *(appareil)* massager.

massicot [masiko] *nm* guillotine, trimmer.

massif [masif] *adj (f* -**ive) 1** massive, bulky ; *(homme)* heavy **2** *(aussi fig)* solid, massive ; *or* ~ solid gold ◆ *nm (montagne)* massif ; *(arbres)* clump ; *(fleurs)* (flower)bed ‖ **massivement** *adv* en masse.

mass media [masmedja] *nmpl inv* (mass) media.

massue [masy] *nf* club, bludgeon ; *coup de* ~ *(fig)* crushing blow.

mastic [mastik] *nm* putty.

mastiquer [mastike] *vt (1)* chew.

mastoc [mastɔk] *adj inv (fam)* heavy, hulking.

mastodonte [mastɔdɔ̃t] *nm* mastodon ; *(fam) (camion)* juggernaut.

masure [mazyʀ] *nf* hovel.

mat[1] [mat] *adj* dull ; *(teint)* mat(t).

mat[2] [mat] *adj inv (échecs)* checkmate.

mât [mɑ] *nm* post, pole ; *(bateau)* mast ; *(drapeau)* flagpole.

match [matʃ] *nm (Sp)* match, game ; *faire* ~ *nul* *draw, tie.

matelas [matla] *nm* mattress ; ~ *à eau* waterbed ‖ **matelasser** *vt (1) (tissu)* quilt ; *(siège)* upholster.

matelot [matlo] *nm* sailor.

mater [mate] *vt (1) (échecs)* (check)mate ; *(fig) (animal)* tame, *bring to heel ; *(personne)* subdue ; *(révolte)* check.

matérialiste [mateʀjalist] *nmf* materialist ◆ *adj* materialistic.

matériau [mateʀjo] *nm (pl* -**x)** material ‖ **matériel** *nm* equipment ; machinery, plant ; ~ *pédagogique* teaching aids ◆ *adj (f* -**elle)** material ‖ **matériellement** *adv* materially.

maternel [matɛʀnɛl] *adj (f* -**elle)** maternal ; *(sentiment)* motherly ; *école maternelle (brit)* nursery school, *(amér)* kindergarten ‖ **maternité** *nf* **1** motherhood **2** pregnancy **3** maternity hospital.

mathématicien [matematisjɛ̃] *nm adj (f* -**ienne)** mathematician ‖ **mathématique** *adj* mathematical ; *(fig)* logical ‖

mathématiques *nfpl* mathematics, *(fam)* math(s).

matière [matjɛʀ] *nf* **1** material ; ~ *plastique* plastic ; ~ *première* raw material **2** *(Sc)* matter **3** *(fig)* subject (matter) ; topic ; *entrée en* ~ introduction ; *table des* ~*s* (table of) contents ; ~ *à réflexion* food for thought ; *en* ~ *de* as regards ; *en la* ~ on the matter/subject.

matin [matɛ̃] *nm* morning ; *au petit* ~ at dawn ; *de bon* ~ early in the morning ; *9 heures du* ~ 9 o'clock in the morning, 9 a.m. ‖ **matinal** *adj (mpl* **-aux)** morning ; *tu es bien* ~ *aujourd'hui* you're up early today ‖ **matinée** *nf* **1** morning ; *toute la* ~ all morning ; *faire la grasse* ~ *(brit)* *have a lie-in, *(amér)* *sleep late **2** *(Th)* matinée.

matou [matu] *nm* tomcat.

matraquage [matʀakaʒ] *nm* **1** beating up **2** *(publicitaire)* plugging.

matraque [matʀak] *nf* **1** club, *(brit fam)* cosh **2** *(police) (brit)* truncheon ; *(amér)* billy ‖ **matraquer** *vt (1)* **1** *beat up ; club, *(brit)* cosh ; *(fig) (clientèle)* soak **2** *(publicitaire)* plug.

matrice [matʀis] *nf (Anat)* womb ; *(Tech)* matrix ‖ **matricule** *nf* register ◆ *adj nm (numéro)* ~ *(Adm)* reference number ; *(Mil)* (regimental) number.

matrimonial [matʀimɔnjal] *adj (mpl* **-iaux)** matrimonial.

matrone [matʀɔn] *nf* matron.

maturation [matyʀasjɔ̃] *nf (Bot, Méd)* maturation.

mâture [matyʀ] *nf (Naut)* masts (and spars).

maturité [matyʀite] *nf* maturity.

maudire [modiʀ] *vt (2)* curse ‖ **maudit** *pp de* **maudire** ◆ *adj* damn(ed), blasted.

maugréer [mogʀee] *vi (1) (contre)* grouse, grumble, moan, whine, whinge (about, at).

mausolée [mozɔle] *nm* mausoleum.

maussade [mosad] *adj (personne)* disgruntled, grumpy, peevish, sulky, sullen ; *(temps)* dismal, dull, gloomy.

mauvais [mɔvɛ] *adj* **1** bad ; *de plus en plus* ~ worse and worse ; *le plus* ~ the worst ; *cela a* ~ *goût* it has a nasty taste ; *être en* ~ *santé* *be in poor health ; *(personne) c'est un* ~ *sujet* he's a bad lot ; ~*e herbe* weed ; *elle est* ~ *e langue* she's a scandalmonger ; *il est* ~ *coucheur* he's bad-tempered ; *il fait sa* ~*e tête* he is sulking ; *elle se fait du* ~ *sang* she is worried ; *on est en* ~*e posture* we're in a tight spot/a fix ; *la mer est* ~*e* the sea is rough ; *il l'a trouvée* ~*e* he found it a bitter pill to swallow ; *elle l'a pris en* ~*e part* she took offence at it ; *il a fait de* ~*es affaires* his business went downhill **2** *(erroné)* wrong ; *il a tout* ~ he's got everything wrong ◆ *adv* bad ; *il fait* ~ the weather is bad.

mauve [mov] *adj nm* mauve.

mauviette [movjɛt] *nf inv* softie ; weakling.

maxi [maksi] *préf* maxi.

maxillaire [maksilɛʀ] *nm (Anat)* jawbone.

maximal [maksimal] *adj* maximal *(mpl* **-aux)** ‖ **maximum** *nm (pl* ~*s ou* **maxima)** maximum ; *au* ~ as far as possible.

maxime [maksim] *nf* maxim.

mayonnaise [majɔnɛz] *nf (Cuis)* mayonnaise.

mazout [mazut] *nm* fuel oil ; *chauffage central au* ~ oil-fired central heating.

me [mə] *pr pers* **(m'** *devant une voyelle)* me ; *(pr réfléchi)* myself.

méandre [meɑ̃dʀ] *nm* meander.

mec [mɛk] *nm (fam) (brit)* bloke ; *(amér)* guy.

mécanicien [mekanisjɛ̃] *nm (f* **-ienne)** *(garage)* mechanic ; *(Naut)* engineer ; *(Rail) (brit)* engine driver, *(amér)* engineer ‖ **mécanique** *adj* mechanical ◆ *nf* **1** *(Sc)* mechanics **2** mechanism ‖ **mécanisation** *nf* mechanization ‖ **mécaniser** *vt (1)* mechanize ‖ **mécanisme** *nm* mechanism ‖ **mécano** *nm (garage)* mechanic.

mécène [mesɛn] *nm inv* patron.

méchamment [meʃamɑ̃] *adv* nastily, spitefully ‖ **méchanceté** *nf* nastiness, spite ; *dire des* ~*s (sur qn)* *make nasty remarks (about sb) ‖ **méchant** *adj (enfant)* naughty ; *(adulte)* nasty, spiteful ; *chien* ~ *!* beware of the dog! ; *elle est de* ~*e humeur* she's in a bad temper ; *il fait un* ~ *temps d'hiver* it's nasty winter weather ; *(fam) ce n'est pas bien* ~ *!* that's nothing to worry about!

mèche [mɛʃ] *nf* **1** lock (of hair) **2** *(lampe)* wick ; *(bombe)* fuse **3** *(Tech)* drill **4** *(loc) tu as vendu la* ~ *!* you've spilled the beans! ; *ils sont de* ~ they're hand in glove.

méchoui [meʃwi] *nm (Cuis) (mouton entier)* barbecue.

mécompte [mekɔ̃t] *nm (souvent pl)* disillusion.

méconnaissable [mekɔnɛsabl] *adj* unrecognizable ‖ **méconnaissance** *nf* ignorance ‖ **méconnaître** *vt (34)* underestimate ; *il méconnaît les faits* he fails to appreciate the facts ‖ **méconnu** *adj* unrecognized.

mécontent [mekɔ̃tɑ̃] *adj (de)* discontented (with), dissatisfied (with) ‖ **mécontentement** *nm* discontent ‖ **mécontenter** *vt (1)* annoy.

mécréant [mekʀeɑ̃] *nm* scoundrel.

médaille [medaj] *nf* medal ; badge ; *(fig) c'est le revers de la* ~ that's the other side of the coin/picture ‖ **médaillé** *nm (Sp)* medallist ‖ **médaillon** *nm* medallion; locket.

médecin [medsɛ̃] *nm inv* doctor; physician; ~ **généraliste** general practitioner (ab G.P.) ‖ **médecine** *nf* medicine; ~ **légale** forensic medicine.

média [medja] *nmpl inv* **les** ~ the (mass) media (*généralement pl inv*) ‖ **médiathèque** *nf* media library.

médiateur [medjatœʀ] *nm (f* **-trice)** arbitrator; mediator; *(Pol)* ombudsman ‖ **médiation** *nf* arbitration, mediation.

médiatisation [medjatizasjɔ̃] *nf* media coverage ‖ **médiatiser** *vt* (1) cover (by the media) ‖ **médiatique** *adj* mediagenic; *il est très* ~ he comes over well on the media.

médical [medikal] *adj (mpl* **-aux)** medical ‖ **médicament** *nm* drug, medicine ‖ **médication** *nf* medication ‖ **médicinal** *adj (mpl* **-aux)** medicinal ‖ **médico-légal** *adj* forensic.

médiéval [medjeval] *adj (mpl* **-aux)** medi(a)eval.

médiocre [medjɔkʀə] *adj* mediocre, second-rate ‖ **médiocrement** *adv* poorly ‖ **médiocrité** *nf* mediocrity.

médire [mediʀ] *vi* (38) ~ **de qn** *speak ill of sb; (fam)* *run sb down* ‖ **médisance** *nf* scandalmongering; *c'est une* ~ that's (a piece of) gossip ‖ **médisant** *adj* *elle est très* ~**e** she's a real scandalmonger.

méditatif [meditatif] *adj (f* **-ive)** meditative ‖ **méditation** *nf* meditation ‖ **méditer** *vti* (1) meditate; ponder (over).

Méditerranée [mediteʀane] *nf la (mer)* ~ the Mediterranean (Sea) ‖ **méditerranéen** *adj (f* **-enne)** Mediterranean.

méduse [medyz] *nf (Zool)* jellyfish ‖ **méduser** *vt* (1) dumbfound.

meeting [mitiŋ] *nm (Pol)* meeting; *(Sp)* rally; *(Av)* show.

méfait [mefɛ] *nm* damage *s inv; ravages pl inv.*

méfiance [mefjɑ̃s] *nf* distrust, mistrust, suspicion ‖ **méfiant** *adj* distrustful, mistrustful, suspicious ‖ **se méfier** *vpr* (1h) ~ **de qn** distrust, mistrust sb; *je me méfie de lui!* I don't trust him! *méfie-toi!* beware! take care!

mégarde [megaʀd] *nf par* ~ inadvertently.

mégère [meʒɛʀ] *nf (péj)* bitch; *(lit)* shrew.

mégot [mego] *nm* cigarette butt/end ‖ **mégoter** *vi* (1) *(fam)* nitpick.

meilleur [mejœʀ] *adj* (1 *comp)* ~ **(que)** better (than); ~ **marché** cheaper **2** *(sup)* **le** ~ the best; ~**s vœux!** best wishes! ◆ *nm* best; *que le* ~ *gagne!* may the best man win! *pour le* ~ *et pour le pire* for

better or for worse; *il passe le* ~ *de son temps à dormir* he spends the better/best part of his time sleeping; *j'en passe et des* ~**es!** and that's not the best of it!

mélancolie [melɑ̃kɔli] *nf* melancholy ‖ **mélancolique** *adj* melancholic; melancholy.

mélange [melɑ̃ʒ] *nm* mixture; *(thé, whisky etc)* blend; *(animaux)* cross; *joie sans* ~ pure joy ‖ **mélanger** *vt* (1h) **se** ~ *vpr* mix; blend; cross; *(péj)* mix up.

mélasse [melas] *nf (amér)* molasses *pl inv;* treacle; *(fam loc) je suis dans la* ~ I'm in the soup.

mêlée [mele] *nf (rugby)* scrum; *(fig) rester au-dessus de la* ~ *stand aloof; se jeter dans la* ~ plunge into the fray ‖ **mêler** *vt* (1) mix; *(péj)* mix up; *(cartes)* shuffle ‖ **se mêler** *vpr* **1** mix; *se* ~ *à la foule* mingle with the crowd; *se* ~ *à la conversation* join in the conversation **2** *(de)* interfere (in, with), meddle (in, with); *mêle-toi de ce qui te regarde!* mind your own business! *se* ~ *de politique* dabble in politics.

mélèze [melɛz] *nm (Bot)* larch.

méli-mélo [melimelo] *nm (fam)* mess, muddle.

mélodie [melɔdi] *nf* melody, tune ‖ **mélodieux** *adj (f* **-ieuse)** melodious, tuneful ‖ **mélodique** *adj* melodic.

mélodrame [melɔdʀam] *nm* melodrama ‖ **mélodramatique** *adj* melodramatic.

mélomane [melɔman] *nmf* music-lover.

melon [məlɔ̃] *nm* **1** *(Bot)* melon **2** *(chapeau)* ~ bowler (hat).

membrane [mɑ̃bʀan] *nf* membrane.

membre [mɑ̃bʀ] *nm* **1** *(Anat)* limb **2** *nm inv* member (of a group).

même [mɛm] *adj* **1** same; *en* ~ *temps* at the same time **2** *(emphase)* *elle est la bonté* ~ she is goodness itself **3** *(avec pr pers)* **moi-**~ *(etc)* myself; yourself; himself; herself; itself, ourselves, yourselves, themselves; *de lui-*~ of his own accord; *par lui-*~ by himself ◆ *pr* **le(s)** ~**(s)** the same one(s); *(loc) cela revient au* ~ it (all) comes to the same ◆ *adv* **1** even; ~ **si...** even if/though...; ~ **pas** *elle* not even she **2** *(emphase)* **ici** ~ at this very spot; *ce jour* ~ this very day; *c'est cela* ~ *que je disais* that's just what I was saying **3** *(loc)* **à** ~ *le sol* on the ground; **à** ~ *la peau* next to the skin; *boire à* ~ *la bouteille* *drink straight from the bottle; il est à* ~ *de comprendre* he is capable of understanding; *de* ~ in the same way; *il a fait de* ~ he did the same; *il en est de* ~ *pour moi* it's the same for me; *moi de* ~ me too; *quand bien* ~... even if....; *quand* ~, *tout de* ~ all the same.

mémé [meme], **mémère** [memɛʀ] *nf* granny.

mémo [memo] *nm (fam)* memo.

mémoire[1] [memwar] *nf* memory ; *à la ~ de...* in memory of... ; *il a de la ~* he has a good memory ; *j'ai eu un trou de ~* my mind went blank ; *si j'ai bonne ~* if I remember rightly ; *je cite de ~* I quote from memory ; *signaler pour ~* mention in passing ; ◆ *nm* 1 memorandum ; report 2 *(vie) écrire ses ~s* *write one's memoirs ‖ **mémorable** *adj* memorable ‖ **mémorandum** *nm* memorandum ‖ **mémorial** *nm (mpl* **-iaux**) *(Arch)* memorial ‖ **mémoriser** *vt (1)* memorize.

menace [mənas] *nf* threat ‖ **menaçant** *adj* threatening ‖ **menacer** *vt (1h) (de)* threaten (with) ; *~ qn du poing* *shake one's fist at sb ; *l'orage menace* there's a storm brewing.

ménage [menaʒ] *nm* 1 housekeeping ; *femme de ~* charwoman ; home help ; *faire le ~* *do the housework 2 household ; *jeune ~* young couple ; *se mettre en ~* *set up house (together) ; *ils font bon/ mauvais ~* they get on well/badly (together) ‖ **ménagement** *nm* care ; *traiter avec/sans ~* treat gently/roughly ‖ **ménager** *vt (1h)* 1 treat gently ; *~ sa santé* *take care of one's health ; *il n'a pas ménagé ses efforts* he spared no effort ; *il faut te ~ !* you've got to take things easy! 2 arrange, organize. ◆ *adj (f* **-ère**) domestic ; *appareils ~s* household appliances ; *travaux ~s* domestic chores *pl*, housework *s inv* ‖ **ménagère** *nf* 1 housewife 2 canteen of cutlery.

ménagerie [menaʒri] *nf* menagerie.

mendiant [mɑ̃djɑ̃] *nm* beggar ‖ **mendicité** *nf* begging ‖ **mendier** *vti (1h)* beg (for).

menées [məne] *nfpl inv* intrigues.

mener [məne] *vti (1c)* 1 *(conduire)* *lead ; *(Sp)* *be in the lead ; *cette route mène à...* this road goes to... 2 *(diriger)* manage, *run ; *(Pol)* *~ une campagne* *lead a campaign ; *sa femme le mène par le bout du nez* he's a henpecked husband ; *l'argent mène le monde* money rules the world 3 *(accompagner)* *~ un enfant à l'école* *take a child to school 4 *(loc)* *~ une vie active* *lead an active life ; *il lui mène la vie dure* he gives her a rough time ; *il m'a mené en bateau* he led me up the garden path/ *(fam)* he took me for a ride ; *je n'en menais pas large* I felt small ; I was shaking in my shoes ‖ **meneur** *nm (f* **-euse**) leader ; *(complot)* agitator, ringleader.

menhir [menir] *nm* menhir, standing stone.

méninges [menɛ̃ʒ] *nfpl inv* brain(s) ; *(fam) je me creuse les ~* I'm racking my brains ‖ **méningite** *nf (Méd)* meningitis *s inv.*

ménopause [menopoz] *nf (Méd)* menopause.

menotte [mənɔt] *nf* 1 *(police)* *~s* handcuffs ; *mettre les ~s à qn* handcuff sb 2 *(enfant)* hand.

mensonge [mɑ̃sɔ̃ʒ] *nm* falsehood, lie ; *petit ~* fib, white lie ‖ **mensonger** *adj (f* **-ère**) false, lying.

menstruation [mɑ̃stryasjɔ̃] *nf (Méd)* menstruation.

mensualité [mɑ̃sɥalite] *nf* monthly instalment/payment ‖ **mensuel** *adj (f* **-elle**) monthly ‖ **mensuellement** *adv* monthly.

mensurations [mɑ̃syrasjɔ̃] *nfpl inv* measurements.

mental [mɑ̃tal] *adj (mpl* **-aux**) mental ‖ **mentalité** *nf* mentality ; attitude.

menteur [mɑ̃tœr] *adj (f* **-euse**) lying ; deceptive, false ◆ *nm* liar.

menthe [mɑ̃t] *nf (Bot)* mint ; *sauce/thé à la ~* mint sauce/tea.

mention [mɑ̃sjɔ̃] *nf* 1 mention ; *il a fait ~ de cela* he mentioned that 2 *(Ens) reçu avec ~* passed with distinction ‖ **mentionner** *vt (1)* mention.

mentir [mɑ̃tir] *vi (10)* lie ; *sans ~* without a word of a lie ; *il a fait ~ sa réputation* he failed to live up to his reputation.

menton [mɑ̃tɔ̃] *nm (Anat)* chin.

menu[1] [məny] *adj (personne)* slight ; puny ; *(incident)* minor, trifling, trivial ◆ *adv (Cuis) hâcher ~* chop (up) fine/small ◆ *nm raconter qch par le ~* relate sth in detail.

menu[2] [məny] *nm (restaurant)* menu ; *~ à prix fixe* set menu.

menuiserie [mənɥizri] *nf* 1 *(métier)* carpentry ; joinery 2 *(atelier)* carpenter's/ joiner's workshop ‖ **menuisier** *nm inv* carpenter ; joiner.

méprendre [meprɑ̃dr] **se ~** *vpr (45) (sur)* *be mistaken, *make a mistake (about) ; *il n'y a pas à s'y ~* there can be no mistake about it.

mépris [mepri] *nm* contempt, scorn ; *au ~ du danger* scorning all danger ‖ **méprisable** *adj* contemptible, despicable ‖ **méprisant** *adj* contemptuous, scornful.

méprise [mepriz] *nf* mistake ; misunderstanding.

mépriser [meprize] *vt (1)* despise, scorn.

mer [mer] *nf* sea ; *au bord de la ~* at the seaside ; *en ~* at sea ; *en pleine ~* on the open sea ; *mal de ~* seasickness ; *prendre la ~* *put out to sea ; *mettre une embarcation à la ~* lower a boat ; *(fig) ce n'est pas la ~ à boire !* there's nothing to it!

mercenaire [mersəner] *adj nm inv* mercenary.

mercerie [mersəri] *nf* 1 *(articles) (brit)* haberdashery ; *(amér)* notions *pl inv*

2 *(magasin)* haberdashery ‖ **mercier** *nm (f* **-ière***)* haberdasher.

merci[1] [mɛʀsi] *interj* **1** *(affirmatif)* thank you ; ~ *beaucoup* (very) many thanks/thank you so much **2** *(négatif)* no, thank you.

merci[2] [mɛʀsi] *nf* mercy ; *combat sans* ~ merciless fighting.

mercredi [mɛʀkʀədi] *nm* Wednesday ; ~ *des Cendres* Ash Wednesday.

mercure [mɛʀkyʀ] *nm (Ch)* mercury, quicksilver.

merde [mɛʀd] *nf (vulg)* shit ◆ *excl* hell! shit !

mère [mɛʀ] *nf* mother ; ~ *célibataire* single parent ; ~ *porteuse* surrogate mother ; *elle est* ~ *de famille* she has a family ; *la reine* ~ the Queen Mother ; *(fam) la* ~ *Dupont* old Mrs Dupont ; *(Com) maison* ~ parent company.

méridien [meʀidjɛ̃] *nm* meridian.

méridional [meʀidjɔnal] *adj (mpl* **-aux***)* southern ◆ *nm* southerner.

meringue [məʀɛ̃g] *nf (Cuis)* meringue.

mérinos [meʀinos] *nm (pl inv)* merino (sheep).

merisier [məʀizje] *nm (brit)* wild cherry (tree) ; *(bois)* cherry.

méritant [meʀitɑ̃] *adj* deserving ‖ **mérite** *nm* merit ‖ **mériter** *vt (1)* deserve, merit ; *cela mérite réflexion* that has to be thought over ; *cela mérite d'être vu* it's worth seeing ‖ **méritoire** *adj* creditable ; deserving.

merlan [mɛʀlɑ̃] *nm (Zool)* whiting.

merle [mɛʀl] *nm (Orn)* blackbird.

merveille [mɛʀvɛj] *nf* marvel, wonder ; *cela marche à* ~ it works perfectly ; *il se porte à* ~ he is in the peak of condition ; *cela fait* ~ it works wonders ‖ **merveilleusement** *adv* marvellously, wonderfully ‖ **merveilleux** *adj (f* **-euse***)* marvellous, wonderful ◆ *nm (lit) le* ~ the supernatural.

mes [me] *adj poss (pl de* **ma***/***mon***)* my.

mésalliance [mezaljɑ̃s] *nf* misalliance ; *elle a fait une* ~ she married beneath her station.

mésange [mezɑ̃ʒ] *nf (Orn) (amér)* chickadee, *(brit)* tit.

mésaventure [mezavɑ̃tyʀ] *nf* misadventure, mishap.

mesdames, mesdemoiselles *voir* **madame, mademoiselle.**

mésentente [mezɑ̃tɑ̃t] *nf* conflict ; *il y a une* ~ *entre eux* they do not get on well together.

mésestimer [mezɛstime] *vt (1)* underestimate.

mesquin [mɛskɛ̃] *adj* mean, shabby ‖ **mesquinerie** *nf* meanness ; *faire une* ~ *à qn* play a mean/shabby trick on sb.

mess [mɛs] *nm (Mil)* mess.

message [mesaʒ] *nm* message ‖ **messager** *nm (f* **-ère***)* messenger ‖ **messageries** *nfpl inv (transports)* freight service ; *(Inf)* (electronic) mail ; *(minitel)* ~ *roses* telephone dating service.

messe [mɛs] *nf (Rel)* mass ; *aller à la* ~ *go to mass.

messie [mesi] *nm (Rel)* messiah.

mesure [məzyʀ] *nf* **1** measure ; *poids et* ~*s* weights and measures ; *(Mus) battre la* ~ *beat time : être en* ~ *be in time ; être en* ~ *de faire qch* *be in a position to do sth **2** *(vêtements) prendre les* ~*s de qn* *take sb's measurements ; sur* ~ made to measure **3** *(fig) prendre des* ~*s* *take action/measures/steps ; j'ai pris mes* ~*s* I have made my arrangements ; *garder la* ~ *keep within bounds ; dépasser la* ~ overstep the mark **4** *(loc) au fur et à* ~ gradually ; *(au fur et) à* ~ *que la technologie progresse* as technology advances ; *dans la* ~ *où...* in so far/much as... ; *dans la* ~ *du possible* as far as possible : *dans une certaine* ~ to a certain extent ‖ **mesuré** *adj (pas)* measured ; *(ton)* moderate ‖ **mesurer** *vti (1)* measure ; *la pièce mesure 4 mètres sur 5* the room measures 4 metres by 5 ; *le temps nous est mesuré* our time is limited ; *je mesure mes mots* I weigh my words ‖ **se mesurer** *vpr vous n'êtes pas de taille à vous* ~ *avec lui* you are no match for him.

métal [metal] *nm (mpl* **-aux***)* metal ‖ **métallique** *adj* metallic ‖ **métallo** *nm (fam)* steel worker ‖ **métallurgie** *nf* metallurgy ‖ **métallurgique** *adj* metallurgic(al).

métamorphose [metamɔʀfoz] *nf* metamorphosis *(pl* **-es***)*, transformation ‖ **métamorphoser** *vt (1) (en)* transform *(into)* ‖ **se métamorphoser** *vpr (en)* change/turn (into), *be changed/transformed (into).

métaphore [metafɔʀ] *nf (Lit)* metaphor.

métayage [metejaʒ] *nm (Ag)* share-cropping ‖ **métayer** *nm* share-cropper.

météo [meteo] *nf (fam)* weather forecast/report ‖ **météorologie** *nf* meteorology ‖ **météorologique** *adj* meteorological ; *bulletin* ~ weather forecast/report ‖ **météorologiste** *nmf* **météorologue** *nmf* meteorologist.

métèque [metɛk] *nm (fam péj raciste) (amér)* half-breed, *(brit)* wop.

méthode [metɔd] *nf* method ‖ **méthodique** *adj* methodical.

méticuleux [metikylø] *adj (f* **-euse***)* meticulous.

métier[1] [metje] *nm* **1** occupation ; *risques du* ~ occupational hazards ; *quel est votre* ~ *?* what do you do for a living? *le plus vieux* ~ *du monde* the oldest profession in the world ; *quel* ~ *!* what a life! **2** *(fam)* job ; *(artisanal)* trade ; *(intellectuel)* profession ; *il connaît son*

~ he knows his job; *il a du* ~ he's experienced.

métier² [metje] *nm* ~ *à tisser* weaving loom.

métis [metis] *nm* (*f* **-isse**) person of mixed race; *toile métisse* mixed cotton and linen ‖ **métissage** *nm* crossbreeding. **métisser** *vt* (1) *crossbreed.

mètre [mɛtʀ] *nm* **1** (*Math*) metre; ~ *carré/cube* square/cubic metre **2** (*instrument*) ~ *pliant* folding rule; ~ *ruban* tape measure ‖ **métrage** *nm* measurement; *quel est le* ~ ? how many metres is it? (*Ciné*) *court* ~ short film ‖ **métreur** *nm* quantity surveyor ‖ **métrique** *adj* metric.

métro [metʀo] *nm* (*ab de* **métropolitain**) underground (railway); (*amér*) subway; (*Londres*) tube.

métronome [metʀɔnɔm] *nm* (*Mus*) metronome.

métropole [metʀɔpɔl] *nf* **1** (*ville*) metropolis **2** (*pays*) home country; continental France.

mets [mɛ] *nm* (*pl inv*) (*Cuis*) dish.

mettable [metabl] *adj* wearable.

metteur en scène [metœʀɑ̃sɛn] *nm inv* (*Ciné*) director; (*Th*) producer.

mettre [mɛtʀ] *vt* (42) **1** place, *put; ~ qn à la porte* turn sb out **2** (*vêtements*) *put on; je n'ai rien à me* ~ I've nothing to wear **3** (*faire fonctionner*) ~ *la télévision* *put on/switch on the television; ~ le réveil* *set the alarm (clock) **4** (*temps*) *spend; tu en a mis du temps !* what a time you've been! *j'ai mis une heure pour venir* it took me an hour to get here **5** (*traduire*) ~ *en français* *put into French **6** (*supposer*) *mettons que j'aie raison* supposing/supposing I am right; *au bout de, mettons, 3 kilomètres* after, let's say, 3 kilometres **7** (*loc*) ~ *la table* *set the table; elle a mis le feu à la maison* she set the house on fire; ~ *une propriété en vente* *put an estate up for sale; j'y ai mis le prix !* I had to pay the price! *j'ai mis mon espoir en elle* I pinned my hopes on her ‖ **se mettre** *vpr* **1** (*se placer*) *se ~ au lit* *go to bed; mets-toi là !* *sit/*stand over there! *se ~ à table* *sit down at table **2** (*fig*) *se ~ du côté des vainqueurs* *go over to the winning side; je ne savais plus où me* ~ I didn't know where to put myself **3** (*commencer*) *se ~ au travail* *get down to work; on s'y met ?* let's get going/get down to business! *le temps se met à la pluie/au beau* it looks like rain/it's clearing up; *je vais me ~ au golf* I'm going to take up golf **4** (*loc*) *ils se sont mis à quatre contre lui* (the) four of them ganged up against him; *je me suis mis en quatre pour l'aider* I bent over backwards to help her.

meuble¹ [mœbl] *adj* (*loc*) *terre* ~ loose earth.

meuble² [mœbl] *nm* (piece of) furniture; *être dans ses* ~*s* *have a place of one's own ‖ **meublé** *adj* furnished ◆ *nm* furnished rooms ‖ **meubler** *vt* (1) furnish; (*fig*) ~ *ses loisirs* occupy one's leisure ‖ **se meubler** *vpr* *get furnished.

meugler [møgle] *vi* (1) (*vache*) low, moo.

meule¹ [møl] *nf* (*à aiguiser*) grindstone; (*à moudre*) millstone.

meule² [møl] *nf* (*blé, foin*) rick, stack.

meunier [mønje] *nm* (*f* **-ière**) miller.

meurtre [mœʀtʀ] *nm* murder ‖ **meurtrier** *adj* (*f* **-ière**) deadly, lethal; murderous ◆ *nm* murderer ‖ **meurtrière** *nf* **1** murderess **2** (*Arch*) loophole, arrow slit.

meurtrir [mœʀtʀiʀ] *vt* (2) bruise ‖ **meurtrissure** *nf* bruise.

meute [møt] *nf* (*chasse*) pack.

mévente [mevɑ̃t] *nf il y a* ~ sales are poor.

mezzanine [mɛdzanin] *nf* (*Th*) dress circle; (*Arch*) mezzanine.

mi [mi] *nm* (*Mus*) E; (*solfège*) mi.

mi- [mi] *préf* half, mid-; *à la mi-février* in mid-February; *à mi-chemin* halfway; *à mi-côte* halfway up the hill; *à mi-voix* in an undertone; (*fig*) *il a eu un accueil mi-figue mi-raisin* he got a mixed reception.

miasme [mjasm] *nm* miasma.

miaulement [mjolmɑ̃] *nm* (*chat, rapace*) mewing ‖ **miauler** *vi* (1) mew.

miche [miʃ] *nf* loaf (of bread).

micheline [miʃlin] *nf* railcar.

micmac [mikmak] *nm* (*fam péj*) carry-on.

micro¹ [mikʀo] *nm* **1** (*ab de* **microphone**) (*fam*) mike **2** (*ab de* **micro-ordinateur**).

micro² [mikʀo] *préf* micro ‖ **microclimat** *nm* microclimate ‖ **microcosme** *nm* microcosm ‖ **microfilm** *nm* microfilm ‖ **micro-onde** *nm* (*Cuis*) (*four à*) ~*s* microwave (oven) ‖ **micro-ordinateur** *nm* micro(computer) ‖ **microphone** *nm* microphone ‖ **microscope** *nm* microscope ‖ **microsillon** *nm* L.P. (long-playing) record.

microbe [mikʀob] *nm* **1** (*Méd*) germ, microbe **2** (*péj*) (*personne*) shrimp.

midi [midi] *nm* **1** mid-day, noon; ~ *et demi* half-past twelve; *sur le coup de* ~ on the stroke of twelve; *chercher ~ à quatorze heures* complicate the issue **2** south; *exposé au* ~ facing south.

mie [mi] *nf* crumb (of the loaf).

miel [mjɛl] *nm* honey; *lune de* ~ honeymoon; (*fig*) *elle était tout sucre tout* ~ she was as sweet as honey ‖ **mielleux** *adj* (*f* **-euse**) (*personne*) soft-spoken, sugary, unctuous.

mien [mjɛ̃] *adj nm pr poss* (*f* **mienne**)

mine; *un de vos amis et des ~s* one of your friends and mine; *les ~s* my family.

miette [mjɛt] *nf* **1** *(pain)* crumb **2** *(fig)* scrap; *le vase était en ~s* the vase was smashed (to smithereens).

mieux [mjø] *(comp de bien) adv* **1** better; *il va ~* he is better; *il va de ~ en ~* he is getting better and better; *les choses vont on ne peut ~* things couldn't be better **2** *(loc) j'aimerais ~ partir tout de suite* I'd rather leave straight away; *vous feriez ~ de vous méfier* you had better be careful; *~ vaut tard que jamais* better late than never ◆ *sup* best; *la femme la ~ habillée de Paris* the best-dressed woman in Paris; *j'ai fait le ~ que j'ai pu* I did as best I could/as well as I could ◆ *adj* better; *elle est ~ que son ami* she's better-looking than her friend; *vous seriez ~ dans ce fauteuil* you'd be more comfortable in this armchair; *je ne demande pas ~* I'd be delighted (to do so); *c'est ce qu'il y a de ~* you'll find nothing better; *faute de ~* for want of anything better; *tu n'as rien de ~ à faire?* have you nothing better to do? ◆ *nm* best; *au ~* at best; *le ~ serait de...* the best (thing) would be to...; *le ~ est l'ennemi du bien!* you had better leave well alone! *j'ai fait de mon ~* I've done my best; *il y a un ~* there's some improvement.

mièvre [mjɛvʀ] *adj* affected, vapid.

mignon [miɲɔ̃] *adj (f* **-onne**) nice, pretty, sweet; *sois ~!* be a darling/dear/pet.

migraine [migʀɛn] *nf* headache; *(Méd)* migraine.

migrateur [migʀatœʀ] *adj (f* **-trice**) migrant.

mijaurée [miʒɔʀe] *nf* affected creature.

mijoter [miʒɔte] *vti (1) (Cuis)* simmer; *(fig)* concoct; *(fam) qu'est-ce qu'ils mijotent?* what are they up to?

mil [mil] *nm (datation) en l'an ~* in the year 1000 AD.

milice [milis] *nf* militia ‖ **milicien** *nm (f* **-ienne**) militiaman/-woman.

milieu [miljø] *nm (pl* **-x**) **1** middle; *au beau ~/ en plein ~ de* right in the middle of; *le juste ~* the golden mean/happy medium; *il n'y a pas de ~* there's no middle course **2** *(écologie)* environment; surroundings **3** *(classe sociale)* background, milieu; circle, set; *(Pol) dans les ~x bien informés* in well-informed circles **4** *(pègre)* underworld.

militaire [militɛʀ] *adj* military; *salut ~* salute ◆ *nm* serviceman ‖ **militant** *nm* militant ‖ **militariser** *vt (1)* militarize ‖ **militariste** *adj* militaristic ◆ *nmf* militarist ‖ **militer** *vi (1)* militate.

mille[1] [mil] *adj & nm (pl inv)* a/one thousand; *(loc) taper dans le ~* *hit the bull's eye.

mille[2] [mil] *nm* mile; *~ marin* nautical mile.

millénaire [milenɛʀ] *nm* millenium.

mille-pattes [milpat] *nm (pl inv) (Zool)* centipede.

millésime [milezim] *nm (monnaie, timbre)* date; *(vin)* vintage, year ‖ **millésimé** *adj bouteille ~e* bottle of vintage wine.

milli [mili] *préf* milli.

milliard [miljaʀ] *nm* billion; *un ~ de francs* a billion francs, *(brit devenant vx)* a thousand million francs ‖ **milliardaire** *nmf* billionaire, millionaire ‖ **millième** *adj nm* thousandth ‖ **millier** *nm* thousand ‖ **million** *nm* million; *5 ~s de francs* 5 million francs ‖ **millionième** *adj nm* millionth ‖ **millionnaire** *nmf* millionaire.

mime [mim] *nm (spectacle)* mime; *(acteur)* mime ‖ **mimer** *vt* mimic; *(Th)* mime ‖ **mimique** *nf* sign language ‖ **mimétisme** *nf* mimetic process.

mimosa [mimoza] *nm (Bot)* mimosa.

minable [minabl] *adj (quartier, vêtements)* shabby; *(personne)* seedy-looking; *(résultats)* hopeless; *il a un salaire ~* he scrapes a bare living.

minaret [minaʀɛ] *nm (Arch)* minaret.

minauder [minode] *vi (1) (sourire)* simper, smirk; *(marcher)* mince.

mince [mɛ̃s] *adj* **1** thin; *un ~ prétexte* a thin excuse; *ce n'est pas une ~ affaire* it's no easy matter **2** *(personne)* slender, slim ◆ *interj ~ alors!* well I never! ‖ **minceur** *nf* thinness; slenderness, slimness ‖ **mincir** *vi (2)* slim (down).

mine[1] [min] *nf (Mil)* mine.

mine[2] [min] *nf (crayon)* lead.

mine[3] [min] *nf* **1** look; *avoir bonne/mauvaise ~* look well/ill; *faire grise ~* pull a long face; *juger les gens sur la ~* judge people by appearances; *cela ne paie pas de ~* it doesn't *(amér)* look like much/ *(brit)* look up to much; *elle a fait ~ de partir* she made (as if) to leave; *~ de rien,* *elle est redoutable* though she doesn't look it, she is tough.

mine[4] [min] *nf* **1** *(Ind)* colliery, mine; *~ à ciel ouvert* open-cast mine **2** *(fig)* mine ‖ **miner** *vt (1) (Ind, Mil)* mine; *(chagrin)* consume; *(le moral)* undermine ‖ **se miner** *vpr* waste away. ‖ **minerai** *nm (Ind)* ore ‖ **minéral** *adj & nm (mpl* **-aux**) mineral ‖ **minéralogique** *adj (Aut) plaque ~* number plate.

minet [minɛ] *nm (f* **-ette**) **1** *(Zool)* puss, pussy-cat **2** *(enfant) mon ~* my pet; *(amér)* honey, sweetheart **3** *(fam)* young trendy.

mineur[1] [minœʀ] *adj* **1** minor **2** *(Jur)* under age ◆ *nm* minor.

mineur[2] [minœʀ] *adj (Mus)* minor.

mineur³ [minœʀ] *nm (Ind)* miner.

mini [mini] *préf* mini ; **~-jupe** miniskirt ; *elle s'habille* **~** she likes to wear minis.

miniature [minjatyʀ] *adj & nf* miniature.

minier [minje] *adj (f -ière) (Ind)* mining.

minimal [minimal] *adj (mpl -aux)* minimum || **minime** *adj* trifling, trivial || **minimum** *adj & nm (pl -s ou minima)* minimum ; **~** *vital* minimum living wage ; *au* **~** at the very least ; *le* **~** *possible* the absolute minimum.

ministère [ministɛʀ] *nm* 1 *(Pol)* department ; *(brit)* ministry ; **~** *des Affaires étrangères (UK)* Foreign Office ; *(US)* State Department *(autres pays)* Ministry of Foreign Affairs 2 *(Jur)* **~** *public* the Prosecution || **ministériel** *adj (f -elle)* ministerial || **ministre** *nm inv 1 (Pol) (surtout amér)* secretary ; *(autres pays)* minister ; *Premier* **~** Prime Minister ; **~** *des Affaires étrangères (UK)* Foreign Secretary ; *(US)* Secretary of State ; *(autres pays)* Minister of Foreign Affairs 2 *(Rel)* **~** *du culte* minister.

minoration [minɔʀasjɔ̃] *nf (de)* cut (in), reduction (in, of) || **minorer** *vt (1)* *cut, reduce || **minoritaire** *adj* être **~** *be in the minority || **minorité** *nf* minority ; *(Pol) mettre en* **~** defeat.

minoterie [minɔtʀi] *nf* flour-mill.

minou [minu] *nm (fam)* puss, pussy-cat, *(surtout amér)* kitty(-cat).

minuit [minɥi] *nm* midnight.

minuscule [minyskyl] *adj* 1 minute, tiny ◆ *nf en (lettres)* **~s** in small letters.

minute [minyt] *nf* minute ; *il vient d'arriver à la* **~** he has only just arrived || **minuter** *vt (1)* time || **minuterie** *nf (éclairage...)* time switch || **minuteur** *nm (Cuis)* timer.

minutie [minysi] *nf* meticulousness || **minutieux** *adj (f -ieuse)* 1 *(personne)* meticulous 2 *(travail)* delicate ; *(bien fait)* thorough.

mioche [mjɔʃ] *nmf (fam)* kid, nipper.

mirabelle [miʀabɛl] *nf (Bot)* cherry plum.

miracle [miʀakl] *nm* miracle ; *faire des* **~s** perform miracles ; *(fig)* work wonders || **miraculeux** *adj (f -euse)* miraculous.

mirador [miʀadɔʀ] *nm (Mil)* watchtower.

mirage [miʀaʒ] *nm* mirage.

mirifique [miʀifik] *adj* marvellous.

mirobolant [miʀɔbɔlɑ̃] *adj (fam)* fabulous.

miroir [miʀwaʀ] *nm* looking-glass, mirror || **miroiter** *vi (1)* glisten ; gleam ; shimmer ; sparkle ; *(fig) il m'a fait* **~** *un avenir brillant* he painted my future in glowing colours || **miroitement** *nm* glistening ; gleam ; shimmer ; sparkle.

mis [mi] *pp* de **mettre** ◆ *adj bien* **~** well-dressed.

misaine [mizɛn] *nf (Naut)* mât de **~** foremast ; *voile de* **~** foresail.

misanthrope [mizɑ̃tʀɔp] *nmf* misanthropist ◆ *adj* misanthropic.

mise [miz] *nf* 1 dress ; *elle soigne sa* **~** she is always well-groomed 2 *(jeu)* stake 3 *(loc) son comportement n'était pas de* **~** her behaviour was out of place ; *(Naut)* **~** *à l'eau* launch(ing) ; *(fusée)* **~** *à feu* blast-off ; **~** *à exécution* implementation ; **~** *à jour* update ; **~** *au point (Tech)* adjustment ; *(Aut)* tuning ; *(Phot)* focusing ; *(fig)* clarification ; *(Fin)* **~** *de fonds* capital outlay ; *(vin...)* **~** *en bouteilles* bottling ; **~** *en marche* start(ing) ; *(Jur)* **~** *en accusation* committal for trial ; **~** *en liberté* release ; **~** *en garde* warning ; *(Jur)* caution ; **~** *en jeu* involvement ; **~** *en musique* setting to music ; *(coiffure)* **~** *en plis* set(ting) ; **~** *en scène (Ciné)* direction ; *(Th)* production ; **~** *en valeur* development ; setting-off ; **~** *en vigueur* enforcement ; **~** *sur pied* setting up || **miser** *vt (1)* *bet, stake ; *(fig) (sur)* bank (on), count (on).

misérable [mizeʀabl] *adj* 1 *(pauvre)* poverty-stricken 2 *(malheureux)* miserable, wretched 3 *(miteux)* mean ; seedy ; shabby 4 *(mesquin)* contemptible, despicable 5 *(somme)* paltry || **misère** *nf* 1 poverty ; *être dans la* **~** live in poverty ; *salaire de* **~** pittance ; *starvation wages* 2 *(malheur) faire des* **~s** *à qn* torment sb 3 *(somme) il l'a eu pour une* **~** he got it for next to nothing/for a song || **miséreux** *adj (f -euse)* poverty-stricken.

miséricorde [mizeʀikɔʀd] *nf* mercy.

misogyne [mizɔʒin] *adj* misogynous ◆ *nmf* misogynist.

missel [misɛl] *nm (Rel)* missal.

missile [misil] *nm* missile.

mission [misjɔ̃] *nf* mission || **missionnaire** *nmf* missionary.

mite [mit] *nf (Zool)* 1 mite 2 clothes-moth || **mité** *adj* moth-eaten || **se miter** *vpr* *get moth-eaten || **miteux** *adj (f -euse)* shabby.

mi-temps [mitɑ̃] *nf (Sp)* half time ; *à la* **~** at half time ◆ *nm (loc) le (travail à)* **~** part-time work.

mitigé [mitiʒe] *adj* 1 mitigated 2 mixed.

mitonner [mitɔne] *vt (1)* 1 *(Cuis)* simmer ; **~** *un plat* simmer 2 *(fig)* cook up.

mitraille [mitʀaj] *nf (Mil)* grapeshot ; *(fam)* small change || **mitrailler** *vt (1)* machinegun ; *(fig)* bombard || **mitraillette** *nf* submachine gun || **mitrailleuse** *nf* machinegun.

mixer, mixeur [miksœʀ] *nm (Cuis)* liquidizer ; mixer.

mixte [mikst] *adj* mixed ; *(Ens) établissement* **~** coeducational school || **mixture** *nf* mixture.

mobile [mɔbil] *adj* mobile ; *(Tech) pièce*

~ moving part ♦ *nm* **1** *(crime)* motive **2** *(Art)* mobile.

mobilier[1] [mɔbilje] *nm* furniture *s inv.*

mobilier[2] [mɔbilje] *adj (f* **-ière)** *(Fin) valeurs mobilières* securities.

mobiliser [mɔbilize] *vt (1) (Mil)* mobilize; *(fig)* round up.

mobilité [mɔbilite] *nf* mobility.

mobylette [mɔbilɛt] *nf* moped.

mocassin [mɔkasɛ̃] *nm* mocassin; casual shoe; slip-on (shoe).

moche [mɔʃ] *adj (fam) (esthétique)* dowdy; ghastly; *(qualité)* lousy, rotten.

modalité [mɔdalite] *nf* **1** method **2** *(Gr)* modality.

mode[1] [mɔd] *nm* **1** method; ~ *d'emploi* directions for use; ~ *de vie* lifestyle, way of life **2** *(Gr)* mood.

mode[2] [mɔd] *nf* fashion; *à la* ~ fashionable, in fashion; *passé de* ~ out of date/ fashion; *journal de* ~ fashion magazine; *défilé de* ~ fashion show.

modelage [mɔdlaʒ] *nm* modelling ‖ **modèle** *nm* model; ~ *déposé* registered design; ~ *réduit* scale model ‖ **modelé** *nm (Art)* relief ‖ **modeler** *vt (1a)* model, mould; *pâte à* ~ plasticine.

modérateur [mɔderatœr] *adj (f* **-trice)** moderating ‖ **modération** *nf* moderation ‖ **modéré** *adj* moderate ‖ **modérément** *adv* moderately ‖ **modérer** *vt (1c)* moderate ‖ **se modérer** *vpr* control oneself; *(vent)* abate, die down.

moderne [mɔdɛʀn] *adj* modern ‖ **moderniser** *vt (1)* modernize ‖ **se moderniser** *vpr* *become modernized.

modeste [mɔdɛst] *adj* modest; unassuming.

modifier [mɔdifje] *vt (1h)* modify ‖ **se modifier** *vpr* alter, change.

modique [mɔdik] *adj (somme)* moderate; *(salaire)* low.

modiste [mɔdist] *nf* milliner.

module [mɔdyl] *nm* module ‖ **modulation** *nf* modulation; *(Rad)* ~ *de fréquence* FM *(ab* frequency modulation) ‖ **moduler** *vt (1)* modulate.

moelle [mwal] *nf (Anat)* marrow; ~ *épinière* spinal cord ‖ **moelleux** *adj (f* **-euse)** *(Cuis)* creamy, smooth; *(au toucher)* soft ♦ *nm* creaminess, smoothness; softness.

mœurs [mœʀ] *nfpl inv* **1** customs, traditions; *(Ethno)* mores *npl inv entrer dans les* ~ *become normal practice **2** *(personnelles)* manners **3** *(morale)* morals *pl inv; la brigade des* ~ the vice squad.

moi [mwa] *pr pers* **1** *(sujet)* I; myself; *ma femme et* ~ *sommes désolés...* my wife and I/my wife and myself deeply regret...; ~ *aussi* so do I; *(fam)* me too;

2 *(comparaison) elle sort plus que* ~ she goes out more than I do/ *(fam)* more than me; *(après copule) c'est* ~ *!* here I am! *(fam)* it's me! *c'est* ~ *qui...* I am the one who... **3** *(complément)* me; *laisse-*~ *tranquille !* leave me alone; *pardonnez-*~ *!* excuse me! *(après prép) entre vous et* ~ between you and me; *c'est un ami à* ~ he's a friend of mine; *j'ai un bureau à* ~ I've got an office of my own/to myself; *c'est de ma faute à* ~ I'm the one to blame; *(loc) à* ~ *!* help! ♦ *nm (Psy) le* ~ the self.

moignon [mwaɲɔ̃] *nm (Méd)* stump.

moindre [mwɛ̃dʀ] *adj comp* less; lesser; *(prix)* lower; *(quantité)* smaller ♦ *adj sup* least; *dans les* ~ *détails* down to the smallest detail; *c'est le* ~ *de mes soucis* it's the least of my worries; *(en réponse) c'est la* ~ *des choses !* it's a pleasure! it's the least I could do! *(négation) je n'ai pas la* ~ *idée* I haven't the slightest idea/ *(fam)* foggiest notion.

moine [mwan] *nm (Rel)* monk.

moineau [mwano] *nm (pl* **-x)** *(Orn)* sparrow.

moins [mwɛ̃] *adv comp* **1** less; *il est* ~ *timide que sa sœur* he is not as/so shy as his sister; *il travaille* ~ *maintenant* he's not working so much now; *(lit)* he's working less now; *il travaille de* ~ *en* ~ he's working less and less; ~ *il travaille* ~ *il a envie de travailler* the less he works the less he feels like working **2** ~ *de* less; fewer; *il y a* ~ *d'argent à présent* there is less/not as much/not so much money around nowadays; *il y a* ~ *de monde ici* there are fewer/not as many/not so many people here; *cela coûte* ~ *de 10 francs* it costs less than 10 francs; *en* ~ *d'une heure* in less than/in under/within an hour; *une heure de* ~ one hour less; *elle a 2 ans de* ~ *que lui* she is two years younger than he is; *les* ~ *de 60 ans* the under sixties; *(loc) à* ~ *d'un coup de téléphone de votre part/à* ~ *que vous ne me téléphoniez* unless you ring me/ *(amér)* call me ♦ *adv sup* least; *les gens les* ~ *favorisés* the most underprivileged/ *(amér)* disadvantaged people ♦ *nm* **1** least; *c'est le* ~ *que je puisse faire* it's the least I can do **2** *(loc) au/du/pour le* ~ at (the very) least **3** *(Math) le signe* ~ the minus sign ♦ *prép (Math)* minus; *9* ~ *6 égale 3* 9 minus 6 equals 3; *il fait* ~ *5* it's minus 5º/it's 5º below zero/ *(brit)* freezing point; *il est 9 heures moins 5* it's 5 (minutes) to nine.

moins-value [mwɛ̃valy] *nf (Eco)* depreciation.

moire [mwaʀ] *nf (tissu)* watered silk ‖ **moiré** *adj (fig)* shimmering.

mois [mwa] *nm (pl inv)* **1** month **2** *(fam)* pay, wage.

moisi [mwazi] *adj* mouldy; *(odeur)* fusty, musty ♦ *nm* mould, *(amér)* mold; *cela sent le ~* there's a fusty/musty smell ‖ **moisir** *vi (2) (amér)* *go mouldy/ *(amér)* moldy; *(fig)* moulder *(amér)* molder; *(personne)* vegetate ♦ *vt* *make mouldy/ *(amér)* moldy ‖ **moisissure** *nf (brit)* mould, *(amér)* mold.

moisson [mwasɔ̃] *nf (Ag) (aussi fig)* harvest; *faire la ~* harvest ‖ **moissonner** *vt* harvest; reap ‖ **moissonneur** *nm (f -euse) (personne)* harvester ‖ **moissonneuse-batteuse** *nf (machine)* combine harvester.

moite [mwat] *adj (mains)* clammy, moist, sweaty; *(temps)* clammy, muggy ‖ **moiteur** *nf* clamminess, mugginess, sweatiness.

moitié [mwatje] *nf* **1** half *(pl* halves*); j'ai fait la ~ du travail* I've done half (of) the work; *il a fait le travail à ~* he's only half done the job; *il ne faut pas faires les choses à ~* don't do things by halves; *vendre à ~ prix* *sell at half-price; réduire les dépenses de ~* reduce expenditure by half; *si on faisait ~ ~?* what about going half-and-half/fifty-fifty? **2** *(épouse) (fam)* ma ~ my better half.

molaire [mɔlɛʀ] *nf (dent)* molar.

môle [mol] *nm (Naut)* breakwater; jetty.

moléculaire [mɔlekylɛʀ] *adj (Sc)* molecular ‖ **molécule** *nf* molecule.

molester [mɔleste] *vt (1)* molest; manhandle; maul.

molette [mɔlɛt] *nf (Tech)* toothed wheel; *clé à ~* adjustable spanner.

molle [mɔl] *adj (f de* **mou**) ‖ **mollement** *adv* softly; *(fig)* feebly ‖ **mollesse** *nf* softness; *(chair)* flabbiness; *(comportement)* feebleness; laxness; sluggishness; spinelessness.

mollet [mɔlɛ] *nm (Anat)* calf *(pl* calves*).*

molleton [mɔltɔ̃] *nm* flanellette ‖ **molletonné** *adj* fleece-lined.

mollir [mɔliʀ] *vi (2)* soften; *(Naut) (vent)* abate, die down, drop; *(jambes)* give way; *(céder)* give ground.

mollo [mɔlo] *adv (fam) ~ !* take it easy!

mollusque [mɔlysk] *nm (Zool)* mollusc.

môme [mom] *nmf (fam)* kid.

moment [mɔmɑ̃] *nm* minute; moment; time; *un ~ !* just a minute! *en ce ~* now; *à ce ~-là* then; at that time; *par ~s* now and then, from time to time; *à un ~ donné* at a certain moment/time; *à tout ~/tous ~s* constantly; *d'un ~ à l'autre* at any moment, from one minute to the next; *je reviens dans un ~* I'll be back in a minute; *cela a duré un ~* it lasted some time/a good while; *sur le ~* at the time; *le ~ venu* when the time comes; *au ~ de l'incident* at the time of the incident; *au ~ où je partais* just when I was lea-

ving; *tu arrives au bon ~ !* you've come at the right time! *c'est le ~ ou jamais!* it's now or never! *pour le ~* for the time being; *à tes ~s perdus* in your spare time; *passez un bon ~ !* have a good time! ♦ *loc conj du ~ que tu es heureux...* as/so long as you are happy... ‖ **momentané** *adj* temporary ‖ **momentanément** *adv* for the time being.

momie [mɔmi] *nf (cadavre)* mummy.

mon [mɔ̃] *adj poss (devant nm ou nf commençant par une voyelle)* (Voir aussi **ma, mes**) my.

monarchie [mɔnaʀʃi] *nf* monarchy ‖ **monarque** *nm inv* monarch.

monastère [mɔnastɛʀ] *nm (Rel)* monastery ‖ **monastique** *adj* monastic.

monceau [mɔ̃so] *nm (pl* -x*)* heap, pile.

mondain [mɔ̃dɛ̃] *adj* fashionable; refined; *femme/vie ~* society woman/life; *obligations ~es* social commitments; *la (police) ~e* the vice squad ‖ **mondanités** *nf inv* society life; *échanger des ~* *make social chit-chat.

monde [mɔ̃d] *nm* **1** world; *partout dans le ~* all over the world; *le tiers ~* the third world; *mettre un enfant au ~* *give birth to a child; *venir au ~* be born; *il est encore de ce ~* he is still alive; *c'est le meilleur au ~* it's the best in the world; *c'est vieux comme le ~* it's as old as the hills; *elle est seule au ~* she is alone in the world; *pour rien au ~ je ne ferais cela !* I wouldn't do that for all the world **2** *(loc) il faut de tout pour faire un ~* it takes all sorts to make a world; *il se fait un ~ d'un rien* he makes a mountain out of a molehill; *c'est un ~ !* that beats everything! *il y a un ~ entre lui et son frère* there's a world of difference between him and his brother **3** people; *tout le monde* everybody; *quel ~ !* what a crowd! *nous avons du ~ (à dîner)* we are having people in (for dinner); *il connaît son ~* he knows who he has to deal with **4** society; *le beau ~* (high) society; *homme du ~* man about town ‖ **mondial** *adj (mpl* -aux*)* world; *la deuxième guerre ~e* World War Two ‖ **mondialement** *adv ~ connu* world-famous.

mongolien [mɔ̃gɔljɛ̃] *adj nm (f -ienne) (Méd)* mongol ‖ **mongolisme** *nm* mongolism.

monétaire [mɔnetɛʀ] *adj* monetary; *unité ~* currency.

moniteur [mɔnitœʀ] *nm (f -trice) (Ens)* monitor, instructor; *(Sp)* coach.

monnaie [mɔnɛ] *nf* **1** *(Fin) ~ faible/ forte* soft/hard currency; *(hôtel de) la M~* the Mint **2** change; *faire de la ~* *get change; *(petite) ~* (small) change; *pièce de ~* coin **3** *(fig) c'est ~ courante* it's common practice; *je lui ai rendu la ~ de* *sa pièce* I gave him as good as I got ‖ **monnayer** *vt (1e)* capitalize; *(fig) il essaie de ~ son silence* he is trying to extort money in exchange for his silence ‖ **monnayeur** *nm faux ~* counterfeiter.

mono [mɔnɔ] *préf* mono ‖ **monocle** *nm* monocle ‖ **monocoque** *adj & nm un (bateau) ~ a* single-hull boat ‖ **monocorde** *adj* monotonous ‖ **monoculture** *nf (Ag)* single-crop farming ‖ **monolingue** *adj* monolingual ‖ **monologue** *nm* monologue, *(Lit)* soliloquy ‖ **monologuer** *vi (1)* soliloquize ‖ **monomanie** *nf* monomania ‖ **monoplace** *nmf* single-seater ‖ **monopole** *nm* monopoly ‖ **monopoliser** *vt (1)* monopolize ‖ **monosyllabe** *nm* monosyllable ‖ **monosyllabique** *adj* monosyllabic ‖ **monotone** *adj* monotonous ‖ **monotonie** *nf* monotony.

monseigneur [mɔ̃sɛɲœʀ] *nm (pl messeigneurs) (archevêque, duc)* His/Your Grace; *(cardinal)* His/Your Eminence; *(prince)* His/Your (Royal) Highness.

monsieur [məsjø] *nm (pl messieurs)* **1** gentleman; *~ tout le monde* the man in the street **2** *(début de lettre) ~* Dear Sir; *messieurs* Dear Sirs, *(amér)* Gentlemen; *(enveloppe) ~ Dupont* Mr Dupont; *MM Dupont et Cie* Messrs Dupont and Co.; *~ le Président* Mr President **3** *(salutation) bonjour, ~* good morning (Sir/ Mr Dupont); *bonjour, messieurs* good morning (gentlemen).

monstre [mɔ̃stʀ] *nm* **1** monster **2** *(cirque; être exceptionnel)* freak; *~ sacré* legendary figure; *(showbiz)* (super)star ◆ *adj* enormous, monstrous ‖ **monstrueux** *adj (f* **-ueuse**) monstrous, shocking ‖ **monstruosité** *nf* monstrosity; *(fig) c'est une ~!* it's scandalous.

mont [mɔ̃] *nm* **1** *(Géog) le M~* Everest Mount Everest **2** *(Lit)* mount **3** *(loc) il est toujours par ~s et par vaux* he's always on the move; *il lui a promis ~s et merveilles* he promised her the earth ‖ **mont-de-piété** *nm* pawnshop.

montage [mɔ̃taʒ] *nm (Tech)* assembling; *chaîne de ~* assembly line; *(Ciné)* editing.

montagnard [mɔ̃taɲaʀ] *nm c'est un ~* he lives/was born in the mountains ◆ *adj* mountain ‖ **montagne** *nf* **1** mountain; *elle est à la ~* she's in the mountains; *la ~ à vaches* the hills **2** *(fig) c'est la ~ qui accouche d'une souris* it's much ado about nothing; *il soulèverait des ~s* he would move mountains; *il fait une ~ d'un rien* he makes a mountain out of a molehill; *(foire) ~s russes* roller coaster ‖ **montagneux** *adj (f* **-euse**) mountainous; *(vallonné)* hilly.

montant [mɔ̃tɑ̃] *adj* rising; *pullover à col ~* turtleneck pullover/sweater; *chaussures ~es* boots ◆ *nm* **1** *(Tech)* upright **2** *(Com)* total amount ‖ **monte-charge, monte-plat** *nm (pl inv) (brit)* service lift, *(amér)* elevator ‖ **montée** *nf* **1** hill; *la ~ est dure* it's a stiff climb **2** *(fig) ~ des prix* rise in prices ‖ **monte-en-l'air** *nm (pl inv)* cat burglar.

monter[1] [mɔ̃te] *vi (1)* **1** *come up; *go up; *montez!* come up(stairs)! *~ en courant* *run upstairs; *je vais ~ à Paris* I'm going up to Paris **2** climb up **3** *(marée, prix)* *rise; *(Hort) toutes mes salades sont montées* all my lettuces have gone to seed **4** *(transports) ~ dans un train* *get on a train; *~ dans une voiture* *get into a car; *~ à bord d'un bateau* *go aboard/on board a boat; *~ à cheval* *get on/mount a horse; *elle monte à cheval régulièrement* she goes riding regularly **5** *(loc) ~ sur le trône* ascend the throne; *~ en grade* *be promoted; *~ à l'assaut de...* launch an attack on...; *il est monté sur ses grands chevaux* he got on his high horse; *faire ~ les prix* *send prices up; *cela m'a fait ~ le sang au visage* it made the blood rush to my face; *elle est montée en graine* she's a bit long in the tooth; *le ton monte* the discussion is becoming heated; *le vin me monte à la tête* wine goes to my head/makes me giddy ◆ *vt* mount; *~ la côte/l'escalier* *come/ *go uphill/upstairs; *puis-je ~ vos bagages?* can I bring/take up your luggage? *~ la garde* mount guard; *(Cuis) ~ des blancs en neige* whip (up) egg whites; *(loc) on lui monte la tête* they're giving him (big) ideas; *(fam) c'est un coup monté* it's a put-up job ◆ **se monter** *vpr les frais se montent à...* the expenses amount to...; *il se monte la tête* he gets easily worked up.

monter[2] [mɔ̃te] *vt* equip; *(machine)* assemble, mount; *(bijou)* mount, *set; *(pneu)* *fit on; *(tente)* pitch; *(spectacle)* produce, *set up; *(complot)* hatch, *(fam)* cook up; *se ~ en outils* equip oneself with tools ‖ **monteur** *nm (f* **-euse**) *(usine)* fitter; *(Ciné)* film editor.

monticule [mɔ̃tikyl] *nm* hillock, mound.

montre[1] [mɔ̃tʀ] *nf* watch; *~-bracelet* wrist watch; *47 secondes ~ en main* 47 seconds exactly.

montre[2] [mɔ̃tʀ] *nf* display; *faire ~ de compréhension* *show understanding; *il le fait pour la ~* he does it for show.

montrer [mɔ̃tʀe] *vt (1)* *show; *(du doigt)* point at/to; *(faire remarquer)* point out; *(dents)* bare; *il veut ~ comme il est fort* he's trying to show off; *je vais lui ~ de quel bois je me chauffe* I'll soon show him what I'm made of ‖ **se montrer** *vpr* appear; *il s'est montré avisé* he showed he

was shrewd ; *il a fait cela pour se* ~ he was trying to show off.
monture [mɔ̃tyr] *nf* **1** (*cheval*) mount **2** (*bijou*) setting, mounting **3** (*lunettes*) frame.
monument [mɔnymɑ̃] *nm* monument ; ~ *aux morts* war memorial ; (*tourisme*) *visiter les* ~*s* *see the sights/famous buildings ‖ **monumental** *adj* (*mpl* **-aux**) monumental.
moquer [mɔke] *se* ~ *vpr* (*de*) laugh (at) ; *make fun (of), mock ; *je m'en moque !* I don't care ; (*fam*) I couldn't care less, I don't give a damn ‖ **moquerie** *nf* mockery ‖ **moqueur** *adj* (*f* **-euse**) mocking.
moquette [mɔket] *nf* fitted carpet.
moral [mɔral] *adj* (*mpl* **-aux**) ◆ *nm* morale ; *le* ~ *est atteint* his morale is shaken ; (*fam*) *il n'a pas le* ~ he's feeling down (in the dumps) ‖ **morale** *nf* **1** morals *pl inv* ; ethics *pl inv* ; moral principles ; *je lui ferai la* ~ I'll give him a (good) lecture **2** moral (of the story) ‖ **moralement** *adv* morally ‖ **moraliser** *vi* (*1*) moralize ‖ **moralisateur** *adj* (*f* **-trice**) moralizing ; sanctimonious ‖ **moralité** *nf* **1** morals *pl inv* **2** moral (of the story) **3** (*Th*) morality play.
morbide [mɔrbid] *adj* morbid.
morceau [mɔrso] *nm* (*pl* **-x**) bit ; piece ; (*sucre*) lump ; (*terre*) bit, patch, plot ; (*viande*) *bas* ~*x* cheap cuts ; *manger un* ~ have a bite to eat ‖ **morceler** *vt* (*1b*) *break up, *cut up, divide up, *split up ‖ **morcellement** *nm* breaking up, cutting up, dividing up, splitting up.
mordant [mɔrdɑ̃] *adj* (*froid*) biting ; (*ton*) abrasive, caustic, corrosive, cutting, scathing ◆ *nm* (*style*) bite, punch ; (*ton*) corrosiveness.
mordicus [mɔrdikys] *adv* (*fam*) stubbornly.
mordiller [mɔrdije] *vt* (*1*) nibble (at).
mordoré [mɔrdɔre] *adj* bronze, coppery.
mordre [mɔrdr] *vti* (*46*) **1** *bite ; *je me suis mordu la langue* I've bitten my tongue ; ~ *dans une pomme* *take a bite out of an apple ; (*angoisse*) *se* ~ *les lèvres* *bite one's lips **2** (*fig*) ~ *la poussière* *bite the dust ; (*fig*) *il s'en mordra les doigts* he'll be sorry (for it) ; *elle commence à* ~ *aux maths* she's beginning to take to maths/ (*amér*) math ‖ **mordu** *pp* de **mordre** ◆ *adj* (*fam*) *il est* ~ *de jazz* he's crazy/mad about jazz ; *c'est un* ~ *de jazz* he's a jazz buff/fan.
morfondre [mɔrfɔ̃dr] *se* ~ *vpr* (*46*) fret, mope ‖ **morfondu** *adj* crestfallen.
morgue[1] [mɔrg] *nf* morgue ; mortuary.
morgue[2] [mɔrg] *nf* arrogance.
moribond [mɔribɔ̃] *adj* dying.
morigéner [mɔriʒene] *vt* (*1c*) (*lit*) lecture.

morne [mɔrn] *adj* dismal, dull, gloomy.
morose [mɔroz] *adj* morose, gloomy ‖ **morosité** *nf* moroseness, gloom.
morphine [mɔrfin] *nf* morphine.
morphologie [mɔrfɔlɔʒi] *nf* morphology ‖ **morphologique** *adj* morphological.
mors [mɔr] *nm* (*cheval*) bit ; (*aussi fig*) *il a pris le* ~ *aux dents* he took the bit between his teeth.
morse[1] [mɔrs] *nm* Morse (code)
morse[2] [mɔrs] *nm* (*Zool*) walrus.
morsure [mɔrsyr] *nf* bite.
mort[1] [mɔr] *nf* **1** death ; *il est mort de sa belle* ~ he died a natural death ; *il s'est donné la* ~ he took his own life/committed suicide ; *mettre à mort* *put sb to death ; *peine de* ~ death sentence ; *vous êtes en danger de* ~ you are in danger of your life ; *il n'y a pas eu* ~ *d'homme* there was no loss of life **2** (*fig*) *un silence de* ~ a deathly hush ; *ils sont fâchés à* ~ they are at daggers drawn ; *je suis parti la* ~ *dans l'âme* I left broken-hearted.
mort[2] [mɔr] *pp* de **mourir** ; *il est* ~ *il y a un an* he died a year ago ; *il est* ~ *de sa belle mort* he died a natural death ◆ *adj* dead ; *il est* ~ *depuis un an* he has been dead for a year ; (*fig*) ~ *de fatigue* dead tired ; (*fig*) ~ *de peur* frightened to death ; (*Aut*) *au point* ~ in neutral (gear) ; *temps* ~ wasted time ; (*Art*) *nature* ~*e* still life ◆ *nm* dead person ; (*accident*) fatal casualty ; *les* ~*s* the dead ; *office des* ~*s* funeral service ; *tête de* ~ skull ; (*fig*) *faire le* ~ *lie low ; (*cartes*) dummy ‖ **mortalité** *nf* mortality ‖ **mort-aux-rats** *nf* rat poison ‖ **mortel** *adj* (*f* **-elle**) **1** (*qui mourra*) *tous les hommes sont* ~*s* all men are mortal **2** (*qui peut tuer*) *dose mortelle* lethal dose **3** (*qui tue*) *maladie mortelle* fatal illness **4** (*Rel*) *péché* ~ mortal sin **5** (*fig*) *ce film est* ~ this film is deadly dull ‖ **mortellement** *adv* fatally ; (*fig*) mortally ‖ **morte-saison** *nf* off season ‖ **mort-né** *adj* (*f* **mort-née**; *mpl* **mort-nés**) still-born.
mortier [mɔrtje] *nm* (*Ind*) mortar.
mortification [mɔrtifikasjɔ̃] *nf* mortification ‖ **mortifier** *vt* (*1h*) mortify ‖ **mortuaire** *adj* *cérémonie* ~ funeral ceremony ; *couronne* ~ funeral wreath.
morue [mɔry] *nf* (*Zool*) cod(fish).
morveux [mɔrvø] *adj* (*f* **-euse**) (*péj*) snotty-nosed.
mosaïque [mɔzaik] *nf* mosaic.
mosquée [mɔske] *nf* (*Arch Rel*) mosque.
mot [mo] *nm* **1** word ; *gros* ~ swear word ; ~*s croisés* crossword puzzle ; *traduire* ~ *à* ~ translate word for word ; *le dire en quelques* ~*s* *put it in a nutshell ; *tu n'as qu'un* ~ *à dire* you've only to say the word ; *il m'a pris au* ~ he took me at my word **2** phrase ; *bon* ~ witticism ;

~ d'ordre watchword ; *selon le ~ de Voltaire* in the words of Voltaire, as Voltaire said ; *tu as toujours le ~ pour rire !* you're always joking! *(ironique)* ha ! ha ! **3** *(message)* **je lui enverrai un ~** I'll send him a note/drop him a line ; *j'ai mon ~ à dire* I've got my word to say/ *(amér)* let me add my two cents ; *je vais lui en toucher un ~* I'll have a word with him about it ; *je vais lui dire deux ~s* I'll give him a piece of my mind ; *ils se sont donné le ~* they've passed the word around ; **4** *(loc)* **avoir le ~ de la fin** have the last word ; *à ~s couverts* in veiled terms ; *(dispute)* **ils ont eu des ~s** they had words ; *voilà le fin ~ de l'affaire !* that's what's at the bottom of it all!

motard [mɔtar] *nm* motorcyclist ; *(police)* motorcycle policeman ; *(amér fam)* speed cop ‖ **motel** *nm* motel ‖ **moteur** ◆ *nm* **1** *(Tech)* motor ; *(véhicule)* engine ; *~ à quatre temps* four-stroke engine **2** *(dans noms composés)* motor ; *bateau à ~* motor boat **3** *(fig)* driving force ◆ *adj (f **motrice**) (Anat)* motor ; *(Méd)* motory ; *(Aut)* **quatre roues motrices** four-wheel drive ; *(aussi fig)* **force motrice** driving power ; *(Méd)* **handicapé ~** spastic.

motif[1] [mɔtif] *nm ~ (de)* cause (of) ; grounds (for) ; motive (for), reason (for).

motif[2] [mɔtif] *nm* design, pattern.

motion [mosjɔ̃] *nf (Pol)* motion ; *~ de censure* motion of censure.

motivation [mɔtivasjɔ̃] *nf* motivation ‖ **motivé** *adj* **1** justified **2** motivated ‖ **motiver** *vt (1)* **1** justify **2** motivate.

moto [mɔto] *nf* motor cycle, *(fam)* (motor)bike ‖ **moto-cross** *nm,(pl inv)* motocross ‖ **motoculteur** *nm (Ag, Hort)* cultivator ‖ **motocycliste** *nmf* motorcyclist ‖ **motoriser** *vt (1)* ; *(fam)* **je suis motorisé** I've got my car here ‖ **motrice** *adj voir* **moteur** ◆ *nf (Rail)* (electric) motor unit.

motte [mɔt] *nf (terre)* clod ; *(gazon)* sod, turf ; *(beurre)* lump ; *(Av)* **voler en rase-~s** hedge-hop.

mou[1] [mu] *adj (devant voyelle ou h muet* **mol** ; *f* **molle**) *(au toucher)* soft ; *(bruit)* muffled ; *(temps)* muggy ; *(personne)* feeble ; lax ; soft ; weak ; spineless ◆ *nm (corde) (aussi fig)* **donner du ~** *give some slack.

mou[2] [mu] *nm (boucherie)* lights *pl inv.*

mouchard [muʃar] *nm (fam) (Ens)* sneak, telltale, *(amér)* tattletale ; *(police)* informer, *(brit)* grass ; *(Av)* black box ; *(camion)* tachograph ‖ **moucharder** *vti (1)* sneak (on) ; *give* *split (on) ; grass (on).

mouche [muʃ] *nf* fly ; *on aurait entendu une ~ voler* you could have heard a pin drop ; *quelle ~ t'a piqué ?* what's bugging you? *(fig)* **il ne ferait pas de mal à une**

~ he wouldn't hurt a fly ; *faire ~ !* hit the bull's-eye! *prendre la ~* *fly into a temper ; *c'est une fine ~ !* she's a sly creature! *il aime faire la ~ du coche* he's an officious busybody.

moucher [muʃe] *vt (1)* **1** *~ qn* wipe sb's nose ; *mouche-toi !* blow/wipe your nose! **2** *(fam) ~ qn* *put sb in his place.

moucheron [muʃrɔ̃] *nm (insecte)* midge, gnat.

moucheté [muʃte] *adj (tissu)* flecked ; *(œuf)* speckled.

mouchoir [muʃwar] *nm* handkerchief ; *ils sont arrivés dans un ~* it was a close finish.

moudre [mudr] *vt (49)* *grind.

moue [mu] *nf* pout ; *faire la ~* pout.

mouette [mwet] *nf (Orn)* seagull.

moufle [mufl] *nf* mitt(en).

mouillage [mujaʒ] *nm (Naut)* anchorage ‖ **mouillé** *adj* wet ‖ **mouiller** *vt (1)* *wet ◆ *vi (Naut)* *cast/drop anchor ‖ **se mouiller** *vpr* **1** *get wet **2** *(fam fig)* **il ne se mouille pas !** he's not committing himself!

moulage [mulaʒ] *nm* cast ‖ **moulant** *adj (vêtement)* (tight-)fitting.

moule[1] [mul] *nf (crustacé)* mussel.

moule[2] [mul] *nm* mould ; *(amér)* mold ; *~ à gateaux* cake tin ; *~ à gaufre* waffle-iron ‖ **mouler** *vt (1)* *cast ; mould ; *(amér)* mold ; *robe qui moule* clinging/tight-fitting dress ; *se ~ sur qn* model oneself on sb.

moulin [mulɛ̃] *nm* mill ; *~ à vent* windmill ; *~ à café/légumes/poivre* coffee/vegetable/pepper mill ; *on entre dans cette maison comme dans un ~* this house is open for anyone to get in ‖ **moulinet** *nm (pêche)* reel ; *(escrime)* flourish. ‖ **moulu** *adj* **1** *(broyé)* **café ~** ground coffee **2** *(fatigue)* worn-out, *(fam)* dead-beat ; *(douleur)* aching all over.

moulure [mulyr] *nf (Arch)* moulding.

mourant [murã] *adj (voir* **mort***)* dying ; *(fig) d'une voix ~e* in a faint voice ‖ **mourir** *vi (6)* die ; *(bruit)* die away ; *(coutume, espèce)* die out ; *~ de faim* starve to death ; *(fig) je meurs de faim/soif* I'm starving/parched ; *~ d'ennui* be bored stiff/to death ; *j'étais mort de peur* I was scared to death ; *je meurs d'envie de voyager* I'm dying to travel ; *c'est à ~ de rire* it's a scream!

mousquetaire [muskətɛr] *nm* musketeer.

mousse[1] [mus] *nf* **1** *(Bot)* moss **2** *(bière)* foam, froth, head ; *(champagne)* bubbles *pl* ; *(savon)* lather ; *(Cuis) ~ au chocolat* chocolate mousse ; *(Tech) caoutchouc ~* foam rubber.

mousse[2] [mus] *nm* ship's boy.

mousseline [muslin] *nf (tissu)* muslin.

mousser [muse] *vi (1) (bière)* foam,

froth ; *(champagne)* bubble ; *(savon)* lather ; *(fam fig) se faire ~ auprès de* ingratiate oneself with sb ‖ **mousseux** *adj* *(f* **-euse)** *(vin) ~* sparkling wine.

mousson [musɔ̃] *nf (Géog)* monsoon.

moussu [musy] *adj* mossy.

moustache [mustaʃ] *nf (homme)* moustache ; *(animal)* ~s whiskers ‖ **moustachu** *adj il est* ~ he has a moustache.

moustiquaire [mustikɛʀ] *nf* mosquito net/screen ‖ **moustique** *nm (Zool)* mosquito.

moutarde [mutaʀd] *nf (Cuis)* mustard ; *(fig) la ~ lui monta au nez* he lost his temper.

mouton [mutɔ̃] *nm* **1** *(Zool)* sheep *(pl inv)* ; *(fig) revenons à nos ~s !* let's get back to the point/subject! **2** *(viande)* mutton **3** *(sous le lit)* ~s fluff *ns inv.*

mouvant [muvɑ̃] *adj* moving ; *(situation)* fluid ; *(sable)* shifting ‖ **mouvement** *nm* **1** *(déplacement)* movement ; *faire un ~* move ; *se mettre en ~* start off ; *elle est toujours en ~* she's always on the move ; *il y a du ~* there is a great bustle ; *pressons le ~ !* let's get a move on! *(Tech) pièces en ~* moving parts ; *(Sc) ~ perpétuel* perpetual motion ; *(Mus)* movement ; *(Fin) ~ de fonds* movement of capital **2** *(changement) ~ de personnel* changes in staff ; *j'ai eu un ~ d'impatience/de colère* I lost patience/my temper ; *elle a eu un bon ~* she made a kind gesture ‖ **mouvementé** *adj* eventful, lively ; stormy ‖ **mouvoir** *vt* (25) move ; *(Tech) mû par turbine* turbine-driven ; *(sentiments)* *drive, move, motivate ‖ **se mouvoir** *vpr* move.

moyen [mwajɛ̃] *adj (f* **-enne)** average ◆ *nm* **1** means ; *ce n'est qu'un ~ vers un but* it's only a means to an end ; *c'est le seul ~ de se tirer d'affaire* it's the only way out ; *employer les grands ~s* resort to extreme measures ; *elle s'en est sortie par ses propres ~s* she's made her own way in the world ; *au ~ de* by means of ; *il n'y a pas ~ de le raisonner* you just can't reason him ; *il faut faire avec les ~ du bord* you've got to make do (with what you've got) **2** *(revenus)* means ; *il vit au-dessus de ses ~s* he's living above his income/beyond his means ; *je n'ai pas les ~s de me payer des vacances* I can't afford a holiday/ *(amér)* vacation **3** *(intellectuel)* ability, capability ; *cet enfant a des ~s* the child is quite capable ‖ **Moyen Age** *nm (Hist) au ~* in the Middle Ages ‖ **moyenâgeux** *adj (f* **-euse)** medi(a)eval ‖ **Moyen-Orient** *nm au ~* in the Middle East ‖ **moyennant** *prép* in return for ; *~ quoi* in return for which ; *il le fera ~ finance* he'll do it for a fee ‖ **moyenne** *adj (voir moyen)* ◆

nf average ; *en ~* on (an/the) average ; *la ~ d'âge* the average age ; *être dans la ~* be average ; *(Ens) avoir la ~* get half marks ; *(examen)* pass ‖ **moyennement** *adv* moderately.

moyeu [mwajø] *nm (pl* **-x)** *(Tech)* hub.

mue [my] *nf (oiseau)* moulting ; *(reptile)* sloughing ‖ **muer** *vi* (1) moult ; slough ; *(voix)* * break ‖ **se muer** *vpr (en)* change (into), turn (into).

muet [mɥɛ] *adj (f* **-ette)** silent ; *~ de colère* mute/speechless with rage ; *(animal)* dumb ◆ *nm* mute ; *sourd-~* deaf-mute.

mufle [myfl] *nm (chien)* muzzle ; *(personne)* boor, lout, oaf ◆ *adj* boorish, loutish, oafish ‖ **muflerie** *nf (une)* (a piece of) oafishness.

mugir [myʒiʀ] *vi* (2) *(vache)* moo ; *(vent)* howl.

muguet [mygɛ] *nm (Bot)* lily of the valley.

mulâtre [mylɑtʀ] *adj & nmf* mulatto.

mule [myl] *nf (animal, pantoufle)* mule ‖ **mulet** *nm* **1** *(animal)* mule **2** *(poisson)* mullet.

multi- [mylti] *préf* multi ‖ **multicolore** *adj* multicoloured. ‖ **multicoque** *nm (Naut)* multihull ‖ **multiple** *adj* multiple, numerous ◆ *nm* multiple ‖ **multiplication** *nf* multiplication ‖ **multiplier** *vt (1h)* **se** ~ *vpr* multiply ‖ **multitude** *nf* multitude.

municipal [mynisipal] *adj (mpl* **-aux)** municipal ; *conseil ~* town council ‖ **municipalité** *nf* municipality, town ; town council.

munir [myniʀ] *vt* (2) *(de)* equip (with), provide (with).

munitions [mynisjɔ̃] *nfpl* ammunition.

muqueuse [mykøz] *nf (Méd)* mucus membrane.

mur [myʀ] *nm* wall ; *~ du son* sound barrier ; *(fig) nous sommes au pied du ~* we've got our backs to the wall ; *on parle à un mur !* it's like running your head into a brick wall! ‖ **muraille** *nf* high wall ‖ **mural** *adj (mpl* **-aux)** *(Art)* mural ; *peinture ~e* mural (painting) ; *carte ~e* wall map.

mûr [myʀ] *adj (fruits)* ripe ; *trop ~* overripe ; *(fig)* ready ; ripe ; *(personne)* mature.

mûre [myʀ] *nf (Bot)* **1** blackberry **2** mulberry.

mûrement [myʀmɑ̃] *adv décision ~ réfléchie* well thought-out decision.

murer [myʀe] *vt* (1) brick/wall up ‖ **se murer** *vpr (fig)* *shut oneself up.

mûrier [myʀje] *nm* mulberry tree.

mûrir [myʀiʀ] *vti* (2) *(fruits)* ripen ; *(personne, projet)* (*make) mature.

murmure [myʀmyʀ] *nm* murmur ; whisper ‖ **murmurer** *vti* (1) murmur ; whisper.

muscade [myskad] *nf* (*Cuis*) (*noix*) ~ nutmeg.

muscat [myska] *nm* (*fruit*) muscat grape ; (*vin*) muscatel.

muscle [myskl] *nm* muscle ‖ **musclé** *adj* muscular ‖ **musculaire** *adj* (*Anat Méd*) muscular ‖ **musculation** *nf* body-building ‖ **musculature** *nf* muscle structure.

museau [myzo] *nm* (*pl* **-x**) (*chien*) muzzle, nose ; (*porc*) snout ; (*fam*) face ‖ **museler** *vt* (1b) muzzle ‖ **muselière** *nf* muzzle.

musée [myze] *nm* museum ; art gallery.

musical [myzikal] *adj* (*mpl* **-aux**) musical ‖ **musicien** *adj* (*f* **-ienne**) musical ◆ *nm* musician ‖ **musique** *nf* music ; ~ *d'ambiance* background music ; ~ *de chambre* chamber music ; *mettre en* ~ *set to music ; (fig) ça, c'est une autre ~ ! that's another kettle of fish!

musulman [myzylmɑ̃] *adj & nm* (*Rel*) Moslem, Muslim.

mutation [mytɑsjɔ̃] *nf* **1** transformation ; (*Biol*) mutation **2** (*Adm*) transfer ‖ **muter** *vt* (1) transfer.

mutilation [mytilɑsjɔ̃] *nf* mutilation ‖ **mutilé** *adj* crippled ; disabled ; mutilated ‖ **mutiler** *vt* (1) maim, mutilate ; (*objet*) deface.

mutin [mytɛ̃] *adj* mischievous ◆ *nm* mutineer ‖ **se mutiner** *vi* (1) mutiny ‖ **mutinerie** *nf* mutiny.

mutisme [mytism] *nm* silence.

mutuel [mytɥɛl] *adj* (*f* **-elle**) mutual ‖ **mutuelle** *nf* mutual benefit society.

myope [mjɔp] *adj* short-sighted, (*Méd*) myopic ‖ **myopie** *nf* short-sightedness, (*Méd*) myopia.

myosotis [mjɔzɔtis] *nm* (*Bot*) forget-me-not.

myriade [miRjad] *nf* myriad.

myrte [miRt] *nm* (*Bot*) myrtle.

myrtille [miRtij] *nf* (*Bot*) bilberry.

mystère [mister] *nm* mystery ‖ **mystérieux** *adj* (*f* **-ieuse**) mysterious ‖ **mysticisme** *nm* mysticism ‖ **mystificateur** *adj* (*f* **-trice**) mystifying ◆ *nmf* hoaxer, practical joker ‖ **mystification** *nf* mystification ; hoax, practical joke ‖ **mystifier** *vt* (1h) mystify ; hoax ; (*fam*) fool ‖ **mystique** *adj* mystical ◆ *nmf* (*personne*) mystic ◆ *nf* mysticism.

mythe [mit] *nm* myth ‖ **mythique** *adj* mythical ‖ **mythologie** *nf* mythology ‖ **mythologique** *adj* mythological ‖ **mythomane** *nmf* mythomaniac.

myxomatose [miksɔmatoz] *nf* (*Méd*) myxomatosis.

N

N, n [ɛn] *nm* (*lettre*) N, n.

nacre [nakR] *nf* mother-of-pearl ‖ **nacré** *adj* pearly.

nage [naʒ] *nf* **1** swimming ; *faire de la* ~ *go swimming ; ~ libre* freestyle **2** (*fig*) *je suis en* ~ I'm bathed in perspiration/sweat ; *cela m'a mis en* ~ that made me perspire/sweat ‖ **nageoire** *nf* (*poisson*) fin ; (*dauphin*) flipper ‖ **nager** *vti* (1h) **1** *swim ; ~ la brasse/sur le dos *swim the breast-stroke/backstroke **2** (*inerte*) float **3** (*fig*) *je nage dans ce pantalon* these trousers are miles too big ; *il sait* ~ (*entre deux eaux*) he knows how to run with the hare and hunt with the hounds ; *je nage (complètement)* I'm (totally) at sea, I'm lost ‖ **nageur** *nm* (*f* **-euse**) swimmer.

naguère [nagɛR] *adv* **1** not long ago **2** (*usage fam*) formerly.

naïf [naif] *adj* (*f* **naïve**) naïve ; gullible, simple-minded ◆ *nm* simpleton ‖ **naïveté** *nf* naïvety.

nain [nɛ̃] *nm* dwarf ◆ *adj* dwarf(ish).

naissance [nesɑ̃s] *nf* birth ; *de* ~ (*infirmité*) from birth ; (*nationalité*) by birth ; *donner* ~ *à* *give birth to ; (fig) *give rise to ‖ **naître** *vi* (43) **1** *be born ; *il est né*

le 1ᵉʳ juin he was born on June 1st ; *Madame Dupont, née Berthias* Madame Dupont, née Berthias **2** (*problème*) *arise ; *faire* ~ (*organisme*) create, *set up ; (problème*) raise ; *give rise to ; (sentiments*) arouse, awaken, rouse **3** (*loc*) *il est né coiffé* he was born with a silver spoon in his mouth ; *je ne suis pas né d'hier/de la dernière pluie* I wasn't born yesterday.

nana [nana] *nf* girl ; (*fam péj*) doll.

nantir [nɑ̃tiR] *vt* (2) (*de*) provide (with) ‖ **nanti** *adj* (*bien*) ~ affluent, rich, well-off.

napalm [napalm] *nm* (*Mil*) napalm.

naphtaline [naftalin] *nf* mothballs *npl inv*.

nappe [nap] *nf* **1** tablecloth **2** (*fig*) (*eau*) sheet ; ~ *de brouillard* blanket of fog ; ~ *de pétrole* (oil) slick ‖ **napper** *vt* (1) (*Cuis*) (*de*) coat (with) ‖ **napperon** *nm* doily, (table)mat.

narcisse [naRsis] *nm* (*Bot*) narcissus.

narcotique [naRkɔtik] *adj nm* narcotic.

narguer [naRge] *vt* (1) scoff at ; (*lit*) flout.

narine [naRin] *nf* (*Anat*) nostril.

narquois [naRkwa] *adj* derisive, mocking, sardonic.

narrateur [naʀatœʀ] *nm (f* **-trice)** narrator ‖ **narration** *nf* **1** narration **2** *(Lit)* narrative ‖ **narrer** *vt (1)* narrate.

narthex [naʀtɛks] *nm (pl inv) (Arch)* vestibule.

nasal [nazal] *adj (mpl* **-aux)** nasal ‖ **naseau** *nm (pl* **-x)** *(grands mammifères)* nostril ‖ **nasiller** *vi (1)* whine ; *(personne)* speak through the nose ‖ **nasillard** *adj* nasal.

nasse [nas] *nf (pêche)* hoop net.

natal [natal] *adj (mpl* **-s)** native ; *pays* ~ native country/land/soil ; *maison* ~*e* birthplace ‖ **natalité** *nf* birth rate.

natation [natasjɔ̃] *nf* swimming.

natif [natif] *adj nm (f* **-ive)** native.

nation [nasjɔ̃] *nf* nation ; *les N*~*s Unies* the United Nations ‖ **national** *adj (mpl* **-aux)** national ; *route* ~*e (brit)* 'A' road, *(amér)* interstate highway ‖ **nationalisation** *nf* nationalization ‖ **nationaliser** *vt (1)* nationalize ‖ **nationalisme** *nm* nationalism ‖ **nationaliste** *nmf* nationalist ‖ **nationalité** *nf* nationality.

nativité [nativite] *nf* nativity.

natte [nat] *nf* **1** *(cheveux)* plait, pigtail **2** *(tapis)* straw mat.

naturalisation [natyʀalizasjɔ̃] *nf* **1** *(nationalité)* naturalization **2** *(d'animaux)* taxidermy ‖ **naturaliser** *vt (1)* **1** naturalize ; *il s'est fait* ~ *français* he took out French nationality/citizenship **2** *(animaux)* mount, *(fam)* stuff ‖ **naturaliste** *nmf* taxidermist.

nature [natyʀ] *nf* **1** *(environnement) la* ~ nature *(ns inv) ; (loc) il a disparu dans la* ~ he vanished into thin air ; *en pleine* ~ in the middle of nowhere **2** *(caractère) il est doux de* ~, *c'est une* ~ *douce* he has a gentle nature ; *de* ~ à likely to **3** *(sorte)* sort, kind **4** *(Art)* ~*-morte* still life ; *grandeur* ~ life-size ; *plus grand que* ~ *(aussi fig)* larger than life ; *peindre d'après* ~ paint from life **5** *(loc) payer en* ~ **pay in kind ◆ adj inv* plain ; *(café)* black ; *(personne)* plain-spoken ; uninhibited ; *(whisky)* straight ‖ **naturel** *adj (f* **-elle)** natural ; *besoins* ~*s* bodily needs ; *(loc) c'est tout* ~ *!* (please) don't mention it! *◆ nm (comportement)* naturalness ; *(Cuis) crabe au* ~ crab in its own juice ‖ **naturellement** *adv* naturally.

naufrage [nofʀaʒ] *nm* shipwreck ; *faire* ~ *(bateau)* *be wrecked ; *(personne)* *be shipwrecked ‖ **naufragé** *nm* shipwrecked sailor/passenger ; survivor.

nauséabond [nozeabɔ̃] *adj* nauseating, foul ‖ **nausée** *nf (Méd)* nausea *(ns inv) ; elle a des* ~*s* she feels sick ; *ça me donne la* ~ that makes me feel sick.

nautique [notik] *adj* nautical ; *sports* ~*s* water sports.

naval [naval] *adj (mpl* **-s)** naval ; *chantier* ~ shipyard ; *industrie* ~*e* shipbuilding (industry).

navet [navɛ] *nm* **1** *(légume)* turnip **2** *(péj)* lousy film.

navette [navɛt] *nf* **1** *(véhicule)* shuttle ; ~ *spatiale* space shuttle **2** *(service)* shuttle service ; *(loc) faire la* ~ *entre Paris et Madrid* travel back and forth between Paris and Madrid.

navigable [navigabl] *adj* navigable ‖ **navigant** *adj (Av) personnel* ~ flight crew ‖ **navigateur** *nm (f* **-trice)** navigator ‖ **navigation** *nf (pilotage)* navigation ; *(trafic)* air/sea traffic ‖ **naviguer** *vi (1) (avion)* *fly ; *(bateau)* sail ; *(piloter)* navigate ; *en état de* ~ seaworthy ‖ **navire** *nm* ship.

navré [navʀe] *adj* sorry ‖ **navrant** *adj* upsetting ‖ **navrer** *vt (1)* distress, *upset.

nazi [nazi] *adj & nm* Nazi ‖ **nazisme** *nm* Nazism.

ne [nə] *adv* (**n'** *devant voyelle ou h muet)* **1** *(marque de la négation)* not ; *n'empêche que tu as raison* you're right all the same ; *je ne sais que faire* I don't know what to do ; *si je ne me trompe* if I'm not mistaken **2** *(suivi d'un adj, adv, pr de négation) ne... aucun* no ; *il n'en a aucun* he doesn't have any at all ; *ne... guère* hardly ; *ce n'est guère raisonnable* it's not exactly reasonable ; *ne...ni...ni..* neither...nor ; *ce n'est ni bon ni mauvais* it's neither good nor bad ; *ne...pas* not ; *ne partez pas !* don't leave! ; *ne...plus* no longer ; *elle ne veut plus y aller* she doesn't want to go there any more ; *she no longer wants to go there ; ne...point (emphase) (lit) je ne le crois point* I don't believe it at all ; *ne...que* only ; *je n'en voulais que deux* I only wanted two ; *ne...rien* nothing ; *il n'a rien vu* he didn't see a thing **3** *(sans valeur de négation) avant que tu ne partes* before you leave ; *je crains qu'il ne vienne* I'm afraid he might come ; *(comparaison) c'est plus cher que tu ne penses* it's more expensive than you think.

né [ne] *pp de* **naître** born ; *mort-*~ still born ; *nouveau-*~ new-born baby.

néanmoins [neɑ̃mwɛ̃] *adv* nevertheless, yet.

néant [neɑ̃] *nm le* ~ nothingness ; *réduit à* ~ reduced to nothing ; *(aucun)* none.

nébuleuse [nebyløz] *nf (Astr)* nebula.

nébuleux [nebyløz] *adj (f* **-euse)** cloudy, *(fig)* vague ‖ **nébulosité** *nf* cloudiness ; *(fig)* vagueness.

nécessaire [neseseʀ] *adj* necessary ; *il n'est pas* ~ *de le faire* we don't have to/ need to do it *◆ nm* **1** *fais le* ~ *!* do what's necessary ; *vous avez le* ~ *?* do you have everything you need? *le strict* ~ the bare essentials **2** ~ *de toilette* toilet bag ; ~ *de voyage* overnight bag ‖ **nécessairement** *adv* necessarily ‖ **nécessité** *nf (obliga-*

tion) necessity; *(misère)* need; *(exigences)* **~s** demands; *elle n'en voit pas la* **~** she sees no need for it; *produits de première* **~** basic, essential products || **nécessiter** *vt (1)* necessitate, require, call for || **nécessiteux** *adj (f* **-euse)** needy; *les* **~** the needy.

nec plus ultra [nɛkplysyltʀa] *nm (pl inv)* *le* **~** the ultimate.

nécropole [nekʀɔpɔl] *nf* necropolis.

nectar [nɛktaʀ] *nm (aussi fig)* nectar || **nectarine** *nf* nectarine.

nef [nɛf] *nf (Arch)* nave.

néfaste [nefast] *adj (nuisible)* harmful; *(funeste) (lit)* ill-fated.

nèfle [nɛfl] *nf (fruit)* medlar; *(loc) des* **~s !** nothing doing! || **néflier** *nm* medlar tree.

négatif [negatif] *adj (f* **-ive)** negative ◆ *nm (Phot)* negative || **négation** *nf* negation.

négligé [negliʒe] *adj (tenue)* slovenly, *(fam)* sloppy; *(travail)* careless ◆ *nm (vêtement féminin)* négligé || **négligeable** *adj* negligible, insignificant || **négligeamment** *adv (sans soin)* carelessly; *(avec nonchalance)* casually || **négligence** *nf 1 (Jur)* negligence *(ns inv)*; *(acte)* act of negligence; *(manque de soin)* carelessness || **négligent** *adj* negligent, careless; casual || **négliger** *vt (1h) (délaisser)* neglect; *(ignorer)* disregard; **~** *de faire qch* neglect/*forget to do sth || **se négliger** *vpr* neglect oneself/one's appearance.

négoce [negɔs] *nm* trade, business || **négociable** *adj* negotiable || **négociant** *nm* merchant; **~** *en vins* wine merchant || **négociateur** *nm (f* **-trice)** negotiator || **négociation** *nf* negotiation; **~s** *de paix* peace talks || **négocier** *vti (1h)* negotiate || **se négocier** *vpr 1 (Com, Fin)* change hands; *sell 2 (prix)* *be open to negotiation.

nègre [nɛgʀ] *adj* Negro ◆ *nm 1* Negro *2 (fig péj)* ghostwriter || **négresse** *nf* Negress.

neige [nɛʒ] *nf* snow *(ns inv)*; **~** *carbonique* dry ice; **~** *fondue* sleet; *(au sol)* slush; *aller à la* **~** *(fam)* *go skiing; *(loc) blanc comme* **~** snow-white; *(Cuis) œufs en* **~** beaten egg-whites; *il va tomber de la* **~** it's going to snow || **neiger** *v impers (1h) il neige* it's snowing || **neigeux** *adj (f* **-euse)** snowy.

nénuphar [nenyfaʀ] *nm (Bot)* (water) lily.

néo- [neɔ] *préf* neo- || **néologisme** *nm* neologism.

néon [neɔ̃] *nm* neon light; *(publicitaire)* neon sign.

néophyte [neɔfit] *nmf* beginner.

nerf [nɛʀ] *nm 1 (Anat)* nerve *2* vigour; *il manque de* **~** he lacks energy *3 les* **~s**

nerves; *crise de* **~s** fit of hysterics, *(enfant)* tantrum; *(loc) avoir les* **~s** *fragiles* *have sensitive nerves; *avoir les* **~s** *à vif/à fleur de peau* *be nervy/edgy; *être sur les* **~s** *be on edge; *je suis à bout de* **~s** I'm at my wits' end; *ses* **~s** *ont lâché* he cracked up/went to pieces; *ça me porte/tape sur les* **~s** that gets on my nerves || **nerveusement** *adv* nervously; *(avec agressivité)* nervily || **nerveux** *adj (f* **-euse)** *1* nervous; *(agacé)* nervy; *(corps)* vigorous, wiry; *(viande)* stringy; *(voiture)* responsive; *(fam)* nippy *2 (Anat) cellule nerveuse* nerve cell || **nervosité** *nf* nervousness; *(momentanée)* agitation || **nervure** *nf (Bot)* vein.

n'est-ce pas [nɛspa] *loc int (demande d'approbation) c'est bon,* **~** it's good, isn't it? *elle est partie,* **~** she's gone, hasn't she? *il fume,* **~** he smokes, doesn't he? **~** *que... ?* isn't it true that...?

net [nɛt] *adj 1 (propre)* clean; *(travail)* neat *2 (clair) (esprit)* clear; *(réponse)* clear, straight, blunt; *(refus)* flat; *(situation)* clear-cut; *(différence)* marked; *(cassure)* clean; *(photo)* sharp; *(loc) je veux en avoir le cœur* **~** I want to be clear about this ◆ *adv 1 (casser)* cleanly; *(parler)* clearly, bluntly; *(refuser)* flatly; *s'arrêter* **~** stop dead; *tué* **~** killed outright *2 (Com)* net; *5 tonnes/50 000 dollars* **~** 5 tons/fifty thousand dollars net || **nettement** *adv* cleanly; clearly, bluntly; flatly; markedly || **netteté** *nf (travail)* neatness; *(réponse)* clearness; *(photo)* sharpness.

nettoiement [nɛtwamɑ̃] *nm* cleaning; *service de* **~** refuse collection || **nettoyage** *nm* cleaning; **~** *à sec* dry cleaning || **nettoyer** *vt (1f)* clean; *(pièce, cage)* clean out; *(jardin)* clear.

neuf[1] [nœf] *adj et nm (pl inv)* nine.

neuf[2] [nœf] *adj (f* **neuve)** (brand) new; *quoi de* **~ ?** what's new? *(appartement) remis à* **~** as new.

neurasthénie [nøʀasteni] *nf (Méd)* depression || **neurasthénique** *adj* depressed, depressive || **neurologie** *nf (Méd)* neurology || **neurologue** *nmf* neurologist.

neutraliser [nøtʀalize] *vt (1)* neutralize; *(voleur)* disarm; *overcome || **neutralité** *nf* neutrality || **neutre** *adj* neutral ◆ *nm (Gr)* neuter || **neutron** *nm (Phys)* neutron.

neuvième [nœvjɛm] *adj et nm* ninth.

neveu [nəvø] *nm (pl* **-x)** nephew.

névralgie [nevʀalʒi] *nf (Méd)* neuralgia *(ns inv)* || **névralgique** *adj* neuralgic || **névrose** *nf* neurosis || **névrosé** *adj & nm* neurotic **névrotique** *adj* neurotic.

nez [ne] *nm (pl inv)* nose; **~** *qui coule* *have a runny nose; *saigner du* **~** *have a nosebleed; *(loc)* **~** *à* **~** face to face; *à vue de* **~** at a rough guess; *tu as du* **~ !** you've got flair; *(fam) je l'ai dans* *le* ~ I can't stand him; *vous l'avez sous le* ~ *!* it's right under your nose! *(fam)* **ils sont toujours en train de se bouffer le** ~ they're always getting at each other; *fermer la porte au* ~ *de qn* slam the door in sb's face; *lever le* ~ look up; *ça lui est passé sous le* ~ it slipped through his fingers; *(fam) ça lui pend au* ~ *!* he's got it coming to him!

ni [ni] *conj* nor; ~ *bon* ~ *mauvais* neither good nor bad; ~ *plus* ~ *moins* no more no less.

niais [njɛ] *adj* silly, foolish ◆ *nm* simpleton, fool ‖ **niaiserie** *nf* silliness, foolishness; *des* ~*s* foolish remarks.

niche [niʃ] *nf* 1 *(alcôve)* recess, niche; *(de chien)* kennel 2 *(tour)* trick.

nichée [niʃe] *nf (oiseaux)* brood; *(animaux)* litter ‖ **nicher** *vi (1)* nest ‖ **se nicher** *vpr (oiseaux)* (*go to) nest; *(fig) (village)* nestle; *(personne) où est-il allé se* ~ *?* where is he hiding out?

nickel [nikɛl] *nm (métal)* nickel ◆ *adj inv (fam)* spotless ‖ **nickeler** *vt (1b)* nickelplate.

nicotine [nikɔtin] *nf* nicotine.

nid [ni] *nm* nest; *faire son* ~ nest, *(fig)* settle; *(cachette)* ~ *de voleurs* den of thieves; *(sur route)* ~ *de poule* pothole.

nièce [njɛs] *nf* niece.

nigaud [nigo] *adj* silly, foolish ◆ *nm* simpleton, fool.

Nil [nil] *nm le* ~ the Nile.

n'importe *voir* **importer**²

nipper [nipe] *vt (1) (fam)* tog out ‖ **nippes** *nfpl inv* togs *pl*.

nippon [nipɔ̃] *adj (f* **nipponne**) Japanese ◆ *nm* N~ Japanese.

niveau [nivo] *nm (pl* **-x**) 1 *(outil)* level; ~ *à bulle* spirit level; *(Aut)* gauge 2 *(hauteur)* level 3 *(fig) (Ens) (année)* level,*(compétence)* standard 4 ~ *de langue* register; ~ *social* social standing/background; ~ *de vie* standard of living; *(loc) à* ~ level; *mettre à* ~ (*make) level; *(Ens) remise à* ~ bringing up to standard; *au* ~ up to standard; *au* ~ *de* at the level of; *au même* ~ *que* on a level with; *de haut* ~ high-level ‖ **niveler** *vt (1b)* level (off) ‖ **nivellement** *nm* levelling (out).

noble [nɔbl] *adj* noble ◆ *nm* noble, nobleman; *les* ~*s* the nobility ◆ *nf* noblewoman ‖ **noblesse** *nf* nobility; *la petite* ~ the gentry; *(loc) obtenir ses lettres de* ~ *(fig)* *win recognition.

noce [nɔs] *nf* 1 *(cérémonie) (souvent pl)* wedding 2 *(cortège)* wedding party; *nuit de* ~*s* wedding night; *voyage de* ~*s* honeymoon; *(loc) il n'était pas à la* ~ he was having a rough time; *faire la* ~ *have a wild time ‖ **noceur** *nm (f* **-euse**) reveller; party-goer.

nocif [nɔsif] *adj (f* **-ive**) harmful ‖ **nocivité** *nf* harmfulness.

noctambule [nɔktɑ̃byl] *nmf* night-owl.

nocturne [nɔktyrn] *adj* nocturnal ◆ *nm (Sp)* evening match/*(GB)* fixture; *(magasin)* ~ *le jeudi* open late on Thursdays.

Noël [nɔɛl] *nm (fête)* Christmas; *(chant)* Christmas carol; *(fam) (cadeau)* **elle a eu un vélo pour son noël** she had a bicycle for Christmas.

nœud [nø] *nm* 1 *(Naut)* knot 2 *(corde)* knot; *(lacet, ruban)* bow; *faire un* ~ tie a knot/bow; ~ *coulant* slipknot; ~ *papillon (fam* ~ *pap)* bow tie; *(loc) quel sac de* ~*s !* what a complicated business! 3 *(fig)* ~*s d'amitié* ties of friendship 4 *centre; le* ~ *du problème* the crux of the matter; ~ *ferroviaire* rail junction.

noir [nwar] *adj* black; *(cheveux, yeux)* dark; *(peau)* black, coloured; *(peau bronzée)* tanned; *(idées)* gloomy; *(humeur)* black, gloomy; *(ivre) (fam)* plastered; *(loc)* **il fait nuit** ~ e it's pitch-black; *la plage est* ~*e de monde* the beach is teeming with people ◆ *nm* 1 *(couleur)* black; *dans le* ~ in the darkness; *(loc) travailler au* ~ work on the side; moonlight; *vendre au* ~ *sell on the black market; **elle voit les choses en** ~ she (always) looks on the black side 2 *(personne)* N~ Black, black man 3 *(Mus) (amér)* quarter note, *(brit)* crotchet ‖ **noirceur** *nf* 1 blackness; darkness 2 *(acte)* dark deed ‖ **noircir** *vti (2)* blacken; darken; tan; *(fig)* ~ *la situation* paint a gloomy picture of the situation ‖ **noire** *nf* N~ black woman.

noise [nwaz] *nf (loc) chercher* ~ *à qn (loc)* try to pick a fight with sb.

noisetier [nwaztje] *nm* hazel tree ‖ **noisette** *nf* hazel nut ◆ *adj inv (couleur)* hazel.

noix [nwa] *nf (pl inv)* 1 walnut; ~ *de cajou* cashew nut; ~ *de coco* coconut; ~ *muscade* nutmeg 2 *(morceau)* ~ *de beurre* knob of butter; *(loc) (fam) à la* ~ useless, rubbishy.

nom [nɔ̃] *nm* 1 name; ~ *de baptême* Christian name; ~ *d'emprunt* assumed name; ~ *d'épouse* married name; ~ *de famille* last name, *(brit)* surname; ~ *de jeune fille* maiden name; *(loc) au* ~ *de* in the name of; *connaître qn de* ~ *know sb by name; *(fig)* **sans** ~ unspeakable; *(renommée) se faire un* ~ *make a name for oneself; **elle l'a traité de tous les** ~*s* she called him all the names under the sun; *(interj)* ~ *de Dieu ! / * ~ *de* ~ *!* for Heaven's sake! 2 *(Gr)* noun; ~ *commun* common noun; ~ *propre* proper noun.

nomade [nɔmad] *nmf* nomad ◆ *adj* nomadic.

nombre [nɔ̃br] *nm* 1 number; *nous étions au* ~ *de cinq* there were five of us;

(bon) ~ *de personnes* a good many people; *serez-vous du* ~ ? will you be joining us? *en grand/petit* ~ in large/small numbers; *le plus grand* ~ the majority; *sans* ~ countless; *je ne suis là que pour faire* ~ I'm only here to make up the numbers ‖ **nombreux** *adj (f* **-euse)** numerous; *famille nombreuse* large family; *nous étions* ~/*peu* ~ there were a lot of us/not very many of us; *venez* ~ ! come along!

nombril [nɔbʀi] *nm (Anat)* navel.

nomenclature [nɔmɑ̃klatyʀ] *nf* nomenclature; list of items.

nominal [nɔminal] *adj (mpl* **-aux)** nominal ‖ **nominatif** *adj (f* **-ive)** *liste nominative* list of names ◆ *nm (Gr)* nominative ‖ **nomination** *nf (à un poste)* appointment; *(pour un prix)* nomination ‖ **nommément** *adv* by name ‖ **nommer** *vt (1)* **1** name **2** appoint; nominate ‖ **se nommer** *vpr (s'appeler)* *be called; (se présenter)* introduce oneself.

non[1] [nɔ̃] *adv* **1** *(réponse négative)* no; *l'avez-vous vu ? Non.* have you seen him? No (I haven't); ~ *merci* no thank you; *bien sûr que* ~ ! of course not! *je ne dis pas* ~ I won't say no **2** *(demande d'acquiescement) c'était gentil,* ~ ? that was kind, don't you think?/wasn't it? **3** *(excl) (indignation)* ~, *mais !* just what do you think you're doing!*(surprise)* ~ *! sans blague !* really? you don't say! **4** not; *c'est pour lui et* ~ *pour elle* it's for him, not her; *qu'elle le veuille ou* ~ whether she likes it or not; *toi oui, moi* ~ you but not me; *nous* ~ *plus* nor us, not us either; ~ *que* not that ◆ *nm (pl inv)* no; *il y a 5 oui et 10* ~; *les* ~ *l'emportent* there are five yeses/ayes and ten noes; the noes have it.

non[2]- [nɔ̃] *préf* non-, un- ‖ **non-agression** *nf* non-aggression ‖ **non-alignement** *nm* non-alignment ‖ **non-assistance** *nf (Jur)* ~ *à personne en danger* failure to assist an endangered person ‖ **non-conformisme** *nm* nonconformism ‖ **non-croyant** *nm* non-believer ‖ **non-existence** *nf* non-existence ‖ **non-fumeur** *nmf* non-smoker ‖ **non-ingérence** *nf* non-interference ‖ **non-initié** *nm* layman ‖ **non-lieu** *nm (Jur) bénéficier d'un* ~ *have one's case dismissed ‖ **non-sens** *nm* nonsensical word/expression; *c'est un* ~ ! it doesn't make sense! ‖ **non-violence** *nf* non-violence.

nonante [nɔnɑ̃t] *adj et num inv (surtout en Belgique et en Suisse)* ninety.

nonchalance [nɔ̃ʃalɑ̃s] *nf* nonchalance; casualness ‖ **nonchalant** *adj* nonchalant, casual.

nord [nɔʀ] *nm* north; *au* ~ *(direction)* to the north; *(situation)* in the north; *au* ~

de north of; *l'Amérique du N*~ North America; *la Mer du N*~ the North Sea; *les pays du* ~ northern countries; *vent du* ~ north wind; ◆ *adj inv* north, northern; *(direction)* northerly; *l'hémisphère N*~ the Northern Hemisphere; *le pôle Nord* the North Pole ‖ **nord-américain**, *adj & nm* North American ‖ **nordique** *adj & nmf N*~ Scandinavian ‖ **Nordiste** *adj & nm (Hist US)* Northerner, Yankee.

normal [nɔʀmal] *adj (mpl* **-aux)** normal; *en temps* ~ under normal circumstances; *(fam) c'est* ~ ! it's only natural! what else do you expect! *ce n'est pas* ~ ! that shouldn't happen! ‖ **normale** *nf* norm; *au-dessus/au-dessous de la* ~ above/below average ‖ **normalement** *adv* **1** normally **2** *(fam)* if all goes well; ~, *il arrive à 18 h* we're expecting him at six ‖ **normalien** *nm (f* **-ienne)** student/graduate of the *Ecole normale supérieure* ‖ **normaliser** *vt (1) (relations)* normalize; *(produit)* standardize ‖ **se normaliser** *vpr (situation)* return to normal.

Normandie [nɔʀmɑ̃di] *nf* Normandy ‖ **normand** *adj & nm* Norman.

norme [nɔʀm] *nf* norm; *(Tech)* ~*s de fabrication* manufacturing standards.

nos [no] *adj poss voir notre*.

nostalgie [nɔstalʒi] *nf* nostalgia; *(ns inv) (loc) il a la* ~ *de la mer* he longs to return to the sea ‖ **nostalgique** *adj* nostalgic.

notabilité [nɔtabilite] *nf* notability ‖ **notable** *adj* notable ◆ *nm* notable; well-known personality.

notaire [nɔtɛʀ] *nm inv (amér)* lawyer; *(brit)* solicitor.

notamment [nɔtamɑ̃] *adv* notably; in particular.

notarié [nɔtarje] *adj (Jur) acte* ~ deed drawn up by a lawyer.

notation [nɔtasjɔ̃] *nf* notation; *(remarque)* remark; *(élève) (amér)* grading, *(brit)* marking ‖ **note** *nf* **1** *(écrite)* note; ~ *de service* memorandum, *(fam)* memo; *prendre* ~ *de* *write down; (fig)* *take note of **2** *(Ens)* mark, grade **3** *(addition) (amér)* check, *(brit)* bill **4** *(Mus)* note ‖ **noter** *vt (1)* **1** *(par écrit)* *write down, note down **2** *(remarquer)* notice; *(Ens)* *give a mark to, grade ‖ **notice** *nf* **1** leaflet; ~ *(mode d'emploi)* instructions, instruction leaflet **2** *(livre)* preface.

notification [nɔtifikasjɔ̃] *nf* notification ‖ **notifier** *vt (1h)* notify.

notion [nosjɔ̃] *nf* notion; *il a des* ~*s de portugais* he has a smattering of Portuguese.

notoire [nɔtwaʀ] *adj* well-known; *(péj)* notorious ‖ **notoriété** *nf (renommée)* fame; *(péj)* notoriety; *c'est de* ~ *publique* it's public/common knowledge.

notre [nɔtʀ] *adj poss (pl* **nos)** our.

nôtre [notʀ] *pr poss le/la ~, les ~s* ours, our own; *il est des ~s* he's one of us; *serez-vous des ~s?* will you join us?

nouer [nwe] *vt (1)* **1** *(ficelle)* tie, knot; *(bouquet, lacet)* tie up **2** *(fig) (amitié, conversation)* *strike up **3** *(fig) elle avait la gorge nouée* she had a lump in her throat ‖ **noueux** *adj (f -euse) (bois, mains)* gnarled.

nougat [nuga] *nm* nougat; *(fam) c'est du ~!* it's as easy as pie!

nouille [nuj] *nf* **1** *(Cuis) ~s* noodles, pasta *(ns inv)* **2** *(fam)* noodle; *(mollasson)* big lump.

nounou [nunu] *nf (langage enfantin)* nanny.

nounours [nunuʀs] *nm* teddy bear.

nourrice [nuʀis] *nf* **1** child-minder **2** *(vx)* nurse, nanny; *(qui allaite)* wet nurse; *(loc) mettre un enfant en ~* foster a child out; *épingle de ~* safety pin ‖ **nourricier** *adj (f -ière)* nourishing; *père ~* foster father ‖ **nourrir** *vt (2)* *feed, *(lit)* nourish; *(fig) (espoir, projet)* nurse ◆ *vi* *be nourishing ‖ **se nourrir** *vpr (de) (aussi fig)* *feed (on) ‖ **nourrissant** *adj* nourishing ‖ **nourrisson** *nm inv* infant ‖ **nourriture** *nf* food.

nous [nu] *pr pers (sujet)* we; *(objet)* us; *envoyez-le-~!* send it to us! *c'est à ~* it's ours; *(fam) un ami à ~* a friend of ours; *~ ~ sommes libérés* we freed ourselves; we got free; *~ ~ aimons* we love each other.

nouveau [nuvo] *adj* (**nouvel** *devant voyelle ou h muet; f* **nouvelle**; *mpl* **nouveaux**) new; *une nouvelle crise* a new/fresh/further crisis; *(fam) ça, c'est ~!* it's the first time I've heard that! *Nouvel An* New Year; *~x mariés* newly-weds; *~-né (f ~-née)* new-born child; *jusqu'à nouvel ordre* until further notice; *~ venu* newcomer; *à ~/de ~ loc adv* again ◆ *nm (personne)* new boy/man/colleague, etc. *il y a du ~* there have been fresh developments; ‖ **nouveauté** *nf (originalité)* novelty; *(produit)* new product; *(disque)* new release; *(livre)* recent publication; *(voiture)* new model ‖ **nouvelle** *nf* **1** *(personne)* new girl/woman/colleague, etc. **2** piece of news; *~s* news *(ns inv)*; *tu connais la ~?* have you heard the news? *j'ai une bonne ~ à vous annoncer* I've got some good news for you; *les ~s sont mauvaises* the news is bad; *(journal télévisé) je regardais les ~s* I was watching the news; *j'ai enfin eu de ses ~s* I've heard from her at last; *(fam) elle aura de mes ~s!* I shall give her a piece of my mind! **3** *(Lit)* short story ‖ **nouvellement** *adv* recently.

novateur [nɔvatœʀ] *nm (f -trice)* innovator ◆ *adj* innovative.

novembre [nɔvɑ̃bʀ] *nm* November.

novice [nɔvis] *nmf* novice, beginner; *(Rel)* novice ◆ *adj* inexperienced.

noyade [nwajad] *nf* drowning; drowning accident.

noyau [nwajo] *nm (pl -x) (fruit)* stone; *(Sc)* nucleus; *(fig)* centre; *(personnes)* small group; *~ dur* hard core.

noyé [nwaje] *adj* drowned; *~ dans la foule* lost in the crowd; *yeux ~s de larmes* eyes brimming with tears; *(fig) je suis ~* I'm lost, I'm out of my depth! ◆ *nm* drowned person.

noyer[1] [nwaje] *nm* walnut tree; *(bois)* walnut.

noyer[2] [nwaje] *vt (1f)* drown; *(loc) ~ le poisson* confuse the issue; *(fig) (cris)* drown; *(Aut)* flood (the carburettor) ‖ **se noyer** *vpr (par accident)* drown; *(exprès)* drown oneself; *(loc) il se noie dans un verre d'eau* he makes mountains out of molehills.

nu [ny] *adj* naked; *(fig) (chambre, mur)* bare; *bras ~s* bare-armed; *torse ~* stripped to the waist; *il est ~-pieds/~-tête* he is barefoot/bareheaded; *à ~* stripped, bare; *(loc) ~ comme un ver* stark naked; *se mettre à ~* strip (off), undress ◆ *nm (Art)* nude ‖ **nu-pieds** *nmpl (sandales)* sandals.

nuage [nɥaʒ] *nm* cloud; *(fig) dans les ~s* up in the clouds; *sans ~s (ciel)* cloudless; *(fig) (bonheur)* unclouded, unspoilt ‖ **nuageux** *adj (f -euse)* cloudy.

nuance [nɥɑ̃s] *nf (couleur)* shade, tint; *(sens)* shade of meaning; *(subtilité)* subtlety; *mais là il y a une ~* but there's a difference here; *(trace)* touch; *sans ~* unsubtle ‖ **nuancé** *adj* subtle; *(position)* moderate ‖ **nuancer** *vt (1h) (opinion, sens)* qualify.

nucléaire [nykleeʀ] *adj* nuclear ◆ *nm le ~* nuclear power.

nudisme [nydizm] *nm* nudism ‖ **nudiste** *adj & nmf* nudist ‖ **nudité** *nf* nudity, nakedness; *(fig) (mur, décor)* bareness.

nuée [nɥe] *nf* **1** cloud **2** horde.

nue [ny] *nf (lit)* cloud; *(loc) on l'a portée aux ~s* they praised her to the skies; *je suis tombé des ~s* I came down to earth with a bump.

nuire [nɥiʀ] *vt (33) (à)* harm; *cela nuit à sa réputation* that is bad for his reputation; *mis hors d'état de ~* rendered harmless ‖ **nuisance** *nf (souvent pl)* (environmental) pollution ‖ **nuisible** *adj* harmful ◆ *nm (animal)* pest.

nuit [nɥi] *nf* night; *(obscurité)* darkness; *cette ~ (passée)* last night; *(à venir)* tonight; *de ~* at night; *service de ~* night service; *je ne sors pas la ~* I don't go out at night; *(loc) il fait ~ noire* it's pitch-black; *la ~ tombe* it's getting dark; *j'ai passé une ~ blanche* I had a sleepless night; *la ~ porte conseil!* let's sleep on it! ‖ **nuitée** *nf* night (in a hotel).

nul [nyl] *adj (f* **nulle**) **1** *(avant le n)* no; *(lit) je n'en ai ~ besoin* I have no need of that; *nulle part* nowhere **2** *(après le n)* nil; *(Jur) ~ et non avenu* null and void; *bulletin ~* spoilt ballot paper; *(Sp) match ~* draw; *les risques sont ~s* there is no risk whatsoever **3** *(fam)* worthless; *ce devoir est ~!* this homework is hopeless! *il est ~ en français!* he's hopeless at French! ◆ *pr* no one; *~ n'est censé ignorer la loi* no one can claim ignorance of the law ‖ **nullement** *adv* not at all ‖ **nullité** *nf* **1** uselessness; *(Jur)* nullity **2** *(personne)* nonentity; *(fam) c'est une ~!* he's the pits!

numéraire [nymeʀɛʀ] *(loc) en ~* in cash.

numéral [nymeʀal] *nm & adj (mpl* **-aux**) numeral ‖ **numération** *nf (Méd) ~ globulaire* blood count ‖ **numérique** *adj*

numerical ‖ **numéro** *nm* **1** number; *~ d'appel* phone number; *~ vert (US)* toll-free number, *(GB)* Freefone® **2** *(spectacle)* turn, *(chanson)* number; *(fig) faire son ~* *put on an act; *(fam) c'est un sacré ~!* he's quite a character! **3** *(magazine)* issue; *vieux ~* back number/issue ‖ **numéroter** *vt (1)* number.

nuptial [nypsjal] *adj (mpl* **-iaux**) wedding; *(lit)* nuptial.

nuque [nyk] *nf* nape of the neck.

nurse [nœʀs] *nf* nanny.

nutritif [nytʀitif] *adj (f* **-ive**) *(Bio)* nutritive; *(nourrissant)* nutricious; *valeur nutritive* food value. ‖ **nutrition** *nf (Méd)* nutrition.

nylon [nilɔ̃] *nm* nylon®.

nymphe [nɛ̃f] *(Lit, Zool) (aussi fig)* nymph.

nymphéa [nɛ̃fea] *nm (Bot)* water lily.

nymphomane [nɛ̃fɔman] *adj & nf* nymphomaniac.

O

O,o [o] *nm (lettre)* O, o.

oasis [ɔazis] *nm* oasis *(pl* oases).

obéir [ɔbeiʀ] *vti (2) (à)* obey; *(fig)* respond (to) ‖ **obéissance** *nf* obedience ‖ **obéissant** *adj* obedient.

obélisque [ɔbelisk] *nm* obelisk.

obèse [ɔbez] *adj* obese; overweight ‖ **obésité** *nf* obesity.

objecter [ɔbʒɛkte] *vt (1) (argument)* *put forward; *~ que* object/protest that ‖ **objecteur** *nm (Mil) ~ de conscience* conscientious objector ‖ **objection** *nf* objection.

objectif [ɔbʒɛktif] *adj (f* **-ive**) objective ◆ *nm* **1** *(but)* objective **2** *(Phot)* lens ‖ **objectivement** *adv* objectively ‖ **objectivité** *nf* objectivity.

objet [ɔbʒɛ] *nm* **1** *(chose)* object; *~s trouvés* lost property *(ns inv)* **2** *(but)* object; *ceci a pour ~ de...* this aims to...; *sans ~* useless, unnecessary **3** *être/faire l'~ de* *be the subject of, receive.

obligation [ɔbligasjɔ̃] *nf* **1** *(de) (contrainte)* obligation (to); *vous êtes dans l'~ de répondre* you are obliged to reply; *sans ~ d'achat* with no obligation (to buy) **2** *(Fin)* bond ‖ **obligatoire** *adj* compulsory ‖ **obligatoirement** *adv* **1** *(Jur) vous devez ~ vous présenter en personne* you are under the obligation to appear in person **2** *(nécessairement)* inevitably.

obligé [ɔbliʒe] *adj* **1** compulsory; *c'est*

~! it's inevitable **2** *(personne)* obliged, grateful.

obligeance [ɔbliʒɑ̃s] *nf (lit)* kindness; *veuillez avoir l'~ de venir* please be so kind as to come ‖ **obligeant** *adj* kind; *(personne)* obliging.

obliger [ɔbliʒe] *vt (1h)* **1** *(contraindre) (qn à faire qch)* oblige (sb to do sth); *rien ne vous oblige à le faire* you are under no obligation to do it **2** *(rendre service)* oblige.

oblique [ɔblik] *adj* oblique; *regard ~* sidelong glance ◆ *nf* oblique line ‖ **obliquer** *vi (1)(voiture)* turn (off), veer.

oblitérer [ɔbliteʀe] *vt (1c)* obliterate; *(timbre)* cancel ‖ **oblitération** *nf* obliteration; *(timbre)* postmark.

oblong [ɔblɔ̃] *adj (f* **-ue**) oblong.

obnubiler [ɔbnybile] *vt (1)* obsess; *se laisser ~ (par)* *become obsessed (by).

obole [ɔbɔl] *nf* (modest) contribution.

obscène [ɔpsɛn] *adj* obscene ‖ **obscénité** *nf* obscenity.

obscur [ɔpskyʀ] *adj (noir)* dark; *les salles ~es* cinemas; *(embrouillé)* obscure; *(vague)* vague ‖ **obscurcir** *vt (2)* darken; *(fig)* obscure ‖ **s'obscurcir** *vpr (ciel)* *grow dark; *(mystère)* deepen, thicken; *(vue)* *grow dim ‖ **obscurément** *adv* obscurely ‖ **obscurité** *nf* darkness; *(fig)* obscurity.

obsédant [ɔpsedɑ̃] *adj* obsessive. ‖ **ob-**

sédé *adj (de)* obsessed (with) ◆ *nm* maniac ‖ **obséder** *vt (1c)* obsess.

obsèques [ɔpsek] *nfpl inv* funeral.

obséquieux [ɔpsekjø] *adj (f -euse)* obsequious ‖ **obséquiosité** *nf* obsequiousness.

observateur [ɔpsɛʀvatœʀ] *nm (f -trice)* observer ◆ *adj* observant ‖ **observation** *nf* **1** observation; *(Méd)* en ~ under observation **2** *(obéissance)* observance **2** *(remarques)* si je peux me permettre quelques ~s... I would like to make a few comments... ‖ **observatoire** *nm* observatory ‖ **observer** *vt (1)* *(épier, respecter)* observe; *(constater)* notice.

obsession [ɔpsesjɔ̃] *nf* obsession ‖ **obsessionnel** *adj (f -elle)* obsessional.

obsolète [ɔpsɔlɛt] *adj* obsolete.

obstacle [ɔpstakl] *nm (aussi fig)* obstacle; *(équitation)* jump; *faire* ~ *à* oppose; *(fam)* block.

obstination [ɔpstinasjɔ̃] *nf* obstinacy; *avec* ~ obstinately ‖ **obstiné** *adj* obstinate ‖ **s'obstiner** *vpr* persist; ~ *à faire qch* persist in doing sth.

obstruction [ɔpstryksjɔ̃] *nf* obstruction; *tu fais de l'*~ *!* you're being obstructive! ‖ **obstruer** *vt (1)* obstruct, block.

obtempérer [ɔptɑ̃peʀe] *vti (1c)* *(à)* *(Adm)* comply (with).

obtenir [ɔptəniʀ] *vt (10)* obtain, acquire ‖ **obtention** *nf* obtaining; *pour l'*~ *de votre passeport* (in order) to obtain your passport.

obturer [ɔptyʀe] *vt (1)* close (up); *(dent)* fill.

obtus [ɔpty] *adj* obtuse.

obus [ɔby] *nm (Mil)* shell; rocket.

occasion [ɔkazjɔ̃] *nf* **1** *(fête)* occasion; *pour les grandes* ~s for special occasions; *(loc)* à l'~ *de (lit)* on the occasion of **2** *(possibilité)* opportunity; *passe nous voir à l'*~ come and see us when you get a chance **3** *(achat)* bargain; secondhand purchase; *voiture d'*~ secondhand car ‖ **occasionnel** *adj (f -elle)* occasional ‖ **occasionnellement** *adv* occasionally ‖ **occasionner** *vt (1)* cause.

occident [ɔksidɑ̃] *nm* l'O~ the West ‖ **occidental** *adj (mpl -aux)* western ◆ *nm* Westerner.

occulte [ɔkylt] *adj & nm* occult ‖ **occulter** *vt (1)* conceal.

occupant [ɔkypɑ̃] *nm* occupier; *(Mil)* l'~ occupying forces ‖ **occupation** *nf* **1** *(d'un lieu)* occupation; *(Hist)* l'O~ the Occupation **2** *(passe-temps)* occupation ‖ **occupé** *adj (lieu)* occupied; *(toilettes)* not free, *(brit)* engaged; *(personne)* busy; *(Téléph)* *(amér)* busy, *(brit)* engaged ‖ **occuper** *vt (1)* occupy; *(logement)* live in; *(emploi)* *hold; *(personne)* employ, *keep

busy ‖ **s'occuper** *vpr* **1** *(à faire qch)* *keep busy (doing sth)* **2** *(de)* *(personne)* *take care of; care for; *(client)* attend to; *(problème)* *deal with; *(commerce)* *run; *(fam)* occupe-toi de tes oignons! mind your own business!

occurrence [ɔkyʀɑ̃s] *nf* instance; *(loc)* en l'~ in this case.

océan [ɔseɑ̃] *nm* ocean ‖ **Océanie** *nf* Oceania ‖ **océanien** *adj (f -ienne)* South Sea Island ◆ *nm* O~ South Sea Islander ‖ **océanique** *adj* oceanic.

ocre [ɔkʀ] *adj inv* ochre.

octane [ɔktan] *nm* octane.

octave [ɔktav] *nf (Mus)* octave.

octobre [ɔktɔbʀ] *nm* October.

octroi [ɔktʀwa] *nm* granting, awarding ‖ **octroyer** *vt (1f)* grant, award ‖ **s'octroyer** *vpr* award oneself; obtain.

octet [ɔktɛt] *nm (Inf)* byte.

oculaire [ɔkylɛʀ] *adj* ocular ‖ **oculiste** *nmf* eye specialist; *(amér)* eye doctor.

ode [ɔd] *nf (Lit)* ode.

odeur [ɔdœʀ] *nf* smell; *(désagréable)* odour; *(fleurs)* fragrance, scent.

odieux [ɔdjø] *adj (f -euse)* odious.

odorant [ɔdɔʀɑ̃] *adj* sweet-smelling ‖ **odorat** *nm* sense of smell.

œil [œj] *nm (pl yeux)* **1** eye; ~ *électrique* electric eye; ~ *au beurre noir* black eye; ~ *de verre* glass eye; *à l'*~ *nu* with the naked eye; *de mes propres yeux* with my own eyes; *du coin de l'*~ out of the corner of one's eye; *avoir de bons yeux* *have good eyesight **2** *(regard)* coup d'~ glance; *le mauvais* ~ the evil eye; *sous l'*~ *vigilant de son père* under his father's watchful eye; *il a l'*~ *vif* he looks lively; *attirer l'*~ attract attention; *suivre qn des yeux* watch sb (go) **3** *(loc)* mon ~ ! my foot! *(fam)* à l'~ for free; *elle m'a à l'*~ she's keeping an eye on me; *à vue d'*~ at a guess; *à mes yeux* in my opinion; *(fam)* tu as l'~ ! you've got an eye for things! *il n'a pas froid aux yeux !* he's not scared of anything! *elle n'a pas les yeux dans sa poche !* she doesn't miss a thing! *je n'ai pas les yeux en face des trous* I can hardly keep my eyes open; *faire de l'*~ *à qn* *make eyes at sb; *je ne l'ai pas fait pour ses beaux yeux* I didn't do it for love; *faire les gros yeux* glower; *(fig)* *fermer les yeux sur qch* close one's eyes to sth; *(fig)* regarder qch d'un bon /mauvais œil consider sth favourably/unfavourably ‖ **œil-de-bœuf** *nm* bull's eye (window) ‖ **œillade** *nf* wink ‖ **œillère** *nf* blinker; *(loc)* porter des ~s (aussi fig) *wear blinkers.

œillet [œjɛ] *nm* **1** *(trou)* eyelet **2** *(Bot)* carnation; ~ *d'Inde* French marigold; ~ *mignardise* pink; ~ *de poète* sweet-william.

œsophage [ezɔfaʒ] *nm* (Anat) œsophagus.

œuf [œf] *nm* (*pl* **œufs** [ø]) egg; ~s *brouillés* scrambled eggs; ~ *à la coque* soft-boiled egg; ~ *dur* hard-boiled egg; ~s *sur le /au plat* fried eggs; (*loc*) *on va étouffer l'affaire dans l'*~ we'll nip the business in the bud; (*fam*) *va te faire cuire un* ~ ! (*amér*) screw you! (*brit*) get stuffed!

œuvre [œvʀ] *nf* 1 (Art Lit) work; ~s *choisies* selected works; (*fig*) *l'*~ *de l'ancien premier ministre* the achievements of the former Prime Minister; *à l'*~ at work; *mettre en* ~ use; implement; *se mettre à l'*~ *set to work; *mise en* ~ (*réforme*) implementation, introduction 2 ~ *de bienfaisance, bonne* ~ charity ◆ *nm* 1 (Arch) *le gros* ~ foundations; shell (of a building) 2 (Art) work *ns inv*; *l'*~ *sculpté de Michel-Ange* Michelangelo's sculptures ‖ **œuvrer** *vi* (1) (*lit*) work.

off [ɔf] *adj inv* (Ciné) *voix* ~ voice off; (Th) (*festival*) fringe.

offensant [ɔfɑsɑ̃] *adj* insulting, offensive ‖ **offense** *nf* insult; (Rel) sin ‖ **offenser** *vt* (1) insult, offend ‖ **s'offenser** *vpr* *take offense ‖ **offensif** *adj* (*f* **-ive**) offensive ‖ **offensive** *nf* (Mil) offensive.

office [ɔfis] *nm* 1 (*fonction*) office, function; *bons* ~s services; *faire* ~ *de* serve as; (*loc*) *d'*~ automatically; without consultation 2 (*bureau*) office, bureau 3 (*cuisine*) (*vx*) pantry 4 (Rel) (*messe*) service ‖ **officialiser** *vt* (1) *make official ‖ **officiel** *adj* (*f* **-ielle**) official ◆ *nm inv* official ‖ **officiellement** *adv* officially ‖ **officier** *nm inv* officer ◆ *vi* (1h) officiate. ‖ **officieux** *adj* (*f* **-euse**) unofficial; *à titre* ~ unofficially.

offrande [ɔfʀɑ̃d] *nf* offering ‖ **offrant** *nm* *vendre au plus* ~ (*loc*) *sell to the highest bidder ‖ **offre** *nf* offer; (*vente aux enchères*) bid; (Com) *l'*~ *et la demande* supply and demand; ~ *publique d'achat* takeover bid ‖ **offrir** *vt* (7) 1 (*cadeau*) *give; *c'est pour* ~ ? would you like it gift-wrapped? 2 (*proposer*) (*de*) offer (to).

offusquer [ɔfyske] *vt* (1) offend, vex ‖ **s'offusquer** *vpr* *take offense (*de*).

ogive [ɔʒiv] *nf* 1 (Arch) ogive 2 (Mil) warhead.

ogre [ɔgʀ] *nm* ogre; *manger comme un* ~ *eat like a horse ‖ **ogresse** *nf* ogress.

oie [wa] *nf* (Orn) goose (*pl* geese); (*péj*) (*personne*) silly goose; ~ *blanche* innocent young thing.

oignon [ɔɲɔ̃] *nm* (Cuis) onion; (*bulbe*) bulb; (*fam*) *ce n'est pas ses* ~s ! it's none of her business!

oiseau [wazo] *nm* (*pl* **-x**) bird; ~ *d'eau* water bird; ~ *de nuit* (*aussi fig*) nightbird; ~ *de proie* bird of prey; *à vol d'*~ as the crow flies; (*fig*) *c'est un* ~ *rare* she's one in a million; (*fam*) *c'est un drôle d'*~ ! he's a queer fish! ‖ **oiseau-mouche** *nm* hummingbird ‖ **oiseleur** *nm inv* bird-trapper.

oisif [wazif] *adj* (*f* **-ive**) idle.

oisillon [wazijɔ̃] *nm* young bird, fledgling.

oison [wazɔ̃] *nm* (*petite oie*) gosling.

oléagineux [ɔleaʒinø] *adj* (*f* **-euse**) oil-producing ◆ *nm les* ~ oil-producing plants/crops ‖ **oléoduc** *nm* (oil) pipeline.

olive [ɔliv] *nf* olive; *huile d'*~ olive oil ‖ **olivier** *nm* olive tree; (*fig*) *rameau d'*~ olive branch.

olympique [ɔlɛ̃pik] *adj* Olympic.

ombilical [ɔ̃bilikal] *adj* (*mpl* **-aux**) (Anat) umbilical.

ombrage [ɔ̃bʀaʒ] *nm* shade; (*loc*) *faire* ~ *à qn* *outshine sb; *prendre* ~ *de qch* *take offense at sth ‖ **ombrager** *vt* (1h) shade ‖ **ombrageux** *adj* (*f* **-euse**) easily offended ‖ **ombre** *nf* 1 (*du soleil*) shade; (*obscurité*) darkness; *à l'ombre* in the shade; *tu me fais de l'*~ you're (standing) in my light; (*fig*) *sortir de l'*~ *come into the public eye 2 (*silhouette*) shadow; (*forme vague*) shape; ~s *chinoises* shadow puppets 3 (*trace*) trace; (*fig*) *il n'y a pas l'*~ *d'un doute* there's not the shadow of a doubt ‖ **ombrelle** *nf* parasol.

omelette [ɔmlɛt] *nf* (Cuis) omelette.

omettre [ɔmɛtʀ] *vt* (42) omit; ~ *de faire qch* *forget/omit to do sth ‖ **omission** *nf* omission.

omni- [ɔmni] *préf* omni- ‖ **omnibus** *nm* (*pl inv*) slow train ‖ **omniprésent** *adj* ever-present ‖ **omnisports** *adj inv* (*salle, terrain*) multi-purpose.

omoplate [ɔmɔplat] *nf* (Anat) shoulder blade.

on [ɔ̃] *pr indéfini* 1 (*les gens*) people, they; ~ *dit que c'est facile* people say it's easy; (*sens passif*) it's said to be easy 2 (*n'importe qui*) you, one; (*loc*) ~ *ne sait jamais* you just never know; (*loc*) *c'était* ~ *ne peut plus stupide* it couldn't have been more stupid 3 (*quelqu'un de non identifié*) someone; ~ *frappa à la porte* someone knocked at the door 4 (*fam*) we, us; *et si* ~ *sortait ce soir* ? why don't we go out tonight? ~ *y va* ? shall we go?

once [ɔ̃s] *nf* ounce (*voir tableau II*).

oncle [ɔ̃kl] *nm* uncle; (*fig*) ~ *d'Amérique* rich uncle.

onctueux [ɔ̃ktɥø] *adj* (*f* **-euse**) rich, creamy; (*péj*) (*paroles, voix*) smooth.

onde [ɔ̃d] *nf* (Rad) wave; *sur les* ~s on the radio; (*lit*) (*mer*) on the waves.

ondée [ɔ̃de] *nf* (*averse*) shower.

on-dit [ɔ̃di] *nm* (*pl inv*) rumour; *ce ne sont que des* ~ that's just rumour.

ondulation [ɔ̃dylasjɔ̃] *nf* undulation;

(cheveux) wave || **ondulé** *adj* tôle ~e corrugated iron || **onduler** *vi (1)* undulate; *(herbe, blé)* wave; *(cheveux)* *be wavy.

onéreux [ɔnerø] *adj (f* **-euse***)* costly; *(loc)* à titre ~ in return for payment.

ongle [ɔ̃gl] *nm (personne)* finger/toe nail; *(animal)* claw.

onomatopée [ɔnɔmatɔpe] *nf (Lit)* onomatopoeia *ns inv.*

onze [ɔ̃z] *adj & nm (pl inv)* eleven; le ~ *novembre* Armistice Day || **onzième** *adj* eleventh.

opacité [ɔpasite] *nf* opaqueness || **opaque** *adj* opaque.

opale [ɔpal] *nf (Géol)* opal.

opéra [ɔpera] *nm* opera; *(lieu)* opera house || **opéra-comique** *nm* light opera.

opérable [ɔperabl] *adj* operable || **opérateur** *nm (f* **-trice***)* operator || **opération** *nf (Chir)* operation; *salle d'*~ operating theatre || **opérationnel** *adj (f* **-elle***)* operational; *(fig) (personne)* competent || **opératoire** *adj* bloc ~ theatre block; *choc* ~ postoperative shock || **opérer** *vt (1c)* 1 *(malade)* operate on; *elle a été opérée du cœur* she had a heart operation; *je dois me faire* ~ I've got to have an operation 2 *(changement)* carry out, *make ◆ vi* proceed, operate || **s'opérer** *vpr* *take place.

ophthalmologiste [ɔftalmɔlɔʒist] *nmf (fam* **opthalmo***)* eye specialist; ophthalmologist.

opiner [ɔpine] *vi (1)* nod; ~ à approve of.

opiniâtre [ɔpinjɑtr] *adj* obstinate || **opiniâtreté** *nf* obstinacy.

opinion [ɔpinjɔ̃] *nf (sur)* opinion (about); *l'*~ public opinion; *sondage d'*~ opinion poll; *se faire une* ~ *sur* *make up one's mind about; form an opinion on; (sondage)* les sans ~ the don't-knows.

opium [ɔpjɔm] *nm* opium *ns inv.*

opportun [ɔpɔrtœ̃] *adj (moment)* opportune; *(visite)* timely || **opportunité** *nf* timeliness, appropriateness.

opposant [ɔpozɑ̃] *nm* 1 *(à)* opponent (of) 2 *(Pol)* member of the opposition || **opposé** *adj* 1 *(à) (personne)* opposed (to) 2 *(côté)* opposite; *(équipe)* opposing; *(point de vue)* conflicting, opposite ◆ *nm* opposite; *(loc)* à l'~ *de* unlike || **opposer** *vt (1) (argument)* *put forward; (camps)* oppose; *bring into conflict; (obstacle)* present; *(contraster)* contrast || **s'opposer** *vpr* 1 *(équipes)* compete; *(opinions)* clash; *(styles, couleurs)* clash 2 s'~ à oppose; contrast with; *je ne m'y oppose pas* I've nothing against it || **opposition** *nf* opposition; *contrast; (Pol)* l'O~ the Opposition; *par* ~ à as opposed to; *faire* ~ à oppose; *(chèque)* stop; *mettre en* ~ contrast.

oppressant [ɔpresɑ̃] *adj* oppressive ||

oppresser *vt (1)* oppress; *(accabler)* suffocate || **oppresseur** *nm inv* oppressor || **oppression** *nf* oppression.

opprimer [ɔprime] *vt (1)* oppress.

opter [ɔpte] *vi (pour)* opt (for); *choose.

opticien [ɔptisjɛ̃] *nm (f* **-ienne***)* optician.

optimiser [ɔptimize] *vt (1) (Com)* *get maximum benefit from || **optimisme** *nm* optimism || **optimiste** *adj* optimistic ◆ *nmf* optimist || **optimal** *adj (mpl* **-aux***)* optimal || **optimum** *nm (pl* **-s** *ou* **optima***)* optimum ◆ *adj (inv ou f* **-a***; pl* **-a***)* optimum || **option** *nf* option; *(Aut)* optional extra; *(Ens) (amér)* option, elective; *(brit)* optional subject || **optionnel** *adj (f* **-elle***)* optional.

optique [ɔptik] *adj* optical; *(Anat)* optic ◆ *nf* 1 *(science)* optics 2 *(perspective)* perspective.

opulence [ɔpylɑ̃s] *nf* opulence || **opulent** *adj* opulent.

or¹ [ɔr] *conj* now; *(pourtant)* yet.

or² [ɔr] *nm* gold *ns inv; (pétrole)* ~ *noir* black gold; *cheveux d'*~ golden hair; *acheter qch à prix d'or* *pay the earth for sth; en* ~ *(bijou)* gold; *(fig) (âge, occasion, règle)* golden; *(choix, mari)* wonderful.

oracle [ɔrakl] *nm* oracle.

orage [ɔraʒ] *nm* thunderstorm; *(fig)* row; *(loc)* il y a de l'~ *dans l'air (aussi fig)* there's a storm brewing || **orageux** *adj (f* **-euse***)* stormy; *(temps lourd)* thundery.

oraison [ɔrezɔ̃] *nf (prière)* prayer; ~ *funèbre* funeral oration.

oral [ɔral] *adj (mpl* **-aux***)* oral ◆ *nm (Ens)* oral (exam) || **oralement** *adv* orally.

orange [ɔrɑ̃ʒ] *nf (fruit)* orange ◆ *nm (couleur)* orange ◆ *adj inv* orange || **orangé** *adj* orangey || **orangeade** *nf* orangeade || **oranger** *nm* orange tree; *fleurs d'*~ orange blossom.

orang-outan(g) [ɔrɑ̃utɑ̃] *nm (Zool)* orang-outang.

orateur [ɔratœr] *nm (f* **-trice***)* speaker; *(lit)* orator.

oratorio [ɔratɔrjo] *nm (Mus)* oratorio.

orbite [ɔrbit] *nf* 1 *(Anat)* eye socket 2 *(Astr)* orbit; *être sur* ~ *be in orbit; mettre sur* ~ *put into orbit.

orchestre [ɔrkɛstr] *nm* 1 *(Mus)* orchestra; *(de danse)* band 2 *(Th)* l'~ *(amér)* orchestra, *(brit)* the stalls || **orchestrer** *vt (1)* orchestrate.

orchidée [ɔrkide] *nf (Bot)* orchid.

ordinaire [ɔrdinɛr] *adj (courant)* ordinary; *(habituel)* usual; *(péj)* common, everyday; *vin* ~ table wine; *(fam)* plonk ◆ *nm* 1 l'~ the usual; *(loc)* d'~ usually; *comme à l'*~ as usual; *ça sort de l'*~ that's unusual 2 *(essence) (amér)* regular (gas), *(brit)* two-star (petrol) ‖ **ordinairement** *adv* ordinarily, usually.

ordinal [ɔʀdinal] *adj (mpl* -aux*) (Gr)* ordinal ◆ *nm* ordinal (number).

ordinateur [ɔʀdinatœʀ] *nm* computer; *mettre sur* ~ computerize.

ordonnance [ɔʀdɔnɑ̃s] *nf* **1** order **2** *(Jur)* decree **3** *(Méd)* prescription **4** *(Mil)* batman ‖ **ordonné** *adj* orderly; organized ‖ **ordonner** *vt (1)* **1** *(Rel)* ordain **2** organize **3** *(Méd)* prescribe ‖ ~ *à qn de faire qch* order sb to do sth.

ordre [ɔʀdʀ] *nm* order **1** *(structure)* order; *procédons par* ~ *(alphabétique)* let's take things in (alphabetical) order; *(réunion) à l'*~ *du jour (aussi fig)* on the agenda; *(destin), c'est dans l'*~ *des choses* that's only to be expected; *l'*~ *établi* the established order **2** *(papiers)* order; *(personne, pièce)* tidiness; *en* ~ in order; tidy; *sans* ~ untidy, disorderly; *avoir de l'*~ *be orderly/tidy; *mettons les choses en* ~ let's put things in order **3** *(sécurité) l'*~ *public* law and order; *(manifestation, soirée) service d'*~ stewards, security; *(police) les forces de l'*~ the police *(npl inv)*; *tout est rentré dans l'*~ things are back to normal **4** *(nature) de même* ~ of the same kind; *une somme de l'*~ *de... a* sum of something like/of around...; *de dernier* ~ third-rate; *de premier* ~ first-rate; *dans un autre* ~ *d'idées...* changing the subject...; *en* ~ *de marche* in working order **5** *(groupe)* ~ *des médecins* medical association; *(Rel) il entre dans les* ~s he's taking (holy) orders **6** *(commande) (Mil)* à vos ~s! Yes, Sir! *sous l'*~ *du président* on the President's orders; *être sous les* ~s *de qn* *be under sb's orders; *(fam) être aux* ~s *de qn* *be under sb's thumb; *jusqu'à nouvel* ~ until further notice; *(Fin) chèque à l'*~ *de (amér)* check/(brit) cheque made out to/payable to; *mot d'*~ slogan, watchword.

ordure [ɔʀdyʀ] *nf* **1** filth *ns inv* ~s *(amér)* garbage *ns inv, (brit)* rubbish *(ns inv)*; ~s *ménagères* household waste *(ns inv)*; *jeter aux* ~s *get rid of **2** *dire/écrire des* ~s *say/*write obscenities **3** *(fam) c'est une* ~ *!* he's a swine!/a bastard!

orée [ɔʀe] *nf à l'*~ *du bois (loc)* on the edge of the wood.

oreille [ɔʀɛj] *nf* ear; *dur d'*~ hard of hearing; *avoir l'*~ *fine* *have a sharp ear; *dresser l'*~ prick up one's ears; *faire la sourde* ~ turn a deaf ear; *elle écoutait de toutes ses* ~s/d'une ~ she was all ears/ only half listening; *parler à l'*~ *de qn* *speak in sb's ear; *prêter/tendre l'*~ listen; *(loc) elle a de l'*~ she's got a good ear (for music); *il a l'*~ *du ministre* he's in the minister's confidence; *(fam) tu me casses les* ~s *!* I wish you'd shut up! *je me suis fait tirer les* ~s I got a good telling off; *(fam) j'ai les* ~s *qui me sifflent* my ears are burning; *ce n'est pas tombé dans l'*~ *d'un sourd* it didn't fall on deaf ears ‖ **oreiller** *nm* pillow ‖ **oreillette** *nf (chapeau)* ear-flap; *(Anat)* auricle ‖ **oreillons** *nmpl (Méd)* (the) mumps.

ores [ɔʀ] *d'*~ *et déjà (loc)* (for) already.

orfèvre [ɔʀfɛvʀ] *nm inv* goldsmith, silversmith; *(loc) il est* ~ *en la matière* he's an expert in the field ‖ **orfèvrerie** *nf (lieu)* gold-/silversmith's shop; *(objets)* gold/silver plate *ns inv*.

organe [ɔʀgan] *nm* **1** *(porte-parole)* spokesman, spokeswoman; *(journal)* journal **2** *(Anat)* organ **3** *(mécanisme) (Tech)* ~s *de commande* control mechanism; *(fig) les* ~s *de l'Etat* state institutions.

organigramme [ɔʀganigʀam] *nm* (organisational) chart.

organique [ɔʀganik] *adj* organic.

organisateur [ɔʀganizatœʀ] *nm (f* -trice*)* organizer ◆ *adj* organizing ‖ **organisation** *nf (activité)* organization ‖ **organisé** *adj* organized ‖ **organiser** *vt (1)* organize ‖ **s'organiser** *vpr* *get organized ‖ **organisme** *nm* **1** *(Zool)* organism **2** *(institution)* body, organization.

orgasme [ɔʀgasm] *nm* orgasm, climax.

orge [ɔʀʒ] *nf* barley; *sucre d'*~ barley sugar; *(bonbon) (GB)* rock *ns inv*.

orgie [ɔʀʒi] *nf* orgy.

orgue [ɔʀg] *nm (Mus)* **1** organ; ~ *de Barbarie* barrel organ; *joueur d'*~ organ-grinder **2** ~s *fpl* organ; *les grandes* ~s the great organ.

orgueil [ɔʀgœj] *nm* pride, *(exagéré)* arrogance; *tirer* ~ *de qch* *be proud of sth ‖ **orgueilleux** *adj (f* -euse*)* proud, arrogant.

orient [ɔʀjɑ̃] *nm l'O*~ the Orient, the East ‖ **oriental** *adj (mpl* -aux*)* oriental, eastern ◆ *nm O*~ Oriental.

orientable [ɔʀjɑ̃tabl] *adj* adjustable; *(tournant)* revolving ‖ **orientation** *nf* **1** *(direction, sens)* direction, orientation; *sens de l'*~ sense of direction; *(Fin)* ~ *à la baisse/à la hausse* downward/upward trend; *(fig)* ~ *politique* political leanings/bias **2** *(lampe, appareil)* turning; adjustment **3** ~ *professionnelle* career guidance ‖ **orienté** *adj* directed; *maison* ~e *au sud* house facing south; *(fig) (opinion)* biased; *(Fin) marché* ~ *à la hausse/à la baisse* rising/falling market ‖ **orienter** *vt (1)* direct, position, adjust; *(fig)* ~ *un élève* *give a pupil (careers) advice ‖ **s'orienter** *vpr (vers)* turn (towards).

orifice [ɔʀifis] *nm* opening, mouth, *(Anat)* orifice.

originaire [ɔʀiʒinɛʀ] *adj (de)* native (to); *être* ~ *de* originate from; *be a native of.

original [ɔʀiʒinal] *adj* (*mpl* -**aux**) original ; (*bizarre*) unusual ◆ *nm* (*personne*) eccentric ; (*document*) original ‖ **originalité** *nf* originality ; eccentricity ; *une des ~s de l'œuvre, c'est...* one original feature of the work is...

origine [ɔʀiʒin] *nf* origin ; *d'~ douteuse* of dubious origin ; *pays d'~* country of origin ; *à l'~* originally ; *dès l'~* right from the start ‖ **originel** *adj* (*f* -**elle**) original ; *le péché ~* original sin.

orme [ɔʀm] *nm* (*Bot*) elm (tree) ; (*bois*) elm ‖ **ormeau** *nm* (*pl* -**x**) **1** (*Bot*) (young) elm **2** (*Zool*) abalone.

ornement [ɔʀnəmɑ̃] *nm* decoration, ornament ; *sans ~* plain, undecorated ‖ **orné** *adj* (*de*) decorated (with) ‖ **orner** *vt* (1) (*de*) decorate/embellish (with).

ornière [ɔʀnjɛʀ] *nf* (*aussi fig*) rut.

ornithologie [ɔʀnitɔlɔʒi] *nf* ornithology ‖ **ornithologue** *nmf* (*scientifique*) ornithologist ; (*amateur*) birdwatcher.

ornithorynque [ɔʀnitɔʀɛ̃k] *nm* (*Zool*) platypus.

orphelin [ɔʀfəlɛ̃] *nm* orphan ◆ *adj* orphaned ‖ **orphelinat** *nm* orphanage.

orque [ɔʀk] *nf* (*Zool*) killer whale.

orteil [ɔʀtɛj] *nm* toe.

orthodoxe [ɔʀtɔdɔks] *adj* orthodox ‖ **orthodoxie** *nf* orthodoxy.

orthographe [ɔʀtɔgʀaf] *nf* spelling ‖ **orthographier** *vy* (1h) *spell.

ortie [ɔʀti] *nf* (*Bot*) nettle.

ortolan [ɔʀtɔlɑ̃] *nm* (*Orn Cuis*) ortolan bunting.

orvet [ɔʀvɛ] *nm* (*Zool*) slow-worm.

os [ɔs] *nm* (*pl inv* **des os** [o]) bone ; (*loc*) *il y a un ~ !* there's a snag! *il ne fera pas de vieux ~* he won't last long.

oscillation [ɔsilɑsjɔ̃] *nf* (*Tech*) oscillation ; (*balancier*) swing ; (*blés*) waving ; (*flamme*) flickering ; (*prix*) fluctuation ; (*hésitation*) wavering ‖ **osciller** *vi* (1) oscillate ; *swing ; flicker ; fluctuate ; waver.

oseille [ozɛj] *nf* **1** (*Cuis*) sorrel (*ns inv*) **2** (*argot*) (*argent*) dough (*ns inv*).

osé [oze] *adj* daring ‖ **oser** *vt* (1) dare.

osier [ozje] *nm* (*Bot*) willow ; *en ~* wicker(work).

osmose [ɔsmoz] *nf* osmosis.

ossature [ɔsatyʀ] *nf* **1** (*Anat*) frame ; bone structure **2** (*Tech*) framework, structure ‖ **ossements** *nmpl* bones ; remains ‖ **osseux** *adj* (*f* -**euse**) (*Anat*) bone ; (*maigre*) bony.

ostensible [ɔstɑ̃sibl] *adj* ostensible, conspicuous ‖ **ostensiblement** *adv* ostensibly ‖ **ostentation** *nf* ostentation, (*fam*) show.

ostréiculteur [ɔstʀeikyltœʀ] *nm* (*f* -**trice**) oyster-farmer ‖ **ostréiculture** *nf* oyster-farming.

otage [ɔtaʒ] *nm inv* hostage ; *prendre qn en ~* *take sb hostage.

otarie [ɔtaʀi] *nf* (*Zool*) sea-lion.

ôter [ote] *vt* (1) remove ; (*habits*) *take off ; *ôter qch à qn* *take sth away from sb ; (*fig*) deprive sb of sth ; (*loc*) *ôte-moi d'un doute* reassure me ; (*fam*) *ôte-toi de là !* get out of the way!

otite [ɔtit] *nf* ear infection ; (*Méd*) otitis (*ns inv*).

oto-rhino-laryngologiste [ɔtɔʀinɔlaʀɛ̃gɔlɔʒist] *nmf* (*aussi fam* **oto-rhino**) ear nose and throat specialist.

ou [u] *conj* or ; *~ toi ~ moi* either you or me.

où [u] *pr adv rel* **1** (*lieu*) where ; wherever ; *la ville ~ elle est née* the town where she was born ; *on ira là ~ tu voudras* we'll go wherever you like ; *je ne sais pas d'~ elle vient* I don't know where she comes from ; *~ que tu ailles* wherever you go **2** (*temps*) when ; *à l'époque ~* at the time when ; *au moment ~* when **3** (*état, situation*) in which ; *dans l'état ~ elle est* considering the state she's in ; *au prix ~ · est le vin* in view of the price of wine ; (*fig*) *...d'~ ma déception* ...which explains my disappointment ◆ *adv int ~ allez-vous ?* where are you going? (*fig*) *~ en étais-je ?* where was I?

ouailles [waj] *nfpl inv* (*Rel*) (*aussi hum*) flock.

ouate [wat] *nf* (*amér*) absorbent cotton, (*brit*) cotton wool.

oubli [ubli] *nm* **1** (*trou de mémoire*) lapse of memory ; *ses ~s constants* her (constant) forgetfulness ; *l'~ d'un nom* (the fact of) forgetting a name **2** (*omission*) omission, oversight **3** *l'~* oblivion (*ns inv*) ; *tomber dans l'~* *be forgotten ‖ **oublier** *vt* (1h) *forget ; (*sciemment*) neglect ; (*omettre*) omit, miss out ‖ **s'oublier** *vpr* **1** *forget oneself ; (*ironique*) *il ne s'est pas oublié, celui-là !* he certainly made sure he wasn't left out! **2** (*faire ses besoins*) *le chat s'est oublié sur la moquette* the cat has made a mess on the carpet.

ouest [wɛst] *nm* west ; *à l'~* (*direction*) to the west ; (*situation*) in the west ; *à l'~ de* west of ; *l'Europe de l'O~* Western Europe ◆ *adj inv* west, western ; (*direction*) westerly.

ouf [uf] *excl* (*soulagement*) phew!

oui [wi] *adv yes* ; *tu l'as vue ? -~* did you see her? Yes (I did) ; *je pense que ~* I think so ; *on y va, ~ ou non ?* well, are we going or aren't we? *elle a fait ~ de la tête* she nodded (her head) ◆ *nm* (*pl inv*) yes ; *il y a 10 ~ et 5 non* ; *les ~ l'emportent* there are ten ayes/yeses and five noes ; the ayes/yeses have it ; (*loc*) *pour un ~ ou pour un non* for nothing ; at the drop of a hat.

ouï-dire [widiʀ] *(loc) par ~* by hearsay ‖ **ouïe** *nf* (sense of) hearing ; *(hum) je suis tout ~* I'm all ears ‖ **ouïr** *vt (2) vx* *hear.

ouïes [wi] *nfpl inv (Zool)* gills.

ouille [uj] *excl (douleur)* ouch!

ouragan [uʀagɑ̃] *nm* hurricane.

ourler [uʀle] *vt (1)* hem ‖ **ourlet** *nm* hem ; *faire un ~* hem.

ours [uʀs] *nm (pl inv) (Zool)* bear ; *~ blanc* polar bear ; *~ en peluche* teddy bear.

oursin [uʀsɛ̃] *nm (Zool)* sea-urchin.

ourson [uʀsɔ̃] *nm (Zool)* bearcub.

oust(e) [ust] *excl (fam)* clear off!

outil [uti] *nm* tool ; *(Ag Hort)* implement ; *~ de travail (aussi fig)* tool ‖ **outillage** *nm* equipment ; tools *npl inv* ‖ **outiller** *vt (1)* equip.

outrage [utʀaʒ] *nm (à)* offence (against) ; insult (to) ; *(fig) les ~s du temps* the ravages of time ; *~ au bon sens* an insult to common sense ; *(Jur) ~ à magistrat* contempt of court ; *~ à la pudeur* indecent behaviour ‖ **outragé** *adj* offended ‖ **outrageant** *adj* offensive ‖ **outrager** *vt (1h)* offend.

outrance [utʀɑ̃s] *nf* excess ; *à ~ (loc)* excessively.

outre [utʀ] *prép* besides ; *~ ses problèmes d'argent* on top of his money problems ; *~ que* besides the fact that ♦ *adv* beyond ; *(loc) passer ~* carry on regardless ; *passer ~ à qch* disregard/defy sth ; *(loc) ~ mesure* excessively ; *o~-Atlantique* on the other side of the Atlantic ; *d'~-mer* overseas ‖ **outremer** *adj inv* ultramarine ‖ **outrepasser** *vt (1)* *go beyond ; *(droits)* exceed ; *(limites)* overstep.

outrer [utʀe] *vt (1)* **1** *(lit)* exaggerate **2** shock ‖ **outré** *adj* shocked, outraged.

ouvert [uvɛʀ] *adj* open ; *(robinet)* on ; *(personne)* open-minded ‖ **ouvertement** *adv* openly ‖ **ouverture** *nf* opening ; *(heure)* opening time ; *(Mus)* overture ; *~s (avances)* overtures ; *~ d'esprit* open-mindedness ; *dès l'~ du magasin* as soon as the shop opens.

ouvrable [uvʀabl] *adj jour ~* working day.

ouvrage [uvʀaʒ] *nm* work, piece of work ; *(livre)* work, text ; *(Tech) ~ d'art* structure ; *boîte à ~* sewing box ; *se mettre à l'~* *set to work ‖ **ouvragé** *adj* finely worked/decorated.

ouvre-boîtes [uvʀəbwat] *nm (pl inv) (amér)* can-opener, *(brit)* tin-opener ‖ **ou-**

vre-bouteilles *nm (pl inv)* bottle-opener.

ouvreuse [uvʀøz] *nf (Ciné)* usherette.

ouvrier [uvʀije] *nm (f -ière)* worker ; *~ agricole* farm *(amér)* laborer, *(brit)* labourer ; *~ qualifié* skilled worker ; *~ spécialisé* unskilled worker ♦ *adj* **1** *(quartier)* working-class **2** *(agitation) (amér)* labor, *(brit)* industrial.

ouvrir [uvʀiʀ] *vt (7)* **1** open ; *(complètement)* open up ; *(serrure)* unlock ; *(verrou)* unbolt ; *(gaz, robinet)* turn on ; *(habits)* *undo **2** *(fig) (défilé)* *lead ; *(appétit)* whet ; *(Mil) (feu, combat, hostilités)* open ; *va ~ !* go and answer/open the door ; *vous voulez bien ~* would you mind opening the door/window, please ; *elle s'est fait ~ par le gardien* she got the caretaker to let her in ; *(loc) ~ la marche* *lead the way ; *ouvre l'œil !* be on the lookout! *c'est lui qui m'a ouvert la voie (aussi fig)* he's the one who showed me the way ‖ **s'ouvrir** *vpr* **1** *(sur)* open (onto) ; *cette fenêtre ne s'ouvre pas* this window doesn't open/can't be opened ; *elle s'ouvre sur une cour* it opens onto a yard ; *(fig) une nouvelle vie s'ouvrait devant lui* a new life was opening up before him **2** *s'~ à qn* confide in sb ; *peu à peu il s'est ouvert à moi* he opened up to me bit by bit **3** *s'~ par open/* *begin with **4** *(blessure) il s'est ouvert le front* he's cut his brow ; *elle s'est ouvert les veines* she slashed her wrists.

ovaire [ɔvɛʀ] *nm (Anat)* ovary.

ovale [ɔval] *adj & nm* oval.

ovation [ɔvasjɔ̃] *nf* ovation ; *on lui a fait une ~* they gave her an ovation ‖ **ovationner** *vt (1) ~ qn* *give sb an ovation.

overdose [ɔvɛʀdoz] *nf* overdose.

ovni [ɔvni] *nm (ab objet volant non identifié)* UFO *(ab unidentified flying object).*

ovulation [ɔvylasjɔ̃] *nf* ovulation.

oxydation [ɔksidasjɔ̃] *nf* oxidization ; rusting ‖ **oxyde** *nm* oxide ‖ **oxyder** *vt (1)* oxidize ; rust ‖ **s'oxyder** *vpr* *become oxidized ; *go rusty.

oxygène [ɔksiʒɛn] *nm* oxygen ; *masque/tente à ~* oxygen mask/tent ; *(fam) il est allé prendre un bol d'~* he's gone out for a breath of fresh air ‖ **oxygéner** *vt (1c) (Ch)* oxygenate ; *(cheveux)* bleach ; *eau oxygénée* peroxide ‖ **s'oxygéner** *vpr (fam) s'~ (les poumons)* *get some fresh air.

oyez [ɔje] *vx impératif de* **ouïr.**

ozone [ozɔn] *nm* ozone ; *couche d'~* ozone layer.

P

P, p [pe] *(lettre)* P, p.
pachyderme [paʃidɛʀm] *nm (Zool)* pachyderm; *(fam)* elephant.
pacification [pasifikɑsjɔ̃] *nf* pacification ‖ **pacifier** *vt (1h)* pacify ‖ **pacifique** *adj* peaceful; *(personne)* peaceable; *(océan)* Pacific ◆ *nm le P~* the Pacific ‖ **pacifiquement** *adv* peacefully; peaceably ‖ **pacifisme** *nm* pacifism ‖ **pacifiste** *nmf & adj* pacifist; *manifestation ~* peace march.
pacotille [pakɔtij] *nf (produits)* junk *ns inv*; *(loc) de ~* trashy, worthless.
pacte [pakt] *nm* pact ‖ **pactiser** *vi (avec)* **1** *come to terms (with)* **2** *(fig)* connive.
pactole [paktɔl] *nm (fig)* gold mine, windfall.
pagaie [pagɛ] *nf (canoë)* paddle.
pagaie [pagaj] *nf (aussi* **pagaille** *ou* **pagaye)** *(fam)* **1** *(désordre)* chaos *(ns inv)*; *quelle ~!* what a mess! *semer la ~* cause havoc **2** *(quantité) il y en a en ~* there are loads of them.
pagayer [pageje] *vi (1e)* paddle.
page[1] [paʒ] *nm (Hist)* page.
page[2] [paʒ] *nf (feuille)* page; *~ de garde* flyleaf; *(loc) à la ~* up-to-date.
pagne [paɲ] *nm* loincloth.
pagode [pagɔd] *nf* pagoda.
paie [pɛ] *nf (aussi* **paye)** *(salaire)* pay, wages; *toucher sa ~* *be paid; *(fam) il y a une ~ qu'on ne s'est pas vus* it's ages since we saw each other ‖ **paiement** *nm (aussi* **payement)** payment; *~ en nature* payment in kind.
païen [pajɛ̃] *adj & nm (f* **païenne)** pagan, heathen.
paillasse [pajas] *nf* **1** straw mattress **2** *(évier)* draining board ‖ **paillasson** *nm* doormat ‖ **paille** *nf* straw; *(pour boire)* (drinking) straw; *(loc) tirer à la courte ~* *draw lots; *(fam) je suis sur la ~!* I'm broke; *(excl) une ~!* peanuts!
paillette [pajɛt] *nf (or)* speck; *~s (lessive)* flakes; *(maquillage)* glitter *(ns inv)*; *(sur robe)* sequins.
pain [pɛ̃] *nm* bread *(ns inv)*; *un ~* a loaf of bread; *~ de campagne* farmhouse bread; *~ complet* wholemeal bread; *~ d'épices* gingerbread; *~ grillé* toast *(ns inv)*; *~ de mie (coupé)* sliced loaf; *~ bis* brown bread; *petit ~* bread roll, *(amér)* bun; *(loc) ça se vend comme des petits ~s* it's selling like hot cakes; *(fig) j'ai du ~ sur la planche* I've got a lot on my plate.
pair[1] [pɛʀ] *nm* **1** *(Hist) (personne)* peer **2** *(Fin) (équivalence)* par; *(loc) hors ~* unequalled; *jeune fille au ~* au pair (girl).
pair[2] [pɛʀ] *adj (chiffre)* even.

paire [pɛʀ] *nf* pair; *ça, c'est une autre ~ de manches* now that's another story ◆ *adj voir* **pair**[2].
paisible [pezibl] *adj (paysage)* peaceful; *(personne)* peaceable ‖ **paisiblement** *adv* quietly, peacefully.
paître [pɛtʀ] *vi (34)* graze; *(fam) elle m'a envoyé ~* she told me where to get off.
paix [pɛ] *nf* **1** peace *ns inv*; *(tranquillité)* peacefulness; *en ~* at/in peace; *j'ai la conscience en ~* I've got a clear conscience; *elle a enfin la ~* she's got some peace and quiet at last; *faire la ~ (avec qn) (aussi fig)* *make peace (with sb)*; *(fam) fiche-moi la ~!* leave me alone! **2** *(traité)* peace treaty.
palace [palas] *nm* luxury hotel.
palais[1] [palɛ] *nm* **1** *(résidence)* palace **2** *~ des congrès* conference centre; *P~ de Justice* Law Courts; *~ des sports* sports stadium.
palais[2] [palɛ] *nm (Anat)* palate.
palan [palɑ̃] *nm (Tech)* hoist.
pale [pal] *nf (hélice, rame)* blade.
pâle [pɑl] *adj* pale.
paletot [palto] *nm* woollen jacket.
palette [palɛt] *nf* **1** *(Tech)* palette **2** *(d'artiste)* palette **3** *(boucherie)* shoulder.
pâleur [pɑlœʀ] *nf* paleness.
palier [palje] *nm (escalier)* landing; *(niveau)* level; *(étape)* stage; *(loc) par ~s* in stages.
pâlir [pɑliʀ] *vi (2)* turn pale; *(couleurs)* fade; *il a pâli d'envie* he went green with envy.
palissade [palisad] *nf* fence; *(fort)* stockade; *(panneau publicitaire) (amér)* billboard, *(brit)* hoarding.
palliatif [paljatif] *nm & adj (f* **-ive)** palliative; *(Méd) soins ~s* hospice care ‖ **pallier** *vt (1h) (difficulté)* *get round*; *(manque)* compensate for.
palmarès [palmaʀɛs] *nm (pl inv)* (list of) prize-winners/*(Sp)* record-holders; *(fig)* honours list.
palme [palm] *nf* **1** *(Bot)* palm branch **2** *(prix) palme d'or à Cannes* Cannes film festival award **3** *(de nageur)* flipper ‖ **palmé** *adj (Zool)* webbed ‖ **palmier** *nm* **1** *(Bot)* palm tree **2** *(Cuis)* palmier.
palombe [palɔ̃b] *nf (Orn)* wood pigeon.
pâlot [pɑlo] *adj (f* **-otte)** *(fam)* peaky.
palourde [paluʀd] *nf (Zool)* clam.
palper [palpe] *vt (1)* touch, *feel*; *(Méd)* palpate ‖ **palpable** *adj* palpable.
palpitation [palpitɑsjɔ̃] *nf* **1** *(cœur)* pounding, throbbing; *(Méd) (souvent pl)* palpitation ‖ **palpitant** *adj (film)* exciting; *ville ~e d'activité* town throbbing with ac-

tivity ◆ *nm (argot) (cœur)* ticker ‖ **palpiter** *vi (1)* pound, throb.

paludisme [palydism] *nm (Méd)* malaria *(ns inv)*.

pamphlet [pɑ̃flɛ] *nm* lampoon; satire.

pamplemousse [pɑ̃pləmus] *nm* grapefruit.

pan[1] [pɑ̃] *nm (tissu)* piece; *(mur)* stretch; *(côté)* side; *en ~ de chemise* in shirt tails.

pan[2] [pɑ̃] *interj* bang!

pan-[3] [pɑ̃] *préf* pan- ‖ **pan-africain** *adj* Pan-African ‖ **panaméricain** *adj* Pan-American.

panacée [panase] *nf* panacea.

panache [panaʃ] *nm* **1** *(Hist)* plume; *(fig)* ~ *de fumée* plume/trail of smoke **2** gallantry; *(loc) il a du ~* he cuts a dash.

panachage [panaʃaʒ] *nm* mixing ‖ **panaché** *adj* mixed; *(couleurs, feuillage)* variegated ◆ *nm (boisson)* shandy ‖ **panacher** *vt (1)* mix.

panaris [panaʀi] *nm (Méd)* whitlow.

pancarte [pɑ̃kaʀt] *nf* sign, notice; *(Aut)* road sign; *(de manifestant)* banner.

pancréas [pɑ̃kʀeɑs] *nm (Anat)* pancreas.

panda [pɑ̃da] *nm (Zool)* panda.

panel [panɛl] *nm (jury)* panel; *(sondage)* sample group.

paner [pane] *vt (1) (Cuis)* dip/coat in breadcrumbs; *poisson pané* fish in breadcrumbs.

panier [panje] *nm* **1** basket; ~ *à provisions* shopping basket; *~-repas* packed lunch; *mettre au ~* *throw away; *(loc) quel ~ de crabes!* what a hornets' nest! *ils sont tous à mettre dans le même ~* they're all tarred with the same brush; *lui, c'est un vrai ~ percé* money burns a hole in his pocket **2** *(argot)* police van ‖ **panière** *nf* hamper.

panique [panik] *nf* panic; *c'était la ~!* there was panic! *pas de ~!* don't panic; *j'étais pris de ~* I was panic-stricken; *semer la ~* cause panic ‖ **paniqué** *adj* panic-stricken ‖ **paniquer** *vt (1)* ~ *qn (fam)* *put the wind up sb ◆ *vi* panic ‖ **se paniquer** *vpr* panic.

panne [pan] *nf* breakdown; ~ *de courant* power cut; *tomber en ~* *break down; *on est en ~* our car's broken down; *tomber en ~ sèche* *run out of *(amér)* gas/*(brit)* petrol.

panneau [pano] *nm (pl -x) (surface)* panel; *(écriteau)* sign, notice; ~ *d'affichage (amér)* bulletin board, *(brit)* notice board; ~ *publicitaire (amér)* billboard, *(brit)* hoarding; *(Aut)* ~ *de signalisation* road sign; *(fam) tu es tombé dans le ~!* you fell into the trap ‖ **panonceau** *nm (pl -x) (plaque)* plaque; *(publicitaire)* sign.

panoplie [panɔpli] *nf* **1** *(d'armes)* wall-display **2** *(jouet)* outfit **3** *(fig) (série)* pan-

oply; *toute une ~ de mesures* a whole range of measures.

panorama [panɔʀama] *nm* panorama ‖ **panoramique** *adj* panoramic.

panse [pɑ̃s] *nf* paunch; *(fam)* belly.

pansement [pɑ̃smɑ̃] *nm (Méd)* dressing, bandage; *(adhésif) (amér)* Band Aid®, *(brit)* (sticking) plaster ‖ **panser** *vt (1)* **1** *(plaie)* dress; *(membre)* *put a dressing/bandage on; bandage up; *(blessé)* dress the wounds of **2** *(cheval) (soigner)* groom.

pantalon [pɑ̃talɔ̃] *nm* (pair of) *(amér)* pants/*(brit)* trousers.

panthéon [pɑ̃teɔ̃] *nm* pantheon.

panthère [pɑ̃tɛʀ] *nf (Zool)* panther.

pantin [pɑ̃tɛ̃] *nm (marionnette)* puppet; *(péj) (personne)* puppet.

pantomime [pɑ̃tɔmim] *nf (Th)* mime; *(spectacle)* mime show.

pantouflard [pɑ̃tuflaʀ] *adj & nm (fam) (personne)* stay-at-home, *(amér)* homebody; *(vie)* humdrum ‖ **pantoufle** *nf* slipper.

paon [pɑ̃] *nm (Orn)* peacock ‖ **paonne** *nf* peahen.

papa [papa] *nm (fam)* dad; *(langage enfantin)* daddy; *(péj) fils à ~* daddy's boy.

papauté [papote] *nf* papacy ‖ **pape** *nm* pope.

paperasse [papʀas] *nf (souvent pl) (péj)* ~*s* paperwork *(ns inv)*; forms; ~ *administrative (fam)* red tape *(ns inv)*.

papeterie [papetʀi] *nf (usine)* paper mill; *(articles)* stationery; *(boutique)* stationer's *(shop)* ‖ **papetier** *nm (f -ière)* stationer ‖ **papier** *nm* **1** *(matière)* paper; ~ *alu(minium) (amér)* aluminum/*(brit)* aluminium foil; ~ *buvard* blotting paper; ~ *cadeau* wrapping paper; ~ *à dessin* drawing paper; ~ *hygiénique* toilet paper; *à lettres* writing paper; *sur ~ libre* on a plain sheet of paper; ~ *de verre* sandpaper **2** *(feuille)* sheet/piece of paper **3** *(formulaire)* form **4** *(document)* document; ~*s d'identité* identity papers, *(amér)* ID; *(loc) elle est dans vos petits ~s!* she's in your good books!

papillon [papijɔ̃] *nm* **1** *(Zool)* butterfly; ~ *de nuit* moth **2** *(fig) (contravention)* parking ticket; *(écrou)* wing-nut; *(natation) (brasse-)* butterfly stroke; ~ *nœud* bow tie; *(personne) c'est un vrai ~!* he's always changing girlfriends ‖ **papillonner** *vi (1)* flit about.

papillote [papijɔt] *nf* **1** *(vx) (coiffure)* curl-paper **2** *(amér)* candy/*(brit)* sweet paper **3** *(Cuis) en ~* cooked in tinfoil.

papotage [papɔtaʒ] *nm (fam)* nattering ‖ **papoter** *vi (1)* natter, chatter.

paquebot [pakbo] *nm (vx)* steamboat; liner.

pâquerette [pɑkʀɛt] *nf (Bot)* daisy.
Pâques [pɑk] *nm* Easter ◆ *nfpl* Easter; *joyeuses P~* Happy Easter; *œuf de ~* Easter egg.

paquet [pakɛ] *nm (colis)* parcel; *(linge)* bundle; *(emballage)* packet; *(cartes)* pack; *(loc) un ~ de* a load of; *(fam) j'y mettrai le ~* I'll give it all I've got.

par [paʀ] *prép* 1 *(lieu) (déplacement) venez ~ ici* come this way; *(à travers) passez ~ la fenêtre* climb through the window; *tout ce qui vous passe ~ la tête* whatever comes into your head; *(partout) ~ le monde/la ville* all over the world/ town; *(loc) ~ monts et ~ vaux* up hill and down dale; *(provenance) ~ en bas/ derrière* from below/behind; *(position) ~ ici* around here; *~ terre* on the ground; *(loc) par-ci, par-là* here and there 2 *(temps) ~ une belle nuit d'été* (on) one fine summer evening; *(loc) ~ les temps qui courent* these days; *comme ~ le passé* as in the past 3 *(valeur distributive) deux fois ~ mois* twice a month; *cent francs ~ personne* a hundred francs each; *~ groupes de trois* in groups of three 4 *(au moyen de) by; ~ avion/train/voiture* by plane/train/car; *~ la force* by force; *~ la poste* by post; *remarquable ~ sa beauté* outstandingly beautiful 5 *(agent) assassiné ~ un ami* murdered by a friend; *je l'avais appris ~ Jean* I'd heard it from John 6 *(loc) ~ ailleurs* besides; *~ bonheur* fortunately; *~ cœur* by heart; *~ conséquent* consequently; *~ contre* on the other hand; *~ exemple* for example; *~ suite de* as a result of; *~ trop bête* far too stupid.

parabole [paʀabɔl] 1 *(Rel)* parable 2 *(Math)* parabola || **parabolique** *adj* parabolic; *antenne ~* satellite dish; *(TV)* dish (aerial).

parachever [paʀaʃve] *vt (1c)* perfect; complete.

parachute [paʀaʃyt] *nm* parachute; *saut en ~* parachute jump || **parachuter** *(vt (1) (aussi fig)* parachute || **parachutisme** *nm* parachuting; *(Sp)* sky-diving || **parachutiste** *nmf* parachutist, sky-diver; *(Mil)* paratrooper.

parade [paʀad] *nf* 1 *(spectacle)* parade; *(Zool)* courtship display; *(loc) faire ~ de qch* *show sth off 2 *(escrime)* parry; *(riposte)* reply || **parader** *vi (1)* parade up and down; *(fam)* *show off.

paradis [paʀadi] *nm* paradise; *~ fiscal* tax haven; || **paradisiaque** *adj* heavenly.

paradoxe [paʀadɔks] *nm* paradox || **paradoxal** *adj (mpl -aux)* paradoxical || **paradoxalement** *adv* paradoxically.

paraffine [paʀafin] *nf* paraffin wax.

parages [paʀaʒ] *nmpl inv (fam) dans les* ~ around here; *dans les ~ de* near, round about.

paragraphe [paʀagʀaf] *nm* paragraph.

paraître [paʀɛtʀ] *vi (34)* 1 *(se montrer)* appear; *(livre)* *be published; *faire ~* publish 2 *(être visible) bientôt il n'y paraîtra plus* soon it won't show anymore; *laisser ~* *show 3 *(sembler)* seem, look; *ça me paraît bizarre* that seems strange to me; *elle me paraît bien plus jeune* she looks much younger to me; *(impers) il paraît/paraîtrait que...* it seems/would seem that...

parallèle [paʀalɛl] *adj (ligne)* parallel; *(comparable)* similar; *(officieux)* unofficial; *économie ~* black economy; *(nouveau)* alternative ◆ *nm* parallel; *mettre en ~* compare ◆ *nf* parallel line || **parallèlement** *adv (comparaison)* similarly; *(simultanéité)* at the same time.

paralyser [paʀalize] *vt (1)* paralyse; *(fig) (grève)* *bring to a standstill || **paralysie** *nf* paralysis *(ns inv)* || **paralytique** *nmf & adj* paralytic.

para- [paʀa] *préf* para- || **paramédical** *adj (mpl -aux)* paramedical || **paramilitaire** *adj* paramilitary.

parafe [paʀaf] *nm (aussi* **paraphe**) *(signature)* initials || **parafer** *vt (1) (aussi* **parapher**) *(page)* initial, *(fig)* sign.

paramètre [paʀamɛtʀ] *nm* parameter.

parangon [paʀɑ̃gɔ̃] *nm (lit)* paragon.

paranoïaque [paʀanɔjak] *nmf* paranoiac ◆ *adj* paranoid.

parapente [paʀapɑ̃t] *nm (Sp)* paragliding.

parapet [paʀapɛ] *nm* parapet.

paraphe [paʀaf] *nm voir* **parafe**.

parapher [paʀafe] *vt (1) voir* **parafer**.

paraphrase [paʀafʀɑz] *nf* paraphrase.

paraplégie [paʀaplezi] *nf (Méd)* paraplegia *(ns inv)* || **paraplégique** *adj & nmf* paraplegic.

parapluie [paʀaplɥi] *nm* umbrella.

parascolaire [paʀaskɔlɛʀ] *adj* extracurricular.

parasite [paʀazit] *nm* 1 *(Zool) (aussi fig)* parasite 2 *(Rad) ~s* interference *(ns inv)*.

parasol [paʀasɔl] *nm* sunshade; *(plage)* beach umbrella.

paratonnerre [paʀatɔnɛʀ] *nm* lightning conductor.

paravent [paʀavɑ̃] *nm* (moveable) screen; *(plage)* windbreak.

parc [paʀk] *nm* 1 *(jardin public)* park; *(château)* grounds; *~ national/régional* nature reserve 2 *(enclos) ~ à bébé* playpen; *~ à huîtres* oyster-bed; *~ de stationnement (amér)* parking lot, *(brit)* car park 3 *(total) ~ automobile (d'un pays)* number of cars on the road; *(d'une entreprise)* fleet of cars.

parcelle [parsɛl] *nf* fragment ; ~ *de terre* plot of land.

parce que [parskə] *conj* because.

parchemin [parʃəmɛ̃] *nm* parchment.

parcimonie [parsimɔni] *nf* parsimony ‖ **parcimonieux** *adj (f* **-euse***)* parsimonious ; *(fig)* stingy.

parcmètre [parkmɛtr] *nm* parking meter.

parcourir [parkurir] *vt (3) (région)* travel all over ; *(distance)* cover ; *(journal)* glance through ‖ **parcours** *nm* 1 *(distance)* distance 2 *(trajet)* journey ; *prix du* ~ (cost of the) fare 3 *(itinéraire)* route ; *(coureur)* course ; *(Mil & fig)* ~ *du combattant* obstacle course 4 *(fig)* career ; *ils ont suivi le même* ~ they've had similar careers.

par-derrière [pardɛrjɛr] *loc adv* from behind ; *il dit du mal de vous* ~ he talks about you behind your back ‖ **par-dessous** *loc adv prép* under(neath) ‖ **par-dessus** *loc adv prép* above, over ; ~ *tout* above all ; ~ *bord* overboard ; ~ *le marché* into the bargain ; *elle en a* ~ *la tête de toutes ces histoires* she's sick and tired of the whole business.

pardessus [pardəsy] *nm* overcoat.

par-devant [pardəvɑ̃] *loc adv prep* at the front ; ~ *notaire* before a lawyer.

pardon [pardɔ̃] *nm* forgiveness ; *je vous demande* ~ excuse me ; *pardon ?* (I beg your) pardon? sorry? *je vous demande* ~ *de ce que j'ai fait* I apologize for what I did ‖ **pardonnable** *adj* forgiveable, pardonable ‖ **pardonner** *vt (1)* *forgive ; ~ *qch à qn* *forgive sb for sth ; *je lui pardonne de m'avoir dit cela* I forgive her for saying that to me ; *on lui pardonne tout !* he gets away with blue murder ; *erreur/ maladie qui ne pardonne pas* fatal mistake/illness.

pare- [par] *préf (protection)* ‖ **pare-balles** *adj inv* bulletproof ‖ **pare-brise** *nm (pl inv) (Aut) (amér)* windshield, *(brit)* windscreen ‖ **pare-chocs** *nm (pl inv) (Aut) (amér)* fender, *(brit)* bumper.

paré [pare] *adj* ready ; ~ *contre* prepared for.

pareil [parɛj] *adj (f* **-eille***) (à)* similar (to), the same (as) ; *en* ~ *cas* in such a case ; *c'est toujours* ~ it's always the same ◆ *adv ils sont habillés* ~ they're dressed the same ◆ *nm nos* ~s our fellow men ; *sans* ~ unequalled, incomparable ; *(fam) c'est du* ~ *au même* it amounts to the same thing ‖ **pareillement** *adv* the same, also.

parent [parɑ̃] *nm* 1 *(père ou mère)* parent 2 relative, relation ; *proche* ~/~ *éloigné* close/distant relative ; *ils sont* ~s they're related ‖ **parenté** *nf* relationship.

parenthèse [parɑ̃tɛz] *nf* 1 digression 2 *(typographie)* bracket, parenthesis ; *entre* ~s in brackets ; *(fig)* incidentally.

parer¹ [pare] *vt (1)* 1 decorate ; deck out 2 trim ; *(volaille)* dress.

parer² [pare] *vt (1) (attaque)* ward off ; *(escrime)* parry ◆ *vi* ~ *à* *be prepared for ; ~ *au plus pressé* attend to the most urgent business ; ~ *contre* protect against/ from ‖ **pare-soleil** *nm inv* sun visor.

paresse [parɛs] *nf* laziness ‖ **paresser** *vi (1)* laze about ‖ **paresseux** *adj (f* **-euse***)* lazy ; sluggish ◆ *nm* lazybones ; *(Zool)* sloth.

parfaire [parfɛr] *vt (41)* complete ; perfect ‖ **parfait** *adj* perfect ; flawless ◆ *nm (Gr)* perfect, present perfect.

parfois [parfwa] *adv* sometimes ; occasionally.

parfum [parfœ̃] *nm* perfume, scent ; *(goût)* taste, flavour ‖ **parfumer** *vt (1)* perfume, scent ; *(goût)* flavour ‖ **se parfumer** *vpr* *wear perfume ‖ **parfumerie** *nf* 1 perfume shop ; *(rayon)* perfume department 2 personal care product.

pari [pari] *nm* 1 bet ; *tenir un* ~ *take on a bet 2 *(jeu)* betting ; *faire un* ~ *lay a bet.

paria [parja] *nm* outcast ; paria.

parier [parje] *vt (1h)* *bet ; *(fig) je l'aurais parié !* I might have guessed! ‖ **parieur** *nm (f* **-euse***)* better ; *(fam)* punter ; *(casino)* gambler.

paritaire [pariter] *adj* equal ; *(commission)* joint ‖ **parité** *nf* equality ; *(Fin)* parity.

parjure [parʒyr] *nm* breach of oath ; perjury ; *(personne)* perjurer ‖ **se parjurer** *vpr (1)* commit perjury.

parking [parkiŋ] *nm* car park, *(amér)* parking lot.

parlant [parlɑ̃] *adj* eloquent ; meaningful ; *(cinéma)* talking ; *(fig)* vivid.

parlement [parləmɑ̃] *nm* parliament ‖ **parlementaire** *adj* parliamentary ◆ *nmf* 1 *(Pol)* Member of Parliament, *(US)* Member of the Legislature 2 negociator ‖ **parlementer** *vi (1)* negociate ; *speak lengthily.

parler [parle] *vt (1)* *speak ; talk ; *parlez-vous français ?* do you speak French? ~ *boutique/boulot* talk shop ◆ *vi* 1 *speak ; ~ *en anglais* *speak in English ; *(fig) c'est une façon de* ~ that's one way of putting it ; *(fam) tu parles !* you don't say! 2 talk about ; *speak of ; *parle-moi de ton voyage* tell me about your trip ; ~ *de déménager* contemplate/*think of moving ; *n'en parlons plus* let's forget it ; *sans* ~ *du prix* not to mention the price ; *entendre* ~ *de* *hear about ◆ *nm* speech ; ~ *régional* dialect ‖ **parleur** *nm beau* ~ smooth talker ‖ **parlote** *nf (fam)* natter.

parmi [parmi] *prép* among(st) ; with.

parodie [parɔdi] *nf* parody ; *(fig)* mockery ‖ **parodier** *vt (1h)* parody.

paroi [paʀwa] *nf* partition; wall; *(roche)* face.

paroisse [paʀwas] *nf* parish ‖ **paroissial** *adj (pl* **-iaux)** parochial; *église ~e* parish church ‖ **paroissien** *(f* **-ienne)** *nf* parishioner.

parole [paʀɔl] *nf* 1 word; *~s humiliantes* humiliating remarks 2 speech; *adresser la ~ à qn* *speak to sb; *couper la ~ à qn* *cut sb short; *prendre la ~* *speak (up) 3 promise; *(Jur)* parole; *je te crois sur ~* I'll take your word for it 4 *(Mus) ~s* lyrics 5 *(cartes)* pass; no bid.

parpaing [paʀpɛ̃] *nm* breeze block.

parquer [paʀke] *vt (1)* park; *(animaux)* herd.

parquet [paʀke] *nm* 1 parquet flooring; *lame de ~* floorboard 2 *(Jur)* public prosecution; the Bench.

parrain [paʀɛ̃] *nm* godfather ‖ **parrainage** *nm* sponsorship; *(action)* sponsoring ‖ **parrainer** *vt (1)* sponsor; *(club) ~ qn* propose sb (for membership).

parsemer [paʀsəme] *vt (1a) (de)* scatter (with), *strew over.

part [paʀ] *nf* 1 *(division)* share; part; *(tarte)* portion 2 participation; *(Com)* share; *~ de marché* market share; *(Fin)* (fund) unit; *pour ma ~* as far as I'm concerned; *pour une large ~* to a great extent; *prendre ~ à* *take part in; share (in) 3 *faire ~* inform; *M. & Mme X font ~ du mariage de leur fille* Mr. & Mrs. X announce the forthcoming marriage of their daughter 4 *de la ~ de* from; *(Téléph) de la ~ de qui ?* who's speaking? *je viens de la ~ de M. X* I'm here on Mr. X's recommendation; *cela m'étonne de ta ~* it's not like you (to say that, to do that) 5 *autre ~* somewhere else; *nulle ~* nowhere; *quelque ~* somewhere; *de ~ en ~* right through; *de ~ et d'autre* here and there; *de toute ~* from all sides; *d'une ~... d'autre ~* on the one hand... on the other hand 6 *loc à ~* separately; *un cas à ~* a special case; *personne à ~ moi* nobody apart from me; *prendre qn à ~* *take sb aside ‖ **partage** *nm* 1 division; *(action)* sharing out; *~ du travail* job sharing; *faire le ~ de qch* divide sth (up); share sth (out); *(Géog) ligne de ~ des eaux* watershed, *(amér)* divide; *(fig) sans ~* unreservedly 2 share; portion ‖ **partagé** *adj* 1 mutual 2 *(indécis)* divided; *~ entre le rire et la colère* torn between laughter and anger ‖ **partager** *vt (1h)* **se ~** *vpr* 1 divide (up); *~ en deux* divide into two 2 *(distribution)* share (out) ◆ *vi* share.

partance [paʀtɑ̃s] *loc en ~* *(Av)* due to take off; *(Rail)* due to leave; *en ~ pour* bound for ‖ **partant** *nm* starter; *(cheval)* runner ◆ *adj je suis ~ !* you can count me in!

partenaire [paʀtənɛʀ] *nmf* partner ‖ **partenariat** *nm* partnership.

parterre [paʀtɛʀ] *nm* (Hort) flower bed; *(Th)* stalls, *(amér)* audience.

parti [paʀti] *nm* 1 decision; solution; *être de ~ pris* *be biased; *prendre le ~ de faire qch* *make up one's mind to do sth; *en prendre son ~* resign oneself to sth; *tirer ~ de qch* *take advantage of sth 2 group; *(Pol)* party; *prendre ~ contre, pour* side against, with 3 *(mariage)* match ‖ **partial** *adj (pl* **-aux)** biased; partial ‖ **partialité** *nf* bias; partiality.

participant [paʀtisipɑ̃] *nm* participant; entrant ‖ **participe** *nm (Gr)* **participer** *vt (1) (à)* *take part (in), participate (in); *(compétition)* enter; *(spectacle)* appear (in) ‖ **participation** *nf* participation; *~ aux frais* contribution; *~ aux bénéfices* profit-sharing.

particulariser [paʀtikylaʀize] *vt (1)* particularize ‖ **se particulariser** *vpr* mark oneself out ‖ **particularité** *nf* characteristic, feature; particularity ‖ **particule** *nf* particle ‖ **particulier** *adj (f* **-ière)** 1 personal; private 2 distinctive; unusual; *rien de ~* nothing in particular; *~ à* specific to ◆ *nm* private person; *(péj)* character ‖ **particulièrement** *adv* particularly; *tout ~* especially.

partie [paʀti] *nf* 1 part; *la plus grande ~ de* most of; *en ~* partly, partially; *faire ~ de* belong to; *be part of; *faire ~ des blessés* *be among the casualties 2 *(activité)* branch, field of activity 3 game; *~ adverse* opponent; *~ de chasse* hunt, shoot; *être de la ~* join in; *ce n'était pas une ~ de plaisir* it was no picnic; *(fam) ce n'est que ~ remise* I'll take a rain check on that 4 *(Jur)* party; *~ civile* plaintiff 5 *~s (Anat) (fam)* private parts ‖ **partiel** *adj (f* **-elle)** part, partial; *élection ~elle* by-election; *à temps ~* part-time ‖ **partiellement** *adv* partly, partially.

partir [paʀtiʀ] *vi (4)* 1 *go (away); *~ de la maison* *leave home; *~ déjeuner* *go to lunch 2 *set off; *set out; *(voiture)* *drive off; *(fusil)* *go off; *~ d'un éclat de rire* *burst out laughing 3 start; *être mal parti* *get off to a bad start 4 *(disparaître)* die; *(bouton)* *come off; *(tache)* *come off/out 5 *faire ~* *(personne)* *send away; *(feu d'artifice)* *let off; *(fusée)* launch; *(tache)* remove 6 *~ de* *come from; *d'un bon sentiment* *mean well ‖ **à partir de** *loc adv (prix)* starting at; *~ de lundi* from Monday on(wards).

partisan [paʀtizɑ̃] *nm* supporter; *(Mil)* partisan ◆ *adj* partisan; sectarian; *être ~ de faire qch* *be in favour of sth.

partition [paʀtisjɔ̃] *nf (Pol)* partition; *(Mus)* score.

partout [partu] *adv* everywhere; *(Sp)* *deux* ~ two all; ~ *où* wherever.

parure [paryr] *nf* **1** *(vêtements)* costume; finery **2** set.

parution [parysjɔ̃] *nf* appearance; *(édition)* publication.

parvenir [parvənir] *vi* (10) *(à)* **1** reach, *get to; *faire* ~ *qch à qn* *send sb sth **2** succeed; ~ *à son but* achieve one's goal; ~ *à faire qch* manage to do sth ∥ **parvenu** *nm* upstart.

pas¹ [pɑ] *nm (pl inv)* **1** step; *(bruit)* footstep; *(trace)* footprint; ~ *à* ~ step by step; *à deux* ~ a stone's throw away; *faire un* ~ *en avant, en arrière* *take a step forward, back; *faire les cent* ~ pace up and down; *faire un faux* ~ stumble, *(fig)* slip up, *make a blunder; *revenir sur ses* ~ double back; *sur le* ~ *de la porte* on the doorstep **2** pace; *au* ~ at a walking pace; *(de) gymnastique* jog trot; *à* ~ *de loup* stealthily; *avancer à grands* ~ *stride along, *(fig)* progress by leaps and bounds; *marcher au* ~ march; *mettre au* ~ *bring to heel **3** *(Géog)* passage; (mountain) pass; *(détroit)* strait; *(fig) se tirer d'un mauvais* ~ *get out of a tight corner **4** *prendre le* ~ *sur qn* *take precedence over sb; *(fig)* supplant sb **5** *(Tech)* ~ *de vis* thread.

pas² [pɑ] *adv nég* **1** *ne ...* ~ not; *il n'est* ~ *anglais* he's not English; ~ *encore* not yet; *ne* ~ *se pencher par la fenêtre!* do not lean out of the window!; *elle m'a dit de ne* ~ *venir* she told me not to come **2** *(elliptique) pleure* ~*!* don't cry! ~ *question!* it's out of the question! *j'aime les huîtres,* ~ *vous?* I like oysters, don't you? *tu viens ou* ~*?* are you coming or aren't you? *paresseux comme* ~ *un* as lazy as they come **3** no; not (any); *il n'y a* ~ *de pain* there's no bread; ~ *un bruit* not a sound; ~ *du tout* not at all; ~ *souvent* not often; ~ *plus tard qu'hier* no later than yesterday; ~ *mal d'argent* quite a lot of money **4** *ce n'est* ~ *qu'il soit bête* not that he's stupid.

passable [pɑsabl] *adj* acceptable; *(Ens)* average, fair; *mention* ~ pass (mark) ∥ **passablement** *adv* reasonably; ~ *bien* fairly well; *il nous a* ~ *ennuyés* he rather bored us.

passade [pɑsad] *nf* fad, passing fancy.

passage [pɑsaʒ] *nm* **1** *(chemin)* passage; way; *(Naut)* channel; ~ *interdit* no entry; ~ *pour piétons* pedestrian crossing; ~ *à niveau* level crossing; ~ *souterrain* underpass **2** *(action)* crossing over; passing through; *(Naut)* crossing; *j'attends le* ~ *du facteur* I'm waiting for the postman to come; *il m'a attrapé au* ~ he caught me as I went by; *être de* ~ *be passing through **3** change; transition; ~ *pluvieux*

rainy spell **4** *(Lit Mus)* passage ∥ **passager** *adj (f* -ère*)* temporary; passing ◆ *nm* *(f* -ère*)* passenger ∥ **passagèrement** *adv* for a short time; temporarily ∥ **passant** *adj (rue)* busy ◆ *nm* **1** passer-by **2** *(ceinture)* loop ∥ **passation** *nf (Jur)* drawing up; *(Pol)* transfer; ~ *des pouvoirs* handing over of power ∥ **passe** *nf* **1** pass, passage; *(Naut)* channel; *en* ~ *de réussir* on the road to success; *(fig) mauvaise* ~ rough patch **2** *(Sp)* pass ∥ **passe(-partout)** *nm* master key, skeleton key.

passé [pɑse] *nm* **1** past; *par le* ~ in the past; *c'est du* ~ that's a thing of the past **2** *(Gr)* past tense ◆ *prép* after; ~ *le mois de juin* once June is over ◆ *adj* **1** past; ~ *de mode* out of fashion; *il est huit heures* ~*es* it's gone eight; *la semaine* ~*e* last week; *il a trente ans* ~*s* he's over thirty **2** *(couleur)* faded.

passe-droit [pɑsdrwa] *nm* privilege; preferential treatment.

passe-passe [pɑspɑs] *nm (pl inv) tour de* ~ conjuring trick, *(aussi fig)* sleight of hand.

passe-plat [pɑspla] *nm* hatch.

passeport [pɑspɔr] *nm* passport.

passer [pɑse] *vi* (1) **1** *go past; pass (by); *passez devant!* after you! ~ *par Paris* *go via Paris; *laissez* ~ *les enfants!* let the children through! **2** *come; ~ *à la banque* call/stop in at the bank; ~ *à table à 9 heures* *sit down to dinner/the meal at 9 o'clock; ~ *prendre qn* call for sb; ~ *voir qn* call on sb **3** change; *(couleur)* fade; ~ *à l'action* *go into action; *passons à autre chose* let's change the subject; ~ *à l'ennemi* defect; *go over to the enemy; *(Aut)* ~ *en troisième* change into third (gear); ~ *de 8% à 13%* increase from 8% to 13%; *il est passé contremaître* he has been made a foreman **4** *(Ciné Th)* *show; *le trio est passé à la télévision* the trio was on television **5** disappear; *par où est-il passé?* where's he gone? *cela leur passera* they'll get over it; ~ *de mode* *go out of fashion **6** *(temps)* *go by, elapse; *comme le temps passe!* how time flies! **7** ~ *pour* pass for; ~ *pour un génie* *be said to be a genius; *il m'a fait* ~ *pour un imbécile* he made me look a fool; *se faire* ~ *pour écrivain* pass oneself off as a writer **8** ~ *devant* *take precedence over; *le travail passe avant tout* work comes before anything else ◆ *vt* **1** *(pont, rivière)* cross; ~ *les bornes* *go too far **2** *give; transmit; *passe-moi le tournevis* hand me the screwdriver; *(Téléph)* ~ *un coup de fil* (tele)phone; *pourriez-vous me* ~ *le directeur?* could you put me through to the manager? *faire* ~ *un message* pass on a message **3** *put; *(vêtement)* *put on;

~ *la tête par la fenêtre* *stick one's head out/through the window; *(Aut)* ~ *une vitesse* *put into gear 4 *(temps)* *spend; ~ *des heures à lire* *spend hours reading 5 *(Ciné Th)* *show; *(disque)* play 6 *(Com Jur Pol)* ~ *un accord* enter into an agreement; *(contrat)* sign; *(commande)* place 7 ~ *un examen (Ens)* *sit (for)/*take an exam(ination); *(Méd)* *have a medical 8 *(franchir)* *get through; *(douane)* *go through; *(Cuis)* strain; *(café)* filter 9 transport; carry across; ~ *qch en fraude* smuggle sth in || **se passer** *vpr* 1 *take place; *tout s'est bien passé* everything went off well 2 ~ *de* *go without; dispense with; ~ *de commentaire* need no comment; *nous nous passerons de leur aide* we'll manage without their help 3 *(impersonnel)* *que se passe-t-il ?* what's happening? *il ne se passe pas un jour* not a day goes by || **passerelle** *nf* 1 *(piéton)* footbridge; *(Av Naut)* gangway 2 *(commandant)* bridge 3 *(fig)* bridge, link || **passe-temps** *nm (pl inv)* hobby, pastime || **passe-thé** *nm (pl inv)* tea strainer || **passeur** *nmf (rivière)* ferryman; *(frontière)* smuggler.

passible [pasibl] *adj* ~ *de* liable to.

passif [pasif] *adj (f* **-ive)** passive ◆ *nm* 1 *(Com)* liabilities 2 *(Gr)* passive.

passion [pasjɔ̃] *nf* passion || **passionnant** *adj* exciting; fascinating || **passionné** *adj (débat)* heated; ~ *de musique* passionately fond of music ◆ *nmf* enthusiast; ~ *de jazz* jazz freak || **passionnel** *adj (f* **-elle)** *crime* ~ crime of passion || **passionner** *vt (1)* 1 fascinate 2 *(animer)* heat up || **se passionner** *vpr* ~ *pour* *have a passion for; *take a keen interest in.

passivité [pasivite] *nf* passivity.

passoire [paswar] *nf* strainer; colander; *(fig)* sieve.

pastèque [pastɛk] *nf* watermelon.

pasteur [pastœr] *nm* shepherd; *(Rel)* minister.

pasteuriser [pastœrize] *vt (1)* pasteurize || **pasteurisation** *nf* pasteurization.

pasticher [pastiʃe] *vt (1)* pastiche; *do a pastiche (of).

pastille [pastij] *nf* lozenge; drop; ~ *pour la gorge* throat pastille.

patate [patat] *nf* 1 *(argot)* spud; ~ *douce* sweet potato 2 *(personne)* chump.

pataud [pato] *adj* clumsy ◆ *nm* a (fat) lump || **patauger** *vi (1h)* paddle; *(fig)* flounder.

pâte [pɑt] *nf* 1 *(Cuis)* pastry; ~ *à frire* batter; ~ *à pain* dough; ~ *brisée, feuilletée* short (crust), flaky pastry; *mettre la main à la* ~ *give a helping hand 2 ~*s (alimentaires)* pasta 3 paste; ~ *à modeler* Plasticine®; ~ *à papier* paper pulp.

pâté [pate] *nm* 1 *(Cuis)* pâté; ~ *de sable* sandpie 2 ~ *de maisons* block (of houses) 3 *(encre)* blot || **pâtée** *nf* feed; pig's swill.

patelin [patlɛ̃] *nm* village; *(péj)* dump.

patent [patɑ̃] *adj* obvious; patent.

patente [patɑ̃t] *nf* licence to trade; *(impôt)* tax; *payer* ~ *be licenced.

patère [patɛr] *nf (coat)* peg.

paternaliste [patɛrnalist] *adj* paternalistic || **paternel** *adj (f* **-elle)** fatherly, paternal ◆ *nm (fam)* the old man || **paternité** *nf* paternity; *(état)* fatherhood.

pâteux [patø] *adj (f* **-euse)** thick; *(aliment)* doughy; *(bouche)* dry; *(langue)* coated; *(style)* heavy.

pathétique [patetik] *adj* pathetic; moving ◆ *nm* pathos.

patiemment [pasjamɑ̃] *adv* patiently || **patience** *nf* 1 patience; *je suis à bout de* ~ my patience has run out 2 *(cartes)* patience, *(amér)* solitaire || **patient** *adj nm* patient || **patienter** *vi (1)* wait patiently; *faire* ~ *qn* ask sb to wait.

patin [patɛ̃] *nm* 1 skate; ~ *à glace, roulettes* ice, roller skate; *faire du* ~ *go skating 2 shoe; *(luge)* runner; *(Aut)* ~ *de frein* brake block || **patinage** *nm* skating; ~ *artistique* figure skating || **patiner** *vi (1)* skate; *(roue)* *spin || **patineur** *nm (f* **-euse)** skater || **patinoire** *nf* skating rink.

patine [patin] *nf* patina; sheen || **patiner** *vt (1)* *give a sheen (to) || **se patiner** *vpr* *develop a sheen.

pâtir [patir] *vi (2)* ~ *de* suffer because of.

pâtisserie [patisri] *nf* cake; pastry; *rouleau à* ~ rolling pin; *(lieu)* cake/pastry shop; confectioner's || **pâtissier** *nm (f* **-ière)** pastry-cook; confectioner.

patois [patwa] *nm (pl inv)* patois; dialect.

patraque [patrak] *adj (fam)* off colour; under the weather.

patriarcal [patrijarkal] *adj (mpl* **-aux)** patriarchal.

patriarche [patrijarʃ] *nm* patriarch.

patrie [patri] *nf* 1 *(native)* country; *mère* ~ motherland 2 birthplace.

patrimoine [patrimwan] *nm* 1 inheritance; *(Jur)* patrimony; ~ *familial* family fortune 2 *(fig)* heritage; *(Bio)* genotype.

patriote [patrijɔt] *nmf* patriot ◆ *adj* patriotic || **patriotique** *adj* patriotic || **patriotisme** *nm* patriotism.

patron[1] [patrɔ̃] *nm (couture)* pattern.

patron[2] [patrɔ̃] *nm (f* **-onne)** 1 employer; *(directeur)* director; head, *(fam)* boss; *(propriétaire)* owner 2 *(arts)* patron; *saint* ~ patron saint || **patronage** *nm* 1 patronage; *(Com)* custom 2 youth club || **patronal** *adj (pl* **-aux)** *syndicat* ~ employers' union || **patronat** *nm* employers || **patronner** *vt (1)* support; sponsor.

patrouille [patʀuj] nf patrol; *voiture de ~* patrol/prowl car ‖ **patrouiller** vi (1) patrol ‖ **patrouilleur** nm **1** soldier on patrol **2** (Av Naut) patrol plane, ship.

patte [pat] nf **1** leg; (chat, chien) paw; (oiseau) foot; *à quatre ~s* on all fours **2** (fam) hand; *bas les ~s!* hands off! *graisser la ~ de qn* grease sb's palm **3** (rabat) flap; *~ d'épaule* epaulette; (attache) clip; clamp **4** *~s* (cheveux) side burns ‖ **patte-d'oie** nf (routes) fork; (rides) crow's feet.

pâturage [patyʀaʒ] nm pasture land ‖ **pâture** nf fodder; (fig) food.

paume [pom] nf (Anat) palm.

paumé [pome] adj (fam) lost ♦ nm drop out; (amér) bum ‖ **paumer** vt (1) (fam) *lose ‖ **se paumer** vpr *get lost.

paupière [popjɛʀ] nf eyelid.

paupiette [popjɛt] nf *~ de veau* veal olive.

pause [poz] nf **1** break; pause **2** (Mus) semibreve rest.

pauvre [povʀ] adj **1** poor **2** meagre; *~ d'esprit* half-witted; *~ en idées* short of ideas; *~ en matières grasses* with (a) low fat content ♦ nmf poor person; *les nouveaux ~s* the new poor; *mon ~!* poor you! ‖ **pauvreté** nf poverty.

pavage [pavaʒ] nm paving.

pavaner [pavane] **se** *~* vpr (1) strut about/around.

pavé [pave] nm **1** (bloc) slab; (trottoir) paving stone, (rond) cobble (stone) **2** (revêtement) paving; (fig) street; *battre le ~* wander around ‖ **paver** vt (1) pave; cobble.

pavillon [pavijɔ̃] nm **1** house; *~ de jardin* pavilion; *~ de chasse* hunting lodge **2** (Mus Tech) bell; horn; (Anat) auricle; external ear **3** (drapeau) flag; (fig) *baisser ~* admit defeat; *give in* ‖ **pavillonnaire** adj *lotissement ~* housing estate.

pavoiser [pavwaze] vt (1) deck with flags ♦ vi (aussi fig) *put out the flags.

pavot [pavo] nm poppy.

payable [pejabl] adj *~ en espèces* payable in cash ‖ **payant** adj **1** paying; *les entrées sont ~es* you have to pay to get in **2** profitable; (fig) *c'était très ~* it was really worth the trouble ‖ **paye/paie** nf salary; pay ‖ **payement** voir **paiement** ‖ **payer** vi (8) *pay; (risque) *pay off; (travail) *be well paid; *il nous l'a fait 50 francs* he charged us 50 francs for it; *une affaire qui paie* a going concern; *il a payé de sa vie* it cost him his life; (fig) *je suis payé pour le savoir* I've found that out to my own cost ♦ vt *~ qn* *pay sb; *~ qch* *pay for sth; (dette) settle ‖ **se payer** vpr **1** *be paid; *les commandes se payent à la livraison* orders are to be paid on delivery **2** *buy oneself something; *je*

ne peux pas me le payer* I can't afford it; (fam fig) *~ la tête de qn* *make fun of sb* ‖ **payeur** nm (f **-euse**) payer; (Adm) paymaster.

pays [pei] nm (pl inv) **1** country; *~ d'accueil* host country; *~ du tiers monde* third-world country; *avoir le mal du ~* *be homesick **2** region; *les gens du ~* the locals; *produits du ~* local produce; *voir du ~* travel around ‖ **paysage** nm **1** (vue) scenery; *~ urbain* urban landscape; (Art) landscape (picture) **2** (fig) scene ‖ **paysagiste** nm (Art) landscape painter; (Hort) landscape gardener ‖ **paysan** nm (f **-anne**) farmer; farm worker; (Hist aussi péj) peasant ♦ adj country; rustic; *le monde ~* the farming community; rural area.

péage [peaʒ] nm toll.

peau [po] nf (pl **-x**) **1** skin; (teint) complexion; (fruit) peel; (pellicule) film; *~ du cou* scruff of the neck; (fam) *être bien dans sa ~* *be a together (sort of) person; *se mettre dans la ~ de qn* *put oneself in somebody's shoes; (fam) *faire la ~ à qn* bump sb off; *risquer sa ~* risk one's neck **2** (cuir) leather; hide; (fourrure) pelt; *~ de mouton* sheepskin ‖ **peaufiner** vt (1) polish up ‖ **Peau-Rouge** nmf Red Indian, (amér péj) Redskin ‖ **peausserie** nf leather goods; (métier) leather trade.

pêche[1] [pɛʃ] nf (fruit) peach; (fig) *avoir la ~* *be on top form, (amér) in top shape ‖ **pêcher** nm peach tree.

pêche[2] [pɛʃ] nf **1** fishing; *~ à la ligne* angling **2** (poissons) catch; haul ‖ **pêcher** vti (1) fish; (fam fig) fish out/up ‖ **pêcheur** nm (f **-euse**) fisherman; angler.

péché [peʃe] nm (Rel) sin; (fig) failing; *~ mignon* weakness ‖ **pécher** vi (1c) (Rel) sin; (fig) err; *fall short ‖ **pécheur** nm (f **-eresse**) sinner.

pécule [pekyl] nm savings, (fam) nest egg; (détenu) earnings.

pécuniaire [pekynjɛʀ] adj financial.

pédagogie [pedagɔʒi] nf teaching skill(s); pedagogics, pedagogy ‖ **pédagogique** adj educational; *méthode ~* teaching method.

pédale [pedal] nf **1** pedal; (fig) *mettre la ~ douce* soft-pedal; (fam fig) *perdre les ~s* *go beserk **2** (argot) homo; gay ‖ **pédaler** vi (1) pedal ‖ **pédalier** nm (Sp) pedal mechanism; (Mus) pedal board ‖ **pédalo** nm pedal boat.

pédant [pedɑ̃] adj pedantic ♦ nm pedant.

pédéraste [pedeʀast] nm homosexual, pederast.

pédestre [pedɛstʀ] adj pedestrian; *chemin ~* footpath; *randonnée ~* hike.

pédiatre [pedjatʀ] nmf p(a)ediatrician ‖ **pédiatrie** nf p(a)ediatrics.

pédicure [pedikyʀ] *nmf* chiropodist.

pedigree [pedigʀe] *nm* pedigree.

pègre [pɛgʀ] *nf* underworld.

peigne [pɛɲ] *nm* comb; *se donner un coup de ~* *run a comb through one's hair ‖ **peigner** *vt (1)* comb; *laisse-moi te ~* let me comb your hair.

peignoir [pɛɲwaʀ] *nm* dressing gown; *~ de bain* bathrobe.

peinard [penaʀ] /**pénard** *adj (fam)* quiet; *(travail, vie)* cushy; easy.

peindre [pɛ̃dʀ] *vti (35)* paint; *(fig)* depict; portray.

peine [pɛn] *nf* **1** punishment; *(Jur)* sentence; *~ de mort* death penalty; *défense d'entrer sous ~ de poursuites* no entry, trespassers will be prosecuted **2** sadness; sorrow; *avoir de la ~* *be sad; *faire de la ~ à qn* *upset sb; *partager la ~ de qn* sympathize with sb **3** effort; *ce n'est pas la ~ !* don't bother! *pour votre ~* for your trouble; *prendre la ~ de faire qch* *take the trouble to do sth **4** difficulty; *sans ~* easily ‖ *à peine loc adv* barely; hardly; *j'avais ~ fini que...* I had only just finished when... ‖ **peiner** *vi (1)* *have difficulty; struggle ◆ *vt* *upset; distress.

peint [pɛ̃] *adj* painted; *papier ~* wallpaper ‖ **peintre** *nm* painter, artist; *~ en bâtiment* house painter ‖ **peinture** *nf* **1** *(action)* painting; *faire de la ~* paint **2** *(tableau)* painting; *~ à l'huile* oil painting **3** *(fig)* description; portrait **4** *les ~s* paintwork ‖ **peinturlurer** *vt (1)* daub (with paint).

péjoratif [peʒɔʀatif] *adj (f -ive)* derogatory, pejorative.

pelage [pəlaʒ] *nm* coat; *(fourrure)* fur ‖ **pelé** *adj* bald; *(paysage)* bare; *(manteau)* threadbare ◆ *nm (fam)* *quatre ~s et un tondu* a couple of lost souls.

pêle-mêle [pɛlmɛl] *adv* higgledy-piggledy; any old how ◆ *nm* jumble.

peler [pəle] *vti (1a)* peel; skin.

pèlerin [pɛlʀɛ̃] *nm* pilgrim ‖ **pèlerinage** *nm* pilgrimage.

pélican [pelikã] *nm* pelican.

pelle [pɛl] *nf* **1** shovel; *(plage)* spade; *~ à gâteau* cake slice/server; *~ à ordures* dustpan; *~ mécanique* digger, (mechanical) shovel; *ramasser à la ~* shovel up **2** *(fam fig) de l'argent à la ~* heaps of money ‖ **pelletée** *nf* shovelful ‖ **pelleter** *vt (1d)* shovel ‖ **pelleteuse** *nf* digger; excavator.

pelletier [pɛltje] *nm (f -ière)* furrier.

pellicule [pelikyl] *nf* **1** film; *(glace, poussière)* thin layer **2** *(Méd) ~s* dandruff.

pelote [pəlɔt] *nf* **1** ball; *~ d'épingles* pincushion; *avoir les nerfs en ~* *be a bundle of nerves; *(fig péj) faire sa ~* feather one's nest **2** *~ basque* pelota.

peloter [pəlɔte] *vt (1) (fam)* *feel up.

peloton [pəlɔtɔ̃] *nm* **1** squad; *~ d'exécution* firing squad **2** group; *(Sp)* pack; *le ~ de tête* the leaders.

pelotonner [pəlɔtɔne] *vpr (1)* curl up (into a ball).

pelouse [pəluz] *nf* lawn; *(Sp)* field; *(courses)* (public) enclosure.

peluche [pəlyʃ] *nf* **1** *(tissu)* plush; *(jouet)* soft toy **2** *(poussière)* fluff ‖ **pelucher** *vi (1)* *go fluffy ‖ **pelucheux** *adj (f -euse)* fluffy.

pelure [pəlyʀ] *nf* skin; *(légume)* peeling; *papier ~* flimsy.

pénal [penal] *adj (mpl -aux)* penal ‖ **pénaliser** *vt (1)* penalize ‖ **pénalité** *nf* penalty ‖ **penalty** *nm* penalty kick.

pénard [penaʀ] voir **peinard**.

pénates [penat] *nmpl (fig) regagner ses ~* *return home.

penaud [pəno] *adj* sheepish.

penchant [pɑ̃ʃɑ̃] *nm* **1** tendency; *il a un ~ à la paresse* he tends to be lazy **2** inclination; fondness; *avoir un ~ pour* *be fond of ‖ **penché** *adj* slanting; sloping; *(tête)* tilted ‖ **pencher** *vi (1)* *lean (over); *(Naut)* list; *~ à droite* *lean to the right; *(fig) ~ pour* *be in favour of ◆ *vt* tilt; *faire ~ la balance* tip the scales ‖ **se pencher** *vpr (1)* *lean (over); *~ en avant* *bend forward; *~ par la fenêtre* *lean out of the window **2** *~ sur* study; *~ sur le problème* look into the matter.

pendable [pɑ̃dabl] *adj* scandalous; *un cas ~* a hanging case ‖ **pendaison** *nf* hanging; *~ de crémaillère* house-warming party.

pendant[1] [pɑ̃dɑ̃] *prép* **1** *(au cours de)* during; *~ la nuit* in the night; *~ ce temps* meanwhile **2** *(durée)* for; *attendre ~ deux heures* wait (for) two hours ‖ **pendant que** *conj* while, whilst.

pendant[2] [pɑ̃dɑ̃] *nm* counterpart; *le ~ de qch* the matching piece; *faire ~* *be symmetrical; *make (up) a pair.

pendant[3] [pɑ̃dɑ̃] *adj* **1** hanging; dangling; *(oreilles)* drooping **2** *(en attente)* pending; outstanding ◆ *nm* *~ d'oreille* drop earring ‖ **pendentif** *nm* pendant ‖ **penderie** *nf* wardrobe, hanging cupboard ‖ **pendiller** *vi (1)* dangle.

pendre [pɑ̃dʀ] *vi (46)* * hang (down); *(fig) ça nous pend au nez* we've got it coming to us ◆ *vt* **1** *hang up; *(lessive)* *hang out **2** *(criminel)* hang ‖ **se pendre** *vpr* hang oneself; *~ à qch* *hang from sth; *~ au cou de qn* *cling round sb's neck ‖ **pendu** *adj* hanging; hung; *(fig) avoir la langue bien pendue* *be talkative; *il est ~ aux jupes de sa mère* he's tied to his mother's apron strings; *(fam) être ~ au téléphone* *be stuck to the phone ◆ *nm* hanged man, woman; *(jeu)* hangman.

pendulaire [pɑ̃dylɛʀ] *adj* pendular, swinging || **pendule** *nm* pendulum ◆ *nf* clock ; *(fig)* **remettre les ∼s à l'heure** *put/*set the record straight || **pendulette** *nf* small clock ; **∼ de voyage** travelling clock.

pêne [pɛn] *nm* bolt.

pénétrable [penetʀabl] *adj* permeable ; *(fig)* comprehensible || **pénétrant** *adj* penetrating ; *(regard, vent)* piercing || **pénétration** *nf* penetration ; *(fig)* insight ; perspicacity || **pénétré** *adj* **∼ de** imbued with ; **∼ de son devoir** conscious of one's duty ; **∼ de son importance** full of one's own importance || **pénétrer** *vi (1c)* penetrate ; *(froid)* pierce ◆ *vt* pierce (through) ; **∼ les intentions de qn** *see through sb ; **∼ dans** enter.

pénible [penibl] *adj* difficult ; *(douloureux)* painful ; *(ennuyeux)* tiresome || **péniblement** *adv* with difficulty ; **∼ affecté** cruelly affected ; **il y avait ∼ 20 personnes** there were 20 people at the most.

péniche [peniʃ] *nf* barge.

pénicilline [penisilin] *nf* penicillin.

péninsule [penɛ̃syl] *nf* peninsula.

pénis [penis] *nm* penis.

pénitence [penitɑ̃s] *nf* **1** penitance ; *faire* **∼** *do penance* **2** punishment || **pénitencier** *nm* prison, *(amér)* penitentiary || **pénitent** *nm* penitent || **pénitentiaire** *adj* penitentiary ; **services ∼s** prison services.

pénombre [penɔ̃bʀ] *nf* half light ; semi-darkness.

pensable [pɑ̃sabl] *adj* conceivable ; *ce n'est pas* **∼** it's unthinkable || **pensant** *adj* **bien ∼** right-minded, orthodox ; *une tête* **∼**e a brain || **pensée** *nf* **1** thought ; *en* **∼** in one's mind **2** thinking ; philosophy ; *partager la* **∼** *de qn* *be of the same mind as sb* **3** *(Hort)* pansy || **penser** *vi (1) (à)* *think (about, of) ; je vais lui dire ma façon de* **∼** I'm going to give him a piece of my mind ; *pensez à nous écrire !* remember to write to us! *elle me fait* **∼** *à ma sœur* she reminds me of my sister ◆ *vt* **1** *think ; believe* **2** imagine ; *tu penses bien que j'ai refusé !* I refused - naturally! **3** expect ; hope || **pense-bête** *nm* reminder || **penseur** *nm* thinker ; philosopher || **pensif** *adj (f -ive)* thoughtful, pensive.

pension [pɑ̃sjɔ̃] *nf* **1** allowance ; *(retraite)* pension ; **∼ alimentaire** alimony **2** board ; **∼ complète** full board ; **∼ de famille** boarding house ; *prendre qn en* **∼** *take sb in as a lodger* **3** *(Ens)* boarding school ; *mettre en* **∼** *send to boarding school* || **pensionnaire** *nmf* lodger ; *(Ens)* boarder ; *(hôtel)* resident || **pensionnat** *nm* boarding school || **pensionné** *nm* pensioner.

pensum [pɛsɔm] *nm* chore ; *(Ens)* extra work.

pentagone [pɛtagɔn] *nm* pentagon.

pente [pɑ̃t] *nf* slope ; gradient ; *(aussi fig)* inclination ; *en* **∼** *(rue)* steep, *(toit)* sloping ; *(fig)* **être sur une mauvaise ∼** *be going downhill ; (fig)* **remonter la ∼** *get back on one's feet.

Pentecôte [pɑ̃tkot] *nf* Whitsun ; **dimanche de la ∼** Whit Sunday.

pentu [pɑ̃ty] *adj* steep.

pénultième [penyltjɛm] *adj* penultimate.

pénurie [penyʀi] *nf* shortage.

pépé [pepe] *nm (fam)* grandad, grandpa || **pépère** *nm (fam)* grandad, grandpa ◆ *adj (fam)* quiet ; easy.

pépier [pepje] *vi (1)* chirp, twitter.

pépin [pepɛ̃] *nm* **1** pip ; **sans ∼s** seedless **2** *(fam) (ennui)* hitch ; snag **3** *(fam) (parapluie)* brolly, *(amér)* umbrella || **pépinière** *nf* nursery || **pépiniériste** *nmf* nursery gardener.

pépite [pepit] *nf (or)* nugget ; *(chocolat)* chip.

perçant [pɛʀsɑ̃] *adj (vue)* keen ; *(son)* piercing ; shrill ; *(ouïe, douleur)* acute || **percée** *nf* opening ; *(fig)* breakthrough || **perce-neige** *nf* snowdrop || **perce-oreille** *nm* earwig.

percepteur [pɛʀsɛptœʀ] *nm* tax collector || **perceptible** *adj* **1** perceptible ; visible ; *(son)* audible **2** *(impôt)* payable || **perceptif** *adj (f -ive)* perceptive || **perception** *nf* **1** perception **2** *(impôt)* tax collection ; *(lieu)* tax office.

percer [pɛʀse] *vt (1h)* **1** *go through ; pierce ; (coffre) *break/crack ; (dent) *cut ; (trou) drill ; (tunnel) bore ; **∼ une porte dans un mur** knock a door in the wall **2** discover ; *(complot)* uncover ; **∼ à jour** *find out ◆ *vi* **1** *break through ; (abcès) *burst ; (dent)* **∼** *come through* **2** *come out ; emerge ; rien n'a percé de leurs discussions nothing transpired from their discussions || **perceur** *nm (f -euse)* driller ; **∼ de coffre** safe breaker/cracker || **perceuse** *nf* drill.

percevoir [pɛʀsəvwaʀ] *vt (15)* **1** perceive ; *(bruit)* *catch ; (sens)* discern **2** *(intérêt)* receive ; *(impôt)* collect ; *(taxe)* levy.

percevable [pɛʀsəvabl] *adj* collectable ; payable.

perche [pɛʀʃ] *nf* **1** *(Zool)* perch **2** pole ; *(son)* boom || **percher** *vti (1)* **se ∼** *vpr* perch ; *(poule)* roost ; *(fam) (habiter)* *hang out || **perchiste** *nmf (Sp)* pole jumper ; *(Ciné)* boom operator || **perchoir** *nm* perch ; roost.

percolateur [pɛʀkɔlatœʀ] *nm* percolator.

percussion [pɛʀkysjɔ̃] *nf* percussion.

percutant [pɛʀkytɑ̃] *adj* forceful ; resounding || **percuter** *vt (1)* *hit ; *strike ; (accident)* crash into || **percuteur** *nm* hammer.

perdant [pɛʀdɑ̃] *nm* loser ◆ *adj* losing

‖ **perdition** *nf* 1 *(Naut)* en ~ in distress 2 ruin; *(Rel)* perdition ‖ **perdre** *vti (46)* 1 *lose; ~ connaissance* faint; ~ *de l'huile* leak oil; ~ *la raison* *go mad; ~ qn, qch de vue* *lose sight of sth, sb 2 ruin; *l'ambition te perdra* ambition will be your downfall 3 *(argent, temps)* waste 4 *(manquer)* miss; *(fam)* *tu ne perds rien pour attendre !* just you wait! ‖ **se perdre** *vpr* 1 *get lost; (fig)* *je m'y perds dans tout ça* I can't make head nor tail of it 2 disappear; *go missing; (coutume)* die out 3 *be wasted; *go to waste 4 *(Rel)* *be damned.

perdreau [pɛʀdʀo] *nm (pl -x)* (young) partridge. ‖ **perdrix** *nf* partridge.

perdu [pɛʀdy] *adj* 1 lost; *objets ~s* lost property; *(égaré)* missing; *(animal, balle)* stray; ~ *en mer* missing at sea 2 *(éloigné)* isolated; out of the way 3 *(argent, temps)* wasted; *(emballage)* non-returnable; *à mes moments ~s* in my spare time; *c'est peine ~e* it's a waste of effort 4 ruined; *(Rel)* damned.

père [pɛʀ] *nm* 1 father; *M. Dupont ~* Mr. Dupont senior; *le ~ Dubois* old Dubois; *(Rel) le P~ Martin* Father Martin 2 *nos ~s* our ancestors 3 *(fig)* founder.

péremption [peʀɑ̃psjɔ̃] *nf (Jur)* expiry; lapsing; *(Com)* date de ~ 06 07 use by 6 July ‖ **péremptoire** *adj* peremptory; *(Jur)* date ~ time limit.

pérenniser [peʀenize] *vt (1)* perpetuate ‖ **pérennité** *nf* continuity; timelessness.

péréquation [peʀekwasjɔ̃] *nf* equalization; realignment.

perfectible [pɛʀfɛktibl] *adj* perfectible ‖ **perfection** *nf* perfection; *à la ~* to perfection, perfectly ‖ **perfectionné** *adj* improved; *sophisticated ‖ **perfectionnement** *nm* improvement; *cours de ~* refresher course ‖ **perfectionner** *vt (1)* improve; perfect ‖ **se perfectionner** *vpr* ~ *en espagnol* improve one's Spanish ‖ **perfectionniste** *adj nmf* perfectionist.

perfide [pɛʀfid] *adj* perfidious ♦ *nm* traitor ‖ **perfidie** *nf* treachery.

perforation [pɛʀfɔʀasjɔ̃] *nf* perforation ‖ **perforatrice** *nf* drill; *(papier)* punch ‖ **perforer** *vt (1)* pierce; perforate; *(billet)* punch; *machine à ~* perforating machine; *carte perforée* punch card.

performance [pɛʀfɔʀmɑ̃s] *nf* 1 great achievement; *(résultat)* result 2 performance ‖ **performant** *adj* outstanding; *(personne)* effective; *(machine)* high performance, cost effective; *(Fin)* high-yield.

perfusion [pɛʀfyzjɔ̃] *nf* perfusion; *mettre sous ~* *put on a drip.

péricliter [peʀiklite] *vt (1)* decline; *(fam)* *go downhill.

péridurale [peʀidyʀal] *nf (Méd)* epidural.

péril [peʀil] *nm* 1 peril; *mettre en ~* endanger 2 risk ‖ **périlleux** *adj (f* -**euse**) perilous.

périmé [peʀime] *adj* out of date; *(idée)* outdated; *(billet)* no longer valid; *(passport)* expired.

périmètre [peʀimɛtʀ] *nm* 1 *(Math)* perimeter 2 area.

période [peʀjɔd] *nf* 1 period; lapse of time; *en ~ de crise* in times of crisis 2 *(cycle)* stage; *(Phys)* frequency 3 *(Gr)* period, sentence; *(Mus)* phrase ‖ **périodique** *adj* periodic; recurrent; at regular intervals; *tampon ~* sanitary tampon ♦ *nm* periodical ‖ **périodicité** *nf* periodicity.

péripétie [peʀipesi] *nf* event, incident; mishap.

périphérie [peʀifeʀi] *nf* periphery; *(ville)* outskirts ‖ **périphérique** *adj* peripheral ♦ *nm* ring road; orbital.

périphrase [peʀifʀaz] *nf* circumlocution.

périple [peʀipl] *nm* journey; *(Naut)* voyage.

périr [peʀiʀ] *vi (2)* die; perish; ~ *noyé* drown.

périscolaire [peʀiskɔlɛʀ] *adj* extracurricular.

périssable [peʀisabl] *adj* perishable; *denrées ~s* perishables, perishable foodstuffs.

perle [pɛʀl] *nf* pearl; *(bois, verre)* bead; *(sang, sueur)* drop; *(fig)* gem; *(bêtise)* howler ‖ **perlé** *adj* pearly; *(note)* clear; *(travail)* meticulous; exquisite; *grève ~e* go-slow strike, stoppages *npl* ‖ **perler** *vi (1)* *(sang, sueur)* form in droplets.

permanence [pɛʀmanɑ̃s] *nf* 1 permanence; perennity; *en ~* permanently; *(en continu)* continuously 2 duty office; *être de ~* *be on duty; *(Méd)* *be on call 3 *(Ens)* prep room ‖ **permanent** *adj* permanent; continuous; *(Mil Pol)* standing ♦ *nmf* permanent member; paid official ‖ **permanente** *nf (coiffure)* perm.

perméable [pɛʀmeabl] *adj* permeable; *(fig)* receptive.

permettre [pɛʀmɛtʀ] *vt (42)* allow, permit ‖ **se permettre** *vpr* 1 afford 2 ~ *de faire qch* *take the liberty of doing sth; *permettez-moi de...* may I...? ‖ **permis** *nm (Adm)* permit; *(Com)* licence; ~ *de conduire* driving licence; ~ *de construire* building permission ‖ **permissif** *adj (f* -**ive**) permissive ‖ **permission** *nf* permission; *(Mil)* leave; *en ~* on leave.

permutation [pɛʀmytasjɔ̃] *nf* permutation; *(travail)* exchange ‖ **permuter** *vti (1)* 1 permute; switch (round) 2 exchange (jobs).

pernicieux [pɛʀnisjø] *adj (f* -**euse**) harmful; pernicious.

péroné [peʀɔne] *nm* fibula.

perpendiculaire [pɛʀpɑ̃dikylɛʀ] *adj nf* (à) perpendicular (to).

perpétrer [pɛʀpetʀe] *vt (1c)* perpetrate.

perpétuel [pɛʀpetɥɛl] *adj (f -elle)* continual; perpetual; *secrétaire ~* permanent secretary ‖ **perpétuer** *vt (1)* perpetuate ‖ **se perpétuer** *vpr* 1 *be perpetuated 2 survive ‖ **perpétuité** *nf* perpetuity; *à ~* for ever; *condamné à ~* sentenced for life.

perplexe [pɛʀplɛks] *adj* puzzled; perplexed; *rendre qn ~* baffle sb ‖ **perplexité** *nf* perplexity.

perquisition [pɛʀkizisjɔ̃] *nf* (police) search ‖ **perquisitionner** *vi (1)* carry out a search.

perron [pɛʀɔ̃] *nm* (flight of) steps.

perroquet [pɛʀɔke] *nm* (Zool) parrot.

perruque [pɛʀyk] *nf* wig.

persan [pɛʀsɑ̃] *adj* Persian.

persécution [pɛʀsekysjɔ̃] *nf* persecution ‖ **persécuter** *vt (1)* persecute ‖ **persécuteur** *nm (f -trice)* persecutor.

persévérance [pɛʀseveʀɑ̃s] *nf* perseverance ‖ **persévérer** *vi (1)* persevere.

persienne [pɛʀsjɛn] *nf* (Venetian) shutter.

persiflage [pɛʀsiflaʒ] mockery ‖ **persifleur** *adj* mocking.

persil [pɛʀsi] *nm* parsley ‖ **persillé** *adj* with chopped parsley; (viande) marbled.

persistance [pɛʀsistɑ̃s] *nf* persistance ‖ **persistant** *adj* persistant; (Bot) evergreen ‖ **persister** *vi (1)* persist; continue; *~ à croire* persist in believing.

personnage [pɛʀsɔnaʒ] *nm* person; (célèbre) personality; (Lit Th) character; (Art) figure ‖ **personnaliser** *vt (1)* personalize; customize; (décor) *give a personal touch (to) ‖ **personnalité** *nf* personality; *~ politique* prominent political figure ‖ **personne** *nf* person; *~ à charge* dependent; *certaines ~s* some people; *grande ~* adult; *la gentillesse en ~* kindness itself; *venir en ~* *come in person ◆ *pr indéf* 1 anybody, anyone; *je n'ai vu ~* I didn't see anyone/I saw nobody 2 nobody, no one; *~ n'est venu* nobody came; *~ d'autre* nobody else ‖ **personnel** *adj (f -elle)* personal; *fortune ~elle* private income ◆ *nm* staff; *chef du ~* head of personnel; *manquer de ~* *be understaffed ‖ **personnellement** *adv* personally; *~ je dirais ...* for my part I would say... ‖ **personnifier** *vt (1h)* personify.

perspective [pɛʀspɛktiv] *nf* 1 (Art) perspective 2 *~s d'avenir* prospects; *dans la ~ d'une privatisation* with a view to going public 3 (Phil Pol) viewpoint.

perspicace [pɛʀspikas] *adj* clearsighted; perspicacious; shrewd ‖ **perspicacité** *nf* insight; perspicacity.

persuader [pɛʀsɥade] *vt (1)* persuade; *~ qn de qch* convince sb of sth ‖ **per-suasif** *adj (f -ive)* persuasive; (argument) convincing ‖ **persuasion** *nf* 1 persuasion 2 (certitude) belief; conviction.

perte [pɛʀt] *nf* 1 loss; *à ~ de vue* as far as the eye can see; *~ de temps* waste of time; *en pure ~* for nothing; *vendre à ~* *sell at a loss; *être en ~ de vitesse* *be losing speed/ (fig) momentum 2 ruin; *courir à sa ~* head for disaster.

pertinemment [pɛʀtinamɑ̃] *adv* to the point; *savoir ~* *know perfectly well ‖ **pertinence** *nf* relevance, pertinence ‖ **pertinent** *adj* apt; pertinent; *~ à* relevant to.

perturbateur [pɛʀtyʀbatœʀ] *adj (f -trice)* disruptive ◆ *nmf* troublemaker ‖ **perturbation** *nf* perturbation; (service) disruption; (météo) disturbance ‖ **perturber** *vt (1)* 1 (troubler) disrupt; perturb 2 (inquiéter) alarm; disturb.

pervenche [pɛʀvɑ̃ʃ] *nf* (Bot) periwinkle.

pervers [pɛʀvɛʀ] *adj* perverse; (personne) perverted ◆ *nm* pervert ‖ **perversité** *nf* perversity ‖ **pervertir** *vt (2)* pervert.

pesage [pəzaʒ] *nm* weighing; (Sp) weigh in ‖ **pesamment** *adv* heavily ‖ **pesant** *adj* heavy; (style) clumsy ◆ *nm valoir son ~ d'or* *be worth one's weight in gold ‖ **pesanteur** *nf* weight; (Phys) gravity ‖ **pesée** *nf* 1 weight; (action) weighing 2 pressure ‖ **pèse-personne** *nm* (set of) scales ‖ **peser** *vt (1c)* weigh (up) ◆ *vi* 1 *be heavy; (silence) *hang over; (argument) carry weight; *~ sur qn* influence sb 2 *~ contre, sur* press against, on; (fig) *lie heavily.

pessimisme [pesimism] *nm* pessimism ‖ **pessimiste** *nmf* pessimist ◆ *adj* pessimistic.

peste [pɛst] *nf* plague; (fam fig) curse; *fuir qch, qn comme la ~* avoid sth, sb like the plague ‖ **pester** *vi (1)* curse; *~ contre* rage about ‖ **pesticide** *nf* pesticide ‖ **pestilentiel** *adj (f -ielle)* foul, pestilential.

pétale [petal] *nm* petal.

pétard [petaʀ] *nm* 1 (feu d'artifice) banger; (fire)cracker 2 (fam) (bruit) din; row; *être en ~* *be as mad as hell 3 (argot)* revolver 4 (fam) ass, bum ‖ **péter** *vi (1)* (fam) *burst; *bash; (flatuosité) fart ◆ *vt (vulg)* *bust; bash up.

pétillant [petijɑ̃] *adj* sparkling ‖ **pétiller** *vi (1)* sparkle; fizz; (feu) crackle.

petit [pəti] *adj* 1 little, small; *~(e) ami(e)* boyfriend, girlfriend 2 young; (Ens) junior 3 short; *un ~ moment s'il vous plaît* one moment, please; *trois ~s kilomètres* no more than three kilometres 4 unimportant, minor; (commerçant) small-time; (rhume) slight; *~es annonces* classified ads; *les petites gens* humble people 5 weak;

(espoir) faint; *(santé)* poor **6** *(mesquin)* mean; **avoir l'esprit ~** *be petty-minded ♦ nm **1** young boy; young girl; **bonjour mon ~** hello dear **2** person of humble condition, of modest means; *(fam)* small fry **3** *(Zool)* young npl inv; **faire des ~s** *(chat)* *have kittens, *(chien)* *have puppies ♦ adv **~ à ~** gradually, little by little; **en ~** on a small scale; in miniature ‖ **petit déjeuner** nm breakfast ‖ **petite-fille** nf granddaughter ‖ **petitement** adv meanly; poorly; **être ~ logé** live in cramped conditions ‖ **petitesse** nf smallness; pettiness ‖ **petit-fils** nm grandson ‖ **petit-lait** nm whey ‖ **petit-pois** nm (garden) pea.

pétition [petisjɔ̃] nf petition; **faire une ~ de principe** beg the question.

pétrifier [petrifje] vt *(1h)* petrify; *(fig)* *(de)* paralyze (with).

pétrin [petrɛ̃] nm kneading trough; *(fam)* jam; mess ‖ **pétrir** vt *(2)* knead; *(fig)* mould.

pétrochimie [petrɔʃimi] nf petrochemicals ‖ **pétrochimique** adj petrochemical ‖ **pétrodollar** nm petrodollar ‖ **pétrole** nm **1** petroleum (oil); **~ brut** crude oil **2** **lampe à ~** paraffin lamp ‖ **pétrolier** adj (f **-ière**) petroleum; *(industrie, marché)* oil; **pays ~** oil-producing country ♦ nm *(Naut)* oil tanker; *(personne)* oilman ‖ **pétrolifère** adj *(région)* oil-bearing; **champ ~** oilfield.

pétulance [petylɑ̃s] nf exuberance ‖ **pétulant** adj exuberant; lively.

peu [pø] adv **1** little, not much; **~ bavard** not very talkative; **~ cher** cheap; **quelque ~ difficile** somewhat/rather difficult; **pour que** if ever; if by chance **2** ~ *(de nombre)* not many, few; **~ s'en souviendront** few (people) will remember; *(quantité)* not much, little; **avant ~ *(de temps)*** before long; **je l'ai depuis ~ *(de temps)*** I've only had it (for) a short while; **en ~ de temps** in little to no time; **vous le recevrez sous ~** you will receive it shortly; **c'est ~ de chose !** it's nothing! **3** **à ~ près dix** about/approximately ten; **à ~ de chose près** more or less; **je l'ai ratée de ~** I only just missed her **4** **je lis un ~** I read a little; **un ~ ivre** slightly/a bit drunk; **le ~ que je sais, sache** the little I know; **ce n'est pas ~ dire** it's no exaggeration; **pour un ~ je tombais** I only just managed not to fall (down); **très ~ pour moi !** not for me! **5** **~ à ~** little by little ‖ **peu ou prou** loc more or less.

peuplade [pœplad] nf tribe ‖ **peuple** nm **1** nation; **le ~ élu** the chosen people **2** people; mass; **le petit ~** the lower classes **3** *(foule)* crowd ‖ **peuplé** adj inhabited; populated ‖ **peuplement** nm population; *(action)* populating; *(Bio Zool)*

stocking ‖ **peupler** vt *(1)* populate; stock; *(habiter)* inhabit; *(fig)* fill ‖ **se peupler** vpr *(de)* *become populated (with); fill up (with).

peuplier [pøplije] nm poplar (tree).

peur [pœr] nf fear; fright; **avoir ~ *(de qch)*** *be afraid (of sth); **avoir ~ de parler** *be afraid to speak; **j'ai ~ qu'elle ne soit déçue** I'm afraid she may be disappointed; **faire ~ à qn** *give sb a fright; **loc de ~ de se tromper** for fear of making a mistake; **loc de ~ qu'il ne vienne pas** for fear he may not come ‖ **peureux** adj (f **-euse**) **1** fearful; frightened **2** timid, shy.

peut-être [pøtɛtr] adv perhaps, maybe.

phalange [falɑ̃ʒ] nf *(Anat Mil aussi fig)* phalanx.

phallocrate [falɔkrat] nm male chauvinist, chauvinistic male ‖ **phallus** nm phallus.

phare [far] nm **1** *(Naut)* lighthouse; *(Av)* beacon; *(Aut)* headlight; **~ antibrouillard** foglight; **~ de recul** reversing light, *(amér)* back-up light **2** *(Eco)* **indice ~** benchmark index; **industrie ~** leading industry.

pharmaceutique [farmasøtik] adj pharmaceutical; **industrie ~** pharmaceutics ‖ **pharmacie** nf **1** pharmacy **2** *(magasin)* pharmacy, chemist's (shop), *(amér)* drugstore **3** *(produit)* pharmaceuticals; **armoire à ~** medecine cabinet ‖ **pharmacien** nm (f **-ienne**) *(officine)* (dispensing) chemist, *(amér)* pharmacist; *(industrie)* pharmaceutical chemist ‖ **pharmacologie** nf pharmacology.

pharyngite [farɛ̃ʒit] nf pharyngitis.

phase [faz] nf **1** *(Ch Phys aussi fig)* phase; **en ~** in phase, *(fig)* on the same wavelength **2** *(étape)* stage.

phénoménal [fenɔmenal] adj (mpl **-aux**) phenomenal ‖ **phénomène** nm **1** phenomenon (pl **-s**) **2** *(foire)* freak; *(fam)* **quel ~ !** what a character!

philanthrope [filɑ̃trɔp] nm philanthropist ‖ **philanthropie** nf philanthropy ‖ **philanthropique** adj philanthropic.

philatélie [filateli] nf stamp collecting, philately ‖ **philatéliste** nmf stamp collector; philatelist.

philharmonique [filarmɔnik] adj philharmonic.

philosophe [filɔzɔf] nm philosopher ♦ adj philosophical ‖ **philosophie** nf philosophy ‖ **philosophique** adj philosophical.

phobie [fɔbi] nf phobia.

phonétique [fɔnetik] nf phonetics ♦ adj phonetic.

phoque [fɔk] nm seal.

phosphate [fɔsfat] nm phosphate.

phosphore [fɔsfɔʀ] *nm* phosphorus ‖ **phosphorescent** *adj* phosphorescent.

photo- [fɔto] *préf* photo- ‖ **photocopie** *nf* photocopy ‖ **photocopier** *vt* (1) photocopy ‖ **photo-électrique** *adj* photoelectric ‖ **photogénique** *adj* photogenic ‖ **photographe** *nmf* photographer ‖ **photo(graphie)** *nf* photography ; *(cliché)* photo(graph) ‖ **photographier** *vt* (1) photograph, *take a photo of ; se faire ~* *have one's photo taken ‖ **photogravure** *nf* photoengraving ‖ **photomaton** *nm* photomat ‖ **photosensible** *adj* photosensitive.

phrase [fʀɑz] *nf* sentence ‖ **phraser** *vt* (1) phrase.

physicien [fizisjɛ̃] *nm* (f -**ienne**) physicist ‖ **physico-chimie** *nf* physical chemistry.

physiologie [fizjɔlɔʒi] *nf* physiology ‖ **physiologique** *adj* physiological ‖ **physiologiste** *nmf* physiologist.

physionomie [fizjɔnɔmi] *nf* face, physiognomy ‖ **physionomiste** *nmf* physiognomist ; *être ~* *have a good memory for faces.

physique [fizik] *adj* physical ◆ *nf* physics ; *~ nucléaire* nuclear physics ◆ *nm* physique ; *au ~* physically ; *avoir le ~ de l'emploi* look the part.

piaffer [pjafe] *vi* (1) *(cheval)* paw (the ground) ; *(fig)* stomp.

piaillement [pjɑjmɑ̃] *nm* *(Orn)* cheeping ; *(fig)* squawking ‖ **piailler** *vi* (1) cheep ; squawk.

pianiste [pjanist] *nmf* pianist ‖ **piano** *nm* piano ; *~ à queue* grand piano ; *~ droit* upright piano ‖ **pianoter** *vi* (1) tinkle on the piano ; *(fig)* drum one's fingers.

pic [pik] *nm* 1 *(Orn)* woodpecker 2 *(outil)* pick 3 *(Géog)* peak ; *à ~* vertically ; *(escarpé)* sheer ; *couler à ~* *sink like a stone ; *(fam fig) tomber à ~* turn up at the right moment.

pichet [piʃɛ] *nm* jug ; *(vin)* pitcher.

picorer [pikɔʀe] *vti* (1) peck (at).

picotement [pikɔtmɑ̃] *nm* *(gorge)* tickle ; *(peau)* prickle ; *(yeux)* smarting ‖ **picoter** *vti* (1) irritate ; tickle ; prickle ; *(fumée)* smart ; sting.

pie [pi] *nf* *(Orn)* magpie ◆ *adj* *(cheval)* piebald.

pièce [pjɛs] *nf* 1 item ; piece ; *20 francs (la) ~* 20 francs each ; *costume trois-~s* three-piece suit ; *travailler à la ~* *do piece work ; *vendu à la ~* sold individually 2 room ; *appartement de trois ~s* three-roomed flat, *(amér)* appartment 3 *(monnaie)* coin ; *~ de 20 francs* 20 franc piece 4 bit ; fragment ; *(couture)* patch ; *mettre en ~s* smash up, *(fig)* pull to pieces 5 *(Tech)* part ; *~ détachée* spare part 6 document ; proof ; *(Jur) ~ à conviction*

exhibit ; *~ d'identité* identity papers, *(amér)* I.D. ; *(Adm Com) ~ jointe* enclosure ; *~ justificative* supporting document 7 *(Th)* play.

pied [pje] *nm* 1 foot *(pl feet)* ; *(table)* leg ; *(verre)* stem ; *(vigne)* vine ; *(Hort)* plant ; *aller à ~* *go on foot ; *allons-y à ~ !* let's walk there ! *coup de ~* kick ; *de ~ en cape* from top to toe ; *~s nus* barefooted ; *être sur ~* *be up and about ; *marcher sur les ~s de qn* step on sb's toes ; *mettre à ~* *lay off ; suspend ; *(fig) au ~ levé* at a moment's notice ; unprepared ; *(fam fig) il me casse les ~s* he gets on my nerves ; *(fam) ça te fera les ~s !* that'll teach you (a lesson)! *(fam) jouer comme un ~* *be a rotten player 2 base ; stand ; *avoir ~* *be in one's depth ; *avoir le ~ marin* *be a good sailor ; *sur un ~ d'égalité* on an equal footing ; *mettre sur ~* *set up ; *perdre ~* *get out of one's depth ; *prendre ~* *get a foothold 3 *(mesure)* foot ; *au ~ de la lettre* literally ; *vivre sur un grand ~* live on a big scale, *(amér)* high on the hog 4 *(fam) ce n'est pas le ~* it's no great shakes ‖ **pied de biche** *nm (outil)* claw ‖ **pied-de-poule** *nm* hound's tooth ‖ **piédestal** *nm (pl -aux)* pedestal.

piège [pjɛʒ] *nm* snare ; trap ; *prendre au ~* trap ; *tendre un ~* *set a trap ‖ **piégé** *adj voiture ~e* car-bomb ‖ **piéger** *vt (1h)* trap ; *se faire ~* *get trapped.

pierre [pjɛʀ] *nf* 1 stone ; *première ~* foundation stone ; *~ ponce* pumice stone ; *~ tombale* gravestone ; *avoir un cœur de ~* *be hard-hearted ; *faire d'une ~ deux coups* kill two birds with one stone 2 *~ précieuse* gem ; precious stone ; *~ fine* semi-precious stone ‖ **pierreries** *nfpl* gems ; precious stones ‖ **pierreux** *adj (f -euse)* stony.

piété [pjete] *nf* piety.

piétiner [pjetine] *vt* (1) trample on, *tread on ◆ *vi (de colère)* stamp one's foot ; *(sur place)* *stand about, *(fig)* *be at a standstill ‖ **piéton** *nm* pedestrian ◆ *adj (f -onne)* pedestrianized ‖ **piétonnier** *adj (f -ière)* pedestrian.

piètre [pjɛtʀ] *adj (Lit)* mediocre ; poor ‖ **piètrement** *adv* poorly.

pieu [pjø] *nm (pl -x)* stake ; post ; *(fam)* bed ‖ **se pieuter** *vpr (fam)* *hit the hay.

pieuvre [pjœvʀ] *nf* octopus.

pieux [pjø] *adj (f pieuse)* devout, pious.

pif [pif] *nm (fam)* conk, beak, *(amér)* schnozz ; *au pif(omètre)* by guesswork ; on spec ‖ **pif(f)er** *vt* (1) *(aussi piffrer) (fam)* *il ne peut pas les ~* he can't stand them.

pige[1] [piʒ] *nf (fam)* year.

pige[2] [piʒ] *nf (journalisme)* être *payé à la ~* *be paid by the line.

pigeon [piʒɔ̃] *nm* pigeon ; *(fam fig péj)* mug, sucker ‖ **pigeonnier** *nm* dovecote ;

(fig) attic (room) ‖ **pigeonner** *vt (1) (fam)* dupe ; *se faire ~* *be had.

piger [piʒe] *vti (1h) (fam)* *get it.
pigiste [piʒist] *adj nmf* freelance.
pigment [pigmɑ̃] *nm* pigment ‖ **pigmentation** *nf* pigmentation.
pignon[1] [piɲɔ̃] *nm* gable ; *(Com) avoir ~ sur rue* *be an established firm/name.
pignon[2] [piɲɔ̃] *nm (Tech)* cog wheel ; gear ; *(vélo)* chain wheel.
pile [pil] *nf* **1** pile ; stack ; *mettre en ~* pile up ; stack **2** battery ; *~ sèche* dry cell **3** *~ ou face* heads or tails ; *tirer à ~ ou face* toss up **4** *(pont)* pier, pile ◆ *adv* just right ; just in time ; *s'arrêter ~* stop dead ; *à l'heure ~* on the dot (of time).
piler[1] [pile] *vi (1) (fam)* stop dead ; *(Aut)* slam on the brakes.
piler[2] [pile] *vt (1) (broyer)* crush ; pound.
pileux [pilø] *adj (f -euse)* hairy ; *système ~* (body) hair.
pilier [pilje] *nm* column ; *(aussi fig)* pillar ; *(rugby)* prop forward ; *~ de bar* barfly.
pillage [pijaʒ] *nm* looting ‖ **piller** *vt (1)* loot, plunder ‖ **pillard** *nm* looter ◆ *adj* looting ‖ **pilleur** *nm (f -euse)* looter, plunderer.
pilon [pilɔ̃] *nm* **1** *(instrument)* pestle ; *(Tech)* ram ; pile driver ; *mettre un livre au ~* pulp a book **2** *(volaille)* drumstick **3** wooden leg ‖ **pilonner** *vt (1)* pound ; ram ; *(Mil)* shell ‖ **pilonnage** *nm* shelling.
pilori [pilɔʀi] *nm* pillory.
pilotage [pilotaʒ] *nm* flying ; *~ automatique* automatic pilot(ing) ‖ **pilote** *nm (Av)* pilot ; *~ d'essai* test pilot ; *(Aut)* driver ; *~ de course* racing driver ; *(fig)* guide ◆ *adj* *ferme* experimental farm ; *projet ~* pilot project ‖ **piloter** *vt (1)* pilot ; *drive ; *(fig)* guide.
pilule [pilyl] *nf* pill ; *prendre la ~* *be on the pill.
piment [pimɑ̃] *nm* capsicum ; *~ rouge* red chili pepper ; *(fig)* spice ‖ **pimenté** *adj* hot ‖ **pimenter** *vt (1)* season with peppers ; *(fig)* add piquancy (to).
pimpant [pɛ̃pɑ̃] *adj* spruce.
pin [pɛ̃] *nm* pine (tree) ; *en ~* in pinewood.
pinailler [pinaje] *vi (1) (sur) (fam)* quibble (over).
pinard [pinaʀ] *nm (fam)* plonk, cheap wine.
pince [pɛ̃s] *nf* **1** pliers ; *(à épiler)* tweezers ; *(à linge)* peg ; *(à sucre)* tongs **2** crowbar, lever ; *~-monseigneur* jemmy **3** *(Zool)* claw, pincer ; *(fam)* paw **4** clip ; clamp ; *(cheveux)* hair grip ; *(couture)* dart.
pinceau [pɛ̃so] *nm (pl -x)* (paint)brush.
pincé [pɛ̃se] *adj* **1** pinched ; *(serré)* tight **2** *(air)* stiff ; *(sourire)* tight-lipped ‖ **pincée** *nf* pinch ‖ **pincement** *nm* pinching ; *(douleur)* twinge ; *j'ai eu un ~ au cœur*

my heart sank ‖ **pincer** *vt (1h)* **1** pinch ; nip ; *(Mus)* pluck **2** *(fam) (malfaiteur)* nab ; *se faire ~* *get caught ‖ **pince-sans-rire** *adj (humour)* dry ; *(expression)* deadpan.
pinède [pined] *nf* pine forest.
pingouin [pɛ̃gwɛ̃] *nm* auk.
pingre [pɛ̃gʀ] *adj* closefisted ; stingy ◆ *nmf* skinflint.
pinson [pɛ̃sɔ̃] *nm (Orn)* finch ; *gai comme un ~* as happy as a lark.
pintade [pɛ̃tad] *nf* guinea fowl.
pioche [pjɔʃ] *nf* **1** pick(axe) **2** *(cartes)* pile ‖ **piocher** *vt (1)* **1** *dig (up)* **2** *(fam)* swot up ◆ *vi* *~ dans* delve (into) ; *(cartes)* *take one from the pile.
pion [pjɔ̃] *nm (échecs aussi fig)* pawn ; *(dames)* draught.
pionnier [pjɔnje] *nm (f -ière)* pioneer.
pipe [pip] *nf* pipe ; *(fam fig) casser sa ~* kick the bucket ; *£8 par tête de ~* £8 a head.
piper [pipe] *vi (1) (parler)* squeak ◆ *vt (dé)* load.
pipi [pipi] *nm (fam)* wee (wee).
piquant [pikɑ̃] *adj* **1** hot ; spicy **2** prickly ; spiky ; *(remarque)* cutting **3** *(fig)* striking ; piquant ◆ *nm* prickle ; thorn ‖ **pique** *nf* **1** lance ; pike **2** taunt ; *lancer des ~s* *make spiteful remarks ◆ *nm (carte)* spade.
piqué [pike] *adj* **1** quilted ; stitched **2** *(Mus)* staccato **3** *(métal)* pitted ; *(tissu)* spotted ; *(meuble)* wormeaten **4** *(fam)* bats, crazy ◆ *nm* **1** *~ de coton* cotton piqué **2** *(Av)* (nose) dive.
pique-assiette [pikasjɛt] *nmf* gatecrasher.
pique-nique [piknik] *nm* picnic ‖ **pique-niquer** *vi (1)* picnic.
piquer [pike] *vt (1)* **1** prick ; *(guêpe)* sting ; *(moustique)* *bite **2** *give an injection ; *(animal)* *put to sleep **3** *~ un couteau dans qch* *stick a knife into sth ; *(couture) (machine)* stitch **4** *(ronger)* *eat into ; *(tacher)* spot **5** offend ; *~ au vif* *cut to the core **6** *(intérêt)* arouse **7** *(Mus)* play a note staccato **8** *(fam) (voler)* pinch ; *(arrêter) se faire ~* *get pinched ; *se faire ~ son sac* *have one's bag pinched **9** *(fam fig) ~ un cent mètres* *break into a sprint ; *~ une colère* *blow up ; *~ une tête* *take a header ; *~ un roupillon* *have forty winks ◆ *vi* **1** smart ; *sting ; *(vent)* *bite **2** *(Av)* (nose) dive ‖ **se piquer** *vpr* **1** prick oneself ; *get stung ; *(drogue)* *be on (hard) drugs **2** *(vin)* *go/turn sour **3** *take offence **4** *~ de faire qch* pride oneself on doing sth ‖ **piquet** *nm* **1** post ; *(tente)* peg ; *(Hort)* stake **2** *(grève)* picket ‖ **piqueté** *adj* spotted ; speckled ; *(miroir)* tainted ‖ **piqueter** *vt (1d)* **1** stake out **2** dot ; spot ‖ **piqûre** *nf* **1** prick ; *(épingle)* pinprick ;

(guêpe) sting; *(moustique)* bite **2** *(Méd)* injection **3** *(couture)* seam.

pirate [piʀat] *nm* pirate; **~ de l'air** highjacker; **radio ~** pirate radio (station) ‖ **pirater** *vt (1)* pirate ‖ **piratage** *nf* pirating ‖ **piraterie** *nf* piracy.

pire [piʀ] *adj* **1** *(comparatif)* worse; **bien ~** much worse **2** *(superlatif)* **le, la pire, les pires** the worst ◆ *nm* worst; **s'attendre au ~** expect the worst.

pis¹ [pi] *nm (vache)* udder.

pis² [pi] *adj adv* **1** *(comparatif)* worse; **de ~ en ~** from bad to worse; **tant ~!** never mind! **tant ~ pour toi!** so much the worse for you, *(fam)* that's your loss! **2** *(superlatif)* **le ~** the worst; **au ~** at the worst ◆ *nm* **dire ~ que pendre de qn** slate sb ‖ **pis-aller** *nm (pl inv)* makeshift solution; *(personne)* stopgap; *(ultime)* last resort.

pisciculture [pisikyltyʀ] *nf* fishfarming.

piscine [pisin] *nf* swimming pool.

pissenlit [pisɑ̃li] *nm* dandelion ‖ **pisser** *vi (1) (vulg)* piss ‖ **pisse-froid** *nm (pl inv) (fam)* killjoy, wet blanket.

pistache [pistaʃ] *nf* pistachio.

piste [pist] *nf* **1** *(animal)* track; *(police)* lead **2** *(chemin)* trail; *(Av)* runway; **~ d'atterrissage** landing strip; *(Sp)* track; *(ski)* run; *(danse)* floor; *(cirque)* ring **3 ~ sonore** soundtrack ‖ **pister** *vt (1)* track; *(police)* tail ‖ **pisteur** *nm* tracker; *(ski)* pisteur.

pistolet [pistɔlɛ] *nm* gun; pistol; *(peinture)* spray gun ‖ **pistolet-mitrailleur** *nm* sub-machine gun.

piston [pistɔ̃] *nm* **1** piston; *(Mus)* valve **2** *(fam fig)* clout ‖ **pistonner** *vt (1) (fam)* **~ qn** pull strings for sb.

pitance [pitɑ̃s] *nf* pittance.

piteux [pitø] *adj (f* **-euse***)* pitiful; **en ~ état** in a sorry state ‖ **pitié** *nf* pity; **sans ~** pitiless; **avoir ~ de qn** *(gracier)* *have mercy on sb; *(plaindre)* pity sb; **tu me fais ~** I feel sorry for you.

piton [pitɔ̃] *nm* **1** eye; piton, peg **2** *(Géog)* peak.

pitoyable [pitwajabl] *adj* pitiful; sad; *(péj)* pathetic.

pitre [pitʀ] *nm* clown; **faire le ~** clown around.

pittoresque [pitɔʀɛsk] *adj* picturesque; *(fig)* colourful.

pivoine [pivwan] *nf* peony; **rouge comme une ~** as red as a beetroot, *(amér)* beet.

pivot [pivo] *nm* pivot; pin; *(dent)* post; *(fig)* kingpin; mainstay ‖ **pivoter** *vi (1)* pivot; swivel.

placage [plakaʒ] *nm* facing; **bois de ~** veneer ‖ **placard** *nm* **1** *(affiche)* poster; placard; *(journal)* advertisement **2** *(armoire)* (fitted) cupboard ‖ **placarder** *vt (1)* placard.

place [plas] *nf* **1** square; *(fig)* **étaler sur la ~ publique** publicize; advertise **2** place; position; **sur ~** on the spot; **faire du sur ~** mark time; **rester, tenir en ~** stay put, *keep still seat; **~ entière** full price **4** position; situation; **à votre ~ je...** if I were you, I...; **chercher une ~** look for employment; **ministre en ~** minister in office, current minister; **mettre en ~** *set up; **perdre sa ~** *lose one's job **5** space; **faire de la ~** *make room; **faire ~ nette** *make a clean sweep **6** *(Com Fin)* market **7 ~ forte** fortified town **8** **loc à la ~ (de)** instead (of) ‖ **placé** *adj* placed; **haut ~** high ranking; **être mal ~ pour critiquer** *be in no position to criticize ‖ **placement** *nm* **1** *(Fin)* investment **2** placing; seating; **bureau de ~** employment agency, job centre ‖ **placer** *vt (1)* **1** *(personne)* place; seat **2** *(objet)* *put (down); *set (down); *(action)* *set **3** *(Com)* *sell; place; *(Fin)* invest; place ‖ **se placer** *vpr* **1** *take up a position; *(assis)* *take a seat; **~ au point de vue de qn** consider sth from somebody's point of view **2** *(Com)* *sell ‖ **placier** *nm* commercial rep(resentative).

plafond [plafɔ̃] *nm* ceiling; *(fig)* limit; maximum ‖ **plafonner** *vi (1)* reach a ceiling/maximum ‖ **plafonnier** *nm* ceiling light; *(Aut)* roof light.

plage [plaʒ] *nf* **1** beach; *(ville)* seaside resort **2** band; *(disque)* track; **~ horaire** time period **3** *(Aut)* **~ arrière** back ledge/shelf.

plagiaire [plaʒjɛʀ] *nm* plagiarist ‖ **plagiat** *nm* plagiarism ‖ **plagier** *vt (1h)* plagiarize.

plaider [plede] *vti (1)* plead; *(plaignant)* *go to court; **~ en faveur de qch, qn** defend sth, sb ‖ **plaidoirie** *nf* counsel's speech ‖ **plaidoyer** *nm* defence; *(fig)* plea.

plaie [plɛ] *nf* wound; *(fig)* plague.

plaignant [plɛɲɑ̃] *nm (Jur)* plaintiff.

plaindre [plɛ̃dʀ] *vt (35)* **1** *feel sorry for; pity **2 ~ son argent, temps** begrudge one's money, time ‖ **se plaindre** *vpr (de)* complain (of); grumble (about); *(Adm Jur)* **~ auprès de qn** *lodge a complaint with sb.

plaine [plɛn] *nf* plain.

plain-pied [plɛ̃pje] *loc adv* **de ~** on one level; **de ~ avec le jardin** at garden level; *(fig)* **être de ~ avec qn** *be on an equal footing with sb.

plainte [plɛ̃t] *nf* **1** *(gémir)* groan; moan **2** *(protester)* complaint **3** *(Jur)* charge; indictment; **porter ~ contre qn** *bring charges against sb ‖ **plaintif** *adj (f* **-ive***)* mournful; plaintive.

plaire [plɛʀ] *vi (44) (à)* **1** appeal (to); **le film a plu (au public)** the film was a success (with the public) **2** please; **s'il**

vous plaît ! please! *si ça me plaît, quand ça me plaira !* if I feel like it, when it suits me! *le ski me plaît* I enjoy skiing ‖ **se plaire** *vpr* **1** ~ *en rouge* like oneself in red **2** ~ *à faire qch* enjoy doing sth **3** thrive ; *la plante se plaît ici* the plant is doing well here ‖ **plaisamment** *adv* **1** pleasantly **2** amusingly ‖ **plaisance** *nf bateau de* ~ pleasure boat ; *navigation de* ~ boating ; yachting ‖ **plaisancier** *nm* yachtsman, yachtswoman ‖ **plaisant** *adj* pleasant ; amusing.

plaisanter [plezɑ̃te] *vi* (1) *(sur)* joke (about) ; *tu plaisantes !* you can't be serious! *pour* ~ for fun ◆ *vt* ~ *qn* tease sb ; *make fun of sb ‖ **plaisanterie** *nf* joke ; *mauvaise* ~ bad joke ; nasty trick ; *trêve de* ~ joking apart ‖ **plaisantin** *nm* practical joker.

plaisir [pleziʀ] *nm* **1** pleasure ; *j'ai le* ~ *de vous informer, annoncer...* I am pleased to inform you, I have pleasure in announcing... ; *cela m'a fait* ~ I was delighted ; *se faire un* ~ *d'aider qn* *be only too pleased to help sb ; *elle l'a fait pour lui faire* ~ she did it to please him **2** fun ; amusement ; *prendre* ~ *à faire qch* enjoy doing sth.

plan [plɑ̃] *adj* flat ; level ; *(Math)* plane ◆ *nm* **1** *(Math Phys)* plane **2** surface ; ~ *d'eau* stretch of water ; ~ *incliné* slope ; ~ *de travail* work-top **3** *(Art)* drawing ; plan ; *(carte)* map ; *à l'arrière* ~, *au premier* ~ in the background, foreground ; *(fig) mettre qch au premier* ~ *give priority to sth ; (fig) sur le* ~ *politique* politically ; *as far as politics is/are concerned **4** *(Ciné Photo)* shot ; *gros* ~ close-up **5** plan ; scheme ; ~ *directeur* master project ; ~ *de travail* work schedule ; ~ *d'urbanisation* town planning ; *(fam) laisser qn en* ~ *leave sb in the lurch ; *laisser un travail en* ~ *leave a job unfinished.

planche [plɑ̃ʃ] *nf* **1** board ; *(métal)* plate ; ~ *de bois* plank ; ~ *à repasser* ironing board ; ~ *à roulettes* skateboard ; ~ *à surf* surfboard ; ~ *à voile* windsurfer ; *(natation) faire la* ~ float on one's back **2** *(Th) les* ~s the stage **3** *(Hort)* bed ‖ **plancher** *nm* **1** floor ; *(fam fig) débarrasser le* ~ clear out **2** *(fig)* lowest, bottom limit ; *prix* ~ minimum price.

planer [plane] *vi* (1) **1** *(Av)* glide ; *(fumée)* float **2** *(fam fig)* *have one's head in the clouds **3** *(fig)* ~ *sur* hover over ; *hang over.

planétaire [planetɛʀ] *adj* planetary ; *action* ~ worldwide action ‖ **planète** *nf* planet.

planeur [planœʀ] *nm* glider.

planification [planifikɑsjɔ̃] *nf* planning ‖ **planifier** *vt (1h)* plan ‖ **planning** *nm* pro-

gramme ; schedule ; ~ *familial* family planning.

planque [plɑ̃k] *nf (fam) (cachette)* hideout ; *(travail)* cushy job ‖ **planquer** *vt (1)* *hide ; stash away.

plant [plɑ̃] *nm* plant ; *(jeune)* seedling ; ~ *de persil* patch of parsley ‖ **plantation** *nf* **1** plantation ; *(action)* planting **2** ~s crops ‖ **plante** *nf* **1** plant ; ~ *d'appartement* pot plant **2** *(pied)* sole ‖ **planté** *adj (personne) bien* ~ sturdy ‖ **planter** *vt (1)* **1** plant ; *(pieu)* *drive in **2** *(dresser)* *set up ; *(tente)* pitch **3** *(fam) (abandonner)* dump ; ditch ‖ **se planter** *vpr* **1** ~ *une écharde dans le pied* *get a splinter stuck in one's foot* ; ~ *devant qn* plant oneself in front of sb ; *(Aut) (fam)* ~ *dans un arbre* crash into a tree **2** *(fam) (se tromper)* *get sth wrong ‖ **planteur** *nm* planter.

plaquage [plakaʒ] *nm* **1** facing ; *(métal)* plating ; *(bois)* veneer **2** *(Sp)* tackle ‖ **plaque** *nf* **1** plate ; plaque ; *(chocolat)* bar ; *(verglas)* patch ; *(identité)* disc ; ~ *chauffante* hotplate ; ~ *de cuisson* hob ; ~ *dentaire* plaque ; ~ *tournante* turntable, *(fig)* centre, hub ‖ **plaqué** *adj* ~ *or* gold-plated ‖ **plaquer** *vt (1)* **1** plate ; *(bois)* veneer **2** ~ *contre* pin against ; *stick down against **3** *(Sp)* tackle **4** *(fam)* ditch ‖ **plaquette** *nf* **1** *(livre)* booklet ; brochure **2** *(Méd)* platelet **3** *(beurre)* pack ; packet **4** *(Aut)* ~ *de frein* brake block.

plastic [plastik] *nm* plastic explosive ‖ **plasticage** *nm* bomb attack, bombing ‖ **plastifier** *vt (1h)* plasticize ‖ **plastique** *adj nm* plastic.

plastron [plastʀɔ̃] *nm* shirt front ; plastron ‖ **plastronner** *vi (1)* swagger.

plat [pla] *adj* **1** flat ; level ; *pneu à* ~ flat tyre ; *à* ~ *ventre* flat on one's face ; *(fig) être à* ~ *ventre devant qn* grovel to sb **2** *(fade)* dull ; insipid **3** *(fam) (malade) à* ~ washed out ◆ *nm* **1** flat ; *(Sp) faire un* ~ *do a belly flop **2** dish ; ~ *du jour* today's special ; ~ *de résistance* main course ; *(fam) faire tout un* ~ *de qch* *make a fuss about sth.

platane [platan] *nm* plane tree.

plateau [plato] *nm (pl* -**x**) **1** tray ; *(balance)* pan ; *(électrophone)* turntable ; *(table)* top ; ~ *de fromages* cheeseboard **2** *(Géog)* plateau **3** *(Ciné)* set ‖ **plate-bande** *nf* flower bed ‖ **plate-forme** *nf, (gaz pétrole)* rig.

platine [platin] *nf* turntable ; ~ *à cassettes* cassette deck ; ~ *laser* compact disc player ◆ *nm* platinum ‖ **platiné** *adj (Aut) vis* ~es points.

platitude [platityd] *nf* cliché ; platitude.

platonique [platɔnik] *adj* platonic.

plâtras [platʀɑ] *nm (pl inv)* rubble ‖ **plâtre** *nm* plaster ; *(Méd)* plaster cast ; *les* ~s plasterwork ; *carreau de* ~ plasterboard ‖

plâtrer vt (1) plaster; (Méd) *set in a plaster cast ‖ **plâtreux** adj (f **-euse**) (fig) chalky ‖ **plâtrier** nm plasterer.
plausible [plozibl] adj plausible.
plébiscite [plebisit] nm plebiscite; (fig) popular acclaim ‖ **plébisciter** vt (1) elect with an overwhelming majority; (fig) *meet with massive approval.
plein [plɛ̃] adj **1** (de) full (of); ~ à craquer chock-a-block **2** (Zool) big, pregnant **3** complete; whole; en ~ air in the open air; de ~ droit rightful; de ~ fouet head-on; de mon ~ gré of my own free will; en ~ jour in broad daylight; en ~e lune full moon; en ~e mer on the open sea; en ~ dans le milieu dead in the middle; ~ nord due north; un ~ panier a basketful; à ~ temps full-time; en ~ travail hard at work **4** solid; (ligne) unbroken **5** prendre à ~es mains grasp firmly **6** (fam) drunk ◆ nm (fête) battre son ~ *be in full swing; (Aut) faire le ~ fill up ◆ prép avoir de l'argent ~ les poches *be rolling in money; j'ai de la peinture ~ les mains I've got paint all over my hands; (fam fig) en avoir ~ le dos *be fed up ◆ adv vilain tout ~ awfully ugly ‖ **plein de** loc prép (fam) lots of ‖ **pleinement** adv fully; to the full ‖ **plein-emploi** nm full employment ‖ **plé-nière** adj plenary.
plénipotentiaire [plenipɔtɑ̃sjɛr] adj nm plenipotentiary.
plénitude [plenityd] nf plenitude, fullness.
pléthore [pletɔr] nf plethora.
pleur [plœr] nm tear ‖ **pleurer** vi (1) (pour) *weep (for), cry (for); ~ (sur) cry (over); il pleure à chaudes larmes he's crying his heart out; (fig) complain ◆ vt lament; (personne) mourn ‖ **pleurnicher** vi (1) (fam) snivel, whimper.
pleuvoir [pløvwar] v impers (18) rain; ~ à verse pour with rain, (amér) pour rain; il pleuvait des coups blows fell thick ◆ vi pour in.
plexiglas® [plɛksiglas] nm perspex, (amér) lucite; plexiglas(s)®.
pli [pli] nm pleat, (pantalon) crease; jupe à ~s pleated skirt; (faux) ~ wrinkle, crease; (cheveux) mise en ~s set **2** (Géol) undulation **3** (Com) sous ce ~ herewith **4** habit; prendre le ~ de *get into the habit of **5** (cartes) trick ‖ **pliable** adj flexible, pliable ‖ **pliant** adj folding, collapsible ‖ **plier** vt (1h) **1** fold; ~ bagages pack one's bags, (fig) pack up **2** (genou) *bend; (personne) double up ◆ vi *bend (over); (fig) yield, submit ◆ **se plier** vpr fold (up); (fig) yield, submit.
plie [pli] nf (Zool) plaice.
plinthe [plɛ̃t] nf skirting board, (amér) baseboard.
plisser [plise] vti (1) **1** pleat (up)

2 crease; wrinkle; (lèvres) pucker; (yeux) screw up ◆ **se plisser** vpr crease ‖ **pliure** nf (action) folding; (pli) fold; (genou) bend.
plomb [plɔ̃] nm **1** (métal) lead; ciel de ~ leaden sky; sommeil de ~ heavy sleep; il n'a pas de ~ dans la tête he's a scatterbrain **2** (El) fuse; (pêche) sinker; (chasse) ~s shot; fil à ~ plumb line ‖ **plombage** nm (dent) filling ‖ **plomber** vt (1) (dent) fill; (sceller) seal ‖ **plomberie** nf plumbing ‖ **plombier** nm inv plumber.
plonge [plɔ̃ʒ] nf (fam) dishwashing ‖ **plongée** nf **1** (Naut) dive; en ~ submerged; (Sp) diving; ~ sous-marine (en apnée) skin diving, (avec bouteilles) scuba diving **2** (Ciné) high-angle shot ‖ **plon-geoir** nm diving board ‖ **plongeon** nm dive; faire un ~ *dive; (fig) plunge ◆ vt plunge; dip; son regard (dans) gaze down (into); plongé dans ses pensées deep in thoughts ◆ **se plonger** vpr immerse/bury oneself; ‖ **plongeur** nm (f **-euse**) **1** diver **2** (fam) dishwasher ‖ **ployer** vi (1f) sag, *bend.
pluie [plɥi] nf rain; sous la ~ in the rain; ~ torrentielle pouring/pelting rain; ~ d'orage (brit) thundery shower, (amér) thunder shower; le temps est à la ~ it looks like rain; saison des ~s rainy season; (fig) shower; (injures) stream (of abuse).
plumage [plymaʒ] nm plumage, feathers ‖ **plume** nf **1** feather; poids ~ featherweight **2** (pour écrire) pen; (stylo) nib ‖ **plumer** vt (1) pluck; (fam personne) fleece ‖ **plumier** nm pencil box.
plupart [plypar] nf la ~ des gens most people, the majority of people; la ~ d'entre nous most of us; la ~ du temps most of the time; pour la ~ for the most part, mostly.
pluralisme [plyralism] nm pluralism; (Pol) multi-party system.
pluridisciplinaire [plyridisiplinɛr] adj multidisciplinary.
pluriel [plyrjɛl] nm plural; au ~ in the plural.
plus [ply] adv **1** (comparatif) ~ intéressant more interesting; ~ longer; ~ tard later; je voyage ~ (que lui) I travel more (than he does); dix fois ~ haut (que) ten times as high (as); aimer ~ prefer; d'autant ~ (que) all the more (as); deux heures au ~ no more than two hours; de ~ en ~ more and more, de ~ en ~ grand bigger and bigger; ~ il mange, ~ il grossit the more he eats, the more weight he puts on; comme un chat, en ~ gros like a cat, only bigger; c'est mangeable, sans ~ it's just about/only just edible **2** les enfants de six ans et ~ children six years

old and over; *la boisson est en* ~ drinks are extra; *en* ~ *de* in addition to, beside **3** *le (la, les)* ~ *(superlatif)*; *le* ~ *confortable* the most comfortable; *le* ~ *beau* the finest; *la* ~ *grande partie de la journée* most of the day; *le* ~ *possible* as much/many as possible; *(tout) au* ~ at the most ◆ *conj deux* ~ *deux font quatre* two and two are/make four ◆ *adv de négation en...plus* **1** no more, no longer; *il n'y a* ~ *personne, de pain* there's nobody left, there's no bread left; *elle ne fume* ~ she has stopped smoking; *je ne le ferai* ~ I won't do it again; *jamais* ~ never more, never again; ~ *un mouvement!* not another move! **2** *ne...plus...que; je n'ai* ~ *qu'une lettre à écrire* I only have one more letter to write; ~ *que cinq minutes* only five minutes left **3** ~ *que...(ne); il est* ~ *tard que vous (ne) le pensez* it's later than you think **4** *tu ne l'aimes pas, moi non* ~ you don't like it, I don't either/neither do I, *(fam)* me neither ◆ *nm (Math) (signe)* ~ plus sign; *(fam) c'est un* ~ *pour sa carrière* it's a boost to his career ‖ **plus-que-parfait** *nm* pluperfect; past perfect ‖ **plus-value** *nf* increase in value; *(Fin)* capital gain(s).

plusieurs [plyzjœʀ] *adj pr quant* several; ~ *personnes* a number of people.

plutôt [plyto] *adj* **1** rather; sooner **2** *(fam)* fairly; *c'est* ~ *drôle* it's quite funny.

pluvieux [plyvjø] *adj (f* **-euse**) rainy, wet ‖ **pluviner** *v impers (1)* drizzle.

pneumatique [pnømatik] *adj* pneumatic; *marteau* ~ pneumatic drill; *canot* ~ inflatable raft; *matelas* ~ *(brit)* Lilo®, *(amér)* air mattress ‖ **pneu(matique)** *nm* tyre.

pneumonie [pnømɔni] *nf (Méd)* pneumonia.

pochard [pɔʃaʀ] *nm (fam)* boozer.

poche [pɔʃ] *nf* **1** pocket; ~ *revolver* hip pocket; *livre de* ~ paperback; *je l'ai payé de ma* ~ I paid for it out of my own money; *je le connais comme ma* ~ I know him/it like the back of my hand **2** bag; *pantalon qui fait des* ~s baggy trousers **3** *(Bio Méd)* pouch, sac ‖ **poché** *adj (Cuis)* poached; *(œil)* black ‖ **pocher** *vt (1) (Cuis)* poach ‖ **pochette** *nf* pocket handkerchief; *(sac)* bag; *(allumettes)* book; *(disque)* sleeve ‖ **pochoir** *nm* stencil (plate).

podium [pɔdjɔm] *nm* podium; *(Sp)* rostrum.

podologue [pɔdɔlɔg] *nmf (Méd)* chiropodist, *(amér)* podiatrist.

poêle, **poële** [pwal] *nm* stove.

poêle [pwal] *nf* frying pan, *(amér)* skillet ‖ **poêlon** *nm* casserole (dish).

poème [pɔɛm] *nm* poem ‖ **poésie** *nf* poetry; poem ‖ **poète** *nm* poet ◆ *adj* poetic ‖ **poétique** *adj* poetic.

pognon [pɔɲɔ̃] *nm (argot)* dough.

poids [pwa] *nm* **1** weight; *vendu au* ~ sold by weight; ~ *utile* live weight; ~ *lourd (Aut)* truck, *(brit)* lorry, *(boxe)* heavyweight **2** *(Sp) lancer le* ~ *put the shot; ~ et haltères* weight lifting **3** *(lourdeur)* heaviness; *(fig)* importance; *donner du* ~ *(à)* *give weight (to); (fig) faire le* ~ measure up **4** load; burden.

poignard [pwaɲaʀ] *nm* dagger; *coup de* ~ stab ‖ **poignarder** *vt (1)* stab ‖ **poigne** *nf* grip ‖ **poignée** *nf* **1** handful **2** *(porte)* (door) handle/knob; ~ *de main* handshake; *donner une* ~ *de main (à)* *shake hands (with)* ‖ **poignet** *nm* **1** *(Anat)* wrist; *(fig) à la force du* ~ by sheer strength, *(fig)* by sheer hard work **2** *(chemise)* cuff.

poil [pwal] *nm* **1** hair; *(pelage)* fur, coat **2** *(fam) avoir un* ~ *dans la main* *be bone-lazy; à* ~ stark naked; *il est de mauvais* ~ he's in a bad mood; *(fig) de tout* ~ of all kinds; *(fam) à un* ~ *près* as near as makes no difference; *(fam) c'est au* ~ *!* it's super! ‖ **poilu** *adj* hairy ◆ *nm (fam) (guerre de 1914-18)* French soldier.

poinçon [pwɛ̃sɔ̃] *nm* **1** *(outil)* awl **2** hallmark, stamped mark ‖ **poinçonner** *vt (1)* **1** stamp, hallmark **2** *(ticket)* punch.

poindre [pwɛ̃dʀ] *vi (35) (soleil)* dawn; *(plante)* sprout.

poing [pwɛ̃] *nm (Anat)* fist; *coup de* ~ punch; *revolver au* ~ revolver in hand; *montrer le* ~ *(à)* *shake one's fist (at).

point [pwɛ̃] *nm* **1** point; ~ *de départ* starting point/place; ~ *de vue* viewpoint, *(fig)* point of view, standpoint; ~ *chaud* hot spot; *au* ~ *mort (Aut)* in neutral (gear), *(fig)* at a standstill; *faire le* ~ *(Naut)* *take bearings, (fig)* *take stock, sum up; mettre au* ~ *(moteur)* tune, *(Phot)* focus, *(fig)* finalize, settle, adjust **2** question, point; ~ *litigieux* problem, moot point **3** *(ponctuation)* full stop, *(amér)* period; *deux* ~s colon; ~ *-virgule* semi-colon; ~ *d'interrogation* question mark; ~ *d'exclamation* exclamation mark/*(amér)* point; *mettre les* ~s *sur les i* dot one's i's, *(fig)* *make perfectly clear **4** *(couture, tricot, Méd)* stitch **5** speck, dot; *un* ~ *de rouille* a spot of rust; *(peau)* ~ *noir* blackhead **6** *(Sp)* point; *(Ens)* mark **7** *(état)* point, stage, situation; *il est mal en* ~ he's in a bad way **8** *(Cuis) (cuit) à* ~ well done, *(bifteck)* medium; *juste à* ~ at the right moment, in the nick of time; *à* ~ *nommé* just at the right time; *au dernier* ~ to the last degree; *jusqu'à un certain* ~ up to a point, to a certain extent; *au plus haut* ~ extremely; *sur le* ~ *de* at/on the point of, verge of, about to; *ce n'est pas mauvais* *à ce ~* it's not as bad as that; *à tel ~ que* so much so that, to such an extent that; *au ~ où en sont les choses* as matters stand.

pointage [pwɛtaʒ] *nm* check, cross-check.
pointe [pwɛt] *nf* **1** point; tip; *sur la ~ des pieds* on tiptoe; *(danse) faire des ~s* dance on point(s); *(fig) être à la ~ du progrès* *be in the forefront of progress; *(industrie) de ~* state-of-the-art; *technologie de ~* leading-edge technology **2** *(clou)* nail, tack; *(Sp)* spike **3** peak; *heure de ~* rush hour; *période de ~* peak period **4** touch, tinge; *une ~ d'accent* a hint of an accent **5** *(moquerie)* quip **6** *(Géog) ~ de terre* headland ‖ **pointer** *vt (1)* **1** *(vers)* point (at), direct (towards); *(arme)* aim (at) **2** check, tick off **3** *(Mus)* dot ◆ *vi* **1** *(employé)* clock (in, out) **2** appear ‖ **se pointer** *vpr (fam)* turn up ‖ **pointillé** *adj (trait)* dotted; *(Art)* stippled ‖ **pointilleux** *adj (f -euse)* fastidious, finicky ‖ **pointu** *adj* pointed; sharp; *(voix)* shrill; *(enquête)* in-depth.
pointure [pwɛtyʀ] *nf* size; *quelle ~ chaussez-vous?* what size (shoes) do you take?
poire [pwaʀ] *nf* **1** pear; *(fig) couper la ~ en deux (argent)* *split the difference, *(compromis)* *meet sb halfway **2** *(fam) (tête)* mug **3** *(fam)* sucker.
poireau [pwaʀo] *nm (pl -x) (Bot)* leek ‖ **poireauter** *vi (1) (fam)* kick/(amér) cool one's heels.
poirier [pwaʀje] *nm* pear tree; *(Sp) faire le ~* *do a headstand.
pois [pwa] *nm* **1** *(Bot)* pea; *petits-~* (garden) peas; *~ chiche* chick pea; *~ de senteur* sweet pea; *(Cuis) ~ cassés* split peas **2** spot, dot; *robe à ~* polka dot dress.
poison [pwazɔ̃] *nm* poison ◆ *nf (fam) quelle ~!* what a pest!
poisse [pwas] *nf (fam)* bad luck ‖ **poisser** *vti (1)* *make sticky ◆ *vt (fam)* nab ‖ **poisseux** *adj (f -euse)* sticky, gooey.
poisson [pwasɔ̃] *nm* **1** fish; *~ rouge* goldfish; *~ d'avril!* April fool! **2** *(Astr) les P~s* Pisces ‖ **poissonnerie** *nf* fish shop ‖ **poissonnier** *nm (f -ière)* fishmonger.
poitrail [pwatʀaj] *nm* breast ‖ **poitrine** *nf (Anat)* chest; *(femme)* bosom, bust.
poivre [pwavʀ] *nm* pepper; *(grain)* peppercorn ‖ **poivré** *adj* peppery; *(odeur)* pungent ‖ **poivrer** *vt (1)* pepper ‖ **poivrier** *nm (Bot)* pepper plant; *(récipient)* pepper pot ‖ **poivron** *nm* pepper, capsicum.
poivrot [pwavʀo] *nm (fam)* drunkard.
poker [pɔkɛʀ] *nm* poker; *(fig) coup de ~* gamble.
polaire [pɔlɛʀ] *adj* polar.
polar [pɔlaʀ] *nm (fam)* thriller, whodunnit.
polariser [pɔlaʀize] *vt (1)* polarize; *(fig)*

attract; *(attention)* focus; *ce problème polarise nos efforts* we're concentrating all our energy on this issue ‖ **pôle** *nm* pole.
polémique [pɔlemik] *nf* controversy; polemic ◆ *adj* polemic(al) ‖ **polémiquer** *vt (1)* engage in polemic.
poli[1] [pɔli] *adj (avec)* polite (to); *(réponse)* civil.
poli[2] [pɔli] *nm* polish, gloss ◆ *adj* polished.
police[1] [pɔlis] *nf (assurances)* policy; *(imprimerie Inf)* font.
police[2] [pɔlis] *nf* the police force; *appeler la ~* call the police; *faire la ~* maintain law and order; *agent de ~* police officer; *~ secours* emergency services ‖ **policier** *adj (f -ière)* police; *roman ~* detective novel ◆ *nm* **1** *(fam)* detective novel **2** *(f -ière)* policeman/woman.
polichinelle [pɔliʃinɛl] *nm* Punch; *théâtre de ~* Punch and Judy show, puppet show; *secret de ~* open secret.
polir [pɔliʀ] *vt (2)* polish (up); *(métal)* burnish ‖ **polissage** *nm* burnishing, buffing.
polisson [pɔlisɔ̃] *adj (f -onne)* **1** naughty, mischievous **2** smutty; *regard ~* leer.
politesse [pɔlites] *nf* **1** politeness, courteous manners **2** polite remark.
politicien [pɔlitisjɛ̃] *nm (f -ienne)* politician ◆ *adj (péj)* politicking ‖ **politique** *adj* political ◆ *nf* **1** policy; *~ extérieure* foreign policy **2** politics; *se lancer dans la ~* *go into politics ◆ *nm* politician, statesman ‖ **politiser** *vt (1)* politicize.
pollen [pɔlɛn] *nm* pollen ‖ **pollinisation** *nf* pollination.
polluant [pɔlɥɑ̃] *adj* polluting ◆ *nm* pollutant ‖ **polluer** *vt (1)* pollute ‖ **pollution** *nf* pollution.
polo [pɔlo] *nm (Sp)* polo; *(vêtement)* polo shirt.
polochon [pɔlɔʃɔ̃] *nm (fam)* bolster.
poltron [pɔltʀɔ̃] *adj (f -onne)* cowardly ◆ *nm* coward.
polyclinique [pɔliklinik] *nf (private)* hospital, clinic.
polycopier [pɔlikɔpje] *vt (1h)* duplicate, stencil.
polygame [pɔligam] *adj* polygamous.
polyglotte [pɔliglɔt] *adj nmf* polyglot.
polysyllabe [pɔlisilab] *adj* polysyllabic ◆ *nm* polysyllable.
polyvalent [pɔlivalɑ̃] *adj (Ch)* polyvalent; *(local)* multi-purpose; general purpose.
pommade [pɔmad] *nf* ointment.
pomme [pɔm] *nf* **1** apple; *~ de terre* potato; *~s frites (brit)* chips, *(amér)* French fries; *~ de pin* fir/pine cone; *sa ~ d'Adam* his Adam's apple; *(fam) tomber dans les ~s* faint; *(fig) ~ de discorde*

bone of contention **2** *(fam) pauvre* ~ *!* silly fool! *les factures, c'est toujours pour ma* ~ bills are always for yours truly **3** *(arrosoir)* rose ; *(douche)* head ; *(chou, salade)* heart ‖ **pommeau** *nm (pl -x)* pommel ; *(canne)* knob ‖ **pommelé** *adj* dappled ‖ **pommette** *nf (Anat)* cheekbone ‖ **pommier** *nm* apple tree.

pompage [pɔ̃paʒ] *nm* pumping.

pompe[1] [pɔ̃p] *nf* pomp, ceremony ; *entrepreneur de* ~*s funèbres* undertaker, *(amér)* mortician.

pompe[2] [pɔ̃p] *nf* **1** pump ; ~ *à incendie* fire engine, *(amér)* fire truck **2** *(fam) à toute* ~ flat out ; *avoir un coup de* ~ *be exhausted, (brit) *be fagged out, (amér) *be beat **3** *(Sp)* push-up **4** *(argot)* shoe ‖ **pomper** *vti (1)* pump ; *(Ens fam) (sur)* copy (from) ‖ **pompeux** *adj (f -euse)* pompous ‖ **pompier** *nm inv* fireman ; *les* ~*s* the fire brigade ◆ *adj (f -ière) (style)* hackneyed ‖ **pompiste** *nmf (brit)* petrol, *(amér)* gas pump attendant.

pompon [pɔ̃pɔ̃] *nm* pompon ; *(fam) c'est le* ~ *!* that's the limit! ‖ **se pomponner** *vpr (1)* doll oneself up.

ponçage [pɔ̃saʒ] *nm* pumicing ; sandpapering ‖ **ponce** *nf pierre* ~ pumice stone ‖ **poncer** *vt (1h)* sand/sandpaper (down).

poncif [pɔ̃sif] *nm* commonplace.

ponction [pɔ̃ksjɔ̃] *nf (Méd)* puncture ; *(argent)* withdrawal.

ponctualité [pɔ̃ktyalite] *nf* punctuality ‖ **ponctuel** *adj (f -elle)* punctual.

ponctuation [pɔ̃ktɥasjɔ̃] *nf* punctuation ‖ **ponctuer** *vt (1) (de)* punctuate (with).

pondération [pɔ̃derasjɔ̃] *nf* level-headedness, moderation ; *(Fin)* weighting, balance ‖ **pondéré** *adj (personne)* level-headed ; *moyenne* ~*e* weighted average ‖ **pondérer** *vt (1c)* balance ; weight.

pondre [pɔ̃dr] *vti (46)* *lay (eggs).

poney [pɔnɛ] *nm* pony.

pont [pɔ̃] *nm* **1** bridge ; ~ *aérien* airlift ; *(fig) faire le* ~ *make a long week-end (of it)* **2** *(Naut)* deck ; ~ *d'envol* flight deck **3** *(Tech) (garage)* ramp ; *(Aut)* axle ‖ **pontage** *nm (Méd)* bypass operation.

ponte[1] [pɔ̃t] *nf* egg-laying.

ponte[2] [pɔ̃t] *nm (fam)* big shot ‖ **pontife** *nm* pontiff ; *(fam)* top brass.

ponton [pɔ̃tɔ̃] *nm* pontoon ; *(Naut)* ~ *de débarquement* landing stage.

popeline [pɔplin] *nf* poplin.

popote [pɔpɔt] *nf (fam)* cooking ◆ *adj inv (fam)* stay-at-home.

popotin [pɔpɔtɛ̃] *nm (argot)* bum, *(amér)* ass ; *se manier le* ~ *get a move on.

populace [pɔpylas] *nf (péj)* riff-raff, rabble ‖ **populaire** *adj* popular ; *république* ~ people's republic ; *quartier* ~

working-class district ; *(langage) expression* ~ colloquialism ; *(roman)* ~ low-brow novel ‖ **populariser** *vt (1)* popularize ‖ **popularité** *nf* popularity ‖ **population** *nf* population ‖ **populeux** *adj (f -euse)* densely populated, populous.

porc [pɔr] *nm* pig ; hog ; *(viande)* pork ; *(personne)* pig, swine.

porcelaine [pɔrsəlɛn] *nf* porcelain, china.

porc-épic [pɔrkepik] *nm (Zool)* porcupine.

porcelet [pɔrsəlɛ] *nm* piglet.

porche [pɔrʃ] *nm* porch.

porcherie [pɔrʃəri] *nf* pigsty, *(amér)* pigpen.

pore [pɔr] *nf* pore ‖ **poreux** *adj (f -euse)* porous.

porno [pɔrnɔ] *adj inv nm (fam)* porn ‖ **pornographie** *nf* pornography.

port[1] [pɔr] *nm* port, harbour ; *arriver à bon* ~ *(fig)* arrive safely.

port[2] [pɔr] *nm* **1** carriage ; postage ; *franco de* ~ carriage/post paid ; ~ *dû* postage due **2** carrying ; *permis de* ~ *d'armes* gun license **3** *(vêtement)* wearing ; *(allure)* bearing ‖ **portable** *adj* **1** portable **2** wearable ◆ *nm (fam Inf)* laptop (computer).

portail [pɔrtaj] *nm (Arch)* portal ; *(jardin, château)* gate ; *(garage)* door.

portant [pɔrtɑ̃] *adj* bearing ; *à bout* ~ point blank ; *être bien* ~ *be in good health* ◆ *nm* stay ; *(pour vêtements)* rack ‖ **portatif** *adj (f -ive)* portable.

porte[1] [pɔrt] *nf* door ; ~*-fenêtre* French window ; ~ *de secours* emergency exit ; ~ *de sortie* way out ; *à ma* ~ on my doorstep ; *(Aut)* door ; *(jardin, ski)* gate ; ~ *cochère* carriage entrance, gateway ; ~ *d'embarquement* departure gate ; *(fig) entrer par la petite* ~ *get in by the back door* ; *mettre à la* ~ *throw out, (travail)* sack ‖ **en porte à faux** *loc adv* overhanging ; *(fig)* in an uncertain position ‖ **porte à porte** *nm (pl inv) (vente)* ~ door to door sales.

porte-[2] [pɔrt] *préf* carrier ‖ **porte-avions** *nm (pl inv)* aircraft carrier ‖ **porte-bagages** *nm (pl inv)* luggage rack/carrier ; *(Aut)* roof rack ‖ **porte-bonheur** *nm (pl inv)* lucky charm ‖ **porte-cigarettes** *nm (pl inv)* cigarette case ‖ **porte-clés** *nm (pl inv)* key ring ‖ **porte-documents** *nm (pl inv)* briefcase ‖ **portefeuille** *nm* wallet ; *(Fin, Adm)* portfolio ; *lit en* ~ apple-pie bed ‖ **porte-manteau** *nm (pl -x)* coat rack, hallstand ‖ **porte-monnaie** *nm (pl inv)* purse ‖ **porte-parapluies** *nm (pl inv)* umbrella stand ‖ **porte-parole** *nm (pl inv)* spokesperson ; mouthpiece.

porté [pɔrte] *adj* **1** *(sur)* partial (to) ; *il est* ~ *sur la boisson* he's a heavy drinker ; *(à)* inclined (to) 2 ~ *disparu* reported missing.

portée¹ [pɔʀte] *nf* 1 reach; *à ~ de main, voix* within reach, earshot; *longue ~* long-range; *hors de ~* out of range, beyond reach; *se mettre à la ~ de qn* *come down to sb's level; *à la ~ de toutes les bourses* within everybody's means, to suit every budget 2 *(Tech)* bearing.

portée² [pɔʀte] *nf (Mus)* stave.

portée³ [pɔʀte] *nf (Zool)* litter, brood.

porter [pɔʀte] *vt (1)* 1 carry; *(apporter)* *bring; *~ qn au pouvoir* *bring sb to power; *allez les porter chez le teinturier* take them to the cleaners 2 *have; *(vêtement)* *wear; *(barbe)* *have, *wear 3 produce; *(fruit, petit)* *bear 4 *show; indicate; *(inscription)* *bear; *~ témoignage* *bear witness, testify 5 mark down; *~ au crédit* credit with; *se faire ~ malade* report sick 6 induce; incline; *tout me porte à croire (que)...* everything leads me to think (that)... 7 aim; *~ un coup* *strike a blow ◆ *vi* 1 *(voix)* carry; *(coup, remarque)* *hit home 2 *~ sur* rest, *stand; *(accent)* *fall on; *(discussion)* turn to/round; *(fam)* *il me porte sur les nerfs* he gets on my nerves ◆ **se porter** *vpr* 1 *comment vous portez-vous?* how are you? *il se porte bien* he's in good health 2 *go, *(regard)* turn 3 *be worn ‖ **porteur** *nm (f* **-euse)** 1 porter; messenger boy; *(Méd)* carrier; *(Av) gros ~* jumbo jet 2 *(Fin) (actions)* shareholder/owner, *(obligations)* bondholder; *petits ~s* small investors; *actions au ~* bearer shares ◆ *adj* carrying; *~ d'avenir* promising; *mère porteuse* surrogate mother; *mur ~* supporting/structural wall; *(Eco) secteur ~* growth sector ‖ **portier** *nm (f* **-ière)** (hall) porter; janitor ‖ **portière** *nf* door curtain; *(Aut)* door ‖ **portillon** *nm* gate.

portion [pɔʀsjɔ̃] *nf* portion, share; *(nourriture)* helping.

portique [pɔʀtik] *nm (Arch)* porch; portico; *(Sp)* crossbar.

portrait [pɔʀtʀɛ] *nm* portrait; *(Phot)* photograph; *~-robot* identikit® (picture).

portuaire [pɔʀtɥɛʀ] *adj* port.

pose [poz] *nf* 1 installation; *(rideau)* hanging; *(moquette)* laying 2 *(Phot)* exposure 3 *(attitude)* pose ‖ **posé** *adj* sedate; *(voix)* calm, steady ‖ **poser** *vt (1)* 1 *put (down), *lay (down); place, *set 2 *(installer)* install 3 *(fig)* establish; *(candidature)* *stand 4 *(question)* ask; *(problème)* *set 5 *(fig)* establish; *(principe)* *lay down; *(voix)* pitch ◆ *vi* 1 rest, *lie; *(artiste)* *sit 2 *show off; pose ◆ **se poser** *vpr* 1 *(Av)* land; *(oiseau)* alight 2 *(fig)* *come up; *(problème)* crop up 3 *(comme)* pretend to be.

positif [pozitif] *adj (f* **-ive)** positive; matter-of-fact; *esprit ~* practical mind.

position [pozisjɔ̃] *nf* 1 position; *(Aut) feux de ~* sidelights, *(amér)* parking lights; *rester sur ses ~s* refuse to give in 2 *(fig)* attitude 3 condition; *~ sociale* social status.

posologie [pozɔlɔʒi] *nf (Méd)* dosage.

possédant [pɔsedɑ̃] *adj nm les ~s* the wealthy, the propertied/moneyed classes ‖ **possédé** *adj (de)* possessed (by) ‖ **posséder** *vt (1c)* *have, own; *(fam) ~ qn* fool sb 2 possess ◆ **se posséder** *vpr* control one's temper ‖ **possesseur** *nm inv* owner, possessor ‖ **possessif** *adj (f* **-ive)** possessive ‖ **possession** *nf* possession; ownership.

possibilité [pɔsibilite] *nf* 1 possibility; chance; *si j'en ai la ~* if I can manage (it) 2 *~s* capabilities ‖ **possible** *adj* 1 possible; *cela ne m'est pas ~* I can't do it 2 *le plus ~* as much/many as possible; *le moins ~* as little/few as possible; *le plus souvent ~* as often as possible 3 *il est ~ qu'il soit mort* he may be dead; *c'est bien ~* it's quite likely ‖ *~ nm* possibility; *faire tout son ~ (pour)* *do one's utmost (to); *dans (toute) la mesure du ~* as far as possible ◆ *adv le moins d'erreurs ~* as few mistakes as possible; *(loc adv) c'est amusant au ~* it couldn't be more fun.

postal [pɔstal] *adj (mpl* **-aux)** postal; *carte ~e* postcard; *boîte ~e* post office box; *code ~ (brit)* postcode, *(amér)* zip code

poste¹ [pɔst] *nf* 1 *(lieu)* post office 2 postal/mail service; *~ aérienne* airmail ‖ **poster** *vt (1)* post.

poste² [pɔst] *nm* 1 post; *(Mil police)* station; *~ de contrôle* checkpoint; *~ d'essence (brit)* petrol station, *(amér)* gas station 2 job, appointment; *~ vacant* (job) vacancy; *~-clé* key position 3 *~ de nuit* night shift 4 *(Rad TV)* set; *(Téléph)* extension, line 5 *(comptabilité)* entry ‖ **posté** *adj travail ~* shift work ‖ **poster** *vt (1)* post; position; station.

poster [pɔstɛʀ] *nm (anglicisme)* poster.

postérieur [pɔsteʀjœʀ] *adj (espace)* back; *(temps)* later; *~ à* after ◆ *nm (fam)* bottom, backside ‖ **postérieurement** *adv* later ‖ **postérité** *nf* descendants; *(fig)* legacy.

posthume [pɔstym] *adj* posthumous.

postiche [pɔstiʃ] *adj* false ◆ *nm (cheveux)* hairpiece.

postillon [pɔstijɔ̃] *nm (salive)* spit.

post-scriptum [pɔstskʀiptɔm] *nm (pl inv)* postscript.

postulant [pɔstylɑ̃] *nm* candidate ‖ **postuler** *vt (1)* apply for; *(Phil)* postulate.

posture [pɔstyʀ] *nf* 1 attitude, posture

2 position; *en mauvaise ~* in a bad position.

pot [po] *nm* **1** pot; *(eau)* jug, *(amér)* pitcher; *~ à confiture* jam jar; *~ de chambre* chamber pot, *(bébé)* potty; *(fam)* *payer les ~s cassés* carry the can; *(fam)* *prendre un ~* *have a drink **2** *(argot)* (cooking) pot; *(fam) manger à la fortune du ~* *take pot luck; *(fig) tourner autour du ~* *beat about the bush **3** *(Tech) ~ d'échappement* exhaust (pipe); *~ catalytique* catalytic converter **4** *(fam)* luck; *coup de ~* stroke of luck ‖ **pot-au-feu** *nm inv (Cuis)* boiled beef ◆ *adj* stay-at-home ‖ **pot-de-vin** *nm (pl pots-de-vin)* bribe, sweetener, backhander ‖ **pot-pourri** *nm* medley.

potable [pɔtabl] *adj* drinkable; *eau ~* drinking water; *(fam)* fairly good.

potache [pɔtaʃ] *nm (fam Ens)* schoolboy.

potage [pɔtaʒ] *nm* soup ‖ **potager** *adj (f -ère)* vegetable ◆ *nm* kitchen garden.

potasser [pɔtase] *vt (1) (fam)* study, review; *(brit)* swot (up).

pote [pɔt] *nm (argot)* pal, *(amér)* buddy.

poteau [pɔto] *nm (pl -x)* **1** post; *~ indicateur* signpost; *~ d'arrivée* winning post **2** pole; *~ télégraphique* telegraph pole.

potelé [pɔtle] *adj* chubby.

potence [pɔtɑ̃s] *nf* **1** *(supplice)* gallows **2** *(Tech)* support, crossbar.

potentialité [pɔtɑ̃sjalite] *nf* potentiality, potential ‖ **potentiel** *adj (f -elle)* potential ◆ *nm* potential; potentialities.

poterie [pɔtri] *nf (Art)* pottery; *(objet)* piece of pottery.

potiche [pɔtiʃ] *nf* (large) vase; *(fam fig) (personne)* figurehead.

potin [pɔtɛ̃] *nm (fam)* **1** din **2** *~s* gossip.

potion [pɔsjɔ̃] *nf (Méd)* potion.

potiron [pɔtirɔ̃] *nm (Bot)* pumpkin.

pou [pu] *nm (pl -x)* louse *(pl lice)*.

poubelle [pubɛl] *nf* dustbin, *(amér)* garbage/trash can.

pouce [pus] *nm* **1** *(Anat) (main)* thumb, *(pied)* big toe; *manger sur le ~* *have a quick snack; *(jeu) ~! pax!* **2** *(mesure)* inch ‖ *(le petit)* **Poucet** *nm* Tom Thumb.

poudre [pudʀ] *nf* **1** powder; *lait en ~* powdered/dried milk; *sucre en ~ (brit)* caster sugar **2** *~ à canon* gunpowder; *(fig) mettre le feu aux ~s* spark off a crisis ‖ **poudrer** *vt (1)* powder ‖ **poudreux** *adj (f -euse)* dusty; *neige poudreuse* powder snow ‖ **poudrier** *nm* (powder) compact ‖ **poudrière** *nf* powder magazine; *(fig)* powder keg.

pouf [puf] *nm* pouf(fe) ‖ **pouffer** *vi (1) (de rire)* guffaw.

pouilleux [pujø] *adj (f -euse)* louse-ridden; *(fig)* sordid.

poulailler [pulaje] *nm* henhouse, henroost; *(fam) (Th)* the gods.

poulain [pulɛ̃] *nm* foal, colt; *(fig)* protégé.

poule [pul] *nf* **1** hen; *(Cuis) fowl; ~ d'eau* moorhen; *(fig péj) ~ mouillée* wimp **2** *(argot)* tart, *(amér)* broad **3** *(Sp)* tournament, *(rugby)* group ‖ **poulet** *nm* **1** chicken; *~ fermier* free-range chicken; *(fam) mon ~* my pet **2** *(argot)* cop.

pouliche [puliʃ] *nf* filly.

poulie [puli] *nf* pulley; *~ fixe* standing block.

poulpe [pulp] *nm (Zool)* octopus.

pouls [pu] *nm (pl inv)* pulse.

poumon [pumɔ̃] *nm (Anat)* lung.

poupe [pup] *nf* stern, poop.

poupée [pupe] *nf* doll ‖ **poupon** *nm* infant ‖ **pouponnière** *nf* nursery, crèche.

pour [puʀ] *prép* **1** *(destination)* for; *l'avion ~ Boston* the Boston plane; *un film ~ enfants* a children's film; *(fig) c'est bon ~ les rhumes* it's good for colds **2** *(but)* (in order) to; *voyager ~ affaires* travel on business; *~ quoi faire?* what for? **3** in favour of; *je suis ~* I'm all for it **4** *(durée)* for; *elle (n')en a (que) ~ une minute* she'll (only) be a minute; *~ toujours* forever **5** *(équivalence)* instead of; *il m'a prise ~ ma sœur* he mistook me for my sister; *parler ~ qn* *speak on behalf of sb; in exchange for; *je l'ai vendu ~ 10F, pour une bouchée de pain* I sold it for 10 francs/for a song; *j'en veux ~ mon argent* I want my money's worth; *~ ainsi dire* so to speak; *en tout et ~ tout* in total, all included; **5** *~ cent* 5 per cent; *dans un an, jour ~ jour* in a year to the very day; *mourir ~ mourir...* if we must die... **6** *(comme)* as, for; *passer ~ un idiot* *be considered (as) a fool; *~ une gaffe, c'est une gaffe* that's a blunder and no mistake **7** *(conséquence) il est assez grand ~ comprendre* he is old enough to understand; *trop beau ~ être vrai* too good to be true **8** *(cause) ~ cause de* on account of; *fermé ~ cause de grève* closed through strike action; *punir qn ~ avoir menti* punish sb for lying **9** concerning, for; *~ moi, je pense...* as for me/for my part, I think... **10** *pour que* so (that); *ouvre la porte ~ qu'il sorte* open the door so he can go out; *il est trop tard ~ qu'il écrive* it's too late for him to write **11** *pour peu que* if ever, if only ◆ *nm* *peser le ~ et le contre* weigh the pros and cons/the advantages and the drawbacks.

pourboire [puʀbwaʀ] *nm* tip; *donner un ~ à qn* tip sb.

pourcentage [puʀsɑ̃taʒ] *nm* percentage.

pourchasser [puʀʃase] *vt (1)* pursue; hound, hunt down.

pourparlers [puʀpaʀle] *nmpl* talks, negociations.

pourpre [puRpR] *nf* purple; *(fig)* royal dignity ◆ *adj nm* crimson.

pourquoi [puRkwa] *adv conj* why; ~ *pas?* why not? ◆ *nm* why; (the) reason (why).

pourri [puRi] *adj* rotten, decayed; *(odeur)* putrid; *(fam fig)* corrupt ◆ *nm (personne)* swine; *(brit)* sod ‖ **pourrir** *vi (2)* rot, decay; *go bad; (fig)* deteriorate ◆ *vt (fig)* *spoil ‖ **pourriture** *nf* rot, decay; *(fig)* corruption.

poursuite [puRsɥit] *nf* 1 pursuit; *à la* ~ *de* in pursuit of 2 continuation 3 *(Jur)* ~s action, prosecution; *intenter des* ~*s (contre)* *take legal action (against) ‖ **poursuivant** *nm* pursuer ‖ **poursuivre** *vti (48)* 1 pursue; *go after; (animal, criminel)* hound; *(rêve)* haunt 2 *(en justice)* sue; *(criminel)* prosecute 3 attack; *(lit)* assail 4 continue, *go on with, proceed with; (Ens)* ~ *ses études* carry on (with) one's studies; ~ *un avantage* press an advantage ◆ *vi* continue, *go on.

pourtant [puRtɑ̃] *adv* yet, nevertheless; *c'est* ~ *facile!* it's easy (enough), though!

pourtour [puRtuR] *nm* edge, periphery.

pourvoi [puRvwa] *nm (Jur)* appeal ‖ **pourvoir** *vti (24)* 1 *(qn de qch)* provide sb with st 2 *(à)* provide for, cater for, attend to; ~ *à un emploi* fill a vacancy, a post/job ‖ **pourvoyeur** *nm* supplier.

pourvu que [puRvyka] *loc conj (+ subj)* 1 provided (that), so long as 2 *(souhait)* ~ *qu'il ne pleuve pas!* let's hope it doesn't rain.

pousse [pus] *nf* growth; *(Bot)* shoot ‖ **poussé** *adj (recherche)* exhaustive, extensive; *(études)* advanced ‖ **poussée** *nf* 1 pressure; *(Tech)* thrust; *(Phys)* (up)thrust; *(fig)* impulse, upsurge; *(Com)* rise; ~ *inflationniste* upsurge in inflation 2 shove; *ouvrir une porte d'une* ~ push a door open 3 *(Méd)* attack, outbreak ‖ **pousse-pousse** *nm (pl inv)* rickshaw.

pousser [puse] *vt (1)* 1 push; *(avec force)* shove; ~ *du coude* nudge (with one's elbow); *poussez la porte* push the door (open, shut); *(bousculer)* jostle; *(fam) (travail fait) à la va comme je te pousse* botched up (work); 2 *drive, urge; (personne)* egg on; ~ *qn à bout* exasperate sb; ~ *un moteur* *drive hard 3 pursue, continue 4 *(cri)* shout; *(soupir)* *heave (a sigh) ◆ *vi* 1 push, push on, push forward; *(fam) faut pas* ~ *!* don't push your luck! 2 *grow; faire* ~ *grow 3 (fig)* incite, encourage; ~ *au changement* press for change ◆ **se pousser** *vpr* shift; *poussetoi!* move over! ‖ **poussette** *nf (brit)* push chair, *(amér)* stroller ‖ **pousseur** *nm (Astr)* booster rocket.

poussière [pusjɛR] *nf* dust; *tomber en* ~ crumble to dust; *une* ~ a speck of dust; ~*s radioactives* radioactive dust; *(fam) 10F et des* ~*s* just over 10 francs ‖ **poussiéreux** *adj (f -euse)* dusty.

poussif [pusif] *adj (f -ive)* wheezy; *(personne)* short-winded.

poussin [pusɛ̃] *nm* chick.

poussoir [puswaR] *nm* push button.

poutre [putR] *nf (bois)* beam; *(métal)* girder; ~ *apparente* exposed beam ‖ **poutrelle** *nf* girder.

pouvoir [puvwaR] *v aux (19)* 1 *(capacité)* can *(prét, cond* could*); pouvons-nous vous aider?* can we help you? *il ne pourrait pas vivre seul* he couldn't be able to live alone, he wouldn't be able to live alone; *il pourra bientôt marcher* he will soon be able to walk; *c'est on ne peut plus confortable* it couldn't be more comfortable 2 *(permission)* can *(prét, cond* could*); (lit)* may *(prét, cond* might*); puis-je fumer ici?* can I smoke here? am I allowed to smoke here? *si je puis dire* if I may say so; *il pourra parler à la radio* he'll be allowed to speak on the radio 3 *(éventualité) il pourrait (peut-être) te prêter de l'argent* he might lend you some money 4 *(souhait) puisses-tu dire vrai!* would that it be so!/if only it were so! ◆ *vt* 1 *je fais ce que je peux* I do what I can; *qu'y puis-je?* what can I do about it? *je n'y peux rien* I can't help it; *si tu le peux* if you can 2 *je n'en peux plus* I can't bear/stand (it) anymore ◆ *v imper il peut y avoir du retard* there can/may be some delay; *il se peut* that may be; *(fam) ça se peut (bien)* maybe; *autant que faire se peut* as far as possible; *il se peut qu'elle soit partie* she may be gone; *il se pourrait qu'il refuse* he might refuse ◆ *nm* 1 power, ability, capacity; ~ *calorifique* calorific value; *(Eco)* ~ *d'achat* purchasing power, real disposable income 2 authority, power; *le parti au* ~ the party in office/power; *les* ~*s publics* the authorities 3 *(Jur)* power of attorney; proxy.

pragmatisme [pRagmatism] *nm* pragmatism.

prairie [pReRi] *nf* meadow; grassland, *(amér)* prairie.

praticable [pRatikabl] *adj (projet)* practicable, feasible; *(route)* passable ◆ *nm (Th)* practicable; *(Ciné)* movable platform.

praticien [pRatisjɛ̃] *nm (f -ienne)* practitioner ‖ **pratiquant** *nm (regular)* churchgoer.

pratique [pRatik] *adj* practical; *(chose)* useful, convenient; *(outil)* handy; *sens* ~ practical common sense; *travaux* ~*s* field work; practical exercises; hands-on practice ◆ *nf* 1 practice; custom; *dans la/en* ~ in practice; *mettre en* ~ *put into practice, apply 2 experience; ~*s religieuses* religions practices ◆ **pratiquement** *adv* 1 in practice 2 nearly, practically ◆

pratiquer *vt (1)* **1** practise ; *(Méd)* ~ *une opération* carry out an operation ; *(Sp)* play, *go in for **2** *make ; ~ *une ouverture* *make a hole ◆ *vi (religion, métier)* practise.

pré[1] [pre] *nm* meadow.

pré[2]- [pre] *préf* pre- ; **pré-emballé** prepacked, pre-packaged ; **pré-encollé** prepasted ; *(papier peint)* ready-to-hang.

préalable [prealabl] *adj* preliminary ; ~ *à* prior to ◆ *nm* prerequisite ; *sans* ~ without conditions ; *au* ~ beforehand.

préambule [preãbyl] *nm* preamble ; *(fig)* *(à)* prelude (to) ; *sans* ~ straight to the point.

préau [preo] *nm (pl -x)* *(école)* covered playground ; *(prison)* inner courtyard.

préavis [preavi] *nm* advance notice/warning ; *sans* ~ without notice/warning.

précaire [preker] *adj* precarious ; *(santé)* delicate ‖ **précarité** *nf* precariousness.

précaution [prekosjɔ̃] *nf* **1** precaution ; *mesures de* ~ precautionary measures ; *par* ~ as a precaution, to be on the safe side **2** caution ; *avec* ~ cautiously ‖ **précautionneux** *adj (f -euse)* cautious, wary ; careful.

précédemment [presedamã] *adv* previously, before ‖ **précédent** *adj* previous, former ; *le jour* ~ the day before ◆ *nm* precedent ; *sans* ~ unprecedented ‖ **précéder** *vti(1c)* precede, *come before, *go before ; *be ahead of.

précepte [presept] *nm* precept ‖ **précepteur** *nm (f -trice)* private tutor.

prêche [prɛʃ] *nm* sermon ‖ **prêcher** *vti (1)* *(Rel)* preach ; *(fig)* lecture, preach at ; *(péj)* sermonize ‖ **prêcheur** *nm* preacher ; *(fig péj)* sermonizer ‖ **prêchi-prêcha** *(pl inv)* *(péj)* preachifying, sermonizing.

précieux [presjø] *adj (f -euse)* **1** precious **2** valuable **3** *(Lit)* affected.

précipice [presipis] *nm* chasm, abyss.

précipitamment [presipitamã] *adv* hurriedly, hastily ‖ **précipitation** *nf* **1** haste, hurry **2** *(météo)* ~s rain(fall), snow(fall) ‖ **précipité** *adj* hasty, hurried ‖ **précipiter** *vt (1)* **1** hasten, hurry, rush **2** *throw down, hurl down ; *(fig)* *la nation fut précipitée dans l'anarchie* the country was plunged into anarchy ◆ **se précipiter** *vpr* rush, hurry ; *les choses se précipitent* things are speeding up.

précis [presi] *adj* **1** precise, accurate ; *à 6 heures* ~es at 6 o'clock sharp/on the dot ; *(geste)* precise, *(travail)* meticulous **2** definite ; *s'exprimer en termes* ~ *speak clearly ◆ *nm* précis, summary ; *(livre)* handbook ‖ **précisément** *adv* precisely, accurately **2** exactly ; *c'est* ~ *ce que j'ai dit* that's just what I said ‖ **préciser** *vt (1)* **1** clarify ; *je veux* ~ *que...* I wish to make it clear that... **2** specify, detail ◆ *vi* *be

explicit, *be precise ◆ **se préciser** *vpr* *become clear(er) ; *(projet)* *take shape ‖

précision *nf* **1** accuracy ; precision ; *avec* ~ accurately **2** ~s details, particulars ; *demander des* ~s ask for further information.

précoce [prekɔs] *adj (enfant)* precocious ; *(fruit)* early ; *le printemps est* ~ spring is early ‖ **précocité** *nf* precociousness ; earliness.

préconçu [prekɔ̃sy] *adj* preconceived.

préconiser [prekɔnize] *vt (1)* recommend ; advocate.

précurseur [prekyrsœr] *nm* precursor, forerunner ◆ *adj* precursory.

prédateur [predatœr] *nm (f -trice)* *(Orn)* bird of prey ; *(aussi fig)* predator ◆ *adj* predatory.

prédécesseur [predesesœr] *nm* predecessor.

prédestiner [predestine] *vt (1)* *(à)* predestine (to).

prédicat [predika] *nm (Gr)* predicate.

prédicateur [predikatœr] *nm* preacher ‖ **prédiction** *nf* **1** predicting **2** prediction, forecast.

prédilection [predilɛksjɔ̃] *nf* predilection ; *mon sport de* ~ my favourite sport.

prédire [predir] *vt (38)* predict, *foretell.

prédisposer [predispoze] *vt (1)* predispose ‖ **prédisposé** *adj (à)* susceptible (to) ; prone (to) ‖ **prédisposition** *nf (à)* predisposition (to) ; *(à)* propensity (for/to)

prédominance [predominãs] *nf* predominance, prevalence ‖ **prédominant** *adj* predominant, prevalent ; prevailing ‖ **prédominer** *vt (1)* predominate ; prevail

préfabriqué [prefabrike] *adj* prefabricated ◆ *nm (fam)* prefab.

préface [prefas] *nf* preface, foreword.

préfecture [prefektyr] *nf (Adm)* prefecture, departmental administration ; *P~ de Police* police headquarters (in Paris).

préférable [preferabl] *adj* preferable ‖ **préféré** *adj* favourite ‖ **préférence** *nf (sur)* preference (over) ; *de* ~ preferably *de* ~ *à* in preference to, rather than ‖ **préférentiel** *adj (f -elle)* preferential ‖ **préférer** *vt (6) (à)* prefer (to) ; *je préfère partir* I'd rather leave.

préfet [prefɛ] *nm* prefect.

préfigurer [prefigyre] *vt (1)* foreshadow

préfixe [prefiks] *nm* prefix.

préjudice [preʒydis] *nm* harm ; *porter* ~ inflict injury ; *au* ~ *de* to the prejudice detriment of ‖ **préjudiciable** *adj* prejudicial, detrimental.

préjugé [preʒyʒe] *nm* prejudice ; *sans* ~ unprejudiced, unbiased ‖ **préjuger** *vi (1*(de)* prejudge.

prélasser [prelase] **se** ~ *vpr (1)* lounge

prélat [prela] *nm* prelate.

prélèvement [pʀelɛvmɑ̃] *nm* **1** deduction, charge, levy; *(fisc)* ~ *à la source* withdrawal at source; *(système)* (brit) pay as your earn, *(amér)* pay as you go; ~*s obligatoires* compulsory/mandatory levies; *par* ~ *automatique* by standing order **2** *(échantillon)* sample ‖ **prélever** *vt (1c)* deduct, levy; *(échantillon)* *take a sample.

préliminaire [pʀeliminɛʀ] *adj* preliminary ◆ *nm* ~*s* preliminaries.

prélude [pʀelyd] *nm (à)* prelude (to).

prématuré [pʀematyʀe] *adj* premature; *(fig)* untimely ◆ *nm* premature baby.

préméditation [pʀemeditasjɔ̃] *nf* premeditation; *avec* ~ deliberately, *(Jur)* with premeditation ‖ **préméditer** *vt (1)* premeditate.

prémices [pʀemis] *nfpl (lit)* early beginning.

premier [pʀəmje] *adj (f* **-ière)** **1** first; ~ *étage (brit)* first floor, *(amér)* second floor; *(journal)* **première page** front page; *au/du* ~ *coup* at the first try, at/on the first go; *à première vue/au* ~ *abord* at first sight; *au* ~ *plan* in the forefront, *(Art Phot)* in the foreground; *(marche) (du bas)* bottom, *(du haut)* top; *(fam)* **première nouvelle!** that's news! **2** leading, head; *P*~ *Ministre* Prime Minister; ~ *choix* best/top quality; *de première importance* of prime importance; *(Th Ciné)* ~ *rôle* lead, leading part **3** basic; *objets de première nécessité* basic necessities, basics, essentials **4** *(après le nom)* primary, original; *vérités premières* basic truths; *matières premières* raw materials; *nombre* ~ prime number **5** *en* ~ *(lieu) loc adv* first ◆ *nm (f* **-ière)** first one/person; *le 1ᵉʳ de l'an* New Year's Day; *c'est le* ~ *de sa classe* he's top of his class; *ce n'est pas le* ~ *venu* he's not just anybody; *le jeune* ~ the romantic lead/hero ‖ **première** *nf (Th)* first night; *(Ciné)* première; *(alpinisme)* first ascent; *(Ens approx) (brit)* lower sixth, *(amér)* junior year, 11th grade ‖ **premièrement** *adv* first(ly), in the first place.

prémonition [pʀemɔnisjɔ̃] *nf* premonition ‖ **prémonitoire** *adj* premonitory.

prémunir [pʀemyniʀ] **se** ~ *vpr (2) (contre)* protect oneself (from), guard oneself (against).

prenant [pʀənɑ̃] *adj* absorbing, engrossing; *(roman, film)* fascinating; *(Jur) partie* ~*e* contracting party.

prénatal [pʀenatal] *adj (mpl* **-aux)** antenatal, prenatal.

prendre [pʀɑ̃dʀ] *vt (45)* **1** *take; ~ avec soi* *take along; *(brusquement)* snatch (up); ~ *par le bras* seize by the arm; ~ *qch à qn* *take sth away from sb; ~ *dans* *take out of; *il a pris 100F dans mon sac* he stole 100 francs from my bag; *c'est à* ~ *ou à laisser* take it or leave it; *combien*

prenez-vous? how much do you charge? **2** *have; ~ *un bain, un verre* *have a bath, a drink; *prenez-vous du sucre?* do you take sugar? **3** *catch; ~ *froid, feu* catch cold, fire; *se faire* ~ *get caught; *(fam) qu'est-ce qu'on va* ~ *!* we're in for it! **4** collect; *il viendra me* ~ *à la gare* he'll pick me up at the station; ~ *des notes* *take (down) notes; *(Naut)* ~ *l'eau* leak **5** consider, treat; *(problème)* tackle; *(personne)* handle; *à tout* ~ all things considered; ~ *qn de haut* look down on sb; *si vous le prenez comme ça* if that's how you feel about it; *comment dois-je le* ~ *?* how am I to take that? ~ *en amitié* form a friendship with; ~ *en considération* *take into consideration; ~ *en grippe* *take a loathing to **6** accept; *(embaucher)* *take on, engage; ~ *comme/pour associé* *take on/in as a partner **7** use; ~ *l'avion* *go by plane, *fly; ~ *la porte* walk out; ~ *un siège* *take a seat; ~ *du temps* *take time **8** assume, acquire; ~ *de l'âge* *grow old; *(fig)* ~ *l'habitude* *get into the habit; ~ *du poids* *put on weight; ~ *le pouvoir* seize power **9** seize; *(fam) qu'est-ce qui te prend?* what's come over/got into you? **10** reserve; ~ *deux places pour demain* book two seats for tomorrow; ~ *(un) rendez-vous* *make an appointment ◆ *vi* **1** *(feu)* *take, *catch; *(plante)* *take root; *(eau)* *freeze; *(vaccin)* *take effect; *(mode)* *catch on; *(fam) ça ne prend pas (avec moi)!* it won't wash with me! **2** *(aller)* *go; *prenez à droite* turn right, *bear (to the) right ◆ *v imper* **il me prend l'envie de...** I feel like... ◆ **se prendre** *vpr* **1** *be taken, *be caught **2** consider oneself; ~ *au sérieux* *take oneself seriously; *il se prend pour un génie* he thinks he's a genius **3** ~ *de* develop; ~ *d'amitié pour* form a friendship with **4** *s'en* ~ *à qn* *lay the blame on sb; attack sb **5** *s'y* ~ *à deux fois* *make two attempts, *have two goes; *il faut s'y* ~ *à l'avance* you/they have to go/set about it early.

prénom [pʀenɔ̃] *nm* first name, *(amér)* given name; *(vx)* Christian name ‖ **se prénommer** *vpr (1)* *be called/named.

préoccupant [pʀeɔkypɑ̃] *adj* worrying ‖ **préoccupation** *nf* **1** preoccupation; concern **2** worry ‖ **préoccupé** *adj (de)* preoccupied (with), worried (about) ‖ **préoccuper** *vt (1)* preoccupy; worry; *qch la préoccupe* she's got sth on her mind ‖ **se préoccuper** *vpr (de)* attend (to); care (about).

préparatifs [pʀepaʀatif] *nmpl (de)* préparations (for) ‖ **préparation** *nf* preparation; *(à)* getting ready (for) ‖ **préparatoire** *adj* preparatory ‖ **préparer** *vt (1)* **1** prepare, organize; *(repas)* *get ready, (amér) fix ; *(Cuis) plat préparé* heat-and-serve dish **2** *(Sp)* train, coach ‖ **se préparer** *vpr* **1** *(orage, crise)* brew, *be in the air ; *une crise économique se prépare* the economy is heading for a crisis **2** *(à)* prepare (for), *get ready (for) ◆ *v imper il se prépare qch de grave* there sth serious afoot.

prépondérance [prepɔ̃derɑ̃s] *nf (sur)* preponderance (over), supremacy (over) ‖ **prépondérant** *adj* preponderant ; *vote ~* casting vote.

préposé [prepoze] *nm (Adm)* employee ; *(vestiaire)* attendant ; *(Poste)* postman/woman, *(amér)* mailman/woman.

préposition [prepozisjɔ̃] *nf* preposition.

préretraite [preretrɛt] *nf* early retirement.

prérogative [prerɔgativ] *nf* prerogative.

près [prɛ] *adv* **1** near, close ; *il habite tout ~* he lives nearby ; *examiner de ~* examine closely **2** *mesurer au centimètre ~* measure to the nearest centimetre ; *un kilo à un gramme ~* one kilo within a gramme ; *je n'en suis pas à 10F ~* 10 francs either way is/makes no difference to me **3** *à peu ~* almost, nearly ; *il est à peu ~ 10 heures* it's about 10 o'clock ; *à peu de choses ~* approximately ; *à cela ~ (que)* except for the point/fact (that) ‖ **près de** *loc prép* near, close to ; *~ là* nearby ; *il est ~ 10 heures* it's almost/nearly 10 o'clock ; *il est ~ de céder* he is on the point of giving in, about to give in ; *(fam) il est ~ ses sous* he's tight-fisted.

présage [prezaʒ] *nm* sign ; *(malheur)* foreboding ; *mauvais ~* ill omen.

presbyte [prɛsbit] *adj* long-sighted ‖ **presbytère** *nm (anglican)* vicarage ; *(catholique)* presbytery ; *(méthodiste etc)* manse.

prescription [prɛskripsjɔ̃] *nf* **1** direction, instruction ; *(Méd)* prescription **2** *(Jur)* prescription ; *après dix ans, il y a ~* after ten years it is covered by the statute of limitations ‖ **prescrire** *vt (39)* stipulate, fix ; *(Jur Méd)* prescribe.

préséance [preseɑ̃s] *nf (sur)* precedence (over).

présélectionner [preselɛksjɔne] *vt (1) (Tech)* preset ; *(candidat)* short-list.

présence [prezɑ̃s] *nf* **1** presence ; attendance ; *faire acte de ~* *put in an appearance ; *les ennemis sont en ~* the enemies are face to face **2** existence, *(aussi fig)* presence ‖ **présent** *adj* present ; *(Ens) ~ !* here! present! ◆ *nm* **1** person present ; *il y a 50 ~s* there are 50 people present **2** *(Gr)* present (tense) ; *à ~* present, now **3** *(lit)* present, gift ‖ **présente** *nf (Com)* *par la ~* hereby.

présentable [prezɑ̃tablə] *adj* presentable ‖ **présentateur** *nm (f* **-trice***)* master of ceremony ; announcer ; *(journal TV)* news-reader, news presenter ; *(amér)* anchor(man/woman) ‖ **présentation** *nf* **1** presentation ; *~ de mode* fashion show, parade **2** introduction ‖ **présenter** *vt (1)* **1** *(montrer)* *show, produce ; *~ un spectacle* *put on a show **2** offer ; *~ qch à qn* present sb with sth/sth to sb ; *(argument, candidat)* *put forward **3** introduce ; *je voudrais vous ~ ma sœur* I'd like you to meet my sister ◆ **se présenter** *vpr* present oneself ; appear ; *~ à une élection* *stand as a candidate ; *si le cas se présente* if the case arises ; *cela se présente bien* it looks promising ‖ **présentoir** *nm (Com)* display unit.

préservateur [prezervatœr] *nm* preservative ‖ **préservatif** *nm* condom ‖ **préservation** *nf* preservation, protection ‖ **préserver** *vt (1)* preserve, protect.

présidence [prezidɑ̃s] *nf* presidency ; chairmanship ‖ **président** *nm* president ; chairperson/man/woman ; *~-directeur général (P.-D.G.)* chairman and chief executive officer ; *(Jur)* (jury) foreman ‖ **présidentiel** *adj (f* **-elle***)* presidential ; *régime ~* presidency ‖ **présider** *vt (1)* *be in the chair ◆ *vi (fig) ~ aux destinés de* preside over the destinies of.

présomption [prezɔ̃psjɔ̃] *nf* presumption ; *(lit)* presumptuousness.

presque [prɛsk] *adv* **1** almost, nearly **2** *(avec négation)* hardly, scarcely ; *~ personne, rien* hardly anybody, anything ; *il n'a ~ pas de livres* he has hardly any books.

presqu'île [prɛskil] *nf* peninsula.

pressant [presɑ̃] *adj* urgent, pressing ; *(demande)* insistent ‖ **presse** *nf* **1** the press ; newspapers and magazines ; *la grande ~* national daily newspapers, dailies ; *~ d'information* quality newspapers ; *la ~ à sensations* the gutter press ; *agence de ~* wire service ; *(fig) avoir mauvaise ~* *have a bad press **2** *(Tech)* press ; *mon roman est sous ~* my novel has gone to press **3** *(lit)* crowd **4** *(Com Ind)* haste, urgency ; *moments de ~* busy periods ‖ **pressé** *adj* **1** hurried ; *il est ~ de partir* he is in a hurry to go **2** urgent, pressing **3** compressed ; packed together ◆ *nm aller au plus ~* *deal with the most urgent matter first ‖ **presse-citron** *nm (pl inv)* lemon squeezer ‖ **presse-livres** *nm (pl inv)* book-ends ‖ **presse-papiers** *nm (pl inv)* paperweight.

pressentiment [presɑ̃timɑ̃] *nm* presentiment ; *(malheur)* foreboding ‖ **pressentir** *vt (8)* sense.

presser [prese] *vt (1)* **1** squeeze ; *(raisin, disque)* press ; *~ contre soi* clasp in one's arms **2** *(bouton)* push **3** *(fig)* press ; urge ; *rien ne me presse* I'm in no hurry ; *~ de* *questions* bombard with questions **4** hasten, *speed up* ; ~ *le pas* quicken one's pace ◆ *vi* urge ; *le temps presse* time is running short ◆ **se presser** *vpr* **1** press oneself ; *l'enfant se pressa contre sa mère* the child snuggled up to/against his mother **2** *(foule)* crowd ; squash up **3** hurry up ; *sans se* ~ at leisure.

pressing [pʀesiŋ] *nm* **1** steam pressing ; dry cleaning **2** *(magasin)* (dry) cleaner's.

pression [pʀesjɔ̃] *nf* **1** *(aussi fig)* pressure ; *faire* ~ *sur qn* *bring pressure (to bear) on sb ; *groupe de* ~ pressure group, lobby ; *bière (à la)* ~ *(brit)* draught beer, *(amér)* draft beer, beer on tap **2** *(bouton)* press stud, *(amér)* snap (fastener) ‖ **pressoir** *nm* press ; *(local)* press house ‖ **pressurer** *vt* (1) press ; *(fig)* squeeze ‖ **pressuriser** *vt* (1) pressurize.

prestance [pʀestɑ̃s] *nf* imposing bearing.

prestataire [pʀestatɛʀ] *nmf* *(Adm)* **1** beneficiary **2** ~ *de services* (outside) supplier of services ‖ **prestation** *nf* **1** *(Adm)* allowance, benefit ; ~s *sociales* welfare benefits **2** ~ *de service* provision of a service ; service fee/charge **3** *(TV Th)* performance.

preste [pʀɛst] *adj* nimble, skilful ‖ **prestidigitateur** *nm* (f -**trice**) conjurer ‖ **prestidigitation** *nf* conjuring ; *(fig)* sleight of hand.

prestige [pʀestiʒ] *nm* prestige ; *politique de* ~ prestige policy ‖ **prestigieux** *adj* (f -**euse**) prestigious ; renowned.

présumer [pʀezyme] *vt* (1) presume ; assume ; *le coupable présumé* the alleged culprit ◆ *vi* ~ *de ses forces* overrate one's strength.

prêt¹ [pʀɛ] *nm* loan.

prêt² [pʀɛ] *adj* **1** *(à)* ready (to) ; ~ *à l'emploi* ready-to-use ‖ **prêt-à-porter** *nm* (pl inv) ready-made clothes.

prétendant [pʀetɑ̃dɑ̃] *nm* *(trône)* pretender ; *(à)* candidate (for) ‖ **prétendre** *vt* (46) **1** assert, claim ; *à ce qu'il prétend* according to what he says **2** expect ; *je prétends être bien soigné* I mean to be well looked after ◆ *vi* *(lit)* *(à)* *lay claim to ◆ **se prétendre** *vpr* pretend to be ; *il se prétend malade* he claims he is ill ‖ **prétendu** *adj* *(coupable)* alleged ; would-be, self-styled.

prête-nom [pʀɛtnɔ̃] *nm* figurehead.

prétentieux [pʀetɑ̃sjø] *adj* (f -**euse**) pretentious ‖ **prétention** *nf* **1** *(à)* pretention (to), claim (to) ; *je n'ai pas la* ~ *de tout savoir* I don't pretend to know everything **2** pretentiousness ; *sans* ~ unpretentious **3** ~s conditions ; *(emploi)* *indiquez vos* ~ state your expected salary.

prêter [pʀete] *vt* (1) **1** lend, *(amér)* loan **2** *give ; ~ *son concours* *give/*lend a hand ; ~ *attention* *pay attention ; ~

serment *take an oath **3** attribute ; ascribe ; *on lui prête des qualités qu'il n'a pas* he is credited with qualities he doesn't possess ◆ *vi* **1** *à* *give rise (to), *be open (to) **2** *(tissu)* stretch, *give ‖ **prêteur** *nm* (f -**euse**) lender ; ~ *sur gages* pawnbroker.

prétérit [pʀeteʀit] *nm* preterite.

prétexte [pʀetɛkst] *nm* pretext ; *sous* ~ de on/under (the) pretexte of ; *sous aucun* ~ under no circumstances, on no account ‖ **prétexter** *vt* (1) use/*give as a pretext.

prêtre [pʀɛtʀ] *nm* priest ‖ **prêtrise** *nf* priesthood.

preuve [pʀœv] *nf* **1** proof, *(Jur aussi fig)* evidence ; *jusqu'à* ~ *du contraire* until proof to the contrary ; *faire* ~ *de* *show, demonstrate ; *il doit encore faire ses* ~s he has yet to be put to the test ; *qui a fait ses* ~s *(méthode)* well-proven, *(technique)* well-tried **2** *(Jur)* evidence.

prévaloir [pʀevalwaʀ] *vi* (17) *(sur)* prevail (over), *faire* ~ *son droit* assert one's right ◆ **se prévaloir** *vpr* *(de)* *take advantage (of) ; *(droit)* exercise.

prévenance [pʀevnɑ̃s] *nf* thoughtfulness ‖ **prévenant** *adj* thoughtful.

prévenir [pʀevniʀ] *vt* (10) **1** warn ; inform **2** *(danger)* prevent, ward off **3** *(désir)* anticipate ; *(objection)* forestall **4** *(Lit)* *(contre)* bias, prejudice (against) ; *(pour)* predispose (in favour of) ‖ **préventif** *adj* (f -**ive**) preventive ; *(Jur)* *détention* ~ custody ‖ **prévention** *nf* **1** prevention ; ~ *routière* road safety **2** *(en faveur de)* predisposition (in favour of); *(contre)* bias (against) ‖ **prévenu** *adj* **1** *(Jur)* *(de)* charged (with) **2** prejudiced, biased ◆ *nm* *(Jur)* defendant, the accused.

prévisible [pʀevizibl] *adj* foreseeable ‖ **prévision** *nf* **1** anticipation, expectation ; *en* ~ *de* in anticipation of, in (the) expectation of **2** ~s *météorologiques* weather forecast ; ~s *budgétaires* budget estimates ‖ **prévisionnel** *adj* (f -**elle**) estimated ; *gestion* ~*elle* budgetary control ‖ **prévoir** *vt* (22) **1** *foresee ; *il faut* ~ *le pire* we should anticipate the worst ; *(météo)* *forecast **2** stipulate ; *prévu par la loi* provided for by law **3** *(temps, dépense)* allow ; ~ *du retard* allow for delays ; ~ *un imperméable* *bring a raincoat **4** plan, design ; *comme prévu* as planned ‖ **prévoyance** *nf* foresight, forethought ; *régime de* ~ insurance benefit scheme ‖ **prévoyant** *adj* **1** provident **2** far-sighted.

prier [pʀije] *vi* (1h) *(pour)* pray (for) ◆ *vt* **1** ~ *Dieu* pray to God **2** beg ; *il ne s'est pas fait* ~ he did it willingly ; *asseyez-vous, je vous en prie* please be seated **3** ask, request ; *je vous prie de...* would you be so kind as to... ; *(fam)* *je te prie de te taire* *be/*keep quiet, will you ‖ **prière** *nf*

1 (*Rel*) prayer **2** request ; ~ *de fermer la porte* please shut the door.

primaire [primer] *adj* (*Art, Ens, Eco*) primary ; (*fig péj*) simplistic.

primauté [primote] *nf* primacy ; (*fig*) priority.

prime¹ [prim] *nf* **1** premium **2** subsidy, bonus ; ~ *de transport* travel allowance **3** free gift.

prime² [prim] *adj* (*Math*) prime ; *de ~ abord* at first sight ‖ **primer** *vt* (*1*) award a prize to ◆ *vi* (*sur*) prevail (over) ‖ **primeur** *nf* (*lit*) *avoir la ~ d'une information* *be the first (to hear of sth) ‖ **primeurs** *nfpl* early fruit, early vegetables ; (*marchand de*) ~ greengrocer.

primevère [primver] *nf* (*Bot*) primrose.

primitif [primitif] *adj* (*f* -**ive**) **1** primitive ; (*péj*) crude **2** early, original ‖ **primitivement** *adv* originally ‖ **primo** *adv* first ‖ **primordial** *adj* primordial ; *importance ~e* utmost importance.

prince [prɛ̃s] *nm* prince ; (*fig*) *être bon ~* *be generous ‖ **princesse** *nf* princess ‖ **princier** (*f* -**ière**) princely.

principal [prɛ̃sipal] *adj* (*mpl* -**aux**) principal, main, chief ; ◆ *nm le ~* the principal/main thing ; (*Fin*) capital (sum) ; (*Ens*) headmaster/mistress ‖ **principauté** *nf* principality.

principe [prɛ̃sip] *nm* principle ; *en ~* in principle, (*d'habitude*) as a rule ; *par ~* on principle ; *sans ~* unprincipled.

printanier [prɛ̃tanje] *adj* (*f* -**ière**) spring, springlike ‖ **printemps** *nm* spring ; *au ~* in spring.

prioritaire [prijɔriter] *adj* having priority ; (*Fin*) *action ~* preference/preferred share ‖ **priorité** *nf* priority ; (*Aut*) right of way ; *avoir ~ (sur)* *take priority/precedence (over).

pris [pri] *adj* **1** taken, occupied ; *j'ai les mains ~es* my hands are full **2** engaged ; *il est très ~* he is very busy ; (*gelé*) frozen, set **3** ~ *de panique* panic-stricken ‖ **prise** *nf* **1** hold, grip ; (*alpinisme*) purchase ; *lâcher ~* *lose one's hold, *let go ; (*fig*) *donner ~ à* *give rise to ; (*fig*) *avoir ~ sur* *have a hold on ; ~ *de conscience* awareness ; ~ *de position* stand **2** capture ; (*chasse, pêche*) catch ; (*Naut*) prize **3** (*Tech*) ~ *de courant* (*mâle*) plug, (*femelle*) socket ; (*Ciné*) ~ *de vue* shot ; (*action*) shooting ; ~ *de son* sound recording.

prison [prizɔ̃] *nf* **1** prison, jail ; *gardien de ~* warden **2** imprisonment ; *10 ans de ~* 10 years' imprisonment ‖ **prisonnier** *nm* (*f* -**ière**) prisoner ; *se constituer ~* *give oneself up ◆ *adj* captive.

privatif [privatif] *adj* (*f* -**ive**) private ; (*Gr*) privative ‖ **privation** *nf* deprivation ; (*Jur*) privation ‖ ~*s* hardship, privations.

privatiser [privatize] *vt* (*1*) privatise.

privé [prive] *adj* **1** private **2** (*de*) deprived (of) ◆ *nm* private life ; (*Méd*) private sector ; *en ~* in private ; (*fam*) private detective ‖ **priver** *vt* (*1*) deprive (of) ◆ **se priver** *vpr* (*de*) *do/*go without ; *il ne se prive pas de vous critiquer* he never misses a chance to criticize you.

privilège [privileʒ] *nm* privilege ‖ **privilégié** *adj* privileged ; *créancier ~* preferential creditor ‖ **privilégier** *vt* (*1h*) privilege.

prix [pri] *nm* **1** price ; ~ *de revient* cost price ; ~ *de gros, de détail* wholesale, retail price ; ~ (*au*) *comptant* cash price ; *je vous ferai un ~ (d'ami)* I'll give you special terms ; *ce n'est pas dans mes ~* it is not (with)in my budget/price range ; *c'est hors de ~* the price is prohibitive ; *ça coûte un ~ fou* it costs the earth ; *mettre à ~* *put a price on ; (*vente aux enchères*) *mise à ~* reserve price **2** (*tarif*) charge ; (*transport*) fare **3** (*fig*) value, worth, cost ; *à tout ~* at all costs, at any price ; *à aucun ~* not at any price ; (*fig*) *attacher du ~ à qch* *put/place a premium on sth ; *au ~ de sa vie* at the cost of his/her life **4** (*Sp Aut*) prix **5** prize ; *remporter un ~* *win a prize ; (*personne*) prizewinner, (*amér*) laureate ; (*œuvre*) prize-winning work.

pro¹ [pro] *nm* (*ab fam*) professional.

pro-² [pro] *préf* pro-.

probabilité [prɔbabilite] *nf* probability ; *selon toute ~* in all likelihood ‖ **probable** *adj* probable, likely.

probant [prɔbɑ̃] *adj* convincing ; *peu ~* unconvincing.

probatoire [prɔbatwar] *adj* probationary ; *stage ~* trial period.

problématique [prɔblematik] *adj* problematic(al) ◆ *nf* problematics ‖ **problème** *nm* problem ; issue ; *ce n'est pas un ~* that's no problem ; (*discussion*) *n'éludez pas le ~* don't evade the issue.

procédé [prɔsede] *nm* **1** method, process **2** behaviour ‖ **procéder** *vi* (*1c*) **1** act ; proceed **2** (*à*) carry out ; (*Jur*) initiate (an enquiry) **3** (*de*) proceed (from, in) ‖ **procédure** *nf* **1** (*aussi Jur*) procedure ; *le président fut élu selon la ~ normale* the president was elected under the proper procedure **2** (*Jur*) (*divorce, extradition*) proceedings.

procès [prɔsɛ] *nm* **1** (*Jur*) proceedings ; ~ *civil* lawsuit ; *faire un ~ à* sue ; ~ *criminel* trial ; *gagner un ~* *win a case ; (*fig*) *faire le ~ de qn* criticize sb **2** (*Gr*) process ‖ **procès-verbal** *nm* (*pl* -**aux**) **1** record ; ~ *d'une réunion* minutes of a meeting **2** (*Jur*) report, statement ; *dresser un ~ à qn* report sb, book sb ; (*fam*)

ticket ; *j'ai eu un ~ pour excès de vitesse* I got a ticket for speeding.
processus [pʀɔsesys] nm process.
prochain [pʀɔʃɛ̃] adj **1** next ; *la semaine ~e* next week ; *un jour ~* some other day ; *(fam) à la ~e (fois)* ! see you soon ! **2** *(proche)* impending, imminent ◆ nm fellow human being ; *(Rel)* neighbour.
proche [pʀɔʃ] adj *(de)* near (to), close (to) ; *dans un avenir ~* in the near future ; *~s parents* close relatives ; *de ~ en ~* by degrees, step by step.
proclamation [pʀɔklamasjɔ̃] nf proclamation, declaration ‖ **proclamer** vt *(1)* proclaim ; announce.
procréation [pʀɔkʀeasjɔ̃] nf procreation ‖ **procréer** vt *(1)* (lit) procreate.
procuration [pʀɔkyʀasjɔ̃] nf **1** proxy ; *voter par ~* vote by proxy **2** power of attorney.
procurer [pʀɔkyʀe] vt *(1)* procure ; provide with ; *(plaisir)* *bring, *give ◆ **se procurer** vpr acquire, *get.
procureur [pʀɔkyʀœʀ] nm *(Jur approx GB)* public prosecutor, *(US)* district attorney.
prodigalité [pʀɔdigalite] nf prodigality, lavishness ; *(fig) ~s* reckless spending.
prodige [pʀɔdiʒ] nm **1** wonder, marvel ; *faire des ~s* work wonders **2** *(personne)* prodigy ◆ adj *enfant ~* child prodigy ‖ **prodigieux** adj *(f* **-euse)** prodigious, extraordinary ; *(fam)* fantastic.
prodigue [pʀɔdig] adj prodigal ; *(de)* lavish (of) ; *(péj)* wasteful ◆ nm spendthrift ‖ **prodiguer** vt *(1)* (à) lavish (on) ; *(péj)* squander, waste.
producteur [pʀɔdyktœʀ] adj *(f* **-trice)** productive ; *pays ~ de pétrole* oil-producing country ◆ nm *(f* **-trice)** producer ‖ **productif** adj *(f* **-ive)** productive ‖ **production** nf **1** production ; *~ annuelle (Ind)* annual output, *(Ag)* yield **2** *(produit)* output, yield ‖ **productivité** nf *(Eco)* productivity, *(fig)* productiveness ‖ **produire** vt *(33)* **1** produce ; *(Ag Fin)* yield ; *(Ind)* turn out **2** *(fig) (effet)* *bring about, cause ◆ vi produce ◆ **se produire** vpr **1** occur, happen, *take place **2** *(acteur)* appear ‖ **produit** nm **1** *(Fin)* product, yield, income ; *~ brut* gross income/earnings/proceeds, product ; *(Eco) ~ intérieur brut (PIB)* gross domestic product (GDP) **2** *(Ag)* produce ; *(Ind)* product ; *~s alimentaires* foodstuffs ; *~s de beauté* cosmetics ; *~s chimiques* chemicals ; *~ de consommation* consumer goods ; *~ dérivés* by-products **3** *le ~ d'une vente* the proceeds of a sale.
proéminence [pʀɔeminɑ̃s] nf protuberance ; *(aussi fig)* prominence.
prof [pʀɔf] nmf *(fam)* voir **professeur.**
profanation [pʀɔfanasjɔ̃] nf desecration ;

profanation ‖ **profane** adj profane, secular ; *(fig)* unversed, unfamiliar ‖ nmf layman ‖ **profaner** vt *(1)* desecrate ; profane.
proférer [pʀɔfeʀe] vt *(1c)* utter.
professer [pʀɔfese] vt *(1)* profess, declare ◆ vi *teach ‖ **professeur** nm teacher, *(université)* professor ‖ **profession** nf **1** occupation ; *(fam)* job ; *sans ~* unemployed ; *exercer une ~ libérale* *be an independant professional **2** *~ de foi* profession of faith ‖ **professionnel** adj *(f* **-elle)** professional ; *enseignement ~* vocational training ; *risques ~s* occupational hazards ◆ nm *(f* **-elle)** *(Sp)* professional ; *(Ind)* skilled worker ‖ **professoral** adj *(pl* **-aux)** *(aussi fig)* professorial ‖ **professorat** nm teaching profession.
profil [pʀɔfil] nm **1** *(aussi fig)* profile ; *de ~* in profile ; *vue de ~* side view **2** contour, outline ‖ **profilé** adj *(Aut Av)* streamlined ◆ **se profiler** vpr *(1)* *stand out ; *(sur)* *be silhouetted (against).
profit [pʀɔfi] nm **1** benefit ; *tirer ~ de* benefit from, *take advantage of ; *mettre qch à ~* turn sth to account ; *au ~ de* for the benefit of, in aid of **2** profit ; *compte de pertes et ~s* profit and loss *(brit)* account/*(amér)* statement ; *vendre à ~* *sell at a profit ‖ **profitable** adj beneficial ; profitable ‖ **profiter** vi *(1)* (de) benefit from ; *j'ai profité de son expérience* I profited from his experience ; *profitons de la vie* let's make the most of life ; *il a profité de mon absence pour se sauver* he took advantage of the fact I was away to run away **2** ~ *à* *be of benefit to ; *be beneficial/profitable to.
profond [pʀɔfɔ̃] adj deep ; *(fig)* profound ; intense ; *(cause)* underlying ; *(silence)* deep, heavy ; *(sommeil)* deep, sound ◆ adv deep ◆ nm *au plus ~ de mon cœur* in my heart of hearts ‖ **profondément** adv deeply ; soundly ; *il dort ~* he's fast asleep ‖ **profondeur** nf **1** depth ; *en ~* in depth ; *la rivière a 10 m de ~* the river is 10 m deep ; *(aussi fig) sans ~* shallow **2** *(fig)* depth ; *(esprit)* profoundness ; *sans ~* superficial.
profusion [pʀɔfyzjɔ̃] nf profusion ; *à ~* in profusion, in plenty.
progéniture [pʀɔʒenityʀ] nf progeny, offspring.
progiciel [pʀɔʒisjɛl] nm *(Inf)* software package.
programmateur [pʀɔgʀamatœʀ] nm *(Tech)* automatic control (device) ; time switch, timer ◆ nm *(f* **-trice)** programme planner, scheduler ‖ **programmation** nf programme planning, scheduling ; *(Inf)* programming ‖ **programme** nm **1** programme **2** *(Ens)* syllabus **3** *(Pol)* platform **4** *(Inf)* program, software ‖ **programmer** vt *(1)* plan, schedule ◆ vti *(Inf)* program

|| **programmeur** *nm (f* -**euse**) *(Inf)* programmer; *analyste-*~ systems analyst.

progrès [prɔgrɛ] *nm (pl inv)* progress; *faire des* ~ improve || **progresser** *vi (1)* progress, advance || **progressif** *adj (f* -**ive**) gradual, progressive || **progression** *nf* progress, advance; *la* ~ *de la délinquance* the spread of deliquency || **progressivité** *nf* progressiveness.

prohiber [prɔibe] *vt (1)* prohibit, *forbid || **prohibitif** *adj (f* -**ive**) *(loi)* prohibitory; *(prix)* prohibitive.

proie [prwa] *nf* prey; *(fig)* victim; *(fig) être en* ~ *à* *be prey to.

projecteur [prɔʒɛktœr] *nm* 1 projector 2 spotlight, floodlight || **projectile** *nm* projectile || **projection** *nf* 1 projection, throwing 2 *(Ciné Phot) appareil de* ~ (film, slide) projector || **projet** *nm* 1 plan, project, draft; *scheme* 2 *(loi)* bill || **projeter** *vt (1d)* 1 plan 2 project; *throw 3 *(Ciné)* *show, screen.

prolétaire [prɔleter] *adj nm* proletarian || **prolétariat** *nm* proletariat.

prolifération [prɔliferasjɔ̃] *nf* proliferation || **proliférer** *vi (1c)* proliferate || **prolifique** *adj* prolific.

prolixe [prɔliks] *adj* verbose, wordy.

prologue [prɔlɔg] *nm (de)* prologue (to).

prolongateur [prɔlɔ̃gatœr] *nm (El)* extension flex/cord || **prolongation** *nf* prolongation; *(football)* ~s extra time, *(amér)* overtime || **prolongé** *adj* prolonged; *(discussion)* protracted; *(effet)* lasting || **prolongement** *nm* 1 continuation; extension; *dans le* ~ *de* in line with, *(fig)* consistent with 2 ~s repercussions || **prolonger** *vt (1h)* extend, prolong ◆ **se prolonger** *vpr* extend; *la discussion s'est prolongée toute la nuit* the debate went on all through the night.

promenade [prɔmnad] *nf* 1 *(à pied)* walk; *(vélo, cheval)* ride; *(voiture)* drive; *(canot)* row; *(voilier)* sail; *faire une* ~ *go for a walk,drive,etc; petite* ~ stroll 2 *(avenue)* promenade || **promener** *vt (1c)* 1 *take out for a walk 2 pass; *il a promené ses doigts sur le clavier* he ran his fingers over the keyboard ◆ **se promener** *vpr* 1 walk; *go for a walk; je l'ai envoyé se* ~ I sent him out for a walk 2 *(fam fig) (sans pr réfl) je les ai envoyés promener* I sent them packing; *j'ai tout envoyé promener* I threw everything overboard || **promeneur** *nm (f* -**euse**) walker.

promesse [prɔmɛs] *nf* 1 promise; *manquer à sa* ~ *break one's word 2 *(Com)* ~ *d'achat* agreement/undertaking to purchase || **promettre** *vt (42)* 1 *(à qn)* promise sb 2 predict; *(temps)* *forecast ◆ *vi (fam hum) ça promet!* Heaven help us!

promiscuité [prɔmiskɥite] *nf* promiscuity, lack of privacy.

promontoire [prɔmɔ̃twar] *nm* headland, promontory.

promoteur [prɔmɔtœr] *nm* promoter; ~ *immobilier* property developer || **promotion** *nf* promotion; ~ *sociale* rise (in the social scale); *(Grande Ecole)* class, year; *(Com) en* ~ on special offer || **promotionnel** *adj (f* -**elle**) *(Com) vente promotionnelle* sale || **promouvoir** *vt (25)* promote.

prompt [prɔ̃] *adj* prompt, rapid; *(souhait)* ~ *rétablissement!* get well soon!

promu [prɔmy] *pp de* **promouvoir**.

promulguer [prɔmylge] *vt (1)* promulgate.

prôner [prone] *vt (1)* advocate.

pronom [prɔnɔ̃] *nm (Gr)* pronoun || **pronominal** *adj (mpl* -**aux**) pronominal; *verbe* ~ reflexive verb.

prononcé [prɔnɔ̃se] *adj* pronounced, decided || **prononcer** *vt (1h)* pronounce; ~ *un discours* deliver/*make a speech || **se prononcer** *vpr* 1 *comment se prononce ce mot?* how do you pronounce this word? 2 *se* ~ *contre/en faveur de* decide against/in favour of || **prononciation** *nf* pronunciation.

pronostic [prɔnɔstik] *nm* forecast || **pronostiquer** *vt (1)* *forecast.

propagande [prɔpagɑ̃d] *nf* propaganda || **propagation** [prɔpagasjɔ̃] *nf* propagation || **propager** *vt (1h)* **se** ~ *vpr* propagate, *spread.

propension [prɔpɑ̃sjɔ̃] *nf (à)* propensity (for).

prophète [prɔfɛt] *nm* prophet || **prophétie** *nf* prophesy || **prophétique** *adj* prophetic || **prophétiser** *vt (1)* prophecy.

propice [prɔpis] *adj* favourable.

proportion [prɔpɔrsjɔ̃] *nf* proportion *toutes* ~s *gardées* relatively speaking || **proportionné** *adj* 1 *bien/mal* ~ well badly proportioned 2 *(loc)* ~ *à* proportionate to || **proportionnel** *adj (f* -**elle** proportional; *(Pol) scrutin* ~ proportional representation || **proportionnelle** *nf (Pol) la* ~ the proportional voting system.

propos [prɔpo] *nm* 1 intention, purpose *de* ~ *délibéré* deliberately, on purpose 2 remark; *changer de* ~ change the subject; *à* ~ *de cela* in connection with that *à (ce)* ~ incidentally, by the way; *dire qch (très) à* ~ *say sth (very much) to the point 3 *(loc) à tout* ~ at every turn; *t arrives fort à* ~ you've arrived just i time.

proposer [prɔpoze] *vt (1)* propose; ~ *d faire qch* offer to do sth, propose/sugges doing sth; *il m'a proposé de l'argent h offered (to give) me money : il nous pr pose de sortir ce soir* he suggests w (might/should) go out tonight || **se pro poser** *vpr* 1 intend; *se* ~ *de faire qc*

prune

intend/propose to do sth **2** offer ; *se ~ pour faire qch* offer to do sth || **proposition** *nf* **1** *(offre)* proposal **2** *(Com Math Phil)* proposition **3** *(Gr)* clause.

propre [prɔpr] *adj* **1** clean **2** neat, tidy **3** specific ; *le mot ~* the right word **4** *(sens)* literal **5** *nom ~* proper name **6** *(intensification)* own ; *je l'ai vu de mes ~s yeux* I saw it with my own eyes ; *de son ~ chef* on his own initiative **7** *(loc)* *ça, c'est du ~ !* what a mess! *nous voilà ~s !* we're in a fine/nice mess! ◆ *nm* attribute, property ; *le rire est ·le ~ de l'homme* laughter is man's distinguishing feature ; *(Jur)* *posséder en ~* *be the sole owner ; *au ~ et au figuré* literally and figuratively ; *recopier au ~ (amér)* *do a clean copy/(brit)* *do a fair copy || **pro-pre-à-rien** *nmf inv* good-for-nothing || **proprement** *adv* **1** cleanly ; *mange ~ !* eat properly! **2** tidily **3** exactly, specifically ; *à ~ parler* properly/strictly speaking ; *la ville ~ dite* the actual town **4** *(intensification)* absolutely ; *c'est ~ honteux !* it's an utter disgrace! || **propret** *adj (f -ette)* neat and tidy, spick and span || **propreté** *nf* **1** cleanliness ; hygiene **2** neatness, tidiness.

propriétaire [prɔprijetɛʀ] *nmf* owner ; *(restaurant)* proprietor ; *(location)* landlord *(f landlady)* || **propriété** *nf* **1** property ; *~ privée* private property ; *(domaine)* estate **2** *(justesse)* appropriateness.

propulser [prɔpylse] *vt (1)* *fling, hurl ; *(véhicule)* *drive, propel || **propulsion** *nf* propulsion.

prorata [prɔrata] *nm (loc)* *au ~ de* in proportion to.

prosaïque [prɔzaik] *adj* prosaic.

proscrire [prɔskriʀ] *vt (39)* *(interdire)* ban ; banish ; *(fig)* proscribe || **proscrit** *adj* forbidden ; *(officiellement)* banned ◆ *nm* exile.

prose [prɔz] *nf* prose.

prospecter [prɔspɛkte] *vt* prospect ; *(Pol)* canvass || **prospection** *nf* prospecting ; *(Pol)* canvassing || **prospectif** *adj (f -ive)* prospective.

prospectus [prɔspɛktys] *nm* prospectus ; leaflet.

prospère [prɔspɛʀ] *adj* flourishing, prosperous, thriving || **prospérer** *vi (1c)* flourish, prosper, *thrive || **prospérité** *nf* prosperity.

prosterné [prɔstɛʀne] *adj* prostrate || **se prosterner** *vpr* prostrate oneself.

prostitué(e) [prɔstitɥe] *nm(f)* prostitute || **se prostituer** *vpr* prostitute oneself || **prostitution** *nf* prostitution.

protagoniste [prɔtagɔnist] *nm* protagonist.

protecteur [prɔtɛktœʀ] *nm (f -trice)* protector ◆ *adj* protective || **protection** *nf*

protection || **protectionnisme** *nm (Eco)* protectionism || **protectionniste** *adj* protectionist || **protéger** *vt (1h)* protect || **protégé** *nm* protégé.

protéine [prɔtein] *nf (Méd)* protein.

protestant [prɔtɛstɑ̃] *nm (Rel)* Protestant || **protestataire** *nmf* protester || **protestation** *nf* protest || **protester** *vi* protest ; *(lit)* *elle protesta de son innocence* she protested her innocence.

prothèse [prɔtɛz] *nf* artificial limb ; *~ dentaire* denture(s), false teeth.

protocole [prɔtɔkɔl] *nm* protocol ; *~ d'accord* draft agreement.

prototype [prɔtɔtip] *nm* prototype.

protubérance [prɔtybeʀɑ̃s] *nf* bulge, protuberance || **protubérant** *adj* bulging, knobbly, protuberant.

proue [pʀu] *nf (Naut)* bow, prow.

prouesse [pʀuɛs] *nf* feat, prowess.

prouver [pʀuve] *vt (1)* prove.

provenance [prɔvnɑ̃s] *nf* origin ; *en ~ de France* from France || **provenir** *vi (10) (de)* *come (from), originate (in).

proverbe [prɔvɛʀb] *nm* proverb, saying || **proverbial** *adj (mpl -iaux)* proverbial.

providence [prɔvidɑ̃s] *nf* providence || **providentiel** *adj (f -elle)* providential.

province [prɔvɛ̃s] *nf* province ; *(loc)* *en ~* in the provinces, in the country || **provincial** *adj (mpl -aux)* provincial ; *(péj)* countrified ◆ *nm* provincial.

proviseur [prɔvizœʀ] *nm (lycée)* principal, *(brit)* headmaster.

provision [prɔvizjɔ̃] *nf* **1** provision, stock, supply ; *faire des ~s* *buy in food ; *sac à ~s* shopping bag **2** *(arrhes)* deposit ; *(banque)* *chèque sans ~* rubber cheque/ *(amér)* check.

provisoire [prɔvizwaʀ] *adj* provisional, temporary || **provisoirement** *adv* temporarily, for the time being.

provocant [prɔvɔkɑ̃] *adj* provocative || **provocateur** *nm (f -trice) (Pol)* agitator ◆ *adj* provocative || **provocation** *nf* provocation || **provoquer** *vt (1)* **1** *(événement)* *bring about, cause, *give rise to ; *(révolte)* instigate **2** *(sentiments)* (a)rouse ; provoke **3** *(personne)* provoke.

proxénète [prɔksenɛt] *nm (Jur)* procurer *(f* procuress*)* ; *(fam)* pimp || **proxénétisme** *nm* procuring ; *(fam)* pimping.

proximité [prɔksimite] *nf* proximity ; *à ~* close by, nearby ; *à ~ de* close to, near.

prude [pʀyd] *adj* prudish ◆ *nf* prude.

prudemment [pʀydamɑ̃] *adv* cautiously, prudently || **prudence** *nf* caution, prudence || **prudent** *adj* cautious, prudent ; *sois ~ !* be careful! take care! watch out!

prune [pʀyn] *nf* plum ; *(fam)* *je l'ai fait pour des ~s !* I did it for love/for nothing

|| **pruneau** *nm* (*pl* **-eaux**) prune || **prunier** *nm* plum tree.

prunelle [pʀynɛl] *nf* (*Anat*) pupil; *elle tient à son fils comme à la ~ de ses yeux* her son is the apple of her eye.

psaume [psom] *nm* (*Rel*) psalm.

pseudo- [psødɔ] *préf* pseudo- || **pseudonyme** *nm* pseudonym.

psychanalyse [psikanaliz] *nf* (psycho)analysis || **psychanalyser** *vt* (1) psychoanalyse; *il se fait ~* he is in analysis || **psychanalyste** *nmf* psychoanalyst || **psychanalytique** *adj* psychoanalytic(al) || **psychiatre** *nmf* psychiatrist || **psychiatrie** *nf* psychiatry || **psychiatrique** *adj* psychiatric || **psychique** *adj* psychic || **psychisme** *nm* psyche || **psychologie** *nf* psychology || **psychologique** *adj* psychological || **psychologue** *nmf* psychologist || **psychose** *nf* psychosis.

puant [pɥɑ̃] *adj* stinking; *bombe ~e* stink bomb || **puanteur** *nf* stench, stink; (*brit fam*) pong.

pub[1] [pyb] *nf* (*fam*) (*ab de* **publicité**) ad.

pub[2] [pœb] *nm* (*bistrot*) pub.

puberté [pybɛʀte] *nf* puberty.

public [pyblik] *adj* (*f* **-ique**) public; *rendre ~* *make public ◆ nm* public; *le grand ~* the general public; (*Th*) audience || **publication** *nf* publication || **publicitaire** *adj* advertising; (*TV*) *spot ~* commercial || **publicité** *nf* (*Com*) 1 (*en général*) advertising; *faire de la ~ pour qch* advertise sth; (*aussi fig*) publicize 2 (*en particulier*) *une ~* an advertisement/(*fam*) ad || **publier** *vt* (1h) publish || **publique** *adj* voir **public** || **publiquement** *adv* publicly.

puce [pys] *nf* 1 (*insecte*) flea; *marché aux ~s* flea/junk market; *jeu de ~s* tiddlywinks; (*loc*) *cela m'a mis la ~ à l'oreille* that made me smell a rat 2 (*sens affectif*) (*fam*) *ma ~* my pet 3 (*Inf*) chip || **puceron** *nm* greenfly (*pl inv*); *il y a des ~s sur mes roses* there are greenfly on my roses.

pudeur [pydœʀ] *nf* 1 (sense of) decency, modesty 2 discretion || **pudibond** *adj* prudish || **pudibonderie** *nf* prudery || **pudique** *adj* modest; (*timide*) bashful.

puer [pɥe] *vi* (1) *stink; (*brit fam*) pong.

puériculteur [pɥeʀikyltœʀ] *nm* (*f* **-trice**) pediatric nurse || **puériculture** *nf* infant care || **puéril** *adj* childish || **puérilité** *nf* childishness.

pugilat [pyʒila] *nm* boxing; fistfight.

pugnace [pygnas] *adj* pugnacious.

puîné [pɥine] *adj nm* (*vx*) younger (brother/sister).

puis [pɥi] *adv* then; (*fam*) *et ~ après?* so what? what about it?

puiser [pɥize] *vt* (1) (*dans*) *draw (from).

puisque [pɥisk] *conj* (*valeur causale*) as, since.

puissamment [pɥisamɑ̃] *adv* powerfully; (*fig*) greatly || **puissance** *nf* power; *en ~* potentially; (*Pol*) *grandes ~s* major powers; (*Math*) *5 ~ 3* 5 to the power of 3 || **puissant** *adj* powerful.

puits [pɥi] *nm* (*pl inv*) well; *~ de pétrole* oil well; (*mine*) shaft.

pull(-over) [pyl(ɔvɛʀ)] *nm* pullover, sweater.

pulluler [pylyle] *vi* (1) proliferate; (*de*) swarm (with).

pulmonaire [pylmɔnɛʀ] *adj* (*Méd*) pulmonary.

pulpe [pylp] *nf* pulp.

pulsation [pylsasjɔ̃] *nf* pulsation, throb(bing); (heart-)beat || **pulsion** *nf* drive, urge.

pulvérisateur [pulveʀizatœʀ] *nm* atomizer, spray || **pulvérisation** *nf* (*solides*) pulverization; (*liquides*) spraying || **pulvériser** *vt* (1) (*aussi fig*) pulverize; (*liquides*) spray; (*fig*) smash.

puma [pyma] *nm* (*Zool*) puma.

punaise [pynɛz] *nf* 1 (*insecte*) bedbug 2 (*clou*) (*brit*) drawing pin, (*amér*) thumbtack.

punir [pyniʀ] *vt* (2) punish || **punition** *nf* punishment.

pupille[1] [pypij] *nf* (*Anat*) pupil (of the eye).

pupille[2] [pypij] *nmf* ward; *~ de la Nation* war orphan.

pupitre [pypitʀ] *nm* 1 (*Ens*) desk 2 (*Mus*) music stand; (*chef d'orchestre*) rostrum.

pur [pyʀ] *adj* 1 pure; 2 (*alcool*) neat straight 3 (*intensification*) sheer; *c'est de la folie ~e* it's sheer madness; *en ~ perte* in vain; (*loc*) *c'est un ~ et dur* he' a hard-liner || **pur-sang** *nm* (*pl inv*) (*cheval*) thoroughbred.

purée [pyʀe] *nf* (*Cuis*) purée; *~ de pommes de terre* mashed potatoes; (*fam être dans la ~* *be on one's beam ends

purement [pyʀmɑ̃] *adv* purely || **pureté** *nf* purity.

purgatoire [pyʀgatwaʀ] *nm* (*Rel*) (*aussi fig*) purgatory.

purge [pyʀʒ] *nf* purge || **purger** *vt* (1h 1 (*Méd*) (*aussi fig*) purge 2 (*freins, radiateur*) *bleed 3 (*Jur*) *~ une peine* serve sentence.

purification [pyʀifikasjɔ̃] *nf* purification (*Pol*) *~ ethnique* ethnic cleansing || **purifier** *vt* (1h) purify, cleanse.

purin [pyʀɛ̃] *nm* liquid manure.

puritain [pyʀitɛ̃] *adj* puritan(ical) ◆ *n* (*Hist*) Puritan || **puritanisme** *nm* puritanism.

pus [py] *nm* (*pl inv*) (*Méd*) pus.

pustule [pystyl] *nf* (*Méd*) pustula.

putain [pytɛ̃] *nf (fam péj)* whore.

putois [pytwa] *nm (pl inv) (Zool)* polecat ; *(fig)* skunk.

putréfaction [pytʀefaksjɔ̃] *nf* decomposition, putrefaction ‖ **putréfier** *vt (1h)* **se ~** *vpr* decompose ; putrefy, rot.

puzzle [pœzl] *nm* jigsaw puzzle.

pygmée [pigme] *nm* pigmy, pygmy.

pyjama [piʒama] *nm* **un ~** a pair of *(amér)* pajamas/ *(brit)* pyjamas.

pylône [pilon] *nm (El)* pylon.

pyramide [piʀamid] *nf* pyramid.

pyromane [piʀɔman] *nmf* arsonist.

python [pitɔ̃] *nm (Zool)* python.

Q

Q, q [ky] *nm (lettre)* Q, q.

qu' [k(ə)] *voir* **que.**

quadr- [kwadʀ] *préf* four ‖ **quadragénaire** *adj être* ~ *be in one's forties* ◆ *nmf* man/woman in his/her forties. ‖ **quadrature** *nf (loc) c'est la* ~ *du cercle* it's like trying to square the circle ◆ **quadrilatère** *nm (Math)* quadrilateral ‖ **quadrillage** *nm (Mil)* covering ‖ **quadrillé** *adj (papier)* cross-ruled, squared ‖ **quadriller** *vt (1) (Mil)* cover ‖ **quadri-réacteur** *nm (Av)* four-engined jet (plane) ‖ **quadrupède** *adj & nm (Zool)* four-legged (animal) ‖ **quadruple** *adj nm* quadruple ; *je l'ai payé le* ~ it cost me four times as much ‖ **quadrupler** *vti (1)* quadruple ; *la production a quadruplé* production has multiplied by four ‖ **quadruplés** *nmpl* quadruplets, *(fam)* quads.

quai [ke] *nm (port)* pier ; quay ; *(marchandises)* wharf ; *(Rail)* platform ; *(fleuve)* embankment.

qualificatif [kalifikatif] *adj (f -ive) (Gr)* qualifying ◆ *nm* qualifier ‖ **qualification** *nf* **1** description **2** *(aptitude)* qualification ‖ **qualifié** *adj* qualified ; *(profession)* skilled ‖ **qualifier** *vti (1h)* **1** describe ; ~ *qn de lâche* call sb a coward **2** *(Gr Sp)* qualify ‖ **se qualifier** *vpr* **1** describe oneself **2** qualify.

qualitatif [kalitatif] *adj (f -ive)* qualitative ‖ **qualité** *nf* **1** quality **2** *(rôle)* position ; *nom, prénom et* ~ name, Christian name and occupation ; *en sa* ~ *de Premier ministre* (in his capacity) as Prime Minister ; *il n'a pas* ~ *pour signer* he is not empowered to sign.

quand [kɑ̃] *adv int* when ; *quand arrivera-t-elle ?* when will she arrive ? *c'est pour* ~ *le mariage ?* when is the wedding to be ? ◆ *conj* when ; ~ *elle arrivera je lui en parlerai* when she arrives I'll mention it to her ; *(fam)* ~ *je vous le disais !* I told you so ! ~ *même* all the same ; *(lit)* ~ *bien même* even if/though.

quant [kɑ̃] *loc* ~ *à cela* as for that ; ~ *à moi* as far as I am concerned ; *elle est toujours sur son* ~*-à-soi* she keeps to herself.

quantifier [kɑ̃tifje] *vt (1h)* quantify ‖ **quantitatif** *adj (f -ive)* quantitative ‖ **quantité** *nf* amount, quantity ; ~ *de gens/des* ~*s de gens* a lot of/number of/a great many people ; *en grande* ~ in large quantities/numbers.

quarantaine [kaʀɑ̃tɛn] *nf* **1** *(num) une* ~ *de personnes* about/around forty people ; *(âge) elle a la* ~ she's around forty **2** *(Méd)* quarantine ; *mettre en* ~ *(Méd)* quarantine ; *(fig)* ostracize, *(brit)* *send to Coventry ‖ **quarante** *adj nm (pl inv)* forty ‖ **quarantième** *adj* fortieth ◆ *nmpl inv (Naut) les* ~*s rugissants* the roaring forties.

quart [kaʀ] *nm* **1** *(fraction)* quarter ; *un* ~ *de poulet* a quarter chicken ; *un* ~ *de beurre* a quarter (pound) of butter ; *il est 5 heures et* ~/ *moins le* ~ it's a quarter past 5/to 5 ; *(fig) passer un mauvais* ~ *d'heure* *have a rough time **2** *(boire)* beaker **3** *(Naut)* watch ; *être de* ~ *be on watch ‖ **quartette** *nm (jazz)* quartet(te) ‖ **quartier** *nm* **1** *(ville)* district, quarter ; ~ *des affaires* business district ; *les gens du* ~ the local people ; *je ne suis pas du* ~ I'm a stranger here **2** *(Mil)* ~ *général* headquarters *pl inv* ; *avoir* ~ *libre* *be free (to leave barracks) ; *prendre ses* ~*s d'hiver* *take up one's winter quarters **3** *(bœuf, lune)* quarter ; *(fig) mettre en* ~*s* *tear to pieces **4** mercy, quarter ; *ils ne font pas de* ~ they never give quarter/show mercy.

quartz [kwaʀts] *nm (Géol)* quartz.

quasar [kazaʀ] *nm (Astr)* quasar.

quasi [kazi] *adj* almost ; *j'en ai la* ~*-certitude* I'm almost certain (of it) ‖ **quasiment** *adv* almost, nearly.

quatorze [katɔʀz] *adj num nm* fourteen ; *la Guerre de* ~ World War One/the First World War ‖ **quatorzième** *adj num* fourteenth. ‖ **quatre** *adj num* four ; *aux* ~ *coins du monde* in the four corners of the globe ; *à* ~ *pattes* on all fours ; *(fam) être tiré à* ~ *épingles* *be dressed up to the nines ; *ils ont fait les* ~ *cents coups* they painted the town red ; *il fait ses* ~ *volontés* he does whatever he pleases ; *je lui dirai ses* ~ *vérités* I'll tell him a few home truths ; *ils ont monté l'escalier ~ à ~* they ran upstairs ; *il a mangé comme ~* he ate enough for four ; *je me suis mis en ~ pour lui* I went to no end of trouble for him ; *cesse de couper les cheveux en ~ !* don't split hairs ! *je n'y suis pas allé par ~ chemins* I didn't beat about the bush ; *un de ces ~ matins* one of these (fine) days ‖ **quatrième** *adj* fourth ; *en ~ (vitesse) (Aut)* in top gear ; *(fig)* at top speed ‖ **quatrièmement** *adv* fourthly ‖ **quatuor** *nm (Mus)* quartet(te).

que [kə] *(devant une voyelle* qu') *adv ~ de soucis !* what a worry ! *(ce) ~ tu es bête !* what silly ! don't be (so) silly ! aren't you silly ! ◆ *conj* that ; **1** *(complétif) je pense qu'elle acceptera* I think (that) she will accept ; *je pense ~ oui/non* I think so/not ; *~ non* certainly not ! *~ si !* but of course ! *je m'attendais à ce qu'il dise ça !* I was expecting him to say so ! **2** *(valeur temporelle) cela fait un an qu'ils sont installés ici* they have been here for a year now/it's a year since they arrived/they arrived a year ago ; *cela fait une éternité que je ne l'ai vue* it's (been) ages since I last saw her/saw her last ; *à peine avait-elle commencé à parler ~...* she had no sooner started to speak than... ; she had hardly/ scarcely started to speak before/when... **3** *(valeur conditionnelle) il me le dirait lui-même ~ je ne le croirais pas* I wouldn't believe it (even) if he told me himself ; *qu'elle le veuille ou non* whether she likes it or not ; *qu'il fasse beau ou non* whatever the weather **4** *(substitut) quand je l'ai vu et qu'il m'a dit...* when I saw him and (when) he told me... ; *si tu le vois et qu'il te dise...* if you see him and (if) he says... **5** *(comparaison) autant ~* as much/many as ; *moins/plus ~* less/more than ; *elle est plus grande ~ lui* she is taller than he is/ *(fam)* than him **6** *(restriction) je n'aime ~ toi* you are the only one I love **7** *(ordre) qu'il entre !* show him in ! **8** *(loc) qu'im-porte ?* what does it matter ? ◆ *pr int* what ; *~ dis-tu ?/qu'est-ce ~ tu dis ?* what are you saying ? *je ne sais plus ~ dire* I don't know what to say ; *qu'en dites-vous ?* what do you think (about it) ? *~ dire ?* what can one say ? ◆ *pr rel* **1** *(personne)* that ; whom ; *l'homme ~ j'aime* the man (that/ whom) I love ; *il n'est plus l'homme qu'il était* he's not the man (that) he was ; *men-teur ~ tu es !* you liar ! **2** *(chose)* that ; which ; *le vin ~ j'aime* the wine (that/ which) I like ; **3** *(temps)* when ; *un soir que...* one evening when... ; *depuis le temps ~ je te le dis !* I've told you often enough ! **4** *(proposition) tout trempé que j'étais* soaked as I was ; *c'est une situation in-tolérable ~ d'être sans nouvelles !* it's

intolerable to be without news ! **5** *(loc) advienne ~ pourra* come what may.

quel [kɛl] *adj excl int (f* **quelle**) **1** what ; *quelle heure est-il ?* what time is it ? *quelle surprise !* what a surprise ! **2** *(choix limité) quelle chaîne préfères-tu ?* which channel do you like best ? **3** *(choix illimité) ~ que soit votre choix* whatever you (may) choose/whichever choice you (may) make ; *~ que soit l'homme de votre choix* who-ever you (may) choose ; *tous les hommes, ~s qu'ils soient* all men, whoever they may be **4** *(emphatique) ~ est cet homme ?* who is that man?/what kind of (a) man is he ? ◆ *pr inter* **1** *(choix illimité)* what ; *quelle est ton opinion ?* what's your opin-ion ? **2** *(choix limité) ~ est ton choix ?* which (one) do you choose ?

quelconque [kɛlkɔ̃k] *adj* **1** some ; any ; *pour une raison ~* for some reason or other ; *(emphase)* for any reason what(so)ever/at all **2** mediocre, ordinary.

quelque [kɛlk] *adj adv* **1** *(quant)* some ; *(pl seulement)* a few ; *depuis ~ temps* for some time ; *j'ai fait ~s achats* I've bought a few things ; *il est 3 heures et ~(s)* it's a few minutes past 3 ; *(restriction) les ~s invités* the few guests ; *j'en ai été ~ peu étonné* I was rather surprised **2** *(indéf) en ~ sorte* as it were/so to speak ; *il a dû consulter ~ charlatan* he must have consulted some quack (or other) **3** *(concession + subj) ~ temps qu'il fasse* whatever the weather (may be like) ; *~ pénibles que soient les faits* however painful the facts (may be) **4** *(environ) ~ 20 kms plus loin* some 20 kms further on ‖ **quelque chose** *pr* something ; *(+ int)* anything ; *~ d'autre* something else ; *(fam) ça me fait ~* I feel it ! ‖ **quelquefois** *adv* sometimes ‖ **quelque part** *adv* somewhere ‖ **quelques-uns** *pr (f* **quelques-unes**) some ; a few ‖ **quelqu'un** *pr* somebody, someone ; *(+ int)* anybody, anyone.

quémander [kemɑ̃de] *vt (1)* beg for.

qu'en-dira-t-on [kɑ̃diratɔ̃] *nm* gossip *s inv.*

quenotte [kənɔt] *nf (enfantin)* tooth.

querelle [kəʀɛl] *nf* quarrel ‖ **se querel-ler** *vpr (1)* quarrel ‖ **querelleur** *adj (f -euse)* quarrelsome.

question [kɛstjɔ̃] *nf* **1** question ; *poser une ~* ask a question ; *c'est une ~ -piège* it's a loaded question ; *(Pol) poser la ~ de confiance* ask for a vote of confidence ; *de quoi est-il ~ ?* what's it about ? *il est ~ de fermer l'usine* there's some talk of shutting down the factory/plant ; *il n'en est pas ~/ cela n'est hors de ~* that's out of the question/there's no question of that ; **2** problem ; *~ d'actualité* topical issue ; *là n'est pas la ~* that's not the point (at issue) ; *c'est notre avenir qui est en* ~ what is at stake is our future **3** *(doute)* query ; *il remet tout en* ~ he queries/questions everything ; *il devrait se remettre en* ~ he should take a long hard look at himself ; *cela va tout remettre en* ~ that's going to upset everything ‖ **questionnaire** *nm* questionnaire ‖ **questionner** *vt (1) (sur)* question (about).

quête [kɛt] *nf* **1** *(église) faire la* ~ *take the collection **2** *(fig)* pursuit, quest, search ; *se mettre en* ~ *de* *set out in search of ‖ **quêter** *vi (1) (œuvres)* collect money ◆ *vt (fig)* *seek.

quetsche [kwɛtʃ] *nf (fruit)* damson, damask plum.

queue [kø] *nf* **1** *(Zool)* tail **2** *(Bot) (fleur)* stalk ; *(fruit)* stalk **3** *(poêle)* handle **4** *(billard)* cue **5** *(personnes) (amér)* line/ *(brit)* queue ; *faire la* ~ *(amér)* line up/ *(brit)* queue up ; *marcher à la* ~ *leu leu* walk in single file **6** *(fig) (coiffure)* ~ *de cheval* ponytail ; *en* ~ *de liste* at the bottom of the list ; *en* ~ *du train* at the rear of the train ; *(Aut) il m'a fait une* ~ *de poisson* he cut in on me ; *cela a fini en* ~ *de poisson* it fizzled out ‖ **queue-de-pie** *nf* tails *pl inv*.

qui [ki] *pr int* **1** *(sujet)* who ; ~ *l'a fait ?* who did it ? **2** *(complément)* who ; *(lit)* whom ; ~ *as-tu vu ?* who did you see ? *pour* ~ *l'as-tu fait ?* who did you do it for ? *qui avez-vous demandé ?* who did you ask ? **3** *(poss) à* ~ *est ce stylo ?* whose pen is this?/whose pen is this ? ◆ *rel (sujet) (chose)* that ; which ; *un vin qui est bon* a wine that/which is good ; *(personne)* that ; who ; *l'homme* ~ *parlait* the man that/who was talking ; *je l'ai entendu* ~ *parlait* I could hear him talking **2** *(avec prép)* that ; who ; whom ; *l'homme avec* ~ *je parlais* the man to whom I was talking/the man (that) I was talking to **3** *(sans antécédent)* ~ *a bu boira* once a thief always a thief ; ~ *se ressemble s'assemble* birds of a feather flock together ; ~ *ne risque rien n'a rien* nothing venture(d), nothing gain(ed) ; ~ *va lentement va sûrement* more haste less speed, slowly but surely ; *je l'ai dit à* ~ *de droit* I told the persons concerned ; *si* ~ *que ce soit me dit qch...* if anyone says anything to me... ; *je parlais avec* ~ *vous savez* I was talking to you-know-who ; *c'est à* ~ *parlera le plus fort* they're trying to shout one another down ‖ **quiconque** *pr* **1** anyone ; *je le sais mieux que* ~ I know it better than anyone **2** *(rel)* whoever, anyone who ‖ **qui-vive** *loc être sur le* ~ *be on the alert.

quiétude [kjetyd] *nf* peace and quiet.

quignon [kiɲɔ̃] *nm (croûte)* crust/ *(morceau)* hunk of bread.

quille [kij] *nf* **1** *(jeu)* skittle ; *le jeu de* ~*s* skittles *pl inv* **2** *(Naut)* keel.

quincaillerie [kɛ̃kajʀi] *nf* **1** *(amér)* hardware, *(brit)* ironmongery **2** *(magasin) (amér)* hardware store, *(brit)* ironmonger's (shop), ironmongery ‖ **quincaillier** *nm (f* **-ière)** *(amér)* hardware dealer, *(brit)* ironmonger.

quinconce [kɛ̃kɔ̃s] *en* ~ *loc* staggered.

quinine [kinin] *nf (Méd)* quinine.

quinquagénaire [kɛ̃kaʒenɛʀ] *adj il est* ~ he is in his fifties.

quinquennal [kɛ̃kenal] *adj (pl* **-aux)** quinquennial ; *plan* ~ five-year plan.

quintal [kɛ̃tal] *nm (pl* **-aux)** quintal *(100 kilos).*

quinte [kɛ̃t] *nf (escrime)* quinte ; *(cartes)* quint ; *(Mus)* fifth ; *(Méd)* ~ *de toux* coughing fit.

quintessence [kɛ̃tesɑ̃s] *nf* quintessence.

quintuple [kɛ̃typlə] *adj nm* quintuple ; *je l'ai payé le* ~ I paid five times as much for it ‖ **quintupler** *vti (1)* quintuple ; increase fivefold ‖ **quintuplés** *nm pl* quintuplets, *(fam)* quins.

quinzaine [kɛ̃zɛn] *nf* about fifteen ; *je pars pour une* ~ *de jours* I'm going off for about two weeks/ *(brit)* a fortnight ‖ **quinze** *adj num* fifteen ; *dans* ~ *jours* in a fortnight/in two weeks' time ; *mardi en* ~ a fortnight on Tuesday ‖ **quinzième** *adj nmf* fifteenth.

quiproquo [kipʀɔko] *nm* misunderstanding.

quittance [kitɑ̃s] *nf* receipt.

quitte [kit] *adj (loc) nous sommes* ~*s* we're quits ; *nous en sommes* ~*s pour la peur* we got off with a scare ; ~ *à payer comptant* even if it means paying cash ; *c'est du* ~ *ou double (jeu)* it's double or quits ; *(fig)* it's a big gamble.

quitter [kite] *vt (1)* *leave ; *(Méd) il ne doit pas* ~ *le lit* he is confined to bed ; *je ne peux pas le* ~ *des yeux* I can't take my eyes off him ; *(Téléph) ne quittez pas !* please hold the line !

quitus [kitys] *nm (Com)* full discharge.

qui-vive [kiviv] *loc être sur le* ~ *be on the alert.

quoi [kwa] *pr int rel* what ; *de* ~ *s'agit-il ?* what's all this about ? *à* ~ *bon ?* what's the good of it ? *il n'a pas de* ~ *vivre* he hasn't enough to live on ; *après* ~ *il est sorti* after which he went out ; *il n'y a pas de* ~ *!* not at all ! *(fam)* don't mention it ! *il n'y a pas de* ~ *rire* it's no laughing matter ; *il n'y a pas de* ~ *fouetter un chat* there's nothing to make a fuss about ; *je saurai à* ~ *m'en tenir* I'll know where I stand ; *faute de* ~ otherwise ‖ **quoi que**

loc concessive ~ *qu'il arrive* whatever happens ; ~ *qu'il en soit* be that as it may/ however that may be ; ~ *qu'on en dise* whatever/no matter what people say ; *il n'a jamais écrit* ~ *que ce soit* he's never written anything.

quoique [kwakə] *conj* although, though ; *quoiqu'il soit tard* although it is late.

quolibet [kɔlibɛ] *nm* gibe, sneer.

quote-part [kɔtpaʀ] *nf* share.

quotidien [kɔtidjɛ̃] *adj (f* **-ienne)** daily ; *dans la vie quotidienne* in everyday life ◆ *nm* daily (newspaper) ‖ **quotidienne-ment** *adv* daily, every day.

quotient [kɔsjɑ̃] *nm (Math)* quotient.

R

R, r [ɛʀ] *nm (lettre)* R, r.

rabâcher [ʀɑbɑʃe] *vt (1)* ~ *qch* *keep harping on the same string.

rabais [ʀabɛ] *nm* discount, rebate, reduction ; *vendre au* ~ *sell at a reduced price ‖ **rabaisser** *vt (1)* reduce ; belittle, denigrate.

rabat [ʀaba] *nm* flap ‖ **rabat-joie** *nm (pl inv)* killjoy, spoilsport, wet blanket ‖ **rabatteur** *nm (f* **-euse)** *(chasse)* beater ‖ **rabattre** *vt (28)* **1** *shut, close ; *(siège)* fold back ; *(chapeau, col)* turn down ; *le vent rabat la fumée* the wind is blowing the smoke back down **2** *(Com)* deduct **3** *(fig)* *il a dû en* ~ he had to climb down/ eat humble pie ‖ **se rabattre** *vpr* **1** *(couvercle)* *shut ; *(porte)* bang/slam shut ; *(siège)* fold back **2** *(Aut)* *cut in **3** *(fig)* *il a fallu se* ~ *sur le pain d'hier* we had to fall back on yesterday's bread.

rabbin [ʀabɛ̃] *nm (Rel)* rabbi ; *grand* ~ chief rabbi.

rabibocher [ʀabibɔʃe] *vt (1)* reconcile ‖ **se rabibocher** *vpr* *make it up, patch things up.

rabiot [ʀabjo] *nm (fam)* extra ‖ **rabioter** *vti (1) (fam)* scrounge.

râblé [ʀɑble] *adj* stocky, thickset.

rabot [ʀabo] *nm (Tech)* plane ‖ **raboter** *vt (1)* plane (down) ‖ **raboteux** *adj (f* **-euse)** rough, uneven.

rabougri [ʀabugʀi] *adj* shrivelled, stunted.

rabrouer [ʀabʀue] *vt (1)* snub, rebuff.

racaille [ʀakɑj] *nf* scum, rabble, riffraff.

raccommodage [ʀakɔmɔdaʒ] *nm* mending ; repairs ; *(couture)* darning ‖ **raccommoder** *vt (1)* mend, repair ; darn ; *(fig)* *ils se sont raccommodés* they have made (it) up.

raccompagner [ʀakɔ̃paɲe] *vt (1)* *take/ *see back (home).

raccord [ʀakɔʀ] *nm (Tech)* join ; *(Téléph)* connection ; *(peinture)* *faire des* ~*s* touch up the paintwork ‖ **raccordement** *nm (Tech)* join ; *(Téléph)* connection ‖ **raccorder** *vt (1) (Tech)* join (up), link (up) ; *(Téléph)* connect.

raccourci [ʀakuʀsi] *nm (aussi fig)* short cut ‖ **raccourcir** *vt (2)* shorten ◆ *vi* *become shorter.

raccrocher [ʀakʀɔʃe] *vi (Téléph)* *hang up, *ring off ◆ *vt* *put back ◆ *vpr (fig)* *il se raccroche à ce seul espoir* he clings to this one hope.

race [ʀas] *nf (humaine)* race ; *(animale) (aussi fig)* breed, stock ; *chien de* ~ pure-bred dog ‖ **racé** *adj* thoroughbred ; *(personne)* distinguished.

rachat [ʀaʃa] *nm* buying back ‖ **racheter** *vt (1c) (à)* *buy ; *(encore)* *il faudrait* ~ *du pain* we should buy some more bread ; *(récupérer)* *buy back (from) ; *(Com)* *take over (from) ; *(dette, péché)* redeem ; *(fig)* *il s'est racheté* he has made up for past faults/pulled himself up by his bootstraps.

rachitique [ʀaʃitik] *adj (Méd) (aussi fig)* rickety ‖ **rachitisme** *nm (Méd)* rickets *pl inv.*

racial [ʀasjal] *adj (mpl* **-iaux)** racial.

racine [ʀasin] *nf (aussi fig) prendre* ~ *take root ; *(Math)* ~ *carrée* square root.

racisme [ʀasism] *nm* racialism, racism ‖ **raciste** *adj nmf* racialist, racist.

raclée [ʀɑkle] *nf* beating, thrashing ‖ **racler** *vt (1)* scrape ; *se* ~ *la gorge* clear one's throat.

racolage [ʀakɔlaʒ] *nm* soliciting ‖ **racoler** *vt (1)* solicit.

racontar [ʀakɔ̃taʀ] *nm (surtout pl) ce ne sont que des* ~*s* it's just a lot of gossip/ tittle-tattle ‖ **raconter** *vt (1)* *tell ; *elle m'a raconté une histoire* she told me a story ; *elle m'a raconté ses vacances* she told me (all) about her holidays ; *on raconte que...* it is said that... ; *qu'est-ce que tu racontes ?* what (on earth) are you talking about ? *tu racontes n'importe quoi !* you're talking nonsense/rubbish !

racorni [ʀakɔʀni] *adj* hardened, shrivelled.

radar [ʀadaʀ] *nm* radar.

rade [ʀad] *nf* harbour ; *(fam) laisser en* ~ *(personne)* *leave stranded/in the lurch ; *(projet)* shelve.

radeau [Rado] nm (pl -x) raft.

radiateur [RajatœR] nm radiator.

radiation[1] [Radjɑsjɔ̃] nf (énergie) radiation.

radiation[2] [Radjɑsjɔ̃] nf (d'une liste) crossing off, striking off.

radical [Radikal] adj (mpl -aux) radical.

radier [Radje] vt (1h) cross off, *strike off.

radiesthésiste [Radjestezist] nmf diviner.

radieux [Radjø] adj (f -euse) beaming, radiant ; (temps) wonderful.

radin [Radɛ̃] adj (fam) mean, stingy, tight-fisted ◆ nm skinflint.

radio [Radjo] nf 1 radio ; **mets/éteins la ~ !** switch on/off the radio ; **il est passé à la ~ hier soir** he was (speaking) on the radio last night 2 (Méd) (ab de **radiographie**) X-ray ; **passer une ~** *have an X-ray ◆ nm radio operator ‖ **radioactif** adj (f **-ive**) radioactive ‖ **radioactivité** nf radioactivity ‖ **radiodiffuser** vt (1) *broadcast ‖ **radiodiffusion** nf broadcasting ‖ **radiographie** nf (Méd) X-ray ‖ **radiographier** vt (1h) (Méd) X-ray ‖ **radiologie** nf (Méd) radiology ‖ **radiologue** nmf (Méd) radiologist ‖ **radiophonique** adj **programme ~** radio programme ‖ **radioscopie** nf (Méd) radioscopy ‖ **radiothérapie** nf (Méd) radiotherapy.

radis [Radi] nm 1 (Bot) radish 2 (fam fig) **ça ne vaut pas un ~** it's worthless/not worth a bean ; **je n'ai pas un ~** I'm (stone) broke.

radium [Radjɔm] nm (Ch) radium.

radotage [Radɔtaʒ] nm drivel s inv ‖ **radoter** vi (1) drivel/maunder/ramble on ‖ **radoteur** nm (f **-euse**) (old) driveller, dotard.

radoucir [RadusiR] vt (2) (voix) soften ‖ **se radoucir** vpr (personne) calm down ; (voix) soften ; (temps) *become milder ‖ **radoucissement** nm (météo) **un ~** a milder spell (of weather).

rafale [Rafal] nf (vent) gust ; (Mil) burst of gunfire.

raffermir [RafɛRmiR] vt (2) harden, strengthen ‖ **se raffermir** vpr harden, strengthen.

raffinage [Rafinaʒ] nm (Tech) refining ‖ **raffiné** adj refined ‖ **raffinement** nm refinement ‖ **raffiner** vt (1) refine ‖ **raffinerie** nf (Tech) refinery.

raffoler [Rafɔle] vi (1) (de) *be crazy/mad/wild (about).

raffut [Rafy] nm racket ; **faire du ~** kick up a row.

rafiot [Rafjo] nm (fam péj) old tub.

rafistoler [Rafistɔle] vt (1) patch up.

rafle [Rɑfl] nf (police) raid ; roundup ‖ **rafler** vt (1) (fam) snaffle, snatch.

rafraîchir [RafRɛʃiR] vt (2) 1 (température) cool (down) 2 (fig) refresh ; **~ ses connaissances** brush up one's knowledge ‖ **se rafraîchir** vpr 1 cool (down) 2 refresh oneself ‖ **rafraîchissant** adj refreshing ‖ **rafraîchissement** nm 1 cooling 2 **~s** refreshments.

ragaillardir [RagajaRdiR] vt (2) buck up, cheer up.

rage [Raʒ] nf 1 rage ; **j'étais fou de ~** I was raving mad/in a towering rage ; **cela me met en ~** it infuriates me ; **la tempête faisait ~** there was a howling gale, the storm was raging ; **j'ai une ~ de dents** I've got a raging toothache 2 (Méd) rabies s inv ‖ **rager** vi (1h) fume ‖ **rageur** adj (f **-euse**) fuming, furious.

ragot [Rago] nm (piece of) gossip s inv.

ragoût [Ragu] nm (Cuis) stew ‖ **ragoûtant** adj (loc) **peu ~** unappetizing ; (fig) unsavoury.

raid [Rɛd] nm (Mil) raid ; (Sp) rally.

raide [Rɛd] adj (cheveux) straight ; (corde) taut ; (pente) steep ; (personne) (aussi fig) stiff ; (fam) **c'est un peu ~** that's a bit much/thick ◆ adv **ça monte ~** it's a steep climb ; **il est tombé ~ (mort)** he dropped down dead ‖ **raideur** nf (personne) (aussi fig) stiffness ; (pente) steepness ‖ **raidillon** nm steep slope ‖ **raidir** vt (2) **se ~** vpr stiffen ; (attitude) harden ‖ **raidissement** nm stiffening ; hardening.

raie[1] [Rɛ] nf 1 (straight) line 2 (coiffure) parting 3 (couleur) stripe.

raie[2] [Rɛ] nf (poisson) ray, skate.

raifort [RɛfɔR] nm (Bot) horse radish.

rail [Rɑj] nm 1 rail 2 (transport) (amér) railroad ; (brit) railway.

railler [Rɑje] vt (1) laugh at, mock ‖ **raillerie** nf gibe ; mockery ‖ **railleur** adj (f **-euse**) mocking.

rainure [RenyR] nf groove.

raisin [Rɛzɛ̃] nm grape ; **~ sec** raisin ; **une grappe de ~s** a bunch of grapes ; (à table) **prenez un ~** have some grapes.

raison [Rɛzɔ̃] nf 1 reason ; **il a perdu la ~** he has gone out of his mind ; **ramener qn à la ~** *bring sb to his senses ; **il a bu plus que de ~** he drank more than was reasonable 2 **il a ~** he is right ; **elle lui a donné ~** she admitted he was right ; **à tort ou à ~** rightly or wrongly 3 justification ; **pour quelles ~s** for what reasons/on what grounds ; **c'est sa seule ~ d'être/~ de vivre** it's his sole aim in life ; **en ~ de** because of, due to ; **à plus forte ~/~ de plus pour...** all the more reason for... ; **j'ai dû me faire une ~** I had to resign myself 4 **elle a eu ~ de nos scrupules** she overcame our scruples 5 (loc prép) **à ~ de** at the rate of ; **travailler à ~ de 39 heures par semaine** work 39 hours a week/a 39-hour week 6 (Com) **~ sociale**

corporate name ‖ **raisonnable** adj reasonable ; sensible ‖ **raisonner** vi (1) reason ◆ vt ~ **qn** reason with sb ‖ **se** ~ vpr il faut vous ~ you've got to be reasonable ‖ **raisonneur** adj (f **-euse**) argumentative ; c'est un grand ~ he's always arguing.

rajeunir [raʒœniʀ] vt (2) (Tech) modernize ; (personne) cette coiffure te rajeunit that hairstyle makes you look younger ◆ vi elle a rajeuni de dix ans she looks ten years younger ‖ **rajeunissement** nm (Tech) modernization ; (personne) rejuvenation.

rajout [raʒu] nm addition ‖ **rajouter** vt (1) add ; (fam) il en rajoute ! he overdoes it !

rajustement [raʒystəmɑ̃] nm readjustment ‖ **rajuster** vt (1) readjust.

râle [ʀɑl] nm groan ; (agonie) death rattle.

ralenti [ralɑ̃ti] nm 1 (Aut) slow-running jet ; (loc) le moteur tournait au ~ the engine was ticking over 2 (Ciné) slow motion 3 (Com) les affaires sont au ~ business is slack ‖ **ralentir** vi (2) **se** ~ vpr slow down ; (de fatigue) flag ‖ **ralentissement** nm slowing down, flagging ; (Com) slackness.

râler [ʀɑle] vi (1) (fam) complain, groan, grouse, moan ; j'ai voulu le faire ~ I wanted to get his goat ‖ **râleur** adj nm (f **-euse**) il est trop ~ he's too much of a grouser for me.

ralliement [ralimɑ̃] nm rallying ‖ **rallier** vt (1h) **se** ~ vpr (à) rally, rejoin ; elle s'est ralliée à mon point de vue she came round to my point of view.

rallonge [ralɔ̃ʒ] nf (El) extension cable ; (table) extra leaf ; (supplément) extra ‖ **rallonger** vt (1h) extend, lengthen ◆ vi (jours) *get/*grow longer.

rallumer [ralyme] vt (1) *relight ; (El) turn the light on again ; (fig) revive ‖ **se rallumer** vpr (fig) revive ; (péj) flare up again.

rallye [rali] nm (Aut) rally.

ramassage [ramasaʒ] nm collection ; (fruits) picking ; ~ **scolaire** (amér) bussing/(brit) school bus service ‖ **ramassé** adj compact, concise ‖ **ramasser** vt (1) collect, gather, pick up ‖ **se ramasser** vpr crouch, curl up ; huddle up ‖ **ramassis** (péj) un ~ d'incapables a pack of incompetent good-for-nothings.

rambarde [ʀɑ̃baʀd] nf railing.

rame [ram] nf 1 oar ; aller à la ~ row 2 (Rail) train 3 (papier) ream.

rameau [ramo] nm (pl **-x**) branch ; (aussi fig) ~ d'olivier olive branch ; les R-x Palm Sunday.

ramener [ramne] vt (1c) *bring back ; je vais te ~ I'll take you back (home) ‖ **se ramener** vpr 1 cela se ramène à une

question de personne it all boils down to a question of individuals. 2 (fam) (venir) turn up.

ramer [rame] vi (1) 1 row 2 (fam) work hard ‖ **rameur** nm (f **-euse**) rower.

ramier [ramje] nm (Orn) pigeon ~ woodpigeon.

ramification [ramifikasjɔ̃] nf ramification ‖ **se ramifier** vpr (1h) ramify, branch out.

ramollir [ramɔliʀ] vt (2) soften ‖ **se ramollir** vpr *get/*grow soft.

ramonage [ramɔnaʒ] nm chimney-sweeping ‖ **ramoner** vt (1) *sweep ‖ **ramoneur** nm (chimney) sweep.

rampe [ʀɑ̃p] nf 1 (escalier) banister 2 (garage) ramp 3 (fusée) ~de lancement launching pad 4 (Th) footlights pl inv ; (fig) les feux de la ~ limelight ; passer la ~ *get the message across.

ramper [ʀɑ̃pe] vi (1) *creep ; (aussi fig) crawl ; (fig) grovel.

rancard [ʀɑ̃kaʀ] nm (aussi **rencard**) 1 (fam) (renseignement) tip 2 (rendez-vous) date ; donner (un) ~ à qn *make a date with sb ‖ **rancarder** vt (1) (fam) ~ **qn sur qch** tip sb off about sth, (brit) *give sb the gen about sth ‖ **se rancarder** vpr 1 *find out ; (brit fam) *get the gen (about) 2 *make a date.

rancart [ʀɑ̃kaʀ] nm (loc) mettre au ~ scrap.

rance [ʀɑ̃s] adj rancid ‖ **rancir** vi (2) *go rancid.

rancœur [ʀɑ̃kœʀ] nf rancour, resentment.

rançon [ʀɑ̃sɔ̃] nf ransom ‖ **rançonner** vt (1) ransom.

rancune [ʀɑ̃kyn] nf rancour ; il me garde encore ~ he still bears me a grudge ; sans ~ ! no hard feelings ! ‖ **rancunier** adj (f **-ière**) spiteful, vindictive.

randonnée [ʀɑ̃dɔne] nf (Aut) drive, (amér) ride ; (pédestre) hike, walk, (brit) ramble, tramp ; faire une ~ *go for a drive etc. ‖ **randonneur** nm hiker, walker, (brit) rambler.

rang [ʀɑ̃] nm 1 line, row ; ~ **de perles** string of pearls ; se mettre en ~ line up ; en ~ d'oignons lined up 2 (Adm Mil) rank ; il est sorti du ~ he has risen from the ranks 3 (examen) place ; par ~ d'âge in order of age.

rangé [ʀɑ̃ʒe] adj 1 (pièce) tidy ; mal ~ untidy 2 (personne) il mène une vie ~e he leads a quiet, settled life.

rangement [ʀɑ̃ʒmɑ̃] nm faire du ~ tidy up ; avoir du ~ *have storage space.

rangée [ʀɑ̃ʒe] nf line, row.

ranger [ʀɑ̃ʒe] vt (1h) 1 (pièce) tidy up ; (objet) *put away, tidy away ; (voiture) park ; garage 2 classify ; je le range parmi les plus grands I put/rank him among the

se ranger *vpr* **1** *(voiture)* park **2** *(fig)* se ~ *du côté des gagnants* side with the winners **3** *(personne)* settle down.

ranimer [ʀanime] *vt (1)* revive; *(évanouissement)* *bring round ‖ **se ranimer** *vpr* revive; *(évanouissement)* *come round.

rapace [ʀapas] *adj* rapacious ◆ *nm* bird of prey ‖ **rapacité** *nf* rapacity, rapaciousness.

rapatrié [ʀapatʀije] *nm* repatriate ‖ **rapatriement** *nm* repatriation ‖ **rapatrier** *vt (1h)* repatriate.

râpe [ʀɑp] *nf (bois)* rasp; *(fromage)* grater ‖ **râpé** *adj* grated; *(vêtement)* threadbare ◆ *nm* grated cheese ‖ **râper** *vt (1)* rasp; grate.

rapetisser [ʀapetise] *vt* shorten ◆ *vi* *get shorter/smaller.

râpeux [ʀapø] *adj (f* **-euse)** rough.

raphia [ʀafja] *nm* raffia.

rapiat [ʀapja] *adj (fam)* niggardly.

rapide [ʀapid] *adj* fast, quick, rapid, swift ◆ *nm (train)* express (train) ‖ **rapidement** *adv* fast, quickly, rapidly, swiftly ‖ **rapidité** *nf* quickness, rapidity, speed, swiftness.

rapiécer [ʀapjese] *vt (1c)* patch.

rappel [ʀapɛl] *nm* **1** reminder; *il a reçu un ~ à l'ordre* he got a rap on/over the knuckles **2** *(salaire)* back pay **3** *(vaccin)* *piqûre de ~* booster injection/*(fam)* shot **4** *(Th)* curtain call **5** *(Jur)* repeal **6** *(Com)* *lettre de ~* reminder ‖ **rappeler** *vt (1b)* **1** call back **2** *(Téléph)* call/*ring back **3** *(faire penser)* remind; *vous me rappelez qn* you remind me of sb; *rappelle-moi à son bon souvenir* give her my best regards/remember me (kindly) to her ‖ **se rappeler** *vpr* recall, recollect, remember; *je me rappelle cela* I (can) remember that.

rappliquer [ʀaplike] *vi (1) (fam)* *come back; turn up.

rapport [ʀapɔʀ] *nm* **1** connection, link, relation(ship); *se mettre en ~ avec qn* *get in touch with sb; *cela n'a aucun ~* that has nothing to do with it; *c'est un homme bien sous tous les ~* he's a man of honour in every way **2** *(compte rendu)* account, report **3** *(bénéfice)* return, yield **4** *(Math)* ratio; *(fig) en ~ avec son rang* in keeping with his status; *par ~ au coût de la vie* in comparison with/in relation to the cost of living ‖ **rapporter** *vt (1)* **1** *bring back **2** mention, relate, report **3** *(bénéfice)* *bring in, yield ◆ *vi* **1** *(bénéfice)* *give a good return **2** *(moucharder)* *tell tales **3** attribute ‖ **se rapporter** *vpr* *(à)* **1** concern, *be relevant (to); *cela ne se rapporte pas à la question* that's beside the point **2** *(confiance)* *je m'en rapporte à votre expérience* I rely on your experience ‖ **rapporteur** *nm* **1** *(enfants) (amér)* tattletale, *(brit)* telltale **2** *(Pol)* ~ *d'une commission* chairman of a committee **3** *(Math)* protractor.

rapproché [ʀapʀɔʃe] *adj (espace, temps)* close, near; *yeux ~s* close-set eyes ‖ **rapprochement** *nm* **1** reconciliation **2** connection, link(-up) **3** comparison ‖ **rapprocher** *vt (1)* **1** *(aussi fig)* *bring closer; *(fig)* reconcile **2** connect, link (up) **3** compare ‖ **se rapprocher** *vi (de)* **1** *(espace, temps)* *draw closer/nearer (to); *(fig)* *become reconciled (with) **2** connect/link up (with).

rapt [ʀapt] *nm* abduction.

raquette [ʀakɛt] *nf* **1** *(tennis)* racket, raquet; *(ping-pong) (brit)* bat, *(amér)* paddle **2** snowshoe.

rare [ʀaʀ] *adj* **1** *(qualité)* exceptional, rare, uncommon **2** *(quantité)* scanty; scarce; *(végétation)* sparse; *(cheveux)* thin ‖ **se raréfier** *vpr (1h)* *become scarce; *(cheveux)* thin ‖ **rarement** *adv* rarely, seldom ‖ **rareté** *nf* rarity; scarcity; infrequency ‖ **rarissime** *adj* extremely rare.

ras [ʀɑ] *adj (cheveux* (cut) short; *plein à ~ bord* full to the brim; *en ~e campagne* in the middle of nowhere; *faire table ~e du passé* *make a fresh start; *pull ~ du cou* crew-neck pullover; *(fam) j'en ai ~ le bol* I'm fed up (to the back teeth) (with all that) ◆ *(loc) au ~ de* flush/ level with ‖ **ras-le-bol** *nm (pl inv) (fam)* discontent ‖ **rasade** *nf* glassful.

rasage [ʀɑzaʒ] *nm* shaving ‖ **rasé** *adj* shaven; *rasé de près* close-shaven ‖ **rasemottes** *nm (Av)* hedge-hopping; *faire du ~* hedge-hop ‖ **raser** *vt (1)* **1** shave; *il s'est rasé la barbe* he's shaved off his beard **2** *(fig)* graze; ~ *les murs* hug the walls **3** *(détruire)* raze (to the ground) **4** *(fam)* bore (stiff/to death/to tears) ‖ **raseur** *nm (f* **-euse)** (deadly) bore ‖ **rasoir** *nm* razor; *(El)* shaver ◆ *adj inv (fam)* *elle est ~* she's a deadly bore/a pain in the neck.

rassasier [ʀasazje] *vt (1h) (de)* satisfy (with); *j'en suis rassasié* I've had enough.

rassemblement [ʀasɑ̃bləmɑ̃] *nm* gathering ‖ **rassembler** *vt (1)* assemble, gather (together); *(troupes)* rally; *(courage)* summon up ‖ **se rassembler** *vpr* assemble, gather (together)

rasseoir [ʀaswaʀ] *se ~ vpr (21)* *sit down again.

rasséréné [ʀaseʀene] *adj* serene ‖ **se rasséréner** *vpr (1c)* recover one's serenity.

rassis [ʀasi] *adj (pain)* stale.

rassurer [ʀasyʀe] *vt (1)* reassure; *rassurez-vous!* rest assured!/set your mind at rest!

rat [ʀa] *nm (Zool)* rat; *mort aux ~s* rat poison.

ratatiner [ʀatatine] **se ~** *vpr* shrivel up, wizen.

rate [ʀat] *nf* (*Méd*) spleen.

râteau [ʀɑto] *nm* (*pl* **-x**) rake.

râtelier [ʀɑtəlje] *nm* **1** rack **2** (*fam*) set of false teeth **3** (*loc*) *il mange à tous les ~s* everything is grist to his mill.

raté [ʀate] *nm* **1** (*personne*) failure **2** (*Aut*) *avoir des ratés* misfire ‖ **rater** *vt* (*1*) **1** (*bus, train*) miss **2** (*examen*) fail, (*fam*) flunk ; miss ; (*fam*) *je ne l'ai pas ratée !* I didn't let her get away with it! *il a raté son coup !* it didn't come off! *elle n'en rate pas une !* she's always dropping bricks!/putting her foot in it! ◆ *vi* **1** (*fusil*) misfire **2** (*fig*) fail.

ratification [ʀatifikasjɔ̃] *nf* ratification ‖ **ratifier** *vt* (*1h*) ratify.

ration [ʀasjɔ̃] *nf* ration, share.

rationaliser [ʀasjɔnalize] *vt* (*1*) rationalize ‖ **rationnel** *adj* (*f* **-elle**) rational.

rationnement [ʀasjɔnmɑ̃] *nm* rationing ‖ **rationner** *vt* (*1*) ration.

ratisser [ʀatise] *vt* (*1*) rake ; (*police*) comb.

raton [ʀatɔ̃] *nm* (*Zool*) **~ laveur** raccoon.

rattachement [ʀataʃmɑ̃] *nm* binding ; linking ‖ **rattacher** *vt* (*1*) **1** refasten, retie **2** (*fig*) *bind, connect, link ‖ **se rattacher** *vpr* **1** *be fastened **2** (*fig*) *be linked/related.

rattrapage [ʀatʀapaʒ] *nm* (*Ens*) **~ scolaire** remedial classes ‖ **rattraper** *vt* (*1*) **1** (*prisonnier*) recapture ; (*objet*) *catch (hold of) **2** (*Aut*) *catch up with ; *overtake ; **~ le temps perdu** *make up for lost time ‖ **se rattraper** *vpr* **1** avoid falling ; *se ~ à une branche* *catch hold of a branch **2** *je suis en retard mais je me rattraperai* I'm late but I'll make it up ; *il a perdu une fortune mais il compte bien se ~* he has lost a fortune but he expects to recoup his losses.

rature [ʀatyʀ] *nf* deletion ‖ **raturer** *vt* (*1*) cross out, delete.

rauque [ʀok] *adj* (*aphone*) hoarse ; husky ; (*strident*) raucous.

ravage [ʀavaʒ] *nm* (*loc*) *faire des ~s* wreak havoc ‖ **ravager** *vt* (*1h*) devastate, ravage.

ravalement [ʀavalmɑ̃] *nm* (*bâtiment*) cleaning ‖ **ravaler** *vt* (*1*) **1** clean **2** (*salive, paroles*) swallow ; (*colère*) stifle **3** humiliate, lower.

ravi [ʀavi] *adj* delighted ; **~ de vous voir** delighted to see you.

ravigoter [ʀavigɔte] *vt* (*1*) (*fam*) buck up.

ravin [ʀavɛ̃] *nm* gully ; ravine ‖ **raviner** *vt* (*1*) (*Géog*) (*aussi fig*) furrow.

ravir[1] [ʀaviʀ] *vt* (*2*) enchant, delight ; *cette robe vous va à ~* you look charming in that dress ‖ **ravissant** *adj* enchanting, delightful ‖ **ravissement** *nm* delight, rapture ; *avec ~* delightedly, rapturously.

ravir[2] [ʀaviʀ] *vt* (*2*) kidnap ‖ **ravisseur** *nm* (*f* **-euse**) abductor, kidnapper.

raviser [ʀavize] **se ~** *vpr* (*1*) *je me suis ravisé* I have changed my mind/thought better of it.

ravitaillement [ʀavitajmɑ̃] *nm* (*stock*) supply, (*souvent pl*) supplies ; (*action*) supplying ; (*Av*) **~ en vol** refuelling in flight ‖ **ravitailler** *vt* (*1*) (*en*) supply (with) ; (*par parachute*) drop supplies to ; (*en carburant*) refuel ‖ **se ravitailler** *vpr* (*en*) stock up (with).

raviver [ʀavive] *vt* (*1*) revive.

ravoir [ʀawɑʀ] *vt* *get back, recover.

rayé [ʀeje] *adj* **1** (*endommagé*) scratched **2** (*couleurs*) striped **3** (*papier*) lined, ruled ‖ **rayer** *vt* (*1e*) **1** scratch **2** (*fig*) cross out, delete.

rayon [ʀejɔ̃] *nm* **1** (*lumière*) beam, ray ; **~ laser** laser beam ; **~ de soleil** ray of sunshine **2** (*roue*) spoke **3** (*cercle*) radius ; *dans un ~ de 100 km* within a radius of 100 km ; **~ d'action** range **4** (*ruche*) honeycomb **5** (*bibliothèque*) shelf **6** (*magasin*) department ; (*fam fig*) *ce n'est pas mon ~* it's not in my line/up my street ‖ **rayonnage** *nm* set of shelves ‖ **rayonnant** *adj* beaming, radiant ‖ **rayonnement** *nm* (*Phys*) radiation ; (*personne*) radiance ; (*culture*) influence ; spread ‖ **rayonner** *vi* (*1*) **1** (*Phys*) (*aussi fig*) radiate ; (*tourisme*) tour **2** beam, *shine ; **~ de bonheur** *be glowing/radiant with happiness.

rayure [ʀejyʀ] *nf* **1** (*éraflure*) scratch **2** (*couleur*) stripe.

raz-de-marée [ʀɑdmaʀe] *nm* (*pl inv*) tidal wave ; (*fig*) **~ électoral** landslide.

razzia [ʀazja] *nf* raid.

ré [ʀe] *nm* (*Mus*) D, (*solfège*) re.

réacteur [ʀeaktœʀ] *nm* (*nucléaire*) reactor ; (*Av*) jet engine ‖ **réaction** *nf* reaction ; *avion à ~* jet (plane) ‖ **réactionnaire** *adj nmf* (*Pol*) reactionary.

réadapter [ʀeadapte] *vt* (*1*) **se ~** *vpr* readapt, readjust.

réaffirmer [ʀeafiʀme] *vt* (*1*) reassert.

réagir [ʀeaʒiʀ] *vi* (*2*) react.

réalisateur [ʀealizatœʀ] *nm* (*f* **-trice**) (*Ciné*) director ‖ **réalisation** *nf* achievement ; (*Ciné, TV*) production ; (*Fin*) realization ‖ **réaliser** *vt* (*1*) achieve ; (*projet*) carry out ; (*Ciné*) produce ; (*Fin*) realize ; *mon rêve s'est réalisé* my dream came true ‖ **réalisme** *nm* realism ‖ **réaliste** *adj* realistic ◆ *nmf* realist ‖ **réalité** *nf* reality.

réanimation [ʀeanimasjɔ̃] *nf* (*Méd*) resuscitation ; *service de ~* intensive care unit ‖ **réanimer** *vt* (*1*) resuscitate.

réapparaître [ʀeapaʀɛtʀ] *vi* (*34*) reappear ‖ **réapparition** *nf* reappearance.

réarmement [ReaRməmɑ̃] *nm* rearmament ‖ **réarmer** *vt* (1) (Mil) rearm ; (Naut) refit ‖ **se réarmer** *vpr* rearm.

réassortiment [ReasɔRtimɑ̃] *nm* restocking ‖ **réassortir** *vt* (2) replace, restock.

rébarbatif [RebaRbatif] *adj* (f **-ive**) forbidding ; (fam) boring.

rebâtir [RɑbɑtiR] *vti* (2) *rebuild.

rebattre [RɑbatR] *vt* (28) **1** (cartes) reshuffle **2** (loc) *il me rebat les oreilles de ses succès* he keeps harping on about his successes ‖ **rebattu** *adj* (Lit) trite.

rebelle [Rɑbɛl] *adj* **1** rebellious **2** obstinate ◆ *nmf* rebel ‖ **se rebeller** *vpr* (1) rebel, revolt ‖ **rébellion** *nf* rebellion.

rebiffer [Rɑbife] **se ~** *vpr* (1) (fam) *hit back.

reboisement [Rɑbwazmɑ̃] *nm* reforestation ‖ **reboiser** *vt* (1) reforest.

rebond [Rɑbɔ̃] *nm* bounce, rebound ‖ **rebondi** *adj* (figure) chubby ; (corps) plump ; (ventre) fat ; (péj) pot-bellied ‖ **rebondir** *vi* (2) bounce, rebound ; (fig) revive ; *faire ~ une affaire* *bring an affair back into the limelight ‖ **rebondissement** *nm* new development.

rebord [RɑbɔR] *nm* edge ; **~ de fenêtre** windowsill.

rebours [RɑbuR] **à ~** *loc* back to front ; *compte à ~* countdown ; (Mil) *prendre l'ennemi à ~* surprise the enemy from behind.

rebouteux [Rɑbutø] *nm* (f **-euse**) (Méd) bonesetter.

rebrousser [RɑbRuse] *vt* (1) brush up ; (loc) **~ chemin** retrace one's steps ; (fig) *prendre qn à ~-poil* rub sb the wrong way.

rebuffade [Rɑbyfad] *nf* rebuff.

rébus [Rebys] *nm* rebus.

rebut [Rɑby] *nm* scrap ; *mettre au ~* scrap ; *le ~ de la société* the dregs of society ‖ **rebutant** *adj* discouraging ; **rebuter** *vt* (1) **1** discourage, dishearten **2** disgust ‖ **se rebuter** *vpr* *be put off.

récalcitrant [Rekalsitrɑ̃] *adj nm* recalcitrant.

recaler [Rɑkale] *vt* (1) (fam) fail ; *j'ai été recalé à mon examen* I failed/flunked my exam.

récapitulation [Rekapitylɑsjɔ̃] *nf* recapitulation ‖ **récapituler** *vt* (1) recapitulate.

recel [Rɑsɛl] *nm* (Jur) receiving stolen goods ‖ **receler** *vt* (1a) (Jur) receive ; (fig) conceal ‖ **receleur** *nm* (f **-euse**) (Jur) receiver ; (fam) fence.

récemment [Resamɑ̃] *adv* recently.

recensement [Rɑsɑ̃smɑ̃] *nm* inventory ; (population) census ‖ **recenser** *vt* (1) *make an inventory of ; *take a census of.

récent [Resɑ̃] *adj* recent.

récépissé [Resepise] *nm* receipt.

récepteur [ResɛptœR] *adj* **poste ~** receiving set ◆ *nm* (El) receiver ; (Téléph) *décrocher le ~* lift the receiver ‖ **réceptif** *adj* (f **-ive**) receptive ‖ **réception** *nf* **1** reception ; (Com) *à ~ de* on receipt of ; (Rad) reception ; (hôtel) inquiry/reception desk ; (ambassade) *salle de ~* state-room **2** welcome ; *on nous a fait une bonne ~* we were given a warm welcome ‖ **réceptionner** *vt* (1) receive ‖ **réceptionniste** *nmf* receptionist.

récession [Resesjɔ̃] *nf* recession.

recette [Rɑsɛt] *nf* **1** (Cuis) (aussi fig) recipe **2** (Com) takings *pl inv* ; (Sp) gate (money) ; (Fin) **~s** receipts ; (fig) *cela n'a pas fait ~* it wasn't a great success.

receveur [RɑsvœR] *nm* (f **-euse**) **1** bus conductor **2** (Poste) postmaster/postmistress **3** (impôts) tax collector **4** (greffe d'organe) recipient ‖ **recevoir** *vt* (15) **1** receive ; **~ une lettre** *get a letter ; **~ la visite de qn** *have a visit from sb **2** greet ; *ils nous ont reçus à bras ouverts* they welcomed us with open arms ; **~ des amis à sa table** *have people in for a meal ; *ils reçoivent beaucoup* they entertain a great deal/do a great deal of entertaining ; (médecin) *il reçoit de 16h00 à 20h00* he sees patients between 4 p.m. and 8 p.m **3** (Ens) pass ; *il est reçu (à son examen)* he has passed (his examination).

rechange [Rɑʃɑ̃ʒ] *nm* **linge de ~** change of clothes ; (Tech) **pièces de ~** spare parts/spares ; **pneu de ~** (amér) spare tire/ (brit) tyre ; **solution de ~** alternative.

rechaper [Rɑʃape] *vt* (1) (pneu) retread.

réchapper [Reʃape] *vi* (1) (à) escape (from).

recharge [Rɑʃarʒ] *nf* (batterie) recharge ; (stylo) refill ‖ **recharger** *vt* (1h) recharge ; refill ; (arme, camion) reload.

réchaud [Reʃo] *nm* (portable) stove.

réchauffement [Reʃofmɑ̃] *nm* rise (in temperature) ‖ **réchauffer** *vt* (1) warm up ; (Cuis) (faire) **~** heat up (again) ; *cela me réchauffe le cœur de penser que...* it warms my heart to think that... ; (fam) *c'est du réchauffé !* I've heard this one before! ‖ **se réchauffer** *vpr* *get warm, warm (oneself) up.

rêche [Rɛʃ] *adj* harsh, rough.

recherche [RɑʃɛRʃ] *nf* **1** search ; *à la ~ de* in search of ; *ils sont à la ~ d'un appartement* they are looking for a flat **2** (enquête) *faire des ~s* *make investigations/ inquiries **3** (Méd, Sc, Tech) research **4** (esthétique) *elle s'habille avec ~* she dresses elegantly ‖ **rechercher** *vt* (1) **1** look for ; (Jur) *recherché pour vol* wanted for theft **2** (fig) *seek (for) ; *on en recherche la cause* they are trying to find out the cause.

rechigner [Rəʃiɲe] *vi* (1) (à) balk (at), jib (at).

rechute [Rəʃyt] *nf* (*Méd*) relapse ‖ **rechuter** *vi* (1) *have a relapse.

récidive [Residiv] *nf* (*Jur*) second offence ‖ **récidiver** *vi* (1) *do it again; (*Jur*) commit a second offence ‖ **récidiviste** *nmf* recidivist.

récif [Resif] *nm* reef.

récipient [Resipjɑ̃] *nm* container.

réciprocité [ResipRosite] *nf* reciprocity ‖ **réciproque** *adj* mutual, reciprocal ◆ *nf* opposite; *rendre la ~ à qn* *get even with sb* ‖ **réciproquement** *adv* 1 *ils s'admirent ~* they admire one another 2 (*loc*) *et ~* and vice versa.

récit [Resi] *nm* 1 account; *il m'a fait le ~ de sa vie* he told me the story of his life 2 (*Lit*) narrative.

récital [Resital] *nm* (*pl* **-als**) (*Mus*) recital.

récitation [Resitasjɔ̃] *nf* recitation ‖ **réciter** *vt* (1) recite.

réclamation [Reklamasjɔ̃] *nf* complaint.

réclame [Reklam] *nf* (*Com*) advertisement; *article en ~* special offer; *faire de la ~ pour* advertise; (*fig*) *cela ne va pas lui faire de la ~!* that's not going to do his image much good! ‖ **réclamer** *vt* (1) ask for; (*de droit*) claim; (*exiger*) demand; (*requérir*) require ◆ *vi* complain ‖ *se réclamer vpr* (*de*) claim to belong (to).

reclasser [Rəklase] *vt* (1) reclassify.

reclus [Rəkly] *adj* cloistered ◆ *nm* recluse ‖ **réclusion** *nf* (*Jur*) *~ à vie* life imprisonment.

recoin [Rəkwɛ̃] *nm* nook; *tous les coins et ~s* every nook and cranny.

récoltant [Rekɔltɑ̃] *nm* (*Ag*) grower ‖ **récolte** *nf* crop; (*céréales*) harvest; *~ sur pied* standing crop ‖ **récolter** *vt* (1) (*Ag*) (*céréales*) harvest; (*fruits*) pick; (*miel*) (*aussi fig*) collect, gather.

recommandation [Rəkɔmɑ̃dasjɔ̃] *nf* 1 recommendation; *lettre de ~* letter of introduction 2 (*courrier*) registration ‖ **recommander** *vt* (1) 1 advise; recommend 2 (*courrier*) register.

recommencement [Rəkɔmɑ̃smɑ̃] *nm* fresh start ‖ **recommencer** *vti* (1h) *begin again, *make a fresh start; repeat; *le voilà qui recommence!* he's at it again!

récompense [Rekɔ̃pɑ̃s] *nf* prize; reward; *en ~ de* as a reward for ‖ **récompenser** *vt* (1) (*de*) reward (for).

réconciliation [Rekɔ̃siljasjɔ̃] *nf* reconciliation ‖ **réconcilier** *vt* (1h) reconcile; *ils se sont réconciliés* they have made (it) up.

reconduction [Rəkɔ̃dyksjɔ̃] *nf* (*Jur*) renewal; *tacite ~* renewal by tacit agreement ‖ **reconduire** *vt* (33) 1 *~ qn chez lui* *take sb back home 2 (*Jur*) renew.

réconfort [Rekɔ̃fɔR] *nm* comfort ‖ **réconfortant** *adj* comforting ‖ **réconforter** *vt* (1) comfort.

reconnaissable [Rəkɔnɛsabl] *adj* (à) recognizable (by, from) ‖ **reconnaissance** *nf* 1 recognition; *~ de dette* IOU 2 gratitude; *en ~ de* in gratitude for 3 (*Mil*) reconnaissance ‖ **reconnaissant** *adj* grateful; *je vous suis ~ de votre aide* I'm so grateful to you for your help; *je vous serais ~ de bien vouloir écrire à...* I would be grateful if you would write to... ‖ **reconnaître** *vt* (34) (à) 1 recognize (from, by); *je l'ai reconnue à ses yeux* I knew her from/by her eyes; *là je te reconnais!* that's just like you! (*aussi fig*) *je ne m'y reconnais plus* I'm lost 2 acknowledge, admit, recognize 3 (*Jur*) *~ coupable* *find guilty 4 *essayer de ~ les lieux* try to see how the land lies.

reconquérir [Rəkɔ̃keRiR] *vt* (13) reconquer ‖ **reconquête** *nf* reconquest; recovery.

reconstituant [Rəkɔ̃stityɑ̃] *adj* (*Méd*) energizing, energy-giving ‖ **reconstituer** *vt* (1) reconstitute; (*logique*) piece together; (*Méd*) regenerate; (*crime*) reconstruct ‖ **reconstitution** *nf* reconstitution; piecing together; reconstruction.

reconstruction [Rəkɔ̃stRyksjɔ̃] *nf* reconstruction ‖ **reconstruire** *vt* (33) reconstruct.

reconversion [Rəkɔ̃veRsjɔ̃] *nf* (*Ind*) reconversion; (*personnel*) redeployment ‖ **reconvertir** *vt* (2) reconvert; redeploy ‖ *se reconvertir vpr* (*dans*) move (into a new branch).

recopier [Rəkɔpje] *vt* (1h) recopy; copy out; *~ qch au propre* *write out a (*amér*) clean/ (*brit*) fair copy of sth.

record [RəkɔR] *nm* record; (*Sp*) *battre le ~ mondial* *beat the world record; *en un temps ~* in record time ‖ **recordman** *nm* (*pl* **-men**) record holder ‖ **recordwoman** *nf* (*pl* **-women**) record holder.

recoucher [Rəkuʃe] *se ~ vpr* (1) *go back to bed.

recoupement [Rəkupmɑ̃] *nm* crosscheck ‖ *se recouper vpr* (1) match, tie up.

recourbé [RəkuRbe] *adj* curved; hooked.

recourir [RəkuRiR] *vi* (3) (*personne*) *~ à qn* appeal to sb; (*moyen*) *~ à la force* resort/*have recourse to force ‖ **recours** *nm* (*personne*) *avoir ~ à qn* appeal to sb; *avoir ~ à la force* resort/*have recourse to force; *c'est notre dernier ~* it's our last hope; (*loc*) *en dernier ~* as a/in the last resort; (*Jur*) *~ en cassation/grâce* appeal to the supreme court/plea for pardon.

recouvrement [RəkuvRəmɑ̃] *nm* (*Jur*) (*créances*) recovery ‖ **recouvrer** *vt* (1) (*créances, santé*) recover.

recouvrir [ʀəkuvʀiʀ] *vt (7) (aussi fig)* cover.

récréation [ʀekʀeɑsjɔ̃] *nf* **1** recreation; relaxation **2** *(Ens)* break; *(primaire)* playtime.

récrier [ʀekʀije] **se ~** *vpr (1h)* protest; *se ~ d'indignation* exclaim one's indignation.

récrimination [ʀekʀiminɑsjɔ̃] *nf* recrimination ‖ **récriminer** *vi (1)* recriminate.

recroqueviller [ʀəkʀɔkvije] **se ~** *vpr (1)* curl up.

recrudescence [ʀəkʀydesɑ̃s] *nf* **(de)** fresh outburst (of), upsurge (in).

recrue [ʀəkʀy] *nf inv* recruit ‖ **recrutement** *nm* recruitment ‖ **recruter** *vt (1)* recruit.

rectangle [ʀɛktɑ̃gl] *nm* rectangle ‖ **rectangulaire** *adj* rectangular.

rectification [ʀɛktifikɑsjɔ̃] *nf* correction, rectification ‖ **rectifier** *vt (1h)* correct, rectify; *(Mil) (aussi fig)* **~** *le tir* adjust one's sights.

rectiligne [ʀɛktiliɲ] *adj* rectilinear, straight.

recto [ʀɛkto] *nm imprimé au* **~** printed on the front side (of the page); *imprimé* **~** *verso* printed on both sides.

reçu [ʀəsy] *pp* de **recevoir** ◆ *adj (examen) il est* **~** he has passed ◆ *nm (Com)* receipt.

recueil [ʀəkœj] *nm (Lit)* anthology, collection ‖ **recueillement** *nm (processus)* contemplation, meditation, self-communion; *(état d'esprit)* composure; reverence ‖ **recueilli** *adj* contemplative, meditative; reverent ‖ **recueillir** *vt (4)* **1** *(informations)* collect **2** *(personne)* *take in; *give sanctuary/shelter to; provide a home for **3** *(déposition)* *take down ‖ **se recueillir** *vpr* meditate; collect one's thoughts; *aller se* **~** *sur la tombe de qn* *go and visit sb's grave.

recul [ʀəkyl] *nm* **1** backward movement; *avec le* **~** *(espace)* from a distance; *(temps)* with the passing of time; *prendre du* **~** *(espace)* *stand back; *(fig)* *take time to get things into perspective **2** *(insuccès)* setback; *être en* **~** *be on the decline **3** *(arme à feu)* kick, recoil ‖ **reculade** *nf* retreat; *(fam)* comedown ‖ **reculé** *adj* distant, out of the way, remote ‖ **reculer** *vi (1)* **1** move/*stand/step back; *(cheval)* back; *(Aut)* back, reverse; *(Mil)* retreat **2** *(Eco)* decline **3** *(fig) il n'y a plus moyen de* **~** there's no drawing back/pulling out; *il ne recule pas devant la dépense* money is no object to him; *il ne recule devant rien* he'll stop at nothing ◆ *vt* move back; *(cheval)* back; *(Aut)* back, reverse; *(date)* postpone; *(décision)* *put off ‖ **se reculer** *vpr* move/*stand/step back ‖ **reculons** *(loc)* à **~** backwards.

récupérable [ʀekypeʀabl] *adj (Inf)* retrievable; *(délinquant)* redeemable; *(déchets)* that can be salvaged; *(fam) est-ce que ce tapis est encore* **~** *?* is it worth trying to repair this carpet? ‖ **récupération** *nf* **1** recovery; recuperation **2** *(déchets)* reprocessing, salvage, salvaging ‖ **récupérer** *vt (1a)* **1** recover; recuperate; **2** *(déchets)* reprocess, salvage **3** *(Fin)* recoup **3** *(jour chômé)* *make up ◆ *vi* recover; recuperate.

récurer [ʀekyʀe] *vt (1)* scour, scrub.

récuser [ʀekyze] *vt (1) (Jur) (aussi fig)* challenge ‖ **se récuser** *vpr* disclaim all competence.

recyclage [ʀəsiklaʒ] *nm* **1** *(Ens)* reorientation; *(professionnel)* retraining **2** *(déchets)* recycling ‖ **recycler** *vt (1)* **1** redirect, retrain **2** recycle ‖ **se recycler** *vpr (se reconvertir)* retrain; *(se perfectionner)* *go on a refresher course; *elle s'est recyclée dans l'export* she's in the export business now; *il faut se* **~** *en permanence* you have to keep up with the latest developments.

rédacteur [ʀedaktœʀ] *nm (f -trice) (Presse)* editor; **~** *en chef (amér)* editor-in-chief, *(brit)* chief editor ‖ **rédaction** *nf* **1** *(Presse, TV)* editorial staff; *(bureaux)* editorial department/offices **2** *(Ens)* essay, composition.

reddition [ʀedisjɔ̃] *nf* surrender.

redémarrage [ʀədemaʀaʒ] *nm (Eco)* take-off ‖ **redémarrer** *vi (1)* *take off again.

rédempteur [ʀedɑ̃ptœʀ] *adj (f -trice)* redeeming ◆ *nm (Rel) le R~* the Redeemer ‖ **rédemption** *nf* redemption.

redéploiement [ʀədeplwamɑ̃] *nm (Ind)* diversification; conversion ‖ **se redéployer** *vpr (1f)* diversify; restructure.

redescendre [ʀədesɑ̃dʀ] *vi (46)* *come/ *go back down ◆ *vt* *bring/*take back down.

redevable [ʀədvabl] *adj (à qn de qch)* indebted (to sb for sth).

redevance [ʀədvɑ̃s] *nf* **1** tax, charge **2** *(TV)* licence fee.

redevenir [ʀədvəniʀ] *vi (10)* *become again; *il est redevenu lui-même* he's his old self again.

rédhibitoire [ʀedibitwaʀ] *adj* eliminatory; *(fig)* damning.

rediffuser [ʀədifyze] *vt (1) (TV)* *broadcast again ‖ **rediffusion** *nf* repeat.

rédiger [ʀediʒe] *vt (1h) (article)* *write; *(document)* *draw up.

redingote [ʀədɛ̃gɔt] *nf* frock coat.

redire [ʀədiʀ] *vt (38)* **1** repeat **2** *(loc) avoir/trouver à* **~** *à qch* *find fault with sth; *il n'y a rien à* **~** *à cela* you can't argue with that.

redistribuer [Rədistribɥe] vt (1) redistribute ‖ **redistribution** nf redistribution.

redondance [Rədɔ̃dɑ̃s] nf (Gr) redundancy ‖ **redondant** adj superfluous ; (Gr) redundant.

redonner [Rədɔne] vt (1) **1** (rendre) *give back **2** (à nouveau) *give again **3** (film) *show again.

redoublant [Rədublɑ̃] nm (Ens) pupil repeating a year ; (amér) repeater ‖ **redoublement** nm **1** (de) increase (in) **2** (Ens) repeating a year ‖ **redoubler** vti (1) **1** (de) increase **2** repeat a year.

redoutable [Rədutabl] adj formidable ‖ **redouter** vt (1) dread.

redoux [Rədu] nm (temps) mild spell ; (fonte des neiges) thaw.

redressement [RədRεsmɑ̃] nm (Eco) recovery ‖ **redresser** vt (1) **1** (objet) *stand up straight ; (situation) correct **2** (Eco Fin) il n'a pas su ~ l'affaire he was unable to get the business back on its feet again ‖ **se redresser** vpr **1** *sit/*stand up (straight) ; (situation) right itself **2** (Eco) recover, pick up.

réductible [Redyktibl] adj reducible ‖ **réduction** nf reduction.

réduire [RedɥiR] vt (33) reduce ; (prix) *cut ; (loc) il en est réduit à mentir he is reduced to lying ‖ **se réduire** vpr **1** (affaire, somme) (à) amount (to) **2** (dépenses) je suis obligé de me ~ I have to cut my spending ‖ **réduit** adj reduced ; (nombre) limited ◆ nm (Mil) hideout ; (péj) cubbyhole.

rééchelonnement [Reeʃlɔnmɑ̃] nm (dette) rescheduling ‖ **rééchelonner** vt (1) reschedule.

rééditer [Reedite] vt (1) republish ; (fig) repeat ‖ **réédition** nf new edition.

rééducation [Reedykasjɔ̃] nf rehabilitation ; (Méd) physiotherapy ; elle fait de la ~ she's having physiotherapy ‖ **rééduquer** vt (1) rehabilitate ; re-educate.

réel [Reεl] adj (f -elle) real ◆ nm le ~ reality ‖ **réellement** adv really.

réélire [ReeliR] vt (38) re-elect.

rééquilibrer [Reekilibre] vt (1) restabilize.

réévaluation [Reevalɥasjɔ̃] nf revaluing ; (prix, salaires) increase ‖ **réévaluer** vt (1) (monnaie) revalue ; (salaires) raise.

réexpédier [Reεkspedje] vt (1h) (courrier) forward ; (à l'expéditeur) return ‖ **réexpédition** nf forwarding.

refaire [RəfεR] vt (41) **1** (répéter) *do/ *make again ; referais-tu la même chose ? would you do the same thing again ? je refais du pain ? shall I make more coffee ? **2** (changer) elle a refait sa vie she started a new life ; si c'était à ~ ! (amér) if I could do it all again ! (brit) if I could see my time over again ! **3** (réparer) repair, *do up ; on fait ~ la toiture/la chambre we're having the roof repaired/the bedroom redecorated ; (annonce) refait à neuf ! as new ! **4** (fam) ~ qn con sb ; je suis refait ! I've been conned ! ‖ **se refaire** vpr **1** recuperate ; (aussi fig) il s'est refait une santé he's made a remarkable recovery **2** (changer) on ne se refait pas ! you can't change the way you are !

réfection [Refεksjɔ̃] nf repairing.

réfectoire [Refεktwaʀ] nm canteen ; (Rel) refectory.

référence [Referɑ̃s] nf **1** reference ; ouvrage de ~ reference book ; faire ~ à refer to ; (citer) quote **2** ~s (recommandations) references ; testimonial **3** (fam) ce n'est pas une ~ ! that's no recommendation !

référendum [Referɛ̃dɔm] nm referendum.

référer [Refere] vt (1c) (loc) j'en réfère à mon chef I'll refer the matter to my boss ‖ **se référer** vpr **1** (à) (consulter) consult ; (se rapporter) refer (to).

refermer [Rəfεʀme] vt (1) close (again) ‖ **se refermer** vpr close (up).

refiler [Rəfile] vt (1) (fam) pass on ; il m'a refilé la grippe he gave me the flu.

réfléchi [Refleʃi] adj **1** (lumière) reflected **2** (personne) thoughtful ; (décision) carefully thought out ; c'est tout ~ ! my mind is made up ! **3** (Gr) reflexive ‖ **réfléchir** vt (2) (lumière) reflect ◆ vi (à sur) think (about).

reflet [Rəflε] nm (lumière) reflection ; (cheveux) light ; (image) reflection, image ; (fig) image ‖ **refléter** vt (1c) reflect ‖ **se refléter** vpr *be reflected.

réflexe [Reflεks] nm reflex ; il manque de ~ he's slow to react.

réflexion [Refleksjɔ̃] nf **1** thought, reflection ; ceci mérite ~ this requires careful thought ; ~ faite on reflection **2** (remarque) comment ; (pensée) thought **3** (lumière) reflection.

refluer [Rəflye] vi (1) flow back ; (foule) surge/rush back.

reflux [Rəfly] nm (marée) ebb ; (foule) surging/rushing back ; (monnaie) fall.

refondre [Rəfɔ̃dR] vt (46) (Tech) *recast ; (fig) (texte) remodel ; (projet de loi) *redraw ; (fam) revamp ‖ **refonte** nf recasting ; remodelling, redrawing ; revamping.

réformateur [RefɔRmatœʀ] nm (f -trice) reformer ◆ adj reforming ‖ **réforme** nf reform ; (Hist) la R~ the Reformation ‖ **réformer** vt (1) reform ; (Mil) declare unfit for service ‖ **se réformer** vpr change one's ways.

reformer [RəfɔRme] vt (1) re-form.

refoulement [Rəfulmɑ̃] nm **1** driving

back ; *(aux frontières)* refusal of entry **2** *(Psy)* repression ‖ **refouler** vt *(1)* **1** *drive back ; il a été refoulé à la frontière* he was not allowed into the country **2** *(Psy)* repress.

réfractaire [Refraktɛr] adj *(à)* resistant (to) ; *(Tech)* refractory ; *(brique, plat)* heat-resistant ♦ nm *(Mil)* conscientious objector ‖ **réfraction** nf *(Phy)* refraction.

refrain [Rəfrɛ̃] nm refrain, chorus.

réfréner [Refrene] vt *(1c)* curb.

réfrigérateur [Refriʒeratœr] nm refrigerator ; *(fam)* fridge ‖ **réfrigération** nf refrigeration ‖ **réfrigérer** vt *(1c)* refrigerate ; *(fam)(personnes)* turn cold ; *je suis réfrigéré !* I'm frozen stiff !

refroidir [Rəfrwadir] vt *(2)* cool ; *(fam) son attitude m'a refroidi* her attitude put me off ♦ vi cool (down) ; *(trop froid)* *get cold* ‖ **se refroidir** vpr cool down ; *get cold ; (temps)* *get cooler/colder* ‖ **refroidissement** nm *(aussi fig)* cooling ; *(Méd)* chill.

refuge [Rəfyʒ] nm refuge ; *(Fin) placement ~* safe investment ‖ **réfugié** nm refugee ‖ **se réfugier** vpr *(1h)* *take refuge.

refus [Rəfy] nm refusal ; *ce n'est pas de ~ !* I won't say no ! ‖ **refuser** vt *(1) (de)* refuse (to) ; *(proposition)* reject, turn down ‖ **se refuser** vpr *(à)* refuse (to) ; *elle ne se refuse rien !* she denies herself nothing !

réfutable [Refytabl] adj refutable ‖ **réfutation** nf refutation ‖ **réfuter** vt *(1)* refute.

regagner [Rəgaɲe] vt *(1)* regain ; *(lieu)* return to.

regain [Rəgɛ̃] nm *(de)* renewal/revival (of) ; upsurge (in) ; *un ~ de faveur* renewed popularity.

régal [Regal] nm *(pl -s) (mets)* treat ; *c'est un ~ !* it's delicious ! ‖ **régaler** vt *(1) (qn de qch)* treat (sb to sth) ‖ **se régaler** vpr *have a feast ; se ~ de qch* feast on sth.

regard [Rəgar] nm **1** *(vue)* eye, gaze ; *son ~ s'est posé sur elle* his eye came to rest on her ; *(air)* look ; *elle a un drôle de ~* she's got a strange look in her eye ; *(coup d'œil)* glance ; *au premier ~* at first glance ; *(fixe)* stare ; *(fig) au ~ de la loi* in the eyes of the law ; *(loc)* en ~ opposite ; *en ~ de* in comparison with **2** *(égout)* manhole, inspection cover ‖ **regardant** adj careful with money ‖ **regarder** vt *(1)* **1** *(personnes) (contempler)* look at ; *(ce qui bouge, TV)* watch ; *(d'un coup d'œil)* glance at ; *~ fixement* stare at ; *~ longuement* gaze at ; *(fig) ~ qn d'un bon/ mauvais œil* look favourably/unfavourably on sb ; *(loc) ~ qn de travers* frown/scowl at sb ; *regarde par la fenêtre !* look out (of) the window ! *regarde par ici !* look over here ! *(loc) regarde-moi ça !* just take a look at that ! *(fam) regarde voir !* have a look and see ! *tu ne m'as pas regardé !* who

do you take me for ! *(fig) il faut ~ les choses en face* you have to see things as they really are **2** *(vérifier) avez-vous regardé l'huile ?* have you checked the oil ? **3** *(fenêtre, maison) ~ vers* face **4** *(considérer) je la regarde comme une amie* I think of her/regard her as a friend **5** *(concerner) ça ne vous regarde pas* that's none of your business **6** *~ à *think about, consider ; *il ne regarde pas à la dépense* he spares no expense ; *elle y regarde à deux fois avant d'agir* she thinks twice before she does anything ; *je n'y regarde pas de si près* I'm not that fussy.

régence [Reʒɑ̃s] nf regency.

régénérateur [Reʒeneratœr] adj *(f -trice)* regenerating ‖ **régénérer** vt *(1c)* regenerate ; *(forces)* revive.

régent [Reʒɑ̃] nm regent ‖ **régenter** vt *(1) (péj)* rule, control.

régie [Reʒi] nf **1** *(compagnie)* state-controlled authority **2** *(Th)* production department ; *(TV)* control room.

regimber [Rəʒɛ̃be] vi *(1) (à)* baulk/protest (at).

régime [Reʒim] nm **1** *(Pol)* government, system ; *(péj)* régime **2** *(code)* regulations ; *~ de retraite (amér)* pension plan, *(brit)* pension scheme **3** *(Méd)* diet ; *~ sans sel* salt-free diet ; *être au ~/faire un ~* *be on a diet **4** *(Aut)* (engine) speed ; *(loc) à ce ~* at this rate **5** *(bananes)* bunch.

régiment [Reʒimɑ̃] nm **1** regiment ; *(fam)* army ; *il est au ~* he's doing his military service **2** *(fig) (quantité) il y en a tout un ~ !* there are hordes of them !

région [Reʒjɔ̃] nf region ‖ **régional** adj *(mpl -aux)* regional.

régir [Reʒir] vt *(2)* govern ‖ **régisseur** nm inv manager ; *(Th)* stage manager.

registre [Rəʒistr] nm register.

réglable [Reglabl] adj *(Tech)* adjustable ; *(facture)* payable ‖ **réglage** nm *(Tech)* adjustment ; *(moteur)* tuning.

règle [Regl] nf **1** *(instrument)* ruler ; *~ à calculer* slide rule **2** *(loi)* rule ; *il est de ~ de faire ainsi* that's the way it's usually done ; *en ~* in order ; *en ~ générale* as a general rule ; *dans les ~s de l'art* by/ according to the book **3** *(Méd)* avoir ses *~s *have one's period. ‖ **réglé** adj **1** *(vie)* well-ordered ; *(personne)* stable **2** *(papier)* ruled **3** *(jeune fille)* who has reached puberty ‖ **règlement** nm **1** *(règle)* regulation ; *(code)* regulations, rules **2** *(d'une situation)* settling **3** *(paiement)* payment ; *(Fin) ~-livraison* clearing and settlement ; *(fig) ~ de comptes* settling of scores ; *(meurtre)* (gangland) killing ‖ **réglementaire** adj statutory ; *(taille, tenue)* regulation ; *ce n'est pas ~* that's against the rules ‖ **réglementation** nf **1** *(contrôle)* control, regulation **2** *(code)* regulations ‖ **régle-**

menter vt (1) regulate, control ‖ **régler** vt (1c) 1 (*ajuster*) adjust; (*moteur*) tune; (*loc*) se ~ sur qn model oneself on sb 2 (*fixer*) fix; on va ~ son sort we're going to settle him 3 (*résoudre*) settle 4 *pay; ~ un compte *pay a bill; (*fig*) settle a score.

réglisse [Reglis] nf liquorice.

règne [REɲ] nm 1 (*Pol*) reign; sous le ~ de Jacques II in the reign of James II 2 (*Bio*) kingdom ‖ **régner** vi (1c) 1 (*roi*) reign; (*loc*) diviser pour ~ divide and rule 2 (*choses*) prevail, dominate; faire ~ la paix establish peace; (*ironique*) la confiance règne! how about that for confidence!

regonfler [Rəgɔ̃fle] vt (1) re-inflate; (*fam*) ~ qn boost sb's morale ◆ vi *swell (up) again.

regorger [RəgɔRʒe] vi (1h) (de) abound (in); overflow (with).

régresser [Regrese] vi (1) regress; (*douleur*) subside ‖ **régression** nf regression; en nette ~ decreasing sharply.

regret [Rəgrɛ] nm regret; sans ~s with no regrets; (*tombe*) ~s éternels sadly missed; (*loc*) à mon grand ~ much to my regret; (*lit*) nous sommes au ~ de vous informer que... we regret to inform you that... ‖ **regrettable** adj regrettable, unfortunate ‖ **regretter** vt (1) 1 (*ce qui est absent*) regret; (*personne*) miss 2 (*se repentir*) regret; il regrette d'être venu he regrets coming/he's sorry he came; ça, tu le regretteras! you're going to regret this!

regroupement [Rəgrupmɑ̃] nm grouping/gathering together ‖ **regrouper** vt (1) se ~ vpr group/gather together; combine forces.

régulariser [Regylarize] vt (1) 1 (*situation, papiers*) *put in order 2 (*régler*) regulate ‖ **régularité** nf (*horloge*) regularity; (*procédure*) legality; (*surface*) evenness.

régulateur [Regylatœr] adj (-trice) regulating ◆ nm regulator ‖ **régulation** nf regulation; (*Tech*) adjustment; ~ des naissances birth control.

régulier [Regylje] adj (f -ière) regular; (*débit, vitesse*) steady; (*surface*) even; (*autorisé*) legal, (*fam*) (*personne*) fair ‖ **régulièrement** adv regularly.

régurgiter [Regyrʒite] vt (1) (aussi fig) regurgitate.

réhabilitation [Reabilitasjɔ̃] nf rehabilitation ‖ **réhabiliter** vt (1) rehabilitate.

rehausser [Rəose] vt (1) raise, increase; (*prestige*) enhance.

réimpression [Reɛ̃presjɔ̃] nf (*action*) reprinting; (*livre*) reprint ‖ **réimprimer** vt (1) reprint.

rein [Rɛ̃] nm 1 (*Anat*) kidney; ~ artificiel kidney machine; greffe du ~ kidney

transplant 2 ~s back; j'ai mal aux ~s my back is aching; (*fig*) briser les ~s à qn ruin sb.

réincarnation [Reɛ̃karnasjɔ̃] nf reincarnation ‖ **se réincarner** vpr (1) (*dans*) be reincarnated (as), (*fig*) embody.

reine [REN] nf queen; la ~ Victoria Queen Victoria ‖ **reine-claude** nf (*Bot*) greengage ‖ **reinette** nf (*pomme*) pippin.

réinsérer [Reɛ̃sere] nvt (1c) reinsert ‖ **réinsertion** nf reinsertion; (*sociale*) rehabilitation.

réintégration [Reɛ̃tegrasjɔ̃] nf reintegration; re-admission ‖ **réintégrer** vt (1c) re-join.

réitérer [Reitere] vt (1c) repeat, (*lit*) reiterate.

rejaillir [Rəʒajir] vi (2) ~ sur qn (*liquide*) splash sb; (*fig*) (*scandale*) rebound on sb ‖ **rejaillissement** nm (*fig*) effect.

rejet [Rəʒɛ] nm 1 (*action*) rejection 2 (*Bot*) shoot ‖ **rejeter** vt (1d) 1 (*rendre*) *throw back 2 (*vomir*) vomit 3 (*refuser*) reject ‖ **rejeton** nm 1 (*Bot*) shoot 2 (*fam hum*) kid, offspring.

rejoindre [Rəʒwɛ̃dr] vt (35) 1 (*lieu*) return to 2 (*personnes*) *meet; (*rattraper*) *catch up with; vas-y tout de suite, je te rejoindrai là-bas go ahead, I'll meet you there 3 (*d'accord*) agree with ‖ **se rejoindre** vpr (*personnes, routes*) *meet; (*opinions*) agree; *be similar.

rejouer [Rəʒwe] vt (1) play again; ~ une partie play another game.

réjoui [Reʒwi] adj joyful, delighted ‖ **réjouir** vt (2) delight, thrill ‖ **se réjouir** vpr (de) rejoice (at), delight (in); je m'en réjouis I'm delighted ‖ **réjouissance** nf delight; ~s festivities ‖ **réjouissant** adj delightful; (*ironique*) ça, c'est ~! that's cheerful!

relâche [Rəlaʃ] nf 1 respite; sans ~ without a break 2 (*Th*) ~ le lundi closed on Mondays; faire ~ *be closed ‖ **relâché** adj (*style*) informal; (*mœurs*) loose, lax ‖ **relâchement** nm (*discipline*) slackening; (*attention*) wandering ‖ **relâcher** vt (1) 1 (*prisonnier*) release, *set free 2 (*discipline, lien*) slacken; (*muscles*) relax; ~ son attention *let one's attention wander/flag ‖ **se relâcher** vpr slacken; relax; (*attention*) wander.

relais [Rəlɛ] nm 1 (*TV*) relay station 2 ~ routier transport café; restaurant 3 (*Sp*) relay (*race*); prendre le ~ (de qn) *take over (from sb).

relance [Rəlɑ̃s] nf (*Eco*) boost(ing), expansion; (*mode, idée*) revival ‖ **relancer** vt (1h) 1 (*balle*) *throw back 2 (*Eco*) boost; (*mode, idée*) revive 3 (*harceler*) pester; j'ai dû le ~ à plusieurs reprises I had to remind him several times.

relater [Rəlate] vt (1) relate.

relatif [Rəlatif] *adj (f* **-ive**) relative ◆ *nm (Gr)* relative pronoun.

relation [Rəlasjɔ̃] *nf* **1** *(rapport)* relation, connection ; *se mettre en ~ avec qn* *get in touch with sb **2** *~s* relationship ; *(Com)* relations **3** acquaintance ; *il a des ~s* he's got influential connections ; *(fam)* he's got friends in high places **4** *(récit)* account ‖ **relationnel** *adj (f* **-elle**) *(Psy)* relational ; *problèmes ~s* relationship problems.

relative [Rəlativ] *nf (Gr)* relative clause ‖ **relativement** *adv* relatively ‖ **relativiser** *vt (1)* *put into perspective ‖ **relativité** *nf* relativity.

relax [Rəlaks] *adj (fam) (détendu)* relaxed ; *(reposant)* relaxing ‖ **relaxation** *nf* relaxation ‖ **relaxe** *nf (Jur)* release ‖ **relaxer** *vt (1) (Jur) (relâcher)* release ; *(acquitter)* discharge **2** *(détendre)* relax ‖ **se relaxer** *vpr* relax.

relayer [Rəleje] *vt (1e)* **1** *(TV)* relay **2** *(personne)* relieve, replace ‖ **se relayer** *vpr (pour faire qch)* *take it in turns (to do sth) ; *(Sp)* *take over from one another.

relégation [Rəlegasjɔ̃] *nf* relegation ; *(Jur)* exile ‖ **reléguer** *vt (1c)* **1** *(exiler)* banish **2** *(Sp)* ~ *(en)* relegate (to).

relent [Rəlɑ̃] *nm* stink, stench.

relève [Rəlɛv] *nf* relief ; *la ~ de la garde* the changing of the guard ; *laissez-moi prendre la ~* let me take over ‖ **relevé** *adj* **1** raised ; *(col)* turned up ; *(manches)* rolled up **2** *(Cuis)* spicy ◆ *nm (compteur)* reading ; *(liste)* list ; *(compte bancaire)* (bank) statement ; *~ d'identité bancaire* account references ; *(Ens)* ~ *de notes (amér)* grade/*(brit)* marks sheet ‖ **relèvement** *nm (de)* **1** *(prix, salaire)* raising (of), rise (in) **2** *(Éco)* recovery (of) ‖ **relever** *vt (1c)* **1** raise ; *(col)* turn up ; *(manches)* roll up **2** *(ramasser) (objet)* pick up ; *(personne)* help sb to his/her feet ; *(loc)* ~ *un défi* accept a challenge **3** *(noter)* note down ; *(compteur)* *read ; *(fig)* *elle n'a pas relevé la remarque* she ignored/didn't notice the remark **4** *(Cuis)* season **5** *(Mil)* relieve ; *(la garde)* change ; ~ *qn de qch* relieve sb of sth ◆ *vi* concern ; *cela relève de la bêtise* that's due to stupidity ; *(loc)* ~ *de maladie/de couches* recover from illness/childbirth ‖ **se relever** *vpr* *rise again ; *(personne)* *get up again ; *(entreprise)* recover ‖ **releveur** *nm (f* **-euse**) ~ *de compteurs* meter-reader.

relief [Rəljɛf] *nm* **1** *(Géog)* relief **2** *(motif)* en ~ in relief ; *(imprimerie)* embossed **3** *(fig)* *manquer de* ~ *be flat/dull ; *mettre en* ~ *(démontrer)* *show ; *(souligner)* stress

relier [Rəlje] *vt (1h)* **1** *(à) (aussi fig)* connect (with), link (to) **2** *(livre)* *bind ‖ **relieur** *nm (f* **-euse**) (book)binder.

religieuse [Rəliʒjøz] *nf* **1** *(Rel)* nun

2 *(Cuis)* cream puff ‖ **religieux** *adj (f* **-euse**) religious ; *(Art)* sacred ; *mariage* ~ church wedding ◆ *nm* monk ‖ **religion** *nf* religion.

reliquat [Rəlika] *nm* remainder.

relique [Rəlik] *nf* relic.

reliure [Rəljyr] *nf* (book) binding.

reloger [Rələʒe] *vt (1h)* rehouse.

reluire [Rəlɥir] *vi (33) (chaussures)* *shine ; *(métal)* gleam ; *faire* ~ polish ‖ **reluisant** *adj (de)* shining (with) ; *(fig)* *peu* ~ far from brilliant.

remaniement [Rəmanimɑ̃] *nm* revision ; reshaping ; ~ *ministériel* cabinet reshuffle ‖ **remanier** *vt (1h)* revise, change ; *(Pol)* reshuffle.

remariage [Rəmarjaʒ] *nm* remarriage ‖ **se remarier** *vpr (1h)* remarry.

remarquable [Rəmarkabl] *adj* **1** *(exceptionnel) (par)* remarkable (for) ; ~ *par sa beauté* outstandingly beautiful ; stunning **2** *(frappant)* striking ‖ **remarquablement** *adv* remarkably ‖ **remarque** *nf* remark, comment ; *(note)* note ‖ **remarqué** *adj (absence, entrée)* conspicuous ; *elle a fait un discours très* ~ her speech did not go unnoticed ‖ **remarquer** *vt (1)* **1** *(voir)* notice ; *ça ne se remarquera pas* no one will notice ; *se faire* ~ *be noticed **2** *(noter)* remarque, tu as peut-être raison mind you, you may be right ; *je vous fais* ~ *que...* let me point out that...

remballer [Rɑ̃bale] *vt (1)* pack up (again).

rembarrer [Rɑ̃bare] *vt (1) (repousser)* rebuff ; *il s'est fait* ~ *tout de suite* he was immediately put in his place.

remblai [Rɑ̃blɛ] *nm (levée)* embankment ; *(matériau)* hard core *(ns inv)* ; *(Aut) ~s récents (amér)* soft shoulders, *(brit)* soft verges ‖ **remblayer** *vt (1e) (route)* bank up ; *(fossé)* fill in.

rembobiner [Rɑ̃bɔbine] *vt (1)* *rewind ; *wind back.

rembourrer [Rɑ̃bure] *vt (1) (coussin)* stuff ; *(habit)* pad.

remboursement [Rɑ̃bursmɑ̃] *nm* reimbursement ; *(traite)* repayment ; *(dette)* settlement ; *(achat)* refund ; *envoi contre* ~ cash on delivery ‖ **rembourser** *vt (1)* reimburse, *repay ; *(dette)* settle ; *elle s'est fait* ~ she got a refund.

remède [Rəmɛd] *nm* remedy ; *(médicament)* medicine ‖ **remédier** *vt (1h) (à)* remedy.

remembrement [Rəmɑ̃brəmɑ̃] *nm (Ag)* regrouping of land ‖ **remembrer** *vt (1) (terres)* regroup.

remémorer [Rəmemɔre] *se* ~ *vpr* remember.

remerciement [Rəmɛrsimɑ̃] *nm* **1** thanks ; *lettre de* ~ thank-you letter ; *(action)* thanking **2** *~s* thanks ; *avec tous* *mes* ~s with grateful thanks; *(livre)* acknowledgements ‖ **remercier** *vt (1h)* **1** thank; *je vous remercie* thank you; *(refus)* no, thank you; ~ *qn de/pour qch* thank sb for sth **2** *(congédier)* dismiss.

remettre [ʀəmɛtʀ] *vt (42)* **1** *(replacer)* *put back; *remets le beurre au frigo !* put the butter back in the fridge! *ne remettez jamais les pieds ici !* don't ever set foot in here again! *(fig) elle m'a remis à ma place* she put me in my place; ~ *debout* *stand up again; ~ *droit* straighten up (again); ~ *de l'ordre (dans)* tidy up; *(fig)* sort out; ~ *la pendule à l'heure (aussi fig)* *put the clock right; ~ *à neuf* renovate, *(fam)* *do up; ~ *en état* repair; ~ *en cause/question* question; ~ *en marche* start up again **2** *(vêtement)* *put on again; *(un deuxième)* *put on another **3** *(ajouter)* add **4** *(rallumer)* *put on again **5** *(donner)* *(argent)* hand over; *(démission, devoir)* hand in; *(prix)* present; *(rendre)* *give back, return **6** *(confier)* entrust **7** *(repousser)* postpone; *(dette, péché, peine)* remit **9** *(se rappeler)* remember; *je ne le remets pas* I can't place him **10** ~ *ça; (fam)* start again; *on remet ça ?* shall we do it again? *(jeu)* shall we have another game? *(au café)* shall we have another drink/round? *garçon, remettez-nous ça !* the same again, please! ‖ **se remettre** *vpr* **1** *(de) (santé)* recover (from); *(fig) je ne m'en suis jamais remis* I never got over it; *remettez-vous !* pull yourself together! **2** *(à) (recommencer)* start again; *il se remet à pleuvoir* it's starting to rain again; *je me suis remis au squash* I've taken up squash again **3** *(se replacer) il s'est remis debout* he got to his feet again; *ils se sont remis ensemble* they're back together again; they've made (it) up **4** *s'en ~ à qn* entrust oneself to sb; *je m'en remets à vous/à votre discrétion* I'll leave it up to you/to your discretion.

réminiscences [ʀeminisɑ̃s] *nfpl inv* vague memories.

remise[1] [ʀəmiz] *nf* **1** handing over; *(argent)* payment; *(colis)* delivery; *(récompense)* presentation; *(Ens)* ~ *des prix (amér)* awards ceremony, *(brit)* prize-giving **2** *(délai)* postponement **3** *(dette, péché, peine)* remission **4** *(rabais)* discount, reduction **5** ~ *à jour* updating; ~ *à neuf* renovation; ~ *en état* repair, *(tableau)* restoration; ~ *en question* questioning.

remise[2] [ʀəmiz] *nf (hangar)* shed ‖ **remiser** *vt (1) (ranger)* *put away.

rémission [ʀemisjɔ̃] *nf* remission; *sans* ~ without fail; *(maladie)* irremediable.

remontant [ʀəmɔ̃tɑ̃] *nm* tonic ‖ **remontée** *nf (de)* increase (in) ‖ **remonte-pente** *nm* ski lift; ski tow ‖ **remonter** *vi (1)* **1** *(personnes)* *come/*go back up(stairs)

2 *(revenir)* return; ~ *à pied* walk back up **3** *(véhicule)* *get back into; *(Naut)* ~ *à bord* *go back on board (ship) **4** *(grimper)* ~ *sur* *get/climb back onto **5** *(choses)* *rise (again); *(vêtement)* *ride up; *(marée)* *come in again **6** *(fig)* ~ *dans le temps* *go back in time; *cela remonte à la Révolution* that goes back/can be traced back to the Revolution ◆ *vt* **1** *bring/*take back up (again); ~ *l'escalier* *come/*go back upstairs; ~ *le fleuve* sail upriver; *(course) il remonta le peloton* he made his way to the front **2** *(mur, jupe)* raise; *(col)* turn up; *(manches)* roll up; *(pantalon)* pull back up; *(fam)* ~ *les bretelles à qn* *give sb a good telling off **3** *(améliorer)* improve; *(Com)* ~ *une affaire* *put a business back on its feet; ~ *le moral de qn* cheer sb up **4** *(montre)* *wind up **5** reassemble, *put back together (again) **6** *(garde-robe, ménage)* replenish, renew **7** *(Th)* re-stage ‖ **se remonter** *vpr* **1** *se ~ le moral* cheer oneself up **2** *se ~ en vin* stock up on wine ‖ **remontoir** *nm (montre)* winder.

remontrance [ʀəmɔ̃tʀɑ̃s] *nf (lit)* reprimand; *faire des ~s à qn* reprimand sb. ‖ **remontrer** *vt (1)* **1** *show again **2** *elle pourrait en ~ à son chef* she could teach her boss a thing or two.

remords [ʀəmɔʀ] *nm* remorse *(ns inv)*; *je n'ai pas de ~* I feel no remorse, I don't regret it.

remorquage [ʀəmɔʀkaʒ] *nm* towing ‖ **remorque** *nf* **1** *(véhicule)* trailer; *en ~* in tow; *prendre en ~* tow **2** *(câble)* towrope ‖ **remorquer** *vt (1)* tow ‖ **remorqueur** *nm (Naut)* tug.

remous [ʀəmu] *nm (pl inv) (eau)* swirl; *(sillage)* wash; *(air)* eddy; *(foule)* bustle; *(fig) ça va faire des ~* that'll cause a stir.

rempart [ʀɑ̃paʀ] *nm* rampart; *(château fort)* ~s battlements.

remplaçant [ʀɑ̃plasɑ̃] *nm (personne)* replacement; *(Ens)* supply teacher; *(médecin) (brit)* locum; *(Sp)* reserve, substitute ‖ **remplacement** *nm (action)* replacement; *je fais des ~s* I'm doing replacement work; *(Ens) (amér)* I'm substitute teaching, *(brit)* I'm supply teaching; *en ~ de* in place of; *produit de ~* substitute/alternative (product) ‖ **remplacer** *vt (1h)* *(substituer)* replace; *(personne)* *stand in for; *(relayer)* *take over from.

remplir [ʀɑ̃pliʀ] *vt (2)* **1** *(de)* fill (with); *(imprimé)* fill in/out **2** *(conditions)* fulfil, satisfy; *(fonction)* carry out ‖ **se remplir** *vpr (de)* fill up (with) ‖ **remplissage** *nm* filling (up); *(péj) faire du ~* pad out one's speech/text.

remporter [ʀɑ̃pɔʀte] *vt (1)* **1** carry/*bring/*take back **2** *(prix, victoire)* *win; *(succès)* achieve.

remuant [ʀəmɥɑ̃] *adj* restless ‖ **remue-**

ménage nm commotion ‖ **remuer** vt *(1)* **1** *(bouger)* move **2** *(secouer)* *shake; *(salade)* toss; *le chien/le chat remuait la queue* the dog was wagging/the cat was flicking its tail **3** *(café)* stir ♦ vi move; *(enfant)* fidget; *(fig) la foule commençait à ∼* the crowd was getting restless ‖ **se remuer** vpr **1** *(bouger)* move **2** *(s'activer)* *make an effort; *(fam) remue-toi!* get a move on!

rémunérateur [ʀemyneʀatœʀ] adj *(f -trice)* remunerative, profitable ‖ **rémunération** nf *(de)* remuneration/payment (for) ‖ **rémunéré** adj paid; *(Fin) compte ∼* interest-bearing account ‖ **rémunérer** vt *(1c)* remunerate, *pay.

renâcler [ʀənɑkle] vi *(1)* **1** *(animal)* snort **2** *(personne)* complain; *∼ à faire qch* *do sth reluctantly.

renaissance [ʀənɛsɑ̃s] nf rebirth; *(Hist) la R∼* the Renaissance ‖ **renaître** vi *(43)* **1** *be reborn (as); *(loc) je me sens ∼!* I'm a new man/woman! **2** *(idées, sentiments)* be revived; *(problème)* recur; *faire ∼* revive.

rénal [ʀenal] adj *(mpl -aux)* *(Méd)* renal; *insuffisance ∼e* kidney failure.

renard [ʀənaʀ] nm *(Zool) (aussi fig)* fox ‖ **renarde** nf vixen ‖ **renardeau** nm *(pl -x)* fox cub.

renchérir [ʀɑ̃ʃeʀiʀ] vi *(2)* *(lit)* **1** *(prix)* *rise **2** *outbid; *(fam)* raise the stakes *(fig) elle renchérit sur tout ce que je dis* she always goes one step further than me ‖ **renchérissement** nm *(prix)* increase.

rencontre [ʀɑ̃kɔ̃tʀ] nf meeting; *(menaçante)* encounter; *(Sp)* match, fixture; *(routes)* junction; *(Pol) ∼ au sommet* summit meeting; *faire la ∼ de qn* *meet sb ‖ **rencontrer** vt *(1)* **1** *(personne)* *meet; *(par hasard)* bump into **2** *(choses)* *come across; *(problème)* *come up against, encounter; *(heurter)* *strike ‖ **se rencontrer** vpr **1** *(personnes)* *meet; *(par hasard)* bump into each other; *(réunion)* *hold a meeting **2** *(routes)* *meet; *(véhicules)* collide; *(opinions)* coincide; *(loc) les grands esprits se rencontrent* great minds think alike **3** *(se trouver)* *be found.

rendement [ʀɑ̃dmɑ̃] nm *(récolte)* yield; *(machine, personne)* output; *à plein ∼* at full capacity; *(Fin)* return.

rendez-vous [ʀɑ̃devu] nm *(pl inv)* **1** appointment; *∼ amoureux/galant* date; *elle a ∼ avec son médecin/son petit ami* she's got an appointment with her doctor/a date with her boyfriend; *prendre ∼* *make an appointment.

rendormir [ʀɑ̃dɔʀmiʀ] se *∼* vpr *(8)* *go back to sleep.

rendre [ʀɑ̃dʀ] vt *(46)* **1** *(redonner)* *give back; *(fig) je vous le rendrai* I'll pay you back **2** *give; *rendez-lui la monnaie* give

her her change; *(devoir)* hand in; *(jugement)* pronounce; *(fig) ∼ compte (de)* *give an account (of); *∼ des comptes (à qn)* *be accountable to sb; *∼ grâce à* *give thanks to; *∼ hommage (à)* *pay tribute (to); *∼ justice à qn* *do sb justice; *∼ service à qn* *be of help/service to sb; *∼ visite à qn* *pay sb a visit **3** *make; *vous me rendez fou!* you're driving me crazy! *le résultat fut rendu public* the result was made public **4** vomit **5** *∼ l'âme (mourir)* pass on **6** *(son)* emit **7** *(céder)* *give up; *(armes)* surrender **8** *(traduire)* express; *(illustrer)* represent ♦ vi *(rapporter) (terres)* yield; *(fam) ça n'a pas rendu* it didn't work/produce anything ‖ **se rendre** vpr **1** surrender; *(criminel)* *give oneself up; *(fig) se ∼ à l'avis de qn* *give in/bow to sb's opinion; *se ∼ à l'évidence* face facts **2** *se ∼ compte de qch* realize sth **3** *make oneself; *tu vas te ∼ malade* you'll make yourself ill **4** *(se déplacer)* *go ‖ **rendu** adj **1** arrived; *nous voilà rendus!* we're home at last! **2** exhausted ♦ nm *(loc) c'est un prêté pour un ∼!* it's tit for tat!

rêne [ʀɛn] nf rein.

renégat [ʀənega] nm renegade; *(traître)* turncoat.

renfermé [ʀɑ̃fɛʀme] adj *(personne)* withdrawn ♦ nm *ça sent le ∼* it's stuffy in here ‖ **renfermer** vt *(1)* contain; *(cacher)* *hide ‖ **se renfermer** vpr *(personne)* *withdraw into oneself.

renflé [ʀɑ̃fle] adj bulging ‖ **renflement** nm bulge ‖ **renfler** vt *(1) ∼ qch* *make sth bulge ‖ **se renfler** vpr bulge.

renflouement [ʀɑ̃flumɑ̃] nm *(aussi fig)* refloating ‖ **renflouer** vt *(1)* refloat; *(entreprise)* bail out.

renfoncement [ʀɑ̃fɔ̃smɑ̃] nm recess; *∼ d'une porte* doorway.

renforcer [ʀɑ̃fɔʀse] vt *(1h)* se *∼* vpr reinforce, strengthen; *(effort)* intensify ‖ **renfort** nm *(Mil) ∼s* reinforcements; back-up *(ns inv)*; *(fig) j'ai besoin de ∼s* I need help; *à grand ∼ de...* with a great many...

renfrogné [ʀɑ̃fʀɔɲe] adj sulky ‖ **renfrognement** nm scowling, scowl ‖ **se renfrogner** vpr *(1)* scowl.

rengaine [ʀɑ̃gɛn] nf hackneyed expression; *(loc) c'est toujours la même ∼!* it's always the same old story!

reniement [ʀənimɑ̃] nm denial; rejection; *(promesse)* breaking ‖ **renier** vt *(1h)* *(propos)* deny; *(foi)* renounce; *(famille)* disown; *(promesse)* *break.

reniflement [ʀənifləmɑ̃] nm sniff ‖ **renifler** vt *(1)* sniff.

renne [ʀɛn] nm *(Zool)* reindeer *(pl inv)*.

renom [ʀənɔ̃] nm renown, fame; *de grand ∼* famous ‖ **renommé** adj *(pour)* fa-

mous/renowned (for) ‖ **renommée** *nf*
1 fame, celebrity ; *bonne/mauvaise ∼*
good/bad reputation ; *de ∼ internationale/*
mondiale internationally known/world-
famous **2** *(lit)* rumour.

renoncement [Rənɔ̃smɑ̃] *nm* renunciation ‖ **renoncer** *vi (1h) (à)* renounce ‖
renonciation *nf* renunciation.

renouer [Rənwe] *vt (1) (corde)* retie ;
(amitié) renew ; *∼ avec (habitude)* *take
up again ; *(tradition)* revive.

renouveau [Rənuvo] *nm (pl* **-x***) (tradition)* revival ; *(regain)* renewal.

renouveler [Rənuvle] *vt (1b)* renew ; *(comité)* re-elect ; *(question)* repeat ‖ **se re-**
nouveler *vpr (se répéter)* recur ; *(se remplacer)* *be replaced ; *(innover)* try sth new
‖ **renouvellement** *nm* **1** *(contrat)* renewal ; *(Pol)* re-election **2** *(événement)* re-
currence **3** *(cellules)* replacement **4** *(idées)*
changing.

rénovation [Renɔvasjɔ̃] *nf (amélioration)*
remodelling, reform ; *(remise à neuf)* renovation ‖ **rénover** *vt (1)* **1** improve,
reform **2** renovate.

renseignement [Rɑ̃sɛɲmɑ̃] *nm* **1** information *(ns inv)* ; *je peux vous demander*
un ∼ ? can you help me/give me some information, please? *voilà un ∼ intéres-*
sant ! that's an interesting piece of information ! *j'ai beaucoup de ∼s sur elle* I've
got a lot of information about her **2** *∼s*
(guichet) information desk ; *(panneau)* *∼s*
inquiries, *(Téléph) (brit)* directory inquiries, *(amér)* directory information **3** *(Mil)*
∼s intelligence *(ns inv)* ; *agent de ∼s* intelligence agent ‖ **renseigner** *vt (1) ∼ qn*
*give sb information ; *vous êtes bien ren-*
seigné ! you're well informed ! ‖ **se ren-**
seigner *vpr (sur)* *make inquiries/*find
out (about).

rentabilité [Rɑ̃tabilite] *nf* profitability ‖
rentable *adj* profitable ‖ **rente** *nf (Fin)*
annuity ; allowance ; *vivre de ses ∼s* live
off/*have a private income ‖ **rentier** *nm*
(f **-ière***)* person of independent means.

rentrée [Rɑ̃tRe] *nf* **1** *(Ens)* start of the
school/university year/term ; *le jour de la*
∼ the first day back at school ; *nous*
verrons ça à la ∼ we'll see about that after the holidays/at the start of the year
2 *(Jur)* reopening ; *(Pol) ∼ parlementaire*
start of the new session **3** *(retour)* return ;
(acteur, sportif) comeback **4** *(récolte)*
bringing in **5** *(Fin) ∼ d'argent* incoming
sum of money **6** *(Sp) ∼ en touche*
throw-in ‖ **rentrer** *vt (1)* **1** *(foins)* *bring
in ; *(fig) faire ∼ de l'argent* *bring money
in ; *(ranger)* *put away **2** *(dissimuler)*
*hide ; *(émotions)* *hold back ; *∼ son ventre* *hold one's stomach in* ◆ *vi* **1** *(chez*
soi) *go (back) home ; *∼ à* return to
2 *(Ens)* *go back to school ; *(Jur)* re-open ;

(Pol) reassemble **3** *(entrer) (dans)* enter,
*come/*go (back) into ; *nous ne rentrons*
pas tous dans la voiture we can't all fit
into the car ; *(firme)* join ; *(fig) ∼ dans sa*
coquille *withdraw into one's shell ; *faire*
∼ qch dans la tête de qn drum sth into
sb's head **4** *(heurter)* collide (with) ; *les*
deux véhicules se sont rentrés dedans
the two vehicles collided **5** *(faire partie de)*
*be included in ; *∼ dans une catégorie*
*fall into a category **6** *(connaissances) les*
maths, ça ne rentre pas ! math(s) just
doesn't sink in ! **7** *∼ dans ses frais* *break
even ; *(fam) il m'est rentré dans le lard* he
went for me ; *tout est rentré dans l'ordre*
everything's back to normal.

renversant [Rɑ̃vɛRsɑ̃] *adj (nouvelle)*
shattering ‖ **renverse** *(loc) tomber à la ∼*
*fall on one's back ‖ **renversement** *nm*
reversal ; *(gouvernement)* defeat ; *(coup*
d'Etat) *overthrow ‖ **renverser** *vt (1)*
1 *(objet)* overturn, knock over ; *(liquide)*
*spill ; *(personne)* knock down ; *elle s'est*
fait ∼ par une voiture she got knocked
down by a car ; *(gouvernement)* defeat ;
(coup d'Etat) *overthrow, topple ; *∼ le*
corps en arrière lean backwards **2** *(inverser)* reverse ; *(sens dessus dessous)* turn
upside down **3** *(fam)* amaze ‖ **se renver-**
ser *vpr* **1** *(verre)* *get knocked over ; *(voiture)* overturn **2** *(personne) se ∼ en*
arrière *lean (over) backwards.

renvoi [Rɑ̃vwa] *nm* **1** *(employé)* dismissal
2 *(colis)* return **3** *(Jur)* referral **4** *(ajournement)* postponement **5** *(édition)* note ;
(en bas de page) footnote ; *(référence)*
cross-reference **6** *(rot)* belch ‖ **renvoyer**
vt (1f) **1** *(employé)* dismiss **2** *(colis)* *send
back, return **3** *(Jur)* refer **4** *(repousser)*
postpone, *put off **5** *(image)* reflect ; *(son)*
echo **6** *(faire référence) ∼ à* refer to.

réorganisation [ReɔRganizasjɔ̃] *nf* reor-
ganization ‖ **réorganiser** *vt (1)* reorga-
nize.

réouverture [ReuvɛRtyR] *nf* reopening ‖
réouvrir *vt (7)* reopen.

repaire [RəpɛR] *nm (d'animaux)* den ; *(de*
voleurs) hideout.

répandre [Repɑ̃dR] *vt (46)* **1** *spread ;
(sable, sciure) scatter, sprinkle **2** *(renverser)* *spill **3** *(lit) (larmes, lumière, sang)*
*shed **4** *(fumée, odeur)* *give off **5** *(joie,
nouvelles)* *spread ‖ **se répandre** *vpr*
(sur) **1** *spread (over) **2** *(liquide)* *spill
(onto), *(foule)* pour (into) **3** *(odeur)* *be
given off **4** *(idée, mode)* *spread, *become
widespread **5** *il s'est répandu en injures*
he poured forth a torrent of abuse ‖ **ré-**
pandu *adj* widespread.

reparaître [RəpaRɛtR] *vi (34)* reappear.

réparateur [RepaRatœR] *nm (f* **-trice***)*
repairer ◆ *adj (sommeil)* soothing ‖ **ré-**
paration *nf* **1** *(action)* repairing ; *(résul-*

tat) repair ; *c'est en* ~ it's being repaired ; *je fais des* ~s I'm doing some repairs **2** compensation ; *en* ~ *de* in compensation for **3** *(forces, santé)* recovery **4** *(Sp) surface de* ~ penalty area ‖ **réparer** *vt (1)* **1** repair, mend ; *faire* ~ *qch* *get sth repaired **2** *(corriger)* *put right **3** *(compenser)* *make up for **4** *(santé)* restore.

repartie [Rəparti] *nf* retort ; *elle a de la* ~ ! she's never stuck for an answer!

repartir[1] [Rəpartir] *vt (8) (lit)* retort.

repartir[2] [Rəpartir] *vt (8)* **1** *set off again **2** *(recommencer)* start again ; *il faut* ~ *à zéro* we must go back to square one ; *(fam) c'est reparti !* here we go again !

répartir [Repartir] *vt (2)* **1** *(diviser)* (en) divide (into) **2** *(partager)* (entre) share out/ distribute (among) **3** *(étaler)* *spread out ‖ **répartition** *nf* distribution ; sharing out.

repas [Rəpa] *nm (pl inv)* meal ; *aux heures des* ~ at mealtimes.

repassage [Rəpasaʒ] *nm (linge)* ironing ‖ **repasser** *vt (1)* **1** *(frontière, rivière)* cross again **2** *(linge)* iron ; *fer à* ~ iron ; *planche à* ~ ironing board **3** *(devoir, rôle)* *go over again **4** *(film)* *show again **5** *(examen)* *resit **6** *(lame)* sharpen **7** *(transmettre)* ~ *qch à qn* pass sth to sb (again) ; *(fam)* hand over ; *(maladie)* pass on ; *(Téléph) je vous repasse le standard* I'll put you through to the switchboard (again) ◆ *vi* *come/*go back ; *(chez qn)* call again ; *(fam) il peut toujours* ~ ! he's got a hope !~ *devant le magasin* *go past the shop again ; *(fig) il peut toujours* ~ *derrière lui* you can't trust him to do a job properly.

repêchage [Rəpɛʃaʒ] *nm* **1** *(objet)* recovery **2** *(examen)* letting through ‖ **repêcher** *vt (1)* **1** *(objet)* recover ; *(fam)* fish out **2** *(candidat)* *let through.

repeindre [Rəpɛ̃dR] *vt (35)* repaint.

repenti [Rəpɑ̃ti] *adj* repentent, penitent ‖ **repentir** *nm (Rel)* repentance ; *(fig)* regret ‖ **se repentir** *vpr (2) se* ~ *de qch* regret sth ; *(Rel)* repent (of sth).

repérage [Rəperaʒ] *nm* location.

répercussion [Reperkysjɔ̃] *nf* repercussion ‖ **répercuter** *vt (1) (son)* echo ; *(frais)* pass on ‖ **se répercuter** *vpr* **1** *(son)* echo **2** *se* ~ *sur* *have repercussions on ; affect.

repère [Rəpɛr] *nm* mark ; *(balise)* marker ; *(date, monument)* landmark ; *(aussi fig) point de* ~ reference point ‖ **repérer** *vt (1c)* locate ; *(voir)* spot ; *il s'est vite fait* ~ he was soon spotted ; *(fig)* he was soon found out ‖ **se repérer** *vpr* *find one's way (about).

répertoire [Repertwar] *nm* **1** index, list **2** *(carnet)* notebook **3** *(Th)* repertoire ‖ **répertorier** *vt (1h)* list.

répéter [Repete] *vt (1h)* **1** repeat **2** *(Th)*

rehearse ; *(Mus)* practise **3** *(leçon)* *go over ‖ **se répéter** *vpr (personne)* repeat oneself ; *(incident)* recur ‖ **répétitif** *adj (-ive)* repetitive ‖ **répétition** *nf* repetition ; *(Th)* rehearsal.

repeuplement [Rəpœpləmɑ̃] *nm (personnes)* repopulation ; *(gibier)* restocking ; *(végétation)* replanting ‖ **repeupler** *vt (1) (de)* repopulate ; restock (with) ; replant (with) ‖ **se repeupler** *vpr la région se repeuple* the population is increasing in the region.

repiquer [Rəpike] *vt (1)* **1** *(Hort)* plant/ prick out **2** *(couture)* restitch **3** *(enregistrement)* rerecord ; copy **4** *(insecte)* *bite/ *sting again **5** *(fam) (attraper) il s'est fait* ~ he got nabbed again.

répit [Repi] *nm* respite ; *5 minutes de* ~ five minutes' rest ; *sans* ~ continuously.

replacer [Rəplase] *vt (1h)* re-place ; *put back in place ; ~ *un employé* *find a new job for an employee.

replâtrer [Rəplɑtre] *vt (1) (fam)* patch up.

repli [Rəpli] *nm* **1** *(pli)* fold ; *(recoin)* innermost part **2** *(Mil)* withdrawal ; *position de* ~ fallback position ; *(fig)* contingency plan ; second choice **3** *(Fin)* downturn ‖ **replier** *vt (1h)* **1** fold (up) **2** *(Mil)* *withdraw ‖ **se replier** *vpr* **1** fold up **2** *(Mil)* *withdraw **3** *(Fin)* *fall back.

réplique [Replik] *nf* **1** *(Art)* replica **2** *(réponse)* retort ; *(contre-attaque)* counterattack ; *(argument) sans* ~ irrefutable ; *(loc) et pas de* ~ ! and no answering back ! **3** *(Th)* line ; *(signal)* cue ; *donnez-moi la* ~ ! give me my cue ! ‖ **répliquer** *vt (1)* reply ◆ *vi (contre-attaquer)* retaliate ; *(insolence)* answer back ; ~ *à qch* reply to sth.

répondant [Repɔ̃dɑ̃] *nm (personne)* garantor ; *(loc) elle a du* ~ ! she's got plenty of money to fall back on ; *(fig)* she's never stuck for an answer! ‖ **répondeur** *nm (Téléph)* answering machine, *(brit)* answerphone ‖ **répondre** *vti (46)* **1** *(à qn)* answer (sb), reply (to sb) ; *(avec insolence)* answer back ; *bien répondu !* well said ! ~ *au téléphone* answer the phone ; *ça ne répond pas !* there's no reply! **2** *(réagir)* respond (to) **3** ~ *à un besoin* correspond to a need **4** *(être identique) les deux se répondent* they both match **5** ~ *de qn/qch* answer for sb/sth ‖ **réponse** *nf* answer, reply ; *(fig)* response ; *sans* ~ unanswered ; *elle a* ~ *à tout* she's got an answer for everything.

report [Rəpɔr] *nm* **1** *(échéance)* postponement **2** *(liste, notes)* recopying **3** *(Pol) (voix)* transfer **4** *(comptabilité)* carryforward ; *faire le* ~ *d'une somme* carry a sum forward ‖ **reportage** *nm (TV)* report ; *(émission)* documentary ; *(métier)* reporting ; ~ *en direct* live coverage *(ns inv)* ;

grand ~ international news coverage ‖ **reporter** *nm inv* reporter; *grand* ~ international reporter ‖ **reporter** *vt (1)* 1 *bring/*take back 2 *(échéance)* postpone 3 *(liste)* recopy 4 *(Pol) (voix)* transfer 4 *(sommes)* carry forward.

repos [Rəpo] *nm* 1 rest; *(sommeil)* sleep; *au* ~ at rest; *jour de* ~ day off; *maison de* ~ nursing home; *elle a besoin de* ~ she needs (a) rest/some time off; *prenez du* ~ *!* have a rest! 2 *(Mil)* ~ *!* at ease! 3 *(tranquillité)* peace and quiet; *en* ~ in peace; *avoir l'esprit en* ~ *have one's mind at rest; *sans* ~ continuously; *(loc) de tout* ~ safe, secure; easy; *ce n'est pas de tout* ~ *!* it's no picnic! ‖ **reposant** *adj* restful ‖ **reposer** *vt (1)* 1 *put down again; *(Mil) reposez armes !* order arms! 2 *(question)* ask again; *(problème)* raise again 3 *(yeux)* rest ◆ *vi* 1 *(sur) (objet)* *lie (on); *(bâtiment, statue)* *stand (on); *(décision, thèse)* rest/depend (on) 2 *(lit) (personne)* rest; *(ville)* *sleep 3 *(liquide, pâte)* laisser ~ *leave to stand; *set aside 4 *faire* ~ *(personne)* *allow to rest ‖ **se reposer** *vpr* 1 *(se détendre)* rest; *reposez-vous !* have a rest! 2 *(s'appuyer)* *se* ~ *sur qn* rely on sb 3 *(problème)* recur, crop up again ‖ **repose-tête** *nm (pl inv)* headrest.

repoussant [Rəpusã] *adj* repulsive, disgusting ‖ **repousser** *vt (1)* 1 push away; *(ennemi)* repel, *drive back; *(refuser)* reject 2 *(dégoûter)* revolt, disgust 3 *(reporter)* postpone ◆ *vi (cheveux, feuilles)* *grow again.

répréhensible [RepReãsibl] *adj* reprehensible.

reprendre [RəpRãdR] *vt (45)* 1 *(récupérer)* *take back; *(contre un achat)* *take in part exchange; *(entreprise)* *take over; acquire 2 *(ramasser)* pick up (again) 3 *(recommencer)* resume, *take up (again) 4 *(retrouver)* ~ *courage* recover one's courage; ~ *son chemin* continue on one's way; ~ *le dessus* *get back on top; ~ *ses esprits* regain consciousness; ~ *sa place* *go back to one's seat; ~ *son souffle* *get one's breath back; ~ *le travail* *go back to work 5 *(attraper) (prisonnier, ville)* recapture; *(ballon)* *get back; *(loc) que je ne t'y reprenne pas !* don't let me catch you doing that again! 6 *(maladie) son mal de tête le reprend* her headache's starting up again; *(loc) voilà que ça le reprend !* he's off again! 7 *(modifier) (vêtement)* alter; *(erreur)* correct 8 *(réprimander)* correct, *tell off 9 *(refrain)* repeat; *l'affaire a été reprise par les journaux* the story was taken up by the papers 10 *(se resservir)* je reprendrais bien du café* I'd love some more coffee ◆ *vi* 1 *(affaires, plante)* pick up 2 *(recommencer)* start

again 3 *(dire)* *go on ‖ **se reprendre** *vpr* 1 correct oneself; *(s'interrompre)* stop oneself 2 *(se remettre)* *get a grip on oneself 3 *se* ~ *à faire qch* start doing sth; *s'y* ~ *à deux/plusieurs fois pour faire qch* *make two/several attempts to do sth.

représailles [RəpRezaj] *nfpl* reprisals; *en* ~*s* de in retaliation for.

représentant [RəpRezãtã] *nm* representative; *(Com)* rep(resentative) ‖ **représentatif** *adj (f* **-ive)** *(de)* representative (of) ‖ **représentation** *nf* 1 representation 2 *(Com)* agency, office 3 *(Th)* performance 4 *frais de* ~ entertainment(s) allowance 5 *(Com) il fait de la* ~ he's a rep/a sales representative ‖ **représenter** *vt (1)* 1 represent; *il s'est fait* ~ *par le ministre* he was represented by the minister 2 *(Art)* depict 3 *(Th)* perform ‖ **se représenter** *vpr* 1 imagine; *comment vous le représentez-vous ?* what do you imagine he looks like? 2 *(incident, problème)* recur 3 *(Ens) se* ~ *à un examen* *resit an exam.

répressif [RepResif] *adj (f* **-ive)** repressive ‖ **répression** *nf* repression.

réprimande [RepRimãd] *nf* reprimand ‖ **réprimander** *vt (1)* reprimand, rebuke.

réprimer [RepRime] *vt (1)* repress; *(révolte)* *put down; *(émotions)* *hold back.

repris [RəpRi] *pp* de **reprendre** ‖ **repris de justice** *nm inv* ex-prisoner; person with a criminal record ‖ **reprise** *nf* 1 *(renouvellement)* resumption; *(hostilités)* renewal; ~ *du travail* return to work 2 *(répétition)* *(Th)* re-staging; revival; *(TV)* repeat; *(loc) à plusieurs* ~*s* several times 3 *(Eco)* recovery 4 *(boxe)* round; *(football) à la* ~ after half-time 5 *(Aut) avoir de bonnes* ~*s* *have good acceleration 6 *(Com) (récupération)* ~ *des bouteilles vides* return of empties; *(contre un achat)* part exchange; *(firme)* takeover; *(somme payée par nouveau locataire)* key-money 7 *(raccommodage)* mending; *(chaussette)* darning ‖ **repriser** *vt (1)* mend; *(chaussette)* darn.

réprobateur [RepRobatœR] *adj (f* **-trice)** reproving ‖ **réprobation** *nf* reprobation.

reproche [RəpRɔʃ] *nm* reproach; *sans* ~ irreproachable; *faire des* ~*s à qn* criticize sb ‖ **reprocher** *vti (1)* 1 ~ *qch à qn* reproach sb with sth; ~ *à qn d'avoir fait qch* criticize sb for doing/having done sth; *il n'y a rien à* ~ *à son travail* there's nothing wrong with her work 2 *(Jur) les faits qui lui sont reprochés* the charges against him.

reproducteur [RəpRɔdyktœR] *adj (f* **-trice)** *(organes)* reproductive; *(animaux)* breeding; *couple* ~ breeding pair ‖ **reproduction** *nf* reproduction ‖ **reproduire** *vt (33)* reproduce; *(copie)* copy; *(son, erreur)* repeat ‖ **se reproduire** *vpr* 1 *(êtres*

591   *résoudre*

humains) reproduce; *(animaux)* *breed
2 *(incident)* recur, happen again.
réprouver [ʀepʀuve] *vt (1)* disapprove
of; *(action)* condemn.
reptile [ʀɛptil] *nm* reptile.
repu [ʀəpy] *adj* full, satisfied; *je suis ~ !*
I've eaten my fill!
républicain [ʀepyblikɛ̃] *adj* republican
◆ *nm* Republican ‖ **république** *nf* republic; *(fam)* **on est en ~ !** it's a free
country!
répudiation [ʀepydjasjɔ̃] *nf (conjoint)*
repudiation; *(fig)* rejection ‖ **répudier** *vt*
(1h) (conjoint) repudiate; *(fig)* reject.
répugnance [ʀepyɲɑ̃s] *nf* **1** *(répulsion)*
(pour) loathing (for), disgust (at) **2** *(réticence)* ~ *à faire qch* reluctance to do sth
‖ **répugnant** *adj* revolting, disgusting
‖ **répugner** *vi (1)* **1** *(à)* disgust, revolt; *la
violence lui répugne* violence disgusts him
2 ~ *à faire qch* *be reluctant to do sth.
répulsion [ʀepylsjɔ̃] *nf* repulsion, disgust; *avoir de la ~ pour* *feel repulsion
for.
réputation [ʀepytasjɔ̃] *nf* reputation; *elle
a bonne/mauvaise ~* she's got a good/bad
reputation; *on lui fait une ~ de menteur*
they say he's a liar ‖ **réputé** *adj* **1** *(pour)*
(célèbre) renowned/famous (for) **2** ~ *excellent* reputed to be excellent.
requérir [ʀəkeʀiʀ] *vt (13)* **1** *(lit) (personnes)* ask for; *(choses)* require **2** *(Jur)
(peine)* call for, demand ‖ **requête** *nf (Jur)*
petition; ~ *en cassation* appeal; *(fig) à la
~ de qn* on sb's request.
requiem [ʀekɥijɛm] *nm (pl inv)* requiem.
requin [ʀəkɛ̃] *nm (Zool) (aussi fig)* shark.
requis [ʀəki] *adj* required, requisite ◆ *nm
(Hist)* labour conscript.
réquisition [ʀekizisjɔ̃] *nf* requisition ‖
réquisitionner *vt (1)* requisition.
réquisitoire [ʀekizitwaʀ] *nm (Jur)* Public Prosecutor's closing speech; *(fig)* indictment.
rescapé [ʀɛskape] *adj* surviving ◆ *nm*
survivor.
rescousse [ʀɛskus] *nf (loc) aller à la ~
de qn* *go to sb's help; *appeler à la ~*
call for help.
réseau [ʀezo] *nm (pl -x)* network.
réservation [ʀezɛʀvasjɔ̃] *nf* reservation;
(Th) booking ‖ **réserve** *nf* **1** *(marchandises)* reserve, stock; *en ~* in reserve;
(Com) in stock **2** *(Mil) les ~s* the reserves;
armée de ~ reserve army **3** *(réticence)*
reservation; *émettre des ~s sur qch* *have
reservations (to make) about sth; *admiration sans ~* unlimited admiration; *sous ~
de* subject to; *je vous le dis sous toutes
~s* I cannot guarantee the truth/accuracy
of what I'm saying **4** *(discrétion)* reserve;
elle est d'une grande ~ she is very re-
served/discreet **5** *(parc naturel)* reserve;

(Indiens) reservation **6** *(entrepôt)* storeroom ‖ **réservé** *adj* reserved; *(prudent)*
cautious ‖ **réserver** *vt (1)* **1** *(retenir)* reserve; *(Th)* book; *(mettre de côté)* *put
aside; *(fig) ce que l'avenir nous réserve*
what the future holds/has in store for us
2 *(opinion)* reserve ‖ **se réserver** *vpr
(pour)* reserve oneself (for); *je me réserve
pour le dessert* I'm keeping some room for
the dessert; *se ~ le droit de faire qch* reserve the right to do sth ‖ **réserviste** *nm*
reservist ‖ **réservoir** *nm* **1** *(lac)* reservoir;
(cuve) tank; *(d'essence)* petrol tank **2** *(fig)*
~ *de jeunes talents* a wealth of young
talent.
résidence [ʀezidɑ̃s] *nf* residence; ~ *secondaire (amér)* vacation home, *(brit)* holiday home; weekend cottage; ~ *universitaire (brit)* hall of residence, *(amér)*
residence hall; *en ~ surveillée* under
house arrest ‖ **résident** *nm* (resident)
foreign national; *statut de ~* resident
status ‖ **résidentiel** *adj (f -elle)* residential ‖ **résider** *vi (1)* reside.
résidu [ʀezidy] *nm* residue *(ns inv)*; ~*s
industriels* industrial waste *(ns inv)*.
résignation [ʀeziɲasjɔ̃] *nf* resignation ‖
se résigner *vpr (à)* resign oneself (to).
résiliation [ʀeziljasjɔ̃] *nf* cancelling;
(contrat) termination ‖ **résilier** *vt (1h)*
cancel, terminate.
résille [ʀezij] *nf (cheveux)* hairnet; *bas ~*
fishnet stockings.
résine [ʀezin] *nf* resin ‖ **résineux** *nm (pl
inv) (Bot)* conifer.
résistance [ʀezistɑ̃s] *nf* **1** resistance,
strength **2** *(El) (puissance)* resistance;
(conducteur) element ‖ **résistant** *adj*
tough; *(plante)* hardy; *(métal)* strong; ~
à la chaleur heat-resistant ◆ *nm (Hist)*
Resistance fighter ‖ **résister** *vi (1) (à)* resist; *(supporter)* *withstand; ~ *à l'analyse* *stand up to/*bear analysis; *à résiste au
lavage* washable.
résolu [ʀezɔly] *adj* resolute; ~ *à* re-
solved/determined to ‖ **résolument** *adv*
resolutely ‖ **résolution** *nf* resolution;
prendre la ~ de resolve to.
résonance [ʀezɔnɑ̃s] *nf* resonance *(ns
inv)* ‖ **résonner** *vi (1) (son) (de)* resound
(with); *(salle)* *be resonant; *ça résonne !*
there's an echo!
résorber [ʀezɔʀbe] *vt (1) (Méd)* resorb;
(fig) decrease; *(surplus)* absorb ‖ **se résorber** *vpr* *be resorbed; *be reduced;
*be absorbed ‖ **résorption** *nf* resorption;
reduction; absorption.
résoudre [ʀezudʀ] *vt (27)* **1** *(régler)
(crise)* resolve; *(problème)* solve **2** *(décider)* ~ *de faire qch* resolve to do sth
3 *(convaincre)* ~ *qn à faire qch* persuade
sb to do sth **4** ~ *en* reduce to ‖ **se résoudre** *vpr se ~ à faire qch* decide to

do sth; *(se résigner)* resign oneself to doing sth.

respect [Rɛspɛ] *nm* **1** *(de)* respect (for) *(ns inv)*; *je le tiens en ~* I keep him at a respectful distance **2** *(présentez) mes ~s à votre épouse!* give my regards to your wife! ‖ **respectabilité** *nf* respectability ‖ **respectable** *adj* respectable ‖ **respecter** *vt (1)* respect; *se faire ~ (par)* command respect (from); *faire ~ une décision* enforce a decision ‖ **se respecter** *vpr (loc) comme tout homme/toute femme qui se respecte* like any self-respecting man/ woman ‖ **respectif** *adj (f -ive)* respective ‖ **respectivement** *adv* respectively ‖ **respectueux** *adj (f -euse) (de, envers)* respectful (of, towards) ‖ **respectueusement** *adv* respectfully.

respirable [RɛspiRabl] *adj* breathable ‖ **respiration** *nf* breathing; *(Méd)* respiration; *retenir sa ~* *hold one's breath ‖ **respiratoire** *(adj) (Méd)* respiratory ‖ **respirer** *vi (1)* **1** breathe; *respirez!* take a deep breath! **2** *(se détendre)* relax; *(soulagement) on respire enfin!* we can breathe again! ◆ *vt* **1** inhale, breathe (in) **2** *(fig) (exprimer) elle respire le bonheur* she's happiness itself.

resplendir [RɛsplãdiR] *vi (2) (de)* *shine (with); *(fig) ~ de joie* *be radiant with joy ‖ **resplendissant** *adj (de)* shining (with); *(fig)* radiant (with).

responsabiliser [Rɛspɔ̃sabilize] *vt (1)* **1** *(prise de conscience) ~ qn* *make sb aware of their responsibilities **2** *(confier une responsabilité)* *give sb responsibilities ‖ **responsabilité** *nf* responsibility; *(Jur)* liability ‖ **responsable** *adj (de)* responsible (for) ◆ *nmf* **1** *(criminel)* person responsible; culprit **2** *(chef)* person in charge **3** official; *~ syndical* union official.

resquiller [Rɛskije] *vi (1) (cinéma)* *get in without paying; *(transports)* travel without paying ‖ **resquilleur** *nm (f -euse)* cheat.

ressac [Rəsak] *nm* undertow.

ressaisir [RəseziR] **se ~** *vpr (2)* **1** regain one's self-control; pull oneself together **2** *se ~ de qch* recover sth.

ressasser [Rəsase] *vt (1) (pensées)* turn over again and again; *(propos)* repeat over and over again.

ressemblance [Rəsãblãs] *nf* resemblance, similarity; *(portrait)* likeness ‖ **ressemblant** *adj (portrait)* lifelike; *(photo) il est très ~!* you can tell it's him! ‖ **ressembler** *vi (1) (à)* resemble, *be similar to; *(fig) ça ne lui ressemble pas!* that's not like her! ‖ **se ressembler** *vpr (personnes)* look alike, resemble each other; *(choses)* *be similar.

ressemeler [Rəsəmle] *vt (1)* resole.

ressentiment [Rəsãtimã] *nm* resentment ‖ **ressentir** *vt (8)* *feel ‖ **se ressentir** *vpr (de)* **1** *(personnes)* *feel the effects (of) **2** *(choses)* *show the effects (of).

resserre [RəsɛR] *nf* shed; storeroom ‖ **resserrement** *nm (nœud)* tightening; *(amitié)* strengthening; *(crédits)* squeezing; *(vallée)* narrowing ‖ **resserrer** *vt (1)* tighten, strengthen, squeeze ‖ **se resserrer** *vpr* tighten; *grow stronger; *get narrower; *(piège)* close; *(fig) le filet se resserrait autour de lui* the net was closing in on him.

resservir [RəsɛRviR] *vt (9) (plat)* serve again; *je vous ressers à boire?* can I pour you another drink? ◆ *vi* *be useful/serve again ‖ **se resservir** *vpr* **1** *(plat) resservez-vous!* help yourself to some more! **2** *(objet) se ~ de qch* use sth again.

ressort [RəsɔR] *nm* **1** *(Tech)* spring **2** *(énergie)* spirit; *sans ~* spiritless; *manquer de ~* lack spirit **3** responsibility; *du ~ de* the responsibilty of **4** *(Jur)* jurisdiction.

ressortir [RəsɔRtiR] *vi (8)* **1** *come/*go out again **2** *(fig) (couleurs)* *stand out; *faire ~* highlight, underline; *(loc) il en ressort que ...* the result is that... ◆ *vt* *bring/*take out again; *(film)* re-release ‖ **ressortissant** *nm* national.

ressource [RəsuRs] *nf* **1** *(recours)* possibility; *en dernière ~* as a last resort **2** *(moyens) ~s naturelles* natural resources; *homme de ~s* resourceful man **3** *~s (financières)* (financial) means; *(Com)* funding; *sans ~s* with no means of support ‖ **se ressourcer** *vpr (1)* look for new ideas.

ressouvenir [RəsuvniR] **se ~** *vpr (10) (de)* remember.

ressusciter [Rɛsysite] *vt (1) (aussi fig)* revive; *(Rel)* raise from the dead ◆ *vi* revive; *(Rel)* *rise from the dead.

restant [Rɛstã] *adj* remaining ◆ *nm* remainder; *un ~ de viande* some left-over meat.

restau [Rɛsto] *nm (aussi* **resto)** *(ab* **restaurant)** *~-U* university/student canteen: *les ~s du cœur* free meals for the homeless ‖ **restaurant** *nm* restaurant; *(Ens, Ind)* canteen; *~ d'entreprise* staff canteen ‖ **restaurateur** *nm (f -trice)* **1** restaurant owner **2** *(Art)* restorer ‖ **restauration** *nf* **1** *(hôtellerie)* catering; *~ collective* contract catering **2** *(Art, Hist)* restoration ‖ **restaurer** *vt (1) (Art)* restore ‖ **se restaurer** *vpr (1)* *have sth to eat.

reste [Rɛst] *nm* **1** *le ~* the rest, the remainder; *un ~ de fromage* some left-over cheese; *(loc) (argent, temps) de ~* leftover, spare; *du ~* moreover; *être en ~* *be indebted (to sb) **2** *~s* remains; *(repas)* left-overs **3** *(Math)* remainder ‖ **res-**

ter vi (1) **1** (demeurer) remain, stay (behind); *tu restes?* are you staying here? *l'argent qui lui reste* the money he has left; *ça reste à voir* that remains to be seen; (loc) *ça restera entre nous* we'll keep that to ourselves; (fig) *ça m'est resté en travers de la gorge* that has always stuck in my throat; *~ sur sa faim* *be/remain unsatisfied **2** (position) *~ assis* remain seated; *~ debout* remain standing; (ne pas se coucher) stay up; *elle resta sans bouger* she remained motionless; *elle est restée là à attendre* she was left there waiting **3** (loc) *j'en suis resté au tout début* I got no further than the beginning; *où en es-tu resté de tout ça?* how far did you get with all that? *nous en sommes restés là* that's as far as we got **4** (fam) *il a failli y rester* that was almost the end of him; *he almost died* **5** (v imper) *il ne reste plus de vin* there's no wine left; *il ne nous reste plus qu'à attendre* all we can do now is wait; *il n'en reste pas moins que...* it remains that...; *(il) reste à savoir si c'est possible* it remains to be seen if it's possible (or not).
restituer [Rɛstitɥe] vt (1) **1** (rendre) *give back, return **2** (reconstruire) reproduce **3** (énergie) release ‖ **restitution** nf return; reproduction: release.
resto [Rɛsto] nm (voir restau) ‖ **resto-route** nm (amér) highway restaurant, (brit) motorway restaurant.
restreindre [RɛstRɛ̃dR] bvt (35) restrict; (dépenses) limit, *cut down ‖ **se restreindre** vpr decrease; (champ d'action) narrow; (personne) *cut down (on expenses) ‖ **restreint** adj (à) limited/restricted (to); *comité* ~ select committee.
restrictif [RɛstRiktif] adj (f -ive) restrictive ‖ **restriction** nf **1** restriction **2** (réticence) ~ *mentale* mental reservation; *sans* ~ without reservation.
restructuration [Rəstryktyʀɑsjɔ̃] nf (Eco) restructuring ‖ **restructurer** vt (1) restructure.
resucée [Rəsyse] nf **1** (loc) *encore une petite* ~? shall I top up your glass? **2** (péj) (film, livre) re-hash.
résultat [Rezylta] nm result ‖ **résulter** vi (1) (de) result (from); *il en résulte que...* the result is that...
résumé [Rezyme] nm summary; *en* ~ to put it briefly, (pour conclure) to sum up ‖ **résumer** vt (1) **1** summarize **2** (conclure) sum up ‖ **se résumer** vpr **1** *se* ~ *en un mot* be summed up in one word **2** *se* ~ *à* *come down to, amount to.
resurgir [RəsyRʒiR] vi (2) reappear, re-emerge.
résurrection [RezyRɛksjɔ̃] nf (Rel) resurrection; (fig) revival.
rétablir [Retabliʀ] vt (2) **1** re-establish; re-

store **2** (guérir) ~ *qn* restore sb to health; (fam) *put sb back on his feet again ‖ **se rétablir** vpr **1** (guérir) recover **2** (calme, ordre) return ‖ **rétablissement** nm **1** re-establishment; restoring **2** (guérison) recovery; *bon* ~! get well soon! **3** (Sp) *faire un* ~ *do a pull-up.
rétamé [Retame] adj (fam) (épuisé) knocked out.
retaper [Rətape] vt (1) (fam) **1** (maison) *do up, fix up **2** (personne) buck up ‖ **se retaper** vpr *get back on one's feet again.
retard [Rətaʀ] nm **1** (personne) lateness; (train) delay; *arriver en* ~ arrive late; (loc) *en* ~ *sur son temps* behind the times; *avoir du* ~ *be late; *elle a 3 heures de* ~ she is three hours' late (montre) it's three hours' slow; *j'ai pris du* ~ *sur lui* I've got behind him; *sans* ~ without delay **2** (occasions) *après plusieurs* ~*s* after being late/delayed several times **3** (développement) backwardness ‖ **retardataire** nmf latecomer ◆ adj backward ‖ **retardé** adj (enfant) backward ‖ **retardement** nm (loc) *à* ~ delayed action; *bombe à* ~ time-bomb ‖ **retarder** vt (1) delay; ~ *qn* *hold sb up; *make sb late; (repousser) postpone ◆ vi (horloge) *be slow; *tu retardes de 5 minutes* your watch is five minutes' slow.
retenir [Rətniʀ] vt (10) **1** (prélever) deduct, *withhold; (contenir) *hold back; ~ *qn de faire qch* prevent sb (from) doing sth **2** (chambre, place) reserve, book **3** (se rappeler) remember; (loc) *celui-là, je le retiens!* I won't forget that in a hurry! **4** (candidature) accept; (accusation) register **5** (Math) carry **6** (retarder) delay; *je ne voudrais pas vous* ~, *mais...* I don't want to keep you, but... ‖ **se retenir** vpr **1** *se* ~ *à qch* *hold on to sth **2** *se* ~ *de faire qch* stop oneself from doing sth.
retenter [Rətɑ̃te] vt (1) ~ *sa chance* try one's luck again.
rétention [Retɑ̃sjɔ̃] nf retention.
retentir [Rətɑ̃tiʀ] vi (2) (de) resound (with); (cloche) *ring (with) ‖ **retentissant** adj resounding, ringing; (scandale) almighty, tremendous ‖ **retentissement** nm echo; (fig) effect; ~*s* repercussions.
retenue [Rətny] nf **1** (prélèvement) deduction; (sur salaire) ~*s* stoppages, deductions **2** (self-)restraint; reserve **3** (Math) what is carried over **4** (Ens) detention **5** (Tech) *barrage à faible* ~ low-volume dam.
réticence [Retisɑ̃s] nf reluctance; ~*s* hesitations; *avec* ~ reluctantly ‖ **réticent** adj reluctant, hesitant; ~ *à* hostile to.
rétif [Retif] adj (f -ive) (cheval) stubborn; (personne) restive.
rétine [Retin] nf (Anat) retina; *décollement de la* ~ detached retina.

retiré [ʀətiʀe] *adj* (*endroit*) remote ; (*vie*) secluded ‖ **retirer** *vt* (1) **1** (*habit*) *take off ; (*emballage*) remove **2** (*candidature*) *withdraw ; (*autorisation*) revoke ; ~ *qch à qn* *take sth away from sb ; *on lui retira son permis de conduire* (*brit*) he was banned from driving, (*amér*) they suspended his license **3** (*dégager*) ~ *les draps du lit* *take the sheets off the bed **4** (*récupérer*) ~ *un paquet à la poste* pick up a parcel from the post office **5** (*argent*) *withdraw **6** (*fig*) ~ *un bénéfice* *make a profit ; *je n'en ai retiré que des ennuis* it caused me nothing but trouble ‖ **se retirer** *vpr* **1** *withdraw ; (*se coucher, prendre sa retraite*) retire **2** (*eaux*) recede.

retombées [ʀətɔ̃be] *nfpl* **1** consequences, effects ; (*Eco*) spin-off **2** ~ *atomiques* radioactive fallout (*ns inv*) ‖ **retomber** *vi* (1) **1** (*personnes*) *fall (down) again ; (*fig*) *il est retombé malade* he's fallen ill again ; ~ *dans l'erreur* lapse into error again ; ~ *dans l'oubli* *sink (back) into oblivion ; ~ *sur ses pieds* land on one's feet **2** (*choses, neige, pluie*) *come down again ; (*fusée*) *come back to earth ; *il laissa* ~ *ses bras* he let his arms drop to his sides **3** (*cheveux*) *fall ; (*tissu*) *hang **4** (*bruit, vent*) *die down, subside ; (*intérêt*) *fall away **5** (*échoir à*) *les frais retombent sur vous* the expenses are your repsonsibility ; (*fam*) *ça va nous* ~ *dessus !* we'll have to pay for this !

rétorquer [ʀetɔʀke] *vi* (1) retort.

retors [ʀətɔʀ] *adj* sly, underhand.

rétorsion [ʀetɔʀsjɔ̃] *nf* retaliation.

retouche [ʀətuʃ] *nf* alteration ; *faire une* ~ *à* alter ‖ **retoucher** *vt* (1) (*robe*) alter ; (*photo, peinture*) touch up.

retour [ʀətuʀ] *nm* **1** return ; (*avion, train*) return trip ; (*fig*) ~ *aux sources* going back to one's roots ; *à ton* ~ on your return ; *au* ~ *de* on returning from ; *de* ~ *chez moi* when I get/got home ; *en* ~ in return ; *par* ~ (*du courrier*) by return (of post) ; *sur le chemin du* ~ on the way back **2** (*Mil*) ~ *offensif* renewed attack **3** turnabout ; (*fig*) ~*s de la fortune* ups and downs of fortune **4** (*loc*) (*Méd*) ~ *d'âge* change of life ; (*Ciné*) ~ *en arrière* flashback ; (*Inf*) ~ *de chariot* carriage return ; (*Aut*) ~ *de flamme* backfire ; (*Sp*) *match* ~ return match/game ‖ **retournement** *nm* reversal ‖ **retourner** *vt* (1) **1** (*mettre à l'envers*) turn upside down ; (*vêtement*) turn inside out ; (*fig*) ~ *sa veste* change sides ; (*crêpe*) turn over ; (*en la lançant*) toss **2** (*remuer*) turn over, flip over ; (*salade*) toss **3** (*fig*) (*compliment*) return ; ~ *un argument contre qn* turn an argument back against sb ; ~ *la situation* reverse the situation **4** ~ *une idée dans sa tête* turn an idea over and over in one's mind ; (*loc*) ~ *le*

couteau dans la plaie twist the knife in the wound **5** (*bouleverser*) (*maison*) turn upside down ; (*personne*) *upset ; *j'en suis tout retourné !* it's given me quite a turn ! **6** (*réexpédier*) return, *send back ◆ *vi* return, *go back ; ~ *sur ses pas* (*aussi fig*) retrace one's steps **7** *v imper de quoi il retourne ?* what's going on ? ‖ **se retourner** *vpr* **1** (*personne*) turn around ; (*pour regarder*) look back ; (*couchée*) turn over ; (*fig*) *laissez moi le temps de me* ~ *!* let me catch my breath ! **2** (*voiture*) overturn **3** *se* ~ *contre qn* (*personne*) turn against sb ; (*Jur*) *take sb to court ; (*situation*) *go against sb **4** (*lit*) *s'en* ~ (*à*) *return (to).

retracer [ʀətʀase] *vt* (1h) **1** (*trait*) *redraw **2** (*histoire*) relate.

rétracter [ʀetʀakte] *se* ~ *vpr* (1) (*Jur*) retract ; *withdraw one's evidence.

retrait [ʀətʀɛ] *nm* **1** (*argent, personnes*) withdrawal ; ~ *du permis* (*amér*) suspension of (driving) license, (*brit*) driving ban **2** (*lettre, paquet*) collection **3** (*loc*) *en* ~ (*de*) set back (from) ; (*fig*) *rester en* ~ stay in the background ‖ **retraite** *nf* **1** (*Mil*) retreat ; *battre en* ~ *beat a retreat **2** (*d'un travailleur*) retirement ; (*pension*) (*retirement*) pension ; *fonds de* ~ (*amér*) pension plan, (*brit*) pension scheme ; ~ *anticipée* early retirement ; ~ *forcée* compulsory retirement ; *être à la* ~ *be retired ; *prendre sa* ~ retire ; *toucher une* ~ *importante* receive a large pension **3** (*Rel*) retreat ‖ **retraité** *nm* retired person.

retraitement [ʀətʀɛtmɑ̃] *nm* reprocessing ; ~ *des déchets nucléaires* reprocessing of atomic/nuclear waste (*ns inv*).

retranchement [ʀətʀɑ̃ʃmɑ̃] *nm* entrenchment ‖ **retrancher** *vt* (1) (*argent*) deduct ; (*ôter*) remove ‖ **se retrancher** *vpr* **1** (*Mil*) entrench oneself ; (*fig*) *take refuge.

retransmettre [ʀətʀɑ̃smɛtʀ] *vt* (42) (*TV*) *broadcast ‖ **retransmission** *nf* broadcast.

rétrécir [ʀetʀesiʀ] *vti* (2) *shrink ; (*esprit*) narrow ‖ **se rétrécir** *vpr* *get smaller/ narrower ; (*au lavage*) *shrink ‖ **rétrécissement** *nm* **1** (*linge*) shrinkage **2** (*route*) narrowing.

rétribuer [ʀetʀibɥe] *vt* (1) *pay ‖ **rétribution** *nf* payment ; (*lit*) reward.

rétro [ʀetʀo] *adj inv* pre-1940's ◆ *préf* retro ‖ **rétroactif** *adj* (*f* -**ive**) retroactive ‖ **rétroactivité** *nf* retroactivity ‖ **rétrofusée** *nf* retrorocket ‖ **rétrograde** *adj* retrograde ; (*péj*) reactionary ‖ **rétrograder** *vi* (1) regress ; (*Aut*) change down ◆ *vt* (*officier, fonctionnaire*) demote ‖ **rétroprojecteur** *nm* overhead projector ‖ **rétrospectif** *adj* (*f* -**ive**) retrospective ◆ *nf* (*Art*) retrospective ‖ **rétrospectivement** *adv* in retrospect; looking back.

retroussé [ʀətʀuse] *pp de* **retrousser**; *nez* ~ turned-up nose ‖ **retrousser** *vt (1)* *(manches)* roll up; *(jupe)* hitch up; *(lèvres)* curl up.

retrouvailles [ʀətʀuvɑj] *nfpl* reunion.

retrouver [ʀətʀuve] *vt (1)* 1 *(objet perdu)* *find (again) 2 ~ *qn* *meet sb; *(par hasard)* *meet up with sb again 3 *(forces, santé)* recover 4 *(se rappeler)* recall; *je ne retrouve plus son nom!* I can't remember her name! 5 recognize; *je lui retrouve les mêmes qualités* I see the same qualities in her ‖ **se retrouver** *vpr* 1 *find oneself; *(finir) il s'est retrouvé en prison* he ended up in prison 2 *(se réunir)* *meet up; *(loc) comme on se retrouve!* fancy meeting you here! *(fig) on se retrouvera!* I'll get my own back! 3 *(voir clair) je ne m'y retrouve pas dans vos histoires* I can't make head nor tail of what you're telling me 4 *(argent) s'y* ~ *break even; *(fam)* *do well out of a deal.

rétroviseur [ʀetʀɔvizœʀ] *nm (Aut)* rearview mirror.

réunification [ʀeynifikɑsjɔ̃] *nf* reunification ‖ **réunifier** *vt (1h)* reunify.

réunion [ʀeynjɔ̃] *nf* 1 *(documents)* collecting; *(fonds)* raising 2 *(amis)* gathering; *(délégués)* meeting; ~ *sportive* sports meeting; ~ *syndicale* union meeting 3 *(île de) la R*~ Réunion Island ‖ **réunir** *vt (2)* 1 *(objets)* gather/*put together; *(fonds)* raise 2 *(personnes)* gather; *samedi je réunis quelques amis chez moi* I'm having a few friends round to my place on Saturday 3 *(qualités)* combine 4 *(relier)* link ‖ **se réunir** *vpr* 1 *(personnes)* *get together, *meet; *se* ~ *entre amis* *have a get-together amongst friends 2 *(compagnies)* merge, combine.

réussi [ʀeysi] *adj* successful ‖ **réussir** *vi (2)* 1 *(à faire qch)* succeed (in doing sth); ~ *dans la vie* *be successful (in life) 2 *(convenir) le climat ne lui réussit pas* the climate doesn't suit him ♦ *vt* 1 *(examen)* pass 2 *(tableau, travail)* *make a good job of; *(plat, soirée)* *make a success of; *(fam) elle a réussi son coup!* she pulled it off! ‖ **réussite** *nf* 1 success 2 *(cartes) faire une* ~ play patience.

réutiliser [ʀeytilize] *vt (1)* re-use ‖ **réutilisation** *nf* re-use.

revaloir [ʀəvalwaʀ] *vi (17) (loc) je te revaudrai ça!* I'll pay you back! *(menace)* I'll get even with you for this!

revalorisation [ʀəvalɔʀizɑsjɔ̃] *nf* 1 *(monnaie)* revaluation; *(salaire)* increase 2 *(institution)* promotion, upgrading ‖ **revaloriser** *vt (1)* revalue; increase, upgrade.

revanche [ʀəvɑ̃ʃ] *nf* 1 revenge; *prendre sa* ~ *(sur qn)* *take revenge (on sb); *à titre de* ~ in return 2 *(Sp)* return match 3 *en* ~ on the other hand.

rêvasser [ʀevase] *vi (1)* *daydream ‖ **rêve** *nm* 1 dream; *j'ai fait un* ~ I had a dream; *ça, c'est le* ~! that's just perfect! 2 *appartement de* ~ dream apartment/*(brit)* flat; *solution de* ~ ideal solution ‖ **rêvé** *adj* ideal, perfect.

revêche [ʀəvɛʃ] *adj (personne)* surly, bad tempered.

réveil [ʀevɛj] *nm* 1 *(dormeur)* waking up; *(aussi fig)* awakening; *au* ~ on waking; *dès le* ~ as soon as I get up; *(fam) avoir le* ~ *difficile* *have trouble waking up 2 *(appareil)* alarm-clock 3 *(Mil)* reveille ‖ **réveillé** *adj* awake; *à moitié* ~ half awake; *je suis mal* ~ I'm (still) half asleep ‖ **réveille-matin** *nm (pl inv)* alarm-clock ‖ **réveiller** *vt (1) (dormeur)* *wake up; *(sentiment)* arouse ‖ **se réveiller** *vpr* 1 *(dormeur)* *wake up; *se* ~ *en sursaut* *wake up with a start 2 *(sentiment)* *be roused/awakened 3 *(douleur)* return.

réveillon [ʀevɛjɔ̃] *nm* ~ *de Noël, du Nouvel An* Christmas Eve, New Year's Eve (party); *(fig) on ne va pas passer le* ~ *là-dessus!* we're not going to spend all night on it! ‖ **réveillonner** *vi (1)* celebrate Christmas/New Year's Eve.

révélateur [ʀevelatœʀ] *adj (f -trice)* revealing ♦ *nm (Phot)* developer ‖ **révélation** *nf* revelation; *(fam)* eye-opener ‖ **révéler** *vt (1c)* 1 reveal; *show; ~ *au public* disclose 2 *(Phot)* develop ‖ **se révéler** *vpr* 1 *(secret)* *be revealed; *(fait)* *come to light 2 reveal oneself; ~ *vrai* prove to be true.

revenant [ʀəvnɑ̃] *nmf* ghost.

revendeur [ʀəvɑ̃dœʀ] *nm (f -euse)* retailer; ~ *de voitures* secondhand car dealer.

revendicatif [ʀəvɑ̃dikatif] *adj (f -ive)* of protest; *(grève) mouvements* ~*s* industrial action ‖ **revendication** *nf* claim, demand; *(action)* claiming; *journée de* ~ day of protest ‖ **revendiquer** *vt (1)* claim; demand; *(attentat)* claim responsibility for.

revendre [ʀəvɑ̃dʀ] *vt (46)* *resell; *sell back; *(fig) il a de la patience à* ~ he has the patience of a saint.

revenir [ʀəvniʀ] *vi (10)* 1 *come again; *(événement)* *come round, recur; *(idée, mot)* *come up, crop up 2 *(être de retour)* *get back; *je reviens bientôt* I'll be back soon/shortly 3 *(à)* *come back (to), return (to); ~ *sur ses pas* retrace one's steps; *ça me revient (à l'esprit)* I remember now; ~ *à sa première idée* revert to one's first idea; ~ *à soi* *come round; *(fig) revenons à nos moutons* let's get back to the subject, let's not get side-tracked; ~ *sur une décision* *go back on a decision 4 *(à)*

*cost ; *la voiture revient cher* cars are expensive to run ; *(fig) ça revient au même* it amounts/comes to the same thing **5** ~ *à (héritage, honneur)* *fall to ; *le mérite vous revient* you deserve all the credit **6** ~ *(de)* *come back (from) ; return (from) ; *(maladie, surprise)* *get over **7** ~ *à* please ; *sa tête ne me revient pas* I don't like the look of him **8** *(Cuis)* faire ~ brown ♦ *v impers c'est à moi qu'il revient de le lui dire* it's for me/up to me to tell him ‖ **s'en revenir** *vpr (lit)* *make one's way back.

revente [Rəvɑ̃t] *nf* resale.

revenu [Rəvny] *nm* **1** income ; *(de l'Etat)* revenue ; ~ *national brut* gross national income **2** *(Fin)* interest, return, yield.

rêver [Reve] *vti (1) (à, de)* *dream (of, about) ; *(imaginer)* *dream up ; ~ *de faire qch* long to do sth/dream of doing sth.

réverbération [ReveRbeRɑsjɔ̃] *nf (son)* reverberation ; *(chaleur, lumière)* reflection ‖ **réverbère** *nm* street light ‖ **réverbérer** *vt (1c)* reverberate ; reflect.

reverdir [RəveRdiR] *vi (2)* turn green again.

révérence [ReveRɑ̃s] *nf (envers)* reverence (for) ; *faire une* ~ *(femme)* curtsy ; *(homme)* bow ‖ **révérencieux** *adj (f* **-ieuse)** reverent ‖ **révérend** *adj nm* reverend ‖ **révérer** *vt (1c)* revere.

rêverie [RevRi] *nf* daydream ; *(action)* daydreaming.

revérifier [RəveRifje] *vti (1h)* double-check.

revers [RəveR] *nm* **1** back ; reverse side ; *(tennis) (coup de)* ~ backhand (shot) ; ~ *de main* a backhanded slap ; *(Mil) prendre à* ~ *take from the rear **2** *(pantalon)* turn-up, *(amér)* cuff ; *(veste)* lapel **3** *(fig)* setback ; ~ *de fortune* reverse of fortune ‖ **reverser** *vt (1)* **1** pour out again ; pour back **2** *(Fin) (somme)* transfer ‖ **réversible** *adj* reversible ; *(Jur)* revertible ‖ **réversion** *nf* reversion.

revêtement [Rəvɛtmɑ̃] *nm* covering ; *(intérieur)* lining ; *(extérieur)* facing ; *(route)* surfacing ; *(sol)* flooring ; *(toit)* roofing ‖ **revêtir** *vt (12)* **1** *(de)* cover (with) ; *revêtu d'une signature* bearing a signature **2** endow sb with sth **3** *(fig)* assume ; *take on.

rêveur [RevœR] *nm (f* **-euse)** *(day)* dreamer ♦ *adj* dreamy ‖ **rêveusement** *adv* dreamily.

revient [Rəvjɛ̃] *loc prix de* ~ *nm* cost price.

revigorer [RəvigɔRe] *vt (1)* revive ; invigorate.

revirement [RəviRmɑ̃] *nm* sudden change.

réviser [Revize] *vt (1)* **1** *(situation)* review ; *(Ens, Jur)* revise **2** *(Aut)* service,

overhaul ‖ **révision** *nf* **1** review ; revision **2** servicing.

revivre [RəvivR] *vi (51)* ♦ *vi* *come alive again ; *(après la mort)* live on ♦ *vt (expérience)* relive, live through again ; *faire* ~ *bring back to life ; *(coutume)* revive.

révocable [Revɔkabl] *adj (contrat)* revocable ; *(personne)* dismissible ‖ **révocation** *nf* revocation ; dismissal.

revoir [RəvwaR] *vt (22)* **1** *see again ; *(excl) au* ~ *!* goodbye ! **2** re-examine ; *(Ens)* revise.

révoltant [Revɔltɑ̃] *adj* appalling ; revolting ‖ **révolte** *nf* revolt, rebellion ‖ **révolté** *nm* rebel ♦ *adj* rebellious ; *(indigné)* appalled ; revolted ‖ **révolter** *vt (1)* rebel, revolt **2** appall ‖ **se révolter** *vpr* **1** rebel, revolt **2** *be appalled.

révolu [Revɔly] *adj* past ; *18 ans* ~*s* over 18.

révolution [Revɔlysjɔ̃] *nf* revolution ; *être en* ~ *be in (a state of) revolt, *(fig)* *be up in arms, *be in an uproar ‖ **révolutionnaire** *adj nmf* revolutionary ‖ **révolutionner** *vt (1)* revolutionize.

revolver [RevɔlvɛR] *nm* gun, revolver.

révoquer [Revɔke] *vt (1) (Jur, Pol)* revoke ; *(personne)* dismiss ; remove from office.

revue [Rəvy] *nf* **1** *(Th)* show ; *(Mil)* review ; *passer en* ~ inspect ; *(fig)* review **2** magazine ; review ; ~ *médicale* medical journal ; ~ *de presse* press review.

révulser [Revylse] *vt (1)* disgust ‖ **se révulser** *vpr ses yeux se révulsèrent* she showed the whites of her eyes.

rez-de-chaussée [Redʃose] *nm (pl inv)* ground floor, *(amér)* first floor.

rhabiller [Rabije] *vt (1)* dress again ‖ **se rhabiller** *vpr* *get dressed again.

rhapsodie [Rapsɔdi] *nf* rhapsody.

rhétorique [Retɔrik] *nf* rhetoric ♦ *adj* rhetorical.

rhinocéros [RinɔseRɔs] *nm* rhinoceros.

rhubarbe [RybaRb] *nf* rhubarb.

rhum [Rɔm] *nm* rum.

rhumatisant [Rymatizɑ̃] *adj* rheumatic ‖ **rhumatisme** *nm* rheumatism *(ns inv)*.

rhume [Rym] *nm* cold ; ~ *des foins* hay fever.

riant [Rijɑ̃] *adj* smiling ; *(fig)* pleasant.

ribambelle [Ribɑ̃bɛl] *nf (de) (enfants)* swarm (of) ; *(mots)* long string (of).

ricaner [Rikane] *vi (1)* sneer ; *(rire)* snigger.

riche [Riʃ] *adj* rich/wealthy ; *(idée)* great ; ~ *en calcium* with a high calcium content ; *(fig)* ~ *de possibilités* full of possibilities ♦ *nmf* rich/wealthy person ; *les* ~*s* the rich ; *(péj) gosse de* ~*s* poor little rich kid ‖ **richesse** *nf* **1** wealth ; *(terre)* fertility ; *(fig)* richness **2** *les* ~*s* wealth ;

(d'un musée) treasures ; **~s naturelles** natural resources ‖ **richissime** *adj* extremely wealthy.

ricin [Risɛ̃] *nm huile de* ~ castor oil.

ricocher [Rikɔʃe] *vi (1) (sur)* bounce (off), rebound (off) ‖ **ricochet** *nm* rebound ; *faire des* ~s play ducks and drakes, *(amér)* skip stones.

rictus [Riktys] *nm (rire)* grin ; *(dégoût, douleur)* grimace.

ride [Rid] *nf* wrinkle ; *(eau aussi fig)* ripple.

rideau [Rido] *nm (pl -x)* curtain, *(amér)* drape ; *(Com)* shutters ; *(Th)* screen ; ~ *de fer (Hist)* Iron Curtain, *(Th)* safety curtain.

rider [Ride] *vt (1)* **se** ~ *vpr* wrinkle ; *(eau)* ripple ; *(fruit)* shrivel (up).

ridicule [Ridikyl] *adj* ridiculous ; *en nombre, quantité* ~ in ridiculously small numbers, quantities ◆ *nm* ridicule ; *(situation)* ridiculousness ; *tourner en* ~ ridicule ; *les* ~s the absurdities ‖ **ridiculiser** *vt (1)* ridicule ‖ **se ridiculiser** *vpr* *make a fool of oneself.

rien [Rjɛ̃] *pron* **1** nothing ; *il n'a* ~ *dit* he said nothing/he didn't say anything ; *n'as-tu* ~ *à faire ?* haven't you got anything to do? ~ *n'est trop difficile pour eux* nothing is too difficult for them ; *ça ne sert à* ~ *de discuter* it's useless/pointless arguing ; *je n'y suis pour* ~ I've had nothing to do with it ; *ça ne fait* ~ ! it doesn't matter! *ça n'était pas* ~ it was no mean feat **2** anything ; *as-tu jamais* ~ *vu d'aussi beau ?* have you ever seen anything as beautiful? *sans* ~ *dire* without saying anything ; *de* ~ ! don't mention it!/you're welcome! ~ *à faire !* nothing doing! **3** ~ *de mieux/du tout* nothing better/at all ; *il n'a* ~ *d'un héros* he's no hero ; *(tennis)* 30 à ~ 30 love **4** only ; just ; *tu n'es* ~ *qu'un menteur* you're nothing but a liar ; ~ *que la couleur m'a déplu* the colour alone put me off ; ~ *qu'un peu* just/only a little ◆ *nm* a mere nothing ; *c'est trois fois* ~ it's nothing much ; *un* ~ *de moquerie* a hint of mockery ; *en un* ~ *de temps* in no time (at all) ; *il s'emporte pour des* ~s he gets angry over little things ; *ces gens-là sont des* ~ *du tout* those people are mere nobodies ◆ *adv un* ~ *cher* a bit/trifle expensive.

rieur [Rijœr] *adj (f -euse)* cheerful, gay.

rigide [Riʒid] *adj* stiff ; rigid ; *(fig)* inflexible ; strict ‖ **rigidité** *nf* stiffness ; rigidity ; inflexibility.

rigolade [Rigɔlad] *nf (fam)* fun ; *c'est de la* ~ it's a piece of cake ; *prendre à la* ~ *take as a joke ‖ **rigoler** *vi (1) (fam)* **1** *have fun ; *tu rigoles !* you're joking! **2** laugh ‖ **rigolo** *adj (f -ote) (fam)* funny ◆ *nmf (fam)* **1** comic **2** fraud.

rigole [Rigɔl] *nf* channel ; furrow.

rigoureusement [Rigurøzmɑ̃] *adv* rigorously ; ~ *interdit* strictly forbidden ‖ **rigoureux** *adj (f -euse)* rigorous ; harsh ; *(morale)* strict ; **rigueur** *nf* rigour ; strictness ; *(climat)* harshness ; severity ; *tenir* ~ *à qn* *hold sth against sb ; *être de* ~ *be compulsory ; *à la* ~ at a pinch.

rime [Rim] *nf* rhyme ‖ **rimer** *vi (1)* rhyme ; *(fam fig) ça ne rime à rien* that doesn't make sense ◆ *vt* *put into rhyme.

rimmel [Rimɛl] *nm* mascara.

rinçage [Rɛ̃saʒ] *nm* rinse ; *(action)* rinsing ‖ **rince-doigts** *nm (pl inv)* finger bowl ‖ **rincer** *vt (1)* **se** ~ *vpr* rinse (out).

ring [Riŋ] *nm* boxing ring.

ringard [Rɛ̃gar] *adj (fam)* corny ; *(acteur)* old-fashioned ◆ *nm vieux* ~ stuffed shirt.

riper [Ripe] *vt (1)* *slide along ◆ *vi* slip.

riposte [Ripɔst] *nf* counter attack ; *(verbale)* retort ‖ **riposter** *vi (1)* retaliate ; *(verbalement)* retort **2** ~ *à* counterattack ; *fight back.

riquiqui [Rikiki] *adj (fam)* **1** *(petit)* tiny little **2** *(mesquin)* mean.

rire [Rir] *vi (47)* **1** laugh ; ~ *aux éclats* roar with laughter ; *j'en ai ri aux larmes* I laughed so hard (that) I cried ; *elle a bien ri* she had a good laugh ; *un film à mourir de* ~ a hilarious film ; *il n'y a pas de quoi* ~ it's no laughing matter **2** *have fun ; *il ne pense qu'à* ~ he's only interested in having a good time ; *c'était pour* ~ it was only a joke **3** ~ *de* laugh at ; ~ *de qn* *make fun of sb ‖ **se rire** *vpr (lit) (de)* *make light (of) ◆ *nm un* ~ a laugh ; *le* ~, *des* ~s laughter ; *un gros* ~ guffaw.

ris[1] [Ri] *nm (Cuis)* sweetbreads.

ris[2] [Ri] *nm (voile)* reef ; *prendre un* ~ *take in a reef.

risée [Rize] *nf* *être la* ~ *de* *be the laughing stock of ‖ **risette** *nf faire* ~ *give a nice little smile ‖ **risible** *adj* ridiculous ; ludicrous.

risque [Risk] *nm* risk ; ~ *du métier* occupational hazard ; *à vos* ~s *et périls* at your own risk ; *goût du* ~ taste for danger ; *j'en prends le* ~ I'll take a chance (on it) ; *(assurance) tous* ~s complete coverage ‖ **risqué** *adj* dangerous, risky ; *(osé)* daring, risqué ‖ **risquer** *vt (1)* **1** risk ; *il risque qu'on le voie* he risks being seen ; *ça ne risque rien* it's quite safe **2** venture ; ~ *le coup* chance it ; ~ *une réponse* hazard a guess ; *qui ne risque rien n'a rien* nothing ventured nothing gained **3** ~ *de* ; *il risque de gagner* he may well win ; *il ne risque pas d'être là* he's unlikely to be there ‖ **se risquer** *vpr* venture ; *je ne me risquerais pas à le contredire* I wouldn't dare contradict him ‖ **risque-tout** *nmf (pl inv)* daredevil.

rissoler [Risɔle] *vt (1) (faire)* ~ brown.

ristourne [Risturn] *nf* rebate ; return ;

(Com) discount ‖ **ristourner** vt *(1)* refund, return.

rite [Rit] nm *(Rel)* rite; *(fig)* ritual ‖ **rituel** nm adj *(f* **-elle)** ritual ‖ **rituellement** adv *(Rel)* ritually; *(fig)* invariably.

rivage [Rivaʒ] nm shore.

rival [Rival] adj *(mpl* **-aux)** rival ◆ nmf rival; *sans* ~ unrivalled ‖ **rivaliser** vi *(1)* rival; ~ *avec qn* compete with sb; ~ *de générosité* vie in generosity ‖ **rivalité** nf rivalry.

rive [Riv] nf *(fleuve)* bank; *(lac)* shore.

river [Rive] vt *(1)* rivet; *(fig)* ~ *le clou à qn* *leave sb speechless.

riverain [RivRɛ̃] nm resident ◆ adj riverside; lakeside.

rivet [Rivɛ] nm rivet ‖ **riveter** vt *(1d)* rivet (together).

rivière [RivjɛR] nf river.

rixe [Riks] nf brawl.

riz [Ri] nm rice; ~ *au lait* rice pudding ‖ **rizière** nf paddy field.

robe [Rɔb] nf dress; *(Ens)* gown; *(Jur)* robe; *(Zool)* coat; ~ *de chambre* dressing gown/(bath)robe.

robinet [Rɔbinɛ] nm tap, *(amér)* faucet; ~ *d'arrêt* stopcock ‖ **robinetterie** nf plumbing; taps.

robot [Rɔbo] nm robot; ~ *ménager* kitchen mixer, food processor ‖ **robotique** nf robotics ‖ **robotisation** nf automation ‖ **robotiser** vt *(1)* *(Ind)* automate.

robuste [Rɔbyst] adj sturdy, robust; *(Hort)* hardy ‖ **robustesse** nf sturdiness, robustness.

roc [Rɔk] nm rock ‖ **rocade** nf bypass; ring road ‖ **rocaille** nf *(Géog)* rocky ground; *(Hort)* rock garden, rockery ‖ **rocailleux** adj *(f* **-euse)** stony; rocky; *(fig)* harsh; rough.

rocambolesque [Rɔkɑ̃bɔlɛsk] adj fantastic; incredible.

roche [Rɔʃ] nf rock ‖ **rocher** nm rock; *(paroi)* rock face ‖ **rocheux** adj *(f* **-euse)** rocky.

rodage [Rɔdaʒ] nm running in, *(amér)* breaking in.

roder[1] [Rode] vt *(1)* *(Aut)* *run in, *(amér)* *break in; *(Th)* *run in; *(personne)* *break in.

rôder[2] [Rode] vi *(1)* prowl; roam about ‖ **rôdeur** nm *(f* **-euse)** prowler.

rogne [Rɔɲ] nf *(fam)* *en* ~ in a rage; *se mettre en* ~ *fly off the handle.

rogner [Rɔɲe] vt *(1)* clip; trim; *(fig)* whittle down ◆ vi ~ *sur les salaires* *cut back on salaries.

rognon [Rɔɲɔ̃] nm *(Cuis)* kidney.

rognures [RɔɲyR] nfpl scraps.

roi [Rwa] nm **1** king; *Fête des R~s* Twelfth Night **2** *(fam fig)* champion; ~ *de la finance* financial wizard; ~ *du pé-* trole oil tycoon; *le* ~ *des imbéciles* a prize idiot/fool.

rôle [Rol] nm **1** role, part; *ce n'est pas mon* ~ *de donner des conseils* it's not for me to give advice; *(Ens)* *jeu de* ~*s* roleplay **2** list; *à tour de* ~ in turn.

romaine [Rɔmɛn] nf *(Cuis)* cos lettuce.

roman[1] [Rɔmɑ̃] adj *(Arch)* Romanesque; Norman; *(Ling)* Romance.

roman[2] [Rɔmɑ̃] nm novel; *(fig)* story; ~ *fleuve* saga; ~ *noir* thriller ‖ **romance** nf *(sentimental)* ballad ‖ **romancer** vt *(1h)* romance ‖ **romancier** nm *(f* **-ière)** novelist ‖ **romanesque** adj romantic; sentimental; *(Lit)* novelistic.

romanichel [Rɔmaniʃɛl] nm *(f* **-elle)** gipsy, romany.

romantique [Rɔmɑ̃tik] adj romantic ‖ **romantisme** nf romanticism.

romarin [RɔmaRɛ̃] nm *(Bot)* rosemary.

rompre [RɔpR] vt *(46)* *break; *bien* ~ *(accord, conversation)* *break off; *(cheval)* *break in; ~ *l'équilibre* *upset the balance; *(Mil)* ~ *les rangs* dismiss, *fall out* ◆ vi *break; snap; *(digue)* *burst (its banks)* ‖ **rompu** adj **1** *(fam)* exhausted **2** ~ *aux négociations* experienced in negotiating.

ronce [Rɔ̃s] nf **1** *(Bot)* bramble **2** *(meubles)* ~ *de noyer* burr walnut.

ronchon [Rɔ̃ʃɔ̃] adj grousy, grumpy ‖ **ronchonner** vi *(1)* grouse, grumble.

rond [Rɔ̃] adj **1** round; *bien* ~ well-rounded **2** straightforward; ~ *en affaires* on the level in business **3** *(fam)* drunk; tight ◆ nm **1** circle; ~ *de serviette* napkin ring; *tourner en* ~ *go round in a circle* **2** *(fam)* *(argent)* *il n'a pas un* ~ he's broke ◆ adv *tourner* ~ *go well; *(moteur)* *run smoothly ‖ **ronde** nf **1** round; *(policier)* beat **2** *(Mus)* semibreve **3** round dance; *(chanson)* round **4** *à des kilomètres à la* ~ for kilometres around ‖ **rondelet** adj *(f* **-ette)** chubby; *(somme)* tidy ‖ **rond-de-cuir** nm *(péj)* pen pusher ‖ **rondelle** nf *(Tech)* washer; *(tranche)* slice ‖ **rondement** adv briskly; *parler* ~ *speak frankly; *(fam)* *tu as mené ton affaire* ~ you made short work of that ‖ **rondeur** nf **1** roundness; *(corps)* plumpness; ~*s* *(femme)* curves **2** straightforwardness ‖ **rondin** nm log ‖ **rond-point** nm roundabout, *(amér)* traffic circle.

ronéo® [Rɔneo] nf duplicating machine; Roneo® copy ‖ **ronéotyper** vt *(1)* *(aussi* **ronéoter)** duplicate.

ronflant [Rɔ̃flɑ̃] adj *(feu)* roaring; *(fig péj)* grand, high-flown, pompous ‖ **ronflement** nm snore; ~*s* snoring ‖ **ronfler** vi *(1)* *(personne)* snore; *(feu, moteur)* roar; *faire* ~ *un moteur* rev up an engine.

ronger [Rɔ̃ʒe] vt *(1h)* **1** gnaw (at); *(rouille ver)* *eat into; *(fig)* ~ *son frein* champ at the bit **2** *être rongé de remords* *be tormented by remorse ‖ **se ronger** *vpr* ~ *les ongles* *bite one's nails; *(fig)* ~ *les sangs* worry stiff ‖ **rongeur** *adj (f -euse)* gnawing ◆ *nm (Zool)* rodent.

ronron [ʀɔ̃ʀɔ̃] *nm* /**ronronnement** *nm* *(chat)* purr; *(moteur)* hum; *(action)* purring; humming ‖ **ronronner** *vi (1)* purr; hum; *(fig) (monotonie)* hum over.

roquette [ʀɔkɛt] *nf* rocket.

rosace [ʀɔzas] *nf (Arch)* rose window; *(plafond)* ceiling rose.

rosaire [ʀɔzɛʀ] *nm* rosary.

rosbif [ʀɔsbif] *nm du* ~ roast beef; *un* ~ a joint of beef.

rose [ʀoz] *nf* rose; ~ *des sables* gypsum flower; ~ *des vents* compass card; *(fam fig) envoyer qn sur les* ~s *send sb packing ◆ *adj nm (couleur)* pink; ~ *bonbon* candy pink; *(fig)* rosy; *voir la vie en* ~ *see life through rose-tinted spectacles ‖ **rosé** *adj* pinkish; *(vin)* rosé.

roseau [ʀozo] *nm (pl -x)* reed.

rosée [ʀoze] *nf* dew.

roseraie [ʀozʀɛ] *nf* rose garden ‖ **rosette** *nf* rosette; bow ‖ **rosier** *nm* rose bush ‖ **rosir** *vi (2)* turn pink.

rosse [ʀɔs] *nf* nag; *(personne)* beast ◆ *adj (péj)* nasty; rotten ‖ **rosser** *vt (1)* thrash.

rossignol [ʀɔsiɲɔl] *nm* **1** *(Orn)* nightingale **2** skeleton key **3** *(Com) (fam) vieux* ~ white elephant.

rot [ʀo] *nm* belch; *(bébé)* burp.

rotatif [ʀɔtatif] *adj (f -ive)* rotary ‖ **rotation** *nf* rotation ‖ **rotative** *nf* rotary press.

roter [ʀɔte] *vi (1)* belch, *(bébé)* burp.

rotin [ʀɔtɛ̃] *nm* rattan; *meubles en* ~ cane furniture.

rôti [ʀoti] *nm un* ~ a joint of meat; *du* ~ roast meat ‖ **rôtir** *vt (2)* roast ‖ **rôtissoire** *nf* (roasting) spit.

rotonde [ʀɔtɔ̃d] *nf* rotunda.

rotor [ʀɔtɔʀ] *nm* rotor.

rotule [ʀɔtyl] *nf* kneecap.

rouage [ʀwaʒ] *nm* cog; *les* ~s works; *(fig)* workings.

roublard [ʀublaʀ] *adj* crafty, wily.

roucoulement [ʀukulmɑ̃] *nm* cooing ‖ **roucouler** *vi (1)* coo.

roue [ʀu] *nf* wheel; *(rouage)* cog(wheel); *à deux* ~s two-wheeled; ~ *de secours* spare wheel; *descendre en* ~ *libre* freewheel down; *faire la* ~ *(Sp)* *do a cartwheel; *(Orn)* fan its tail.

roué [ʀwe] *adj (lit)* cunning; wily.

rouer [ʀwe] *vt (1)* ~ *qn de coups* *beat sb up.

rouerie [ʀuʀi] *nf* cunning; cunning trick.

rouet [ʀwɛ] *nm* spinning wheel.

rouge [ʀuʒ] *adj* red; *(Aut) feu* ~ red

light; *passer au* ~ jump the light(s) ◆ *nm* **1** red; *(vin)* red wine; *(fard)* rouge; ~ *à lèvres* lipstick; *le* ~ *lui montait au visage* he was going red in the face **2** *(péj)* Commie, Red ◆ *adv voir* ~ *see red ‖ **rougeâtre** *adj* reddish ‖ **rougeaud** *adj* red-faced ‖ **rouge-gorge** *nm (Orn)* (red) robin ‖ **rougeole** *nf* measles *(ns inv)* ‖ **rougeoiement** *nm* red glow ‖ **rougeoyer** *vi (1f)* turn red; *(incendie)* glow ‖ **rouget** *nm (Zool)* red mullet ‖ **rougeur** *nf* redness; *(Méd)* red patch, blotch ‖ **rougir** *vi (2)* turn red, redden; ~ *de plaisir* flush with pleasure; ~ *jusqu'aux oreilles* blush to the ears.

rouille [ʀuj] *nf* rust ‖ **rouillé** *adj* rusty ‖ **rouiller** *vi (1)* **se** ~ *vpr* *go rusty, rust.

roulade [ʀulad] *nf (Sp)* roll; *(Mus)* roulade ‖ **roulant** *adj escalier* ~ escalator; *(Rail) matériel* ~ rolling stock; *personnel* ~ train crew; *table* ~*e* trolley; *store* ~ roller-blind ‖ **roulé** *adj col* ~ polo-neck (collar); *(fam) elle est bien* ~*e* she's got a terrific figure ‖ **rouleau** *nm (pl -x)* roller; ~ *à pâtisserie* rolling pin; ~ *compresseur* steamroller; ~ *de pellicule* roll of film ‖ **roulement** *nm* **1** *(action)* rolling; ~ *à billes* ball bearing **2** *(bruit)* rumble; rumbling; *(tambour)* roll **3** *(Fin) (capitaux)* circulation **4** *(alternance)* rotation; ~ *de personnel* staff turnover; ~ *de stock* stock rotation; *(travail) par* ~ on a rota system ‖ **rouler** *vt (1)* **1** roll; *(manches, tapis)* roll up; *(dérouler)* roll out; ~ *sur l'or* *be rolling in money **2** *(fam) (duper) on m'a roulé* I've been had ◆ *vi* **1** roll (along); *(pente)* roll (down) **2** *(Aut)* *go; move; *(cycliste)* *ride; *(moteur)* *run; ~ *à gauche* *drive, *ride on the left; *(Av)* ~ *sur la piste* taxi along the runway **3** *(tonnerre)* rumble **4** ~ *sur (discussion)* turn around **5** *(fam) ça roule pour toi?* is everything running/going smoothly for you? ‖ **se rouler** *vpr* ~ *(en boule)* roll oneself up (in a ball); ~ *les pouces* twiddle one's thumbs; ~ *par terre de rire* roll around laughing ‖ **roulette** *nf (meuble)* castor; *(dentiste)* drill; *(pâtisserie)* pastry wheel; *(casino)* roulette ‖ **roulis** *nm* roll(ing) ‖ **roulotte** *nf* caravan, *(amér)* trailer, recreational vehicle, R.V.

roupiller [ʀupije] *vi (1) (fam)* snooze.

rouquin [ʀukɛ̃] *adj (fam)* red-haired ◆ *nm* red-head.

rouspétance [ʀuspetɑ̃s] *nf (fam)* grumbling ‖ **rouspéter** *vi (1c) (fam) (contre)* grumble, moan (about) ‖ **rouspéteur** *adj nm (f -euse) (fam)* grumbler, moaner.

rousse [ʀus] *adj voir* **roux** ‖ **rousseur** *nf tache de* ~ freckle ‖ **roussir** *vi (2)* turn brown ◆ *vt* scorch, singe; *(Cuis) faire* ~ brown.

routage [ʀutaʒ] *nm* mailing ‖ **route** *nf*

1 road; ~ *départementale* secondary road; ~ *nationale* main road, *(amér)* highway **2** *(itinéraire)* route; *(Naut)* course; *faire ~ sur Paris* *make/head for Paris **3** *(direction)* path; way; *(fig) faire fausse ~* *be on the wrong track **4** journey; *bonne ~!* have a good journey! *être en ~* *be on the way; *faire ~ avec qn* travel with sb; *se mettre en ~* *set out; *(Com) en ~* in transit **5** *mettre en ~ (moteur)* start up ‖ **routier** *adj (f* -**ière**) road ◆ *nm* **1** (long-distance) lorry driver, *(amér)* trucker **2** transport café **3** *(fig) vieux ~* old hand, old stager.

routine [ʀutin] *nf* routine; *opération de ~* routine operation; *sortir de la ~* *get out of a rut ‖ **routinier** *adj (f* -**ière**) routine; humdrum ◆ *nm* slave to routine.

rouvrir [ʀuvʀiʀ] *vi* (7) reopen.

roux [ʀu] *adj (f* **rousse**) *(cheveux)* red-haired; auburn; *(couleur)* russet ◆ *nmf* red-head.

royal [ʀwajal] *adj (mpl* -**aux**) royal; *(fig)* princely; *(indifférence)* perfect ‖ **royalement** *adv* royally; *(fam fig)* completely; *je m'en moque ~* I couldn't care less ‖ **royaliste** *adj nmf* royalist ‖ **royaume** *nm* kingdom ‖ **royauté** *nf* royalty; *(régime)* monarchy.

ruade [ʀyad] *nf* kick; *décocher une ~* lash out.

ruban [ʀybɑ̃] *nm* ribbon; ~ *adhésif* sticky tape; ~ *d'acier* steel band.

rubéole [ʀybeɔl] *nf* German measles *(ns inv).*

rubis [ʀybi] *nm* ruby; *payer ~ sur l'ongle* *pay on the nail.

rubrique [ʀybʀik] *nf* rubric; *(presse)* column; *sous la ~ «dépenses»* under the heading 'expenses'.

ruche [ʀyʃ] *nf* beehive; *(fig)* hive.

rude [ʀyd] *adj* **1** harsh; rough; *(paysage, trait)* rugged **2** difficult; *(tâche)* stiff; *(journée)* tough **3** severe; *(choc)* rude; *être mis à ~ épreuve* *be sorely tried **4** solid; *(appétit)* hearty ‖ **rudement** *adv (fam)* ~ *content* awfully pleased ‖ **rudesse** *nf* roughness; ruggedness; severity; toughness.

rudiment [ʀydimɑ̃] *nm* basic knowledge, rudiment; *(fam)* notion ‖ **rudimentaire** *adj* basic, rudimentary; *(péj)* crude.

rudoyer [ʀydwaje] *vt (1f)* treat harshly; bully.

rue [ʀy] *nf* road, street; *être à la ~* *be homeless; *jeter à la ~* *throw out onto the streets; *(fig) un bon plombier, ça ne court pas les ~s* it's hard to find a good plumber ‖ **ruée** *nf (sur, vers)* rush (on, for); *(bétail)* stampede; *(Hist)* ~ *vers l'or* gold rush ‖ **ruelle** *nf* alley ‖ **ruer** *vi* (1)

(cheval) kick, lash out ‖ **se ruer** *vpr (sur)* rush (at); ~ *à l'assaut* *throw oneself into the fray; *ils se sont rués vers la porte* they made a rush for the door.

rugby [ʀygbi] *nm* Rugby Union (football); ~ *à treize* rugby league (football) ‖ **rugbyman** *nm* rugby player.

rugir [ʀyʒiʀ] *vi* (2) *(de)* roar (with) ◆ *vt* ~ *des menaces* hurl, roar (out) threats ‖ **rugissement** *nm* roar; *(action)* roaring.

rugosité [ʀygozite] *nf* roughness; *des ~s* rough spots ‖ **rugueux** *adj (f* -**euse**) rough.

ruine [ʀɥin] *nf* **1** ruin; *(fig)* downfall; *maison en ~* tumbledown house; *menacer ~* threaten to collapse; *tomber en ~* *fall into ruin **2** *(destruction)* ruination ‖ **ruiner** *vt* (1) ruin; ~ *les espoirs de qn* shatter/wreck sb's hopes ‖ **se ruiner** *vpr* **1** *go bankrupt; ~ *en taxis* *spend a small fortune on taxis **2** ~ *la santé* ruin one's health ‖ **ruineux** *adj (f* -**euse**) ruinous.

ruisseau [ʀɥiso] *nm (pl* -**x**) stream; *(rue)* gutter ‖ **ruisselant** *adj (de)* streaming (wet); dripping (wet) (with) ‖ **ruissellement** *nm* stream; *(action)* streaming ‖ **ruisseler** *vi (1b) (de)* stream (with); ~ *le long du mur* stream down the wall.

rumeur [ʀymœʀ] *nf* **1** rumour; *apprendre qch par la ~ publique* *hear sth on the grapevine **2** *(bruit) (circulation)* hum; *(voix)* murmur; *(grondement)* rumbling; ~ *de protestation* clamour, uproar.

ruminant [ʀyminɑ̃] *nm (Zool)* ruminant ‖ **ruminer** *vi (1)* ruminate; *(vache)* chew the cud ◆ *vt* ruminate on, over; *(fam)* chew over.

rupture [ʀyptyʀ] *nf* **1** break; *(cable, corde)* breaking; *(Méd)* rupture; *(Jur)* breach; ~ *de pourparlers* breakdown in negotiations **2** *(brouille)* break-up, split **3** *(Com) en ~ de stock* out of stock.

rural [ʀyʀal] *adj (mpl* -**aux**) rural; *chemin ~* country lane ◆ *nm* country person.

ruse [ʀyz] *nf* cunning, ruse; ~ *de guerre* war stratagem; *ce n'est qu'une ~* it's just a trick ‖ **rusé** *adj* cunning ◆ *nm c'est un petit ~* he's a crafty little devil.

rustine [ʀystin] *nf* patch.

rustique [ʀystik] *adj* rustic; *(Hort)* hardy.

rustre [ʀystʀ] *nmf* boor ◆ *adj il est un peu ~* he has a few rough edges.

rut [ʀyt] *nm (femelle)* heat; *(male)* rut; *en ~* in/on heat; rutting.

rutiler [ʀytile] *vi* (1) gleam.

rythme [ʀitm] *nm* rhythm; pace; *(Eco)* ~ *de croissance* growth rate; *au ~ de deux par jour* at a rate of two a day ‖ **rythmé** *adj* rhythmical; *(danse)* rhythmic ‖ **rythmer** *vt* (1) *(Mus)* mark the rhythm; *(fig)* *put rhythm into.

S

S, s [εs] *nm* S, s.
s' [s] *voir* se si.
sabbat [saba] *nm* Sabbath ‖ **sabbatique** *adj* sabbatical.
sable [sɑbl] *nm* sand; *~s mouvants* quicksand(s); *plage de ~* sandy beach ‖ **sabler** *vt* (1) *(route)* sand; *(fig) ~ le champagne* open a bottle of champagne ‖ **sableux** *adj* (f -euse) /**sablonneux** *adj* (f -euse) sandy ‖ **sablier** *nm* hourglass; *(Cuis)* egg timer ‖ **sablière** *nf* sand quarry.
saborder [sabɔʀde] *vt* (1) scuttle; *(fig)* ruin ‖ **se saborder** *vpr (Naut)* scuttle one's ship; *(fig)* pack in; wind up (a firm).
sabot [sabo] *nm* clog; *(frein)* shoe; *(Zool)* hoof; *(stationnement)* clamp; *(fam fig) travailler comme un ~* botch up a job.
sabotage [sabɔtaʒ] *nm* sabotage *(ns inv)*; *un ~* an act of sabotage ‖ **saboter** *vt* (1) sabotage; *(fig)* botch up ‖ **saboteur** *nm* (f -euse) saboteur.
sabre [sɑbʀ] *nm* sabre ‖ **sabrer** *vt* (1) *(Mil)* slash with a sabre; *(fig)* axe, *make drastic cuts; (fam) (renvoyer)* *give the axe; (critiquer)* *tear to pieces.
sac [sak] *nm* **1** bag; *(en jute)* sack; *~ à dos* backpack; *~ à main* handbag; *~ de couchage* sleeping bag; *~ d'écolier* satchel; *~ de voyage* (hand)grip; *(fig) ~ de nœuds* muddle; *mettre dans le même ~* lump together; *prendre qn la main dans le ~* *catch sb red-handed **2** pillage, sack; *mettre à ~* plunder; sack.
saccade [sakad] *nf* jerk, jolt ‖ **saccadé** *adj* jerky; irregular.
saccager [sakaʒe] *vt* (1h) *(Mil)* sack; *(fig)* ransack; wreak havoc.
saccharine [sakaʀin] *nf* saccharin.
sacerdoce [sasɛʀdɔs] *nm (Rel)* priesthood; *(fig)* vocation.
sachet [saʃɛ] *nm* packet; *~ de thé* teabag.
sacoche [sakɔʃ] *nf* bag; *(vélo)* saddlebag.
sacquer [sake] *vt* (1) *(fam)* sack, *give sb the sack; (Ens)* *give sb a bad mark.
sacre [sakʀ] *nm (Rel)* consecration; *(roi)* coronation ‖ **sacré** *adj* sacred; *(fam fig) ~ toupet* damned cheek; *~ Michel!* good old Michel! ◆ *nm le ~* the sacred; *(qualité)* sacredness ‖ **sacrement** *nm* sacrament ‖ **sacrément** *adv (fam fig) ~ chaud* damned hot ‖ **sacrer** *vt* (1) *(Rel)* consecrate; *(roi)* crown ‖ **sacrifice** *nm* sacrifice ‖ **sacrifier** *vt* (1h) sacrifice; *(Com) à des prix sacrifiés* at give-away/rock-bottom prices ‖ **sacrilège** *nm* sacrilege ◆ *nmf* sacrilegious person ◆ *adj* sacrilegious.
sacristain [sakʀistɛ̃] *nm* verger ‖ **sacristie** *nf* sacristy; vestry.
sacro-saint [sakʀɔsɛ̃] *adj* sacrosanct.

sadique [sadik] *adj* sadistic ◆ *nmf* sadist ‖ **sadisme** *nm* sadism ‖ **sadomasochisme** *nm* sadomasochism.
safari [safaʀi] *nm faire un ~* *go on a safari.
safran [safʀɑ̃] *nm adj inv* saffron.
sagace [sagas] *adj* shrewd, sagacious ‖ **sagacité** *nf* shrewdness, sagacity; *avec ~* shrewdly.
sage [saʒ] *adj* **1** *(conduite)* sensible; *(décision, vie)* wise **2** *(enfant)* good; *~ comme une image* as good as gold **3** *(goûts, vie)* modest; sober ◆ *nm* wise person; *(lit)* sage; *agir en ~* act wisely ‖ **sage-femme** *nf* midwife ‖ **sagement** *adv* sensibly; *rester ~* sitting quietly ‖ **sagesse** *nf* wisdom; good behaviour; modesty.
saignant [seɲɑ̃] *adj (viande)* rare ‖ **saignée** *nf* **1** *(Méd)* blood letting; *(fig) (perte)* heavy loss; drain **2** *(coude)* bend **3** *(mur)* groove; *(sol)* trench ‖ **saignement** *nm* bleeding; *~ de nez* nosebleed ‖ **saigner** *vti* (1) *bleed; ~ du nez* *have a nosebleed ‖ **se saigner** *vpr ~ aux quatre veines* *bleed oneself dry.
saillant [sajɑ̃] *adj* prominent; *(angle)* projecting; *(menton)* protruding; *(fig)* outstanding ‖ **saillie** *nf* **1** projection; *(mur)* bulge; *(falaise)* ledge; *(toit)* overhang; *faire ~* bulge; jut out **2** *(verbale)* sally ‖ **saillir** *vi* (2) bulge; protrude, jut out ◆ *vt (Zool)* cover; serve.
sain [sɛ̃] *adj* **1** healthy; *(repas)* wholesome; *~ d'esprit* sane **2** sound; *~ et sauf* safe and sound.
saindoux [sɛ̃du] *nm* lard.
sainement [sɛnmɑ̃] *adv* healthily; soundly.
saint [sɛ̃] *nm* **1** saint; *~ patron* patron saint; *(fig) je ne savais plus à quel ~ me vouer* I was at my wits' end **2** *le S~ des S~s* the Holy of Holies ◆ *adj (sacré)* holy; *(action)* saintly; *en terre ~* in the Holy Land; *la S~ Sylvestre* New Year's Eve; *Vendredi S~* Good Friday; *Sainte Vierge* Blessed Virgin ‖ **sainteté** *nf* holiness; saintliness; *(valeur sacrée)* sanctity; *Sa S~* His Holiness.
saisie [sezi] *nf* **1** *(Jur)* seizure **2** *(Inf)* keyboarding/keying in; *~ de données* data capture/entry/input ‖ **saisir** *vt* (2) **1** *take hold of; seize; ~ l'occasion* *take the opportunity, (fam)* jump at the chance **2** *(Inf)* keyboard/key in **3** *understand; ~ le sens* grasp/*get the meaning; je n'ai pas saisi ce qu'il disait* I didn't catch what he was saying **4** *(Jur)* submit; *~ un tribunal* refer to a court **5** *(Cuis)* seal **6** *(émotion)*

come over; (surprendre) startle; *être saisi de* *be struck by || **se saisir** *vpr (de)* *take hold (of); (lieu)* seize, *take possession (of); (criminel)* arrest || **saisissant** *adj* striking; startling || **saisissement** *nm* surprise; shock.

saison [sɛzɔ̃] *nf* season; *la belle ~* the summer months; *~ des pluies* rainy season; *de ~ (fruit)* in season, *(temps)* seasonable; *en cette ~* at this time of the year; *hors ~* out of season; *marchand des quatre ~s* costermonger || **saisonnier** *adj (f* **-ière**) seasonal ◆ *nmf* season(al) worker; migrant worker.

salade [salad] *nf* **1** (green) salad; *~ de fruits* fruit salad; *tomates en ~* tomato salad **2** *(fam fig)* mess; muddle; *raconter des ~s* *tell stories || **saladier** *nm* salad bowl.

salaire [salɛʀ] *nm* salary; wage(s); *(fig)* reward; *~ de base* basic wage; *~ d'embauche* starting salary; *~ indexé* index-linked salary; *~ de misère* pittance.

salaison [salɛzɔ̃] *nf (action)* salting; *(denrée)* salted meat, fish.

salamandre [salamɑ̃dʀ] *nf (Zool)* salamander; *(poêle)* slow burner.

salarié [salaʀje] *adj* salaried ◆ *nm* wage-earner; *(employé)* employee.

salaud [salo] *nm (vulg péj)* bastard.

sale [sal] *adj* **1** dirty; *très ~* filthy **2** unpleasant; rotten; *~ coup* nasty blow; *(fig) faire un ~ coup à qn* play a rotten trick on sb; *(fam fig) t'en fais une ~ tête !* what's up with you?

salé [sale] *adj* salted; *(goût)* salty; *(fam fig) (prix)* stiff/steep; *(histoire)* dirty ◆ *nm du petit ~* salt pork.

salement [salmɑ̃] *adv* dirtily; *(fam fig) ~ en retard* damned late.

saler [sale] *vt (1)* salt.

saleté [salte] *nf* **1** dirt; *(apparence)* dirtiness; *faire des ~s* *make a mess; *vivre dans la ~* live in filth **2** *(fam) (objet)* rubbish, *(amér)* garbage.

salière [saljɛʀ] *nf* saltcellar || **salin** *adj* saline || **saline** *nf* saltworks.

salir [saliʀ] *vt (2)* dirty; *(fam)* mess up; *(réputation)* tarnish || **se salir** *vpr* *get dirty; *~ les mains* *get one's hands dirty || **salissant** *adj (travail)* dirty; messy; *le blanc est ~* white shows the dirt || **salissure** *nf* dirty mark.

salive [saliv] *nf* saliva; spittle; *(fam fig) garder, perdre sa ~* save, waste one's breath || **saliver** *vi (1)* salivate; *ça me fait ~* it makes my mouth water.

salle [sal] *nf* **1** room; *(hôpital)* ward; *(musée)* gallery; *~ à manger (pièce)* dining room, *(meubles)* dining room suite; *~ d'attente* waiting room; *~ de bains* bathroom; *~ de concert* concert hall; *~ d'eau* shower room; *~ d'embarquement*

departure lounge; *~ d'opération* operating theatre; *~ de séjour* living room; *~ de spectacle* cinema; theatre; *~ des ventes* auction room **2** audience; *(Th)* house; *faire ~ comble* play to a full house.

salon [salɔ̃] *nm* **1** *(pièce)* lounge; *(meubles)* three-piece suite; *~ de coiffure* hairdressing salon; *~ de jardin* (set of) garden furniture; *~ de thé* tearoom **2** exhibition; trade fair; *~ de l'agriculture* agricultural show **3** *(Art Lit)* salon.

salopard [salɔpaʀ] *nm (vulg)* bastard || **salope** *nf (vulg)* bitch || **saloper** *vt (1) (vulg)* muck up; fuck up || **saloperie** *nf (vulg) (objet)* rubbish; *(coup bas)* filthy trick.

salopette [salɔpɛt] *nf* (pair of) dungarees, *~ de travail* overalls.

salpêtre [salpɛtʀ] *nm* saltpetre.

salsifis [salsifi] *nm (pl inv)* salsify.

saltimbanque [saltɛ̃bɑ̃k] *nm* acrobat.

salubre [salybʀ] *adj* healthy, salubrious || **salubrité** *nf* healthiness; salubrity.

saluer [salɥe] *vti (1)* greet; *(Mil)* salute; *(Th)* bow (to); *~ (qn) de la main, de la tête* wave, nod (at, to sb); *saluez-la de ma part* give her my regards; *(Rel) je vous salue, Marie* Hail, Mary.

salut[1] [saly] *nm* greeting; *(Mil)* salute; *(Th)* bow; *~ de la main, de la tête* wave, nod ◆ *excl ~ !* hello! hi there! *(en partant)* see you! so long!

salut[2] [saly] *nm* safety; *(Rel)* salvation || **salutaire** *adj* salutary; *le repos vous sera ~* the rest will do you good.

salutation [salytɑsjɔ̃] *nf* greeting; *(lettre) ~s distinguées* yours faithfully.

salve [salv] *nf* burst, salvo, volley.

samedi [samdi] *nm* Saturday; *à ~ !* see you on Saturday! *le ~* on Saturdays; *je les ai vus ~* I saw them on Saturdays.

sanatorium [sanatɔʀjɔm] *nm* sanatorium, *(amér)* sanitarium.

sanction[1] [sɑ̃ksjɔ̃] *nf* sanction; approval || **sanctionner** *vt (1)* **1** approve, sanction **2** ratify.

sanction[2] [sɑ̃ksjɔ̃] *nf* penalty; punishment; disciplinary action; *prendre des ~s contre* impose sanctions on, *take measures against || **sanctionner** *vt (1)* sanction; punish.

sanctuaire [sɑ̃ktɥɛʀ] *nm* sanctuary.

sandale [sɑ̃dal] *nf* sandal.

sandwich [sɑ̃dwitʃ] *nm* sandwich; *~ au jambon* ham sandwich; *être pris en ~ entre* *be sandwiched between.

sang [sɑ̃] *nm* **1** blood; *à ~ chaud* warm-blooded; *coup de ~* stroke; *en ~* covered in blood; *(fig) se faire du mauvais ~* worry stiff; *mon ~ n'a fait qu'un tour (peur)* my heart missed a beat, *(indignation)* I saw red **2** *(race)* blood; *animal pur*

~ thoroughbred animal; *droit du* ~ birthright || **sang-froid** *nm* composure, self-control; *garder, perdre son* ~ *keep (one's) cool/calm, *lose one's cool; *tuer de* ~ kill in cold blood || **sanglant** *adj (combat)* bloody; deadly; *(attaque, défaite)* violent; *(objet)* covered in blood; *(remarque)* scathing.

sangle [sɑ̃gl] *nf* strap; *(selle)* girth; *(siège)* webbing || **sangler** *vt (1)* strap up; girth.

sanglier [sɑ̃glije] *nm* wild boar.

sanglot [sɑ̃glo] *nm* sob || **sangloter** *vi (1)* sob.

sangsue [sɑ̃sy] *nf* leech.

sanguin [sɑ̃gɛ̃] *adj* **1** *groupe* ~ blood group; *transfusion* ~*e* blood transfusion **2** *(teint)* ruddy; *(caractère)* fiery || **sanguinaire** *adj* bloodthirsty; *(lutte)* bloody || **sanguine** *nf (Art)* sanguine || **sanguinolent** *adj* covered in blood.

sanitaire [sanitɛR] *adj (conditions)* sanitary; *(services)* health; *installation* ~ bathroom plumbing || **sanitaires** *nmpl* toilet facilities.

sans [sɑ̃] *prép* **1** *(absence)* without; ~ *cesse* unceasingly; *il critique* ~ *cesse* he's always criticizing; *c'est* ~ *danger* it's quite safe; *cela va* ~ *dire* it goes without saying; ~ *enfants* childless; *ce soir* ~ *faute* tonight without fail; ~ *manches* sleeveless; *régime* ~ *sel* salt-free diet; *intéressé,* ~ *plus* not really interested; ~ *T.V.A.* exclusive of/not including V.A.T. **2** *(cause nég)* but for; ~ *toi j'étais en retard* if it hadn't been for you, I would have been late; *je ne le savais pas,* ~ *quoi je te l'aurais dit* I didn't know, otherwise I would have told you **3** *loc* ~ *que* without; *il est parti* ~ *qu'ils s'en aperçoivent* he left without them noticing; *il ne fait jamais rien* ~ *qu'on le lui dise* he never does anthing unless someone tells him to || **sans-abri** *(aussi* **sans-domicile-fixe)** *nmf (pl inv)* homeless person; *les* ~ the homeless || **sans-gêne** *adj inv* inconsiderate ◆ *nm* lack of consideration; *quel* ~ *!* what a cheek! || **sans-le-sou** *adj inv* penniless, broke || **sans-logis** *nmf (pl inv)* homeless person; *les* ~ street people || **sans-travail** *nmf (pl inv)* unemployed person; *les* ~ the unemployed/jobless.

santé [sɑ̃te] *nf* health; ~ *de fer* iron constitution; *maison de* ~ (private) nursing home; *pour raison de* ~ on medical grounds/on grounds of ill health; *elle respire la* ~ she's a picture of health; *meilleure* ~ *!* get well soon! *à votre* ~ *!* (to) your health!, *(fam)* cheers!

saoul [su] *adj* drunk.

sape [sap] *nf* **1** trench, sap; *(action)* undermining; sapping **2** *(fam)* ~*s* togs || **saper** *vt (1)* undermine; *(énergie, morale)* sap ||

se **saper** *vpr (fam)* dress; doll oneself up || **sapeur** *nm* sapper || **sapeur-pompier** *nm* fireman; fire fighter; *les sapeurs-pompiers* the fire brigade/fire fighters.

saphir [safiR] *nm* sapphire.

sapin [sapɛ̃] *nm* fir (tree); ~ *de Noël* Christmas tree || **sapinière** *nf* fir forest.

saquer [sake] *voir* **sacquer.**

sarabande [saRabɑ̃d] *nf* saraband; *(fig)* *faire la* ~ *make a racket.

sarbacane [saRbakan] *nf* blowpipe; *(jouet)* peashooter.

sarcasme [saRkasm] *nm* sarcasm; *un* ~ a sarcastic remark || **sarcastique** *adj* sarcastic.

sarcler [saRkle] *vt (1)* hoe (up).

sarcophage [saRkɔfaʒ] *nm* sarcophagus.

sardine [saRdin] *nf (Zool)* sardine.

sardonique [saRdɔnik] *adj* sardonic.

sarment [saRmɑ̃] *nm* ~ *de vigne* vine shoot.

sarrasin [saRazɛ̃] *nm (Bot)* buckwheat.

sas [sas] *nm (écluse)* lock; *(astronaute* *Naut)* airlock.

Satan [satɑ̃] *nm* Satan || **satané** *adj (fam)* blasted || **satanique** *adj* satanic; infernal.

satelliser [satelize] *vt (1)* *put into orbit; *(Pol) (pays)* *make into a satellite || *se* **satelliser** *vpr* *go into orbit; *become a satellite state || **satellite** *nm* satellite; *pays* ~ satellite country; *télévision par* ~ satellite television.

satiété [sasjete] *nf* satiety; *à* ~ fully, *(péj)* ad nauseam; *manger à* ~ *eat one's fill.

satin [satɛ̃] *nm* satin; ~ *de coton* glazed cotton || **satiné** *adj* satiny; *peinture* ~*e* half gloss, satin finish paint || **satiner** *vt (1)* *give a satin finish to; *(tissu)* glaze.

satire [satiR] *nf* satire || **satirique** *adj* satirical.

satisfaction [satisfaksjɔ̃] *nf* satisfaction; *donner* ~ satisfy; *be satisfactory || **satisfaire** *vt (41)* satisfy ◆ *vi* ~ *à une demande* *meet a requirement; ~ *au règlement* comply with the rules || *se* **satisfaire** *vpr* ~ *de qch* content oneself/ *be satisfied with sth || **satisfaisant** *adj* satisfactory; *(plaisir)* satisfying || **satisfait** *adj (de)* satisfied (with).

saturation [satyRasjɔ̃] *nf* saturation; *arriver à* ~ reach saturation point || **saturé** *adj* saturated; *(ligne, route)* jammed; ~ *d'eau* waterlogged; *(fig) je suis* ~ *de télévision* I've had more than enough of television || **saturer** *vt (1) (de)* saturate (with).

satyre [satiR] *nm* satyr; *(fig)* sex maniac.

sauce [sos] *nf* sauce; ~ *de salade* dressing; ~ *de viande* gravy; *(fig) servir à toutes les* ~*s* serve up in every shape and form || **saucer** *vt (1h)* **1** mop up the sauce, gravy **2** *(fig) se faire* ~ *get soaked through || **saucière** *nf* sauce/gravy boat.

saucisse — 604

saucisse [sosis] *nf* sausage || **saucisson** *nm* (dried) sausage || **saucissonner** *vt (1)* *(fam) (ligoter)* truss up ◆ *vi* picnic.

sauf[1] [sof] *adj (f* **sauve***)* safe; unharmed; *(honneur, moral)* saved; *laisser la vie sauve à qn* spare sb's life || **sauf-conduit** *nm* safe-conduct.

sauf[2] [sof] *prép* except (for); *j'ai tout fini ~ cette lettre* I've finished everything apart from/save for this letter; *~ avis contraire* unless I/you hear to the contrary; *~ erreur de notre part* unless we are mistaken; *~ imprévus* barring incidents; *~ le respect que je vous dois* with all due respect; *~ s'il pleut* unless it rains.

sauge [soʒ] *nf (Bot)* sage.

saugrenu [sogRǝny] *adj* absurd, preposterous.

saule [sol] *nm* willow (tree); *~ pleureur* weeping willow.

saumâtre [somɑtR] *adj (eau)* brackish; *(fig)* unpleasant; *(fam fig) je la trouve un peu ~* that's a bit much.

saumon [somɔ̃] *nm* salmon || **saumoné** *adj truite ~e* salmon trout.

saumure [somyR] *nf* brine.

sauna [sona] *nm* sauna.

saupoudrage [supudRaʒ] *nm* sprinkling || **saupoudrer** *vt (1) (de)* sprinkle (with); dust (with).

saut [so] *nm* jump; leap; *~ à la perche* pole vault; *~ en longueur* long jump; *~ périlleux* somersault; *il m'a téléphoné au ~ du lit* he phoned me as soon as he had one foot out of bed; *faire le ~* *take the plunge; *faire un ~ chez qn* pop round to/drop in at sb's house || **saute** *nf ~ d'humeur, de température* sudden change of humour, in the temperature || **sauté** *nm* sauté || **saute-mouton** *nm* leapfrog || **sauter** *vi (1)* 1 jump; *leap; *~ à la corde* skip; *~ au cou de qn* *fling one's arms round sb's neck; *~ de joie* jump for joy; *~ dessus* pounce on; *(fig) ~ au plafond (colère)* *hit the roof; *et que ça saute!* jump to it!/get a move on! *ça saute aux yeux* it's obvious 2 explode; *blow up; *(bouchon, bouton)* pop off; *(chaîne)* *come off; *les plombs ont sauté* the fuse has blown 3 *(fam)* *be removed; *(régime)* collapse; *(employé)* *lose one's job; *(cours, train)* *be cancelled 4 faire ~ explode; *(pont)* *blow up; *(coffre)* *break open/crack; *(serrure)* *break (open); *(Cuis)* sauté; *(fig) (banque)* *break; *(fam) (emploi, train)* cancel; *(employé)* dismiss, fire; *(régime)* *bring down ◆ *vt* 1 jump over; *leap over; *~ le pas* *take the plunge 2 omit; *(page, repas)* skip, miss || **sauterelle** *nf* grasshopper; *(nuisible)* locust || **sauteur** *adj (f -euse)* jumping; *scie sauteuse* jigsaw ◆ *nmf* jumper; vaulter || **sauteuse** *nf (Cuis)* (deep) frying pan, *(amér)* skillet || **sautillant** *adj* jerky || **sautiller** *vi (1)* hop about || **sautoir** *nm* 1 *(Sp)* jumping area 2 *(bijou)* (long) chain; *(perles)* string.

sauvage [sovaʒ] *adj* 1 wild; *(attaque)* brutal, savage; *(peuple)* primitive; *(paysage)* unspoilt 2 *(farouche) (enfant)* shy; *(adult)* unsociable 3 unofficial; *(camping)* unauthorized; *(construction)* uncontrolled; *grève ~* wildcat strike ◆ *nmf* shy person; unsociable person; *(barbare)* savage || **sauvagerie** *nf* 1 brutality; barbarity 2 unsociability.

sauve [sov] *adj* voir **sauf** || **sauvegarde** *nf* safeguard; *(environnement)* protection; *(Inf) fichier de ~* backup file || **sauvegarder** *vt (1)* safeguard; protect; *(Inf)* save || **sauve-qui-peut** *nm (pl inv)* mad rush; *il y eut un ~ général* it was a case of every man for himself; *~ !* run for your life! || **sauver** *vt (1)* save; rescue; *~ les apparences* *keep up appearances || **se sauver** *vpr* 1 *run away; *(fam) je me sauve* I'm off now; *sauve-toi!* run along now! 2 *(liquide)* boil over || **sauvetage** *nm* rescue; *(épave, objet)* salvage; *gilet de ~* life jacket || **sauveteur** *nm* rescuer || **sauvette** *loc à la ~* in a hurry, hastily; *vente à la ~* street peddling || **sauveur** *nm* saviour.

savamment [savamɑ̃] *adv* 1 *(érudit)* with learning; *(fam)* knowingly 2 *(habile)* cleverly, skilfully.

savane [savan] *nf* savannah.

savant [savɑ̃] *adj* learned; *(fam)* clever; *chien ~* performing dog ◆ *nm* scientist; scholar.

savate [savat] *nf* 1 old shoe; slipper; *(fam) traîner la ~* *be down at the heel 2 *(Sp)* kick boxing.

saveur [savœR] *nf* taste, flavour.

savoir [savwaR] *nm* knowledge ◆ *vt (20)* 1 *know; *elle croit ~ que* she believes that; *faire ~* inform; *je te le ferai ~* I'll let you know; *pas que je sache* not that I know of; *je ne sais qui* some person or other; *un sac, une valise et que sais-je encore* a bag, a case and goodness knows what else 2 *know how; *je ne sais pas l'ouvrir* I don't know how to open it; *il sait lire* he can read 3 *(nouvelle)* *hear (of); *je l'ai su par ma sœur* I learnt it through my sister 4 *be aware of; *sais-tu l'heure qu'il est?* do you know what time it is? *faire qch sans le ~* *do sth unknowingly, unwittingly; *vous n'êtes pas sans ~ que* you are not unaware that 5 *be possible; *il ne saurait me le reprocher* he couldn't hold it against me 6 *loc à ~* namely || **savoir-faire** *nm (pl inv)* know-how; expertise || **savoir-vivre** *nm (pl inv)* good manners; social skills.

savon [savɔ̃] *nm* soap; *un ~* a bar of

soap; **~ à barbe** shaving soap; *(fig)* **passer un ~ à qn** *tell sb off ‖ **savonner** *vt (1)* soap (down); lather ‖ **savonnette** *nf* bar of soap ‖ **savonneux** *adj (f -euse)* soapy.

savourer [savuʀe] *vt (1)* relish, savour ‖ **savoureux** *adj (f -euse)* tasty; *(fig)* juicy.

saxophone [saksɔfɔn] *nm* saxophone ‖ **saxophoniste** *nmf* saxophone player.

sbire [sbiʀ] *nm (péj)* henchman.

scabreux [skabʀø] *adj (f -euse)* **1** improper; indecent **2** *(embarrassant)* delicate; tricky.

scalpel [skalpɛl] *nm* scalpel.

scalper [skalpe] *vt (1)* to scalp.

scandale [skɑ̃dal] *nm* scandal; **au grand ~ de ses amis** to his friends' great indignation; **faire ~** cause a scandal; **faire un ~** *make a scene ‖ **scandaleux** *adj (f -euse)* scandalous ‖ **scandaliser** *vt (1)* scandalize ‖ **se scandaliser** *vpr (de)* *be scandalized (by).

scander [skɑ̃de] *vt (1) (Lit)* scan; *(Mus)* stress; *(slogan)* chant.

scaphandre [skafɑ̃dʀ] *nm* diving suit ‖ **scaphandrier** *nm* (deep sea) diver.

scarabée [skaʀabe] *nm (Zool)* beetle.

scarlatine [skaʀlatin] *nf* scarlet fever.

scarole [skaʀɔl] *nf (Bot)* endive.

sceau [so] *nm (pl -x)* seal; *(fig)* mark, stamp.

scélérat [seleʀa] *nm* rascal.

sceller [sele] *vt (1)* **1** *(hermétique aussi fig)* seal **2** *(fixer)* fix in; embed; **~ avec du béton, du plâtre** concrete in, plaster in ‖ **scellés** *nmpl (Jur)* seals.

scénario [senaʀjo] *nm (Ciné)* screenplay; *(fig)* scenario; **~ habituel** usual pattern ‖ **scénariste** *nmf* scriptwriter ‖ **scène** *nf* **1** *(Th)* stage; **mettre en ~** *(Ciné)* direct, *(Th)* stage; *(fig)* represent **2** *(fig)* scene, arena; **sur le devant de la ~** in the forefront **3** *(action, décor)* scene **4** *(dispute)* scene; **~ de ménage** domestic row ‖ **scénique** *adj (Th)* theatric(al); **effets ~s** stage effects.

scepticisme [sɛptisism] *nm* scepticism ‖ **sceptique** *adj* sceptical ◆ *nmf* sceptic.

sceptre [sɛptʀ] *nm* sceptre.

schéma [ʃema] *nm* diagram; *(esquisse)* sketch; *(fig)* outline ‖ **schématique** *adj* schematic, diagrammatic(al); *(péj)* over-simplified ‖ **schématiser** *vt (1)* (over)simplify.

schisme [ʃism] *nm* rift; schism.

schizophrène [skizɔfʀɛn] *adj nmf* schizophrenic ‖ **schizophrénie** *nf* schizophrenia.

sciatique [sjatik] *nf* sciatica ◆ *adj* sciatic.

scie [si] *nf* **1** saw; **~ circulaire** buzz saw;

~ à métaux hacksaw; **~ sauteuse** jigsaw **2** *(Zool)* **poisson ~** sawfish **3** *(fam)* bore; *(rengaine)* catch tune.

sciemment [sjamɑ̃] *adv* on purpose, knowingly ‖ **science** *nf* **1** knowledge; learning **2** science; **~s politiques** political science ‖ **science-fiction** *nf* science fiction ‖ **scientifique** *adj* scientific ◆ *nmf* scientist.

scier [sje] *vt (1h)* *saw; **~ une branche à un arbre** *saw a branch off a tree ‖ **scierie** *nf* sawmill.

scinder [sɛ̃de] *vt (1)* **se ~** *vpr* split (up).

scintillement [sɛ̃tijmɑ̃] *nm* sparkling, twinkling ‖ **scintiller** *vi (1)* sparkle, twinkle.

scission [sisjɔ̃] *nf* split.

sciure [sjyʀ] *nf* **~ de bois** sawdust.

sclérose [skleʀoz] *nf* sclerosis; **~ en plaques** multiple sclerosis ‖ **se scléroser** *vpr (1)* sclerose; *(fig péj)* *become ossified.

scolaire [skɔlɛʀ] *adj* **année ~** school year; **établissement ~** school; *(péj)* **c'est trop ~** it's too schoolish ‖ **scolariser** *vt (1)* **tous les enfants sont scolarisés** all the children *go to school/are provided with schooling ‖ **scolarisation** *nf* schooling; education ‖ **scolarité** *nf* schooling; **il a eu une ~ difficile** he was a poor pupil/student; **certificat de ~** attendance certificate; **frais de ~** school, college, university fees; **pendant ma ~** while I was at school.

scorbut [skɔʀbyt] *nm (Méd)* scurvy.

score [skɔʀ] *nm (Sp)* score; *(Pol)* result.

scories [skɔʀi] *nmpl* slag; cinders.

scorpion [skɔʀpjɔ̃] *nm (Zool)* scorpion; *(Astr)* Scorpio.

scotch¹ [skɔtʃ] *nm* (scotch) whisky.

scotch² [skɔtʃ] *nm* Sellotape® *(amér)* Scotch tape® ‖ **scotcher** *vt (1)* (Sello)tape (down, together).

scout [skut] *nm* scout ‖ **scoutisme** *nm* scout movement; scouting.

scribe [skʀib] *nm* scribe ‖ **scribouillard** *nm (péj)* penpusher.

script [skʀipt] *nm* script ‖ **scripte** *nmf* continuity man, girl.

scrupule [skʀypyl] *nm* scruple; **je n'ai aucun ~ à leur demander** I've no qualms about asking them; **il est sans ~** he's unscrupulous; **il les a licenciés sans ~** he fired them without a second thought ‖ **scrupuleusement** *adv* scrupulously ‖ **scrupuleux** *adj (f -euse)* scrupulous.

scrutateur [skʀytatœʀ] *adj (f -trice)* scrutinizing, searching ◆ *nmf (élection)* scrutineer ‖ **scruter** *vt (1)* scrutinize; examine (closely); *(objet, paysage)* peer at; search ‖ **scrutin** *nm* ballot; **~ pro-**

portionnel proportional representation; *jour du* ~ polling day.

sculpter [skylte] *vt (1)* sculpt; *(bois aussi fig)* carve; **sculpteur** *nm* sculpter; carver ‖ **sculpture** *nf* sculpture; wood carving.

se [sə] /s' *pron pers* 1 *(pron réfl)* il/elle *se fait une tasse de café* he/she is making himself/herself a cup of coffee; *(inanimé, animal)* itself; *(pl)* themselves 2 *(réciproque) (deux éléments)* each other; *(plus de deux éléments)* one another, each other 3 *(sens passif) ça se boit froid* it's drunk cold.

séance [seɑ̃s] *nf* 1 session; sitting; *ouvrir, lever la* ~ open, adjourn the meeting 2 performance; show(ing) 4 *loc adv* ~ *tenante* at once, straight away.

séant [seɑ̃] *nm* posterior, seat; *se dresser sur son* ~ *sit up.

seau [so] *nm (pl -x)* bucket, *(en métal, fer)* pail; ~ *à glace/à champagne* ice/champagne bucket; *pleuvoir à* ~x bucket down.

sec [sɛk] *(f* **sèche)** *adj* 1 dry; *(fruit, légume)* dried; *(whisky)* neat; *tomber en panne sèche* *run out of petrol 2 *(maigre)* lean; gaunt; ~ *comme un coup de trique* as thin as a rake 3 sharp; harsh; *(réponse)* curt; *(cœur)* hard; *(accueil)* cool 4 sudden; *(coup, virage)* sharp ◆ *adv* sharply; suddenly; *boire* ~ *be a heavy drinker; *(fam) aussi* ~ at once; *répondre aussi* ~ answer straight out ◆ *nm nettoyage à* ~ dry-cleaning; *le ruisseau est à* ~ the stream has run dry/dried up; *tenir au* ~ store in a dry place.

sécateur [sekatœʁ] *nm* pair of secateurs.

sécession [sesesjɔ̃] *nf* secession; *faire* ~ to secede.

séchage [seʃaʒ] *nm* drying ‖ **sèche** *adj* voir **sec** ◆ *nf (argot)* fag ‖ **sèche-cheveux** *nm (pl inv)* hair drier ‖ **sèchement** *adv* harshly; sharply; suddenly ‖ **sécher** *vt (1c)* 1 dry 2 *(fam) (être absent)* skip ◆ *vi* 1 dry out; *(source)* dry up; *faire* ~ *qch* dry (out) sth 2 *(Ens) (fam)(sans réponse)* dry up; *je sèche!* I'm stumped there! ‖ **sécheresse** *nf* dryness; *(temps)* drought; *(fig)* harshness; coldness ‖ **séchoir** *nm* drier/dryer.

second [səgɔ̃] *adj* 1 second; *en* ~ *lieu* secondly 2 secondary; *au* ~ *plan* in the background; *de* ~ *ordre* second-rate; *(Ens)* ~ *degré* secondary level; *(fig) dans un état* ~ in a daze, *(nerveux)* in a tizzy ◆ *nm* 1 assistant; *(officier en)* ~ second in command, *(Naut)* first mate 2 *(étage)* second floor, *(amér)* third floor ‖ **secondaire** *adj* secondary; *(rôle)* minor; *effet* ~ side effect ‖ **seconde** *nf* 1 second; *une* ~ *!* wait a second! 2 *(Ens)* fifth form, *(amér)* twelfth grade 3 *(Aut)* second gear;

(Rail) second class ‖ **seconder** *vt (1)* assist, help; *(favoriser)* back up.

secouer [səkwe] *vt (1)* 1 *shake (up); *(pour se débarrasser)* *shake off; ~ *la tête* *shake one's head; *(pour dire oui)* nod one's head 2 *(émotion)* *shake up ‖ **se secouer** *vpr (fig)* allons, secoue-toi *! come on, snap out of it!

secourable [səkuʁabl] *adj* helpful ‖ **secourir** *vt (3)* *come to the recue ‖ help ‖ **secouriste** *nmf* first-aid worker ‖ **secours** *nm* 1 help; *au* ~ *!* help! — *mutuel* mutual aid, assistance; *(Aut) roue de* ~ spare wheel; *vous avez été d'un grand* ~ you've been very helpful 2 *(sauvetage)* rescue; ~ *en mer* sea rescue; *porte de* ~ emergency exit; *(équipe) les* ~s rescue team; *poste de* ~ first aid post 3 ~s relief; *(Mil)* relief troops; *caisse de* ~ relief fund.

secousse [səkus] *nf* jolt, jerk; *(en tirant)* tug; *(El)* shock; ~ *sismique* earth tremor; *(émotion)* jolt, shock; *travailler par* ~s work in fits and starts.

secret [səkʁɛ] *nm* 1 secret; *en* ~ secretly; in private; ~ *de polichinelle* open secret; *mettre au* ~ *put in solitary confinement* 2 *(silence)* secrecy; *(professionnel)* reserve; *sous le sceau du* ~ under the pledge of secrecy ◆ *adj* secret; *(caché)* hidden; *(personne)* secretive.

secrétaire [səkʁetɛʁ] *nmf* secretary; ~ *de direction* personal assistant; ~ *de mairie* town clerk; ~ *de rédaction* sub-editor ◆ *nm (meuble)* bureau, *(amér)* writing desk ‖ **secrétariat** *nm (lieu)* (secretary's) office; *(Adm Pol)* secretariat; *(métier)* secretarial work; *(fonction)* secretaryship.

sécréter [sekʁete] *vt (1c)* secrete ‖ **sécrétion** *nf* secretion.

sectaire [sɛktɛʁ] *adj* sectarian ‖ **secte** *nf* sect.

secteur [sɛktœʁ] *nm* 1 *(Com Eco)* field of activity, sector; ~ *tertiaire* service industry; *(fam) ce n'est pas son* ~ that's not his field 2 region; area; ~ *de vente* sales area 3 *(El Math)* sector; *brancher sur le* ~ plug into the mains ‖ **section** *nf* 1 section; *(action)* cutting 2 *(Mil)* platoon 3 *(autobus)* fare stage ‖ **sectionner** *vt (1)* *cut, sever.

sectoriel [sɛktɔʁjɛl] *adj (f* **-elle)** sector-related.

séculaire [sekylɛʁ] *adj* age-old.

séculier [sekylje] *adj (f* **-ière)** secular.

sécuriser [sekyʁize] *vt (1) (endroit)* *make safe; *(personne)* reassure ‖ **sécurité** *nf* security; ~ *routière* road safety; *en* ~ safe; *règles de* ~ safety rules; ~ *Sociale* National Health Service; Social Security ‖ **sécuritaire** *adj* safety, security.

sédatif [sedatif] *adj (f* **-ive)** *nm* sedative.

sédentaire [sedɑ̃tɛʀ] *adj* (*activité*) sedentary ; (*population*) settled.

sédimentaire [sedimɑ̃tɛʀ] *adj* sedimentary ‖ **sédimentation** *nf* sedimentation.

séditieux [sedisjø] *adj* (*f* **-euse**) seditious ; (*Mil*) insurgent ‖ **sédition** *nf* sedition ; insurrection.

séducteur [sedyktœʀ] *adj* (*f* **-trice**) seductive ; (*fig*) attractive ◆ *nm* seducer ‖ **séduction** *nf* seduction ; appeal ‖ **séductrice** *nf* seductress ‖ **séduire** *vt* (33) seduce ; (*fig*) appeal to ‖ **séduisant** *adj* attractive ; seductive ; (*fig*) appealing.

segment [sɛgmɑ̃] *nm* segment ; *à ~s* segmented ; (*Aut*) ~ *de piston* piston ring.

ségrégation [segʀegasjɔ̃] *nf* segregation ‖ **ségrégationniste** *nmf* segregationist.

seiche [sɛʃ] *nf* (*Zool*) cuttlefish.

seigle [sɛgl] *nm* (*Bot*) rye.

seigneur [sɛɲœʀ] *nm* lord ; (*fig péj*) *jouer au grand ~ avec qn* lord it over sb.

sein [sɛ̃] *nm* breast, (*aussi fig*) bosom ; *donner le ~ à un bébé* breast-feed a baby ; *~s nus* topless ; (*fig*) *au ~ de* within.

séisme [seism] *nm* earthquake.

seize [sɛz] *adj num* sixteen ‖ **seizième** *adj* sixteenth.

séjour [seʒuʀ] *nm* stay ; *salle de ~* living room ‖ **séjourner** *vi* (1) stay.

sel [sɛl] *nm* salt ; *~ fin* table salt ; *gros ~* cooking salt ; (*fig*) spice ; humour.

sélect [selɛkt] *adj* select ‖ **sélectif** *adj* (*f* **-ive**) selective ‖ **sélection** *nf* selection ‖ **sélectionner** *vt* (1) pick (out), select.

selle[1] [sɛl] *nf* (*Méd*) *~s* stools ; *aller à la ~* *have a motion/bowel movement.

selle[2] [sɛl] *nf* saddle ; *en ~* in the saddle ; *se mettre en ~* mount ; *sans ~* bareback ; (*fig*) *mettre qn en ~* *give sb a leg up ‖ **seller** *vt* (1) saddle ‖ **sellette** *nf* *sur la ~* in the hot seat.

selon [səlɔ̃] *prép* according to ; *~ toute vraisemblance* in all probability ; *~ qu'il pleuve ou non* according to/depending on whether it rains or not ; (*fam*) *c'est ~* it depends.

semailles [səmaj] *nfpl inv* sowing ; *les ~* the sowing period.

semaine [səmɛn] *nf* 1 week ; *~ anglaise* five-day week ; *à la ~* weekly ; *à la petite ~* from day to day ; *en ~* during/in the week 2 week's pay.

sémaphore [semafɔʀ] *nm* semaphore.

semblable [sɑ̃blabl] *adj* (*à*) similar (to) ; *de ~s attaques sont rares* such attacks are rare ◆ *nm* fellow creature ‖ **semblant** *nm* semblance ; *faire ~* pretend ; *faux ~* pretence ‖ **sembler** *vi* (1) seem ; appear ; *il semble fatigué* he looks, sounds tired ◆ *v impers il me semble que* I think (that) ; *il semblerait que* it would seem (that) ; *comme bon vous semble* as you wish.

semelle [smɛl] *nf* sole ; *je ne te quitterai pas d'une ~* I'll be hot on your heels.

semence [səmɑ̃s] *nf* seed ; (*clou*) tack ‖ **semer** *vt* (1c) 1 (*de*) (Ag Hort) *sow (with) 2 scatter ; (*rumeur*) *spread ; (*fig*) *semé de difficultés* bristling with difficulties 3 (*fam fig*) *lose ; *~ qn* *shake sb off.

semestre [səmɛstʀ] *nm* (*Adm*) half year ; (*Ens*) semester ‖ **semestriel** *adj* (*f* **-ielle**) half-yearly ; (*Fin*) *résultats ~s* half-year results.

semeur [səmœʀ] *nm* (*f* **-euse**) sower ; (*fig*) diffuser.

semi [səmi] *préf* semi- ‖ **semi-remorque** *nm* articulated lorry, (*amér*) trailer truck.

séminaire [seminɛʀ] *nm* (*Rel*) seminary ; (*Ens*) seminar ‖ **séminariste** *nm* seminarist.

semis [səmi] *nm* (*pl inv*) (*action*) sowing ; (*terrain*) seedbed ‖ **semoir** *nm* seeder.

semonce [səmɔ̃s] *nf* reprimand ; *coup de ~* warning shot.

semoule [səmul] *nf* semolina.

sénat [sena] *nm* senate ‖ **sénateur** *nm* senator.

sénile [senil] *adj* senile ‖ **sénilité** *nf* senility.

sens [sɑ̃s] *nm* 1 meaning, sense ; *ça n'a pas de ~* it doesn't mean anything ; *ça tombe sous le ~* it stands to reason 2 direction ; way ; *dans le bon, mauvais ~* in the right, wrong direction ; *dans le ~ de la longueur* lengthways ; *dans le ~ du bois, du fil* along the grain, the straight ; *~ dessus dessous* upside down ; *~ interdit* no entry ; *~ giratoire* roundabout, (*amér*) traffic circle ; *~ unique* one-way street ; *en ~ inverse* the other way round 3 sense ; instinct ; *~ de l'humour/du ridicule* sense of humour/of the ridiculous ; *~ olfactif* sense of smell ; *avoir le ~ des affaires* *have a head for business ; *reprendre ses ~* regain consciousness 4 judgement ; *~ commun* common sense ; *à mon ~* to my mind ; *de bon ~* sensible.

sensation [sɑ̃sasjɔ̃] *nf* 1 impression, feeling 2 sensation ; *faire ~* cause a sensation ; *presse à ~* gutter press ‖ **sensationnel** *adj* (*f* **-elle**) sensational.

sensé [sɑ̃se] *adj* sensible.

sensibiliser [sɑ̃sibilize] *vt* (1) sensitize ; *make more sensitive ‖ **se sensibiliser** *vpr* *become more sensitive ‖ **sensibilité** *nf* sensitivity ; (*Méd*) allergy ‖ **sensible** *adj* 1 sensitive ; (*Méd*) allergic 2 perceptive, noticeable ‖ **sensiblement** *adv* 1 noticeably 2 approximately ; *~ le même* more or less the same ‖ **sensiblerie** *nf* squeamishness ; sentimentality ; (*lit*) sensibility ‖ **sensitif** *adj* (*f* **-ive**) oversensitive ; (*Méd*) sensory ‖ **sensoriel** *adj* (*f* **-elle**) sensorial.

sensualité [sɑ̃sɥalite] *nf* sensuality ; *(lit)* sensuousness ‖ **sensuel** *adj (f* **-elle)** sensual ; *(voluptueux)* sensuous.

sentence [sɑ̃tɑ̃s] *nf* 1 *(Jur)* sentence ; judgement 2 *(Lit)* maxim ‖ **sentencieux** *adj (f* **-euse)** sententious.

senteur [sɑ̃tœʀ] *nf (lit)* fragrance, perfume, scent ; *(Bot) pois de* ~ sweet pea.

senti [sɑ̃ti] *adj ; (loc) en quelques mots bien* ~**s** in a few well-chosen words.

sentier [sɑ̃tje] *nm* (foot)path ; *(aussi fig) s'éloigner des* ~**s battus** *go off the beaten track.

sentiment [sɑ̃timɑ̃] *nm* 1 feeling ; *(loc) ne fais pas de* ~ ! don't be sentimental! 2 opinion ; *j'ai le* ~ *que...* I am of the opinion/hold the view/feel that... 3 *(lettre) veuillez agréer nos meilleurs* ~**s** yours faithfully/truly ‖ **sentimental** *adj (mpl* **-aux)** romantic ; *(péj)* sentimental ; *vie* ~**e** love life ‖ *(péj)* romantic ; *(péj)* sentimentalist ‖ **sentimentalité** *nf* sentimentality.

sentinelle [sɑ̃tinɛl] *nf inv (Mil)* sentry.

sentir [sɑ̃tiʀ] *vt* (8) 1 *(odorat)* *smell ; *cela sent bon/mauvais* it smells good/bad ; *ça sent le brûlé/la bonne cuisine* there's a smell of burning/good cooking ; *la maison sent le renfermé* the house has a musty smell 2 *(toucher)* *feel ; *je sentais sa main* I could feel his hand 3 *(goût)* taste ; *on sent le beurre* you can taste the butter ; *ce vin sent le bouchon* this wine is corked 4 *(perception globale)* *feel ; *je ne me sens pas bien* I don't feel well ; *les effets commencent à se faire* ~ the effects are beginning to be felt/to make themselves felt 5 *(intuition)* sense 6 *(loc) ça sent la pluie* it looks like rain ; *je ne peux pas le* ~ I can't bear/stand him ; *elle ne se sentait plus de joie* she was beside herself with joy.

séparation [separasjɔ̃] *nf* separation ‖ **séparé** *adj* separate ; separated ; *vivre* ~**s** live apart ‖ **séparément** *adv* separately ‖ **séparer** *vt* (1) separate ‖ **se séparer** *vpr* 1 separate ; *on s'est séparés tard* the meeting/party broke up late 2 divide 3 *se* ~ *de qch* part with sth.

septante [sɛptɑ̃t] *adj inv (Belgique, Suisse)* seventy ‖ **septennat** *nm (Pol)* seven-year term (of office).

septentrional [sɛptɑ̃tʀijɔnal] *adj (mpl* **-aux)** northern.

septique [sɛptik] *adj (Méd)* septic ; *fosse* ~ septic tank.

sépulcral [sepylkʀal] *adj (mpl* **-aux)** sepulchral ‖ **sépulcre** *nm* sepulchre ‖ **sépulture** *nf* burial place.

séquelle [sekɛl] *nf (surtout pl) (Méd)* after-effect ; *(catastrophe)* aftermath ‖ **séquence** *nf* sequence.

séquestration [sekɛstʀasjɔ̃] *nf (Jur) (objets)* impoundment ; *(personnes)* illegal confinement ‖ **séquestre** *nm (Jur)* con-

fiscation, impoundment ; *placer sous* ~ sequester ‖ **séquestrer** *vt* (1) *(objets)* impound ; *(personnes)* confine illegally.

serein [saʀɛ̃] *adj* calm, serene ‖ **sérénité** *nf* calm, serenity.

serge [sɛʀʒ] *nf (textile)* serge.

sergent [sɛʀʒɑ̃] *nm (Mil)* sergeant.

série [seʀi] *nf* series ; *faire partie d'une* ~ form part of a series ; *(Ind) fabriqué en (grande)* ~ mass-produced ; *(Com) fins de* ~ clearance items ; *(textiles)* remnants ; *(loc) c'est la* ~ *noire !* what a run of bad luck!

sérieux [seʀjø] *adj (f* **-euse)** 1 serious ; *c'est* ~ ! it's serious!/I'm serious about it!/I mean it! ; ~ *comme un pape* as sober as a judge ; *il y a de sérieuses chances pour que cela soit vrai* there's every chance of it being true 2 dependable, reliable ; *(personnes seulement)* trustworthy ◆ *nm* 1 seriousness ; *garder son* ~ *keep a straight face ; *prendre au* ~ *take seriously 2 dependability, reliability ; *(personnes seulement)* trustworthiness ‖ **sérieusement** *adv* seriously ; *je parle* ~ ! I'm talking seriously/I'm in earnest.

serin [saʀɛ̃] *nm (Orn)* canary.

seringue [saʀɛ̃g] *nf* syringe.

serment [sɛʀmɑ̃] *nm* oath ; *(Jur) prêter* ~ *take the oath ; *sous (la foi du)* ~ under oath.

sermon [sɛʀmɔ̃] *nm* 1 *(Rel)* sermon 2 *(fig)* lecture, talking-to ‖ **sermonner** *vt* (1) lecture.

séropositif [seʀopozitif] *adj (f* **-ive)** HIV-positive.

serpe [sɛʀp] *nf* bill(hook) ; *(fig) visage taillé à la* ~ craggy/rugged face.

serpent [sɛʀpɑ̃] *nm* serpent, snake ; ~ à *sonnettes* rattlesnake ‖ **serpenter** *vi* (1) *wind ‖ **serpentin** *nm* streamer.

serpillière [sɛʀpijɛʀ] *nf* floorcloth.

serre [sɛʀ] *nf (Ag)* glasshouse, greenhouse, hothouse ; *(faire) pousser en* ~ *grow under glass.

serré [seʀe] *adj (vis)* tight ; *les dents* ~**es** with clenched teeth ; *les lèvres* ~**es** with set lips ; *(fig) j'avais le cœur* ~/*la gorge* ~**e** it wrung my heart ; *(transports) nous étions* ~**s** we were packed tight ; *(Mil) en rangs* ~**s** in serried ranks ◆ *adv jouer* ~ play a cautious game ‖ **serre-livres** *nm (pl inv)* book ends *pl* ‖ **serrer** *vt* (1) 1 clasp, grip ; *(dents, mâchoire, poing)* clench ; *ces chaussures me serrent* these shoes are too tight for me ; ~ *la main à qn* *shake hands with sb ; *(Mil)* ~ *les rangs* close ranks 2 *(vis)* tighten ; ~ *le frein* *put on the brake 3 *(fig) se* ~ *la ceinture* tighten one's belt ; *il faut lui* ~ *la vis* you have to keep a tight rein on him ◆ *vi (Aut)* ~ à *droite* *hold to the right ‖ **se serrer** *vpr* 1 squeeze up ; *se* ~

contre le mur huddle up against the wall; *se ~ contre qn* *cling to sb **2** *(fig) il faut se ~ les coudes* we must back one another up; *son cœur se serra* his heart sank/stood still ‖ **serre-tête** *nm* headband.

serres [sɛʀ] *nfpl inv (Orn)* claws, talons.

serrure [seʀyʀ] *nf* lock; *~ de sûreté* safety lock; *le trou de la ~* the keyhole ‖ **serrurerie** *nf* locksmith's shop/trade ‖ **serrurier** *nm* locksmith.

sertir [sɛʀtiʀ] *(bijouterie)* *set.

sérum [seʀɔm] *nm (Méd)* serum.

servante [sɛʀvɑ̃t] *nf* maid(servant) ‖ **serveur** *nm* barman; waiter ‖ **serveuse** *nf* barmaid; waitress ‖ **serviabilité** *nf* obligingness ‖ **serviable** *adj* obliging ‖ **service** *nm* **1** service; *~ militaire* military/national service; *~ après-vente* after-sales service; *porte de ~* back entrance; *rends-moi un ~!* do me a favour! *il nous a rendu ~* he did us a service/good turn; *cela nous a rendu un mauvais ~* it turned out badly for us; *cela rend ~* it comes in useful; *en ~* in (working) order; *hors ~* out of order **2** *(tennis)* service; *X est au ~* X is serving **3** duty; *je suis de ~ ce soir* I'm on duty tonight **4** *(organisme)* department; *chef de ~* department head **5** *(restaurant)* attendance, service; *(Rail) premier ~* first service/sitting; *(pourboire) ~ compris* service charge; *~ compris* service included **6** *(ustensiles)* set; *~ de table* dinner service.

serviette¹ [sɛʀvjɛt] *nf (porte-documents)* briefcase.

serviette² [sɛʀvjɛt] *nf ~-éponge* (terry) towel; *~ de bain* bath towel; *~ de toilette* hand towel; *~ de table* napkin, serviette.

servile [sɛʀvil] *adj* cringing, servile; *(fig)* slavish ‖ **servilité** *nf* servility; slavishness.

servir [sɛʀviʀ] *vt (9)* serve; *~ un repas* serve a meal; *puis-je vous ~ qch?* can I help you to something? *servez-vous!* help yourself! *(restaurant) ~ qn* wait on sb; *(fam) je suis servi!* I've had more than my fair share (of troubles)! ◆ *vi* *be useful/of use; *à quoi ça sert?* what is that (used) for? *ça sert à quoi de se plaindre?* what's the use of grumbling? *il ne sert à rien de se plaindre* it's no use grumbling; *cela sert à se soulager* it's useful for getting it out of your system; *cette pièce me sert de bureau* this room serves/is used as an office; *son fils lui sert de secrétaire* his son acts as his secretary ‖ **se servir** *vpr (de qch)* help oneself (to sth); *on s'est servi de toi* they've used you/taken advantage of you ‖ **serviteur** *nm* servant ‖ **servitude** *nf* servitude, slavery.

ses [se] *adj poss (voir* **son**).

session [sesjɔ̃] *nf* session.

seuil [sœj] *nm* doorstep, doorway; *(fig)*

threshold; *au ~ de l'hiver* at the onset of winter.

seul [sœl] *adj* **1** alone; *il est ~ à la maison* he is at home alone; *il est ~ à le savoir* he is the only one who knows; *(lit)* he alone knows; *vous êtes ~ juge* you know best; *l'idée ~e m'effraie* the mere/very idea scares me **2** *(précédé de l'article indéfini)* only one; *un ~ homme le savait* only one man knew (about it) **3** *(célibataire)* single **4** *(solitaire)* lonely; *(amér)* lonesome **5** *(loc) ils ont suivi comme un ~ homme* they followed to a man/as one man **6** *(valeur adverbiale)* by oneself; *je l'ai fait (tout)* I did it (all) by myself; *j'ai pu lui parler ~ à ~* I was able to speak to him alone; *~e une femme pouvait lui parler de la sorte* only a woman could speak to him like that ◆ *nm (précédé de l'article défini)*; *il est le ~ à le savoir* he is the only one to know; *(précédé de l'article indéfini) pas un ~* not a single one ‖ **seulement** *adv* **1** only; *si ~ je savais!* if only I knew! *je viens de l'apprendre* I've (only) just been told about it; *non ~ tu ne m'as pas écouté, mais tu as ricané!* not only did you not listen, but you sneered! **2** merely; *il s'est ~ égratigné* it was a mere scratch.

sève [sɛv] *nf (Bot)* sap; *(fig)* vigour.

sévère [seveʀ] *adj* severe; *(personne)* strict; *(ton)* stern; *(climat)* hard, harsh ‖ **sévérité** *nf* severity; strictness; sternness; harshness.

sévices [sevis] *nmpl inv* ill-treatment.

sévir [seviʀ] *vi (2)* **1** *~ contre qn* punish sb **2** *(épidémie)* rage; *(misère)* *be rampant/rife.

sevrage [səvʀaʒ] *nm* weaning; *(fig)* deprival ‖ **sevrer** *vt (1a)* wean; *(fig)* deprive.

sexe [sɛks] *nm* sex; sexual organs ‖ **sexiste** *adj* sexist ‖ **sexualité** *nf* sexuality ‖ **sexuel** *adj (f* **-elle**) sexual; *c'est un obsédé ~* he's got sex on the brain.

sextant [sɛkstɑ̃] *nm (Naut)* sextant.

seyant [sejɑ̃] *adj* becoming.

shampooing/shampoing [ʃɑ̃pwɛ̃] *nm* shampoo; *~ colorant* (colour) rinse; *je vais me faire un ~* I'm going to wash my hair.

shérif [ʃeʀif] *nm* sheriff.

short [ʃɔʀt] *nm* (pair of) shorts.

si¹ [si] *conj* **1** *(hypothèse)* if; *~ j'avais su* if I had (only) known; *si on les invitait?* what about inviting them? *~ elle apprend ça!* what if she finds out about that? **2** *(valeur constative) ~ elle est jolie, sa sœur l'est encore plus* however pretty she is, her sister is even prettier; *excusez-moi ~ je vous dérange!* forgive me for disturbing you **3** *(question indirecte)* if, whether; *je me demande ~...* I wonder if/whether...

4 *(exclamation indirecte)* ~ *j'étais content !* you can just imagine how pleased I was! wasn't I pleased! **5** *(loc) s'il vous plaît* (if you) please ; ~ *ce n'était son grand âge...* but for/if it weren't for his age... ; ~ *je ne m'abuse* if I am not mistaken ; ~ *on peut dire* so to speak ; ~ *j'ose dire* if I may say so ; ~ *l'on veut* in a sense ◆ *adv* **1** so ; *il est si grand que...* he is so tall that... **2** *(excl) ne sois pas* ~ *bête !* don't be so silly! *je ne suis pas* ~ *bête que ça !* I'm not as/so silly as (all) that! I'm not (all) that silly! **3** *(loc) pour* ~ *bête qu'il soit...* however silly he may be... ; *si bien que...* so that.../with the result that... **4** *(contradiction)* yes ; *"il ne répondra pas !"* – *"mais/que* ~ *!* "he won't answer!" – "but of course he will!"

si² [si] *nm inv (Mus)* B ; *la messe en* ~ *mineur de Bach* Bach's B minor mass ; *(chant)* ti, te.

siamois [sjamwa] *adj* Siamese.

sida, SIDA [sida] *nm (ab de syndrome immuno-déficitaire acquis)* aids, AIDS ‖ **sidéen** *nm (f -éenne)* AIDS carrier/victim.

sidérer [sidere] *vt (1c) (fam)* *strike dumb ; *cela m'a sidéré !* I was flabbergasted/shattered/thunderstruck!

sidérurgie [sideryrʒi] *nf* iron and steel industry ‖ **sidérurgique** *adj industrie* ~ iron and steel industry ‖ **sidérurgiste** *nm* steelworker.

siècle [sjɛkl] *nm* **1** century **2** *(fam)* age ; *on ne s'est pas vus depuis des* ~*s !* I haven't seen you for ages! it's ages since we (last) met!

siège [sjɛʒ] *nm* **1** seat ; *(Av)* ~ *éjectable* ejection seat ; *(parlement)* seat ; *(Tech) (soupape)* seating **2** *(Com)* ~ *social* head office ; *(Pol)* headquarters **3** *(Mil)* siege ; *faire le* ~ *de* *lay siege to ; *lever le* ~ raise the siege ‖ **siéger** *vi (1c & h)* *sit ; *(fig)* *lie.

sien [sjɛ̃] *pr poss (f sienne) le* ~ */la sienne/les ~s/les siennes* his (own) ; hers, her own ; its own ; one's own ; *chacun doit y mettre du sien* there must be some give and take ; *(fam) il a encore fait des siennes !* he's been at it again!

sieste [sjɛst] *nf* nap ; *faire la* ~ *have a nap.

sifflement [siflǝmã] *nm* whistle ; *(serpent)* hiss ; *(projectile)* whistle, whizz ‖ **siffler** *vi (1)* whistle ; *(serpent)* hiss ; *(projectile)* whistle, whizz (past) ◆ *vt* whistle (at/for/to) ; *(Th)* boo, hiss ; *(fam)* ~ *un verre* knock back a glass ‖ **sifflet** *nm* whistle ; *(Th)* boo(ing), hiss(ing), catcall ‖ **siffloter** *vti (1)* whistle (to oneself/under one's breath).

sigle [sigl] *nm* acronym.

signal [siɲal] *nm (pl -aux)* signal ; *(Aut) signaux lumineux* traffic lights ; *(loc) tirer*

le ~ *d'alarme* pull the alarm cord ; *(fig)* raise the alarm ‖ **signalement** *nm donner le* ~ *give the description/particulars ; **signaler** *vt (1)* *draw attention to, point out ; *(Aut)* signpost ; *(Adm)* notify ; *(loc) rien à* ~ nothing to report ‖ **se signaler** *vpr* distinguish oneself ; *(péj)* *make oneself conspicuous ‖ **signalisation** *nf (Aut)* signposting ; ~ *horizontale* road marking ; *panneau de* ~ roadsign ; *poteau de* ~ signpost ‖ **signature** *nf (acte)* signing ; *(écrit)* signature ‖ **signe** *nm* sign ; ~ *de ponctuation* punctuation mark ; *il m'a fait* ~ *du doigt* he beckoned to me ; *elle a fait* ~ *que non/oui* she shook her head/nodded (her head) ; *(fig) fais-moi* ~ *!* let me hear from you! ‖ **signer** *vt (1)* sign ‖ **se signer** *vpr (Rel)* cross oneself ‖ **signet** *nm* bookmark ‖ **significatif** *adj (f -ive)* **1** revealing, significant **2** expressive, meaningful ‖ **signification** *nf* significance ; meaning ‖ **signifier** *vt (1h)* **1** mean, signify **2** notify.

silence [silãs] *nm* silence ; *après un* ~ after a moment's silence/a pause ; *garder le* ~ *sur qch/passer qch sous* ~ *keep quiet about sth ‖ **silencieusement** *adv* silently ‖ **silencieux** *adj (f -euse)* silent ◆ *nm (pistolet)* silencer ; *(Aut) (amér)* muffler, *(brit)* silencer.

silex [silɛks] *nm* flint.

silhouette [silwɛt] *nf* **1** outline, profile, silhouette **2** *(corps)* figure.

silice [silis] *nf (Ch)* silica.

silicium [silisjɔm] *nm (Ch)* silicon.

sillage [sijaʒ] *nm (Naut, fig)* wake, wash.

sillon [sijɔ̃] *nm (Ag, visage)* furrow ; *(disque)* groove ‖ **sillonner** *vt (1)* furrow ; (criss-)cross.

silo [silo] *nm (Ag)* silo.

simagrées [simagre] *nfpl inv* fuss.

similaire [similɛr] *adj* similar ‖ **simili** *préf* imitation ‖ **similitude** *nf* similarity.

simple [sɛ̃pl] *adj* **1** simple ; *c'est* ~ *comme bonjour* it's as easy as pie/as falling off a log **2** plain ; *je suis un homme* ~ I'm a plain man ; *dans le plus* ~ *appareil* in one's birthday suit **3** mere ; *ils se sont disputés pour une* ~ *bagatelle* they quarrelled over a mere trifle **4** single ; *(Rail) aller* ~ *(amér)* one-way ticket, *(brit)* single ticket **5** *(loc) un* ~ *soldat* a private ; *un* ~ *particulier* an ordinary citizen ; ~ *d'esprit* simple-minded ; halfwitted ; *c'est la vérité pure et* ~ it's the plain truth ; *c'est de la folie pure et* ~ it's sheer madness ◆ *nm le prix passe du* ~ *au double* the price doubles/is doubled ; *(tennis) un* ~ *hommes* a game of men's singles ‖ **simplement** *adv* **1** simply **2** just, merely ‖ **simplet** *adj (f -ette) (personne)* simple-minded ; half-witted ; *(raisonnement)* simplistic ‖ **simplicité** *nf* sim-

plicity; simpleness; simple-mindedness ||
simplificateur *adj* (*f* -**trice**) simplifying
|| **simplification** *nf* simplification || **sim-
plifier** *vt* (*1h*) simplify || **simpliste** *adj*
simplistic.

simulacre [simylakʀ] *nm* (*péj*) *un ~ de
justice* a mockery of justice || **simulateur**
nm (*f* -**trice**) hypocrite; (*Méd*) malingerer;
(*Tech*) *~ de vol* flight simulator || **simu-
lation** *nf* pretence; simulation; (*fam*) sham
|| **simulé** *adj* sham || **simuler** *vt* (*1*) si-
mulate; *~ une maladie* pretend to be ill.

simultané [simyltane] *adj* simultaneous.

sincère [sɛ̃sɛʀ] *adj* sincere; *une amitié ~*
a genuine friendship; (*loc*) *pour être ~* to
be candid/frank || **sincérité** *nf* sincerity.

sinécure [sinekyʀ] *nf* sinecure.

sine qua non [sinekwanɔn] *loc* sine qua
non; *la condition ~* the indispensable
condition.

singe [sɛ̃ʒ] *nm* monkey; *les grands ~s*
apes; *il est laid comme un ~* he's as ugly
as sin; *cesse de faire le ~!* stop fooling!
|| **singer** *vt* (*1h*) ape, mimic || **singeries**
nfpl inv clowning (*ns inv*).

singulariser [sɛ̃gylaʀize] **se ~** *vpr* (*1*)
il se singularise par ses vêtements he is
conspicuous by the way he dresses || **sin-
gularité** *nf* singularity || **singulier** *adj* (*f*
-**ière**) singular, odd, peculiar ◆ *nm* (*Gr*)
singular; *au ~* in the singular || **singu-
lièrement** *adv* singularly.

sinistre [sinistʀ] *adj* sinister ◆ *nm* catastrophe, disaster; (*assurances*) accident;
claim; *évaluer le ~* estimate the damage
|| **sinistré** *adj* (*endroit*) stricken; *zone ~e*
disaster area; *population ~e* victims (*of
a disaster*) || **sinistrose** *nf* morbid de-
pression; *le pays est atteint par la ~* the
country has fallen into a state of gloom.

sinon [sinɔ̃] *conj* **1** otherwise, or else
2 (*après négation*) except; *il ne fait rien
~ dormir* he does nothing but/except sleep
3 if not; *il était découragé ~ désespéré*
he was discouraged if not desperate.

sinueux [sinɥø] *adj* (*f* -**euse**) sinuous,
winding; (*fig*) tortuous || **sinuosité** *nf*
(*courbe*) bend; (*mouvement*) meandering,
winding.

siphon [sifɔ̃] *nm* siphon || **siphonné** *adj*
(*fam*) cracked, nuts || **siphonner** *vt* (*1*)
siphon.

sire [siʀ] *nm* lord, sire; *c'est un triste ~*
he's a nasty character.

sirène [siʀɛn] *nf* (*Myth*) siren, mermaid;
(*Aut*) siren; *~ d'alarme* burglar/fire alarm.

sirop [siʀo] *nm* syrup; *~ contre la toux*
cough mixture.

siroter [siʀote] *vt* (*1*) sip.

sirupeux [siʀypø] *adj* (*f* -**euse**) (*aussi
fig*) syrupy.

sis [si] *adj* (*f* **sise**) located.

sismique [sismik] *adj* seismic; *secousse
~* earth tremor.

site [sit] *nm* site, *~ classé* conservation
area.

sitôt [sito] *adv* as soon as; *~ après le film*
immediately after the film; *tu ne seras pas
remboursé de ~* it will be some time before you get your refund ◆ *conj ~ (que
je serai) remboursé* as soon as I get/have
got my refund; (*loc*) *~ dit, ~ fait* no
sooner said than done.

situation [sitɥasjɔ̃] *nf* **1** (*emplacement*)
location, position, situation **2** circumstances *pl*, situation; *~ de famille* marital
status **3** (*emploi*) job; *il a une belle ~*
he has a good position; *~s vacantes* va-
cancies || **situer** *vt* (*1*) locate, place, situate
|| **se situer** *vpr* (*espace*) be located/situa-
ted; (*temps*) *take place; (*fig*) *je n'arrive
pas à vous ~* I can't place you.

six [sis] ([si] *devant une consonne*) six.

sixième [sizjɛm] *adj num* sixth ◆ *nm un
~* a sixth ◆ *nf* (*Ens*) (*amér*) sixth grade,
(*brit*) first form/year.

skaï® [skaj] *nm* imitation leather, leather-
ette.

ski [ski] *nm* **1** ski **2** (*Sp*) skiing; *faire du
~* *go skiing; *~ nautique* water-skiing;
~ de fond/de randonnée cross-country
skiing; *~ de piste* downhill skiing; *~
acrobatique* hot-dogging || **skier** *vi* (*1h*)
ski || **skieur** *nm* (*f* -**ieuse**) skier.

skipper [skipəʀ] *nm inv* (*Naut*) skipper.

slalom [slalɔm] *nm* slalom; *faire du ~*
slalom; (*fig*) zig-zag; *~ géant/spécial* gi-
ant/special slalom || **slalomer** *vi* (*1*) sla-
lom; (*fig*) zig-zag.

slave [slav] *adj* Slavonic ◆ *nm* (*langue*)
Slavonic ◆ *nmf* (*personne*) Slav.

slip [slip] *nm un ~* (*a pair of*) briefs/
underpants; (*femmes*) panties; *~ de bain*
bathing trunks.

slogan [slɔgɑ̃] *nm* slogan.

slow [slo] *nm* (*blues*) slow number;
(*danse*) slow fox trot.

smic/S.M.I.C. [smik] *nm* (*ab de salaire
minumun interprofessionnel de croissance*)
index-linked guaranteed minimum wage ||
smicard *nm* (*fam*) minimum wage earner.

smoking [smɔkiŋ] *nm* (*brit*) dinner jacket,
(*amér*) tuxedo.

snack(-bar) [snak(baʀ)] *nm* snack bar.

snob [snɔb] *nmf* snob ◆ *adj inv* (*per-
sonne*) snobbish; (*quartier*) (*fam*) posh ||
snober *vt* (*1*) cold-shoulder, snub || **sno-
bisme** *nm* snobbery.

sobre [sɔbʀ] *adj* sober || **sobriété** *nf* so-
briety.

sobriquet [sɔbʀikɛ] *nm* nickname.

sociable [sɔsjabl] *adj* sociable; *peu ~*
unsociable || **social** *adj* (*mpl* -**aux**) social;
(*Adm*) *services sociaux* social services;

assistant(e) ~*(e)* social/welfare worker; *(Com) raison* ~*e* (company) name, style; *siège* ~ head office ‖ **social-démocratie** *nf* social democracy ‖ **socialisme** *nm* socialism ‖ **socialiste** *adj nmf* socialist ‖ **sociétaire** *nmf* member ‖ **société** *nf* 1 society; *fréquenter la bonne* ~ move in good society/social circles; *la* ~ *d'abondance* the affluent society 2 companionship; *il aime la* ~ he likes company 3 association, club, society 4 *(Com)* company; ~ *anonyme* business corporation; ~ *à responsabilité limitée* limited liability company; ~ *par actions* joint stock company ‖ **socio-** *préf* socio- ‖ **sociologie** *nf* sociology ‖ **sociologique** *adj* sociological ‖ **sociologue** *nmf* sociologist.

socle [sɔkl] *nm* ((*lampe*) base, stand; *(statue)* pedestal, plinth.

socquette [sɔkɛt] *nf* ankle sock.

sœur [sœʀ] *nf* 1 sister 2 *(Rel)* sister, nun; *elle a été élevée chez les* ~*s* she was educated in a convent.

sofa [sɔfa] *nm* sofa.

soi [swa] *pr pers* oneself; *cela va de* ~ that goes without saying; *ce n'est pas mauvais en* ~ it's not bad in itself ‖ **soi-disant** *adj inv* 1 so-called; *une politique* ~ *libérale* a so-called liberal policy 2 self-styled; *un* ~ *artiste* a would-be artist ◆ *adv c'était* ~ *magnifique* it was supposed to be wonderful.

soie [swa] *nf (textile)* silk; *(poil)* bristle; *papier de* ~ tissue paper ‖ **soierie** *nf* 1 silk(s), silk goods 2 silk trade.

soif [swaf] *nf* thirst; *j'ai* ~ I'm thirsty; *ça donne* ~ it makes you thirsty; *(fig) la* ~ *du pouvoir* the craving/thirst for power.

soigné [swaɲe] *adj* careful; neat, tidy; *travail* ~ painstaking work; *peu* ~ slovenly; *elle est toujours très* ~*e (de sa personne)* she is always well-groomed ‖ **soigner** *vt (1)* look after, *take care of; (Méd)* nurse; treat; *ils ont dû se faire* ~ *à l'hôpital* they had to go to the hospital for treatment; ~ *sa ligne* watch one's figure/waistline ‖ **soigneux** *adj (f -euse)* 1 careful, painstaking 2 neat, tidy ‖ **soigneusement** *adv* 1 carefully 2 neatly, tidily ‖ **soin** *nm* 1 care; *manque de* ~ carelessness; *prends* ~ *de lui* take care of him; *il a eu* ~ *d'effacer ses empreintes* he took care to wipe off any fingerprints; *il était aux petits* ~*s pour elle* he served her hand and foot; ~*s médicaux* medical care/treatment; ~*s à domicile* home nursing; *les premiers* ~*s* first aid 2 neatness, tidiness 3 *(loc) mon premier* ~ *sera de faire...* my first concern/priority will be to do...; *(lettre) aux bons* ~*s de...* c/o (= *care of*)

soir [swaʀ] *nm* evening; *ce* ~ this even-

ing, tonight; *à 7 heures du* ~ at 7 o'clock in the evening; *le* ~ *nous rentrons fatigués* in the evening/at night we come home tired ‖ **soirée** *nf* 1 evening 2 party; ~ *dansante* dinner (and) dance; *tenue de* ~ evening dress 3 *(Th)* evening performance.

soit [swa] *(devant voyelle* [swat]*) adv* (concession) so be it, very well ◆ *conj* 1 *(alternative)* ~ *l'un,* ~ *l'autre* either one or the other; ~ *avant,* ~ *après* either before or after; ~ *que tu viennes chez moi,* ~ *que je vienne chez toi* whether you come to my place or I come to yours 2 *(hypothèse)* ~ *un triangle ABC* given a triangle ABC 3 *(clarification)* in other words; *100 000 francs anciens,* ~ *1 000 francs actuels* 100,000 old francs, that is (to say) 1000 new francs.

soixantaine [swasɑ̃tɛn] *nf il y a une* ~ *d'invités* there are about sixty guests; *elle a une* ~ *d'années* she is sixtyish/in her sixties.

soja [sɔʒa] *nm (Bot)* soya (bean).

sol[1] [sɔl] *nm* ground; *(Ag Hort Géol)* soil; *(maison)* floor.

sol[2] [sɔl] *nm (Mus)* G; *sonate en* ~ *bémol majeur* sonata in G flat major; *(chant)* so(h).

solaire [sɔlɛʀ] *adj* solar; *énergie* ~ solar energy.

soldat [sɔlda] *nm inv* serviceman, soldier; *femme* ~ servicewoman; *(aussi fig)* ~ *de plomb* tin soldier.

solde [sɔld] *nf* pay; *(aussi fig) à la* ~ *de qn* in sb's pay ◆ *nm* 1 *(Fin)* balance; ~ *créditeur/débiteur* credit/debit balance 2 *(Com)* (clearance) sale; *acheter en* ~ *buy at sale price; la saison des* ~*s* the sales season ‖ **solder** *vt (1)* 1 *(Fin)* ~ *un compte* close an account 2 *(Com)* *sell (off) at cut/sale prices ‖ **se solder** *vpr (Com) se* ~ *par un bénéfice* *show a profit; (fig) se* ~ *par un échec* end in failure.

sole [sɔl] *nf (Zool)* (Dover) sole.

soleil [sɔlej] *nm* 1 sun; sunshine; *il fait du* ~ the sun is shining; *prendre un bain de* ~ sunbathe; *prendre un coup de* ~ *get sunburnt; (fig) avoir du bien au* ~ *have landed property 2 *(Bot)* sunflower.

solennel [sɔlanɛl] *adj (f -elle)* solemn; impressive ‖ **solennité** *nf* solemnity.

solfège [sɔlfɛʒ] *nm* musical theory; *(chant)* sol-fa.

solidaire [sɔlidɛʀ] *adj* jointly responsible; *nous devons être* ~*s* we must stand together/back one another up; *être* ~ *des grévistes* *show solidarity with the strikers ‖ **solidairement** *adv* jointly ‖ **se solidariser** *vpr (1)* *show solidarity ‖ **solidarité** *nf* solidarity; *grève de* ~ sympathy strike; *débrayer par* ~ *(avec)* *come out (on strike) in sympathy (with) ‖ **solide** *adj* *(matière)* solid; *(Com Eco Fin Méd)* solid, sound, strong; *il n'est pas très ~ sur ses jambes* he's not very steady on his legs ◆ *nm* solid ‖ **solidement** *adv* solidly ‖ **solidifier** *vt* **se ~** *vpr* solidify ‖ **solidité** *nf* solidity.

soliloque [sɔlilɔk] *nm* soliloquy.

soliste [sɔlist] *nmf* soloist.

solitaire [sɔlitɛʀ] *adj* **1** solitary; *un lieu ~* a lonely/solitary spot **2** *(qui supporte mal la solitude)* lonely, lonesome ◆ *nmf (sanglier)* old boar; *(personne)* solitary character/lone wolf/ *(fam)* loner; *(ermite)* recluse ◆ *nm (diamant, jeu)* solitaire ‖ **solitude** *nf* seclusion, solitude; loneliness, lonesomeness.

solive [sɔliv] *nf (Arch)* beam, joist, rafter.

sollicitation [sɔlisitasjɔ̃] *nf* appeal, request; solicitation, temptation ‖ **solliciter** *vt (1)* request, *seek, solicit; *(Pol) ~ des voix* canvass for votes; *elle est très sollicitée* she is in great demand ‖ **sollicitude** *nf* solicitude.

solo [sɔlo] *adj & nm* solo.

solstice [sɔlstis] *nm* solstice.

soluble [sɔlybl] *adj* soluble ‖ **solution** *nf* solution; *(fig) la ~ du problème* the solution to the problem; *~ de facilité* easy way out ‖ **solutionner** *vt (1)* solve ‖ **solvabilité** *nf (Fin)* solvency ‖ **solvable** *adj (Fin)* solvent ‖ **solvant** *nm (Ch)* solvent.

sombre [sɔ̃bʀ] *adj* **1** dark; *il fait ~* it's dark **2** sombre, gloomy, pessimistic ‖ **sombrer** *vi (1) (Naut, fig)* founder, *go down, *sink; *il a sombré dans la folie* he went mad.

sommaire [sɔmɛʀ] *adj (exposé)* summary, brief; *(examen)* cursory, perfunctory ◆ *nm* abstract, summary, synopsis; *(journal)* contents.

sommation [sɔmasjɔ̃] *nf (Jur) une ~* a summons; *(police, Mil) faire les ~s d'usage* *give the customary warning.

somme[1] [sɔm] *nm* (cat)nap; *(fam)* forty winks, snooze; *faire un ~* *have a nap.

somme[2] [sɔm] *nf* **1** amount; *importante ~ d'argent* large amount/sum of money **2** *(Math)* sum; *si l'on en fait la ~* if you add it all up **3** *(loc) en ~* in short; to sum it up; *~ toute* when all's said and done.

sommeil [sɔmɛj] *nm* sleep; *j'ai ~* I am/feel sleepy; *j'ai le ~ léger/lourd* I'm a light/heavy sleeper; *je tombe de ~* I'm falling asleep on my feet; *(fig) laisser une affaire en ~* *shelve a problem, *let sleeping dogs lie ‖ **sommeiller** *vi (1)* doze; *(fig)* *lie dormant.

sommelier [sɔməlje] *nm* wine waiter.

sommer [sɔme] *vt (1) (Jur)* summon.

sommet [sɔme] *nm* summit, top; *(tête)* crown; *(fig) conférence au ~* summit conference.

sommier [sɔmje] *nm* bed/mattress base; *~ à lattes* slatted bed base.

sommité [sɔmite] *nf* leading figure; *(fam)* top man.

somnambule [sɔmnɑ̃byl] *nmf* sleepwalker, somnambulist ‖ **somnifère** *nm* sleeping pill ‖ **somnolence** *nf* drowsiness, sleepiness, somnolence ‖ **somnolent** *adj* drowsy, sleepy, somnolent ‖ **somnoler** *vi (1)* doze, drowse; *feel drowsy.

somptueux [sɔ̃ptɥø] *adj (f -euse)* lavish, magnificent, sumptuous ‖ **somptuosité** *nf* lavishness, magnificence, sumptuousness.

son[1] [sɔ̃] *adj poss (voir* **sa, ses)** his; her; its; one's; *Sa Majesté* His/Her Majesty.

son[2] [sɔ̃] *nm* bran; *un pain de ~* a bran loaf; *(peau) tache de ~*/ rousseur freckle.

son[3] [sɔ̃] *nm* sound; *le mur du ~* the sound barrier; *le ~ du tambour* the beating of the drum; *le ~ de la trompette* the blare of the trumpet; *le ~ d'une cloche* the ringing/peal(ing) of a bell; *(Ciné) bande ~* sound track; *(loc) j'ai entendu un autre ~ de cloche* I heard another side of the story.

sonate [sɔnat] *nf (Mus)* sonata.

sondage [sɔ̃daʒ] *nm* **1** *(forage)* boring, drilling **2** *(océan)* sounding **3** *(Méd)* catheterization **4** *(fig)* survey; *~ (d'opinion)* (opinion) poll ‖ **sonde** *nf* borer, drill; sounding apparatus; *(Méd)* catheter; probe; *~ spatiale* space probe ‖ **sonder** *vt (1)* bore, drill; sound; *(Méd)* catheterize; probe; *(fig) ~ qn sur qch (à titre individuel)* sound sb (out) about sth; *(pour un sondage d'opinion)* poll; *tenter de ~ un mystère* attempt to fathom a mystery; *~ le terrain* *see how the land lies.

songe [sɔ̃ʒ] *nm* dream; *faire un ~* *have a dream ‖ **songer** *vti (1h)* **1** *(rêver)* *dream; *think; *je songe parfois à une maison à la campagne* I sometimes dream/ think about a house in the country **2** *(réfléchir)* *think; *songez-y bien!* reflect well! think it over carefully! **3** *(envisager)* *think; *je songe à partir définitivement* I'm thinking of going off for good; *il ne faut pas y ~!* that's out of the question ‖ **songeur** *adj (f -euse)* pensive, thoughtful.

sonnant [sɔnɑ̃] *adj à midi ~* at 12 sharp ‖ **sonné** *adj* **1** *il est midi ~* it's gone 12; *il a cinquante ans bien ~s* he's well into his fifties **2** *(fam) tu es ~!* you're cracked/nuts/ *(brit)* bats **3** *(fam)* groggy; *je suis encore ~ par la nouvelle* I am still staggered by the news ‖ **sonner** *vti (1)* **1** *ring; *~ la cloche* *ring the bell; *~ le glas* toll the bell; *~ l'alarme* sound the alarm; *~ le steward* *ring for the steward; *on sonne!* someone's ringing at the door! *la pendule sonne cinq heures* the clock is striking five **2** *(fig) cette phrase ne sonne pas juste* that sentence doesn't sound right; *sa réponse sonne faux* his answer doesn't ring true; *(fam) je me suis fait ~ les cloches* I was given a good dressing-down/ticking off ‖ **sonnerie** *nf (Téléph)* bell; *(pendule)* chimes; *(Mil) la ~ du clairon* the bugle-call ‖ **sonnette** *nf* bell; door-bell; *~ d'alarme* alarm bell; *(fig) tirer la ~ d'alarme* *give the alert.

sono [sɔno] *nf (ab de* **sonorisation)** ‖ **sonore** *adj (salle)* resonant; *(voix)* resonant, ringing; *(rire)* resounding ‖ **sonorisation** *nf* public address system; *(musique)* sound system ‖ **sonorité** *nf (instrument)* tone; *(salle)* acoustics.

sophistiqué [sɔfistike] *adj* sophisticated.

soporifique [sɔpɔʀifik] *adj nm* soporific.

sorbet [sɔʀbɛ] *nm* sorbet, water ice; *(amér)* sherbet ‖ **sorbetière** *nf* ice-cream churn.

sorcellerie [sɔʀsɛlʀi] *nf* sorcery, witch-craft ‖ **sorcier** *nm (aussi fig)* wizard ◆ *adj (fam) ce n'est pas ~* it's as easy as pie, there's nothing to it ‖ **sorcière** *nf* witch; *(lit)* sorceress; *(péj)* old hag; *(fig) chasse aux ~s* witch-hunt(ing).

sordide [sɔʀdid] *adj* sordid, squalid.

sornettes [sɔʀnɛt] *nfpl inv des ~ tout ça!* that's (a lot of) balderdash/nonsense/rubbish!

sort [sɔʀ] *nm* **1** *(condition)* lot; *je n'envie pas leur ~* I don't envy their lot **2** *(destin)* fate; *le ~ est aveugle* fate is blind; *c'est l'ironie du ~* that's the irony of fate; *il subira le même ~* he will meet with the same end **3** *(hasard) tirer qch au ~* *draw lots for sth; *le ~ en est jeté* the die is cast **4** *(sorcellerie) on m'a jeté un ~* sb has put a curse/spell on me **5** *(fam) il a fait un ~ au plat* he polished off the dish.

sortable [sɔʀtabl] *adj (fam) tu n'es pas ~!* you're not presentable.

sorte [sɔʀt] *nf* **1** kind, sort; *toutes ~s de problèmes* all kinds/sorts of problems **2** *(loc) je n'ai rien dit de la ~!* I said no such thing/nothing of the kind; *pourquoi ris-tu de la ~?* why are you laughing like that? *il servait de guide en quelque ~* he served as a guide, so to speak; *parle de ~ qu'on te comprenne!* speak so that people can understand you! *il a compliqué les choses de telle ~ que personne ne comprenait plus rien* he complicated things to such an extent that everyone was lost; *je ferai en ~ que tout soit prêt* I'll see to it that everything is ready; *fais en ~ d'être à l'heure!* make sure you are on time.

sortie [sɔʀti] *nf* **1** *(salle)* exit; *~ de secours* emergency exit; *(aussi fig) porte de ~* way out **2** *(bureaux)* leaving time; *la ~ des classes* the end of the school day **3** *(excursion)* outing; *(soirée)* evening out **4** *(Com) droit de ~* export duty; *~s de fonds* expenses *(pl inv)*, outlay *(s inv)* **5** *(Inf) ~ sur imprimante* print-out **6** *(Mil)* sortie **7** *(Ciné)* release **8** *(verbale)* outburst.

sortilège [sɔʀtilɛʒ] *nm (magic)* spell.

sortir [sɔʀtiʀ] *vi* **1** (8) *come out; *go out; *leave; *sors d'ici!* get out of here! *il est sorti* he is out; *il sort d'ici* he's just left; *fais ~ cette guêpe!* get that wasp out of here! *laisse ~ le chien* let the dog out; *(aussi fig) d'où sors-tu?* where have you been? *ce livre vient de ~* this book has just come out; *ce film vient de ~* this film has just been released; *~ du sujet* wander from the subject **2** *(loc) je sors de table* I've just finished eating; *(fig) il est sorti des rangs* he has risen from the ranks; *cela sort de l'ordinaire* that's out of the ordinary; *les yeux lui sortaient de la tête* his eyes were bulging; *elle est sortie de ses gonds* she flew off the handle; *nous n'en sommes pas sortis de l'auberge* we're not out of the woods yet ◆ *vt* **1** *bring out, *take out **2** *(Inf)* log out ‖ **se sortir** *vpr il va s'en ~ (carrière)* he'll make out; *(maladie)* he'll pull through.

sosie [sɔzi] *nm* double, look-alike.

sot [so] *adj (f* **sotte)** foolish, silly ‖ **sottise** *nf* foolishness, silliness; *quelle ~!* what foolishness! what a silly thing to do!/to say!

sou [su] *nm* **1** *(vx)* 5 centimes **2** *(loc) être sans le ~* *be penniless; *(slogan) des ~s!* we want more money! *il est près de ses ~s* he's mean/tight-fisted; *je ne suis pas ambitieux pour un ~* I'm not in the least ambitious.

soubassement [subasmɑ̃] *nm (Arch)* base.

soubresaut [subʀəso] *nm (véhicule)* jolt; *(personne)* start; *avoir un ~* *give a start.

soubrette [subʀɛt] *nf (Th)* maid(servant).

souche [suʃ] *nf* **1** *(arbre)* stump; *(vigne)* stock; *(fig) famille de vieille ~* family of old stock; *(loc) faire ~* found a family **2** *(Bio)* colony, clone **3** *(chéquier)* counterfoil, stub.

souci[1] [susi] *nm (Bot)* marigold.

souci[2] [susi] *nm* **1** worry; *elle se fait du ~ pour lui* she worries about him; *il lui donne du ~* he worries her; *c'est le cadet de mes ~s* that's the least of my worries **2** concern; *il a le ~ de bien faire* he is anxious to do well; *sans aucun ~ de la vérité* with no regard for the truth ‖ **se soucier** *vpr (1h) (de)* care about ‖ **soucieux** *adj (f* **-euse)** **1** worried **2** *(de)* concerned (about).

soucoupe [sukup] *nf* saucer; *~ volante* flying saucer.

soudain [sudɛ̃] *adj* sudden ◆ *adv* sud-

denly || **soudainement** *adv* suddenly ||
soudaineté *nf* suddenness.

soude [sud] *nf* (Ch) soda ; *~ caustique*
caustic soda ; *bicarbonate de ~* bicarbonate of soda.

souder [sude] *vt* (1) solder ; *(autogène)*
weld ; *(fig)* *bind/*knit together || **se souder** *vpr* (Méd) *knit || **soudeur** *nm* welder || **soudure** *nf* soldering ; welding ; *(fig)*
faire la ~ bridge the gap.

soudoyer [sudwaje] *vt* (1f) bribe.

souffle [sufl] *nm* 1 breathing ; *je suis à*
bout de ~ I'm out of breath ; *retenir son*
~ *hold one's breath ; *reprendre son ~*
*get one's breath back ; *(Sp) trouver son*
second ~ *find one's second wind ; *un ~ d'air* a breath of (fresh) air ; *cela*
m'a coupé le ~ it took my breath away
2 (Méd) *~ au cœur* heart murmur 3 *(explosion)* blast.

soufflé [sufle] *nm* (Cuis) soufflé.

souffler [sufle] *vi* (1) 1 *blow ; *le vent*
souffle en tempête it's blowing a gale
2 *(péniblement)* pant, puff (and blow)
3 *(récupérer) laisse-moi ~ !* let me get my
breath back ! ◆ *vt* 1 *(secret) n'en souffle*
pas un mot ! don't breathe a word (to anyone) ! 2 (Th) *~ une réplique à qn* prompt
sb 3 *(bougie)* *blow out 4 *(bâtiment)* blast
5 *(fam fig) son culot nous a soufflés* his
attitude staggered us/knocked us flat
6 *(fam) il m'a soufflé le boulot* he grabbed
the job I was after || **souffleur** *nm (f*
-euse) 1 *~ de verre* glass blower 2 (Th)
prompter || **soufflet** *nm* 1 *(feu)* bellows ;
un ~ a pair of bellows 2 *(gifle)* box on
the ear ; *(aussi fig)* slap in the face.

souffrance [sufrɑ̃s] *nf* 1 suffering 2 *(loc)*
en ~ (affaire) pending ; *(colis)* awaiting
delivery || **souffrant** *adj* ill, sick, unwell
|| **souffre-douleur** *nm* underdog, whipping boy || **souffrir** *vti* (7) suffer ; *ça fait*
~ it hurts ; *il a souffert le martyre* he suffered agony.

soufre [sufr] *nm* (Ch) sulphur.

souhait [swɛ] *nm* desire, wish ; *à tes ~s !*
bless you! *ça a réussi à ~* it was an unqualified success || **souhaitable** *adj* desirable || **souhaiter** *vt* (1) wish ; *je vous*
souhaite une bonne année ! I wish you a
Happy New Year! *nous ne pouvions ~*
mieux we could wish for nothing better ;
je vous souhaite de réussir ! I hope you
will succeed ! I wish you every success ; *je*
souhaiterais pouvoir vous aider ! I would
like to be able to help you! I wish I could
help you!

souiller [suje] *vi* (1) dirty ; soil ; *souillé*
de sang blood-stained ; *(fig)* defile, stain ||
souillon *nf* slattern, slut || **souillure** *nf*
(lit) stain ; *(fig)* blemish, stain.

soûl [su] *adj* drunk ◆ *nm boire/chanter/*

manger tout son ~ *drink/*sing/*eat to
one's heart's content.

soulagement [sulaʒmɑ̃] *nm* relief ||
soulager *vt* (1h) *(douleur)* soothe, relieve ; *(angoisse) je suis soulagé par cette*
nouvelle I'm relieved at the good news ||
se soulager *vpr (fam)* relieve oneself.

soûlard [sular] *nm (fam)* drunkard || **soûler** *vt* (1) *~ qn* *make sb drunk || **se soûler** *vpr* *get drunk.

soulèvement [sulɛvmɑ̃] *nm* revolt, uprising || **soulever** *vt* (1a) 1 *(poids)* lift,
raise 2 *(fig) (foule)* rouse, stir up ; *(émotion)* rouse ; *(problème)* raise 3 *(loc) cela*
me soulève le cœur it makes my stomach
turn || **se soulever** *vpr* 1 *(personne)* lift/
raise oneself up ; *(objet)* lift 2 *(fig)* revolt.

soulier [sulje] *nm* shoe ; boot ; *(fig) j'étais*
dans mes petits ~s I didn't know where
to look.

souligner [suliɲe] *vt* (1) underline ; *(fig)*
emphasize.

soumettre [sumɛtr] *vt* (42) 1 *(assujettir)*
subject ; *~ qn à de mauvais traitements*
subject sb to ill-treatment 2 *(dompter)* subjugate ; *(révolte)* *put down, subdue
3 *(proposer)* submit ; *je lui ai soumis mon*
projet I submitted my plan to him || **se
soumettre** *vpr* submit || **soumis** *adj*
1 *(attitude)* submissive 2 subject ; *tout citoyen est soumis à l'impôt* all citizens are
liable for taxation || **soumission** *nf*
1 *(reddition)* submission ; *faire sa ~* submit, surrender 2 *(Com)* tender.

soupape [supap] *nf* (Tech) valve ; *~ de*
sécurité safety valve.

soupçon [supsɔ̃] *nm* 1 suspicion ; *un*
homme au-dessus de tout ~ a man above
suspicion 2 *(remarque)* hint ; *(Cuis)* drop,
touch || **soupçonner** *vt* (1) suspect ||
soupçonneux *adj (f* **-euse**) suspicious,
distrustful.

soupe [sup] *nf* soup ; *~ populaire* soup
kitchen, breadline ; *(loc) il est très ~ au*
lait he flares up/flies off the handle/loses
his temper very easily || **souper** *nm* supper ◆ *vi* (1) *have supper.

soupeser [supəze] *vt* (1a) *(dans la main)*
weigh ; *(fig)* weigh up.

soupière [supjɛr] *nf* soup tureen.

soupir [supir] *nm* sigh ; *pousser un ~*
heave a sigh ; *(loc) rendre le dernier ~*
breathe one's last || **soupirail** *nm (pl*
-aux) basement window || **soupirant** *nm*
(vx) suitor || **soupirer** *vi* (1) sigh
(after, for).

souple [supl] *adj* supple ; *(fig)* flexible ||
souplesse *nf* suppleness ; flexibility.

source [surs] *nf* spring ; *~ thermale* thermal spring ; *(fig Géog)* source ; *la rivière*
prend sa ~ the river has its source ; *je le*
tiens de bonne ~ I have it on good authority.

sourcil [sursi] *nm* (*Anat*) (eye)brow ; *froncer les ~s* frown ‖ **sourciller** *vi* (1) (*fig, négatif*) *il n'a pas sourcillé* he didn't bat an eyelid/turn a hair.

sourd [sur] *adj* **1** (*personne*) deaf ; *~ comme un pot* deaf as a (door)post ; (*fig*) *faire la ~e oreille* (à) turn a deaf ear (to) ; *c'est un dialogue de ~s* they are talking at cross purposes **2** (*son*) muffled ; (*douleur*) dull ; (*angoisse*) gnawing ♦ *nm* deaf person ; (*loc*) *cogner/crier comme un ~* *strike with all one's strength/shout at the top of one's voice ‖ **sourdement** *adv* **1** (*son*) dully **2** furtively, stealthily ‖ **sourd-muet** [adj (f **sourde-muette**)] deaf-and-dumb ♦ *nmf* deaf-mute.

souriant [surjã] *adj* smiling.

souricière [surisjɛr] *nf* mousetrap ; (*fig*) trap ; *tendre une ~ à qn* *set a trap for sb.

sourire [surir] *nm* smile ; *faire un ~ à qn* *give sb a smile ; *garder le ~* *keep smiling ♦ *vi* (47) (à) smile (at) ; (*loc*) *l'idée ne me sourit pas* I don't fancy the idea.

souris [suri] *nf inv* **1** (*Zool Inf*) mouse **2** (*fam*) bird, skirt.

sournois [surnwa] *adj* crafty, sly ; (*regard*) shifty ; (*méthode*) underhand ‖ **sournoiserie** *nf* craft(iness), slyness.

sous [su] *prép* **1** (*espace*) beneath, under(neath) ; *~ les tropiques* in the tropics ; *~ la pluie* in the rain ; *cela s'est passé ~ nos yeux* it happened before/under our very eyes ; (*fig*) *je n'ai pas la lettre ~ la main* I don't have the letter here **2** (*temps*) ~ *peu* shortly, before long ; *~ huitaine* within a week **3** (*loc*) *garder ~ clef* *keep under lock and key ; *emballé ~ vide* vacuum-packed ; *~ certaines conditions* on certain conditions ; *voir les choses ~ un autre angle/jour* *see things in a different light.

sous- [su] *préfixe* sub- ; under- ‖ **sous-alimenter** *vt* (1) undernourish ‖ **sous-bois** *nm* undergrowth ‖ **sous-développement** *nm* underdevelopment ‖ **sous-directeur** *nm* assistant/deputy manager ‖ **sous-entendre** *vt* (45) imply ; insinuate ‖ **sous-entendu** *nm* insinuation ‖ **sous-équipé** *adj* underequipped ‖ **sous-équipement** *nm* lack of equipment ‖ **sous-estimer** *vt* (1) underestimate ‖ **sous-évaluer** *vt* (1) underestimate ‖ **sous-exposer** *vt* (1) (*Phot*) underexpose ‖ **sous-fifre** *nm* (*péj*) underling ‖ **sous-jacent** *adj* underlying ‖ **sous-location** *nf* sub-letting ‖ **sous-louer** *vt* (1) *sub-let ‖ **sous-main** *nm* desk blotter ‖ **sous-marin** *adj* submerged ; (*récif*) submerged ♦ *nm* (*Naut*) submarine ‖ **sous-officier** *nm* (*Mil*) N.C.O. (non-commissioned officer) ; (*Naut*) petty officer ‖ **sous-produit** *nm* (*Ind*) by-product ‖ **sous-sol** *nm* (*maison*) basement ; (*Géol*) subsoil ‖ **sous-titre** *nm* subtitle ‖ **sous-titrer** *vt* (1) subtitle ‖ **sous-traitance** *nf* subcontracting ‖ **sous-traitant** *nm* subcontractor ‖ **sous-traiter** *vt* (1) subcontract ‖ **sous-verre** *nm* (*encadrement*) glass mount ; (*tableau*) picture mounted under glass ‖ **sous-vêtement** *nm* undergarment ; *~s* underclothes (*npl inv*), underwear (*ns inv*).

souscripteur [suskriptœr] *nm* subscriber ‖ **souscription** *nf* subscription ‖ **souscrire** *vti* (39) (à) subscribe (to) ; *~ un abonnement* *take out a subscription.

soussigné [susiɲe] *adj nm* (*Jur*) undersigned ; *je ~, Jean Dupont, déclare…* I, the undersigned, Jean Dupont, declare…

soustraction [sustraksjɔ̃] *nf* (*Math*) subtraction ‖ **soustraire** *vt* (49) **1** (*Math*) subtract **2** (*cacher*) conceal ; *~ à la vue* *hide from sight ; (*voler*) abstract, purloin ‖ **se soustraire** *vpr* (à) escape (from).

soutane [sutan] *nf* (*Rel*) cassock.

soute [sut] *nf* (*Naut*) (*cargaison*) hold ; *~ à mazout* oil tank.

souteneur [sutnœr] *nm* pimp, procurer ‖ **soutenir** *vt* (10) **1** support ; (*édifice*) support ; (*personne*) *il faut le ~ !* you must support him/stand up for him/take his part/ (*Pol*) back him! **2** (*Méd*) sustain **3** — *un effort/la vitesse* *keep up an effort/the speed ; *~ la comparaison* *stand the comparison ; *elle soutient que…* she asserts/maintains that… ; *il a soutenu mon regard* he looked straight back at me ; (*Ens*) *~ une thèse* defend a thesis ‖ **soutenu** *adj* (*attention*) sustained ; (*style*) elevated.

souterrain [suterɛ̃] *adj* subterranean, underground ♦ *nm* underground passage.

soutien [sutjɛ̃] *nm* support ; *~ de famille* breadwinner ‖ **soutien-gorge** *nm* brassière, (*fam*) bra.

soutirer [sutire] *vt* (1) **1** extract ; *il a essayé de me ~ de l'argent* he tried to get some money out of me **2** (*vin*) rack.

souvenir [suvnir] *nm* **1** memory, recollection ; *j'ai un très bon ~ de ces vacances* I have very pleasant memories of those holidays ; *rappelez-moi à leur bon ~ !* give them my best/kindest regards! **2** (*objet*) keepsake, memento ; (*touristique*) souvenir ‖ **se souvenir** *vpr* (10) *se ~ de qch* recall/recollect/remember sth ; *je me souviens de l'avoir dit* I recall/recollect/ remember saying so.

souvent [suvã] *adv* often ; *le plus ~* as often as not, more often than not.

souverain [suvrɛ̃] *adj* supreme ; *le ~ pontife* the Supreme Pontiff ♦ *nm* sovereign ‖ **souverainement** *adv* supremely ‖ **souveraineté** *nf* sovereignty.

soviet [sɔvjɛt] *nm (Pol)* soviet ◆ **soviétique** *adj* **Union** ~ Soviet Union.

soyeux [swajø] *adj (f -euse)* silky.

spacieux [spasjø] *adj (f -euse)* spacious, roomy.

spaghetti [spageti] *nm* spaghetti *(ns inv)* ; *tes ~s sont excellents* your spaghetti is excellent.

sparadrap [sparadra] *nm (amér)* Band-Aid®, *(brit)* sticking plaster.

spasme [spasm] *nm* spasm ‖ **spasmodique** *adj* spasmodic.

spatial [spasjal] *adj (mpl -aux)* **1** *(dimension)* spatial **2** *(espace) vol* ~ space flight.

spatule [spatyl] *nf* spatula ; (ski) tip.

speaker [spikœr] *nm (f speakerine) (Rad)* announcer.

spécial [spesjal] *adj (mpl -aux)* **1** special **2** *(fam)* odd, peculiar ‖ **spécialement** *adv* **1** *(exprès)* specially **2** *(surtout)* especially ‖ **spécialisation** *nf* specialization ‖ **spécialisé** *adj* specialized ; *ouvrier* ~ unskilled worker ‖ **se spécialiser** *vpr (1)* specialize ‖ **spécialiste** *nmf* specialist ‖ **spécialité** *nf (brit)* speciality, *(amér)* specialty.

spécification [spesifikɑsjɔ̃] *nf* specification ‖ **spécificité** *nf* specificity ‖ **spécifier** *vt (1h)* specify ‖ **spécifique** *adj* specific.

spécieux [spesjø] *adj (f -euse)* specious.

spécimen [spesimɛn] *nm* specimen ; *(Com)* sample.

spectacle [spɛktakl] *nm* **1** sight, spectacle **2** *(Th)* show ; *salle de* ~ concert hall ; *aller au* ~ *go (out) to a show ; *industrie du* ~ show business, *(fam)* showbiz ; *(loc) se donner en* ~ *make an exhibition of oneself ‖ **spectaculaire** *adj* spectacular ‖ **spectateur** *nm (f -trice)* **1** *(Sp)* spectator ; *(Th) les* ~*s applaudissent* the audience is/are applauding **2** *(témoin)* bystander, onlooker, witness.

spectre [spɛktr] *nm* **1** ghost, spectre **2** *(Phys)* spectrum ‖ **spectral** *adj (mpl -aux)* **1** ghostly, spectral **2** *(Phys)* spectral.

spéculateur [spekylatœr] *nm (f -trice)* speculator ‖ **spéculatif** *adj (f -ive)* speculative ‖ **spéculation** *nf* speculation ‖ **spéculer** *vi (1)* speculate.

spéléologie [speleɔlɔʒi] *nf (Sc)* speleology ; *(Sp) (amér)* spelunking, cave-crawling, *(brit)* potholing ‖ **spéléologue** *nmf* speleologist.

sperme [spɛrm] *nm* semen, sperm ‖ **spermicide** *nm* spermicide.

sphère [sfɛr] *nf* sphere ; *la* ~ *terrestre* the earth, the globe ; *(fig)* ~ *d'activité* sphere/field of activity ‖ **sphérique** *adj* spherical.

sphincter [sfɛktɛr] *nm (Méd)* sphincter.

sphinx [sfɛks] *nm (pl inv)* sphinx.

spirale [spiral] *nf* spiral.

spiritisme [spiritism] *nm* spiritualism ‖ **spiritualité** *nf* spirituality ‖ **spirituel** *adj (f -elle)* **1** spiritual ; *concert* ~ concert of sacred music **2** witty ‖ **spiritueux** *nm (alcool)* spirits *(npl inv)*.

splendeur [splɑ̃dœr] *nf* splendour, glory.

spolier [spɔlje] *vt (1h) (de)* despoil (of).

spongieux [spɔ̃ʒjø] *adj (f -euse)* spongy.

sponsor [spɔ̃sɔr] *nm* sponsor ‖ **sponsoriser** *vt (1)* sponsor.

spontané [spɔ̃tane] *adj* spontaneous ‖ **spontanéité** *nf* spontaneity ‖ **spontanément** *adv* spontaneously.

sporadique [spɔradik] *adj* sporadic ‖ **sporadiquement** *adv* sporadically.

sport [spɔr] *nm* sport ; *pratiquer un* ~ practise a sport ; *elle fait beaucoup de* ~ she goes in for a lot of sport ; *elle fait du* ~ *tous les jours* she trains/works out every day ; *voiture de* ~ sports car ‖ **sportif** *adj (f -ive)* **1** *(personne)* fond of/good at/keen on sports **2** *(événement, objet) club* ~ sports club ◆ *nm* sportsman ; *c'est un (grand)* ~ he's very fond of/good at/keen on sports ; *c'est une sportive célèbre* she's a famous sportswoman ‖ **sportivement** *adv (fig)* sportingly, sportsmanlike ‖ **sportivité** *nf* sportsmanship.

spot [spɔt] *nm (Th)* spot (light) ; *(TV)* commercial.

square [skwar] *nm* square (with garden).

squash [skwaʃ] *nm (Sp)* squash.

squelette [skəlɛt] *nm* skeleton ; *(plan)* rough outline ‖ **squelettique** *adj il est* ~ he's as thin as a skeleton.

stabilisateur [stabilizatœr] *nm* stabilizer ‖ **stabilisation** *nf* stabilization ‖ **stabiliser** *vt (1)* stabilize, steady ‖ **stabilité** *nf* stability, steadiness ‖ **stable** *adj* stable, steady.

stade[1] [stad] *nm (Sp)* stadium, sports ground.

stade[2] [stad] *nm (temps)* stage.

stage [staʒ] *nm* training course, *(amér)* internship ; *faire/suivre un* ~ attend a course ; *il est en* ~ he is on a course ‖ **stagiaire** *nmf* trainee, *(amér)* intern.

stagnant [stagnɑ̃] *adj* stagnant ‖ **stagnation** *nf* stagnation ‖ **stagner** *vi (1)* stagnate.

stalactite [stalaktit] *nf (Géol)* stalactite.

stalagmite [stalagmit] *nf (Géol)* stalagmite.

stand [stɑ̃d] *nm (exposition)* stand ; *(foire)* stall ; ~ *de tir* shooting gallery ; *(Mil)* rifle range.

standard [stɑ̃dar] *nm* **1** *(qualité)* standard **2** *(Téléph)* exchange, switchboard ◆ *adj inv* standard ‖ **standardisation** *nf* standardization ‖ **standardiser** *vt (1)* standardize ‖ **standardiste** *nmf* switchboard operator.

standing [stãdiŋ] *nm* standing, status ; *appartement (de) grand ~* luxury apartment/ (brit) flat.

star [staʀ] *nf (Ciné)* star.

starter [staʀtɛʀ] *nm (Aut)* choke.

station [stasjɔ̃] *nf* **1** *(personne)* upright posture **2** *~ d'autobus* bus stop ; *~ de taxis* (brit) taxi rank, *(amér)* taxi stand ; *~-service* (brit) service station, *(amér)* gas station **3** resort ; *~ balnéaire/de sports d'hiver* seaside/winter sports resort ; *~ thermale* spa ‖ **stationnaire** *adj* stationary ‖ **stationnement** *nm* parking ; *~ interdit* no parking ‖ **stationner** *vi (1)* park ; *be parked ; *défense de ~* no parking/waiting.

statique [statik] *adj* static.

statistique [statistik] *adj* statistical ◆ *nf* statistics.

statue [staty] *nf* statue ‖ **statuette** *nf* statuette.

statuer [statɥe] *vi (1) (Jur)* *give a ruling.

statu quo [statykwo] *nm* status quo.

stature [statyʀ] *nf* stature.

statut [staty] *nm* **1** *(Jur)* statute **2** *(personnel)* status ‖ **statutaire** *adj* statutory.

stencil [stɛnsil] *nm* stencil.

sténo(dactylo) [steno(daktilo)] *nmf* shorthand typist ‖ **sténo(graphie)** *nf* shorthand.

steppe [stɛp] *nf* steppe.

stéréo [steʀeo] *adj inv & nf* stereo ‖ **stéréophonique** *adj* stereophonic ‖ **stéréotype** *nm* stereotype ‖ **stéréotypé** *adj* stereotyped.

stérile [steʀil] *adj (Méd)* sterile ; *(Ag)* barren, *(fig)* barren, fruitless, sterile ‖ **stérilet** *nm* IUD *(intra-uterine device)*, *(fam)* coil ‖ **stérilisation** *nf* sterilization ‖ **stériliser** *vt (1)* sterilize ‖ **stérilité** *nf* sterility ; barrenness ; fruitlessness.

sternum [stɛʀnɔm] *nm (Anat)* sternum, *(fam)* breastbone.

stéthoscope [stetɔskɔp] *nm* stethoscope.

steward [stiwaʀd] *nm (Av)* steward.

stigmate [stigmat] *nm* stigma ; *(Rel) ~s* stigmata ‖ **stigmatiser** *vt (1)* stigmatize.

stimulant [stimylã] *adj* stimulating ◆ *nm* incentive ; *(Méd)* stimulant ; *(Psy)* stimulus ‖ **stimulateur** *nm (Méd) ~ cardiaque* pacemaker ‖ **stimulation** *nf* stimulation ‖ **stimuler** *vt (1)* *give incentive/an impetus to ; *(aussi Méd)* stimulate.

stipulation [stipylasjɔ̃] *nf* stipulation ‖ **stipuler** *vt (1)* *lay down, stipulate.

stock [stɔk] *nm* stock ‖ **stockage** *nm* stocking, storage ‖ **stocker** *vt (1)* stock.

stoïcisme [stɔisim] *nm* stoicism ‖ **stoïque** *nmf* stoic ◆ *adj* stoic(al).

stop [stɔp] *nm* **1** *(signalisation)* stop sign ;

(Aut) brake-light **2** *(fam) (ab de* **auto-stop)** hitch-hiking ; *faire du ~* hitch-hike ‖ **stopper** *vti (1)* halt, stop.

store [stɔʀ] *nm (fenêtre)* blind, shade ; *~ vénitien* Venitian blind ; *(voilage)* net curtain ; *(magasin)* awning.

strabisme [stʀabism] *nm* squint.

strapontin [stʀapɔ̃tɛ̃] *nm* jump seat.

stratagème [stʀataʒɛm] *nm* stratagem.

strate [stʀat] *nf* stratum *(pl strata)*.

stratège [stʀatɛʒ] *nm* strategist ‖ **stratégie** *nf* strategy ‖ **stratégique** *adj* strategic.

stratification [stʀatifikasjɔ̃] *nf* stratification ‖ **stratifier** *vt (1)* stratify.

stratosphère [stʀatɔsfɛʀ] *nf* stratosphere.

stress [stʀɛs] *nm (Ind Méd Psy)* stress ‖ **stressant** *adj* stressful ‖ **stresser** *vt (1)* *make tense ; *être stressé* *be under stress/ pressure.

strict [stʀikt] *adj* strict ; *(habillement)* plain ; *(fig) la ~e vérité* the plain truth ; *le ~ nécessaire* the bare essentials ; *c'est ton droit le plus ~* you're quite within your rights ‖ **strictement** *adv* strictly.

strident [stʀidã] *adj* strident, shrill.

strie [stʀi] *nf (couleur)* streak ; *(relief)* groove ; ridge ‖ **strier** *vt (1h)* streak ; groove ; ridge.

strip-tease [stʀiptiz] *nm* striptease ‖ **strip-teaseuse** *nf* stripper.

strophe [stʀɔf] *nf* stanza, verse.

structure [stʀyktyʀ] *nf* structure ‖ **structurer** *vt (1)* structure.

stuc [styk] *nm* stucco.

studieux [stydjø] *adj (f* -euse) studious.

studio [stydjo] *nm* **1** *(Phot)* studio **2** *(brit)* bedsitter, one-room flat, *(amér)* studio apartment.

stupéfaction [stypefaksjɔ̃] *nf* stupefaction ‖ **stupéfait** *adj (de)* astounded/dumbfounded/stunned (at) ‖ **stupéfiant** *adj* astounding, stunning ◆ *nm* drug, narcotic ‖ **stupéfier** *vt (1h)* astound, dumbfound, stun ‖ **stupeur** *nf* amazement ; *(aussi Méd)* stupor ; *dans un état de ~* in a daze ‖ **stupide** *adj* stupid, silly ‖ **stupidité** *nf* stupidity ; *c'était une ~ de ma part* it was silly of me/on my part.

style [stil] *nm* style ; *mobilier de ~* period furniture ; *(Gr) ~ indirect* indirect/ reported speech ‖ **stylé** *adj un domestique bien ~* a well-trained servant ‖ **styliser** *vt (1)* stylize ‖ **styliste** *nmf* stylist ; dress designer.

stylo [stilo] *nm* pen ; *~ à bille* ball-point pen ; *~-feutre* felt-tip pen ; *~ plume* fountain pen.

su [sy] *pp de* **savoir** ◆ *nm (loc) (au vu et) au ~ de tous* to everyone's knowledge.

suave [sɥav] *adj (personne) (péj)* bland,

smooth, suave; *(vin)* smooth; *(musique)* sweet ‖ **suavité** *nf* blandness; smoothness; sweetness.

subalterne [sybaltɛʀn] *adj & nmf* junior; subordinate; *(Mil)* subaltern.

subconscient [sypkɔ̃sjɑ̃] *adj nm* subconscious.

subdiviser [sybdivize] *vt (1)* (en) subdivide (into) ‖ **subdivision** *nf* subdivision.

subir [sybiʀ] *vt (2)* *undergo; ~ une défaite* suffer/sustain a defeat; *elle a tout subi sans se plaindre* she endured everything without a complaint; *on lui a fait ~ un long interrogatoire* he was subjected to a lengthy interrogation.

subit [sybi] *adj* sudden ‖ **subitement** *adv* suddenly, all of a sudden.

subjectif [sybʒɛktif] *adj (f -ive)* subjective ‖ **subjectivité** *nf* subjectivity.

subjonctif [sybʒɔ̃ktif] *nm* subjunctive.

subjuguer [sybʒyge] *vt (1) (par la force)* subjugate; *(par le charme)* captivate, *(lit)* enthrall.

sublime [syblim] *adj* sublime ‖ **sublimer** *vt (1)* sublimate.

submerger [sybmɛʀʒe] *vt (1h)* **1** submerge; flood; *(bateau)* swamp **2** *(fig)* overwhelm; *je suis submergé de travail* I'm snowed under/swamped with work/up to my ears in work ‖ **submersible** *adj & nm (Naut)* submarine ‖ **submersion** *nf* submersion; *mort par ~* death by drowning.

subordination [sybɔʀdinasjɔ̃] *nf* subordination ‖ **subordonné** *adj* subordinate ◆ *nm* subordinate ‖ **subordonnée** *nf (Gr)* subordinate clause ‖ **subordonner** *(1) (à)* subordinate (to); dependent (on).

subrepticement [sybʀɛptismɑ̃] *adv* surreptitiously.

subside [sypsid] *nm (subvention)* grant; *(fam) des ~s* an allowance.

subsidiaire [sypsidjɛʀ] *adj* subsidiary.

subsistance [sybzistɑ̃s] *nf* subsistence ‖ **subsister** *vi (1)* subsist; survive.

substance [sypstɑ̃s] *nf* substance ‖ **substantiel** *adj (f -elle)* substantial.

substantif [sypstɑ̃tif] *nm (Gr)* noun.

substituer [sypstitɥe] *vt (1) (à)* substitute (for); *se ~ à qn* *stand in for sb; se ~ à la justice* *take the law into one's own hands* ‖ **substitut** *nm* **1** *(de)* substitute (for) **2** *(Jur)* deputy prosecutor ‖ **substitution** *nf (à)* substitution (for).

subtil [syptil] *adj* subtle ‖ **subtiliser** *vt (1) (à)* *spirit away (from)* ‖ **subtilité** *nf* subtlety.

subvenir [sybvəniʀ] *vi (10) ~ aux besoins de qn* provide for sb ‖ **subvention** *nf* grant; subsidy ‖ **subventionner** *vt (1)* subsidize.

subversif [sybvɛʀsif] *adj (f -ive)* subversive ‖ **subversion** *nf* subversion.

suc [syk] *nm* juice; *(Bot)* sap.

succédané [syksedane] *nm (de)* substitute (for).

succéder [syksede] *vi (1c) (à)* follow; succeed; *elle a succédé à son père à la tête de l'entreprise* she succeeded her father at the head of the company ‖ **se succéder** *vpr (suivre) les années se sont succédé* one year followed another.

succès [syksɛ] *nm* success; *il n'a pas eu de ~* he was unsuccessful/was not a success/had no success; *(Th) la pièce a eu du ~/un ~ fou* the play was a great box-office success/a hit.

successeur [syksesœʀ] *nm* successor ‖ **successif** *adj (f -ive)* successive ‖ **succession** *nf* **1** succession **2** *(Jur)* estate, inheritance; *droits de ~* death duties **3** *(suite) prendre la ~ de qn* *take over from sb* ‖ **successivement** *adv* successively.

succinct [syksɛ̃] *adj* succinct.

succion [syksjɔ̃] *nf* suction.

succomber [sykɔ̃be] *vi (1)* die; *(fig lit)* succumb; *~ à la tentation* *give in to temptation.

succulent [sykylɑ̃] *adj* succulent, tasty.

succursale [sykyʀsal] *nf (Com)* branch.

sucer [syse] *vt (1h)* suck ‖ **sucette** *nf* lollipop.

sucrage [sykʀaʒ] *nm (vin)* sugaring ‖ **sucre** *nm sing (ns inv)* ; *un ~* a lump of sugar; *~ de canne* cane sugar; *~ cristallisé* granulated sugar; *~ en poudre* caster sugar; *~ d'orge* barley sugar ‖ **sucré** *adj* sweet; sweetened; *non ~* unsweetened ‖ **sucrer** *vt (1)* sugar, sweeten ‖ **se sucrer** *vpr* help oneself to sugar; *(fig)* line one's pockets ‖ **sucrerie** *nf* **1** sugar refinery **2** *~s* sweets; *elle aime les ~s* she has a sweet tooth ‖ **sucrier** *adj (f -ière) industrie sucrière* sugar industry ◆ *nm* sugar basin/bowl.

sud [syd] *nm* south; *au ~* in/to the south; *(Naut) un vent du ~* a southerly wind ◆ *adj inv* south; *le pôle S~* the south pole; *(région)* southern; *l'hémisphère ~* the southern hemisphere ‖ **sudiste** *nmf (US) (Hist)* Southerner.

suer [sɥe] *vi (1)* sweat; *~ à grosses gouttes* sweat profusely; *(fig) ~ sang et eau* sweat blood; *faire ~ le bournous* exploit sweated labour; *(fam) se faire ~* be bored to death; *(fam) il me fait ~ !* he's a pain in the neck ‖ **sueur** *nf* sweat; *j'étais en ~* I was in a sweat; *cela m'a donné des ~s froides* it put me into a cold sweat.

suffire [syfiʀ] *vi (38)* *be enough/sufficient, (lit)* suffice; *ça suffit* that's enough (of that)! that'll do! *il suffit de demander* you have only to ask; *(loc) il suffit d'une* *fois !* once is enough ! ‖ **se suffire** *vpr ils se suffisent (à eux-mêmes)* they are company enough for each other ; *(Eco) le pays se suffit (à lui-même)* the country is self-sufficient ‖ **suffisamment** *adv* enough, sufficiently ; *~ de temps* enough time ; *~ tôt* early enough, sufficiently early ‖ **suffisance** *nf* 1 sufficiency 2 complacency, self-importance ‖ **suffisant** *adj* 1 sufficient, enough 2 complacent, self-important.

suffixe [syfiks] *nm (Gr)* suffix.

suffocation [syfɔkasjɔ̃] *nf* suffocation ‖ **suffoquer** *vi (1)* choke, stifle, suffocate ; *(fig) ça me suffoque !* I'm staggered! it takes my breath away.

suffrage [syfraʒ] *nm* 1 suffrage ; *~ universel* universal suffrage/franchise 2 vote ; *~s exprimés* valid votes.

suggérer [sygʒere] *vt (1c)* suggest ; *je suggère de passer/que nous passions la nuit ici* I suggest spending the night here/ that we should spend the night here ‖ **suggestif** *adj (f -ive)* suggestive ‖ **suggestion** *nf* suggestion.

suicidaire [sɥisidɛʀ] *adj* suicidal ‖ **suicide** *nm (acte)* suicide ‖ **suicidé** *nm (personne)* suicide ‖ **se suicider** *vpr (1)* commit suicide.

suie [sɥi] *nf* soot.

suintement [sɥɛ̃tmɑ̃] *nm* oozing ; seeping ‖ **suinter** *vi (1)* ooze ; seep.

suisse [sɥis] *nm (Rel)* verger.

suite [sɥit] *nf* 1 escort, retinue, suite 2 continuation ; *(film)* sequel ; *les ~s* the after-effects 3 remainder 4 series 5 *(hôtel)* suite 6 *(Mus)* suite 7 *(loc) (tout) de ~* immediately ; *dix jours de ~* ten days running/in a row/on end ; *et ainsi de ~* and so forth/so on ; *par ~* later on ; *attendons la ~ (des événements) !* let's wait and see! *il a pris la ~ de son père* he took over from his father ; *(Com) ~ à votre lettre* further to your letter ; *cela fait ~ à toute une série* this comes after a whole series ; *par ~ d'un embouteillage* owing to a traffic jam ; *donner ~ à une réclamation* follow up a complaint ; *à la ~ de la décision* following the decision ; *il a de la ~ dans les idées* he's single-minded ; *(péj)* he's got a one-track mind.

suivant [sɥivɑ̃] *adj* following ; *le lundi ~* the following/next Monday ; *au ~ !* next please! ◆ *prép* according to ◆ *loc ~ que* depending on whether ‖ **suivi** *adj (effort)* steady ; *(qualité)* consistent ; *(cours)* well-attended ; *(mode)* popular ◆ *nm* assurer le *~* follow through/up ‖ **suivre** *vt (48)* 1 follow ; *l'exemple qui suit* the following example ; *comme suit* as follows ; *à ~* to be continued ; *je fais ~ mon courrier* I have my mail forwarded ; *« (prière de) faire ~ »* "please forward" 2 *~ son chemin* *go one's way ; *~ un cours* attend a

class ; *son fils ne suit pas en classe* his son can't keep up with the rest of the class ; *suivez-moi bien !* listen carefully! *je ne vous ~ pas là* I can't follow you there ; I can't agree with you there ; *elle suit un régime* she is on a diet ; *elle est suivie par un médecin* she's under medical supervision ; *l'affaire suit son cours* the case is running its normal course.

sujet [syʒɛ] *adj (f -ette) (à)* liable/prone/ subject (to) ; *tout cela est ~ à caution* all that is to be taken with a pinch of salt/not to be taken for granted/at face value ◆ *nm* 1 subject 2 *c'est un mauvais ~* he's a wild one ; *(Ens) c'est un brillant ~* he's a brilliant student 3 *(Gr)* subject 4 *~ de conversation* topic of conversation ; *~ d'examen* examination question ; *~ de dispute* bone of contention 5 *(loc) au ~ de votre fils...* about/concerning your son...

sujétion [syʒesjɔ̃] *nf* constraint.

sulfate [sylfat] *nm* sulphate ‖ **sulfater** *vt (1) (Ag)* spray.

sultan [syltɑ̃] *nm* sultan.

summum [sɔmɔm] *nm* acme ; climax.

super¹ [sypɛʀ] *préf* super- ◆ *excl ~ !* fantastic!

super² [sypɛʀ] *nm (fam) (ab de **super-carburant*)*.

superbe [sypɛʀb] *adj* superb.

supercarburant [sypɛʀkaʀbyʀɑ̃] *nm (brit)* 4-star petrol, *(amér)* premium gas.

supercherie [sypɛʀʃəʀi] *nf* trick ; (piece of) trickery.

superette [sypɛʀɛt] *nf* small supermarket, *(amér)* convenience store.

superficie [sypɛʀfisi] *nf* area, surface ‖ **superficiel** *adj (f -elle)* superficial.

superflu [sypɛʀfly] *adj* superfluous ◆ *nm* surplus.

supérieur [sypeʀjœʀ] *adj* 1 *(niveau)* higher ; *les étages ~s* the upper floors ; *(société) les classes ~es* the upper classes 2 *(qualité) ~ à* superior to, better than ; *~ à la moyenne* above average 3 *(quantité)* bigger ; greater ; *à une vitesse ~e à 200 kmh* at a speed of over 200 kmh ◆ *nm* superior ; *mon ~ hiérarchique* my immediate superior ‖ **supériorité** *nf* superiority.

superlatif [sypɛʀlatif] *adj (f -ive) nm* superlative.

supermarché [sypɛʀmaʀʃe] *nm* supermarket ‖ **superposer** *vt (1) (à)* superimpose (on) ‖ **superproduction** *nf (Ciné)* blockbuster ‖ **superpuissance** *nf* super-power ‖ **supersonique** *adj* supersonic.

superstitieux [sypɛʀstisjø] *adj (f -euse)* superstitious ‖ **superstition** *nf* superstition.

superviser [sypɛʀvize] *vt (1)* supervise ‖ **supervision** *nf* supervision.

supplanter [syplɑ̃te] *vt (1)* supplant.
suppléance [sypleɑ̃s] *nf* temporary replacement ‖ **suppléant** *nm* deputy, substitute ‖ **suppléer** *vt* replace ◆ *vi (à)* compensate (for), *make up (for) ‖ **supplément** *nm* supplement; extra charge; *(transports)* excess fare; *un ~ d'information* some additional information; *la radio est en ~* the radio is an extra ‖ **supplémentaire** *adj* additional, extra, supplementary; *heures ~s* overtime *(ns inv)*.
supplication [syplikasjɔ̃] *nf* entreaty.
supplice [syplis] *nm* torture; *(fig)* mettre *au ~* torture; *je suis au ~* I'm on the rack ‖ **supplicié** *nm* victim of torture.
supplier [syplije] *vt (1h)* beg, entreat; *écoutez, je vous en supplie* listen, I beg you.
support [sypɔʀ] *nm* support; *~ visuel* visual aids ‖ **supportable** *adj* bearable, tolerable ‖ **supporter** *vt (1)* **1** support **2** *(robustesse)* resist, withstand **3** *(épreuve)* *bear, endure, suffer **4** *(tolération)* *bear, *put up with, tolerate; *je ne peux pas la ~!* I can't bear/stand her! ◆ [sypɔʀtɛʀ] *nm (Sp)* supporter.
supposé [sypoze] *adj* supposed, alleged ‖ **supposer** *vt (1)* **1** suppose, assume; *on le supposait à Paris* he was thought to be in Paris; *à ~ que...* assuming/supposing that... **2** imply; *cela supposait beaucoup de sang-froid* it meant keeping very cool ‖ **supposition** *nf* supposition, assumption.
suppositoire [sypozitwaʀ] *nm (Méd)* suppository.
suppression [sypʀesjɔ̃] *nf (aussi fig)* removal; *(mot, phrase)* deletion; *(par la force)* suppression; *(Jur)* abolition; cancellation; withdrawal; *1 000 ~s d'emplois* 1000 jobs axed/lost ‖ **supprimer** *vt (1)* **1** *(cloison)* knock down; remove **2** *(obstacle)* *do away with, remove **3** *(habitudes)* eliminate; *~ le gaspillage* *cut out waste; *le médecin lui a dit de ~ le tabac* the doctor told him to stop smoking **4** *(mot, phrase)* delete **5** *(par la force)* quell, suppress **6** *(Jur)* abolish; cancel, *withdraw ‖ **se supprimer** *vpr* *do away with oneself, *take one's own life.
suppurer [sypyʀe] *vi (1) (Méd)* suppurate.
supputer [sypyte] *vt (1)* calculate.
supra [sypʀa] *préf* supra.
suprématie [sypʀemasi] *nf* supremacy ‖ **suprême** *adj* paramount, supreme.
sur[1] [syʀ] *prép* **1** *(espace)* on, onto, upon; *~ la table* on the table; *~ le mur* on (top of) the wall; *un pont ~ la Seine* a bridge across/over the Seine; *tourne ~ ta gauche!* turn to the left! *c'est ~ la droite* it's on/to the right; *bouchon ~ 8 km* traffic jam for 8 km; *cela fait quatre mètres ~*

trois it measures four metres by three; *la voiture a foncé ~ moi* the car came straight towards me; *c'est ~ le journal* it's in the paper; *regarde ~ la liste!* look at the list! *il n'a jamais d'argent ~ lui* he never has any money on him **2** *(temps)* *~ le coup de midi* on the stroke of midday; *je me suis endormi ~ le matin* I fell asleep towards morning; *elle va ~ ses quarante ans* she's getting on for forty; *nous étions ~ le départ* we were (just) about to leave/just leaving; *~ ce/quoi/ces bonnes paroles il s'en alla* whereupon he left; *~ le coup/moment il a mal réagi* at the time he took it badly **3** *(sélection)* *un homme ~ trois* one man in/out of three; *un jour ~ deux* every other day **4** *(loc)* *nous étions les uns ~ les autres* we were one on top of the other; *nous avons eu visite ~ visite* we've had one visitor after another; *je suis ~ une affaire* I'm on to a good thing; *nous jugerons ~ pièces* we'll see when the time comes; *on l'a pris ~ le fait* he was caught red-handed; *j'ai des renseignements ~ lui* I've got information about him; *~ ordre du juge* by order of the magistrate; *ils ont agi ~ ordre* they were acting on orders; *~ l'air de...* to the tune of...
sur[2] [syʀ] *adj* sour.
sûr [syʀ] *adj (f* **sûre)** **1** certain, convinced, sure; *~ de soi* self-assured, self-confident **2** safe; *peu ~* unsafe, insecure; *mettre en lieu ~* *put away in a safe/secure place **3** dependable, reliable; sound; trustworthy; *temps ~* settled weather; *avoir le pied ~* *be sure-footed; *avoir la main ~e* *have a steady hand; *partir de bases ~es* start off on a sound basis; *à coup ~* for certain; *bien ~ (que si)!* of course; *bien ~ que non!* of course not!
surabondance [syʀabɔ̃dɑ̃s] *nf* overabundance ‖ **suralimenté** *adj* overfed ‖ **suranné** *adj* antiquated, outdated ‖ **surcharge** *nf* **1** *(action)* overloading; *il subit une ~ de travail* he's overworked **2** *(résultat)* excess weight; extra load **3** *(prix)* additional charge ‖ **surcharger** *vt (1h)* overload; *(fig)* overburden. ‖ **surchauffer** *vt (1)* overheat ‖ **surchoix** *adj inv nm* top quality ‖ **surclasser** *vt (1)* outclass ‖ **surcompresseur** *nm (Aut)* supercharger ‖ **surconsommation** *nf (Éco)* overconsumption ‖ **surcroît** *nm un ~ de travail* an extra work load; *(loc) de ~* in addition, into the bargain.
surdité [syʀdite] *nf (Méd)* deafness.
sureau [syʀo] *nm (pl* **-x)** *(Bot)* elder (tree).
surélever [syʀɛlve] *vt (1a)* raise; *~ d'un mètre* raise by one metre.
sûrement [syʀmɑ̃] *adv* **1** safely **2** certainly; *~ pas!* certainly not!

surenchère [syrɑ̃ʃɛr] *nf* **1** higher bid; *(fig)* overstatement; one-upmanship; *ils se font de la* ~ they are trying to be one up on the other/to outbid one another ‖ **surenchérir** *vi (2)* raise one's bid; ~ *sur qn* *overbid/*outbid sb ‖ **surestimer** *vt (1) (objet)* overvalue; *(fig)* overestimate.

sûreté [syrte] *nf* **1** safety; *serrure de* ~ safety lock; *mettre qch en* ~ *put something away in a safe place; *pour plus de* ~ to *be on the safe side, to *make doubly sure **2** *(jugement)* soundness; *(Tech)* reliability **3** *(police)* security; *la S*~ *nationale (GB)* CID; *(US)* FBI.

surévaluer [syrevalɥe] *vt (1)* overvalue. ‖ **surexciter** *vt (1)* overexcite. ‖ **surexposer** *vt (1) (Phot)* overexpose.

surface [syrfas] *nf* **1** surface; *la difficulté est tout en* ~ it's a completely superficial difficulty; *faire* ~ surface **2** area; *(Com) grande surface* hypermarket, supermarket.

surfait [syrfɛ] *adj* overrated ‖ **surfin** *adj (Com)* superfine ‖ **surgelé** *adj* deep-/quick-frozen ◆ *nm* ~s deep-/quick-frozen foods.

surgir [syrʒir] *vi (2)* **1** appear suddenly; *(menaçant)* loom **2** *(fig)* *arise, crop up.

surhomme [syrɔm] *nm* superman ‖ **surhumain** *adj* superhuman ‖ **surimposer** *vt (1)* **1** superimpose **2** overtax.

sur-le-champ [syrləʃɑ̃] *adv* immediately, on the spot, there and then.

surlendemain [syrlɑ̃dmɛ̃] *nm le* ~ two days later; *le* ~ *de son départ* two days after his departure.

surmenage [syrmənaʒ] *nm* overwork ‖ **surmener** *vt (1a)* overwork ‖ **se surmener** *vpr* overwork (oneself) ‖ **surmonter** *vt (1)* **1** surmount, top; *surmonté d'une flèche* surmounted/topped by a spire **2** *(vaincre)* *overcome, surmount ‖ **surnager** *vi (1h)* float; *(fig)* linger ‖ **surnaturel** *adj (f-elle)* supernatural ‖ **surnom** *nm* nickname ‖ **surnombre** *nm j'étais en* ~ *!* I was one too many! ‖ **surnommer** *vt (1)* nickname ‖ **surpasser** *vt (1)* surpass ‖ **surnuméraire** *adj nm* supernumerary ‖ **surpeuplé** *adj* overpopulated ‖ **surpeuplement** *nm* overpopulation.

surplis [syrpli] *nm (Rel)* surplice.

surplomb [syrplɔ̃] *nm* overhang; *en* ~ overhanging ‖ **surplomber** *vi* *overhang ‖ **surplus** *nm* surplus ‖ **surpoids** *nm* excess weight ‖ **surpopulation** *nf* overpopulation.

surprendre [syrprɑ̃dr] *vti (45)* **1** astonish, surprise; *(fort)* amaze; *cela surprend toujours!* it always comes as a surprise! *cela ne me surprend pas!* I'm not surprised (at that)! **2** *catch (unawares), *take by surprise **3** *(remarque)* *overhear ‖ **surprenant** *adj* amazing; astonishing, surprising ‖ **surpris** *adj (de)* surprised (at) ‖

surprise *nf* surprise; *à ma grande* ~ much to my surprise; *quelle bonne* ~ *!* what a pleasant surprise!

surproduction [syrprɔdyksjɔ̃] *nf* overproduction.

sursaut [syrso] *nm* jump, start; *se lever en* ~ start up; *se réveiller en* ~ *wake up with a start ‖ **sursauter** *vi (1)* start, jump; *tu m'as fait* ~ *!* you startled me!/gave me a start!

surseoir [syrswar] *vi (21) (Adm Jur)* ~ *(à)* postpone ‖ **sursis** *nm* reprieve; *(Mil)* deferment; *(Jur) il a été condamné à 3 ans avec* ~ he was given a 3-year suspended sentence ‖ **sursitaire** *adj (Mil)* deferred ◆ *nm* deferred conscript.

surtaxe [syrtaks] *nf* surcharge ‖ **surtaxer** *vt (1)* surcharge.

surtout [syrtu] *adv* **1** above all; mainly; *on produit le whisky* ~ *dans le nord de l'Ecosse* whisky is produced mostly in the north of Scotland **2** *(surenchère)* particularly; *on produit le whisky partout dans le nord de l'Ecosse, mais* ~ *dans les îles* whisky is produced everywhere in the north of Scotland, but especially in the islands; ~ *n'oublie pas de poster ma lettre !* don't forget to post my letter, whatever you do! ~ *pas !* certainly not! ~ *que…* especially as/since….

surveillance [syrvejɑ̃s] *nf* supervision; *(police)* surveillance; *(examen)* invigilation ‖ **surveillant** *nm (prison) (brit)* warder, *(amér)* warden; *(examen)* invigilator ‖ **surveiller** *vt (1)* supervise, watch; *(examen)* invigilate; *(enfants)* look after; *(fam)* *keep an eye on; *(péj) il se surveille* he's being cagey/tight-lipped, he's giving nothing away.

survenir [syrvənir] *vi (10)* happen, occur (unexpectedly).

survêtement [syrvɛtmɑ̃] *nm (Sp) (amér)* sweat suit, *(brit)* tracksuit.

survie [syrvi] *nf* survival ‖ **survivance** *nf* survival ‖ **survivant** *adj* surviving ◆ *nm* survivor ‖ **survivre** *vi (51)* survive; *elle a survécu à l'accident* she survived the accident; *elle a survécu à son mari* she outlived her husband.

survol [syrvɔl] *nm le* ~ *de cette région/de ce livre permet de voir…* if you fly over this area/skim through this book you will see… ‖ **survoler** *vt (1)* *fly over; skip through.

survolté [syrvɔlte] *adj* overexcited.

sus [sy] *loc prép en* ~ *de* in addition to.

susceptibilité [syseptibilite] *nf* touchiness ‖ **susceptible** *adj* **1** *(caractère)* touchy **2** *(possibilité) ce texte est* ~ *de deux interprétations* this text can be interpreted/read in two different ways; *il est* ~ *d'être parti* he is liable to be away.

susciter [sysite] *vt (1) (sentiments)* arouse; *(problème)* raise, *give rise to.

suspect [syspε] *adj* suspect, suspicious; *cela m'a l'air ~ !* I don't like the look of it! ◆ *nm inv (Jur)* suspect ‖ **suspecter** *vt (1)* suspect, be suspicious of.

suspendre [syspᾶdʀ] *vt (46)* **1** *hang (up)* **2** adjourn; defer, postpone; *~ qn de ses fonctions* suspend sb ‖ **se suspendre** *vpr (à)* *hang (from)* ‖ **suspendu** *adj (à)* hanging (from); *jardin ~* hanging garden; *pont ~* suspension bridge; *voiture bien ~e* car with a good suspension; *(fig) nous étions ~s à ses lèvres* we listened spellbound.

suspens [syspᾶ] *nm (projet) en ~* in abeyance; *la question reste en ~* the issue is still to be decided.

suspense [syspεns] *nm* suspense.

suspension¹ [syspᾶsjɔ̃] *nf* **1** adjournment; postponement **2** *(Sc)* suspension.

suspension² [syspᾶsjɔ̃] *nf (lustre)* chandelier.

suspicion [syspisjɔ̃] *nf* suspicion.

susurrer [sysyʀe] *vti (1)* murmur, whisper.

suture [sytyʀ] *nf (Méd)* suture; *point de ~* stitch ‖ **suturer** *vt (1)* stitch (up).

svelte [svεlt] *adj* slender, slim.

sybarite [sibaʀit] *nmf (lit)* sybarite.

syllabe [silab] *nf* syllable.

symbole [sɛ̃bɔl] *nm* symbol ‖ **symbolique** *adj* symbolic(al); *(modique)* nominal; *salaire ~* token salary ‖ **symboliser** *vt (1)* symbolize ‖ **symbolisme** *nm* symbolism.

symétrie [simetʀi] *nf* symmetry ‖ **symétrique** *adj* symmetric(al).

sympa [sɛ̃pa] *adj (ab fam dc* **sympathique**)

sympathie [sɛ̃pati] *nf* **1** liking; *se prendre de ~ pour qn* *take a liking to sb* **2** affinity, fellow feeling **3** *(compassion)* sympathy ‖ **sympathique** *adj* **1** friendly;

likeable, nice **2** *(Méd)* sympathetic ‖ **sympathiser** *vi (1)* *make friends; nous avons sympathisé tout de suite* we took to each other/ *(fam)* hit it off immediately; *je ne tiens pas à ~ avec les voisins* I don't feel like hob-nobbing with the neighbours.

symphonie [sɛ̃fɔni] *nf* symphony ‖ **symphonique** *adj* symphonic.

symposium [sɛ̃pozjɔm] *nm* symposium.

symptomatique [sɛ̃ptɔmatik] *adj* symptomatic ‖ **symptôme** *nm* symptom.

synagogue [sinagɔg] *nf* synagogue.

synchroniser [sɛ̃kʀɔnize] *vt (1)* synchronize.

syncope [sɛ̃kɔp] *nf* faint; *(fam)* blackout; *tomber en ~* faint; *(fam)* black out, pass out.

syndic [sɛ̃dik] *nm (immobilier)* agent ‖ **syndical** *adj (mpl* **-aux**) *centrale ~e (amér)* labor/ *(brit)* trade union ‖ **syndicalisme** *nm* trade unionism ‖ **syndicaliste** *nmf* trade/labor unionist, union member ◆ *adj mouvement ~* trade/labor union movement ‖ **syndicat** *nm ~ ouvrier (amér)* labor union, *(brit)* trade union; *~ patronal* federation of employers; *~ de copropriétaires* association of property owners; *~ d'initiative* tourist (information) office ‖ **syndiqué** *nm* union member ‖ **se syndiquer** *vpr (1)* join a union.

syndrome [sɛ̃dʀom] *nm (Méd)* syndrome.

synode [sinɔd] *nm (Rel)* synod.

synonyme [sinɔnim] *adj* synonymous ◆ *nm* synonym.

syntaxe [sɛ̃taks] *nf (Gr)* syntax ‖ **syntaxique** *adj* syntactic.

synthèse [sɛ̃tεz] *nf* synthesis *(pl* **-theses**) ‖ **synthétique** *adj* synthetic ‖ **synthétiser** *vt (1)* synthesize.

syphilis [sifilis] *nf (Méd)* syphilis *(ns inv).*

systématique [sistematik] *adj* systematic ‖ **systématisation** *nf* systematization ‖ **systématiser** *vt (1)* systematize ‖ **système** *nm* system.

T

T, t [te] *nm (lettre)* T, t.

t' [tə] *voir* **te, tu.**

ta [ta] *adj poss (voir* **ton**).

tabac [taba] *nm* **1** tobacco; *(bureau de) ~* tobacconist's (shop); *~ à priser* snuff **2** *(loc) passer qn à ~* *beat sb up; (fam) ça a fait un ~* it was a great hit ‖ **tabasser** *vt (1)* *beat up ‖ **tabatière** *nf* snuffbox.

tabernacle [tabεʀnakl] *nm (Rel)* tabernacle.

table [tabl] *nf* **1** table; *~ basse* coffee table; *~ roulante* (tea) trolley; *~ de nuit* bedside table; *~ à dessin* drawing table; *~ à repasser* ironing board; *~ d'opération* operating table; *service de ~* set of china; *linge de ~* table linen **2** *(loc) dresser/mettre la ~* *lay/*set the table; *(venez) à ~ !* the meal is ready! *se mettre à ~* *sit down to eat; (fam) (avouer)* squeal,

tableau 624

*come clean, *spill the beans ; *sortir de ~* *leave (the) table **3** *(fig)* ~ *ronde* round-table conference/discussion ; *jouer cartes sur ~* *put all your cards on the table ; *mettre qn sur ~ d'écoute* tap sb's telephone **4** ~ *alphabétique* alphabetical index ; ~ *des matières* table of contents ; *faire ~ rase du passé* wipe the slate clean.

tableau [tablo] *nm (pl-*x*)* **1** picture ; *exposition de ~x* exhibition of paintings ; ~ *de maître* old master ; *(aussi fig) peindre un ~* paint a picture **2** *(board)* ~ *d'affichage* notice board ; *(Ens)* ~ *(noir)* (black)board ; ~ *de bord (Aut)* dashboard ; *(Av)* instrument panel ; *(Eco)* key indicator **3** chart ; list ; table ; *(loc) gagner sur les deux ~x* *win on both counts.

tabler [table] *vi (1)* bank, count, rely.

tablette [tablet] *nf* **1** *(chocolat)* bar **2** *(étagère)* shelf.

tablier [tablije] *nm* **1** apron **2** *(ménagère)* *(amér)* housecoat, *(brit)* pinafore **3** *(Ens)* smock **4** *(fig) rendre son ~* hand in one's notice.

tabou [tabu] *nm* taboo.

tabouret [tabuʀɛ] *nm* stool.

tac [tak] *nm* **1** tap **2** *(loc) répondre du ~ au ~* reply tit for tat.

tache [taʃ] *nf* **1** mark **2** *(petite)* spot ; ~ *solaire* sunspot **3** *(peau)* blotch ; ~ *de rousseur* freckle ; ~ *de vin* strawberry mark **4** *(encre)* blot **5** ~ *de lumière/d'ombre* patch of light/shadow **6** *(péj) (aussi fig)* stain ; *réputation sans* ~ stainless/unstained reputation **7** *(loc) faire ~ d'huile* *spread.

tâche [taʃ] *nf* task ; *travail à la* ~ piecework ; *(loc) il est mort à la* ~ he died in harness.

tacher [taʃe] *vt (1)* stain ; *taché de sang* bloodstained ; *tu vas te* ~ *!* you're going to stain your clothes !

tâcher [taʃe] *vi (1)* attempt, try.

tacheté [taʃte] *adj* spotted, speckled.

tacite [tasit] *adj* tacit.

taciturne [tasityʀn] *adj* taciturn.

tacot [tako] *nm (fam) (Aut) (amér)* clunker *(brit)* banger, old crock.

tact [takt] *nm* tact ; *il a du* ~ he is tactful ; *il est sans* ~ he is tactless.

tactile [taktil] *adj* tactile.

tactique [taktik] *adj* tactical ◆ *nf* tactics.

taie [tɛ] *nf* **1** ~ *d'oreiller* pillowslip **2** *(Méd)* leucoma.

taillader [tajade] *vt (1)* gash, slash.

taille[1] [taj] *nf* **1** *(personne)* height ; *de haute/petite* ~ tall/small ; *de* ~ *moyenne* of average/middle height ; *ils ont la même* ~ they are the same height **2** *(personne)* waist ; *tour de* ~ waistline ; *elle a la* ~ *fine* she has a slim waist **3** *(vêtement)* size ; *quelle est votre* ~ *?* what size do you take ?

4 *(fig) il est de* ~ *à se défendre* he is quite capable of looking after himself ; *ce fut une erreur de* ~ it was a gigantic blunder.

taille[2] [taj] *nf* **1** carving ; cutting ; *(Arch) pierre de* ~ freestone **2** *(Hort)* pruning ; trimming ‖ **taille-crayon(s)** *nm* pencil sharpener ‖ **tailler** *vt (1) (pierre)* *cut ; *(bois)* carve ; *(crayon)* sharpen ; *(barbe, haie)* clip ; trim ; *(Hort)* prune ; *il est taillé en athlète* he's got the build of an athlete ; *(fam loc)* ~ *une bavette* *have a chat ; *il s'est taillé un franc succès* he was a great success ‖ **se tailler** *vpr (fam)* clear off/out ‖ **tailleur** *nm* **1** tailor ; *il est assis en* ~ he is sitting cross-legged **2** ~ *de pierre(s)* stone-cutter **3** (woman's) tailored suit.

taillis [taji] *nm* coppice, copse.

tain [tɛ̃] *nm* silvering ; *glace sans* ~ two-way mirror.

taire [tɛʀ] *vt (44)* *say nothing about ; ~ *qch* conceal sth ‖ **se taire** *vpr* *fall silent ; *keep quiet ; *tais-toi !* be quiet ! *(fam)* hold your tongue ! shut up ! *fais-les* ~ *!* stop them making that noise !

talc [talk] *nm* talcum powder.

talent [talɑ̃] *nm* talent ‖ **talentueux** *adj (f -euse)* talented.

taloche [talɔʃ] *nf* clout, cuff (on the ear).

talon [talɔ̃] *nm* **1** *(Anat)* heel ; ~ *d'Achille* Achilles' heel ; *(loc) tourner les ~s* turn on one's heels **2** *(chéquier)* counterfoil, stub ‖ **talonner** *vt (1)* **1** *(suivre)* tail **2** *(rugby)* heel (out) ‖ **talonneur** *nm (rugby)* hooker.

talus [taly] *nm* **1** slope **2** *(rivière)* bank ; *(chemin)* embankment.

tambouille [tɑ̃buj] *nf (fam)* grub, *(brit)* nosh.

tambour [tɑ̃buʀ] *nm* **1** drum ; *sans* ~ *ni trompette* without a fuss ; ~ *battant* briskly **2** *(drummer)* drummer ; ~ *de ville* town crier **3** *(câble)* drum **4** *(Aut)* ~ *de frein* brake drum **5** *(broderie)* hoop ‖ **tambourin** *nm* tambourine ‖ **tambouriner** *vi (1)* drum ; ~ *à la porte* *beat on the door ; ~ *sur la table* drum (one's fingers) on the table.

tamis [tami] *nm (à sable)* riddle ; *(Cuis)* sieve ; sifter ; *(aussi fig) passer au* ~ sift ‖ **tamisé** *adj (lumière)* subdued ‖ **tamiser** *vt (1)* riddle ; sieve, sift

tampon [tɑ̃pɔ̃] *nm* **1** *(évier)* plug, stopper **2** *(Méd)* swab ; wad **3** *(règles)* tampon **4** pad ; ~ *encreur* ink-pad ; ~ *à récurer* scouring pad **5** *de stamp ; ~ *de la poste* postmark **6** *(Rail)* buffer ‖ **tamponner** *vt (1)* **1** dab ; *se* ~ *le front* mop one's brow **2** stamp **3** *(heurter)* collide into ‖ **se tamponner** *vpr (fam) je m'en tamponne !* I couldn't care less ! *(vulg)* I don't give a fuck !

tam-tam [tamtam] *nm* tomtom.

tandem [tɑ̃dɛm] *nm (vélo)* tandem ; *(fig) ils font* ~ they make a team.

targuer

tandis [tɑ̃di] ~ **que** *conj (temporel)* while ; *(contrastif)* whereas, while.

tangage [tɑ̃gaʒ] *nm (Naut)* pitching.

tangent [tɑ̃ʒɑ̃] *adj* tangent ; *cas* ~ borderline case ; *(fam) c'était* ~ it was touch and go.

tangente [tɑ̃ʒɑ̃t] *nf (géométrie)* tangent ; *(fam) prendre la* ~ clear off/out ; *(fig)* *fly off at a tangent.

tangible [tɑ̃ʒibl] *adj* tangible.

tanguer [tɑ̃ge] *vi (1) (Naut)* pitch.

tanière [tanjɛʀ] *nf* den, lair.

tannage [tanaʒ] *nm* tanning ‖ **tanner** *vt (1) (cuir, peau)* tan ; *(punir) je vais te* ~ *le cuir!* I'm going to give you a tanning ; *(fam) cesse de me* ~ *!* stop pestering me! ‖ **tannerie** *nf* tannery ‖ **tanneur** *nm* tanner.

tant [tɑ̃] *adv* 1 ~ *(de) (devant singulier)* such, so much ; *(devant pluriel)* so many ; *il a* ~ *et plus d'argent* he's rolling in money ; *tous* ~ *que vous êtes* the whole lot of you ; ~ *pour cent* so many per cent 2 *(comparaison) j'ai couru* ~ *que j'ai pu* I ran as hard as I could ; *ce n'est pas* ~ *la fatigue que la solitude qui pèse...* it's not so much the fatigue as the loneliness that is hard to bear 3 *(valeur temporelle)* ~ *que* while ; ~ *que je vivrai* as long as I live ; ~ *que tu y es* while you're at it 4 *(loc) je parle en* ~ *que père* I'm talking as a father ; ~ *mieux* so much the better/all to the good ; ~ *pis* too bad ; never mind ~ *bien que mal* so-so ; somehow or other ; ~ *s'en faut* far from it ; *il a fait* ~ *et si bien que...* he contrived things so that... ; ~ *qu'à faire, tu pourrais...* while you are about to you might... ; *si tu es* ~ *soit peu fatigué ne viens pas!* if you are the least bit tired, don't come!

tante [tɑ̃t] *nf* 1 aunt, *(fam)* auntie, aunty 2 *(homosexuel) (fam)* queen.

tantinet [tɑ̃tinɛ] *nm un* ~ a tiny (little) bit.

tantôt [tɑ̃to] *adv* 1 this afternoon ; *(loc) à* ~ *!* see you this afternoon! 2 *elle est gai,* ~ *triste* sometimes she is happy, and at other times sad.

taon [tɑ̃] *nm (Zool)* horsefly.

tapage [tapaʒ] *nm* din, row, uproar ; *(Jur)* ~ *nocturne* breach of the peace ; *(fig) on a fait beaucoup de* ~ *autour de cela* it caused a great stir ‖ **tapageur** *adj (f* **-euse)** *(aspect)* flashy.

tapant [tapɑ̃] *adj à midi* ~ at noon sharp.

tape [tap] *nf* slap ‖ **tape-à-l'œil** *adj inv* flashy, showy ~ *c'est du* ~ it's just for show ‖ **taper** *vt (1)* 1 *beat ; *(enfant)* slap, spank ; *(porte)* bang, slam ; *(lettre)* type 2 *(demander) taper* ~ *qn de cent francs* touch sb for 100 francs ◆ *vi* *hit ; bang ; ~ *à la porte* knock at the door ; ~ *dans le ballon* kick the ball ; ~ *à la ma-*

chine type ; ~ *du poing sur la table* thump on the table with one's fist ; *(fig)* *show who is boss 3 *(loc)* ~ *des mains* clap one's hands ; ~ *des pieds* stamp one's feet ; *se faire* ~ *sur les doigts* be rapped over the knuckles ; *il me tape sur les nerfs* he gets on my nerves ; *elle lui a tapé dans l'œil* she took his eye ; *tu as tapé dans le mille* you've hit the bull's eye ; *tu as tapé à côté !* you've gone wide of the mark! *ils ont tapé dans le tas* they launched an indiscriminate attack on the crowd ; *(fam) je me suis tapé tout le travail* I had all the work to do ; *c'est à se* ~ *la tête contre le mur* it's enough to drive you round the bend ; *(argot) se* ~ *la cloche* have a good tuck-in ‖ **tapeur** *nm (f* **-euse)** cadger.

tapinois [tapinwa] *en* ~ *(loc)* stealthily.

tapir [tapiʀ] *se* ~ *vpr (2)* crouch down.

tapis [tapi] *nm* carpet ; *(cheminée)* hearth rug ; *(couloir)* runner ; *(porte)* doormat ; ~ *roulant (bagages)* conveyor belt ; *(piétons)* travelator ; ~ *vert* gaming table ; *(fig) mettre qch sur le* ~ *bring sth up for discussion ; *envoyer qn au* ~ floor sb ‖ **tapisser** *vt (1) (papier peint)* (wall)paper ; *(fig) sol tapissé de neige* ground carpeted with snow ; *mur tapissé d'affiches* wall covered with posters ‖ **tapisserie** *nf* tapestry ; *(papier)* wallpaper ‖ **tapissier** *nm (f* **-lère)** 1 interior decorator 2 upholsterer.

tapoter [tapɔte] *vt (1)* pat.

taquin [takɛ̃] *adj* teasing ‖ **taquiner** *vt (1)* tease ‖ **taquinerie** *nf* teasing *(ns inv)*.

tarabiscoté [taʀabiskɔte] *adj* fussy, overornate.

tarabuster [taʀabyste] *vt (1)* bother, pester.

taratata [taʀatata] *excl* ~ *!* nonsense! rubbish!

tard [taʀ] *adj* late ; *il se fait* ~ it's getting late ◆ *adv* late ; *lundi au plus* ~ Monday at the latest ; *pas plus* ~ *qu'hier* only yesterday ; *tôt ou* ~ sooner or later ; *(loc) mieux vaut* ~ *que jamais* better late than never ◆ *nm sur le* ~ late in life ‖ **tarder** *vi (1)* delay, *put off ; ~ *en chemin* loiter on the way ; *l'été tarde à venir* summer is a long time coming ; *elle est venue sans* ~ she came straight away ; *cela ne va pas* ~ *!* it won't be long now! ◆ *v impers il me tarde de vous revoir* I'm looking forward to seeing you again/longing to see you again ; *il me tarde de partir* I can't wait to be off ‖ **tardif** *adj (f* **-ive)** late ; *(péj)* belated ‖ **tardivement** *adv* late ; belatedly.

tare [taʀ] *nf (poids)* tare ; *(défaut)* blemish, defect ‖ **taré** *adj (Méd)* degenerate ; *(fam)* half-witted ◆ *nm* half-wit.

targette [taʀʒɛt] *nf (fermeture)* bolt.

targuer [taʀge] *se* ~ *vpr (1) (de)* boast (about) ; pride oneself (on).

tarif [taʀif] *nm* 1 (*Com*) price-list 2 (*services*) charge, rate 2 (*voyages*) fare ; *billet à demi-~/à plein ~* half-fare/full-fare ticket ‖ **tarifaire** *adj* (*Jur*) *dispositions ~s* tariff regulations ‖ **tarifer** *vt* (1h) fix the price for.

tarir [taʀiʀ] *vti* (2) (*source*) **se ~** *vpr* dry up.

tartare [taʀtaʀ] *adj* ◆ *nm* (*Hist*) Tartar.

tarte [taʀt] *nf* 1 (*Cuis*) tart ; (*fam, fig*) *ce n'est pas de la ~ !* it's no picnic! 2 (*gifle*) slap on the face ◆ *adj inv* (*fam*) dim, wet ‖ **tartelette** *nf* tartlet.

tartine [taʀtin] *nf une ~ (beurrée)* a slice of bread (and butter) ‖ **tartiner** *vt* (1) (*de*) *spread (with).

tartre [taʀtʀ] *nm* (*dents*) tartar ; (*bouilloire*) fur.

tas [ta] *nm* heap, pile ; (*fam*) *un ~ de choses* heaps/lots of things ; *un ~ de gens* crowds of people ; *un ~ d'argent* piles of money ; *un ~ de mensonges* a pack of lies ; *former qn sur le ~* train sb on the job.

tasse [tas] *nf* cup ; *~ à thé* teacup ; *boire dans une ~* *drink out of a cup ; (*en nageant*) *boire la ~* swallow water.

tassement [tasmã] *nm* compressing ; settling ; sinking ‖ **tasser** *vt* (1) cram ; compress ; pack ‖ **se tasser** *vpr* 1 (*se serrer*) cram in ; crowd in ; huddle together ; squeeze up 2 (*terrain*) settle ; *sink ; (*vieillard*) *shrink 3 (*fig*) *ça va se ~* things will settle down.

tata [tata] *nf* (*fam*) auntie, aunty.

tâter [tate] *vt* (1) *feel ; (*fig*) *~ le terrain* try to see the lie of the land ‖ **se tâter** *vpr* (*fig*) *be in two minds, hesitate ‖ **tâtillon** *adj* (*f* -**onne**) finicky, niggling, pernickety ; (*fam*) nit-picking ‖ **tâtonnement** *nm procéder par ~s* proceed by trial and error ‖ **tâtonner** *vi* (1) grope tentatively ; (*aussi fig*) *feel one's way. ‖ **à tâtons** *loc adv chercher la lumière à ~* *feel/grope for the light.

tatouage [tatwaʒ] *nm* (*procédé*) tattooing ; (*résultat*) tattoo ‖ **tatouer** *vt* (1) tattoo.

taudis [todi] *nf* hovel ; slum.

taule [tol] *nf* (*fam*) clink, jug, (*brit*) nick ; *il a fait de la ~* he's done/served time.

taupe [top] *nf* 1 (*Zool*) mole 2 spy ‖ **taupinière** *nf* molehill.

taureau [tɔʀo] *nm* (*pl* -**x**) bull ; (*zodiaque*) *le T~* Taurus ; (*fig loc*) *prendre le ~ par les cornes* *take the bull by the horns ‖ **tauromachie** *nf* bull-fighting.

taux [to] *nm* (*pl inv*) rate ; level.

taverne [tavɛʀn] *nf* inn, tavern.

taxation [taksɑsjɔ̃] *nf* taxation ‖ **taxe** *nf* tax ; (*douane*) duty ‖ **taxer** *vt* (1) 1 (*limi-*

ter) regulate the price of 2 (*imposer*) tax 3 (*de*) accuse (of) ; (*lit*) tax (with).

taxi [taksi] *nm* taxi(-cab), cab ; (*fam*) *il fait le ~* he drives a taxi, he is a taxi-driver/ a cabby.

taxiphone [taksifɔn] *nm* pay phone.

te [tə] *pr pers* (*devant voyelle* **t'**) you ; yourself.

technicien [tɛknisjɛ̃] *nm* (*f* -**ienne**) technician ‖ **technicité** *nf* technicality ‖ **technique** *nf* technique ‖ **technocrate** *nmf* technocrat ‖ **technocratie** *nf* technocracy ‖ **technologie** *nf* technology ; (*fam*) know-how ‖ **technologique** *nf* technological.

teck [tɛk] *nm* (*bois*) teak.

teckel [tekɛl] *nm* (*chien*) dachshund.

teigne [tɛɲ] *nf* (*Méd*) ringworm ; (*fig*) pest ‖ **teigneux** *adj* (*f* -**euse**) (*fig*) venomous.

teindre [tɛ̃dʀ] *vt* (35) dye ; *elle se teint les cheveux* she dyes her hair.

teint [tɛ̃] *nm* complexion ‖ **teinte** *nf* colour ; shade, tint ‖ **teinter** *vt* (1) tint ; (*bois*) stain ; (*fig*) tinge ‖ **teinture** *nf* dye ; (*Méd*) *~ d'iode* tincture of iodine ; (*fig*) *une petite ~ d'anglais* a smattering of English ‖ **teinturerie** *nf* (*pressing*) (dry) cleaner's ‖ **teinturier** *nm* (*f* -**ière**) (dry) cleaner.

tel [tɛl] *adj* (*f* **telle**) such ; *un ~ homme/ une telle femme* such a man/a woman ; *une telle insolence* such insolence ; *~ père, ~ fils* like father, like son ; *il a parlé de ~ pays où...* he spoke of a certain country where... ; *il voulait venir ~ jour* he wanted to come on such-and-such a day ; *un homme ~ que lui* a man like him ; *des hommes de science ~s que...* scientists like/such as... ; *je n'ai rien dit de ~ !* I said nothing of the sort! *je n'ai jamais rien vu de ~ !* I've never seen anything like it! *il n'y a rien de ~ que la marche pour se tenir en forme* there's nothing like walking for keeping fit ; *je le respecte comme ~/en tant que ~* I respect him as such ; *ils ont tout laissé ~ quel* they left everything as they found it ; *peu m'importe que ~ ou ~ candidat soit élu* I don't care which candidate is elected ◆ (*loc*) *à ~ point* to such an extent ; *de telle sorte que...* so that ; *à telle enseigne que...* so much so that... ; *voir les choses telles qu'elles sont* look facts in the face ◆ *pr* *~ n'est pas mon avis* that is not my view(point) ; *un tel* so-and-so, what's-his-name.

télé [tele] *nf* (*fam*) TV ; *à la ~* on TV, (*brit*) on the telly ‖ **télécommande** *nf* remote control ‖ **télécommander** *vt* (1) operate by remote control ‖ **télécommunications** *nfpl inv* telecommunications ‖ **téléférique** *nm* cable-car ‖ **téléfilm** *nm* teleplay ‖ **télégramme** *nm* telegram, (*fam*) wire ‖ **télégraphier** *vi* (1h) telegraph, (*fam*) wire ‖ **télégraphique** *adj* telegraphic ‖ **télégraphiste** *nm* telegraphist ; *(messager)* telegram boy ‖ **téléguidage** *nm* remote control ‖ **téléguider** *vt* (1) radio-control ; *missile téléguidé* guided missile ‖ **téléobjectif** *nm* (Phot) telephoto lens ‖ **télépathie** *nf* telepathy ‖ **téléphone** *nm* telephone ; *passer un coup de* ~ *make a telephone call ; (Pol)* ~ *rouge* hot line ; *(loc)* ~ *arabe* bush telegraph, grapevine ‖ **téléphoner** *vi* (1) (tele)phone ; *je vais lui* ~ I'm going to call/phone/ring her (up) ‖ **téléphonique** *adj entretien* ~ telephone conversation ‖ **téléphoniste** *nmf* (exchange) operator ‖ **téléprompteur** *nm* autocue ‖ **télescope** *nm* telescope ‖ **télescoper** *vi se* ~ *vpr (accident)* concertina, telescope ‖ **télescopique** *adj* telescopic ‖ **téléscripteur** *nm* teleprinter ‖ **télésiège** *nm* chair/ski lift ‖ **téléski** *nm* ski tow ‖ **téléspectateur** *nm (f* **-trice**) (television/TV) viewer ‖ **télétype** *nm* teleprinter ‖ **téléviser** *vt* (1) televise ; *journal télévisé* television news ‖ **téléviseur** *nm* television (set) ‖ **télévision** *nf* television ; *à la* ~ on television ‖ **télex** *nm* telex.

tellement [tɛlmɑ̃] *adv* so (much) ; *il est* ~ *gentil* he's so nice ; *il nous a* ~ *aidés* he helped us so much ; *il y a passé* ~ *de temps/d'heures* he spent so much time/so many hours on that.

tellurique [telyʀik] *adj secousse* ~ earth tremor.

téméraire [temeʀɛʀ] *adj* bold, rash, reckless ‖ **témérité** *nf* boldness, rashness, recklessness.

témoignage [temwaɲaʒ] *nm* **1** *(Jur)* evidence, testimony ; *porter un faux* ~ *give false evidence* **2** *(récit)* account **3** proof ; *en* ~ *de ma reconnaissance* as a mark/token of my gratitude ‖ **témoigner** *vti* (1) **1** *(Jur)* testify, *give evidence* **2** demonstrate, prove, *show ;* ~ *une aversion pour la politique* *show an aversion for politics ; ceci témoigne de sa bonne foi* this bears witness to his good faith ‖ **témoin** *nm inv* **1** witness ; *il a été* ~ *de l'accident* he witnessed the accident ; ~ *oculaire* eye-witness ; *il m'a pris à* ~ *que...* he called me to witness that... ; *(mariage)* witness ; *(Jur)* ~ *à charge/à décharge* witness for the prosecution/the defence **2** *(course relai)* baton **3** *(duel)* second ◆ *adj (échantillonnage) animaux* ~*s* control animals ; *appartement* ~ show-flat.

tempe [tɑ̃p] *nf* (Anat) temple.

tempérament [tɑ̃peʀamɑ̃] *nm* **1** *(physique)* constitution ; *paresseux par* ~ born/constitutionally lazy **2** *(caractère)* temperament **3** *(Com) acheter à* ~ *buy on credit.

tempérance [tɑ̃peʀɑ̃s] *nf* moderation, temperance ‖ **température** *nf* temperature ; *avoir de la* ~ *have/*run a (high)

temperature ‖ **tempérer** *vt* (1c) temper ‖ **tempéré** *adj* temperate.

tempête [tɑ̃pɛt] *nf* storm ; ~ *de neige* blizzard, snowstorm ; *le vent souffle en* ~ it's blowing a gale/hurricane ; *(fig) il y eut une* ~ *d'applaudissements* there was a storm of applause ; *c'est une* ~ *dans un verre d'eau* it's a storm in a teacup ‖ **tempétueux** *adj (f* **-euse**) *(aussi fig)* stormy ‖ **tempêter** *vi* (1) rage, storm.

temple [tɑ̃pl] *nm* (Hist) temple ; *(protestant)* church.

temporaire [tɑ̃pɔʀɛʀ] *adj* temporary ‖ **temporel** *adj (f* **-elle**) temporal ‖ **temporiser** *vi* (1) temporize, play for time.

temps[1] [tɑ̃] *nm* **1** time ; *être employé à* ~ *plein/partiel* work full-time/part-time ; *on n'a plus le* ~ *de parler* we have no time left to speak ; *il est (grand)* ~ *que je parte* it's (high) time for me to go/that I went ; *il n'y a pas de* ~ *à perdre* there's no time to lose/be lost ; *tu as tout le* ~ ! you've all the time in the world! *tu avais tout le* ~ *voulu* you had plenty of time ; *tu en a mis du* ~ ! you've been/taken ages! *ne perds pas ton* ~ ! don't waste your time! *rattraper le* ~ *perdu* *make up for lost time ; peu de* ~ *après* a short time/while later ; *dans peu de* ~ shortly, in a short time/while ; *depuis quelque* ~ *il m'évite* he has been avoiding me for some time (now) ; *en même* ~ at the same time ; *la plupart du* ~ mostly, most of the time ; *de* ~ *à autre/de* ~ *en* ~ from time to time ; *arriver à* ~ arrive in time ; *en* ~ *utile/voulu* in due course ; *marquer un* ~ *d'arrêt* mark a pause ; *il y a eu un* ~ *mort* there was a lull ; *il était/serait* ~ ! it's about time! *j'écris à mes* ~ *perdus* I write in my spare time ; *cela fait passer le* ~ it passes the time **2** *(période) en* ~ *de paix* in peacetime ; *les premiers* ~ at first ; *ces derniers* ~ lately ; *le* ~ *où* the time when ; *dans un premier* ~ as a first stage ; *en* ~ *normal* normally ; *entre* ~ meanwhile ; *dans mon jeune* ~ in my youth ; *de notre* ~ in our (young) days ; *cela n'a qu'un* ~ it's soon over ; *dans le* ~ at one time, in the old days ; *en ce* ~*-là* at that time, in those days ; *au bon vieux* ~ in the good old days ; *par les* ~ *qui courent* nowadays, these days ; *il faut être de son* ~ you've got to move with the times ; *chaque chose en son* ~ everything in its turn ; *ce manteau a fait son* ~ this coat has seen better days **3** *(Mus)* beat ; *(fig) en deux* ~, *trois mouvements* in (next to) no time **4** *(Gr)* tense **5** *(Tech) moteur à 4* ~ 4-stroke engine.

temps[2] [tɑ̃] *nm* weather ; *il fait beau* ~ the weather is fine ; *le* ~ *s'est mis au beau* the weather has turned out fine ; *le* ~ *est lourd* the weather is close ; *(fam) il fait un*

~ de chien the weather is lousy/rotten; **par tous les ~** in all weathers.

tenable [tənabl] *adj* bearable; *ce n'est pas ~ !* it's unbearable!

tenace [tənas] *adj* stubborn, tenacious ‖ **ténacité** *nf* stubbornness, tenacity.

tenailles [tənaj] *nfpl inv* (a pair of) pincers *(npl inv)* ‖ **tenailler** *vt* (1) torment, torture.

tenancier [tənɑ̃sje] *nm* (bar) manager, proprietor ‖ **tenancière** *nf* **1** (bar) manageress **2** brothel-keeper, madam.

tenant [tənɑ̃] *adj (loc)* **séance ~e** right away ◆ *nm* **1** *(Sp)* **~ du titre** holder of the title **2** *(idée)* defender, supporter **3** *les ~s et les aboutissants de l'affaire* the ins and outs of the question **4** *(terrain) d'un seul ~* all in one piece.

tendance [tɑ̃dɑ̃s] *nf (Psy)* tendency, inclination; *j'ai ~ à me méfier* I tend to be suspicious; *(Pol)* leanings *(npl inv)* ; *(Eco)* trend ‖ **tendancieux** *adj (f -leuse)* tendentious.

tendon [tɑ̃dɔ̃] *nm (Anat)* tendon; *~ d'Achille* Achilles' tendon.

tendre[1] [tɑ̃dʀ] *vt* (46) **1** *(serrer)* tighten; *(étirer)* stretch; *(muscles)* tense **2** *(poser)* place; *~ un rideau* *hang a curtain; *~ une bâche* stretch a tarpaulin **3** *(loc) ~ le bras* stretch (out) one's arm; *~ le cou* crane one's neck; *~ la joue* offer one's cheek; *~ la main* *hold out one's hand; *~ le manteau à qn* hand sb his/her coat; *~ l'oreille* prick (up) one's ears; *~ un piège* *set a trap ◆ *vi* tend; *cela tend à se répandre* it tends/has a tendency to spread ‖ **se tendre** *vpr* tighten; *(situation)* *become strained.

tendre[2] [tɑ̃dʀ] *adj* **1** *(viande)* tender; *(couleur, matériaux)* soft; *(fragile)* tender; *depuis sa ~ enfance* from early childhood **2** *(sentiments)* affectionate, loving, tender; *elle n'était pas ~ avec lui* she was rather hard on him ‖ **tendrement** *adv* tenderly ‖ **tendresse** *nf* tenderness ‖ **tendu** *adj (corde)* tight; *(muscles)* tensed; *(personne)* tense; *(situation)* strained; *murs ~s de soie* walls hung with silk; *accueillir les bras ~s* welcome with outstretched arms; *il s'avança, la main ~e* he came forward with his hand held out.

ténèbres [tenɛbʀ] *nfpl inv* darkness; gloom ‖ **ténébreux** *adj (f -euse)* **1** dark; gloomy **2** mysterious, sinister.

teneur [tənœʀ] *nf* content.

tenir [təniʀ] *vt* (10) **1** *hold; tiens ceci un instant!* hold this for a second! *tiens-le serré!* hold it tight! *cette écharpe te tiendra chaud* this scarf will keep you warm **2** *(loc) ~ sa droite* *keep to the right; *~ un commerce* *run a business; *~ un colloque* *hold a symposium; *~ une promesse* *keep a promise; *~ des propos injurieux* make offensive remarks; *~ de grands discours* *hold forth at great length; *cela tient beaucup de place* it takes up a lot of room; *je le tiens pour probable* I consider it likely; *je le tiens pour un scélérat* I regard him as a scoundrel; *cette voiture tient bien la route* this car holds the road well; *il tient son charme de sa mère* he gets his charm from his mother; *tenez-vous-le pour dit!* take that as final! **3** *excl tenez! /tiens!* look! *(étonnement) tiens! (tiens!)* really! well, well! ◆ *vi* *hold; *il ne tient pas en place* he can't keep still; *je ne tiens plus sur mes jambes* I'm ready to drop; *(fam) ça ne tient pas debout!* that doesn't make sense! *tiens bon!* hold on/tight! *(fig)* stand fast! don't give in! *je n'y tiens plus* I can't stand it any longer; *le temps ne tiendra pas* the weather won't hold; *est-ce que notre réunion tient toujours?* is our meeting still on? *il tient beaucoup à te rencontrer* he is very anxious/keen to meet you; *j'y tiens* I insist; *cela tient à quoi?* what does that depend on? *il ne tient qu'à toi de le décider* it's up to you to decide; *qu'à cela ne tienne!* never mind! *cela tient du miracle* it's miraculous; *elle a de qui ~* it runs in the family ‖ **se tenir** *vpr* *hold; *il se tient le bras* he's holding his arm; *tiens-toi à la balustrade!* hold on to the rail! *tiens-toi droit/tranquille!* stand straight/still! *tiens-toi bien!* behave (yourself)! *la réunion se tiendra à...* the meeting will be held at...; *tout cela se tient* it all hangs/holds together; *elle ne se tenait plus de joie* she couldn't contain her joy; *je voudrais savoir à quoi m'en ~* I would like to know where I stand; *je m'en tiens à ce qui a été dit* I stand by what was said; *je ne me tiens pas pour battu* I'm not beaten yet!

tennis [tenis] *nm* **1** *(Sp)* tennis; *~ sur gazon* lawn tennis; *~ de table* table tennis; *jouer au ~* play tennis **2** tennis court **3** *des ~* tennis shoes/ *(amér)* sneakers ‖ **tennisman** *nm (pl -men)* tennis player.

ténor [tenɔʀ] *nm (Mus)* tenor; *(fig)* star performer.

tension [tɑ̃sjɔ̃] *nf* **1** tension; *(Méd) ~ artérielle* blood pressure; *avoir de la ~* *have (high) blood pressure; *~ nerveuse* nervous tension; *être sous ~* *be under strain/stress **2** *(El)* voltage; *haute ~* high tension; *sous ~* live.

tentacule [tɑ̃takyl] *nf* tentacle.

tentant [tɑ̃tɑ̃] *adj* tempting ‖ **tentation** *nf* temptation ‖ **tentative** *nf* attempt ‖ **tenter** *vt* (1) **1** tempt; *se laisser ~* yield to temptation **2** attempt, try; *~ sa chance* try one's luck; *(fam) ~ le coup* *have a go ‖ **tentateur** *nm* tempter ‖ **tentatrice** *nf* temptress.

tente [tɑ̃t] *nf* tent; *monter une ~* pitch

a tent; *coucher sous la* ~ *sleep in a tent/ *(brit)* under canvas.

tenture [tɑtyʀ] *nf* hanging; curtain, *(amér)* drape.

tenu [təny] *pp* de *tenir* ◆ *adj* bien ~ tidy, well-kept; *mal* ~ untidy, ill-kept; *je suis* ~ *d'informer mes supérieurs* I am obliged to inform my superiors; *je suis* ~ *par le secret professionnel* I am bound by professional etiquette.

ténu [teny] *adj* fine, slender; *(argument)* tenuous.

tenue [təny] *nf* **1** *(magasin, maison)* managing, running; *(Com) la* ~ *d'un livre de comptes* book-keeping **2** appearance; dress; ~ *de soirée* evening dress **3** behaviour; posture **4** *(Aut)* ~ *de route* road holding.

térébentine [teʀebɑ̃tin] *nf* turpentine.

tergal® [teʀgal] *nm* terylene®.

tergiversations [teʀʒivɛʀsasjɔ̃] *nfpl inv* shilly-shallying *(ns inv)* ‖ **tergiverser** *vi* *(1)* shilly-shally.

terme[1] [tɛʀm] *nm* **1** term; *en d'autres* ~*s* in other words; *il me l'a dit en* ~*s propres* he told me in so many words; *... et le* ~ *est faible !* ... and that's putting it mildly! **2** *(pl)* *être en bons* ~*s avec qn* *be on friendly/good terms with sb.

terme[2] [tɛʀm] *nm* **1** limit; *enfant né avant* ~ premature baby; *au* ~ *de sa vie* towards the end of his life; *mener qch à son* ~ *see sth through; *mettre un* ~ *à qch* *put an end to sth; *fixer un* ~ *set a deadline/limit; *projet à court/long* ~ short-/long-term plan; *(Fin) marché à* ~ forward/futures market **2** *(loyer) payer son* ~ *pay one's rent.

terminaison [tɛʀminɛzɔ̃] *nf* *(Gr)* ending ‖ **terminal** *adj* *(mpl* **-aux)** final; *(Méd)* terminal; *(Ens) classe* ~*e* *(brit)* Upper Sixth, *(amér)* 12th grade ◆ *nm* *(Inf)* terminal ‖ **terminer** *vti* *(1)* close, end, finish; *bring to a close; *(discours)* conclude; *j'en ai terminé* that is all I have to say; *j'en ai terminé avec vous* I have finished with you ‖ **se terminer** *vpr* (*come to) an end.

terminologie [tɛʀminɔlɔʒi] *nf* terminology.

terminus [tɛʀminys] *nm* *(Rail)* terminus; *(Av)* terminal.

termite [tɛʀmit] *nm* *(Zool)* termite, white ant ‖ **termitière** *nf* ant-hill.

terne [tɛʀn] *adj* colourless, dull, lacklustre, lifeless; *vie* ~ drab life ‖ **ternir** *vt* *(2)* *se* ~ *vpr* dim, dull; *(métal)* *(aussi fig)* tarnish.

terrain [tɛʀɛ̃] *nm* **1** *(étendue)* ground; *en* ~ *accidenté/plat* on hilly/flat ground; *glissement de* ~ landslide; *véhicule tout* ~ 4-wheel-drive vehicle **2** *(Mil, fig)* ground; *gagner/perdre du* ~ gain/*lose ground; *nous sommes sur notre* ~ we are on home ground/turf; *trouver un* ~ *d'entente* *find some common ground; *ils se comportent comme en* ~ *conquis* they behave as if the place belonged to them **3** *(superficie)* *(piece of) (Hort) ground; (Ag) land;* ~ *d'atterrissage* landing strip; ~ *d'aviation* airfield; ~ *de camping* camp site; ~ *à bâtir* building lot; ~ *vague* (piece of) waste land **4** *(Sp)* ~ *de sport* sports ground; *(basket, tennis)* court; *(golf)* course, links *(npl inv)*; *(cricket)* field, ground; *(football, rugby)* field, pitch; *(fig)* *on joue sur un* ~ *glissant* we're on slippery ground.

terrasse [teʀas] *nf* terrace; *toit en* ~ flat/ terrace roof; *cultures en* ~ terraced fields ‖ **terrassement** *nm* excavation ‖ **terrasser** *vt* *(1)* **1** excavate **2** *(fig)* crush, overwhelm; *(fam)* floor ‖ **terrassier** *nm* *(brit)* navvy, *(amér)* laborer.

terre [tɛʀ] *nf* **1** *(planète) la* ~ the earth; *tremblement de* ~ earthquake **2** *(matière)* *(Ag, Hort)* earth, soil; ~ *grasse* rich soil; *(poterie)* clay; ~ *de bruyère* heath-peat; ~ *cuite* terracotta; ~ *glaise* clay; ~ *battue* *(tennis)* clay; *(sol)* mud; *assis par* ~ sitting on the floor/ground; *(fig) ça fiche tout par* ~ *(fam)* that messes/screws everything up; *sous* ~ underground **3** *(superficie)* (piece of) *(Hort)* ground/*(Ag)* land; *lopin de* ~ small plot of ground/ land; *il possède des* ~*s* he has an estate; ~*s vierges* virgin land **4** *(Naut)* land; *sur la* ~ *ferme* on dry land; *descendre à* ~ *go ashore; *à l'intérieur des* ~*s* inland **5** *(El)* earth **6** *(territoire) la T*~ *de Feu* Tierra del Fuego; *la T*~ *Sainte* the Holy Land; *T*~*-Neuve* Newfoundland **7** *(loc)* *il a les pieds sur* ~ he has both feet on the ground; *courir ventre à* ~ *run like the wind ‖ **terreau** *nm* *(pl* **-x)** compost, leaf mould ‖ **terre-à-terre** *adj inv* down-to-earth, matter-of-fact ‖ **terre-plein** *nm* platform, terrace; *(aire de stationnement)* layby ‖ **se terrer** *vpr* *(chasse)* *go to earth; *(fig)* *go into hiding ‖ **terrestre** *adj* *(vie)* earthly, terrestrial; *l'écorce* ~ the earth's crust; *transports* ~*s* (overland)land transport.

terreur [tɛʀœʀ] *nf* terror.

terreux [tɛʀø] *adj* *(f* **-euse)** *(chaussures)* muddy; *(teint)* sallow.

terrible [tɛʀibl] *adj* terrible; awful, dreadful; *(fam)* terrific, tremendous; *le film n'est pas* ~ the film is nothing special.

terrien [tɛʀjɛ̃] *adj* *(f* **-ienne)** *(propriétaire)* landed ◆ *nm* Earthman.

terrier [tɛʀje] *nm* *(chien)* terrier; *(de lapin)* burrow.

terrifiant [tɛʀifjɑ̃] *adj* terrifying ‖ **terrifier** *vt* *(1h)* terrify.

terril [tɛʀil] *nm* *(mine)* slagheap.

terrine [teʀin] *nf* **1** *(contenant)* terrine **2** *(contenu)* pâté.

territoire [teʀitwaʀ] *nm* territory ‖ **territorial** *adj (mpl* **-iaux***)* territorial ‖ **terroir** *nm (Ag)* soil ; *accent du ~* local/country accent.

terroriser [teʀɔʀize] *vt* (1) terrorize ‖ **terrorisme** *nm* terrorism ‖ **terroriste** *nmf* terrorist.

tertiaire [teʀsjεʀ] *adj* **1** *(Eco, Géol)* tertiary **2** *(Eco) secteur ~* service sector.

tertre [teʀtʀ] *nm* hillock, mound.

tes [te] *adj poss (voir* **ton***).*

tesson [tesɔ̃] *nm ~ de bouteille* piece of broken bottle.

test [test] *nm* test.

testament [testamɑ̃] *nm (Jur)* (last) will (and testament) ‖ *(Rel) l'Ancien/Nouveau ~* the Old/New Testament.

tester [teste] *vt* (1) test.

testicule [testikyl] *nm (Anat)* testicle.

tétanos [tetanos] *nm (Méd)* tetanus *(ns inv).*

têtard [tetaʀ] *nm (Zool)* tadpole.

tête [tεt] *nf* **1** *(Anat)* head ; *se laver la ~* wash one's hair ; *~ nue* bareheaded ; *de la ~ aux pieds* from head to foot ; *j'ai mal à la ~* I have a headache ; *courir ~ baissée* rush headlong ; *il a une bonne ~* he looks nice ; *il fait une drôle de ~* he doesn't look pleased ; *il a une ~ d'enterrement* he's pulling a long face ; *faire un signe de ~* nod ; *il est sorti la ~ basse/haute* he went out hanging his head/holding his head high **2** *(fig) il fait la ~* he is sulking ; *70 francs par ~* 70 francs a head/per person ; *elle est à la ~ de cette société* she heads that company ; *elle est en ~* she is in the lead ; *en ~ de liste/page* at the top of the list/page ; *j'en donnerais ma ~ à couper* I would stake my life on it ; *il risque sa ~* he risks his neck **3** *mind* ; *c'est une forte ~* he's a (born) rebel ; *il n'en fait qu'à sa ~* he won't listen to anybody ; *c'est une ~ brûlée* he's a hothead ; *c'est une femme de ~* she's got a head (on her) ; *elle a la ~ sur les épaules* she's level-headed ; *elle lui a tenu ~* she stood up to him ; *où ai-je la ~ ?* what am I thinking of ? *je me casse/creuse la ~* I'm racking my brains ; *j'ai la ~ ailleurs* my mind is elsewhere ; *je ne sais où donner de la ~* I don't know which way to turn ; *j'en ai par-dessus la ~* I'm fed up (to the back teeth) (with that) ; *j'y réfléchirai à ~ reposée* I'll think about that when I've got more time ; *mets-toi ça dans la ~ !* get that into your head ! *il s'est mis dans la ~ d'être chanteur* he has taken it into his head to become a singer **4** *(loc) missile à ~ chercheuse* homing missile ; *~ nucléaire* nuclear warhead ; *~ de pont* beachhead ; bridgehead ; *~ de chapitre*

chapter heading ; *~ d'épingle* pin-head ; *c'est une ~ de lard* he's a pigheaded creature/devil ; *c'est une ~ de linotte* she's hare-brained/a scatterbrain ; *(tennis) ~ de série* seeded player ; *(fig) ~ de Turc* whipping boy ‖ **tête-à-queue** *nm (pl inv) (Aut) faire un ~* *go into a spin ‖ **tête-à-tête** *nm (pl inv)* tête-à-tête ; *en ~* in private ‖ **tête-bêche** *adv (loc) coucher ~* *lie head to foot.

tétée [tete] *nf (bébé) l'heure de la ~* feeding time ‖ **téter** *vti* suck ; *donner à ~ au bébé* *feed the baby ‖ **tétine** *nf (humain)* nipple ; *(animal)* teat ; *(sucette) (brit)* dummy, *(amér)* pacifier.

têtu [tety] *adj* headstrong, obstinate, pigheaded, stubborn.

texte [tεkst] *nm* text.

textile [tεkstil] *nm* textile ; *dans le ~* in the textile industries.

textuel [tεkstɥεl] *adj (f* **-elle***)* exact ; literal.

texture [tεkstyʀ] *nf* texture.

thé [te] *nm* **1** tea ; *si on prenait le ~ ?* what about having (some) tea ? *je prendrais bien un ~* I could do with a cup of tea **2** tea-party.

théâtral [teatʀal] *adj (mpl* **-aux***)* theatrical ‖ **théâtre** *nm* **1** *(lieu)* theatre **2** *(Lit)* drama, theatre ; *pièce de ~* play ; *le ~ classique* classical drama, the classical theatre ; *le ~ de boulevard* light comedy ; *~ d'amateurs* amateur dramatics/theatricals ; *il veut faire du ~* he wants to go on the stage ; *il fait du ~* he is an actor ; *accessoires de ~* stage props.

théière [tejεʀ] *nf* teapot.

thème [tεm] *nm* **1** theme **2** *(Ens)* translation (into the foreign language) ; *c'est un fort en ~* he's a star pupil.

théocratie [teokʀasi] *nf* theocracy ‖ **théologie** *nf* theology ; *docteur en ~* doctor of divinity ‖ **théologien** *nm (f* **-ienne***)* theologian ‖ **théologique** *adj* theological.

théorème [teoʀεm] *nm* theorem.

théorie [teoʀi] *nf* theory ‖ **théoricien** *nm (f* **-ienne***)* theorist ; *(surtout Pol)* theoretician ; *(péj)* theorizer ‖ **théorique** *adj* theoretic(al) ‖ **théoriser** *vi* (1) theorize.

thérapeute [teʀapǿt] *nmf* therapist ‖ **thérapeutique** *adj* therapeutic ◆ *nf* therapy.

thermal [tεʀmal] *adj (mpl* **-aux***)* thermal ; *source ~e* hot spring ; *station/ville ~e* spa ‖ **thermique** *adj* thermic ‖ **thermomètre** *nm* thermometer ‖ **thermonucléaire** *adj* thermonuclear ‖ **thermos** *nmf (bouteille) ~* thermos (flask) ‖ **thermostat** *nm* thermostat.

thésauriser [tezɔʀize] *vi* (1) hoard (money).

thèse [tɛz] *nf* thesis *(pl* theses).

thon [tɔ̃] *nm* tuna, *(brit)* tunny (fish).

thorax [tɔraks] *nm (Anat)* thorax.

thrombose [trɔ̃boz] *nf (Méd)* thrombosis *(ns inv).*

thym [tɛ̃] *nm (Bot)* thyme.

thyroïde [tirɔid] *adj nf* thyroid.

tiare [tjar] *nf* tiara.

tibia [tibja] *nm (Anat)* shinbone, tibia.

tic [tik] *nm* 1 *(musculaire)* tic, twitch 2 *(Psy)* mannerism.

ticket [tikɛ] *nm* ticket.

tic-tac [tiktak] *nm (horloge)* faire ∼ *go tick tock.

tiède [tjɛd] *adj* 1 *(liquides)* lukewarm, tepid 2 *(sentiments)* half-hearted, lukewarm, tepid 3 *(temps)* mild 4 *(appréciation subjective)* cool; warm ‖ **tiédeur** *nf* 1 lukewarmness, tepidness 2 half-heartedness 3 mildness 4 coolness; warmth ‖ **tiédir** *vti* (2) cool (down); warm (up).

tien [tjɛ̃] *pr poss (f* **tienne)** *c'est le* ∼ it's yours/your own; *il faut que tu y mettes du* ∼ you've got to make an effort yourself; *(loc)* **à la tienne !** cheers! here's mud in your eye! ◆ *nm* **les** ∼**s** your family/ *(fam)* folks.

tiers [tjɛr] *adj (f* **tierce)** third; *le T∼ Monde* the Third World ◆ *nm* 1 *(fraction)* third 2 *(Jur)* third party.

tierce [tjɛrs] *adj (voir* **tiers)** ◆ *nf (Mus)* third; *(cartes)* tierce.

tif [tif] *nm (souvent pl) (fam)* hair.

tige [tiʒ] *nf (fleur)* stem; *(céréales)* stalk; *(métallique)* shaft.

tignasse [tiɲas] *nf (fam)* mop/shock of hair.

tigre [tigr] *nm* tiger ‖ **tigré** *adj* spotted; striped ‖ **tigresse** *nf* tigress.

tilleul [tijœl] *nm (Bot)* lime, linden (tree) *(infusion)* lime/linden tea.

timbale [tɛbal] *nf* 1 metal tumbler 2 *(Mus)* kettledrum; *les* ∼*s* the timpani/ *(fam)* timps 3 *(Cuis)* timbale.

timbre [tɛbr] *nm* 1 stamp; postmark 2 bell ‖ **timbré** *adj* 1 *enveloppe* ∼*e* stamped envelope 2 *(fou) (fam)* cracked, crackers ‖ **timbrer** *vt (1)* stamp; postmark.

timide [timid] *adj* 1 bashful, shy 2 apprehensive, timid ‖ **timidité** *nf* 1 bashfulness, shyness 2 apprehension, timidity.

timon [timɔ̃] *nm (Ag)* shaft ‖ **timonier** *nm (Naut) (aussi fig)* helmsman.

timoré [timɔre] *adj* timid, timorous.

tintamarre [tɛtamar] *nm* din, racket, row.

tintement [tɛ̃tmɑ̃] *nm (oreilles)* buzzing; *(verres)* chinking; *(clefs, monnaie)* jingling; *(cloche)* ringing; *(clochette)* tinkling; *j'ai un* ∼ *dans les oreilles* my ears are buzzing ‖ **tinter** *vi (1)* chink; jingle; *ring; tinkle; faire* ∼ *les verres* clink

glasses; *(loc) les oreilles ont dû vous* ∼ *hier* your ears must have been burning yesterday.

tintin [tɛ̃tɛ̃] *excl (fam)* ∼ *!* nothing doing!

tintouin [tɛ̃twɛ̃] *nm* bother.

tique [tik] *nf (Zool)* tick.

tiquer [tike] *vi (1)* pull a face; *il l'a accepté sans* ∼ he agreed to it without batting an eyelid.

tir [tir] *nm* 1 *(hobby)* shooting; *stand de* ∼ shooting gallery; ∼ *à l'arc* archery; *(football) un* ∼ a shot 2 *(Mil)* firing, shooting; *essuyer le* ∼ *de l'ennemi* *come under enemy fire.

tirade [tirad] *nf (Th)* declamatory soliloquy, speech.

tirage [tiraʒ] *nm* 1 *(journal)* circulation; *(livre)* edition, run; *(Phot)* print; printing 2 *(cheminée) (amér)* draft, *(brit)* draught 3 *(conflit)* friction 4 *(loterie)* draw; *procéder par* ∼ *au sort* *draw lots.

tiraillement [tirajmɑ̃] *nm* 1 gnawing pain 2 indecision; *(conflit) il y a des* ∼*s* there is some friction ‖ **tirailler** *vt (1)* tug at; *(douleur, doute)* gnaw at; *tiraillé entre deux possibilités* torn between two courses of action ‖ **tirailleur** *nm* skirmisher.

tire [tir] *nf* 1 *(fam) (voiture)* bus, wagon 2 *voleur à la* ∼ pickpocket.

tiré [tire] *adj* 1 *(traits)* drawn, haggard 2 *(loc)* ∼ *à quatre épingles* dressed (up) to the nines; *(fam) histoire* ∼*e par les cheveux* far-fetched story.

tire-au-flanc [tiroflɑ̃] *nm (pl inv)* shirker, *(brit fam)* skiver.

tire-bouchon [tirbuʃɔ̃] *nm* corkscrew.

tirelire [tirlir] *nf* moneybox; *(enfants)* piggy bank.

tirer [tire] *vt (1)* 1 *draw, pull (down/up); *(verrou)* *shoot; ∼ *la porte* pull the door shut; *(chapeau)* *take off, raise; *(gants)* pull off; ∼ *un chèque* *draw a cheque/ *(amér)* check 2 *(Phot)* print 3 ∼ *un portrait/trait* *draw a portrait/line; *(loc)* ∼ *qn d'affaire* *get sb out of a difficulty 4 *shoot; *il s'est tiré une balle dans la tête* he blew his brains out ◆ *vi* 1 *(sur)* fire (at), *shoot (at); *(couleur)* verge on; *(cigarette)* puff at 2 *(Aut)* ∼ *à gauche* pull to the left 3 *(cheminée)* *draw 4 *(loc)* ∼ *à sa fin* *draw to a close; ∼ *à 20 000 exemplaires* *have a circulation of 20,000; *cela ne tire pas à conséquence* it doesn't matter, it's of no (great) importance ‖ **se tirer** *vpr* 1 *(fam)* clear off/out; push off 2 *se* ∼ *d'affaire* *get out of a difficult situation; manage; *(maladie)* pull through; *s'en* ∼ *à bon compte* *get off lightly.

tiret [tirɛ] *nm (typographie)* dash.

tireur [tirœr] *nm* 1 ∼ *isolé* sniper; ∼ *d'élite* marksman 2 *(Fin)* drawer.

tiroir [tiʀwaʀ] *nm* drawer ‖ **tiroir-caisse** *nm* till.

tisane [tizan] *nf* herb tea.

tison [tizɔ̃] *nm* brand ‖ **tisonnier** *nm* poker.

tissage [tisaʒ] *nm* weaving ‖ **tisser** *vt (1)* *weave ; (araignée) *spin ‖ **tisserand** *nm* weaver ‖ **tissu** *nm* cloth, fabric, material ; *(Anat)* tissue ; *(fig)* ~ *de mensonges* string of lies.

titre [titʀ] *nm* **1** *(livre, noblesse)* title ; *(presse) les gros* ~*s* the headlines ; ~ *de propriété* title deed ; ~ *de transport* ticket **2** ~*s* qualifications **3** *(Fin)* ~*s* securities **4** *(loc)* ~*s* rights ; *à quel* ~ *?* on what grounds? by what right? ; *à* ~ *d'essai* experimentally ; on a trial basis ; *à* ~ *d'exemple* as an example ; *à* ~ *indicatif* for information only ; *à ce* ~ for this reason/on these grounds ; *au même* ~ for the same reason ; *à double* ~ for two reasons ; *à* ~ *privé* in a private capacity ; *à* ~ *provisoire* on a temporary basis ; *à* ~ *gracieux/gratuit* free of charge ‖ **titré** *adj* **1** *(noblesse)* titled **2** *(profession) très* ~ highly qualified.

tituber [titybe] *vi (1)* reel, stagger, totter.

titulaire [titylɛʀ] *adj (Adm) être* ~ *have tenure ; être* ~ *d'un poste* *hold a post ◆ *nmf* holder ‖ **titulariser** *vt (1)* ~ *qn* *give sb tenure.

toast [tost] *nm* **1** *(pain grillé) un* ~ piece of toast ; *(canapé)* open sandwich **2** *(hommage)* toast ; *porter un* ~ propose a toast.

toboggan [tɔbɔɡɑ̃] *nm (traîneau)* toboggan ; *(jeu)* chute, slide ; *(Aut) (brit)* flyover, *(amér)* overpass.

toc [tɔk] *excl* ~ ~ *!* knock knock! tap tap! ◆ *nm c'est du* ~ it's fake.

tocsin [tɔksɛ̃] *nm* tocsin, alarm bell.

toge [tɔʒ] *nf (Hist)* toga ; *(Ens, Jur)* gown.

tohu-bohu [tɔybɔy] *nm* hubbub.

toi [twa] *pr* you ; *c'est* ~ *?* is that you? *c'est à* ~ *?* is it yours? ; *as-tu une pièce à* ~ *?* have you (got) a room of your own? *si j'étais* ~*...* if I were you...

toile [twal] *nf* **1** toile ; ~ *cirée* oilcloth ; ~ *de lin* linen **2** *(tableau)* canvas **3** *(Th)* ~ *de fond* backdrop **4** *(Zool)* ~ *d'araignée* cobweb.

toilette [twalɛt] *nf* **1** washing ; *sac de* ~ toilet bag ; *faire sa* ~ wash (and dress), *get washed (and dressed), *have a wash **2** clothes, wardrobe **3** ~*s* toilet ; *(public)* lavatory, W.C. ; *(hôtel)* cloakroom, *(amér)* restroom, *(fam)* loo ‖ **toilettage** *nm (animaux)* grooming.

toi-même [twamɛm] *pr* yourself.

toiser [twaze] *vt (1)* ~ *qn* look sb up and down, size sb up.

toison [twazɔ̃] *nf (mouton)* fleece ; *(fig)* mane of hair.

toit [twa] *nm* roof *(pl roofs)* ; *(Aut)* ~ *ou-vrant* sunroof ; *(fig) crier qch sur les* ~*s* shout sth from the rooftops ‖ **toiture** *nf* roof, roofing.

tôle [tol] *nf* sheet metal ; ~ *ondulée* corrugated iron.

tolérable [tɔleʀabl] *adj* tolerable, bearable ‖ **tolérance** *nf* tolerance ; *(Rel)* toleration ; *(Tech)* allowance ; *maison de* ~ brothel ‖ **tolérant** *adj* tolerant ‖ **tolérer** *vt (1c)* tolerate ; *bear, endure, *stand ; *(Tech)* allow.

tollé [tɔle] *nm un* ~ *(général)* a (great) hue and cry.

tomate [tɔmat] *nf* tomato ; *sauce* ~ tomato sauce.

tombal [tɔbal] *adj (mpl inusité) pierre* ~*e* gravestone, tombstone ‖ **tombe** *nf* grave ; *(monument)* tomb ‖ **tombeau** *nm (pl -x)* grave, tomb ; *(loc) rouler à* ~ *ouvert* *drive at breakneck speed.

tombée [tɔbe] *nf à la* ~ *de la nuit* at nightfall.

tomber [tɔbe] *vi (1)* **1** *fall ; (fièvre, température, vent)* drop ; *il est tombé dans la rue* he fell (down) in the street ; *il a fait* ~ *un vase* he knocked over a vase ; *le vent a fait* ~ *l'arbre* the wind has blown down the tree ; *il s'est laissé* ~ *dans son lit* he dropped/fell into bed ; *il tombe une pluie fine* it's drizzling (down) **2** *(fig) je tombe de fatigue/sommeil* I'm nearly dropping with exhaustion/falling asleep on my feet ; *cet homme est tombé bien bas* that man has sunk pretty low ; *(fig) il est tombé de haut* he was bitterly disappointed ; *la nuit tombe* night is falling ; *cette robe tombe bien* that dress hangs well ; *(Pol) ils essaient de faire* ~ *le gouvernement* they are trying to bring down/overthrow/topple the government **3** *(loc)* ~ *amoureux (de)* *fall in love (with) ;* ~ *malade* *fall ill/sick ; (fam) il est tombé dans les pommes* he passed out ; *la nouvelle vient de* ~ the news has just come through ; *je suis tombé sur un ami* I ran into a friend ; *je suis bien/mal tombé* I've come at the right/wrong time! ; *tu es tombé juste* you guessed right ; *laisse* ~ *!* drop it! *le projet est tombé à l'eau* the plan has fallen through ; *je ne suis pas tombé de la dernière pluie !* I wasn't born yesterday! *(fam) tu es tombé sur la tête !* you're mad! *(fam) ce fut du ciel* it was a godsend ; *je suis tombé des nues !* I was flabbergasted! ◆ *vt* ~ *la veste* slip off one's jacket ; *(fig)* roll up one's sleeves.

tombereau [tɔbʀo] *nm (mpl -x) (Ag)* tip-cart ; *(contenu)* cartload.

tombola [tɔbɔla] *nf* raffle.

tome [tɔm] *nm* tome ; volume.

ton[1] [tɔ̃] *adj poss (f* **ta** *devant consonne pl* **tes)** your (own) ; *ton ami(e)* you friend ; *un de tes amis* one of your friends, a friend of yours.

ton² [tɔ̃] *nm* tone ; *(Mus)* ~ *aigu/grave* high/low pitch ; *le* ~ *de si mineur* the key of B minor ; *donner le* ~ *give the pitch ; (fig)* *set the tone ; (fig) hausser le* ~ raise one's voice ; *ne le prends pas sur ce* ~ *!* don't take it that way! *il est de bon* ~ *de...* it's good form/in good taste to... || **tonalité** *nf* tone ; *(Téléph)* (*amér*) dial/ (*brit*) dialling tone.

tondeuse [tɔ̃døz] *nf (cheveux)* (pair of) clippers *(npl inv)* ; *(laine)* shears *(npl inv)* ; ~ *à gazon* lawnmower || **tondre** *vt (46)* *(cheveux)* crop ; *(laine)* *shear ; (haie)* clip, *mow ; (fig) je me suis fait* ~ I was fleeced.

tonifier [tɔnifje] *vt (1h) (peau)* tone up ; *(esprit)* brace, invigorate || **tonique** *adj* tonic ; *(climat)* bracing, invigorating ◆ *nm (Méd)* tonic *(aussi fig)* tonic.

tonitruant [tɔnitryɑ̃] *adj* booming.

tonnage [tɔnaʒ] *nm* tonnage. || **tonne** *nf* ton, tonne ; *(fam) des* ~*s de* tons of.

tonneau [tɔno] *nm (pl -x)* barrel, cask ; *(Aut)* somersault ; *(Av)* roll || **tonnelet** *nm* keg || **tonnelier** *nm* cooper.

tonnelle [tɔnɛl] *nf* arbour, bower.

tonner [tɔne] *vi (1) (aussi fig)* thunder || **tonnerre** *nm* thunder ; *(fam) c'est du* ~ *!* it's fantastic, super, terrific.

tonte [tɔ̃t] *nf (moutons)* shearing ; *(gazon)* mowing ; *(haie)* clipping, cutting.

tonton [tɔ̃tɔ̃] *nm (fam)* uncle.

tonus [tɔnys] *nm* dynamism, energy.

top [tɔp] *nm (horloge parlante)* (*amér*) beep, (*brit*) pip.

topaze [tɔpaz] *nf* topaz.

topinambour [tɔpinɑ̃bur] *nm (Bot)* Jerusalem artichoke.

topo [tɔpo] *nm (fam)* rundown ; talk.

topographie [tɔpɔgrafi] *nf* topography.

toquade [tɔkad] *nf* craze, fad ; infatuation.

toque [tɔk] *nf (femme)* fur hat ; *(jockey)* cap ; ~ *de cuisinier* chef's hat.

toqué [tɔke] *adj* crazy || **se toquer** *vpr (1) (fam)* ~ *de qn* *fall for sb ; *lose one's head over sb.

torche [tɔrʃ] *nf* torch.

torcher [tɔrʃe] *vt (1) (fam)* wipe ; *(fig) il a torché le travail* he's done a botch job.

torchis [tɔrʃi] *nm mur en* ~ cob/mud wall.

torchon [tɔrʃɔ̃] *nm* **1** cloth ; duster ; dish/ tea towel ; *(loc) le* ~ *brûle* the fur is flying **2** *(péj)* (*Ens*) botched work ; *(journal)* rag.

tordant [tɔrdɑ̃] *adj (fam) (drôle)* killing, screamingly funny || **tordre** *vt (46) (essorer)* wring ; ~ *le bras à qn* twist sb's arm ; ~ *le cou à qn* *wring sb's neck || **se tordre** *vpr* *bend ; twist ; se* ~ *la cheville* sprain/twist one's ankle ; *se* ~ *de*

douleur writhe in agony ; *(fig) se* ~ *de rire* *split one's sides laughing/with laughter ||

tordu *adj* bent ; *(traits)* distorted ; *(aussi fig)* twisted, warped ; *(fou)* nuts ◆ *nm (fam)* nutcase.

toréador [tɔreadɔr] *(aussi* **torero**) *nm* bullfighter.

tornade [tɔrnad] *nf* tornado.

torpeur [tɔrpœr] *nf* torpor.

torpille [tɔrpij] *nf* torpedo || **torpiller** *vt (1)* torpedo || **torpilleur** *nm (Naut)* torpedo boat.

torrent [tɔrɑ̃] *nm* mountain stream ; torrent ; *(larmes)* flood, *(injures)* torrent ; *il pleut à* ~*s* it's raining cats and dogs || **torrentiel** *adj (f* **-ielle)** torrential.

torride [tɔrid] *adj* torrid, scorching.

torsade [tɔrsad] *nf (fil)* twist || **torsadé** *adj* twisted.

torse [tɔrs] *nm (Anat)* torso ; *(fam)* chest ; *bomber le* ~ *stick out one's chest ; il était* ~ *nu* he was stripped to the waist.

torsion [tɔrsjɔ̃] *nf (Tech)* torsion ; *(Aut) barre de* ~ torsion bar.

tort [tɔr] *nm* **1** wrong ; *il a* ~ *(de faire cela)* he is wrong (to do that) ; *il est en* ~ */dans son* ~ he is at fault/in the wrong ; *je lui donne* ~ *(de faire cela)* I blame him (for doing that) ; *les événements lui donnent* ~ events prove him (to have been) wrong/mistaken ; *il a des* ~*s envers elle* he wronged her ; *il regrette ses* ~*s* he is sorry for the wrong he did ; *à* ~ *ou à raison* rightly or wrongly ; *il agit à* ~ *et à travers* he acts without rhyme or reason **2** damage ; harm ; *cela a fait du* ~ *à sa réputation* it damaged his reputation.

torticolis [tɔrtikɔli] *nm* crick in the neck, stiff neck || **tortiller** *vti (1)* twist ; *(fam) il n'y a pas à* ~ there's no getting around it || **se tortiller** *vpr* wriggle, *(douleur)* writhe.

tortionnaire [tɔrsjɔnɛr] *nm* torturer.

tortue [tɔrty] *nf* tortoise ; ~ *de mer* turtle.

tortueux [tɔrtɥø] *adj (f* **-euse)** *(parcours)* twisting ; winding ; *(raisonnement)* tortuous ; *(conduite)* devious.

torture [tɔrtyr] *nf (1)* torture ; *se* ~ *la cervelle* rack one's brains.

tôt [to] *adv* **1** early ; *se lever plus* ~ *get up earlier ; mardi matin* ~ early on Tuesday morning **2** early, soon ; *au plus* ~ as soon as possible ; *mardi au plus* ~ Tuesday at the earliest/soonest ; *le plus* ~ *serait le mieux* the earlier/sooner the better ; ~ *ou tard* sooner or later **3** *(loc) il n'était pas plus* ~ *arrivé qu'il voulait déjà repartir* he had hardly arrived/hardly had he arrived when he wanted to leave ; he had no sooner arrived/no sooner had he arrived than he wanted to leave.

total [tɔtal] *adj (pl -aux)* total ◆ *adv*

(fam) ~, *il a refusé net* the result was he refused point-blank ◆ *nm* total; *(fig) si on fait le* ~ when you add it all up; *au* ~ all in all ‖ **totalement** *adv* totally ‖ **totaliser** *vt (1)* add up ‖ **totalitaire** *adj* totalitarian ‖ **totalitarisme** *nm* totalitarianism ‖ **totalité** *nf* whole amount; *pris dans sa* ~ as a whole.

toubib [tubib] *nm inv (fam)* doc, medico.

touchant [tuʃɑ̃] *adj* moving; *(geste)* touching ◆ *prép (lit)* concerning ‖ **touche** *nf 1 (piano, clavier)* key 2 *(couleur, style)* touch; *(fig) une* ~ *d'ironie* a touch/hint of irony 3 *(pêche) avoir une* ~ *get a bite; (fig) j'ai fait une* ~ ! I've made a hit with her/him! 4 *(Sp) (ligne de)* ~ touchline; *(fig) rester sur la* ~ stay on the sidelines 5 *(aspect) quelle drôle de* ~ ! what a sight he/she looks! ‖ **touche-à-tout** *nm inv c'est un* ~ *(enfant)* he can't keep his hands off anything! *(adulte)* he'll have a go at anything! ‖ **toucher** *vt (1)* 1 *(du doigt, de la main)* touch (with one's finger, with one's hand); *(tâter)* *feel; *(Av)* ~ *terre* touch down, land 2 *(cible)* *hit 3 *(joindre)* contact, *get in touch with 4 *(émotion)* move, affect; *(problème)* affect; *cette région est très touchée par le chômage* this area is severely hit/affected by unemployment 5 *(Fin) (salaire)* receive; *(chèque)* *draw, cash; *(prix)* *win 6 *(loc) il faudrait lui en* ~ *un mot* you should have a word with her about it ◆ *vi* ~ *à* touch; *(loc)* ~ *à sa fin* *come to an end ◆ *nm* (sense of) touch ‖ **se toucher** *vpr les deux terrains se touchent* the two properties are next/adjacent to one another.

touffe [tuf] *nf (herbe, poils)* tuft; *(plantes)* clump ‖ **touffu** *adj* bushy, *(végétation)* thick, dense; *(fig) (style)* dense.

touiller [tuje] *vt (1) (fam)* stir.

toujours [tuʒur] *adv 1* always; *comme* ~ as always; *son amie de* ~ her life-long friend; *pour* ~ forever, for good 2 *(encore)* still; *ils s'aiment* ~ they're still in love; *(loc)* ~ *est-il que...* the fact remains that... 3 *(loc) vous pouvez* ~ *essayer !* that doesn't prevent you from trying! *(fam) tu peux* ~ *courir !* you haven't got a hope in hell! *(fam) qui à fait ça ? - ce n'est pas moi* ~ ! who did that? not me in any case!

toupet [tupɛ] *nm (loc) (fam) tu as du* ~ ! you've got a nerve!

toupie [tupi] *nf* (spinning) top.

tour[1] [tur] *nm 1 (circonférence)* ~ *de cou/taille* collar/waist size; ~ *d'horizon* survey; *(loc) faire le* ~ *de qch* *go round sth; *(fig) je crois que nous avons fait le* ~ *du problème* I think we've considered the problem from every angle 2 *(excursion)* trip; *(à pied)* walk, stroll; *(en voiture)* drive; *(fam) et si on allait faire un* ~ ?

how about going for a walk/drive? 3 *(Aut)* rev(olution); *démarrer au quart de* ~ start first time 4 *(disque) un 33* ~ an L.P.; *un 45* ~ *s* a single, a forty-five 5 *(loc) elle l'a frappé à* ~ *de bras* she hit him with all her strength; *donnez un* ~ *de clef !* give the key a turn! ~ *de main* skill, *(fam)* knack; *en un* ~ *de main* in no time at all; *il s'est donné un* ~ *de rein* he twisted his back 6 *(trick)* trick; *mauvais* ~ dirty trick; *(Th)* ~ *de cartes* card trick; ~ *de force* amazing feat; *(loc) il a plus d'un* ~ *dans son sac* he's got more than one trick up his sleeve; *le* ~ *est joué !* it's in the bag! 7 *(tournure)* turn; *le* ~ *que prend la situation* the way the situation is developing; ~ *de phrase* turn of phrase 8 *(en jouant) à qui le* ~ ? who's turn is it? *c'est mon* ~ ! it's my turn! *à* ~ *de rôle* each in turn; ~ *à* ~ in turn 9 *(Pol)* ~ *de scrutin* ballot; *élu au premier* ~ elected in the first round.

tour[2] [tur] *nm (Tech)* lathe; ~ *de potier* potter's wheel.

tour[3] [tur] *nf 1* tower; *(immeuble)* tower block 2 *(échecs)* castle, rook.

tourbe [turb] *nf* peat *(ns inv)* ‖ **tourbière** *nf* peat bog.

tourbillon [turbijɔ̃] *nm (vent)* whirlwind; *(eau)* whirlpool; *(fig)* whirl ‖ **tourbillonner** *vi (1)* whirl; swirl.

tourelle [turɛl] *nf* turret.

tourisme [turism] *nm* tourism; *(Com)* tourist industry/trade; *faire du* ~ *(voyager)* *go touring, *(visiter)* *go sight-seeing; *office du* ~ tourist office; *voiture de* ~ private car ‖ **touriste** *nmf* tourist ‖ **touristique** *adj route* ~ picturesque route; *site* ~ beauty spot; *voyage* ~ tourist/sight-seeing trip.

tourment [turmɑ̃] *nm* torment ‖ **tourmente** *nf (lit)* tempest; ~ *de neige* blizzard; *(fig)* upheaval ‖ **tourmenté** *adj (personne)* tortured; *(mer, vie)* stormy ‖ **tourmenter** *vt (1)* torment ‖ **se tourmenter** *vpr* worry.

tournage [turnaʒ] *nm (Ciné)* shooting.

tournant [turnɑ̃] *nm (virage)* bend; *(fam) (fig) je l'attends au* ~ ! I'll get even with him! *(fig) un grand* ~ *dans sa vie* a turning point in her life.

tournebroche [turnəbrɔʃ] *nm* roasting spit.

tourne-disque [turnədisk] *nm* record player.

tournée [turne] *nf 1 (Th)* tour; *en* ~ on tour; *(livreur)* round; *faire la* ~ *de* *do the rounds of 2 *(bistrot)* round (of drinks).

tournemain [turnəmɛ̃] *nm (loc) en un* ~ in no time at all.

tourner [turne] *vt (1)* 1 turn; *je le tourne et retourne dans ma tête* I keep turning it over and over in my mind; ~ *le dos à qch* turn one's back on sb ; *(fig)* ~ *la page* turn over a new leaf, *make a fresh start ; ~ *qn/qch en dérision* *make sb/sth look ridiculous **2** *(Cuis) (remuer)* stir **3** *(fig) le vin lui a tourné la tête* the wine went to his head **4** *(Ciné)* ~ *un film* *make/*shoot a film **5** *(Tech) (bois, métal)* turn ; *(poterie)* *throw ; *(fig) lettre bien tournée* well-phrased letter ; *(loc) avoir l'esprit mal tourné* *have a nasty/dirty mind ◆ *vi* **1** turn ; *l'heure tourne* time is getting on ; *le vent tourne* the wind is changing ; *(fig)* there is change in the air ; *(Aut)* ~ *au ralenti* tick over ; ~ *autour de qn* *hover around sb ; *(décision, problème)* ~ *autour de qch* centre/depend on sth ; *(fam) il ne tourne pas rond* he's not right in the head ; ~ *sur soi-même* *spin round, revolve ; *(fig) ça me fait* ~ *la tête* it makes my head spin **2** *(évoluer) l'affaire tourne bien/mal* the business is doing well/badly ; *il a mal tourné* he turned out badly ; *(fam) ça a mal tourné* it went wrong in the end **3** *(s'abîmer) (lait)* turn sour ; *(poisson)* *go off **4** *(évoluer)* *become ; *la situation tourne au drame* the situation is taking a dramatic turn ; *le temps tourne au froid* the weather's turning cold ; *(fig) (situation)* ~ *au vinaigre* turn sour ‖ **se tourner** *vpr* turn around ; *se* ~ *vers qn pour demander de l'aide* turn to sb for help.

tournesol [tuʀnəsɔl] *nm (Bot)* sunflower.

tournevis [tuʀnəvis] *nm (pl inv)* screwdriver.

tourniquet [tuʀnikɛ] *nm (métro)* turnstile ; *(porte)* revolving door ; *(présentoir)* revolving stand ; *(Hort)* sprinkler.

tournis [tuʀni] *nm (loc) j'ai le* ~ I feel dizzy ; *ça vous donne le* ~ it makes your head spin.

tournoi [tuʀnwa] *nm* tournament ; *(Sp)* championship.

tournoyer [tuʀnwaje] *vi (1f)* whirl (around) ; *(Orn)* wheel around ; *faire* ~ *qn* whirl sb around.

tournure [tuʀnyʀ] *nf* **1** turn of phrase, expression **2** ~ *d'esprit* turn of mind **3** turn ; *cela donne une autre* ~ *à l'affaire* that shows things in a different light ; *prendre* ~ *take shape.

tourte [tuʀt] *nf (Cuis)* savoury) pie.

tourteau [tuʀto] *nm (pl* **-x**) *(Zool)* (edible) crab.

tourterelle [tuʀtəʀɛl] *nf (Orn)* turtledove.

tous [tu(s)] *voir* **tout.**

Toussaint [tusɛ̃] *nf la T*~ All Saints' Day.

tousser [tuse] *vi (1)* cough.

tout [tu] *adj (mpl* **tous**) **1** all, the whole (of) ; *c'est* ~ *le contraire* it's just the opposite ; *c'est* ~*e une histoire !* it's a long story ! *~e la journée* all day long ; *~e une journée* a whole day ; *en* ~*e sincérité* very sincerely ; ~ *le monde* everybody, everyone ; *~e la vérité* the whole truth **2** *(loc)* à ~ *épreuve* unlimited ; *il courait à* ~*es jambes* he ran as fast as his legs would carry him ; *à* ~*e vitesse* at full speed ; *de* ~*e beauté* very beautiful ; *de* ~ *cœur* wholeheartedly ; *de* ~ *repos* easy ; *de* ~ *temps* from time immemorial ; *pour* ~*e récompense* as his/her only reward **3** all, every ; *tous les ans* every year ; *tous azimuts* on all fronts ; *tous les deux* both ; *à tous égards* in every respect ; ~*es les fois que...* every time (that)... ; *tous les quatre* all four (of them/us/you) ; *écrire en* ~*es lettres* *write in full ; *~es les dix minutes* every ten minutes **4** *(quelconque)* ~ *un chacun* each/every one of us ; ~ *homme qui se respecte* any man worthy of the name ; *~e personne qui...* anybody who... ; *en* ~ *cas* in any case ; *pour* ~ *renseignement supplémentaire contacter...* for (any/all) additional information contact... ◆ *pr* all, everything **1** *avant* ~ above all ; *elle est gentille comme* ~ she couldn't be nicer ; *en* ~ all together ; *en* ~ *et pour* ~ all in all ; ~ *va bien* all's well ; ~ *compris* everything included, *(Com)* all in ; ~ *est là* that's the whole point ; ~ *est fini* it's all over ; *(loc)* ~ *est bien qui finit bien* all's well that ends well ; *c'est* ~ *?* is that all? ~ *ce que j'aime* everything I like ; *il est* ~ *ce qu'il y a de plus bête* he couldn't be more stupid ; *il a* ~ *d'une star* he's every inch a star ; *pour* ~ *vous dire...* to tell you the truth... *et voilà* ~ *!* and that's it/that! **2** *eux tous, vous tous* all of them, all of you ; *nous y allons tous ensemble* we're all going there together ; *ils sont tous morts* they all died ; *tous ont protesté* they all objected. ◆ *adv (inv sauf* **toute(s)** *devant un adjectif au féminin qui commence par une consonne)* **1** very, completely ; *elle est* ~*e contente* she's very pleased ; *elles sont* ~ *émues* they're very upset ; *idée* ~*e faite* preconceived idea ; *le* ~ *premier* the very first ; *parler* ~ *bas/haut* *speak very quietly/loudly ; ~ *neuf* brand new ; ~ *nu* stark naked ; ~ *près* very close ; ~ *prêt* quite ready ; *(fam) c'est* ~ *vu !* it's inevitable! *(brit)* it's a dead cert! **2** ~ *en faisant autre chose* while doing something else ; ~ *en parlant* as she spoke **3** *(loc) (fam) c'est* ~ *comme* it boils down to the same thing ; ~ *à coup* suddenly ; ~ *d'abord* first of all ; ~ *autant* just as much ; ~ *à fait* absolutely ; *ce n'est pas* ~ *à fait la même chose* that's not quite the same thing ; ~ *à l'heure (passé)* just now, *(futur)* presently ; ~ *de même* all the same ; ~ *au moins* at least ; ~ *au plus* at most ; ~ *de suite* straightaway **4** *(quoique)* ~ *intelligente qu'elle soit* intelligent

though she is. ◆ *nm* (*pl* **touts**) **1** whole ;
ça forme un ~ it forms a whole **2** *le ~,*
c'est d'essayer the main thing is to try
3 (*loc*) *pas du ~* not at all ; *il n'y a plus*
du ~ de vin there's no wine left at all ;
je ne vois rien du ~ I can't see a thing
‖ **tout-à-l'égout** *nm* (*Tech*) mains drainage ‖ **toute-puissance** *nf* omnipotence
‖ **tout-puissant** *adj* all-powerful, (*lit*)
omnipotent ‖ **tout-venant** *nm inv* (*loc*) *le*
~ the run-of-the-mill ; every Tom, Dick or
Harry.

toutefois [tutfwa] *adv* however.

toutou [tutu] *nm* (*langage enfantin*) dog-
gie.

toux [tu] *nf* (*pl inv*) cough.

toxicomane [tɔksikɔman] *nmf* drug addict ‖ **toxicomanie** *nf* drug addiction ‖
toxine *nf* toxin ‖ **toxique** *adj* toxic.

trac [tʀak] *nm* (*loc*) *avoir le ~* *have a
fit of nerves ; (*Th*) *have stage-fright.

tracas [tʀaka] *nm* (*pl inv*) worry, trouble
‖ **tracasser** *vt* (*1*) *se ~ vpr* worry ‖ **tra-
casserie** *nf* unnecessary bother/worry.

trace [tʀas] *nf* **1** (*petite quantité*) trace ;
(*indice*) sign **2** (*fugitif, gibier*) tracks ; *~s
de pas* footmarks ; (*loc*) *suivre les ~s de
qn* follow sb's tracks ; (*fig*) follow in sb's
footsteps ‖ **tracé** *nm* **1** line **2** plan ‖ **tracer** *vt* (*1h*) (*ligne*) *draw ; (*courbe*) plot ;
(*plan*) *draw up ; (*route*) mark out ‖ **tra-
ceur** *nm* (*Inf*) plotter.

trachée [tʀaʃe] *nf* (*Anat*) *~(-artère)* tra-
chea, (*fam*) windpipe.

tract [tʀakt] *nm* pamphlet, leaflet.

tractation [tʀaktasjɔ̃] *nf* (*péj*) *~s* bargaining (*ns inv*), dealings.

tracter [tʀakte] *vt* (*1*) tow ‖ **tracteur** *nm*
(*Ag*) tractor.

traction [tʀaksjɔ̃] *nf* **1** (*Aut*) traction ; *~
avant* four-wheel drive (vehicle) **2** (*Sp*)
faire des ~s (*suspendu*) *do pull-ups ; (*au
sol*) *do push-ups/ (*brit*) press-ups.

tradition [tʀadisjɔ̃] *nf* tradition ‖ **traditionnel** *adj* (*f* **-elle**) traditional.

traducteur [tʀadyktœʀ] *nm* (*f* **-trice**)
translator ‖ **traduction** *nf* translation ‖
traduire *vt* (*33*) **1** translate ; (*fig*) express
2 (*Jur*) *~ qn en justice* *bring sb before
the courts ‖ **traduisible** *adj* translatable.

trafic [tʀafik] *nm* **1** *~ aérien/ferroviaire/
routier/maritime* air/rail/road/sea traffic
2 (*commerce clandestin*) trafficking, dealing, smuggling ; (*fig*) dealings ; (*Jur*) *~
d'influence* trading of favours, corruption ;
(*fam*) *quel ~ !* what goings-on! ‖ **trafi-
coter** *vt* (*1*) (*fam*) (*frelater*) doctor ‖ **trafiquant** *nm* trafficker, dealer, smuggler ‖
trafiquer *vt* (*1*) **1** smuggle ; trade illicitly
(in) **2** (*fam*) (*frelater*) doctor ; (*moteur*)
soup up **3** (*fam*) *qu'est-ce que tu trafi-
ques ?* what are you up to?

tragédie [tʀaʒedi] *nf* tragedy ‖ **tragédien**

nm tragic actor ‖ **tragédienne** *nf* tragic
actress ‖ **tragi-comédie** *nf* tragi-comedy
‖ **tragi-comique** *adj* tragi-comic ‖ **tragique** *adj* tragic ‖ **tragiquement** *adv* tra-
gically.

trahir [tʀaiʀ] *vt* (*2*) betray ‖ **trahison** *nf*
betrayal ; (*Jur*) treason (*ns inv*).

train [tʀɛ̃] *nm* **1** (*Rail*) train ; *~ à grande
vitesse* (*ab TGV*) high-speed train ; *~ de
marchandises* (*amér*) freight/(*brit*) goods
train ; *~ omnibus* slow train ; *~ de voyageurs* passenger train ; (*loc*) *prendre le ~
en marche* jump on the bandwagon **2** rail
travel ; *je préfère le ~ à la voiture* I'd
rather travel by train than by car **3** (*Av*)
~ d'atterrissage landing gear, undercarriage ;
(*Aut*) *~ de pneus* set of tyres ; *~ avant*
front-axle unit ; *~ arrière* rear-axle unit
4 (*Zool*) *~ de devant* forequarters ; *~ de
derrière* hindquarters **5** (*allure*) pace ; *du
~ où vont les choses* at the rate things are
going ; *aller bon ~* move along at a good
pace ; *~ de vie* life style ; *mener grand ~*
live in style ; *être en ~* (*activité*) *be under way/in progress ; (*personne*) *be in
good spirits ; (*loc*) *être en ~ de faire qch*
*be in the process of doing sth.

traînant [tʀɛnɑ̃] *adj* (*accent*) drawling ;
(*allure*) shuffling ‖ **traînard** *nm* (*péj*)
straggler ‖ **traîne** *nf* (*robe*) train ; (*loc*) *à
la ~* (*Aut*) in tow ; (*fig*) lagging behind ‖
traîneau *nm* (*pl* **-x**) (*amér*) sled, (*brit*)
sledge ‖ **traînée** *nf* **1** (*trace*) streak, smear
2 (*femme*) (*péj*) slut ‖ **traîner** *vt* (*1*) **1** pull/
drag (along) ; *~ la jambe* limp ; *~ les
pieds* shuffle along ; (*fig*) drag one's feet ;
elle a traîné son nom dans la boue she
dragged his name through the dirt ; (*fig*) *~
un boulet* drag a millstone round one's
neck ; *~ qch par terre* drag sth along the
ground **2** *je traîne une bronchite* I can't
get rid of my bronchitis ◆ *vi* **1** (*personne*)
~ derrière lag behind ; *~ dans les rues*
*hang about the streets **2** (*objets*) *lie
about **3** (*activité*) *~ en longueur* drag
on ; *faire ~ qch* drag sth out ‖ **se traîner**
vpr drag oneself/crawl along.

training [tʀɛniŋ] *nm* tracksuit.

train-train [tʀɛ̃tʀɛ̃] *nm* humdrum routine.

traire [tʀɛʀ] *vt* (*49*) milk.

trait [tʀɛ] *nm* **1** line ; *faire un ~* *draw
a line ; *dessiner qch à grands ~s* (*aussi
fig*) *make a rough sketch of sth ; (*typographie*) *~ d'union* hyphen ; (*fig*) link
2 (*visage*) *~s* features **3** (*lit*) act ; *~ de
genie* stroke of genius ; (*loc*) *cela a ~ à...*
that concerns... **4** (*loc*) *d'un seul ~* without stopping ; *il l'a bu d'un seul ~* he
downed it in one (gulp) **5** *bête de ~*
(*amér*) draft/ (*brit*) draught animal.

traitant [tʀɛtɑ̃] *adj* *médecin ~* family
doctor.

traite [tʀɛt] *nf* **1** (*Fin*) payment **2** (*loc*)

d'une seule ~ in one go **3** *(trafic)* ~ *des blanches* white slave trade **4** *(Ag)* milking.

traité [tʀete] *nm* **1** *(accord)* treaty **2** *(discours)* treatise.

traitement [tʀetmɑ̃] *nm* **1** treatment; *mauvais* ~s ill-treatment *(ns inv)* **2** *(Méd)* (course of) treatment **3** *(Fin)* salary **4** *(déchets)* processing, treating **5** *(Inf)* ~ *de texte* word processor ‖ **traiter** *vti (1)* **1** *bien/mal* ~ *qn* treat sb well/badly **2** call; *il m'a traité d'imbécile* he called me a fool **3** *(Com)* ~ *une affaire* handle a deal; *(matières premières)* treat, process; *(Inf)* ~ *des données* process data **4** *(Art, Lit)* ~ *un sujet* treat a subject **5** *ce livre traite de...* this book is about...; ~ *avec qn* negotiate with sb.

traiteur [tʀetœʀ] *nm inv* caterer, delicatessen owner.

traître [tʀetʀ] *adj (f* **traître** *ou* **traîtresse)** treacherous; *(fig)* deceptive; *(loc) et pas un* ~ *mot !* and don't breathe a word! ◆ *nm* traitor; *(loc) il m'a pris en* ~ he caught me off my guard ‖ **traîtresse** *nf* traitress ‖ **traîtrise** *nf* treachery; *(acte)* treacherous act.

trajectoire [tʀaʒɛktwaʀ] *nf* trajectory, path.

trajet [tʀaʒɛ] *nm* **1** journey; *j'ai une heure de* ~ the journey takes me an hour; *(itinéraire)* route.

tralala [tʀalala] *nm (fam)* fuss.

trame [tʀam] *nf* **1** *(tissu)* weft; *usé jusqu'à la* ~ threadbare **2** *(fig) (histoire)* thread; *(intrigue, vie)* web ‖ **tramer** *vt (1) (complot)* hatch; *(loc) il se trame qch* something's cooking.

trampoline [tʀɑ̃pɔlin] *nm (Sp)* trampoline.

tramway [tʀamwɛ] *nm* **1** *(véhicule) (amér)* streetcar, *(brit)* tram(car) **2** *(réseau)* tramway.

tranchant [tʀɑ̃ʃɑ̃] *adj* sharp; *(fig)* cutting ◆ *nm (couteau)* cutting edge; *(loc) votre argument est à double* ~ your argument cuts both ways ‖ **tranche** *nf* **1** *(gâteau, pain)* slice **2** *(livre)* edge; *doré sur* ~ gilt-edged **3** section; *(projet)* stage; ~ *d'âge* age group/bracket; *(loc) il s'en paie une* ~ *!* he's making the most of life! ‖ **tranché** *adj (pain)* sliced; *(opinion)* clearcut ‖ **tranchée** *nf* trench ‖ **trancher** *vt (1)* **1** *cut; on lui trancha la tête* they cut off his head **2** *(question)* settle; *il faut* ~ we have to decide ◆ *vi (sur) (couleur)* *stand out (against).

tranquille [tʀɑ̃kil] *adj* **1** quiet, peaceful; *(conscience)* clear; *j'ai l'esprit* ~ my mind is at rest; *laissez-le* ~ *!* leave him alone! *tiens-toi* ~ *!* keep still! **2** *(rassuré) soyez* ~ *!* don't worry! *vous pouvez être* ~ *qu'il ne le fera pas* rest assured that he won't do it ‖ **tranquillement** *adv* quietly,

peacefully ‖ **tranquillisant** *nm (Méd)* tranquillizer ‖ **tranquilliser** *vt (1)* reassure; ~ *qn* put sb's mind at rest ‖ **tranquillité** *nf* tranquillity, peace and quiet; *en toute* ~ without being disturbed; with one's mind at rest.

trans [tʀɑ̃z] *préf* trans-.

transaction [tʀɑ̃zaksjɔ̃] *nf* transaction.

transat [tʀɑ̃zat] *nm (ab de* **transatlantique)** deckchair.

transatlantique [tʀɑ̃zatlɑ̃tik] *nm* **1** *(Naut)* transatlantic liner **2** deckchair.

transbahuter [tʀɑ̃zbayte] *vt (1) (fam)* lug about.

transborder [tʀɑ̃sbɔʀde] *vt (1) (Com)* *(Naut)* transship; *(Rail)* transfer.

transcendant [tʀɑ̃sɑ̃dɑ̃] *adj* transcendent; *(fam) ce n'est pas* ~ *!* it's nothing special ! ‖ **transcender** *vt (1)* transcend.

transcription [tʀɑ̃skʀipsjɔ̃] *nf* transcription ‖ **transcrire** *vt (39)* transcribe.

transe [tʀɑ̃s] *nf* **1** *(Psy)* transe; *elle est en* ~ she's in a trance **2** ~s agony; *être dans les* ~s *be in agony.

transférer [tʀɑ̃sfeʀe] *vt (1c)* transfer ‖ **transfert** *nm* **1** transfer **2** *(Psy)* transference.

transfigurer [tʀɑ̃sfigyʀe] *vt (1)* transform; *(Rel)* transfigure.

transformateur [tʀɑ̃sfɔʀmatœʀ] *nm (El)* transformer ‖ **transformation** *nf* **1** change, transformation **2** *(Ind) industrie de* ~ processing industry **3** *(rugby)* conversion ‖ **transformer** *vt (1)* change, transform, *(rugby)* convert; *(Ind)* process ‖ **se transformer** *vpr (en)* change/*be converted (into).

transfuge [tʀɑ̃sfyʒ] *nmf* renegade, deserter.

transfuser [tʀɑ̃sfyze] *vt (1) (Méd)* ~ *qn* *give sb a (blood) transfusion ‖ **transfusion** *nf* ~ *sanguine* blood transfusion.

transgresser [tʀɑ̃sgʀese] *vt (1) (règlement)* contravene; *(ordres)* disobey; ~ *la loi* *break the law ‖ **transgression** *nf* breaking (of the law/rules); disobedience.

transiger [tʀɑ̃ziʒe] *vi (1h) (avec, sur)* compromise (on, over).

transi [tʀɑ̃zi] *adj* numbed; ~ *de froid* chilled to the bone; ~ *de peur* paralysed with fear ‖ **transir** *vt (2)* numb.

transistor [tʀɑ̃zistɔʀ] *nm* transistor.

transit [tʀɑ̃zit] *nm* transit; *en* ~ in transit ‖ **transitaire** *nm inv (Com)* forwarding agent ‖ **transiter** *vt (1) (Com)* convey in transit ◆ *vi* ~ *par* pass through ‖ **transitif** *adj (Gr)* transitive ‖ **transition** *nf* transition; *de* ~ transitional ‖ **transitoire** *adj* transitory; *gouvernement* ~ provisional government.

translucide [tʀɑ̃slysid] *adj* translucent ‖ **translucidité** *nf* translucence.

transmettre [tʀɑ̃smɛtʀ] *vt (42)* **1**(*message*) pass on; (*héritage*) hand down; (*pouvoirs*) hand over; (*maladie*) transmit; (*Sp*) pass **2** (*Radio, TV*) *broadcast ‖ **transmissible** *adj* transmittable ‖ **transmission** *nf* **1** passing on, handing down, handing over, transmission, passing; broadcasting **2** (*Aut*) transmission **3** (*Mil*) *les ~s* the Signals.

transparaître [tʀɑ̃spaʀɛtʀ] *vi (34)* (*lit*) *show (through) ‖ **transparence** *nf* transparency; (*Pol*) openness, frankness ‖ **transparent** *adj* transparent; (*fig*) open ◆ *nm* (*rétroprojecteur*) transparency.

transpercer [tʀɑ̃spɛʀse] *vt (1h)* pierce; (*balle*) *go (right) through; (*fig*) *il la transperça du regard* he gave her a piercing look.

transpiration [tʀɑ̃spiʀasjɔ̃] *nf* perspiration; *en ~* perspiring, in a sweat ‖ **transpirer** *vi (1)* **1** perspire; *~ des mains* *have sweaty hands **2** (*fig*) (*secret*) leak out, transpire.

transplantation [tʀɑ̃splɑ̃tɑsjɔ̃] *nf* (*Bot, Méd*) (*technique*) transplantation; (*intervention*) transplant ‖ **transplanter** *vt (1)* transplant; (*fig*) *la famille entière s'est transplantée à l'étranger* the whole family settled abroad.

transport [tʀɑ̃spɔʀ] *nm* **1** (*activité*) transportation; (*de marchandises*) carrying, conveyance; *frais de ~* (*amér*) transportation/(*brit*) transport costs **2** (*moyens de transport*) (*amér*) transportation, (*brit*) transport; *les ~s en commun* public transport; *le ~ routier* road haulage **3** (*fig*) (*lit*) *~s de joie* transports of delight ‖ **transportable** *adj* transportable; (*blessé*) fit to be moved ‖ **transporter** *vt (1)* **1** carry; (*Com*) transport, convey; *on a transporté le malade à l'hôpital* the patient was taken to hospital **2** (*fig*) *transporté de joie* carried away with delight; *transporté de colère* beside oneself with anger ‖ **transporteur** *nm inv* (*Com*) carrier; *~ aérien* airline company; *~ routier* haulage contractor.

transposer [tʀɑ̃spoze] *vt (1)* transpose ‖ **transposition** *nf* transposition.

transvaser [tʀɑ̃svɑze] *vt (1)* pour from one container to another; (*vin*) decant.

transversal [tʀɑ̃svɛʀsal] *adj* (*mpl* **-aux**) *coupe ~e* cross-section; *route ~e* side road, road which intersects a main road.

trapèze [tʀapɛz] *nm* **1** (*Math*) (*amér*) trapezoid, (*brit*) trapezium **2** (*Sp, Th*) trapeze ‖ **trapéziste** *nmf* trapeze artist.

trappe [tʀap] *nf* **1** trap door; (*Tech*) hatch **2** (*piège*) (pit) trap ‖ **trappeur** *nm inv* trapper, fur trader.

trapu [tʀapy] *adj* squat, stocky.

traquenard [tʀaknaʀ] *nm* trap.

traquer [tʀake] *vt (1)* track/hunt down;

avec un air de bête traquée like a hunted animal.

traumatiser [tʀomatize] *vt (1)* (*Psy*) traumatize ‖ **traumatisme** *nm* (*Méd, Psy*) traumatism; *~ crânien* fractured skull.

travail [tʀavaj] *nm* (*pl* **-aux**) **1** (*activité*) work (*ns inv*) *au ~* at work; *se mettre au ~* *set to work; *j'ai du ~* I've got work to do; *~ au noir* moonlighting; *travaux d'aménagement* alterations; (*Jur*) *travaux forcés* hard labour (*ns inv*); *travaux ménagers* housework; *~ manuel* manual work; *travaux manuels* (*Ens*) handicrafts, arts and crafts; *travaux publics* civil engineering; *travaux de réfection* repair work; *~ d'utilité publique* community work; (*Aut*) *attention! travaux!* caution! roadwork(s) ahead! **2** (*métier*) work (*ns inv*), job; *il a perdu son ~* he's lost his job; he's out of work; *sans ~* out of work; *~ à mi-temps/à plein temps* part-time/full-time work; *~ à la pièce* piecework; *cesser le ~* (*Ind*) down tools, stop work; *reprendre le ~* *go back to work **3** (*Eco*) labour; *le monde du ~* the workers **4** (*façonnage*) *le ~ du bois/de la pierre* working with wood/stone **5** craftsmanship (*ns inv*); *orfèvrerie d'un ~ très fin* finely-worked silver ‖ **travaillé** *adj* (*objet*) finely-worked, ornate ‖ **travailler** *vi (1)* (*personne*) work; (*étudier*) study **2** (*bois*) warp; (*pâte*) *rise; (*vin*) ferment ◆ *vt (1)* (*domaine*) work on/at; *travaillez votre anglais!* work on your English! *elle travaille beaucoup le violoncelle* she practises the cello a lot **2** (*matériau*) work; *~ la terre* work (on) the land; *~ le bois* work with wood; (*Cuis*) *~ la pâte* knead the dough **3** (*Sp*) *~ une balle* *put spin on a ball **4** (*soucis*) torment; *ça te travaille !* that's preying on his mind! ‖ **travailleur** *adj* (*f* **-euse**) hard-working ◆ *nm* worker; *les ~s indépendants* the self-employed; (*Pol*) *les ~s* the workers, the working class ‖ **travailliste** *adj* (*Pol*) Labour ◆ *nmf* Labour Party member; *les ~s* Labour, the Labour Party.

travée [tʀave] *nf* **1** (*Tech*) (*pont*) span **2** (*rangée*) row.

travelo [tʀavlo] *nm* (*fam*) transvestite.

travers[1] [tʀavɛʀ] *nm* (*défaut*) failing.

travers[2] [tʀavɛʀ] *nm* (*loc*) **1** *à ~* across, through; *à ~ champs* across the fields; *à ~ la foule* through the crowd; (*loc*) *parler à tort et à ~* talk a lot of nonsense; *au ~* through; *la lumière passe au ~* the light shines through; (*loc*) *passer au ~* slip through the net **2** *de ~* (*nez*) crooked; (*loc*) *tout va de ~* everything is going wrong; *je l'ai avalé de ~ !* it went down the wrong way! *il a tout compris de travers* he got it all wrong; *elle m'a regardé de ~* she gave me a funny look **3** *en ~* (*de*) across ; *se mettre en ~ de la route* block the road ; *(fig)* block the way.

traverse [tʀavɛʀs] *nf (Tech)* crosspiece ; *(Rail)* sleeper ; *(loc)* **chemin de ~** shortcut.

traversée [tʀavɛʀse] *nf* crossing ; *(fig) ~ du désert* time spent in the wilderness/out in the cold ‖ **traverser** *vt (1)* 1 *(rivière, route)* cross ; *(forêt, foule)* *make one's way through ; *~ à la nage/à cheval* *swim/*ride across 2 *(transpercer)* *go through 3 *(fig) nous traversons une crise* we're going through a crisis ; *cette légende a traversé les âges* this legend has been handed down through the ages.

traversin [tʀavɛʀsɛ̃] *nm* bolster.

travesti [tʀavɛsti] *nm* transvestite ‖ **travestir** *vt (2) (personne)* dress up ; *(vérité)* misrepresent ‖ **se travestir** *vpr (en)* dress up (as) ; *(Th)* *put on drag.

trébucher [tʀebyʃe] *vi (1) (contre, sur) (aussi fig)* stumble (against, on) ; *faire ~ qn* trip sb up.

trèfle [tʀɛfl] *nm* 1 *(Bot)* clover 2 *(cartes)* clubs.

tréfonds [tʀefɔ̃] *nm (pl inv) (lit) le ~ de* the depths of.

treillis [tʀeji] *nm (Hort)* trellis(work) ; *(en métal)* wire mesh.

treize [tʀɛz] *adj inv & nm (pl inv)* thirteen ‖ **treizième** *adj & nm* thirteenth.

tréma [tʀema] *nm (typographie)* dieresis.

tremblement [tʀɑ̃bləmɑ̃] *nm* shaking, trembling ; *(de froid)* shivering ; *(frisson)* shiver ; *~ de terre* earthquake ‖ **trembler** *vi (1)* *shake, tremble, shiver ; *(flamme)* flicker ; *~ de froid* shiver with cold ; *~ de peur* *shake/tremble with fear ; *la terre a tremblé* there was an earth tremor ‖ **trembloter** *vi (1)* *shake/tremble/shiver slightly.

trémolo [tʀemolo] *nm (Mus)* tremolo ; *(voix)* quaver.

trémousser [tʀemuse] **se ~** *vpr (1)* wriggle.

trempe [tʀɑ̃p] *nf* 1 *(Tech)* temper 2 *(personne)* calibre 3 *(fam)* clout, hiding ‖ **trempé** *adj* 1 soaking wet, drenched ; *~ de sueur* bathed in sweat ; *~ jusqu'aux os* soaked to the skin 2 *(Tech)* **acier ~** tempered steel ‖ **tremper** *vt (1)* 1 soak ; *se faire ~* *get soaked/drenched ; *il trempe son croissant dans son café* he dips his croissant in his coffee 2 *(métal)* quench ◆ *vi* 1 soak ; *(linge) faire ~* (allow to) soak 2 *(fig) ~ dans le crime* *be involved in crime ‖ **se tremper** *vpr* 1 *(bain)* *have a soak ; *(rapidement)* *have a quick dip 2 *(se mouiller)* *get soaked ‖ **trempette** *nf (loc) faire ~ (tartine)* dunk one's bread ; *(se baigner)* *go for a dip.

tremplin [tʀɑ̃plɛ̃] *nm (aussi fig)* springboard.

trentaine [tʀɑ̃tɛn] *nf* about thirty ‖ **trente** *adj inv & nm (pl inv)* thirty ; *(loc) il s'est mis sur son ~ et un* he's dressed up to the nines ; *~-six* thirty-six ; *(fig)* umpteen ; *(loc) il n'y a pas ~-six solutions* there aren't that many solutions ; *tous les ~-six du mois* once in a blue moon.

trépas [tʀepa] *nm (lit) (mort)* demise ‖ **trépasser** *vi (1) (lit)* depart this life.

trépidant [tʀepidɑ̃] *adj (rythme)* pulsating ; *(vie)* hectic ; thrilling ‖ **trépidation** *nf* vibration ; *(vie)* bustle, excitement ‖ **trépider** *vi (1)* vibrate, throb.

trépied [tʀepje] *nm* tripod.

trépigner [tʀepiɲe] *vi (1)* stamp one's foot.

très [tʀɛ] *adv* very ; *c'est ~ bien !* that's very good! *j'ai ~ soif* I'm terribly thirsty ; *nous avons eu ~ peur* we were very frightened ; *nous sommes ~ amis* we're very good friends.

trésor [tʀezɔʀ] *nm* 1 treasure 2 *(église)* treasury 3 *(Fin) le T~ (public) (GB)* the Treasury, *(US)* the Treasury Department ; *bon du T~ (US)* T bill, *(GB)* Treasury bill ‖ **trésorerie** *nf* 1 *(Adm)* tax office 2 *(firme)* accounts (department) 3 *(argent)* funds ; *problèmes de ~* cash-flow problems ‖ **trésorier** *nm (f* **-ière**) treasurer ; *(Adm) ~ payeur général* paymaster.

tressaillement [tʀesajmɑ̃] *nm* 1 *(plaisir)* quiver ; *(frisson)* thrill ; *(surprise)* start ; *(peur)* shudder, shiver ; *(douleur)* wince 2 *(fig) (objets)* vibration ‖ **tressaillir** *vi (4)* quiver ; start, shudder, shiver ; wince ; vibrate.

tressauter [tʀesote] *vi (1)* 1 *(personne)* start, jump 2 *(choses)* *be tossed about.

tresse [tʀɛs] *nf (cheveux)* plait ; *(galon)* braid ‖ **tresser** *vt (1) (cheveux)* plait ; *(panier)* *weave.

tréteau [tʀeto] *nm (pl* **-x**) trestle ; *(Th) les ~x* the boards, the stage.

treuil [tʀœj] *nm (Tech)* winch ‖ **treuiller** *vt (1)* winch up.

trêve [tʀɛv] *nf (Mil) (aussi fig)* truce ; *faisons ~ !* let's make a truce! *sans ~* relentlessly.

tri¹ [tʀi] *préf* tri-.

tri² [tʀi] *nm* 1 sorting ; *(poste) centre de ~* sorting office 2 selection ; *on a fait le ~* we picked out the best ‖ **triage** *nm* sorting ; *(Rail) gare de ~* marshalling yard.

triangle [tʀijɑ̃gl] *nm* triangle ‖ **triangulaire** *adj* triangular ; *(fig)* three-sided.

tribal [tʀibal] *adj (mpl* **-aux**) tribal.

tribord [tʀibɔʀ] *nm (Naut)* starboard.

tribu [tʀiby] *nf (aussi fig)* tribe.

tribulations [tʀibylasjɔ̃] *nfpl inv* tribulations.

tribunal [tʀibynal] *nm (pl* **-aux**) *(Jur)* court ; *(Mil)* tribunal ; *~ de commerce* commercial court; ~ *correctionnel* magistrates' court; ~ *pour enfants* juvenile court; ~ *de grande instance* county court; *l'affaire a été portée devant les tribunaux* the case was taken to court.

tribune [tʀibyn] *nf* **1** *(Presse, public)* gallery **2** *(Sp)* ~s stand(s) **3** *(orateur)* rostrum; *monter à la* ~ *stand up to speak **4** *(débat)* forum.

tribut [tʀiby] *nm* tribute || **tributaire** *adj (de)* dependent (on).

triche [tʀiʃ] *nf (loc) c'est de la* ~ *!* that's cheating! || **tricher** *vi (1)* cheat || **tricherie** *nf* cheating; *c'est une* ~ *!* that's cheating/a cheat! || **tricheur** *nm (f -euse)* cheat.

tricolore [tʀikɔlɔʀ] *adj* **1** three-coloured; *feux* ~s traffic lights **2** *(fig)* French ◆ *nm le (drapeau)* ~ the Tricolour, the French flag; *(Sp) les* ~s the French team.

tricot [tʀiko] *nm* **1** *(activité)* knitting; *faire du* ~ knit **2** *(pull)* jumper, sweater || **tricoter** *vti (1)* knit || **tricoteuse** *nf (personne)* knitter; *(machine)* knitting machine.

trictrac [tʀiktʀak] *nm* backgammon.

tricycle [tʀisikl] *nm* tricycle.

triennal [tʀienal] *adj (mpl -aux)* triennial, three-yearly.

trier [tʀije] *vt (1h)* **1** sort **2** *(choisir)* pick out; *trié sur le volet* hand-picked || **trieuse** *nf* sorting machine.

trifouiller [tʀifuje] *vti (1) (fam)* rummage about (in).

trilingue [tʀilɛ̃g] *adj* trilingual.

trilogie [tʀilɔʒi] *nf (Lit)* trilogy.

trimbal(l)er [tʀɛ̃bale] *vt (1) (fam)* lug around || **se trimbal(l)er** *vpr* drag oneself along.

trimer [tʀime] *vi (1) (fam)* slave away.

trimestre [tʀimɛstʀ] *nm* **1** *(période) (Ens)* term; *(Fin)* quarter **2** *(somme)* quarterly payment || **trimestriel** *adj (f -ielle)* three-monthly; *(Fin)* quarterly; *(Ens) bulletin* ~ end-of-term report.

tringle [tʀɛ̃gl] *nf (Tech)* rod; ~ *à rideaux* curtain rail/track.

trinité [tʀinite] *nf* trinity.

trinquer [tʀɛ̃ke] *vi (1)* **1** clink glasses; ~ *à qn/qch* *drink to sb/sth **2** *(fam) (écoper)* *take the rap; *c'est le contribuable qui trinque* it's the taxpayer who has to cough up.

trio [tʀijo] *nm* trio.

triomphal [tʀijɔ̃fal] *adj (mpl -aux)* triumphant || **triomphalement** *adv* triumphantly || **triomphateur** *nm (f -trice)* victor || **triomphe** *nm* triumph || **triompher** *vi (1) (de)* triumph (over); *(fig)* *be a great success.

triperie [tʀipʀi] *nf* tripe shop || **tripes** *nfpl inv* **1** *(Cuis)* tripe *(ns inv)* **2** *(fam) (en-*

trailles)* guts || **tripier** *nm (f -ière)* tripe butcher.

triple [tʀipl] *adj* triple ◆ *nm* triple; *payer le* ~ *pay three times as much || **triplement** *nm (de)* tripling/trebling (of) ◆ *adv* trebly; in three ways || **tripler** *vt (1)* triple, treble || **triplés** *nmpl inv* triplets.

triporteur [tʀipɔʀtœʀ] *nm* delivery tricycle.

tripot [tʀipo] *nm (péj)* dive.

tripoter [tʀipɔte] *vt (1) (fam)* fiddle with ◆ *vi* **1** *(fouiller)* ~ *dans* rummage in **2** *(magouiller) il a tripoté dans pas mal d'affaires* he's been involved in a number of shady deals.

trique [tʀik] *nf* cudgel.

triste [tʀist] *adj* **1** *(après le n)* sad; *(personne)* unhappy; *(pensée)* gloomy; *(regard)* sorrowful; *(temps)* dull, dreary; *(paysage)* bleak **2** *(devant le n) (qui rend triste)* sad, sorry; *une* ~ *affaire* a dreadful business; ~ *chose!* how sad! *j'ai le* ~ *devoir de vous dire que...* it is my painful duty to tell you that...; *en* ~ *état* in a sorry state; *un* ~ *sort* a sorry end || **tristement** *adv* sadly || **tristesse** *nf* sadness, gloominess; dreariness; *(chagrin)* sorrow || **tristounet** *adj (f -ette) (personne)* down in the dumps; *(objet, paysage)* depressing.

triton [tʀitɔ̃] *nm (Zool)* newt.

triturer [tʀityʀe] *vt (1)* **1** *(médicament)* *grind (up); *(pâte)* knead **2** *(fig)* manipulate **3** *(loc) se* ~ *la cervelle* rack one's brains.

trivial [tʀivjal] *adj (mpl -iaux)* coarse || **trivialité** *nf* coarseness; *une* ~ a crude remark.

troc [tʀɔk] *nm* exchange, barter.

troène [tʀɔɛn] *nm (Bot)* privet; *haie de* ~s privet hedge.

troglodyte [tʀɔglɔdit] *nmf (Hist)* cave-dweller ◆ *nm (Orn)* wren.

trognon [tʀɔɲɔ̃] *nm (de fruit)* core.

trois [tʀwa] *adj inv & nm (pl inv)* three; *c'est* ~ *fois rien!* it's nothing at all! || **trois-huit** *(loc) faire les* ~ *do shift-work || **trois-pièces** *nm (pl inv)* **1** *(costume)* three-piece suit **2** *(amér)* three-room apartment, *(brit)* three-room flat || **trois-portes** *nf (pl inv) (Aut)* two-door hatchback, three-door car || **troisième** *adj & nm* third; *personnes du* ~ *âge* senior citizens || **troisièmement** *adv* thirdly, in the third place.

trombe [tʀɔ̃b] *nf* **1** *(météo)* waterspout **2** ~ *d'eau* downpour, torrential rain **3** *(fig) passer en* ~ *sweep past like a whirlwind.

trombone [tʀɔ̃bɔn] *nm* **1** *(Mus)* trombone **2** *(agrafe)* paper clip.

trompe [tʀɔ̃p] *nf* **1** *(Mus)* horn **2** *(Zool)* proboscis; *(éléphant)* trunk **3** *(Anat)* ~s *(de Fallope)* Fallopian tubes.

tromper [tʀɔ̃pe] *vt* **1** deceive, *mislead; *(berner) ça ne trompe personne* that doesn't fool anybody **2** ~ *sa femme/son mari* *be unfaithful (to one's wife/husband) **3** (*lit*) disappoint ; *cela a trompé notre attente* it failed to live up to our expectations **4** (*faim, soif*) stave off ‖ **se tromper** *vpr* (*de*) *be mistaken (about) ; *il s'était trompé de route* he'd gone the wrong way ‖ **tromperie** *nf* deception ‖ **trompeur** *adj* (*f* **-euse**) deceptive, misleading ; (*personne*) deceitful.

trompette [tʀɔ̃pεt] *nf* (*Mus*) trumpet ‖ **trompettiste** *nmf* trumpet player.

tronc [tʀɔ̃] *nm* **1** (*Anat, Bot*) trunk **2** ~ *des pauvres* poorbox.

tronche [tʀɔ̃ʃ] *nf* (*fam*) (*tête, visage*) mug.

tronçon [tʀɔ̃sɔ̃] *nm* section ‖ **tronçonner** *vt* (*1*) *cut into sections, *cut up ‖ **tronçonneuse** *nf* chainsaw.

trône [tʀon] *nm* throne ‖ **trôner** *vi* (*1*) **1** (*personne*) *sit enthroned, preside ; (*péj*) lord it **2** (*objet*) *stand for all to see.

tronquer [tʀɔ̃ke] *vt* (*1*) truncate, shorten.

trop [tʀo] *adv* **1** (*devant adj ou adv*) too ; *c'est* ~ *difficile* it's too difficult ; *on roule* ~ *vite* we're driving too fast ; *il a* ~ *peur* he's too frightened ; ~ *longtemps* too long ; (*excl*) *c'est* ~ *gentil !* that's so/too kind ! **2** (*devant v*) too much ; *j'ai* ~ *mangé* I've eaten too much ; *ça a* ~ *duré* it's lasted too long **3** ~ *de* too much, too many ; ~ *d'argent* too much money ; ~ *de soucis* too many worries **4** *de* ~/*en* ~ too much, too many ; unnecessary ; *il y en a 4 de* ~ there are four too many ; *vous ne serez pas de* ~ you won't be in the way ; *son intervention était de* ~ his comments were uncalled-for ♦ *nm* surplus, excess ‖ **trop-plein** *nm* (*Tech*) overflow ; (*fig*) ~ *d'énergie* boundless energy.

trophée [tʀɔfe] *nm* trophy.

tropical [tʀɔpikal] *adj* (*mpl* **-aux**) tropical ‖ **tropique** *nm* (*Géog*) tropic.

troquer [tʀɔke] *vt* (*1*) exchange, (*fam*) swap ; ~ *qch contre qch* exchange sth for sth (else).

troquet [tʀɔkε] *nm* (*fam*) café, bar.

trot [tʀo] *nm* trot ; *aller au* ~ trot (along) ; *course de* ~ trotting race ; (*fig*) *au* ~ *!* and make it quick ! ‖ **trotte** *nf* (*loc*) *ça fait une* ~ it's a long way ‖ **trotter** *vi* (*1*) trot (along) ; (*fig*) (*air, idée*) *ça n'arrête pas de me* ~ *dans la tête !* I can't get it out of my head ! ‖ **trotteur** *nm* (*f* **-euse**) (*cheval*) trotter ‖ **trotteuse** *nf* (*montre*) second hand ‖ **trottiner** *vi* (*1*) trot along ; (*souris*) scurry along ; (*bébé*) toddle along ‖ **trottinette** *nf* (*jouet*) scooter ‖ **trottoir** *nm* (*amér*) sidewalk, (*brit*) pavement ; ~ *roulant* moving walkway/(*brit*) pavement.

trou [tʀu] *nm* **1** hole ; ~ *d'aération* airhole ; (*Av*) ~ *d'air* air pocket ; ~ *de la serrure* keyhole ; ~ *de mémoire* lapse of memory ; (*loc*) (*fam*) *être au* ~ *be in

(the) clink ; *faire son* ~ *make a place for oneself **2** gap ; *le* ~ *de la sécurité sociale* the social security deficit ; (*fig*) *j'ai un* ~ *entre 9 h et 10 h* I'm free between nine and ten **3** (*péj*) (*lieu*) hole, dump.

troublant [tʀublɑ̃] *adj* disturbing.

trouble¹ [tʀubl] *adj* cloudy, (*sale*) murky ; (*vue*) blurred ; (*affaire*) shady ♦ *adv je vois* ~ everything looks blurred to me.

trouble² [tʀubl] *nm* **1** (*remue-ménage*) confusion, agitation ; (*zizanie*) trouble ; (*inquiétude*) distress **2** ~*s* (*émeute*) disturbances, unrest (*ns inv*) ; (*Méd*) ~*s* disorders ‖ **trouble-fête** *nm inv* spoilsport, (*fam*) wet blanket ‖ **troubler** *vt* (*1*) **1** disturb ; interrupt **2** (*inquiéter*) trouble, worry **3** (*vue, esprit*) cloud, blur **4** (*eau*) *make cloudy ‖ **se troubler** *vpr* **1** (*eau*) *become cloudy ; (*vue*) *become blurred **2** (*personne*) *become anxious/flustered.

troué [tʀue] *adj ma veste est* ~*e* there's a hole in my jacket ; *tout* ~ full of holes ‖ **trouée** *nf* gap, break ; (*Mil*) breach ‖ **trouer** *vt* (*1*) *make a hole in ; (*aussi fig*) pierce.

troufion [tʀufjɔ̃] *nm* (*fam*) soldier.

trouillard [tʀujaʀ] *nm* (*fam*) chicken ♦ *adj* yellow ‖ **trouille** *nf* (*fam*) (*loc*) *j'ai la* ~ *!* I'm scared stiff !

troupe [tʀup] *nf inv* **1** (*Mil*) troop ; *la* ~ the army **2** (*Th*) troupe.

troupeau [tʀupo] *nm* (*pl* **-x**) (*vaches, animaux sauvages, gens*) herd ; (*moutons*) flock ; (*oies*) gaggle.

trousse [tʀus] *nf* **1** case ; (*outils*) kit ; ~ *d'écolier* pencil case ; ~ *de toilette* toilet bag **2** (*fam*) *il a les flics à ses* ~*s* the cops are hot on his tail.

trousseau [tʀuso] *nm* (*pl* **-x**) **1** ~ *de clefs* bunch of keys **2** (*de mariée*) trousseau ; *c'est pour son* ~ it's for her (*brit*) bottom drawer/(*amér*) hope chest.

trouvaille [tʀuvaj] *nf* find.

trouver [tʀuve] *vt* (*1*) **1** *find ; *où est-ce que je peux* ~ *à manger ?* where can I get something to eat ? ~ *le moyen de faire qch* manage to do sth ; ~ *du plaisir à faire qch* enjoy doing sth ; ~ *le sommeil* *get off to sleep ; (*loc*) *j'ai trouvé !* I've got it ! **2** (*retrouver*) *va* ~ *ton père* go and see your dad **3** (*considérer*) *je la trouve charmante* I think she's charming ; *je lui trouve bonne mine* I think he looks well ; *je ne trouve pas bon qu'il soit venu* I don't think it was right of him to come ; *vous trouvez ?* do you think so ? ‖ **se trouver** *vpr* **1** (*dans une situation*) *il s'est trouvé tout seul* he found himself alone **2** (*se situer*) *be (situated) ; *où se trouve la piscine ?* where's the swimming pool ? *je me trouvais un jour à Paris* I happened to be in Paris one day **3** (*se sentir*) *je me trouve bien ici* I feel comfortable/happy here; *se ~ mal* *feel faint; *(loc) elle s'en est mal trouvée* she regretted it ◆ *v imper* **1** *(il y a) il se trouve toujours quelqu'un pour vous dire le contraire* there's always somebody who will tell you the opposite **2** *(hasard) il se trouve qu'elle était là* as it happens, she was there; *(fam) si ça se trouve...* perhaps....

truand [tʀyɑ̃] *nm* gangster, *(fam)* crook ‖ **truander** *vi* (1) *(à)* cheat (at).

truc [tʀyk] *nm* **1** *(astuce) elle a trouvé le* ~ she's found the answer/way; *avoir le* ~ *have the knack; *tiens! je pense à un* ~ hey! I've just thought of something **2** *(tour, truquage)* trick **3** *(machin)* whatsit, *attention à ces* ~*s-là!* be careful of those things! **4** *(personne) comment va T~ (Machin Chouette)?* how's what's-his-name? ‖ **trucage** *nm voir* **truquage**.

truchement [tʀyʃmɑ̃] *nm (loc) par le* ~ *de* through, with the aid of.

trucider [tʀyside] *vt* (1) *(hum) (tuer)* *do in, bump off.

truculence [tʀykylɑ̃s] *nf (personnage, style)* colourfulness ‖ **truculent** *adj* colourful.

truelle [tʀyɛl] *nf (Tech)* trowel.

truffe [tʀyf] *nf* **1** *(Cuis)* truffle **2** *(du chien)* nose ‖ **truffé** *adj (Cuis)* garnished with truffles; *(fig)* ~ *de fautes* riddled with mistakes; ~ *de pièges* bristling with traps; ~ *de plombs* peppered with shot.

truie [tʀɥi] *nf (Zool)* sow.

truite [tʀɥit] *nf (Zool)* trout *(pl* trout*)*.

truquage [tʀykaʒ] *nm (aussi* **trucage***)* **1** *(comptes)* fiddling; *(résultats)* fixing; *(élections)* rigging **2** *(Ciné)* special effect ‖ **truquer** *vt* (1) fiddle, fix, rig.

trust [tʀœst] *nm (Fin)* trust ‖ **truster** *vt* (1) *(Éco)* monopolize.

tsar [dzaʀ] *nm (Hist)* tsar, tzar, czar.

tsigane [tsigan] *adj (aussi* **tzigane***)* tzigane, gipsy ◆ *nmf* Tzigane, Gipsy.

tu[1] [ty] *prs pers* **(t'** devant voyelle ou h muet) **1** you *(en s'adressant à un ami, un enfant, etc.)* **2** *(Rel)* thou.

tu[2] [ty] *pp de* **taire**.

tuant [tɥɑ̃] *adj (épuisant)* exhausting; *(énervant)* exasperating.

tuba [tyba] *nm* **1** *(Mus)* tuba **2** *(natation)* snorkel.

tube [tyb] *nm* **1** *(tuyau)* tube, pipe **2** *(Anat)* ~ *digestif* alimentary canal **3** *(emballage)* tube **4** *(fam) (chanson à succès)* hit **5** *(loc) (fam) marcher à pleins* ~*s (moteur)* *run full throttle; *(musique)* *play at full blast; *il délire à pleins* ~*s!* he's raving mad!

tubercule [tybɛʀkyl] *nm (Bot)* tuber; *(Anat)* tubercule.

tuberculeux [tybɛʀkylø] *adj (f* **-euse***)*

tubercular ◆ *nm* TB sufferer ‖ **tuberculose** *nf* tuberculosis *(ab* TB*) (ns inv).*

tubulaire [tybylɛʀ] *adj* tubular.

tuer [tɥe] *vt* (1) kill, *(par balle)* *shoot; *(loc)* ~ *qch dans l'œuf* nip sth in the bud; ~ *le temps* kill time; *l'alcool tue* alcohol is a killer; *(fig) ça me tue!* it's more than I can take! *tu me tueras!* you'll be the death of me! ‖ **se tuer** *vpr* **1** kill oneself, commit suicide **2** *die,* *be killed; *il s'est tué en voiture* he died in a car accident **3** *(fig) elle se tue au travail* she's working herself to death; *(loc) je me tue à le lui dire* I'm forever telling her so ‖ **tuerie** *nf* slaughter ‖ **tue-tête** *(loc) crier à* ~ shout at the top of one's voice ‖ **tueur** *nm (f* **-euse***)* killer; *(abattoir)* slaughterman.

tuile [tɥil] *nf* **1** *(roof)* tile **2** *(fam) quelle* ~*!* what a blow!

tulipe [tylip] *nf (Bot)* tulip.

tuméfié [tymefje] *adj* swollen, puffed up.

tumeur [tymœʀ] *nf (Méd)* tumour.

tumulte [tymylt] *nm (brouhaha)* commotion; *(agitation)* turmoil ‖ **tumultueux** *adj (f* **-euse***) (réunion)* noisy, stormy; *(foule)* agitated; *(passion)* tumultuous.

tunique [tynik] *nf* tunic.

tunnel [tynɛl] *nm* tunnel; *le* ~ *sous la Manche* the Channel Tunnel, *(hum)* the Chunnel; *(loc) voir le bout du* ~ *see the light at the end of the tunnel.

turban [tyʀbɑ̃] *nm* turban.

turbine [tyʀbin] *nf (Tech)* turbine ‖ **turbiner** *vi (fam)* slave away ‖ **turboréacteur** *nm (Av)* turbojet.

turbulence [tyʀbylɑ̃s] *nf* **1** *(élève)* rowdiness **2** *(Av)* ~*s* turbulence *(ns inv)* ‖ **turbulent** *adj (élève)* rowdy; *(lit) (passion)* stormy.

turfiste [tyʀfist] *nmf* racegoer.

turlupiner [tyʀlypine] *vt* (1) *(fam)* worry, bother.

turne [tyʀn] *nf (argot)* room.

turquoise [tyʀkwaz] *nf & adj inv* turquoise.

tutelle [tytɛl] *nf (Jur)* guardianship; *(fig)* supervision; *sous la* ~ *de* under the protection/authority of ‖ **tuteur** *nm (f* **-trice***) (Jur)* guardian ◆ *nm (Ag)* stake, support.

tutorat [tytɔʀa] *nm (Ens)* pastoral care *(ns inv).*

tutoiement [tytwamɑ̃] *nm* use of the familiar form **tu** ‖ **tutoyer** *vt (1f)* ~ *qn* address sb as **tu.**

tutu [tyty] *nm* tutu, ballerina's skirt.

tuyau [tɥijo] *nm (pl* **-x***)* **1** pipe; *(Hort)* ~ *d'arrosage* hosepipe; *(Aut)* ~ *d'échappement* exhaust *(pipe)* **2** *(fam)* tip ‖ **tuyauter** *vt* (1) *(fam)* ~ *qn* tip sb off ‖ **tuyauterie** *nf (Tech)* piping, pipes.

tympan [tɛ̃pɑ̃] *nm (Anat)* eardrum.

type [tip] *nm* **1** model, example; *c'est le ~ même du mari jaloux* he's a classic example of the jealous husband **2** *(genre)* sort, kind, type **3** *(fam) (amér)* guy, *(brit)* bloke; *c'est un pauvre ~* he's a loser; *quel sale ~!* what a bastard! ◆ *adj inv* typical; *exemple ~* classic example; *lettre ~* standard letter || **typé** *adj* typical.

typhoïde [tifɔid] *nf (Méd)* typhoid (fever) *(ns inv)*.

typhon [tifɔ̃] *nm* typhoon.

typhus [tifys] *nm (Méd)* typhus *(ns inv)*.

typique [tipik] *adj* **1** *(de)* typical (of) **2** *scène ~* picturesque scene || **typiquement** *adv* typically.

typographe [tipɔgraf] *nmf* typographer || **typographie** *nf* typography || **typographique** *adj* typographical.

tyran [tiʀɑ̃] *nm inv* tyrant || **tyrannie** *nf* tyranny || **tyrannique** *adj* tyrannical || **tyranniser** *vt (1)* tyrannize.

tzigane [tsigan] *voir* **tsigane**.

U

U, u [y] *nm (lettre)* U, u.

ulcère [ylsɛʀ] *nm* ulcer || **ulcérer** *vt (1c)* sicken; anger || **s'ulcérer** *vpr (Méd)* ulcerate.

ultérieur [ylteʀjœʀ] *adj* subsequent, later || **ultérieurement** *adv* subsequently, later.

ultimatum [yltimatɔm] *nm* ultimatum || **ultime** *adj* ultimate, final.

ultra [yltʀa] *préf* ultra- || **ultra-confidentiel** *adj (f* **-elle***)* top secret || **ultramoderne** *adj* ultramodern; *(matériel)* high-tech, state-of-the-art || **ultra-sensible** *adj* highly sensitive; *(Phot) pellicule ~* high-speed film || **ultrason** *nm* ultrasonic sound; *(Méd)* ultrasound || **ultraviolet** *adj* ultraviolet ◆ *nm* ultraviolet ray.

ululer [ylyle] *vi (1) (aussi* **hululer***)* hoot.

un, une [œ̃, yn] *art indéfini* **1** a, (an *devant voyelle*) *~ cheval* a horse; *~e réponse* an answer; *~ soir d'été* on a summer's evening/one summer's evening; *~ tel bonheur* such happiness; *donnez-m'en ~ autre* give me another (one); *~ (certain) monsieur Smith* a (certain) Mr Smith **2** *(intensificateur) j'ai ~e de ces soifs!* I'm so thirsty! ◆ *pr* **1** one; *j'en connais ~ qui ne dira pas non!* I know someone who won't say no! *il n'y en a pas ~ qui sache répondre!* there's not a single one who knows the answer! **2** *(précédé de l'article défini) je les connais l'~ et l'autre* I know them both; *aimez-vous les ~s les autres!* love one another! *ils sont arrivés les ~s et les autres* they've all arrived; *les ~s sont contents, les autres pas* some are pleased, others are not ◆ *adj num cardinal ~ café et deux thés, s'il vous plaît* one coffee and two teas, please; *~ à ~* one by one; *~ seul* one ◆ *adj num ordinal la page ~* page one ◆ *nm* (number) one; *~ et ~ font deux* one and one make two; *le ~ a gagné!* number one wins!

unanime [ynanim] *adj* unanimous || **unanimité** *nf* unanimity; *(loc) à l'~* unanimously.

une [yn] *voir* **un** ◆ *nf* **1** *(Presse) la ~* the front page; *à la ~* on the front page; in the headlines **2** *(TV) la ~* channel one.

uni [yni] *adj* **1** *(amis, couple)* close; *(famille)* close-knit; *(loc) présenter un front ~* present a united front **2** *(couleurs)* plain **3** *(surface)* even, smooth.

unième [ynjɛm] *adj vingt et ~* twenty-first; *quatre-vingt-~* eighty-first, etc.

unification [ynifikasjɔ̃] *nf* unification || **unifier** *vt (1h)* **s'~** *vpr* unify.

uniforme [ynifɔʀm] *adj* uniform; *(vitesse)* steady; *(surface)* even ◆ *nm* uniform || **uniformément** *adv* uniformly; steadily; evenly || **uniformiser** *vt (1)* standardize || **uniformité** *nf* uniformity, regularity; steadiness; evenness.

unijambiste [yniʒɑ̃bist] *adj* one-legged ◆ *nmf* one-legged man/woman.

unilatéral [ynilateʀal] *adj (mpl* **-aux***)* unilateral.

unilingue [ynilɛ̃g] *adj* unilingual.

union [ynjɔ̃] *nf* union; *(éléments, couleurs)* combination; *(organisme)* association; *~ sportive* sports club.

unique [ynik] *adj* **1** *(seul)* sole, only; *~ au monde* the only one in the world; *un cas ~* an isolated case; *mon ~ espoir* my only hope; *il est fils ~* he's an only son; *rue à sens ~* one-way street **2** *(exceptionnel)* unique || **uniquement** *adv* solely; uniquely; *pas ~* not only.

unir [yniʀ] *vt (2)* unite; combine; *(relier)* link up || **s'unir** *vpr (à)* unite/combine (with).

unisexe [ynisɛks] *adj inv* unisex.

unisson [ynisɔ̃] *loc à l'~* in unison.

unitaire [ynitɛʀ] *adj (Com) prix ~* unit price || **unité** *nf* **1** *(cohésion)* unity **2** *(Math, Mil)* unit; *(Ind) ~ de production* production unit/facility.

univers [ynivɛʁ] *nm* universe ; *(domaine)* world ‖ **universalité** *nf* universality ‖ **universel** *adj (f* **-elle***)* universal ‖ **universellement** *adv* universally.

universitaire [ynivɛʁsitɛʁ] *nmf* academic ◆ *adj* vie ~ university life ‖ **université** *nf* university ; ~ *d'été* summer school.

uranium [yʁanjɔm] *nm (Ch)* uranium.

urbain [yʁbɛ̃] *adj* urban ; *tissu* ~ urban fabric ‖ **urbanisation** *nf* urbanization ‖ **urbaniser** *vt* (1) urbanize ‖ **s'urbaniser** *vpr* *become urbanized ‖ **urbanisme** *nm* town planning ‖ **urbaniste** *nmf* town planner.

urée [yʁe] *nf (Méd)* urea *(ns inv)* ‖ **urémie** *nf (Méd)* uraemia *(ns inv)*.

urgence [yʁʒɑ̃s] *nf* 1 urgency ; *il n'y a pas* ~ it isn't urgent ; *(fig)* there's no rush ; *d'*~ urgently ; *elle a été transportée d'*~ *à l'hôpital* she was rushed to (the) hospital ; *on l'a opérée d'*~ she had to have an emergency operation ; *à envoyer d'*~ to be sent at once ; *état d'*~ state of emergency ; *plan d'*~ emergency plan 2 *(cas urgent)* emergency ; *service des* ~s casualty (department) ‖ **urgent** *adj* urgent ‖ **urger** *vi* (1h) *(loc) (fam) ça urge !* it's urgent!

urine [yʁin] *nf* urine *(ns inv)* ‖ **uriner** *vi* (1) urinate ‖ **urinoir** *nm* (public) urinal.

urne [yʁn] *nf* 1 *(Pol)* ballot box ; *(loc) aller aux* ~s vote, *go to the polls 2 *(vase)* urn ; ~ *funéraire* funeral urn.

urticaire [yʁtikɛʁ] *nf (Méd)* nettle rash.

US [ys] *loc* ~ *et coutumes* habits and customs.

usage [yzaʒ] *nm* 1 *(utilisation)* use ; *j'ai l'*~ *de sa voiture* he lets me use his car ; *à l'*~ with use ; *à l'*~ *de* for use by ; *en* ~ in use ; *(médicament) à* ~ *externe* for external use only ; *outil à* ~s *multiples* multi-purpose tool ; *faire* ~ *de* *make use of 2 *(mot, expression)* usage 3 *(coutume)* custom ; *c'est l'*~ it's what is done ; *entrer dans l'*~ *become common practice ; *contraire aux* ~s contrary to common practice ; *après les salutations d'*~ after

the customary greetings ; *il est d'*~ *de...* it is customary to... ‖ **usagé** *adj* worn, old ‖ **usager** *nm inv* user ‖ **usé** *adj* worn (out) ; *(expression)* hackneyed ; *(plaisanterie)* well-worn ‖ **user** *vt* (1) *(rocher)* *wear away ; *(vêtement)* *wear out ◆ *vi* ~ *de* 1 use, *make use of ; *(loc) (lit) en* ~ *bien/ mal avec qn* treat sb well/badly 2 *(Jur)* ~ *d'un droit* exercise a right.

usine [yzin] *nf* factory ; plant ; *travail en* ~ factory work ; *ici, c'est l'*~ *!* it's like a factory here! ‖ **usiner** *vt* (1) manufacture ; *(loc) (fam) ça usine ici !* they're all slaving away in here!

usité [yzite] *adj (expression)* common.

ustensile [ystɑ̃sil] *nm* implement ; ~s *de cuisine* kitchen utensils.

usuel [yzɥɛl] *adj (f* **-elle***)* common, everyday.

usufruit [yzyfʁɥi] *nm* use, *(Jur)* usufruct.

usure[1] [yzyʁ] *nf* wear ; *résiste à l'*~ wears well ; *(loc) nous l'aurons à l'*~ we'll get him in the end.

usure[2] [yzyʁ] *nf (Fin)* usury ‖ **usurier** *nm (f* **-ière***)* usurer.

usurpateur [yzyʁpatœʁ] *nm (f* **-trice***)* usurper ◆ *adj* usurping ‖ **usurpation** *nf* usurpation ‖ **usurper** *vt* (1) usurp.

ut [yt] *nm (Mus)* C.

utérus [yteʁys] *nm (Anat)* uterus.

utile [ytil] *adj* 1 useful ; *(conseil)* helpful ; *si je peux vous être* ~... if I can be of any help (to you)... 2 necessary ; *il n'est pas* ~ *d'y aller* there's no need to go there ‖ **utilement** *adv* usefully ; profitably.

utilisable [ytilizabl] *adj* usable ‖ **utilisateur** *nm (f* **-trice***)* user ‖ **utilisation** *nf* use ‖ **utiliser** *vt* (1) use.

utilitaire [ytilitɛʁ] *adj* utilitarian ‖ **utilité** *nf* utility, usefulness ; *je n'en ai pas l'*~ I have no use for it ; *je n'en vois pas l'*~ I see no need for it ; *d'une grande* ~ very useful ; *d'aucune* ~ of no use.

utopie [ytɔpi] *nf* Utopia ; *(idée)* utopian view ; *c'est de l'*~ *!* that's just not realistic! ‖ **utopique** *adj* utopian.

V

V,v [ve] *nm (lettre)* V,v.

vacance [vakɑ̃s] *nf* 1 *(emploi)* vacancy 2 ~s *(amér)* vacation, *(brit)* holidays ; *je suis en* ~s I'm on vacation/holiday ; *prendre des* ~s *take a vacation/a holiday ‖ **vacancier** *nm (f* **-ière***)* holiday-maker ‖ **vacant** *adj* vacant.

vacarme [vakaʁm] *nm* din, uproar ; *faire du* ~ *make a racket.

vaccin [vaksɛ̃] *nm* vaccine ‖ **vaccination** *nf* vaccination ‖ **vacciner** *vt* (1) vaccinate.

vache [vaʃ] *nf* 1 cow ; ~ *laitière* dairy cow ; *(fam)* ~ *à lait* sucker ; *(Fin)* cash cow ; *(loc)* ~s *maigres* lean years/times ; *parler français comme une* ~ *espagnole* *speak broken French 2 *(cuir)* cowhide 3 *(personne) la vieille* ~ *!* the old cow/ swine! 4 *(excl) ah la* ~ *!* *(admiration)*

wow! *(indignation)* damn! ◆ *adj* mean ‖ **vachement** *adv (fam) c'est ~ bon !* this is really great! *elle travaille ~ !* she works a hell of a lot! ‖ **vacher** *nm (f* **-ère***)* cowherd ‖ **vacherie** *nf* **1** meanness **2** *quelle ~ !* what a dirty trick! *(propos)* what a nasty remark! ‖ **vachette** *nf* **1** young cow **2** *(cuir)* calfskin.

vaciller [vasije] *vi* **(1)** *(personne)* sway, totter; *(flamme)* flicker; *(mémoire)* falter ‖ **vacillant** *adj* swaying; flickering; faltering ‖ **vacillement** *nm (aussi* **vacillation** *nf)* swaying; flickering; faltering.

vadrouille [vadʀuj] *nf (loc) encore en ~ !* out gallivanting again! out on the town again! ‖ **vadrouiller** *vi* gallivant; *go gallivanting.

va-et-vient [vaevjɛ̃] *nm* **1** *(personnes)* comings and goings; *faire le ~ entre *go backwards and forwards between **2** *(Tech)* to and fro movement **3** *(El)* two-way switch.

vagabond [vagabɔ̃] *nm* vagrant; *(lit)* wanderer ◆ *adj* wandering ‖ **vagabondage** *nm* wandering; *(Jur)* vagrancy ‖ **vagabonder** *vi* **(1)** wander, roam.

vagin [vaʒɛ̃] *nm (Anat)* vagina.

vagir [vaʒiʀ] *vi* **(2)** *(bébé)* wail ‖ **vagissement** *nm* wailing.

vague[1] [vag] *nf* wave; *(fig)* wave, surge; *ça a fait des ~s* that caused a stir.

vague[2] [vag] *adj* **1** vague; *il avait l'air ~* he had a vague expression (on his face) **2** *terrain ~ (amér)* empty lot, *(brit)* waste ground *(ns inv)* ◆ *nm* **1** vagueness; *nous sommes restés dans le ~* we weren't clear about it all **2** *(vide) regarder dans le ~* gaze into (empty) space; *(loc) j'ai du ~ à l'âme* I'm feeling rather melancholy ‖ **vaguement** *adv* vaguely.

vaillamment [vajamɑ̃] *adv* valiantly, bravely ‖ **vaillance** *nf (lit)* valour ‖ **vaillant** *adj* **1** brave **2** energetic; *il n'est pas bien ~ aujourd'hui* he's not feeling so good today.

vain [vɛ̃] *adj* vain, futile; *(mot)* empty; *en ~* in vain.

vaincre [vɛ̃kʀ] *vt* **(50)** *(ennemi)* defeat, *(lit)* vanquish; *(pays)* conquer; *(difficulté)* *overcome; *(instincts)* triumph over ‖ **vaincu** *adj* defeated; *s'avouer ~* acknowledge defeat; *tu pars ~ !* you're beaten before you even begin! ◆ *nm* defeated person; *les ~s (lit)* the vanquished.

vainement [vɛnmɑ̃] *adv* vainly.

vainqueur [vɛ̃kœʀ] *nm inv* victor, conqueror; *(Sp)* winner ◆ *adj il a l'air ~* he looks triumphant.

vaisseau [veso] *nm (pl* **-x***)* **1** *(Naut)* vessel **2** *(Anat)* vessel.

vaisselier [vesəlje] *nm (meuble)* dresser ‖ **vaisselle** *nf* crockery *(ns inv)*; *faire la*

~ *do the dishes, (brit) *do the washing-up.

val [val] *nm (pl* **-s** *ou* **vaux***) (lit, Géog)* valley : *(loc) par monts et par vaux* up hill and down dale.

valable [valabl] *adj* **1** *(document, offre)* valid **2** *(proposition)* worthwhile; *(auteur, étudiant)* really good.

valet [vale] *nm* **1** manservant, valet; *~ d'écurie* stable lad/boy; *~ de ferme* farmhand **2** *(cartes)* knave, jack.

valeur [valœʀ] *nf* **1** value, worth; price; *objets de ~* valuables; *sans ~* worthless; *avoir de la ~* *be valuable; *mettre en ~* *show off; *se mettre en ~* *show oneself to advantage; *prendre de la ~* increase in value **2** *(mérite)* worth, merit **3** *(Fin)* security; *~s* securities; *~s disponibles* liquid assets; *~s de tout repos* gilt-edged securities; *taxe à la ~ ajoutée (ab TVA)* value-added tax *(ab VAT)*.

validation [validasjɔ̃] *nf* validating ‖ **valide** *adj (personne)* fit; *(document)* valid ‖ **valider** *vt* **(1)** validate ‖ **validité** *nf* validity.

valise [valiz] *nf* suitcase; *~ diplomatique* diplomatic bag; *fais tes ~s !* pack your bags!

vallée [vale] *nf* valley ‖ **vallon** *nm* (small) valley ‖ **vallonné** *adj (paysage)* undulating ‖ **vallonnement** *nm* undulation.

valoir [valwaʀ] *vi* **(17)** *be worth **1** *(prix)* *ça vaut combien ?* how much is it? *ça vaut cher !* it's expensive! *ça les vaut, les cent francs !* it's (well) worth a hundred francs! **2** *(fig) ce vin ne vaut pas grand-chose !* this wine isn't much good! *ce livre ne vaut rien !* this book is rubbish! *(fam) ça se vaut !* it amounts to the same thing! *les deux se valent* there's nothing to choose between them; *(fam) est-ce que cela vaut le coup/la peine d'y aller ?* is it worth going there? *(loc) (souvent ironique) cela vaut son pesant d'or !* it's worth its weight in gold! **3** *(être valable) ma remarque vaut pour tout le monde* my remark applies to everybody **4** *(Fin) à ~ (sur)* to be deducted (from); *vous avez un à ~ de 100 francs* you've got a hundred francs' credit **5** *faire ~* highlight; emphasize; *(Jur) faire ~ ses droits* assert one's rights; *se faire ~* *show off ◆ *v imper il vaut mieux arriver tôt* it's better to get there early; *il vaudrait mieux que tu dises non* you'd better say no ◆ *vt ça lui a valu une fessée* he got a good spanking for that; *(lit) que nous vaut cet honneur ?* to what do we owe this honour?

valorisant [valɔʀizɑ̃] *adj* good for one's image/status ‖ **valorisation** *nf (région)* development; *(produit)* increase in value; *(personne)* improved image ‖ **valoriser** *vt* **(1)** *(région)* develop; *(produit)* increase/

enhance the value of ; *(personne)* improve the image of.

valse [vals] *nf* waltz ; *(fig)* ~ **des étiquettes** endless price increases ; ~ **des ministres** repeated cabinet reshuffles **valser** *vi (1)* waltz **valseur** *nm (f* **-euse)** waltzer.

valve [valv] *nf (Méd, Tech)* valve.

vampire [vɑ̃piʀ] *nm* vampire.

van [vɑ̃] *nm (Aut) (amér)* horse-trailer, *(brit)* horse-box.

vandale [vɑ̃dal] *nmf* vandal **vandalisme** *nm* vandalism.

vanille [vanij] *nf (Cuis)* vanilla *(ns inv)* **vanillé** *adj* vanilla-flavoured.

vanité [vanite] *nf* **1** *(orgueil)* vanity, conceit **2** futility, uselessness **vaniteux** *adj (f* **-euse)** vain, conceited.

vanne[1] [van] *nf (écluse)* gate ; *(fig)* **ouvrir les ~s** open the floodgates ; *(fam) (pleurer)* turn on the waterworks.

vanne[2] [van] *nf (fam) (plaisanterie)* dig ; *il n'arrête pas de me lancer des ~s !* he's always having a dig at me!

vanner [vane] *vt (1) (Ag)* winnow.

vannerie [vanʀi] *nf* wickerwork *(ns inv).*

vantail [vɑ̃taj] *nm (pl* **-aux)** *(Tech) (porte)* leaf ; *fenêtre à deux vantaux* double window.

vantard [vɑ̃taʀ] *adj* boasting ◆ *nm* boaster, braggart **vantardise** *nf* **1** boastfulness **2** *(propos)* boast **vanter** *vt (1)* praise, *speak highly of* **se vanter** *vpr (de)* **1** *(exagérer)* boast (about), brag (about) ; *(fig) il ne s'en est pas vanté !* he kept quiet about it! *il n'y a pas de quoi se ~ !* it's nothing to shout about! **2** *elle se vantait d'être la meilleure* she prided herself on being the best ; *et il s'en vante !* and he's proud of it!

va-nu-pieds [vanypje] *nm (pl inv)* beggar.

vapes [vap] *nfpl (fam loc) dans les ~s* in a daze.

vapeur [vapœʀ] *nf* **1** *(d'eau)* steam ; *bateau à ~* steamboat ; *à toute ~* at full speed ; *(Cuis) cuit à la ~* steamed **2** *(Ch)* vapour ; *~s (nocives)* fumes **vaporeux** *adj (f* **-euse)** misty ; *(idées)* hazy ; *(tissu)* flimsy **vaporiser** *vt (1)* spray **se vaporiser** *vpr (Phys)* vaporize.

vaquer [vake] *vi (1) (loc)* ~ **à ses occupations** *go about one's business.

varappe [vaʀap] *nf* rock-climbing ; *faire de la ~* *go rock-climbing **varappeur** *nm (f* **-euse)** (rock-)climber.

varech [vaʀɛk] *nm (Bot)* wrack *(ns inv).*

vareuse [vaʀøz] *nf (Mil)* tunic.

varice [vaʀis] *nf (Méd)* varicose vein.

varicelle [vaʀisɛl] *nf (Méd)* chickenpox *(ns inv).*

variable [vaʀjabl] *adj* variable ; *(humeur, temps)* changeable ◆ *nf* variable **variante** *nf* variant **variateur** *nm (éclairage)* dimmer **variation** *nf (de)* variation (in) **varié** *adj* varied ; *(divers)* various ; assorted **varier** *vti (1h)* vary **variété** *nf* variety ; *(TV) émission de ~s* variety show.

variole [vaʀjɔl] *nf (Méd)* smallpox *(ns inv)* **variolé** *adj* pockmarked.

vase[1] [vaz] *nm* vase.

vase[2] [vaz] *nf (lit de rivière)* mud, slime **vaseux** *adj (f* **-euse) 1** muddy, slimy **2** *(fig) (idées)* vague, hazy.

vasistas [vazistɑs] *nm* fanlight.

vasque [vask] *nf (lavabo, fontaine)* basin.

vassal [vasal] *nm & adj (mpl* **-aux)** *(Hist)* vassal ; *(Pol) pays vassaux* satellite countries.

vaste [vast] *adj* vast, huge.

va-tout [vatu] *nm (loc) jouer son ~* stake everything.

vaudeville [vodvil] *nm* light comedy, vaudeville ; *(loc) cela tourne au ~* it's turning into a farce.

vaudou [vudu] *nm le ~* voodoo *(ns inv)* ◆ *adj inv* voodoo.

vau-l'eau [volo] *(loc) aller à ~* *go to rack and ruin ; *(fam)* *go to the dogs.

vaurien [voʀjɛ̃] *nm (f* **-ienne)** good-for-nothing.

vautour [votuʀ] *nm (Orn)* vulture.

vautrer [votʀe] **se** ~ *vpr (1) (fauteuil)* sprawl **2** *(boue, vice)* wallow.

va-vite [vavit] *(loc) à la ~* in a rush.

veau [vo] *nm (pl* **-x)** **1** *(animal)* calf *(pl* calves) **2** *(viande)* veal *(ns inv)* **3** *(cuir)* calfskin.

vecteur [vɛktœʀ] *nm* vector.

vécu [veky] *adj (expérience)* real-life ◆ *nm le ~* real-life experience.

vedette [vədɛt] *nf inv* **1** leading figure/light ; *(Ciné, Th)* star ; *(Th) elle a la ~* she's top of the bill ; *(fig)* she's in the limelight ; *ravir la ~* *steal the show ; *(Sp) joueur ~* star player ; *(Com) produit ~* leading/best-selling product **2** *(bateau)* launch **vedettariat** *nm* stardom.

végétal [veʒetal] *adj (mpl* **-aux)** vegetable, plant ◆ *nm* plant **végétalien** *nmf & adj (f* **-ienne)** vegan **végétarien** *nm & adj (f* **-ienne)** vegetarian **végétation** *nf* **1** vegetation *(ns inv)* **2** *(Méd) ~s* adenoids ; *se faire opérer des ~s* *have one's adenoids removed **végéter** *vpr (1c)* slow down ; *(personne)* vegetate ; *(entreprise)* stagnate.

véhémence [veemɑ̃s] *nf* vehemence **véhément** *adj* vehement.

véhicule [veikyl] *nm* vehicle ; *(fig)* vehicle, medium **véhiculer** *vt (1)* convey.

veille [vɛj] *nf* **1** *(jour)* **la ~ du mariage** the day before the wedding ; *(fig)* **à la ~**

vente

de on the eve of; *la ~ de Noël* Christmas Eve; *(fam) ce n'est pas demain la ~!* that won't happen in a hurry! **2** *(état)* wakefulness; *en état de ~* awake ‖ **veillée** *nf* **1** evening spent in company **2** *~ funèbre* wake ‖ **veiller** *vi (1)* **1** stay up late, stay awake; *(garde)* *keep watch **2** *(malade)* watch over, *sit up with **3** *~ à qch* attend to sth; *veillez à ce qu'il le fasse!* make sure he does it! ‖ **veilleur** *nm inv (Mil)* watchman; *~ de nuit* nightwatchman ‖ **veilleuse** *nf* **1** *(Aut)* sidelight; *j'étais en ~* I had my side-lights on **2** *(chambre)* night light **3** *(gaz)* pilot light; *(loc) on a mis le projet en ~* the project was shelved.

veinard [venar] *adj (fam)* dead lucky ◆ *nm* lucky devil.

veine[1] [ven] *nf (fam)* luck; *tu n'as pas eu de ~!* you were dead unlucky!

veine[2] [ven] *nf (Anat, minerai)* vein.

vêler [vele] *vi (1)* calve.

vélin [velɛ̃] *nm* velum.

véliplanchiste [veliplɑ̃ʃist] *nmf (Sp)* windsurfer.

velléitaire [veleiter] *adj* hesitant, wavering ‖ **velléité** *nf* vague desire/impulse.

vélo [velo] *nm* bicycle; *(fam)* bike; *~ d'appartement* exercise bike; *~ de course* racing bike; *~-cross* stunt bike; *~ tout terrain (ab VTT)* mountain bike; *à ~/en ~* on a bike; *elles sont venues en ~* they cycled here; *faire du ~* *go cycling.

vélocité [velɔsite] *nf (Mus)* nimbleness, swiftness.

vélodrome [velɔdrɔm] *nm* velodrome, cycle track ‖ **vélomoteur** *nm* moped ‖ **véloski** *nm* skibob.

velours [vəlur] *nm* velvet; *~ côtelé* cord, corduroy.

velouté [vəlute] *adj* velvety; *(Cuis)* smooth, creamy ◆ *nm* **1** smoothness **2** *(potage)* *~ de légumes* cream of vegetable soup.

velu [vəly] *adj* hairy.

venaison [vənɛzɔ̃] *nf (Cuis)* venison.

vénal [venal] *adj (mpl -aux)* venal.

vendange [vɑ̃dɑ̃ʒ] *nf* grape harvest; *(lit)* vintage; *faire les ~s* *go grape-picking ‖ **vendanger** *vi (1h)* pick/harvest grapes ‖ **vendangeur** *nm (f -euse)* grape-picker.

vendeur [vɑ̃dœr] *nm (f -euse)* **1** *(magasin)* salesman, saleswoman; *(amér)* salesclerk, *(brit)* sales/shop assistant **2** *(Com, Jur)* seller, vendor ‖ **vendre** *vt (46)* *sell; *à ~* for sale; *il l'a vendu cher* he sold it at a good price; *elle l'a vendu 200 dollars* she sold it for two hundred dollars; *(loc) tu as vendu la mèche!* you've given the game away! *ne vendez pas la peau de l'ours avant de l'avoir tué!* don't count your chickens before they're hatched!

vendredi [vɑ̃drədi] *nm* Friday; *le V~ saint* Good Friday.

vénéneux [venenø] *adj (f -euse) (champignon)* poisonous.

vénérable [venerabl] *adj* venerable ‖ **vénération** *nf* veneration ‖ **vénérer** *vt (1c)* revere, venerate.

vengeance [vɑ̃ʒɑ̃s] *nf* revenge, vengeance ‖ **venger** *vt (1h)* *~ qn (de qch)* avenge sb (for sth) ‖ **se venger** *vpr (de qn)* *take revenge (on sb); *se ~ de qch* *take revenge for sth; *je me vengerai!* I'll get my revenge! ‖ **vengeur** *adj (f -eresse) (personne)* vengeful; *(acte)* avenging ◆ *nm* avenger.

véniel [venjɛl] *adj (f -ielle)* venial.

venimeux [vənimø] *adj (f -euse) (Zool)* venomous ‖ **venin** *nm* venom.

venir [vənir] *vi (10)* **1** *come; *venez ici/chez moi* come here/to my place; *viens m'aider!* come and help me! *pendant les mois qui viennent* in the coming months; *les générations à ~* future generations **2** *(fig)* *~ à bout de (travail)* finish; *(adversaire)* *overcome; *ça ne m'était même pas venu à l'idée!* that hadn't even occurred to me! *~ au monde (naître)* *come into the world; *(fam) je le vois ~!* I can see what he's getting at! **3** *faire ~ qn/qch* *send for sb/sth **4** *en ~ à faire qch* end up doing sth; *ils en sont venus aux coups* they came to blows; *où voulez-vous en ~?* what are you driving at? *venons-en au fait!* let's get to the point! *on en vient à se demander si...* you end up wondering whether...**5** *s'il venait à mourir...* if he should die... **6** *(événement récent)* *elle vient de sortir* she's just gone out ◆ *v imper il est venu beaucoup de monde* a lot of people came.

vent [vɑ̃] *nm* wind; *il fait du ~* it's windy; *coup de ~* gust of wind; *(loc) je suis passé en coup de ~* I dropped in briefly; *contre ~s et marées* against all odds; *le ~ est à la conciliation* there's reconciliation in the air; *avoir ~ de qch* *get wind of sth; *(fig) elle a le ~ en poupe (personne)* things are going well for her; *(entreprise)* it's making headway; *dans le ~ (fam)* trendy, with it; *ce n'est que du ~!* it's all hot air!

vente [vɑ̃t] *nf* sale; *(Com) en ~* on sale; *~ par correspondance* mail order; *~ aux enchères* auction sale; *salle des ~s* auction room; *prix de ~* selling price; *mettre en ~* *put up for sale.

venté [vɑ̃te] *adj* windy, *(lit)* windswept ‖ **venter** *v impers (1) il vente* it's windy; *qu'il vente ou qu'il pleuve* come rain or shine ‖ **venteux** *adj (f -euse)* windy, *(lit)* windswept ‖ **ventilateur** *nm* fan, ventilator ‖ **ventilation** *nf* ventilation ‖ **ventiler** *vt (1)* ventilate.

ventouse [vɑ̃tuz] *nf (Méd)* cupping glass; *(Zool)* sucker; *(Tech)* suction pad.

ventre [vɑ̃tʀ] *nm (animal)* belly; *(personne)* belly; stomach; *(fam)* tummy; *tu prends du ~* you're getting a tummy/ paunch/ *(hum)* spare tyre; *se mettre à plat ~* *lie out flat; *(fig)* humiliate oneself; *(fig) il n'a rien dans le ~* he's a spineless creature.

ventricule [vɑ̃tʀikyl] *nm (Méd)* ventricle.

ventriloque [vɑ̃tʀilɔk] *nmf* ventriloquist.

ventripotent [vɑ̃tʀipɔtɑ̃] *adj* potbellied; **ventru** *adj (personne)* potbellied; *(objet)* bulging.

venu [vəny] *pp de* **venir** ◆ *adj* **1** *(santé) enfant bien/mal ~* sturdy/sickly child **2** *(opportunité) bien ~* timely; *mal ~* untimely; *vous seriez mal d'intervenir* I'd stay out of it (if I were you) **3** *(loc) le premier ~ te le dira* anyone will tell you that ‖ **venue** *nf* arrival, coming.

vêpres [vɛpʀ] *nfpl (Rel)* vespers (npl inv).

ver [vɛʀ] *nm* **1** *(larve)* grub, maggot **2** worm; *~ de terre* earthworm; *~ luisant* glow-worm; *~ à soie* silkworm; *~ solitaire* tapeworm **3** *(fig) le ~ est dans le fruit* the rot has set in; *(fam) je lui tirerai les ~s du nez* I'll pump him.

véracité [veʀasite] *nf* veracity, truthfulness.

véranda [veʀɑ̃da] *nf* veranda(h), *(amér)* porch.

verbal [vɛʀbal] *adj (pl -aux)* verbal ‖ **verbaliser** *vt (1) (police)* book, report ‖ **verbe** *nm* **1** *(Gr)* verb **2** *(Rel) le V~ fut fait chair* the Word was made flesh ‖ **verbeux** *adj (f -euse) adj* verbose, long-winded, wordy ‖ **verbosité** *nf* verbosity, long-windedness, wordiness.

verdâtre [vɛʀdatʀ] *adj* greenish ‖ **verdeur** *nf* **1** *(fruit, vin)* tartness **2** *(fig)* vigour, vitality.

verdict [vɛʀdikt] *nm* verdict.

verdir [vɛʀdiʀ] *vti (2)* turn green ‖ **verdoyant** *adj* green; *(lit)* verdant ‖ **verdure** *nf* **1** greenery; *(lit)* verdure **2** *(Cuis)* green vegetables; *(fam)* greens (npl inv).

véreux [veʀø] *adj (f -euse)* **1** *(fruits)* maggoty **2** *(fig) (personne)* corrupt, shady; *(affaire)* dubious, fishy.

verge [vɛʀʒ] *nf* **1** rod **2** *(Anat)* penis.

verger [vɛʀʒe] *nm* orchard.

verglas [vɛʀgla] *nm* (black) ice ‖ **verglacé** *adj* icy.

vergogne [vɛʀgɔɲ] *nf (loc) sans ~* shameless(ly).

vergue [vɛʀg] *nf (Naut)* yard.

véridique [veʀidik] *adj* authentic; truthful ‖ **vérifiable** *adj* verifiable ‖ **vérification** *nf* **1** verification, check(ing); *~ d'identité* identity check; *~ des comptes* audit(ing) **2** confirmation ‖ **vérifier** *vt (1h)*

1 verify, check; *(comptes)* audit **2** confirm.

vérin [veʀɛ̃] *nm (Tech)* jack.

véritable [veʀitabl] *adj* **1** authentic, genuine **2** true **3** *(sens intensif) (lit)* veritable; *c'est un ~ scandale !* it's a downright/real scandal! ‖ **véritablement** *adv* really ‖ **vérité** *nf* **1** truth; *dire la ~* *speak/*tell the truth; *en ~* actually, in fact, to tell the truth; *(Rel)* verily; *je lui ai dit ses quatre ~s* I told her a few home truths, gave her a piece of my mind; *(fam)* told her where to get off **2** sincerity.

verlan [vɛʀlɑ̃] *nm* backslang.

vermeil [vɛʀmɛj] *adj (f -eille)* bright red; vermilion; *(lit)* ruby ◆ *nm* silvergilt.

vermicelle [vɛʀmisɛl] *nm (Cuis) ~s* vermicelli (ns inv).

vermifuge [vɛʀmifyʒ] *nm (Méd)* vermifuge; *(fam)* worm powder.

vermillon [vɛʀmijɔ̃] *adj* ◆ *nm* bright red; vermilion.

vermine [vɛʀmin] *nf* vermin (ns inv).

vermoulu [vɛʀmuly] *adj* worm-eaten.

vermout(h) [vɛʀmut] *nm* vermouth.

verni [vɛʀni] *pp de* **vernir** ◆ *adj* **1** *(peinture)* varnished **2** *(poterie)* glazed **3** *(loc) souliers ~s* patent leather shoes **4** *(fam)* lucky ‖ **vernir** *vt (2)* **1** *(peinture)* varnish **2** *(poterie)* glaze ‖ **vernis** *nm* **1** *(peinture)* varnish; *~ à ongles (amér)* nail polish, *(brit)* nail varnish **2** *(poterie)* glaze **3** *(fig)* gloss; *un ~ de culture* a veneer of culture ‖ **vernissage** *nm* **1** varnishing, glazing; *~ au tampon* French-polishing **2** *(art)* preview ‖ **vernisser** *vt (1)* glaze.

vérole [veʀɔl] *nf (Méd)* pox; *petite ~* smallpox (ns inv).

verre [vɛʀ] *nm* glass; *~ à vin* wineglass; *~ à pied* stemmed glass; *~ à dents* tooth mug; *~ de montre* watch glass; *~s de contact* contact lenses; *~s fumés* tinted glasses; *(loc) si on prenait un ~ ?* what about (having) a drink? ‖ **verrerie** *nf* **1** *(objets)* glassware (ns inv) **2** glass factory ‖ **verrier** *nm* glassworker ‖ **verrière** *nf* glass roof/partition.

verrou [veʀu] *nm* **1** *(porte)* bolt; *mettre le ~* bolt the door; *mettre qn sous les ~s* *put sb behind bars **2** *(Inf)* lock ‖ **verrouiller** *vt (1) (porte)* bolt; *(Inf)* lock.

verrue [veʀy] *nf (Méd)* wart; *~ plantaire* plantar wart, verruca.

vers[1] [vɛʀ] *prép* **1** *(dynamique)* toward(s); *je me dirigeais ~ la gare* I was walking towards the station **2** *(statique)* about, around; *(espace) nous nous trouvions ~ Rambouillet* we were near Rambouillet; *(temps) c'était ~ midi* it was about/ around/towards mid-day

vers[2] [vɛʀ] *nm (pl inv) (Lit)* **1** line (of poetry) **2** *(pluriel)* verse (ns inv); *en ~* in verse; *écrire/faire des ~* *write verse.

versant [vɛʀsɑ̃] nm (montagne, vallée) side.

versatile [vɛʀsatil] adj changeable, (lit) fickle.

verse [vɛʀs] loc à ~ in torrents; il pleut à ~ it's pouring down/raining cats and dogs.

versé [vɛʀse] adj well-versed.

versement [vɛʀsəmɑ̃] nm (Fin) payment; en plusieurs ~s in several installments ‖ **verser** vti (1) vt 1 (boisson) pour (out) 2 (déverser) tip (out) 3 (larmes, sang) *shed 4 (argent) *pay (in) 5 (Adm) attach 6 (loc) ~ une pièce au dossier add an item to the file ◆ vi 1 (basculer) overturn 2 (fig) ~ dans la facilité *take the easy way out.

verset [vɛʀse] nm (Rel) verse.

version [vɛʀsjɔ̃] nf 1 version sa ~ des faits his account of the event; film en ~ originale film in the original version; film en ~ française film dubbed into French 2 (Ens) translation (vers la langue maternelle).

verso [vɛʀso] nm back (of a page); voir au ~ see overleaf; recto ~ on both sides.

vert [vɛʀ] adj 1 green; ~ olive olive green; (Aut) feu ~ green light; (Pol) les V~s the Greens; l'Europe ~e European agriculture; (Téléph) numéro ~ freephone number; (fig) donner le feu ~ à qn *give sb the green light/the go-ahead; (loc) elle en a vu des ~es et des pas mûres she's been through a lot; langue ~e slang 2 (vin) young 3 (histoire) spicy, (fam) blue 4 (personne) sprightly, spry ◆ nm green; mettre les vaches au ~ turn the cattle out to grass; (fam) se mettre au ~ *go off for a rest in the country ‖ **vert-de-gris** nm verdegris ◆ adj grey(ish)-green.

vertébral [vɛʀtebʀal] adj (mpl -aux) (Anat) vertebral; colonne ~e backbone, spine, spinal column ‖ **vertèbre** nf vertebra (pl -ae); (Méd) se déplacer une ~ slip a disc ‖ **vertébré** adj & nm vertebrate.

vertement [vɛʀtəmɑ̃] adv reprendre qn ~ *give sb a sharp reprimand.

vertical [vɛʀtikal] adj (mpl -aux) vertical, perpendicular ‖ **verticale** nf vertical line; (loc) à la ~ vertically.

vertige [vɛʀtiʒ] nm dizziness; (Méd) vertigo; j'ai le ~ I am/feel dizzy, giddy; j'ai eu un ~ I had a dizzy/giddy turn; cela me donne le ~ it makes my head spin; (fig) le ~ du pouvoir the intoxication of power ‖ **vertigineux** adj (f -euse) 1 (précipice) dizzy, giddy 2 (fig) breathtaking; staggering.

vertu [vɛʀty] nf virtue; en ~ de by virtue of; under the terms of ‖ **vertueux** adj (f -euse) virtuous.

verve [vɛʀv] nf verve, zest; elle est en ~ she is in great form.

verveine [vɛʀvɛn] nf (Bot) verbena; (infusion) verbena tea.

vésicule [vezikyl] nf (Anat) vesicule; ~ biliaire gall-bladder.

vessie [vesi] nf (Anat) bladder; (loc) il veut nous faire prendre des ~s pour des lanternes he's trying to pull the wool over our eyes.

veste [vɛst] nf jacket; (fig) il a retourné sa ~ he's a turncoat ‖ **vestiaire** nm (Th) cloakroom; (Sp) changing-room; (armoire) locker ‖ **vestibule** nm vestibule, (entrance-)hall.

vestige [vɛstiʒ] nm vestige; (objet) relic.

vestimentaire [vɛstimɑ̃tɛʀ] adj sartorial; sa tenue ~ laissait à désirer he was dressed in rather a slovenly fashion ‖ **veston** nm jacket ‖ **vêtement** nm garment; article of clothing; ~s clothes (npl inv); ~s de plage beachwear (ns inv); ~s de sport sportswear (ns inv).

vétéran [veteʀɑ̃] nm veteran.

vétérinaire [veteʀinɛʀ] nmf (amér) veterinarian, (brit) veterinary surgeon, (fam) vet ◆ adj veterinary.

vétille [vetij] nf trifle, triviality; c'est une ~ it's a mere nothing.

vêtir [vetiʀ] vt (12) clothe, dress; tout de noir vêtu dressed all in black ‖ **se vêtir** vpr dress (oneself).

veto [veto] nm veto; droit de ~ right of veto; j'y mets/oppose mon ~ I veto that.

vétuste [vetyst] adj decrepit, dilapidated ‖ **vétusté** nf decrepitude, dilapidation.

veuf [vœf] adj (f **veuve**) widowed ◆ nm widower.

veule [vøl] adj spineless ‖ **veulerie** nf spinelessness.

veuvage [vøvaʒ] nm widow(er)hood ‖ **veuve** adj voir **veuf** ◆ nf widow.

vexant [vɛksɑ̃] adj vexing, offensive ‖ **vexatoire** adj mesures ~s harrassment ‖ **vexer** vt (1) vex, offend ‖ **se vexer** vpr *take offense.

via [vja] prép via.

viabilité [vjabilite] nf 1 (chemin) practicability; (projet) viability 2 (aménagement de voirie etc.) services ‖ **viable** adj viable.

viaduc [vjadyk] nm viaduct.

viager [vjaʒe] adj (f **-ère**) rente viagère life annuity ◆ nm vendre une maison en ~ *sell a house for a life annuity.

viande [vjɑ̃d] nf meat; ~ blanche/rouge white/red meat.

viatique [vjatik] nm (Rel) viaticum; (fig) provisions for the road.

vibrant [vibʀɑ̃] adj 1 vibrating 2 (voix) ringing 3 (sens émotif) stirring, vibrant ‖ **vibration** nf vibration ‖ **vibrer** vi (1) 1 vibrate 2 (voix) *ring 3 (sens émotif) faire ~ un auditoire stir/thrill an audience.

vicaire [vikɛʀ] nm curate.

vice [vis] *nm (morale)* vice; *(Tech)* defect; *(Jur)* ~ *de forme* procedural irregularity.
vice- [vis] *préf* vice-.
vice versa [visvɛʀsa] *adv* vice versa.
vichy [viʃi] *nm* 1 Vichy water 2 *(tissu)* gingham.
vicier [visje] *vt (1h)* pollute; *(fig)* corrupt; invalidate ‖ **vicieux** *adj (f* **-ieuse**) 1 *(morale)* depraved, perverted 2 *(trompeur)* nasty, tricky 3 *(langage)* incorrect 4 *(loc) cercle* ~ vicious circle.
vicinal [visinal] *adj (mpl* **-aux**) *chemin* ~ byroad, byway.
vicissitudes [visisityd] *nfpl inv* vicissitudes *(npl inv)*.
vicomte [vikɔ̃t] *nm* viscount ‖ **vicomtesse** *nf* viscountess.
victime [viktim] *nf* victim; *(blessé)* casualty; *être* ~ *d'un accident* *be involved in an accident.
victoire [viktwaʀ] *nf* victory; *(Sp)* win; *remporter la* ~ *à l'arraché* *win by a short head; *crier* ~ crow, triumph ‖ **victorieux** *adj (f* **-euse**) victorious; *(Sp)* winning.
victuailles [viktɥaj] *nfpl inv* food *(ns inv)*; provisions *(npl inv)*.
vidange [vidɑ̃ʒ] *nf* draining, emptying; *(Aut)* oil-change; *faire la* ~ change the oil ‖ **vidanger** *vt (1h)* drain, empty; *(Aut) faire* ~ *une voiture* *get an oil change ‖ **vide** *adj* empty; ~ *de sens* meaningless, devoid of meaning ◆ *nm* 1 emptiness 2 vacuum; *emballé sous* ~ vacuum-packed 3 *(trou)* gap; *combler les* ~*s* fill/stop the gaps 4 *(néant)* void; *regarder dans le* ~ gaze into space 5 *(précipice)* drop; *j'ai peur du* ~ I have no head for heights 6 *(loc) j'ai eu un passage à* ~ I went through a bad patch; *j'ai fait le* ~ *dans mon esprit* I made my mind a blank; *je parle dans le* ~ ! I'm wasting my breath/talking to a brick wall!
vidé [vide] *adj (fam)* tired out, worn out.
vidéocassette [videokasɛt] *nf* video cassette ‖ **vidéoclip** *nm* videoclip ‖ **vidéodisque** *nm* videodisk.
vide-ordures [vidɔʀdyʀ] *nm (pl inv)* garbage/rubbish chute ‖ **vide-poches** *nm (pl inv) (Aut)* glove compartment.
vider [vide] *vt (1)* 1 empty; *(liquides)* drain; *(poisson)* gut; *(poulet)* *draw 2 *(loc)* ~ *les lieux* clear the premises; ~ *une querelle* settle a dispute; *(fig)* ~ *l'abcès* clear the air; ~ *son cœur/son sac* pour out one's heart/*get it off one's chest ‖ **se vider** *vpr* empty (itself).
vie [vi] *nf* 1 life; *il a perdu la* ~ *dans un accident de voiture* he lost his life in a car crash; *sans* ~ lifeless; *(évanoui)* unconscious; *pendant qu'il était en* ~ while he was alive; *dans la* ~ *courante* in everyday life; *elle vient de donner la* ~

à une fille she has just given birth to a baby daughter; *elle m'a raconté sa* ~ told me her life story; *une femme de mauvaise* ~ a loose(-living) woman; *elle a juré de changer de* ~ she swore to mend her ways 2 *(Eco)* living; *le niveau de* ~ the standard of living; *le coût de la* ~ the cost of living; *il gagne bien sa* ~ he earns a good living 3 *(loc) elle était entre la* ~ *et la mort* she was at death's door; *c'est une question de* ~ *ou de mort* it's a matter of life or death; *nous sommes amis à la* ~ *à la mort* we're lifelong friends; *jamais de la* ~ ! never! *ces idées ont la* ~ *dure* those notions die hard; *il lui a mené la* ~ *dure* he made her life a misery; *il faisait la* ~ he lived it up; *elle a voulu refaire sa* ~ *avec un autre* she wanted to make a new start (in life) with someone else; *c'est la* ~ ! that's life!
vieil [vjɛj] *adj voir* **vieux**.
vieillard [vjɛjaʀ] *nm* old man ‖ **vieille** *adj voir* **vieux** ◆ *nf* old/elderly woman; *(fam) ma vieille!* old girl! ‖ **vieillesse** *nf* old age ‖ **vieillir** *vti (2) vi* *grow old; *(d'aspect)* age; *(Tech)* *become obsolete; *(idées)* *become outdated ◆ *vt* age; *tu te vieillis à plaisir!* you're deliberately making yourself look older! ‖ **vieillissant** *adj* ageing ‖ **vieillissement** *nm* ageing ‖ **vieillot** *adj (f* **-otte**) quaint; *(péj)* antiquated, old-fashioned, outmoded.
vierge [vjɛʀʒ] *nf* virgin; *la Sainte V~* the (Blessed) Virgin (Mary) ◆ *adj* virgin; *forêt/terre* ~ virgin forest/soil; *page* ~ blank page; *casier judiciaire* ~ clean police record.
vieux [vjø] *adj* (**vieil** devant voyelle ou *h* muet; *f* **vieille**) old; *il se fait* ~ he's getting on in years; *il a pris un coup de* ~ he's begun to show his age; *sur ses* ~ *jours* in his old age; *il ne fera pas de* ~ *os* he won't live to an old age; *la vieille génération* the older generation; ~ *garçon* (confirmed) bachelor; *vieille fille* old maid; ~ *papiers* waste paper; ~ *jeu* old-fashioned; ~ *comme le monde* as old as the hills ◆ *nm* old man, *(amér)* old-timer; *les* ~ the old/elderly; *c'est un* ~ *de la vieille* he's one of the old brigade; *(fam) mon* ~ ! old chap/man! ◆ *adv vivre* ~ live to a (ripe) old age.
vif [vif] *adj (f* **vive**) 1 alive; *il fut brûlé* ~ he was burnt alive; *j'étais plus mort que* ~ I felt more dead than alive 2 lively; *(mouvement)* quick; *(angle)* sharp; *(couleurs, imagination)* vivid; *(lumière)* bright; *(émotions)* deep, intense, keen; *(douleur)* intense, keen, sharp; *(froid)* intense, biting, bitter; *(remerciements)* profound, sincere; *il a l'œil* ~ he's got a keen/sharp eye; *elle a l'esprit* ~ she's quick-witted; *échanger des propos* ~*s* exchange sharp words ◆

nm (loc) **la photo avait été prise sur le ~** it was a completely natural picture; *il avait la chair à ~* he had an open wound; *j'ai les nerfs à ~* my nerves are on edge; *j'ai été piqué au ~* I was stung to the quick; **entrer dans le ~ du sujet** *get to the heart of the matter; *(fig) c'est du ~* he's a live-wire.

vif-argent *nm* quicksilver.

vigie [viʒi] *nf inv (Naut)* **1** look-out, watch **2** look-out post.

vigilance [viʒilɑ̃s] *nf* vigilance || **vigilant** *adj* vigilant, watchful; *être ~* *be on the alert/look-out/watch || **vigile** *nm* **1** night watchman **2** *(police privée)* vigilante.

vigne [viɲ] *nf* **1** *(Bot)* vine; *~ vierge* Virginia creeper **2** *(Ag)* vineyard || **vigneron** *nm* viticulturist, wine grower.

vignette [viɲɛt] *nf* **1** *(Art)* vignette **2** *(à coller)* label; *(Aut) (brit)* road tax disc, *(amér)* license tag.

vignoble [viɲɔbl] *nm* vineyard(s); **le ~ français** French vineyards.

vigoureux [viguʁø] *adj (f -euse)* vigorous; *(santé)* sturdy || **vigueur** *nf* vigour; **reprendre de la ~** regain strength; *s'exprimer avec ~* express oneself forcibly/vigorously; *(Jur) entrer/être en ~* *come into/ *be in force.

vil [vil] *adj* vile, base; *(loc) vendre à ~ prix* *sell dirt cheap.

vilain [vilɛ̃] *adj* **1** unpleasant; *il fait un ~ temps* the weather is nasty; *(enfant) ~ garçon!* naughty boy! ◆ *nm (Hist, Lit)* villain; *(fam) cela va faire du ~/ il va y avoir du ~* things look nasty.

vilebrequin [vilbʁəkɛ̃] *nm (Tech)* bitbrace; *(Aut)* crankshaft.

vilipender [vilipɑ̃de] *vt (1) (lit)* revile.

villa [villa] *nf* villa, detached house || **village** *nm* village || **villageois** *adj* village ◆ *nm* villager || **ville** *nf* town, city; *aller/être en ~* *go into/ *be in town; *~ d'eaux* spa; *hôtel de ~* city/town hall; *tenue de ~* town clothes *(npl inv)* || **ville-dortoir** *nf* dormitory town.

villégiature [vileʒjatyʁ] *nf (brit)* holiday, *(amér)* vacation; *être en ~ (brit)* *be on holiday, *(amér)* on vacation; *ville de ~* (holiday) resort.

vin [vɛ̃] *nm* wine; *~ rouge/blanc/rosé* red/white/rosé wine; *~ mousseux* sparkling wine; *~ chaud* mulled wine; *~ ordinaire* table wine, *(brit fam)* plonk; *~ de pays* local wine; *~ de cru* vintage wine; *~ de Bordeaux* claret; *~ de Bourgogne* Burgundy (wine); *~ du Rhin* hock, Rhine wine; *avoir le ~ gai/triste* *get happy/depressed after a few glasses; *offrir un ~ d'honneur à qn* *hold a reception (in sb's honour).

vinaigre [vinɛgʁ] *nm* vinegar; *(fig) cela tourne au ~* things are turning sour || **vinaigré** *adj* *trop ~* with too much vinegar

|| **vinaigrette** *nf (brit)* French/ *(amér)* Italian dressing.

vindicatif [vɛ̃dikatif] *adj (f -ive)* vindictive || **vindicte** *nf (loc) désigner qn à la ~ publique* expose sb to public condemnation.

vingt [vɛ̃] *([vɛ̃t]* devant une voyelle et dans les nombres de vingt-deux à vingt-neuf) *adj inv* ◆ *nm* twenty; *il a eu ~ sur ~* he scored full marks; *l'usine tourne ~ -quatre heures sur ~-quatre* the factory works right round the clock/twenty-four hours a day; *(loc fam) ~-deux (voilà) les flics!* here come *(amér)* the cops/ *(brit)* the fuzz! let's beat it! || **vingtaine** *nf* score; *elle a une ~ d'années* she is about twenty.

vinicole [vinikɔl] *adj industrie ~* wine industry || **vinification** *nf* wine-making.

viol [vjɔl] *nm* rape; *(fig)* violation.

violacé [vjɔlase] *adj* purplish.

violation [vjɔlasjɔ̃] *nf* violation, breach, infringement.

violemment [vjɔlamɑ̃] *adv* violently || **violence** *nf* violence; *il y a eu des ~s* there were acts of violence; *j'ai dû me faire ~* I had to force myself || **violent** *adj* violent.

violenter [vjɔlɑ̃te] *vt (1)* assault sexually || **violer** *vt (1)* **1** rape **2** *(fig Jur)* violate, transgress.

violet [vjɔlɛ] *adj (f -ette)* purple ◆ *nm* purple.

violette [vjɔlɛt] *nf (Bot)* violet.

violeur [vjɔlœʁ] *nm* rapist.

violon [vjɔlɔ̃] *nm* **1** *(Mus)* violin; *(de violoneux)* fiddle; *jouer du ~* play the violin; *(fig) veillez à accorder vos ~s!* make sure you all tell the same story! *(loc) ~ d'Ingres* (artistic) hobby **2** *(fam)* jug, lock-up || **violoncelle** *nm* cello || **violoncelliste** *nmf* cellist || **violoneux** *nm* fiddler || **violoniste** *nmf* violinist.

vipère [vipɛʁ] *nf (Zool)* adder, *(aussi fig)* viper; *(fig) elle a une langue de ~* she has a venomous tongue.

virage [viʁaʒ] *nm* bend, corner, turn; *(Aut) prendre un ~ (en épingle à cheveux)* *take a (hairpin) bend; *il prend ses ~s à la corde* he cuts his corners; *(Av) faire un ~ sur l'aile* bank; *(Pol) amorcer un ~* adopt a change of policy.

virée [viʁe] *nf (fam) faire une ~ (Aut)* *go for a drive/ride/run/ *(voiture volée)* joyride; *(à pied)* *go for a hike/run/walk.

virement [viʁmɑ̃] *nm (Fin)* fund transfer; *~ postal* Giro transfer || **virer** *vti (1)* **1** turn; *(Aut) ~ court* turn sharply *(fig) ~ sur l'aile* bank; *(Naut) ~ de bord* tack; *~ au vert* turn green **2** *(Fin)* transfer **3** *(congédier) (fam)* *throw out || **virevolter** *vi (1)* whirl a(round).

virginité [viʁʒinite] *nf* virginity.

virgule [viʀgyl] *nf (typographie)* comma; *(Math)* decimal point.

viril [viʀil] *adj* virile, manly; male ‖ **virilité** *nf* virility, manliness.

virtuel [viʀtɥɛl] *adj (f -elle)* virtual; potential.

virtuose [viʀtɥoz] *nmf* virtuoso ‖ **virtuosité** *nf* virtuosity.

virulence [viʀylɑ̃s] *nf* virulence ‖ **virulent** *adj* virulent.

virus [viʀys] *nm (Méd)* virus; *(fig) il a le ~ de l'informatique* he's got the computer virus.

vis [vis] *nf* screw; *(Aut) ~ platinées* points; *escalier à ~* spiral staircase; *(fig) serrer la ~ à qn* crack down on sb.

visa [viza] *nm* 1 signature; stamp 2 *(passeport)* visa.

visage [vizaʒ] *nm* face; *(fig) voir les choses sous leur vrai ~* *see things as they are; (loc) à ~ découvert* openly ‖ **visagiste** *nmf* beautician.

vis-à-vis [vizavi] *nm* house/person opposite; *sans ~ (maison)* with a clear outlook ◆ *~ de loc prép* 1 *(en face de)* opposite 2 *(envers)* towards 3 compared with.

viscéral [viseʀal] *adj (mpl -aux) (Anat)* visceral; *(fig)* deep-rooted/-seated ‖ **viscéralement** *adv* deeply ‖ **viscères** *nfpl* intestines, entrails.

visée [vize] *nf (aussi fig)* aim; *il a des ~s sur la mairie* he's set on becoming mayor ‖ **viser** *vti (1)* 1 aim (at); *il vise la présidence/à devenir président* he's got his eye on the presidency; *je me sens visé!* I feel I'm being got at! 2 sign, stamp; *(passeport)* visa ‖ **viseur** *nm (arme)* sights *(npl inv); (caméra)* viewfinder ‖ **visibilité** *nf* visibility; *virage sans ~* blind corner ‖ **visible** *adj* visible; *(fig)* obvious, visible; *je ne suis ~ pour personne* I'm not at home to anyone ‖ **visiblement** *adv* clearly, obviously, visibly ‖ **visière** *nf (armure)* visor; *(casquette)* peak; eyeshade ‖ **vision** *nf* 1 *(vue)* eyesight 2 *(aperçu)* vision; *une ~ momentanée de qch* a glimpse of sth; *(fig) tu as des ~s!* you're seeing things! ‖ **visionnaire** *adj* ◆ *nmf* visionary ‖ **visionner** *vt (Ciné) (1)* view ‖ **visionneuse** *nf (appareil)* viewer.

visite [vizit] *nf* visit; *rendre ~ à qn* *pay sb a visit/call; call on/visit sb; faire une petite ~ à qn* drop in on sb; *carte de ~* business/visiting card; *j'attends de la ~* I'm expecting visitors; *heures de ~* visiting hours; *~ guidée* conducted/guided tour; *~ médicale* check-up ‖ **visiter** *vt (1)* 1 visit 2 *(bagages)* examine, inspect; *il nous a fait ~ la propriété* he showed us around the estate 3 *(cambriolage) notre maison a été visitée* our house was broken into/burgled ‖ **visiteur** *nm (f -euse)* visitor.

vison [vizɔ̃] *nm (Zool)* mink.

visqueux [viskø] *adj (f -euse)* viscous; slimy; sticky.

visser [vise] screw (down/on/up).

visu [vizy] *loc de ~* with one's own eyes.

visuel [vizɥɛl] *adj (f -elle)* visual; *il a des troubles ~s* he has eye trouble.

vital [vital] *adj (mpl -aux)* vital ‖ **vitalité** *nf* vitality.

vitamine [vitamin] *nf* vitamin ‖ **vitaminé** *adj* with added vitamins.

vite [vit] *adv* 1 fast, quickly; *au plus ~* as quickly as possible; *ce sera ~ fait* it won't take long; *(loc) on ne peut pas aller plus ~ que la musique* you can't rush things; *on a ~ fait de dire que...* it's easy to say that...; *là tu vas un peu ~ en besogne!* take it easy! you're jumping to conclusions! 2 *(excl) ~!* quick! *fais ~!* be quick! hurry up! *(fam)* get a move on! *pas si ~!* not so fast! hold on! *(fam)* hold your horses! *plus ~ que ça!* (and) be quick about it! ‖ **vitesse** *nf* 1 speed; *en ~* in a hurry/rush; *à toute ~* at top speed; *~ acquise* impetus, momentum; *de croisière* cruising speed; *(Aut) faire de la ~* speed; *prendre de la ~* gather speed; *excès de ~* speeding; *(fig) il nous a gagnés de ~* he beat us to it 2 *(Tech)* gear; *boîte de ~s* gear-box; *changer de ~* change/shift gear(s); *en quatrième ~* in fourth gear; *(fig)* at top speed.

viticole [vitikɔl] *adj (Ag)* viticultural; *l'industrie ~* the wine industry; *une région ~* a wine-growing area ‖ **viticulteur** *nm (f -trice)* wine-grower ‖ **viticulture** *nf* wine-growing.

vitrage [vitʀaʒ] *nm* 1 window(s) 2 *(pose)* glazing; *double ~* double glazing ‖ **vitrail** *nm (pl vitraux)* stained-glass window ‖ **vitre** *nf (window)* pane; *(Aut)* window ‖ **vitré** *adj* glazed; *cloison ~e* glass partition ‖ **vitreux** *adj (f -euse) (Sc)* vitreous; *(regard)* glassy ‖ **vitrier** *nm* glazier ‖ **vitrification** *nf (Sc)* vitrification; *(poterie)* glazing; *(parquet)* varnishing ‖ **vitrifier** *vt (1h)* vitrify; glaze; varnish ‖ **vitrine** *nf* shop window; *(meuble)* display cabinet.

vitupérer [vitypeʀe] *vi (1c)* vituperate, rant.

vivable [vivabl] *adj* liveable ‖ **vivace** *adj (plante)* hardy; *(préjugé)* deep-seated ‖ **vivacité** *nf (mouvement)* briskness; *(couleur)* brightness; *(humeur)* brusqueness, petulance; *(caractère)* vivacity, liveliness; *~ d'esprit* quick-wittedness ‖ **vivant** *adj* 1 alive, living; *c'est le portrait ~ de son père* he's the living image of his father; *(Ens) langues ~es* modern languages 2 *(caractère)* lively ◆ *nm les ~s* the living; *c'est un bon ~* he enjoys the pleasures of life; *de son ~* in his lifetime ‖ **vivats** *nmpl inv* cheers ‖ **vive** *adj voir*

vif ◆ *excl voir* **vivre** ‖ **vivement** *adv* (*bouger*) briskly ; (*désirer*) keenly ; (*éclairer*) brightly, vividly ; (*recommander, remercier*) warmly ; (*rétorquer*) brusquely, petulantly, sharply ; *je regrette* ~ *ce contretemps* I'm extremely sorry for/I deeply regret the incident ; ~ *les vacances !* won't I be glad to be on holiday! ‖ **vivier** *nm* fishpond, fishtank ; (*fig*) stock, supply ‖ **vivifiant** *adj* invigorating ; (*climat*) bracing ‖ **vivifier** *vt* (*1h*) invigorate ‖ **vivisection** *nf* vivisection ‖ **vivoter** *vi* (*1*) hobble along ‖ **vivre** *vti* (*51*) live ; *il faut* ~ *sa vie* you've got to live your own life ; *est-ce qu'elle vit encore ?* is she still alive? *elle a vécu des jours pénibles* she's had a lot to put up with ; *il se laisse* ~ he takes life as it comes ; *il est facile à* ~ he's easy to get on with ; *il travaille pour* ~ he works for a living ; *il gagne juste de quoi* ~ he earns just enough to live on ; (*Mil*) *qui vive ?* who goes there? *elle n'a pas encore vécu* she hasn't seen life yet ; *tout cela a vécu* these things have had their day ; *je ne vis plus d'angoisse* I'm worried to death ; (*loc*) *qui vivra verra* time will tell ; *on n'y rencontre jamais âme qui vive* you never meet a (living) soul ◆ *excl* ~ *la reine !* long live the Queen! ~ *la cuisinière !* three cheers for the cook! ‖ **vivres** *nmpl* provisions, supplies, victuals.

vocabulaire [vɔkabylɛr] *nm* vocabulary.

vocal [vɔkal] *adj* (*pl* **-aux**) vocal.

vocation [vɔkasjɔ̃] *nf* vocation, calling.

vociférer [vɔsifere] *vti* (*1c*) vociferate, scream.

vœu [vø] *nm* (*pl* **-x**) **1** vow ; *faire* ~ *de célibat* *take a vow of celibacy **2** wish ; *fais un* ~ *!* make a wish! *nous formons des* ~*x pour votre santé* we send you our good wishes for your recovery ; *mon* ~ *a été exaucé* my wish came true ; my prayers were answered ; *tous nos* ~*x de bonheur !* all good wishes/every good wish for your happiness! *meilleurs* ~*x pour la Nouvelle Année !* best wishes for the New Year!

vogue [vɔg] *nf* vogue, fashion.

voguer [vɔge] *vi* (*1*) (*lit*) sail.

voici [vwasi] *prép* **1** (*présentation*) here is/ are ; *me* ~ *!* here I am ; ~ *la pluie !* here comes the rain! ~ *la qui arrive !* here she comes! ~ *la nuit qui tombe* it's getting dark now **2** (*temps*) *je suis allé à Londres* ~ *un an* I went to London a year ago ; ~ *un an que je ne suis pas parti* I haven't been away for a year ; it's a year since I was (last) away ; ~ *une heure que j'attends ici* I've been waiting here for an hour/the past hour **3** (*contraste*) *ma place et voilà la vôtre* this/here is my seat and that/there is yours **4** (*emphase*) *nous* ~ *prêts à partir !* we're all set to leave

now! ; ~ *comment on pourrait faire* this is what we might do ; *mon ami que* ~ *voudrait dire qch* my friend here would like to say sth.

voie [vwa] *nf* **1** road ; way ; *la* ~ *publique* the street ; ~ *sans issue* cul-de-sac ; *grandes* ~*s de communication* main roads ; ~*s navigables* waterways ; *par* ~ *aérienne/maritime* by air/sea ; *par* ~ *de terre* overland, by land **2** (*Aut*) *route à 4* ~*s* 4-lane highway ; ~ *express* expressway **3** (*Rail*) ~ *ferrée* (*brit*) railway, (*amér*) railroad ; *ligne à* ~ *unique* single-line track ; ~ *de garage* siding **4** (*Naut*) ~ *d'eau* leak **5** (*Méd*) *par* ~ *orale* orally **6** (*fig*) way ; *la V*~ *lactée* the Milky Way ; *il nous a montré la* ~ he showed us the way ; *l'affaire est en bonne* ~ the deal is shaping up nicely ; *il m'a mis sur la* ~ he gave me a clue ; *il m'a mis sur la bonne* ~ he put me on the right track ; *agir par une* ~ *détournée* proceed by roundabout means ; *suivre la* ~ *diplomatique/hiérarchique* go through diplomatic/official channels **7** (*loc*) *pays en* ~ *de développement* developing country ; *le projet est en* ~ *d'achèvement* the project is nearing completion ; *la plaie est en* ~ *de cicatrisation* the wound is healing (up) ; *le programme est en* ~ *d'exécution* the programme is being implemented ; (*Jur*) *se livrer à des* ~*s de fait sur qn* assault sb.

voilà [vwala] *prép* **1** (*présentation*) here is/ are ; there is/are ; *me* ~ *!* here I am ; *les* ~ *!* there they are ; ~ *notre train !* here comes/there goes our train! ~ *la pluie !* here comes the rain! *la* ~ *qui arrive !* here she comes! ~ *la nuit qui tombe* it's getting dark now **2** (*temps*) *je suis allé à Londres* ~ *un an* I went to London a year ago ; ~ *un an que je ne suis pas parti* I haven't been away for a year ; it's a year since I was (last) away ; ~ *une heure que j'attends ici* I've been waiting here for an hour/the past hour **3** (*contraste*) *voici ma place et* ~ *la vôtre* this/here is my seat and that/there is yours **4** (*emphase*) *nous* ~ *prêts à partir !* now we're all set to leave! ; ~ *comment on pourrait faire* that is what we might do ; *l'affaire que* ~ *me tracasse* this is something I'm very worried about **5** (*loc*) *en* ~ *une idée !* what an idea! *en* ~ *assez !* that's enough (of that)! ~ *tout !* that's all! *nous* ~ *bien/ frais !* we're in a fine mess now! **6** (*excl*) well! there you are! ~ *ce que c'est que de n'en faire qu'à sa tête !* that's what comes of not listening to advice! ~ *qui est curieux !* how odd!

voilage [vwalaʒ] *nm* net curtain.

voile¹ [vwal] *nf* sail ; *grande* ~ mainsail ; *faire de la* ~ *go sailing ; *faire* ~ *pour* *set sail for; **toutes ~s dehors** under full sail.

voile[1] [vwal] *nm* **1** veil; *(Rel)* **prendre le ~** *take the veil; (fig)* **jeter un ~ sur** *draw a veil over; **lever le ~** lift the veil **2** *(rideaux)* net **3** *(Anat)* **~ du palais** soft palate   **voilé** *adj (visage)* veiled; *(paysage)* hazy, misty; *(voix)* hoarse, husky; *(fig)* veiled.

voiler[1] [vwale] *vt (1)* veil **se voiler** *vpr* **1** veil one's face; *wear a veil; (fig)* **se ~ la face** *hide one's face **2** *(ciel)* cloud over.

voiler[2] [vwale] *vt (1)* **se ~** *vpr (roue)* buckle; *(bois)* warp.

voilier [vwalje] *nm* sailing boat/ship   **voilure** *nf* sails *(npl)*.

voir [vwaʀ] *vt (22)* **1** *(vision)* *see; **je n'y vois rien** I can't see (a thing); **je vois double** I'm seeing double; **je vois trouble** everything looks blurred to me; **faites ~!** let's see! **il me l'a fait ~** he showed it to me; **c'est à ~!** it's worth seeing; *(fig)* that remains to be seen; **cela se voit de loin** it can be seen from a distance; *(fig)* that stands out a mile **2** *(voix active)* **j'ai vu arriver les avions** I saw the planes coming **3** *(voix passive)* **j'ai vu bombarder ma maison** I saw my house being bombed **4** *(visite)* **je suis allé ~ ma tante** I went to see my aunt; **je vois mon directeur à 10 heures** I'm seeing my boss at 10 o'clock **5** *(s'informer)* **va ~ qui est là** go and see who is there! **voyez vous-même!** see for yourself! **6** *(comprendre)* **je vois!** I see **7** *(concevoir)* **il voit grand** he has big ideas; **elle voit tout en noir** she's always looking on the black side (of things); **cela se voit** that's obvious; **je la vois mal s'occupant d'un enfant** I can hardly imagine her looking after a child; **moi je vois les choses sous un autre jour** I see things in a different light **8** *(réfléchir)* **voyons!** let's see! **c'est à toi de ~!** it's up to you! **je verrai demain** I'll sleep on it **9** *(loc)* **j'ai vu trente-six chandelles** I saw stars; **ni vu, ni connu** nobody is/was/will be any the wiser; **vous voyez ça d'ici** you can just imagine what it is/will be like; **cela n'a rien à ~ que** that has nothing to do with it; **c'est ce que nous verrons!** that remains to be seen! **il essaie de se faire bien ~ de ses supérieurs** he's trying to curry favour with/ *(fam)* suck up to his superiors; **il est bien vu de ses supérieurs** he is well thought of by his superiors; **ils n'y ont vu que du feu** they were completely taken in; **qu'il aille se faire ~!** he can go to hell! **je ne peux pas le ~** I can't stand (the sight of) him; **il m'en a fait ~ de toutes les couleurs** he gave me a rough time; **j'en ai vu d'autres** I've been through/seen worse; **je te vois venir!** now

hold on a minute! I can see what you're getting at! **il faut ~ venir** we must wait and see.

voire [vwaʀ] *adv* and even, or even.

voirie [vwaʀi] *nf* **1** street maintenance; **le service de ~** the highways department **2** garbage/refuse collection.

voisin [vwazɛ̃] *nm* neighbour ◆ *adj* neighbouring; **le village ~** the next village; **la maison ~e** the house next door; **la chambre ~e** the adjoining/next room   **voisinage** *nm* **1** neighbourhood; vicinity **2** neighbours; **nous avons des relations de bon ~ avec eux** we are on neighbourly terms with them.

voiture [vwatyʀ] *nf* **1** *(Aut)* car, *(amér) (vx)* automobile; **~ de sport** sports car; **~ de tourisme** private car; **~ piégée** car bomb **2** *(Rail)* carriage, coach; *(amér)* car **3** *(à cheval)* carriage, coach **4** *(d'enfant) (amér)* baby carriage, *(brit)* perambulator, *(fam)* pram **5** *(à bras)* handcart.

voix [vwa] *nf* **1** voice; **une ~ blanche/ chevrotante/de crécelle/de fausset** a toneless/quavering/rasping/falsetto voice; **à haute (et intelligible) ~** aloud; **à ~ basse** in an undertone; **d'une ~ forte** in a loud voice; *(fig)* **je suis resté sans ~** I was speechless; *(chien)* **donner de la ~** bark **2** *(Mus)* part; **chant à plusieurs ~** part singing **3** *(Pol)* vote; **donner sa ~ à qn** vote for sb; **mettre une question aux ~** *put a question to the vote; (fig)* **je n'ai pas eu ~ au chapitre** I had no say in the matter.

vol[1] [vɔl] *nm* **1** *(oiseaux)* flight; **prendre son ~** *take wing; (fig)* **c'est à 2 km à ~ d'oiseau** it's 2 km away as the crow flies; **saisir l'occasion au ~** *leap at/seize the chance **2** *(groupe)* flight, flock **3** *(Av)* **Londres n'est qu'à une heure de ~** London is only an hour's flight away; **~ régulier** scheduled flight; **~ à voile** gliding.

vol[2] [vɔl] *nm* **1** theft; *(à l'étalage)* shoplifting; *(à la tire)* pickpocketing; *(avec effraction)* housebreaking; robbery; **le ~ d'une banque** a bank robbery; **~ à main armée** armed robbery; *(fig)* **c'est du ~!** it's highway robbery/a rip-off.

volage [vɔlaʒ] *adj* fickle, flighty.

volaille [vɔlaj] *nf* poultry *(ns inv)*; **une ~** a fowl   **volailler** *nm* poulterer.

volant [vɔlɑ̃] *nm* **1** *(Aut)* steering wheel; **être au ~** *be at the wheel **2** *(robe)* flounce **3** *(badminton)* shuttlecock.

volatil [vɔlatil] *adj (Ch)* volatile ‖ **volatile** *nm (Ag)* fowl ‖ **se volatiliser** *vpr (1) (Ch)* volatilize; *(fig)* vanish (into thin air).

volcan [vɔlkɑ̃] *nm* volcano   **volcanique** *adj* volcanic.

volée [vɔle] *nf* **1** *(oiseaux)* flight, flock; *(enfants)* swarm; **prendre sa ~** *take wing; (fig)* *spread one's wings **2** *(tennis)* volley **3** blow : *il a reçu une bonne ~* he got a good/sound thrashing **4** *(loc)* gifler *qn/lancer qch/à toute ~* slap sb/hurl sth with all one's might/strength : *les cloches sonnaient à toute ~* the bells all pealed out : *un scientifique de haute ~* a top-ranking scientist.

voler[1] [vɔle] *vi (1)* *fly* ; *(fig) il vole de ses propres ailes* he can stand on his own two feet ; *on aurait entendu une mouche ~* you could have heard a pin drop ; *~ en éclats* smash into smithereens.

voler[2] [vɔle] *vi (1)* **1** *(dérober) (à)* *steal (from)* ; *on m'a volé tous mes papiers dans la voiture* all my papers were stolen from my car **2** *(dévaliser)* rob : *on m'a volé !* I've been robbed ! *(fig) tu m'as volé mon bonheur !* you have robbed me of my happiness. **3** *(escroquer)* rob, swindle **4** *(loc) on n'a pas été volés !* we've had our money's worth ; *tu ne l'as pas volé !* you asked for it!

volet [vɔle] *nm* **1** *(fenêtre)* shutter **2** *(dépliant)* section **3** *(série)* part **4** *(loc) trié sur le ~* handpicked.

voleter [vɔlte] *vi (1b)* flit, flutter.

voleur [vɔlœʀ] *nm (f -euse)* thief ; *au ~ !* stop thief! ◆ *adj ils sont très ~s* they are a lot of thieves/a thieving lot.

volière [vɔljɛʀ] *nf* aviary.

volontaire [vɔlɔ̃tɛʀ] *adj* **1** *(de bonne volonté)* voluntary **2** intentional **3** *(caractère)* headstrong, self-willed, stubborn ◆ *nmf* volunteer **volontairement** *adv* voluntarily ; intentionally, on purpose **volonté** *nf* **1** will ; will-power *(ns inv)* ; *une ~ de fer* a will of iron **2** wish ; *je respecte votre ~* I respect your wishes ; *elle y met de la bonne/mauvaise ~* she does it willingly/ unwillingly ; *nous faisons appel à toutes les bonnes ~s* we are appealing for volunteers ; *à la meilleure ~ du monde je ne le peux pas* with the best will in the world I can't do it ; *vin à ~* no charge for wine ; *les dernières ~s* the last will and testament ; *il fait ses quatre ~s* he does whatever he pleases **volontiers** *adv (bonne volonté)* willingly ; *(avec plaisir)* gladly, readily ; *(sans difficulté)* readily ; *les gens croient ~ n'importe quoi* people are ready to believe anything ; *(avec enthousiasme) ~ !* I'd love to.

volt [vɔlt] *nm (El)* volt **voltage** *nm* voltage.

volte-face [vɔltəfas] *nf (aussi fig)* about-turn, U-turn, *(amér)* about-face.

voltige [vɔltiʒ] *nf (cheval)* trick riding ; *(gymnastique)* acrobatics ; *(Av)* aerobatics **voltiger** *vi (1h)* flit, flutter (about).

volubile [vɔlybil] *adj* voluble **volubilité** *nf* volubility.

volume [vɔlym] *nm* volume **volumineux** *adj (f -euse)* voluminous, bulky.

volupté [vɔlypte] *nf* voluptuousness
volute [vɔlyt] *nf (Arch)* volute ; *~ de fumée* curl/wreath of smoke.
vomi [vɔmi] *nm* vomit *(ns inv)* **vomir** *vti (2)* vomit, *be sick, *bring up, *throw up* ; *j'ai envie de ~* I feel sick ; *(fig) je le vomis* I'm sick (and tired) of him, I can't stand/stomach him ; *c'est à ~ !* it's nauseating! it makes me sick! **vomissement** *nm j'ai eu des ~s* I had fits of vomiting **vomissure** *nf* vomit *(ns inv)*.

vorace [vɔʀas] *adj* voracious.
vos [vo] *adj poss* voir **votre**.
votant [vɔtɑ̃] *nm* voter **vote** *nm* vote ; *procéder à/prendre un ~* *take a vote ; *(Pol) droit de ~* franchise ; *bureau de ~* polling station ; *~ par correspondance/ procuration* postal/proxy vote ; *(Pol) ~ de confiance* vote of confidence **voter** *vti (1)* vote ; *~ à main levée* vote by a show of hands ; *j'ai voté la motion* I voted for the motion ; *~ une loi* pass a law.

votre [vɔtʀ] *adj poss (pl* **vos***)* your.
vôtre [votʀ] *pr poss* yours ; *c'est le/la ~* it's yours ; *ce sont les ~* they are yours ; *(loc) à la ~ !* cheers! ◆ *nm il faut y mettre du ~* you must do your best/pull your weight ◆ *nmf les ~s* your family ; *je suis des ~s* I'm on your side ; *(acceptation) nous serons heureux d'être des ~s* we would love to come ◆ *adj poss (en position d'attribut) (lit)* yours.

vouer [vwe] *vt (1)* consecrate, dedicate, devote ; *(Rel)* vow ; *je ne sais plus à quel saint me ~* I don't know where to turn ; *l'entreprise était vouée à l'échec* the venture was doomed to failure/bound to fail.

vouloir [vulwaʀ] *vt (26)* **1** *(valeur volitive)* want ; *je veux que tu reviennes tout de suite !* I want you to come back right away! *je ne veux pas !* I won't! *que me veux-tu ?* what do you want me for/want with me? *on ne veut pas de moi !* nobody wants me! *comme tu voudras !* (do) as you like/please! have it your own way! *que tu le veuilles ou non* whether you like it or not ; *que veux-tu ?* what do/did you expect? *combien tu veux de ta maison ?* how much do you want for your house? *je l'ai dit sans le ~* I said it unintentionally/ without meaning to ; *on te veut du bien* everybody wishes you well ; *je ne veux que ton bien* I'm only thinking of your own good ; *j'aurais voulu que tu voies ça !* I wish you could have seen that! ; *elle fait ce qu'elle veut de son mari* she can twist her husband round her little finger ; *(oubli) je voulais te dire qch* I meant to tell you sth **2** *(valeur volitive forte) je veux bien vous expliquer* I tried to explain ; *il n'a rien voulu entendre* he refused to listen ; *il veut toujours que j'aie tort* he will never agree that

I am right ; *(fam)* I can never win with him **3** *(valeur injonctive)* **veux-tu fermer la porte ?** will/would you (please) close the door? **veux-tu me dire l'heure ?** can/could you tell me the time? *(lit)* **voudriez-vous** *(avoir l'obligeance de)* **me le faire savoir ?** would you please (be so kind as to) let me know? **veuillez me suivre !** would you care to follow me? please follow me! **4** *(valeur concessive)* **je veux bien !** of course! I don't mind! if you like! **je veux bien te croire, mais...** I'm quite willing to believe you, but...; *(fam)* **je veux bien, mais...** (that's) fair enough, but... **5** *(valeur polémique)* **qu'est-ce que tu veux que je dise ?** what do you expect me to say? **que veux-tu qu'on y fasse ?** what can we do about it? **comment veux-tu que je sache ?** how should I know? **et tu voudrais que je sois d'accord ?** and you expect me to agree to that? **6** *(fatalité)* **le sort a voulu qu'il fasse mauvais** as fate would have it, the weather was bad **7** *(loc)* **que veut dire ce mot ?** what does this word mean? **la rumeur veut que...** it is rumoured/rumour has it that...; **c'est un garçon qui en veut** he's ambitious/a go-getter ; **cette architecture se veut fonctionnelle** this architecture is supposed to be functional ; **tu l'auras voulu !** you'll only have yourself to blame! **il m'en veut** he bears me a grudge ; **je m'en veux à moi-même** I'm furious with myself ; **tu ne m'en veux pas ?** no hard feelings? **je veux bien être pendu si...** I'll be damned/hanged if... ; **il y avait du champagne en veux-tu en voilà** there was champagne galore ◆ **veux will** ; **cela dépend de son bon ~** it all depends on whether he agrees or not ‖ **voulu** *pp* de **vouloir** ◆ *adj* **1** intentional **2** *(dimension)* required, requisite ; **en temps ~** at the proper moment.

vous [vu] *pr pers* you ; **~ tous** all of you ; **ce manteau est à ~** this is your coat/this coat is yours ; **un ami à ~** a friend of yours ; **~ ne pensez qu'à ~(-même)** you only think of yourself ; **~ autres Anglais** you English ; **servez-vous !** help yourself/yourselves! **~ êtes-~ déjà rencontrés ?** have you met? do you know each other/one another?

voûte [vut] *nf (Arch)* vault ; porchway ‖ **voûté** *adj (personne)* stooped, stooping.
vouvoyer [vuvwaje] *vt (1f)* call sb "vous".

voyage [vwajaʒ] *nm* trip ; *(dangereux, fatigant)* journey ; *(par mer)* voyage ; *(généralités, noms composés)* travel *(ns inv)* ; *(loc)* **les ~s forment la jeunesse** travel broadens the mind ; **agence de ~s** travel agency ; **~ accompagné** conducted/guided tour ; **~ organisé** package tour ; **frais de ~** travel(ling) expenses ; **il est en ~ d'affaires** he's away on a business trip ; **ils sont**

en **~ de noces** they are on their honeymoon ‖ **voyager** *vi (1h)* travel ‖ **voyageur** *nm (f* **-euse)** traveller ‖ **voyagiste** *nm* tour operator.
voyant [vwajã] *adj (couleurs)* gaudy, *(fam)* loud ; *(toilette)* showy ◆ *nm (gaz)* pilot light ; *(Aut)* warning light.
voyante [vwajãt] *nf* clairvoyant ; fortune-teller.
voyelle [vwajɛl] *nf* vowel.
voyeur [vwajœr] *nm (f* **-euse)** peeping Tom ; voyeur.
voyou [vwaju] *nm (enfant)* rascal ; *(péj)* hoodlum, hooligan, layabout, loafer.
vrac [vrak] *loc nm* **~ 1** *(non emballé)* loose ; **le thé est quelquefois plus cher en ~ qu'en sachets** loose tea is sometimes more expensive than teabags **2** *(en gros)* in bulk **3** *(dans le désordre)* in random order.
vrai [vrɛ] *adj* **1** true ; **c'est ~ !** that's true **2** authentic ; **c'est un ~ Monet** it's a genuine Monet **3** real ; **c'est un ~ scandale !** it's a proper scandal! ◆ *adv* **à ~ dire** to tell (you) the truth ; *(fam)* **c'est pour de ~** it's for real ; **elle a dit ~** what she said was right/true ◆ *nm* truth ; **elle est dans le ~** she's right ‖ **vraiment** *adv* really ‖ **vraisemblablement** *adv* likely, probably ‖ **vraisemblance** *nf* likelihood, probability ; **selon toute ~** in all likelihood.
vrille [vrij] *nf (Bot)* tendril ; *(Tech)* gimlet ; *(fig)* spiral ; **escalier en ~** spiral staircase.
vrombir [vrɔ̃bir] *vi (2)* buzz, hum ; throb ‖ **vrombissement** *nm* buzzing, humming ; throbbing.
vu [vy] *pp* de **voir** ◆ *adj* **elle est bien ~e de tous** she is well thought of by everyone ; **c'est tout ~** it's a foregone conclusion ; **ni ~ ni connu** nobody will ever know/be any the wiser ◆ *nm (loc)* **au ~ (et au su) de tous** openly, publicly ◆ *prép* **~ le mauvais temps** in view of/given the bad weather ◆ **~ que...** *loc conj* given that....
vue [vy] *nf* **1** *(vision)* eyesight ; **il a une bonne ~** he has good eyesight ; **il a la ~ basse** he is short-sighted ; **il a perdu la ~** he lost his eyesight/became blind **2** *(regard)* **il détourna la ~** he looked away/averted his eyes **3** *(choses vues)* view ; **cette chambre a ~ sur jardin** this room overlooks the garden ; **~ imprenable** clear outlook ; **il ne supporte pas la ~ du sang** he can't stand the sight of blood ; **à sa ~ elle éclata en sanglots** at the sight of him she burst into tears **4** *(opinion)* view ; **point de ~** point of view **5** *(projet)* **il a des ~s sur la mairie** he's aiming at becoming mayor **6** *(loc)* **à première ~** at first sight ; **à ~ de nez** at a rough guess ; **en ~ d'agrandir la maison** with an eye/a view to extending the house ; **tirer à ~** *shoot on sight ; **je**

le connais de ~ I know him by sight; *il est très en* ~ he's a very prominent figure, he's very much in the public eye; *(fam) il nous en a mis plein la* ~ he put on a dazzling show for our benefit; *le ciel s'assombrit à* ~ *d'œil* the sky is darkening minute by minute; *je ne perds pas cela de* ~ I haven't lost sight of that; *(fig)* I'm bearing that in mind; I haven't forgotten that.

vulgaire [vylgεʀ] *adj* **1** vulgar, coarse **2** common, everyday, ordinary ‖ **vulgarisation** *nf* vulgarization, popularization ‖ **vulgariser** *vt (1)* vulgarize, popularize ‖ **vulgarité** *nf* vulgarity.
vulnérabilité [vylneʀabilite] *nf* vulnerability ‖ **vulnérable** *adj* vulnerable.
vulve [vylv] *nf (Anat)* vulva.

W

W, w [dubləve] *nm* (the letter) W, w.
wagon [vagɔ̃] *nm (Rail) (voyageurs) (amér)* car, *(brit)* carriage; *(marchandises) (amér)* freight car, *(brit)* goods truck/waggon ‖ **wagon-citerne** *nm* tanker ‖ **wagon-lit** *nm* sleeper, sleeping car ‖ **wagonnet** *nm* small truck ‖ **wagon-**

restaurant *nm* dining/restaurant car.
water-closet(s) [watεʀklozεt] *nm(pl) (vx)* voir **waters.**
waters [watεʀ] *nmpl inv (ab de* **water-closets)** lavatory, toilet; *(brit fam)* loo.
W. C. [dubləvese] *nmpl (ab de* **water-closets)** W.C.

X

X, x [iks] *nm* (the letter) X; *(Jur) porter plainte contre X* *bring an action against person or persons unknown; *(fam) ça fait x temps que je ne l'ai pas vu* I haven't seen him for heaven knows how long; *je te l'ai dit x fois* I've told you umpteen times.

xénophobe [ksenɔfɔb] *adj* xenophobic ◆ *nmf* xenophobe ‖ **xénophobie** *nf* xenophobia.
xérès [gzeʀεs] *nm (vin)* sherry.

Y

Y, y [igʀεk] *nm* (the letter), y.
y [i] *adv* **1** *(valeur spatiale) (1° personne)* here; *(autres personnes)* there; *j'y suis* I'm here; *(fig)* do you get it? *(fam)* got it? **2** *(loc) j'y suis, j'y reste* here I am and here I stay; *il s'y connaît* he is very knowledgeable/he knows a lot about it; *il y était pour quelque chose* he had a hand in that; *(péj)* he had a finger in that pie; *je m'y attendais* I expected as much; *pendant que*

tu y es while you're at it; *vas-y* off you go! get on with it! *je n'y manquerai pas* I will do so without fail; *je t'y prends!* now I've caught you (in the act); *ça y est!* that's that! that's done it!
yacht [jɔt] *nm* yacht.
yaourt [jauʀt] *nm* yog(h)urt.
yeux [jø] *nm (pl de* **œil).**
yoghourt [jɔguʀt] *nm* yog(h)urt.
youyou [juju] *nm (Naut)* dinghy.

Z

Z, z [zɛd] *nm* (the letter) Z, z.
zapper [zape] *vi (1) (TV)* zap.
zèbre [zɛbʀ] *nm* **1** *(Zool)* zebra **2** *(fam)*
(brit) bloke, *(amér)* guy ‖ **zébrer** *vt (1c)*
streak, stripe ‖ **zébrure** *nf* stripe.
zèle [zɛl] *nm* zeal ; *faire du ~* *be over-
conscientious ; *faire la grève du ~* work
to rule ‖ **zélé** *adj* zealous.
zénith [zenit] *nm* zenith.
zéro [zeʀo] *nm* zero, nought ; *(football)*
nil ; *(tennis)* love ; *quinze ~* fifteen love ;
~ partout love all ; *(température)* zero ; *il
fait 5 degrés au-dessous de ~* it's 5 degrees below zero/freezing point ; *(Ens) ~
de conduite* bad mark for conduct ; *(fam)
c'est ~ !* it's hopeless/useless/a dead loss ;
(loc) recommencer à/repartir de ~ start
again from scratch ; *(fam)* go back to
square one.
zeste [zɛst] *nm* zest of lemon/orange peel.
zézayer [zezeje] *vi (1e)* lisp.
zibeline [ziblin] *nf* sable.
zigoto [zigɔto] *nm (fam) (brit)* bloke,
(amér) guy.
zigouiller [ziguje] *vt (1) (fam)* *do in.
zigzag [zigzag] *nm* zigzag ‖ **zigzaguer** *vi
(1)* zigzag.

zinc [zɛ̃g] *nm (métal)* zinc ; *(fam Av)* crate ;
(fam) bar counter.
zizanie [zizani] *nf* discord ; *semer la ~*
stir up ill-feeling.
zizi [zizi] *nm (fam) (amér)* weenie, *(brit)*
willy.
zodiaque [zɔdjak] *nm* zodiac.
zona [zona] *nm (Méd)* shingles *(ns inv)* ;
elle a un ~ she's got shingles.
zonard [zonaʀ] *nm* young hooligan/thug
‖ **zone** *nf* zone, area ; *(vx) la ~* the slum
belt ; *~ industrielle (brit)* industrial estate/
(amér) industrial park ; *~ de libre-
échange* free-trade area ; *~ verte* green
belt ‖ **zoner** *vi (1) (fam)* *go downhill ;
elle zone she's on the way to becoming a
drop-
out ; *arrête de ~ !* get a hold of yourself!
pull up your socks!
zoo [zoo] *nm* zoo ‖ **zoologique** *adj* zoological.
zoom [zum] *nm (Phot)* zoom lens *(pl*
lenses).
zouave [zwav] *nm (Mil)* zouave ; *(fam fig)
faire le ~* fool around, play the fool.
zozoter [zɔzɔte] *vi (1)* lisp.
zut [zyt] *excl* blast! bother! dash! damn! ;
et puis ~ ! to hell (with it)!

ANNEXES

ANNEXES

TABLEAU I
NUMBERS / NOMBRES

Cardinal Numbers		**Nombres cardinaux**
nought [nɔːt], zero [ˈzɪərəʊ] (téléph. [əʊ])	0	zéro [zeʀo]
one [wʌn]	1	un [œ̃]
two [tuː]	2	deux [dø]
three [θriː]	3	trois [tʀwa]
four [fɔː]	4	quatre [katʀ]
five [faɪv]	5	cinq [sɛ̃k]
six [sɪks]	6	six [sis]
seven [ˈsevn]	7	sept [set]
eight [eɪt]	8	huit [ɥit]
nine [naɪn]	9	neuf [nœf]
ten [ten]	10	dix [dis]
eleven [ɪˈlevn]	11	onze [ɔ̃z]
twelve [twelv]	12	douze [duz]
thirteen [θɜːˈtiːn]	13	treize [tʀez]
fourteen [ˌfɔːˈtiːn]	14	quatorze [katɔʀz]
fifteen [ˌfɪfˈtiːn]	15	quinze [kɛ̃z]
sixteen [ˌsɪksˈtiːn]	16	seize [sez]
seventeen [ˌsevnˈtiːn]	17	dix-sept [diset]
eighteen [ˌeɪˈtiːn]	18	dix-huit [dizɥit]
nineteen [ˌnaɪnˈtiːn]	19	dix-neuf [diznœf]
twenty [ˈtwentɪ]	20	vingt [vɛ̃]
twenty-one [ˌtwentɪˈwʌn]	21	vingt **et** un [vɛ̃te œ̃]
	22	vingt-deux [vɛ̃tdø]
.....	.....	....
thirty [ˈθɜːtɪ]	30	trente [tʀɑ̃t]
forty [ˈfɔːtɪ]	40	quarante [kaʀɑ̃t]
fifty [ˈfɪftɪ]	50	cinquante [sɛ̃kɑ̃t]
sixty [ˈsɪkstɪ]	60	soixante [swasɑ̃t]
seventy [ˈsevntɪ]	70	**soixante-dix** [swasɑ̃tdis]
	71	soixante **et** onze [swasɑ̃teɔ̃z]
	72	soixante-**douze** [swasɑ̃tduz]
.....	.....	....
eighty [ˈeɪtɪ]	80	quatre-vingts [katʀvɛ̃]
eighty-one [ˌeɪtɪˈwʌn]	81	quatre-vingt-un [katʀvɛ̃ œ̃]
...	...	...
ninety [ˈnaɪntɪ]	90	quatre-vingt-dix [katʀvɛ̃dis]
.....	91	quatre-vingt-**onze** [katʀvɛ̃ ɔ̃z]
one hundred [ˌwʌnˈhʌndrɪd]	100	cent [sɑ̃]
one hundred and one [wʌn hʌndrɪdnˈwʌn]	101	cent un [sɑ̃ œ̃]
two hundred [tuːˈhʌndrɪd]	200	deux cents [dø sɑ̃]
two hundred and one [tuːˈhʌndrɪdnˈwʌn]	201	deux cent un [dø sɑ̃ œ̃]
three hundred [θriːˈhʌndrɪd]	300	trois cents [tʀwa sɑ̃]
...	...	...
nine hundred and ninety nine [naɪn ˌhʌndrɪdn ˈnaɪntɪnaɪn]	999	neuf cent quatre-vingt-dix-neuf [nœf sɑ̃katʀvɛ̃ diznœf]
one thousand [wʌn ˈθaʊzənd]	1000	mille [mil]
nine thousand nine hundred and ninety nine [naɪn ˌθaʊzənd naɪn ˌhʌndrɪdn ˈnaɪntɪnaɪn]	9999	neuf mille neuf cent quatre-vingt-dix-neuf [nœfmil nœfsɑ̃ katʀvɛ̃ diznœf]

one million [wʌn'mɪljən]   1 000 000   un million [œ̃ miljɔ̃]
(brit) one thousand million [wʌn, θaʊzənd 'mɪljən]
(amér) one billion   1 000 000 000   un milliard [œ̃ miljaʀ]
[wʌn 'bɪljən]
(brit) one billion [wʌn 'bɪljən]
(amér) one trillion   1 000 000 000 000   un billion [œ̃ biljɔ̃]
[wʌn 'trɪljən]

Ordinal numbers / Nombres ordinaux

first [fɜːst]	1st	1ᵉʳ	premier (*f* -ière) [pʀəmje, jɛʀ]
second ['sekənd]	2nd	2ᵉ	deuxième [døzjɛm]
third [θɜːd]	3rd	3ᵉ	troisième [tʀwazjɛm]
fourth [fɔːθ]	4th	4ᵉ	quatrième [katʀjɛm]
fifth [fɪfθ]	5th	5ᵉ	cinquième [sɛ̃kjɛm]
...	...		...
eighth [eɪθ]	8th	8ᵉ	huitième [ɥitjɛm]
ninth [naɪnθ]	9th	9ᵉ	neuvième [nœvjɛm]
...	...		...
twelfth [twelfθ]	12th	12ᵉ	douzième [duzjɛm]
...	...		...
twentieth ['twentɪəθ]	20th	20ᵉ	vingtième [vɛ̃tjɛm]
twenty-first	21st	21ᵉ	vingt-et-unième [vɛ̃teynjɛm]
twenty-second	22nd	22ᵉ	vingt-deuxième [vɛ̃tdøzjɛm]
...	...		...
thirtieth ['θɜːtɪəθ]	30th	30ᵉ	trentième [tʀɑ̃tjɛm]
fortieth ['fɔːtɪəθ]	40th	40ᵉ	quarantième [kaʀɑ̃tjɛm]
...	...		...
one hundredth [wʌn 'hʌndrədθ]	100th	100ᵉ	centième [sɑ̃tjɛm]
one hundred and first [wʌn ˌhndrədn 'fɜːst]	101st	101ᵉ	cent-unième [sɑ̃ynjɛm]
...	...		...
one thousandth [wʌn 'θaʊzntθ]	1000th	1000ᵉ	millième [miljɛm]
one millionth [wʌn 'mɪljənθ]	1 000 000th	1000 000ᵉ	millionième [miljɔnjɛm]

Fractions / Fractions

two eighths	2/8	$\frac{2}{8}$	deux huitièmes
three quarters	3/4	$\frac{3}{4}$	trois quarts
two thirds	2/3	$\frac{2}{3}$	deux tiers
one half	1/2	$\frac{1}{2}$	un demi

Decimals / Nombres décimaux

three point one four one six	3.1416	3,1416	trois quatorze cent seize
(brit) (nought) point six	0.6	0,6	zéro virgule six
(amér) 0 point six [əʊ]			

Telephone numbers / Numéros de téléphone

[sevn wʌn siks eit θri: dʌbl tu: əʊ sevn]   **71-683 2207**   soixante-et-onze - six cent quatre-vingt-trois - vingt-deux - zéro sept

TABLEAU II
WEIGHTS AND MEASURES
POIDS ET MESURES

British and American linear measures

inch *(in)*	(pouce)	2,54 cm
foot, feet *(ft)* = 12in	(pied)	30,48 cm
yard *(yd)* = 3ft	(yard)	91,44 cm
rod/pole/perch = 5.5yd	(perche)	5.03 m
furlong *(fur)* = 220yd	(stade)	201,16 m
mile *(m)* = 8 fur	(mille)	1,609 km
league = 3 miles	(lieue)	4,827 km

Système métrique longueurs

millimètre *(mm)*	0.039 in
centimètre *(cm)* = 10 mm	0.394 in
décimètre *(dm)* = 10 cm	3.937 in
mètre *(m)*	1.094 yd/3.281 ft
décamètre *(dam)* = 10 m	10.94 yd
hectomètre *(hm)* =100 m	109 yd
kilomètre *(km)* =1000 m	1093 yd

nautical measures

fathom *(fthm)* = 6ft	1,82 m
cable = 608 ft	185,31 m
nautical mile = 10 cables	1 852 m

mesures marines

brasse	6 ft
encablure	608 ft
mille marin	6080 ft

square measures

square inch	6,54 cm²
square foot	0,093 m²
square yard	0,836 m²

surfaces

millimètre carré *(mm²)*	0.002 sq in
centimètre carré *(cm²)*	0.155 sq in
décimètre carré *(dm²)*	15.50 sq in
mètre carré *(m²)*	1 550 sq in

areas

rood = 40 sq rods	0,101 ha
acre = 4 roods	0,405 ha
square mile = 640 acres	2,599 km²

superficies

centiare *(ca)* = 1m²	1 550 sq in
are *(a)* = 100 centiares	0.0247 acres
hectare *(ha)* = 100 ares	2.47 acres
kilomètre carré *(km²)*	0.386 sq miles

volumes

cubic inch	16,387 cm³
cubic foot	0,028 m³
cubic yard	0,765 m³

volumes

centimètre cube *(cm³)*	0.061 cu in
décimètre cube *(dm³)*	61.023 cu in
mètre cube *(m³)*	35.32 cu ft

capacity (for liquids)

	GB	US
gill [dʒil] 1/4 pint	0,142 l	0,118 l
pint *(pt)* = 4 gills	0,568 l	0,473 l
quart *(qt)* = 2 pints	1,136 l	0,946 l
gallon *(gal)* = 4 quarts	4,543 l	3,78 l

capacité (liquides)

	GB	US
centilitre *(cl)*	0,018 pt	0,020 pt
décilitre *(dl)*	0,176 pt	0,200 pt
litre *(l)*	1,760 pt	2,001 pt
décalitre *(dal)*	2,18 gal	2,5 gal
hectolitre *(hl)*	21,8 gal	25 gal

weights (GB & US)		**poids**	
grain *(gr)*	0,0648 g	milligramme *(mg)*	0.015 gr
dram *(dr)* = 1/16 oz	1,77 g	centigramme *(cg)*	0.154 gr
ounce *(oz)* = 1/16 lb	28,35 g	décigramme *(dg)*	1.543 gr
pound *(lb)* = 16 oz	0,454 kg	gramme *(g)*	15.432 gr
stone *(st)* = 14 lb	6,350 kg	décagramme *(dag)*	5.644 dr
quarter *(qr)* = 2 st	12,700 kg	hectogramme *(hg)*	3.527 oz
hundredweight *(cwt)* = 4 qr	50,800 kg	kilogramme *(kg)*	2.205 lb
		quintal métrique *(q)* 100 kg	1.968 cwt
GB (long) ton 20 cwt/2 240 lb	1,016 t	tonne métrique *(t)* 1 000 kg	19 cwt12oz
US (short) ton 2 000 lb	0,907 t		

temperatures (Fahrenheit = F)	**températures (Celsius = C)**
212° F : boiling water	100° C (eau bouillante)
.....	.....
104° F	40° C
.....	.....
98°6 F	37° C
76° F	30° C
68° F	20° C
50° F	10° C
32° F (freezing point of water)	0° C (glace fondante)
To convert into °C :	Pour convertir en °F :
1) take away 32°	1) multiplier par 9/5
2) multiply by 5/9.	2) ajouter 32
Ex. : 104° F –32° = 72° x 5/9 = 40° C	Ex. : 37°C x 9/5 = 66°6 + 32 = 98°6 F

TABLEAU III
COUNTRIES AND NATIONALITIES
PAYS ET HABITANTS

Countries	Pays[1][4]	Inhabitants (n and adj	habitants (n et adj)[2]
Afghanistan	Afghanistan (m)	Afghan	Afghan
Algeria	Algérie (f)	Algerian	Algérien (f -ienne)
Argentina	Argentine (f)	Argentinian	Argentin
Australia	Australie (f)	Australian	Australien (f -ienne)
Austria	Autriche (f)	Austrian	Autrichien (f -ienne)
Belgium	Belgique (f)	Belgian	Belge
Brazil	Brésil (m)	Brazilian	Brésilien (f -ienne)
Bulgaria	Bulgarie (f)	Bulgarian	Bulgare
Burma	Birmanie (f)	Burmese (pl inv)	Birman
Cameroon	Cameroun (m)	Cameroonian	Camerounais
Canada	Canada (m)	Canadian	Canadien (f -ienne)
Chad	Tchad (m)	Chadian	Tchadien (f -ienne)
Chile [ˈtʃɪlɪ]	Chili (m)	Chilean	Chilien (f -ienne)
China	Chine (f)	Chinese (pl inv)	Chinois
(the) Congo	Congo (m)	Congolese (pl inv)	Congolais
Cyprus [ˈsaɪprəs]	Chypre[1]	Cypriot [ˈsɪprɪət] n Cyprian adj	Chypriote
Denmark	Danemark (m)	Dane n, Danish adj	Danois
Egypt	Égypte (f)	Egyptian	Égyptien (f -ienne)
Finland	Finlande (f)	Finn n, Finnish adj	Finlandais
France	France (f)	French[3] adj	Français
Germany	Allemagne (f)	German	Allemand
Great Britain	Grande-Bretagne (f)	Briton n, British adj	Britannique
England	Angleterre (f)	English adj[3]	Anglais
Scotland	Écosse (f)	Scot n, Scottish adj	Écossais
Wales	Pays (m) de Galles	Welsh adj[3]	Gallois
Greece	Grèce (f)	Greek	Grec (f Grecque)
Holland, the Netherlands	Hollande (f), Pays-Bas (mpl)	Dutch adj[3]	Hollandais
Hungary	Hongrie (f)	Hungarian	Hongrois
Iceland	Islande (f)	Icelander n, Icelandic adj	Islandais
India	Inde (f)	Indian	Indien (f -ienne)
Iran [ɪˈræn]	Iran (m)	Iranian	Iranien (f -ienne)
Iraq	Irak (m)	Iraqi	Irakien (f -ienne)
Ireland	Irlande (f)	Irish adj[3]	Irlandais
Israel	Israël (m)[1]	israeli	Israélien (f -ienne)
Italy	Italie (f)	Italian	Italien (f -ienne)
Japan [dʒəˈpæn]	Japon (m)	Japanese (pl inv)	Japonais
Jordan	Jordanie (f)	Jordanian	Jordanien (f -ienne)
Kenya	Kenya (m)	Kenyan	Kenyan
Korea	Corée (f)	Korean	Coréen (f -enne)
Kuwait	Koweït (m)	Kuwaiti	Koweïtien (f -ienne)
Lebanon	Liban (m)	Lebanese (pl inv)	Libanais
Luxemb(o)urg [ˈlʌksəmbəːg]	Luxembourg (m)	Luxemb(o)urger n Luxemburg(ish) adj	Luxembourgeois

Malaysia	Malaisie (f)	Malaysian	Malais
Mali	Mali (m)	Malian	Malien (f -ienne)
Malta ['mɔːltə]	Malte[1]	Maltese (pl inv)	Maltais
Mauritius	Maurice[1]	Mauritian	Mauricien (f -ienne)
Morocco	Maroc (m)	Moroccan	Marocain
New Zealand	Nouvelle-Zélande (f)	New Zealander	Néo-Zélandais
(the) Niger	Niger (m)	Nigerien	Nigérien (f -ienne)
Nigeria [naɪˈdʒɪərɪə]	Nigéria (m)	Nigerian	Nigérian
Norway	Norvège (f)	Norwegian	Norvégien (f -ienne)
Pakistan	Pakistan (m)	Pakistani	Pakistanais
Peru	Pérou (m)	Peruvian	Péruvien (f -ienne)
(the) Philippines	Les Philippines (fpl)	Filipino	Philippin
Poland	Pologne (f)	Pole n, Polish adj	Polonais
Portugal	Portugal (m)	Portuguese (pl inv)	Portugais
Romania, Rumania	Roumanie (f)	Romanian	Roumain
Russia	Russie (f)	Russian	Russe
Senegal	Sénégal (m)	Senegalese (pl inv)	Sénégalais
Singapore	Singapour[1]	Singaporean	Singapourien (f -ienne)
South Africa	Afrique (f) du Sud	South African	Sud-Africain
Spain	Espagne (f)	Spaniard n, Spanish adj	Espagnol
Sweden	Suède (f)	Swede n, Swedish adj	Suédois
Switzerland	Suisse (f)	Swiss (pl inv)	Suisse (f -esse)
Thailand	Thaïlande (f)	Thai	Thaïlandais
Togo	Togo (m)	Togolese (pl inv)	Togolais
Tunisia	Tunisie (f)	Tunisian	Tunisien (f -ienne)
Turkey	Turquie (f)	Turk n, Turkish adj	Turc (f Turque)
Uganda	Ouganda (m)	Ugandan	Ougandais
the United Kingdom of Great Britain and Northern Ireland (U.K.)	Royaume-Uni (m) de Grande-Bretagne et d'Irlande du Nord	Briton n, British adj	Britannique
the United States of America (U.S.A., U.S.)	Etats-Unis (mpl) d'Amérique	American	Américain
Yemen	Yémen (m)	Yemeni	Yéménite
Zaïre	Zaïre (m)	Zaïrean	Zaïrois

1. French names of countries are used with the definite article: le Brésil, la Belgique, l'Afghanistan; exceptions: Chypre, Israël, Malte, Maurice, Singapour.

2. In French, only the names of the inhabitants take a capital letter: un Américain, deux Grecs; the adjective and the name of the corresponding language are spelled with a small letter: un auteur belge; parler chinois. The regular feminine in -e is not indicated.

3. Le mot est employé avec le suffixe «-man» ou «-woman» pour parler d'un homme ou d'une femme, et «-men» ou «-women» pour plusieurs hommes ou femmes; précédé de l'article the, il a une valeur collective; the French : les Français.

4. The French preposition used to indicate *motion towards* a country, or *position in* a country, depends on the number and gender of the noun, and on its initial letter. As a general rule :
− feminine singular names of countries (generally ending in mute *e*) are usually preceded by *en* : to/in Italy: *en* Italie.
− masculine singular names of countries beginning with a *consonant* are usually preceded by *au* : to/in Brazil: *au* Brésil ; those beginning with a *vowel* are preceded by *en* : to/in Iraq: *en* Irak.

TABLEAU IV
ABBREVIATIONS and ACRONYMS

The pronunciation is indicated when acronyms or abbreviations are pronounced as words and not as initials, e.g. AIDS [eɪdz].

AA 1. anti-aircraft 2. *(GB)* Automobile Association *(cf. TCF)* 3. Alcoholics Anonymous.

AAA 1. *(US)* American Automobile Association *(cf. TCF)* 2. *(GB)* Amateur Athletic Association.

ABC *(US)* American Broadcasting Corporation.

ac alternating current.

a/c *(Fin)* account current *(compte courant)*.

AD *Anno Domini (ap. J-C)*.

ad [æd] advertisement *(pub)*.

ADP *(Inf)* automatic data processing *(EDI)*.

AEA *(GB)* Atomic Energy Authority *(cf. CEA)*.

AEC *(US)* Atomic Energy Commission *(cf. CEA)*.

AFT *(US)* American Federation of Teachers.

AGM annual general meeting.

AI 1. Amnesty International 2. artificial intelligence.

AID 1. *(US)* Agency of International Development 2. artificial insemination by donor.

AIDS [eɪdz] acquired immune deficiency syndrome *(SIDA)*.

AM *(Rad TV)* amplitude modulation.

a.m. *ante meridiem (avant midi, du matin)*.

ANSI *(US)* American National Standards Institute *(cf. AFNOR)*.

APEX ['eɪpeks] *(Av)* advanced purchase excursion *(vol APEX)*.

APT *(Rail)* advanced passenger train *(cf. TGV)*.

ARC *(US)* American Red Cross.

a.s.a.p. as soon as possible.

ASPCA *(US)* American Society for the Prevention of Cruelty to Animals.

ATP Association of Tennis Professionals *(ATP)*.

ATV *(GB)* Associated Television *(chaîne privée)*.

AWACS ['eɪwæks] *(Av)* Airborne Warning And Control System.

BA 1. Bachelor of Arts 2. British Airways.

B & B ['biːən'biː] bed and breakfast *(chambre et petit déjeuner)*.

BBC *(GB)* British Broadcasting Corporation.

BC before Christ *(avant J-C)*.

B/E *(Fin)* bill of exchange *(lettre de change)*.

Bros ['brʌðəz] Brothers *(Frères)*.

BS *(US)* Bachelor of Science *(cf. licencié ès sciences)*.

BSc *(GB)* Bachelor of Science *(cf. licencié ès sciences).*

BSI *(GB)* British Standards Institution *(cf. AFNOR).*

Bt *(GB)* Baronet *(baronnet).*

CAL computer-aided learning *(EAO).*

CAP Common Agricultural Policy *(PAC).*

CARE [keə] *(US)* Cooperative for American Relief Everywhere *(association américaine d'aide humanitaire).*

CAT computer-aided translation *(TAO).*

CBE *(GB)* Commander (Companion) of the Order of the British Empire *(importante distinction honorifique, cf. Légion d'Honneur).*

CBI *(GB)* Confederation of British Industries *(cf. CNPF).*

CBS *(US) (TV)* Columbia Broadcasting System.

CD 1. Corps Diplomatique 2. *(Mil) (GB)* Civil Defence *(US)* Civil Defense 3. compact disc.

CIA *(US)* Central Intelligence Agency *(cf. DGSE).*

CIS Commonwealth of Independent States *(CEI).*

CO *(Mil)* Commanding Officer.

Co *(Com)* company *(Cie).*

c/o care of *(aux bons soins de).*

COD *(Com) (GB)* cash on delivery *(US)* collect on delivery.

C of E *(GB)* Church of England *(Église anglicane).*

COI *(GB)* Central Office of Information.

cp compare *(cf.).*

CS Civil Service *(cf. Fonction publique).*

CSE *(GB) (Ens)* Certificate of Secondary Education.

DA *(US)* District Attorney *(cf. procureur de la République).*

dc *(El)* direct current *(courant continu).*

D-day ['diːdeɪ] *(le jour J).*

DLit(t) Doctor of Literature/Letters *(Docteur ès Lettres).*

DNA *(Bio)* deoxyribonucleic acid *(ADN).*

DPP *(GB)* Director of Public Prosecution *(cf. procureur de la République).*

DSc Doctor of Science *(Docteur ès Sciences).*

DTP *(Inf)* Desk-Top Publishing *(PAO).*

EBRD European Bank for Reconstruction and Development *(BRED).*

ECSE European Coal and Steel Community *(CECA).*

ECU ['ekjuː] European Currency Unit *(ECU).*

E(E)C European (Economic) Community *(C(E)E).*

EFL English as a Foreign Language.

EFTA ['eftə] European Free Trade Area *(AELE).*

e.g. *exempli gratia* : for example.

ELT English Language Teaching.

EMS European Monetary System *(SME).*

EMU European Monetary Union *(UME).*

ENT *(Méd)* Ear, Nose and Throat *(ORL).*

ERA *(US)* Equal Rights Amendment *(sur les droits de la femme).*

ESA European Space Agency *(ASE).*

ESL English as a Second Language.

EU European Union *(UE).*

FAO Food and Agricultural Organization *(FAO).*

FBI *(US)* Federal Bureau of Investigation *(FBI)*.

FIFA ['fiːfə] Fédération internationale de Football Association *(FIFA)*.

FM *(Rad)* frequency modulation *(FM)*.

FO *(GB)* Foreign Office *(Ministère des Affaires étrangères)*.

FYI for your information.

GATT [gæt] General Agreement on Tariffs and Trade *(GATT)*.

GCSE *(GB)* General Certificate of Secondary Education.

GDP gross domestic product *(PIB)*.

GP *(GB)* general practitioner *(médecin généraliste)*.

GMT Greenwich Mean Time *(GMT)*.

GNP gross national product *(PNB)*.

GOP *(US)* Grand Old Party *(parti républicain)*.

HE His/Her Excellency *(SE)*.

HGV Heavy goods vehicle *(PL)*.

hi-fi ['haɪfaɪ] high fidelity *(hi-fi)*.

HM His/Her Majesty *(SM)*.

HMS *(GB)* His/Her Majesty's Ship.

HND *(GB)* Higher National Diploma *(diplôme d'études techniques cf. DUT, BTS)*.

Hon. Honorable ; honorary.

HP *(GB)* hire purchase *(achat à crédit)*.

hp horsepower *(CV)*.

HRH His/Her Royal Highness *(SAR)*.

IAEA International Atomic Energy Agency *(AIEA)*.

ICJ International Court of Justice *(CIJ)*.

ID (card) identity card.

i.e. *id est* : that is *(c.-à-d.)*.

ILO International Labour Organization *(OIT)*.

IMF International Monetary Fund *(FMI)*.

Inc *(Com)* incorporated.

IOC International Olympic Committee *(CIO)*.

IOU I Owe You : *(reconnaissance de dette)*.

IQ Intelligence Quota *(QI)*.

IR *(GB)* Inland Revenue *(cf. Direction des impôts)*.

IRS *(US)* Internal Revenue Service : *(cf. Direction des impôts)*.

ISBN International Standard Book Number *(ISBN)*.

IUD *(Méd)* intra-uterine device *(DIU)*.

ITV *(GB)* Independent Television

JP *(GB)* Justice of the Peace.

Jr, Junr ['dʒuːnɪə] junior.

KKK *(US)* Ku Klux Klan.

LMT *(US)* Local Mean Time *(heure locale)*.

LP long-playing record *(33-tours)*.

L-plates ['elpleɪts] *(GB)* *(plaques d'élève-conducteur)*.

LSD 1. lysergic acid diethylamide *(LSD)* 2. *(brit)* pounds, shillings, pence *(système monétaire en vigueur jusqu'en 1971)*.

LSE London School of Economics.

Ltd *(Com)* Limited (Company)

LW *(Radio)* long wave *(GO)*.

MASH [mæʃ] *(US) (Mil)* Mobile Army Surgical Hospital.

MA *(Ens)* Master of Arts : (titulaire d'une) maîtrise ès lettres.

MBE *(GB)* Member of the Order of the British Empire *(importante distinction honorifique)*.

Medicaid ['medɪkeɪd] *(US)* medical aid *(dispositif national d'aide médicale pour les indigents)*.

Medicare ['medɪkeə] *(US)* medical care *(dispositif national d'aide médicale pour les personnes de 65 ans et plus)*.

MEP Member of the European Parliament.

Messrs [meɪˈsjɜːz] messieurs *(MM)*.

Mgr *(Rel)* monsignor *(Mgr)*.

MHR *(US) (Pol)* Member of the House of Representatives.

MHz megahertz *(MHz)*.

MI5 *(GB)* Military Intelligence 5 *(cf. DST)*.

MI6 *(GB)* Military Intelligence 6 *(cf. DGSE)*.

MIA *(Mil)* missing in action *(porté disparu)*.

MIT *(US)* Massachusetts Institute of Technology.

MN *(GB) (Naut)* Merchant Navy *(Marine marchande)*.

MO medical officer.

MOT *(GB)* Ministry of Transport ; *(Aut) the ~ (test)* contrôle technique.

MP 1. *(Mil)* Military Police 2. *(Pol) (GB)* Member of Parliament.

mpg *(Aut)* miles per gallon.

mph *(Aut)* miles per hour.

MPhil [emˈfɪl] *(US) (Ens)* Master of Philosophy.

Mr ['mɪstə] ~ *Smith* M./Monsieur Smith.

MRC *(GB)* Medical Research Council.

Mrs ['mɪsɪz] ~ *Smith* Mme/Madame Smith.

Ms [mɪz] Miss or Mrs...

MS 1. manuscript 2. *(Méd)* multiple sclerosis *(SEP)* 3. *(US) (Ens)* Master of Science *[(titulaire d'une) maîtrise ès sciences]*.

MSC *(GB)* Manpower Services Commission *(cf. ANPE)*.

MSc *(GB) (Ens)* Master of Science *[(titulaire d'une) maîtrise ès sciences]*.

Mt *(Géog)* Mount *(Mt)*.

MW *(Radio)* medium wave *(OM)*.

NAFTA North American Free Trade Agreement *(ALENA)*.

NASA ['næsə] *(US)* National Aeronautics and Space Administration.

NATO ['neɪtəʊ] North Atlantic Treaty Organisation *(OTAN)*.

NB *nota bene (NB)*.

NBC *(US) (TV)* National Broadcasting Company.

NCC *(GB) (Ens)* National Curriculum Council *(cf. Conseil national des programmes)*.

NCO *(Mil)* non-commissioned officer *(sous-officier)*.

NEDC *(GB)* National Economic Development Council.

Neddy ['nedɪ] *(GB) (fam)* NEDC.

NSPCC *(GB)* National Society for the Prevention of Cruelty to Children.

nth [enθ] for the ~ time *(pour la énième fois)*.

NUS *(GB)* National Union of Students *(cf. UNEF)*.

NUT *(GB)* National Union of Teachers.

OAP *(GB)* old-age pensioner *(retraité)*.

OBE *(GB)* Order of the British Empire.

OECD Organization for Economic Cooperation and Development *(OCDE)*.
OM *(GB)* Order of Merit.
OPEC Organization of Petroleum-Exporting Countries (OPEP).
pa *per annum* : per year.
PAYE *(GB)* pay as you earn *(système de retenue des impôts à la source)*.
PC 1. *(Inf)* personal computer 2. *(GB)* police constable.
pc 1. postcard 2. per cent.
pcm per calendar month.
PE physical education *(EPS)*.
PLO Palestine Liberation Organization *(OLP)*.
PIN [pɪn] personal identification number *(code confidentiel)*.
PM *(GB)* Prime Minister.
PO **box** post-office box *(BP)*.
PR *(Pol)* proportional representation.
PR(O) public relations (officer).
PT *(brit)* physical training *(EPS)*.
PTO Please Turn Over *(TSVP)*.
QED *quod erat demonstrandum (CQFD)*.
q.t. *(fam)* quiet; *on the ~ discrètement*.
RAC *(GB)* Royal Automobile Club *(cf. TCF)*.
RAF *(GB)* Royal Air Force.
RC *(Rel)* Roman Catholic.
RELC Regional English Language Centre *(Singapour)*.
RN *(GB)* Royal Navy *(Marine de guerre britannique)*.
RP *(GB)* Received Pronunciation *(prononciation standard)*.
rpm *(Tech)* revolutions per minute *(t/m tours /minute)* .
RSA *(GB)* Royal Society of Arts.
RSPCA *(GB)* Royal Society for the Prevention of Cruelty to Animals *(cf. SPA)*.
Rt Hon *(GB)* Right Honourable *(titre donné aux députés de la Chambre des Communes)*.
Rt Rev Right Reverend *(Très Révérend)*.
SALT [sɔːlt] Strategic Arms Limitation Treaty *(SALT)*.
SAS *(GB)* Special Air Service *(cf. GIGN)*.
SEATO [ˈsiːtəʊ] Southeast Asia Treaty Organization *(OTASE)*.
SEC 1. *(US) (Fin)* Securities and Exchange Commission *(cf. COB)* 2. Secretary.
sec 1. second *(sec)* 2. secondary.
SEN *(GB) (Méd)* State Enrolled Nurse
Sen., sen. 1. *(Pol)* senator 2. senior.
SF *(Lit)* science fiction *(SF)*.
SHAPE [ʃeɪp] *(Mil)* Supreme Headquarters Allied Powers in Europe *(SHAPE)*.
Snr senior.
SO *(Com Fin)* standing order *(ordre de virement permanent)*.
s.o.b. *(US) (vulg)* son of a bitch *(salaud)*.
Soc society *(Sté)*.
SPCA *(US)* Society for the Prevention of Cruelty to Animals *(cf. SPA)*
SPCC Society for the Prevention of Cruelty to Children.
SPUC Society for the Protection of Unborn Children.

Sq Square, Place.

sq *(Math)* square.

Sr 1. senior 2. *(Rel)* sister.

SRC *(Ens)* Students' Representative Council.

SRN *(GB) (Méd)* State Registered Nurse.

ST *(US)* Standard Time.

St 1. *(Rel)* saint 2. street 3. *(poids)* stone.

STD 1. *(GB) (Téléph)* subscriber trunk dialling *(l'automatique)* 2. *(Méd)* sexually transmitted disease *(MST)*.

sub [sʌb] *(fam)* 1. *(Naut)* submarine 2. *(club)* subscription 3. *(Sp)* substitute.

Supt. *(GB) (police)* Superintendent.

SW *(Rad)* short wave *(OC)*.

TB *(Méd)* tuberculosis.

tech [tek] 1. *(Tech)* technology 2. *(Ens)* technical college.

TEFL [tefl] *(Ens)* Teaching of English as a Foreign Language.

Ter(r) terrace.

TESL [tesl] *(Ens)* Teaching of English as a Second Language.

TGIF *(hum)* Thank God it's Friday !

TGWU *(GB)* Transport and General Workers' Union.

TNT *(Ch Tech)* trinitrotoluene *(TNT)*.

TT 1. *(US)* Trust Territory 2. *(GB) (fam)* teetotal.

TUC *(GB)* Trades Union Congress.

UAE United Arab Emirates *(EAU)*.

UAW *(US)* United Automobile Workers.

UB40 *(GB)* unemployment benefit form 40 *(cf. formulaire d'inscription aux ASSEDIC)*.

UCCA *(GB) (Ens)* Universities Central Council on Admissions.

UDC *(GB) (Adm)* Urban District Council.

UEFA *(Sp)* Union of European Football Associations.

UFO ['juːfəʊ] Unidentified Flying Object *(OVNI)*.

UMW *(US)* United Mineworkers of America.

UNEF United Nations Emergency Forces *(FUNU)*.

UNESCO [juːˈneskəʊ] United Nations Educational, Scientific and Cultural Organization *(UNESCO)*.

UNICEF ['juːnɪsef] United Nations International Children's Emergency Fund *(UNICEF)*.

UN(O) United Nations Organization *(ONU)*.

USSR *(Hist)* Union of Soviet Socialist Republics *(URSS)*.

v 1. *(Adm Lit)* vide, see *(voir, cf.)* 2. *(Sp)* versus *(contre, c.)* 3. *(El)* volt *(V)*.

VAT *(GB) (Com)* value added tax *(TVA)*.

VC 1. *(Com Pol)* vice-chairman 2. *(Mil) (GB)* Victoria Cross 3. *(Ens)* vice-chancellor.

VCR video cassette recorder *(magnétoscope)*.

VD *(Méd)* venereal disease *(maladie vénérienne)*.

VDU *(Inf)* visual display unit *(console de visualisation, terminal)*.

VG very good *(TB)*.

VHF *(Rad Phys)* very high frequency *(VHF)*.

viz. [vɪz] *vide licet,* namely *(c.-à-d., à savoir)*.

VLF *(Rad Phys)* very low frequency.

vol [vɒl] volume *(vol.).*

VP vice-president.

vs ['vɜːsəs] *versus (contre, c.).*

WASP [wɒsp] *(US)* White Anglo-Saxon Protestant.

WHO World Health Organization *(OMS).*

Women's Lib. ['wɪmənz 'lɪb] Women's Liberation Movement *(MLF).*

WP 1. *(Inf)* word processing; word processor 2. *(GB)* *(fam)* weather permitting *(si le temps le permet).*

wpm words per minute *(mots/minute).*

wt weight *(pds).*

YHA *(GB)* Youth Hostels Association *(Association des Auberges de Jeunesse).*

YMCA *(GB)* Young Men's Christian Association.

YWCA *(GB)* Young Women's Christian Association.

TABLEAU V
ABRÉVIATIONS et SIGLES

La prononciation n'est indiquée que lorsque l'abréviation ou le sigle est prononcé comme un mot, sans épeler les lettres qui le composent : ex : SIDA [sida].

ADN *m (Bio)* acide désoxyribonucléique *(DNA)*.

AE *mf (Ens)* adjoint(e) d'enseignement *(certificated teacher)*.

AELE *f* Association européenne de libre échange *(EFTA)*.

AEN *f* Agence pour l'énergie nucléaire *(AEA)*.

AFNOR [afnɔʀ] *f* Association française de normalisation *[cf. (GB) BSI, (US) ANSI]*.

AG *f* assemblée générale *(general meeting)*.

AGE *f* assemblée générale extraordinaire *(extraordinary general meeting)*.

AIEA *f* Agence internationale de l'énergie atomique *(IAEA)*.

ALENA [alɛna] *f* Accord de libre-échange nord-américain *(NAFTA)*.

ANPE *f* Agence nationale pour l'emploi.

ASE *f* Agence spatiale européenne *(ESA)*.

ASSEDIC [asedik] *f* Association pour l'emploi dans l'industrie et le commerce *[unemployment insurance (brit) scheme, (amér) plan]*.

ASSU [asy] *f* Association sportive scolaire et universitaire.

ATP *f* Association des tennismen professionnels *(ATP)*.

av J-C *m* avant Jésus-Christ *(BC)*.

BCBG *inv (hum)* bon chic bon genre *(neat and well dressed; cf. (US) preppie)*.

BCG *m (Méd)* bacille Calmette-Guérin *(BCG)*.

BD *f* bande dessinée *(strip cartoon)*.

BEP *m* Brevet d'enseignement professionnel *(vocational certificate)*.

BERD [bɛʀd] *f* Banque européenne de reconstruction et de développement.

BN *f* Bibliothèque nationale.

BP *f* boîte postale *(PO Box)*.

BTS *m* Brevet de technicien supérieur.

CAP *m* Certificat d'aptitude professionnelle *(vocational certificate)*.

CAPES [kapɛs] *m* Certificat d'aptitude au professorat de l'enseignement secondaire *(teaching qualification)*.

CAPET [kapɛt] *m* Certificat d'aptitude au professorat de l'enseignement technique *(teaching qualification for technical schools)*.

c.-à-d. c'est-à-dire *(i.e.)*.

CB *f* 1. *(Rad)* canaux banalisés *(CB)* 2. Carte bleue *(Visa card)*.

CCP *m* compte courant postal, compte chèque postal *[(GB) Giro account]*.

CD *m* corps diplomatique.

CDI *m (Ens)* Centre de documentation et d'information *(cf. school library)*.

CEA *m* Commissariat à l'énergie atomique *[cf. (GB) AEA, (US) AEC]*.

CECA [seka] *f* Communauté européenne du charbon et de l'acier *(ECSE)*.

CEDEX [sedeks] *m* courrier d'entreprise à distribution exceptionnelle *(accelerated delivery)*.

C(E)E *f* Communauté (économique) européenne *[E(E)C]*.

CEI *f* Communauté des États indépendants *(CIS)*.

CERN [sɛrn] *m* Conseil européen pour la recherche nucléaire *(CERN)*.

CES *m (Ens)* Collège d'enseignement secondaire *[cf. (GB) junior secondary school, (US) junior high school]*.

cf. *confer (cf.)*

CFDT *f* Confédération française et démocratique du travail *(French trade-union)*.

CFTC *f* Confédération française des travailleurs chrétiens *(French trade-union)*.

CGC *f* Confédération générale des cadres *(French trade-union)*.

CGT *f* Confédération générale du travail *(French trade-union)*.

CHU *m* Centre hospitalier universitaire *(teaching hospital)*.

Cie *f* compagnie *(Co)*.

CIEP *m* Centre international d'études pédagogiques de Sèvres.

CIJ *f* Cour internationale de Justice *(CIJ)*.

CIO *m* Comité international olympique *(IOC)*.

CNDP *m* Centre national de documentation pédagogique.

CNED [knɛd] *m* Centre National d'Enseignement à Distance *(cf. open university)*.

CNIL *f* Commission nationale de l'informatique et des libertés.

CNIT [knit] *m* Centre national des industries et des techniques.

CNJA *m* Centre national des jeunes agriculteurs *(young farmers' union)*.

CNPF *m* Conseil national du patronat français *(French employers' federation)*.

CNRS *m* Centre national de la recherche scientifique.

COB *f (Fin)* Commission des opérations en Bourse *[cf. (US) SEC]*.

CQFD ce qu'il fallait démontrer *(QED)*.

CRDP *m* Centre régional de documentation pédagogique *(regional resource centre for teachers)*.

CREDIF [kredif] *m* Centre de recherche et d'étude pour la diffusion du français *(research centre for the teaching of French as a foreign language)*.

CRS *f* Compagnie républicaine de sécurité *(riot police)*; un CRS *nm (a member of that national security police)*.

cv *m* cheval-vapeur *(hp)*.

DEA *m* diplôme d'études approfondies *(post-graduate university degree in arts)*.

DESS *m* diplôme d'études supérieures spécialisées *(post-graduate university diploma in science)*.

DEUG [dœg] *m* diplôme d'études universitaires générales *(first university diploma, end of second year)*.

DEUST [dœst] *m* diplôme d'études universitaires scientifiques et techniques *(first university diploma in scientific and technical studies)*.

DGSE *f* Direction générale des services extérieurs *[cf. (GB) M16, (US) CIA]*.

DIU *m* dispositif intra-utérin *(IUD)*.

DOM [dɔm] *m (Adm)* département(s) d'outre-mer.

DOM-TOM [dɔmtɔm] *mpl (Adm)* Départements d'outre-mer et territoires d'outre-mer.

DPLG diplômé par le gouvernement *[French diploma (for architects etc.)]*.

DST *f* Direction de la surveillance du territoire.

DUT *m* Diplôme universitaire de technologie *(first technical university diploma, end of 2nd year)*.

EAO *m* Enseignement assisté par ordinateur *(CAL)*.

EAU *mpl* Émirats arabes unis *(UAE)*.

ECU [eky] *m* European Currency Unit *(ECU unité de compte européenne)*.

EDF *f* Électricité de France *(national electricity board)*

EDI *m (Inf)* traitement automatique de l'information *(ADP)*.

ENA [ena] *f* École nationale d'administration.

ENI *f* École normale d'instituteurs *(training college for primary school teachers)*.

ENM *f* École nationale de la magistrature *(training college for magistrates)*.

ENS *f* École Normale Supérieure.

ENSAM [ensam] *f* École nationale supérieure des arts et métiers.

EPS *f* Éducation physique et sportive *(PE)*.

ESSEC [esek] *f* École supérieure des sciences économiques et sociales.

F2/3/4/ *m* 2/3/4-room *(brit)* flat, *(amér)* apartment.

FAO *f* Food and Agricultural Organization *(FAO)*.

FBI *m (US)* Federal Bureau of Investigation.

FIFA [fifa] *f* Fédération internationale de football association.

FM *f (Rad)* frequency modulation *(FM)*.

FMI *m* Fonds monétaire international *(IMF)*.

FN *m* Front National.

FNSEA *f* Fédération nationale des syndicats d'exploitants agricoles *(farmers' union)*.

FO *f* Force ouvrière *(a trade union)*.

FR3 *f (TV)* France 3 *(3rd channel)*.

FUNU *f* Force d'urgence des Nations Unies *(United Nations Emergency Forces, UNEF)*.

GATT [gat] *m* General agreement on Tariffs and Trade *(GATT)*.

GDF *m* Gaz de France *(national gas board)*.

GIGN *m* Groupe d'intervention de la Gendarmerie nationale *[cf. (GB) SAS]*.

GMT *m* Greenwich mean time *(GMT)*.

GO *fpl (Rad)* grandes ondes *(LW)*.

HEC *fs* (École des) hautes études commerciales *(business school)*.

HF *f (Rad)* haute fréquence *(HF)*.

HLM *f* ou *m (pl)* habitation(s) à loyer modéré *[cf. (GB) council flats, (US) public housing unit]*.

HS *adj inv* hors service *(exclusive service charges)*.

HT *adj inv* hors taxe *(exclusive tax)*.

IAD *f* insémination artificielle par donneur *(AID)*.

IGN *m* Institut géographique national.

INA [ina] *m* Institut national de l'audio-visuel.

INC *m* Institut national de la consommation.

INSEE [insɛ] *m* Institut national de la statistique et des études économiques *(French national statistics body)*.

INSERM [insɛʀm] *m* Institut national de la santé et de la recherche médicale.

IUT *m* Institut universitaire de technologie.

IUFM *m* Institut universitaire de formation des maîtres.

JO 1. *ms* Journal officiel 2. *mpl* Jeux olympiques.

Ko *m (Inf)* kilo-octet *(K, Kilobyte)*.

K.O. knock out *(KO)*.

LP *m* lycée professionnel *(secondary school for vocational training)*.

LSD *m* Lyserg Säure Diäthylamid *(LSD)*.

M. *m* Monsieur *(Mr)*.

MA *m (Ens)* maître-auxiliaire.

Me *m inv (Jur)* Maître.

Mgr *m* Monseigneur *(Mgr)*.

MHz mega-hertz *(MHz)*.

MLF *m* Mouvement de libération des femmes *(Women's Lib)*.

Mlle *nf* Mademoiselle.

Mlles *nfpl* Mesdemoiselles.

MM. *nmpl* Messieurs *(Messrs)*.

Mme *nf* Madame.

Mmes *nfpl* Mesdames.

mn *nf* minute *(mn)*.

MO *nf* main-d'œuvre *(labour costs)*.

MRAP [mʀap] *m* Mouvement contre le racisme, l'antisémitisme et pour la paix.

MST *f* maladie sexuellement transmissible *(STD)*.

Mt mont *(Mt)*.

NASA [naza] *f* National Aeronautics and Space Administration *(NASA)*.

NB *m* nota bene *(NB)*.

NF 1. *mpl* nouveaux francs 2. *f (Ind)* norme française *(French industrial standards)*.

NN *f* nouvelle norme *(new standard for hotel classification)*.

OC *fpl (Rad)* ondes courtes *(SW)*

OCDE *f* Organisation de coopération et de développement économiques *(OECD)*.

OIT *f* Organisation internationale du travail *(ILO)*.

OLP *f* Organisation de libération de la Palestine *(PLO)*.

OM *fpl (Rad)* ondes moyennes *(MW)*.

OMS *f* Organisation mondiale de la santé *(WHO)*.

ONF *m* Office national des forêts *[cf. (US) National Forest Service, (GB) Forestry Commission]*.

ONU [ony] *f* Organisation des Nations Unies *(UNO)*.

OPA *f (Com)* Offre publique d'achat *(takeover bid)*.

OPE *f (Com)* Offre publique d'échange *(takeover bid through exchange of shares; share swap)*.

OPEP [opɛp] *f* Organisation des pays exportateurs de pétrole *(OPEC)*.

ORL 1. *f* oto-rhino-laryngologie *(ENT)* 2. *mf* oto-rhino-laryngologiste *(ENT specialist)*.

ORSEC [ɔʀsɛk] *f* Organisation des secours; déclencher le plan ~ *[launch the disaster contingency plan]*.

ORTF *m* Office de radiodiffusion télévision française *(former French broadcasting corporation)*.

OS *m* ouvrier spécialisé *(semi-skilled worker)*.

OTAN [ɔtã] *f* Organisation du traité de l'Atlantique Nord *(NATO)*.

OVNI [ɔvni] *m* objet volant non identifié *(UFO)*.

PAC [pak] *f* Politique agricole commune *(CAP)*.

PAL [pal] *m (TV)* Phase Alternation Line *(PAL)*.

PAO *f* Publication assistée par ordinateur *(DTP)*.

PC *m* 1. *(Pol)* Parti communiste 2. *(Mil)* poste de commandement *(HQ)* 3. *(Inf)* personal computer 4. *(bâtiment)* prêt conventionné *(type of house purchase loan)* 5. permis de construire *(building permit)*.

pcc pour copie conforme *(c.c)*.

PCV : *(vx)* percevoir *(Téléph)*; appeler qn en ~ *[make a (amér) collect call/ (brit) reverse charge call]*.

PDG *m (Com)* président-directeur général *[(brit) chairman and managing director, (amér) chairman and chief executive officer]*.

pds *m* poids *(wt)*.

PIB *m* produit intérieur brut *(GDP)*.

PL *m* poids lourd *(HGV)*.

PNB *m* produit national brut *(GNP)*.

QI *m* quotient intellectuel *(IQ)*.

RATP *f (Rail)* Régie autonome des transports parisiens *(Paris public transport authority/system)*.

RAS rien à signaler.

RdC *m* rez-de-chaussée.

RER *m (Rail)* Réseau Express Régional *(Paris express rail network)*.

RF *f* République française *(French Republic)*.

RG *mpl (police)* renseignements généraux *[cf. (GB) Special Branch]*.

RIB/rib *m (Com Fin)* relevé d'identité bancaire *(bank account references)*.

RMI *m* Revenu minimum d'insertion *(guarantied, minimum welfare payment)*.

RP 1. *f (Adm)* recette principale *(main post office)* 2. *fpl (Com)* relations publiques *(PR)*.

RTL *f* Radio-Télévision Luxembourg.

RV *m* rendez-vous.

SA *f* 1. *(Com)* société anonyme *(a French business corporation)* 2. Son Altesse *(Her, His Highness, HH)*.

SACEM [sasem] *f* Société des auteurs, compositeurs et éditeurs de musique.

SAMU [samy] *m (Méd)* Service d'assistance médicale d'urgence *(mobile emergency medical service)*.

SAR *f* Son Altesse Royale *(HRH)*.

SARL *f (Com)* société à responsabilité limitée *(limited liability company)*.

SBF Société des Bourses Françaises.

SDF *m* sans domicile fixe *(of no fixed abode)*.

SDN *f* Société des Nations *(League of Nations)*.

S.E. *f* Son Excellence *(HE)*.

SECAM [sekam] *m (TV)* procédé séquentiel à mémoire.

SEITA [seita] *f* Société d'exploitation industrielle des tabacs et des allumettes *(state tobacco monopoly)*..

SEP *f* sclérose en plaques *(MS)*.

SERNAM [sɛrnam] *m (Rail)* Service national de messageries *(rail delivery service)*.

SF *f* science-fiction *(SF)*.

SICAV [sikav] *f (Fin)* société d'investissement à capital variable *[cf. (GB) unit trust, (US) mutual fund]*.

SIDA [sida] *m (Méd)* syndrome immuno-déficitaire acquis *(AIDS)*.

SM Sa Majesté *(HM)*.

SME *m (Fin)* Système monétaire européen *(EMS)*.

SMIC [smik] *m* salaire minimum interprofessionnel de croissance *(minimum wage)*.

SNCF *f (Rail)* Société nationale des chemins de fer français *(French rail)*.

SOFRES [sɔfrɛs] *f (Adm)* Société française d'enquête par sondage *(French polling specialist)*.

SPA *f* Société protectrice des animaux *[cf. (GB) RSPCA, (US) ASPCA]*.

St(e) Saint(e) *(Saint, St)*.

Sté *nf* société 1. *(Com) (Co.)* 2. *(soc.)*

SVP s'il vous plaît *(please)*.

TAO *f (Inf)* traduction assistée par ordinateur *(CAT)*.

TB très bien *(very good, VG)*.

TCF *m (Aut)* Touring Club de France *[cf. (GB) AA, RAC, (US) AAA]*.

TEE *f (Rail)* Trans-Europ-Express.

TGV *m (Rail)* train à grande vitesse *(high speed train)*.

TIR [tiʀ] *mpl (Aut)* Transports internationaux routiers.

TNP *m* Théâtre national populaire.

TNT *m (Ch Tech)* trinitrotoluène *(TNT)*.

TOM [tɔm] *m (pl)* territoire(s) d'outre-mer

TP *m* 1. *(Adm)* travaux publics *(public works)* 2. *(Tech) (civil engineering)* 3. *(Ens)* travaux pratiques 4. Trésor public.

TPG *m (Adm)* Trésorier-payeur général *(Paymaster general)*.

tpm *(Mech)* tours par minute *(rpm, revolutions per minute)*.

TSVP tournez s'il vous plaît *(PTO)*.

TTC *(Com)* toutes taxes comprises *(inclusive of tax)*.

TUC [tyk] *m (Adm)* travaux d'utilité collective *(community work)*; un TUC *(a person on community work)*.

TUP [typ] *m* titre universel de paiement *(payment slip)*.

TVA *f (Com)* taxe à/sur la valeur ajoutée *(VAT)*.

UE *f* 1. *(Ens)* unité d'enseignement *(university department)* 2. Union européenne *(EU)*.

UEFA *f (Sp)* Union of European Football Associations.

UFR *f (Ens)* Unité de formation et de recherche *(university department)*.

ULM *m (Av)* Ultra-léger motorisé *(microlight)*.

UME Union monétaire européenne *(EMU)*.

UNEF [ynɛf] *m (Ens)* Union nationale des étudiants de France *[cf. (GB) NUS]*.

UNESCO [ynɛskɔ] *m* United Nations Educational, Scientific and Cultural Organization *(UNESCO)*.

UNICEF [ynisɛf] *m* United Nations International Children's Emergency Fund *(UNICEF)*.

URSS *f (Hist)* Union des républiques socialistes soviétiques *(USSR)*.

URSSAF [yʀsaf] *f* Union pour le recouvrement de la sécurité sociale et des allocations familiales *(French social security and family benefits authority)*.

UV 1. *f (Ens)* unité de valeur 2. *m (Phys)* ultraviolet.

VDQS *m* vin délimité de qualité supérieure.

VF *f (Ciné)* version française.

VHF *f (Rad Phys)* Very High Frequency.

VO (ST) *f (Ciné)* version originale (sous-titrée).

vol. *m* volume *(vol)*.

VRP *m (Com)* voyageur représentant placier *[sales rep(resentative)]*.

VTT *m (Sp)* vélo tout-terrain *(mountain bike)*.

VVF *m* Village Vacances Famille.

ZAC [zak] *f (Adm Ind)* zone d'aménagement concerté.

ZEP [zɛp] *f (Adm Ens)* zone d'éducation prioritaire.

ZI *f (Adm)* zone industrielle.

ZUP [zyp] *f (Adm)* zone à urbaniser en priorité.

TABLEAU VI
FRENCH CONJUGATIONS

(1) First group, verbs ending in -er, pattern : *chanter*.

present	imperfect	past historic	future	conditional	subjunctive	imperative	present & past participles
je chante	-ais	-ai	-erai	-erais	que je chante		chantant
tu chantes	-ais	-as	-eras	-erais	que tu chantes	chante	chanté
il chante	-ait	-a	-era	-erait	qu'il chante		
nous chantons	-ions	-âmes	-erons	-erions	que nous chantions	chantons	
vous chantez	-iez	-âtes	-erez	-eriez	que vous chantiez	chantez	
ils chantent	-aient	-èrent	-eront	-eraient	qu'ils chantent		

(1a) verbs ending in "-eler" with the first e becoming è before a syllable containing a mute e, e.g. *peler, je pèle.*

present	imperfect	past historic	future	conditional	subjunctive	imperative	present & past participles
Je pèle	je pelais...	je pelai...	je pèlerai...	je pèlerais...	que je pèle...		pelant
il pèle						pèle	pelé
nous pelons						pelez	
vous pelez							
ils pèlent							

Same pattern : *celer, ciseler, démanteler, écarteler, geler, harceler, marteler, modeler,* and derived verbs

(1b) All verbs ending in "-eler" (except those in 1a) take "ll" (and not "èl"), e.g. *appeler.*

present	imperfect	past historic	future	conditional	subjunctive	imperative	present & past participles
j'appelle...	j'appelais...	j'appelai...	j'appellerai...	j'appellerais...	que j'appelle...	appelle	appelant
nous appelons...					que nous appelons...	appelons	appelé
ils appellent					qu'ils appellent	appelez	

(1c) With some verbs ending in "-eter", the first "e" becomes "è", e.g. *acheter.*

present	imperfect	past historic	future	conditional	subjunctive	imperative	present & past participles
j'achète...	j'achetais...	j'achetai...	j'achèterai...	j'achèterais...	que j'achète...	achète	achetant
nous achetons					que nous achetons...	achetons, -ez	acheté

Same pattern : *breveter, corseter, crocheter, fileter, fureter, haleter, racheter.*
The same change occurs with verbs ending in "-emer", "-ener", "-eper", "-eser", "-ever", "-evrer" (like *semer, mener, amener, lever, crever*)
Also with *céder, célébrer, espérer, léser, préférer, protéger, rapiécer, régner, révéler,* except for future and conditional : *céderai(s), préférerai(s), protégerai(s).*

(1d) Other verbs ending in "-eter" take **tt** (instead of "è") before a syllable containing a mute **e**, e.g. *jeter* (See 1c).

je jette...	je jetai...	je jetai...	je jetterai...	je jetterais...	jetant
nous jetons...					jeté
ils jettent					
que je jette...					
que nous jetions...					
qu'ils jettent					
jette					
jetons					
jetez					

(1e) All verbs ending in "-ayer" (e.g. *payer*). Also verbs ending in "-eyer", but with a single form in **-y** (e.g. *grasseyer, je grasseye*).

je paie [pɛ]...	je payais...	je payai...	je paierai...	je paierais...	payant
je paye [pɛj]...					payé
nous payons...					
ils paient/payent					
que je paie/paye...					
que nous payions...					
qu'ils paient/payent					
paie/paye					
payons					
payez					

(1f) Verbs ending in "-oyer" and "-uyer", like *convoyer* and *appuyer* ; (exception : *envoyer : j'enverrai(s)*).

je convoie...	je convoyais...	je convoyai...	je convoierai...	je convoierais...	convoyant
j'appuie...	j'appuyais...	j'appuyai...	j'appuierai...	j'appuierais...	convoyé
que je convoie...					appuyant
que nous convoyions...					appuyé
que j'appuie...					
convoie					
convoyons...					
appuie					
appuyons...					

(1g) aller

je vais	j'allais	j'allai	j'irai	j'irais	allant
tu vas	tu allais	tu allas	tu iras	tu irais	allé *(aux. être)*
il va	il allait	il alla	il ira	il irait	
nous allons	nous allions	nous allâmes	nous irons	nous irions	
vous allez	vous alliez	vous allâtes	vous irez	vous iriez	
ils vont	ils allaient	ils allèrent	ils iront	ils iraient	
que j'aille					
que tu ailles					
qu'il aille					
que nous allions					
que vous alliez					
qu'ils aillent					
va					
allons					
allez					

(1h) spelling rules : Other **-er** verbs (those ending in **-cer, -ger, -ier**) follow the general rules of French pronunciation and spelling :

-cer verbs (*lancer, pincer, tancer...*) and **-ger** verbs (*bouger, manger, ranger, songer...*) take **ç** instead of **c** to keep the pronunciation [s] and **ge** instead of **g** to keep the pronunciation [ʒ], in front of an ending beginning with **a** or **o**, e.g. *lançons, pinçait, mangeons, songeait*.

-ier verbs (*épier, étudier*) always keep their **i** even before the **-ions, -iez** endings, e.g. imperfect *nous épiions*, as opposed to the present *nous épions*. They also keep the **e** of the infinitive, whenever needed, like all verbs of the first group : Ex. : *j'épie, je lirai* (different from *je lirai*, from *lire*).

(2) Second group, verbs ending in -ir (-issant)

Pattern : *finir* (present participle : *finissant*)

je finis	je finissais	je finis	je finirai	je finirais	finis	que je finisse	finissant
tu finis	-issais	-is	-iras	-irais	finissons	que tu finisses	fini
il finit	-issait	-it	-ira	-irait	finissez	qu'il finisse	
nous finissons	-issions	-îmes	-irons	-irions		que nous finissions	
vous finissez	-issiez	-îtes	-irez	-iriez		que vous finissiez	
ils finissent	-issaient	-irent	-iront	-iraient		qu'ils finissent	

Also *hair* (except *je hais..., nous haïssons...*). Same pattern (though infinitive ending in -**ire**) : *maudire* (except for pp ***maudit***).

Verbs ending in -ir (-ant)

(3) Pattern *courir* (present participle : *courant*) and derived verbs. Those with a few irregular forms are dealt with in (4) to (13).

je cours...	je courais...	je courus...	je courrai...	je courrais...	cours	que je coure...	courant
nous courons...		nous courûmes			courons, -ez		couru

(4) *cueillir* and derived verbs (*accueillir*, *recueillir*).

je cueille...	je cueillais...	je cueillis...	je cueillerai...	je cueillerais...	cueille...	que je cueille...	cueillant
							cueilli

Similarly : *assaillir* (*j'assaille*). Also *faillir* : past historic, future and conditional, (*faillirai(s)*), and past participle only.

(5) *bouillir*

je bous...	je bouillais...	je bouillis...	je bouillirai...	je bouillirais...	bous...	que je bouille...	bouillant
il bout							bouilli
nous bouillons...							

(6) *mourir* (*aux. être*)

je meurs...	je mourais...	je mourus...	je mourrai...	je mourrais...	meurs...	que je meure...	mourant
nous mourons...		nous mourûmes...			mourons	que nous mourions...	mort (*aux. être*)
ils meurent					mourez	qu'ils meurent	

(7) *ouvrir*

| j'ouvre... | j'ouvrais | j'ouvris... | j'ouvrirai... | j'ouvrirais... | que j'ouvre... | ouvre, ouvrons, ouvrez | ouvrant, ouvert |

Same pattern : *couvrir, découvrir, offrir, souffrir.*

(8) *partir*

| je pars... | je partais... | je partis... | je partirai... | je partirais... | que je parte... | pars, partons, -ez | partant, parti *(aux. être)* |

Same pattern : *dormir, mentir, repartir, sentir, sortir.* N.B. for *repartir,* see (2).

(9) *servir*

| je sers... | je servais... | je servis... | je servirai... | je servirais... | que je serve... | sers, servons, -ez | servant, servi |

(10) *venir*

| je viens... nous venons... ils viennent | je venais... | je vins... nous vînmes... ils vinrent | je viendrai... | je viendrais... | que je vienne... que nous venions... qu'ils viennent | viens, venons, venez | venant, venu *(aux. être)* |

Same pattern : *devenir, prévenir, revenir, tenir, obtenir, s'abstenir.*

(11) *fuir*, also *s'enfuir.*

| je fuis... nous fuyons | je fuyais... nous fuyons | je fuis... nous fuîmes | je fuirai... | je fuirais... | que je fuie... que nous fuyions | fuis, fuyons, -ez | fuyant, fui |

(12) *vêtir*

| je vêts... | je vêtais... | je vêtis... | je vêtirai... | je vêtirais... | que je vête... | vêts, vêtons, -ez | vêtant, vêtu |

(13) *acquérir*. Also *conquérir, s'enquérir.*

| j'acquiers... nous acquérons... ils acquièrent | j'acquérais... nous acquérions... | j'acquis... | j'acquerrai... | j'acquerrais... | que j'acquière... que nous acquérions... qu'ils acquièrent | acquiers, acquérons, acquérez | acquérant, acquis |

Verbs ending in *-oir*

(14) *avoir*

Present	Imperfect	Past historic	Future	Conditional	Subjunctive	Imperative	Participles
j'ai	j'avais...	j'eus...	j'aurai	j'aurais	que j'aie	aie	ayant
tu as					qu'il ait	ayons	eu
il a					que nous ayons	ayez	
nous avons		nous eûmes...			que vous ayez		
vous avez					qu'ils aient		
ils ont		ils eurent	ils auront	ils auraient			

(15) *devoir*

Present	Imperfect	Past historic	Future	Conditional	Subjunctive	Participles
je dois...	je devais...	je dus...	je devrai...	je devrais...	que je doive...	devant
nous devons...	nous devions...	nous dûmes...			que nous devions...	dû (*f* -*due*)
ils doivent	ils devaient	ils durent			qu'ils doivent	

Similar pattern : *recevoir, décevoir, percevoir, apercevoir, concevoir*. Same spelling rules as **-cer** verbs (see **1h**).

(16) *falloir*

Present	Imperfect	Past historic	Future	Conditional	Subjunctive	Participles
il faut	il fallait	il fallut	il faudra	il faudrait	qu'il faille	(*pp only*) fallu

(17) *valoir*

Present	Imperfect	Past historic	Future	Conditional	Subjunctive	Participles
je vaux...	je valais...	je valus...	je vaudrai...	je vaudrais...	que je vaille...	valant
il vaut					que nous valions...	valu
nous valons...					qu'ils vaillent	
ils valent						

(18) *pleuvoir*

Present	Imperfect	Past historic	Future	Conditional	Subjunctive	Participles
il pleut	il pleuvait	il plut	il pleuvra	il pleuvrait	qu'il pleuve	pleuvant
						plu

(19) *pouvoir*

Present	Imperfect	Past historic	Future	Conditional	Subjunctive	Participles
je peux...	je pouvais...	je pus...	je pourrai...	je pourrais...	que je puisse...	pouvant
il peut						pu
nous pouvons...						
ils peuvent						

(20) *savoir*

je sais... nous savons...	je savais...	je sus... nous sûmes...	je saurai...	je saurais...	que je sache... que nous sachions...	sache sachons, -ez	sachant su

(21) *(s')asseoir*

je m'assois/ m'assieds...	je m'assoyais/ m'asseyais...	je m'assis...	je m'assoirai/ m'assiérai/ m'asseyerai...	je m'assoirais/ m'assiérai/ m'asseyerais...	que je m'assoie/ m'asseye...	assieds-toi	s'asseyant assis (*aux. être*)
il s'assoit/ s'assied						asseyons-nous	
nous nous assoyons/ nous asseyons...		nous nous assîmes... ils s'assirent			que nous nous assoyions/-eyions... qu'ils s'assoient/ s'asseyent	asseyez-vous	
ils s'assoient/ s'asseyent							

Similarly : *surseoir* (with a single form in -i : *je sursois... je sursoirai...*).

(22) *voir*

je vois... nous voyons... ils voient	je voyais... nous voyions...	je vis... nous vîmes...	je verrai...	je verrais...	que je voie... que nous voyions...	vois voyons voyez	voyant vu

(23) *prévoir* like *voir*, except for future and conditional : *je prévoirai(s)*.

(24) *pourvoir* like *voir*, except for past historic, *je pourvus*, future and conditional : *je pourvoirai(s)*.

(25) *émouvoir*

j'émeus... il émeut nous émouvons... ils émeuvent	j'émouvais...	j'émus...	j'émouvrai...	j'émouvrais...	que j'émeuve... que nous émouvions... qu'ils émeuvent		émouvant ému

Same pattern : *promouvoir* ; also *mouvoir*, except past participle : *mû*, (f *mue*).

(26) *vouloir*

Present	Imperfect	Past historic	Future	Conditional	Subjunctive	Imperative	Participles
je veux nous voulons... ils veulent	je voulais...	je voulus...	je voudrai...	je voudrais...	que je veuille... que nous voulions... qu'ils veuillent	veuille veuillons veuillez	voulant voulu

Principal verbs ending in -re

(27) *absoudre*

Present	Imperfect	Past historic	Future	Conditional	Subjunctive	Imperative	Participles
j'absous... nous absolvons... ils absolvent	j'absolvais...	*(no past)*	j'absoudrai...	j'absoudrais...	que j'absolve... que nous absolvions... qu'ils absolvent		absolvant absous (*f* -oute)

Same pattern : *dissoudre* ; *résoudre* (past participles : *résolu(e)*, but (Ch) *résous*, (f *résoue*).

coudre

Present	Imperfect	Past historic	Future	Conditional	Subjunctive	Imperative	Participles
je couds... il coud nous cousons...	je cousais...	je cousis...	je coudrai...	je coudrais...	que je couse...	couds cousons cousez	cousant cousu

moudre

Present	Imperfect	Past historic	Future	Conditional	Subjunctive	Imperative	Participles
je mouds... il moud nous moulons...	je moulais...	je moulus...	je moudrai...	je moudrais...	que je moule...	mouds moulons moulez	moulant moulu

(28) *battre*

Present	Imperfect	Past historic	Future	Conditional	Subjunctive	Imperative	Participles
je bats... il bat nous battons...	je battais...	je battis...	je battrai...	je battrais...	que je batte...	bats battons battez	battant battu

(29) *boire*

Present	Imperfect	Past historic	Future	Conditional	Subjunctive	Imperative	Participles
je bois... il boit nous buvons... ils boivent	je buvais...	je bus...	je boirai...	je boirais...	que je boive... que nous buvions... qu'ils boivent	bois buvons buvez	buvant bu

(30) *bruire*

il bruit ils bruissent	il bruissait ils bruissaient	no past	no future	no cond	qu'il bruisse qu'ils bruissent		bruissant bruit

(31) *clore*

je clos... il clôt ils closent	no imperfect	no past	je clorai...	je clorais...			(*pp only*) clos

(32) *conclure*

je conclus... nous concluons...	je concluais... nous concluions...	je conclus... nous conclûmes...	je conclurai...	je conclurais...	que je conclue... que nous concluions...	conclus concluons, -ez	concluant conclu

Same pattern : *exclure*. Similarly : *inclure* (except for past participle : *inclus*).

(33) *conduire*

je conduis...	je conduisais...	je conduisis...	je conduirai...	je conduirais...	que je conduise...	conduis	conduisant conduit

Same pattern : all verbs ending in -*uire*, exceptions : *nuire, luire, reluire* (past participles : *nui, lui, relui*).

(34) *connaître*

je connais... il connaît nous connaissons...	je connaissais...	je connus...	je connaîtrai...	je connaîtrais...	que je connaisse...	connais...	connaissant connu

Same pattern : *apparaître, paraître, reconnaître*.

(35) *craindre.*

je crains... il craint nous craignons...	je craignais...	je craignis...	je craindrai...	je craindrais...	que je craigne...	crains craignons craignez	craignant craint

Same pattern : *plaindre, éteindre, éteindre, feindre, peindre*. Similarly : *joindre, rejoindre*.

(36) croire

Present	Imperfect	Past historic	Future	Conditional	Subjunctive	Imperative	Participles
je crois...	je croyais...	je crus...	je croirai...	je croirais...	que je croie...	crois	croyant
nous croyons...	nous croyions...	nous crûmes...			que nous croyions...	croyons	cru
ils croient	ils croyaient	ils crurent			qu'ils croient	croyez	

(37) croître

Present	Imperfect	Past historic	Future	Conditional	Subjunctive	Imperative	Participles
je crois...	je croissais...	je crûs...	je croîtrai...	je croîtrais...	que je croisse...	crois	croissant
nous croissons...							crû (f crue)

(38) dire

Present	Imperfect	Past historic	Future	Conditional	Subjunctive	Imperative	Participles
je dis...	je disais...	je dis...	je dirai...	je dirais...	que je dise...	dis	disant
il dit		nous dîmes			que nous disions...	disons	dit
nous disons		vous dîtes			qu'ils disent	dites	
vous dites		ils dirent					
ils disent							

Same pattern : *redire*. Similarly (except present *vous...-isez*) : *contredire, dédire, interdire, médire, prédire (vous contredisez, vous dédisez, etc.)*. Also *élire, lire* (present : *vous lisez*; past historic : *je lus, il lut*; past participle : *lu*); *suffire (vous suffisez, pp suffi). N.B. : for maudire see (2).*

(39) écrire

Present	Imperfect	Past historic	Future	Conditional	Subjunctive	Imperative	Participles
j'écris...	j'écrivais...	j'écrivis...	j'écrirai...	j'écrirais...	que j'écrive...	écris	écrivant
nous écrivons...		nous écrivîmes				écrivons, -ez	écrit

(40) être

Present	Imperfect	Past historic	Future	Conditional	Subjunctive	Imperative	Participles
je suis	j'étais...	je fus...	je serai...	je serais...	que je sois...	sois	étant
tu es	nous étions	il fut	il sera	il serait	qu'il soit	soyons	été
il est	vous étiez	nous fûmes	nous serons...	nous serions...	que nous soyons	soyez	
nous sommes	ils étaient	vous fûtes			qu'ils soient		
vous êtes		ils furent					
ils sont							

(41) faire

Present	Imperfect	Past historic	Future	Conditional	Subjunctive	Imperative	Participles
je fais...	je faisais...	je fis...	je ferai...	je ferais...	que je fasse...	fais	faisant
nous faisons	nous faisions	nous fîmes	nous ferons...	nous ferions...	que nous fassions	faisons	fait
vous faites	vous faisiez	vous fîtes			qu'ils fassent	faites	
ils font	ils faisaient	ils firent					

(42) *mettre*

| je mets... nous mettons... | je mettais... | je mis... nous mîmes... | je mettrai... | je mettrais... | que je mette... que nous mettions... | mets mettons, -ez | mettant mis |

Same pattern : *permettre, promettre, remettre*.

(43) *naître*

| je nais... il naît nous naissons... | je naissais... | je naquis... nous naquîmes... | je naîtrai... | je naîtrais... | que je naisse... que nous naissions... | nais naissons naissez | naissant né (*aux. être*) |

(44) *plaire*

| je plais... il plaît | je plaisais... | je plus... | je plairai... | je plairais... | que je plaise... | plais plaisons, -ez | plaisant plu |

Same pattern : *complaire, déplaire*. Similarly : *taire* (except : *il tait*).

(45) *prendre*

| je prends... il prend nous prenons... ils prennent | je prenais... | je pris... | je prendrai... | je prendrais... | que je prenne... que nous prenions... | prends prenons prenez | prenant pris |

Same pattern : *apprendre, comprendre, reprendre*.

(46) *rendre*

| je rends... | je rendais... | je rendis... | je rendrai... | je rendrais... | que je rende... | rends, rendons, rendez | rendant rendu |

Same pattern : *défendre, descendre, fendre, pendre, tendre, vendre*. Similarly : *épandre, répandre, répondre, fondre ; mordre, tordre, perdre ; rompre* (except : *il rompt*).

(47) *rire*

| je ris... nous rions... | je riais... nous riions... | je ris... nous rîmes... | je rirai... nous ririons... | je rirais... nous ririons... | que je rie... que nous riions... | ris rions, -ez | riant ri |

(48) suivre

je suis... nous suivons...	je suivais...	je suivis... nous suivîmes...	je suivrai...	je suivrais...	que je suive... que nous suivions...	suis suivons, -ez	suivant suivi

(49) traire

je trais... nous trayons...	je trayais... nous trayions...	*no past*	je trairai...	je trairais...	que je traye... que nous trayions...	trais trayons, -ez	trayant trait

Same pattern : *abstraire, braire* (3rd pers only), *extraire, soustraire.*

(50) vaincre. Also *convaincre.*

je vaincs... il vainc nous vainquons...	je vainquais...	je vainquis...	je vaincrai...	je vaincrais...	que je vainque... que nous vainquions...	vaincs vainquons vainquez	vainquant vaincu

(51) vivre

je vis... nous vivons...	je vivais...	je vécus... nous vécûmes...	je vivrai...	je vivrais...	que je vive... que nous vivions...	vis vivons, -ez	vivant vécu

TABLEAU VII
VERBES IRREGULIERS ANGLAIS

Les formes données entre parenthèses sont peu courantes. Les formes utilisées essentiellement en américain sont signalées par *(amér)*.

arise	arose	arisen	*se lever*
awake	awoke. (awaked)	awoken. (awaked)	*éveiller*
be	was/were	been	*être*
bear	bore	borne	*porter*
beat	beat	beaten	*battre*
become	became	become	*devenir*
befall	befell	befallen	*survenir à*
beget	begot	begotten	*engendrer*
begin	began	begun	*commencer*
behold	beheld	beheld	*contempler*
bend	bent	bent	*courber*
bereave	bereft	bereft	*priver*
beseech	besought	besought	*supplier*
bet	bet, betted	bet, betted	*parier*
bid[1]	bade, bid	bid, bidden	*ordonner*
bid[2]	bid	bid	*proposer*
bind	bound	bound	*lier*
bite	bit	bitten	*mordre*
bleed	bled	bled	*saigner*
blow	blew	blown	*souffler*
break	broke	broken	*casser*
breed	bred	bred	*élever*
bring	brought	brought	*apporter*
broadcast	broadcast	broadcast	*diffuser*
build	built	built	*construire*
burn	burnt, burned	burnt, burned	*brûler*
burst	burst	burst	*éclater*
buy	bought	bought	*acheter*
cast	cast	cast	*jeter*
catch	caught	caught	*attraper*
choose	chose	chosen	*choisir*
cling	clung	clung	*s'attacher*
clothe	clothed, (clad)	clothed, (clad)	*vêtir*
come	came	come	*venir*
cost	cost	cost	*coûter*
creep	crept	crept	*ramper*
cut	cut	cut	*couper*
deal	dealt	dealt	*distribuer*
dig	dug	dug	*creuser*
dive	dived, dove *(amér)*	dived	*plonger*
do	did	done	*faire*
draw	drew	drawn	*tirer, dessiner*

dream	dreamt, dreamed	dreamt, dreamed	*rêver*
drink	drank	drunk	*boire*
drive	drove	driven	*conduire*
dwell	dwelt, dwelled	dwelt, dwelled	*demeurer*
eat	ate	eaten	*manger*
fall	fell	fallen	*tomber*
feed	fed	fed	*nourrir*
feel	felt	felt	*sentir*
fight	fought	fought	*combattre*
find	found	found	*trouver*
fit	fitted, fit *(amér)*	fitted, fit *(amér)*	*convenir*
flee	fled	fled	*fuir*
fling	flung	flung	*lancer*
fly	flew	flown	*voler*
forbear	forbore	forborne	*s'abstenir*
forbid	forbad(e)	forbidden	*interdire*
forecast	forecast	forecast	*prévoir*
forget	forgot	forgotten	*oublier*
forgive	forgave	forgiven	*pardonner*
forsake	forsook	forsaken	*abandonner*
foresee	foresaw	foreseen	*prévoir*
foretell	foretold	foretold	*prédire*
freeze	froze	frozen	*geler*
get	got	got, gotten *(amér)*	*obtenir, devenir*
give	gave	given	*donner*
go	went	gone	*aller*
grind	ground	ground	*moudre*
grow	grew	grown	*croître, devenir*
hang	hung	hung	*pendre*
have	had	had	*avoir*
hear	heard	heard	*entendre*
heave	hove	hove	*hisser*
hew	hewed	hewn, (hewed)	*tailler*
hide	hid	hidden	*cacher*
hit	hit	hit	*frapper*
hold	held	held	*tenir*
hurt	hurt	hurt	*blesser*
keep	kept	kept	*garder, conserver*
kneel	knelt, (kneeled)	knelt, (kneeled)	*s'agenouiller*
knit	knit, knitted	knit, knitted	*tricoter*
know	knew	known	*savoir, connaître*
lay	laid	laid	*poser*
lead	led	led	*conduire, mener*
lean	leant, leaned	leant, leaned	*pencher*
leap	leapt, leaped	leapt, leaped	*sauter*
learn	learnt, learned	learnt, learned	*apprendre*
leave	left	left	*laisser, quitter*
lend	lent	lent	*prêter*
let	let	let	*laisser (faire)*
lie	lay	lain	*être couché*
light	lit, lighted	lit, lighted	*allumer, éclairer*
lose	lost	lost	*perdre*
make	made	made	*faire*
mean	meant	meant	*signifier, vouloir dire*
meet	met	met	*rencontrer*
mow	mowed	mown, mowed	*faucher, tondre*
pay	paid	paid	*payer*
plead	pleaded, (pled)	pleaded, (pled)	*plaider*
put	put	put	*mettre*

quit	quit, (quitted)	quit, (quitted)	*abandonner, arrêter*
read [ri:d]	read [red]	read [red]	*lire*
rend	rent	rent	*déchirer*
rid	rid (ridded)	rid	*débarrasser*
ride	rode	ridden	*monter à cheval, à bicyclette...*
ring	rang	rung	*sonner*
rise	rose	risen	*se lever*
run	ran	run	*courir*
saw	sawed	sawn, sawed	*scier*
say	said	said	*dire*
see	saw	seen	*voir*
seek	sought	sought	*chercher*
sell	sold	sold	*vendre*
send	sent	sent	*envoyer*
set	set	set	*placer*
sew	sewed	sewn, sewed	*coudre*
shake	shook	shaken	*secouer, trembler*
shear	sheared	sheared, shorn	*tondre*
shed	shed	shed	*verser (sang)*
shine	shone	shone	*briller*
shoe	shod	shod	*chausser, ferrer*
shoot	shot	shot	*tirer, abattre*
show	showed	shown	*montrer*
shrink	shrank	shrunk	*rétrécir*
shut	shut	shut	*fermer*
sing	sang	sung	*chanter*
sink	sank	sunk	*sombrer, couler*
sit	sat	sat	*(s')asseoir, être assis*
slay	slew	slain	*tuer*
sleep	slept	slept	*dormir*
slide	slid	slid	*glisser*
sling	slung	slung	*lancer*
slink	slunk	slunk	*se déplacer furtivement*
slit	slit	slit	*fendre*
smell	smelt, smelled	smelt, smelled	*sentir*
sneak	sneaked, snuck *(amér)*	sneaked, snuck *(amér)*	*(se) déplacer furtivement*
sow	sowed	sown, sowed	*semer*
speak	spoke	spoken	*parler*
speed	sped, speeded	sped, speeded	*se précipiter*
spell	spelt, spelled	spelt, spelled	*épeler*
spend	spent	spent	*passer, dépenser*
spill	spilt, spilled	spilt, spilled	*renverser*
spin	spun	spun	*filer*
spit	spat, spit *(amér)*	spat, spit *(amér)*	*cracher*
split	split	split	*fendre*
spoil	spoilt, spoiled	spoilt, spoiled	*gâter*
spread	spread	spread	*répandre*
spring	sprang	sprung	*s'élancer*
stand	stood	stood	*se mettre/être debout*
steal	stole	stolen	*voler*
stick	stuck	stuck	*coller*
sting	stung	stung	*piquer*
stink	stank	stunk	*puer*

strew	strewed	strewn, strewed	*répandre*
stride	strode	stridden	*marcher à grands pas*
strike	struck	struck	*frapper*
string	strung	strung	*enfiler, encorder*
strive	strove	striven	*s'efforcer*
swear	swore	sworn	*jurer*
sweat	sweated, sweat *(amér)*	sweated, sweat *(amér)*	*suer*
sweep	swept	swept	*balayer*
swell	swelled	swollen, (swelled)	*enfler*
swim	swam	swum	*nager*
swing	swung	swung	*se balancer*
take	took	taken	*prendre*
teach	taught	taught	*enseigner*
tear	tore	torn	*déchirer*
tell	told	told	*dire, raconter*
think	thought	thought	*penser*
thrive	thrived, (throve)	thrived, (thriven)	*prospérer*
throw	threw	thrown	*jeter*
thrust	thrust	thrust	*lancer*
tread	trod	trodden	*fouler, piétiner*
understand	understood	understood	*comprendre*
undertake	undertook	undertaken	*entreprendre*
wake	woke, (waked)	woken, (waked)	*éveiller*
wear	wore	worn	*porter*
weave	wove	woven	*tisser*
weep	wept	wept	*pleurer*
wet	wet, wetted	wet, wetted	*mouiller*
win	won	won	*gagner*
wind	wound	wound	*enrouler*
wring	wrung	wrung	*tordre*
write	wrote	written	*écrire*

Composition réalisée par COMPOFAC - PARIS

IMPRIMÉ EN FRANCE PAR BRODARD ET TAUPIN
2181 C-5 - Usine de La Flèche (Sarthe).
LIBRAIRIE GÉNÉRALE FRANÇAISE - 43, quai de Grenelle - 75015 Paris.
Collection 03 — Édition 03
Dépôt édit. 9715 - 09/1995
ISBN : 2 - 253 - 06515 - 3

Achevé d'imprimer par COMPUFAC Paris

IMPRIMÉ EN FRANCE PAR BRODARD ET TAUPIN
Groupe CPI, usine de La Flèche (Sarthe).
LIBRAIRIE GÉNÉRALE FRANÇAISE - 43, quai de Grenelle - 75015 Paris.
ISBN : 2 - 253 -
Dépôt légal Éditeur :
1983 - Nº d'édition : 1